직업상담사 1급
1차 필기 완벽대비

직업상담사 1급
1차 필기 완벽대비

직업상담사 1급

1차 필기 완벽대비

직업상담사 1급
1차 필기 완벽대비

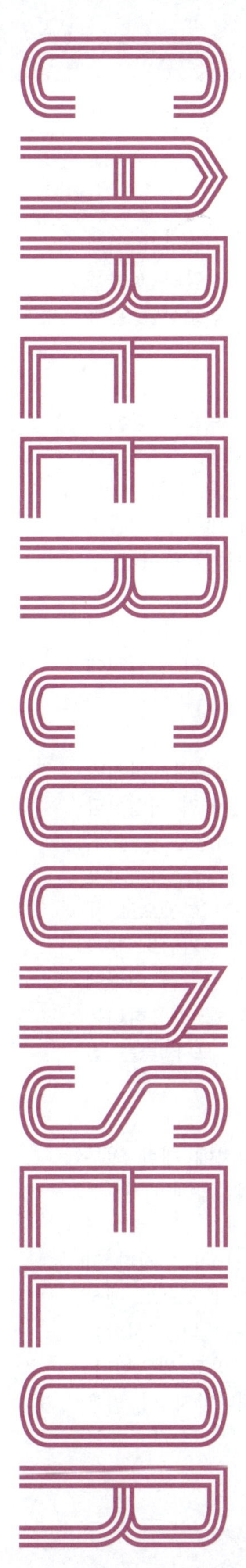

직업상담사 1급

1차 필기

완벽대비

핵심이론 + 기출·예상문제

이시현, 김재진 지음

BM (주)도서출판 성안당

2000년 자격 시행 이후, 지난 20여 년 동안 직업상담사는 직업상담 분야에 진출하기 위해서 필수적으로 취득해야 하는 국가자격증으로 자리매김하였습니다. 이는 '다른 사람의 성공을 나의 기쁨으로' 여길 줄 아는 수많은 훌륭한 직업상담사 선생님들이 직업상담과 진로상담 분야에서 든든한 견인차 역할을 해주었기 때문에 가능한 일이었습니다.

우리나라의 직업상담서비스는 정부 주도하에 실시되는 취업지원사업을 통해 무료로 제공되는 특징이 있습니다. 따라서 해당 분야에서 근무하는 직업상담사와 커리어컨설턴트의 근로조건은 이 자격이 처음 시행된 20여 년 전과 비교해 보아도 크게 달라지지 않았다는 것을 직업상담사라면 대부분 느끼고 있는 안타까운 상황입니다. 그러나 이러한 상황에도 일에 대한 사명감과 진정성을 가지고 끝까지 내담자를 상담하고 취업을 지원함으로 사회ㆍ경제적 활동을 해나갈 수 있도록 최선을 다하는 수많은 직업상담사 선생님들을 접할 때마다 가슴 한편에 뜨거운 존경심이 일어나곤 합니다. 그리고 다른 한편으로는 우리가 어떻게 직업상담사로서의 전문성을 발전시켜 나가야 전문성에 대한 공신력을 얻어낼 수 있을 것인가에 대한 끝없는 고민의 출발점에 서게 됩니다.

직업상담사 1급을 취득하면, 무엇이 달라지는지 질문하시는 경우를 많이 접합니다. 하지만 최근 몇 년간 직업상담사 1급 자격에 대한 채용시장의 관심은 그 어느 때보다 높아져 직업상담직 경력자나 관리자 채용 시 직업상담사 1급 자격자를 우대한다는 채용공고를 어렵지 않게 접할 수 있으며, 심지어 공공기관의 직업상담직 채용에는 응시자격을 직업상담사 1급 자격자로 제한하는 경우도 있습니다. 또한, 최근 고용지원센터의 경우 1급 자격취득이 승진 항목으로 채택되었고, 기존 직원들이 이 자격을 취득하는 경우 별도의 자격 수당을 지급하는 기업도 생겨났습니다. 그리고 2024년부터 국민취업지원제도 민간위탁기관 선정 시 직업상담사 1급 인력에 대해 인원수만큼 가산점을 부여하는 제도가 공식화되면서 직업상담사 1급 자격자를 채용하려는 민간기업도 늘어났습니다. 그만큼 이제는 직업상담 현장에서 직업상담사에 대해 보다 높은 전문성을 요구하고 있는 것입니다.

직업상담사 1급은 직업상담 이론에 대한 깊이 있는 이해와 활용, 직업심리검사에 대한 전문적 지식과 활용 능력뿐만 아니라 정보의 수집과 분석, 가공에 이르기까지 직업상담에 대한 전문적인 실무 능력을 평가하기 때문에 비교적 난도가 높은 자격시험입니다. 특히, 2025년부터 개정되는 직업상담사 1급 시험은 '2급 자격과의 차별화'라는 방향성이 직업상담사 자격 개편 연구보고서에서 강조된 바 있습니다. 따라서 앞으로는 이전보다 더욱 난도가 높아질 것으로 예상됩니다. 직업상담사 1급에 최종 합격하신 선생님들이 공통으로 하는 말이 있습니다. "시험을 준비하고 치르는 과정에서 더욱 발전한 자신을 느낄 수 있어서 너무 뿌듯하다."라고 말입니다. 또한, 직업상담사 1급 자격을 발판 삼아 앞으로 어떤 방향으로 능력개발을 해나갈지 더 넓은 시각과 분명한 방향성을 찾는 경우도 많았습니다.

직업상담사로서의 전문성을 우리 스스로 확보하고 발전시켜 나가야 하며, 이를 위해 이제는 실제 행동으로 실천하고 증명할 때라고 생각합니다. 직업상담 분야의 선배 상담사는 직업상담사 1급 자격자로서 해당 분야에 새로 진입하는 직업상담사들에게 멘토로서 풍부한 경험을 나누어주고, 좀 더 빨리 해당 업무에 적응하고 양질의 서비스를 제공할 수 있도록 직무교육을 하고, 더 나아가 슈퍼바이저의 역할까지 담당할 수 있는 전문성 개발과 확보를 위한 체계를 만들어가야 할 것입니다. 그러한 역할을 담당하게 될 선배 직업상담사들에게 직업상담사 1급 자격은 분명 중요한 시금석이 될 것이라 믿습니다.

항상 본인의 자리에서 최선의 노력을 다하시는 직업상담사 선생님들께 존경하는 마음을 담아 이 교재를 만들었습니다. 앞으로 좀 더 발전된 직업상담사로서 성공적인 한 발을 내딛는 순간에 이 교재가 조금이나마 도움이 되었으면 하는 바람을 가져봅니다.

대표 저자 이시현

직업상담사 1급 자격시험은 2025년을 기점으로 20여 년의 시험 체계가 대폭 개편되었습니다. 그 간 부분적으로 출제기준의 변경이 몇 차례 있었지만 그 동안의 개편 내용은 명목상 약간의 내용 추가 및 수정의 의미가 컸습니다. 그러나 이번 개정은 과목명의 변경 그리고 이제까지 1급 시험에서 다루지 않았던 내용이 추가되었을 뿐만 아니라 특히 2차 실기시험에서는 작업형 시험이 사라지고 필답형 시험만으로 실무를 평가하는 형태로 개정되어 기존의 시험과는 여러 면에 변화가 예상됩니다.

개정된 출제기준을 살펴보면, 가장 눈에 띄는 내용은 제1과목의 전직지원 관련 내용과 제2과목의 슈퍼비전, 취업상담 그리고 취업지원 행사운영 등의 내용이 새롭게 추가되었다는 점입니다. 그리고 이렇게 추가된 출제범위 내용의 명칭들은 국가직무능력표준상 직업상담서비스 직무의 NCS 능력단위 명칭임을 알 수 있습니다. 이러한 개정 방향은 최근에 실시되었던 고용서비스 분야 전문자격 개편에 대한 몇몇 연구 결과가 반영된 것으로서 직업상담사 1급과 2급의 수준과 평가 영역을 차별화하고, 검정형 자격시험도 과정평가형 자격시험과 마찬가지로 현장의 실무능력을 평가하는 방식으로 실시되어야 한다는 것이 주된 내용입니다. 결과적으로 향후 직업상담사 1급 시험의 난이도는 점차 높아질 것으로 예상됩니다. 그렇다면 시험 합격을 위해서는 어떻게 학습하여야 할까요?

제1과목 「직업심리 및 전직지원」은 기존의 「고급직업심리학」에서 다루었던 직업발달이론과 직업심리검사 그리고 「고급직업상담학」에 포함되어있던 직업상담 초기면담이 중심 내용입니다. 거기에 전직지원 대상자 상담을 위한 내용이 새롭게 포함되었습니다. 주의할 점은 직업발달이론에서 출제범위로 제시된 이론들이 2급과 다르며 비교적 최신 및 대안이론이라는 점입니다. 그리고 전직지원을 위한 내용들은 새로운 내용이긴 하지만 직업상담 경력을 가진 상담자라면 어렵지 않게 접근할 수 있는 내용들입니다.

제2과목 「심층직업상담 및 슈퍼비전」은 1과목과 달리 기존의 「고급직업상담학」에서 다루었던 내용 중 직업상담 접근법이 일부 포함되어있을 뿐 대부분 새로운 내용입니다. 모두 직업상담의 실제를 위한 내용들로 구성되어 있으며, 가장 특징적인 것은 취업지원 행사운영과 직업상담 슈퍼비전이 포함되었다는 점입니다. 몇몇 정부 연구보고서들에서 지적한 것처럼 향후 직업상담사 1급 자격자는 직업상담 현장에서 선배 경력자로서 직업상담전문가 및 관리자 그리고 슈퍼바이저의 역할을 수행해야 하므로 이번 개편부터 평가 영역으로 포함됩니다.

이렇게 1과목과 2과목은 기존의 출제기준 내용보다 새롭게 추가된 내용이 더 많은 과목입니다. 하지만 전체적으로 직업상담 현장에서 실무를 수행하기 위해 필요한 지식을 갖출 것을 요구하는 것이기 때문에 직업상담 경력자일수록 시험에는 더욱 유리하실 수 있습니다. 1과목과 2과목 학습은 우선 본서의 이론 부분에서 핵심적인 내용을 중심으로 먼저 이해하고 중요 키워드를 암기하시는 것이 중요합니다. 이론 중 일부는 기존의 1급 출제범위와 중복되므로 이는 본서에 수록된 기출문제들을 중심으로 학습하실 것을 권해드리고, 새롭게 추가된 이론들은 정독과 내용 숙지 이후 기출·예상문제에 제시해드린 기출문제와 관련 자격시험의 출제 경향을 반영하여 저자가 직접 출제한 예상문제를 풀어나가시면서 반복 학습을 하실 것을 권합니다.

제3과목 「직업정보가공」은 단순한 직업정보 수집과 분석보다는 다양한 직업상담서비스 대상자에 맞는 맞춤형 직업정보 분석과 가공을 직업상담사 1급 자격자의 직무내용으로 설정하고 있다는 점을 알 수 있습니다. 직업상담사 2급이 다양한 직업정보를 이해하고, 정보원에 대한 지식을 가지고 적합한 정보를 수집하는 데에 초점을 두고 있다면, 1급은 더 나아가 좀 더 높은 수준의 분석과 가공에 대한 기획, 실행 그리고 결과물에 대한 평가까지 출제기준에 포함됩니다. 기존의 출제기준 영역이었던 직업 및 산업분류 부분은 기출문제 풀이를 통해 학습하시되 최근 개정된 내용들이 많으므로 이에 주의하시면서 학습하시고, 새롭게 추가된 직업정보 분석과 가공은 본서의 이론 부분을 정독 및 숙지하셔서 기출·예상문제를 통해 반복 학습을 하실 것을 권합니다.

제4과목 「노동시장분석」은 이론을 이해하시면 학습이 수월합니다. 이론을 이해하고 있으면 매회 기출문제를 합격점 이상으로 풀 수 있게 되고, 헷갈리지 않도록 몇 가지 중요 부분의 암기를 더해두면 합격에 안전하게 대비할 수 있습니다. 25년 출제문제를 보면 25년부터 출제기준이 변경되었음에도 불구하고 여전히 기출문제 위주로 문제가 출제된 것을 확인할 수 있었습니다. 본서에 수록된 문제는 그동안의 기출문제를 최대한 포함하고 있습니다. 시험합격을 위해서는 우선 과목별 기출·예상문제, 21~23년 최근 과년도 기출문제, 최신 기출복원문제를 꼼꼼히 보시고, 나머지 새로운 내용은 여유가 있을 때 이론 부분의 강조내용을 읽어보시는 순서로 공부하시길 권해드립니다.

제5과목 「고용노동관계법규Ⅱ」는 12개 법령을 골고루 공부하시되, 특히 「근로기준법」, 「남녀고용평등법」, 「고령자고용촉진법」, 「직업안정법」, 「고용보험법」이 상대적으로 자주 출제되므로, 이들 법령들은 내용에 대한 이해를 바탕으로 좀 더 시간을 할애하시기 바랍니다. 고용노동관계법규는 시간, 기간, 인원 수, 벌칙 등의 숫자 문제가 자주 출제됩니다. 기출문제로 나왔던 숫자들은 정확히 외워두는 것이 좋겠습니다. 한편 「외국인근로자 고용 등에 관한 법률」, 「구직자 취업촉진법」은 직업상담사 1, 2급을 통틀어 25년부터 새롭게 추가된 출제범위이므로 다른 자격시험의 기출문제를 수록한 것이 있고, 그 조차 없는 것은 예상문제를 만들었습니다. 이 두 개 법령은 수록된 문제를 풀어보시고, 이론 부분의 강조된 부분을 숙지하시기 바랍니다.

본 수험서는 직업상담사 1급 자격 개편의 배경과 개편 방향에 대한 이해를 기반으로 최근 관련 자격시험들의 출제 경향들을 분석하여 반영하였습니다. 또한 기존의 출제기준과 중복되는 영역에 대한 직업상담사 1급 기출문제를 대부분 수록함은 물론, 자격개편 관련 연구보고서에서 지적하고 있듯이 실무 위주의 평가를 전제하고 있고, 과정평가형 자격과의 평가 영역 일치를 그 방향성으로 제시하고 있기 때문에 최근에 실시되었던 직업상담사 1, 2급 과정평가형 기출복원문제들도 함께 수록하였습니다. 새롭게 추가된 내용들이 많은 만큼 기본적으로 본서에 제시된 여러 이론의 핵심적인 내용들을 충분히 이해하고, 주요 내용을 암기하는 것이 우선되어야 할 것입니다. 그리고 나서 기출·예상 및 기출문제들을 통해 학습한 내용을 확인하고 보충 및 추가 학습하는 형태로 시험 대비를 해나갈 필요가 있겠습니다. 아무쪼록 본 수험서를 통해 직업상담사 1급 1차 필기시험에 모두 합격하시기를 기원합니다.

저자 이시현, 김재진

국가직무능력표준(NCS)

■ 국가직무능력표준(NCS)란?

국가직무능력표준(NCS, National Competency Standards)은 산업현장에서 직무를 수행하기 위해 요구되는 지식·기술·태도 등의 내용을 국가가 체계화한 것이다.

■ 직무능력

- 일을 할 수 있는 On-spec인 능력
- 직업인으로서 기본적으로 갖추어야 할 공통 능력
- 해당 직무를 수행하는데 필요한 역량(지식, 기술, 태도)

■ 국가직무능력표준(NCS)이 왜 필요한가요?

- 능력있는 인재를 개발해 핵심인프라를 구축하고, 나아가 국가경쟁력을 향상시키기 위해 국가직무능력표준이 필요합니다.
- 기업은 직무분석자료, 인적자원관리 도구, 인적자원개발 프로그램, 특화자격 신설, 일자리 정보제공 등을 원합니다.
- 기업교육훈련기관은 산업현장의 요구에 맞는 맞춤형 교육훈련과정을 개설하여 운영하기를 원합니다.

■ NCS 기반 직업상담분야 분류

대분류	중분류	소분류	세분류
사회복지·종교 ▶	상담 ▶	직업상담서비스 ▶	01. 직업상담 02. 취업알선 03. 전직지원

■ 직업정보

세분류		01. 직업상담/02. 취업알선/03. 전직지원			
직업명		직업상담사 및 취업알선원		헤드헌터	전직지원 종사자
		공공고용서비스기관	민간고용서비스		
종사자수		4,827	27,619		500
종사현황	연령	38.7세	41.7세	평균 45세	
	임금	월 187.9만 원	월 208.1만 원	월 250만 원	
	학력	대졸 이상	초대졸 이상	초대졸 이상	
	성비	9.1(남) : 70.9(여)	74.2(남) : 25.9(여)		
	근속년수	4.95년	4.33년	평균 6.5년	
관련자격		직업상담사 2급 이상	직업상담사 2급 이상		

※ 출처 : 한국고용정보원(2009) '산업·직업별 고용구조조사'

■ **세분류 직무 정의 및 능력단위**

① 직업상담

• 직무정의 : 직업상담은 인간의 생애진로주기와 관련하여 개인의 특성에 따라 진로탐색, 직업선택, 직업적응, 직업유지, 직업전환, 은퇴 등에서 발생하는 직업적 논점을 진단하고 상담·처치하는 일이다.

• 능력단위

> 직업상담 기획, 직업상담 홍보, 직업상담 진단, 직업상담 초기면담, 비대면 직업상담, 진로상담, 취업상담, 직업복귀상담, 직업적응상담, 다문화직업상담, 재활 직업상담, 해외취업상담, 창직상담, 직업훈련상담, 집단상담프로그램 운영, 심층직업상담, 직업상담 수퍼비전, 직업상담연구, 직업정보 수집, 직업정보 분석, 직업정보 체계화, 직업정보 가공, 직업정보 제공, 취업지원 행사운영, 직업상담서비스 협업체계 구축, 직업상담행정, 직업능력평가, 직무개발

② 취업알선

• 직무정의 : 취업알선은 고용관련정보를 수집하고 분류하여 구직자에게는 취업에 필요한 서비스를 제공하고, 구인자에게는 충족되는 구직자를 소개하기 위한 업무를 지원하는 일이다.

• 능력단위

> 직업훈련 상담, 구인자 초기상담, 구인자 일반상담, 구직자 초기상담, 구직자 일반상담, 직업심리검사 준비, 직업심리검사 운영, 구직기술상담준비, 구직기술 클리닉, 취업알선사업기획, 취업알선사업운영, 취업역량강화프로그램기획, 취업역량강화프로그램운영, 구직자 발굴, 구인개척, 구인구직매칭, 취업알선정보관리, 취업알선 사례관리

③ 전직지원

• 직무정의 : 전직지원이란 고객의 요구를 분석하여 전직지원을 기획하고 전직대상자의 역량을 진단하여 전직 목표를 세우고 이에 따른 변화관리, 생애설계, 취창업 등을 지원하며 전직심화상담과 전직지원관리 등을 수행하는 일이다.

• 능력단위

> 고객창출, 대상기업 요구 분석, 전직지원 서비스 기획, 전직 초기면담, 변화동기 지원, 전직 논점진단, 전직 역량분석, 전직 목표설정, 생애설계 지원, 전직지원 프로그램 운영, 재취업상담, 창업상담, 전직 훈련상담, 전직 심화상담, 전직지원상담 감독, 전직지원 정보관리, 전직지원 연구, 전직지원 사후관리, 전직행정

이 | 책 | 의 | 구 | 성

핵심이론부터 출제예상문제까지 한 번에 합격한다!
직업상담사 전문 강사진이 만든 최고의 합격서!

1 개정된 출제기준과 관련 있는 검정형과 과정평가형의 직업상담사 1·2급 기출문제 뿐 아니라 직업상담 국가직 공무원 시험과 유관 자격시험의 진로 및 직업이론, 정보, 법규 등에 대한 최근 출제 경향까지 총망라하여 반영하였습니다.

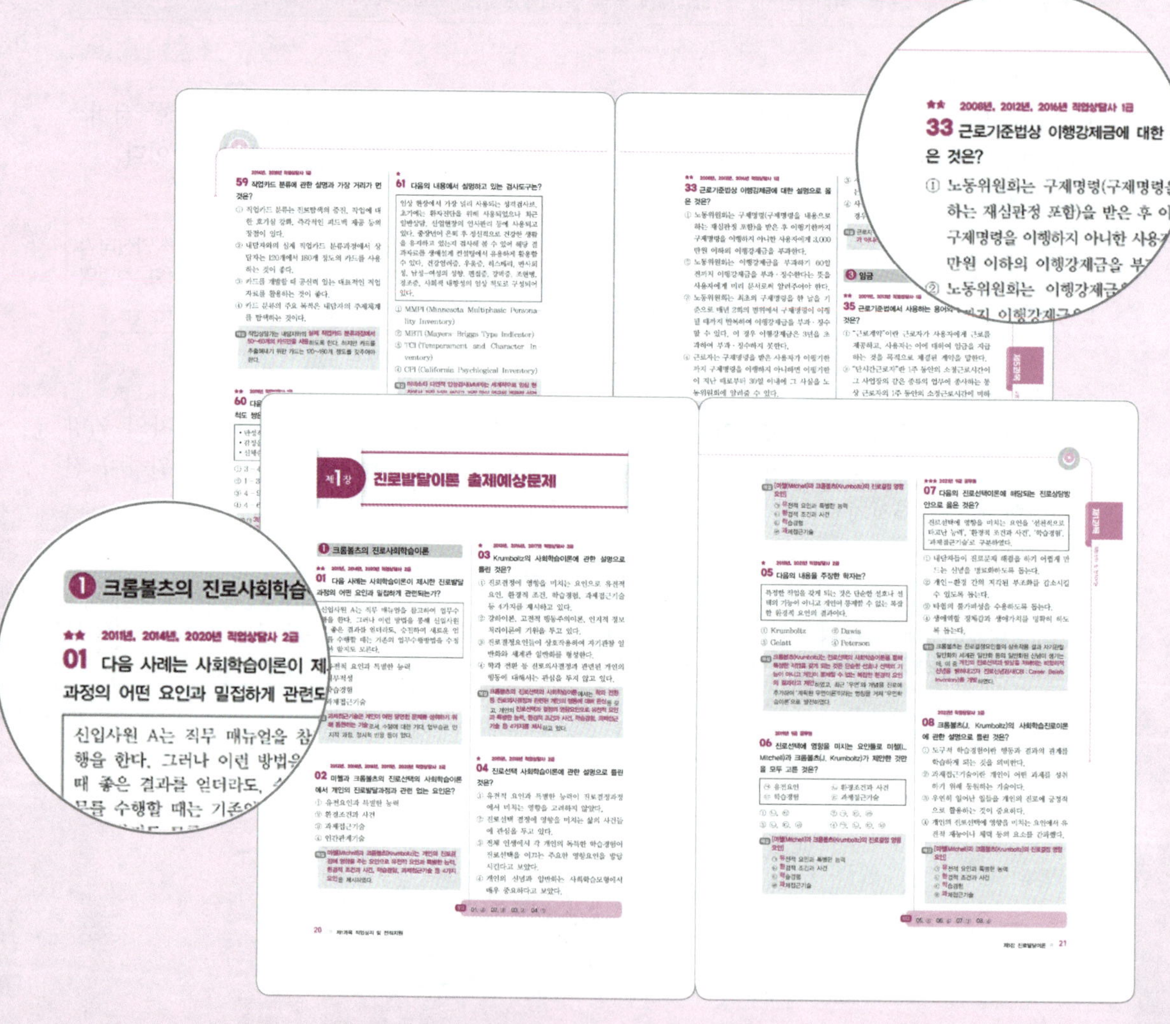

2 최근 진로이론, 심리검사와 직업정보 관련 최신 변화 내용 그리고 고용노동관계법규의 개정 내용들을 충실히 반영하였습니다.

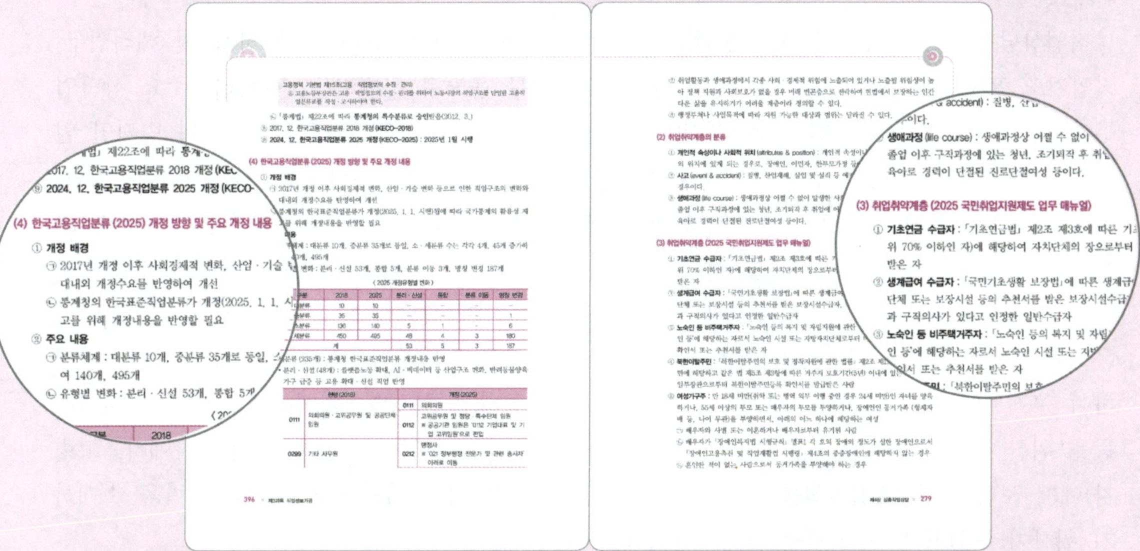

3 직업상담사 자격 개편 관련 연구보고서에서 명시하고 있는 개편 방향에 부합되도록 직업상담 실무를 평가하는 내용을 중심으로 예상문제를 개발하여 수록하였습니다.

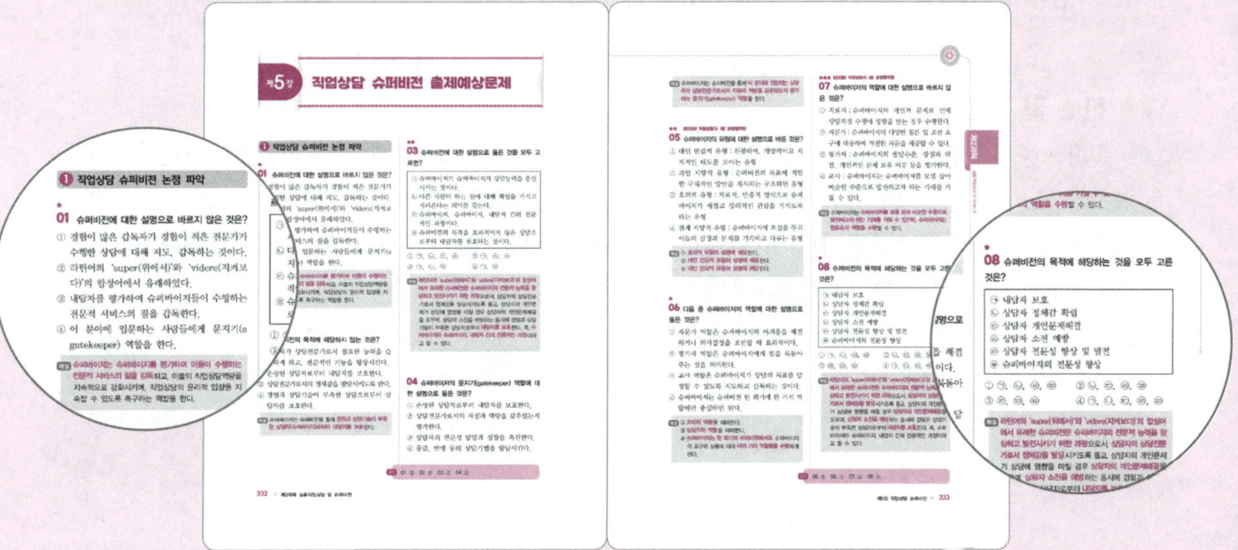

■ 개요

　직업상담원이 수행하는 업무는 상담업무, 직업소개업무, 직업 관련 검사 실시 및 해석업무, 직업지도 프로그램 개발과 운영업무, 직업상담행정업무 등으로 구별지을 수 있다. 주요 상담업무에는 근로기준법을 비롯한 노동관계법규 등 노동시장에서 발생되는 직업과 관련된 법적인 일반적인 사항에 대한 일반상담 실시와 구인·구직상담, 창업상담, 경력개발상담, 직업적응상담, 직업전환상담, 은퇴 후 상담 등의 각종 직업상담이 있다. 직업상담원은 구직자들이 그들의 교육, 경력, 기술, 자격증, 구직직종, 원하는 임금 등을 포함한 구직표를 정확하게 작성하도록 도와주며, 구직표를 제출하면 정확하게 되었는지를 검토하며 필요하면 수정을 한다. 직업상담원은 구직자들에게 가장 적합한 직업이 무엇인지를 찾는데 도와주며, 적성, 흥미검사 등을 실시하여 구직자의 적성과 흥미에 알맞은 직업정보를 제공하고 청소년, 여성, 중·고령자, 실업자 등을 위한 직업지도 프로그램 개발과 운영을 한다. 그리고 취업이 곤란한 구직자(장애자, 고령자)에게 보다 많은 취업기회를 제공하고, 구인난을 겪고 있는 기업에게 다양한 인력을 소개하기 위하여 구인처 및 구직자를 개척하기도 한다.

■ 수행직무

　노동시장, 신직업, 직업 논점, 직업상담기법, 직업상담정책 등의 관련 정보를 생산·가공하고, 내담자의 직업 논점 진단, 역량분석, 심층상담과 전직지원의 변화동기, 생애설계, 목표설정을 지원하며, 사업 기획·평가, 직업상담 인력관리, 수련감독 등을 수행하는 직무이다.

■ 진로 및 전망

　고용노동부 지방노동관서, 고용안정센터, 인력은행 등 전국 19개 국립직업안정기관과 전국 281개 시·군·구 소재 공공직업안정기관 및 민간 유·무료직업소개소 및 24개 국외 유료직업소개소 등의 직업상담원에 취업이 가능하다. 고용노동부 지방노동관서 등 직업소개기관 직업상담원 채용 시 직업상담사 자격소지자에게 우대할 예정이다.

■ 취득방법

① 시행처 : 한국산업인력공단

② 관련 학과 : 대학 및 전문대학의 심리학과, 경영ㆍ경제학과, 법정계열학과, 교육심리학과 등

③ 출제경향

- 필기시험의 내용은 고객만족>자료실의 출제기준을 참고한다.
- 실기시험의 내용은 구인, 구직, 취업알선상담, 진학상담, 직업적응상담 등 노동법규 관련 상담 노동시장, 직업세계 등과 관련된 직업정보의 수집ㆍ분석을 통하여 상담자에게 이들 정보를 제공하고 직업적성검사, 흥미검사 실시 및 해석을 수행하는 업무능력을 평가한다.

④ 시험과목

- 필기 : 1. 직업심리 및 전직지원(20문제)
  2. 심층직업상담 및 슈퍼비전(20문제)
  3. 직업정보가공(20문제)
  4. 노동시장분석(20문제)
  5. 고용노동관계법규 Ⅱ(20문제)
- 실기 : 직업상담 및 전직지원 실무

⑤ 검정방법

- 필기 : 객관식 4지 택일형 과목당 20문항(2시간 30분)
- 실기 : 필답형(3시간 정도, 100점)

⑥ 합격기준

- 필기 : 100점을 만점으로 하여 과목당 40점 이상, 전 과목 평균 60점 이상
- 실기 : 100점을 만점으로 하여 60점 이상

⑦ 시험 수수료

- 필기 : 19,400원
- 실기 : 33,900원

필 기 출 제 기 준

직무 분야	사회복지 · 종교	중직무 분야	사회복지 · 종교	자격 종목	직업상담사 1급	적용 기간	2025.1.1.~2027.12.31.

직무내용 : 노동시장, 신직업, 직업논점, 직업상담기법, 직업상담정책 등의 관련 정보를 생산 · 가공하고, 내담자의 직업논점 진단, 역량분석, 심층상담과 전직지원의 변화동기, 생애설계, 목표설정을 지원하며, 사업기획 · 평가, 직업상담인력관리, 수련감독 등을 수행하는 직무이다.

필기검정방법	객관식	문제수	100	시험시간	2시간 30분

필기과목명	문제수	주요 항목	세부항목	세세항목
직업심리 및 전직지원	20	1. 진로발달 이론	1. 진로사회학습 이론	1. 진로사회학습 이론적 접근 2. 진로사회학습 이론의 상담모형과 기법
			2. 사회인지진로 이론	1. 사회인지진로 이론적 접근 2. 사회인지진로 이론의 상담모형과 기법
			3. 진로혼돈 이론	1. 진로혼돈 이론적 접근 2. 진로혼돈 이론의 상담모형과 기법
			4. 진로구성 이론	1. 진로구성 이론적 접근 2. 진로구성 이론의 상담모형과 기법
			5. 진로전환 이론	1. 진로전환 이론적 접근 2. 진로전환 이론의 상담모형과 기법
		2. 직업상담 진단	1. 진단	1. 진단도구의 종류 및 측정내용 – 직업카드 심리검사 – 미네소타 다면적 인성검사 (MMPI) 2. 진단 실시
			2. 진단결과 해석	1. 진단결과 해석
		3. 직업상담 초기면담	1. 친밀교감 형성	1. 수용적 상담분위기 조성 2. 관계형성기법
			2. 호소논점 파악	1. 내담자 정보수집과 초기면담 2. 내담자의 인지적 명확성 및 동기사정
			3. 구조화	1. 직업상담 구조화 2. 직업상담 윤리
			4. 전략 수립	1. 직업상담 개입전략 2. 직업상담 평가
			5. 초기면담 종결	1. 초기면담 종결기법

필기과목명	문제수	주요 항목	세부항목	세세항목
직업심리 및 전직지원		4. 변화동기 지원	1. 변화동기 확인	1. 변화동기 이론과 모형 2. 변화동기 평가
			2. 변화 지원	1. 변화목표 설정 2. 변화지원 전략
		5. 전직역량분석	1. 진로자본 파악	1. 진로자본 평가
			2. 직무역량 분석	1. 핵심직무역량 분석 2. 역량진단도구 활용
		6. 전직목표설정	1. 전직대안 도출	1. 전직대안 도출
			2. 전직목표 확정	1. 장단기 전직목표 설정
		7. 생애설계지원	1. 생애주기별 주요 과제 상담	1. 생애 주요 영역별 과제 도출 2. 생애설계 상담
			2. 생애설계계획서	1. 생애설계계획서 작성
심층직업상담 및 슈퍼비전	20	1. 진로상담	1. 진로논점	1. 진로논점 분석 2. 내담자 특성파악
			2. 직업정보 탐색	1. 직업정보 탐색 지원
			3. 진로설계 지원	1. 진로목표 수립 2. 진로의사결정 기법
			4. 실행 지원	1. 진로 역량 확장 2. 동기 부여
		2. 취업상담	1. 구직역량 파악	1. 내담자 구직역량 분석 2. 취업효능감
			2. 취업목표 설정	1. 취업목표 설정
			3. 구인처 확보	1. 구인정보 수집 및 제공
			4. 구직활동 지원	1. 구직서류 작성 지원 2. 면접 지원
			5. 내담자 사후관리	1. 내담자 사후관리 기법
		3. 직업훈련 상담	1. 내담자 직무역량 파악	1. 직업능력개발 역량분석
			2. 직업훈련정보 수집	1. 훈련 및 자격정보 제공
			3. 훈련과정 선택지원	1. 훈련과정 선택지원
			4. 훈련목표관리	1. 훈련적응상담

		4. 심층직업상담	1. 심층직업상담논점 진단	1. 부정적 정서 사정
				  – 면담의존 사정
				  – 진단도구 활용 사정
				2. 심층직업상담 대상의 특성

			2. 심층직업상담 구조화	1. 직업상담모형 설정 2. 상담전략 수립
			3. 직업심리치료 및 변화 분석	1. 변화개입 및 평가 2. 과제부여 및 확인

필기과목명	문제수	주요 항목	세부항목	세세항목
심층직업상담 및 슈퍼비전		5. 직업상담 슈퍼비전	1. 직업상담 슈퍼비전 논점 파악	1. 슈퍼비전의 목적과 필요성 2. 슈퍼비전 논점 구체화 3. 슈퍼비전 목표 설정
			2. 직업상담 슈퍼비전 및 평가	1. 역할 구체화 2. 슈퍼비전 방법 및 절차 3. 사례 개념화 4. 직업상담윤리 5. 슈퍼비전 종합 평가
		6. 취업지원행사운영	1. 행사운영	1. 행사기획 및 관리 2. 행사 관련 홍보 및 업체 섭외 3. 행사평가
직업정보가공	20	1. 직업정보의 제공	1. 직업정보의 이해	1. 직업정보의 의의 2. 직업정보의 기능
		2. 직업 및 산업분류의 활용	1. 직업분류의 이해	1. 직업분류의 개요 2. 직업분류의 기준과 원칙 3. 직업분류의 체계와 구조
			2. 산업분류의 이해	1. 산업분류의 개요 2. 산업분류의 기준과 원칙 3. 산업분류의 체계와 구조
		3. 직업정보 분석	1. 직업정보 분석목표 설정	1. 직업정보 분석의 접근 방식 2. 직업정보 분석의 목표
			2. 직업정보 분석범위 설정	1. 직업정보의 영역 2. 직업정보 영역별 분석 주제
			3. 직업정보 분석 실행	1. 직업정보분석방법 2. 직무분석방법
			4. 분석정보 평가	1. 직업정보의 통합 및 평가 2. 대상에 따른 분석결과의 시사점
		4. 직업정보 가공	1. 직업정보요구도 분석	1. 대상자 특성 분석 2. 대상자 직업정보 단계에 대한 평가
			2. 직업정보 가공기획	1. 직업정보 가공 기획서 구성
			3. 직업정보 가공실행	1. 직업정보 매체의 종류와 장단점 2. 직업정보 가공 방법
			4. 직업정보 가공결과 품질 검증	1. 직업정보 가공 결과 품질 점검 기준

필기과목명	문제수	주요 항목	세부항목	세세항목
노동시장분석	20	1. 고용정책분석	1. 사회안전망	1. 고용보험과 실업대책 2. 직업훈련과 인력개발정책
			2. 근로자보호	1. 적정임금보장 2. 근로여성복지
		2. 임금	1. 임금체계	1. 기본급 임금체계 2. 직무급 임금체계
			2. 임금형태	1. 정년과 임금피크제 2. 연봉제
			3. 임금격차	1. 노동력수급의 불균형 2. 노동력의 가치차이
		3. 노사관계	1. 노사관계의 의의와 특성	1. 노사관계의 의의 2. 노사관계의 유형
			2. 노동조합의 이해	1. 노동조합의 형태 2. 단체교섭 3. 노동조합의 운영 4. 조직률의 개념과 결정요인 5. 파업의 이론과 기능
고용노동관계법규 (Ⅱ)	20	1. 개별 근로관계법규, 고용 관련 법규	1. 개별 근로관계법규	1. 근로기준법 및 시행령, 시행규칙 2. 남녀고용평등과 일·가정 양립 지원에 관한 법률 및 시행령, 시행규칙 3. 근로자퇴직급여 보장법 및 시행령, 시행규칙 4. 파견근로자 보호 등에 관한 법률 및 시행령, 시행규칙 5. 기간제 및 단시간근로자 보호 등에 관한 법률 및 시행령, 시행규칙 6. 고용상 연령차별금지 및 고령자고용촉진에 관한 법률 및 시행령, 시행규칙
			2. 고용 관련 법규	1. 직업안정법 및 시행령, 시행규칙 2. 고용보험법 및 시행령, 시행규칙 3. 장애인고용촉진 및 직업재활법 및 시행령, 시행규칙 4. 외국인근로자의 고용 등에 관한 법률 및 시행령, 시행규칙 5. 구직자 취업촉진 및 생활안정 지원에 관한 법률 및 시행령, 시행규칙
		2. 기타 직업상담 관련 법규	1. 개인정보 보호 관련 법규	1. 개인정보 보호법 및 시행령

목차

제1과목

직업심리 및 전직지원

제1장

진로발달이론

제1절 크롬볼츠(Krumboltz)의 진로사회학습이론

01 진로사회학습이론적 접근

(1) 특징 및 의의

① 반두라(Bandura)의 사회학습(인지)이론을 기초로 발달된 이론이다.
② 각 개인의 독특한 학습경험이 진로선택을 이끄는 주요한 영향요인을 발달시킨다고 보았다.
③ 강화이론, 고전적 행동주의이론, 인지적 정보처리이론 등에 기반을 두고 있다.
④ 미첼(Mitchell)과 크롬볼츠(Krumboltz)는 개인의 진로결정에 영향을 주는 요인으로 유전적 요인과 특별한 능력, 환경적 조건과 사건, 학습경험, 과제접근기술 등 4가지 요인을 제시하였다.
⑤ 진로결정요인들의 상호작용 결과 자기관찰 일반화와 세계관 일반화 등의 일반화된 신념이 생기는데, 이 중 개인의 진로선택과 발달을 저해하는 비합리적 신념을 밝혀내고자 진로신념검사(CBI ; Career Beliefs Inventory)를 개발하였다.
⑥ 크롬볼츠는 특정한 직업을 갖게 되는 것은 단순한 선호나 선택의 기능이 아니고 개인이 통제할 수 없는 복잡한 환경적 요인의 결과라고 제안하였다.
⑦ 최근 '계획된 우연이론'이라는 명칭을 거쳐 '우연학습이론'으로 발전하였다.
⑧ 삶에서 일어나는 우연한 일들을 자신의 진로에 유리하게 활용하기 위해 도움이 되는 기술로는 호기심, 인내심, 유연성(융통성), 낙관성, 위험 감수 등이 있으며, 상담자는 내담자들이 이러한 기술을 발달시킬 수 있도록 도울 수 있다.

(2) 진로선택과 결정의 4가지 영향요인

① **유전적 요인과 특별한 능력** : 부모로부터 물려받거나 타고난 개인의 특성에 해당하는 것으로, 신체적인 외모, 특정 질병에 걸릴 소인, 그리고 그 밖의 기질을 포함한다.
② **환경적 조건과 사건** : 미첼과 크롬볼츠(1996)는 일의 기회, 소수민족 보호와 같은 사회정책, 직업에 제공되는 보상, 노동법, 물리적 여건, 자연환경, 기술의 발전, 사회조직의 변화, 가족자원, 교육체제, 공동체 및 지역사회 영향 등 12가지 환경조건의 범주를 제시하였다.
③ **학습경험** : 개인은 학습경험의 결과로, 어떤 진로에 대해 선호경향성을 갖게 된다.

㉠ **도구적 학습경험** : 행동과 그 행동의 결과와의 관계를 학습하게 되는 것으로, 행동의 결과로 긍정적인 것을 경험했는가, 부정적인 것을 경험했는가에 따라 어떤 일에 대한 호감 여부가 달라질 수 있다.

㉡ **연합적 학습경험** : 중립적인 자극이 긍정적 또는 부정적 자극과 함께 경험되면서 긍정적이거나 부정적 의미로 바뀌는 것으로, 관찰, 대리경험, 간접경험도 포함된다.

④ **과제접근기술** : 유전적 요인, 환경적 상황, 학습경험 등이 상호작용하여 갖추게 되는 기술이다. 개인이 어떤 당면한 문제를 성취하기 위해 동원하는 기술로서, 수행에 대한 기대, 업무습관, 인지적 과정, 정서적 반응 등이 있다.

※ 암기 Tip : 유 – 환 – 학 – 과

02 진로사회학습이론의 상담모형과 기법

(1) 진로결정요인들의 상호작용 결과

① **자기관찰 일반화 (self-observation generalization)** : 한 개인의 자신에 대한 일반화는 자신에 대한 관찰 결과 얻어진 것으로, 자신의 태도, 업무습관, 가치관, 흥미, 능력수준에 대한 일반화된 생각이다.

② **세계관 일반화 (world-view generalization)** : 한 개인이 자신이 처한 환경에 대한 관찰 결과 얻어진 것으로, 이를 통해 세상에 대하여 이해하고 환경에서 일어날 결과를 예측한다.

③ **과제접근기술 (task approach skills)** : 환경에 대처하고, 자신의 관찰을 통한 일반화나 세계관 일반화와 관련지어 환경을 해석하며, 미래 사건에 대해 예견하는 인지적 능력, 수행능력, 작업습관, 감정적 반응, 지각과 사고과정 등을 포함한다.

> ▶ 상담자가 학습시켜야 할 과제접근기술
>
> • 중요한 의사결정 상황의 인식
> • 과제에 대한 현실적인 파악
> • 자기관찰 일반화와 세계관 일반화에 대한 검토 및 평가
> • 다양한 대안의 도출
> • 대안에 관한 필요한 정보의 수집
> • 매력적이지 못한 대안 제거 능력

④ **행위의 산출 (action outcomes)** : 학습경험 및 앞서 언급한 세 가지의 결과로부터 나오는데, 의사결정과 관련된 특수한 행위로 구성되며, 이러한 행동이나 의사결정은 일생에 걸쳐 나타난다.

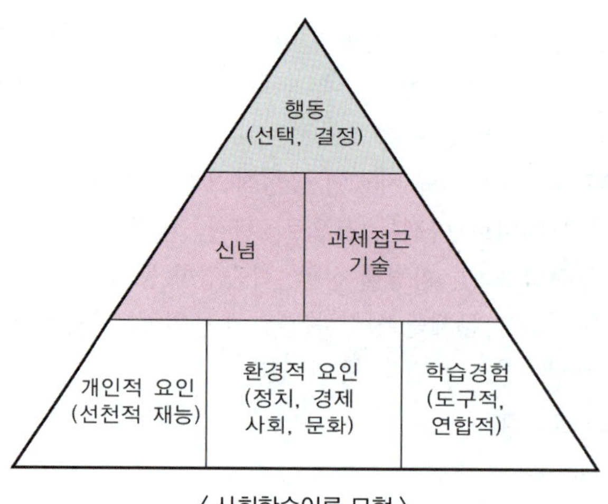

〈 사회학습이론 모형 〉

(2) 개인의 신념에 대한 사회학습모형의 접근

① 개인의 신념과 일반화는 사회학습모형에서 매우 중요하다.
② 어떤 신념과 일반화가 도출되는지를 밝히는 것이 진로결정문제를 가지고 있는 개인에 대한 상담전략을 개발하는 주된 방법이 된다.
③ 상담자의 역할은 표현된 신념의 가정과 전제를 검토하고 대체 신념과 행동과정을 탐색하는 것이다.
④ 신념의 타당성을 충분히 이해하기 위해 개인을 측정하는 것은 사회학습모형의 주요한 구성요인이다.

(3) 진로선택과 진로상담에서 상담자가 유의하고 접근해야 할 문제들

① 사람들은 해결할 수 있는 문제가 존재한다는 사실을 인식하지 못할 수도 있다.
② 사람들은 결정을 하거나 문제를 해결하는 데 필요한 노력을 기울이지 않을지도 모른다.
③ 사람들은 부적절한 이유로 잠재적인 만족을 주는 대안을 제거할지도 모른다.
④ 사람들은 부적절한 이유로 적절치 않은 대안을 선택할지도 모른다.
⑤ 사람들은 목표를 달성하기에는 스스로가 무능력하다는 생각으로 인해 불안해하거나 분노를 겪을지도 모른다.

(4) 계획된 우연모형의 상담 4단계

① 1단계 : 내담자로 하여금 '계획된 우연한 일'은 삶에서 자연스럽게 일어날 수 있는 것임을 받아들이도록 한다.
② 2단계 : 내담자가 갖는 호기심을 학습과 탐색을 위한 기회로 활용하도록 돕는다.
③ 3단계 : 자신의 진로에 우연적인 일들을 바람직하게 만들어내도록 가르친다.
④ 4단계 : 실천하는 데 방해되는 것들을 극복하도록 가르친다.

(5) 계획된 우연모형의 과제접근기술

구분	내용
호기심 (curiosity)	**새로운 학습기회나 진로를 탐색**하고 우연적 사건으로 인하여 생겨난 선택사항을 추구하는 데 사용하는 기술
인내심 (persistence)	**좌절에도 불구하고 노력을 지속하는 것**으로, 상황이나 과제를 해결하는 데 흥미를 가지는 것만으로는 한계가 있기 때문에 호기심을 보완하는 기능이며, 자신에게 주어진 과제나 문제상황을 포기하지 않고 수차례 실수를 반복하더라도 해내는 기술
유연성 (flexibility)	**태도와 상황을 변화시키는 것**으로 한 번 정한 목표와 계획을 추진하는 것도 중요하나 환경 또는 직업상황이 변화할 때 이에 맞게 변화하지 못하면 시대에 뒤처지는 결과를 가져오기 때문에 유연성이 필요하며, 이는 변화하는 상황에 적절하게 대응하는 기술
낙관성 (optimism)	**새로운 기회가 올 때** 또는 개인이 뜻하지 않은 일을 겪게 되었을 때 그것을 기회로 받아들이고 스스로에게 도움이 될 수 있는 **긍정적인 관점**으로 볼 수 있도록 하는 기술
위험 감수 (risk-taking)	**불확실한 결과 앞에서도 행동화하는 것**으로, 때로는 계획에 없던 상황이나 문제 발생이 두려울 수 있으므로 이를 극복하며 용기를 가지고 자신의 진로를 개척해 나갈 수 있는 지혜로서의 기술

※ 암기 Tip : 호 – 인 – 유 – 낙 – 위

(6) 상담기법

① 행동기법 : 강화, 모델 관찰하기, 시뮬레이션
② 인지기법 : 진술된 신념의 가정을 조사하고 논박하기, 말과 행동 간의 불일치 찾아보기, 비논리적 일관성 직면시키기, 인지적 연습

제2절 사회인지진로이론(SCCT ; Social Cognitive Career Theory)

01 사회인지진로이론적 접근

(1) 특징 및 의의

① 반두라(Bandura, 1986)의 사회학습(인지)이론을 바탕으로 해켓과 베츠(Hackett & Betz, 1981)가 여성의 진로발달 및 선택을 설명하려는 시도에서 태동되었다.
② 이론의 주창자는 렌트, 브라운, 해켓(Lent, Brown & Hackett, 1996)이다.
③ 반두라의 사회학습이론에 토대를 두며 환경, 개인적 요인, 행동 사이의 상호작용을 중시한다.
④ 사회인지적 진로이론의 주된 목표는 학습경험을 형성하고 진로행동에 단계적으로 영향을 주는 구체적 매개변인을 규정하는 방법을 찾는 데 있다.

⑤ 자기효능감은 성취경험(성공경험), 대리학습(대리경험), 사회적 설득(언어적 설득), 정서적·생리적 상태와 반응 등 4가지 종류의 학습경험을 거쳐서 발전된다.

　　　※ 암기 Tip : 성 – 대 – 사 – 정

(2) 반두라의 사회인지(학습)이론

① 반두라는 행동의 원동력이 환경에서 나온다는 기존의 행동주의 관점에서 벗어나 개인의 행동과 환경 간의 관계는 양방향이라는 '상호결정론'을 주장한 학자이다.
② 반두라의 개인과 환경의 상호작용에 대한 인과적 모형 (3축 호혜성)
　　㉠ 개인과 신체적 속성
　　㉡ 외부환경요인
　　㉢ 외형적 행동

　　　※ 암기 Tip : 개 – 환 – 행

③ 반두라는 개인이 무엇을 할 수 있는가가 바로 행동의 실행으로 이어진다기보다 무엇을 해 낼 수 있다는 자신감이 행동의 실행을 결정한다고 보았다.

(3) 진로발달과 선택의 4가지 결정요인 (3가지 인지적 요인과 선행변인)

① **자기효능감** : 반두라가 처음 사용한 용어로서, 자신이 계획한 일을 수행하기 위하여 요구되는 행동을 조직하고 실행하는 자신의 능력에 대한 굳은 신념을 말한다. 특정 영역에 대해 자기효능감이 높으면 그 영역에 흥미가 생겨 계속 몰입할 가능성이 높아진다.
② **결과기대** : 특정한 행동을 수행함으로써 얻어질 성과에 대한 개인적인 평가를 말한다. 즉, 결과기대를 통해 특정 진로에 대한 성과를 예측하여 이를 진로선택에 반영한다. 결과기대에는 물리적 보상, 사회적 평가, 자신에 대한 평가 등의 측면이 있는데, 이 중 특히 개인이 중요한 가치를 두고 있는 측면에서의 결과기대는 개인행동수행의 동기가 된다.
③ **개인적 목표** : 어떤 활동에 몰두하려는 결심 또는 미래의 성과에 영향을 미치려는 결심을 말한다. 목표가 분명하고 확고하게 설정되어 있으면 진로발달 및 선택과 같은 복합적이고 장기적인 과제에 지속적으로 몰입하는 데 큰 도움이 된다.
④ **개인변인과 환경변인**
　　㉠ 개인변인 : 성, 민족이나 인종, 신체적 건강이나 장애, 유전적 재능 등은 개인의 진로흥미나 선택에 영향을 미치는 중요한 개인변인이다. 독립적으로 영향을 주기보다 사회문화적 환경과의 상호작용 아래에서 개인의 경험을 형성한다.
　　㉡ 환경변인 (맥락적 요인)
　　　• 배경맥락변인 : 자신이 속한 가족, 사회, 문화에 의해 사회적 기능을 익히고, 역할을 내면화할 때 스며들어 결국 자기효능감, 결과기대 등에 영향을 미치고 궁극적으로 직업적 흥미를 형성한다.

- 근접맥락변인 : 진로선택에 직접적으로 작용하는 환경적 요인으로, 특정 진로를 추구할 수 있는 가족의 정서적 및 재정적 지원, 당시 경제상황, 그 시기의 사회문화적 진로장벽 등이 해당된다.

02 사회인지진로이론의 상담모형과 기법

(1) 사회인지진로이론의 모형

① 흥미발달모형

    ㉠ 개인은 자신이 잘할 수 있다고 믿고, 해당 과업을 성취하면 자신이 가치를 두고 있는 강화를 받을 수 있다고 여길 때 관련 진로에 대한 강한 흥미를 발달시킬 수 있다. 즉, 자기효능감과 결과기대는 개인의 흥미발달에 직접적인 영향을 미친다.

    ㉡ 자기효능감 및 결과기대는 흥미와 함께 활동의도 및 목표, 실행에 영향을 미치며, 궁극적으로 실행 결과에도 영향을 미친다. 그리고 실행 결과는 다시 자기효능감과 결과기대를 높이거나 저하시키고 다시 흥미에 영향을 준다.

    ㉢ 개인이 어떤 분야에 흥미를 가지게 되는 경우 그 특정 활동을 수행하기 위해 지속적으로 열의를 가지고 노력하게 된다. 즉, 흥미로 인해 진로발달이 일어나고 진로선택도 이루어질 수 있다.

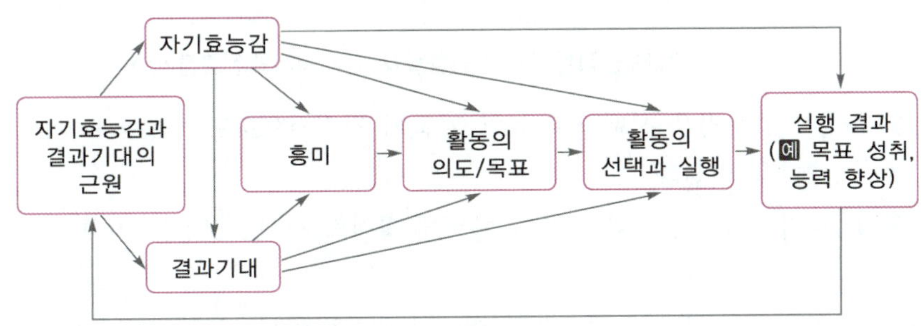

〈 사회인지진로이론에서의 흥미발달모형 〉

가정 1   어느 시기의 개인의 직업적 흥미나 학업적 흥미는 그 시점의 자기효능감과 결과기대를 반영한다.

가정 2   개인의 직업적 흥미는 그 직업과 관련된 능력을 얼마나 가지고 있는가에 영향을 받지만, 이 둘의 관계는 자기효능감에 의해 매개된다.

② 선택모형

    ㉠ 선택모형은 흥미발달모형과 수행모형을 내포한 포괄적인 모형으로, 진로흥미발달이 진로나 학업과 관련된 선택으로 이어지는 과정을 설명하고 있다. 그리고 개인변인과 환경변인이 진로 관련 선택에 직 · 간접적으로 영향을 미치고 있음을 보여준다.

ⓛ 흥미는 단순히 자기효능감이나 결과기대에 의해서 형성되는 것이 아니라, 자기효능감과 결과기대의 근원으로서의 학습경험이 개인적 배경과 환경적 배경에 의해 제한받는다.

ⓒ 개인변인과 환경변인은 자기효능감과 결과기대를 설명하는 학습경험의 범위에 영향을 미친다. 직접학습과 대리학습을 통해 강화와 처벌을 경험하고, 이를 통해 특정 영역에 대한 능력을 개발하여 자기효능감과 결과기대를 형성한다. 또한 이 두 가지는 진로흥미의 발달에 영향을 주고, 진로 관련 흥미 중 하나의 목표를 선택한 후 목표를 실현하기 위해 활동을 선택하고 거기에서 성취를 이루어내며, 이는 다시 학습경험에 피드백되면서 미래 진로행동을 형성해 나간다.

ⓓ 구체적인 진로를 선택하는 과정에는 목표 선택, 목표성취를 위한 활동, 활동의 결과 등이 모두 포함된다.

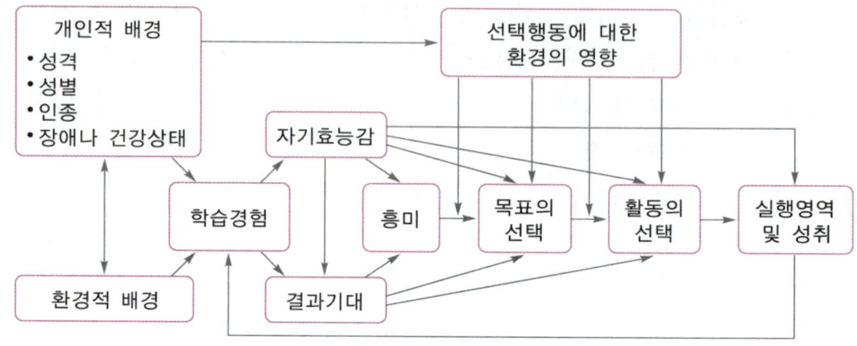

〈 선택에 근접한 맥락적 영향들 (사회적 지지와 진로장벽) 〉

가정 3 자기효능감은 선택할 목표와 활동에 직접적으로도 영향을 미치고 간접적으로도 영향을 미친다.

가정 4 결과기대는 선택할 목표와 활동에 직접적으로도 영향을 미치고 간접적으로도 영향을 미친다.

가정 5 자신에게 가장 흥미로운 직업이나 학문영역에 들어가고 싶어 할 것이다(즉, 그 영역에서 목표를 선택한다).

가정 6 목표를 정하고, 목표를 명확한 용어로 말하고, 실제 진입할 수 있는 지점에 근접한다면 자신이 선택한 목표와 일치하는 영역의 직업이나 학문영역에 들어가려고 시도할 것이다.

가정 7 흥미는 목표를 선택하는 것에 영향을 미치는 것을 통해 진입행동(활동)에 간접적으로 영향을 미친다.

③ **수행모형**

㉠ 수행모형은 개인의 수행수준과 수행의 지속성을 설명하기 위해 능력, 자기효능감, 결과기대, 그리고 목표라는 요인을 포함하고 있다.

ⓛ 능력은 주로 과거 수행수준(성취도)에 의해 파악할 수 있는데, 개인의 수행수준과 수행의 지속성에 직접 영향을 주기도 하고, 자기효능감과 결과기대 등 인지적 변인들을 통해 간접적으로 영향을 미치기도 한다.

ⓒ 수행모형에서의 목표는 선택모형에서의 목표와는 개념적으로 구분된다. 선택모형은 '무엇'을 할 것인가(내용)와 관련되지만, 수행모형은 '얼마나 잘' 할 것인가(수준)와 관련된다.

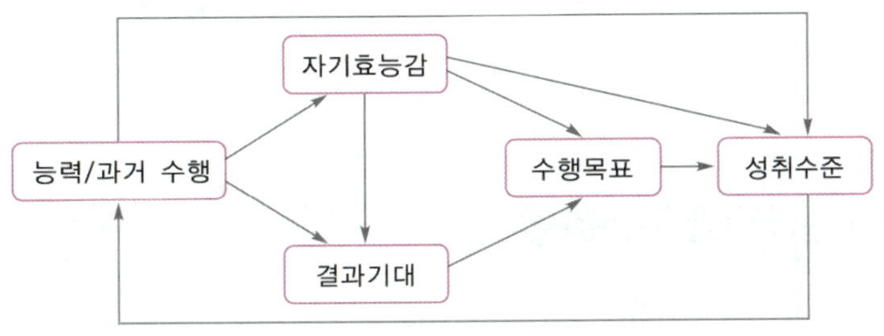

〈 사회인지진로이론에서의 수행모형 〉

가정 8 자기효능감은 수행목표를 통해 진로와 학업수행에 직·간접적으로 모두 영향을 미친다.

가정 9 능력(또는 적성)은 자기효능감을 통해 진로와 학업수행에 직·간접적으로 모두 영향을 미친다.

(2) 사회인지진로이론의 3가지 상담의 원리 (지침)

① 내담자가 비현실적이라고 느꼈거나, 부적절한 자기효능감이나 결과기대 때문에 **배제한 대안에 대해서 확인**하는 것이다.

② 내담자가 가능성 있는 진로를 너무 이르게 제외해 버리게 한 **진로장벽에 대해 확인하고 평가**하는 것이다.

③ 내담자의 **잘못된 직업정보와 부적절한 자기효능감을 수정**하는 것이다.

(3) 사회인지진로이론의 상담의 목표

① **자기효능감 점검 및 강화** : 내담자가 처한 객관적 현실 자체보다 그것에 대한 내담자의 인지적 판단이 중요하므로 자기효능감을 점검하고 강화하는 것이 중요하다. 따라서 내담자의 자기효능감 강화를 위해 상담자는 내담자의 과거경험 중 유사한 영역의 성공경험을 탐색하고, 내담자와 비슷한 사람이 이루어낸 성공적인 경험담을 찾아 제공하며, 내담자의 강점을 찾아내어 칭찬과 격려를 함으로써 자기효능감을 강화시킬 수 있다.

② **결과기대의 탐색과 현실성 강화** : 취업시기가 가까워질수록 직업선택에 대한 결과기대는 현실적이고 구체적으로 설정되어야 한다. 결과에 대해 현실적으로 기대하기 위해서는 내담자가 관심 있어 하는 직업의 여러 가지 조건을 구체적으로 파악하여 긍정적인 결과가 기대되는 직업영역을 탐색해야 한다.

ⓔ 최근 구인동향, 근무조건, 생활양식, 연봉, 안정성, 주요 직무 등
③ **목표 수립** : 자기효능감이 높고 결과기대도 긍정적인 영역의 진로를 목표로 설정하여야 한다.
④ **진로준비행동 촉진과 진로장벽 인식 및 제거** : 목표가 설정되면 이를 이루기 위해 알맞은 활동을 선택하고, 충분하게 적극적으로 활동하고 있는지를 점검하여 진로준비행동을 촉진한다. 또한 상담자는 내담자의 진로발달과 선택과정의 무능력 및 비능률을 초래하는 진로장벽을 민감하게 인식하고, 명확하게 정의하여 진로장벽을 감소시키기 위한 방안을 찾아야 한다.

제3절 진로혼돈(진로무질서)이론

01 진로혼돈(진로무질서)이론적 접근

(1) 특징 및 의의

① 우리가 사는 세상은 불규칙하며, 질서를 찾기 힘들다는 전제에서 출발한다.
② 개인은 복잡한 세상을 살아가야 하는 역동적인 체제이며, 개인을 둘러싼 세상 또한 다층적인 체제이기 때문에 역동적으로 상호작용하면서 무언가를 예측할 수 없이 만들어나가고 있다는 점을 반영해야 한다.
③ 프라이어(Pryor)와 브라이트(Bright)는 전통적인 진로이론은 체제의 복잡성, 변화의 가능성, 우연적 영향의 중요성, 인간의 의미구성 가능성 등을 간과하고 있다고 지적하였다.
④ 무질서이론의 관점에서 진로의사결정은 다음과 같은 확산적 특징들을 지니게 된다.
ㄱ 개인의 책임을 수용하기
ㄴ 선택하기
ㄷ 두려움을 이기고 행동화하기
ㄹ 긍정적인 행동을 유지하기
ㅁ 낙관적 태도와 경이감을 갖고 미래를 조망하기
ㅂ 새로운 지식들을 탐구하기
ㅅ 상황을 동시적으로 다양하게 설명하기
ㅇ 불확실성을 인식하고 환영하기
ㅈ 불완전한 지식을 갖고 있음에도 계속적으로 일을 수행해 나가기
ㅊ 자신의 호기심에 반응하기
ㅋ 위험을 감수하기
ㅌ 실패로부터 학습하기
ㅍ 자신의 열정에 따라 행동하기
ㅎ 자기 내면의 직관에 귀 기울이기

(2) 무질서이론에서 가정하는 체제이론의 4가지 일반적인 행동패턴

① 무질서이론에서는 체제의 기능을 유인(attractors)으로 묘사한다.

② 유인이란 체제의 피드백 메커니즘, 목표상태, 경계, 평형과 불평형 간의 조화와 같이 체제를 특징짓는 일종의 궤적으로 이해될 수 있다.

③ **일반적인 4가지 행동패턴**

구분	내용
목표유인 (Point Attractor)	체제가 지향하는 궁극적인 상태로 움직여가는 것을 의미하며, **목표 지향형(Goal Driven)**으로 이해될 수 있다.
진동유인 (Pendulum Attractor)	두 개의 양극단 사이에서 체제가 규칙적으로 움직이는 것을 의미하며, **역할 지향형(Role Driven)**으로 이해될 수 있다.
패턴유인 (Torus Attractor)	복잡하기는 하지만 시간이 흐름에 따라 일정한 패턴을 보이는 것을 의미하며, **규칙 지향형(Routine Driven)**으로 이해될 수 있다.
우연유인 (Strange Attractor)	우연을 포함하는 개념으로서 예측 불가능한 방식으로 복잡하게 움직여가지만 나름의 질서를 조직해 가기도 하는 **변화 지향형(Change Driven)**으로 이해될 수 있다.

02 진로혼돈(진로무질서)이론의 상담모형과 기법

(1) 진로무질서이론의 상담기법

① **현실 체크리스트** : '예기치 않은 사건이 당신의 삶에 영향을 미친 적이 있는가?' 혹은 '어떤 것을 몰랐기 때문에 이득을 얻었던 적이 있는가?'와 같은 질문에 '그렇다'란 반응이 많이 나온 질문을 중심으로 토의한 후 '아니다'란 응답이 나온 질문을 대상으로 생각을 나누도록 한다.

② **복잡성 지각지표** : 계속적인 변화에 대한 개인의 전형적인 반응을 측정하기 위하여 고안되었다. 무질서이론의 주요 개념들이 포함된 지표를 통해 내담자의 열려진 사고를 확인할 수 있으며, 변화에 대한 수용도를 특정할 수 있다.

③ **행운준비도지표** : 행운준비도란 우연에 의해 만들어진 결과와 기회를 인식하고 활용하며 적응하는 능력을 의미한다.

④ **기회카드** : '때때로 … 상황에서 마술이 일어난다면 …'이라는 질문이 적힌 기회카드를 뽑은 후 의견을 나누도록 한다. 이를 통해 내담자들은 자신이 예상하지 못하였던 여러 사건을 어떻게 받아들이고 이에 대처할 수 있을지를 생각해 볼 수 있게 된다.

⑤ **매체 활용** : '당신이 잠든 사이' 또는 '나비효과'와 같이 예측할 수 없는 사건의 영향을 다룬 영화들을 보여주고 토론하게 함으로써 진로무질서이론의 기본가정을 내담자들이 이해할 수 있도록 돕는다.

(2) 진로무질서이론의 상담기법의 특징

① 내담자들에게 자신이 살고 있는 현실이 무질서하다는 것을 인식시킨다.
② 우리가 살고 있는 세상이 복잡하고 무질서하기 때문에 우리가 모든 것을 알고 진로의사결정을 할 수 없다는 사실을 깨닫도록 도우려 한다.
③ 작은 변화가 큰 결과를 만들 수 있으며, 세상에는 많은 우연한 사건이 발생하므로, 이를 활용하여 기회로 만들 수 있는 능력을 북돋우려 한다.
④ 내담자가 미처 기억해 내지 못한 과거 경험을 적극적으로 발굴해 냄으로써, 경험을 통한 학습기회를 제공하고 적극적으로 관점을 전환시키려 한다.

제4절 진로구성이론

01 진로구성이론적 접근

(1) 특징 및 의의

① 사비카스(Savickas, 2005)는 구성주의 진로이론이 최초 수퍼(D. Super)의 이론에서 출발하고 있음을 밝히고, 사회구성주의를 메타이론으로 삼아 진로발달이론의 주요 개념을 재개념화함으로써 수퍼의 아이디어를 현대적 시각의 진로에 통합하였다.
② 사회적 요구에 부응하는 과정으로서 진로를 강조하여, 진로를 사회적 과업에 반응하는 것으로 표현하였다.
③ 구성주의 진로이론에서는 개인이 자신의 진로 관련 행동과 직업적 경험에 의미를 부여하면서 스스로의 진로를 구성해 간다고 본다.
④ 상담자는 내담자가 자신에게 의미 있는 경험을 찾아내도록 촉진하고, 이를 통해 내담자 자신만의 진로이론을 만들어갈 수 있도록 도와야 하며, 이러한 진로이론 속에서 구성주의 진로발달이론의 주요 개념인 내담자의 직업적 성격, 진로적응도, 생애주제를 찾아간다.

(2) 주요 개념

① **직업적 성격(Vocational personality)**
　ㄱ 진로와 관련된 각 개인의 능력, 욕구, 가치, 흥미 등을 의미한다.
　ㄴ 홀랜드(Holland)의 RIASEC 모형을 사용하지만 내담자의 특성과 직업세계의 특성을 간결하게 표현하는 어휘로서의 역할을 한다.
　ㄷ 자기개념은 자기의 진로를 구성하기 위해 자신을 표현하는 것이다.
　ㄹ 자신의 이야기를 함으로써 자신을 구성하기 때문에 이야기 만들기는 주관적 진로를 정립하는 가장 효과적인 방법이다.

② **진로적응도 (Adaptability)**

　㉠ 구성주의 진로이론에서는 발달과정을 내부구조의 성숙으로 보기보다는 환경에의 적응 과정으로 개념화한다.

　㉡ 진로적응도란 현재 당면한 진로발달과업, 직업전환, 마음의 상처 등을 극복하는 데 필요한 개인의 준비도와 자원을 의미하는 심리적 구인으로, 일이 자신에게 맞도록 자신을 일에 맞추어나가는 과정에 동원되는 개인의 태도, 능력, 행동을 말한다.

　㉢ 진로적응도를 통해 자신의 자기개념을 직업적 역할 속에서 실현해내고, 그것이 바로 자신의 진로를 새롭게 만드는 과정이 되며, 스스로의 진로 관련 행동들을 조절하기 위해 필요한 능력이다.

　㉣ **진로적응도의 4가지 차원 (4C)**

구분	내용
관심 (concern)	미래를 위한 계획을 세우고 필요한 준비를 해야겠다고 인식한다.
통제 (control)	미래에 대한 통제력을 가지고 자기주장과 자기 절제를 한다.
호기심 (curiosity)	새로운 대안이나 가능성을 탐색해 보려고 한다.
자신감 (confidence)	자신이 잘 해낼 수 있다는 확신이 들면 자신의 문제들을 적극적으로 다루려고 한다.

　　※ 암기 Tip : 관 – 통 – 하(호) – 자

③ **생애주제 (life theme)**

　㉠ 생애주제는 자신이 어떤 사람이라고 생각하는지를 직업적 용어를 써서 나타내고, 어떤 직업에 들어가서 자신의 자기개념을 구현하려고 노력하고, 자신의 잠재력을 실현하고 자기존중감을 유지하려 할 때의 개념이다.

　㉡ 직업선택을 통해 자기개념을 구체화하고, 일을 통해 자신을 드러내는 진로 관련 행동의 이유가 생애주제이다.

　㉢ 개인은 저마다의 생애주제를 가지고 있고, 자신만의 고유한 생애주제를 활용하여 의미 있는 선택을 하고 직업인으로서의 역할에도 적용해 나간다.

　㉣ 생애주제를 담은 개인의 진로경험담을 진로 이야기(career stories)라 명명하는데, 내담자의 여러 진로 이야기들을 통합하여 생애주제를 찾아가는 과정이 상담의 과정이 된다.

(1) 진로구성이론의 상담과정

① **1단계－구성 (construction)** : 개인이 자기 자신과 진로를 어떻게 구성하고 있는지를 일상의 작은 이야기를 통해 내담자와 상담자가 함께 파악해 가는 단계로, 전 생애에 걸친 자전적 이야기와 사소한 일상을 모두 다루면서 **진로와 관련된 이야기들을 수집하고 이를 연결하**는 작업을 주로 한다.

② **2단계－해체 (deconstruction)** : 내담자의 관점을 폭넓게 열어주는 것이 목적인 단계로, **구성단계에서 풀어낸 이야기에 암시되어 있는 의미를 명료화**하거나 더 현실적이고 객관적인 관점을 갖게 돕는다. 내담자가 잘못된 고정관념을 가지고 있을 수도 있으므로 내담자 이야기 속에서 이미 가정하고 있는 것, 못 보고 있는 것, 빠뜨린 것 등을 이 단계에서 다루어야 한다.

③ **3단계－재구성 (reconstruction)** : 앞 단계에서 찾은 **새로운 관점으로 문제를 재조명해 보는 단계**로, 미시적인 내러티브(narrative)를 통해 정체성을 구성해 나가는 과정에서 상담자는 내담자의 이야기를 엮어 통일된 개인을 지각할 수 있도록 돕는다. 나아가 내담자의 과거, 현재, 미래로 이어지는 정체성에 대한 거시적인 내러티브를 구성해가야 하는데, 이야기의 연결고리 속에서 직업적 줄거리와 진로주제를 찾아내야 한다.

④ **4단계－공동구성 (co-construction)** : 재구성한 새로운 이야기 속에서 문제를 바라보면서 **해결책을 찾고 행동의 변화를 촉진하는 단계**로, 내담자는 자신에 대한 새로운 상을 갖게 되고, 이에 따른 행동을 계획하고 실천하게 된다.

※ 암기 Tip : 구 － 해 － 자(재) － 고(공)

(2) 진로구성이론의 상담기법

① **진로유형면접(CSI : Career Style Interview/Career Story Interview) 질문** : 진로구성이론에서 제안하는 상담과정에서는 내담자의 진로 이야기를 이끌어내는 방법으로 진로유형면접을 주로 활용한다. 진로유형면접에서 얻은 자료를 통해 상담자는 내담자의 생애주제를 이끌어낼 수 있고, 이와 함께 직업적 성격과 진로적응도도 파악할 수 있다.

② **진로유형면접(CSI) 질문영역별 의미**

영역	질문	의미
준비도	• ○○씨의 진로를 만들어 나가는 데 있어 저와 만나는 시간을 어떻게 활용할 수 있을까요?	상담의 출발점을 제시한다.
역할모델	• 자라면서 가장 존경했던 사람은 누구인가요? • 어떤 사람의 삶을 따라 살고 싶은가요? • 세 사람의 역할모델을 얘기해 보세요.	이상적 자아를 나타낸다.

영역	질문	의미
잡지/TV 프로그램	• 정기적으로 구독하는 잡지가 있나요? • 정말 좋아하는 TV 프로그램은 무엇인가요? 그 이유는?	개인의 생활양식에 맞는 환경에 대한 선호를 나타낸다.
책/영화	• 좋아하는 책이나 영화에 대해 얘기해 주세요.	동일한 문제에 당면한 주인공이 어떻게 그 문제를 다루어 나가는지를 보여준다.
여가와 취미	• 여가시간을 어떻게 보내고 싶은가요? • 취미는 무엇인가요? • 취미생활의 어떤 점이 좋은가요?	자기표현을 다루고 겉으로 드러난 흥미가 무엇인지 나타낸다.
명언	• 좋아하는 명언이나 좌우명이 있나요? • 기억하고 있는 명언이 있으면 얘기해 주세요.	생애사의 제목을 제공한다.
교과목	• 중학교 때나 고등학교 때 좋아하는 과목이 무엇이었나요? 그 이유는? • 싫어했던 과목은 무엇이었나요? 그 이유는?	선호하는 직무와 근로환경을 나타낸다.
생애 초기 기억	• 가장 어릴 적 기억은 어떤 것인가요? • 3~6세 시기에 ○○씨에게 일어났던 일 중 기억에 남는 일 세 가지를 듣고 싶습니다.	무엇에 몰두하여 노력을 기울이고 있는지를 드러낸다.

제5절 진로전환이론

01 진로전환이론적 접근

(1) 특징 및 의의

① 슐로스버그(Schlossberg, 1994)는 삶의 전환은 어떤 사건이나 비사건으로 인해 자기 자신과 세계관에 변화가 생기고 자신의 행동과 관계 측면에서 그에 상응하는 변화가 요구될 때 발생한다고 하였다.

② 전환은 고등학교 졸업이나 취업, 결혼, 첫아이의 출생 등과 같이 분명한 삶의 변화에서부터 진로 포부의 상실, 예상했던 사건들이 일어나지 않는 것과 같은 미묘한 경우도 해당될 수 있다.

③ 일반적으로 전환은 스트레스를 수반하며, 스트레스는 조절될 수 있다.

④ 전환은 개인에게 각기 다르게 영향을 주며, 각 개인은 같은 유형의 전환에 다르게 반응하고 또 발생시점에 따라 서로 다르다.

⑤ 전환의 주요 이유는 초기 직업적 요구와 자신의 흥미, 적성, 가치관의 불일치, 이상과 현실의 차이, 적정 생활수준 유지를 위한 물질적 필요와 요구, 고용관행, 작업환경문제, 일의 다양성 부족, 지나친 스트레스 및 육체노동, 여가시간 부족, 정체감, 권태감 등 예기치 못한 사건들도 될 수 있다.

(2) 주요 개념

① 진로전환(career transition)의 분류

㉠ 예상 및 발생 여부에 따른 분류

구분	내용
예상된 전환 (anticipated transition)	생애주기에 포함된 예상되는 사건들에 의하여 발생한다. 예 결혼, 빈 둥지 증후군
예상하지 못한 전환 (unanticipated transition)	예측할 수 없는 생애사건들에 의하여 발생하며 계획된 것이 아니다. 예 질병, 이혼, 해고
일어나지 않은 사건에 의한 전환 (nonevent transition)	미리 예상했고 계획하고 기대하였으나 일어나지 않았던 사건에 기인한 것이다. 예 결혼하지 않음, 승진에서 탈락함

㉡ 자발성 여부에 따른 분류

구분	내용
자발적 진로전환 (voluntary changers)	직업과 커리어를 자신을 표현하는 수단이자 성장의 수단으로 본다. 그들은 입문, 마스터, 퇴직의 사이클을 거치는데, 그 직업이 더 이상 만족스런 내적 보상이 없기 때문에 다시 변화를 시도하게 된다.
비자발적 진로전환 (nonchangers)	진로결정을 할 때 외적 보상(지위, 힘, 돈, 안정성)에 가치를 높이 둔다. 자발적 전환자보다 위험 부담에 대해서 덜 자기성찰적이며 덜 개방적이다.

② 전환과정

㉠ 전환의 시작은 확인된 하나의 사건 혹은 아직 일어나지 않은 사건과 연결될 수 있지만, 실제로 전환은 시간의 흐름 속의 과정이다.

㉡ 전환기 동안 내담자들은 일련의 단계를 통과하며, 전환은 서서히 일어난다.

㉢ 전환이 일어나는 맥락의 본성과 내담자의 특성에 따라 만족스러운 해결책은 달라진다는 점을 강조한다.

③ 진로전환의 특징

㉠ **개인차** : 진로 재평가와 전환과정을 거칠 수 있는 능력에 개인차가 존재한다.

㉡ **양가적 성격** : 전환은 심리적으로 성장할 수 있는 기회와 심리적으로 퇴화할 수 있는 기회 모두가 될 수 있다. 전환은 변화의 문제라기보다는 변화에 대해 한 개인이 변화를 어떻게 지각하느냐의 문제이다.

㉢ **맥락성** : 전환은 복잡하고 역동적인 요소들을 포함하고 있으며, 전환의 성공적 극복 여부는 내담자의 특성과 전환이 일어난 전후 맥락에 달려 있다.

④ **전환의 증진요인과 억제요인 (Williams, 1999)**

증진요인	억제요인
• 경제적 안정 • 정서적 안정 • 건강한 상태 • 전환기술 • 지지적 직업환경 • 전환에 대한 지지	• 재정적 불안정 • 정서적 불안정 • 나쁜 건강 상태 • 적대적 업무환경 • 전환관리를 잘 못하는 경우

⑤ **진로전환과정의 4단계 (생애진로전환모델)**

ㄱ **입직단계** : 내담자가 새로운 직업을 얻게 되었을 때 전환이 일어나게 된다.

ㄴ **승진단계** : 이전에는 예견할 수 있었던 일련의 단계가 더 이상 예상할 수 없는 과정이 되었기 때문에 이 단계에서 많은 변화와 전환이 일어난다.

ㄷ **퇴사단계** : 직장을 떠나는 단계로서 자발적인 전환이라 할지라도 상실감을 겪을 수 있고, 비자발적인 전환의 경우 고통의 크기는 더 커진다. 퀴블러 로스(Kübler Ross, 1969)가 설명한 애도의 5단계(불신 → 배신감 → 혼란 → 분노 → 화해)와 같은 과정을 따른다.

ㄹ **재취업을 위한 노력단계** : 실업자의 가족들은 실직에 대처하기 위해 유용한 전략들을 짜내어 실천한다.

구분	진로전환	관련 이슈
입직단계	신입직원	**일의 요령 배우기** • 일(job), 문화에 관한 기대 • 명시적 · 암묵적 규준 • 주변인의 느낌
승진단계	고속승진 정체 중간에 끼인 듯한 느낌	**견디기** • 외로움과 경쟁 • 지루함, 막힌 듯한 느낌 • 요구에 부응하기 위한 경쟁
퇴사단계	RIF 은퇴 직업 변경	**떠나기, 애도하기, 노력하기** • 목표 상실과 재형성 • 양가감정의 표현
재취업을 위한 노력단계	실업상태	**소외감** • 좌절 • 절망

(1) 진로전환을 다루는 데에 영향을 미치는 요소 (4S)

구분	내용
상황 (Situation)	**상황요인은 전환상황에 대한 개인의 지각과 통제감을 의미한다.** 상담자들이 파악해야 하는 진로전환의 특징적인 변수는 계기, 시간, 자원, 역할변화, 기간, 유사한 전환을 했던 이전 경험, 동시에 발생하는 스트레스 등이다.
자기 (Self)	**자기요인은 개인 내면의 심리적 특성으로 삶에 대한 적응성이나 자기효능감을 의미한다.** 내담자의 대처자원을 파악하기 위해 내담자의 개인적 상황과 심리적 자원을 확인할 필요가 있다. 고려해야 할 개인적 · 인구학적 변수는 사회경제적 지위, 문화/인종/민족, 성역할, 연령과 삶의 단계, 건강상태 등이고, 심리적 자원은 자아발달, 성격, 외관, 전념(헌신), 가치와 관련된 변수가 포함된다.
지지 (Support)	**지지요인은 진로전환과정에서 활용 가능한 주변의 관심이나 지원과 그에 대한 지각의 정도를 의미한다.** 이는 내담자의 환경에 초점을 맞추는 것으로, 내담자의 사회적 지지, 그들의 대안들, 내담자의 자기지지 기능이 있는지를 고려하는 것이 중요하다.
전략 (Strategies)	**전략요인은 전환상황에서 활용할 수 있는 개인의 대처기술을 의미한다.** 전환대처반응은 전환과 연관된 상황, 전환의 의미, 스트레스를 통제하려는 노력을 포함한다. 앤더슨(Anderson, 2012) 등은 내담자가 지닌 자원과 책무 간의 상호작용과 균형이 변화하는 정도에 따라 전환에 대처하는 개인적 능력이 달라진다고 보았다.

(2) 4S에 기초한 개인상담기법

① **상황(Situation) 관련 주제분석** : 촉발요인, 시기와 스트레스, 이전의 비슷한 전환경험
② **자기(Self) 관련 주제분석** : 역할의 현저성과 균형, 회복탄력성 혹은 적응성, 의미 부여하기
③ **지지(Support) 관련 주제분석** : 지지체계 및 지지원
④ **전략(Strategies) 관련 주제분석** : 과거와 현재의 전략, 가능한 대처전략

(3) 진로전환검사 (CTI : Career Transition Inventory)의 활용

① CTI의 개요

㉠ 헤프너 등(Heppener, Multon & Johnston, 1994)은 슐로스버그(Schlossberg, 1984)의 전환모형에서 심리적인 요인만 채택하여 진로전환검사를 개발하였다.

㉡ 진로전환과정에서 겪게 되는 내적 · 역동적인 심리적 과정을 측정하기 위해 개발되었다.

㉢ 진로전환과정에서 자원이나 장벽이 될 수 있는 개인의 내적 과정변인들을 측정하도록 고안된 40문항의 리커트(Likert)식 측정도구이다.

㉣ 높은 점수는 긍정적 반응으로서 개인이 스스로 그 분야에서 잘하고 있다고 지각하는 것이며, 낮은 점수는 장벽을 나타낸다.

② **CTI의 구성요인**

구분	내용
준비도 (readiness)	진로전환을 하려고 동기화되어 있는 정도 (진로동기)
자신감 (confidence)	성공적인 전환을 할 수 있다는 자기효능감
통제감 (control)	스스로 의사결정을 할 수 있다고 느끼는 정도 (내적/외적 통제)
지각된 지지 (perceived support)	타인으로부터 받고 있다고 느끼는 지지의 정도
의사결정의 독립성 (decision independence)	자신의 욕구에 따라 결정을 내리는 정도로 자기중심 – 관계중심 (independence – interdependence)으로 구성

③ **CTI 점수의 해석과 활용**

　㉠ 탐색을 위한 잠정적인 해석도구로 이용하라.
　㉡ 점수를 규준화하고 비난하지 마라.
　㉢ 척도들은 특질이 아닌 상태를 나타낸다.
　㉣ 전환의 어떤 측면이 통제 가능하고 통제 불가능한지를 구분하라.
　㉤ 높은 점수가 항상 좋은 것은 아님을 이해하라.
　㉥ 각 개인에 대한 척도의 중요성을 탐색하라.
　㉦ 강점을 부각하라.
　㉧ CTI를 심리문제와 진로문제를 통합하는 도구로 이용하라.
　㉨ CTI 점수의 의미를 탐색하는 데 창의성을 발휘하라.

(4) 진로상담 실제를 위한 슐로스버그의 성인 진로발달 전환모델의 함의

① 더 많은 사람이 진로발달의 후기 단계에서 직업의 변화를 겪기 때문에 상담자들은 변화를 원하는 내담자들에게 개방적이어야 하며, 전환과정에 포함된 좌절, 고통, 기쁨을 이해하고 공감해야 한다.
② 전환을 경험하는 내담자들은 종종 불안과 정서적 격변을 겪기 때문에 안전한 상담환경을 제공하는 것이 매우 중요하다.
③ 전환기 내담자들은 상황을 재구성하고 재집중하는 데 어려움을 느끼기 때문에 상담자들은 내담자에게 새로운 관점을 제공할 필요가 있다.
④ 전환기 내담자들은 더 좋은 일자리로 옮기기 위해 늘 도움을 필요로 하기 때문에 문제해결, 의사결정 및 대처기술을 개발하도록 돕는 것이 중요하다.
⑤ 사회적 지지는 전환에 성공적으로 대처하기 위한 핵심적 요인이므로, 상담자는 내담자에게 사회적 지지체계와 네트워크를 발달시키도록 돕는 기술을 제공해야 한다.

① 크롬볼츠의 진로사회학습이론

★★ 2011년, 2014년, 2020년 직업상담사 2급

01 다음 사례는 사회학습이론이 제시한 진로발달 과정의 어떤 요인과 밀접하게 관련되는가?

> 신입사원 A는 직무 매뉴얼을 참고하여 업무수행을 한다. 그러나 이런 방법을 통해 신입사원 때 좋은 결과를 얻더라도, 승진하여 새로운 업무를 수행할 때는 기존의 업무수행 방법을 수정해야 할지도 모른다.

① 유전적 요인과 특별한 능력
② 직무적성
③ 학습경험
④ 과제접근기술

해설 과제접근기술은 개인이 어떤 당면한 문제를 성취하기 위해 동원하는 기술로서, 수행에 대한 기대, 업무습관, 인지적 과정, 정서적 반응 등이 있다.

2012년, 2014년, 2018년, 2019년, 2020년 직업상담사 2급

02 미첼과 크롬볼츠의 진로선택의 사회학습이론에서 개인의 진로발달과정과 관련 없는 요인은?

① 유전요인과 특별한 능력
② 환경조건과 사건
③ 과제접근기술
④ 인간관계기술

해설 미첼(Mitchell)과 크롬볼츠(Krumboltz)는 개인의 진로결정에 영향을 주는 요인으로 유전적 요인과 특별한 능력, 환경적 조건과 사건, 학습경험, 과제접근기술 등 4가지 요인을 제시하였다.

★ 2013년, 2016년, 2017년 직업상담사 2급

03 Krumboltz의 사회학습이론에 관한 설명으로 틀린 것은?

① 진로결정에 영향을 미치는 요인으로 유전적 요인, 환경적 조건, 학습경험, 과제접근기술 등 4가지를 제시하고 있다.
② 강화이론, 고전적 행동주의이론, 인지적 정보처리이론에 기원을 두고 있다.
③ 진로결정요인들이 상호작용하여 자기관찰 일반화와 세계관 일반화를 형성한다.
④ 학과 전환 등 진로의사결정과 관련된 개인의 행동에 대해서는 관심을 두지 않고 있다.

해설 크롬볼츠의 진로선택의 사회학습이론에서는 학과 전환 등 진로의사결정과 관련된 개인의 행동에 대해 관심을 갖고, 개인의 진로선택과 결정의 영향요인으로 유전적 요인과 특별한 능력, 환경적 조건과 사건, 학습경험, 과제접근기술 등 4가지를 제시하고 있다.

★ 2015년, 2018년 직업상담사 2급

04 진로선택 사회학습이론에 관한 설명으로 틀린 것은?

① 유전적 요인과 특별한 능력이 진로결정과정에서 미치는 영향을 고려하지 않았다.
② 진로선택 결정에 영향을 미치는 삶의 사건들에 관심을 두고 있다.
③ 전체 인생에서 각 개인의 독특한 학습경험이 진로선택을 이끄는 주요한 영향요인을 발달시킨다고 보았다.
④ 개인의 신념과 일반화는 사회학습모형에서 매우 중요하다고 보았다.

정답 01. ④ 02. ④ 03. ④ 04. ①

해설 **[미첼(Mitchell)과 크롬볼츠(Krumboltz)의 진로결정 영향 요인]**
- ㉠ 유전적 요인과 특별한 능력
- ㉡ 환경적 조건과 사건
- ㉢ 학습경험
- ㉣ 과제접근기술

★ **2018년, 2021년 직업상담사 2급**

05 다음의 내용을 주장한 학자는?

특정한 직업을 갖게 되는 것은 단순한 선호나 선택의 기능이 아니고 개인이 통제할 수 없는 복잡한 환경적 요인의 결과이다.

① Krumboltz ② Dawis
③ Gelatt ④ Peterson

해설 크롬볼츠(Krumboltz)는 진로선택의 사회학습이론을 통해 특정한 직업을 갖게 되는 것은 단순한 선호나 선택의 기능이 아니고 개인이 통제할 수 없는 복잡한 환경적 요인의 결과라고 제안하였고, 최근 '우연'의 개념을 진로에 추가하여 '계획된 우연이론'이라는 명칭을 거쳐 '우연학습이론'으로 발전하였다.

2019년 9급 공무원

06 진로선택에 영향을 미치는 요인들로 미첼(L. Mitchell)과 크롬볼츠(J. Krumboltz)가 제안한 것만을 모두 고른 것은?

㉠ 유전요인	㉡ 환경조건과 사건
㉢ 학습경험	㉣ 과제접근기술

① ㉡, ㉢ ② ㉠, ㉢, ㉣
③ ㉡, ㉢, ㉣ ④ ㉠, ㉡, ㉢, ㉣

해설 **[미첼(Mitchell)과 크롬볼츠(Krumboltz)의 진로결정 영향 요인]**
- ㉠ 유전적 요인과 특별한 능력
- ㉡ 환경적 조건과 사건
- ㉢ 학습경험
- ㉣ 과제접근기술

★★★ **2021년 9급 공무원**

07 다음의 진로선택이론에 해당되는 진로상담방안으로 옳은 것은?

진로선택에 영향을 미치는 요인을 '선천적으로 타고난 능력', '환경적 조건과 사건', '학습경험', '과제접근기술'로 구분하였다.

① 내담자들이 진로문제 해결을 하기 어렵게 만드는 신념을 명료화하도록 돕는다.
② 개인-환경 간의 지각된 부조화를 감소시킬 수 있도록 돕는다.
③ 타협의 불가피성을 수용하도록 돕는다.
④ 생애역할 정체감과 생애가치를 명확히 하도록 돕는다.

해설 크롬볼츠는 진로결정요인들의 상호작용 결과 자기관찰 일반화와 세계관 일반화 등의 일반화된 신념이 생기는데, 이 중 개인의 진로선택과 발달을 저해하는 비합리적 신념을 밝혀내고자 진로신념검사(CBI : Career Beliefs Inventory)를 개발하였다.

2022년 직업상담사 2급

08 크롬볼츠(J. Krumboltz)의 사회학습진로이론에 관한 설명으로 틀린 것은?

① 도구적 학습경험이란 행동과 결과의 관계를 학습하게 되는 것을 의미한다.
② 과제접근기술이란 개인이 어떤 과제를 성취하기 위해 동원하는 기술이다.
③ 우연히 일어난 일들을 개인의 진로에 긍정적으로 활용하는 것이 중요하다.
④ 개인의 진로선택에 영향을 미치는 요인에서 유전적 재능이나 체력 등의 요소를 간과했다.

해설 **[미첼(Mitchell)과 크롬볼츠(Krumboltz)의 진로결정 영향 요인]**
- ㉠ 유전적 요인과 특별한 능력
- ㉡ 환경적 조건과 사건
- ㉢ 학습경험
- ㉣ 과제접근기술

정답 05. ① 06. ④ 07. ① 08. ④

09 Krumboltz의 사회학습진로이론에서 삶에서 일어나는 우연한 일들을 자신의 진로에 유리하게 활용하는 데 도움되는 기술이 아닌 것은?

① 호기심 (curiosity)
② 독립성 (independence)
③ 낙관성 (optimism)
④ 위험 감수 (risk taking)

> **해설** 크롬볼츠는 삶에서 일어나는 우연한 일들을 자신의 진로에 유리하게 활용하기 위해 도움이 되는 기술로는 호기심, 인내심, 유연성(융통성), 낙관성, 위험 감수 등이 있으며, 상담자는 내담자들이 이러한 기술을 발달시킬 수 있도록 도울 수 있다고 강조하였다.
> [암기 Tip] 호 – 인 – 유 – 낙 – 위

10 크롬볼츠(J. Krumboltz)의 계획된 우연이론에 대한 설명으로 옳은 것은?

① 내담자의 불안을 정상적인 것으로 간주한다.
② 직업상담의 주요한 목표는 내담자의 의사결정을 돕는 것이다.
③ 개인특성과 직업요건 간의 매칭을 강조한다.
④ 내담자의 부정적인 자동적 사고의 교정을 강조한다.

> **해설** [크롬볼츠(Krumboltz)의 우연학습이론의 진로상담에서 상담자가 유의하고 접근해야 할 문제들]
> ㉠ 사람들은 해결할 수 있는 문제가 존재한다는 사실을 인식하지 못할 수도 있다.
> ㉡ 사람들은 결정을 하거나 문제를 해결하는 데 필요한 노력을 기울이지 않을지도 모른다.
> ㉢ 사람들은 부적절한 이유로 잠재적인 만족을 주는 대안을 제거할지도 모른다.
> ㉣ 사람들은 부적절한 이유로 적절치 않은 대안을 선택할지도 모른다.
> ㉤ 사람들은 목표를 달성하기에는 스스로가 무능력하다는 생각으로 인해 불안해하거나 분노를 겪을지도 모른다.

11 크롬볼츠(J. Krumboltz)의 계획된 우연모형에서 제안한 것으로, 삶에서 일어나는 우연한 일들이 자신의 진로에 유리하게 활용되도록 해주는 기술의 종류 및 관련 설명으로 옳은 것은?

① 타협 : 새로운 기회가 올 때 그것을 긍정적으로 보는 것
② 호기심 : 불확실한 결과 앞에서도 행동화하는 것
③ 융통성 : 태도와 상황을 변화시키는 것
④ 고통 감내력 : 좌절에도 불구하고 노력을 지속하는 것

> **해설** ① '낙관성'의 설명에 해당한다.
> ② '위험 감수'의 설명에 해당한다.
> ④ '인내력'의 설명에 해당한다.

12 다음과 같이 주장한 대표적인 학자는?

> • 우연한 사건이 도움이 되었던 경험을 탐색하여 잠재된 기회를 더 잘 활용하도록 도와야 한다.
> • 우연한 사건을 다루는 데 도움이 되는 기술은 호기심, 인내심, 융통성, 낙관성, 위험 감수이다.

① 로 (A. Roe)
② 사비카스 (M. Savickas)
③ 크롬볼츠 (J. Krumboltz)
④ 매슬로 (A. Maslow)

> **해설** 크롬볼츠(J. Krumboltz)는 우연학습이론을 통해 삶에서 일어나는 우연한 일들을 자신의 진로에 유리하게 활용하기 위해 도움이 되는 기술로는 호기심, 인내심, 유연성(융통성), 낙관성, 위험 감수 등이 있으며, 상담자는 내담자들이 이러한 기술을 발달시킬 수 있도록 도울 수 있다고 하였다.

정답 09. ② 10. ① 11. ③ 12. ③

2024년 9급 공무원

13 계획된 우연기술(planned happenstance skills)의 하위요인이 아닌 것은?

① 민첩성 (celerity)

② 인내심 (persistence)

③ 유연성 (flexibility)

④ 위험 감수 (risk taking)

> **해설** [계획된 우연기술(planned happenstance skills)의 하위요인]
> ㉠ **호**기심 (curiosity)
> ㉡ **인**내심 (persistence)
> ㉢ **유**연성 (flexibility)
> ㉣ **낙**관성 (optimism)
> ㉤ **위**험 감수 (risk-taking)

★★

14 크롬볼츠(J. Krumboltz)가 제안한 사회학습진로이론에 관한 설명으로 옳지 않은 것은?

① 개인의 진로개발과정에서 우연의 영향력을 중요시한다.

② 진로의사결정과정에서 자기효능감과 결과기대를 중요시한다.

③ 개인이 환경과의 상호작용을 통해 무엇을 학습했는가를 중요시한다.

④ 개인은 학습경험을 통해 세계를 바라보는 관점이나 신념을 형성한다고 본다.

> **해설** ② '사회인지진로이론'의 설명에 해당한다.

★★

15 크롬볼츠(J. Krumboltz)의 이론에서 상담자가 내담자에게 학습시켜야 할 과제접근기술이라고 제시한 내용이 아닌 것은?

① 중요한 의사결정상황의 인식

② 다양한 대안의 도출

③ 학습경험에 대한 검토 및 평가

④ 매력적이지 못한 대안 제거 능력

> **해설** [상담자가 학습시켜야 할 과제접근기술]
> ㉠ **중요한 의사결정상황의 인식**
> ㉡ 과제에 대한 현실적인 파악
> ㉢ 자기관찰 일반화와 세계관 일반화에 대한 검토 및 평가
> ㉣ **다양한 대안의 도출**
> ㉤ 대안에 관한 필요한 정보의 수집
> ㉥ **매력적이지 못한 대안 제거 능력**

★★

16 다음에 제시된 내담자에 대한 사회학습진로이론에 따른 상담자의 개입으로 옳은 것은?

> 대학교 1학년인 김 양의 진로목표는 부모님의 뜻에 따라 공무원이 되는 것이다. 최근에 김 양은 공무원 응시자격이 학력과 상관없다는 것을 알게 되어 대학을 자퇴하려고 한다. 그러나 부모님은 대학은 졸업해야 한다고 주장한다.

① 김 양의 진로목표 설정과정에 대해 직업적 정체성을 중심으로 탐색한다.

② 부모로부터 물려받은 유전적 재능 때문에 공무원이라는 목표를 설정했다고 가설을 세운다.

③ 김 양의 진로목표 설정과정에서 나타난 환경적 조건인 부모의 영향을 탐색한다.

④ 학력이 진로장벽이 될 수 있으므로 김 양의 내적 요구를 탐색하고 자퇴 여부를 검토한다.

> **해설** 크롬볼츠의 사화학습진로이론에서는 진로결정의 영향요인으로 유전적 요인과 특별한 능력, 환경적 조건과 사건, 학습경험, 과제접근기술 등 4가지로 제안하고 있다. 현재 김 양의 경우 부모님의 의견이 진로결정에 가장 큰 영향을 미치고 있으므로 환경적 조건에 해당하는 부모의 영향을 탐색하는 것이 바람직한 상담자의 개입이다.

★★★

17 크롬볼츠(J. Krumboltz)가 제안한 계획된 우연이론의 진로상담내용으로 옳은 것을 모두 고른 것은?

> ㉠ 호기심을 학습과 탐색의 기회로 활용하도록 돕기
> ㉡ 내담자가 자신의 이야기에 더 많은 의미를 부여하도록 돕기
> ㉢ 계획하지 않은 일이 현재의 기반이 된 성공경험 활용하도록 돕기
> ㉣ 사회적 관계 속에서 발생하는 다양한 생애역할을 탐색하도록 돕기
> ㉤ 잠재된 기회를 보다 잘 알아차리도록 내담자의 감수성을 키우도록 돕기

① ㉠, ㉡, ㉢　　　② ㉠, ㉢, ㉤
③ ㉡, ㉢, ㉣　　　④ ㉠, ㉡, ㉣, ㉤

해설 크롬볼츠의 계획된 우연이론에서는 자신의 진로에 우연적인 일들을 바람직하게 만들어내도록 가르치고자 하며, 이때 호기심, 인내심, 유연성, 낙관성, 위험 감수 등의 기술을 활동할 것을 강조한다.

❷ 사회인지진로이론 (SCCT)

★　　2012년, 2019년 직업상담사 2급

18 Bandura가 제시한 사회인지이론의 인과적 모형(상호적 결정론의 세 가지 요인)에 해당하지 않는 변인은?

① 외형적 행동
② 개인적 기대와 목표
③ 외부환경요인
④ 개인과 신체적 속성

해설 [반두라(Bandura)의 사회인지이론의 개인과 환경의 상호작용에 대한 인과적 모형(3축 호혜성)]
㉠ 개인과 신체적 속성
㉡ 외부환경요인
㉢ 외형적 행동

★　　2020년 직업상담사 2급

19 사회인지적 관점의 진로이론(SCCT)의 세 가지 중심적인 변인이 아닌 것은?

① 자기효능감　　　② 자기보호
③ 결과기대　　　④ 개인적 목표

해설 [사회인지적 관점의 진로이론(SCCT : Social Cognitive Career Theory)의 세 가지 변인]
㉠ 자기효능감
㉡ 결과기대
㉢ 개인적 목표

2017년 직업상담사 2급

20 자기효능감에 영향을 미치는 요인과 가장 거리가 먼 것은?

① 대리경험　　　② 설득
③ 성취경험　　　④ 사회경제적 여건

해설 [자기효능감에 영향을 미치는 요인]
㉠ 성취경험(성공경험)
㉡ 대리경험(대리학습)
㉢ 사회적 설득
㉣ 생리적 · 정서적 상태와 반응

★★　　2023년 직업상담사 1급

21 자기효능감은 4가지 종류의 학습경험을 거쳐 발전된다. 4가지 학습경험에 해당하지 않는 것은?

① 개인적인 수행성취
② 정신적 상태와 반응
③ 간접경험
④ 사회적 설득

해설 [자기효능감에 영향을 미치는 요인]
㉠ 성취경험(성공경험)
㉡ 대리경험(대리학습)
㉢ 사회적 설득
㉣ 생리적 · 정서적 상태와 반응

정답　17. ②　18. ②　19. ②　20. ④　21. ②

22 사회인지진로이론(SCCT : Social Cognitive Career Theory)에 대한 설명으로 옳지 않은 것은?

① Bandura의 사회학습이론에 토대를 두며 환경, 개인적 요인, 행동 사이의 상호작용을 중시한다.

② 개인의 진로선택과 수행에 영향을 미치는 성(Gender)과 문화적 이슈 등에 민감하다.

③ 개인의 사고와 인지는 기억과 신념, 선호, 자기지각에 영향을 미치며, 이는 진로발달과정의 일부이다.

④ 진로발달의 기본이 되는 핵심 개념으로 자아효능감과 수행 결과, 개인적 목표를 들고 있다.

> **해설** ④ 진로발달의 기본이 되는 핵심 개념으로 자아효능감과 **결과기대**, 개인적 목표를 들고 있다.

23 사회인지진로이론(Social Cognitive Career Theory)에 근거한 진로상담 접근방법으로 옳지 않은 것은?

① 내담자가 어떤 영역에 자기효능감을 가지고 있는지 탐색해 본다.

② 우연히 발생한 일이 진로에 긍정적으로 작용하는 '계획된 우연(planned happenstance)'을 탐색한다.

③ 내담자가 자신의 진로선택에 대해서 어떤 결과를 기대하고 있는지 확인해 본다.

④ 내담자의 진로선택에 영향을 주는 진로장벽을 탐색하고 극복방안을 논의한다.

> **해설** ② 크롬볼츠(J. Krumboltz)의 '진로사회학습이론'에 대한 설명이다.

24 성취에 대한 보상을 남성과 동등하게 받지 못하는 작업환경에서 일하는 여성들이 받을 수 있는 대표적인 문제는 무엇인가?

① 지적 발달에 장애를 준다.

② 자기효능감 개발에 방해를 받게 된다.

③ 원만한 대인관계 형성에 방해를 받게 된다.

④ 작업에 대한 분석능력이 떨어진다.

> **해설** 성취에 대한 보상을 남성과 동등하게 받지 못하는 작업환경에서 일하는 여성들이 받을 수 있는 대표적인 문제는 자기효능감 개발에 방해를 받는다는 것이다.

25 사회인지진로이론 중 선택모형에 대한 설명으로 옳은 것은?

① 진로포부의 제한은 근접맥락변인에서의 방해요인을 말한다.

② 자기효능감 및 결과기대가 목표선택에 영향을 미친다.

③ 개인적 특성에 적합한 직업환경을 찾는 데 목적을 두고 있다.

④ 개인이 이미 선택한 영역에서 추구하는 수행의 수준을 예측한다.

> **해설** 사회인지진로이론의 선택모형에서 개인변인과 환경변인은 자기효능감과 결과기대를 설명하는 학습경험의 범위에 영향을 미친다. 직접학습과 대리학습을 통해 강화와 처벌을 경험하고, 이를 통해 특정 영역에 대한 능력을 개발하여 자기효능감과 결과기대를 형성한다. 또한 이 두 가지는 진로흥미의 발달에 영향을 주고, 진로 관련 흥미 중 하나의 목표를 선택한 후 목표를 실현하기 위해 활동을 선택하고 거기에서 성취를 이루어내며, 이는 다시 학습경험에 피드백되면서 미래 진로행동을 형성해 나간다.

> **정답** 22. ④　23. ②　24. ②　25. ②

26 사회인지진로이론(SCCT)의 주요 요인에 대한 설명으로 옳지 않은 것은?

① 자기효능감요인은 특정 행동 또는 활동을 수행할 수 있는 능력을 의미한다.
② 결과기대요인은 특정 행동의 수행에서 얻게 될 성과에 대한 개인의 예측을 의미한다.
③ 목표요인은 특정 행동에 몰입하거나 미래의 성과를 이루겠다는 결심을 의미한다.
④ 근접맥락요인은 진로선택의 시점에 비교적 직접적으로 작용하는 환경요인을 의미한다.

> **해설** 자기효능감이란 반두라가 처음 사용한 용어로서, 자신이 계획한 일을 수행하기 위하여 요구되는 행동을 조직하고 실행하는 자신의 능력에 대한 굳은 신념을 말한다. 반두라는 자기효능감이 심리적 기능에 영향을 미치는 개인의 사고와 심상을 포함한다는 점을 강조한다. 즉, 어떤 과제를 수행하는 자기의 능력에 대한 믿음이 과제 시도의 여부와 과제를 어떻게 수행하는지를 결정한다는 것이다.

27 사회인지진로이론(Social Cognitive Career Theory : SCCT)에서 설명하는 개념으로 (A)에 들어갈 용어는?

> 학습경험을 통해 형성된 자기효능감과 결과기대는 (A)에 영향을 준다.

① 성격
② 맥락
③ 흥미
④ 유전적 재능

> **해설** 사회인지진로이론(SCCT)의 흥미발달모형에 의하면, 개인은 자신이 잘할 수 있다고 믿고, 해당 과업은 성취하면 자신이 가치를 두고 있는 강화를 받을 수 있다고 여길 때 관련 진로에 대한 강한 흥미를 발달시킬 수 있다. 즉, 자기효능감과 결과기대는 개인의 흥미발달에 직접적인 영향을 미친다.

28 반두라(A. Bandura)가 제시한 자기효능감(self-efficacy)의 원천에 해당하지 않는 것은?

① 유전자
② 대리경험
③ 언어적 설득
④ 성취경험

> **해설** [자기효능감에 영향을 미치는 요인]
> ㉠ 성취경험 (성공경험)
> ㉡ 대리경험 (대리학습)
> ㉢ 사회적 설득 (언어적 설득)
> ㉣ 생리적 · 정서적 상태와 반응

29 다음의 상담전략을 모두 포함하는 진로이론은?

> • 자기효능감과 결과기대를 현실화하여 보다 확장된 진로대안 안에서 진로를 선택하도록 돕기
> • 내담자가 선택 가능한 진로를 제외하게 한 진로장벽을 확인하고 평가하기
> • 내담자의 진로맥락에서 진로선택을 돕는 사회적 지지를 확인하고 이를 활용하도록 돕기

① 사회인지적 진로이론
② 구성주의적 진로이론
③ 인지정보처리이론
④ 진로의사결정이론

> **해설** [사회인지진로이론의 3가지 상담의 원리 (지침)]
> ㉠ 내담자가 비현실적이라고 느꼈거나, 부적절한 자기효능감이나 결과기대 때문에 배제한 대안에 대해서 확인하는 것이다.
> ㉡ 내담자가 가능성 있는 진로를 너무 이르게 제외해 버리게 한 진로장벽에 대해 확인하고 평가하는 것이다.
> ㉢ 내담자의 잘못된 직업정보와 부적절한 자기효능감을 수정하는 것이다.

정답   26. ①   27. ③   28. ①   29. ①

★
30 사회인지진로이론의 상담의 목표에 해당하지 않는 것은?

① 자기효능감 점검 및 강화
② 결과기대의 탐색과 현실성 강화
③ 진로준비행동 촉진과 진로장벽 인식 및 제거
④ 다양한 대안 탐색

해설 **[사회인지진로이론의 상담의 목표]**
　㉠ 자기효능감 점검 및 강화
　㉡ 결과기대의 탐색과 현실성 강화
　㉢ 목표 수립
　㉣ 진로준비행동 촉진과 진로장벽 인식 및 제거

③ 진로혼돈이론

★★
31 진로무질서이론에 대한 설명으로 바르지 않은 것은?

① 내담자들에게 현실이 무질서하다는 것을 인식시킨다.
② 체제의 기능을 유인으로 묘사하고 일반적인 4가지 행동패턴을 제시하였다.
③ 많은 우연적 사건이 발생하므로 이를 기회로 만드는 능력을 북돋우려 한다.
④ 사회적 요구에 부응하는 과정으로서 진로를 강조한다.

해설 ④ '진로구성이론'의 내용에 해당한다.

★
32 진로무질서이론의 상담기법에 해당하지 않는 것은?

① 복잡성 지각지표
② 직업카드
③ 현실 체크리스트
④ 매체 활용

해설 **[진로무질서이론의 상담기법]**
　㉠ 현실 체크리스트
　㉡ 복잡성 지각지표
　㉢ 행운준비도지표
　㉣ 기회카드
　㉤ 매체 활용

★★　**2024년 9급 공무원**
33 직업상담의 개념에 대한 설명으로 옳지 않은 것은?

① 프로티언 경력 (protean career) : 경력 전환에 있어서 개인의 가치를 중심으로 한 진로개발과정
② 목표유인 (point attractor) : 현실의 체제 중 두 개의 지점, 장소 또는 성과 사이를 규칙적으로 이동하는 궤적
③ 무경계 경력 (boundaryless career) : 한 조직이나 한 직업에 얽매이지 않고 자유롭게 경력을 관리하고 개발하는 것
④ 잡 크래프팅 (job crafting) : 구성원이 업무나 관계적 경계를 형성하는 신체적, 인지적 변화 및 자신의 직업을 재정의하는 행동

해설 **[무질서이론에서 가정하는 체제이론의 4가지 일반적인 행동패턴]**
　㉠ 목표유인(Point Attractor) : 체제가 지향하는 궁극적인 상태로 움직여가는 것을 의미
　㉡ 진동유인(Pendulum Attractor) : 두 개의 양극단 사이에서 체제가 규칙적으로 움직이는 것을 의미
　㉢ 패턴유인(Torus Attractor) : 복잡하기는 하지만 시간이 흐름에 따라 일정한 패턴을 보이는 것을 의미
　㉣ 우연유인(Strange Attractor) : 우연을 포함하는 개념으로서 예측 불가능한 방식으로 복잡하게 움직여가지만 나름의 질서를 조직해 가기도 하는 것을 의미

정답　30. ④　31. ④　32. ②　33. ②

★
34 합리성을 토대로 한 전통적 진로이론의 한계를 극복하기 위해 최근 강조되고 있는 대안이론(진로무질서이론 등)이 등장하게 된 배경으로 옳지 않은 것은?

① 인간이 현상과 경험을 새롭게 해석하고 의미를 부여하고 있는 점을 간과하고 있다.
② 매칭에만 초점을 두고 인간의 적응적인 특성을 충분히 반영하지 못하고 있다.
③ 안정보다 변화를 가정하고 있어 이론과 실제가 부합되지 않는 한계가 있다.
④ 진로발달이 우연적 사건이나 경험에 의해 변화될 수 있음을 충분히 고려하지 못하고 있다.

해설 ③ 기존의 이론들은 변화보다 안정을 가정하고 있어 이론과 실제가 부합되지 않는 한계가 있다.

4 진로구성이론

★★★ 2018년 9급 공무원
35 구성주의 진로발달이론에서 사용하는 진로양식면접(career style interview)의 영역, 질문내용과 의미의 연결이 옳지 않은 것은?

	영역	질문	의미
①	역할모델	가장 존경한 사람은 누구인가요?	이상적 자아를 나타낸다.
②	교과목	좋아하거나 싫어한 교과목은 무엇인가요?	선호하는 직무와 근로환경을 나타낸다.
③	명언	좋아하는 명언이나 좌우명이 있나요?	개인의 생활양식에 맞는 환경에 대한 선호를 나타낸다.
④	여가와 취미	여가시간을 어떻게 보내고 싶은가요?	자기표현을 다루고 겉으로 드러난 흥미가 무엇인지 나타낸다.

해설 ③ 좋아하는 명언이나 좌우명은 생애사의 제목을 제공한다.

★ 2019년 직업상담사 2급
36 구성주의 진로발달이론의 진로양식면접에서 선호하는 직무와 근로환경을 파악하기 위한 질문으로 가장 적합한 것은?

① 중학교 때나 고등학교 때 좋아하는 교과목이 무엇이었나요?
② 좋아하는 책이나 영화에 대해 이야기해 주세요.
③ 어떤 사람의 삶을 따라서 살고 싶은가요?
④ 좋아하는 명언이나 좌우명이 있나요?

해설 ② 동일한 문제에 당면한 주인공이 어떻게 그 문제를 다루어 나가는지를 보여준다.
③ 이상적 자아를 나타낸다.
④ 생애사의 제목을 제공한다.

★★★ 2023년 9급 공무원
37 사비카스(M. Savickas)의 진로적응력(career adaptability)에 대한 설명으로 옳지 않은 것은?

① 자신감 (confidence) : 미래의 위험을 감수하고 실험적인 결정을 한다.
② 통제 (control) : 직업인으로서의 미래를 위해 자기절제를 한다.
③ 호기심 (curiosity) : 미래의 다양한 기회와 선택에 대해 탐색한다.
④ 관심 (concern) : 직업인으로서의 미래에 대해 계획한다.

해설 **[진로적응도의 4가지 차원 (4C)]**
㉠ 관심(concern) : 미래를 위한 계획을 세우고 필요한 준비를 해야겠다고 인식한다.
㉡ 통제(control) : 미래에 대한 통제력을 가지고 자기주장과 자기절제를 한다.
㉢ 호기심(curiosity) : 새로운 대안이나 가능성을 탐색해 보려고 한다.
㉣ 자신감(confidence) : 자신이 잘 해낼 수 있다는 확신이 들면 자신의 문제들을 적극적으로 다루려고 한다.
[암기 Tip] 관 – 통 – 하(호) – 자

정답 34. ③ 35. ③ 36. ① 37. ①

38 사비카스(M. Savickas)가 제안한 구성주의 진로이론의 주요 개념으로 옳지 않은 것은?

① 진로적응도 (career adaptability)
② 직업적 성격 (vocational personality)
③ 생애주제 (life theme)
④ 직업인지지도 (cognitive map of occupat-ions)

> **해설** [구성주의 진로이론의 주요 개념]
> ㉠ 직업적 성격 (vocational personality)
> ㉡ 진로적응도 (career adaptability)
> ㉢ 생애주제 (life theme)

39 사비카스(M. Savickas)의 진로구성이론에서 진로양식면접의 질문영역과 질문의 의도가 일치하지 않는 것은?

① 교과목 : 내담자가 선호하는 직무와 근로환경을 확인한다.
② 역할모델 : 내담자가 추구하는 이상적 자아를 확인한다.
③ 준비도 : 개인이 통제할 수 없는 환경을 확인한다.
④ 명언 : 내담자의 생애에서 중요한 주제가 무엇인지 확인한다.

> **해설** 준비도는 상담의 출발점을 제시하는 의미를 갖는다.

40 다음에서 설명하는 개념은?

> • 일이 자신에게 맞도록 자신을 일에 맞추어나가는 과정에 동원되는 개인의 태도, 능력, 행동
> • 현재 당면한 진로발달과업, 직업전환, 마음의 상처 등을 극복하는 데 필요한 개인의 준비도와 자원을 의미하는 심리적 구인

① 생애주제 (life theme)
② 직업적 성격 (vocational personality)
③ 진로의사결정 자기효능감 (career decision self-efficacy)
④ 진로적응도 (career adaptability)

> **해설** 진로적응도란 현재 당면한 진로발달과업, 직업전환, 마음의 상처 등을 극복하는 데 필요한 개인의 준비도와 자원을 의미하는 심리적 구인으로, 일이 자신에게 맞도록 자신을 일에 맞추어나가는 과정에 동원되는 개인의 태도, 능력, 행동을 말한다.

41 다음 설명에 해당하는 상담전략은?

> • 구성주의 진로발달이론에서 대표적으로 활용되는 상담전략이다.
> • 이 전략을 시행하기 위해 진로유형면접을 주로 활용한다.
> • 내담자가 자신에 대해 가지고 있던 생각을 보다 명확하게 알아차리도록 돕는다.

① 이야기하기
② 결정 구체화하기
③ 진로문제 정교화하기
④ 미래 내러티브 이끌어내기

> **해설** 구성주의 진로발달이론의 대표적인 상담전략은 '이야기하기(storytelling)'이다. 전통적인 진로상담에서 주로 사용하는 표준화검사의 사용이나 검사 결과의 해석을 최소화하고 내담자로 하여금 진로나 진로선택과 관련된 자신의 이야기를 하도록 하는 것이다. 내담자의 진로를 하나의 이야기에 비유하여, 진로유형면담(Career Style Interview)를 활용한 반구조화된 면담을 통해 내담자가 그들 자신의 진로행동에 부여한 개인적인 의미를 분명하게 하는 데 도움을 준다.

정답 38. ④ 39. ③ 40. ④ 41. ①

42 사비카스(Savickas)의 진로구성이론에 대한 설명으로 옳지 않은 것은?

① 진로적응성의 차원으로 욕구 출현, 자각, 선택, 접촉 등이 있다.
② 주요 개념으로 직업적 성격, 진로적응성, 생애주제 등이 있다.
③ 진로는 성장, 탐색, 확립, 유지, 쇠퇴의 과정을 순환한다고 본다.
④ 개인이 자신의 직업적 경험에 의미를 부여함으로써 진로를 구성한다고 제안한다.

해설 **진로적응성의 자원과 전략의 4가지 차원(4C)** : 관심, 통제, 호기심, 자신감

★★
43 사비카스가 제안한 진로적응도 차원과 개입질문의 연결로 옳은 내용을 모두 고른 것은?

┌─────────────────────────────────┐
│ ㉠ 관심 : 미래가 있는가?
│ ㉡ 통제 : 누가 나의 미래의 주인인가?
│ ㉢ 호기심 : 미래에 대해 원하는 것이 무엇인가?
│ ㉣ 자신감 : 어려움을 인내할 수 있는가?
└─────────────────────────────────┘

① ㉠, ㉡, ㉢, ㉣   ② ㉢, ㉣
③ ㉠, ㉡, ㉢   ④ ㉡, ㉢, ㉣

해설 **자신감**에 적절한 질문은 **'할 수 있는가?'** 이다.

★
44 사비카스의 진로구성이론의 상담과정을 바르게 나열한 것은?

① 구성 – 재구성 – 해체 – 공동구성
② 구성 – 공동구성 – 재구성 – 해체
③ 구성 – 해체 – 재구성 – 공동구성
④ 구성 – 해체 – 공동구성 – 재구성

해설 사비카스(Savickas, 2012)는 내담자가 자신의 이야기를 갖고 인생계획을 세우도록 돕기 위해 생애설계(life designing)를 제시하였다. 이 접근은 이야기를 구성하는 과정을 **구성하기(constructing)**, **해체하기(deconstructing)**, **재구성하기(reconstructing)**, **공동구성하기(co-constructing)** 등 **네 개의 국면으로 구분**하여 제시하고 있다.

★
45 구성주의 진로상담과정과 기법에 관한 설명으로 옳은 것은?

① '구성 – 해체 – 재구성 – 협력구성'의 내러티브 방식을 기본으로 한다.
② 개인의 생활이나 정체성을 변화시키기 위해서는 환경을 변화시켜야 한다.
③ 진로상담과정에서 진로양식면접을 최소화하고, 표준화된 검사 실시와 결과의 해석을 주로 사용한다.
④ 내담자의 내러티브 이야기 자체는 다른 사람과의 비교를 통하여 얻어진 평균적인 경험이라고 본다.

해설 **[구성주의 진로상담과정]**
구성(construction) – **해체**(deconstruction) – **재구성**(reconstruction) – **공동구성**(co-construction)

★★★
46 구성주의 진로이론에서 다음이 설명하고 있는 개념은?

┌─────────────────────────────────┐
│ • 변화하는 직업세계에 적응하는데 필요한 태도, 신념, 역량을 의미한다.
│ • 사비카스(M. Savickas)는 이 개념을 관심, 통제, 호기심, 자신감의 차원으로 설명하였다.
└─────────────────────────────────┘

① 생애주제 (life theme)
② 진로적응도 (career adaptability)
③ 직업적 성격 (vocational personality)
④ 진로정체성 (career identity)

정답 42. ① 43. ③ 44. ③ 45. ① 46. ②

해설 **사비카스(Savickas)는 태도(Attitudes), 신념(Beliefs), 역량(Competencies)을 진로적응도를 구성하는 요소로 제시**하고, 진로적응도의 ABC로 줄여 부르기도 한다. 태도는 대처행동을 할 때 느끼는 감정적 측면을, 신념은 행동을 이끌어가는 능동성 측면을, 역량은 이해력과 문제해결력을 포함하는 인지적 능력으로 진로 관련 선택과 그 수행에 필요한 자원을 의미한다.

해설 ① 진로적응도 차원을 알아보는 질문은 사회가 개인에게 촉진하는 질문으로 과거가 아닌 미래를 중시한다.
② 샘슨(Sampson), 피터슨(Peterson), 리어든(Reardon)의 의사결정수준에 따른 문제유형분류의 설명이다.
④ 개입은 문제를 극복하고 적응적 상태로 나아가기 위해 어떤 방향으로 조력해야 하는지를 제시하는 것이다.

★ **2020년 9급 공무원**

47 코크란(L. Cochran)의 내러티브 직업상담에 대한 설명으로 옳은 것은?

① 진로양식면접(Career Style Interview)을 주로 활용한다.
② 직업상담과정은 7개 에피소드를 포함한다.
③ 주요 개념은 개인의 욕구 및 일이 제공하는 보상과 관련된 직업가치이다.
④ 발달과업을 체계화하는 데 수퍼(D. Super)의 생애단계이론을 차용하였다.

해설 **코크란(L. Cochran, 1997)은** 내담자가 자신의 진로 이야기를 얼마나 능동적으로 이해하고, 이러한 이해를 미래 진로를 구성하는 데 얼마나 적용할 수 있는지를 보여주기 위해 **7개의 에피소드 상담기법을 제시**하였다. 이는 진로문제 정교화하기, 생애사 구성하기, 미래 내러티브 이끌어내기, 실재 구성, 삶의 구조 바꾸기, 역할 실연하기, 결정 구체화하기 등이다.

★★

49 사비카스(Savickas)의 구성주의 진로이론에 관한 설명으로 옳은 것은?

① 진로적응성은 성인기 진로발달에만 해당한다.
② 개인의 주관적 경험과 진로문제는 생애주제와 관련이 있다.
③ 생애주제는 자녀, 학생, 시민, 배우자, 부모 등과 같은 역할로 구분된다.
④ 진로적응도를 자원과 전략에 따라 호기심, 인내심, 융통성, 낙관성, 위험 감수로 구분한다.

해설 ① 진로적응성은 모든 개인의 진로발달에 해당하는 개념이다.
③ '생애역할'의 설명에 해당한다.
④ 진로적응도의 4가지 차원은 관심, 통제, 호기심, 자신감이다.

★

50 구성주의 진로이론에 관한 설명으로 옳은 것을 모두 고른 것은?

> ㉠ 진로유형면접, 자서전 쓰기, 유언장 쓰기 등의 기법이 있다.
> ㉡ 생애적, 부분적, 맥락적, 치료적 접근이다.
> ㉢ 사비카스(Savickas)는 직업적 성격(vocational personality), 진로적응성(career adaptability), 생애주제(life theme) 등 세 가지 구성요인으로 이론을 구성하였다.
> ㉢ 대표적인 학자로는 코크란(Cochran), 한센(Hansen) 등이 있다.

48 사비카스(M. Savickas)의 진로적응도에 관한 설명으로 옳은 것은?

① 진로적응도 차원을 알아보는 질문은 과거의 경험을 중요시한다.
② 진로문제를 결정, 미결정, 우유부단으로 나누었다.
③ 진로적응도의 자원과 전략에 따라서 관심, 통제, 호기심, 자신감의 차원으로 제시하였다.
④ 진로적응도 차원에서 개입은 문제를 극복하기 위한 원인이 무엇인지 분석하는 것이다.

① ㉠, ㉢
② ㉡, ㉢
③ ㉠, ㉢, ㉢
④ ㉠, ㉡, ㉢, ㉢

정답 47. ② 48. ③ 49. ② 50. ③

❺ 진로전환이론

★★★ 2021년 9급 공무원

51 굿맨(J. Goodman), 슐로스버그(N. Schlossberg), 앤더슨(M. Anderson)이 제시한 진로전환과정의 단계별 주요 문제들을 진로전환과정단계의 순서대로 바르게 나열한 것은?

> ㉠ 좌절과 절망, 소외감
> ㉡ 외로움과 경쟁, 지루함, 요구에 부응하기 위한 경쟁
> ㉢ 떠나기와 애도하기, 노력하기, 목표 상실과 재형성, 양가감정의 표현
> ㉣ 일의 요령 배우기, 일과 문화에 대한 기대, 명시적 또는 암묵적 규준, 주변인의 느낌

① ㉠－㉡－㉢－㉣   ② ㉠－㉣－㉡－㉢
③ ㉣－㉠－㉡－㉢   ④ ㉣－㉡－㉢－㉠

해설 **[진로전환과정의 4단계]**
> ㉠ **입직단계** : 일의 요령 배우기, 일과 문화에 대한 기대, 명시적 또는 암묵적 규준, 주변인의 느낌
> ㉡ **승진단계** : 외로움과 경쟁, 지루함, 요구에 부응하기 위한 경쟁
> ㉢ **퇴사단계** : 떠나기와 애도하기, 노력하기, 목표 상실과 재형성, 양가감정의 표현
> ㉣ **재취업을 위한 노력단계** : 좌절과 절망, 소외감

★★★

52 굿맨(J. Goodman) 등이 제시한 진로전환모델에서 다음에 해당하는 단계는?

> • 관련 이슈는 떠나기, 애도하기 등이다.
> • 강제 인원 삭감으로 인한 해고는 이 단계에 포함된다.
> • 끝내기, 혼란, 좌절을 겪어냄 등의 과정을 거친다.

① 입직단계
② 승진단계
③ 퇴사단계
④ 재취업을 위한 노력단계

해설 **[진로전환과정의 4단계]**
> ㉠ **입직단계** : 일의 요령 배우기, 일과 문화에 대한 기대, 명시적 또는 암묵적 규준, 주변인의 느낌
> ㉡ **승진단계** : 외로움과 경쟁, 지루함, 요구에 부응하기 위한 경쟁
> ㉢ **퇴사단계** : 떠나기와 애도하기, 노력하기, 목표 상실과 재형성, 양가감정의 표현
> ㉣ **재취업을 위한 노력단계** : 좌절과 절망, 소외감

★★★ 2024년 9급 공무원

53 굿맨(Goodman), 슐로스버그(Schlossberg), 앤더슨(Anderson)이 제시한 진로전환에 영향을 주는 4개의 요인(4S)에 해당하지 않는 것은?

① 상황 (situation)   ② 지지 (support)
③ 전략 (strategies)   ④ 지위 (status)

해설 **[진로전환에 영향을 주는 4개의 요인 (4S)]**
> ㉠ **상황 (Situation)** : 전환상황에 대한 개인의 지각과 통제감
> ㉡ **자기 (Self)** : 개인 내면의 심리적 특성으로 삶에 대한 적응성이나 자기효능감
> ㉢ **지지 (Support)** : 활용 가능한 주변의 관심이나 지원과 그에 대한 지각의 정도
> ㉣ **전략 (Strategies)** : 전환상황에서 활용할 수 있는 개인의 대처기술

★★

54 굿맨(Goodman), 슐로스버그(Schlossberg), 앤더슨(Anderson)이 제시한 진로전환의 유형에 해당하지 않는 것은?

① 예상하지 못한 전환
② 예상된 전환
③ 일어나지 않은 사건에 의한 전환
④ 일어난 사건에 의한 전환

정답 51. ④   52. ③   53. ④   54. ④

해설 **[진로전환(career transition)의 유형]**
- ㉠ **예상된 전환** : 생애주기에 포함된 예상되는 사건들에 의한 전환
- ㉡ **예상하지 못한 전환** : 예측할 수 없는 생애사건들에 의한 계획되지 않은 전환
- ㉢ **일어나지 않은 사건에 의한 전환** : 미리 예상했고 계획하였으나 일어나지 않았던 사건에 의한 전환

55 진로전환의 특징으로 가장 거리가 먼 것은?

① 진로 재평가와 전환과정을 거칠 수 있는 능력에 개인차가 존재한다.
② 전환은 심리적으로 성장할 수 있는 기회와 심리적으로 퇴화할 수 있는 기회 모두가 될 수 있다.
③ 일어나지 않은 사건에 의해서도 진로전환이 일어난다.
④ 외적 보상에 가치를 두는 경우 자발적 진로전환자가 된다.

해설 비자발적 진로전환자는 진로결정을 할 때 외적 보상(지위, 힘, 돈, 안정성)에 가치를 높게 두며, 자발적 전환자보다 위험 부담에 대해서 덜 자기성찰적이며 덜 개방적이다.

★
56 윌리엄스(D. Williams)의 진로전환 증진요인으로 옳은 것을 모두 고른 것은?

㉠ 경제적 안정	㉡ 피로감
㉢ 전환에 대한 지지	㉣ 전환기술 습득
㉤ 불충분한 자원	

① ㉠, ㉡
② ㉡, ㉣
③ ㉠, ㉢, ㉣
④ ㉠, ㉢, ㉣, ㉤

해설 **[진로전환 증진요인]**
경제적 안정, 정서적 안정, 건강, 전환기술, 지지적 직업환경, 전환에 대한 지지

★★
57 슐로스버그(N. Schlossberg) 등이 제시한 진로전환상담에 관한 내용으로 옳지 않은 것은?

① 전환의 개념을 결혼이나 출산과 같은 명백한 삶의 변화로 제한하였다.
② 진로전환에는 양가적인 특성이 있다.
③ 진로전환검사(CTI)는 준비도, 자신감(confidence), 지각된 지지, 내외적 통제, 자기중심-관계 중심(independence-interdependence)으로 구성된다.
④ 진로전환의 증진요인으로는 경제적 안정, 정서적 안정, 건강, 전환기술, 지지적 직업환경, 전환에 대한 지지 등이 있다.

해설 전환은 고등학교 졸업이나 취업, 결혼, 첫아이의 출생 등과 같이 분명한 삶의 변화에서부터 진로 포부의 상실, 예상했던 사건들이 일어나지 않는 것과 같은 미묘한 경우도 해당될 수 있다.

★ **2020년 9급 공무원**
58 헤프너(M. Heppner) 등에 의해 개발된 진로전환검사(Career Transition Inventory)에 대한 설명으로 옳은 것은?

① 검사에서의 높은 점수는 장벽을 나타낸다.
② 진위형 40문항으로 구성되어 있다.
③ 직업경험이 하위검사 중 하나이다.
④ 자기중심적인지 아니면 관계 중심적인지를 측정한다.

해설
① 높은 점수는 긍정적 반응으로서 개인이 스스로 그 분야에서 잘하고 있다고 지각하는 것이며, 낮은 점수는 장벽을 나타낸다.
② 40문항의 리커트식 측정도구이다.
③ 준비도, 자신감, 지각된 지지, 통제, 의사결정 독립성의 다섯 가지의 주요 요인으로 구성되어 있다.

직업상담 진단

제1절 진단

01 진단도구의 종류 및 측정내용

(1) 진단

① **진단의 의미** : 진단(diagnosis)은 개인의 직업적 논점에서 검사, 면담, 행동관찰 등을 통하여 신체적 혹은 심리적 상태에 관하여 평가하고, 이 결과를 토대로 전체적인 해석을 하는 것이다. 이때 언어적, 비언어적 정보도 포함된다.

② **진단의 범위** : 진단은 측정, 검사, 평가, 사정, 관찰 등을 포함하며, 좁은 의미에서는 심리적 특성을 재는 행위 그 자체를 뜻하거나 측정도구를 의미할 수도 있다. 이와 같이 진단은 개인의 대표적인 직업적 행동양식을 평가하는 것이며, 각각의 진단 결과를 통합하여 개인의 특성과 정보를 얻는다.

③ **직업심리치료를 위한 진단** : 실업자는 실업 이전부터 분노, 불안 등을 나타내다가 장기 실업이 되면 우울과 같은 만성적 실업증후군을 나타내고, 취업에 취약한 계층들은 낮은 자기존중감, 사회불안증, 대인기피증 등의 증후군을 보인다. 특정 증상들이 주기적으로 같이 발생하고 일정한 경과를 보일 경우, 그 증상들은 특정 장애라고 할 수 있으며, 증상의 조합을 증후군(syndrome)이라고 한다. 이때 내담자의 병리적 영역이나 적응문제를 밝히고 직업심리치료계획을 수립하여 진행한 후 취업지원을 수행한다.

(2) 심리검사의 특성

① **행동표본**

㉠ 심리검사란 행동표본에 대한 객관적이고 표준화된 측정도구이다. 즉, 심리검사는 알아보려는 심리특성을 대표하는 행동 진술문들을 표집해 놓은 측정도구이다.

㉡ 행동표본을 측정하는 이유는 심리검사가 측정하려는 속성과 관련된 모든 행동을 측정하는 것이 현실적으로 불가능하기 때문이다.

㉢ 한 종류의 검사로 측정하려는 행동표본이 삶의 곳곳에 나타나는 행동을 얼마나 잘 대표하는지의 문제를 해결하는 과정을 타당화(validation) 과정이라고 한다.

② **측정**

　㉠ 측정(measurement)이란 어떤 대상이나 사건에 대해 일정한 규칙에 따라 수치를 할당하는 과정을 말한다. 엄밀히 정의하면 대상 자체보다 대상의 속성에 수치를 할당하는 과정이다.

　㉡ 물리적 속성과 구분하기 위하여 심리적 속성을 심리적 구성개념(construct)이라고 부른다.

　㉢ 구성개념은 인간의 행동을 설명하기 위한 이론을 만들어내기 위해 학자들이 만들어낸 추상적이고 가설적인 개념이다.

③ **검사의 표준화**

　㉠ **표준화(standardization)란 검사의 실시와 채점절차의 동일성을 유지하기 위해서 검사자가 지켜야 하는 관련 세부 규칙들을 잘 정리하는 것**을 말한다.

　㉡ 검사의 표준화는 검사재료, 검사 실시순서, 시간제한, 문제나 지시사항 읽어주기, 수검자의 질문에 대한 응답요령, 검사장소 등과 같은 검사 실시와 관련된 전체 과정, 그리고 채점절차까지 자세히 명시해 놓은 것이다.

　㉢ 검사상황에서는 검사를 받고 있는 수검자의 변인을 제외한 검사와 관련된 다른 조건들인 가외변인(외적 변수)을 철저하게 통제한 상태에서 측정이 이루어져야 관찰된 점수를 해당 수검자의 특성만을 반영한 것으로 볼 수 있고 개인차를 비교할 수 있다.

(3) 진단방법

① **검사**

　㉠ **청소년 대상 심리검사 (고용24/워크넷)**

연번	심리검사명	검사시간	실시방법
1	고등학생 적성검사	65분	인터넷
2	고등학생 진로발달검사 (커리어UP)	15분	인터넷, 지필
3	중학생 진로발달검사 (커리어UP)	15분	인터넷, 지필
4	중학생 진로적성검사	63분	인터넷
5	직업흥미탐색검사 (간편형)	5분	인터넷
6	청소년 인성검사	25분	인터넷, 지필
7	청소년 직업가치관검사 (개정)	20분	인터넷, 지필
8	청소년 직업흥미검사 (개정)	20분	인터넷, 지필
9	초등학생 진로인식검사	30분	인터넷, 지필

ⓒ 대학생 및 성인 대상 심리검사 (고용24/워크넷)

연번	심리검사명	검사시간	실시방법
1	직업선호도검사 S형 (개정)	25분	인터넷, 지필
2	직업선호도검사 L형 (개정)	60분	인터넷
3	구직준비도검사	20분	인터넷, 지필
4	창업적성검사	20분	인터넷, 지필
5	성인용 직업가치관검사 (개정)	20분	인터넷, 지필
6	영업직무 기본역량검사	50분	인터넷
7	IT직무 기본역량검사	95분	인터넷
8	준고령자 직업선호도검사	20분	인터넷
9	대학생 진로준비도검사	20분	인터넷, 지필
10	이주민 취업준비도검사	60분	인터넷
11	중장년 직업역량검사	25분	인터넷
12	성인용 직업적성검사 (개정)	80분	인터넷

ⓒ **미네소타 다면적 인성검사 (MMPI : Minnesota Multiphasic Personality Inventory)** : 정신적 건강진단의 대표적인 검사도구로서 정상적인 성격 경향성과 정신 병리적 증상에 대하여 평가한다.

ⓔ **직업카드심리검사 (VCSPT : Vocational Card Sort Psychological Test)** : 개인의 생애진로주제와 일관성, 계측성 등을 통하여 내담자의 전공과 적합 직업, 진로 태도, 진로 갈등, 직업가치, 우유부단 등을 측정하는 질적 검사이다.

② **면담과 관찰**

ⓐ 초기면담에서 먼저 외적 모습에서 나타나는 상담에 임하는 태도, 옷차림, 자세, 억양, 위생상태, 눈 맞춤, 말투 등을 확인한다.

ⓑ 눈 맞춤, 적극성, 사고의 논리, 표현력, 지구성 등을 확인한다.

ⓒ 직업상담가는 이러한 증상들이 상담이 진행되는 동안 어떤 변화를 보이는지 관찰한다.

③ **인지적 명확성 사정**

ⓐ 인지적 명확성은 자신의 강점과 약점을 객관적으로 평가하고, 그 평가를 환경상황에 연관시킬 수 있는 능력을 의미한다.

ⓑ 내담자가 인지적 명확성이 있으면 바로 직업상담을 실시하지만, 인지적 명확성이 없으면 개인상담을 먼저 실시한 후에 직업상담을 실시하여야 한다.

ⓒ 인지적 명확성을 진단하기 위하여 내담자 사고의 흐름, 논리성, 언어표현의 원활함, 언어 구사의 속도, 통찰력 등을 확인한다. 이때 직업의 이전 이력과 중단한 이유 등을 질문함으로써 진행할 수 있다.

(4) 진단도구의 목적

① **교육 및 직업훈련** : 학생들의 진로상황 진단을 위해, 의사결정유형을 분류하기 위해, 상급
학교 진학 시의 진로 선택, 계열 선택, 전공 선택 등을 돕기 위해, 그리고 직업훈련기관에
서 훈련생 선발을 위해 사용하고 있다.
② **직업상담** : 개인의 직업 논점에서 비롯한 정신 병리적 현상을 진단하고, 직업 및 취업에 대한
예언을 위하여 직업심리검사를 널리 이용한다. 실업으로 인한 다양한 정서적 혼란, 대인관계
의 어려움, 전공이나 직업의 적합성, 직업훈련 선택, 전직 및 진로전환 등에 사용된다.
③ **산업체** : 산업체에서는 인사 선발과 분류를 위해 사용한다. 채용, 업무 배정, 부서 이동, 승
진, 퇴직 등의 문제와 군대의 인사 선발 및 배치에도 유용하다.
④ **기초연구** : 거의 모든 연구에서 검사는 자료 수집을 위한 수단으로 사용된다. 즉, 개인의
진로발달의 변화, 진로계획과 선택에 대한 효율성, 직업심리치료의 성과, 직업상담 프로그
램의 효과 등 다양한 문제들을 연구할 수 있는 방법이 된다.

(5) 검사분류 방법

① **검사 실시방식에 따른 분류**

㉠ 속도검사와 역량검사 (실시시간 기준)

구분	내용
속도검사 (speed test)	시간제한을 두는 검사이며, 보통 쉬운 문제로 구성되는 것이 일반적이다. 숙련도를 측정한다. 수검자는 답을 몰라서 문제를 못 푸는 것이 아니고 시간이 부족해서 풀지 못하는 경우가 많다. 예 지능검사의 바꿔쓰기 소검사
역량검사 (power test)	어려운 문제로 구성되며, 사실상 시간제한이 없고 문제해결력을 측정한다. 문제의 답을 몰라서 못 푸는 문제들로 구성되어 있다. 예 각종 수학경시대회

㉡ 개인검사와 집단검사 (수검자의 수 기준)

구분	내용
개인검사	검사를 할 때 한 사람씩 해야 하는 검사를 말한다. 1:1로 검사를 실시해서 심층적인 연구를 하고자 하는 용도로 사용된다. 예 한국판 웩슬러 지능검사(K-WAIS : Korean Wechsler Intelligence Scale), 일반 직업적성검사(GATB : General Aptitude Test Battery), 로샤검사, 주제통각검사 (TAT : Thematic Apperception Test)
집단검사	한 번에 여러 명에게 실시할 수 있는 검사를 말한다. 예 미네소타 다면적 인성검사(MMPI : Minnesota Multiphasic Personality Inventory), MBTI 성격유형검사(MBTI : Myers-Briggs Type Indicator), 캘리포니아 성격검사 (CPI : California Personality Inventory), 미육군 알파검사와 베타검사 등

ⓒ 지필검사와 수행검사 (검사의 도구 기준)

구분	내용
지필검사 (paper–pencil test)	종이에 인쇄된 문항에 응답하는 방식이다. 따라서 물리적 조작이나 신체행동이 필요치 않다. 예 운전면허시험의 필기시험, 각종 자기보고식 검사(self–report inventory), K–WAIS의 바꿔쓰기 검사 등
수행검사 (performance test)	수검자가 대상이나 도구를 직접 다루어야 하는 검사이며, 일상생활을 모사한 상황(simulation)에서 직접 행동을 하는 방식도 있다. 예 운전면허시험의 주행검사, K–WAIS의 토막 짜기, 차례 맞추기, 모양 맞추기, 평가센터 평가 등

② **검사내용에 따른 분류**

㉠ **인지적 검사 (능력검사)** : 인지능력을 평가하기 위한 검사로서 시간제한이 엄격하고, 수검자의 능력을 최대한 발휘할 것을 요구하기 때문에 '극대 수행검사(최대 수행검사)'라고도 한다.

구분	내용
지능검사	일반적인 정신능력을 측정한다. 예 한국판 웨슬러 성인용 지능검사 (K–WAIS–IV)
적성검사	특수한 직종에 맞는 사람을 선발할 목적으로 사용하는 것이 일반적이다. 예 고용노동부의 성인용 직업적성검사
성취도검사	시험형태로 현재까지 배운 수준, 즉 성취도를 측정한다. 예 학교의 다양한 시험, 대학수학능력시험 등

㉡ **정서적 검사 (성향검사)** : 인지능력 이외의 정서, 동기, 흥미, 태도, 가치 등을 재는 검사로서, 일반적으로 정답이 없기 때문에 '~검사'라고 부르기보다는 '~목록 또는 항목표(Inventory)'라고 부른다. 시간제한이 없으며, 습관적으로 하는 전형적 행동을 선택하도록 하기 때문에 '습관적 수행검사'라고도 한다.

구분	내용
성격검사	개인의 독특한 성향이나 기질을 측정한다. 예 MMPI, CPI, 16성격요인검사(16PF), MBTI 성격유형검사, 이화방어기제검사
흥미검사	특정 분야에 대해 가지고 있는 흥미를 비교하기 위한 검사이다. 예 스트롱–캠벨 흥미검사(SCII : Strong–Campbell Interest Inventory), 쿠더직업흥미검사(KOIS : Kuder Occupational Interest Survey), 고용노동부의 직업선호도검사(VPI)
태도검사	특정 분야나 대상에 대한 태도 또는 의견을 측정한다. 예 구직욕구검사, 직무만족도검사 등

※ 암기 Tip : 지 – 적 – 성/성 – 흥 – 태

〈 검사내용별 심리검사의 분류체계와 특징 〉

구분		심리검사의 종류	특징
인지적 검사 (능력검사)	지능검사	• 아동용 웩슬러 지능검사 (K-WISC-IV) • 한국판 웩슬러 지능검사 (K-WAIS-IV)	• 극대 수행검사 • 문항에 정답이 있음 • 응답에 시간제한 있음 • 최대한의 능력발휘 요구
	적성검사	• GATB 일반적성검사 • 성인용 직업적성검사 • 기타 다양한 특수적성검사들	
	성취도검사	• 다양한 시험들 (학교시험, 대학수학능력시험, SAT, TOEFL, TOEIC 등)	
정서적 검사 (성격검사)	성격검사	• 직업선호도검사 중 성격검사 (Big 5) • 다면적 인성검사 (MMPI) • 캘리포니아 성격검사 (CPI) • 성격유형검사 (MBTI)	• 습관적 수행검사 • 문항에 정답이 없음 • 응답에 시간제한 없음 • 최대한의 정직한 응답 요구
	흥미검사	• 스트롱흥미검사 • 쿠더직업흥미검사 • 직업선호도검사 중 흥미검사 • 직업카드심리검사	
	태도검사	• 구직욕구검사, 직무만족도검사 등 다양	

③ 검사의 사용목적에 따른 분류

구분	내용
규준참조검사 (norm- reference test)	• 일반적으로 심리검사들은 규준참조검사이다. • 개인의 점수를 다른 사람의 점수와 비교해서 상대적으로 어떤 수준인지를 알아보는 것이 목적이다. • 비교기준이 되는 점수들을 규준이라고 하며, 이는 규준집단(norm group) 또는 표준화집단이라고 하는 대표적 표본집단을 통해 얻는다.
준거참조검사 (criterion- reference test)	• 당락점수(cut-off score)가 정해져 있는 대부분의 국가자격시험이 대표적인 준거참조검사이다. • 검사점수를 어떤 기준점수와 비교해서 이용하기 위한 목적을 가진다. • 준거참조검사는 규준을 가지고 있지 않으며, 기준점수는 검사, 기관의 특성, 검사의 시기나 목적에 따라 달라질 수 있다.

④ 객관적 검사와 투사적 검사

구분	내용
객관적 검사	• 구조적 검사라고도 하며, 제시되는 문항의 내용이나 그 의미가 객관적으로 명료화되어 있으므로 모든 사람에게서 동일한 방식의 해석이 내려질 것을 기대하는 검사이다. • 객관적 형태의 자기보고식 검사가 많이 사용된다. 　　예 미네소타 다면적 인성검사(MMPI), MBTI 성격유형검사, 인지능력검사(CAT : Cognitive Ability Test)

구분	내용
투사적 검사	• 비구조화된 과제를 피검자에게 제시하여 그들의 욕구, 경험, 내적 상태, 사고과정 등이 이러한 과제를 통해 나타나도록 하는 검사이므로, 비구조적 검사라고도 한다. • 무제한으로 개인들의 다양한 반응을 허용해 주기 위해 검사지시방법이 간단하고 일반적인 방식으로 주어지며 검사자극이 불분명하고 모호한 특징을 지니고 있다. • 채점과정이 매우 복잡하고 주관적인 측면이 있어 많은 훈련과 경험이 필요하다. 예 로샤잉크반점검사(RIT : Rorschach Inkblot Test), 주제통각검사(TAT : Thematic Apperception Test), 문장완성검사(ISB : Incomplete Sentences Blank/SCT : Sentence Completion Test), 집-나무-사람 그림검사(HTP : HouseTree--Person Test)

⑤ **직업상담에 사용되는 주요 질적 측정도구**

㉠ **자기효능감 척도** : 자기효능감 측정은 먼저 수행대상 과제를 결정하고, 과제난이도와 수행 가능성에 대한 확신도를 내담자의 입장에서 측정한 후, 관련 상황들에서의 수행수준을 측정하도록 한다.

㉡ **역할놀이** : 내담자의 수행행동을 나타낼 수 있는 업무상황을 제시해 준 다음 그 상황의 역할연기를 하거나 다시 바꾸어서 진행함으로써 내담자의 사회적 기술들을 측정하기 위해 활용된다.

㉢ **(직업)카드 분류** : 내담자의 가치관, 흥미, 직무기술, 라이프스타일 등의 선호형태를 측정하는 데 유용하다. 타일러(Tyler, 1961), 돌리버(Dolliver, 1967), 듀이(Dewey, 1974) 등은 흥미를 카드 분류방식으로 측정한 학자들이다.

㉣ **직업가계도(Genogram)** : 제노그램은 원래 가족치료에 활용하기 위해 개발되었는데, 기본적으로 경력상담 시 먼저 내담자의 가족이나 선조들의 직업특징에 대한 시각적 표상을 얻기 위해 도표를 만드는 것을 말한다. 내담자의 자기 제한적 편향된 태도의 원인, 경력선택의 산출물에 대한 기대, 직업가치와 흥미의 원천 등을 측정하는 데 쓰일 수 있다.

02 진단도구 선택

(1) 한국판 웩슬러 성인지능검사 (K-WAIS-IV)

① **특징**

㉠ 시범문항과 예시문항을 추가하고 지시문의 난이도를 낮춤

㉡ 핵심 검사만 실시할 경우 검사시간 단축

㉢ 운동기능, 청력, 시간가산점 등 가외변인의 영향이 덜 반영되도록 함

㉣ 경도인지장애, 경계선지능 등 특수집단에 대한 연구 보완

㉤ 최신 지능이론을 반영하여 개정

㉥ 검사 규준 개정 : 측정범위가 넓어져 천장효과와 바닥효과가 개선됨

㉦ 발달적 적합성 강화 : 연령범위 확장

◎ 사용자 편이성 개선

㉩ 임상적 활용성 보강 : 일부 질적 분석이 가능하도록 과정점수 추가, 다른 측정치와 통계
적 연계 가능, 특수집단에 대한 연구 보완

② **K-WAIS-IV 핵심 검사와 보충 검사의 구성**(핵심 소검사 10개, 보충 소검사 5개)

K-WAIS-IV의 지표	핵심 소검사	보충 소검사
언어이해지표 (**VCI** : Verbal Comprehension Index)	공통성, 어휘, 상식	이해
지각적 추리지표 (**PRI** : Perceptual Reasoning Index)	토막짜기, 행렬추리, 퍼즐	무게 비교, 빠진 곳 찾기
작업기억지표 (**WMI** : Working Memory Index)	숫자, 산수	순서화
처리속도지표 (**PSI** : Processing Speed Index)	동형 찾기, 기호 쓰기	지우기

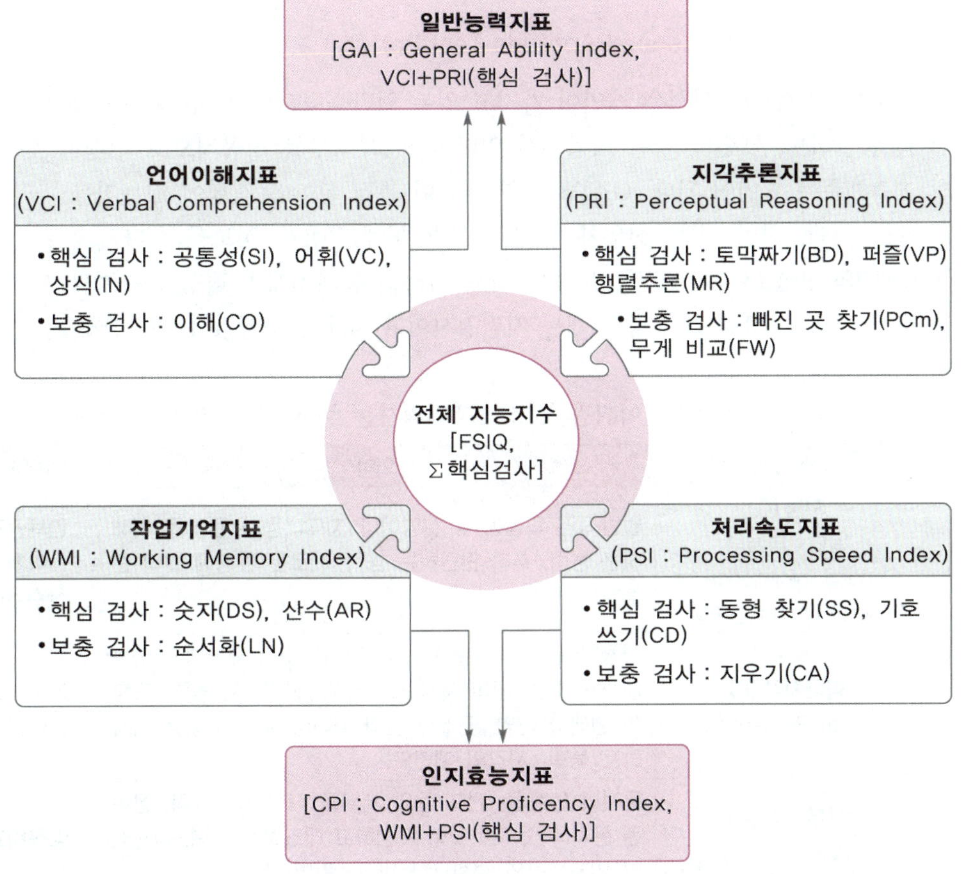

〈 웩슬러 지능검사의 구조 및 소검사 구성 〉

※ 출처 : 이우경, 이원혜(2012). 심리평가의 최신 흐름(2판). 학지사.

③ K-WAIS-Ⅳ의 해석

　㉠ 전체 척도점수(전체 지능지수, FSIQ : Full Scale Intelligence Quotient)는 일반 지능에 대한 안정적인 측정치이다.

　㉡ 작업기억지표나 처리속도지표는 수검자의 상태나 수검태도에 매우 민감하며, FSIQ 산출에도 영향을 미칠 수 있다.

　㉢ 일반능력지표(GAI)는 언어이해지표와 지각추론지표의 점수를 합산하여 산출되는 부가지표로 보다 안정적인 요인들로 구성되어 있다.

　㉣ FSIQ와 GAI의 차이를 살펴봄으로써 대뇌의 상태나 연령에 민감한 검사들로 인해 지능이 낮게 평가되었는지를 확인할 수 있다.

　㉤ 수검자의 상태나 수검태도에 민감한 작업기억지표와 처리속도지표를 합산하여 인지효능지표(CPI : Cognitive Proficiency Index)가 산출된다.

　㉥ 웩슬러 지능검사 기준으로 **지능지수가 70~79점이면 지적장애인과 비지적장애인 사이의 경계선으로 분류**되는 상태이다.

(2) 일반적성검사 (GATB : General Aptitude Test Battery)

① **특징** : 일반적으로 적성은 개인이 가지고 있는 일반능력으로서 지능과 구분되는 특수한 능력을 말하며, 개인이 어떤 직업에서 얼마만큼 그 직무를 성공적으로 수행할 수 있을지를 예측해주는 요인이 된다. GATB는 한 개인이 특정 분야에 적성이 있는지를 파악함으로써 전공 선택, 직업 선택, 산업체의 인력 선발 등에 유용한 정보를 준다.

② **GATB의 구성요소** : GATB는 15개의 하위 검사를 통해 9개의 적성을 측정할 수 있도록 제작된 것으로, 하위 검사 중 11개는 지필검사이고, 4개는 수행검사이다. 9개 적성영역은 다음과 같다.

※ 주의 : 입체공간검사, 어휘검사, 산수추리검사는 둘 이상의 적성을 검출한다.

적성 요인	의미	하위 검사
지능 (G) 일반학습능력 General Intelligence or General Learning Ability	일반적인 학습능력, 설명이나 지도내용과 원리를 이해하는 능력, 추리 판단하는 능력, 새로운 환경에 빨리 순응하는 능력	**입체공간검사 어휘검사 산수추리검사**
형태지각 (P) Form Perception	실물이나 도해 또는 표에 나타나는 것을 세부까지 바르게 지각하는 능력, 시각으로 비교·판별하는 능력, 도형의 형태나 음영, 근소한 선의 길이나 넓이 차이를 지각하는 능력, 시각의 예민도	기구대조검사 형태대조검사
사무지각 (Q) Clerical Perception	문자나 인쇄물, 전표 등의 세부를 식별하는 능력, 잘못된 문자나 숫자를 찾아 교정하고 대조하는 능력, 직관적인 인지능력의 정확도나 비교·판별하는 능력	**명칭비교검사**

적성 요인	의미	하위 검사
운동반응 (K) Motor Coordination	눈과 손 또는 눈과 손가락을 함께 사용해서 빠르고 정확한 운동을 할 수 있는 능력, 눈으로 겨누면서 정확하게 손이나 손가락의 운동을 조절하는 능력	타점속도검사 표식검사 종선기입검사
공간적성 (S) Spatial Aptitude	공간상의 형태를 이해하고 평면과 물체의 관계를 이해하는 능력, 기하학적 문제해결능력, 2차원이나 3차원의 형체를 시각으로 이해하는 능력	평면도판단검사 **입체공간검사**
언어능력 (V) Verbal Aptitude	언어의 뜻과 그에 관련된 개념을 이해하고 사용하는 능력, 언어 상호 간의 관계와 문장의 뜻을 이해하는 능력, 보고 들은 것이나 자신의 생각을 발표하는 능력	**어휘검사**
수리능력 (N) Numerical Aptitude	빠르고 정확하게 계산하는 능력	**산수추리검사** 계수검사
손 재치 (M) Manual Dexterity	손을 마음대로 정교하게 조절하는 능력, 작은 물건을 정확·신속히 다루는 능력	환치검사 회전검사
손가락 재치 (F) Finger Dexterity	손가락을 정교하게 조절하는 능력, 물건을 집고, 놓고 뒤집을 때 손과 손목을 정교하고 자유롭게 운동할 수 있는 능력	조립검사 분해검사

③ **채점 및 적용 과정**

㉠ **채점과 점수 산출** : 지필검사는 맞은 문항 수를, 수행검사는 수행을 진행한 개수를 원점수로 산출하고, 매뉴얼의 환산표에 따라 원점수를 환산점수로 변환한다. 환산점수를 이용하여 적성분야별 점수를 산출한다.

㉡ **적정 직무군 선정** : GATB는 2~3개의 적성분야를 조합하여 모두 15개 직무군을 제공하며, 각 직무군에서 필요로 하는 적성분야 점수에 따라 2~3개의 하위 직무군을 분류한다. 이는 각 직무군별, 직무군 내 하위 직무군별 기준점수와 수검자의 점수를 비교해서 수검자에게 적합한 직무군과 직업 예시를 제공한다.

④ **고용노동부 성인용 직업적성검사**

㉠ **구성요소** : 11개 적성요인, 17개 하위 검사로 구성되어 있다.

적성 요인	내용	하위 검사
언어력	일상생활에서 사용되는 다양한 단어의 의미를 정확히 알고 글로 표현된 문장들의 내용을 올바르게 파악하는 능력	어휘력 문장독해력
수리력	사칙연산을 이용하여 수리적 문제들을 풀어내고 일상생활에서 접하는 통계적 자료(표와 그래프)들의 의미를 정확하게 해석하는 능력	계산력 자료해석력
추리력	주어진 정보를 종합해서 이들 간의 관계를 논리적으로 추론해 내는 능력	수열추리력(I, II) 도형추리력
공간지각력	물체를 회전시키거나 배열했을 때 변화된 모습을 머릿속에 그릴 수 있으며, 공간 속에서 위치나 방향을 정확히 파악하는 능력	조각 맞추기 그림 맞추기

적성 요인	내용	하위 검사
사물지각력	서로 다른 사물들 간의 유사점이나 차이점을 빠르고 정확하게 지각하는 능력	사물지각력
상황판단력	실생활에서 자주 당면하는 문제나 갈등상황에서 문제를 해결하기 위한 여러 가지 가능한 방법들 중 보다 바람직한 대안을 판단하는 능력	상황판단력
기계능력	기계의 작동원리나 사물의 운동원리를 정확히 이해하는 능력	기계능력
집중력	작업을 방해하는 자극이 존재함에도 불구하고 정신을 한곳에 집중하여 지속적으로 문제를 해결할 수 있는 능력	집중력
색채지각력	서로 다른 두 가지 색을 혼합하였을 때의 색을 유추할 수 있는 능력	색구분 색혼합
사고유창력	주어진 상황에서 짧은 시간 내에 서로 다른 많은 아이디어를 개발해 내는 능력	사고유창성
문제해결력	논리적 사고와 올바른 의사결정과정을 통해 문제해결을 위한 실제적인 대안을 제시하는 능력	문제해결능력

(3) 직업선호도검사(L형)의 직업흥미검사 및 성격검사

① **흥미검사**

㉠ 이론적 배경 (Holland의 인성이론)

- 사람들의 흥미는 6가지 유형으로 구분할 수 있다.
- 환경도 그 환경에서 일하는 사람들의 흥미에 대응하는 6가지 유형으로 구분할 수 있다.
- 사람과 환경유형이 일치하는 경우 최대한의 잠재력을 발휘한다. 즉, 각 직업환경은 그 환경에서 우세하게 생활하는 사람들의 흥미유형을 반영하는 것으로, 개인의 흥미유형이 직업의 흥미유형과 일치할 때 직업생활의 성과가 더 크다.

㉡ 6가지 흥미유형의 특징

구분	내용
현실형 (Realistic Type)	몸으로 하는 활동을 선호하고, 대인관계기술이 부족하고 혼자 혹은 현실형 사람들과 일하기를 선호한다. 유형특성상 블루칼라가 많고 일반적으로 6가지 유형 중 사회경제적으로 가장 낮은 위치에 속하는 편이며, 사람 지향적이거나 아이디어 지향적이기보다는 사물 지향적 특성을 가진다.
탐구형 (Investigative Type)	사람보다는 아이디어를 강조하고 추상적인 사고를 선호한다. 사회적인 관계에 무관심하고, 정서적인 상황에서 불화를 일으킬 수 있으며 다른 사람이 보기에 차갑게 느낄 수 있다. 6가지 유형 중 학력수준이 가장 높고, 높은 지적능력을 가지고 있으며, 사회적 지위도 가장 높은 특징을 가진다.
예술형 (Artistic Type)	창의성을 지향하며 자신을 새로운 방식으로 표현하는 활동을 선호한다. 예술형의 사회적 지위는 중간에서 높은 정도이며, 학력수준은 6가지 유형 중 두 번째로 높다. 관습과 보수성을 거부하고 매우 민감하고 감정적이며, 일반인보다 정서장애가 많다. 예술형의 환경은 팀 단위보다는 개인작업이 많고, 동료 간에 상호의존도가 낮다.

구분	내용
사회형 (Social Type)	다른 사람들과 함께 일하고 돕고 육성하고 계발하는 것을 좋아하며, 대인관계기술이 좋으며 심리적으로 의존적인 특성이 있다. 다른 사람을 가르치고 지원하는 활동을 선호하므로 청소년들을 돕고 문화적인 규범을 심어주며 대대로 이어지는 가치에 대해 관심과 중요성을 부여한다.
진취형 (Enterprising Type)	물질이나 아이디어보다는 사람에게 관심이 많으며, 특정 목표를 달성하기 위해 타인을 통제하고 지배하는 데 관심이 있다. 조직의 위계구조에서 책임을 지는 직위에 오르는 것을 선호하며, 통제와 위계가 중요하므로 권위나 권력의 위계가 잘 구조화된 체계를 선호한다.
관습형 (Conventional Type)	구조화된 환경에서 일하는 것을 선호하고, 세밀하고 꼼꼼한 일에 능숙하다. 현실형보다는 높은 사회적 지위와 학력수준을 가지며 숫자와 관련된 업무를 선호한다. 여성의 비율이 다른 유형에 비해 많은 편이다. 이들은 고위직을 추구하지 않으며, 목표나 수단이 명백하게 제시되는 구조화된 상황을 선호한다.

ⓒ 6가지 유형의 성격특성 관련 단어표현

구분	내용
현실형 (R)	순응적인, 솔직한, 정직한, 겸손한, 유물론적인, 꾸밈없이 순수한, 지구력 있는, 실용적인, 신중한, 수줍어하는, 착실한, 검소한
탐구형 (I)	분석적인, 조심스러운, 비판적인, 호기심이 많은, 독립적인, 지적인, 내향적인, 방법론적인, 신중한, 정확한, 합리적인, 말수가 적은
예술형 (A)	세련된, 무질서한, 정서적인, 표현적인, 이상적인, 상상력이 풍부한, 실용적이지 못한, 충동적인, 독립적인, 직관적인, 비순응적인, 독창적인
사회형 (S)	설득력 있는, 협조적인, 우애가 있는, 관대한, 남을 도와주는, 이상적인, 통찰적인, 친절한, 책임감 있는, 사교적인, 재치 있는, 이해심 있는
진취형 (E)	모험적인, 야망이 있는, 관심을 받는, 지배적인, 정열적인, 충동적인, 낙관적인, 재미 추구적인, 인기 있는, 자기 확신적인, 사교적인, 말이 많은
관습형 (C)	순응적인, 양심적인, 조심성 있는, 보수적인, 억제하는(삼가는), 복종적인, 질서정연한, 지구력 있는, 실용적인, 자기통제적인(조용한), 상상력이 없는, 능력 있는

※ 출처 : 김병숙 외(2009), 인간과 직업 I, 시그마프레스.

ⓔ **구성특징** : 선호하는 활동, 유능성, 선호하는 직업, 선호분야, 일반성향 등 5개 하위 영역검사를 통해 6개 흥미유형을 측정할 수 있는 문항들로 구성되어 있다.

ⓕ **실시와 채점** : 6개 영역에서 원점수가 가장 높은 순으로 2개가 개인의 흥미유형코드가 된다. 원점수와 함께 표준점수도 제시된다.

< 직업선호도검사 L형 흥미검사 결과 예시 >

당신의 흥미코드 : AE (예술형/진취형)						
구분	현실형 (R)	탐구형 (I)	예술형 (A)	사회형 (S)	진취형 (E)	관습형 (C)
원점수	9	10	19	15	18	12
표준점수	54	51	53	46	58	48

※ 출처 : 고용24/워크넷

ⓑ 해석 : 개인의 흥미유형코드를 확정한 후 직업목록을 참조하여 해석한다. **직업목록은 흥미유형, 직업사전의 코드, 필요한 교육수준 등 세 가지 항목으로 구분**하여 개인의 흥미유형코드에 맞는 직업들을 탐색한 후, 직업사전의 코드를 통해 구체적인 정보를 수집한다.

ⓐ 검사에 대한 평가 : 성인의 연령대별, 성별 규준을 제공하기 때문에 성인대상 직업상담에 적합하며, 온라인으로 실시할 수 있다는 장점이 있다.

② **성격검사**

　㉠ 이론적 배경 (Big-five 이론)

구분	내용
외향성	**타인과의 상호작용을 원하고 타인의 관심을 끌고자 하는 정도를 의미**하며 외향성이 높은 경우 **사교적이고 활달하고 말을 많이 하며 자기주장적**이다. 자극을 좋아하고 명랑하며 낙관적이다. 내향적인 사람은 외향성의 반대라기보다 외향성 특징이 없는 것으로 보아야 하며 그들은 말수가 적고 독립적이다.
호감성	**타인과 편안하고 조화로운 관계를 유지하는 정도를 의미**하며, 호감성이 높은 경우 이타적 성향을 가지며 타인을 공감하고 도와주며 상대방도 도움을 줄 것이라고 생각한다. 호감성이 낮은 사람은 자기중심적이고 타인의 의도를 의심하고 경쟁적이다. 호감성이 매우 높거나 매우 낮은 양극단 모두 바람직하지 않다. 호감성의 **낮은 점수는 자기애적, 반사회적, 편집증적 성격장애와 관련**되고, 높은 점수는 의존적 성격장애와 관련된다.
성실성	**사회적 규칙, 규범, 원칙들을 기꺼이 지키려는 정도를 의미**하며, 꼼꼼히 계획하고 끝까지 과제를 수행하는 자기통제력과 관련된다. 높은 점수는 학문적, 직업적 성취와 관련되지만 까다로움, 강박적인 청결, 일중독의 증상을 보일 수도 있다. 낮은 점수는 성실성의 측면이 비교적 덜하다고 볼 수 있다.
정서적 불안정성	**정서적으로 얼마나 안정되어 있고 자신이 세상을 얼마나 통제할 수 있으며, 세상을 위협적이지 않다고 생각하는 정도를 의미**하며, 두려움, 슬픔, 당혹감, 분노, 죄책감 등 부정적인 정서의 경험과 관련되고, 심리적 고통을 당할 가능성 이상의 것을 포함한다. 이러한 부정적 정서의 경험은 부적응, 불합리한 사고, 충동 억제의 어려움, 스트레스 대처의 어려움, 정신 병리적 문제들과 관련된다.
경험에 대한 개방성	**자기 자신을 둘러싼 세계에 관한 관심, 호기심, 다양한 경험에 대한 추구성향을 의미**하며, 개방성이 높은 사람은 자기 자신과 자신을 둘러싼 세계에 관심이 많고, 새로운 사상들을 기꺼이 받아들인다. 새로운 아이디어와 가치를 받아들이며, 경험 개방성은 창의성과 관계있는 **지능과 상관이 있지만 지능과 동일한 개념은 아니다.**

※ 암기 Tip : 외 - 호 - 성 - 정 - 경

ⓛ 성격검사의 소검사 구성

성격의 5요인	외향성	호감성	성실성	정서적 불안정성	경험에 대한 개방성
하위 요인	온정성 사교성 리더십 적극성 긍정성	타인에 대한 믿음 도덕성 타인에 대한 배려 수용성 겸손 휴머니즘	유능성 조직화능력 책임감 목표지향 자기통제력 완벽성	불안 분노 우울 자의식 충동성 스트레스 취약성	상상력 문화 정서 경험 추구 지적 호기심

ⓒ **실시와 채점** : 성격검사는 시간제한이 없다. 채점은 원점수를 산출하여 규준표에 따라 성별 환산점수(T점수)를 계산한다.

ⓔ **해석** : 5개의 일반적 성격요인에서 뚜렷하게 높거나 낮은 점수에 대해서 설명하고 요인들 간의 관계에 대해 설명하면서 개인의 성격적 특성을 해석할 수 있다.

개인특성의 내용	성격의 5요인
정서	정서적 불안정성, 호감성
대인관계	외향성, 호감성
활동성	외향성, 성실성
기본적인 태도	경험에 대한 개방성, 호감성
과제 수행	성실성, 정서적 불안정성
주관적 만족감	호감성, 성실성
스트레스 대처	외향성, 정서적 불안정성

ⓜ **검사에 대한 평가** : 검사의 신뢰도와 타당도 모두 높으며, 정상인 성인용으로 개발되었으므로 직업상담에 활용하기에 적합한 것으로 평가된다.

(4) 진로성숙도검사 (CMI : Career Maturity Inventory)

① 개요

㉠ 진로성숙도검사는 인간의 진로발달 측면에서 각 단계별 계획성, 독립성, 결정성 등의 성숙 여부를 확인하는 도구이다.

㉡ 크라이티스(Crites, 1978)의 진로발달모델에 기초한 진로성숙도검사의 문항들은 진로의사결정과정에서 제기되는 미결정(indecision)과 무결정(undecided)에 대한 분석 외에도 이를 발생시키는 요인들을 찾는 데에 유용하다.

㉢ 한국교육개발원(1991)에서 개발한 진로성숙도검사의 태도영역에는 계획성, 독립성, 결정성이 포함되고, 능력영역에는 직업세계이해능력, 직업선택능력, 합리적 의사결정능력 등이 포함된다.

② **진로성숙도검사의 태도영역 (정의적 영역)**

구분	내용
계획성	자신의 진로 방향 선택 및 직업 결정을 위한 사전준비와 계획의 정도
독립성	자신의 진로를 탐색, 준비, 선택하는 데 있어서 스스로 할 수 있는 정도
결정성	자신의 진로 방향 및 직업선택에 대한 확신의 정도

③ **진로성숙도검사의 능력영역 (인지적 영역)**

구분	내용
직업세계 이해능력	직업의 종류, 직업의 특성, 작업조건, 교육수준, 직무 및 직업세계의 변화경향과 직업정보 획득 등 6개 분야에 대한 지식과 이해의 정도
직업선택능력	자신의 적성, 흥미, 학력, 신체적 조건, 가정환경 등과 직업세계에 대한 지식과 이해를 토대로 자신에게 적합한 직업을 선택할 수 있는 능력
합리적 의사결정능력	자기 자신 및 직업세계에 대한 올바른 이해와 지식을 바탕으로 진로와 관련된 의사결정과정에서 부딪히는 갈등상황을 합리적으로 해결하는 능력

④ **검사대상** : 중학교 2~3학년, 고등학교 1~3학년 등을 대상으로 실시 가능하다.

⑤ **CMI의 특징**

  ㉠ 수검자의 진로선택과 관련된 태도와 능력이 어느 정도 발달해 있는가를 진단·기술하는 목적으로 개발되었다.

  ㉡ 수검자의 진단에 따라 상담자가 학생 개인별로 지도가 필요한 영역을 판단할 수 있는 자료가 제시되기 때문에 처방적 성격을 가진 검사이다.

  ㉢ 수검자의 진로선택에 대한 인지적 영역과 정의적 영역을 측정하는 종합검사의 성격을 지닌다.

(5) 직업카드심리검사

① **개요**

  ㉠ 타일러(Tyler, 1961)가 전통적인 흥미 사정과 다른 접근으로서 직업카드 분류라는 개념을 미국심리협회 심리상담분과의 연설에서 최초로 제안하였다.

  ㉡ 일련의 카드를 직업선호도에 따라 분류하고, 분류에 대한 근거를 분석하여 진로에 대한 사고를 명료화한다.

  ㉢ 직업카드 분류는 현상학적 접근에 근간을 두고 개인이 자신의 특성을 탐색할 수 있도록 지원하는 진로사정에서 사용되는 질적 도구의 하나이다.

② **의의**

  ㉠ 내담자가 언어로 표현한 생각, 가치, 태도, 자신과 타인, 세상에 대한 신념을 분석하여 사고체계를 명료화할 수 있다.

  ㉡ 내담자는 직업세계에 대한 이해를 넓히고 자신이 의식하거나 의식하지 못하는 흥미와 직업적 욕구, 가치관 등에 대해 생각해보는 기회를 제공하고 선택의 과정을 체험한다.

ⓒ 상담자는 학생, 일반인 등 내담자에 대한 심상이 형성되고, 행동의 흐름과 개인적 논리를 인식하게 된다.

ⓔ 현재 가지고 있거나 예상되는 직장 내 역할갈등이나 직무의 불만족의 근거를 발견할 수 있다.

ⓜ 직업대안 탐색의 초석을 마련할 수 있다.

③ **활용**

ⓗ **생애진로주제 분석**

- 생애진로주제(life career theme)는 개인의 생각, 가치, 태도, 자신에 대한 신념, 타인에 대한 신념, 세상에 대한 신념 등을 모두 포괄하는 개념이다.
- 직업카드 분류활동을 통해 상담자뿐 아니라 내담자 스스로 표현된 주제를 분석함으로써 자신의 신념체계에 대해 명료화할 수 있다.
- 생애진로주제 분석은 의사결정이나 탐색의 시발점으로 내담자를 더 잘 이해하고, 그 내용을 풍부하게 하는 데 의미가 있다.

ⓛ **가치 사정**

- 가치는 동기의 원천이며 개인적 충족의 근거, 일정 영역의 개인적인 수행기준, 개인적인 목표의 원천이 되기도 한다.
- 가치는 **자기인식의 발전, 역할갈등의 근거에 대한 확인, 저수준의 동기 및 성취의 근거 확인, 다른 사정의 예비단계, 직업선택 및 직업전환 시 하나의 전략으로 역할**을 하기 때문에 중요하다.

ⓒ **흥미 사정** : 흥미 관련 척도는 **자기인식 발전시키기, 직업대안 규명하기, 여가선호와 직업선호 구별하기, 직업 및 교육상 불만족의 원인 규명하기, 직업탐색 구체화하기 등의 목적으로 활용**된다.

(6) 미네소타 다면적 인성검사 (MMPI : Minnesota Multiphasic Personality Inventory)

① **개요**

ⓗ 미네소타 다면적 인성검사는 세계적으로 가장 널리 쓰이고 가장 많이 연구된 객관적 성격검사이다.

ⓛ 1940년 미국 미네소타대학의 심리학자 해서웨이(Hathaway)와 정신과의사 매킨리(McKinley)가 비정상적인 행동을 객관적으로 측정하기 위한 도구로 개발하였다.

ⓒ MMPI의 1차 기능은 정신과적 진단과 분류를 위한 것이다. 그러나 정상인의 행동을 설명하거나 일반적 성격특성을 유추하고 비정상성이나 그 징후의 평가를 위해 활용된다.

ⓔ 직업상담장면에서는 직업심리치료대상을 분류하기 위한 척도로 이용된다.

ⓜ MMPI-Ⅱ의 문항은 총 567문항이며, MMPI-Ⅲ가 개발 중이다.

② 타당도 척도

㉠ 문항내용과 무관한 응답 평가 척도

구분	내용
무응답 (?) 척도 Cannot Say	무응답 척도는 **대답을 누락했거나 '그렇다' 또는 '아니다' 모두에 응답한 문항의 수**이다. 검사를 회피하려는 경우, 우유부단한 경우, 의미 있는 답변에 요구되는 정보나 경험 부족, 질문이 내담자에게 해당하지 않을 때 나타나며, 무응답이 30개 이상이면 해석을 보류한다.
무선반응 비일관성 (VRIN) 척도 Variable Response Inconsistency	전형적으로 문항의 내용을 제대로 읽지 않고 응답했거나 **문항에 완전히 혹은 대부분 무선적으로 응답한 사람들을 구별해 내는 것**으로, T점수가 80점 이상일 때 검사자료의 타당성을 의심할 수 있다.
고정반응 비일관성 (TRIN) 척도 True Response Inconsistency	문항내용과 상관없이 **무분별하게 '그렇다'로 응답하거나 '아니다'로 응답하는 경향 때문에 비일관적인 반응을 보인 사람들을 탐지**하기 위해 개발되었다. 상반되는 문항에 대해 '그렇다' 응답 쌍이 많으면 그래프에 'T', '아니다' 응답 쌍이 많으면 'F'가 표시된다.

㉡ 문항내용 관련 왜곡 응답 평가 척도

구분	내용
부인 (L) 척도 Lie	**자신을 실제보다 더 좋게 드러내려는 의도를 탐지하는 척도**이다. 즉, 방어적인 태도를 감지하는 것으로 사소한 결점이나 성격적 결점을 묻는 문항들로 구성된다. 점수가 높으면 정직하고 성실하게 응답하지 않았을 가능성, 자신의 부정적 특성 부인, 통찰력이 제한되고 사고의 유창성 부족, 스트레스나 압력에 대한 인내력이 약함을 보이고, 점수가 낮으면 자신감이 있고 허용적인 사람, 가벼운 결점이나 단점을 인정하면서 각 문항에 솔직하게 답함을 의미한다.
교정 (K) 척도 Correction	**정신 병리를 부인하고 자신을 매우 좋게 드러내려는 수검자의 시도, 혹은 이와 반대로 이를 과장하거나 자신을 매우 나쁘게 드러내려는 수검자의 시도를 좀 더 효과적으로 탐지**할 수 있다. 즉, 교정 척도는 방어적 태도가 임상 척도점수에 미치는 영향을 교정하기 위해 개발되었으며, 환자집단과 정상집단의 반응을 변별해 주는 문항으로 구성되어 있다.
과장된 자기 제시(S) 척도 Superlative Self-Presentation	자기 자신을 매우 정직하고 책임감이 있으며, 심리적인 문제가 없고 도덕적인 결점이 거의 없는 다른 사람들과 매우 잘 어울리는 사람인 것처럼 드러내려는 경향을 평가한다. **인사 선발 장면에서 자신을 좋게 보이고자 하는 사람을 선별하기 위해 개발**되었다.
비전형 (F) 척도 Infrequency	문항내용을 제대로 읽지 않고 응답하거나 무선적으로 응답하는 것과 같은 이상반응경향 혹은 **비전형적인 반응 결과를 탐지하기 위해 개발**하였다. **검사 전반부의 비전형 반응을 탐지**한다. 점수가 높으면 모든 문항에 '그렇다'로 응답한 반응편향 혹은 부정적 방향으로 왜곡하거나 꾀병으로 과장하려는 시도를 나타낸다.

구분	내용
비전형-후반부 (FB) 척도 Back Infrequency	표준적인 F 척도에 속하는 문항들은 시험용 검사지의 전반부에 배치되어 있어 후반부에 위치한 문항들에 수검자가 타당하게 응답했는지를 평가하기 위해 사용한다. **검사 후반부의 과대보고를 탐지**한다.
비전형-정신 병리 (FP) 척도 Infrequency Psychopathology	F 척도점수가 상승하는 이유는 내담자가 실제로 심각한 정신 병리를 지니고 있기 때문일 수 있다는 점을 인식하여 F 척도의 보완으로 설계하였다. **정신 병리에 의해 상승되지 않는 비전형 반응을 탐지**하며, 점수가 높을 경우 과대보고 가능성이 있다.
증상 타당도 (FBS) 척도 Symptom Validity	개인 상해소송 장면에서 증상을 과장하는 사람의 반응을 탐지한다. 즉, **신체에 대한 과대보고를 탐지**한다. 신체적, 인지적 증상에 대한 과대보고 가능성을 탐지하므로 건강염려증 척도와 관련된다.

③ **임상 척도**

고유 번호	척도명	척도의 의미
1	**Hs 건강염려증** (Hypochondriasis)	**수검자의 신체적 기능 및 건강에 대한 과도하고 병적인 관심**을 반영한다. 일반적으로 모호하고 불특정적인 신체적 불편감을 호소하고, 건강 문제에 자주 집착하며 스트레스를 받으면 신체증상을 보이는 경향이 있다.
2	**D 우울증** (Depression)	**검사 수행 당시 수검자의 우울한 기분, 슬픔 정도를 알아보기 위한 척도**이다. 사기가 저하되고 미래에 대한 희망을 상실하며 자신의 상황에 대해 전반적인 불만족감을 반영한다. 자신감이 부족하고 스트레스에 직면하여 쉽게 포기하며, 자살시도의 가능성도 반영한다.
3	**Hy 히스테리** (Hysteria)	**스트레스 상황에서 히스테리 반응을 보이는 환자들을 가려내기 위한 척도**로 현실적 어려움이나 갈등을 회피하는 방법으로 부인기제를 사용하는 성향 및 정도를 반영한다. **스트레스 시 신체적 증상을 나타내고 그 증상을 이용하여 책임회피 경향**(두통, 위장 불편감, 흉통, 쇠약감 등)이 있으며, 미성숙한 인간관계를 맺는 특징이 있다.
4	**Pd 반사회성** (Psychopathic Deviate)	가정이나 권위적 대상 일반에 대한 불만, 자신 및 사회와의 괴리, 권태, 반항, 충동성, 학업이나 진로문제, 범법행위, 알코올이나 약물남용 등 **비도덕적인 성향으로 표현하는 정도를 반영**한다. 반사회성이 높은 사람은 적대적이며 반항심이 강하며, 매우 충동적, 이기적, 자기중심적, 공격적 특성을 나타낸다.
5	**Mf 남성성-여성성** (Masculinity–Femininity)	동성애 남성을 가려내는 목적으로 개발되었으며, **흥미양상이 남성적 성향에 가까운지 여성적 성향에 가까운지를 나타내는 지표로서, 성 정형화된 관심과 다른 정도를 측정**한다. 예를 들어, 점수가 높은 남성은 남성적 역할에 대해 불안정한 태도를 보이며 여성적 역할을 동일시하는 경향이 있다는 것을 의미하고, 여성은 전통적인 여성의 역할을 강하게 거부하는 특징을 나타낸다.

고유 번호	척도명	척도의 의미
6	Pa 편집증 (Paranoia)	**대인관계에서의 민감성, 의심증, 경계심, 집착증, 피해의식, 경직된 의견 및 태도, 자기 정당성 등을 반영**한다. 점수가 높으면 의심이 많고 적대적이며 피해망상, 과대망상 등 정신병적 행동을 보이는 경향이 있다.
7	Pt 강박증 (Psychasthenia)	**만성적인 불안 정도를 측정**하며, 병리적인 공포, 불안, 강박관념, 강박행동, 자기 비하, 이치에 맞지 않는 두려움 등을 측정한다. 신경질적이고 과민하며 주의집중 곤란을 호소하기도 한다.
8	Sc 조현병 (Schizophrenia)	**수검자의 정신적 혼란과 불안정 상태, 자폐적 사고와 왜곡된 행동을 반영**하는 지표이다. 점수가 높으면 잘못된 해석, 망상, 환각을 볼 수 있으며 위축된 행동, 공격적 행동, 기태적 행동 등을 보인다.
9	Ma 경조증 (Hypomania)	**심리적 · 정신적 에너지의 수준을 반영**하며, 사고나 행동에 대한 효율적 통제의 지표이다. 고양된 기분, 빠른 속도의 말과 행동, 사고의 비약 등의 증상을 가려내기 위해 개발되었다. 점수가 높으면 목적 없는 과도한 활동, 환각이나 과대망상, 정서적 불안, 심리적 혼란, 사고의 비약, 안절부절못하는 경향, 약물남용의 가능성 등이 있다.
0	Si 내향성 (Social Introversion)	**사회적 활동 및 사회에 대한 흥미 정도를 나타내는 지표**로서 점수가 높으면 내향적이며 수줍음이 많고 사회적인 접촉이나 책임으로부터 현실도피적 경향을 보이며, 걱정이 많고 과민하며 불안해하는 경향이 있다.

④ MMPI – Ⅱ 프로파일 샘플

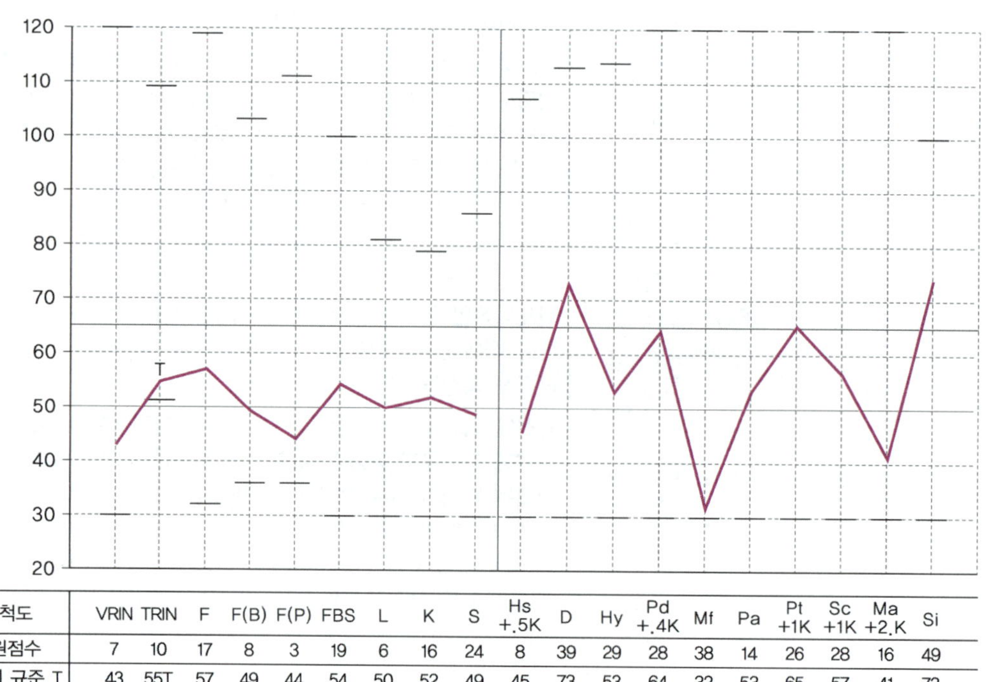

척도	VRIN	TRIN	F	F(B)	F(P)	FBS	L	K	S	Hs +.5K	D	Hy	Pd +.4K	Mf	Pa	Pt +1K	Sc +1K	Ma +2.K	Si
원점수	7	10	17	8	3	19	6	16	24	8	39	29	28	38	14	26	28	16	49
전체 규준 T	43	55T	57	49	44	54	50	52	49	45	73	53	64	32	53	65	57	41	73

(7) MBTI 성격유형검사 (Myers–Briggs Type Indicator)

① 캐서린 브릭스(Katharine C. Briggs)와 그녀의 딸인 이사벨 마이어스(Isabel Briggs Myers)가 개발한 성격유형검사이다.

② 융(Jung)의 심리유형론을 이론적 기반으로 하였다.

③ 4개의 양극단 영역을 제공하는 8개 척도로 채점되어 16개의 유형 중 하나로 결정된다.

구분	내용
외향(E)과 내향(I)	에너지 방향에 따라 나누는 개념으로, 외향은 개인이 에너지를 외부세계의 일과 사람에게 향하는 것을 선호하는 경향이고, 내향은 에너지를 내부세계의 아이디어에 집중하는 것을 선호하는 경향이다.
감각(S)과 직관(N)	인식방법에 따라 나누는 개념으로, '감각'은 개인이 인식의 주된 방법으로 오감을 선호하는 경향을 말하여, '직관'은 내적 마음에 의한 간접적인 인식에 의존하는 경우를 말한다.
사고(T)와 감정(F)	판단기준에 대한 개념으로, '사고' 지향은 객관적, 비개인적, 논리적 접근으로 결론을 이끌어내는 선호를 보이고, '감정' 지향은 타인의 주관적 감정을 고려하는 개인적 혹은 사회적 합리에 기초하여 결정한다.
판단(J)과 인식(P)	생활양식에 대한 개념으로, '판단' 지향은 가능한 한 빨리 결정하거나 결론에 이르기 위해 사고나 감정의 양식을 사용하고자 하고, '인식' 지향은 감각적 혹은 직관적 과정을 통해 지속적으로 자료를 수집하고 가능한 오랫동안 판단을 미루는 것에 편안함을 느낀다.

(8) 진단도구 선택 시 유의사항

① **규준**

　㉠ 진단도구의 원점수는 다른 수검자에 비해 어떤지 수검자의 수준을 평가할 수 있는 정보를 제공하지 않기 때문에 이를 위해 규준을 활용한다.

　㉡ 규준은 절대적이거나 보편적인 것이 아니며, 영구적인 것도 아니다.

　㉢ 규준 제작과정은 진단도구 매뉴얼에 기록되어 있으므로 이를 참고하여야 한다.

　㉣ 규준 제작시기가 오래된 것은 해석에 특히 주의한다.

② **진단도구 선택 시 유의점**

   ㉠ 진단도구의 신뢰도를 확인한다. 신뢰도는 측정치의 일관성을 의미하는 것으로 **신뢰도 계수가 .60 이상이면** 신뢰성이 있다고 보며, 주로 크론바하(Cronbach)의 알파(α)계수를 사용한다.

   ㉡ 진단도구의 타당도를 확인한다. 검사 타당도는 그 검사검수를 이용해서 검사가 측정하려는 속성에 관해 추론하는 것이 타당한 일인가를 결정해 주는 것이다.

③ **진단도구 선택 시 윤리적 문제**

   ㉠ 진단을 실시할 때 내담자에게 사전에 충분한 정보를 제공하고 동의를 받아야 한다.

   ㉡ 심리평가기법을 개발, 출판, 활용할 때 모든 노력을 기울여 내담자의 최대 이익과 복지를 증진한다.

   ㉢ 평가 결과와 해석, 결론과 제언의 근거를 알 내담자의 권리를 존중한다.

   ㉣ 평가기법이 바르게 사용될 수 있도록 노력하며 평가 결과의 오용을 방지한다.

   ㉤ 진단도구가 내담자를 차별하는 도구로 사용되어서는 안 되며, 진단도구의 한계를 인식하고 이러한 도구의 질적 향상을 위해 노력하여야 한다.

03 진단 실시 준비

(1) 진단 실시 시 주의할 점

① **평가동맹 형성** : 심리평가를 위해서는 상담자와 내담자 간의 적절한 관계 형성이 중요하다. 이를 평가동맹(assessment alliance)이라 한다.

② **내담자** : 검사에 대해 불안을 느끼는 경우, 검사의 실시목적과 방법에 대해 상세히 설명함으로써 내담자가 안정된 상태로 평가에 임할 수 있도록 돕는다.

③ **진단상황** : 평가 및 진단을 실시하는 시간과 장소, 그리고 내담자의 피로도 정도를 고려하여야 한다.

(2) 진단도구 선택 시 고려사항

① **평가자** : 자기보고식 진단도구를 통해 내담자 스스로 평가하도록 할 것인지 타인의 보고에 의해 평가할 것인지를 고려한다.

② **진단도구의 주제** : 심리적 평가, 정서적 특성, 인지적 변인, 행동반응 등 어떤 측면을 측정할 것인지에 대해 고려한다.

③ **실시 장소 및 방법** : 조용하고 독립되어 소음이나 외부 상황으로부터 방해받지 않는 검사실에서 실시하는 것이 좋으며, 지필, 컴퓨터 등 진단을 실시할 방법도 고려한다.

④ **실시 시기** : 내담자가 신체적으로나 정신적으로 어려움을 겪고 있는 상태인지 고려하여 내담자가 좋은 상태일 때 실시하여야 한다.

⑤ **실시 이유** : 동일한 진단도구라도 다양한 목적으로 활용될 수 있으므로 이를 고려한다. 예를 들어, 직업카드분류검사의 경우 적합한 직업탐색, 직업흥미, 진로갈등, 진로신화, 의사결정 등을 평가하기 위해 사용할 수 있다.

(3) 진단 실시 사전준비

① **사전준비 및 진단절차**
  ㉠ 진단도구의 구두 지시사항을 숙지하고 미리 암기하여 내담자들에게 자연스럽게 전달하도록 준비한다.
  ㉡ 진단에 필요한 재료와 도구, 장비 등을 미리 준비하고, 진단에 필요한 순서에 따라 배열한다.
  ㉢ 집단으로 실시할 때는 모든 검사용지와 응답지, 필기구와 기타 재료들을 세밀히 점검하고 인원수에 맞게 준비하며 순서에 따라 잘 배열해 놓아야 한다.
  ㉣ 구체적인 진단절차를 철저하게 숙지하고 특정 검사의 실시에 대해 전문가의 지도 감독을 받는 수련과정을 거치는 것이 필요하다.

② **진단조건**
  ㉠ 진단도구 매뉴얼에서 정하는 표준화된 절차를 준수하여야 하고, 검사실은 지나친 소음과 방해자극이 없고 적당한 조명과 통풍, 검사 실시에 적합한 책상과 의자 등을 갖춘 공간이어야 한다.
  ㉡ 진단을 실시하는 여러 조건들은 검사 결과에 영향을 미칠 수 있다. 같은 진단도구라도 지필검사와 컴퓨터로 실시한 온라인검사 결과가 달라질 수 있는 등 여러 진단 실시조건 및 상황들이 영향을 미칠 수 있으므로, 검사 결과를 해석할 때에는 반드시 검사 실시조건을 참작하여야 한다.

04 진단 실시

(1) 진단 실시

① **진단의 도입**
  ㉠ **친밀교감 형성** : 진단을 실시하는 도입과정에서 친밀교감(rapport)은 내담자가 성실하고 솔직하게 답하고자 하는 동기를 결정하는 요인이 되기 때문에 중요하다.
  ㉡ **내담자의 불안** : 검사를 받는다는 것은 누구에게나 위협적으로 느껴질 수 있으므로 진단을 시작하기에 앞서 검사에 대한 불안을 완화시켜 주는 것이 중요하다. 검사 실시의 이유와 목적, 실시방법, 응답요령 등을 충분히 안내하는 것이 도움이 된다.
  ㉢ **속이기** : 진단을 실시할 때 내담자는 일부러 최선을 다하지 않거나 솔직하지 않게 답할 가능성이 있는데, 이런 행위를 속이기(faking)라고 하며 좋게 속이기(faking good)와

나쁘게 속이기(faking bad)로 나눌 수 있다. 진단은 기본적으로 개인의 특성을 드러내는 것이기 때문에 의식적, 무의식적으로 속이기가 작용할 가능성이 있다.

② **면담 및 관찰**
  ㉠ 진단을 위한 면담에서는 내담자의 언어적 유창성, 자기주장성, 목소리 톤, 에너지수준, 불안영역 등을 관찰하여 진단도구 선택에 반영한다.
  ㉡ 내담자와의 면담 시 관찰에서 필요한 내용을 반구조화된 질문지를 개발하여 활용한다.
  ㉢ 장기실업자의 경우, 눈 맞춤, 땀 흘림, 머뭇거림 등의 문제를 보일 수 있으며, 이 경우 MMPI 검사를 실시할 필요가 있다.

(2) 양적 검사 실시

① **검사 실시**
  ㉠ 양적 검사는 최근 주로 컴퓨터를 기반으로 한 온라인검사가 증가하는 추세이며, 고용24(워크넷)에서 제공하는 검사들도 모두 온라인검사가 가능하다.
  ㉡ 컴퓨터 기반 사정과 연관된 문제들은 도구의 타당도, 채점, 탐색, 해석기능이 해당되며, 이 또한 다른 심리 측정도구들에 사용되는 것과 동일한 기준에 맞아야 한다는 것을 명심해야 한다.
  ㉢ 컴퓨터 기반 검사는 잠재적 오류와 이로 인한 오도적인 결과가 있을 수 있으므로 검사체계가 산출하는 해석 진술들의 타당성을 주의 깊게 따져보아야 한다.
  ㉣ 해석 진술들이 세심하게 평가된 것인지, 내담자가 전적으로 이해할 수 있고, 탐색과정에 적절히 응용할 수 있는 타당한 결과인지에 관한 증거를 따져보아야 한다.

② **컴퓨터 기반 6가지 사정방법의 장단점**
  ㉠ **온라인 도구에서 응답하기** : 도구의 타당성을 증가시키지만 내담자가 온라인상에서 소비하는 시간도 증가시킨다.
  ㉡ **오프라인상에서 완성한 검사도구의 점수 입력하기** : 온라인상의 내담자 시간이 줄어드는 장점이 있지만, 어떻게 검사 결과를 직업과 연결시키는지에 대해 내담자가 완전히 이해할 수가 없다는 단점이 있다.
  ㉢ **사용자가 통제하는 온라인 자기 사정** : 내담자가 생각하기에 중요한 변인만을 판단할 수 있다는 장점이 있지만 꽤 오랜 시간 동안 온라인을 사용해야 하는 단점이 있다.
  ㉣ **시스템이 통제하는 온라인 자기 사정** : 선택안을 줄여 사정을 간소화시킨 도구는 몇몇 내담자들에게는 이점으로 작용할 수 있지만, 시스템에 대한 내담자 통제가 크게 감소된다는 단점도 있다.
  ㉤ **사전에 구조화된 오프라인 자기 사정** : 대부분의 내담자가 쉽게 접근하지만 이와 함께 사용되는 일부 지침서의 방대함 때문에 당황할 수 있다.
  ㉥ **사용자가 통제하는 일련의 온라인 자기 사정, 명료화, 재사정** : 이 방법의 목표는 가용한 명료화도구를 이용하는 내담자가 자기 사정을 인정하게 하는 것이다. 그러나 이를 위해 더 많은 온라인상의 시간이 필요하다.

(3) 질적 검사 실시 (직업카드분류검사 실시)

① **1단계 – 출발** : 시작 전에 내담자에게 직업카드 분류활동의 목표를 정확하게 인지시켜 내담자가 흥미를 갖고 능동적으로 참여할 수 있도록 유도하며, 검사를 위한 도구와 필기구들이 잘 배열되어 있는지 확인한다.

② **2단계 – 카드 분류** : 주어진 카드를 '좋아함', '모르겠음', '싫어함' 등으로 분류하도록 한다. 직업명만 기재된 앞면을 보고 분류하고, 잘 모르는 직업의 경우는 뒷면에 적힌 설명을 읽고 분류하도록 한다.

  ㉠ 좋아함 : 평소 긍정적으로 생각한 직업, 마음에 와닿는 직업, 좋다고 느끼는 직업, 추구하고 싶은 직업, 선택할 확률이 높은 직업

  ㉡ 싫어함 : 관심이 없는 직업, 선택을 고려하지 않는 직업, 자신에게 적합한 것 같지 않은 직업, 종사하고 싶지 않은 직업

  ㉢ 모르겠음 : '좋아함'이나 '싫어함'으로 분류하기가 명확하지 않은 직업

  ㉣ 소요시간 : 오래 생각하지 않고 직관적으로 분류한다. 그러나 내담자가 마음이 다급해져 검사 결과에 영향을 미치지 않도록 시간을 충분히 주도록 한다.

③ **3단계 – '모르겠음' 카드 분류** : '모르겠음'으로 분류한 카드를 다시 분류하도록 한다. 카드 분류는 주제 탐색에 있다는 점을 주지시키고 재분류할 직업들 중에서 자신을 표현할 수 있는 직업들이 있음을 인식시킬 필요가 있다.

④ **4단계 – 주제 찾기**

  ㉠ 특정 직업에 대해 좋다 혹은 싫다고 생각한 이유를 구체적으로 명료화시킴으로써 자신의 직업적 흥미를 심층적으로 탐색한다. 이러한 과정을 통해 내담자의 생활방식을 파악할 수 있는 주제들을 확인할 수 있다.

  ㉡ 좋아하는 이유 주제 찾기 : 좋아하는 직업들에 대해 선호하는 이유를 구체적으로 생각하여 워크시트에 기록하고 같은 이유에 대해서는 빗금으로 표시하도록 한다.

  ㉢ 싫어하는 이유 주제 찾기 : 싫어하는 이유는 좋아하는 이유의 정반대 내용이 될 수도 있다.

  ㉣ 추가적인 질문을 통해 내담자가 가진 직업에 대한 비합리적 신념이나 진로신화 등을 확인할 수 있다.

⑤ **5단계 – 직업의 선호도 순위 결정하기**

  ㉠ 좋아하는 직업 선정

  ㉡ 좋아하는 직업 우선순위 결정

  ㉢ 홀랜드 부호 확인 및 계산 : 좋아하는 직업에 3개씩 부여되어 있는 홀랜드코드를 6개 코드별로, 각 제1문자, 제2문자, 제3문자에 몇 개씩 존재하는지 숫자를 세어 각각 가중치를 부여한 후 총계를 계산한다.

  예 제1문자×3/제2문자×2/제3문자×1

  ㉣ 3코드 선정 : 총계가 가장 높은 순으로 3코드를 최종 선정한다. 이는 내담자의 적합 직업을 나타내는 코드이다.

⑥ **6단계 – 결과 요약 및 정보 제공**

　㉠ 직업흥미 적합수준별 코드 제시

최종 판정 예시	가장 적합한 직업	적합한 직업	고려해 볼 만한 직업
SIA	SIA, SAI	ISA, IAS	ASI, AIS

　㉡ 내담자가 활동을 통해 알게 된 여러 정보들을 스스로 정리하고 요약하도록 돕고, 진로 정보를 찾는 방법을 알려주는 단계이다.

　㉢ 내담자가 주제를 요약하도록 돕고, 미래를 위한 계획을 세우도록 한다.

제2절 진단 결과 해석

01 진단 결과 해석

(1) 채점과 해석의 조건

① 채점은 진단도구 매뉴얼(지침서)에서 정한 판단기준과 절차를 따르는 것이 가장 중요하다.

② 해석은 매우 전문적으로 실시하여야 하고, 규준을 활용할 때 주의해야 한다. 불완전한 규준 개발과정을 거친 검사들이 의외로 많기 때문이다.

③ 채점에 채점자의 주관적 판단이 개입하는 경우에는 검사의 채점과 해석에 전문가의 감독을 통한 많은 수련이 필요하다.

(2) 진단 결과 통합

① 진단 결과는 내담자의 직업 논점의 중요한 단서가 된다.

② 내담자의 진단 결과는 단순히 내용을 전달하기 위한 것이 아니라 직업 논점에 대한 해결과 의사결정을 돕는 데 의미가 있기 때문에 진단 결과를 조직화하고 통합하여 해석하여야 한다.

③ 진단 결과는 직업심리치료에서 가설을 세우고 전략을 수립하여 개입하는 방법을 제공한다.

(3) 해석수준

구분	내용
구체적 수준 (concrete level)	진단 결과 점수에 초점을 두어 결과를 기술하는 것으로 어떠한 해석이나 결론을 제시하지 않는다.
기계적 수준 (mechanical level)	소검사와 요인 점수 간의 차이에 초점을 두어 기술하고 이에 대한 결론을 내린다.
개별적 수준 (individual level)	진단검사 결과를 통합하여 결론을 내리되 내담자에 초점을 맞추어 진단 결과의 점수를 해석한다.

(4) 심리검사의 해석

① 검사 결과는 기계적으로 전달해서는 안 되며, 적절한 해석을 담은 설명과 함께 전달되어야 한다.

② 검사 결과를 전달할 때에는 통계적인 숫자나 용어를 사용하는 것보다 쉽고 일상적인 용어로 설명하는 것이 좋다.

③ 검사 결과를 통보받는 사람이 경험하게 될 정서적인 반응까지도 고려할 필요가 있다.

(5) 검사 해석 시 주의사항

① 해석에 대한 내담자의 반응 고려

② 검사 결과에 대해 이해하기 쉬운 언어 사용

③ 내담자의 점수범위 고려

④ 검사 결과에 대한 중립적 판단

⑤ 검사 결과에 대한 내담자의 방어 최소화

⑥ 검사의 대상과 용도의 명확화

(6) 규준

① 심리검사점수는 흔히 표준화된 집단의 검사점수와 비교함으로써 그 의미를 해석하게 되는데, 이렇듯 특정 검사점수의 해석에 필요한 기준이 되는 자료를 규준(norm)이라고 한다.

② 규준은 대표집단의 사람들에게 실시한 검사점수를 일정한 분포도로 작성해서 만든 다음한 개인의 점수를 이 분포에 비추어 어떤 위치에 속하는지를 찾아냄으로써 해석하게 된다.

③ 규준을 통해 원점수를 상대적 측정치로 변환해서 대표집단 내에서 차지하는 위치를 쉽게 파악할 수 있다.

④ 상대적 측정치는 상호 비교가 가능한 측정치가 되기 때문에 한 개인이 서로 다른 종류의 검사에서 얻은 결과를 비교하는 것이 가능해진다.

(7) 발달 규준

① 발달 규준이란 수검자가 정상적인 발달경로에서 얼마나 이탈해 있는지를 표현하는 방식으로 원점수에 의미를 부여하는 것이다.

② 발달 규준의 종류

㉠ 연령 규준 : 개인의 점수를 규준집단에 있는 사람들의 연령에 비교해서 몇 살에 해당되는지를 해석할 수 있게 하는 방법

㉡ 학년 규준 : 주로 성취검사에서 이용하기 위해 학년별 평균이나 중앙치를 이용해서 규준을 제작하는 방법

(8) 집단 내 규준

① **백분위 점수 (percentile scores)** : 표준화집단에서 특정 원점수 이하인 사례의 비율이라는 측면에서 표시한 것으로 표준화집단에서 피검자의 점수가 차지하는 상대적 위치를 나타낸다. 즉, 100명의 집단으로 가정해서 순위를 나타내는 것이다. 백분위 점수는 계산이 쉽고 기술적인 통계훈련을 받지 않은 사람들도 쉽게 이해할 수 있으며, 성인과 아동에게도 똑같이 이용할 수 있고 어떤 종류의 검사에도 적합하다.

② **표준점수** : 원점수를 주어진 집단의 평균을 중심으로 표준편차단위를 사용하여 분포상 어느 위치에 해당하는가를 나타낸 것으로 가장 기본적인 점수는 Z점수이다. 원점수를 표준점수로 변환함으로써 상대적인 위치를 짐작할 수 있으며, 검사 결과를 비교할 수 있다.

　㉠ **Z점수** : 원점수를 평균이 0, 표준편차가 1인 점수로 변환한 점수로, Z점수 −1.5는 원점수가 참조집단의 평균으로부터 하위 1.5 표준편차만큼 떨어져 있다는 의미이다.

$$Z = (\text{원점수} - \text{평균}) \div \text{표준편차}$$

　㉡ **T점수** : 소수점과 음수값을 가지는 Z점수의 단점을 보완하기 위해, 원점수를 변환해서 평균이 50, 표준편차가 10인 분포로 만든 것으로 가장 널리 사용되는 정규화된 표준점수이다.

$$T = 10 \times Z\text{점수} + 50$$

③ **표준등급 (stanine)** : 원점수를 크기 순서에 따라 배열한 후에 백분율에 맞추어 등급을 1에서 9까지의 범주로 표현한 것이다.

등급	1	2	3	4	5	6	7	8	9
비율	4%	7%	12%	17%	20%	17%	12%	7%	4%
의미	상위 4% 이내	상위 4~11%	상위 11~23%	상위 23~40%	상위 40~60%	상위 60~77%	상위 77~89%	상위 89~96%	상위 96~100%

④ **편차 IQ (deviation IQ)** : 정신연령점수를 한 개인의 상대적 위치를 나타내주는 단일 지수로 변환시키기 위해 초기 지능검사에 비율 IQ(ratio intelligence quotient)가 도입되었다. 그러나 이는 지능지수분포의 표준편차크기가 연령대별로 달라 서로 다른 연령수준의 지능지수를 곧바로 비교할 수 없다. **편차 IQ는 표준점수개념을 이용한 것으로, 평균이 100이고 표준편차는 비율 IQ를 사용했던 스탠포드−비네검사의 표준편차인 16에 근접하는 하나의 표준점수를 말한다.**

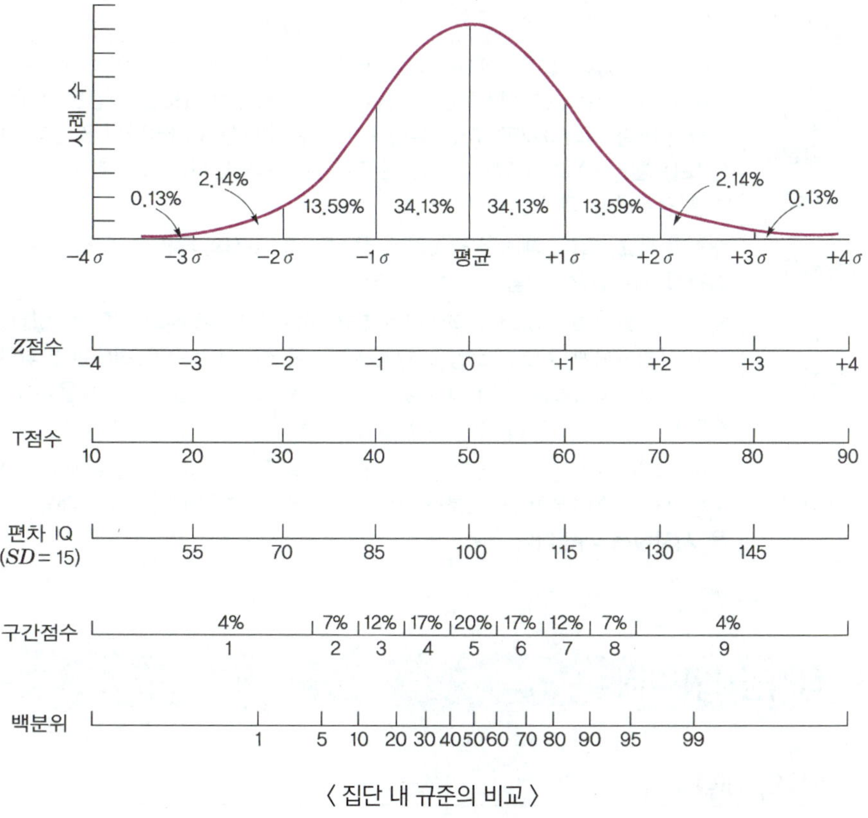

〈 집단 내 규준의 비교 〉

(9) 진단결과 보고서 조직화

① **진단의 조직화** : 여러 진단도구에서 도출된 결과들을 차례대로 보고할 때에도 상담자는 통합한 내용을 함께 제시하여야 한다.

② **내담자 직업 논점의 조직화** : 결과 보고서를 통해 내담자가 자기의 직업 논점에 대한 이해를 높일 수 있도록 구성하고, 내담자 관심영역 중 가벼운 주제로부터 무거운 주제로 구성하고 전체에 대한 통합된 내용을 제시한다.

③ **진단도구의 기능별 조직화** : 진단도구로 측정하려는 다양한 영역에 대해 기능별로 구성하여 제시한다.

(10) 홀랜드검사 프로파일의 해석

구분	내용
일관성	**어떤 쌍들은 다른 유형의 쌍들보다 공통점을 더 많이 가지고 있다.** 일관성을 알아보는 가장 간단한 방법은 홀랜드코드의 처음 두 문자를 살펴보는 것이다. 높은 일관성은 처음 두 문자가 육각형에 인접할 때 나타난다.

구분	내용
차별성 (변별성)	사람이나 환경이 얼마나 잘 구별되는지를 의미하며, 개인의 직업적 흥미특성이 얼마나 뚜렷하게 나타나는가를 설명하는 개념이다. **어떤 사람들은(또는 환경은) 1개의 유형에는 유사성이 많이 나타나지만, 다른 유형에는 별로 유사성이 나타나지 않는다. 또 다른 사람들은(또는 환경은) 여러 유형에 똑같은 유사성을 나타낸다.** 차별성은 6가지 유형에 대한 점수를 검토하여 평가할 수 있다.
정체성	**개인의 목표, 흥미, 재능이 명확하고 일관될 때, 조직의 투명성, 안정성, 목표·일·보상이 일관될 때 정체성이 높다**고 할 수 있다.
일치성	**자신의 유형과 비슷하거나 정체성을 갖게 하는 환경유형에서 일할 때 일치성이 높아진다.** 개인은 자신에게 중요한 보상을 제공해주는 환경에서 능력을 최대한 발휘한다. 서로 다른 성격유형의 사람들은 각기 다른 환경을 필요로 하므로 일치성이 높을수록 개인은 자신의 직업에 더 만족하고 더 많은 보상을 받게 된다.
계측성	흥미유형들 간 또는 환경유형들 간의 관계가 육각형 모형에 따라 결정될 수 있으며, 육각형 모형에서의 **흥미유형 또는 환경유형 간의 거리는 그들의 이론적 관계와 반비례한다는 것을 시사하는 개념이다.**

제3절 심리검사의 이해

01 심리검사의 개발

(1) 심리검사의 기본 통계

① **척도** : 측정대상이 되는 인간의 특정 속성은 수의 어떤 특성에 의해서 나타나게 되며, 개인에게 할당된 수는 그 수의 특성에 따라 다양한 정보를 얻을 수 있는 정도가 달라진다. 척도란 이러한 수의 특성을 다루는 것으로서 측정의 기본 단위가 된다. 척도의 유형은 다음과 같다.

구분	특징
명명척도	숫자의 차이가 속성이 대상에 따라 다르다는 것만을 나타내는 척도이다. 예 성별을 나타내기 위해 여자를 1, 남자를 2로 정리한 경우, 운동선수의 등번호
서열척도	숫자의 차이가 속성의 차이뿐만 아니라 순위관계에 대한 정보도 포함하고 있는 척도이다. 숫자의 크기 차이가 속성의 크기 차이와 다를 수 있다는 문제점이 있다. 예 학급의 석차
등간척도	숫자의 차이가 실제 측정한 속성 간의 차이와 동일한 숫자집합을 말한다. 수의 차이가 '다르다'의 정보와 서열정보 외에도 수의 차이가 반영하는 속성의 차이가 동일하다는 등간정보도 포함하고 있다. 예 온도계의 0℃와 5℃의 차이는 15℃와 20℃의 차이와 같다.
비율척도	차이정보, 서열정보, 등간정보 외에 수의 비율에 관한 정보도 담고 있는 척도이다. 절대 '0'이 있으며, 모든 통계적 분석방법에 적용해서 분석할 수 있다. 예 몸무게나 키

② **평균** : 한 집단의 특성을 가장 간편하게 표현하기 위해 개발된 개념 중의 하나이다. 이러한 대푯값에는 중앙치, 최빈치, 평균치 등이 있는데 이중 평균치가 가장 많이 이용되며, 집단에 속한 모든 점수를 합해서 사례의 수로 나눈 값이다.

③ **표준편차** : 집단의 각 수치들이 그 집단의 평균치로부터 평균적으로 얼마나 떨어져 있는가, 즉 점수들이 평균에서 벗어난 평균거리를 나타내는 통계치이다. 따라서 이 값이 클수록 해당 집단의 사례들이 서로 이질적이라는 것을 알 수 있다.

④ **변량** : 표준편차를 제곱한 값으로, 이는 점수들이 평균에서 벗어난 평균면적을 나타낸다.

(2) 표본 표집 방법

① 모든 규준은 어떻게 만들었는가에 관계없이 그 규준을 구성할 때 이용한 특정 모집단에 한정되어 해석해야 한다.

② 규준은 기본적으로 특정의 모집단을 대표하는 표본을 구성하고 이들에게 검사를 실시해서 얻은 점수를 체계적으로 분석해서 만들게 된다. 이러한 표본을 규준집단 또는 표준화집단이라고 하는데, 이때 가장 중요한 것은 모집단에 대한 대표성을 확보할 수 있는 표본추출 방법을 이용하는 것이다.

③ 표본추출 방법에는 크게 두 가지가 있다. 확률표집은 모집단의 구성원이 표본으로 선택될 동일한 확률을 가지도록 무작위(random)로 표본을 추출하는 방식이고, 비확률표집은 모집단의 모든 구성원이 표본으로 선택될 동일한 확률을 갖지 않는 표집 방식이다. 따라서 비확률표집은 규준을 만들기 위한 방법으로 부적당하다.

④ **확률표집 방법의 종류**

구분	특징
단순무선표집 (simple random sampling)	• 모집단의 구성원들이 표본에 속할 확률이 동일하도록 표집하는 방법 • 구성원들에게 일련번호를 부여하고, 무선적으로 필요한 만큼 표집하는 방법
층화표집 (stratified sampling)	• 단순무선표집을 응용한 방법으로 모집단이 규모가 다른 몇 개의 이질적인 하위집단으로 구성되어 있는 경우 사용 • 여러 종교를 가진 모집단인 경우 각 종파별로 나누어 무선표집하는 방법
집락(군집)표집 (cluster sampling)	• 모집단을 서로 동질적인 하위집단으로 구분해서 집단 자체를 표집하는 방법 • 초등학교 1학년용 검사의 규준 개발 시, 전국의 1학년 반을 일련번호를 갖도록 정리한 후 필요한 표본수를 채울 수 있도록 반을 표집
체계적 표집 (systematic sampling)	• 모집단이 어떤 특징에 따라 체계적으로 정리되어 있는 경우, 정리된 목록에 일련번호를 부여하고 임의로 첫 번째 대상을 선정한 다음 매 X번째에 해당하는 번호를 추출

⑤ 비확률표집 방법의 종류

구분	특징
편의표집 (Convenience Sampling)	• 연구자가 접근 가능한 대상을 이용해 표본을 구성하는 방식으로 심리검사의 예비연구나 파일럿 연구(pilot study) 단계에서 주로 사용
목적표집 (Purposive Sampling)	• 연구 목적에 맞추어 특성 있는 대상을 의도적으로 선정하는 방식으로 표본이 특정 조건을 충족하도록 설계
할당표집 (Quota Sampling)	• 모집단의 인구통계적 특성을 고려해 하위그룹의 비율(quota)을 맞춰 비확률적으로 표본 구성
눈덩이표집 (Snowball Sampling)	• 처음 참여한 대상이 주변의 유사한 대상을 소개하여 표본이 확대되는 방식으로 접근이 어려운 특수집단을 대상으로 표본을 추출할 때 적합

(3) 심리검사의 개발과정

① **1단계** : 구성개념의 영역 규정 단계(측정대상 개념화)

② **2단계** : 문항표집 단계

③ **3단계** : 사전검사 자료수집 단계

④ **4단계** : 측정의 세련화 단계(본 검사 완성)

⑤ **5단계** : 본 검사 자료수집 단계

⑥ **6단계** : 신뢰도 평가 단계

⑦ **7단계** : 타당도 평가 단계

⑧ **8단계** : 규준 개발 단계

02 검사의 신뢰도

(1) 신뢰도의 의미

① 신뢰도란 믿을 수 있는 정도를 말한다. 검사의 신뢰도란 검사를 동일한 사람에게 실시했을 때, 검사조건이나 검사 시기에 관계없이 **점수들이 얼마나 일관성이 있는가**, 비슷한 것을 측정하는 다른 검사의 점수와 얼마나 일관성이 있는가 하는 것을 말한다.

② 넓은 의미의 검사신뢰도는 검사점수의 개인차가 정말 차이가 있어서 나타난 것이냐 아니면 우연적인 오차에 의해서 나타난 것이냐의 정도를 뜻한다.

(2) 검사 신뢰도의 종류

① **검사–재검사 신뢰도(안정성 계수)**

㉠ 동일한 사람에게 서로 다른 시기에 두 번 실시한 검사점수들의 상관계수를 검사–재검사 신뢰도(test–retest reliability)라고 한다.

ⓛ 검사점수가 시간의 변화에 따라 얼마나 일관성이 있는지를 뜻한다. 시간의 안정성을 나타내는 안정성 계수(coefficient of stability)라고도 한다.

ⓒ 검사–재검사 신뢰도가 높다는 것은 그 검사가 수검자의 조건이나 환경조건들의 영향을 덜 받는다는 것을 뜻한다.

② **동형검사 신뢰도 (동등성 계수)**

㉠ 새로 개발된 동형검사 2개 혹은 개발된 검사와 이미 신뢰성이 입증된 유사한 검사 점수와의 상관계수를 검토하는 것이며, 이 상관계수를 두 검사의 동등성 정도를 나타낸다는 면에서 동등성 계수(coefficient of equivalence)라고 한다.

ⓒ 검사문항이 다르기 때문에 기억효과 및 이월효과가 감소되나 2개의 검사가 정말 균등한가의 문제와 2개의 좋은 검사를 만들어 내는 것이 어렵다는 문제점이 있다.

③ **반분 신뢰도 (내적합치도 계수)**

㉠ 한 가지 검사를 한 번 실시해서도 신뢰도를 측정할 수 있다.

ⓒ 해당 검사를 문항수가 같도록 반씩 나누어 개인별로 2개의 점수를 구해서 두 점수간의 상관계수를 계산한 것이며, 둘로 구분된 문항들의 내용이 얼마나 일관성이 있는가를 측정한 것으로 내적합치도 계수(coefficient of internal consistency)라고 부른다.

ⓒ 반분 신뢰도는 속도검사의 신뢰도 계수로는 적당하지 않다. 속도검사의 경우 수검자들이 뒷부분의 문항들은 다 풀지 못하는 경우가 있는데, 많은 수검자들이 0점을 받은 문항들은 반분신뢰도를 계산할 때 양쪽으로 나뉘어져서 상관계수의 값을 증가시키기 때문이다.

④ **문항내적 합치도 (동질성 계수)**

㉠ 컴퓨터로 가능한 모든 반분한 경우의 반분 상관계수의 평균값을 이용한 것으로 한 검사의 문항 각각의 반응의 일치도를 나타낸다. 이 신뢰도 계수는 검사의 모든 문항 간의 내적 상관의 평균으로부터 얻어진다.

ⓒ 한 검사에 포함된 문항들에 대한 반응의 일관성이 문항의 동질성 여부에 따라 결정되므로, 동질성 계수(coefficient of homogeneity)라고도 한다.

ⓒ 검사도구의 반응유형에 따라 2개의 반응 질문(진위형, ○×형)에는 Kuder–Richardson Formula 20(쿠더 리차드슨 공식 20)을 쓰고, 2개 이상의 반응 질문에는 Cronbach's alpha(α) 계수(크론바흐 알파 계수)를 사용한다. 크론바흐 알파 값은 '0~1'의 값을 가지며, 값이 클수록 검사 문항들이 동질적이고 신뢰도가 높은 것을 나타낸다.

⑤ **채점자 신뢰도**

㉠ 투사적 성격검사와 같이 검사 종류에 따라서 채점자에게 많은 재량권이 있는 검사가 있다. 채점자가 누구냐에 따라 동일한 수검자에 대해서도 다른 점수가 나타날 수 있는데 이러한 것을 채점자에 따른 오차변량이라고 한다.

ⓒ 두 명의 검사자가 독립적으로 채점한 점수를 가지고 상관관계를 계산한 것이 채점자 신뢰도이다. 이는 주관적으로 채점해야 하는 검사도구들을 연구에 이용할 때 사용한다.

(3) 검사-재검사를 통해 신뢰도를 추정할 경우 충족되어야 할 조건

① 측정내용 자체는 일정 시간이 경과하더라도 변하지 않는다고 가정할 수 있어야 한다.
② 동일한 수검자에게 검사를 두 번 실시하지만, 앞서 받은 검사 경험이 뒤에 받은 검사의 점수에 영향을 미치지 않는다는 확신이 있어야 한다.
③ 검사와 재검사 사이의 어떤 학습활동이 두 번째 검사의 점수에 영향을 미치지 않는다고 가정할 수 있어야 한다.

(4) 신뢰도 계수에 영향을 미치는 요인

① **개인차**
　㉠ 개인차가 존재하지 않는다면 모든 사람들은 동일한 검사점수를 받게 되고 검사점수의 변량이 0이 되기 때문에 신뢰도 계수는 0.0이 된다.
　㉡ 반면, 검사대상 집단의 개인차가 클수록 검사점수의 변량은 커지며 신뢰도 계수도 커지게 된다.

② **검사의 문항 수**
　㉠ 개인의 성격을 측정하는 데 하나의 문항만을 가지고 검사를 구성한다면 그 결과가 신뢰성이 있다고 기대하기 어렵다.
　㉡ 검사문항이 많을수록 검사점수의 총점은 커지고 점수들의 표준편차는 증가할 가능성이 높다. 따라서 검사의 변량이 커지게 되며 신뢰도 계수는 높아지게 된다.

③ **문항의 반응 수**
　㉠ 개인의 직무만족과 같은 태도를 조사하려는 경우 대부분 리커트(Likert) 척도를 이용하게 되는데, 5점 또는 7점 척도를 사용한다.
　㉡ 연구에 따르면 문항에 대한 반응 수가 5점이나 7점을 넘게 되면 검사의 신뢰도는 더 이상 올라가지 않고 평행선을 긋게 된다고 한다.

④ **검사유형**
　㉠ 속도검사의 경우 전후반분법을 이용해 신뢰도를 추정하는 방법은 적합하지 못하다.
　㉡ 속도검사는 후반부의 문항에 답할 시간이 없어서 검사의 후반부에서 낮은 점수를 받게 된다. 따라서 전반부와 후반부의 점수 사이의 상관계수는 낮아지게 된다.
　㉢ 속도검사의 경우 검사-재검사 신뢰도는 적합하다.

⑤ **신뢰도의 종류**
　㉠ 어떤 검사의 측정오차가 클수록 신뢰도 계수는 작게 계산될 가능성이 높다.
　㉡ 문항내적 합치도가 동형법보다 신뢰도 계수가 더 높고, 동형법은 검사-재검사법보다 신뢰도 계수가 더 높을 수 있다. 그 이유는 문항내적 합치도 방법을 이용해 신뢰도 계수를 구할 경우 측정오차에 기여하는 부분이 가장 적기 때문이다.

(5) 측정의 표준오차 (Standard Error of Measurement : SEM)

① 검사의 신뢰도는 상대적 측정정보만 제공할 뿐 점수 자체가 얼마나 정확한 것인가에 관한 정보는 제공하지 못한다. 각 검사점수의 정확도를 파악하기 위해서는 표준 측정오차를 알아야 한다.

② 신뢰도 계수와 유사한 정보를 주지만, 특히 개개인의 점수를 해석할 때 유용하다.

③ 어떤 개인이 완전한 동형검사 여러 개를 여러 번 반복해서 검사한다고 가정할 때 얻어지는 이론적 분포를 나타낸다.

④ 이렇게 해서 얻어진 점수들의 집합은 평균과 표준편차를 가진 곡선을 그리게 되는데, 이러한 표준화된 편차를 측정의 표준오차라고 부른다. 이때의 평균은 진점수, 표준편차는 측정의 표준오차가 된다.

⑤ 측정의 표준오차는 **신뢰도 계수가 높을수록 표준오차의 값은 작아진다.**

⑥ 측정의 표준오차는 수검자의 이론적 진점수를 포함하는 오차범위를 말하는 것으로서, 어떤 검사를 매번 실시할 때마다 달라질 수 있는 오차의 범위를 제시한다.

⑦ 예를 들어, 어떤 검사에서 표준화된 학생들의 진점수가 40점이고 측정의 표준오차가 3이라면, 우리가 그 검사를 여러 번 반복 측정할 때 개개인의 측정점수 중 68%는 37~43점 사이에 위치하며, 95%의 신뢰구간에서 어떤 개인의 진점수가 34~46점 사이에 있다고 말할 수 있다.

⑧ 또한 어떤 수검자의 지능검사 결과가 IQ 110이고 해당 검사의 측정의 표준오차를 5로 가정하면, 95% 신뢰수준에서 약 ±10의 오차한계를 가지게 되어 실제 IQ가 100~120의 범위에 존재할 것이라고 예측할 수 있다.

03 검사의 타당도

(1) 타당도의 의미

① 타당도란 그 검사가 **측정하고자 하는 속성을 얼마나 정확하게 측정하고 있는가**를 말한다. 따라서 타당도는 그 검사점수를 이용해서 그 검사가 측정하려는 속성에 관해 추론하는 것이 타당한 일인가를 결정해 주는 것이다.

② 어떤 검사의 신뢰도 크기는 이론적으로 그 검사의 타당도의 최댓값이다. 즉, 어떤 검사의 타당도는 아무리 커도 신뢰도보다 클 수는 없는 것이다. 이런 점에서 검사가 상당히 높은 수준의 신뢰도를 확보하는 것은 매우 중요한 일이다.

(2) 타당도의 종류

① **내용타당도** (content validity)

〖 검사의 문항들이 그 검사가 측정하고자 하는 내용영역을 얼마나 잘 반영하고 있는지를 말한다. 흔히 성취도검사의 타당도를 평가하는 방법으로 많이 쓰인다.

〗 해당 분야의 전문가들의 주관적 판단을 토대로 결정하며, 따라서 내용타당도를 나타내는 통계치는 없다.

〘 비슷하지만 전혀 다른 개념으로 안면타당도(face validity)라는 것이 있는데 이는 실제로 무엇을 재는가의 문제가 아니라 수검자에게 그 검사가 '타당한 것처럼 보이는가'를 뜻한다.

② **준거타당도 (criterion-related validity)**

〖 어떤 심리검사가 특정 준거와 어느 정도 관련성이 있는가를 말한다. 즉, 검사점수가 '직무성과'나 '학업성적' 등의 특정 활동영역의 준거를 얼마나 잘 예측해 주는지의 정도를 말한다. 이렇게 검사가 그 검사를 통해 예측하고자 하는 준거와 어느 정도 관련성이 있는가 하는 것이 준거타당도이다.

〗 **예언타당도 (predictive validity)** : 검사점수를 가지고 다른 준거점수들을 얼마나 예측해 낼 수 있는가를 말한다. 예를 들어, 신입사원의 적성검사 점수와 1년 후 인사고과점수(준거점수)의 상관계수를 계산하면 그것이 예언타당도 계수이다. 주의할 점은 이렇게 얻은 **타당도계수가 실제 타당도계수에 비해 더 낮을 수 있다는 점을 고려해야 한다. 준거측정이 선발된 사람들만을 대상으로 하기 때문에 이러한 표본집단이 모집단을 잘 대표하지 못할 수 있기 때문이다.** 따라서 점수범위의 제한에 따른 상관계수의 축소현상이 있을 수 있다.

〘 **동시타당도 (concurrent validity)** : 해당 검사의 점수와 준거점수를 동시에 얻어서 나온 상관계수로, 일정기간이 필요한 예언타당도의 약점을 해결할 수 있는 방법이다. 하지만 타당도계수의 축소현상은 예언타당도와 마찬가지로 나타날 수 있다.

③ **구성타당도 (construct validity)**

〖 검사가 해당 이론적 구성개념이나 특성을 잘 측정하는 정도를 말한다. 즉, 심리검사가 포함하고 있는 행동표본들이 실제 그 검사로 측정하고자 하는 구성개념을 잘 반영하는가 하는 것이다.

〗 **수렴타당도 (convergent validity)** : 이론적으로 관계가 있는 변인과의 상관관계가 높을 때, 수렴타당도가 높다고 한다.

コ 지능과 학업 성적간의 상관

〘 **변별타당도 (discriminant validity)** : 이론적으로 관계가 없는 변인과의 상관계수가 낮을 때, 변별타당도가 높다고 한다.

コ 지능과 체육시험 성적간의 상관

〙 **요인분석** : 검사개발 시 가정했던 이론적 구성개념이 얼마나 정확하게 나타나는지를 요인분석을 통해 분석한다.

▶ **직무수행 준거**

직무수행준거는 직무수행을 판단하는 기준이며 고성과와 저성과를 구별할 수 있다. 직무수행의 준거를 알기 전에는 누군가의 직무수행을 정확하게 평가할 수 없다. 다양한 직무는 과업의 성격에 따라 질적이거나 양적인 면을 강조할 수 있다. 영업 직무는 보통 판매량을 강조하는 반면, 교사 직무는 지도의 질을 강조한다. 직무수행의 복잡성 때문에 여러 가지 준거의 측정이 필요하다.

(1) **직무수행 준거의 종류**

① 양적 측정(객관적 측정)

㉠ 생산량, 판매량, 수율, 불량률 등과 같이 회사의 경영 목표와 직접적으로 관련되는 객관적 지표나 사고율, 결근율, 이직률, 지체율 등과 같이 노동이나 고용 데이터와 관련되는 양적 지표를 중심으로 평가하는 방식을 말한다.

㉡ 언뜻 가장 객관적이고 분명하게 보이기 때문에 다양한 지표가 개발되었으나 신뢰도가 낮고, 공정성 문제 등이 존재하기 때문에 주관적 측정과 혼합하여 사용한다.

② 질적 측정(주관적 측정)

㉠ 성과 결과를 나타내는 객관적인 지표와 별개로 직무수행이라는 행동에 주로 초점을 두고 평가하는 방식이다. 따라서 결과 중심적이라기보다 행동 중심적이며, 개인이 통제할 수 없는 환경의 영향을 최대한 배제함으로써 인사 평가의 본질적인 취지에 더 부합한다.

㉡ 그러니 주관적 방법을 이용한 인사 평가는 피평가자의 직무수행에 대한 진점수를 알 수 없는 상태에서 평가자의 판단이 평가 점수를 구성하기 때문에 평가자의 주관에 의한 각종 오류에 취약하다는 문제점이 있다.

(2) **개념준거와 실제준거**

① 개념준거

㉠ 이론적 개념이며 실질적으로 측정할 수 없는 추상적인 개념이다.

㉡ 연구자가 연구를 통해 이해하고자 하는 이론적인 기준을 말한다.

㉢ 예를 들어, 학생생활에서 성공하는 학생의 준거는 지적 성장, 정서적 성장, 시민의식의 향상이라고 할 때 이는 추상성을 지닌 개념준거에 속한다.

② 실제준거

㉠ 개념준거를 측정하고 평가하는 데 사용하는 실제적인 기준이다.

㉡ 즉, 측정 가능한 준거들로 전환하는 것을 의미한다.

㉢ 예를 들면, 지적 성장은 평균 학점으로, 정서적 성장은 지도교수의 평점으로, 시민의식은 활동하고 있는 자원봉사기관의 수 등으로 알 수 있다.

(3) **준거왜곡과 준거 적절성**

① 준거왜곡 : 준거결핍과 준거오염을 준거왜곡이라고 한다.

② 준거결핍 : 실제준거에 개념준거가 얼마나 결핍되어 있는지, 즉 실제준거가 개념준거를 나타내지 못하고 있는 정도로서, 개념준거를 실제준거가 제대로 반영하지 못하고 측정한 경우이다.

③ 준거오염 : 실제준거가 다른 개념준거를 측정한 경우로서, 실제준거가 개념준거와 관련되어 있지 않은 부분을 의미한다.

㉠ 준거편파(bias) : 실제준거가 체계적으로 또는 일관성 있게 개념준거가 아닌 다른 것을 측정하고 있는 정도(편파적 생각)

㉡ 준거오류(error) : 실제준거가 그 어떤 것과도 관련되어 있지 않은 정도

④ 준거 적절성(준거의 적합성, 준거 관련성) : 실제준거와 개념준거가 일치되는 정도를 의미한다.

⑤ 준거왜곡(준거결핍, 준거오염)이 발생되면 측정 속성 반영이 덜 되기 때문에 준거타당도가 낮아
지게 되며, 준거적절성의 경우 준거타당도는 높아진다.

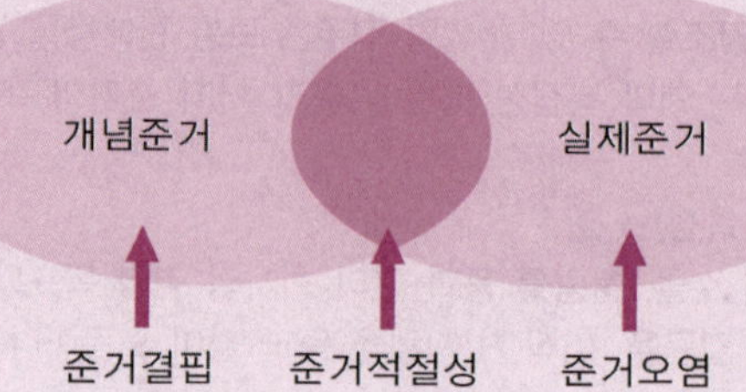

제2장 직업상담 진단 기출·예상문제

❶ 진단

2022년 직업상담사 2급

01 심리검사에 관한 설명으로 틀린 것은?

① 행동표본을 측정한다.
② 개인 간 비교가 가능하다.
③ 심리적 속성을 직접적으로 측정한다.
④ 심리평가의 근거자료 중 하나이다.

> **해설** 심리검사에서 측정하고자 하는 심리적 속성은 인간의 행동을 설명하기 위해 만들어낸 추상적이고 가설적인 개념이므로 직접적으로 측정할 수 없기 때문에, 그러한 심리적 속성을 대표하는 행동표본을 측정하는 간접적인 방식으로 측정한다.

★ 2017년 직업상담사 2급

02 다음 ( )에 알맞은 심리검사용어는?

> ( )란 검사의 실시와 채점절차의 동일성을 유지하는 데 필요한 세부사항들을 잘 정리한 것을 말한다. 즉, 검사재료, 시간제한, 검사순서, 검사장소 등 검사 실시의 모든 과정과 응답한 내용을 어떻게 점수화하는가 하는 채점절차를 세부적으로 명시하는 것을 말한다.

① 일반화
② 규준화
③ 표준화
④ 규격화

> **해설** 표준화(standardization)란 검사의 실시와 채점절차의 동일성을 유지하기 위해서 검사자가 지켜야 하는 관련 세부규칙들을 잘 정리하는 작업을 말한다.

★ 2003년, 2007년, 2013년 직업상담사 1급

03 어떤 일정한 규칙에 따라 어떤 사건이나 대상의 특성에 수치를 할당하는 과정은?

① 조작적 정의
② 평가
③ 측정
④ 개념적 정의

> **해설** 측정(measurement)이란 어떤 대상이나 사건에 대해 일정한 규칙에 따라 수치를 할당하는 과정을 말한다.

★ 2018년, 2022년, 2023년 직업상담사 2급

04 검사 실시에 영향을 미치는 외적 변수들을 최소화하는 것이 목표인 것은?

① 타당화
② 표준화
③ 신뢰화
④ 규준화

> **해설** 표준화된 방법을 통해 검사와 관련된 다른 조건들인 가외변인(외적 변수)을 철저하게 통제한 상태에서 측정이 이루어져야 관찰된 점수를 해당 수검자의 특성만을 반영한 것으로 볼 수 있다.

★ 2019년, 2025년 직업상담사 1급

05 심리검사의 표준화를 통해 통제하고자 하는 변인이 아닌 것은?

① 검사자 변인
② 피검자 변인
③ 채점자 변인
④ 실시상황 변인

> **해설** 표준화(standardization)란 검사의 실시와 채점절차의 동일성을 유지하기 위해서 검사자가 지켜야 하는 관련 세부규칙들을 잘 정리하는 작업이며, 피검자(수검자) 변인은 동일성을 유지하고자 하는 변인이 아니라 심리검사가 측정하고자 하는 변인에 해당된다.

정답 01. ③ 02. ③ 03. ③ 04. ② 05. ②

06 심리검사의 표준화절차에 관한 설명으로 가장 적합한 것은?

① 같은 심리특성을 측정하는 모든 심리검사문항들은 동일해야 한다.

② 여러 집단을 대상으로 같은 검사를 실시한다면 검사자는 동일인이어야 한다.

③ 검사장이나 검사자가 다르더라도 검사를 실시하는 상황은 동일해야 한다.

④ 검사자가 다르더라도 여러 수검자들의 검사결과는 동일해야 한다.

> **해설** 표준화(standardization)란 검사의 실시와 채점절차의 동일성을 유지하기 위해서 검사자가 지켜야 하는 관련 세부 규칙들을 잘 정리하는 작업을 말한다. 따라서 검사를 실시하는 장소와 실시자가 다르더라도 검사를 실시하는 과정은 동일하게 이루어지도록 하고자 하는 것이 표준화절차이다.

★

07 다음은 무엇에 대한 설명인가?

> 개인의 직업적 논점에서 검사, 면담, 행동관찰 등을 통하여 신체적 혹은 심리적 상태에 관한 평가를 하고, 이 결과를 토대로 전체적인 해석을 하는 것이다. 이때 언어적, 비언어적 정보도 포함된다.

① 진단 ② 평가
③ 측정 ④ 해석

> **해설** 진단(diagnosis)은 개인의 직업적 논점에서 검사, 면담, 행동관찰 등을 통하여 신체적 혹은 심리적 상태에 관한 평가를 하고, 이 결과를 토대로 전체적인 해석을 하는 것이다. 이때 언어적, 비언어적 정보도 포함된다.

08 내담자의 인지적 명확성을 사정하는 방식으로 적합하지 않은 것은?

① 면담 ② 자유연상
③ 자기감시 ④ 시간전망

> **해설** 크롬볼츠(1983)는 구조적·비구조적 면담, 자유연상, 선행사건의 재구성, 자기감시, 행동참조, 심리 측정도구의 사용 등을 통해 인지적 명확성을 사정하는 12가지 방식을 마련하였다. 이 중 가장 흔하게 사용되는 접근법은 비구조적 면담이다. 반면, 시간전망 개입은 미래에 대한 내담자의 관심을 증가시키고 현재의 행동을 미래의 목표에 연결시키기 위한 목적으로 실시되며, 따라서 이는 내담자의 인지적 명확성 사정에는 적합하지 않다.

★★

09 다음 중 워크넷에서 실시할 수 있는 성인용 직업심리검사에 대한 설명으로 바르지 않은 것은?

① 직업선호도검사 L형 : 흥미검사, 성격검사, 생활사검사 등 3가지 하위 검사로 이루어져 있으며, 개인의 흥미, 성격, 생활경험과 같은 심리적 특성에 대한 종합적인 이해를 돕는다.

② 직업선호도검사 S형 : 전 세계적으로 진로 및 직업상담 장면에서 가장 많이 활용되고 있는 Holland의 성격이론에 기초하여 제작되었다.

③ 성인용 직업적성검사 : 11개 적성요인과 17개의 하위 검사로 구성되어 있다. 50개의 직업군별 재직자들에게 본 검사를 실시하고 해당 자료를 근거로 직업별 준거점수가 도출되었다.

④ 성인용 직업전환검사 : 구직을 희망하는 사람들이 성공적인 구직을 할 준비가 되어 있는가를 알아보고, 이를 토대로 적합한 취업지원서비스를 선택할 수 있도록 해주는 검사이다.

> **해설** ④ '구직준비도검사'에 대한 설명에 해당한다.

★

10 직업상담에서 진단을 실시할 때 진단을 위한 방법으로 가장 거리가 먼 것은?

① 검사 실시 ② 동기 사정
③ 면담과 관찰 ④ 인지적 명확성 사정

> **정답** 06. ③ 07. ① 08. ④ 09. ④ 10. ②

해설 [진단방법]
검사, 면담과 관찰, 인지적 명확성 사정

★★ **2009년, 2012년, 2017년, 2025년 직업상담사 1급**
11 고용24(워크넷)에서 제공하는 청소년 인성검사의 구성요인 중 개방성의 세부요인이 아닌 것은?

① 상상　　　　　② 자극추구
③ 지성　　　　　④ 감수성

해설 [청소년 인성검사의 5요인과 세부요인]

요인	세부요인
외향성	친밀, 사회성, 리더십, 활동성, 자극추구, 긍정정서
호감성	신뢰, 정직, 이타, 협조, 겸손, 동정
성실성	유능감, 정돈, 규칙 준수, 성취 지향, 자제, 신중
개방성	상상, 심미, 감수성, 경험 추구, 지적 호기심, 가치
정서적 불안정성	불안, 분노, 우울, 자의식, 충동, 심약

★ **2012년, 2016년 직업상담사 1급**
12 고용24(워크넷)에서 제공하는 성인대상 심리검사가 아닌 것은?

① 성인용 직업적성검사
② 직업선호도검사 L형
③ 영업직무 기본역량검사
④ 사업적성검사

해설 ④ '창업적성검사'에 해당한다.

2018년 직업상담사 1급
13 고용24(워크넷)에서 제공하는 성인대상 심리검사 중 지필검사로 실시 가능한 것은?

① 준고령자 직업선호도검사
② 이주민 취업준비도검사
③ 성인용 직업가치관검사
④ 중장년 직업역량검사

해설 고용24(워크넷)에서 인터넷 실시만 가능한 성인용 심리검사 : 직업선호도검사 L형 (개정), 영업직무 기본역량검사, IT직무 기본역량검사, 준고령자 직업선호도검사, 이주민 취업준비도검사, 중장년 직업역량검사, 성인용 직업적성검사 (개정)

★ **2023년 직업상담사 1급 과정평가형**
14 다음에서 설명하고 있는 것은 무엇에 대한 설명인가?

> 수검자가 자신의 능력을 최대한 발휘할 것을 요구하기 때문에 능력검사라고도 하며, 일반적으로 문항의 정답이 있고 시간제한이 엄격하게 적용된다.

① 정서검사　　　　② 흥미검사
③ 적성검사　　　　④ 극대 수행검사

해설 [검사의 내용에 따른 분류]
㉠ 인지적 검사(능력검사) : 시간제한이 엄격하고, 수검사의 능력을 최대한 발휘할 것을 요구하기 때문에 '극대 수행검사(최대 수행검사)'라고도 한다.
㉡ 정서적 검사(성향검사) : 인지능력 이외의 정서, 동기, 흥미, 태도, 가치 등을 재는 검사로서, 일반적으로 정답이 없고 시간제한이 없으며, 습관적으로 하는 전형적 행동을 선택하도록 하기 때문에 '습관적 수행검사'라고도 한다.

2013년 직업상담사 2급
15 회사에서 인사 선발 및 배치와 관련해서 심리검사를 실시하는 경우, 이는 심리검사의 용도 중 무엇에 해당하는가?

① 진단　　　　　② 연구
③ 조사　　　　　④ 예측

해설 일반적으로 회사에서 인사 선발 및 배치와 관련해서 심리검사를 실시하는 경우는 심리검사 결과를 통해 조직원의 향후 행동이나 성과를 예측하여 이를 반영하기 위한 목적으로 사용된다.

정답 11. ②　12. ④　13. ③　14. ④　15. ④

16 심리검사는 다양한 기준을 적용하여 분류할 수 있다. 검사의 실시방법에 따른 분류에 해당하지 않는 검사는?

① 규준참조검사와 준거참조검사

② 속도검사와 역량검사

③ 개인검사와 집단검사

④ 지필검사와 수행검사

해설 [심리검사의 실시방법에 따른 분류]
 ㉠ 속도검사와 역량검사(실시시간에 따라)
 ㉡ 개인검사와 집단검사(수검자의 수에 따라)
 ㉢ 지필검사와 수행검사(검사도구에 따라)

★
17 최대 수행검사에 대한 설명으로 옳은 것은?

① 인지능력이나 발달수준을 평가하기 위한 목적을 가진다.

② 직업선호도검사가 이에 해당한다.

③ 스트롱–캠벨(Strong–Campbell) 흥미검사가 이에 해당한다.

④ 평소 어떤 행동특성을 갖고 있는지를 평가한다.

해설 인지적 검사는 시간제한이 엄격하고, 수검자의 능력을 최대한 발휘할 것을 요구하기 때문에 '극대 수행검사(최대수행검사)'라고도 한다.

18 준거참조검사에 관한 설명으로 옳은 것은?

① 검사점수를 다른 사람의 점수와 비교하여 어떤 수준인지 알아낸다.

② 상대적인 정보를 제공한다.

③ 성격이나 적성검사에 주로 사용된다.

④ 기준점수는 검사, 조직의 특성, 시기 등에 따라 달라질 수 있다.

해설 준거참조검사는 검사점수를 어떤 기준점수와 비교해서 이용하기 위한 목적을 가지는 검사로서 당락점수가 있는 대부분의 국가자격시험이 대표적이다. 이때 기준점수는 검사, 기관의 특성, 검사의 시기나 목적에 따라 달라질 수 있다.

19 심리검사에 관한 설명 중 틀린 것은?

① 속도검사는 숙련도를 측정하는 검사이다.

② 역량검사는 궁극적인 문제해결력을 측정하는 검사이다.

③ 수행검사는 대상이나 도구를 직접 다루어야 하는 검사이다.

④ 준거참조검사는 타인과 비교하기 위한 검사이다.

해설 준거참조검사는 검사점수를 어떤 기준점수와 비교해서 이용하기 위한 검사이고, 타인과의 비교를 위한 검사는 규준참조검사이다.

20 다음 중 투사적 심리검사가 아닌 것은?

① ISB (Incomplete Sentences Blank)

② RIT (Rorschach Inkblot Test)

③ TAT (Thematic Apperception Test)

④ CAT (Cognitive Ability Test)

해설 CAT(Cognitive Ability Test)는 인지능력검사로서 객관적 형태의 자기보고식 검사로 객관적 검사에 해당되며, 문자완성검사(ISB), 로샤 잉크반점검사(RIT), 주제통각검사(TAT)는 비구조화된 과제를 제시하여 피검자의 다양하고 독특한 반응을 측정하도록 하는 투사적 검사에 해당된다.

정답 16. ① 17. ① 18. ④ 19. ④ 20. ④

21 심리검사의 유형 중 객관적 검사의 장점이 아닌 것은?

① 검사 실시의 간편성
② 객관성의 증대
③ 반응의 풍부함
④ 높은 신뢰도

> **해설** 비구조적 검사과제를 제시하여 무제한적으로 개인의 다양한 반응을 허용하여 개인의 독특한 심리적 특성을 측정하고자 하는 검사는 투사적 검사이다.

22 투사검사에 대한 설명으로 옳지 않은 것은?

① 행동주의적 접근을 따르는 상담자는 거의 사용하지 않는다.
② 동일한 자극에 대해 수검자마다 다른 반응을 보인다.
③ 수검자에게 비구조화된 자극을 제시하여 반응을 유도한다.
④ 신뢰도와 타당도가 높아서 직업상담 현장에서 많이 활용된다.

> **해설** ④ '객관적 검사'의 설명에 해당한다.

23 직업상담에 사용되는 질적 측정도구가 아닌 것은?

① 역할놀이
② 제노그램
③ 카드 분류
④ 욕구 및 근로가치 설문

> **해설** [직업상담에 사용되는 주요 질적 측정도구]
> ㉠ 자기효능감 척도
> ㉡ 역할놀이
> ㉢ (직업)카드 분류
> ㉣ 직업가계도

24 다음은 질적 측정도구 중 무엇에 관한 설명인가?

> 원래 가족치료에 활용하기 위해 개발되었는데, 기본적으로 경력상담 시 먼저 내담자의 가족이나 선조들의 직업특징에 대한 시각적 표상을 얻기 위해 도표를 만드는 것

① 자기효능감 척도
② 역할놀이
③ 제노그램
④ 카드 분류

> **해설** 제노그램(genogram)은 원래 가족치료에 활용하기 위해 개발되었는데, 경력상담 시 먼저 내담자의 가족이나 선조들의 직업특징에 대한 시각적 표상을 얻기 위해 도표를 만드는 것을 말한다. 내담자의 자기 제한적 편향된 태도의 원인, 경력선택의 산출물에 대한 기대, 직업가치와 흥미의 원천 등을 측정하는 데 쓰일 수 있다.

25 다음 중 인지능력을 평가하는 검사에 해당하는 것은?

① MMPI
② WAIS
③ MBTI
④ Big 5

> **해설** ① 미네소타 다면적 인성검사(Minnesota Multiphasic Personality Inventory)
> ② 웩슬러 성인용 지능검사(Wechsler Adult Intelligence Scale)
> ③ MBTI 성격유형검사(Myers-Briggs Type Indicator)
> ④ 성격의 5요인이론(Big-five)

26 다음 중 준거참조검사(criterion-referenced test)에 해당되는 것은?

① 지능검사
② 적성검사
③ 운전면허시험
④ 다면적 인성검사

정답 21. ③ 22. ④ 23. ④ 24. ③ 25. ② 26. ③

해설 준거참조검사는 검사점수를 다른 사람들과 비교하기 위한 것이 아니라, 어떤 기준점수와 비교해서 이용하려는 검사이다. 당락점수가 정해져 있는 **대부분의 국가자격시험**이 대표적이다. 즉, **준거참조검사는 규준을 갖고 있지 않으며, 특정의 당락점수(cut-off score)만 가지고 있다.**

해설 ㉠ **객관적 검사의 예** : 미네소타 다면적 인성검사(MMPI), MBTI 성격유형검사, 인지능력검사(CAT : Cognitive Ability Test)
㉡ **투사적 검사의 예 : 로샤잉크반점검사(RIT : Rorschach Inkblot Test)**, 주제통각검사(TAT : Thematic Apperception Test), 문장완성검사(ISB : Incomplete Sentences Blank/SCT : Sentence Completion Test), 집-나무-사람 그림검사(HTP : House-TreePerson Test)

★★ 2013년, 2016년 직업상담사 1급

27 다음 중 최대 수행검사에 해당되는 것은?

① 성격검사
② 흥미검사
③ 직업적성검사
④ 구직욕구검사

해설 [검사의 내용에 따른 분류]
㉠ **인지적 검사 (능력검사/극대 수행검사)** : 지능검사, 적성검사, 성취도검사
㉡ **정서적 검사 (성향검사/습관적 수행검사)** : 성격검사, 흥미검사, 태도검사

★ 2020년 9급 공무원

28 내담자의 진로가계도(career genogram)가 그려지고 난 후 정보를 탐색하는 과정에서 사용되는 질문으로 적절하지 않은 것은?

① 내담자와 배우자의 직업은 무엇인가?
② 가족의 '미해결된 작업'으로부터 나온 심리적 압력이나 기대가 있는가?
③ 직업에 대한 세대의 신화나 오해가 있는가?
④ 내담자의 성격에 적합한 직업은 무엇인가?

해설 **진로(직업)가계도**는 내담자의 자기 제한적 편향된 태도의 원인, 경력선택의 산출물에 대한 기대, 직업가치와 흥미의 원천 등을 측정하는 데에 유용하게 쓰일 수 있지만 **내담자의 성격에 적합한 직업을 평가하는 데에는 적합하지 않다.**

2014년 직업상담사 1급

29 투사적 성격검사에 해당하는 것은?

① MMPI
② Rorschach 검사
③ 16PF 검사
④ CPI

★★ 2024년 9급 공무원

30 직업심리검사 중 질적 측정도구에 대한 설명으로 옳지 않은 것은?

① 카드 분류(card sort)는 흥미나 가치, 직무기술과 같은 다양한 특징을 측정하기 위해 사용된다.
② 진로가계도(career genogram)는 아들러(Adler)의 개인심리학에 기초하여 만들어진 것이다.
③ 생애진로사정(life career assessment)은 진로사정, 전형적인 하루, 강점 및 장애, 요약의 네 부분으로 이루어져 있다.
④ 생애선(life line)은 사람들의 삶에서 일어났던 의미 있는 시간이나 사건들을 이끌어내는 데 유용한 방법이다.

해설 **아들러(Adler)의 개인심리학에 기초**하여 만들어진 도구는 **생애진로사정(LCA : Life Career Assessment)**이다.

2020년 9급 공무원

31 직업심리검사를 극대 수행검사와 습관적 수행검사로 분류할 때 극대 수행검사에 해당하지 않는 것은?

① 한국판 웩슬러 성인용 지능검사 (K-WAIS)
② 일반적성검사 (GATB)
③ 스트롱-캠벨 흥미검사 (SCII)
④ 대학수학능력시험 (CSAT)

정답 27. ③ 28. ④ 29. ② 30. ② 31. ③

해설 **[검사의 내용에 따른 분류]**
- ㉠ 인지적 검사(능력검사/극대 수행검사) : 지능검사, 적성검사, 성취도검사
- ㉡ 정서적 검사(성향검사/습관적 수행검사) : 성격검사, 흥미검사, 태도검사

32 K-WAIS와 비교하여 K-WAIS-Ⅳ의 특징으로 옳지 않은 것은?

① 언어적 지시를 단순화하였다.
② 시간 가산점의 비중을 늘렸다.
③ 수행과정의 운동요구를 감소시켰다.
④ 산출 지능지수의 범위를 확장하였다.

해설 K-WAIS-Ⅳ는 지시문의 난이도를 낮춤으로써 사용자의 편의성을 개선하고 운동기능, 청력, 시간 가산점 등 가외변인의 영향이 덜 반영되도록 하여 임상적 활용성을 보강하였다.

33 다음 중 웩슬러 성인용 지능검사 4판(WAIS-Ⅳ)의 핵심 소검사에 해당하지 않는 것은?

① 숫자
② 공통성
③ 빠진 곳 찾기
④ 토막 짜기

해설 ③ 지각적 추리지표(PRI)의 보충 소검사에 해당한다.

34 다음 중 웩슬러 성인용 지능검사 4판(WAIS-Ⅳ)의 소검사 중 시간제한이 없는 것은?

① 무게 비교
② 퍼즐
③ 행렬추론
④ 기호 쓰기

해설 WAIS-Ⅳ의 소검사 중 시간제한이 있는 소검사 : 토막 짜기, 퍼즐, 무게 비교, 빠진 곳 찾기, 산수, 기호 쓰기, 동형 찾기, 지우기

35 K-WISC-Ⅳ의 핵심 및 보충 소검사에 관한 설명으로 옳지 않은 것은?

① 상식은 언어이해지표의 핵심 소검사이다.
② 빠진 곳 찾기는 지각추론지표의 보충 소검사이다.
③ 산수는 작업기억지표의 보충 소검사이다.
④ 토막 짜기는 지각추론지표의 핵심 소검사이다.

해설 ③ 산수는 작업기억지표의 핵심 소검사이다.

2021년 직업상담사 2급
36 성인용 웩슬러 지능검사(K-WAIS-Ⅳ)의 처리속도지수에 포함되지 않는 소검사는?

① 동형 찾기
② 퍼즐
③ 기호 쓰기
④ 지우기

해설 **[K-WAIS-Ⅳ 핵심 검사와 보충 검사의 구성]**
- ㉠ 언어이해지표(VCI) : 공통성, 어휘, 상식(보충 검사 : 이해)
- ㉡ 지각추론지표(PRI) : 토막 짜기, 행렬추론, 퍼즐(보충 검사 : 무게 비교, 빠진 곳 찾기)
- ㉢ 작업기억지표(WMI) : 숫자, 산수(보충검사 : 순서화)
- ㉣ 처리속도지표(PSI) : 기호 쓰기, 동형 찾기(보충 검사 : 지우기)

★★★ 2023년 직업상담사 1급
37 한국판 웩슬러 성인지능검사(K-WAIS-Ⅳ)에 대한 설명으로 틀린 것은?

① 전체 척도점수(FSIQ)가 70~79이면 경계선 범위로 분류한다.
② 전체 척도점수(FSIQ)는 전반적 인지능력을 나타내는 평가치이다.
③ 작업기억(WMI)의 핵심 검사는 숫자, 산수 소검사이다.
④ 언어이해지표(VCI)의 핵심 검사는 상식, 이해, 공통성, 어휘 소검사이다.

정답 32. ② 33. ③ 34. ③ 35. ③ 36. ② 37. ④

해설 [K-WAIS-IV 핵심 검사와 보충 검사의 구성]
전체 척도점수(FSIQ)=VCI+PRI+WMI+PSI
ⓖ 언어이해지표(VCI) : 공통성, 어휘, 상식(보충 검사 : 이해)
ⓛ 지각추리지표(PRI) : 토막 짜기, 행렬추론, 퍼즐(보충 검사 : 무게 비교, 빠진 곳 찾기)
ⓒ 작업기억지표(WMI) : 숫자, 산수(보충 검사 : 순서화)
ⓔ 처리속도지표(PSI) : 기호 쓰기, 동형 찾기(보충 검사 : 지우기)

★★
38 K-WAIS-IV검사의 처리속도지수(PSI)에 해당하는 소검사로만 나열된 것은?

① 공통성, 어휘, 퍼즐
② 이해, 행렬추리, 산수
③ 숫자, 빠진 곳 찾기, 무게 비교
④ 동형 찾기, 기호 쓰기, 지우기

해설 [K-WAIS-IV 핵심 검사와 보충 검사의 구성]
전체 척도점수(FSIQ)=VCI+PRI+WMI+PSI
ⓖ 언어이해지표(VCI) : 공통성, 어휘, 상식(보충 검사 : 이해)
ⓛ 지각추리지표(PRI) : 토막 짜기, 행렬추론, 퍼즐(보충 검사 : 무게 비교, 빠진 곳 찾기)
ⓒ 작업기억지표(WMI) : 숫자, 산수(보충 검사 : 순서화)
ⓔ 처리속도지표(PSI) : 기호 쓰기, 동형 찾기(보충 검사 : 지우기)

2011년 직업상담사 2급
39 일반직업적성검사(GATB)에서 실물이나 도해 또는 표에 나타나는 것을 세부적인 면까지 바르게 지각하는 능력은?

① 형태지각
② 공간적성
③ 사무지각
④ 지능

해설 실물이나 도해 또는 표에 나타나는 것을 세부까지 바르게 지각하는 능력을 측정하는 적성요인은 형태지각이다.

★ 2016년 직업상담사 2급
40 GATB 직업적성검사의 하위검사 중에서 둘 이상의 적성을 검출하는 데 이용되는 검사가 아닌 것은?

① 입체공간검사　　② 어휘검사
③ 산수추리검사　　④ 기구대조검사

해설 GATB(일반직업적성검사)는 입체공간검사(공간적성의 하위검사), 어휘검사(언어능력의 하위검사), 산수추리검사(수리능력의 하위검사)를 통해 일반학습능력인 지능도 함께 측정한다.

2018년, 2021년, 2023년 직업상담사 2급
41 직업적성검사(GATB)에서 사무지각적성(Clerical Perception)을 측정하기 위한 검사는?

① 표식검사
② 계수검사
③ 명칭비교검사
④ 평면도판단검사

해설 ① 운동반응(K)의 하위검사
② 수리능력(N)의 하위검사
④ 공간적성(S)의 하위검사

★★ 2023년 9급 공무원
42 일반적성검사(General Aptitude Test Battery : GATB)의 영역 중 문자 또는 숫자를 직관적으로 비교하여 차이를 판별하는 능력은?

① 언어적성 (verbal aptitude)
② 형태지각적성 (form perception aptitude)
③ 공간적성 (spatial aptitude)
④ 사무지각적성 (clerical perception aptitude)

해설 문자나 인쇄물, 전표 등의 세부를 식별하는 능력, 잘못된 문자나 숫자를 찾아 교정하고 대조하는 능력, 직관적인 인지능력의 정확도나 비교 판별하는 능력은 사무지각적성(clerical perception aptitude)에 해당한다.

정답 38. ④　39. ①　40. ④　41. ③　42. ④

★
43 다음에서 설명하는 직업적성검사의 척도명은?

> 실생활에서 자주 당면하는 문제나 갈등상황에서 문제를 해결하기 위한 여러 가지 가능한 방법들 중 보다 바람직한 대안을 판단하는 능력

① 상황판단력 　② 문제해결력
③ 추리력 　④ 집중력

해설 고용노동부의 성인용 직업적성검사의 적성요인 중 '상황판단력'에 대한 설명에 해당한다.

44 다음 중 6가지 성격유형과 그 유형의 성격적 특성 관련 표현들이 알맞게 짝지어진 것은?

① 탐구형 : 조심스러운, 검소한, 말수가 적은
② 예술형 : 무질서한, 이상적인, 직관적인
③ 사회형 : 설득력 있는, 관대한, 인기 있는
④ 관습형 : 순응적인, 겸손한, 실용적인

해설 ① '검소한'은 현실형의 특성이다.
③ '인기 있는'은 진취형의 특성이다.
④ '겸손한'은 현실형의 특성이다.

2020년 직업상담사 2급
45 직업흥미검사에 대한 설명으로 틀린 것은?

① 직업흥미검사 결과는 변화하므로 일정기간이 지나면 다시 실시하는 것이 좋다.
② 정서적 문제를 가지고 있는 내담자에게 직업흥미검사를 사용하는 것은 부적절하다.
③ 직업흥미검사는 진로분야에서 내담자가 만족할 수 있는 분야뿐만 아니라 성공 가능성에 대한 정보도 제공해준다.
④ 직업흥미검사 결과는 내담자의 능력, 가치, 고용 가능성 등 내담자의 상황에 대한 다른 정보들을 고려하여 의사결정에 활용되어야 한다.

해설 직업흥미검사는 진로분야에서 내담자가 만족할 수 있는 분야에 대한 정보를 제공하지만 성공 가능성에 대한 정보는 제공하지 않는다.

★ **2014년 직업상담사 1급**
46 성격 5요인검사(Big 5)의 하위요인에 해당하지 않는 것은?

① 정서적 불안정성 　② 정확성
③ 성실성 　④ 친화성

해설 성격의 5요인검사(Big 5)의 구성요인 : 외향성, 호감성(친화성), 성실성, 정서적 불안정성, 경험에 대한 개방성

★★ **2014년 직업상담사 1급**
47 직업심리검사에서 많이 사용되는 성격검사는 소위 성격의 Big 5 이론을 토대로 개발된 것이 많다. 다음 (　)에 들어갈 성격요인을 순서대로 바르게 묶은 것은?

> • (A) : 영업사원들에게서 많이 관찰되는 성격요인으로 흥분과 자극을 좋아하며 자기주장을 잘한다.
> • (B) : 이 요인의 점수가 낮은 사람은 자기애적, 반사회적, 편집증적 성격장애와 관련이 높다.
> • (C) : 자기 자신을 둘러싼 세계에 관심이 많고 관습에 얽매이지 않는 가치를 받아들이는 경향이 크다.
> • (D) : 이 요인은 유능감, 책임감, 목표 지향성, 자기통제력, 완벽성 등과 관련이 깊다.

① (A) 외향성, (B) 성실성, (C) 경험 개방성, (D) 호감성
② (A) 호감성, (B) 정서적 불안정성, (C) 경험 개방성, (D) 성실성
③ (A) 호감성, (B) 정서적 불안정성, (C) 성실성, (D) 외향성
④ (A) 외향성, (B) 호감성, (C) 경험 개방성, (D) 성실성

정답 43. ①　44. ②　45. ③　46. ②　47. ④

해설 (A) 외향성의 설명에 해당한다.
(B) 호감성의 설명에 해당한다.
(C) 경험에 대한 개방성의 설명에 해당한다.
(D) 성실성의 하위요인에 대한 설명이다.

★★ 2022년, 2023년 직업상담사 1급

48 Big-five이론에 기반한 심리검사에서 성실성 척도의 하위요인으로 바르지 않은 것은?

① 성취 추구

② 신뢰성

③ 유능성

④ 의무성

해설 성실성 척도의 하위요인 : 유능감, 조직화능력, 책임감, 목표 지향성, 자기통제력, 완벽성
② 신뢰성은 호감성 척도의 하위요인에 해당한다.

★ 2015년 직업상담사 1급

49 Big Five 모델을 근거로 한 직업선호도검사의 성격검사에서 측정하는 요인과 그 하위요인이 바르게 연결된 것은?

① 외향성 (E) : 리더십, 사교성

② 호감성 (A) : 온정성, 긍정성

③ 성실성 (C) : 적극성, 목표 지향성

④ 경험 개방성 (O) : 조직화능력, 유능감

해설 [성격검사의 소검사 구성(성격 5요인)]
㉠ 외향성 : 온정성, 사교성, 리더십, 적극성, 긍정성
㉡ 호감성 : 타인에 대한 믿음, 도덕성, 타인에 대한 배려, 수용성, 겸손, 휴머니즘
㉢ 성실성 : 유능감, 조직화능력, 책임감, 목표 지향성, 자기통제력, 완벽성
㉣ 정서적 불안정성 : 불안, 분노, 우울, 자의식, 충동성, 스트레스 취약성
㉤ 경험에 대한 개방성 : 상상력, 문화, 정서, 경험 추구, 지적 호기심

★ 2023년 직업상담사 1급 과정평가형

50 다음 내용이 무슨 척도에 대한 설명인지 알맞은 것을 고르시오.

> 대인관계적 양상과 관련 있는 차원이다. 기본적으로 이타적인데, 그는 타인과 공감을 잘하고 타인에 대한 믿음, 도덕성, 타인에 대한 배려, 수용성, 겸손, 휴머니즘과 관련 있다.

① 감정형　　　　② 호감성

③ 외향성　　　　④ 공감형

해설 Big-five 이론을 기반으로 한 성격검사의 '호감성' 척도에 대한 설명이다.

★ 2004년, 2010년 직업상담사 1급

51 한국교육개발원(1991)이 개발한 '진로성숙도검사'는 태도영역과 능력영역으로 구분하여 측정하고 있다. 다음 중 능력영역의 측정내용으로 옳은 것은?

① 직업선택능력, 자기탐색능력, 의사결정능력

② 직업세계이해능력, 사회적 관계능력, 자기탐색능력

③ 직업세계이해능력, 직업선택능력, 합리적 의사결정능력

④ 직업선택능력, 사회적 관계능력, 독립성능력

해설 [진로성숙도검사]
㉠ 태도영역 : 계획성, 독립성, 결정성
㉡ 능력영역 : 직업세계이해능력, 직업선택능력, 합리적 의사결정능력

2023년 직업상담사 1급 과정평가형

52 진로성숙도검사도구(CMI)의 태도영역이 아닌 것은?

① 계획성　　　　② 독립성

③ 결정성　　　　④ 일치성

해설 진로성숙도검사의 태도영역 : 계획성, 독립성, 결정성

정답 48. ② 　49. ① 　50. ② 　51. ③ 　52. ④

53 진로성숙도검사에 관한 설명으로 틀린 것은?

① 태도 척도와 능력 척도로 구성되어 있다.

② Super의 진로발달모델에 기초한다.

③ 진로계획의 과정변인에 초점을 둔다.

④ 객관적으로 점수화되고 표준화된 최초의 진로발달 측정도구이다.

> 해설 진로성숙도검사는 크라이티스(Crites, 1978)의 진로발달 모델에 기초한 검사이다.

54 다음 심리검사 중 진로 및 직업상담 장면에서 일반적으로 그 활용목적이나 상황이 다른 것은?

① 적성검사　　　② 진로성숙도검사

③ 직업흥미검사　　　④ 가치관검사

> 해설 적성검사, 직업흥미검사, 가치관검사는 타인과의 변별되는 직업적 정체성을 측정하기 위한 검사도구(변별적 측면)이고, 진로성숙도검사는 진로발달의 수준을 측정하기 위한 검사도구(발달적 측면)이다.

55 진로상담기법 중 직업카드 분류활동에 대한 설명으로 옳지 않은 것은?

① 내담자가 능동적으로 직업분류과정에 참여하도록 한다.

② 즉각적으로 피드백을 제공할 수 있다.

③ 다양한 집단에 사용할 수 있다.

④ 내담자의 흥미를 알아보는 표준화된 검사도구이다.

> 해설 타일러(Tyler, 1961)가 전통적인 흥미 사정과 다른 접근으로서 직업카드 분류라는 개념을 미국심리협회 심리상담분과의 연설에서 최초로 제안하였다. 직업카드분류검사는 직업상담 장면에서 활용하는 대표적인 질적 측정도구 중의 하나이다.

56 진로카드 분류의 장점에 대한 설명으로 옳지 않은 것은?

① 상담자와 내담자의 라포(rapport) 형성을 촉진한다.

② 내담자의 자발적인 참여를 촉진한다.

③ 내담자의 욕구에 쉽게 맞출 수 있다.

④ 내담자의 적성을 객관적으로 파악할 수 있다.

> 해설 직업카드 분류는 현상학적 접근에 근간을 두고 개인이 자신의 특성을 탐색할 수 있도록 지원하는 진로사정에서 사용되는 질적 도구의 하나이다.

57 직업카드심리검사의 활용 내용에 해당하지 않는 것은?

① 가치 사정　　　② 생애진로주제 분석

③ 성격 사정　　　④ 흥미 사정

> 해설 직업카드심리검사의 활용 : 생애진로주제 분석, 가치 사정, 흥미 사정

58 직업상담에서 활용하는 직업카드 분류에 관한 설명으로 틀린 것은?

① 다른 심리검사에 비해 유대감을 이루는 데 큰 도움이 된다.

② 카드의 수는 카드에서 제공되는 정보의 양에 따라 다양할 수 있다.

③ 표준화된 흥미검사와 같은 수준의 정보를 얻을 수 있는 또 다른 방법이다.

④ 내담자가 다양한 종류의 주제, 아이디어, 가치, 느낌 등에 따라 직업제목을 분류하는 활동이 가능하다.

> 해설 직업카드 분류는 표준화된 흥미검사보다 더 풍부한 정보를 제공해준다.

정답　53. ②　54. ②　55. ④　56. ④　57. ③　58. ③

59 직업카드 분류에 관한 설명과 가장 거리가 먼 것은?

① 직업카드 분류는 진로탐색의 증진, 작업에 대한 호기심 강화, 즉각적인 피드백 제공 등의 장점이 있다.
② 내담자와의 실제 직업카드 분류과정에서 상담자는 120개에서 180개 정도의 카드를 사용하는 것이 좋다.
③ 카드를 개발할 때 공신력 있는 대표적인 직업자료를 활용하는 것이 좋다.
④ 카드 분류의 주요 목적은 내담자의 주제체계를 탐색하는 것이다.

> **해설** 직업상담가는 내담자와의 실제 직업카드 분류과정에서 50~60개의 카드만을 사용하도록 한다. 하지만 카드를 추출해내기 위한 카드는 120~180개 정도를 갖추어야 한다.

60 다음 사례에서 나타날 수 있는 MMPI-2 상승 척도 쌍은?

> • 만성적인 강한 분노감
> • 감정을 적절히 표현하지 못함
> • 신체증상 호소

① 3 – 4
② 1 – 3
③ 4 – 9
④ 4 – 6

> **해설** ㉠ 3번 척도(Hy : 히스테리) : 감정을 적절히 표현하지 못하고, 스트레스 시 신체적 증상을 나타내며, 그 증상을 이용하여 책임을 회피하려는 경향을 보인다.
> ㉡ 4번 척도(Pd : 반사회성) : 반사회성이 높은 사람은 강한 분노감을 가지고 있으며, 적대적이고 반항심이 강하며, 매우 충동적, 이기적, 자기중심적, 공격적 특성을 나타낸다.

61 다음의 내용에서 설명하고 있는 검사도구는?

> 임상 현장에서 가장 널리 사용되는 성격검사로, 초기에는 환자진단을 위해 사용되었으나 최근 일반상담, 산업현장의 인사관리 등에 사용되고 있다. 중장년이 은퇴 후 정신적으로 건강한 생활을 유지하고 있는지 검사해 볼 수 있어 해당 결과자료를 생애설계 컨설팅에서 유용하게 활용할 수 있다. 건강염려증, 우울증, 히스테리, 반사회성, 남성-여성의 성향, 편집증, 강박증, 조현병, 경조증, 사회적 내향성의 임상 척도로 구성되어 있다.

① MMPI (Minnesota Multiphasic Personality Inventory)
② MBTI (Mayers-Briggs Type Indicator)
③ TCI (Temperament and Character Inventory)
④ CPI (California Psychlogical Inventory)

> **해설** 미네소타 다면적 인성검사(MMPI)는 세계적으로 임상 현장에서 가장 널리 쓰이고 가장 많이 연구된 객관적 성격검사이다. MMPI의 1차 기능은 정신과적 진단과 분류를 위한 것이다. 그러나 정상인의 행동을 설명하거나 일반적 성격특성을 유추하고 비정상성이나 그 징후의 평가를 위해 활용된다. 직업상담 장면에서는 직업심리치료 대상을 분류하기 위한 척도로 이용된다.

62 다음 중 MMPI-2의 타당도 척도 중 그 성격이 다른 것은?

① ?
② L
③ K
④ F

> **해설** ㉠ 문항내용과 무관한 응답 평가 척도 : 무응답(?) 척도, 무선반응 비일관성(VRIN) 척도, 고정반응 비일관성(TRIN) 척도
> ㉡ 문항내용 관련 왜곡응답 평가 척도 : 부인(L) 척도, 교정(K) 척도, 과장된 자기 제시(S) 척도, 비전형(F) 척도, 비전형-후반부(FB) 척도, 비전형-정신 병리(FP) 척도, 증상 타당도(FBS) 척도

> **정답** 59. ② 60. ① 61. ① 62. ①

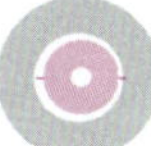

★ **2023년 직업상담사 1급 과정평가형**

63 다음의 내용은 무슨 척도에 대한 설명인지 알 맞은 것을 고르시오.

> 사회적으로 바람직한 사람인 것처럼 보이려는 경향과 과장된 자기 제시를 측정

① K 척도 ② S 척도
③ F 척도 ④ L 척도

해설 S 척도(과장된 자기 제시 척도)는 자기 자신을 매우 정직하고 책임감이 있으며, 심리적인 문제가 없고 도덕적인 결점이 거의 없으며 다른 사람들과 매우 잘 어울리는 사람인 것처럼 드러내려는 경향을 평가한다. 인사 선발 장면에서 자신을 좋게 보이고자 하는 사람을 선별하기 위해 개발되었다.

★★★

64 MMPI-2의 타당도 척도 중 수검자가 자신의 심리적 문제를 축소하고 긍정적인 방향으로 보이고자 할 때 상승하는 척도는?

① L, F(P), VRIN ② L, K, S
③ F, F(P), F(B) ④ L, F, K

해설 ㉠ 부인(L) 척도 : 자신을 실제보다 더 좋게 드러내려는 의도를 탐지하는 척도
㉡ 교정(K) 척도 : 정신 병리를 부인하고 자신을 매우 좋게 드러내려는 수검자의 시도, 혹은 이와 반대로 이를 과장하거나 자신을 매우 나쁘게 드러내려는 수검자의 시도를 좀 더 효과적으로 탐지
㉢ 과장된 자기 제시(S) 척도 : 인사 선발 장면에서 자신을 좋게 보이고자 하는 사람을 선별하기 위해 개발

★★

65 MMPI-2의 타당도 척도 중 수검자가 자신의 증상을 부정적으로 과장하거나 왜곡할 때 상승하는 척도는?

① F, F(P) ② VRIN, F
③ VRIN, F(B) ④ L, K, S

해설 ㉠ 비전형(F) 척도 : 이상반응경향 혹은 비전형적인 반응 결과를 탐지하기 위해 개발
㉡ 비전형-후반부(FB) 척도 : 검사 후반부의 과대보고 탐지
㉢ 비전형-정신 병리(FP) 척도 : 정신 병리에 의해 상승되지 않는 비전형반응을 탐지하며, 점수가 높을 경우 과대보고 가능성

★ **2021년 9급 공무원**

66 MBTI 검사에서 성격유형의 지표와 선호경향의 내용을 바르게 연결한 것은?

① 감각-직관 : 주의집중 방향과 에너지의 원천
② 판단-인식 : 정보수집(인식)기능
③ 사고-감정 : 의사결정(판단)기능
④ 외향-내향 : 외부 세계에 대한 태도/행동양식

해설 [MBTI의 성격유형지표]
㉠ 외향-내향 : 주의집중 방향과 에너지의 원천
㉡ 감각-직관 : 정보수집(인식)기능
㉢ 사고-감정 : 의사결정(판단)기능
㉣ 판단-인식 : 외부 세계에 대한 태도/행동양식

★ **2018년 9급 공무원**

67 MBTI의 성격유형과 직업 관련 특징으로 옳지 않은 것은?

① 직관형(N) : 새로운 문제를 새로운 방식으로 해결하기를 좋아하지만 사실에 관한 실수를 자주 한다.
② 판단형(J) : 분석하고 논리적으로 정리하기를 좋아하지만 자기도 모르게 다른 사람의 감정을 상하게 할 수 있다.
③ 감정형(F) : 사람들의 감정을 잘 알아차리는 경향이 있고 타인에게 동감하는 경향이 있다.
④ 지각형(P) : 변화하는 상황에 잘 적응하고 일을 수정할 수 있는 여지를 두기를 좋아한다.

해설 ② 사고형(T)의 설명에 해당한다.

정답 63. ② 64. ② 65. ① 66. ③ 67. ②

68 Myers-Briggs 유형지표에 관한 설명으로 틀린 것은?

① 자기보고식 강제선택검사이다.

② 외향형과 내향형의 성격차원은 세상에 대한 일반적인 태도와 관계가 있다.

③ 내담자가 선호하는 작업역할, 기능, 환경을 찾아내는 데 유용하다.

④ 판단형과 지각형의 성격차원은 지각적 또는 정보 수집적 과정과 관계가 있다.

> **해설** MBTI 성격유형검사(Myers-Briggs Type Indicator)는 융(Jung)의 심리유형론을 이론적 토대로 고안된 객관적 성격검사로 선천적 선호경향을 통해 성격을 알아보는 자기보고식 강제선택검사이다. 내담자가 선호하는 작업역할, 기능, 환경을 찾아내는 데 유용하다. 또한 네 가지 양극차원, 즉 세상에 대한 일반적인 태도(외향형과 내향형), 정보 수집과정(감각형과 직관형), 의사결정과정(사고형과 감정형), 생활양식(판단형과 인식형)으로 4가지 지표의 조합을 통해 16가지 성격유형을 제시한다.

69 진단도구를 선택할 때의 윤리적인 문제에 대한 설명으로 바르지 않은 것은?

① 내담자에게 사전에 충분한 정보를 제공하고 동의를 받아야 한다.

② 활용할 때 모든 노력을 기울여 내담자의 최대 이익과 복지를 증진한다.

③ 평가 결과와 해석, 결론과 제언의 근거를 알 내담자의 권리를 존중한다.

④ 진단도구는 내담자를 다른 사람들과 차별하는 도구로 사용되어야 한다.

> **해설** 진단도구가 내담자를 차별하는 도구로 사용되어서는 안 되며 진단도구의 한계를 인식하고, 이러한 도구의 질적 향상을 위해 노력하여야 한다.

70 심리검사를 실시할 때 지켜야 할 사항과 가장 거리가 먼 것은?

① 검사의 구두 지시사항을 미리 충분히 암기한다.

② 지나친 소음과 방해자극이 없는 곳에서 검사를 실시한다.

③ 수검자에 대한 관심과 협조, 격려를 통해 수검자로 하여금 검사를 성실히 하도록 한다.

④ 수검자에게 검사 결과를 통보할 때는 일상적인 용어보다 통계적인 숫자나 용어를 중심으로 전달하여야 한다.

> **해설** 검사 결과를 전달할 때에는 통계적인 숫자나 용어를 사용하는 것보다 쉽고 일상적인 용어로 설명하여야 한다.

71 진단을 실시할 때 진단의 도입단계에서 주의하여야 할 내용으로 바르지 않은 것은?

① 친밀교감 형성

② 상담자의 불안

③ 속이기

④ 내담자의 불안

> **해설** [진단의 도입 시 유의점]
> ㉠ 친밀교감 형성 : 진단을 실시하는 도입과정에서 친밀교감(Rapport)은 내담자가 성실하고 솔직하게 답하고자 하는 동기를 결정하는 요인이 되기 때문에 중요하다.
> ㉡ 내담자의 불안 : 검사를 받는다는 것은 누구에게나 위협적으로 느껴질 수 있으므로 진단을 시작하기에 앞서 검사에 대한 불안을 완화시켜 주는 것이 중요하다.
> ㉢ 속이기 : 진단을 실시할 때 내담자는 일부러 최선을 다하지 않거나 솔직하지 않게 답할 가능성이 있는데, 이런 행위를 속이기(faking)라고 한다.

정답 68. ④　69. ④　70. ④　71. ②

72 다음 중 컴퓨터 기반 사정방법의 장단점에 대한 설명으로 바르지 않은 것은?

① 시스템이 통제하는 온라인방식은 시스템이 선택안을 줄여주는 이점이 있지만 시스템에 대한 내담자 통제가 크게 감소되는 단점이 있다.
② 사용자가 통제하는 온라인방식은 내담자가 중요한 변인만을 취할 수 있고, 짧은 시간으로 검사를 실시할 수 있는 장점이 있다.
③ 사전에 구조화된 오프라인방식은 내담자가 쉽게 접근 가능하지만 일부 지침서의 방대함 때문에 당황할 수 있다.
④ 온라인도구에서 응답하는 방식은 도구의 타당성을 증가시키지만, 온라인상에서 소비하는 시간도 증가시키는 단점이 있다.

해설 사용자가 통제하는 온라인 자기 사정은 내담자가 생각하기에 중요한 변인만을 판단할 수 있다는 장점이 있지만, 꽤 오랜 시간 동안 온라인을 사용해야 하는 단점이 있다.

★

73 직업카드분류검사에서 최종 흥미코드가 EIA로 판정되었을 경우 수준별 코드의 예로 바르지 않은 것은?

① 가장 적합한 직업 : EAI
② 적합한 직업 : IAE
③ 고려해 볼 만한 직업 : AEI
④ 적합한 직업 : EIA

해설 [직업흥미 적합수준별 코드 제시]

최종 판정 예시	가장 적합한 직업	적합한 직업	고려해 볼 만한 직업
EIA	EIA, EAI	IEA, IAE	AEI, AIE

★★ **2022년 9급 공무원**

74 직업카드 활용방법에 대한 설명으로 옳지 않은 것은?

① 선호도에 따라 직업카드를 분류한 후 선호기준이 무엇인지 생각해본다.
② 선호도에 따라 직업카드를 분류한 후 선호하는 직업에 대한 정보를 찾아본다.
③ 선호도에 따라 직업카드를 분류한 후 선호하지 않는 직업은 제외한다.
④ 직업카드를 분류한 후 직업 관련 정보를 탐색한다.

해설 직업카드분류검사를 실시한 때에는 주어진 카드를 '좋아함', '모르겠음', '싫어함' 등으로 분류하도록 한다. 그리고 다음 단계에서 '모르겠음'으로 분류한 카드를 다시 분류하도록 한다. 분류가 끝나면 좋아하는 직업의 이유와 싫어하는 직업의 이유를 조사하여 주제 찾기를 통해 내담자의 생활방식 및 신념, 진로신화 등을 확인할 수 있다.

★ **2023년 직업상담사 1급**

75 심리검사에 대한 설명 중 틀린 것은?

① 성격검사의 성실성의 하위요인은 유능감, 조직화능력, 책임감, 목표 지향성, 자기통제력, 완벽성이 있다.
② 성격검사의 외향성의 하위요인은 온정성, 사교성, 리더십, 적극성, 긍정성이 있다.
③ 투사적 검사에는 TAT, 로샤검사, MBTI가 있다.
④ 직업선호도검사의 구성은 흥미검사, 성격검사, 생활사검사로 되어 있다.

해설 ③ MBTI 성격유형검사는 투사적 검사가 아닌 객관적 검사에 해당한다.

76 〈보기 1〉의 심리검사 목적과 이를 달성하기에 가장 적합한 〈보기 2〉의 심리검사를 바르게 연결한 것은?

〈보기 1〉

(가) 자신이 좋아하는 분야를 파악하고, 이에 적합한 직업을 알아보고자 한다.
(나) 삶에서 중요하게 여기는 것의 우선순위를 알아보고자 한다.
(다) 진로탐색 및 결정에 대한 태도, 능력, 행동 등을 알아보고자 한다.
(라) 특정 능력을 알아보고 이에 적합한 진로분야를 알아보고자 한다.

〈보기 2〉

㉠ 직업가치관검사
㉡ 진로성숙도검사
㉢ 진로사고검사
㉣ 직업적성검사
㉤ 워크넷 직업선호도검사
㉥ 진로탐색검사

	(가)	(나)	(다)	(라)
①	㉤	㉠	㉡	㉣
②	㉤	㉢	㉡	㉣
③	㉥	㉠	㉣	㉢
④	㉥	㉤	㉠	㉢

해설 ㉠ **직업가치관검사** : 삶에서 중요하게 여기는 것의 우선순위, 즉 가치관의 우선순위를 알 수 있는 검사이다.
㉡ **진로성숙도검사** : 수검자의 진로선택과 관련된 태도와 능력이 어느 정도 발달해 있는가를 진단·기술하는 목적으로 개발되었다.
㉢ 진로사고검사 : 개인의 진로의사결정과정에 영향을 주는 역기능적 진로사고를 파악할 수 있는 검사이다.
㉣ **직업적성검사** : 개인이 가지고 있는 특수한 능력을 측정하여 어떤 분야에 적성이 있는지를 파악함으로써 진로선택을 도울 수 있다.
㉤ **직업선호도검사** : 총 6개의 분야 중 개인이 흥미 있는 분야를 측정하여 이에 적합한 진로 및 직업분야를 파악하는 데 도움을 준다.

---

❷ 진단 결과 해석

2022년 직업상담사 1급 과정평가형

77 검사 결과 해석의 조건으로 적절하지 않은 것은?

① 채점 시에는 검사 매뉴얼이 정한 판단기준과 절차를 철저히 따르는 것이 중요하다.
② 채점자의 주관적 판단이 개입하는 경우에는 전문가의 감독을 통한 많은 수련이 필요하다.
③ 불완전한 규준 개발과정을 거친 검사들이 많기 때문에 규준표를 해석할 때 주의해야 한다.
④ 검사점수가 정확하고 타당할 경우 자세히 검토하지 않아도 된다.

해설 심리검사를 해석할 때에는 매뉴얼에서 정한 판단기준과 절차를 따라야 하고 규준을 해석할 때에도 주의를 요하며, 검사의 타당도지수를 검토해 보았을 때 타당하다고 하더라도 면밀히 검토하고 주의하여 해석하여야 한다.

★
78 다음 중 진단 결과를 해석할 때 해석수준의 유형에 해당하지 않는 것은?

① 기계적 수준
② 구체적 수준
③ 개별적 수준
④ 기초적 수준

해설 [진단 결과 해석수준]
㉠ **구체적 수준**(concrete level) : 진단 결과 점수에 초점을 두어 결과를 기술하는 것으로 구체적인 해석이나 결론을 제시하지 않는다.
㉡ **기계적 수준**(mechanical level) : 소검사와 요인검사 간의 차이에 초점을 두어 기술하고, 이에 대한 결론을 내린다.
㉢ **개별적 수준**(individual level) : 진단검사 결과를 통합하여 결론을 내리되 내담자에 초점을 맞추어 진단 결과의 점수를 해석한다.

정답 76. ① 77. ④ 78. ④

79 검사 해석 시 주의사항에 해당하지 않는 것은?

① 해석에 대한 내담자의 반응을 고려해야 한다.

② 검사 결과에 대해 여러 정보에 근거한 주관적인 견해를 설명해 준다.

③ 검사 결과에 대해 내담자가 이해하기 쉬운 언어를 사용한다.

④ 검사 결과에 대해 내담자의 방어를 최소화하도록 한다.

> **해설** 상담자는 검사 결과에 대해 중립적 판단을 하여 해석하여야 한다.

★★★ **2015년, 2022년 직업상담사 1급**

80 규준에 대한 설명으로 틀린 것은?

① 심리검사점수의 상대적 측정치는 규준에 비추어 산출되기 때문에 대표집단 내에서 이 수치가 나타내는 위치를 파악할 수 있다.

② 규준은 특정 모집단을 대표하는 표본을 구성하고, 이들에게 검사를 실시하여 얻은 점수를 체계적으로 분석해서 만든다.

③ 규준집단을 대상으로 실시한 점수들을 규준표로 만드는 방법은 검사의 특징이나 목적에 따라 달라진다.

④ 규준 해석 시 규준은 절대적인 것이기 때문에 항상 규준에 맞추어 해석을 해야 한다.

> **해설** 규준은 절대적이거나 보편적인 것이 아니며, 영구적인 것도 아니다. 따라서 진단도구 매뉴얼을 통해 규준 제작과정을 참고하고, 규준 제작시기가 오래된 것은 해석에 특히 주의해야 한다.

★ **2019년 9급 공무원**

81 수검자의 심리검사점수를 해석할 때 기준으로 삼는 표준화된 점수자료는?

① 틀 (frame) ② 준거 (criterion)

③ 규준 (norm) ④ 표준 (standard)

> **해설** 특정 검사점수의 해석에 필요한 기준이 되는 자료를 '규준(norm)'이라고 한다.

2015년, 2018년 직업상담사 2급

82 다음의 설명에 해당하는 심리검사 용어는?

> 기본적으로 특정 모집단을 대표하는 표본을 구성하고, 이들에게 검사를 실시하여 얻은 점수를 체계적으로 분석해서 만들게 된다.

① 규준 ② 표준

③ 준거 ④ 참조

> **해설** 특정 검사점수의 해석에 필요한 기준이 되는 자료를 '규준(norm)'이라고 하며, 대표집단의 사람들에게 실시한 검사점수를 일정한 분포도로 작성해서 만든다.

★ **2017년 직업상담사 2급**

83 표준화된 심리검사에서 표준점수에 관한 설명으로 옳은 것은?

① 특정한 원점수 이하에 속하는 사례의 비율을 통해 나타내는 상대적 위치이다.

② 개인의 점수가 평균으로부터 떨어져 있는 거리이다.

③ 순차적이고 단계적인 발달의 과정이다.

④ 모집단을 대표할 수 있도록 표집한 규준집단에서의 자료이다.

> **해설** 표준점수(Z점수)는 평균이 0이고 표준편차가 1이 되도록 변환한 값으로, 표준화된 심리검사에서 표준점수는 표준편차를 이용하여 개인이 평균으로부터 벗어난 거리를 표시하는 것이다. 예를 들어, 개인의 표준점수가 2이면 이는 평균으로부터 2표준편차(2SD)만큼 떨어져 있다는 것을 의미한다.
> ① 백분위에 대한 설명이다.
> ③ 표준점수와 무관한 내용이다.
> ④ 규준에 대한 설명이다.

정답 79. ② 80. ④ 81. ③ 82. ① 83. ②

84 심리검사에서 규준에 대한 설명으로 옳은 것은?

① 한 집단의 특성을 가장 간편하게 표현하기 위한 개념으로 그 집단의 대푯값을 말한다.

② 한 집단의 수치가 얼마나 동질적인지를 표현하기 위한 개념으로 점수들이 그 집단의 평균치로부터 벗어난 평균거리를 말한다.

③ 서로 다른 체계로 측정한 점수들을 동일한 조건에서 비교하기 위한 개념으로 원점수에서 평균을 뺀 후 표준편차로 나눈 값을 말한다.

④ 원점수를 표준화된 집단의 검사점수와 비교하기 위한 개념으로 대표집단의 검사점수분포도를 작성하여 개인의 점수를 해석하기 위한 것이다.

> **해설** 특정 검사점수의 해석에 필요한 기준이 되는 자료를 '규준(norm)'이라고 하며, 대표집단의 사람들에게 실시한 검사점수를 일정한 분포도로 작성해서 만든다. 이를 통해 개인의 점수가 대표집단 내에서 차지하는 상대적인 위치를 쉽게 파악할 수 있다.
> ① 평균에 대한 설명이다.
> ② 표준편차에 대한 설명이다.
> ③ 표준점수(Z점수)에 대한 설명이다.

85 규준에 관한 설명으로 옳은 것은?

① 하나의 규준은 다양한 분포로 이루어진다.

② 규준은 규준집단의 점수분포를 반영한다.

③ Z점수의 평균은 10이고, 분산은 5이다.

④ T점수의 평균은 50이고, 표준편차는 15이다.

> **해설** ① 하나의 규준은 특정 변인으로 구분하지 않은 경우, 하나의 분포로 이루어진다.
> ③ Z점수의 평균은 0이고, 표준편차는 1이다.
> ④ T점수의 평균은 50이고, 표준편차는 10이다.

86 다음 중 특정 검사점수의 해석에 필요한 규준(norm)을 얻는 방법으로 틀린 것은?

① 표준화집단에서 특정 원점수 이하에 떨어지는 사례의 비율을 구한다.

② 정상분포를 이루는 점수들의 표준편차를 이용하여 개인점수가 평균으로 벗어난 정도를 구한다.

③ 소규모의 집단에서 얻어진 원점수를 비교한다.

④ 개인의 점수를 규준집단에 있는 사람들의 연령과 비교하여 몇 살에 해당되는지 해석한다.

> **해설** ① '백분위 점수'의 설명에 해당한다.
> ② '표준점수'의 설명에 해당한다.
> ④ '연령 규준'의 설명에 해당한다.
> 규준은 원점수를 상대적 측정치로 변환해서 대표(표본)집단 내에서 개인이 차지하는 위치를 파악할 수 있도록 만든 것이다. 따라서 소규모 집단에서 얻어진 원점수를 단순 비교하는 것은 규준 제작방법으로 적절하지 않다.

87 심리검사에서 규준(norm)의 종류에 대한 설명으로 옳은 것은?

① 표준등급은 원점수를 1부터 10까지 10개의 범주로 나눈 것이다.

② 평균이 80점이고 표준편차가 5점인 집단에서 60점을 받은 사람의 Z점수는 4.0이다.

③ Z점수가 2.0인 사람의 T점수는 70점이다.

④ 백분위는 특정 개인의 점수를 그가 속한 집단에서 그 사람보다 점수가 높은 사람들의 비율로 나타낸 것이다.

> **해설** ① 표준등급은 원점수를 1부터 9까지 9개의 범주로 나눈 것이다.
> ② 평균이 80점이고 표준편차가 5점인 집단에서 60점을 받은 사람의 Z점수는 −4.0이다.
> ④ 백분위는 특정 개인의 점수를 그가 속한 집단에서 그 사람보다 점수가 낮은 사람들의 비율로 나타낸 것이다.

정답 84. ④ 85. ② 86. ③ 87. ③

2022년, 2023년 9급 공무원

88 직업상담사가 표준화된 진로검사를 선정할 때 고려해야 하는 기준으로 옳은 것만을 모두 고르면?

> ㉠ 특정 집단에 대한 규준의 활용 가능성
> ㉡ 채점 및 결과보고의 용이성
> ㉢ 검사도구에 대한 내담자의 반응
> ㉣ 검사점수의 절대적 위치

① ㉠, ㉡
② ㉢, ㉣
③ ㉠, ㉡, ㉢
④ ㉠, ㉢, ㉣

해설 표준화된 검사도구는 규준을 참고로 피검자의 **검사 결과의 상대적인 위치를 고려**하여 해석한다.

★ 2024년 9급 공무원

89 심리검사의 규준에 대한 설명으로 옳은 것은?

① 백분위는 원점수와 선형관계에 있다.
② T점수가 70이면 그에 해당하는 Z점수는 3.0이다.
③ 표준등급은 표준점수를 1에서 9까지의 범주로 분류한 것이다.
④ Z점수는 음수가 나오는 경우가 있고 소수점도 나올 수 있다.

해설 ① **백분위**는 피검자의 원점수 아래에 존재하는 사례의 비율을 나타내기 때문에 **상대적 위치를 나타낸다.**
② T점수가 70이면 그에 해당하는 **Z점수는 2.0**이다.
③ 표준등급은 **원점수를 1에서 9까지의 범주로 분류**한 것이다.

★★ 2010년, 2017년 직업상담사 1급

90 직업적성검사에서 어떤 사람의 추리력 점수가 T점수로 40점이 나왔다면 이 사람의 추리력 수준은 어느 정도인가?

① 점수분포에서 이 사람보다 추리력이 낮은 수준의 사람들이 16% 있다.
② 점수분포에서 이 사람보다 추리력이 낮은 수준의 사람들이 26% 있다.
③ 점수분포에서 이 사람보다 추리력이 낮은 수준의 사람들이 50% 있다.
④ 점수분포에서 이 사람보다 추리력이 낮은 수준의 사람들이 66% 있다.

해설 **T점수가 40점인 경우**, 평균으로부터 1표준편차 아래에 위치하고 있기 때문에 **피검자의 점수보다 낮은 수준의 사람들은 약 16%가 존재한다.**

2022년, 2023년 직업상담사 2급

91 규준점수에 관한 설명으로 틀린 것은?

① Z점수 0에 해당하는 웩슬러(Wechsler) 지능검사의 편차 IQ는 100이다.
② 백분위 50과 59인 두 사람의 원점수 차이는 백분위 90과 99인 두 사람의 원점수 차이와 같다.
③ 평균과 표준편차가 60, 15인 규준집단에서 원점수 90의 T점수는 70이다.
④ 백분위 50에 해당하는 스테나인(stanine)의 점수는 5이다.

해설 평균 근처에서의 백분위 차이는 양극단에서의 백분위 차이보다 원점수 차이가 작다. 따라서 **백분위 50과 59인 두 사람의 원점수 차이는 백분위 90과 99인 두 사람의 원점수 차이보다 작다.**

★★

92 다음에 제시된 각 검사점수의 범위가 나머지와 다른 것은?

① K-WAIS-IV 전체 지능지수 : 85~115
② MMPI-2 우울 척도 T점수 : 40~60
③ 불안검사 Z점수 : -1~+1
④ K-WAIS-IV 토막 짜기 소검사 환산점수 : 5~15

해설 모든 검사의 범위는 **평균으로부터 1표준편차 위아래의 범위**에 해당한다. **K-WAIS-IV 소검사의 환산점수 평균은 10이고 표준편차는 3이므로 7~13으로 표현되어야 한다.**

정답 88. ③ 89. ④ 90. ① 91. ② 92. ④

93 다음 중 규준에 대한 설명으로 바르지 않은 것은?

① 규준은 한 개인의 점수를 다른 사람들의 점수와 비교할 때 비교가 되는 점수를 의미한다.

② 평균이 50점이고 표준편차가 10점인 표준점수체계에서, 한 개인의 점수가 70점이라면 상위 20%에 해당한다.

③ 한 개인의 점수가 70점일 때, 이 점수보다 낮은 점수를 받은 사람들이 전체의 60%라면 백분위 점수는 60점이다.

④ 연령 규준은 한 개인의 검사점수를 규준집단에 있는 사람들의 연령과 비교해서 몇 살에 해당되는지를 해석하는 규준을 뜻한다.

> **해설** ② 평균이 50점이고 표준편차가 10점인 표준점수체계에서, 한 개인의 점수가 70점이라면 상위 2%에 해당한다.

★★★

94 적성검사를 200명의 내담자에게 실시한 결과 평균이 100점이고 표준편차가 15점이었다. 이 검사의 측정의 표준오차는 5점이었다. 120점을 획득한 A의 적성검사 결과에 대한 해석으로서 (   ) 안에 들어갈 숫자를 순서대로 바르게 나열한 것은?

> A가 이 적성검사를 100번 받는다면, 그 중 68번은 (   )점에서 (   )점 사이에 진점수가 놓이게 될 것이다.

① 85, 115 　② 95, 105

③ 105, 135 　④ 115, 125

> **해설** 측정의 표준오차(Standard Error of Measurement : SEM)는 수검자의 이론적 진점수를 포함하는 오차범위를 말하는 것으로서, 어떤 검사를 매번 실시할 때마다 달라질 수 있는 오차의 범위를 제시한다. 예를 들어, 어떤 검사에서 수검자의 진점수가 120점이고 측정의 표준오차가 5점이라면, 그 검사를 여러 번 반복 측정할 때 개인의 측정점수 중 68%는 115~125점 사이에 위치하며, 95%의 신뢰구간에서는 어떤 개인의 진점수가 110~130점 사이에 있다고 말할 수 있다.

★

95 대학생 A는 인적성검사에서 80점을 받았다. 이 검사를 받은 집단은 평균이 76점, 표준편차 4점의 정규분포를 이루고 있다. 대학생 A의 점수에 관한 설명으로 옳은 것은?

① A의 점수에 해당하는 T점수는 40이다.

② A의 점수에 해당하는 백분위는 80이다.

③ A의 점수에 해당하는 Z점수는 −1이다.

④ A보다 높은 점수를 받은 사람의 비율은 16%이다.

> **해설** 평균이 76점, 표준편차 4점의 정규분포상에서 대학생 A의 점수인 80점은 평균으로부터 1표준편차 위에 있는 점수이다. 해당 인적성검사가 정규분포를 이루고 있으므로, A보다 높은 점수를 받은 사람의 비율은 16%가 된다.

★

96 홀랜드검사의 프로파일 해석 시 주요 개념과 그 의미의 연결이 바르지 않은 것은?

① 일관성 : 어떤 쌍들은 다른 유형의 쌍들보다 공통점을 더 많이 가지고 있다.

② 계측성 : 육각형 모델에서 유형들 간의 거리는 그것들 사이의 이론적인 관계에 반비례한다.

③ 변별성 : 1개의 유형에는 유사성이 많이 나타나지만, 다른 유형에는 별로 유사성이 나타나지 않는다.

④ 일치성 : 개인의 목표, 흥미, 재능에 대한 명확하고 견고한 청사진을 말하며, 환경은 조직의 투명성, 안정성, 목표·일·보상의 통합이라고 규정된다.

> **해설** ④ '정체성'에 대한 설명에 해당한다.

정답 93. ②　94. ④　95. ④　96. ④

97 직업상담에서 심리검사 활용의 지침으로 옳지 않은 것은?

① 심리검사 결과 해석을 가설의 형태로 제시해야 한다.
② 내담자를 비난하는 방식으로 해석해서는 안 된다.
③ 검사의 한계를 인식하고 적절하게 선택한다.
④ 해석지침이 있으면 누구라도 심리검사를 사용할 수 있다.

> 해설 적절한 훈련을 받지 않은 사람은 심리검사를 자유롭게 이용해서는 안 된다. 즉, 심리검사를 활용하기 위해서는 관련 전문교육훈련을 이수한 이후에 사용하도록 한다.

98 홀랜드의 일치성에 대한 설명으로 틀린 것은?

① 자신의 유형과 비슷하거나 정체성이 있는 환경유형에서 일하거나 생활할 때 능력이 높게 나타난다.
② 개인의 목표, 흥미, 재능에 대한 명확하고 견고한 청사진을 말한다.
③ 사람은 중요한 보상이 제공되는 환경에서 능력을 최대한 발휘한다.
④ 환경과 개인의 가장 좋지 않은 일치의 정도는 육각형에서 유형들이 반대 지점에 있을 때 나타난다.

> 해설 ② '정체성'에 대한 설명에 해당한다.

99 Holland 이론의 주요 개념에 관한 설명으로 가장 적합한 것은?

① 정체성 : 자신의 목표, 흥미, 재능에 대한 명확하고 견고한 청사진을 가지고 있다.
② 계측성 : 특정 유형에 속하는 특성들은 다른 유형에서는 벌로 나타나지 않는다.

③ 일관성 : 사람들은 자신의 특성과 비슷한 환경에서 능력을 최대한 발휘한다.
④ 일치성 : 여섯 유형 중 어떤 유형들 간에는 다른 유형들보다 더 많은 공통점이 있다.

> 해설 **[Holland 이론의 5가지 주요 개념]**
> ㉠ 정체성 : 자신의 목표, 흥미, 재능에 대한 명확하고 견고한 청사진을 가지고 있다.
> ㉡ 차별성 : 특정 유형에 속하는 특성들은 다른 유형에서는 별로 나타나지 않는다.
> ㉢ 일치성 : 사람들은 자신의 특성과 비슷한 환경에서 능력을 최대한 발휘한다.
> ㉣ 일관성 : 여섯 유형 중 어떤 유형들 간에는 다른 유형들보다 더 많은 공통점이 있다.
> ㉤ 계측성 : 육각형 모형에서 유형 간의 거리는 그 사이의 이론적 관계에 반비례한다.

100 홀랜드(J. Holland)의 6각형 모형에서 일관성(consistency)의 정도가 가장 낮은 성격유형은?

① RC
② SA
③ EC
④ IE

> 해설 **[RIASEC 유형 중 일관성 정도가 낮은 쌍]**
> ㉠ R↔S
> ㉡ I↔E
> ㉢ A↔C

101 다음 설명에 해당하는 홀랜드(J. Holland) 성격 이론의 주요 개념은?

> • 성격유형과 환경모형 간의 관련 정도를 의미하는 것
> • 정육각형 모형상의 두 유형 간 근접성에 따라 설명되는 것

① 계측성 (calculus)
② 일관성 (consistency)
③ 일치성 (congruence)
④ 정체성 (identity)

> 정답 97. ④ 98. ② 99. ① 100. ④ 101. ②

★
102 직업상담에서 검사를 활용하는 방법으로 옳지 않은 것은?

① 심리검사는 진단적 정보로 활용한다.

② 내담자가 심리검사 결과에 대해 거부감을 갖지 않도록 노력한다.

③ 심리검사 결과만을 토대로 직업결정을 하도록 한다.

④ 검사를 통해 내담자가 자기탐색을 보다 깊이 할 수 있도록 한다.

★★ 2022년 직업상담사 2급
103 진로심리검사 결과 해석에 관한 설명으로 틀린 것은?

① 검사 결과는 가능성보다 확실성의 관점에서 제시되어야 한다.

② 내담자가 검사 결과를 잘 이해할 수 있도록 안내하고 격려해야 한다.

③ 검사 결과로 나타난 강점과 약점 모두를 객관적으로 검토해야 한다.

④ 검사 결과는 내담자가 이용 가능한 다른 정보와 관련하여 제시되어야 한다.

❸ 심리검사의 이해

★★ 2014년, 2015년, 2018년, 2025년 직업상담사 1급
104 심리검사에서 사용되는 신뢰도가 의미하는 것으로 가장 적합한 것은?

① 재고자 하는 속성을 얼마나 정확하게 반영하여 재는가이다.

② 재고자 하는 속성을 얼마나 일관성 있게 재는가이다.

③ 검사의 난이도를 나타낸다.

④ 준거를 예측하기 위한 적절성을 나타낸다.

★ 2015년 직업상담사 1급
105 속도검사(speed test)의 신뢰도를 추정할 때 사용하기에 부적절한 방법은?

① 검사－재검사 신뢰도　② 반분 신뢰도
③ 동형검사 신뢰도　　　④ 채점자간 신뢰도

정답 102. ③　103. ①　104. ②　105. ②

★ 2013년, 2017년, 2025년 직업상담사 1급

106 검사문항들의 내적합치도를 측정하는 신뢰도는 무엇인가?

① 검사-재검사 신뢰도

② 동형검사 신뢰도

③ 반분신뢰도

④ 채점자 간 신뢰도

해설 반분신뢰도는 해당 검사를 문항수가 같도록 반씩 나누어 개인별로 2개의 점수를 구해서 두 점수간의 상관계수를 계산한 것이며, 둘로 구분된 문항들의 내용이 얼마나 일관성이 있는가를 측정한 것으로 내적합치도 계수(coefficient of internal consistency)라고 부른다.

★★ 2017년 직업상담사 1급

107 심리검사의 신뢰도에 영향을 주는 요인과 가장 거리가 먼 것은?

① 개인차

② 문항수

③ 규준집단

④ 검사시간 및 속도

해설 [신뢰도 계수에 영향을 미치는 요인]
- ㉠ 개인차
- ㉡ 검사의 문항 수
- ㉢ 문항의 반응 수
- ㉣ 검사유형
- ㉤ 신뢰도의 종류

2021년, 2022년 직업상담사 1급

108 신뢰도에 관한 설명으로 옳은 것은?

① 검사가 측정하고자 하는 개념에 맞는 내용으로 되어 있는가를 의미한다.

② 검사의 결과가 얼마나 안정적인지를 의미한다.

③ 측정하고자 하는 구성개념을 얼마나 잘 측정하고 있는지를 의미한다.

④ 검사의 결과가 피검자의 미래의 행동을 얼마나 정확하게 예언하는가를 의미한다.

해설 신뢰도란 믿을 수 있는 정도를 말한다. 검사의 신뢰도란 검사를 동일한 사람에게 실시했을 때, 검사조건이나 검사 시기에 관계없이 점수들이 얼마나 일관성이 있는가, 비슷한 것을 측정하는 다른 검사의 점수와 얼마나 일관성이 있는가 하는 것을 말한다.

2014년 직업상담사 1급

109 타당도에 관한 설명으로 옳은 것은?

① 내용타당도는 미래의 행동을 예언하기 위한 목적으로 실시된다.

② 구인타당도는 전문가나 검사제작자의 주관적 판단으로 결정된다.

③ 준거타당도는 검사점수와 이론적으로 관련된 외부의 측정치와 비교한다.

④ 안면타당도는 특정검사가 조작적으로 정의된 요인을 실제로 측정하고 있는지를 검증한다.

해설 준거타당도는 어떤 심리검사가 특정 준거와 어느 정도 관련성이 있는가를 말한다. 즉, 검사점수가 '직무성과'나 '학업성적' 등의 특정 활동영역의 준거를 얼마나 잘 예측해 주는지의 정도를 말한다. 이렇게 검사가 그 검사를 통해 예측하고자 하는 준거와 어느 정도 관련성이 있는가 하는 것이 준거타당도이다.

2012년 직업상담사 1급

110 효율적인 업무수행과의 관련성에서 성격검사의 효과를 알아보려 할 때 사용할 수 있는 타당도는 무엇인가?

① 내용타당도

② 변별타당도

③ 구성타당도

④ 예언타당도

해설 예언타당도는 검사 점수를 가지고 다른 준거 점수들을 얼마나 예측해 낼 수 있는가를 말한다. 예를 들어, 신입사원의 적성검사 점수와 1년 후 인사고과점수(준거점수)의 상관계수를 계산하면 그것이 예언타당도 계수이다.

정답 106. ③ 107. ③ 108. ② 109. ③ 110. ④

111 어떤 심리검사의 타당도를 판단하기 위해 각 문항에 대해 전문가들에게 적합도를 평정하게 했다. 어떤 타당도를 산출하기 위한 절차인가?

① 준거타당도
② 예언타당도
③ 내용타당도
④ 수렴타당도

해설 내용타당도는 검사의 문항들이 그 검사가 측정하고자 하는 내용영역을 얼마나 잘 반영하고 있는지를 말한다. 흔히 성취도검사의 타당도를 평가하는 방법으로 많이 쓰인다. 해당 분야의 전문가들의 주관적 판단을 토대로 결정하며, 따라서 내용타당도를 나타내는 통계치는 없다.

112 구성 관련 타당도에 해당하는 것은?

① 수렴타당도, 변별타당도
② 안면타당도, 동시타당도
③ 예언타당도, 동시타당도
④ 내용타당도, 변별타당도

해설 [구성타당도(construct validity)의 종류]
　㉠ 수렴타당도
　㉡ 변별타당도
　㉢ 요인분석

113 안면타당도에 관한 설명으로 옳은 것은?

① 안면타당도는 검사가 목적에 맞도록 제대로 사용될 수 있는지를 통계적으로 평가하는 타당도이다.
② 안면타당도는 검사를 실시하기 전에 라포 형성에 매우 중요하다.
③ 안면타당도는 비전문가들의 판단에 의한 것으로 검사자는 신경 쓰지 않는다.
④ 안면타당도가 낮으면 검사의 내용 타당도 역시 낮은 경향이 있다.

해설 내용타당도와 비슷하지만 전혀 다른 개념으로 안면타당도(face validity)라는 것이 있는데 이는 실제로 무엇을 재는가의 문제가 아니라 수검자에게 그 검사가 '타당한 것처럼 보이는가'를 뜻한다. 즉, 비전문가의 눈에도 타당하게 보이면 검사를 실시하는 데에 신뢰감을 형성할 수 있다는 점에서 중요하고 할 수 있다.

114 신뢰도와 타당도에 대한 설명으로 옳은 것은?

① 타당도가 높으면 신뢰도는 낮다.
② 신뢰도는 타당도를 보장하지 않는다.
③ 신뢰도가 높으면 타당도가 낮다.
④ 신뢰도가 높으면 타당도도 높다.

해설 어떤 검사의 신뢰도가 높더라도, 그 검사가 실제로 측정하고자 하는 개념을 제대로 측정하지 못할 수 있다. 타당도가 높으려면 신뢰도도 일정 수준 이상 확보되어야 하며, 신뢰도가 높을수록 타당도가 확보될 가능성이 높지만, 신뢰도가 높다고 해서 타당도가 높은 것은 아니다. 즉, 신뢰도는 타당도의 필요조건이지만 충분조건은 아니다.

115 다음 중 신뢰도와 타당도에 대한 설명으로 틀린 것은?

① 내용타당도는 검사문항을 전문가가 아닌 일반인들이 읽고 그 검사가 얼마나 타당해 보이는지를 평가하는 방법이다.
② 검사-재검사 신뢰도는 동일한 사람에게 동일한 검사를 두 번 실시해서 관찰한 점수들 간의 상관 정도이다.
③ 반분신뢰도는 먼저 검사를 한 집단에게 실시하고 전체 검사문항들을 반으로 나누어 하위검사로 만들고 두 하위검사에서 얻은 점수 사이의 상관계수를 구한다.
④ 예언타당도는 그 검사로 어떤 준거변인을 얼마나 잘 예측하는가 하는 정도이다.

정답　111. ③　112. ①　113. ②　114. ②　115. ①

[해설] 내용타당도는 검사의 문항들이 그 검사가 측정하고자 하는 내용영역을 얼마나 잘 반영하고 있는지를 말한다. 흔히 성취도검사의 타당도를 평가하는 방법으로 많이 쓰이며, 해당 분야의 전문가들의 주관적 판단을 토대로 결정된다.

[해설] [심리검사의 개발과정]
ㄱ 1단계 : 구성개념의 영역 규정 단계 (측정대상 개념화)
ㄴ 2단계 : 문항표집 단계
ㄷ 3단계 : 사전검사 자료수집 단계
ㄹ 4단계 : 측정의 세련화 단계 (본 검사 완성)
ㅁ 5단계 : 본 검사 자료수집 단계
ㅂ 6단계 : 신뢰도 평가 단계
ㅅ 7단계 : 타당도 평가 단계
ㅇ 8단계 : 규준 개발 단계

★ **2012년, 2020년, 2023년, 2025년 직업상담사 1급**

116 어느 축구선수가 슛을 할 때마다 매번 공이 우측 골대에 맞고 나온다면 그 선수의 슛 기술 정도를 측정할 때 적합한 설명은?

① 신뢰도와 타당도 모두 높다.
② 신뢰도는 높으나 타당도는 낮다.
③ 타당도는 높으나 신뢰도는 낮다.
④ 신뢰도와 타당도 모두 낮다.

[해설] 신뢰도는 일관성을 의미하고, 타당도는 정확성을 의미하기 때문에 현재 축구선수의 슛 기술은 일관성은 높지만 정확도가 낮기 때문에 신뢰도는 높으나 타당도는 낮다고 할 수 있다.

★ **2013년 직업상담사 1급**

117 좋은 심리검사를 개발하는 일반적인 과정(절차)으로 가장 적합한 것은?

> ㄱ 측정대상 개념화
> ㄴ 문항표집
> ㄷ 사전검사
> ㄹ 측정도구 완성하기
> ㅁ 본 검사
> ㅂ 신뢰도 평가
> ㅅ 타당도 평가
> ㅇ 규준개발

① ㄱ → ㄴ → ㄷ → ㄹ → ㅁ → ㅂ → ㅅ → ㅇ
② ㄱ → ㄷ → ㅁ → ㄴ → ㄹ → ㅂ → ㅅ → ㅇ
③ ㄱ → ㄷ → ㅁ → ㄴ → ㄹ → ㅅ → ㅂ → ㅇ
④ ㄱ → ㄴ → ㄷ → ㄹ → ㅁ → ㅅ → ㅂ → ㅇ

★ **2012년, 2019년 직업상담사 1급**

118 개념준거와 실제준거 간의 관계에 대한 설명으로 틀린 것은?

① 준거오염은 실제준거로서 측정은 하고 있지만 개념준거와 전혀 다른 것을 측정하고 있는 정도를 나타낸다.
② 준거오염 중 편파(bias)는 실제준거가 개념준거와 아무런 관련 없이 무선적으로 측정되어지는 것을 말한다.
③ 준거관련성은 실제준거가 개념준거와 일치되는 정도를 나타내는 것으로 개념준거와 실제준거간의 일치가 크면 클수록 준거관련성은 더 커진다.
④ 준거결핍은 실제준거가 개념준거를 나타내지 못하고 있는 정도를 말한다.

[해설] [준거오염의 개념과 종류]
준거오염은 실제준거가 다른 개념준거를 측정한 경우로서, 실제준거가 개념준거와 관련되어 있지 않은 부분을 의미한다.
ㄱ 준거편파(bias) : 실제준거가 체계적으로 또는 일관성 있게 개념준거가 아닌 다른 것을 측정하고 있는 정도 (편파적 생각)
ㄴ 준거오류(error) : 실제준거가 그 어떤 것과도 관련되어 있지 않은 정도

[정답] 116. ② 117. ① 118. ②

제3장

직업상담 초기면담

제1절 ▶ 친밀교감 형성

01 수용적 상담분위기 조성

(1) 면담 준비

① 초기면담은 상담자와 내담자가 처음 만나는 과정으로, 상담자가 초기면담을 효과적으로 수행하기 위한 준비과정이 필요하다.

② 편안하고 수용적인 환경 조성과 필요한 기자재 및 검사도구 등을 구비하는 것 외에 내담자에 관한 자료를 미리 검토하고 사전정보를 탐색한다.

③ 사전에 검토할 수 있는 기록들 : 상담신청서, 이전의 상담기록, 이전의 검사기록, 구직신청 관련 내용, 구조화된 질문지에 대한 내담자의 답변내용 등

④ 심층상담이 필요한 내담자인지 검토하고 심층상담으로 연계하거나 추가 지원을 위해 준비해야 할 사항을 미리 점검한다.

　　예 저소득층, 청년, 고령자, 여성가장, 장애인, 장기실업자, 출소자 및 출소예정자 등

> ▶ 초기면담의 주요 요소(7가지 지침)
> - 면담 준비
> - 내담자와의 만남 및 관계 형성
> - 구조화
> - 비밀 유지의 한계 설정
> - 평가사항 및 평가방법 인식하기
> - 직업상담 시 필요한 주의사항
> - 초기면담의 종결

(2) 내담자와의 만남 및 관계 형성

① 내담자가 상담을 하러 오면 상담자는 내담자를 반갑게 맞을 준비를 해야 한다.

② 첫 만남에서 이러한 준비가 잘 되지 않으면 내담자와의 관계 발달이 어려워진다.

(3) 초기면담의 유형과 요소

① **내담자 대 상담자의 솔선수범 면담**

　㉠ **내담자의 솔선수범 면담** : 내담자의 목적을 확신하지 못하는 이러한 불확실성은 직업상담가에게 불안감을 야기시키는데, 상담사는 가능한 열심히 내담자가 하는 말에 귀를 기울이면서 이러한 감정을 극복하여야 한다.

　㉡ **상담자의 솔선수범 면담** : 상담자는 우선 왜 상담을 실시하는지를 설명하여 내담자의 긴장을 완화시켜야 한다.

② **정보지향적 면담**

　㉠ **탐색해 보기** : '누가, 무엇을, 어디서, 어떻게'로 시작되는 질문이다. 이러한 질문은 한 두 마디 단어 이상의 응답을 요구한다. 예를 들어, "일자리를 구하기 위해서 당신은 어떤 계획을 가지고 있습니까?"와 같은 질문이 좋다. 대부분의 질문은 '왜'라는 단어 없이 시작되는데, '왜'라는 단어는 내담자를 방어적 위치에 두기 때문에 피하는 것이 좋다.

　㉡ **폐쇄형 질문** : '예, 아니오'와 같은 특정하고 제한된 응답을 요구하는 질문으로 짧은 시간에 상당한 양의 정보를 추출해내는 데 효과적이다. 그러나 도움이 될 수 있을 만큼 정교화된 것은 아니다.

　㉢ **개방형 질문** : 통상적으로 '무엇을, 어떻게' 등과 같은 언어로 시작하고 응답자가 자유롭게 응답하도록 하는 질문이다. 많은 시간을 할애해서 정교화된 자료를 얻을 수 있으나 개방형 질문에 익숙하지 않은 내담자는 부담스러울 수 있다.

③ **관계지향적 면담**

　㉠ **재진술 (restatement)** : 내담자에 대한 단순한 반사적 반응으로서 내담자에게 상담자가 적극적으로 듣고 있음을 알게 해준다.

　㉡ **감정의 반향 (echoing)** : 언어적 · 비언어적 표현임을 제외하고는 재진술과 유사하다.

(4) 직업상담 내담자 유형 및 특성

① **내담자 유형**

구분	내용
솔선수범 유형	내담자가 자발적으로 상담하러 오는 경우로 상담에 협력적인 내담자이다.
유보적인 태도를 보이는 유형	상담을 마음에 내켜 하지 않는 내담자로, 상담자는 무엇을 어떻게 해야 할지, 어떤 방법으로 상담을 진행해야 할지 당황하게 된다.
반항적이거나 변화를 꺼리고 거부하는 유형	상담에 적극적으로 참여할 수 있지만 자신의 요구를 변화시키는 고통을 경험하고 싶어 하지 않는다. 대신 현재 행동의 명확성에 집착한다. 반항적인 경우 결정 내리기를 거부하고 문제를 피상적으로 다루며, 문제 해결의 어떠한 행동도 거부하고 상담자가 말하는 어떤 행위도 거부한다.

② 내담자를 상담에 임하도록 도와주는 방법

　　㉠ **가설 구상** : 내담자의 분노, 좌절, 방어 등을 예상하여 가설을 구상한다.

　　㉡ **설득** : 상담에 비협조적인 내담자의 경우 설득방법을 활용한다.

　　㉢ **철저한 대면** : 내담자가 현재 무엇을 하고 있는지에 대해 상담자가 정확하게 지적한다.

02 관계형성기법

(1) 상담자의 기본태도 3가지

① **공감적 이해** : 상담자가 내담자와 상호작용하는 동안에 발생하는 내담자의 경험과 감정들을 이해하려고 노력하는 것을 말한다. 이는 동정이나 동일시와 다르며, 마치 내담자의 입장이 되어 내담자를 깊이 주관적으로 이해하면서도 상담자 본연의 자세는 잊어버리지 않는 것이다.

구분	내용
공감적 이해의 1, 2수준 (인습적 수준)	• 상담자가 내담자의 말을 듣고, 그에 반응을 보이기는 하지만 **주로 자신의 생각에 사로잡혀 있기 때문에 자기주장만을 할 뿐 내담자의 생각이나 느낌과 일치된 의사소통을 하지 못하는 경우**이다. • 내담자의 이야기를 듣고 난 후 성급하게 판단하여 섣부른 조언이나 상투적인 충고를 하게 되는 경우가 이에 해당한다.
공감적 이해의 3수준 (기본적 수준)	• 상담자는 대체로 내담자의 행동이나 말에 주의를 기울여 **내담자의 현재 마음상태나 전달하려는 내용을 정확하게 파악하고 그에 맞는 반응**을 보인다. • 내담자의 의견에 대하여 재언급이나 요약 등을 하면서 반응을 보이는 경우가 이에 해당한다.
공감적 이해의 4, 5수준 (심층적 수준)	• 상담자가 언어적으로 **명백히 표현되지 않은 내담자의 내면적 감정, 사고를 지각하고 이를 자신의 개념 틀에 의하여 왜곡 없이 충분히 표현**함으로써 내담자의 적극적인 성장동기를 이해하고 표출한다.

② **수용적 존중** : 상담자가 내담자를 평가, 판단하지 않고 내담자의 어떤 감정이나 행동도 있는 그대로 수용하여 존중하는 태도를 말한다.

구분	내용
수용적 존중의 1수준	• 상담자의 언어와 행동표현에서 내담자에 대한 **존중이 명백히 결여되어 있거나 부정적 배려만이 있는 수준**으로 내담자의 감정, 경험 및 잠재력에 대해 전혀 존중하지 않는 경우이다.
수용적 존중의 2수준	• 내담자의 감정, 경험 및 잠재력에 대해 **거의 존중하지 않으며 별로 관심을 두지 않거나 존중하지 않는다.**
수용적 존중의 3수준	• 내담자의 감정, 경험 및 잠재력에 대해 **기본적으로 긍정적인 존중과 관심을 전달하는 수준**이며, 대인관계기능을 촉진하는 기초적인 수준이다.
수용적 존중의 4수준	• 내담자에 대해 **깊은 긍정적 존중과 관심을 표명하는 수준**이며, 내담자의 감정, 경험 및 잠재력에 대해 깊은 관심을 전달한다.
수용적 존중의 5수준	• 내담자에게 한 인간으로서의 가치와 자유인으로서의 잠재력에 대해 매우 깊은 긍정적인 존중을 전달하는 수준으로 **내담자의 인간적 가치에 몰입되어 의사소통**을 한다.

③ **일관적 성실성 (일치성)** : 상담자가 내담자와의 관계에서 순간순간 경험하는 자신의 감정이나 태도를 있는 그대로 솔직하게 인정하고, 경우에 따라 솔직하게 표현하는 태도를 말한다. 이러한 상담자의 진실한 태도는 **내담자와 순수한 인간 간의 만남을 가능하게 하고, 내담자의 개방적인 자기탐색을 촉진·격려하게 된다.**

구분	내용
일관적 성실성의 1수준	• **자신이 느끼는 감정과는 무관한 표현을 하거나 부정적인 것에만 진지하게 반응**을 하기 때문에 상당히 모순적으로 보이거나 내담자에게 파괴적인 영향을 미칠 수 있다.
일관적 성실성의 2수준	• 자신이 느끼는 감정과 **거의 관계가 없는 표현을 하거나 주로 부정적인 반응에 대해서만 진지함이 나타나는 수준**이다. • 상담자는 개인적으로 느끼고 의미하는 바를 표현하기보다는 **상담자 역할에 따라 통상적인 반응**을 한다.
일관적 성실성의 3수준	• 말하고 느끼는 것 중에서 **부정적인 단서를 보이지는 않지만 정말 진지한 반응을 나타내는 긍정적인 단서를 제공하지 못하는 수준**이다. • 불성실하게 보이지는 않지만 진정한 몰입이나 반영도 되지 않은 반응을 한다.
일관적 성실성의 4수준	• 내담자에게 **긍정적이든 부정적이든 진지한 반응**을 나타내며 긍정적인 반응단서를 건설적인 방식으로 제시한다. • 비록 자신의 감정을 충분히 표현하는 것은 좀 주저하지만 표현한 내용 자체는 자신의 감정과 일치한다.
일관적 성실성의 5수준	• 내담자와의 비타산적인 관계에서 자유롭고 깊게 자기 자신의 모습이 되는 수준이다. • 내담자에게 상처를 입힐 수 있는 반응의 경우라도 **보다 깊은 수준에서 내담자에게 개방적이 되도록 자신의 견해를 내담자에게 건설적으로** 제시한다.

(2) 초기면담의 주요 요소

① **라포(친밀교감) 형성** : 라포(rapport) 형성은 내담자가 갖고 있는 긴장감을 풀어주도록 노력하고 상담관계에서 유지되는 윤리적 문제와 비밀유지의 원칙을 설명함으로써 불안을 감소시키고 친밀감을 형성시키는 과정이다.

② **감정이입 (공감)** : 직업상담가가 길을 전혀 잃어버리지 않고 마치 자신이 내담자 세계에서의 경험을 갖는 듯한 능력을 말한다.

③ **언어적 행동 및 비언어적 행동**

　㉠ 언어적 행동은 내담자에게 중요한 것이 무엇인가를 논의하거나 이해시키려는 상담자의 열망을 보여주는 의사소통을 포함한다.

　㉡ 면담에서 중요한 것은 비언어적 행동인데, 미소, 몸짓, 기울임, 눈 맞춤, 끄덕임 등은 상담자가 관심을 갖고 열린 상태가 되어 내담자를 끌어들이는 매우 효과적인 비언어적 방법이다.

　㉢ 초기면담에서 나타나는 내담자의 비언어적 태도는 문제 진단을 위한 중요한 실마리를 제공하기도 한다. 반복적으로 나타나는 태도와 습관, 언어적·비언어적 표현의 패턴 등을 민감하게 관찰하고 의문점이 발견되면 대화의 주제로 삼는다.

④ **도움이 되는 면담행동**

언어적 행동	비언어적 행동
• 이해 가능한 언어 사용 • **적절한 해석** • 언어적 강화 사용 • 내담자에 대한 적절한 호칭 사용 • **적절한 정보 제공** • **가끔 유머 사용** • 비판단적	• 내담자와 유사한 언어의 톤 • 기분 좋은 눈의 접촉 유지 • 가끔 고개 끄덕임 • 가끔 미소 지음 • 가끔 손짓을 함 • **이야기의 부드러움** • 내담자에게 몸을 기울임

⑤ **도움이 되지 않는 면담행동**

ㄱ **가장 문제가 되는 것은 충고이다.** 충고는 초기면담에서 내담자가 개인적인 사고나 느낌을 통해 상담하는 기회를 거부할 때에 효과적이며, 내담자가 어려운 결정을 할 때 한계의 능력을 갖고 있을 때도 효과적이다.

ㄴ **과도한 질문은 흔한 실수이다.** 이는 내담자가 상담받는 것이 아니라 캐묻는다고 느끼게 되며, 내담자가 솔선수범하는 기회가 적은 유형이면 상대를 경계하기 시작한다. 상담관계에서 상담자는 잇달아 2가지 이상의 질문을 하는 것을 피하고, 개방적 질문을 할 때 더 효과적이다.

⑥ **상담자 노출** : 내담자의 측면에서 볼 때 자기노출은 성공적 상담을 위해서 필요하지만, 상담자는 자기노출이 항상 필요한 것은 아니다.

⑦ **즉시성**

ㄱ 즉시성은 직업상담가가 상담자 자신의 바람은 물론 내담자의 느낌, 인상, 기대 등에 대해서 이를 깨닫고 대화를 나누는 것을 의미한다.

ㄴ 즉시성의 종류

구분	내용
관계 즉시성	상담자와 내담자 관계의 질에 대해서 그것이 긴장되어 있는 것인지, 지루한 것인지, 생산적인 것인지 등에 대해 내담자와 이야기를 나누는 직업상담가의 능력을 의미한다.
지금 여기 즉시성	상담에서 현재 발생하고 있는 어느 특정 교류에 대해서 의논하는 것을 말한다.

ㄷ 즉시성이 유용한 경우

- 방향감이 없는 관계의 경우
- 긴장이 감돌고 있을 경우
- 신뢰성에 의문이 제기될 경우
- 상담자와 내담자 간에 친화력이 있을 경우
- 내담자가 의존성이 있을 경우
- 역의존성이 있을 경우
- 상담자와 내담자 간에 상당한 사회적 거리가 있을 경우

⑧ **유머**

㉠ 직업상담가의 입장에서 볼 때 유머는 민감성과 시간성을 동시에 요구한다.

㉡ 유머를 통해 내담자의 저항을 우회할 수 있고 긴장을 없앨 수 있을 뿐만 아니라 내담자의 심리적 고통에서 벗어나도록 도울 수도 있으며, 상황을 보다 분명하게 지각할 수도 있다.

⑨ **직면**

㉠ 내담자가 인정하고 싶지 않은 자신의 모순된 모습을 똑바로 바라볼 수 있도록 하기 위한 상담자의 지적이다.

㉡ 직면은 사람들이 무엇이 일어나고 있고 그 결과를 분명하게 알도록 하며, 보다 효율적인 생활과 더불어 타인과 보다 훌륭한 관계를 맺을 수 있도록 변화를 모색하는 행동에 대해서 어떻게 책임을 져야 하는가를 알 수 있도록 한다.

㉢ 적절한 직면은 성장을 유도하고 자신을 솔직하게 돌아볼 수 있는 용기를 주지만, 실패할 경우 내담자에게 매우 해로울 수 있다.

⑩ **계약**

㉠ 계약은 목표 달성에 포함된 과정과 최종 결과에 초점을 두는 것이다.

㉡ 상담을 위한 계약은 내담자와 관련된 변화를 위한 것이라는 점에서 매우 중요하다.

㉢ 통찰만으로는 행위를 유발하기가 어렵다. 따라서 상담자는 내담자의 행동, 사고 혹은 느낌상의 변화를 촉진하는 계약을 강조해야 한다.

⑪ **리허설**

㉠ 일단 계약이 설정되면 직업상담가는 리허설(rehearsal)을 통하여 내담자에게 선정된 행동을 연습하거나 실천토록 함으로써 내담자가 계약을 실행하는 기회를 최대화하도록 도울 수 있다.

㉡ **리허설의 종류**

구분	내용
명시적 리허설	내담자가 하고자 하는 것을 말로 표현하거나 행위로 나타낼 것을 요구하는 것이다.
암시적 리허설	원하는 목표를 상상하거나 숙고해 보는 것이다.

01　내담자 정보수집과 초기면담

초기면담에서 정보 수집은 주로 **상담신청서, 내담자의 태도와 행동에 대한 관찰, 내담자의 자기 진술** 등을 통해 이루어진다. 수집된 정보를 분석하여 내담자의 논점을 구체화하는 것이 초기면 담의 목표이다. 기스버스와 무어(Gysbers & Moore, 1987)는 직업상담의 단계를 전반부와 후반부로 나누고, 상담 전기 단계에서는 내담자의 논점을 명료화하는 것을 목표로 보았다.

(1) 상담 전기 단계 : 내담자의 목적, 논점 확인, 논점 명료화, 논점 상세화

① **들어가기** (직업 관련 맺기)	㉠ 내담자의 목표와 문제 확인하기 ㉡ 내담자의 내적인 사고, 느낌, 역량 듣기 ㉢ 상담자와 내담자 각각의 책임을 포함한 상호 간의 관계 확립하기
② **내담자 정보 수집하기** (내담자의 목표, 문제를 표현하는 것을 분류하고 세분화하기)	㉠ 내담자가 타인과 자신의 세계를 보는 견해 탐색하기 　• 내담자가 타인과 자신의 세계를 나타내는 언어 탐색 　• 내담자가 이러한 관점을 표현하기 위해 사용하는 주제 탐색 ㉡ 내담자의 생애역할, 주변 상황, 사태(과거, 현재, 미래)를 만드는 감각 등에 대한 내담자의 방법 탐색하기 ㉢ 개인적 가능성, 환경적 장벽 또는 강제성 탐색하기 ㉣ 내담자의 의사결정 방법·형태 탐색하기
③ **내담자 행동 이해 및 가정하기**	㉠ 내담자의 목표와 문제에 관련하여 개입 선택하기 ㉡ 내담자 행동에 영향을 줄 수 있는 특수한 변인들에 초점 맞추기 ㉢ 가능성이 있는 내담자의 저항에 반응하거나 듣기

(2) 상담 후기 단계 : 내담자의 목적 및 논점 해결

① **행동 취하기**	진단에 기초한 개입 선정, 직업상담기법을 이용한 개입, 심리검사, 질적 및 양적 사정, 직업 관련 맺기를 위한 직업정보 및 노동시장정보 수집, 직업 관련 맺기를 위한 문제해결, 목표성취를 위한 내담자 지원하기
② **직업목표 및 행동계획 발전시키기**	내담자의 진로목적을 발전시키고 진로성취를 위한 행동을 계획하며 문제를 해결하고, 환경과 현재의 시간과 장소의 장벽에 대한 편견 극복하기
③ **사용된 개입의 영향 평가하기**	개입을 통해 내담자의 목적 또는 문제를 해결하였는가 확인하기 ㉠ 목적 또는 목표가 해결되어 있지 않았으면 다시 한번 순환하기 ㉡ 목적 또는 문제가 해결되었으면 상담관계를 끝내기

02 내담자의 인지적 명확성 및 동기 사정

(1) 직업상담의 2가지 과정 (Brown & Brooks, 1990)

① 특성 · 요인 지향적 직업상담과정

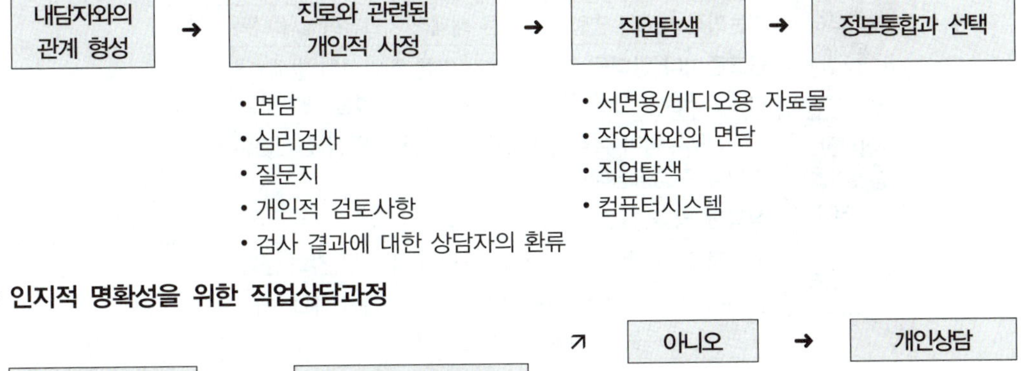

② 인지적 명확성을 위한 직업상담과정

(2) 인지적 명확성의 범위와 문제

① 인지적 명확성 문제의 원인과 특성

	인지적 명확성 문제의 원인과 특성	직업 상담	심리치료 후 직업상담	개인상담 후 직업상담
정보결핍	자신과 직업에 대한 **지식 부족에서 오는 단순 결핍**	○		
	읽기 문제, 학습장해 등으로 **정보 사용 불능과 같은 성장 결핍**	○		
	필요한 정보와 불필요한 정보 간의 **변별력 불능에서 오는 과도한 정보**	○		
고정관념	**경험 부족에서 오는 고정관념** (역할모델의 부족)	○		
	심한 **가치관 고착**에 따른 고정성 (예 종교적 가르침)	○		
	어느 정도의 **심리적 문제에 따른 고정성** (자기가 경험한 역할들 이외의 역할에 대해선 생각하지 못하는 데서 오는 낮은 자기효능감)	○		
	어느 정도의 **의무감**이 다른 선택 사항에 대한 고려를 제외시킴	○		

인지적 명확성 문제의 원인과 특성		직업 상담	심리치료 후 직업상담	개인상담 후 직업상담
경미한 정신건강 문제	**잘못된 결정방식**이 진지한 결정 방해			○
	낮은 효능감이 다른 선택사항에 대한 고려 방해			○
	비논리적 사고가 명령이나 다른 배제적 사고유형에서 나옴			○
	공포증이나 말더듬 같은 문제가 다른 직업선택 방해 (예) 비행공포증이 항공여행을 필요로 하는 직업을 제외시킴)			○
심각한 정신건강 문제	직업선택능력이 **심각하게 손상된 정신증** (만성 정신분열 증이나 주정동장애)		○	
	심각한 약물남용장애		○	
기타 외적 요인들	**일시적 위기**(예) 주변 사람과의 사별이나 부부 간의 불화)			○
	일시적 또는 장기적 스트레스로 직업문제에 대해 집중 하는 데 따르는 어려움 (예) 실업충격)			○

② **인지적 명확성의 문제**

　㉠ 직업상담의 초기 과정은 내담자의 인지적 명확성을 평가하는 것에서 시작한다.

　㉡ 내담자가 실업으로 인한 충격으로 무기력, 슬픔, 불안 등에 빠져 있을 때 내담자는 자신
　　의 특성이나 선택을 객관적으로 검토할 수 없다.

　㉢ 진로문제와 함께 동시에 발생할 수 있는 문제에는 극단적 사고(예) 나는 변호사가 될 것
　　이다. 그렇게 하지 않으면 나는 어떤 일도 할 수 없다.), 명령(예) 완벽한 직업을 찾아야
　　한다.), 비논리적 사고(예) 직업여성은 항상 이혼한다.), 고정성(예) 진정한 남자는 간호
　　사가 될 수 없다.) 등이 있다.

③ **인지적 명확성 확인을 위한 질문들 (Bandura)**

　㉠ 지금 시점에서 진로를 선택하거나 현재 진로를 바꾸는 것이 얼마나 중요한가? (**상황의**
　　중요성 사정)

　㉡ 진로를 선택하거나 현재의 진로를 바꾸는 것을 성공적으로 했는지에 대해 내담자가 어
　　느 정도 확신하고 있는가? (**자기효능감 기대**)

　㉢ 내담자가 자신의 상황이 나아질 거라고 어느 정도 확신하는가? 내담자는 자신의 상황
　　이 현재보다 더 악화될 가능성이 있다고 느끼는가? (**결과기대**)

　㉣ 진로를 선택하거나 바꾸는 데 있어 일을 잘한다는 것이 내담자에게 얼마나 중요한가?
　　(**수행에 대한 기준**)

④ **인지적 명확성의 수준과 내담자의 자기 진술 예시**

수준	예시
낮은 경우	• 난 나에 대해 전혀 모르겠어요. 잘할 수 있는 일도 없는 것 같고…. • 일이 잘될 것 같지 않아요. 모두 다 어렵다고 하던데…. • 난 내게 무슨 문제가 있는지 모르겠어요. 난 단지 내 진로를 선택하는 것 외엔 관심이 　없어요.

수준	예시
중간인 경우	• 몇 가지 생각해 놓은 직업은 있지만 아직 모르는 것이 더 많아서 결정이 어려워요. • 언젠가 문제가 해결될 것이라고는 생각하지만 내가 그 일을 해낼 수 있을지는 모르겠어요.
높은 경우	• 난 내가 뭘 해야 할지 잘 알아요. 이 직업은 나에게 최상의 선택이라 확신해요. • 직업을 구하기가 힘들다고는 하지만 난 이쪽 분야에서 더 좋은 직업을 찾을 수 있어요. • 난 뭐가 문제인지 확실하게 알아요. 이 직업은 전적으로 내게 안 맞아요. 난 스트레스를 덜 받는 조건에서 사람들과 일할 수 있는 그런 직업을 원해요.

⑤ **인지적 명확성의 내담자 유형 및 개입방법 예시**

　㉠ **단순 오정보 : 정보 제공**

> 내담자 : 그 대학은 부자들만 갈 수 있어요. 그러니까 어쨌든 난 거기 가고 싶지 않아요. 거긴 속물들만 있어요. 그들 대부분이 서울에서도 강남 출신이고, 나는 그 대학엔 갈 수가 없어요.
> 상담자 : 학생은 ○○대학에 대해 아주 부정적인 감정을 가지고 있군요. 과거엔 강남 출신 학생들이 많았는데, 점차 바뀌고 있어요. ○○대학의 학생을 보면 서울 출신이 전체의 23%인데, 이 중에 강남출신은 1.1%밖에 안 되는데요.

　㉡ **복잡한 오정보 : 논리적 분석**

> 내담자 : 저는 아직도 결정을 못했어요. 그 대학에 다니는 4명의 학생들을 아는데, 그들은 모두가 **강남 출신인걸요.**
> 상담자 : 학생이 말한 것을 논리적으로 분석해 봅시다. 그 대학의 **전체 학생 수는 약 5,000명이에요.** **학생은 그들 중 단지 4명만 만나고는 그와 같은 결론을 내리고 있지요.** 전체적으로 생각해 보세요. 고정관념보다는 사실에 근거해서 결정을 내리는 것이 중요합니다.

　㉢ **구체성의 결여 : 구체화시키기**

> 내담자 : 사람들이 요즘은 취직을 하기가 어렵다고들 해요.
> 상담자 : 어떠한 사람들을 이야기하시는지 짐작이 안 되네요.
> 내담자 : 모두 다예요. 제가 상의할 수 있는 상담사, 담당 교수님들, 심지어는 친척들까지도요. 정말 그런가요?
> 상담자 : **그래요? 그럼 사실이 어떤지 알아보도록 하죠.**

　㉣ **가정된 불가능/불가피성 : 논리적 분석, 격려**

> 내담자 : **난 자격시험에 합격할 수 없을 것 같아요.**
> 상담자 : 그동안 선생님은 자격시험 공부를 매우 열심히 하신 걸로 아는데요.
> 내담자 : 하지만 단념했어요. 내 친구가 자격시험이 어렵다고 했어요.
> 상담자 : 선생님은 자격시험에 불합격할 것이라고 생각하고 있군요. 그 이유는 친구분이 어렵다고 했기 때문이고요. 그러면 **선생님과 친구분과의 공통점을 알아보기로 하죠.**

　㉤ **원인과 결과의 착오 : 논리적 분석**

> 내담자 : 전 사업을 할까 생각 중이에요. 그런데 그 분야에서 일하는 여성들은 대부분 이혼을 한대요.
> 상담자 : 선생님이 사업을 하면 이혼할까 두려워하시는군요. 직장여성들의 이혼율과 다른 분야에 종사 하는 여성들에 대한 통계를 알아보도록 하죠.

ⓗ 강박적 사고 : 합리적 · 정서적 치료 (REBT)

내담자 : 전 변호사가 될 거에요. 우리 아빠도 변호사고, 할아버지도 변호사고, 제 형들도 모두 변호사에요.
상담자 : 학생은 변호사가 될 거라고 확신하고 있네요.
내담자 : 예, 물론이에요.
상담자 : 변호사가 안 된다면 어떤 일이 벌어질까요?
내담자 : 모든 것이 엉망이 될 거예요. 끔찍할 거예요.
상담자 : 다시 말해서, 학생은 학생이 하길 바라는 것을 하지 못했을 때 끔찍하게 느끼는군요. 그럼 **ABC 기법에 맞춰서 얘길 해보도록 하죠.**

ⓢ 양면적 사고 : 역설적 사고 (증상의 기술)

내담자 : 저는 기계공학 전공 말고는 아무것도 생각할 수 없어요. 그 외의 일을 한다는 것을 생각해 본 적도 없어요.
상담자 : 학생이 기술자가 되지 못한다면 재앙이라도 일어날 것처럼 들리는군요. 그런데 학생은 기계공학을 하기에는 성적이 좋지 않군요.
내담자 : 그래서 미칠 것 같아요. 저는 낙제할 것 같아요.
상담자 : 학생 인생에서 다른 대안을 생각해보지 않는다면 정말 문제가 되겠네요. **그럼 한 가지 제안을 합시다. 학생 마음속에 있는 "기계공학 전공이 아니면 안 돼"라는 생각을 계속하는 겁니다.** 다음 주까지 매일 반복해서 그 생각을 하고 있어야 해요. 생각을 바꿀 필요가 있다고 동의했지만, 반대로 그렇게 하지 않도록 해보는 거예요.

ⓞ 파행적 의사소통 : 저항에 다시 초점 맞추기

상담자 : 내가 내준 과제인 진로일기를 작성하는 데 많은 어려움이 있다고 하셨지요. 지금 하는 일을 조절하도록 도와드리면 도움이 될 것 같네요.
내담자 : 그거 괜찮은 생각 같네요. 제가 왜 진로일기를 작성하는 데 힘든지 아셨죠. **그런데 오늘 제가 멋진 영화를 보려고 해요. 그 생각만 해도 즐거워요.**
상담자 : 진로문제가 선생님이 당면한 주요 관심사 같네요. **제가 그러한 것을 제안할 때마다 선생님께서는 회피하시는군요.** 진로일기를 작성하고 나서 선생님의 진로문제를 해결하면 어떤 느낌을 갖게 될까요?

ⓩ 비난하기 : 직면, 논리적

내담자 : 저는 아버지를 꼭 닮았어요. 아버지는 회사에서도 술을 드세요. 사람들은 저를 보고 아버지를 닮아서 그렇다고들 해요. 저도 요즘은 그 말이 사실이라는 생각이 들어요.
상담자 : **선생님의 술과 관련된 문제가 아버지 때문이라는 소리로 들리는군요.** 과연 그것이 사실인지 생각해 보세요. 물론 알코올중독이 유전적 요인을 가지고 있다고 하니 선생님의 부친이 어느 정도 문제상황에 일조한 것이 사실일 수 있겠지요. 그렇지만 **선생님은 그동안 문제해결을 위해 무엇을 했나요?**

ⓩ 잘못된 의사결정방식 : 불안에 대처하기 위한 심호흡하기, 의사결정 돕기

내담자 : **난 어떻게 해야 할지 모르겠어요.** 난 중요한 결정을 할 때, 그것을 해내고 극복하고 싶어요. **선생님은 이 학교가 제가 처음 지원서를 낸 학교이기 때문에 이 학교를 택한 걸 알고 계세요?**
상담자 : 선생님은 의사결정을 하는 데 불안을 많이 느끼는 것 같네요. 그런 불안감을 계속 가지고 있지 말고 선택하세요. **어떤 결정을 할 때 불안을 느끼고, 불안을 어떻게 다루는지를 먼저 보도록 하죠.** 그런 후에 결정을 할 때의 체계적인 방법을 살펴보도록 합시다.

ㅋ **자기인식의 부족 : 은유나 비유 쓰기**

> 내담자 : 난 사람들에게 호의를 가지고 대하는데, 그들이 왜 그렇게 반응하는지 이해할 수 없어요.
> 상담자 : 사람들이 선생님의 기대에 부응하지 않을 때 화가 좀 나시겠어요.
> 내담자 : 화가 나다가도 곧 우울해져요. 난 사무실에서 왕따인걸요.
> 상담자 : **사람들이 선생님을 어떻게 보는지에 대해 이야기나 속담, 동화를 비유해서 말씀해 보시겠어요?**
> 내담자 : 이건 좀 이상하게 들릴 수도 있을 텐데요. 꼭 미운 오리새끼 같아요.
> 상담자 : 그래도 미운 오리새끼는 나중에 아름다운 백조가 되어 모두에게 환영을 받지요.

ㅌ **무력감 : 지시적 상상**

> 내담자 : 난 이 모든 것을 어떻게 할 수가 없어요. 난 가족도 있고, 직장도 구해야 해요. **난 이 모든**
> **상황이 주는 문제에 대처할 수가 없기 때문에 너무 좌절감을 느껴요.**
> 상담자 : 선생님은 좌절하고 있고, 당황하고 있는 것 같군요. 그렇다면 선생님의 무력감을 다루는
> 데 도움이 되는 방법으로 지시적 상상기법을 쓰는 게 좋을 것 같네요.
> 내담자 : 좋아요.
> 상담자 : 긴장을 푸시고, 선생님의 능력이 뛰어나다고 상상해 보세요.

ㅍ **미래시간에 대한 미계획 : 정보 제공하기, 실업충격 완화하기**

> 상담자 : 현재 우리나라 여성의 평균수명은 몇 세라고 생각하세요?
> 내담자 : 음, 대략 83세 정도가 아닐까요?
> 상담자 : 잘 아시네요. 그럼 지금 선생님께서 실업한 기간이 6개월이라고 하셨죠.
> 내담자 : 네, 6개월이 지났어요.
> 상담자 : 선생님께서는 몇 세에 사망할 것으로 생각하세요?
> 내담자 : 음, 평균수명까지 살아야 하지 않을까요?
> 상담자 : 사람의 수명이 80년을 넘게 사는데, 그 인생 중에서 선생님의 실업기간은 6개월 정도입니다.

(3) 내담자의 동기 사정 시 낮은 동기에 대처하는 방법

① 진로선택에 대한 중요성 증가시키기

ㄱ 심사숙고한 진로선택에 동기가 어떻게 작용하는지를 논의하기 위해 생동감 있는 모형
이나 비디오테이프를 이용한다.

ㄴ 아무런 손해 없이 진로선택을 연기할 수 있다는 기저의 논리를 직면시킨다.

② 좋은 선택이나 전환을 할 수 있는 자기효능감 증가시키기

ㄱ 성공적인 진로선택 방법을 논의하기 위해 내담자와 비슷한 인물이나 비디오테이프를
제공한다.

ㄴ 내담자의 강점을 강조하면서 격려한다.

ㄷ 긍정적 단계를 강화시킨다.

ㄹ 내담자가 계획/의사결정 과제를 완수했을 때, 자기강화 방법을 가르쳐 준다.

③ 기대한 결과를 이끌어 낼 수 있는지에 대한 확신 증가시키기

ㄱ 직업계획의 결과, 성공한 인물이나 비디오테이프를 보여준다.

ㄴ 진로계획의 결과, 성공을 경험한 내담자의 이야기를 들려준다.

④ **직업상담의 결과를 최대화하기 위해 내담자가 충분한 노력을 기울였는지를 확인하는 기준 증가시키기**

ㄱ 수행기준이 낮은 사람에게 직업상담에서의 높은 수행기준의 필요성을 인식하도록 돕는다.
ㄴ 높은 수준의 수행을 강화시킨다.
ㄷ 수행기준을 증가시키는 목표 설정에 내담자가 가담하도록 한다.

제3절 구조화

01 직업상담 구조화

(1) 상담 구조화의 개요

① **상담 구조화의 의의** : 상담에서 다루어질 내용이 무엇인지, 상담이 얼마 동안 진행되는지, 얼마나 자주 만나는지, 상담시간에 무엇을 하는지, 비용은 얼마인지, 비밀보장은 어떻게 되는지 등을 포함하여 상담의 내용과 절차에 대한 틀을 정하는 것이다.

② **상담 구조화의 필요성**
ㄱ 상담자와 내담자의 기대 조정
ㄴ 모호하고 막연한 부분 명확히 하기
ㄷ 상담에 대한 내담자의 불안 및 긴장 완화

(2) 상담 구조화의 기능

① **오리엔테이션 기능** : 내담자에게 앞으로 상담과정이 어떻게 진행될지, 무엇을 하고 하지 말아야 할지, 어떤 지원이 이루어질지 등에 관한 정보를 제공하고 안내한다.

② **내담자의 불안감 감소** : 내담자가 가지고 있을 막연한 두려움과 불안을 감소시켜 안심하고 상담에 임하도록 돕는다.

③ **면담 자체로서의 기능** : 상담자와 내담자는 협의와 타협의 과정을 통해 계약을 맺게 되며, 상담구조를 정하는 것은 내담자의 동의가 필요한 과정이다. 이러한 과정은 그 자체로 또 하나의 면담이 된다.

④ **상담의 안정적 수행** : 상담을 시작하는 단계에서 상담의 틀을 설정함으로써 계획적으로 상담을 진행할 수 있고, 협의를 통해 모호하고 상충하는 부분을 확인하여 조정하게 되므로 안정적인 상담이 가능해진다.

(3) 상담 구조화의 내용

구분	내용
상담관계의 구조화	상담자와 내담자의 기대를 조정하고, 공식적·비공식적 역할의 구조화를 통해 각자의 역할과 규범 등을 설명하고 협의한다.
상담실제의 구조화	상담시간, 상담장소, 상담비용, 상담빈도, 총상담 횟수, 연락방법, 상담시간 엄수 및 취소 등에 대한 정보를 설명하고 이해하도록 한다.
상담윤리의 구조화	비밀보장, 이중관계 금지, 내담자의 알 권리 보장 등에 대한 전문가로서 지켜야 할 내용을 포함한다.

(4) 상담 구조화의 방법

① **명시적 구조화** : 상담 진행과 관련된 내용을 내담자에게 언어적으로 명확하게 설명한 다음 내담자와 협의를 거쳐 상담의 구조적 형태를 만들어가는 것이다.

② **암시적 구조화** : 언어적으로 설명하지 않고 이면적이고 암시적으로 구조화하는 것이다. 상담자의 모든 행동이 암시적 구조화이므로 상담자는 원칙을 가지고 자신의 행동을 살피면서 신중하게 개입해야 한다.

(5) 상담 구조화의 유의사항

① 구조화는 타협해야 하는 것이지 강요되어서는 안 된다.

② 구조화는 내담자를 처벌하는 방식으로 이루어져서는 안 된다.

③ 구조화하는 이유를 내담자에게 설명해야 한다.

④ 내담자의 준비도와 상담관계의 흐름 등을 고려하여 구조화시기를 정한다.

⑤ 지나치게 경직된 구조화는 내담자의 좌절과 저항을 유발할 수 있다.

⑥ 불필요하고 목적이 없는 규칙은 오히려 내담자의 활동을 억제한다.

⑦ 내담자의 인지, 정서, 행동적 특성을 고려해야 한다.

⑧ 상담관계를 원활하게 하는 것이 목적이며 치료적 효과가 있는 것은 아니다.

⑨ 상담의 초기 단계에서 한 번으로 끝나는 것이 아니라 지속적으로 반복해서 상담 전 과정에서 상담을 재구조화해 나간다.

(6) 상담목표 설정과 내담자 정보수집 기법

① **구조화된 면담기법 생애진로사정**(Life Career Assessment : LCA)

　㉠ 생애진로사정으로 얻을 수 있는 정보

　　• 내담자의 일의 경험, 교육의 성취 등과 같은 객관적이고 사실적인 유형의 정보

　　• 내담자의 기술과 유능에 대한 평가정보

- 상담자가 내담자의 기술과 능력에 대해 내린 결론으로, 이는 주제에 기반을 두고 내담자의 활동 종류로부터 추론됨
- 내담자 자신에 대한 인식으로서 내담자의 가치와 관련된 정보

ⓛ 생애진로사정의 구조
- **진로사정** : 내담자의 일 경험(직업경험), 교육 또는 훈련과정과 관심사, 여가활동에 대해 사정
- **전형적인 하루** : 내담자의 생활이 의존적인지 또는 독립적인지, 자발적(임의적)인지 또는 체계적인지 성격차원을 파악
- **강점과 장애** : 내담자가 스스로 생각하는 3가지 주요 강점 및 장애에 대해 질문
- **요약** : 내담자 스스로 자신에 대해 알게 된 내용을 요약해 보도록 함으로써 자기인식 증진과 면담을 통해 얻은 내용 강조

※ 암기 Tip : 진 – 전 – 강 – 요

단계		내용
진로사정	일의 경험 (시간제 · 정규직, 유급 · 무급)	• 마지막 직업 • 가장 좋았던 것 • 가장 싫었던 것 • 다른 직업과 동일한 과정
	교육 또는 훈련과정 및 관심사	• 일반적 사정 • 가장 좋았던 것 • 가장 싫었던 것 • 지식, 기술, 기능의 수준이나 형태를 위한 교육이나 훈련
	오락	• 여가시간 • 사회활동 • 친구 • 주말, 저녁시간, 여가시간 사용 내용
전형적인 하루	의존적 · 독립적 성격차원	• 타인에 대한 의존 • 스스로 의사결정
	자발적 · 체계적 성격차원	• 안정된 일 • 끈기 있고 주의 깊음
강점과 장애	주요 강점	• 내담자가 가지고 있는 자원 • 내담자에게 필요한 자원
	주요 장애	• 강점과 관련된 장애 • 주제와 관련된 장애
요약		• 생애주제에 동의하기 • 내담자 자신의 용어 사용 • 목표 설정 또는 문제해결과 연결

② **내담자의 논점 관련 정보에 대한 종합적 이해**

구분	내용
태도 관련 정보	외모(청결, 옷차림, 표정, 시선 등), 자세(걸음걸이, 앉는 자세, 기울임, 습관적 행동 등), 상담에 임하는 태도(동기, 준비도, 기대, 욕구 등), 인지적 요인(어휘력, 사고능력 등) 등에 관한 정보
문제 관련 정보	문제의 내용, 심각성의 정도, 시급성, 상황, 발생시기와 지속된 기간, 문제의 원인이 된 심리적 · 환경적 요소 등에 대한 정보
생활 관련 정보	가족사항, 대인관계, 생활수준, 직업 · 질병 · 교육 등에 대한 이력사항, 내담자 개인의 인지적 · 행동적 · 정서적 특징 등에 대한 정보

(7) 상담목표 설정과 검토

① **내담자의 상담목표 확인**

㉠ 내담자의 결과목표 결정 : 내담자의 최초 진술은 상담의 목표와 호소문제 관련 단서 제공

㉡ 목표의 실현 가능성 결정 : 목표가 설정되면 시간, 에너지, 능력, 자원 관련 현실성 및 내담자의 통제 가능 정도를 고려

구분	내용
상담목표를 끌어내기 위한 면접안내 (interview leads) 질문 예시	• 상담의 결과물로 원하는 것이 무엇인가? • 상담의 결과로 달성하기를 원하는 것이 무엇인가? • 상담의 끝이라고 가정할 때 지금과 어떤 것들이 달라져 있을까?
목표의 실현 가능성을 평가할 수 있는 질문 예시	• 이 상황을 당신은 얼마나 통제할 수 있나요? • 이 목표에 도달하기 위해서 당신이 해야 할 것은 무엇인가요? • 이 목표는 당신이 달성 가능한 목표인가요? • 당신이 이 목표를 성취하지 못하도록 방해하는 것은 무엇인가요? 예를 들어, 당신 내면에서 혹은 다른 사람에 의한 장애물은 무엇인가요? • 언제까지 목표를 성취해야 한다고 느끼며, 마음속에 어떤 시간계획을 가지고 있나요?

② **상담 하위목표 설정**

㉠ 내담자의 가치, 기술, 자산에 대한 평가

㉡ 직업적 대안의 창출

㉢ 직업정보의 수집

㉣ 의사결정모형의 적용

③ 내담자의 목표 몰입도 수준 평가

구분	내용
목표 몰입도 수준 평가 질문 예시	• 목표 도달을 위해 몇 가지 작업을 할 것입니다. 당신은 필요한 작업을 하는 데 기꺼이 응할 수 있나요? • 이런 목표로 상담을 할 때 당신의 동기에 방해가 될 만한 것에는 어떤 것이 있나요? • 우리는 당신의 목표와 행위목표를 구체화시켜 볼 것입니다. 저는 이런 목표를 구체화하는 데 서면계약이 도움이 되고, 우리 둘 다 서명하는 것이 좋다고 봅니다. • 당신의 서명은 이런 목적을 위해 기꺼이 참여할 것임을 의미하고, 제 서명은 당신을 돕는 데 최선을 다할 것임을 의미합니다.

02 직업상담윤리

(1) 상담사 윤리강령의 필요성 (V. Hoose)

① 정부로부터 상담자의 직업을 보호받는다.
② 내부의 불일치와 다툼을 조정하도록 돕고 직업 내부의 안정성을 증진시킨다.
③ 일반인으로부터 특히 배임행위 소송과 관련하여 상담자를 보호한다.

(2) 직업상담사의 윤리강령 (한국카운슬러협회)

① 카운슬러는 자기가 실제로 갖추고 있는 자격 및 경험의 수준을 벗어나는 인상을 타인에게 주어서는 안 되며, 타인이 실제와 다른 인식을 가지고 있을 경우 이를 시정해 줄 책임이 있다.
② 카운슬러는 자기의 능력 및 기법의 한계를 인식하고, 전문적 기준에 위배되는 활동을 하지 않는다. 만일, 자신의 개인문제 및 능력의 한계 때문에 도움을 주지 못하리라고 판단될 경우에는 다른 전문직 동료 및 관련 기관에 의뢰한다.
③ 카운슬러는 내담자가 자기로부터 도움을 받지 못하고 있음이 분명할 경우에는 카운슬링을 종결하려고 노력한다.

(3) 비밀보장의 한계

① 한국상담심리학회

㉠ 내담자의 생명이나 타인 및 사회의 안전을 위협하는 경우, 내담자의 동의 없이도 내담자에 대한 정보를 관련 전문인이나 사회에 알릴 수 있다.
㉡ 내담자가 감염성이 있는 치명적인 질병이 있다는 확실한 정보를 가졌을 때, 상담심리사는 그 질병에 위험한 수준으로 노출되어 있는 제3자(내담자와 관계를 맺고 있는)에게 그러한 정보를 공개할 수 있다. 상담심리사는 제3자에게 이러한 정보를 공개하기 전에 내담자가 자신의 질병에 대해서 그 사람에게 알렸는지, 아니면 스스로 알릴 의도가 있는지를 확인한다.

     ⓒ 법원이 내담자의 동의 없이 상담심리사에게 상담 관련 정보를 요구할 경우, 상담심리사는 내담자의 권익이 침해되지 않도록 법원과 조율하여야 한다.

     ⓔ 상담심리사는 내담자 정보를 공개할 경우, 정보공개 사실을 내담자에게 알려야 한다. 정보공개가 불가피할 경우라도 최소한의 정보만을 공개한다.

     ⓜ 여러 전문가로 구성된 팀이 개입하는 상담의 경우, 상담심리사는 팀의 존재와 구성을 내담자에게 알린다.

     ⓗ 비밀보호의 예외 및 한계에 관한 타당성이 의심될 때에 상담심리사는 동료 전문가 및 학회의 자문을 구한다.

② **한국상담학회** : 상담자는 다음과 같은 내담자 개인 및 사회에 임박한 위험이 있다고 판단될 때 내담자에 관한 정보를 사회 당국 및 관련 당사자에게 제공해야 한다.

     ㉠ 내담자가 자신이나 타인의 생명 혹은 사회의 안전을 위협하는 경우

     ㉡ 내담자가 감염성이 있는 치명적인 질병이 있다는 확실한 정보를 가졌을 경우

     ㉢ 미성년인 내담자가 학대를 당하고 있는 경우

     ㉣ 내담자가 아동학대를 하는 경우

     ㉤ 법적으로 정보의 공개가 요구되는 경우

(4) 비밀유지 및 개인정보 보호의 구조화

① **비밀유지 원칙의 구조화** : 내담자의 개인정보와 기록은 관련 법에 따라 관리됨을 고지

② **비밀유지의 한계 구조화** : 내담자의 동의 없이 관련 정보를 관련 기관 및 당사자에게 알려야 하는 경우에 대한 고지

③ **상담일지의 기록, 사례관리를 위한 녹음 등에 대해 동의 구하기**

제4절 전략 수립

01 직업상담 개입전략

(1) 직업상담목표 달성의 주요 요소

① **상담자와 내담자의 촉진적 관계 형성** : 내담의 욕구와 상담자의 진정성을 바탕으로 긍정적이고 생산적인 관계 형성

② **직업정보와 이론에 기초한 내담자의 특성 및 문제 진단** : 내담자의 다양한 정보를 수집·분석하고 심리검사도구를 활용하는 등 객관적 자료를 근거로 하여 내담자의 특성 및 직업 논점이 무엇인지 명확하게 밝히는 것

③ **공식적 직업상담이론에 기초한 상담목표 설정 및 전략 수립** : 공식적인 직업상담이론과 모형에 따라 가설을 세우고, 상담목표와 전략 설계

구분	내용
발달이론	• 개인의 진로의식을 발달해가는 과정으로 이해하고 설명 • 선택의 과정은 평생에 걸쳐 일어나는 것 • **수퍼의 생애공간 접근, 고트프레드슨의 제한ㆍ타협이론 등**
구조이론	• 왜 사람들은 특정 직업을 선택하는가를 설명 • 개인의 특성과 그에 상응하는 직업 간에 분명한 연결관계 강조 • **파슨스(Parsons)의 특성-요인이론, 로(Roe)의 욕구이론, 홀랜드(Holland)의 인성이론 등**
과정이론	• 개인과 직업 간의 연결관계보다는 진로선택이나 진로결정의 과정 자체에 더 큰 비중 • **인지적 정보처리이론, 사회학습이론, 사회인지적 접근이론 등**

④ **검증된 상담기법과 모형을 적용한 상담자의 개입** : 내담자의 행동변화를 촉진하는 상담자의 개입방법으로 임상적으로 검증된 상담기법과 모형 적용

(2) 파슨스(Parsons)의 특성-요인이론

① 직업선택의 관점에서 직업문제를 진단한다.

② 개인분석, 직업분석, 과학적 조언을 통한 매칭 등 3단계 직업지도모델을 제시하였다.

③ **윌리엄슨(Williamson)의 상담과정**

구분	내용
분석	태도, 흥미, 적성, 가족배경, 지적 능력, 교육적 능력 등에 관한 자료를 주관적 또는 객관적 방법으로 수집한다.
종합	내담자의 독특성이나 개별성을 강조하기 위해 사례연구와 검사자료를 수집하고 요약한다.
진단	내담자의 문제 및 뚜렷한 특징을 기술한 개인자료와 학문적ㆍ직업적 능력을 비교하여 내담자의 특성과 문제를 분류하고 문제의 원인을 탐색한다.
예측	조정 가능성 및 발생 가능한 문제를 판단하고, 문제해결을 위해 내담자가 고려해야 할 대안적 조치를 예측한다.
상담	현재와 미래의 바람직한 적응을 위해 무엇을 해야 할지를 내담자와 함께 상의한다.
추수지도	내담자가 행동계획을 잘 실천하도록 돕고, 새로운 문제가 발생했을 때 내담자를 계속적으로 돕는다.

※ 암기 Tip : 분석 - 종합 - 진단 - 예측 - 상담 - 추수지도

④ **직업상담 문제유형별 상담전략**

구분	내용
진로 무선택	직접적인 충고, 흥미검사와 직업정보의 사용
불확실한 선택	직접 체험 권장
흥미와 적성의 불일치 (모순)	관련 분야 제안, 각 직업의 이해득실 검토
현명하지 못한 선택	선택 취소, 다른 대안 제시, 검사와 직업정보 활용 사고 확대

(3) 홀랜드(Holland)의 성격(유형)이론

① **홀랜드이론의 4가지 기본가정**
　㉠ 개인의 성격유형은 현실형, 탐구형, 예술형, 사회형, 진취형, 관습형의 6가지 유형으로 구분될 수 있다.
　㉡ 직업환경도 개인의 성격유형과 마찬가지로 6가지 유형으로 구분될 수 있다.
　㉢ 사람들은 자신의 기술과 능력을 발휘하고 태도와 가치를 표현할 수 있는 환경을 찾는다.
　㉣ 개인의 행동은 성격과 환경의 상호작용의 결과이며, 개인의 성격과 환경이 일치성이 높을수록 만족과 성과도 높아질 수 있다.
② **5가지 주요 개념** : 일관성, 차별성, 정체성, 일치성, 계측성
③ **홀랜드가 개발한 검사도구**

구분	내용
직업선호도검사 (VPI : Vocational Preference Inventory)	• 내담자가 160개의 직업목록에 흥미 정도를 표시하는 것이다. 대부분의 사람들은 **직업에 대한 좋고 싫음을 표시**할 수 있다.
자기방향탐색검사 (SDS : Self−Directed Search)	• 내담자가 점수를 기록하는 1시간용 측정 워크북과 소책자가 있다. • 직업공상에 관한 부분으로 시작되어 활동, 능력, 구체적 직업에 대한 태도, 자기평가능력을 다룬다. • 원점수는 **3개 문자요약 코드로 바뀌고, 그것은 선호유형을 반영**한다. • 3개의 문자는 위계적이며, 첫 번째 문자는 특별유형에 대한 강한 선호도를 나타내준다.
직업탐색검사 (VEIK : Vocational Exploration and Insight Kit)	• **미래 진로문제에 대해 스트레스를 받는 내담자들에게 사용**하기 위하여 개발되었다. • 워크북의 전체 구성은 내담자들이 카드를 분류한 방법을 토대로 일련의 질문에 대한 응답을 기록하게 한다.
자기직업상황검사 (MVS : My Vocational Situation)	• 스스로 실시할 수 있고 쉽게 점수를 기록하는 검사도구이다. • 20개의 질문으로 구성되어 있으며, **직업정체성**, 직업정보에 대한 필요, 선택된 직업목표에 대한 장애 등을 측정하는 것을 목적으로 한다.

(4) 다위스(Dawis)와 롭퀴스트(Lofquist)의 직업적응이론

① 개인의 특성에 해당하는 욕구와 능력을 환경에서의 요구사항과 연관 지어 진로선택, 직무만족이나 직무유지 등의 진로행동을 설명한다.
② 개인의 만족과 조직의 충족에 영향을 미치는 요인들을 진단하고 부조화의 원인을 파악하여 적응할 수 있도록 돕는 접근을 한다.

③ 직업적응의 예언모형

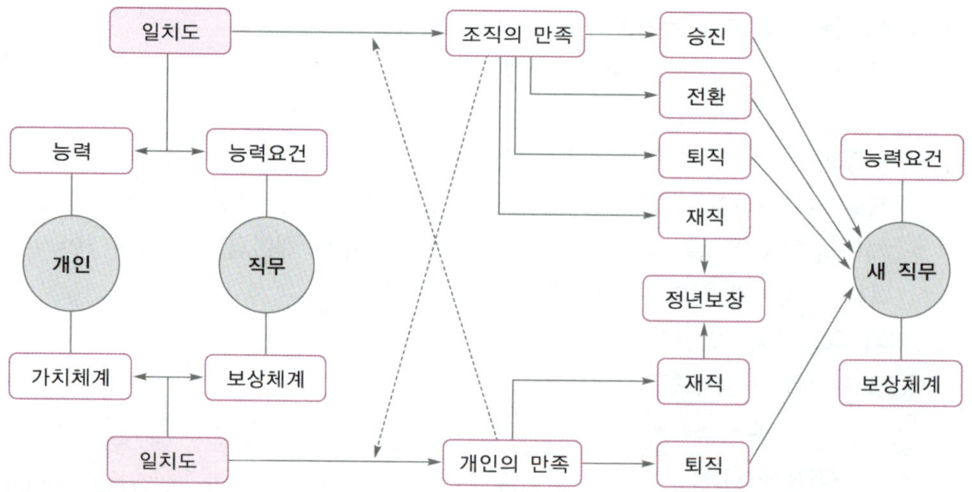

④ 성격유형의 4가지 차원

구분	내용
민첩성 (신속성)	개인이 환경과의 상호작용에서 **빨리 혹은 천천히 반응하는 정도**를 말하는 것으로 정확성보다는 속도를 중시한다.
역량 (속도)	개인과 환경이 서로 만족감을 높이기 위해 **상호작용하는 활동수준 또는 강도**를 나타낸다. 즉, 근로자들의 평균활동수준을 의미한다.
지속성	개인과 환경이 불만족스러운 상태를 얼마나 오랫동안 유지하는지, 즉 다양한 **활동수준의 기간**을 의미한다.
리듬 (규칙성)	개인과 환경이 각각 만족도를 높이기 위해 노력하는 과정의 **활동의 다양성**을 의미한다.

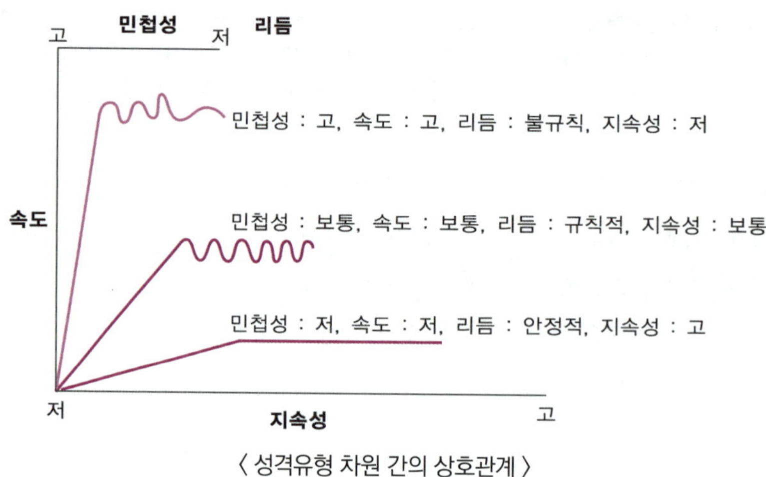

〈 성격유형 차원 간의 상호관계 〉

⑤ 적응양식의 4가지 차원

구분	내용
유연성 (융통성)	개인과 환경 사이의 **불일치에 대해 어떤 조치를 취하기 이전에 그 상태에 적응하기 위하여 견디는 능력**이다.
인내력 (끈기)	불일치가 확인되었지만 적응하기 위해 불일치를 참고, 계속 일을 하면서 조직에 머무는 상태이다. **적응행동을 하면서 환경과의 조화를 위해 노력하는 기간**과 관련된다.
적극성 (적극적 유형)	조직의 요구수준이나 조직이 제공하는 보상을 바꾸는 **작업환경의 변화를 통해 불일치를 경감시키는 것**이다.
반응성 (소극적 유형)	자신의 능력이나 가치에 대해 조정함으로써 불일치를 감소시키는 **스스로의 변화를 시도하는 것**이다.

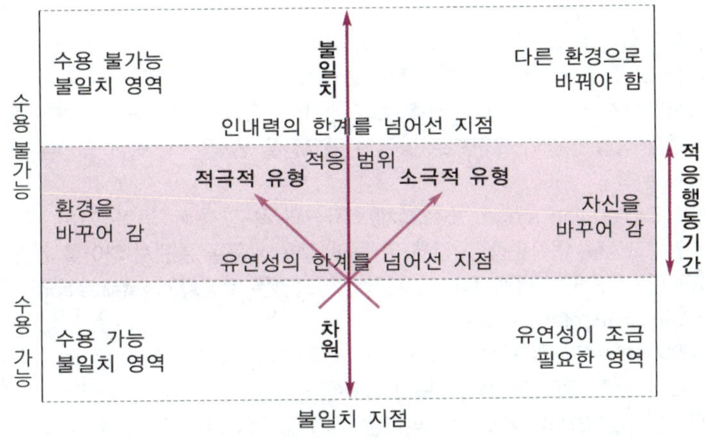

〈 적응양식 차원 간의 관계모형 〉

⑥ 직업적응이론을 통해 개발된 검사

구분	내용
미네소타 중요성 질문지 (MIQ : Minnesota Importance Questionnaire)	개인이 일의 환경에 대하여 중요하게 생각하는 20가지 욕구와 6가지 가치관을 측정하는 도구이다. 개인의 가치 프로파일과 직업강화인과의 일치도를 통해 개인의 가치와 직업환경의 강화인 간의 조화를 측정한다. **MIQ에서 측정하는 6가지 가치요인은 성취, 편안함, 지위, 이타심, 안전, 자율성**이다.
미네소타 직무기술 질문지 (JDQ, MJDQ : Minnesota Job Description Questionnaire)	**해당 직업환경이 미네소타직업가치검사에서 정의하는 20개의 욕구를 만족시켜주는 정도를 측정**하는 도구이다. 척도는 미네소타직업가치검사의 척도와 같다.
미네소타 만족 질문지 (MSQ : Minnesota Satisfaction Questionnaire)	직무만족과 관련된 20개의 영역에서의 만족 정도를 평가하며, 구체적인 영역별 만족과 함께 **전반적인 직업만족을 평가**하는 도구이다.
미네소타 충족 척도 (MSS : Minnesota Satisfactoriness Scales)	직장의 슈퍼바이저가 **개인에 대한 충족 정도를 평가**하는 형식으로 되어 있으며, 충족 정도를 일반적 충족, 수행능력, 직업적합도, 신뢰가능성, 개인적응의 다섯 측면에서 평가하게 된다.

(5) Super의 전 생애 진로발달이론

① 진로문제는 일회적인 직업선택의 문제가 아니라 전 생애에 걸친 과정이다.
② 진로발달은 진로에 관한 자아개념의 발달과정이다.
③ **진로발달단계** : 성장기 – 탐색기 – 확립기 – 유지기 – 쇠퇴기

▶ **수퍼의 전 생애 진로발달단계**

① **성장기 (Growth stage, 출생~14세)** : 가정과 학교에서 중요한 타인과 동일시함으로써, 자아개념을 발달시키는 단계로서, 자기(self)에 대한 지각이 생겨나고 직업세계에 대한 기본적인 이해가 이루어지는 시기이다.
　㉠ **환상기 (0~10세)** : 욕구와 환상이 지배적이다. 아동이 접하게 되는 직업은 환상 속에 존재하는 직업이다.
　㉡ **흥미기 (11~12세)** : 개인의 목표와 활동에 흥미(개인의 취향)가 주요 결정요인이 된다. 직업에 대한 보다 구체적인 정보를 수집하고 일의 세계와 관련된 자신의 이해가 점점 깊어진다.
　㉢ **능력기 (13~14세)** : 일의 세계를 보다 현실적으로 지각하게 되고, 보다 풍부한 직업정보를 축적하면서 직업 성공의 요인으로 능력의 중요성을 인식한다. 또한 직업훈련이나 자격요건도 고려하게 된다.
② **탐색기 (Exploration stage, 15~24세)** : 자신의 욕구, 흥미, 능력, 가치, 취업기회 등을 고려하고, 개인이 학교생활, 여가활동, 시간제 일 등과 같은 활동을 통해서 자아를 검증하고 역할을 수행하며 직업탐색을 시도하는 단계이다. 이 시기 발달과업은 **결정화**(crystallization), **구체화**(specification), **실행화**(implementation)이다.
　㉠ **잠정기 (15~17세)** : 자신의 욕구, 흥미, 능력, 가치와 취업기회 등을 고려하기 시작하며, 잠정적으로 자신의 진로를 선택해 보고 그것을 환상, 토의, 일, 기타 경험을 통해 시행해 본다.
　㉡ **전환기 (18~21세)** : 앞으로의 취업을 위해 필요한 훈련이나 교육을 받으며 자신의 자아개념을 실천하고자 한다. 직업선택에 있어서 보다 현실적인 요인을 중시하게 되며 자아개념이 직업적 자아개념으로 전환되는 시기이다.
　㉢ **시행기/수정기 (22~24세)** : 자기에게 적합하다고 판단되는 직업을 선택해서 처음으로 직장생활을 하기 시작한다.
③ **확립기 (Establishment stage, 25~44세)** : 자신에게 적합한 분야를 발견해서 종사하고 거기에서 안정된 위치를 확보하기 위해 노력하는 시기로서, 이 시기 발달과업은 **안정화**(stabilizing), **공고화**(consolidating), **발전**(advancing)이다.
　㉠ **시행기/수정기 (25~30세)** : 자신에게 적합한 분야를 찾기 위해 시행착오를 경험하는 시기로, 자신이 선택한 일이 적합하지 않은 경우, 적합한 일을 찾아 한두 차례 변화를 시도한다.
　㉡ **안정기 (31~44세)** : 진로유형이 안정되는 시기로서, 개인은 그의 직업세계에서 안정과 만족감, 소속감, 지위 등을 얻게 된다.
④ **유지기 (Maintenance stage, 45~64세)** : 개인이 안정된 속에서 비교적 만족스런 삶을 살아가는 시기로서, 현재까지 자신이 성취한 것을 유지(holding)하고, 자신의 지식과 기술을 새롭게 **갱신**(updating)하거나 현재의 직장에서 **혁신적인 방법을 시도**(innovating)해야 하는 발달과업에 직면하게 된다.
⑤ **쇠퇴기 (Decline stage, 65세 이상)** : 개인이 정신적·육체적으로 그 기능이 쇠퇴함에 따라 직업전선에서 은퇴하는 시기로서, 새로운 역할이나 활동을 추구하게 된다. 일의 수행속도를 줄이는 **감속**(decelerating), 은퇴 이후 새로운 계획을 하는 **은퇴준비**(retirement planning), 이후의 **은퇴생활**(retirement living)이 발달과업이다.

---

④ 진로발달의 평가와 상담(C-DAC : Career Development Assessment and Counseling) 모형의 평가 4단계

<table>
<tr><td rowspan="2">1단계</td><td>내담자의 생애구조와 직업역할의 중요성 평가</td></tr>
<tr><td>• 내담자의 다양한 역할과 각 역할의 중요성에 대한 명료화로 시작하여 자녀, 학생, 배우자, 시민, 직업인, 여가인 등 개인의 삶에서 정의되는 역할 중 핵심적인 역할과 주변적인 역할을 평가한다.
• 직업인으로서의 역할이 다른 역할보다 얼마나 더 중요한지에 대해 탐색한다.</td></tr>
<tr><td rowspan="2">2단계</td><td>내담자의 진로발달수준과 자원에 대한 평가</td></tr>
<tr><td>• 상담자는 어떤 발달과업이 내담자의 진로문제와 연관되어 있는지를 확인해야 한다.
• 내담자가 당면한 문제와 내담자가 갖고 있는 극복자원에 대한 평가를 통해 내담자 문제에 보다 명확히 접근할 수 있다.</td></tr>
<tr><td rowspan="2">3단계</td><td>직업적 정체성 평가</td></tr>
<tr><td>• 전통적인 특성–요인이론에서도 중요시하는 내담자의 가치, 흥미, 성격의 평가를 포함한다.
• 이 단계의 목표는 내담자의 특성을 평가하면서 내담자의 직업적 정체성의 내용을 탐색하고, 이러한 정체성이 내담자 생애의 다양한 역할에서 어떻게 나타나고 있는지를 탐색하는 것이다.</td></tr>
<tr><td rowspan="2">4단계</td><td>직업적 자기개념과 생애주제 평가</td></tr>
<tr><td>• 내담자의 자아개념을 평가하기 위해 내담자의 현재에 나타나는 자기상에 초점을 두는 횡단적인 방법과 내담자의 생애 전체에 걸쳐서 발달되어 온 주제에 초점을 두는 종단적인 방법을 활용한다.
• 자신과 세상을 어떻게 이해하고 있는지 내담자의 자기상을 확인하는 과정이며, 상담자는 내담자가 과거와 현재의 자신을 어떻게 묘사하는지 경청함으로써 내담자의 자아개념을 평가한다.</td></tr>
</table>

⑤ 진로(직업)성숙도 모형의 5가지 차원과 발달과업

	차원	발달과업
제1차원	생애발달단계와 과업에 대한 계획적 태도	계획성 또는 시간전망으로 생애단계 및 과제의 인식에 초점을 맞춘 것이다.
제2차원	탐색에 대한 태도	탐색차원에서 종국의 지위를 위한 목적과 직무를 탐색하는 과제들을 고려한다.
제3차원	교육정보 및 직업정보	정보차원이며, 직업상의 출처, 선택, 성과확률과 같은 것을 적절히 다루는 과제에 초점을 맞춘다.
제4차원	의사결정원리와 실제에 대한 지식	의사결정차원으로 의사결정을 내릴 때의 현실 적응과 관련된다.
제5차원	현실성	직업적으로 성숙한 성인이 자기지식, 일관성, 안정성, 직업선택, 작업경험을 획득하는 과제와 관련된다.

(6) 타이드만(Tiedeman)과 오하라(O'hara)의 정체감발달이론

① 자기정체감이 발달하면서 분화(differentiation)와 통합(integration)의 과정으로 진로가 발달한다.
② 분화는 다양한 직업을 구체적으로 학습함으로써 자아가 발달되는 복잡한 과정이며, 통합은 직업분야의 일원으로서 직업세계로 통합하는 것을 말한다.
③ 에릭슨의 심리사회적 발달단계와 위기이론에 영향을 받았다.
④ 자아정체감이 발달하면서 진로 관련 의사결정 또한 이루어진다.
⑤ **진로의사결정과정 (진로정체감 형성과정)**

구분	과정	내용
예상기/전직업기 (Anticipation Period)	**탐색기**	**잠정적인 진로목표를 설정**하여 장래의 대안적 행동을 탐색한다.
	구체화기	**대안에 대해 평가하고 잠정적 선택**과 이에 대한 재평가를 통해 목표를 구체화한다.
	선택기	명확한 목표를 결정하고, **목표 달성에 필요한 특정한 행동을 선택**한다.
	명료화기	의사결정을 분석, 검토하여 **진로결정에 대한 확신**을 가진다.
실천기/적응기 (Implementation Period)	**순응기**	사회적 상호작용을 통해 인정과 승인을 받고자 **조직의 풍토에 적응하기 위해 노력**한다.
	개혁기	직장 내에서 내·외적으로 **주장적 행동을 하며 다른 사람을 설득**한다.
	통합기	집단 및 **조직에서의 요구에 자신의 욕구를 통합, 조절**한다.

(7) 고트프레드슨(Gottfredson)의 진로포부발달이론 (제한·타협이론)

① 개인은 자기 이미지에 부합되는 직업을 원하기 때문에 자기개념이 진로선택에 중요하다.
② **진로포부발달단계와 영향요인**

	서열 획득단계 – 힘과 크기 지향성 (3~5세)
1단계	• 서열의 개념을 획득하는 것이 중요한 단계이다. • 이 시기 아동은 힘과 크기에 대한 개념을 발달시키며, '크다 대 작다'와 같이 매우 단순한 방법으로 사람들을 분류하기 시작한다. • 자신보다 **크고 힘이 센 어른들만 일이라는 것을 할 수 있다는 생각으로 일을 갖는 것에 대해 선망**하는 시기이다.
	성역할 획득단계 – 성역할 지향성 (6~8세)
2단계	• 자기(self)에 대한 개념이 생기면서 어딘가에 동일시하고 싶어 하게 되는데, 이때 성역할에 대한 개념을 습득하면서 이분법적으로 동일시하게 된다. • 성역할 사회화가 일어나면서 직업포부에서도 **성역할에 적합한 직업인지의 여부가 중요하게 작용하게 되고, 이 시기에 성역할 경계선이 형성**된다.

3단계	사회적 가치 획득단계 – 사회적 가치 지향성 (9~13세)
	• 사회적 가치에 대한 개념을 습득하게 되면서 또래집단이나 사회 속에서의 명성과 지위에 민감해진다.
	• 자신의 상대적 능력에 대해 판단하기 시작하고, 이를 사회 속에서의 상대적 서열과 관련짓는다. 즉, 능력으로 사회적 서열을 매기는 사회적 지위라는 개념이 직업세계에 대한 인식에 포함된다.
	• **사회적 지위에 자신의 능력을 대비**시키면서 지위가 너무 낮아서 받아들일 수 없는 지위 하한선과, 너무 많은 노력을 해야 하는 직업을 제외시키는 지위 상한선을 만들어간다.
4단계	내적 자아 확립단계 – 내적, 고유한 자아 지향성 (14세 이후)
	• 사춘기를 맞게 되는 시기로, 이때는 '나는 누구인가?'라는 정체감 혼란시기에 놓이게 된다.
	• **자기정체감을 확립하기 위해 여러 영역에서 고민**하게 되고, 이전 단계까지 생각했던 성역할과 사회적 지위뿐만 아니라 정체감까지 만족시키는 직업을 선택하게 된다.
	• 내적 자아의 고유성 중 가장 대표적인 것은 흥미이며, 이때 **각 흥미별로 직업을 분류하고 자신의 흥미에 맞는 직업을 추구**하게 된다.

(8) 로(Roe)의 욕구이론

① **매슬로**(Maslow, 1954)**의 욕구위계이론에 영향**을 받아 욕구에 따른 직업선택과 직업분류를 제시하였다.

② **부모-자녀 관계유형**

구분		내용
수용형	**무관심형**	수용적으로 대하지만 자녀의 욕구나 필요에 대해 그리 민감하지 않고 또 자녀에게 어떤 것을 잘하도록 강요하지도 않는다.
	애정형	온정적이고 관심을 기울이며 자녀의 요구에 응하고 독립심을 길러주며, 벌을 주기보다는 이성과 애정으로 대한다.
정서집중형	**과보호형**	자녀를 지나치게 보호함으로써 자녀에게 의존심을 키운다.
	과요구형	자녀가 남보다 뛰어나거나 공부를 잘하기를 바라므로 엄격하게 훈련시키고 무리한 요구를 한다.
회피형	**거부형**	자녀에 대해 냉담하여 자녀가 선호하는 것이나 의견을 무시하고 부족한 면이나 부적합한 면을 지적하며, 자녀의 욕구를 충족시켜 주려고 하지 않는다. 자녀에 대해 관심이 적고 감정적으로 거부한다.
	무시형 (방임형)	자녀와 별로 접촉하려고 하지 않으며, 부모로서의 책임을 회피하고 방임한다.

③ 흥미에 기초하여 8개의 직업군(field)과 6개의 직능수준(level)의 직업분류체계를 제시하였다.

구분	내용
직업군(field)	서비스직, 비즈니스직, 단체직, 기술직, 옥외활동직, 과학직, 예능직, 일반문화직
직능수준(level)	1단계 – 고급 전문관리, 2단계 – 중급 전문관리, 3단계 – 준전문관리, 4단계 – 숙련직, 5단계 – 반숙련직, 6단계 – 비숙련직

④ 8개 직업군에 대해 사람 지향(서비스직, 비즈니스직, 단체직, 예능직, 일반문화직)과 사물 지향(기술직, 옥외활동직, 과학직)의 2가지 범주로 구분하였다.

(9) 크롬볼츠(Krumboltz)의 사회학습이론

① 진로발달과 선택의 결정요인 4가지

구분	내용
유전적 요인과 특별한 능력	개인의 진로기회를 제한하는 타고난 특질
환경적 조건과 사건	개인의 통제를 넘어서 영향을 미치는 영향요인으로 환경에서의 특정한 사건, 기술발달, 활동, 진로선호 등
학습경험	활동, 개인의 유전적 특성, 특별한 능력과 기술, 과업 자체 등의 강화 혹은 비강화 등
과제접근기술	문제해결기술, 작업습관, 정신구조, 정서적·인지적 반응 등과 같이 개인이 발달시켜 온 기술의 집합으로 개인이 직면한 문제와 과업의 결과를 결정

② 4가지 결정요인의 상호작용 결과

구분	내용
자기관찰 일반화	자신의 태도, 업무습관, 가치관, 흥미, 능력수준에 대한 일반화
세계관 일반화	자신이 처한 환경에 대한 일반화로 세상에 대해 이해하고 환경에서 일어날 결과를 예측

(10) 인지적 정보처리이론 (CIP : Cognitive Information Processing)

① 피터슨, 샘슨, 리어든(Peterson, Sampson & Reardon, 1991)이 개발한 것으로, 개인이 어떻게 진로결정을 내리고 진로문제 해결과 의사결정을 할 때 어떻게 정보를 이용하는지의 측면에서 인지적 정보처리이론을 진로발달에 적용시킨 것이다.

② 의사결정에서 개인이 어떻게 정보를 사용하는가에 대한 관점에서 출발하였다.

③ 상담자는 내담자의 욕구를 분류하고, 또 내담자가 지식을 획득하여 자신의 욕구가 무엇인지 알 수 있도록 돕는 개입을 한다.

④ 진로문제 해결과정 (C – A – S – V – E)

구분	내용
의사소통 (Communication)	• 질문들을 받아들여 부호화하며 송출하는 것 • 진로의사결정을 해야 함을 인식하는 단계
분석 (Analysis)	• 한 개념적 틀 안에서 문제를 찾고 분류하는 것 • 진로결정을 위하여 자신과 직업에 대해 이해하는 단계
통합/종합 (Synthesis)	• 일련의 행위를 형성시키는 것 • 행동대안을 도출하기 위해 대안을 확장하고 축소하는 단계

구분	내용
가치 부여/평가 (Valuing)	• 승패의 확률에 관해 각각의 행위를 판단하고 다른 사람에게 미칠 여파를 판단하는 것 • 행동대안 각각에 대해 평가하여 우선순위를 정하는 단계
집행/실행 (Execution)	• 책략을 통해 계획을 실행시키는 것 • 잠정적 대안을 행동으로 옮기기 위해 계획을 구상하고 실천하는 단계

⑤ **진로정보처리영역 피라미드의 구성요소**

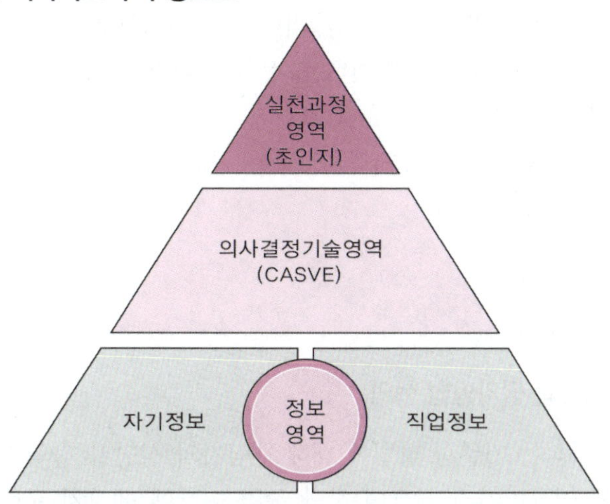

〈 인지적 정보처리의 피라미드 (Peterson, Sampson, & Reardon, 1991) 〉

⑥ **진로사고검사의 하위 척도 (CTI : Career Thought Inventory)**

구분	내용
의사결정 혼란	• 진로의사결정과정을 시작하거나 유지하는 데 개인이 가지는 곤란 수준
수행 불안	• 여러 대안들 중 한 가지 대안을 선택하거나 대안에 대한 우선순위를 매기는 등의 선택을 하고자 할 때, 결단을 내리기 어려운 곤란 수준
외적 갈등	• 결정에 대한 책임감을 회피하게 하는 갈등, 중요 타인에게서 얻는 정보의 중요성과 자신이 지각한 정보의 중요성 간에 균형 조절에서의 무능력

(11) 사회인지진로이론

① 반두라(Bandura)의 사회학습이론에 근거하여 이론을 제안하였다.
② **진로발달과 선택의 인지적 요인** : 자기효능감 결과기대, 목표, 진로장벽
③ **사회인지진로이론의 3가지 모형** : 흥미발달모형, 선택모형, 수행모형

(12) 브라운(Brown)의 가치 중심적 접근

① 인간기능이 개인의 가치에 의해 상당 부분 영향을 받고 형성된다고 가정한다.

② 흥미는 행동의 기준을 설정하는 데 절대적으로 작용하지 않기 때문에 진로결정과정에서 큰 역할을 하지 않는다.

③ 가치는 목표 설정에 중추적 역할을 함에 따라 진로결정과정에서 가장 중요한 작용을 한다.

(13) 사비카스(Savickas)의 진로구성주의이론

① 개인이 자신의 진로 관련 행동과 직업적 경험에 의미를 부여하면서 스스로의 진로를 구성한다.

② 생애설계(life-design)라는 새로운 패러다임을 제시하였다.

③ 개인은 이미 존재하는 사실을 발견하는 것이 아니라 적극적으로 의미화하는 과정을 통해 진로행동을 이끌고, 조절하고, 유지한다.

④ 상담과정에서는 내담자 자신에게 의미 있는 경험을 찾도록 촉진하고 자신만의 진로 이야기를 만들어 가도록 돕는다.

02 직업상담 평가

(1) 상담성과의 평가기준과 평가방법 협의

① 상담성과를 평가하는 기준과 방법에 대해 내담자와 상담자 간의 지각 차이가 있을 수 있다.

② 협의가 사전에 이루어지지 않으면 상담 종결 이후에 예상치 못한 문제가 발생할 수 있다.

③ 상담의 초기 단계에서 상담성과의 평가에 대해 내담자와 논의하는 것이 안정적인 상담 진행과 종결을 위해 필요하다.

제5절 초기면담 종결

01 초기면담 종결 기법

(1) 초기면담 종결

① 초기면담을 마무리할 시점이 되면 면담에서 상담자와 내담자가 주고받은 이야기를 정리하여 요약한다.

② 요약과 과제물 등은 본 면담과 후속 면담을 연결시키기 위한 것이다.

③ 초기면담 종결 시 유의점

　㉠ 내담자와 상담자 간의 역할과 비밀유지에 관해 상호 약속한 동의 내용을 요약한다. 이 요약은 상담자가 할 수도 있고, 내담자가 할 수도 있다.

　㉡ 상담을 진행하면서 필요하다면 과제물을 부여할 수 있다.

　㉢ 상담 시 반드시 지켜야 할 준수사항을 모두 지킨다.

(2) 초기면담의 요약

① 요약은 그 자체로 하나의 유용한 상담기법이기도 하면서 면담을 자연스럽게 종결할 수 있도록 하는 일련의 절차이기도 하다.

② 초기면담의 요약은 상담자와 내담자가 함께 초기면담이 끝나는 단계에서 상담내용을 정리하는 과정에 따라 수행한다.

③ **요약의 방법** : 내담자 동의가 있어야 하며, 상담자가 진행하거나 내담자로 하여금 요약해 보도록 권고할 수 있으며, 상담자와 내담자가 함께 수행할 수도 있다.

④ **요약의 목적**

　㉠ 상담과정 중 나누었던 대화의 내용에 대해 상담자와 내담자가 상호 간에 제대로 이해했는지 확인하기 위한 목적이 있다.

　㉡ 상담을 통해 확인된 정보와 합의된 주요 사항들에 대해 한 번 더 강조하고, 필요한 경우 과제를 제시하기 위한 목적이 있다.

　㉢ 상담이 어디까지 이루어졌는지 진행과정을 명확히 하고, 다음 회기에 대한 계획을 점검하는 데 목적이 있다.

(3) 초기면담의 종결 시 검토되어야 할 유의사항

① 사전자료를 통해 내린 내담자에 대한 자신의 결론이 얼마나 정확한가?, 더 중요한가?, 얼마나 많이 잘못되었는가?

② 상담에 대한 내담자의 기대와 자신의 기대는 얼마나 일치하는가?, 이러한 차이점을 밝히지 못한다면, 상담에서 내담자들은 어떻게 문제를 일으킬 것인가?

③ 내담자의 어떤 관심이 부가적 평가를 필요로 하는가?, 이러한 평가를 수행하기 위해 어떤 계획을 세우고 있는가?

④ 다음 상담회기를 어떻게 시작할 것인가?

(4) 초기면담의 수행내용과 과정에 대한 자문 (슈퍼비전)

① 내담자의 논점에 대한 진단이 적절했는지?

② 내담자에 대해 간과하고 소홀히 한 이슈가 있다면 무엇인지?

③ 상담자가 내담자에게 제공한 정보와 자료가 적절했는지?

④ 과제로 제시한 활동이 상담목표에 부합하는 것인지?

⑤ 내담자의 참여동기를 촉진하기 위해 상담자로서 적절한 태도로 임한 것인지?

❶ 친밀교감 형성

01 다음 중 초기면담의 주요 요소에 해당하지 않는 것은?

① 내담자와의 관계 형성
② 비밀유지의 한계 설정
③ 내담자 문제 진단
④ 상담의 구조화

> **해설** **[초기면담의 주요 요소]**
> ㉠ 면담 준비
> ㉡ 내담자와의 만남 및 관계 형성
> ㉢ 구조화
> ㉣ 비밀유지의 한계 설정
> ㉤ 평가사항 및 평가방법 인식하기
> ㉥ 직업상담 시 필요한 주의사항
> ㉦ 초기면담의 종결

2013년, 2018년, 2023년 직업상담사 1급

02 초기 직업상담에서 가장 우선적으로 실행해야 할 것은?

① 직업동기에 대한 평가
② 내담자와의 관계 형성
③ 내담자에게 적합한 직업정보 제공
④ 내담자의 적성에 대한 평가

> **해설** 상담자가 상담의 초기에 가장 우선적으로 실행해야 할 것은 내담자와의 관계 형성 또는 라포 형성이다.

★ 2011년, 2013년, 2018년 직업상담사 2급

03 초기 상담의 유형 중 정보지향적 면담에 관한 설명으로 틀린 것은?

① 재진술과 감정의 반향 등이 주로 이용된다.
② '예, 아니오'와 같은 특정하고 제한된 응답을 요구하는 것이다.
③ '누가, 무엇을, 어디서, 어떻게'로 시작되는 개방형 질문이 사용된다.
④ 상담의 틀은 상담자에게 초점이 맞추어져 진행된다.

> **해설** ① 재진술과 감정의 반향은 관계지향적 면담에서 주로 사용되는 상담기법이다.
> ② 정보지향적 면담 시의 '폐쇄형 질문'에 대한 설명이다.
> ③ 정보지향적 면담 시의 '탐색해 보기'에 대한 설명이다.
> ④ 초기면담의 목적이 정보수집에 있다면 상담의 틀은 직업상담가에게 초점을 두어야 한다.

04 직업상담에 임하는 내담자의 유형에 해당하지 않는 것은?

① 솔선수범 유형
② 유보적인 태도를 보이는 유형
③ 타인에게 문제를 투사하는 유형
④ 반항적이거나 변화를 꺼리고 거부하는 유형

> **해설** **[직업상담 내담자 유형]**
> ㉠ 솔선수범 유형
> ㉡ 유보적인 태도를 보이는 유형
> ㉢ 반항적이거나 변화를 꺼리고 거부하는 유형

정답 01. ③ 02. ② 03. ① 04. ③

05 다음은 관계지향적 면담에 관한 설명이다. (   )에 알맞은 단어는?

> 관계지향적 면담에서는 (   )과 감정의 반향 등이 주로 이용된다.

① 재진술　　　　② 공감
③ 수용적 존중　　④ 감정이입

[해설] 재진술과 감정의 반향은 관계 지향적 면담에서 주로 사용되는 상담기법이다.

06 언어적 행동은 내담자에게 중요한 것이 무엇인가를 논의하거나 이해시키려는 열망을 보여주는 의사소통을 포함한다. 언어적 행동의 내용이 아닌 것은?

① 적절하게 정보 제공
② 적절한 해석
③ 이야기의 부드러움
④ 긴장을 줄이기 위해 가끔 유머 사용

[해설] 이야기의 부드러움은 도움이 되는 면담 행동 중 비언어적 행동에 해당한다.

★
07 유보적인 태도를 보이는 내담자 유형의 특징으로 옳은 것은?

① 상담과정에 참여하는 것을 원하지 않는다.
② 현재 행동의 명확성에 집착한다.
③ 문제를 다루는 데 있어서 피상적이다.
④ 문제를 해결하려는 어떤 행동도 거부한다.

[해설] 유보적인 태도를 보이는 내담자 유형은 상담을 마음에 내켜 하지 않는 내담자로, 상담자는 무엇을 어떻게 해야 할지, 어떤 방법으로 상담을 진행해야 할지 당황하게 된다.

08 직업상담의 내담자 유형 중 반항적이거나 변화하기를 꺼리거나 변화를 거부하는 유형에 대한 설명으로 바르지 않은 것은?

① 상담과정에 적극적으로 참여하지 않는다.
② 자신의 요구를 변화시키는 고통을 경험하고 싶어 하지 않는다.
③ 결정 내리기를 거부한다.
④ 문제를 피상적으로 다루려고 한다.

[해설] 반항적이거나 변화를 꺼리고 거부하는 내담자 유형은 상담에 적극적으로 참여할 수 있지만 자신의 요구를 변화시키는 고통을 경험하고 싶어 하지 않는다. 대신 현재 행동의 명확성에 집착한다. 반항적인 경우 결정 내리기를 거부하고, 문제를 피상적으로 다루며, 문제해결의 어떠한 행동도 거부하고 상담자가 말하는 어떤 행위도 거부한다.

★★
09 다음의 내용은 공감적 이해의 어떤 수준을 설명하는 것인가?

> • 상담자는 대체로 내담자의 행동이나 말에 주의를 기울여 내담자의 현재 마음상태나 전달하려는 내용을 정확하게 파악하고 그에 맞는 반응을 보인다.
> • 내담자의 의견에 대하여 재언급이나 요약 등을 하면서 반응을 보이는 경우가 이에 해당한다.

① 인습적 수준　　② 기본적 수준
③ 심층적 수준　　④ 기초적 수준

[해설] 제시된 내용은 공감적 이해의 3수준, 즉 기본적 수준에 해당한다.

★
10 직업상담 초기면담에서 내담자를 상담에 임하도록 도와주는 방법으로 적합하지 않은 것은?

① 가설 구상　　　② 설득방법 활용
③ 철저한 대면　　④ 심리검사 활용

해설 [내담자를 상담에 임하도록 도와주는 방법]
- ㉠ **가설 구상** : 내담자의 분노, 좌절, 방어 등을 예상하여 가설을 구상한다.
- ㉡ **설득** : 상담에 비협조적인 내담자의 경우 설득방법을 활용한다.
- ㉢ **철저한 대면** : 내담자가 현재 무엇을 하고 있는지에 대해 상담자가 정확하게 지적한다.

★★
11 다음에서 설명하는 것은?

> 상담자가 내담자와의 관계에서 순간순간 경험하는 자신의 감정이나 태도를 있는 그대로 솔직하게 인정하고, 경우에 따라 솔직하게 표현하는 태도를 말한다. 이러한 상담자의 진실한 태도는 내담자와 순수한 인간 간의 만남을 가능하게 하고, 내담자의 개방적인 자기탐색을 촉진·격려하게 된다.

① 공감적 이해   ② 수용적 존중
③ 일관적 성실성   ④ 감정이입

해설 내담자와의 관계 형성을 위한 상담자의 3가지 기본 태도 중 '일관적 성실성(일치성)'에 대한 설명이다.

★ **2021년, 2023년, 2025년 직업상담사 1급**
12 다음 중 직업상담에 도움이 되는 상담행동으로 가장 바람직한 것은?

① 전문적인 언어 사용
② 조언 및 충고 제시
③ 빈번한 유머 사용
④ 비판단적인 태도

해설 [직업상담에 도움이 되는 면담행동들]

언어적 행동	비언어적 행동
• 이해 가능한 언어 사용 • 언어적 강화 사용 • 내담자에 대한 적절한 호칭 사용 • 적절하게 정보 사용 • 가끔 유머 사용 • 비판단적인 태도	• 내담자와 유사한 언어의 톤 • 기분 좋은 눈의 접촉 유지 • 가끔 고개 끄덕임 • 가끔 미소 지음 • 가끔 손짓을 함 • 내담자에게 몸을 기울임

2020년 직업상담사 2급
13 직업상담을 위한 면담을 진행하는 도중 즉시성 (immediacy)을 사용하기에 적합하지 않은 경우에 해당하는 것은?

① 방향감이 없는 경우
② 신뢰성에 의문이 제기되는 경우
③ 내담자가 독립성이 있는 경우
④ 상담자와 내담자 간에 사회적 거리감이 있는 경우

해설 [즉시성(immediacy)이 유용한 경우]
- ㉠ 방향감이 없는 관계의 경우
- ㉡ 긴장이 감돌고 있을 경우
- ㉢ 신뢰성에 의문이 제기될 경우
- ㉣ 상담자와 내담자 간에 상당한 정도의 사회적 거리가 있을 경우
- ㉤ 내담자가 의존성이 있을 경우
- ㉥ 역의존성이 있을 경우
- ㉦ 상담자와 내담자 간에 친화력이 있을 경우

★
14 다음은 초기면담의 주요 요소에 대한 설명이다. 가장 적절하지 않은 것은?

① 상담자는 계약을 통하여 내담자에게 선정된 행동을 연습하거나 실천하도록 한다.
② 감정이입은 상담자가 마치 자신이 내담자 세계에서의 경험을 하는 듯한 능력을 말한다.
③ 친밀교감 형성은 내담자의 긴장감을 풀어주도록 노력하고, 불안을 감소, 친밀감을 형성하는 과정이다.
④ 직면은 내담자가 인정하고 싶지 않은 자신의 모순된 모습을 똑바로 바라보기 위한 상담자의 지적이다.

해설 내담자에게 선정된 행동을 연습하거나 실천하도록 함으로써 내담자가 계약을 실행하는 기회를 최대화하도록 돕는 것은 '리허설'에 대한 설명이다.

정답 11. ③   12. ④   13. ③   14. ①

15 초기면담의 주요 요소 중 언어적 및 비언어적 행동에 대한 설명이다. 바르지 않은 것은?

① 미소는 상담자가 느긋하다는 것을 통해 안정감을 표현하는 신호이기도 하다.

② 언어적 행동은 중요한 것이 무엇인가를 논의하거나 이해시키려는 열망을 보여주는 의사소통을 포함한다.

③ 내담자와의 좋은 눈 맞춤은 상담자가 내담자를 이해한다는 표시이다.

④ 상담자가 내담자에게 몸을 기울인다는 것은 관심의 신호이다.

해설 ① 비언어적 행동 중 끄덕임에 대한 설명에 해당한다.

★ **2011년, 2013년, 2016년 직업상담사 2급**

16 초기면담의 주요 요소 중 내담자에게 선정된 행동을 연습하거나 실천하도록 함으로써 내담자가 계약을 실행하는 기회를 최대로 도울 수 있는 요소는?

① 리허설   ② 계약
③ 감정이입   ④ 유머

해설 초기면담의 주요 요소 중 리허설은 일단 계약이 설정되면, 내담자에게 선정된 행동을 연습하거나 실천하도록 함으로써 내담자가 계약을 실행하는 기회를 최대화하도록 돕는 것을 말한다.

★ **17** 초기면담 준비 시 주의해야 할 점으로 가장 거리가 먼 것은?

① 내담자에게 지나친 부담을 주지 않도록 하고, 정보수집을 서두르지 않아야 한다.

② 정보가 과도하게 수집되는 일이 없도록 하고, 개인정보 보호에 유의한다.

③ 내담자의 동기와 성격특성과 같은 요인에 대한 판단은 직접 만날 때까지 보류하는 것이 좋다.

④ 상담이 시작되면 중요한 안내사항을 전달하기 어렵기 때문에 사전에 최대한 많이 전달해야 한다.

해설 사전에 너무 많은 안내사항을 전달하려고 하면 내담자가 상담 자체에 대한 압박감과 부담을 느낄 수 있으므로 주의한다.

---

❷ 내담자 호소 논점 파악

★ **18** 직업상담 초기면담에서 내담자의 목적 또는 논점 해결을 위한 상담 후기 단계의 절차에 해당하지 않는 것은?

① 내담자 행동 이해 및 가정하기

② 행동 취하기

③ 직업목표 및 행동계획 발전시키기

④ 사용된 개입의 영향 평가하기

해설 [기스버스와 무어(Gysbers & Moore, 1987)의 직업상담 2단계]
  ㉠ 상담 전기 단계 : 들어가기, 내담자 정보 수집하기, 내담자 행동 이해 및 가정하기
  ㉡ 상담 후기 단계 : 행동 취하기, 직업목표 및 행동계획 발전시키기, 사용된 개입의 영향 평가하기

★★ **19** 초기면담에서 내담자 호소 논점 파악을 위한 정보수집의 방법으로 가장 거리가 먼 것은?

① 상담신청서

② 심리검사 실시

③ 내담자의 자기 진술

④ 내담자의 태도와 행동에 대한 관찰

해설 [초기면담 시 내담자 호소 논점 파악을 위한 정보수집 방법]
  ㉠ 상담신청서
  ㉡ 내담자의 태도와 행동에 대한 관찰
  ㉢ 내담자의 자기 진술

정답 15. ①   16. ①   17. ④   18. ①   19. ②

20 다음의 절차를 강조하는 직업상담은?

> 내담자와의 관계 형성 → 진로와 관련된 개인적
> 사정 → 직업탐색 → 정보통합과 선택

① 특성–요인 지향적 직업상담
② 단순한 직업상담
③ 인지적 명확성을 위한 직업상담
④ 생애진로주제에 의한 직업상담

> **해설** 일반적인 직업상담은 특성–요인 지향적 직업상담과정
> 으로 이루어지지만 인지적 명확성 사정을 전제한 직업
> 상담과정이 고려되어야 한다. **특성–요인 지향적 직업상**
> **담과정은 인지적 명확성과 상관없이 직업선택의 논점에**
> **따라 개인과 직업을 적절히 연결하고자 하는 것을** 상담의
> 목표로 한다.

★★★

21 다음에 제시된 인지적 명확성의 문제 중 그 범위가 다른 하나는?

① 낮은 자기효능감
② 비논리적 사고
③ 잘못된 결정방법이 진지한 결정방법을 방해하는 경우
④ 편협된 가치관

> **해설** ㉠ 편협된 가치관 : **고정관념**
> ㉡ 낮은 자기효능감, 비논리적 사고, 잘못된 결정방법이
> 진지한 결정방법을 방해하는 경우 : **경미한 정신건강**
> **문제**

22 인지적 명확성 문제와 그에 따른 상담방법이 바르지 않은 것은?

① 정보결핍 – 직업상담
② 고정관념 – 개인상담 후 직업상담
③ 경미한 정신건강의 문제 – 개인상담 후 직업상담
④ 심각한 정신건강의 문제 – 심리치료 후 직업상담

> **해설** **고정관념**으로 인한 인지적 명확성의 문제인 경우 **직업상담**을 실시한다.

★

23 다음 중 내담자의 자기 진술에 따른 인지적 명확성 수준이 다른 하나는?

① 난 나에 대해 전혀 모르겠어요. 잘 할 수 있는 일도 없는 것 같고….
② 일이 잘 될 것 같지 않아요. 모두 다 어렵다고 하던데….
③ 몇 가지 생각해 놓은 직업은 있지만 아직 모르는 것이 더 많아서 결정이 어려워요.
④ 난 내게 무슨 문제가 있는지 모르겠어요. 난 단지 내 진로를 선택하는 것 외엔 관심이 없어요.

> **해설** ㉠ **인지적 명확성이 낮은 경우** : ①, ②, ④
> ㉡ **인지적 명확성이 중간인 경우** : ③
> ㉢ 인지적 명확성이 높은 경우 : **예** 난 내가 뭘 해야 할지 잘 알아요. 이 직업은 나에게 최상의 선택이라 확신해요.

24 Bandura가 제시한 인지적 명확성을 사정하기 위해서 필요한 내용이 아닌 것은?

① 지금 시점에서 진로를 선택하거나 현재 진로를 유지하는 것의 중요성
② 진로를 선택하거나 현재의 진로를 바꾸는 것을 성공적으로 했는지에 대한 확신감
③ 내담자가 자신의 상황이 나아질 것이라는 확신감
④ 진로를 선택하거나 바꾸는 데 있어 일을 잘한다는 것의 중요성

> **정답** 20. ① 21. ④ 22. ② 23. ③ 24. ①

해설 **[반두라(Bandura)의 인지적 명확성 사정을 위한 질문]**
㉠ 지금 시점에서 진로를 선택하거나 현재 진로를 바꾸는 것이 얼마나 중요한가? (상황의 중요성 사정)
㉡ 진로를 선택하거나 현재의 진로를 바꾸는 것을 성공적으로 했는지에 대해 내담자가 어느 정도 확신하고 있는가? (자기효능감 기대)
㉢ 내담자가 자신의 상황이 나아질 거라고 어느 정도 확신하는가? 내담자는 자신의 상황이 현재보다 더 악화될 가능성이 있다고 느끼는가? (결과기대)
㉣ 진로를 선택하거나 바꾸는 데 있어 일을 잘한다는 것이 내담자에게 얼마나 중요한가? (수행에 대한 기준)

2018년 직업상담사 1급

25 다음 사례에서 인지적 명확성이 부족한 내담자의 유형으로 가장 적합한 것은?

> 상담자 : 현재 우리나라 여성의 평균수명은 몇 세라고 생각하세요?
> 내담자 : 음, 대략 83세 정도가 아닐까요?
> 상담자 : 잘 아시네요. 그럼 지금 선생님께서 실업한 기간이 6개월이라고 하셨죠.
> 내담자 : 네, 6개월이 지났어요.
> 상담자 : 선생님께서는 몇 세에 사망할 것으로 생각하세요?
> 내담자 : 음, 평균수명까지 살아야 하지 않을까요?
> 상담자 : 사람의 수명이 80년을 넘게 사는데, 그 인생 중에서 선생님의 실업기간은 6개월 정도입니다.

① 무력감
② 자기인식의 부족
③ 파행적 의사소통
④ 미래 시간에 대한 미계획

해설 제시된 사례의 내담자의 경우, **미래 시간에 대한 미계획**의 사례에 해당된다. 이러한 내담자의 경우, 상담자는 **정보 제공하기, 실업충격 완화하기** 등의 개입을 하여야 한다.

★★ **2011년, 2017년, 2021년 직업상담사 2급**

26 다음 면담에서 인지적 명확성이 부족한 내담자의 유형과 상담자의 개입방법이 바르게 짝지어진 것은?

> 내담자 : 난 사업을 할까 생각 중이에요. 그런데 그 분야에서 일하는 여성들은 대부분 이혼한대요.
> 상담자 : 선생님이 사업을 하면 이혼할까 봐 두려워하시는군요. 직장여성들의 이혼율과 다른 분야에 종사하는 여성들에 대한 통계를 알아보도록 하죠.

① 구체성의 결여 – 구체화시키기
② 파행적 의사소통 – 저항에 다시 초점 맞추기
③ 강박적 사고 – RET 기법
④ 원인과 결과 착오 – 논리적 분석

해설 **원인과 결과 착오**(예 난 사업을 할까 생각 중이에요. 그런데 그 분야에서 일하는 여성들은 대부분 이혼한대요.) → **논리적 분석 개입**

2019년 직업상담사 2급

27 다음 상담과정에서 필요한 상담기법은?

> 내담자 : 전 의사가 될 거예요. 저희 집안은 모두 의사들이거든요.
> 상담자 : 학생은 의사가 될 것으로 확신하고 있네요.
> 내담자 : 예. 물론이지요.
> 상담자 : 의사가 되지 못한다면 어떻게 되나요?
> 내담자 : 한 번도 그런 경우를 생각해 보지 못했습니다. 의사가 안 된다면 내 인생은 매우 끔찍할 것입니다.

① 재구조화   ② 합리적 논박
③ 정보 제공   ④ 직면

해설 **강박적 사고**(예 전 의사가 될 거예요. 저희 집안은 모두 의사들이거든요.) → **REBT기법(합리적 논박)** 개입

정답 25. ④   26. ④   27. ②

★
28 다음 사례에서 상담자의 개입으로 적절한 것은?

> 내담자 : 저는 직업을 갖고 싶은데, 대학을 졸업
> 하지 않은 사람은 아무리 노력해도 취
> 업이 안 된다고 들었습니다.
> 상담자 : 당신은 대학을 졸업하지 않으면 취업이
> 안 될까봐 걱정하시는군요. 대학을 졸
> 업하지 않은 사람들이 취업한 통계를
> 봅시다.

① 지시적 상상　　② 논리적 분석
③ 역설적 기법　　④ 구체화시키기

[해설] 내담자는 현재 비논리적 사고를 보이며 인지적 명확성의 문제를 가진 내담자로, 상담자는 논리적 분석을 하도록 함으로써 고정관념보다는 사실에 근거해서 이해하거나 의사결정할 수 있도록 돕고 있다.

★★　2012년, 2015년, 2025년 직업상담사 1급
29 인지적 명확성이 부족한 내담자의 유형 가운데 자기인식이 부족한 내담자를 사정하는 데 가장 적합한 방법은?

① 직면이나 논리적 분석을 해준다.
② 불안에 대처하도록 심호흡을 시킨다.
③ 사고를 재구조화한다.
④ 은유나 비유를 사용한다.

[해설] 인지적 명확성이 부족한 내담자의 유형 중 자기인식 부족의 경우 은유나 비유를 사용하여 내담자의 인지에 대한 통찰을 재구조화하거나 발달시킨다.

★★★
30 다음 예시의 인지적 명확성 문제와 상담방법이 바르게 연결된 것은?

① "직업정보는 많은데 필요한 정보와 불필요한 정보를 구별하기가 어려워요." – 정보결핍 – 직업상담

② "저는 의대를 졸업해서 의사가 아니면 도저히 할 게 없어요." – 고정관념 – 개인상담 후 직업상담
③ "남자가 간호사를 한다는 건 있을 수 없는 일이에요" – 고정관념 – 심리치료 후 직업상담
④ "남편과의 잦은 다툼으로 취업에 신경 쓸 겨를이 없어요." – 외적 요인 – 직업상담

[해설] ② 개인상담 후 직업상담 → 직업상담
③ 심리치료 후 직업상담 → 직업상담
④ 직업상담 → 개인상담 후 직업상담

★★
31 다음에 제시된 내담자의 자기보고에서 상담자가 내담자의 동기를 확인할 때 세울 수 있는 초기 가설로 적절하지 않은 것은?

> "난 내게 무슨 문제가 있는지 몰라요. 엄마가 가보라고 해서 왔을 뿐이에요. 직업을 선택하는 것에 관심은 있지만, 부모님이 반대하시는 일은 하고 싶지 않아요. 내가 뭘 결정하는 것보다는 부모님의 결정이 더 나은 경우가 많아요."

① 낮은 자기효능감
② 부모의 막대한 영향과 지나친 의존성
③ 역할갈등에 의한 진로갈등
④ 동기의 결여

[해설] 제시된 내용에서 내담자는 상담에 대한 동기가 낮은 비자발적 내담자로서 자신의 진로 관련 문제를 모두 부모님에게 맡기고 의존하고 있는 상태이다. 따라서 현재 상담자가 세울 수 있는 초기 가설은 낮은 자기효능감, 낮은 진로성숙도, 부모의 막대한 영향과 지나친 의존성, 역할갈등에 의한 진로갈등 등이며, 내담자의 낮은 동기로 인해 예측될 수 있는 문제는 진로선택의 과정을 스스로 고민하는 것이 어려워 포기하거나 회피할 수 있으며, 부모의 의견에 따라 상담 참여가 갑자기 종결될 수 있고, 또한 직업선택의 중요성이나 시급성에 대한 인식이 낮아 진지하지 않은 태도로 참여할 수 있다.

[정답] 28. ②　29. ④　30. ①　31. ④

★ 2016년 직업상담사 2급
32 내담자의 낮은 동기에 대처하는 방법으로 적절하지 않은 것은?

① 진로선택에 대한 중요성 증가시키기
② 낮은 수준의 수행을 강화시켜 수행기준의 필요성을 인식시키기
③ 좋은 선택이나 전환을 할 수 있는 자기효능감 증가시키기
④ 기대한 결과를 이끌어 낼 수 있는지에 대한 확인 증가시키기

해설 내담자가 성공에 대해 낮은 동기를 가지고 있을 때 직업상담의 결과를 최대화하기 위해 **높은 수행기준의 필요성을 인식하도록 돕고, 높은 수준의 수행을 강화시킨다.**

❸ 구조화

★★★ 2021년 직업상담사 1급
33 내담자에게 상담과정의 본질, 제한조건 및 방향, 상담자와 내담자의 책임과 역할, 상담의 목표 등을 알려줌으로써 합리적인 계획을 내담자가 알도록 하는 과정은?

① 반영　　　　② 구조화
③ 해석　　　　④ 명료화

해설 **상담의 구조화는** 상담에서 다루어질 내용이 무엇인지, 상담이 얼마 동안 진행되는지, 얼마나 자주 만나는지, 상담시간에 무엇을 하는지, 비용은 얼마인지, 비밀보장은 어떻게 되는지 등을 포함하여 **상담의 내용과 절차에 대한 틀을 정하는 것이다.**

2015년 직업상담사 1급
34 상담 구조화에 포함되는 내용이 아닌 것은?

① 상담의 성격에 대한 안내
② 상담의 목표 설정
③ 내담자 감정표현의 촉진
④ 상담자의 역할과 책임

해설 [상담의 구조화에 포함해야 할 내용]
㉠ 비밀보장의 한계
㉡ 내담자 역할과 책임 구조화
㉢ **상담자 역할과 책임 구조화**
㉣ **내담자 행동한계 설정**
㉤ **상담 목표 및 과정의 구조화**
㉥ 시간 및 장소, 회기비용 등

★★ 2013년 직업상담사 1급
35 직업상담의 과정 중 구조화 단계에 대한 설명으로 틀린 것은?

① 내담자에게 상담의 목표, 진행절차나 사용하게 될 도구, 위험요소, 상담의 한계 등 상담과정과 관련된 요인들에 대해 명확히 진술한다.
② 비밀보장과 같은 상담자의 역할과 책임에 대해서 내담자에게 분명히 설명한다.
③ 직업적 대안들을 명료화하고 새로운 대안을 개발하거나 현재 고려하고 있는 직업들 중에서 배제해야 할 것을 결정한다.
④ 모임의 시간과 장소를 정하고 상담과정이 얼마나 오랫동안 지속될 것인가에 대해 합의를 이룬다.

해설 **상담의 구조화는 직업상담 초기면담에서 실시하는 것으**로 진로대안 탐색이나 개발, 그리고 직업선택의 과정과는 무관하다.

36 상담 구조화의 기능과 거리가 먼 것은?

① 면담 자체로서의 기능
② 상담의 안정적 수행
③ 내담자의 불안감 감소
④ 레크리에이션 기능

해설 [상담 구조화의 기능]
㉠ 오리엔테이션 기능
㉡ 내담자의 불안감 감소
㉢ 면담 자체로서의 기능
㉣ 상담의 안정적 수행

정답 32. ②　33. ②　34. ③　35. ③　36. ④

37 초기면담 시 상담 구조화의 특징으로 바르지 않은 것은?

① 상담 구조화는 내담자와 상담자가 타협하여 결정한다.
② 상담 구조화가 내담자를 처벌하기 위한 수단이 되어서는 안 된다.
③ 초기 상담목표나 상담전략은 새로 수집되는 정보 등 상담과정의 진행에 따라 변경이 불가능하다.
④ 상담과정에서 발생할지 모를 갈등에 대한 최소한의 책임범위를 확인할 수 있다.

> **해설** 상담 초기에 설정한 상담목표나 상담전략은 상담과정의 진행에 따라 변경이 가능함을 내담자에게 알려줘야 한다.

38 다음에 제시된 상담자의 안내는 무엇인가?

"○○님이 얼마나 스스로에 대해 솔직하고 개방적으로 표현하느냐에 따라 상담과정이 달라질 수 있습니다. 상담의 주제와 관련하여 ○○님의 생각이나 그때그때 느끼는 감정에 대해 자유롭게 말씀해 주시면 됩니다. 저는 상담자로서 최대한 이야기를 경청하고 함께 문제를 찾고 극복해 나가는 과정에 도움을 드리고자 노력할 것입니다. 제게 어떤 역할을 더 기대하는지 얘기해 줄 수 있나요?"

① 상담시간 미준수에 대한 협의
② 상담자 역할의 한계에 대한 구조화
③ 내담자와 상담자의 역할에 대한 구조화
④ 비밀유지의 원칙 구조화

> **해설** 주어진 예시는 상담의 구조화의 한 장면으로, 상담의 성과에 있어서 상담에 적극적으로 참여하는 내담자의 동기와 참여의지가 무엇보다 중요함을 안내하고 있으며, 상담자의 역할에 대해서도 언급하고 있다.

39 상담의 구조화 방법에 대한 설명으로 바르지 않은 것은?

① 언어적으로 설명하지 않고 암시적으로 구조화하는 방식이 암시적 구조화이다.
② 상담자의 모든 행동이 암시적 구조화이다.
③ 언어적으로 설명하고 협의하는 형태가 명시적 구조화이다.
④ 상담 구조화의 방법에는 명시적 구조화, 암시적 구조화, 이면적 구조화가 있다.

> **해설** [상담 구조화의 방법]
> ㉠ 명시적 구조화
> ㉡ 암시적 구조화

40 다음 사례와 관련된 직업상담의 과정은?

상담자 : 상담에서 어떤 변화를 기대하시나요?
내담자 : 글쎄요. 전 정말 무엇을 해야 할지 모르겠어요. 그래도 상담을 받으면 제가 할 수 있는 무언가를 찾게 될 거라고 친구가 추천해서 일단 와봤어요.
상담자 : 네…. 상담에서 뭔가 찾을 수 있을 거라 기대하고 오셨군요. 상담에서 스스로에 대해 탐색해 보고, 관심분야에 대한 방향 설정을 시도해 본다면 자신에게 맞는 진로를 찾을 수 있어요. 물론 이런 작업에는 스스로의 노력과 시간이 필요하죠.

① 초기면담의 종결 준비
② 상담목표 및 역할 설정
③ 문제해결을 위한 개입
④ 문제유형 평가

> **해설** 제시된 사례에서 상담자는 '상담에서 어떤 변화를 기대하시나요?' 질문을 통해 상담의 목표 설정을 진행하고 있다. 또한 내담자가 수행하여야 할 과제 및 역할 등에 대해서도 언급함으로써 직업상담 초기면담을 진행하고 있는 장면이다.

정답 37. ③ 38. ③ 39. ④ 40. ②

★
41 상담에 대한 내담자의 기대를 확인하기 위한 질문 중 가장 거리가 먼 질문은 무엇인가?

① 자신의 목표를 성취하는 데 당신은 어떤 역할을 할 것이라고 생각합니까?
② 상담을 얼마나 오랫동안 하게 될 것이라고 생각합니까?
③ 직업상담을 통해 바라는 것이 무엇입니까?
④ 당신의 직업에서 좋아하지 않는 것은 무엇입니까?

> **해설** **[상담에 대한 내담자의 기대를 확인하기 위한 질문 예시]**
> ㉠ 직업상담을 통해 바라는 것이 무엇입니까?
> ㉡ 상담과정에서 목표를 어떻게 성취할 것이라고 기대하고 있습니까?
> ㉢ 자신의 목표를 성취하는 데 당신은 어떤 역할을 할 것이라고 생각합니까?
> ㉣ 당신의 목표 달성에 직업상담가는 어떤 역할을 할 것이라고 생각합니까?
> ㉤ 상담을 얼마나 오랫동안 하게 될 것이라고 생각합니까?

2018년 9급 공무원
42 다음 설명에 공통으로 해당하는 직업상담기법은?

> • 상담사가 내담자의 다양한 정보를 수집하고 내담자는 자신에 대해 체계적으로 이야기를 해 나가면서 자신의 경험을 정리하고 자신의 삶의 방식을 알아가는 과정이다.
> • 진로사정, 일상적(전형적)인 하루, 강점과 약점, 요약의 네 부분으로 구성된다.

① 진로가계도
② 생애진로사정
③ 진로자서전
④ 면담 리드

> **해설** 직업상담 초기면담에서 상담목표 설정을 위해서는 내담자에 대한 정보 수집과 분석이 이루어져야 한다. 이때 적용해볼 수 있는 구조화된 면담기법이 **생애진로사정(Life Career Assessment : LCA)**이다. **내담자의 일이나 교육경험과 같은 객관적인 정보 외에 내담자의 기술과 유능에 대한 정보와 가치관 등 삶의 방식 또한 이해할 수 있도록 돕는다.**

★
43 상담 구조화의 유의점에 대한 설명으로 바르지 않은 것은?

① 구조화는 내담자와 타협해야 하는 것이지 강요되어서는 안 된다.
② 상담관계를 원활하게 하는 것이 목적이며 치료적 효과도 가지고 있다.
③ 지속적으로 반복해서 상담 전 과정에서 상담을 재구조화해 나간다.
④ 불필요하고 목적이 없는 규칙은 오히려 내담자의 활동을 억제한다.

> **해설** **상담의 구조화는** 상담관계를 원활하게 하는 것이 목적이며 **치료적 효과가 있는 것은 아니다.**

★★★ **2011년, 2014년, 2017년, 2023년, 2025년 직업상담사 1급**
44 내담자 정보 수집을 위해 사용하는 구조화된 면접의 한 방법인 생애진로사정(life career assessment) 과정에서 다음 내용은 어느 단계에 해당하는가?

> • 직업경험에서 가장 좋았던 점
> • 교육 및 훈련경험에서 가장 싫었던 것
> • 여가 및 사회활동

① 진로사정 (career assessment)
② 일상적인 하루 생활 (typical day)
③ 강점과 장애 (strengths and obstacles)
④ 직업능력평가 (vocational competency assessment)

> **해설** **[생애진로사정의 구조]**
> ㉠ **진로사정** : 일 경험(직업 경험), 교육 및 훈련과정과 관심사, 여가활동
> ㉡ **전형적인 하루** : 의존적 – 독립적 차원, 자발적(임의적) – 체계적 차원
> ㉢ **강점과 장애** : 주요 강점 및 장애
> ㉣ **요약** : 자기인식 증진 및 면담을 통해 얻은 내용 강조

정답 41. ④ 42. ② 43. ② 44. ①

45 생애진로평가(Life Career Assessment ; LCA)
에서 다루는 주제로 옳지 않은 것은?

① 직업경험　　　　② 일상적인 날
③ 진로가계도　　　④ 강점과 장애물

> 해설 [생애진로사정의 구조]
> ㉠ **진로사정** : 일 경험(직업 경험), 교육 및 훈련과정과
> 관심사, 여가활동
> ㉡ **전형적인 하루** : 의존적 – 독립적 차원, 자발적(임의
> 적) – 체계적 차원
> ㉢ **강점과 장애** : 주요 강점 및 장애
> ㉣ **요약** : 자기인식 증진 및 면담을 통해 얻은 내용 강조

46 다음 중 생애진로사정(Life Career Assess-
ment)에 대한 설명이 아닌 것은?

① 내담자에 대한 기초적인 직업상담정보를 얻
는 질적 평가절차이다.
② 진로사정, 진로카드 작성, 강점과 장애, 요약
의 네 부분으로 구성되어 있다.
③ 내담자의 가치관과 이를 통한 일관적인 생활
방식에 대한 인식을 준다.
④ 아들러의 개인주의 심리학에 기반을 두고 있다.

> 해설 [생애진로사정의 구조]
> ㉠ **진로사정**
> ㉡ **전형적인 하루**
> ㉢ **강점과 장애**
> ㉣ **요약**

47 생애진로사정에 관한 설명으로 틀린 것은?

① 반구조화된 면접기법이다.
② 아들러의 개인심리학에 기초한다.
③ 내담자와 환경과의 관계를 이해하는 데 도움
을 준다.
④ 상담 초기 내담자의 정보를 얻는 데 유용하다.

> 해설 생애진로사정은 **구조화된 면담기법**이다.

48 내담자에 대한 생애진로사정에 대한 설명으로
틀린 것은?

① 생애진로사정을 위해서는 면담보다 인쇄물,
소책자 및 지필도구를 적극 활용하여 그 효과
를 극대화한다.
② 생애진로사정은 상담자와 내담자에게 내담자
와 환경과의 관계를 이해하는 데 도움을 준다.
③ 생애진로사정을 통해 내담자의 강점뿐만 아
니라 직면할 수 있는 장애를 발견할 수 있다.
④ 생애진로사정을 통해 내담자의 독특한 생애
주제를 잘 이해할 수 있다.

> 해설 [생애진로사정(Life Career Assessment : LCA)의 의의
> 와 특징]
> ㉠ 상담자가 내담자와 처음 만났을 때 이용할 수 있는
> 구조화된 면접기법으로서, 가장 기초적인 정보를 얻
> 는 질적인 평가절차이다.
> ㉡ 검사 실시나 검사 해석의 예비적 단계에서 특별히 유
> 용한 것으로 직업상담의 주제와 관심을 표면화하
> 는 데 덜 위협적인 방법의 단계로 볼 수 있다.
> ㉢ 아들러(Adler)의 개인심리학에 기초를 둔 것으로서,
> 내담자와 환경과의 관계를 이해할 수 있는 정보를 제
> 공한다.
> ㉣ 생애진로사정에서는 작업자, 학습자, 개인의 역할 등
> 을 포함한 다양한 생애역할에 대한 정보를 탐색할 수
> 있다.
> ㉤ 진로사정, 전형적인 하루, 강점과 장애, 요약으로 구
> 성되어 있다.
> ㉥ 다양한 생애역할에서의 기술수준을 파악하는 것은
> 물론 장애를 극복하기 위한 정보를 산출한다.
> ㉦ 생애진로사정에서는 내담자가 학교에서나 훈련기관
> 에서의 평가과정을 통해 부정적인 선입견을 가지고 있
> 을 가능성이 있는 인쇄물, 소책자, 지필도구 등의 표준
> 화된 진로사정도구는 가급적 사용을 금한다.

49 생애진로사정의 구조 중에서 타인에 대한 의존이나 안정된 일과 같은 내용을 포함하는 단계는?

① 진로사정　　② 전형적인 하루

③ 강점과 장애　　④ 요약

> **해설** [전형적인 하루]
> ㉠ 의존적 – 독립적 성격차원 : 타인에 대한 의존, 스스로 의사결정
> ㉡ 자발적 – 체계적 성격차원 : 안정된 일 끈기 있고 주의 깊음

★★★　**2021년 직업상담사 1급**

50 생애진로사정에 대한 설명으로 옳지 않은 것은?

① 내담자와 환경과의 관계를 이해하는 데 도움을 주기 위한 것이다.

② 세계와 개인과의 관계는 일, 사회적 관계, 성 등의 평생과제로 구성되어 있다.

③ 생애 한 부분에서의 어려움은 나머지 부분의 어려움과 연관되어 있다고 본다.

④ Super의 발달적 직업상담모형에 기초하고 있다.

> **해설** 생애진로사정은 아들러(Adler)의 개인심리학에 기초를 둔 것으로서, 내담자와 환경과의 관계를 이해할 수 있는 정보를 제공한다.

51 내담자의 논점 파악을 위해 수집해야 할 내담자의 정보들 중 문제 관련 내용이 아닌 것은?

① 문제의 내용

② 시급성

③ 발생시기와 지속된 기간

④ 생활수준

> **해설** 생활수준은 내담자의 생활 관련 정보에 해당한다.

★

52 기스버스(N. Gysbers)와 무어(E. Moore)가 목표 설정을 위하여 사용하는 진로상담기법은?

① 생애진로무지개 (Life Career Rainbow)

② 생애진로사정 (Life Career Assessment)

③ 면담 리드 (Interview Leads)

④ 진로가계도 (Career Genogram)

> **해설** 기스버스(N. Gysbers)와 무어(E. Moore)가 목표 설정을 위하여 사용하는 진로상담기법은 면담 리드(Interview Leads)이다.

★★　**2018년 직업상담사 2급**

53 진로상담에서 내담자의 '목표 몰입도'를 평가하기 위한 상담사의 언어반응으로 적절하지 않은 것은?

① "목표 도달을 위해 몇 가지 작업을 할 것입니다. 당신은 필요한 작업을 하는데 기꺼이 응할 수 있나요?"

② "이런 목표로 상담할 때 당신의 동기에 방해가 될 만한 것이 무엇인가요?"

③ "우리는 당신의 목표와 행위목표를 구체화시켜 볼 것입니다. 이런 목표를 구체화하는데 서면계약이 도움이 될 것 같네요."

④ "목표를 성취해야 한다고 느끼는 시기는 언제이며, 마음속에 어떤 시간계획을 가지고 있나요?"

> **해설** ④ 목표의 실현 가능성 결정을 위한 질문에 해당한다.

★　**2012년, 2019년, 2025년 직업상담사 1급**

54 상담 초기 과정의 활동과 가장 거리가 먼 것은?

① 상담의 목표를 설정한다.

② 내담자와 라포를 형성한다.

③ 내담자의 심리상태를 평가한다.

④ 내담자의 문제행동에 대한 대안을 찾아본다.

> **정답** 49. ②　50. ④　51. ④　52. ③　53. ④　54. ④

해설 초기면담은 상담자와 내담자가 처음 만나는 과정으로 내담자와의 관계를 형성하고, 내담자의 상태를 평가하며 상담의 목표를 설정하는 내용으로 진행된다. 내담자의 문제행동에 대한 대안을 찾는 것은 상담 중기과정에 해당한다.

55 내담자의 목표를 끌어내기 위해 사용되는 주요 기법 중 면접안내의 질문 예시가 아닌 것은?

① 상담의 끝이라고 가정할 때 지금과 어떤 것들이 달라져 있을까?

② 이 목표는 당신이 달성 가능한 목표인가요?

③ 상담의 결과물로 원하는 것이 무엇인가?

④ 상담의 결과로 달성하기를 원하는 것이 무엇인가?

해설 [내담자의 목표를 끌어내기 위한 면접안내(interview leads) 질문 예시]
㉠ 상담의 결과물로 원하는 것이 무엇인가?
㉡ 상담의 결과로 달성하기를 원하는 것이 무엇인가?
㉢ 상담의 끝이라고 가정할 때 지금과 어떤 것들이 달라져 있을까?

2003년, 2015년 직업상담사 1급

56 내담자와 상담자의 가치관이 다를 경우 바람직한 태도가 아닌 것은?

① 상담자의 가치관을 직접 가르치거나 강요하지 않는다.

② 내담자가 가치관을 직면하고 검토하도록 한다.

③ 내담자의 자기결정을 존중하고, 자기 가치관을 알고 스스로 결정하도록 한다.

④ 상담자의 올바른 자기 가치관을 내담자에게 받아들이도록 교육하고 설명한다.

해설 상담자는 내담자의 결정을 존중하고, 내담자 스스로 가치관을 검토할 수 있도록 조력하여야 한다. 상담자의 가치관을 강요하거나 교육하지 않는다.

2003년 직업상담사 1급

57 다음 중 한국카운슬러협회에서 발표한 상담자 윤리강령에 비추어 볼 때 올바른 행동지침은?

① 상담자는 때때로 자기가 속한 기관의 목적 및 방침에 모순되는 활동을 할 필요가 있다.

② 상담자는 상담의 효과를 위해 자기가 실제 가지고 있는 자격 및 경험수준을 벗어나는 인상을 줄 필요가 있다.

③ 상담자는 자신의 개인문제 및 능력의 한계 때문에 도움을 주지 못한다고 판단할 때에는 즉시 상담을 종결해야 한다.

④ 교육장면이나 연구용으로 내담자에 관한 정보를 사용해야 할 경우, 내담자와 합의한 후 그 정체가 전혀 노출되지 않도록 해야 한다.

해설 상담자는 자기의 능력 및 기법의 한계를 인식하고, 전문적 기준에 위배되는 활동을 하지 않는다. 만일 자신의 개인문제 및 능력의 한계 때문에 도움을 주지 못하리라고 판단될 경우에는 다른 전문직 동료 및 관련 기관에 의뢰한다. 또한 상담자는 내담자가 자기로부터 도움을 받지 못하고 있음이 분명할 경우에는 상담을 종결하려고 노력한다.

★★ 2009년, 2018년, 2025년 직업상담사 1급

58 다음 중 상담에서의 윤리문제에 대한 설명으로 옳은 것을 모두 고르면?

A. 상담에서 일어날 수 있는 여러 가지 가능한 제한점들에 대해 내담자에게 알려주어야 한다.
B. 상담 중에 내담자와 이중적인 관계를 갖는 것은 바람직하지 않다.
C. 내담자와의 비밀보장 약속은 어떤 경우에라도 파기되어서는 안 된다.
D. 상담자는 자신의 가치관, 태도 등을 자각하고 있어야 한다.

① A, B   ② B, C

③ A, B, D   ④ B, C, D

정답   55. ②   56. ④   57. ④   58. ③

해설 내담자와의 비밀보장 약속은 기본적으로 반드시 지켜져야 하지만, 내담자 개인 및 사회에 임박한 위험이 있다고 판단될 때에는 내담자에 관한 정보를 사회 당국 및 관련 당사자에게 제공해야 한다.

59 상담의 윤리기준에 비추어 볼 때 상담자가 가져야 하는 자세로 가장 적합한 것은?

① 자기능력의 한계에 연연하지 않고 매사에 할 수 있다는 자세를 갖는다.
② 모든 문제에는 명확한 해답이 있다는 확신을 가지고 상담에 임한다.
③ 윤리문제가 발생할 경우 남의 도움을 받지 않고 스스로 해결한다.
④ 자신의 욕구를 인식하고 적절히 해결하는 노력을 지속적으로 해나간다.

해설 상담자는 자기의 능력 및 기법의 한계를 인식하고, 전문적 기준에 위배되는 활동을 하지 않는다. 만일 자신의 개인문제 및 능력의 한계 때문에 도움을 주지 못하리라고 판단될 경우에는 다른 전문직 동료 및 관련 기관에 의뢰한다. 또한 상담자는 내담자가 자기로부터 도움을 받지 못하고 있음이 분명할 경우에는 상담을 종결하려고 노력한다.

60 다음 중 Hoose가 제시한 상담사 윤리강령의 필요성에 대한 설명으로 가장 거리가 먼 것은?

① 정부로부터 상담사의 직업을 보호받는다.
② 발생한 모든 문제를 해결하는데 지침이 될 수 있다.
③ 일반인으로부터 특히 배임행위 소송과 관련하여 상담사를 보호한다.
④ 내부의 불일치와 다툼을 조정하도록 돕고 직업 내부의 안정성을 증진시킨다.

해설 [상담사 윤리강령의 필요성 (V. Hoose)]
㉠ 정부로부터 상담자의 직업을 보호받는다.
㉡ 내부의 불일치와 다툼을 조정하도록 돕고 직업 내부의 안정성을 증진시킨다.
㉢ 일반인으로부터 특히 배임행위 소송과 관련하여 상담자를 보호한다.

61 다음에서 진로발달과 관련된 문제를 상담할 때 상담자가 지켜야 할 윤리강령을 모두 짝지은 것은?

> A. 상담자는 내담자의 결정을 존중해야 한다.
> B. 상담자에게 큰 손실이 생길 경우에는 내담자를 다소 조종할 수 있다.
> C. 상담자는 내담자의 건강과 복지를 향상시키는 데 도움을 주어야 한다.
> D. 상담자는 내담자에게 적절한 상담비 책정, 질적 서비스 제공의 의무를 진다.
> E. 어떤 경우라도 내담자와 신뢰하는 관계 형성을 위해 비밀을 유지한다.

① A, C, D
② A, D, E
③ B, C, D
④ C, D, E

해설 내담자와의 비밀보장 약속은 기본적으로 반드시 지켜져야 하지만 내담자 개인 및 사회에 임박한 위험이 있다고 판단될 때에는 내담자에 관한 정보를 사회 당국 및 관련 당사자에게 제공해야 한다.

62 상담자가 상담과정 중 알게 된 내담자의 정보에 대한 설명으로 가장 적합한 것은?

① 어떤 사항이라도 비밀을 보장해야 한다.
② 비밀을 보장해야 하나 내담자나 타인에게 치명적인 해를 가하는 경우는 예외이다.
③ 내담자의 부모나 보호자에게는 알려도 된다.
④ 상담과정 중에 알려진 사안에 대해서 굳이 비밀을 보장할 필요는 없다.

정답 59. ④ 60. ② 61. ① 62. ②

해설 내담자와의 비밀보장 약속은 기본적으로 반드시 지켜져야 하지만, 내담자 개인 및 사회에 임박한 위험이 있다고 판단될 때에는 내담자에 관한 정보를 사회 당국 및 관련 당사자에게 제공해야 한다.

★ **2017년, 2023년 직업상담사 1급**

63 직업상담사의 윤리강령에 해당하지 않는 것은?

① 직업상담사는 내담자의 인종과 민족, 나이와 성, 경제상태 등에 차별을 두지 않는다.

② 직업상담사는 상담 중 내담자와 관련된 인물과 면접을 하지 않는다.

③ 직업상담사는 모든 직업상담사들을 서로 아끼고 존중한다.

④ 직업상담사는 직업상담기법을 구현하고 그 결과를 관련 학회에 보고하여 정보를 공유한다.

해설 직업상담사는 필요한 경우 내담자의 가족이나 직장동료 등의 중요한 관련 인물과 면접할 수 있다.

2018년 9급 공무원

64 상담사가 지켜야 할 직업윤리 중 내담자에 대한 비밀보장의 한계나 예외에 해당하지 않는 것은?

① 법적으로 정보의 공개가 요구되는 경우

② 자신이 상담사로서의 자격을 박탈당한 경우

③ 내담자가 자해하거나 자살할 위험이 있는 경우

④ 내담자가 전염성이 있는 치명적 질병이 있는 경우

해설 [비밀유지의 한계]
㉠ 내담자가 자신이나 타인의 생명 혹은 사회의 안전을 위협하는 경우
㉡ 내담자가 전염성이 있는 치명적인 질병이 있다는 확실한 정보를 가졌을 경우
㉢ 미성년인 내담자가 학대를 당하고 있는 경우
㉣ 내담자가 아동학대를 하는 경우
㉤ 법적으로 정보의 공개가 요구되는 경우

2019년 9급 공무원

65 상담윤리의 관점에서 볼 때 어긋나는 것은?

① 내담자가 가지고 있는 가치를 존중하며 내담자를 차별하지 않는다.

② 자신의 이익을 위해 내담자를 해치거나 희생시키지 않는다.

③ 내담자의 존엄성을 존중하고 내담자의 복지를 증진한다.

④ 내담자가 자살할 위험이 있어도 비밀보장을 위해 관련 기관에 이 사실을 알리지 않는다.

해설 [비밀유지의 한계]
㉠ 내담자가 자신이나 타인의 생명 혹은 사회의 안전을 위협하는 경우
㉡ 내담자가 전염성이 있는 치명적인 질병이 있다는 확실한 정보를 가졌을 경우
㉢ 미성년인 내담자가 학대를 당하고 있는 경우
㉣ 내담자가 아동학대를 하는 경우
㉤ 법적으로 정보의 공개가 요구되는 경우

★★ **2022년 9급 공무원**

66 상담자가 준수해야 할 윤리적 원칙으로 옳지 않은 것은?

① 특수한 상황을 제외하고 상담자와 내담자의 이중관계는 피해야 한다.

② 상담내용은 예외 없이 비밀이 보장되어야 한다.

③ 충분히 훈련받지 않은 상담기법의 적용은 삼가야 한다.

④ 상담절차, 상담관계, 상담료 등을 구체적으로 알려주어야 한다.

해설 비밀유지의 한계상황인 경우에는 내담자의 동의가 없더라도 관련 정보를 관련 기관 및 당사자에게 알려야 한다.

정답 63. ② 64. ② 65. ④ 66. ②

67 상담의 비밀보장에 관한 원칙으로 옳지 않은 것은?

① 녹음 및 녹화에 관해 내담자의 동의를 구해야 한다.
② 상담을 시작할 때 비밀보장의 중요성과 한계를 명확히 설명한다.
③ 상담기록을 전자정보의 형태로 보관할 경우 외부자의 접근을 철저히 차단한다.
④ 교육이나 출판 시 익명성이 보장된다면 내담자의 동의 없이 상담내용을 사용할 수 있다.

해설 교육이나 출판 시 익명성이 보장되더라도 반드시 내담자의 동의를 구한 다음에 사용하여야 한다.

2017년 직업상담사 1급

68 내담자의 권리보장을 위해 상담자가 내담자에게 제공해야 하는 정보와 가장 거리가 먼 것은?

① 상담자의 개인적 정보
② 상담의 비용
③ 예상되는 상담기간
④ 비밀보장의 내용과 한계

해설 초기면담 시 상담자는 개방적이고 전문적인 태도로 상담자 자신을 소개하고 상담에 대한 기대감을 갖도록 자신의 직무내용을 소개하는 정도로 정보를 제공하는 것이 좋다. 상담자의 개인적 정보를 제공할 필요는 없다.

69 다음 중 개인정보 보호 관련 법과 소관부처의 연결이 바르지 않은 것은?

① 공공기관의 정보공개에 관한 법률 – 기획재정부
② 국가인권위원회법 – 국가인권위원회
③ 공공기관의 운영에 관한 법률 – 기획재정부
④ 개인정보 보호법 – 개인정보 보호위원회

해설 「공공기관의 정보공개에 관한 법률」은 행정안전부 소관이다.

④ 전략 수립

70 직업상담 개입전략에서 직업상담 목표 달성의 주요 요소와 가장 거리가 먼 것은?

① 촉진적 관계 형성
② 정보와 이론에 기초한 내담자 특성 및 문제 진단
③ 내담자의 목표 몰입도 수준
④ 이론에 기초한 상담목표 설정 및 전략 수립

해설 [직업상담 목표 달성의 주요 요소]
㉠ 상담자와 내담자의 촉진적 관계 형성
㉡ 직업정보와 이론에 기초한 내담자의 특성 및 문제 진단
㉢ 공식적 직업상담이론에 기초한 상담목표 설정 및 전략 수립
㉣ 검증된 상담기법과 모형을 적용한 상담자의 개입

★★ 2024년 9급 공무원

71 특성–요인이론에 대한 설명으로 옳지 않은 것은?

① 개인차 심리학에 근거를 두고 있다.
② 진로행동의 종단적 변화에 중점을 두고 있다.
③ 과학적인 측정방법을 통해 개인의 특성을 파악한다.
④ 직업선택의 과정에서 발달보다 선택 그 자체가 강조된다.

해설 특성–요인이론은 직업선택이론으로서, 개인과 직업환경의 일치를 중시한 이론이다. 진로행동의 종단적 변화에 중점을 두고 있는 이론은 '진로발달이론'에 해당한다.

정답 67. ④ 68. ① 69. ① 70. ③ 71. ②

72 특성–요인 진로상담이론을 적용한 윌리엄슨(Williamson)의 6단계 상담과정을 순서대로 바르게 연결한 것은?

분석 – ( ) – ( ) – ( ) – 상담 – 추수지도

① 종합 – 예측 – 진단
② 종합 – 진단 – 예측
③ 진단 – 종합 – 예측
④ 진단 – 예측 – 종합

> **해설** [윌리엄슨(Williamson)의 상담과정]
> 분석 – 종합 – 진단 – 예측 – 상담 – 추수지도

73 Parsons의 특성–요인이론의 직업상담 문제유형별 상담전략의 예로 적절하지 않은 것은?

① 진로 무선택 : 직접적인 충고, 흥미검사와 직업정보의 사용
② 불확실한 선택 : 선택 취소, 직접 체험
③ 흥미와 적성의 불일치 (모순) : 관련 분야 제안, 각 직업의 이해득실 검토
④ 현명하지 못한 선택 : 다른 대안 제시, 검사와 직업정보 활용 사고 확대

> **해설** [직업상담 문제유형별 상담전략]
> ㉠ 진로 무선택 : 직접적인 충고, 흥미검사와 직업정보의 사용
> ㉡ 불확실한 선택 : 직접 체험 권장
> ㉢ 흥미와 적성의 불일치(모순) : 관련 분야 제안, 각 직업의 이해득실 검토
> ㉣ 현명하지 못한 선택 : 선택 취소, 다른 대안 제시, 검사와 직업정보 활용 사고 확대

74 다음 상담자가 사용하고 있는 개념은?

상담자 : ○○씨는 실용적이고 체계적인 분으로, 사무적인 절차를 조직하는 일, 보고서를 작성하고 차트를 만드는 일 등이 적합합니다. 공무원이 그 예라고 할 수 있어요. 내담자 : 공무원이요? 제게 잘 맞는 직업이란 말씀이시지요? 상담자 : 네, 위계질서가 있는 구조화된 조직에서 하는 일이 ○○씨의 특성과 잘 맞는다는 말입니다.

① 재귀인 (reattribution)
② 매칭 (matching)
③ 역조건화 (counterconditioning)
④ 스토리텔링 (storytelling)

> **해설** 개인의 특성에 맞는 직업환경을 선택하도록 돕는 상담자의 기본개념은 개인–환경 일치이론에 기반한 매칭개념이다.

75 다음 중 Holland의 성격유형이론의 단점과 가장 거리가 먼 것은?

① 남녀 차별의 요소가 있다.
② 성격발달과정에 대한 설명이 미흡하다.
③ 구체적인 상담과정과 기법을 제시하지 않는다.
④ 직업요인을 분석하는데 도움이 되지 않는다.

> **해설** [홀랜드이론의 한계]
> ㉠ 남녀 차별의 요소가 있다.
> ㉡ 성격발달과정에 대한 설명이 미흡하다.
> ㉢ 구체적인 상담과정과 기법을 제시하지 않는다.
> ㉣ 자신이 처한 환경 또는 자신을 변화시킬 수 있음을 고려하지 않았다.

정답 72. ② 73. ② 74. ② 75. ④

★★★ 2022년 직업상담사 1급

76 다음 중 Holland이론에 대한 설명으로 옳은 것은?

① 성격검사와 흥미검사는 관련이 없다.

② 같은 직업에 종사하더라도 문제상황에 대처하는 방식이나 대인환경을 구성하는 방식에서 큰 차이가 있다.

③ 직업적응방식을 6가지 종류로 구분하고 직업환경을 3가지 차원으로 구분한다.

④ 직업에서의 만족, 안정성, 업적 등은 개인의 성격과 환경유형 간의 일치성에 달려있다.

> **해설** Holland이론은 '직업적 흥미는 일반적으로 성격이라고 불리는 것의 일부분이기 때문에 개인의 직업적 흥미에 대한 설명은 개인의 성격에 대한 설명이다.'라는 가정을 기초로 하고 있다. 또한 Holland이론의 기본 가정은 다음과 같다.
> ㉠ 대부분의 사람들은 여섯 가지 성격유형인 현실형, 탐구형, 예술형, 사회형, 진취형, 관습형으로 분류될 수 있다.
> ㉡ 환경도 현실형, 탐구형, 예술형, 사회형, 진취형, 관습형 등 6가지 직업 환경 유형이 있으며, 각 환경에는 그 성격유형에 일치하는 사람들이 머물고 있다.
> ㉢ 사람들은 자신에게 맞는 환경을 찾는다. 즉, 자신의 기술과 능력을 발휘하고 태도와 가치를 표현하며, 자신에게 맞는 역할을 수행할 수 있는 환경을 찾는다. 또한 환경도 그 환경에 적합한 성격유형을 가진 사람을 찾는다.
> ㉣ 개인의 행동은 성격과 환경적 특성 사이의 상호작용에 의해 결정된다.

★★ 2021년, 2025년 직업상담사 1급

77 다음 중 홀랜드이론의 기본개념에 대한 설명으로 틀린 것은?

① 홀랜드이론은 진로와 관련된 특성들의 변화에 주목하였다.

② 인간의 성격특성을 6가지 유형으로 구분하였다.

③ 작업의 환경을 6가지 유형으로 구분하였다.

④ 개인의 특성과 환경적 특성 간의 일치가 있을 때 개인의 직업적 만족이 크다고 가정하였다.

> **해설** 홀랜드이론은 성격발달에 대한 설명이 부족하다는 한계가 있다.

78 홀랜드(Holland)가 개발한 검사만 고른 것은?

> ㉠ Self-Directed Search(SDS)
> ㉡ Salience Inventory(SI)
> ㉢ My Vocational Situation(MVS)
> ㉣ Vocational Preference Inventory(VPI)

① ㉠, ㉡

② ㉠, ㉣

③ ㉠, ㉢, ㉣

④ ㉠, ㉡, ㉣

> **해설** [홀랜드가 개발한 검사도구]
> ㉠ 직업선호도검사(VPI : Vocational Preference Inventory)
> ㉡ 자기방향탐색검사(SDS : Self-Directed Search)
> ㉢ 직업탐색검사(VEIK : Vocational Exploration and Insight Kit)
> ㉣ 자기직업상황검사(MVS : My Vocational Situation)

★★★ 2014년, 2017년, 2022년 직업상담사 1급

79 Lofquist와 Dawis의 직업적응이론에서 직업성격적 차원이 아닌 것은?

① 민첩성

② 역량

③ 지구력

④ 융통성

> **해설** [직업적응이론의 성격유형의 4가지 차원]
> ㉠ 민첩성(신속성)
> ㉡ 역량(속도)
> ㉢ 지속성(지구력)
> ㉣ 리듬(규칙성)

80 직업적응이론에 관한 설명으로 틀린 것은?

① 직무만족을 위한 개인과 환경 간의 상호작용을 중시한다.
② 직업적응과 관련된 다양한 검사도구가 잘 개발되어 있다.
③ 직업적응은 개인이 주어진 환경에 맞추어 가는 과정이다.
④ 강화요인은 대체적으로 개인을 둘러싸고 있는 환경으로부터 제공받는다.

> 해설　직업적응이론은 개인이 자신의 직업환경에 얼마나 만족하는가를 나타내는 '개인의 만족도'와 직업환경이 개인에게 얼마나 만족하는가를 나타내는 '조직의 만족도' 모두를 강조한다. 직업적응은 개인과 직업환경이 서로 간의 만족도를 높여가기 위해 노력하는 역동적인 과정이다.

81 Dawis와 Lofquist의 직업적응이론에 대한 옳은 설명을 모두 고른 것은?

> ㉠ 개인과 환경 간의 상호작용을 통한 욕구충족을 강조한다.
> ㉡ 직업적응은 개인과 직업환경의 조화를 성취하고 유지하는 과정으로 이해된다.
> ㉢ 개인과 환경은 상호작용하면서 자신의 욕구를 만족 또는 충족시켜줄 수 있는 강화요인을 서로 얻게 된다.
> ㉣ 이론의 장점 중 하나는 JDQ, MSQ 등 관련 검사도구가 다양하게 개발되어 있다는 것이다.

① ㉠, ㉡　　　　② ㉠, ㉢
③ ㉡, ㉣　　　　④ ㉠, ㉡, ㉢, ㉣

> 해설　[직업적응이론 관련 검사도구]
> ㉠ 미네소타 중요성 질문지(MIQ : Minnesota Importance Questionnaire)
> ㉡ 미네소타 직무기술 질문지(JDQ, MJDQ : Minnesota Job Description Questionnaire)
> ㉢ 미네소타 만족 질문지(MSQ : Minnesota Satisfaction Questionnaire)
> ㉣ 미네소타 충족 척도(MSS : Minnesota Satisfactoriness Scales)

82 다위스(Dawis)와 롭퀴스트(Lofquist) 등이 개발한 MIQ(Minnesota Importance Questionnaire)에서 측정하는 직업과 관련된 6가지 가치로 옳지 않은 것은?

① 지위 (status)
② 이타심 (altruism)
③ 지속성 (endurance)
④ 자율성 (autonomy)

> 해설　[MIQ에서 측정하는 6가지 가치]
> 성취, 편안함, 지위, 이타심, 안전, 자율성

83 다위스(R. Dawis)와 롭퀴스트(L. Lofquist)의 직업적응이론에서 제안하는 적응양식의 요인이 아닌 것은?

① 적응성 (adaptiveness)
② 적극성 (activeness)
③ 유연성 (flexibility)
④ 인내 (perseverance)

> 해설　[적응양식의 4가지 차원]
> 유연성, 인내력, 적극성, 반응성

84 다음 설명에 해당하는 직업적응이론의 개념은?

> • 직업환경이 개인의 욕구를 얼마나 채워주고 있는지에 대한 개인의 평가
> • 개인이 수행하는 일에 대한 조화의 내적 지표
> • 개인의 욕구에 대한 작업환경의 강화가 적절하면 상승

① 반응 (reaction)
② 만족 (satisfaction)
③ 적응 (adaptation)
④ 충족 (satisfactoriness)

> 정답　80. ③　81. ④　82. ③　83. ①　84. ②

해설 직업적응이론에서 만족(satisfaction)은 조화의 내적 지표로, 개인의 욕구가 그 업무를 통해 얼마나 충족되는지를 의미한다.

85 개인의 욕구와 능력을 환경의 요구와 연관 지어 평가하고 개인－환경 간의 일치 정도를 분석하는 진로이론은?

① 진로의사결정이론
② 사회학습진로이론
③ 제한 · 타협이론
④ 직업적응이론

해설 개인의 욕구와 능력을 환경의 능력요건과 제공되는 보상 간의 일치도와 비교하여 두 차원의 일치도가 모두 높을 때 개인과 직업환경 모두 만족하면서 조화를 이룰 수 있다고 강조하는 이론은 직업적응이론이다.

★
86 다위스와 롭퀴스트(Dawis & Lofquist)가 제시한 적응양식의 설명과 개념을 바르게 연결한 것은?

> ㉠ 개인－환경 간 부조화가 발생할 때, 대처반응을 하기 전에 부조화를 견딜 수 있는 정도
> ㉡ 개인－환경 간 부조화의 정도가 견딜 수 있는 범위를 넘어설 때, 자신의 직업성격을 변화시킴으로써 대처하는 방식

① ㉠ 인내력, ㉡ 반응성
② ㉠ 유연성, ㉡ 반응성
③ ㉠ 인내력, ㉡ 적극성
④ ㉠ 유연성, ㉡ 적극성

해설 **[직업적응이론의 적응양식의 4가지 차원]**

구분	내용
유연성 (융통성)	개인과 환경 사이의 불일치에 대해 어떤 조치를 취하기 이전에 그 상태에 적응하기 위하여 견디는 능력이다.
인내력 (끈기)	불일치가 확인되었지만 적응하기 위해 불일치를 참고, 계속 일을 하면서 조직에 머무는 상태이다. 적응행동을 하면서 환경과의 조화를 위해 노력하는 기간과 관련된다.
적극성 (적극적 유형)	조직의 요구수준이나 조직이 제공하는 보상을 바꾸는 작업환경의 변화를 통해 불일치를 경감시키는 것이다.
반응성 (소극적 유형)	자신의 능력이나 가치에 대해 조정함으로써 불일치를 감소시키는 스스로의 변화를 시도하는 것이다.

2020년 직업상담사 2급
87 Super의 진로발달단계 중 결정화, 구체화, 실행 등과 같은 과업이 수행되는 단계는?

① 성장기   ② 탐색기
③ 확립기   ④ 유지기

해설 탐색기(Exploration stage, 15~24세)는 자신의 욕구, 흥미, 능력, 가치, 취업기회 등을 고려하고, 개인이 학교생활, 여가활동, 시간제 일 등과 같은 활동을 통해서 자아를 검증하고 역할을 수행하며 직업탐색을 시도하는 단계이다. 이 시기 발달과업은 결정화(crystallization), 구체화(specification), 실행화(implementation)이다.

★
88 다위스(R. Dawis)와 롭퀴스트(L. Lofquist)가 제안한 직업적응이론에 기초하여 개발된 평가도구로 옳지 않은 것은?

① 미네소타 충족도 척도 (MSS)
② 미네소타 중요도 질문지 (MIQ)
③ 미네소타 만족도 질문지 (MSQ)
④ 미네소타 진로신념검사 (MCBI)

정답 85. ④ 86. ② 87. ② 88. ④

해설 [직업적응이론에 기초한 주요 검사도구]
ⓐ 미네소타 중요성 질문지(MIQ : Minnesota Importance Questionnaire)
ⓑ 미네소타 직무기술 질문지(JDQ, MJDQ : Minnesota Job Description Questionnaire)
ⓒ 미네소타 만족 질문지(MSQ : Minnesota Satisfaction Questionnaire)
ⓓ 미네소타 충족 척도(MSS : Minnesota Satisfactor-iness Scales)

2004년, 2013년 직업상담사 1급

89 다음과 같은 진로발달에 관한 수퍼(Super)의 설명은 어떤 단계에 해당하는가?

- 15세에서 24세까지 해당된다.
- 자신의 욕구, 흥미, 능력, 가치 등을 고려한다.
- 잠정기, 전환기, 시행기의 하위단계로 나눌 수 있다.
- 역할 시행과 경험을 통한 자아검증을 한다.

① 유지기　　　　② 확립기
③ 성장기　　　　④ 탐색기

해설 제시된 내용은 수퍼(D. Super)의 진로발달단계에서 탐색기(Exploration stage, 15~24세)의 설명에 해당한다.

★　**2020년 9급 공무원**

90 다음 설명에 해당하는 수퍼(D. Super)의 진로발달과업은?

- 직업에서 실제 일을 수행하고 재능을 활용함으로써 진로선택이 적절한 것임을 보여주고 자신의 위치를 확립함
- 조직문화에 적응하고 일과 관련된 의무들을 조직이 요구하는 수준으로 수행함으로써 자신의 직업지위를 정착시킴

① 결정화 (crystallization)
② 안정화 (stabilization)
③ 실행화 (implementation)
④ 구체화 (specification)

해설 제시된 내용은 수퍼의 전 생애발달단계 중 확립기의 발달과업인 안정화, 공고화, 발전 중 안정화에 대한 설명에 해당한다.

2021년 9급 공무원

91 수퍼(D. Super)의 진로발달단계에 대한 설명으로 옳지 않은 것은?

① 탐색기에는 결정화(crystallization), 실행(implementation), 공고화(consolidating)의 과업을 수행하여야 한다.
② 유지기에는 지속적으로 새로운 기술과 지식에 대한 교육, 전문성 향상의 과업을 수행하여야 한다.
③ 진로발달은 노년기를 포함하여 전 생애에 걸쳐 이루어지는 과정이다.
④ 생애단계는 성장기, 탐색기, 확립기, 유지기, 은퇴기의 다섯 단계로 구성된다.

해설 수퍼(D. Super)의 진로발달단계에서 탐색기의 발달과업은 결정화, 구체화, 실행화이다.

★　**2022년, 2025년 직업상담사 1급**

92 Super의 진로발달이론에서 각 발달과업과 그에 대한 설명으로 바르지 않은 것은?

① 확립 : 일반적인 직업선호에서 특정한 직업선호로 바뀌는 시기
② 이행 : 진로선호를 위한 훈련을 완성하고 고용에 참가하는 시기
③ 안정 : 실제적 경험과 적절한 진로선택을 위해 능력을 발휘하여 진로를 확충하는 시기
④ 구체화 : 자원, 우연성, 흥미, 가치 등에 대한 인식과 진로에 대한 계획을 통해 일반적인 진로목표를 형식화하는 시기

정답 89. ④　90. ②　91. ①　92. ①

해설 **[Super의 진로발달과업과 특징]**

직업발달과업	연령 (세)	일반적인 특징
구체화 (crystallization)	14~17	자원, 우연성, 흥미, 가치 등에 대한 인식과 진로에 대한 계획을 통해 일반적인 진로목표를 형식화하는 시기로, 선호하는 진로에 대한 계획을 세우고 그것을 어떻게 수행할 것인지를 고려하는 것이다.
특수화 (specification)	18~21	일반적인 직업선호에서 특정한 직업선호로 바뀌는 시기로 자세한 자료와 진로선택의 다양성을 뚜렷이 인식하여 진로계획을 구체화하는 것이다.
실행화 (implementation)	22~24	진로선호를 위한 훈련을 완성하고 고용에 참가하는 시기로, 훈련을 완료하고 실제로 직업을 선택하여 종사하는 것이다.
안정화 (stabilization)	25~35	실제적 경험과 적절한 진로선택을 위해 능력을 발휘하여 진로를 확충하는 시기로, 개인이 진로를 확고히 확립하고 진로상황에서 안정감을 유지하는 것이다.
공고화 (consolidation)	35~	승진, 지위, 선임 등에 의해 진로를 확립하는 시기로, 직업에서 승진과 선임 등에 의해 공고화시키는 것이다.

93 수퍼(D. Super)의 진로발달이론에 관한 설명으로 틀린 것은?

① 개인은 능력이나 흥미, 성격에 있어서 각각 차이점을 갖고 있다.

② 진로발달이란 진로에 관한 자아개념의 발달이다.

③ 진로발달단계의 과정에서 재순환은 일어날 수 없다.

④ 진로성숙도는 가설적인 구인이며 단일한 특질이 아니다.

해설 수퍼는 성장기, 탐색기, 확립기, 유지기, 쇠퇴기 등 다섯 개의 주요 발달단계를 기술하기 위해 '대순환(maxi-cycle)'이라는 용어를 사용하였고, 대순환의 발달단계 중 어느 한 단계 안에서 일어날 수 있는 성장, 탐색, 확립, 유지, 쇠퇴를 기술하기 위해 '소순환(mini-cycle)'이라는 용어를 사용하였다. 수퍼에 따르면 개인은 어느 때고 다양한 단계를 거쳐 재순환할 수 있다.

★
94 수퍼(D. Super)의 진로발달이론에 관한 설명으로 바르지 않은 것은?

① 진로성숙도는 각 단계의 발달과업을 성공적으로 수행할 수 있는 준비도를 의미한다.

② 진로아치모형은 자녀, 학생, 직업인, 시민, 여가인 등의 역할을 설명하고 있다.

③ 하비거스트(R. Havighurst)의 발달과업 개념을 차용하여 진로의 의미를 한 개인의 생애과정으로 설명하였다.

④ 진로발달과정을 체계적으로 기술하고 있지만 자아개념을 지나치게 강조하고 있다는 비판을 받는다.

해설 진로아치모형은 자아개념이 심리사회적인 특성을 가지고 있음을 설명하고 있다.

★★ **2022년 9급 공무원**
95 수퍼(D. Super)의 진로발달이론과 가장 관련이 높은 진로상담도구는?

① 직업카드분류 (occupational card sort)

② 직업흥미검사 (vocational interest inventory)

③ 생애진로무지개 (life career rainbow)

④ 진로사고검사 (career thought inventory)

해설 수퍼의 생애진로무지개는 생애역할에 대한 현저성(salience)를 보여주는 모형으로 내담자의 생애구조를 알 수 있도록 해주는 상담도구이다.

정답 93. ③ 94. ② 95. ③

96 수퍼(Super)의 진로발달이론에 대한 설명으로 옳지 않은 것은?

① 생애진로무지개모형은 한 개인의 생애주기에 따라 나타나는 주요 역할의 변화를 보여준다.

② 아치문모형에서 자아개념의 발달을 개인적 요인과 환경적 요인의 상호작용으로 설명한다.

③ 한 개인의 주요 역할로 자녀, 학생, 여가(활동)인, 시민, 직업인, 배우자(혹은 부모, 가사담당자)를 들고 있다.

④ 진로발달단계에서 유지기의 하위단계에는 시행 및 안정기, 승진기가 있다.

> **해설** 수퍼의 진로발달단계에서 확립기의 하위단계에는 시행기, 안정기가 있다.

97 수퍼(Super)의 진로발달이론에 기초한 직업상담모형인 C-DAC에 대한 설명으로 옳지 않은 것은?

① 내담자가 탐색단계에서 제기되는 문제에 대처하는 것을 도와준다.

② 심리검사를 활용하지 않고, 상담을 통한 평가를 강조한다.

③ 상담에서 지시적인 기법과 비지시적 기법을 모두 사용한다.

④ 생애역할, 진로발달수준, 직업적 정체성, 생애주제 등을 평가하도록 한다.

> **해설** 수퍼의 발달적 개념과 이론은 '진로발달의 평가와 상담(C-DAC : Career Development Assessment and Counseling)' 모형으로 확장되었다. C-DAC 모형은 명칭에서 알 수 있듯이 진로발달에 대한 평가에 기초하여 상담을 진행하는 방식이다. 따라서 심리검사를 활용한 평가는 매우 핵심적인 과정이며, 4가지 영역에 대해 평가를 진행한다.

98 수퍼(D. Super)의 진로발달 평가와 상담(C-DAC) 모형에 근거하여 상담을 진행할 때 내담자 평가영역에 해당하지 않는 것은?

① 내담자의 생애역할과 직업적 역할의 중요성에 대한 평가

② 진로발달의 수준과 대처자원에 대한 평가

③ 직업의 요구와 개인의 능력과의 조화에 대한 평가

④ 직업적 자기개념과 생애주제에 대한 평가

> **해설** [C-DAC(Career Development Assessment and Counseling) 모형의 평가 4단계]
> ㉠ 1단계 : 내담자의 생애구조와 직업역할의 중요성 평가
> ㉡ 2단계 : 내담자의 진로발달수준과 자원에 대한 평가
> ㉢ 3단계 : 직업적 정체성 평가
> ㉣ 4단계 : 직업적 자기개념과 생애주제 평가

99 수퍼(D. Super)의 C-DAC(Career Development Assessment and Counseling) 모형의 평가단계를 순서대로 옳게 나열한 것은?

> ㉠ 내담자의 진로발달의 수준과 자원을 평가한다.
> ㉡ 직업적 자아개념과 생애주제를 평가한다.
> ㉢ 내담자의 생애구조와 직업적 역할의 중요성을 평가한다.
> ㉣ 가치, 흥미, 능력을 포함한 직업적 정체성을 평가한다.

① ㉠-㉡-㉢-㉣　　② ㉡-㉠-㉢-㉣

③ ㉢-㉠-㉣-㉡　　④ ㉢-㉣-㉡-㉠

> **해설** [C-DAC(Career Development Assessment and Counseling) 모형의 평가 4단계]
> ㉠ 1단계 : 내담자의 생애구조와 직업역할의 중요성 평가
> ㉡ 2단계 : 내담자의 진로발달수준과 자원에 대한 평가
> ㉢ 3단계 : 직업적 정체성 평가
> ㉣ 4단계 : 직업적 자기개념과 생애주제 평가

정답 96. ④　97. ②　98. ③　99. ③

★★★ 2021년 직업상담사 1급

100 수퍼(Super)의 직업성숙도 모형에서 차원에 대한 발달과제를 올바르게 설명한 것은?

① 제1차원 : 탐색차원에서 종국의 지위를 위한 목적과 직무를 탐색하는 과제들을 고려한다.

② 제2차원 : 정보차원이며, 직업상의 출처, 선택, 성과확률과 같은 것을 적절히 다루는 과제에 초점을 맞춘다.

③ 제4차원 : 의사결정차원으로 의사결정을 내릴 때의 현실 적응과 관련된다.

④ 제5차원 : 계획성 또는 시간전망으로 생애단계 및 과제의 인식에 초점을 맞춘 것이다.

해설 **[진로(직업)성숙도 모형의 5가지 차원과 발달과업]**
　⊙ 제1차원 (생애발달단계와 과업에 대한 계획적 태도) : 계획성 또는 시간전망으로 생애단계 및 과제의 인식에 초점을 맞춘 것이다.
　⊙ 제2차원 (탐색에 대한 태도) : 탐색차원에서 종국의 지위를 위한 목적과 직무를 탐색하는 과제들을 고려한다.
　⊙ 제3차원 (교육정보 및 직업정보) : 정보차원이며, 직업상의 출처, 선택, 성과확률과 같은 것을 적절히 다루는 과제에 초점을 맞춘다.
　⊙ 제4차원 (의사결정원리와 실제에 대한 지식) : 의사결정차원으로 의사결정을 내릴 때의 현실 적응과 관련된다.
　⊙ 제5차원 (현실성) : 직업적으로 성숙한 성인이 자기지식, 일관성, 안정성, 직업선택, 작업경험을 획득하는 과제와 관련된다.

★★

101 C-DAC(Career Development Assessment and Counseling) 모형에 대한 설명으로 옳지 않은 것은?

① 내담자가 생애역할의 우선순위를 결정하도록 도울 수 있다.

② 이 모형은 겔라트(Gellat) 이론에서 도출되었다.

③ 진로상담을 통해 얻어진 검사 결과의 사용방법에 관심을 둔다.

④ 내담자의 진로문제, 진로발달과업, 진로의사결정 준비도 등을 평가할 수 있다.

해설 수퍼의 C-DAC(Career Development Assessment and Counseling) 모형은 수퍼가 오랫동안 연구해 온 발달적 개념과 이론, 개발한 검사들을 모두 상담 현장에 접목하기 위해 제안한 모형으로, 진로발달에 대한 평가에 기초하여 상담을 진행하는 방식이다.

★★ 2004년, 2010년, 2013년, 2016년, 2017년, 2022년 직업상담사 1급

102 Tiedeman의 진로발달이론에 관한 설명으로 틀린 것은?

① 자아정체감이 발달할 때 진로에 적합한 의사결정능력도 개발된다.

② 자기발달에 역점을 두면서 개인의 전체적인 인지발달과 의사결정을 강조한다.

③ 어떤 직업의 계속된 수용이나 거부 등으로 자신의 의사를 분명히 표현하는 것이 직업선택에서 중요하다.

④ 생애진로이론을 지지한다.

해설 타이드만(Tiedeman)은 자기정체감이 발달하면서 분화(differentiation)와 통합(integration)의 과정으로 진로발달이 이루어지고 의사결정능력도 발달한다고 제안하였다.

2015년 직업상담사 1급

103 Tiedeman과 O'Hara의 진로발달이론에 대한 설명과 가장 거리가 먼 것은?

① 진로발달이란 개인의 실체, 즉 자아개념을 직업적 용어로 정의하는 연속적 과정이다.

② 직업발달단계는 연령과 관계없이 문제의 성질에 의해 좌우되며 일생 동안 여러 번 반복될 수도 있다.

③ 직업선택은 바람(wishes)과 가능성(possibility) 간의 타협으로 이루어진다.

④ 직업발달은 직업적 자아정체감을 형성해 나가는 과정이다.

해설 ③ '긴즈버그(Ginzberg)의 진로발달이론'의 설명에 해당한다.

정답 100. ③　101. ②　102. ③　103. ③

104 Tiedeman과 O'Hara의 진로의사결정과정을 바르게 나열한 것은?

> ㉠ 선택기 ㉡ 순응기
> ㉢ 통합기 ㉣ 탐색기
> ㉤ 개혁기 ㉥ 구체화기
> ㉦ 명료화기

① ㉠ → ㉣ → ㉥ → ㉦ → ㉡ → ㉤ → ㉢
② ㉠ → ㉣ → ㉥ → ㉦ → ㉢ → ㉡ → ㉤
③ ㉣ → ㉠ → ㉥ → ㉦ → ㉤ → ㉡ → ㉢
④ ㉣ → ㉥ → ㉠ → ㉦ → ㉡ → ㉤ → ㉢

> **해설** **[Tiedeman과 O'Hara의 진로의사결정과정]**
> ㉠ 예상기(전 직업기) : **탐색기 – 구체화 – 선택기 – 명료화기**
> ㉡ 실행기(적응기, 실천기) : **순응기 – 개혁기 – 통합기**

105 타이드만과 오하라(D. Tiedeman & R. O'Hara) 의 진로의사결정이론에 관한 설명으로 옳지 않은 것은?

① 실천기는 새로운 상황에 순응하는 순응기에 서 집단의 요구와 개인의 요구 간에 균형을 이루는 통합기를 거쳐 자신의 의견이나 주장 을 행사하는 개혁기로 전개된다.
② 개인의 진로의사결정단계를 직업정체감 형성 과정에 따라 예상기와 실천기로 나누어 설명 한다.
③ 구체화단계에서는 가능한 대안을 선택하며, 각 대안의 장단점을 검토하여 서열화 및 조직 화한다.
④ 선택기는 구체화과정을 통해 나타난 결과를 토대로 명확한 목표를 설정하는 단계이다.

> **해설** **실천기(적응기)는** 새로운 상황에 순응하는 **순응기**에서 자신의 의견이나 주장을 행사하는 **개혁기**를 거쳐 집단 의 요구와 개인의 요구 간에 균형을 이루는 **통합기**로 전 개된다.

106 타이드만(D. Tiedeman)과 오하라(R. O'Hara) 의 진로의사결정이론에 관한 설명으로 옳지 않은 것은?

① 구체화단계에서는 가능한 대안을 선택하며, 각 대안의 장단점을 검토하여 서열화 및 조직 화한다.
② 선택단계에서는 수동적인 수용의 성격에서 좀 더 적극적인 태도로 변화한다.
③ 인지적 구조의 분화와 통합에 의해 의식적 문 제해결과정을 예상기와 이행기로 나누어 설 명한다.
④ 명료화단계에서는 선택 실행을 위한 계획은 할 수 있지만, 적극적 실행조건은 부족하다.

> **해설** ② **'개혁기'의 설명**에 해당한다.

107 타이드만(D. Tiedeman)과 오하라(R. O'Hara) 의 진로의사결정이론에 관한 설명으로 옳은 것은?

> • 자신의 가치관이나 삶의 목적에 비추어 대안 을 선택하여 나아갈 준비를 한다.
> • 불만족하면 다시 탐색하여 적합한 선택을 서 열화하거나 조직화하여 새로운 대안을 마련 한다.

① 선택단계
② 구체화단계
③ 명료화단계
④ 통합단계

> **해설** **구체화단계**에서는 자기가 나아갈 수 있는 **여러 개의 방 향 및 각 방향을 취했을 때 나타날 수 있는 결과를 충분히 고려하고, 또한 자기의 가치관이나 목적 및 실용성에 비 추어 적합한 어느 하나를 밀고 나갈 준비를** 한다.

정답 104. ④ 105. ① 106. ② 107. ②

108 고트프레드슨(Gottfredson)의 제한·타협이론에 대한 설명으로 옳은 것만을 모두 고른 것은?

> ㉠ 진로발달과정은 자신이 할 수 있다고 생각하는 직업의 수를 줄여가는 과정이라고 설명한다.
> ㉡ '타협'은 직업의 성역할, 사회적 지위, 흥미를 고려하여 자신이 선택할 직업을 조정해 가는 것을 의미한다.
> ㉢ 자아개념과 맞지 않는 직업을 '제한'하는 과정은 다섯 단계로 나뉘어져 있다.
> ㉣ '제한'의 1단계에 있는 아동은 성역할에 근거해서 직업을 구분하는 특성을 보인다.

① ㉠, ㉡
② ㉠, ㉣
③ ㉠, ㉢, ㉣
④ ㉡, ㉢, ㉣

해설 ㉢ 자아개념과 맞지 않는 직업을 '제한'하는 과정은 네 단계로 나뉘어져 있다.
㉣ '제한'의 1단계에 있는 아동은 힘과 크기에 근거해서 직업을 구분하는 특성을 보인다.

109 고트프레드슨(L. Gottfredson)의 제한-타협 이론에서 타협의 과정과 원리에 대한 설명으로 옳지 않은 것은?

① 타협의 중요한 측면들로 성역할, 사회적 지위, 흥미를 제시한다.
② 한 개인이 가능한 진로 중에서 받아들일 수 없는 직업을 제거한다.
③ 타협에 대한 심리적 적응과정의 중요성을 강조한다.
④ 자신이 선택한 직업영역에 맞게 자신의 진로기대를 변화시켜 나가도록 돕는다.

해설 ② '제한과정'의 설명에 해당한다.

110 고트프레드슨(L. Gottfredson)의 직업포부발달 단계에 해당하지 않는 것은?

① 타협 지향성
② 성역할 지향성
③ 힘과 크기 지향성
④ 사회적 가치 지향성

해설 [진로포부 발달단계와 영향요인]
㉠ 1단계 : 서열 획득단계 – 힘과 크기 지향성(3~5세)
㉡ 2단계 : 성역할 획득단계 – 성역할 지향성(6~8세)
㉢ 3단계 : 사회적 가치 획득단계 – 사회적 가치 지향성(9~13세)
㉣ 4단계 : 내적 자아 확립단계 – 내적, 고유한 자아 지향성(14세 이후)

111 자기개념에 맞지 않은 직업을 제한하는 과정에 대해 Gottfredson이 제시한 내용이 아닌 것은?

① 추상성을 수용하는 능력의 증가
② 분화와 통합의 중첩
③ 형평성에 따른 조화
④ 선택안의 점진적 제거

해설 고트프레드슨(Gottfredson)은 개인은 자기개념과 일치하는 직업에 대해 포부를 형성한다고 보고, 직업포부 형성과정을 제한과 타협과정으로 설명하였다. 직업선호는 신체적·정신적 성장과 더불어 자기개념이 발달하면서 포부에 대한 한계가 설정된다. 즉, 생애에 대하여 아동기는 단순하고 구체적 안목에서, 청소년기와 성인기에는 보다 더 구체적이고 복잡하면서 추상적인 사고를 하게 된다. 또한 고트프레드슨은 제한과정이란 자신의 자기개념과 일치하지 않는 직업대안들을 점진적으로 제거하는 과정인 반면, 타협과정은 제한과정을 통해 선택된 선호하는 직업대안들 중 자신이 극복할 수 없는 문제를 가진 직업을 어쩔 수 없이 포기하는 과정이라고 하였다. 제한과정에서는 각 단계별 영향요인에 따라 자신의 진로포부를 형성하면서 분화와 통합의 중첩과정을 거치면서 자신의 진로를 좁혀 나간다.

정답 108. ① 109. ② 110. ① 111. ③

112 고트프레드슨(Gottfredson)의 제한·타협이론에 대한 설명으로 옳지 않은 것은?

① 진로타협에 대한 심리적 적응과정의 중요성을 강조한다.

② 진로발달과정은 직업대안을 줄여가는 과정이라고 본다.

③ 개인의 능력과 환경의 요구가 조화를 이루어야 한다고 본다.

④ 사람들은 흥미, 사회적 지위, 성역할 순으로 직업대안을 포기해 나가는 경향이 있다.

> **해설** ③ '직업적응이론'의 설명에 해당한다.

113 고트프레드슨(Gottfredson)의 이론에 관한 설명으로 옳지 않은 것은?

① 대부분의 사람들은 최고의 선택보다는 최선의 선택을 한다.

② 진로발달은 타협의 과정에 이어 제한의 과정이 순차적으로 진행된다.

③ 추상적 사고력의 발달에 따라 네 단계의 제한과정을 거친다.

④ 진로포부발달은 성역할과 사회적 지위에 의해 영향을 받는다.

> **해설** ② 진로발달은 제한의 과정에 이어 타협의 과정이 순차적으로 진행된다.

114 개인의 욕구와 직업선택 행동의 관계에 초점을 두고, 직업을 서비스직, 비즈니스직, 단체직, 기술직, 옥외활동직, 과학직, 문화직, 예술직 등 8가지 직업군으로 분류하는 체계를 개발한 사람은?

① Holland　　② Roe

③ Super　　④ Parsons

> **해설** 로(Roe)의 욕구이론에서는 흥미에 기초하여 8개의 직업군(field)과 6개의 직능수준(level)의 직업분류체계를 제시하였다.

115 로(A. Roe)의 직업분류체계에 대한 설명으로 옳지 않은 것은?

① 보울비(J. Bowlby)의 애착이론에 바탕을 두었다.

② 직업활동과 관련된 인간관계의 특성과 강도에 기초하여 8가지 직업군을 제안하였다.

③ 부모의 양육방식이 자녀의 직업군 선택에 영향을 미친다고 보았다.

④ 각 직업군은 곤란도와 책무성에 따라 6단계로 구분된다고 가정하였다.

> **해설** 로(A. Roe)의 직업분류체계는 매슬로(Maslow, 1954)의 욕구위계이론에서 영향을 받은 욕구이론에 기반하여 흥미에 기초한 8개의 직업군(field)과 6개의 직능수준(level)의 직업분류체계를 제시하였다.

116 Roe는 부모–자녀 상호작용 유형을 3가지로 구분했다. 다음 설명에 해당하는 유형은?

> 자녀가 남보다 뛰어나기를 바라기 때문에 부모는 엄격하게 훈련시킨다.

① 자녀회피 (avoidance of the child)

② 자녀수용 (acceptance of the child)

③ 자녀에 대한 애정 (affection for child)

④ 자녀에 대한 감정적 집중 (emotional concentrate on child)

> **해설** ④ 정서 집중형의 과요구형 부모유형에 해당한다.

117 각기 다른 직업에 종사하는 사람들은 서로 다른 성격을 가지며, 이러한 성격의 차이는 어린 시절 부모와의 심리적 관계에서 기인한다고 보는 이론은?

① Roe의 욕구이론
② Holland의 성격유형이론
③ Osipow의 의사결정이론
④ Lent의 사회인지이론

> **해설** 로(Roe, 1956)는 매슬로(Maslow, 1954)의 욕구위계이론에 영향받아 욕구에 따라 직업선택과 직업분류를 제시하고, 유년기 부모와 자녀와의 관계유형에 따라 직업욕구가 달라져 직업선택에 영향을 미친다고 제안하였다.

118 로(Roe)의 직업선택이론에 대한 설명으로 옳은 것은?

① 미네소타 직업분류체계(MOCS Ⅲ)를 사용하여 직업군집을 구분하였다.
② 자녀에 대한 부모의 태도에 관심을 두고, 6가지 부모의 태도를 제시하였다.
③ 직업과 기본욕구 충족의 관련성을 에릭슨(Erikson)의 8단계 심리사회적 발달이론을 바탕으로 발전시켰다.
④ 타인과의 관계 속에서 자신의 욕구를 해결하는 데 익숙해진 자녀는 사람 회피적인 직업을 선택할 가능성이 크다고 보았다.

> **해설** [부모–자녀 관계유형]
> ㉠ **수용형** : 무관심형, 애정형
> ㉡ **정서 집중형** : 과보호형, 과요구형
> ㉢ **회피형** : 거부형, 무시형

119 로(Roe)의 욕구이론에서 제시한 직업군의 주요 특징으로 옳은 것은?

① 단체직 (organization) : 조직 내에서 인간관계의 질을 강조하는 직업군이다.
② 기술직 (technology) : 사람의 욕구와 사물에 동시에 관심을 둔다.
③ 옥외활동직 (outdoor) : 기술 발전으로 분화된 직업들이 해당된다.
④ 서비스직 (service) : 사람의 욕구와 복지에 관련된 직업군이다.

> **해설** [로(Roe)의 8가지 직업군 (Field)]
> ㉠ **서비스직** : 기본적으로 다른 사람의 욕구·복지에 관심을 가지고 봉사한다.
> ㉡ **비즈니스직(사업직)** : 대인관계가 중요하나 도와주기보다는 어떤 행동을 취하도록 상대방을 설득하는 데 초점을 둔다.
> ㉢ **단체직** : 관리직 화이트칼라가 해당되고, 기업의 조직과 효율적 기능에 주로 관련된 직업들이 대부분이며, 인간관계의 질은 대개 형식화되어 있는 것이 특징이다.
> ㉣ **기술직** : 대인관계는 상대적으로 덜 중요하며 사물을 다루는 데 관심을 둔다.
> ㉤ **옥외활동직** : 천연자원을 개간·보존·수확하는 것과 축산업 관련 직업들이다.
> ㉥ **과학직** : 과학이론과 그 이론을 특정한 환경에 적용하는 직업들이다.
> ㉦ **예능직(예술과 연예)** : 창조적 예술과 연예에 관련된 특별한 기술을 사용하는 것과 관련된 직업들이 해당한다.
> ㉧ **일반문화직** : 보편적 문화유산의 보존과 전수에 관련된다.

120 Krumboltz의 사회학습이론에서 진로결정에 영향을 주는 요인이 아닌 것은?

① 학습경험
② 인간관계
③ 환경적 조건과 사건
④ 유전적 요인과 특별한 능력

정답 117. ①　118. ②　119. ④　120. ②

해설 [크롬볼츠(Krumboltz)의 사회학습이론에서 진로결정에 영향을 주는 요인]
㉠ 유전적 요인과 특별한 능력
㉡ 환경적 조건과 사건
㉢ 학습경험(도구적 학습경험, 연합적 학습경험)
㉣ 과제접근기술

★★
121 로(A. Roe)의 욕구이론에 관한 설명으로 옳지 않은 것은?

① 직업은 인간의 욕구 충족과 관련된다.
② 부모의 양육태도는 자녀의 직업선택에 영향을 미친다.
③ 정서 집중형 부모는 과보호나 과요구의 형태를 보인다.
④ 회피형 부모는 자식을 수용하지만, 밀착되어 있지는 않다.

해설 회피형 부모는 자식을 수용하지 않고, 거부하거나 무시하는 유형이다.

★★ 2021년 9급 공무원
122 진로정보처리이론에서 진로선택에 포함된 중요한 인지영역을 기술하기 위해 사용되는 진로정보처리영역 피라미드의 구성요소가 아닌 것은?

① 자기지식 : 가치, 흥미, 기술
② 진로의사결정기술 : 개인이 결정을 어떻게 하는가를 이해하는 것
③ 진로정보 평가 : 진로정보를 조정하고 관리하는 것
④ 초인지 : 진로의사결정과정 전체를 조망할 수 있는 능력

해설 [인지적 정보처리 피라미드의 구성요소]
㉠ 실행처리영역 : 초인지
㉡ 진로의사결정기술영역 : CASVE
㉢ 지식(정보)영역 : 자기지식, 직업지식

★★ 2020년 9급 공무원
123 인지적 정보처리(Cognitive Information Processing : CIP) 이론의 의사결정과정에 대한 설명으로 옳지 않은 것은?

① C(Communication)는 문제의 원인을 명확히 하기 위한 소통의 단계이다.
② S(Synthesis)는 행동대안을 도출하기 위해 대안을 확장하고 축소하는 단계이다.
③ V(Valuing)는 행동대안 각각에 대해 평가하여 우선순위를 정하는 단계이다.
④ E(Execution)는 잠정적 대안을 행동으로 옮기기 위해 계획을 구상하고 실천하는 단계이다.

해설 [인지적 정보처리이론의 진로문제해결과정(C - A - S - V - E)]
㉠ 의사소통(Communication) : 진로의사결정을 해야 함을 인식하는 단계
㉡ 분석(Analysis) : 진로결정을 위하여 자신과 직업에 대해 이해하는 단계
㉢ 통합/종합(Synthesis) : 행동대안을 도출하기 위해 대안을 확장하고 축소하는 단계
㉣ 가치 부여/평가(Valuing) : 행동대안 각각에 대해 평가하여 우선순위를 정하는 단계
㉤ 집행/실행(Execution) : 잠정적 대안을 행동으로 옮기기 위해 계획을 구상하고 실천하는 단계

★ 2013년, 2016년 직업상담사 1급
124 Roe의 진로선택욕구이론 중 부모자녀의 상호작용 유형에 관한 설명으로 틀린 것은?

① 과보호형 : 자식들이 부모에게 의존하기를 기대한다.
② 과잉요구형 : 자식에게 엄격한 훈련을 시킨다.
③ 무시형 : 자녀에 대한 관심이 적고 감정적으로 거부한다.
④ 애정형 : 부모자녀 관계가 단단하며 사려 깊은 격려를 한다.

해설 ③ 거부형의 설명에 해당한다.

125 진로선택을 하나의 문제해결과정으로 보는 진로발달이론으로 가장 적합한 것은?

① 사회인지적 조망

② 인지적 정보처리관점

③ 맥락적 관점

④ 자기효능감

> **해설** 인지적 정보처리이론은 진로선택을 하나의 문제해결과 정으로 본다.

126 인지적 정보처리(Cognitive Information Processing ; CIP) 이론에서 제시하는 의사결정과정을 순서대로 바르게 나열한 것은?

① 의사소통/문제 점검 → 분석 → 종합 → 가치 부여 → 실행

② 의사소통/문제 점검 → 분석 → 가치 부여 → 종합 → 실행

③ 분석 → 종합 → 의사소통/문제 점검 → 가치 부여 → 실행

④ 분석 → 의사소통/문제 점검 → 종합 → 가치 부여 → 실행

> **해설** [인지적 정보처리이론의 진로문제해결과정 (C – A – S – V – E)]
> ㉠ 의사소통 (Communication) : 진로의사결정을 해야 함을 인식하는 단계
> ㉡ 분석 (Analysis) : 진로결정을 위하여 자신과 직업에 대해 이해하는 단계
> ㉢ 통합/종합 (Synthesis) : 행동대안을 도출하기 위해 대안을 확장하고 축소하는 단계
> ㉣ 가치 부여/평가 (Valuing) : 행동대안 각각에 대해 평가하여 우선순위를 정하는 단계
> ㉤ 집행/실행 (Execution) : 잠정적 대안을 행동으로 옮기기 위해 계획을 구상하고 실천하는 단계

127 피터슨(G. Peterson) 등의 진로정보처리이론 (Career Information Processing Theory)에 관한 설명으로 옳지 않은 것은?

① 피라미드와 CASVE 과정으로 구성되어 있다.

② 피라미드는 자기지식, 초인지의 두 가지로 구성되어 있다.

③ 의사소통은 자기 내부나 주변 환경으로부터 요구가 있을 때 시작된다.

④ 초인지는 개인의 정서나 생각이 자신에게 영향을 미치는 것을 인식하도록 한다.

> **해설** 인지적 정보처리의 피라미드는 자기지식(정보)과 직업정보의 지식(정보)영역, 의사결정기술영역(CASVE), 그리고 초인지의 실천과정영역으로 구성되어 있다.

128 다음에서 설명하고 있는 심리검사는?

> • 진로결정 및 문제 해결에 대한 의사결정과정에서 개인이 정보를 처리하는 방법을 파악하기 위한 것
> • 의사결정 혼란(Decision Making Confusion), 수행 불안(Commitment Anxiety), 외적 갈등 External Conflict)의 세 가지 하위요인으로 구성

① 진로사고검사
   (Career Thoughts Inventory)

② 진로전환검사
   (Career Transitions Inventory)

③ 진로태도 및 전략검사
   (Career Attitudes and Strategies Inventory)

④ 성인진로욕구검사
   (Adult Career Concerns Inventory)

해설 진로사고검사(Career Thoughts Inventory)는 인지적 정보처리이론과 인지치료의 이론적 개념을 근거로 개발되었다. 샘프슨(Sampson, 1996) 등에 의해 개발된 진로사고검사(CTI)는 진로문제해결과 진로의사결정에 손상을 가져다 줄 수 있는 진로와 관련된 역기능적 사고를 측정하도록 개발된 검사이며 총 48문항으로 구성되어 있다. 검사 결과는 진로에 대해서 얼마나 부정적인 생각을 많이 하고 있는지를 나타내며, 의사결정 혼란, 수행 불안, 외적 갈등의 하위요인을 측정한다.

★★
129 진로사고검사(CTI)에 관한 설명으로 옳은 것은?

① 사회인지진로이론에 근거하여 진로선택을 방해하는 생각, 비합리적 신념을 측정한다.
② 성차별, 자신감 부족 같은 진로선택과 결정에 긍정적 영향을 주는 다양한 요인을 측정한다.
③ 진로 관련 진로탐색 활동을 성공적으로 수행할 수 있는지에 대한 확신성을 측정한다.
④ 하위요인에는 수행 불안, 외적 갈등, 의사결정 혼란이 포함된다.

해설 [진로사고검사의 하위척도 (CTI : Career Thought Inventory)]

구분	내용
의사결정 혼란	진로의사결정과정을 시작하거나 유지하는 데 개인이 가지는 곤란 수준
수행 불안	여러 대안들 중 한 가지 대안을 선택하거나 대안에 대한 우선순위를 매기는 등의 선택을 하고자 할 때, 결단을 내리기 어려운 곤란 수준
외적 갈등	결정에 대한 책임감을 회피하게 하는 갈등. 중요 타인에게서 얻는 정보의 중요성과 자신이 지각한 정보의 중요성 간에 균형 조절에서의 무능력

2018년 9급 공무원
130 직업발달이론에서 환경적 요인의 영향력을 반영한 개념으로 적절하지 않은 것은?

① 고트프레드슨(Gottfredson)의 진로발달이론에서 언급한 사회적 공간(social space) 개념
② 다위스(Dawis)와 롭퀴스트(Lofquist)의 직업적응이론에서 언급한 직업강화요인패턴(occupational reinforcer patterns) 개념
③ 사회인지진로이론에서 언급한 근접 영향(proximal influences) 개념
④ 홀랜드(Holland)의 유형이론에서 언급한 성격유형의 일관성(consistency) 개념

해설 홀랜드(Holland)의 유형이론에서 언급한 성격유형의 일관성(consistency) 개념은 개인의 성격유형 간의 관련 정도를 의미하는 것으로 유형 간의 근접성에 따라 설명되며, 따라서 환경적 요인의 영향력을 의미하지 않는다.

★★ 2023년 9급 공무원
131 진로발달이론가에 대한 설명으로 옳은 것은?

① 긴즈버그(E. Ginzberg)는 직업선택과정을 환상기, 잠정기, 확립기의 3단계로 제시하였다.
② 로(A. Roe)는 진로발달에 관한 전 생애·생활공간적 접근을 생애진로무지개의 형태로 제시하였다.
③ 렌트(R. Lent), 브라운(S. Brown), 해켓(G. Hackett)은 반두라(A. Bandura)의 이론을 바탕으로 진로이론을 전개하였다.
④ 기스버스(N. Gysbers)는 진로포부가 자기개념의 발달에 따라 제한되고 타협된다고 하였다.

해설 ① 긴즈버그(E. Ginzberg)는 직업선택과정을 환상기, 잠정기, 현실기의 3단계로 제시하였다.
② 수퍼(D. Super)는 진로발달에 관한 전 생애·생활공간적 접근을 생애진로무지개의 형태로 제시하였다.
④ 고트프레드슨(L. Gottfredson)은 진로포부가 자기개념의 발달에 따라 제한되고 타협된다고 하였다.

정답 129. ④ 130. ④ 131. ③

★
132 진로상담이론과 관련 검사의 연결로 옳지 않은 것은?

① 진로발달이론 – 진로성숙도검사
② 직업적응이론 – 직업가치관검사
③ 사회학습진로이론 – 진로신념검사
④ 인지적 정보처리이론 – 진로결정검사

해설 ④ 인지적 정보처리이론 – 진로사고검사

★★ 2019년 9급 공무원
133 〈보기 1〉의 이론내용과 〈보기 2〉의 이론가를 바르게 연결한 것은?

〈보기 1〉
(가) 직업선택은 발달적 과정으로서 20대 초반까지는 현실적인 선택이 이루어진다고 보았다.
(나) 의사결정과정에서 개별 과정을 중시하였으며, 개인적 경험이나 의사결정과정에 대한 이해가 진로발달과 선택에 있어서 무엇보다도 중요하다고 하였다.
(다) 개인이 자기개념과 일치하는 직업에 대해 포부를 형성한다고 보고, 직업포부 형성과정을 제한과 타협과정으로 설명하였다.
(라) 생애단계와 생활공간을 하나의 모형으로 만들고, 진로발달의 생물학적 · 심리학적 · 사회경제적 결정인자에 주목하였다.

〈보기 2〉
㉠ 타이드만(D. Tiedeman)
㉡ 로(A. Roe)
㉢ 긴즈버그(E. Ginzberg)
㉣ 고트프레드슨(L. Gottfredson)
㉤ 수퍼(D. Super)

	(가)	(나)	(다)	(라)
①	㉠	㉡	㉢	㉣
②	㉢	㉠	㉡	㉣
③	㉢	㉠	㉣	㉤
④	㉤	㉠	㉢	㉡

해설 (가) 긴즈버그(E. Ginzberg)의 진로발달이론의 설명에 해당한다.
(나) 타이드만(D. Tiedeman)과 오하라(O'hara)의 정체감 발달이론의 설명에 해당한다.
(다) 고트프레드슨(L. Gottfredson)의 제한 · 타협이론의 설명에 해당한다.
(라) 수퍼(D. Super)의 전 생애 · 생애공간이론의 설명에 해당한다.

★★
134 진로이론과 주요 개념의 연결이 옳은 것은?

㉠ 하렌(V. Harren)의 진로의사결정이론 : 진로전환
㉡ 파슨스(F. Parsons)의 특성–요인이론 : 직업매칭
㉢ 해켓(G. Hachett)과 베츠(N. Betz)의 사회인지진로이론 : 진로각본
㉣ 홀랜드(J. Holland)의 성격이론 : 변별성
㉤ 크롬볼츠(J. Krumboltz)의 사회학습진로이론 : 자기효능감

① ㉡, ㉣
② ㉠, ㉡, ㉣
③ ㉠, ㉣
④ ㉡, ㉢

해설 ㉠ 하렌(V. Harren)의 진로의사결정이론 : 의사결정유형
㉢ 해켓(G. Hachett)과 베츠(N. Betz)의 사회인지진로이론 : 자기효능감, 결과기대
㉤ 크롬볼츠(J. Krumboltz)의 사회학습진로이론 : 진로전환, 비합리적 신념(진로각본)

정답 132. ④ 133. ③ 134. ①

2019년 직업상담사 2급

135 초기 상담과정에서 상담사가 수행해야 할 내용으로 옳지 않은 것은?

① 상담사의 개입을 시도한다.
② 상담과정에서 필요한 과제물을 부여한다.
③ 조급하게 내담자에 대한 결론을 내리지 않는다.
④ 상담과정과 역할에 대한 서로의 기대를 명확히 한다.

해설 상담사의 개입은 중기 상담과정에 해당한다.

★
136 직업상담의 초기면담을 마친 후에 상담사가 면담을 정리하기 위해 검토해야 할 사항과 가장 거리가 먼 것은?

① 사전자료를 토대로 내렸던 내담자에 대한 결론은 얼마나 정확했는가?
② 상담에 대한 내담자의 기대와 상담사의 기대는 얼마나 일치했는가?
③ 내담자에 대하여 어떤 점들을 추가적으로 평가해야 할 것인가?
④ 내담자에게 적절한 직업을 추천하였는가?

해설 [초기면담의 종결 시 검토되어야 할 유의사항]
㉠ 사전자료를 통해 내린 내담자에 대한 자신의 결론이 얼마나 정확한가?
㉡ 상담에 대한 내담자의 기대와 자신의 기대는 얼마나 일치하는가?
㉢ 내담자의 어떤 관심이 부가적 평가를 필요로 하는가?
㉣ 다음 상담회기를 어떻게 시작할 것인가?

137 직업상담의 초기면담 종결 시 요약의 목적으로 가장 적절하지 않은 것은?

① 이번 회기에 대한 계획을 점검하는 데 목적이 있다.
② 상담자와 내담자 상호 간에 제대로 이해했는지 확인하기 위한 목적이 있다.
③ 합의된 주요 사항들에 대해 한 번 더 강조하고, 필요시 과제를 제시하기 위한 목적이 있다.
④ 진행과정을 명확히 하는 목적이 있다.

해설 [초기면담의 종결 시 요약의 목적]
㉠ 상담자와 내담자가 상호 간에 제대로 이해했는지 확인한다.
㉡ 확인된 정보와 합의된 주요 사항들에 대해 한 번 더 강조하고, 필요시 과제를 제시한다.
㉢ 진행과정을 명확히 하고, 다음 회기에 대한 계획을 점검한다.

★
138 슈퍼바이저에게 초기면담의 수행내용과 과정에 대한 자문을 구할 내용과 거리가 먼 것은?

① 과제로 제시한 활동이 상담목표에 부합하는 것인지?
② 내담자의 기대와 동기를 평가하고 조정하였는지?
③ 상담자가 내담자에게 제공한 정보와 자료가 적절했는지?
④ 내담자의 동기를 촉진하기 위해 상담자로서 적절한 태도로 임한 것인지?

해설 ② 내담자의 기대와 동기를 평가하고 조정하였는지 여부보다는 그것이 적절하게 이루어졌는지를 자문할 수 있을 것이다.

제4장

변화동기 지원

01　변화동기이론과 모형

(1) 동기

① 동기는 일생 동안 인간능력을 개발하는 데 심리적 기초를 제공한다(Ford, 1992).
② 동기는 진로발달과 적응의 필수조건으로, 전직지원 대상자에 대한 동기 개입을 통해 새로운 생애설계 목표를 설정하고 경로를 개척하도록 지원하는 구체적인 성취와 능력발달의 심리적 기초이다.
③ 상담자는 전직지원 대상자가 변화를 위한 성취감과 능력을 강화하고자 하는 동기를 갖도록 지원해 주어야 한다.

(2) 동기체계이론 (Ford, 1992)

① 동기체계이론의 개요

㉠ 인간의 동기화의 문제는 복잡하고 개인적 과제로서 접근해야 한다. 이러한 관점에서 사람들의 동기화 문제는 행동 일화(behavior episode)의 수준으로 이해될 수 있다.
㉡ 동기체계이론은 성취를 위한 개인의 동기를 증가시킬 수 있는 방법, 정서적으로 건강한 생활을 할 수 있도록 돕는 방법, 직무만족과 작업생산력 사이의 연결을 이해하고 촉진시키기 위한 상담자의 노력을 도구화할 수 있는 방법 등을 보여준다.

② 동기체계 요소

㉠ 개인적 목표 (personal goals)

- 성취하고자 하거나 또는 회피하려는 결과에 대한 사고들, 그리고 원하는 결과를 얻고자 하거나, 원치 않는 결과를 예방하도록 다양한 요소들을 조정하고 결집시키는 특성이 있다.
- 개인적 목표는 개인의 조직화된 행동유형을 얻고자 하는 결과와 원치 않은 결과를 피하고자 하는 방향으로 조정하도록 중요한 역할을 한다.
- 개인적 목표는 개인의 진로의사결정과정을 이해하는 데 가장 중요한 개념이다.
- 전직지원 대상자의 목표는 진로자본과 역량, 직무경험 등에 통합된 분야로의 재취업이 목표가 된다.

- 사람들은 목표를 성취하기 위해 특별한 약속을 하는데, 이때 동기적 부담은 개인적 목표에서 개인작인신념과 정서로 이동하게 된다.
  ㉡ **개인작인(대리)신념 (personal agency belief)**
    - 개인작인신념은 한 사람이 원하는 결과를 성취하거나 목표를 달성할 기회가 있는지, 또 능력이 되는지 등에 대한 평가이다.
    - 개인작인신념은 능력신념(capability beliefs)과 맥락신념(context beliefs)으로 구성된다.

구분	내용
능력신념	기능을 효율적으로 수행하는 데 필요한 기술이 있는지에 대한 평가이며, 행동유형을 조직화하려는 신념까지 포함한다.
맥락신념	효율적으로 기능을 발휘할 수 있는 환경에 있는지에 대한 평가이며, 물리적 환경을 넘어서 다양한 사회적 · 심리적 지원을 내포하고 있으며 목표를 실현하는 데 능력과 함께 중요한 역할을 담당한다.

    - 개인작인신념은 도전적이지만 획득할 수 있는 목표를 실현해야 하는 가장 큰 발전의 상황에서 특별히 중요한 역할을 한다.
    - 개인작인신념은 장기적이거나 지배적 목표에 대한 개인의 의사결정, 즉 재취업을 할 것인가 아니면 창업을 할 것인가와 같이 구체적인 결정을 하도록 한다.
  ㉢ **정서 (emotion)**
    - 정서는 바라던 결과를 내놓을 수 있도록 조직된 행동들을 지지하거나 촉진시킴으로써 역동적 기능을 수행한다.
    - 사람을 활동하게 만들고 즉각적 위기나 기회상황에서 효율적으로 기능하도록 촉진한다. 즉, 정서는 단시간 목표와 긴급한 상황의 의사결정 등과 의미가 있다.

(3) 변화동기

① 변화동기의 의미
  ㉠ 변화동기는 변화를 목적으로 상담장면에서의 심리적인 유인을 통해 변화를 추구하는 행동의 활성화라고 할 수 있다.
  ㉡ 상담을 개시하고, 상담과정에서 변화에 도움이 되는 다양한 행동들, 즉 자기개방, 자기탐색, 새로운 행동계획 세우기와 실천하기 등의 행동을 실천하고자 하는 적극적인 개입 과정에서의 동기가 포함된다.
  ㉢ **내담자의 상담에 대한 기대 4가지**(Tinsley, Workmana, Kassa, 1980) : 내담자 자신의 개인적 관여, 촉진적 조건(환경), 상담자의 전문성, 돌봄에 대한 기대

② 변화동기 관련 이론
  ㉠ **자기결정이론 (SDT : Self Determination Theory)**
    - 데시와 리안(Deci & Ryan, 1985)은 내재적 동기의 중요성을 강조하면서 자기결정이론을 제안하였다.

- 동기는 내재적 및 외재적 동기, 무동기 등으로 구분된다.

구분	내용
내재적 동기 (intrinsic motivation)	• 외부의 어떠한 물질적 보상에 의존하지 않고 **자신이 맡은 일 자체에 내재되어 있는 즐거움이나 만족을 경험하기 위한 내면의 욕구** • 개인이 가치와 신념 등을 통해 행동을 하게 만드는 힘 • 외부의 보상이나 통제와는 무관하며, 보다 큰 창의성, 융통성, 자발성 등과 관련
외재적 동기 (extrinsic motivation)	• 자신의 행동이 **실체적인 보상을 이끌어 낼 수 있다고 인지할 때 발생하는 동기** • 집단의 목표 달성에 영향을 미치며 인센티브, 성과급, 포상 등과 관련
무동기 (amotivation)	• 행동과 그 행동 결과 간의 관계를 전혀 지각하지 못하는 상태

ⓛ **초이론** (TTM : Transtheoretical Model)
- 사람들의 행동변화 과정에서 나타나는 일련의 변화단계를 제시한다.
- 초이론은 금연과정을 통해 변화를 경험하는 사람들이 공통된 변화단계를 거친다는 것을 발견해 낸 후, 약물남용, 불안과 공포장애, 비행, 섭식장애와 비만, AIDS 예방 등의 광범위한 분야에서 적용되어 왔다.

- **변화의 5단계 명칭과 특징**

	단계	내용
1단계	**숙고 전**(precontemplation)	6개월 안에 행동을 취할 의도를 갖지 않는다.
2단계	**숙고**(contemplation)	6개월 안에 행동을 취할 의도를 갖는다.
3단계	**준비**(preparation)	30일 안에 즉각 행동에 옮길 의도가 있고, 이러한 방향으로 약간의 행동을 취한다.
4단계	**행동**(action)	외현적인 행동변화가 6개월 이내 기간 동안 나타난다.
5단계	**유지**(maintenance)	6개월 이상 외현적인 행동변화가 나타나고 재발을 예방하는 행동을 한다.

ⓒ **동기강화상담** (MI : Motivational Interviewing)
- 동기수준의 평가보다 동기를 강화하면서 변화를 이끌어가는 상담방법에 비중을 둔 대표적인 이론이다.
- 음주치료 경험으로부터 발전되어 1983년 밀러(Miller)에 의해 처음 알려졌고, 이후 밀러(Miller)와 롤닉(Rollnick)에 의해 보다 정교한 임상절차가 소개되었다.
- 양가감정을 탐색하고 해결하도록 내담자를 도움으로서 행동변화를 이끌어내는 직접적이고, 내담자 중심적인 상담방법으로 부분적으로 구조화된 방법이지만 변화를 주도하는 역할의 중심을 내담자에게 둔다.
- 변화동기가 내담자 스스로 자신의 현재 행동과 자신의 가치관 사이에서의 불일치감을 느낄 때 활성화된다는 전제하에 불일치감을 이끌어내는 것이며, 변화를 시도하는 과정에서 자기효능감을 느끼도록 돕는다.

ⓔ 건강행동과정적 접근 (HAPA : Health Action Process Approach)

- 사람들은 자신의 건강을 증진시키기 위한 행동에 대해 의도를 갖기도 하지만 그런 의도를 모두 행동으로 실천하는 것은 아니다. 즉, 의도가 실제 행동으로 옮겨지거나 그렇지 못한 과정에 대한 관심을 기초로 만들어진 이론이다.
- 의도와 행동 간의 간격을 연결할 수 있는 요인들을 발견하기 위해 행동변화 과정에 포함되어 있는 두 가지 단계, 즉 동기단계(자기효능감, 성과기대, 위험지각, 의도 등 포함)와 의지단계(자기효능감, 행동계획, 대처계획 등 포함)를 가정한다.
- 자기효능감이 주요 개념이며, 행동 자기효능감, 유지(대처) 자기효능감, 회복 자기효능감으로 구분한다.

구분	내용
행동 자기효능감 (action self-efficacy)	행동 전 자기효능감으로도 불리며, 아직 행동으로 옮기지는 않았으나 그렇게 할 수 있는 동기를 발전시킨다. 행동 자기효능감이 높은 개인은 성공을 떠올리고, 다양한 전략에 대한 긍정적인 기대를 가지며 새로운 행동을 할 가능성이 높다.
유지 자기효능감 (maintenance self-efficacy)	대처 자기효능감으로도 불리며, 유지기 동안 나타나는 장해를 다루는 능력에 관한 낙관적인 신념을 나타낸다.
회복 자기효능감 (recovery self-efficacy)	실패와 후퇴경험이 있은 후에도 제 궤도로 돌아올 수 있다는 신념과 관련된다.

02 변화동기 평가

(1) 변화동기 평가

① 전직지원 대상자와 관련된 자료(진로자본 관련 자료, 면담기록지, 전직신청서, 진단 결과 등 종합)를 확인한다.
② 전직지원 대상자의 동기수준을 확인하기 위해 동기체계이론에 제시된 능력 및 맥락신념에 해당되는 수준을 확인한다.
③ 전직지원 대상자의 동기수준에 의한 변화동기기법을 탐색하고, 참여의사를 확인한 후 기법 적용 계획을 세운다.

(2) 가족생활주기 8단계 (Duvall, 1985)

① 가족생활주기 단계

단계		내용
1단계	**새롭게 형성된 부부**	자녀가 없는 결혼 부부
2단계	**자녀를 출산한 가족**	첫째 자녀가 30개월
3단계	**학령 전기 아동이 있는 가족**	첫째 자녀가 2~6세

단계		내용
4단계	학동기 아동가족	첫째 자녀가 6~13세
5단계	청소년기의 자녀가 있는 가족	첫째 자녀가 13~20세
6단계	성인 자녀를 갖는 가족	청년이 된 자녀를 떠나보내기
7단계	중년기 가족	빈 둥지부터 퇴직하기까지
8단계	노화하는 가족	퇴직으로부터 배우자의 죽음까지

② 전직지원 대상자의 가족생활주기와 발달과업

단계		내용
6단계	성인 자녀를 갖는 가족	• 가정의 물리적 설비와 자원을 재배치하기 • 성인생활로 들어가는 자녀들에게 필요한 생활비용을 충족시키기 • 자녀가 가정을 떠날 때 책임을 재할당하기 • 부부관계를 재조정하기 • 가족구성원들 사이의 의사소통을 유지하기 • 자녀의 결혼을 통하여 새로운 가족구성원을 받아들임으로써 가족 범위를 확대시키기
7단계	중년기 가족	• 텅 빈 보금자리에 적응하기 • 부부 사이의 관계를 계속해서 재조정하기 • 조부모의 생활에 적응하기 • 성인 부모의 부모를 돌보기 • 은퇴에 적응하기 • 쇠퇴하는 신체적, 정신적 기술에 대처하기
8단계	노화하는 가족	• 배우자의 죽음에 적응하기 • 계속되는 노화과정에 적응하기 • 타인, 특히 그들의 자녀에 대한 의존에 대처하기 • 생활 배치에서의 변화에 적응하기 • 경제적 문제에서의 변화에 적응하기 • 임박한 죽음에 대처하기

제2절 변화 지원

01 변화목표 설정

(1) 전직지원 대상자의 상황에 대한 평가

① 전직지원 대상자의 상황을 평가하고 변화를 추구하는 중요성에 대하여 설명한다.

② 상황을 평가하는 것에 동의를 구한다.

③ 재무상황, 가족상황, 건강상태, 전문성수준, 여가, 인적 네트워크상황에 대하여 평가한다.
　　㉠ 여가의 특징 : 해방성, 자유선택성, 자기표현성, 가치창조성, 노동관계성(확대/연장, 대립, 중립), 생활양식성
　　㉡ 인간관계의 4가지 영역 : 가족적 동반자, 낭만적 동반자, 사교적 동반자, 직업적 동반자
④ 평가하는 동안 느낀 점에 대하여 이야기하도록 한다.
　　㉠ 전직지원 대상이 되는 순간부터 고통, 실망, 분노, 두려움, 불안 등의 감정에 휩싸인다.
　　㉡ 이러한 감정을 벗어나는 데 3~6개월 정도 소요된다.
　　㉢ 처음에는 큰 정서적 고통을 못 느끼다가 6~8주 후에 깊은 정서적 어려움에 빠지기도 한다.
⑤ 평가 결과를 제시하고 변화해야 할 부분에 대하여 의견을 나눈다.

(2) 전직지원 대상자의 상황에 대한 변화목표 설정 지원

① 전직지원 대상자의 변화목표 설정의 중요성에 대하여 설명한다.
② 전직지원 대상자와 변화목표 설정에 동맹적 관계임을 설명한다.
③ 재무, 가족, 건강, 전문성, 여가, 인적 네트워크에 대한 변화목표를 설정하도록 지원한다.
④ 변화목표 설정에서 수정 · 보완사항이 있는지 확인한다.

(3) 변화목표에 대한 실행계획서 작성 지원

① 전직지원 대상자의 변화실행계획서 작성의 중요성에 대하여 설명한다.
② 전직지원 대상자와 변화실행계획서 작성에서 동맹적 관계임을 설명한다.
③ 재무, 가족, 건강, 전문성, 여가, 인적 네트워크에 대한 변화실행계획서를 작성하도록 지원한다.
④ 변화실행계획서 작성에서 수정 · 보완사항이 있는지 확인한다.

(4) 전직지원 대상자의 정서적 상황 확인 후 심층상담 지원

① 전직지원 대상자의 심리적 상황을 확인한다.
② 심리적 상황에 맞는 상담 구조화를 전직지원 대상자와 협의하여 동의하에 심층상담을 지원한다.
③ 실업충격을 극복하는 과정도 변화동기의 목표로 설정하도록 지원한다.

(1) 변화계획 수립

① **행동변화를 위한 변화계획** : 평가 결과에 따라 장단기 계획을 수립하고 이를 생애설계와 연계
  ㉠ 시간소비형태 분석하기
  ㉡ 가족에게 이해 구하기
  ㉢ 역할 조정하기
  ㉣ 정보 수집하기
② **능력 보여주기** : 자신의 능력을 재구조화하여 새로운 능력 제시
  예 지도력, 분석능력, 조직능력/시간활용, 기술적인 능력, 힘든 작업, 창의력, 융통성, 인내심, 배우고자 하는 열의와 지식의 응용, 관리능력, 자세하게 표현할 것

(2) 전직활동계획 실천

① **전직활동계획서** : 구체적인 전직활동을 위한 계획서

구분	내용
진로공정표 (career pert)	• 공정 전체에 통일된 기호를 사용하고, 진행 방향을 제시하여 한눈에 공정 전체가 드러나도록 해야 한다. • 작업의 시작이나 완료시점, 다른 작업과 연결시점, 진행 중에 주목할 만한 상태의 시점들을 표시한다. • 진로공정표는 현재 어디쯤 가고 있는지를 알 수 있으며, 항상 점검할 수 있도록 눈에 띄는 곳에 부착한다.
진로일기	• 인생설계도 작성의 최종적인 단계로서 전직활동의 종합계획서이다. • 전직활동에 대한 전 과정을 작성하는 결정판으로 진로개척에 용기를 잃거나, 무기력해지거나, 생활의 활력소가 없을 때 유용하다. • 각 기간 동안에 예상되는 목표를 명시하고, 1주일 단위로 해야 할 일을 기록한다. • 자기가 설정한 목표를 어느 정도 달성했는지 백분율(%)로 나타내고, 평가한 결과에 따라 목표를 조정하거나 다시 세운다.

② **전직지원활동계획서** : 전직지원서비스를 받는 기간 동안의 실천계획서

(3) 변화 점검

① **자기평가**
  ㉠ 자신의 신념 확인하기
  ㉡ 타인의 평가 확인하기
  ㉢ 인간관계망 점검하기
② **전직효능감 증진**
  ㉠ 전직효능감 증진을 위한 행동강령 제시
  ㉡ 역량 끌어올리기 : 열정, 변화, 태도, 습관 고치기

❶ 변화동기 확인

★★★
01 포드(Ford, 1992)의 동기체계이론에서 동기체계의 3가지 요소에 해당하지 않는 것은?

① 개인작인신념 (personal agency belief)
② 정서 (emotion)
③ 인지 (cognition)
④ 개인적 목표 (personal goals)

> **해설** [동기체계의 3가지 요소]
> 개인적 목표, 개인작인신념, 정서

★★
02 다음은 무엇에 대한 설명인가?

> • 한 사람이 원하는 결과를 성취하거나 목표를 달성할 기회가 있는지, 또 능력이 되는지 등에 대한 평가이다.
> • 능력신념(capability beliefs)과 맥락신념(context beliefs)으로 구성된다.

① 개인작인신념 (personal agency belief)
② 정서 (emotion)
③ 자기효능감 (self-efficacy)
④ 개인적 목표 (personal goals)

> **해설** 제시된 내용은 개인작인(대리)신념에 대한 설명이다. 개인작인(대리)신념은 도전적이지만 획득할 수 있는 목표를 실현해야 하는 가장 큰 발전의 상황에서 특별히 중요한 역할을 한다. 또한 장기적이거나 지배적 목표에 대한 개인의 의사결정, 즉 재취업을 할 것인가, 아니면 창업을 할 것인가와 같이 구체적인 결정을 하도록 한다.

03 틴슬리 등(Tinsley, Workmana, Kassa, 1980)이 제시한 내담자의 상담에 대한 4가지 기대에 해당하지 않는 것은?

① 내담자 자신의 개인적 관여
② 촉진적 조건
③ 돌봄에 대한 기대
④ 상담자의 인성

> **해설** [내담자의 상담에 대한 기대 4가지 (Tinsley, Workmana, Kassa, 1980)]
> ㉠ 내담자 자신의 개인적 관여
> ㉡ 촉진적 조건 (환경)
> ㉢ 상담자의 전문성
> ㉣ 돌봄에 대한 기대

★★
04 다음 중 Deci와 Ryan(1985)의 자기결정이론에서 중요하게 강조된 동기에 대한 설명으로 옳은 것은?

① 일 자체에 내재되어 있는 즐거움이나 만족을 경험하기 위한 내면의 욕구
② 자신의 행동이 실체적인 보상을 이끌어 낼 수 있다고 인지할 때 발생하는 동기
③ 집단의 목표 달성에 영향을 미치며 인센티브, 성과급, 포상 등과 관련된 동기
④ 행동과 그 행동 결과 간의 관계를 전혀 지각하지 못하는 상태

> **해설** 데시와 리안(Deci & Ryan, 1985)의 자기결정이론에서 중요하게 강조된 동기는 내재적 동기이다.

정답 01. ③　02. ①　03. ④　04. ①

05 다음에서 설명하고 있는 이론은?

사람들의 행동변화 과정에서 나타나는 일련의 변화단계를 제시한다. 이 이론은 음주와 약물남용, 불안과 공포장애, 비행, 섭식장애와 비만, AIDS 예방 등의 광범위한 분야에서 적용되어 왔다. 전직지원 대상자 중에는 실업이 길어질수록 음주와 약물남용, 불안과 공포장애 등을 갖는다.

① 자기결정이론
② 홀랜드이론
③ 초이론
④ 동기강화상담

해설 초이론(TTM : Transtheoretical Model)은 사람들의 행동변화 과정에서 나타나는 일련의 변화단계를 제시하며, 금연과정을 통해 변화를 경험하는 사람들이 공통된 변화단계를 거친다는 것을 발견해 낸 후, 약물남용, 불안과 공포장애, 비행, 섭식장애와 비만, AIDS 예방 등의 광범위한 분야에서 적용되어 왔다.

06 다음은 무엇에 대한 설명인가?

• 동기수준의 평가보다 동기를 강화하면서 변화를 이끌어가는 상담방법에 비중을 둔 대표적인 이론이다.
• 음주치료경험으로부터 발전되어 1983년 Miller에 의해 처음 알려졌고, 이후 Miller와 Rollnick에 의해 보다 정교한 임상절차가 소개되었다.

① 초이론
② 동기강화상담
③ 긍정심리학
④ 긍정동기이론

해설 동기강화상담(MI : Motivational Interviewing)은 동기수준의 평가보다 동기를 강화하면서 변화를 이끌어가는 상담방법에 비중을 둔 대표적인 이론이다.

07 건강행동과정적 접근(HAPA : Health Action Process Approach)의 주요 개념인 자기효능감에 해당하지 않는 것은?

① 행동 자기효능감
② 유지 자기효능삼

③ 의사결정 자기효능감
④ 회복 자기효능감

해설 [건강행동과정적 접근(HAPA : Health Action Process Approach)의 자기효능감]
㉠ 행동 자기효능감 (action self-efficacy)
㉡ 유지 자기효능감 (maintenance self-efficacy)
㉢ 회복 자기효능감 (recovery self-efficacy)

08 다음에 제시된 가족생활주기의 발달과업 중 '성인 자녀를 갖는 가족'단계에서의 발달과업으로 적절하지 않은 것은?

① 텅 빈 보금자리에 적응하기
② 자녀가 가정을 떠날 때 책임을 재할당하기
③ 가정의 물리적 설비와 자원을 재배치하기
④ 가족구성원들 사이의 의사소통을 유지하기

해설 ① '중년기 가족'단계의 발달과업에 해당한다.

2 변화 지원

09 변화목표 설정을 위해 전직지원 대상자의 상황에 대해 평가하는 내용으로 가장 거리가 먼 것은?

① 상황을 평가하고 변화를 추구하는 중요성에 대하여 설명한다.
② 상황을 평가하는 것에 동의를 구한다.
③ 평가하는 동안 느낀 점에 대하여 이야기하도록 한다.
④ 평가 결과를 제시하고 유지해야 할 부분에 대하여 의견을 나눈다.

해설 ④ 평가 결과를 제시하고 변화해야 할 부분에 대하여 의견을 나눈다.

10 다음 중 전직활동계획서에 대한 설명으로 바르지 않은 것은?

① 진로일기란 인생설계도 작성의 최종적인 단계로서 전직활동의 종합계획서이다.

② 진로일기는 각 기간 동안에 예상되는 목표를 명시하고, 1주일 단위로 해야 할 일을 기록한다.

③ 전직활동에 대한 전 과정을 작성하는 결정판으로 진로개척에 용기를 잃거나, 무기력해지거나, 생활의 활력소가 없을 때 유용하다.

④ 진로일기는 작업의 시작이나 완료시점, 다른 작업과 연결시점, 진행 중에 주목할 만한 상태의 시점들을 표시한다.

> **해설** ④ '진로공정표'의 설명에 해당한다.

11 전직지원 대상자의 변화 점검을 위한 자기평가 내용으로 바르지 않은 것은?

① 자신의 신념 확인하기

② 타인의 평가 확인하기

③ 경제상황 확인하기

④ 인간관계망 점검하기

> **해설** [전직지원 대상자의 변화 점검을 위한 자기평가]
> ㉠ 자신의 신념 확인하기
> ㉡ 타인의 평가 확인하기
> ㉢ 인간관계망 점검하기

정답 10. ④ 11. ③

제5장

전직역량 분석

01 진로자본

(1) 진로자본

① 진로자본의 의미

㉠ 자본은 개인에게 통합되어 개인적, 사회적, 경제적 복지 창출을 촉진시키는 지식, 기술, 능력 및 속성으로 정의된다.

㉡ 진로자본은 개인의 일과 삶, 진로에 있어 가지고 있는 지식, 역량, 특성으로 소득을 창출할 수 있는 자원이다.

㉢ 진로자본은 진로성숙역량, 전문지식역량, 인간관계역량 등을 포함한다.

② 진로자본의 유형

구분	내용
진로성숙역량 (knowing-why)	개인이 자신의 진로에 대해 갖고 있는 태도와 관점을 의미하며, 내재적 동기, 개인적 학습모색, 성장경험 등을 포함한다.
전문지식역량 (knowing-how)	개인들이 자신의 일과 관련하여 갖는 진로 관련 기술과 업무지식를 의미하며, 실제적인 업무지식과 방법에 대한 지식이다.
인간관계역량 (knowing-who)	개인들이 진로 안에서 갖게 되는 다양한 형태의 인간관계 및 사회적 연결망을 발전시키는 능력을 의미한다.

(2) 전직지원 대상자의 진로자본

① **전문성** : 일자리에서 습득한 지식과 경험의 전문지식은 진로자본 형성의 주요 핵심역량이다.

② **관계성** : 여가활동은 직무를 수행하면서 만들어진 역량으로 일자리 창출의 바탕이 될 수 있으며, 관계자본은 이 자본으로도 전직지원 대상자가 전직을 시도하는 단초를 제공하기도 하다.

③ **진로성숙** : 전직지원 대상자는 퇴직 전까지 직업유지를 하면서 진로성숙을 꾀하여 왔다. 주된 일자리에서 어떤 상태로 있었느냐에 따라 일에 대한 열정, 동기 등이 개인차를 보이지만, 대부분의 전직지원 대상자는 재취업에 대한 요구도가 높게 나타난다.

(1) 출생순위

① 출생순위에 따라 가족 내의 역동성이 달라지고, 이는 진로에 영향을 미칠 수 있다.
② 장남이나 장녀로 태어나면 은연중에 가문에 대한 책임을 갖도록 양육되고 성장한다.
③ 둘째 아이는 구속감이나 의무감이 적은 반면, 관습적이지 않고 창의적 성향을 갖는다.

(2) 대뇌반구

① 어떤 사람은 매우 치밀하게 생각하는 반면, 다른 사람은 직관에 의해 결정하곤 한다. 이는 좌반구적 특징과 우반구적 특징으로 구분할 수 있다.
② 스플리트(Split)의 뇌 연구는 왼쪽 및 오른쪽 대뇌반구가 다른 방법으로 정보를 투과하는 것을 보여주었다. 즉, 좌뇌형이냐, 우뇌형이냐에 따라 개인의 특성과 역량이 달라질 수 있다.

(3) 타고난 자질

① **다중잠재 소유자**(multi-potentialed) : 광범위한 흥미와 적성을 가졌기 때문에 진로결정에 혼돈과 무결정의 결과를 가져온다.
② **조기 판명자**(early emergers) : 어릴 때부터 과학, 수학, 음악 등의 분야에서 진로에 대한 흥미를 확고하게 나타낸다.
③ **창조적 재능자**(creatively gifted) : 독립적이고, 불순응자이며 자주 규칙을 깨뜨리는 사람들이다.
④ **학문적 재능자**(academically gifted) : 수준 높은 언어적 추론기술, 학문적 우수성의 이력, 사회적 기대에 부응하는 경향, 자기존중감의 주된 자원을 타인의 인정 여부에 의존하는 부류이다.

(4) 직업가계도

① 직업가계도(vocational genograms)는 생물학적 친조부모와 양조부모, 양친, 숙모와 삼촌, 형제자매 등의 직업들을 도해로 표시하는 것이다.
② 직업가계도에는 직업, 진로경로, 진로포부, 직업선택 등에 관해 자신에게 영향을 주었던 다른 사람들도 포함시킨다.

(5) 흥미, 적성

① 개인의 흥미는 선호하는 활동에 대한 관심을 의미하며, 이는 개인의 성격유형을 결정하고, 그러한 성격유형에 따라 개인이 가진 기술과 능력, 태도와 가치 등에서 차이를 보인다.

② 적성은 직업적 능력을 의미하며, 직업적성검사를 활용하여 평가할 수 있다. 고용24(워크넷)에서 제공하는 직업적성검사는 11개 적성(언어력, 수리력, 추리력, 공간지각력, 사물지각력, 상황판단력, 기계능력, 집중력, 색채지각력, 문제해결능력, 사고유창력)에 대해 평가한다.

(6) 가치

① 인간은 자신의 삶에서 무엇을 지향할 것인가에 관하여 다양한 생각을 가지고 있으며, 가치(value)는 개인의 중요한 신념을 나타낸다.
② 가치는 특정의 상황이 아닌 광범한 상황들에 적용되는 행동, 목표, 바라는 상태 등을 뜻하며, 여러 가지 행동방식 중에서 어떠한 행동을 할 것인지 판단하고 선택하는데 적용되는 규범적 표준이다.

제 2 절 직무역량 분석

01 핵심 직무역량 분석

(1) 역량의 개념과 의미

① **역량의 의미**
　⊙ 역량은 높은 성과를 내도록 하는 개인의 행동특성이나 태도를 말한다.
　ⓛ 기존의 '능력' 개념이 개인 측면의 보유 자질에 초점을 맞춘 것이라면, '역량'은 조직 측면에서 조직의 성과 창출을 위한 자질이라 할 수 있다.

② **역량의 유형 (Spencer, 1993)**

구분	내용
동기 (motives)	개인이 일관되게 마음에 품고 있거나 원하는 어떤 것
특질 (traits)	신체적 특성, 상황정보에 대한 일관된 반응 성향
자기개념 (self-concept)	태도, 가치관 또는 자기상
지식 (knowledge)	특정 분야에 대해 가지고 있는 정보
기술 (skills)	특정한 신체적 혹은 정신적 과제를 수행할 수 있는 능력

③ **역량개념의 특징**
　⊙ 역량은 행동이다. : 역량은 보유하고 있는 지식이나 기술 그 자체가 아니라 내면의 동기, 가치, 태도 등이 지식이나 기술과 결합하여 나타나는 행동이다.
　ⓛ 역량은 성과와 연계된 행동이다. : 능력이 매우 뛰어나더라도 그것이 해당 직무의 성과 창출을 위한 중요한 행동이 아니라면 해당 직무에 적합한 '역량'을 갖췄다고 할 수는 없다.

ⓒ 역량은 직무마다 다르고, 동일한 직무라도 상황이 바뀌면 요구되는 역량이 다를 수 있다.

ⓔ 역량은 행동이기 때문에 관찰이 가능하며, 측정하고 개발할 수 있다.

(2) 역량모델링

① 역량모델의 의미와 유형

ⓐ 역량모델은 조직에서 계층이나 직종에 따라 구분된 각 집단의 구성원이 갖춰야 할 역할을 체계적으로 표현하는 것을 의미한다.

ⓑ 역량의 유형이 조직의 수직적 측면에서의 리더십역량, 조직의 수평적 측면에서의 직무역량, 그리고 구성원 전체의 공통역량으로 나눠질 수 있다.

ⓒ 지식, 기술이 빙산의 드러난 부분이라면 자기개념, 특질, 동기 등은 빙산의 드러나지 않은 부분에 해당한다.

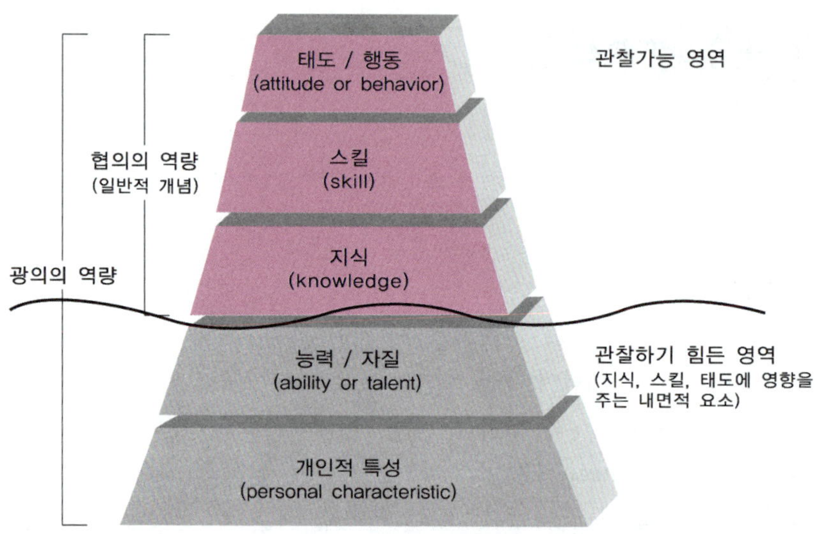

〈 역량의 빙산모델 (박재림, 2014) 〉

② 역량모델링 방법

구분	내용
행동사건 인터뷰 (BEI : behavioral event interview)	• 전문적으로 훈련된 역량평가사(Assessor)가 집단의 고성과자의 행동특성을 인터뷰 형식으로 역량을 도출한다. • 특정한 성과를 발휘했을 당시를 떠올리게 한 후 당시의 구체적 상황(situation), 수행했던 업무(task), 구체적으로 취한 행동들(action), 그리고 그에 따른 결과(result)들을 질문한다. • 실제 집단의 고성과자를 통해 정확한 행동특성을 끌어낼 수 있다는 장점이 있는데 반해, 상대적으로 시간이 많이 소요되는 단점이 있다.

구분	내용
직무전문가 (SEM : subject matter expert) **워크숍**	• 해당 직무의 전문가들을 한 자리로 모아 각 직무를 성공적으로 수행하기 위한 조건들을 검토함으로써 역량을 도출한다. • 직무전문가의 주관적 판단에 의존하는 측면이 있지만, 이는 복수의 전문가를 통해 공통된 의견을 수렴하는 과정에서 보완될 수 있다. • 행동사건 인터뷰의 단점을 보완할 수 있다.
설문지 조사법	• 사전에 표준화된 설문지를 제작 배포하여 집단 구성원들로부터 필요한 핵심 정보를 입수하는 방식이다.

〈 전통적 인터뷰와 행동사건 인터뷰 비교 〉

전통적 인터뷰	행동사건 인터뷰
• 면접관의 임의적 판단에 따라 진행 • 의사결정권자가 실행 • 개인 또는 집단 인터뷰 • 성공했거나 실패한 일반 사건들을 질문 • 소요시간은 임의로 결정 • 질문에 따라 응답내용이 달라질 수 있으며, **바람직한 응답유도 가능**	• 상세하게 사전 설계된 프로세스에 따라 진행 • 특정 역량들에 집중 • 개인 인터뷰 • 평가할 역량이 이미 정해져 있어 그 역량들에 대해서만 질문 • 평가해야 할 역량을 확인할 때까지 시간 필요 • **성과와 직결된 역량에 초점을 맞추고, 피평가자의 실제 행동을 증거로 평가**

③ **역량사전**

　㉠ 역량모델링의 최종 결과물이며, 도출된 역량을 구성원들이 이해하기 쉽게 정리하여 기술한 것이다.

　㉡ 기본적으로 역량정의, 도출배경, 역량수준의 구분기준, 행동지표 등을 포함한다.

　㉢ 스펜서(1993)의 역량사전이 가장 널리 사용되고 있다.

④ **델파이 기법 (Delphi Technique)**

　㉠ 역량분석을 위해서는 그 분야의 전문가에게 의견을 조사하는 델파이 기법이 적합하다.

　㉡ 전문가 집단의 의견과 판단을 추출하고 종합하며, 그 결과를 다시 동일한 전문가 집단에게 송부하고, 그 결과를 조사하는 단계를 3회 실시하여 집단의 의견을 종합하고 그 결과를 정리하는 연구기법이다.

02 역량 진단도구의 활용

(1) 중장년 직업역량검사

① **검사의 특징 및 장점**

　㉠ 중장년 근로자의 직업역량을 진단하여 후기 경력개발과 관련된 의사결정을 돕기 위한 검사로, 우리나라 고용환경의 특성과 중장년 근로자의 특성을 고려하여 개발되었다.

　㉡ 근로자의 개인특성뿐만 아니라 후기 경력개발에 영향을 미치는 다양한 환경요인을 측정하여 후기 경력개발과 관련된 의사결성에 도움이 되는 정보를 제공한다.

ⓒ 연령·학력·연봉을 기준으로 집단을 구분하여, 피검사자와 동일한 집단과의 비교를 통해 상대적인 수준을 확인할 수 있다.

ⓔ 피검사자의 현 직종 및 최근 퇴직직종에 종사하는 사람들, 이직 희망 직종에 종사하는 사람들과 기초직무능력 수준을 비교할 수 있도록 정보를 제공한다.

ⓜ 피검사자의 현재 직업역량과 기초직무능력을 통합적으로 고려하여 15개 직종 중 재취업에 알맞은 3개 직종을 추천한다.

ⓗ 중장년 근로자의 직업역량과 관련된 내·외적 자원을 측정하여, 효율적인 후기 경력개발과 관련된 정보를 제공한다.

ⓢ 이·전직 직종 탐색 및 선택 등의 직업의사결정에 도움을 준다. 특히 해당 직종으로 이직을 성공한 중장년 근로자의 검사 결과와 피검자의 검사 결과를 비교하여 가장 적합한 직종을 안내해 줌으로써 직업의사결정 시 도움을 줄 수 있다.

② **검사의 구성**

역량	하위요인	설명
경력활동	재취업 자신감	자신이 재취업하기 위한 능력 및 노력에 대해 자신감을 갖고 있는지에 대한 내용
	경력계획	자신의 경력을 위해서 장기적이고 실행 가능한 목표를 세우고, 목표 달성을 위해 얼마나 노력하는지에 대한 내용
직무태도	직무적합도	현재 하고 있는 일이 자신의 특성 및 적성에 알맞은 정도
	직무만족	자신이 현재 하고 있는 일에 대해 만족하는 정도
직무능력	업무능력	의사결정이나 과제를 수행하기 위한 계획을 기획하는 등 지식을 사용하여 업무를 수행하는 능력
	관계능력	다른 사람과의 관계에서 발생하는 문제를 적절히 해결하는 기술
	인지능력	수를 셈하거나 주요 정보를 기억하는 등 지식을 획득하고 사용하는 방식에 관한 능력
	신체능력	기계를 조작하거나 부품을 조립하는 등 신체적인 업무를 수행하는 데 필요한 능력
개인특성	자기평가	삶을 살아가는 능력에 대해 스스로 판단하는 정도
	개방성	자기 자신을 둘러싼 세계에 대한 관심, 호기심, 다양한 경험에 대한 추구 및 포용 정도
기초자산	가족의 지지	자신과 가족이 서로 얼마나 믿고 의지할 수 있는지에 대한 내용
	건강	자신의 정신적, 신체적 건강에 대한 내용

※ **암기 Tip : 경-태-능-개-기**

(2) 영업직무 기본역량검사

① **검사의 특징 및 장점**

㉠ 특성이론에 확고한 베이스를 두고 개발된 검사이다.

 ⓛ 영업직을 세분화하여 이 분야에 적합한 개인의 역량을 파악할 수 있다.

 ⓒ 능력에 대한 최근의 이론적 관점을 통합하여 이와 관련된 부분을 능력 측정의 요소로 포함하였다.

 ⓔ 영업직무에서 성공적으로 적용할 수 있는 역량에 초점을 두고 개발되었다.

 ⓜ 검사를 통해 제공되는 정보는 영업직 직무와 관련된 직업탐색 및 선택에 유용한 자료로 활용될 수 있다.

> ▶ 영업직무 기본역량검사를 통해 제공되는 정보
> • 영업직종 관련 자신의 역량을 논리적으로 파악하고 올바르게 분석할 수 있는 정보
> • 영업직종 측면에서의 자신의 강점과 약점
> • 영업직종에서 우수한 수행자가 될 가능성
> • 영업직종에서 성공하기 위해 보완, 개발해야 하는 측면
> • 영업직종에 속한 구체적인 하위직군에 대한 적합성

② **검사의 구성**

구분	하위요인	설명	하위검사
적성	언어력	전달하고자 하는 내용을 정확하고 효과적인 말과 글로 표현하고, 상대방의 말과 글을 잘 이해하여 의사소통을 할 수 있는 능력	어휘력검사 (반의어, 유사어) 문장논리검사 문맥논리검사
	기억력	새로운 제품에 대한 끊임없는 학습능력, 고객정보를 잘 기억하기 위한 능력	기억력검사
인성	근면	목표를 세워 지속적으로 지치지 않고 부지런히 일하는 성향	
	자율	자기가 할 일을 스스로 찾고, 자신이 맡은 역할을 주도적으로 수행하려는 성향	
	심리적 탄력	고객의 거절과 같은 어려운 상황이나 좌절에도 낙심하지 않고 평상심으로 빨리 돌아올 수 있는 성향	
	사회성	고객과의 관계 맺음을 중요하게 여기고 여러 사람 앞이나 모르는 사람 앞에서 불편함을 느끼지 않는 성향	–
	타인배려	타인과 편안하고 조화로운 관계를 유지하려 하며, 타인에 대해 관대하고 타인을 이해하고, 세심한 배려를 해주는 성향	
	감정조절	화가 나더라도 충동적으로 행동하지 않고 참는 성향	

(3) IT직무 기본역량검사

① 검사의 특징 및 장점

 ⊙ 특성이론에 확고한 베이스를 두고 개발된 검사이다.

 ⓛ IT직을 세분화하여 이 분야에 적합한 개인의 역량을 파악할 수 있다.

ⓒ 능력에 대한 최근의 이론적 관점을 통합하여 이와 관련된 부분을 능력 측정의 요소로 포함하였다.

ⓔ IT직무에서 성공적으로 적응할 수 있는 역량에 초점을 두고 개발되었다.

ⓜ 검사를 통해 제공되는 정보는 IT직무와 관련된 직업탐색 및 선택에 유용한 자료로 활용될 수 있다.

> **▶ IT직무 기본역량검사를 통해 제공되는 정보**
> * IT직종 관련 자신의 역량을 논리적으로 파악하고 올바르게 분석할 수 있는 정보
> * IT직종 측면에서의 자신의 강점과 약점
> * IT직종에서 우수한 수행자가 될 가능성
> * IT직종에서 성공하기 위해 보완, 개발해야 하는 측면
> * IT직종에 속한 구체적인 하위직군에 대한 적합성

② **검사의 구성**

구분	하위요인	설명	하위검사
적성	언어력	일상생활에서 사용되는 다양한 단어·구·문장·문단의 의미를 정확히 알고 글로 표현된 내용을 올바르게 파악하는 능력	문장논리검사 문맥논리검사
	추리력	주어진 정보를 종합해서 이들 간의 관계를 논리적으로 추론해내는 능력	기호추리검사 언어추리검사 도형추리검사 규칙찾기검사 순서도검사
	집중력	작업을 방해하는 자극이 존재함에도 불구하고 정신을 한곳에 집중하여 지속적으로 문제를 해결할 수 있는 능력	회로도 연결
인성	근면	목표를 세워 지속적으로 지치지 않고 부지런히 일하는 성향	인성검사
	자율	자기가 할 일을 스스로 찾고 자신이 맡은 역할을 주도적으로 수행하려는 성향	
	적응력	변화하는 환경에 빨리 적응하고 유연하게 대처하는 성향	
	심미적 센스	예술과 관련된 대상이나 활동에 대한 아름다움을 추구하여 이것을 즐기는 성향	

(4) 역량평가

① 진로자본과 역량분석의 통합

ⓐ 진로자본요인과 전직지원 대상자가 일자리를 통하여 습득한 지식, 기술 등을 망라한 것이 전직지원 대상자의 역량이므로 역량평가는 곧 진로자본과 역량분석을 통합한 것이다.

ⓑ 재취업을 위한 역량평가는 가능직무 확인에 중요한 단서가 되며, 기업에서 요구하는 인재에 적합성을 확인할 수 있다.

② **기대효과**

㉠ 역량평가를 통해 전직지원 대상자들에게 재취업, 창업 혹은 제3의 경로 등 향후 어떤 경력코스로 이동할 것인가에 관한 의사결정을 돕는 자료가 된다.

㉡ 역량평가를 통해 대상자를 정확히 선별하면 국가지원금 등 자원의 효율적 배분을 위한 기초자료가 된다.

㉢ 역량평가 결과서는 중소기업 사장 등 전직지원 대상자의 재취업을 결정하는 사람들의 신속한 의사결정을 돕는다.

㉣ 전직지원 대상자에게 역량평가 결과서를 주면 부족한 역량을 확인하여 역량개발 프로그램에 대한 참여의지가 높아진다. 또한 자기 포트폴리오 차원에서 역량평가 결과서를 입사서류와 함께 제출할 수 있다.

㉤ 역량평가 결과서가 헤드헌팅업계 등으로 공신력 있게 유통되면 사회 전체적으로 경력자 채용 의사결정이 빨라지고 원활해질 수 있다.

㉥ 규명된 역량모델과 직접적으로 매칭되는 교육훈련 프로그램을 개발할 수 있다.

㉦ 전직을 앞둔 대상자들에게 사전준비차원의 자기개발을 위해 어떤 노력을 해야 하는가를 보다 설득력 있게 제시할 수 있다.

① 진로자본 파악

★★
01 다음에서 설명하는 것은 무엇인가?

> • 개인의 일과 삶, 진로에 있어 가지고 있는 지식, 역량, 특성으로 소득을 창출할 수 있는 자원이다.
> • 진로성숙역량, 전문지식역량, 인간관계역량 등을 포함한다.

① 진로성숙　　　　　② 진로역량
③ 진로발달　　　　　④ 진로자본

[해설] 자본은 개인에게 통합되어 개인적, 사회적, 경제적 복지 창출을 촉진시키는 지식, 기술, 능력 및 속성으로 정의된다. 진로자본은 개인의 일과 삶, 진로에 있어 가지고 있는 지식, 역량, 특성으로 소득을 창출할 수 있는 자원이며, 진로성숙역량, 전문지식역량, 인간관계역량 등을 포함한다.

★
02 다음 중 진로자본의 유형에 해당하지 않는 것은?

① 진로성숙역량　　　　② 전문지식역량
③ 여가생활역량　　　　④ 인간관계역량

[해설] [진로자본의 유형]
㉠ 진로성숙역량(knowing–why) : 개인이 자신의 진로에 대해 갖고 있는 태도와 관점
㉡ 전문지식역량(knowing–how) : 개인들이 자신의 일과 관련하여 갖는 진로 관련 기술과 업무지식
㉢ 인간관계역량(knowing–who) : 개인들이 진로 안에서 갖게 되는 다양한 형태의 인간관계 및 사회적 연결망을 발전시키는 능력

03 개인적인 특성과 관련하여 진로자본을 파악하는 방법으로 적절하지 않은 것은?

① 출생순위　　　　　② 대뇌반구
③ 직업가계도　　　　④ 기질

[해설] [개인특성 관련 진로자본 파악방법]
㉠ 출생순위
㉡ 대뇌반구
㉢ 타고난 자질
㉣ 직업가계도
㉤ 흥미, 적성
㉥ 가치

② 직무역량 분석

★★★ 2023년 직업상담사 1급 과정평가형
04 다음 중 역량모델링을 위한 중요한 방법인 '개인이 과거에 수행했던 행동에 관한 구체적인 정보를 수집하는 기법', 즉 행동사건 인터뷰의 내용이 아닌 것은?

① 평가할 역량이 이미 정해져 있어 그 역량들에 대해서만 질문한다.
② 바람직한 응답의 유도가 가능하다.
③ 성과와 직결된 역량에 초점을 맞추고, 피평가자의 실제 행동을 증거로 평가한다.
④ 이름, 직위, 해당 직무, 성과책임 등을 포함하여 피평가자가 속한 조직에 대하여 사전에 파악한다.

[해설] ② 행동사건 인터뷰가 아닌 전통적 인터뷰의 단점에 해당한다.

[정답]　01. ④　02. ③　03. ④　04. ②

★★
05 스펜서(Spencer, 1993)가 제시한 역량의 5가지 유형에 해당하지 않는 것은?

① 자기개념 　　② 동기
③ 특질 　　　　④ 태도

 역량의 유형 (Spencer, 1993) : 동기, 특질, 자기개념, 지식, 기술

★★★
06 다음에서 설명하고 있는 것은?

> 스펜서가 만들었으며, 역량모델링의 최종 결과물이다. 도출된 역량을 구성원들이 이해하기 쉽게 정리하여 기술한 것으로, 기본적으로 역량정의, 도출배경, 역량수준의 구분기준, 행동지표 등을 포함한다.

① 역량사전 　　　② 역량평가서
③ 직무기술서 　　④ 역량모델

 역량사전은 역량모델링의 최종 결과물이며, 도출된 역량을 구성원들이 이해하기 쉽게 정리하여 기술한 것이다. 기본적으로 역량정의, 도출배경, 역량수준의 구분기준, 행동지표 등을 포함하며, 스펜서(1993)의 역량사전이 가장 널리 사용되고 있다.

★ **2023년 직업상담사 1급 과정평가형**
07 다음에서 설명하고 있는 역량분석기법은 무엇인가?

> 역량분석을 위해서는 그 분야의 전문가에게 의견을 조사하는 기법으로 전문가 집단의 의견과 판단을 추출하고 종합하며 그 결과를 다시 동일한 전문가 집단에게 송부하고, 그 결과를 조사하는 단계를 3~4회 실시하여 집단의 의견을 종합하고 그 결과를 정리하는 연구기법이다

① 델파이 기법
② 행동사건 인터뷰
③ 직무전문가 워크숍
④ 실문지조사법

 델파이 기법(Delphi Technique)은 전문가 집단의 의견과 판단을 추출하고 종합하며 그 결과를 다시 동일한 전문가 집단에게 송부하고, 그 결과를 조사하는 단계를 3회 실시하여 집단의 의견을 종합하고 그 결과를 정리하는 연구기법이다.

★★
08 다음 중 중장년 직업역량검사의 척도와 하위요인의 예가 잘못 연결된 것은?

① 경력활동 : 재취업 자신감, 경력계획
② 기초자산 : 가족의 지지, 건강
③ 개인특성 : 자기평가, 개방성
④ 직무태도 : 업무능력, 신체능력

 [중장년 직업역량검사의 척도와 하위요인]
ⓐ 경력활동 : 재취업 자신감, 경력계획
ⓑ 직무태도 : 직무적합도, 직무만족
ⓒ 직무능력 : 업무능력, 관계능력, 인지능력, 신체능력
ⓓ 개인특성 : 자기평가, 개방성
ⓔ 기초자산 : 가족의 지지, 건강

★
09 영업직무 기본역량검사에 대한 설명으로 바르지 않은 것은?

① 영업직무와 관련된 직업탐색 및 선택에 유용한 자료로 활용될 수 있다.
② 직업적응이론에 확고한 베이스를 두고 개발된 검사이다.
③ 영업직을 세분화하여 이 분야에 적합한 개인의 역량을 파악할 수 있다.
④ 영업직무에서 성공적으로 적응할 수 있는 역량에 초점을 두고 개발되었다.

 ② 특성이론에 확고한 베이스를 두고 개발된 검사이다.

 05. ④　06. ①　07. ①　08. ④　09. ②

 IT직무 기본역량검사에서 집중력을 측정하기 위한 하위검사는?

① 기호추리검사　　② 규칙찾기검사
③ 회로도 연결　　　④ 순서도검사

> **해설** **[IT직무 기본역량검사의 적성요인과 하위검사]**
> ㉠ 언어력 : 문장논리검사, 문맥논리검사
> ㉡ 추리력 : 기호추리검사, 언어추리검사, 도형추리검사, 규칙찾기검사, 순서도검사
> ㉢ 집중력 : 회로도 연결
> ㉣ 근면, 자율, 적응력, 심미적 센스 : 인성검사

정답　10. ③

제6장

전직목표 설정

제1절 전직대안 도출

01 전직욕구 파악

(1) 전직목표 설정의 중요성

① 자신의 역량과 필요의 관점에서 자신에게 적합한 기회를 선택하는 기준이 된다.
② 단기 목표뿐만 아니라 생애관점에서 성취하고자 하는 명확한 그림을 갖게 된다.
③ 지속적으로 전직목표를 달성하기 위해 필요한 지식, 요건을 달성하기 위한 단계별 과정관리가 용이하다.
④ 본인의 역량과 보유 진로자본을 효율적으로 활용하고 배분할 수 있다.

(2) 전직대안

① **재취업** : 퇴직 후 본인의 직무경력과 진로자본을 기반으로 동일 업종 또는 다른 업종으로 취업하는 것이다.
② **창업** : 영리를 목적으로 수익 창출활동을 하기 위해 아이템을 가지고 자금, 인력, 설비 등의 경영자원을 확보하여 사업을 시작하는 것을 말한다.
③ **창직** : 개인이 자신의 지식, 기술, 능력, 흥미, 적성 등을 활용한 창조적 아이디어와 활동을 통해 새로운 직업을 개발 또는 발굴하고, 이를 통해 일자리를 창출하는 것이다.
④ **귀농·귀촌** : 도시에서 1년 이상 주민등록이 되어 있던 사람이 농업인이 되기 위하여 농촌지역으로 이주한 후 주민등록 전입신고를 하고 농업경영체에 등록(귀농)하거나 농어촌지역으로 이주한 후 주민등록 전입신고(귀촌)를 한 사람을 의미한다.
⑤ **신진로개발** : 보유한 역량과 진로자본을 토대로 새롭게 진로를 개발하는 것을 말한다.

02 전직대안 도출

(1) 전직대안 도출방법

① **진로자본으로 전직대안 도출하기**
  ㉠ 과거 직무경력으로 전직대안 도출하기

ⓛ 보유 전문성으로 전직대안 도출하기

ⓒ 관계자원으로 전직대안 도출하기

ⓔ 직무경력, 보유 전문성, 관계자원을 혼용하여 전직대안 도출하기

② **진로자본과 직업적성, 흥미, 가치를 조합하여 전직대안 도출하기**

ⓖ 진로자본과 직업적성 및 흥미를 조합하여 전직대안 도출하기

ⓛ 진로자본과 직업가치를 조합하여 전직대안 도출하기

ⓒ 진로자본과 직업흥미 및 가치를 조합하여 전직대안 도출하기

(2) 전직대안에 대한 정보 수집

① **재취업 관련 정보 수집**

ⓖ 취업포털사이트

	사이트	특징
사람인	www.saramin.co.kr	취업플랫폼
스카우트	www.scout.co.kr	취업정보사이트
아이원잡	www.ibkonejob.co.kr	중소기업 전문 취업정보사이트
고용24	www.work24.go.kr	고용노동부 고용정보시스템
인디드	kr.indeed.com	기업채용 게시판 및 취업정보사이트에 게재된 국내외 취업정보를 한 번에 검색할 수 있는 검색엔진
인크루트	www.incruit.com	취업정보사이트
잡코리아	www.jobkorea.co.kr	취업정보사이트
잡플래닛	www.jobplanet.co.kr	취업정보 및 기업정보사이트
커리어	www.career.co.kr	취업정보사이트

ⓛ 정부 일자리 전문 채용사이트

	사이트	특징
나라일터	www.gojobs.go.kr	공공기관 개방형 직위 채용정보 제공
잡알리오	job.alio.go.kr	공공기관정보, 채용정보, 박람회정보 제공
서울일자리포털	job.seoul.go.kr	채용정보 제공, 일자리서비스

ⓒ 서치펌 (search firm) 사이트 : 헤드헌터들이 모여 있는 회사로, 헤드헌터들이 일할 수 있도록 사무실, 전화, 컴퓨터, 인터넷, 서치포털 등을 제공하고 매출에서 일정 비율을 나누는 것이 일반적인 형태이다.

② **창업, 창직 관련 정보 수집**

ⓖ 창업 관련 정보 수집

	사이트	특징
기업마당	www.bizinfo.go.kr	중소벤처기업, 소상공인 지원
소상공인마당	www.sbiz.or.kr	자영업 지원 포털

사이트		특징
신사업 창업사관학교	newbiz.sbiz.or.kr	창업 지원
서울시 상권분석서비스	golmok.seoul.go.kr	업종별 정보 제공
창업진흥원	www.kised.or.kr	창업 인프라와 컨설팅 지원
K-스타트업	www.k-startup.go.kr	창업 지원

ⓛ 창직 관련 정보 수집

사이트		특징
한국창직협회	jobcreation.or.kr	창직보급 활성화 (고용노동부 인가)
창업창직교육협회	newjobcre.modoo.at/	창직교육·보급, 일자리 창출 (교육부 인가)

ⓒ 귀농·귀촌 관련 정보 수집

사이트		특징
그린대로	www.greendaero.go.kr	귀농·귀촌 대표 플랫폼
귀어귀촌종합센터	www.sealife.go.kr	맞춤형 상담서비스 제공
귀산촌 길라잡이	www.forest.go.kr	산림청 제공
농사로	www.nongsaro.go.kr	농업기술정보 제공
농지은행포털사이트	www.fbo.or.kr	농지임대, 수탁정보 제공
스마트팜 코리아	www.smartfarmkorea.net	스마트팜 전문 사이트
한국농촌경제연구원	www.krei.re.kr	농업정책정보 제공

ⓔ 신진로개발 관련 정보 수집

사이트		특징
고용24 (워크넷, hrd-net)	www.work24.go.kr	직업정보 및 직업훈련정보 제공
민간자격정보서비스	www.pqi.or.kr	국가공인 및 등록 민간자격 소개
커리어넷	www.career.go.kr	진로정보망
Q-Net	www.q-net.or.kr	자격정보시스템

제2절 전직목표 확정

01 전직대안 결정

(1) 재취업 전직대안 검토를 위한 기업정보 탐색

사이트		특징
고용24 (워크넷)	www.work24.go.kr	통합기업정보 검색 및 강소기업의 회사소개, 연혁, 사업장현황, 종업원현황, 재무정보 등 정보 제공

사이트		특징
중소기업현황정보시스템	sminfo.mss.go.kr	중소벤처기업부(중소기업청)에서 제공하는 우수 중소기업 관련 정보 및 그 외 기업별 기본정보, 사업장정보, 연혁, 경영진, 매출현황 등 정보 제공
금융감독원 전자공시시스템	dart.fss.or.kr	기업 개황 및 기업의 주요 공시내용과 재무제표 및 감사 보고서 등 열람 가능
공공기관 경영정보 공개시스템 ALIO	www.alio.go.kr	기획재정부에서 운영하며, 기관별 공시내용 및 임직원 수, 임금수준, 복리후생, 손익계산서 등 상세정보 제공
잡플래닛	www.jobplanet.co.kr	브레인커머스라는 기업에서 운영하며, 해당 기업 근무경험자의 기업리뷰, 연봉수준, 면접후기 등의 정보 제공
원티드 인사이트 (크레딧잡)	insight.wanted.co.kr	기업의 연봉정보, 전·현직자 리뷰, 면접후기, 채용정보 제공·국민연금을 3인 이상 납부하는 사업장에 대한 정보 확인 가능
캐치	www.catch.co.kr	대기업 채용, 중견기업 채용, 중소기업 채용, 기업정보부터 연봉정보, 합격정보, 맞춤 채용정보, 공채정보 제공

(2) 창업 전직대안 검토를 위한 진단도구

① **창업적성 체크리스트 (서울시 소상공인정보광장)** : 예비창업자의 준비상태를 알아보기 위한 검사로, 창업자의 성격과 평소 행동을 진단하여 창업준비상태를 점수로 알아보는 방법이다. 산출된 점수로 창업과정과 사업운영과정에서 일어날 수 있는 상황의 대처능력을 스스로 점검할 수 있다.

② **창업적성검사 (고용24/워크넷)** : 창업을 희망하는 개인에게 창업소질이 있는지를 진단해주고, 가장 적합한 업종이 무엇인지 추천해 준다.

(3) 전직대안 우선순위화 도구

① 발굴된 전직대안들을 전직지원 대상자의 준비도와 진입 가능성을 기준으로 전직대안의 우선순위를 정할 수 있다.

② 전직대안 목록단위별로 해당 고용시장에서 요구되거나 여건을 나타내는 구인빈도, 연령조건, 기대임금 수준과 실제 임금의 차이, 고용 가능 기간을 감안한 진입 가능성을 점검한다.

③ 전직대안 목록단위별로 전직지원 대상자가 전직을 하기 위해 필요한 자격, 기술, 경력요건을 얼마나 잘 갖추고 있는지를 나타내는 준비도를 점검한다.

④ 세로축에 준비도를, 가로축에 진입 가능성을 설정하고, 준비도와 진입 가능성의 높고 낮은 정도에 따라 1사분면에서 4사분면까지 전직대안을 작성하여 우선순위를 작성한다.

(1) 전직목표의 유형

① 재취업

㉠ **동종 산업 동일 직무** : 기존 직무경력을 잘 활용할 수 있는 가장 이상적인 재취업 형태이다. 통상 급여나 처우도 기존 조건을 유지하거나 높여서 갈 확률이 높다.

㉡ **동종 산업 다른 직무** : 특정 산업에 대한 이해도가 높고, 2개 이상의 분야에 직무 전문성을 보유하고 있는 경우에 고려할 수 있다.

㉢ **다른 산업 동일 직무** : 직무 전문성을 기초로 업종의 폭을 넓혀서 재취업하는 형태이다. 특정 직무에 대해 보유하고 있는 전문성이 높을수록 다른 산업으로 확장할 수 있는 가능성이 높다.

㉣ **다른 산업 다른 직무** : 새로운 진로개발을 통해 해당 직무가 요구하는 조건을 충족한 후 도전할 수 있는 재취업 형태이다.

㉤ **전문 계약직** : 기업의 매출 확대, 연구과제 수행, 시장전략 수립 등 다양하고 특화된 단기과제를 해결하기 위해 계약직이나 정규직 채용을 하기보다는 전문가를 단기계약형태로 채용하여 문제해결을 하는 경우이다. 결과에 대해 경영진이 만족하는 경우 정규직형태로 전환되는 경우도 있다.

② 창업

㉠ **독립 창업** : 독립 브랜드와 아이템으로 창업을 하는 것으로 가장 바람직한 창업형태이다.

㉡ **프랜차이즈 창업** : 가맹본부의 브랜드, 규모, 본인의 관심업종을 감안하여 아이템을 결정한다. 매출 대비 수익성, 투자 대비 수익성을 꼼꼼히 확인한 후 선택하여야 한다.

㉢ **외주 창업** : 근무하던 기업으로부터 비용 절감이나 효율화를 목적으로 외부에 업무를 위탁하거나 외주를 주는 일감을 직접 받아서 서비스를 제공하는 형태이다.

㉣ **전문가 창업** : 자신의 전문성을 기반으로 개인 또는 유사 전문가와 협업하여 창업을 하는 형태이다.

㉤ **1인 지식기업 창업** : 자신의 직무 전문성, 취미, 관심영역 등을 강의 또는 컨설팅형태의 지식서비스로 제공하거나 지식상품을 고객에게 판매하는 형태이다. 최초 창업비용은 거의 들지 않는 장점이 있다.

③ 귀농·귀촌

㉠ **귀농** : 농사를 목적으로 농촌으로 이주하는 것이다. 생활에 필요한 대부분을 영농을 통해 충당한다.

㉡ **귀촌** : 농사를 주목적으로 하는 것이 아니라 농촌생활을 즐기기 위해 농촌으로 이주하는 것을 의미한다. 생활에 필요한 소득의 대부분을 농업 이외의 부분에서 충당한다.

④ **창직**

　㉠ 다양한 분야에서 변화하는 직업세계를 토대로 창의적인 아이디어와 활동을 통해 자신의 지식, 기술, 능력, 흥미, 적성 등을 활용하여 직업(또는 아이디어)을 발굴하여 본인의 진로로 삼으며, 이를 통해 일자리를 창출하는 것이다.

　㉡ 직업으로 인정받기 위해서는 경제성, 계속성, 윤리성, 사회성 등의 조건을 만족해야 한다.

⑤ **기타**

　㉠ **협동조합** : 공동으로 소유되고 민주적으로 운영되는 사업체를 통하여 경제적, 사회적, 문화적 필요와 욕구를 충족시키고자 하는 5인 이상의 사람들이 자발적으로 결정한 자발적인 조직이다.

　㉡ **사회적 기업** : 취약계층에게 사회서비스 또는 일자리를 제공하여 지역주민의 삶의 질을 높이는 등의 사회적 목적을 추구하면서 재화 및 서비스의 생산·판매 등 영업활동을 수행하는 기업이다. 대표적 유형으로는 일자리 제공형, 사회서비스 제공형, 지역사회 공헌형 등이 있다.

　㉢ **사회 공헌** : 자신이 가진 것을 사회에 환원하는 일거리를 말하며, 자원봉사와 달리 실비가 지원되는 경우도 있고, 보다 더 전문성을 기초로 하여 활동이 이루어진다.

　㉣ **자원봉사** : 개인 또는 단체 소속으로 지역사회, 국가 및 인류사회를 위하여 대가 없이 자발적으로 시간과 노력을 제공하는 행위이다.

(2) 장단기 전직목표 설정

① **전직대안 우선순위 설정을 위한 도표 활용**

　㉠ 준비도는 높고 진입 가능성은 낮은 제1사분면의 대안목록을 중장기 목표 전직대안으로 분류한다.

　㉡ 준비도도 높고 진입 가능성도 높은 제2사분면의 대안목록을 단기 목표 전직대안으로 분류한다.

　㉢ 진입 가능성은 높지만 준비도가 낮은 제3사분면의 대안목록을 중장기 목표 전직대안으로 분류한다.

　㉣ 준비도와 진입 가능성 모두 낮은 제4사분면의 대안목록은 전직대안에서 제외한다.

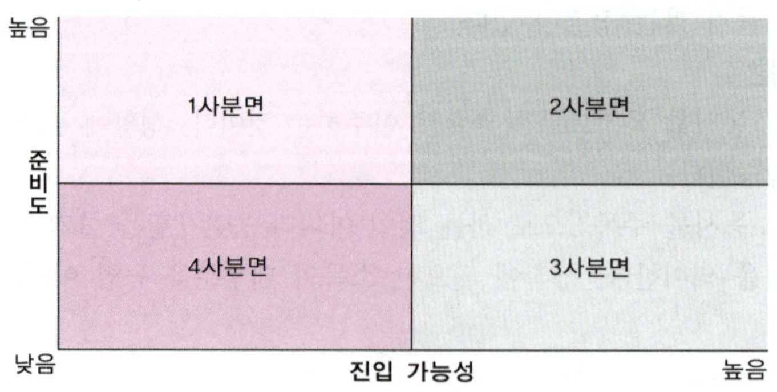

② **전직대안에 대한 진로자본의 영향도 확인**

   ⊙ 장단기 전직목표를 목록화한다.

   ⓛ 진로자본을 목록화한다.

   ⓒ 전직대안목록과 진로자본의 연관성을 표시한다.

   ⓔ 전직대안목록과 진로자본목록의 연관성을 확인한다.

   ⓜ 전직대안 단기 목표와 진로자본목록의 연관성을 종합적으로 확인한다.

(3) 구체적인 장단기 전직목표 수립의 중요성

① **실행력 제고** : 진행상황을 분명하게 점검함으로써 추진력을 제고할 수 있다.

② **동기부여** : 진행과정이 힘들 때 계속 추진하기 위한 동기를 부여해준다.

③ **전직활동 몰입** : 지금 이 순간에 집중할 목표를 통해 전직활동에 몰입도를 높여주고 시간관리를 가능하도록 도와준다.

④ **주변인들로부터의 도움 용이** : 주변인에게 전직기회와 관련한 도움요청을 구체화하여 전달 가능하도록 하고, 자신의 니즈를 명확하게 인식함으로써 구체화된 전직 관련 정보 수집에 도움을 받을 수 있다.

(4) 단기 전직목표와 장기 전직목표 구분

단기 전직목표	장기 전직목표
• **당장에 실행하여야 하는 우선순위가 가장 높은 목표이다.** • 장기적인 목표보다 더 구체적이고 측정 가능하도록 실행계획을 수립하여야 한다. • 전직지원 대상자에게 단기 전직목표는 **진입 가능성과 준비도가 가장 높은 영역**으로 목표 달성에 대한 기대가 가장 높은 목표이다.	• 단기 전직목표를 실행 후 **차선으로 실행할 수 있는 전직목표들이다.** • 단기 전직목표를 더 전문화하거나 발전시킨 확장 개념의 목표일 수도 있고, 생애주기에 따라 더 이상 단기 전직목표를 수행하지 못할 경우 대안형태의 목표일 수도 있다. • 개인의 가치와 선호도에 따라 당장에 단기 전직목표로 수행하고 싶으나 준비도와 진입 가능성을 고려하여 우선순위를 낮추어 목표를 수립하는 경우가 해당한다. • 장기 전직목표는 2~10년 이상의 기간으로 설정하되 개인에 따라 단기, 중기, 장기 전직목표로 구분하여 실행계획을 수립한다. • 실행계획은 단기 목표보다 더 열망적이며 구체적일 필요는 없지만 현실적인 계획을 수립하여야 한다.

(5) 전직목표 달성을 위한 정보 수집

① 재취업목표 달성을 위한 정보 수집

ㄱ 검색엔진에서 키워드 검색

ㄴ 기업 및 유관기관의 사이트 검색

ㄷ 구인구직포털사이트 검색

ㄹ 해당 업종 관련 헤드헌터 인터뷰

ㅁ 목표기업의 재직자 및 전문가 인터뷰

② 창업목표 달성을 위한 정보 수집

ㄱ 정부지원 창업 관련 사이트 활용

ㄴ 프랜차이즈 기업홈페이지 내 정보 활용

ㄷ 창업박람회 관람

ㄹ 관련 및 유사 점포 방문

ㅁ 창업전문가 인터뷰

ㅂ 사례연구

③ 창직목표 달성을 위한 정보 수집

ㄱ 창직협회 활용

ㄴ 창직전문가 인터뷰

ㄷ 1인 기업가 및 1인 기업전문가 인터뷰

ㄹ 사례연구

④ 귀농ㆍ귀촌목표 달성을 위한 정보 수집

ㄱ 정부지원 귀농ㆍ귀촌사이트의 정보 활용

ㄴ 지자체지원 귀농ㆍ귀촌사이트의 정보 활용

ㄷ 귀농ㆍ귀촌박람회 참관

ㄹ 귀농ㆍ귀촌전문가 인터뷰

⑤ 신진로개발 목표 달성을 위한 정보 수집

ㄱ 해당 직업 관련 자격 및 기초정보 확인

ㄴ 신진로개발 유형별 직업정보 파악방법에 따른 정보 활용

❶ 전직대안 도출

★★ **2023년 직업상담사 1급 과정평가형**

01 다음 중 전직목표 설정의 중요성에 해당하지 않는 것은?

① 자신의 역량과 필요의 관점에서 자신에게 적합한 기회를 선택하는 기준이 된다.

② 본인의 역량과 보유 진로자본을 효율적으로 활용하고 배분할 수 있다.

③ 퇴직 후에 좀 더 빠르게 재취업에 성공할 수 있다.

④ 단기 목표뿐만 아니라 생애관점에서 성취하고자 하는 명확한 그림을 갖게 된다.

> **해설** [전직목표 설정의 중요성]
> ㉠ 자신의 역량과 필요의 관점에서 자신에게 적합한 기회를 선택하는 기준이 된다.
> ㉡ 단기 목표뿐만 아니라 생애관점에서 성취하고자 하는 명확한 그림을 갖게 된다.
> ㉢ 필요한 지식, 요건을 달성하기 위한 단계별 과정관리가 용이하다.
> ㉣ 본인의 역량과 보유 진로자본을 효율적으로 활용하고 배분할 수 있다.

★ **2023년 직업상담사 1급 과정평가형**

02 다음 중 공공기관 채용정보(정부 일자리) 제공 사이트가 아닌 것은?

① 나라일터 (www.gojobs.go.kr)

② 잡알리오 (job.alio.go.kr)

③ 커리어넷 (www.career.go.kr)

④ 서울일자리포털 (job.seoul.go.kr)

> **해설** [정부 일자리 전문 채용사이트]
> ㉠ 나라일터 (www.gojobs.go.kr)
> ㉡ 잡알리오 (job.alio.go.kr)
> ㉢ 서울일자리포털 (job.seoul.go.kr)

03 다음 중 전직대안으로 적절하지 않은 것은?

① 재취업   ② 창업

③ 창직   ④ 직장 복귀

> **해설** [전직대안]
> ㉠ 재취업
> ㉡ 창업
> ㉢ 창직
> ㉣ 귀농·귀촌
> ㉤ 신진로개발

★

04 다음 중 신진로개발 관련 정보제공 사이트가 아닌 것은?

① 고용24 (www.work24.go.kr)

② 기업마당 (www.bizinfo.go.kr)

③ 커리어넷 (www.career.go.kr)

④ 민간자격정보서비스 (www.pqi.or.kr)

> **해설** [신진로개발 관련 정보제공 사이트]
> ㉠ 고용24 (www.work24.go.kr)
> ㉡ 민간자격정보서비스 (www.pqi.or.kr)
> ㉢ 커리어넷 (www.career.go.kr)
> ㉣ 큐넷 (www.q-net.or.kr)

정답 01. ③   02. ③   03. ④   04. ②

❷ 전직목표 확정

05 다음 중 재취업 전직대안 진입 가능성 검토를 위해 활용할 수 있는 기업정보탐색사이트에 대한 설명으로 적절하지 않은 것은?

① 전자공시시스템 : 기획재정부가 운영하며 상장법인을 조회할 수 있다.

② 잡플래닛 : 브레인커머스라는 기업에서 운영, 직장인들이 직접 남기는 기업리뷰를 제공한다.

③ 중소기업현황정보시스템 : 중소벤처기업부(중소기업청)에서 제공하며 우수 중소기업 관련 정보를 조회할 수 있다.

④ 원티드 인사이트(크레딧잡) : 국민연금을 3인 이상 납부하는 사업장에 대한 정보 확인이 가능하다.

> **해설** 전자공시시스템은 금융감독원이 운영하며, 기업 개황 및 기업의 주요 공시내용과 재무제표 및 감사 보고서 등 열람이 가능하다.

★★ **2023년 직업상담사 1급 과정평가형**

06 다음에서 설명하고 있는 것은?

> 개인이 자신의 지식, 기술, 능력, 흥미, 적성 등을 활용한 창조적 아이디어와 활동을 통해 새로운 직업을 개발 또는 발굴하고 이를 통해 일자리를 창출하는 것이다.

① 재취업   ② 창업

③ 창직   ④ 귀농·귀촌

> **해설** 창직은 다양한 분야에서 변화하는 직업세계를 토대로 창의적인 아이디어와 활동을 통해 자신의 지식, 기술, 능력, 흥미, 적성 등을 활용하여 직업(또는 아이디어)을 발굴하여 본인의 진로로 삼으며, 이를 통해 일자리를 창출하는 것이다. 이러한 일자리가 직업으로 인정받기 위해서는 경제성, 계속성, 윤리성, 사회성 등의 조건을 만족해야 한다.

★★ **2023년 직업상담사1급 과정평가형**

07 다음에서 설명하고 있는 것은?

> 전직지원 대상자의 기타 전직목표로서 고려될 수 있으며, 공동으로 소유되고 민주적으로 운영되는 사업체를 통하여 경제적, 사회적, 문화적 필요와 욕구를 충족시키고자 하는 5인 이상의 사람들이 자발적으로 결정한 자발적인 조직이다.

① 사회적 기업

② 협동조합

③ 사회 공헌

④ 자원봉사

> **해설** 협동조합은 공동으로 소유되고 민주적으로 운영되는 사업체를 통하여 경제적, 사회적, 문화적 필요와 욕구를 충족시키고자 하는 5인 이상의 사람들이 자발적으로 결정한 자발적인 조직이다.

★★

08 다음에서 설명하고 있는 것은?

> 취약계층에게 사회서비스 또는 일자리를 제공하여 지역주민의 삶의 질을 높이는 등의 사회적 목적을 추구하면서 재회 및 서비스의 생산·판매 등 영업활동을 수행하는 기업이다. 대표적 유형으로는 일자리 제공형, 사회서비스 제공형, 지역사회 공헌형 등이 있다.

① 사회적 기업

② 협동조합

③ 1인 지식기업

④ 일자리기업

> **해설** 사회적 기업은 취약계층에게 사회서비스 또는 일자리를 제공하여 지역주민의 삶의 질을 높이는 등의 사회적 목적을 추구하면서 재회 및 서비스의 생산·판매 등 영업활동을 수행하는 기업이다.

정답 05. ①   06. ③   07. ②   08. ①

★
09 전직대안 우선순위를 위해 도표를 활용할 때의 설명으로 바르지 않은 것은?

① 제1사분면의 대안목록을 중장기 목표 전직대안으로 분류한다.
② 제2사분면의 대안목록을 단기 목표 전직대안으로 분류한다.
③ 제3사분면의 대안목록을 중장기 목표 전직대안으로 분류한다.
④ 제4사분면의 대안목록은 최우선적인 단기 목표 전직대안으로 분류한다.

> **해설** ④ 준비도와 진입 가능성 모두 낮은 제4사분면의 대안목록은 전직대안에서 제외한다.

★★★ **2023년 직업상담사 1급 과정평가형**
10 전직목표를 실행시기에 따라 단기와 장기로 구분한다. 단기 목표의 내용이 아닌 것은?

① 단기 전직목표는 차선으로 실행할 수 있는 전직목표들이다.
② 구체적이고 측정 가능하도록 실행계획을 수립하여야 한다.
③ 단기 전직목표는 당장에 실행하여야 하는 우선순위가 가장 높은 목표이다.
④ 진입 가능성과 준비도가 가장 높은 영역으로 목표달성에 대한 기대가 가장 높은 목표이다.

> **해설** ① 단기 전직목표는 당장에 실행하여야 하는 우선순위가 가장 높은 목표이다.

★
11 다음 중 구체적인 장단기 전직목표 수립의 중요성에 해당하지 않는 것은?

① 실행력 제고
② 확고한 최종 전직목표 수립 가능
③ 전직활동 몰입
④ 주변인들로부터의 도움 용이

> **해설** [구체적인 장단기 전직목표 수립의 중요성]
> ㉠ 실행력 제고 : 진행상황을 분명하게 점검함으로써 추진력을 제고할 수 있다.
> ㉡ 동기부여 : 진행과정이 힘들 때 계속 추진하기 위한 동기를 부여해준다.
> ㉢ 전직활동 몰입 : 지금 이 순간에 집중할 목표를 통해 전직활동에 몰입도를 높여주고 시간관리를 가능하도록 도와준다.
> ㉣ 주변인들로부터의 도움 용이 : 주변인에게 전직기회와 관련한 도움요청을 구체화하여 전달 가능하도록 하고, 자신의 니즈를 명확하게 인식함으로써 구체화된 전직 관련 정보 수집에 도움을 받을 수 있다.

12 재취업목표 달성을 위한 정보수집 방법으로 적절하지 않은 것은?

① 기업 및 유관기관의 사이트 검색
② 해당 업종 관련 헤드헌터 인터뷰
③ 해당 직업 관련 자격 및 기초정보 확인
④ 목표기업의 재직자 및 전문가 인터뷰

> **해설** [재취업목표 달성을 위한 정보수집]
> ㉠ 기업 및 유관기관의 사이트 검색
> ㉡ 구인구직포털사이트 검색
> ㉢ 해당 업종 관련 헤드헌터 인터뷰
> ㉣ 목표기업의 재직자 및 전문가 인터뷰

> **정답** 09. ④ 10. ① 11. ② 12. ③

제7장

생애설계 지원

제**1**절 생애주기별 주요 과제 상담

01 생애 주요 영역별 과제 도출

(1) 이직, 퇴직, 은퇴의 의미

① **이직**
- ㉠ 현재의 담당업무를 그만두고 다른 직무나 조직으로 옮겨가는 것으로서 자신 스스로나 고용주에 의해서 일시적 또는 영구적으로 종료되는 것을 의미한다.
- ㉡ 의사결정의 주체에 따라 고용주에 의한 면직(involuntary separation), 고용인 본인 의사에 의한 사직(voluntary separation) 등으로 분류되고, 불가피한 이직(unavoidable separation), 피할 수 있는 이직(avoidable separation) 등으로 구분된다.

② **퇴직**
- ㉠ 현재의 직업이나 직장에서 맡은 일에서 물러나는 것을 말한다. 즉, 주된 직무에서 물러나는 것이다.
- ㉡ 퇴직 후 주된 직무로의 전환을 하거나, 주변 직무로의 전환을 하는 등으로 이어지거나, 아니면 은퇴로의 전환 의미로 사용한다.
- ㉢ 퇴직은 정년퇴직과 명예퇴직으로 나눌 수 있다.

③ **은퇴**
- ㉠ 맡은 바 직책이나 직업에서 물러나서 일할 의도를 가지지 않고 한가로이 지내는 것을 의미한다.
- ㉡ 노동시장에서 떠나 여가나 취미활동 등에 더 많은 시간을 할애하는 형태이다.
- ㉢ 비교적 최근에 생긴 개념으로, 고용상태에 있는 직위에서 물러나 그 직위에 관련된 역할 수행을 중단하게 된 현상을 의미한다.

(2) 전직지원 대상자와 생애진로발달

① **성인 중기(35~60세)의 특징**
- ㉠ 중년기의 생리적 변화를 받아들이고 적응하기
- ㉡ 적당한 섭생과 충분한 휴식으로 신체적 기능을 보전하기

ⓒ 규칙적인 운동으로 체력 유지하기

ⓔ 질병에 대한 광범위한 지식을 갖고 가족의 건강을 보호하기

② **성인 후기(60세 이후)의 특징**

㉠ **지적 영역**

- 세대차의 사회변화 이해하기
- 은퇴생활에 필요한 지식과 생활 배우기
- 정치·경제·사회·문화에 대한 최신 동향 알기
- 건강 증진을 위한 폭넓은 지식 가지기

㉡ **정의적 영역**

- 적극적으로 일하고 생활하려는 태도 유지하기
- 취미를 계속 살리고 여가를 즐겁게 보내기
- 정년퇴직과 수입 감소에 적응하기
- 소외감과 허무감을 극복하고 인생의 의미 찾기
- 배우자 사망 후의 생활에 적응하기
- 동료 또는 자신의 죽음에 대하여 심리적으로 준비하기

㉢ **사회적 영역**

- 동년배 노인들과 친교 유지하기
- 가정과 직장에서 일과 책임을 합당하게 물려주기
- 가정이나 사회에서 어른 구실하기
- 자녀 또는 손자들과 원만한 관계 유지하기

㉣ **신체적 영역**

- 줄어가는 체력과 건강에 적응하기
- 노년기에 알맞은 간단한 운동을 규칙적으로 하기
- 건강 유지에 필요한 섭생하기
- 지병이나 쇠약에 대해 바르게 처방하기

(3) 전직지원 대상자의 생애형태

① **조기퇴직과 은퇴**

㉠ IMF 구제금융 이후 40대 이후부터 명예퇴직 및 조기퇴직이 일상화되고 있다.

㉡ 활발히 활동할 40~50대에서 조기퇴직하여 '젊은 노인'이 되거나, 퇴직 후의 생활에 적절히 준비하지 못하여 부적응을 초래해 자신감을 상실하거나, 60세 이후에는 가정과 건강, 그리고 재정적인 어려움을 겪는 등의 문제로 이어지게 된다.

㉢ 노령은 역할과 업무의 상실로 인한 무위고(無爲苦)의 문제로 볼 수 있으며, 단순히 경제적인 보수 의미와 또 다른 별개의 것으로 인식된다.

㉣ 평균수명이 길어짐에 따라 노동시장에서 퇴장 후 30~40년의 기간 동안 할 일이 있다
는 것이 질적 삶 영위에 영향을 주는 주요 요인이 된다.

② 전직지원 대상자의 생애형태

구분	내용
자유로운 삶 (a free life)	'일로부터 해방'을 꿈꾸고 일을 통해 자유를 가지고자 역동적이고 진취적인 삶을 영위하고자 하며, 여가 중심적이면서 허락되면 사회봉사의 일을 하며 수입 창출에 소극적인 유형
앙코르 커리어 (encore career)	문제해결능력, 헌신, 유연성, 책임감, 낙천성, 판단력 등의 역량을 가진 전직지원 대상자들이 ⊙ 직업을 통해 삶의 의미를 찾고, ⓒ 사회적으로 기여할 수 있으며, ⓒ 지속적으로 수입을 창출할 수 있음 등에 관건을 두고 선택
재취업 (re-employment)	주된 일자리, 주변 일자리 등과 관련하여 지속적으로 경제적 활동을 희망

(4) 전직지원 대상자의 심리적 특성

① **퇴직에 대한 불안반응** : 미래에 대한 염려를 포함하는 일반화된 불안장애는 퇴직 이후 나타나며, 특히 직업을 찾는 경우 불안반응에 대해 높은 위험에 놓여 있다.

② **퇴직에 대한 우울반응** : 퇴직 이후 동료를 찾지 않게 되고 수입이 감소하며 일상생활에서 변화를 경험하면서, 이러한 상실이 축적되면서 우울증이 나타날 수 있다.

③ **퇴직이라는 고정관념에 의한 자기효능감 훼손** : 생리적으로 노후되어 생산적인 일을 할 수 없다는 생각, 퇴직은 쉬는 것이라는 인식, 과거에 집착하고 새로움을 회피하고자 하는 행동, 기존의 부적응적인 은퇴자들의 대리적 경험 등으로 인해 자기효능감이 낮아진다.

④ **목표와 시간관념 상실** : 생애목표와 시간관리에 대해 도전적이고 생산적이기보다는 소극적인 방법으로 소비하고 관리한다.

⑤ **새로운 역할 탐색** : 전문직에 종사한 전직지원 대상자들은 퇴직 이후의 삶에 효능감을 유지하기 위해 그 분야에서 사회봉사를 하거나 새로운 역할을 탐색한다.

⑥ **직업복귀 욕구** : 전직지원 대상자에게 있어서 직업의 의미는 생활에 필요한 경제적 소득의 소극적 의미를 비롯하여 인간관계 형성을 통한 사회에 대한 소속감, 규칙적인 생활을 기반으로 한 건강 유지 등의 적극적 의미를 가진다.

(5) 생애설계

① **생애설계의 정의**

㉠ 인생의 각 발달단계에서 달성해야 할 과제를 미리 작성하여 앞으로 나타날 변화에 대해 미리 준비하는 과정이다.

ⓒ 현 시점에서 자신을 되돌아보는 자기인식의 기회를 통해 자신을 객관화시킴으로써 보다 나은 미래를 위한 삶의 준비와 노력을 포함한 구체적인 준비과정이다.

ⓒ 인생의 경험을 토대로 미래의 삶에 대한 목표와 실천 가능한 계획을 수립하는 것이다.

② **생애설계의 목적**

    ㉠ 적극적이고 주체적인 계획과 대응은 필연적 변화에 대한 적응과 준비를 돕는다.

    ㉡ 은퇴 이후의 자립과 공존의 삶을 위한 기본 토대를 마련한다.

    ㉢ 궁극적 목적은 전직지원 대상자의 심리, 신체, 경제·사회적 측면에서의 삶을 미리 계획하고 설계해 나감으로써 궁극적으로 노년기 이후의 행복한 삶을 영위할 수 있도록 하는 것이다.

(6) 생애 주요 영역에 대한 이해

① 건강 영역

구분	건강 영역의 과업
30대	• 건강을 유지하고 증진하기 위한 행동의 습관화 • 규칙적이고 균형적인 식습관과 영양 섭취 • 스트레스관리와 정기 건강검진 등 실행
40~50대	• 노화과정 이해 및 준비 • 만성질환 발견 및 대응 • 스트레스 관리와 의료기록의 유지와 관리 • 정기 건강검진과 주치의를 통한 정기적인 진료 실시
60~90대	• 신체와 정신의 노화과정에 대한 이해 및 기능 저하에 대한 준비 • 건강 악화에 대비한 재산관리 및 법률대리인 지정과 지속적인 돌봄서비스 대안방안 강구

② 여가 영역

구분	여가 영역의 과업
30대	• 다양한 유형의 여가와 문화활동 및 다양한 대상과의 여가활동 개발 • 본인에게 적합한 여가활동 개발 및 적극적 참여
40~50대	• 다양한 유형의 여가와 문화활동 및 다양한 대상과의 여가활동 개발 • 보다 더 본인에게 적합한 여가활동을 개발하고 숙련도와 전문성 수준 높이기
60~90대	• 다양한 대상과 여가활동을 즐기며 비교적 선호하는 활동에 집중 • 노화가 진행될수록 종교나 영적활동 강화

③ 사회참여 영역

구분	사회참여 영역의 과업
30~40대	• 다양한 유형의 사회 참여 및 봉사활동 • 다양한 연령층과 함께 활동 • 인터넷을 활용하거나 시민사회활동과 연대하여 활동에 참여
50~90대	• 다양한 기부활동의 참여로 비중 확대 • 경험과 경력을 전수하기 위한 사회 참여와 봉사활동

④ 가족관계 영역

구분	가족관계 영역의 과업
30대	• 결혼을 통해 가족이 형성되고, 배우자와 연계되는 새로운 인간관계 형성 • 새롭게 형성되는 인간관계의 건전성 유지와 자녀 출산으로 인한 건전한 자녀관과 교육관 형성 • 부모와의 관계 재정립
40~50대	• 자녀의 성장과 더불어 자녀와의 관계 재정립 및 자녀교육 몰입 • 다양한 사회활동을 통한 다양한 관계 형성과 특별한 동호인관계 형성
60~90대	• 자녀들의 성장과 출가로 인해 부부간의 관계가 중요하게 되며, 동거와 별거의 관계 재구성 • 자녀와의 관계도 재정립되며, 주거와 건강 악화에 따른 건강관리에 대한 대안 정립

(7) 생애설계상담의 전제

① 생애단계에 따른 장기적이고 포괄적인 생애영역별 설계를 통하여 삶을 보다 적극적이고 체계적으로 계획해 나갈 수 있도록 필요한 정보를 제공한다.

② 중장년은 퇴직 후 후반부 삶에 대한 전반적인 지식 습득을 통하여 발생 가능한 위험에 대한 대처능력의 함양과 적응능력을 높이고 구체적으로 실천하여 생산적인 삶으로의 인식 전환을 모색한다.

③ 주체적이고 독립적인 삶을 위해 요구되는 직업과 일을 탐색하여 실천할 수 있는 능력을 함양한다.

④ 개인적 · 환경적 자원을 개선하여 미래의 삶과 생활을 구체적으로 계획하고 준비함으로써 생산적이고 주체적이며 통합적인 성공적 미래를 준비한다.

(8) 전직지원 대상자의 교육적 욕구

① **환경적응 욕구 (coping needs)** : 노화에 따라 능력과 지식이 감퇴하므로 사회에서 정상적인 기능을 유지하기 위한 교육을 받고자 하는 욕구

② **표현적 요구 (expressive needs)** : 여러 가지 활동을 통하여 친구를 사귀고 그 친교관계를 장기간 유지시킴으로써 심리적 적응과 높은 정신건강수준의 유지를 바라는 욕구

③ **사회에 공헌하고자 하는 욕구 (contributive needs)** : 새로운 교육을 통하여 어떤 기관이나 방향으로 자신의 에너지를 투입할 수 있는가에 대한 정보를 얻고 사회봉사활동에 필요한 기능훈련을 받음으로써 자신뿐만 아니라 다른 사람을 위해 헌신하고자 하는 욕구

④ **영향을 주려는 욕구 (influence needs)** : 교육을 통해서 지역사회에 대해 자신들이 할 수 있는 사회적 역할, 개인적 또는 집단적 활동을 통한 기술훈련, 사회적인 지식, 그리고 활동에 대한 평가 등을 제공해주려는 욕구

⑤ **초월적 욕구 (transcendence needs)** : 노년기에 현저하게 나타나는 신체적 퇴락을 경험하면서 신체적 젊음보다 더 중요한 인생의 본질적 의미를 찾으려고 하는 욕구

(9) 전직지원 대상자의 생애전환기 상태 파악

① **신체적 준비** : 퇴직 이후의 건강한 생활관리를 위한 노력 여부와 식품 섭취, 음주, 흡연, 규칙적 운동, 수면시간, 건강정보 등

② **경제적 준비** : 자금관리, 경제적 상태 파악 및 인생 후반기를 위한 보험 가입 여부, 저축, 생활비, 계획적 지출, 병원비 준비 등

③ **정서적 준비** : 배우자 및 가족과의 대화, 친구나 동호회 모임, 장점 및 능력 개발 등

④ **여가 및 사회 참여 준비** : 취미생활, 종교활동, 교육 및 강습, 봉사활동 등

02 생애설계상담

(1) 주요 과제 우선순위화를 위한 관련 정보 수집

① 정보에 접근할 때 전직지원 전문가와 전직지원 대상자 모두는 정보 자체에 편견을 가지지 않도록 주의한다.

② 이 단계에서 전직지원 전문가는 최신의 정보에 민감하고 최근의 직업 추세도 명확히 파악해야 한다. 그러나 막대한 양의 정보를 저장·산출하는 효율적이고 복합적인 방법이 결여되어 있고, 경제가 급격히 변화하고 있기 때문에 누구도 최근 추세를 기능적으로 파악하기 힘들다.

③ 전직지원 대상자들은 종종 왜 자신들이 상세히 정보를 탐색해야 하는지, 그리고 왜 전직지원 전문가가 자신들에게 필요한 정보를 간단하게 제공하지 못하는지 잘 이해하지 못할 때가 있다.

④ 전직지원 전문가는 전직지원 대상자에게 정보가 소멸적인 속성을 지니고 있으며, 여러 출처에서 수집한 자료들의 양이 방대하여 현재의 추이를 분석하기가 그리 쉽지 않다는 것을 설명할 필요가 있다.

⑤ 전직지원 전문가가 전직지원 대상자의 신뢰를 얻으려면 자신이 잘 알고 있는 여러 출처들에 관해 설득력 있게 전달해야 한다. 전직지원 대상자에게 어떤 특정 분야에서는 자신의 전문지식이 가장 좋은 출처라는 사실도 확실히 밝혀두어야 한다.

(2) 주요 과제 우선순위화의 의의

① 주요 과제 우선순위화단계의 중요한 과제는 우선순위화를 위한 선택기준을 정하는 것이다.

② 먼저 실행 가능한 것과 불가능한 것들을 모두 포함하여 가능한 한 많은 선택권들을 포괄함으로써 선택의 폭을 넓혀야 한다.

③ 그 다음 선택권의 폭을 좁혀서 몇 개의 주요 과제들만 면밀히 평가하는 것이 좋은데, 이런 과정이 반드시 일련의 절차에 따라 이루어지는 것은 아니다. 즉, 새로운 정보가 수집됨에 따라 대안의 목록이 첨삭되기도 하고, 새로운 대안들이 새 정보의 수요를 자극하기도 한다.

④ 이때 생기는 어려운 문제는 가치판단을 하지 않고 정보를 삭제하지 않은 상태에서 너무 일찍 선택권을 폭넓게 열어놓은 데 있다. 이것이 엄선된 몇 개의 선택권으로 좁혀지면, 전직지원 전문가는 전직지원 대상자를 도와 새로운 가능성들에 대해 탐색한다.

(3) 주요 과제 실행을 위한 필요자원 검토

① **전직지원 대상자의 준비도 점검**

　㉠ 우선순위화된 주요 과제들에 대한 전직지원 대상자의 기대치와 과제별 기대치를 확인하여 목표수준을 정해야 한다.

　㉡ 주요 과제를 달성하기 위한 전직지원 대상자의 현 수준을 확인하여 과제목표 달성을 위해 필요한 차이를 측정하여 검토하여야 한다.

　㉢ 전직지원 대상자가 각각의 주요 과제를 달성하기 위해 가지고 있는 자원들을 검토하여 달성방법을 검토하여야 한다.

② **생애 주요 과제 탐색유형에 따른 준비도 점검**

　㉠ 전직지원 대상자의 생애 주요 과제 탐색유형별 특성에 맞는 진로대안을 탐색하고 선택할 수 있도록 지원한다.

　㉡ 인간관계, 역할 수행, 경제, 신체 및 심리적 건강 등 네 가지 영역으로 분류하여 유형별로 필요한 지원서비스를 세분화한다.

　㉢ 우선순위화된 주요 과제와 생애 주요 과제 탐색유형을 비교하여 필요자원의 준비도를 점검하고 필요자원의 수준을 가능할 수 있다.

구분	특징
퇴직준비 부족형	• 퇴직준비 필요성의 인식이 낮거나 퇴직에 대한 준비 부족으로 퇴직 이후의 적응이 어려운 상태임 • 전반적 영역과 자기관리에서 취약함 • 네 가지 영역에서 특히 우선적으로 해결해야 할 분야를 대안 탐색 및 계획 수립, 지원이 필요함 • 퇴직 이후의 삶에 대한 태도와 방향에 대한 점검이 필요함 • 심리적 · 정서적 지원, 건강관리 등의 기본적 지원이 필요함 • 지역 내 다양한 시스템과 연계하여 체계적 지원이 필요함
퇴직준비 양호형	• 어느 정도 퇴직 이후의 삶에 대한 준비의 필요성을 인식하고 있으나 비교적 실질적 준비가 부족함 • 의식적으로 노력하면 개선의 여지가 많음 • 정보 제공을 비롯하여 취약한 영역에 보완할 수 있는 프로그램의 연계가 필요함
퇴직준비 완료형	• 비교적 퇴직 이후의 삶에 대한 준비가 잘되어 있어 일과 여가를 균형감 있게 맞추면서 퇴직 이후의 삶을 보내고자 하는 유형 • 정보 제공을 중점으로 하되, 향후 대안 탐색에 대한 수정 · 보완하는 방향으로 진행함

③ 생애 주요 과제 탐색유형별로 필요한 생애설계지원서비스

구분	생애설계지원서비스
퇴직준비 부족형	• 생애설계 지원시스템정보 제공 • 생애설계 프로그램 • **자기효능감 프로그램** • **비합리적 신념 깨기 프로그램** • **의사결정 프로그램 제공** • **직업정보 제공** • 훈련상담
퇴직준비 양호형	• 생애설계 지원시스템정보 제공 • 생애설계 프로그램 • **재무관리정보 제공** • **관리모드에서 실무모드 프로그램** • 훈련상담
퇴직준비 완료형	• 생애설계 프로그램 • **자원봉사 프로그램** • **투자 및 재무관리** • **교육 및 동아리활동 지원**

제2절 생애설계계획서

01 생애설계계획서 작성

(1) 생애설계계획서의 의미

① 생애설계계획서는 생애주기의 지속적인 단계로 인식하고, 이에 대해 사전에 주도성을 가지고 설계해 나가는 행위를 의미한다.

② 퇴직 이후의 삶에 대한 설계가 성공적으로 수행될 수 있도록 지원하는 일종의 실행계획서이다.

(2) 생애설계계획서의 구성 요소

① **재무**

㉠ 재무설계는 개인의 자산, 부채, 수입 등을 분석하여 생애계획에 맞도록 제안, 관리해주는 전문적인 기술이다.

㉡ 재무관리는 활용 가능한 정확한 정보이어야 하며, 퇴직 이후의 삶에 대한 유형과 현 상태의 진단을 토대로 재무관리, 투자방법 등의 내용으로 작성된다.

㉢ 전직지원 대상자에 있어 경제적 안정은 정신적·신체적 건강 유지 및 여가활동을 촉진하고, 나아가 성공적인 삶을 지켜나가는 데 가장 중요한 요인이 된다.

② **건강**

- ㉠ 개인의 일상생활을 유지하고 개인의 목표와 역할 수행에 있어 필수적인 요소이다.
- ㉡ 신체적·정신적 기능의 퇴화는 질병에 대한 면역력과 활동력을 감소시켜 질병의 상태를 증가시키게 된다.
- ㉢ 신체적으로 건강상태가 양호한 전직지원 대상자들이 심리적 안정감을 더 느끼고, 삶의 만족도가 높다.
- ㉣ 정서적으로는 퇴직 이후의 삶에 대한 적극적 태도와 수용의 자세로 새로운 목표와 계획을 세워나가는 긍정적 태도가 필요하다.
- ㉤ 신체적으로는 다양한 신체변화에 대한 이해, 건강관리의 중요성 인식, 활동적인 생활패턴과 규칙적 운동계획 등이다.

③ **인간관계**

- ㉠ 생활범위가 가족에게로 축소되는 시기로 부부나 자녀 등 가족 간의 유대나 가족관계의 만족도가 전직지원 대상자의 심리적 복지 등 전반적 심리적 안녕감에 영향이 크게 나타난다.
- ㉡ 가족 내에서는 새로운 역할 모색을 통해 상호협력적 관계 구축을 위한 노력이 필요하다.
- ㉢ 친구관계는 가족관계 이상으로 중요하며, 퇴직 이후의 삶에 대한 적응에서의 중요한 역할을 한다.
- ㉣ 친밀한 친구관계를 유지하기 위해서는 경제적 안정과 건강상태 양호, 동일한 지역에 오래 거주하는 것이 바람직하다.

④ **여가 및 사회 참여**

- ㉠ 여가의 의미는 단순한 휴식과 취미뿐만 아니라 자기계발을 포함한 퇴직 이후의 시기를 건강하고 의미 있게 보낼 수 있는 데 중요한 역할을 한다.
- ㉡ 사회 참여는 자신의 생애균형(life-balance)을 유지하도록 조력하는 역할을 한다.
- ㉢ 전직지원 대상자의 특성에 맞는 여가활동에 대한 계획과 지역사회에서 자신의 역할을 발휘할 수 있는 사회조직체를 탐색하고 활동할 수 있도록 지원하는 것이 필요하다.

(3) 생애설계계획서 작성

① **가족관계**

- ㉠ 전직지원 대상자 가족 중에서 전직지원 대상자가 알 수 없는 고통을 가지고 있는 가족이 있는지, 있다면 그 편에서 생각해 보는 시간을 갖는다.
- ㉡ 가족은 늘 보고 지내기 때문에 가족에 대하여 잘 안다고 생각하고 등한시하는 경우가 많다.
- ㉢ 배우자에 대해서도 시간을 내서 상대방의 입장으로 돌아가 자신과의 관계를 재설정하고 느껴보는 시간을 갖는다. 아주 진지하게 생각해 보기를 권한다.

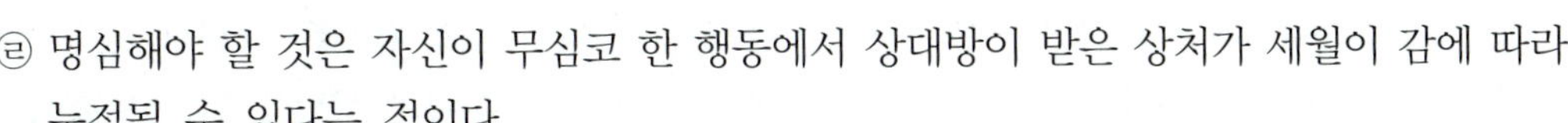

　ⓔ 명심해야 할 것은 자신이 무심코 한 행동에서 상대방이 받은 상처가 세월이 감에 따라 누적될 수 있다는 점이다.

　ⓜ 자녀에 대한 점검은 매우 세심해야 한다. 자신의 무의미한 행동들로 인한 상처가 상대방의 가슴에 깊숙이 남아 있다면, 어떻게 다가가야 할 것인가가 가족관계의 가장 기본적인 질문이다.

② **건강관리**

　㉠ 퇴직 이후의 생애설계는 자신의 건강에 맞는 설계가 되어야 한다.

　㉡ 건강을 해치는 무리한 목표, 욕구, 희망 등은 생애설계에서 금물이다.

　㉢ 생애의 웰빙은 건강이 기본이 되어야 하는 것이므로 건강을 점검하고 평가하여 그 결과에 따라 생애설계를 정해야 한다.

③ **자산관리**

　㉠ 자신의 자산을 평가해 보고 앞으로의 계획을 세우는 과정은 금전과의 문제가 생겼을 때만 일어나는 일로 치부하기 쉽다.

　㉡ 자산의 활용성도 생애설계에 많은 역할을 하기 때문에 점검하고, 부족분에 대한 대응책도 대비해야 한다.

　㉢ 외부의 충격에 의해 자산의 부실을 초래할 경우까지도 고려하여야 한다.

④ **사는 곳, 사는 방법**

　㉠ 전원생활이 낭만적일 것 같은 착각을 주기도 하지만, 전원생활은 일생에 있어 대단한 도전이라고 할 수 있다.

　㉡ 막연하게 낭만만을 추구할 것이 아니라 현실에서 정말 살아야 할 장소의 당위성, 그곳에서 추구하고 싶은 삶의 목표, 해야 할 일에 대한 것이 검토되어야 한다.

　㉢ 살고 싶은 곳을 탐방하고, 그곳의 생활인들의 생활방식을 둘러보고, 그 속에서 적응이 가능한지에 대한 검토가 필요하다.

　ⓔ 정착한 사람들이 어떤 노력을 했는지도 알아볼 필요가 있다. 이러한 과정을 거쳐야 비로소 생애설계를 작성할 수 있다.

⑤ **여가관리**

　㉠ 여가관리는 삶의 활력소를 불어넣어 주는 매개역할을 하기 때문에 늘 검토되어야 하는 항목이다.

　㉡ 여가생활을 위해 필요한 지식과 활동들, 재원의 충당, 시간의 배분, 여가활동 후의 방향 등이 고려되어야 한다.

⑥ **자기개발관리**

　㉠ 본업과 병행하여 보유하고 있는 진로자본을 보다 더 전문화하거나, 또는 새로운 진로를 개발하기 위한 노력과 실행이 필요하다.

　㉡ 30~40대는 본인이 보유한 진로자본의 전문성 수준을 점검해 보고 더 개발이 필요한 영역이 있다면 기대하는 목표를 구체화하여 실행을 하여야 한다.

© 50~60대는 퇴직과 은퇴 이후 할 수 있는 다양한 일의 유형을 탐색하고, 본업을 유지하면서 병행하여 새로운 병행경력개발을 위한 계획 수립과 실행을 위한 노력이 필요하다.

(4) 생애설계 실행을 위한 유의사항

① 초기 목표 점검

㉠ 전직지원 대상자가 상담에서 원했던 것이 만족되었을 때 생애설계상담 종결이 이루어지는 것이다.

㉡ 언제든 다시 전직지원 전문가를 찾을 수 있다고 확인시켜 줄 필요가 있기는 하지만, 전직지원 전문가와 전직지원 대상자는 이러한 종결을 통해 가장 명확하고 커다란 보상을 얻는다.

② 실천과정에서 발생 가능한 문제점 점검

㉠ 전직지원 대상자는 생애설계과정에서 다음에 무엇을 해야 하는지 알고 있지만, 그 시점에 적절한 행동을 취하지 않을 수도 있다.

㉡ 행동으로 옮길 수 있는 동기, 자신감, 지지, 독립심, 통제감 등이 부족할 수도 있다. 이 경우에는 행동으로 옮기지 못하는 이유를 이해하도록 도와줌으로써 전직지원 대상자 스스로 심리적인 문제를 다루고 극복할 것인지 선택하게 할 수 있다.

㉢ 상황적 변인들 때문에 행동으로 옮기지 못하는 경우에는 행동으로 옮기지 못하는 것 때문에 비난받는다는 느낌을 가지지 않게 하는 것이 중요하다.

㉣ 전직지원 전문가는 행동으로 옮길 수 없는 상황이 있다는 것을 전직지원 대상자에게 알려 주고, 다음에 전직지원 대상자가 준비되었을 때 도움을 줄 것임을 재확인시켜야 한다.

㉤ 생애설계영역별로 수립한 실행계획을 최소 월간 단위로 세분화하여 실행목표를 수립하도록 하고, 실행에 대한 점검을 스스로 할 수 있도록 해야 한다.

③ 깊이나 의미의 결여 점검

㉠ 전직지원 대상자는 어느 정도의 불편함, 혼란, 고통이 있을 때 상담에 적극적인 동기를 가지게 된다.

㉡ 문제가 해결되지 않았을지라도 처음에 이 문제를 상담에 가져올 때의 강한 정서반응을 더 이상 느끼지 않을 수 있다.

㉢ 전직지원 대상자들이 상담관계를 끝내려는 경우 전직지원 전문가는 종결로 인해 전직지원 대상자가 어떤 영향을 받는가에 따라 이러한 형태의 종결을 어떻게 다룰지 결정해야 한다.

㉣ 전직지원 대상자들은 현재의 문제들을 견디어 내도록 어느 정도 즉각적인 도움을 받아 왔고, 앞으로도 문제가 반복적으로 나타날 때마다 상담서비스를 받을 수 있을 것이다.

❶ 생애주기별 주요 과제 상담

01 다음 내용 중 바르지 않은 것은?

① 퇴직은 현재의 직업이나 직장에서 맡은 일에서 물러나는 것을 말한다.

② 이직은 현재의 담당업무를 그만두고 다른 직무나 조직으로 옮겨가는 것이다.

③ 은퇴는 맡은 바 직책이나 직업에서 물러나서 일할 의도를 가지지 않고 한가로이 지내는 것을 의미한다.

④ 퇴직은 노동시장에서 떠나 여가나 취미활동 등에 더 많은 시간을 할애하는 형태이다.

해설 ④ 은퇴의 설명에 해당한다.

★★　**2023년 직업상담사 1급 과정평가형**
02 다음 중 성인 후기(60세 이후)의 특징 중 정의적 영역에 대한 설명으로 옳은 것은?

① 은퇴생활에 필요한 지식과 생활 배우기

② 취미를 계속 살리고 여가를 즐겁게 보내기

③ 자녀 또는 손자들과 원만한 관계 유지하기

④ 정치 · 경제 · 사회 · 문화에 대한 최신 동향 알기

해설 ① 성인 후기(60세 이후)의 지적 영역 특징
　　 ③ 성인 후기(60세 이후)의 사회적 영역 특징
　　 ④ 성인 후기(60세 이후)의 지적 영역 특징

03 다음 중 전직지원 대상자의 대표적인 생애형태에 해당하지 않는 것은?

① 앙코르 커리어

② 재취업

③ 귀촌

④ 자유로운 삶

해설 **[전직지원 대상자의 생애형태]**
　　 ㉠ 자유로운 삶
　　 ㉡ 앙코르 커리어
　　 ㉢ 재취업

04 다음 중 생애설계에 대한 설명으로 적절하지 않은 것은?

① 은퇴 이후의 자립과 공존의 삶을 위한 기본토대를 마련한다.

② 생리적으로 노후되는 자신을 인식하여 휴식을 위한 건강한 노후를 준비하는 것이다.

③ 자신을 되돌아보는 기회를 통해 보다 나은 미래를 위한 삶의 준비와 노력을 포함한다.

④ 인생의 경험을 토대로 미래의 삶에 대한 목표와 실천 가능한 계획을 수립하는 것이다.

해설 생애설계는 현 시점에서 자신을 되돌아보는 자기인식의 기회를 통해 자신을 객관화시킴으로써 보다 나은 미래를 위한 삶의 준비와 노력을 포함한 구체적인 준비과정이며, 궁극적 목적은 전직지원 대상자의 심리, 신체, 사회•경제적 측면에서의 삶을 미리 계획하고 설계해 나감으로써 궁극적으로 노년기 이후의 행복한 삶을 영위할 수 있도록 하는 것이다.

정답　01. ④　02. ②　03. ③　04. ②

★★★ 2023년 직업상담사 1급 과정평가형

05 다음은 전직지원 대상자의 어떤 생애형태에 대한 설명인지 알맞은 것을 고르시오.

> 문제해결능력, 헌신, 유연성, 책임감, 낙천성, 판단력 등의 역량을 가진 전직지원 대상자들이 직업을 통해 삶의 의미를 찾고 사회적으로 기여할 수 있으며, 지속적으로 수입을 창출할 수 있음 등에 관건을 두고 선택한다.

① 자유로운 삶　　　② 앙코르 커리어
③ 재취업　　　　　④ 창업

해설 제시된 내용은 앙코르 커리어의 설명에 해당한다.

★★★ 2023년 직업상담사 1급 과정평가형

06 다음 중 전직지원 대상자의 심리적 특성이 아닌 것은?

① 기존의 역할 유지
② 퇴직에 대한 불안, 우울반응
③ 목표 설정과 시간관념 상실
④ 직업복귀욕구

해설 [전직지원 대상자의 심리적 특성]
㉠ 퇴직에 대한 불안반응
㉡ 퇴직에 대한 우울반응
㉢ 퇴직이라는 고정관념에 의한 자기효능감 훼손
㉣ 목표와 시간관념 상실
㉤ 새로운 역할 탐색
㉥ 직업복귀욕구

★

07 다음 중 앙코르 커리어에 대한 설명으로 바르지 않은 것은?

① 사회적으로 기여한다.
② 지속적으로 수입을 창출할 수 있는지에 중점을 둔다.
③ 여가 중심적이며 사회봉사의 일을 한다.
④ 직업을 통해 삶의 의미를 찾고자 한다.

해설 ③ 자유로운 삶의 설명에 해당한다.

★★ 2023년 직업상담사 1급 과정평가형

08 전직지원 대상자의 교육적 욕구가 아닌 것은?

① 영향을 받으려는 욕구
② 표현적 욕구
③ 초월적 욕구
④ 환경적응욕구

해설 [전직지원 대상자의 교육적 욕구]
㉠ 환경적응 욕구(coping needs)
㉡ 표현적 요구(expressive needs)
㉢ 사회에 공헌하고자 하는 욕구(contributive needs)
㉣ 영향을 주려는 욕구(influence needs)
㉤ 초월적 욕구(transcendence needs)

★★

09 다음 중 생애 주요 과제 탐색유형별 필요한 생애설계지원서비스 연결이 바르지 않은 것은?

① 퇴직준비 부족형 : 비합리적 신념 깨기 프로그램, 직업정보 제공
② 퇴직준비 양호형 : 재무관리정보 제공, 훈련상담
③ 퇴직준비 취약형 : 의사결정 프로그램 제공, 훈련상담
④ 퇴직준비 완료형 : 생애설계 프로그램, 교육 및 동아리활동 지원

해설 [전직지원 대상자의 생애 주요 과제 탐색유형 및 생애설계지원서비스]
㉠ 퇴직준비 부족형 : 비합리적 신념 깨기 프로그램, 직업정보 제공 등
㉡ 퇴직준비 양호형 : 재무관리정보 제공, 훈련상담 등
㉢ 퇴직준비 완료형 : 생애설계 프로그램, 교육 및 동아리활동 지원 등

정답 05. ②　06. ①　07. ③　08. ①　09. ③

★★
10 다음에서 설명하고 있는 것은 무엇인가?

> 노년기에 현저하게 나타나는 신체적 퇴락을 경험하면서 신체적 젊음보다 더 중요한 인생의 본질적 의미를 찾으려고 하는 욕구

① 사회에 공헌하고자 하는 욕구
② 표현적 욕구
③ 초월적 욕구
④ 환경적응욕구

해설 [초월적 욕구(transcendence needs)]
노년기에 현저하게 나타나는 신체적 퇴락을 경험하면서 신체적 젊음보다 더 중요한 인생의 본질적 의미를 찾으려고 하는 욕구

② 생애설계계획서

★★
11 다음 중 생애설계계획서의 구성요소로 적절하지 않은 것은?

① 건강
② 인간관계
③ 여가 및 사회 참여
④ 자기개발계획

해설 [생애설계계획서의 구성요소]
㉠ 재무
㉡ 건강
㉢ 인간관계
㉣ 여가 및 사회 참여

12 생애설계 실행을 위한 유의사항에 대한 설명으로 가장 거리가 먼 것은?

① 전직지원 전문가는 행동으로 옮길 수 없는 상황이 있다는 것을 대상자에게 알려주어야 한다.
② 어느 정도의 불편함, 혼란, 고통이 있을 때 상담에 적극적인 동기를 가지게 된다.
③ 실행계획을 최소 월간 단위로 세분화하여 실행목표를 수립하도록 하여 상담자가 점검한다.
④ 대상자가 상담에서 원했던 것이 만족되었을 때 생애설계상담 종결이 이루어지는 것이다.

해설 생애설계영역별로 수립한 실행계획을 최소 월간 단위로 세분화하여 실행목표를 수립하도록 하고, 실행에 대한 점검을 전직지원 대상자가 스스로 할 수 있도록 해야 한다.

심층직업상담 및 슈퍼비전

제1장

진로상담

제1절 진로논점

01 진로논점 분석

(1) 진로상담 사례 개념화

① 사례 개념화(case conceptualization)는 상담자가 내담자로부터 얻은 정보들을 통합하여 내담자의 문제형성 배경과 원인에 대해 가설을 세우고 치료에 필요한 개입계획과 목표를 설정하는 과정을 의미한다.
② 내담자의 호소문제 및 문제의 배경, 문제를 발생시키고 유지되도록 하는 여러 요소를 통합적으로 검토하여 내담자들의 문제를 해결하는 개입전략을 세우는 데 도움을 준다.
③ 진로상담 장면에서도 사례 개념화는 매우 중요하다.

(2) 진로상담 사례 개념화 요소

① **진로상담 사례 개념화 요소 목록** : 12개의 유목과 29개의 요소로 구성 (이지은, 2017)

유목	사례 개념화 요소	유목	사례 개념화 요소
기본정보	• 내담자 기본정보	진로강점 및 자원	• 내담자의 진로강점 • 주변 지지자원
상담경위 및 기대	• 상담신청 및 의뢰경위 • 상담에 대한 기대	진로발달과정	• 교육 및 일에 대한 경험 • 자기이해 • 진로정보에 대한 이해 • 진로에 대한 포부 및 동기
주호소문제와 사전 평가	• 내담자의 주호소문제 • 정신건강상태 • 내담자에 대한 행동관찰 • 심리검사 결과 • 보고하는 내담자 특성	진로의사결정	• 진로의사결정 수준 및 효능감 • 진로의사결정 패턴
가족력	• 가족정보 및 상호관계 • 원가족의 진로 관련 이력	진로행동	• 진로준비행동 • 취업스킬 및 취업활동
생애역할 인식과 적응	• 생애역할 인식 • 생애역할 각 영역에 대한 적응 및 만족	종합이해	• 핵심 문제에 대한 이론적 설명 • 상담자의 종합적 평가 및 이해

② **진로상담 사례 개념화 요소의 활용**

㉠ 수준 높은 사례 개념화는 내담자와의 상담관계 형성 및 중기 이후의 상담을 효과적으로 이끌어나가는 데 토대가 된다.

㉡ 상담 개입을 이끄는 청사진으로써 상담의 성과에도 중요한 영향을 미친다.

㉢ 상담이 이루어지는 상황이 다양하기 때문에 요소 중 필요한 요소를 선택해서 사례 개념화를 하는 것이 효율적이다.

㉣ 사례 개념화의 3가지 방법

구분	내용
잠정적 사례 개념화	정보 수집차원의 사례 개념화
종합형 사례 개념화	모든 요소가 포함된 사례 개념화
간편형 사례 개념화	상황이나 장면에 따라 몇 가지 요소를 선택적으로 추린 사례 개념화

(3) 진로상담에 대한 기대

① **진로상담에 대한 내담자 기대**

㉠ 내담자들의 문제가 개인적인 경우 공감이해를 더 기대하며, 진로문제일 경우 상담자의 전문성, 유능성, 지시성을 더 기대한다.

㉡ 상담에 대한 개인적 참여에 대해 비현실적으로 낮은 기대를 갖거나 상담자의 전문적 지식에 대해 비현실적으로 높은 기대를 갖는 것은 내담자들에게 더 해로울 수 있다.

㉢ 진로상담 내담자들은 상담자가 자신을 신속하게 고쳐줄 수 있으리라는 비현실적이고 부정적인 기대로 더 적은 상담회기를 기대한다.

㉣ 상담에서 많은 책임이 요구될 것이라고 생각하는 내담자들은 적극적으로 참여하지 않은 채 자신의 문제를 해결할 수 있는 전문적 지식을 기대하는 내담자들보다 상담자와 자신과의 관계를 협력적이고 생산적이라고 평가할 가능성이 높다.

㉤ 상담자는 진로상담 초기에 내담자가 어떤 기대를 가지고 있는지 이해하고 내담자들이 상담에서 무엇을 기대해야 하는지를 구조화시키는 작업을 통해 상담과정에 긍정적인 도움을 줄 수 있다.

② **진로상담에 대한 기대 척도 5요인 (최정인, 2006)**

구분	내용
상담자 태도	상담자가 어떤 태도로 상담에 임하기를 원하는가
요인 전문성	직업세계에 대한 정보 등의 직업요인에 대한 상담자의 전문성을 기대

구분	내용
내담자 태도	상담에 임하는 내담자의 태도
상담과정 및 결과	진로상담과정 중에 기대하는 것과 상담 후에 변화되기 원하는 것
특성 전문성	내담자의 특성에 맞는 진로를 탐색할 수 있도록 돕는 상담자의 전문성

(4) 상담동기 파악

① 내담자와 상담자의 긍정적인 작업동맹 관계를 형성할 수 있도록 분위기를 조성한다.

② 초기면담에 대한 내담자의 느낌과 생각을 확인한다.

③ **내담자의 자각을 돕고 상담동기를 확인한다.**

  ㉠ 상담신청 및 의뢰경위를 확인한다.

  ㉡ 상담에 대한 기대를 확인한다.

  ㉢ 내담자의 상담동기를 확인한다.

> ▶ **상담동기의 자발성 정도에 따른 내담자 유형**
>
> - **고객유형(Customer)** : 내담자는 자신을 문제해결의 일부로 생각하고 문제해결을 위해 무엇이든 할 의지(동기)가 있다. 즉, 자신이 원해서 도움을 요청한 내담자의 경우이다.
> - **불평자유형(Complainant)** : 내담자는 대화 속에서 문제와 해결의 필요성에 대해서는 상세하게 설명하나 해결책이 대체로 다른 사람(부인, 자녀, 상관, 친구, 동료 등)의 변화를 통해 이루어질 수 있다고 생각한다.
> - **방문자유형(Visitor)** : 내담자가 상담자와 함께 해결하고자 하는 문제를 인식하지 않고 있거나 문제는 자신에게 있는 것이 아니라 다른 사람에게 있다고 생각한다. 이는 대체로 자신의 의사와는 상관없이 상담을 받아야 하는 내담자일 가능성이 높다.

(5) 진로논점에 영향을 미치는 심리적 문제

① 진로상담은 전인적인 관점에서 개인의 삶을 돕는 총체적인 접근이므로 심리문제를 진로문제와 구별하는 것은 무의미하다.

② 개인의 삶과 진로는 분리될 수 없기 때문에 진로상담에서 이 둘을 함께 고민해야 한다.

③ 진로상담과 심리상담의 과정은 매우 유사하다.

④ 진로상담에서 심리문제가 해결되지 않는 내담자들은 진로상담 종료 후에도 진로준비행동으로 이어지지 못한다.

⑤ 진로미결정자들은 진로결정자들보다 높은 불안, 낮은 자존감, 비합리적 의사결정기술, 대인관계문제 등 다양한 심리적 문제를 가지고 있다.

⑥ 신체화, 강박증, 대인 예민증, 우울, 불안, 적대감, 공포, 불안, 편집증, 정신증 등 심리적 특성들이 진로 미결정과 관련된다.

⑦ 직업상담과정에서 드러나는 낮은 자아존중감, 분노, 불안, 대인기피, 신체화, 우울 등의 증상이 실직기간을 장기화시키고 구직준비행동을 어렵게 만드는 원인이 된다.

(6) 몰입이론 적용 진로상담 (김창대, 2002)

① 몰입(flow) 모델을 이용한 진로상담모형은 개인이 일에서 추구하고자 하는 즐거움과 유능함을 동시에 얻는 것이 가능하다는 전제에서 출발한다.

② 흥미와 능력이 균형을 이룬 상태인 몰입을 특정한 영역에서 경험하고, 그러한 일에서의 경험이 자신의 진로발달 및 진로결정과도 연결될 수 있도록 돕는 것이 진로상담가의 역할이라고 본다.

③ **몰입경험에 따른 진로문제유형**

유형		특징
제1유형	**통합·분화 발달 집단**	• **몰입경험의 두 기제인 통합과 분화가 모두 발달된 경우이다.** • 일상의 몰입경험이 삶 전체의 의미와 적절하게 통합되고, 다음의 새로운 복잡성으로 나아가기 위해 적절히 분화된다.
	보다 높은 자기발전 추구 (몰입↑, 의미↑)	• 개인의 재능은 올바른 발달과정을 거치고, 진로와 관련된 혼란이나 불안은 존재하지 않는다. • 자신의 재능영역에서 충분한 수월성을 보이고, 활동에 **깊이 몰입하며 유능감과 만족감, 그리고 존재의 의미를 충분하게 느낄 수 있다.**
제2유형	**통합 미발달· 분화 발달 집단**	• **몰입경험을 많이 하지만, 수렴된 의미를 갖지 못하는 경우이다.** • 몰입경험은 보다 높은 수준의 재능발달을 창출해내지 못하는데, 이는 통합이 적절하게 발달하지 못했기 때문이다.
	부정적인 몰입경험 (몰입↑, 의미↓)	• 일상의 몰입경험은 자신이 가치 있다고 여기는 활동이 아니거나, 단편적으로 몰입하는 경험이 의미 있는 정점으로 수렴되지 못한다. • 정신적 에너지는 파편화되어 낭비되며 **적절한 의미 부여가 되지 못한 몰입경험은 진로 관련 불안과 혼란을 야기한다.**
제3유형	**통합 발달· 분화 미발달 집단**	• **진로에 대한 수렴된 목표와 의미는 가지고 있으나, 일상의 몰입경험이 부족한 경우이다.** • 실제로는 생의 의미와 관련된 일상의 경험을 하지 못한 것이다. • 전형적으로 나타나는 진로문제는 비현실적인 기대로, **진로와 관련된 구체적인 행동은 하지 않으면서 생각만 하는 경우이다.**
	비현실적인 기대 (몰입↓, 의미↑)	• 과잉 확장된 진로의식은 실제 삶의 변화와 연결되지 못하고, 오히려 실존적 공허감을 부추긴다.
제4유형	**통합·분화 미발달 집단**	• **일상의 몰입경험과 삶의 의미가 모두 낮은 집단이다.** • 자기 자신에 대한 무존재감, 무가치함, 무력함 등을 호소하고 인생이나 **진로에 대한 어떠한 전망과 가능성에 대해서도 회의적이며 절망감을 가지고 있다.**
	무망감 (몰입↓, 의미↓)	• 대개 일상에서 작은 성공경험이나 긍정적인 몰입경험을 가져보지 못한 경우가 많기 때문에 일상에서의 구체적인 몰입경험은 이들에게 극적인 희열경험을 줄 수도 있다.

④ **몰입이론 적용 진로상담의 내용과 방법**

　㉠ **개인적 특성을 이해하는 방법** : 개인이 어디에서 어떤 방식으로 몰입경험을 하는지 탐색하고 평가

ⓛ **직업정보 제공방법** : 특정 직업을 가진 사람들이 그들의 성장기에 어떤 영역에서 몰입 경험을 했었는지를 기초로 직업특성 조사

ⓒ **몰입경험 통제능력 촉진방법** : 동기수준의 유지방법, 목표의 구체화방법, 피드백 통로 마련 방법 등에 대한 상담

⑤ **몰입이론 적용 진로상담의 기술**

㉠ 안전한 상담관계에서 해보고 싶었지만 하지 못했던 활동들이나 몰입경험을 하였지만 지속할 수 없었던 경험의 목록을 만든다.

ⓛ 만들어진 목록에서 현실적으로 가능한 활동을 선택한다.

ⓒ 내담자가 목표를 너무 높게 잡지 않고 구체적으로 잡아서 스스로에게 성공경험을 주게 한다.

ⓔ 즉각적으로 피드백을 받을 수 있는 통로를 찾도록 한다.

ⓜ 자신의 기술수준에 적합한 과제를 선택하도록 한다.

 내담자 특성 파악

(1) 강점 중심 내담자 특성 이해

① 피터슨과 셀리그먼(Peterson & Seligman, 2004)은 성격강점을 사고, 정서 및 행동에 반영되어 있는 긍정적 특질로 정의하였으며, 이는 좀 더 포괄적으로 타고난 능력이나 지식과 기술로 길러진 재능으로도 정의된다.

② **강점 분류체계(VIC : Value In Action)**

핵심 덕목	의미	24가지 강점
지혜 및 지식 (wisdom)	더 나은 삶을 위해 지식을 습득하고 활용하는 것과 관련된 인지적 강점	**창의성, 호기심, 개방성, 학구열, 지혜**
용기 (courage)	목표추구 과정에서 난관에 직면하더라도 이를 극복하면서 목표를 성취하려는 강인한 투지의 성격적 강점	**용감성, 끈기, 활력, 진실성**
자애 (humanity)	다른 사람을 보살피고 이해하며, 그들과 따뜻하고 친밀한 관계를 형성하도록 돕는 성격적 강점	**사랑, 친절, 사회지능**
절제 (temperance)	지나침으로부터 우리를 보호해주는 성격적 강점	**용서, 겸손, 신중성, 자기조절**
정의 (Justice)	모든 개인과 개인을 둘러싼 사회 간의 건강한 상호작용에 기여하는 성격적 강점	**시민의식, 리더십, 공정성**
초월성 (transcendence)	현상과 행위에 대해 의미를 부여하고 보다 큰 우주와의 연결성 추구	**감상력, 낙관성, 감사, 영성, 유머감각**

③ **강점 인식 및 활용**

㉠ 강점인식이란 자신의 강점을 자각하고 인지하는 것으로 정의된다.

  ⓒ 자신의 강점에 대한 인식은 긍정적인 자기개념을 형성하도록 돕고, 성숙한 진로발달에 중요한 영향을 미치는 변인이 된다.

  ⓒ 강점을 활용함으로써 개인이 지니고 있는 강점을 통해 실제적인 이익을 얻을 수 있다.

  ⓔ 긍정적인 적응과 발달을 위해서는 강점인식 이후에 강점활용이 이루어져야 한다.

(2) 심리검사 활용 내담자 특성 이해

① **적성검사** : 적성은 인간의 능력을 특정 분야나 활동영역에 관련시킨 개념으로 개인이 어떤 특정 분야, 직업, 활동 등에 필요한 능력을 얼마나 가지고 있는가를 알아내고자 하는 검사이다.

② **흥미검사** : 어떤 현상이나 사물에 대한 관심 또는 어떤 활동에 적극적으로 참여하려는 성향을 측정하는 검사이다.

③ **직업가치관검사** : 직업가치관이란 직업과 관련하여 자신이 바람직하게 여기는 행동기준으로 개인이 어떤 선택이나 결정을 내려야 할 때, 어떤 방향으로 행동하게 하는 원리나 믿음을 의미한다.

(3) 가족과 가족자원 중심 내담자 특성 이해

① **가족체계이론**

  ㉠ 한 개인의 행동은 개인을 둘러싼 가족 구성원의 의사소통방식, 상호작용의 패턴, 심리적 거리감, 구성원의 독립심, 구성원 간의 일체감 등으로 구성된 체계적 특징과 관련이 있다.

  ㉡ 가족이라는 한 시스템 속에서 개인이 어떤 경험을 했는지 체제적 관점으로 관계를 정의하는데, 이는 관계의 질을 맥락적 관점에서 이해할 수 있도록 도와준다.

② **로(Roe)의 욕구이론**

  ㉠ 욕구이론에서는 부모와 자녀 간의 관계가 직업선택에 핵심 역할을 하는 것으로 본다.

  ㉡ 초기의 경험은 가정환경에 의해 주로 영향을 받으며, 특히 부모와의 관계에 의해 영향을 받기 때문에 부모행동에 대해 관심을 기울인다.

③ **진로가계도**

  ㉠ 가족상담에서 많이 활용되는 보웬(Bowen)의 가계도를 진로상담과정에 적용한 것이다.

  ㉡ **진로가계도 해석**

구분	내용
가족의 구조	가계도의 선과 기호, 가족 형상과 형제순위 등의 가족관계를 확인하여 가족의 전체적인 구조를 이해한다.
세대 간 반복되는 유형	가계도상에서 반복되는 직업의 유형을 탐색한다. 사회변화에 따라 직업의 형태는 시대상을 반영하지만 전문성과 역량면에서 살펴볼 수 있다.

구분	내용
가족의 역할과 직업	가족 구성원의 역할과 이들 직업 사이의 관계를 알아본다. 가족의 역할과 관련하여 직업의 사회 · 경제적 지위와 직업적 특성을 알아본다.
가족의 관계유형	가족 상호작용의 유형을 설명하는 선을 탐색하여 밀착, 친밀, 소원, 갈등적인 관계를 이해한다(밀착된 관계 : ≡, 친밀한 관계 : =, 소원한 관계 : …, 갈등 관계 : 多).

ⓒ 진로가계도 분석을 위한 질문 예시

구분	질문 예시
일반적인 질문	• 당신이 성장해 온 가정을 어떻게 묘사할 수 있을까요? • 당신에게 어머니와 아버지는 어떤 분이셨나요? • 어머니와 아버지의 직업을 적어주셨는데, 혹시 부모님이 이루지 못한 꿈들이 있을까요? • 친척(친가, 외가)들의 직업은 무엇인가요? • 친척들과 부모님의 관계는 어떠했나요? • 가계도에 있는 인물들 중에서 당신이 가장 닮고 싶은 사람은 누구인가요? • 가계도에 있는 인물들 중에서 당신이 영향을 받았다고 생각하는 사람은 누구인가요?
확장질문	• 가족의 가장 지배적인 가치는 무엇이라고 생각하나요? • 가족의 '미해결된 작업'으로부터 오는 심리적 압박 같은 것이 있나요? • 세대에 걸쳐 내려오는 신화 또는 오해가 있나요? • 가족의 삶을 세 가지 영역(학습, 일, 놀이)의 관점에서 본다면 어떤가요? • 진로선택과정 중에 어떤 패턴이 나타났나요? • 교육이나 취업과 관련하여 가족 안에 암묵적 메시지가 있다고 생각하나요? • 나의 진로와 관련하여 가장 기대를 많이 가지고 있거나 압박을 가한 사람은 누구인가요? • 당신은 이 가계도를 어떻게 바꾸고 싶은가요?

(4) 개인자원목록 작성을 위한 SWOT 분석

① SWOT 분석의 개념

㉠ SWOT 분석은 특정한 사안에 대한 의사결정을 합리적이고 체계적으로 할 수 있도록 개발된 분석기법이다.

㉡ SWOT는 강점(S : Strength), 약점(W : Weakness), 기회(O : Opportunity), 위협(T : Threat)의 뜻을 가진 영단어의 첫 글자로 만들어진 용어이다.

㉢ 강점은 시장환경에 이득을 주는 기술, 역량, 조직의 가치 있는 자원, 경쟁력, 성취 등이며, 약점은 경쟁력을 취약하게 할 수 있는 불이익을 주는 것들이다.

㉣ 외 · 내부 환경의 분석을 바탕으로 개발, 기술, 관리, 계획 등 주어진 상황을 전략적인 시각으로 분석하여 기회와 위협의 요인들을 도출한다.

㉤ 도출된 기회와 위협을 강점을 통하여 활용하고 약점을 보완하거나 회피할 수 있도록 전략적 계획을 수립한다.

② SWOT 전략

　㉠ 첫 번째 전략 : 자신의 강점과 기회를 활용하는 전략 (SO)

　㉡ 두 번째 전략 : 자신의 강점은 살리되 위험을 줄이는 전략 (ST)

　㉢ 세 번째 전략 : 기회를 살리되 자신의 약점을 감안하는 전략 (WO)

　㉣ 마지막 전략 : 약점과 위협요인을 고려한 전략 (WT)

제2절　직업정보 탐색

01　직업정보 탐색 지원

(1) 진로정보 제공 및 활용

① 진로정보 제공의 목적

구분	내용
교육적 목적	상담자는 내담자에게 진로정보를 제공함으로써 내담자가 생각을 할 수 있도록 하고, 그 생각을 발전 및 확장시키거나 수정할 수 있도록 해준다. 예 **정보 알려주기, 발전 및 확장하기, 수정하기**
동기부여 목적	어떤 정보는 그 자체로는 동기부여가 안 되지만 적당한 시점에 그 정보를 제공하면 진로계획과정에서 큰 효과를 줄 수 있다. 예 **자극하기, 도전감 갖도록 하기, 확신감 갖도록 하기**

② 진로정보의 활용

　㉠ 정보활용능력이란 자신의 정보요구를 파악하여 정보과제를 명확히 설정하고, 문제해결에 필요한 정보를 탐색·분석·해석하고 종합적으로 표현하여 새로운 지식과 정보를 창출하여 전달하는 문제해결능력이다.

　㉡ 정보를 잘 습득하고 활용하는 데 그치지 않고, 자기 주도적으로 정보를 검색·수집하고 직접 정보를 제작·편집 및 변환하는 능력까지도 갖출 수 있게 됨을 의미한다.

　㉢ 상담자는 진로정보를 일방적으로 제공하는 것이 아니라 내담자가 진로정보를 효과적으로 활용할 수 있도록 지원한다는 측면에서 진로정보가 바르게 활용되고 있는지 검토할 필요가 있다.

③ 내담자의 진로정보 필요수준에 따른 상담자 개입

　㉠ **진로정보에 대한 관심은 낮으면서 정보량은 많은 경우** : 그 이유를 물어보고 내담자의 정확한 욕구를 탐색한다.

　㉡ **진로정보에 대한 관심도 낮고 정보량도 적은 경우** : 내담자의 문제를 다시 점검한다.

　㉢ **진로정보에 대한 관심이 높으면서 정보량이 적은 경우** : 적극적으로 직업정보를 탐색한다.

(2) 직업정보 수집 및 활용

① **직업선택 의사결정단계에서의 직업정보 활용**(박상철, 2008)

단계	내용
1단계 직업선택의 인식	• 이직, 전직, 실직, 신규 취업 등으로 자신이 직업을 선택해야 하는 필요성을 인식하게 되는 단계이다. • 직업선택과정을 시작하고 수행하게 되는 시작점으로 중요한 단계이다. • 개인의 내적인 과정이며, 1단계에 도달할 때까지 내담자는 직업정보를 활용하지 않을 것이다.
2단계 개인의 직업특성 평가	• 자신에 대한 직업적 특성들을 객관적으로 평가한다는 것은 직업선택과정에서 필수적인 선행단계이다. • 심리검사 등을 통하여 개인의 특성을 평가한다. • 직업선택에 대한 인식이 충분히 마련된 상태가 아니라면 직업탐색이 형식적으로 이루어질 수 있다.
3단계 적합한 직업의 목록화	• 2단계에서 기술된 내담자의 직업특성 평가를 통해 개인에게 적합한 직업목록을 생성한다. • 가능하다면 다양한 심리검사를 하고 결과를 종합하여 직업목록을 작성하는 것이 좋다.
4단계 직업목록에 관한 직업정보의 수집	• 직업선택 의사결정을 한 경우에는 직업정보를 가장 필요로 하게 되고, 다양한 경로를 통해 직업정보를 탐색하고 수집하게 된다. • 수집된 정보는 직업목록상의 비교 준거로써 활용되며, 정확한 비교를 위해 다양한 직업정보들이 요구된다.
5단계 선택직업의 결정	• 4단계에서 수집한 직업정보들을 활용하여 직업 간 비교를 통해 최종적으로 선택직업을 결정하게 된다. • 이 단계에서는 많은 정보 중에서 내담자가 자신의 특성에 맞게 정보를 정리하고 비교할 수 있도록 도와준다.
6단계 선택직업 진입을 위한 실천행동	• 내담자들이 선택직업에 진입하기 위한 정보들을 요구하게 된다. • 자신이 선택한 직업에 바로 진입이 가능한지, 혹은 훈련, 자격 취득, 진학 등과 같이 진입을 위한 준비과정을 거쳐야 하는지를 결정하게 된다.

② **대안 개발을 위한 직업정보**

㉠ 특정 직종들에 관한 구체적 정보 수집은 물론이고 일의 세계에 관한 일반적인 정보 수집도 포함된다.

㉡ 수집된 정보는 대안 모색을 위한 기초자료가 되며 작업에 관한 내담자의 잘못된 정보를 고쳐주는 기능도 한다.

㉢ 가능한 많은 선택권을 포괄함으로써 선택의 폭을 넓히는 것이 중요하며, 새로운 정보가 수집됨에 따라 대안의 목록이 첨삭되기도 하고, 새로운 대안들이 새 정보의 수요를 자극하기도 한다.

③ 대안 개발을 위한 직업정보 수집과정

단계	내용
1단계 직업분류 제시하기	• 내담자에게 직업분류체계 제공
2단계 대안 만들기	• 대안목록 작성 • 준거 고려 • 대안을 찾기 위한 방법 제안 • 대안 모으기
3단계 목록 줄이기	• 내담자와 함께 3~5개의 목록으로 줄이기
4단계 직업정보 수집하기	• 직업정보의 출처 : 인쇄매체, 시청각자료, 생애설계, 직업상담 전산 프로그램, 전문가와의 면접, 관찰과 참여 • 직업정보 평가하기 • 내담자에게 정보 수집기술 가르치기

제3절 진로설계 지원

01 진로목표 수립

(1) 진로목표 수립 시 유의사항

① 목표는 구체적이어야 한다.
② 목표는 관찰 및 측정이 가능해야 한다.
③ 목표가 달성되는 시간이 정해져야 한다.
④ 목표는 달성 가능해야 한다.
⑤ 목표는 기록될 필요가 있다.
⑥ 목표는 명확히 표현되어야 한다.
⑦ 목표는 내담자가 원하고 바라는 것이어야 한다.
⑧ 목표는 직업상담가의 기술과 양립 가능해야 한다.

(2) 진로대안(계획) 평가 5가지 (Yost)

① **원하는 성과 연습**
　㉠ 내담자의 선호도목록에 준하여 각 직업들을 점검하는 데 목적이 있다.
　㉡ 우측에는 고려 중인 직업들의 명세표를 만들고, 좌측에는 선호하는 가치를 적는다.
　㉢ 각 직업에 대해 그 직업들이 원하는 성과를 제공할 가능성을 평가한다.

② **찬반 연습**
　㉠ 각 직업들의 장·단기적 장단점을 생각하도록 계획하는 것이다.
　㉡ 장기 또는 단기의 기간한계를 정한 후 찬반의 경우를 표에 표시하도록 한다.
　㉢ 현재 고려 중인 직업을 적고 순서에 관계없이 표의 내용을 채우도록 한다.

③ **대차대조표 연습**
　㉠ 보다 구조화된 방법으로서 특정 직업의 선택에 의해 가장 영향을 받을 영역이나 사람들에 초점을 맞추는 것이다.
　㉡ 표의 좌측에 중요한 범주를 나열하고, 각 직업들에 대해 범주별로 긍정적·부정적 효과를 제시하도록 한다.

④ **확률추정 연습**
　㉠ 내담자가 예상한 결과들이 실제로 얼마나 일어날 것인지를 추정해보는 것이다.
　㉡ 내담자가 원하는 목표에 도달할 수 있는지의 여부에 관심이 있을 때 유용하다.

⑤ **미래를 내다보는 연습**
　㉠ 앞으로 미래에 다른 위치에 있을 어느 한 직업의 결과를 짐작해보는 좀 더 창의적인 방법이다.
　㉡ 환상을 유도하는 것이며, 끝난 후 그 점을 설명해 주어야 한다.
　㉢ 내담자를 편안한 상태로 눈을 감은 채 이완시킨 후 미래를 상상하도록 한다.

02　진로의사결정기법

(1) 의사결정수준

① **진로의사결정의 수준**
　㉠ 선택에 대한 확신의 정도가 높은 상태는 '결정', 낮은 상태는 '미결정'이라고 할 수 있다.
　㉡ 진로의사결정자를 결정자, 미결정자, 우유부단자로 나눌 수 있다.

② **진로 미결정**
　㉠ 직업을 결정하는 발달의 정상적인 과정에 존재하는 '아직 결정에 이르지 않은' 상태를 의미하며, 이는 정보가 부족하거나 의사결정능력이 부족한 결과일 수 있다.
　㉡ 우유부단한 성격특성을 동반하여 만성적인 미결정상태인 미결정자도 있으며, 이들은 시간이 지나고 정보가 제공되더라도 의사결정을 하지 못하는 경우이다.
　㉢ 진로상담에서는 발달적 미결정자와 만성적 미결정자를 구분하여 진로를 결정하지 못하는 이유를 밝히고 서로 다른 접근을 하여야 한다.

③ **진로 결정**
　㉠ 진로를 결정한 경우에도 성숙한 결정자와 미숙한 결정자로 분류할 수 있다.
　㉡ '결정-불편 집단'의 경우 진로를 결정했음에도 불구하고 도움이 필요한 집단이기 때문에 진로미결정자뿐 아니라 이들에 대해서도 차별적인 개입이 필요하다.

(2) 의사결정의 유형과 특징

① 내담자의 의사결정수준에 따른 분류 (Sampson, Peterson, Reardon 등)

구분	내용
진로결정자 (The decided)	• 자신의 선택이 잘된 것인지 명료화하기를 원하는 내담자 　예 나는 내가 올바른 방향으로 가고 있는지 알고 싶어요. • 자신의 선택을 이행하기 위해 도움이 필요한 내담자 　예 이제부터 무엇을 준비해야 할지 알고 싶어요. • 진로의사가 결정된 것처럼 보이나 실제로는 결정을 하지 못하는 내담자 　예 진로에 대한 결정은 내렸지만 불안해요.
진로미결정자 (The undecided)	• 자신의 모습, 직업 혹은 의사결정을 위한 지식이 부족한 내담자 　예 내가 무엇을 잘하고 좋아하는지 알 수가 없어요. • 다양한 능력으로 지나치게 많은 기회를 갖게 되어 진로결정을 하기 어려운 내담자 　예 이것도 하고 싶고, 저것도 하고 싶어서 결정을 내리기가 어려워요. • 진로결정을 하지 못하지만 성격적인 문제는 없는 내담자 　예 아직은 구체적인 계획은 갖고 있지 않아요.
우유부단형 / 진로무결정자 (The indecisive)	• 생활에 전반적인 장애를 주는 역기능적인 불안을 동반한 내담자 　예 내가 과연 무엇을 할 수 있을지 잘 모르겠어요. • 일반적으로 문제해결과정에서 결정을 쉽게 하지 못하는 부적응적인 성격을 지니고 있는 내담자 　예 나는 우울해요. • 높은 수준의 우유부단함, 불안, 좌절, 불분명한 직업적 정체감, 낮은 수준의 자아존중감

② 내담자의 의사결정수준에 따른 상담목표 및 과제 (김계현, 1995)

구분	내용	
진로결정자	• 진로를 결정하게 된 과정 탐색 • 충분한 진로정보 확인 • 합리적인 과정으로 명백하게 내린 결정인지 확인 • 결정된 진로를 준비 • 내담자의 잠재 가능성 확인	
진로 미결정자	• 진로에 대한 탐색 • 구체적 직업정보의 활용 • 현재 자신의 능력에 대한 구체적인 파악	• 자기탐색 • 직업정보의 제공 • 의사결정의 연습
우유부단형	• 불안이나 우울의 감소 • 불확실감의 감소 • 기본적 생활습관의 변화 • 긍정적 자아개념의 확립 • 긍정적 자아정체감의 형성 • 동기개발	• 타인의 평가에 대한 지나친 민감성의 극복 • 자존감의 회복 • 열등감수준의 저하 • 가족의 기대와 내담자 능력 간의 차이 인정 • 부모나 사회에 대한 수동－공격성의 극복

③ 하렌(Harren)의 의사결정유형

구분	내용
합리적 유형	자신과 상황에 대한 정확한 정보를 수집하고, **신중하고 논리적으로 의사결정을 수행해나가며, 의사결정에 대한 책임을 진다**. 결정은 매우 신중하고 논리적으로 행해지는 것이 특징이다.
직관적 유형	**의사결정의 기초로 상상을 사용하고 현재의 감정에 주의를 기울이며 정서적 자각을 사용한다**. 선택에 대한 확신은 빨리 내리지만 결정의 적절성은 설명하지 못할 경우가 있다. 합리적 유형과 마찬가지로 **결정의 책임을 자신이 지고자 한다.**
의존적 유형	의사결정에 대한 개인적 책임을 부정하고 그 책임을 외부로 돌리는 경향이 있다. **의사결정과정에서 타인의 영향을 많이 받고 수동적이고 순종적이며 사회적 인정에 대한 욕구가 크다.**

(3) 의미 있는 타인의 영향

① 사회적 지지자로서의 역할을 한다.
② 자기평가에 영향력을 미친다.
③ 유사성이 많을수록 의미 있는 타인으로 여겨진다.
④ 영향력의 상호성이 의미 있는 타인의 기준이 될 수 있다.

(4) 타인관여 요청방식 (Philips et al.)

① 불확실한 타인 활용 : 확신이 부족하여 타인의 충고나 지식에 의존한다.
② 협조적 관계 유지 : 자신의 선택이 어떠한 영향을 주는지 알고 있으며 모두가 만족할 선택을 하고자 한다.
③ 신중한 의사결정 : 진로선택에 있어서 실수를 막기 위해 타인의 도움을 필요로 한다.
④ 자신에 대한 정보 획득 : 의사결정자에 대해 객관적 정보를 제공하고, 새로운 시각을 준다.
⑤ 대안의 가중 판단 : 여러 가지 대안들을 비교하고 선택하기 위해 타인의 도움을 필요로 한다.
⑥ 조언 요청 : 의사결정은 독립적으로 하지만 특정 부분에 조언이나 지도를 요청한다.
⑦ 정보 획득 : 자신의 의사결정에 확신이 있으며, 부족한 정보를 획득하여 최종 결정을 내린다.
⑧ 진로선택 공유 : 단지 자신의 의견을 타인들과 공유하고 싶어 한다.
⑨ 실패한 관여 요청 : 타인의 도움을 필요로 하지만 자신에게 유용한 방법을 찾지 못하였거나 타인관여 요청에 성공하지 못하였다.

(5) 타인관여 방식 (박혜영, 2010)

① 소극적 지지 : 내담자를 지지하지만 의사결정을 도울 수 있는 구체적인 행동은 하지 않는다.
② 무조건적 지지 : 내담자가 어떤 진로를 선택하느냐와 관계없이 모두 옳고 좋은 것으로 여긴다.

③ **진로정보 제공** : 그들이 알고 있는 영역에 대한 진로정보를 제공한다.

④ **진로대안 제공** : 진로선택을 위한 구체적인 방법이나 직업세계를 경험할 수 있는 기회를 제공한다.

⑤ **권유** : 내담자에게 맞는 최상의 진로선택을 하도록 내담자에게 제안한다.

⑥ **지도** : 최상이라고 생각하는 진로선택이 있지만 내담자의 흥미나 욕구를 고려한 것은 아니다.

⑦ **비판** : 내담자의 진로선택능력에 대해 부정적인 입장을 취하고 비판적이다.

(6) 진로의사결정모델

① **기술적 진로의사결정모델** : 사람들의 일반적인 직업결정방식을 나타내고자 시도한 이론

구분	내용
브룸(Vroom)의 기대모델	• 일과 관련된 개인의 행동 설명에 초점 • **인간의 행동은 내부로부터 동기화**된다는 가정을 전제 • 주요 개념 : 일 역할(work role), 동기(motivation), 유인가(valence), 기대(expectancy)
Janis와 Mann의 갈등모델	• 각 개인이 **의사결정을 하려고 할 경우 언제나 갈등이 발생** • 의사결정에 직면해 있는 각 개인 내부에 주어진 행동과정을 수용 또는 거부하려는 상반되는 경향이 동시에 존재하여 불확실성을 느끼고 행동을 망설이며 정서적 혼란을 겪으면서 스트레스 유발 • 의사결정에 있어서 세심한 접근을 하는 것은 결정 후의 스트레스를 최소화시키는 경향 • 세세하게 모든 대안들을 고려한다면, 결정으로부터 생겨나는 문제들을 더 잘 처리할 수 있고 최선의 결정에 이름

② **처방적 진로의사결정모델** : 직업을 결정하는 데 있어 실수를 감소시키고 보다 나은 선택을 도우려는 의도의 이론

구분	내용
미쉘(Mitchell)의 선택모델	• 만약 주어진 진로선택의 대안이 대안으로서의 절대성을 만족시키지 못한다면 그것이 선택될 가능성은 제로 • **만약 주어진 대안이 긍정적 특성을 가졌다면 그 진로가 선택될 가능성은 제로보다 커질 것** • 의사결정자가 활용 가능한 대안들의 여러 가지 특성들에 부여하는 가중치의 크기를 안다면 예견이 가능할 것
티버스키(Tversky)의 배제모델	• 고려해야 할 진로들에 관련된 여러 관점이나 특징들을 확인 • 중요성에 따라 여러 가지 측면들의 등급을 분류 • 가장 중요한 관점의 등급(가장 높게 분류된)이 수용할 만한지 확인 • 고려되고 있는 관점에 대해 **수용할 만한 등급에서 벗어난 진로들을 배제** • 남아있는 직업들에 대해 더 깊이 탐구

(7) 의사결정 촉진을 위한 에드워드 드 보노(Edward de Bono)의 6개의 생각하는 모자

① 직업상담의 중재과정에서 의사결정의 촉진을 위한 것이다.

② 상담자는 의사결정자인 내담자에게 6가지 색깔의 생각하는 모자를 써보고 각각의 모자의 색에 해당하는 역할을 수행하게 한다.

③ 창의적으로 정보를 탐색함으로써 이용 가능한 정보의 양과 질을 확장시키기 위한 수평적 의사결정방식(lateral decision-making aids)이다.

④ 모든 사고유형들이 유용하기는 하지만 궁극적으로 의사결정자에게 가장 필요한 것은 청색 모자를 쓰고 있을 때의 접근이다.

⑤ 모자의 색깔별 역할

색깔	역할
백색	본인과 직업들에 대한 사실들만을 고려한다.
적색	직관에 의존하고 직감에 따라 행동한다.
흑색	비관적, 비판적이며 모든 일이 잘 안 될 것이라고 생각한다.
황색	낙관적이며 모든 일이 잘 될 것이라고 생각한다.
녹색	새로운 대안들을 찾으려 노력하고 문제들을 다른 각도에서 바라본다.
청색	합리적으로 생각한다.

※ 암기 Tip : 백 - 적 - 흑 - 황 - 녹 - 청

제4절 실행 지원

01 진로역량 확장

(1) GROW 코칭모델

① 코칭의 개념은 1880년경 최초로 스포츠분야에서 선수의 역량을 향상시키기 위해 지도하는 행위로 사용되었다.

② 코칭은 질문과 경청, 피드백을 통한 과정에서 개인의 생각을 자극하고 사고의 지평을 넓혀 새로운 인식을 통해 스스로 현재 직면하고 있는 문제와 해결방법을 찾도록 돕는 과정이다.

③ GROW(goal, reality, option, will) 모델은 문제정의, 원인 파악, 해결안 모색, 실행 등 일반적인 문제해결 프로세스를 따르고 있어 단순하며 적용이 쉬워 가장 많이 사용되는 모델이다.

순서	내용
목표 (goal)	• **초기에 대화주제에 대한 초점을 목표(goal)에 둔다.** • 문제에 초점을 두는 것이 아니라 문제를 해결하는 것은 어떤 의미이고, 주체가 누구이며, 그 과정을 통해 내담자가 진정 원하는 바가 무엇인지를 먼저 생각할 수 있게 함으로써 긍정적인 에너지를 갖게 하고, 한 단계 사고를 진전시킨다.
현실 (reality)	• **현실을 살펴보면서, 실제로 벌어지고 있는 이슈와 그것에 대한 내담자의 시각을 함께 관찰**하면서 새로운 관점을 갖게 되는 단계이다.
대안 (option)	• 목표를 이루기 위해 그동안 시도했던 실패와 성공의 경험들은 무엇이었고, 거기에서 배울 것은 무엇이었는지, 시도하지 않았던 방법들과 새롭게 시도해 볼 만한 것들은 무엇인지 등에 대해 **새로운 대안을 탐색**하게 된다.
실행의지 (will)	• **구체적인 실행계획에 대해 합의**하고 지속적으로 실행할 수 있는 지원환경들을 점검하며 다짐하는 단계이다.

(2) 사회적 지지

① 사회적 지지란 사회적 관계를 통하여 얻을 수 있는 모든 형태의 긍정적인 자원을 말한다.

② 진로와 관련하였을 때 사회적 지지란 개인이 적극적으로 진로행동을 할 수 있게 도와주는 것을 의미한다.

③ 사회적 지지 가설

구분	내용
주효과 가설	• 사회적 지지가 적응에 직접적인 영향을 준다. • 안정된 대인관계에서의 긍정적 경험이 자신이 관심 있는 대상이며, 사랑받고 가치 있는 존재임을 지각하도록 한다. • 사회적 지지가 생활환경을 보다 안정되고 예측 가능하게 하여 적응에 긍정적인 영향을 미치게 된다.
완충역할 가설	• 개인이 스트레스 상황에 처했을 때 대인관계를 통해 얻게 되는 자원이 스트레스의 영향을 완충시켜 준다. • 상황을 해결하는 데 필요한 자원이 부족하면 곤란을 경험하게 되고, 이때 부족한 자원이 타인으로부터 제공되면 스트레스 상황에서 비롯되는 부정적인 영향이 감소한다.

④ 사회적 지지 척도의 4가지 요인

구분	내용
정서적 지지	인간의 기본적인 **사회·정서적 욕구를 만족시켜주는 지지** 예 사랑, 이해, 격려, 신뢰, 관심, 공감적 경청, 존경 등
평가적 지지	자신의 행위를 인정해주거나 부정하는 등 **자기평가와 관련된 정보를 전달하는 것** 예 칭찬, 소질 인정, 인격존중, 공정한 평가, 가치 고양, 의사존중 등
정보적 지지	개인이 문제에 대처하는 데 이용할 수 있는 **정보를 제공하는 것** 예 문제해결, 의사결정, 적응, 위기 등의 상황에서 제공되는 충고, 조언, 지도와 사회에 대한 지식 제공 등

구분	내용
물질적 지지	**필요시 직접적으로 돕는 것** ⑩ 일을 대신 해주거나 필요시 돈, 물건, 서비스, 시간 등을 제공함으로써 직접적으로 돕는 행위 등

02 동기부여

(1) 진로동기모델 (career motivation theory)

① 론돈(London, 1983)이 스트레스 대처 모형에 근거하여 제시한 이론으로서 진로탄력성 (career resilience)을 최초로 개념화하여 제시한 모델이다.

② **진로장벽 극복을 돕는 진로동기모델의 3가지 개념**

구분	의미	역할
진로통찰력	자신의 작업환경을 이해	진로동기 촉발
진로정체성	설정된 목표를 따르는 것	진로동기의 방향성 결정
진로탄력성	불안정한 직업상황의 어려움을 이겨내는 능력	진로동기 유지

(2) 진로탄력성

① 진로탄력성은 진로 좌절을 극복하는 능력으로서, 진로탄력성이 높은 사람은 부정적인 일 상황에서 좀 더 효과적으로 대처하는 반면에, 그 반대 개념인 진로취약성(career vulnerability) 은 최적의 진로조건에 미치지 못하는 상황에 직면할 때 드러나는 심리적인 허약성을 의미한다.

② **진로탄력성의 5가지 하위요소**

구분	의미
자기 신뢰	자신에 대한 긍정적인 지각과 어려운 상황이나 스트레스에도 불구하고 **자신을 믿고 확신하며 자기 긍정성을 발휘하는 것**
성취 열망	개인이 세운 목표를 달성하고자 하는 의지이며, 어려움과 역경에 부딪혔을 때에도 자신의 미래를 낙관적으로 보고 **인내와 끈기로 더 높은 목표를 달성하고자 하는 태도나 행동**
진로 자립	개인이 원하는 진로목표를 달성하는 능력과 노력을 의미하는 것으로 지속적으로 학습하며, **새로운 기술과 훈련을 주도적으로 계획하여 직무기술을 향상시키는 태도나 행동**
변화 대처	개인이 세운 진로목표를 달성하는 과정에서 예기치 않게 발생한 사건, 또는 그로 인한 결과를 받아들이며 실패를 두려워하지 않고 **부정적인 결과에서도 긍정적인 요소를 찾아 대처하는 태도나 행동**
관계 활용	진로상황에서 어려움이나 역경에 부딪혔을 때 개인이 활용할 수 있는 **사회적 자원을 확보하고 대인관계 네트워크 구축과 긍정적인 관계를 활용하는 태도나 행동**

③ 진로탄력성 증진방법 (진로탄력성 틀, CRF : career resiliency framework, Rickwood, 2002)

구분	의미
주제 수용	조직의 관리자나 정책을 통하여 탄력적 특성과 관련된 직업발달을 적극적으로 촉진하는 환경을 만든다.
자기인식 돕기	개인이 자신의 핵심 가치와 흥미에 대한 이해를 발달시키도록 돕는다.
전환	내담자의 내적 동기를 찾는 행동계획을 세움으로써 진로상황을 분명히 하고 현실에서 꿈을 실현하기 위하여 진로장벽을 극복하도록 돕는다.
관계성	직장 내 공동체의식을 가지며 다른 사람들과 의미 있는 상호작용을 하도록 장려한다.

(3) 진로장애

① 진로와 관련된 여러 가지 경험들을 수행해 가는 과정에서 개인의 진로선택과 목표, 포부, 동기 등에 영향을 미치거나 역할행동을 방해할 것으로 지각되는 여러 부정적 사건이나 사태를 진로장애(career barriers)라고 한다.

② **진로장애의 종류**

구분	의미
직업정보 부족	충분한 직업정보를 갖고 있지 못해서 적합한 직업을 선택하지 못하는 정도
자기 명확성 부족	자기 자신의 이해와 자신의 장단점을 정확히 파악하지 못해서 어떤 진로를 결정해야 할지 모르기 때문에 진로를 결정하지 못하는 정도
우유부단한 성격	개인적인 성격 특성에 기인하여 진로선택에 어려움을 보이는 정도
필요성 인식 부족	아직까지 진로를 결정해야 하는 필요성을 인식하지 못하기 때문에 진로선택을 하지 못하는 정도
외적 장애	부모나 주변 사람의 기대에 대한 갈등 혹은 사회적인 요구조건과의 불일치 때문에 진로선택에 어려움을 보이는 정도

(4) 진로적응성

① 일반적으로 청소년의 진로발달에서 사용되는 진로성숙(vocational maturity)이라는 용어가 성인에게는 적절하지 않다는 문제에서 진로적응성(career adaptability)이라는 개념이 제기되었다.

② 성인의 진로발달에 대한 관심은 의사결정을 위한 준비도로서의 진로성숙에서 변화하는 일과 일하는 조건에 대처하기 위한 준비도로서의 진로적응성으로 이동한다.

③ 진로적응성의 5가지 하위요인 (장계영, 2009)

구분	의미
대인관계	업무를 수행하는 과정에서 접촉하게 되는 사람들과 문제를 일으키지 않고 원만하게 지내는 능력
목표의식	성취상황에서 개인의 행동과 태도에 도움을 주는 더 높은 수준의 목표를 정하는 것
주도성	현 상황을 개선하거나 혹은 새로운 상황을 창조하기 위해 솔선해서 행동함으로써 현 상태를 변화시키는 것
긍정적 태도	주로 낙관성으로 표현되며, 미래에 좋은 일이 많이 일어나고 나쁜 일은 적게 일어날 것이라는 일반화된 기대
개방성	호기심이 많고 반성적이며 창의적이며 상상력이 뛰어나며 근원적이고 독립적이고 비관습적이며 다양성을 수용하는 정도

④ 진로적응성과 진로탄력성의 관계

㉠ 상황적으로 좋지 않은 환경적 조건 혹은 스트레스 상황을 가정하고, 이 상황을 효과적으로 극복한다는 긍정적 의미가 내포되어 있다는 공통점이 있다.

㉡ 진로탄력성은 이미 닥쳐와서 극복해낸 과거 역경상황에 대한 회복력을 나타내는 반면, 진로적응성은 아직 오지 않은 환경적 변화, 즉 불확실한 미래 상황에 대한 태도이다.

㉢ 불확실한 미래를 준비하는 능력과 태도는 단순히 할 수 있을 것이라는 기대에서 나오는 것이 아니라, 과거의 역경을 성공적으로 극복한 경험을 바탕으로 해서 나온다. 즉, 적응성은 탄력성의 개념을 포함하여 미래에 대한 성공적인 생존 가능성이 내포된 광범위한 개념이다.

진로상담 기출 · 예상문제

① 진로논점

01 내담자의 문제, 원인 또는 관련 요인, 상담 개입방법을 체계적으로 설명하는 과정을 무엇이라고 하는가?

① 내담자 정보 분석
② 문제증상의 이해
③ 호소문제 명료화
④ 사례 개념화

> **해설** 사례 개념화(case conceptualization)는 상담자가 내담자로부터 얻은 정보들을 통합하여 내담자의 문제 형성 배경과 원인에 대해 가설을 세우고 치료에 필요한 개입계획과 목표를 설정하는 과정을 의미하며, 진로상담 장면에서도 사례 개념화는 매우 중요하다.

★★ **2023년 직업상담사 1급 과정평가형**

02 다음에서 설명하고 있는 것은 무엇에 관한 것인가?

> 상담자가 내담자로부터 얻은 정보들을 통합하여 내담자의 문제 형성 배경과 원인에 대해 가설을 세우고 치료에 필요한 개입계획과 목표를 설정하는 과정을 의미한다. 내담자의 호소문제 및 문제의 배경, 문제를 발생시키고 유지되도록 하는 여러 요소를 통합적으로 검토하여 내담자들의 문제를 해결하는 개입전략을 세우는 데 도움을 준다.

① 가설 설정
② 사례 개념화
③ 목표 설정
④ 상담의 구조화

> **해설** 사례 개념화(case conceptualization)는 상담자가 내담자로부터 얻은 정보들을 통합하여 내담자의 문제 형성 배경과 원인에 대해 가설을 세우고 치료에 필요한 개입계획과 목표를 설정하는 과정을 의미하며, 진로상담 장면에서도 사례 개념화는 매우 중요하다.

★★ **2005년, 2013년, 2016년 직업상담사 1급**

03 해결중심상담에서 동기수준에 따라 분류한 내담자의 유형에 관한 설명으로 옳은 것은?

① 해결중심상담에서는 방문자, 불평자, 실험자, 고객 등 4가지 유형으로 구분한다.
② 방문자는 내담자 유형 중 상담에 대한 동기가 가장 높은 사람들을 지칭한다.
③ 불평자란 상담서비스에 대한 불평보다는 자기 주변의 다른 사람이 문제가 많다고 불평하는 사람이다.
④ 실험자란 여러 종류의 상담을 받으면서 가장 적합한 서비스를 실험을 통해 찾는 사람을 지칭한다.

> **해설** [상담동기의 자발성 정도에 따른 내담자 유형]
> ㉠ **고객유형(Customer)** : 내담자는 자신을 문제해결의 일부로 생각하고 문제해결을 위해 무엇이든 할 의지(동기)가 있다. 즉, 자신이 원해서 도움을 요청한 내담자의 경우이다.
> ㉡ **불평자유형(Complainant)** : 내담자는 대화 속에서 문제와 해결의 필요성에 대해서는 상세하게 설명하나 해결책이 대체로 다른 사람(부인, 자녀, 상관, 친구, 동료 등)의 변화를 통해 이루어질 수 있다고 생각한다.
> ㉢ **방문자유형(Visitor)** : 내담자가 상담자와 함께 해결하고자 하는 문제를 인식하지 않고 있거나 문제는 자신에게 있는 것이 아니라 다른 사람에게 있다고 생각한다. 이는 대체로 자신의 의사와는 상관없이 상담을 받아야 하는 내담자일 가능성이 높다.

정답 01. ④ 02. ② 03. ③

04 다음은 진로상담의 사례 개념화 유목 중 어떤 것에 대한 사례 개념화 요소인가?

> • 교육 및 일에 대한 경험
> • 자기이해
> • 진로정보에 대한 이해
> • 진로에 대한 포부 및 동기

① 진로발달과정
② 진로행동
③ 생애역할 인식과 적응
④ 주호소문제와 사전 평가

② **진로행동** : 진로준비행동, 취업스킬 및 취업활동
③ **생애역할 인식과 적응** : 생애역할 인식, 생애역할 각 영역에 대한 적응 및 만족
④ **주호소문제와 사전 평가** : 내담자의 주호소문제, 정신건강상태, 내담자에 대한 행동관찰, 심리검사 결과, 보고하는 내담자 특성

05 진로상담에 대한 내담자들의 기대에 대한 설명으로 바르지 않은 것은?

① 상담자의 전문적 지식에 대해 비현실적으로 높은 기대를 갖는 것은 내담자들에게 더 해로울 수 있다.
② 진로상담 내담자들은 상담자가 자신을 신속하게 고쳐줄 수 있으리라는 비현실적이고 부정적인 기대로 더 적은 상담회기를 기대한다.
③ 내담자들이 상담에서 무엇을 기대해야 하는지를 구조화시키는 작업을 통해 상담과정에 긍정적인 도움을 줄 수 있다.
④ 문제가 진로문제인 경우 공감이해를 더 기대하고, 개인적 문제일 경우 상담자의 전문성, 유능성, 지시성을 더 기대한다.

④ 내담자들의 문제가 **개인적인 경우 공감이해를** 더 기대하고, **진로문제일 경우 상담자의 전문성, 유능성, 지시성을 더 기대**한다.

06 진로상담 사례 개념화의 활용에 대한 설명으로 바르지 않은 것은?

① 내담자와의 상담관계 형성 및 중기 이후의 상담을 효과적으로 이끌어나가는 토대가 된다.
② 상담 개입을 이끄는 청사진으로써 상담의 성과에도 중요한 영향을 미친다.
③ 최대한 많은 요소를 대상으로 사례 개념화하는 것이 상담진행에 바람직하다.
④ 잠정적 사례 개념화, 종합형 사례 개념화, 간편형 사례 개념화가 있다.

③ 상담이 이루어지는 상황이 다양하기 때문에 요소 중 **필요한 요소를 선택해서 사례 개념화하는 것이 효율적**이다.

★★★ 2024년 직업상담사 2급 과정평가형
07 몰입이론에서 다음 설명에 맞는 유형은?

> 일상의 몰입경험은 낮지만 삶의 의미가 높은 집단이다. 자신의 진로에 대한 수렴된 목표와 의미는 가지고 있으나, 일상의 몰입경험이 부족한 경우이다. 실제로 일상의 경험이 뒤따르지 않을 때 진정한 생의 의미는 성립될 수 없다.

① 제1유형 : 보다 높은 자기발전 추구
② 제2유형 : 부정적인 몰입경험
③ 제3유형 : 비현실적인 기대
④ 제4유형 : 무망감

[몰입경험에 따른 진로문제 유형]
㉠ 제1유형 통합·분화 발달 집단 : 보다 높은 자기발전 추구(몰입↑, 의미↑)
㉡ 제2유형 통합 미발달·분화 발달 집단 : 부정적인 몰입경험(몰입↑, 의미↓)
㉢ **제3유형 통합 발달·분화 미발달 집단 : 비현실적인 기대(몰입↓, 의미↑)**
㉣ 제4유형 통합·분화 미발달 집단 : 무망감(몰입↓, 의미↓)

★

08 진로상담에 대한 기대 척도의 요인에 해당하지 않는 것은?

① 요인 전문성

② 상담자 태도

③ 상담과정 및 결과

④ 상담의 구조화

> **해설** [진로상담에 대한 기대 척도 5요인]
> ㉠ 상담자 태도
> ㉡ 요인 전문성
> ㉢ 내담자 태도
> ㉣ 상담과정 및 결과
> ㉤ 특성 전문성

09 내담자의 가족과 가족자원을 중심으로 내담자 특성을 이해할 때의 설명으로 적절하지 않은 것은?

① 욕구이론에서는 부모와 자녀 간의 관계가 직업선택에 핵심 역할을 하는 것으로 본다.

② 가족체계이론은 가족이라는 한 시스템 속에서 개인이 어떤 경험을 했는지 체제적 관점으로 관계를 정의한다.

③ 초기의 경험은 가정환경에 의해 주로 영향을 받으며, 특히 형제자매 관계에 의해 영향을 받는다고 간주한다.

④ 진로가계도는 가족상담에서 많이 활용되는 보웬(Bowen)의 가계도를 진로상담과정에 적용한 것이다.

> **해설** ③ 로(Roe)의 욕구이론에서는 초기의 경험은 가정환경에 의해 주로 영향을 받으며, 특히 부모와의 관계에 의해 영향을 받기 때문에 부모행동에 대해 관심을 기울였다.

★★

10 피터슨과 셀리그만(Peterson & Seligman, 2004)의 6가지 덕목과 강점이 틀리게 짝지어진 것은?

① 절제 : 용서, 겸손, 신중성, 자기조절

② 초월성 : 감상력, 낙관성, 감사, 영성, 유머감각

③ 지혜 및 지식 : 시민의식, 리더십, 공정성

④ 용기 : 용감성, 끈기, 활력, 진실성

> **해설** [6가지 덕목과 24가지 강점]
> ㉠ 지혜 및 지식 : 창의성, 호기심, 개방성, 학구열, 지혜
> ㉡ 용기 : 용감성, 끈기, 활력, 진실성
> ㉢ 자애 : 사랑, 친절, 사회지능
> ㉣ 절제 : 용서, 겸손, 신중성, 자기조절
> ㉤ 정의 : 시민의식, 리더십, 공정성
> ㉥ 초월성 : 감상력, 낙관성, 감사, 영성, 유머감각

★★ **2024년 직업상담사 2급 과정평가형**

11 진로가계도에 대한 설명으로 틀린 것은?

① 가족 형상과 형제순위 등의 가족관계를 확인하여 가족의 전체적인 구조를 이해한다.

② 가계도를 탐색하면서 가족의 역할과 관련하여 직업의 사회·경제적 지위와 직업적 특성을 알아본다.

③ 가족 상호작용의 유형을 설명하는 선을 탐색하여 밀착, 친밀, 소원, 갈등적인 관계를 이해한다.

④ 가정환경에 의해 주로 영향을 받으며, 특히 부모와의 관계에 의해 영향을 받는다.

> **해설** ④ 진로가계도상에서 반복되는 직업의 유형을 탐색한다. 가족의 관계유형에 대해서는 부모와의 관계 외에 모든 가족에 대해 가족 상호작용의 유형을 설명하는 선을 탐색하여 밀착, 친밀, 소원, 갈등적인 관계를 이해한다.

정답 08. ④　09. ③　10. ③　11. ④

12 진로가계도 해석에 대한 설명으로 바르지 않은 것은?

① 가계도상에서 반복되는 직업의 유형을 탐색한다.
② 가족의 역할과 관련하여 직업의 사회·경제적 지위와 직업적 특성을 알아본다.
③ 가족 상호작용의 유형을 설명하는 선을 탐색하여 밀착, 친밀, 소원, 갈등적인 관계를 이해한다.
④ 선과 기호, 가족 형상과 형제순위 등의 관계를 확인하여 가족의 전체적인 역동을 이해한다.

해설 ④ 가계도의 선과 기호, 가족 형상과 형제순위 등의 가족관계를 확인하여 **가족의 전체적인 구조를 이해한다.**

13 진로 관련 SWOT 분석 후 내담자를 위한 전략을 검토할 때의 순서를 바르게 나열한 것은?

> ㉠ 자신의 강점과 기회를 활용하는 전략 (SO)
> ㉡ 기회를 살리되 자신의 약점을 감안하는 전략 (WO)
> ㉢ 자신의 강점은 살리되 위험을 줄이는 전략 (ST)
> ㉣ 약점과 위협요인을 고려한 전략 (WT)

① ㉠ → ㉡ → ㉢ → ㉣
② ㉠ → ㉢ → ㉡ → ㉣
③ ㉡ → ㉠ → ㉢ → ㉣
④ ㉡ → ㉠ → ㉣ → ㉢

해설 **[SWOT 전략]**
㉠ 첫 번째 전략 : 자신의 강점과 기회를 활용하는 전략 (SO)
㉡ 두 번째 전략 : 자신의 강점은 살리되 위험을 줄이는 전략 (ST)
㉢ 세 번째 전략 : 기회를 살리되 자신의 약점을 감안하는 전략 (WO)
㉣ 마지막 전략 : 약점과 위협요인을 고려한 전략 (WT)

★
14 다음 중 진로가계도 분석을 위한 확장질문으로 적합하지 않은 것은?

① 가족의 가장 지배적인 가치는 무엇이라고 생각하나요?
② 당신이 성장해 온 가정을 어떻게 묘사할 수 있을까요?
③ 당신은 이 가계도를 어떻게 바꾸고 싶은가요?
④ 가족의 '미해결된 작업'으로부터 오는 심리적 압박 같은 것이 있나요?

해설 ② 진로가계도 분석을 위한 **일반적인 질문에 해당**한다.

★★★ **2023년 직업상담사 1급 과정평가형**
15 다음에서 설명하고 있는 것은 무엇인가?

> 특정한 사안에 대한 의사결정을 합리적이고 체계적으로 할 수 있도록 개발된 분석기법으로, 외부 환경의 분석과 내부 역량을 평가하여 체계적이며 문제해결을 위한 새로운 방법을 찾는 경영기법에서 출발하였다.

① SWOT 분석
② 효용분석
③ 전략분석
④ 직무분석

해설 **SWOT 분석**은 특정한 사안에 대한 의사결정을 합리적이고 체계적으로 할 수 있도록 개발된 분석기법이다. **기업에서 문제해결을 위한 새로운 방법을 찾는 경영기법에서 출발**하였으며, SWOT는 강점(S : Strength), 약점(W : Seakness), 기회(O : opportunity), 위협(T : threat)의 뜻을 가진 영단어의 첫 글자로 만들어진 용어이다.

정답 12. ④ 13. ② 14. ② 15. ①

❷ 직업정보 탐색

16 다음 중 진로정보에 대한 설명으로 바르지 않은 것은?

① 진로정보 제공의 목적은 교육적 목적과 상담적 목적이 있다.

② 모든 내담자가 진로정보를 필요로 한다고 가정할 필요는 없다.

③ 정보를 검색·수집하고 직접 정보를 제작·편집 및 변환하는 능력까지도 갖출 수 있어야 한다.

④ 상담자는 진로정보가 바르게 활용되고 있는지 검토할 필요가 있다.

> **해설** [진로정보 제공의 목적]
> 교육적 목적, 동기부여 목적

17 다음 중 직업선택 의사결정단계와 직업정보 활용에 대한 설명이 적절하지 않은 것은?

① 1단계－직업선택의 인식 : 1단계 이전에는 직업정보를 활용하지 않는다.

② 3단계－적합한 직업의 목록화 : 가능하면 다양한 심리검사를 하고 결과를 종합한다.

③ 5단계－선택직업의 결정 : 정확한 비교를 위해 다양한 직업정보들이 요구된다.

④ 6단계－선택직업 진입을 위한 실천행동 : 진입을 위한 준비과정을 거쳐야 하는지를 결정하게 된다.

> **해설** ③ 4단계－직업목록에 관한 직업정보의 수집의 내용에 해당한다.

★★★ 2024년 직업상담사 2급 과정평가형

18 다음에 제시된 표준화된 직업정보 수집과정을 바르게 나열한 것은?

> ㉠ 직업정보 수집하기
> ㉡ 대안 만들기
> ㉢ 대안목록 줄이기
> ㉣ 직업분류 제시하기

① ㉣ － ㉢ － ㉠ － ㉡

② ㉣ － ㉡ － ㉢ － ㉠

③ ㉣ － ㉡ － ㉠ － ㉢

④ ㉠ － ㉡ － ㉢ － ㉣

> **해설** [대안 개발을 위한 직업정보 수집과정]

단계	내용
1단계 직업분류 제시하기	• 내담자에게 직업분류체계 제공
2단계 대안 만들기	• 대안목록의 작성 • 준거의 고려 • 대안을 찾기 위한 방법 제안 • 대안 모으기
3단계 목록 줄이기	• 내담자와 함께 3~5개의 목록으로 줄이기
4단계 직업정보 수집하기	• 직업정보의 출처 : 인쇄매체, 시청각자료, 생애설계, 직업상담 전산프로그램, 전문가와의 면접, 관찰과 참여 • 직업정보 평가하기 • 내담자에게 정보 수집기술 가르치기

★★ 2013년, 2015년, 2017년 직업상담사 1급

19 다음은 대안 개발의 표준화된 직업정보 수집과정에서 어떤 단계의 출처와 관련이 있는가?

> • 생애설계
> • 전문가와의 면접
> • 관찰과 참여

① 1단계 직업분류 제시하기

② 2단계 대안 만들기

③ 3단계 목록 줄이기

④ 4단계 직업정보 수집하기

> **정답** 16. ① 17. ③ 18. ② 19. ④

| 해설 [대안 개발을 위한 직업정보 수집과정] |

단계	내용
1단계 직업분류 제시하기	• 내담자에게 직업분류체계 제공
2단계 대안 만들기	• 대안목록의 작성 • 준거의 고려 • 대안을 찾기 위한 방법 제안 • 대안 모으기
3단계 목록 줄이기	• 내담자와 함께 3~5개의 목록으로 줄이기
4단계 직업정보 수집하기	• 직업정보의 출처 : 인쇄매체, 시청각자료, 생애설계, 직업상담 전산프로그램, 전문가와의 면접, 관찰과 참여 • 직업정보 평가하기 • 내담자에게 정보 수집기술 가르치기

③ 진로설계 지원

★ **2024년 직업상담사 2급 과정평가형**

20 진로목표 달성 시 유의사항이 아닌 것은?

① 목표는 관찰, 측정 가능하고 기록될 필요가 있다.
② 목표가 달성되는 시간이 정해져야 한다.
③ 목표는 이상적이어야 한다.
④ 목표는 내담자가 원하고 바라는 것이어야 한다.

해설 상담자는 내담자가 이상적인 목표를 세우도록 하는 것이 아니라 내담자의 열정을 꺾지 않으면서 합리적이고 달성 가능한 목표를 세우도록 안내하여야 한다.

★

21 다음 중 진로목표에 대한 설명으로 바르지 않은 것은?

① 목표는 관찰, 측정이 가능해야 한다.
② 목표가 달성되는 시간은 짧을수록 좋다.
③ 목표는 기록될 필요가 있다.
④ 목표는 내담자가 원하고 바라는 것이어야 한다.

해설 ② 목표가 달성되는 시간이 정해져야 한다. 목표를 달성하는 데 필요한 시간, 즉 마감시간과 함께 언급되는 것이 중요하다.

22 다음 중 진로목표에 대한 설명으로 바르지 않은 것은?

① 목표는 구체적이어야 한다.
② 목표는 달성 가능해야 한다.
③ 목표는 상담자가 원하고 바라는 것이어야 한다.
④ 목표는 상담자의 기술과 양립 가능해야 한다.

해설 ③ 타인의 기대를 반영한 목표는 내담자의 동기를 저해하며 능동적으로 상담에 참여하지 않게 하므로, 목표는 내담자가 바라는 것이어야 한다.

★★

23 Yost가 제시한 진로대안 평가방법에 대한 설명으로 바르지 않은 것은?

① 원하는 성과 연습 : 각 직업에 대해 그 직업들이 원하는 성과를 제공할 가능성을 평가한다.
② 찬반 연습 : 각 직업들의 장·단기적 장단점을 생각하도록 계획하는 것이다.
③ 대차대조표 연습 : 표의 좌측에 중요한 범주를 나열하고, 각 직업의 범주별로 긍정적·부정적 효과를 제시한다.
④ 미래를 내다보는 연습 : 예상한 결과들이 실제로 얼마나 일어날 것인지를 추정해보는 것이다.

해설 ④ 확률추정 연습의 설명에 해당한다.

★ **2019년 직업상담사 1급**

24 직업평가를 위한 Yost 기법에 포함되지 않는 것은?

① 원하는 성과 연습　② 대차대조표 연습
③ 성취욕 분석 연습　④ 확률추정 연습

해설 **[Yost의 진로대안 평가방법]**
　㉠ **원하는 성과 연습**
　㉡ 찬반 연습
　㉢ **대차대조표 연습**
　㉣ **확률추정 연습**
　㉤ 미래를 내다보는 연습

★

25 다음은 Yost의 진로대안 평가방법 중 무엇에 해당되는가?

- 우측에는 고려 중인 직업들의 명세표를 만들고, 좌측에는 선호하는 가치를 적는다.
- 각 직업에 대해 그 직업들이 원하는 성과를 제공할 가능성을 평가한다.

① 원하는 성과 연습　② 찬반 연습
③ 대차대조표 연습　④ 확률추정 연습

해설 제시된 내용은 요스트(Yost)의 진로대안 평가방법 중 **원하는 성과 연습**의 설명에 해당한다.

26 의사결정수준에 대한 설명으로 바르지 않은 것은?

① 선택에 대한 확신의 정도가 높은 상태는 '결정', 낮은 상태는 '미결정'이라고 할 수 있다.
② 우유부단한 성격특성을 동반하여 만성적인 미결정상태인 미결정자도 있다.
③ 진로를 결정한 경우에도 성숙한 결정자와 미숙한 결정자로 분류할 수 있다.
④ 진로를 결정한 경우에는 미결정자와 달리 상담자의 개입이 필요하지 않다.

해설 **'결정–불편 집단'**의 경우 진로를 결정했음에도 불구하고 도움이 필요한 집단이기 때문에 진로미결정자뿐 아니라 이들에 대해서도 **차별적인 개입이 필요하다.**

★ **2011년, 2021년 직업상담사 1급**

27 진로결정수준에 따라서 내담자의 상태를 분류할 때 다음 사례에 해당하는 내담자는?

- 역기능적인 불안을 동반한다.
- 진로를 쉽게 결정하지 못하는 심리적 속성을 지니고 있다.
- 일반적으로 진로문제해결에서 부적응적인 성격을 갖고 있다.

① 우유부단형　　　　② 진로결정자
③ 진로미결정자　　　④ 조기 진로결정자

해설 제시된 내용은 내담자의 의사결정수준에 따른 분류(Sampson, Peterson, Reardon 등) 중 **우유부단형(진로무결정자)**의 설명에 해당한다.

★★ **2018년 9급 공무원**

28 샘슨(Sampson) 등의 진로의사결정 정도에 따른 내담자 분류에서 진로무결정자(the indecisive)에 해당하는 것은?

① 자신의 모습, 직업 혹은 의사결정을 위한 지식이 부족한 내담자
② 진로를 결정한 것처럼 보이지만 실제로는 결정을 못하는 내담자
③ 생활에 전반적인 장애를 주는 불안을 동반한 내담자
④ 다양한 능력으로 지나치게 많은 기회를 갖게 되어 진로결정이 어려운 내담자

해설 ① **진로미결정자(The undecided)**의 설명에 해당한다.
　② **진로결정자(The decided)**의 설명에 해당한다.
　④ **진로미결정자(The undecided)**의 설명에 해당한다.

정답 24. ③　25. ①　26. ④　27. ①　28. ③

★★
29 다음의 내담자 상태에 대한 설명으로 가장 적절한 것은?

> "이것도 하고 싶고, 저것도 하고 싶어서 결정을 내리기 어려워요."

① 다양한 능력으로 지나치게 많은 기회를 갖게 되어 진로결정이 어려운 내담자
② 진로를 결정한 것처럼 보이지만 실제로는 결정을 못하는 내담자
③ 자신의 선택을 이행하기 위해 도움이 필요한 내담자
④ 자신의 모습, 직업 혹은 의사결정을 위한 지식이 부족한 내담자

해설 진로미결정자(The undecided) 중 다양한 능력으로 지나치게 많은 기회를 갖게 되어 진로결정을 하기 어려운 내담자의 설명에 해당한다.

★ **2012년, 2015년 직업상담사 1급**
30 다음에 제시된 진로상담목표는 어떤 유형의 내담자에게 가장 적합한가?

> • 동기개발
> • 불확실감의 감소
> • 기본적 생활습관의 변화
> • 긍정적 자아개념의 확립
> • 자존감의 회복
> • 부모나 사회에 대한 수동-공격성의 극복

① 공격형　　　　② 우유부단형
③ 진로결정자　　④ 진로전환자

해설 우유부단형/진로무결정자(The indecisive)는 생활에 전반적인 장애를 주는 역기능적인 불안을 동반한 내담자로, 높은 수준의 우유부단함, 불안, 좌절, 불분명한 직업적 정체감, 낮은 수준의 자아존중감 등의 특징을 보이는 유형이기 때문에 상담자는 이러한 점에 조력하기 위한 진로상담의 목표로서 동기개발, 생활습관의 변화, 자존감 회복, 불확실감의 감소, 긍정적 자아개념의 확립 등을 상담의 목표로 설정하는 것이 적합하다.

★
31 샘슨 등(Sampson et al.)이 제시한 진로결정 상태에 따른 내담자 분류에 관한 설명으로 옳지 않은 것은?

① 진로결정자(the decided) : 자신의 선택을 이행하기 위해 도움이 필요한 내담자
② 진로미결정자(the undecided) : 진로의사가 결정된 것처럼 보이지만 실제로는 결정을 하지 못하는 내담자
③ 진로미결정자(the undecided) : 자신의 모습, 직업 혹은 의사결정을 위한 지식이 부족한 내담자
④ 진로무결정자/우유부단형(the indecisive) : 일반적으로 문제해결과정에서 부적응적인 성격을 지니고 있는 내담자

해설 ② 진로결정상태에 따른 내담자 분류 중 진로결정자(the decided)의 설명에 해당한다.

32 진로미결정자를 위한 상담목표로 옳은 것을 모두 고른 것은?

> A. 자기이해를 위한 탐색
> B. 진로와 관련된 의사결정의 연습
> C. 진로에 대한 탐색
> D. 현재 자신의 능력에 대한 구체적인 파악

① A, B　　　　　② B, C
③ A, B, C, D　　④ B, C, D

해설 [진로미결정자를 위한 상담목표]
㉠ 진로에 대한 탐색
㉡ 구체적 직업정보의 활용
㉢ 현재 자신의 능력에 대한 구체적인 파악
㉣ 자기탐색
㉤ 직업정보의 제공
㉥ 의사결정의 연습

정답 29. ①　30. ②　31. ②　32. ③

33 다음 중 진로결정자에 대한 상담목표로 적절하지 않은 것은?

① 충분한 진로정보 확인
② 합리적인 과정으로 명백하게 내린 결정인지 확인
③ 결정된 진로를 준비
④ 현재 자신의 능력에 대한 구체적인 파악

> 해설 ④ 진로미결정자(The undecided)의 상담목표에 해당한다.

★ **2020년, 2025년 직업상담사 1급**

34 Harren이 분류한 의사결정양식에 해당하지 않는 것은?

① 주관적 양식　　② 합리적 양식
③ 직관적 양식　　④ 의존적 양식

> 해설 [하렌(Harren)의 의사결정유형]
> 합리적 유형, 직관적 유형, 의존적 유형

★★ **2019년 9급 공무원**

35 하렌(V. Harren)의 진로의사결정이론에 근거할 때 다음의 특징을 지닌 내담자의 유형은?

- 의사결정에 대한 개인적 책임을 부정하고 그 책임을 외부로 돌린다.
- 의사결정과정에서 타인의 영향을 많이 받는다.
- 사회적 인정에 대한 욕구가 높은 편이다.

① 직관적 유형 (intuitive style)
② 의존적 유형 (dependent style)
③ 즉흥적 유형 (spontaneous style)
④ 진로 미결정형 (the undecided)

> 해설 제시된 내용은 하렌(Harren)의 의사결정유형 중 의존적 유형의 설명에 해당한다.

★★★ **2012년, 2016년 직업상담사 1급**

36 Harren의 의사결정유형의 특징 중 합리적인 유형의 특징으로만 짝지은 것은?

A. 의사결정과정에서 뚜렷한 목표를 가지고 있다.
B. 의사결정의 과정에서 중요한 타인의 의견을 필요로 한다.
C. 직관적인 생각과 느낌이 의사결정과정에 중요한 영향을 미친다.
D. 목표를 달성하는 데는 여러 가지 대안이 있음을 알고 있다.
E. 여러 대안 중 순위를 배정하기 위한 지침이나 규칙이 있음을 믿고 있다.

① A, C, E　　② A, D, E
③ B, C, D　　④ B, D, E

> 해설 ㉠ B : 의존적 유형의 설명에 해당한다.
> ㉡ C : 직관적 유형의 설명에 해당한다.

2024년 직업상담사 2급 과정평가형

37 합리적 의사결정자의 특성이 아닌 것은?

① 정확한 정보를 수집하고, 신중하고 논리적으로 의사결정을 수행해 나가며, 의사결정에 대한 책임을 진다.
② 선택에 대한 확신은 비교적 빨리 내리고 결정에 책임을 진다.
③ 결정은 매우 신중하고 논리적으로 행해지는 것이 특징이다.
④ 미래의 의사결정의 필요성을 예견하고 자신 및 기대되는 상황에 대한 정보를 수집하는 등의 준비를 한다.

> 해설 ② 하렌(Harren)의 의사결정유형 중 직관적 유형의 설명에 해당한다.

2022년 9급 공무원

38 다음 하렌(V. Harren)의 의사결정유형검사 문항과 가장 관계가 깊은 유형은?

- 나는 중요한 의사결정을 할 때 한 단계 한 단계 체계적으로 한다.
- 어떤 중요한 일을 하기 전에 나는 신중하게 계획을 세운다.
- 의사결정을 하기 전에 올바른 사실을 알고 있나 확인하기 위해 관련된 정보들을 다시 살펴본다.

① 의존적 유형　　② 임의적 유형
③ 직관적 유형　　④ 합리적 유형

해설 제시된 내용은 하렌(Harren)의 의사결정유형 중 합리적 유형의 설명에 해당한다.

39 하렌(V. Harren)의 진로의사결정유형이론에 관한 설명으로 옳지 않은 것은?

① 의사결정과정으로 인식, 계획, 확신, 이행단계를 제안하였다.
② 직관적 유형은 현재 감정에 주의를 기울이며 결정의 책임을 외부로 돌리는 경향이 있다.
③ 의사결정과정에 영향을 미치는 개인적인 특징으로 의사결정유형과 자아개념을 제안하였다.
④ 진로의사결정유형이란 의사결정이 필요한 과제를 인식하고, 그에 반응하는 개인의 특징적 유형을 말한다.

해설 ② 직관적 유형은 의사결정의 책임이 본인에게 있다는 것을 인정하는 유형이며, 책임을 외부로 돌리는 유형은 의존적 유형이다.

2012년, 2019년 직업상담사 1급

40 다음 중 진로의사결정모델에 해당하지 않는 것은?

① Tversky의 배제모델
② Vroom의 기대모델

③ Janis와 Mann의 협상모델
④ Mitchell의 선택모델

해설 ③ Janis와 Mann의 갈등모델

★
41 진로의사결정에 대한 의미 있는 타인의 영향에 해당하지 않는 것은?

① 사회적 지지자로서의 역할을 한다.
② 영향력의 상호성이 기준이 될 수 있다.
③ 차이점이 많을수록 의미 있는 타인으로 여겨진다.
④ 자기평가에 영향력을 미친다.

해설 유사성이 많을수록 의미 있는 타인으로 여겨진다.

★★
42 다음은 진로의사결정모델 중 어떤 모델에 대한 설명인가?

- 만약 주어진 진로선택의 대안이 대안으로서의 절대성을 만족시키지 못한다면 그것이 선택될 가능성은 제로이다.
- 만약 주어진 대안이 긍정적 특성을 가졌다면 그 진로가 선택될 가능성은 제로보다 커질 것이다.

① Vroom의 기대모델
② Mitchell의 선택모델
③ Tversky의 배제모델
④ Janis와 Mann의 갈등모델

해설 [미첼(Mitchell)의 선택모형]
㉠ 만약 주어진 진로선택의 대안이 대안으로서의 절대성을 만족시키지 못한다면 그것이 선택될 가능성은 제로이다.
㉡ 만약 주어진 대안이 긍정적 특성을 가졌다면 그 진로가 선택될 가능성은 제로보다 커질 것이다.
㉢ 의사결정자가 활용 가능한 대안들의 여러 가지 특성들에 부여하는 가중치의 크기를 안다면 예견이 가능할 것이다.

정답　38. ④　39. ②　40. ③　41. ③　42. ②

43 직업대안들을 배제하는 방식의 진로의사결정 과정을 제안한 학자는?

① 브룸(V. Vroom), 미첼(T. Mitchell)
② 미첼(T. Mitchell), 하렌(V. Harren)
③ 티버스키(A. Tversky), 고트프레드슨(L. Go-ttfredson)
④ 브룸(V. Vroom), 티버스키(A. Tversky)

> 해설 티버스키(A. Tversky)는 처방적 의사결정모델 중 배제모델을 제시하였고, 고트프레드슨(L. Gottfredson)은 제한·타협이론에서 진로대안을 제한(배제)해 나가는 진로포부발달단계를 제시하였다.

★★★ 2003년, 2014년, 2017년, 2021년 직업상담사 1급

44 직업의사결정을 촉진하기 위한 6개의 생각하는 모자(Six thinking hats) 기법에 관한 설명으로 틀린 것은?

① 창의적으로 정보를 탐색함으로써 이용 가능한 정보의 양과 질을 확장시키기 위한 측면 의사결정법(lateral decision-making aids)이다.
② 가능한 직업대안을 열거한 뒤, 각 대안을 선택했을 때 예상되는 개인적인 득실을 목록으로 작성하고 총점을 계산한다.
③ 직업상담사는 "창의적 의사결정자는 6가지 색깔의 생각하는 모자를 쓰고 있다"는 이야기를 들려주고, 내담자가 각각의 모자를 쓰고 역할을 수행하도록 한다.
④ 모든 사고유형들이 유용하기는 하지만 궁극적으로 의사결정자에게 가장 필요한 것은 청색 모자를 쓰고 있을 때의 접근이라고 제안한다.

> 해설 ② 진로대안 평가방법 중 대차대조표 연습의 설명에 해당한다.

★★ 2014년, 2020년, 2025년 직업상담사 1급

45 De Bono의 6개의 생각하는 모자기법에 관한 설명과 가장 거리가 먼 것은?

① 청색 – 합리적으로 생각한다.
② 적색 – 비관적이고 비판적이며 모든 일이 잘 안 될 것이라 생각한다.
③ 백색 – 본인과 직업들에 대한 사실들만을 고려한다.
④ 황색 – 낙관적이며 모든 일이 잘 될 것이라고 생각한다.

> 해설 [모자의 색깔별 역할]
> ㉠ 백색 : 본인과 직업들에 대한 사실들만을 고려한다.
> ㉡ 적색 : 직관에 의존하고 직감에 따라 행동한다.
> ㉢ 흑색 : 비관적, 비판적이며 모든 일이 잘 안 될 것이라고 생각한다.
> ㉣ 황색 : 낙관적이며 모든 일이 잘 될 것이라고 생각한다.
> ㉤ 녹색 : 새로운 대안들을 찾으려 노력하고 문제들을 다른 각도에서 바라본다.
> ㉥ 청색 : 합리적으로 생각한다.

★ 2017년 직업상담사 1급

46 의사결정 촉진을 위한 '6개의 생각하는 모자'기법에서 모자 색깔과 역할이 바르게 짝지어진 것은?

① 청색 – 본인과 직업들에 대한 사실들만을 고려한다.
② 백색 – 합리적으로 생각한다.
③ 적색 – 직관에 의존하고 직감에 따라 행동한다.
④ 황색 – 새로운 대안들을 찾으려고 노력하고 문제들을 다른 각도에서 바라본다.

> 해설 [모자의 색깔별 역할]
> ㉠ 백색 : 본인과 직업들에 대한 사실들만을 고려한다.
> ㉡ 적색 : 직관에 의존하고 직감에 따라 행동한다.
> ㉢ 흑색 : 비관적, 비판적이며 모든 일이 잘 안 될 것이라고 생각한다.
> ㉣ 황색 : 낙관적이며 모든 일이 잘 될 것이라고 생각한다.
> ㉤ 녹색 : 새로운 대안들을 찾으려 노력하고 문제들을 다른 각도에서 바라본다.
> ㉥ 청색 : 합리적으로 생각한다.

정답 43. ③ 44. ② 45. ② 46. ③

★★
47 진로상담 시 내담자의 진로역량 확장을 위한 GROW 코칭모델의 4요소가 아닌 것은?

① 목표 (goal)　　② 현실 (reality)
③ 기회 (opportunity)　④ 실행의지 (will)

> **해설** **[GROW 코칭모델]**
> 목표(goal), 현실(reality), 대안(option), 실행의지(will)

★
48 사회적 지지 척도의 4가지 요인에 대한 설명으로 바르지 않은 것은?

① 정서적 지지 : 존경, 애정, 신뢰, 관심, 경험의 행위를 포함하는 지지
② 평가적 지지 : 문제해결, 의사결정, 적응, 위기 등의 상황에서 제공되는 충고, 조언, 지도
③ 정보적 지지 : 개인이 문제에 대처하는 데 이용할 수 있는 정보를 제공하는 지지
④ 물질적 지지 : 일을 대신해주거나 돈, 물건을 제공하는 등 필요시 직접적으로 돕는 지지

> **해설** ② 정보적 지지의 설명에 해당한다.

2024년 직업상담사 2급 과정평가형
49 다음이 설명하는 것은 무엇인가?

> 론돈(London)이 스트레스대처모형에 근거하여 제시한 이론으로서 진로탄력성(career resilience)을 최초로 개념화하여 제시한 모델이다. 론돈(1983)의 이 이론은 진로정체성과 진로통찰력, 진로탄력성 등 세 가지 개념을 포함한다.

① 진로동기모델
② 사회인지적 진로모델
③ 진로역량모델
④ 진로적응모델

> **해설** 진로동기모델(career motivation theory)은 론돈(London, 1983)이 스트레스대처모형에 근거하여 제시한 이론으로서 진로탄력성(career resilience)을 최초로 개념화하여 제시한 모델이다. 진로동기모델은 **진로정체성**(진로동기의 방향성 결정)과 **진로통찰력**(진로동기 촉발), **진로탄력성**(진로동기 유지) 등 세 가지 개념을 포함하며, 이들은 진로장벽을 극복할 수 있도록 돕는다.

★
50 론돈(London, 1983)의 진로동기모델에서 진로장벽 극복을 위한 개념으로 거리가 먼 것은?

① 진로정체성 : 설정된 목표를 따르는 것
② 진로통찰력 : 자신의 작업환경을 이해
③ 진로탄력성 : 불안정한 직업상황의 어려움을 이겨내는 능력
④ 진로적응력 : 변화하는 환경에 대처하기 위한 준비도

> **해설** **[진로동기모델 (career motivation theory)의 진로장벽 극복을 위한 주요 개념]**
> ㉠ **진로정체성** (진로동기의 방향성 결정) : 설정된 목표를 따르는 것
> ㉡ **진로통찰력** (진로동기 촉발) : 자신의 작업환경을 이해
> ㉢ **진로탄력성** (진로동기 유지) : 불안정한 직업상황의 어려움을 이겨내는 능력

51 다음 중 진로탄력성에 대한 설명으로 바르지 않은 것은?

① 진로탄력성이 높은 사람은 부정적인 일 상황에서 좀 더 효과적으로 대처한다.
② 진로 자립은 부정적인 결과에도 긍정적인 요소를 찾아 대처하는 태도나 행동이다.
③ 자기 신뢰는 자신에 대한 긍정적인 지각과 어려운 상황에도 불구하고 자신을 믿는 것이다.
④ 성취 열망은 개인이 세운 목표를 달성하고자 하는 의지이다.

정답 47. ③　48. ②　49. ①　50. ④　51. ②

★

52 릭우드(Rickwood, 2002)의 진로탄력성 틀(CRF : career resiliency framework) 모델에서 개인의 탄력성을 증진시키기 위한 방법으로서 적절하지 않은 것은?

① 개인이 자신의 핵심 가치와 흥미에 대한 이해를 발달시키도록 돕는다.
② 공동체의식을 가지며 다른 사람들과 의미 있는 상호작용을 하도록 장려한다.
③ 탄력적 특성과 관련된 직업발달을 적극적으로 촉진하는 환경을 만든다.
④ 자신이 이루고 싶은 꿈을 실현하기 위한 동기를 부여한다.

★

53 다음 중 진로장애의 종류에 해당하지 않는 것은?

① 직업정보 부족　　　② 신체적 장애
③ 자기 명확성 부족　　④ 필요성 인식 부족

★

54 진로적응성 척도의 하위요인에 해당하지 않는 것은?

① 직업정보　　　　　② 목표의식
③ 대인관계　　　　　④ 개방성

55 다음의 내용은 진로적응성의 하위요인 중 무엇에 대한 설명인가?

> 현 상황을 개선하거나 혹은 새로운 상황을 창조하기 위해 솔선해서 행동함으로써 현 상태를 변화시키는 것

① 대인관계　　　　　② 목표의식
③ 주도성　　　　　　④ 개방성

★★

56 진로적응성과 진로탄력성에 대한 설명이 바르지 않은 것은?

① 좋지 않은 상황을 가정하고 효과적으로 극복한다는 긍정적 의미는 공통점이다.
② 진로탄력성은 과거 중심이고, 진로적응성은 미래 상황에 대한 태도이다.
③ 불확실한 미래를 준비하는 능력과 태도는 할 수 있을 것이라는 기대에서 나온다.
④ 진로적응성은 진로탄력성의 개념을 포함하는 광범위한 개념이다.

제2장

취업상담

제1절 구직역량 파악

01 내담자 구직역량 분석

(1) 취업상담 대상

① **실업자** : 신규 실업자 및 전직 실업자
② **재직 근로자** : 직장생활을 하고 있으나 다른 직장으로의 이직 및 전직을 희망하는 근로자
③ **신규 학교 졸업(예정)자 및 학교 재학생** : 학교로부터 노동시장으로 이행을 준비하는 학생
④ **불완전 취업자** : 근로 빈곤에 처해 있는 계층으로 보다 나은 안정된 일자리로의 상향 이동을
원하는 근로자
　예 비정규직 근로자, 기술변화에 따른 구조조정대상인 노동집약적 사업에 종사하는 근로
　자, 장애인, 북한이탈주민, 기초생활수급자 및 차상위계층, 영세 자영업자, 특수형태
　근로자(화물자동차 운전자, 「건설기계관리법」에 따른 덤프트럭·콘크리트 믹서트럭 운
　전자, 학습지 교사, 골프장 경기보조원, 보험설계사, 택배·퀵서비스 기사, 신용카드
　모집인, 대리운전원, 대출모집인, 방문판매원, 방문점검원, 방문교사) 등
⑤ **취업애로계층** : 복지서비스 연계를 염두에 두고 상담을 진행하여야 하는 대상
　예 기초생활수급자, 출산 및 육아로 인한 진로단절여성, 장애인 등
⑥ **근로능력이 있는 비경제활동인구** : 근로능력은 있으나 현재 경제활동을 하지 않고 있어서 노
동시장에 참여하도록 해야 하는 대상 예 주부, 퇴직자 등
⑦ **근로능력이 있는 사회보장급여수급자** : 근로능력이 있으나 현재 경제활동을 하지 않고 사회보
장급여로 생계를 유지하는 사람

(2) 구직욕구

① 구직욕구란 실직이나 미취업상태에 있는 개인이 직업 또는 직장을 찾기 위해 자신의 부정
적인 감정을 다스리고, 구체적인 계획을 세우고 실행하도록 하는 힘이다.
② 구직과 관련해서는 개인이 무엇인가를 이루려는 성취욕구가 중요하다.
③ 구직욕구는 자기존중감, 자기효능감과 관련이 있다.
④ 구직욕구 분석은 구직의욕 질문지, 구직준비도검사 등을 활용한다.

(3) 직업기초능력 및 하위역량

구분	내용
의사소통능력	• 글과 말을 읽고 들음으로써 다른 사람이 뜻한 바를 파악하고, 자기가 뜻한 바를 글과 말을 통해 정확하게 쓰거나 말하는 능력 • **문서이해능력, 문서작성능력, 경청능력, 의사표현능력, 기초외국어능력**
자원관리능력	• 시간, 자본, 재료 및 시설, 인적자원 등의 자원 가운데 무엇이 얼마나 필요한지를 확인하고, 이용 가능한 자원을 최대한 수집하여 실제 업무에 어떻게 활용할 것인지를 계획하며, 계획대로 업무 수행에 이를 할당하는 능력 • **시간관리능력, 예산관리능력, 물적자원관리능력, 인적자원관리능력**
문제해결능력	• 문제상황이 발생하였을 경우, 창조적이고 논리적인 사고를 통하여 이를 올바르게 인식하고 적절히 해결하는 능력 • **사고력, 문제처리능력**
정보능력	• 업무와 관련된 정보를 수집하고, 이를 분석하여 의미 있는 정보를 찾아내며, 의미 있는 정보를 업무 수행에 적절하도록 조직하고, 조직된 정보를 관리하며, 업무 수행에 이러한 정보를 활용하고, 이러한 제 과정에 컴퓨터를 사용하는 능력 • **컴퓨터활용능력, 정보처리능력**
조직이해능력	• 업무를 원활하게 수행하기 위해 국제적인 추세를 포함하여 조직의 체제와 경영에 대해 이해하는 능력 • **국제감각, 조직체제이해능력, 경영이해능력, 업무이해능력**
수리능력	• 사칙연산, 통계, 확률의 의미를 정확하게 이해하고, 이를 업무에 적용하는 능력 • **기초연산능력, 기초통계능력, 도표분석능력, 도표작성능력**
자기개발능력	• 업무를 추진하는 데 스스로를 관리하고 개발하는 능력 • **자아인식능력, 자기관리능력, 경력개발능력**
대인관계능력	• 접촉하게 되는 사람들과 문제를 일으키지 않고 원만하게 지내는 능력 • **팀워크능력, 리더십능력, 갈등관리능력, 협상능력, 고객서비스능력**
기술능력	• 도구, 장치 등을 포함하여 필요한 기술에는 어떠한 것들이 있는지 이해하고, 실제로 업무를 수행함에 있어 적절한 기술을 선택하여 적용하는 능력 • **기술이해능력, 기술선택능력, 기술적용능력**
직업윤리	• 원만한 직업생활을 위해 필요한 태도, 매너, 올바른 직업관 • **근로윤리, 공동체윤리**

(4) 구직역량 분석

① 구직역량이란 '구직'이라는 상황이나 맥락에서 발생하는 요구에 성공적으로 대응하여 이를 충족시킬 수 있는 총체적인 능력을 의미한다.

② **구직역량검사의 4가지 역량군과 하위역량요소**

구분	내용
구직지식군	• 자신에게 적합한 직장을 탐색하고 입직하기 위해 갖추어야 할 지식 • **자기이해, 구직 희망분야 이해, 전공지식, 외국어능력, 구직 일반상식**
구직기술군	• 직장을 선택하고 그곳에 취업하는 데 필요한 실제적 기술 • **구직 의사결정능력, 구직 정보탐색능력, 인적 네트워크 활용능력, 구직 서류작성능력, 구직 의사소통능력**
구직태도군	• 직장에 취업하고 적응하는 데 갖추어야 할 태도 및 가치관 • **긍정적 가치관, 도전정신, 글로벌 마인드, 직업윤리**
직무적응군	• 직장에서 직무를 성공적으로 수행하고 지속적인 발전을 가능하게 하는 능력 • **직무 및 조직 몰입, 현장 직무수행능력, 대인관계능력, 문제해결능력, 자원활용능력, 자기관리 및 개발능력**

③ **구직역량 종합 판단**

　㉠ 구직역량은 직업기초능력과 구직역량의 하위역량군에 대한 종합적인 판단에 기초한다.

　㉡ 구직욕구, 건강상태, 연령, 학력수준, 미취업기간, 고용보험 가입기간, 자격증 보유 및 직업훈련경험 등 구직자의 개인적 요인과 사회적 요인이 함께 고려된다.

(5) 구직자 유형 판단

① 구직자 유형은 구직자의 취업의욕, 취업능력, 취업기술 등을 종합적으로 고려하여 결정하게 되며, 구직자를 유형별로 분류하여 관리하고 적합한 취업상담을 제공하는 데 활용된다.

② **구직자 유형 분류 및 후속 조치**

구분	의미	개입방법
고능력 · 고의지	취업의지와 취업능력이 높은 경우 → **빠른 취업 지원형**	직업정보 제공, 취업알선 등
고능력 · 저의지	취업의지는 낮으나, 취업능력이 높은 경우 → **의욕 향상 지원형**	집단상담 프로그램 등 의욕 증진 서비스 제공
저능력 · 고의지	취업의지는 높으나, 취업능력이 낮은 경우 → **능력 향상 지원형**	직업능력 향상을 위한 직업훈련, 취업 특강 등 구직기술 향상 서비스 제공
저능력 · 저의지	취업의지와 취업능력이 낮은 경우 → **심층 지원형**	심층상담 등 밀착 서비스 필요

02 취업효능감

(1) 의의

① 취업효능감(employment efficacy)은 자기효능감이론을 바탕으로 개인이 취업이라는 결과를 얻는 과정에서 필요한 취업정보 획득 기술, 서류전형에 임하는 기술, 면접기술 등 직업을 얻기 위해 성공적으로 수행할 수 있는 능력과 자신감을 말한다.

② 높은 자기효능감은 과제에 대한 집중과 지속성을 통하여 성취수준을 높일 수 있다.

③ 긍정적인 자기상(self-image)을 형성하는 데 도움이 된다.

(2) 취업효능감 프로그램의 구성요소

① **수행 성취 (성취 경험)**

　㉠ 비교적 작은 일부터 점점 큰 일로 단계적으로 성공을 경험할 때 자기효능감이 상승된다.

　㉡ 개인이 충분히 달성할 수 있는 작은 목표를 부여하고, 이를 성취할 수 있도록 격려하면 자기효능감이 증가된다.

② **대리 경험**

　㉠ 다른 사람이 특정 과업에서 성공을 거두는 것을 보게 되면 "나도 할 수 있어."라는 자기효능감이 증가하게 된다.

　㉡ 이미 성공한 사람들이나 위인들을 모델로 하여 대리 경험을 하게 해주면 자기효능감이 증가한다.

③ **언어적 설득**

　㉠ 타인으로부터 격려와 지지를 받을 때 강점과 자기효능감은 상승된다.

　㉡ 특히 의미 있는 타인의 격려나 칭찬이 자기효능감을 증가시킨다.

　㉢ 격려의 말이나 수행에 대한 구체적인 평가를 통해 구직자의 노력을 강화하고, 자기효능감을 증진시킨다.

④ **정서적 안정**

　㉠ 어떤 주어진 수행상황에서 개인이 느끼는 정서적 각성의 정도와 질에 영향을 받는다.

　㉡ 구직자가 중요한 일을 앞두고 불안해하면 정서적으로 안정을 취할 수 있도록 격려해 자기효능감의 증가를 돕는다.

　㉢ 실패를 극복할 수 있다는 긍정적인 마음을 통해서 과제를 접하고 해석하여 정서적 각성을 통해 불안에서 탈피해야 자기효능감이 높아질 수 있다.

제2절　취업목표 설정

01　취업목표 설정

(1) 목표 설정의 의의

① 내담자의 진로목표 설정은 노력하고자 하는 의지를 반영하는 것이다.

② 전반적인 목표는 구직자와의 대화와 욕구에 의해 결정되지만, 구직자가 명확하고 구체적인 목표를 설정하도록 돕기 위해서 상담자의 개입이 필요하다.

③ 목표 설정은 구직자와 상담자 간의 협조적인 과정이다.
④ 상담이 진행되면서 구직자가 변화를 보이거나 새로운 문제가 발생할 경우, 목표는 변화되거나 수정될 필요가 있다.
⑤ **취업목표 설정의 의의**
　　㉠ 상담의 방향 제공
　　㉡ 상담전략 선택 및 개입에 대한 기초 마련
　　㉢ 상담 결과를 평가하는 기초 제공

(2) 목표 확인 과정

단계		내용
1단계	**구직자의 목표 결정**	초기면담과정에서 구직자가 진술한 내용이 목표 설정의 중요한 단서가 된다.
2단계	**목표의 실현 가능성 결정**	전반적인 목표가 설정되면 내담자와 함께 실현 가능성을 탐색한다. 구직자가 실현 불가능하거나 예측되는 시간계획 내에 성취할 수 없는 목표를 설정한다면 그 목표는 조정될 필요가 있다.
3단계	**하위목표 설정**	실현 가능성이 검토되면 하위목표를 확인함으로써 그 목표에 대한 세부계획을 확인한다.
4단계	**목표 몰입도 평가**	목표 추구에 필요한 시간과 에너지를 투자하는 것이 중요하므로 목표에 대한 구직자의 몰입도를 평가한다.

(3) 취업계획 작성하기

① 1단계 : 구직자에게 적합한 직무분야를 확정한다.
② 2단계 : 취업대안 1~2개 분야에 진출하기 위한 경로를 구직자와 함께 탐색한다.
③ 3단계 : 취업분야 직업훈련과 자격증 취득 등에 대한 활동계획을 지원한다.
④ 4단계 : 최종 선택된 취업분야에 진출하기 위한 활동계획서를 작성하도록 지원한다.

(4) 취업활동 준비상태 평가

① **구직자의 목표와 기호 확인** : 구직자의 목표와 기호는 시간경과나 새로운 정보에 따라 변할 수 있기 때문에 어떤 종류의 의사결정을 언제쯤 내릴 것인지에 대해 명확한 계획을 세운다.
② **대안 간 요인 확인** : 구직자의 성격, 적성, 흥미, 가치관 등 직업선택에 영향을 미치는 요인을 다루는 것이 우선시된 후에 직업선택이 이루어져야 한다.
③ **내적 요인 확인** : 미성숙이나 심리적 장애 같은 내적 원인 때문에 구직자의 의사결정을 보류해야 하는 경우나 구직자가 준비가 안 된 상태라면, 상담자는 의사결정의 보류를 제안한다.
④ **체크목록 확인** : 준비도 점검목록을 활용하여 모든 준비사항들이 포함되어 있는지를 확인한다.

▶ 준비도 점검목록
• 상담목표가 최근의 문제 등으로 변경되었는지 여부
• 선호직업의 변경 여부
• 생애설계의 시간전망과의 일치 여부
• 대안직업이 구직자의 자유로운 의사결정의 결과인지 여부

제3절 구인처 확보

01 구인정보 수집 및 제공

(1) 노동시장정보

① **고용정보 (「직업안정법 시행령」)**

　㉠ 경제 및 산업동향

　㉡ 노동시장, 고용·실업동향

　㉢ 임금, 근로시간 등 근로조건

　㉣ 직업에 관한 정보

　㉤ 채용·승진 등 고용관리에 관한 정보

　㉥ 직업능력개발훈련에 관한 정보

　㉦ 고용 관련 각종 지원 및 보조제도

　㉧ 구인·구직에 관한 정보

② **직업정보**

　㉠ **개인에 대한 정보** : 청소년기의 직업탐색에서부터 성인기의 직업선택, 중·고령기, 은퇴기 등에 이르기까지 개인이나 직업상담가가 수집해야 할 정보

　㉡ **직업에 대한 정보** : 노동시장이나 직업세계에 관한 정보로서 개인이 직업을 선택하거나 구인처를 결정할 때에 필요한 정보

　㉢ **미래에 대한 정보** : 개인이 직업을 결정하는 데에 필요한 정보로서 생애주기에서 직업을 전환하거나 은퇴 시 고려해야 되어야 할 정보

개인에 대한 정보	직업에 대한 정보	미래에 대한 정보
• 나 자신을 아는 방법	• 직업의 종류 및 분포도	• 인력수급계획
• 나의 적성, 흥미	• 일의 성격 및 하는 일	• 미래사회의 모습
• 진로계획 수립 및 수정	• 근로조건	• 과학기술의 발전방향
• 직업관 및 직업윤리	• 작업조건 및 안전	• 산업발전 추세
• 교육기회	• 필요한 신체적·정신적 특질	• 인구구조 변화
• 훈련기회	• 자격·면허 취득방법	• 산업구조 변화

개인에 대한 정보	직업에 대한 정보	미래에 대한 정보
• 고등학교 졸업 후 진로 • 대학교 졸업 후 진로 • 사회교육기관 안내 • 여성 진로안내 • 장애인 진로안내 • 중·고령자 진로안내 • 의사결정방법 • 전문가가 되는 길 • 구직자의 상세한 정보	• 직업의 장단점 • 기업특징 및 기업문화 • 승진 및 승급 • 취업경로 • 노동시장 관행 • 근로자의 직업관 • 취업알선처 • 구인처의 상세한 정보	• 직업구조 변화 • 국가시책 • 기업경영의 전망 • 국제사회의 전망

(2) 구인정보 제공과 알선

① 채용정보의 특성을 잘 활용하여 **참여자를 중심으로 구인 발굴을 진행하여 알선**한다.

② 채용공고를 구직자 역량과 비교하여 적중 알선을 함으로써 채용확률을 높인다.

③ 구직자에게 전달해야 할 구인공고는 이메일, 카카오톡, 메시지 등을 통해 전달하고, 채용 정보를 한눈에 보기 좋게 전달해주는 것도 중요하다.

④ 알선을 진행할 때는 추천서를 활용하여 이메일이나 팩스를 활용하여 진행한다.

⑤ 구인업체에는 각종 지원금에 대해 안내하고 구직자가 해당되는지 여부를 설명해준다.

⑥ 알선은 면접일정을 잡는 것까지 해야 알선이 성사된다.

⑦ 매일 시간을 정해 알선시간을 확보해 놓고 진행하는 것이 좋다.

(3) 구인업체와 의사소통

① **구인등록의 원칙**

㉠ **실물 구인표 작성이 필수**이며, 작성내용이 사실임을 확인하고 허위공고를 분별하여 등록한다.

㉡ **구인업체의 경우 사업자등록증을, 구인신청자의 경우 신분증을 확인**한다.

㉢ 직종이 2개 이상인 경우에는 **직종별로 구인신청서를 각각 작성**한다.

㉣ 구인신청을 취소 또는 변경하려는 경우에는 구인신청을 한 직업안정기관에 즉시 알려 관련 사항을 수정 또는 변경하여야 한다.

㉤ 구인신청의 유효기간(15일 이상 2개월 이내) 중에 구인신청을 취소하는 경우에는 해당 기간 동안 같은 직종에 대한 구인신청을 다시 할 수 없다.

㉥ 거짓 구인광고를 하거나 거짓 구인조건을 제시하는 경우에는 「직업안정법」 제47조에 따라 5년 이하의 징역 또는 5천만원 이하의 벌금형을 받을 수 있음을 안내한다.

② **구인공고 수급**

㉠ 채용사이트, 관리하던 업체의 채용정보, 지역기업체의 수요를 파악하여 구인공고를 수급하고 확인한다.

ⓛ 공고내용을 검토하고 적합한 구직자가 있는지 확인하고 추천을 진행한다.

ⓒ 구직자의 지원의사를 확인하고 나서 공고내용을 상세히 설명하고 구인업체에 추천한다.

ⓔ 취업알선을 위해 구직자의 입사서류 컨설팅을 미리 진행하여 구직서류를 갖추어 놓는다.

ⓜ 구직자가 직접 입사서류를 지원하도록 하고, 상황이 어려울 경우 상담자가 지원해준다.

③ **구인조건의 확인과 조율**

ⓐ **구인공고 분석** : 구직자의 직무역량과 취업 희망조건 등이 일치하는지 확인하고, 부족한 정보나 일치하지 않는 정보는 메모하여 구인업체와 통화하여 확인한다.

ⓛ **구인조건 확인** : 직무 및 자세한 해당 업무, 근무지, 교대근무 여부, 도구 및 기계 사용 여부, 연봉, 보너스 여부, 식대 지급 여부, 통근버스 여부, 지하철이나 대중교통 상황, 근무시간 등을 확인한다. 채용공고에 없는 자세한 내용은 통화를 하여 확인한다.

ⓒ **지원자격 확인** : 지원자격이 추천할 구직자와 맞지 않았을 때 구인업체와 조율이 필요하다. 경력기간이 조금 안 되더라도 구직자가 해본 일들을 설명해주고, 구인업체에서 원하는 도구 활용이 가능하다는 점을 강조하면서 지원이 가능한지 조율하여 지원하고 면접이 성사될 수 있도록 한다.

제**4**절 구직활동 지원

01 구직서류 작성 지원

(1) 이력서 항목별 작성법

① **인적사항**

ⓐ 성명 : 한글, 한자, 영문 성명 기재

ⓛ 사진 : 최근 3개월 이내 사진

ⓒ 현주소 : 주민등록 주소지를 기준으로 정확히 기재

ⓔ 연락처 : 면접전형 등 연락을 받을 수 있도록 정확히 기재

② **학력사항**

ⓐ 최종 학력부터 역순으로 기재

ⓛ 입학일자, 졸업일자의 경우 정확한 일자 기재

ⓒ 전공/부전공, 전 학년 평점 기록

③ **병역사항**

ⓐ 남자의 경우 군복무사항을 함께 기재(군별, 계급)

ⓛ 복무 중 배치업무

ⓒ 면제사유

④ **경력사항**

  ㉠ 지원한 업무와 관련된 경력 기재

  ㉡ 소속 부서, 담당업무 기재

  ㉢ 지원한 업무와 관련된 아르바이트 경험 기재

  ㉣ 일을 통해 향상된 역량, 능력, 영향 기재

⑤ **자격 및 특기사항**

  ㉠ 외국어 구사능력 : 최근 1~2년 이내 공인인증점수나 측정 가능한 정보 기재

  ㉡ 자격, 면허 : 지원분야 관련 자격증, 면허증, 발급사항 등 기재

  ㉢ 교육수료사항 : 지원분야와 관련한 교육이나 직업훈련을 받았을 경우 기재

  ㉣ 기타 : 컴퓨터활용능력이나 활용 가능한 소프트웨어 기재

⑥ **교내외활동과 봉사 및 특별활동**

  ㉠ 지원분야와 관련한 영역의 활동 기재

  ㉡ 활동기간, 활동내용, 활동직책, 영향 등 기재

⑦ **기타 사항**

  ㉠ 수상경력

  ㉡ 장학금 수혜 여부

  ㉢ 보훈대상 여부

  ㉣ 기타 종교나 취미 등 별도의 요구사항 기재

(2) 자기소개서 작성법

① **성장과정**

  ㉠ 지원직무나 기업의 조직에 맞는 인성이 성장과정에서 어떻게 형성되었는지를 표현한다.

  ㉡ 전체 내용과의 일관성을 고려하여 작성한다.

  ㉢ 직무 및 지원기업에 관심을 갖게 된 계기 등을 작성한다.

② **성격의 장단점**

  ㉠ 조직에 적합한 성격인지, 적응이 가능할지 점검하기 위한 항목이다.

  ㉡ 지원직무와 관련된 역량을 사례를 들어 서술한다.

  ㉢ 한두 가지 장점을 쓰고, 이를 뒷받침할 만한 근거를 덧붙이는 것이 중요하다.

  ㉣ 근거는 명확한 수치와 윗사람들의 평가 등을 포함하여 구체적으로 기술한다.

  ㉤ 단점은 직무역량과 관련 없는 큰 과오가 안 되는 단점을 적고, 이를 극복하기 위한 실천 방안을 제시한다.

③ **학교생활 및 경력사항**

  ㉠ 전공이나 활동했던 분야를 지원직무와의 연관성에 초점을 두고 구체적으로 서술한다.

  ㉡ 지원회사, 지원직무와 연관성이 높은 에피소드 중 가장 비중 있는 것으로 기술한다.

ⓒ 핵심 경력사항 또는 활동사항과 구체적인 직무내용, 이를 통한 성과 및 배울 점을 기술한다.

④ **지원동기**

ⓐ 다른 회사가 아닌 이 회사를 왜 택하게 되었는지 근거를 제시하여 작성한다.

ⓑ 최근 회사가 관심을 가지고 있는 부분에 대한 본인의 관심을 표현하여야 한다.

ⓒ 지원직무에 대한 보유지식, 준비사항을 서술하고, 준비과정을 몇 개의 역량으로 묶어서 제시한다.

⑤ **입사 후 포부**

ⓐ 지원회사의 비전 달성을 위해 기여할 수 있는 부분을 강조한다.

ⓑ 해당 분야 전문가가 되기 위해 어떤 노력을 할 것인지 계획을 작성한다.

ⓒ 기업과 산업분석을 통해 개인의 커리어 비전과 조직의 발전방향을 맞추어 작성한다.

ⓓ 입사 후 3, 5, 10년 후 구체적인 목표와 목표 달성을 위한 계획을 기술한다.

(3) 경력기술서 작성법

① 회사명, 부서명, 직책명, 근무기간, 주요 업무, 담당역할, 업무성과, 퇴직사유 등을 작성한다.

② 경력은 최근 경력부터 작성해야 한다.

③ 주요 성과를 드러낼 때에는 수치를 적절히 활용하는 것이 중요하다.

④ 회사가 원하는 직무와 포지션 위주로 바로 활용될 수 있는 업무경험이 부각되도록 작성한다.

⑤ 관련된 업무가 아닌 경우는 생략하는 것이 좋다.

(4) 기업분석 및 직무분석

① **기업분석 방법**

ⓐ 기업 홈페이지

ⓑ 전자공시시스템 (DART)

ⓒ 신문기사 확인

ⓓ 현직자 인터뷰

ⓔ 증권사 리포트 등 보고서

② **직무분석 방법**

ⓐ 기업 홈페이지의 채용페이지

ⓑ 한국직업사전, 직무별 자소서 작성가이드 (고용24)

ⓒ NCS (국가직무능력표준)

ⓓ 잡이룸, 잡코리아, 사람인, 원티드 등 취업포털사이트

ⓔ 직무 KPI(Key Performance Indicator : 핵심 성과지표) 검색

ⓕ 경력직 채용공고 분석

(1) 유형별 면접방법

① **인성면접**

㉠ 일대일, 일대다(多), 다(多)대일 면접으로 진행된다.

㉡ 기본품성과 조직 적합성을 평가하고, 열정이나 입사에 대한 의지를 묻는다.

㉢ 답변태도, 의지, 화법, 성향 등 인성을 포함하여 종합적인 평가를 한다.

㉣ 임원이 진행하는 면접이라면 지원자의 인성, 마인드, 가치관 등을 중점적으로 볼 수 있다.

② **PT 면접**

㉠ 일대다(多) 형태의 면접으로 진행된다.

㉡ 문제해결능력과 직무수행능력을 평가한다.

㉢ 문제인식 및 해결, 창의성, 자료이해도, 직무적합도, 구조화능력 및 발표력 등이 평가된다.

㉣ 주제가 주어지면 기승전결로 나누어 구조화하고 두괄식으로 표현해내도록 한다.

③ **역량면접**

㉠ 역량면접은 과거의 경험을 통해 미래의 행동을 유추하는 면접방식이다.

㉡ 필요한 역량에 초점을 두고, 꼬리에 꼬리를 무는 구조화된 질문을 바탕으로 면접자의 역량을 평가한다.

㉢ 답변내용과 표정, 행동까지 세심히 관찰하여 평가하며, 과거의 경험에 기반을 둔 답변을 통해 판단한다.

㉣ 답변에 과장이나 거짓이 없이, 진실성 있게 답변을 해야 한다.

④ **토론면접**

㉠ 토론면접은 답을 구하는 것이 아닌 서로의 의견을 주고받는 과정을 평가하는 것이다.

㉡ 논쟁이 우선이 아니고 합의된 결과물을 잘 만들어내는 것이 가장 중요하다.

㉢ 특히 합의된 결과물을 도출하기 위한 역할이 중요하다.

㉣ 끝까지 경청하는 태도, 상대방을 존중하는 태도가 좋은 평가로 이어진다.

(2) 경력직 면접

① 주로 업무 수행경험을 파악하며, 이력사항과 경력사항에 집중하여 질문을 받게 된다.

② 핵심적인 성과 위주로 2~3가지 정도를 구체적으로 준비하고, 성과의 표현은 수치로 표현한다.

③ 성과 당시의 역할이나 비중 등을 구체적으로 전달하여 기여도를 표현한다.

(3) 비대면면접

① 화상면접이나 영상통화면접이 실시되며, 전화면접도 활용된다.
② 인터넷 상황, 화면배경, 조명 등 기기 사용환경을 반드시 점검한다.
③ 화상면접 시 눈 맞춤, 표정, 마이크 사용 시 목소리, 발음 등을 확인해야 한다.
④ 복장과 헤어스타일을 점검하고 상의뿐 아니라 하의도 신경 써야 한다.

(4) AI 면접

① 면접관이 면접을 실시하는 것이 아니라 인공지능(AI)이 질문하고 지원자의 응답을 분석한다.
② 지원자가 한 말의 내용 외에 말투, 표정, 제스터까지 전반적인 평가가 이루어진다.
③ '기본면접 → 성향 분석 → 상황 대처 → 보상 선호 → AI 게임 → 심층면접'으로 구성된다.
④ 신뢰성이 중요하므로 일관성 있는 답변, 솔직한 답변이 중요하다.

(5) 대상자별 면접 지도

① **저소득층**
  ㉠ 예상질문에 대한 답변을 작성하고 단문 문장부터 연습하도록 돕는다.
  ㉡ 충분한 연습을 한 후, 눈 맞춤, 면접태도 등에 대한 컨설팅을 진행한다.
  ㉢ 자존감을 살려주는 피드백이 필요하다.
  ㉣ 최대한 모의면접을 많이 하도록 지원한다.

② **결혼이민자**
  ㉠ 의사소통 가능 수준으로 면접을 대비하도록 돕는다.
  ㉡ 면접질문을 학습시키는 것이 우선이다.
  ㉢ 단답형부터 답변을 준비한다.
  ㉣ 변형된 질문에 대한 대처를 하도록 준비한다.

③ **신용회복지원자**
  ㉠ 본인의 역량과 지원분야에 대한 관심을 표현하도록 안내한다.
  ㉡ 신용회복과정에 대해 표현할 수 있도록 준비한다.
  ㉢ 회사에 지장이 없고, 업무에 지장이 없다는 것을 먼저 잘 어필하도록 한다.
  ㉣ 회사에 대한 관심, 직무에 대한 역량을 잘 표현하도록 지도한다.

④ **장년층**
  ㉠ 과거에 연연하는 태도보다는 새로운 마음가짐으로 임하도록 지도해야 한다.
  ㉡ 업무에 있어서 큰 성과를 창출할 수 있음을 강조하도록 한다.
  ㉢ 직장 적응이 무난함을 잘 설명할 수 있도록 지원한다.

⑤ **여성가장**
  ㉠ 자녀 양육에 대한 대안 준비 후 면접에 임하도록 한다.

ⓒ 꾸준히 근속하여 일을 할 수 있다는 점을 어필하도록 준비한다.
ⓒ 경력이 단절된 경우 적응에 무리가 없음을 어필하도록 준비한다.
ⓔ 자존감을 높이는 피드백이 필요하며, 충분히 모의면접을 준비하여 면접에 임하도록 한다.

(6) 동행면접

① 동행면접의 의의

ⓐ 구직자에게 안정감을 주고 구인업체에는 신뢰감을 주어 채용확률을 높여준다.
ⓑ 직접 인사담당자를 만날 수 있는 공식적인 루트이며, 단골 구인기업을 만드는 중요한 기회이다.
ⓒ 취업 자신감이 부족하거나 면접에 계속 실패하는 구직자들을 대상으로 진행한다.
ⓓ 청년층의 경우 오히려 부정적 영향을 끼칠 수 있으므로 취지를 잘 설명하고 이해시키는 것이 중요하다.

② 동행면접의 효과

ⓐ 구인업체 방문 후 인사담당자와의 유대감 형성, 사업체 현황 파악의 효과가 있다.
ⓑ 같은 업체에서 다른 구인이 발생할 때도 적합 구직자를 알선하고 구직자에게 구인업체에 대해 설명하는 데 유리하다.

제5절 ▶ 내담자 사후관리

01 내담자 사후관리기법

(1) 사후관리의 의의

① 구인·구직정보 제공, 일자리 알선, 취업지원계획 수립 지원, 취업상담 등 일련의 과정을 가져갈 수 있도록 지원한 후 취업이나 창업에서 발생하는 사안들에 대한 적응과 유지를 돕는 과정이다.
② 구직자가 취업의지가 약화되는 것, 그리고 취업한 구직자의 직장 적응을 도와 직업 유지를 할 수 있도록 지속적으로 관리하는 것 등을 포함한다.

(2) 사후관리 제공

① 매월 1회 이상 취업자에게 직장 적응 시 애로사항 등을 상담하여 근속할 수 있도록 유도한다.
② 미취업자에게는 구인정보를 제공하여 조기에 취업할 수 있도록 독려한다.
③ 취업자가 직장 적응이 어려워 재취업할 경우에도 취업활동계획을 재수립하도록 지원한다.
④ 종합적 정보를 지속적으로 제공하여 구직자가 취업의지를 더욱 확고히 다지도록 한다.

(3) 미취업자의 사후관리

① 취업이 될 때까지 채용정보 제공 및 구직동기부여를 하여야 한다.
② 지속적이고 주기적으로 개인별 취업목표에 적합한 맞춤형으로 채용정보를 제공한다.
③ 취업에 도움이 되는 단기 특강이나 취업 프로그램에 대한 추천도 지속적으로 제공한다.
④ 미취업 원인을 분석하여 직업훈련을 다시 받을 것인지, 새로운 취업지원 프로그램을 다시 이수할 것인지, 직종을 전환할 것인지를 상담을 통해 정한다.
⑤ 희망 근로조건에 대한 조정이 필요한지 여부를 상담을 통해 확인한다.

(4) 취업지원 프로그램 (취업역량강화 프로그램)

프로그램명	특징	대상
단기 취업특강	• 고용시장에 대해 이해하고 구직에 필요한 정보를 빠르게 알 수 있도록 50명 내외로 진행되는 **강의식 프로그램(2시간)** • 채용동향, 취업정보 수집, 구직서류 작성법, 면접방법, 이미지메이킹 등 구직 관련 특강	• 구직정보가 필요한 모든 구직자
단기 집단상담 프로그램	• 자신에게 부족한 구직기술을 주제별로 선택하여 습득할 수 있도록 25명 이내로 구성된 그룹에 **단기(3~4시간)로 참여하는 실습 중심 프로그램** • 구직스트레스 다루기, 취업을 위한 "나" 이해하기, 직장인을 위한 대화의 기술, 면접기술 습득하기 등 주제별 실습 프로그램	• 기초직업능력 및 구직기술 향상이 필요한 구직자
성취 프로그램	• 취업에 대한 자신감과 자존감을 높이고 입사서류 작성과 면접, 구직정보 습득 등의 **구직역량을 실습을 통해 강화**할 수 있는 프로그램 • 4일(24시간)	• 성공적인 취업을 희망하는 모든 구직자 • 실직을 잘 대처하고 성공적인 구직활동방법 및 면접·이력서 등 구직기술을 익히고 싶은 분
취업희망 프로그램	• 자신을 돌아보고 이해하며 긍정적인 측면을 찾아 **자신감을 회복하고, 효과적인 의사소통방법 습득을 통해 대인관계 향상** 및 원만한 사회생활 적응을 돕는 프로그램 • 4일(24시간)	• 자신감 및 대인관계 향상, 구직동기 회복을 원하는 구직자
40대 구직자 취업역량 강화 프로그램 (중장년)	• **40대 구직자들의 직업전환역량 강화** 및 변화적응력을 향상시켜 재취업에 성공적으로 대응할 수 있도록 지원하는 프로그램 • 3일(18시간)	• 직업경험이 있는 만 35~49세 구직자 • 취업준비와 재취업 설계에 도움을 받고자 하는 분

프로그램명	특징	대상
신호탄 프로그램 (중장년)	• 재취업을 희망하는 **신중년(5060세대 지칭)이 재취업 목표를 수립하고 준비**할 수 있도록 재취업 설계 및 구직역량 강화를 지원하는 프로그램 • 3일(18시간)	• 변화하는 노동시장과 본인의 강점을 이해하고, 재취업 직종 등에 대한 탐색을 통해 재취업 설계에 도움을 받고자 하는 신중년(5060세대)
청년취업역량 (청취력) 프로그램 (청년)	• **청년(만 34세 이하) 취업준비생들이** 우리 사회의 역량 중심 채용 확대에 맞추어 지원하려는 회사의 조직특성과 직무특성을 이해하고, 이에 기반하여 **집중적으로 구직기술을 강화할 수 있도록 지원하는 프로그램** • 4일(25시간)	• 만 34세 이하의 대학생 및 청년 구직자 • NCS기반 능력 중심 채용제도와 역량채용을 이해하고 효과적으로 취업준비를 하려는 대학생 및 청년층
CAP@ 프로그램 (청년)	• **청년층(만 34세 이하) 취업준비생들이** 일의 관점에서 **자신의 강점을 탐색하고 업종 및 직무, 채용 트렌드에 대한 이해를 통해 구직기술을 강화**하여 효율적인 취업준비를 하도록 돕는 프로그램 • 4일(24시간)	• 만 34세 이하의 청년층 구직자 및 취업준비생 • 일과 관련된 자기 이해와 탐색을 통해 자신의 강점을 찾고 강화하고자 하는 청년 • 직무군별 역량과 개인경험을 연계하여 효과적인 취업준비를 하고자 하는 청년 구직자
온라인 소그룹 마음똑똑心+	• 다양한 진로장벽으로 인해 구직에 대한 자신감이 낮거나 진로에 대한 의사결정이 어려운 사람에게 **자신의 진로영향요인 진단을 통해 진로계획을 세워보는 온라인 소그룹(5명 이내) 구직의욕 향상 프로그램** • 3일(12시간)	• 자존감 및 구직의욕 향상이 필요한 구직자 • 근로능력이 있음에도 진로결정에 고민이 많아 취업에 발을 딛지 못하는 분
온택트 취업 컨설팅 청년취업ON	• **청년층(34세 미만) 취업준비생들이** 직무별 역량에 대한 이해와 개인의 경험을 연계하여 채용서류와 면접준비를 효과적으로 할 수 있도록 돕는 **온라인 소그룹(5~6명) 컨설팅 중심 구직역량 강화 프로그램** • 3개 직무군(경영사무/영업/IT분야)별 별도 운영, 사전과제(입사지원서 양식 작성) 제출 필수 • 4일(12시간)	• 직무군별 직무역량에 근거한 구직기술 컨설팅을 희망하는 20세 이상 34세 미만 청년 • 신규 취업을 희망하는 청년 구직자(취업경험이 없거나 일 경험 3년 미만) • 직무군별 역량과 개인경험을 연계하여 효과적인 취업준비를 하고자 하는 청년 구직자
온라인 소그룹 4060 내일 또 다시 (기계, 생산)	• 디지털시대 관심 직종(기계설치/정비/생산직종)에 대한 키워드 탐색을 통해 **4060세대의 디지털 정보탐색역량을 강화할 수 있는 온라인 소그룹** 정보탐색역량 강화 프로그램 • 3일(12시간)	• 기계설치/정비/생산직종에 관심이 있거나 정보탐색역량 강화가 필요한 4060세대 구직자

프로그램명	특징	대상
온라인 소그룹 4060 내일 또 다시 (사회복지, 돌봄)	• 디지털시대 관심 직종(**사회복지/돌봄직종**)에 대한 키워드 탐색을 통해 **4060세대의 디지털정보 탐색역량을 강화할 수 있는 온라인 소그룹** 정보탐색역량 강화 프로그램 • 3일(12시간)	• 사회복지/돌봄직종에 관심이 있거나 정보탐색역량 강화가 필요한 4060세대 구직자
청년취업 GYM (모듈-조합형)	• **10대 후반에서 30대 청년들이** 긍정정서 및 취업 동기를 높이고 경력을 탐색하며 구직기술을 습득하는 등 **취업에 필요한 힘을 기를 수 있도록 지원하는 모듈-조합형 프로그램** • 청년의 경력특성 또는 고용센터 상황을 고려하여 긍정 정서, 취업동기, 경력탐색, 구직기술, 직장 적응 관련 모듈을 맞춤형으로 조합하여 운영하는 프로그램 • 고용센터마다 프로그램 운영기간 및 주제에 차이가 있을 수 있음	• 10대 후반~30대 청년
온라인 소그룹 취업 컨설팅 B.D.S	• 자신의 진로를 어떤 분야로 정해야 할지 결정하지 못한 청년층에게는 반도체산업의 성장 가능성을, 취업을 희망하는 청년층에게는 **반도체분야 비전공자도 진출 가능한 반도체 생산직무특성 및 관련 기업을 소개하는 프로그램** • 3일(12시간)	• 새로운 진로탐색 및 반도체산업이 알고 싶은 34세 미만 청년층 • 진로의사 미결정 고졸예정자 및 청년층 • 반도체 비전공 청년층
온라인 소그룹 취업 컨설팅 조선UP!	• **조선업종 취업을 준비**하는 구직자를 대상으로 조선업에 대한 부정적 인식 개선과 조선업종 취업의욕 고취, 직업선택 및 구직활동을 지원하는 프로그램 • 3일(12시간)	• 직업전환을 고려하고 있는 중장년층 및 진로 미결정 청년층 • 조선업종에 일한 경험과 전문지식이 없는 구직자
취업능력 향상 (행복오름) 프로그램	• 변화하는 사회에 대비하여 일을 통해 보다 건강하고 행복한 미래를 준비할 수 있도록 지원하는 프로그램으로, **심리적 자립과 경력 설계를 돕기 위한 내용으로** 구성되어 있음 • 총 7종 주제별 1.5시간 (긍정오름, 내일오름, 열정오름, 인생오름, 소통오름, 미래오름, 변화오름)	• 「국민기초생활 보장법」에 의거 선정된 사람만 참여 가능

02 작업동기

(1) 동기의 정의

① Kanfer(1990)에 따르면 동기(motivation)라는 개념은 볼 수도 없고, 느낄 수도 없는 일종의 가설적 구성개념이라서 직접 관찰 및 측정은 가능하지 않지만 우리는 동기의 효과 또는 결과물을 사람들의 행동을 통해 관찰할 수 있다.

② Pinder(1998)는 동기가 작업관련 행동의 형태, 방향, 강도 그리고 지속기간을 결정한다고 **주장한다**. 행동의 형태는 종업원이 작업장에서 일을 시작할 때 선택하는 활동의 유형(과제 집중, 대인관계 집중과 응집력 강화)을 말하고, 동기의 방향은 종업원이 스스로 설정한 목표를 달성하기 위해 선택한 구체적인 경로를 말한다. 동기의 강도는 목표 지향적 과제수행을 위해 쏟는 에너지와 활기를 나타내며, 지속기간은 과제를 수행할 때 얼마나 오랫동안 일의 목표에 집중하여 일을 지속적으로 할 수 있는지를 말한다.

(2) 작업동기에 대한 호손(Hawthorne) 연구

① Mayo 등의 교수진이 미국의 웨스턴 일렉트릭사의 호손 공장에서 수행한 실험에 의해 이론적 틀이 만들어졌다.
② 연구의 원래 목적은 조명, 임금 그리고 휴식시간과 같은 환경적 요인이 종업원의 생산성에 미치는 효과를 다루기 위한 것이었다.
③ 호손 연구의 전반적인 의미는 조직 장면에서 사회적 요인이 행동에 영향을 미친다는 것이다. 즉, 근로자의 생산성은 물리적, 작업적 근로조건에만 의한 것이 아니라 심리적, 사회적 **환경에 의해 더 크게 영향을 받는다.**

(3) 작업동기(work motivation)의 3가지 중요한 구성요소

① **방향 (direction)** : 우리가 어떤 활동에 노력을 기울일지에 대한 선택을 의미한다.
② **강도 (intensity)** : 우리가 선택한 작업에 얼마나 열심히 하는지 혹은 얼마나 많은 노력을 기울이는지를 의미한다.
③ **지속기간 (duration) 또는 지속 (persistence)** : 동기가 얼마 동안이나 지속되는지를 의미한다. 행동을 변화시키기 위해서는 먼저 동기를 변화시켜야 한다.

(4) 작업동기이론

① **Maslow의 욕구위계이론**
  ㉠ 매슬로우(1943)는 인간의 행동을 이끌어 내는 힘으로 욕구 위계를 제안하였는데, 이 이론은 작업장에서 나타나는 특정 행동에 대한 설명이라기보다는 모든 종류의 목적·의식적 행동을 설명하는 보편적인 이론이다.
  ㉡ 작업행동의 예측변인을 탐색하는 측면에서 볼 때는 한계점을 가지나 다른 연구자들에게 욕구가 종업원의 동기에 끼치는 영향을 고려하도록 만드는 데에 기여하였다.
  ㉢ 매슬로우에 의하면 **낮은 수준의 욕구는 인간행동을 행동화시키는 데 근본적인 영향을 주나, 이러한 욕구가 만족되면 더 높은 수준의 욕구가 관련된 동기원으로서 나타난다**고 하였다.

② **ERG이론**

㉠ 매슬로우의 욕구이론의 가장 직접적인 영향을 받은 이론이 Alderfer(1969)의 ERG이론 이다.

㉡ ERG는 **생존(존재)욕구(existence), 관계욕구(relatedness), 성장욕구(growth)를 나타** 낸다.

㉢ **매슬로우의 5가지 욕구 수준을 세 가지로 줄인 것으로, 생존(존재)욕구는 생리적 욕구 및 안전 욕구를 포함하고, 관계욕구는 소속과 애정 욕구 그리고 성장욕구는 존경과 자기실현 욕구를 나타낸다.**

㉣ 매슬로우 이론과 달리 ERG이론은 욕구가 엄격하게 위계적인 형식으로 작용하는 것은 아니며, **고차원 욕구가 좌절되었을 때 오히려 저차원 욕구의 중요성이 커진다고 주장하** 였다.

③ **맥클리랜드(McClelland)의 성취욕구이론**

㉠ 성취욕구는 주로 목표지향적인 행동에서의 사람들 간의 차이를 설명하고 있다.

㉡ 맥클리랜드는 높은 **성취욕구를 가지고 있는 사람들의 일관되고 독특한 특성들을 발견**하 였는데 이들은 중간 정도의 위험을 선택하고, 결과나 피드백에 대한 정보를 원하며, 일 에 매우 열중하는 경향이 있다.

㉢ 작업환경에서 이들은 **어려운 수행 목표를 세우고 수행 피드백을 바로 제공하는 직업을 찾고, 많은 시간을 일하는 데 보내는 경향**이 있다.

④ **Adams의 형평(성)이론 (Equity theory)**

㉠ 애덤스에 따르면 **종업원은 인지적으로 그들의 투입 대 산출의 비율을 비교 대상의 투입 대 산출의 비율과 비교한다는 것**이다.

㉡ 비교 대상은 같은 조직 내 유사한 업무를 수행하고 있는 다른 종업원, 다른 조직에서 유사한 직무를 수행하는 어떤 사람 또는 과거의 자신처럼 특정 시점의 자기 자신도 될 수 있다.

㉢ 만약 자신의 투입 대 산출의 비율이 비교 대상의 비율과 같다고 지각하면 형평상태가 되고, 비율이 달라지면 불형평 상태가 나타나 이를 회복하기 위해 동기화된다.

㉣ **가장 일반적인 형태의 불형평은 과소지급이며 이때 다양한 전략을 시도**하게 된다. 또한 자신의 투입 대 산출이 더 좋은 과대지급일 때에도 불형평을 느낀다.

〈과소지급 시의 전략〉

기제	전략의 예
산출 증가	상사에게 급여를 올려 달라고 요청한다.
투입 감소	업무에 들이는 노력의 정도를 줄인다.
인지적 조정	형평상태로 돌아가기 위해 자신의 투입 또는 산출의 가치에 대한 생각을 바꾼다.
비교대상 바꿈	투입과 산출의 비율을 비교하기 위해 다른 대상을 선택한다.
작업장을 떠남	투입과 산출의 비율이 좀 더 나은 직장을 구한다.

ⓜ 욕구이론이 인간의 동기과정을 이해하기 위하여 개인의 욕구에 기반을 두는 데 비해, 형평이론은 **집단의 영향을 강조하며 자신 이외에도 타인에 대한 지각을 중시**한다.

⑤ **Vroom의 기대 이론 (Expectancy theory)**

㉠ 인간의 인지적 측면을 강조하는 이론으로, 종업원들이 어디에 자신의 노력을 쏟아야 할지에 관한 의사결정 과정을 인지적 과정에 초점을 두어 설명한다.

㉡ 기대이론의 기본 가정은 종업원들이 일반적으로 다음과 같은 경우 자기 행동에 노력을 기울인다는 것이다.

- 자기가 노력하면 어떤 행동을 성공적으로 수행할 가능성이 높을 때 (기대)
- 그 행동이 특정한 성과를 이끌어 낼 가능성이 높을 때 (도구성)
- 그 행동의 결과로 나타나는 성과물이 본인에게 가치가 있는 것일 때 (유인가)

㉢ 구성원 개인의 동기부여 정도가 업무에서의 행동 양식을 결정한다는 이론이다.

㉣ **기대감** (Expectancy) : 열심히 일하면 높은 성과를 올릴 것이라고 생각하는 정도

㉤ **도구성** (Instrumentality) : 직무수행의 결과로써 보상이 주어질 것이라고 믿는 정도

㉥ **유인가** (Valence) : 직무 결과에 대해 개인이 느끼는 가치 혹은 매력의 정도

㉦ Vroom은 동기부여를 세 요소의 곱으로 나타낼 수 있다고 주장했다.

동기부여(Motivational Force) = 기대감 × (Σ도구성 × 유인가)

$$F = E(\Sigma I \times V)$$

⑥ **강화이론 (Reinforce theory)**

㉠ 강화이론은 동기에서 가장 오래된 접근 중의 하나로 스키너(Skinner)의 이론이 적용된 것이다.

㉡ 강화이론에서 **3가지 중요한 변인은 자극, 반응, 보상**이다.

- 자극 : 행동적 반응을 이끌어내는 변인 또는 조건
- 반응 : 산업에서 직무수행을 측정한 것, 생산성 · 결근 · 사고 등과 같은 것
- 보상 : 나타난 행동적 반응에 기초하여 고용인에게 주어진 가치

⑦ **Locke의 목표설정이론**

㉠ 로크에 의하면 목표는 동기의 기초를 제공해주며, 행동의 지표가 되는 2가지 중요한 기능을 지닌다.

㉡ **목표의 동기적 가치 3가지 (Locke, 1968)**

- 목표는 특정한 방향으로 주의를 집중시키고 그 방향으로 노력하게 한다.
- 목표는 그것이 달성될 때까지 과제수행을 지속하도록 만든다.
- 목표는 과제수행에 필요한 기술이나 전략을 개발하도록 촉진시킨다.

㉢ **목표가 동기를 유발하는 데 필요한 특성**

- **목표의 난이도** : 일반적으로 **어려운 목표는 쉬운 목표에 비해 동기부여** 효과가 더 크다.
- **목표 수용** : 목표를 달성할 수 있다고 믿는 개인의 신념에 따라 달라진다. 조직에서 할당한 목표라도 그 목표가 수용되기만 하면 종업원이 직접 참여해서 설정한 목표와

마찬가지로 동기부여 효과가 있음을 증명하였다.

- **목표의 구체성** : 애매모호할 때보다 구체적일 때 더 강한 동기를 초래한다.
- **피드백** : 목표 달성은 점진적으로 향상되는 과정을 통해 이루어지므로, 종업원이 진행 과정에 대한 피드백을 받는 것이 중요하다.

⑧ **Deci의 내재적 동기이론**

　㉠ 금전적 보상을 얻는 것과 같은 외적 이유보다는 과제 자체에 대한 내적 흥미 때문에 과업을 수행하는 경우에 대해 Deci(1975)는 처음으로 과업수행을 즐기는 것과 과업에 꾸준한 노력을 들이는 것에서 내적 동기의 중요성을 강조하였다.

　㉡ 내적으로 동기화된 과제는 과제수행자에게 자율성을 느끼게 해 주는 반면, 외적으로 동기화된 과제는 외적 요구에 통제받고 있다는 느낌을 준다고 주장한다.

　㉢ 진정으로 과제를 즐기는 종업원들은 그들의 직업에 좀 더 자율성을 느낄 것이고 이는 심지어 상사의 감시와 같은 외적 요인이 없을 때에도 일을 열심히 하도록 만든다. 즉, **내재적으로 동기화된 사람은 외재적으로 동기화된 사람보다 직무에 더 몰입하고 만족감을 얻는다.**

　㉣ 대부분의 연구자는 과제가 즐거워서 노력을 하는 이유(내재적 동기화)에는 부가적인 보상(외재적 동기화)이 있다고 믿으나, 데시는 **외재적 보상이 있다면 내재적 동기가 감소할 것이라고 믿는다.**

⑨ **Herzberg의 동기-위생이론**

　㉠ 이 이론의 기본 전제는 작업장에서 **동기의 근본적인 원천은 사람들의 작업내용이라는 것이다.**

　㉡ 작업환경을 두 가지 범주로 나누는데, 첫 번째 범주인 **위생요인(hygiene factor)은 급여, 복리후생, 동료와의 관계, 물리적 작업환경 등으로 종업원의 업무내용을 제외한 모든 작업환경적 측면들로서 이 요인들은 종업원들이 불만족을 느끼는 것과 관련이 있지**만 그들의 동기를 진정으로 강하게 하는 힘은 없기 때문에 이를 위생 요인이라 명명하였다.

　㉢ 두 번째 범주인 **동기요인(motivators)은 기본적으로 개인의 직무내용에 존재하며 직무 자체가 갖는 도전의 정도, 작업과제를 실행하는 데 가지는 자율성의 정도, 얼마나 그 직무가 본질적으로 흥미로운지(내적 흥미), 창의성 발현의 기회와 같은 것들을 포함하며** 이들은 수행에 대하여 내재적 지향성을 일으킨다.

⑩ **Hackman & Oldham의 직무특성이론**

　㉠ 동기-위생이론은 직무에서 어떻게 동기요인을 만들어 줄 것인지를 설명하지 못하고, 직무차원에 대한 실제적인 측정법을 제공하지 못하며, 모든 종업원들이 똑같은 것을 원한다고 가정하는 한계를 가지고 있다. 이러한 문제점을 보완하면서 직무에 기초한 동기이론 중 조직심리학에서 가장 많은 영향을 준 이론이 직무특성이론이다.

ⓛ 직무특성이론은 직무특성과 결과 사이의 매개변수를 제안하고 개인차 변수의 조절효과를 서술함으로써 선행 연구를 확장시켰다.

ⓒ 직무특성이론의 주요 내용은 특정한 직무특성이 작업자에게 중요한 심리상태를 유발하게 하고 이로 인해 개인의 만족과 작업결과에 긍정적인 영향을 끼친다는 것이다.

ⓔ 모형에 따르면 **높은 수준의 기술다양성, 과업정체성, 과업중요성을 수행하면, 그 결과로 종업원들은 그들의 직무를 의미 있다고 경험**하게 되고, 자율성과 관련된 중요 심리상태는 책임감이며, 피드백은 결과에 대한 지식과 연결된다.

ⓜ 다음 단계로 개인성과와 작업성과로 연결되는데 여기에 마지막 변수로서 성장욕구 강도(growth-need strength : GNS)가 성과변수로 가는 조절변수 역할을 한다.

ⓗ **동기부여 잠재력 점수 (MPS : Motivating Potential Score)**

$$M = \frac{(기술다양성 + 직무정체성 + 직무중요성)}{3} \times 자율성 \times 피드백$$

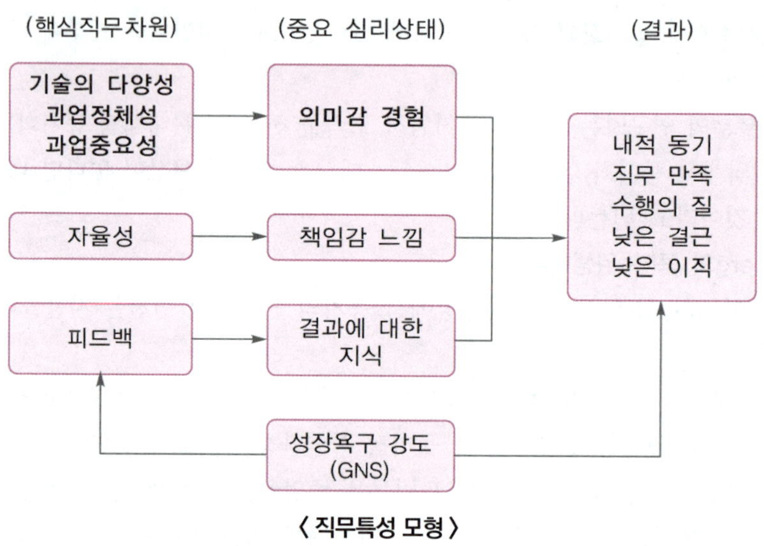

〈 직무특성 모형 〉

⑪ **조절이론 (Control Theory)**

㉠ 동기의 기저가 되는 자기조절 과정을 설명하는 가장 일반적인 이론이다.

㉡ 조절이론은 전형적으로 조직심리학 문헌에서 목표설정 맥락과 함께 다루어진다.

㉢ 조절이론의 관점에서 사람들은 원하는 상태(목표)와 그것을 향해 가고 있는 현재 상태의 차이를 줄이기 위해 동기화된다. 즉, **인간이 현재 상태와 원하는 상태 사이의 차이를 최소화하기 위해 동기화**된다고 본다.

㉣ 조절이론은 이론의 보편성 때문에 모든 형태의 목적적 행동들(⑩ 체중감량, 심리치료의 진전, 부의 축적)을 설명하는 데 사용될 수 있다.

㉤ 개인이 **반복되는 실패를 경험하면 왜 자신의 목표를 수정하는지에 대한 타당한 설명**을 제공한다.

❶ 구직역량 파악

★★★ 2023년 직업상담사 1급 과정평가형

01 다음에서 설명하고 있는 취업상담 대상은?

> 근로 빈곤에 처해 있는 계층으로 보다 나은 안정된 일자리로의 상향 이동을 원하는 근로자로 비정규직 근로자, 기술변화에 따른 구조조정 대상인 노동집약적 사업에 종사하는 근로자, 장애인, 북한이탈주민, 기초생활수급자 및 차상위계층, 영세 자영업자 등이 이에 해당한다.

① 실업자

② 취업애로계층

③ 불완전 취업자

④ 근로능력이 있는 비경제활동인구

> **해설** ① 신규 실업자 및 전직 실업자
> ② 복지서비스 연계를 염두에 두고 상담을 진행하여야 하는 대상(예 기초생활수급자, 출산 및 육아로 인한 진로단절여성, 장애인 등)
> ④ 근로능력은 있으나 현재 경제활동을 하지 않고 있어서 노동시장에 참여하도록 해야 하는 대상(예 주부, 퇴직자 등)

02 다음 중 구직욕구에 대한 설명으로 바르지 않은 것은?

① 직업이나 직장을 찾기 위해 부정적 감정을 다스리고, 계획을 세워 실행하도록 하는 힘이다.

② 구직과 관련해서는 개인이 무엇인가를 이루려는 성취욕구가 중요하다.

③ 구직욕구는 자기존중감, 자기효능감과 관련이 있다.

④ 구직욕구 분석은 구직의욕 질문지, 진로전환검사 등을 활용한다.

> **해설** ④ 구직욕구 분석은 구직의욕 질문지, 구직준비도검사 등을 활용한다.

★★ 2017년 직업상담사 1급

03 다음 중 직업기초능력에 해당하지 않는 것은?

① 문제해결능력 ② 자기개발능력

③ 상황판단능력 ④ 직업윤리

> **해설** [직업기초능력]
> ㉠ 의사소통능력
> ㉡ 자원관리능력
> ㉢ 문제해결능력
> ㉣ 정보능력
> ㉤ 조직이해능력
> ㉥ 수리능력
> ㉦ 자기개발능력
> ㉧ 대인관계능력
> ㉨ 기술능력
> ㉩ 직업윤리

★

04 구직자 유형 분류와 후속 조치의 연결로 옳은 것은?

① 고능력·고의지 : 직업정보 제공, 취업알선

② 고능력·저의지 : 심층상담 등 밀착 서비스 제공

③ 저능력·고의지 : 집단상담 프로그램 제공

④ 저능력·저의지 : 직업훈련 및 구직기술 향상 서비스 제공

정답 01. ③ 02. ④ 03. ③ 04. ①

해설 ② 고능력 · 저의지 : 집단상담 프로그램 제공
③ 저능력 · 고의지 : 직업훈련 및 구직기술 향상 서비스 제공
④ 저능력 · 저의지 : 심층상담 등 밀착 서비스 제공

★★
05 다음 중 직업기초능력과 하위역량의 연결이 바르지 않은 것은?

① 수리능력 : 기초연산능력, 기초통계능력, 도표분석능력, 도표작성능력
② 정보능력 : 컴퓨터활용능력, 정보처리능력, 컴퓨터프로그래밍능력
③ 의사소통능력 : 문서이해능력, 문서작성능력, 경청능력, 의사표현능력, 기초외국어능력
④ 자원관리능력 : 시간관리능력, 예산관리능력, 물적자원관리능력, 인적자원관리능력

해설 ② 정보능력 : 컴퓨터활용능력, 정보처리능력

★★ **2023년 직업상담사 1급 과정평가형**
06 구직역량검사의 4가지 역량군에 대한 설명으로 바르지 않은 것은?

① 구직지식군 : 자신에게 적합한 직장을 탐색하고 입직하기 위해 갖추어야 할 지식을 말한다.
② 구직기술군 : 직장을 선택하고 그곳에 취업하는 데 필요한 실제적 기술을 말한다.
③ 구직태도군 : 직장에 취업하고 적응하는 데 갖추어야 할 태도 및 가치관을 말한다.
④ 직무적응군 : 새로운 직장에 적응하여 자신과 직장의 일치도를 높일 수 있는 능력을 말한다.

해설 ④ 직무적응군 : 직장에서 직무를 성공적으로 수행하고 지속적인 발전을 가능하게 하는 능력을 말한다.

★★
07 다음 중 구직역량검사의 구직기술군의 하위역량을 모두 고른 것은?

ㄱ 구직 일반상식
ㄴ 구직 의사결정능력
ㄷ 인적 네트워크 활용능력
ㄹ 자기관리 및 개발능력
ㅁ 구직 정보탐색능력
ㅂ 구직 서류작성능력

① ㄱ, ㄴ, ㅂ
② ㄱ, ㄷ, ㅁ, ㅂ
③ ㄹ, ㅁ, ㅂ
④ ㄴ, ㄷ, ㅁ, ㅂ

해설 ㄱ 구직 일반상식 : 구직지식군의 하위역량에 해당한다.
ㄹ 자기관리 및 개발능력 : 직무적응군의 하위역량에 해당한다.

08 취업효능감 프로그램의 구성요소에 대한 설명으로 바르지 않은 것은?

① 특히 자신과 관련이 없는 타인의 격려나 칭찬이 자기효능감을 증가시킨다.
② 효능감은 개인이 느끼는 정서적 각성의 정도와 질에 영향을 받는다.
③ 성공한 사람들이나 위인들을 모델로 하여 대리 경험을 하게 해주면 자기효능감이 증가한다.
④ 작은 목표를 부여하고, 이를 성취할 수 있도록 격려하면 자기효능감이 증가된다.

해설 ① 특히 의미 있는 타인의 격려나 칭찬이 자기효능감을 증가시킨다.

정답 05. ② 06. ④ 07. ④ 08. ①

❷ 취업목표 설정

★★
09 취업목표 설정의 의의로 가장 거리가 먼 것은?

① 상담전략 선택 및 개입에 대한 기초 마련
② 취업을 향한 내담자의 의지 증진
③ 상담의 방향 제공
④ 상담 결과를 평가하는 기초 제공

> **해설** **[취업목표 설정의 의의]**
> ㉠ 상담의 **방향 제공**
> ㉡ **상담전략 선택 및 개입**에 대한 기초 마련
> ㉢ 상담 **결과를 평가하는 기초** 제공

10 구직자의 취업목표 확인과정을 순서대로 바르게 나열한 것은?

① 구직자의 목표 결정 → 하위목표 설정 → 목표의 실현 가능성 결정 → 목표 몰입도 평가
② 구직자의 목표 결정 → 목표의 실현 가능성 결정 → 하위목표 설정 → 목표 몰입도 평가
③ 목표의 실현 가능성 결정 → 하위목표 설정 → 목표 몰입도 평가 → 구직자의 목표 결정
④ 목표의 실현 가능성 결정 → 구직자의 목표 결정 → 하위목표 설정 → 목표 몰입도 평가

> **해설** **[구직자의 취업목표 확인과정]**
> ㉠ 1단계 : **구직자의 목표 결정**
> ㉡ 2단계 : **목표의 실현 가능성 결정**
> ㉢ 3단계 : **하위목표 설정**
> ㉣ 4단계 : **목표 몰입도 평가**

★
11 취업활동 준비상태 평가를 위한 체크목록으로 가장 거리가 먼 것은?

① 구직자의 자유로운 의사결정의 결과인지 여부
② 상담목표가 최근의 문제 등으로 변경되었는지 여부
③ 추천직업의 변경 여부
④ 생애설계의 시간전망과의 일치 여부

> **해설** **[취업활동 준비도 점검목록]**
> ㉠ 상담목표가 최근의 문제 등으로 변경되었는지 여부
> ㉡ **선호직업의 변경 여부**
> ㉢ 생애설계의 시간전망과의 일치 여부
> ㉣ 대안직업이 구직자의 자유로운 의사결정의 결과인지 여부

❸ 구인처 확보

★ **2024년 직업상담사 2급 과정평가형**
12 다음에 제시된 것은 구체적으로 무엇에 대한 예시인가?

- 경제 및 산업동향
- 노동시장, 고용 · 실업동향
- 임금, 근로시간 등 근로조건
- 직업에 관한 정보
- 채용 · 승진 등 고용관리에 관한 정보
- 직업능력개발훈련에 관한 정보
- 고용 관련 각종 지원 및 보조제도
- 구인 · 구직에 관한 정보

① 「직업안정법 시행령」상 고용정보
② 직업정보
③ 미래 직업정보
④ 노동시장정보

> **해설** 제시된 내용은 「직업안정법 시행령」상 고용정보의 예시에 해당한다.

★
13 구인정보 제공과 알선에 대한 설명으로 바르지 않은 것은?

① 구인처에서 공고한 채용정보를 중심으로 구직자를 알선한다.

② 채용공고를 구직자 역량과 비교하여 적중 알선을 함으로써 채용확률을 높인다.

③ 알선을 진행할 때는 추천서를 활용하여 이메일이나 팩스를 활용하여 진행한다.

④ 구인업체에 각종 지원금에 대해 안내하고 구직자가 해당되는지 여부를 설명해준다.

> **해설** ① 채용정보의 특성을 잘 활용하여 **참여자를 중심으로 구인처를 발굴하여 알선**한다.

14 구인등록원칙에 대한 설명으로 적절하지 않은 것은?

① 직종이 2개 이상인 경우에는 직종별로 구인신청서를 각각 작성한다.

② 구인표는 전화, 팩스, 방문 등의 방법으로 작성이 가능하다.

③ 구인업체의 경우 사업자등록증을, 구인신청자의 경우 신분증을 확인한다.

④ 유효기간 중에 구인신청을 취소하는 경우 동기간 같은 직종의 구인신청을 다시 할 수 없다.

> **해설** ② **실물 구인표 작성이 필수**이며, 작성내용이 사실임을 확인하고 허위공고를 분별하여 등록한다.

★
15 구인조건의 확인과 조율에 대한 설명으로 적절하지 않은 것은?

① 부족한 정보나 일치하지 않는 정보는 구인업체와 통화하여 확인한다.

② 채용공고에 없는 자세한 내용은 통화를 하여 확인한다.

③ 지원자격이 추천할 구직자와 맞지 않았을 때에는 즉시 다른 구인업체를 알아본다.

④ 지원이 가능한지 조율하여 지원하고 면접이 성사될 수 있도록 한다.

> **해설** ③ 지원자격이 추천할 구직자와 맞지 않았을 때 **구인업체와 조율이 필요**하다.

❹ 구직활동 지원

16 이력서 항목별 작성법으로 적절하지 않은 것은?

① 학력사항은 최종 학력부터 역순으로 기재한다.

② 경력사항은 지원한 업무와 관련된 경력을 기재한다.

③ 기타 사항에는 기타 종교나 취미 등 별도의 요구사항을 기재한다.

④ 현주소는 주거주지 주소를 기준으로 정확히 기재한다.

> **해설** ④ 현주소는 **주민등록 주소지를 기준**으로 정확히 기재한다.

17 자기소개서 작성법에 대한 설명으로 바르지 않은 것은?

① 단점은 큰 과오가 안 되는 단점을 적고, 극복하기 위한 실천방안을 제시한다.

② 자신의 성장과정에 대해 연령별로 상세히 기술한다.

③ 이 회사를 왜 택하게 되었는지 근거를 제시하여 작성한다.

④ 입사 후 구체적인 목표와 목표 달성을 위한 계획을 기술한다.

> **해설** **성장과정은** 지원직무나 기업의 **조직에 맞는 인성**이 성장과정에서 어떻게 형성되었는지를 표현하고, 특히 **직무 및 지원기업에 관심을 갖게 된 계기 등을 작성**한다.

> **정답** 13. ① 14. ② 15. ③ 16. ④ 17. ②

18 기업분석 방법으로 가장 적절하지 않은 것은?

① 기업 홈페이지

② 전자공시시스템 (DART)

③ 전직자 인터뷰

④ 현직자 인터뷰

> **해설** [기업분석 방법]
> ㉠ 기업 홈페이지
> ㉡ 전자공시시스템 (DART)
> ㉢ 신문기사 확인
> ㉣ 현직자 인터뷰
> ㉤ 증권사 리포트 등 보고서

★
19 직무분석 방법으로 가장 거리가 먼 것은?

① 기업 홈페이지의 채용페이지

② 한국직업사전

③ NCS (국가직무능력표준)

④ 신입사원 채용공고 분석

> **해설** [직무분석 방법]
> ㉠ 기업 홈페이지의 채용페이지
> ㉡ 한국직업사전, 직무별 자소서 작성가이드 (고용24)
> ㉢ NCS (국가직무능력표준)
> ㉣ 잡이룸, 잡코리아, 사람인, 원티드 등 취업포털사이트
> ㉤ 직무 KPI(Key Performance Indicator : 핵심 성과지표) 검색
> ㉥ 경력직 채용공고 분석

★
20 다음에 제시된 내용은 어떤 면접방법에 대한 설명인가?

> • 일대다(多) 형태의 면접으로 진행된다.
> • 문제해결능력과 직무수행능력을 평가한다.
> • 문제인식 및 해결, 창의성, 자료이해도, 직무적합도, 구조화능력 및 발표력 등이 평가된다.

① 인성면접 ② PT 면접

③ 역량면접 ④ 토론면접

> **해설** [PT 면접]
> ㉠ 일대다(多) 형태의 면접으로 진행된다.
> ㉡ 문제해결능력과 직무수행능력을 평가한다.
> ㉢ 문제인식 및 해결, 창의성, 자료이해도, 직무적합도, 구조화능력 및 발표력 등이 평가된다.
> ㉣ 주제가 주어지면 기승전결로 나누어 구조화하고 두괄식으로 표현해내도록 한다.

★
21 AI 면접에 대한 설명으로 바르지 않은 것은?

① 화상면접이나 영상통화면접이 실시되며, 전화면접도 활용된다.

② 말의 내용 외에 말투, 표정, 제스처까지 전반적인 평가가 이루어진다.

③ 신뢰성이 중요하므로 일관성 있는 답변, 솔직한 답변이 중요하다.

④ '기본면접 → 성향 분석 → 상황 대처 → 보상 선호 → AI 게임 → 심층면접'으로 구성된다.

> **해설** ① 비대면면접의 설명에 해당한다.

★★
22 다음에 제시된 내용은 어떤 대상에 대한 면접지도방법인가?

> • 과거에 연연하는 태도보다는 새로운 마음가짐으로 임하도록 지도해야 한다.
> • 직장 적응이 무난함을 잘 설명할 수 있도록 지원한다.

① 저소득층 ② 신용회복지원자

③ 여성가장 ④ 장년층

> **해설** [장년층의 면접지도]
> ㉠ 과거에 연연하는 태도보다는 새로운 마음가짐으로 임하도록 지도해야 한다.
> ㉡ 업무에 있어서 큰 성과를 창출할 수 있음을 강조하도록 한다.
> ㉢ 직장 적응이 무난함을 잘 설명할 수 있도록 지원한다.

정답 18. ③ 19. ④ 20. ② 21. ① 22. ④

★★
23 다음에 제시된 내용은 무엇에 대한 설명인가?

> • 구직자에게 안정감을 주고 구인업체에는 신뢰감을 주어 채용확률을 높여준다.
> • 인사담당자와의 유대감 형성, 사업체 현황 파악의 효과가 있다.
> • 단골 구인기업을 만드는 중요한 기회이다.

① 구인처 발굴　　　② 동행면접
③ 취업알선　　　　④ 구인조건 조율

> **해설** [동행면접의 의의와 효과]
> ㉠ 구직자에게 안정감을 주고 구인업체에는 신뢰감을 주어 채용확률을 높여준다.
> ㉡ 직접 인사담당자를 만날 수 있는 공식적인 루트이며, 단골 구인기업을 만드는 중요한 기회이다.
> ㉢ 취업 자신감이 부족하거나 면접에 계속 실패하는 구직자들을 대상으로 진행한다.
> ㉣ 구인업체 방문 후 인사담당자와의 유대감 형성, 사업체 현황 파악의 효과가 있다.
> ㉤ 같은 업체에서 다른 구인이 발생할 때도 적합 구직자를 알선하고 구직자에게 구인업체에 대해 설명하는 데 유리하다.

❺ 내담자 사후관리

24 사후관리에 대한 설명으로 거리가 먼 것은?

① 취업이나 창업에서 발생하는 사안들에 대한 적응과 유지를 돕는 과정이다.
② 매월 2회 이상 취업자에게 직장 적응 시 애로사항 등을 상담하여 근속할 수 있도록 유도한다.
③ 적응이 어려워 재취업할 경우에도 취업활동계획을 재수립하도록 지원한다.
④ 종합적 정보를 지속적으로 제공하여 구직자가 취업의지를 더욱 확고히 다지도록 한다.

> **해설** ② 매월 1회 이상 취업자에게 직장 적응 시 애로사항 등을 상담하여 근속할 수 있도록 유도한다.

★
25 미취업자 사후관리에 대한 설명으로 바르지 않은 것은?

① 희망 근로조건에 대한 조정이 필요한지 여부를 상담을 통해 확인한다.
② 취업지원 프로그램을 다시 이수할 것인지, 직종을 전환할 것인지를 상담을 통해 정한다.
③ 지속적이고 주기적으로 개인별 취업목표에 적합한 맞춤형으로 채용정보를 제공한다.
④ 최소 3개월 간 채용정보 제공 및 구직동기부여를 하여야 한다.

> **해설** ④ 취업이 될 때까지 채용정보 제공 및 구직동기부여를 하여야 한다.

★
26 다음의 내용은 어떤 프로그램에 대한 설명인가?

> • 재취업을 희망하는 신중년(5060세대 지칭)이 재취업 목표를 수립하고 준비할 수 있도록 재취업 설계 및 구직역량 강화를 지원하는 프로그램
> • 3일(18시간)간 진행

① 신호탄 프로그램
② 40대 구직자 취업역량 강화 프로그램
③ 취업희망 프로그램
④ 취업능력 향상(행복오름) 프로그램

> **해설** 제시된 내용은 취업역량 강화 프로그램 중 신호탄 프로그램의 설명에 해당한다.

27 취업능력 향상(행복오름) 프로그램의 7가지 주제에 해당하지 않는 것은?

① 긍정오름　　　　② 취업오름
③ 인생오름　　　　④ 미래오름

제2과목 심층직업상담 및 슈퍼비전

해설 **[취업능력 향상(행복오름) 프로그램의 7가지 주제]**
　㉠ **긍정오름**
　㉡ 내일오름
　㉢ 열정오름
　㉣ **인생오름**
　㉤ 소통오름
　㉥ **미래오름**
　㉦ 변화오름

2004년 직업상담사 1급

28 직무만족을 유발하는 요인과 불만족을 유발하는 요인은 크게 다르며, 그것들은 일차원적인 양립관계에 있지 않다고 하는 이론은?

① Maslow의 욕구이론
② Alderfer의 ERG이론
③ Porter & Lawler의 공평이론
④ Herzberg의 2요인이론

해설 **Herzberg의 동기-위생이론은 2요인이론**이라고도 하며, 이 이론은 작업환경은 위생요인과 동기요인 두 가지 범주로 나뉘며, **직무만족을 유발하는 동기요인과 불만족을 유발하는 위생요인은 서로 차원이 다르기 때문에 위생요인으로는 작업동기를 높일 수 없다**고 주장한다.

★　**2004년 직업상담사 1급**

29 과소보상(적은 보상)으로 인해 직장에서 불공평을 느낀 종업원이 공평감(공평한 느낌)을 회복하기 위해 사용하는 방법으로서 Adams가 제시하는 것이 아닌 것은?

① 열심히 일하지 않는다.
② 다른 직장으로 옮긴다.
③ 동료보다 더 많은 공헌을 하려고 한다.
④ 임금이나 대우를 개선하도록 회사 측에 요구한다.

해설 **[과소지급 시의 전략]**
　㉠ **산출증가** : 급여를 올려달라고 요청한다.
　㉡ **투입감소** : 업무에 들이는 노력의 정도를 줄인다.
　㉢ 인지적 조정 : 형평 상태로 돌아가기 위해 자신의 투입 또는 산출의 가치에 대한 생각을 바꾼다.
　㉣ 비교대상 바꿈 : 투입과 산출의 비율을 비교하기 위해 다른 대상을 선택한다.
　㉤ 작업장을 떠남 : 투입과 산출의 비율이 좀 더 나은 직장을 구한다.

★★　**2005년, 2013년, 2017년 직업상담사 1급**

30 Herzberg의 동기이론에서 위생욕구에 속하지 않는 것은?

① 회사정책
② 대인관계
③ 작업환경
④ 자아성취

해설 Herzberg의 동기-위생이론에서 불만족을 유발하는 **위생요인은 급여, 복리후생, 동료와의 관계, 물리적 작업환경, 회사정책 등**이 해당한다.

★　**2005년, 2012년, 2017년 직업상담사 1급**

31 Alderfer ERG이론의 하위욕구 중 Maslow 욕구위계이론의 생리와 안전욕구에 해당되는 욕구는?

① 생존
② 관계
③ 성장
④ 성취

해설 Alderfer(1969)의 ERG이론은 매슬로우의 5가지 욕구 수준을 세 가지로 줄인 것으로, **생존(존재)욕구는 생리적 욕구 및 안전 욕구를 포함**하고, 관계욕구는 소속과 애정 욕구 그리고 성장욕구는 존경과 자기실현 욕구를 나타낸다.

정답　28. ④　29. ③　30. ④　31. ①

32 직무만족 이론 중 동기-위생이론(motivation-hygiene theory)또는 2요인이론(two-factor theory)에 대한 설명으로 틀린 것은?

① Herzberg가 정립한 이론으로 Maslow의 욕구위계이론과 유사하다.
② 일반적으로 일의 내용은 위생요인인 반면, 작업환경의 여러 특징은 동기요인이다.
③ 낮은 수준의 요구가 만족되지 않으면 결과적으로 직무불만족이 생겨나 그 역은 성립되지 않는다.
④ 동기요인은 주로 직무만족과, 반면에 위생요인은 직무불만족과 관련된다.

[해설] Herzberg의 동기-위생이론에서 일의 내용은 동기요인에 해당하고, 작업환경은 위생요인에 해당한다.

33 다음 중 목표설정 동기이론의 주요 개념에 대한 설명으로 틀린 것은?

① 목표는 어려울수록 수행 수준은 비례하여 증가한다.
② 직무수행 동기에 가장 직접적 영향요인은 의도 또는 목표이다.
③ 목표는 양적인 형태로 구체적으로 설정될 때 수행을 가장 잘 예측할 수 있다.
④ 목표설정과 함께 피드백을 사용하면 직무수행 수준에 강한 영향을 미친다.

[해설] 일반적으로 어려운 목표는 쉬운 목표에 비해 동기부여 효과가 더 크지만 비례하여 증가하는 것은 아니다.

34 다음 중 내재적 보상에 관한 설명으로 가장 적합한 것은?

① 내재적 보상은 직무 그 자체보다는 승진이나 복지 혜택을 통해 얻어진다.
② 내재적 보상은 주요 경영진으로부터 얻어진다.
③ 내재적 보상은 종업원에게 직무확충을 통해 일을 보다 의미 있게 만듦으로써 제공할 수 있다.
④ 내재적 보상은 종업원의 수행에 근거하여 제공할 수 있다.

[해설] 금전적 보상을 얻는 것과 같은 외적 이유보다는 과제 자체에 대한 내적 흥미 때문에 과업을 수행하는 경우에 대해 Deci(1975)는 처음으로 과업수행을 즐기는 것과 과업에 꾸준한 노력을 들이는 것에서 내적 동기의 중요성을 강조하였다.

35 형평이론에서 과소지급이나 과다지급과 같은 불형평 상태를 형평 상태로 변경시키는 방안에 관한 설명으로 틀린 것은?

① 개인의 여러 요인을 변경시키기 어려운 경우에는 타인의 투입이나 성과를 변경시키거나 인지적으로 왜곡할 수 있다.
② 개인이 비교하는 대상을 바꿀 수 있다.
③ 극단적인 과소지급의 경우 불형평을 해소하기 위해 현장을 떠날 수도 있다.
④ 과소지급의 경우 개인이 자신의 수행을 높이는 방안을 사용할 수 있다.

[해설] 극단적인 과소지급의 경우에는 불형평을 해소하기 위해 업무에 들이는 노력을 감소시키는 전략을 사용할 수 있다.

36 다음 중 작업동기의 3가지 중요한 구성요소가 아닌 것은?

① 의도(intention)
② 방향(direction)
③ 지속기간(duration)
④ 강도(intensity)

[정답] 32. ② 33. ① 34. ③ 35. ④ 36. ①

해설 **[작업동기(work motivation)의 3가지 중요한 구성요소]**
　㉠ **방향(direction)** : 우리가 어떤 활동에 노력을 기울일
　　지에 대한 선택을 의미한다.
　㉡ **강도(intensity)** : 우리가 선택한 작업에 얼마나 열심
　　히 하는지 혹은 얼마나 많은 노력을 기울이는지를 의
　　미한다.
　㉢ **지속기간(duration)** 또는 지속(persistence) : 동기가
　　얼마 동안이나 지속되는지를 의미한다. 행동을 변화
　　시키기 위해서는 먼저 동기를 변화시켜야 한다.

★ **2011년, 2016년 직업상담사 1급**

37 형평이론에서 불형평을 감소시키는 인지적 방식이 아닌 것은?

① 자신의 투입이나 성과를 왜곡한다.
② 타인의 투입이나 성과를 왜곡한다.
③ 자신의 투입을 변화시킨다.
④ 비교대상을 변경한다.

해설 **자신의 투입을 변화시키는 전략은** 인지적 방식이 아니라
행동적 방식에 해당한다.

2012년, 2016년 직업상담사 1급

38 형평성이론에 따르면 제조업에서 시간급으로 일하는 종업원들이 원래 시간당 정해진 금액보다 더 많이 임금을 받았다면 어떤 행동을 할 가능성이 가장 큰가?

① 품질이 낮은 제품을 더 많이 생산하려고 할
　것이다.
② 품질이 낮은 제품을 더 적게 생산하려고 할
　것이다.
③ 품질이 좋은 제품을 더 많이 생산하려고 할
　것이다.
④ 품질이 좋은 제품을 더 적게 생산하려고 할
　것이다.

해설 **형평성이론에 따르면 과대지급의 경우 업무에 투입하는
노력을 더 증가시키려고 할 것이**다.

★ **2012년, 2021년 직업상담사 1급**

39 목표설정 동기이론에 관한 설명으로 옳은 것은?

① 목표는 수용, 설정 방법에 구애 받지 말고 가
　능한 한 높게 설정해 주어야 동기수준이 높아
　져서 효과적이다.
② 목표는 가능한 한 쉽게 설정해야 성공에 대한
　기대가 커지므로 작업효과를 높인다.
③ 목표는 구체적이지 않고 일반적으로 정해 주
　어야 작업자가 스스로 정할 기회가 생겨서 효
　과적이다.
④ 목표는 수용범위 내에서 구체적이고 높게 설
　정해야 효과적이다.

해설 **[목표가 동기를 유발하는 데 필요한 특성]**
　㉠ **목표의 난이도** : 일반적으로 **어려운 목표는** 쉬운 목표
　　에 비해 동기부여 효과가 더 크다.
　㉡ **목표수용** : 목표를 달성할 수 있다고 믿는 개인의 신
　　념에 따라 달라진다. 조직에서 할당한 목표라도 그
　　목표가 **수용되기만 하면** 종업원이 직접 참여해서 설
　　정한 목표와 마찬가지로 동기부여 효과가 있음을 증
　　명하였다.
　㉢ **목표의 구체성** : 애매모호할 때보다 **구체적일 때** 더
　　강한 동기를 초래한다.
　㉣ **피드백** : 목표 달성은 점진적으로 향상되는 과정을
　　통해 이루어지므로, 종업원이 진행과정에 대한 **피드
　　백을 받는 것이** 중요하다.

2012년 직업상담사 1급

40 Maslow의 욕구위계이론에 관한 설명으로 틀린 것은?

① 행동은 충족되지 않은 욕구에 의해 결정되고
　좌우된다.
② 욕구는 환경적 또는 후천적인 성질을 지닌다.
③ 개인은 가장 기본적인 욕구로부터 시작하여
　위계상 상위욕구로 올라가면서 자신의 욕구
　를 체계적으로 충족시킨다.
④ 위계에서 생존을 위해 기본이 되는 욕구들이
　우선적으로 충족되어야 한다.

정답 37. ③　38. ③　39. ④　40. ②

[해설] Maslow의 욕구위계이론에서 욕구는 선천적인 성질로 간주한다.

41 다음 중 강화이론에 관한 설명으로 틀린 것은?

① 강화이론에서의 주요 변인은 자극, 반응, 보상이다.

② 강화 계획은 고정–변동, 간격–비율계획으로 구분된다.

③ 대체로 변동–비율계획이 여러 강화 계획 중 가장 효과적이라고 알려져 있다.

④ 종업원의 개인차를 고려하는 동기화 전략이다.

[해설] 강화이론에서 보상은 나타난 행동적 반응에 기초하여 고용인에게 주어지는 가치이며, 이는 고유한 개인차를 고려하는 것이 아니라 행동적 반응의 차이를 고려하는 동기화 전략이다.

42 다음은 기대이론의 요소 중 무엇에 관한 설명인가?

성과에 대해 종업원들이 느끼는 감정으로서, 흔히 성과가 지니는 매력의 정도 혹은 성과로부터 예상되는 만족이라고 정의된다.

① 직무성과(job outcome)

② 유인가(valence)

③ 기대(expectancy)

④ 힘(force)

[해설] [Vroom의 기대 이론(Expectancy theory)]
- ㉠ **기대감 (Expectancy)** : 열심히 일하면 높은 성과를 올릴 것이라고 생각하는 정도
- ㉡ **도구성 (Instrumentality)** : 직무 수행의 결과로써 보상이 주어질 것이라고 믿는 정도
- ㉢ **유인가 (Valence)** : 직무 결과에 대해 개인이 느끼는 가치 혹은 매력의 정도

43 작업동기이론 중 다음에서 설명하는 것은?

자극, 반응, 보상이라는 3가지 주요한 변인을 다루는 이론으로, 자극은 행동적 반응을 이끌어내는 변인 또는 조건이고, 반응은 산업에서 직무수행을 측정한 생산성, 결근, 사고 등과 같은 것이며, 보상은 나타난 행동적 반응에 기초하여 고용인에게 주어진 가치를 의미한다.

① 목표설정이론 ② 기대이론

③ 강화이론 ④ 형평이론

[해설] 제시문은 강화이론의 설명에 해당한다.

44 형평이론에서 불형평을 감소시키는 행동적 방식이 아닌 것은?

① 자신의 투입과 성과를 변화시킨다.

② 타인의 투입과 성과를 변화시키도록 한다.

③ 비교 대상을 변경한다.

④ 보다 형평한 직무를 찾기 위해 직무를 그만둔다.

[해설] 비교 대상을 변경하는 것은 불형평을 감소시키는 인지적 방식에 해당한다.

45 Alderfer의 생존, 관계, 성장이론(ERG이론)에서 욕구위계의 설명과 가장 거리가 먼 것은?

① 한 위계의 욕구가 충족된 후 인접한 상위 위계로 진전되는 과정뿐만 아니라 충족되지 못한 경우에는 하위 위계로 퇴행도 한다.

② 세 욕구들 가운데 하나 이상의 욕구가 동시에 작동하거나 활성화된다.

③ 한 위계의 욕구가 충족되더라도 상위 위계로 진전할 수 있는 수준에 이르지 못하면 동일한 욕구위계에 머물 수도 있다.

④ 욕구는 무의식적으로만 인식될 수 있다.

[정답] 41. ④ 42. ② 43. ③ 44. ③ 45. ④

해설 Alderfer의 ERG이론에서 욕구는 의식적으로 작동하여 하위 욕구가 충족되지 않더라도 상위 욕구를 추구할 수 있다고 가정한다. (예) 가난한 예술가)

46 작업동기이론에 대한 설명으로 가장 적합한 것은?

① 욕구위계이론 : 동기를 유발하는 근원이 개인 내에 있는 것이 아니라 작업이 수행되는 환경에 있다.

② 기대이론 : 사람들을 자기가 바라는 보상을 얻을 수 있는 활동들에 노력을 기울이는 합리적 의사결정자라고 가정한다.

③ 목표설정이론 : 집단의 영향을 강조하며 자신 이외에도 타인에 대한 지각을 중시한다.

④ 직무특성이론 : 목표, 의도, 과업수행 사이의 관계를 중요시하며, 의식적인 생각이 사람의 행동을 조절한다는 것을 기본 전제로 한다.

해설 기대이론은 인간의 인지적 측면을 강조하는 이론으로, 종업원들이 어디에 자신의 노력을 쏟아야 할지에 관한 의사결정 과정을 인지적 과정에 초점을 두어 설명한다. 즉, 자기가 수행할 가능성이 높고, 그 행동의 결과로서 자신에게 가치가 있는 성과를 이끌어낼 가능성이 높을 때 자기 행동에 노력을 기울인다고 가정한다.

47 Herzberg의 동기 – 위생이론에서 동기요인에 해당되지 않는 것은?

① 일의 내용
② 개인의 성취감
③ 대인관계
④ 개인의 발전

해설 Herzberg의 동기 – 위생이론에서 불만족을 유발하는 위생요인은 급여, 복리후생, 동료와의 관계, 물리적 작업환경, 회사정책 등이 해당한다.

48 직업동기이론과 그 이론을 처음으로 제안한 학자가 틀리게 짝지어진 것은?

① 욕구위계이론 – Maslow
② 형평이론 – Vroom
③ 목표설정이론 – Locke
④ 강화이론 – Skinner

해설 형평이론은 Adams의 이론이고, Vroom은 기대이론에 해당한다.

49 다음 중 직무만족이론과 관계가 없는 것은?

① 동기 – 위생이론
② 개인 내 비교과정이론
③ 5요인이론
④ 대인 비교과정이론

해설 5요인이론은 Big–five 성격이론에 대한 것으로 직무만족이론과 관련이 없다.

50 Hackman & Oldham의 직무특성이론에 관한 설명으로 틀린 것은?

① 직무특성변수는 기술 다양성, 과제 정체성, 과제 중요성, 자율성, 피드백 등이다.

② 성장욕구 강도(GNS)가 성과변수로 가는 조절변수 역할을 한다.

③ 동기부여 잠재력 점수(MPS) 공식에서는 모든 변수들의 점수가 그대로 들어가 똑같이 곱한다.

④ 결과변수로는 내적 동기, 결근, 이직, 작업 만족, 수행 등이다.

정답 46. ②   47. ③   48. ②   49. ③   50. ③

해설 Hackman & Oldham의 직무특성이론에서 동기부여 잠재력 점수(MPS)는 모든 변수들의 점수가 그대로 들어가서 똑같이 곱하는 것이 아니라 기술다양성, 직무정체성, 직무중요성을 더한 다음 3으로 나눈 후에 자율성과 피드백을 곱하여 계산한다.

M=(기술다양성+직무정체성+직무중요성)/3×자율성
　×피드백

2013년 직업상담사 1급

51 스트레스 대처방안인 직무재설계 모형에서 Hackman과 Oldham이 제시한 직무 핵심차원이 아닌 것은?

① 기술의 다양성　② 과제정체성
③ 자율성　④ 창의성

해설 [직무특성 모형]

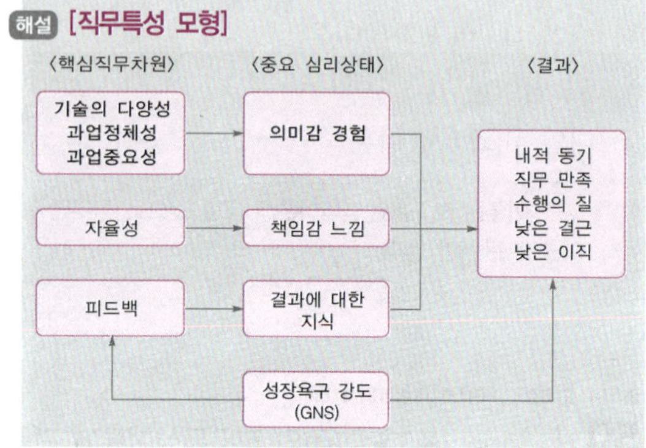

2013년 직업상담사 1급

52 Deci의 직무동기이론에 관한 설명으로 옳은 것은?

① Deci의 내재적 동기이론에 따르면, 업무수행에서 외재적 보상이 주어지면 더욱 즐겁게 일을 할 것이다.
② Atkinson의 성취동기이론과 내재적 동기이론의 공통점은 성공확률 100%의 과제에서 수행수준과 즐거움이 가장 클 것이라는 점이다.
③ Skinner의 도구적 학습이론과 Deci의 내재적 동기이론은 둘 다 내재적 보상을 중요하게 가정한다.
④ Deci의 내재적 동기이론에서는 내재적으로 동기화된 사람이 외재적으로 동기화된 사람보다 직무에 더 몰입할 것이라고 본다.

해설 Deci(1975)는 처음으로 과업수행을 즐기는 것과 과업에 꾸준한 노력을 들이는 것에서 내적 동기의 중요성을 강조하였다. 즉, 내재적으로 동기화된 사람은 외재적으로 동기화된 사람보다 직무에 더 몰입하고 만족감을 얻는다.

2013년 직업상담사 1급

53 Hackman과 Oldham의 직무특성 모델에서 작업의 의미성 경험과 관련이 있는 직무의 핵심차원이 아닌 것은?

① 과업피드백　② 과업정체성
③ 과업중요성　④ 기술다양성

해설 직무특성 모델에서 작업의 의미성 경험과 관련 있는 핵심차원의 요소는 기술의 다양성, 과업정체성, 과업중요성이 해당한다.

★　2013년, 2021년, 2025년 직업상담사 1급

54 직무만족을 결정짓는 요인들과 직무불만족을 결정짓는 요인들이 질적으로 서로 다른 독립된 내용이라고 주장하는 이론은?

① Maslow의 욕구위계이론
② Adams의 형평이론
③ Vroom의 기대-유인가이론
④ Herzberg의 동기-위생이론

해설 Herzberg의 동기-위생이론은 직무만족을 결정하는 동기요인과 직무불만족을 결정하는 위생요인이 서로 다른 차원이기 때문에 위생요인을 통해서는 직무만족을 가져올 수 없다고 주장한다.

2014년, 2019년 직업상담사 1급

55 직무만족을 측정하기 위한 직무기술지표(job descriptive index)의 구성내용이 아닌 것은?

① 직무 자체
② 감독
③ 동료 작업자
④ 직무 환경

정답 51. ④　52. ④　53. ①　54. ④　55. ④

해설 **[직무기술지표 (JDI : job descriptive index)의 구성내용]**
- ㉠ 일 (Work)
- ㉡ 급여 (Pay)
- ㉢ 승진기회 (Promotion)
- ㉣ 상사 (Supervisor)
- ㉤ 동료 작업자 (Co-worker)

★ **2020년 직업상담사 1급**

56 직무만족에 대한 허즈버그의 2요인 이론에 관한 설명으로 옳은 것은?

① 직무불만족을 해결하면 직무만족이 나타난다.

② 개인들은 직무로부터 가치 있는 성과들을 얼마나 얻을 수 있는지를 생각함으로써 만족을 얻는다.

③ 직무만족과 직무불만족은 별도의 독립된 차원을 이룬다.

④ 사람들은 유사한 직무에 있는 타인을 관찰하고 타인들의 만족을 추론함으로써 자신의 만족수준을 결정한다.

해설 Herzberg의 동기-위생이론은 **직무만족을 결정하는 동기요인과 직무불만족을 결정하는 위생요인이 서로 다른 차원**이라고 주장한 이론이다.

★ **2020년, 2023년 직업상담사 1급**

57 다음 사례를 가장 잘 나타내는 동기이론은?

> 체중이 100kg인 뚱뚱한 사람이 음식조절과 운동을 통해 몸무게를 20kg 빼려는 목표를 세웠다. 매주 2kg씩 10주에 걸쳐 20kg을 빼고자 한다. 이 사람은 수시로 몸무게를 재보면서 매주 목표를 달성했는지를 확인해 보는데 생각한 만큼 빠지지 않았다. 그래서 목표를 10주에서 20주로 변경하든지 아니면 10주 동안 10kg만 빼는 것으로 변경할지를 두고 고민하다가 20주 동안 20kg을 빼는 것으로 목표를 바꾸었다.

① 목표설정이론

② 자기조절이론

③ 기대이론

④ 강화이론

해설 **자기조절이론은 인간이 현재 상태와 원하는 상태 사이의 차이를 최소화하기 위해 동기화된다고 본다.** 따라서 목표를 달성하는 데에 실패하게 되면 이러한 차이를 최소화하기 위해 **목표를 스스로 조절함으로써 동기화**된다.

정답 56. ③ 57. ②

제3장

직업훈련상담

제1절 내담자 직무역량 파악

01 직업능력 개발역량 분석

(1) 인적자원 개발

① 인적자원관리의 3가지 영역

구분	내용
인적자원 개발 (HRD : Human Resource Development)	훈련과 개발, 조직 개발, 진로경로 개척 등
인적자원 환경 (HRE : Human Resource Environment)	조직/직무설계, 인적자원 기획, 수행관리체제, 노사관계 등
인적자원 활용 (HRU : Human Resource Utility)	선발 및 배치, 고용인 지원, 보상/유인, 고용정보체계 등

② 인적자원 개발의 의의

　㉠ 네들러(L. Nadler)는 1969년에 처음으로 인적자원 개발의 개념을 도입하였다.

　㉡ 네들러는 고용주 또는 조직이 근로자에게 그 조직의 목적에 따라 직무능력과 개인적인 성장 가능성을 기르기 위해 일정기간 내에 제공하는 조직적인 학습경험이라고 하였다.

　㉢ 물적 자원과 재정적 자원만을 중시하는 현대 산업사회의 경향을 인간 자체의 자원 개발에도 동등하게 역점을 두어 강조하는 학습경험을 의미한다.

　㉣ 인적자원 개발은 개인이나 조직 내에서 운영되는 훈련을 포함하고 있다.

③ 인적자원 개발의 특성(L. Nadler)

　㉠ 반드시 의도적이고 계획적이며 조직적인 학습이어야 한다.

　㉡ 학습은 제한된 특정 기간 내에 이루어져야 하며, 시간개념은 비용 측면보다 학습성취 여부의 평가시점을 중요시한다.

　㉢ 조직의 현재 또는 미래의 직무와 관련이 있어야 하므로, 뚜렷한 목적하에 조직의 직무성과 향상을 위하여 계획적으로 추진하여야 한다.

　㉣ 직무성과의 향상 가능성을 증대시켜야 한다.

　㉤ 개인과 조직의 가능성을 증대시켜야 한다.

④ **인적자원 개발의 중요성**

  ㉠ 4차 산업혁명은 지능정보화 혁명으로 산업뿐 아니라 삶 전반의 혁신적 변화를 유발시켰다.

  ㉡ 필요에 따라 사람을 구해 임시로 계약을 맺고 일을 맡기는 긱 경제(gig economy : 임시적 경제)가 등장하였다.

  ㉢ 4차 산업혁명과 비대면시대로 실업유입률이 증가하고, 실업유출률이 감소하였다.

  ㉣ 신산업·신기술분야 교육·훈련 확대가 필요하다.

  ㉤ 인적자원의 양적 투입에 의한 성장은 노동력 공급 부족으로 한계에 직면하였다.

  ㉥ 40대 후반 주된 일자리에서 퇴직하면 20여 년 동안 노동시장에 머물러야 한다.

  ㉦ 낮은 여성 경제활동참가율, 북한이탈주민과 외국인근로자의 증가 등이 인적자원 개발의 어려움을 가중시키고 있다.

(2) 직업훈련

① **직업훈련의 의미**

  ㉠ 직업훈련(vocational training)은 넓은 의미에서 필요한 직무수행능력을 습득·향상시키기 위하여 실시하는 훈련이다.

  ㉡ 직업과 직업군 내에서 효율적인 수행을 위해 요구되는 지식, 기능, 태도를 준비하기 위한 목적을 가진 활동으로 일반교육은 포함하지 않는다.

  ㉢ 자신에게 적합한 교육수준을 가지고 특정한 직업에 필요한 기술·기능 등 직업능력을 갖추기 위한 체계적이고 계획적인 활동으로, 교육보다 실제적인 면을 내포한다.

② **직업훈련의 형태 (실시자의 성격에 따른 구분)**

구분	내용
공공직업훈련 (public vocational training)	국가, 지방자치단체 또는 공공직업훈련법인이 숙련된 다능공 양성을 목표로 실시하는 정규 훈련방식의 직업훈련형태
인정직업훈련 (authorized training)	공공직업훈련법인 이외에 비영리법인이 고용노동부장관의 인가를 받아 실시하는 기능공 양성의 목표를 가진 정규 훈련방식의 직업훈련형태
사업 내 직업훈련 (in-plant training)	기업주가 단독 또는 타 기업주와 공동으로 사업체 내에서 기능공을 양성하거나 고용된 근로자에게 직무 향상 및 직무 보충 등을 훈련하는 직업훈련형태

(3) 직무역량

① **국가직무능력표준 (NCS : National Competency Standards)**

㉠ 산업현장에서 직무를 수행하기 위하여 요구되는 지식 · 기술 · 소양 등의 내용을 국가가 산업부문별 · 수준별로 체계화한 것이다.

㉡ 한국고용직업분류(KECO : Korean Employment Classification of Occupations) 등을 참고하여 분류하였다.

㉢ '대분류(24개) → 중분류(81개) → 소분류(273개) → 세분류(1,100개)'의 순으로 구성된다.

㉣ 능력단위의 수준과 능력단위의 요소마다 수행준거를 제시하였다.

㉤ 수행준거는 직무수행기준과 지식, 기술, 태도 등으로 구성되며, 학습목표이면서 역량을 판단하는 기준이다.

② **직무역량 분석**

㉠ 내담자의 전공, 수행직무내용, 직업훈련이수경험, 직위 등을 확인한다.

㉡ 국가직무능력표준에서 관련 분야를 검색한다.

㉢ 해당 분야에서 수준별 관련 직무를 확인하고, 그 수행수준에 제시된 관련 분야를 검색한다.

㉣ 경력개발 경로 찾기에서 자가진단을 하도록 하여 가능성이 있다면 훈련정보를 검색한다.

㉤ 내담자의 생애진로주기별 직업능력개발계획에 근거하여 수준별 해당 훈련을 검색한다.

㉥ 상위직급의 단계별 소요되는 기간을 감안하여 훈련계획을 세운다.

제2절 직업훈련정보 수집

01 훈련정보

(1) 직업훈련분류 (「국민 평생 직업능력 개발법 시행령」 제3조)

① **직업훈련 목적에 따른 분류**

구분	내용
양성훈련 (basic training)	직업에 필요한 기초적 직무수행능력을 습득시키기 위하여 실시하는 훈련 과정
향상훈련 (up-grade training)	양성훈련을 받은 사람이나 직업에 필요한 기초적 직무수행능력을 가지고 있는 사람에게 더 높은 직무수행능력을 습득시키거나 기술발전에 맞추어 지식 · 기능을 보충하게 하기 위하여 실시하는 훈련과정
전직훈련 (training for the change of occupation)	종전의 직업과 유사하거나 새로운 직업에 필요한 직무수행능력을 습득시키기 위하여 실시하는 훈련과정

② **직업훈련 방법에 따른 분류**

구분	내용
집체훈련 (**Off JT** : Off the Job Training)	직업능력개발훈련을 실시하기 위하여 설치한 훈련전용시설이나 그 밖에 훈련을 실시하기에 적합한 시설(산업체의 생산시설 및 근무장소를 제외한다)에서 실시하는 방법
현장훈련 (**OJT** : On the Job Training)	산업체의 생산시설 또는 근무장소에서 실시하는 방법
원격훈련	먼 곳에 있는 사람에게 정보통신매체 등을 이용하여 실시하는 방법
혼합훈련	집체훈련, 현장훈련, 원격훈련을 2개 이상 병행하여 실시하는 방법

(2) 훈련정보 분석

① 내담자의 욕구를 고려하여 훈련정보를 확인한다.
② 수집된 훈련정보를 분석한다.
③ 내담자의 보유역량과 일치성이 높은 훈련과정과의 연계를 구상한다.
④ 내담자의 보유역량과 부합한 훈련과정을 자료화한다.

(3) 훈련정보 제공

① 인터넷을 활용하여 내담자가 참여 가능한 훈련과정을 탐색한다.
② 훈련과정별, 훈련기관별 장단점을 비교·분석하여 내담자에게 적합한 훈련과정을 선택하는 방법을 안내한다.
③ 훈련과정별 훈련비, 훈련수당, 교통비 등 각종 정부지원제도를 내담자에게 안내한다.
④ 훈련이수와 연계하여 취득할 수 있는 자격정보를 제공한다.

02 자격정보

(1) 자격의 개념

① **자격** : 직무수행에 필요한 지식·기술·소양 등의 습득 정도가 일정한 기준과 절차에 따라 평가 또는 인정된 것을 말한다.
② **자격체제** : 국가직무능력표준을 바탕으로 학교교육·직업훈련 및 자격이 상호 연계될 수 있도록 한 자격의 수준체계이다.
③ **자격제도** : 인간의 능력(지식, 기술, 소양 등)을 일정한 기준과 절차에 따라 평가 또는 인정하기 위한 시스템을 의미한다.
④ **자격검정** : 자격을 부여하기 위해 필요한 직무수행능력을 평가하는 과정이다.
⑤ **공인** : 자격의 관리·운영수준이 국가자격과 같거나 비슷한 민간자격을 이 법에서 정한 절차에 따라 국가가 인정하는 행위이다.

(2) 자격의 구분

구분	내용
국가자격	법령에 따라 국가가 신설하여 관리·운영하는 자격
민간자격	국가 외의 자가 신설하여 관리·운영하는 자격 • **공인자격** : 주무부장관이 공인한 민간자격 • **등록자격** : 주무부장관에게 등록한 민간자격 중 공인자격을 제외한 자격

(3) 과정평가형 및 일학습병행제

① 국가직무능력표준(NCS)에 기반하여 일정 요건을 충족하는 교육훈련과정을 이수한 자에게 내외부 평가를 거쳐 합격기준에 충족되면 자격을 부여하는 제도이다.

② 일학습병행제는 독일, 스위스 등의 일터기반 학습을 한국 현실에 맞게 설계한 '현장기반 훈련'으로, 기업이 청년 등을 채용한 후 NCS기반으로 업무현장 및 사업장 외에서 훈련을 실시하고 평가를 통해 자격을 주는 새로운 교육훈련제도이다.

③ 일학습병행제는 사업주가 실시하는 직업교육훈련인 일학습병행제의 내용과 방법 및 일학습병행제에 참여하는 학습근로자의 근로조건 보호 등에 관한 사항을 정하고, 일학습병행과 자격을 연계하여 학습근로자의 고용 촉진 및 사회적·경제적 지위 향상을 도모하고자 하는 제도이다.

④ 한국산업인력공단에서 위탁·시행한다.

제**3**절 훈련과정 선택 지원

01 내담자 훈련 요구도 분석

(1) 훈련참여의지

① 의지란 심리선택이나 행위의 결정에 대한 내적이고 개인적인 역량이며, 목적을 실현하기 위해 자발적으로 의식적인 행동을 하게 하는 내적 욕구이다.

② 훈련참여의지는 훈련과정에 참여하는 동안 견디고 이수할 수 있도록 스스로 다짐과 격려를 할 수 있는 역량이다.

③ 훈련기간을 완주하고자 하는 것은 훈련생의 의지에 달려 있다.

④ 내담자의 훈련참여의지를 확인하고, 훈련기간 내내 이에 대한 지지와 독려가 필요하다.

(2) 훈련 요구도

① 요구란 일반적으로 현재 상태(what it is)와 바람직한 상태(what it should be) 간의 격차를 의미한다.

② 직업훈련 요구도는 직무역량을 증가시키기 위한 목적의 강도를 의미한다.

③ 훈련생은 직무역량을 완성하고자 하는 목적으로 훈련에 참여하므로 내담자의 훈련 요구도를 확인하여야 한다.

④ 내담자의 훈련 요구도를 분석하기 위해 반구조화된 질문지를 활용한다.

> ▶ **훈련 요구도조사를 위한 반구조화된 질문지 예시**
>
> - 현재 직무역량 중에 가장 우수한 역량은 무엇인가요?
> - 현재 직무역량 중에 가장 낮은 역량은 무엇인가요?
> - 다음 직업을 선택할 때 가장 자신 있는 역량은 무엇인가요?
> - 다음 직업을 선택할 때 가장 자신 없는 역량은 무엇인가요?
> - 가장 자신 없는 역량에 대한 계획은 무엇인가요?
> - 역량을 증가시키기 위해 어떤 훈련을 요구하시나요?
> - 훈련기간이 6개월 이상 소요되어도 훈련에 참여할 의지가 있나요?
> - 국민내일배움카드의 신청 여부는?

(3) 전공영역 진단

① 직업훈련상담은 청소년들의 진학상담과 동일한 의미를 가지므로 전공영역에 대한 진단은 직업훈련분야를 진단하는 것과 같다.

② 홀랜드이론은 전공 및 직업선택에서 유효한 이론이다.

③ 홀랜드이론의 기본가정, 5가지 주요 개념, 직업카드심리검사를 활용하여 직업훈련분야를 진단한다.

02 훈련과정 선택

(1) 훈련과정에 대한 기준

① 훈련과정들의 기준은 국가직무능력표준(NCS)에 제시되어 있다.

② 직업훈련상담에서 상담자는 내담자가 훈련기준에 맞는 교과과정을 학습하는 데 그 가능성을 타진해야 한다.

③ 내담자의 전공, 직무역량 등을 고려하여 훈련과정이수 가능성에 대해 충분히 검토할 수 있도록 관련 정보를 제공하고, 훈련이수 이후 취업 가능성에 대한 확신을 갖도록 지지해 준다.

④ 훈련기준에는 선수학습과 관련 이론들, 다루어지는 이론들, 지식, 기술, 태도 등의 역량, 훈련 소요시간, 수행준거에 의한 평가방법 등이 상세히 설명되어 있다.

(2) 훈련과정 선택과 자격 취득

① 훈련과정 선택과 자격 취득은 생애진로주기별 직업능력개발계획에 연계하여 검토되어야 하는 것으로 미래 직업시장 변화에 대한 정보 및 의사결정능력이 요구되는 과정이다.
② 10년 후 미래 직업세계를 전망하여 10년 후에도 성장 가능한 직종인지 검토하여 결정하는 것이 바람직하다.
③ 훈련과정의 선택은 내담자의 직무역량, 적합한 분야 및 전공, 미래사회에서의 직업변화 등을 고려하여 이루어져야 한다.
④ 훈련과정은 자격 취득을 목적으로 하며, 큐넷(www.q-net.or.kr)에서 상세한 정보를 제공한다.
⑤ 큐넷은 직종에 대한 직업정보, 시험일정, 접수 및 합격률 등의 검색할 뿐 아니라 시험등록, 합격 여부도 조회가 가능하다.

(3) 훈련과정 선택하기

① 내담자가 훈련과정 중에서 선택 가능한 훈련과정을 선택하도록 지원한다.
② 내담자가 선택한 훈련과정들의 훈련내용을 확인하도록 한다.
③ 내담자에게 훈련과정들의 자격 및 취업 등에 관한 정보들을 확인하도록 한다.
④ 내담자에게 훈련과정들을 비교하여 훈련과정을 선택하도록 한다.

(4) 훈련과정 신청 지원하기

① 내담자의 훈련 대상자의 범주를 확인하도록 한다.
② 내담자에게 적합한 훈련형태를 확인하도록 한다.
③ 내담자가 국민내일배움카드 대상자인지 확인한다.
④ 내담자에게 국민내일배움카드 발급 여부를 확인하고 구비서류를 준비하여 발급받도록 한다.
⑤ 내담자가 훈련기관에 대한 정보검색을 통하여 훈련기관의 평판을 조회하도록 지원한다.
⑥ 내담자가 훈련신청을 하도록 지원한다.

> ▶ 국민내일배움카드 신청제한 자
>
> – 국민내일배움카드 운영규정 (2025. 12.)
>
> • 공무원
> • 사립학교 교직원
> • 군인 (단, 「제대군인 지원에 관한 법률」의 적용을 받는 전역예정자는 제외)
> • 「초·중등교육법」에 따른 학교의 재학생 (단, 고등학교 3학년생은 제외)
> • 「고등교육법」에 따른 학교의 재학생 (단, 졸업까지 2년 이내인 사람은 제외)
> • 만 75세 이상인 사람
> • 중앙행정기관 또는 지방자치단체로부터 훈련비를 지원받는 훈련(또는 사업)에 참여하는 사람

• 「출입국관리법」에 따른 외국인(단, 고용보험 피보험자나 결혼이민자 제외)
• 「국민기초생활 보장법」에 따라 생계급여를 수급받는 사람
• 대기업에 고용된 만 45세 미만인 사람으로서 최근 3개월간 월평균 임금이 300만원 이상인 사람 (단, 기간제·단시간·파견·일용근로자는 제외)
• 사업자등록증을 발급받은 사람으로서 사업기간이 1년 미만이거나, 최근 1년간 매출과세표준(수입금액)이 4억원 이상인 사람

제4절 훈련목표 관리

01 훈련적응상담

(1) 훈련기관의 역할

① **훈련기관의 기능**
ㄱ 훈련에 대한 계획서 작성
ㄴ 훈련생에 대한 개인, 진로, 현장 적응 등에 대한 상담
ㄷ 훈련생에 대한 법적 처리문제 및 행정적인 절차 수행
ㄹ 기업체섭외활동 및 훈련홍보활동
ㅁ 기업체 기술 지원
ㅂ 훈련과정 운영
ㅅ 훈련성과에 대한 평가 및 훈련생의 훈련능력 평가
ㅇ 사후지도 실시

② **취업처 정보 수집**
ㄱ 취업처 내에서 충원이 요구되는 직종
ㄴ 취업처의 향후 충원계획 및 감원계획
ㄷ 초임금 및 근로조건
ㄹ 취업처의 직종별 분포
ㅁ 직원의 연간 이직률
ㅂ 직원에 대한 복지
ㅅ 시설 및 장비의 최신성 및 낙후성

(2) 훈련생의 훈련 참여

① 훈련기관 점검

㉠ 기업체의 훈련 필요점에 대한 분석능력

㉡ 훈련 대상자의 훈련 요구도에 대한 분석능력

㉢ 기업체의 관련 직무분석

㉣ 직무분석 결과에 적합한 훈련교재 선정

㉤ 기업주가 요구하는 훈련내용 선정

㉥ 훈련교재에서 누락된 훈련내용 추출 및 교안 작성

㉦ 훈련내용에 맞는 장비 및 시설

㉧ 우수한 강사 보유

㉨ 훈련생의 탈락률 및 취업률

㉩ 해당 직종 산업계와의 네트워크 구축

② 양성훈련의 효과

㉠ 자신에 대한 이해

㉡ 사회에 대한 인식과 지식

㉢ 경험의 성숙

㉣ 직업에 관한 지식 확장

㉤ 직업에 대한 표집활동과 직업인으로서 전이 가능

㉥ 사회교육적 입장에서 생활기법 개발

㉦ 직업정보에 관한 선택

㉧ 직업선택의 신중성

㉨ 작업장의 비형식적인 문화에 유입

㉩ 고용의 기회

(3) 훈련생의 적응 및 복지

① 훈련생활 적응

㉠ 훈련기관의 독특한 환경에 적응할 수 있도록 상담이 필요하다.

㉡ 훈련기관의 문화, 담당자와의 관계, 훈련과정의 진행속도와 질에 대해 확인하고 적응할 수 있도록 도와주어야 한다.

㉢ 이론과 실습과정에서 자신의 관념과 다른 세계에 거부감을 느낄 수도 있다.

㉣ 실업으로 예민한 상태이므로 모든 일들을 더 심각하게 받아들이고 현실 도피를 시도하기도 한다.

㉤ 경제적 어려움으로 훈련참여기간을 인내하지 못하고 당장 취업해야 된다는 관념에 사로잡히기도 하므로 상담자는 수시로 훈련생의 상태를 확인하고 상담을 제공한다.

② **훈련생 복지**

　㉠ **국비훈련 및 훈련수당 지급** : 국민내일배움카드는 훈련비의 일부 또는 전부(직종 평균 취업률 및 대상에 따라 상이)를 지원하는 제도로 5년간 300~500만원까지 지원된다. 훈련수당은 교육과정 및 형태마다 다르며 경제적 지원을 통해 훈련이수를 돕는 목적이 있다.

　㉡ **직업훈련생 생계비 대부**

구분	내용
생계비 융자 대상	• **총 140시간 이상 훈련** 중 대부 대상 월의 교육일수가 15일 이상인 대부 대상자 　– **실업자** : 고용보험 피보험자격을 상실한 자 중 실업상태에 있는 자(실업급여 수급 중인 자는 제외) 　– **비정규직 근로자** : 고용보험 피보험자격을 취득한 비정규직 노동자(특수형태 근로자 제외) 　– **무급휴직자** : 고용보험 피보험자격을 취득한 근로자로서 휴직수당 등 금품을 받지 않고 휴직 중인 자 　– **자영업자인 피보험자** : 자영업자 고용보험 임의가입 중인 자
대부조건 및 신청	• 소득요건 : 전년도 20세 이상 가구원 소득 합산 월 소득이 가구별 기준 **중위소득의 80% 이하**일 것 • 총 대부한도액 : 1인당 1,000만원 이내 • 월별 대부한도액 : 50~200만원 이내 • 이자율 : **연 1%** • **거치기간 및 상환기간 선택 후 변경 불가**, 조기상환 수수료 없음 • 접수 : **근로복지공단 근로복지넷 (welfare.comwel.or.kr)**

> ▶ **특수형태근로자**
>
> 독자적인 사무실, 점포 또는 작업장을 보유하지 않고, 비독립적인 형태로 업무를 수행하면서, 다만 근로 제공의 방법, 근로시간 등은 독자적으로 결정하면서, 개인적으로 모집·판매·배달·운송 등의 업무를 통해 고객을 찾거나 맞이하여 상품이나 서비스를 제공하고 그 일을 한 만큼 소득을 얻는 근무형태
>
> **예** 보험설계사, 건설기계 종사자, 방문강사, 골프 캐디, 택배업 종사자, 퀵서비스 종사자, 대출 모집인, 신용카드모집인, 대리운전기사, 방문판매원, 대여제품방문점검원, 가전제품설치원, 화물 차주 등

(4) 훈련목표 달성 촉진하기

① 내담자의 훈련기간 동안 적응에 대해 수시로 상담을 진행한다.

② 훈련생 만족도 질문지를 통해 내담자의 불만사항을 상담한다.

③ 내담자에게 자격 취득에 대해 상세히 안내한다.

④ 자격을 취득한 훈련생에 대해 취업상담을 실시한다.

⑤ 취업한 훈련이수생과 수시로 사후상담을 실시힌다.

❶ 내담자 직무역량 파악

01 다음 중 연결이 바르지 않은 것은?

① 인적자원 환경 : 조직/직무설계, 인적자원 기획, 수행관리체제, 노사관계 등
② 인적자원 활용 : 선발 및 배치, 고용인 지원, 보상/유인, 고용정보체계 등
③ 인적자원 관리 : 인적자원 개발, 인적자원 환경, 인적자원 활용, 인적자원 연구 등
④ 인적자원 개발 : 훈련과 개발, 조직 개발, 진로경로 개척 등

> **해설** [인적자원관리의 3가지 영역]
> ㉠ 인적자원 **개발**
>   (HRD : Human Resource Development)
> ㉡ 인적자원 **환경**
>   (HRE : Human Resource Environment)
> ㉢ 인적자원 **활용** (HRU : Human Resource Utility)

★
02 다음 중 직업훈련의 정의에 대한 설명으로 바르지 않은 것은?

① 국제노동기구(ILO)에 의하면 직무 관련 교육 및 일반교육도 포함하는 개념이다.
② 직업능력을 갖추기 위한 체계적이고, 계획적인 활동으로, 교육보다 실제적인 면을 내포한다.
③ 직업 내에서 효율적인 수행을 위해 요구되는 지식, 기능, 태도를 준비하기 위한 목적을 가진 활동이다.
④ 교육법에 의한 교육과 다르나 교육계와 상호작용관계를 유지한다.

> **해설** 국제노동기구(ILO : International Labour Organization)에 의하면 직업훈련이란 직업과 직업군 내에서 효율적인 수행을 위해 요구되는 지식, 기능, 태도를 준비하기 위한 목적을 가진 활동으로, 기초적, 보충적, 향상적이며 새롭고 특별한 직무와 관련된 모든 것을 포함하나 **일반교육은 포함하지 않는다고 규정**하였다.

★★ **2023년 직업상담사 1급 과정평가형**
03 네들러(Nadler, L.)는 1969년에 처음으로 인적자원 개발의 개념을 도입하였다. 그는 인적자원 개발이란 산업체에만 국한된 것이 아니라 고용주나 조직이 근로자에게 그 조직의 목적에 따라 직무능력과 개인적인 성장 가능성을 기르기 위해 일정기간 내에 제공하는 조직적인 학습경험이라고 보고 그 특성을 다음과 같이 제시하였다. 바르지 않은 것은?

① 조직의 현재 또는 미래의 직무와 관련이 있어야 한다.
② 학습은 제한된 특정 기간 내에 이루어져야 하며, 시간개념은 비용 측면을 중시하여야 한다.
③ 뚜렷한 목적하에 조직의 직무성과 향상을 위하여 계획적으로 추진하여야 한다.
④ 반드시 의도적이고 계획적이며 조직적인 학습이어야 한다.

> **해설** ② 학습은 제한된 특정 기간 내에 이루어져야 하며, **시간개념은 비용 측면보다 학습성취 여부의 평가시점을 중요시한다.**

정답 01. ③ 02. ① 03. ②

04 다음 중 실시자의 성격에 따른 직업훈련의 형태로 틀린 것은?

① 공공직업훈련　　② 인정직업훈련
③ 사업 내 직업훈련　④ 전직훈련

> **해설** [직업훈련의 형태 (실시자의 성격에 따른 구분)]
> ㉠ 공공직업훈련(public vocational training)
> ㉡ 인정직업훈련(authorized training)
> ㉢ 사업 내 직업훈련(in-plant training)

05 다음 중 국가직무능력표준에 대한 설명으로 바르지 않은 것은?

① 대분류, 중분류, 소분류, 세분류 순으로 구성되어 있다.
② 한국표준직업분류와 한국표준산업분류를 참고하여 분류하였다.
③ 능력단위의 수준과 능력단위의 요소마다 수행준거를 제시하였다.
④ 수행준거는 학습목표이면서 역량판단기준이 된다.

> **해설** ② 국가직무능력표준은 한국고용직업분류(KECO : Korean Employment Classification of Occupations) 등을 참고하여 분류하였다.

06 다음 중 직업훈련상담을 위한 내담자의 직무역량 분석을 위해 확인하여야 하는 내용으로 가장 거리가 먼 것은?

① 전공　　　　　② 직업훈련 이수경험
③ 수행한 직무내용　④ 학력

> **해설** 직업훈련상담을 위한 내담자의 직무역량 분석을 수행할 때에는 내담자의 전공, 수행직무내용, 직업훈련이수경험, 직위 등을 확인한다.

07 직업훈련상담에서 내담자의 직무역량을 파악하기 위한 직무이력서 확인에 대한 설명으로 바르지 않은 것은?

① 최초의 직무이력과 가장 오랫동안 근무한 이력을 확인한다.
② 내담자의 관련 직무 및 유사 직무군을 탐색한다.
③ 관련 직무 및 유사 직무군에 대해 내담자와 협의한다.
④ 다양한 직무이력을 통합하여 접근 가능한 직종과 직무에 대한 정보를 검색한다.

> **해설** ① 내담자의 최종 직무이력과 가장 오랫동안 근무한 직무이력을 확인한다.

② 직업훈련정보 수집

08 다음 중 직업훈련의 목적에 따른 분류에 해당하지 않는 것은?

① 집체훈련　　　② 양성훈련
③ 전직훈련　　　④ 향상훈련

> **해설** ㉠ 직업훈련 목적에 따른 분류 : 양성훈련, 향상훈련, 전직훈련
> ㉡ 직업훈련 방법에 따른 분류 : 집체훈련, 현장훈련, 원격훈련, 혼합훈련

09 다음 중 자격정보사이트에 해당하지 않는 것은?

① www.cq-net.or.kr
② www.q-net.or.kr
③ www.pqi.or.kr
④ www.kpi.or.kr

> **해설** ① 과정평가형 및 일학습병행 자격정보 제공
> ② 국가자격정보 제공
> ③ 민간자격정보 제공

> **정답**　04. ④　05. ②　06. ④　07. ①　08. ①　09. ④

★
10 다음 중 훈련정보를 분석하는 수행과정을 순서대로 바르게 나열한 것은?

> ㉠ 수집된 훈련정보를 분석한다.
> ㉡ 내담자의 보유역량과 일치성이 높은 훈련과정과의 연계를 구상한다.
> ㉢ 내담자의 보유역량과 부합한 훈련과정을 자료화한다.
> ㉣ 내담자의 욕구를 고려하여 훈련정보를 확인한다.

① ㉣ → ㉡ → ㉢ → ㉠
② ㉠ → ㉡ → ㉣ → ㉢
③ ㉣ → ㉠ → ㉡ → ㉢
④ ㉡ → ㉣ → ㉠ → ㉢

해설 **[훈련정보 분석하기 수행순서]**
㉠ 내담자의 **욕구를 고려**하여 **훈련정보를 확인**한다.
㉡ 수집된 **훈련정보를 분석**한다.
㉢ 내담자의 **보유역량과 일치성이 높은 훈련과정과의 연계를 구상**한다.
㉣ 내담자의 보유역량과 부합한 **훈련과정을 자료화**한다.

11 다음에서 자격에 대한 설명으로 바르지 않은 것은?

① 자격검정은 자격을 부여하기 위해 필요한 직무수행능력을 평가하는 과정이다.
② 자격체제는 인간의 능력을 일정한 기준과 절차에 따라 평가·인정하기 위한 시스템을 의미한다.
③ 국가자격은 법령에 따라 국가가 신설하여 관리·운영하는 자격이다.
④ 등록자격은 주무부장관에게 등록한 민간자격 중 공인자격을 제외한 자격을 의미한다.

해설 ② **자격제도의 설명에 해당**한다.

★
12 다음 중 과정평가형 자격제도에 대한 한국산업인력공단의 업무와 가장 거리가 먼 것은?

① 연간 시행계획 수립 지원
② 외부평가 시행
③ 교육·훈련과정 승인
④ 자격증 발급 및 사후관리

해설 과정평가형 자격 취득을 위한 **교육·훈련과정의 승인은 직업능력심사평가원에서 담당**한다.

❸ 훈련과정 선택 지원

★★
13 다음 중 훈련생의 직업훈련 요구도에 대한 설명으로 가장 거리가 먼 것은?

① 직무역량을 증가시키기 위한 목적의 강도를 의미한다.
② 직업훈련상담과정에서 훈련과정 선택의 중요한 요소이다.
③ 훈련 요구도를 분석하기 위해 반구조화된 질문지를 활용한다.
④ 심리선택이나 행위의 결정에 대한 내적이고 개인적인 역량이다.

해설 ④ '요구도'가 아닌 **'의지'에 대한 설명에 해당**한다.

14 다음 중 훈련기준에 대한 설명으로 가장 적절하지 않은 것은?

① 국가직무능력표준에 제시되어 있다.
② 내담자의 훈련이수 이후 취업 가능성 확신의 근거가 된다.
③ 훈련기준에 맞는 학습 가능성을 타진해야 한다.
④ 선수학습 관련 이론, 지식, 기술, 태도 등의 역량, 훈련 소요시간 등이 설명되어 있다.

정답 10. ③ 11. ② 12. ③ 13. ④ 14. ②

해설 ② 직업훈련상에서 **훈련과정의 기준을 검토** 후 훈련과정 선택 시, 상담자는 내담자의 전공, 직무역량 등을 고려하여 **훈련과정이수 가능성에 대해 충분히 검토**할 수 있도록 관련 정보를 제공하고, **훈련이수 이후 취업 가능성에 대한 확신을 갖도록 지지**해 준다.

★
15 다음은 직업카드심리검사를 실시하여 내담자의 적합한 분야와 전공영역을 확인하는 과정이다. 순서대로 알맞게 나열한 것은?

> ㉠ 검사를 실시하는 목적을 설명하고 동의를 구한다.
> ㉡ 심리검사를 끝내면 워크시트를 작성한다.
> ㉢ 홀랜드코드를 계산한다.
> ㉣ 홀랜드코드에서 가장 우세 코드 순으로 3코드를 확정한다.
> ㉤ 심리검사의 실시절차를 설명한다.
> ㉥ 홀랜드코드값을 프로파일로 옮겨 프로파일을 완성하도록 한다.

① ㉠ → ㉡ → ㉢ → ㉣ → ㉤ → ㉥
② ㉠ → ㉤ → ㉡ → ㉢ → ㉣ → ㉥
③ ㉠ → ㉡ → ㉢ → ㉥ → ㉤ → ㉣
④ ㉠ → ㉤ → ㉢ → ㉣ → ㉡ → ㉥

해설 [직업카드심리검사 실시 수행순서]
㉠ 검사를 실시하는 **목적을 설명**하고 동의를 구**한다.**
㉡ 심리검사의 **실시절차를 설명**한다.
㉢ 심리검사를 끝내면 **워크시트를 작성**한다.
㉣ 홀랜드**코드를 계산**한다.
㉤ 홀랜드코드에서 **가장 우세 코드 순으로 3코드를 확정**한다.
㉥ 홀랜드코드값을 프로파일로 옮겨 **프로파일을 완성**하도록 한다.

★ **2023년 직업상담사 2급**
16 다음은 국가직무능력표준의 능력단위 및 능력단위요소의 직능 수준에 대한 설명이다. X와 Y에 대해 X+Y의 값으로 옳은 것은?

- X수준 : 일반적인 권한 내에서 해당 분야의 이론 및 지식을 제한적으로 사용하여 복잡하고 다양한 과업을 수행하는 수준
- Y수준 : 독립적인 권한 내에서 해당 분야의 이론 및 지식을 자유롭게 활용하고, 일반적인 숙련으로 다양한 과업을 수행하며, 타인에게 해당 분야의 지식 및 노하우를 전달할 수 있는 수준

① 7 ② 8
③ 10 ④ 9

해설 [NCS의 수준체계와 수준별 정의]

구분	정의
8수준	해당 분야에 대한 최고도의 이론 및 지식을 활용하여 새로운 이론을 창조할 수 있고, 최고도의 숙련으로 광범위한 기술적 작업을 수행할 수 있으며 조직 및 업무 전반에 대한 권한과 책임이 부여된 수준
7수준	해당 분야의 전문화된 이론 및 지식을 활용하여, 고도의 숙련으로 광범위한 작업을 수행할 수 있으며 타인의 결과에 대하여 의무와 책임이 필요한 수준
6수준	**독립적인 권한 내에서 해당 분야의 이론 및 지식을 자유롭게 활용하고, 일반적인 숙련으로 다양한 과업을 수행하며, 타인에게 해당 분야 지식 및 노하우를 전달할 수 있는 수준**
5수준	포괄적인 권한 내에서 해당 분야의 이론 및 지식을 사용하여 매우 복잡하고 비일상적인 과업을 수행하고, 타인에게 해당 분야의 지식을 전달할 수 있는 수준
4수준	**일반적인 권한 내에서 해당 분야의 이론 및 지식을 제한적으로 사용하여 복잡하고 다양한 과업을 수행하는 수준**
3수준	제한된 권한 내에서 해당 분야의 기초이론 및 일반지식을 사용하여 다소 복잡한 과업을 수행하는 수준
2수준	일반적인 지시 및 감독하에 해당 분야의 일반지식을 사용하여 절차화되고 일상적인 과업을 수행하는 수준
1수준	구체적인 지시 및 철저한 감독하에 문자이해, 계산능력 등 기초적인 일반지식을 사용하여 단순하고 반복적인 과업을 수행하는 수준

∴ X+Y=4+6=10

정답 15. ② 16. ③

17 국민내일배움카드의 지원대상에 해당하지 않는 것은?

① 15세 이상의 실업자

② 「한부모가족 지원법」에 따른 지원 대상자

③ 「사립학교 교직원 연금법」을 적용받고 현재 재직 중인 사람

④ 「제대군인 지원에 관한 법률」에 따라 직업능력개발훈련 대상자로 추천받은 군(軍) 전역예정자

> 해설 **[국민내일배움카드 신청제한 자]**
> ㉠ 공무원
> ㉡ 사립학교 교직원
> ㉢ 군인 (단, 「제대군인 지원에 관한 법률」의 적용을 받는 전역예정자는 제외)
> ㉣ 「초·중등교육법」에 따른 학교의 재학생 (단, 고등학교 3학년생은 제외)
> ㉤ 「고등교육법」에 따른 학교의 재학생 (단, 졸업까지 2년 이내인 사람은 제외)
> ㉥ 만 75세 이상인 사람
> ㉦ 중앙행정기관 또는 지방자치단체로부터 훈련비를 지원받는 훈련(또는 사업)에 참여하는 사람
> ㉧ 「출입국관리법」 제2조에 따른 외국인 (단, 고용보험 피보험자나 이민자 제외)
> ㉨ 「국민기초생활 보장법」 제9조에 따라 생계급여를 수급받는 사람
> ㉩ 대기업에 고용된 만 45세 미만인 사람으로서 최근 3개월간 월평균 임금이 300만원 이상인 사람 (단, 기간제·단시간·파견·일용근로자는 제외)
> ㉪ 사업자등록증을 발급받은 사람으로서 사업기간이 1년 미만이거나, 최근 1년간 매출과세표준(수입금액)이 4억원 이상인 사람

★

18 다음 중 큐넷에서 제공하는 자격정보가 아닌 것은?

① 연간 시험일정

② 자격시험 접수 및 합격률

③ 민간자격의 등록 여부

④ 자격증 합격 여부

> 해설 큐넷(www.q-net.or.kr)은 직종에 대한 직업정보, 시험일정, 접수 및 합격률 등을 검색할 뿐 아니라 시험등록, 합격 여부도 조회가 가능하다. 민간자격의 등록 여부 및 공인민간자격조회는 민간자격정보서비스(www.pqi.or.kr)에서 가능하다.

★

19 다음의 빈 칸에 알맞은 것은?

> 훈련과정 선택과 자격 취득은 (㉠) 직업능력개발계획에 연계하여 검토되어야 하는 것으로 미래 직업시장 변화에 대한 정보 및 (㉡)이/가 요구되는 과정이다.

① ㉠ : 개인별, ㉡ : 의사결정능력

② ㉠ : 개인별, ㉡ : 전 생애 발달에 대한 지식

③ ㉠ : 생애진로주기별, ㉡ : 의사결정능력

④ ㉠ : 생애진로주기별, ㉡ : 전 생애 발달에 대한 지식

> 해설 훈련과정 선택과 자격 취득은 생애진로주기별 직업능력개발계획에 연계하여 검토되어야 하는 것으로 미래 직업시장 변화에 대한 정보 및 의사결정능력이 요구되는 과정이다.

20 국민내일배움카드의 지원대상에 해당하는 사람은?

① 중앙행정기관으로부터 훈련비를 지원받는 사업에 참여하는 사람

② 15세 이상의 실업자

③ 「사립학교 교직원 연금법」을 적용받고 현재 재직 중인 사람

④ 만 75세 이상인 사람

> 정답 17. ③ 18. ③ 19. ③ 20. ②

제2과목

실증직업상담 및 슈퍼비전

해설 [국민내일배움카드 신청제한 자]
- ㉠ 공무원
- ㉡ 사립학교 교직원
- ㉢ 군인(단, 「제대군인 지원에 관한 법률」의 적용을 받는 전역예정자는 제외)
- ㉣ 「초·중등교육법」에 따른 학교의 재학생(단, 고등학교 3학년생은 제외)
- ㉤ 「고등교육법」에 따른 학교의 재학생(단, 졸업까지 2년 이내인 사람은 제외)
- ㉥ 만 75세 이상인 사람
- ㉦ 중앙행정기관 또는 지방자치단체로부터 훈련비를 지원받는 훈련(또는 사업)에 참여하는 사람
- ㉧ 「출입국관리법」 제2조에 따른 외국인(단, 고용보험 피보험자나 이민자 제외)
- ㉨ 「국민기초생활 보장법」 제9조에 따라 생계급여를 수급받는 사람
- ㉩ 대기업에 고용된 만 45세 미만인 사람으로서 최근 3개월간 월평균임금이 300만원 이상인 사람(단, 기간제·단시간·파견·일용근로자는 제외)
- ㉪ 사업자등록증을 발급받은 사람으로서 사업기간이 1년 미만이거나, 최근 1년간 매출과세표준(수입금액)이 4억원 이상인 사람

★
21 다음 중 국민내일배움카드 발급 및 훈련참여과정을 순서대로 바르게 나열한 것은?

① 카드발급 신청 및 제출 → 카드발급 → 구직신청 → 수강신청 → 지원 가능 여부 결정 및 지원 → 훈련수강

② 구직신청 → 카드발급 신청 및 제출 → 카드발급 → 지원 가능 여부 결정 및 지원 → 수강신청 → 훈련수강

③ 카드발급 신청 및 제출 → 카드발급 → 구직신청 → 지원 가능 여부 결정 및 지원 → 수강신청 → 훈련수강

④ 구직신청 → 카드발급 신청 및 제출 → 카드발급 → 수강신청 → 지원 가능 여부 결정 및 지원 → 훈련수강

해설 [국민내일배움카드 발급 및 훈련참여과정]
- ㉠ 구직신청
- ㉡ 카드발급 신청 및 제출
- ㉢ 카드발급
- ㉣ 수강신청
- ㉤ 지원 가능 여부 결정 및 지원
- ㉥ 훈련수강

2023년, 2025년 직업상담사 1급

22 다음 중 내일배움카드 신청제한 자에 해당하지 않는 대상은?

① 「고등교육법」에 따른 학교의 졸업예정자

② 사립학교 교직원

③ 연 매출 4억원 이상 자영업자

④ 중앙행정기관으로부터 훈련비를 지원받는 사업에 참여하는 사람

해설 [국민내일배움카드 신청제한 자]
- ㉠ 공무원
- ㉡ 사립학교 교직원
- ㉢ 군인(단, 「제대군인 지원에 관한 법률」의 적용을 받는 전역예정자는 제외)
- ㉣ 「초·중등교육법」에 따른 학교의 재학생(단, 고등학교 3학년생은 제외)
- ㉤ 「고등교육법」에 따른 학교의 재학생(단, 졸업까지 2년 이내인 사람은 제외)
- ㉥ 만 75세 이상인 사람
- ㉦ 중앙행정기관 또는 지방자치단체로부터 훈련비를 지원받는 훈련(또는 사업)에 참여하는 사람
- ㉧ 「출입국관리법」 제2조에 따른 외국인(단, 고용보험 피보험자나 이민자 제외)
- ㉨ 「국민기초생활 보장법」 제9조에 따라 생계급여를 수급받는 사람
- ㉩ 대기업에 고용된 만 45세 미만인 사람으로서 최근 3개월간 월평균임금이 300만원 이상인 사람(단, 기간제·단시간·파견·일용근로자는 제외)
- ㉪ 사업자등록증을 발급받은 사람으로서 사업기간이 1년 미만이거나, 최근 1년간 매출과세표준(수입금액)이 4억원 이상인 사람

정답 21. ④ 22. ①

23 다음 중 직업능력개발훈련기관에 해당하지 않는 것은?

① 「고등교육법」에 따른 학교
② 지역사회복지시설
③ 「평생교육법」에 따른 평생교육시설
④ 평생직업교육학원

해설 **[직업능력개발훈련기관]**
ㄱ 직업능력개발훈련시설
ㄴ **「고등교육법」에 따른 학교**
ㄷ 「평생교육법」에 따라 인가·등록·신고 또는 보고된 **평생교육시설**
ㄹ 「학원의 설립·운영 및 과외교습에 관한 법률」에 따른 **평생직업교육학원**
ㅁ 그 밖에 직업능력개발훈련을 위탁하여 실시하려는 기관의 장이 그 직업능력개발훈련을 실시할 능력이 있다고 인정하는 시설 또는 기관

④ 훈련목표 관리

24 다음 중 훈련기관의 기능과 가장 거리가 먼 것은?

① 훈련생의 개인, 진로, 현장 적응 등 상담
② 훈련생 법적 처리문제
③ 직업훈련기관의 섭외활동
④ 기업체 기술 지원

해설 **[훈련기관의 기능]**
ㄱ 훈련에 대한 계획서 작성
ㄴ 훈련생에 대한 개인, 진로, 현장 적응 등에 대한 상담
ㄷ 훈련생에 대한 법적 처리문제 및 행정적인 절차 수행
ㄹ **기업체 섭외활동 및 훈련 홍보활동**
ㅁ 기업체 기술 지원
ㅂ 훈련과정 운영
ㅅ 훈련성과에 대한 평가 및 훈련생의 훈련능력 평가
ㅇ 사후지도 실시

★
25 훈련 참여를 위해 훈련기관을 선정할 때 점검해야 할 부분에 대한 설명으로 바르지 않은 것은?

① 기업체의 훈련 필요점에 대한 분석능력
② 기업체의 관련 직무분석
③ 훈련생의 탈락률 및 취업률
④ 훈련내용에 맞는 교재 보유

해설 **[훈련기관 점검]**
ㄱ **기업체의 훈련 필요점에 대한 분석능력**
ㄴ 훈련 대상자의 훈련 요구도에 대한 분석능력
ㄷ **기업체의 관련 직무분석**
ㄹ 직무분석 결과에 적합한 훈련교재 선정
ㅁ 기업주가 요구하는 훈련내용 선정
ㅂ 훈련교재에서 누락된 훈련내용 추출 및 교안 작성
ㅅ **훈련내용에 맞는 장비 및 시설**
ㅇ 우수한 강사 보유
ㅈ **훈련생의 탈락률 및 취업률**
ㅊ 해당 직종 산업계와의 네트워크 구축

★★
26 다음 중 양성훈련의 효과로 가장 거리가 먼 것은?

① 실업자에 대한 경제적 지원
② 직업인으로 전이 가능
③ 작업장의 비형식적인 문화에 유입
④ 경험의 성숙

해설 **[양성훈련의 효과]**
ㄱ 자신에 대한 이해
ㄴ 사회에 대한 인식과 지식
ㄷ **경험의 성숙**
ㄹ 직업에 관한 지식 확장
ㅁ 직업에 대한 표집활동과 **직업인으로서 전이 가능**
ㅂ 사회교육적 입장에서 생활기법 개발
ㅅ 직업정보에 관한 선택
ㅇ 직업선택의 신중성
ㅈ **작업장의 비형식적인 문화에 유입**
ㅊ 고용의 기회

정답 23. ② 24. ③ 25. ④ 26. ①

27 국민내일배움카드제 규정상 카드발급 이후 카드사용의 유효기간에 해당되는 것은?

① 1년　　　　　② 2년
③ 3년　　　　　④ 5년

해설 국민내일배움카드의 유효기간은 카드발급 후 5년이다.

★★★
28 다음의 내용은 어떤 근로자 유형에 해당하는가?

- 독자적인 사무실, 점포 또는 작업장을 보유하지 않고 비독립적인 형태로 업무를 수행하면서 근로 제공의 방법, 근로시간 등은 독자적으로 결정한다.
- 개인적으로 모집 · 판매 · 배달 · 운송 등의 업무를 통해 고객을 찾거나 맞이하여 상품이나 서비스를 제공하고 그 일을 한 만큼 소득을 얻는 근무형태이다.

① 시간제근로자　　② 한시적 근로자
③ 특수형태근로자　④ 비한시적 근로자

해설 제시된 내용은 '특수형태근로자'의 설명에 해당한다.
　예 보험설계사, 건설기계 종사자, 방문강사, 골프 캐디, 택배업 종사자, 퀵서비스 종사자, 대출모집인, 신용카드모집인, 대리운전기사, 방문판매원, 대여제품방문점검원, 가전제품설치원, 화물차주 등

★
29 다음 중 직업훈련 생계비의 대부에 대한 설명으로 바르지 않은 것은?

① 이자율은 연 1%이다.
② 거치기간 및 상환기간 변경은 불가하다.
③ 월 200만원 이내에서 가능하다.
④ 고용노동부에서 접수한다.

해설 직업훈련 생계비의 오프라인 대부신청은 근로복지공단에서, 온라인 대부신청은 근로복지공단의 근로복지넷(welfare.comwel.or.kr)에서 접수한다.

30 다음은 직업훈련상담 시 훈련목표 달성 촉진하기의 수행내용이다. 순서대로 바르게 나열한 것은?

> ㉠ 사후상담을 실시한다.
> ㉡ 내담자의 불만사항을 상담한다.
> ㉢ 내담자에게 자격 취득에 대한 안내를 한다.
> ㉣ 내담자의 훈련기간 동안 수시로 상담을 진행한다.
> ㉤ 취업상담을 실시한다.

① ㉠ → ㉡ → ㉢ → ㉣ → ㉤
② ㉣ → ㉡ → ㉢ → ㉤ → ㉠
③ ㉡ → ㉠ → ㉢ → ㉤ → ㉣
④ ㉢ → ㉣ → ㉠ → ㉡ → ㉤

해설 **[훈련목표 달성 촉진하기]**
㉠ 내담자의 훈련기간 동안 적응에 대해 수시로 상담을 진행한다.
㉡ 훈련생 만족도 질문지를 통해 내담자의 불만사항을 상담한다.
㉢ 내담자에게 자격 취득에 대해 상세히 안내한다.
㉣ 자격을 취득한 훈련생에 대해 취업상담을 실시한다.
㉤ 취업한 훈련이수생과 수시로 사후상담을 실시한다.

정답 27. ④　28. ③　29. ④　30. ②

제4장

심층직업상담

01 면담의존 사정

(1) 생애진로주제 분석

① **생애진로주제 분석의 의의**
  - ㉠ 내담자의 언어는 '생애진로주제(life career themes)' 또는 지각의 구조, 개요라 할 수 있는 내담자들의 개념적 개요를 반영하고 있다.
  - ㉡ 내담자가 자신의 세계를 어떻게 표현하는가를 분석하여 **자신과 타인, 그리고 세상에 대해 어떻게 지각하는지를 분석하는 것이다.**
  - ㉢ 생애진로주제는 사람들이 표현한 생각, 가치, 태도, 자신의 신념, 타인에 관한 신념, 세상에 대한 신념 등의 단어들이다.
  - ㉣ 상담자가 내담자를 잘 이해하도록 돕고, 내담자의 문제를 진단하는 데 도움을 준다.
  - ㉤ 내담자의 주제를 이해하는 것은 **내담자의 표현적 체계를 보여주고, 내담자의 행동을 통찰하도록 도와준다.**

② **생애진로주제 분석모형**
  - ㉠ 인간행동의 모형들은 인간과 환경적 특성을 서술하는 방법을 제공한다.
  - ㉡ 생애진로주제의 확인 및 분석은 생애역할, 특히 작업자·학습자·개인의 역할 등이 고려되어야 한다.
  - ㉢ 생애역할의 구조와 쉽게 연결될 수 있는 모형은 다음과 같다.

생애역할	모형
작업자	• **자료–관념–사람–사물 (Prediger)** : 자료–관념, 사람–사물로 구분되는 2차원적 체계 • **직업적 성격 및 작업환경 (Holland)** : 현실형, 탐구형, 예술형, 사회형, 진취형, 관습형 • **기술 확인 (Bolles)** : 자기관리기술, 기능적·전환적 기술, 일의 내용기술 등 3가지 범주
학습자	• **학습자형태 (Kolb)** : 학습형태검사(LSI)를 토대로 집중형, 확산형, 동화형, 적응형으로 구분 • **학습형태 (Canfield)** : 학습형태분류의 유효한 변인으로 조건, 내용, 양식, 기대 제시
개인	• **생애형태 (Adler)** : 출생순위와 세계와 개인의 3가지 과제로 일, 사회, 성 제시 • **대뇌반구상의 기능** : 좌반구적 특징과 우반구적 특징으로 구분

③ **자료-관념-사람-사물모형 적용**(Prediger, 1976)

㉠ 모형 이해

구분	내용
자료	사실, 기록, 서류, 구성원(사람)이 소비하는 서비스·물건을 사용이 용이하도록 하는 체계적인 과정 예 매매알선인, 계리사, 항공통제사 등
관념	요약, 이론, 지식, 통찰, 언어, 방정식, 음악 등을 표현하는 새로운 방법 예 과학자, 음악인, 철학자 등
사람	조력, 봉사, 설득, 위안, 동기화, 감독 등의 인간행동의 변화 추구 예 교사, 세일즈맨, 간호원 등
사물	기계, 기계장치, 물질, 장비, 신체적·생리적 과정 예 제빵공, 농부, 기술자 등

㉡ 언어주제 분석 적용의 예

특징적 내담자 대화	서술 구성요소	주제 진술
• "사람들은 내 충고를 들으려고 늘 나한테 오지." • "나는 젊은 사람들 주변에 있는 게 좋아. 그들은 자극적이니까."	• 사람 : 가르치다 – 설득, 수행을 도움, 의사소통능력, 타인에게 봉사	• 타인에게 판매하는 것을 즐거워한다. • 타인을 가르치길 원한다. • 타인을 돌보거나 상담하길 좋아한다.
• "사무관리자가 되는 것은 도전할만 해." • "나는 남에게 가치 있고 전문적인 식견을 갖고 있다고 느껴."	• 사람 : 관리 – 감독, 조언, 좋은 지도자로서 행동, 리더십	• 조언의 대상이 되는 것을 동경한다. • 내가 이끌면 따르는 타인들을 좋아한다. • 과제를 수행하는 사람을 감독한다.
• "모든 것이 순서에 의해서 구성된다는 것이 중요해." • "그들은 내가 좋은 구성원이라고 말하지."	• 자료 : 추상적 – 수리적 기능, 상징, 관념, 정보·자료 수집, 자료 입력기술기능	• 복잡한 재정적 자료를 좋아한다. • 컴퓨터기술에 흥미가 있다. • 예산을 위한 정보의 구성을 좋아한다.
• "나는 진품의 예술작품을 모방하는 것을 좋아해." • "짜 맞춤 퀴즈는 재미있어."	• 자료 : 창조적 – 디자인 재현, 장인기능, 구성, 예술 응용	• 세심한 주의를 기울여 원작을 복제할 수 있다. • 복잡한 과제를 해낼 수 있다.
• "움직이는 부분이 있는 모든 것을 수선할 수 있어." • "내 차를 재조립할 때에 시간 가는 줄 몰라."	• 사물 : 물리적 – 재창조적 기능, 농업·옥외·인내·직무를 위한 체력, 실행 지향성	• 어떤 방법으로 사물이 작동하는가 보여줄 수 있다. • 힘든 일을 위해 물리적 기능을 갖춘다. • 활동에 박차를 가하는 본능을 갖고 있다.
• "내 일생 동안 줄기세포에 관한 연구에 몰두할 테야." • "각 납은 다른 질문에 달렸어"	• 관념 : 탐구 – 사회과학, 의학, 자연과학, 기술 적용	• 세계에 관한 조건을 설명하는 이론들을 구성하길 좋아한다. • 끊임없이 관념을 비교 연구하고 대조한다. • 연구와 출판의 능력이 있다.

④ **직업적 성격 및 작업환경모형 적용 (Holland, 1985)**

구분	내용
현실적 성격 및 환경	• 추상적인 것보다 확실한 것을 다루며 보다 현재 지향적이다. • **운동적 또는 기계적 능력**을 갖고 있으며 공구, 기계, 공장 또는 동물 등과 옥외에서 일하기를 좋아한다.
탐구적 성격 및 환경	• **추상적이거나 문제를 해결하는 지향성**이 있다. • 관측, 학습, 조사, 분석, 평가, 문제해결 등을 좋아하는 사람들로서, 특별히 과학적이고 기술적이며 수학적인 것이 포함된 사고를 유발하는 문제해결을 좋아한다.
예술적 성격 및 환경	• 어떤 것의 옳고 그름보다 느낌을 사용하는 **상상적이고 창조적인 것을 더 지향한다.** • 심미적 · 혁신적 · 직관적 능력을 소유하고 있거나 그렇다고 믿고 있으며, 구조화된 작업환경을 싫어한다. • 미학을 중요하게 여기며 그림 그리기, 연극, 음악 등과 같은 작품을 만들어내는 것을 좋아한다.
사회적 성격 및 환경	• 인간의 문제와 성장, 인간관계 등을 지향하며, **사람과 직접 일하기를 좋아하고 원만한 관계를 갖는다.** • 타인을 계몽하고 가르치고 도와주고 훈련시키며 이따금 학문적인 것에 적응되어 있지만, 방법적이고 과학적인 것보다 충동적이고 설득적인 경향이 있다.
진취적 성격 및 환경	• 정치적 · 경제적 도전을 극복하는 데에 더 지향적이다. • 대화를 중시하고 설득적이며 영향력 있고, **조직체를 위한 관리나 경제적 목표 등에 관련된 언어를 사용**한다. • 다른 성격 형태보다 더 주장이 강하고 지배적이며, 새로운 도전을 가치 있게 여기고 사회적 성격과 마찬가지로 자기 확신을 갖는 경향이 있다.
관습적 성격 및 환경	• 규칙을 따르고 **관례적인 것을 좋아하며, 구조적이며 예언적인 것을 좋아한다.** • 자료를 가지고 일하기를 좋아하며, 사무적 · 수적 능력을 겸비해야 한다고 믿거나 그렇게 하고 있다. • 타인의 지시에 기꺼이 따르고 세부적 활동을 수행하는데, 막연하고 예언되지 않은 것에 대해 책임지는 것을 좋아하지 않는다.

⑤ **기술확인모형 적용 (Bolles, 1977)**

구분	내용
자기관리기술	한 개인이 타인과 함께 진행하기 위하여, 그리고 권위, 시간, 공간, 물질세계 등과 관련짓기 위하여 사용되는 기술
기능적 · 전환적 기술	사람이 정보 · 사람 · 사물 등에 대하여 어떻게 행동하는가에 대한 기술
일의 내용기술	어휘, 일 관련 기법, 과정, 주제 등을 숙달하는 데 필요한 기술

⑥ **학습자형태모형 적용 (Kolb, 1984)**

　㉠ 콜브의 학습모형

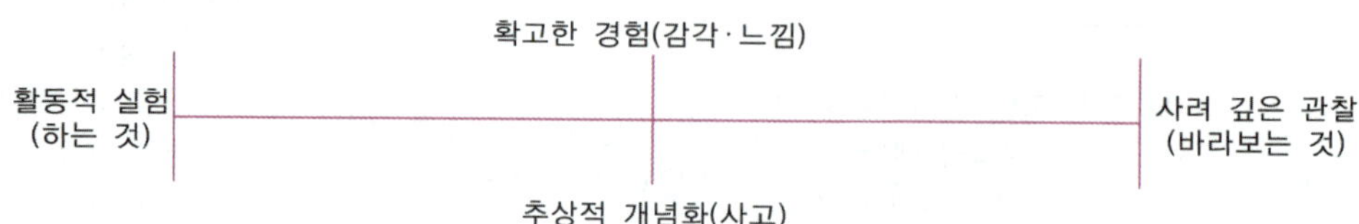

ⓛ 학습형태검사(LSI)의 4가지 학습유형

확고한 경험
(CE : Concrete Experience)

활동적 실험 (AE : Active Experimentation)	적응적 사고형	확산적 사고형	사려 깊은 관찰 (RC : Reflective Observation)
	집중적 사고형	동화적 사고형	

추상적 개념화
(AC : Abstract Conceptualizarion)

구분	내용
집중적 사고형 (converger)	• **추상적 개념화(AC)와 활동적 실험(AE)에 유용**하며, 가장 큰 강점은 **생각을 실제적으로 적용하**는 것이다. • 비교적 비정서적이며 사람보다 **사물을 다루기**를 좋아하는데, 자연과학부문에 특히 전문적이며, **기술자들**에게서 많이 나타난다.
확산적 사고형 (diverger)	• **확고한 경험(CE)과 사려 깊은 관찰(RO)에 유용**하며, 가장 큰 강점은 **상상력**이다. • 많은 지각에서 확고한 견해와 의미 있는 통찰을 통해서 다양한 관계를 구조화하는 능력이 특별하다. • **사람에 관심이 많고 상상적이고 정서적**이며, 넓은 문화적 흥미와 예술에 대한 전문적 식견을 갖고 있으며, **상담자, 조직개발협의자, 관리자** 등에서 많이 나타난다.
동화적 사고형 (assimilator)	• **추상적 개념화(AC)와 사려 깊은 관찰(RO)에 유용**하며, 가장 큰 강점은 **확고한 이론적 모형에 대한 능력**이다. • 통합적 설명 속에서 유사성이 없는 관찰을 할 때에 귀납적 이론을 이끌어내는 훌륭한 능력이 있다. • **사람에 대한 관심은 적은 반면, 추상적 개념에 많은 관심**을 두며, 이론의 실제적 사용보다는 논리적으로 타당하고 정확함을 중시하는데, **기초과학과 수학 등에 적합하며, 연구나 기획분야에서 주로 일한다.**
적응적 사고형 (adaptor)	• **확고한 경험(CE)과 활동적 실험(AE)에 유용**하며, 사물과 일하는 것, 즉 **새로운 경험을 가지고 실험과 계획을 이끌어내는** 것이 가장 큰 강점이다. • 분석적이기보다 시행착오적이며 **직관에 의해 문제를 해결**하는 경향이 있고, 자신만만하다. • **사업과 같이 기술적이고 실제적인 분야, 판매와 같은 행동 지향적 직업에 종사한다.**

⑦ **학습형태모형 적용**(Canfield, 1977)

구분		내용
조건	제휴	**타인과의 관계**에 있어 따뜻함을 지니고 있으며, 우호적이고 관계를 지지하는 등의 욕망과 관계가 있다.
	구조	논리적·순리적으로 **잘 정리되고, 명료하게 공부**계획을 세운다.
	성취	독립적인 행동을 취하며, 자신의 흥미를 추구하고, 능력에 대한 **자기평가에 비추어 자신의 목표를 설정**한다.
	탁월	권위적이고 통제된 상황에서 인정받기 위하여 **경쟁하거나, 다른 사람과의 비교를 위한 이행** 등으로 구분된다.

구분		내용
내용	숫자적 – 수학적	**수와 관련된 작업**, 논리적이고 합산적인 작업, 수학적 문제풀이 등에 관한 작업 등을 선호하는 것과 관련 있다.
	질적 – 언어적	**단어, 언어, 쓰기, 편집, 말하기 등과 관련된 작업**에 대한 선호를 측정한다.
	무생물 – 조정	건축, 수선, 구성, 조작 등과 같은 **물건을 가지고 하는 작업**에 대한 선호를 시험한다.
	사람 – 작용	면담, 상담, 판매, 도움 등 사람과 관련한 작업의 선호와 관련 있다. 사람과의 연관은 항상 **돕거나, 안내하거나, 타인을 지원**하려는 목적이 있다.
양식	듣기	강연, 강의, 테이프 등을 듣는 것과 같이 **청취력을 가지고 수집**하거나 받아들이는 것에 대한 선호이다.
	읽기	교과서, 팸플릿, 잡지 등을 읽는 것과 같이 **쓰인 단어를 통해서 정보를 받아들이는 것**을 선호하는가에 대한 것이다.
	초상	도표, 영화, 슬라이드, 그림, 그래프 등 **시각적 수단을 이용**하여 정보를 얻는 것에 대한 선호이다.
	직접 경험	상점, 실험실, 여행, 실제 연습의 수행이나 이에 참여하여 **직접적 경험을 통해 얻는 정보**에 대한 선호이다.
기대	우수 및 뛰어남	학급에서 10% 내의 탁월한 수행을 기대하는 지표이다.
	우수 및 평균 이상	학급에서 평균 이상을 수행하는 학생의 기대를 가리키며 학급 내에서 25~30% 수준이다.
	평균이나 만족	학급 내에서 중간인 50% 수준에 있으며, 적당히 공부하는 학생의 기대를 지칭한다.
	평균 미만	학급 내의 중간보다 낮은 수준이며, 수행이 뒤지거나 떨어지는 학생이다.
	기대치	하나의 점수로서, 이전의 4개 척도의 점수를 합한 것이며, 성공을 위한 학생의 기대치를 전반적으로 측정한다.

⑧ **출생순위에 따른 생애형태모형 적용 (Adler, 1927)**

구분	내용
외동	• 능숙한 사람들 속에서 어린 시절을 보내기 때문에 외동은 인생에 있어 어려운 출발을 한다. • 외동은 어른의 동정심을 얻기 위해 조르거나 어른 세계에서 인정을 받을 수 있는 영역에서 기술을 개발하려고 노력한다.
첫째 아이	• 첫째 아이는 인생에서 위협적 위치에 있으며, 가장 나이가 들었다는 점에서 붙는 칭호이다. • 둘째 아이가 태어남으로써 용기를 잃을 수 있으며, 책임을 받아들이길 거부할지도 모른다.
둘째 아이	• 둘째 아이는 생애에 있어 불만족스러운 점을 가지며 항상 원기왕성한 태도를 지니고, 첫째 아이를 간파하려고 하며 끊임없는 압력이 있음을 느낀다.
막내	• 막내는 가족에서 특별히 낮은 위치에 있어서 행운아가 되며, 그렇기 때문에 가장 성공할 수 있으나 용기를 잃게 되면 열등감을 느낀다.

구분	내용
셋째 중 가운데 아이	• 가족 전체에서 셋째 중의 가운데 아이는 불확실한 위치이며 무시당한다고 느낄 수 있다. • 가운데 아이는 막내 아이의 특권이나 첫째 아이의 권리에 반해 아무것도 가질 수 없다.

⑨ **대뇌반구기능모형 적용**

좌뇌형 특성	우뇌형 특성
• 언어적 표현 • 논리적 • 질서적이며 순서적 • 시간 지향 • 사회적 가치 • 공격적–주장적 • 추상적 사고 • 수직적 사고–건설적 • 목적적 • 전통적 운동신경구조	• 운동교육적 표현 • 충동적 • 총체적 및 형태 • 장소 지향 • 자연주의적 가치 • 복종적–수용적 • 확고한 사고 • 측면적 사고–창조적 • 주관적 • 혼합된 비전통적 운동신경구조

⑩ **생애진로주제 분석의 적용**

ㄱ 내담자가 상담에 표현된 자신, 타인, 세계 등의 대화에서 반복적으로 나타내는 표현들 속에 주제를 분석한다.

ㄴ 생애주제는 내담자의 직업행동을 예언하며, 이러한 주제들이 갖는 예언적 직업들은 내담자가 속한 문화에서 용인되는 언어이다.

ㄷ 상담자는 장기간 다양한 내담자와 상담을 통해 수집된 생애진로주제를 수집하고, 이를 분류하는 작업을 선행하여야 한다.

ㄹ 상담자는 분류를 더 세분화하고, 이러한 분류가 적성, 흥미, 가치, 성격 등과 어떻게 연합되는지 확인할 수 있도록 개념화한다.

(2) 진로자본

① **진로자본의 의미**

ㄱ 진로에 있어 가치가 있는 자본의 독특한 형태를 의미하며, 진로역량이 바뀐 것이다.

ㄴ 진로자본은 축적된 진로역량이며 개인의 일과 삶, 진로에 있어 가지고 있는 지식, 역량, 특성으로 소득을 창출할 수 있는 자원이다.

② **진로자본을 구성하는 3가지 역량**(Defillippi et al., 1994)

구분	내용
진로성숙역량 (Knowing—why)	• **개인이 자신의 진로에 대해 갖고 있는 태도와 관점을 의미** • 내재적 동기, 개인적 학습 모색, 성장경험 • 지식 노동자가 진로지도를 통해 발달해가는 정체성, 가치관, 관심 등이며, 진로기간이 길어질수록 진로성숙역량의 중요성이 더욱 상승

구분	내용
전문지식역량 (Knowing-how)	• **자신의 일과 관련하여 가지는 진로 관련 기술과 업무 지식을 의미** • 실제적인 업무지식과 방법에 대한 지식으로 비형식적으로 학습되는 암묵지(tacit knowledge)와 교육의 결과로 얻어지는 형식지(explicit knowledge)를 모두 포함 • 이동 및 이전이 가능하며 유연성도 갖추고 있으므로 글로벌환경에서도 적용 가능
인적관계역량 (knowing-who)	• **진로 안에서 갖게 되는 다양한 형태의 인간관계 및 사회적 연결망을 발전시키는 능력을 의미** • 사회적 자본과도 맥락을 같이 하기 때문에, 다양한 수준의 사회적 연결망을 통해 진로역량을 발달시키는 것이 중요

③ **진로자본의 유형 구분**(Mayrhofer et al., 2004)

구분	내용
경제적 자본	• 가장 효율적인 형태로, 화폐로 전환이 가능한 자본 • 사회적 자본, 문화적 자본, 상징적 자본으로 변환 가능
사회적 자본	• 사회적 연결과 집단의 소속에 기반한 상호 인식관계와 지인관계 자원
문화적 자본	• 가족에 의해 전수되거나, 교육체계에 의해 생산된 지적 자격의 총체

(3) 진로장벽

① **진로장벽의 의미**

　㉠ 진로장벽(career barrier)은 자신의 진로계획과 미래의 목표를 성취하기 위해 극복해야 하는 어려움이다.

　㉡ 진로계획과 목표의 실현에 방해가 되거나 진로결정을 어렵게 하는 요인들이다.

　㉢ 개인의 진로선택, 진로목표, 직업포부, 동기 등에 영향을 미치거나, 역할행동을 방해할 것으로 지각되는 여러 부정적 사건이나 사태 등을 의미한다.

② **취업취약계층의 주요 호소 논점과 진로장벽**

　㉠ 수동적인 태도와 일부의 경우 눈 맞춤의 어려움

　㉡ 일상 생활패턴의 불규칙, 체중, 청결 등의 문제

　㉢ 낮은 자기존중감, 낮은 자기효능감, 소극적 자기주장 등

　㉣ 대인관계의 문제

　㉤ 가족 · 생계 · 심리적 문제의 복합성

　㉥ 위기적 상황에 놓인 경우

　㉦ 우울 · 불안 · 분노 등 높은 스트레스

　㉧ 낮은 인지적 명확성

　㉨ 정신 병리적 문제

　㉩ 여러 가지 진로장벽이 복합적으로 동반됨

(1) 검사의 선택과 실시

① **검사 사용 여부**

　㉠ 검사의 선택에서 첫 번째로 고려할 것은 검사를 사용할지 여부이다.

　㉡ 검사를 사용하는 이유는 시간을 절약할 수 있고, 접근할 수 없는 정보를 다른 자료를 통해 보충할 수 있다는 점이다.

　㉢ 검사지가 적절하고 유용한지 결정하기 이전에 검사를 하려는 내담자의 목적을 완전히 탐색할 필요가 있다.

　㉣ 내담자의 검사기대를 확인하고 과도한 기대를 가지고 있을 경우 바로 검사를 실시하지 않고 검사에 대한 기대를 조정한다.

② **검사도구의 심리 측정적 속성**

　㉠ **타당도** : 검사를 실시하고자 하는 목적이 특정 내담자에 대해 적합한 타당도를 가지고 있는가를 의미한다.

　㉡ **적합도** : 정상 집단에서의 적합성을 의미한다.

　㉢ **신뢰도** : 개인마다 검사를 사용했을 때 정확하다고 확신하는 정도와 관련된다.

③ **검사선택에 내담자 포함시키기**

　㉠ 검사자료의 적절한 해석은 검사선택 과정과 함께 시작되며 내담자의 협조하에 이루어진다.

　㉡ 라포(rapport)가 형성되고 목표가 규정되면 검사도구와 검사를 선택할 수 있다.

　㉢ 상담자는 내담자에게 도움이 되고 유용할 것 같은 적당한 도구를 제안할 수 있어야 하고, 검사에서 알 수 있는 결과의 유형을 명확히 기술할 수 있어야 한다.

　㉣ 평가도구를 활용하는 목적은 내담자를 돕기 위한 것이므로 상담자는 내담자를 검사선택과정에 적극적으로 참여시키고 양심적으로 정직하게 검사에 임하도록 해야 한다.

(2) 성격진단과 미네소타 다면적 인성검사 (MMPI)

① **MMPI의 개요**

　㉠ 세계적으로 가장 널리 쓰이고 가장 많이 연구되어 있는 객관적 성격검사이다.

　㉡ 비정상적인 행동을 객관적으로 측정하기 위한 수단으로 만들어졌다.

　㉢ MMPI가 직업상담 장면에 적합한 척도인 이유는 직업상담 대상인 청소년에서부터 노인에 이르기까지 성격의 고착화가 상당 정도 진행된 것에 대하여 진단이 가능하기 때문이다.

② **타당도 척도** : 수검자들이 왜곡된 방식으로 응답하지 않았는지, 성실하고 일관적으로 응답했는지, 응답 결과를 타당한 것으로 보고 검사 결과를 해석했는지 파악하기 위한 용도로 활용된다.

③ **임상 척도** : 일반적으로 T점수가 70점 이상으로 상승되는 높은 척도와 지나치게 낮은 척도들에 대해 해석하며, 단일 척도 점수보다는 척도들의 형태들을 분석한다.

고유 번호	척도명	척도의 의미 및 해석
1	**Hs 건강염려증** (Hypochondriasis)	신체기능에 대한 과도한 집착 및 관련 질환이나 비정상적인 상태에 대한 불안의 정도
2	**D 우울증** (Depression)	검사 실시 당시 비관 및 슬픔, 사기 저하, 무기력, 절망감 등
3	**Hy 히스테리** (Hysteria)	심리적 어려움을 회피하는 방법으로 부인(denial) 기제를 사용하는 경향 및 정도
4	**Pd 반사회성** (Psychopathic Deviate)	삶에 대한 불만족, 가정불화 및 가족문제, 권위와의 갈등, 사회적·도덕적 규범에 대한 무시, 일탈행동, 성문제, 자신 및 사회와의 괴리, 권태의 정도
5	**Mf 남성성-여성성** (Masculinity- Femininity)	직업 및 여가에 대한 관심, 심미적 및 종교적 취향, 대인 감수성, 가족관계 등 다양한 주제를 포함하며, 전통적인 남성적 성역할 혹은 여성적 성역할에 대한 흥미
6	**Pa 편집증** (Paranoia)	대인관계 민감성, 피해의식, 의심, 집착, 자기신념에 대한 과신, 경직된 사고, 관계망상, 도덕적 미덕에 대한 지나친 강조, 자기 정당성 등
7	**Pt 강박증** (Psychasthenia)	만성적 불안 외에 강박적 사고 및 행동, 자기 비하, 자신감 저하, 주의집중 곤란, 우유부단 및 죄책감 등
8	**Sc 조현병** (Schizophrenia)	기이한 사고나 행동 외에 사회적 소외, 정서적 소외, 가족 간의 갈등, 주의집중 및 충동 억제의 곤란, 성생활 장애 등
9	**Ma 경조증** (Hypomania)	심신의 에너지 및 활동수준, 정서적 흥분성, 과민하고 짜증스러운 기분, 과장된 자기지각, 행동의 불안정성, 흥분성, 민감성 및 기분의 고양 등
0	**Si 내향성** (Social Introversion)	사회적 활동에 대한 회피적 태도, 대인관계기술의 부족, 사회적 상호작용에 대한 불편감, 자기 비하적 태도, 과민함, 두려움, 신경증적 부적응 등

(3) 직업카드분류검사

① 특정 직업집단과 다른 직업집단과의 연관성과 차이점 등을 이해함으로써 직업정보를 통합하고 조직화할 수 있다.
② 내담자들은 분류를 통해 작은 도움만으로도 직업탐색을 할 수 있다.
③ 육각형 흥미 프로파일의 형태는 타고난다는 것을 제시하기도 한다.
④ 선호하는 활동과 혐오하는 활동들을 분리해내는 활동을 통해 선호를 알 수 있고, 이러한 선호는 특정 분야에 특화된 능력의 발달을 이끈다.

(4) 검사 해석

① 검사 결과 검토 및 해석준비의 2단계 (Tinsley & Bradley, 1986)

단계	내용
1단계 이해단계	• 상담자는 점수가 의미하는 것이 무엇인지에 대한 질문에 대답할 수 있어야 한다. • 이전에 내담자로부터 얻은 정보에 의거해서 결과를 검토하고, 해석을 실시하는 회기에서 논의될 의미에 대한 생각이나 가설을 발전시킨다.
2단계 통합단계	• 상담자가 내담자에 대해 알고 있는 다른 정보들(가족배경, 이전 직업경험, 자신에 대한 내담자의 진술)과 검사 결과를 통합하는 것이다. • 이 단계에서의 과제 중 하나는 자료의 일관성을 확정 짓는 것이다. • 상담자는 점수가 다른 자료와 상충된다고 해서 그 점수를 자동적으로 수용해서는 안 되며, 점수가 예측을 지지하지 않는다고 그 점수를 거부해서도 안 된다.

② 검사 결과 해석의 4단계 (Tinsley & Bradley)

단계	내용
1단계 해석 준비하기	내담자가 검사 자체와 점수의 의미를 충분히 이해하고 있는지 심사숙고한다.
2단계 내담자 준비시키기	내담자가 검사 결과에 대한 해석을 듣고 받아들일 수 있도록 준비시킨다.
3단계 정보 전달하기	검사 결과 및 그와 관련된 정보들을 내담자에게 전달한다.
4단계 추후 활동	상담 결과에 대한 의견을 같이 나누고, 내담자가 결과를 어떻게 이해했는지 확인한다.

③ 검사도구와 검사지의 한계

ㄱ 내담자의 마술적 바람 강화

ㄴ 내담자 유형에 따른 결과

ㄷ 성별과 문화적 편차

ㄹ 전문훈련과 지침서의 한계

④ 검사도구 사용 시 유의할 점

ㄱ 훈련 없이 검사를 사용하는 것은 비윤리적이다.

ㄴ 검사를 사용하기 전에 상담자 자신도 검사를 받아보아야 한다.

ㄷ 검사 지침서와 다른 해석재료에 대해서도 철저히 알아두어야 한다.

ㄹ 검사의 개발과 발전의 추이를 아는 데 민감해야 한다.

03 심층직업상담 대상의 특성

(1) 취업취약계층의 의미

① 사회 · 경제적 측면에서 상대적으로 상당한 어려움을 겪고 있어 취업을 위해 제도적 지원과 특별한 지지가 필요한 대상이다.

② 취업활동과 생애과정에서 각종 사회·경제적 위험에 노출되어 있거나 노출될 위험성이 높아 정책 지원과 사회보호가 없을 경우 미래 빈곤층으로 전락하여 헌법에서 보장하는 인간다운 삶을 유지하기가 어려울 계층이라 정의할 수 있다.

③ 행정부처나 사업목적에 따라 지원 가능한 대상과 범위는 달라질 수 있다.

(2) 취업취약계층의 분류

① **개인적 속성이나 사회적 위치**(attributes & position) : 개인적 속성이나 사회적 관점에서 약자의 위치에 있게 되는 경우로, 장애인, 이민자, 한부모가정 등이다.

② **사고**(event & accident) : 질병, 산업재해, 실업 및 실직 등 예기치 않은 사건과 사고에 의한 경우이다.

③ **생애과정**(life course) : 생애과정상 어쩔 수 없이 발생한 사회적 어려움에 의한 것으로, 학교 졸업 이후 구직과정에 있는 청년, 조기퇴직 후 취업에 어려움을 겪고 있는 고령층, 출산과 육아로 경력이 단절된 진로단절여성 등이다.

(3) 취업취약계층 (2025 국민취업지원제도 업무 매뉴얼)

① **기초연금 수급자** : 「기초연금법」에 따른 기초연금 수급자(65세 이상 소득하위 70% 이하인 자)에 해당하여 자치단체의 장으로부터 기초연금 수급자 확인서를 발급받은 자

② **생계급여 수급자** : 「국민기초생활 보장법」에 따른 생계급여 수급자 중 조건부수급자, 자치단체 또는 보장시설 등의 추천서를 받은 보장시설수급자, 직업안정기관의 장이 근로능력과 구직의사가 있다고 인정한 일반수급자

③ **노숙인 등 비주택거주자** : 「노숙인 등의 복지 및 자립지원에 관한 법률」의 '노숙인 등'에 해당하는 자로서 노숙인 시설 또는 지방자치단체로부터 비주택 거주 사실에 대한 확인서 또는 추천서를 받은 자

④ **북한이탈주민** : 「북한이탈주민의 보호 및 정착지원에 관한 법률」의 북한이탈주민에 해당하고 같은 법에 따른 거주지 보호기간(5년) 이내에 있는 자로서 통일부장관으로부터 북한이탈주민등록 확인서를 발급받은 사람

⑤ **여성가구주** : 만 18세 미만(취학 또는 병역 의무 이행 중인 경우 24세 미만)인 자녀를 양육하거나, 55세 이상의 부모 또는 배우자의 부모를 부양하거나, 장애인인 동거가족(형제자매 등, 나이 무관)을 부양하면서, 아래의 어느 하나에 해당하는 여성

　㉠ 배우자와 사별 또는 이혼하거나 배우자로부터 유기된 사람

　㉡ 배우자가 「장애인복지법 시행규칙」의 장애의 정도가 심한 장애인으로서 「장애인고용촉진 및 직업재활법 시행령」의 중증장애인에 해당하지 않는 경우

　㉢ 혼인한 적이 없는 사람으로서 동거가족을 부양해야 하는 경우

⑥ **결혼이민자** : 한국어능력시험(TOPIK) 1급 수준 이상의 한국어 능력을 갖춘 자로 대한민국 국민과 혼인한 적이 있거나 혼인관계에 있는 재한 외국인(출입국관리법상 체류자격 F-2, F-5, F-6) 또는 국적법에 따라 귀화허가를 받은 자(외국인 중 한국인과의 '혼인'으로 국적을 취득한 자)

⑦ **결혼이민자의 외국인자녀** : 대한민국으로 중도에 입국한 15세 이상 24세 이하의 외국인 중 부 또는 모가 결혼이민자이며 출입국관리법상 거주·영주 체류자격(F-2, F-5)을 부여받은 자로 한국어능력시험(TOPIK)' 1급 수준 이상의 한국어 능력을 갖춘 자

⑧ **신용회복지원자 등** : 한국자산관리공사, 신용회복위원회, 서민금융진흥원의 조정을 통해 채무조정 합의서를 체결하거나, 서민금융진흥원, 국민행복기금으로부터 정책서민금융을 이용하여 '국민취업지원제도 참여 대상자 추천서' 또는 '신용회복지원 확인서'를 발급받은 자, 법원으로부터 개인 회생절차 개시·파산선고 등을 받고 면책(복권) 결정이 되지 아니한 자

⑨ **위기청소년 등** : 아래의 어느 하나에 해당하는 자
  ㉠ 학교 중도탈락, 가출 등으로 진로가 불안정한 15세 이상 24세 이하의 청소년 구직자
  ㉡ 검정고시 학력인정자로서 15세 이상 18세 이하의 비진학 청소년
  ㉢ 「초·중등교육법」 및 「조기진급 등에 관한 규정」에 따른 고등학교 조기 졸업자 가운데 15세 이상 18세 이하로서 취업을 하고자 하는 사람
  ㉣ 아동복지법에 따라 보호 중이거나 보호조치가 종료된 사람 가운데 15세 이상 34세 이하로서 취업을 하고자 하는 사람(자립준비청년 등)

⑩ **자유무역협정(FTA) 피해 실직자** : 자유무역협정이 원인이 되어 생산량·매출액 등이 감소하여 실직한 자

⑪ **건설일용직 근로자** : 취업지원 신청일 이전 180일 동안의 피보험기간 중 30일 이상을 건설일용직으로 근로한 자

⑫ **국가유공자 가구원 중 취업지원 대상자** : 「국가유공자 등 예우 및 지원에 관한 법률」 등에 따른 취업지원 대상자로서 보훈(지)청으로부터 '취업지원 대상자 증명서' 또는 추천서를 받은 사람

⑬ **미혼모(부)·한부모·청소년부모** : 「한부모가족지원법」의 모 또는 부로서 한부모가족증명서를 발급받거나, 한부모가족복지시설로부터 추천서를 발급받은 자, 고용센터별 운영위원회 심의 결과 사실상 미혼모(부)·한부모로서 지원 필요성이 인정되는 자, 「청소년복지지원법」의 청소년 부모에 해당하는 자

⑭ **구직단념청년** : 18세 이상 34세 이하인 사람으로서 「고용정책 기본법」에 따라 구축·운영되는 고용정보시스템상 신청일 이전 2년 동안의 교육·훈련·근로 이력이 100일 미만인 사람

⑮ **산재로 장해를 입은 자** : 산재처리가 종료되어 「산업재해보상보험법」상 장해 등급이 있고 근로복지공단으로부터 추천서를 받은 사람

⑯ **고용위기지역 및 고용재난지역 이직자** : 「고용위기지역 지정 기준 등에 관한 고시」에 따라 고용위기지역, 고용재난 지역으로 지정한 날의 12개월 전부터 지정기간 종료일까지의 기간 중 해당 지역 소재의 사업장에서 근로하다 퇴사한 이력이 있고 현재 실업상태인 자

⑰ **영세자영업자** : 사업자등록 소지자는 원칙적으로 참여를 제한하나, 신청일 이전 1년간 발생한 매출액이 3억원 이하인 자영업자

⑱ **소상공인 및 성실경영실패자** : 이미 폐업하였거나 폐업 예정인 연 매출액 3억 이하의 영세자영업자 중 소상공인시장진흥공단(지역센터)에서 '희망 리턴패키지 사업 참여 확인서'를 발급 받거나 「중소기업창업 지원법」에 따른 성실경영실패자로서 중소벤처기업부의 확인서를 발급받은 자

⑲ **노무 제공자 등** : 2년 이내에 100일 또는 800시간 이상 취업하고 있는 자로서 본인의 월평균 소득이 250만원(연 3,000만원) 미만인 자

⑳ **재정지원 직접일자리 사업 참여자** : 2년 이내에 「고용정책 기본법」에 따른 재정지원 직접일자리사업 중 노동시장으로의 진입을 주목적으로 하는 사업에 참여한 이력이 있는 자

(4) 취업취약계층의 특성

① 일반적 특성

구분	내용
신체적 특징	심리적 부적응의 신체화, 소화불량, 어지럼증, 두통, 가슴 통증 등 호소
경제적 특징	신용불량, 근로 빈곤, 채무 등 경제적으로 어려운 상황에 놓인 경우
사회적 특징	가정불화, 지지기반 훼손, 관계망 축소 등
직업행동적 특징	단기적인 진로계획, 한시적 직업에 종사, 직업의식 부족 등

② 심리적 특성

㉠ 높은 정서적 불안정성

㉡ 높은 스트레스

㉢ 낮은 인지적 명확성

㉣ 낮은 자기존중감 및 낮은 자기효능감

제2절 심층직업상담 구조화

01 직업상담모형 설정

(1) 특성-요인 이론모형 적용 (Parsons)

① 이론의 개요

㉠ 적성, 흥미, 성격, 가치, 자원, 한계, 원인 등의 개인에 대한 명확한 이해

㉡ 직업에서의 성공, 이점, 보상, 기회, 전망 등의 요건과 조건에 관한 지식

㉢ 개인과 직업 이 두 가지 사실의 관계성에 대한 진지한 추론

② 상담 틀과 기본가정

㉠ 누구에게나 하나의 진로목표는 있다.

㉡ 진로결정은 측정된 능력을 토대로 한다.

㉢ 개인들이 객관적으로 측정될 수 있고 일 요건과 상관이 있는 능력이나 특성에 따른 독특한 유형을 가진다.

③ 상담목표

㉠ 현명한 직업선택을 하도록 돕는다.

㉡ 내담자가 자신의 특성을 명확히 이해하도록 한다.

㉢ 내담자가 직업의 특성에 대해 명확히 이해하도록 한다.

㉣ 의사결정에서 나타나는 문제를 확인하고 합리적 의사결정을 돕는다.

(2) 홀랜드의 성격이론모형 적용 (Holland)

① 이론의 개요

㉠ 현실적, 탐구적, 예술적, 사회적, 진취적, 관습적 성격유형 등 육각형 모형의 성격이론을 제시하였다.

㉡ 6가지 유형의 이름과 순서는 RIASEC으로 표기하였다.

② 상담 틀과 기본가정 : 홀랜드는 일치성, 차별성, 정체성, 일관성, 계측성 등 5가지 개념을 발전시켰다.

③ 상담목표

㉠ 내담자의 직업적 성격유형을 통해 내담자와 직업 간의 상호작용을 확인한다.

㉡ 변별성, 일관성, 일치성의 개념을 활용하여 의사결정과정의 어려움을 예측한다.

㉢ 내담자의 유형에 대한 이해를 바탕으로 다양한 진로대안과 개인의 특성을 비교, 검토하면서 적합한 진로대안을 탐색한다.

㉣ 학과 및 직업의 선택 시 '홀랜드의 학과/직업코드표'를 이용하여 내담자의 유형과 일치하거나 유사한 유형의 학과 혹은 직업을 탐색한다.

(3) 직업적응이론모형 적용 (Dawis & Lofquist)

① **이론의 개요**
- ㉠ 일 성격과 일 환경은 서로 어울려야 한다.
- ㉡ 개인의 욕구는 일 환경에서 개인적 적합을 결정짓는 가장 중요한 것이다.
- ㉢ 일 환경에서 요구하는 개인의 욕구와 강화인 체계는 안정성과 유지 측면에서 중요하다.
- ㉣ 일 환경에서 요구하는 특징을 작업자의 특징과 일치시킬 때 직무 배치는 가장 잘 이루어진다.

② **상담 틀과 기본가정** : 개인들이 요구조건을 일 환경에 대입시키고, 이러한 요구조건을 수용하는 개인과 일 환경이 어느 정도 일치한다.

③ **상담목표**
- ㉠ 내담자의 호소문제를 개인과 환경의 불일치로 개념화하여 접근한다.
- ㉡ 내담자의 직업가치와 능력을 평가하여 불일치의 원인을 찾고 적응의 기회를 찾도록 한다.
- ㉢ 적응을 위해 내담자의 변화 혹은 직업환경의 변화 가능성을 탐색하고 내담자의 직업적응을 돕는다.

(4) 수퍼의 진로발달이론모형 적용 (Super)

① **이론의 개요**
- ㉠ 성장기(0~15세), 탐색기(15~24), 확립기(25~44세), 유지기(45~64세), 쇠퇴기(65세 이후) 등으로 직업발달단계를 제시하였다.
- ㉡ 생애공간적 접근에서 생애역할, 자기개념, 직업성숙 등을 제시하고, 생애진로무지개를 통해 역할의 현저성(salience)의 개념과 이에 대한 측정을 제시하였다.

② **상담 틀과 기본가정** : 능력, 성격, 욕구, 가치, 흥미, 특성, 자기개념 등이 개인마다 다르기 때문에 직업에 대한 적성이 제한되며, 직업은 개인의 능력과 성격의 특정한 유형을 요구한다.

③ **상담목표**
- ㉠ 내담자 스스로 자신의 생애역할에 대한 통합적이고 적합한 개념을 형성하여 이를 수용할 수 있도록 한다.
- ㉡ 자기 스스로 현실에 반하는 자기개념을 검토하도록 한다.
- ㉢ 내담자가 자기개념을 실현시키고 일에서의 성공, 사회적 기여, 개인적 만족을 기대할 수 있는 진로선택을 하도록 한다.

(5) 타이드만과 오하라의 이론모형 적용 (Tideman & O'Hara)

① **이론의 개요** : 에릭슨(Erikson)의 심리사회적 위기이론의 8단계인 신뢰감(trust), 자율성(autonomy), 주도성/솔선(initiative), 근면성(industry), 자기정체감(self-identity), 친밀감(intimacy), 생산성(generativity), 자아통합(ego integrity) 등으로부터 영향을 받아 자기정체감의 발달에 따른 이론을 전개하였다.

② 상담 틀과 기본가정
- ㉠ 진로발달을 시간단계의 틀 내에서 개념화하였다.
- ㉡ 진로발달단계는 자신의 자기정체감을 지속적으로 구별해내고 발달과제를 처리하며, 심리사회적 위기를 해결하는 과정이다.

(6) 고트프레드슨의 제한 · 타협이론모형 적용 (Gottfredson)

① **이론의 개요**
- ㉠ 직업포부발달단계를 힘과 크기 지향성(3~5세), 성역할 지향성(6~8세), 사회적 가치 지향성(9~13세), 내적 고유한 자기 지향성(14세 이후) 등으로 제시하였다.
- ㉡ 타협은 성유형, 직업수준, 직업분야 등에 대한 유사성과 차이점 등을 평가하여 자신이 선택할 직업의 영역 혹은 한계를 설정하게 되는 과정이다.

② **상담 틀과 기본가정**
- ㉠ 내담자는 한 가지 이상의 직업대안을 제시한다.
- ㉡ 내담자의 흥미와 능력에 적절한 직업을 선택한다.
- ㉢ 내담자는 자신이 선택한 대안에 만족한다.
- ㉣ 내담자는 필요 이상으로 대안을 제한하지 않는다.
- ㉤ 내담자는 기회를 인식하고 있으며 선택한 직업을 이행하는 데 있어 장애물에는 현실적이지 않다.

③ **상담목표**
- ㉠ 타협의 불가피성에 대한 인식이 선행목표가 된다.
- ㉡ 타협의 과정을 통해 진로의사결정을 할 수 있도록 한다.
- ㉢ 타협에 대한 적응을 돕는다.

(7) 사회학습진로이론모형 적용 (Krumboltz)

① **이론의 개요**
- ㉠ 진로발달과 선택의 영향요인을 유전적 요인과 특별한 능력, 환경조건과 사건, 학습경험, 과제접근기술 등의 네 가지로 제시하였다.
- ㉡ 과제접근기술은 문제해결기술, 작업습관, 정신구조, 정서적 · 인지적 반응 등과 같이 개인이 발달시켜 온 기술의 집합이다.

② **상담 틀과 기본가정**
- ㉠ 개인은 대부분의 문제가 생애에서 정상적인 일부분이므로 생애에 처치할 수 있는 문제가 존재한다는 사실을 인식하지 않을 것이다.
- ㉡ 개인들은 늘 같은 방법으로 해결책을 취하기 때문에 결정하거나 문제를 해결하는 데 필요한 노력을 기울이지 않을 수도 있다.

ⓒ 개인들은 잘못된 가정을 지나치게 일반화하여 잠재적 가치를 간과하여 잠재적 만족을 주는 대체물을 제거할 수도 있다.

ⓔ 개인들은 잘못된 신념과 비현실적인 기대 때문에 잠재적인 진로를 현실적으로 평가할 수 없어 부적절한 대체물을 선택할 수도 있다.

ⓜ 개인들은 목표는 비현실적이거나 다른 목표와 상충될 수 있기 때문에 스스로 무능력하다고 생각하며 불안해하거나 분노를 겪을지도 모른다.

③ 상담목표

㉠ 만족스러운 진로와 인생을 선택하기 위한 행동을 학습하도록 돕는다.

㉡ 진로 관련 심리검사를 활용하여 내담자의 새로운 학습기회를 찾도록 한다.

㉢ 계획하지 않은 활동들을 적극적으로 도전하게 하고, 진로에 유리하게 작용하도록 잘 관리하게 한다.

(8) 인지적 정보처리이론모형 적용 (Peterson, Sampson, Reardon)

① 이론의 개요

㉠ 의사결정에서 개인이 어떻게 정보를 사용하는가에 대한 관점에서 출발한다.

㉡ 진로문제해결은 일차적으로 인지적 과정이며, 일련의 절차(CASVE)를 통해 증진시킬 수 있다.

㉢ 의사소통(Communication, 질문들을 받아들여 부호화하며 송출하는 것), 분석(Analysis, 한 개념적 틀 안에서 문제를 찾고 분류하는 것), 통합(Synthesis, 일련의 행위를 형성시키는 것), 가치 부여(Valuing, 승패의 확률에 관해 각각의 행위를 판단하고 다른 사람에게 미칠 여파를 판단하는 것), 집행(Execution, 책략을 통해 계획을 실행시키는 것) 등이다.

② 상담 틀과 기본가정 (10가지 기본가정)

㉠ **진로선택은 인지적·정의적 과정들의 상호작용의 결과이다.**

㉡ **진로를 선택한다는 것은 하나의 문제해결활동이다.**

㉢ **진로문제해결자의 잠재력은 지식은 물론이고 인지적 조작의 가용성에 의존한다.**

㉣ **진로문제해결은 고도의 기억력을 요하는 과제이다.**

㉤ **동기의 근원을 앎으로써 자신을 이해하고 만족스러운 진로선택을 하려는 욕망을 가진다.**

㉥ 진로발달은 지식구조의 끊임없는 성장과 변화를 포함한다.

㉦ **진로정체성(career identity)은 자기 지식에 의존한다.**

㉧ 진로성숙은 진로문제를 해결할 수 있는 자신의 능력에 의존한다.

㉨ 진로상담의 최종 목표는 정보처리기술들의 신장을 촉진시킴으로써 달성된다.

㉩ 진로상담의 최종 목표는 진로문제해결자이고, 의사결정자인 내담자의 잠재력을 증진시킴에 있다.

③ **상담목표**
- ㉠ 내담자의 능력(capability)과 복잡성(complexity)을 기준으로 진로의사결정 준비도를 평가한다.
- ㉡ 진로정보처리영역 피라미드와 CASVE 과정에 따라 내담자 문제의 원인을 파악한다.
- ㉢ 파악된 문제에 따라 상담목표를 설정한다.

(9) 사회인지적 진로이론모형 적용 (Lent, Brown, Hackett)

① **이론의 개요**
- ㉠ 개인과 환경 간에 상호작용하는 인과적 영향을 분류하고 개념화하기 위해, 사회인지적 진로이론은 3축 호혜성(triadic reciprocal)이라고 부르는 반두라(Bandura, 1986)의 인과적 모형을 기술한다.
- ㉡ 최종적으로 자신들의 사고와 행동에 영향을 주는 상황에 개개인이 어떻게 영향을 주는지도 기술한다. 즉, 개인-행동-상황의 상호작용이다.

② **상담 틀과 기본가정**
- ㉠ 진로발달과 선택의 결정요인으로 자기효능감, 결과기대, 목표 등 3가지 인지적 요인의 영향을 강조하였다.
- ㉡ 자기효능감이 높고 긍정적인 결과기대의 목표 설정 → 목표에 대한 확신성이 높음 → 목표를 이루기 위한 행동에 적극적임 → 목표 성공 가능성을 높임 → 특정 영역에서 성공을 거둔 내담자는 특정 영역에서의 자기효능감과 결과기대를 높인다.

③ **상담목표**
- ㉠ 자기효능감을 높이는 것, 긍정적이고 현실적인 결과기대를 갖는 것, 목표를 수립하는 것이 1차적 상담목표이다.
- ㉡ 진로준비행동에 대한 구체적인 계획을 세우고, 진로장벽을 인식하고 제거한다.

(10) 가치 중심적 접근모형 적용 (Brown)

① **이론의 개요**
- ㉠ 브라운(Brown, 1996)의 진로발달에 대한 가치 중심적 접근법은 인간기능이 개인의 가치에 의해 상당 부분 영향을 받고, 또 형성된다는 가정에서 비롯한다.
- ㉡ **홍미는 진로결정에 별로 큰 역할을 하지 않는다.**
- ㉢ 가치를 행동역할을 합리화하는 데 있어 강력한 결정요인이라고 보았다.

② **상담 틀과 기본가정**
- ㉠ 개인이 우선권을 부여하는 가치들은 얼마 되지 않는다.
- ㉡ 우선순위가 높은 가치들이 다음의 기준들을 충족시키고자 할 때 생애역할은 가장 중요한 요인이나.

ⓒ 가치는 환경 속에서 가치를 담은 정보를 획득함으로써 학습된다. 이런 정보는 개인의 세습된 특성과 상호작용하면서 인지적으로 처리된다.
ⓔ 생애만족은 긴요한 모든 가치들을 만족시키는 생애역할들에 의존한다.
ⓜ 한 역할의 특이성은 역할 안에 있는 필수적인 가치들의 만족 정도와 직접 관련된다.
ⓗ 생애역할에서의 성공은 많은 요인들에 의해 결정되는데, 이들 중에는 학습된 기술과 인지적·정의적·신체적 적성 등도 있다.

(11) 진로구성주의 이론모형 적용 (Savickas)

① **이론의 개요** : 개인이 자신의 진로 관련 행동과 직업적 경험에 의미를 부여하면서 스스로의 진로를 구성해 간다고 보면서 생애설계라는 새로운 패러다임을 제시하였다.
② **상담 틀과 기본가정**
　ㄱ 개인은 이미 존재하는 사실을 발견하는 것이 아니라 적극적으로 의미화하는 과정을 통해 진로행동을 이끌고, 조절하고, 유지할 수 있다고 본다.
　ㄴ 상담과정에서는 내담자 자신에게 의미 있는 경험을 찾도록 촉진하고 자신만의 진로 이야기를 만들어 가도록 도움으로써 진로상담의 실질적인 방법을 제시하였다.
③ **상담목표**
　ㄱ 개인의 의미 있는 경험을 찾아내도록 촉진하고 자신만의 진로 이야기(career theory)를 만들어 가도록 돕는다.
　ㄴ 진로 이야기 속에서 내담자 자신의 직업적 성격, 진로 적응도, 생애주제를 찾는다.

02 상담전략 수립

(1) 특성-요인이론의 상담단계와 전략

① **1단계 – 분석단계** : 내담자의 정보와 자료를 수집하는데 적성, 흥미, 동기, 신체건강, 정서적 균형, 적응 및 억제 촉진 단서 등에 대하여 누가(cumulative) 기록, 면접, 시간 할당, 자서전, 일화 기록, 심리검사 등을 사용한다.
② **2단계 – 종합단계** : 종합한 분석된 자료를 요약하고 조직화한다.
③ **3단계 – 진단단계** : 내담자의 문제들과 자질, 경향성, 장점 등에 대하여 자료를 해석하여 내담자의 논점을 확인하고 원인을 발견한다.
④ **4단계 – 예측단계** : 대안을 찾아 처치 또는 처방하고 논점 해결을 위한 중점적인 변화를 예언한다.
⑤ **5단계 – 상담단계** : 일반화된 방식으로 생활 전체를 다루는 것을 학습하도록 돕는다.
⑥ **6단계 – 추수지도단계** : 새로운 문제나 문제의 재발에 대하여 도와주는 과정이다.

(2) 홀랜드의 인성이론의 상담전략

① 표준화된 직업흥미검사를 실시하고 해석한다.
② 5가지 주요 개념을 적극 활용하여 검사 결과를 해석한다.
③ 성격유형이 발달적으로 어떠한 변화 혹은 안정성을 보이는지 확인한다.
④ 내담자의 유형과 현재 환경적 유형 간에는 어떤 일치가 있는지, 혹은 불일치가 있는지 확인한다.
⑤ 특정한 유형에 대한 좋고 싫음이 변별되는지를 확인한다.
⑥ 성격유형 간에는 일관성이 있는지 등을 확인한다.
⑦ 진로대안을 탐색하고 성격유형에 일치하는 환경에 해당되는 직업들을 고려한다.
⑧ 성격유형에 따라 진로대안 사이에서 발생할 수 있는 문제와 적응 가능성을 예측해 본다.

(3) 직업적응이론의 상담전략

① 상담에의 적용
㉠ 자기 이해를 위해 주관적인 평가를 먼저 실시 후 객관적인 평가를 실시한다.
㉡ 내담자가 직업환경에 적응하도록 돕는다.
㉢ 개인과 환경 부조화가 일어나고 있는 영역과 그 정도에 대한 평가를 기반으로 부조화를 줄일 수 있는 적응전략을 세운다.

② 상담 개입전략
㉠ 욕구, 능력, 성격양식 면에서 내담자의 자기 이미지를 평가한다.
㉡ 직업의 요구사항과 강화인을 중심으로 직업환경을 평가한다.
㉢ 개인-환경 부조화에 대한 내담자의 적응양식을 평가한다.
㉣ 개인과 환경 간의 충분한 조화가 있는데도 내담자의 만족도가 낮다면 가족문제나 직장 동료문제 등과 같은 다른 불만족의 요인을 탐색한다.

(4) 진로발달이론의 상담단계와 전략 (Hearley, 1982)

① **1단계-내담자 특징 수립** : 내담자와 상담자는 어떤 특징을 측정할지를 협의해야 하는데, 주로 능력, 기술, 흥미, 가치, 성격변인 등이 이에 해당한다. 그리고 면담이나 사전에 준비한 질문목록을 이용해서 내담자의 사회망과 지원체계에 관한 정보를 얻는다.
② **2단계-전략 확인 및 선택** : 밝혀낸 장애물을 극복하기 위해 설계된 행동과제 분석을 실행하는 단계이다. 이때 목표를 찾아내고 명료화하는 과정이 포함될 수도 있다.
③ **3단계-이행지도 및 조력** : 2단계에서 개발된 전략을 이행하도록 내담자를 지원한다. 상담자가 직접 학습 프로젝트에 관계하거나, 다른 전문가들의 지원을 받을 수도 있다.
④ **4단계-목표 성취 및 검증** : 학습전략의 효율성을 검토하는 것으로 전략을 수정하며, 상담자는 목표 달성을 위한 내담자의 노력을 지원한다.

(5) 고트프레드슨의 진로 · 타협이론의 상담전략

① 타협의 불가피성에 대한 수용을 촉진한다.
② 원하는 진로생애로의 접근 가능성에 대한 판단을 촉진한다.
③ 진로계획을 성취할 수 있도록 경쟁력을 높인다.

(6) 사회학습이론의 상담단계와 전략

① **1단계 – 면접** : 통찰적이고 긍정적인 내담자의 반응에 강화를 주어 격려하며, 모든 진로문제, 가족생활, 환경적 영향, 정서적 불안정성, 진로신념과 장애물들, 기술, 흥미, 가치, 성격의 전통적인 진로영역 등에 초점을 두어 내담자가 잠정적인 목표를 수립하는 것을 도와준다.
② **2단계 – 사정** : 객관적인 사정도구는 학습 개입전략을 구체화하는 수단으로 사용되며, 내담자가 미래에 원하는 학습을 확인하는 연결수단으로 사용된다.
③ **3단계 – 활동 개시** : 더 많은 사정도구를 접하게 되며, 시청각적인 도구를 검토하거나, 컴퓨터 프로그램, 직업 관련 자료를 통하여 목표를 확인한다.
④ **4단계 – 정보 수집** : 개인 전략을 검토하고, 목표를 논의하며, 내담자의 직업평가 양식을 개발하여 내담자가 직업 관련 사이트를 방문하거나 직무경험 자료를 사용하여 정보를 수집하도록 개입한다.
⑤ **5단계 – 정보 공유 및 결과 추정** : 직업에 관해 수집된 정보를 논의하고, 각 직업의 선택 시 나타날 수 있는 결과를 함께 추측해 보며, 정보처리과정에서 발생할 수 있는 내담자의 어려움을 평가한다.
⑥ **6단계 – 재평가 및 잠정적 의사결정과 재순환** : 특정 직업에서 성공 가능성을 논의하고, 더 나은 진로탐색을 위한 결정과 방향변화를 위해 이전 상담단계를 거친다.
⑦ **7단계 – 직무탐색 전략** : 연구도구의 사용, 면접훈련, 이력서 작성, 직업모임 참여하기, 역할연기, 생애결정 결과 등을 내담자가 배울 수 있도록 고안된 모의연습을 하는 것을 포함하여 개입한다.

(7) 인지적 정보처리이론의 상담단계와 전략

① **1단계 – 초기면담** : 내담자의 진로문제에 대한 정서적 · 인지적 요소들에 대한 정보를 탐색하고 신뢰성이 있는 관계를 형성한다.
② **2단계 – 사전 사정(예비평가)** : 문제해결과 의사결정에 대한 내담자의 준비도를 결정하기 위해 진로사고검사(CTI : Career Thought Inventory)를 실시한다.
③ **3단계 – 문제 확인 및 원인 분석** : 이 단계에서 상담자와 내담자는 내담자의 문제들에 대하여 사전 이해에 동의한다.
④ **4단계 – 목표 설정** : 상담자와 내담자가 공동으로 목표를 설정한다. 목표들은 개별 학습계획(ILP : Individual Learning Plan)에 의해 작성된다.

⑤ **5단계 – 개별 학습계획의 개발** : 상담자와 내담자는 개별 학습계획을 개발시킬 때 다시 협력하는데, 이때 상담자는 내담자가 초기에 세운 목표들을 달성하는 데 필요한 자원과 활동들의 일련의 과정을 보여준다.

⑥ **6단계 – 개별 학습계획의 실행** : 내담자가 합의된 계획을 주도적으로 실행하는 것이 필요하다. 상담자는 진행과정에 대해 감독하고 격려하며, 내담자에게 보다 많은 정보를 제공하고 설명하며 강화를 제공한다.

⑦ **7단계 – 종합적 검토 및 일반화** : 내담자의 미래 문제해결과 진로의사결정에 사용할 수 있는 전 단계에서 학습된 기술들에 초점을 맞춘다. 내담자가 발전할 수 있도록 강화하고, 미래의 진로문제와 개인문제를 해결하기 위해 배워야 하는 기술들로 일반화할 수 있다.

(8) 사회인지적 진로이론의 상담단계와 전략

① **1단계 – 자기효능감 점검 및 강화** : 진로결정 자기효능감, 직무수행에 대한 자기효능감과 구직준비행동에 대한 자기효능감을 고려해야 한다. 이는 진로선택과 목표수행활동을 위한 동기를 높여준다.

② **2단계 – 결과기대** : 결과기대는 성공적인 수행 이후에 자신에게 찾아올 보상에 대한 기대이며, 직업선택에 대한 결과기대는 현실적이며 구체적으로 설정되어야 한다.

③ **3단계 – 환경의 영향 검토** : 환경적 요인에 의해 제한된 학습경험을 하였는지, 그 중 현재 시점에서 보완할 수 있는 것은 없는지 검토하며, 환경적 요인과 환경적 요인에 대한 지각이 진로준비행동에 어떤 영향을 미치고 있는지 탐색한다.

④ **4단계 – 준비행동 촉진** : 내담자가 무엇을 하면서 하루를 보내는지, 시간을 보내는 방식은 어떠한지를 구체적으로 탐색하여 진로목표 달성에 도움이 되는 준비행동을 해 나가도록 돕는다.

⑤ **5단계 – 진로장벽의 탐색 및 제거** : 무능력 및 비능률을 초래하는 진로장벽을 민감하게 인식하고 명확히 정의하여 진로장벽을 감소시키기 위한 방안을 찾는다. 내담자 스스로 자기를 가두는 장벽으로부터 벗어나도록 도와야 한다.

(9) 가치 중심적 접근에서의 상담전략

① 내담자가 진로선택을 방해하는 정서적 어려움이 무엇인지, 그리고 진로와 생애역할 간의 명확한 관계를 파악하고 가치관을 명료화하여, 우선순위가 무엇인지에 대한 정보 등을 확인하는 데 도움을 준다.

② 상담자는 진로탐색을 위한 지침과 인터넷 등을 매개로 하는 진로탐색 프로그램을 이용하여 개인의 가치를 진로선택에 충분히 반영하도록 도울 수 있다.

③ 워크넷의 가치관검사 결과는 가치 우선순위에 따라 직업탐색과 직업선택을 위한 대안 비교 시 평가의 준거가 될 수 있다.

(10) 진로구성주의이론의 상담전략

① **직업적 성격** : 사람들이 특정한 진로행동을 보이는 이유와 행동이 생애주제로 표현되는 방법을 이해하고자 노력한다. 표준화된 직업흥미검사나 결과를 가지고 내담자의 진짜 흥미라고 해석하지 않고, 하나의 가능성으로 보며, 가설을 만드는 데 활용한다.

② **진로적응성** : 진로적응성은 자신의 진로를 구성해나가는 과정에서 극복과정을 강조한다. 진로적응성을 통해 개인은 자신의 자아개념을 직업적 역할 속에서 실현해내고, 자신의 진로를 새롭게 만드는 과정으로 선순환될 수 있다. 자신의 진로에 관심을 가지고 통제감을 느끼며, 진로에 대한 호기심과 자신감을 갖는 것이 진로적응성의 주요 특징이다.

③ **생애주제** : 개인의 생애주제를 담은 개인의 진로 관련 경험담을 듣는 것이 중요함을 강조한다. 내담자의 여러 진로 이야기를 통합하여 생애주제를 찾아나가는 과정이 바로 직업상담의 과정이다.

제3절 직업심리치료 및 변화 분석

01 변화 개입 및 평가

(1) 엘리스(Ellis)의 합리적 · 정서적 · 행동적 치료 (REBT : Rational Emotive Behavior Therapy)

① **특징 및 의의**
　㉠ 인간은 합리적인 사고를 할 수 있는 동시에 비합리적인 사고를 할 수 있다고 가정한다.
　㉡ **인지는 인간의 정서를 결정하는 가장 중요한 요소이다.**
　㉢ **비합리적 신념(역기능적 사고)은 정서장애와 행동장애에 중요 결정요인으로 작용한다.**
　㉣ 내담자의 비합리적인 신념에 대한 논박을 통해 사고와 감정의 변화를 도모하는 것을 목적으로 한다.
　㉤ 문제에 초점을 둔 시간제한적 접근으로서, 내담자가 자신의 행동을 통제하기 위한 대처기제를 학습하는 교육적 접근을 강조한다.

② **기본가정**
　㉠ 인간은 이성에 따라 합리적이고 올바른 사고를 할 수 있는 동시에 왜곡된 사고를 할 수도 있는 잠재기능을 가지고 태어났다.
　㉡ 동일한 부정적 상황이라도 개인마다 자신과 타인을 둘러싼 세계에 대한 의미와 철학, 평가하는 신념 등에 따라서 각자 다르게 받아들일 수 있다.
　㉢ 만약 상황을 비합리적으로 받아들일 경우 심리적 장애를 경험할 수 있다.

③ 비합리적 신념의 3가지 당위성

구분	내용
자신에 대한 당위성	나는 반드시 훌륭하게 일을 수행해 내야 하며, 중요한 타인들로부터 인정받아야만 한다. 그렇지 않으면 나는 썩어빠진 하찮은 인간이다. (자기파멸)
타인에 대한 당위성	타인은 반드시 나를 공정하게 대우해야 한다. 그렇지 않으면 끔찍하고 참을 수 없는 일이다. (타인 불신, 인간회의)
세상(조건)에 대한 당위성	세상의 조건들은 내가 원하는 방향으로 돌아가야만 한다. 그렇지 않으면 끔찍하고 참을 수 없는 일이며, 나 또한 그와 같은 끔찍한 세상에서 살아갈 수 없다. (화, 부적절한 행동)

④ 합리적 사고와 비합리적 사고의 구분

구분	합리적 사고	비합리적 사고
논리성	논리적으로 모순이 없다.	논리적으로 모순이 많다.
현실성	경험적 현실과 일치한다.	경험적 현실과 일치하지 않는다.
실용성	삶의 목적 달성에 도움이 된다.	삶의 목적 달성에 방해가 된다.
융통성	융통성이 있고 유연하다.	절대적, 극단적이고 경직되어 있다.

⑤ REBT 상담의 목표

　㉠ **자기관심** : 정서적으로 건강한 사람은 우선 자기 자신에게 관심이 있고 진실하며 타인을 위하여 자기 자신을 자학적으로 희생시키지 않는다.

　㉡ **사회적 관심** : 건강한 사람은 소외된 실존을 택하지 않고 사회에서 다른 사람과 효과적으로 어울려 사는 데에 관심을 갖는다.

　㉢ **자기 지향** : 건강한 사람은 다른 사람의 행동이나 지지를 좋아할 수는 있으나 그런 지지를 매번 요구하는 것은 아니다. 자신의 삶에 책임을 느끼며 자신의 문제를 독립적으로 해결할 수 있다.

　㉣ **큰 좌절감에 대한 인내(관용)** : 성숙한 인간은 모든 인간이 실수를 하며 완전할 수 없다는 것을 알고 자신과 타인의 실수를 인정하고 수용하며, 그런 행동을 경멸하지 않는다.

　㉤ **유연성(융통성)** : 건강한 사람은 사고가 유연하며, 변화에 개방적이고, 무수히 다양한 사람과의 사상 및 사실을 허용하고 수용 가능한 것으로 본다.

　㉥ **불확실성의 수용** : 성숙한 사람은 인간이 무한한 가능성과 기회를 가진 세계에 살고 있다는 것을 인정하나 어떤 절대적인 확실성은 있지 않다는 것을 인정한다.

　㉦ **창조적 일에 대한 실행** : 건강한 사람은 자신을 둘러싸고 있는 일상적인 일뿐만 아니라, 최소한 한두 가지 정도의 창조적인 일에 몰두하며 관심을 가지고 있다.

　㉧ **과학적 사고** : 성숙한 사람은 깊게 느끼고 구체적으로 행동하며 객관적이고 이성적이다. 또한 자신과 결과에 대해 반성함으로써 감정과 행동들을 조절해 나간다.

　㉨ **자기수용** : 건강한 사람은 자기가 살아 있다는 것 자체를 기뻐하며 끊임없이 삶을 즐기고 행복과 기쁨을 창조할 수 있는 능력이 자기에게 있다고 믿는다.

㊀ **모험하기** : 건강한 사람은 모험을 할 수 있다. 자신이 인생에서 진정으로 원하는 것이 무엇인가를 곰곰이 생각해 보고 모험을 시도하며 인생을 개척한다.

㋀ **장기적인 만족 추구** : 건강한 사람은 순간적인 쾌락을 추구하기보다는 미래 지향적인 쾌락을 추구한다.

㋁ **비이상주의** : 건강한 사람은 이 세상에서 자신이 얻고자 하는 모든 것을 다 얻을 수 없으며, 모든 고난을 완전히 회피할 수 없다는 사실을 인식한다.

㋂ **정서적 장애에 대한 자기책임** : 건강한 사람은 다른 사람이나 사회를 비난함으로써 자신을 방어하기보다는 자기 파멸적인 혼란을 느끼는 자신에 대하여 책임이 있다고 느낀다.

⑥ **ABCDEF 모형**

구분		내용
A (Activating Event)	선행사건	내담자의 정서나 행동에 영향을 미치는 사건
B (Belief System)	신념체계	선행사건에 대한 내담자의 비합리적 신념체계나 사고체계
C (Consequence)	결과	비합리적 신념이나 사고체계를 통해 해당 사건을 해석함으로써 얻게 되는 부적응적인 정서적 · 행동적 결과
D (Dispute)	논박	내담자가 가지고 있는 비합리적 신념이나 사고체계에 대해 논리성, 실용성, 현실성에 비추어 논박하는 것으로 내담자의 비합리적 신념체계를 수정하기 위한 것
E (Effect)	효과	논박으로 인해 나타나는 효과로서 비합리적 신념이 합리적 신념으로 대체
F (Feeling)	감정	효과적이고 학리적인 신념에서 비롯된 새로운 감정이나 행동

※ **합리적 정서적 상담이론에서 사람들이 경험하는 부적응적인 정서나 행동은 선행사건의 결과가 아니라 비합리적 신념체계(사고)에 의한 것이다.**

⑦ **주된 상담기법**

㉠ **인지기법** : 논박의 활용, 인지과제나 독서법 등

㉡ **정서기법** : 인지 · 정서 심상법(합리적 · 정서적 이미지), 역할연기, 수치공격연습, 무조건적 수용, 유머, 미래 상상하기 등

㉢ **행동기법** : 조작적 조건 형성, 자기관리, 체계적 둔감화, 자기표현훈련, 이완, 강화와 처벌 등 행동치료기법 활용

(2) 벡(Beck)의 인지치료

① **특징 및 의의**

㉠ 인간의 행동과 정서는 개인의 신념체계와 사고에 따라 결정된다고 본다.

    ⓛ 상담자는 내담자로 하여금 자신의 역기능적인 정서, 행동, 문제해결을 유발하는 사고의 유형을 확인하고 변화할 수 있도록 돕는 역할을 수행한다.

    ⓒ 적극적이고, 지시적이며, 시간제한적이고, 구조화된 접근이다.

    ⓔ 부정적인 '자동적 사고'와 '인지적 왜곡'이 심리적 문제를 야기한다.

    ⓜ 사고가 감정과 행동에 영향을 미치며, 행동양식은 사고의 패턴과 감정에 영향을 미치므로 인지적 오류를 다루는 것과 함께 행동적 관점의 개입도 중요하다고 강조한다.

② **부정적 자동적 사고**

    ㉠ 스트레스사건을 경험했을 때 자동적으로 떠올리는 부정적인 내용의 자동적 사고에 의해 심리적인 문제가 발생한다.

    ㉡ 심리적 부적응을 가져오는 3가지 자동적 사고를 인지삼제(cognitive triad)라고 한다.

    ㉢ 인지삼제는 자기에 대한 비관적인 생각, 앞날에 대한 염세주의적 생각, 세상에 대한 부정적인 생각이 이에 해당된다.

③ **역기능적 인지도식**

    ㉠ 인지도식이란 세상을 살아가는 과정에서 삶에 관한 이해의 틀을 형성한 것을 의미한다.

    ㉡ 인지도식의 내용이 부정적인 성질의 것인 경우 심리적 문제를 초래하게 되는데, 이를 역기능적인 인지도식이라고 한다.

    ㉢ **역기능적 인지도식의 예**
- 인정을 받으려면 항상 일을 잘해야만 한다.
- 사람은 멋지게 생기고 똑똑하며 돈이 많지 않으면 행복해지기 어렵다.
- 다른 사람에게 도움을 청하는 것은 나약함의 표시이다.

④ **인지오류**

    ㉠ **임의적 추론 (자의적 추론)** : 충분하고 적절한 증거가 없는데도 그러한 결론에 도달하는 것

    ㉡ **선택적 추상화** : 상황이나 사건의 주된 내용은 무시하고 특정한 일부의 정보에만 주의를 기울여 전체의 의미를 해석하는 것

    ㉢ **과잉일반화 (과일반화)** : 한두 번의 사건에 근거하여 일반적인 결론을 내리고 무관한 상황에도 그러한 결론을 적용시키는 것

    ㉣ **의미 확대 및 의미 축소 (과대평가 및 과소평가)** : 어떤 사건의 의미나 중요성을 실제보다 지나치게 확대하거나 축소하는 것

    ㉤ **개인화** : 자신과 관련시킬 근거가 없는 외부 사건을 자신과 관련시키는 것

    ㉥ **이분법적 사고 (흑백논리, 양분법적 논리)** : 사건의 의미를 이분법적인 범주의 둘 중의 하나로 해석하는 오류로 회색지대를 인정하지 않는 것

    ㉦ **긍정 격하** : 자신의 긍정적인 경험이나 능력을 객관적으로 평가하지 않은 채 부정적인 경험으로 전환하거나 자신의 능력을 격하시켜 평가하는 것

    ㉧ **잘못된 명명** : 과잉일반화의 극단적인 형태로서, 내담자가 어느 하나의 단일사건이나 극히 드문 일에 기조하여 완전히 부정적으로 상상하는 것

⑤ 인지치료의 5단계

단계	내용
1단계	내담자가 느끼는 **감정의 속성이 무엇인지 확인**한다.
2단계	감정과 **연합된 사고, 신념, 태도 등을 확인**한다.
3단계	내담자의 사고들을 **1~2개의 문장으로 요약·정리**한다. 상담자가 믿는 신념이나 행동의 핵심 부분을 분석하여 내담자와 함께 상담자가 그것을 정확하게 파악하였는지를 검토해 본다.
4단계	내담자를 도와 **현실과 이성의 사고를 조사**해 보도록 개입한다. 첫 번째는 낡은 사고에 대한 인지적 평가로서, 이는 대개 새로운 인지의 형성으로 이어진다. 그리고 두 번째는 낡은 사고나 새로운 사고의 적절성을 검증하고 실험하는 것이다.
5단계	과제를 부여하여 **신념들과 생각들의 적절성을 검증**하게 한다.

(3) 취업취약계층의 주요 논점

① **실업의 심리학적 의미**
   ㉠ 생계유지에 직접적인 위협을 받게 된다.
   ㉡ 개인의 생활반경을 급격하게 감소시킨다.
   ㉢ 개인으로 하여금 목표와 방향성을 상실하게 한다.
   ㉣ 의사결정범위를 제한시킨다.
   ㉤ 개인의 전문성과 기술을 발휘할 수 있는 기회가 상실된다.
   ㉥ 실직으로 인해 심리적으로 고통스러운 일들이 증가할 수 있다.
   ㉦ 실업은 미래에 대한 불안감을 초래한다.
   ㉧ 대인관계의 접촉범위를 제한한다.
   ㉨ 실업상태가 되면 사회적 위치가 달라진다.

② **실업상태에서 우유부단함의 이유**
   ㉠ 실패에 대한 공포
   ㉡ 중요한 타인들의 영향
   ㉢ 완벽하려는 욕구
   ㉣ 성급한 결정 내리기
   ㉤ 우유부단함에 대한 강화
   ㉥ 다재다능
   ㉦ 좋은 직업들의 부재
   ㉧ 선택에 대한 불만족

(4) 취업취약계층의 논점별 접근과 상담기법

① **청년**

ㄱ **특성** : 자기이해가 부족한 경우가 많으며, 자기효능감이 낮거나 의존적이다. 진로의사 결정에 미숙하며, 일 경험 부족, 단편적인 직업정보로 인해 직업세계에 대한 환상이나 두려움을 갖는다.

ㄴ **접근방법 및 상담기법** : 객관적인 자기이해와 직업탐색, 의사결정훈련을 통해 자신의 능력에 맞는 직업선택의 과정을 학습할 수 있도록 지원한다.

② **장기 구직자**

ㄱ **특성** : 정서적 불안정성이 높고 자기효능감이 낮으며, 불안, 분노, 자의식, 충동성, 스트레스 취약성 등이 높게 나타난다. 일자리가 제한적이고 직업수행능력이 낮으며, 심리적 요인에 크게 영향받으며 좁은 범위의 직업정보탐색을 통해 직업세계를 지각하는 특성이 있다.

ㄴ **접근방법 및 상담기법** : 현실적인 선택에 합의점을 찾을 수 있도록 지원하고, 정서적 불안정성을 낮추고 자기효능감을 높이는 전략이 필요하다. 미래 시간전망에 기초하여 진로목표를 설정하고 단계별로 접근할 수 있도록 하며, 사후관리를 통한 직업적응을 조력한다.

③ **진로단절여성**

ㄱ **특성** : 특정 기술이나 기능, 직업경험이 적은 것이 진로장벽으로 작용한다. 육아와 가사노동으로 시간적 제약이 많아 직업선택이 제한적이며, 자기효능감이 낮고 비전통적인 직종과 노동시장에서의 차별적 관행의 논점이 있다.

ㄴ **접근방법 및 상담기법** : 자기효능감을 증진하고 직업능력을 향상시킬 수 있는 기회를 제공한다. 현실적으로 접근 가능한 직업선택을 할 수 있도록 돕고, 양질의 시간제 일자리 발굴 및 사후관리를 통한 직업적응을 조력한다.

④ **고령자**

ㄱ **특성** : 은퇴로 인해 자기효능감이 훼손되거나 고정관념, 사회적 지지기반 약화를 호소하는 경우가 많다. 양질의 일자리가 부족하고, 직업능력 저하와 고연령에 의해 진로장벽을 경험한다.

ㄴ **접근방법 및 상담기법** : 새로운 생애목표 설정과 새로운 역할 탐색, 다양한 여가와 건강관리를 위한 계획 등을 수립할 수 있도록 지원한다. 현실 수용과 변화관리를 통해 취업의 목적을 설정하고 과거 경험을 최대한 활용할 수 있는 일자리를 제안한다.

⑤ **북한이탈주민 및 결혼이민여성**

ㄱ **특성** : 정서적 불안정성이 높고 건강상태가 좋지 않은 경우가 있다. 문화적인 차이로 인해 소외감, 좌절감, 외로움, 불신 등이 높고 노동강도가 낮은 편안하고 안정적인 직업에 대한 열망을 보인다.

ⓛ **접근방법 및 상담기법** : 신뢰감 형성이 중요하고, 사회적응 프로그램이나 진로계획 프로그램을 지원한다. 노동시장의 이해수준을 증진하고 정부지원제도를 활용하여 적극적으로 구인처를 발굴하도록 한다.

02 변화 확인과 개입의 적절성 분석

(1) 내담자 정보 및 행동분석기법 (Gysbers & Moore, 1987)

① 가정 사용하기

ⓗ 가정의 사용법은 가설에 의하여 결정되며, 이를 통해 내담자의 행동을 추측할 수 있다.

ⓛ 직업상담가가 내담자에게 그 행동이 존재하는가를 질문하는 것이 아니라, 내담자에게 그러한 행동이 이미 존재했다는 것을 가정한다.

가정을 사용하지 않은 예	가정을 사용한 예
• 당신은 계획을 갖고 있나요?	• 당신의 계획은 어떤 것이죠?
• 당신은 직업상담을 해야겠다는 결정을 내렸나요?	• 직업상담을 해야겠다고 결정을 내린 과정을 말씀해 주시겠어요?
• 당신은 당신의 직업이 마음에 듭니까?	• 당신의 직업에서 마음에 드는 것은 어떤 것들입니까? • 당신의 직업에서 좋아하지 않는 것은 무엇입니까?
• 당신의 상사는 어때요?	• 어떤 사람이 상사가 되었으면 좋겠습니까? • 당신은 어떤 일을 해서 상사에게 미움을 받았습니까?

② 의미 있는 질문 및 지시 사용하기

ⓗ 가정법을 지지하는 의미 있는 질문과 지시를 사용하는 기법이다.

ⓛ 내담자들은 이러한 질문에 대해서 변호할 수 있기 때문에 명령하거나 강제적인 것보다 대답하기 쉽게 느낀다.

구분	질문 예시
공손한 명령의 질문	• 당신이 특별히 좋아하는 것이 있으면 말씀해 주시겠어요? • 당신이 이러한 일을 할 수 있을까 하는 생각이 드는데….
대답을 원하지 않으면서 주의를 요하는 질문	• 이게 맞는 건지 잘 모르겠네요. • 이 직업이 쉬운 건지, 어려운 건지 잘 모르겠어요. • 당신이 능력을 발휘할 수 있을지….

③ 전이된 오류 정정하기

ⓗ 정보의 오류

• 내담자가 실제의 경험과 행동을 이야기함에 있어 대강대강 이야기할 때 나타난다.

• 내담자가 충분한 정보를 알고 있다고 잘못 생각하는 경우 발생한다.

• 상담자는 보충질문을 하거나 되물음으로써 잘못을 정확히 인식시켜 주어야 한다.

구분	내용
삭제	내담자의 경험을 이야기함에 있어서 중요한 부분이 빠졌을 때 • 나는 맞지 않아요. → 어디에 맞지 않는다는 거지요? • 내 생각이 옳아요. → 무엇에 대한 생각 말인가요?/무엇에 비해서 옳다는 거죠? • 내 상사가 그러는데 나는 책임감이 없대요. → 무엇에 대한 책임감을 말하는 거죠?
불확실한 인물의 인용	내담자가 명사나 대명사를 잘못 사용했을 때 • 그들은 나를 잘 몰라요. → 누가 당신을 이해하지 못한다는 거죠? • 사람들은 나를 의기소침하게 만들지요. → 누가 특히 더 그럴지요? • 나는 대응할 수가 없어요. → 무엇에(누구에게) 대응한단 말인가요?
불분명한 동사의 사용	내담자가 모호한 동사를 사용했을 때 • 내 상관은 나를 무시하려 들지요. → 당신의 상관이 특히 어떤 점에서 당신을 무시한다는 생각이 드나요? • 내가 믿고 있는 것과 정반대지요. → 어떻게 된 일인지 설명해 보세요. • 내가 결정을 내리는데 방해를 받고 있어요. → 어떻게 방해를 받고 있죠?
참고자료	내담자가 어떤 사람이나 장소, 사건을 이야기할 때 구체적으로 말하지 않는 경우 • 나는 확신할 수가 없어요. → 무엇을 확신할 수 없다는 거죠? • 그 일은 지겨워요. → 그 일을 지겹게 만드는 것이 무엇이죠? • 모르겠어요. → 무엇을 모르겠다는 거죠? • 그 일을 하면 지쳐요. → 그 일이라는 것을 설명해주세요.
제한된 어투의 사용	내담자가 자기 자신의 세계를 제한하려고 하는 경우 • 나는 할 수 없어요. → 무엇이 못하게 하는 거죠? • 나는 이렇게 해야만 해요. → 만약 안 하면 어떻게 되나요?

ⓒ 한계의 오류 : 내담자가 자신에게 기회나 선택이 제한되어 있다고 생각하는 경우를 말한다.

구분	내용
예외를 인정하지 않는 것	내담자가 예외가 없다는 뜻을 내포한 '항상, 절대로, 모두, 아무도'와 같은 말을 자주 사용하는 경우 • 그 사람들은 항상 ~해요. → 항상 그러하다는 말입니까?
불가능을 가정하는 것	내담자가 자신의 능력에 한계를 지우는 '할 수 없다, 안 된다, 해서는 안 된다'는 말을 사용하면서 변화에 대한 자신의 능력에 한계를 지우는 경우 • 나는 사장님께 말을 할 수 없어요. → 당신이 사장님과 대화하는 방법을 찾지 못한 것이겠죠. (사장님과 별로 얘기할 필요가 없다는 거지요?)

구분	내용
어쩔 수 없음을 가정하는 것	내담자가 '~해야만 한다, 필요하다, 선택의 여지가 없다, 하지 않으면 안 된다'는 말을 사용하는 경우
	• 나는 우리 사장님의 의견과 정반대이기 때문에 사표를 내는 것 말고는 다른 방법이 없어요. → 당신은 아무런 선택도 하지 않는다는 것을 이미 선택했어요. 당신은 사장님과 이런 상황을 해결하고 일을 할 수 있어요. 아니면 의견 일치가 되지 않음을 받아들일 수도 있습니다. 선택의 여지가 없다는 것은 선택의 폭이 많다는 것을 의미하지요.

ⓒ **논리적 오류** : 내담자가 논리적인 관계가 맞지 않는 진술을 함으로써 의사소통까지 방해하는 경우를 말한다.

구분	내용
잘못된 인간관계의 오류	한 사람의 행동이 자신 또는 다른 사람의 변화에 직접적이고 물리적인 원인이 된다고 생각하며, 자신이 실제 경험했던 것보다 경험의 세계를 다스릴 수 있는 능력을 인정하지 않는 경우
	• 그 일이 이렇게 만들었죠. 어떻게 해볼 수가 없어요. 사장님이 나를 엉망진창으로 만들었어요. → 사장님이 어떤 식으로 당신의 기분을 상하게 했나요? 구체적으로 말해보세요.
마음의 해석	다른 사람과 직접 의사소통을 해보지 않고서 그 사람의 마음을 읽을 수 있다고 자신하는 경우
	• 나의 상사는 나와 함께 일하는 데 불편을 느끼죠. → 그 사실을 어떻게 잘 알죠?
제한된 일반화	한 사람의 견해가 모든 사람에게 공유된다는 개인적인 생각에서 비롯되는 오류
	• 그 느낌에 대해서 이야기하는 것은 아주 좋은 생각입니다. → 누구에게 좋은 생각이란 말입니까?

④ **분류 및 재구성하기**

ㄱ 내담자의 표현을 분류하고 재구성함으로써 내담자로 하여금 자신들의 세계를 다른 각도에서 바라볼 수 있는 기회를 가질 수 있다.

ㄴ 내담자의 경험을 이끌어내는 것을 도와주고, 또한 경험의 중요성을 새로운 언어로 구사함으로써 경험을 재구성하는 데 도움을 준다.

ㄷ 분류 및 재구성은 내담자의 긍정적 측면들에 초점을 맞춘 것으로, 내담자가 할 수 있는 것, 내담자가 소유한 유능 등을 강조한다.

ㄹ 특히 자기개념이 낮은 내담자들에게 매우 효과가 있으며, 지속적으로 처치해 줄 필요가 있다.

ㅁ 분류 및 재구성관념을 사용한 효과적 기법은 역설적 의도이다. 이는 적대적인 내담자들에게도 사용되어 파괴적 행동형태를 없애는 데 유용하며, 내담자들의 행동을 유사한 행동, 즉 긍정적 결과의 행동으로 치환할 수 있다.

⑤ **저항감 재인식하기 및 다루기**

㉠ **저항감 재인식하기**

구분	내용
책임감에 대한 두려움	직업상담가가 내담자의 잠재적 짐과 책임감을 갖게 하는 위협 등을 식별하고 인식하는 것은 긍정적 태도로 저항을 다루는 필수적 전제조건이다.
방어기제	자기존중감을 지키려는 수단으로, 일상의 일들로부터 도피할 수 있는 여건을 만들어 준다. 생애도전에 직면하여 도피하려는 정당성은 항상 설득을 필요로 하기 때문이다. **예** 2중의 대비
고의로 방해하는 의사소통	어떤 의사소통은 말에 따르는 책임이나 위임에서 개인을 자유롭게 해주는 전략이 있다. **예** 직설, 불신, 상담자의 능력과 방법 헐뜯기, 함축에 대한 도전, 책임에 대한 도전 등

㉡ **저항감 다루기**

구분	내용
변형된 오류 수정하기	내담자가 때로 피하고 싶은 유형과 부정적 독백을 부정하는 데 도움이 된다. 책임이 따르는 문제는 위협을 내포하고 있는데, 그 위협을 규정지으면 확고한 행동계획이 발달할 수 있다.
내담자와 친숙해지기	상담자가 내담자를 이해하고 있음을 내담자에게 알림으로써 친숙해질 수 있다. 내담자를 위해 함께 노력하고 있음을 주지시켜야만 내담자는 대안탐색에 안정성을 갖고 항상 노력하며 변화하게 된다.
은유 사용하기	은유를 들은 사람들은 자신과 유사한 경험을 이야기 속에서 찾아냄으로써 이야기와 자신의 관심거리를 연결시켜 통찰해 보게 된다. 마음이 내키지 않고, 저항적이며 솔직한 내담자에게 처치하기 위한 의사소통장치로서 이야기, 일화, 관용어 등을 사용한다.
대결하기	상담의 목적을 이루기 위해서 구체적 행위를 지적해야 하는 경우에는 노련한 솜씨로 공격해야 하며, 내담자가 이미 행동하기를 원하지 않을 정도의 불쾌함이 드러나는 즉각적인 행동은 항상 주의해야 한다. 아들러(Adler) 학파는 '달래고 공격하기' 전략을 많이 사용하며, 대결의 완화를 위해 유머와 과장 등을 사용하기도 한다.

⑥ **근거 없는 믿음 확인하기**(Lewis & Gilhousen, 1981)

㉠ 진로신화(career myths)란 근거 없는 신념에 바탕을 둔 진로발달과정에 대한 내담자의 사고에서 나타난다.

㉡ 진로신화는 어떤 일을 해보지도 않고 그렇게 될 것이라는 것을 확신하는 유형의 생각들로 모순을 낳는다.

㉢ 잘못된 신념을 가진 사람들에게는 그들의 신념과 노력이 근거 없는 잘못된 것이라는 것을 알게 함으로써 새로운 대안을 찾게 한다.

⑦ **왜곡된 사고 확인하기**

　㉠ 왜곡된 사고란 결론 도출, 재능지각, 지적 및 정보의 부적절하거나 부분적인 일반화, 관념 등에서 한 부분만을 보는 경우이다.

　㉡ 맥케이 등(Mckay, Davis & Fanning)이 정의하는 15가지 목록은 여과하기, 극단적인 생각, 과도한 일반화, 마음 읽기, 파국, 인격화, 오류의 통제, 공정성의 오류, 비난, 의무, 정서적 이성, 변화의 오류, 포괄적 분류, 정당화하기, 인과응보의 오류 등이다.

⑧ **반성의 장 마련하기 (Welfel, 1982)**

　㉠ 1단계 : 독단적 사고를 밝히는 단계

　㉡ 2단계 : 이상적 지식이란 정확하고 확실하게 얻을 수 있는 것이라고 확신하면서 현실의 대안적 개념에 대하여 어느 정도 알기 시작하는 단계

　㉢ 3단계 : 지식의 확실성을 의심하지만 불확실한 영역에서는 진리가 출현될 때까지 제멋대로의 사실을 믿는 단계

　㉣ 4단계 : 주위 모든 지식의 불확실성을 깨닫는 단계

　㉤ 5단계 : 존재의 법칙에 따라서 논쟁을 숙고하고 평가하며 법칙을 배우게 되는 단계

　㉥ 6단계 : 자신의 판단체계를 벗어나서 일반화된 지식을 비교·대조할 수 있게 되는 단계

　㉦ 7단계 : 전반적인 반성적 판단이 이루어지는 단계

⑨ **변명에 초점 맞추기 (Snyder, Higgins, Stucky, 1983)**

　㉠ 책임을 회피하기(내가 하지 않았어요.) : 부정, 알리바이, 비난

　㉡ 결과를 다르게 조직하기(그렇게 나쁘다고는 할 수 없어요.) : 축소, 정당화, 훼손

　㉢ 책임을 변형시키기(네, 그러나…) : 그렇게 할 수밖에 없었어요./그걸 의미한 것은 아니었어요./이건 정말 제가 아니에요.

제4절　직업상담의 접근 방법

01　특성 - 요인 직업상담 (Williamson)

(1) 특성 – 요인 직업상담의 특징

① 상담자 중심 상담 방법으로서, 과학적이고 합리적인 문제해결 방법을 따른다.

② 직업과 사람을 연결시키기라는 심리학적 관점을 토대로 한다.

③ 내담자에 대한 정서적 이해보다 문제의 객관적 이해에 중점을 둔다.

④ 내담자에게 정보를 제공하고, 학습기술 및 사회적 적응기술을 알려주는 것을 중시한다.

⑤ 내담자를 객관적으로 이해하고, 올바른 예언을 하기 위해 사례나 사례연구를 상담의 중요한 자료로 삼는다.

⑥ 흥미, 지능, 적성, 성격 등 표준화 검사의 실시와 결과의 해석을 강조한다.

⑦ 특성-요인 직업상담에 있어서 상담자의 역할은 교육자의 역할이며, 상담자는 주장적이고 주도적인 역할을 수행한다.

(2) 특성 – 요인 상담이론의 3요소

특정 시기에 의사결정을 하려고 할 때 도움을 줄 수 있는 이론으로서 개인차 심리학과 응용심리학에 근거를 두고 있으며, Parsons는 그의 저서 「직업의 선택」에서 현명한 직업선택에 관련되는 세 가지 주요 요인을 제시하였다.

① **자신에 대한 명확한 이해**, 즉 자신의 적성, 능력, 흥미, 포부, 환경 등의 이해(특성)

② **다양한 직업에 대한** 자격요건, 장단점, 보수, 취업기회, 장래전망 등에 관한 **지식**(요인)

③ **두 요인간의 과학적이고 합리적인 연결**, 즉 내담자 자신의 개인적 요인에 관한 자료와 직업에 관한 자료를 중심으로 진로상담을 통해 내담자가 현명한 선택을 하도록 도와주는 활동

(3) 윌리암슨(Williamson)의 특성-요인적 진로상담의 기법

① **촉진적 관계형성** : 상담자는 내담자에게 신뢰감을 줄 수 있는 분위기를 만들고 문제해결을 촉진할 수 있는 관계를 형성한다.

② **자기이해의 증진** : 상담자는 내담자가 자신의 장점이나 특성에 대해 개방된 평가를 하도록 도우며, 그러한 장점이나 특성이 내담자의 진로문제를 해결하는 데에 어떻게 관련되는지에 대해 통찰력을 갖도록 격려한다.

③ **행동계획의 권고나 설계** : 상담자는 내담자가 이해하는 관점에서 권고(조언)를 하여야 하며, 내담자가 말한 학문적·직업적 선택 또는 감정, 태도 등에 대해 언어로써 명료화시켜준다. 그리고 실제적인 행동을 계획하고 설계하도록 조력한다.

④ **계획의 수행** : 일단 행동의 계획이 세워졌다면 상담자는 진로선택을 하는 데 있어 도움이 되는 여러 가지 제안을 함으로써 내담자가 직업을 잘 선택하도록 돕는다.

⑤ **위임** : 한 상담자가 모든 내담자를 상담할 수는 없다. 윌리암슨(1939)은 상담자가 내담자에게 하는 가장 적절한 충고는, "너의 문제를 이해하는 데 도움을 얻으려면 다른 상담자를 만나 보라."라고 말하는 것이라고 언급하였다.

(4) 특성-요인 직업상담의 검사 해석단계에서 이용할 수 있는 상담기법 (활동계획의 권고와 설계 단계 기법)

① **직접 충고**

　㉠ 검사결과를 토대로 내담자들이 따를 수 있는 가장 만족할 만한 선택, 행동 또는 계획에 관해 상담자가 내담자에게 자신의 견해를 솔직하게 표현하는 것을 말한다.

　㉡ 윌리암슨은 내담자가 상담자에게 솔직한 견해를 요구할 때와 내담자가 심각한 실패와 좌절을 가져올 만한 행동이나 선택을 하려 할 때, 이 방법을 사용하도록 권장한다.

② **설득**

ㄱ 내담자가 여러 가지 대안을 생각할 수 있도록 합리적이고 논리적인 방법으로 검사자료를 정리하여 제시한다.

ㄴ 예를 들어, 상담자는 내담자에게 진단결과가 암시하는 바를 이해시킴으로써 내담자가 자신의 문제를 해결할 수 있도록 설득할 수 있다.

③ **설명** : 상담자가 진단과 검사자료뿐 아니라 비검사자료들을 해석하여, 내담자가 그 결과의 의미를 이해하고 선택 가능한 대안들과 그 대안들의 예상되는 결과들에 대해 이해하여 현명한 진로선택을 할 수 있도록 돕는 것을 말한다.

(5) 브레이필드(Brayfield)의 직업정보의 기능

① **정보 제공 (정보적 기능)** : 내담자에게 직업정보를 제공함으로써 모호한 의사결정을 돕고 내담자의 직업선택에 관한 지식을 증가시킨다.

② **재조정 (재조정 기능)** : 내담자가 현실에 비추어 부적당한 선택을 한 것은 아닌지 점검하는 기초를 마련한다.

③ **동기화 (동기화 기능)** : 내담자가 의사결정에 적극적으로 참여하도록 동기화함으로써 내담자로 하여금 자신의 선택에 대한 책임감을 가지도록 조력하여 진로선택의 동기를 강화한다.

02 내담자중심 직업상담 (Patterson)

(1) 내담자중심 직업상담의 특징

① 내담자중심 직업상담이 하나의 직업상담 접근법으로서 정착된 것은 Patterson(1964)의 개념화 작업을 통해서이다.

② 특성–요인 접근법에서는 진단 자체가 상담의 중심을 이루는 반면, 내담자중심 접근법은 심리진단이 불필요하다는 입장을 취한다.

③ **모든 내담자는 자아와 경험의 일치성 부족으로 고통 받고 있는 것으로 가정**하였다. 일치성 부족의 종류에는 일의 세계에 대한 정보(경험) 부족, 자아에 대한 정보(경험) 부족, 자아와 일의 세계에 대한 정보(경험) 부족, 자아와 일의 세계에 대한 정보(경험) 왜곡 등이 있다.

④ **내담자중심 직업상담의 방법은 기법보다는 태도가 필수적**이라고 보았다. 직업상담자가 갖추어야 하는 세 가지 기본 태도는 **일치성(진실성), 공감적 이해, 무조건적 긍정적 수용**이다.

(2) 내담자중심 직업상담의 검사의 사용 및 해석 원칙

로저스는 검사의 사용이 내담자의 방어적 태도를 증가시키고 자기수용과 책임을 감소시키며, 상담자에 대한 의존성을 높인다는 이유로 반대하였다. 그러나 패터슨 등 몇몇 내담자중심 직업상담자들은 **내담자에 대한 객관적인 이해의 목적이 아닌 내담자의 자기 명료화를 위해 검사의 사용이 필요하다고 제안**하였다.

① 상담자는 우선 심리검사의 장단점, 제한점 등을 철저히 알고 있어야 한다.

② 내담자가 검사를 원하는 이유를 알아보고, 과거에 검사받은 경험을 알아본다.

③ 내담자가 알고자 하는 정보와 관련된 검사의 가치와 제한점을 설명한다.

④ 점수로써 검사 결과의 의미를 전달하지 말아야 한다.

⑤ 검사 결과를 입증하기 위한 더 많은 자료가 수집될 때까지는 시험적인 태도로 조심스럽게 제시되어야 한다.

⑥ 검사 결과를 전할 때 평가적인 말투를 사용해서는 안 되며, 항상 중립성을 지켜야 한다.

⑦ 상담자는 항상 의미 있고 명확한 해석을 해야 한다.

⑧ 적성검사의 결과는 확률적 표현으로 예언해 줄 수 있다.

⑨ 검사의 결과의 해석에 내담자가 참여하도록 한다.

⑩ 내담자에게 낮은 점수의 검사 결과를 해석해 줄 경우 특히 조심스럽게 해야 한다.

(3) 내담자중심 직업상담의 직업정보 활용의 원리 (Patterson, 1964)

① 직업정보는 내담자의 입장에서 그것에 대해 인정할 만한 필요가 있을 때 상담 과정에 도입된다.

② 직업정보는 내담자에게 영향을 주거나 조작하기 위해 사용되어서는 안 된다.

③ 직업정보를 제공하는 데 있어서 가장 결정적이고 내담자의 자발성과 책임감을 극대화시킬 수 있는 방법은 내담자가 원자료(raw materials), 즉 출판주, 고용주 그리고 그 직업과 관련된 사람들로부터 정보를 얻도록 격려하는 것이다.

④ 직업과 일에 대한 내담자의 태도와 감정은 자유롭게 표현되어야 하며, 치료적으로 이루어져야 한다.

03 정신역동적 직업상담 (Bordin)

(1) 정신역동적 직업상담의 특징

① **정신분석학에 뿌리를 두고 있지만 내담자중심 직업상담의 영향**을 받아 내담자의 내적 세계와 직업선택에 미치는 내적 요인의 영향을 강조한다.

② **특성-요인 접근법과 마찬가지로 '사람과 직업을 연결시키는 것'에 기초**를 둔다.

③ 직업선택에 있어서 심리학적 요인을 중시하는 이론으로, 정신분석적 측면뿐만 아니라 내담자의 욕구와 발달과정을 중시하며, **욕구를 직업선택의 주요 요인으로** 간주한다.

④ **내담자의 내적 세계뿐만 아니라 검사정보도 독특한 방식으로 직업결정 과정에 활용**한다.

⑤ 5가지 진단범주를 의존성, 정보의 부족, 자아갈등, 직업선택의 불안, 확신의 결여(문제없음)로 제시하였다.

(2) 정신역동적 직업상담과정 3단계

① **제1단계-탐색과 계약설정 (계약체결)** : 상담자는 내담자가 자신의 욕구 및 정신역동적 상태를 탐색할 수 있도록 돕고 내담자의 방어적 태도의 의미를 탐색하고 상담과정을 구조화하며 앞으로의 상담전략을 합의하고, 상담계약을 한다.

② **제2단계-핵심결정 (중대한 결정/비판적 결정)** : 내담자가 자신의 성격적 제한을 그대로 받아들이고 그 성격에 맞는 직업을 택할 것인지 성격을 변화시켜 다른 직업을 선택할 것인지 결정할 수 있도록 한다. 즉 제한된 자기 본래의 목표를 계속 유지할 것인지 아니면 상담을 통해 목표를 확대시킬 것인지에 대해 고민하기 시작한다. 이 단계에서 상담자는 내담자의 성장과 변화를 조력하기 위한 노력을 하며 상호작용을 통해 여러 가지 대안을 탐색해 본다.

③ **제3단계-변화를 위한 노력** : 내담자로 하여금 자신의 자아를 보다 명확히 인식할 수 있도록 돕고, 더 많은 변화를 필요로 하는 부분에 대해 지속적인 변화를 모색하며, 보다 효율적인 인간관계가 이루어질 수 있도록 상호 협력한다.

(3) 정신역동적 직업상담의 상담기법

① **명료화** : 직업문제와 관련된 내담자의 생각과 감정이 어떤 것인지 언어적 표현에 초점을 두고 요약한다. 전형적으로 명료화는 개방적 질문, 부드러운 명령, 단순화된 진술의 형태를 취하며 주로 상담의 초기 단계에서 이루어진다.

② **비교** : 두 가지 이상의 주제들이 갖는 역동적 현상들 사이의 유사성과 차이점을 보다 분명하게 부각시키기 위해 대비시킨다. 비교는 성격과 직업발달의 관계를 나타내는 데 가장 중요한 기법이다.

③ **소망-방어체계에 대한 해석** : 명료화나 비교보다 훨씬 더 치료적인 성격을 띤다. 내담자의 행동에 대한 단순한 설명이 아닌 자아가 더 깊은 무의식의 내용을 탐색할 수 있도록 도와주는 기술로서, 상담자는 내담자의 내적 동기 상태와 진로결정 과정 사이의 관계를 내담자로 하여금 자각하도록 시도한다.

(4) 정신역동적 직업상담의 검사결과의 활용 시 고려할 점

① 상담자를 위한 진단적인 정보로 활용한다. 진단은 검사결과와 상담자료의 기초 위에서 이루어질 수 있다.

② 내담자가 검사라는 보다 실증적인 근거를 토대로 상담을 받게 됨으로써 상담에 대해 더욱 현실적인 기대를 갖게 된다.

③ 내담자가 평가자료에 대해 거부감을 갖지 않도록 하여, 내담자가 사용할 수 있는 평가자료를 만드는 데 도움을 준다. 내담자의 문제와 관련된 보다 신뢰하는 검사정보를 내담자에게 제공해 주어 그들이 이를 현실적으로 검증해 볼 수 있도록 검사정보를 사용한다.

④ 검사는 내담자에게 보다 많은 자기탐색의 기회를 제공해준다. 내담자는 검사 규준에 비추어 자신을 더욱 객관적으로 이해할 수 있게 된다.

(5) 정신역동적 직업상담의 평가

① 직업선택에 미치는 **내적 요인의 영향을 지나치게 강조한 나머지 외적 요인의 영향에 대해서는 충분하게 고려하고 있지 못하다.**

② 외적으로 나타나는 직업의사결정 행동에 대해 내적 욕구만을 분석하여 중재하려는 경향이 있다.

③ 행동주의 관점에서 볼 때, 정신역동적 접근은 관찰할 수 없는 인간의 동기 측면에 지나치게 초점을 둠으로써 직업결정의 개념을 매우 복잡하게 만든다.

04 발달적 직업상담 (Super)

(1) 발달적 직업상담의 의의

① 내담자의 생애단계를 통한 진로발달의 측면을 중시한다.

② 발달의 의사결정적 측면을 강조한 정신역동적 직업상담과 달리, **내담자의 직업의사결정 문제와 직업성숙도(진로성숙도) 사이의 일치성에 초점을 둔다.**

③ 직업상담을 통해 개인의 진로발달을 도움으로써 내담자의 개인적 및 사회적 발달이 촉진될 수 있도록 조력한다.

(2) 발달적 직업상담의 특징

① 직업선택의 과정을 아동기부터 일의 세계를 은퇴할 때까지 계속되는 연속적인 과정으로 보며, 개인의 과거와 현재 뿐만 아니라 미래까지 동시에 고려한다.

② **'진단(Diagnosis)'라는 표현 대신 '평가(Appraisal)'라는 용어를 사용**하였는데 이는 평가라는 용어가 더 포괄적이고 긍정적이기 때문이다.

③ 수퍼는 **내담자의 문제뿐 아니라 잠재력에도 초점을 두어 3가지 평가유형을 제시**하였다.

문제의 평가	내담자가 겪고 있는 어려움이나 직업상담에 대한 내담자의 기대를 평가한다.
개인의 평가	내담자의 신체적·심리적·사회적 상태에 대한 통계자료 및 사례연구로 분석이 이루어진다.
예언 평가 (예후 평가)	내담자에 대한 직업적·개인적 평가를 토대로 내담자가 어떤 직종에서 성공적이고 만족할 수 있을지를 예측한다.

(3) 수퍼의 흥미사정 기법

① **표현된 흥미** : 어떤 활동이나 직업에 대해 '좋다, 싫다'라고 간단하게 말하도록 요청한다.
② **조작된 흥미** : 활동에 대해 질문을 하거나 활동에 참여하는 사람들이 어떻게 시간을 보내는 지를 관찰한다.
③ **조사된 흥미** : 각 개인은 다양한 활동에 대해 좋고 싫음을 묻는 표준화 검사를 완성하는데, 대부분의 검사에서 개인의 반응은 특정 직업에 종사하는 사람들의 흥미와 유사점이 있는 지 비교된다.

(4) 수퍼의 발달적 직업상담의 6단계

① **1단계－문제탐색 및 자아개념 묘사** : 인간중심 상담방법을 사용하여 **비지시적 방법**으로 내담 자가 자신의 문제를 탐색하고 자아개념을 추구할 수 있도록 한다.
② **2단계－심층적 탐색** : 특성요인 상담방법을 사용하여 **지시적 방법**으로 내담자가 더 깊이 자 신을 탐색할 수 있는 주제를 선정하도록 한다.
③ **3단계－자아수용 및 자아통찰** : 인간중심 상담방법을 사용하여 **비지시적 방법**으로 내담자가 자신을 수용하고 통찰할 수 있도록 내담자의 느낌을 반영하여 명료화하도록 한다.
④ **4단계－현실 검증** : 특성－요인 상담방법을 사용하여 **지시적 방법**으로 내담자가 현실검증을 할 수 있도록 하기 위한 검사, 직업관련 소책자, 과외활동 경험, 학교성적 등과 같은 사실 적 자료들을 탐색하도록 한다.
⑤ **5단계－태도와 감정의 탐색과 처리** : 인간중심 상담방법을 사용하여 **비지시적 방법**으로 내담자 가 현실검증을 통해 자신에게 나타난 태도와 느낌 등을 탐색하고 철저히 직면하도록 한다.
⑥ **6단계－의사결정** : 인간중심 상담방법을 사용하여 **비지시적 방법**으로 내담자의 의사결정을 돕기 위해 일련의 가능한 대안적 행동 등을 고려하여 결정하도록 한다.

(5) 발달적 직업상담의 주요 기법

① **지시ㆍ비지시적 상담기법** : 상담자는 내담자의 내용 설명에는 지시적으로 반응하고, 감정표 현에는 비지시적으로 반응해야 하며, 재진술, 반응, 명료화, 요약, 해석, 직면 등 지시ㆍ비 지시적 방법을 사용하여 상담을 진행한다.
② **'진로자서전'과 '의사결정일기' 쓰기** : 진로자서전은 내담자가 과거에 어떻게 의사결정을 했는 지 알아보기 위해 학과선택, 고등학교 졸업 후의 직업훈련, 시간제 일을 통한 경험, 고등학 교에서 배운 지식과 기술들, 중요한 타인들에 대해 내담자 스스로 기술하게 한다. **의사결 정일기는 내담자가 현재 어떻게 의사결정을 하고 있는지**를 알아보기 위해 일상적인 의사결 정을 어떤 방식으로 내리고 있는지 써보게 하는 것이다. 이를 통해 자신의 의사결정유형을 이해하고 자각과 민감성을 증대시키며 의사결정 과정에 적극적으로 참여하게 된다.

(1) 행동주의 직업상담의 특징

① 과정보다 내용을 강조하는 다른 직업상담 접근법들에 비해 **행동주의 접근법은 직업 의사결정에 영향을 미치는 학습과정만을 다룬다.**

② 내담자의 문제행동을 '학습된 부적응행동'이라고 보고, 다양한 방법에 의해 내담자의 부적응행동을 바람직한 새로운 행동으로 대치시키는 데 초점을 둔다.

③ 행동주의 직업상담의 초점은 내담자의 불완전하고 부적응적인 학습이 어디서 발생했는가를 밝혀서 그것을 변화시키는 데 있다.

④ Goodstein(1972)은 직업선택과 관련된 문제의 원인으로서 불안의 중요성을 강조하였다. 불안이 '직업 무결정'의 선행요인과 결과 모두로서 작용할 수 있다는 것에 대해 상세히 분석하였으며, 단순한 우유부단(indecision)과 만성적인 무결단성(indecisiveness)을 구별하였다.

⑤ 정보의 결핍은 우유부단의 원인이 되고, 우유부단의 결과 불안하게 된다. 반면 무결단성은 직업선택과 관련된 불안이 오래 지속됨으로써 일어나는데, 결과적으로 직업선택에 대해 무력감을 느끼게 되고, 그로 인해 발생한 불안 때문에 직업결정을 못하게 된다. 즉 무결단성에서 불안은 선행요인과 결과 모두에서 나타난다.

(2) 행동주의 직업상담의 목표

① 선행원인과 결과로서의 불안을 감소 또는 제거한다.

② 새로운 적응행동을 학습한다.

③ 직업결정 기술을 습득한다.

(3) 행동주의 직업상담의 불안감소기법과 학습촉진기법

① **불안감소기법**

  ㉠ **체계적 둔감법** : 불안반응을 제거하기 위해 불안위계목록을 작성한 다음 낮은 수준의 자극에서 높은 수준의 자극으로 단계적으로 상상하면서 근육을 이완하는 작업을 함으로써 불안을 감소 또는 제거하는 기법이다.

  ㉡ **금지적 조건형성(내적 금지)** : 충분히 불안을 일으킬 수 있을 만한 단서를 어떠한 추가적 강화도 없이 지속적으로 제시함으로써 처음에 불안반응을 보이던 내담자가 점차적으로 불안을 느끼지 않게 되는 것이다. 즉, 불안야기 단서의 계속적인 제시에도 불구하고 반응 중지 현상이 나타나는 것이다.

  ㉢ **반조건형성(역조건형성)** : '조건-반응'의 연합을 끊기 위해 조건자극과 조건반응과의 연합을 방해하는 새로운 자극을 함께 제시함으로써 불안을 감소시킨다.

  ㉣ **홍수법** : 불안을 일으키는 조건을 수위를 높여 적용시켜 불안을 극복하게 하는 방법이다.

② **학습촉진기법**

 ㉠ **강화** : 상담자가 내담자의 직업선택이나 결정에 대해 긍정적 또는 부정적인 반응을 보임으로써 내담자의 바람직한 행동을 강화시킨다.

 ㉡ **변별학습** : 변별은 본래 둘 이상의 자극을 서로 구별하는 것을 말하는 것으로서, 변별학습이란 다양한 속성 중에서 특별한 기준에 따라 적절한 것을 선택하도록 하는 학습 형태를 말한다. 직업상담 장면에서 검사도구들을 사용하여 자신의 능력과 태도 등을 변별하고 비교해 보도록 함으로써 학습이 촉진된다.

 ㉢ **사회적 모델링과 대리학습** : 타인의 직업결정 행동에 대한 관찰 및 모방에 의한 학습을 통해 자신의 직업결정 행동을 학습할 수 있다. 특히 집단상담에서 주로 사용하는 것으로 동료 집단원의 성공적인 행동을 관찰함으로써 자신의 태도를 바꾸거나 새로운 기술을 학습할 수 있다.

 ㉣ **행동조성 (조형)** : 목표행동에 점진적으로 보상을 주어 행동을 습득시키는 기법이다.

 ㉤ **토큰경제 (상표제도)** : 바람직한 행동을 강화하고 바람직하지 않은 행동을 감소시키기 위해 토큰(token)이라는 상징적인 강화물을 사용하는 기법이다.

(4) 직업정보의 제공

① 행동주의적–이론적 접근에서는 학습이론에 기초한 상담기법을 통해 내담자의 부적응적 행동을 수정하는 데 초점을 두어 왔으나 반면, 행동주의적–실용적 직업상담에서는 직업정보의 제공에 많은 중점을 두고 있다.

② **크롬볼츠와 베르글랜드의 '진로문제 해결상자(Problem–Solving Career Kits)'(Krumboltz & Bergland, 1969)** : 크롬볼츠와 베르글랜드는 회계사, 전기기사, 경찰관, X선 촬영기사 등을 포함하여 20여 가지 직종에 대한 직업정보를 상세하게 제시하였으며, "직업문제 해결상자"를 고안하기도 하였다. 행동주의 직업상담자들은 인쇄화된 직업정보를 통해 내담자들이 보다 많은 것을 배울 수 있으리라고 가정한다.

06 포괄적 직업상담 (Crites)

(1) 포괄적 직업상담의 의의 및 특징

① 특성–요인이론, 정신분석이론, 행동주의이론, 인간중심이론 등 **다양한 상담이론을 절충 · 통합한 것으로 크라이티스가** 제시하였다.

② 직업상담에 대한 과거의 접근들과 함께 일반상담 혹은 심리치료의 개념 및 원리들을 포괄하고 있으며, 이에 직업상담자들의 상담 사례들에서 얻어진 경험들을 반영하고 있다.

③ 직업상담 과정을 내담자와 직업상담사 간의 상호작용 과정으로 본다.

④ 진단은 변별적이고 역동적인 성격을 가지고 있다. 상담자는 변별진단을 통해 내담자의 문제에 대한 질병분류학적인 분류를 실시하고 그 뒤에 문제를 일으킨 원인과 그 행동적 결과들을 확인하기 위해 정신역동적 진단을 실시한다. 그리고 나서 CMI와 같은 도구를 이용하여 내담자의 직업선택에 대한 태도와 능력이 얼마나 성숙되어 있는지 그리고 그것들이 직업문제와 어떻게 관련되어 있는지를 결정한다.

⑤ 검사의 역할을 중시하며 검사를 효율적으로 사용한다.

⑥ 직업상담 과정에서 검사의 결과는 상담자와 내담자가 함께 해석해 나간다. 즉, 검사결과를 내담자와 함께 보며 신뢰감을 주고, 내담자의 진로문제에 장애가 되는 요인을 해석하며 내담자와의 의사소통을 극대화해 문제해결을 위한 공동 작업을 한다.

⑦ 크라이티스는 직업상담의 과정에 '진단-문제분류-문제구체화-문제해결'의 단계가 포함된다고 보았고, 직업상담의 목적에는 '진로선택, 의사결정기술의 습득, 일반적 적응의 고양' 등이 포함된다고 보았다. 이와 같은 목적을 달성하기 위해 직업상담의 과정에 '면담기법, 검사해석, 직업정보' 등이 포함되어야 한다고 강조하였다.

(2) 포괄적 직업상담의 과정

① **1단계-진단단계** : 내담자의 직업문제를 진단하기 위해 내담자의 태도, 능력, 의사결정유형, 성격, 흥미 등 폭넓은 검사자료와 상담을 통한 자료가 수집되는 단계이다.

② **2단계-명료화 및 해석단계** : 문제를 명료화하거나 해석하는 단계로서, 상담자와 내담자가 협력적인 상호작용을 통해 의사결정 과정을 방해하는 태도와 행동을 확인하며 대안을 탐색한다.

③ **3단계-문제해결단계** : 내담자가 자신의 문제를 확인하고 적극적으로 참여하여 문제해결을 위해 어떤 행동을 실제로 취해야 하는가를 결정하는 단계로 도구적(조작적) 학습에 초점을 맞춘다.

(3) 포괄적 직업상담의 기법 (단계별 주요 접근법)

① **초기 단계** : 진단과 탐색이 이루어지므로 **발달적 접근법과 인간중심적 접근법을 주로 활용**하고, 재진술, 상담내용과 감정에 대한 반영 등의 반응을 자주 사용함으로써, 문제의 본질과 원인에 대한 토론을 촉진시킨다.

② **중간 단계** : 내담자의 진로문제를 좀 더 좁히고 Colby(1951)가 말한 **조정(interposition)과 병치(juxtaposition)를 통해 진로문제를 명확히 진술하도록 유도**한다. 조정이란 내담자가 모호하게 진술할 때 그 한계를 명확히 하도록 하는 방법이고, 병치란 내담자가 진술한 말들의 관계성을 비교하고 대조하게 하는 명료화 기법이다. 이처럼 내담자 문제의 원인이 되는 요인을 명료하게 밝혀서 제거하고, 반면에 내담자가 자신의 문제를 극복하는 데 도움이 되는 요인을 찾아 격려한다. 따라서 **주로 정신역동적 접근법이 활용**된다.

③ **마지막 단계** : 상담자가 **특성요인 및 행동주의 접근법을 적용**하여 보다 능동적 · 지시적인 태도로 내담자의 문제해결에 개입한다.

(4) 포괄적 직업상담의 직업정보의 활용

① 우유부단으로 인해 직업이나 진로를 결정하지 못하는 집단에게 정밀하고 체계적인 직업정보를 제공함으로써 진로선택을 도울 수 있다.
② 완전히 결단력이 없는 집단은 직업정보의 제공이 오히려 불안을 초래할 수도 있기 때문에 불안을 먼저 제거한다.
③ 현실과 동떨어진 집단은 자아와 현재의 주변 환경, 직업세계에 대한 현실적인 능력을 먼저 갖게 한 후 직업정보를 제공한다.

(5) 검사의 해석 및 활용

① **변별적 진단** : 먼저 내담자가 지닌 직업상의 문제를 가려내기 위해 변별적인 진단검사를 실시한다. 직업성숙도검사, 직업적성검사, 직업흥미검사 등이 주로 사용된다.
② **역동적 진단** : 검사를 통해 얻어진 자료들은 포괄적이고 역동적으로 해석되어야 하며, 반드시 내담자와의 상호작용을 통해 보완되어야 한다.
③ **결정적 진단** : 직업선택과 의사결정에서 나타나는 내담자의 문제가 체계적으로 분석된다.

❶ 심층직업상담 논점 진단

★★ 2014년 직업상담사 2급

01 직업상담에서 내담자의 생애진로주제를 확인하는 가장 중요한 이유는?

① 내담자의 사고과정을 이해하고 행동을 통찰하도록 도와주기 때문이다.
② 상담을 상담자 입장에서 원만하게 이끌 수 있도록 해주기 때문이다.
③ 작업자, 지도자, 개인역할이 고려되어야 하기 때문이다.
④ 내담자의 생각을 읽을 수 있게 해주기 때문이다.

> **해설** 생애진로주제의 확인은 내담자의 사고과정을 이해하는 방법을 알려주고, 내담자의 행동을 통찰하도록 도와주기 때문에 중요하다.

★ 2014년 직업상담사 2급

02 내담자의 생애진로주제와 이를 확인하는 데 도움이 되는 자료를 바르게 연결한 것은?

① 기술 확인 – Prediger의 분류체계
② 작업자 역할 – 자료, 관념, 사람, 사물
③ 직업적 성격 및 작업환경 – Bolles의 분류체계
④ 탐구적 성격 및 환경 – 상상적이고 창조적인 활동

> **해설** ① Prediger의 분류체계 → Bolles의 분류체계
> ③ Bolles의 분류체계 → Holland의 분류체계
> ④ 상상적이고 창조적인 활동 → 과학적, 기술적, 수학적 활동

2012년 직업상담사 2급

03 Adler가 생애진로주제를 이해하기 위해서 활용한 3가지 차원에 해당하지 않는 것은?

① 작업자 역할
② 학습자 역할
③ 개인적 역할
④ 기술자 역할

> **해설** 생애진로주제의 확인 및 분석과정은 구조를 갖추어서 진행되어야 하는데 생애역할, 즉 작업자 · 학습자 · 개인의 역할 등이 고려되어야 한다.

★ 2013년 직업상담사 2급

04 Kolb의 학습형태검사(LSI)에서 추상적 개념화와 활동적 실험에 유용한 사고형식은?

① 집중형
② 확산형
③ 동화형
④ 적응형

> **해설** 집중적 사고형의 학습능력은 추상적 개념화와 활동적 실험에 유용하며, 비정서적이고 사람보다 사물을 다루기 좋아하며, 기술자들에게 많이 나타난다.

★ 2020년 직업상담사 2급

05 콜브(Kolb)의 학습형태검사(LSI)에서 사람에 대한 관심은 적은 반면, 추상적 개념에 많은 관심을 두는 사고형은?

① 집중적
② 확산적
③ 동화적
④ 적응적

> **해설** 동화적 사고형의 학습능력은 추상적 개념화와 사려 깊은 관찰에 유용하며, 사람에 대한 관심은 적은 반면, 추상적 개념에 많은 관심을 두고 있으며, 연구자나 기획자 등에게 많이 나타난다.

정답 01. ① 02. ② 03. ④ 04. ① 05. ③

06 다음에 제시된 내담자의 언어에서 생애주제를 분석한 내용으로 가장 알맞은 것은?

> • 사무관리자가 되는 것은 도전할만해.
> • 나는 남에게 가치 있고 전문적인 식견을 갖고 있다고 느껴.

① 사람 : 가르치다 – 설득, 수행을 도움, 의사소통능력, 타인에게 봉사
② 사람 : 관리 – 감독, 조언, 좋은 지도자로서 행동, 리더십
③ 자료 : 창조적 – 디자인 재현, 장인기능, 구성, 예술 응용
④ 관념 : 탐구 – 사회과학, 의학, 자연과학, 기술 적용

> **해설** ㉠ ①의 예 : "사람들은 내 충고를 들으려고 늘 나한테 오지."/"나는 젊은 사람들 주변에 있는 게 좋아. 그들은 자극적이니까."
> ㉡ ③의 예 : "나는 진품의 예술작품을 모방하는 것을 좋아해."/"짜 맞춤 퀴즈는 재미있어."
> ㉢ ④의 예 : "내 일생동안 줄기세포에 관한 연구에 몰두할 테야."/"각 답은 다른 질문에 달렸어"

★
07 볼스(Bolles, 1977)의 기술확인모형에 해당하지 않는 것은?

① 기능적 · 전환적 기술
② 일의 내용기술
③ 자기관리기술
④ 의사소통기술

> **해설** [볼스(Bolles, 1977)의 기술확인모형]
> ㉠ 자기관리기술
> ㉡ 기능적 · 전환적 기술
> ㉢ 일의 내용기술

08 캔필드(Canfield, 1977)의 학습형태모형에 해당하지 않는 것은?

① 조건　　　　　② 내용
③ 양식　　　　　④ 수준

> **해설** 캔필드(Canfield, 1977)의 학습형태모형 : 조건, 내용, 양식, 기대

★★
09 다음은 진로자본을 구성하는 역량 중 무엇에 대한 설명인가?

> • 자신의 일과 관련하여 가지는 진로 관련 기술과 업무지식을 의미한다.
> • 실제적인 업무지식과 방법에 대한 지식으로 비형식적으로 학습되는 암묵지(tacit knowledge)와 교육의 결과로 얻어지는 형식지(explicit knowledge)를 모두 포함한다.

① 진로성숙역량　　　② 전문지식역량
③ 전문기술역량　　　④ 인적관계역량

> **해설** [진로자본을 구성하는 3가지 역량]
> ㉠ 진로성숙역량 : 개인이 자신의 진로에 대해 갖고 있는 태도와 관점
> ㉡ 전문지식역량 : 자신의 일과 관련하여 가지는 진로 관련 기술과 업무지식
> ㉢ 인적관계역량 : 진로 안에서 갖게 되는 다양한 형태의 인간관계 및 사회적 연결망을 발전시키는 능력

★
10 취업취약계층의 주요 호소 논점과 진로장벽에 대한 설명으로 바르지 않은 것은?

① 일상생활패턴의 불규칙, 체중, 청결 등의 문제
② 대인관계의 문제
③ 단일하지만 해결이 어려운 진로장벽의 문제
④ 정신 병리적 문제

> **해설** 취업취약계층의 경우 여러 가지 진로장벽이 복합적으로 동반된다는 어려움이 있다.

정답 06. ② 07. ④ 08. ④ 09. ② 10. ③

11 다음의 심층직업상담사례에서 공통적으로 나타날 수 있는 MMPI-2 상승 척도는?

> • 술과 약물을 남용하는 내담자
> • 남편과의 지속적인 갈등으로 인해 무력감을 느끼고 만성적 적응의 문제가 있는 내담자
> • 반복되는 범법행위로 인해 사회 부적응의 문제가 심각한 내담자

① 2 – 4 ② 1 – 3
③ 7 – 8 ④ 3 – 6

해설 ① 2 – 4 : 충동을 행동화(acting-out)한 후 행동의 결과에 대한 죄책감과 불안을 경험한다. 이러한 유형은 범법행위로 인해 수감되었거나 정신감정을 목적으로 병원에 강제 입원된 반사회성 성격소유자의 경우에서 빈번하게 나타난다.
② 1 – 3 : 대부분은 신체형 장애, 그 중에서도 특히 전환장애의 진단을 받는 경우가 많다. 신체증상은 두통, 흉통, 요통, 감각상실, 거식증, 폭식증, 구토가 있고, 현기증, 피로감, 수면 부족 등이다.
③ 7 – 8 : 걱정과 생각이 많고 정서적으로 혼란되어 있다. 이들은 예민하고 안절부절못하며 우울이나 정서적 불안정성을 호소한다. 심한 주의집중의 곤란, 판단력의 장애와 사고장애를 보이기도 한다.
④ 3 – 6 : 비판에 민감함과 타인에 대한 의심, 긴장, 두통이나 소화기계통의 신체증상을 호소한다. 가족관계에 뿌리를 둔 만성적이고 광범위한 분노감과 적개심이 내재되어 있으며, 이 같은 감정을 부인(denial)하며 합리화(rationalization)한다.

12 심층직업상담 시 진단도구를 활용하여 사정할 때 고려해야 할 검사도구의 심리 측정적 속성으로 바르지 않은 것은?

① 이해도
② 타당도
③ 적합도
④ 신뢰도

해설 검사도구의 심리 측정적 속성 : 타당도, 적합도, 신뢰도

13 검사도구와 검사지의 한계에 대한 설명으로 가장 거리가 먼 것은?

① 내담자 유형에 따른 결과
② 성별과 문화적 편차
③ 내담자의 마술적 바람 강화
④ 상담자 개인의 전문성 유무

해설 [검사도구와 검사지의 한계]
㉠ 내담자의 마술적 바람 강화
㉡ 내담자 유형에 따른 결과
㉢ 성별과 문화적 편차
㉣ 전문훈련과 지침서의 한계

14 다음 중 취업취약계층의 대상에 대한 일반적인 분류의 기준으로 볼 수 없는 것은?

① 경제적 취약성
② 개인적 속성이나 사회적 위치
③ 사고
④ 생애과정

해설 [취업취약계층의 일반적 분류]
㉠ 개인적 속성이나 사회적 위치(attributes & position) : 개인적 속성이나 사회적 관점에서 약자의 위치에 있게 되는 경우
㉡ 사고(event & accident) : 질병, 산업재해, 실업 및 실직 등 예기치 않은 사건과 사고에 의한 경우
㉢ 생애과정(life course) : 생애과정상 어쩔 수 없이 발생한 사회적 어려움에 의한 것

15 다음 중 취업취약계층의 대상에 해당하지 않는 것은?

① 생계급여 수급자
② 소상공인 및 성실경영실패자
③ 학생
④ 미혼모(부) · 한부모 · 청소년부모

정답 11. ① 12. ① 13. ④ 14. ① 15. ③

해설 **[취업취약계층의 대상]**

－2025 국민취업지원제도 업무 매뉴얼
㉠ 기초연금 수급자
㉡ 생계급여 수급자
㉢ 노숙인 등 비주택거주자
㉣ 북한이탈주민
㉤ 여성가구주
㉥ 결혼이민자
㉦ 결혼이민자의 외국인자녀
㉧ 신용회복지원자 등
㉨ 위기청소년 등
㉩ 자유무역협정(FTA) 피해 실직자
㉪ 건설일용직 근로자
㉫ 국가유공자 가구원 중 취업지원 대상자
㉬ 미혼모(부)·한부모·청소년부모
㉭ 구직단념청년
㉮ 산재로 장해를 입은 자
㉯ 고용위기지역 및 고용재난지역 이직자
㉰ 영세자영업자
㉱ 소상공인 및 성실경영실패자
㉲ 노무 제공자 등
㉳ 재정지원 직접일자리 사업 참여자

16 취업취약계층의 특성에 대한 설명으로 바르지 않은 것은?

① 높은 정서적 불안정성
② 단기적인 진로계획, 직업의식 부족
③ 심리적 부적응의 신체화
④ 높은 인지적 명확성

해설 **[취업취약계층의 심리적 특성]**
㉠ 높은 정서적 불안정성
㉡ 높은 스트레스
㉢ 낮은 인지적 명확성
㉣ 낮은 자기존중감 및 낮은 자기효능감

❷ 심층직업상담 구조화

★ **2015년 직업상담사 1급**
17 특성–요인이론의 기본적 가정이 아닌 것은?

① 인간에게는 측정 가능한 독특한 특성이 있다.
② 직무의 성공적 수행을 위해 요구되는 구체적 특성이 있다.
③ 개인의 특성과 직업의 요구사항을 연결시키는 것이 가능하다.
④ 개인의 특성은 지속적인 발달과정을 통해 형성된다.

해설 특성–요인이론은 개인의 특성에 대해 매우 강조했음에도 불구하고, 어떠한 과정을 거쳐 그러한 특성이 발달하였는지에 대한 설명이 부재하다는 점이 한계점이다.

2019년 직업상담사 1급
18 특성–요인이론의 기본가정과 가장 거리가 먼 것은?

① 각 개인은 신뢰하고 타당하게 측정될 수 있는 고유한 특성의 집합체이다.
② 직업은 성공을 위해서 특정한 특성을 소유하고 있는 근로자를 필요로 한다.
③ 직업의 선택은 직선적인 과정이 아니기 때문에 매칭이 어렵다.
④ 개인의 특성과 직업의 요구 간에 매칭이 잘될수록 성공의 가능성은 커진다.

해설 특성–요인이론에서는 직업의 선택은 직선적인 과정으로서 인지적 과정을 통해 개인과 직업을 연결하는 것이 가능하다고 가정한다.

정답 16. ④　17. ④　18. ③

★★
19 특성-요인이론모형을 적용하여 상담을 진행할 때의 상담의 목표로 적절하지 않은 것은?

① 현명한 직업선택을 하도록 돕는다.
② 내담자에게 가장 적합한 직업을 결정하여 추천한다.
③ 내담자가 자신의 특성을 명확히 이해하도록 한다.
④ 내담자가 직업의 특성에 대해 명확히 이해하도록 한다.

> **해설** [특성-요인이론모형의 상담목표]
> ㉠ 현명한 직업선택을 하도록 돕는다.
> ㉡ 내담자가 자신의 특성을 명확히 이해하도록 한다.
> ㉢ 내담자가 직업의 특성에 대해 명확히 이해하도록 한다.
> ㉣ 의사결정에서 나타나는 문제를 확인하고 합리적 의사결정을 돕는다.

★★ 2021년 직업상담사 1급
20 다음 중 홀랜드이론의 기본개념에 대한 설명으로 틀린 것은?

① 홀랜드이론은 진로와 관련된 특성들의 변화에 주목하였다.
② 인간의 성격특성을 6가지 유형으로 구분하였다.
③ 작업의 환경을 6가지 유형으로 구분하였다.
④ 개인의 특성과 환경적 특성 간의 일치가 있을 때 개인의 직업적 만족이 크다고 가정하였다.

> **해설** 홀랜드의 인성이론은 선택이론 중 하나로 직업선택에 있어서 성격유형을 강조하였으나, 이러한 성격이 어떻게 형성되었고, 어떻게 변화되는지에 대해서는 주목하지 않았다.

★★★ 2022년, 2025년 직업상담사 1급
21 다음 중 Holland 이론에 대한 설명으로 옳은 것은?

① 성격검사와 흥미검사는 관련이 없다.
② 같은 직업에 종사하더라도 문제상황에 대처하는 방식이나 대인환경을 구성하는 방식에서 큰 차이가 있다.
③ 직업적응방식을 6가지 종류로 구분하고, 직업환경을 3가지 차원으로 구분한다.
④ 직업에서의 만족, 안정성, 업적 등은 개인의 성격과 환경유형 간의 일치성에 달려 있다.

> **해설** 홀랜드의 인성이론에서 개인의 행동은 성격과 환경의 상호작용의 결과이며, 개인의 성격과 환경이 일치성이 높을수록 만족과 성과도 높아질 수 있다고 가정한다.

★
22 다음의 상담목표는 어떤 이론모형에 대한 것인가?

> • 내담자의 직업적 성격유형을 통해 내담자와 직업 간의 상호작용을 확인한다.
> • 내담자의 유형에 대한 이해를 바탕으로 다양한 진로대안과 개인의 특성을 비교, 검토하면서 적합한 진로대안을 탐색한다.

① 특성-요인이론　　② 직업적응이론
③ 홀랜드의 성격이론　④ 진로구성주의이론

> **해설** [홀랜드의 성격이론모형의 상담목표]
> ㉠ 내담자의 직업적 성격유형을 통해 내담자와 직업 간의 상호작용을 확인한다.
> ㉡ 변별성, 일관성, 일치성의 개념을 활용하여 의사결정과정의 어려움을 예측한다.
> ㉢ 내담자의 유형에 대한 이해를 바탕으로 다양한 진로대안과 개인의 특성을 비교, 검토하면서 적합한 진로대안을 탐색한다.
> ㉣ 학과 및 직업의 선택 시 '홀랜드 학과/직업코드표'를 이용하여 내담자의 유형과 일치하거나 유사한 유형의 학과 혹은 직업을 탐색한다.

정답 19. ② 　20. ① 　21. ④ 　22. ③

★
23 직업적응이론의 상담의 목표로 적절하지 않은 것은?

① 내담자의 호소문제를 개인과 환경의 불일치로 개념화하여 접근한다.
② 내담자의 직업가치와 능력을 평가하여 불일치의 원인을 찾고 적응의 기회를 찾도록 한다.
③ 적응을 위해 내담자의 변화 혹은 직업환경의 변화 가능성을 탐색한다.
④ 타협의 과정을 통해 진로의사결정을 할 수 있도록 한다.

해설 ④ 고트프레드슨의 제한·타협이론모형의 상담목표에 해당한다.

★
24 수퍼의 진로발달이론의 상담목표로 적절하지 않은 것은?

① 만족스러운 진로 선택을 위한 행동을 학습하도록 돕는다.
② 통합적이고 적합한 개념을 형성하여 이를 수용할 수 있도록 한다.
③ 현실에 반하는 자기개념을 검토하도록 한다.
④ 일에서의 성공, 사회적 기여, 개인적 만족을 기대할 수 있는 진로선택을 하도록 한다.

해설 [수퍼의 진로발달이론모형의 상담목표]
㉠ 내담자 스스로 자신의 생애역할에 대한 통합적이고 적합한 개념을 형성하여 이를 수용할 수 있도록 한다.
㉡ 자기 스스로 현실에 반하는 자기개념을 검토하도록 한다.
㉢ 내담자가 자기개념을 실현시키고 일에서의 성공, 사회적 기여, 개인적 만족을 기대할 수 있는 진로선택을 하도록 한다.

★
25 사회학습진로이론의 상담목표로 적절하지 않은 것은?

① 적극적으로 도전하게 하고, 진로에 유리하게 작용하도록 잘 관리하게 한다.
② 만족스러운 진로와 인생을 선택하기 위한 행동을 학습하도록 돕는다.
③ 진로 관련 심리검사를 활용하여 내담자의 새로운 학습기회를 찾도록 한다.
④ 타협의 불가피성에 대해 인식하도록 돕는다.

해설 [사회학습진로이론모형의 상담목표]
㉠ 만족스러운 진로와 인생을 선택하기 위한 행동을 학습하도록 돕는다.
㉡ 진로 관련 심리검사를 활용하여 내담자의 새로운 학습기회를 찾도록 한다.
㉢ 계획하지 않은 활동들을 적극적으로 도전하게 하고, 진로에 유리하게 작용하도록 잘 관리하게 한다.

★★ 2009년, 2014년, 2020년, 2023년 직업상담사 1급
26 진로발달에 대한 인지적 정보처리접근의 가정과 다른 것은?

① 진로선택은 인지와 감정과정의 상호작용 결과이다.
② 진로선택 및 결정은 일종의 문제해결활동이다.
③ 진로문제해결자의 능력은 지식뿐 아니라 인지적 조작 가능성에 달려 있다.
④ 진로결정과정에서 가치는 원하는 최종 상태에 대한 방향을 결정한다.

해설 인지적 정보처리이론에서 가치는 승패의 확률에 관해 각각의 행위를 판단하고 다른 사람에게 미칠 여파를 판단하고 평가하여 대안의 우선순위를 결정한다.

정답 23. ④ 24. ① 25. ④ 26. ④

27 진로발달이론 중 인지적 정보처리관점의 주요 전제로 틀린 것은?

① 진로선택은 독립적인 인지적, 정의적 과정의 결과이다.

② 진로를 선택한다는 것은 하나의 문제해결활동이다.

③ 동기의 근원을 앎으로서 자신을 이해하고 만족스러운 진로선택을 하려는 욕망을 갖는다.

④ 진로정체성(career identity)은 자기 지식에 의존한다.

해설 인지적 정보처리이론에서 진로선택은 인지와 정서의 상호작용에 의한 결과이다.

28 인지적 정보처리이론의 주요 전제에 해당하지 않는 것은?

① 진로선택에서는 개인의 가치 부여가 개입되어서는 안 된다.

② 진로를 선택하는 것은 일종의 문제해결과정이다.

③ 진로문제해결은 고도의 기억력을 요구하는 과제이다.

④ 진로발달은 지식구조의 끊임없는 변화를 포함한다.

해설 인지적 정보처리이론은 진로문제해결과정에서 행동대안 각각에 대해 평가하여 우선순위를 정하기 위해 가치 부여 및 평가단계를 거친다.

29 브라운(D. Brown)의 가치 중심적 진로접근에 관한 설명으로 옳지 않은 것은?

① 가치는 환경 속에서 가치를 담은 정보를 획득함으로써 학습된다.

② 가치는 유전적 요인에 의해 영향받지 않는다.

③ 가치는 일상생활에서 경험하는 정보처리에 많은 영향을 미친다.

④ 생애만족은 모든 필수적인 가치들을 만족시키는 생애역할에 달려 있다.

해설 가치는 유전적 요인과 환경적 요인 모두에 의해 영향을 받는다.

30 다음에서 설명하는 직업상담이론은?

- 흥미는 행동의 기준을 설정하는 데 절대적으로 작용하지 않기 때문에 진로결정과정에서 큰 역할을 하지 않는다.
- 이 관점을 지닌 대표적인 학자는 브라운(D. Brown)이다.
- 유전적 요인, 환경적 요인 모두와 관련이 있다.

① 직업적응이론　　　② 가치 중심적 진로이론
③ 진로정보처리이론　④ 맥락주의 진로이론

해설 브라운(Brown)의 가치 중심 이론에서 흥미는 행동의 기준을 설정하는 데 절대적으로 작용하지 않기 때문에 진로결정과정에서 큰 역할을 하지 않는다.

31 진로상담이론과 상담기법의 연결이 옳지 않은 것은?

① 수퍼의 진로발달이론 : 역할중요도 평가

② 윌리엄슨의 특성–요인이론 : 면담을 통한 자기이해 신장

③ 고트프레드슨의 제한·타협이론 : 진로가계도 탐색

④ 크롬볼츠의 사회학습이론 : 학습경험 촉진하기

해설 ③ 고트프레드슨의 제한·타협이론 : 타협의 불가피성 인식하기, 타협의 과정을 통해 의사결정하도록 돕기, 타협에 대한 적응 돕기

정답 27. ①　28. ①　29. ②　30. ②　31. ③

32 사회학습이론에서 '나는 할 수 있다' 혹은 '나는 할 수 있을 것 같다'라는 자기능력에 대한 예상이나 기대 또는 자기이해에 대한 인지적인 상태를 설명하는 개념은?

① 자신감
② 자존감
③ 자아개념
④ 자기효능감

해설 반두라(Bandura)는 사회학습(인지)이론에서 인간의 행동에 영향을 미치는 인지적 요인인 자기효능감, 결과기대, 목표 등에 대해 강조하였다. 이 중 자기효능감은 어떤 특정 과업을 수행할 수 있는 자신의 능력에 대한 믿음을 의미한다.

33 다음의 상담전략을 모두 포함하는 진로이론은?

- 자기효능감과 결과기대를 현실화하여 보다 확장된 진로대안 안에서 진로를 선택하도록 돕기
- 내담자가 선택 가능한 진로를 제외하게 한 진로장벽을 확인하고 평가하기
- 내담자의 진로맥락에서 진로선택을 돕는 사회적 지지를 확인하고 이를 활용하도록 돕기

① 사회인지적 진로이론
② 구성주의적 진로이론
③ 인지정보처리이론
④ 진로의사결정이론

해설 [사회인지진로이론의 상담목표]
㉠ 자기효능감을 높이는 것, 긍정적이고 현실적인 결과기대를 갖는 것, 목표를 수립하는 것이 일차적 상담목표이다.
㉡ 진로준비행동에 대한 구체적인 계획을 세우고, 진로장벽을 인식하고 제거한다.

34 직업상담이론과 직업상담전략의 연결이 옳은 것은?

① 진로의사결정이론 : CASVE 과정을 사용하여 내담자의 위치를 탐색한다.
② 사회인지진로이론 : 직업장면에서 내담자의 요구와 충족을 탐색한다.
③ 직업적응진로이론 : 왜곡된 자기효능감 때문에 제외되었던 내담자의 진로대안을 탐색한다.
④ 사회학습진로이론 : 진로에 대한 학습을 촉진하기 위해서 진로검사를 시행한다.

해설 ① 정보처리진로이론의 상담전략에 해당한다.
② 직업적응진로이론의 상담전략에 해당한다.
③ 사회인지진로이론의 상담전략에 해당한다.

35 진로이론에 관한 설명이 옳은 것만으로 짝지어진 것은?

A. 사회인지진로이론 : 진로발달과 선택에서 진로와 관련된 자신에 대한 평가와 믿음을 강조한다.
B. 인지적 정보처리이론 : 내담자가 욕구를 분류하고 지식을 획득하여, 자신의 욕구가 무엇인지 알 수 있도록 돕는다.
C. 인지적 정보처리이론 : 학습경험을 형성하고 진로행동에 단계적으로 영향을 주는 구체적인 매개변인을 찾는 데 목표를 둔다.
D. 가치 중심적 진로이론 : 흥미와 가치가 진로결정과정에서 가장 중요한 작용을 한다.

① A, B
② A, C
③ B, C
④ C, D

해설 C. 사회인지진로이론의 설명에 해당한다.
D. 가치 중심적 진로접근모형은 다른 이론들과 달리 흥미가 진로결정에 별로 큰 역할을 하지 않는다.

정답 32. ④   33. ①   34. ④   35. ①

★
36 다음의 내용은 어떤 진로이론의 상담전략에 해당하는가?

> • 직업의 요구사항과 강화인을 중심으로 직업환경을 평가한다.
> • 개인과 환경 간의 충분한 조화가 있는데도 내담자의 만족도가 낮다면 가족문제나 직장동료문제 등과 같은 다른 불만족의 요인을 탐색한다.

① 사회인지적 진로이론
② 구성주의적 진로이론
③ 인지정보처리이론
④ 직업적응이론

해설 **[직업적응이론의 상담전략]**
ㄱ 욕구, 능력, 성격양식 면에서 내담자의 자기 이미지를 평가한다.
ㄴ 직업의 요구사항과 강화인을 중심으로 직업환경을 평가한다.
ㄷ 개인-환경 부조화에 대한 내담자의 적응양식을 평가한다.
ㄹ 개인과 환경 간의 충분한 조화가 있는데도 내담자의 만족도가 낮다면 가족문제나 직장동료문제 등과 같은 다른 불만족의 요인을 탐색한다.

★★
37 다음 중 진로구성주의 상담전략의 설명에 해당하지 않는 것은?

① 특정한 진로행동을 보이는 이유와 행동이 생애주제로 표현되는 방법을 이해하고자 노력한다.
② 표준화된 직업흥미검사나 결과를 가지고 내담자의 진짜 흥미를 밝혀낸다.
③ 진로적응성은 자신의 진로를 구성해나가는 과정에서 극복과정을 강조한다.
④ 진로 이야기를 통합하여 생애주제를 찾아나가는 과정이 바로 직업상담의 과정이다.

해설 진로구성주의이론에서는 표준화된 직업흥미검사나 결과를 가지고 내담자의 진짜 흥미라고 해석하지 않고, 하나의 가능성으로 보며, 가설을 만드는 데 활용한다.

★★ **2003년 직업상담사 1급**
38 인지적·정서적 상담(RET)의 과정 중 다음 ( )에 알맞은 것은?

> A : 선행사건 → B : 비합리적 신념체계 → C :
> ( ) → D : 논박 → E : 효과
> → F : 새로운 감정

① 이유 분석
② 신념체계 탐색
③ 정서적/행동적 결과
④ 지지

해설 C (Consequence) : 결과 – 비합리적 신념이나 사고체계를 통해 해당 사건을 해석함으로써 얻게 되는 **부적응적인 정서적·행동적 결과**

★★ **2009년, 2017년 직업상담사 1급**
39 REBT 상담의 인간관에 대한 설명으로 틀린 것은?

① 사람은 외부의 것에 의해 조건형성이 되기보다는 장애를 느끼도록 스스로를 조건형성한다.
② 사람은 올바르지 않게 생각하고 쓸데없이 자신을 혼란시키는 생물학적, 문화적인 경향을 가지고 있다.
③ 사람은 스스로가 혼란스러운 신념을 만들어내고, 그 혼란에 의해서 스스로 혼란된다.
④ 사람들은 자신의 인지, 정서, 행동을 변화시킬 수 있는 능력을 가지고 있지 않다.

해설 REBT 상담의 인간관에서 인간은 자신의 인지, 정서, 행동을 변화시킬 수 있는 능력을 가지고 있다는 것이다.

40 "사람들은 생각하는 대로 느끼고 행동한다"는 말로 대변할 수 있는 심리치료는?

① 실존치료
② 인간 중심 치료
③ 합리정서행동치료(REBT)
④ 현실치료

> **해설** 제시된 문장은 인간의 인지가 정서와 행동에 영향을 미친다는 REBT 상담의 기본전제에 대한 설명이다.

41 REBT 상담에서 주장하는 비합리적 생각의 4요소가 아닌 것은?

① 낮은 인내심
② 당위적 사고
③ 자기 비하
④ 선호적 사고

> **해설** [비합리적 생각의 4요소]
> ㉠ 당위적 사고
> ㉡ 과장적 사고
> ㉢ 좌절에 대한 낮은 인내성
> ㉣ 인간 비하적 사고(자기 비하적 사고)

42 엘리스의 ABC 이론에서 내담자가 자신의 비합리적 신념에 도전하고 논박하도록 도와주기 위해 과학적인 방법을 적용하는 부분은?

① B
② C
③ D
④ E

> **해설** [엘리스(Ellis)의 ABCDEF 모형]
> ㉠ A(Activating Event) : 선행사건
> ㉡ B(Belief System) : 신념체계
> ㉢ C(Consequence) : 결과
> ㉣ D(Dispute) : 논박
> ㉤ E(Effect) : 효과
> ㉥ F(Feeling) : 감정

43 REBT 상담에서 추구하는 상담목표에 해당하지 않는 것은?

① 자기 지향
② 관용
③ 융통성
④ 확실성의 추구

> **해설** REBT에서 불확실성의 수용이란 성숙한 사람은 인간이 무한한 가능성과 기회를 가진 세계에 살고 있다는 것을 인정하나 어떤 절대적인 확실성은 있지 않다는 것을 인정한다. 즉, REBT 상담에서는 확실성의 추구를 목표로 하는 것이 아니라 불확실성의 수용을 상담목표로 삼는다.

44 합리적 정서적 상담이론에 따르면 사람들이 경험하는 정서는 무엇에 따른 결과인가?

① 선행사건
② 행동
③ 미해결과제
④ 당위적 사고

> **해설** 합리적 정서적 상담이론(REBT)에서 사람들이 경험하는 부적응적인 정서나 행동은 선행사건의 결과가 아니라 비합리적 신념체계(당위적 사고)에 의한 것이다.

45 합리적 정서행동상담(REBT)에서 다음에서 설명하는 인지적 왜곡 유형은?

> 실제로 그럴만한 이유가 없음에도 불구하고 '나는 모든 사람들의 관심의 초점이다. 특히 사람들은 나의 잘못된 수행에 주의와 관심을 기울일 것이다. 나는 모든 불행의 원인이다'라고 생각하는 것

① 재앙화
② 완벽주의
③ 과잉일반화
④ 자기 관련 사고

> **해설** 개인화(자기 관련 사고)란 자신과 관련시킬 근거가 없는 외부 사건을 자신과 관련시키는 성향으로서, 실제로는 다른 것 때문에 생긴 일에 대해 자신이 원인이고 자신이 책임져야 할 것으로 받아들인다.

정답 40. ③ 41. ④ 42. ③ 43. ④ 44. ④ 45. ④

46 인지·정서·행동상담(REBT)과정에서 비합리적 사고를 판단하는 기준과 가장 거리가 먼 것은?

① 부정적 정서 유발   ② 경험적 일치성
③ 논리성의 여부   ④ 실용적 가치

해설 합리적 사고와 비합리적 사고를 판단하는 기준은 논리성, 현실성(경험적 일치성), 실용성, 융통성 등이다.

47 인지·정서·행동치료와 관련된 설명으로 틀린 것은?

① 정서적 혼란은 비합리적 신념에서 비롯된다고 본다.
② 비합리적 신념변화를 위해 무엇보다 중요한 것은 논박하기이다.
③ 비합리적인 신념의 세 가지 당위성은 자신에 대한 당위성, 타인에 대한 당위성, 조건에 대한 당위성이다.
④ 역할연기는 행동에 대해 주위 사람이 어떻게 생각할지에 대한 두려움 때문에 못하는 행동에 대해 실제로 행동해 보도록 하는 기술이다.

해설 ④ 수치심 공격연습의 설명에 해당한다.

48 인지·정서·행동치료(REBT)에서 가정하는 합리적 가치와 태도가 아닌 것은?

① 자기수용
② 불확실성의 수용
③ 위험 감수
④ 이상주의

해설 REBT 상담에서는 이상주의를 목표로 하는 것이 아니라 비이상주의를 상담목표로 삼는다.

49 합리적 정서행동치료(REBT)의 A–B–C–D–E 모형에서 D의 의미는?

① 논박 (Dispute)   ② 계획 (Design)
③ 실행 (Doing)   ④ 우울 (Depression)

해설 [엘리스(Ellis)의 ABCDEF 모형]
㉠ A (Activating Event) : 선행사건
㉡ B (Belief System) : 신념체계
㉢ C (Consequence) : 결과
㉣ D (Dispute) : 논박
㉤ E (Effect) : 효과
㉥ F (Feeling) : 감정

50 엘리스(A. Ellis)의 A–B–C–D–E–F 기법에 대한 설명으로 옳은 것은?

① A : 적응(adjustment)은 내담자가 주변 환경에서 얼마나 안정감을 느끼는지 파악하는 것이다.
② B : 신념(belief)은 문제 장면에 대한 내담자의 사고체계를 말하는 것이다.
③ D : 우회적 접근(detour)은 직면이 아닌 간접적인 방법을 통해 내담자를 치료하는 것이다.
④ E : 효능감(efficacy)은 내담자가 상담 이후에 얼마나 유능감을 느끼는지 검토하는 것이다.

해설 [엘리스(Ellis)의 ABCDEF 모형]
㉠ A (Activating Event) : 선행사건
㉡ B (Belief System) : 신념체계
㉢ C (Consequence) : 결과
㉣ D (Dispute) : 논박
㉤ E (Effect) : 효과
㉥ F (Feeling) : 감정

정답 46. ①   47. ④   48. ④   49. ①   50. ②

51 인지적 상담이론에서 설명하는 인지적 오류 중 다음은 어느 오류에 해당하는가?

> 100% 완벽하게 일을 하지 않으면 아무것도 하지 않은 것이거나 실패한 것이다.

① 선택적 주의 　　② 이분법적 추론
③ 과잉일반화 　　④ 개인화

> 해설　이분법적 사고 (흑백논리, 양분법적 논리) : 사건의 의미를 이분법적인 범주의 둘 중의 하나로 해석하는 오류로 회색지대를 인정하지 않는 것

52 다음은 어떤 종류의 인지적 오류에 해당하는가?

> 자신과 관련 없는 회사 일도 '내가 뭔가 실수를 했을 거야. 나 때문이야.'라고 생각한다.

① 과잉일반화 (Overgeneralization)
② 흑백논리 (All-or-nothing Thinking)
③ 의미의 확대 (Manification)
④ 개인화 (Personalization)

> 해설　개인화(자기 관련 사고)란 자신과 관련시킬 근거가 없는 외부 사건을 자신과 관련시키는 성향으로서, 실제로는 다른 것 때문에 생긴 일에 대해 자신이 원인이고 자신이 책임져야 할 것으로 받아들인다.

53 다음 중 인지적 상담에 대한 설명으로 틀린 것은?

① 정신분석적 상담에 비해 단기로 이루어진다.
② 상담의 목표가 구체적이고 명확하다.
③ 개인의 심층적인 사고방식이나 신념체계를 다루므로 효과가 단기적이다.
④ 문제 중심적 접근이다.

> 해설　인지적 상담은 개인의 심층적인 사고방식이나 신념체계를 다루므로 효과가 장기적이다.

54 인지행동치료에 관한 설명으로 틀린 것은?

① 인지매개가설을 전제로 한다.
② 단기간의 상담을 지향한다.
③ 현재–여기보다는 과거를 중요시한다.
④ 내담자의 왜곡되고 경직된 생각을 현실적으로 타당한 생각으로 바꾸어 준다.

> 해설　인지행동치료는 내담자의 과거보다는 현재의 삶에 더 초점을 맞추고 지금–여기(here and now)를 강조하는 목표 지향적이고 해결 중심적인 치료로, 체계화된 방식을 통해 비합리적인 신념체계를 합리적인 것으로 대치함으로써 문제해결을 촉진하는 단기적인 접근방법이다.

55 다음 중 인지적 오류에 대한 설명으로 바르지 않은 것은?

① 흑백논리 : 사건의 의미를 이분법적인 범주의 둘 중의 하나로 해석한다.
② 과잉일반화 : 한두 번의 사건에 근거하여 일반적인 결론을 내리고 무관한 상황에도 그 결론을 적용시킨다.
③ 선택적 추상화 : 상황이나 사건의 주된 내용은 무시하고 특정한 일부의 정보에만 주의를 기울여 전체의 의미를 해석한다.
④ 잘못된 명명 : 자신과 관련시킬 근거가 없는 외부 사건을 자신과 관련시키는 것

> 해설　④ 잘못된 명명 : 과잉일반화의 극단적인 형태로서, 내담자가 어느 하나의 단일사건이나 극히 드문 일에 기초하여 완전히 부정적으로 상상하는 것

> 정답　51. ②　52. ④　53. ③　54. ③　55. ④

★★ 2023년 9급 공무원

56 벡(A. Beck)이 말한 인지삼제(cognitive triad)의 예시로 옳지 않은 것은?

① 나는 쓸모없는 사람이야.

② 세상은 불공평해.

③ 나의 미래는 더 나아지지 않을 거야.

④ 인간은 행복해지려면 누군가가 필요해.

해설 인지삼제는 자기에 대한 비관적인 생각, 앞날에 대한 염세주의적 생각, 세상에 대한 부정적인 생각이 이에 해당된다.

★

57 실업의 심리학적 의미에 대한 설명으로 적절하지 않은 것은?

① 목표와 방향성을 재설정하도록 한다.

② 생계유지에 위협을 받는다.

③ 의사결정범위를 제한시킨다.

④ 생활반경을 급격하게 감소시킨다.

해설 실업은 개인으로 하여금 목표와 방향성을 상실하게 한다.

★★

58 취업취약계층의 논점별 접근과 상담기법에 대한 설명이다. 어떤 대상에 대한 설명인가?

> 자기효능감을 증진하고 직업능력을 향상시킬 수 있는 기회를 제공한다. 현실적으로 접근 가능한 직업선택을 할 수 있도록 돕고, 양질의 시간제 일자리 발굴 및 사후관리를 통한 직업적응을 조력한다.

① 장기 구직자　　② 진로단절여성

③ 북한이탈주민　　④ 결혼이민여성

해설 진로단절여성의 특성은 특정 기술이나 기능, 직업경험이 적은 것이 진로장벽으로 작용한다. 육아와 가사노동으로 시간적 제약이 많아 직업선택이 제한적이며, 자기효능감이 낮고, 비전통적인 직종과 노동시장에서의 차별적 관행의 논점이 있다. 따라서 자기효능감을 증진하고 직업능력을 향상시킬 수 있는 기회를 제공하는 것이 중요하다.

★★ 2015년, 2022년, 2023년, 2025년 직업상담사 1급

59 직업상담 시 저항적이고 동기화되지 않은 내담자들을 위한 전략이 아닌 것은?

① 왜곡된 사고 확인하기

② 변형된 오류 수정하기

③ 내담자와 친숙해지기

④ 은유 사용하기

해설 [내담자의 저항감 다루기]
　㉠ 변형된 오류 수정하기
　㉡ 내담자와 친숙해지기
　㉢ 은유 사용하기
　㉣ 대결하기

★★

60 긴즈버그와 무어(Ginsburg & Moore, 1987)가 제시한 9가지 상담기법 중 가정 사용하기의 예가 아닌 것은?

① 당신의 직업에서 마음에 드는 것은 어떤 것들입니까?

② 당신의 직업에서 좋아하지 않는 것은 무엇입니까?

③ 당신의 상사는 어때요?

④ 당신의 상사는 어떤 일을 해서 미움을 받습니까?

해설

가정을 사용하지 않은 경우	가정을 사용한 경우
• 당신은 그 일이 마음에 듭니까?	• 당신의 직업에서 마음에 드는 것은 어떤 것들입니까? • 당신의 직업에서 마음에 들지 않는 것은 무엇입니까?
• 당신의 상사는 어떤가요?	• 어떤 사람이 상사가 되었으면 좋으시겠어요? • 당신의 상사는 어떤 일을 해서 미움을 받습니까?

정답　56. ④　57. ①　58. ②　59. ①　60. ③

61 내담자의 진술 중에서 "내 생각이 옳아요", "사람들은 나를 의기소침하게 만들지요", "내가 믿고 있는 것과 정반대지요"와 같은 진술은 전이된 오류 중 어떠한 오류에 해당하는가?

① 정보의 오류
② 한계의 오류
③ 논리적 오류
④ 잠정적 오류

[해설] 내담자의 경험을 이야기함에 있어서 중요한 부분이 빠졌을 때의 오류로 정보의 오류 중 삭제에 해당한다.

62 직업상담에서 발생하는 전이된 오류에 해당하지 않는 것은?

① 정의의 오류
② 정보의 오류
③ 한계의 오류
④ 논리적 오류

[해설] [전이된 오류 정정하기]
　㉠ 정보의 오류
　㉡ 한계의 오류
　㉢ 논리적 오류

63 다음에 제시된 내담자 정보와 행동이해를 위한 몇 가지 상담기법의 적용 중 해당되는 기법을 고르시오.

ⓐ "당신이 특별히 좋아하는 것이 있으면 말씀해 주겠어요?"
ⓑ "이게 맞는 건지 잘 모르겠네요, 이 직업이 쉬운 건지 어려운 건지 잘 모르겠어요."
ⓒ "어떻게 생각해야 할지 이해가 잘 가지 않는군요. 잘 모르겠어요. 제가 좀 더 확실하게 이해할 수 있도록 도와주겠어요?"

① 가정 사용하기
② 분류 및 재구성하기
③ 의미 있는 질문 및 지시 사용하기
④ 근거 없는 믿음 확인하기

[해설] [의미 있는 질문 및 지시 사용하기]
　ⓐ 공손한 명령의 의미
　ⓑ 대답을 원하지 않으면서도 내담자의 주의를 요하는 질문
　ⓒ 언제 어떻게 반응할지 대답의 범위를 광범위하게 개방하는 질문

64 직업상담 시 한계의 오류를 가진 내담자들이 자신의 견해를 제한하는 방법과 가장 거리가 먼 것은?

① 예외를 인정하지 않는 것
② 불가능을 가정하는 것
③ 왜곡되게 판단하는 것
④ 어쩔 수 없음을 가정하는 것

[해설] [전이된 오류 정정하기 중 한계의 오류]
　㉠ 예외를 인정하지 않는 것
　㉡ 불가능을 가정하는 것
　㉢ 어쩔 수 없음을 가정하는 것

65 직업상담기법에 관한 설명으로 틀린 것은?

① 은유 사용하기 : 내담자가 이야기 속에서 문제해결방법을 통하여 자신의 문제해결의 실마리를 찾는다.
② 논리적 오류 : 다른 사람의 경험에 대하여 직접 의사소통을 해보지 않고 그 사람의 마음을 읽을 수 있다고 자신하는 사람에게 사용된다.
③ 의미 있는 질문 사용하기 : 자신과 그들의 세계를 다른 각도에서 바라볼 수 있는 기회를 주는 것이며, 자아개념이 낮은 내담자에게 효과가 있다.
④ 근거 없는 믿음 확인하기 : 거절에 대하여 두려워할 필요가 없으며, 모든 사람이 원하는 직업을 다 갖는 것이 아니며, 거절당한다는 것은 특별한 직업을 갖지 못한다는 것이다.

[정답] 61. ①　62. ①　63. ③　64. ③　65. ③

해설 ③ 분류 및 재구성하기의 설명에 해당된다.

2018년 직업상담사 2급

66 Snyder 등은 직업상담을 하면서 접할 수 있는 내담자의 변명을 종류별로 구분하였다. 다음 중 변명의 종류가 다른 것은?

① 축소
② 비난
③ 정당화
④ 훼손

해설 ㉠ 결과를 다르게 조직하기(그렇게 나쁘다고는 할 수 없어요) : 축소, 정당화, 훼손
ⓛ 책임을 회피하기(내가 하지 않았어요) : 부정, 알리바이, 비난

2012년, 2015년, 2020년 직업상담사 2급

67 내담자의 정보를 수집하고 행동을 이해하고 해석하는 데 사용되는 상담기법 중 다음의 경우는 어떤 기법을 사용해야 되는가?

- 이야기 삭제하기
- 불확실한 인물 인용하기
- 불분명한 동사 사용하기
- 제한적 어투 사용하기

① 전이된 오류 정정하기
② 분류 및 재구성하기
③ 왜곡된 사고 확인하기
④ 저항감 재인식하기

해설 [전이된 오류 정정하기 중 정보의 오류]
㉠ 삭제(이야기 삭제)
ⓛ 불확실한 인물의 인용
ⓒ 불분명한 동사의 사용
ⓔ 참고자료
ⓜ 제한적 어투의 사용

2013년 직업상담사 2급

68 다음 상황에 가장 적합한 상담기법은?

> 상담자 : 다른 회사들이 써 본 결과 많은 효과가 입증된 그런 투쟁해결방법을 써보도록 하지요.
>
> 내담자 : 매우 흥미로운 일이군요. 그러나 그 방법은 K 주식회사에서는 효과가 있었는지 몰라도 우리 회사에서는 안 될 것입니다.

① 가정 사용하기
② 전이된 오류 정정하기
③ 분류 및 재구성기법 활용하기
④ 저항감 재인식 및 다루기

해설 현재 내담자의 행동은 '고의로 방해하는 의사소통' 중 '불신'의 전술에 해당된다. 불신의 전술은 변화의 과정이 너무 빠르거나 너무 멀리 나아가지 않도록 하기 위한 것으로, 내담자는 조건을 이해하고 나서 그들의 상황에서 조건을 공격하거나 부인한다. 이때에는 '저항감 재인식하기 및 다루기' 기법이 적합하다.

❹ 직업상담의 접근 방법

★★ 2010년, 2015년, 2017년 직업상담사 1급

69 특성−요인 상담에서 Brayfield가 구분한 직업정보의 기능이 아닌 것은?

① 재조정 기능
② 정보적 기능
③ 동기화 기능
④ 평가적 기능

해설 [Brayfield의 직업정보의 기능]
㉠ 정보적 기능
ⓛ 재조정 기능
ⓒ 동기화 기능

정답 66. ② 67. ① 68. ④ 69. ④

70 다음 중 특성–요인 직업상담에 관한 설명으로 옳은 것은?

> A. 서로 다른 직업에 종사하는 사람들은 서로 다른 심리적 특성을 가지고 있다고 가정한다.
> B. 내담자에 대한 내적인 심리역동에 초점을 둠으로써 진단은 부차적이다.
> C. 상담과정은 합리적이고 과학적인 문제해결 방법을 따른다고 알려져 있다.
> D. 상담자는 내담자의 협조를 위해 내담자와의 관계형성에 주력한다.

① A, B
② A, C
③ B, C
④ C, D

해설 특성–요인 직업상담은 개인은 서로 다른 특성을 가지기 때문에 서로 다른 직업적 특성을 가지게 된다고 가정한다. 또한 특성–요인 직업상담의 과정은 과학적이고, 합리적인 문제해결을 추구한다.

71 다음 중 특성–요인 직업상담의 과정에 해당하는 문제해결 방법은?

① 진단
② 보상
③ 전이
④ 파지

해설 특성–요인 직업상담은 변별진단을 통해 내담자의 문제해결을 돕는다.

72 Williamson의 특성–요인적 진로상담기법의 특징이 아닌 것은?

① 친화관계 형성
② 자기 이해의 증진
③ 실행계획이나 충고
④ 소망 방어체제의 해석

해설 [특성–요인적 진로상담의 기법]
- ㉠ **촉진적 관계형성** : 상담자는 내담자에게 신뢰감을 줄 수 있는 분위기를 만들고 문제해결을 촉진할 수 있는 관계를 형성한다.
- ㉡ **자기이해의 증진** : 상담자는 내담자가 자신의 장점이나 특성에 대해 개방된 평가를 하도록 도우며, 그러한 장점이나 특성이 내담자의 진로문제를 해결하는 데에 어떻게 관련되는지에 대해 통찰력을 갖도록 격려한다.
- ㉢ **행동계획의 권고나 설계** : 상담자는 내담자가 이해하는 관점에서 권고(조언)를 하여야 하며, 내담자가 말한 학문적·직업적 선택 또는 감정, 태도 등에 대해 언어로써 명료화시켜준다. 그리고 실제적인 행동을 계획하고 설계하도록 조력한다.
- ㉣ **계획의 수행** : 일단 행동의 계획이 세워졌다면 상담자는 진로선택을 하는 데 있어 도움이 되는 여러 가지 제안을 함으로써 내담자가 직업을 잘 선택하도록 돕는다.
- ㉤ **위임** : 한 상담자가 모든 내담자를 상담할 수는 없다. 윌리암슨(1939)은 상담자가 내담자에게 하는 가장 적절한 충고는, "너의 문제를 이해하는 데 도움을 얻으려면 다른 상담자를 만나 보라."라고 말하는 것이라고 언급하였다.

73 Williamson의 특성–요인 직업상담에서 검사의 해석단계에서 사용하는 상담기법과 가장 거리가 먼 것은?

① 직접 충고
② 수용
③ 설명
④ 설득

해설 [특성–요인 직업상담의 검사 해석단계에서 이용할 수 있는 상담기법]
- ㉠ **직접 충고** : 검사결과를 토대로 내담자들이 따를 수 있는 가장 만족할 만한 선택, 행동 또는 계획에 관해 상담자가 내담자에게 자신의 견해를 솔직하게 표현하는 것을 말한다.
- ㉡ **설득** : 내담자가 여러 가지 대안을 생각할 수 있도록 합리적이고 논리적인 방법으로 검사자료를 정리하여 제시한다.
- ㉢ **설명** : 상담자가 진단과 검사자료뿐 아니라 비검사자료들을 해석하여 현명한 진로선택을 할 수 있도록 돕는 것을 말한다.

정답 70. ② 71. ① 72. ④ 73. ②

★ 2012년, 2019년 직업상담사 1급

74 인간중심 상담이론의 관점에서 보는 부적응의 개념은?

① 자기통제 능력이 부족하다.
② 현실감과 책임감이 부족하다.
③ 타인의 내적 준거체계를 참조할 수 있다.
④ 자아와 유기체의 경험이 일치하지 않는다.

해설 내담자중심 상담에서 모든 내담자는 자아와 경험의 일치성 부족으로 고통받고 있는 것으로 가정하였다. 일치성 부족의 종류에는 일의 세계에 대한 정보(경험) 부족, 자아에 대한 정보(경험) 부족, 자아와 일의 세계에 대한 정보(경험) 부족, 자아와 일의 세계에 대한 정보(경험) 왜곡 등이 있다.

2004년 직업상담사 1급

75 내담자중심 상담접근에서 표준화 검사의 용도로 가장 적절한 것은?

① 내담자의 자기 명료화를 위하여
② 진단적 정보로 활용하기 위하여
③ 내담자를 객관적으로 이해하기 위하여
④ 내담자를 설득하는 자료를 얻기 위하여

해설 내담자중심 상담접근에서 검사는 상담자가 객관적인 검사 결과를 통해 내담자를 진단하기 위해 사용하는 것이 아니라 내담자의 자기 명료화를 위해 사용한다.

2017년 직업상담사 1급

76 내담자중심 직업상담에서 Patterson의 직업정보활용 원리에 관한 설명으로 옳지 않은 것은?

① 직업과 관련된 사람들로부터 정보를 얻도록 격려해서는 안 된다.
② 상담자는 내담자가 직접 직업정보를 찾도록 격려한다.
③ 평가적인 방법으로 직업정보를 사용해서는 안 된다.
④ 직업정보는 내담자에게 영향을 주거나 조작하기 위해 사용되어서는 안 된다.

해설 [내담자중심 직업상담의 직업정보 활용의 원리(Patterson, 1964)]

㉠ 직업정보는 내담자의 입장에서 그것에 대해 인정할 만한 필요가 있을 때 상담 과정에 도입된다.
㉡ 직업정보는 내담자에게 영향을 주거나 조작하기 위해 사용되어서는 안 된다.
㉢ 직업정보를 제공하는 데 있어서 가장 결정적이고 내담자의 자발성과 책임감을 극대화시킬 수 있는 방법은 내담자가 원자료(raw materials), 즉 출판주, 고용주 그리고 그 직업과 관련된 사람들로부터 정보를 얻도록 격려하는 것이다.
㉣ 직업과 일에 대한 내담자의 태도와 감정은 자유롭게 표현되어야 하며, 치료적으로 이루어져야 한다.

★★ 2004년, 2015년, 2022년, 2025년 직업상담사 1급

77 다음 특징은 어떤 진로상담 이론을 기술한 것인가?

> • 내담자의 욕구와 발달과정을 강조한다.
> • 주로 보딘(Bordin)과 그의 동료들에 의해 발전했다.
> • 진단의 중요성을 강조한다.
> • 진로상담 과정을 탐색과 계약설정, 중대한 결정의 단계, 변화를 위한 노력 단계로 구분한다.

① 특성요인 진로상담
② 인간중심 진로상담
③ 정신분석적 진로상담
④ 행동주의 진로상담

해설 문제의 내용은 보딘(Bordin)의 정신분석적(정신역동적) 직업상담 접근법에 대한 설명에 해당한다.

★ 2011년 직업상담사 1급

78 Bordin이 제시한 진로상담 단계 중 내담자의 성장과 변화를 조력하기 위한 노력에 초점을 맞춘 단계는?

① 비판적 결정 단계　② 변화를 위한 단계
③ 탐색 단계　　　　④ 계약체결 단계

정답 74. ④　75. ①　76. ①　77. ③　78. ①

해설 **[정신역동적 직업상담과정 3단계]**
  ㉠ **제1단계 – 탐색과 계약설정(계약체결)** : 상담자는 내
    담자가 자신의 욕구 및 정신역동적 상태를 탐색할 수
    있도록 돕고 내담자의 방어적 태도의 의미를 탐색하
    고 상담과정을 구조화하며 앞으로의 상담전략을 합
    의하고, 상담계약을 한다.
  ㉡ **제2단계 – 핵심결정(중대한 결정/비판적 결정)** : 내담
    자가 자신의 성격적 제한을 그대로 받아들이고 그 성
    격에 맞는 직업을 택할 것인지 성격을 변화시켜 다른
    직업을 선택할 것인지 결정할 수 있도록 한다. 상담
    자는 내담자의 성장과 변화를 조력하기 위한 노력을
    하며 상호작용을 통해 여러 가지 대안을 탐색해 본다.
  ㉢ **제3단계 – 변화를 위한 노력** : 내담자로 하여금 자신
    의 자아를 보다 명확히 인식할 수 있도록 돕고, 더
    많은 변화를 필요로 하는 부분에 대해 지속적인 변화
    를 모색하며, 보다 효율적인 인간관계가 이루어질 수
    있도록 상호 협력한다.

★★ **2013년, 2018년, 2021년 직업상담사 1급**

79 정신역동적 직업상담모형에 관한 설명으로 옳
은 것은?

① 직업상담자는 내담자의 흥미가 능력과 일치
  하는지를 밝히고 그 결과를 직업선택의 기초
  자료로 이용한다.
② 직업선택에 미치는 내적요인의 영향을 지나
  치게 강조한 나머지 외적요인의 영향에 대해
  서는 충분히 고려하지 못했다.
③ 직업상담자가 교훈적 역할을 하거나 내담자
  의 자아를 명료화하고 자아실현을 증진시킬
  수 있다.
④ 내담자에게 많은 검사정보와 직업정보를 제
  공해 주고 이를 토대로 직업선택을 하도록 하
  는 것이다.

해설 **[정신역동적 직업상담의 평가]**
  ㉠ 직업선택에 미치는 **내적 요인의 영향을 지나치게 강
    조한 나머지 외적 요인의 영향에 대해서는 충분하게
    고려하고 있지 못하다.**
  ㉡ 외적으로 나타나는 직업의사결정 행동에 대해 내적
    욕구만을 분석하여 중재하려는 경향이 있다.
  ㉢ 행동주의 관점에서 볼 때, 정신역동적 접근은 관찰할
    수 없는 인간의 동기 측면에 지나치게 초점을 둠으로
    써 직업결정의 개념을 매우 복잡하게 만든다.

★ **2014년, 2020년 직업상담사 1급**

80 Bordin의 정신역동적 직업상담에서 직업상담
사가 내담자의 검사결과를 사용하는 목적에 해당하
지 않는 것은?

① 진단적 정보로 활용할 수 있다.
② 직업상담에 대해 현실적인 기대를 갖도록 도
  울 수 있다.
③ 평가자료에 대해서 전적으로 동의하게 한다.
④ 자기 탐색을 보다 깊이 할 수 있도록 한다.

해설 **[정신역동적 직업상담의 검사결과의 활용 시 고려할 점]**
  ㉠ 상담자를 위한 **진단적인 정보로 활용**한다.
  ㉡ 내담자가 검사라는 보다 실증적인 근거를 토대로 상
    담을 받게 됨으로써 **상담에 대해 더욱 현실적인 기대
    를 갖게 된다.**
  ㉢ 내담자가 평가자료에 대해 거부감을 갖지 않도록
    하여, 내담자가 사용할 수 있는 평가자료를 만드는
    데 도움을 준다. 내담자의 문제와 관련된 보다 신뢰
    하는 검사정보를 내담자에게 제공해 주어 그들이
    이를 현실적으로 검증해 볼 수 있도록 검사정보를
    사용한다.
  ㉣ 검사는 내담자에게 보다 많은 자기탐색의 기회를 제
    공해준다. 내담자는 검사 규준에 비추어 **자신을 더욱
    객관적으로 이해할 수 있게 된다.**

2014년 직업상담사 1급

81 다음 사례에 나타난 상담자의 반응기법은?

의대과정을 잘 보내던 한 내담자가 자신은 의학
이 적성에 맞지 않는다며 자신의 전공을 건축으
로 바꾸고 싶다고 말했다. 상담을 통해, 상담자
는 내담자의 어머니가 얼마 전에 뇌출혈로 쓰러
졌고, 아버지는 그 원인이 아들의 공부 뒷바라지
때문이라고 말씀하시곤 했다는 것을 알게 되었
다. 상담자는 건축물이 여성의 모습을 상징적으
로 나타낸다는 정신역동적 가정에 따라 내담자
가 건축으로 전공을 바꾸고 싶어 하는 것이 어머
니의 건강을 되찾고 싶기 때문이며, 또한 자기
때문에 어머니가 병으로 쓰러지신 것이라는 죄
의식 때문에 그러한 결정을 내리게 된 것이라고
해석하였다.

① 명료화 기법
② 비교 기법
③ 소망－방어체계 해석 기법
④ 지시적 반응범주 기법

> **해설** 사례에 제시된 상담자의 반응은 정신역동적 직업상담 접근법의 소망-방어체계 해석 기법에 해당한다. 소망-방어체계 해석 기법은 내담자의 행동에 대한 단순한 설명이 아닌 자아가 더 깊은 무의식의 내용을 탐색할 수 있도록 도와주는 기술로서, 상담자는 내담자의 내적 동기 상태와 진로결정 과정 사이의 관계를 내담자로 하여금 자각하도록 시도한다.

82 발달적 직업상담에서 직업성숙도 검사를 활용하여 얻을 수 있는 장점과 거리가 먼 것은?

① 직업상담 전략을 수립할 수 있다.
② 태도적 측면과 인지적 측면을 이해할 수 있다.
③ 연령과 학력에 따른 발달단계 파악할 수 있다.
④ 부적응적 학습원인을 규명할 수 있다.

> **해설** 직업성숙도 검사를 통해 내담자의 문제해결에 대한 태도와 능력 측면의 준비도를 평가하고, 진로발달의 정도를 측정하여 직업상담 전략을 수립할 수 있다.

83 발달적 직업상담에서 수퍼(Super)는 세 가지 방면에서 내담자를 평가하였다. 이에 해당되지 않는 것은?

① 문제 평가　　② 환경 평가
③ 예언적 평가　　④ 개인적 평가

> **해설** [수퍼가 제안한 내담자 평가의 3가지]
> ㉠ 문제 평가 : 내담자의 호소문제와 상담에 대한 기대 평가
> ㉡ 개인 평가 : 내담자의 여러 특성에 대한 평가
> ㉢ 예언 평가 : 내담자의 향후 직업적 적응 및 부적응과 상담 참여의 예측 평가

84 다음 중 발달적 직업상담에 대한 설명으로 옳은 것은?

① 대표적인 학자는 Bordin, Super 등이다.
② 내담자의 약점에 대한 정확한 파악 및 수정을 강조한다.
③ 직업성숙도 개념을 중시한다.
④ 내담자보다는 직업상담자의 적극적인 역할이 중시된다.

> **해설** 발달적 직업상담은 발달의 의사결정적 측면을 강조한 정신역동적 직업상담과 달리, 내담자의 직업의사결정 문제와 직업성숙도(진로성숙도) 사이의 일치성에 초점을 둔다.

85 발달적 직업상담이론의 특성과 가장 거리가 먼 것은?

① 내담자의 진로발달 측면을 중시한다.
② 내담자의 내적 세계뿐 아니라 검사정보도 독특한 방식으로 직업결정과정에 활용한다.
③ 직업의사결정 문제와 직업성숙도 사이의 일치성에 초점을 둔다.
④ 진로발달을 도움으로써 내담자의 개인적 및 사회적 발달을 돕는다.

> **해설** 내담자의 내적 세계뿐만 아니라 검사정보도 독특한 방식으로 직업결정 과정에 활용하는 것은 정신역동적 직업상담의 설명에 해당한다.

86 발달적 직업상담 이론에 관한 설명으로 옳은 것은?

① 역할연기, 대화연습, 과장해서 표현하기 등의 상담기법을 사용한다.

② 직업선택의 과정은 결정이 이루어지는 성인기에 시작되어 은퇴할 때까지 계속된다.

③ 직업선택의 과정은 아동기에서 시작하여 은퇴할 때까지 계속되는 연속적 과정이다.

④ 내담자의 진로발달에 초점을 맞추지만 일반적 발달에는 관심이 없다.

해설
① 게슈탈트 상담기법에 해당한다.
② 직업선택의 과정은 유년기에 시작되어 은퇴까지 이어지는 연속적 과정이다.
④ 발달적 직업상담은 내담자의 개인적 발달 외에도 사회적 발달 및 일반적 발달도 촉진될 수 있도록 조력한다.

87 직업상담 중 '진로자서전'과 '의사결정일기' 등의 기법을 활용하여 내담자의 직업선택 능력을 향상시키고자 하는 것은?

① 행동주의 직업상담

② 발달적 직업상담

③ 내담자중심 직업상담

④ 특성-요인 직업상담

해설 발달적 직업상담의 상담기법으로 진로자서전은 내담자가 과거에 어떻게 의사결정을 했는지 알아보기 위해 학과선택, 고등학교 졸업 후의 직업훈련, 시간제 일을 통한 경험, 고등학교에서 배운 지식과 기술들, 중요한 타인들에 대해 내담자 스스로 기술하게 한다. 의사결정일기는 내담자가 현재 어떻게 의사결정을 하고 있는지를 알아보기 위해 일상적인 의사결정을 어떤 방식으로 내리고 있는지 써보게 하는 것이다. 이를 통해 자신의 의사결정유형을 이해하고 자각과 민감성을 증대시키며 의사결정 과정에 적극적으로 참여하게 된다.

88 Super가 제시한 발달적 직업상담 단계에 대한 설명으로 옳은 것은?

① 문제 탐색 및 자아개념 묘사 : 지시적 방법으로 문제를 탐색하고 자아개념을 묘사한다.

② 심층적 탐색 : 비지시적 방법으로 심층적 탐색을 위한 주제를 설정한다.

③ 현실검증 : 수집한 사실적 자료들을 지시적으로 탐색한다.

④ 의사결정 : 대안적 행위들에 대한 지시적 고찰을 통해 직업을 결정한다.

해설 [수퍼의 발달적 직업상담의 6단계]
㉠ 1단계 – 문제탐색 및 자아개념 묘사 : 인간중심 상담방법을 사용하여 비지시적 방법으로 내담자가 자신의 문제를 탐색하고 자아개념을 추구할 수 있도록 한다.
㉡ 2단계 – 심층적 탐색 : 특성요인 상담방법을 사용하여 지시적 방법으로 내담자가 더 깊이 자신을 탐색할 수 있는 주제를 선정하도록 한다.
㉢ 3단계 – 자아수용 및 자아통찰 : 인간중심 상담방법을 사용하여 비지시적 방법으로 내담자가 자신을 수용하고 통찰할 수 있도록 내담자의 느낌을 반영하여 명료화하도록 한다.
㉣ 4단계 – 현실 검증 : 특성-요인 상담방법을 사용하여 지시적 방법으로 내담자가 현실검증을 할 수 있도록 하기 위한 검사, 직업관련 소책자, 과외활동 경험, 학교성적 등과 같은 사실적 자료들을 탐색하도록 한다.
㉤ 5단계 – 태도와 감정의 탐색과 처리 : 인간중심 상담방법을 사용하여 비지시적 방법으로 내담자가 현실검증을 통해 자신에게 나타난 태도와 느낌 등을 탐색하고 철저히 직면하도록 한다.
㉥ 6단계 – 의사결정 : 인간중심 상담방법을 사용하여 비지시적 방법으로 내담자의 의사결정을 돕기 위해 일련의 가능한 대안적 행동 등을 고려하여 결정하도록 한다.

정답 86. ③ 87. ② 88. ③

★★ 2019년 직업상담사 1급

89 Super의 발달적 직업상담의 단계를 바르게 나열한 것은?

> ㉠ 자아수용 및 자아통찰
> ㉡ 현실 검증
> ㉢ 문제탐색 및 자아개념 묘사
> ㉣ 태도와 감정의 탐색과 처리
> ㉤ 심층적 탐색
> ㉥ 의사결정

① ㉠ → ㉡ → ㉢ → ㉣ → ㉤ → ㉥
② ㉠ → ㉢ → ㉤ → ㉡ → ㉣ → ㉥
③ ㉢ → ㉠ → ㉡ → ㉤ → ㉣ → ㉥
④ ㉢ → ㉤ → ㉠ → ㉡ → ㉣ → ㉥

> **해설** [수퍼의 발달적 직업상담의 6단계]
> ㉠ 1단계 – 문제탐색 및 자아개념 묘사
> ㉡ 2단계 – 심층적 탐색
> ㉢ 3단계 – 자아수용 및 자아통찰
> ㉣ 4단계 – 현실 검증
> ㉤ 5단계 – 태도와 감정의 탐색과 처리
> ㉥ 6단계 – 의사결정

★ 2014년, 2022년, 2025년 직업상담사 1급

90 다음 중 Super의 흥미사정 기법에 포함되지 않는 것은?

① 기질적 흥미
② 표현된 흥미
③ 조작된 흥미
④ 조사된 흥미

> **해설** [수퍼의 흥미사정 기법]
> ㉠ 표현된 흥미 : 어떤 활동이나 직업에 대해 '좋다, 싫다'라고 간단하게 말하도록 요청한다.
> ㉡ 조작된 흥미 : 활동에 대해 질문을 하거나 활동에 참여하는 사람들이 어떻게 시간을 보내는지를 관찰한다.
> ㉢ 조사된 흥미 : 각 개인은 다양한 활동에 대해 좋고 싫음을 묻는 표준화 검사를 완성하는데, 대부분의 검사에서 개인의 반응은 특정 직업에 종사하는 사람들의 흥미와 유사점이 있는지 비교된다.

★★★ 2009년, 2014년, 2015년, 2020년 직업상담사 1급

91 행동주의적 상담에서 외적인 행동변화를 촉진시키는 기법은?

① 체계적 둔감법
② 근육이완 훈련
③ 행동계약
④ 인지적 모델링과 사고정지

> **해설** [행동주의적 상담에서 외적인 행동변화 기법]
> ㉠ 행동계약
> ㉡ 모델링과 대리학습
> ㉢ 토큰법
> ㉣ 자기주장훈련
> ㉤ 역할연기

★★ 2011년, 2015년, 2025년 직업상담사 1급

92 행동주의 상담에서 내적인 행동변화를 촉진시키는 방법이 아닌 것은?

① 체계적 둔감법
② 주장훈련
③ 인지적 모델링과 사고정지
④ 스트레스 접종

> **해설** [행동주의적 상담에서 내적인 행동변화 기법]
> ㉠ 체계적 둔감법
> ㉡ 근육이완훈련
> ㉢ 내적 모델링과 인지적 모델링
> ㉣ 사고정지
> ㉤ 인지적 재구조화
> ㉥ 스트레스 접종

★★★ 2012년, 2016년, 2017년, 2023년 직업상담사 1급

93 행동주의 상담에서 내담자를 불안유발 상황에 단계적으로 노출시키는 기법은?

① 홍수법
② 이완훈련법
③ 체계적 둔감법
④ 혐오법

> **정답** 89. ④ 90. ① 91. ③ 92. ② 93. ③

해설 체계적 둔감화는 불안반응을 제거하기 위해 불안위계목록을 작성한 다음 낮은 수준의 자극에서 높은 수준의 자극으로 단계적으로 상상하면서 근육을 이완하는 작업을 함으로써 불안을 감소 또는 제거하는 기법이다.

★★ 2012년, 2022년, 2025년 직업상담사 1급

94 다음 중 체계적 둔감법의 단계에 해당하지 않는 것은?

① 표현훈련
② 불안위계표 작성
③ 둔감화 절차
④ 이완훈련

해설 [체계적 둔감화의 3단계]
㉠ 1단계 : 근육이완훈련
㉡ 2단계 : 불안위계목록 작성
㉢ 3단계 : 체계적 둔감화

2010년, 2012년, 2019년 직업상담사 1급

95 Krumboltz와 Bergland가 개발한 직업문제 해결상자(problem-solving career kits)를 활용하는 직업상담이론은?

① 정신역동적 직업상담
② 발달적 직업상담
③ 내담자중심 직업상담
④ 행동주의 직업상담

해설 크롬볼츠와 베르글랜드(Krumboltz & Bergland, 1969)는 '진로문제 해결상자(Problem-Solving Career Kits)'를 만들어 회계사, 전기기사, 경찰관, X선 촬영기사 등을 포함하여 20여 가지 직종에 대한 직업정보를 상세하게 제시하였으며, "직업문제 해결상자"를 고안하기도 하였다. 행동주의 직업상담자들은 인쇄화된 직업정보를 통해 내담자들이 보다 많은 것을 배울 수 있으리라고 가정한다.

★ 2013년, 2016년 직업상담사 1급

96 행동주의적 직업상담 기법 중 사회적 모델링에 관한 설명으로 옳은 것은?

① 타인의 직업결정 행동과 그 결과를 관찰해서 직업결정 행동을 학습하게 한다.
② 내담자의 직업선택 행동에 대해 적절하게 정적 또는 부적 반응을 보여 주어서 내담자의 바람직한 행동을 강화시킨다.
③ 직업결정에 대한 내담자의 말을 무조건적으로 수용하고 부드럽게 대해서 내담자가 편안한 감정을 경험하게 한다.
④ 사회적으로 모범적인 직업선택 모형을 마련하여 집중훈련을 통해서 안내한다.

해설 행동주의적 직업상담 기법 중 사회적 모델링이란 다른 사람들의 바람직한 행동(좋은 결과를 낸 행동)을 관찰하여 모델링(모방)하도록 하는 기법이다.

2016년 직업상담사 1급

97 행동주의적 직업상담에서 목표로 하는 상담결과에 해당하지 않는 것은?

① 선행원인과 결과로서의 불안 감소 또는 제거하는 것
② 새로운 적응행동을 학습하는 것
③ 직업적응을 촉진하고 일상적인 삶에서의 적응력을 증진시키도록 돕는 것
④ 직업결정 기술을 습득하는 것

해설 행동주의적 직업상담에서 상담의 목표는 불안 감소와 적응행동 학습 그리고 의사결정 기술 습득이다. 반면, 발달적 직업상담의 목표는 내담자의 긴장을 이완시키고, 느낌을 명료화하며, 통찰을 조력하고, 자기가 일하는 분야에서 능력감을 맛보게 함으로써 진로적응을 돕고, 일상적인 삶에서의 적응력을 증진시키도록 돕는 것이다.

★★ 2016년 직업상담사 1급

98 행동주의 상담이론의 기법 중 학습촉진기법에 해당하지 않는 것은?

① 강화　　　　② 반조건형성
③ 대리학습　　④ 변별학습

정답 94. ①　95. ④　96. ①　97. ③　98. ②

해설 [행동주의적 상담에서 학습촉진기법]
ⓐ 강화
ⓑ 변별학습
ⓒ 사회적 모델링과 대리학습
ⓓ 행동조성(조형)
ⓔ 토큰경제(상표제도)

★ **2017년 직업상담사 1급**

99 다음은 행동주의 직업상담에서 어떤 학습촉진
기법에 해당하는가?

> "나는 직업을 선택해야 한다. 내게 적합한 직업
> 은 무엇이며 어떻게 하면 그 직업을 가질 수 있
> 을까?" 라는 태도가 "나는 내가 열심히 하고자
> 하면 내가 원하는 어떤 종류의 일도 할 수 있
> 다."라는 태도보다 직업성숙도가 왜 더 높은지
> 설명해 줌으로써 내담자의 자기 패배적 사고를
> 없애줄 수 있다.

① 변별학습　　　　② 강화
③ 대리학습　　　　④ 반조건형성

해설 변별은 본래 둘 이상의 자극을 서로 구별하는 것을 말하
는 것으로서, 변별학습이란 다양한 속성 중에서 특별한
기준에 따라 적절한 것을 선택하도록 하는 학습 형태를
말한다.

★★ **2014년, 2017년, 2022년, 2025년 직업상담사 1급**

100 포괄적 직업상담의 과정에서 설명하는 단계와
그 설명이 잘못 짝지어진 것은?

① 진단단계 : 내담자의 태도, 적성, 의사결정 유
　　형 등과 관련한 검사자료와 상담을 통한 자료
　　수집 단계
② 공감 및 수용단계 : 내담자의 심리적 안정을
　　위한 단계
③ 명료화 및 해석단계 : 문제를 명료화하거나
　　해석하는 단계
④ 문제해결단계 : 문제해결을 위해 어떤 행동을
　　취할지 결정하는 단계

해설 [포괄적 직업상담의 과정]
① 1단계－진단단계 : 내담자의 직업문제를 진단하기 위
해 내담자의 태도, 능력, 의사결정유형, 성격, 흥미 등
폭넓은 검사자료와 상담을 통한 자료가 수집되는 단
계이다.
② 2단계－명료화 및 해석단계 : 문제를 명료화하거나
해석하는 단계로서, 상담자와 내담자가 협력적인 상
호작용을 통해 의사결정 과정을 방해하는 태도와 행
동을 확인하며 대안을 탐색한다.
③ 3단계－문제해결단계 : 내담자가 자신의 문제를 확인
하고 적극적으로 참여하여 문제해결을 위해 어떤 행
동을 실제로 취해야 하는가를 결정하는 단계로 도구
적(조작적) 학습에 초점을 맞춘다.

2016년 직업상담사 1급

101 다음 포괄적 직업상담에 대한 설명의 (　) 안
에 알맞은 접근법은?

> 초기 단계에서는 (ⓐ)을 주로 사용하고, 재진
> 술, 반영과 같은 반응을 자주 사용한다. 중간 단
> 계에서는 (ⓑ)을 주로 사용하며 Colby의 '조정'
> 과 '병치'를 통해 직업문제를 명확히 진술하도록
> 한다. 마지막 단계에서는 (ⓒ)을 적용하여 문
> 제를 검토하고 강화기법을 활용한다.

① ⓐ : 정신역동적 접근법과 발달적 접근법
　　ⓑ : 특성요인 및 내담자 중심 접근법
　　ⓒ : 행동주의적 접근법
② ⓐ : 정신역동적 접근법과 발달적 접근법
　　ⓑ : 발달적 접근법과 행동주의 접근법
　　ⓒ : 내담자중심 접근법
③ ⓐ : 발달적 접근법과 내담자중심 접근법
　　ⓑ : 정신역동적 접근법
　　ⓒ : 특성요인 및 행동주의적 접근법
④ ⓐ : 내담자중심 접근법과 정신역동적 접근법
　　ⓑ : 행동주의적 접근법과 발달적 접근법
　　ⓒ : 특성요인 접근법

해설 [포괄적 직업상담의 기법(단계별 주요 접근법)]
　㉠ 초기 단계 : 진단과 탐색이 이루어지므로 발달적 접근법과 인간중심적 접근법을 주로 활용하고, 재진술, 상담내용과 감정에 대한 반영 등의 반응을 자주 사용함으로써, 문제의 본질과 원인에 대한 토론을 촉진시킨다.
　㉡ 중간 단계 : 내담자의 진로문제를 좀 더 좁히고 Colby(1951)가 말한 조정(interposition)과 병치(juxtaposition)를 통해 진로문제를 명확히 진술하도록 유도한다. 조정이란 내담자가 모호하게 진술할 때 그 한계를 명확히 하도록 하는 방법이고, 병치란 내담자가 진술한 말들의 관계성을 비교하고 대조하게 하는 명료화 기법이다. 이처럼 내담자 문제의 원인이 되는 요인을 명료하게 밝혀서 제거하고, 반면에 내담자가 자신의 문제를 극복하는 데 도움이 되는 요인을 찾아 격려한다. 따라서 주로 정신역동적 접근법이 활용된다.
　㉢ 마지막 단계 : 상담자가 특성요인 및 행동주의 접근법을 적용하여 보다 능동적·지시적인 태도로 내담자의 문제해결에 개입한다.

★　2017년, 2021년, 2023년 직업상담사 1급

102 포괄적 직업상담에 관한 설명으로 틀린 것은?

① 상담이론들이 가지고 있는 장점들을 서로 절충하고 단점을 보완하였다.
② 직업상담 과정을 내담자와 직업상담사 간의 상호작용 과정으로 본다.
③ 직업상담 사례를 제외하고 여러 상담들의 이론적 배경을 반영하였다.
④ 여러 접근들에서 제시하고 있는 진단체계들을 모두 고려하였다.

해설 포괄적 직업상담은 직업상담에 대한 과거의 접근들과 함께 일반상담 혹은 심리치료의 개념 및 원리들을 포괄하고 있으며, 이에 직업상담자들의 상담 사례들에서 얻어진 경험들을 반영하고 있다.

103 포괄적 직업상담에 대한 설명으로 틀린 것은?

① 초기 진단과 탐색단계에서는 발달적 접근법과 특성요인 접근법을 주로 활용한다.
② 포괄적 직업상담에서는 조정(interposition)과 병치(juxtaposition)를 통해 직업문제를 명확히 진술하도록 유도한다.
③ 직업상담자는 변별진단을 통해 내담자의 문제에 대한 질병분류학적인 분류를 실시한다.
④ 포괄적 직업상담에서는 직업상담 과정을 내담자와 직업상담자간의 상호과정으로 본다.

해설 초기 단계에서는 진단과 탐색이 이루어지므로 발달적 접근법과 인간중심적 접근법을 주로 활용하고, 재진술, 상담내용과 감정에 대한 반영 등의 반응을 자주 사용함으로써, 문제의 본질과 원인에 대한 토론을 촉진시킨다.

★　2013년, 2018년 직업상담사 1급

104 직업상담이론에 관한 설명으로 옳은 것은?

① 정신역동적 직업상담이론은 합리적이고 과학적인 분석, 종합, 진단, 예측, 상담, 사후지도의 상담과정으로 이루어진다.
② 행동주의 직업상담이론은 개인적 경험으로서의 내적 자각과 개인의 책임을 강조한다.
③ 발달적 직업상담이론은 내담자의 직업의사결정 문제와 직업성숙도 사이의 일치성에 초점을 둔다.
④ 내담자 중심 직업상담이론은 내담자의 내적 세계 뿐만 아니라 검사정보도 직업결정과정에 활용한다.

해설 ① 특성-요인 직업상담의 설명에 해당한다.
　② 형태주의(게슈탈트) 상담의 설명에 해당한다.
　④ 정신역동적 직업상담의 설명에 해당한다.

제5장

직업상담 슈퍼비전

제1절 직업상담 슈퍼비전 논점 파악

01 슈퍼비전의 목적과 필요성

(1) 슈퍼비전의 정의

① 슈퍼비전(supervision)은 직업상담영역에서 그 분야에 경험이 많은 감독자가 경험이 적은 전문가가 수행한 방법, 내용 등에 대하여 지도하고 감독하는 개입 일체를 의미한다.
② 라틴어의 'super(위에서)'와 'videre(지켜보다)'의 합성어에서 유래한 슈퍼비전은 임상에서 '위에서 관찰한다, 살핀다'는 뜻으로 개념화되었고, 다른 사람이 하는 일에 대한 책임을 갖고 지켜보는 감독자(overseer)의 일이라는 의미가 내포되어 있다.
③ 슈퍼바이저는 슈퍼바이지를 평가하여 이들이 수행하는 전문적 서비스의 질을 감독하고, 이들의 직업상담역량을 지속적으로 강화시키며, 직업상담의 윤리적 입장을 지속할 수 있도록 촉구하는 역할을 한다.
④ 이 분야에 입문하는 사람들에게 문지기(gatekeeper) 역할을 한다.

(2) 슈퍼비전의 목적

① **상담자의 전문성 발달**
　㉠ 상담자가 상담전문가로서 필요한 능력을 습득하게 하고, 전문적인 기능을 향상시킨다.
　㉡ 상담자의 능력을 직업적 발달단계에 맞추어 발전시킬 수 있도록 한다.
　㉢ 상담전문가로서의 정체감을 발달시키도록 한다.
　㉣ 상담자가 스스로를 슈퍼비전하고 독립적인 전문가가 될 수 있는 역량을 강화한다.
② **슈퍼바이지로부터의 내담자 보호**
　㉠ 경험과 상담기술이 부족한 상담자로부터 내담자를 보호한다.
　㉡ 손상된 상담자(개인적인 문제로 인하여 일시적으로 기능을 발휘하지 못하는 상담자)로부터 내담자를 보호한다.

(3) 슈퍼바이저의 유형

유형	내용
호의적 유형	평등하고 협력적인 방법으로서, 슈퍼바이저가 슈퍼바이지에게 친절하며, 개방적이고 지지적인 태도를 보이는 유형
대인 민감적 유형	관계 지향적인 접근으로서 슈퍼바이지에 초점을 두고, 이들의 감정과 문제를 지각하여 치료적 · 반응적 방식으로 슈퍼바이지가 새롭고 창의적인 관심을 가지도록 하는 유형
과업 지향적 유형	주로 내용과 과업 중심으로 접근하며, 슈퍼비전의 목표를 분명히 하고, 이에 적합한 실제적이고 체계적이며 구체적인 방안을 제시하며, 구조화된 형식의 유형

(4) 슈퍼바이저의 역할 4가지

① **교사** : 슈퍼바이지의 강점을 발견하고 자기이해를 촉진하며, 실용적 가치를 전파하고 전문적 성장을 도움으로써 **상담가로서의 지식과 기술의 발전을 돕는다.**

② **상담자** : 슈퍼바이지가 수행한 상담에 대한 **사례의 자문을 실시하고 점검하며, 상담의 목표를 달성할 수 있도록 일을 지도하고 감독한다.** 또 새로운 상담원에게 교육을 실시하거나 지도한다.

③ **코치** : 슈퍼바이지의 **사기를 돋우고,** 강점을 평가하며, 임상적 접근을 다각화로 할 수 있도록 촉진하고, 초보 상담자에게 **지지적 역할을 제공한다.**

④ **멘토** : 슈퍼바이지에게 역할로서 롤모델링하고, 전문적인 성장을 촉진시키며, **정체성을 확립을 돕고, 미래 슈퍼바이저를 양성하는 역할을 한다.**

(5) 슈퍼바이저의 역할 5가지

① **교사** : **슈퍼비전을 통해** 가설 설정, 사례 개념화, 개입방법의 선택과 적용, 상담목표 설정과 전략 수립 등을 **토의하고 가르칠 수 있다.**

② **자문가** : 상담사례나 기법 등에 대한 슈퍼바이지의 **다양한 질문 및 조언 요구에 대응하여 적절한 자문을 제공할 수 있다.**

③ **치료자** : 슈퍼바이지의 **개인적 문제(역전이를 알아차리지 못하는 등)로** 인해 상담과정 수행에 영향을 받는 경우, 슈퍼바이저는 **치료자의 역할을 수행**할 수 있다.

④ **평가자** : 슈퍼바이지의 발달수준, 장점과 약점, 개인적인 문제 보유 여부 등 **상담전문가로서의 자격 및 수행을 평가**할 수 있다.

⑤ **멘토** : 슈퍼바이지는 **슈퍼바이저를 모델 삼아** 비슷한 수준으로 발전하고자 하는 기대를 가질 수 있으며, 슈퍼바이저는 **멘토로서 역할을 수행**할 수 있다.

(6) 슈퍼바이저의 다중역할

구분	내용
지도자 vs. 감독자	• 슈퍼바이저와 슈퍼바이지가 한 기관에서 근무하는 상황인 경우, 슈퍼바이저는 슈퍼바이지를 감독해야 하기도 하고, 지도하며 가르치기도 해야 한다. • 슈퍼바이저는 슈퍼바이지의 상담과정을 점검하고 평가하여 교육하고 지도하는 지도자의 역할뿐 아니라, 내담자에 대한 기록관리를 비롯한 행정적 업무를 규정대로 잘하고 있는지 관리, 감독하는 감독자의 역할을 수행한다.
치료자 vs. 사례연구자	• 슈퍼바이지가 내담자의 호소를 알아차리지 못하는 원인이 주로 슈퍼바이지 개인의 문제에서 비롯된다고 판단되는 경우 슈퍼바이저는 치료자로서의 역할을 수행한다. • 동시에 사례 개념화와 같은 고도의 지적인 과정을 통해 내담자 사례분석을 하는 등 사례연구자의 역할을 수행한다.
단회성 슈퍼비전에서 발생하는 다중역할	• 주로 슈퍼바이저를 초빙하여 소집단 슈퍼비전이나 사례 발표회를 개최하는 경우에 주로 발생한다. • 단회성 슈퍼비전은 슈퍼바이지의 요구가 제한된 시간에 다루어져야 하기 때문에 슈퍼바이저는 평가자, 멘토, 치료자, 사례연구자 등 다중역할을 수행하도록 요구받는다.

(7) 슈퍼비전 관계 형성을 위한 준비

① **슈퍼비전의 방법 선택** : 슈퍼바이지의 성격, 경력, 보유지식, 수행직무내용, 수행직무기술 발전 가능성 등을 분석하고 슈퍼바이지에게 제공할 슈퍼비전의 가설을 설정한다.

② **슈퍼바이저의 특성 고려** : 슈퍼바이저의 세계관, 이론적 정향, 스타일−역할, 전략−초점, 형식기법 등을 고려한다.

③ **슈퍼바이저의 스타일 점검** : 슈퍼바이저의 스타일은 슈퍼바이저가 슈퍼바이지를 대하고 슈퍼비전을 진행하는 독특한 방식을 말한다. 목소리의 성량과 음질, 얼굴 표정, 자세, 제스처, 질문에 대한 반응방식, 제공하는 해설, 회기의 조직과 구조, 사용하는 예들과 이론, 제안의 내용, 제안하는 방법 등을 점검한다.

02 슈퍼비전 논점 구체화

(1) 슈퍼바이지의 발달수준 (Stoltenberg & Delworth, 1987)

① 상담가 통합발달모형(IDM : Integrated Developmental Model)에서는 **상담가의 자율성과 동기, 자기 자각 · 타인 자각의 3가지 요소를 주요 구조로 삼아 발달단계를 제시하였다.**

② 상담가가 의존단계, 의존−자율 간의 갈등단계, 조건적인 의존단계, 그리고 대선배 상담가 단계로 성장한다고 보았다.

발달단계	내용
1수준 의존단계	• 상담가는 상담경험이 없기 때문에 상담의 기본적 기술인 공감, 반영, 명료화 등이 훈련되어야 한다. • **상담가는 의존적이라 슈퍼바이저의 지시와 충고를 듣고 싶어 하며, 불안하기 때문에 자신이 내담자에게 미치는 영향에 대해 통찰이 없다.** • 상담가의 불안을 통제하기 위하여 **충분히 구조화된 환경 안에서 자율성을 격려하는 환경이 적합하다.** • 슈퍼바이저는 상담가가 원하는 지시, 해석, 지지, 알아차리기 훈련, 솔선수범 등을 사용한다.
2수준 의존-자율 간의 갈등단계	• 상담가는 자신의 동기와 행동에 대해 통찰하려고 노력한다. • **상담기술이 습득되고, 선택할 대안들이 많아짐에 따라 자신감이 느는 한편, 상담에 대한 책임감 증가에 부담을 갖는다.** • 슈퍼바이저 모방에 만족하지 않고 나름대로 새로운 시도를 한다. • 슈퍼비전은 덜 구조화하며 상당히 자율성을 부여하는 환경이 적합하다. • 슈퍼바이저는 1수준보다 지시를 줄이고 양가감정을 명료화하며 모델을 더 많이 보여야 한다.
3수준 조건적인 의존단계	• 상담가는 상담가로서의 정체감과 전문인으로서의 자신감이 증진된다. • 자신의 의존적 욕구, 신경증적 동기에 대한 통찰이 는다. • 상담기술을 맹목적으로 사용하지 않고 융통성 있게 사용한다. • **상담가는 상당히 자율적이기 때문에 슈퍼비전은 상담가에 의해 제공된 구조를 따른다.** • **슈퍼바이저와 동료적인 관계로 되어 가며 실제적인 사례를 함께 나눈다.** • 상담가와 슈퍼바이저는 슈퍼비전을 통해 서로 지지와 통찰을 얻는다.
4수준 대선배 상담가단계	• **자신의 개인적 한계점을 이해하고, 스스로 상담할 수 있는 단계이다.** • 자신의 가치, 개인적 특징, 능력에 대한 이해가 증가하고 자신의 가치관 안에 전문인으로서의 정체감을 효과적으로 통합한다. • **이 시기의 슈퍼비전 관계는 동료관계이므로 슈퍼비전이 별로 중요하지 않다.**

(2) 슈퍼비전의 논점들 (심흥섭, 1998)

① 상담대화기술

㉠ 대화를 이끌어 나가는 기본적인 의사소통기술(경청, 요약, 반영, 구체화, 질문, 공감)로써 개입기술과 구분된다.

㉡ 내담자가 말로 표현하는 내용을 정확하게 알아듣고 이해하는 것이며, 내담자에게 상담자의 의사를 효과적으로 표현하는 것이다.

㉢ 내담자의 비언어적 표현(얼굴 표정, 시선, 자세, 동작)의 특징을 관찰하고, 억양, 목소리변화를 감지하는 것이다.

② 사례 이해

㉠ 내담자의 호소논점, 상담받고자 하는 이유를 파악하는 것이다.

㉡ 내담자의 핵심 문제, 결점, 강점, 사회적·심리적 자원에 대한 평가를 포함한다.

㉢ 내담자의 감정양식, 표현양식, 대응양식, 대인관계양식을 파악하고, 내담자의 기능상태, 문제를 지속시키는 내·외적 역동, 스트레스원(stressor)을 파악하는 것이다.

    ⓔ 내담자 문제와 역동을 이해하고, 이를 이론적 틀에 근거해서 파악하는 것이다.

③ **알아차리기**

    ㉠ **내담자 말의 내용뿐만 아니라 의미(핵심 메시지)까지 이해하는 것이다.**

    ㉡ 내담자의 내부에서 일어나는 감정, 생각, 의도, 의문, 기타 감각 등을 알아차리는 능력, 상담자의 내부에서 일어나는 감정, 생각, 의도, 의문, 기타 감각 등을 알아차리는 능력, 내담자–상담자 사이에 일어나는 상호작용 과정을 보고, 그 의미를 이해하는 것이다.

    ㉢ 내담자 비언어적 표현의 특징이 의미하는 바를 아는 것이다.

④ **상담계획 (목표, 전략, 개입 등)**

    ㉠ 사례 이해에 기초하여 **합리적인 상담목표를 세우고 이를 합의하는 것이다.**

    ㉡ 상담목표에 맞는 **체계적인 상담계획을 수립하고, 목표에 적합한 상담방법을 선택하는 것**이다.

    ㉢ 내담자의 변화를 촉진시키고, 증폭시키고자 하는 상담자의 의도가 담긴 대화를 포함한다.

    ⓔ 각종 처치 및 개입기술(해석, 직면, 빈 의자 기법 등)이 이에 해당한다.

⑤ **상담자의 태도**

    ㉠ **내담자를 한 인간으로 존중하고, 내담자를 사랑하고 수용하는 태도를** 말한다.

    ㉡ 인간에 대한 긍정적인 시각, 융통성 있는 태도도 이에 포함된다.

    ㉢ 상담자 자신에 대한 객관적이고 폭넓은 이해, 상담자로서의 자신감, 가치판단 보류, 내담자에 대한 인내심, 윤리적인 태도, 상담에 대한 신념 등도 이 영역에 해당한다.

(3) 감정노동과 소진

① **감정노동강도의 결정요인**

    ㉠ **감정표현의 빈도** : 상호작용 빈도

    ㉡ **표현규범에 대한 주의성** : 표현규범에 대한 주의성이 클수록 더 많은 감정노동 필요

    ㉢ **감정의 다양성** : 감정표현을 자주 바꾸어야 하는 경우 더 많은 감정노동 수반

    ⓔ **감정적 부조화** : 실제로 느끼는 감정과 조직에서 요구하는 감정표현이 충돌할 때 발생

② **감정노동 근로자의 보호**

    ㉠ 감정노동이 심해지면 근로자들은 감정의 부조화로 우울, 적응장애, 정신적 탈진상태에 빠질 수 있고, 신체적으로도 고혈압, 심장질환 등의 질병으로 이환될 수 있다.

    ㉡ 근로자들의 직무만족도가 떨어지고 이직의 원인이 되기도 한다.

    ㉢ 감정노동을 하는 근로자의 직무스트레스 예방과 관리를 위하여 사업주, 보건관리자 및 관리감독자는 근로자의 일상관리, 평상시와 다른 근로자에 대한 조기 발견과 조기 대응, 휴직한 근로자의 직장복귀를 지원해야 한다.

    ⓔ **「산업안전보건법」에 따라 사업주는 고객응대 근로자의 건강장해를 예방**하기 위해 업무의 일시적 중단 또는 전환 등 조치를 취해야 한다.

③ **감정노동 근로자의 스트레스 관리**

  ㉠ 감정노동이 직무스트레스의 중요한 요인이라는 인식을 한다.

  ㉡ 안전·보건교육에 감정노동에 관한 내용을 포함한다.

  ㉢ **감정노동 자체를 완화시키는 방안**을 마련한다(적정 고객 수, 친절교육 등의 영향 고려, 직무순환, 서비스에 대한 기준 마련, 휴식공간 제공).

  ㉣ 고객과의 갈등이 발생할 때 근본적인 원인을 해결할 수 있도록 한다.

  ㉤ 적정 서비스를 제공할 수 있도록 한다.

④ **상담자 개인 차원에서의 관리**

  ㉠ 자신의 감정을 다스리는 방법을 습득한다.

  ㉡ 감정노동으로 인한 **스트레스 증상 완화법** : 근육 이완법, 복식호흡, 긍정적으로 생각하기, 자신의 감정 털어놓기, 자기주장훈련, 생활습관 개선

  ㉢ 힘들 때 어려움을 나눌 수 있는 상사나 동료를 만든다.

  ㉣ 효율적 의사소통 방법을 익힌다.

  ㉤ 규칙적 운동, 규칙적 식생활 등 긍정적이고 올바른 생활습관을 갖는다.

  ㉥ 동호회 활동이나 봉사활동 등을 통해 심리적으로 재충전할 수 있는 기회를 갖는다.

(4) 직업상담 슈퍼비전 논점 구체화하기

① 슈퍼바이지의 발달수준을 평가한다.

② 슈퍼바이지의 욕구를 확인하고, 슈퍼비전에 대한 기대를 점검한다.

③ 슈퍼바이저와 슈퍼바이지의 기대를 조정하고 논점을 구체화한다.

(5) 직업상담 슈퍼비전 논점 구체화를 위한 질문

① 슈퍼바이지가 통합되고 정확한 이론적 배경을 가지고 있는가?

② 내담자 특성별·직업적 논점별 관련 이론들을 활용할 수 있는가?

③ 진단평가 능력이 전문적인가?

④ 진단평가 도구 선택에 기준이 맞는 것인가?

⑤ 진단평가 해석을 내담자 특성과 검사점수에 적합하게 보고할 수 있는가?

⑥ 상담 진행 시 특정 사례에 사용된 기법과 개입방법에 대하여 설명할 수 있는가?

⑦ 직업정보 수집과 분석과정에서 보완하여야 할 방법이 있는가?

⑧ 자신이 개입한 것이 바람직하지 못한 결과를 낳았는지 이해하고 있는가?

⑨ 슈퍼바이지가 향후 보강해야 할 능력이 있다면 무엇인가?

⑩ 윤리적 지침에 대하여 정확히 이해하고 실천하려고 노력하였는가?

⑪ 자신의 능력과 한계에 대하여 충분히 이해하고 있는가?

(1) 슈퍼바이지 발달 관련 슈퍼비전의 목표 (Haynes, Corey & Moulton, 2006)

① 상담이론, 방법, 실무에 대한 지식 갖추기
② 다양한 내담자와 작업할 수 있는 상담방법의 적용능력 기르기
③ 진단과 개입방법에 대한 폭넓은 이해능력 기르기
④ 자신의 능력적 한계를 알고 자문과 슈퍼비전 요구하기
⑤ 공감, 존중과 진솔성의 기본적 상담기술 발달시키기
⑥ 개인의 문제가 어떻게 상담에 영향을 주고, 이러한 문제들이 내담자에게 어떠한 영향을 주는지 지각하기
⑦ 어떤 내담자와 작업하기가 쉽고, 어떤 내담자와는 더 어려운지, 그리고 그 이유가 무엇인지 탐색하기
⑧ 내담자들의 저항을 알아차리고, 그것에 대해 어떻게 작업해야 하는지 알기
⑨ 관련된 윤리조항 알기
⑩ 상담에서 경험하는 윤리적 문제에 대한 올바른 판단과 분명한 의사결정모형 발달시키기
⑪ 임상실습에 영향을 미치는 법적 측면에 대해 자각하기
⑫ 다문화적 문제가 상담과정에 미치는 영향과 내담자와 동료들 간의 문화적 차이점에 대한 작업방법 파악하기
⑬ 다문화적 문제가 상담과정에 어떤 영향을 미치는지, 그리고 내담자와 동료들 간의 문화적 차이에 대해 어떻게 작업해야 하는지에 대해 알기
⑭ 상담 실무과정에서 자신에 대한 확신 발달시키기
⑮ 상담자로서 자신의 개인적 역할을 검토하는 능력 발달시키기
⑯ 실수위험이 있더라도 도전하고, 이런 점에 대해 슈퍼비전에서 다루기
⑰ 자기 자신의 상담스타일을 발달시키려고 노력하기
⑱ 스스로 자신을 평가하는 방법 개발하기

(2) 슈퍼비전 발달단계 및 슈퍼비전의 목표 (Haynes, Corey & Moulton, 2006)

① **초기 단계** : 슈퍼비전 관계를 발전시키고, 슈퍼바이지의 능력을 평가하며, 초기 경험을 교육하고 점검하는 것 등을 목표로 설정한다.
② **중간 단계** : 의존적 실무에서 독립적 실무로의 전환 등을 목표로 설정한다. 슈퍼바이지의 모험적·도전적 욕구와 슈퍼바이저의 신중함으로 인해 슈퍼비전관계에서 갈등이 나타날 수 있다.
③ **종결 단계** : 슈퍼바이지의 독립성을 키우고 독립적인 전문가로서 일할 수 있도록 준비시키는 것 등을 목표로 설정한다.

(3) 직업상담 슈퍼비전의 구성요소와 목표

구성요소	목표
슈퍼비전 관계	탄탄한 슈퍼비전 작업동맹을 위한 슈퍼바이지와 슈퍼바이저와의 관계를 형성하기
상담기술	효과적인 직업상담을 위한 필수적인 상담자 역량의 개발
사례 개념화	내담자의 직업문제를 이해하기 위해 진로발달이론을 사용하고 상담 개입계획 세우기
평가기술	흥미, 가치관, 적성, 성격, 자기개념 등과 같은 진로 관련 요소들을 평가하기 위한 심리검사의 활용
개인적 문제와 진로문제의 적절한 조화	진로발달은 개인적 성격특성에 의해 영향을 받는다는 것을 인식하고 직업상담에서 이러한 요인들을 다룰 수 있는 능력을 키우기
발달단계별 진로문제 다루기	진로발달은 전 생애과정 동안 이루어진다는 사실을 인정하고 발달적으로 나이에 적합한 상담 개입을 할 수 있는 능력 키우기
직업정보와 자료	진로 관련 정보를 제공하는 책, 관련 종사자와 인터넷 활용과 같은 기본적인 진로 관련 정보를 사용할 수 있는 지식과 능력을 갖추기
구직활동 전략	내담자의 직업 관련 행동을 증진시키기 위한 다양한 방법에 대해 익히기
윤리	진로상담에 적합한 윤리강령에 대한 지식과 윤리강령에 따르기

※ 출처 : 최윤정 (2012)

제2절 직업상담 슈퍼비전 및 평가

01 슈퍼비전의 구조화

(1) 슈퍼비전 구조화 방법

① 슈퍼비전 초기면담에서 주요 과제는 슈퍼바이지와 관계를 형성하고, 계약을 맺고 슈퍼바이지를 평가하는 것이다.

② 슈퍼바이저와 슈퍼바이지는 자신들에 대한 기본정보를 교환하여 관계 맺기에 노력한다.

③ 슈퍼비전의 구조화를 위해 다음의 사항들을 논의하여 명료화한다.

　㉠ 얼마나 자주, 어느 정도의 시간으로, 어디서 만날 것인가?

　㉡ 녹음자료, 동영상자료, 기록 등은 무엇을 사용할 것인가? 매번 같은 내담자로 할 것인가?

　㉢ 어떻게 내담자에게 비밀을 보장할 것인가? 슈퍼바이지는 어떻게 녹음자료를 준비할 것인가? 녹음된 자료를 모두 사용할 것인가? 일부만 발췌할 것인가?

　㉣ 어떤 구조와 순서로 진행할 것인가? 내담자에 대한 요약으로 시작할 것인가? 상담자의 질문으로 시작할 것인가? 사례연구로 할 것인가?

　㉤ 자살시도와 같은 위기를 어떻게 다룰 것인가? 위기 시 슈퍼바이저가 나와 접촉할 수 있는 방법은? 만약 연결되지 않을 때에는 어떻게 대응할 것인가?

ⓑ 슈퍼바이지를 어떤 기준으로 어떻게 평가할 것인가? 평가도구로 할 것인가? 장점과 보완해야 할 점을 기술하도록 할 것인가? 표준화된 평가지에 점검하도록 할 것인가?

ⓐ 슈퍼바이지는 어떤 유형의 내담자와 상담할 것인가?

ⓞ 슈퍼바이저는 슈퍼바이지가 상담하는 기관을 방문하고 관찰할 것인가?

(2) 슈퍼비전 계약에 포함되어야 할 정보

① **시간적 요소** : 슈퍼비전의 횟수, 회기의 길이, 그리고 슈퍼비전 경험의 지속기간 등

② **교육구조** : 교육을 향상시키기 위해 사용할 수 있는 시청각기술이나, 병행치료, 필수 독서 분량 등 슈퍼비전과 함께하는 교육에 대한 내용

③ **슈퍼비전 구조** : 슈퍼비전 양식(개인 슈퍼비전, 집단 슈퍼비전, 또는 혼합), 슈퍼바이저 교체에 대한 정보 등

④ **기관규칙 준수** : 업무시간, 복장규정, 전화번호와 전자메일 공유에 관한 기관의 규칙, 문서 보존과 같은 항목, 슈퍼바이지와 슈퍼바이저 모두를 보호하기 위한 기관한계의 투명성 등

⑤ **현장의 독특한 요구사항 (특수 조건)** : 기관에서 슈퍼바이지에게 습득하기를 요청하는 지식과 기술, 전문성, 특정한 평가도구에 대한 사용 등

02 슈퍼비전의 방법 및 절차

(1) 슈퍼비전 방법

구분	의미	장점	단점
개인 슈퍼비전	1:1로 슈퍼바이저와 상담자가 직접 대면하여 진행	상담자의 개인적인 필요와 상황에 맞춰 세밀한 피드백 제공	슈퍼바이저의 시간과 자원이 많이 필요
집단 슈퍼비전	여러 상담자들이 모여서 함께 피드백을 받는 방식으로, 사례발표 및 피드백을 통해 다양한 관점 제공	다양한 관점과 피드백을 통해 학습과 대리학습의 기회 제공	비밀 보장의 염려와 상담자의 개별적 필요에 대한 세밀한 피드백이 부족할 수 있음
동료 슈퍼비전	동료 상담자들끼리 서로의 상담과정과 문제에 대해 피드백을 주고받는 방법	실무에서의 경험을 바탕으로 실제적인 피드백 제공	전문 슈퍼바이저의 지도가 부재할 수 있음
자기 슈퍼비전 (self-supervision)	상담자가 자신의 상담내용을 스스로 검토하고 반성하는 과정으로, 상담기록이나 녹음을 분석하여 스스로 피드백을 제공하고 개선방안을 모색하는 자기성찰방법	스스로의 상담능력을 객관적으로 평가할 수 있는 능력을 배양할 수 있고, 언제 어디서든 실행 가능하여 시간과 비용 절감	자기 판단의 객관성 결여 가능성이 존재하며, 초보 상담자의 경우 효과가 낮고, 일정 수준의 경험과 자기성찰 능력 요구

(2) 슈퍼비전 개입방법 및 전략

① **자기 보고와 녹음(녹화)자료 활용**
  ㉠ 상담 장면에서의 지각과 수행에 대한 **슈퍼바이지의 자기 보고만으로는 객관적 관찰과 진술에 한계가 있다.**
  ㉡ 슈퍼바이지의 자기 보고와 실제 상담의 차이를 명료하게 하는 방법으로 슈퍼바이저는 **녹음, 녹화, 직접 관찰 등의 방법을 사용한다.**
  ㉢ 슈퍼바이지로 하여금 슈퍼비전의 목표와 관련된 부분, 상담자로서 혼란스러웠던 부분, 내담자가 저항했던 부분, 효율적으로 개입했던 부분 등을 사전에 선정해 오도록 요청할 수 있다.
  ㉣ 상담 전 과정을 개관해 보기 위하여 회기 중 초반, 중반, 종결 부분을 선정해 검토할 수도 있다.

② **대인관계 과정 회상 (IPR : Interpersonal Process Recall)**
  ㉠ IPR 방법은 **상담 중의 생각, 느낌을 회상하게 하는 방법**이다.
  ㉡ 상담 장면을 회상하여 표현하지 못한 생각, 느낌, 지각 등을 자각하게 하는 경험은 상담자의 자각수준을 높여주고 상담자로서 자신을 이해하는 데 도움이 된다.
  ㉢ 내담자, 상담자와 내담자의 상호작용에 대한 이해를 높이는 데에도 효과적이다.

③ **사례 자문**
  ㉠ **슈퍼바이지의 사례에 대한 논의를 포함하며, 가장 일반적인 슈퍼비전 개입방식이다.**
  ㉡ 보통 대화로 진행되며, 슈퍼바이지가 **상담사례와 관련된 중요한 내용들을 사례 보고서형식으로 정리해 와서 말로 설명**한다.
  ㉢ 사례 보고서에 포함되어야 할 사항으로는 일반적인 내용(내담자의 인적사항과 가족사항, 내방경위, 호소문제와 주요 심리검사 결과 등) 외에도 내담자에 대한 상담자의 평가, 상담자의 상담목표와 전략, 상담자가 슈퍼비전에서 도움받고 싶은 점 등 다양하다.

④ **직접 관찰**
  ㉠ 슈퍼바이지의 **상담 장면을 직접 관찰할 수 있는 다양한 방법을 의미**한다.
  ㉡ 일반적인 것은 슈퍼바이저나 슈퍼바이저를 포함한 관찰팀이 슈퍼바이지가 상담하는 장면을 일방경(one-way glass)이나 비디오화면을 통해 직접 관찰하는 방식이다.
  ㉢ 상담을 진행하는 방에 슈퍼바이저가 직접 들어가서 관찰을 하는 방식도 있다.
  ㉣ 직접 관찰을 하는 경우, 슈퍼비전 방식에 대해 **슈퍼바이지는 내담자에게 미리 알리고 반드시 동의를 구해야 한다.**

(3) 슈퍼바이지 수준별 개입방법

구분	개입방법
초심 상담자	• 슈퍼비전 관계를 위해 **지지와 반영기법 사용** • 기본적인 대화기술과 사례에 대한 이해에 대한 슈퍼비전
숙련 상담자	• 감정과 행동의 차이나 슈퍼바이지의 **실제 상담과 효율적 상담의 차이를 직면시키는 기법 사용** • 동료로서 지식을 공유하고 독립적으로 기능할 수 있도록 슈퍼비전
고도로 숙련된 상담자	• 특정 내담자의 **공동 치료자로 참여**하여 슈퍼바이저 관찰 • 다양한 슈퍼비전 스타일을 경험하여 자신의 상담에 통합할 수 있도록 슈퍼비전

(4) 슈퍼바이저의 반응 예 (Falender & Shafranske, 2004)

구분	반응 예
반영적 피드백	• 내가 ~라고 이야기할 때 무슨 생각을 하고 어떻게 느꼈는지 궁금하군요. • 슈퍼바이지와 내담자의 관계가 어떻게 느껴지는지 궁금합니다.
통합적 피드백	• 어떤 선택을 하고 있습니까? • 기회가 이미 지났을 때 당신은 무슨 생각을 하나요?
중립적 피드백	• ~에 대해 아는 것이 흥미롭군요. • ~에 대해 좀 더 설명해 주세요.
강화적 피드백	• 자료를 통합하는 능력과 기술이 눈에 띄게 확장되었네요. • 내담자의 말을 정확하게 요약하고 반영하는군요. • 지난번에 당신이 유사한 감정을 느꼈을 때 어떻게 대처했는지 생각해 보세요. • 불안에 대한 당신의 경험이 이러한 상황에서 어떻게 접근할 것인지에 대해 어떤 전망을 제공하는지 기억하세요. • 당신은 내담자에게 적절한 검사를 사용하고 있네요.
분석적 피드백	• 앞으로 몇 회기 동안 반응의 패턴을 살펴봅시다. • 과거 당신이 경험했던 것과 이번 일이 유사한 점이 있다면 무엇일까요?
반응적 피드백	• 당신은 어떻게 진행했는지 궁금한 것 같군요. • 퇴사를 당한 것에 대해 내담자가 화났을 때 당신은 어땠나요?
교정적 피드백	• 당신이 사용할 수 있는 대안을 미리 탐색하는 것은 도움이 될 것입니다. • 내담자가 종결할 것이라고 말했을 때 당황했고, 내담자와 종결에 대해 제대로 이야기하지 못했다는 점이 걱정이 되는군요. 왜 그런 일이 있어났다고 생각하나요?
평가적 피드백	• 긍정적 평가 : 당신의 개입은 이번 회기에 매우 효과적으로 작동했군요. • 부정적 평가 : 당신은 내담자가 표현하는 정서를 계속 무시하고 있네요. 내담자의 정서표현에 집중하는 것이 앞으로 중요한 목표입니다.

(5) 슈퍼비전 수준별 전략 (Rosenberg, 1997, 1998)

구분		전략
초급 슈퍼 비전 전략	교사 기능	1. 관찰된 상담회기의 상호작용을 평가한다. 2. 슈퍼바이지에게 **내담자에 관한 가설을 제공**하도록 한다. 3. 적절한 개입방법을 확인한다. 4. **개입기법을 가르치거나, 시범을 보이거나, 모델 역할**을 한다. 5. 구체적인 전략과 개입방법 이면의 근거를 설명한다. 6. 상담회기에서 **중요한 사건들을 해석**한다.
	상담자 기능	7. 상담회기 동안 **슈퍼바이지의 감정을 탐색**한다. 8. 슈퍼비전회기 동안 슈퍼바이지의 감정을 탐색한다. 9. 구체적인 기법이나 개입방법에 관한 슈퍼바이지의 감정을 탐색한다. 10. 상담회기에서 자신감, 불안에 대한 **슈퍼바이지의 자기탐색을 격려**한다. 11. 슈퍼바이지가 개인 역량과 성장을 위한 영역을 설정하는 것을 돕는다. 12. 슈퍼바이지에게 **자신의 정동(情動, 감정의 움직임)과 방어를 처리할 수 있는 기회를 제공**한다.
	자문가 기능	13. 슈퍼바이지용 **대안적 개입방법이나 사례 개념화를 제공**한다. 14. 슈퍼바이지가 전략과 개입방법에 대해 브레인스토밍하도록 격려한다. 15. 슈퍼바이지가 **내담자의 문제와 동기에 대해 논의하도록 격려**한다. 16. 슈퍼비전회기 중 슈퍼바이지의 욕구 충족을 추구하고 시도한다. 17. 슈퍼바이지가 슈퍼비전 회기를 구조화하게 한다.

고급
슈퍼비전
전략
		18. **변화이론에 대한 슈퍼바이지의 탐색을 격려**한다.
		19. 슈퍼바이지의 사례 개념화를 돕는다.
		   a. 내담자의 이야기를 경청하고 대인패턴을 탐색한다.
		   b. 내담자의 문제에서 사회적 · 역사적 맥락을 탐색한다.
		   c. 내담자의 강점과 자원을 평가한다.
		   d. 가설을 설정한다.
		   e. 목표를 설정하고, 접근법을 선택하며, 계약을 체결한다.
		20. 내담자에 대한 이해를 촉진하기 위해 슈퍼바이지의 감정을 탐색한다.
		21. 슈퍼바이지가 내담자와의 행동에서 단서를 확인, 사용하도록 격려한다.
		22. 한 회기 내에서 **슈퍼바이지의 의도를 탐색**한다.
		23. **발달상의 도전거리를 제시**한다.
		24. 슈퍼바이지 · 내담자의 경계문제를 탐색한다.
		25. 내담자를 다루기 위한 **적절한 전략을 모델링할 수 있도록 평행과정을 사용**한다.

03 사례 개념화

(1) 사례 개념화의 이해

① 사례 개념화의 의미

   ㉠ 슈퍼비전에 필요한 **상담사례 보고서 작성을 위해서는** 사례 개념화를 할 수 있어야 한다.

   ㉡ 사례 개념화는 녹화, 녹음 등으로 기록된 상담의 과정과 내용을 점검하여 **상담자가**

이해한 내담자의 논점, 상담목표의 설정과 전략, 개입방법 등에 대해 이론적 근거에 따라 틀을 정리하는 것이다.

ⓒ 사례 개념화는 내담자의 인지적·행동적·정서적·대인관계적 측면을 통합하여 포괄적으로 이해하고 상담목표와 상담계획을 수립하는 것이다.

ⓔ 심리검사, 면접과 행동관찰, 내담자의 가족이나 관계자로부터 얻은 정보 등을 통합하여 내담자에 대한 가설적 모형을 수립하는 것이다.

ⓜ 사례 개념화란 **내담자에 대한 문제, 문제의 원인과 배경 등 전체적인 가설적 틀을 세우는 것**을 말한다.

② **사례 개념화의 특성**

ⓖ 내담자에 대한 가설 세우기이며, 가설의 타당성을 검증하는 과정이다.

ⓛ 초기의 가설은 상담이 진행되는 과정에서 얻어진 새로운 정보에 따라 수정될 수 있으며, 상담자는 가설의 타당성 여부를 검토하기 위해 내담자의 반응, 추가로 확인되는 정보들, 슈퍼바이저와의 논의 등 다양한 방법들을 활용해야 한다.

(2) 상담사례 보고서 작성

① **상담사례 보고서의 의미**

ⓖ 상담자가 상담한 내용을 다른 상담전문가가 쉽게 이해할 수 있도록 하는 소통의 수단이다.

ⓛ 사례 개념화한 내용을 보고서의 양식에 따라 작성하는 일은 상담자가 자신의 상담경험을 반추하면서 배우고 점검하는 활동이다.

ⓒ 상담자는 상담사례를 형식에 맞추어 보고할 수 있는 역량을 갖추어야 하며, 상담사례 보고서는 전문가와 비전문가를 구분해 주는 하나의 수단이라고도 할 수 있다.

② **상담사례 보고서에 포함되는 내용**

ⓖ 내담자에 대한 기본정보

ⓛ 내담자 문제의 이해

ⓒ 상담목표와 상담전략

ⓔ 회기별 상담내용의 요약

ⓜ 내담자의 심리검사 결과 등

(3) 상담사례 슈퍼비전 실시하기

① **슈퍼바이지에게 사례 보고서를 제출하도록 하고 슈퍼비전 과정을 통해 이를 점검한다.**

ⓖ **사례 보고서를 점검**한다.

ⓛ 사례를 **요약하여 발표**하도록 한다.

ⓒ 사례 발표 후 궁금한 사항이나 모호한 부분에 대해 **질의응답의 시간**을 갖는다.

ㄹ 상담 개입에 대해 검토하고 관련 내용을 **슈퍼비전**한다.

ㅁ 사례 개념화가 적절하지 않거나 미숙하다면 사례 개념화에 대해 **별도의 지도**를 한다.

② **슈퍼비전목표 달성에 적합한 방법과 기술에 따라 슈퍼비전을 실시한다.**

ㄱ 상담사례 보고서, 슈퍼바이지의 자기 보고, 녹음 및 녹화, 대인관계과정 회상 등의 방법을 활용하여 슈퍼비전을 실시한다.

ㄴ 효과적인 슈퍼비전의 개입전략을 선택하여 슈퍼비전을 실시한다.

ㄷ 슈퍼비전 실시과정에서 슈퍼바이저는 적절한 반응기법을 활용하여 슈퍼바이지에게 피드백을 제공한다.

04 직업상담윤리 슈퍼비전

(1) 직업상담윤리 슈퍼비전의 필요성

① 직업윤리는 어떤 직업에서도 요구되는 행동규범인 직업 일반의 윤리와 특정한 직업이 사회의 역할분담적 입장에서 가져야 할 행동규준인 특수 직업의 윤리가 있다.

② 직업을 어떻게 선택했느냐에 따라 생애주기가 변화하므로 인간에 대한 윤리에 입각하여 상담이 제공되어야 한다.

③ 슈퍼바이저는 슈퍼비전을 통해 **슈퍼바이지의 윤리적 인식과 태도 등에 대해서도 평가**하여야 한다.

(2) 직업상담윤리 슈퍼비전

① **인간 존중과 내담자 권리** : 어떤 경우라도 내담자가 인간으로서의 가치를 존중받아야 하며, 상담내용이 보호받아야 하는 원칙을 슈퍼바이지가 정확히 인식하고 있는지에 대하여 평가한다.

② **내담자에 대한 책임**

ㄱ 내담자의 호소문제를 해결하고 상담을 종결하는 것이 슈퍼바이지의 임무이다.

ㄴ 상담회기가 지나도 나아지지 않거나, 내담자와의 관계에서 오해의 소지가 있거나, 슈퍼바이지의 영역 밖이라면 다른 전문가에게 의뢰하거나 적절한 기관으로 안내하여야 한다.

ㄷ 슈퍼바이저는 내담자 호소와 슈퍼바이지의 태도에 대하여 슈퍼비전을 한다.

③ **비밀의 보장**

ㄱ 내담자의 정보는 개인 식별이 가능한 정보를 보호하여야 하며, 정보의 파기에 대하여 구체적인 방법을 세워야 한다.

ㄴ 자신이나 타인 혹은 사회에 심각한 위해를 가할 상황이 분명하면 상담자는 적절한 절차를 거쳐 정보를 공개할 수 있지만, 내담자의 위험을 최소화하여야 한다.

ㄷ 상담의 전 과정에서 이러한 문제들이 지켜졌는지 슈퍼바이저는 점검한다.

④ 유인, 유도, 속임수
  ㉠ 슈퍼바이지가 내담자의 동의 없이 직업심리검사를 실시하거나, 과도한 상담효과를 제시하거나 하는 등의 유인, 유도가 있었는지 슈퍼바이저는 점검해야 한다.
  ㉡ 내담자에게 점점 상담효과가 나타난다는 속이기(deception)는 사용이 필요할 수도 있지만, 반드시 필요했는지에 대한 슈퍼바이저의 점검이 필요하다.

05 슈퍼비전 종합 평가

(1) 슈퍼비전 종결의 주요 요소

① **종결 시 다룰 수 있는 주제들**
  ㉠ 슈퍼바이지의 종결과 이별에 대한 감정을 다루고, 슈퍼비전에서 학습한 것을 정리하며, 이를 실제 상담에 적용하고 앞으로 남은 과제를 점검한다.
  ㉡ 슈퍼비전에서 배운 것은 무엇인지, 아직 남아있는 학습과제는 무엇인지, 이번 슈퍼비전에 참여한 것의 개인적인 의미는 무엇인지 등 슈퍼바이지가 슈퍼비전에서 학습한 것을 이해하고 통합하고 정리하여 자신의 것으로 만들 수 있도록 돕는 것이 필요하다.

② **슈퍼비전 종합 평가**
  ㉠ **슈퍼비전 매 회기에 지속적으로 이루어지는 형성평가와, 종결과 같은 특정 시기에 평가도구나 문서를 통해 이루어지는 종합평가로 구분할 수 있다.**
  ㉡ 슈퍼바이지 노력과 슈퍼비전 만족도 등에 대한 평가도 중요하지만, 슈퍼바이지 개인의 성장이나 슈퍼비전 관계에 대해 긍정적으로 기여할 수 있도록 하는 것도 중요하다.
  ㉢ 슈퍼바이저와 슈퍼바이지 사이의 갈등을 줄이기 위해서는 상담 슈퍼비전 초기에 전반적인 평가과정에 대한 구조화와 슈퍼바이저와 슈퍼바이지 사이에 합의가 필요하다.

(2) 슈퍼비전 평가단계

① **슈퍼비전 목표 및 목적 설정의 타당성** : 슈퍼바이지에게 필요한 슈퍼비전을 확인하며 목표와 목적을 설정하고 계획을 수립하였는지를 평가한다.

② **슈퍼바이지의 슈퍼비전 요구도에 의한 구조화** : 슈퍼바이지와 면담하여 진단평가, 직업상담, 직업정보가공, 교육지도 등에서 발생하는 슈퍼비전의 요구도를 파악하며, 슈퍼비전의 구조를 구상하였는지 평가한다.

③ **슈퍼비전 진행** : 슈퍼비전의 구조와 적절한 슈퍼비전 항목에 따라 슈퍼비전을 실시하였는지 평가한다.

④ **슈퍼바이지의 만족도 조사** : 슈퍼비전이 끝나고 슈퍼바이지에게 만족도를 질문하거나 기술하도록 하고, 그 결과에 대하여 응답해준다.

⑤ **슈퍼비전 결과 보고서 작성** : 슈퍼비전의 각 항목에 의거하여 평가 보고서를 작성한다.

❶ 직업상담 슈퍼비전 논점 파악

01 슈퍼비전에 대한 설명으로 바르지 않은 것은?

① 경험이 많은 감독자가 경험이 적은 전문가가 수행한 상담에 대해 지도, 감독하는 것이다.
② 라틴어의 'super(위에서)'와 'videre(지켜보다)'의 합성어에서 유래하였다.
③ 내담자를 평가하여 슈퍼바이지들이 수행하는 전문적 서비스의 질을 감독한다.
④ 이 분야에 입문하는 사람들에게 문지기(a gatekeeper) 역할을 한다.

> **해설** 슈퍼바이저는 슈퍼바이지를 평가하여 이들이 수행하는 전문적 서비스의 질을 감독하고, 이들의 직업상담 역량을 지속적으로 강화시키며, 직업상담의 윤리적 입장을 지속할 수 있도록 촉구하는 역할을 한다.

02 슈퍼비전의 목적에 해당하지 않는 것은?

① 상담자가 상담전문가로서 필요한 능력을 습득하게 하고, 전문적인 기능을 향상시킨다.
② 손상된 상담자로부터 내담자를 보호한다.
③ 상담전문가로서의 정체감을 발달시키도록 한다.
④ 경험과 상담기술이 부족한 상담으로부터 상담자를 보호한다.

> **해설** 슈퍼바이저는 슈퍼비전을 통해 경험과 상담기술이 부족한 상담자(슈퍼바이지)로부터 내담자를 보호한다.

03 슈퍼비전에 대한 설명으로 옳은 것을 모두 고르면?

> ㉠ 슈퍼바이저가 슈퍼바이지의 상담능력을 증진시키는 것이다.
> ㉡ 다른 사람이 하는 일에 대해 책임을 가지고 지켜본다는 의미를 갖는다.
> ㉢ 슈퍼바이저, 슈퍼바이지, 내담자 간의 전문적인 과정이다.
> ㉣ 슈퍼비전의 목적은 효과적이지 않은 상담으로부터 내담자를 보호하는 것이다.

① ㉠, ㉡, ㉢, ㉣　　　② ㉠, ㉢, ㉣
③ ㉠, ㉡, ㉣　　　　④ ㉠, ㉣

> **해설** 라틴어의 'super(위에서)'와 'videre(지켜보다)'의 합성어에서 유래한 슈퍼비전은 슈퍼바이지의 전문적 능력을 향상하고 발전시키기 위한 과정으로서, 상담자의 상담전문가로서 정체감을 발달시키도록 돕고, 상담자의 개인문제가 상담에 영향을 미칠 경우 상담자의 개인문제해결을 도우며, 상담자 소진을 예방하는 동시에 경험과 상담기술이 부족한 상담자로부터 내담자를 보호한다. 즉, 슈퍼바이저와 슈퍼바이지, 내담자 간의 전문적인 과정이라고 할 수 있다.

04 슈퍼바이저의 문지기(gatekeeper) 역할에 대한 설명으로 옳은 것은?

① 손상된 상담자로부터 내담자를 보호한다.
② 상담전문가로서의 자질과 역량을 갖추었는지 평가한다.
③ 상담자의 전문성 발달과 성장을 촉진한다.
④ 공감, 반영 등의 상담기법을 발달시킨다.

정답 01. ③　02. ④　03. ①　04. ②

해설 슈퍼바이저는 슈퍼비전을 통해 이 분야에 진입하는 상담자가 상담전문가로서의 자질과 역량을 갖추었는지 평가하는 문지기(gatekeeper) 역할을 한다.

05 슈퍼바이저의 유형에 대한 설명으로 바른 것은?

① 대인 민감적 유형 : 친절하며, 개방적이고 지지적인 태도를 보이는 유형
② 과업 지향적 유형 : 슈퍼비전의 목표에 적합한 구체적인 방안을 제시하는 구조화된 유형
③ 호의적 유형 : 치료적, 반응적 방식으로 슈퍼바이지가 새롭고 창의적인 관심을 가지도록 하는 유형
④ 관계 지향적 유형 : 슈퍼바이지에 초점을 두고 이들의 감정과 문제를 지각하고 다루는 유형

해설 ① 호의적 유형의 설명에 해당한다.
③ 대인 민감적 유형의 설명에 해당한다.
④ 대인 민감적 유형의 설명에 해당한다.

★

06 다음 중 슈퍼바이저의 역할에 대한 설명으로 옳은 것은?

① 자문가 역할은 슈퍼바이지의 어려움을 해결하거나 의사결정을 조언할 때 효과적이다.
② 평가자 역할은 슈퍼바이지에게 힘을 북돋아 주는 것을 의미한다.
③ 교사 역할은 슈퍼바이지가 상담의 목표를 달성할 수 있도록 지도하고 감독하는 것이다.
④ 슈퍼바이저는 슈퍼비전 한 회기에 한 가지 역할에만 충실하면 된다.

해설 ② 코치의 역할을 의미한다.
③ 상담자의 역할을 의미한다.
④ 슈퍼바이저는 한 회기의 슈퍼비전에서도 슈퍼바이지의 요구와 상황에 따라 여러 가지 역할들을 수행하게 된다.

07 슈퍼바이저의 역할에 대한 설명으로 바르지 않은 것은?

① 치료자 : 슈퍼바이지의 개인적 문제로 인해 상담과정 수행에 영향을 받는 경우 수행한다.
② 자문가 : 슈퍼바이지의 다양한 질문 및 조언 요구에 대응하여 적절한 자문을 제공할 수 있다.
③ 평가자 : 슈퍼바이지의 발달수준, 장점과 약점, 개인적인 문제 보유 여부 등을 평가한다.
④ 교사 : 슈퍼바이지는 슈퍼바이저를 모델 삼아 비슷한 수준으로 발전하고자 하는 기대를 가질 수 있다.

해설 슈퍼바이지는 슈퍼바이저를 모델 삼아 비슷한 수준으로 발전하고자 하는 기대를 가질 수 있으며, 슈퍼바이저는 멘토로서 역할을 수행할 수 있다.

★

08 슈퍼비전의 목적에 해당하는 것을 모두 고른 것은?

> ㉠ 내담자 보호
> ㉡ 상담자 정체감 확립
> ㉢ 상담자 개인문제해결
> ㉣ 상담자 소진 예방
> ㉤ 상담자 전문성 향상 및 발전
> ㉥ 슈퍼바이저의 전문성 향상

① ㉠, ㉡, ㉣, ㉤   ② ㉡, ㉢, ㉣, ㉤
③ ㉣, ㉤, ㉥   ④ ㉠, ㉡, ㉢, ㉣, ㉤

해설 라틴어의 'super(위에서)'와 'videre(지켜보다)'의 합성어에서 유래한 슈퍼비전은 슈퍼바이지의 전문적 능력을 향상하고 발전시키기 위한 과정으로서, 상담자의 상담전문가로서 정체감을 발달시키도록 돕고, 상담자의 개인문제가 상담에 영향을 미칠 경우 상담자의 개인문제해결을 도우며, 상담자 소진을 예방하는 동시에 경험과 상담기술이 부족한 상담자로부터 내담자를 보호한다. 즉, 슈퍼바이저와 슈퍼바이지, 내담자 간의 전문적인 과정이라고 할 수 있다.

정답 05. ②   06. ①   07. ④   08. ④

09 상담자가 내담자 문제를 파악하지 못하고 있는 경우 슈퍼바이저가 취할 수 있는 교사 역할로 적절한 것은?

① 상담자의 개인적인 문제를 검토한다.

② 사례 보고서의 축어록을 검토하면서 상담자의 반응이 적절하였는지 검토한다.

③ 내담자 문제 파악에 도움 되는 서적을 안내하고 읽어오도록 한다.

④ 슈퍼바이지의 발달수준, 장점과 약점을 평가한다.

해설 ① 치료자의 역할에 해당한다.
② 자문가의 역할에 해당한다.
④ 평가자의 역할에 해당한다.

10 단회성 초빙 슈퍼비전에서 슈퍼바이저의 역할 및 태도에 대한 설명으로 옳은 것을 모두 고르면?

ㄱ 짧은 시간에 여러 가지 역할 수행이 요구된다.
ㄴ 슈퍼바이지의 전문성을 평가하는 평가자 역할을 한다.
ㄷ 단회 슈퍼비전이므로 수동적으로 참여하는 것이 필요하다.
ㄹ 슈퍼바이지의 발달수준을 파악해야 한다.
ㅁ 소집단 슈퍼비전이나 사례 발표회의 경우이므로 슈퍼비전내용 유출에 유의해야 한다.

① ㄴ, ㄷ, ㄹ　　② ㄴ, ㄹ, ㅁ
③ ㄱ, ㄷ, ㄹ　　④ ㄱ, ㄴ, ㄹ, ㅁ

해설 단회 슈퍼비전인 경우 슈퍼바이지의 요구가 제한된 시간에 다루어져야 하기 때문에 슈퍼바이저는 여러 가지 역할 수행이 요구된다. 이때에도 적극적으로 슈퍼비전에 임하여야 한다.

11 다음 중 슈퍼비전 관계 형성을 위해 준비단계에서 필요한 내용으로 가장 거리가 먼 것은?

① 슈퍼비전 방법 선택

② 슈퍼바이지의 슈퍼비전 요구도 점검

③ 슈퍼바이저의 스타일 점검

④ 슈퍼바이저의 특성 고려

해설 [슈퍼비전 관계 형성을 위한 준비]
㉠ 슈퍼비전 방법 선택
㉡ 슈퍼바이저의 특성 고려
㉢ 슈퍼바이저의 스타일 점검

12 스톨텐베르그(Stoltenberg)의 상담자 통합발달모형에 대한 설명으로 옳지 않은 것은?

① 슈퍼바이지의 발달을 동기, 자율성, 자기-타인인식 측면에서 수준별 특징으로 제시한다.

② 수준 1의 슈퍼바이지는 불안이 높고 동기수준이 낮다.

③ 수준 2의 슈퍼바이지는 자신감이 느는 한편 책임감 증가에 부담을 느낀다.

④ 수준 3의 슈퍼바이지는 상담기술을 융통성 있게 사용한다.

해설 수준 1의 슈퍼바이지는 불안이 높지만 슈퍼비전에 참여하는 동기수준도 높다.

13 Stoltenberg와 Delworth(1987)의 통합발달모델에서 슈퍼바이지의 발달수준을 구분하는 주요 요소를 모두 고른 것은?

ㄱ 동기　　　　ㄴ 자기 자각
ㄷ 의존성　　　ㄹ 독립성
ㅁ 자율성　　　ㅂ 타인 자각

① ㄱ, ㄴ, ㅁ, ㅂ　　② ㄷ, ㄹ, ㅁ
③ ㄱ, ㄴ, ㄹ　　④ ㄱ, ㄷ, ㄹ, ㅁ

해설 상담가 통합발달모형(IDM : Integrated Developmental Model)에서는 상담가의 자율성과 동기, 자기 자각·타인 자각의 3가지 요소를 주요 구조로 삼아 발달단계를 제시하였다.

★

14 통합적 발달모델(Integrated Developmental Model)은 상담자 발달단계를 설명하는데 수준 3에 해당하는 설명으로 옳은 것은?

① 동기와 불안 둘 다 높고 기술에 관심이 많다.
② 자율성과 의존성 사이의 갈등을 경험한다.
③ 슈퍼바이저에 의존적이며 긍정적 피드백을 요구한다.
④ 상당히 자율적이어서 슈퍼비전은 상담가에 의해 제공된 구조를 따른다.

> **해설** ① 1수준(의존단계)의 설명에 해당한다.
> ② 2수준(의존–자율 간의 갈등단계)의 설명에 해당한다.
> ③ 1수준(의존단계)의 설명에 해당한다.

★

15 다음 중 슈퍼비전의 논점에 대한 설명으로 바르지 않은 것은?

① 상담자 태도 : 상담자로서의 자신감, 윤리적인 태도, 상담에 대한 신념 등이 해당한다.
② 알아차리기 : 내담자 비언어적 표현의 특징이 의미하는 바를 아는 것이다.
③ 사례 이해 : 내담자 문제와 역동을 이해하고, 이를 이론적 틀에 근거해서 파악하는 것이다.
④ 상담대화기술 : 각종 처치 및 개입기술(해석, 직면, 빈 의자 기법 등)이 이에 해당한다.

> **해설** ④ 상담계획(목표, 전략, 개입 등)의 설명에 해당한다.

2023년 직업상담사 1급 과정평가형

16 다음은 무엇에 대한 설명인가?

> 감정적인 요구가 큰 상황에 장기간 노출됨으로써 나타나는 신체적, 감정적, 정서적 탈진상태를 말한다. 특히 사람들을 직접 대하는 서비스 종사자들에게 생길 수 있으며 감정적 탈진, 비인격화, 그리고 개인적 성취의 저하로 나타난다.

① 감정의 부조화　② 소진 (burn-out)
③ 감정노동　　　④ 감정의 다양성

> **해설** 감정적 부조화는 상담자들이 실제로 느끼는 감정과 조직에서 요구하는 감정표현이 충돌할 때 발생한다. 감정적 부조화에 장기간 노출되면 이로 인해 정서적 소진이 발생하고, 직무만족도가 감소한다. 소진(burn-out)은 이렇게 감정적인 요구가 큰 상황에 장기간 노출됨으로써 나타나는 신체적, 감정적, 정서적 탈진상태를 말한다.

★

17 다음 중 감정노동 강도의 결정요인에 해당하지 않는 것은?

① 감정의 부조화
② 감정의 다양성
③ 표현규범에 대한 주의성
④ 감정표현의 주체성

> **해설** [감정노동 강도의 결정요인]
> ㉠ 감정표현의 빈도
> ㉡ 표현규범에 대한 주의성
> ㉢ 감정의 다양성
> ㉣ 감정적 부조화

18 감정노동 근로자의 보호와 스트레스 관리에 대한 설명으로 적절하지 않은 것은?

① 감정노동이 심해지면 근로자들은 감정의 부조화로 이해 정신적, 신체적 질병으로 이환된다.
② 「산업안전보건법」에 따라 사업주는 근로자의 건강장해를 예방하기 위해 조치를 취해야 한다.
③ 고객과의 갈등이 발생할 때 원활하게 처리될 수 있도록 지원한다.
④ 근로자들의 직무만족도가 떨어지고 이직의 원인이 되기도 한다.

> **해설** 고객과의 갈등이 발생할 때 근본적인 원인을 해결할 수 있도록 하는 것이 중요하다.

정답 14. ④　15. ④　16. ②　17. ④　18. ③

★
19 감정노동 근로자의 스트레스 관리방안 중 감정노동 자체를 완화시키는 방안으로 틀린 것은?

① 적정 고객 수
② 근육 이완법
③ 휴식공간 제공
④ 서비스에 대한 기준 마련

> **해설** [감정노동 자체를 완화시키는 방안]
> ㉠ 적정 고객 수
> ㉡ 친절교육 등의 영향 고려
> ㉢ 직무순환
> ㉣ 서비스에 대한 기준 마련
> ㉤ 휴식공간 제공

★★
20 슈퍼비전 발달단계별 슈퍼비전의 목표로 적절하지 않은 것은?

① 초기 : 슈퍼비전 관계를 발전시키고 슈퍼바이지 능력을 평가한다.
② 중간 : 의존적 실무에서 독립적 실무로 전환한다.
③ 종결 : 독립적인 전문가로 일할 수 있도록 준비시킨다.
④ 초기 : 슈퍼바이저와 슈퍼바이지의 갈등관계를 다룬다.

> **해설** 슈퍼바이지의 모험적·도전적 욕구와 슈퍼바이저의 신중함으로 인해 슈퍼비전 관계에서 갈등이 나타날 수 있는 단계는 중간 단계에 해당한다.

21 슈퍼비전의 목표에 관한 설명으로 옳지 않은 것은?

① 단기 목표는 수련생의 능력 향상이나 기술 증진 등 상담 수행을 돕는 것이다.
② 구체적인 목표는 슈퍼바이저와 수련생이 합의하여 정하게 된다.
③ 슈퍼비전에 대한 수련생의 기대나 동기는 슈퍼비전의 목표와 진행, 성과에 영향을 미치지 않는다.
④ 장기 목표는 상담 장면에서 지혜를 획득하며 자율적이고 성숙한 상담자가 되는 것이다.

> **해설** 슈퍼비전에 대한 수련생의 기대나 동기는 슈퍼비전의 목표와 진행, 성과에 영향을 미치기 때문에 이러한 점을 확인하고 검토하여 슈퍼비전의 목표를 설정하여야 한다.

22 직업상담 슈퍼비전 구성요소와 슈퍼비전 목표의 연결이 적절하지 않은 것은?

① 상담기술 : 발달적으로 나이에 적합한 상담개입을 할 수 있는 능력 키우기
② 평가기술 : 진로 관련 요소들을 평가하기 위한 심리검사의 활용
③ 직업정보와 자료 : 기본적인 진로 관련 정보를 사용할 수 있는 지식과 능력을 갖추기
④ 구직활동전략 : 내담자의 직업 관련 행동을 증진시키기 위한 다양한 방법에 대해 익히기

> **해설** ① 발달단계별 진로문제 다루기의 슈퍼비전 목표에 해당한다.

❷ 직업상담 슈퍼비전 및 평가

23 슈퍼비전의 첫 회기에서 검토해야 할 사항이 아닌 것은?

① 위기관리 전략
② 슈퍼비전 윤리
③ 슈퍼바이지의 현재 발달수준
④ 슈퍼비전 성과

> **해설** 슈퍼비전의 성과는 슈퍼비전을 실시한 이후 검토해야 할 사항이다.

정답 19. ② 20. ④ 21. ③ 22. ① 23. ④

24 직업상담 슈퍼비전 계약에 포함되어야 할 정보로 가장 거리가 먼 것은?

① 슈퍼비전 구조
② 기관규칙 준수
③ 시간적 요소
④ 현장의 보편적 요구사항

> **해설** [슈퍼비전 계약에 포함되어야 할 정보]
> ㉠ 시간적 요소
> ㉡ 교육구조
> ㉢ 슈퍼비전 구조
> ㉣ 기관규칙 준수
> ㉤ 현장의 독특한 요구사항

★★
25 슈퍼비전의 구조화에서 논의할 사항으로 적절하지 않은 것은?

① 위기를 어떻게 다룰 것인가?
② 슈퍼바이저를 어떤 기준으로 어떻게 평가할 것인가?
③ 매번 같은 내담자로 할 것인가?
④ 얼마나 자주, 어느 정도의 시간으로, 어디서 만날 것인가?

> **해설** ② 슈퍼바이지를 어떤 기준으로 어떻게 평가할 것인가?

26 집단 슈퍼비전의 장점으로 적절하지 않은 것은?

① 상담자 개인의 필요와 상황에 맞는 세밀한 피드백
② 시간적 경제적으로 유리
③ 대리학습의 기회 제공
④ 피드백을 통한 다양한 관점 제공

> **해설** ① 개인 슈퍼비전의 장점에 해당한다.

★
27 공개사례 발표에서 상대적으로 비중이 낮은 슈퍼바이저의 역할은 무엇인가?

① 평가자
② 자문가
③ 교사
④ 치료자

> **해설** 집단 슈퍼비전에서는 상담자의 개별적 필요에 대한 세밀한 피드백이 부족할 수 있고, 특히 상담자의 개인적인 문제를 다루기 어렵기 때문에 슈퍼바이저의 치료자 역할은 비중이 낮다.

★★
28 다음 중 동료 슈퍼비전(peer supervision)의 특징으로 옳지 않은 것은 무엇인가?

① 동등한 관계의 동료들끼리 상호 피드백을 주고받는 형태의 슈퍼비전이다.
② 슈퍼바이저의 권위적 역할 대신 서로의 전문성 성장을 돕기 위한 협력적인 방식을 취한다.
③ 동료 슈퍼비전은 모든 상담자가 동일한 수준의 지식을 공유하고 있어야 한다는 전제가 있다.
④ 동료 간의 피드백을 통해 상호학습이 이루어지고 자기성찰의 기회가 제공된다.

> **해설** 동료 슈퍼비전에서 각 상담자의 전문성 수준이 다를 수 있지만, 서로의 경험과 지식을 공유하는 데 목적이 있어 반드시 동일한 수준의 지식을 공유하고 있어야 한다는 전제는 없다.

★
29 슈퍼비전 관련 기록에서 간접적인 방식은?

① 일방경(one-way mirror)을 통한 관찰
② 녹음
③ 사례 보고서
④ 직접 관찰

> **해설** ③ 상담자와 내담자의 실제 상담 장면이나 실제 녹음자료가 아닌 슈퍼바이지가 작성한 보고서를 통한 슈퍼비전은 간접적인 방식이라 할 수 있다.

정답 24. ④　25. ②　26. ①　27. ④　28. ③　29. ③

30 상담회기 중 일어난 상담자의 생각과 느낌 등을 회상하도록 하기 위해 녹음장치를 활용하는 슈퍼비전 방식은?

① 직접 관찰
② 대인관계과정 회상(IPR)
③ 사례 자문
④ 자기 보고와 녹음(녹화)자료 활용

> **해설** 대인관계과정 회상(IPR)방법은 상담 중의 생각, 느낌을 회상하게 하는 방법으로, 상담 장면을 회상하여 표현하지 못한 생각, 느낌, 지각 등을 자각하게 하는 경험은 상담자의 자각수준을 높여주고 상담자로서 자신을 이해하는 데 도움이 된다.

★
31 슈퍼바이지의 발달수준에 따른 슈퍼비전 개입으로 옳은 것은?

① 숙련 상담자 : 직면 개입을 사용한다.
② 초심 상담자 : 상담기술을 통합하도록 한다.
③ 초심 상담자 : 자율성과 자신감을 키울 수 있도록 한다.
④ 고도로 숙련된 상담자 : 동료로서 지식을 공유하고 독립적으로 기능할 수 있도록 한다.

> **해설** ② 고도로 숙련된 상담자의 설명에 해당한다.
> ③ 숙련 상담자의 설명에 해당한다.
> ④ 숙련 상담자의 설명에 해당한다.

★★
32 다음 중 슈퍼바이저의 반응유형과 반응의 예를 잘못 연결한 것은?

① 반영적 피드백 : 슈퍼바이지와 내담자의 관계가 어떻게 느껴지는지 궁금합니다.
② 중립적 피드백 : ~에 대해 아는 것이 흥미롭군요.
③ 반응적 피드백 : 퇴사를 당한 것에 대해 내담자가 화냈을 때 당신은 어땠나요?

④ 평가적 피드백 : 당신이 사용할 수 있는 대안을 미리 탐색하는 것은 도움이 될 것입니다.

> **해설** ④ 교정적 피드백의 설명에 해당한다.

★★
33 다음의 슈퍼비전 수준별 전략 중 초급 슈퍼비전 전략으로 그 기능이 서로 다른 것은?

① 슈퍼바이지에게 내담자에 관한 가설을 제공한다.
② 슈퍼바이지용 대안적 개입 방법이나 사례 개념화를 제공한다.
③ 개입 기법을 가르치거나 시범을 보이거나 모델 역할을 한다.
④ 관찰된 상담회기의 상호작용을 평가한다.

> **해설** ① 교사 기능의 전략에 해당한다.
> ② 자문가 기능의 전략에 해당한다.
> ③ 교사 기능의 전략에 해당한다.
> ④ 교사 기능의 전략에 해당한다.

★
34 다음 중 슈퍼비전에서의 평행(병렬)과정에 대해 설명한 것은?

① 슈퍼바이저가 상담자에게 사례에 대한 구체적인 지침을 제공하는 과정
② 상담자가 내담자에게 보이는 반응이나 감정을 슈퍼바이저에게도 유사하게 나타내는 과정
③ 상담자가 내담자의 문제를 스스로 해결하는 데 도움을 주는 과정
④ 상담자와 슈퍼바이저가 상호 독립적으로 상담을 진행하는 과정

> **해설** 평행(병렬)과정은 상담자가 내담자와의 관계에서 나타나는 반응이나 감정을 슈퍼비전과정에서 슈퍼바이저와의 관계에서도 유사하게 나타내는 현상을 말한다.

정답 30. ② 31. ① 32. ④ 33. ② 34. ②

★

35 다음에 제시된 질문들이 의도하는 슈퍼비전 개입으로 가장 적절한 것은?

> • 어떤 이론을 근거로 상담목표와 상담전략을 수립할 수 있을까요?
> • 심리검사 결과와 호소문제 등을 종합하여 어떤 가설을 설정했나요?

① 상담사례 개념화 조력
② 상담목표 설정의 적절성 검토
③ 심리검사 활용의 적절성 검토
④ 호소문제 이해 여부 확인

> **해설** 제시된 슈퍼바이저의 질문은 사례 개념화를 조력하기 위한 질문들이다. 사례 개념화란 내담자에 대한 문제, 문제의 원인과 배경 등 전체적인 가설적 틀을 세우는 것으로, 이를 기반으로 상담목표와 상담계획을 수립하는 것을 의미한다.

★★

36 다음 사례의 슈퍼바이저가 슈퍼바이지에게 지도하고자 하는 상담기법은?

> 슈퍼바이지 : 제 내담자가 처음 모습과 다르게 취업에 필요한 과제물을 계속 해오지 않고 계시는데 제가 어떻게 해야 할지 모르겠어요.
> 슈퍼바이저 : 과제를 해 오지 않는 내담자에게 "첫 상담 때와는 다르게 ○○님이 상담을 중요하게 생각하지 않는 것 같아서 서운하네요. 저와의 상담에 대해서 어떤 마음인지 지금 얘기해 주면 좋겠어요."라고 해보면 어떨까요?

① 재진술　　　　② 설득
③ 해석　　　　　④ 즉시성

> **해설** 즉시성은 상담자가 상담자 자신의 바람은 물론 내담자의 느낌, 인상, 기대 등에 대해서 이를 깨닫고 대화를 나누는 것을 의미한다. 제시된 슈퍼비전에서 슈퍼바이저는 슈퍼바이지에게 즉시성에 대해 지도하고 있다.

★

37 상담사례 보고서에 들어갈 수 있는 내용을 모두 고른 것은?

> ㉠ 회기별 상담 내용
> ㉡ 내담자에 대한 인적사항
> ㉢ 상담자의 직관적 판단
> ㉣ 상담목표와 상담전략
> ㉤ 내담자의 검사 결과

① ㉠, ㉡, ㉤
② ㉠, ㉡, ㉢
③ ㉡, ㉢, ㉣, ㉤
④ ㉠, ㉡, ㉣, ㉤

> **해설** [상담사례 보고서에 포함되는 내용]
> ㉠ 내담자에 대한 기본정보
> ㉡ 내담자 문제의 이해
> ㉢ 상담목표와 상담전략
> ㉣ 회기별 상담 내용의 요약
> ㉤ 내담자의 심리검사 결과 등

38 슈퍼비전 평가에 대한 설명으로 바르지 않은 것은?

① 슈퍼비전 매 회기에 지속적으로 형성평가를 실시한다.
② 슈퍼비전 관계보다는 슈퍼바이지의 성장을 위해 슈퍼비전 평가가 더 중요하다.
③ 초반에 평가에 대한 구조화와 합의가 필요하다.
④ 종결시기에는 평가도구를 통해 종합평가를 실시한다.

> **해설** 슈퍼바이지 노력과 슈퍼비전 만족도 등에 대한 평가도 중요하지만, 슈퍼바이지 개인의 성장이나 슈퍼비전관계에 대해 긍정적으로 기여할 수 있도록 하는 것도 중요하다.

정답 35. ① 　36. ④ 　37. ④ 　38. ②

39 직업상담윤리 슈퍼비전으로 적절하지 않은 것은?

① 인간 존중과 내담자 권리
② 내담자에 대한 책임
③ 속이기(deception) 유무
④ 비밀의 보장

해설 **[직업상담윤리 슈퍼비전]**
㉠ 인간 존중과 내담자 권리
㉡ 내담자에 대한 책임
㉢ 비밀의 보장
㉣ 유인이나 유도의 유무 및 속이기(deception)가 반드시 필요했는지에 대한 점검

40 슈퍼비전 평가에 관한 설명으로 옳지 않은 것은?

① 오리엔테이션 시 평가에 대한 준거와 과정을 분명히 하는 것이 좋다.
② 형성평가는 슈퍼비전이 종결되는 시점에서 한다.
③ 평가를 위한 피드백은 상호적이며 지속적이어야 한다.
④ 종합평가는 슈퍼바이저와 수련생 간 갈등을 일으키기도 한다.

해설 형성평가는 슈퍼비전 매 회기마다 지속적으로 이루어지는 평가를 의미한다.

정답 39. ③ 40. ②

제1절 행사운영

01 행사 기획 및 관리

(1) 행사의 정의

① 일반적으로 정부기관이나 기업에서 특정한 목적을 가지고 조직적으로 시행하는 여러 가지 의식을 말한다.
② 주최자에 따라 관공서행사, 기업행사, 학교행사, 단체행사, 협회행사 등이 있다.
③ 직업상담서비스 분야의 **대표적인 행사로는 취업박람회, 취업캠프, 잡페스티벌, 취업설명회, 구인구직 만남의 날, 동아리, 워크숍, 세미나, 컨퍼런스 등**이 있다.

(2) 행사의 의의

① **국가나 지방자치단체**
  ㉠ 고용률과 취업률을 높이는 효과가 있다.
  ㉡ 주최하는 국가 및 지방자치단체의 이미지 제고와 같은 긍정적 효과가 있다.
  ㉢ 지역경제 활성화에 도움이 된다.
  ㉣ 일자리 창출효과가 있다.
  ㉤ 위탁기관 및 기업으로부터 전문성을 확보한다.
② **위탁기관 및 기업**
  ㉠ 위탁기관 및 기업에 수익 창출을 돕는다.
  ㉡ 주관기관이나 기업의 홍보효과가 있다.
  ㉢ 기업의 전문성을 높인다.
③ **개인** : 진로 및 취업 관련 정보를 수집하고 현장면접을 통해 취업에 성공하는 장이 된다.

(3) 행사계획 전 분석

취업행사는 주대상자의 특성에 따라 구인기업의 선택과 행사유형, 홍보방법, 장소 선택 등이 달라지고, 행사주제에 따라서도 달라지므로 행사를 계획하기 전에 주대상자에 대해 분석한 후 진행하여야 한다.

① **인구통계학적 특성과 사회통계학적 분석** : 행사 대상자의 여러 특성은 인구통계학적 변수(나이, 성별 등)와 사회통계학적 변수(학력, 진로 단절, 전직 등)에 의해 결정된다.

② **행사 주최/주관 분석** : 행사의 주최자와 주관자가 동일한 경우는 행사전담팀을 구성하고, 외부에 위탁하는 경우에는 발주기관의 요구사항을 정확히 전달하는 것이 중요하다.

③ **참가동기 분석** : 전년도 행사 참가자의 참여동기를 분석하여 주대상자의 요구도를 파악한다.

④ **참여자의 체류시간 분석** : 참여자가 어떤 기업의 부스와 프로그램에 많이 머무는지, 행사장 체류시간은 어떻게 되는지 분석하여 각 부스의 면적과 동선계획 등에 반영한다.

⑤ **참여자의 지역 분석** : 참가자의 지역적 분포를 분석하여 행사장소를 결정하거나 홍보전략에 참조한다.

⑥ **행사 개최시기 분석** : 대상자 및 지역, 구인기업 상황 등에 따라 채용시기가 달라질 수 있으므로 적절한 시기에 개최할 수 있도록 한다.

(4) 행사내용 결정

① **행사목적 결정하기**

㉠ 행사목적을 **결정**한다.

㉡ 목적에 맞는 **대상자를 결정**한다.

㉢ 대상자 **특성을 파악**한다.

㉣ **주최자의 요구를 조사**한다.

㉤ **대상자의 요구를 조사**한다.

㉥ **행사형태를 결정**한다.

② **행사내용 결정하기**

㉠ **예산에 맞는 행사규모를 결정**한다.

㉡ **대상자의 특성에 맞는 행사내용을 구성**한다.

㉢ **행사시행을 어떻게 할 것인지 결정**한다.

(5) 행사범위 결정

① **대상에 따른 분류**

㉠ **다중 대상** : 불특정 다수의 일반 대중

㉡ **제대군인 대상** : 전역 예정이거나 전역자

㉢ **청소년 대상** : 특성화고 학생, 일반고 학생, 대학생 등

㉣ **여성 대상** : 진로단절여성, 여대생 등

㉤ **중장년 대상** : 40~60대

㉥ **노인 대상** : 60세 이상

② **지역 및 장소에 따른 분류**

　　㉠ **장소**에 따른 분류 : 실내(참여인원 제한), 실외(많은 인원 참여 가능)

　　㉡ **지역**에 따른 분류 : 국내(중앙 및 지방행사), 해외(해외행사 참가형)

　　㉢ **규모**에 따른 분류 : 광역시 및 지자체단위, 전국단위, 국제행사

　　㉣ **내용**에 따른 분류 : 박람회, 캠프, 세미나, 워크숍 등

(6) 행사목표

① **행사의 일반적 목적**

　　㉠ 국민이나 지역주민의 니즈 충족

　　㉡ 애국심과 애향심 발로

　　㉢ 주최지역의 정체성 확립

　　㉣ 지역주민의 연대의식 고취

　　㉤ 정보 취득과 정보교류 확대

　　㉥ 지역의 경쟁력 강화

　　㉦ 취업률, 고용률 향상

　　㉧ 지역 발전에 이바지

② **행사 콘셉트 (concept)**

　　㉠ 행사 계획 단계에서 콘셉트의 설정은 궁극적으로 행사의 목표와 목적을 결정하는 데 중요한 역할을 한다.

　　㉡ 행사지역의 지역적 특성과 참여자의 욕구를 고려한 행사는 참여자에게 의미 있는 경험을 제공하고 참가자를 유인하여 목표 달성을 가능하게 한다.

③ **행사유형별 행사목표**

유형	목표
취업박람회	• 구인기업과 구직자의 현장면접을 통한 취업 지원 • 예비구직자의 취업서류 및 면접 체험 • 직업훈련기관 및 고용서비스기관들의 정보 제공 • 구직자들에게 취업정보 제공 • 구직자들의 구직역량 향상 • 기업홍보
잡콘서트	• 멘토를 통한 자존감 및 자기효능감 상승 • 할 수 있다는 자신감 • 질의응답을 통한 궁금증 해소
취업(진로)캠프	• 취업역량 강화 • 자기탐색
워크숍	• 취업역량 강화 • 자기탐색

유형	목표
컨퍼런스	• 취업역량 강화 • 자기탐색
기업탐방(현장학습)	• 현장경험을 통한 기업 및 직무이해

(7) 행사내용의 구성

① **구인구직 만남의 날**

　ㄱ 소규모로 진행하는 박람회이다.

　ㄴ 부대행사를 거의 하지 않고 구인기업과 구직자의 면접에 초점을 맞추어 취업 촉진을 지원하는 행사이다.

　ㄷ 최근에는 대규모 박람회보다 구인구직 만남의 날을 지정하여 정례화하는 추세이다.

② **채용설명회**

　ㄱ 최신 산업동향과 고용동향, 지역의 고용특성 등에 대한 정보를 제공한다.

　ㄴ 기업 인사담당자로 하여금 직접 해당 기업의 인재상, 인재채용기준 등의 정보를 제공함으로써 구직자에게 중장기적 취업준비를 지원한다.

③ **직종설명회** : 직종의 개요, 전망, 인력수급, 평균임금, 관련 자격증 등 직종별로 세부적이며 종합적인 정보를 제공하는 행사이다.

(8) 목표 설정 및 내용 구성하기

① **행사 주최/주관을 정확히 파악한다.**

　ㄱ 행사 주최를 확인한다.

　ㄴ 입찰 참가자격을 확인한다.

② **행사내용을 파악한다.**

　ㄱ 행사의 주된 대상자 특성을 파악한다.

　ㄴ 행사 장소의 지역적 특성을 파악한다.

> **▶ 행사 장소 결정 시 고려사항**
> • 누구나 찾기 쉬운 지명도가 있는 곳
> • 행사장소의 주변 환경
> • 행사의 취지와 목적 등 성격과 부합되는 것
> • 행사장의 안전성
> • 행사장 동선계획 부합 여부
> • 교통의 편리성 및 주차시설 확보 상황
> • 행사타깃층과 친밀성 여부 확인
> • 행사장 외의 시설물, 편의시설 상황

ⓒ 행사 시기를 분석한다.

ⓔ 행사 주최기관의 요구사항을 파악한다.

ⓜ 행사의 목적을 분석한다.

③ **행사내용을 결정한다.**

ⓖ 분석된 행사 대상자 특성에 따라 프로그램을 결정한다.

ⓛ 분석된 지역적 특성에 따라 프로그램을 결정한다.

ⓒ 행사시기에 적합한 프로그램을 결정한다.

ⓔ 행사 주최기관의 요구사항에 따라 프로그램을 결정한다.

ⓜ 행사의 취지와 목적에 맞는 프로그램을 결정한다.

(9) 행사조직의 구성

① **단순운영 조직 (simple organization)**

ⓖ 소규모로 진행하는 행사에 가장 많이 적용되는 형태이다.

ⓛ 소수의 인원으로 탄력적으로 운영할 수 있는 장점이 있지만, 조직 구성원 1인이 다양한 업무를 소화해야 하기 때문에 전문성이 떨어지는 단점이 있다.

② **네트워크 조직 (network organization)**

ⓖ 필요한 업무를 아웃소싱 (outsourcing)을 통해 외부 위탁하거나 전략적 제휴 등을 통해 외부 전문가에게 맡기는 조직을 말한다.

ⓛ 관 주도형 행사가 많은 취업행사에서 가장 많이 이용하는 조직구성이다.

ⓒ 특화된 외부업체를 활용하여 전문성을 충분히 이용할 수 있고, 소수의 인원으로도 가능하며, 예산 절감효과를 거둘 수 있다는 장점이 있다.

ⓔ 계약 이행 과정에서 업체와의 갈등이 발생할 수 있으며, 관리를 철저히 하지 않으면 네트워크 파트너에게 정보가 유출될 수 있다는 단점이 있다.

③ **기능 조직 (functional organization)**

ⓖ 전문성과 창의성을 극대화할 수 있으며 기능의 세분화를 통하여 단순한 조직에서 복잡한 조식으로의 변화가 용이하다.

ⓛ 테일러(Taylor)가 직계조직의 단점을 보완하기 위해 제안한 조직으로 전문화, 기능화 원리가 잘 이루어져 대규모의 취업박람회를 운영하는 데 적합하다.

④ **프로그램중심 조직 (program-based organization)**

㉠ 프로그램 간의 관련성이 적으며 프로그램이 독립된 장소에서 산발적으로 개최되는 경우에 적합하다.

ⓛ 게츠(Getz)는 보안안전, 커뮤니케이션, 기술지원 등 기본적 요소들이 매트릭스(matrix)처럼 얽혀 있는 구조를 가진다고 하였다.

ⓒ 아무리 독립적으로 운영된다고 해도 전체의 흐름을 파악하고 관리하는 책임자는 필요하다.

⑤ **프로젝트팀 조직 (project team organization)**

㉠ 국가적 행사인 대규모 엑스포, 박람회, 올림픽 등에 대응하기 위하여 임시적으로 구성하는 조직이다.

ⓛ 후퍼다인(Huffadine, 1993)은 프로젝트팀 조직을 상하를 강조하는 계급적 조직이 아니라 수평적 조직이라고 하였다.

ⓒ 숙련된 전문가들이 배치되고 많은 자원봉사자들을 필요로 한다.

(10) 예산계획을 위한 5단계 (Matthews, 2012)

① **1단계-비용 추적시스템 개발단계** : 계속 변경되는 예산계획을 위해 효과적인 시스템 필요
② **2단계-항목별 지출리스트 작성** : 인건비, 행사비, 시설비, 홍보비, 추진운영비 등 리스트 작성
③ **3단계-항목별 실제 비용 산출** : 항목별 실비를 산출하기 위해 업체로부터 견적을 받고 실제 비용 산출
④ **4단계-비용 산정과 업데이트** : 누락된 예산에 대한 지속적인 검토를 통해 변동사항을 반영
⑤ **5단계-추가비용 처리** : 예기치 못한 상황에 따른 추가예산 확보와 미처 포함하지 못한 비용 추가

(11) 행사홍보

① **개요**

㉠ 홍보활동을 시작하기에 앞서 홍보의 기본방침을 설정한다.

ⓛ 구직자들의 많은 참여를 목표로 사전에 충분한 홍보기간을 확보하고 단계별 전략을 실시한다.

ⓒ 구직자 참여뿐 아니라 구인기업 참여 또한 행사의 성공 여부를 가늠하는 중요한 요소이다.

② **단계별 홍보전략**

㉠ **1단계-홍보 계획 수립 및 준비** : 매체별 홍보, 홍보 인쇄물 제작 및 계획의 수립, 보도자료 작성 및 배부

   ⓛ **2단계 – 홍보 집행 및 전개** : 매체 집행계획 수립 및 부문별 집행, 다중이용시설 및 장소에 홍보물 비치

   ⓒ **3단계 – 홍보 확산 및 참여 확대** : 미집행분 집중 집행, 각종 관련 단체, 대상자에게 본격적인 모객을 위한 홍보 총력 시기

   ⓔ **4단계 – 사후관리 및 평가** : 행사 결과 보도자료 배부, 지속적 관리 및 유지

③ **CI (Corporate Identity)**

   ㉠ 자기동일성, 주체성, 독자성 등의 의미를 가지며, 내부적으로는 동일한 브랜드 이미지로 동질화하고 외부적으로는 다른 브랜드와 차별화하는 개념이다.

   ㉡ CI의 기능

구분	내용
내부적 이점	• **기업 구성원의 사기를 높이고 동기 유발** • 종업원의 이직률 감소 • **제품 및 서비스 질 향상** • **우수 인재 채용 용이** • 구성원 간의 통합 증진
재무적 이점	• **기업의 안정성을 유도하여 주식가격 상승** • 기업합병 및 주식 취득 용이 • **경쟁기업 공격으로부터 보호**
마케팅 이점	• **기업 및 브랜드에 대한 긍정적 태도 상승** • 이해관계자 친밀감 유도 • 광고 및 홍보 효율성 상승 • 기업의 신시장 진입 용이 • **브랜드 로열티 증가**

   ㉢ **CI의 구성** : 시각이미지 통일(VI : visual identity), 행동양식 통일(BI : Behavioral Identity), 심리 통일(MI : Mind Identity)

④ **BI (Brand Identity)**

   ㉠ 다른 상품(서비스)과 구별되는 가치를 지닌 것으로 기업 또는 상품(서비스)의 정체성이다.

   ㉡ 상품의 특징을 디자인해 대외 경쟁력 강화 및 차별화를 꾀하는 브랜드 이미지 통일화작업이다.

   ㉢ 공공 영역에서도 행사, 제도 프로그램의 특성을 나타내는 다(多)브랜드 추세에 발맞춘 홍보전략의 하나로 BI를 도입한다.

---

02 행사 관련 홍보 및 업체 섭외

(1) 홍보의 개념

① 홍보란 **개방적 의사소통 구조를 가지고 있는 공공과의 관계(PR : Public Relations)**를 의미한다.

② 넓은 의미로는 마케팅에 대응하는 개념으로 사용되지만, 협의로는 언론 관련 대응을 의미하는 퍼블리시티(publicity)의 의미로 사용한다.

③ 고객에게 정보를 제공하는 것으로 행사의 주된 대상자, 행사가 열리는 장소, 시간, 그리고 프로그램 등과 같은 정보를 행사에 관심 있는 고객에게 전달하여 참여를 유도하기 위해 실행한다.

④ 홍보는 직접적인 비용 지출을 적게 하는 것으로 신뢰성이 높은 특징이 있으며, 행사를 기사화하여 신문, 방송과 같은 언론에 노출시키는 것을 말한다.

⑤ 홍보의 종류에는 뉴스 릴리스(news release), 인터뷰(interview), 기자회견, 기자간담회 등이 있다.

종류	내용
뉴스 릴리스 (news release)	언론 보도를 위한 자료의 작성과 제공
인터뷰 (interview)	전달하고자 하는 정보가 매우 중요하고 홍보효과를 극대화할 때 사용
기자회견	행사의 중요 이슈를 기관장 또는 관련 부서 책임자가 직접 설명
기자간담회	정보를 제공하면서 긍정적 기사를 유도하거나 언론과의 우호적 관계 유지를 위해 실시

(2) 홍보방법

① 인쇄매체

ㄱ 신문 : 특정 또는 불특정한 사람들에게 다양한 소식, 정보, 지식, 광고 등을 널리 신속하게 알리는 정기 간행물

ㄴ 잡지 : 일정 제호를 가지고 연속적으로 다양한 내용을 다루는 정기 간행물

ㄷ 기타 : 팸플릿(pamphlet), 카탈로그(catalogs), 브로슈어(brochure), 서큘러(circulars), 브로마이드(bromide) 등

종류	내용
팸플릿(pamphlet)	정보를 알리기 위한 소책자
카탈로그(catalogs)	여러 상품을 한꺼번에 홍보
브로슈어(brochure)	팸플릿과 유사하지만 상품보다는 주로 업무소개에 주력
서큘러(circulars)	신문용지와 같은 질 낮은 용지에 인쇄
브로마이드(bromide)	단면에 컬러로 인쇄하여 한 장으로 판매상품 모두를 소개하고 주로 절반을 접어 사용

② 옥외광고

ㄱ 공중에서 항상 또는 일정기간 계속 노출되어 자유로이 통행하는 장소에서 볼 수 있는 것

ㄴ 옥외매체를 이용하여 통행인이 잦은 일정 공간을 점유하여 불특정 다수에게 노출하는 광고

ⓒ 유동인구가 많은 곳에 배치하여 가시적 효과를 누리는 방법으로 투자 대비 효과가 크지만 지속성이 요구됨

ⓓ 현수막, 홍보(광고)탑, 교통광고(지하철광고, 버스광고, 택시광고, 공항광고) 등

③ **방송광고**

ⓐ 방송매체를 이용한 광고로 TV, 라디오 등이 가장 일반적

ⓑ 최근 유선 TV, 유튜브, 개인방송 등 매체의 다양화

ⓒ **즉시성, 동시성, 효과성**이 뛰어나나 비용이 높음

④ **인터넷광고**

ⓐ 인터넷을 활용한 광고를 의미

ⓑ 행사 홈페이지를 활용한 홍보활동과 배너광고, 검색광고 등

ⓒ 전기통신기술의 발달과 새로운 인터넷 서비스 등장, 그리고 젊은 층의 선호도에 따라 빠른 속도로 진화

ⓓ 다양한 형태와 쌍방향 커뮤니케이션, 시간과 공간 확장, 광고내용 변경의 용이성, 상대적으로 저렴한 비용 등이 장점

ⓔ 배너광고, 검색광고, 메일광고, 스플래시 스크린(splash screen), 스폿 리싱(spot leasing), URL(uniform resource locator), 채팅 룸(chatting rooms) 등

종류	내용
배너광고	인터넷에서 가장 일반적이고 유용한 광고 중 하나로 웹사이트 광고주 사이트와 링크를 설정한 화면 게시
검색광고	특정 단어를 검색창에 입력할 때 뜨는 광고
메일광고	메일 매거진(mail magazine)에 광고주 웹사이트 게재
스플래시 스크린 (splash screen)	애플리케이션 로딩되기 전 일시적으로 나타나게 하는 광고
스폿 리싱(spot leasing)	홈페이지 내 일부 공간을 임대해 사용
URL (uniform resource locator)	웹페이지 위치를 나타내는 주소로 네트워크를 이용하는 곳은 어디든지 필요정보와 자원 등 위치를 나타낼 수 있음
채팅 룸 (chatting rooms)	컴퓨터통신망 안에서 사용자가 자유롭게 대화를 나누는 곳

⑤ **거리홍보**

ⓐ 전단지 및 준비물품 배포로 1 : 1로 홍보 가능

ⓑ 지구력, 인내심이 필요

⑥ **DM (Direct Mail)**

ⓐ 비교적 적은 예산으로 효과적인 홍보효과

ⓑ 읽혀질 가능성이 크고 자유성, 융통성, 즉시성, 효율성이 높음

ⓒ 적절한 타이밍을 고려하여 발송

⑦ 바이럴 마케팅 (viral marketing)
　　㉠ 인적 네트워크를 통하여 정보를 전달하는 방식
　　㉡ 입소문 마케팅, 버즈 마케팅(buzz marketing), 구전 마케팅(word of mouth)이라 불림

(3) 홍보매체별 장단점

구분	장점	단점
TV	• 넓은 범위 • 시청자 선별성 • **비용 대비 효율성** • **친밀감 및 호감 부여** • 다각적 커뮤니케이션 가능(영향력 증가) • 통일성과 보편성 제공	• **고비용** • **짧은 광고시간(자세한 정보 제공 불가능)** • 짧은 회피현상 • 광고 혼잡도 높음 • 광고규제 심화 • 낮은 융통성
라디오	• **청취자계층 선별성** • 병행성과 수용성 높음 • **지역 밀착형 광고 가능** • 상대적 낮은 비용 • 접근 용이 • 높은 빈도수 • 광고 제작의 유연성과 융통성 • 상상력 자극(TV와 연계 이미지 전이 가능)	• 짧은 노출시간(일회성) • 광고 혼잡도 높음 • 백그라운드 매체 가능성 • **소리에 의존한 한계** • 낮은 주목도 • 낮은 도달률 • **정보 제공의 한계성**
신문	• **기록성, 보존성** • 융통성, 편리성 • 지역성	• **짧은 수명** • **낮은 품질** • 수용자 세분화 어려움 • 광고 혼잡도 높음 • 표현의 한계 • 주목도 저하
잡지	• 수용자 선별성 높음 • **쿠폰 등 프로모션과 연동 가능** • **자세하고 심층적인 정보 제공 가능** • 미디어 믹스 용이(다양성) • 긴 수명 • 높은 회독 및 재독 • 컬러의 질이 높음(표현성 좋음)	• 긴 광고집행 준비기간 • **정보의 즉시성 부족** • 낮은 도달률 • **수용자에 의한 스킵 용이** • 고비용 • 광고 혼잡도 높음
옥외광고	• **큰 광고의 크기** • **높은 빈도수** • 브랜드 인지도 상승 • **미디어 믹스 시 보조매체 용이** • 주의를 끌기 쉬움	• **짧은 노출시간** • **효과 측정의 어려움** • 환경적 문제에 대한 비판

구분	장점	단점
온라인	• 수용자 선별성 높음 • **쌍방향 커뮤니케이션** • 정보의 양에 제한 없음 • 다양한 크리에이티브 창출 가능 • 저렴한 비용 • **다양한 광고효과 측정 가능**	• 개인정보 문제 • **제한된 도달범위** • 낮은 노출비율 • 표준화된 광고효과 측정방법 부재 • **광고 회피 현상**
모바일	• **즉시성** • 다양한 크리에이티브 창출 가능 • **다양한 형태로 제공 가능**	• **작은 화면** • 개인정보 문제 • 기기에 따른 한계

(4) 온라인 홍보의 특징

① 여과과정 없이 직접적으로 홍보 대상자에게 메시지 전달이 가능하다.
② 실시간으로 쌍방향 커뮤니케이션이 가능하다.
③ 시간과 공간의 제약 없이 홍보가 가능하다.
④ 타깃을 설정하여 홍보의 선택과 집중을 할 수 있다.
⑤ 제공하는 홍보 내용의 변경을 실시간으로 할 수 있다.
⑥ 자발적이며 주도적인 정보 접근이 이루어지므로 합리적 의사결정이 가능하다.
⑦ 홍보 효과를 실시간으로 측정 가능하다.

(5) 홍보매체 선정

① **타깃 선정** : 홍보매체를 선정할 때 기초가 되는 것은 타깃 선정이다.
② **홍보시기 결정** : 홍보가 결정되면 언제 할 것이며, 기간은 얼마나 할 것인지 결정한다.
③ **홍보지역 결정** : 홍보를 어느 곳에 할 것인가에 대한 결정이다.
④ **홍보매체 결정** : 매체유형별 장단점을 비교하여 어떤 매체를 활용할 것인가 결정한다.
⑤ **예산 확인** : 홍보매체에 투입되는 예산이 예산범위 안에 있는지 확인한다.

(6) 홍보대행업체 선정하기

① **행사예산 확인 후 협찬, 후원 등을 확보한다.**
　　㉠ 행사 소요예산 확인
　　㉡ 기관의 지출 가능한 예산 확보
　　㉢ 협찬, 후원 등 부족한 예산 확보
② **홍보매체의 목표를 설정한다.**
　　㉠ 타깃대상 설정
　　㉡ 지역목표 설정
　　㉢ 시기목표 설정

③ **예산, 행사성격 등을 고려하여 홍보매체의 전략을 설정한다.**

　㉠ 예산범위 내 홍보매체 결정

　㉡ 행사 대상자의 특성에 따라 홍보매체 결정

　㉢ 온라인, 오프라인 등 홍보매체의 특성에 따른 결정

　㉣ 싱글 미디엄(single medium) 사용 혹은 미디어 믹스(media mix) 전략 사용 결정

　㉤ 홍보매체별 장단점 파악

　㉥ 미디어 믹스(media mix) 스케줄링(scheduling) 결정

④ **홍보매체가 결정되면 홍보대행업체를 결정한다.**

　㉠ 견적의뢰서 작성

　㉡ 매체별 홍보 대행업체 목록 작성

　㉢ 3개 이상 업체에 견적 의뢰

　㉣ 견적서 비교 분석

　㉤ 우선 협상 대상자 선정

　㉥ 제안서와 가격 등 평가하여 홍보대행업체 확정

　㉦ 결정된 홍보대행업체와 계약 체결

(7) 홍보 실행

① 협업기관 및 참여자 홍보

구분	내용
구직 참여자 홍보	• 대부분의 취업행사는 고용노동부, 여성가족부 등 중앙정부가 주최하거나 광역자치단체 또는 기초자치단체가 매칭펀드형식으로 공동 주최하게 된다. • **각 지역 고용복지플러스센터에서 관리되고 있는 구직자 데이터를 근거로 지역별, 대상별로 행사에 대한 DM이나 문자를 발송할 수 있다.** • MOU를 통한 협력기관의 협조를 얻어 유관기관이 가지고 있는 DB를 활용하여 참여자 홍보를 할 수 있다.
구인기업 홍보	• 취업 관련 행사에 있어서 중요한 기능을 하는 **구인기업의 참여를 홍보하고 직접 접수받는 것은 행사시기 2개월 전부터가 적절하다.** • 간혹 행사까지는 2개월 이상 남아 있는데 구인기업 발굴에 열심인 경우가 있다. 이는 중소기업의 채용시스템을 잘 이해하지 못한 결과이다. • 대부분의 기업들은 채용계획을 중장기적으로 세우지 못한다. 당장 결원이 생기면 인력을 채용해야 하는 시스템에서 2개월 이상 남은 행사에 구인기업으로 참여해 달라는 요구는 타이밍이 맞지 않는다.

② 오프라인 마케팅과 온라인 마케팅 비교

구분	오프라인 마케팅	온라인 마케팅
시간	• 제약조건이 있음 • **특정 시간에만 가능함**	• 제약조건이 없음 • 언제든 가능

구분	오프라인 마케팅	온라인 마케팅
비용	• **비용이 많이 발생** • 많은 곳을 홍보할수록 비용 부담이 큼	• **비용이 적게 발생** • 공간에 상관없이 일정 비용 발생
공간	• 홍보 시 **특정 영역에서만 효과**	• 공간에 제약받지 않고 홍보 가능
형태	• **전단지, 플래카드, 거리 이벤트**	• 포털광고, 바이럴 마케팅

03 행사운영

(1) 리허설 (rehearsal)

① **리허설 단계**

　㉠ **1단계 기술 리허설** : 장비 설치를 끝낸 후 담당 엔지니어와 총감독이 이상 유무를 확인하는 것

　㉡ **2단계 사전 리허설** : 행사에 참여하는 스태프와 출연자, 엔지니어 등이 총감독과 동선 및 흐름을 맞춰보는 것

　㉢ **3단계 최종 리허설** : 실제 행사와 동일하게 진행하는 리허설

② **리허설의 종류**

종류	내용
리딩 리허설 (reading rehearsal)	작가와 연출자가 참여하여 대본을 읽어봄으로써 연출의지를 출연진, 스태프에게 인지시키는 것
드레스 리허설 (dress rehearsal)	실제 본 공연이나 방송에서 사용되는 화장, 의상, 조명, 음향 등 모든 조건을 완비하고 실제와 동일하게 실시하는 것
카메라 리허설 (camera rehearsal)	실제 촬영을 하듯이 카메라 위치, 동선에 따른 카메라 위치, 기술문제 등을 점검하는 것
런 스루 리허설 (run through rehearsal)	카메라를 작동하지 않은 상태에서 실제와 같이 마지막으로 진행하는 것

③ **리허설 시 체크사항**

　㉠ **시설/장비테스트** : 부스, 구조물 등의 설치와 기자재의 기능검사

　㉡ **소프트테스트** : 행사 BGM, 특수효과, 연상 등 행사에 사용될 소프트웨어검사

　㉢ **스태프/출연자 역할테스트** : 주최, 주관기관 담당자, 유관기관 담당자, 총연출자, 출연자, 스태프, 자원봉사자 등이 참여하여 행사 당일 역할에 대하여 사전연습

　㉣ **운영시간** : 전체 행사시간 확인과 각 프로그램별 큐시트에 맞는 진행 소요시간, 행사 프로그램 운영 시 지체될 수 있는 프로그램 확인

④ **리허설 평가회의**

　㉠ 행사 전체적 흐름과 부분 간의 조화 및 협업 확인

　㉡ 발생할 수 있는 사고방지대책 확인

　㉢ 모든 출연자 참석 여부 및 역할분담 확인

ⓔ 개막식 참여 VIP 및 의전 확인

ⓜ 계획서 일정 및 시간별 운영 가능 여부 확인

ⓑ 사기 진작 및 성공결의 다지기

(2) 행사운영 시 위기관리

① 위기관리

ⓖ 위기란 행사가 잘못된 방향으로 흐르는 것을 의미한다.

ⓛ 위기관리란 행사의 잠재적인 손해나 문제점을 파악하고 그 영향을 진단한 후 예방하거나 최소화시키는 과정이다.

ⓒ 하인리히, 피터슨, 루스(Heinrich H. W, Petersen, D. and Roos, N., 1980)는 사고는 사회적 환경 → 인간의 결함 → 불안전 행동 → 사고 → 재해의 단계를 거친다고 하며, 각 단계는 상호 밀접한 관련이 있고 연쇄적으로 반응한다고 하였다. 따라서 연쇄적 반응을 막기 위해 각 단계별 위기관리가 중요하다.

ⓔ 단계별 행사 위기관리 : 위기확인 → 위기평가 → 위기관리 → 위기 모니터링

ⓜ 위기평가 단계 체크리스트(Heinrich, 1980) : 비상대피 안내표지만, 화재 진압장비, 위험 표지 안내판, 의무실 안내시설, 방송실 위치 안내시설, 경찰 위치 안내시설, 응급실 위치 안내시설

② 위기관리 과정

ⓖ 미래인력연구원(2008) : 완화 → 준비 → 대응 → 복구

ⓛ 게츠(Getz)의 위기관리 과정 8단계

- 1단계 : 분야별 위기 파악
- 2단계 : 위기에 의한 결과 조사
- 3단계 : 위기가 발생할 확률 조사
- 4단계 : 위기로 인한 잠재적 영향 추정
- 5단계 : 위기 위험순위
- 6단계 : 위기관리 전략수립(회피전략, 위험분산, 위험재배치, 보험 등)
- 7단계 : 전략실행 결과 평가
- 8단계 : 피드백

ⓒ 벨롱기(Belrlonghi)의 위기 대응방법 : 행사 취소, 위험요소 제거, 위험요소 축소, 대안 선택, 위험 분산 및 이전

③ **위기 종류 및 대책**

구분		대책
날씨	우천	사전 일기예보 확인, 야외행사 시 안전, 감전사고 대비
	태풍/돌풍	시설물 안전 점검
화재		비상구 개발과 비상시 동선 확보, 소방차 출입로 확보, 긴급상황 시 안내방송 실시, 부상자 후송 대책
혼잡		주차관리 요원 배치, 인포메이션 운영, 현장 내 참여자 과밀상태 파악, 다른 부스 등 분산 안내, 질서유지 안내요원 배치, 동선 확보 및 유지, 안내 표시, 행사 종합보험 가입
정전		정전 안내방송, 예비발전기 가동
노점상/잡상인		경찰 및 행정기관 협조
경비		시설물, 물품 경비, 경호경비, 질서유지, 분실사고 예방 등 전문경비 업체 계약
위생		행사 스태프 식사, 식수 위생관리, 행사장 내 방역(열 체크기, 소독제 배치)
환자		환자 발생 시 긴급후송(소방서, 보건소 협조 구급차량 대기), 가까운 병원 동선 확보
행사 방해		음주자 등 행사업무 방해자 발생 시 1차 보안요원, 2차 경찰과 협조 문제해결
경험부족 스태프		사전교육 및 리허설 실시, 전문가 의뢰

④ **위기대응 전략**
- ㉠ **부인 전략** : 사건이나 위기사항이 행사와 무관하다고 주장하거나 사고를 은폐하는 전략
- ㉡ **책임회피 전략** : 위기상황을 벗어나기 위하여 도발, 불가피성, 사고, 좋은 의도 등으로 책임을 회피하는 전략
- ㉢ **사건의 공격성 축소 전략** : 비난은 인정하나 입지 강화, 최소화, 차별화, 초월, 공격자 공격, 보상 등의 방법으로 사건의 심각성을 심각하게 인정하지 않고 축소하는 전략
- ㉣ **교정행위** : 위기상황에 대한 비난을 인정하고 차후 재발방지노력을 약속하는 전략
- ㉤ **사과** : 책임을 모두 인정하고 사과하며 나아가 피해보상에 대한 책임도 지는 전략

04 행사평가

(1) 행사평가회의 개최

① 행사 결과 분석을 위하여 각각의 분야 전문가와 기관이 서로 협력하여 평가회의를 개최한다.
② 행사는 통합적으로 집약되어 수행되는 특성이 있기 때문에 정성적 평가의 어려움이 있다.
③ **취업행사는 개최하는 것이 목표가 아니라 행사의 목적과 목표 달성을 위한 수단이다.**
④ 평가회의는 행사실행 과정을 관찰하고 측정, 모니터링하는 과정이다.
⑤ 행사 결과 분석에 있어서 중요한 것은 목표와 효과의 관련성이다.

(2) 행사기획 효과성 분석방법

구분	내용
다이렉트 효과	행사 참여자 수, 참가기업 수, 면접자 수, 취업자 수 등으로 측정
퍼블리시티 효과	홍보매체를 통한 효과로 매스미디어의 노출빈도를 파악하여 측정
커뮤니케이션 효과	행사 주최자의 지명도, 행사의 주제, 콘셉트 분석
인센티브 효과	협업기관, 협력업체와의 관계 개선 및 직원 상호 간의 결속 여부 등 분석
직접 파급 효과	행사를 인지하고 참여했던 사람들의 구전효과를 파악하여 분석
간접 파급 효과	정치, 경제, 지역 등 매우 복잡하고 다양한 영역에서 평가작업이 요구되는데 효과 측정이 매우 어려움

(3) 행사 만족도 분석

① 행사장 방문자를 대상으로 참가에 대한 실태와 효과를 분석하여 채용박람회 원래의 목적을 달성하기 위한 정책적 시사점을 도출한다.

② 행사 만족도 조사 주요 구성항목

구분	주요 조사항목
행사참여 속성 및 동기	정보습득 경로, 행사참여 동기
행사환경 만족도	장소 접근 편의성, 홍보, 편의시설, 행사안내 만족도
성과 측정 및 개선방안	행사 완성도, 공적 지원 타당성, 재방문 의사, 행사추천 의사, 전반적 만족도, 개선의견
기본 질문(응답자 속성)	성별, 연령, 거주지, 참여목적 등

❶ 행사운영

01 직업상담서비스 분야의 대표적인 취업지원행사로 보기 어려운 것은?

① 취업박람회　　② 잡페스티벌
③ 포럼　　　　　④ 구인구직 만남의 날

> **해설** 직업상담서비스 분야의 대표적인 행사로는 취업박람회, 취업캠프, 잡페스티벌, 취업설명회, 구인구직 만남의 날, 동아리, 워크숍, 세미나, 컨퍼런스 등이 있다

02 다음 중 국가나 지방자치단체에서 행사를 운영할 때 행사의 의의에 해당하지 않는 것은?

① 고용률과 취업률을 높이는 효과가 있다.
② 주최하는 단체의 이미지 제고와 같은 긍정적 효과가 있다.
③ 지역경제 활성화에 도움이 된다.
④ 위탁기관 및 기업에 수익 창출을 돕는다.

> **해설** ④ 위탁기관 및 기업의 행사 의의에 해당한다.

03 다음 중 위탁기관 및 기업에서 행사를 운영할 때 행사의 의의에 해당하지 않는 것은?

① 주관기관이나 기업의 홍보효과가 있다.
② 위탁기관 및 기업에 수익 창출을 돕는다.
③ 현장면접을 통해 취업에 성공하는 장이 된다.
④ 기업의 전문성을 높인다.

> **해설** ③ 개인행사의 의의에 해당한다.

04 취업지원행사의 일반적인 목적에 해당하지 않은 것은?

① 지역 발전에 이바지
② 지역주민의 연대의식 고취
③ 취업률, 고용률 향상
④ 행사 주최/주관 기관의 성과 향상

> **해설** [취업지원행사의 일반적 목적]
> ㉠ 국민이나 지역주민의 니즈 충족
> ㉡ 애국심과 애향심 발로
> ㉢ 주최 지역의 정체성 확립
> ㉣ 지역주민의 연대의식 고취
> ㉤ 정보 취득과 정보교류 확대
> ㉥ 지역의 경쟁력 강화
> ㉦ 취업률, 고용률 향상
> ㉧ 지역 발전에 이바지

05 취업지원행사를 계획하기 전 분석내용으로 적절하지 않은 것은?

① 주대상자의 참가 동기 분석
② 행사 개최 장소 분석
③ 행사 주최/주관 기관에 대한 분석
④ 참여자의 지역 분석

> **해설** [취업지원행사계획 전 분석]
> ㉠ 인구통계학적 특성과 사회통계학적 분석
> ㉡ 행사 주최/주관 분석
> ㉢ 참가 동기 분석
> ㉣ 참여자의 체류시간 분석
> ㉤ 참여자의 지역 분석
> ㉥ 행사 개최 시기 분석

> **정답** 01. ③　02. ④　03. ③　04. ④　05. ②

★
06 다음은 무엇에 대한 설명인가?

> • 행사 계획 단계에서 이것의 설정은 궁극적으로 행사의 목표와 목적을 결정하는 데 중요한 역할을 한다.
> • 행사지역의 지역적 특성과 참여자의 욕구를 고려한 행사는 참여자에게 의미 있는 경험을 제공하고 참가자를 유인하여 목표 달성을 가능하게 한다.

① 행사 기획
② 행사 콘셉트 (concept)
③ 행사 홍보 방법
④ 행사 타깃 선정

해설 행사 계획 단계에서 행사 콘셉트의 설정은 궁극적으로 행사의 목표와 목적을 결정하는 데 중요한 역할을 한다. 행사지역의 지역적 특성과 참여자의 욕구를 고려한 행사는 참여자에게 의미 있는 경험을 제공하고 참가자를 유인하여 목표 달성을 가능하게 한다.

07 행사유형별 행사목표가 다른 하나는?

① 취업박람회 ② 취업캠프
③ 워크숍 ④ 컨퍼런스

해설 취업캠프, 워크숍, 컨퍼런스의 행사목표는 취업역량 강화와 자기탐색이다. 취업박람회의 경우, 현장면접을 통한 취업 지원, 고용정보 제공, 기업홍보 등 보다 다양한 목표를 가지고 행사를 진행한다.

★★
08 다음은 어떤 행사에 대한 설명인가?

> • 소규모로 진행하는 박람회이다.
> • 부대행사를 거의 하지 않고 구인기업과 구직자의 면접에 초점을 맞추어 취업 촉진을 지원하는 행사이다.
> • 최근에는 대규모 박람회보다 이러한 형태의 박람회를 정례화하는 추세이다.

① 채용설명회
② 직종설명회
③ 구인구직 만남의 날
④ 취업박람회

해설 제시된 내용은 구인구직 만남의 날에 대한 설명이다. 취업박람회나 채용박람회, 직종설명회 등과는 행사내용 면에서 상이하며, 특히 부대행사를 거의 하지 않고 구인기업과 구직자의 현장면접에 초점을 맞추어 진행하는 행사이다.

★★★ 2023년 직업상담사 1급 과정평가형
09 다음은 무엇에 대한 설명인가?

> • 최신 산업동향과 고용동향, 지역의 고용특성 등에 대한 정보를 제공한다.
> • 기업 인사담당자로 하여금 직접 해당 기업의 인재상, 인재채용기준 등의 정보를 제공함으로써 구직자에게 중장기적 취업준비를 지원한다.

① 채용설명회
② 직종설명회
③ 구인구직 만남의 날
④ 취업박람회

해설 제시된 내용은 채용설명회에 대한 설명이다. 채용설명회는 최신 산업동향과 고용동향, 지역의 고용특성 등에 대한 정보를 제공하고, 기업 인사담당자로 하여금 직접 해당 기업의 인재상, 인재채용기준 등의 정보를 제공함으로써 구직자에게 중장기적 취업준비를 지원하는 행사이다.

★★★ 2023년 직업상담사 1급 과정평가형
10 취업지원 행사 장소 결정 시 고려사항으로 적절하지 않은 것은?

① 지역의 협업기관의 동향
② 행사 장소의 주변 환경
③ 행사 타깃층과 친밀성 여부 확인
④ 행사장 외의 시설물, 편의시설 상황

정답 06. ② 07. ① 08. ③ 09. ① 10. ①

해설 **[행사 장소 결정 시 고려사항]**
㉠ 누구나 찾기 쉬운 지명도가 있는 곳
㉡ 행사 장소의 주변 환경
㉢ 행사 취지와 목적 등 성격과 부합되는 것
㉣ 행사장의 안전성
㉤ 행사장 동선계획 부합 여부
㉥ 교통의 편리성 및 주차시설 확보 상황
㉦ 행사 타깃층과 친밀성 여부 확인
㉧ 행사장 외의 시설물, 편의시설 상황

해설 **[행사 장소 결정 시 고려사항]**
㉠ 누구나 찾기 쉬운 지명도가 있는 곳
㉡ 행사 장소의 주변 환경
㉢ 행사 취지와 목적 등 성격과 부합되는 것
㉣ 행사장의 안전성
㉤ 행사장 동선계획 부합 여부
㉥ 교통의 편리성 및 주차시설 확보 상황
㉦ 행사 타깃층과 친밀성 여부 확인
㉧ 행사장 외의 시설물, 편의시설 상황

★★★ 2023년 직업상담사 1급 과정평가형

11 다음은 무엇에 대한 설명인가?

> 국가적 행사인 대규모 엑스포, 박람회, 올림픽 등에 대응하기 위하여 임시적으로 구성하는 조직이다. 후퍼다인(Huffadine, 1993)은 이 조직을 상하를 강조하는 계급적 조직이 아니라 수평적 조직이라고 하였다. 숙련된 전문가들이 배치되고 많은 자원봉사자들을 필요로 한다.

① 단순운영 조직
② 프로그램중심 조직
③ 기능 조직
④ 프로젝트팀 조직

해설 **[프로젝트팀 조직 (project team organization)]**
㉠ 국가적 행사인 대규모 엑스포, 박람회, 올림픽 등에 대응하기 위하여 임시적으로 구성하는 조직이다.
㉡ 후퍼다인(Huffadine, 1993)은 프로젝트팀 조직을 상하를 강조하는 계급적 조직이 아니라 수평적 조직이라고 하였다.
㉢ 숙련된 전문가들이 배치되고 많은 자원봉사자들을 필요로 한다.

12 다음 중 행사 장소 결정 시 고려사항으로 바르지 않은 것은?

① 행사 취지와 목적 등 성격과 부합 여부
② 행사 장소의 주변 환경
③ 행사장의 독립성
④ 행사 타깃층과 친밀성 여부

★

13 다음 행사 시기 결정 시 고려사항으로 바르지 않은 것은?

① 날씨, 기후, 계절동향
② 행사기간
③ 행사 표적고객의 개최시기 동향 분석
④ 행사 장소 사용이 용이한 시점

해설 **[행사시기 결정 시 고려사항]**
㉠ 행사 개최 시기의 날씨, 기후, 계절동향
㉡ 행사 표적고객의 개최 시기 동향 분석(시험기간, 졸업시즌 등)
㉢ 국내외적으로 행사에 영향을 줄 수 있는 정치·경제적 동향
㉣ 행사 장소의 사용이 용이한 시점
㉤ 충분한 행사준비기간 확보(홍보기간, 인원 및 물적 자원 확보 가능 여부 등)
㉥ 타 취업행사의 중복 여부
㉦ 지역의 협업기관의 동향

★ 2024년 직업상담사 2급 과정평가형

14 다음이 설명하는 것은?

> 필요한 업무를 아웃소싱(outsourcing)을 통해 외부 위탁하거나 전략적 제휴 등을 통해 외부 전문가에게 맡기는 조직을 말한다.

① 기능 조직
② 네트워크 조직
③ 프로그램중심 조직
④ 프로젝트팀 조직

정답 11. ④ 12. ③ 13. ② 14. ②

해설 **[네트워크 조직(network organization)]**
- ㉠ 필요한 업무를 아웃소싱(outsourcing)을 통해 외부 위탁하거나 전략적 제휴 등을 통해 외부 전문가에게 맡기는 조직을 말한다.
- ㉡ 관 주도형 행사가 많은 취업행사에서 가장 많이 이용하는 조직구성이다.
- ㉢ 특화된 외부업체를 활용하여 전문성을 충분히 이용할 수 있고, 소수의 인원으로도 가능하며, 예산절감 효과를 거둘 수 있다는 장점이 있다.
- ㉣ 계약 이행 과정에서 업체와의 갈등이 발생할 수 있으며, 관리를 철저히 하지 않으면 네트워크 파트너에게 정보가 유출될 수 있다는 단점이 있다.

★★
15 다음 중 CI(Corporate Identity)의 마케팅 기능에 해당되지 않는 것은?

① 이해관계자 친밀감 유도
② 기업 구성원의 동기 유발
③ 광고 및 홍보 효율성 상승
④ 기업 및 브랜드에 대한 긍정적 태도 상승

해설 **[CI의 마케팅 기능]**
- ㉠ 기업 및 브랜드에 대한 긍정적 태도 상승
- ㉡ 이해관계자 친밀감 유도
- ㉢ 광고 및 홍보 효율성 상승
- ㉣ 기업의 신시장 진입 용이
- ㉤ 브랜드 로열티 증가

16 매튜(Matthews, 2012)가 제시한 예산계획에 필요한 5단계를 순서대로 바르게 나열한 것은?

- ㉠ 항목별 지출리스트 작성
- ㉡ 비용 산정과 업데이트
- ㉢ 추가비용 처리
- ㉣ 비용추적시스템 개발
- ㉤ 항목별 실제 비용 산출

① ㉠ → ㉣ → ㉤ → ㉢ → ㉡
② ㉣ → ㉤ → ㉠ → ㉢ → ㉡
③ ㉠ → ㉡ → ㉣ → ㉢ → ㉤
④ ㉣ → ㉠ → ㉤ → ㉡ → ㉢

해설 **[예산계획을 위한 5단계(Matthews, 2012)]**
- ㉠ 1단계 비용추적시스템 개발단계
- ㉡ 2단계 항목별 지출리스트 작성
- ㉢ 3단계 항목별 실제 비용 산출
- ㉣ 4단계 비용 산정과 업데이트
- ㉤ 5단계 추가비용 처리

★
17 CI(Corporate Identity)의 구성에 해당하지 않는 것은?

① VI (Visual Identity)
② BI (Behavioral Identity)
③ MI (Mind Identity)
④ BI (Brand Identity)

해설 **[CI의 구성]**
- ㉠ 시각이미지 통일(VI : Visual Identity)
- ㉡ 행동양식 통일(BI : Behavioral Identity)
- ㉢ 심리 통일(MI : Mind Identity)

★★
18 다음은 무엇에 대한 내용인가?

- 다른 상품(서비스)와 구별되는 가치를 지닌 것으로 기업 또는 상품(서비스)의 정체성이다.
- 상품의 특징을 디자인해 대외경쟁력 강화 및 차별화를 꾀하는 브랜드 이미지 통일화 작업이다.
- 공공 영역에서도 행사, 제도 프로그램의 특성을 나타내는 다(多)브랜드 추세에 발맞춘 홍보전략의 하나로 도입한다.

① BI (Brand Identity)
② CI (Corporate Identity)
③ 퍼블리시티 (publicity)
④ PR (Public Relations)

해설 BI(Brand Identity)는 상품의 특징을 디자인해 대외경쟁력 강화 및 차별화를 꾀하는 브랜드 이미지 통일화 작업이다. 공공 영역에서도 행사, 제도 프로그램의 특성을 나타내는 다(多)브랜드 추세에 발맞춘 홍보전략의 하나로 BI를 도입한다.

정답 15. ② 16. ④ 17. ④ 18. ①

★ 2024년 직업상담사 2급 과정평가형

19 다음은 무엇에 대한 내용인가?

> 개방적 의사소통구조를 가지고 있는 공공과의 관계(PR : Public Relations)를 의미한다.

① 광고   ② 홍보
③ 협력관계   ④ PR

[해설] 홍보란 개방적 의사소통구조를 가지고 있는 공공과의 관계(PR : Public Relations)를 의미한다.

★

20 다음 중 방송광고의 특징으로 볼 수 없는 것은?

① 동시성   ② 즉시성
③ 고비용   ④ 융통성

[해설] 방송광고는 즉시성, 동시성, 효과성이 뛰어나나 비용이 많이 든다.

21 홍보를 위한 인쇄매체에 대한 설명으로 틀린 것은?

① 팸플릿 : 정보를 알리기 위한 소책자
② 카탈로그 : 여러 상품을 한꺼번에 홍보
③ 브로슈어 : 특정 회사제품을 나타내는 설명문이 포함된 팸플릿
④ 브로마이드 : 한 장으로 판매상품 모두를 소개하고 주로 절반을 접어 사용

[해설] ③ 브로슈어 : 팸플릿과 유사하지만 상품보다는 주로 업무소개에 주력

★

22 다음은 인터넷광고에 대한 설명이다. 바르지 않은 것은?

① 배너광고 : 웹사이트 광고주 사이트와 링크를 설정한 화면 게시

② 메일광고 : 메일 매거진(mail magazine)에 광고주 웹사이트 게재
③ 스플래시 스크린 : 홈페이지 내 일부 공간을 임대해 사용
④ 채팅 룸 : 컴퓨터통신망 안에서 사용자가 자유롭게 대화를 나누는 곳

[해설] ③ 스폿 리싱(spot leasing)의 설명에 해당한다.

★★

23 다음은 무엇에 대한 설명인가?

> • 인적 네트워크를 통하여 정보를 전달하는 방식
> • 입소문 마케팅, 버즈 마케팅(buzz marketing), 구전 마케팅(word of mouth)이라 불림

① 바이럴 마케팅 (viral marketing)
② DM (Direct Mail)
③ 네트워크 마케팅
④ 옥외광고

[해설] 제시된 내용은 바이럴 마케팅(viral marketing)의 설명에 해당한다.

★★★ 2023년 직업상담사 1급 과정평가형

24 홍보매체별 장점에 대한 설명으로 바르지 않은 것은?

① TV 광고 : 넓은 범위, 비용 대비 효율성, 통일성과 보편성
② 옥외광고 : 광고의 크기, 높은 빈도수, 미디어 믹스 시 보조매체로 용이
③ 온라인 : 쌍방향 커뮤니케이션, 정보의 양, 다양한 광고효과 측정 가능
④ 모바일 : 기록성, 보존성, 융통성, 편리성

[해설] ④ 신문 홍보의 장점에 해당한다.

[정답] 19. ②   20. ④   21. ③   22. ③   23. ①   24. ④

★
25 다음에 설명된 온라인 홍보의 특징으로 가장 적절하지 않은 것은?

① 실시간으로 쌍방향 커뮤니케이션이 가능하다.
② 타깃을 설정하여 홍보의 선택과 집중을 할 수 있다.
③ 홍보효과를 실시간으로 측정 가능하다.
④ 간접적으로 홍보 대상자에게 메시지 전달이 가능하다.

해설 ④ 온라인 홍보는 여과과정 없이 직접적으로 홍보 대상자에게 메시지 전달이 가능하다.

26 다음은 행사홍보를 위해 홍보 대행업체를 선정하는 과정에 대한 설명이다. 순서대로 바르게 나열한 것은?

> ㉠ 협찬, 후원 등 확보
> ㉡ 홍보매체 전략 설정
> ㉢ 홍보매체 목표 설정
> ㉣ 홍보 대행업체 결정
> ㉤ 행사예산 확인

① ㉠ → ㉢ → ㉡ → ㉤ → ㉣
② ㉤ → ㉡ → ㉠ → ㉢ → ㉣
③ ㉢ → ㉠ → ㉡ → ㉣ → ㉤
④ ㉤ → ㉠ → ㉢ → ㉡ → ㉣

해설 [홍보 대행업체 선정하기]
㉠ 행사예산 확인 후 협찬, 후원 등을 확보한다.
㉡ 홍보매체 목표를 설정한다.
㉢ 예산, 행사성격 등을 고려하여 홍보매체 전략을 설정한다.
㉣ 홍보매체가 결정되면 홍보 대행업체를 결정한다.

★★ **2024년 직업상담사 2급 과정평가형**
27 오프라인 홍보의 특성이 아닌 것은?

① 비용이 적게 발생한다.
② 특정 시간에만 가능하다.
③ 특정 지역에서만 효과가 있다.
④ 전단지, 플래카드, 거리 이벤트 등이 있다.

해설 [오프라인 마케팅의 특징]
㉠ 제약 조건이 있으며, 특정 시간에만 가능하다.
㉡ 비용이 많이 발생하고 많은 곳을 홍보할수록 비용 부담이 크다.
㉢ 홍보 시 특정 영역에서만 효과가 있다.
㉣ 전단지, 플래카드, 거리 이벤트 등이 있다.

28 다음 중 행사홍보의 구직 참여자 홍보와 구인기업 홍보에 대한 설명으로 가장 거리가 먼 것은?

① 고용복지플러스센터의 구직자 데이터를 근거로 DM이나 문자를 발송할 수 있다.
② MOU를 통한 협력기관의 협조를 얻어 유관기간의 DB를 활용하여 홍보가 가능하다.
③ 구인기업 참여 홍보와 직접 접수는 3개월 전부터가 적절하다.
④ 대부분의 취업행사는 중앙정부가 주최하거나 자치단체가 공동 주최하게 된다.

해설 구인기업의 참여를 홍보하고 직접 접수받는 것은 행사시기 2개월 전부터가 적절하다.

★
29 여러 종류의 리허설에 대한 설명으로 바르지 않은 것은?

① 드레스 리허설 : 모든 조건을 완비하고 실제와 동일하게 실시하는 것
② 리딩 리허설 : 대본을 읽어봄으로써 연출의지를 출연진, 스태프에게 인지시키는 것
③ 런 스루 리허설 : 카메라를 작동한 상태에서 실제와 같이 마지막으로 진행하는 것
④ 카메라 리허설 : 카메라 위치, 동선에 따른 카메라 위치, 기술문제 등을 점검하는 것

정답 25. ④ 26. ④ 27. ① 28. ③ 29. ③

해설 ③ 런 스루 리허설 : 카메라를 작동하지 않은 상태에서 실제와 같이 마지막으로 진행하는 것

30 다음 중 행사운영을 위한 리허설 평가회의의 내용으로 가장 적절하지 않은 것은?

① 사고방지 대책 확인
② 계획서 일정 및 장소별 운영 가능 여부 확인
③ 전체적 흐름과 부분 간의 조화 및 협업 확인
④ 사기 진작 및 성공결의 다지기

해설 [리허설 평가회의]
㉠ 행사 전체적 흐름과 부분 간의 조화 및 협업 확인
㉡ 발생할 수 있는 사고방지 대책 확인
㉢ 모든 출연자 참석 여부 및 역할분담 확인
㉣ 개막식 참여 VIP 및 의전 확인
㉤ 계획서 일정 및 시간별 운영 가능 여부 확인
㉥ 사기 진작 및 성공결의 다지기

31 다음 중 단계별 행사 위기관리 순서로 바른 것은?

① 위기 모니터링 → 위기확인 → 위기평가 → 위기관리
② 위기평가 → 위기확인 → 위기 모니터링 → 위기관리
③ 위기확인 → 위기평가 → 위기관리 → 위기 모니터링
④ 위기관리 → 위기확인 → 위기평가 → 위기 모니터링

해설 [단계별 행사 위기관리]
위기확인 → 위기평가 → 위기관리 → 위기 모니터링

32 다음 중 행사진행 시 발생할 수 있는 위기의 종류와 대책이 잘못 짝지어진 것은?

① 경험부족 스태프 : 사전교육 및 리허설 실시, 전문가 의뢰
② 정전 : 질서유지 안내요원 배치, 동선 확보 및 유지, 안내 표시, 행사종합보험 가입
③ 경비 : 시설물, 물품 경비, 경호경비, 질서유지, 분실사고 예방 등 전문경비 업체 계약
④ 날씨 : 사전 일기예보 확인, 야외행사 시 안전, 감전사고 대비, 시설물 안전 점검

해설 ② '혼잡' 위기 시 대처 방안의 내용에 해당한다.

★★
33 다음 중 행사의 평가에 대한 설명으로 바르지 않은 것은?

① 취업행사는 개최 자체가 가장 중요한 목표라고 할 수 있다.
② 각 분야 전문가와 기관이 서로 협력하여 평가회의를 개최한다.
③ 정량적 평가 이외에 정성적 평가의 어려움이 있다.
④ 평가회의는 행사실행 과정을 관찰하고 측정, 모니터링하는 과정이다.

해설 취업행사는 개최하는 것이 목표가 아니라 행사의 목적과 목표 달성을 위한 수단이다.

34 다음은 행사기획 효과성 분석방법에 대한 설명이다. 옳은 것은?

① 다이렉트 효과 : 행사 주최자의 지명도, 행사의 주제, 콘셉트 분석

② 커뮤니케이션 효과 : 협업기관, 협력업체와의 관계 개선 및 직업 상호 간의 결속 여부 등 분석

③ 퍼블리시티 효과 : 정치, 경제, 지역 등 복잡하고 다양한 영역에서의 평가 분석

④ 직접 파급 효과 : 행사를 인지하고 참여했던 사람들의 구전효과 분석

> 해설 ① 커뮤니케이션 효과의 설명에 해당한다.
> ② 인센티브 효과의 설명에 해당한다.
> ③ 간접 파급 효과의 설명에 해당한다.

35 다음 중 행사 만족도 조사의 주요 구성항목을 바르게 제시한 것은?

① 행사환경 만족도 : 장소 접근 편의성, 홍보, 편의시설

② 성과 측정 및 개선방안 : 공적 지원 타당성, 재방문 의사, 행사안내 만족도

③ 행사참여 속성 및 동기 : 성별, 연령, 거주지, 참여목적

④ 기본 질문 : 정보습득 경로, 행사참여 동기

> 해설 ② 성과 측정 및 개선방안 : 행사 완성도, 공적 지원 타당성, 재방문 의사, 행사추천 의사, 전반적 만족도, 개선의견
> ③ 행사참여 속성 및 동기 : 정보습득 경로, 행사참여 동기
> ④ 기본 질문 : 성별, 연령, 거주지, 참여목적 등

정답 34. ④ 35. ①

제3과목

직업정보가공

제1장

직업정보의 제공

제**1**절 직업정보의 이해

01 직업정보의 의의

(1) 직업정보의 의의

① 직업을 결정하고자 하는 의사결정단계에서 가치를 갖는다.
② 노동력에 관한 것, 직업구조, 직업군, 취업경향, 노동에 관한 제반규정, 직업의 분류와 직종, 직업에 필요한 자격요건, 준비과정, 취업정보, 취업처 등에 대한 자세한 내용을 포함하여 이용자가 이해하고 적응하도록 도움을 주는 데 그 목적이 있다.
③ 근본적으로 특별한 문제를 해결하는 데 도움을 주어서 직업에 대해 좀 더 책임감을 받아들일 수 있도록 하는 데 그 의의가 있다.
④ 바람직한 직업정보는 직업의식을 높이고 장래의 진로를 선택하고 결정하는 능력을 증가시키며, 생활에 대한 적응과 자기실현을 도모하는 것이 가능하도록 능력을 배양하는 데 도움을 줄 수 있다.

(2) 직업정보의 유용성

① **호포크** (Hoppock, 1976) : 직업정보는 직위, 직무, 직업 등에 관한 모든 종류의 정보를 말하며, 이 정보는 직업을 선택하고자 하는 사람에게 최대한으로 유용하게 사용되어야 한다.
② **노리스** (Norris, 1979) : 직업정보란 채용자격, 작업조건, 보상, 승진 등을 포함한 직위, 직무, 직업 등에 관한 유용하고 타당한 자료이며, 이는 인력 수급, 미래정보의 자원 등에 중요하다.
③ **크라이티스** (Crites, 1974) : 직업발달이 직업인식, 직업탐색, 직업선택, 입직과정 등을 거치며, 이러한 각각의 단계에서 직업지식이 중요한 역할을 한다.
④ **슬로컴** (Slocum, 1974) : 직업선택의 필수조건에 관한 정보가 직업준비를 할 때 사용될 수 있도록 미리 갖추어져 있어야 한다.

(3) 정보의 가치 (Andrus, 1971)

① **형태효용** (form utility) : 정보의 형태가 의사결정자의 요구사항에 보다 더 근접하게 맞추어짐에 따라 정보의 가치는 증가한다.

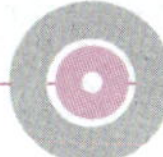

② **시간효용**(time utility) : 필요할 때 필요한 정보를 사용할 수 있다면 정보는 의사결정자에게 보다 더 큰 가치를 준다.

③ **장소효용**(place utility) : 정보에 쉽게 접근할 수 있거나 이를 쉽게 전달할 수 있다면 정보는 보다 큰 가치를 갖는다. 온라인시스템은 시간과 장소의 효용 모두를 극대화한 것이다.

④ **소유효용**(possession utility) : 정보소유자는 타인에게로의 정보전달을 통제함으로써 그 가치에 크게 영향을 준다.

(4) 내담자 대상별 직업정보의 의의 (D. Brown, 2007)

대상	의의
아동	• 직업구조의 다양성 인식의 발달 • 부모의 직업과 세상의 작업자들에 대한 인식의 발달 • 종족, 성역할, 장애인 등에 대한 고정관념에서 탈피 • 교육과 일 사이의 연결에 대한 인정 • 생애형태에서 직업과의 경제적 인식 발달
청소년	• 일과 관련시켜 개인의 정체성에 초점을 맞추는 것 • 고등학교, 교육 및 훈련 프로그램 등을 추구하기 위한 동기를 주는 것 • 연관된 작업자가 실제 검증하여 보여주는 것 • 생애설계의 기반을 제공하는 것 • 고정관념을 제거시켜 주는 것 • 공적 · 사적 부분에서 진로기회를 비교하는 것
성인	• 현재 직업적 수행을 향상시키기 위한 훈련기회에 대한 정보를 제공하는 것 • 다르거나 유사한 직업과 관련하여 수입을 평가하는 정보를 제공받는 것 • 국가나 세계를 통한 직업탐색을 할 수 있도록 기술을 발달시키는 것 • 다른 직업에 제안하거나 면접할 수 있는 고용 가능성의 기법들을 발달시켜 주는 것 • 장애인, 노인, 여성, 소수민족 작업자의 권리에 대한 정보와 권리가 약화되었을 때에 불만을 제기하는 것과 같은 권리에 관한 정보를 제공하는 것
은퇴자	• 시간제 근로와 정시제 근로의 기회를 확인하는 것 • 그들이 갖고 있는 기술을 작업자나 자원봉사자로서 사용할 수 있는 것 • 생애형태 계획을 유지하는 것

02 직업정보의 기능

(1) 직업정보의 사용목적

① 직업에 대하여 흥미 유발, 토론자료 제공, 태도변화, 더 나은 조사를 하도록 **동기 부여**

② 전에 알지 못했던 **직업에 대한 인식**

③ 직무를 수행하는 **기업이나 공장 등의 유형에 대한 지식 확대**

④ 한 직업에서 일하는 **활동, 일의 과정, 환경 등에 관한 지식 습득**

⑤ 직업생활, 가족, 오락, 일의 전과 후의 다른 활동을 기술·묘사함으로써 **한 직업에서 더 좋은 근로자의 생활형태 비교**

⑥ 학력취득자, 자격취득자, 중도탈락자 등이 직업생활을 인식함으로써 갖는 **역할모형의 제공**

⑦ 미래와 현재, 그리고 자신의 **생애설계를 하도록 돕는 직업에 대한 지식 확대**

(2) 의사결정을 위한 직업정보의 역할

① 직업탐색, 직업결정, 직업전환 등의 의사결정을 위한 대안으로서의 역할

② 진로 및 직업상담에서 상담원 개입의 역할

③ 직무와 노동시장에서 요구하는 인력형태에 관한 정보로서의 역할

④ 직업에 관한 조사·연구에 기초자료로서의 역할

직업정보의 역할	이용자
의사결정을 위한 대안	청소년, 학부모, 구직자, 작업자
진로 및 직업상담의 개입	직업심리학자, 진로상담가, 직업상담가, 직업전문가, 직업상담 프로그램 개발자, 진로지도자, 직업지도자
노동시장에서 요구하는 인력형태 정보 제공	기업가
직업조사·연구의 기초자료	직업심리학자, 직업전문가, 직업정보분석가, 직무분석가

(3) 내용별 직업정보 분류

미래사회에 관한 정보	직업세계에 관한 정보	개인에 관한 정보
• 미래의 변화와 경제에 미칠 영향의 평가 • 청년층 부족현상과 장년층의 증가 등 인구구조의 변화 • 가족구성과 직업성격에 의한 여성 참여의 증가 • 대학의 팽창으로 인한 고학력자의 증가와 대학졸업자 수요 증가와의 불균형으로 인한 학력주의 사회의 폐단 • 기술변화와 고용형태의 변화 • 팽창되는 직업과 축소되는 직업의 유형 등	• 고용의 지리적 분배 • 블루칼라와 화이트칼라의 고용 이동 • 산업 및 직업의 분포 • 사업체 특성 및 지역별 분포 • 근로조건 및 작업환경 • 직업에서 요구하는 자격 및 지식 등에 관한 상세한 정보 등	• 자기평가 • 직업지식 • 할 수 있다고 생각되는 직업명 • 가족경험 • 교육경험 • 작업경험 • 다른 종류의 경험 • 자신이 발견한 기능 및 능력 • 자신의 흥미 • 자신의 적성 • 자신의 가치 등에 관한 정보 등

01 민간직업정보와 공공직업정보

(1) 민간직업정보

① 민간기관이나 기업에서 **특정한 사업적 목적**으로 생산하여 제공
② 필요한 시기에 최대한 활용될 수 있도록 **한시적**으로 신속하게 생산 및 운영
③ 특정한 목적에 맞게 해당 분야 및 직종을 제한적으로 선택하고 **임의기준의 직업분류**
④ 구체적이고 상세한 정보를 제공하기 위해 들어간 비용 발생을 고려하여 **유료로 제공**
⑤ 객관적이고 공통적인 기준에 의해 분류되지 않았기 때문에 다른 직업정보와의 **비교가 적고 활용성이 낮음**

(2) 공공직업정보

① 정부 및 공공단체와 같은 비영리기관에서 **공익적인 목적**으로 생산하여 제공
② 특정한 시기에 국한되지 않고 지속적으로 조사 · 분석하여 **장기적인 계획 및 목표**에 따라 정보의 보완 지속
③ 직업별로 특정한 정보만을 강조하지 않고 **보편적인 항목으로 이루어진 기초적인 직업정보 체계**로 구성
④ 정부 및 공공기관 주도로 생산과 운영이 이루어지므로 **무료로 제공**
⑤ 관련 직업정보 간에 **비교 및 활용 용이**
⑥ 객관적인 기준을 가지고 전체 직업에 관한 일반적인 정보를 제공하므로 **정보의 객관성 보장**

02 직업정보의 유형별 특징

종류	비용	학습자 참여도	접근성
인쇄물	저	수동	용이
시청각자료	고	수동	제한적
면접	저	적극	제한적
관찰	고	수동	제한적
직업경험	고	적극	제한적
직업체험	고	적극	제한적

01 한국직업사전

(1) 한국직업사전 이용 시 주의사항

① 『한국직업사전』의 각종 정보는 **사업체의 표본조사를 통해 조사된 내용**으로 의도적인 목적으로 사용될 수 없다.

② 특정 집단을 대표하는 이익단체의 권리 및 주장, 근로자의 직업(직무) 평가자료 등으로 사용할 수 없으며 정규교육, 숙련기간, 작업강도, 육체활동 등의 각종 정보는 쟁의 및 소송의 기초자료로 사용될 수 없다.

③ 직업세계 및 노동환경은 기술진보, 경제성장 변화 그리고 정부의 정책 등에 따라 달라질 수 있기 때문에 『한국직업사전』에 수록된 직업정보 역시 절대적인 자료가 될 수 없다.

(2) 통합본 제5판 한국직업사전(2020)의 직업현황

한국고용직업분류 대분류	본직업	관련직업	유사명칭	합계
0. 경영 · 사무 · 금융 · 보험직	909	931	533	2,373
1. 연구직 및 공학 기술직	1,213	1,326	673	3,212
2. 교육 · 법률 · 사회복지 · 경찰 · 소방직 및 군인	205	776	122	1,103
3. 보건 · 의료직	138	78	90	306
4. 예술 · 디자인 · 방송 · 스포츠직	378	507	299	1,184
5. 미용 · 여행 · 숙박 · 음식 · 경비 · 청소직	175	133	156	464
6. 영업 · 판매 · 운전 · 운송직	244	589	185	1,018
7. 건설 · 채굴직	205	288	461	954
8. 설치 · 정비 · 생산직	2,498	1,966	1,482	5,946
9. 농림어업직	110	154	67	331
총계	6,075	6,748	4,068	16,891

(3) 발간 목적

① 급속한 과학기술 발전과 산업구조 변화 등에 따라 변동하는 직업세계를 체계적으로 조사 · 분석하여 표준화된 직업명과 기초직업정보를 제공할 목적으로 발간된다.

② 청소년과 구직자, 이 · 전직 희망자에게는 직업선택을 위해, 직업 및 진로상담원에게는 진로선택 및 취업상담 자료로, 직업훈련담당자에게는 직업훈련과정 개발을 위해, 연구자에게는 직업분류체계 개발과 기타 직업연구를 위해, 그리고 노동정책 수립자에게는 노동정책 수립을 위해 기초자료로 사용될 수 있다.

(4) 한국직업사전의 활용

① 직업들은 직무분석을 바탕으로 조사된 정보들로서 수많은 일을 조직화된 방식으로 고찰하기 위하여 유사한 직무를 기준으로 분류한 것이다.

② 수록된 정보는 전국적인 사업체에서 유사한 직무가 어떻게 수행되는가에 대한 포괄적인 조사 · 분석 · 연구의 결과이다.

③ 수록된 직업정보들은 크게 다섯 가지의 항목으로 구성된다.

※ **암기 Tip** : 한국직업사전의 구성 – **직**업코드, **본**직업명, **직**무개요, **수**행직무, **부**가 직업정보

(5) 본 직업정보

① **직업코드**

　㉠ 『**한국고용직업분류(KECO)**』의 세분류 4자리 숫자로 표기하였다.

　㉡ 동일한 직업에 대해 여러 개의 직업코드가 포함되는 경우에는 직무의 유사성 등을 고려하여 가장 타당하다고 판단되는 직업코드 하나를 부여하였다.

　㉢ 직업코드 4자리에서 첫 번째 숫자는 대분류, 두 번째 숫자는 중분류, 세 번째 숫자는 소분류, 네 번째 숫자는 세분류를 나타낸다.

　㉣ 세분류 내 직업들은 가나다 순으로 배열된다.

② **본직업명**

　㉠ **산업현장에서 일반적으로 해당 직업으로 알려진 명칭 혹은 그 직무가 통상적으로 호칭되는 것으로 『한국직업사전』에 그 직무내용이 기술된 명칭**이다.

　㉡ 사업주가 근로자를 모집할 때 사용하는 명칭, 사업체 내에서 일반적으로 통용되는 명칭, 구직자가 취업하고자 할 때 사용하는 명칭, 해당 직업 종사자 상호간의 호칭, 그 외 각종 직업 관련 서류에 쓰이는 명칭을 말한다.

　㉢ 특별히 부르는 명칭이 없는 경우에는 직무내용과 산업의 특수성 등을 고려하여 누구나 쉽게 이해할 수 있는 명칭을 부여하였다.

　㉣ 실제로 현장근로자를 대상으로 하는 직무조사의 경우 작업자 스스로도 자신의 직업이 무엇으로 불리는지 알지 못하는 경우가 있는데 이는 작업자들 간에 사용하는 호칭과 기업 내 직무편제상의 명칭이 다르기 때문이다. 따라서 **직업명칭은 해당 작업자의 의견 뿐만 아니라 상위책임자 및 인사담당자의 의견을 수렴하여 결정**하였다.

　㉤ 가급적 외래어를 피하고 우리말로 표기하되, 우리말 표기에 현장감이 없을 경우에는 외래어를 정부에서 정한 외래어표기법에 따라 표기하였다.

③ **직무개요** : 직무담당자의 활동, 활동의 대상 및 목적, 직무담당자가 사용하는 기계, 설비 및 작업보조물, 사용된 자재, 만들어진 생산품 또는 제공된 용역, 수반되는 일반적, 전문적 지식 등을 간략히 기술하였다.

④ **수행직무**

　㉠ 직무담당자가 **직무의 목적을 완수하기 위하여 수행하는 구체적인 작업(task) 내용을 작업순서에 따라 서술**한 것이다.

　㉡ 공정의 순서를 파악하기 어려운 경우에는 작업의 중요도 또는 작업빈도가 높은 순으로 기술하였다.

　㉢ 작업을 수행하면서 수반되는 작업요소(task element)는 직무를 기술하는데 필요한 것이라면 포함하였다.

　㉣ 직무의 특징적인 작업을 명확히 하기 위하여 작업자가 사용하는 도구·기계와 관련시켜 작업자가 무엇을, 어떻게, 왜 하는가를 정확하게 표현하되 평이한 문체로 이해하기 쉽게 기술하였다.

　㉤ 작업과 작업요소는 상대적인 개념으로 어떤 직업에서는 작업요소인 활동이 다른 직업에서는 작업(task)이 될 수 있고 또 어떤 근로자에게는 하나의 직무가 될 수 있으므로 직무특성에 따라 적절히 판단하였다.

　㉥ 문장기술의 통일성을 확보하기 위하여 조사자는 다음의 원칙을 고려하여 수행직무를 기술하였다.

- **해당 작업원이 주어일 때는 주어를 생략**하나, 다른 작업원이 주어일 때에는 주어를 생략하지 않는다.
- 작업의 본질을 표현하는 동사와 그것을 규정하는 수식어를 적절히 사용하여 문장을 완성한다.
- 직무의 특성이 나타나지 않는 일반적인 문장은 가급적 피한다.
- **문체는 항상 현재형으로 기술한다.** 즉 '……한다.' '……이다.'의 형식이 된다.
- 작업의 내용을 기술할 때 추상적인 언어는 사용하지 않는다.
- 문체는 간결한 문장으로 한다.
- 내용기술은 시간적 순서(작업순서)에 의해 작성한다.
- 전체를 정확히 파악하여 중요한 내용을 모두 기술한다.
- 주된 직무보다 빈도나 중요도는 낮으나 수행이 가능한 작업에 대해서는 '수행직무'에서 '~하기도 한다.'로 표현한다. '~하기도 한다.' 라는 문장은 이 직업에 종사하는 사람이 가끔 이런 작업을 수행할 것이라는 의미가 아니라 다른 사업체에 있는 이 직업에 종사하는 사람이 일반적으로 수행하거나 수행 가능한 작업을 나타낸다.
- **외래어의 정확한 이해를 위해 원어(原語)를 함께 표기한다.**

(6) 부가 직업정보

① **정규교육**

　㉠ **해당 직업의 직무를 수행하는데 필요한 일반적인 정규교육수준**을 의미하는 것으로 해당 직업 종사자의 평균 학력을 나타내는 것은 아니다.

ⓛ 현행 우리나라 정규 교육과정의 연한을 고려하여 '6년 이하'(무학 또는 초졸 정도), '6년 초과~9년 이하'(중졸 정도), '9년 초과~12년 이하'(고졸 정도), '12년 초과~14년 이하'(전문대졸 정도), '14년 초과~16년 이하'(대졸 정도), '16년 초과'(대학원 이상) 등 그 수준을 6단계로 분류하였으며, **독학, 검정고시 등을 통해 정규 교육과정을 이수하였다고 판단되는 기간도 포함**된다.

수준	교육정도
1	6년 이하 (초졸 정도)
2	6년 초과~9년 이하 (중졸 정도)
3	9년 초과~12년 이하 (고졸 정도)
4	12년 초과~14년 이하 (전문대졸 정도)
5	14년 초과~16년 이하 (대졸 정도)
6	16년 초과 (대학원 이상)

② **숙련기간**

㉠ 정규 교육과정을 이수한 후 해당 직업의 **직무를 평균적인 수준으로 스스로 수행하기 위하여 필요한 각종 교육, 훈련, 숙련기간을 의미**한다.

㉡ 해당 직업에 필요한 자격·면허를 취득하는 취업 전 교육 및 훈련기간뿐만 아니라 취업 후에 이루어지는 관련 자격·면허 취득 교육 및 훈련기간도 포함된다.

㉢ 자격·면허가 요구되는 직업은 아니지만 해당 직무를 평균적으로 수행하기 위한 각종 교육·훈련기간, 수습교육, 기타 사내교육, 현장훈련 등이 포함된다.

㉣ 단, 해당직무를 평균적인 수준 이상으로 수행하기 위한 **향상훈련(further training)은 '숙련기간'에 포함되지 않는다.**

수준	숙련기간
1	약간의 시범 정도
2	시범 후 30일 이하
3	1개월 초과~3개월 이하
4	3개월 초과~6개월 이하
5	6개월 초과~1년 이하
6	1년 초과~2년 이하
7	2년 초과~4년 이하
8	4년 초과~10년 이하
9	10년 초과

③ **직무기능**

㉠ 해당 직업 종사자가 직무를 수행하는 과정에서 '자료(data)', '사람(people)', '사물(thing)'과 맺는 **관련된 특성**을 나타낸다.

㉡ 각각의 작업자 직무기능은 광범위한 행위를 표시하고 있으며 작업자가 자료, 사람, 사물과 어떤 관련을 가지고 있는지를 보여준다.

ⓒ 세 가지 관계 내에서의 배열은 아래에서 위로 올라가면서 단순한 것에서 차츰 복잡한 것으로 향하는 특성을 보여주지만 그 계층적 관계가 제한적인 경우도 있다.

ⓔ '자료(data)'와 관련된 기능은 정보, 지식, 개념 등 세 가지 종류의 활동으로 배열되어 있는데 어떤 것은 광범위하며 어떤 것은 범위가 협소하다. 또한 각 활동은 상당히 중첩되어 배열간의 복잡성이 존재한다.

ⓜ **'사람(people)'과 관련된 기능은 위계적 관계가 없거나 희박하다.** 서비스 제공이 일반적으로 덜 복잡한 사람 관련 기능이며, 나머지 기능들은 기능의 수준을 의미하는 것은 아니다.

ⓗ '사물(thing)'과 관련된 기능은 작업자가 기계와 장비를 가지고 작업하는지 혹은 기계가 아닌 도구나 보조구(補助具)를 가지고 작업하는지에 기초하여 분류된다. 또한 작업자의 업무에 따라 사물과 관련되어 요구되는 활동수준이 달라진다.

수준	자료	사람	사물
0	종합	자문	설치
1	조정	협의	정밀작업
2	분석	교육	제어조작
3	수집	감독	조작운전
4	계산	오락제공	수동조작
5	기록	설득	유지
6	비교	말하기-신호	투입-인출
7	-	서비스 제공	단순작업
8	관련없음	관련없음	관련없음

- **자료(data)** : '자료'와 관련된 기능은 만질 수 없으며 숫자, 단어, 기호, 생각, 개념 그리고 구두상 표현을 포함한다.

  0. **종합**(synthesizing) : 사실을 발견하고 지식개념 또는 해석을 개발하기 위해 자료를 종합적으로 분석한다.

  1. **조정**(coordinating) : 데이터의 분석에 기초하여 시간, 장소, 작업순서, 활동 등을 결정한다. 결정을 실행하거나 상황을 보고한다.

  2. **분석**(analyzing) : 조사하고 평가한다. 평가와 관련된 대안적 행위의 제시가 빈번하게 포함된다.

  3. **수집**(compiling) : 자료, 사람, 사물에 관한 정보를 수집·대조·분류한다. 정보와 관련한 규정된 활동의 수행 및 보고가 자주 포함된다.

  4. **계산**(computing) : 사칙연산을 실시하고 사칙연산과 관련하여 규정된 활동을 수행하거나 보고한다. 수를 세는 것은 포함되지 않는다.

  5. **기록**(copying) : 데이터를 옮겨 적거나 입력하거나 표시한다.

  6. **비교**(comparing) : 자료, 사람, 사물의 쉽게 관찰되는 기능적, 구조적, 조합적 특성을 (유사성 또는 표준과의 차이) 판단한다.

- **사람**(people) : '사람'과 관련된 기능은 인간과 인간처럼 취급되는 동물을 다루는 것을 포함한다.

    0. 자문(mentoring) : 법률적으로나 과학적, 임상적, 종교적, 기타 전문적인 방식에 따라 사람들의 전 인격적인 문제를 상담하고 조언하며 해결책을 제시한다.

    1. 협의(negotiating) : 정책을 수립하거나 의사결정을 하기 위해 생각이나 정보, 의견 등을 교환한다.

    2. 교육(instructing) : 설명이나 실습 등을 통해 어떤 주제에 대해 교육하거나 훈련(동물 포함)시킨다. 또한 기술적인 문제를 조언한다.

    3. 감독(supervising) : 작업절차를 결정하거나 작업자들에게 개별 업무를 적절하게 부여하여 작업의 효율성을 높인다.

    4. 오락제공(diverting) : 무대공연이나 영화, TV, 라디오 등을 통해 사람들을 즐겁게 한다.

    5. 설득(persuading) : 상품이나 서비스 등을 구매하도록 권유하고 설득한다.

    6. 말하기-신호(speaking-signaling) : 언어나 신호를 사용해서 정보를 전달하고 교환한다. 보조원 에게 지시하거나 과제를 할당하는 일을 포함한다.

    7. 서비스 제공(serving) : 사람들의 요구 또는 필요를 파악하여 서비스를 제공한다. 즉각적인 반응이 수반된다.

- **사물**(thing) : '사물'과 관련된 기능은 사람과 구분되는 무생물로서 물질, 재료, 기계, 공구, 설비, 작업도 구 및 제품 등을 다루는 것을 포함한다.

    0. 설치(setting up) : 기계의 성능, 재료의 특성, 작업장의 관례 등에 대한 지식을 적용하여 연속적인 기계가공작업을 수행하기 위한 기계 및 설비의 준비, 공구 및 기타 기계장비의 설치 및 조정, 가공 물 또는 재료의 위치조정, 제어장치 설정, 기계의 기능 및 완제품의 정밀성 측정 등을 수행한다.

    1. 정밀작업(precision working) : 설정된 표준치를 달성하기 위하여 궁극적인 책임이 존재하는 상황 하에서 신체부위, 공구, 작업도구를 사용하여 가공물 또는 재료를 가공, 조종, 이동, 안내하거나 또 는 정위치시킨다. 그리고 도구, 가공물 또는 원료를 선정하고 작업에 알맞게 공구를 조정한다.

    2. 제어조작(operating-controlling) : 기계 또는 설비를 시동, 정지, 제어하고 작업이 진행되고 있는 기계나 설비를 조정한다.

    3. 조작운전(driving-operating) : 다양한 목적을 수행하고자 사물 또는 사람의 움직임을 통제하는데 있어 일정한 경로를 따라 조작되고 안내되어야 하는 기계 또는 설비를 시동, 정지하고 그 움직임을 제어한다.

    4. 수동조작(manipulating) : 기계, 설비 또는 재료를 가공, 조정, 이동 또는 위치할 수 있도록 신체부 위, 공구 또는 특수장치를 사용한다. 정확도 달성 및 적합한 공구, 기계, 설비 또는 원료를 산정하 는데 있어서 어느 정도의 판단력이 요구된다.

    5. 유지(tending) : 기계 및 장비를 시동, 정지하고 그 기능을 관찰한다. 체인징가이드, 조정타이머, 온 도게이지 등의 계기의 제어장치를 조정하거나 원료가 원활히 흐르도록 밸브를 돌려주고 빛의 반응 에 따라 스위치를 돌린다. 이러한 조정업무에 판단력은 요구되지 않는다.

    6. 투입-인출(feeding-off bearing) : 자동적으로 또는 타작업원에 의하여 가동, 유지되는 기계나 장 비안에 자재를 삽입, 투척, 하역하거나 그 안에 있는 자재를 다른 장소로 옮긴다.

    7. 단순작업(handling) : 신체부위, 수공구 또는 특수장치를 사용하여 기계, 장비, 물건 또는 원료 등을 정리, 운반 처리한다. 정확도 달성 및 적합한 공구, 장비, 원료를 선정하는데 판단력은 요구되지 않는다.

④ **작업강도**

㉠ 해당 직업의 직무를 수행하는데 필요한 **육체적 힘의 강도를 나타낸 것으로 5단계로 분류**하였다. 그러나 **심리적·정신적 노동강도는 고려하지 않았다.**

구분	정의
아주 가벼운 작업	• 최고 4kg의 물건을 들어 올리고, 때때로 장부, 소도구 등을 들어 올리거나 운반한다. • 앉아서 하는 작업이 대부분을 차지하지만 직무수행상 서거나 걷는 것이 필요할 수도 있다.
가벼운 작업	• 최고 8kg의 물건을 들어 올리고 4kg 정도의 물건을 빈번히 들어 올리거나 운반한다. • 걷거나 서서하는 작업이 대부분일 때 또는 앉아서 하는 작업일지라도 팔과 다리로 밀고 당기는 작업을 수반할 때에는 무게가 매우 적을지라도 이 작업에 포함된다.
보통 작업	• 최고 20kg의 물건을 들어 올리고 10kg 정도의 물건을 빈번히 들어 올리거나 운반한다.
힘든 작업	• 최고 40kg의 물건을 들어 올리고 20kg 정도의 물건을 빈번히 들어 올리거나 운반한다.
아주 힘든 작업	• 40kg 이상의 물건을 들어 올리고 20kg 이상의 물건을 빈번히 들어 올리거나 운반한다.

㉡ 각각의 작업강도는 '들어 올림', '운반', '밈', '당김' 등을 기준으로 결정하였는데, 이것은 일차적으로 힘의 강도에 대한 육체적 요건이며 일반적으로 이러한 활동 중 한 가지에 참여한다면 그 범주를 기준으로 사용한다.

- **들어 올림** : 물체를 주어진 높이에서 다른 높이로 올리거나 내리는 작업
- **운반** : 손에 들거나 팔에 걸거나 어깨에 메고 물체를 한 장소에서 다른 장소로 옮기는 작업
- **밈** : 물체에 힘을 가하여 힘을 가한 쪽으로 움직이게 하는 작업 (때리고, 치고, 발로 차고, 페달을 밟는 일도 포함)
- **당김** : 물체에 힘을 가하여 힘을 가한 반대쪽으로 움직이게 하는 작업

⑤ **육체활동**

㉠ 해당 직업의 직무를 수행하기 위해 필요한 신체적 능력을 나타내는 것으로 균형감각, 웅크림, 손, 언어력, 청각, 시각 등이 요구되는 직업인지를 보여준다.

㉡ 단, '육체활동'은 조사대상 사업체 및 종사자에 따라 다소 상이할 수 있으므로 전체 직업 종사자의 '육체활동'으로 일반화하는 데는 무리가 있다.

구분	정의
균형감각	손, 발, 다리 등을 사용하여 사다리, 계단, 발판, 경사로, 기둥, 밧줄 등을 올라가거나 몸 전체의 균형을 유지하고 좁거나 경사지거나 또는 움직이는 물체 위를 걷거나 뛸 때 신체의 균형을 유지하는 것이 필요한 직업이다. 예 도장공, 용접원, 기초구조물설치원, 철골조립공 등

구분	정의
웅크림	허리를 굽히거나 몸을 앞으로 굽히고 뒤로 젖히는 동작, 다리를 구부려 무릎을 꿇는 동작, 다리와 허리를 구부려 몸을 아래나 위로 굽히는 동작, 손과 무릎 또는 손과 발로 이동하는 동작 등이 필요한 직업이다. 예 단조원, 연마원, 오토바이수리원, 항공기엔진정비원, 전기도금원 등
손사용	일정기간의 손사용 숙련기간을 거쳐 직무의 전체 또는 일부분에 지속적으로 손을 사용하는 직업으로 통상적인 손사용이 아닌 정밀함과 숙련을 필요로 하는 직업에 한정한다. 예 해부학자 등 의학관련 직업, 의료기술종사자, 기악연주자, 조각가, 디자이너, 미용사, 조리사, 운전관련 직업, 설계관련 직업 등
언어력	말로 생각이나 의사를 교환하거나 표현하는 직업으로 개인이 다수에게 정보 및 오락 제공을 목적으로 말을 하는 직업이다. 예 교육관련 직업, 변호사, 판사, 통역가, 성우, 아나운서 등
청각	단순히 일상적인 대화내용 청취여부가 아니라 작동하는 기계의 소리를 듣고 이상 유무를 판단하거나 논리적인 결정을 내리는 청취활동이 필요한 직업이다. 예 피아노조율사, 음향관련 직업, 녹음관련 직업, 전자오르간검사원, 자동차엔진정비원, 광산기계수리원 등
시각	일상적인 눈사용이 아닌 시각적 인식을 통해 반복적인 판단을 하거나 물체의 길이, 넓이, 두께를 알아내고 물체의 재질과 형태를 알아내기 위한 거리와 공간 관계를 판단하는 직업이다. 또한 색의 차이를 판단할 수 있어야 하는 직업이다. 예 측량기술자, 제도사, 항공기조종사, 사진작가, 의사, 심판, 보석감정인, 위폐감정사 등 감정관련 직업, 현미경, 망원경 등 정밀광학기계를 이용하는 직업, 촬영 및 편집관련 직업 등

⑥ **작업장소**

해당 직업의 직무가 주로 수행되는 장소를 나타내는 것으로 실내, 실외 종사비율에 따라 구분한다.

구분	정의
실내	눈, 비, 바람과 온도변화로부터 보호를 받으며 작업의 75% 이상이 실내에서 이루어지는 경우
실외	눈, 비, 바람과 온도변화로부터 보호를 받지 못하며 작업의 75% 이상이 실외에서 이루어지는 경우
실내 · 외	작업이 실내 및 실외에서 비슷한 비율로 이루어지는 경우

⑦ **작업환경**

㉠ 해당 직업의 직무를 수행하는 **작업자에게 직접적으로 물리적, 신체적 영향을 미치는 작업장의 환경요인을** 나타낸 것이다.

㉡ 작업자의 작업환경을 조사하는 담당자는 일시적으로 방문하고 또한 정확한 측정기구를 가지고 있지 못한 경우가 일반적이기 때문에 **조사 당시에 조사자가 느끼는 신체적 반응 및 작업자의 반응을 듣고 판단**한다.

ⓒ 온도, 소음·진동, 위험내재 및 대기환경이 미흡한 직업은 근로기준법, 산업안전보건법 등의 법률에서 제시한 금지직업이나 유해 요소가 있는 직업 등을 근거로 판단할 수 있다. 이러한 기준도 산업체 및 작업장에 따라 달라질 수 있으므로 절대적인 기준이 될 수 없다.

구분	정의
저온	신체적으로 불쾌감을 느낄 정도로 저온이거나 두드러지게 신체적 반응을 야기시킬 정도로 저온으로 급변하는 경우
고온	신체적으로 불쾌감을 느낄 정도로 고온이거나 두드러지게 신체적 반응을 야기시킬 정도로 고온으로 급변하는 경우
다습	신체의 일부분이 수분이나 액체에 직접 접촉되거나 신체에 불쾌감을 느낄 정도로 대기 중에 습기가 충만하는 경우
소음·진동	심신에 피로를 주는 청각장애 및 생리적 영향을 끼칠 정도의 소음, 전신을 떨게 하고 팔과 다리의 근육을 긴장시키는 연속적인 진동이 있는 경우
위험내재	신체적인 손상의 위험에 노출되어 있는 상황으로 기계적·전기적 위험, 화상, 폭발, 방사선 등의 위험이 있는 경우
대기환경미흡	직무를 수행하는 데 방해가 되거나 건강을 해칠 수 있는 냄새, 분진, 연무, 가스 등의 물질이 작업장의 대기 중에 다량 포함된 경우

⑧ **유사명칭**

　　㉠ **현장에서 본직업명을 명칭만 다르게 부르는 것으로 본직업명과 사실상 동일**하다.

　　㉡ '유사명칭'은 직업수 집계에서 제외된다. 예를 들어, '보험모집원'은 '생활설계사', '보험영업사원'이라는 유사명칭을 가지는데 이는 동일한 직무를 다르게 부르는 명칭들이다.

⑨ **관련직업**

　　㉠ **본직업명과 기본적인 직무에 있어서 공통점이 있으나 직무의 범위, 대상 등에 따라 나누어지는 직업이다.**

　　㉡ 하나의 본직업명에는 두 개 이상의 관련 직업이 있을 수 있으며 직업수 집계에 포함된다.

⑩ **자격·면허**

　　㉠ 해당 직업에 취업 시 소지할 경우 유리한 자격증 또는 면허를 나타내는 것으로 현행 국가기술자격법 및 개별법령에 의해 **정부주관으로 운영하고 있는 국가자격 및 면허를 수록**한다.

　　㉡ 한국산업인력공단, 대한상공회의소 등에서 주관·수행하는 시험에 해당하는 자격과 각 부처에서 개별적으로 시험을 실시하는 자격증을 중심으로 수록하였다. 그러나 **민간에서 부여하는 자격증은 제외**한다.

⑪ **한국표준산업분류 코드**

　　㉠ 해당 직업을 조사한 산업을 나타내는 것으로 『한국표준산업분류』의 소분류(3-digits) 산업을 기준으로 하였다.

　　㉡ 두 개 이상의 산업에 걸쳐 조사된 직업에 대해서도 해당 산업을 모두 표기하였다.

ⓒ 대분류 기준의 모든 산업에 포함되는 일부 직업은 대분류의 소분류 산업을 모두 표기하는 것이 아니라 '제조업', '도매 및 소매업' 등 대분류 산업을 기준으로 표기하였다.

ⓓ 단, '산업분류'는 수록된 산업에만 해당 직업이 존재하는 것을 의미하는 것이 아니라 그 직업이 조사된 산업을 나타내고 있다. 따라서 타 산업에서도 해당 직업이 존재할 수 있다.

⑫ **한국표준직업분류 코드**

해당 직업의『한국고용직업분류(KECO)』세분류 코드(4-digits)에 해당하는『한국표준직업분류』(통계청)의 세분류 코드를 표기한다.

⑬ **조사연도**

해당 직업의 직무조사가 실시된 연도를 나타낸다.

2314   직업상담사

| 직무개요 |

구직자나 미취업자에게 직업 및 취업정보를 제공하고, 직업선택, 경력설계, 구직활동 등에 대해 조언한다.

| 수행직무 |

직업의 종류, 전망, 취업기회 등에 관한 자료를 수집하고 관리한다. 구직자와 면담하거나 검사를 통하여 취미, 적성, 흥미, 능력, 성격 등의 요인을 조사한다. 적성검사, 흥미검사 등 직업심리검사를 실시하여 구직자의 적성과 흥미에 알맞은 직업정보를 제공한다. 구직자에게 적합한 취업정보를 제공하고 직업선택에 관해 조언한다. 비디오, 슬라이드 등의 시청각장비를 사용하여 직업정보 및 직업윤리 등을 교육하기도 한다. 청소년, 여성, 중고령자, 실업자 등을 위한 직업지도 프로그램 개발과 운영을 담당하기도 한다.

| 부가직업정보 |

- 정 규 교 육   14년 초과~16년 이하(대졸 정도)
- 숙 련 기 간   2년 초과~4년 이하
- 직 무 기 능   자료(조정) / 사람(자문) / 사물(관련없음)
- 작 업 강 도   아주 가벼운 작업
- 육 체 활 동
- 작 업 장 소   실내
- 작 업 환 경
- 유 사 명 칭   직업상담원
- 관 련 직 업
- 자 격 면 허   직업상담사(1급, 2급)
- 표준산업분류   N751 고용알선 및 인력공급업
- 표준직업분류   2473 직업상담사
- 조 사 연 도   2017년

---

02 자격 정보

(1) 자격의 기능

① 교육과 노동시장의 연계

② 인적 자산의 가치평가기준

③ 근로자의 직업능력개발 촉진

④ 자격취득자의 이득 보호 및 개선

⑤ 근로조건 향상

(2) 국가기술자격 운영체계

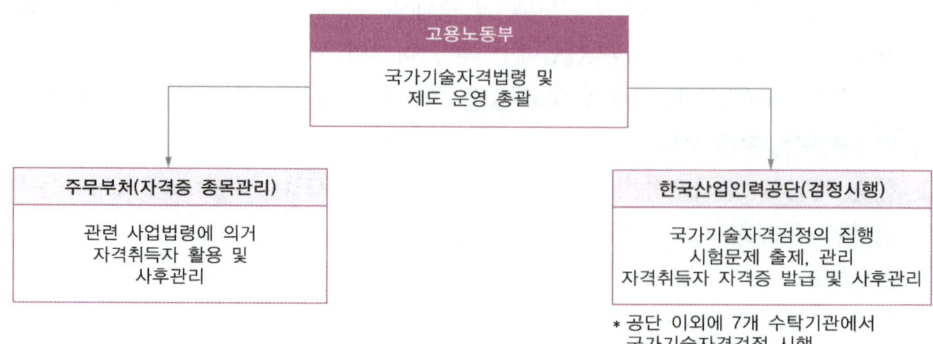

(3) 국가기술자격과 국가전문자격 (2025. 12.)

① **국가기술자격** :「국가기술자격법」에 의한 기술자격과 서비스분야 자격으로 나뉘어 시행

㉠ 기술 · 기능 분야

직무분야	중직무분야	자격명칭
경영 · 회계 · 사무	생산관리	공장관리, **포장**, **품질경영**, 품질관리
문화 · 예술 · 디자인 · 방송	디자인	서비스 · 경험디자인, 시각디자인, **웹디자인개발**, 제품디자인, 제품응용모델링, 컬러리스트, 컴퓨터그래픽
	방송	영사
운전 · 운송	운전 · 운송	농기계운전, 철도운송
이용 · 숙박 · 여행 · 오락 · 스포츠	이용 · 미용	이용, 미용, 미용(일반), 미용(피부), 미용(네일), 미용(메이크업)
음식서비스	조리	조리, 한식조리, 중식조리, 양식조리, 일식조리, 복어조리, 조주
건설	건축	거푸집, 건축구조, 건축기계설비, 건축, 건축도장, 건축목공, 건축목재시공, 건축설비, 건축시공, 건축일반시공, 건축품질시험, 도배, 미장, **방수**, 비계, 실내건축, 온수온돌, 유리시공, 전산응용건축제도, 조적, 철근, 타일, **금속재창호**, **플라스틱창호**
	토목	농어업토목, 토목, 토목구조, 토질 및 기초, 도로 및 공항, 건설재료시험, 도화, 상하수도, 석공, 수자원개발, 잠수, 전산응용토목제도, 지도제작, **지적**, 지질 및 지반, **응용지질**, 철도, 철도토목, 측량 및 지형공간정보, 콘크리트, 토목시공, 토목품질시험, 항공사진, 항로표지, 항만 및 해안, 해양, 해양공학, 해양자원개발, 해양조사, 해양환경, **공간정보융합**
	조경	**조경**
	도시 · 교통	교통, 도시계획
	건설 배관	배관
	건설기계운전	양화장치운전, 지게차운전, 굴삭기운전, 기중기운전, **로더운전**, 롤러운전, 불도저운전, 천장크레인운전, 컨테이너크레인운전, 타워크레인운전, 천공기운전

직무분야	중직무분야	자격명칭
광업자원	채광	광산보안, 시추, 자원관리, 화약류관리, 화약취급
	광해방지	광해방지
기계	기계제작	기계, 기계가공, 컴퓨터응용가공, 컴퓨터응용선반, 컴퓨터응용밀링, 기계조립, 기계가공조립, 일반기계, 기계설계, 전산응용기계제도, 정밀측정
	기계장비설비·설치	**건설기계**, 건설기계설비, 건설기계정비, **궤도장비정비**, 공조냉동기계, 설비보전, 산업기계설비, **승강기**, **표면실장장비(변경 전 전자부품장착)**, 농업기계, 농기계정비, **자동화설비**, 반도체설비보전, 타워크레인설치·해체, **스마트공장(스마트공장기능사, 스마트공장산업기사 2026년 신설)**
	철도	철도차량, 철도차량정비
	조선	선박기관정비, 선체건조, 선체설계, 조선, 조선선체, 조선의장
	항공	항공, 항공기관, 항공기정비, 항공기체, 항공전기·전자정비
	자동차	자동차보수도장, 자동차정비, 자동차차체수리, 차량, **그린전동자동차**, **이륜자동차정비(이륜자동차정비기능사 2026년 신설)**
	금형·공작기계	금형, 사출금형, 프레스금형
재료	금속·재료	금속가공, 금속재료, 금속재료시험, 금속제련, 세라믹, 압연, 열처리, **제강**, 제선, 축로
	판금·제관·새시	판금제관
	단조·주조	주조
	용접	용접, 피복아크용접, 가스텅스텐 아크용접, 이산화탄소 가스아크용접
	도장·도금	금속도장, 표면처리
화학	화공	정밀화학, 화공, 화약류제조, 화학분석, 바이오화학제품제조, **바이오공정(바이오공정기능사 2026년 신설)**
	위험물	위험물
섬유·의복	섬유	섬유, 섬유디자인, 염색(날염), 염색(침염), 의류
	의복	신발, **남성복**, **여성복**, 신발제조, **세탁**, 패션디자인, 패션머천다이징, 한복, **봉제(봉제기능사 2026년 신설)**
전기·전자	전기	건축전기설비, 발송배전, 전기, 전기공사, 전기응용, 전기철도, 철도신호, 철도전기신호
	전자	**광학**, **광학기기**, 로봇기구개발, 로봇소프트웨어개발, 로봇하드웨어개발, **반도체커스텀레이아웃(변경 전 반도체설계)**, 산업계측제어, 의공, 의료전자, **임베디드(변경 전 전자계산기)**, 전자, 전자응용, 전자캐드, 3D프린터개발, **3D프린터운용**
정보통신	정보기술	빅데이터분석, 사무자동화, **컴퓨터시스템**, 정보관리, 정보기기운용, 정보처리, **프로그래밍(변경 전 정보처리)**, 컴퓨터시스템응용, 정보보안

직무분야	중직무분야	자격명칭
정보통신	방송 · 무선	방송통신, 무선설비
	통신	전파전자통신, 정보통신, 통신설비
식품가공	식품	수산제조, 식품, **식품안전,** 식품가공, 식육가공
	제과 · 제빵	떡제조, 제과, 제빵
인쇄 · 목재 · **가구 · 공예**	인쇄 · 사진	사진, 전자출판, **인쇄설계, 디지털인쇄,** 인쇄
	목재 · 가구 · 공예	가구제작, 귀금속가공, 도자공예, 목공예, 보석가공, 보석감정, 보석디자인, 석공예, 피아노조율
농림어업	농업	농화학, 시설원예, 원예, 유기농업, 종자, 화훼장식
	축산	축산, 식육처리
	임업	버섯, 버섯종균, **산림(산림기능장 2026년 신설),** 식물보호, **임산가공, 임업종묘,** 목재가공, 펄프종이제조
	어업	수산양식, **어로,** 어업생산관리
안전관리	안전관리	**가스, 건설안전,** 기계안전, 산업안전, **산업위생관리,** 소방, 소방설비(기계분야), 소방설비(전기분야), **인간공학,** 전기안전, 화공안전, 화재감식평가, 농작업 안전보건, 방재
	비파괴검사	누설비파괴검사, 방사선비파괴검사, 비파괴검사, **와전류비파괴검사,** 자기비파괴검사, 초음파비파괴검사, 침투비파괴검사
환경 · 에너지	환경	대기관리, 대기환경, 생물분류(동물), 생물분류(식물), 소음진동, 수질관리, 수질환경, 자연생태복원, 자연환경관리, 토양환경, 폐기물처리, 환경, 온실가스관리, 환경위해관리
	에너지 · 기상	기상, 기상감정, 기상예보, 방사선관리, 원자력, 원자력발전, 에너지관리, 신재생에너지 발전설비(태양광)

ⓛ 서비스 분야

직무분야	중직무분야	자격명칭
사업관리	사업관리	**공공조달관리사(2026년 신설)**
경영 · 회계 · 사무	경영	**사회조사분석사, 소비자전문상담사, 컨벤션기획사**
	회계	전산회계운용사
	사무	비서, 워드프로세서, 컴퓨터활용능력, 한글속기, **경영정보시각화능력**
교육 · 자연과학 · 사회과학	교육 · 자연과학 · 사회과학	이러닝운영관리사
보건 · 의료	보건 · 의료	**임상심리사,** 국제의료관광코디네이터
사회복지 · 종교	사회복지 · 종교	**직업상담사**
영업 · 판매	영업 · 판매	전자상거래관리사, 전자상거래운용사, **텔레마케팅관리사**
이용 · 숙박 · 여행 · 오락 · 스포츠	숙박 · 여행 · 오락 · 스포츠	**스포츠경영관리사**
정보통신	정보기술	게임그래픽 전문가, 게임기획 전문가, 게임프로그래밍 전문가, 멀티미디어콘텐츠제작 전문가

② **국가전문자격** : 각 정부부처별 개별 법률에 의한 전문자격으로 한국산업인력공단에서 시행

관계 부처	자격명
기후에너지환경부	정수시설운영관리사 1급 · 2급 · 3급
고용노동부	공인노무사, 산업보건지도사, 산업안전지도사
해양수산부	감정사, 검량사, 검수사
중소벤처기업부	경영지도사, 기술지도사
경찰청	경비지도사
공정거래위원회	가맹거래사
문화체육관광부	관광통역안내사, 국내여행안내사, 박물관및미술관준학예사, 한국어교육능력검정시험, 호텔경영사, 호텔관리사, 호텔서비스사
국가유산청	**국가유산수리기술자, 국가유산수리기능자**
관세청	관세사
성평등가족부	청소년상담사 1급 · 2급 · 3급, **청소년지도사 1급 · 2급 · 3급**
보건복지부	사회복지사 1급 · 2급
행정안전부	해사행정사, 외국어번역행정사, 일반행정사
농림축산식품부	경매사, 농산물품질관리사, 손해평가사
국토교통부	**감정평가사, 공인중개사**, 물류관리사, **주택관리사보**
해양수산부	수산물품질관리사
소방청	소방시설관리사, 소방안전교육사
국세청	세무사
지식재산처	변리사

(4) 국가기술자격의 검정기준 (기술 · 기능 분야)

등급	검정의 기준
기술사	해당 국가기술자격의 종목에 관한 **고도의 전문지식과 실무경험**에 입각한 계획 · 연구 · 설계 · 분석 · 조사 · 시험 · 시공 · 감리 · 평가 · 진단 · 사업관리 · 기술관리 등의 업무를 수행할 수 있는 능력 보유
기능장	해당 국가기술자격의 종목에 관한 **최상급 숙련기능을 가지고** 산업현장에서 작업관리, 소속 기능인력의 지도 및 감독, 현장훈련, 경영자와 기능인력을 유기적으로 연계시켜 주는 현장관리 등의 업무를 수행할 수 있는 능력 보유
기사	해당 국가기술자격의 종목에 관한 **공학적 기술이론 지식을 가지고** 설계 · 시공 · 분석 등의 업무를 수행할 수 있는 능력 보유
산업기사	해당 국가기술자격의 종목에 관한 **기술기초이론 지식 또는 숙련기능을 바탕으로** 복합적인 기초기술 및 기능업무를 수행할 수 있는 능력 보유
기능사	해당 국가기술자격의 종목에 관한 **숙련기능을 가지고** 제작 · 제조 · 조작 · 운전 · 보수 · 정비 · 채취 · 검사 또는 작업관리 및 이에 관련되는 업무를 수행할 수 있는 능력 보유

(5) 국가기술자격의 검정방법

① 기술 · 기능 분야 검정방법

자격 등급	검정방법	
	필기시험	면접시험 또는 실기시험
기술사	단답형 또는 주관식 논문형	구술형 면접시험
기능장	객관식	작업형 실기시험
기사	객관식	작업형 실기시험
산업기사	객관식	작업형 실기시험
기능사	객관식	작업형 실기시험

※ 고용노동부령으로 정하는 국가기술자격의 종목은 작업형 실기시험을 주관식 필기시험 또는 주관식 필기와 실기를 병합한 시험으로 갈음할 수 있다.

② 서비스 분야 검정방법

자격 등급	검정방법	
	필기시험	실기시험
전체 등급	객관식	작업형 실기시험

(6) 국기기술자격의 응시자격

① 기술 · 기능 분야 응시자격

등급	응시자격
기술사	1. 기사 자격을 취득한 후 응시하려는 종목이 속하는 직무분야(고용노동부령으로 정하는 유사 직무분야를 포함한다. 이하 "동일 및 유사 직무분야"라 한다)에서 4년 이상 실무에 종사한 사람 2. **산업기사 자격을 취득한 후 응시하려는 종목이 속하는 동일 및 유사 직무분야에서 5년 이상 실무에 종사한 사람** 3. **기능사 자격을 취득한 후 응시하려는 종목이 속하는 동일 및 유사 직무분야에서 7년 이상 실무에 종사한 사람** 4. 응시하려는 종목과 관련된 학과로서 고용노동부장관이 정하는 학과(이하 "관련학과"라 한다)의 대학졸업자 등으로서 졸업 후 응시하려는 종목이 속하는 동일 및 유사 직무분야에서 6년 이상 실무에 종사한 사람 5. **응시하려는 종목이 속하는 동일 및 유사 직무분야의 다른 종목의 기술사 등급의 자격을 취득한 사람** 6. 3년제 전문대학 관련학과 졸업자 등으로서 졸업 후 응시하려는 종목이 속하는 동일 및 유사 직무분야에서 7년 이상 실무에 종사한 사람 7. 2년제 전문대학 관련학과 졸업자 등으로서 졸업 후 응시하려는 종목이 속하는 동일 및 유사 직무분야에서 8년 이상 실무에 종사한 사람 8. 국가기술자격의 종목별로 기사의 수준에 해당하는 교육훈련을 실시하는 기관 중 고용노동부령으로 정하는 교육훈련기관의 기술훈련과정(이하 "기사 수준 기술훈련과정"이라 한다) 이수자로서 이수 후 응시하려는 종목이 속하는 동일 및 유사 직무분야에서 6년 이상 실무에 종사한 사람

등급	응시자격
기술사	9. 국가기술자격의 종목별로 산업기사의 수준에 해당하는 교육훈련을 실시하는 기관 중 고용노동부령으로 정하는 교육훈련기관의 기술훈련과정(이하 "산업기사 수준 기술훈련과정"이라 한다) 이수자로서 이수 후 동일 및 유사 직무분야에서 8년 이상 실무에 종사한 사람 **10. 응시하려는 종목이 속하는 동일 및 유사 직무분야에서 9년 이상 실무에 종사한 사람** **11. 외국에서 동일한 종목에 해당하는 자격을 취득한 사람**
기능장	1. 응시하려는 종목이 속하는 동일 및 유사 직무분야의 산업기사 또는 기능사 자격을 취득한 후 「국민평생직업능력개발법」에 따라 설립된 기능대학의 기능장과정을 마친 이수자 또는 그 이수예정자 2. 산업기사 등급 이상의 자격을 취득한 후 응시하려는 종목이 속하는 동일 및 유사 직무분야에서 5년 이상 실무에 종사한 사람 3. 기능사 자격을 취득한 후 응시하려는 종목이 속하는 동일 및 유사 직무분야에서 7년 이상 실무에 종사한 사람 4. 응시하려는 종목이 속하는 동일 및 유사 직무분야에서 9년 이상 실무에 종사한 사람 5. 응시하려는 종목이 속하는 동일 및 유사 직무분야의 다른 종목의 기능장 등급의 자격을 취득한 사람 6. 외국에서 동일한 종목에 해당하는 자격을 취득한 사람
기사	1. 산업기사 등급 이상의 자격을 취득한 후 응시하려는 종목이 속하는 동일 및 유사 직무분야에서 1년 이상 실무에 종사한 사람 2. 기능사 자격을 취득한 후 응시하려는 종목이 속하는 동일 및 유사 직무분야에서 3년 이상 실무에 종사한 사람 3. 응시하려는 종목이 속하는 동일 및 유사 직무분야의 다른 종목의 기사 등급 이상의 자격을 취득한 사람 4. 관련학과의 대학졸업자 등 또는 그 졸업예정자 5. 3년제 전문대학 관련학과 졸업자 등으로서 졸업 후 응시하려는 종목이 속하는 동일 및 유사 직무분야에서 1년 이상 실무에 종사한 사람 6. 2년제 전문대학 관련학과 졸업자 등으로서 졸업 후 응시하려는 종목이 속하는 동일 및 유사 직무분야에서 2년 이상 실무에 종사한 사람 7. 동일 및 유사 직무분야의 기사 수준 기술훈련과정 이수자 또는 그 이수예정자 8. 동일 및 유사 직무분야의 산업기사 수준 기술훈련과정 이수자로서 이수 후 응시하려는 종목이 속하는 동일 및 유사 직무분야에서 2년 이상 실무에 종사한 사람 9. 응시하려는 종목이 속하는 동일 및 유사 직무분야에서 4년 이상 실무에 종사한 사람 10. 외국에서 동일한 종목에 해당하는 자격을 취득한 사람
산업기사	1. 기능사 등급 이상의 자격을 취득한 후 응시하려는 종목이 속하는 동일 및 유사 직무분야에 1년 이상 실무에 종사한 사람 2. 응시하려는 종목이 속하는 동일 및 유사 직무분야의 다른 종목의 산업기사 등급 이상의 자격을 취득한 사람 3. 관련학과의 2년제 또는 3년제 전문대학졸업자 등 또는 그 졸업예정자 4. 관련학과의 대학졸업자 등 또는 그 졸업예정자 5. 동일 및 유사 직무분야의 산업기사 수준 기술훈련과정 이수자 또는 그 이수예정자 6. 응시하려는 종목이 속하는 동일 및 유사 직무분야에서 2년 이상 실무에 종사한 사람 7. 고용노동부령으로 정하는 기능경기대회 입상자 8. 외국에서 동일한 종목에 해당하는 자격을 취득한 사람
기능사	제한 없음

┌───┐   ┌───┐
│   기술사   │   │   기능장   │
├───┤   ├───┤
│ • 기사 취득 후＋실무능력 4년   │   │ • 산업기사(기능사) 취득 후＋기능대   │
│ • 산업기사 취득 후＋실무능력 5년   │   │ • 기능장 과정 이수   │
│ • 기능사 취득 후＋실무경력 7년   │   │ • 산업기사 등급 이상 취득 후＋실무경력 5년 │
│ • 4년제 대졸(관련학과) 후＋실무경력 6년 │   │ • 기능사 취득 후＋실무경력 7년   │
│ • 동일 및 유사직무분야의 다른 종목 기술사 │   │ • 실무경력 9년 등   │
│   등급 취득자   │   │ • 동일 및 유사직무분야의 다른 종목 기능장 │
└───┘   │   등급 취득자   │
                                                 └───┘

                                                 ┌───┐
                                                 │   산업기사   │
                                                 ├───┤
┌───┐   │ • 기능사 취득 후＋실무경력 1년   │
│   기사   │   │ • 대졸(관련학과)   │
├───┤   │ • 전문대졸(관련학과)   │
│ • 산업기사 취득 후＋실무능력 1년   │   │ • 실무경력 2년 등   │
│ • 기능사 취득 후＋실무경력 3년   │   │ • 동일 및 유사 직무분야의 다른 종목   │
│ • 대졸(관련학과)   │   │   산업기사 등급 이상 취득자   │
│ • 2년제 전문대졸(관련학과) 후＋실무경력 2년 │   └───┘
│ • 3년제 전문대졸(관련학과) 후＋실무경력 1년 │
│ • 실무경력 4년 등   │   ┌───┐
│ • 동일 및 유사직무분야의 다른 종목 기사 │   │   기능사   │
│   등급 이상 취득자   │   ├───┤
└───┘   │ • 자격제한 없음   │
                                                 └───┘

② **서비스 분야 응시자격**

종목	응시자격
사회조사분석사 1급 전자상거래관리사 1급 직업상담사 1급	1. **해당 종목의 2급 자격을 취득한 후 해당 실무에 2년 이상 종사한 사람** 2. **해당 실무에 3년 이상 종사한 사람**
사회조사분석사 2급 전자상거래관리사 2급 직업상담사 2급	제한 없음
소비자전문상담사 1급	1. 해당 종목의 2급 자격 취득 후 소비자상담 실무경력 2년 이상인 사람 2. 소비자상담 관련 실무경력 3년 이상인 사람 3. 외국에서 동일한 종목에 해당하는 자격을 취득한 사람
소비자전문상담사 2급	제한 없음
임상심리사 1급	1. 임상심리와 관련하여 2년 이상 실습수련을 받은 사람 또는 4년 이상 실무에 종사한 사람으로서 심리학 분야에서 석사학위 이상의 학위를 취득한 사람 및 취득 예정자 2. **임상심리사 2급 자격 취득 후 임상심리와 관련하여 5년 이상 실무에 종사한 사람** 3. 외국에서 동일한 종목에 해당하는 자격을 취득한 사람
임상심리사 2급	1. **임상심리와 관련하여 1년 이상 실습수련을 받은 사람 또는 2년 이상 실무에 종사한 사람으로서 대학졸업자 및 그 졸업예정자** 2. 외국에서 동일한 종목에 해당하는 자격을 취득한 사람

종목	응시자격
컨벤션기획사 1급	1. 해당 종목의 2급 자격을 취득한 후 응시하려는 종목이 속하는 동일 직무 분야에서 3년 이상 실무에 종사한 사람 2. 응시하려는 종목이 속하는 동일 및 유사 직무분야에서 4년 이상 실무에 종사한 사람 3. 외국에서 동일한 종목에 해당하는 자격을 취득한 사람
컨벤션기획사 2급	제한 없음
국제의료관광 코디네이터	공인어학성적 기준요건을 충족하고, 다음 각 호의 어느 하나에 해당하는 사람 1. 보건의료 또는 관광분야의 학과로서 고용노동부장관이 정하는 학과(이하 "관련학과"라 한다)의 대학졸업자 또는 졸업예정자 2. 2년제 전문대학 관련학과 졸업자 등으로서 졸업 후 보건의료 또는 관광분야에서 2년 이상 실무에 종사한 사람 3. 3년제 전문대학 관련학과 졸업자 등으로서 졸업 후 보건의료 또는 관광분야에서 1년 이상 실무에 종사한 사람 4. 보건의료 또는 관광분야에서 4년 이상 실무에 종사한 사람 5. 관련 자격증(의사, 간호사, 보건교육사, 관광통역안내사, 컨벤션기획사 1 · 2급)을 취득한 사람

게임그래픽전문가, 게임기획전문가, 게임프로그래밍전문가, 멀티미디어콘텐츠제작전문가, 비서 1급 · 2급 · 3급, **스포츠경영관리사**, 워드프로세서, 전자상거래운용사, 전산회계운용사 1급 · 2급 · 3급, 컴퓨터활용능력 1급 · 2급, **텔레마케팅관리사**, 한글속기 1급 · 2급 · 3급
제한 없음

(7) 필기시험이 면제되는 자격종목/실기시험만 시행할 수 있는 종목 (출처 : 국가기술자격법 시행규칙 별표10)

직무분야	중직무분야	자격종목
02. 경영 · 회계 · 사무	023. 사무	한글속기 1급 · 2급 · 3급
14. 건설	141. 건축	거푸집기능사, **건축도장기능사**, 건축목공기능사, **도배기능사**, **미장기능사**, 방수기능사, 비계기능사, 온수온돌기능사, **유리시공기능사**, **조적기능사**, 철근기능사, 타일기능사, **금속재창호기능사**
	142. 토목	**도화기능사**, **석공기능사**, 지도제작기능사, **항공사진기능사**
19. 섬유 · 의복	192. 의복	**봉제기능사(2026년 신설)**

(1) 고용24(직업·진로)의 계열별 학과 (2025. 12.)

계열	학과
인문계열	국어·국문학과, **국제지역학과**, 기타 아시아어·문학과, 기타 유럽어·문학과, 독일어·문학과, 러이사어·문학과, 문예창작과, **문헌정보학과**, 문화·민속·미술사학과, 스페인어·문학과, **심리학과**, 언어학과, 역사·고고학과, 영미어·문학과, 일본어·문학과, **종교학과**, 중국어·문학과, 철학·윤리학과, 프랑스어·문학과
사회계열	경영학과, 경제학과, 경찰행정학과, **광고·홍보학과**, 국제학과, 금융·보험학과, 노인복지학과, **도시·지역학과**, 무역·유통학과, 법학과, 보건행정학과, **비서학과**, 사회복지학과, **사회학과**, 세무·회계학과, **신문방송학과**, 아동·청소년복지학과, 정보미디어학과, **정치외교학과**, **항공서비스과**, 행정학과, 호텔·관광경영학과
교육계열	공학교육과, 교육학과, 사회교육과, **언어교육과**, 예체능교육과, 유아교육학과, 인문교육과, 자연계교육과, 초등교육학과, 특수교육학과
자연계열	(애완)동물학과, **가정관리과**, 농업학과, 물리·과학과, 산림·원예학과, **생명과학과**, **생물학과**, 수산학과, 수의학과, 수학과, **식품영양학과**, 식품조리학과, 의류·의상학과, **자원학과**, 지구과학과, **천문·기상학과**, **통계학과**, 화학과
공학계열	**(안경)광학과**, 건축·설비공학과, **건축학과**, 게임공학과, 기계공학과, **도시공학과**, **메카트로닉스(기전)공학과**, 반도체·세라믹공학과, 산업공학과, 섬유공학과, **소방방재학과**, 신소재공학과, 에너지공학과, 응용소프트웨어공학과, **자동차공학과**, 재료·금속공학과, 전기공학과, 전자공학과, 정보·통신공학과, 정보보안·보호학과, 제어계측공학과, **조경학과**, 지상교통공학과, 컴퓨터공학과, 토목공학과, **항공학과**, **해양공학과**, 화학공학과, **환경공학과**
의약계열	간호학과, 물리치료학과, 방사선학과, 보건관리학과, 약학과, 응급구조학과, 의료공학(의료장비)과, 의학과, 임상병리학과, 작업치료학과, 재활학과, 치기공학과, 치위생학과, 치의학과, 한의학과
예체능계열	경호학과, 공예학과, 만화·애니메이션학과, 무용학과, 미술학과, 방송·연예과, 뷰티아트과, 사진·영상예술학과, 산업디자인학과, 시각디자인학과, 실내디자인학과, 실용음악과, 연극·영화학과, 음악학과, 음향과, 조형학과, 체육학과, 패션디자인학과

❶ 직업정보의 이해

★ **2012년, 2016년 직업상담사 1급**

01 직업정보에 관한 설명으로 틀린 것은?

① 직업적 기회나 직업 자체에 관련된 사실의 기술이나 설명도 포함된다.

② 직업에 필요한 자질과 훈련, 직업의 전망 등과 같이 일의 세계에 관련된 넓은 사실을 기술, 설명, 전망하는 정보이다.

③ 직업정보에는 취업기회, 소요인원, 장래성, 직장의 근무조건, 보수, 필요한 자격과 직업에 요청되는 행동특성도 포함될 수 있다.

④ 직업정보는 잘못된 직업선택에 따른 개인적 · 사회적 비용을 개인에게 전가하는 데 목적이 있다.

> **해설** 직업정보는 잘못된 직업선택에 따른 개인적 비용이나 사회적 비용을 줄여주는 역할을 한다.

02 직업정보의 유용성에 대한 설명으로 적절하지 않은 것은?

① 직업을 선택하고자 하는 사람에게 유용하게 사용되어야 한다.

② 인력 수급, 과거정보의 자원 등에 중요하다.

③ 직업인식, 직업탐색, 직업선택, 입직과정 등을 거치는 직업발달단계에서 직업지식이 중요하다.

④ 직업준비를 할 때 사용될 수 있도록 미리 갖추어져 있어야 한다.

> **해설** 직업정보란 채용자격, 작업조건, 보상, 승진 등을 포함한 직위, 직무, 직업 등에 관한 유용하고 타당한 자료이며, 이는 인력 수급, 미래정보의 자원 등에 중요하다.

★★

03 다음 중 내담자 대상별 직업정보의 의의에 대한 설명으로 틀린 것은?

① 아동 : 생애형태에서 직업과의 경제적 인식 발달

② 청소년 : 공적 · 사적 부분에서 진로기회를 비교하는 것

③ 성인 : 시간제 근로와 정시제 근로의 기회를 확인하는 것

④ 은퇴자 : 생애형태계획을 유지하는 것

> **해설** ③ 은퇴자의 설명에 해당한다.

★ **2018년 직업상담사 1급**

04 직업상담 시 제공하는 직업정보의 기능과 역할에 대한 설명으로 틀린 것은?

① 여러 가지 직업적 대안들을 명료하게 한다.

② 내담자의 흥미, 적성, 가치 등을 파악할 수 있다.

③ 경험이 부족한 내담자에게 다양한 직업들을 간접적으로 접할 기회를 제공한다.

④ 내담자가 자신의 선택이 현실에 비추어 부적당한 선택이었는지를 점검하고 재조정해 볼 수 있는 기초를 제공한다.

> **정답** 01. ④ 02. ② 03. ③ 04. ②

해설 [직업상담 시 직업정보의 기능과 역할]
㉠ 내담자의 직업선택에 대한 의사결정을 돕고, 직업선택에 관한 지식을 증가시킨다.
㉡ 내담자가 자신의 선택이 현실에 비추어 부적당한 선택이었는지를 점검하고 재조정해 볼 수 있는 기초를 제공한다.
㉢ 경험이 부족한 내담자에게 다양한 직업들을 간접적으로 접할 기회를 제공한다.
㉣ 여러 가지 직업적 대안들의 정보를 제공하여 명료하게 한다.

★ **2018년, 2020년 직업상담사 2급**

05 직업정보를 사용하는 목적과 가장 거리가 먼 것은?

① 직업정보를 통해 근로생애를 설계할 수 있다.
② 직업정보를 통해 전에 알지 못했던 직업세계와 직업비전에 대해 인식할 수 있다.
③ 직업정보를 통해 과거의 직업탐색, 은퇴 후 취미활동 등에 필요한 정보를 얻을 수 있다.
④ 직업정보를 통해 일을 하려는 동기를 부여받을 수 있다.

해설 [직업정보의 사용목적]
㉠ 직업에 대하여 흥미 유발, 토론자료 제공, 태도변화, 더 나은 조사를 하도록 동기부여
㉡ 전에 알지 못했던 직업에 대한 인식
㉢ 직무를 수행하는 기업이나 공장 등의 유형에 대한 지식 확대
㉣ 한 직업에서 일하는 활동, 일의 과정, 환경 등에 관한 지식 습득
㉤ 직업생활, 가족, 오락, 일의 전과 후의 다른 활동을 기술·묘사함으로써 한 직업에서 더 좋은 근로자의 생활형태 비교
㉥ 학력취득자, 자격취득자, 중도탈락자 등이 직업생활을 인식함으로써 갖는 역할모형의 제공
㉦ 미래와 현재, 그리고 자신의 생애설계를 하도록 돕는 직업에 대한 지식 확대

06 의사결정을 위한 직업정보의 역할에 대한 설명으로 옳지 않은 것은?

① 직업탐색, 직업결정, 직업전환 등의 의사결정을 위한 대안으로서의 역할
② 진로 및 직업상담에서 상담원 개입의 역할
③ 노동시장에서 요구하는 인력형태에 관한 정보로서의 역할
④ 직업생활을 인식함으로써 갖는 역할모형의 제공

해설 ④ 직업정보의 사용목적에 해당한다.

★

07 내용별 직업정보 중 서로 다른 분류에 해당하는 것은?

① 미래의 변화와 경제에 미칠 영향의 평가
② 기술변화와 고용형태의 변화
③ 블루칼라와 화이트칼라의 고용 이동
④ 팽창되는 직업과 축소되는 직업의 유형

해설 ① 미래사회에 관한 정보에 해당한다.
② 미래사회에 관한 정보에 해당한다.
③ 직업세계에 관한 정보에 해당한다.
④ 미래사회에 관한 정보에 해당한다.

정답 05. ③ 06. ④ 07. ③

❷ 직업정보의 종류

2011년 직업상담사 1급

08 민간직업정보의 일반적인 특성과 가장 거리가 먼 것은?

① 국내 또는 국제적으로 인정되는 객관적인 기준에 근거한 직업분류
② 필요한 시기에 최대한 활용되도록 한시적으로 신속하게 생산되어 운영
③ 특정한 목적에 맞게 해당 분야 및 직종을 제한적으로 선택
④ 정보생산자의 임의적 기준에 따라 해당 직업을 분류

해설 공공직업정보는 객관적인 기준을 가지고 전체 직업에 관한 일반적인 정보를 제공하므로 정보의 객관성이 보장된다.

★ **2012년, 2013년 직업상담사 1급**

09 다음 중 공공직업정보의 일반적인 특성이 아닌 것은?

① 기초정보의 성격
② 정보 제공의 불연속성
③ 조사·수록되는 직업범위의 포괄성
④ 객관적 기준에 의거한 직업의 분류 및 구분

해설 ② 민간직업정보의 특성에 해당한다.

★ **2017년 직업상담사 1급**

10 공공직업정보에 관한 설명으로 가장 거리가 먼 것은?

① 장기적인 계획 및 목표에 따라 주기적으로 생산한다.
② 특정한 목적에 맞게 해당 분야 및 직종을 제한하여 제공한다.
③ 직업정보 간의 비교·활용이 용이하도록 생산하여 제공한다.

★★ **2016년, 2022년, 2025년 직업상담사 1급**

11 민간직업정보에 관한 옳은 설명을 모두 고른 것은?

> A. 필요한 시기에 최대한 활용하도록 한시적으로 신속하게 생산되어 운영한다.
> B. 정보생산자의 임의적 기준에 따라 또한 관심이나 흥미 위주로 직업을 분류한다.
> C. 특정 시기에 국한하지 않고 지속적으로 조사, 분석하여 제공한다.
> D. 정보 자체의 효과가 큰 반면 부가적인 파급효과는 적다.

① A, B, C
② A, B, D
③ B, C, D
④ A, B, C, D

해설 C. 공공직업정보의 특성에 해당한다.

2017년, 2020년 직업상담사 1급

12 다음 중 민간직업정보의 특성과 가장 거리가 먼 것은?

① 국제적으로 인정되는 객관적인 기준에 근거하여 직업을 분류한다.
② 특정한 목적에 맞게 해당 분야 및 직종을 제한적으로 선택한다.
③ 시사적인 관심이나 흥미를 유도할 수 있도록 해당 직업을 분류한다.
④ 필요한 시기에 최대한 활용되도록 한시적으로 신속하게 생산되어 운영된다.

해설 공공직업정보는 객관적인 기준을 가지고 전체 직업에 관한 일반적인 정보를 제공하므로 정보의 객관성이 보장된다.

정답 08. ① 09. ② 10. ② 11. ② 12. ①

13 직업정보의 유형별 장단점에 관한 다음 표에서 (　　) 안에 들어갈 알맞은 것은?

종류	비용	학습자 참여도	접근성
인쇄물	（ A ）	수동	용이
면접	저	（ B ）	제한적
직업경험	고	적극	（ C ）
직업체험	（ D ）	적극	제한적

① A－고, B－적극, C－용이, D－저
② A－고, B－수동, C－제한적, D－저
③ A－저, B－적극, C－제한적, D－고
④ A－저, B－수동, C－용이, D－저

해설 [직업정보의 유형별 특징]

종류	비용	학습자 참여도	접근성
인쇄물	저	수동	용이
시청각자료	고	수동	제한적
면접	저	적극	제한적
관찰	고	수동	제한적
직업경험	고	적극	제한적
직업체험	고	적극	제한적

❸ 직업정보 제공 자료

14 한국직업사전의 DPT에서 0－0－0이 의미하는 것은?

① 조정 － 자문 － 설치 ② 조정 － 협의 － 유지
③ 종합 － 협의 － 유지 ④ 종합 － 자문 － 설치

해설 [한국직업사전의 직무기능]

수준	자료	사람	사물
0	종합	자문	설치
1	조정	협의	정밀작업
2	분석	교육	제어조작
3	수집	감독	조작운전
4	계산	오락제공	수동조작
5	기록	설득	유지
6	비교	말하기－신호	투입－인출
7	－	서비스 제공	단순작업
8	관련없음	관련없음	관련없음

15 한국직업사전에서 제공하는 부가직업정보에 대한 설명으로 틀린 것은?

① 정규교육 － 해당 직업의 직무를 수행하는데 필요한 일반적인 정규교육 수준을 의미하는 것으로 해당 직업 종사자의 평균학력을 나타내는 것은 아니다.
② 숙련기간 － 정규교육과정을 이수한 후 해당 직업의 직무를 평균적인 수준으로 스스로 수행하기 위하여 필요한 각종 교육, 훈련, 숙련기간을 의미한다.
③ 작업강도 － 해당 직업의 직무를 수행하는데 필요한 육체적, 심리적, 정신적 노동강도를 의미한다.
④ 직무기능(DPT) － 해당 직무를 수행하는 작업자가 자료(data), 사람(people), 사물(thing)과 맺는 관계를 나타내는 것이다.

정답 13. ③　14. ④　15. ③

해설 한국직업사전의 **작업강도는** 해당 직업의 직무를 수행하는데 필요한 **육체적 힘의 강도를 나타낸 것으로 5단계로 분류**하였다. 그러나 **심리적·정신적 노동강도는 고려하지 않았다.**

2010년 직업상담사 1급

16 한국직업사전의 본 직업명칭에 관한 설명으로 틀린 것은?

① 산업현장에서 일반적으로 사용되고 있으며 해당 직업으로 알려진 명칭, 혹은 그 직무에 통상적으로 호칭되는 것으로 선정하였다.

② 작업자들 간에 사용하는 호칭과 기업 내 직무편제 상의 명칭이 다른 경우 직업명칭은 해당 작업자의 의견으로만 결정하였다.

③ 특별히 부르는 명칭이 없는 경우에는 직무내용과 산업의 특수성 등을 고려하여 누구나 쉽게 이해할 수 있는 명칭을 부여하였다.

④ 가급적 외래어를 피하고 우리말로 표기하되 우리말 표기가 현장감이 없을 경우에는 외래어를 정부에서 정한 외래어표기법에 따라 표기하였다.

해설 현장근로자를 대상으로 하는 직무조사의 경우 작업자 스스로도 자신의 직업이 무엇으로 불리는지 알지 못하는 경우가 있는데 이는 작업자들 간에 사용하는 호칭과 기업 내 직무편제상의 명칭이 다르기 때문이다. 따라서 **직업명칭은 해당 작업자의 의견뿐만 아니라 상위책임자 및 인사담당자의 의견을 수렴하여 결정**하였다.

★ **2011년, 2023년 직업상담사 1급**

17 한국직업사전의 부가 직업정보 중 작업강도에 관한 설명으로 틀린 것은?

① 작업강도는 해당 직무를 수행하는 데 필요한 육체적 힘의 강도를 나타낸 것이다.

② 작업강도는 5단계로 분류한다.

③ 작업강도는 심리적, 정신적 노동강도를 고려힌다.

④ 작업강도에서 보통 작업은 최고 20kg의 물건을 들어 올리고 10kg 정도의 물건을 빈번히 들어 올리거나 운반한다.

해설 작업강도는 해당 직업의 직무를 수행하는데 필요한 **육체적 힘의 강도를 나타낸 것으로 5단계로 분류**하였다. 그러나 **심리적·정신적 노동강도는 고려하지 않았다.**

★ **2011년 직업상담사 1급**

18 한국직업사전에서 제공하는 정보 중 직무기능(DPT)은 해당 직무를 수행하는 작업자가 자료, 사람, 사물과 맺는 관계를 나타내는 것이다. 다음 표의 ( ) 안에 들어갈 알맞은 것은?

수준	자료(data)	사람(people)	사물(thing)
0	(A)	자문	설치
1	조정	(B)	정밀작업
2	분석	교육	(C)
3	수집	감독	조작운전
4	(D)	오락제공	수동조작

① A : 종합, B : 협의, C : 제어조작, D : 계산
② A : 비교, B : 협의, C : 관련없음, D : 기록
③ A : 종합, B : 설득, C : 서비스 제공, D : 비교
④ A : 기록, B : 말하기·신호, C : 단순작업, D : 관련없음

해설 [한국직업사전의 직무기능]

수준	자료	사람	사물
0	**종합**	자문	설치
1	조정	**협의**	정밀작업
2	분석	교육	**제어조작**
3	수집	감독	조작운전
4	**계산**	오락제공	수동조작
5	기록	설득	유지
6	비교	말하기-신호	투입-인출
7	–	서비스 제공	단순작업
8	관련없음	관련없음	관련없음

정답 16. ② 17. ③ 18. ①

★★ 2012년, 2021년 직업상담사 1급

19 한국직업사전에서 '상품이나 서비스 등을 구매하도록 권유하고 설득한다'와 관련되는 직무기능은?

① 자료
② 사람
③ 사물
④ 조정

해설 '상품이나 서비스 등을 구매하도록 권유하고 설득한다'는 한국직업사전의 직무기능 중 사람(People)과 관련된 '설득(persuading)'에 대한 설명에 해당한다.

2012년 직업상담사 1급

20 한국직업사전에 수록되는 정보 중 유사명칭에 관한 설명으로 틀린 것은?

① 본직업명을 명칭만 다르게 부르는 것이다.
② 직업수 집계에서 제외된다.
③ 한국직업사전의 부가 직업정보에 해당한다.
④ 본직업명을 직무의 범위, 대상 등에 따라 나눈 것이다.

해설 유사명칭은 현장에서 본직업명을 명칭만 다르게 부르는 것으로 본직업명과 사실상 동일하다. 따라서 직업수 집계에서 제외된다. 본직업명을 직무의 범위, 대상 등에 따라 나눈 것은 관련직업에 해당한다.

★ 2013년 직업상담사 1급

21 한국직업사전의 부가직업정보인 작업강도에 관한 설명으로 틀린 것은?

① 해당 직업의 직무를 수행하는데 필요한 육체적 힘의 강도를 나타낸 것으로 심리적 · 정신적 노동강도는 고려하지 않는다.
② 들어 올림은 물체를 주어진 높이에서 다른 높이로 올리거나 내리는 작업을 말한다.
③ 보통작업은 최고 20kg의 물건을 들어 올리고 10kg 정도의 물건을 빈번히 들어 올리거나 운반한다.

④ 아주 힘든 작업은 최고 40kg의 물건을 들어 올리고 20kg 정도의 물건을 빈번히 들어 올리거나 운반한다.

해설 아주 힘든 작업은 40kg 이상의 물건을 들어 올리고 20kg 이상의 물건을 빈번히 들어 올리거나 운반한다.

2013년 직업상담사 1급

22 다음은 한국직업사전의 어떤 구성요소의 내용에 해당하는가?

- 가구디자이너 : 시장조사를 통해서 경쟁력 있는 가구를 개발하고 디자인한다.
- 코디네이터 : 방송이나 공연을 위하여 연예인(영화산업/방송업/공연산업)의 성격, 분위기, 출연 프로그램의 특성 등을 검토하며 의상과 장신구를 구입 또는 대여하여 조화롭게 연출시켜 준다.
- 한약사 : 한약국에서 한약을 조제하고 판매한다.

① 수행직무
② 직무개요
③ 직무기능
④ 육체활동

해설 한국직업사전의 구성 중 직무개요는 직무담당자의 활동, 활동의 대상 및 목적, 직무담당자가 사용하는 기계, 설비 및 작업보조물, 사용된 자재, 만들어진 생산품 또는 제공된 용역, 수반되는 일반적, 전문적 지식 등을 간략히 기술하였다.

★ 2014년 직업상담사 1급

23 한국직업사전의 문장기술 원칙으로 틀린 것은?

① 작업의 내용을 기술할 때 추상적인 언어는 사용하지 않는다.
② 문체는 항상 현재형으로 기술한다.
③ 주어는 생략하지 않는다.
④ 외래어의 정확한 이해를 위해 원어(原語)를 함께 표기한다.

정답 19. ② 20. ④ 21. ④ 22. ② 23. ③

해설 문장기술의 통일성을 확보하기 위하여 조사자는 다음의 원칙을 고려하여 수행직무를 기술하였다.

- **해당 작업원이 주어일 때는 주어를 생략**하나, 다른 작업원이 주어일 때에는 주어를 생략하지 않는다.
- 작업의 본질을 표현하는 동사와 그것을 규정하는 수식어를 적절히 사용하여 문장을 완성한다.
- 직무의 특성이 나타나지 않는 일반적인 문장은 가급적 피한다.
- **문체는 항상 현재형으로 기술한다.** 즉 '……한다', '……이다'의 형식이 된다.
- **작업의 내용을 기술할 때 추상적인 언어는 사용하지 않는다.**
- 문체는 간결한 문장으로 한다.
- 내용기술은 시간적 순서(작업순서)에 의해 작성한다.
- 전체를 정확히 파악하여 중요한 내용을 모두 기술한다.
- 주된 직무보다 빈도나 중요도는 낮으나 수행이 가능한 작업에 대해서는 '수행직무'에서 '∼하기도 한다.'로 표현한다. '∼하기도 한다.' 라는 문장은 이 직업에 종사하는 사람이 가끔 이런 작업을 수행할 것이라는 의미가 아니라 다른 사업체에 있는 이 직업에 종사하는 사람이 일반적으로 수행하거나 수행 가능한 작업을 나타낸다.
- **외래어의 정확한 이해를 위해 원어(原語)를 함께 표기한다.**

★ **2014년 직업상담사 1급**

24 다음 중 한국직업사전의 부가 직업정보와 가장 거리가 먼 것은?

① 숙련수준
② 교육수준
③ 직무기능
④ 작업환경

해설 [한국직업사전의 부가 직업정보]
㉠ 정규교육, ㉡ **숙련기간**, ㉢ **직무기능**, ㉣ 작업강도, ㉤ 육체활동, ㉥ 작업장소, ㉦ **작업환경**, ㉧ 유사명칭, ㉨ 관련직업, ㉩ 자격·면허, ㉪ 한국표준산업분류 코드, ㉫ 한국표준직업분류 코드 ㉬ 조사연도

★ **2017년 직업상담사 1급**

25 한국직업사전의 직무기능에 대한 내용 중 다음 ( )에 들어갈 내용으로 가장 적합한 것은?

자료	비교-기록-계산-수집-(㉠)-조정-종합
사람	서비스제공-말하기·신호-설득-오락제공-감독-(㉡)-협의-자문
사물	단순작업-투입·인출-(㉢)-수동조작-조작운전-제어조작-정밀작업-설치

① ㉠ : 분석, ㉡ : 교육, ㉢ : 유지
② ㉠ : 교육, ㉡ : 분석, ㉢ : 유지
③ ㉠ : 분석, ㉡ : 유지, ㉢ : 교육
④ ㉠ : 유지, ㉡ : 교육, ㉢ : 분석

해설 [한국직업사전의 직무기능]

수준	자료	사람	사물
0	종합	자문	설치
1	조정	협의	정밀작업
2	**분석**	**교육**	제어조작
3	수집	감독	조작운전
4	계산	오락제공	수동조작
5	기록	설득	**유지**
6	비교	말하기-신호	투입-인출
7	-	서비스 제공	단순작업
8	관련없음	관련없음	관련없음

★★ **2015년 직업상담사 1급**

26 한국직업사전 부가정보의 숙련기간에 대한 설명으로 틀린 것은?

① 정규교육과정을 이수한 후 해당 직업의 직무를 평균적인 수준으로 스스로 수행하기 위하여 필요한 각종 교육, 훈련, 숙련기간을 의미한다.
② 취업 후에 이루어지는 자격이나 면허 취득기간은 포함되지 않는다.
③ 해당 직무를 평균 이상으로 수행하기 위한 향상훈련 기간은 포함되지 않는다.
④ 자격·면허가 요구되는 직업이 아니지만 해당 직무를 평균적으로 수행하기 위한 각종 교육·훈련기간도 포함된다.

해설 숙련기간은 정규 교육과정을 이수한 후 해당 직업의 직무를 평균적인 수준으로 스스로 수행하기 위하여 필요한 각종 교육, 훈련, 숙련기간을 의미한다. 해당 직업에 필요한 자격·면허를 취득하는 취업 전 교육 및 훈련기간뿐만 아니라 취업 후에 이루어지는 관련 자격·면허 취득 교육 및 훈련기간도 포함된다.

2015년 직업상담사 1급
27 한국직업사전에서 작업강도에 관한 설명으로 틀린 것은?

① 아주 가벼운 작업 – 최고 4kg의 물건을 들어 올리고, 때때로 장부, 소도구 등을 들어 올리거나 운반한다.

② 가벼운 작업 – 최고 8kg의 물건을 들어 올리고 4kg 정도의 물건을 빈번히 들어 올리거나 운반한다.

③ 보통 작업 – 최고 20kg의 물건을 들어 올리고 10kg 정도의 물건을 빈번히 들어 올리거나 운반한다.

④ 아주 힘든 작업 – 최고 40kg의 물건을 들어 올리고 20kg 정도의 물건을 빈번히 들어 올리거나 운반한다.

해설 아주 힘든 작업은 40kg 이상의 물건을 들어 올리고 20kg 이상의 물건을 빈번히 들어 올리거나 운반한다.

★★ 2015년 직업상담사 1급
28 한국직업사전에서 "만질 수 없으며 숫자, 단어, 기호, 생각, 개념 그리고 구두상 표현을 포함한다."의 직무기능과 관련된 예시는?

① 사실을 발견하고 지식개념, 또는 해석을 개발하기 위해 자료를 종합적으로 분석한다.

② 법률적으로나 과학적, 임상적, 종교적, 기타 전문적인 방식에 따라 사람들의 전인격적인 문제를 상담하고 조언하며 해결책을 제시한다.

③ 기계 또는 설비를 시동, 정지, 제어하고 작업이 진행되고 있는 기계나 설비를 조정한다.

④ 언어나 신호를 사용해서 정보를 전달하고 교환한다.

해설 한국직업사전에서 "만질 수 없으며 숫자, 단어, 기호, 생각, 개념 그리고 구두상 표현을 포함한다."의 직무기능은 자료(Data)에 대한 설명이다.
② 사람(People)의 '자문' 기능에 해당한다.
③ 사물(Thing)의 '제어조작' 기능에 해당한다.
④ 사람(People)의 '말하기-신호' 기능에 해당한다.

2016년 직업상담사 1급
29 한국직업사전의 부가 직업정보 중 작업환경에 해당하지 않는 것은?

① 고온 ② 위험내재
③ 소음, 진동 ④ 실내

해설 한국직업사전의 부가 직업정보 중 작업환경에는 저온, 고온, 다습, 소음·진동, 위험내재, 대기환경미흡이 해당한다. 실내는 작업장소 구분에 해당한다.

2016년 직업상담사 1급
30 다음은 한국직업사전에서 '동물사육사'의 부가 직업정보이다. 이에 대한 설명으로 틀린 것은?

- 정규교육 : 9년 초과~12년 이하(고졸 정도)
- 숙련기간 : 1년 초과~2년 이하
- 직무기능 : 자료(비교)/사람(서비스 제공)/사물(단순작업)
- 작업강도 : 힘든 작업
- 작업장소 : 실내외
- 작업환경 : 대기환경미흡/위험내재
- 유사명칭 : 동물원사육사
- 관련직업 : 육식동물사육사, 초식동물사육사, 포육사
- 표준산업분류 : [R912] 유원지 및 기타 오락 관련 서비스업
- 조사연도 : 2005

정답 27. ④ 28. ① 29. ④ 30. ①

① 종사자의 평균학력은 고등학교 졸업 정도이다.
② 정규교육과정을 이수한 후 직무를 평균적인 수준으로 스스로 수행하기 위하여 1년 초과 ~2년 이하의 숙련기간이 필요하다.
③ 직무를 수행하는 데 최고 40kg의 물건을 들어 올리고 20kg 정도의 물건을 빈번히 들어 올리거나 운반한다.
④ 동물원사육사로 불리기도 한다.

 정규교육은 해당 직업의 직무를 수행하는데 필요한 일반적인 정규교육수준을 의미하는 것으로 해당 직업 종사자의 평균 학력을 나타내는 것은 아니다.

31 한국직업사전의 부가직업정보 중 작업강도에 대한 설명으로 틀린 것은?

① "들어 올림", "운반", "밂", "당김"을 기준으로 결정한다.
② "가벼운 작업"은 최고 8kg의 물건을 들어 올리고 4kg 정도의 물건을 빈번히 들어 올리거나 운반한다.
③ "힘든 작업"은 최고 20kg의 물건을 들어 올리고 10kg 정도의 물건을 빈번히 들어 올리거나 운반한다.
④ 심리적 · 정신적 노동 강도를 고려하지 않는다.

 보통 작업은 최고 20kg의 물건을 들어 올리고 10kg 정도의 물건을 빈번히 들어 올리거나 운반한다.

32 한국직업사전의 본 직업정보 중 수행직무를 기술하는 원칙으로 틀린 것은?

① 해당 작업원이 주어일 때는 주어를 생략하지 않으나, 다른 작업원이 주어일 때에는 주어를 생략한다.
② 작업의 본질을 표현하는 동사와 그것을 규정하는 수식어를 적절히 사용하여 문장을 완성하며 직무의 특성이 나타나지 않는 일반적인 문장은 가급적 피한다.
③ 문체는 항상 현재형으로 기술한다. 즉 "……한다", "…… 이다"의 형식이 된다.
④ 내용기술은 시간적 순서(작업순서)에 의해 작성한다.

 해당 작업원이 주어일 때는 주어를 생략하나, 다른 작업원이 주어일 때에는 주어를 생략하지 않는다.

33 한국직업사전의 직무기능에 대한 설명으로 옳지 않은 것은?

① 직무기능은 해당 직업 종사자가 직무를 수행하는 과정에서 자료, 사람, 사물과 맺는 관련된 특성을 나타낸다.
② 자료와 관련된 기능은 정보, 지식, 개념 등 세 가지 종류의 활동으로 배열되어 있다.
③ 사람과 관련된 기능은 위계적 관계가 많다.
④ 사물기능은 작업자의 업무에 따라 사물과 관련되어 요구되는 활동수준이 달라진다.

 '사람(people)'과 관련된 기능은 위계적 관계가 없거나 희박하다.

34 다음은 어떤 등급의 국가기술자격의 검정기준인가?

> 해당 국가기술자격의 종목에 관한 기술기초이론 지식 또는 숙련기능을 바탕으로 복합적인 기초기술 및 기능업무를 수행할 수 있는 능력보유

① 기능장　　　　② 기사
③ 산업기사　　　④ 기능사

 31. ③　32. ①　33. ③　34. ③

등급	검정의 기준
기술사	해당 국가기술자격의 종목에 관한 고도의 전문지식과 실무경험에 입각한 계획 · 연구 · 설계 · 분석 · 조사 · 시험 · 시공 · 감리 · 평가 · 진단 · 사업관리 · 기술관리 등의 업무를 수행할 수 있는 능력 보유
기능장	해당 국가기술자격의 종목에 관한 최상급 숙련기능을 가지고 산업현장에서 작업관리, 소속 기능인력의 지도 및 감독, 현장훈련, 경영자와 기능인력을 유기적으로 연계시켜 주는 현장관리 등의 업무를 수행할 수 있는 능력 보유
기사	해당 국가기술자격의 종목에 관한 공학적 기술이론 지식을 가지고 설계 · 시공 · 분석 등의 업무를 수행할 수 있는 능력 보유
산업기사	해당 국가기술자격의 종목에 관한 **기술초이론 지식 또는 숙련기능을 바탕으로** 복합적인 기초기술 및 기능업무를 수행할 수 있는 능력 보유
기능사	해당 국가기술자격의 종목에 관한 숙련기능을 가지고 제작 · 제조 · 조작 · 운전 · 보수 · 정비 · 채취 · 검사 또는 작업관리 및 이에 관련되는 업무를 수행할 수 있는 능력 보유

등급	검정의 기준
기능장	해당 국가기술자격의 종목에 관한 최상급 숙련기능을 가지고 산업현장에서 작업관리, 소속 기능인력의 지도 및 감독, 현장훈련, 경영자와 기능인력을 유기적으로 연계시켜 주는 현장관리 등의 업무를 수행할 수 있는 능력 보유
기사	해당 국가기술자격의 종목에 관한 **공학적 기술이론 지식을 가지고** 설계 · 시공 · 분석 등의 업무를 수행할 수 있는 능력 보유
산업기사	해당 국가기술자격의 종목에 관한 기술기초이론 지식 또는 숙련기능을 바탕으로 복합적인 기초기술 및 기능업무를 수행할 수 있는 능력 보유
기능사	해당 국가기술자격의 종목에 관한 숙련기능을 가지고 제작 · 제조 · 조작 · 운전 · 보수 · 정비 · 채취 · 검사 또는 작업관리 및 이에 관련되는 업무를 수행할 수 있는 능력 보유

★★ **2009년, 2012년, 2013년, 2019년, 2023년 직업상담사 1급**

35 해당 국가기술자격의 종목에 관한 공학적 기술이론 지식을 가지고 설계 · 시공 · 분석 등의 업무를 수행할 수 있는 능력의 보유 여부를 검정기준으로 하는 국가기술자격 등급은?

① 기술사 ② 기능장
③ 기사 ④ 산업기사

해설 [국가기술자격의 검정기준 (기술 · 기능 분야)]

등급	검정의 기준
기술사	해당 국가기술자격의 종목에 관한 고도의 전문지식과 실무경험에 입각한 계획 · 연구 · 설계 · 분석 · 조사 · 시험 · 시공 · 감리 · 평가 · 진단 · 사업관리 · 기술관리 등의 업무를 수행할 수 있는 능력 보유

2009년 직업상담사 1급

36 국가기술자격 서비스 분야 자격종목 중 응시자격에 제한이 없는 것은?

① 멀티미디어콘텐츠제작전문가
② 사회조사분석사 1급
③ 임상심리사 2급
④ 국제의료관광코디네이터

해설 [국가기술자격 서비스 분야 자격종목 중 응시자격에 제한이 없는 자격]

사회조사분석사 2급, 전자상거래관리사 2급, 직업상담사 2급, 소비자전문상담사 2급, 컨벤션기획사 2급, 게임그래픽전문가, 게임기획전문가, 게임프로그래밍전문가, **멀티미디어콘텐츠제작전문가**, 비서 1급 · 2급 · 3급, 스포츠경영관리사, 워드프로세서, 전자상거래운용사, 전산회계운용사 1급 · 2급 · 3급, 컴퓨터활용능력 1급 · 2급, 텔레마케팅관리사, 한글속기 1급 · 2급 · 3급

정답 35. ③ 36. ①

★★ 2010년 직업상담사 1급

37 국가기술자격 전문사무 종목 응시자격으로 옳은 것은?

① 사회조사분석사 1급 : 대학졸업자 등으로서 졸업 후 해당 실무에 2년 이상 종사한 자
② 컨벤션기획사 2급 : 응시하고자 하는 종목이 속하는 동일 직무분야에서 1년 이상 실무에 종사한 자
③ 임상심리사 1급 : 임상심리사 2급 자격 취득 후 임상심리와 관련하여 5년 이상 실무에 종사한 자
④ 스포츠경영관리사 : 전문대학졸업자 등으로서 졸업 후 응시하고자 하는 종목이 속하는 동일 직무분야에서 1년 이상 실무에 종사한 자

> **해설** [임상심리사 1급 응시자격]
> ㉠ 임상심리와 관련하여 2년 이상 실습수련을 받은 사람 또는 4년 이상 실무에 종사한 사람으로서 심리학 분야에서 석사학위 이상의 학위를 취득한 사람 및 취득 예정자
> ㉡ 임상심리사 2급 자격 취득 후 임상심리와 관련하여 5년 이상 실무에 종사한 사람
> ㉢ 외국에서 동일한 종목에 해당하는 자격을 취득한 사람

★ 2011년 직업상담사 1급

38 국가기술자격 서비스분야 응시자격 기준으로 옳은 것은?

① 임상심리사 2급 – 제한 없음
② 직업상담사 1급 – 해당 실무에 3년 이상 종사한 사람
③ 소비자전문상담사 1급 – 소비자상담 관련 실무경력 2년 이상인 사람
④ 사회조사분석사 1급 – 해당 실무에 2년 이상 종사한 사람

> **해설** [직업상담사 1급 응시자격]
> ㉠ 해당 종목의 2급 자격을 취득한 후 해당 실무에 2년 이상 종사한 사람
> ㉡ 해당 실무에 3년 이상 종사한 사람

★ 2012년, 2018년 직업상담사 1급

39 Q-NET에서 제공하는 국가별 자격제도 정보가 아닌 것은?

① 호주의 자격제도
② 중국의 자격제도
③ 영국의 자격제도
④ 프랑스의 자격제도

> **해설** Q-NET에서 제공하는 국가별 자격제도 : 일본, 독일, 영국, 미국, 호주, 프랑스

★★ 2012년, 2015년, 2019년, 2022년, 2025년 직업상담사 1급

40 다음 중 응시자격에 제한이 있는 국가기술자격 종목은?

① 멀티미디어콘텐츠제작전문가
② 스포츠경영관리사
③ 임상심리사 2급
④ 컨벤션기획사 2급

> **해설** [국가기술자격 서비스 분야 자격종목 중 응시자격에 제한이 없는 자격]
> 사회조사분석사 2급, 전자상거래관리사 2급, 직업상담사 2급, 소비자전문상담사 2급, 컨벤션기획사 2급, 게임그래픽전문가, 게임기획전문가, 게임프로그래밍전문가, 멀티미디어콘텐츠제작전문가, 비서 1급·2급·3급, 스포츠경영관리사, 워드프로세서, 전자상거래운용사, 전산회계운용사 1급·2급·3급, 컴퓨터활용능력 1급·2급, 텔레마케팅관리사, 한글속기 1급·2급·3급

2012년 직업상담사 1급

41 국가기술자격 서비스 분야에 해당하지 않는 종목은?

① 사회조사분석사 ② 임상심리사
③ 사회복지사 ④ 직업상담사

> **해설** 사회복지사는 국가기술자격이 아닌 국가전문자격에 해당한다.

> **정답** 37. ③ 38. ② 39. ② 40. ③ 41. ③

42 국가기술자격 종목 중 경영·회계·사무 직무 분야에 해당하지 않는 것은?

① 사회조사분석사 1급 ② 스포츠경영관리사
③ 소비자전문상담사 2급 ④ 품질경영기사

> **해설** 스포츠경영관리사는 경영·회계·사무 직무분야가 아닌 이용·숙박·여행·오락·스포츠 직무분야에 해당한다.

43 한국직업능력연구원에서 제공하는 민간자격 정보망은?

① www.hrdkorea.or.kr
② www.q-net.or.kr
③ www.ei.go.kr
④ www.pqi.or.kr

> **해설** 한국직업능력연구원에서 제공하는 민간자격 정보망 : www.pqi.or.kr

44 다음 중 실기능력이 중요하여 고용노동부령이 정하는 필기시험이 면제되는 기능사 종목이 아닌 것은?

① 거푸집기능사 ② 도화기능사
③ 철근기능사 ④ 용접기능사

> **해설** [필기시험이 면제되는 자격종목/실기시험만 시행할 수 있는 종목 (출처 : 국가기술자격법 시행규칙 별표10)]

직무분야	중직무분야	자격종목
02. 경영·회계·사무	023. 사무	한글속기 1급·2급·3급
14. 건설	141. 건축	거푸집기능사, 건축도장기능사, 건축목공기능사, 도배기능사, 미장기능사, 방수기능사, 비계기능사, 온수온돌기능사, 유리시공기능사, 조적기능사, 철근기능사, 타일기능사, 금속재창호기능사
	142. 토목	도화기능사, 석공기능사, 지도제작기능사, 항공사진기능사
19. 섬유·의복	192. 의복	봉제기능사

45 국가기술자격 서비스 분야에 해당하지 않는 종목은?

① 국제의료관광코디네이터
② 스포츠경영관리사
③ 텔레마케팅관리사
④ 기술지도사

> **해설** 기술지도사는 중소벤처기업부에서 시행하는 국가전문자격에 해당한다.

46 국가기술자격 기술사 등급의 응시자격으로 틀린 것은?

① 산업기사 자격을 취득한 후 응시하려는 종목이 속하는 동일 및 유사 직무분야에서 5년 이상 실무에 종사한 사람
② 응시하려는 종목이 속하는 동일 및 유사 직무분야의 다른 종목의 기술사 등급의 자격을 취득한 사람
③ 외국에서 동일한 종목에 해당하는 자격을 취득한 사람
④ 응시하려는 종목이 속하는 동일 및 유사 직무분야에서 7년 이상 실무에 종사한 사람

> **해설** 기술사는 기능사 자격을 취득한 후 응시하려는 종목이 속하는 동일 및 유사 직무분야에서 7년 이상 실무에 종사한 사람에게 응시자격이 주어진다.

47 자격(면허)과 응시자격을 잘못 연결한 것은?

① 직업상담사 1급 – 해당 실무에 3년 이상 종사한 사람
② 사회조사분석사 2급 – 제한 없음
③ 임상심리사 1급 – 임상심리사 2급 자격 취득 후 임상심리와 관련하여 3년 이상 실무에 종사한 사람
④ 컨벤션기획사 1급 – 응시하려는 종목이 속하는 동일 및 유사 직무분야에서 4년 이상 실무에 종사한 사람

> **해설** [임상심리사 1급 응시자격]
> ㉠ 임상심리와 관련하여 2년 이상 실습수련을 받은 사람 또는 4년 이상 실무에 종사한 사람으로서 심리학 분야에서 석사학위 이상의 학위를 취득한 사람 및 취득 예정자
> ㉡ 임상심리사 2급 자격 취득 후 임상심리와 관련하여 5년 이상 실무에 종사한 사람
> ㉢ 외국에서 동일한 종목에 해당하는 자격을 취득한 사람

48 국가기술자격 서비스 분야에 해당하지 않는 종목은?

① 소비자전문상담사 1급
② 국제의료관광코디네이터
③ 멀티미디어콘텐츠제작전문가
④ 스포츠건강관리지도사

> **해설** 스포츠건강관리지도사가 아니라 스포츠경영관리사가 국가기술자격 서비스 분야에 해당한다.

49 국가기술자격 종목과 해당 직무분야가 틀리게 짝지어진 것은?

① 직업상담사 1급 – 사회복지 · 종교
② 임상심리사 2급 – 보건 · 의료
③ 세탁기능사 – 영업 · 판매
④ 포장기사 – 경영 · 회계 · 사무

> **해설** 세탁기능사는 영업 · 판매 직무분야가 아니라 섬유 · 의복 직무분야에 해당한다.

50 국가기술자격 종목에 해당하지 않는 것은?

① 게임그래픽전문가
② 국제의료관광코디네이터
③ 전자상거래운용사
④ 이미지컨설턴트 1급

> **해설** 이미지컨설턴트 1급은 민간자격에 해당한다.

51 국가기술자격 중 실기시험만 시행할 수 있는 종목에 해당하지 않는 것은?

① 석공기능사
② 도화기능사
③ 도배기능사
④ 세탁기능사

> **해설** [필기시험이 면제되는 자격종목/실기시험만 시행할 수 있는 종목 (출처 : 국가기술자격법 시행규칙 별표10)]

직무분야	중직무분야	자격종목
02. 경영 · 회계 · 사무	023. 사무	한글속기 1급 · 2급 · 3급
14. 건설	141. 건축	거푸집기능사, 건축도장기능사, 건축목공기능사, 도배기능사, 미장기능사, 방수기능사, 비계기능사, 온수온돌기능사, 유리시공기능사, 조적기능사, 철근기능사, 타일기능사, 금속재창호기능사
	142. 토목	도화기능사, 석공기능사, 지도제작기능사, 항공사진기능사
19. 섬유 · 의복	192. 의복	봉제기능사

52 다음은 어떤 등급의 국가기술자격의 검정기준 인가?

> 해당 국가기술자격의 종목에 관한 최상급 숙련 기술을 가지고 산업현장에서 작업관리, 소속 기능인력의 지도 및 감독, 현장훈련, 경영자와 기능인력을 유기적으로 연계시켜 주는 현장관리 등의 업무를 수행할 수 있는 능력 보유

① 기능사　　　　② 기사
③ 산업기사　　　④ 기능장

해설 [국가기술자격의 검정기준 (기술·기능분야)]

등급	검정의 기준
기술사	해당 국가기술자격의 종목에 관한 고도의 전문지식과 실무경험에 입각한 계획·연구·설계·분석·조사·시험·시공·감리·평가·진단·사업관리·기술관리 등의 업무를 수행할 수 있는 능력 보유
기능장	해당 국가기술자격의 종목에 관한 **최상급 숙련기능을 가지고** 산업현장에서 작업관리, 소속 기능인력의 지도 및 감독, 현장훈련, 경영자와 기능인력을 유기적으로 연계시켜 주는 현장관리 등의 업무를 수행할 수 있는 능력 보유
기사	해당 국가기술자격의 종목에 관한 공학적 기술이론 지식을 가지고 설계·시공·분석 등의 업무를 수행할 수 있는 능력 보유
산업기사	해당 국가기술자격의 종목에 관한 기술기초이론 지식 또는 숙련기능을 바탕으로 복합적인 기초기술 및 기능업무를 수행할 수 있는 능력 보유
기능사	해당 국가기술자격의 종목에 관한 숙련기능을 가지고 제작·제조·조작·운전·보수·정비·채취·검사 또는 작업관리 및 이에 관련되는 업무를 수행할 수 있는 능력 보유

53 한국직업정보시스템에서 제공하는 학과정보 중 사회계열에 해당하지 않는 학과는?

① 항공서비스과

② 신학과

③ 지리학과

④ 무역학과

해설 ① 사회계열에 해당한다.
② 인문계열의 종교학과 관련 학과에 해당한다.
③ 사회계열의 도시·지역학과 관련 학과에 해당한다.
④ 사회계열의 무역·유통학과 관련 학과에 해당한다.

54 워크넷에서 제공하는 학과정보의 인문계열에 해당하지 않는 학과는?

① 문헌정보학과　　② 심리학과
③ 사회학과　　　　④ 국제지역학과

해설 ① 인문계열에 해당한다.
② 인문계열에 해당한다.
③ 사회계열에 해당한다.
④ 인문계열에 해당한다.

55 워크넷에서 제공하는 학과정보 중 공학계열에 해당하는 학과가 아닌 것은?

① 식품영양학과　　② 건축학과
③ 소방방재학과　　④ 도시공학과

해설 ① 자연계열에 해당한다.
② 공학계열에 해당한다.
③ 공학계열에 해당한다.
④ 공학계열에 해당한다.

56 워크넷(직업·진로)에서 제공하는 학과정보의 자연계열에 해당하는 것은?

① 천문·기상학과　　② 소방방재학과
③ 항공학과　　　　　④ 조경학과

해설 ① 자연계열에 해당한다.
② 공학계열에 해당한다.
③ 공학계열에 해당한다.
④ 공학계열에 해당한다.

정답 52. ④　53. ②　54. ③　55. ①　56. ①

57 워크넷(직업 · 진로)에서 제공하는 학과정보 중 사회계열에 해당하는 학과가 아닌 것은?

① 항공서비스과
② 광고 · 홍보학과
③ 소방방재학과
④ 비서학과

해설
① 사회계열에 해당한다.
② 사회계열에 해당한다.
③ 공학계열에 해당한다.
④ 사회계열에 해당한다.

★★ 2021년, 2023년, 2025년 직업상담사 1급

58 워크넷에서 제공하는 학과정보 중 자연계열에 해당하는 것은?

① 환경학과
② 조선기계과
③ 녹지조경학과
④ 식품생명공학과

해설
① 공학계열의 환경공학과 관련 학과에 해당한다.
② 공학계열의 해양공학과 관련 학과에 해당한다.
③ 공학계열에 조경학과 관련 학과에 해당한다.
④ 자연계열의 식품영양학과 관련 학과에 해당한다.

정답 57. ③ 58. ④

직업 및 산업분류의 활용

01 직업분류의 개요

(1) 연혁

① 1960년 당시 내무부 통계국 국세조사에 직업분류를 처음 사용하였다.

② 1958년 제정된 **국제노동기구(ILO)의 국제표준직업분류**(ISCO : International Standard Classification of Occupation)를 근거로 1963년에 한국표준직업분류를 제정하였다.

③ 1966년 처음으로 개정작업을 추진한 이후 ILO의 국제표준직업분류 개정과 국내 노동시장의 직업구조와 직능 수준의 변화를 반영하기 위하여 7차례 개정작업을 추진하였다(1970, 1974, 1992, 2000, 2007, 2017, 2024).

④ 특히 **2007년에 개정된 제6차 한국표준직업분류**는 국제표준직업분류(ISCO-08)를 선제적으로 반영하여 국제 비교 가능성을 확보하는 한편, 국내 노동시장의 현실을 반영하고 현장 적용도를 제고하기 위해 대분류인 전문가와 준전문가(기술공)를 통합하였다. 또한 **중분류 이하는 직능유형(skill specialization) 중심으로 개편하였고 세분류 수준에서 특수분류인 한국고용직업분류와 분류항목을 일치**시켰다.

⑤ **2017년에는 제7차 한국표준직업분류를 개정**하였는데, 2007년 이후 시간이 경과되면서 **새롭게 등장하거나 전문영역으로 분화 또는 일부 영역의 축소 등 직무변화를 반영**하였고, 직업 등 표준분류의 예측 가능한 개정을 위해 **통계청훈령인 「통계분류 제·개정 업무처리지침」**를 제정하여 한국표준직업분류를 5년마다 개정(4, 9자가 되는 해)할 수 있도록 제도화하였다.

⑥ 2022년 6월, 제8차 한국표준직업분류 개정을 위한 기본계획을 수립하고 약 2년간에 걸친 개정작업을 통해 **중분류인 보건전문가 및 관련직과 사회복지·종교전문가 및 관련직 분리** 등 최신 노동시장 구조변화를 반영하여 통계청고시 제2024-328호(2024. 7. 1.)로 개정·고시하고 2025년 1월 1일부터 시행한다.

(2) 한국표준직업분류의 개요

① 직업의 정의

㉠ **직업(occupation)은 '유사한 직무의 집합'**으로 정의된다. 여기서 **직무(job)**란 국제표준직

업분류(ISCO-08)에서 '자영업을 포함하여 특정한 고용주를 위하여 개별 종사자들이 수행하거나 또는 수행해야 할 일련의 업무와 과업(tasks and duties)'으로 정의되며, 유사한 직무는 '주어진 업무와 과업이 매우 높은 유사성을 갖는 것'으로 볼 수 있다.

ⓛ 직업은 유사성을 갖는 직무를 지속적으로 수행하는 **계속성**을 가져야 하는데, **일의 계속성이란 일시적인 것을 제외한 다음에 해당하는 것**을 말한다.

> - **매일, 매주, 매월 등** 주기적으로 행하는 것
> - **계절적으로** 행해지는 것
> - **명확한 주기는 없으나 계속적으로** 행해지는 것
> - **현재 하고 있는 일을 계속적으로 행할 의지와 가능성**이 있는 것

ⓒ 직업은 또한 **경제성**을 충족해야 하는데, 이는 경제적인 거래관계가 성립하는 활동을 수행해야 함을 의미한다. 따라서 무급 자원봉사와 같은 활동이나 전업학생의 학습행위는 경제활동 혹은 직업으로 보지 않는다. 직업의 성립에는 비교적 엄격한 경제성의 기준이 적용되는데, 노력이 전제되지 않는 자연 발생적인 이득의 수취나 우연하게 발생하는 경제적인 과실에 전적으로 의존하는 활동은 직업으로 보지 않는다.

ⓔ 직업활동은 전통적으로 **윤리성과 사회성**을 충족해야 하는 것으로 보고 있다. 윤리성은 비윤리적인 영리행위나 반사회적인 활동을 통한 경제적인 이윤 추구는 직업활동으로 인정되지 못한다는 것이다. 사회성은 보다 적극적인 것으로서 모든 직업활동은 사회 공동체적인 맥락에서 의미 있는 활동, 즉 사회적인 기여를 전제조건으로 하고 있다는 점을 강조한다.

ⓜ 속박된 상태에서의 제반활동은 경제성이나 계속성의 여부와 상관없이 직업으로 보지 않는다.

ⓗ **다음과 같은 활동은 직업으로 보지 않는다.**

> - 이자, 주식배당, 임대료(전세금, 월세) 등과 같은 **자산수입**이 있는 경우
> - 연금법, 국민기초생활보장법, 국민연금법 및 고용보험법 등의 **사회보장이나 민간보험에 의한 수입**이 있는 경우
> - 경마, 경륜, 경정, 복권 등에 의한 **배당금이나 주식투자에 의한 시세차익**이 있는 경우
> - 예·적금 인출, 보험금 수취, 차용 또는 **토지나 금융자산을 매각**하여 수입이 있는 경우
> - 자기 집의 **가사활동**에 전념하는 경우
> - 교육기관에 재학하며 **학습에만 전념**하는 경우
> - 시민봉사활동 등에 의한 **무급 봉사적인 일**에 종사하는 경우
> - **사회복지시설 수용자의 시설 내 경제활동**
> - 수형자의 활동과 같이 **법률에 의한 강제노동**을 하는 경우
> - 도박, 강도, 절도, 사기, 매춘, 밀수와 같은 **불법적인 활동**

② **직업분류의 목적**

ⓐ 직업분류는 경제활동인구조사, 인구주택총조사, 지역별 고용조사 등 **통계조사나 각종 행정자료를 통하여 얻어진 직업정보를 분류하고 집계하기 위한 것이다.**

ⓛ 직업 관련 통계를 작성하는 모든 기관이 통일적으로 사용하도록 함으로써 **통계자료의 일관성과 비교성을 확보**할 수 있다.

ⓒ 각종 직업정보에 관한 국내통계를 국제적으로 비교 활용할 수 있도록 하기 위하여 **국제 노동기구(ILO)의 국제표준직업분류(ISCO)를 근거로 설정**되고 있다.

ⓔ **직업분류는 고용 관련 통계 및 장단기 인력수급정책 수립과 직업연구를 위한 기초자료 작성에 활용**되며, 다음에도 기준자료로 활용되고 있다.

- 각종 사회 · 경제통계조사의 직업단위기준
- 취업알선을 위한 구인 · 구직안내기준
- 직종별 급여 및 수당지급 결정기준
- 직종별 특정 질병의 이환율, 사망률과 생명표 작성기준
- 산재보험요율, 생명보험요율 또는 산재보상액, 교통사고보상액 등의 결정기준

(3) 제8차 한국표준직업분류 개정 주요 내용

① 개정 방향

㉠ 지난 개정 이후 시간경과를 고려하여 전면 개정방식으로 추진하되, **중분류 이하 단위분류체계를 중심으로 개정을 추진**하였다.

ⓛ 국제표준직업분류(ISCO)의 분류기준, 적용 원칙, 구조 및 부호체계 등 직업분류 **기본 틀은 기존 체계를 유지**하였으며, 현재 2008년 국제표준직업분류(ISCO-08) 기준으로 작성하였다.

ⓒ 국내 노동시장 직업구조의 변화특성을 고려하여 **보건 및 관련 서비스와 사회복지서비스분야의 직업 확충, 신산업 성장에 따른 직업 신설** 등 직업분류항목에 반영하였고, 반면에 자동화 · 직무 전환 등에 따른 노동시장 축소로 **기능직 및 기계조작직 분류를 통합**하였다.

ⓔ 직업분류체계의 정합성 확보를 위해 **사무 종사자의 과대 분류항목 재분류 등을 포함**하였고, 2016년 9월 제정한 한국표준교육분류(영역)와 2024년 1월 개정한 한국표준산업분류와 연계성을 고려하였다. 또한 특수분류인 **한국고용직업분류의 세분류 수준이 연계될 수 있도록 구성**하였다.

② 개정 특징

㉠ **포스트 코로나에 따른 보건전문가 및 관련 서비스 종사자의 인력 확대 반영**

- 코로나 팬데믹 이후 보건의료인력 확대, 사회복지 및 종교분야와의 직무 차별성 등을 고려하여 '보건 · 복지 및 종교 관련직'에서 '보건전문가 및 관련직'으로 중분류를 분리하였고, 방역활동 강화에 따라 **'방역원'** 등을 신설하였다.

ⓛ **저출산 · 고령화에 따른 사회복지 및 돌봄인력 수요 반영**

- 돌봄서비스 일자리와 관련한 '돌봄 및 보건서비스직'을 중분류로 분리 · 신설하였고, '교사보조 및 아동돌봄 종사자', '요양보호사 및 간병인', '노인 및 장애인 돌봄 종사자'를 각각 소분류로 상향 및 세분화하였다.

- 아동 관련 정책 수립에 필요한 '보육교사'도 '유치원교사'와 같은 소분류로 상향하였다.

ⓒ 신생 · 확대 · 소멸직업 등 노동시장의 구조변화 반영

- 반려동물양육가구 급증으로 반려동물 대상 서비스가 확대되어 '의료진료전문가'와 별도로 '수의사'를 소분류로 분리와 소분류인 '동물 관련 서비스 종사자' 신설, 플랫폼노동 확대로 '택배원'과 별도로 '늘찬배달원' 신설, 인공지능(AI) 등 데이터기반 직업수요로 '데이터 전문가'를 소분류로 상향, '전기자동차 조립원', '로봇 설치 및 정비원', '신재생에너지 관련 관리자' 등 성장산업 관련 직업 신설 등 고용규모가 늘어나는 직업분류를 확대하였다.
- 반면에 소분류인 '금형 · 주조 및 단조원', '제관원 및 판금원', '용접원'을 '금속성형 관련 기능 종사자'로 통합, '인쇄필름 출력원' 등 세세분류를 '인쇄 관련 기계조작원'으로 통합 등 고용규모가 줄어드는 직업분류를 축소하였다.

ⓓ 직업분류 활용성 및 정확성 제고를 위해 직업분류체계 개선

- 대분류 사무 종사자 중 '경영 및 회계 관련 사무직'의 고용규모 과다로 인해 '기획 · 영업 및 인사사무직', '자재 · 생산 및 운송사무직', '회계 · 경리 및 통계사무직', '일반지원사무직'으로 각각 중분류를 세분화하였다.
- '공공기관 종사원(관리자 · 전문가 · 사무원)'과 '민간기업 종사원' 간 직무의 차별성이 없어 '기업 종사원(각 분야별 관리자 · 전문가 · 사무원)'으로 통합하였고, 세분류인 '청소원'과 '환경미화원' 간의 직무유사성을 고려하여 청소대상별로 직업분류를 개편하였다.

ⓔ 직업분류 개정의견 수렴 등 대내외 개정수요 반영

- 시민사회 활성화를 위한 '시민사회 활동가'의 분류 상향 및 명칭 변경, 학제 등 직무차이에 따른 '약사'와 '한약사' 분리, 행정 대서 이외 대리 · 대행업무 수행으로 '행정사'를 '전문가 및 관련 종사자'로 대분류 이동, 국제분류기준과 직업수요를 감안하여 '청각능력 재활사' 신설 등 개정수요를 검토, 반영하였다.

③ **대분류별 주요 개정내용**

대분류	항목	주요 개정내용
1	관리자	• 법규 입안과 집행직무 차이와 국제표준직업분류(ISCO-08)를 참고하여 세분류 **'의회의원 · 고위공무원 및 공공단체 임원'을 '의회의원'과 '고위공무원 · 정당 및 특수단체 임원'으로 분리**하였고, 공공기관 임원은 민간기업 임원과의 직무유사성으로 '기업 대표 및 고위 임원'에 통합하였다. • **평생교육 수요와 신재생에너지 보급 확대에 따라 세세분류인 '직업교육훈련 및 평생교육기관 관리자'와 '신재생에너지 관련 관리자'를 신설**하였다. 또한 창고 등 운송 관련 포괄성 유지를 위해 '그 외 운송 관련 관리자'를 신설하였다.

대분류	항목	주요 개정내용
1	관리자	• 직업분류 현실 적합성을 위해 세세분류 '공연·전시예술 관련 관리자'를 '공연·시각예술 관련 관리자'로, '컴퓨터운영 관리자'를 '네트워크 및 정보보안 관리자'로, '부동산 및 임대업 관리자'를 '장비 및 기계 임대서비스 관리자'로, '농림·어업 관련 관리자'를 '농림어업 관련 관리자'로, '육상운송 관련 관리자', '해상운송 관련 관리자', '항공운송 관련 관리자'를 '육상운송 관리자', '해상운송 관리자', '항공운송 관리자'로, '경비 관련 관리자'를 '경비 및 보안 관련 관리자'로 분류명칭을 각각 변경하였다.
2	전문가 및 관련 종사자	• 직업분류 현실 적합성을 위해 세분류 '농림·어업 관련 시험원'에서 '농림어업 관련 시험원'으로, 세세분류 '인류학 연구원'에서 '인류학 및 고고학 연구원'으로, '정보통신 컨설턴트'에서 '정보통신기술 컨설턴트'로, '범용 소프트웨어 프로그래머' 등에서 '범용 소프트웨어 개발자' 등으로 분류명칭을 각각 변경하였고, **세세분류 '소프트웨어품질관리 전문가'를 신설**하였다. • 정보보안 강화와 인공지능 등 **데이터기반 직업 확대에 따라 소분류 '데이터 및 네트워크 관련 전문가'를 '네트워크 및 정보보안 전문가'와 '데이터 전문가'로 분리·신설**하였다. '네트워크 및 정보보안 전문가'의 세분류는 '네트워크시스템 개발자', '정보보안 전문가', '기타 네트워크 및 정보보안 전문가'로 배열하였다. '데이터 전문가'의 세분류는 '데이터시스템 전문가'와 '데이터 분석가'로 배열하였다. • 세세분류 '조경시공 기술자'와 '그 외 측량 및 공간정보 전문가'를 신설하고, 세분류 '측량 및 지리정보 전문가'를 '측량 및 공간정보 전문가'로, 세세분류 '사진측량 및 분석가'를 '사진측량 및 원격탐사 분석가'로, **'지리정보시스템 전문가'를 '공간정보시스템 전문가'로 분류명칭을 각각 변경**하였다. • 세분류 '전자공학 기술자 및 연구원'에서 '반도체공학 기술자 및 연구원'을 분리·상향하였다. 이하 세세분류로는 **'메모리반도체 기술자 및 연구원', '시스템반도체 기술자 및 연구원', '반도체공정·장비 기술자 및 연구원', '반도체소재 기술자 및 연구원'을 신설**하였고, **'반도체공학 시험원'도 신설**하였다. • 소분류 '소방·방재 기술자 및 안전 관리원'을 '소방·방재·산업안전 기술자 및 시험원'으로, 세분류 '산업안전 및 위험 관리원'을 '산업안전 및 산업위험 관리기술자'로, 세분류 '보건위생 및 환경 검사원'을 '산업보건 및 산업환경 관리기술자'로 분류명칭을 각각 변경하였다. 또한 '소방공학 시험원'과 '비파괴 검사원' 등을 포함하여 '소방·방재 및 산업안전 시험원'으로 통합하였다. 또한 **세분류 '신재생에너지 기술자 및 연구원'과 '신재생에너지 시험원'을 신설**하였다. • **성장직업 반영을 위해 중분류 '보건·사회복지 및 종교 관련직'에서 '보건전문가 및 관련직'과 '사회복지·종교 전문가 및 관련직'으로 분리·신설**하였다. • 소분류 '의료진료 전문가'는 포함되었던 '수의사'를 분리하였고 '의사·한의사 및 치과의사'로 분류명칭을 변경하였다. 또한 세분류 '약사 및 한약사'를 '약사'와 '한약사'로 각각 분리하였고, 세분류 '언어 재활사'에 세세분류 '청각능력 재활사'를 신설하였고 '언어 및 청각능력 재활사'로 분류명칭을 변경하였다. 또한 소분류 '보건의료 관련 종사자'를 '기타 보건 전문가 및 관련 종사자'로, 세분류 '의무기록사'를 '보건의료정보 관리사'로 분류명칭을 각각 변경하였고, '보건의료 전문가'가 각각 맡고 있는 환자안전 관련 직무에 대해 세분류 '환자안전 관리사'를 신설하였다.

대분류	항목	주요 개정내용
2	전문가 및 관련 종사자	• 분류체계 개선 관련 '보육교사'를 소분류로 상향하였고, '시민단체 활동가'를 소분류 상향과 함께 분류명칭을 '시민사회 활동가'로 변경하였다. 또한 소분류 '사회복지 관련 종사자'를 '사회복지 전문가 및 관련 종사자'로, **세분류 '직업상담사'를 '직업 관련 상담사'로 분류명칭을 각각 변경하였고 '직업 관련 상담사'에 '직업상담사'와 별도로 '장애인 직업상담사'를 신설**하였다. • 세분류 '대학시간강사'는 '대학강사'로 변경되어 '교육분야 시간강사'에서 '교육분야 강사'로 변경 등 이하 세세분류 명칭이 변경되었다. 또한 세세분류 '농림·수산업 및 수의학 교수'에서 '농림어업 및 수의학 교수'로, '보건 및 복지 교수'에서 '보건 및 복지분야 교수'로, 세세분류 '실업교사'에서 '전문기술교사'로 분류명칭을 각각 변경하였다. • 세분류 '문리 및 어학강사'에서 '외국어강사'와 '문리강사'로 분리·상향하였고, '컴퓨터강사'에서 '정보통신기술강사'로 분류명칭 변경과 '간호조무 및 요양보호강사' 신설, '기술 및 기능계 강사'에서 '자동차운전강사'를 분리·상향하였다. 세분류 '예능강사'에 세세분류 '국악강사'를 추가하였고, 세분류 '학습지 및 교육교구 방문강사'를 '학습·교구 관련 방문강사'로 분류명칭을 변경하고, 세세분류 '그 외 학습·교구 관련 강사'를 신설하였다. • 소분류 '행정 전문가'가 '공공행정 전문가'의 직무 제외와 '행정사'의 대분류 '사무 종사자'에서 이동·상향하여 '정부행정 전문가 및 관련 종사자'로 분류명칭을 변경하였다. 또한 세분류 '행사기획자'를 '행사·전시 및 회의 기획자'로 분류명칭을 변경하였고, '동산감정 전문가'와 별도로 세세분류 '예술품 및 문화재 감정 전문가'를 신설하였다. • 분류체계의 정합성 유지를 위해 중분류 '문화·예술·스포츠 전문가 및 관련직'에서 '문화·예술·스포츠·기타 전문가 및 관련직'으로 분류명칭을 변경하였다. **'미디어콘텐츠 창작자'와 '스포츠 강사 및 트레이너'를 세분류로 상향**하였고, **세세분류 '영상 및 미디어 예술가'와 '실감형 콘텐츠 디자이너'를 신설**하였다. 또한 소분류 '문화·예술 관련 기획자 및 매니저'를 '연예인 및 스포츠 매니저'가 '사무 종사자'로 이동됨에 따라 '문화·예술 관련 기획자'로 분류명칭을 변경하였고, 세분류 '공연·영화 및 음반 기획자'에서 '공연 및 시각예술 기획자'와 '영화 및 음반 기획자'로 분리하였다.
3	사무 종사자	• 중분류 '경영 및 회계 관련 사무직' 경우 고용규모 과대로 인해 직무 유사성과 적정 고용규모를 고려하여 '기업·영업 및 인사 사무직', '자재·생산 및 운송 사무직', '회계·경리 및 통계 사무직', '일반지원 사무직'으로 각각 분리·신설하였다. • 중분류 '기업·영업 및 인사 사무직'은 소분류 '기획 및 마케팅 사무원', '인사 및 교육·훈련 사무원'으로 재배치하였고, 중분류 '자재·생산 및 운송 사무직'은 소분류 '자재 및 생산관리 사무원', '운송 및 무역 사무원'으로 재배치하였다. • 중분류 '회계·경리 및 통계 사무직'은 국제표준직업분류(ISCO-08)의 계수 사무원(numerical clerks)을 참고하여 소분류 '회계 및 경리 사무원'과 중분류 '상담·안내·통계 및 기타 사무직'에 있던 소분류 '통계·데이터 관련 사무원'을 이동·배치하였다. 또한 소분류 '통계 관련 사무원'은 포괄적이고 흔히 사용되는 '데이터' 용어를 병기하여 '통계·데이터 관련 사무원'으로 분류명칭을 변경하였다.

대분류	항목	주요 개정내용
3	사무 종사자	• 중분류 '법률·감사 및 정부행정 사무직'은 소분류 '법률 및 감사사무 종사자'와 중분류 '경영 및 회계 관련 사무직'에서 이동한 '정부행정사무 종사자'로 배열하면서 분류명칭도 공공행정 사무원 직무가 제외됨에 따라 변경하였다. 또한 포괄적 용어인 세분류 '국가 및 지방행정 사무원'을 '기타 정부행정 사무원'으로 변경하였다. • 중분류 '상담·안내 및 접수 사무직'은 소분류 '통계 관련 사무원'의 이동에 따라 분류명칭을 변경하였고 중분류 순서도 '일반지원 사무직'보다 앞에 배열하였다. • 중분류 '일반지원 사무직'은 사무직무가 특정 분야로 정해지지 않는 경우로 소분류 '총무 사무원 및 대학행정 조교'와 '비서 및 사무지원 종사자'로 재배치하였다. 소분류 '비서 및 사무 보조원'은 하위분류의 직무를 대표할 수 있도록 '비서 및 사무지원 종사자'로 분류명칭을 변경하였다. 이하 세분류에는 '비서', '연예인 및 스포츠 매니저', '전산자료 입력원', '속기사', '자원봉사 관리원', '기타 사무지원 종사원'으로 배열하였다. • **세분류 '연예인 및 스포츠 매니저'는 대분류 '전문가 및 관련 종사자'에서 이동**하였고, **세분류 '전산자료 입력원 및 사무보조원'은 '전산자료 입력원'과 '기타 사무지원 종사원'으로 분리**하였다. 세분류 '전산자료 입력원'에는 세세분류 '약국전산 관리원'과 '그 외 전산자료 입력원'으로 구성되었다. 세분류 '속기사'는 '기타 사무원'에서 이동·상향하였고, **세분류 '자원봉사 관리원'을 신설**하였다.
4	서비스 종사자	• **중분류 '돌봄·보건 및 개인생활 서비스직'을 중분류 '돌봄 및 보건 서비스직' 과 '개인생활 서비스직'으로 분리·신설**하였다. • 중분류 '돌봄 및 보건 서비스직'은 직무유형, 서비스대상 등을 고려하여 소분류 '교사보조 및 아동돌봄 종사자', '요양보호사 및 간병인', '노인 및 장애인돌봄 종사자', '기타 돌봄 및 보건서비스 종사자'로 분리·상향하였다. • 소분류 '교사보조 및 아동돌봄 종사자'는 직능 수준과 돌봄대상 등을 고려하여 세분류 '교사보조 및 관련 종사원'과 '보육 관련 시설 돌봄 종사원'으로 배치하였고, '교사보조 및 관련 종사원'에는 세세분류 '유치원 교사보조원', '학교 교사보조원' 및 '유치원 및 학교 돌봄 종사원'으로 세분화하였다. 세분류 '기타 교사보조 및 아동돌봄 종사원'에는 세세분류 '방문 아동돌봄 종사원'과 '그 외 교사보조 및 아동돌봄 종사원'으로 분리·신설하였다. • **소분류 '요양보호사 및 간병인'은 통계활용성을 고려하여 소분류 '노인 및 장애인돌봄 종사자'와 별도로 분리·상향**하였다. '노인 및 장애인돌봄 종사자'는 세분류 '노인돌봄 종사원'과 '장애인돌봄 종사원'으로 분리하였다. • 중분류 '개인생활 서비스직'은 소분류 '돌봄 및 보건서비스 종사자'를 제외한 직업을 토대로 구성되었으며, 소분류 '미용 관련 서비스 종사자', '혼례 및 장례 종사자', '동물 관련 서비스 종사자' 및 '기타 개인생활서비스 종사자'로 배열되었다. 특히 **소분류 '동물 관련 서비스 종사자'를 신설하면서 세분류 '수의사 보조원', '반려동물훈련사 및 행동상담사', '반려동물관리 종사원'으로 재구성**하였다. 세분류 '수의사 보조원'에는 세세분류 '동물보건사'가 포함되어 있다. 세분류 '반려동물훈련사 및 행동상담사'는 세세분류 '반려동물훈련사'와 '반려동물행동상담사'로 구성되었다.

대분류	항목	주요 개정내용
4	서비스 종사자	• 세분류 '여가 및 관광서비스 종사원'을 '관광서비스 종사원'으로, 세세분류 '국내여행 안내원'을 '국내여행 안내사'로, '국외여행 안내원'을 '국외여행 안내사'로, '관광통역 안내원'을 '관광통역 안내사'로 분류명칭을 각각 변경하였다. 분류의 포괄성을 위해 세세분류 '그 외 관광서비스 종사원'을 신설하였다. • 음식·음료조리의 직무와 입직경로 등이 상이하여 소분류 **'조리사(cook)'에서 소분류 '음료조리 종사자'를 별도로 분리·신설**하였고, 여기에 소분류 '식음료서비스 종사자'에 있던 세분류 '바텐더'를 이동하여 포함하였다. **소분류 '조리사'에는 세분류 '단체급식 조리사'를 신설**하였다. 세분류 '웨이터'를 '식음료서비스 종사원'으로 분류명칭을 변경하였다. **세분류 '기타 음식서비스 종사원'을 '기타 식음료서비스 종사원'으로 분류명칭를 변경하고, 신설한 '병원 배식원'을 포함**하였다.
5	판매 종사자	• 판매품목에 따라 세분류 '제품 및 광고 영업원'을 '제품 영업원'과 '기타 영업원'으로 분리하고, 분류명칭을 변경하였다. 세분류 '홍보 도우미 및 판촉원'은 소분류 '방문 및 노점판매 관련직'에서 소분류 '영업 종사자'로 이동하였다. 소분류 '통신 관련 판매직'에서 '통신 관련 판매 종사자'로, '방문 및 노점판매 관련직'에서 '방문 및 노점판매 종사자'로 분류명칭을 각각 변경하였다.
6	농림어업 숙련 종사자	• **맞춤법 표기에 따라 대분류 '농림·어업 숙련 종사자'를 '농림어업 숙련 종사자'로, 중분류 '농·축산 숙련직'을 '농축산 숙련직'으로 분류명칭을 각각 변경**하였다. 또한 세분류 '낙농업 관련 종사원'에서 '낙농 관련 종사원'으로, 세세분류 '젖소 사육자'를 '젖소 사육원'으로, '육우 사육자'를 '한우 및 육우 사육원'으로, '돼지 사육자'를 '돼지 사육원'으로, '가금 사육자'를 '가금 사육원'으로, **'수렵 종사원'을 '수렵원'으로, '감별사'를 '병아리 감별사'로, '임산물 채취 종사원'에서 '임산물 채취원'으로 분류명칭을 각각 변경**하였다. • 세분류 '가축사육 종사원'을 '한우 및 육우 사육원', '돼지 사육원', '가금 사육원'으로 상향·세분화하였고, 세분류 '가금 사육원'에는 세세분류 '육계 사육원', '산란계 사육원' 및 '그 외 가금 사육원'을 신설하였다.
7	기능원 및 관련 기능 종사자	• **세분류 '도시락 제조원'을 신설**하였고, 세분류 '기타 식품가공 관련 종사원'을 '기타 식품가공 관련 기능 종사원'으로, 세세분류 '그 외 수제식품제조 종사원'을 '그 외 식품가공 관련 기능 종사원'으로 분류명칭을 각각 변경하였다. • 소분류 '금형·주조 및 단조원', '제관원 및 판금원', '용접원'을 소분류 '금속성형 관련 기능 종사자'로 통합하였다. 또한 세분류 '자동차 정비원' 내에 **세세분류 '자동차 판금 정비원'과 '자동차 도장 정비원'을 '자동차 판금 및 도장 정비원'으로 통합**하였고, **'전기자동차 모터 정비원'과 '전기자동차 배터리 정비원'을 신설**하였다. • **세분류 '로봇 설치 및 정비원'과 세세분류 '드론기기 수리원'을 신설**하였고, 세분류 '공업기계 설치 및 정비원' 내에 '식품기계 설치 및 정비원'부터 '그 외 공업기계 설치 및 정비원'까지의 세세분류를 '공업기계 설치 및 정비원'으로 통합하였다. 또한 세세분류 '도자기 공예원'을 '도자 공예원'으로 변경하였고, 세분류 '배관 세정원 및 방역원'을 세분류 '세정원'과 '방역원'으로 분리·신설하였다.
8	장치·기계 조작 및 조립 종사자	• 소분류 '직물·신발 관련 기계조작원 및 조립원', 세분류 '신발제조기 조작원 및 조립원', '기타 직물·신발 관련 기계조작원 및 조립원' 각각에서 조립원의 직무가 없어져 '직불·신발 관련 기계조작원', 세분류 '신발제조기 조작원', '기타 직물·신발 관련 기계조작원'으로 분류명칭을 변경하였다.

대분류	항목	주요 개정내용
8	장치 · 기계 조작 및 조립 종사자	• 소분류와 세분류 '세탁 관련 기계조작원'을 '세탁기계조작원'으로 변경하였다. • 조립직이 포함되도록 중분류 '기계제조 및 관련 기계조작직'을 '기계제조 · 관련 기계 조작 및 조립직'으로 분류명칭을 변경하였다. 소분류 '운송차량 및 기계 관련 조립원'을 '운송차량 조립원'과 '기계 및 기계부품 조립원'으로 분리하였고 이 중 '기계 및 기계부품 조립원'은 소분류 '금속기계부품 조립원' 전체와 소분류 '운송차량 및 기계 관련 조립원'의 일부를 분리하여 구성하였다. • 조립직이 포함되도록 중분류 '전기 및 전자 관련 기계조작직'을 '전기 · 전자 관련 기계 조작 및 조립직'으로 분류명칭을 변경하였다. 또한 소분류 '전기 · 전자 부품 및 제품 제조장치조작원' 내에 세분류 '일차전지 및 이차전지 제조기계조작원'을 신설하였고 세세분류로 '일차전지 제조기계조작원'과 '이차전지 제조기계조작원'을 신설하였다. • 분류 정확성을 위해 중분류 '운전 및 운송 관련직'을 '운전 및 운송 관련 기계 조작직'으로 분류명칭을 변경하였다. 소분류 '철도 및 전동사 기관사'와 '철도운송 관련 종사자'를 소분류 '철도 · 전동차 기관사 및 관련 종사자'로 통합하였다. 또한 세세분류 '구급차 운전원'과 '3D 프린터 조작원'을 신설하였다. 한편 세세분류 '인쇄필름 출력원'에서 '그 외 인쇄기조작원'까지 세세분류를 '인쇄 관련 기계조작원'으로 통합하면서 세분류 '인쇄기조작원'을 '인쇄 관련 기계조작원'으로 분류명칭을 변경하였다.
9	단순 노무 종사자	• 세분류 '화물분류원'이 신설됨에 따라 소분류 '하역 및 적재 단순 종사자'를 '하역 · 적재 및 분류 단순 종사자'로 분류명칭을 변경하였다. **플랫폼노동 등 배달 형태의 다양화에 따라** 소분류 '배달원' 내에 '우편집배원', '택배원', '늘찬배달원', '정기 배달원' 및 '기타 배달원'을 재배치하였다. **세세분류 '그 외 택배원'에 포함된 '퀵서비스원 및 음식배달대행원'은 '늘찬배달원'으로 분리하였고 세분류로 신설**하였다. 세분류 '음식배달(음식점 소속 배달원)'은 고용규모 축소로 세분류 '기타 배달원'의 세세분류 '음식점배달원'으로 명칭변경과 분류수준을 하향하였다. 또한 **세분류 '기타 배달원'의 '음시배달원(우유 등)'과 '신문배달원'은 세분류로 신설한 '정기 배달원'으로 이동하였고 분류명칭도 '식음료 정기 배달원'과 '신문 정기 배달원'으로 변경**하였다. • 세분류 '가구조립원'이 대분류 '장치 · 기계 조작 및 조립 종사자'에서 이동하였고, 세분류 '검표원'이 이동됨에 따라 소분류 '건물관리원 및 검표원'에서 '건물관리원'으로 분류명칭을 변경하였다. 서비스 종사자의 '경비' 용어와 혼동되어 중분류 '청소 및 경비 관련 단순 노무직'을 '청소 및 건물관리 단순 노무직'으로 분류명칭을 변경하였다. • 소분류 '청소원 및 환경미화원'의 구분 모호와 국제표준직업분류(ISCO-08)를 참고하여 소분류 '청소 관련 종사자'로 분류명칭을 변경하였고, 이하 세분류는 청소대상별로 재편하여 '건물 청소원', '운송 및 시설장비 청소원', '거리 및 공공장소 청소원', '재활용품 및 쓰레기 수거원' 및 '기타 청소 관련 종사원'으로 재배치하였다. • 중분류 '농림 · 어업 및 기타 서비스 단순 노무직'을 '농림어업 및 기타 서비스 단순 노무직'으로, 소분류 '농림 · 어업 관련 단순 종사자'를 '농림어업 관련 단순 종사자'로 분류명칭을 각각 변경하였다. 세분류 '농업 관련 단순 종사원', '임업 관련 단순 종사원', '어업 관련 단순 종사원'으로 세분화하였다. 세분류 '임업 관련 단순 종사원' 내에 세세분류 '산불감시원'과 '그 외 임원 관련 단순 종사원'를 배치하였다.

대분류	항목	주요 개정내용
9	단순 노무 종사자	• 소분류 '기타 서비스 관련 단순 종사자' 내로 세분류 '검표원'을 이동하였고, '대여제품 방문 점검원'을 상향하였다. 또한 세세분류 '정리수납원'을 신설하였다.
A	군인	• 준위가 속하는 '준사관'을 '위관급 장교'와 별도로 소분류, 세분류 및 세세분류 '준사관'으로 각각 신설하였다. 또한 분류규칙에 따라 세세분류 기타 군인을 '그 외 군인'으로 분류명칭을 변경하였다.

02 직업분류의 기준과 원칙

(1) 직업분류의 개념과 기준

① 수입(경제활동)을 위해 개인이 하고 있는 일을 그 수행되는 일의 형태에 따라 체계적으로 유형화한 것이 직업분류이며, 우리나라 직업구조 및 실태에 맞도록 표준화한 것이 한국표준직업분류(KSCO : Korean Standard Classification of Occupations)이다.

② 한국표준직업분류는 **주어진 직무의 업무와 과업을 수행하는 능력**(the ability to carry out the tasks and duties of a given job)인 직능(skill)을 근거로 편제되며, 직능 수준과 직능 유형을 고려하고 있다.

구분	개념
직능 수준 (skill level)	**직무수행능력의 높낮이를 말하는 것**으로 정규교육, 직업훈련, 직업경험, 그리고 선천적 능력과 사회문화적 환경 등에 의해 결정된다.
직능유형 (skill specialization)	직무수행에 **요구되는 지식의 분야, 사용하는 도구 및 장비, 투입되는 원재료, 생산된 재화나 서비스의 종류와 관련**된다.

③ 하나의 직업(occupation)은 직무상 유사성을 갖고 있는 여러 직무(job)의 묶음이다.

④ 어떤 직무의 집합을 여타 직업과 구별하고 동일한 직업으로 분류하는 것은 유사성의 정도에 대한 판단을 전제로 하는데, 이는 직무상 서로 다른 것을 규정하는 직업별 직무 배타성(exclusivity)을 제시하는 것과 같다. 그런데 현장에서 일어나는 직무수행조건의 복잡성과 기업규모의 차이 등에 따른 직무범위의 격차 때문에 직무별 유사성과 배타성을 판별하는 것은 매우 어려운 작업이다.

⑤ 직무 유사성의 기준에는 해당 직무를 수행하는 사람에게 필요한 지식(knowledge), 경험(experience), 기능(skill)과 함께 직무수행자가 입직을 하기 위해서 필요한 요건(skill requirements) 등이 있다. 때로는 직업 종사자가 주로 일하는 기업의 특성, 생산과정이나 최종 산출물 등이 중요할 때도 있다.

⑥ 유사하지 않은 직업은 배타성의 요건이 충족되어 상호 다른 직업이라고 할 수 있으며, 직무별로 노동시장의 형성이 다른 경우에는 가장 분명한 배타성을 갖는다고 할 수 있다.

⑦ 직무범주화 기준에는 직무별 고용의 크기 또한 현실적인 기준이 된다. **한국표준직업분류에서는 세분류 단위에서 최소 1,000명의 고용을 기준으로 설정**하였으며, 고용자 수가 많은 세분류에는 5,000~10,000명이 분포되어 있을 것으로 판단된다.

(2) 직업 대분류와 직능 수준

국제표준직업분류(ISCO)에서 정의한 **직능 수준(skill level)은 정규교육을 통해서만 얻을 수 있는 것은 아니며, 비정규적인 직업훈련과 직업경험을 통하여서도 얻게 된다.** 따라서 직업분류에서 사용되는 기본개념은 정규교육수준에 의해 분류되는 것이 아니라, **직무를 수행하는데 필요한 특정 업무의 수행능력**이다. 이러한 기본개념에 의하여 설정된 분류체계는 국제적 특성을 고려하여 4개의 직능 수준으로 구분하고, 직무능력이 정규교육(또는 직업훈련)을 통해서 얻어지는 것이라고 할 때 국제표준교육분류(ISCED-11)상의 교육과정수준에 의하여 다음과 같이 정의하였다. 이러한 **직능 수준은 실제 종사자의 학력수준을 제시하는 것은 아니며, 필요로 하는 최소 직능 수준을 의미**한다고 할 수 있다.

① **제1직능 수준**

　㉠ **일반적으로 단순하고 반복적이며 때로는 육체적인 힘을 요하는 과업을 수행한다.**

　㉡ 간단한 수작업공구나 진공청소기, 전기장비들을 이용한다.

　㉢ 과일을 따거나 채소를 뽑고 단순 조립을 수행하며, 손을 이용하여 물건을 나르기도 하고 땅을 파기도 한다.

　㉣ 최소한의 문자이해와 수리적 사고능력이 요구되는 간단한 직무교육으로 누구나 수행할 수 있다.

　㉤ 제1직능 수준의 일부 직업에서는 초등교육이나 기초적인 교육(ISCED 수준 1)을 필요로 한다.

② **제2직능 수준**

　㉠ **일반적으로 완벽하게 읽고 쓸 수 있는 능력과 정확한 계산능력, 그리고 상당한 정도의 의사소통능력을 필요로 한다.**

　㉡ 보통 중등 이상 교육과정의 정규교육이수(ISCED 수준 2, 수준 3) 또는 이에 상응하는 직업훈련이나 직업경험을 필요로 한다.

　㉢ 일부 전문적인 직무훈련과 실습과정이 요구되며, 훈련실습기간은 정규훈련을 보완하거나 정규훈련의 일부 또는 전부를 대체할 수 있다.

　㉣ 운송수단의 운전이나 경찰업무를 수행하기도 한다.

　㉤ 일부의 직업은 중등학교 졸업 후 교육(ISCED 수준 4)이나 직업교육기관에서의 추가적인 교육이나 훈련을 요구할 수도 있다.

③ **제3직능 수준**

　㉠ **복잡한 과업과 실제적인 업무를 수행할 정도의 전문적인 지식을 보유하고 수리계산이나 의사소통능력이 상당히 높아야 한다.**

　㉡ 일정한 보충적 직무훈련 및 실습과정이 요구될 수 있으며, 정규훈련과정의 일부를 대체할 수도 있다.

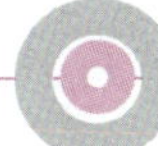

ⓒ 유사한 직무를 수행함으로써 경험을 습득하여 이에 해당하는 수준에 이를 수도 있다.

ⓔ 시험원과 진단과 치료를 지원하는 의료 관련 분류나 스포츠 관련 직업이 대표적이다.

ⓜ 일반적으로 중등교육을 마치고 1~3년 정도의 추가적인 교육과정(ISCED 수준 5) 정도의 정규교육 또는 직업훈련을 필요로 한다.

④ **제4직능 수준**

    ⓖ 매우 높은 수준의 이해력과 창의력 및 의사소통능력이 필요하다.

    ⓛ 일정한 보충적 직무훈련 및 실습이 요구된다. 또한 유사한 직무를 수행함으로써 경험을 습득하여 이에 해당하는 수준에 이를 수도 있다.

    ⓒ 분석과 문제해결, 연구와 교육, 그리고 진료가 대표적인 직무분야이다.

    ⓔ 일반적으로 4년 또는 그 이상 계속하여 학사, 석사나 그와 동등한 학위가 수여되는 교육수준(ISCED 수준 6 혹은 그 이상)의 정규교육 또는 훈련을 필요로 한다.

[한국표준직업분류 대분류와 직능 수준과의 관계]

대분류	대분류 항목	직능 수준
1	**관**리자	제4직능 수준 혹은 제3직능 수준 필요
2	**전**문가 및 관련 종사자	
3	**사**무 종사자	제2직능 수준 필요
4	**서**비스 종사자	
5	**판**매 종사자	
6	**농**림어업 숙련 종사자	
7	**기**능원 및 관련 기능 종사자	
8	**장**치·기계 조작 및 조립 종사자	
9	**단**순 노무 종사자	제1직능 수준 필요
A	**군**인	**제2직능 수준 이상 필요**

※ 암기 Tip : '**관 – 전**'하는 '**사 – 서**'는 '**판 – 농 – 기 – 장**'의 '**단 – 군**'이다.

(3) 직업분류의 원칙

① **직업분류의 일반원칙**

구분	내용
포괄성의 원칙	**우리나라에 존재하는 모든 직무는 어떤 수준에서든지 분류에 포괄되어야 한다.** 특정한 직무가 누락되어 분류가 불가능할 경우에는 포괄성의 원칙을 위배한 것으로 볼 수 있다.
배타성의 원칙	**동일하거나 유사한 직무는 어느 경우에든 같은 단위직업으로 분류되어야 한다는 점이다.** 하나의 직무가 동일한 직업단위수준에서 2개 혹은 그 이상의 직업으로 분류될 수 있다면 배타성의 원칙을 위반한 것이라 할 수 있다.

② 순서배열 원칙

구분	내용
한국표준산업분류 (KSIC)	동일한 직업단위에서 산업의 여러 분야에 걸쳐 직업이 있는 경우에 한국표준산업분류의 순서대로 배열하였다. 예 대분류 7과 8의 기능원과 조작직 종사자인 경우에는 거의 모든 산업에 종사하는 직업이 중분류 수준에서 발견되고 있으므로 중분류의 순서를 한국표준산업분류에 따라 분류하였다.
특수-일반분류	직업의 구분이 특수분류와 그 특수분야를 포함하는 일반분류가 있을 경우, 특수분류를 먼저 배열하고 일반분류를 나중에 배열하였다. 예 생명과학 연구원을 먼저 위치시키고, 이어서 자연과학 연구원을 배열하였다.
고용자 수와 직능 수준, 직능유형 고려	직능 수준이 비교적 높거나 고용자 수가 많은 직무를 우선하여 배치한 것을 말한다. 예 '대분류 1 관리자'의 중분류에서 공공 및 기업 고위직을 먼저 배열한 것은 이 분야가 직능 수준이 상대적으로 높아 관리자를 관리하는 직종이기 때문이다. 또 직능유형이 유사한 것끼리 묶어 분류하였는데, 이는 직업분류의 용이성과 활용성을 높이기 위함이다.

③ 포괄적인 업무의 분류 적용 원칙

구분	내용
주된 직무 우선 원칙	2개 이상의 직무를 수행하는 경우는 수행되는 직무내용과 관련 분류항목에 명시된 직무내용을 비교·평가하여 관련 직무내용상의 상관성이 가장 많은 항목에 분류한다. 예 교육과 진료를 겸하는 의과대학교수는 강의, 평가, 연구 등과 진료, 처치, 환자상담 등의 직무내용을 파악하여 관련 항목이 많은 분야로 분류한다.
최상급 직능 수준 우선 원칙	수행된 직무가 상이한 수준의 훈련과 경험을 통해서 얻어지는 직무능력을 필요로 한다면, 가장 높은 수준의 직무능력을 필요로 하는 일에 분류하여야 한다. 예 조리와 배달의 직무비중이 같을 경우에는, 조리의 직능 수준이 높으므로 조리사로 분류한다.
생산업무 우선 원칙	재화의 생산과 공급이 같이 이루어지는 경우는 생산단계에 관련된 업무를 우선적으로 분류한다. 예 한 사람이 빵을 생산하여 판매도 하는 경우에는, 판매원으로 분류하지 않고 제빵원으로 분류하여야 한다.

※ 암기 Tip : 주 - 최 - 생

④ 다수 직업 종사자의 분류 적용 원칙

구분	내용
취업시간 우선의 원칙	가장 먼저 분야별로 취업시간을 고려하여 보다 긴 시간을 투자하는 직업으로 결정한다.
수입 우선의 원칙	위의 경우로 분별하기 어려운 경우는 수입(소득이나 임금)이 많은 직업으로 결정한다.

구분	내용
조사 시 최근의 직업원칙	위의 두 가지 경우로 판단할 수 없는 경우에는 **조사시점을 기준으로 최근에 종사한 직업**으로 결정한다.

※ 암기 Tip : 취 – 수 – 조

(4) 특정 직종의 분류요령

① **행정관리 및 입법적 기능수행업무 종사자**

　㉠ **행정관리 및 입법기능을 수행하는 자는 '대분류 1 관리자'에 분류된다.** 따라서 주된 업무가 정책 결정, 법규 등의 입안업무를 주로 하는 중앙 및 지방정부 고위공무원 및 공·사기업 관리자가 여기에 분류된다.

　㉡ 대규모의 농업, 도·소매업 및 음식·숙박업 등의 관리자, 고용주 중에서 기획, 조정, 통제, 지시업무를 주로 하는 자 등이 여기에 포함된다.

　㉢ 현업을 겸하는 경우에는 다른 사람의 직무수행을 감독 및 관리하는 직무에 평균 근무시간의 80% 이상을 종사하는 자만 관리자로 분류된다.

② **자영업주 및 고용주 관련 직업**

　㉠ **자영업주 및 고용주는 수행되는 일의 형태나 직무내용에 따른 정의가 아니라 고용형태 또는 종사상 지위에 따라 정의된 개념이다.**

　㉡ 직업분류에서 자영업주 및 고용주의 직업은 그들이 주로 수행하는 직무내용이 관리자가 하는 일과 유사한가, 아니면 동일 분야에서 종사하는 다른 근로자와 유사한 일을 하는가, 즉 **주된 직무 우위 원칙에 따라 수행하는 직무 중 분류항목과 가장 연관이 많이 되는 직무로 분류**된다.

　㉢ 단, 소규모 상점을 독립적으로 또는 소수의 타인의 지원을 받아 소유하고 운영하는 자는 예외적으로 '소규모 상점경영자'로 분류할 수 있다.

　㉣ 게스트하우스, 민박, 음식점, 카페 등의 소규모 업체 운영자들은 관리가 주된 업무가 아닌 경우 요리, 웨이터처럼 하는 일의 주된 업무에 따라 분류해야 한다.

③ **감독직업**

　㉠ **반장 등과 같이 주로 수행된 일의 전문, 기술적인 통제업무를 수행하는 감독자는 그 감독되는 근로자와 동일 직종으로 분류한다.**

　㉡ 주된 업무가 자기 감독하에 있는 일이나 근로자의 일상 작업활동을 기획, 조정, 통제, 지시하는 업무인 경우에는 관리직으로 보아 '12 행정·경영 지원 및 마케팅 관리직', '13 전문 서비스 관리직', '14 건설·전기 및 생산 관련 관리직', '15 판매 및 고객 서비스 관리직'으로 각각 분류된다.

　㉢ 단, 편의점 등 프랜차이즈 소매점이나 백화점, 쇼핑센터 내에 단일 매장 내의 인력을 지휘하고 판매 및 관리업무 전반을 일선 관리하는 자는 예외적으로 '소규모 상점 일선 관리 종사원'으로 분류할 수 있다.

④ **연구 및 개발 직업**

　㉠ 연구 및 개발업무 종사자는 '대분류 2 전문가 및 관련 종사자'에서 그 전문분야에 따라 분류된다.

　㉡ 다만, 연구자가 교육에 종사할 경우에는 '26 교육 전문가 및 관련직'으로 분류한다.

⑤ **군인직업**

　㉠ 군인은 별도로 '대분류 A 군인'에 분류된다.

　㉡ 수행된 일의 형태에 따라 분류되어야 한다는 일반원칙보다는 자료수집상의 현실성에 따라 분류된 것이다.

⑥ **기능원과 기계조작원의 직무능력 관계**

　㉠ 하나의 제품이 기능원에 의해 제조되는지, 또는 대량 생산기법을 유도하는 기계를 사용해서 제조되는지에 따라 필요로 하는 직무능력에 대단한 영향을 미친다.

　㉡ 기능원은 재료, 도구, 수행하는 일의 순서와 특성 및 최종 제품의 용도를 알아야 하는 반면에, 기계조작원은 복잡한 기계 및 장비의 사용방법이나 기계에 어떤 결함이 발생할 때 이를 대체하는 방법을 알아야 한다. 또한 기계조작원은 제품명세서가 바뀌거나, 새로운 제조기법이 도입될 때 이를 적용할 수 있는 직무능력을 갖추고 있어야 한다.

　㉢ 직업분류에서는 이러한 직무능력형태의 차이를 반영하여 대분류 7, 8을 설정하였다.

　㉣ '대분류 7 기능원 및 관련 기능 종사자'에는 목 공예원, 도자기 공예원, 보석 세공원, 건축 석공, 전통건물 건축원, 한복 제조원과 같은 **장인 및 수공 기예성 직업을 분류**하였고, '대분류 8 장치 · 기계 조작 및 조립 종사자'에는 제품의 가공을 위한 기계 지향성 직업으로 분류하였다.

　㉤ 최근 전자 · 제어기술과 자동화기계의 발전에 따라 **기능직무 영역이 축소되고 조작직무 영역이 증가하는** 추세이다.

⑦ **아동 관련 직업의 직능 수준 관계**

　㉠ **영유아교육 관련 종사자인 '대분류 2 전문가 및 관련 종사자'** 이하 '유치원 교사'나 '보육교사'는 영유아를 대상으로 일련의 놀이나 교육계획을 수립하고, 정해진 계획에 따라 교육과정 전반을 운영한다. 이를 위해 **영유아 발달교육 등 체계적 학습 및 관련 경험이 요구**된다.

　㉡ 반면, **학교나 보육 관련 시설**(아동복지시설, 어린이 카페, 탁아기관 등)에서 일하는 '대분류 4 서비스 종사자' 이하 '교사보조원' '유치원 및 학교 돌봄 종사원' '보육 관련 시설 돌봄 종사원'은 놀이나 교육적 활동 전반을 계획하거나 조직하는 업무를 수행하지 않으며, 교사의 학습지원을 보조하거나 돌봄대상 영유아를 보호하거나 몸을 씻고 옷을 입고 음식을 먹는 등의 **기초생활을 원활하게 영위할 수 있도록 돕는 것에** 직무의 초점이 맞추어져 있어 유치원 교사와 보육교사의 필요한 교육이나 훈련의 수준과 차이가 있다.

⑧ **음식 조리 및 준비 관련 직업의 직능 수준 관계**

　㉠ 음식을 준비하거나 조리하는 직업 중 '대분류 2 전문가 및 관련 종사자' 이하 '주방장'은 조리법을 정하고 새로운 메뉴의 요리를 개발하는 한편, 조리 관련 업무 전반을 책임지

는 자로서, 음식점의 경영계획에 참여한다. 이를 위해 관련 분야의 경험과 지식이 상당히 요구된다.

ⓛ 반면, '대분류 4 서비스 종사자' 이하 '조리사'는 음식을 만들기 위한 재료를 준비하고 조리하지만 주방장의 감독 또는 정해진 조리법에 따라 음식을 조리하는 '생산' 측면에 직무의 초점을 두고 있다.

ⓒ '대분류 9 단순 노무 종사자' 이하 '패스트푸드 준비원'과 '주방보조원'은 식재료 씻기나 칼질, 해동 및 가열 등 자격이나 경험이 특별히 요구되지 않고 짧은 시간의 교육을 통해 직무를 수행할 수 있어 필요한 훈련이나 경험의 수준에 있어 조리사와 구별된다.

03 직업분류의 체계와 구조

(1) 분류체계 및 분류번호

① 직업분류는 세분류를 기준으로 상위에는 소분류 – 중분류 – 대분류로 구성되어 있으며, 하위분류는 세세분류로 구성되어 있다.

② 각 항목은 대분류 10개, 중분류 57개, 소분류 167개, 세분류 495개, 세세분류 1,270개로 구성되어 있는데 계층적 구조로 되어 있다.

〈 분류단계별 항목 수 〉

대분류	중분류	소분류	세분류	세세분류
1 관리자	5	16	25	85
2 전문가 및 관련 종사자	9	48	177	486
3 사무 종사자	7	13	35	63
4 서비스 종사자	5	15	46	91
5 판매 종사자	3	5	16	44
6 농림어업 숙련 종사자	3	5	14	30
7 기능원 및 관련 기능 종사자	9	19	79	197
8 장치·기계 조작 및 조립 종사자	9	30	65	217
9 단순 노무 종사자	6	12	33	52
A 군인	1	4	5	5
합계	57	167	495	1,270

③ 분류번호는 아라비아 숫자와 알파벳 A로 표시하며 대분류 1자리, 중분류 2자리, 소분류 3자리, 세분류 4자리, 세세분류는 5자리로 표시된다.

④ 동일 분류에 포함된 **끝 항목의 숫자 9**는 '기타 ~(그 외 ~)'를 표시하여 위에 분류된 나머지 항목을 의미한다.

⑤ **끝자리 0은 해당 분류수준에서 더 이상 세분되지 않는 직업을 의미하고 있다.**

① **대분류 1 관리자** (Managers)

   ㉠ 의회의원처럼 공동체를 대리하여 법률이나 규칙을 제정하거나 정부조직의 장으로서 정부를 대표 · 대리하며 정부 및 공공이나 이익단체의 정책을 결정하고 이에 대해 지휘 · 조정한다.

   ㉡ 정부, 기업, 단체 또는 그 내부 부서의 정책과 활동을 기획, 지휘 및 조정하는 직무를 수행한다.

   ㉢ **현업을 겸할 경우에는 정책을 결정하고 관리, 지휘, 조정하는데 직무시간의 80% 이상을 사용하는 경우에만 관리자 직군으로 분류한다.**

   ㉣ 대부분의 직업은 제4수준과 제3수준의 직무능력을 필요로 한다.

   ㉤ 관리자 직군은 최고경영진으로서 기관이나 기업을 대표하며 기업 내 중간관리자를 관리하는 고위관리직과 관리직(기업 내 중간관리자 포함)으로 나뉘어져 있다.

   ㉥ 다음의 5개 중분류로 구성되어 있다.

- 11 의회 · 정부 및 기업 고위직
- 12 행정 · 경영 지원 및 마케팅 관리직
- 13 전문 서비스 관리직
- 14 건설 · 전기 및 생산 관련 관리직
- 15 판매 및 고객 서비스 관리직

   ㉦ 특별한 전문지식이나 기술이 요구되는 관리자급 종사자인 경우 주된 업무가 특별한 전문지식이나 기술을 응용하는 것이라면 그 직업은 전문직 종사자로 분류되지만, 그것이 단지 관리업무상의 기초로서만 요구되는 것이라면 관리자로 분류된다.

   ㉧ **관리자는 반드시 상당한 하부조직을 가져야 하며, 이러한 하부조직원의 업무를 지휘 및 조정하는 것이 주업무인 경우에 해당된다.**

   ㉨ 관리자는 직위나 직급에 의한 것이 아니라 개개인이 수행하는 업무의 특성에 따라 분류되어야 한다.

② **대분류 2 전문가 및 관련 종사자** (Professionals and related workers)

   ㉠ 특정 분야의 전문지식과 경험을 바탕으로 개념과 이론을 이용하여 **해당 분야에 대한 연구 · 개발, 자문, 지도(교수) 등 전문 서비스를 제공**한다.

   ㉡ **주로 자료의 분석과 관련된 직종으로 물리, 생명과학 및 사회과학분야에서 높은 수준의 전문적 지식과 경험을 기초로 과학적 개념과 이론을 응용하여 해당 분야를 연구하고 개발 및 개선하며 집행한다.**

   ㉢ 전문지식을 이용하여 의료진료활동과 각급 학교 학생을 지도하고 예술적인 창작활동이나 스포츠활동 등을 수행한다.

   ㉣ 전문가의 관리하에 조사, 연구 및 의료, 경영에 관련된 기술적인 업무를 수행하는 관련 종사자들도 이 분류에 포함된다.

ⓜ 대부분의 직업은 제4수준과 제3수준의 직무능력을 필요로 한다.

ⓗ 다음의 9개 중분류로 되어 있다.

- 21 과학 전문가 및 관련직
- 22 정보통신 전문가 및 기술직
- 23 공학 전문가 및 기술직
- 24 보건 전문가 및 관련직
- 25 사회복지 · 종교 전문가 및 관련직
- 26 교육 전문가 및 관련직
- 27 법률 및 행정 전문직
- 28 경영 · 금융 전문가 및 관련직
- 29 문화 · 예술 · 스포츠 기타 전문가 및 관련직

③ **대분류 3 사무 종사자**(Clerks)

ⓐ 관리자, 전문가 및 관련 종사자를 보조하여 경영방침에 의해 사업계획을 입안하고 계획에 따라 업무추진을 수행하며, 당해 작업에 관련된 정보(data)의 기록, 보관, 계산 및 검색 등의 업무를 수행한다.

ⓑ 금전 취급활동, 법률 및 감사, 상담, 안내 및 접수와 관련하여 사무적인 업무를 수행한다.

ⓒ 대부분의 직업은 제2수준의 직무능력을 필요로 하며 **문서처리가 주직무**이다.

ⓓ 다음의 7개 중분류로 구성되어 있다.

- 31 기획 · 영업 및 인사 사무직
- 32 자재 · 생산 및 운송 사무직
- 33 회계 · 경리 및 통계 사무직
- 34 금융 사무직
- 35 법률 · 감사 및 정부 행정 사무직
- 36 상담 · 안내 및 접수 사무직
- 37 일반지원 사무직

④ **대분류 4 서비스 종사자**(Service Workers)

ⓐ 공공안전 및 신변 보호를 위한 보안 관련 서비스, 돌봄 및 보건 · 복지 관련 서비스, 이 · 미용, 혼례 · 장례 등 개인생활 서비스, 운송 및 여가 · 스포츠 관련 서비스, 조리 및 음식 관련 서비스 등 **대인서비스를 제공하는 업무를 수행**한다.

ⓑ 대부분의 직업은 제2수준의 직무능력을 필요로 한다.

ⓒ 다음의 5개 중분류로 구성되어 있다.

- 41 경찰 · 소방 및 보안 관련 서비스직
- 42 돌봄 및 보건 서비스직
- 43 개인생활 서비스직
- 44 운송 및 여가 서비스직
- 45 조리 및 음식 서비스직

⑤ **대분류 5 판매 종사자**(Sale Workers)

　㉠ 영업활동을 통해 상품이나 서비스를 판매하거나 인터넷 등 통신을 이용하거나 상점이나 거리 등에서 상품을 판매 및 임대하며, 상품을 광고하거나 상품의 품질과 기능을 선전하는 등의 활동을 수행하며, 매장에서 계산하는 활동도 수행한다.

　㉡ 대부분의 직업은 제2수준의 직무능력을 필요로 한다.

　㉢ 다음의 3개 중분류로 구성되어 있다.

　　• 51 영업직

　　• 52 매장 판매 및 상품 대여직

　　• 53 통신 및 방문·노점 판매 관련직

⑥ **대분류 6 농림어업 숙련 종사자**(Skilled Agricultural, Forestry and Fishery Workers)

　㉠ 자기 계획과 판단에 따라 농산물, 임산물 및 수산물의 생산에 필요한 지식과 경험을 기초로 전답작물 또는 과수작물을 재배·수확하고 동물을 번식·사육하며 산림을 경작, 보존 및 개발한다.

　㉡ 물고기의 번식 및 채취 또는 기타 형태의 수생동식물을 양식·채취하는 업무를 수행한다.

　㉢ 대부분의 직업은 제2수준의 직무능력을 필요로 한다.

　㉣ 다음의 3개 중분류로 구성되어 있다.

　　• 61 농축산 숙련직

　　• 62 임업 숙련직

　　• 63 어업 숙련직

⑦ **대분류 7 기능원 및 관련 기능 종사자**(Craft and Related Trades Workers)

　㉠ 광업, 제조업, 건설업분야에서 관련된 지식과 기술을 응용하여 금속을 성형하고 각종 기계를 설치 및 정비한다.

　㉡ 섬유, 수공예 제품과 목재, 금속 및 기타 제품을 가공한다.

　㉢ 건설업 분야에서 건축물이나 구조물을 가공 및 건립, 설치한다.

　㉣ 작업은 손과 수공구를 주로 사용하며 기계를 사용하더라도 **기계의 성능보다 사람의 기능이 갖는 역할이 중요하기 때문에** 자동화된 기계의 발전에 따라 직무영역이 축소되는 추세이지만, 생산과정의 모든 공정과 사용되는 재료나 최종 제품에 관련된 내용을 알 수 있어야 한다.

　㉤ 대부분의 직업은 제2수준의 직무능력을 필요로 한다.

　㉥ 다음의 9개 중분류로 구성되어 있다.

　　• 71 식품가공 관련 기능직

　　• 72 섬유·의복 및 가죽 관련 기능직

　　• 73 목재·가구·악기 및 간판 관련 기능직

　　• 74 금속성형 관련 기능직

　　• 75 운송 및 기계 관련 기능직

• 76 전기 및 전자 관련 기능직

• 77 정보통신 및 방송장비 관련 기능직

• 78 건설 및 채굴 관련 기능직

• 79 기타 기능 관련직

⑧ **대분류 8 장치·기계 조작 및 조립 종사자**(Plant, Machine Operators and Assemblers)

　㉠ 장치·기계를 조작하여 제품을 생산하거나 대규모의 고도로 자동화된 산업용 기계 및 장비를 조작하고, 부분품을 가지고 제품을 조립하는 업무로 구성된다.

　㉡ 작업은 기계조작뿐만 아니라 컴퓨터에 의한 기계제어 등 기술적 혁신에 적응할 수 있는 능력을 포함하여 기계 및 장비에 대한 경험과 이해가 요구되며, **기계의 성능이 생산성을 좌우한다.**

　㉢ **운송장비의 운전업무도 포함된다.**

　㉣ 대부분의 직업은 제2수준의 직무능력을 필요로 한다.

　㉤ 다음의 9개 중분류로 구성되어 있다.

　　• 81 식품가공 관련 기계 조작직

　　• 82 섬유 및 신발 관련 기계 조작직

　　• 83 화학 관련 기계 조작직

　　• 84 금속 및 비금속 관련 기계 조작직

　　• 85 기계 제조·관련 기계 조작 및 조립직

　　• 86 전기·전자 관련 기계 조작 및 조립직

　　• 87 운전 및 운송 관련 기계 조작직

　　• 88 상하수도 및 재활용 처리 관련 기계 조작직

　　• 89 목재·인쇄 및 기타 기계 조작직

⑨ **대분류 9 단순 노무 종사자**(Elementary Workers)

　㉠ **주로 간단한 수공구를 사용하거나 단순하고 일상적이며, 어떤 경우에는 상당한 육체적 노력이 요구되고, 거의 제한된 창의와 판단만을 필요로 하는 업무를 수행한다.**

　㉡ **몇 시간 혹은 몇 십 분의 직무훈련**(on the job training)**으로 업무수행이 가능하며, 일반적으로 제1수준의 직무능력을 필요로 한다.**

　㉢ 단순 노무직 내부에서의 직업이동은 상대적으로 용이한 편이나, 일부 직업에서의 강도 높은 노동으로 인하여 체력제한이 있을 수 있다.

　㉣ 다음의 6개 중분류로 구성되어 있다.

　　• 91 건설 및 광업 관련 단순 노무직

　　• 92 운송 관련 단순 노무직

　　• 93 제조 관련 단순 노무직

　　• 94 청소 및 건물관리 단순 노무직

　　• 95 가사·음식 및 판매 관련 단순 노무직

　　• 99 농림어업 및 기타 서비스 단순 노무직

⑩ **대분류 A 군인**(Armed Forces)

  ㉠ 의무복무 여부를 불문하고 현재 군인 신분을 유지하고 있는 군인을 말한다.

  ㉡ 직업정보 취득의 제약 등 특수분야이므로 직무를 기준으로 분류하는 것이 아니라 **계급을 중심으로 분류**하였다.

  ㉢ **국방과 관련된 정부기업에 고용된 민간인, 국가의 요청에 따라 단기간 군사훈련 또는 재훈련을 위해 일시적으로 소집된 자 및 예비군은 제외된다.**

  ㉣ 대부분의 직업은 제2수준 이상의 직무능력을 필요로 한다.

  ㉤ 다음의 1개 중분류로 구성되어 있다.

    • A0 군인

※ 주의 : 제7차 개정 한국표준직업분류(2017)부터 '대분류 A 군인'은 제6차 개정 한국표준직업분류(2007)에서 '의무복무 중인 장교도 의무복무 중인 사병과 같이 직업활동에서 제외'했던 내용과는 달리 **의무복무 중인 사병 및 장교도 직업활동에 포함하여 모든 군인을 직업분류범위 안에 포괄**하였다.

04 한국고용직업분류 (2025년 최신 개정)

(1) 한국고용직업분류 개발 배경

① 노동시장에 적절한 직업단위에 대한 데이터를 수집하여 의미 있는 통계정보를 제공하기 위해 고용노동부에서는 2001년부터 산업·직업별 고용구조조사(OES : Occupational Employment Survey)를 매년 실시하였다.

② 조사를 수행하면서 조사의 정확성 및 용이성을 확보하기 위해 일반인의 시각에 맞는 직업분류체계의 구성이 필요하다고 판단하였다.

③ 이에 국내외의 직업분류체계에 대한 검토를 진행하였고, 직업전문가 및 현장 실무자 등의 의견을 듣는 과정을 거쳐 2002년에 현재 형태의 직능유형을 우선 고려한 중분류 중심 직업분류체계를 개발하였다.

④ 2003년부터 한국고용직업분류(KECO : Korean Employment Classification of Occupations)라는 명칭을 사용하였다.

(2) 한국고용직업분류의 의미

① 한국고용직업분류는 **고용 관련 행정 DB나 통계조사자료의 결과를 집계하고 비교하기 위한 통계목적으로 활용**되고 있다.

② 공공부문의 **취업알선 업무에 활용**되며(고용직업분류를 취업알선에 맞게 확장하여 '취업알선직업분류'로 활용 중), **국가직무능력표준(NCS), 직업훈련, 국가기술자격, 직업정보 제공, 진로지도 등 고용 실무 전반의 기본 분류 틀로서 활용**되고 있다.

③ 한국고용직업분류는 **노동시장 상황과 수요, 현실적 직업구조 등을 반영하여 직무를 체계적으로 분류한 것으로 직업정보를 전달하는 기본 틀**이라 할 수 있다.

(3) 한국고용직업분류 변천과정

① 2000. 9. 노동연구원·통계청에서 '**고용직업분류**' 발간
② 2001. 9. 노동부 산하기관인 중앙고용정보원에서 상기 고용직업분류를 직업조사에 맞도록 재조정하여 '**WIC-OES 직업분류 2001**'라는 명칭으로 고용구조조사에 활용
③ 2002. 9. 직능유형을 우선 고려한 분류체계 개발, '**WIC-OES 2002**'로 표기
   ㉠ 2001년 첫 OES 조사 결과 직업을 분류하는데 상당한 어려움을 겪었음
   ㉡ 일반인의 인식수준에 부합하는 새로운 분류체계의 필요성이 부각되어 개발이 추진됨
   ㉢ 직업분류 개발에 직무분석 경험이 풍부한 한국고용정보원 직업연구원들의 주도적 참여. 그 결과 현재의 직능유형을 고려한 중분류 중심 체계가 갖춰짐(중분류 24개, 세분류 384개)

> ▶ **새로운 직업분류의 필요성**
>
> • 고용 관련 조사의 정확성 및 용이성 확보
> • 노동시장의 적절한 직업단위에 대한 데이터 확보 및 의미 있는 통계정보 전달
> • 직업정보의 활용성을 높이기 위해 일반인의 시각에 맞는 분류체계 구성
> • 직업훈련, 자격, 교육, 취업 등 수요자의 정보연계 요구 반영

④ 2003. 9. '한국고용직업분류 2003'으로 명명 (**KECO-2003으로 표기**)
   ㉠ 대분류 7개, 중분류 24개, 소분류 119개, 세분류 382개로 구성
   ㉡ 다만, 대분류 항목은 코드분류체계에서 제외하여 사실상 24개 중분류 중심 체계를 정립
⑤ 2005. 1. '한국고용직업분류 2005'로 분류를 개정 (**KECO-2005**)
   ㉠ 노동부, 통계청, 중앙고용정보원이 공동협의하에 부분개정 추진
   ㉡ 노동부와 고용정보원의 각종 조사에 활용할 뿐 아니라 취업알선, 직업훈련, 자격 등 고용정보의 중심축으로 활용하고, 온라인을 통한 직업정보 제공을 강화하기 위한 목적에서 이뤄짐. 이후 고용 전반에 관한 분류의 기본 틀로 고용 통계 및 실무에 활용
⑥ 2007. 9. '한국고용직업분류 2007'로 분류를 개정 (**KECO-2007**)
   ㉠ 한국표준직업분류와 한국고용직업분류의 양 분류 불일치에 따른 통계자료의 비교성 문제를 극복하고 분류 간 연계성을 강화시켜 국가통계의 활용성을 제고하려는 목적에서 개정이 이루어짐
   ㉡ **한국표준직업분류와 한국고용직업분류의 세분류 단위를 일치시키**는 방향에서 개정 추진
⑦ **한국고용직업분류 법적 명시 및 특수분류 등록**
   ㉠ 「고용정책 기본법」에 한국고용직업분류의 작성·고시와 관련한 사항을 명시

고용정책 기본법 제15조(고용 · 직업정보의 수집 · 관리)

③ 고용노동부장관은 고용 · 직업정보의 수집 · 관리를 위하여 노동시장의 직업구조를 반영한 고용직업분류표를 작성 · 고시하여야 한다.

ⓛ 「통계법」 제22조에 따라 **통계청의 특수분류로 승인받음**(2012. 3.)

⑧ 2017. 12. 한국고용직업분류 2018 개정 **(KECO–2018)**

⑨ **2024. 12. 한국고용직업분류 2025 개정 (KECO–2025) : 2025년 1월 시행**

(4) 한국고용직업분류 (2025) 개정 방향 및 주요 개정 내용

① **개정 배경**

㉠ 2017년 개정 이후 사회경제적 변화, 산업 · 기술 변화 등으로 인한 직업구조의 변화와 대내외 개정수요를 반영하여 개선

㉡ 통계청의 한국표준직업분류가 개정(2025. 1. 1. 시행)됨에 따라 국가통계의 활용성 제고를 위해 개정내용을 반영할 필요

② **주요 내용**

㉠ 분류체계 : 대분류 10개, 중분류 35개로 동일, 소 · 세분류 수는 각각 4개, 45개 증가하여 140개, 495개

㉡ 유형별 변화 : 분리 · 신설 53개, 통합 5개, 분류 이동 3개, 명칭 변경 187개

〈 2025 개정 유형별 변화 〉

구분	2018	2025	분리 · 신설	통합	분류 이동	명칭 변경
대분류	10	10	–	–	–	–
중분류	35	35	–	–	–	1
소분류	136	140	5	1	–	6
세분류	450	495	48	4	3	180
계			53	5	3	187

㉢ 세분류 (235개) : 통계청 한국표준직업분류 개정내용 반영

• 분리 · 신설 (48개) : 플랫폼노동 확대, AI · 빅데이터 등 산업구조 변화, 반려동물양육 가구 급증 등 고용 확대 · 신설 직업 반영

현행 (2018)		개정 (2025)	
0111	의회의원 · 고위공무원 및 공공단체 임원	0111	의회의원
		0112	고위공무원 및 정당 · 특수단체 임원 ※ 공공기관 임원은 '0112 기업대표 및 기업 고위임원'으로 편입
0299	기타 사무원	0212	행정사 ※ '021 정부행정 전문가 및 관련 종사자' 아래로 이동

현행 (2018)		개정 (2025)	
0299	기타 사무원	0296	속기사
		0297	자원봉사 관리원
		0299	기타 사무지원 종사원
1341	데이터 전문가	1341	네트워크 시스템 개발자
		1342	정보 보안 전문가
1532	전자공학 기술자 및 연구원	1532	반도체공학 기술자 및 연구원
		1533	전자공학 기술자 및 연구원
1551	가스·에너지공학 기술자 및 연구원	1551	가스·에너지 기술자 및 연구원
		1553	신재생에너지 기술자 및 연구원
3030	약사 및 한약사	3031	약사
		3032	한약사
5115	반려동물 미용 및 관리 종사원	5131	반려동물훈련사 및 행동상담사
		5132	반려동물관리 종사원
6241	택배원	6241	택배원
		6242	늘찬배달원
8351	전기부품·제품 생산기계조작원	8351	전기부품 및 제품 제조기계조작원
		8352	일차전지 및 이차전지 제조기계조작원
9050	농림어업 단순 종사원	9051	농업 관련 단순 종사원
		9052	임업 관련 단순 종사원
		9053	어업 관련 단순 종사원

• 통합 (4개) : 통계청 분류체계 개편을 반영하여 통합

현행 (2018)		개정 (2025)	
0255	공공행정 사무원	경영기획, 영업 및 마케팅, 인사 및 노무 등 직무별 분류에 통합	
0281	무역 사무원 (일부)	0289	기타 운송 및 무역 사무원
0282	운송 사무원 (일부)		
1583	소방공학 시험원	1583	소방·방재 및 산업안전 시험원
1585	비파괴검사원		
5324	음식 배달원	6249	기타 배달원
6249	기타 배달원		

• 분류 이동 (3개) : 행정사, 수의사 보조원은 상향 조정 및 분류 분리, 보육 관련 시설 돌봄 종사원은 표준직업분류 개정내용과 직무 관련성을 반영하여 소분류 간 분류 이동

현행 (2018)		개정 (2025)	
0299	기타 사무원	0212	행정사
2153	교사보조 및 보육보조 서비스 종사원	2322	보육 관련 시설 돌봄 종사원
5115	반려동물 미용 및 관리 종사원	3077	수의사 보조원

- 명칭 변경 (180개) : 분류 명확화 및 세분류 단위에서의 표준–고용직업분류 간 명칭 통일, 협회 및 단체 의견수렴을 통해 명칭 변경
    - (현행) 측량·지리정보 전문가(1406) → (개정) 측량 및 공간정보 전문가(1406)
    - (현행) 의무기록사(3074) → (개정) 보건의료정보관리사(3074)

② 소분류 (12개)
- 분리·신설 (5개) : 반려동물 양육가구 급증, 코로나 이후 방역수요 증가, 가사 서비스 수요 증가 등 반영

현행 (2018)		개정 (2025)	
134	데이터·네트워크 및 시스템 운영 전문가	134	네트워크시스템 개발자 및 정보보안 전문가
		135	데이터 전문가
135	정보보안 전문가	136	정보시스템 및 웹 운영자
–	–	513	반려동물 서비스원
561	청소·방역 및 가사 서비스원	561	청소 종사자
		562	세정원 및 방역원
		563	가사 서비스원
612	영업원 및 상품중개인	612	기술·해외 영업원 및 상품중개인
		613	자동차 및 제품 영업원

- 명칭 변경 (6개) : 세분류 조정에 따른 소분류 포괄범위 변화 반영 등
    - (현행) 정부·공공행정 전문가(021) → (개정) 정부행정 전문가 및 관련 종사자(021)
    - (현행) 정부·공공행정 사무원(025) → (개정) 정부행정 사무원(025)
- 통합 (1개) : 소분류 소규모 상점경영 및 일선 관리 종사원을 소분류 판매 종사자와 통합

② 중분류 (1개)
- 명칭 변경 (1개) : 소분류 반려동물 관련 서비스원(513)의 신설로 인한 포괄범위 변화 반영
    - (현행) 미용·예식 서비스직(51) → (개정) 미용·예식 및 반려동물 서비스직(51)

(5) 한국고용직업분류의 개요

① 직업의 정의

⊙ 직업의 정의는 국제표준직업분류(ISCO) 및 한국표준직업분류(KSCO)의 정의를 그대로 따른다.

ⓒ 직업은 '유사한 직무의 집합'으로 정의되는데, 유사한 직무란 '주어진 업무와 과업이 매우 높은 유사성을 갖는 것'을 말한다.

ⓒ 직업으로 판단하기 위해서는 계속성, 경제성, 윤리성과 사회성을 충족해야 하며, 속박된 상태에서의 제반활동은 경제성이나 계속성의 여부와 상관없이 직업으로 보지 않는다.

② **한국고용직업분류의 개념과 목적**

  ㉠ 한국고용직업분류(KECO : Korean Employment Classification of Occupation)는 **우리나라 노동시장의 상황과 수요, 현실적 직업구조 등을 반영하여 직무를 체계적으로 분류한 것**으로 직업정보를 전달하는 기본 틀이다.

  ㉡ 개인이 수행하는 일에 대해 일의 유형이나 수준에 따라 체계적으로 유형화한 것으로서 특히 **고용통계 파악뿐 아니라 고용실무에 적합하도록 우리나라 직업구조와 일반인의 인식수준에 부합하도록 분류한 것**이다.

  ㉢ 한국고용직업분류는 고용 관련 행정자료와 통계조사의 결과를 집계하고 비교하기 위한 통계목적으로 활용될 뿐 아니라 공공부문의 취업알선 업무에도 활용되며, 국가직무능력표준(NCS), 직업훈련, 자격, 직업정보 제공, 진로지도 등 고용 실무 전반에 관한 분류의 기본 틀로 활용된다.

③ **한국고용직업분류의 기준**

  ㉠ 한국고용직업분류는 여타 분류와 마찬가지로 **직능유형과 직능 수준을 고려**하고 있다.

  ㉡ 직능유형은 수행하는 일의 유형으로서 직무수행에 요구되는 지식의 분야, 사용되는 도구 및 장비, 투입되는 원재료, 생산된 재화나 서비스의 종류, 직무 간 이동성 및 경력이동경로 등과 관련된다. 산업을 넘나들어 이동하는 경우가 아니라면 대부분의 취업자는 특정 산업부문 내에서 이동하며, 좀 더 일반적으로는 동일 직장 내에서 더 많은 이동을 한다. 이런 이유로 직능유형은 직업정보 활용 면에서 유용한 기준이 될 수 있다.

  ㉢ 직능 수준은 직무수행능력의 높낮이를 말하는 것으로 정규교육, 직업훈련, 직업경험, 그리고 선천적 능력과 사회문화적 환경 등에 따라 결정된다. **직능 수준으로는 일반적으로 1~4 직능 수준이 고려된다.**

  ㉣ 한국고용직업분류에서는 **대분류와 중분류 단위에서 직능유형이 우선적으로 적용되며, 소분류 단위에서 직능 수준이 함께 적용**된다. 물론 중분류 단위에서도 직능유형만으로 구분하기 어려운 경우, 예컨대 해당 항목이 여러 단위에 걸쳐 있어서 해당 기준으로 구분하기 곤란한 경우 직능 수준이 고려될 수 있다.

  • **대분류 단위**는 직능유형에 따라 10개 항목으로 구분된다. **0~9가지 유형으로 구분되어 직업코드의 첫 번째 자리로 대분류를 식별**할 수 있다. 대분류의 직능유형은 다음과 같다.

> 0. 경영 · 사무 · 금융 · 보험직
> 1. 연구직 및 공학기술직
> 2. 교육 · 법률 · 사회복지 · 경찰 · 소방직 및 군인
> 3. 보건 · 의료직
> 4. 예술 · 디자인 · 방송 · 스포츠직
> 5. 미용 · 여행 · 숙박 · 음식 · 경비 · 청소직
> 6. 영업 · 판매 · 운전 · 운송직
> 7. 건설 · 채굴직

  8. 설치 · 정비 · 생산직
  9. 농림어업직

- **중분류 단위**도 직능유형에 따라 **35개 항목으로 구분**된다. 대분류 단위별로 적게는 1개부터 많게는 9개의 중분류 항목으로 구성된다. 이렇게 직업코드 앞의 두 자리는 중분류 항목을 식별하는 코드이다. 중분류 중 '89 제조 단순직'은 직능유형이 아닌 직능 수준이 고려된 항목이다. 해당 소분류와 세분류 직업이 단 하나만 존재하지만 직무유형으로는 모두에 걸쳐 있어 직능유형기준을 적용할 수 없는 예외적인 사례라 할 수 있다.
- **소분류 및 세분류 단위는 직능유형과 직능 수준이 함께 고려**된다. 상위 분류단위가 동일한 수준의 직업들로 구성된 경우에는 직능유형이 적용되며, 그렇지 않은 경우 직능 수준이 높을수록 상위에 배열되는 방식으로 적용된다. 소분류 코드는 대분류와 중분류 코드를 포함한 세 자리 코드로 구성된다. 세분류 코드는 소분류 코드 위에 하나의 자릿수가 추가되어 네 자리 코드로 구성된다.
- 중분류 이하의 단위부터는 통상적으로 1부터 순차적으로 코드를 부여한다. 다만 해당 분류 수준에서 더는 세분되지 않는 직업일 경우에는 0을 부여한다. 그리고 세분류 단위에서 기타 직업항목에 해당될 경우에는 9를 부여하고 있다.

④ **직업분류의 원칙**

ㄱ **직업분류의 원칙은 국제표준직업분류와 한국표준직업분류의 정의를 그대로 따른다.**

ㄴ 직업분류의 일반원칙으로서 '포괄성의 원칙'과 '배타성의 원칙'을 둔다.

ㄷ 포괄적인 업무에 대한 직업분류원칙으로 '주된 직무 우선 원칙', '최상급 직능 수준 우선 원칙', '생산업무 우선 원칙'을 순서에 따라 적용한다. 이는 동일한 직업이더라도 사업체 규모에 따라 직무범위가 차이 날 수 있는데 하나의 단일직무를 수행하는 경우가 아니라 여러 직무를 결합하여 수행하는 경우에 적용하기 위한 원칙이다.

ㄹ 다수 직업 종사자의 분류원칙으로 '취업시간 우선의 원칙', '수입 우선의 원칙', '조사 시 최근의 직업원칙'을 적용한다. 이는 한 사람이 전혀 상관성이 없는 두 가지 이상의 직업에 종사할 경우에 그 직업을 결정하기 위한 원칙이다.

⑤ **직업 대분류별 개념**

ㄱ **0. 경영 · 사무 · 금융 · 보험직**

- 이 대분류 직군은 크게 관리직(임원 · 부서장), 경영 · 행정 · 사무직, 금융 · 보험직으로 나뉜다.
- 관리직은 정부부처, 공공단체, 기업, 그리고 기타 영리 및 비영리단체를 대표하여 각종 정책과 사업을 수립, 결정하며, 조직 내 다양한 부서의 업무와 조직원들의 활동을 기획, 조정, 지휘, 감독하는 일을 한다.
- 관리직은 조직 전체나 조직의 부서에서 의사결정을 하기 때문에 강한 책임감과 수준 높은 전문성, 풍부한 경험을 갖추고 있어야 한다.
- 경영 · 행정 · 사무직은 경영, 인사, 상품기획, 광고 · 홍보, 행사기획 등 전문적인 사

업서비스를 제공하거나 이와 관련한 업무를 하며 정부정책을 기획하고 집행하는 전문적 업무를 담당한다. 그리고 관리자와 전문가를 도와 경영방침에 따라 사업계획을 수립, 추진하는 등 사무업무를 수행한다.
- 금융·보험직은 금융이나 보험서비스 제공에 관련된 전문적인 업무를 하거나 사무업무를 수행한다.
- 관리직이나 사무직은 대부분의 산업부문에 존재하는 산업 공통적 직무특성을 갖는다.

1. 연구직 및 공학기술직

- 이 대분류 직군은 연구 및 기술공학분야에서 고도의 전문지식과 기술을 바탕으로 연구, 개발, 시험, 분석, 설계, 자문(컨설팅) 등의 전문적 업무를 수행한다.
- 인문, 사회, 자연, 생명과학분야에서 높은 수준의 과학적 개념과 전문지식, 경험을 기초로 연구, 개발, 시험, 분석하며 자문(컨설팅)을 한다.
- 정보통신, 건설, 채굴, 제조, 소방, 산업안전 등 분야에서 공학적 원리와 개념을 활용하여 새로운 제품과 기술을 연구, 개발, 설계하고 시험, 분석하며 자문(컨설팅)하는 일을 한다. 또 연구개발한 결과물을 제품화 또는 상용화하는 과정에서 생산, 품질, 안전 같은 기술관리업무를 전문으로 수행하기도 한다.
- 이 분류에 속한 대부분의 직업은 원활한 업무 수행을 위해 최소 전문대 이상의 학력이 필요하고, 연구직의 경우는 석사 이상의 학력이 요구되기도 한다.

2. 교육·법률·사회복지·경찰·소방직 및 군인

- 주로 공공서비스부문에 속한 것으로 교육, 법률, 사회복지, 종교, 경찰, 소방, 교도 관련 직종과 군인이 포함된다.
- 교육직은 정규 교육기관의 교육수준에 따라 대학교수, 중등학교 교사, 초등학교 교사, 유치원 교사 등으로 나누어지고, 학원 등 비정규 교육기관의 강사도 여기에 포함된다.
- 법률 전문직에 해당하는 판사와 검사, 변호사, 법무사, 변리사 등은 국가가 주관하는 시험에 합격하여 소정의 연수과정을 거쳐야 한다.
- 법률사무원의 경우 특정 자격이나 취득해야 할 면허는 없으나 대체로 해당 분야의 직무교육이나 직무경험이 요구된다.
- 사회복지·종교직은 사회문제나 개인적인 어려움을 겪고 있는 사람에게 사회복지 관련 전문지식을 바탕으로 문제를 진단하고 평가하며 궁극적으로 문제를 해결하도록 지원하는 업무를 수행한다.
- 경찰·소방·교도직은 법률과 질서 유지를 책임지고 화재위험과 범법행위로부터 국민의 목숨과 재산을 보호하며 교정 대상자를 관리하고 교화한다.
- 군인에는 직업군인 신분인 장교와 부사관을 비롯하여 의무복무 중인 병사, 단기부사관, 장교를 포함된다. 직업정보 취득에 제약이 있는 특수분야이므로 직무를 기준으로 분류하는 것이 아니라 계급을 중심으로 분류한다.

ⓒ **3. 보건 · 의료직**

- 이 대분류 직군에는 의사, 간호사 등 전문직, 임상병리사 등의 의료기사를 비롯하여 다양한 보건 · 의료 관련 직업이 포함된다.
- 이 분류에 속한 대부분의 직업은 보건의료산업에 나타나는 독특한 직업으로, 일부 직업을 제외하면 대부분 국가에서 시행하는 자격시험에 응시하여 합격해야만 직무 수행이 가능하다.
- 해당 자격시험은 생명을 다루는 보건의료서비스의 특성상 대부분 전문대졸 이상의 관련 학과를 졸업한 사람으로 응시제한을 두고 있다.

ⓓ **4. 예술 · 디자인 · 방송 · 스포츠직** : 이 대분류 직군에는 작가, 기자, 학예사 및 사서, 창작 및 공연예술가, 디자이너, 배우 및 감독, 영화방송기술직, 운동선수, 스포츠강사, 레크리에이션강사 등이 포함된다. 이들 직업은 예술적 창의력이나 운동능력 등이 중요시된다.

ⓔ **5. 미용 · 여행 · 숙박 · 음식 · 경비 · 청소직** : 이 대분류 직군은 이 · 미용, 혼례와 장례, 여행과 숙박, 항공기 등 객실승무, 오락시설, 음식 등의 서비스부문이나 경호, 경비, 간병, 육아, 청소, 방역 등의 서비스부문에서 개인 고객을 대상으로 미용관리, 예식진행, 여행안내, 청소관리, 시설관리, 요리, 접대, 개인보호, 가사 등의 여러 가지 편의를 제공하는 일을 한다.

ⓕ **6. 영업 · 판매 · 운전 · 운송직**

- 상품이나 서비스를 판매하기 위해 기업, 개인 등을 대상으로 영업활동을 하거나, 점포나 노점, 온라인 등에서 제품과 서비스를 직접 판매하거나 대여, 계산 및 매표, 상담, 판촉 등의 일을 한다.
- 부동산에 대한 중개나 임대와 관련된 업무를 수행한다.
- 항공기나 기차, 지하철, 자동차, 운송기계(크레인, 지게차 등)를 운전하거나 관제, 신호, 유도 등 지원업무를 한다.
- 그 외에 택배, 배달, 우편물집배, 하역 등의 업무를 수행한다.
- 영업직이나 판매직, 운전직, 운송직 간에는 직무상 구분이 되지만 하나의 대분류 직군에 포함한 이유는 납품영업처럼 일하는 과정에서 일부 직무들을 함께 수행하는 경우도 많고, 또 같은 직장 안에서 영업과 판매, 운전과 운송업무 종사자가 함께 일하는 경우가 많기 때문이다.

ⓖ **7. 건설 · 채굴직**

- 이 대분류 직군에는 건설 및 광업(채굴)분야의 현장에서 직접적 직무를 수행하는 기능원과 건설 · 채굴기계 운전원 그리고 단순 노무 종사자가 포함된다.
- 이들 직업은 지하 또는 지표면의 광산이나 채석장에서 광물이나 석재를 채굴, 채취하며, 건물과 구조물을 건설하고 보수한다.

- 각종 배관원과 건설·채굴기계 운전원이 포함되며, 그 밖에 건축, 토목, 채굴현장에서 단순 노무일을 하는 단순 종사원도 포함된다.

ⓧ **8. 설치·정비·생산직**

- 이 대분류 직군은 기계, 금속, 전기, 전자, 화학, 섬유, 식품 및 기타 제품의 제조생산 과정에서 숙련된 기능을 사용하거나 기계를 조작하여 생산과 관련된 일을 하며, 제조 생산 또는 정보통신 서비스를 위해 각종 기계와 장비를 설치, 정비, 수리하는 일을 한다.
- 제조현장에서 단순한 업무를 주로 하는 제조 단순직도 포함된다.

ⓧ **9. 농림어업직**

- 이 대분류 직군은 농산물, 임산물, 수산물 생산에 필요한 지식과 경험을 바탕으로 곡식, 채소, 특용작물, 과수작물, 원예작물을 재배, 수확하고, 동물을 번식, 사육하며, 산림을 보존, 개발하는 일을 한다.
- 또 어류 및 기타 수생동식물을 포획, 양식, 채취하며, 가로나 공원, 정원 등에 꽃이나 나무를 심고 가꾸는 일을 한다.
- 농림어업 및 축산업에 관련된 단순한 일을 하는 단순 종사원을 포함한다.

제2절 산업분류의 이해

01 산업분류의 개요

(1) 연혁

① 한국표준산업분류는 **산업 관련 통계자료의 정확성, 비교성을 확보하기 위하여 작성**된 것

② 1963년 3월에 경제활동부문 중에서 우선 광업과 제조업부문에 대한 산업분류를 제정하였고, 이듬해 4월에 제조업 이외 부문에 대한 산업분류를 추가로 제정함으로써 우리나라의 표준산업분류체계 완성. 이는 유엔의 국제표준산업분류(1차 개정 : 1958년)에 기초하여 작성

③ 1965년과 1968년 두 차례에 걸쳐 개정작업을 추진하였으며, 이후에는 유엔의 국제표준산업분류 2·3·4차 개정과 국내 산업구조 및 기술변화를 반영하기 위하여 추가적으로 여덟 차례에 걸친 개정작업 수행(1970, 1975, 1984, 1991, 1998, 2000, 2007, 2017)

④ 통계청은 **2017년 제10차 개정 이후 국내 산업구조 및 환경 변화, 개정수요·국제분류기준 등을 반영하기 위하여** 2021년 9월에 기본계획을 수립하고 약 3년에 걸친 **제11차 개정작업 추진**

⑤ 이 과정에서 부정기적으로 개정되어 왔던 한국표준산업분류를 대규모 통계조사(총조사)에 시의성 있게 활용할 수 있도록 2017년 12월 '통계분류 제·개정 업무처리 지침'을 개정하여 **5년마다의 정기 개정으로 변경**

⑥ 제11차 개정 한국표준산업분류는 2021~2023년 기간 중, 세 차례의 대국민 · 관계기관 수렴의견, 4차에 걸친 전문가 분류심의회 및 자문위원회를 거쳐 최종안을 마련하였고, 국가통계위원회 의결로 확정되었으며, **통계청고시 제2024-2호(2024. 1. 1.)로 제11차 개정분류를 고시하고 준비과정을 거친 후 2024년 7월 1일부터 시행**

(2) 제11차 개정 주요 내용

① **주요 특징**

㉠ **미래 · 성장산업 분류항목 신설 또는 세분** : 국내 산업구조의 변화를 반영하여 수소, 체외진단시약, 이차전지, 전기차, 풍력발전, 영상물 · 오디오물 제공, 가상자산 매매 및 중개, 온라인 플랫폼 활용 서비스산업 등 미래 · 성장산업을 중심으로 분류를 신설 · 세분하였다.

㉡ **상대적 비중 감소산업 분류항목 통합** : 콩나물 재배, 타이어 재생, 동(銅)주물, 사진 및 영사기, 일반저울, 펄프 및 종이가공용 기계, 전자악기 제조, 내륙 수상여객 및 화물운송, 복사업 등 상대적으로 비중이 감소한 산업은 분류를 통합하였다.

㉢ **개정수요 및 국제기준 반영**

• 대국민 · 관계기관 수렴의견, 다수 민원 및 규제 개선요청 등 개정수요 중 세분요건을 갖춘 생물의약품, 인조대리석, 치과기공물, 임플란트, 부동산 분양 대행, 카지노 등의 산업은 분류를 신설 · 세분하였고, 이차전지, 반려동물 등의 용어를 사용하여 분류항목의 명칭을 변경하였다.

• 국제표준산업분류(ISIC) 기준에 따라 사회보장보험업과 연금업을 대분류 K(금융 및 보험업)에서 O(공공행정, 국방 및 사회보장 행정)로 이동하였다.

② **대분류별 세세분류 주요 개정내용** : 제11차 한국표준산업분류는 산업통계 시계열 자료 등을 기초로 **사업체 수, 출하액, 종사자 수 등 산업규모와 전문화율 및 포괄률, 산업별 증감률 추세 등을 고려하여 분류를 신설, 세분 또는 통합**하였으며, 국제기준을 준수하고 개정수요에 대한 전문가 자문 등을 통해 분류명칭 수정 또는 분류 간 이동작업을 수행하였다.

㉠ **A 농업, 임업 및 어업** : 산업규모와 증감률 추세를 반영하여 분류항목 통합

제10차 분류		제11차 분류	
01151	콩나물 재배업	01159	기타 시설작물 재배업
01159	기타 시설작물 재배업		

㉡ **B 광업** : 주요 개정사항 없음

㉢ **C 제조업**

• 산업규모와 증감률 추세를 반영하여 분류항목 신설 · 세분

제10차 분류		제11차 분류	
10801	배합사료 제조업	10901	반려동물용 사료 제조업
		10902	배합사료 제조업

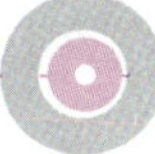

제10차 분류		제11차 분류	
10802	단미사료 및 기타 사료 제조업	10901	반려동물용 사료 제조업
		10903	단미사료 및 기타 사료 제조업
17123	크라프트지 및 상자용 판지 제조업	17104	골판지 원지 제조업
		17105	크라프트지 및 기타 상자용 판지 제조업
20121	산업용 가스 제조업	20121	수소 제조업
		20122	산소, 질소 및 기타 산업용 가스 제조업
20499	그 외 기타 분류 안 된 화학제품 제조업	20499	그 외 기타 분류 안 된 화학제품 제조업
		21301	체외진단시약 제조업
21102	생물학적 제제 제조업	21100	기초의약물질 제조업
		21301	체외진단시약 제조업
21210	완제 의약품 제조업	21211	생물의약품 제조업
		21212	합성의약품 및 기타 완제의약품 제조업
21300	의료용품 및 기타 의약 관련 제품 제조업	21301	체외진단시약 제조업
		21309	그 외 기타 의료용품 및 의약 관련 제품 제조업
23324	콘크리트 타일, 기와, 벽돌 및 블록 제조업	23324	콘크리트 타일, 기와, 벽돌 및 블록 제조업
		23326	인조대리석제품 제조업
23325	콘크리트관 및 기타 구조용 콘크리트제품 제조업	23325	콘크리트관 및 기타 구조용 콘크리트제품 제조업
		23326	인조대리석제품 제조업
27192	정형외과용 및 신체보정용 기기 제조업	27192	치과기공물 제조업
		27193	치과용 임플란트 제조업
		27194	정형외과용 및 신체보정용 기기 제조업
28202	축전지 제조업	28202	운송장비용 이차전지 제조업
		28209	기타 이차전지 제조업
29172	공기조화장치 제조업	29172	가정용 및 산업용 공기조화장치 제조업
		29173	운송장비용 공기조화장치 제조업

- 산업규모와 증감률 추세를 반영하여 분류항목 통합

제10차 분류		제11차 분류	
01151	콩나물 재배업	01159	기타 시설작물 재배업
01159	기타 시설작물 재배업		
19101	코크스 및 관련 제품 제조업	19100	코크스 및 연탄 제조업
19102	연탄 및 기타 석탄가공품 제조업		
21101	의약용 화합물 및 항생물질 제조업	21100	기초의약물질 제조업
21102	생물학적 제제 제조업(체외진단시약 제외)		
22111	타이어 및 튜브 제조업	22110	고무타이어 및 튜브 제조업
22112	타이어 재생업		

제10차 분류		제11차 분류	
24322	동주물 주조업	24329	기타 비철금속 주조업
24329	기타 비철금속 주조업		
26292	전자저항기 제조업	26292	전자저항기 및 전자카드 제조업
26293	전자카드 제조업		
27302	사진기, 영사기 및 관련 장비 제조업	27309	기타 광학기기 및 사진기 제조업
27309	기타 광학기기 제조업		
28113	방전램프용 안정기 제조업	28119	기타 전기변환장치 제조업
28119	기타 전기변환장치 제조업		
29191	일반저울 제조업	29199	그 외 기타 일반목적용 기계 제조업
29199	그 외 기타 일반목적용 기계 제조업		
29291	펄프 및 종이가공용 기계 제조업	29299	그 외 기타 특수목적용 기계 제조업
29299	그 외 기타 특수목적용 기계 제조업		
33202	전자악기 제조업	33209	기타 악기 및 전자악기 제조업
33209	기타 악기 제조업		

- 개정수요 및 전문가 자문을 통한 세세분류 명칭 변경

제10차 분류		제11차 분류	
20112	천연수지 및 나무화학물질 제조업	20112	바이오매스계 기초화학물질 제조업
20119	석탄화학계 화합물 및 기타 기초유기화학물질 제조업	20119	기타 기초유기화학물질 제조업

ㄹ D 전기, 가스, 증기 및 공기조절 공급업 : 산업규모와 증감률 추세를 반영하여 분류항목 신설·세분

제10차 분류		제11차 분류	
35119	기타 발전업	35115	풍력발전업
		35119	기타 발전업

ㅁ E 수도, 하수 및 폐기물 처리, 원료 재생업 : 주요 개정사항 없음

ㅂ F 건설업 : 산업규모와 증감률 추세를 반영하여 분류항목 신설·세분

제10차 분류		제11차 분류	
42202	건물용 기계·장비 설치공사업	42202	건물용 기계 및 장비 설치공사업
		42203	승강설비 설치공사업

ㅅ G 도매 및 소매업

- 산업규모와 증감률 추세를 반영하여 분류항목 신설·세분

제10차 분류		제11차 분류	
47219	기타 식료품 소매업	47219	기타 신선식품 및 단순 가공식품 소매업
		47229	기타 가공식품 소매업

제10차 분류		제11차 분류	
47712	운송장비용 가스충전업	47712	운송장비용 수소충전업
		47713	운송장비용 기타 가스충전업

• 정책수요를 반영하여 분류항목 명칭 변경

제10차 분류		제11차 분류	
47852	애완용 동물 및 관련 용품 소매업	47852	반려용 동물 및 관련 용품 소매업

◎ H 운수 및 창고업

• 개정수요를 반영하여 분류항목 신설·세분

제10차 분류		제11차 분류	
52929	기타 수상 운송지원 서비스업	52922	선박관리업
		52929	기타 수상 운송지원 서비스업

• 산업구조 및 증감률 추세를 반영하여 분류항목 통합

제10차 분류		제11차 분류	
49301	일반 화물자동차 운송업	49301	일반 화물자동차 운송업
49302	용달 화물자동차 운송업		
49303	개별 화물자동차 운송업	49302	개인 화물자동차 운송업
50201	내륙 수상 여객 및 화물 운송업	50209	기타 내륙 수상 여객 및 화물 운송업
50209	기타 내륙 수상 운송업		

㉣ I 숙박 및 음식점업 : 산업규모 및 개정수요를 반영하여 분류항목 신설·세분

제10차 분류		제11차 분류	
55109	기타 일반 및 생활숙박시설 운영업	55105	야영장업
		55109	기타 일반 및 생활숙박시설 운영업

㉤ J 정보통신업 : 산업규모와 증감률 추세 및 국제기준을 반영하여 분류항목 신설·세분

제10차 분류		제11차 분류	
63112	호스팅 및 관련 서비스업	60310	영상물 제공 서비스업
		60320	오디오물 제공 서비스업
		63112	호스팅 및 관련 서비스업
63991	데이터베이스 및 온라인 정보 제공업	60310	영상물 제공 서비스업
		60320	오디오물 제공 서비스업
		63991	데이터베이스 및 온라인 정보 제공업
63999	그 외 기타 정보 서비스업	63992	가상자산 매매 및 중개업
		63999	그 외 기타 정보 서비스업

ⓒ **K 금융 및 보험업** : 국제기준을 반영하여 사회보장보험업 및 연금업 대분류 이동

제0차 분류		제1차 분류	
65131	건강보험업	84611	건강보험업
65139	산업재해 및 기타 사회보장 보험업	84619	산업재해 및 기타 사회보장 보험업
65303	연금업	84620	연금업

ⓔ **L 부동산업** : 산업규모 및 개정수요를 반영하여 분류항목 신설·세분

제0차 분류		제1차 분류	
68221	부동산 중개 및 대리업	68221	부동산 중개 및 대리업
		68224	부동산 분양 대행업

ⓟ **M 전문, 과학 및 기술 서비스업**
- 산업규모 및 개정수요를 반영하여 분류항목 신설·세분

제0차 분류		제1차 분류	
73909	그 외 기타 분류 안 된 전문, 과학 및 기술 서비스업	73905	고고유산 조사연구 서비스업
		73909	그 외 기타 분류 안 된 전문, 과학 및 기술 서비스업

- 산업구조 및 증감률 추세를 반영하여 분류항목 통합

제0차 분류		제1차 분류	
71392	광고매체 판매업	71399	그 외 기타 광고 관련 서비스업
71399	그 외 기타 광고 관련 서비스업		
72923	지질조사 및 탐사업	72923	지질조사·탐사 및 지도 제작업
72924	지도 제작업		

- 개정수요를 반영하여 분류항목 명칭 변경

제0차 분류		제1차 분류	
71391	옥외 및 전시광고업	71391	옥외광고업

ⓗ **N 사업시설 관리, 사업지원 및 임대 서비스업**
- 산업규모와 증감률 추세를 반영하여 분류항목 신설·세분

제0차 분류		제1차 분류	
75999	그 외 기타 분류 안 된 사업지원 서비스업	75995	온라인 활용 마케팅 및 관련 사업지원 서비스업
		75999	그 외 기타 분류 안 된 사업지원 서비스업

- 산업규모와 증감률 추세를 반영하여 분류항목 통합

제0차 분류		제1차 분류	
75911	문서 작성업	75911	문서 작성 및 복사업
75912	복사업		

ⓐ **O 공공행정, 국방 및 사회보장 행정** : 국제기준을 반영하여 사회보장보험업 및 연금업을 대분류 'K'에서 'O'로 이동

ⓑ **P 교육 서비스업** : 주요 개정사항 없음

ⓒ **Q 보건업 및 사회복지 서비스업** : 주요 개정사항 없음

ⓓ **R 예술, 스포츠 및 여가 관련 서비스업**

• 산업규모 및 개정수요를 반영하여 분류항목 신설·세분

제10차 분류		제11차 분류	
91249	기타 사행시설 관리 및 운영업	91242	카지노 운영업
		91249	기타 사행시설 관리 및 운영업

• 산업규모와 증감률 추세를 반영하여 분류항목 통합

제10차 분류		제11차 분류	
90192	공연 및 제작 관련 대리업	90199	그 외 기타 창작 및 예술 관련 서비스업
90199	그 외 기타 창작 및 예술 관련 서비스업		

ⓔ **S 협회 및 단체, 수리 및 기타 개인 서비스업** : 정책수요를 반영하여 분류항목 명칭 변경

제10차 분류		제11차 분류	
96995	애완동물 장묘 및 보호 서비스업	96995	반려동물 장묘 및 보호 서비스업

ⓕ **T 가구 내 고용활동 및 달리 분류되지 않은 자가소비 생산활동** : 주요 개정사항 없음

ⓖ **U 국제 및 외국기관** : 주요 개정사항 없음

02 산업분류의 기준과 원칙

(1) 산업의 정의

① **산업** : 유사한 성질을 갖는 산업활동에 주로 종사하는 생산단위의 집합

② **산업활동** : 각 생산단위가 노동, 자본, 원료 등 자원을 투입하여 재화 또는 서비스를 생산 또는 제공하는 일련의 활동과정

③ **산업활동의 범위** : 영리적, 비영리적 활동이 모두 포함되나, **가정 내의 가사활동은 제외**

(2) 분류 목적

① 한국표준산업분류는 생산단위(사업체 단위, 기업체단위 등)가 주로 수행하는 산업활동을 그 유사성에 따라 체계적으로 유형화한 것

② 산업활동에 의한 통계자료의 수집, 제표, 분석 등을 위해서 활동분류 및 범위를 제공하기 위한 것으로 「통계법」에서는 **산업통계자료의 정확성, 비교성을 위하여 모든 통계 작성기관이 이를 의무적으로 사용하도록 규정**

③ 통계 작성목적 이외에도 일반행정 및 산업정책 관련 법령에서 **적용 대상 산업영역을 한정**하는 기준 등으로 활용

(3) 분류 범위

① 산업활동의 유형에 따른 분류이므로 **국민계정(SNA)에서 정의한 것처럼 경제활동에 종사하고 있는 단위에 대한 분류로 국한**
② 국제표준산업분류에서도 규정하고 있는 '자가 소비를 위한 가사 서비스활동(982)'은 SNA 생산영역 밖에 있지만 가구의 생계활동을 측정하기 위한 중요한 틀이 되기 때문에 '자가 소비를 위한 가사 생산활동(981)'과 병행하여 분류
③ 이들 분류는 일반적인 사업체조사에서는 이용되지 않으나, 이를 통해 노동력조사 같은 가구대상 조사에서 KSIC의 다른 산업활동영역으로 분류하기 어렵거나 불가능한 가계활동분류 가능

(4) 분류 기준

① **산출물(생산된 재화 또는 제공된 서비스)의 특성**
  ㉠ 산출물의 물리적 구성 및 가공단계
  ㉡ 산출물의 수요처
  ㉢ 산출물의 기능 및 용도
② **투입물의 특성** : 원재료, 생산공정, 생산기술 및 시설 등
③ **생산활동의 일반적인 결합형태**
  ※ 암기 Tip : 산 - 투 - 생

(5) 통계단위

① **개념**
  ㉠ 통계단위 : 생산단위의 활동(생산, 재무활동 등)에 관한 통계 작성을 위하여 필요한 정보를 수집 또는 분석할 대상이 되는 관찰 또는 분석단위
  ㉡ 관찰단위 : 산업활동과 지리적 장소의 동질성, 의사결정의 자율성, 자료수집 가능성이 있는 생산단위로 설정
  ㉢ 생산활동과 장소의 동질성의 차이에 따른 **통계단위 구분**

구분	하나 이상 장소	단일 장소
하나 이상 산업활동	기업집단 단위 기업체 단위	지역 단위
단일 산업활동	활동유형 단위	사업체 단위

  ※ 하나의 기업체 또는 기업집단을 전제함

② **사업체 단위의 정의**

　㉠ **사업체 단위** : 공장, 광산, 상점, 사무소 등과 같이 **산업활동과 지리적 장소의 양면에서 가장 동질성이 있는 통계단위**

　㉡ 일정한 물리적 장소에서 단일 산업활동을 독립적으로 수행하며, 영업잉여에 관한 통계를 작성할 수 있고 생산에 관한 의사결정에 있어서 자율성을 갖고 있는 단위이므로 **장소의 동질성과 산업활동의 동질성이 요구되는 생산통계 작성에 가장 적합**

　㉢ 실제 운영 면에서 사업체 단위에 대한 정의가 엄격하게 적용될 수 있는 것은 아니며, 실제 운영상 사업체 단위는 "일정한 물리적 장소 또는 일정한 지역 내에서 하나의 단일 또는 주된 경제활동에 독립적으로 종사하는 기업체 또는 기업체를 구성하는 부분 단위"라고 정의

　㉣ **기업체 단위** : 재화 및 서비스를 생산하는 법적 또는 제도적 단위의 최소 결합체로서 자원배분에 관한 의사결정에서 자율성을 갖고 있음. **기업체는 하나 이상의 사업체로 구성될 수 있다는 점에서 사업체와 구분되며, 재무 관련 통계 작성에 가장 유용함**

(6) 통계단위 산업 결정

① **생산단위 활동형태**

　㉠ 생산단위의 산업활동은 일반적으로 주된 산업활동, 부차적 산업활동 및 보조적 활동이 결합되어 복합적으로 이루어진다.

　㉡ **주된 산업활동이란 산업활동이 복합형태로 이루어질 경우 생산된 재화 또는 제공된 서비스 중에서 부가가치(액)가 가장 큰 활동**을 말하며, 부차적 산업활동은 주된 산업활동 이외의 재화 생산 및 서비스 제공 활동을 말한다.

　㉢ **주된 활동과 부차적 활동은 보조활동의 지원 없이는 수행될 수 없으며, 보조활동에는 회계, 창고, 운송, 구매, 판매 촉진, 수리서비스 등이 포함**된다.

　㉣ 경제활동에 따라 단위분류를 결정하기 위한 기본개념인 부가가치는 산출물과 중간소비 간의 차이로 정의되며 국내총생산(GDP)에 대한 각 경제단위의 기여수준을 측정하는 방법으로 사용된다.

　㉤ 보조활동은 모 생산단위에서 사용되는 비내구재 또는 서비스를 제공하는 활동으로서 생산활동을 지원해 주기 위하여 존재한다.

　㉥ 생산활동과 보조활동이 별개의 독립된 장소에서 이루어질 경우 지역통계 작성을 위하여 보조단위에 관한 정보를 별도로 수집할 수 있다.

　㉦ **다음과 같은 활동단위는 보조단위로 보아서는 안 되며 별개의 활동으로 간주하여 그 자체 활동에 따라 분류하여야 한다.**

　　• 고정자산을 구성하는 재화를 생산하는 경우

　　　예 자기계정을 위한 건설활동을 하는 경우 이에 관한 별도의 자료를 이용할 수 있으면 건설활동으로 분류

- 모 생산단위에서 사용되는 재화나 서비스를 보조적으로 생산하더라도 그 생산되는 재화나 서비스의 대부분을 다른 시장(사업체 등)에 판매하는 경우
- 모 생산단위가 생산하는 생산품의 구성부품이 되는 재화를 생산하는 경우
  - **예** 모 생산단위의 생산품을 포장하기 위한 캔, 상자 및 유사 제품의 생산활동
- 연구 및 개발활동은 통상적인 생산과정에서 소비되는 서비스를 제공하는 것이 아니므로 그 자체의 본질적인 성질에 따라 전문, 과학 및 기술 서비스업으로 분류되며 SNA 측면에서는 고정자본의 일부로 고려

② **산업 결정방법**

㉠ 생산단위의 산업활동은 그 생산단위가 수행하는 주된 산업활동(판매 또는 제공하는 재화 및 서비스)의 종류에 따라 결정된다. 주된 산업활동은 산출물(재화 또는 서비스)에 대한 부가가치(액)의 크기에 따라 결정되어야 하나, 부가가치(액) 측정이 어려운 경우에는 산출액에 의하여 결정한다.

㉡ 상기의 원칙에 따라 결정하는 것이 적합하지 않을 경우에는 그 해당 활동의 종업원 수 및 노동시간, 임금 및 급여액 또는 설비의 정도에 의하여 결정한다.

㉢ 계절에 따라 정기적으로 산업을 달리하는 사업체의 경우에는 조사시점에서 경영하는 사업과는 관계없이 조사대상기간 중 산출액이 많았던 활동에 의하여 분류한다.

㉣ 휴업 중 또는 자산을 청산 중인 사업체의 산업은 영업 중 또는 청산을 시작하기 이전의 산업활동에 의하여 결정하며, 설립 중인 사업체는 개시하는 산업활동에 따라 결정한다.

㉤ 단일 사업체의 보조단위는 그 사업체의 일개 부서로 포함하며, 여러 사업체를 관리하는 중앙보조단위(본부, 본사 등)는 별도의 사업체로 처리한다.

(7) 산업분류 적용원칙

① 생산단위는 **산출물뿐만 아니라 투입물과 생산공정 등을 함께 고려하여 그들의 활동을 가장 정확하게 설명된 항목에 분류**해야 한다.

② 복합적인 활동단위는 **우선적으로 최상급 분류단계(대분류)를 정확히 결정하고, 순차적으로 중, 소, 세, 세세분류 단계항목을 결정**하여야 한다.

③ 산업활동이 결합되어 있는 경우에는 그 활동단위의 주된 활동에 따라서 분류하여야 한다.

④ **수수료 또는 계약에 의하여 활동을 수행하는 단위는 동일한 산업활동을 자기계정과 자기책임하에서 생산하는 단위와 같은 항목에 분류**하여야 한다.

⑤ 자기가 직접 실질적인 생산활동은 하지 않고, 다른 계약업자에 의뢰하여 재화 또는 서비스를 자기계정으로 생산하게 하고, 이를 자기명의로, 자기책임 아래 판매하는 단위는 이들 재화나 서비스 자체를 직접 생산하는 단위와 동일한 산업으로 분류하여야 한다. 다만, 제조업의 경우에는 이들 이외에 제품의 성능 및 기능, 고안 및 디자인, 원재료 구성 설계, 견본 제작 등에 중요한 역할을 하고 자기계정으로 원재료를 제공하여야 한다.

⑥ 각종 기계장비 및 용품의 개량, 개조 및 재제조 등 재생활동은 일반적으로 그 기계장비 및 용품 제조업과 동일 산업으로 분류하지만, 산업규모 및 중요성 등을 고려하여 별도의 독립된 분류에서 구성하고 있는 경우에는 그에 따른다.

⑦ **자본재로 주로 사용되는 산업용 기계 및 장비의 전문적인 수리활동은 경상적인 유지ㆍ수리를 포함하여 "34. 산업용 기계 및 장비 수리업"으로 분류**한다. 자본재와 소비재로 함께 사용되는 컴퓨터, 자동차, 가구류 등과 생활용품으로 사용되는 **소비재물품을 전문적으로 수리하는 산업활동은 "95. 개인 및 소비용품 수리업"으로 분류**한다. 다만, **철도차량 및 항공기 제조공장, 조선소에서 수행하는 전문적인 수리활동은 해당 장비를 제조하는 산업활동과 동일하게 분류**하며, 고객의 특정 사업장 내에서 **건물 및 산업시설의 경상적인 유지관리를 대행하는 경우는 "741. 사업시설 유지관리 서비스업"에 분류**한다.

⑧ 동일 단위에서 제조한 재화의 소매활동은 별개 활동으로 분류하지 않고 제조활동으로 분류되어야 한다. 그러나 **자기가 생산한 재화와 구입한 재화를 함께 판매한다면 그 주된 활동에 따라 분류**한다.

⑨ "공공행정 및 국방, 사회보장사무, 의무가입 성격의 연금 업무" 이외의 교육, 보건, 제조, 유통 및 금융 등 다른 산업활동을 수행하는 정부기관은 그 활동의 성질에 따라 분류하여야 한다. 반대로 법령 등에 근거하여 전형적인 공공행정부문에 속하는 산업활동을 정부기관이 아닌 민간에서 수행하는 경우에는 공공행정부문으로 포함한다.

⑩ **생산단위의 소유형태, 법적 조직유형 또는 운영방식은 산업분류에 영향을 미치지 않는다.** 이런 기준은 경제활동 자체의 특징과 관련이 없기 때문이다. 즉, 동일 산업활동에 종사하는 경우 법인, 개인사업자 또는 정부기업, 외국계 기업 등인지에 관계없이 동일한 산업으로 분류한다.

⑪ **공식적 생산물과 비공식적 생산물, 합법적 생산물과 불법적인 생산물을 달리 분류하지 않는다.**

03 산업분류의 체계와 구조

(1) 분류구조 및 부호체계

① **분류구조는** 대분류(알파벳 문자 사용/Section), 중분류(2자리 숫자 사용/Division), 소분류(3자리 숫자 사용/Group), 세분류(4자리 숫자 사용/Class), 세세분류(5자리 숫자 사용/Sub-Class) 등 **5단계로 구성**된다.

② **부호 처리를 할 경우에는 아라비아 숫자만을 사용**하도록 했다.

③ 권고된 국제분류 ISIC Rev.4를 기본체계로 하였으나, 국내 실정을 고려하여 국제분류의 각 단계 항목을 분할, 통합 또는 재그룹화하여 독자적으로 분류항목과 분류부호를 설정하였다.

④ 분류항목 긴에 산업내용의 이동을 가능한 한 억제하였으나 일부 이동내용에 대한 연계분석 및 시계열 연계를 위하여 부록에 수록된 신구 연계표를 활용하도록 하였다.

⑤ 중분류의 번호는 01부터 99까지 부여하였으며, 대분류별 중분류 추가 여지를 남겨놓기 위하여 대분류 사이에 번호 여백을 두었다.

⑥ 소분류 이하 모든 분류의 끝자리 숫자는 "0"에서 시작하여 "9"에서 끝나도록 하였으며, "9"는 기타 항목을 의미하며, 앞에서 명확하게 분류되어 남아 있는 활동이 없는 경우에는 "9" 기타 항목이 필요 없는 경우도 있다.

⑦ 각 분류단계에서 더 이상 하위분류가 세분되지 않을 때는 "0"을 사용한다(예 중분류 02/임업, 소분류/020).

(2) 구·신 분류단계별 분류항목 수 비교

대분류	중분류		소분류		세분류		세세분류	
	10차	11차	10차	11차	10차	11차	10차	11차
A 농업, 임업 및 어업	3	3	8	8	21	21	34	33
B 광업	4	4	7	7	10	10	11	11
C 제조업	25	25	85	85	183	182	477	480
D 전기, 가스, 증기 및 공기조절 공급업	1	1	3	3	5	5	9	10
E 수도, 하수 및 폐기물 처리, 원료 재생업	4	4	6	6	14	14	19	19
F 건설업	2	2	8	8	15	16	45	46
G 도매 및 소매업	3	3	20	20	61	62	184	186
H 운수 및 창고업	4	4	11	11	19	19	48	47
I 숙박 및 음식점업	2	2	4	4	9	11	29	30
J 정보통신업	6	6	11	12	24	26	42	45
K 금융 및 보험업	3	3	8	8	15	14	32	29
L 부동산업	1	1	2	2	4	4	11	12
M 전문, 과학 및 기술 서비스업	4	4	14	14	20	20	51	50
N 사업시설 관리, 사업지원 및 임대 서비스업	3	3	11	11	22	22	32	32
O 공공행정, 국방 및 사회보장 행정	1	1	5	6	8	10	25	28
P 교육 서비스업	1	1	7	7	17	17	33	33
Q 보건업 및 사회복지 서비스업	2	2	6	6	9	9	25	25
R 예술, 스포츠 및 여가 관련 서비스업	2	2	4	4	17	17	43	43
S 협회 및 단체, 수리 및 기타 개인 서비스업	3	3	8	8	18	18	41	41
T 가구 내 고용활동, 자가소비 생산활동	2	2	3	3	3	3	3	3
U 국제 및 외국기관	1	1	1	1	1	1	2	2
합계	77	77	232	234	495	501	1,196	1,205

❶ 직업분류의 이해

★ **2005년 직업상담사 1급**

01 한국표준직업분류상 대분류 4에 해당되는 것은?

① 서비스 종사자
② 기술공 및 준전문가
③ 전문가
④ 판매 종사자

해설 **[한국표준직업분류 대분류와 직능 수준]**

대분류	항목	직능 수준
1	관리자	제4직능 수준 혹은 제3직능 수준 필요
2	전문가 및 관련 종사자	
3	사무 종사자	제2직능 수준 필요
4	서비스 종사자	
5	판매 종사자	
6	농림어업 숙련 종사자	
7	기능원 및 관련 기능 종사자	
8	장치 · 기계 조작 및 조립 종사자	
9	단순 노무 종사자	제1직능 수준 필요
A	군인	제2직능 수준 이상 필요

★★ **2019년, 2023년 직업상담사 1급**

02 한국표준직업분류의 대분류와 직능 수준과의 관계가 틀린 것은?

① 전문가 및 관련 종사자 : 제4직능 수준 혹은 제3직능 수준 필요
② 사무 종사자 : 제2직능 수준 필요
③ 농림어업 숙련 종사자 : 제2직능 수준 필요
④ 장치 · 기계 조작 및 조립 종사자 : 제1직능 수준 필요

해설 **[한국표준직업분류 대분류와 직능 수준]**

대분류	항목	직능 수준
1	관리자	제4직능 수준 혹은 제3직능 수준 필요
2	전문가 및 관련 종사자	
3	사무 종사자	제2직능 수준 필요
4	서비스 종사자	
5	판매 종사자	
6	농림어업 숙련 종사자	
7	기능원 및 관련 기능 종사자	
8	장치 · 기계 조작 및 조립 종사자	
9	단순 노무 종사자	제1직능 수준 필요
A	군인	제2직능 수준 이상 필요

★ **2010년, 2020년 직업상담사 1급**

03 한국표준직업분류의 대분류 항목과 직능 수준과의 관계를 틀리게 짝지은 것은?

① 관리자 : 제4직능 수준 혹은 제3직능 수준 필요
② 농림어업 숙련 종사자 : 제3직능 수준 필요
③ 기능원 및 관련 기능 종사자 : 제2직능 수준 필요
④ 군인 : 제2직능 수준 이상 필요

정답 **01. ① 02. ④ 03. ②**

대분류	항목	직능 수준
1	관리자	제4직능 수준 혹은
2	전문가 및 관련 종사자	제3직능 수준 필요
3	사무 종사자	
4	서비스 종사자	
5	판매 종사자	
6	농림어업 숙련 종사자	제2직능 수준 필요
7	기능원 및 관련 기능 종사자	
8	장치 · 기계 조작 및 조립 종사자	
9	단순 노무 종사자	제1직능 수준 필요
A	군인	제2직능 수준 이상 필요

★★★ 2009년, 2010년, 2012년, 2013년, 2014년, 2015년, 2016년, 2017년, 2025년 직업상담사 1급

04 한국표준직업분류에서 다수 직업 종사자에 대한 분류원칙을 바르게 나열한 것은?

> A. 취업시간 우선의 원칙
> B. 수입 우선의 원칙
> C. 조사 시 최근의 직업원칙

① A → B → C ② B → A → C
③ B → C → A ④ C → A → B

해설 **[한국표준직업분류에서 다수 직업 종사자의 분류원칙]**
한 사람이 전혀 상관성이 없는 두 가지 이상의 직업에 종사할 경우에 그 직업을 결정하는 일반적 원칙은 다음과 같다.
㉠ 취업시간 우선의 원칙 : 가장 먼저 분야별로 취업시간을 고려하여 보다 긴 시간을 투자하는 직업으로 결정한다.
㉡ 수입 우선의 원칙 : 위의 경우로 분별하기 어려운 경우는 수입(소득이나 임금)이 많은 직업으로 결정한다.
㉢ 조사 시 최근의 직업원칙 : 위의 두 가지 경우로 판단할 수 없는 경우에는 조사시점을 기준으로 최근에 종사한 직업으로 결정한다.

★★★ 2009년, 2016년, 2020년 직업상담사 1급

05 한국표준직업분류에서 직업활동에 해당하는 경우는?

① 예 · 적금 인출, 보험금 수취, 차용 또는 토지나 금융자산을 매각하여 수입이 있는 경우
② 명확한 주기는 없으나 계속적으로 동일한 형태의 일을 하여 수입이 있는 경우
③ 이자, 주식배당, 임대료(전세금, 월세) 등과 같은 자산수입이 있는 경우
④ 연금법, 국민기초생활보장법, 국민연금법 및 고용보험법 등의 사회보장이나 민간보험에 의한 수입이 있는 경우

해설 **[한국표준직업분류에서 직업의 정의]**
직업은 유사성을 갖는 직무를 지속적으로 수행하는 계속성을 가져야 하는데, 일의 계속성이란 일시적인 것을 제외한 다음에 해당하는 것을 말한다.
㉠ 매일, 매주, 매월 등 주기적으로 행하는 것
㉡ 계절적으로 행해지는 것
㉢ 명확한 주기는 없으나 계속적으로 행해지는 것
㉣ 현재 하고 있는 일을 계속적으로 행할 의지와 가능성이 있는 것

[한국표준직업분류에서 직업으로 보지 않는 활동]
㉠ 이자, 주식배당, 임대료(전세금, 월세) 등과 같은 자산수입이 있는 경우
㉡ 연금법, 국민기초생활보장법, 국민연금법 및 고용보험법 등의 사회보장이나 민간보험에 의한 수입이 있는 경우
㉢ 경마, 경륜, 경정, 복권 등에 의한 배당금이나 주식투자에 의한 시세차익이 있는 경우
㉣ 예 · 적금 인출, 보험금 수취, 차용 또는 토지나 금융자산을 매각하여 수입이 있는 경우
㉤ 자기 집의 가사활동에 전념하는 경우
㉥ 교육기관에 재학하며 학습에만 전념하는 경우
㉦ 시민봉사활동 등에 의한 무급 봉사적인 일에 종사하는 경우
㉧ 사회복지시설 수용자의 시설 내 경제활동
㉨ 수형자의 활동과 같이 법률에 의한 강제노동을 하는 경우
㉩ 도박, 강도, 절도, 사기, 매춘, 밀수와 같은 불법적인 활동

정답 04. ① 05. ②

★ **2009년 직업상담사 1급**

06 다음 중 직업의 성립요건과 가장 거리가 먼 것은?

① 윤리성　　　② 경제성
③ 계속성　　　④ 가변성

해설 **[직업의 성립요건]**
㉠ 계속성 : 유사성을 갖는 직무를 지속적으로 수행
㉡ 경제성 : 경제적인 거래관계가 성립하는 활동을 수행
㉢ 윤리성 : 비윤리적인 영리행위나 반사회적인 활동을 통한 경제적인 이윤추구 제외
㉣ 사회성 : 사회적인 기여를 전제조건으로 함

2009년, 2014년 직업상담사 1급

07 한국표준직업분류에서 직업을 분류하는 기준은?

① 직무와 직능　　　② 직무와 직종
③ 직능과 직종　　　④ 직무와 자격

해설 **[한국표준직업분류에서 직업분류의 개념과 기준]**
㉠ 수입(경제활동)을 위해 개인이 하고 있는 일을 그 수행되는 일의 형태에 따라 체계적으로 유형화한 것이 직업분류이며, 우리나라 직업구조 및 실태에 맞도록 표준화한 것이 한국표준직업분류(KSCO : Korean Standard Classification of Occupations)이다.
㉡ 한국표준직업분류는 주어진 직무의 업무와 과업을 수행하는 능력(the ability to carry out the tasks and duties of a given job)인 직능(skill)을 근거로 편제되며, 직능 수준과 직능유형을 고려하고 있다. 직능 수준(skill level)은 직무수행능력의 높낮이를 말하는 것으로 정규교육, 직업훈련, 직업경험, 그리고 선천적 능력과 사회문화적 환경 등에 의해 결정된다. 직능유형(skill specialization)은 직무수행에 요구되는 지식의 분야, 사용하는 도구 및 장비, 투입되는 원재료, 생산된 재화나 서비스의 종류와 관련된다.

2010년, 2014년, 2017년 직업상담사 1급

08 한국표준직업분류에서 한 사람이 전혀 상관성이 없는 두 가지 이상의 직업에 종사할 경우에 그 직업을 결정하는 일반적 원칙이 아닌 것은?

① 취업시간 우선의 원칙
② 수입 우선의 원칙
③ 조사 시 최근의 직업원칙
④ 작업강도 우선의 원칙

해설 **[한국표준직업분류에서 다수 직업 종사자의 분류원칙]**
한 사람이 전혀 상관성이 없는 두 가지 이상의 직업에 종사할 경우에 그 직업을 결정하는 일반적 원칙은 다음과 같다.
㉠ **취업시간 우선의 원칙** : 가장 먼저 분야별로 취업시간을 고려하여 보다 긴 시간을 투자하는 직업으로 결정한다.
㉡ **수입 우선의 원칙** : 위의 경우로 분별하기 어려운 경우는 수입(소득이나 임금)이 많은 직업으로 결정한다.
㉢ **조사 시 최근의 직업원칙** : 위의 두 가지 경우로 판단할 수 없는 경우에는 조사시점을 기준으로 최근에 종사한 직업으로 결정한다.

★ **2010년 직업상담사 1급**

09 한국표준직업분류에서 정의하는 직업에 관한 설명으로 틀린 것은?

① 직업은 경제적인 거래관계가 성립하는 활동을 수행해야 한다.
② 노력이 전제되지 않는 자연 발생적인 이득의 수취나 우연하게 발생하는 경제적인 과실에 전적으로 의존하는 활동은 직업으로 보지 않는다.
③ 비윤리적인 영리행위나 반사회적인 활동을 통한 경제적인 이윤 추구는 직업활동으로 인정되지 못한다.
④ 모든 직업이 사회 공동체적인 맥락에서 의미 있는 활동, 즉 사회적인 기여를 전제조건으로 하고 있지는 않다.

해설 직업활동은 전통적으로 윤리성과 사회성을 충족해야 하는 것으로 보고 있다. 윤리성은 비윤리적인 영리행위나 반사회적인 활동을 통한 경제적인 이윤 추구는 직업활동으로 인정되지 못한다는 것이다. 사회성은 보다 적극적인 것으로서, 모든 직업활동은 사회 공동체적인 맥락에서 의미 있는 활동, 즉 사회적인 기여를 전제조건으로 하고 있다는 점을 강조한다.

정답 06. ④　07. ①　08. ④　09. ④

10 한국표준직업분류(2024)의 대분류 5에 해당되는 것은?

① 서비스 종사자
② 판매 종사자
③ 기능원 및 관련 기능 종사자
④ 단순 노무 종사자

해설 [한국표준직업분류 대분류와 직능 수준]

대분류	항목	직능 수준
1	관리자	제4직능 수준 혹은 제3직능 수준 필요
2	전문가 및 관련 종사자	
3	사무 종사자	제2직능 수준 필요
4	서비스 종사자	
5	판매 종사자	
6	농림어업 숙련 종사자	
7	기능원 및 관련 기능 종사자	
8	장치·기계 조작 및 조립 종사자	
9	단순 노무 종사자	제1직능 수준 필요
A	군인	제2직능 수준 이상 필요

11 한국표준직업분류 대분류와 직능 수준과의 관계로 틀린 것은?

① 관리자 : 제4직능 수준 혹은 제3직능 수준 필요
② 사무 종사자 : 제2직능 수준 필요
③ 판매 종사자 : 제1직능 수준 필요
④ 군인 : 제2직능 수준 이상 필요

해설 [한국표준직업분류 대분류와 직능 수준]

대분류	대분류 항목	직능 수준
1	관리자	제4직능 수준 혹은 제3직능 수준 필요
2	전문가 및 관련 종사자	
3	사무 종사자	제2직능 수준 필요
4	서비스 종사자	
5	판매 종사자	
6	농림어업 숙련 종사자	

해설

대분류	대분류 항목	직능 수준
7	기능원 및 관련 기능 종사자	제2직능 수준 필요
8	장치·기계 조작 및 조립 종사자	
9	단순 노무 종사자	제1직능 수준 필요
A	군인	제2직능 수준 이상 필요

12 한국표준직업분류에서 대분류 A(군인)에 관한 설명으로 틀린 것은?

① 군인은 수행된 일의 형태에 따라 분류되어야 한다는 일반원칙에 따라 별도로 대분류 A에 분류된다.
② 의무복무 여부를 불문하고 현재 군인 신분을 유지하고 있는 군인을 말한다.
③ 이 대분류에 포함되는 대부분의 직업은 제2수준 이상의 직무능력을 필요로 한다.
④ 국가의 요청에 따라 단기간 군사훈련 또는 재훈련을 위해 일시적으로 소집된 자 및 예비군은 제외된다.

해설 군인은 별도로 '대분류 A 군인'에 분류된다. 이것은 수행된 일의 형태에 따라 분류되어야 한다는 일반원칙보다는 자료수집상의 현실성에 따라 분류된 것이다. 이는 의무복무 여부를 불문하고 현재 군인 신분을 유지하고 있는 군인을 말한다. 직업정보 취득의 제약 등 특수분야이므로 직무를 기준으로 분류하는 것이 아니라 계급을 중심으로 분류하였다. 국방과 관련된 정부기업에 고용된 민간인, 국가의 요청에 따라 단기간 군사훈련 또는 재훈련을 위해 일시적으로 소집된 자 및 예비군은 제외된다. 이 대분류에 포함되는 대부분의 직업은 제2수준 이상의 직무능력을 필요로 한다.

정답 10. ② 11. ③ 12. ①

13 윤리성에 위배되어 직업으로 보지 않은 활동은?

> A. 자기 집의 가사활동에 전념하는 경우
> B. 고리대금업을 통해 이익을 취하는 경우
> C. 도박, 강도, 절도와 같은 활동을 하는 경우
> D. 교육기관에 재학하며 학습에만 전념하는 경우

① A, B   ② B, C

③ A, D   ④ A, C, D

해설 직업의 윤리성은 **비윤리적인 영리행위나 반사회적인 활동을 통한 경제적인 이윤 추구는 직업활동으로 인정되지 못한다**는 것이다.

2012년 직업상담사 1급

14 한국표준직업분류는 어느 국제기구의 국제표준직업분류체계(ISCO)를 따르고 있는가?

① OECD   ② UNDP

③ UNESCO   ④ ILO

해설 한국표준직업분류체계는 **국제노동기구(ILO)의 국제표준직업분류(ISCO : International Standard Classification of Occupation)**를 근거로 제정되었다.

★ **2012년 직업상담사 1급**

15 한국표준직업분류상 다음 개념에 해당하는 대분류는?

> 관리자, 전문가 및 관련 종사자를 보조하여 경영방침에 의해 사업계획을 입안하고 계획에 따라 업무를 추진하며 당해 직업에 관련된 정보의 기록, 보관, 계산 및 검색 등의 업무를 수행한다. 또한 금전 취급활동, 법률 및 감사, 상담, 안내 및 접수와 관련하여 사무적인 업무를 수행한다.

① 단순 노무 종사자

② 기능원 및 관련 기능 종사자

③ 준전문가

④ 사무 종사자

해설 '**대분류 3 사무 종사자**'는 관리자, 전문가 및 관련 종사자를 보조하여 경영방침에 의해 사업계획을 입안하고 계획에 따라 업무 추진을 수행하며, 당해 작업에 관련된 정보(data)의 기록, 보관, 계산 및 검색 등의 업무를 수행한다. 또한 금전 취급활동, 법률 및 감사, 상담, 안내 및 접수와 관련하여 사무적인 업무를 수행하며, 대부분의 직업은 제2수준의 직무능력을 필요로 하며 문서처리가 주 직무이다.

★ **2012년, 2016년, 2025년 직업상담사 1급**

16 한국표준직업분류상 직종분류를 위한 기능원과 기계조작원의 직무능력관계에 대한 설명으로 틀린 것은?

① 기능원은 재료, 도구, 수행하는 일의 순서와 특성 및 최종 제품의 용도를 알아야 한다.

② 기능원은 제품명세서가 바뀌거나, 새로운 제조기법이 도입될 때 이를 적용할 수 있는 직무능력을 갖추고 있어야 한다.

③ 직무능력형태의 차이를 고려하여 장인(匠人) 및 수공 기예성(技藝性) 직업은 '대분류 7 기능원 및 관련 기능 종사자'로 분류하고 제품의 가공을 위한 기계 지향성(機械 志向性) 직업은 '대분류 8 장치·기계 조작 및 조립 종사자'에 분류한다.

④ 기계조작원은 복잡한 기계 및 장비의 사용방법이나 기계에 어떤 결함이 발생 시 이를 대체하는 방법을 알아야 한다.

해설 기능원은 재료, 도구, 수행하는 일의 순서와 특성 및 최종 제품의 용도를 알아야 하는 반면에, 기계조작원은 복잡한 기계 및 장비의 사용방법이나 기계에 어떤 결함이 발생할 때 이를 대체하는 방법을 알아야 한다. 또한 **기계조작원은 제품명세서가 바뀌거나, 새로운 제조기법이 도입될 때 이를 적용할 수 있는 직무능력을 갖추고 있어야 한다.**

정답   13. ②   14. ④   15. ④   16. ②

2012년 직업상담사 1급

17 다음 설명에 해당하는 직업분류의 일반원칙은?

> 동일하거나 유사한 직무는 어느 경우에든 같은 단위직업으로 분류되어야 한다는 점이다. 하나의 직무가 동일한 직업단위수준에서 2개 혹은 그 이상의 직업으로 분류될 수 있다면 이 원칙을 위반한 것이라 할 수 있다.

① 포괄성의 원칙
② 배타성의 원칙
③ 주된 직무의 원칙
④ 최상급 직능 수준 우선 원칙

해설 **[직업분류의 일반원칙]**
ㄱ 포괄성의 원칙 : 우리나라에 존재하는 모든 직무는 어떤 수준에서든지 분류에 포괄되어야 한다. 특정한 직무가 누락되어 분류가 불가능할 경우에는 포괄성의 원칙을 위배한 것으로 볼 수 있다.
ㄴ 배타성의 원칙 : 동일하거나 유사한 직무는 어느 경우에든 같은 단위직업으로 분류되어야 한다는 점이다. 하나의 직무가 동일한 직업단위수준에서 2개 혹은 그 이상의 직업으로 분류될 수 있다면 배타성의 원칙을 위반한 것이라 할 수 있다.

2012년 직업상담사 1급

18 자영업을 포함하여 특정한 고용주를 위하여 개별 종사자들이 수행하거나 또는 수행해야 할 일련의 업무와 과업은?

① 직업
② 직무
③ 직종
④ 직군

해설 국제표준직업분류(ISCO)에서 **직무(job)**는 '자영업을 포함하여 특정한 고용주를 위하여 개별 종사자들이 수행하거나 또는 수행해야 할 일련의 업무와 과업(tasks and duties)'으로 설정하고 있으며, **직업(occupation)**은 '유사한 직무의 집합'으로 정의된다. 여기에서 유사한 직무란 '주어진 업무와 과업이 매우 높은 유사성을 갖는 것'을 말한다.

2013년 직업상담사 1급

19 한국표준직업분류에서 직업활동에 해당하는 것은?

① 예·적금 인출, 보험금 수취, 차용 또는 토지나 금융자산을 매각하여 수입이 있는 경우
② 의무로 복무 중인 사병, 단기부사관, 장교와 같은 군인
③ 사회복지사 등 사회복지시설 종사자의 경제활동
④ 경마, 경륜, 복권 등에 의한 배당금이나 주식투자에 의한 시세차익이 있는 경우

해설 의무로 복무 중인 사병, 단기부사관, 장교 등을 제외했던 과거와 달리, 최근의 한국표준직업분류에서는 의무로 복무 여부를 불문하고 현재 군인 신분을 유지하고 있는 경우 대분류 A 군인으로 분류한다. 다만, 국방과 관련된 정부기업에 고용된 민간인, 국가의 요청에 따라 단시간 군사훈련 또는 재훈련을 위해 일시적으로 소집된 자 및 예비군은 제외한다. 또한 사회복지시설 수용자의 시설 내 경제활동의 경우 직업활동으로 보지 않으나 사회복지사처럼 **사회복지시설 종사자의 경제활동은 직업활동에 해당한다.**

2013년 직업상담사 1급

20 한국표준직업분류에 관한 설명으로 틀린 것은?

① 주어진 직무의 업무와 과업을 수행하는 능력인 직능(skill)을 근거로 편제된다.
② 대분류 1 관리자와 대분류 2 전문가 및 관련 종사자의 직능 수준은 동일하다.
③ 직업분류원칙 중 포괄성의 원칙이란 우리나라에 존재하는 모든 직무는 어떤 수준에서든지 분류에 포괄되어야 한다는 것이다.
④ 포괄적인 업무에 대한 직업분류원칙에 따르면 한 사람이 빵을 생산하여 판매도 하는 경우 제빵원으로 분류하지 않고 판매원으로 분류해야 한다.

해설 포괄적인 업무에 대한 직업분류원칙 중 **생산업무 우선 원칙**에 따라 한 사람이 빵을 생산하여 판매도 하는 경우에는 판매원으로 분류하지 않고 제빵원으로 분류하여야 한다.

21 한국표준직업분류의 직능 수준에 관한 설명으로 옳은 것은?

① 국제표준교육분류에 따라 5단계로 구분한다.
② 정규교육수준에 의해 분류되는 것이 아니라 직무를 수행하는데 필요한 특정 업무의 수행능력이다.
③ 제1직능 수준은 석사 이상의 정규교육이나 훈련을 필요로 한다.
④ 제5직능 수준은 초등학교 정도의 정규교육이나 훈련을 필요로 한다.

해설 국제표준직업분류(ISCO)에서 정의한 직능 수준(skill level)은 직무를 수행하는 데 필요한 특정 업무의 수행능력이다. 국제적 특성을 고려하여 4개의 직능 수준으로 구분하고, 직무능력이 정규교육(또는 직업훈련)을 통하여서 얻어지는 것이라고 할 때 국제표준교육분류(ISCED−11)상의 교육과정수준에 의하여 정의하였다.

22 다음과 같은 직무를 수행하는 한국표준직업분류상의 대분류는?

> 주로 자료의 분석과 관련된 직종으로 다양한 분야에서 높은 수준의 전문적 지식과 경험을 기초로 과학적 개념과 이론을 응용하여 해당 분야를 연구, 개발 및 개선하고 집행한다.

① 대분류 1 : 관리자
② 대분류 2 : 전문가 및 관련 종사자
③ 대분류 3 : 사무 종사자
④ 대분류 4 : 서비스 종사자

해설 [대분류 2 전문가 및 관련 종사자]
㉠ 주로 자료의 분석과 관련된 직종으로 물리, 생명과학 및 사회과학분야에서 높은 수준의 전문적 지식과 경험을 기초로 과학적 개념과 이론을 응용하여 해당 분야를 연구하고 개발 및 개선하며 집행한다.
㉡ 전문지식을 이용하여 의료진료활동과 각급 학교 학생을 지도하고 예술적인 창작활동이나 스포츠활동 등을 수행하며, 대부분의 직업은 제4수준과 제3수준의 직무능력을 필요로 한다.

23 한국표준직업분류의 목적과 가장 거리가 먼 것은?

① 각종 사회·경제통계조사의 직업단위기준
② 직종별 채용기준의 결정
③ 직종별 특정 질병의 이환율, 사망률과 생명표 작성기준
④ 산재보험률, 생명보험률 또는 산재보상액, 교통사고보상액 등의 결정기준

해설 직업분류는 고용 관련 통계 및 장단기 인력수급정책 수립과 직업연구를 위한 기초자료 작성에 활용되며, 다음에도 기준자료로 활용되고 있다.
㉠ 각종 사회·경제통계조사의 직업단위기준
㉡ 취업알선을 위한 구인·구직 안내기준
㉢ 직종별 급여 및 수당지급 결정기준
㉣ 직종별 특정 질병의 이환율, 사망률과 생명표 작성기준
㉤ 산재보험요율, 생명보험요율 또는 산재보상액, 교통사고보상액 등의 결정기준

24 한국표준직업분류에서 대분류 A 군인에 대한 설명으로 가장 적합한 것은?

① 이 대분류에 포함되는 대부분의 직업은 제4직능 수준과 제3직능 수준의 직무능력을 필요로 한다.
② 의무로 복무를 수행하는 사병, 단기부사관, 장교를 제외하고, 현재 군인 신분을 유지하고 있는 직업군인을 말한다.
③ 직무유형과 계급을 중심으로 분류하였다.
④ 국방과 관련된 정부기업에 고용된 민간인, 국가의 요청에 따라 단기간 군사훈련 또는 재훈련을 위해 일시적으로 소집된 자 및 예비군은 대분류 A 군인으로 분류되지 않는다.

정답 21. ② 22. ② 23. ② 24. ④

해설 [한국표준직업분류의 '대분류 A 군인']
㉠ 의무복무 여부를 불문하고 현재 군인 신분을 유지하고 있는 군인을 말한다.
㉡ 직업정보 취득의 제약 등 특수분야이므로 직무를 기준으로 분류하는 것이 아니라 계급을 중심으로 분류하였다.
㉢ 국방과 관련된 정부기업에 고용된 민간인, 국가의 요청에 따라 단기간 군사훈련 또는 재훈련을 위해 일시적으로 소집된 자 및 예비군은 제외된다.
㉣ 이 대분류에 포함되는 대부분의 직업은 제2수준 이상의 직무능력을 필요로 한다.

2018년, 2019년 직업상담사 1급

25 직업분류의 활용분야를 모두 고른 것은?

㉠ 각종 사회 · 경제통계조사의 직업단위기준
㉡ 취업알선을 위한 구인 · 구직 안내기준
㉢ 직종별 급여 및 수당지급 결정기준
㉣ 직종별 특정 질병의 이환율, 사망률과 생명표 작성기준
㉤ 산재보험요율, 생명보험요율 또는 산재보상액, 교통사고보상액 등의 결정기준

① ㉠, ㉡, ㉢, ㉣
② ㉠, ㉢, ㉤
③ ㉡, ㉣, ㉤
④ ㉠, ㉡, ㉢, ㉣, ㉤

해설 직업분류는 고용 관련 통계 및 장단기 인력수급정책 수립과 직업연구를 위한 기초자료 작성에 활용되며, 다음에도 기준자료로 활용되고 있다.
㉠ 각종 사회 · 경제통계조사의 직업단위기준
㉡ 취업알선을 위한 구인 · 구직 안내기준
㉢ 직종별 급여 및 수당지급 결정기준
㉣ 직종별 특정 질병의 이환율, 사망률과 생명표 작성기준
㉤ 산재보험요율, 생명보험요율 또는 산재보상액, 교통사고보상액 등의 결정기준

★★ 2014년, 2022년, 2025년 직업상담사 1급

26 한국표준직업분류에서 다음 사례에 해당하는 포괄적인 업무에 대한 직업분류원칙은?

빵을 굽는 제빵원이 빵을 제조하고 이를 판매하였다면 판매원으로 구분하지 않고 제빵원으로 분류한다.

① 최상급 직능 수준 우선의 원칙
② 최초 업무 우선 원칙
③ 수적 우위 우선 원칙
④ 생산업무 우선 원칙

해설 포괄적인 업무에 대한 직업분류원칙 중 생산업무 우선 원칙에 따라 한 사람이 빵을 생산하여 판매도 하는 경우에는 판매원으로 분류하지 않고 제빵원으로 분류하여야 한다.

★ 2015년 직업상담사 1급

27 한국표준직업분류에서 다음에 해당되는 대분류는?

대규모적이고 때로는 고도의 자동화된 산업용 기계 및 장비를 조작하고 부분품을 가지고 제품을 조립하는 업무로 구성된다.

① 준전문가 및 관련 종사자
② 기능원 및 관련 기능 종사자
③ 장치 · 기계 조작 및 조립 종사자
④ 기계 설치 및 정비기능 종사자

해설 [한국표준직업분류의 '대분류 8 장치 · 기계 조작 및 조립 종사자']
㉠ 장치 · 기계 조작 및 조립 종사자는 기계를 조작하여 제품을 생산하거나 대규모적이고 때로는 고도의 자동화된 산업용 기계 및 장비를 조작하고 부분품을 가지고 제품을 조립하는 업무로 구성된다.
㉡ 작업은 기계조작뿐만 아니라 컴퓨터에 의한 기계제어 등 기술적 혁신에 적응할 수 있는 능력을 포함하여 기계 및 장비에 대한 경험과 이해가 요구되며, 기계의 성능이 생산성을 좌우한다. 또한 여기에는 운송장비의 운전업무도 포함된다.

정답 25. ④ 26. ④ 27. ③

★ **2015년 직업상담사 1급**

28 한국표준직업분류의 직능 수준에 대한 설명으로 틀린 것은?

① 제1직능 수준 : 일반적으로 단순하고 반복적이며 때로는 육체적인 힘을 요하는 과업을 수행한다.

② 제2직능 수준 : 일반적으로 완벽하게 읽고 쓸 수 있는 능력과 정확한 계산능력, 그리고 상당한 정도의 의사소통능력을 필요로 한다.

③ 제3직능 수준 : 최소한의 문자이해와 수리적 사고능력이 요구되는 간단한 직무교육으로 누구나 수행할 수 있다.

④ 제4직능 수준 : 매우 높은 수준의 이해력과 창의력 및 의사소통능력이 필요하다. 이러한 수준의 직업에 종사하는 자는 일정한 보충적 직무훈련 및 실습이 요구된다.

> **해설** ③ 제3직능 수준 : 복잡한 과업과 실제적인 업무를 수행할 정도의 전문적인 지식을 보유하고 수리계산이나 의사소통능력이 상당히 높아야 한다.

★ **2016년 직업상담사 1급**

29 한국표준직업분류의 대분류와 관련된 직업이 잘못 짝지어진 것은?

① 전문가 및 관련 종사자 – 웹디자이너

② 기능원 및 관련 기능 종사자 – 용접원

③ 장치·기계 조작 및 조립 종사자 – 갑판원

④ 단순 노무 종사자 – 벌목원

> **해설** 벌목원은 분류번호 62012로 산림을 조성하거나 경영하고 산림 보존 및 개발에 필요한 활동을 하는 직업으로 '대분류 6 농림어업 숙련 종사자'에 해당한다.

2016년 직업상담사 1급

30 한국표준직업분류에 대한 설명으로 틀린 것은?

① 대분류는 국제 비교성을 위해 국제표준직업분류를 따르기로 원칙을 정하고, 중분류 이하는 우리나라 노동시장 현실을 반영하였다.

② 국제표준직업분류(ISCO-08) 개정내용을 한국표준직업분류에 반영하고, 우리나라 노동시장의 구조와 조사의 편리성을 고려하여 전문가 및 준전문가(기술공)는 통합하고, 중분류 이하는 직능유형(Skill Specialization)에 보다 중점을 두어 분류하였다.

③ 한국표준직업분류와 고용직업분류 간의 불일치에 따른 해소를 위해 고용자 수 등을 감안하여 고용직업분류의 소분류 명칭을 일치시켰다.

④ 직업 관련 정책 수립에 필요한 통계의 생산 및 활용성 제고를 위하여 세분류는 고용자 수가 최소 1,000명 이상인 경우만 설정하였다.

> **해설** 한국표준직업분류와 고용직업분류 간의 불일치에 따른 문제점 해소를 위해 고용자 수 등을 감안하여 고용직업분류의 세분류 명칭을 일치시켰다.

2017년 직업상담사 1급

31 한국표준직업분류에서 대분류가 다른 직업은?

① 점술가

② 웨딩플래너

③ 미용사

④ 여행사무원

> **해설** 한국표준직업분류 대분류에서 점술가, 웨딩플래너, 장례지도사, 미용사 등은 서비스를 제공하는 직업으로서 '대분류 4 서비스 종사자'에 해당되며, 여행사무원은 '대분류 3 사무 종사자'에 해당된다.

정답 28. ③ 29. ④ 30. ③ 31. ④

32 한국표준직업분류의 분류체계 및 분류번호에 대한 설명으로 틀린 것은?

① 직업분류는 세분류를 기준으로 상위에는 소분류 – 중분류 – 대분류로 구성되어 있으며, 하위분류는 세세분류로 구성되어 있다.

② 분류번호는 아라비아 숫자와 알파벳 A로 표시하며 대분류 1자리, 중분류 2자리, 소분류 3자리, 세분류 4자리, 세세분류 5자리로 표시된다.

③ 동일 분류에 포함된 끝 항목의 숫자 9는 '기타 ~(그 외 ~)'를 표시하며, 위에 분류된 나머지 항목들을 의미한다.

④ 끝자리 5는 해당 분류수준에서 더 이상 세분되지 않은 직업을 의미하고 있다.

해설 **[한국표준직업분류의 분류체계 및 분류번호]**

㉠ 직업분류는 세분류를 기준으로 상위에는 소분류 – 중분류 – 대분류로 구성되어 있으며, 하위분류는 세세분류로 구성되어 있다.

㉡ 각 항목은 대분류 10개, 중분류 57개, 소분류 167개, 세분류 495개, 세세분류 1,270개로 구성되어 있는데 계층적 구조로 되어 있다.

㉢ 분류번호는 아라비아 숫자와 알파벳 A로 표시하며 대분류 1자리, 중분류 2자리, 소분류 3자리, 세분류 4자리, 세세분류는 5자리로 표시된다.

㉣ 동일 분류에 포함된 끝 항목의 숫자 9는 '기타 ~(그 외 ~)'를 표시하여 위에 분류된 나머지 항목을 의미한다.

㉤ 끝자리 0은 해당 분류수준에서 더 이상 세분되지 않는 직업을 의미하고 있다.

33 한국표준직업분류에서 '직업으로 보지 않는 활동'에 해당하지 않는 것은?

① 이자, 주식배당, 임대료 등과 같은 자산수입이 있는 경우

② 연금법, 국민기초생활보장법, 국민연금법 및 고용보험법 등의 사회보장이나 민간보험에 의한 수입이 있는 경우

③ 사회복지시설 수용자의 시설 내 경제활동

④ 행정관리 및 입법기능 수행에 따른 수입이 있는 경우

해설 **[한국표준직업분류에서 직업으로 보지 않는 활동]**

㉠ 이자, 주식배당, 임대료(전세금, 월세) 등과 같은 자산수입이 있는 경우

㉡ 연금법, 국민기초생활보장법, 국민연금법 및 고용보험법 등의 사회보장이나 민간보험에 의한 수입이 있는 경우

㉢ 경마, 경륜, 경정, 복권 등에 의한 배당금이나 주식투자에 의한 시세차익이 있는 경우

㉣ 예·적금 인출, 보험금 수취, 차용 또는 토지나 금융자산을 매각하여 수입이 있는 경우

㉤ 자기 집의 가사활동에 전념하는 경우

㉥ 교육기관에 재학하며 학습에만 전념하는 경우

㉦ 시민봉사활동 등에 의한 무급 봉사적인 일에 종사하는 경우

㉧ 사회복지시설 수용자의 시설 내 경제활동

㉨ 수형자의 활동과 같이 법률에 의한 강제노동을 하는 경우

㉩ 도박, 강도, 절도, 사기, 매춘, 밀수와 같은 불법적인 활동

34 한국표준직업분류의 직업분류원칙으로 틀린 것은?

① 동일하거나 유사한 직무는 어느 경우에든 같은 단위직업으로 분류되어야 한다.

② 2개 이상의 직무를 수행하는 경우는 수행되는 직무내용과 관련 분류항목에 명시된 직무내용을 비교 평가하여 관련 직무내용상의 상관성이 가장 많은 항목에 분류한다.

③ 수행된 직무가 상이한 수준의 훈련과 경험을 통해서 얻어지는 직무능력을 필요로 한다면 가장 높은 수준의 직무능력을 필요로 하는 일에 분류하여야 한다.

④ 재화의 생산과 공급이 같이 이루어지는 경우는 공급단계에 관련된 업무를 우선적으로 분류한다.

해설 ① 직업분류의 일반원칙 중 배타성의 원칙에 해당한다.
② 포괄적인 업무에 대한 직업분류원칙 중 주된 직무 우선 원칙에 해당한다.
③ 포괄적인 업무에 대한 직업분류원칙 중 최상급 직능 수준 우선 원칙에 해당한다.

★ 2018년 직업상담사 1급

35 한국표준직업분류의 분류체계 및 분류번호에 대한 설명으로 틀린 것은?

① 직업분류는 세분류를 기준으로 상위에는 소분류 – 중분류 – 대분류로 구성되어 있으며, 하위분류는 세세분류로 구성되어 있다.

② 대분류 10개, 중분류 57개, 소분류 167개, 세분류 495개, 세세분류 1,270개로 구성되어 있다.

③ 분류번호는 아라비아 숫자와 알파벳 A로 표시하며 대분류 2자리, 중분류 3자리, 소분류 4자리, 세분류 5자리, 세세분류는 6자리로 표시된다.

④ 동일 분류에 포함된 끝 항목의 숫자 9는 '기타 ~(그 외 ~)'를 표시하여 위에 분류된 나머지 항목을 의미한다.

해설 한국표준직업분류의 분류번호는 아라비아 숫자와 알파벳 A로 표시하며 대분류 1자리, 중분류 2자리, 소분류 3자리, 세분류 4자리, 세세분류는 5자리로 표시된다.

2019년 직업상담사 1급

36 한국표준직업분류의 다수 직업 종사자의 분류원칙이 아닌 것은?

① 취업시간 우선의 원칙
② 최상급 직능 수준 우선 원칙
③ 수입 우선의 원칙
④ 조사 시 최근의 직업원칙

해설 [한국표준직업분류의 다수 직업 종사자의 분류원칙]
㉠ 취업시간 우선의 원칙
㉡ 수입 우선의 원칙
㉢ 조사 시 최근의 직업원칙

37 한국표준직업분류에서 한 사람이 전혀 상관성이 없는 두 가지 이상의 직업에 종사할 경우 그 사람의 직업을 결정하는 일반적 원칙에 해당하지 않는 것은?

① 노동강도가 높은 직업으로 결정한다.
② 수입(소득이나 임금)이 많은 직업으로 결정한다.
③ 조사시점을 기준으로 최근에 종사한 직업으로 결정한다.
④ 분야별로 취업시간을 고려하여 보다 긴 시간을 투자하는 직업으로 결정한다.

해설 다수 직업 종사자의 분류원칙을 묻는 문항이다.
② 수입 우선의 원칙에 해당한다.
③ 조사 시 최근의 직업원칙에 해당한다.
④ 취업시간 우선의 원칙에 해당한다.

★★★

38 한국표준직업분류(제8차 개정, 2025. 1. 1. 시행)의 개정 특징과 가장 거리가 먼 것은?

① 저출산 · 고령화에 따른 사회복지 및 돌봄인력 수요 반영
② 신생 · 확대 · 소멸직업 등 노동시장의 구조변화 반영
③ 직업분류 개정의견 수렴 등 대내외 개정수요 반영
④ 자동화 · 기계화 진전에 따른 기능직 및 기계 조작직 직종 세분화

해설 [한국표준직업분류(제8차 개정, 2025. 1. 1. 시행)의 개정 특징]
㉠ 포스트 코로나에 따른 보건전문가 및 관련 서비스 종사자의 인력 확대 반영
㉡ 저출산 · 고령화에 따른 사회복지 및 돌봄인력 수요 반영
㉢ 신생 · 확대 · 소멸직업 등 노동시장의 구조변화 반영
㉣ 직업분류 활용성 및 정확성 제고를 위해 직업분류체계 개선
㉤ 직업분류 개정의견 수렴 등 대내외 개정수요 반영

정답 35. ③ 36. ② 37. ① 38. ④

39 한국표준직업분류상 직종분류를 위한 기능원과 기계조작원의 직무능력 관계에 대한 설명으로 틀린 것은?

① 기능원은 재료, 도구, 수행하는 일의 순서와 특성 및 최종 제품의 용도를 알아야 한다.

② 기능원은 제품명세서가 바뀌거나, 새로운 제조기법이 도입될 때 이를 적용할 수 있는 직무능력을 갖추고 있어야 한다.

③ 직무능력 형태의 차이를 반영하여 '대분류 8. 장치·기계 조작 및 조립 종사자'에는 제품의 가공을 위한 기계 지향성 직업으로 분류한다.

④ 최근 전자·제어기술과 자동화기계의 발전에 따라 기능직무 영역이 축소되고 조작직무 영역이 증가하는 추세이다.

> **해설** [기능원과 기계조작원의 직무능력관계 (출처 : 제8차 한국표준직업분류, 2025)]
> ㉠ 하나의 제품이 기능원에 의해 제조되는지 또는 대량 생산기법을 유도하는 기계를 사용해서 제조되는지에 따라 필요로 하는 직무능력에 대단한 영향을 미친다.
> ㉡ 기능원은 재료, 도구, 수행하는 일의 순서와 특성 및 최종 제품의 용도를 알아야 하는 반면에, 기계조작원은 복잡한 기계 및 장비의 사용방법이나 기계에 어떤 결함이 발생할 때 이를 대체하는 방법을 알아야 한다. 또한 기계조작원은 제품명세서가 바뀌거나, 새로운 제조기법이 도입될 때 이를 적용할 수 있는 직무능력을 갖추고 있어야 한다.
> ㉢ 직업분류에서는 이러한 직무능력 형태의 차이를 반영하여 대분류 7, 8을 설정하였다.
> ㉣ '대분류 7. 기능원 및 관련 기능 종사자'에는 목 공예원, 도자기 공예원, 보석 세공원, 건축 석공, 전통건물 건축원, 한복 제조원과 같은 장인 및 수공 기예성 직업을 분류하였고, '대분류 8 장치·기계 조작 및 조립 종사자'에는 제품의 가공을 위한 기계 지향성 직업으로 분류하였다.
> ㉤ 최근 전자제어기술과 자동화기계의 발전에 따라 기능직무 영역이 축소되고 조작직무 영역이 증가하는 추세이다.

40 한국표준직업분류에서 포괄적인 업무에 대한 직업분류원칙에 해당되지 않는 것은?

① 주된 직무 우선 원칙

② 최상급 직능 수준 우선 원칙

③ 취업시간 우선 원칙

④ 생산업무 우선 원칙

> **해설** [한국표준직업분류의 포괄적인 업무의 분류원칙]
> ㉠ 주된 직무 우선 원칙
> ㉡ 최상급 직능 수준 우선 원칙
> ㉢ 생산업무 우선 원칙

41 다음 중 한국표준직업분류의 대분류별 주요 개정 내용 중 관리자에 대한 설명으로 바르지 않은 것은?

① 공공기관 임원은 민간기업 임원과의 직무 유사성으로 '기업대표 및 고위임원'에 통합

② '직업교육훈련 및 평생교육기관 관리자'와 '신재생에너지 관련 관리자'를 신설

③ '의회의원'과 '고위공무원·정당 및 특수단체 임원'을 '의회의원·고위공무원 및 공공단체 임원'으로 통합

④ 창고 등 운송 관련 포괄성 유지를 위해 '그 외 운송 관련 관리자'를 신설

> **해설** 법규 입안과 집행직무 차이와 국제표준직업분류(ISCO-08)를 참고하여 세분류 '의회의원·고위공무원 및 공공단체 임원'을 '의회의원'과 '고위공무원·정당 및 특수단체 임원'으로 분리하였다.

2021년, 2023년 직업상담사 1급

42 한국표준직업분류에서 한 사람이 전혀 상관성이 없는 두 가지 이상의 직업에 종사할 경우에 그 직업을 분류하는 일반적인 원칙을 적용하는 순서로 바르게 나열된 것은?

① 취업시간 → 조사 시 최근의 직업 → 수입
② 수입 → 취업시간 → 조사 시 최근의 직업
③ 취업시간 → 수입 → 조사 시 최근의 직업
④ 수입 → 조사 시 최근의 직업 → 취업시간

해설 [한국표준직업분류의 다수 직업 종사자의 분류원칙]
㉠ **취업시간** 우선의 원칙
㉡ **수입** 우선의 원칙
㉢ **조사** 시 최근의 직업원칙

★★

43 한국표준직업분류의 주요 개정(제8차) 방향 및 특징에 대한 설명으로 틀린 것은?

① 지난 개정 이후 시간경과를 고려하여 전면 개정방식으로 추진하되, 중분류 이하 단위분류체계를 중심으로 개정을 추진하였다.
② 직업구조의 변화특성을 고려하여 보건 및 관련 서비스와 사회복지서비스분야의 직업 확충, 신산업 성장에 따른 직업을 신설하였다.
③ 직업분류체계의 정합성 확보를 위해 사무 종사자의 과대 분류항목 재분류 등을 포함하였다.
④ 제조 관련 기능 종사원, 과실 및 채소가공 관련 기계조작원, 섬유제조기계조작원 등은 복합·다기능 기계의 발전에 따라 통합되었던 직종을 세분하였다.

해설 자동화·직무 전환 등에 따른 노동시장 축소로 **기능직 및 기계조작직 분류를 통합**하였다.

★

2013년 직업상담사 1급

44 한국고용직업분류(KECO)에 대한 설명으로 틀린 것은?

① 한국직업사전의 기본분류체계이다.

② 분류체계의 마지막 단위는 세분류이다.
③ 직능유형을 분류의 우선적인 기준으로 사용하였다.
④ 국제 비교성을 위해 국제표준직업분류를 따르고 있다.

해설 ④ 한국표준직업분류의 설명에 해당한다.

★

2023년, 2025년 직업상담사 1급

45 한국표준직업분류의 특정 직종의 분류요령에 대한 설명으로 틀린 것은?

① 반장 등과 같이 주로 수행된 일의 전문, 기술적인 통제업무를 수행하는 감독자는 '대분류 1 관리자'에 분류된다.
② 자영업주 및 고용주는 주된 직무 우위 원칙에 따라 수행하는 직무 중 투자하는 시간이 가장 많은 직무로 분류된다.
③ 연구 및 개발업무 종사자는 '대분류 2 전문가 및 관련 종사자'에서 그 전문분야에 따라 분류된다. 다만, 연구자가 교육에 종사할 경우에는 '26 교육 전문가 및 관련직'으로 분류한다.
④ 관리자가 현업을 겸하는 경우에는 다른 사람의 직무수행을 감독 및 관리하는 직무에 종사하는 시간에 따라 분류된다.

해설 [감독직업의 분류요령]
㉠ 반장 등과 같이 주로 수행된 일의 전문, 기술적인 통제업무를 수행하는 감독자는 그 감독되는 근로자와 동일 직종으로 분류한다.
㉡ 주된 업무가 자기 감독하에 있는 일이나 근로자의 일상 작업활동을 기획, 조정, 통제, 지시하는 업무인 경우에는 관리직으로 보아 '12 행정·경영 지원 및 마케팅 관리직', '13 전문 서비스 관리직', '14 건설·전기 및 생산 관련 관리직', '15 판매 및 고객 서비스 관리직'으로 각각 분류된다.
㉢ 단, 편의점 등 프랜차이즈 소매점이나 백화점, 쇼핑센터 내에 단일 매장 내의 인력을 지휘하고, 판매 및 관리업무 전반을 일선 관리하는 자는 예외적으로 '소규모 상점 일선 관리 종사원'으로 분류할 수 있다.

정답 42. ③ 43. ④ 44. ④ 45. ①

46 한국표준직업분류에서 다음 중분류가 해당되는 대분류는?

> • 과학 전문가 및 관련직
> • 정보통신 전문가 및 기술직
> • 공학 전문가 및 기술직
> • 보건 전문가 및 관련직
> • 사회복지·종교 전문가 및 관련직
> • 교육 전문가 및 관련직
> • 법률 및 행정 전문직
> • 경영·금융 전문가 및 관련직
> • 문화·예술·스포츠 기타 전문가 및 관련직

① 전문가
② 기술공 및 준전문가
③ 전문가 및 관련 종사자
④ 기술공 및 준전문가 종사자

해설 '전문가 및 관련 종사자'는 특정 분야의 전문지식과 경험을 바탕으로 개념과 이론을 이용하여 해당 분야에 대한 연구·개발, 자문, 지도(교수) 등 전문 서비스를 제공하는 자를 말한다.

★★
47 2025 한국고용직업분류(KECO)의 개정내용에 대한 설명으로 틀린 것은?

① 대분류와 중분류는 각각 10개, 35개로 동일하다.
② 소분류 '반려동물 관련 서비스원(513)' 신설로 중분류 '미용·예식 서비스직'이 '미용·예식 반려동물 서비스직'으로 변경되었다.
③ 통계청 분류체계 개편을 반영하여 '공공행정 사무원'을 경영기획, 영업 및 마케팅, 인사 및 노무 등 직무별 분류에 통합하였다.
④ 직능유형의 구분기준은 기존 '직무활동의 내용'이 아니라 '직무수행의 결과물'을 기준으로 한다.

해설 ④ 2018 한국고용직업분류 개정 당시 직능유형의 구분 기준을 기존의 '직무수행의 결과물'이 아니라 '직무활동의 내용'으로 변경하고 이에 따라 대분류를 신설하였다.

48 한국고용직업분류(KECO)의 분류원칙에 대한 설명을 옳은 것은?

① 직업분류에서 일반적으로 사용하는 9진법을 준용하였다.
② 직능 수준(skill level)을 분류의 우선적인 기준으로 사용하였다.
③ 직업분류의 기본원칙인 포괄성과 배타성을 고려하여 분류하였다.
④ 최소 고용인원을 고려하여 모든 직무를 일괄적으로 직업단위로 분류하였다.

해설 ① 직업분류에서 일반적으로 사용하는 10진법을 준용하였다.
② 직능유형(skill type)을 분류의 우선적인 기준으로 사용하였다.
④ 한국표준직업분류에 대한 설명이다.

★★
49 한국고용직업분류(2025)의 개정 방향 및 주요 개정 내용에 대한 설명으로 틀린 것은?

① 반려동물 양육가구 급증, 코로나 이후 방역수요 증가, 가사 서비스 수요 증가 등을 반영하여 소분류 5개를 통합하였다.
② 플랫폼노동 확대, AI·빅데이터 등 산업구조 변화, 반려동물양육가구 급증 등 고용 확대·신설 직업을 반영하여 세분류를 분리·신설하였다.
③ 행정사, 수의사 보조원은 상향 조정 및 분류 분리, 보육 관련 시설 돌봄 종사원은 표준직업분류 개정내용과 직무 관련성을 반영하여 소분류 간 분류 이동하였다.
④ 분류 명확화 및 세분류 단위에서의 표준–고용직업분류 간 명칭 통일, 협회 및 단체 의견수렴을 통해 180개 세분류의 명칭을 변경하였다.

정답 46. ③ 47. ④ 48. ③ 49. ①

2018년 직업상담사 2급

50 한국고용직업분류(KECO)에 대한 설명으로 틀린 것은?

① 10진법 중심의 분류이다.
② 직능유형(skill type) 중심이다.
③ 대분류보다는 중분류 중심 체계이다.
④ 직업분류의 기본원칙인 포괄성과 배타성을 고려하여 분류하였다.

[해설] 한국고용직업분류는 과거 24개의 중분류 중심 분류체계에서 2018년부터 10개의 실질적인 대분류 중심 체계로 전환하여 활용되고 있다.

★
51 한국고용직업분류(2025)의 대분류에 해당하지 않는 것은?

① 군인
② 건설·채굴직
③ 설치·정비·생산직
④ 연구직 및 공학 기술직

[해설] [한국고용직업분류(2025)의 대분류]
0 경영·사무·금융·보험직
1 연구직 및 공학 기술직
2 교육·법률·사회복지·경찰·소방직 및 군인
3 보건의료직
4 예술·디자인·방송·스포츠직
5 미용·여행·숙박·음식·경비·청소직
6 영업·판매·운전·운송직
7 건설·채굴직
8 설치·정비·생산직
9 농림어업직

❷ 산업분류의 이해

2014년 직업상담사 1급

52 한국표준산업분류에 대한 설명과 가장 거리가 먼 것은?

① 표준산업분류는 국제표준산업분류에 기초하여 만들어졌다.
② 통계청에서 개정작업을 담당하고 있다.
③ 분류 간 연계성, 통합 및 일관성 유지가 중요하다.
④ 개정 시 국제표준산업분류의 담당기관인 국제노동기구(ILO)의 허가가 필요하다.

[해설] 한국표준산업분류는 유엔통계처(UNSD)의 국제산업분류 개정내용을 기초로 하여 「통계법」에 따라 통계청장이 작성·고시하는 것으로서 개정 시 국제노동기구(ILO)의 허가는 필요하지 않다.

★
53 한국표준산업분류(제11차)의 개정내용의 주요 특징으로 틀린 것은?

① 국내 산업구조의 변화를 반영하여 미래·성장산업을 중심으로 분류를 신설·세분하였다.
② 상대적으로 비중이 감소한 산업은 분류를 통합하였다.
③ 대국민·관계기관 수렴의견, 다수 민원 및 규제 개선요청 등 개정수요 중 세분요건을 갖춘 산업은 분류를 신설·세분하였다.
④ 국제표준산업분류(ISIC) 기준에 따라 사회보장보험업과 연금업을 대분류 O(공공행정, 국방 및 사회보장 행정)에서 K(금융 및 보험업)로 이동하였다.

[해설] 국제표준산업분류(ISIC) 기준에 따라 사회보장보험업과 연금업을 대분류 K(금융 및 보험업)에서 O(공공행정, 국방 및 사회보장 행정)로 이동하였다.

54 한국표준산업분류의 목적과 가장 거리가 먼 것은?

① 한국표준산업분류는 생산단위(사업체 단위, 기업체단위 등)가 주로 수행하는 산업활동을 그 유사성에 따라 체계적으로 유형화한 것이다.

② 한국표준산업분류는 산업활동에 의한 통계자료의 수집, 제표, 분석 등을 위해서 활동카테고리를 제공하기 위한 것이다.

③ 통계법에서는 산업통계자료의 정확성, 비교성을 위하여 모든 통계 작성기관이 이를 의무적으로 사용하도록 규정하고 있다.

④ 일반 행정 및 산업정책 관련 법령에서 적용 대상 산업영역을 확장하는 기준으로 준용되고 있다.

> **해설** **[한국표준산업분류의 목적]**
> ㉠ 생산단위(사업체 단위, 기업체단위 등)가 주로 수행하는 산업활동을 그 유사성에 따라 체계적으로 유형화한 것
> ㉡ 산업활동에 의한 통계자료의 수집, 제표, 분석 등을 위해서 활동분류 및 범위를 제공하기 위한 것으로 「통계법」에서는 산업통계자료의 정확성, 비교성을 위하여 모든 통계 작성기관이 이를 의무적으로 사용하도록 규정
> ㉢ 통계 작성목적 이외에도 일반 행정 및 산업정책 관련 법령에서 적용 대상 산업영역을 한정하는 기준으로 활용

55 한국표준산업분류의 산업 결정방법에 대한 설명으로 틀린 것은?

① 생산단위의 산업활동은 그 생산단위가 수행하는 주된 산업활동의 종류에 따라 결정된다.

② 계절에 따라 정기적으로 산업을 달리하는 사업체의 경우에는 조사대상기간 중 산출액이 많았던 활동에 의하여 분류된다.

③ 휴업 중 또는 자산을 청산 중인 사업체의 산업은 영업 중 또는 청산을 시작하기 전의 산업활동에 의해 결정된다.

④ 단일 사업체의 보조단위는 그 사업체와는 별도의 사업체로 처리된다.

> **해설** **[한국표준산업분류의 통계단위의 산업 결정방법]**
> ㉠ 생산단위의 산업활동은 그 생산단위가 수행하는 주된 산업활동(판매 또는 제공하는 재화 및 서비스)의 종류에 따라 결정된다.
> ㉡ 이러한 주된 산업활동은 산출물(재화 또는 서비스)에 대한 부가가치(액)의 크기에 따라 결정되어야 하나, 부가가치(액) 측정이 어려운 경우에는 산출액에 의하여 결정한다.
> ㉢ 상기의 원칙에 따라 결정하는 것이 적합하지 않을 경우에는 그 해당 활동의 종업원 수 및 노동시간, 임금 및 급여액 또는 설비의 정도에 의하여 결정한다.
> ㉣ 계절에 따라 정기적으로 산업을 달리하는 사업체의 경우에는 조사시점에서 경영하는 사업과는 관계없이 조사대상 기간 중 산출액이 많았던 활동에 의하여 분류한다.
> ㉤ 휴업 중 또는 자산을 청산 중인 사업체의 산업은 영업 중 또는 청산을 시작하기 이전의 산업활동에 의하여 결정하며, 설립 중인 사업체는 개시하는 산업활동에 따라 결정한다.
> ㉥ **단일 사업체의 보조단위는 그 사업체의 일개 부서로 포함**하며, 여러 사업체를 관리하는 중앙보조단위(본부, 본사 등)는 별도의 사업체로 처리한다.

56 한국표준산업분류의 분류구조 및 부호체계에 대한 설명으로 틀린 것은?

① 분류구조는 대분류, 중분류, 소분류, 세분류, 세세분류의 5단계로 구성된다.

② 부호 처리를 할 경우에는 알파벳만을 사용토록 했다.

③ 권고된 국제분류 ISIC Rev.4를 기본체계로 하였으나, 국내 실정을 고려하여 국제분류의 각 단계 항목을 분할, 통합 또는 재그룹화하여 독자적으로 분류항목과 분류부호를 설정하였다.

④ 중분류의 번호는 01부터 99까지 부여하였으며, 대분류별 중분류 추가 여지를 남겨놓기 위하여 대분류 사이에 번호 여백을 두었다.

정답　54. ④　55. ④　56. ②

해설 [한국표준산업분류의 분류구조 및 부호체계]

㉠ 분류구조는 대분류(알파벳 문자 사용/Section), 중분류(2자리 숫자 사용/Division), 소분류(3자리 숫자 사용/Group), 세분류(4자리 숫자 사용/Class), 세세분류(5자리 숫자 사용/Sub-Class) 5단계로 구성된다.

㉡ 부호 처리를 할 경우에는 아라비아 숫자만을 사용하도록 했다.

㉢ 권고된 국제분류 ISIC Rev.4를 기본체계로 하였으나, 국내 실정을 고려하여 국제분류의 각 단계 항목을 분할, 통합 또는 재그룹화하여 독자적으로 분류항목과 분류부호를 설정하였다.

㉣ 분류항목 간에 산업내용의 이동을 가능한 억제하였으나 일부 이동내용에 대한 연계분석 및 시계열 연계를 위하여 부록에 수록된 신구 연계표를 활용하도록 하였다.

㉤ 중분류의 번호는 01부터 99까지 부여하였으며, 대분류별 중분류 추가 여지를 남겨놓기 위하여 대분류 사이에 번호 여백을 두었다.

㉥ 소분류 이하 모든 분류의 끝자리 숫자는 "0"에서 시작하여 "9"에서 끝나도록 하였으며, "9"는 기타 항목을 의미하며, 앞에서 명확하게 분류되어 남아 있는 활동이 없는 경우에는 "9" 기타 항목이 필요 없는 경우도 있다.

㉦ 각 분류단계에서 더 이상 하위분류가 세분되지 않을 때는 "0"을 사용한다(예 중분류 02/임업, 소분류 /020).

★ **2012년, 2017년 직업상담사 1급**

57 다음 중 한국표준산업분류 대분류 명칭이 아닌 것은?

① 가사 서비스업
② 사업시설 관리 및 사업지원 및 임대 서비스업
③ 정보통신업
④ 예술, 스포츠 및 여가 관련 서비스업

해설 [한국표준산업분류(KSIC 11) 대분류 명칭 (21개)]

A 농업, 임업 및 어업
B 광업
C 제조업
D 전기, 가스, 증기 및 공기조절 공급업
E 수도, 하수 및 폐기물 처리, 원료 재생업
F 건설업
G 도매 및 소매업
H 운수 및 창고업
I 숙박 및 음식점업
J 정보통신업
K 금융 및 보험업
L 부동산업
M 전문, 과학 및 기술 서비스업
N 사업시설 관리, 사업지원 및 임대 서비스업
O 공공행정, 국방 및 사회보장 행정
P 교육 서비스업
Q 보건업 및 사회복지 서비스업
R 예술, 스포츠 및 여가 관련 서비스업
S 협회 및 단체, 수리 및 기타 개인 서비스업
T 가구 내 고용활동, 자가소비 생산활동
U 국제 및 외국기관

★★★ **2010년, 2014년, 2016년, 2018년, 2020년, 2022년, 2023년 직업상담사 1급**

58 한국표준산업분류에서 통계단위의 산업 결정방법에 대한 설명으로 틀린 것은?

① 생산단위의 산업활동은 그 생산단위가 수행하는 주된 산업활동(판매 또는 제공되는 재화 및 서비스)의 종류에 따라 결정된다.

② 계절에 따라 정기적으로 산업을 달리하는 사업체의 경우에는 조사시점에 경영하는 사업의 활동에 의해 분류한다.

③ 휴업 중 또는 자산을 청산 중인 사업체의 산업은 영업 중 또는 청산을 시작하기 전의 산업활동에 의해 결정한다.

④ 단일 사업체의 보조단위는 그 사업체의 일개 부서로 포함하며, 여러 사업체를 관리하는 중앙 보조단위(본부)는 별도의 사업체로 처리한다.

해설 계절에 따라 정기적으로 산업을 달리하는 사업체의 경우에는 조사시점에서 경영하는 사업과는 관계없이 조사대상기간 중 산출액이 많았던 활동에 의하여 분류한다.

정답 57. ① 58. ②

59 한국표준산업분류에서 산업분류의 적용원칙으로 틀린 것은?

① 복합적인 활동단위는 우선적으로 세세분류단계를 정확히 결정하고, 대, 중, 소, 세분류 단계항목을 역순으로 결정하여야 한다.

② 생산단위는 산출물뿐만 아니라 투입물과 생산공정 등을 함께 고려하여 그들의 활동을 가장 정확하게 설명된 항목에 분류해야 한다.

③ 산업활동이 결합되어 있는 경우에는 그 활동단위의 주된 활동에 따라서 분류하여야 한다.

④ 수수료 또는 계약에 의하여 활동을 수행하는 단위는 자기계정과 자기책임하에서 생산하는 단위와 동일 항목에 분류되어야 한다.

해설 [산업분류 적용원칙]

㉠ 생산단위는 산출물뿐만 아니라 투입물과 생산공정 등을 함께 고려하여 그들의 활동을 가장 정확하게 설명된 항목에 분류해야 한다.

㉡ 복합적인 활동단위는 우선적으로 최상급 분류단계(대분류)를 정확히 결정하고, 순차적으로 중, 소, 세, 세세분류 단계항목을 결정하여야 한다.

㉢ 산업활동이 결합되어 있는 경우에는 그 활동단위의 주된 활동에 따라서 분류하여야 한다.

㉣ 수수료 또는 계약에 의하여 활동을 수행하는 단위는 동일한 산업활동을 자기계정과 자기책임하에서 생산하는 단위와 같은 항목에 분류하여야 한다.

㉤ 자기가 직접 실질적인 생산활동은 하지 않고, 다른 계약업자에 의뢰하여 재화 또는 서비스를 자기계정으로 생산하게 하고, 이를 자기명의로, 자기책임 아래 판매하는 단위는 이들 재화나 서비스 자체를 직접 생산하는 단위와 동일한 산업으로 분류하여야 한다. 다만, 제조업의 경우에는 이들 이외에 제품의 성능 및 기능, 고안 및 디자인, 원재료 구성 설계, 견본 제작 등에 중요한 역할을 하고 자기계정으로 원재료를 제공하여야 한다.

㉥ 각종 기계 장비 및 용품의 개량, 개조 및 재제조 등 재생활동은 일반적으로 그 기계 장비 및 용품 제조업과 동일 산업으로 분류하지만, 산업규모 및 중요성 등을 고려하여 별도의 독립된 분류에서 구성하고 있는 경우에는 그에 따른다.

㉦ 자본재로 주로 사용되는 산업용 기계 및 장비의 전문적인 수리활동은 경상적인 유지·수리를 포함하여 "34. 산업용 기계 및 장비 수리업"으로 분류한다.

자본재와 소비재로 함께 사용되는 컴퓨터, 자동차, 가구류 등과 생활용품으로 사용되는 소비재물품을 전문적으로 수리하는 산업활동은 "95. 개인 및 소비용품 수리업"으로 분류한다. 다만, 철도차량 및 항공기 제조공장, 조선소에서 수행하는 전문적인 수리활동은 해당 장비를 제조하는 산업활동과 동일하게 분류하며, 고객의 특정 사업장 내에서 건물 및 산업시설의 경상적인 유지관리를 대행하는 경우는 "741. 사업시설 유지관리 서비스업"에 분류한다.

◎ 동일 단위에서 제조한 재화의 소매활동은 별개 활동으로 분류하지 않고 제조활동으로 분류되어야 한다. 그러나 자기가 생산한 재화와 구입한 재화를 함께 판매한다면 그 주된 활동에 따라 분류한다.

㉧ "공공행정 및 국방, 사회보장사무, 의무가입 성격의 연금 업무" 이외의 교육, 보건, 제조, 유통 및 금융 등 다른 산업활동을 수행하는 정부기관은 그 활동의 성질에 따라 분류하여야 한다. 반대로 법령 등에 근거하여 전형적인 공공행정부문에 속하는 산업활동을 정부기관이 아닌 민간에서 수행하는 경우에는 공공행정부문으로 포함한다.

㉨ 생산단위의 소유형태, 법적 조직유형 또는 운영방식은 산업분류에 영향을 미치지 않는다. 이런 기준은 경제활동 자체의 특징과 관련이 없기 때문이다. 즉, 동일 산업활동에 종사하는 경우 법인, 개인사업자 또는 정부기업, 외국계 기업 등인지에 관계없이 동일한 산업으로 분류한다.

㉩ 공식적 생산물과 비공식적 생산물, 합법적 생산물과 불법적인 생산물을 달리 분류하지 않는다.

60 한국표준산업분류의 분류구조와 부호체계에 대한 설명으로 틀린 것은?

① 중분류는 01부터 99까지이며, 대분류별 중분류 추가를 위하여 여백을 두었다.

② 소분류 이하 모든 분류에서 10개가 넘는 분류를 허용하지 않았다.

③ 끝자리 0은 더 이상 하위분류가 없을 때 사용하였다.

④ 끝자리 9는 기타를 의미하며, 모든 분류에 포함되어 있다.

정답 59. ① 60. ④

해설 소분류 이하 모든 분류의 끝자리 숫자는 "0"에서 시작하여 "9"에서 끝나도록 하였으며, "9"는 기타 항목을 의미하며 앞에서 명확하게 분류되어 남아 있는 활동이 없는 경우에는 "9" 기타 항목이 필요 없는 경우도 있다.

★ **2013년, 2015년, 2018년 직업상담사 1급**

61 한국표준산업분류의 대분류와 관련 산업과의 연결이 틀린 것은?

① 제조업 – 인쇄업

② 도매 및 소매업 – 자동차판매업

③ 운수업 – 택배업

④ 사업지원 서비스업 – 변호사업

해설 **[한국표준산업분류 'N 사업시설 관리, 사업지원 및 임대 서비스업'과 'M 전문, 과학 및 기술 서비스업'의 비교 (출처 : 제11차 개정 한국표준산업분류, 2024)]**

㉠ **대분류 N 사업시설 관리, 사업지원 및 임대 서비스업** : 사업시설 청소, 방제 등을 포함한 사업시설 유지 · 관리활동, 고용지원 서비스, 보안 서비스, 여행보조 서비스, 기타 사무지원 서비스 등과 같이 사업운영과 밀접하게 관련된 밀접한 지원서비스 제공활동, 각종 산업용 기계 · 장비 또는 개인 및 가정용 기계 · 장비 및 용품 등을 임대하는 산업활동을 말한다.

㉡ **대분류 M 전문, 과학 및 기술 서비스업** : 주로 다른 사업체를 위하여 전문, 과학 및 기술적 업무를 계약에 의하여 수행함으로써 경영의 전문성과 효율성을 올리도록 지원하는 산업활동을 주로 포함한다. 이러한 전문, 과학 및 기술 서비스는 동일 기업 내 다른 사업체에 의하여 수행될 수 있다. 이 산업은 고도의 전문지식과 훈련을 받은 인적자본이 서비스 생산의 주요 요소로서 투입된다. 여기에는 연구개발활동과 법무, 회계, 광고, 시장조사, 회사 본부, 경영 컨설팅, 건축 설계, 엔지니어링, 수의업, 디자인 및 기타 전문 · 과학 · 기술서비스를 제공하는 산업활동을 포함한다.
법률 자문, 회계 서비스, 경영 컨설팅 등 전문서비스 제공활동은 산업분류 M에 해당된다. 따라서 **변호사업**은 '대분류 N 사업시설 관리, 사업지원 및 임대 서비스업'이 아니라 **'대분류 M 전문, 과학 및 기술 서비스업'에 해당**된다.

★ **2013년, 2016년, 2018년 직업상담사 1급**

62 한국표준산업분류의 분류구조 및 부호체계에 관한 설명으로 틀린 것은?

① 부호 처리를 할 경우에는 아라비아 숫자만을 사용한다.

② 분류구조는 대분류, 중분류, 소분류, 세분류, 세세분류의 5단계로 구성된다.

③ 중분류의 번호는 01부터 09까지 부여하였으며, 대분류별 중분류 추가 여지를 남겨놓기 위하여 대분류 사이에 번호 여백을 두었다.

④ 권고된 국제분류 ISIC Rev.4를 기본체계로 하였으나, 국내 실정을 고려하여 국제분류의 각 단계 항목을 분할, 통합 또는 재그룹화하여 독자적으로 분류항목과 분류부호를 설정하였다.

해설 중분류의 번호는 01부터 99까지 부여하였으며, 대분류별 중분류 추가 여지를 남겨놓기 위하여 대분류 사이에 번호 여백을 두었다.

★ **2014년 직업상담사 1급**

63 한국표준산업분류에서 산업분류의 적용원칙에 대한 설명으로 틀린 것은?

① 복합적인 활동단위는 우선적으로 최상급 분류단계(대분류)를 정확히 결정하고, 순차적으로 중, 소, 세, 세세분류 단계항목을 결정하여야 한다.

② 생산단위는 산출물뿐만 아니라 투입물과 생산공정 등을 함께 고려하여 그들의 활동을 가장 정확하게 설명된 항목에 분류해야 한다.

③ 자기가 생산한 재화와 구입한 재화를 동시에 판매한다면 생산을 우선하여 제조업으로 분류한다.

④ "공공행정 및 국방, 사회보장사무, 의무가입 성격의 연금 업무" 이외의 다른 산업활동을 수행하는 정부기관은 그 활동의 성질에 따라 분류하여야 한다.

정답 **61.** ④ **62.** ③ **63.** ③

해설 동일 단위에서 제조한 재화의 소매활동은 별개 활동으로 분류하지 않고 제조활동으로 분류되어야 한다. 그러나 **자기가 생산한 재화와 구입한 재화를 함께 판매한다면 그 주된 활동에 따라 분류한다.**

★ **2014년 직업상담사 1급**

64 한국표준산업분류에서 사업체 단위에 대한 설명으로 가장 거리가 먼 것은?

① 단일 장소
② 생산에 관한 의사결정에서 자율성을 가지는 단위
③ 단일 산업활동
④ 자원배분에 관한 의사결정에서 자율성을 가지는 단위

해설 **[사업체 단위의 정의]**
㉠ 사업체 단위는 공장, 광산, 상점, 사무소 등과 같이 산업활동과 지리적 장소의 양면에서 가장 동질성이 있는 통계단위이다.
㉡ 사업체 단위는 일정한 물리적 장소에서 단일 산업활동을 독립적으로 수행하며, 영업 잉여에 관한 통계를 작성할 수 있고 생산에 관한 의사결정에 있어서 자율성을 갖고 있는 단위이므로 장소의 동질성과 산업활동의 동질성이 요구되는 생산통계 작성에 가장 적합한 통계단위라고 할 수 있다.
㉢ 실제 운영 면에서 사업체 단위에 대한 정의가 엄격하게 적용될 수 있는 것은 아니다. 실제 운영상 사업체 단위는 "일정한 물리적 장소 또는 일정한 지역 내에서 하나의 단일 또는 주된 경제활동에 독립적으로 종사하는 기업체 또는 기업체를 구성하는 부분 단위"라고 정의할 수 있다.
㉣ 한편 **기업체 단위란 재화 및 서비스를 생산하는 법적 또는 제도적 단위의 최소 결합체로서 자원배분에 관한 의사결정에서 자율성을 갖고 있다.** 기업체는 하나 이상의 사업체로 구성될 수 있다는 점에서 사업체와 구분되며, 재무 관련 통계 작성에 가장 유용한 단위이다.

★ **2014년 직업상담사 1급**

65 한국표준산업분류에서 생산단위의 활동형태에 대한 설명 중 보조단위로 보아서는 안 되며, 별개의 활동으로 간주하여 그 자체 활동에 따라 분류하여야 하는 것과 가장 거리가 먼 것은?

① 고정자산 형성의 일부인 재화의 생산, 예를 들면 자기계정을 위한 건설활동을 하는 경우 이에 관한 별도의 자료를 이용할 수 있으면 건설활동으로 분류한다.
② 모 생산단위에서 사용되는 재화나 서비스를 보조적으로 생산하더라도 그 생산되는 재화나 서비스의 대부분을 동일한 시장(사업체 등)에 판매하는 경우
③ 모 생산단위가 생산하는 생산품의 구성부품이 되는 재화를 생산하는 경우. 예를 들면 모 생산단위의 생산품을 포장하기 위한 캔, 상자 및 유사 제품의 생산
④ 연구 및 개발활동은 통상적인 생산과정에서 소비되는 서비스를 제공하는 것이 아니므로 그 자체의 본질적인 성질에 따라 전문, 과학 및 기술 서비스업으로 분류되며 SNA 측면에서는 고정자본의 일부로 고려된다.

해설 **다음과 같은 활동단위는 보조단위로 보아서는 안 되며 별개의 활동으로 간주하여 그 자체 활동에 따라 분류하여야 한다.**
㉠ 고정자산을 구성하는 재화의 생산하는 경우
　예 자기계정을 위한 건설활동을 하는 경우 이에 관한 별도의 자료를 이용할 수 있으면 건설활동으로 분류
㉡ 모 생산단위에서 사용되는 재화나 서비스를 보조적으로 생산하더라도 **그 생산되는 재화나 서비스의 대부분을 다른 시장(사업체 등)에 판매하는 경우**
㉢ 모 생산단위가 생산하는 생산품의 구성부품이 되는 재화를 생산하는 경우
　예 모 생산단위의 생산품을 포장하기 위한 캔, 상자 및 유사 제품의 생산활동
㉣ 연구 및 개발활동은 통상적인 생산과정에서 소비되는 서비스를 제공하는 것이 아니므로 그 자체의 본질적인 성질에 따라 전문, 과학 및 기술 서비스업으로 분류되며 SNA 측면에서는 고정자본의 일부로 고려

정답 **64.** ④　**65.** ②

66 한국표준산업분류 통계단위에서 장소의 동질성을 기준으로 분류할 때 성격이 다른 하나는?

① 기업집단 단위
② 지역 단위
③ 기업체 단위
④ 활동유형 단위

해설 [생산활동과 장소의 동질성의 차이에 따른 통계단위 구분]

구분	하나 이상 장소	단일 장소
하나 이상 산업활동	기업집단 단위 기업체 단위	지역 단위
단일 산업활동	활동유형 단위	사업체 단위

※ 하나의 기업체 또는 기업집단을 전제함

67 한국표준산업분류에서 분류구조와 부호체계에 대한 설명으로 틀린 것은?

① 분류구조는 대분류(알파벳 문자 사용/Sections), 중분류(2자리 숫자 사용/Divisions), 소분류(3자리 숫자 사용/Groups), 세분류(4자리 숫자 사용/Classes), 세세분류(5자리 숫자 사용/Sub-Classes)의 5단계로 구성된다.

② 부호 처리를 할 경우에는 알파벳 문자와 아라비아 숫자를 병용할 수 있다.

③ 권고된 국제분류 ISIC Rev.4를 기본체계로 하였으나, 국내 실정을 고려하여 국제분류의 각 단계 항목을 분할, 통합 또는 재그룹화하여 독자적으로 분류항목과 분류부호를 설정하였다.

④ 분류항목 간에 산업내용의 이동을 가능한 억제하였으나 일부 이동내용에 대한 연계분석 및 시계열 연계를 위하여 부록에 수록된 신구 연계표를 활용하도록 하였다.

해설 부호 처리를 할 경우에는 아라비아 숫자만을 사용하도록 했다.

68 한국표준산업분류에서 산업분류의 적용원칙이 아닌 것은?

① 수수료 또는 계약에 의하여 활동을 수행하는 단위는 자기계정과 자기책임하에서 소비하는 단위와 동일 항목에 분류되어야 한다.

② 복합적인 활동단위는 우선적으로 최상급 분류단계(대분류)를 정확히 결정하고, 순차적으로 중, 소, 세, 세세분류 단계항목을 결정하여야 한다.

③ '공공행정 및 국방, 사회보장사무, 의무가입 성격의 연금 업무' 이외의 다른 산업활동을 수행하는 정부기관은 그 활동의 성질에 따라 분류해야 한다.

④ 생산단위는 산출물뿐만 아니라 투입물과 생산공정 등을 함께 고려하여 그들의 활동을 가장 정확하게 설명된 항목에 분류해야 한다.

해설 수수료 또는 계약에 의하여 활동을 수행하는 단위는 동일한 산업활동을 자기계정과 자기책임하에서 생산하는 단위와 같은 항목에 분류하여야 한다.

69 한국표준산업분류에서 분류기준이 아닌 것은?

① 산출물의 특성
② 투입물의 특성
③ 생산활동의 일반적인 결합형태
④ 소비활동의 일반적인 형태

해설 [한국표준산업분류의 분류기준]
㉠ 산출물(생산된 재화 또는 제공된 서비스)의 특성
  • 산출물의 물리적 구성 및 가공단계
  • 산출물의 수요처
  • 산출물의 기능 및 용도
㉡ 투입물의 특성 : 원재료, 생산공정, 생산기술 및 시설 등
㉢ 생산활동의 일반적인 결합형태

정답 66. ② 67. ② 68. ① 69. ④

70 한국표준산업분류에서 보조적 활동이 아닌 것은?

① 회계　　　　　② 운송
③ 개발　　　　　④ 판매 촉진

> **해설** 생산단위 활동형태에서 주된 활동과 부차적 활동은 보조
> 활동의 지원 없이는 수행될 수 없으며, 보조활동에는 회계,
> 창고, 운송, 구매, 판매 촉진, 수리 서비스 등이 포함된다.

71 한국표준산업분류의 분류기준이 아닌 것은?

① 생산된 재화 또는 제공된 서비스의 특성
② 투입물의 특성
③ 소비활동의 일반적인 형태
④ 산출물의 물리적 구성 및 가공 단계

> **해설** [한국표준산업분류의 분류기준]
> ㉠ 산출물(생산된 재화 또는 제공된 서비스)의 특성
> • 산출물의 물리적 구성 및 가공단계
> • 산출물의 수요처
> • 산출물의 기능 및 용도
> ㉡ 투입물의 특성 : 원재료, 생산공정, 생산기술 및 시
> 설 등
> ㉢ 생산활동의 일반적인 결합형태

72 한국표준산업분류에서 '산업활동'의 정의로 옳은 것은?

① 유사한 성질을 갖는 상품과 재화의 생산과 관
　련된 활동의 집합
② 각 생산단위가 노동, 자본, 원료 등 자원을 투
　입하여 재화 또는 서비스를 생산 또는 제공하
　는 일련의 활동과정
③ 재화 또는 서비스를 생산하는 일련의 활동과정
④ 국민경제의 기초를 이루는 인적, 물적 자원을
　이용하여 다양한 재화 또는 서비스를 생산하
　는 일련의 활동과정

> **해설** **산업활동** : 각 생산단위가 노동, 자본, 원료 등 자원을 투
> 입하여 재화 또는 서비스를 생산 또는 제공하는 일련의
> 활동과정

73 한국표준산업분류에서 사업체 단위에 대한 설명으로 틀린 것은?

① 산업활동과 지리적 장소 양면에서 가장 동질
　성이 있는 통계단위이다.
② 단일 산업활동을 독립적으로 수행한다.
③ 영업잉여에 대한 통계를 작성할 수 있다.
④ 재화 및 서비스를 생산하는 법적 혹은 제도적
　단위의 최소 결합체이다.

> **해설** • **사업체 단위** : 공장, 광산, 상점, 사무소 등과 같이 산
> 업활동과 지리적 장소의 양면에서 가장 동질성이 있
> 는 통계단위
> • **기업체 단위** : 재화 및 서비스를 생산하는 법적 또는
> 제도적 단위의 최소 결합체로서 자원배분에 관한 의
> 사결정에서 자율성을 갖고 있다.

74 다음은 한국표준산업분류에서 무엇의 정의인가?

> 각 생산단위가 노동, 자본, 원료 등 자원을 투입
> 하여 재화 또는 서비스를 생산 또는 제공하는 일
> 련의 활동과정

① 산업활동　　　　② 산업
③ 사업활동　　　　④ 기업활동

> **해설** **산업활동** : 각 생산단위가 노동, 자본, 원료 등 자원을 투
> 입하여 재화 또는 서비스를 생산 또는 제공하는 일련의
> 활동과정

75 한국표준산업분류의 통계단위에서 '하나 이상
의 산업활동'과 관련성이 가장 낮은 것은?

> **정답**　70. ③　71. ③　72. ②　73. ④　74. ①　75. ③

① 기업집단 단위　② 기업체 단위
③ 활동유형 단위　④ 지역 단위

구분	하나 이상 장소	단일 장소
하나 이상 산업활동	기업집단 단위 기업체 단위	지역 단위
단일 산업활동	활동유형 단위	사업체 단위

※ 하나의 기업체 또는 기업집단을 전제함

★ 2016년 직업상담사 1급

76 한국표준산업분류의 적용원칙으로 틀린 것은?

① 생산단위는 산출물뿐만 아니라 투입물과 생산공정 등을 함께 고려하여 그들의 활동을 가장 정확하게 설명된 항목에 분류해야 한다.
② 수수료 또는 계약에 의하여 활동을 수행하는 단위는 자기계정과 자기책임하에서 생산하는 단위와 다른 항목에 분류되어야 한다.
③ 동일 단위에서 제조한 재화의 소매활동은 별개 활동으로 파악되지 않고 제조활동으로 분류되어야 한다.
④ 자기가 생산한 재화와 구입한 재화를 함께 판매한다면 그 주된 활동에 따라 분류한다.

해설 수수료 또는 계약에 의하여 활동을 수행하는 단위는 동일한 산업활동을 자기계정과 자기책임하에서 생산하는 단위와 같은 항목에 분류하여야 한다.

2017년 직업상담사 1급

77 한국표준산업분류의 통계단위에 대한 설명으로 틀린 것은?

① 기업체 단위는 재화 및 서비스를 생산하는 법적 또는 제도적 단위의 최소 결합체이다.
② 한국표준산업분류에서 하나 이상의 장소에서 이루어지는 단일 산업활동의 통계단위를 활동유형 단위라고 한다.
③ 하나 이상의 산업활동이 단일한 장소에서 이루어지는 경우를 사업체 단위라고 한다.

④ 통계단위는 생산활동과 장소의 동질성 차이에 따라 나눌 수 있다.

해설 ③ 지역 단위의 설명에 해당한다.

★★★

78 한국표준산업분류(2024)의 제11차 개정한 내용으로 틀린 것은?

① 2017년 12월 '통계분류 제·개정 업무처리지침'을 개정하여 10년마다의 정기 개정으로 변경하였다.
② 대분류 'A 농업, 임업 및 어업'에서 산업규모와 증감률 추세를 반영하여 콩나물재배업과 기타 시설작물 재배업의 분류항목을 통합하였다.
③ 산업통계 시계열 자료 등을 기초로 사업체 수, 출하액, 종사자 수 등 산업규모와 전문화율 및 포괄률, 산업별 증감률 추세 등을 고려하여 분류를 신설, 세분 또는 통합하였다.
④ 대분류 'C 제조업'은 산업규모와 증감률 추세를 반영하여 분류항목을 신설·세분하였다.

해설 제11차 개정작업 추진과정에서 부정기적으로 개정되어 왔던 한국표준산업분류를 대규모 통계조사(총조사)에 시의성 있게 활용할 수 있도록 2017년 12월 '통계분류 제·개정 업무처리지침'을 개정하여 5년마다의 정기 개정으로 변경하였다.

★ 2017년, 2022년, 2025년 직업상담사 1급

79 한국표준산업분류에서 재무 관련 통계 작성에 가장 유용한 통계단위는?

① 사업체　② 기업체
③ 사업장　④ 영업장

해설 기업체는 하나 이상의 사업체로 구성될 수 있다는 점에서 사업체와 구분되며, 재무 관련 통계 작성에 가장 유용하다.

정답 76. ② 77. ③ 78. ① 79. ②

★ 2017년 직업상담사 1급

80 한국표준산업분류에서 산업분류의 적용 원칙이 아닌 것은?

① 동일 단위에서 제조한 재화의 소매활동은 별개 활동으로 분류하지 않고 소매활동으로 분류되어야 한다.
② 생산단위는 산출물뿐만 아니라 투입물과 생산공정 등을 함께 고려하여 그들의 활동을 가장 정확하게 설명된 항목에 분류해야 한다.
③ 복합적인 활동단위는 우선적으로 최상급 분류단계(대분류)를 정확히 결정하고, 순차적으로 중·소·세·세세분류 단계항목을 결정하여야 한다.
④ 산업활동이 결합되어 있는 경우에는 그 활동단위의 주된 활동에 따라서 분류하여야 한다.

해설 동일 단위에서 제조한 재화의 소매활동은 별개 활동으로 분류하지 않고 제조활동으로 분류되어야 한다. 그러나 자기가 생산한 재화와 구입한 재화를 함께 판매한다면 그 주된 활동에 따라 분류한다.

★ 2018년 직업상담사 1급

81 한국표준산업분류에서 '산업활동'의 정의로 옳은 것은?

① 유사한 성질을 갖는 상품과 재화의 생산과 관련된 활동의 집합
② 각 생산단위가 노동, 자본, 원료 등 자원을 투입하여 재화 또는 서비스를 생산 또는 제공하는 일련의 활동과정
③ 생산단위가 주로 수행하고 있는 활동을 그 유사성에 따라 유형화한 활동의 집합
④ 공장, 광산, 상점 등과 같이 경제활동이 이루어지는 지리적 장소에서 가장 동질성이 있는 활동의 집합

해설 산업활동 : 각 생산단위가 노동, 자본, 원료 등 자원을 투입하여 재화 또는 서비스를 생산 또는 제공하는 일련의 활동과정

★ 2019년, 2025년 직업상담사 1급

82 한국표준산업분류에서 산업분류의 적용원칙으로 틀린 것은?

① 복합적인 활동단위는 우선적으로 세세분류 단계를 정확히 결정하고, 대, 중, 소, 세분류 단계항목을 역순으로 결정하여야 한다.
② 생산단위는 산출물뿐만 아니라 투입물과 생산공정 등을 함께 고려하여 그들의 활동을 가장 정확하게 설명된 항목에 분류해야 한다.
③ 산업활동이 결합되어 있는 경우에는 그 활동단위의 주된 활동에 따라서 분류하여야 한다.
④ 공식적 생산물과 비공식적 생산물, 합법적 생산물과 불법적인 생산물을 달리 분류하지 않는다.

해설 복합적인 활동단위는 우선적으로 최상급 분류단계(대분류)를 정확히 결정하고, 순차적으로 중, 소, 세, 세세분류 단계항목을 결정하여야 한다.

★ 2019년 직업상담사 1급

83 한국표준산업분류의 분류구조 및 부호체계에 대한 설명으로 틀린 것은?

① 분류구조는 대분류, 중분류, 소분류, 세분류, 세세분류 등 5단계로 구성된다.
② 부호 처리를 할 경우에는 아라비아 숫자만을 사용하도록 했다.
③ 권고된 국제분류 ISIC Rev.4를 기본체계로 하였으나, 국내 실정을 고려하여 국제분류의 각 단계 항목을 분할, 통합 또는 재그룹화하여 독자적으로 분류항목과 분류부호를 설정하였다.
④ 중분류의 번호는 00부터 99까지 부여하였으며, 대분류별 중분류 추가 여지를 남겨놓기 위하여 대분류 사이에 번호 여백을 두었다.

해설 중분류의 번호는 01부터 99까지 부여하였으며, 대분류별 중분류 추가 여지를 남겨놓기 위하여 대분류 사이에 번호 여백을 두었다.

정답 80. ① 81. ② 82. ① 83. ④

2019년 직업상담사 1급

84 한국표준산업분류 대분류 명칭이 아닌 것은?

① 가사 서비스업

② 광업

③ 도매 및 소매업

④ 예술, 스포츠 및 여가 관련 서비스업

해설 **[한국표준산업분류 (KSIC 11) 대분류 명칭 (21개)]**
A 농업, 임업 및 어업
B 광업
C 제조업
D 전기, 가스, 증기 및 공기조절 공급업
E 수도, 하수 및 폐기물 처리, 원료 재생업
F 건설업
G 도매 및 소매업
H 운수 및 창고업
I 숙박 및 음식점업
J 정보통신업
K 금융 및 보험업
L 부동산업
M 전문, 과학 및 기술 서비스업
N 사업시설 관리, 사업지원 및 임대 서비스업
O 공공행정, 국방 및 사회보장 행정
P 교육 서비스업
Q 보건업 및 사회복지 서비스업
R 예술, 스포츠 및 여가 관련 서비스업
S 협회 및 단체, 수리 및 기타 개인 서비스업
T 가구 내 고용활동, 자가소비 생산활동
U 국제 및 외국기관

2019년 직업상담사 1급

85 다음 설명에 해당하는 한국표준산업분류의 통계단위는?

일정한 물리적 장소에서 단일 산업활동을 독립적으로 수행하며, 영업잉여에 관한 통계를 작성할 수 있고 생산에 관한 의사결정에 있어서 자율성을 갖고 있는 단위이므로 장소의 동질성과 산업활동의 동질성이 요구되는 생산통계 작성에 가장 적합한 통계단위라고 할 수 있다.

① 기업집단 단위　　② 활동유형 단위
③ 사업체 단위　　④ 지역 단위

해설 **[사업체 단위의 정의]**
㉠ 사업체 단위 : 공장, 광산, 상점, 사무소 등과 같이 산업활동과 지리적 장소의 양면에서 가장 동질성이 있는 통계단위
㉡ 일정한 물리적 장소에서 단일 산업활동을 독립적으로 수행하며, 영업잉여에 관한 통계를 작성할 수 있고 생산에 관한 의사결정에 있어서 자율성을 갖고 있는 단위이므로 장소의 동질성과 산업활동의 동질성이 요구되는 생산통계 작성에 가장 적합
㉢ 실제 운영 면에서 사업체 단위에 대한 정의가 엄격하게 적용될 수 있는 것은 아니며, 실제 운영상 사업체 단위는 "일정한 물리적 장소 또는 일정한 지역 내에서 하나의 단일 또는 주된 경제활동에 독립적으로 종사하는 기업체 또는 기업체를 구성하는 부분 단위"라고 정의

★★ 2020년 직업상담사 1급

86 한국표준산업분류의 주요 용어에 대한 설명으로 틀린 것은?

① 산업이란 유사한 성질을 갖는 산업활동에 주로 종사하는 생산단위의 집합이다.

② 산업활동은 각 생산단위가 노동, 자본, 원료 등 자원을 투입하여 재화 또는 서비스를 생산 또는 제공하는 일련의 활동과정이다.

③ 산업활동 범위는 영리적 활동만 국한되며 가정 내 가사활동은 제외된다.

④ 산업분류는 경제적 특성이 동일하거나 유사성을 갖는 산업활동의 집합(group)이다.

해설 한국표준산업분류에서 산업이란 "유사한 성질을 갖는 산업활동에 주로 종사하는 생산단위의 집합"이라 정의되며, 산업활동이란 "각 생산단위가 노동, 자본, 원료 등 자원을 투입하여 재화 또는 서비스를 생산 또는 제공하는 일련의 활동과정"이라 정의된다. 산업활동의 범위에는 영리적, 비영리적 활동이 모두 포함되나, 가정 내의 가사활동은 제외된다.

정답 84. ① 85. ③ 86. ③

★ **2020년 직업상담사 1급**

87 한국표준산업분류의 산업분류 적용원칙에 관한 설명으로 틀린 것은?

① 공식적 생산물과 비공식적 생산물, 합법적 생산물과 불법적인 생산물은 구분한다.
② 생산단위는 산출물뿐만 아니라 투입물과 생산공정 등을 함께 고려하여 그들의 활동을 가장 정확하게 설명한 항목에 분류한다.
③ 산업활동이 결합되어 있는 경우에는 그 활동단위의 주된 활동에 따라 분류한다.
④ 법령 등에 근거하여 전형적인 공공행정부문에 속하는 산업활동을 정부기관이 아닌 민간에서 수행하는 경우에는 공공행정부문으로 포함한다.

> **해설** ① 공식적 생산물과 비공식적 생산물, 합법적 생산물과 불법적인 생산물을 달리 분류하지 않는다.

2021년, 2022년 직업상담사 1급

88 한국표준산업분류(제10차)의 주요 개정내용에 관한 설명으로 틀린 것은?

① 제조업에서 원모피 가공업은 의복, 의복 액세서리 및 모피제품 제조업에서 가죽, 가방 및 신발 제조업으로 이동
② 전기, 가스, 증기 및 공기조절 공급업에서 산업 성장세를 고려하여 태양력 발전업을 신설
③ 금융 및 보험업에서 산업규모를 고려하여 상호저축은행 및 기타 저축기관을 통합
④ 어업에서 해수면은 해면으로, 수산종자는 수산종묘로 명칭 변경

> **해설** 어업에서 해면은 해수면으로, 수산종묘를 수산종자로 명칭을 변경하였다.

★ **2014년, 2021년, 2023년 직업상담사 1급**

89 한국표준산업분류에서 '방송 및 무선 통신장비 제조업(2642)'에 해당하는 산업활동이 아닌 것은?

① 방송장비 제조업
② 이동전화기 제조업
③ 기타 무선 통신장비 제조업
④ 텔레비전 제조업

> **해설** [2642 방송 및 무선 통신장비 제조업]
> 유·무선 텔레비전 방송용 송신기 및 중계용 기기, 폐쇄회로 텔레비전 기기, 텔레비전 카메라 등의 방송 및 관련 응용장치를 제조하는 산업활동과 라디오 방송용 기기, 무선 통신장비 등을 제조하는 산업활동을 말한다.
> ㉠ 예시
> • 텔레비전 방송중계기 제조
> • 유선 및 무선 방송전송기 제조
> • 무선 전신기 제조
> • 무선 전신용 송신기 제조
> • 무선 전화기 제조
> • 무선 팩시밀리 제조
> • 무선통신 응용장치 제조
> • 라디오방송용 기기 제조(무선)
> • 텔레비전 카메라 및 수중 카메라 제조
> • 폐쇄회로 카메라 제조(공업용 및 과학용, 교통관제용 등)
> ㉡ 제외
> • 무선 전화기가 부착되는 유선 전화 및 전신장비 제조(26410)
> • 텔레비전 및 안테나 제조(265)
> • 통신위성 제조(31311)

★ **2021년, 2022년, 2025년 직업상담사 1급**

90 한국표준산업분류의 산업분류 적용원칙으로 틀린 것은?

① 생산단위는 산출물뿐만 아니라 투입물과 생산공정 등을 함께 고려하여 그들의 활동을 가장 정확하게 설명한 항목에 분류한다.
② 산업활동이 결합되어 있는 경우에는 그 활동단위의 주된 활동에 따라 분류한다.
③ 자기가 생산한 재화와 구입한 재화를 함께 판매한다면 그 주된 활동에 따라 분류한다.
④ 공식적 생산물과 비공식적 생산물은 별도로 분류한다.

> **해설** ④ 공식적 생산물과 비공식적 생산물, 합법적 생산물과 불법적인 생산물을 달리 분류하지 않는다.

정답 87. ① 88. ④ 89. ④ 90. ④

91 한국표준산업분류의 산업활동에 대한 설명으로 틀린 것은?

① 축산업 : 판매장에서 판매할 동물을 사육·관리하는 경우는 제외

② 수렵 및 관련 서비스업 : 스포츠 또는 오락성 사냥활동은 제외

③ 임업 및 관련 서비스업 : 야생딸기 및 견과 등과 같은 식용 가능한 야생식물을 채취하는 활동도 포함

④ 어로어업 : 해상에서 고래를 포획하는 활동은 제외

> **해설** 어로어업은 바다, 강, 호수, 하천 등에서 자연적으로 생식되고 있는 수산 동·식물을 포획 또는 채취하는 산업활동이며, 해상에서 고래를 포획하는 활동도 포함한다.

92 한국표준산업분류 "A 농업, 임업 및 어업"분야 분류 시 유의사항으로 틀린 것은?

① 구입한 농·임·수산물을 가공하여 특정 제품을 제조하는 경우에는 제조업으로 분류

② 농·임·수산업 관련 조합은 각각의 사업부문별로 그 주된 활동에 따라 분류

③ 농업 생산성을 높이기 위한 지도·조언 등을 수행하는 정부기관은 "경영 컨설팅업"에 분류

④ 수상오락목적의 낚시장 및 관련 시설 운영활동은 "낚시장 운영업"에 분류

> **해설** "A 농업, 임업 및 어업"분야 분류 시 농업 생산성을 높이기 위한 지도·조언·감독 등의 활동을 수행하는 정부기관은 "84 공공행정, 국방 및 사회보장 행정"의 적합한 항목에 분류한다.

93 다음은 한국표준산업분류 중 어떤 산업분류에 관한 설명인가?

> 작물재배활동과 축산활동을 복합적으로 수행하면서 그 중 한편의 전문화율이 66% 이하인 경우

① 작물재배업

② 축산업

③ 작물재배 및 축산복합농업

④ 작물재배 및 축산 관련 서비스업

> **해설** ③ 작물재배 및 축산복합농업 : 작물재배활동과 축산활동을 복합적으로 수행하면서 그 중 한편의 전문화율이 66% 이하인 경우를 말하며, 전문화율이 66%를 초과할 경우는 작물재배업 또는 축산업에 각각 분류한다 (제11차 한국표준산업분류).
> ① 작물재배업 : 노지 또는 특정 시설 내에서 식량작물, 과실, 음료용 및 향신용 작물, 채소 및 화훼작물, 공예작물 등의 각종 농작물을 재배하여 생산하는 산업활동
> ② 축산업 : 가축, 가금, 꿀벌, 누에 및 기타 육지동물을 각종 목적으로 사육·번식·증식하는 산업활동
> ④ 작물재배 및 축산 관련 서비스업 : 수수료 또는 계약에 의하여 작물재배 및 축산 관련 서비스를 주로 제공하는 산업활동

제3장

직업정보 분석

제1절 직업정보 분석목표 설정

01 직업정보 분석의 접근방식

(1) 사회학적 · 경제학적 접근 (Sharf, 2016)

① 사회학자는 인간사회의 발달 · 조직 · 운용을 연구하며 실업과 기업의 임금분배와 같은 변수 뿐만 아니라 직업선택을 예측하는 가정적 · 문화적 요인과 그 외 다른 사회적 요인을 다룬다. 다양한 합법적 직업과 불법적 직업의 관습과 상호작용 및 전문적 발달에 관심이 있다.

② 경제학자는 실업, 기업의 임금분배, 직함, 성, 인종과 같은 요인을 연구하는데, 이는 모두 개인의 진로발달과 직접 연관되는 요인이다.

③ 사회 · 경제학적 관점 모두 노동시장이나 노동행위를 예측하기 위해 여러 변인 가운데 능력과 흥미, 가치, 진로의사결정에 관심을 가진다.

④ 지위획득모델(status attainment model)은 사회학적인 관점으로 개인의 사회적(특히 가족) 배경을 통해 향후 그 개인이 얻을 직업의 명성수준을 예측한다는 이론과 관련이 있다.

⑤ 인적자본이론(human capital theory)은 경제학적인 관점으로 개인이 더 높은 명성과 더 많은 소득을 얻을 수 있는 직업을 갖기 위해 교육과 훈련에 투자한다고 본다.

(2) 심리학적인 접근

① 심리학적인 접근은 개인이 직업과의 관계를 맺는 데 있어 개인의 감각, 지각, 사고, 성격, 지능, 적성 등의 인간특성들에 관심이 있으며, 관련 직업적 논점이 발생하더라도 사회문화적인 접근보다는 개인적 접근의 시도를 고려한다.

② 상담을 통해 개인이 갖고 있는 인지 및 정서, 행동 등의 영역에서의 문제를 발견하고 변화를 이끌기 위해 노력한다.

③ 직업심리학적인 이론들에는 특성 · 요인이론, 직업적응이론, 진로발달이론, 홀랜드의 성격이론, 진로구성주의이론 등이 있으며 각 이론마다 직업정보의 역할은 다르게 제시된다.

(1) 직업정보 분석의 의미

① 직업정보를 분석한다는 것은 직업 관련 수집된 정보를 일정한 틀과 관점을 가지고 분석하는 것이다.

② 기존에 이미 축적된 이론, 보고서, 선행연구, 통계자료 등을 정보가치, 정보의 직·간접적인 관계, 정보의 우선순위 등을 기준으로 비교, 검토, 분류 등 통합적으로 분석하는 것이다.

③ 직업정보 분석의 목표를 수립하려면 직업정보를 어떤 용도로 왜 분석하느냐가 중요하며 분석의 기준을 마련하는 과정도 필요하다.

④ 직업정보를 분석하기 위해서 분석자는 보고자 하는 혹은 보고 싶은 정보만을 선별적으로 검색하거나 특정 관점과 대상의 이해관계를 위해 만들어진 직업정보를 중심으로 보는 것을 지양해야 한다.

⑤ 다양한 시각을 가진 직업정보를 통찰력을 가지고 종합해 내지 않으면 분석된 직업정보가 편협하거나, 단편적·지엽적·근시안적인 결과로 이어질 수 있다.

(2) 직업정보 분석의 필요성

직업정보 분석이 정책개발 및 제안을 위한 것인지, 학문적 연구를 위한 것인지, 구직자에게 개인별 제공을 위한 것인지, 직업상담 프로그램을 개발하기 위한 것인지 등의 필요성에 따라 분석목표를 다르게 설정한다.

① **직업정보 주제별 분석**
　　㉠ **과정** : 주제별로 직업정보를 분석하기 위해서는 실제 직업정보들이 어떤 주제들을 담고 있는지 분석을 토대로 그 기준을 정해야 한다. 일반적으로 미래사회 분석, 직업세계 분석, 노동시장 분석, 개인 분석 등의 주제로 나눌 수 있고, 이용자별 가공목적에 따라 분석할 수 있다.
　　㉡ **기준** : 직업정보 가공을 위한 관점에서 주제별 직업정보의 기준은 직무, 관련 기술, 지식, 능력, 근무환경, 관련 자격, 필요한 교육과 훈련, 관련 흥미, 직업가치관, 일 유형(work style), 임금, 고용전망, 채용정보, 기업정보, 기업문화, 조직풍토, 직종, 업종, 취업규칙, 직업윤리, 관련 법규 등이다.

② **직업정보 형식별 분석**
　　㉠ 직업정보에는 숫자만으로 구성된 통계 원자료 및 패널 데이터, 법령과 법률조항으로 구성된 직업 관련 법규자료, 관련 정책 및 제도의 안내물, 간행물, 보고서, 학술연구물 등이 있다.
　　㉡ 국가연구소에서 직접 출판한 실태조사, 관련 동향 및 분석 보고서 등도 있고, 국가 주도로 대학이나 현장의 연구원들에게 지원하여 발행되는 보고서들도 있다.

ⓒ 학술연구물은 크게 학위논문과 학술지로 구분되는데, 학위논문은 석사논문과 박사논문 등이 있으며, 학술지에는 직업과 관련된 학회들에서 연구자들의 투고논문을 받아 심사를 거친 연구물들을 포함한다.

ⓒ 민간기업이나 관련 직업협회 등에서 발간되는 보고서와 언론사에서 시리즈로 발행되는 기사들도 있다.

03 직업정보 분석의 목표

(1) 직업정보 분석의 목표 설정

① 내담자의 요구가 적시에 충족되기 위해 직업정보 분석의 시간, 양, 질 등이 고려된다.

② 직업정보 분석은 주로 직업전문가에 의해 이루어지는데 수집된 직업정보를 필요조건에 따라 선택하고 항목별로 분류하며, 다양한 직업과 관련 통계정보를 해석하고, 그 숨은 의미를 찾아낼 수 있다.

③ 다른 사람에 의해 분석된 직업정보를 보기보다는 원자료를 통해 새로운 의미와 해석을 기반으로 전문가의 시각으로 분석하는 것을 권장한다.

④ 특히 신문이나 방송에서 기자들이 원자료를 인용하여 자신의 목적대로 가공한 자료를 참조하는 것은 지양하는 것이 좋다.

⑤ 원자료를 내담자의 특성에 맞게 추출하고, 그것의 분석에 있어 기존의 이론과 선행연구를 토대로 해석하고 그 원인을 진단한다.

⑥ 분석 틀에 문제가 있으면 직업정보가 왜곡되거나 과장되게 분석될 가능성이 있다.

⑦ 어느 한 자료만을 분석하기보다는 다양한 자료를 통찰력을 가지고 분석해 내는 것이 필요하다.

(2) 직업정보 분석 시 유의사항

① 동일한 직업정보일지라도 **다각적인 분석 틀을 통해 다양한 논점에 대해 해석**한다.

② 기존의 이론과 연구를 토대로 **전문적인 관점에서 분석**한다.

③ 분석과 해석은 **원자료의 생산일, 자료표집방법, 대상자료의 양 등을 검토**하여야 하는 한편, 분석 비교도 이에 준하여 실시한다.

④ **직업정보원과 제공원에 대해 제시**한다.

(3) 직업정보 분석목표 설정하기

① **직업정보 분석의 의미와 필요성을 파악한다.**

㉠ 직업정보 제공 대상자의 특성을 조사한다.

㉡ 직업정보 대상자의 직업적 논점을 파악한다.

ⓒ 대상자의 특성과 직업적 논점을 분석하여 직업정보 필요성을 도출해 낸다.

> ▶ **진로발달단계에 따른 직업정보의 필요성**
>
> • **아동기의 진로발달**
>   - 학습발달적 측면을 고려하면 정보는 **구체적이고 분명**해야 함
>   - 직업에 대한 학습은 버거워서는 안 되며 **작은 단위로** 이루어져야 함
>   - 아동이 가진 시간 조망의 한계 때문에 상담자는 미래의 입직보다는 **현재 어른이 하는 일에 초점**을 맞춤
>   - 직업정보에 성적 편견이 없어야 하며 용인 가능한 **성별 경계를 넓히려는 노력**이 필요
> • **청소년기의 진로발달**
>   - 다양한 **교육적·직업적 기회**에 대해 얼마나 많이 생각하고 계획하고 있는지 탐색
>   - 직업정보를 얻기 위한 **구체적인 노력과 방법에 대한 지원**
>   - 심리대화와 직업대화를 통해 **직업정체성 발달 지원**

② **직업정보 분석의 기준을 마련한다.**

    ㉠ 직업정보 분석의 필요성을 다시 확인한다.

    ㉡ 직업정보 분석의 필요성을 고려했을 때 관련 자료가 충분히 존재하는지 점검한다.

    ㉢ 관련 자료가 충분하지 않다고 판단되면 특정 대상에 대한 조사를 먼저 실행한다.

    ㉣ 직업정보 분석의 기준을 가안으로 설정한다.

    ㉤ 직업정보 분석의 기준을 우선순위를 두어 정한다.

> ▶ **진로단절여성 직업정보 분석기준**
>
> • 진로경로 개척의 **유형, 진로단절기간, 자녀 수와 연령, 일경험 등 고려**
> • **지지체계, 자기효능감, 진로동기, 진로미래 등**을 의미 있게 해석
> • **단절원인에 대해** 개인·가정·기업·사회문화적 등 **통합적 관점**
> • 여성의 생애주기를 고려한 **진로발달의 관점과 성인지적 관점**
> • 직업복귀뿐만 아니라 **직업유지의 지속성과 진로단절을 예방**하는 것의 중요성 인식

③ **직업정보 분석의 필요성에 따라 분석목표를 수립한다.**

구분	직업정보 분석의 필요성	분석목표 방향
연구개발	직업 관련 정책 개발	국내외적인 경제동향, 고용환경 변화, 산업 및 고용전망 등 광범위한 개념의 분석 필요
	지역 내 일자리 및 직종 개발	국내의 경제 및 고용상황뿐만 아니라 지역의 산업구조, 지역 내 기업분석, 인력수급 등 지역 단위의 직업정보 분석이 필요
	직업정보 관련 연구	주로 학술적 연구를 목적으로 특정 대상에 국한된 직업정보뿐만 아니라 국내에 생산되어 있는 직업정보 콘텐츠, 매체특성, 제공방식, 가공과정 등 분석 필요

구분	직업정보 분석의 필요성	분석목표 방향
직업정보 서비스 제공	직업상담 프로그램 개발	특정 대상이나 진로발달단계에 필요한 직업상담 프로그램을 개발하기 위해 대상과 단계의 특성 분석, 요구되는 직업정보의 내용, 매체, 가공 및 제공방식 등을 분석하는 것이 필요
	직업정보 서비스 개발	직업정보 서비스 대상자의 특성에 맞는 서비스를 제공하기 위해 필요한 직업정보의 내용과 범위, 전달체계 등 분석 필요
	직업정보 분석방법 교육	직업상담가에게 구직자에 맞는 직업정보를 분석하기 위한 교육과 훈련과정에서 교육수강생에게 맞는 직업정보를 분석할 수 있는 과정상의 샘플과 자료 필요
	개인 직업상담 일대일 맞춤 직업정보 제공	내담자의 호소문제에 따라 직업정보의 필요성 여부를 판단하고 정보의 양과 범위, 수준, 매체 및 가공 여부를 고려

④ **직업정보 분석의 기준에 따라 분석목표를 수립한다.**

㉠ 대표적 주제를 기준으로 직업정보의 분석목표를 수립한다. : 직무/관련 기술, 지식, 능력 등/근무환경과 임금/자격과 훈련/직종과 업종, 기업

㉡ 대표적 형식을 기준으로 직업정보의 분석목표를 수립한다. : 통계자료/패널 데이터/직업 관련 법규자료/직업 관련 정책자료/실태조사/학술연구물

㉢ 필요에 의해 분석기준을 통합적으로 활용한다.

제2절 직업정보 분석범위 설정

01 직업정보의 영역

(1) 직업분류 정보

① **한국표준직업분류 (통계청, 2024)**

㉠ **직업분류의 개념**

- 수입(경제활동)을 위해 개인이 하고 있는 일을 그 수행되는 일의 형태에 따라 체계적으로 유형화한 것으로, 우리나라 직업구조 및 실태에 맞도록 표준화한 것이 바로 한국표준직업분류(KSCO : Korean standard classification of occupations)이다.
- 한국표준직업분류는 주어진 직무의 업무와 과업을 수행하는 능력인 직능을 근거로 편제되며, 직능 수준과 직능유형을 고려하고 있다.

㉡ **직무분류기준**

- 직무 유사성의 기준에는 해당 직무를 수행하는 사람에게 필요한 지식, 경험, 스킬과 함께 직무수행자가 입직을 하기 위해서 필요한 요건 등이 있다.

- 때로는 직업 종사자가 주로 일하는 기업의 특성, 생산과정이나 최종 산출물 등이 중요할 때도 있다.
- 유사하지 않은 직업은 배타성의 요건이 충족되어 상호 다른 직업이라고 할 수 있으며, 직무별로 노동시장의 형성이 다른 경우에는 가장 분명한 배타성을 갖는다고 할 수 있다.
- 직무범주화기준에는 직무별 고용의 크기 또한 현실적인 기준이 된다.
- 한국표준직업분류에서는 **세분류 단위에서 최소 1,000명의 고용을 기준으로 설정**하였으며, 고용자 수가 많은 세분류에는 5,000~10,000명이 분포되어 있을 것으로 판단된다.

ⓒ 직업분류와 직능 수준
- 한국표준직업분류는 개념상의 분류구조, 즉 **직무와 직무능력(직능)의 개념을 근거로 한 분류구조**를 갖는다.
- **직무란 직업분류의 통계단위가 되는 개별 근로자에 의하여 수행되었거나 수행되도록 설정한 일련의 업무 및 임무**로서, 직업은 주된 임무 및 임무가 높은 유사성을 갖는 직무로 구성되며, 특정 직무근로자의 직업은 그들이 수행하는 과거, 현재, 미래의 직무에 의하여 분류된다.
- 한편 직능이란 '특정 직무를 수행할 수 있는 능력'으로, 주어진 업무 및 임무기능의 복잡성과 범위에 따른 개념인 **직능 수준은 직능 수준과** 생산된 재화 및 서비스의 종류, 원재료, 전용 기계 및 도구, 필요한 지식분야에 의하여 결정되는 **직능의 전문성 등 두 가지 측면의 개념**을 갖는다.

② **한국고용직업분류 (고용노동부, 2025)**

㉠ 직업분류의 개념과 활용
- 한국고용직업분류(KECO : Korean employment classification of occupations)는 우리나라 노동시장의 상황과 수요, 현실적 직업구조 등을 반영하여 직무를 체계적으로 분류한 것으로 직업정보를 전달하는 기본 틀이다.
- 이를 위해 개인이 수행하는 일에 대해 일의 유형이나 수준에 따라 체계적으로 유형화한 것으로, 특히 고용통계 파악뿐 아니라 고용실무에 적합하도록 우리나라 직업구조와 일반인의 인식수준에 부합하도록 분류한 것이다.
- 한국고용직업분류는 고용 관련 행정자료와 통계조사의 결과를 집계하고 비교하기 위한 통계목적으로 활용될 뿐 아니라 공공부문의 취업알선 업무에도 활용되며, 국가능력표준(NCS), 직업훈련, 자격, 직업정보 제공, 직업상담 등 고용실무 전반에 관한 분류의 기본 틀로 활용된다.

㉡ 직무분류와 직능 수준
- 한국고용직업분류에서는 대분류와 중분류 단위에서 직능유형이 우선적으로 적용되며 소분류 단위에서 직능 수준이 함께 적용된다.
- 중분류 단위에서도 직능유형만으로 구분하기 어려운 경우 해당 항목이 여러 단위에 걸쳐 있어서 해당 기준으로 구분하기 곤란한 경우 직능 수준이 고려될 수 있다.

① **한국표준산업분류 (통계청, 2024)**
 ㉠ **산업분류** : 산업분류는 생산단위가 주로 수행하고 있는 산업활동을 그 유사성에 따라 유형화한 것
 ㉡ **통계단위**
  • 하나 이상의 산업활동이고 하나 이상의 장소 : 기업집단 단위, 기업체 단위
  • 하나 이상의 산업활동이고 단일 장소 : 지역 단위
  • 단일 산업활동이고 하나 이상의 장소 : 활동유형 단위
  • 단일 산업활동이고 단일 장소의 경우 : 사업체 단위

② **산업분석 직업정보**
 ㉠ **전국 사업체조사 보고서 (사업체기초통계조사 보고서)**
  • 중앙정부 및 지방자치단체의 각종 정책 수립과 민간기업체의 기업경영계획 수립, 학계, 연구소 등의 학술연구를 위한 기초자료를 제공하고 사업체를 대상으로 하는 각종 통계조사의 모집단을 파악하여 표본 틀을 제공하는 데 목적이 있다.
  • **매년 발행**되며 일정한 물리적 장소에서 재화의 생산 및 판매, 서비스 제공 등 단일 또는 주된 경제활동을 독립적으로 수행하고 있는 **종사자 1인 이상의 모든 사업체를 조사대상으로 한다.**
  • 산업별 사업체 수와 종사자 수, 대표자 연령대, 산업별 대표자 여성비율, 종사자비율별 종사자 수 등의 자료를 볼 수 있다.
 ㉡ **주요 산업동향지표**
  • 주요 산업동향지표는 **산업동향 관련 핵심 통계자료집으로 연 2회 오프라인으로 발간**되고 있다.
  • 산업통계 수요자들에게 선호도 높은 산업동향 관련 통계를 선정하여 산업연구와 미시정책 개발에 널리 활용될 수 있도록 제공하고 있으며, '**주제별 통계', '산업별 통계', '글로벌 여건 변화'로 구성**되어 있다.
  • 주제별 통계는 11개 분류, 80여 개 항목으로 다양하게 구성되어 생산, 고용, 수출입 등 국민경제의 흐름을 미시적 산업수준에서 파악할 수 있게 되어 있다.
  • 산업별 통계에서는 전체 산업을 40개 제조업, 20개 서비스업으로 세분화하여 제조업은 37개 지표, 서비스업은 16개 지표의 내용을 일관된 시계열에 따라 제시하고 있다.
  • 글로벌 여건 변화는 산업동향과 관련된 국가별 통계를 8개 주제로 편성하여 보여주고 있다.
 ㉢ **이슈별 산업통계**
  • 연 2회 주요 산업동향지표 발간 시, '산업통계플러스' 항목으로 포함되어 발간되는 통계집으로 주요 산업동향지표에 포함되지 않으나 **해당 시기에 특별한 논점이 되는 특정 부분에 대한 산업통계를 별도로 편성, 정리**하여 보여준다.

- 매 시기마다 다루는 논점과 관점이 다르며, 그 논점은 이를 분석하는 사람의 관점을 반영할 수 있으므로 참고 시 이 점에 대한 고려가 필요하다.
- ㉣ **산업·통상·자원 주요 통계** : 산업·통상·자원 주요 통계집은 **산업통상자원부에서 연총 4회 발간되는 포켓북 형식의 통계집으로 분기별(3월, 6월, 9월, 12월)로 정기 발간되**고 정책 입안자의 통계정보 활용을 제고하는 것을 목적으로 한다.
- ㉤ **그 외 산업 관련 통계정보** : 시군구별 산업 세세분류별 현황, 도매업조사 보고서, 농림어업조사 보고서, 광업제조업조사 보고서, 건설업조사 보고서, 운수업조사 보고서 등의 자료가 있다.

(3) 고용분석 정보

① 고용분석 관련 용어

구분	내용
지니계수	전체가구(인구)의 소득불평등도를 나타내는 지표로 0에서 1사이 값을 가지며 1에 가까울수록 불평등도가 높은 상태임
15세 이상 인구	매월 15일 현재 만 15세 이상인 자(＝생산가능인구 : 경제활동을 할 수 있는 연령의 인구)
경제활동인구	만 15세 이상 인구 중 조사대상기간 동안 상품이나 서비스를 생산하기 위하여 실제로 수입이 있는 일을 한 취업자와, 일을 하지는 않았으나 구직활동을 한 실업자를 말함
고용률	만 15세 이상 인구 중 취업자가 차지하는 비율 **고용률(%)＝취업자/15세 이상 인구×100**
실업률	실업자가 경제활동인구(＝취업자+실업자)에서 차지하는 비율 **실업률(%)＝실업자/경제활동인구×100**
잠재경제활동인구	비경제활동인구 중에서 취업에 관심을 표현한 사람으로 잠재취업가능자와 잠재구직자로 구성됨
잠재취업가능자	비경제활동인구 중에서 지난 4주간 구직활동을 하였으나, 조사대상주간에 취업이 가능하지 않은 자
잠재구직자 (available potential jobseekers)	비경제활동인구 중에서 ㉠ 지난 4주간 구직활동을 하지 않았으나, ㉡ 조사대상기간에 취업을 원하고(취업희망), ㉢ 취업 가능성이 있는 사람(일이 주어졌으면 일을 시작할 수 있었던 사람)
구직단념자	비경제활동인구 중 ㉠ 취업희망과 ㉡ 취업 가능성이 있으나 아래의 사유(㉢ 노동시장적 사유)로 지난 4주간에 구직활동을 하지 않은 자 중 ㉣ 지난 1년 내 구직경험이 있었던 자 • 적당한 일거리가 없을 것 같아서(전공, 경력, 임금수준, 근로조건, 주변지역) • 지난 4주간 이전에 구직하여 보았지만 일거리를 찾을 수 없어서 • 자격이 부족하여

구분	내용
종사상 지위	상용근로자, 임시근로자, 일용근로자, 고용원이 있는 자영업자, 고용원이 없는 자영업자, 무급가족종사자 등과 같이 일한 사람이 직무를 수행한 직장(일)과의 관계를 말함
임금근로자	자신의 근로에 대해 임금, 봉급, 일당 등 어떠한 형태로든 일한 대가를 지급받는 근로자로서 **상용근로자, 임시근로자, 일용근로자로 구분됨**
상용근로자	**고용계약설정자는 고용계약기간이 1년 이상인 경우**, 고용계약미설정자는 소정의 채용절차에 의해 입사하여 인사관리규정을 적용받는 사람
임시근로자	임금근로자로서 고용계약설정자는 **고용계약기간이 1개월 이상 1년 미만인 경우**, 혹은 고용계약미설정자는 일정한 사업(완료 1년 미만)의 필요에 의해 고용된 경우
일용근로자	임금근로자로서 **고용계약기간이 1개월 미만인 사람**으로 매일매일 고용되어 근로의 대가로 일급 또는 일당제 급여를 받고 일하는 자
비임금근로자	자신 또는 가족이 운영하는 사업체 또는 농장의 이윤을 위해 일한 사람으로 고용원이 있는 자영업자, 고용원이 없는 자영업자, 무급가족종사자의 형태로 구분됨
무급가족종사자	**동일 가구 내 가족이 경영하는 사업체, 농장에서 무보수로 일하는 사람**을 말하며, 조사대상기간에 18시간 이상 일한 사람은 취업자로 분류함(18시간 미만 일하는 경우에는 실업자 또는 비경제활동인구)
자발적 실업	일할 능력을 가지고 있으면서도 현재의 근로조건에서 일할 의사를 가지고 있지 않는 상태를 말함(예 직업을 바꾸는 과정에서 일시적으로 실업상태에 있는 것, 보다 나은 일자리를 찾으면서 당분간 실업상태에 있는 것)
비자발적 실업	일할 능력도 있고 현재의 근로조건에서 일할 의사가 있음에도 불구하고 취업의 기회를 갖지 못하고 있는 상태를 말함
비자발적 이직	재고용의도가 없는 해고, 7일 이상 지속되거나 지속될 것으로 예상되는 일시적 해고, 합병, 구조조정, 폐업으로 인한 해고, 근로계약기간 만료에 따른 면직

② **주요 고용지표**

　㉠ **고용노동지표** : 고용률 및 실업률, 상용근로자, 취업자 수, 노동생산성지수, 비정규직 근로자 수, 임금근로시간, 사회보험 가입률, 퇴직연금 가입률, 노조 가입률, 채용계획 인원 및 부족/미충원, OECD 고용통계, 국제노동기구(ILO) 통계 등

　㉡ **고용노동행정통계**

구분	내용
고용보험통계	고용보험 가입사업장 수, 피보험자 수(고용보험 가입자 수), 실업급여 신청자 수, 실업급여 지급자 수, 고용안정사업 지원건수 및 지원금액, 직업능력개발사업 지원건수 및 지원금액, 출산전후휴가 수급인원 및 육아휴직 신규 수급인원과 지원금액 등
구인구직통계	구인인원, 구직건수, 취업건수, 제시임금, 희망임금, 구인배율 등
직업훈련	사업주 및 재직자 훈련, 실업자 및 취약계층 훈련, 인력부족분야 훈련의 인원 및 예산현황 등
근로기준	체당금 지급현황, 임금 결정현황, 최저임금 인상률, 최저임금영향률, 퇴직연금 도입현황 등

구분	내용
그 외 고용정보	국가기술자격통계, 산재보험통계, 장애인 고용 관련 통계, 산업재해(사망 또는 부상을 입거나 질병에 걸린 근로자 통계), 노동위원회통계(조정사건, 중재사건, 복수노조사건, 심판사건, 차별시정사건 접수ㆍ처리현황) 등

③ **고용분석 통계조사 보고서**

구분	내용
사업체노동력조사	• **매월** 지정된 표본사업체를 대상으로 조사된 **종사자 수, 빈 일자리 수, 입ㆍ이직자 수, 임금 및 근로시간에 관한 사항** 수록
직종별 사업체 노동력조사	• **일 년에 두 번**, 상반기와 하반기로 발간, **상용근로자 5인 이상을 고용하고 있는 사업체**를 대상으로 산업별, 직종별, 사업체 규모별 현원, 부족인원, 채용계획인원, 구인인원 및 채용인원을 조사하여 그 결과를 수록하여 **인력 미스매치 해소를 위한 고용정책 기초자료 제공**
기업체노동비용조사	• **매년** 회계연도 기준의 자료를 토대로 내역별ㆍ산업별ㆍ규모별 노동비용을 담고 있으며 직접노동비용, 퇴직급여 등의 비용, 법정노동비용 등을 수록 • 기업체가 상용근로자를 고용하면서 발생하는 비용을 유형별로 파악하여 기업활동 및 근로자 복지 증진 등 **고용노동여건 개선을 위한 정책 수립 기초자료로 제공**
고용형태별 근로실태조사 보고서	• 매년 표본사업체를 선정하여 조사된 고용형태별 근로일수, 근로시간 및 임금에 관한 사항을 수록
사업체노동실태 보고서	• '전국 사업체조사'의 조사대상 사업체 중 '자영업자' 또는 '자영업자+무급가족종사자'로만 구성된 사업체 및 공무원 재직기관을 제외하고, '상용근로자' 또는 '임시 및 일용근로자' 또는 '기타 종사자'가 1인 이상인 사업체로 집계하여 매년 발간

④ **노동시장의 이해**

　㉠ **노동수요를 결정하는 요인**

　　• **노동의 가격**에 의해 영향을 받는다.

　　• 노동의 수요는 **생산되는 상품에 대한 소비자 수요의 크기**에 의해서도 좌우된다.

　　• 노동의 수요는 **다른 생산요소의 가격**에 의해 영향을 받는다.

　　• **노동생산성의 변화나 생산기술방식의 변화**도 노동수요에 영향을 미친다.

　㉡ **노동수요의 탄력성을 결정하는 요인**

　　• 기업의 생산물시장에 있어서 **생산물의 수요탄력성**에 의해 영향을 받는다.

　　• 기업의 노동수요에 대한 탄력성은 **총비용에서 차지하는 노동비용의 비율**에 의해서도 영향을 받는다.

　　• **노동과 자본의 대체 가능성**에 의해 영향받는다.

　　• 노동을 대체할 수 있는 **자본 또는 다른 생산요소의 공급탄력성**에 의해 영향을 받는다.

(4) 기업분석 정보

① **금융감독원 전자공시시스템 (DART :** data analysis, retrieval and transfer system)
   ㉠ 상장법인 등이 공시서류를 인터넷으로 제출하고, 투자자 등 이용자는 제출 즉시 인터넷을 통해 조회할 수 있도록 하는 종합적 기업공시 시스템으로 기업 관련 다양한 정보를 담고 있다.
   ㉡ 공시자료를 분석하여 **기업의 안정성을 확인하고 회사 기본정보, 연혁과 DART 보고서 사례를 통해 회사의 주요 사업내용을 알 수 있다.**
   ㉢ 재무제표와 재무상태표를 통해 기업의 안정성이 어느 정도인지 분석할 수 있다.

② **산업통상부 산업통계분석시스템 (ISTANS :** industrial statistics analysis system)
   ㉠ 발전 흐름과 패러다임의 변화가 산업별로 다양하고 상이하게 나타남에 따라 산업통계에 대한 수요에 지속적인 대응을 위해 만들어졌다.
   ㉡ 실질적인 산업동향을 기초로 한 효과적 산업정책 수립을 위해, 장기적이고 안정적인 통계분석 기반 구축이 필요하게 되어 만들어졌다.
   ㉢ 기업별 자료를 산업별 통계 속에서 연관해서 볼 수 있으며 **기업경영, 중소기업, 투자ㆍ자본, 산업에 대한 최근 논점과 동향 등 관련 전문적인 정보를 파악할 수 있다.**

③ **중소기업현황정보시스템** (http://sminfo.mss.go.kr)
   ㉠ 전자공시시스템에서 검색이 안 되는 중소기업의 정보를 열람할 수 있으며 중소기업현황 DB 관리 시스템, 업종, 품목, 지역별 검색, 회사명, 대표자별 검색 등이 가능하다.
   ㉡ 중소기업의 통합기업정보보기를 통해 **기업의 재무정보를 확인**할 수 있다.
   ㉢ DART 정보와 비교해서는 정보의 구체성은 다소 떨어지지만, 중소기업에 국한하여 정보를 찾을 수 있는 특성이 있다.

④ **그 이외의 기업분석정보**
   ㉠ 기업별 기업설명(IR : Investor Relations) 보고서는 분석하고자 하는 기업이 명확하게 있고 **대기업 혹은 인지도가 높은 기업인 경우에 열람이 가능**하다.
   ㉡ 보통 기업의 홈페이지에 별도 메뉴를 두어 실적보고, 감사 및 사업 보고서, 향후 사업계획서 등을 파악할 수 있다.
   ㉢ 기업에서 별도 운영하는 여러 경제연구소가 있는데, 여기서 운영하는 사이트들에는 경영과 경제, 산업 트렌드, 기업 내 인사 및 HRD 등과 관련된 깊이 있는 보고서부터 짧은 논평까지 다양한 수준의 자료들이 있다.
   ㉣ **LG경영연구원, 삼성글로벌리서치, 포스코경영연구원, 현대경제연구원, 대신경제연구소, 기업은행경제연구소 등**이 있다.

(5) 직무분석 정보

① **직무분석의 개념 (Harvey, 1991)**
   ㉠ 직무과업(job task)과 일의 절차와 같은 직무 중심적 행동

ⓛ 정보처리, 감독, 정책 입안과 같은 작업 중심적인 좀 더 추상적인 행동

ⓒ 기계, 재료, 도구를 다루는 상호작용하는 행동

ⓓ 생산력과 오류율과 같은 성과평가의 방법

ⓜ 보상체계의 유형과 근무조건과 같은 직무가 이루어지는 맥락

ⓗ 기술, 신체적 능력, 성격적 특징과 같은 인적 필요조건

ⓢ 직무분석의 짧은 정의는 직무의 특성에 대한 발견의 과정을 의미하고, 긴 정의는 더 작은 단위로 나눔으로써 직무특성에 대한 발견의 제도적인 과정으로, 그 과정은 직무에서 완성되어야 하는 것과 역량이 직무를 효과적으로 수행하는 데 필요한 것을 기술한 하나 혹은 그 이상의 생산물이다.

② **직무분석 관련 용어**

ⓐ **요소** (element) : 작업의 가장 작은 단위이다.

ⓑ **활동** (activity) : 작업 필요조건을 채울 수 있는 요소의 집단 혹은 묶음이다.

ⓒ **과업** (task) : 하나의 임무를 수행하는 데 논리적으로 여러 개로 구획되어지는 독립된 일정량의 작업을 말한다. 이 일은 시작과 끝이 분명하고, 그 속에는 가르칠 만한 내용이 포함되어 있는 특성이 있다. 따라서 성취수준이 있고, 달성 여부를 평가할 수 있는 측정 기준이 있다. 활동의 수집으로 볼 수 있으며 직무분석을 통해 전형적인 직무는 30개에서 100개의 과업으로 구성된다.

ⓓ **책무** (duty) : 과제의 모음으로 전형적인 직무는 5개에서 12개의 책무로 구성된다.

ⓔ **직위** (position) : 작업자에 의해 수행될 수 있는 책무, 과제, 활동, 요소들의 세트로 각각의 작업자들은 직무보다는 직위를 가진다. 한 사람에 의해서 수행되고 있는 산업상의 일의 그룹으로, 조직에 속한 종업원 각각이 수행하는 과제들의 집합으로 정의된다. 따라서 조직에는 종업원들의 수만큼 직책의 수가 존재한다.

ⓕ **직무** (job) : **한 사람이 수행하는 일의 집합체(책무와 과업)**로 선발, 훈련, 직무분류 및 과업배분의 단위이다. 만일 여러 사람이 동일한 일을 수행하고 있다면 그들은 같은 직무를 수행하고 있는 것이다. 조직의 모든 사람들을 직위와 같은 직무명으로 불러 조직을 위해 가져야 하는 목표 혹은 수행된 작업의 측면에서 충분히 유사한 연관된 직위들의 모음을 의미한다.

③ **국가직무능력표준** (NCS : National Competency Standards)

ⓐ **목표 및 활용**

- 산업현장에서 **직무를 수행하기 위해 요구되는 지식·기술·태도 등의 내용을 국가가 체계화한 것**이다.

- 능력 있는 인재를 개발해 핵심 인프라를 구축하고, 나아가 국가 경쟁력을 향상시키기 위한 목표로 개발되었다.

- 기업은 직무분석자료, 인적자원관리도구, 인적자원개발 프로그램, 특화자격 신설, 일자리 정보 제공 등을 원하고 교육훈련기관은 산업현장의 요구에 맞는 맞춤형 교육

훈련과정을 개설하여 운영하기를 원하며, 개인들은 직무에 대한 이해를 바탕으로 앞으로 진로경로 개척에 필요한 지식·기술·태도를 미리 준비하는 것이 필요하다.

- 개인과 기업, 교육훈련기관에서 각각의 목표에 따라 NCS의 **직무분석정보를 활용**할 수 있다.

ⓛ 제공되는 직무분석정보의 영역

- NCS 능력단위 레포트 : 분류번호, 능력단위 명칭, 능력단위 정의, 능력단위 요소별 능력·지식·기술, 적용 범위 및 작업상황, 평가지침, 직업기초능력 등이 제시되어 있다.
- **학습모듈** : 학습모듈의 목표, 선수학습, 학습에 따른 필요지식, 수행내용, 재료·자료, 기기, 안전·유의사항, 수행순서, 교수·학습방법, 평가방법 등이 제시되어 있다.

02 직업정보 영역별 분석주제 (미국 O*NET의 직업정보기준)

(1) 능력 (abilities)

① **인지능력 (cognitive abilities)**

ㄱ **문제해결에서 지식의 습득과 활용에 영향을 미치는 능력**

ㄴ 범주 유연성, 연역적 추론, 종결의 유연성, 아이디어의 유창성, 귀납적 추론, 정보순서, 수학추론, 기억력, 수리력, 언어이해력, 언어표현력, 독창성, 지각속도, 문제 민감성, 선택집중력, 마감속도, 시각화, 시간분할능력, 문해력, 글 쓰는 능력 등 포함

② **심리운동능력 (psychomotor abilities)**

ㄱ **객체를 조작하고 제어하는 용량에 영향을 미치는 능력**

ㄴ 팔-손 균형, 정밀제어, 손가락 재능, 손 재능, 다지 조정력, 속도제어, 반응시간, 반응 방향성, 팔다리운동 속도, 손목 손가락 속도 등 포함

③ **신체적 능력 (physical abilities)**

ㄱ **힘, 지구력, 유연성, 균형 및 조정에 영향을 미치는 능력**

ㄴ 동적 유연성, 동적 강도, 순간적 힘, 광범위한 유연성, 총체 조정, 체력, 고정강도, 동체 강도 등 포함

④ **감각능력 (sensory abilities)**

ㄱ **시각, 청각 및 언어지각에 영향을 미치는 능력**

ㄴ 청각주의력, 깊이지각력, 밝기 민감성, 청각 민감성, 근시력, 야간 시력, 주변 시력, 소리 위치화, 색감 구별력 등 포함

(2) 기술 (skill)

① **기본기술**

ㄱ **학습을 촉진하거나 지식을 보다 빠르게 습득할 수 있도록 개발된 능력**

ⓛ 능동학습, 능동청취, 비판적 사고, 학습전략, 수학, 모니터링, 독해력, 과학, 말하기, 쓰기 등 포함

② **복잡한 문제해결기술** : 복잡하고 실제 환경에서 **새롭고 정의되지 않은 문제를 해결하는 데 사용되도록 개발된 능력**

③ **사회적 기술**

ㄱ 목표를 달성하기 위해 **사람들과 함께 작업하는 데 사용되도록 개발된 능력**

ⓛ 조정, 지시, 협상, 설득, 서비스 지향, 사회적 지각 등 포함

④ **시스템기술**

ㄱ 사회-기술 시스템을 이해하고 모니터링하고 개선하는 데 사용되도록 개발된 능력

ⓛ 판단과 의사결정, 시스템 분석, 시스템 평가 등 포함

⑤ **전문적인 기술**

ㄱ 기계 또는 기술 시스템의 적용과 관련된 오작동을 설계, 설정, 작동 및 수정하는 데 사용되도록 개발된 능력

ⓛ 설비유지관리, 설비 선택, 설치, 운영 및 제어, 작동 모니터링, 운영분석, 프로그래밍, 수리, 기술설계, 문제해결 등 포함

(3) 작업활동 (work activities)

① **정보 입력**

ㄱ **필요한 정보와 데이터는 어디서, 어떻게 얻는지와 관련된 활동**을 의미

ⓛ 제품, 이벤트 또는 정보의 정량적 특성 추정, 정보 획득, 작업 및 이벤트 식별, 설비, 구조물 및 재료 검사, 과정, 재료, 환경을 모니터링 등 포함

② **다른 사람들과의 상호작용**

ㄱ **다른 사람과의 상호작용이나 감독활동**을 의미

ⓛ 다른 사람을 위한 지원 및 배려, 다른 사람을 발전시키고 코칭, 조직 외부의 사람들과 소통, 감독자, 동료 또는 하위조직과의 의사소통, 다른 사람들의 일과 활동을 조정하는 것, 팀 개발과 구축, 대인관계의 확립과 유지, 부하직원의 안내, 지시, 동기부여, 다른 사람을 위한 정보의 의미 해석, 자원 모니터링과 관리, 행정활동 수행, 대중을 위해 또는 대중과 직접 작업, 다른 사람에게 상담과 조언 제공, 갈등해결 및 다른 사람들과의 협상, 다른 사람에게 팔거나 영향을 미치는 것, 조직단위 직원채용, 타인을 훈련하고 가르치는 일 등 포함

③ **정신과정**

ㄱ **직무 관련 정보를 가지고 처리, 계획, 문제해결, 의사결정, 혁신활동 등을** 의미

ⓛ 자료나 정보 분석, 목표 및 전략 개발, 표준 준수 여부를 결정하기 위한 정보평가, 사물, 서비스 또는 사람들의 자질을 판단하는 것, 의사결정과 문제해결, 업무의 조직, 계획

및 우선순위화, 정보처리, 일정관리업무와 활동, 창의적으로 생각하는 것, 관련 지식 업데이트 및 사용 등 포함

④ **작업 출력**

 ㉠ 어떤 신체활동을 수행하고, 어떤 장비와 차량을 작동·제어하며, 작업 출력으로 어떤 복잡하고 기술적인 활동을 수행하는지와 관련됨

 ㉡ 기계 및 공정 제어, 문서화·기록, 정보기술장치, 부품 및 장비의 초안 작성, 배치 및 지정 핸들링 및 이동객체, 컴퓨터와의 상호작용 차량, 기계화 장치 또는 장비 작동, 일반 신체활동 수행, 전자장비 수리 및 유지관리, 기계장치 수리 및 유지관리 등 포함

(4) 작업맥락 (work context)

① **대인관계**

 ㉠ 인간 상호작용과정의 관점에서 직업의 맥락

 ㉡ 타인과의 접촉, 다른 사람들을 조정하거나 이끄는 것, 외부 고객과의 거래, 신체적으로 공격적인 사람들과의 거래, 불쾌하거나 성난 사람들과의 거래, 전자우편, 대면토론, 갈등상황의 빈도, 편지와 메모, 대중연설, 성과와 결과에 대한 책임, 타인의 건강과 안전에 대한 책임, 전화, 작업 그룹 또는 팀과 함께 일하기 등 포함

② **물리적 작업조건**

 ㉠ 작업자와 물리적 작업환경 간의 상호작용과 관련된 작업맥락

 ㉡ 비좁은 작업공간, 어색한 위치, 오염물질에 노출, 질병이나 감염에 노출, 유해한 조건에 노출, 유해장비에 노출, 높은 곳에 노출, 작은 화상, 절단, 물린 자국 또는 가시에 노출, 방사선에 노출, 전신 진동에 노출, 극히 밝거나 부적절한 조명, 밀폐된 차량 또는 설비, 개방형 차량 또는 설비, 실내, 환경적으로 통제, 환경적으로 통제되지 않는 실내, 실외에서 날씨에 노출, 지붕이 있는 야외, 물리적 근접성, 소리, 소음의 불편한 수준, 신체를 굽히거나 비틀며 시간을 보냄, 사다리, 비계(scaffold : 건설, 건축 등 산업현장에서 쓰이는 가설발판이나 시설물 유지관리를 위해 사람이나 장비, 자재 등을 올려 작업할 수 있도록 임시로 설치한 가시설물) 또는 기둥 등반, 균형 유지 또는 재조정에 시간을 투자, 무릎 꿇기, 웅크리기, 굽히기 또는 기기, 반복적인 동작을 만듦, 앉아서 혹은 서서 시간을 보냄, 조정하고 조절하거나 사물이나 도구를 감지하기 위해 손을 사용, 달리면서 시간을 보냄, 매우 높거나 낮은 온도, 안전신발, 안경, 장갑, 청력 보호, 하드모자 또는 구명조끼와 같은 일반적인 보호 또는 안전장비 착용, 호흡장치, 안전 위해성, 안전보호복 또는 방사선 보호와 같은 전문 보호 또는 안전장비 착용 등 포함

③ **구조적인 직무특성**

 ㉠ 근로자와 직무의 구조적 특성 사이의 관계나 상호작용

 ㉡ 오류의 결과, 자동화 정도, 일주일의 기간, 결정권한, 의사결정빈도, 의사결정이 동료나 기업성과에 미치는 영향, 정확하거나 정확한 존재의 중요성, 반복작업의 중요성,

경쟁수준, 설비속도에 따라 결정되는 속도, 구조화 대 비구조화 작업, 시간압력, 작업일정 등 포함

④ **작업유형 (work styles)**
　㉠ **누군가가 일을 얼마나 잘 수행하는지에 영향을 줄 수 있는 개인적인 특성**
　㉡ 성취 · 노력, 적응성 · 유연성, 분석적 사고, 세부사항에 주의, 다른 사람에 대한 걱정, 협력, 의존성, 독립성, 주도성, 혁신성, 정직함, 리더십, 끈기, 자기조절력, 사회적 지향성, 스트레스 내성 등 포함

⑤ **일 가치 (work value)**
　㉠ **개인의 만족에 중요한 일의 세계적인 측면**
　㉡ 성취, 독립, 인정, 관계, 지원, 작업조건 등 포함

제**3**절 직업정보 분석 실행

01 고용환경 분석

(1) 고용시장 분석

① **개념과 방향**
　㉠ **고용시장의 정보는 고용정책, 고용전망, 채용정보 등의 내용을 모두 포함**하여 직업정보 분석의 목표에 따라 분석범위와 내용이 달라질 수 있다.
　㉡ 고용정책은 한 국가 또는 기관이 실제적 또는 잠재적으로 노동인구(work force)를 다루는 방법에 관한 원리, 지침, 목표와 규정을 포함한다.
　㉢ 고용정책의 양상에는 고용과 해고 규칙 및 절차, 급료와 급여구조, 직업의 안정과 건강 시설, 더 많은 일자리의 창출을 자극하는 경제적 계획 등이 있다.
　㉣ 정책추진방향은 정부의 관련 정책의 기조에 영향을 받는 경향이 있으며, 실제적인 사업의 내용도 해당 정부의 일자리정책과 긴밀히 연관되어 있다.
　㉤ **고용정책의 주요 대상들은 청년, 여성, 중장년, 장애인, 외국인 등이다.**
　㉥ 정책분야는 크게 취업지원, 일자리 창출, 고용안정망, 직업능력 개발, 근로조건 개선, 노동시간 단축, 안전한 일터, 노사관계 등이 포함된다.

② **관련 법률**
　■ **고용정책 기본법** : 국가가 고용에 관한 정책을 종합적으로 수립 · 이행함으로써 국민 개개인이 그 능력을 최대한 개발 · 발휘할 수 있도록 하고, 노동시장의 효율성 제고와 노동력의 수급 균형을 도모하여 고용의 안정, 근로자의 경제적 · 사회적 지위의 향상 및 국민경제 · 사회의 균형 있는 발전에 이바지함을 목적으로 1993년 12월 27일(법률 제4643호) 제정 · 공포

③ 정보의 종류

　㉠ 동향 및 분석자료

　　• 고용노동부 본부 및 지방노동청에서 분석한 최근 경제동향, 최근 노동시장동향, 최근 논점 분석, 지역별 노동시장동향을 제공하는 자료들이다.

　　• 구인·구직현황, 구직급여 신청 및 현황, 고용보험 가입자 수 현황 등 고용시장을 파악할 수 있는 기본통계를 토대로 현시점의 국내 및 지역별 고용정보를 상세하게 보여준다.

　㉡ 외부 분석자료 : 관련 정보를 제공하는 대표적 기관들은 국회(예산정책처), 정부부처, 한국은행, 지방자치단체 등과 한국개발연구원, 한국노동연구원, 한국직업능력개발원, 산업연구원, 고용정보원, 민간연구기관 등에서 제공하는 정보를 중심으로 분석한다.

　㉢ 국제고용노동통계

　　• 국내의 고용노동통계도 중요하지만, 이것이 갖는 통계적 의미는 다른 국가와의 비교를 통해 기준점을 마련할 수 있으므로 해외의 자료를 비교하는 것이 필요하다.

　　• 경제협력개발기구(OECD), 국제노동기구(ILO), 유럽연합(EU), 미국노동통계국(BLS), 국제연합(UN) 등에서 제공하는 자료를 참조한다.

(2) 산업동향 분석

① 산업별 기초정보 분석

　㉠ 주력 산업분야 : 자동차, 조선, 기계·플랜트, 철강, 섬유·정밀화학, 섬유·의류, 가전·전자부품, 통신기기, 컴퓨터, 반도체, 디스플레이분야의 다양한 분석 보고서 및 동향 분석 등

　㉡ 신성장 동력산업 : 그린에너지·환경, 로봇, 바이오·의약, 신소재·나노기술, 항공우주, 기타 제조업분야의 다양한 분석 보고서 및 동향 분석 등

　㉢ 서비스산업 : 비즈니스산업, 유통·물류, 정보·통신, 문화·콘텐츠, 보건·의료·교육·사회복지, 관광·스포츠분야의 다양한 분석 보고서 및 동향 분석 등

② 산업정보 발간자료 (정기) : 산업연구원을 통해 정기적으로 인쇄물 형태로 발간이 되며, 디지털파일로 공유가 되는 산업 관련 자료들로 산업동향 브리프(월간), 미래전략산업 브리프(격월), 서비스산업 브리프(연 2회)를 통해 산업 전반의 동향에 대한 정보를 얻을 수 있다.

(3) 직업전망 분석

① 한국직업전망서 (2021~2023년 통합본, 2023)

　㉠ 발간 배경 및 목적

　　• 디지털 전환, 탄소중립, 인구구조 변화 등의 영향으로 산업구조와 직업세계가 급변하고 있으며, 근로자의 업무와 요구되는 역량이 바뀌는 것은 물론 고용시장도 빠르게 변화하여 불확실성이 커지고 있다.

- 청(소)년, 구직자 등은 진로직업 선택과 경력개발에 어려움이 더욱 커지고, 일선에서 진로지도와 직업상담을 담당하는 전문가들도 급변하는 직업세계에 대해 지속적으로 이해도를 높일 필요가 있다.
- 한국고용정보원은 1999년부터 『한국직업전망』을 발간하여 왔고, 최근 2020~2022년 동안에는 『2021~2023 한국직업전망 통합본』 발간사업의 일환으로 총 477개 직업에 대해 분야별로 나눠 『2021 한국직업전망』, 『2022 한국직업전망』, 『2023 한국직업전망』을 발간한 바 있다.
- 2023년도는 『한국직업전망 통합본』의 수록직업과 워크넷(work-Net) 「한국직업정보(KNOW)」의 등재직업의 목록 일치화를 위해 **『한국직업전망 통합본』의 수록직업을 분리하거나 신규 직업(45개)을 추가하고, 2020~2022년 작성한 일자리 전망원고 중 일부 내용을 보강**하였다.
- 향후 『한국직업전망』 사업을 통해 「한국직업정보(KNOW)」의 콘텐츠 업데이트를 주기적으로 신속하게 진행하기 위함이며, 또한 『한국직업전망』과 「한국직업정보(KNOW)」의 일부 콘텐츠가 중복되므로 사업의 효율성을 제고하기 위한 목적도 있다.

ⓛ **수록직업 목록 : 본 『2021~2023 한국직업전망 : 일자리 전망 통합본』에는 우리나라 대표직업 537개 직업에 대한 '일자리 전망'이 수록**되었다. 한국고용직업분류(KECO) 대분류별 수록직업 현황은 다음 표와 같다.

한국고용직업분류(KECO) 대분류		수록직업 수
코드	항목	
0	경영 · 사무 · 금융 · 보험직	84
1	연구직 및 공학기술직	112
2	교육 · 법률 · 사회복지 · 경찰 · 소방직 및 군인	33
3	보건 · 의료직	39
4	예술 · 디자인 · 방송 · 스포츠직	62
5	미용 · 여행 · 숙박 · 음식 · 경비 · 청소직	45
6	영업 · 판매 · 운전 · 운송직	36
7	건설 · 채굴직	24
8	설치 · 정비 · 생산직	92
9	농림어업직	10
합계		537

ⓒ **일자리 전망절차**
- 각 직업의 일자리 전망 결과는 **양적 전망자료**(「2021~2031 중장기 인력수급 전망」, 한국고용정보원, 2022)와 **질적 조사자료**('정성적 직업전망조사', 'KNOW 직업별 재직자 조사', 해당 분야의 전문가 심층 인터뷰, 각종 보고서 분석 등)를 바탕으로 연구진의 논의를 거쳐 **최종 판단**하였다.

- 조사 결과마다 상반되는 일자리 전망이 도출되거나 예년과 달리 직업전망에 영향을 미치는 새로운 요인이 반영된 경우, 정량적 분석자료에서 파악되지 않는 수록직업 등에 대해서는 원내외 연구진, 직업분야별 현장 전문가들을 대상으로 보다 심도 있는 의견 수렴과 협의과정을 거쳐 최종 전망을 도출하였다.

정량적 분석	정성적 분석
•「2021~2031 중장기 인력수급 전망」 　– 산업별 : 직업별 향후 10년간 인력공급 및 취업자 수 전망	•「정성적 직업전망 조사」 　– 직업별 전문가 대상 향후 10년 일자리 전망 조사 •「KNOW 재직자 조사」 　– 재직자 대상 향후 5년 일자리 전망 조사 •산업경기 전망, 정부정책 등 각종 보고서 등을 통해 일자리 전망요인 추출

전망 결과 검토(전문가 의견수렴 및 검증)

- 정량적 분석 결과와 정성적 분석 결과의 주요 전망 결과에 대해 전문가 검토
  - 직업별 관련 현장 전문가, 내외부 직업전망(연구) 전문가 등
  - 정량적 분석 연구자와 정성적 분석 연구자들의 협의
  - 특히 정량적 분석자료에서 제공되지 않는 직업의 경우는 별도 집중 검토

최종 일자리 전망 결과 도출

- 최종 직업전망 확정
  - 향후 10년간의 연평균 증감률을 기준으로 증가(2% 초과), 다소 증가(1% 이상~2% 이하), 현 상태 유지(-1% 초과~1% 미만), 다소 감소(-2% 이상~-1% 이하), 감소(-2% 미만) 등 총 5개 구간으로 구분
- 일자리 변동에 영향을 미치는 주요 요인 설명

ㄹ 직업별 일자리 전망 결과표 (다소 증가 및 증가 직업)

대분류 구분	다소 증가	증가
0 **경영 · 사무 · 금융 · 보험직**	경영 · 진단전문가, **노무사, 인적자원전문가**, 회계사, 세무사, 광고 · 홍보 · 마케팅전문가, 상품기획자, 취업알선원, 손해사정사	–

대분류 구분	다소 증가	증가
1 연구직 및 공학 기술직	교육학연구원, 심리학연구원, 물리학연구원, 화학연구원, 수학 및 통계연구원, 생물학연구원, 천문 및 기상학연구원, 의학연구원, 약학연구원, 축산학 및 수의학연구원, 컴퓨터시스템 설계 및 분석가, 시스템소프트웨어개발자(프로그래머), 웹기획자, IT 테스터 및 IT QA 전문가*, 데이터베이스 운영·관리자, 네트워크시스템개발자(네트워크엔지니어), 네트워크관리자(클라우딩컴퓨터운영관리자)*, IT 기술지원전문가*, 정보보안전문가, 건축안전·환경기술자 및 건축품질기술자, 토목안전·환경기술자 및 토목품질기술자, 도시계획·설계가, 교통계획·설계가, 교통영향평가원, 지리정보시스템전문가, 건설기계공학기술자 및 연구원, 항공공학기술자, 기계·로봇공학시험원, 전기기기·제품개발기술자 및 연구원, 전기계측제어기술자, 발전설비기술자, 송·배전설비기술자, 전기감리기술자, 전기안전기술자, 전자제품 및 부품개발기술자, 반도체공학기술자 및 연구원, 전자계측제어기술자, 디스플레이연구 및 개발자, 전기·전자공학시험원, 비누 및 화장품화학공학기술자 및 연구원, 태양광발전연구 및 개발자*, 풍력발전연구 및 개발자*, 원자력공학기술자*, 가스·에너지시험원 및 진단전문가*, 대기환경기술자 및 연구원, 폐기물처리기술자, 환경영향평가원, 소음진동기술자 및 연구원, 토양환경기술자 및 연구원, 환경시험원*, 보건위생·환경검사원, 식품공학기술자 및 연구원, 식품공학시험원, 소방공학기술자 및 연구원, 3D 프린팅운영전문가	정보통신 컨설턴트 및 감리원*, 응용소프트웨어개발자, 가상(증강)현실전문가, **모바일앱개발자*, 웹개발자(웹프로그래머)***, 데이터분석가(빅데이터분석가), 로봇공학기술자, 의약품공학기술자 및 연구원, 방재기술자 및 연구원*, 산업안전원 및 위험관리원
2 교육·법률·사회복지·경찰·소방직 및 군인	특수교육교사, 판사, 검사, **직업상담사**, 사회단체활동가, 경찰관, 해양경찰관*, 소방관	변호사, 변리사, 사회복지사, **심리상담전문가**, **청소년지도사**, 생활지도원*

대분류 구분	다소 증가	증가
3 보건 · 의료직	산부인과의사, 소아청소년과의사, 마취병리과의사, 약사, 한약사, 영양사, 임상병리사, 방사선사, 치과기공사, 치과위생사, 임상심리사(심리치료사), 재활공학기사(의지보조기기사), 언어치료사, 청능사, 놀이치료사, 예술치료사, 응급구조사, 안경사, 보건의료정보관리사	내과의사, 외과의사, 성형외과의사, 이비인후과의사, 안과의사, 정신과의사, 비뇨기과의사, 피부과의사, 가정의학과의사, **한의사**, 치과의사, **수의사, 간호사**, 물리치료사, 작업치료사, **간호조무사**
4 예술 · 디자인 · 방송 · 스포츠직	신문기자, 방송기자, 학예사(큐레이터), 화가, 조각가, 만화가, 만화영화작가(애니메이터), 지휘자, 작곡가, 연주가, 안무가, 웹디자이너, 게임그래픽디자이너, 영상그래픽디자이너, UX/UI 디자이너, 방송연출가, 영화감독, 연극연출가, 광고영상감독*, 연극영화방송기술감독, 영화배우 및 탤런트, 모델, 연극 및 뮤지컬배우, 개그맨 및 코미디언, 성우, 촬영기사, 음향 · 녹음기사, 영상 · 녹화 및 편집기사, 조명기사, 공연 · 영화 및 음반기획자*, 연예인매니저, 프로게이머*, 스포츠강사, 스포츠트레이너*, 레크리에이션전문가	미디어콘텐츠창작자(크리에이터)*
5 미용 · 여행 · 숙박 · 음식 · 경비 · 청소직	미용사, 피부 및 체형관리사, 네일아티스트(손톱관리사)*, 분장사*, **항공기객실승무원**, 음식배달원*, 경호원, 시설 · 특수경비원, 방역원	**반려동물미용사**, 수의사 보조원(동물보건사), 요양보호사 및 간병인
6 영업 · 판매 · 운전 · 운송직	상품중개인 및 경매사, 온라인판매원, 헬리콥터조종사, 헬리콥터조종사, 항공교통관제사, 선박교통관제사, 택배원	**항공기조종사**
7 건설 · 채굴직	철로설치 · 보수원	–
8 설치 · 정비 · 생산직	항공기정비원, 헬리콥터정비원, 철도기관차 · 전동차정비원, 오토바이정비원, 자동조립라인 · 산업용 로봇조작원, 화학제품생산기조작원, 김치 · 밑반찬제조종사원, 가구조립원	–
9 농림어업직	–	–

※ * 표시한 45개 직업의 일자리 전망은 2023년에 최초 작성한 것이며, 그 외 직업들의 경우는 2020~2022년에 최초 작성한 것을 기반으로 2023년에 내용을 보강한 것임.

ⓜ 직업정보 내용
  - **직업명** : 직업명은 한국고용직업분류(KECO)에서 사용하는 명칭을 준용하였으며, 워크넷 (work-Net) 「한국직업정보(KNOW)」의 등재직업명과 일치한다. 일부 직업의 경우, 산업현장에서 실제 불리는 명칭이 대표직업명과 다른 경우는 **산업현장의 명칭을 병기하였다.**
  - **코드 (code)** : 직업코드(code)는 6-digits으로 **구성**된다. 세분류(4-digits)까지는 한국 고용직업분류(KECO) 코드를 따랐다. 이하 **세세분류 두 자리(6-digits)**는 워크넷 (work-Net)의 「한국직업정보(KNOW)」에 등재된 직업들을 관리하기 위한 일련번호이다.
  - **일자리 전망** : 향후 10년간 해당 직업의 일자리(고용) 증감을 전망하고, 그 요인을 분석 하였다. 일자리 증감 전망은 향후 10년간의 **연평균 증감률을 기준으로 증가(2% 초과), 다소 증가(1% 이상~2% 이하), 현 상태 유지(-1% 초과~1% 미만), 다소 감소(-2% 이 상~-1% 이하), 감소(-2% 미만)** 등 총 5개 구간으로 구분하였으며, 이는 단지 독자의 직관적 이해를 돕기 위한 수단에 불과하다.
  - 직업명(KECO의 세분류 수준의 명칭), 하는 일, 근무환경(종사자의 일반적인 근무시 간, 근무형태, 근무장소, 육체적·정신적 스트레스 정도, 산업안전 등), 성별, 연령, 학력, 임금, 되는 길(교육 및 훈련, 관련 학과, 관련 자격, 적성 및 흥미 등) 등

② **고용전망에 영향을 미치는 요인**
  ㉠ **한국직업전망서에 제시된 요인 8가지** : 『한국직업전망』은 직업정보의 표준화와 독자의 가독성을 높이기 위해 일자리 변동요인을 8개 범주로 정의하고, 그에 따라 일자리 전망 을 기술하였다.

고용변동 영향요인		내용
확실성 요인	인구구조 및 노동인구 변화	저출생, 고령화, 생산가능인구 감소, 1인 가구 증가, 외국인근로자의 증가 등
	산업특성 및 산업구조 변화	노동·자본·기술집약적 산업, 글로벌 밸류체인 변화, 미래차(전기차, 수소차 등) 전환 등
	과학기술 발전	인공지능(생성형 AI), 협동로봇 등 기술 혁신 및 융복합화, 경제·사회·문화 전반의 디지털 전환 등
	환경과 에너지·자원	기후변화 및 환경오염 대응(탄소중립), 신재생에너지 등 녹색산업 육성, 국가 간 자원 경쟁 등
	가치관과 라이프스타일 변화	일과 삶의 균형(워라밸), 개인주의, 사회관계망서비스(SNS)를 통한 소통강화, 세대별 특성(디지털세대, 액티브시니어 등), 건강·미용에 대한 중시 등
불확실성 요인	대내외경기 변화	세계 및 국내 경기전망, 수출입 등 무역전망, 자국우선주의 등
	기업의 경영전략 변화	공장 해외이전 또는 국내복귀, 인력 아웃소싱, 기업 활동의 스마트화 등
	법·제도 및 정부정책	정부의 신산업육성정책, 규제완화, 대학정원 등 교육정책, 인재양성, 자격제도 신설 등

ⓒ 직업별 고용변동 영향요인 7가지 (김중진 외, 2009)

고용변동 영향요인	내용
정부정책 및 법, 제도 도입	사회복지정책, 산업육성정책, 수출입정책, 교육훈련촉진정책, 취업촉진정책, 외국인력유입정책, 자격면허에 대한 조정 등
가치관과 라이프스타일	'여가, 건강, 미용 등에 대한 욕구 증대', '소비자 주권 증대' 등
기업의 경영방식	'인수, 합병 등의 구조조정', '외주(아웃소싱)', '채용방식의 변화', '업무영역의 통합 및 세분화' 등을 포함하며 향후 일자리 창출 및 유지에 중요한 영역
환경과 에너지 문제	기업을 넘어서 국가 간의 경쟁에 큰 영향을 미칠 것으로 전망되는데, 환경과 에너지분야에서의 취업자 수에 영향을 미치는 세부요인에는 '에너지 부족과 확보를 위한 경쟁', '기후변화 및 환경기준 강화' 등
글로벌라이제이션	국제 간의 무역과 활동에 따라 고용에 영향을 미치는 요인들인 '국제무역경쟁 심화', '신흥공업국의 생산활동 증대', '금융의 세계화', '생산기지 해외이전 및 외국기업 국내이전', '남북한 경제협력 및 통합진전' 등
인구구조의 변화	'인구의 고령화', '가족구조의 변화', '여성의 경제활동 증가', '저출산' 등
기업의 기술발전과 혁신	'기계화, 자동화, 전산화', '제품혁신주기의 단축/공정 자동화', '디지털화 및 온라인화/인터넷' 등

02 기업정보 분석

(1) 기업의 외재적 특성

① 채용정보를 활용한 기업정보 분석

구분	내용
일반적 기업정보	산업, 기업구분, 자본금, 사원 수, 설립일, 매출액, 대표자, 주요 사업, 홈페이지, 주소, 계열사 등
채용사이트 내 재무정보	연도에 따른 분기별 사업분석, 매출액(매년 및 업계평균 대비), 영업이익(매년 영업이익 및 업계평균 대비), 당기순이익, 산업 내 위치, 기업등급 등
기타 채용 관련 정보	해당 기업의 지난 채용정보, 연봉정보, 인·적성면접, 채용설명회, 합격스펙 등의 정보

② 재무 중심의 기업정보 분석

구분	내용
금융감독원 전자공시시스템	회사 기본정보, 연혁, 재무제표와 재무상태, DART 보고서 사례를 통해 회사의 안정성 확인
중소기업 현황정보시스템	중소기업에 국한된 정보
기타	기업별 IR 보고서, 한국기업을 평가하는 정보제공 사이트를 운영하는 기업들, 기업운영 경제연구소 등에서 제공하는 정보들

③ 중소 및 벤처기업 정보 (중소벤처기업부, www.mss.go.kr)

구분	내용
중소기업 경기전망조사	중소기업의 경기동향을 업종별로 조사하여 업계의 경영계획 수립과 정부의 중소기업 지원시책에 필요한 기초자료 제공을 목적으로 제조업과 비제조업의 모집단을 대상으로 조사
중소기업 실태조사	인력채용 시 평균연봉, 교육ㆍ훈련형태, 수출 여부 및 방식, 수출 시 애로사항, 사업전환현황, 수위탁 공정거래 체감현황 등 조사
주제별 정보	경영지표, 인력실태, 기술실태, 임금실태, 수출부문, 혁신형 기업, 여성기업, 중소기업 경기전망 등의 정보가 포함되며, 이외에 창업기업과 벤처기업정보 등 포함

(2) 기업의 내재적 특성

① **조직문화** (organizational culture)

　㉠ 조직문화는 **구성원들에 의해 공유되며 무의식적으로 작용하면서 당연한 것으로 받아들여지는 기본가정과 신념**이다(Schein, 1985).

　㉡ 어떤 구성원들이 다른 구성원들을 구별하는 총체적 정신 프로그램이다(Hofstede & Hofstede, 2005).

　㉢ 조직문화는 한 기업이나 조직의 구성원들이 공유하는 기본 전제들을 바탕으로 중요하게 생각하는 신념과 가치가 다양한 형태의 문화적 표상으로 드러나며, 구성원들의 의식과 무의식수준에서 모두 존재하며, 오랜 기간 시간을 두고 축적된 학습의 과정을 거쳐 형성된다.

② **조직풍토** (organizational climate)

　㉠ 조직문화는 일반적으로 깊고, 안정적이고, 조직 전체로 볼 수 있는 데 비해, 조직풍토란 **작업장 내 구성원들의 전체적인 인상과 기대, 그리고 감정**으로 내부적 또는 더 넓게는 외부환경과의 접촉과 업무처리과정을 통해서 매일매일 변화한다(Burke, 1993).

　㉡ 조직풍토는 조직의 개인이나 집단에게는 환경이 되는 반면, 조직 자체로서는 특성을 이루며 조직에도 다른 조직과 구별되는 특성을 의미하며, 조직구성원들이 가진 일반적인 태도, 가치규범, 느낌 등의 결과로 만들어지며 개인행태의 기반이 된다.

　㉢ **조직문화가 사회학적 관점으로 출발하여 유형화하는 경향이 있는 반면, 조직풍토는 구성원들이 인식하는 심리적 측면으로 구체적인 내용으로 구성**된다.

③ **기업관리특성**

　㉠ 기업이 오랫동안 가진 기업관리특성으로 인해 어떤 내담자는 조직적응이 용이할 수도, 혹은 어려울 수 있으며 이직의 원인이 될 만큼 큰 도전을 줄 수도 있다.

　㉡ 다음의 기업관리특성을 고려하여 기업정보 분석목표에 맞게 활용할 수 있다.

▶ 기업관리특성 예시

- **효율적 일 관리**(managing work efficiently) : 역동적이고 복잡한 환경에서 업무를 효율적으로 관리하는 것을 강조한다. 업무의 효율성은 결과의 질과 양으로 입증되며, 직원 개인들은 효율성을 지속적으로 유지하기 위해 자신들의 활동을 융합하고 조정해야 한다.
- **장애를 가진 사람들에 대한 협조하기**(accommodating to persons with disabilities) : 개개인이 직장에서 장애로 인한 한계와 어려움을 극복하고 돕는 것을 강조한다.
- **다른 사람과 소통하기**(communicating with others) : 효율성과 효과를 증대시키기 위해 직무와 관련된 정보를 제공하고 다른 사람과의 의사소통을 강조한다.
- **다른 배경을 가진 사람들과 협조하기**(accommodating to persons from different backgrounds) : 직장의 비주류 사람들이 적응하는 것을 강조한다. 다른 문화의 사람들은 외형, 옷차림, 태도, 말투 등이 다르고, 그들은 종종 직장에서의 성공을 위해 수용과 지원을 필요로 한다.
- **일 역할과 과정에 대한 표준화하기**(standardization of work roles and procedures) : 일 역할과 절차의 표준화에 대해 강조한다. 개개인들은 무슨 일이 일어나고, 그들이 어떻게 반응해야 하는지 정확하게 예측할 수 있다.
- **성평등 증진하기**(promoting gender equality) : 직장에서의 남성과 여성의 평등한 대우를 제공하는 것을 강조한다(직무과제, 승진기회, 훈련을 위한 접근성, 급여와 이익에 대한 평등, 그리고 일에 대한 중요한 모든 측면).
- **과제와 수행의 표준화하기**(standardizing tasks and performance) : 직무과업들의 표준화된 수행과 과업의 표준화를 강조한다. 과업은 틀림없이 특정한 방식과 표준화된 접근으로 수행되어야 한다는 것을 나타낸다.
- **변화 관리하기**(managing change) : 직장에서 변화의 필요성, 변화에 대한 대처, 직장의 조건을 변경하여 필요한 여러 가지를 이해할 수 있도록 직원들에게 지원을 제공하는 것을 강조한다. 모든 사람이 이러한 변화에 순응할 준비가 되어 있어야 하며, 불변의 흐름을 이해하고 있음을 나타낸다.
- **효율성을 위한 일 관리하기**(managing work for effectiveness) : 외부의 권력에 대한 효과적인 대응을 강조한다. 이러한 접근은 고객이 원하는 것, 필요로 하는 것, 다른 시장의 대체, 경쟁, 변화하는 기술, 법률과 규칙들 등 시장변화에 민첩하게 대응하는 것에 초점을 둔다.
- **괴롭힘 통제하기**(controlling harassment) : 고의적이든 고의적이지 않든 작업장에서의 괴롭힘에 적극적으로 행동한다. 인종, 나이, 성, 성적 성향, 신체적 한계 또는 종교 등으로 인해 직장에서의 괴롭힘에 반하는 정책관리를 적극적으로 지원한다.
- **전문화 촉진하기**(promoting specialization) : 정기적으로 직무에서 사용된 전문적인 기술의 사용과 개발을 강조한다. 전문화의 촉진은 과업연구의 교류 또는 교대로 일하는 그룹의 업무 분담을 가로막는다.

03 직무분석

(1) 직무분석의 필요성과 의의

① 효율적인 인재관리

㉠ 인재관리 과정

- 인재관리의 양성, 배분, 활용 등의 차원에서 채용, 지원자 선발, 직원훈련과 교육을 위해 직무분석이 필수적이다.

- 채용에서 직무기술서는 지원자의 기초가 되고, 지원자가 직무에 대한 책임감, 기술 외에 필요한 특성(능력)뿐만 아니라 어떤 일을 하게 되는지 등 직무의 종류, 지원자의 특성과 직무가 적용 가능한지 알 수 있다.

ⓛ **지원자 선발**

- 지원자 선발 시 대부분 직무분석을 통해 후보자를 선택하며, 구인처에서는 성공적인 채용을 위해 직무에 필요한 세부사항, 지식, 기술 및 능력에 대해서 충분히 알고 있어야 한다.
- 직업의 여러 기술은 직무분석에 의해 명확해지며, 직무분석은 후보자의 심사를 위한 행동면접 프로토콜(behavioral interviewing protocol) 개발에 활용되기도 한다.
- 후보자들 면접 시 질문개발에 기초가 된다.

ⓒ **훈련 및 교육**

- 직무적성을 분명히 하여 낮은 수준의 능력을 가진 직원들에 대한 차별화된 관리나 기존 직원의 적성을 분석하여 지도하기 위한 훈련 및 교육 프로그램에 직무분석이 사용된다.
- 직무분석에 근거하여 선발된 직원도 직무와 완벽하게 적합하지 않으므로 이를 위해 훈련과정을 거치도록 하는데, 이때 어떤 훈련에 참여할지 여부도 직무분석을 기준으로 판단한다.

② **직무수행 평가에 대한 보상**

㉠ 직무수행 평가에 따라 보상체계가 변경되고, 직무에 따라 임금수준이 달라지며, 이는 직무분석의 근본적인 측면이다.

㉡ 임금수준은 서로 다른 일에 다른 필요조건과 노력, 다른 근무조건이 포함될 때의 보상에 따라 결정된다.

③ **직업선택의 중요한 정보**

㉠ 진로설계단계뿐 아니라 구직활동을 하는 단계에서도 지원하는 기업의 직무에 대한 자료가 구체적으로 제공될수록 합리적·효율적 구직활동이 가능하다.

㉡ 학생과 학부모들이 직업정보를 충분히 이해하는 과정을 거치지 않고 직업 이미지에 의존하는 것을 줄일 수 있다.

④ **법적 소송에 대한 보호**

㉠ 직무분석은 고용차별 관련 소송에 있어 기업 측에 유리하게 작용할 수 있는 위험성을 줄일 수 있다.

㉡ 직무분석에 기초한 표준화된 기준을 가지고 타당성을 명확히 함으로써 기업과 개인 모두의 공정함을 지킬 수 있다.

⑤ **기업인력 감축 및 조정의 기초자료**

㉠ 기업이 구조조정 시 어느 직무가 기업의 핵심 업무인지를 파악하여 아웃소싱으로 전환하거나 다른 인력으로 대체할지 판단하기 위해 직무분석 자료가 필수적이다.

㉡ 정확한 근거 없이 이루어지는 기업의 구조조정은 기존의 통념과 고정관념에 기초하여 이루어져 기업의 핵심 인재를 놓치는 결과로 이어진다.

(2) 작업자 중심 직무분석 (worker-oriented methods)

① 면담법

ⓐ 소개

- 면담법은 최초 분석법의 하나로 분석대상이 산업발전에 따라 새롭게 발생한 직무 또는 직업인 경우에 **참고문헌이나 관련 자료가 드물고 그 분야에 많은 경험과 지식을 갖춘 사람이 없을 때 직접 작업현장을 방문하여 분석을 실시**한다.
- **많은 시간과 노력이 소요**된다.
- 특정 직무에 대한 오랜 경험을 통해 많은 지식과 숙련된 기능을 가지고 있으면서 그것을 언어로 정확하게 표현할 수 있는 사람과 직접 면담한다.
- 이때 면담으로 분석에 협조하는 사람은 시간에 제약을 받지 않도록 미리 소속기관장의 허락을 얻어야 한다.

ⓑ 특성

- 상대방이 자발적으로 능동적으로 필요한 자료를 충분히 제공하도록 유도하는 방법으로 가장 정확하고 완전한 정보를 얻을 수 있으므로 가장 많이 활용되고 있으며, 다른 직무분석방법을 할 때에도 기본적으로 병행해서 활용된다.
- 개별면담과 집단면담으로 나눌 수 있으며, **면담 대상자는 SME**(Subject Matter Expert : 직무에서 수행되는 모든 과제들에 대하여 잘 알고 있을 정도로 직무에 대한 직접적인 경험을 가지고 있는 내부 전문가)를 찾는 것이 중요하다.
- 집단면담은 SME 5~6명이 적절하며 면담을 어떤 방식으로 진행할지의 여부가 수집되는 직업정보의 질에 영향을 미친다.

② 직무요소 방법론 (JEM : Job Element Method)

ⓐ 소개

- JEM은 작업자 중심 직무분석방법 중 가장 오래된 방법으로 **추상적인 특성보다는 작업행위와 이 행위의 결과에 초점을 맞춘 것으로 JEM의 요소는 행위와 관련 근거의 조합**이다.
- 요소는 심리학자들이 만들어낸 용어라기보다는 **일터에서 통상 사용되어온 용어를 통해 만들어진 단어**이다.
- 요소들이란 인지, 정신활동, 그리고 업무습관을 포함하는 광범위한 행동들에 적용되는데, 인지적 요소들은 도구를 이해하고 사용하는 것, 설계도 읽기, 컴퓨터 사용, 그리고 표준편차와 같은 항목들을 포함한다. 정신활동요소들은 느끼고 색깔 등을 인지하는 능력과 전기드릴을 조작하거나 제트기를 운전하는 것과 같은 복잡한 운동을 쉽게 수행해 내는 능력을 포함한다. 작업습관은 기질상 더 많은 동기를 부여하는 행동들의 집합과 관련이 있다.

     ⓛ 특성

- JEM을 위한 정보수집은 보통 **프로젝트 리더로 일하는 전문분석가와 재직자 및 감독자인 6명의 SME로 구성된 팀에 의해 수행**된다.
- 보통 3시간에서 5시간 걸리는 두 개의 세션이 있다. 첫 번째 세션 동안에는 SME는 브레인스토밍을 하고 분석가들이 따르는 요소의 목록을 분류한다.
- 분석가는 직무를 수행하기 위해 필요한 것을 열거한 일련의 요소들을 따른다.
- 작업자의 특성(지식, 기량, 능력, 그리고 다른 성격들)은 직무전문가들이 이해하는 측면에서 행동으로 정의된다.

③ **직위분석 질문지법 (PAQ : Position Analysis Questionnaire)**

     ㉠ 소개

- PAQ는 **어니스트 맥코믹(Ernest McCormick)에 의해 1960년대에 개발**되어 유기체(O)가 자극(S)을 받고 반응(R)하는 행동주의자들의 S-O-R 공식을 바탕으로 설계되었다.
- **모든 직무에 같은 요소를 적용하기 위해 설계**되었으며, 미국 사회보장 장애 결정에 사용되는 직업분석 질문에 추가되었다.
- 직무분석가는 직무와 관련된 각각의 항목을 고려하고 그 직업에 특정 항목을 적용할지 여부를 결정한다.
- **PAQ를 완성하기 위해서는 훈련된 분석가들은 우선 직무를 관찰한 후 직무를 수행하는 몇몇 재직자들과 면담**한다.
- 직무를 수행하는 데 요구되는 인간의 특성들을 기술하는 데 사용되는 194개의 문항들로 구성되어 있으며, **직무수행에 관한 6개 범주(정보 입력, 정신과정, 작업 결과, 타인들과의 관계, 직무맥락, 직무요건)**들에 대해 평정하도록 되어 있는 표준화된 분석도구이다.

     ⓛ 특성

- PAQ는 **두 가지 중요한 목표를 충족시키기 위해 설계**되었다. 첫 번째는 각각의 직무에 대해 비용이 소요되는 타당성 검증진단을 하지 않고, 구직자를 정의하는 **표준화된 접근법으로 개발하는 것**이었다. 두 번째 의도는 **보상을 위해 직무평가를 하는 기관들을 돕는 것**이었다.
- 오늘날 PAQ의 주용도는 장애를 결정하는 것으로 많은 장애보험회사에서 사용된다.

④ **데이컴법 (DACUM)**

     ㉠ 소개

- 데이컴이란 'Developing A Curriculum'의 줄인 말로서 **교과과정을 개발하는 데 활용되어 온 직업분석의 한 가지 기법**을 말한다.
- 교육훈련을 목적으로 교육목표와 교육내용을 비교적 단시간 내에 추출하는 데 효과적이다.

- 미국과 캐나다의 교육계에서 일반화되고 있으며, 우리나라에서도 가장 일반적으로 사용하는 방법 중 하나이다.
- **데이컴은 8~12명의 분석협조자(panel member)로 구성된 데이컴위원회를 중심으로 이루어진다.** 이 위원회는 실무자가 사전에 준비한 쾌적한 장소에 모여 2박 3일 정도의 집중적인 워크숍으로 데이컴차트를 완성하면서 작업을 마친다.

ⓛ **가정과 전제**
- 첫째, 전문적인 작업자는 다른 누구보다도 그 직무에 대하여 잘 기술할 수 있다.
- 둘째, 한 가지 직무는 해당 직업에 종사하고 있는 숙련된 사람이 수행하는 작업명칭들로 충분히 기술될 수 있다.
- 셋째, 모든 작업에는 그 작업을 올바르게 수행하는 데 필요한 관계지식과 태도가 있다.

ⓒ **촉진자의 역할**
- 데이컴을 실시하려면 실무자가 약 6개월 전부터 분석협조자 선정, 작업장소 예약, 분석가 선정 등 워크숍 준비를 해야 한다.
- 실무자가 그 준비를 완전하게 마친 후 실제 **데이컴은 촉진자(facilitator)가 맡아서 진행**한다.
- 데이컴 촉진자는 전문가다운 인상과 외모를 갖추고, 타인에 대한 감수성이 예민하며, 데이컴을 진행하는 동안 열띤 분위기를 조성하고 유지할 수 있는 능력이 있어야 하며, 유머감각이 뛰어나고, 동기유발을 잘 시킬 수 있어야 한다. 또 인내심도 있어야 하고 의사결정능력을 갖추고 여러 가지 의견을 종합할 수 있어야 한다.

ⓔ **데이컴 진행방식**
- 데이컴을 하는 작업장의 한쪽 벽면은 데이컴을 하면서 계속 작업명을 써서 붙일 수 있도록 깨끗하게 비어 있어야 한다. 이 벽면을 데이컴 벽이라고 하는데, 촉진자는 이 벽면을 등지고 분석협조자들을 바라보며 사회를 진행한다.
- 분석협조자들은 한 테이블에 3~4명씩 앉고 사회자를 중심으로 모아지도록 테이블을 약간 돌려놓는다. 이때 사회를 보는 촉진자는 분석협조자들의 의견을 개진하여 한 가지로 결정해서 불러주면 받아 적어 건네주는 서기가 필요하다.
- 실내에서 어디서나 금방 알아볼 수 있도록 굵은 글씨로 책무(duty)와 과업(task)명칭을 써서 사회를 보는 촉진자에게 건네주면, 이를 데이컴 벽에 임시로 붙인다. 이렇게 반복하여 모든 책무영역을 열거하고 다시 순서를 고려하여 재배열하고 과업명칭을 열거해 나간다.
- 종이는 수시로 떼어서 이동할 수 있도록 한다. 모든 작업이 끝나면 번호를 부여하여 데이컴차트를 완성한다.
- **작업을 진행하는 동안 서기나 참여자로 참석한 사람들에게는 발언권이 주어지지 않는다.**

ⓜ **데이컴 워크숍의 기본원칙**
- 직급과 연령 등을 고려하지 않고 모두 평등하게 참여한다.

- 아이디어를 자유롭게 공유하고 비판하지 않는다.
- 발언권을 얻은 한 사람이 이야기한다.
- 비판보다는 건설적인 제안을 한다.
- 기존의 관련 자료를 참고하지 않는다.
- 워크숍을 이끄는 촉진자(facilitator)는 자신의 의견을 말하지 않는다.

⑤ **인지적 과업분석 (CTA : Cognitive Task Analysis)**

　㉠ 소개
- CTA는 가장 최근에 인지심리학과 인지과학에 근간을 두고 개발되었으며, 1990년대부터 적용되기 시작하였다. 인지과학은 인지심리학, 컴퓨터과학, 공학, 철학 등을 혼합한 형태이며, 정신적 행동들의 모델을 만들어서 마음을 이해하는 것을 지향한다.
- 인지과학자들은 과업을 실험실로 가져와서 초심자와 전문가에게 그것을 완성하게 한다.
- 전문가들이 과업을 완성하기 위해서 사용하는 전략들, 과정들, 지식 등과 같은 정신적 행동들을 추론한다. 그리고 전문가들이 한 행동을 본받게 하기 위해서 만든 컴퓨터 프로그램에 기재한다.

　㉡ 특성
- 대부분의 다른 작업자 중심 방식들과 다르게 CTA는 분석된 과업을 완성하는 전문가들에 의해 사용된 정신적 행동들을 이해하는 그들의 공통적인 목표와 관련된 다른 접근법이나 방식들을 제안한다.
- CTA는 보통 직무의 과업들이나 책무들로 묘사된 작업자 중심 직무분석방식의 종료와 함께 시작되며, **작업 중심 방식이나 특성기반 작업자 중심 방식에서 종종 간과하는 직무를 완성하기 위해 사용되는 정신적 과정들에 대한 정보를 제공**한다.

(3) 작업 중심 직무분석 (work-oriented methods)

① **시간 – 동작연구**

　㉠ **시간연구** : 시간연구의 경우는 업무를 완수하기 위한 표준시간을 찾는 것을 목표로 하여 시간분배가 가장 중요한 관점일 때 사용되었다.

> **▶ 시간연구방법**
>
> - **작업 샘플링**(work sampling) : 작업자들에 대한 관찰사항을 모으는 방법으로 일반적으로 2주 이상 동안 2,000회의 관찰을 포함하며, 시간간격을 두고 작업자의 행동을 카메라로 사진이나 비디오를 찍기도 하여 작업행동에 배분된 사진을 보는 동안 점수화한다.
> - **기준설정**(standard setting) : 기준설정단계에서 표준시간이란 숙련된 작업자의 기대수행시간에 순서에 따라 모든 장비가 좋은 상태일 경우 과업을 처리하는 시간을 의미하는 것으로, 작업자가 표준시간보다 더 빨리 일을 끝낼 경우 엑스트라 인센티브를 적용한다. 조건이 동일할 때 가장 빨리 과업을 처리하는 방법을 가장 최선이라고 본다.

> * **스톱워치 시간연구** (stopwatch time study) : 작업자들이 특정 과업을 끝내는 데 걸리는 시간을
>   기록하며, 관찰자는 반복적으로 기록한 후 대푯값을 정한다. 표준시간은 경쟁력 있고 성실한
>   작업자에게 회사가 기대하는 평균 업무수행시간을 의미한다.
> * **미리 결정된 시간제도** (predetermined time system) : 작업자를 관찰하고 기존의 정보를 활용
>   하여 미리 결정한 것으로, 업무단위에 대한 표준시간이 이미 과거 조사에 의해 알려져 있다고
>   간주되며 분석가의 기본단위업무에 대한 지식을 기반으로 표준시간을 정한다.
> * **산업기준자료** (industry standard data) : 동일 산업분야의 기존 유사한 과업에서 분석된 표준
>   시간을 사용한다.

ⓒ **동작연구**

- 동작연구는 업무를 완성하는 데 사용되는 단계의 순서를 발견하는 것으로 작업행동들
  의 모음으로 공간적 업무 효율성을 높이기 위한 방법들이 사용된다.
- 기본적인 철학은 특정 직무를 수행하는 데 가장 효율적인 방법이 존재한다는 것을 전
  제로 한다.
- 그래프와 업무순서도(flowchart), 미세 동작분석, 기록기술 등을 활용하여 정밀하게
  측정한다.

> **▶ 동작연구방법**
>
> * **그래프 및 업무순서도 활용** : 작업순서를 표면화하는 방법이다. 예를 들어, 병원 직원이 환자들
>   에게 식사를 가져다주는 두 가지 방법으로, 원래의 방법에서는 서빙 테이블을 방의 가운데로
>   가져다 놓고 각각의 환자에게 한 번에 하나씩 식사를 가져다주었다. 개선된 방법에서는 테이블
>   을 방에서 끌고 다니면서 한 번에 두 명씩 식사를 나눠주었다. 개선된 방식으로 환자에게 적기
>   서비스, 식사의 적정 온도, 작업자의 에너지 소모가 모두 개선되었음을 확인하였다. 업무순서도
>   는 어디서 활동이 반복되고 지연되는지 등을 잘 보여준다.
> * **미세동작 분석 실시** : 업무동작을 업무순서도와 다이어그램을 이용하여 더 작은 단위의 연속으
>   로 나눈다. 예를 들어, 식사를 쟁반 위에 놓기, 쟁반을 환자에게 가져가기, 식사 후에 쟁반을
>   수거하기 등이다. 이와는 다르게 각 단계를 더 작은 기초적 동작으로 나눌 수 있다.
> * **기록기법** : 과제가 어떻게 처리되는지를 기록하기 위해 종종 필름, 비디오, 그 외의 레코딩기술을
>   사용하고, 동작들에 걸리는 시간을 정확히 예측하기 위해 슬로동작사진을 찍는 것이 일반적이다.

② **기능적 직무분석 (FJA : Functional Job Analysis)**

㉠ **소개**

- **미국 노동부의 노동력을 배치하기 위해 사용했던 방법**으로 1930년대 구직자와 직업을
  연결시키는 데 기여하였다.
- 미국의 직업사전에 근거하여 많이 활용된 방법으로 **자료, 사람, 사물 등 세 가지 측면
  중 하나에 관련하여 일한다는 전제에 근거하여 설정**되었다.
- FJA의 주된 관심은 작업에 있지만, 작업자특성과 작업환경에 대한 실질적인 정보도
  제공하며, 작업분석보고에 사용하는 고용노동부 보고서 양식에는 다섯 분야의 직무에
  서 요구하는 작업자의 습성에 대한 평가가 포함된다.

- 일반교육 개발, 구체적인 직업준비, 적성, 기계조정, 기질, 관심, 신체적 요구사항 및 환경조건의 평가도 있다.
  - ⓒ 특성
    - 직무분석절차는 기존 정보를 모으는 것부터 시작하여 책, 정기 간행물, 또는 도서관에서 이용할 수 있는 다른 기술정보, 업무순서도와 조직적인 차트와 같은 과정이 서술된 자료, 노동조합, 전문협회에서 준비된 다른 기술자료, 정부의 여러 기관에 있는 팸플릿 등을 수집한다.
    - 이런 준비는 분석가가 약간의 전문용어와 기초적인 방침에 대해 알게 되므로 작업자와 감독하는 사람과 의사소통에 유용하다.

③ **중요사건기법 (CIT : Critical Incident Technique)**
  - ㉠ 소개
    - 제2차 세계대전에 개발되어 여러 미국 공군 프로젝트에 사용되었으며, 작업 근로자 행동의 특정 사건을 재생하기 위해 주제 관련 전문가가 필요하다.
    - 종업원들이 직무에서 **결정적으로 잘한 사건이나 결정적으로 실수를 범한 사건들을 수집한 후, 그러한 사건들에서 있었던 구체적인 행동들을 알아내고 이러한 행동들로부터 직무에서 요구되는 지식, 기술, 능력 등의 인적요건들을 추론**한다.
    - 전후관계의 설명, 행동 또는 문제의 원인이 되었던 것 또는 작업자가 직면하고 있는 기회, 직원의 행위 그 자체, 행동의 결과 등을 기술하는 것으로 작업자가 한 일을 명확하게 작성하며, 특정한 추론이나 진술은 피해야 한다.
    - 실제 작업동작에 관한 풍성한 세부사항을 제공하고 성능평가에 적용 틀로 사용되며 훈련평가, 교육, 디자인 등에 사용한다.
  - ㉡ 특성
    - 중요한 사건을 수집하는 몇 가지 실용적인 전략은 다음과 같다. 첫째, 성과에 대한 질문부터 하지 말아야 한다. 둘째, 기억과 결과를 왜곡하거나 직업의 특성이 변경되었을 수 있기 때문에, 사건은 지난 6~12개월 사이 발생한 것으로 한정한다. 셋째, 부정적인 사고가 먼저 수집되는 경우 데이터 수집의 목적이 의심받을 수 있기 때문에 작업자는 부정적인 사건 전에 긍정적인 사고를 생성해야 한다.
    - 장점은 실제로 직무에서 일어났던 중요한 사건을 토대로 직무수행과 관련된 중요한 자료들을 알아낼 수 있다는 것이다. 그러나 **일상적인 수행에 관한 정보들이 배제될 수 있고, 응답자들이 과거의 사건을 왜곡하여 기술할 가능성이 있으며, 추론하는 과정에서 주관성이 개입될 수 있다는 단점**이 있다.

④ **과업목록 (TI : Task Inventories)**
  - ㉠ 소개
    - TI는 하나 이상의 직무를 완료하기 위해 수행하는 모든 업무활동의 목록이다.

- 각 활동은 일반적으로 과제라고 간주하며 작업 전문가, 보통 현직자와 그들의 감독관에게 어떤 작업활동을 수행하는지 여러 가지 항목의 목록에 응답하는 조사를 통해 작성된다.
- **기능적 직무분석의 과제목록보다 더 좁게 정의된 경향**이 있다.
- 1919년 기술거래를 위한 훈련을 개발하는 데 처음 사용되었고, 일반화는 1950년대 이후 미국 공군(USAF)에 의해 이루어졌다.

ⓒ 특성
- 일반적으로 과업명세표를 통해 이루어지는데 과업분석을 위한 데이터를 제공하기 위해 재직자 및 감독자에게 제공되는 설문조사이다.
- 설문조사 설계에 있어 질문은 직무분석가에 의해 기록되며, 조사방법은 관찰, 이론적 배경, 면담 등으로 이루어진다.
- 자료분석에는 WPSS(work performance survey system), CODAP(comprehensive occupational data analysis program)와 같은 **컴퓨터 프로그램을 사용하며 직무의 빈도와 시간, 직무에 필요한 지식, 기술, 태도 등을 측정**한다.

〈 작업 중심 직무분석과 작업자 중심 직무분석 비교 〉

구분	내용
작업 중심 **(과업 지향적)** **직무분석** **Task-oriented Job Analysis**	• 직무에서 수행하는 과제나 활동이 어떠한 것들인지 파악하는 데 초점을 둔다. • 동사의 형태로 표현되며, 이러한 분석을 때로 과제분석(task analysis)이라고도 부른다. • 직무 자체의 내용을 중점적으로 다루는 직무기술서(Job Description)를 작성하는 데 중요한 정보를 제공한다. • **각 직무에서 이루어지는 과제나 활동들이 서로 다르기 때문에 분석하고자 하는 직무 각각에 대해 표준화된 분석도구를 만들 수 없다.**
작업자 중심 **(작업자 지향적)** **직무분석** **Worker-oriented Job Analysis**	• 직무를 수행하는 데 요구되는 지식, 기술, 능력, 경험 등 작업자의 재능에 초점을 둔다. • 직무 자체의 내용보다 직무요건 중 특히 인적요건을 중점적으로 다루는 직무명세서(작업자명세서, Job Specification)를 작성하는 데 중요한 정보를 제공한다. • **인간의 다양한 특성들이 각 직무에서 어느 정도나 요구되는지를 분석하는 것이므로, 직무에 관계없이 표준화된 분석도구를 만들기가 비교적 용이하며, 다양한 종류의 직무들에서 요구되는 인간특성의 유사 정도를 양적으로 비교하는 것이 가능하다.** • 작업자명세서는 직무에서 요구되는 **KSAOs, 즉 지식(Knowledge), 기술(Skill), 능력(Ability), 기타 특성(Other Characteristics)**을 중심으로 작성하는 데 직무에서 요구되는 인적요건들의 수준이나 유형을 가급적 구체적으로 쓰는 것이 좋다.

(4) 혼합적 직무분석방법 (hybrid methods)

① **결합직무분석법 (C-JAM : Combination Job Analysis Method)**

　㉠ 소개

- C-JAM은 **과업을 수행하는 데 필요한 인간 자질에 대한 정보를 요약하고 있는 직무요소분석법에서 내용을 차용**하였다. 인간의 자질에 관한 정보는 직원 선발 시 필수적인 내용이다.
- 몇몇 척도들은 특정 직무에 있어서 어떤 과업과 어떤 인간의 자질이 가장 중요한가에 대한 결정에 도움이 되기 위한 정보를 제공한다.
- C-JAM은 과업기술이 개발되고 과업의 중요성을 평가하게 되며, 그 다음 과업을 수행하는 데 필요한 지식, 기술, 능력, 다른 특성 등이 개발되고 직무능력에 있어 그 중요성이 평가된다.
- 직무분석 결과는 선발과 훈련 프로그램 개발에 활용될 수 있다.

　㉡ 특성

- 과업에 대해 기술하는 데 과업에 대해 얼마나 상세하게 기술할지 명확하지 않을 때는 초안 작성 시부터 좀 더 상세히 작성한다.
- **일반적으로 특정 직무의 최종 과업목록은 30~100개로 구성**된다. 처음 목록의 수가 100개를 넘는다면 내용이 비슷한 과업들을 합쳐서 100개 이하로 줄이도록 한다.
- **과업생성회의(the task generation meeting)에서는 5~7명의 작업자와 2명 정도의 직속 관리자들이 작업장에서 좀 떨어진 편안한 회의장소로 모이게 된다.** 회의는 컴퓨터를 사용해서 사이버공간에서 진행할 수도 있으며, 회의매체가 어떤 방식으로 진행되든 집중을 방해하는 것은 최소화할 필요가 있다. 전문가들은 분석하고 있는 직무에 대해 경험이 충분히 있어야 하고 본인의 생각을 말이나 글로 적절하게 전달할 수 있어야 한다.
- **다음에는 과업평가회의를 열어 과업 난이도와 위험도를 기준으로 평가한다.** 두 가지 척도는 과업 난이도와 위험도에 대해 다루고 있다. 과업 난이도는 직무에 있는 모든 다른 과업들과 비교하여 과업을 정확하게 수행하는 난이도, 위험도 · 오류의 결과는 과업이 잘못 수행되었을 때 부정적인 결과를 가져오는 정도를 의미한다. 이를 기준으로 집단의 리더는 과업 중요도를 분석하는데, 계산식은 과업 난이도와 위험도를 합한 값이다.

② **다중질문설계 설문지법 (MJDQ : Multimethod Job Design Questionnaire)**

　㉠ 소개

- MJDQ는 다른 직무분석방법과는 달리 **직무를 사람에게 적합하도록 만들기 위해 정보 획득을 목적으로 한다.**
- 수집된 대부분의 정보는 작업자의 자질보다 작업 자체에 중점을 두었다.

　㉡ 특성

- 직무설계의 원칙으로 **동기적(motivational), 기계론적(mechanistic), 생물학적(biological), 지각운동(perceptual-motor)** 등 4가지를 제시하였다.

• 직무설계의 통합적인 상황과 주어진 직무의 균형을 제공하기 위해 개발되었으며, 훈련된 직무분석가들과 상당수의 재직자들에게 신뢰할 만한 데이터를 제공하는 것으로 보인다.
• MJDQ는 **다양한 업무성과(만족도, 효율성, 편안함)를 예측하는 자료로 제공되기도 한다.**

01 직업정보의 통합 및 평가

(1) 직업정보 분석목표의 재확인

① **대상자의 직업정보 요구도 확인**

　㉠ 직업정보를 분석하다 보면 원래의 목표와 직업정보가 필요한 대상에 대한 요구를 망각한 채 분석이 진행되는 경우가 발생한다.

　㉡ 직업정보가 매우 필요한 시기에 적절하게 제시되는 것은 진로탐색과 선택에 있어 중요한 역할을 하게 되지만, 부적합한 시기에 제공되는 직업정보는 대상자를 혼란스럽게 하거나 호소문제의 원인을 찾는 데 방해가 되기도 한다.

　㉢ 직업정보 관련 내담자의 실제 욕구를 다시 파악하여 분석목표를 확인하는 과정을 거친다.

② **대상자의 인식체계 확인**

　㉠ 기본모델

　　• 대상자의 특수 논점에 따라 가진 특성 이외에 **내담자 개인의 인식체계를 파악하는 것**도 중요하다.

　　• **자기, 검색 및 통합모델(self, search & synthesis model, Bloch, 1989)에 의하면,** 자기(self)는 자기 자신에 대한 정보를 발전시키는 것이며, 검색(search)은 현재 자신의 진로발달요구에 부합되는 일의 세계에 대한 정보를 수집하는 것이고, 통합(synthesis)은 습득된 정보를 체계(framework)상에서 이용하거나 그 체계 자체를 변화시키는 데 활용한다.

　　• 정보수집의 맥락은 매우 개별적이며, 지속적으로 변화 가능하며, 이 모델은 '자기-검색-통합'의 사이클을 따라 순환한다.

　㉡ 직업상담과정의 적용

　　• **'자기-검색-통합모델'과 '합리적 추론(true reasoning) 접근법(Parsons, 1909)'의 차이점은 정보가 지식으로 변화되는 과정에서 대상자는 '연결'을 하는 당사자가 되어야 한다는 인식에서 출발**하며, 다른 사람이 정보 간의 관계성을 보여주는 방법보다 대상자 스스로 연관성을 찾는 방법이 훨씬 더 효과적이라는 것이다.

- 직업상담가는 개인적 반응의 변화 폭을 크게 예측하고 체계상에서 새로운 정보의 위치를 발견할 때, **대상자 개개인이 정보를 해석하는 맥락이나 동화가 다르기 때문에 유사한 능력뿐 아니라 흥미목록을 가지고 있더라도 매우 다른 진로경로에 흥미를 느낄 수 있음을 의미한다.**

③ **직업상담가의 직업정보 요구도 확인**

  ㉠ 직업상담가는 직업정보의 분석목표를 정했다 할지라도 주어진 그 목표와 상관없이 그동안 습관처럼 쉽게 찾던 자료와 분석에 용이한 자료를 찾을 가능성이 있다.

  ㉡ 직업세계의 변화에 적응하고 대상자가 이러한 변화에 적응하게 돕기 위해서는 다양한 매체로 제공되는 직업정보에 적응하고 능숙하게 그 자료들을 다룰 수 있어야 한다.

  ㉢ 직업상담가에게 낯설고 익숙하지 않은 방식을 내담자에게 안내하기는 어렵기 때문에 직업상담가들은 새로운 방법론과 기술에 대한 학습을 위해 스스로 노력하고 점검하는 것이 필요하다.

(2) 직업정보의 통합분석

① **분석방향**

  ㉠ 분석의 방향을 일반적으로 글로벌환경에서 국내환경으로, 경제분석에서 고용분석으로, 산업에서 직업으로, 직업에서 직무로 등과 같이 거시에서 미시로, 장기에서 단기적 관점으로 분석해 나간다.

  ㉡ 통합하는 과정에서 비교와 검토를 통해 정보가 선택되는 과정에서 우선순위를 매겨두면 분석하는 과정에 오류를 발견했을 때 다시 처음부터 분석하지 않고 그 전 단계로 돌아갈 수 있어 용이할 수 있다.

② **대상자 고려**

  ㉠ 대상자에게 직접 직업정보를 제공하기 위한 분석이라면 대상자의 생애진로사정 결과를 토대로 그에 맞는 분석목표를 가지고 있을지라도 직업정보를 제공하고 선택하는 과정에서 다른 대안이 선택될 가능성이 있다.

  ㉡ 분석 통합의 과정은 대상자와의 상담을 통해 진행하는 것이 바람직하다. 이미 분석된 자료라고 할지라도 대상자에게 적용하는 과정에서 재분석되거나 추가자료가 필요함에 유의한다.

(1) 대상자의 특성에 따른 분류

① **저소득층** : 기초생활수급자 및 기초연금수급자

② **노숙인 및 비주택거주자** : 「노숙인 등의 복지 및 자립지원에 관한 법률」의 '노숙인 등'에 해당하는 자로서 노숙인생활시설 또는 지방자치단체로부터 비주택 거주 사실에 대한 확인서 또는 추천서를 받은 사람

③ **북한이탈주민** : 「북한이탈주민의 보호 및 정착지원에 관한 법률」로부터 보호 및 지원을 받는 자로서 거주지 보호기간(5년) 이내에 있는 북한이탈주민

④ **신용회복지원자** : 법원으로부터 개인회생절차 개시·파산선고 등을 받고 면책(복권) 결정이 되지 아니한 자

⑤ **결혼이민자 및 결혼이민자의 외국인 자녀** : 「다문화가족지원법」에 따른 결혼이민자와 그 가족인 만 15세 이상 24세 이하의 외국인(중도입국) 자녀

⑥ **위기청소년** : 학교 중도탈락, 가출 등으로 진로가 불안정한 만 15세 이상 24세 이하의 청소년

⑦ **여성가구주** : 만 18세 미만(취학 또는 병역의무 이행 중인 경우 24세 미만)인 자녀를 양육하거나, 55세 이상의 부모 또는 배우자의 부모를 부양하거나, 장애인인 동거가족(형제자매 등, 나이 무관)을 부양하면서 아래의 어느 하나에 해당하는 여성
  ㉠ 배우자와 사별 또는 이혼하거나 배우자로부터 유기된 자
  ㉡ 정신이나 신체장애로 장기간 노동능력을 상실한 배우자를 가진 자
  ㉢ 혼인한 적이 없는 사람으로서 동거가족을 부양해야 하는 경우

⑧ **장애인** : 「장애인복지법」의 규정에 의하여 장애인으로 등록할 수 있는 사람으로서 「장애인복지법 시행규칙」에서 장애인의 장애 정도표에서 정하는 기준에 부합하는 정도의 장애가 있는 사람

⑨ **산재장해자** : 「산업재해보상보험법」상 장해등급이 있고, 「장애인복지법 시행령」의 장애인기준에 해당되지 않는 자로서 근로복지공단에서 추천받은 산재장해자

⑩ **진로단절여성** : 비취업여성 중 결혼, 임신출산, 육아, 자녀교육(초등학생), 가족돌봄 때문에 직장을 그만둔 여성

(2) 분석 결과 평가 시 유의할 점

① 분석목표를 이루기 위해 제한된 직업정보만 분석했는지 평가한다.
② 원자료 통계분석 시에 누락된 해석이나 결과의 충돌이 없는지 평가한다.
③ 분석목표에 따라 정량적·정성적 연구들이 통합적으로 분석됐는지 평가한다.

(3) 대상에 따른 분석 결과의 시사점 도출

① 직업상담 논점을 토대로 대상자를 분류한다.

② 고용노동부가 제시한 직업상담분류기준을 파악한다.

③ 고용노동부가 제시한 기준에서 직업상담의 논점이 유사한 대상은 함께 분류한다.

④ 분류기준에 해당하는 대상을 확인하고 연관된 특성을 파악할 수 있는 추가자료를 검색한다.

⑤ 대상자의 직업적 논점과 추가자료의 내용을 통합적으로 정리한다.

⑥ 분석된 직업정보와 대상의 직업적 논점을 선별하여 구체화한다.

❶ 직업정보 분석목표 설정

★
01 직업정보 분석의 사회·경제학적 접근에 대한 설명으로 바르지 않은 것은?

① 다양한 합법적 직업과 불법적 직업의 관습과 상호작용 및 전문적 발달에 관심이 있다.

② 실업, 기업의 임금분배, 직함, 성, 인종과 같은 요인은 모두 개인의 진로발달과 직접 연관되는 요인이다.

③ 상담을 통해 개인이 갖고 있는 인지 및 정서, 행동 등의 영역에서의 문제를 발견하고 변화를 이끌기 위해 노력한다.

④ 노동시장이나 노동행위를 예측하기 위해 여러 변인 가운데 능력과 흥미, 가치, 진로의사결정에 관심을 가진다.

> **해설** ③ 심리학적인 접근에 해당한다.

★
02 직업정보 분석의 의미에 대한 설명으로 바르지 않은 것은?

① 직업 관련 수집된 정보를 일정한 틀과 관점을 가지고 분석하는 것이다.

② 분석자는 보고자 하는 정보를 중심으로 선별하여 분석하여야 한다.

③ 다양한 시각을 가진 직업정보를 통찰력을 가지고 종합해야 한다.

④ 어떤 용도로 왜 분석하느냐가 중요하며 분석의 기준을 마련하는 과정도 필요하다.

> **해설** 직업정보를 분석하기 위해서 분석자는 보고자 하는 혹은 보고 싶은 정보만을 선별적으로 검색하거나 특정 관점과 대상의 이해관계를 위해 만들어진 직업정보를 중심으로 보는 것을 지양해야 한다.

★★ **2012년, 2017년 직업상담사 1급**
03 직업정보의 분석 시 유의사항에 대한 설명으로 바르지 않은 것은?

① 동일한 정보라도 다각적인 분석을 시도하여 해석을 풍부히 해야 한다.

② 전문적인 시각에서 분석한다.

③ 원자료를 제공한 기관의 제시는 생략이 가능하다.

④ 자료표집방법 등을 검토해야 한다.

> **해설** **[직업정보의 분석 시 유의사항]**
> ㉠ 동일한 정보라 할지라도 다각적인 분석을 시도하여 해석을 풍부히 한다. : 정보는 여러 가지 측면에서 분석하면 다양한 의미를 갖게 된다.
> ㉡ 전문적인 시각에서 분석한다. : 직업정보는 다양한 변인에 의하여 변화하고 있는 상태이기 때문에 전문적인 시각에서 분석하여 가공될 수 있도록 정보 본래의 가치에 충실해야 한다.
> ㉢ 분석과 해석은 원자료의 생산일, 자료표집방법, 대상, 자료의 양 등을 검토하여야 하는 한편, 분석 비교도 이에 준한다. : 정보가 갖는 시간적 생명을 제시하는 한편, 각종 자료와의 비교가 가능한 자료들인지 확인해야 한다.
> ㉣ 직업정보원과 제공원에 대하여 제시한다. : 이용자가 분석된 자료에서 제2차적인 정보를 얻기 원할 경우가 있으므로 각 정보에 대하여는 직업정보원과 제공원에 대해서 분명히 밝혀야 한다.

> **정답** 01. ③ 02. ② 03. ③

04 직업정보 분석에 대한 설명으로 바르지 않은 것은?

① 직업정보 분석은 주제별 분석과 형식별 분석으로 나눌 수 있다.
② 직업정보 분석의 필요성에 따라 분석목표를 다르게 설정한다.
③ 언론사에서 시리즈로 발행되는 직업 관련 기사들은 직업정보라고 볼 수 없다.
④ 주제별 직업정보는 미래사회 분석, 직업세계 분석, 노동시장 분석, 개인 분석 등으로 나뉜다.

해설 민간기업이나 관련 직업협회 등에서 발간되는 보고서와 언론사에서 시리즈로 발행되는 기사들도 직업정보에 포함된다.

05 직업정보 분석의 목표 설정에 대한 설명으로 바르지 않은 것은?

① 내담자의 요구가 적시에 충족되기 위해 직업정보 분석의 시간, 양, 질 등이 고려된다.
② 신문이나 방송에서 기자들이 원자료를 인용하여 자신의 목적대로 가공한 자료를 참조하는 것이 좋다.
③ 원자료를 통해 새로운 의미와 해석을 기반으로 전문가의 시각으로 분석하는 것을 권장한다.
④ 다양한 자료를 통찰력을 가지고 분석해 내는 것이 필요하다.

해설 신문이나 방송에서 기자들이 원자료를 인용하여 자신의 목적대로 가공한 자료를 참조하는 것은 지양하는 것이 좋다.

★ **2015년 직업상담사 1급**
06 직업정보 분석 시 유의할 점과 가장 거리가 먼 것은?

① 민간자격 정보는 정보제공 기관의 공신력을 살펴볼 필요가 있다.

② 미등록 민간자격 종목은 정보제공 시 각별한 주의가 필요하다.
③ 직업정보는 시간에 따라 동태적으로 분석할 필요가 있다.
④ 직업정보의 분석은 단편적 해석 및 분석 수준으로만 제공해도 충분하다.

해설 동일한 정보라 할지라도 다각적인 분석을 시도하여 해석을 풍부히 한다.

★
07 청소년의 진로발달단계에 따른 직업정보의 필요성으로 가장 거리가 먼 것은?

① 용인 가능한 성별 경계를 넓히려는 노력 필요
② 심리대화와 직업대화를 통해 직업정체성 발달 지원
③ 직업정보를 얻기 위한 구체적인 노력과 방법에 대한 지원
④ 다양한 교육적 · 직업적 기회에 대해 얼마나 많이 생각하고 계획하고 있는지 탐색

해설 ① 아동기의 진로발달단계에 따른 직업정보의 필요성에 해당한다.

★★
08 진로단절여성을 위한 직업정보 분석기준의 내용으로 가장 거리가 먼 것은?

① 지지체계, 자기효능감, 진로동기, 진로미래 등을 의미 있게 해석
② 여성의 생애주기를 고려한 진로발달의 관점과 성인지적 관점
③ 직업복귀뿐만 아니라 직업유지의 지속성과 진로단절을 예방하는 것의 중요성 인식
④ 학습발달적 측면을 고려하여 정보는 구체적이고 분명해야 함

정답 04. ③ 05. ② 06. ④ 07. ① 08. ④

해설 ④ 아동기의 진로발달단계에 따른 직업정보의 필요성에 해당한다.

09 직업정보 분석의 필요성에 따라 분석목표를 수립할 때 분석목표의 성격이 다른 것은?

① 직업 관련 정책 개발
② 지역 내 일자리 및 직종 개발
③ 직업정보 분석방법 교육
④ 직업정보 관련 연구

해설 [직업정보 분석의 필요성에 따른 분석목표]

연구개발	직업정보 서비스 제공
• 직업 관련 정책 개발 • 지역 내 일자리 및 직종 개발 • 직업정보 관련 연구	• 직업상담 프로그램 개발 • 직업정보 서비스 개발 • 직업정보 분석방법 교육 • 개인 직업상담 일대일 맞춤 직업정보 제공

② 직업정보 분석범위 설정

10 다음 중 한국표준직업분류의 직무분류기준에 대한 설명으로 바르지 않은 것은?

① 직무별로 노동시장의 형성이 다른 경우에는 가장 분명한 배타성을 갖는다고 할 수 있다.
② 세분류 단위에서 최소 10,000명의 고용을 기준으로 설정하였다.
③ 직업 종사자가 주로 일하는 기업의 특성, 생산과정이나 최종 산출물 등이 중요할 때도 있다.
④ 직무범주화 기준에는 직무별 고용의 크기 또한 현실적인 기준이 된다.

해설 한국표준직업분류에서는 세분류 단위에서 최소 1,000명의 고용을 기준으로 설정하였으며, 고용자 수가 많은 세분류에는 5,000~10,000명이 분포되어 있을 것으로 판단된다.

11 다음 중 직업정보의 영역에 포함되지 않는 것은?

① 직업분류 정보
② 산업분석 정보
③ 기업분석 정보
④ 시장분석 정보

해설 직업정보의 영역은 한국표준직업분류, 한국고용직업분류 등의 직업분류 정보, 산업분석 정보, 고용분석 정보, 기업분석 정보, 직무분석 정보 등으로 나눌 수 있다.

★★ 2023년 직업상담사 1급
12 다음 중 고용정보의 주요 용어해설에 관한 설명으로 틀린 것은?

① 경제활동인구는 만 15세 이상 인구 중 취업자와 실업자를 말한다.
② 잠재취업가능자는 실제 취업시간이 36시간 미만이면서 추가취업을 희망하고 추가취업이 가능한 자이다.
③ 자영업자는 고용원이 있는 자영업자와 고용원이 없는 자영업자를 통합한 개념이다.
④ 고용률은 생산가능인구에 대한 취업자의 비율이다.

해설 잠재취업가능자는 비경제활동인구 중에서 지난 4주간 구직활동을 하였으나, 조사대상주간에 취업이 가능하지 않은 자를 말한다.

★ 2022년 직업상담사 2급
13 경제활동인구조사의 주요 산식으로 틀린 것은?

① 잠재경제활동인구＝잠재취업가능자＋잠재구직자
② 경제활동참가율＝(경제활동인구÷15세 이상 인구)×100
③ 고용률＝(취업자÷15세 이상 인구)×100
④ 실업률＝(실업자÷15세 이상 인구)×100

해설 ④ 실업률(%)＝(실업자÷경제활동인구)×100

정답 09. ③ 10. ② 11. ④ 12. ② 13. ④

14 경제활동인구조사의 종사상 지위에 관한 설명으로 옳은 것은?

① 상용근로자는 고용계약기간이 2년 이상인 정규직원을 의미한다.

② 일용근로자는 고용계약기간이 3개월 이하인 사람을 의미한다.

③ 고용원이 있는 자영업자는 한 사람 이상의 유급 고용원을 두고 사업을 경영하는 사람을 의미한다.

④ 무급가족종사자는 자기 가족의 일원이 경영하는 사업체에서 일정한 보수 없이 적어도 하루의 1/2 이상 일한 자를 의미한다.

해설 **[경제활동인구조사의 종사상 지위]**

종사상 지위는 취업자가 실제로 일하고 있는 신분 또는 지위상태를 의미한다.

㉠ **임금근로자**
- **상용근로자** : 고용계약설정자는 고용계약기간이 1년 이상인 경우, 고용계약미설정자는 소정의 채용절차에 의해 입사하여 인사관리규정을 적용받는 사람
- **임시근로자** : 고용계약설정자는 고용계약기간이 1개월 이상 1년 미만인 경우, 고용계약미설정자는 일정한 사업(완료 1년 미만)의 필요에 의해 고용된 경우
- **일용근로자** : 고용계약기간이 1개월 미만인 자 또는 매일매일 고용되어 근로의 대가로 일급 또는 일당제 급여를 받고 일하는 자 등

㉡ **비임금근로자**(자영업자, 무급가족종사자)
- **고용원이 있는 자영업자** : 한 사람 이상의 유급 고용원을 두고 사업을 경영하는 사람
- **고용원이 없는 자영업자** : 자기 혼자 또는 무급가족종사자와 함께 자기책임하에 독립적인 형태로 전문적인 업을 수행하거나 사업체를 운영하는 사람
- **무급가족종사자** : 가족(동일 가구 내)의 일원이 경영하는 사업체나 농장에서 일정한 보수 없이 무보수로 일하는 사람을 말하며, 주당 18시간 이상 일한 사람은 취업자로 분류

15 다음 중 비임금근로자에 해당되지 않는 것은?

① 임시근로자

② 고용원이 있는 자영업자

③ 고용원이 없는 자영업자

④ 무급가족종사자 형태의 근로자

해설 임시근로자 : 임금근로자로서 고용계약설정자는 고용계약기간이 1개월 이상 1년 미만인 경우 혹은 고용계약미설정자는 일정한 사업(완료 1년 미만)의 필요에 의해 고용된 경우

16 경제활동인구조사의 주요 용어해설에 관한 설명으로 틀린 것은?

① 법률에 의한 수입이 있는 봉사활동을 경제활동으로 본다.

② 경제활동인구는 만 15세 이상 인구 중 취업자와 실업자를 말한다.

③ 비경제활동인구는 조사대상 주간 중 취업자도 실업자도 아닌 만 15세 이상인 자이다.

④ 고용근로계약이 1개월 미만인 자는 일용근로자에 해당한다.

해설 법률에 의한 수입이 있는 경우라도 봉사활동은 경제활동으로 보지 않는다.

17 다음에서 설명하는 조사는?

> 현원, 빈 일자리 및 입·이직에 관한 사항과 고용, 임금 및 근로시간에 관한 사항을 매월 조사하여 변동 추이를 파악하고, 우리나라의 빈 일자리율, 입·이직률과 임금 상승률 등 거시경제지표 산정 및 임금·고용 관련 정책의 기초자료를 제공하는 조사

① 매월 노동통계
② 사업체노동력조사
③ 사업체근로실태조사
④ 임금구조기본통계조사

해설 ① 매월 노동통계 : 매월 고용, 임금 및 근로시간의 변동 상황을 조사함으로써 노동이동수준 및 임금수준의 변동실태를 파악하여 고용 및 임금정책의 기초자료를 제공하기 위한 목적으로 조사
② **사업체노동력조사** : 종사자현황, 빈 일자리 및 입·이직에 관한 사항과 임금 및 근로시간에 관한 사항을 매월 조사하여 변동추이를 파악하고, 우리나라의 빈 일자리율, 입·이직률과 임금 상승률 등 거시경제지표 산정 및 임금·고용 관련 정책의 기초자료를 제공하기 위한 목적으로 조사
③ 사업체근로실태조사 : 정규직 및 비정규직 근로자의 임금 등 근로실태를 조사하여 비정규직보호대책 등 정책 수립의 기초자료로 활용하고자 조사를 기획하여 2002년 비정규직 근로자실태조사로 처음 실시된 이후, 2003년 정규직까지 대상을 확대하여 사업체근로실태조사라는 명칭으로 변경됨. 2008년 임금구조기본통계조사와 통합하여 고용형태별 근로실태조사로 명칭이 변경됨
④ 임금구조기본통계조사 : 상용근로자 5인 이상 사업체에 종사하는 상용근로자의 임금·근로시간 등을 직종 및 산업별로 조사하여 임금체계를 파악하기 위한 목적으로 조사함. 2008년 이후 고용형태별 근로실태조사로 명칭이 변경됨

★
18 경제활동인구조사에서 종사상 지위로 고용계약기간이 1개월 미만인 임금근로자는?

① 임시근로자
② 계약직근로자
③ 고용직근로자
④ 일용근로자

해설 **일용근로자는** 임금근로자로서 **고용계약기간이 1개월 미만인 사람**으로 매일매일 고용되어 근로의 대가로 일급 또는 일당제 급여를 받고 일하는 자를 말한다.

19 다음은 무엇에 대한 설명인가?

> 산업동향 관련 핵심 통계자료집으로 연 2회 오프라인으로 발간되고 있다. 산업통계 수요자들에게 선호도 높은 산업동향 관련 통계를 선정하여 산업연구와 미시정책 개발에 널리 활용될 수 있도록 제공하고 있으며, '주제별 통계', '산업별 통계', '글로벌 여건 변화'로 구성되어 있다.

① 주요 산업동향지표
② 전국 사업체조사 보고서
③ 이슈별 산업통계
④ 산업·통상·자원 주요 통계

해설 ㉠ **전국 사업체조사 보고서** : 중앙정부 및 지방자치단체의 각종 정책 수립과 학술연구를 위한 기초자료를 제공하고 사업체를 대상으로 하는 각종 통계조사의 모집단을 파악하여 표본 틀을 제공하는 데 목적이 있음. 매년 발행되며 일정한 물리적 장소에서 재화의 생산 및 판매, 서비스 제공 등 단일 또는 주된 경제활동을 독립적으로 수행하고 있는 종사자 1인 이상의 모든 사업체를 조사대상으로 함
㉡ **이슈별 산업통계** : 연 2회 주요 산업동향지표 발간 시, '산업통계플러스' 항목으로 포함되어 발간되는 통계집으로 주요 산업동향지표에 포함되지 않으나 해당 시기에 특별한 논점이 되는 특정 부분에 대한 산업통계를 별도로 편성, 정리하여 보여줌
㉢ **산업·통상·자원 주요 통계** : 산업·통상·자원 주요 통계집은 산업통상자원부에서 연 총 4회 발간되는 포켓북 형식의 통계집으로 분기별(3월, 6월, 9월, 12월)로 정기 발간되고 정책 입안자의 통계정보 활용을 제고하는 것을 목적으로 함

정답 17. ②   18. ④   19. ①

20 다음 중 고용용어의 해설에 관한 설명으로 틀린 것은?

① 전체 가구의 소득불평등도를 나타내는 지표는 지니계수이다.
② 종사상 지위는 취업자가 실제로 일하고 있는 신분 또는 지위상태를 의미한다.
③ 잠재경제활동인구는 비경제활동인구 중에서 취업에 관심을 표현한 사람으로 잠재취업가능자와 잠재구직자로 구성된다.
④ 경제활동인구는 만 15세 이상 인구 중 생산가능인구를 의미한다.

> **해설** 경제활동인구는 만 15세 이상 인구 중 조사대상기간 동안 상품이나 서비스를 생산하기 위하여 실제로 수입이 있는 일을 한 취업자와 일을 하지는 않았으나 구직활동을 한 실업자를 말한다.

★

21 고용노동부에서 실시하고 있는 사업체노동력조사에 관한 설명으로 틀린 것은?

① 현원, 빈 일자리 및 입·이직에 관한 사항과 고용, 임금 및 근로시간에 관한 사항을 조사한다.
② 조사대상은 종사자 1인 이상 민간사업체 및 공공기관 중 층화계통 추출방법으로 추출한다.
③ 거시경제지표 산정 및 임금·고용 관련 정책의 기초자료를 제공하는 데 목적이 있다.
④ 분기별로 조사하여 사업체 노동력의 변동 추이를 파악한다.

> **해설** 사업체노동력조사는 종사자현황, 빈 일자리 및 입·이직에 관한 사항과 임금 및 근로시간에 관한 사항을 매월 조사하여 변동 추이를 파악하고, 우리나라의 빈 일자리율, 입·이직률과 임금 상승률 등 거시경제지표 산정 및 임금·고용 관련 정책의 기초자료를 제공하기 위한 목적으로 조사를 실시한다.

★★ **2022년, 2023년 직업상담사 2급**

22 고용노동통계조사의 각 항목별 조사대상의 연결이 틀린 것은?

① 시도별 임금 및 근로시간 조사 : 상용 5인 이상 사업체
② 임금체계, 정년제, 임금피크제 조사 : 상용 1인 이상 사업체
③ 직종별 사업체노동력조사 : 근로자 1인 이상 33,000개 사업체
④ 지역별 사업체노동력조사 : 종사자 1인 이상 200,000개 사업체

> **해설** 직종별 사업체노동력조사는 사업체의 정상적인 경영활동에 필요한 부족인원의 규모 등을 산업별, 규모별, 직종별로 조사하여 인력 미스매치 해소를 위한 고용정책 기초자료로 활용하기 위해 실시되며, 조사대상은 상용근로자 5인 이상 사업체 약 33,000개 사업체이다.

23 매년 회계연도기준의 자료를 토대로 기업체가 상용근로자를 고용하면서 발생하는 비용을 유형별로 파악하여 고용노동여건 개선을 위한 정책 수립의 기초자료로 제공하기 위해 실시하는 조사는?

① 기업체노동비용조사
② 직종별 사업체노동력조사
③ 사업체노동력조사
④ 사업체노동실태 보고서

> **해설** 기업체노동비용조사는 매년 회계연도 기준의 자료를 토대로 내역별·산업별·규모별 노동비용을 담고 있으며 직접노동비용, 퇴직급여 등의 비용, 법정 노동비용 등을 수록하며, 기업체가 상용근로자를 고용하면서 발생하는 비용을 유형별로 파악하여 기업활동 및 근로자 복지 증진 등 고용노동여건 개선을 위한 정책 수립 기초자료로 제공한다.

정답 20. ④ 21. ④ 22. ③ 23. ①

★★
24 다음 중 노동시장의 노동수요를 결정하는 요인이 아닌 것은?

① 생산되는 상품에 대한 소비자수요의 크기
② 노동생산성의 변화나 생산기술방식의 변화
③ 다른 생산요소의 가격
④ 노동과 자본의 대체 가능성

해설 ④ 노동수요의 탄력성을 결정하는 요인에 해당한다.

★★★ 2023년 직업상담사 1급 과정평가형
25 다음 중 노동수요의 탄력성을 결정하는 요인이 아닌 것은?

① 노동생산성의 변화
② 총비용에서 차지하는 노동비용의 비율
③ 노동과 자본의 대체 가능성
④ 생산물의 수요탄력성

해설 ① 노동수요를 결정하는 요인에 해당한다.

★★ 2016년 직업상담사 1급
26 국가직무능력표준(NCS)에 관한 설명으로 틀린 것은?

① 산업현장에서 직무를 수행하기 위해 요구되는 지식·기술·태도 등의 내용을 국가가 체계화한 것이다.
② 24개 대분류는 한국고용직업분류를 참조하여 직능유형이 비슷한 분야로 분류했다.
③ 능력단위는 국가직무능력표준분류의 하위단위로 NCS의 기본 구성요소에 해당된다.
④ 수행준거는 능력단위별로 성취 여부를 확인하기 위해 도달해야 하는 수행의 기준을 제시한 것이다.

해설 수행준거란 각 능력단위요소별로 능력의 성취 여부를 판단하기 위해 개인들이 도달해야 하는 수행의 기준을 제시한 것이다.

★
27 기업분석 정보 관련 정보원으로 바르지 않은 것은?

① ISTANS
② 통계청
③ DART
④ SMINFO

해설 ① ISTANS : 산업통상자원부 산업통계분석시스템
③ DART : 금융감독원 전자공시시스템
④ SMINFO : 중소기업현황정보시스템

2013년 직업상담사 1급
28 다음 (   )에 알맞은 것은?

유관한 여러 개의 요소작업이 하나의 (   )을(를) 형성하며, 직무(job)를 구성하는 하위요소이다. (   )은(는) 직무를 단계별 작은 부분으로 나눈 것으로, 이것은 완전한 (   )단위를 나타내며 자체로 독립될 수 있으며 측정 가능한 행동을 말한다.

① 직위 (position)
② 과업 (task)
③ 직업 (occupation)
④ 직종 (occupations)

해설 과업(task) 또는 과제는 하나의 임무를 수행하는 데 논리적으로 구획되어지는 독립된 일정량의 작업을 말한다. 이 일은 시작과 끝이 분명하고, 그 속에는 가르칠 만한 내용이 포함되어 있다. 따라서 모든 일은 성취수준이 있고, 이를 달성했는지를 평가할 수 있는 측정기준이 있다. 과업이란 특정 목적을 위해 수행되는 특정 작업활동, 즉 일을 말한다. 이러한 일들은 서로 중복되지 않고 개개의 일이 성격면에서 분명하게 다르다. 이 작업은 다시 몇 개의 하위요소인 작업요소(task element)로 나누어지는데, 이를 공정(operation)이라고도 한다. 이 작업요소 하나로는 유용한 결과를 얻을 수 없지만 몇 개의 작업요소가 합해지면 유용한 결과를 얻을 수 있다.

정답 24. ④ 25. ① 26. ④ 27. ② 28. ②

29 미국 O*NET의 직업정보 영역별 분석주제에 대한 설명으로 바르지 않은 것은?

① 능력, 기술, 작업활동, 작업맥락 등으로 나눌 수 있다.

② 정신과정은 필요한 정보와 데이터는 어디서 어떻게 얻는지와 관련된 활동을 의미한다.

③ 심리운동능력은 객체를 조작하고 제어하는 용량에 영향을 미치는 능력을 말한다.

④ 작업유형은 누군가가 일을 얼마나 잘 수행하는지에 영향을 줄 수 있는 개인적인 특성을 의미한다.

> **해설** 필요한 정보와 데이터는 어디서 어떻게 얻는지와 관련된 활동은 **정보 입력**이다.

30 다음 중 O*NET의 직업정보 영역별 분석주제와 각 구성의 연결이 옳은 것은?

① 능력 : 인지능력, 심리운동능력, 신체적 능력, 감각능력

② 기술 : 기본기술, 대인관계, 복잡한 문제해결기술, 사회적 기술, 전문적인 기술

③ 작업활동 : 정보 입력, 시스템기술, 정신과정, 작업 출력, 작업유형

④ 작업맥락 : 물리적 작업조건, 다른 사람들과의 상호작용, 구조적인 직무특성, 일 가치

> **해설** ② **기술** : 기본기술, 복잡한 문제해결기술, 사회적 기술, **시스템 기술**, 전문적인 기술
> ③ **작업활동** : 정보 입력, **다른 사람들과의 상호작용**, 정신과정, 작업 출력
> ④ **작업맥락** : **대인관계**, 물리적 작업조건, 구조적인 직무특성, **작업유형**, 일 가치

❸ 직업정보 분석 실행

31 고용시장 분석에 대한 설명으로 바르지 않은 것은?

① 경제협력개발기구(OECD), 국제노동기구(ILO), 유럽연합(EU) 등의 자료를 참조한다.

② 고용정책, 고용전망, 채용정보 등의 내용을 모두 포함하는 개념이다.

③ 고용시장 정보 관련 법률은 고용보험법이다.

④ 고용정책의 주요 대상들은 청년, 여성, 중장년, 장애인, 외국인 등이다.

> **해설** 고용시장 정보 관련 법률은 **고용정책 기본법**이다.

32 다음 중 신성장 동력산업이라고 볼 수 없는 것은?

① 그린에너지 · 환경
② 관광 · 스포츠분야
③ 바이오 · 의약
④ 항공우주

> **해설** ② **서비스산업에 해당**한다.

33 산업연구원에서 정기적으로 발간되는 산업정보자료로 볼 수 없는 것은?

① 산업동향 브리프
② 미래전략산업 브리프
③ 서비스산업 브리프
④ 고용동향 브리프

> **해설** ④ **한국고용정보원의 고용동향 관련 정기간행물에 해당**한다.

> **정답** 29. ② 30. ① 31. ③ 32. ② 33. ④

34 2023 한국직업전망서 통합본의 발간배경에 대한 설명으로 바르지 않은 것은?

① 한국고용정보원은 1999년부터 『한국직업전망』을 발간하여 왔다.

② 산업구조와 직업세계가 급변하고 고용시장도 불확실성이 커지고 있어 최근 매년 발간되었다.

③ 직업명은 한국표준직업분류(KSCO)에서 사용하는 명칭을 준용하였다.

④ 세세분류 두 자리는 워크넷 「한국직업정보(KNOW)」에 등재된 직업관리를 위한 일련번호이다.

해설 ③ 직업명은 한국고용직업분류(KECO)에서 사용하는 명칭을 준용하였다.

★★★ **2019년, 2020년, 2022년 직업상담사 1급**

35 2023 한국직업전망서에서 일자리 전망 결과 '증가' 또는 '다소 증가' 직업에 해당하지 않는 것은?

① 증권·외환딜러 ② 항공기객실승무원

③ 한의사 ④ 직업상담사

해설 ① 2023년 일자리 전망 결과 '다소 감소'에 해당한다.

★ **2012년, 2015년 직업상담사 1급**

36 한국직업전망에서 제공하는 정보에 관한 설명으로 틀린 것은?

① 직업전망은 5가지 수준으로 구분하여 제시하였다.

② 수록직업은 한국고용직업분류(KECO)에 근거하여 선정하였다.

③ 직업전망은 청소년의 진로선택을 지원하기 위해 향후 5년간의 일자리 전망을 제시하고 있다.

④ 해당 직업에 종사하는 데 유리한 적성, 흥미, 성격 등을 수록하였다.

해설 한국직업전망서의 일자리 전망 결과는 향후 10년간의 전망을 제시하고 있다.

★ **2018년 직업상담사 1급**

37 한국직업전망은 고용변동요인을 8개 범주로 정의하고, 그에 따라 고용전망을 기술한다. 다음 중 불확실성 요인에 해당하는 고용변동 영향요인의 범주를 모두 고른 것은?

> ㉠ 인구구조 및 노동인구 변화
> ㉡ 과학기술 발전
> ㉢ 환경과 에너지·자원
> ㉣ 대내외경기 변화
> ㉤ 기업의 경영전략 변화
> ㉥ 법·제도 및 정부정책

① ㉠, ㉡, ㉢ ② ㉡, ㉣, ㉥

③ ㉠, ㉢, ㉤ ④ ㉣, ㉤, ㉥

해설 **[한국직업전망서의 고용변동 영향요인 8가지]**

확실성 요인	불확실성 요인
• 인구구조 및 노동인구 변화 • 산업특성 및 산업구조 변화 • 과학기술 발전 • 환경과 에너지·자원 • 가치관과 라이프스타일 변화	• 대내외 경기 변화 • 기업의 경영전략 변화 • 법·제도 및 정부정책

38 다음은 직업별 고용변동 영향요인의 7가지(김중진 외, 2009) 중 어떤 요인에 해당하는가?

> 국제 간의 무역과 활동에 따라 고용에 영향을 미치는 요인들인 '국제무역경쟁 심화', '신흥공업국의 생산활동 증대', '금융의 세계화', '생산기지 해외이전 및 외국기업 국내이전', '남북한 경제협력 및 통합진전' 등

① 인구구조의 변화

② 기업의 기술발전과 혁신

③ 기업의 경영방식

④ 글로벌라이제이션

정답 34. ③ 35. ① 36. ③ 37. ④ 38. ④

해설 ① **인구구조의 변화** : '인구의 고령화', '가족구조의 변화', '여성의 경제활동 증가', '저출산' 등
② **기업의 기술발전과 혁신** : '기계화, 자동화, 전산화', '제품혁신주기의 단축/공정 자동화', '디지털화 및 온라인화/인터넷' 등
③ **기업의 경영방식** : '인수, 합병 등의 구조조정', '외주(아웃소싱)', '채용방식의 변화', '업무영역의 통합 및 세분화' 등을 포함하며 향후 일자리 창출 및 유지에 중요한 영역

★★ **2021년 직업상담사 1급**

39 한국직업전망의 직업정보 수록내용에 관한 설명으로 틀린 것은?

① 하는 일 : 여러 직업을 포함하는 경우에는 세부직업별로 하는 일을 서술하였다.

② 업무환경 : 해당 직업 종사자의 일반적인 근무시간, 근무형태(교대근무, 야간근무 등), 근무장소, 육체적 · 정신적 스트레스 정도, 산업안전 등에 대해 서술하였다.

③ 적성 및 흥미 : 해당 직업에 취업하거나 업무를 수행하는 데 필요하거나 유리한 적성, 성격, 흥미, 지식 및 기술 등을 수록하였다.

④ 일자리 전망 결과 : −2% 미만(감소), +1% 미만(현 상태 유지), 2% 초과(증가) 등 3개 구간으로 구분하였다.

해설 한국직업전망서의 일자리 전망 결과는 향후 10년간의 연평균 취업자 수 증감률을 −2% 미만(감소), −2% 이상 −1% 이하(다소 감소), −1% 초과 +1% 미만(현 상태 유지), 1% 이상 2% 이하(다소 증가), 2% 초과(증가) 등 5개 구간으로 구분하고, 그래픽으로 시각화하여 제시하였다.

★
40 내담자의 취업지원을 위한 기업정보 분석에 대한 설명으로 바르지 않은 것은?

① 직무분야를 먼저 선택하기보다는 기업을 먼저 선택하여 분석하는 것이 좋다.

② 채용사이트 내에서도 기업의 재무정보를 얻을 수 있다.

③ 중소벤처기업부를 통해 중소기업 경기전망, 실태, 주제별 정보를 얻을 수 있다.

④ 인지도가 높은 기업의 경우라도 과거나 현재보다 앞으로의 전망을 평가하는 것이 필요하다.

해설 내담자의 취업지원을 위한 분석목표를 가진다면 취업하고자 하는 기업을 먼저 선택하여 분석하기보다는 해당 직무분야를 선정하고, 그 직무 중심의 검색을 통해 관련 채용을 진행하고 있는 기업을 목록화하여 기업정보를 비교 검토하여 구체화하도록 돕는 것이 좋다.

41 기업정보 분석에 대한 설명으로 바르지 않은 것은?

① 분석목표를 고려하여 중소기업과 벤처기업도 포함하고 대기업 위주의 기업분석이 되지 않도록 한다.

② 기업의 조직문화와 풍토를 있는 그대로 조사하기 위해서는 설문지의 익명성이 보장되어야 한다.

③ 기존에 개발된 척도를 기준으로 하여 공통된 질문지로 실시함으로써 각 기업의 특성을 파악할 수 있다.

④ 조사대상을 선택할 때는 재직자의 성별, 직급, 부서, 직무 등이 다양하게 표집될 수 있도록 한다.

해설 기업정보를 분석할 때는 기존에 개발된 척도를 기준으로 전문가 자문을 통해 질문지를 기업의 특성에 맞게 수정하여 실시한다.

★
42 기업정보 분석 시 기업의 내재적 특성으로 바르지 않은 것은?

① 조직문화　　　　② 연봉정보
③ 조직풍토　　　　④ 조직관리특성

해설 ② 기업의 외재적 특성에 해당한다.

정답 39. ④　40. ①　41. ③　42. ②

★★
43 기업의 내재적 특성 중 조직풍토에 대한 설명으로 바르지 않은 것은?

① 작업장 내 구성원들의 전체적인 인상과 기대, 그리고 감정이다.
② 구성원들이 인식하는 심리적 측면으로 구체적인 내용으로 구성된다.
③ 구성원들에게 무의식적으로 작용하면서 당연한 것으로 받아들여지는 신념이다.
④ 구성원들이 가진 일반적인 태도, 가치규범, 느낌 등의 결과로 만들어진다.

해설 ③ 조직문화의 설명에 해당한다.

★
44 다음 중 기업관리 특성의 예로 바르지 않은 것은?

① 효율적 일 관리
② 구성원들에 의해 공유되며 무의식적으로 작용
③ 장애를 가진 사람들에 대한 협조하기
④ 과제와 수행의 표준화하기

해설 [기업관리 특성의 예]
㉠ 효율적 일 관리
㉡ 장애를 가진 사람들에 대한 협조하기
㉢ 다른 사람과 소통하기
㉣ 다른 배경을 가진 사람들과 협조하기
㉤ 일 역할과 과정에 대한 표준화하기
㉥ 성평등 증진하기
㉦ 과제와 수행의 표준화하기
㉧ 변화 관리하기
㉨ 효율성을 위한 일 관리하기
㉩ 괴롭힘 통제하기
㉪ 전문화 촉진하기

★ **2014년 직업상담사 1급**
45 직무분석의 용도와 가장 관계가 먼 것은?

① 경력개발 및 진로상담
② 결근 및 이직의 원인 분석
③ 교육 및 훈련
④ 직무의 재설계 및 작업환경 개선

해설 [직무분석의 목적과 용도]
직무분석의 목적은 사실상 직무기술서(job description)나 작업자명세서(worker specification)를 만들고, 이로부터 얻어진 정보를 여러모로 활용하는 데 있다. 직무기술서는 직무 자체와 작업환경에 관한 정보를 알려주기 때문에 직무의 파악에 활용되고, 작업자명세서는 작업자에게 요구되는 인적요건을 알려주기 때문에 선발이나 교육과 같은 인적자원관리에 활용된다. 이렇게 직무분석의 결과로부터 얻은 정보의 용도는 다음과 같다.
㉠ 모집공고와 인사선발 : 직무종사자의 모집공고에서 자격조건을 명시할 수 있고 선발에 사용할 방법이나 검사를 결정
㉡ 적합한 직무배치와 경력개발 및 진로상담
㉢ 종업원의 교육 및 훈련
㉣ 직무수행평가(인사고과) 및 인사 결정 : 직무수행평가의 결과는 승진, 임금 결정 및 인상, 상여금 지급, 전직 등의 인사 결정에 활용
㉤ 직무평가 : 직무에서 이루어지는 과제나 활동들과 작업환경을 알아내어 조직 내의 직무들 간의 상대적 가치 결정
㉥ 직무 재설계 및 작업환경 개선 : 직무와 작업환경을 정확히 파악하여 보다 효율적인 작업이 이루어지도록 함
㉦ 적정 인원 산정 및 인력수급계획 수립 : 직무에 소요되는 시간 추정을 통해 해당 직무에 필요한 적정 인원을 산출하여 조직 내의 부서별 적정 인원을 산정하거나 향후 인력수급계획 수립
㉧ 직무분류 : 각 직무의 파악을 통해 유사한 직무를 묶을 수 있기 때문에 직무분류가 가능

46 직무분석의 필요성과 목적에 대한 설명으로 가장 옳은 것은?

① 구직활동 이전단계인 진로설계단계에서 직무분석정보가 매우 중요하다.
② 고용차별 관련 소송 시 직원에게 유리하게 작용할 수 있는 위험성을 줄일 수 있다.
③ 학생과 학부모들이 유망하고 인기 있는 직업에 대한 정보를 얻을 수 있어서 유용하다.
④ 기업이 구조조정 시 정확한 판단을 위해 직무분석자료가 필수적이다.

정답 43. ③ 44. ② 45. ② 46. ④

해설
① 진로설계 단계뿐 아니라 구직활동을 하는 단계에서도 지원하는 기업의 직무에 대한 자료가 구체적으로 제공될수록 합리적 · 효율적 구직활동이 가능하다.
② 직무분석은 고용차별 관련 소송에 있어 기업 측에 유리하게 작용할 수 있는 위험성을 줄일 수 있다.
③ 학생과 학부모들이 직업정보를 충분히 이해하는 과정을 거치지 않고 직업 이미지에 의존하는 것을 줄일 수 있다.

★★ **2015년 직업상담사 1급**

47 직무분석의 목적에 대한 설명으로 틀린 것은?

① 교육훈련 프로그램 설계를 위하여
② 합리적인 선발, 배치를 위하여
③ 직무만족도를 개선시키기 위하여
④ 작업방법 및 공정의 개선을 위하여

해설 **[직무분석의 목적과 용도]**
직무분석의 목적은 사실상 직무기술서(job description)나 작업자명세서(worker specification)를 만들고, 이로부터 얻어진 정보를 여러모로 활용하는 데 있다. 직무기술서는 직무 자체와 작업환경에 관한 정보를 알려주기 때문에 직무의 파악에 활용되고, 작업자명세서는 작업자에게 요구되는 인적요건을 알려주기 때문에 선발이나 교육과 같은 인적자원관리에 활용된다. 이렇게 직무분석의 결과로부터 얻은 정보의 용도는 다음과 같다.
㉠ **모집공고와 인사선발** : 직무종사자의 모집공고에서 자격조건을 명시할 수 있고 선발에 사용할 방법이나 검사를 결정
㉡ **적합한 직무배치와 경력개발 및 진로상담**
㉢ **종업원의 교육 및 훈련**
㉣ **직무수행평가(인사고과) 및 인사 결정** : 직무수행평가의 결과는 승진, 임금 결정 및 인상, 상여금 지급, 전직 등의 인사 결정에 활용
㉤ **직무평가** : 직무에서 이루어지는 과제나 활동들과 작업환경을 알아내어 조직 내의 직무들 간의 상대적 가치 결정
㉥ **직무 재설계 및 작업환경 개선** : 직무와 작업환경을 정확히 파악하여 보다 효율적인 작업이 이루어지도록 함.
㉦ **적정 인원 산정 및 인력수급계획 수립** : 직무에 소요되는 시간 추정을 통해 해당 직무에 필요한 적정 인원을 산출하여 조직 내의 부서별 적정 인원을 산정하거나 향후 인력수급계획 수립
㉧ **직무분류** : 각 직무의 파악을 통해 유사한 직무를 묶을 수 있기 때문에 직무분류가 가능

★★★ **2015년, 2021년, 2023년, 2025년 직업상담사 1급**

48 직무분석의 방법 중 최초분석법에 해당되지 않는 것은?

① 면담법　　　② 관찰법
③ 체험법　　　④ 데이컴법

해설 **[직무분석 기법]**
㉠ **최초분석법(New Analysis Method)** : 분석할 대상직업에 관한 참고문헌이나 자료가 드물고, 그 분야에 많은 경험과 지식을 갖춘 사람이 거의 없을 때 사용한다. 최초분석법의 종류에는 **관찰법, 면접법, 설문지법, 작업일지법** 등이 있다.
㉡ **비교확인법(Verification Method)** : 지금까지 분석된 자료를 참고로 하여 현재의 직무상태를 비교 · 확인하는 방법이다.
㉢ **데이컴법(DACUM)** : 교과과정을 개발하는 데 활용되어 온 직업분석의 한 가지 기법이다.

★★★ **2013년, 2015년, 2016년, 2017년, 2018년 직업상담사 2급**

49 종업원이 직무에서 매우 성공적으로 수행한 경우나 실패한 경우들에 대한 자료를 수집한 후 그 사건들의 구체적인 행동을 알아내고, 이 행동으로부터 지식, 기술, 능력을 수집하는 직무분석방법은?

① 중요사건기법(Critical Incident Technique)
② 기능적 직무분석(Functional Job Analysis)
③ 직책분석 설문지(Position Analysis Questi-onnaire)
④ 주제 관련 전문가(Subject Matter Expert) 직무분석

해설 **중요사건기법(결정적 사건법)**은 종업원들이 직무에서 **결정적으로 잘한 사건이나 결정적으로 실수를 범한 사건들을 수집**한 후, 그러한 사건들에서 있었던 구체적인 행동들을 알아내고 이러한 행동들로부터 직무에서 요구되는 지식, 기술, 능력 등의 인적요건들을 추론하는 직무분석방법이다.

50 역사가 오래되어 많은 자료가 수집될 수 있는 직업으로서, 수행하는 작업이 다양하고 직무의 폭이 넓어 단시간의 관찰을 통해서 분석하기 어려운 경우에 가장 적합한 직무분석방법은?

① 데이컴법　　② 비교확인법
③ 최초분석법　　④ 면담법

[해설] **비교확인법은** 지금까지 개발된 각종 자료를 수집하고 분석하여 일단 직무분석양식에 직무분석가가 초안을 작성한 다음, 현장에 나가 실제 여부를 면담이나 관찰과 같은 최초분석법으로 확인하는 방법이다. 일반적으로 가장 많이 사용되는 자료는 직무정의와 작업명칭이 수록되어 있는 『직업사전』을 들 수 있다. 이미 역사가 오래되어 많은 자료가 수집될 수 있는 직업으로 수행하는 작업이 다양하고, 직무의 폭이 넓어 단시간의 관찰을 통해서 분석이 어려운 직업에 적합하다.

51 다음 중 작업자 중심 직무분석방법에 해당하지 않는 것은?

① 직무요소방법론　　② 면담법
③ 데이컴법　　④ 기능적 직무분석

[해설] **[작업자 중심 직무분석방법과 작업 중심 직무분석방법]**

작업자 중심 직무분석방법	작업 중심 직무분석방법
• 면담법 • 직무요소방법론 (JEM) • 직위분석 질문지법 (PAQ) • 데이컴법 (DACUM) • 인지적 과업분석 (CTA)	• 시간–동작연구 • 기능적 직무분석 (FJA) • 중요사건기법 (CIT) • 과업목록 (TI)

52 다음은 무엇에 대한 설명인가?

미국 노동부의 노동력을 배치하기 위해 사용했던 방법으로 1930년대 구직자와 직업을 연결시키는 데 기여하였다. 미국의 직업사전에 근거하여 많이 활용된 방법으로 자료, 사람, 사물 등 세 가지 측면 중 하나에 관련하여 일한다는 전제에 근거하여 설정되었다.

① 인지적 과업분석 (CTA)
② 주요 사건기법 (CIT)
③ 기능적 직무분석 (FJA)
④ 과업목록 (TI)

[해설] **[기능적 직무분석 (FJA)]**
㉠ 미국 노동부의 노동력을 배치하기 위해 사용했던 방법으로 1930년대 구직자와 직업을 연결시키는 데 기여하였다.
㉡ 미국의 직업사전에 근거하여 많이 활용된 방법으로 **자료, 사람, 사물 등 세 가지 측면 중 하나에 관련하여 일한다는** 전제에 근거하여 설정되었다.
㉢ FJA의 주된 관심은 작업에 있지만, 작업자특성과 작업환경에 대한 실질적인 정보도 제공하며, 작업분석 보고에 사용하는 고용노동부 보고서 양식에는 다섯 분야의 직무에서 요구하는 작업자의 습성에 대한 평가가 포함된다.

53 다음 중 직위분석 질문지(PAQ)에 대한 설명으로 틀린 것은?

① 비표준화된 분석도구이다.
② 작업자 중심 직무분석의 대표적인 예이다.
③ 직무수행에 요구되는 인간의 특성들을 기술하는 데 사용되는 194개의 문항으로 구성되어 있다.
④ 직무수행에 관한 주요 범주는 정보 입력, 정신과정, 작업 결과, 타인들과의 관계, 직무맥락, 직무요건 등이다.

[해설] 직위분석 질문지(PAQ)는 작업자 중심 직무분석의 대표적인 방법으로 **표준화된 분석도구**이다.

[정답] 50. ②　51. ④　52. ③　53. ①

54 직무설계과정에서 조직구성원에게 요구되는 "KSAO"를 가장 잘 설명한 것은?

① 지식(Knowledge), 기술(Skill), 능력(Ability), 기타 특성(Other characteristics)

② 지식(Knowledge), 사회성(Social relatedness), 능력(Ability), 기타 특성(Other characteristics)

③ 지식(Knowledge), 사회성(Social relatedness), 적성(Aptitude), 기타 특성(Other characteristics)

④ 지식(Knowledge), 기술(Skill), 적성(Aptitude), 기타 특성(Other characteristics)

> **해설** KSAO는 지식(Knowledge), 기술(Skill), 능력(Ability), 기타 특성(Other Characteristics)을 의미한다.

55 다음 제시된 가정을 전제하고 수행하는 직무분석방법은?

- 전문적인 작업자는 다른 누구보다도 그 직무에 대하여 잘 기술할 수 있다.
- 한 가지 직무는 해당 직업에 종사하고 있는 숙련된 사람이 수행하는 작업명칭들로 충분히 기술될 수 있다.
- 모든 작업에는 그 작업을 올바르게 수행하는 데 필요한 관련 지식과 태도가 있다.

① 비교확인법   ② 데이컴법
③ 설문법   ④ 관찰법

> **해설** [데이컴법의 가정과 전제]
> ㉠ 전문적인 작업자는 다른 누구보다도 그 직무에 대하여 잘 기술할 수 있다.
> ㉡ 한 가지 직무는 해당 직업에 종사하고 있는 숙련된 사람이 수행하는 작업명칭들로 충분히 기술될 수 있다.
> ㉢ 모든 작업에는 그 작업을 올바르게 수행하는 데 필요한 관계지식과 태도가 있다.

56 직무분석방법 중 데이컴법(DACUM Method)에 관한 설명으로 틀린 것은?

① 교과과정을 개발하기 위해 주로 사용되는 기법이다.

② 해당 직업전문가가 직무의 전반에 대하여 잘 알고 있음을 전제로 한다.

③ 데이컴위원회는 8~12명의 전문가로 구성된다.

④ 데이컴분석가(DACUM Facilitator)는 서기나 옵저버의 의견도 잘 반영하여야 한다.

> **해설** 직무분석방법의 하나인 데이컴법(DACUM Method)에서 서기나 옵저버의 의견은 반영되지 않는다.

57 직무기술서와 직무명세서에 대한 설명 중 옳은 것은?

① 직무기술서는 하나의 직무가 지니고 있는 특징을 기술하는 것이고, 직무명세서는 그 직무를 수행하는 사람의 자질에 대한 기술이다.

② 직무명세서는 하나의 직무가 지니고 있는 특징을 기술하는 것이고, 직무기술서는 그 직무를 수행하는 사람의 자질에 대한 기술이다.

③ 직무기술서는 하나의 직무가 지니고 있는 특징을 기술하는 것이고, 직무명세서는 그 직무를 수행하는 데 필요한 임무와 수행방법 등을 기술하는 것이다.

④ 직무명세서는 하나의 직무가 지니고 있는 특징을 기술하는 것이고, 직무기술서는 그 직무를 수행하는 데 필요한 임무와 수행방법 등을 기술하는 것이다.

> **해설** 직무기술서는 하나의 직무에서 수행하는 과제나 활동이 어떤 것들인지에 대해 기술하는 것이고, 직무명세서는 해당 직무를 수행하는 데 요구되는 지식, 기술, 능력, 경험 등 작업자에게 요구되는 재능에 초점을 두어 기술하는 것이다.

58 다음 중 작업자 중심 직무분석의 특징과 가장 거리가 먼 것은?

① 표준화된 분석도구의 개발이 어렵다.
② 직무들에서 요구되는 인간특성의 유사 정도를 양적으로 비교할 수 있다.
③ 대표적인 예로서 직위분석 질문지(PAQ)가 있다.
④ 과제 중심 직무분석에 비해 보다 폭넓게 활용될 수 있다.

> **해설** 과제(작업) 중심 직무분석의 단점은 각 직무에서 이루어지는 과제나 활동들이 서로 다르기 때문에 분석하고자 하는 직무 각각에 대해 표준화된 분석도구를 만들 수 없다는 것이다. 반면, 작업자 중심 직무분석은 인간의 다양한 특성들이 각 직무에서 어느 정도나 요구되는지를 분석하기 때문에 직무에 관계없이 표준화된 분석도구를 만들기가 비교적 용이하고 다양한 종류의 직무들에서 요구되는 인간특성의 유사 정도를 양적으로 비교하는 것이 가능하다.

④ 분석정보 평가

★★
59 직업정보 분석목표의 재확인을 위한 내용과 관련 없는 것은?

① 대상자의 직업정보 요구도 확인
② 대상자의 인식체계 확인
③ 직업상담가의 인식체계 확인
④ 직업상담가의 직업정보 요구도 확인

> **해설** [직업정보 분석목표의 재확인]
> ㉠ 대상자의 직업정보 요구도 확인 : 내담자의 실제 욕구를 다시 파악
> ㉡ 대상자의 인식체계 확인 : 정보수집의 맥락은 매우 개별적이며, '자기–검색–통합'의 사이클을 거침
> ㉢ 직업상담가의 직업정보 요구도 확인 : 새로운 방법론과 기술에 대한 학습을 위한 자기점검 필요

60 직업정보의 통합 분석에 대한 설명으로 옳지 않은 것은?

① 이미 분석된 자료라도 대상자에게 적용하는 과정에서 재분석되거나 추가자료가 필요하다.
② 통합하는 과정에서 비교와 검토를 통해 선택의 우선순위를 매겨두면 오류 발생 시 용이하다.
③ 직무분석의 방향은 미시에서 거시로, 단기적 관점에서 장기적 관점으로 분석해 나간다.
④ 분석통합의 과정은 대상자와의 상담을 통해 진행하는 것이 바람직하다.

> **해설** 직업정보의 통합 분석 시 분석의 방향을 일반적으로 글로벌환경에서 국내환경으로, 경제분석에서 고용분석으로, 산업에서 직업으로, 직업에서 직무로 등과 같이 거시에서 미시로, 장기에서 단기적 관점으로 분석해 나간다.

61 직업정보 분석 시 대상자에 따른 분석이 이루어져야 한다. 대상자의 분류기준에 대한 설명이 틀린 것은?

① 위기청소년 : 학교 중도탈락, 가출 등으로 진로가 불안정한 만 15세 이상 24세 이하의 청소년
② 산재장해자 : 「산업재해보상보험법」상 장해등급이 있고, 「장애인복지법 시행령」 제2조의 장애인 기준에 해당되는 자
③ 신용회복지원자 : 법원으로부터 개인회생절차 개시·파산선고 등을 받고 면책(복권) 결정이 되지 아니한 자
④ 진로단절여성 : 비취업여성 중 결혼, 임신출산, 육아, 자녀교육(초등학생), 가족돌봄 때문에 직장을 그만둔 여성

> **해설** ② 산재장해자 : 「산업재해보상보험법」상 장해등급이 있고, 「장애인복지법 시행령」 제2조의 장애인 기준에 해당되지 않는 자로서 근로복지공단에서 추천받은 산재장해자

정답 58. ① 59. ③ 60. ③ 61. ②

62 직업정보 분석 결과의 평가 시 유의할 점으로 바르지 않은 것은?

① 원자료 통계분석 시에 누락된 해석이나 결과의 충돌이 없는지 평가한다.
② 분석목표를 이루기 위해 제한된 직업정보만 분석했는지 평가한다.
③ 분석목표에 따라 정량적·정성적 연구들이 통합적으로 분석됐는지 평가한다.
④ 직업정보 분석 결과를 제공하는 방식이 대상자에게 적절한지 평가한다.

해설 **[직업정보 분석 결과의 평가 시 유의할 점]**
㉠ 분석목표를 이루기 위해 제한된 직업정보만 분석했는지 평가한다.
㉡ 원자료 통계분석 시에 누락된 해석이나 결과의 충돌이 없는지 평가한다.
㉢ 분석목표에 따라 정량적·정성적 연구들이 통합적으로 분석됐는지 평가한다.

정답 62. ④

제4장

직업정보 가공

제1절 직업정보 요구도 분석

01 대상자 특성 분석

(1) 정보격차의 문제

① **정보격차의 시작 배경**

- ㉠ 정보통신기술(ICT : Information And Communication Technologies)이 발전되기 이전의 정보격차문제는 정보가 일정한 대상, 즉 권력이나 관련 전문지식을 가진 사람들에게 국한되어 대다수의 일반 사람들에게는 한정된 정보만이 혹은 아예 정보 자체가 차단되는 데서 오는 정보제한과 정보소외의 문제가 있었다.
- ㉡ ICT가 발달되어 많은 정보가 모든 사람에게 공개되는 **오늘날 정보격차의 의미는 ICT의 접근성 및 사용성과 연관이 높다.**

② **정보격차의 의미**

- ㉠ 인터넷과 관련되어 정보기술에 접근할 수 있는 자와 그렇지 않은 자로부터 나오는 격차라고 보고(Norris, 2001), **정보격차를 인터넷의 접근, 이용범위, 검색지식, 기술적 연결과 사회적 지원의 질, 정보의 질에 대한 판별능력과 정보이용의 다양성에 따른 불평등으로 제시**하고 있다(Dimaggio et al., 2001).
- ㉡ 정보격차는 사회계층별, 연령별, 지역별, 장애 유무별, 성별 등에 따라 다양한 방식으로 드러나고 있으며, 접근할 수 있는 정보의 양과 질적인 측면, 정보취득방식, 정보활용방식, 정보선별능력 등 정보접근에서부터 이를 자신의 것으로 활용하는 전과정에서 발생할 수 있는 문제로 봐야 한다.

③ **정보격차의 문제**

- ㉠ 다양한 자원 획득의 기회에 있어 동등한 접근과 활용의 기회를 갖지 못해 불편함을 넘어 불평등의 결과를 가져올 수 있다.
- ㉡ 정보가 중요한 사회에서 정보를 얼마나 가질 수 있는지, 어떻게 활용하는지의 문제는 이러한 불평등의 문제를 더욱 악화시킬 수도 혹은 격차를 해소하는 데 기여할 수도 있는 문제이다.
- ㉢ 정보격차는 누가, 무엇을, 얼마나, 왜 갖고 있는가와 상당히 연관되어 있다고 할 수 있다.

④ **정보격차의 해결방향**

    ㉠ '누가'는 개인, 지역, 국가의 정보격차를 도출할 수 있고, 무엇은 정보격차의 대상으로 이는 정보 자체뿐만 아니라 정보를 접근하고 활용하는 정보 시스템(하드웨어, 소프트웨어, 네트워크, 정보 서비스 등)을 의미한다.

    ㉡ 정보는 실체뿐만 아니라 과정의 의미로 이해가 되려면 생산, 접근, 활용 등을 고려해야 한다.

    ㉢ '생산'은 어떠한 정보를 누구에 의해 얼마나 생산하는가의 문제로, '활용'은 정보가 누구에게 얼마나 접근 가능한가의 문제로, '얼마나'는 정보격차의 정도를 의미하며, '왜'는 정보격차의 원인을 밝혀 문제해결을 하는 것과 관련이 있다.

    ㉣ 내담자 중심으로 관심을 가져야 하는 핵심적인 부분은 정보의 접근과 활용의 측면이며, 이미 만들어진 정보를 제한 없이 접근하고 제대로 활용할 수 있도록 돕는 데 있다.

(2) 직업정보격차

① **직업정보격차의 문제**

    ㉠ 정보격차의 문제는 직업정보라는 구체적인 정보에 국한해서 직업과 관련된 다양한 의사결정의 순간에 필요한 정보들을 접근하고 활용하는 데 격차를 만들어낸다.

    ㉡ 직업선택의 인식, 내담자의 직업 관련 다양한 특성평가, 적합직무의 범위 구체화, 도전 가능한 직업에 대한 정보수집, 직업선택 결정, 선택직업을 얻기 위한 구체적 실행단계 등 직업정보가 필요한 모든 과정에 해당될 수 있으며, 노인 등 생애주기의 특정한 시기에 더욱 두드러지게 드러날 수 있다.

    ㉢ 직업정보는 다른 정보와 비교하여 경제적 · 사회적 지위를 획득하고 사회적 역할과 관련이 크므로 정보격차로 인한 부정적인 영향력은 더욱 클 수 있다.

② **직업정보격차의 주대상**

    ㉠ 직업정보의 격차는 장애인, 노인, 결혼이민여성, 북한이탈주민 등 취업에 취약한 계층들에게 주로 드러나며, 사회적 지위와 계층과 지역에 따라 다양한 양상으로 나타난다.

    ㉡ ICT 발전 이전에는 직업정보에 접근하는 방법이 한정되어 있어 자원이 있는 대상에게만 정보가 제공되었다.

③ **ICT 시대의 직업정보격차**

    ㉠ 직업정보를 활용하는 것에 문제가 없는지, 더 나아가 그 직업정보를 종합적으로 해석하고 통합하는 역량을 살피는 것이 더 필요한 시대라고 할 수 있다.

    ㉡ 내담자가 다양하고 많은 직업정보에 접근할 수 있을지라도 필요한 정보를 찾아 합리적 인지체계를 가지고 선별하고 처리하는 능력이 중요하다.

    ㉢ 내담자가 정보를 찾아 이를 제대로 판단하는 체계(framework)를 가지고 있지 않다면, 정보는 선별적으로 수집되거나 왜곡되게 이해될 가능성이 높다.

(3) 직업정보 문해력 (vocational information literacy)

① **대상자의 정보수준을 평가하는 능력과 역량**

　㉠ **영국 사례** : 영국 SCONUL(Society of COllege, National and University Libraries)에서 제시한 **정보기술모형의 7가지 기술(SCONUL, 1999)**은 정보의 필요성을 인지하는 능력, 정보격차를 해결하기 위한 방식을 식별하는 능력, 정보의 위치를 탐색하기 위한 전략을 구성하는 능력, 정보의 위치를 찾아내고 접근하는 능력, 다양한 정보원에서 획득한 정보를 비교하고 평가하는 능력, 전문적이고 윤리적으로 정보를 체계화할 수 있는 능력, 상황에 적절한 방식으로 정보를 조직하고 적용하며 타인에게 전달하는 능력 등을 포함한다.

　㉡ **미국 사례** : 미국 ACRL(association of college and research libraries)에서는 **정보 문해력 역량기준을 5가지로 제시**하고 있다(ACRL, 2000).

역량기준	내용
기준 1	필요한 정보의 특성과 범위를 결정하는 역량
기준 2	필요한 정보에 효과적이며 효율적으로 접근하는 역량
기준 3	정보와 정보원을 비판적으로 평가하고 선택한 정보를 자신의 지식기반 및 가치체계에 통합하는 역량
기준 4	구체적인 목적을 이루기 위해 정보를 효과적으로 사용하는 역량
기준 5	정보 이용과 관련된 경제적·법적·사회적 문제를 이해하고, 윤리적·법적 기준에 적합하게 정보에 접근하고 사용하는 역량

② **대상자의 직업정보 문해력 수준**

　㉠ 대상자가 필요한 **직업정보의 특성과 범위를 결정할 수 있는 역량**이다.

　㉡ 필요한 **직업정보에 효과적이고 전략적으로 접근하는 역량**이다.

　㉢ 획득한 **직업정보와 직업정보원을 비판적으로 평가**하고 선택한 직업정보를 자신의 가치와 **지식체계(framework)에 통합하는 역량**이다.

　㉣ 구체적 목표를 이루기 위한 **직업정보를 필요한 과정에 효과적으로 사용하는 역량**이다

　㉤ 직업정보를 둘러싼 **법적·경제적·사회적 문제를 이해**하고 직업윤리적 기준에 적합하게 **직업정보에 접근하고 사용하는 역량**이다.

02　대상자 직업정보단계에 대한 평가

(1) 대상자의 생애주기에 따른 단계 (Sharf, 2016)

① **아동기**

　㉠ **아동기의 진로발달**

　　• 슈퍼(Super, 1990, 1994)는 아동의 계획 세우기, 진로의사결정, 시간 조망을 포함하여 자신에 대한 개념을 어떻게 발달시키는지를 보여주는 모델을 개발하였다.

- 아동의 기본적 동기는 호기심이며 탐색을 통해 충족되며, 탐색은 지속적인 진로활동으로 정보의 습득으로 이어진다.
- 아동이 진로의사결정을 위해서는 자기발달과 함께 시간 조망이 이루어져야 함을 강조하였다.
- 아동의 자기개념은 탐색행동에서 비롯되는데, 이는 직업정보의 습득, 주요 인물의 모방, 흥미의 발달로 이어진다.

ⓒ **아동기 직업정보의 역할**

- 아동기의 인지발달을 고려하여 주어지는 직업정보는 구체적이고 분명해야 하며, 직업에 대한 학습은 그들에게 부담을 주지 않는 범위 안에서 작은 단위로 이루어져야 한다.
- 제공되는 직업정보에는 성적 편견이 없어야 하며 여성적 직업과 남성적 직업의 경계를 허물도록 도와야 한다.
- 아동기에는 주로 학교 프로그램을 통해 전달되는 경우가 많으며, 이 프로그램의 활동은 가족과 가정에 초점을 두고 체험활동이나 놀이, 관찰을 통해서 가능하다. 활동을 구성할 때는 아동의 학습단계와 정보처리능력에 맞게 구성하는 것이 바람직하다.

② **청소년기**

㉠ **청소년기의 진로발달**

- 이 시기는 진로선택을 염두에 두고 교육적으로 전념하는 단계로 추상적 사고를 할 수 있게 되어 문제를 해결하고 계획을 세우는 능력이 발달하고 진로계획을 크게 촉진시킨다.
- 동시에 정체성과 역할 혼미라는 과정을 거치므로 가치체계가 성립되는 중요한 과정이며 자신의 역량을 평가할 수 있는 능력이 생긴다.
- 청소년기에는 자신의 진로성숙을 구성하게 되는데, 직업선택의 지향성, 선호직업에 대한 정보와 계획 수립, 직업선호의 일관성, 특성의 구체화, 현명한 직업선호 등을 포함한다.

㉡ **청소년기 직업정보의 역할**

- 청소년들이 가진 적성과 흥미, 개인의 다른 특징을 기술하기 위해 자기개념을 직업세계에 연결해주는 작업이 중요하다.
- 또 직업 정체성을 발달시키는 과정이 중요한데, 개인은 환경으로부터 얻은 정보를 점차 자기개념과 정체성에 통합시키기 위해 노력해야 한다.
- 그러기 위해서는 청소년의 직업정체성 발달을 고려하면서 적절하게 직업정보를 제공하는 방식을 찾아야 한다. 예를 들어, 직업정체성 유실상태에서는 직업에 대한 정보를 획득할 수 있지만, 이 정보를 자기에 대한 인식에 통합하지 못한다.
- 청소년의 진로성숙과 직업정체성에 맞는 적절한 직업정보의 제공을 통해 청소년기의 진로발달과제를 이루도록 돕는다.

③ 성인 진입기

　㉠ 성인 진입기의 진로발달

- 성인 진입기는 일련의 경제와 사회문화적 변화 등을 반영하면서 청소년기에서 성인기로 넘어가는 단계를 하나의 독립적인 단계로 강조되기 시작했다.
- 부모세대와는 달리 더 길고 광범위한 교육기간과 안정된 고용이 어려워진 가운데 이 기간을 청소년기에서 성인기로 넘어가는 자연스러운 과정으로 보기에는 이 시기만의 주어진 과제와 진로발달의 특성이 존재한다.
- 슈퍼(Super)가 진로탐색의 결정화, 구체화, 실행 등을 강조했다면, 아네트(Arnett)는 가족이나 연인관계 등과 같은 다른 심리적 요인들과의 측면을 강조했다.
- 이들의 특성은 다음과 같다(Arnett, 2015). 여전히 끝나지 않는 정체성 탐구를 위해 사랑과 일에서 다양한 삶의 선택, 사랑과 일 및 거주지의 불안정성, 다른 사람들에 대한 의무가 아닌 자기 자신에게 초점을 맞춰 집중, 사춘기와 성인이 아닌 전환의 시기로 중간에 낀 느낌을 가지며, 그러면서도 미래에 대한 가능성을 가지고 낙관적으로 생각한다.

　㉡ 성인 진입기 직업정보의 역할

- 성인 진입기의 사람들은 자신이 하고 싶은 일이 무엇인지 명확히 하기 위한 단계로 실질적인 직업활동이 구체화되어야 한다.
- 직업적 능력과 현실적 가능성을 고려해야 하는 단계로 막연한 직업정보가 아니라 실제 어떤 직무를 어떤 직업환경과 조직문화 안에서 펼칠 것인가 등 직무 중심의 구체적이고 실질적인 정보가 필요하다.
- 그 과정에서 정체성, 관계와 역할에 대한 고민 등 심리적 지원도 함께 이루어져야 하며, 이 시기에 갖게 되는 불안감을 낮추고 미래 가능성에 대한 낙관적 태도를 심어주는 것이 바람직하다.
- 이 시기의 개인들은 그들이 가진 문화적 배경과 경험, 맺고 있는 인간관계 등의 차이로 진로발달단계와 수준이 다를 수 있음을 고려하여 적절한 직업정보를 기획해야 한다.

④ 성인기

　㉠ 성인기의 진로발달

- 성인기는 다양한 진로전환과 위기들을 경험하게 되는데, 이는 직업적 논점 이외에도 개인의 다양한 생애역할을 수행하면서 겪게 되는 다양한 사건들과도 연관이 높다.
- 슐로스버그(Schlossberg, 2009)는 개인이 경험하는 진로사건을 비규범적인 사건, 규범적 역할 전환, 지속되는 직장문제의 세 영역으로 분류하였고, 성공적 진로전환을 위해 상황, 자기, 지지, 전략 등을 분석하는 것의 중요성을 강조하였다.

　㉡ 성인기 직업정보의 역할

- 성인기는 다양한 생애역할의 변화와 실직, 진로전환, 은퇴 등을 경험하게 된다. 성인들이 어떤 사건이나 경험이든지 예측하지 못하고 준비되지 않은 상황에서 낯설고 당황스러운 경험이기에 대부분은 전환과정에 잘 적응하는 것이 필요하다.

- 진로위기와 전환은 비예측적이고 비자발적일 때 가장 어려움이 클 수 있으며, 이 과정은 누구에게나 많은 에너지와 시간을 소모하게 한다. 충격과 부정적인 정서적 영향에 적절하게 대처하도록 도우면서 성인들이 다시 진로목표를 세우고 건설적인 구직전략을 개발하도록 도와야 한다.
- 진로전환이 이전 직무와는 완전 다른 도전인지 여부에 따라, 혹은 진로전환이 오랫동안의 진로단절 이후에 복귀하는지에 따라 필요한 직업정보는 다르게 구성되어야 한다.

(2) 직업선택과정에 따른 단계

단계	내용
1단계	직업선택을 인식하는 과정으로 진학이나 취업을 위해 **직업선택의 필요성을 인식**하는 시기이다.
2단계	**개인의 직업 관련 다양한 특성을 평가**하는 과정으로 흥미, 적성, 가치 등의 직업심리를 파악한다.
3단계	**적합직무의 범위를 구체화**하는 과정으로 많은 직업 중에서 그 선택범위를 좁혀 나간다.
4단계	도전 가능한 **직업에 대한 정보를 구체적으로 수집**하는 과정에 해당한다.
5단계	여러 선택지에서 하나를 결정하는 과정으로 **직업에서 실제 이루어지는 직무에 대한 정보를 인식**한다.
6단계	자신이 결정한 직업을 얻기 위한 진학, 훈련, 자격증 등 **실행에 필요한 정보를** 필요로 한다.

제2절 직업정보 가공 기획

01 직업정보 가공 기획서 구성

(1) 기획서 항목별 구성내용

① **문제의 제기 및 필요성**
   ㉠ **직업정보 가공의 필요성과 문제를 제기하는 과정**으로 실제 기존 연구자료를 토대로 논리적으로 필요성을 제기하는 과정이다.
   ㉡ 관련 통계자료, 고용패널, 대상 관련 연구물을 통해 고용과 취업현황은 어떤지, 취업에 어떤 어려움이 있는지, 그들이 인식하는 진로장벽은 무엇인지, 그 과정에서 직업정보의 역할은 무엇인지 등을 설득력 있게 제시한다.

② **직업정보 가공의 목적**
   ㉠ 앞서 제기된 직업가공의 필요성에 기반하여 가공을 통해 대상자의 특성과 상황을 고려할 때 **직업정보 가공을 통해 이루고자 하는 것이 무엇인지** 제시한다.
   ㉡ 앞서 제시한 문제를 해결하고 궁극적으로는 대상자가 당면하고 있는 직업적 논점을 개선하려는 구체적인 목적을 담는다.

③ **직업정보 대상의 특성**

㉠ **직업정보 대상은 직업정보를 직접 제공받는 개인이나 집단**으로서 이 가공 결과물을 활용하려는 사람이나 기관과 일치할 수도, 일치하지 않을 수도 있다.

㉡ 예를 들어, 실제 발달장애인에게 필요한 직업정보를 분석하고 가공해야 하지만, 실제 이 가공된 직업정보를 활용하고 제공하는 주체는 장애인복지기관의 직업상담가일 수 있다. 이 항목에서 파악해야 하는 대상은 발달장애인이며, 이들의 특성을 조사하기 위해 그들의 취업률과 실업률, 고용형태, 취업직종, 근속기간 등이 분석되어야 한다. 뿐만 아니라 이들의 진로장벽, 구직활동의 어려움, 취업욕구 등이 중요한 특성으로 파악되어야 한다.

④ **활용할 직업정보의 내용 및 범위**

㉠ 실제 어느 직업정보가 어떤 항목과 내용을 담고 있는지 대략적인 이해를 바탕으로 일차적으로 **검토해야 하는 자료의 범위를 좁히고, 그 안에서 어떤 내용까지 담을 것인지 판단**하는 것이 필요하다.

㉡ 활용할 직업정보는 정확한 근거로 만든 믿을 수 있는 것이어야 하며 계속 업데이트가 되어 최신성을 유지하고 있는지 검토해야 한다.

⑤ **매체선택 이유 및 특성**

㉠ 매체의 종류와 특성을 잘 이해한 이후 **대상자의 특성에 가장 적절한 매체를 선택하고 그 근거를 담는다.**

㉡ 대상의 특성을 고려하여 매체별 장단점을 비교하고, 기존에 같은 직업정보를 활용했으나 매체 선택에 문제가 없었는지 검토해 본다. 또한 이미 가공되어 개발되었으나 제공이나 유통과정의 문제로 활용이 안 된 것은 아닌지 확인한다.

⑥ **직업정보 가공 및 설계과정**

㉠ 직업정보가 **가공되는 과정단계를 설정하여 구체적으로 기술해주는 내용을 포함**한다.

㉡ 직업정보가 가공되는 과정은 여러 가지 단계를 거쳐 이루어지는 경우가 많다. 그 전체적인 설계과정을 투명하게 보여주어야 사용자 입장에서는 본 결과물에 대한 신뢰감을 가지고 사용이 가능하다.

㉢ 사용자가 추가적으로 직업정보를 보완할 때도 그 과정을 익혀 새롭게 업데이트되는 정보 가공이 가능해진다. 또 이 항목을 통해 많은 정보들이 어떤 기준과 유형으로 간소화되었는지 알 수 있다.

⑦ **추진 일정 및 예산**

㉠ 직업정보 **가공에 예상되는 구체적인 일정과 필요한 예산을 보여주는 것**으로 진행하면서 변경되기도 하지만, 기획단계에서 구체적인 일정을 가지고 시작해야 계획에 맞게 순차적으로 일이 진행되는 장점이 있다.

㉡ 예산 부분은 기관 내에 책정된 예산으로 진행되는 경우도, 혹은 외부기관의 심사를 거쳐 예산지원을 받는 경우도 있다.

ⓒ 외부기관에 제안작업을 통해 펀딩을 요청하는 거라면 외부기관이 원하는 예산서에 맞춰 작성해야 한다.

⑧ **활용방안 및 기대효과**

　㉠ 가공된 산물이 **어떻게 활용될지에 대한 구체적 방안과 이를 통해 기대하는 효과**를 담는다.

　㉡ 활용방안은 이를 구체적으로 어떤 단계에서 보급하고 사용할 것인지의 여부인데 집단 상담 프로그램, 직업전시관, 일대일 상담 등 어떤 단계와 환경에서 사용할지를 미리 조사하여 예측하는 것이다.

　㉢ **어떤 기관에 누구를 대상으로 홍보할 것인지 세부 홍보안이 제시되기도 한다.** 특히 외부기관에 제안을 통해 펀딩을 받는 거라면 실효성이 있는 활용방안과 기대효과는 근거를 가지고 설득력 있게 제시되어야 한다.

(2) 직업정보 가공 기획하기

① **직업정보 가공을 위한 대상자의 특성을 파악한다.**

　㉠ 대상자의 특성과 관련된 문헌자료를 검색한다.

　㉡ 문헌자료를 모두 검토하고 핵심적인 내용을 정리한다.

　㉢ 문헌조사의 부족한 부분을 채우고 구체적인 정보를 수집하기 위한 조사방법을 선택한다.

　㉣ 대상자의 장애 여부, 성적 지향, 성, 연령, 계층 등에 따라 편견이나 편향을 가지고 있는지 점검한다.

　㉤ 선택된 조사방법을 숙지하여 조사를 실시한다.

② **직업정보 가공 기획서를 작성한다.**

　㉠ 기존의 자료들을 충분히 검토하고 문제 제기 및 필요성을 작성한다.

　㉡ 대상에 대한 관련 자료들을 근거로 직업정보 가공의 필요성을 논리적으로 제시한다.

　㉢ 직업정보 가공의 필요성을 기반으로 가공의 목적을 제시한다.

　㉣ 직업정보 대상의 특성은 기존 연구물과 통계자료에 기반하여 작성한다.

　㉤ 활용한 직업정보의 목록과 해당 직업정보의 범위를 제시한다.

　㉥ 매체 선택 및 이유를 설득력 있게 제시한다.

　㉦ 직업정보 가공 및 설계과정을 단계별로 기술한다.

　㉧ 추진일정은 가공이 실제 가능한 일정을 구체적으로 작성한다.

　㉨ 실질적인 시장조사를 통해 현실적인 예산을 세운다.

　㉩ 활용방안은 주사용자와 어떤 과정에서 이용될지를 염두에 두고 작성한다.

　㉪ 기대효과는 직업정보 가공의 기획단계에서 결과물을 통해 얻고 싶은 바를 예측한다.

01 직업정보매체의 의미

(1) 정보매체의 개념

① 정보매체는 포괄적인 개념으로, 정보와 지식을 담는 그릇 혹은 정보전달의 수단이며 매개체이다.
② 일반적으로 특정 정보를 인간에게 전달하는 수단으로서의 의미를 가진다.
③ 인류의 발전에 따라 가장 원시적인 공기에서 오늘날 광고판과 물질적인 형태가 없는 웹사이트, SNS 등의 형태로 진화하였다.

(2) 정보매체의 특성

① 정보매체에 따라 수록할 수 있는 기호가 달라진다.
② 정보매체가 수록할 수 있는 기호에 의해 전달의 강도가 달라진다.
③ 정보매체에 따라 수록할 수 있는 정보의 양이 달라진다.
④ 정보매체에 따라 정보의 전달속도가 달라진다.
⑤ 정보매체에 따라 정보수용자의 인지체계가 달라진다.
⑥ 정보매체에 따라서 보편성의 정도가 달라진다.
⑦ 휴대 이동 및 이용의 편리성과 경제성이 달라진다.

(3) 직업정보매체의 중요성

① 직업정보를 누구에게 왜 어떤 목적으로 어떤 맥락에서 전달하는가에 따라 정보전달의 매체는 달라져야 한다.
② 정보매체에 따라 기호, 전달의 강도, 정보의 양, 정보전달속도, 정보수용자의 인지체계, 보편성, 휴대 이동 및 이용의 편리성과 경제성 등이 달라질 수 있다.
③ 직업정보의 특성과 직업정보를 제공받는 대상의 특성을 정확하게 파악해야 가장 최적의 매체 선택이 가능하다.

02 직업정보매체의 종류와 장단점

(1) 인쇄자료

① 의미
  ㉠ 직업전망서, 직업사전 등 정부의 관련 보고서를 포함하여 직무분석자료와 직업 관련 다양한 책과 논문 등이 여기에 해당한다.

ⓛ 정보전달의 전산화, 시청각자료의 증대, 웹 기반의 자료화 등의 영향을 받아 인쇄물의 중요도가 줄어들고 있는 것은 사실이다.

② **특성**

ㄱ ICT 기술이 발전되기 이전부터 사람들에게 친숙한 매체로 특별한 툴이 없이도 열람이 가능하며 비교적 간편하게 사용이 가능하다.

ⓛ 특히 정보기기에 익숙하지 않은 대상들이 사용하기에 어려움이 없어 진로발달의 여러 단계에 있는 모든 사람들의 접근이 용이하다는 장점이 있다.

ㄷ 평면적이고 일방적이라 직업정보를 수동적으로 수용하고, 학생들에게는 동기유발을 통한 효율적인 전달에 어려움이 있다.

(2) 영상자료

① **의미**

ㄱ 그림, 사진, 텔레비전, 영화 등 영상으로 표현된 모든 영상물을 포함하는 것으로 정지된 영상인 화상자료와 동영상으로 구분할 수 있다.

ⓛ 고용률과 실업률 등 직업 관련 통계수치에 대한 도표, 조사된 유망직업 등을 상징적으로 그래픽화한 그림 등은 화상자료에 해당된다.

ㄷ 워크넷에서 제공하는 미래직업(4차 산업분야), 취업의 전설(NCS 기반 구직기술), 취업 동영상(청년층, 진로단절여성, 중장년층) 등이 동영상자료에 포함된다.

ㄹ 동영상자료는 영상물에 맞는 콘텐츠내용을 구성하고 관련 촬영도구와 기술이 있어야 질 높은 자료를 만들 수 있다.

ㅁ 고성능의 카메라기능이 탑재된 스마트폰과 노트북의 대중화로 인해 누구나 손쉽게 동영상을 찍을 수 있다.

② **특성**

ㄱ 질 높은 콘텐츠와 스토리를 가지고 제작된 동영상은 세대를 걸쳐 사람들에게 관심과 집중을 이끌어낼 수 있는 장점이 있다.

ⓛ 직업 관련 콘텐츠를 동영상으로 제작하기 위해서는 매체에 맞는 콘텐츠와 스토리 구성이 필요하며, 모든 직업정보 전달에 적합하다고 볼 수는 없다.

ㄷ 전체 내용을 다 보지 않고 일부 내용을 선택적으로 시청함으로써 원래의 취지나 의도와는 달리 왜곡되게 전달될 위험도 고려해야 한다.

(3) 전자자료

① **의미**

ㄱ 컴퓨터에 의해 운영되고 저장되는 자료의 총칭으로서 프로그램파일과 데이터파일을 의미한다.

ⓛ 자료의 디지털화로 기본적으로 컴퓨터통신기술에 의해서 처리되고 재생된다. 전자자료에는 학술데이터베이스, 전자저널(e-Journal), 전자책(e-Book), 멀티미디어자료 등이 있다.

② **특성**

㉠ 전자자료의 특성은 다른 자료에 비해 검색이 용이하며 전달성과 편리성이 높고, 한 번 제작된 이후에는 반복적으로 사용 가능하여 경제적이다.

ⓛ 전자자료는 PC, 스마트폰 등을 통해 볼 수 있으므로, 정보통신기술에 익숙하지 않은 사람들에게는 접근성이 떨어질 수 있는 단점이 있다.

(4) 직업 프로그램

① **의미**

㉠ 직업 프로그램은 크게 오프라인과 온라인 형태로 운영될 수 있는데, 전자는 우리가 알고 있는 다양한 직업교육을 포함한 프로그램 형태로 강의실, 강당 등 특정한 교육공간에서 이루어지는 것이다.

ⓛ 직접 대면으로 이루어지는 다양한 직업 프로그램은 프로그램 운영자가 참여자들과 직접 소통하며 즉각적인 반응과 피드백을 반영하여 프로그램을 운영할 수 있고, 참여자들의 역동과 현장에서의 시너지 등으로 효과적이다.

ⓒ 온라인 형태는 사이버진로교육센터, 진로정보망커리어넷 등 공공영역뿐만 아니라 사적 영역에서도 만든 다양한 온라인 직업 프로그램들이 웹 기반과 모바일 기반으로 운영되고 있다.

② **특성**

㉠ 온라인 형태의 프로그램은 초기 구축비용과 유지비용이 높고 다른 직업정보자료에 비해 직업 관련 검사, 직업정보 제공, 직업탐색, 직업설계 및 실행 등 서로 다른 요소들을 한꺼번에 제공받을 수 있다는 장점이 있다.

ⓛ 특히 대면으로 이루어지는 직업 프로그램들이 직접 운영이 어려운 시기에 온라인을 통해 다양한 진로활동에 참여하고, 이를 통해 직업정보를 자연스럽게 얻을 수 있다.

ⓒ 최근에는 모바일 기반의 직업 프로그램들이 게임과 놀이의 형태로 제작되어 친근하게 언제 어디서나 접근이 가능한 장점이 있다.

(5) 직업체험

① **의미**

㉠ 잡월드, 각 지역의 직업체험센터(지자체 운영) 등의 공공직업체험시설과 사기업에서 만든 직업체험을 위한 공간들이 있다.

ⓛ 직업체험의 규모와 방식에 따라 필요한 인적 및 물적 자원이 다를 수 있지만, 다른 직업 정보매체에 비해 구축과정에 많은 비용이 필요하다.

© 대체로 많은 예산과 체험관 기획 및 시공 관련 전문인력 등의 많은 자원이 필요하며, 관련 기관의 협조와 시간이 소요될 가능성을 고려해야 한다.

② **특성**

㉠ 직업체험은 참여하는 사람들이 직업정보에 적극적으로 접근할 수 있고 항공기조종사, 경호원, 의사, 소방관 등 다양한 직업을 대상의 눈높이에 맞게 실제 재현된 직업현장에서 다양한 직무를 경험할 수 있는 장점이 있다.

㉡ 어린이들의 경우는 놀이의 형태로 직업을 경험함으로써 미래의 꿈에 대한 흥미와 긍정적 직업관을 줄 수 있는 장점이 있다.

㉢ 특정 직업의 모든 직무를 체험할 수 없으므로 일부의 단면만을 보여주는 것이라 실제 직업에 비해 더 긍정적으로 혹은 더 부정적으로 그려질 가능성이 있다.

(6) 직무경험

① **의미** : 관련 직무의 시간제 근무, 산학연계 현장실습, 인턴 등이 포함되며 직무에 대해 현장에 가장 가까운 지식과 경험을 얻을 수 있는 좋은 방법이다.

② **특성**

㉠ 조직문화, 직무경험, 업무체계, 근무환경, 사람들과의 관계 등을 총체적으로 인식할 수 있고, 이후 취업 시에 관련 경력으로 인정받을 수 있다.

㉡ 실제 관련 직무를 경험할 수 있는 회사와 기관에서 실제 실습생이나 인턴생을 받아서 관리·감독하고 관련 훈련프로그램을 제공해야 가능한 일이다.

㉢ 실습생과 인턴생을 지원함으로써 기업이나 기관에서도 받을 수 있는 혜택과 장점을 함께 기획하여 시너지를 줄 수 있는 방안을 강구해야 한다.

03 직업정보 가공 실행

(1) 직업정보 이용자 고려

① 직업정보를 필요로 하는 대상자들이 바로 볼 수 있도록 직업정보를 가공할 수 있고, 내담자라 부를 수 있는 개인들을 위해 직업상담가, 교사, 직업상담 프로그램 개발자, 훈련교사, HRD 담당자, 학부모 등이 가공된 직업정보의 이용자가 될 수 있다.

② 직업정보 가공 목적에는 직업정보의 대상이 되는 내담자가 주 고려 대상이지만, 실제 이를 이용하는 사람이 어떤 장면에서 어떤 취지로 활용할 것인지에 대한 이용자의 의도 또한 포함되어야 한다.

③ 내담자에게 가장 적절한 정보를 효율적인 방법으로 전달하기 위해 가공을 하는 과정을 거친다는 것을 고려한다면, 설계단계부터 가공된 직업정보를 어떻게 활용할 것인지에 대한 구체적 방안을 마련하는 것이 필요하다.

④ 이는 가공된 직업정보의 이용자가 제대로 활용할 수 있도록 돕는 구체적 방안을 염두에
두고 설계해야 함을 의미한다.

(2) 활용할 직업정보 선택 및 범위 확정

① 다양한 직업정보를 꼼꼼하게 살펴본 후 어떤 직업정보를 사용할지 선택한다.
② 한 기관의 한 직업정보만으로도 충분할 수 있지만, 대부분의 경우는 여러 기관들의 다양한
정보를 선별하여 그 직업정보의 콘텐츠 중에 어느 범위까지를 포함할지 결정해야 한다.
③ 직업정보 콘텐츠의 범위를 결정할 때는 직업정보의 깊이나 질뿐만 아니라 양도 고려해야
하고, 가공과정에서는 콘텐츠 순서가 바뀌거나 일부가 요약될 수 있다.
④ 같은 주제로 분류될 수 있는 직업정보를 통합하는 과정을 거칠 수도 있다.
⑤ 활용할 직업정보를 명시하고 그 직업정보에서 활용한 범위를 구체화하여 하나의 샘플을
만들어서 동일한 방식으로 가공하는 것이 필요하다.

(3) 직업정보 가공 시 유의할 점

① **가독성의 중요성**

　㉠ **가독성의 의미**

　　• 넓은 의미의 가독성은 독자가 언어기호를 시각적으로 파악하기 쉬운 정도를 일컫는
　　　개념인 '식별성(legibility)'과 '가독성(readability)' 두 가지 의미를 포함한다.
　　• 좁은 의미의 가독성과 식별성 모두 텍스트가 읽기 쉬운 정도를 의미하며, 가독성에는
　　　언어·텍스트와 독자가 관련되어 있고, 시각적 식별성은 텍스트의 물리적 측면, 즉
　　　글씨의 크기, 글씨체, 색깔, 인쇄면·화면의 레이아웃, 배경색 등과 관련이 있으며,
　　　독자가 이를 시각적으로 처리하기 쉬운 정보를 나타낸다.

　㉡ **가독성의 범위**

　　• 인쇄물의 경우 텍스트와 배경색, 폰트, 사진과 일러스트와의 조화, 여백, 줄 간격 등
　　　도 가독성에 영향을 줄 수 있다.
　　• 인터넷환경이라면 웹사이트의 구성과 화면 배치, 메뉴의 위치 및 크기, 광고의 과다
　　　노출, 서비스 지원 브라우저, 로딩속도 등도 포함된다.
　　• 만화라면 컷에서 컷으로 이동하는 독자의 시선처리를 미리 예측하여 적절한 위치에
　　　말풍선을 넣어야 하고, 그림에 맞는 대사를 읽을 수 있도록 배치하는 것도 중요하다.
　　• 직업정보를 웹툰형식으로 제공한다면 웹의 환경을 잘 반영하여 어느 환경에서 보더라
　　　도 한 화면에 보일 수 있어야 하며, 각 화면에서 대사와 이미지가 잘 전달될 수 있도
　　　록 하는 것도 가독성에 포함된다.

　㉢ **직업정보와 가독성**

　　• 직업정보 가독성은 글자와 관련된 타이포그래피뿐만 아니라 본문 편집양식의 난이도
　　　와도 관계된다.

- 어휘와 관련해서는 직업정보를 읽은 이용자들의 읽기와 이해수준을 고려하여 만들어져야 하는데, 많은 직업정보들이 어려운 전문용어로 쓰여 있어 대학교육 이상의 읽기능력을 요구하는 경향이 있다.
- 인쇄물이라면 글자형태, 글자크기, 글줄길이, 줄간격, 여백, 삽화 등에 영향을 받으며, 인터넷을 통해 제공되는 정보의 양이 늘면서 인터넷환경에 대한 이해를 갖는 것도 필요하다.
- 인터넷상에서 이용자는 인쇄물에 비해 꼼꼼하게 모든 텍스트를 읽지 않기 때문에 콘텐츠의 양을 조절하고, 주의를 강하게 이끌 수 있는 콘텐츠의 질과 표현방식도 중요하다.
- 특히 영상물이라면 영상 자체의 질과 재생시간, 로딩속도 등도 고려해야 하고, 필요한 경우 자막이 적절하게 제시됐는지도 고려해야 한다.

② **사용성의 중요성**

㉠ **사용성의 의미**
- 인쇄물 중심의 직업정보에서 인터넷과 모바일매체를 활용한 직업정보들이 확대되고 미래사회는 스마트폰을 통해 직업정보를 얻는 것이 가장 보편화될 것이다. 이러한 웹과 모바일환경에 적합한 사용성을 고려하는 것이 필요하다.
- 웹에서는 특히 UI(user interface) 설계 측면에서 메뉴바의 위치, 사이트 사용의 편의성, 사이트의 로딩속도, 한 화면에 전달되는 콘텐츠의 양, 화면인쇄의 편의성, 가장 최하단 메뉴에 도달하는 경로, 이용자가 사이트 내에서 길을 잃지 않도록 하는 등의 사용성을 고려해야 한다.

㉡ **직업정보와 사용성**
- 모바일환경에서 애플리케이션의 형태로 직업정보를 전달하고자 한다면 고려해야 하는 사용성은 접근성, 직접성, 효율성, 친밀성, 피드백, 유연성, 오류 수용성, 정보 제공성, 예측성, 단순성, 사용자 조작, 가시성 등을 포함한다.
- 사용성의 핵심 개념은 이용자와 콘텐츠의 특성과 기능 등을 고려하며 다르게 구성할 수 있다. 예를 들어, 모바일 직업흥미검사라면 검사의 목적과 방법을 정확하게 전달하고 쉽게 접근하여 검사할 수 있고, 검사과정에서 속도가 느리거나 오류가 없으며, 검사 결과가 이해하기 쉽게 전달될 수 있어야 한다.

③ **직업콘텐츠의 객관성과 정확성**

㉠ 가공 시에 사용하는 콘텐츠는 특정 직업에 대한 특성과 장단점이 편견 없이 제공되어야 한다.

㉡ 가공자의 의견이나 의미가 부여되지 않은 객관적인 콘텐츠를 제시해야 하며, 이해를 돕기 위한 그림이 특정 직업에 대한 기존의 고정관념을 강화하는 방향으로 제시되어서는 안 된다. 예를 들어, 과학자라는 직업을 소개할 때 남성의 이미지를 넣는다면 과학자는 남성의 직업이라는 고정관념을 강화할 위험이 있다.

ⓒ 사용되는 콘텐츠가 최신의 자료인지 확인하고 객관성을 잃은 정보나 어투는 삼가는 것이 필요하다.

ⓔ 가공과정에서라도 사용한 직업콘텐츠가 최신의 자료로 업데이트된다면 그 콘텐츠는 최신의 것으로 바꾸어야 하며, 특히 통계자료라면 가공과정에서 누락되거나 실수로 변경된 것이 있는지 확인한다.

(4) 직업정보 제공 과정

① 직업정보 제공 시 고려할 점

ⓖ 직업정보는 이용자의 구미에 맞도록 제공되어야 한다. 막대한 재원과 노력 등을 들여 최신의 정보시스템을 가동한다 하더라도 이용자가 불편을 느끼거나 보완자료를 요구하거나 무관심을 나타낸다면 수고와 노력이 허사가 된다.

ⓛ 직업정보는 자칫하면 너무 전문적이어서 그 내용을 이해하기 쉽지 않은 경향이 있다. 따라서 이용자가 즐겁게 정보를 대할 수 있는 형태로 제공하는 것이 가장 바람직하다.

ⓒ 직업정보의 제공에서는 기술수준으로 정보를 얼마나 정확히 전달할 수 있는가, 정보의 표현양식이 얼마나 정확하게 바라는 의미를 전달할 것인가, 이러한 정보가 인간행동의 동기부여수단으로 얼마나 적합한가 등의 수준이 고려되어야 한다.

② 직업정보 제공 방법

ⓖ 직업정보 제공 방법

- 신문, 잡지, 도서 등의 인쇄매체와 TV, 라디오, 영화, 동영상 공유사이트 등의 시청각매체 등의 매스미디어
- 인터넷, 앱 등 컴퓨터의 이용
- 체험 및 인턴제도
- 지역사회 인사와 면담
- 직업정보의 비치 및 열람 등 직업정보실
- 전화 서비스
- 각종 직업 및 채용 박람회 등

ⓛ 직업정보 중개정보원

- 직업정보는 최신성과 정확성이 중요하기 때문에 전산화된 시스템 가동이 필수적이다. 이러한 전산 시스템은 정보전달에 있어 인간-기계 시스템에서 오는 한계를 가지고 있으므로 이를 위한 보조자료가 준비되어야 한다.
- 보조자료는 개발에 소요되는 시간으로 인하여 구정보가 될 가능성이 다분하다. 따라서 이러한 단점을 이용자가 충분히 이해하여 의사결정 시에 다양한 자료로 접근할 수 있도록 도와야 한다.
- 전산 시스템의 내용을 더 상세히 설명하거나 부가적인 내용을 곁들인 자료를 중개정보원이라고 한다.

- 중개정보원은 직업정보 시스템의 보조적인 역할로서 서적, 잡지, 신문, TV, 영화, 비디오, 오디오, CD, 인터넷(동영상 공유 서비스 포함), 박람회, 직업정보 자료실, 안내판, 전화, 전람회, 직업체험관, 상담소(대면 및 비대면), 구인·구직 정보지 등을 말하는데, 여기에는 매체의 특성에 따라 시각적·청각적 효과를 최대로 이용하여 직업정보의 난해성을 극복해야 할 필요가 있다.

ⓒ 배포와 홍보

- 전산시스템과 중개정보원인 보조자료 등은 청소년, 학부모, 여성, 중·고령자, 장애인, 직업지도교사, 직업상담가, 직업전문가, 기업인 등이 쉽게 접할 수 있는 장소에 비치 또는 설치되거나 배치되어야 한다.
- 한편 이러한 직업정보 활동에는 대대적인 홍보를 하여야 하는데, 여기에는 직업정보의 가치에 대한 시각을 부여하는 홍보도 포함해야 한다.
- 직업정보를 알기 위해서나, 구인이나 구직을 하려는 자 등은 직업정보 제공원 및 중개정보원을 언제 어느 때라도 이용할 수 있도록 직업정보 환경을 조성할 필요가 있다.

제4절 직업정보 가공 결과 품질 검증

01 직업정보 가공 결과 품질 점검기준

(1) 사용성 평가기준

① **국제표준기구의 기준**

ⓐ 안내

- 사용성 평가(UT : Usability Testing)는 사용자의 관점에서 제품, 서비스, 시스템의 사용성을 평가하고 개선하는 과정이다.
- 제품을 사용자가 사용하여 원하는 목적을 달성하는 데 얼마나 효과적이고, 효율적이며, 사용맥락에 만족이 되는지를 표하는 개념으로 설명된다.

ⓑ 속성

- 국제표준화기구(ISO : International Organization for Standardization)의 ISO9241에 따르면 **사용성의 속성은 크게 3가지로 표현되는데 효과성, 효율성, 만족도 등이다.**
- 효과성은 사용자의 사용을 위한 수행을 통해 원하는 요구 달성의 완성도와 정확도를 기준으로 판단하며, 일반적으로 성공 및 실패율을 기준으로 한다.
- 효율성은 사용자의 요구 달성을 위해 사용을 위한 수행에 소용되는 자원의 효율성으로 물리적 시간과 이해도나 학습도가 요구되는 노력을 포함한다.
- 만족도는 사용자의 사용경험에 대한 즐겁고 유쾌하고 사용하기 좋은 주관적 만족도로 정서적 느낌으로 판단한다.

② **제품수행 프로그램 평가모델 기준 (PPP : Product Performance Program)**

구분	항목	요소
원칙 1	공평한 사용에 대한 배려	평등한 사용, 차별의 배제, 선택 폭의 제공, 불안감의 배제, 폭 넓은 호감
원칙 2	사용상의 유연성 확보	사용에 대한 자유도, 좌우 손잡이 수용, 정확도에 대한 관용, 작업하는 속도의 자유도, 사용하는 환경에 대한 배려
원칙 3	간단하고 직관적 사용	복잡함에 대한 배제, 직감과의 일치, 언어에 관계없는 이해, 조작순서의 명확함, 조작방법과 반응, 오감의 활용
원칙 4	정보전달에 대한 배려	복수전달수준의 활용, 인지에 대한 선택 폭 확보, 정보의 정리, 파악하기 쉬운 구조, 보조수단 및 환경에 대한 배려
원칙 5	사고와 오조작의 방지	사고를 방지하는 구조, 위험요소의 격리, 사고의 예방, 경고시스템의 준비, 실수나 사고에 대한 배려, 현상복귀를 위한 방법, 모든 안전성에 대한 배려
원칙 6	육체적 부담의 최소화	쾌적한 사용자세, 적당한 힘으로 제어, 무의미한 반복동작의 배제, 신체에 대한 부담의 경감, 지각에 대한 부담의 경감
원칙 7	적당한 크기와 공간의 확보	중요한 구성요소의 인지, 적절한 배치, 다양한 체격에 대응, 보조장치 및 간병인에 대한 배려, 적당한 형태나 크기
부칙 1	내구성과 경제성의 배려	내구성의 확보, 적정한 가격, 제조비용 절감, 운영비용 절감, 유지성
부칙 2	품질과 심미성의 추구	친근하고 편안한 아름다움, 실용성과 기능미의 양립, 높은 품질, 소재를 살린 가공과 제조, 좋은 사용감의 제공
부칙 3	인체와 환경에 대한 배려	청결한 사용, 인체에 안전함, 자연환경에 안전함, 재생·재사용의 추진, 병용에 의한 위험성의 배제, 자원과 에너지 절약, 환경문제와 공해의 회피

③ **닐슨(Nielsen)의 10가지 휴리스틱 사용성 평가기준**

항목	요소
시스템 상태의 가시성	• 시스템은 항상 사용자에게 합리적인 시기에 적절한 방법을 통해 무엇이 진행 중인지 알려주어야 함
실제 세상과 시스템의 일치	• 시스템은 시스템 중심의 용어가 아니라 사용자에게 친숙한 단어, 문구, 콘셉트를 통해 사용자의 언어를 말해야 함
사용자 장악력과 탈출	• 사용자는 종종 실수로 시스템의 기능을 선택하며 이어지는 다른 질문들 없이 그 상황을 바로 빠져나갈 수 있는 길을 원함 • 실행취소와 재실행을 제공함
일관성과 표준	• 사용자가 다른 용어들이 같은 것을 의미하는지 고민하게 해서는 안 되며 일반적인 관례는 지켜야 함
오류 방지	• 좋은 에러 메시지보다 그것의 발생을 처음부터 막는 것이 바람직함
요청보다 재인지	• 오브젝트, 행동, 위치의 시각화, 사용자가 하나의 질문사항에서 다른 질문사항으로 정보를 기억하도록 해서는 안 됨 • 시스템 사용에 관한 지침들은 시각화하거나 혹은 적절한 어느 때라도 쉽게 파악할 수 있어야 함

항목	요소
유연성과 효율성	• 촉진요소들은 종종 숙련된 사용자들의 인터랙션을 더욱 빠르게 하며, 시스템은 초보 사용자나 숙련된 사용자 모두를 만족시켜 줄 수 있음 • 사용자가 빈번한 조작을 자신에게 맞출 수 있도록 해야 함
미적이고 단순한 디자인	• 대화창은 관련이 없거나 거의 필요하지 않은 정보를 담고 있어서는 안 됨 • 모든 필요하지 않은 요소들은 필요한 요소들의 상대적 가시성을 떨어뜨림
오류 복구	• 에러 메시지는 쉬운 언어로 표현되어야 하며 문제점을 정확하게 예측하고 발전적인 해결책을 제시해야 함
도움말과 참고문헌	• 시스템이 사용설명서 없이 사용이 가능하다면 바람직하겠지만 도움 기능과 사용설명서를 제공하는 것은 많은 경우에 필요함 • 그런 정보는 찾기 쉬워야 하며, 사용자의 업무에 초점을 맞추어야 하고 수행할 단계를 구체적으로 보여주며, 또 너무 많아서는 안 됨

(2) 사용성 평가기준과 직업정보 가공물

① **적용 가능한 사용성 평가기준** : 두마스와 레디쉬(Dumas & Redish, 2004)는 사용성을 사용자가 제품을 사용하여 직무를 빠르고 쉽게 완수하는 것에 의미를 두고, 다음과 같은 네 가지 기준을 제시하였다.

ㄱ 사용성이란 **사용자에게 초점**을 맞춘다.

ㄴ 사용자는 **제품을 사용하여 생산성을 높이고자** 한다.

ㄷ 사용자는 제품을 통해 **과제를 완수하고자** 한다.

ㄹ 제품이 **사용하기 쉬운지는 사용자가 결정**한다.

② **직업정보 가공물에 사용성 평가기준 활용**

ㄱ 앞서 제시한 사용성 평가기준을 활용하여 직업정보 가공의 목적과 대상의 특성을 반영하여 새로운 기준 척도를 마련하는 것이 필요하다.

ㄴ 이 평가기준은 직업정보 가공물에만 국한된 사용성이 아니라 웹사이트, 앱, 전자제품, 상품 등을 모두 포함하며 디자인의 세부적인 항목들을 고려한 것이다.

ㄷ 평가기준에 대한 결정은 직업정보 요구도 분석, 가공기획, 가공실행 전 과정을 잘 이해하고 있고 관련 평가경험이 있는 전문가의 자문을 얻어 평가지표 및 가이드라인을 개발하는 것이 좋다.

❶ 직업정보 요구도 분석

★★ 2016년, 2021년, 2022년, 2023년, 2025년 직업상담사 1급

01 직업정보 가공 시 유의해야 할 사항으로 틀린 것은?

① 직업은 그 분야에서 전문적이므로 이용자가 이해할 수 있는 수준의 언어를 사용한다.

② 가장 최신의 자료를 활용한다.

③ 시청각의 효과를 부여한다.

④ 정보제공 방법별로 구분하지 않고 표준화된 형태로 제공한다.

> **해설** [직업정보 가공 시 유의할 점]
> ㉠ 직업은 그 분야에서 매우 전문적인 면이 있으므로, 전문적 지식이 없어도 이해할 수 있는 언어로 가공하되 이용자의 수준에 준한다. : 이용자가 이해할 수 있는 언어로 가공하여 가독력을 높여서 제공되어야 효율성이 높다.
> ㉡ 직업에 대한 장단점을 편견 없이 제공한다. : 직업은 그 특성상 장단점을 갖고 있다. 직업정보 가공 시 객관적 자료에 의한 장단점을 제시하여야 의사결정을 하는 데에 도움을 줄 수 있다.
> ㉢ 현황은 가장 최신의 자료를 활용하되, 표준화된 정보를 활용한다.
> ㉣ 객관성을 잃는 정보, 문장, 어투 등은 삼간다. : 직업정보 제공 시에는 가능한 한 객관적인 언어나 메시지로 전달해야 한다.
> ㉤ 시청각의 효과를 부가한다. : 직업정보는 전문성으로 인하여 매우 딱딱하고 지루한 내용이 많다. 이러한 내용에 대하여 시청각효과를 부여하여 이용자가 쉽게 접근할 수 있도록 구성한다.
> ㉥ 정보제공 방법에 적절한 형태로 제공한다. : 직업정보의 전달매체는 인쇄, 방송, CD, 인터넷 등이 주류를 이룬다. 매체의 특성을 살려 적절한 형태로 제공되는 부분에 대한 지속적인 연구가 필요하며, 이용자의 특성에 맞는 매체로서 제공되는 것이 효과적이다.

★
02 다음 중 정보격차에 대한 설명으로 바르지 않은 것은?

① 오늘날 정보격차의 의미는 ICT의 접근성 및 사용성과 연관이 높다.

② 정보기술에 접근할 수 있는 자와 그렇지 않은 자로부터 나오는 격차이다.

③ 사회계층별, 연령별, 지역별, 장애 유무별, 성별 등에 관련 없이 모두 동일하게 겪는다.

④ 다양한 자원 획득의 기회에 있어 불편함을 넘어 불평등의 결과를 가져올 수 있다.

> **해설** 정보격차는 사회계층별, 연령별, 지역별, 장애 유무별, 성별 등에 따라 다양한 방식으로 드러나고 있으며, 접근할 수 있는 정보의 양과 질적인 측면, 정보취득방식, 정보활용방식, 정보선별능력 등 정보접근에서부터 이를 자신의 것으로 활용하는 전과정에서 발생할 수 있는 문제로 봐야 한다.

03 정보격차문제의 해결방향에 대한 설명으로 틀린 것은?

① '무엇'은 정보격차의 대상으로 정보 자체뿐만 아니라 정보시스템을 의미한다.

② '누가'는 개인의 정보격차를 의미한다.

③ '왜'는 정보격차의 원인을 밝혀 문제해결을 하는 것과 관련이 있다.

④ 내담자 중심에서 핵심적인 부분은 정보의 '접근'과 '활용'의 측면이다.

> **해설** ② '누가'는 개인, 지역, 국가의 정보격차를 도출할 수 있다.

정답 01. ④ 02. ③ 03. ②

04 직업정보격차의 주대상으로 적합하지 않은 대상은?

① 중장년 재직자 ② 장애인
③ 북한이탈주민 ④ 결혼이민여성

해설 직업정보의 격차는 장애인, 노인, 결혼이민여성, 북한이탈주민 등 취업에 취약한 계층들에게 주로 드러나며, 사회적 지위와 계층 및 지역에 따라 다양한 양상으로 나타난다.

★★
05 ICT 시대의 직업정보격차에 대한 설명으로 거리가 먼 것은?

① 직업정보를 종합적으로 해석하고 통합하는 역량이 더 필요한 시대이다.
② 필요한 정보를 찾아 합리적 인지체계를 가지고 선별하고 처리하는 능력이 중요하다.
③ 내담자가 다양하고 많은 직업정보에 접근할 수 있도록 하는 것이 중요하다.
④ 정보를 제대로 판단하는 체계(framework)를 가지고 있지 않다면 정보가 왜곡될 가능성이 있다.

해설 내담자가 다양하고 많은 직업정보에 접근할 수 있을지라도 필요한 정보를 찾아 합리적 인지체계를 가지고 선별하여 처리하는 능력이 중요하다.

★
06 영국 SCONUL(Society of COllege, National and University Libraries)에서 제시한 정보기술모형의 7가지 기술에 해당하지 않는 것은?

① 정보의 필요성을 인지하는 능력
② 여러 정보원을 비교하고 평가하는 능력
③ 정보격차를 해결하기 위한 방식을 식별하는 능력
④ 정보의 위치를 탐색하기 위한 진락을 구성하는 능력

해설 [정보기술모형의 7가지 기술 (SCONUL, 1999)]
㉠ 정보의 필요성을 인지하는 능력
㉡ 정보격차를 해결하기 위한 방식을 식별하는 능력
㉢ 정보의 위치를 탐색하기 위한 전략을 구성하는 능력
㉣ 정보의 위치를 찾아내고 접근하는 능력
㉤ 다양한 정보원에서 획득한 정보를 비교하고 평가하는 능력
㉥ 전문적이고 윤리적으로 정보를 체계화할 수 있는 능력
㉦ 상황에 적절한 방식으로 정보를 조직하고 적용하며 타인에게 전달하는 능력

★
07 직업상담 대상자의 직업정보 문해력 수준을 평가하기 위한 역량에 해당하지 않는 것은?

① 직업정보의 특성과 범위를 결정할 수 있는 역량
② 직업정보에 효과적이고 전략적으로 접근하는 역량
③ 직업정보를 필요한 과정에 효과적으로 사용하는 역량
④ 직업윤리적 기준을 이해하는 역량

해설 [대상자의 직업정보 문해력 수준을 평가하기 위한 역량]
㉠ 대상자가 필요한 직업정보의 특성과 범위를 결정할 수 있는 역량
㉡ 필요한 직업정보에 효과적이고 전략적으로 접근하는 역량
㉢ 획득한 직업정보와 직업정보원을 비판적으로 평가하고 선택한 직업정보를 자신의 가치와 지식체계(framework)에 통합하는 역량
㉣ 구체적 목표를 이루기 위한 직업정보를 필요한 과정에 효과적으로 사용하는 역량
㉤ 직업정보를 둘러싼 법적·경제적·사회적 문제를 이해하고 직업윤리적 기준에 적합하게 직업정보에 접근하고 사용하는 역량

정답 04. ① 05. ③ 06. ② 07. ④

★
08 다음 중 성인 진입기 직업정보의 역할에 대한 설명으로 가장 적절한 것은?

① 직무 중심의 구체적이고 실질적인 정보가 필요하다.
② 직업에 대한 학습은 그들에게 부담을 주지 않는 범위 안에서 작은 단위로 이루어져야 한다.
③ 자기개념을 직업세계에 연결해주는 작업이 중요하다.
④ 다시 진로목표를 세우고 건설적인 구직전략을 개발하도록 도와야 한다.

> 해설 ② 아동기 직업정보의 역할에 해당한다.
> ③ 청소년기 직업정보의 역할에 해당한다.
> ④ 성인기 직업정보의 역할에 해당한다.

★★
09 다음 중 성인기 진로발달에 대한 설명으로 가장 적절한 것은?

① 진로의사결정을 위해서는 자기발달과 함께 시간 조망이 이루어져야 한다.
② 다양한 생애역할 변화와 실직, 진로전환, 은퇴 등을 경험하게 된다.
③ 가치체계가 성립되는 중요한 과정이며 자신의 역량을 평가할 수 있는 능력이 생긴다.
④ 중간에 낀 느낌을 가지면서도 미래에 대한 가능성을 가지고 낙관적으로 생각한다.

> 해설 ① 아동기의 진로발달 특성에 해당한다.
> ③ 청소년기의 진로발달 특성에 해당한다.
> ④ 성인 진입기의 진로발달 특성에 해당한다.

10 직업정보 요구도 분석 시 직업선택과정의 6단계를 고려하여야 한다. 각 단계별 설명이 틀린 것은?

① 1단계 : 개인의 직업 관련 다양한 특성 평가
② 5단계 : 직업에서 실제 이루어지는 직무에 대한 정보인식
③ 3단계 : 적합 직무의 범위 구체화
④ 6단계 : 직업을 얻기 위한 실행에 필요한 정보 수집

> 해설 [직업선택과정에 따른 단계]
> ㉠ 1단계 : 직업선택의 필요성 인식
> ㉡ 2단계 : 개인의 직업 관련 다양한 특성 평가
> ㉢ 3단계 : 적합 직무의 범위 구체화
> ㉣ 4단계 : 직업에 대한 정보를 구체적으로 수집
> ㉤ 5단계 : 직업에서 실제 이루어지는 직무에 대한 정보인식
> ㉥ 6단계 : 직업을 얻기 위한 실행에 필요한 정보 수집

② 직업정보 가공 기획

11 다음 중 직업정보 가공 기획서 항목별 구성내용으로 가장 거리가 먼 것은?

① 직업정보 가공의 목적
② 활용할 직업정보의 내용 및 범위
③ 직업정보 제공방법
④ 추진 일정 및 예산

> 해설 [직업정보 가공 기획서 항목별 구성내용]
> ㉠ 문제의 제기 및 필요성
> ㉡ 직업정보 가공의 목적
> ㉢ 직업정보 대상의 특성
> ㉣ 활용할 직업정보의 내용 및 범위
> ㉤ 매체선택 이유 및 특성
> ㉥ 직업정보 가공 및 설계과정
> ㉦ 추진 일정 및 예산
> ㉧ 활용방안 및 기대효과

정답 08. ① 09. ② 10. ① 11. ③

12 직업정보 가공을 위한 대상자 특성 파악에 대한 설명으로 바르지 않은 것은?

① 대상자의 특성과 관련된 문헌자료를 검색한다.
② 선택된 조사방법을 숙지하여 조사를 실시한다.
③ 구체적인 정보를 수집하기 위한 조사방법의 부족한 부분을 채우기 위해 문헌조사를 실시한다.
④ 문헌자료를 모두 검토하고 핵심적인 내용을 정리한다.

> **해설** 문헌조사의 부족한 부분을 채우고 구체적인 정보를 수집하기 위한 조사방법을 선택한다.

★
13 직업정보 가공 기획서 작성에 대한 설명으로 바르지 않은 것은?

① 활용한 직업정보의 목록과 해당 직업정보의 범위를 제시한다.
② 직업정보 대상의 특성을 기반으로 가공의 목적을 제시한다.
③ 직업정보 가공 및 설계과정을 단계별로 기술한다.
④ 활용방안은 주사용자와 어떤 과정에서 이용될지를 염두에 두고 작성한다.

> **해설** 직업정보 가공의 필요성을 기반으로 가공의 목적을 제시한다.

❸ 직업정보 가공 실행

14 직업정보매체에 대한 설명으로 바르지 않은 것은?

① 일반적으로 특정 정보를 인간에게 전달하는 수단으로서의 의미를 가진다.
② 가장 원시적인 형태의 정보매체는 공기이다.
③ 정보매체에 따라 정보수용자의 인지체계가 달라진다.
④ 누구에게 왜 어떤 목적으로 전달하는가와 무관하게 표준화된 방식이 요구된다.

> **해설** 직업정보를 누구에게 왜 어떤 목적으로 어떤 맥락에서 전달하는가에 따라 정보전달의 매체는 달라져야 한다.

★★
15 다음 중 직업정보매체의 종류에 대한 설명으로 적절하지 않은 것은?

① 인쇄자료는 ICT 기술이 발전되기 이전부터 사람들에게 친숙한 매체이다.
② 통계수치에 대한 도표, 유망직업 등을 상징적으로 그래픽화한 그림 등은 화상자료에 해당된다.
③ 전자자료는 프로그램 파일과 데이터 파일을 의미한다.
④ 직업체험은 관련 직무의 시간제 근무, 산학연계 현장실습, 인턴 등이 포함된다.

> **해설** 관련 직무의 시간제 근무, 산학연계 현장실습, 인턴 등이 포함되며, 직무에 대해 현장에 가장 가까운 지식과 경험을 얻을 수 있는 방법은 직무경험에 해당한다.

★
16 다음 중 직업정보매체의 장단점에 대한 설명으로 적절하지 않은 것은?

① 영상자료는 모든 직업정보 전달에 적합하다.
② 직무경험은 이후 취업 시에 관련 경력으로 인정받을 수 있다.
③ 전자자료는 전달성과 편리성이 높고 경제적이다.
④ 직업체험은 특정 직업의 일부 단면만을 보여주는 한계가 있다.

> **해설** 직업 관련 콘텐츠를 동영상으로 제작하기 위해서는 매체에 맞는 콘텐츠와 스토리 구성이 필요하며, 영상자료가 모든 직업정보 전달에 적합하다고 볼 수는 없다.

정답 12. ③ 13. ② 14. ④ 15. ④ 16. ①

17 직업정보 가공 실행 시 직업정보 이용자 고려에 대한 설명으로 바르지 않은 것은?

① 직업정보 이용자는 내담자 외에 이들을 위해 상담자, 교사, 학부모 등도 이용자가 될 수 있다.
② 설계단계부터 가공된 직업정보를 어떻게 활용할 것인지에 대한 방안 마련이 필요하다.
③ 직업정보 가공 시 직업정보의 대상이 되는 내담자가 주 고려 대상은 아니다.
④ 실제 이를 이용하는 이용자의 의도 또한 고려되어야 한다.

> **해설** 직업정보 가공목적에는 직업정보의 대상이 되는 내담자가 주 고려 대상이지만, 실제 이를 이용하는 사람이 어떤 장면에서 어떤 취지로 활용할 것인지에 대한 이용자의 의도 또한 포함되어야 한다.

★
18 직업정보 가공 시 유의할 점에 해당하지 않는 것은?

① 가독성의 중요성
② 사용성의 중요성
③ 직업콘텐츠의 주관성
④ 직업콘텐츠의 정확성

> **해설** [직업정보 가공 시 유의할 점]
> ㉠ 가독성의 중요성
> ㉡ 사용성의 중요성
> ㉢ 직업콘텐츠의 객관성과 정확성

19 직업정보 가공 실행 시 활용할 직업정보 선택 및 범위 확정에 대한 설명으로 가장 적절하지 않은 것은?

① 다양한 직업정보를 꼼꼼하게 살펴본 후 어떤 직업정보를 사용할지 선택한다.
② 같은 주제로 분류될 수 있는 직업정보도 통합하기보다 그대로 참고하는 것이 좋다.
③ 여러 기관들의 다양한 정보를 선별하여 어느 범위까지를 포함할지 결정해야 한다.
④ 범위를 구체화하여 하나의 샘플을 만들어서 동일한 방식으로 가공하는 것이 필요하다.

> **해설** 같은 주제로 분류될 수 있는 직업정보를 통합하는 과정을 거칠 수도 있다.

★
20 직업정보 가공 시 고려할 가독성에 대한 설명으로 적절하지 않은 것은?

① 인쇄물 이용자는 인터넷에 비해 꼼꼼하게 모든 텍스트를 읽지 않는다.
② 웹의 환경에서 각 화면에서 대사와 이미지가 잘 전달될 수 있도록 하는 것도 포함된다.
③ 넓은 의미의 가독성은 '식별성(legibility)'과 '가독성(readability)' 두 가지 의미를 포함한다.
④ 직업정보를 읽은 이용자들의 읽기와 이해수준을 고려하여 만들어져야 한다.

> **해설** 인터넷상에서 이용자는 인쇄물에 비해 꼼꼼하게 모든 텍스트를 읽지 않기 때문에 콘텐츠의 양을 조절하고, 주의를 강하게 이끌 수 있는 콘텐츠의 질과 표현방식도 중요하다.

★
21 직업정보 가공 시 고려할 직업콘텐츠의 객관성과 정확성에 대한 설명으로 적절하지 않은 것은?

① 가공과정에서라도 사용한 직업콘텐츠가 최신의 자료로 업데이트되어야 한다.
② 최신의 자료인지 확인하고 객관성을 잃은 정보나 어투는 삼가는 것이 필요하다.
③ 특정 직업에 대한 특성과 장단점이 편견 없이 제공되어야 한다.
④ 가공자의 의견이나 의미가 부여된 직업콘텐츠로 제시되어야 이용자들이 이해하기 쉽다.

> **정답** 17. ③ 18. ③ 19. ② 20. ① 21. ④

해설 **가공자의 의견이나 의미가 부여되지 않은 객관적인 콘텐츠를 제시**해야 하며, 이해를 돕기 위한 그림이 특정 직업에 대한 기존의 고정관념을 강화하는 방향으로 제시되어서는 안 된다.

22 다음 중 직업정보 제공 시 고려할 점에 대한 설명으로 적절하지 않은 것은?

① 직업정보는 전문적인 형태로 제공되어야 한다.
② 직업정보는 이용자의 구미에 맞도록 제공되어야 한다.
③ 이용자가 즐겁게 정보를 대할 수 있는 형태로 제공하는 것이 가장 바람직하다.
④ 직업정보의 제공에서는 기술수준이 다양하게 고려되어야 한다.

해설 직업정보는 자칫하면 너무 전문적이어서 그 내용을 이해하기 쉽지 않은 경향이 있다. 따라서 **이용자가 즐겁게 정보를 대할 수 있는 형태로 제공하는 것이 가장 바람직하다.**

④ 직업정보 가공 결과 품질 검증

★
23 다음 중 사용성 평가기준 중 국제표준기구의 기준에 대한 설명으로 바르지 않은 것은?

① 효과성은 사용자의 요구 달성의 완성도와 정확도를 기준으로 판단한다.
② 생산자의 관점에서 제품, 서비스, 시스템의 사용성을 평가하고 개선하는 과정이다.
③ 효율성은 요구 달성을 위해 사용수행에 소용되는 자원의 효율성을 의미한다.
④ 만족도는 사용 경험에 대한 주관적 만족도로 정서적 느낌으로 판단한다.

해설 사용성 평가(UT : Usability Testing)는 **사용자의 관점에서** 제품, 서비스, 시스템의 사용성을 평가하고 개선하는 과정이다.

24 다음 중 유니버설 디자인의 달성 정도를 평가하는 제품수행 프로그램(PPP) 평가모델 기준 중 부칙에 해당하지 않는 것은?

① 내구성과 경제성의 배려
② 품질과 심미성의 추구
③ 정보전달에 대한 배려
④ 인체와 환경에 대한 배려

해설 **[제품수행 프로그램(PPP : Product Performance Program) 평가모델 기준]**
㉠ 원칙 1 : 공평한 사용에 대한 배려
㉡ 원칙 2 : 사용상의 유연성 확보
㉢ 원칙 3 : 간단하고 직관적 사용
㉣ **원칙 4 : 정보전달에 대한 배려**
㉤ 원칙 5 : 사고와 오조작의 방지
㉥ 원칙 6 : 육체적 부담의 최소화
㉦ 원칙 7 : 적당한 크기와 공간의 확보
◎ **부칙 1 : 내구성과 경제성의 배려**
㉧ **부칙 2 : 품질과 심미성의 추구**
㉨ **부칙 3 : 인체와 환경에 대한 배려**

★
25 다음은 Nielsen의 10가지 휴리스틱 사용성 평가기준 중 무엇에 대한 설명인가?

> 촉진요소들은 종종 숙련된 사용자들의 인터랙션을 더욱 빠르게 하며, 시스템은 초보 사용자나 숙련된 사용자 모두를 만족시켜 줄 수 있다. 사용자가 빈번한 조작을 자신에게 맞출 수 있도록 해야 한다.

① 유연성과 효율성
② 오류 복구
③ 요청보다 재인지
④ 사용자 장악력과 탈출

해설 제시된 내용은 닐슨(Nielsen)의 10가지 휴리스틱 사용성 평가기준 중 '**유연성과 효율성**'에 대한 설명에 해당한다.

정답 22. ① 23. ② 24. ③ 25. ①

26 다음 중 두마스와 레디쉬(Dumas & Redish, 2004)의 사용성 평가 기준에 대한 설명으로 바르지 않은 것은?

① 사용성이란 사용자에게 초점을 맞춘다.

② 제품이 사용하기 쉬운지는 생산자가 결정한다.

③ 사용자는 제품을 사용하여 생산성을 높이고자 한다.

④ 사용자는 제품을 통해 과제를 완수하고자 한다.

해설 **[두마스와 레디쉬(Dumas & Redish, 2004)의 사용성 평가 기준]**
ㄱ 사용성이란 사용자에게 초점을 맞춘다.
ㄴ 사용자는 제품을 사용하여 생산성을 높이고자 한다.
ㄷ 사용자는 제품을 통해 과제를 완수하고자 한다.
ㄹ 제품이 사용하기 쉬운지는 사용자가 결정한다.

27 두마스와 레디쉬(Dumas & Redish, 2004)의 사용성 평가기준 활용에 대한 설명으로 바르지 않은 것은?

① 직업정보 가공의 목적과 대상의 특성을 반영하여 새로운 기준 척도를 마련하는 것이 필요하다.

② 디자인의 세부적인 항목들을 고려한 것이다.

③ 전문가의 자문을 얻어 평가지표 및 가이드라인을 개발하는 것이 좋다.

④ 직업정보 가공물에만 국한된 사용성 평가기준이다.

해설 두마스와 레디쉬(Dumas & Redish, 2004)의 사용성 평가기준은 **직업정보 가공물에만 국한된 사용성이 아니라 웹사이트, 앱, 전자제품, 상품 등을 모두 포함**하며 디자인의 세부적인 항목들을 고려한 것이다.

28 직업정보 가공 결과 품질 점검 및 반영에 대한 설명으로 적절하지 않은 것은?

① 사용성 평가 결과의 일반화를 위해서는 참여자 수의 최대 인원에 대한 적정성을 결정해야 한다.

② 사용성 평가 참여자는 다양한 특성을 고려하여 선발하고 적절한 참여비를 지급해야 한다.

③ 점검 결과 반영을 결정할 때는 일정과 예산의 현실적인 문제도 고려해야 한다.

④ 가공물의 대상과 매체에 따라 사용성 검사과제의 수와 내용 등에 차이가 클 수 있다.

해설 사용성 평가 결과의 일반화를 위해서는 **참여자 수의 최소 인원에 대한 적정성**을 결정해야 한다.

제 4 과목

노동시장분석

고용정책 분석

제1절 사회안전망

01 사회보험

(1) 사회보험의 의의

사회보험이란 자본주의사회에서 노동력을 보전하고 근로자의 생활을 보전하기 위하여 사회정책의 일환으로 국가가 실시하는 보험제도이다. **우리나라는 고용보험, 산재보험, 국민건강보험(노인장기요양보험 포함), 국민연금**이 이에 **해당**한다.

(2) 사회보험의 특징

① 관장자 : 사회보험의 **관장자는 국가**이거나 국가가 위임한 공적기관이다.
② 인적보험 : 사회보험은 물적보험과는 달리 **사람을 대상으로 하는 인적보험**이다.
③ 강제가입 : 일반의 임의 가입과는 달리 일정 요건을 갖추면 **가입이 강제**된다.
④ 집단보험 : 사회보험의 가입대상은 개인이 아니고 집단이다. **일정한 요건을 갖춘 사업장단위로 집단적으로 가입하게 된다.**
⑤ 국고보조 : 사회보험에 대하여 **국고로서 운영비를 원조**한다는 특징이 있다.

(3) 사회보험의 정부운용이 갖는 장점

① 위험프리미엄을 통한 수익 배제 : 민간보험에서는 위험프리미엄(위험을 피하기 위해 감수하는 비용)을 모두 보험료에 포함시킬 것이나 사회보험의 경우 위험프리미엄을 요구하지 않으므로 보험료 부담이 낮아진다.
② 정보의 비대칭성 문제 해결 : 정보수집에 비용이 많이 들거나 정보를 이해하기 어려운 경우 서비스가격이 공급자에게 유리하게 결정되게 되는데 국가 개입을 통해 비대칭적 정보문제를 해결할 수 있게 된다.
③ 역선택문제 해결 : 보통 위험 발생 확률이 높은 사람이 보험 가입에 더 적극적이므로 가입자 정보를 알지 못하는 민간보험사는 더 높은 보험료를 책정하게 되고, 보험료가 오르면 위험 발생 확률이 낮은 가입자는 이탈할 가능성이 높아진다. 이때 국가 주도로 보험 가입을 강제하면 가입집단의 크기를 키워 역선택문제를 해결할 수 있게 된다.

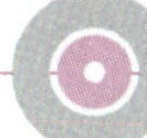

④ **도덕적 해이 극복** : 보험에 가입한 사람이 보험에 가입하기 전에 비해 위험 발생을 예방하려는 노력을 덜 하게 되는데, 이때 정부가 조직과 비용을 부담하여 수혜자 행위에 대한 충분한 정보를 갖고 모니터하고 통제함으로써 도덕적 해이를 극복할 수 있다.

⑤ **규모의 경제효과** : 규모의 경제효과(규모가 클수록 평균비용이 낮아지는 효과)가 큰 서비스의 경우 민간에서는 대규모 자본에 의한 독과점으로 가격이 상승할 수 있는 데 비해, 국가가 개입하면 독과점 이윤 없이 행정비용을 절감하여 효율적으로 서비스를 제공할 수 있다.

⑥ **소득의 재분배** : 사회보험은 정부가 개입하여 저소득층에게 많은 혜택이 돌아갈 수 있도록 운영하므로 일정 부분 소득재분배 역할을 하게 된다.

02 고용보험

노동시장의 기본적이고 보편적인 사회안전망으로는 실업부조제도(조세를 기반으로 하여 저소득층에게 기본적인 생계비 지급)와 고용보험제도(당사자의 기여 기반)가 있다. 실업부조제도는 고용보험 사각지대에 있는 실직근로자에 대한 생계비지원제도로서 2021년부터 실시된 국민취업지원제도 내 구직촉진수당이 이에 해당한다. 고용보험은 한국에서는 일반보험과 같이 근로자와 사업주가 공동 부담하에 기금을 조성하고, 이 기금을 이용해 근로자 실직 시 생활에 필요한 실업급여를 지급함은 물론 실업의 예방, 고용 촉진 및 근로자의 직업능력 개발·향상 등을 지원한다.

(1) 우리나라의 고용보험제도

① **고용보험제도의 현황**

  ㉠ 우리나라는 1995년에 고용보험제도를 도입하였다. 도입 당시 실업급여는 상시 근로자 30인 이상 사업장, 고용안정사업 및 직업능력개발사업은 상시 근로자 70인 이상 사업장에 적용되도록 하였으나, 이후 점차 적용 대상을 확대하여 **1998년 10월 1일부터는 원칙적으로 1인 이상 사업장에 고용보험이 적용되고 있다.**

  ㉡ **2012년부터는 50인 미만 사업장의 자영업자, 2020년 12월 10일부터는 예술인, 2021년 7월 1일부터는 노무제공자(특수형태근로자)도 가입대상으로 하여 적용 대상을 확대하고 있다.**

② **고용보험사업** : 고용보험사업은 크게 **실업급여, 고용안정·직업능력개발사업, 육아휴직급여 및 출산휴가급여** 등으로 나뉜다.

	사업명	내용
실업급여	구직급여	피보험자의 실업기간 중에 생활안정 및 적극적 구직활동을 위해 지급하며, 소정의 수급요건을 충족하는 수급자격자에게 일정 수준의 급여를 지급한다.
	연장급여	수급자격자 중 생계가 어렵고 재취업이 특히 곤란한 경우 구직급여 지급기간을 연장하여 수급자격자의 생계보호 및 재취업능력 증진을 도모한다. 연장급여는 훈련연장급여, 개별연장급여, 특별연장급여로 구분된다.
	취업촉진수당	구직급여수급자의 재취업 촉진을 위한 부가급여로서 수급자가 조기에 재취업하거나 직업능력개발훈련, 광역구직활동 등을 하는 경우 지급하는 것으로서 조기재취업수당, 직업능력개발수당, 광역구직활동비, 이주비가 있다.
고용안정 · 직업능력개발사업	고용안정사업	고용창출장려금	실직자의 고용기회를 확대한 사업주를 지원하는 제도이다. • 장시간 근로자를 개선하여 빈 일자리에 신규로 근로자를 고용한 경우 • 시간선택제 근로자를 신규로 고용한 경우 • 취업이 어려운 중증장애인, 여성가장, 취업지원 프로그램 이수자 등을 신규로 고용한 경우

		사업명	내용
고용안정 · 직업능력개발사업	고용안정사업	고용창출장려금	실직자의 고용기회를 확대한 사업주를 지원하는 제도이다. • 장시간 근로자를 개선하여 빈 일자리에 신규로 근로자를 고용한 경우 • 시간선택제 근로자를 신규로 고용한 경우 • 취업이 어려운 중증장애인, 여성가장, 취업지원 프로그램 이수자 등을 신규로 고용한 경우
		고용안정장려금	기존 근로자의 고용안정과 일자리 질 향상을 위한 조치를 한 사업주를 지원하는 제도이다. • 비정규직 근로자를 정규직으로 전환한 경우 • 전일제 근로자의 근로시간을 일시적으로 단축한 경우 • 시차출퇴근제, 재택근무제 등 유연근무제를 도입하여 활용한 경우 • 출산육아기 근로자의 고용안정을 위한 조치를 하여 기존 근로자의 고용을 안정시킨 경우
		고용유지지원금	경기 악화 시에 고용유지조치를 한 사업주를 지원하는 제도이다. • 고용유지를 한 조치기간에 사업주가 근로자에게 지급한 금품(휴업 · 휴직수당)의 일부를 지원
	직업능력개발사업	사업주 직업능력개발 지원	사업주가 근로자 등을 대상으로 직업능력개발훈련을 실시할 경우 소요비용을 지원해 인적자원개발 및 기업 경쟁력 제고를 도모한다. • 훈련비 및 유급휴가훈련인건비, 훈련수당, 숙식비 등을 훈련내용 · 시간에 따라 차등 지원
		국민내일배움카드	취 · 창업, 이 · 전직을 위하여 훈련이 필요한 실업자 · 근로자 등의 직업훈련기회 확대를 통한 평생 고용 가능성 제고를 위해 고용노동부가 훈련비 지원대상으로 공고한 훈련과정 수료 시 훈련비 등을 지원한다.
		국가인적자원개발 컨소시엄	중소기업 우수인력 공급 등을 위해 다수의 중소기업과 컨소시엄을 구성하고 자체 훈련시설을 이용하여 중소기업 근로자 및 채용예정자에게 맞춤형 공동훈련을 제공하는 기업 및 사업주단체를 지원한다. • 시설장비비, 프로그램개발비, 운영비, 훈련비 및 훈련수당 지원
		국가기간 · 전략산업 직종훈련	기간산업 및 전략산업분야에서 인력 부족 또는 수요 증가가 예상되는 직종에 대한 직업능력개발훈련비를 지원하여 기업에서 필요로 하는 기술 · 기능인력을 양성 및 공급하는 제도이다.

사업명	내용
직업훈련생계비 대부	장기간 직업훈련에 따른 생계부담을 경감하여 직업훈련에 전념하도록 함으로써 더 나은 일자리로의 취업 지원을 위해 고용노동부가 지원하는 직업훈련에 참여한 비정규직 근로자 등에게 직업훈련비 등을 대부 지원한다.
일학습병행	기업이 청년 등을 선채용 후 NCS기반 현장훈련을 실시하고, 학교·공동훈련센터의 보완적 이론교육을 통해 숙련 형성 및 자격 취득까지 연계하는 새로운 현장 중심의 교육훈련제도이다.
육아휴직급여	임신 중인 여성근로자, 만 8세 이하 또는 초등학교 2학년 이하의 자녀를 양육하기 위하여 「남녀고용평등과 일·가정 양립 지원에 관한 법률」에 의한 육아휴직을 30일 이상 부여받은 근로자에게 지급되는 급여이다.
출산전후(유산·사산) 휴가급여	임산부의 건강을 위해 근로를 중단하고 휴직을 취할 수 있도록 보장하는 제도로 「근로기준법」에 따른 출산전후휴가 또는 유산·사산휴가를 부여받은 근로자에게 통상임금의 100%를 지원하는 급여이다. 피보험자 또는 피보험자였던 예술인·노무제공자에게도 출산전후 휴가급여가 지급된다.
육아기 근로시간 단축급여	「남녀고용평등과 일·가정 양립 지원에 관한 법률」에 따른 육아기 근로시간 단축을 30일 이상 사용한 근로자에게 통상임금의 일정 비율을 지급한다.
배우자출산휴가급여	배우자의 출산에 따른 배우자의 건강보호와 자녀양육을 위한 배우자출산휴가 청구 시 지급되는 급여이다.
난임치료휴가급여	피보험자가 속한 사업장이 우선 지원대상 기업인 경우 난임치료휴가 사용기간 중 연간 최초 2일에 대한 급여를 지급한다.

(2) 고용보험의 사각지대

① 고용보험의 사각지대는 크게 두 가지 형태로 존재한다.

 ㉠ 첫 번째 유형은 현재 법적으로는 적용 대상이지만 여전히 고용보험에 가입되어 있지 않은 경우(실제 사각지대)에 해당하는데, 주로 소규모 사업체의 임시·일용직 근로자들이다.

 ㉡ 두 번째 유형은 제도적으로 적용 대상에서 제외되어 있거나 가입은 되어 있지만 다양한 이유로 실질적인 수혜를 받을 수 없는 경우(제도적 사각지대)를 지칭한다. 제도적 사각지대는 다시 적용 대상이 아닌 자(적용 제외자)와 고용보험 가입자 중 수혜를 받을 수 없는 자(수혜 제외자)로 구분해 볼 수 있다.

② 실업급여의 포괄범위를 측정하는 가장 대표적인 지표는 실업급여 수급률이며, 전체 실업자 수 대비 실업급여(구직급여) 수급자 수의 비율로 측정된다. 그러나 실업자 수 대비 수급자 수의 비중으로 정의되는 실업급여 수급률은 실업급여의 수혜 정도를 과대 추정할 가능성이 있다.

③ 우리나라처럼 고용안정망이 충분치 못한 경우 실직자 가운데 실업급여를 받을 수 없는 자는 실업이 아닌 비경제활동상태로 이동할 가능성이 높은데, 수급률은 이 같은 경계근로자를 제외한 채 실업자만을 고려하고 있기 때문이다.

(3) 실업보상

① 실업보상은 임금이 높을수록 실업급여의 수준도 높아지지만, 실업급여는 상한선과 하한선이 존재하기 때문에 대체율은 저소득 근로자들의 경우 높은 반면, 고소득 근로자들의 경우에는 낮을 것이다.

② 실업보험제도의 구조는 실업의 지속기간에 중요한 함의를 갖는다. 예를 들어, 높은 대체율은 명백하게 탐색비용을 줄인다. 그에 따라 대체율과 실업기간 사이에는 양의 상관관계가 존재한다. 게다가 **저숙련 근로자들의 대체율이 대체로 높기 때문에 이 근로자들은 상대적으로 높은 요구임금을 가지고 있고 더 오랫동안 실업상태에 머문다.** 저숙련 근로자들의 실업기간이 길다는 관측결과가 반드시 이들이 새로운 일자리를 찾는 데 특별히 어려움을 겪고 있다는 것을 의미하지는 않는다.

③ 수급기간 만료 시 급여 중단은 일자리 탐색의 비용을 상당히 증가시킨다. 실제로 한 구직자가 일자리를 구할 확률은 실업급여가 전부 소진되는 그 주에 극적으로 상승한다. **실업보험제도는 실업의 지속기간을 늘릴 뿐 아니라 실업 후 임금을 증가시킨다. 즉, 낮은 탐색비용은 실업지속기간을 늘리고 동시에 실업 이후의 임금을 상승시킨다.**

(4) 구직급여와 소득대체율

① 우리나라의 경우 구직급여에 대한 「고용보험법」상의 산정기준은 다음과 같다.

▶ **고용보험법**

제45조(급여의 기초가 되는 임금일액) ① 구직급여의 산정 기초가 되는 임금일액[이하 "기초일액(基礎日額)"이라 한다]은 수급자격의 인정과 관련된 마지막 이직 당시 「근로기준법」에 따라 산정된 평균임금으로 한다. 다만, 마지막 이직일 이전 3개월 이내에 피보험자격을 취득한 사실이 2회 이상인 경우에는 마지막 이직일 이전 3개월간(일용근로자의 경우에는 마지막 이직일 이전 4개월 중 최종 1개월을 제외한 기간)에 그 근로자에게 지급된 임금총액을 그 산정의 기준이 되는 3개월의 총일수로 나눈 금액을 기초일액으로 한다.

② ①에 따라 산정된 금액이 「근로기준법」에 따른 그 근로자의 통상임금보다 적을 경우에는 그 통상임금액을 기초일액으로 한다. 다만, 마지막 사업에서 이직 당시 일용근로자였던 사람의 경우에는 그러하지 아니하다.

③ ①과 ②에 따라 기초일액을 산정하는 것이 곤란한 경우와 보험료를 「고용산재보험료징수법」에 따른 기준보수를 기준으로 낸 경우에는 기준보수를 기초일액으로 한다. 다만, 보험료를 기준보수로 낸 경우에도 ①과 ②에 따라 산정한 기초일액이 기준보수보다 많은 경우에는 그러하지 아니하다.

> ④ ①부터 ③까지의 규정에도 불구하고 이들 규정에 따라 산정된 기초일액이 그 수급자격자의 이직
> 전 1일 소정근로시간에 이직일 당시 적용되던 「최저임금법」에 따른 시간단위에 해당하는 최저임금액
> 을 곱한 금액(이하 "최저기초일액"이라 한다)보다 낮은 경우에는 최저기초일액을 기초일액으로
> 한다. 이 경우 이직 전 1일 소정근로시간은 고용노동부령으로 정하는 방법에 따라 산정한다.
> ⑤ ①부터 ③까지의 규정에도 불구하고 이들 규정에 따라 산정된 기초일액이 보험의 취지 및 일반
> 근로자의 임금수준 등을 고려하여 대통령령으로 정하는 금액을 초과하는 경우에는 대통령령으
> 로 정하는 금액을 기초일액으로 한다.
> **제46조(구직급여일액)** ① 구직급여일액은 다음 각 호의 구분에 따른 금액으로 한다.
> 　1. 제45조 ①부터 ③까지 및 ⑤의 경우에는 그 수급자격자의 기초일액에 100분의 60을 곱한 금액
> 　2. 제45조 ④의 경우에는 그 수급자격자의 기초일액에 100분의 80을 곱한 금액(이하 "최저구직급여일
> 　　액"이라 한다)
> ② ①의 1에 따라 산정된 구직급여일액이 최저구직급여일액보다 낮은 경우에는 최저구직급여일액
> 을 그 수급자격자의 구직급여일액으로 한다.

② 이에 따르면 **구직급여일액의 원칙적인 소득대체율은 60%이다.** 그러나 **평균임금이 최저임금과 같거나 적은 사람은 최저임금의 80%로 적용받으므로 소득대체율은 60%를 초과**하고, 반면 **임금이 최저임금보다 높은 사람은 구직급여 기초일액의 상한을 적용받는 경우 소득대체율이 60%보다 낮아질 수 있다.**

③ 가령 평균임금이 20만원인 사람(월급 약 600만원)인 경우 20만원의 60%인 14만원이 원칙적인 구직급여일액(日額)이지만, 구직급여 기초일액 상한(2026년 11만 3,500원)을 적용받으면 구직급여일액(기초일액의 60%)은 68,100원이 되고, 이때의 소득대체율은 34%에 머무르게 된다. 만일 임금이 이보다 더 높은 사람이라면 소득대체율은 더 낮아질 것이다.

(5) 고용보험의 채용장려금이 고용과 임금에 미치는 영향

사업주가 전문인력과 취약계층 채용 시 고용보험에서 사업주에게 채용장려금을 지급하는 경우 고용과 임금에 미치는 영향은 다음과 같이 나타난다.

① 전문인력
　㉠ 전문인력은 장기간의 교육훈련이 필요하므로 노동공급이 비탄력적이다. 따라서 장려금을 지급하는 경우 임금은 크게 증가하지만, 고용은 적게 증가한다.
　㉡ 전문인력은 인적자본투자에 대한 보상적 임금이 중요하므로 **채용장려금은 전문인력에 대한 중소기업의 임금지불능력 향상에 긍정적인 효과**가 있다.

② 취약계층
　㉠ 취약계층의 경우 임금 상승에 대한 근로의욕이 크므로 노동공급이 탄력적이다. 따라서 취약계층에 대한 채용장려금을 지급한 경우 임금은 적게 증가하지만, 고용은 크게 증가한다.
　㉡ 취약계층은 생계를 위한 취업이 중요하므로 **채용장려금은 취약계층에 대한 고용 창출에 긍정적인 효과**가 있다.

(6) 고용보조금

① 고용보조금의 유형

ㄱ **임금보조금** : 취업취약계층을 고용하는 기업에 대해 정부가 직접 인건비를 지원하는 것이다.

ㄴ **세액공제** : 고용이 늘어난 기업에 대해 세금이나 공과금을 감면해주는 방식이다.

② 고용보조금의 효과 (Edmund S. Phelps)

ㄱ **사중손실** : 보조금으로 인해 시장에서 경쟁균형이 달성되지 않음으로써 발생할 수 있는 손해를 말한다. **원래 신규 채용계획이 있었던 기업**도 보조금을 받을 수 있기 때문에 **실질적인 고용 증대 없이** 기업에게 **무상으로 보조금 혜택**을 누리게 하는 결과를 발생시키는 것이다.

ㄴ **대체효과** : 보조금을 받은 근로자가 **보조금을 받지 않은 근로자를 대신하여 취업**한 경우를 의미한다. 이때 고용의 순효과는 발생하지 않는다. 실제로는 **고용이 창출된 것이 아니라** 단지 고용기회가 **다른 사람에게 이전**된 것에 불과하다.

ㄷ **전치효과** : 보조금 **혜택을 받은 기업의 경쟁력이 상승**하여 그렇지 못한 **다른 기업의 고용을 감소**시킴으로써 총고용변화에 부정적인 영향을 미치는 것을 말한다.

③ 고용보조금의 순고용효과 = 총효과 – 사중손실 – 대체효과 – 전치효과

03 실업대책

(1) 실업이론

① 불경기와 실업

ㄱ **부가노동자효과** : 불경기에 가구주의 실직으로 인해 비경제활동인구에 속하던 다른 가구원이 **경제활동인구로 유입**되는 현상을 말한다. 부가노동자효과는 **실업률을 증가시키는 요인**이 된다.

ㄴ **실망노동자효과** : 불경기에 실업률이 높을 때 실업자들이 구직활동 포기로 **비경제활동인구로 유출**되는 현상을 말한다. 실망노동자효과는 **실업률을 감소시키는 요인**이 된다.

ㄷ 실업률

- **부가노동자효과 > 실망노동자효과 → 실업률 증가**
- **부가노동자효과 < 실망노동자효과 → 실업률 감소**

② 실업의 종류와 실업대책

ㄱ **마찰적 실업** : 노동시장에 대한 **정보 부족으로 인한 실업**을 말한다.

→ [실업대책] **구인·구직정보 제공, 직업안내와 직업상담** 등 직업알선기관에 의한 효과적인 알선, 고용실태 및 전망에 관한 자료 제공 등이 있다.

ⓛ 구조적 실업 : **노동력이 산업구조 변화에 대응하지 못해 발생**하는 실업을 말한다.

　→ [실업대책] **교육 및 직업전환훈련, 이주비 지원**, 성장산업에 대한 정보 제공, 산업구조 변화 예측에 따른 인력수급정책 등이 있다.

ⓒ 경기적 실업 : **불경기 유효수요 부족**으로 노동수요가 감소하여 발생하는 실업을 말한다.

　→ [실업대책] **금리 인하, 재정지출 확대** 등 총수요 증대정책이 이에 해당한다.

ⓔ 계절적 실업 : **계절이나 날씨에 따른 산업활동 감소로 인한 실업**을 말한다.

　→ [실업대책] **대체 구인처 확보**가 필요하다.

ⓜ 기술적 실업 : **노동 절약적 기계설비의 도입**으로 발생하는 실업을 말한다.

③ 잠재적 실업

ⓖ 잠재실업이란 표면상으로는 실업이 아니지만 실제로는 노동자가 자기의 생산력을 충분히 발휘하지 못하여 수입이 낮고, 그 결과 완전한 생활을 영위하지 못하는 반실업상태를 의미한다.

ⓛ 노동의 한계생산물이 거의 0에 가까운 실업을 말한다.

ⓒ **표면적으로 취업상태에 있지만 실질적으로 실업상태에 있는 농촌의 과잉인구 등이 해당된다.**

ⓔ **구직의 가능성이 높았더라면 노동시장에 참가하여 적어도 구직활동을 했을 사람이 그와 같은 전망이 없거나 낮다고 판단하여 비경제활동인구화되어 있는 경우를** 말한다.

④ 완전고용 및 자연실업률 : **마찰적 실업만 있는 상태**를 완전고용상태라 한다. 이때의 실업률을 **자연실업률**이라 한다.

⑤ 실업–결원곡선(Beveridge Curve)

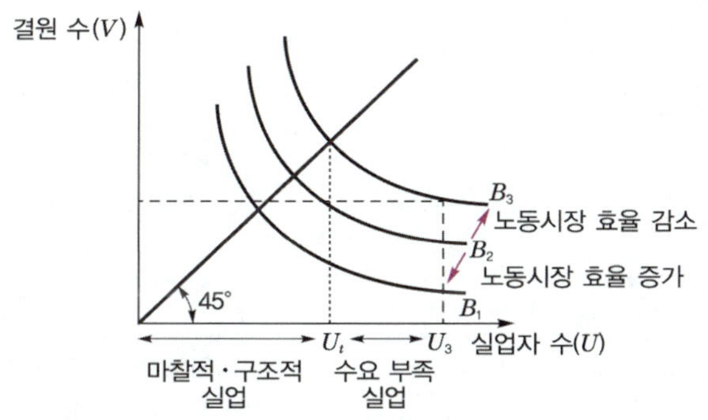

ⓖ 실업자 수가 많은 것은 상대적으로 일자리가 없는 것이고, 결원 수가 많은 것은 상대적으로 일할 사람이 없는 것이다.

ⓛ 결원 수가 많으면 수요 과잉으로 실업자 수가 적고, 실업자 수가 많으면 공급 과잉으로 결원 수가 적어진다.

ⓒ **결원 수와 실업자 수가 같은 지점(U_t)은 구조적 실업(구직자가 기업이 필요로 하는 능력을 갖추지 못한 경우) 또는 마찰적 실업(노동시장정보 부족으로 인한 실업)이 존재하는 지점이다. 그러나 그 지점이 구조적 실업과 마찰적 실업 중에 어느 것에 해당하는지는 구분할 수 없다.**

⑥ 필립스곡선 : 필립스곡선은 **물가 상승률과 실업률 사이의 상충관계**를 나타낸 것으로, 실업률이 낮을수록 명목임금 상승률이 높고, 반대로 실업률이 높을수록 명목임금 상승률이 낮다.

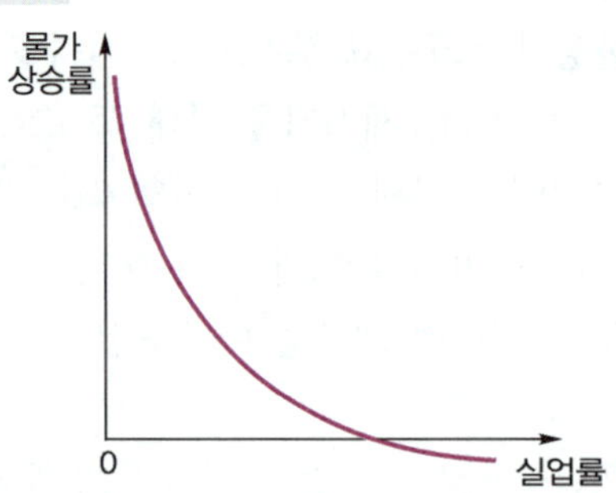

필립스곡선이 원점으로 이동해야 물가와 실업률의 상충관계를 개선할 수 있다. 상충관계를 개선할 수 있는 조치는 다음과 같다.

㉠ 예상가격 상승률을 낮추는 조치 시행 : 소득정책

㉡ 임금의 하방경직성을 강화하는 제도적 장애물을 제거하는 정책

㉢ 노동시장의 효율성 증대 : 고용정보 제공, 직업소개업무 향상, 직업훈련

㉣ 지역 간의 실업률격차를 감소시킬 수 있도록 각 지역별로 취업에 관한 정보 제공

⑦ 소득정책 : 소득정책은 **정부가 임금과 물가 상승을 규제하여 임금 및 소득에 직접적으로 영향**을 미치고자 하는 정책(예 임금 상승률의 상한을 정하는 임금 가이드라인, 임금 인상과 물가 인상을 억제 또는 동결하는 임금–물가통제)으로서 예상가격 상승률을 낮춰 물가를 억제하는 정책이다.

(2) 실업통계 (경제활동인구조사)

① **총인구**

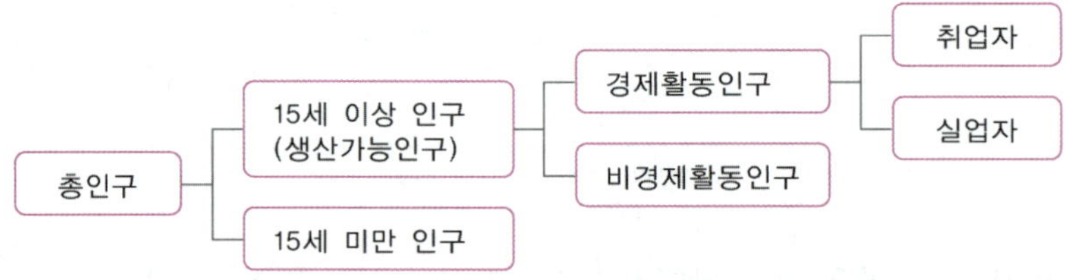

② 취업자의 정의

㉠ 조사대상주간 중 **수입을 목적으로 1시간 이상 일한 자**

㉡ 자기에게 직접적으로는 이득이나 수입이 오지 않더라도 자기가구에서 경영하는 농장이나 사업체의 수입을 높이는 데 도운 가족종사자로서 **주당 18시간 이상 일한 자(무급가족종사자)**

㉢ 직장 또는 사업체를 가지고 있으나 조사대상주간 중 일시적인 병, 일기불순, 휴가 또는 연가, 노동쟁의 등의 이유로 일하지 못한 **일시휴직자**

③ 실업자의 정의 : 15세 이상 인구 중 ㉠ 조사대상주간에 수입이 있는 일을 하지 않았고, ㉡ 지난 4주간 적극적으로 구직활동을 하였으며, ㉢ 조사대상기간에 일이 주어지면 즉시 취업이 가능한 사람을 말한다.

④ 비경제활동인구 : 조사대상주간 중 **취업자도 실업자도 아닌 만 15세 이상인 자**, 즉 집안에서 가사와 육아를 전담하는 가정주부, 학교에 다니는 학생, 일을 할 수 없는 연로자와 심신장애자, 자발적으로 자선사업이나 종교단체에 관여하는 자 등을 말한다.

⑤ 비정규직근로자

㉠ 한시적 근로자 : 근로계약기간을 정한 근로자(기간제근로자) 또는 정하지 않았으나 계약의 반복 갱신으로 계속 일할 수 있는 근로자와 비자발적 사유로 계속 근무를 기대할 수 없는 근로자(비기간제근로자)를 포함한다.

㉡ 시간제 근로자 : 직장(일)에서 근무하도록 정해진 소정의 근로시간이 동일 사업장에서 동일한 종류의 업무를 수행하는 근로자의 소정근로시간보다 1시간이라도 짧은 근로자로, 평소 1주에 36시간 미만 일하기로 정해져 있는 경우가 해당된다.

㉢ 비전형 근로자 : 파견근로자, 용역근로자, 특수형태근로종사자, 가정 내(재택, 가내) 근로자, 일일(단기)근로자를 의미한다.

⑥ 경제활동참가율

$$\text{경제활동참가율} = \frac{\text{경제활동인구}}{\text{15세 이상 인구}} \times 100$$

⑦ 실업률

$$\text{실업률} = \frac{\text{실업자 수}}{\text{경제활동인구}} \times 100$$

⑧ 고용률

$$\text{고용률} = \frac{\text{취업자 수}}{\text{15세 이상 인구}} \times 100$$

⑨ 취업자의 종사상 지위

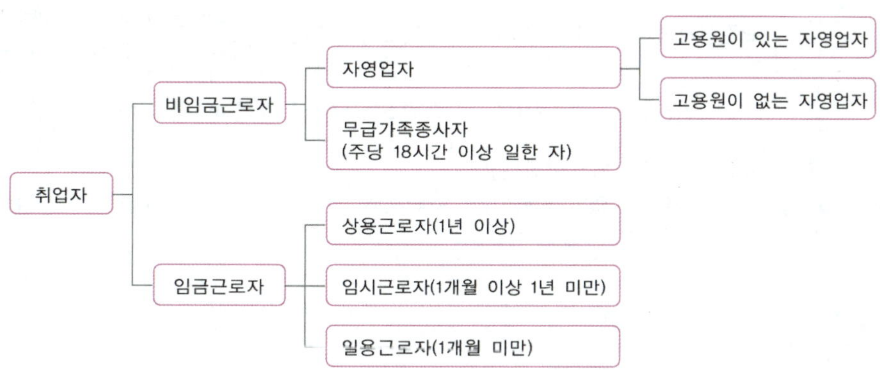

(3) 실업정책

① 실업정책의 구분

    ㉠ **고용안정정책** : 실업풀에의 진입이유에 대응하는 정책
- 취업알선 등 고용서비스
- 직업훈련의 효율성 제고
- 기업의 고용 유지 및 무분별한 해고제한 노력 지원

    ㉡ **고용창출정책 : 실업풀로부터의 탈출**을 촉진하는 정책
- 규제 완화 및 경쟁 활성화를 통한 **창업 촉진**
- 창업을 위한 인프라 구축
- **공공투자사업**의 확충
- 공공부문 **유연성** 확립
- 추가적인 민간부문 노동시장 유연성 제고
- **공공봉사요원제** 확충

    ㉢ **사회안전망형성정책** : 실업풀에 있는 실직자에 대한 생활안정정책
- 고용보험의 실업급여사업 확대 실시
- 저소득계층 실업자에 대한 실업부조사업의 수립·실시
- 대학·대학원 정원 자율화

② 국민취업지원제도 : **국민취업지원제도는 취업을 원하는 사람에게 취업지원 서비스를 종합적으로 제공하고, 저소득 구직자에게는 생계를 위한 최소한의 소득을 지원하는 한국형 실업부조이다.** 국민취업지원제도 참여자격요건을 갖춘 사람에게 고용복지플러스센터에서 관련 취업지원 서비스와 수당(비용)을 지원한다.

    ㉠ 사업목적 : 저소득 구직자 등 취업취약계층에게 통합적인 취업지원 서비스를 제공하고 생계를 지원함으로써 이들의 구직활동 및 생활안정을 지원한다.

    ㉡ 지원대상(수급자격요건) : 근로능력과 구직의사가 있음에도 불구하고 취업하지 못한 자 중 다음 요건을 충족한 자

필요요건		연령	가구단위 소득	가구원 재산	취업경험
Ⅰ유형	요건심사형	15~69세	중위소득 60%↓	4억원 이하 (청년 5억원 이하)	2년 이내 100일 또는 800시간 이상
	선발형 비경활	15~69세	중위소득 60%↓	4억원 이하	2년 이내 100일 또는 800시간 미만
	선발형 청년	15~34세+병역 의무 이행기간 (최대 3년)	중위소득 120%↓	5억원 이하	선발 시 고려

필요요건		연령	가구단위 소득	가구원 재산	취업경험
II 유형	특정 계층	15~69세	무관	무관	무관
	청년	15~34세+병역 의무 이행기간 (최대 3년)	무관		
	중장년	35~69세	중위소득 100%↓		

※ 특정 계층 : 기초생활수급자, 노숙인 등 비주택거주자, 북한이탈주민, 신용회복지원자, 결혼이민자 및 결혼이민자의 외국인 자녀, 위기청소년, 구직단념청년, 여성가구주, 국가유공자, 특수형태근로자, 건설 일용직, FTA(자유무역협정) 피해 실직자, 미혼부모·한부모, 청소년부모, 기초연금수급자, 영세 자영업자, 산재장애자, 고용위기지역 및 고용재난지역 등 이직자, 일자리 안정자금 지원요건에 해당하는 이직자, 「기업 활력 제고를 위한 특별법」 시행에 따른 중·장년 참여자, 특별고용지원업종의 실직자, 직접 일자리사업 참여자(노동시장 이행형 중 해당 사업)

ⓒ 지원내용 : 취업지원 서비스 및 소득 지원을 결합하여 지원

구분	취업지원 서비스	소득 지원
I 유형	• 상담·진단을 통해 취업역량 파악, 취업지원경로(IAP) 설정 • 직업훈련·창업·해외취업 및 복지 프로그램(생계, 의료, 금융, 돌봄 서비스 등) 등 연계 • 구직활동 지원 프로그램 연계 및 집중 취업알선 진행 등	• 구직촉진수당 : 월 60만원+부양가족 1인당 10만원(월 최대 40만원) 추가지원×6개월 * 부양가족 : 18세 이하, 70세 이상, 중증장애인 • 취업성공수당 : 최대 150만원(중위소득 60% 이하 및 특정계층)
II 유형		• 취업활동비용 : 취업활동계획 수립 참여수당 15~25만원 • 참여장려수당 : 기관 방문하여 취업상담, 취업알선참여 시 1회 2만원(5회) 지원 • 취업성공수당 : 최대 150만원(중위소득 60% 이하 및 특정 계층)

③ 국민내일배움카드

ⓐ 사업목적 : 급격한 기술발전에 적응하고 노동시장 변화에 대응하는 사회안전망 차원에서 생애에 걸친 역량개발 향상 등을 위해 국민 스스로 직업능력개발훈련을 실시할 수 있도록 훈련비 등을 지원한다.

ⓑ 사업내용
  • 지원과정 : 고용노동부로부터 적합성을 인정받아 훈련비 지원대상으로 공고된 훈련과정
  • 지원대상 : 국민 누구나 신청 가능하다. 다만, 현직 공무원, 사립학교 교직원, 졸업예정학년이 아닌 고등학교 재학생, 졸업까지의 수업연한이 2년을 초과하여 남은 대학 재학생, 4억원 이상의 자영업자, 월임금 300만원 이상인 대규모 기업 종사자(45세 미만), 월평균소득 500만원 이상인 특수형태근로종사자 등은 제외한다.

- 지원한도 : 훈련비 지원은 1인당 300~500만원까지 훈련비의 45~85%를 지원한다.
  - ※ 국민취업지원제도 Ⅰ유형 및 Ⅱ유형 중 특정 계층 참여자는 훈련비의 100% 또는 80%를, 국민취업지원제도 Ⅱ유형 중 청·중장년층 참여자는 50~85%를, 근로장 려금(EITC) 수급자는 72.5~92.5% 지원 등
  - ※ 훈련장려금은 140시간 이상 훈련과정을 수강하는 실업자 등에게 월 최대 11.6만원 을 지급한다(단위기간 1개월 출석률 80% 이상 시). 단, 실업급여를 수급 중이거나 소득이 있는 경우 등에는 일부 또는 전부를 지급하지 않는다.
- 유효기간 : 계좌 발급일부터 5년

04 직업훈련과 인력개발정책

(1) 인적자본이론

① 의의 : **인간을 일종의 자본으로 보고 교육, 훈련 등의 투자를 통해 생산력을 증가**시킴으로써 기업이 수익을 얻을 수 있다는 이론이다.

② 인적자본투자대상

ㄱ) 정규**교육** 또는 학교교육

ㄴ) **현장훈련** : 취업 후 작업현장에서의 교육

ㄷ) **이주** : 자신의 생산능력을 최대한 발휘할 수 있는 곳으로 이주

ㄹ) **건강** : 노동시간을 일정수준 이상으로 유지하고 결근에 따른 경제적 손실을 방지하도록 건강 유지

ㅁ) **정보** : 취업을 통해 더 많은 경제적 편익을 확보할 수 있도록 일자리 탐색, 노동시장정 보 획득

③ **행동결정 분석상의 기본적 가정** : 인적자본의 접근법은 행동결정의 분석에서 다음과 같은 기 본적 가정의 도움을 받는다.

ㄱ) 모든 개별 경제주체는 생애효용의 극대화를 추구하며, 효용이 단순히 소비로부터 유도 되고, 또 소비가 소득에 의존하게 되면 생애소득의 극대화를 추구한다.

ㄴ) 교육수준은 궁극적으로 소득의 흐름과 관련된다. 즉, 교육수준은 기술·기능수준과 관 련되고, 이는 한계생산성과 관련되며 다시 소득수준과 관련되게 된다.

ㄷ) 이 소득의 흐름과 교육훈련에 관련된 비용을 정확히 알 수 있다.

ㄹ) 새로운 수준의 교육훈련 프로그램의 공급에는 제한이 없다.

ㅁ) 모든 개인은 교육훈련을 이수할 수 있는 능력을 갖고 있다.

ㅂ) 개별 경제주체의 의사결정에 있어 소득의 제약은 없다.

④ 일반교육훈련과 특별교육훈련

  ㉠ **일반교육훈련은 어떤 기업에서나 통용되는 근로자의 생산능력을 향상시키는 것이고, 특별교육훈련은 특정 기업에 한정된 기능을 향상시키는 훈련이다.**

  ㉡ **일반교육훈련은 근로자들이 비용 조달의 유인을 갖는다.** 그러나 근로자에게는 비용 조달의 어려움이 있을 수 있고, 또 투자의 가변성에 의해 악화될 수 있는 교육훈련 프로그램의 시장공급능력으로 인해 과소투자가 일어날 수 있다. 이 경우 지불보조나 훈련시설의 공급을 통하여 투자를 자극시키기 위한 정부의 중재가 필요하게 된다. 여기서 중재는 정부가 아닌 기업에 의해 이루어질 가능성은 거의 없다.

  ㉢ **특수훈련은 근로자에게는 재원 조달의 유인이 대단히 적다.** 기업은 오직 자기기업의 근로자에게만 훈련하기를 원하며 임금조정에 의해 그 지출에 대한 수익을 확보하려고 한다. 그러나 이 경우 기업은 참여율을 높이고 중도 탈락을 줄이기 위해 훈련기간 중에는 $W_t = M_t$(훈련기간 중의 임금=훈련기간 중의 한계생산)의 임금을 지불하며, 훈련이 끝났을 때에는 M_s(특수훈련 이수 후 한계생산)보다 적은 임금 W_s(특수훈련 이수 후의 임금)를 지불함으로써 그 비용을 보전받을 수 있다.

  ㉣ **기업은 특수기능의 소유가 노동이동의 강력한 장애요인이 되어 특별히 훈련받은 근로자들은 기업이 수익을 충분히 향유할 수 있을 정도로 긴 기간 동안 한 기업에 머물기 때문에 기업은 기꺼이 그 훈련에 투자하려고 한다.** 근로자는 W_s(특수훈련 이수 후의 임금)가 W(특수훈련 이수 전의 임금)를 초과하는 한 특수훈련을 이수할 유인을 갖게 된다.

⑤ 기업 특수적 인적자본

  ㉠ 의의 : 기업 특수적 인적자본이란 소속 노동자들에게 해당 기업에 특화된 훈련을 시키는 것을 의미한다.

  ㉡ **기업 특수적 인적자본이 형성되는 경우**

- 차별화된 제품생산
- 장비의 특수성
- 공정의 특수성
- 기업 특수적인 팀워크
- 의사소통의 특수성

⑥ 훈련의 내부수익률과 투자

  ㉠ 훈련의 내부수익률

- 내부수익률이란 어떤 투자가 이루어질 때 그것으로부터 발생하는 **미래 수익의 현재가치를 투자비용에 일치시켜 주는 할인율**이다. 단, 한 번의 인적자본투자(교육, 훈련)가 있는데, 그 비용을 C라고 하고, 이 투자로부터 발생하는 수익을 X_i라고 하며, X_i는 n년간에 걸쳐 회수할 수 있으며, 그때 할인율을 r이라고 한 후 그 비용과 투자수익의 현재가치를 일치시킴으로써 다음과 같이 쓸 수 있다.

$$C = \sum_{i=1}^{n} \frac{X_i}{(1+r)^i}$$

- 위 식을 만족시켜주는 r을 내부수익률이라고 한다. 따라서 내부수익률이란 인적자본투자를 생각할 때 인적자본투자의 순현재가치를 0으로 해주는 값이라고 할 수도 있다.
- ㉡ 내부수익률과 훈련에의 투자 : 내부수익률이 이자율보다 큰 경우에 교육훈련에 투자한다.

⑦ 기업의 훈련제공의지를 제한하는 요인

- ㉠ **훈련에 대한 유인은 기대이직의 크기에 의해 좌우된다.** 비록 특수기능이 이전 가능한 기능이 아닐지라도 특수기능을 가진 근로자가 여러 가지 이유로 훈련기간 중이나 그 이후에 이직할 수 있기 때문이다. 이 경우 기업은 어떤 형태로든 그들의 지출일부를 잃게 된다.
- ㉡ 기업의 훈련에 대한 투자유인은 그 **특수기능의 중요성**에 따라 달라진다.
- ㉢ 생산품목의 수요변화가 극심한 기업의 경우 고용계약이 갖는 규칙적 성격, 즉 어느 정도의 장기간에 걸친 **근로자 보호취지의 고용안정성 확보 등은 훈련투자를 꺼리게 하는 이유**가 된다.

⑧ 가계의 인적자본투자량 결정

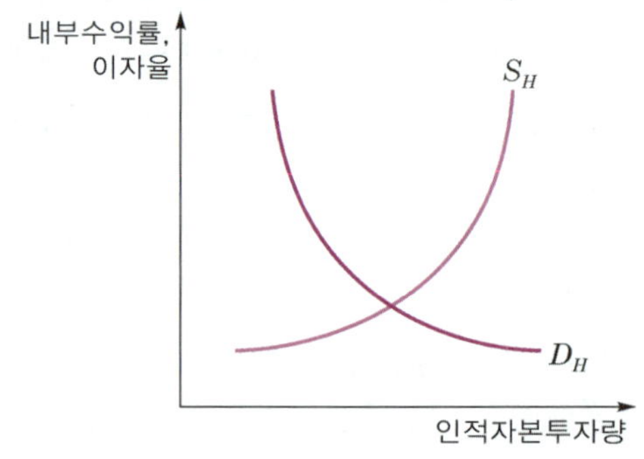

- ㉠ 인적자본투자의 **공급에 영향을 미치는 요인은 부모의 재산과 소득**이고, 인적자본투자의 **수요에 영향을 미치는 요인은 개인의 능력**, 학력 간 임금격차, 연령, 미래 지향성에 대한 선호 등이 있다. **공급곡선은 이자율과 투자량과의 관계**를 나타내고, **수요곡선은 투자의 내부수익률(투자의 한계수익률)과 투자량과의 관계**를 나타낸다.
- ㉡ 인적자본투자량이 커질수록 학비를 더 많이 조달하기 위해 더 비싼 이자를 써야 하므로 이자율은 상승하고(**공급곡선 우상향**), 인적자본투자를 늘릴수록 투자의 추가 수확은 점점 줄어들고 기회비용이 올라가기 때문에 내부수익률은 감소한다(**수요곡선 우하향**). 부모의 재산과 소득이 많으면 투자공급곡선은 오른쪽으로 이동하고, 자녀가 유능할수록 투자수요곡선은 오른쪽으로 이동하게 된다.
- ㉢ 이 두 곡선이 만나는 점에서 투자량이 결정되는데, 그 결과 **부자인 부모(기회)와 유능한 자녀(능력)가 만날 때 가장 많은 투자와 가장 많은 투자수익**이 이뤄진다.

(2) 신호모형(선별가설)

교육의 신호모형 및 선별가설은 교육이 생산성을 높이는 것이 아니라 **원래 능력이 우수한 사람이 고학력을 갖추게 된다**고 전제한다. 이에 따라 노동자는 **자신의 재능을 알리기(signal) 위해** 교육에 투자하고(신호모형), 기업은 **유능한 사람을 솎아내는 기구로** 교육을 활용한다고 본다(선별가설). **교육이 생산성을 향상시킨다고 보는 인적자본론을 비판하는** 이론이다.

(3) 노동이동

① 노동이동의 경로 : 이직은 보통 다음과 같은 네 가지 경로로 이루어진다.
   ㉠ 사직(quits)
   ㉡ **일시해고(layoffs) : 근로자의 귀책사유 없이 기업의 가동률 저하로 인하여 근로자가 기업으로부터 일시적으로 해고되는 경우**를 말한다.
   ㉢ 해고(discharges) : 회사규칙 위반자 등의 근로자들을 기업이 정당한 사유로 면직시키는 경우를 말한다.
   ㉣ 기타 이직 : 군복무, 정년퇴직, 신체적 장애, 기타 사망 등으로 인하여 이직하는 경우를 말한다.
② 노동이동의 원인
   ㉠ 임금격차설
   - **노동력이 부족한 부문에서는 임금 및 노동조건이 상대적으로 개선되므로 이 분야에 소요되는 새로운 노동력이 유입**되며, 반대로 노동력이 초과공급되는 분야에서는 노동력이 유출되는 경향을 보인다. 즉, 자본이 이윤율 격차를 중심으로 이동한다면 임금노동은 임금률 격차를 중심으로 상향이동하는 것이다.
   - 저임금의 산업·지역에서 고임금의 산업·지역으로 노동자가 이동한다는 **노동력의 공급 측면을 강조하는** 이론이다.
   ㉡ 취업기회설
   - 취업기회설은 **타 산업·타 지역으로의 이동은 취업기회의 증감에 의해 규정된다는 것으로 노동력의 수요 측면을 강조**하고 있다.
   - 미국의 농업부문에서 일어나고 있는 계속적인 노동력 유출현상은 임금격차로 설명될 수 없고, 취업기회의 존재 여부에 의해 규정되는 것이다. 따라서 도시·농촌 간의 임금격차의 변화만이 산업별·지역 간 노동이동을 가져오는 유일한 변수가 아니고 공업부문의 취업기회 확대가 농업노동력을 흡수하는 중요한 원인으로 설명되고 있다.
③ 자발적 노동이동에 따른 순수익의 현재가치를 결정해주는 요인
   ㉠ 구 직장과 신 직장 간의 **수익차**
   ㉡ 새로운 직장에서의 **예상근속연수**
   ㉢ 장래의 기대되는 수익과 현 직장의 수익의 차를 현재가치로 할인해주는 **할인율**

㉣ 노동이동에 따른 **비용**(금전적 · 심리적 비용)

- B_{nt}를 t년에 새로운 직장(n)에서 얻은 이익, B_{ot}를 t년에 옛 직장(o)으로부터 얻는 이익, T를 새로운 직장에서 예상되는 근속연수, r을 할인율, M을 노동이동의 비용이라고 하면 노동이동에 따른 순수익의 현재가치는 다음과 같다.

$$\text{노동이동에 따른 순수익의 현재가치} = \sum_{t=1}^{T} \frac{B_{nt} - B_{ot}}{(1+r)^t} - M$$

- 노동이동에 따른 순수익의 현재가치가 0보다 클 때 노동이동이 발생한다.
- 새로운 직장과 구 직장 간의 **수익의 격차**($B_{nt} - B_{ot}$)가 클수록, 새로운 직장에서의 근속연수가 길수록(T), 시차할인율(r)이 낮을수록, 노동이동**비용**(M)이 적을수록 노동이동이 일어날 확률이 크다.

(4) 노동시장 유연성의 유형

노동시장 유연성이란 외부환경 변화에 인적자원이 신속하고 효율적으로 배분 및 재배분되는 노동시장의 능력을 지칭한다. 노동시장 유연성의 유형은 다음과 같다.

① **외부적 수량 유연성** : 계약직, 파트타임 등 인력 퇴출이 쉽도록 하는 것이다.
② **내부적 수량 유연성** : 근로시간 변형이 쉽도록 하는 것이다.
③ **외부화** : 도급, 파견 등 생산의 불확실성을 외부로 전가하는 것이다.
④ **기능적 유연성** : 배치전환, 다기능공화, 작업장 간의 노동이동을 통해 변화에 대한 적응력을 향상시키는 것이다.
⑤ **임금 유연성** : 성과 등에 따라 임금 증감을 쉽도록 하는 것이다.

※ 이해 Tip : 외부적 수량 유연성은 재직인원(외부적)의 증감(수량)을 쉽게
　　　　　　　 내부적 수량 유연성은 근로시간(내부적)의 증감(수량)을 쉽게
　　　　　　　 외부화는 인원의 소속을 밖에서

01　적정 임금 보장

(1) 임금의 결정이론

① 임금생존비설 : 임금은 **생존비수준**에서 결정된다.
② 임금기금설 : 어느 한 시점에 **노동자에게 지불될 수 있는 기금(총액)**은 미리 정해져 있고, 그 총액을 노동자들 간에 분배하는 것이다.

③ 노동가치설 : 노동자계급의 유지와 재생산에 필요한 **생존수단을 생산하는 데 필요한 노동시간**에 의해 임금이 결정된다.

④ 한계생산력설 : 임금은 **노동의 수요과 공급의 균형점**에서 결정된다.

⑤ 교섭력설 : **노동조합 등의 교섭력**에 의해 임금이 변경될 수 있다.

(2) 최저임금제

① 최저임금제의 기대효과

  ㉠ **소득분배의 개선(임금격차 해소)** : 저임금 근로자의 생활을 보호하고, 산업 간, 직종 간, 지역 간의 임금격차를 개선한다.

  ㉡ **노동력의 질적 향상** : 사기 진작으로 노동생산성 향상에 기여한다.

  ㉢ **공정경쟁의 확보** : 저임금에 기반한 경쟁방식을 지양하도록 한다.

  ㉣ **산업평화의 유지** : 생활안정으로 노동쟁의를 감소시킨다.

  ㉤ **산업구조의 고도화 촉진** : 저임금에 기반한 산업구조를 탈피하도록 하고, 경영합리화를 유도한다.

  ㉥ **경기활성화에 기여** : 소득 증가로 유효수요를 확대한다.

  ㉦ **복지국가의 실현에 기여**

② 최저임금의 부정적 효과

  ㉠ **고용량 감소** : 기업에서는 상대적으로 비싸진 노동서비스의 사용을 줄이고자 할 것이며, 따라서 고용이 감소하고 실업이 발생하게 된다.

  ㉡ **지역 간 경제활동의 배분을 왜곡**시키고 **전반적인 생산을 감소시킴** : 지역의 부존자원상태에 따라 이제까지 능률적으로 특화되어 왔던 생산요소의 사용비율 내지 산업구성을 왜곡시킨다.

  ㉢ **소득분배에 역진적인 효과** : 최저임금수준 이하의 낮은 소득을 받던 사람들 상당수는 실직될 수 있고, 최저임금수준 이상의 근로자들은 아래로부터의 상승압박으로 임금이 연쇄적으로 인상될 수 있다.

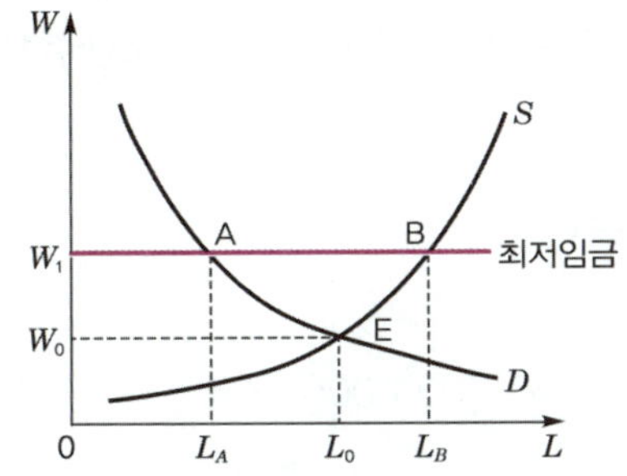

균형임금이 W_0 수준이고 최저임금이 W_1 수준으로 결정되면 $(L_B - L_A)$만큼의 실업(노동의 초과공급)이 발생한다.

③ 최저임금제 도입이 근로자에게 유리할 수 있는 경우 : **노동시장이 수요독점인 경우**(노동시장에 기업이 하나) **최저임금제 도입 시 고용량이 증가**하여 근로자에게 유리하다.

(3) 임금보조정책

노동수요곡선과 노동공급곡선이 각각 아래와 같이 주어져 있다.

$$L_d = -60W + 330,000, \quad L_s = 50W$$

이때 균형고용량과 균형임금을 구해보면 다음과 같다.

① 균형임금률과 고용률

   ㉠ 노동수요함수

$$W = -\frac{1}{60}L + 5,500$$

   ㉡ 노동공급함수

$$W = \frac{1}{50}L$$

   ㉢ 노동수요과 공급함수가 같아지는 점을 구하면

$$-\frac{1}{60}L + 5,500 = \frac{1}{50}L$$

    ∴ 균형고용량은 150,000이고, 균형임금은 3,000원이다.

② 임금률을 시간당 6,000원으로 올리기 위한 보조금의 보조율 및 보조금 총액 : 임금률을 시간당 6,000원으로 올리기 위해 정부가 고용주에게 고용된 노동 1시간당 얼마의 비율로 보조금을 지급한다면 그 보조율은 얼마나 되어야 하는가? 또한 필요한 보조금 총액은 얼마인지를 계산해 본다.

   ㉠ 보조금이 지급되는 경우 노동수요함수

$$W = -\frac{1}{60}L + 5,500 + 보조금$$

   ㉡ 임금률(시급)이 6,000원일 경우 노동공급시간을 구하기 위해 노동공급함수에 대입하면

$$6,000 = \frac{1}{50}L$$

근로시간은 300,000시간이다. 이때의 보조금을 구하기 위해 노동수요함수에 근로시간 300,000시간을 대입하면

$$6,000 = -\frac{1}{60} \times 300,000 + 5,500 + 보조금$$

보조금(보조율)은 5,500원이다.

∴ 보조금 총액은 5,500원×300,000시간=1,650,000,000원이다.

(1) 한국의 근로여성 관련 고용정책

① 경력단절여성 취업지원

　㉠ 사업목적

　　• 여성새로일하기센터(새일센터)를 통하여 경력단절여성에게 직업상담. 직업훈련, 인턴연계, 취업알선 및 취업 후 사후관리 등 종합적인 취업지원 서비스 제공(고용노동부·여성가족부 공동 주관)

　　• 경력단절여성 : 혼인·임신·출산, 육아와 가족돌봄 등의 사유로 경제활동을 중단하였거나 경제활동을 한 적이 없는 여성 중에서 취업을 희망하는 여성

　㉡ 사업내용

구분		내용
고용노동부	집단상담 프로그램	경력단절여성 및 결혼이민여성 대상 집단상담 프로그램 운영
여성가족부	직업교육훈련	각 새일센터에서 5~6개 직업훈련과정 운영
	인턴연계	인턴 1인당 380만원 한도 지원(기업 320만원, 인턴 60만원)
	취·창업지원	취·창업동아리 운영, 컨설팅 지원
	경력단절 예방 지원	경력단절 예방특강, 취업자 직장적응교육, 노무상담 및 고충상담
구인·구직 발굴 및 연계, 지역일자리 거버넌스 구축, 기업체 협력망 구축 등		

② 고용보험 미적용자 출산급여 지원

　㉠ 사업목적

　　ⓐ 고용보험 모성보호제도(출산전후휴가급여)의 사각지대 해소

　　ⓑ 소득활동을 하는 '고용보험 미적용자'가 출산했을 경우 출산급여를 지원하여 출산 후 소득 감소·단절에 따른 생계와 육아부담 경감

　㉡ 사업내용

　　ⓐ 지원대상 : 소득활동을 하지만, 고용보험 미적용으로 출산전후휴가급여를 지원받지 못하는 출산여성

　　　• 비임금근로자 : 1인 자영업자, 특수형태근로종사자, 자유계약직(프리랜서)

　　　• 임금근로자

　　　　- 고용보험 적용 제외자 : 초단시간근로자, 4인 이하 농림어업

　　　　- 고용보험 피보험단위기간 180일 수급요건 미충족자

　　ⓑ 지원내용 : 총 150만원

③ 적극적 고용개선조치 지원

　　㉠ 사업목적 : 민간기업 · 공공기관 대상으로 여성고용기준(근로자 및 관리자 비율)을 충족
　　　　하도록 유도하여 남녀 고용평등 촉진(2006년부터 시행)

　　㉡ 사업내용

　　　• 대상 : 공공기관, 지방공사(공단), 상시 500인 이상 사업장

　　　• 내용

　　　　– 대상사업장의 직종별 남녀 근로자 및 관리자 현황을 분석하여 규모별(1,000인 이
　　　　　상, 1,000인 미만), 산업별 30개 부문의 평균여성근로자 고용비율과 평균여성관
　　　　　리자 비율 산정

　　　　– 각 부문 평균치의 70% 미만 사업에 대해 개선계획을 수립, 이행토록 하고, 미이행
　　　　　사업주에 대하여는 매년도 명단 공표

④ 직장어린이집 지원

　　㉠ 사업목적 : 직장어린이집을 설치 · 운영하는 사업주에게 설치비 · 인건비 · 운영비를 지
　　　　원하는 등 직장보육시설을 확충함으로써 근로자의 육아부담을 덜고 경력단절을 예방

　　㉡ 사업내용

　　　• 설치비 · 인건비 · 운영비 지원 : 사업주에게 직장어린이집 설치 및 운영에 필요한 비
　　　　용 지원

　　　• 공공직장어린이집 운영지원 : 직장어린이집을 설치하기 어려운 중소기업 · 영세사업
　　　　장의 근로자를 위한 공공직장어린이집 운영지원

　　　• 직장보육지원센터 운영지원 : 직장어린이집을 설치 · 운영하려는 사업주에게 전문적
　　　　인 통합지원 서비스 제공

⑤ 출산육아 지원

　　㉠ 사업목적

　　　• 출산전후 · 유산 · 사산휴가급여 : 임신 중 여성근로자의 건강을 보호하고, 출산으로
　　　　인한 여성근로자의 이직 방지

　　　• 기간제 · 파견 근로자 출산전후휴가급여 등에 상당하는 금액 : 고용형태상 차별 없는
　　　　출산전후(유산 · 사산)휴가제도 활용 도모

　　　• 예술인 · 노무제공자 출산전후급여 등 : 고용보험 가입여성 예술인 · 노무제공자의 모
　　　　성 보호 및 고용안정에 기여

　　　• 육아휴직급여 : 육아휴직급여 지급을 통한 가정과 직장의 양립 지원으로 근로자의 고
　　　　용안정과 경제활동참가율 제고 도모

　　　• 육아기 근로시간단축급여 : 육아기에 근로시간을 단축하여 근무하는 경우 급여를 지
　　　　원하여 육아기 근로자의 경력단절을 방지하고 일과 가정의 양립 지원

　　　• 배우자출산휴가급여 : 남성근로자의 육아 참여를 활성화함으로써 여성근로자의 양육
　　　　부담 경감 및 맞돌봄문화 조성

　　　• 난임치료휴가급여 : 난임치료를 받기 위해 휴가를 사용하는 근로자의 소득 지원

(2) 성차별

① 성차별과 노동수요 측면
  ㉠ 베커(Gary Becker)의 선호차별
    - **노동시장 차별의 원인을 사용자나 노동자 혹은 고객들이 특정한 인종이나 성을 가진 노동자들과 접촉하는 것을 싫어하는 개인적 선호 내지 편견으로 설명하는 모형이다.**
    - **고용주, 동료근로자, 고객 등이 여성에 대해 편견을 갖고 있다면 여성근로자를 채용**하거나 함께 일하거나, 혹은 상품을 구매할 때 **그들이 받게 되는 비효용을 보상해 주기 위해 차별이 발생한다.** 이 경우 여성고용의 비효용에 대한 **보상프리미엄만큼의 임금격차(여성의 저임금)가 나타나게 된다.**
  ㉡ 노동수요측면의 통계적 차별 : 고용주가 **근로자에 대한 부족한 정보를 그룹 특성(성, 인종, 학력 등)을 이용해 보완**할 수 있는데, 이 경우 상대적으로 열등한 그룹에 속한 근로자는 **본인의 능력과는 무관하게 열등한 그룹에 속했다는 이유만으로 저평가되는 불이익**을 당한다. 이를 통계적 차별이라고 한다.
  ㉢ 분단노동시장과 관련된 차별 : 노동시장의 1차 부문은 주로 남성 핵심 연령층과 같은 주류그룹으로 구성되어 있으며, 1차 부문의 기업은 근로자에 대한 동기부여제도를 시행하고 장기노동계약관계를 맺는 등 진입장벽을 발생하게 한다. 이러한 진입장벽에 의해 여성 등의 비주류집단은 2차 노동시장으로 몰리게 된다.
  ㉣ 과밀모델
    - **남성 직종에서 여성에 대한 차별이 존재**하여 여성들이 전형적인 여성 직종에 크게 몰리는 직종분리현상이 나타나면 남성 직종은 노동공급 감소로 임금이 상승하고 남성 직종에서의 배제로 여성들이 몰리는 여성 직종에서는 과밀현상이 일어나 여성 직종의 임금은 낮아진다.
    - 이처럼 **여성이 고급 직종에 취업하지 못하고 여성지배 직종으로 내몰리게 됨으로써 남녀 간 동일한 생산성에도 불구하고 현저한 임금격차가 발생**한다고 설명하는 것이 직종과밀가설이다.
    - 이 가설은 노동시장에서 **여성의 비율이 큰 직업일수록 직업의 평균임금이 낮고,** 그 결과 여성이 불리한 경제적 지위를 갖게 된다고 설명한다.
② **노동공급측면의 중요성 : 여성의 경력단절(민서－폴라첵 가설)**
  ㉠ **여성이 출산 및 육아와 관련되어 단속적인 경제활동 참가를 하는 것이 노동시장에서 남녀 간에 직업구성이나 임금에서 차이를 야기하는 근본적인 원인**이라는 해석이 있다. 이는 1974년 민서(J. Mincer)와 폴라첵(S. Polacheck)에 의해 제시되었으며, **민서－폴라첵 가설**이라고 불린다.
  ㉡ 비연속적 경제활동 참가는 인적자본투자의 수익회수기간을 짧게 만듦으로써 인적자본 투자량이 적어진다. 즉, 교육연수뿐만 아니라 기업의 투자량 또한 적어지게 된다. 뿐만 아니라 비연속적인 경제활동 참가로 인적자본의 부식이 심해지기 때문에 여성들은 인적

자본부식이 작은 직업을 선택하게 된다. 이때 부식이란 인적자본을 사용하지 않거나 새롭게 유지·보수하지 않으면 잊히거나 또는 아무 쓸모가 없게 된다는 것을 의미한다.

ⓒ 비연속적인 경제활동 참가 또는 경력단절 때문에 투자수익회수기간이 짧고 부식이 일어나며, 이 요인들이 남녀 간에 임금격차의 주된 요인이라는 것이 민서–폴라첵 가설의 내용이다.

ⓔ 경력단절로 인한 임금의 총손실은 ⓐ 인적자본 부식에 따른 임금 감소분, ⓑ 근속연수 상실에 따른 임금 감소분, ⓒ 경력단절의 예상 때문에 발생하는 낮은 인적자본투자와 관련된 임금 감소분이라는 세 부분으로 구성된다.

(3) 기혼여성의 경제활동참가율 결정요인

① 시장**임금** : 임금이 상승할수록 경제활동참가율이 증가한다.
② 남편 등 **타 가구원의 소득** : 타 가구원의 소득이 낮을수록 경제활동참가율이 증가한다.
③ **교육수준** : 교육수준이 높을수록 경제활동참가율이 증가한다.
④ **자녀**의 수와 연령 : 자녀의 수가 많거나 미취학인 경우에 경제활동참가율이 감소한다.
⑤ 기혼여성 노동력에 대한 **기업의 수용태세** : 기혼여성 노동력에 대한 수용태세가 개방적, 적극적일수록 경제활동참가율이 증가한다.
⑥ 전반적인 **실업수준** : 실업수준이 낮을수록 경제활동참가율이 증가한다.
⑦ **가계생산기술**의 발달 정도 : 가계생산기술이 발달할수록 경제활동참가율이 증가한다.
⑧ **파트타임 고용시장**의 발달 정도 : 파트타임 고용시장이 발달할수록 경제활동참가율이 증가한다.

(4) 가계생산함수이론

① 가계를 보는 시각이 단순히 상품소비 결정만 내리는 피동적인 역할을 하는 것으로 보지 않고, 자신의 시간과 시장구입상품을 결합하여 **가계구성원의 효용을 충족시키는 데 이용되는 상품, 즉 가정재를 생산하는 적극적인 주체로서 파악**하는 것을 말한다.
② 기혼여성이 자신의 시간을 여가, 시장노동, 가사노동으로 배분한다고 할 때 임금 상승 시 기혼여성이 어떤 선택을 하고, 노동공급시간을 어떻게 결정하는지가 분석대상이 된다.
③ 임금 상승 시 기혼여성은 두 가지 반응을 보이게 된다. 우선 **가사노동을 줄일 유인을 갖는다.** 값이 비싸진 가사노동 대신 시장노동을 할 유인을 갖는다. 이는 가사노동과 시장노동 간의 대체관계에서 발생한다. 둘째, **임금 상승이 있으면 값이 비싸진 여가 대신에 시장노동을 할 유인을 갖는다.** 여가와 시장노동시간 간의 대체관계만 분석대상으로 삼은 남성과 비교해 볼 때, 기혼여성의 경우에는 **여가–시장노동 간 대체관계뿐만 아니라 가사노동–시장노동 간의 대체관계가 추가적으로 작용**하기 때문에 임금 상승에 따른 노동공급시간의 탄력성은 기혼여성의 경우가 남성보다 훨씬 탄력적이게 된다.

❶ 사회안전망

★ 2012년 직업상담사 1급

01 사회보험의 특징으로 틀린 것은?

① 사고에 대하여 개별적인 적용을 받는 개별보험이다.

② 강제 가입이 일반적이다.

③ 인적보험이다.

④ 운영비에 대한 국가보조가 일반적이다.

> **해설** **[사회보험의 특징]**
> ㉠ 관장자 : 사회보험의 관장자는 국가이거나 국가가 위임한 공적기관이다.
> ㉡ 인적보험 : 사회보험은 물적보험과는 달리 사람을 대상으로 하는 인적보험이다.
> ㉢ 강제 가입 : 일반의 임의 가입과는 달리 일정요건을 갖추면 가입이 강제된다.
> ㉣ 집단보험 : 사회보험의 가입대상은 개인이 아니고 집단이다. 일정한 요건을 갖춘 사업장단위로 집단적으로 가입하게 된다.
> ㉤ 국고보조 : 사회보험에 대하여 국고로서 운영비를 원조한다는 특징이 있다.

★★ 2011년, 2017년, 2025년 직업상담사 1급

02 경제가 불황에 놓여 실업률이 상승할 때 부인이나 자녀와 같은 추가적인 노동자가 노동시장에 공급되는 현상은?

① 부가노동자효과

② 실망노동자효과

③ 대체노동자효과

④ 기대참여효과

> **해설** ㉠ 부가노동자효과 : 불경기에 가구주의 실직으로 인해 비경제활동인구에 속하던 다른 가구원이 경제활동인구로 유입되는 현상이다. 부가노동자효과는 실업률을 증가시키는 요인이 된다.
> ㉡ 실망노동자효과 : 불경기에 실업률이 높을 때 실업자들이 구직활동 포기로 비경제활동인구로 유출되는 현상이다. 실망노동자효과는 실업률을 감소시키는 요인이 된다.

★★★ 2010년, 2016년, 2021년, 2025년 직업상담사 1급

03 불경기에는 실망노동자효과와 부가노동자효과가 동시에 나타난다. 다른 사정이 일정할 때 경제활동참가율이 낮아지는 경우는?

① 실망노동자효과가 부가노동자효과보다 클 때이다.

② 실망노동자효과가 부가노동자효과보다 작을 때이다.

③ 실망노동자효과가 부가노동자효과와 같을 때이다.

④ 실망노동자효과와 부가노동자효과의 합이 0일 때이다.

> **해설** 부가노동자효과는 경제활동인구가 유입되는 효과이고, 실망노동자효과는 경제활동인구가 유출되는 효과이므로 경제활동인구가 감소한 것이라면 실망노동자효과가 더 큰 경우이다.

정답 01. ① 02. ① 03. ①

04 실업에 관한 설명으로 옳은 것은?

① 경기후퇴 시에는 실망노동자효과는 실업률을 감소시키고, 부가노동자효과는 실업률을 증가시킨다.
② 잠재실업자는 통계청의 경제활동인구조사에서 실업자의 일부로 집계된다.
③ 완전고용이란 실업률이 영(0)인 상태를 말한다.
④ 밀턴 프리드만(M. Freedman)에 의하면 자연실업률은 국가별로 예측될 수 있다.

해설　① 실망노동자효과란 불경기에 취업이 어려워 구직활동을 아예 포기함으로써 경제활동인구가 비경제활동인구로 유출되는 것으로서 실업률의 감소요인이고, 부가노동자효과는 가구주의 실직으로 인해 불경기에 비경제활동인구였던 타 가구원이 취업에 나서면서 경제활동인구로 유입되는 것으로서 실업률의 증가요인이다.
② 잠재실업이란 표면상으로는 실업이 아니지만 실제로는 노동자가 자기의 생산력을 충분히 발휘하지 못하여 수입이 낮고, 그 결과 완전한 생활을 영위하지 못하는 반실업상태 또는 구직의 가능성이 높았더라면 노동시장에 참가하여 적어도 구직활동을 했을 사람이 그와 같은 전망이 없거나 낮다고 판단하여 비경제활동인구화되어 있는 경우를 말한다. 통계상으로는 전자의 반실업상태는 취업자인 이유로, 일을 하지 않으면서 구직활동도 포기한 경우에는 비경제활동인구인 이유로, 잠재실업자는 통계상 실업자가 아니다.
③ 완전고용은 실업자가 0인 상태가 아니라 비자발적 실업이 없는 상태, 즉 마찰적 실업만 존재하는 상태를 의미한다. 완전고용이 이뤄진 상태의 실업률을 자연실업률이라 한다.
④ 자연실업률을 주장한 프리드먼은 자연실업률을 예측하려던 어떤 시도도 거부하였다. 프리드먼은 "나는 자연실업률이 얼마인지 모른다. 그리고 어느 누구도 마찬가지일 것이다"라고 말한 바 있다.

05 최근 경기불황으로 구직활동을 포기하는 사람들이 늘고 있다. 이러한 추세가 지속되어 나타나는 결과는?

① 실업률은 증가한다.
② 실업률은 감소한다.
③ 실업률은 불변한다.
④ 경제활동참가율이 증가한다.

해설　불경기에 실업률이 높을 때 실업자들이 구직활동 포기로 비경제활동인구로 유출되는 실망노동자효과는 실업률을 감소시키는 요인이 된다.

06 다음 표는 외환위기를 전후한 수년간의 경제활동참가율 및 실업률을 보인 것이다. 외환위기 직후의 노동사정을 올바르게 추론한 것은?

연도	경제활동참가율(%)	실업률(%)
1996년	62.1	2.0
1997년	62.5	2.6
1998년	60.6	7.0
1999년	60.6	6.3

① 경제활동참가율의 하락은 부가노동자효과를 반영하는 것이다.
② 경제활동참가율의 하락은 실망노동자효과를 반영하는 것이다.
③ 실업률의 증가는 대부분 잠재실업에 기인한 것이다.
④ 실업률의 증가는 대부분 마찰적 실업에 기인한 것이다.

해설　①, ② 부가노동자효과는 경제활동인구가 증가하는 효과이고, 실망노동자효과는 경제활동인구가 감소하는 효과이다.
③ 잠재실업은 반실업상태, 실질적인 실업상태, 취업 가능성이 없다고 판단해 비경제활동인구화되어 있는 상태로 실업을 감추는 효과, 즉 통계상 실업률을 낮추는 효과가 있다.
④ 외환위기 때의 실업은 불경기로 인한 경기적 실업이다.

정답　04. ①　05. ②　06. ②

07 경기침체로 실업률이 5%에서 7%로 상승하였다. 실망노동효과가 부가노동효과보다 크다면 잠재실업자를 포함할 때 실제 실업률은?

① 5% 미만

② 5%

③ 5% 초과 7% 사이

④ 7% 초과

해설 실망노동자효과가 부가노동자효과보다 크다면 잠재실업자가 증가하였다는 것이다. 그러나 잠재실업자는 실업률에 반영되지 않는 인구이다. 잠재실업자가 배제된 상태에서 실업률이 7%라고 한다면 잠재실업자를 포함하는 경우 실제 실업률은 7%보다 더 높아진다.

08 기업의 구인활동과 실업자의 구직활동이 동시에 존재하지만 기업이 요구하는 자격을 갖추지 못하여 실업상태에 있는 것은?

① 마찰적 실업　　　② 경기적 실업

③ 구조적 실업　　　④ 계절적 실업

해설 [실업의 발생원인과 해결방법]
- ㉠ 마찰적 실업 : 노동시장에 대한 정보 부족으로 인한 실업→ 구인·구직정보 제공, 직업안내와 직업상담 등 직업알선기관에 의한 효과적인 알선, 고용실태 및 전망에 관한 자료 제공 등
- ㉡ 구조적 실업 : 노동력이 산업구조 변화에 대응하지 못해 발생하는 실업→ 교육 및 직업전환훈련, 이주비 지원, 성장산업에 대한 정보 제공, 산업구조 변화 예측에 따른 인력수급정책
- ㉢ 경기적 실업 : 불경기 유효수요 부족으로 노동수요 감소→ 총수요 증대로 경기부양
- ㉣ 계절적 실업 : 계절이나 날씨에 따른 산업활동 감소로 인한 실업 → 대체구인처 확보
- ㉤ 기술적 실업 : 노동 절약적 기계설비의 도입으로 발생하는 실업

09 총수요 부족에서 나타난 경기적 실업의 원인과 가장 거리가 먼 것은?

① 기업의 투자 위축

② 가계소비성향의 감소

③ 낮은 이자율

④ 화폐보유성향의 증대

해설 총수요 부족으로 인한 실업이 경기적 실업이다. 생산소비·투자 위축이 고용 감소를 초래한다. 이자율을 인하하는 것이 경기적 실업의 대책은 될 수 있어도, 원인은 아니다.

10 다음 중 수요 부족 실업에 해당하는 것은?

① 경기적 실업　　　② 마찰적 실업

③ 구조적 실업　　　④ 계절적 실업

해설 수요 부족 실업은 경기적 실업이다. 즉, 불경기에 상품에 대한 수요가 감소하여 상품을 생산하기 위한 노동력의 수요가 감소함으로써 발생하는 실업이다. 그 외의 실업을 비수요 부족 실업이라 한다.

11 다음 중 실업에 관한 설명으로 틀린 것은?

① 수요 부족 실업의 가장 전형적인 것은 경기적 실업이다.

② 취업에 관한 정보 제공을 포함한 노동시장기능이 효과적일수록 마찰적 실업은 감소한다.

③ 공석과 실업이 존재하더라도 구인처에서 요구하는 기술수준을 갖춘 근로자가 없거나 노동자지역 간의 이동이 불완전할 경우 구조적 실업이 발생된다.

④ 실망노동자 가설에 의하면 실업이 증가함에 따라 가구원들의 노동시장 참가율은 증가하게 된다.

해설 실망노동자효과는 불경기에 실업률이 높을 때 실업자들이 구직활동 포기로 비경제활동인구로 유출되는 현상이다.

정답 07. ④　08. ③　09. ③　10. ①　11. ④

2011년 직업상담사 2급

12 구조적 실업에 대한 설명으로 틀린 것은?

① 노동시장에 대한 정보 부족에 기인한다.

② 구인처에서 요구하는 자격을 갖춘 근로자가 없는 경우에 발생한다.

③ 산업구조 변화에 노동력 공급이 적절히 대응하지 못해서 발생한다.

④ 적절한 직업훈련기회를 제공하는 것이 구조적 실업을 완화하는 데 중요하다.

해설 정보 부족으로 인한 실업은 마찰적 실업이다.

★ 2012년, 2016년, 2021년 직업상담사 2급

13 다음 중 구조적 실업에 대한 대책과 가장 거리가 먼 것은?

① 경기활성화

② 직업전환교육

③ 이주에 대한 보조금

④ 산업구조 변화 예측에 따른 인력수급정책

해설 구조적 실업은 노동력이 산업구조 변화에 대응하지 못해 발생하는 실업으로서, 구조적 실업의 대책으로는 교육 및 직업전환훈련, 이주비 지원, 성장산업에 대한 정보 제공이 있다. 경기활성화는 경기적 실업에 대한 대책이다.

2018년 직업상담사 2급

14 디지털카메라의 등장으로 기존의 필름산업이 쇠퇴하여 필름산업 종사자들이 일자리를 잃을 때 발생하는 실업은?

① 구조적 실업

② 계절적 실업

③ 경기적 실업

④ 마찰적 실업

해설 구조적 실업은 노동력(필름산업 종사자)이 산업구조의 변화(디지털카메라산업)에 대응하지 못해 발생하는 실업이다.

2016년 직업상담사 2급

15 경기적 실업에 대한 대책으로 가장 적합한 것은?

① 지역 간 이동 촉진

② 유효수요의 확대

③ 기업의 퇴직자 취업알선

④ 구인 · 구직에 대한 전산망 확대

해설 경기적 실업은 불경기에 수요 부족으로 인한 실업이므로 금리 인하, 확대재정 등의 유효수요(구매력 있는 수요) 확대정책이 필요하다.

2016년 직업상담사 2급

16 다음 현상을 설명하는 실업의 종류와 대책을 연결한 것으로 옳은 것은?

> 성장산업에서는 노동에 대한 초과수요로 인하여 노동력의 부족현상이 야기되고, 사양산업에서는 노동에 대한 초과공급으로 인하여 노동력의 과잉현상이 야기되고 있다.

① 마찰적 실업 – 구인, 구직정보망 확충

② 경기적 실업 – 유효수요의 증대

③ 구조적 실업 – 인력정책

④ 기술적 실업 – 기술혁신

해설 구조적 실업이란 노동력이 산업구조의 변화에 대응하지 못하여 발생하는 사업으로 사양산업의 인력이 유망산업으로 유입되지 못하는 것을 의미한다. 구조적 실업의 대책은 직업훈련 등의 인력정책에 있다.

★★ 2011년, 2013년, 2017년, 2019년 직업상담사 2급

17 이윤 극대화를 추구하는 기업이 이직률을 낮추기 위해 효율성 임금(efficiency wage)을 지불할 경우 발생할 수 있는 실업은?

① 마찰적 실업

② 구조적 실업

③ 경기적 실업

④ 지역적 실업

정답 12. ① 13. ① 14. ① 15. ② 16. ③ 17. ②

해설 구조적 실업을 노동의 공급이 수요를 초과하여 발생하는 실업으로 설명하기도 한다. 이에 따르면 최저임금이나 강력한 노동조합, 직원들의 성과를 높이기 위해 지급되는 효율임금 등으로 인해 지불임금이 노동시장의 균형임금(노동시장의 수요과 공급이 만나는 균형임금)보다 높아지면 초과공급이 발생한다. 효율임금 지급 시 고임금부문에 대기실업이 발생한다.

★★ 2025년 직업상담사 1급 / 2015년, 2025년 직업상담사 2급

18 실업에 대한 설명으로 가장 적합한 것은?

① 사이버뱅킹, 폰뱅킹과 같은 은행업무의 변화로 인하여 은행원의 공급 과잉이 발생하는 반면, 정보통신(IT)산업의 경우 노동공급 부족이 발생하고 있는 현상은 경기적 실업과 밀접한 관련이 있다.

② 자발적 실업은 노동시장의 정보 부족과 같은 노동시장의 불완전성에 의해 발생하는 것으로서 임금의 경직성과도 매우 밀접한 관련이 있다.

③ 사람들이 더 좋은 직장을 찾기 위하여 잠시 쉬고 있다거나 학교를 졸업하고 직장을 찾는 과정에서 발생하는 실업을 마찰적 실업이라고 하며, 이는 완전고용상태에서도 존재한다.

④ 일반적인 정부고용정책의 주된 대상이 되는 비자발적 실업으로는 경기적 실업, 계절적 실업, 구조적 실업, 마찰적 실업 등이 있다.

해설 ① 노동력이 산업구조의 변화에 대응하지 못해 발생하는 **구조적 실업**에 해당한다.
② 자발적 실업(마찰적 실업)은 임금의 경직성과는 관계가 없다.
③ **마찰적 실업만 있는 상태**를 **완전고용상태**라 한다.
④ 마찰적 실업은 **자발적 실업**이다.
[암기 Tip] **수경 마자(수경이가 맞아)** : 수요 부족 실업은 경기적 실업이고, 마찰적 실업은 자발적 실업이다.

2017년, 2020년 직업상담사 2급

19 마르크스(K. Marx)에 의하면 기술진보로 인하여 상대적 과잉인구가 발생하게 되는데, 이를 무슨 실업이라 하는가?

① 마찰적 실업　　　② 구조적 실업
③ 기술적 실업　　　④ 경기적 실업

해설 기술적 실업은 노동 절약적 **기계설비의 도입**으로 발생하는 실업이다.

★ 2010년, 2018년 직업상담사 1급

20 다음 중 정보의 일시적 부족으로 발생하는 실업은?

① 계절적 실업　　　② 마찰적 실업
③ 경기적 실업　　　④ 구조적 실업

해설 마찰적 실업은 **정보 부족**으로 인한 실업이다.

★★ 2012년, 2014년, 2016년 직업상담사 1급

21 마찰적 실업에 대한 설명으로 옳은 것은?

① 생산물시장에서 총수요 감소로 노동에 대한 수요가 감소할 때 발생한다.

② 노동수요의 변동에 의해 유발되는데 규칙적으로 예측할 수 있다.

③ 수요와 공급이 장기적으로 불균형상태에 있기 때문에 발생한다.

④ 노동시장이 동태적이고 정보의 흐름이 불완전하기 때문에 발생한다.

해설 ① **경기적 실업**에 대한 설명이다.
② 마찰적 실업은 **자발적 실업**으로서 노동수요의 변동에 의한 것이 아니다.
③ 마찰적 실업은 **정보 부족으로 인한 실업**으로 수요공급의 불균형과는 거리가 있다.

2015년 직업상담사 1급

22 마찰적 실업에 대한 대책과 가장 거리가 먼 것은?

① 퇴직자 전직 프로그램 지원

② 구인·구직정보 확충

③ 직업훈련의 제공

④ 구인·구직자 만남의 날 개최

> **해설** 직업훈련은 구조적 실업, 즉 산업구조의 변화에 노동력이 대응하지 못하여 기업이 원하는 기술을 노동자들이 갖고 있지 못한 경우에 발생하는 실업에 대한 대책이다.

2011년, 2015년, 2018년 직업상담사 2급

23 해고에 대한 사전 예고와 통보가 실업을 감소시킬 수 있는 실업의 유형을 모두 짝지은 것은?

> A. 마찰적 실업
> B. 구조적 실업
> C. 경기적 실업

① A, B

② A, C

③ B, C

④ A, B, C

> **해설** 기업에서 해고 시 노동자에게 해고를 미리 예고하면 노동자가 해고되기 전에 다른 구인처를 탐색할 시간을 가질 수 있으므로 정보 부족으로 인한 마찰적 실업을 줄일 수 있고, 노동자가 재취업에 필요한 능력을 갖추기 위해 미리 직업훈련을 받는 등의 대비를 할 수 있으므로 구조적 실업을 줄일 수 있다.

2013년, 2016년, 2019년 직업상담사 2급

24 다음 중 사회적 비용이 상대적으로 가장 적게 유발되는 실업은?

① 경기적 실업

② 계절적 실업

③ 마찰적 실업

④ 구조적 실업

> **해설** 구인·구직정보 부족으로 인한 마찰적 실업은 다른 실업에 비해 정보 제공, 알선 등의 손쉬운 대책으로 단기간에 해소 가능하므로 사회적 비용이 적게 발생한다.

2011년 직업상담사 2급

25 다음 중 실업률을 낮추기 위한 대책과 가장 거리가 먼 것은?

① 적절한 직업훈련기회의 제공

② 최저임금수준의 상향 조정

③ 정책적 공공사업 실시

④ 구인·구직정보의 적절한 제공

> **해설** 시장의 균형임금 이상의 최저임금을 강제하면 노동수요를 초과하는 노동공급이 발생하여 실업률이 증가한다.

2012년, 2016년, 2020년 직업상담사 2급

26 실업률을 낮추기 위한 대책과 가장 거리가 먼 것은?

① 직업훈련기회의 제공

② 재정지출의 축소

③ 금리 인하

④ 법인세 인하

> **해설** ① 직업훈련은 기업에서 필요로 하는 노동능력을 갖추지 못해 발생하는 구조적 실업에 대한 대책이다.
> ② 재정지출 '확대'정책이 경기적 실업에 대한 대책이다.
> ③ 금리 인하는 총수요 증대를 위한 확장적 통화정책으로 경기적 실업에 대한 대책이다.
> ④ 법인세 인하는 총수요 증대를 위한 확대재정정책으로 경기적 실업에 대한 대책이다.

2012년, 2020년, 2022년, 2025년 직업상담사 1급

27 자연실업률이 4%로 알려져 있는데, 현재의 실업률은 3% 수준에 머무르고 있을 때의 설명으로 가장 적합한 것은?

① 경기적 실업이 존재한다.

② 물가의 상승이 예견된다.

③ 부가노동자효과가 나타나고 있다.

④ 잠재실업이 존재한다.

정답 22. ③ 23. ① 24. ③ 25. ② 26. ② 27. ②

③ 공공고용 서비스의 확충

해설 자연실업률이란 노동시장에 마찰적 실업(정보 부족으로 인한 실업, 자발적 실업)만 존재하는 상태의 실업률을 말한다. 정부의 확대재정(정부지출 증가)으로 인위적인 고용이 이루어지고 있는 경우 마찰적 실업보다 낮은 실업률이 나타날 수 있고, 정부의 확대재정은 물가 상승을 초래할 수 있다.

---

③ 공공고용 서비스의 확충

④ 직업훈련

해설 ② 차별해소정책에 해당한다.
① 경기적 실업에 대한 대책이다.
③ 마찰적 실업에 대한 대책이다.
④ 구조적 실업에 대한 대책이다.

★★ 2013년, 2021년, 2023년, 2025년 직업상담사 1급

28 비수요 부족 실업에 해당하지 않는 것은?

① 경기적 실업　　② 마찰적 실업
③ 구조적 실업　　④ 계절적 실업

해설 수요 부족 실업은 불경기에 상품이나 서비스에 대한 총수요 부족으로 일한 실업을 의미하고, 이에 해당하는 것은 경기적 실업이다. 나머지 마찰적 실업, 구조적 실업, 계절적 실업 등은 비수요 부족 실업이다.
[암기 Tip] 수경 마자(수경이가 맞아) : 수요 부족 실업은 경기적 실업이고, 마찰적 실업은 자발적 실업이다.

★★ 2019년, 2021년 직업상담사 1급

29 구조적 실업에 대한 설명으로 틀린 것은?

① 공석과 실업이 공존한다.
② 구인처에서 요구하는 자격을 갖춘 근로자가 없는 경우에 발생한다.
③ 일반적으로 산업구조가 급격하게 바뀔 때 나타난다.
④ 직업훈련과 같은 대책은 구조적 실업 해소에 별 도움이 되지 못한다.

해설 구조적 실업은 산업구조의 변화에 노동력이 대응하지 못해 발생하는 실업으로 직업훈련이 대표적인 실업대책이다.

★★ 2013년, 2018년 직업상담사 1급

30 실업대책과 가장 거리가 먼 것은?

① 공공근로의 확대
② 고졸 채용할당제 도입

★ 2013년 직업상담사 1급

31 다음 중 실업대책과 가장 거리가 먼 것은?

① 고용보험제도　　② 노동조합운동
③ 직업훈련제도　　④ 직업소개 및 알선제도

해설 노동조합운동은 근로조건 개선을 주된 목적으로 한다.

★★★ 2011년, 2013년, 2018년 직업상담사 1급

32 실업률에 영향을 미치는 요인에 대한 설명으로 틀린 것은?

① 마찰적 실업의 정도가 크면 실업률이 높아진다.
② 경기수축기에는 해고가 늘어나므로 실업이 증가하게 된다.
③ 여성의 경제활동 참가 성향의 증대는 실업률을 감소시킨다.
④ 지나치게 높은 실업급여는 실업률을 높인다.

해설 여성의 경제활동 참가 성향의 증대는 시장의 노동공급을 증가시키므로 실업률을 증가시키는 요인이 된다.

★ 2017년 직업상담사 1급

33 실업기간을 확장시키는 요인과 가장 거리가 먼 것은?

① 높은 의중임금
② 직업탐색의 기대한계편익 증가
③ 높은 실업급여
④ 노동의 한계생산성 증가

해설 생산성 증가는 취업 및 고용의 긍정적인 요소이다.

정답 28. ①　29. ④　30. ②　31. ②　32. ③　33. ④

34 잠재적 실업에 관한 설명으로 가장 거리가 먼 것은?

① 노동의 한계생산물이 거의 0에 가까운 실업을 말한다.

② 표면적으로 취업상태에 있지만 실질적으로 실업 상태에 있는 농촌의 과잉인구 등이 해당된다.

③ 구직의 가능성이 높았더라면 노동시장에 참가하여 적어도 구직활동을 했을 사람이 그와 같은 전망이 없거나 낮다고 판단하여 비경제활동인구화되어 있는 경우를 말한다.

④ 불법체류 외국인 취업에 따른 실업이 해당된다.

해설 잠재실업이란 **표면상으로는 실업이 아니지만** 실제로는 노동자가 자기의 생산력을 충분히 발휘하지 못하여 수입이 낮고, 그 결과 완전한 생활을 영위하지 못하는 **반실업상태** 또는 취업전망이 없거나 낮다고 판단하여 **비경제활동인구화**되어 있는 경우를 말한다.

★★ **2011년, 2014년, 2015년, 2016년, 2019년, 2020년 직업상담사 2급**

35 다음 중 실업률과 물가 상승률 간 역의 상충관계를 나타내는 곡선은?

① 래퍼곡선　　② 필립스곡선

③ 로렌스곡선　　④ 테일러곡선

해설 **필립스곡선은 물가 상승률과 실업률 사이의 상충관계를** 나타낸 것으로, 실업률이 낮을수록 명목임금 상승률이 높고, 반대로 실업률이 높을수록 명목임금 상승률이 낮다.

[암기 Tip] **필립스는 실!물!이 낮다.**

★★★ **2015년, 2017년, 2019년 직업상담사 1급**

36 단기 필립스곡선을 원점방향으로 이동시키는 요인과 가장 거리가 먼 것은?

① 예상가격 상승률의 인상

② 노동시장을 보다 경쟁적으로 만드는 정책

③ 노동시장의 효율성을 증대시키는 정책

④ 지역 간 실업률격차를 줄일 수 있는 정책

해설 **[필립스곡선]**

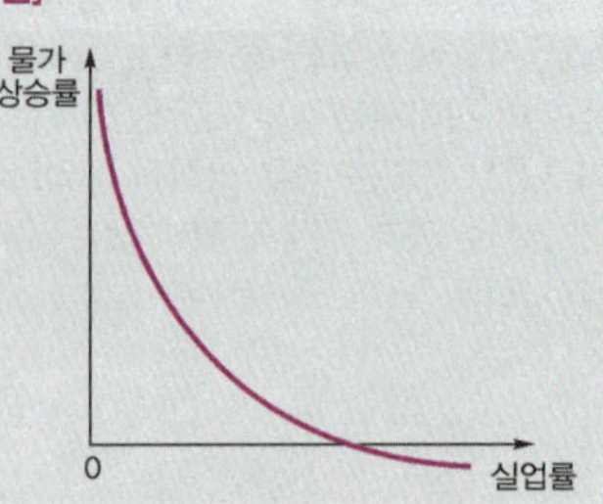

㉠ 필립스곡선은 **물가 상승률과 실업률 사이의 상충관계**를 나타낸 것으로 실업률이 낮을수록 명목임금 상승률이 높고, 반대로 실업률이 높을수록 명목임금 상승률이 낮다.

㉡ 필립스곡선이 **원점으로 이동(물가와 실업률을 낮추는 방향)**해야 물가와 실업률의 상충관계를 개선할 수 있다.

㉢ 개선책
- **예상가격 상승률을 낮추는 조치** 시행 : 소득정책
- **임금의 하방경직성을 강화하는 제도적 장애물을 제거하는** 정책
- **노동시장의 효율성 증대** : 고용정보 제공, 직업소개 업무 향상, 직업훈련
- **지역 간의 실업률 격차를 감소시킬 수 있도록** 각 지역별로 취업에 관한 정보를 제공하는 것 등

★ **2020년 직업상담사 1급**

37 실업률과 물가 상승률 간에 상충관계에 있다는 필립스곡선에 대한 설명 중 옳은 것은?

① 총수요를 증가시키면 물가 상승률과 실업률을 동시에 낮출 수 있다.

② 총수요를 감소시키면 물가 상승률과 실업률을 동시에 낮출 수 있다.

③ 총수요를 증가시키면 물가 상승률은 낮출 수 있지만, 실업률은 높아진다.

④ 총수요를 증가시키면 물가 상승률은 높아지지만, 실업률은 낮출 수 있다.

해설 **필립스곡선은 물가 상승률과 실업률과의 역의 관계를 나타낸 것이다. 이에 따르면 총수요 증가(확대재정, 금리 인하 등)는 물가를 올리지만, 실업률은 감소될 수 있다.**

정답 　34. ④　35. ②　36. ①　37. ④

38 필립스곡선이 이동하는 요인과 가장 거리가 먼 것은?

① 기대인플레이션의 증가

② 노동인구구성비율의 변화

③ 부문 간 실업률격차 심화

④ 실업률의 증가

해설 필립스곡선은 물가상승률과 실업률간의 상충관계를 나타낸 곡선이다. 필립스 곡선이 이동한다는 것은 가령 같은 물가상승률에 다른 실업률이 대응한다는 의미이다. 그러나 실업률의 증가는 곡선 자체의 이동이 아니라 하나의 곡선상의 이동이다.

[필립스 곡선의 상충관계가 악화(필립스 곡선이 원점에서 멀어짐)되는 원인]

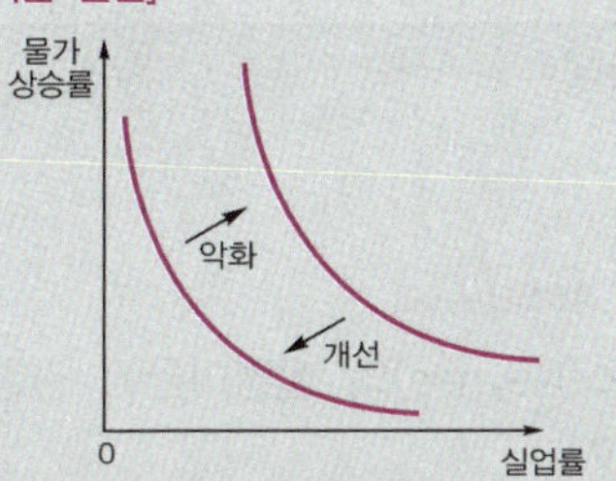

㉠ 가격인플레이션에 대한 예상 : 물가 인상을 예상해서 임금을 인상하면 같은 실업률에 높은 임금인상률(높은 물가상승률)이 형성

㉡ 노동력의 연령 및 성별 구성의 변화 : 고용이 잘 되지 않는 집단의 크기가 커지면 동일한 경기부양책(동일한 물가상승률)에도 높은 실업률이 형성

㉢ 실업률의 부문별 격차 : 노동시장이 분단돼 있고, 시장별로 실업률 격차가 클수록 동일한 실업률에도 높은 임금인상률 형성

39 1960년대 선진국에서 실업률과 물가 상승률 간의 상충관계를 개선하고자 실시했던 정책은?

① 재정정책

② 금융정책

③ 인력정책

④ 소득정책

해설 실업률과 물가 상승률의 상충관계를 개선한다고 함은 실업률과 물가 상승률을 낮춘다는 의미이다. 소득정책은 정부가 임금과 물가 상승을 규제하여 임금 및 소득에 직접적으로 영향을 미치고자 하는 정책(예 임금 상승률의 상한을 정하는 임금 가이드라인, 임금 인상과 물가 인상을 억제 또는 동결하는 임금－물가통제)으로서 예상가격 상승률을 낮춰 물가를 억제하는 정책이므로 물가 상승률을 낮춘다.

40 다음 중 노동정책이나 제도에 관한 설명으로 틀린 것은?

① 소득정책은 근로자들의 소득을 증진시키기 위한 정책이다.

② 직업훈련정책은 주로 구조적 실업문제를 해결하기 위한 정책이다.

③ 최저임금제는 저임금근로자의 생활안정을 위한 것이다.

④ 알선은 노사 자율적 해결을 강조하는 노동쟁의조정제도이다.

해설 소득정책은 지나친 물가 인상을 억제하기 위해 정부가 임금과 물가 상승을 규제하여 임금 및 소득에 직접적으로 영향을 미치고자 하는 정책이다.

41 소득정책의 효과에 대한 설명으로 틀린 것은?

① 성장산업의 위축을 초래할 수 있다.

② 행정적 관리비용을 절감할 수 있다.

③ 임금 억제에 이용될 가능성이 크다.

④ 급격한 물가 상승기에 일시적으로 사용하면 효과를 거둘 수 있다.

해설 소득정책은 정부가 물가와 임금의 결정에 적극적으로 관여하는 정책이므로 정책 집행에 비용이 많이 든다.

정답 38. ④ 39. ④ 40. ① 41. ②

42 실업–결원곡선(Beveridge Curve)에 관한 설명으로 틀린 것은?

① 종축에는 결원, 횡축에는 실업을 표시한다.

② 원점에서 멀어질수록 구조적 실업자 수가 증가함을 의미한다.

③ 마찰적 실업과 구조적 실업을 구분하는 것이 가능하다.

④ 현재의 실업자 수에서 현재의 결원 수를 뺀 것이 수요 부족 실업자 수이다.

해설 [실업–결원곡선(Beveridge Curve)]

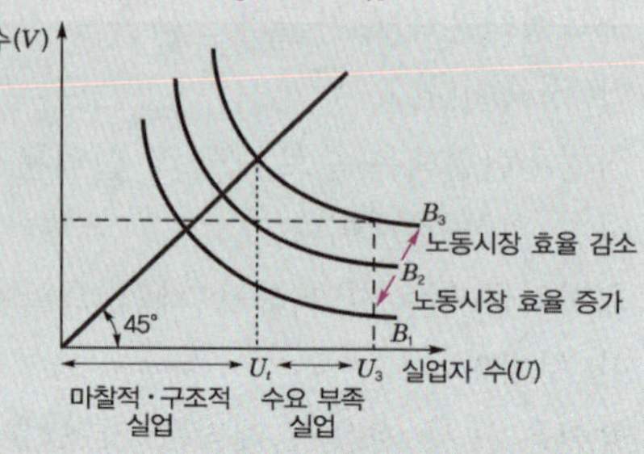

㉠ 실업자 수가 많은 것은 상대적으로 일자리가 없는 것이고, 결원 수가 많은 것은 상대적으로 일할 사람이 없는 것이다.

㉡ 결원 수가 많으면 수요 과잉으로 실업자 수가 적고, 실업자 수가 많으면 공급 과잉으로 결원수가 적어진다.

㉢ 결원 수와 실업자 수가 같은 지점(U_t)은 구조적 실업(구직자가 기업이 필요로 하는 능력을 갖추지 못한 경우) 또는 마찰적 실업(노동시장정보 부족으로 인한 실업)이 존재하는 지점이다. 그러나 그 지점이 구조적 실업과 마찰적 실업 중에 어느 것에 해당하는지는 구분할 수 없다.

43 베버리지곡선(Beveridge curve)에 관한 설명으로 틀린 것은?

① 이 곡선이 원점에서 멀어질수록 구조적 실업자 수가 감소함을 나타내 준다.

② 이 곡선을 통해 마찰적 실업과 구조적 실업을 구분할 수 없다.

③ 이 곡선을 통해 수요 부족 실업과 비수요 부족 실업을 구분할 수 있다.

④ 이 곡선은 결원 수와 실업자 수 간의 관계를 나타낸 것이다.

해설 ① 이 곡선이 원점에 가까울수록 구조적 실업자 수가 감소함을 나타낸다.

44 베버리지곡선(Beveridge Curve)이 원점에서 멀어질 때 발생하는 실업의 유형은?

① 구조적 실업　　② 마찰적 실업

③ 경기적 실업　　④ 계절적 실업

해설 베버리지곡선이 원점에서 멀어진다는 것은 동일한 결원 수에 대하여 더 많은 실업자 수가 대응하는 관계로서 구조적 실업이 증가하고 있음을 나타내준다.

45 케인스(Keynes)의 실업이론에 관한 설명으로 틀린 것은?

① 노동의 공급은 실질임금의 함수이며, 노동에 대한 수요는 명목임금의 함수이다.

② 노동자들은 화폐환상을 갖고 있어 명목임금의 하락에 저항하므로 명목임금은 하방경직성을 갖는다.

③ 비자발적 실업의 원인을 유효수요의 부족으로 설명하였다.

④ 실업의 해소방안으로 재정투·융자의 확대, 통화량의 증대 등을 주장하였다.

해설 [케인스의 실업이론]
노동수요(기업)는 실질임금의 함수이지만, 노동공급(노동자)은 명목임금의 함수이다. 노동자들은 화폐환상(실질임금이 아니라 명목임금에 반응)으로 인해 명목임금의 하락에 저항하고, 기업은 물가 하락 시 실질임금 인상을 직면하여 고용량을 줄이고자 한다. 그로 인해 비자발적 실업이 발생한다.
케인스는 실업의 주요 요인은 유효수요(구매력 있는 수요) 부족이고, 실업대책으로는 정부의 경기부양정책과 소득재분배를 위한 복지정책을 주장하였다.

정답 42. ③ 43. ① 44. ① 45. ①

46 케인스의 화폐이론에 대한 다음 설명 중 옳지 않은 것은?

① 소득이 증가하면 화폐수요량이 증가한다.
② 화폐수요가 증가하면 이자율이 상승한다.
③ 화폐공급이 증가하면 이자율이 하락한다.
④ 이자율이 하락하면 화폐수요량이 감소한다.

> **해설** 케인스학파에 따르면 이자율이 상승하면 화폐수요가 감소하고, 이자율이 하락하면 화폐수요가 증가한다. 투기적 화폐수요는 이자율의 감소함수이다. 이자율이 높으면(채권가격이 낮으면) 채권을 매입하여 투기적 화폐수요는 감소하고 이자율이 낮으면(채권가격이 높으면) 채권을 매각하여 투기적 화폐수요는 증가한다.
>
> **[케인즈의 유동성 선호이론]**
> 케인즈는 사람들이 유동성 있는 화폐를 보유하려는 이유를 다음과 같이 설명한다.
> ㉠ 거래적 동기 : 일상적인 거래를 위한 것으로서 소득에 비례한다.
> ㉡ 예비적 동기 : 장래의 돌발적인 지출을 위한 것으로서 소득에 비례한다.
> ㉢ 투기적 동기 : 투자 상품에 투자하기 위한 것으로서 이자율에 반비례한다.

47 통계청의 경제활동인구조사에서 취업자로 분류되지 않는 경우는?

① 질병으로 일하지 않고 있는 일시적 휴직자
② 매월 급여를 받고 일하는 사회복지사
③ 1주일에 1시간씩 아르바이트하는 대학생
④ 부모의 식당에서 주당 15시간 일하는 자녀

> **해설** **[취업자의 정의]**
> ㉠ 조사대상주간 중 수입을 목적으로 1시간 이상 일한 자
> ㉡ 자기에게 직접적으로는 이득이나 수입이 오지 않더라도 자기가구에서 경영하는 농장이나 사업체의 수입을 높이는 데 도운 가족종사자로서 주당 18시간이상 일한 재(무급가족종사자)
> ㉢ 직장 또는 사업체를 가지고 있으나 조사대상주간 중 일시적인 병, 일기불순, 휴가 또는 연가, 노동쟁의 등의 이유로 일하지 못한 일시휴직자

48 경제활동인구조사에 대한 설명으로 틀린 것은?

① 통계청 사회통계국 인구조사과에서 작성한다.
② 과거 노동력조사라는 명칭으로 지방행정기관을 통하여 조사를 실시하였다.
③ 매월 전국의 약 37,000가구를 대상으로 조사된다.
④ 군인(직업군인, 상근예비역 포함), 사회복무요원, 형이 확정된 교도소 수감자 등 제외

> **해설** 경제활동인구조사는 통계청 고용통계과에서 작성한다.

49 실업조사 등에 관한 설명으로 옳은 것은?

① 경제가 완전고용상태일 때 실업률은 0이다.
② 실업률은 실업자 수를 생산가능인구로 나눈 것이다.
③ 일기불순 등의 이유로 일하지 않고 있는 일시적 휴직자는 실업자로 본다.
④ 실업률 조사대상주간에 수입을 목적으로 1시간 이상 일한 경우 취업자로 분류된다.

> **해설** ① 마찰적 실업만 존재하는 상태를 완전고용이라 한다. 즉, 완전고용인 상태에서도 마찰적 실업은 존재한다.
> ② 실업률은 실업자 수를 경제활동인구로 나눈 것이다.
> ③ 일시휴직자는 취업자에 포함된다.

50 우리나라에서는 통계청에서 매달 실시하는 경제활동인구조사를 통해 고용통계를 작성하고 있다. 올해 봄에 막내를 초등학교에 입학시킨 주부 A씨는 조사대상이 되는 4주일의 기간 중 동네의 할인매장에서 단 이틀 동안 하루 두 시간씩 급여를 받고 근무한 후 그 일을 그만둔 것으로 조사되었다. A씨는 다음 중 어디에 해당하는 것으로 분류되는가?

① 취업자
② 실업자
③ 비경제활동인구
④ 위의 어느 것에도 해당되지 않음

정답 46. ④　47. ④　48. ①　49. ④　50. ①

해설 [경제활동인구조사의 용어]
　㉠ 취업자
　　• 조사대상주간 중 수입을 목적으로 1시간 이상 일한 자
　　• 무급가족종사자로서 주당 18시간 이상 일한 자
　　• 일시휴직자
　㉡ 실업 : 15세 이상 인구 중 조사대상주간에 수입이 있는 일을 하지 않았고, 지난 4주간 적극적으로 구직활동을 하였으며, 조사대상기간에 일이 주어지면 즉시 취업이 가능한 사람
　㉢ 비경제활동인구 : 15세 이상 인구 중 취업자도 실업자도 아닌 자

2012년 직업상담사 2급

51 경제활동인구조사에서 비정규직 근로자에 해당하지 않는 근로자는?

① 한시적 근로자　　② 비전형 근로자

③ 시간제 근로자　　④ 단순 노무근로자

해설 [비정규직 근로자(경제활동인구조사)]
　㉠ 한시적 근로자 : 근로계약기간을 정한 근로자(기간제근로자) 또는 정하지 않았으나 계약의 반복 갱신으로 계속 일할 수 있는 근로자와 비자발적 사유로 계속 근무를 기대할 수 없는 근로자(비기간제근로자)를 포함한다.
　㉡ 시간제 근로자 : 직장(일)에서 근무하도록 정해진 소정의 근로시간이 동일 사업장에서 동일한 종류의 업무를 수행하는 근로자의 소정근로시간보다 1시간이라도 짧은 근로자로, 평소 1주에 36시간 미만 일하기로 정해져 있는 경우가 해당된다.
　㉢ 비전형 근로자 : 파견근로자, 용역근로자, 특수형태근로종사자, 가정 내(재택, 가내) 근로자, 일일(단기)근로자

★★　**2025년 직업상담사 1급 / 2015년 직업상담사 2급**

52 통계상 실업자에 포함되지 않는 사람은?

① 대학 재학생으로 시간제 근무를 찾는 사람

② 재학 중인 16세의 소녀가장으로 시간제 일자리를 찾고 있는 사람

③ 부모가 운영하는 가게에서 매일 4시간 이상 무급으로 일하면서 다른 직장을 찾고 있는 고교 졸업자

④ 현재 사회봉사활동을 하면서 수입이 있는 일자리를 찾고 있는 성인

해설 무급가족종사자로서 주당 18시간 이상 일한 자는 취업자이다.

2014년 직업상담사 2급

53 비경제활동인구에 포함되지 않는 사람은?

① 일기불순이나 노동재해 등의 이유로 인한 일시휴직자

② 가사를 돌보는 가정주부

③ 초·중·고등학교에 재학 중인 학생

④ 심신장애자

해설 일시휴직자는 취업자로서 경제활동인구에 포함된다.
[경제활동인구]
　㉠ 경제활동인구 : 취업자 + 실업자
　㉡ 비경제활동인구 : 조사대상주간 중 취업자도 실업자도 아닌 만 15세 이상인 자, 즉 집안에서 가사와 육아를 전담하는 가정주부, 학교에 다니는 학생, 일을 할 수 없는 연로자와 심신장애자, 자발적으로 자선사업이나 종교단체에 관여하는 자 등

2017년 직업상담사 2급

54 경제활동인구조사에서 종사상 지위별 취업자분류에 해당하지 않는 것은?

① 자영업자　　② 무급가족종사자

③ 임시근로자　　④ 관리자

해설 [취업자의 종사상 지위(경제활동인구조사)]

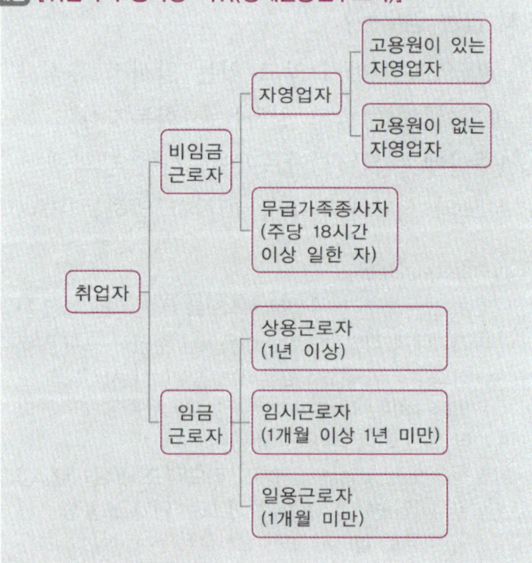

정답　51. ④　52. ③　53. ①　54. ④

55 A국의 생산가능인구는 500만명, 취업자 수는 285만명, 실업률이 5%일 때 A국의 경제활동참가율은?

① 48%

② 50%

③ 57%

④ 60%

해설 ㉠ 실업률$=\dfrac{\text{실업자 수}}{\text{경제활동인구}}\times100$

$5\%=\dfrac{\text{실업자 수}}{285\text{만명}+\text{실업자 수}}\times100$

∴ 실업자 수$=15$만명

㉡ 경제활동참가율$=\dfrac{\text{경제활동인구}}{15\text{세 이상 인구}}\times100$

$\quad=\dfrac{285\text{만명}+15\text{만명}}{500\text{만명}}\times100$

$\quad=60\%$

56 우리나라 경제활동참가율에 대한 정의로 옳은 것은?

① 총인구 중 취업자와 실업자를 더한 수

② 총인구 중 취업자 수

③ 15세 이상 인구 중 취업자와 실업자를 더한 수

④ 15세 이상 인구 중 취업자 수

해설 [총인구]

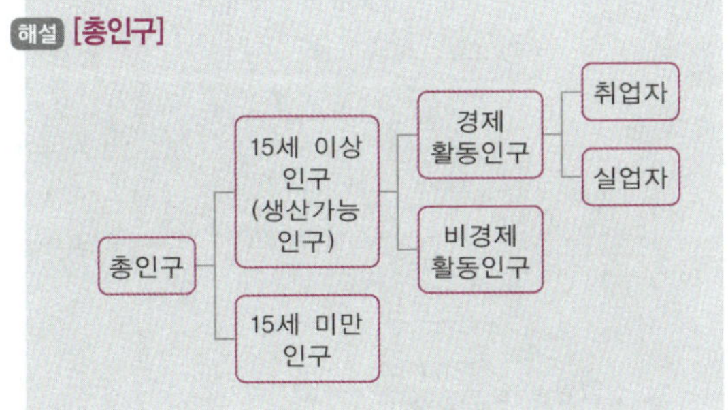

57 다음 표에서 주어진 변수들을 이용해서 총실업자 수를 구하면?

구분	남자	여자
15세 이상 인구(명)	M	F
경제활동참가율(%)	a	b
실업률(%)	c	d

① $\dfrac{Ma+Fb}{100}$

② $\dfrac{Mc+Fd}{100}$

③ $\dfrac{M(a+c)+F(b+d)}{1,000}$

④ $\dfrac{Mac+Fbd}{10,000}$

해설 경제활동참가율$=\dfrac{\text{경제활동 인구}}{15\text{세 이상 인구}}\times100$

실업률$=\dfrac{\text{실업자 수}}{\text{경제활동인구}}\times100$

㉠ 남자

경제활동인구$=\dfrac{\text{경제활동참가율}}{100}\times15\text{세 이상 인구}$

$\quad=\dfrac{a}{100}M$

실업자 수$=\dfrac{\text{실업률}}{100}\times\text{경제활동인구}$

$\quad=\dfrac{c}{100}\times\dfrac{Ma}{100}=\dfrac{Mac}{10,000}$

㉡ 여자

경제활동인구$=\dfrac{\text{경제활동참가율}}{100}\times15\text{세 이상 인구}$

$\quad=\dfrac{b}{100}F$

실업자 수$=\dfrac{\text{실업률}}{100}\times\text{경제활동인구}$

$\quad=\dfrac{d}{100}\times\dfrac{Fb}{100}=\dfrac{Fbd}{10,000}$

∴ 총실업자 수$=㉠+㉡=\dfrac{Mac+Fbd}{10,000}$

58 다음 표에서 실업률은?

총인구	생산가능인구	취업자	실업자
100만명	60만명	36만명	4만명

① 4.0% ② 6.7%

③ 10.0% ④ 12.5%

해설 경제활동인구＝취업자＋실업자

$$= 36만명 + 4만명 = 40만명$$

$$\therefore\ 실업률 = \frac{실업자\ 수}{경제활동인구} \times 100$$

$$= \frac{4만명}{40만명} \times 100 = 10$$

59 기혼여성의 경제활동참가율은 70%이고 실업률은 20%일 때, 기혼여성의 고용률은?

① 50% ② 56%

③ 80% ④ 86%

해설

$$경제활동참가율 = \frac{경제활동인구}{15세\ 이상\ 인구} \times 100$$

$$실업률 = \frac{실업자\ 수}{경제활동인구} \times 100$$

$$고용률 = \frac{취업자\ 수}{15세\ 이상\ 인구} \times 100$$

※ 경제활동인구＝취업자＋실업자
※ 15세 이상 인구＝경제활동인구＋비경제활동인구

문제에서 경제활동참가율이 70%라고 하였으므로 15세 이상 인구가 100명, 경제활동인구는 70명이라 가정하고, 실업률이 20%라고 한다면 실업자 수＝$20 \times \frac{70}{100} = 14$명. 취업자 수＝70－14＝56명이다.

$$\therefore\ 고용률 = \frac{56}{100} \times 100 = 56\%$$

※ 계산문제에서 비율에 대한 정보를 주고 다른 비율을 구하라고 하는 경우에는 수치들의 관계만 파악하면 되므로 수치는 임의로 가정하고 계산하면 된다.

60 생산가능인구가 1,000명, 취업자가 630명, 실업자가 70명일 때 경제활동참가율과 실업률은 각각 얼마인가?

① 경제활동참가율＝63%, 실업률＝7%
② 경제활동참가율＝70%, 실업률＝7%
③ 경제활동참가율＝63%, 실업률＝10%
④ 경제활동참가율＝70%, 실업률＝10%

해설 ㉠ 경제활동참가율

$$= \frac{경제활동인구(=취업자+실업자)}{15세\ 이상\ 인구(생산가능인구)} \times 100$$

$$= \frac{630+70}{1,000} \times 100 = 70\%$$

㉡ $실업률 = \frac{실업자\ 수}{경제활동인구} \times 100$

$$= \frac{70}{630+70} \times 100 = 10\%$$

61 국민 전체 인구가 5,000만명이고, 이 중 취업자가 2,500만명, 실업자가 200만명이며, 비경제활동인구가 2,300만명이다. 이때 실업률은 얼마인가?

① 4.0% ② 7.4%

③ 8.7% ④ 10.0%

해설

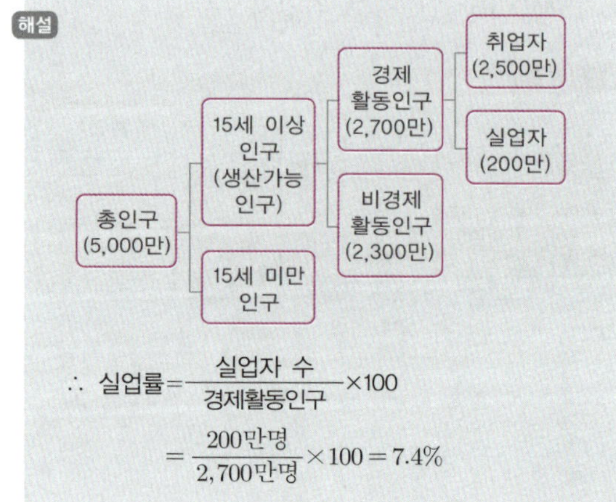

$$\therefore\ 실업률 = \frac{실업자\ 수}{경제활동인구} \times 100$$

$$= \frac{200만명}{2,700만명} \times 100 = 7.4\%$$

정답 58. ③ 59. ② 60. ④ 61. ②

62 어떤 나라의 생산가능인구는 1,000만명이고, 이 중 경제활동인구는 800만명이다. 600만명이 취업자일 때 이 나라의 고용률은 몇 %인가?

① 80% ② 60%

③ 40% ④ 25%

해설

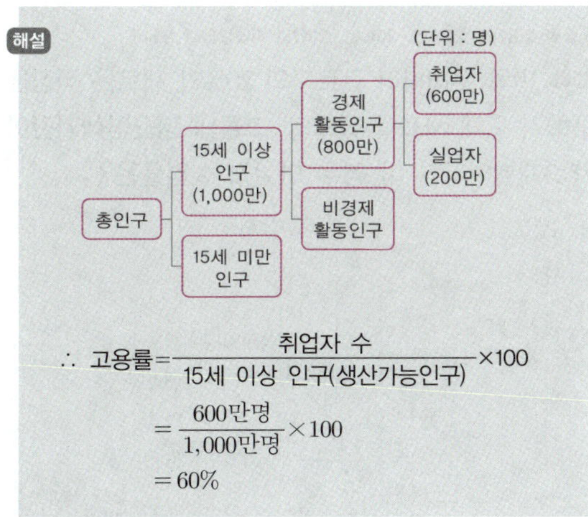

$$\therefore \text{고용률} = \frac{\text{취업자 수}}{\text{15세 이상 인구(생산가능인구)}} \times 100$$

$$= \frac{600만명}{1,000만명} \times 100$$

$$= 60\%$$

63 노동시장 내 경제활동인구는 총 400만명이고, 이 중 취업자가 250만명일 경우 실업률은?

① 20.5% ② 30.7%

③ 37.5% ④ 62.5%

해설

$$\text{실업률} = \frac{\text{실업자 수}}{\text{경제활동인구}} \times 100$$

$$= \frac{400 - 250}{400} \times 100$$

$$= 37.5\%$$

64 취업자 수가 800만명, 비경제활동인구가 600만명이며, 경제활동참가율이 60%라고 할 때 실업률은 얼마인가? (단, 소수점 둘째 자리에서 반올림)

① 9.1% ② 10.1%

③ 11.1% ④ 12.1%

해설

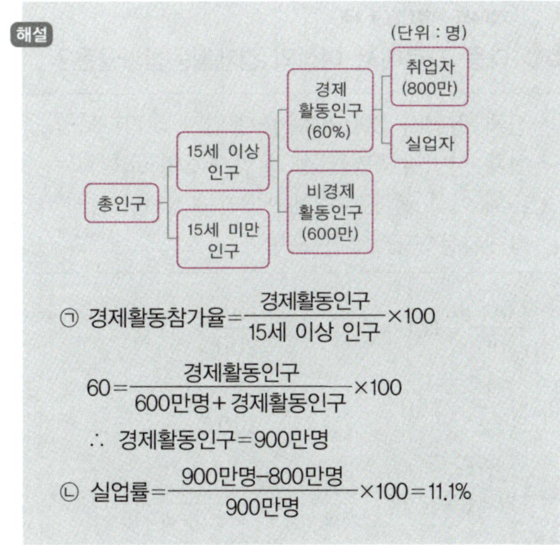

$$㉠ \ \text{경제활동참가율} = \frac{\text{경제활동인구}}{\text{15세 이상 인구}} \times 100$$

$$60 = \frac{\text{경제활동인구}}{600만명 + 경제활동인구} \times 100$$

$$\therefore \ \text{경제활동인구} = 900만명$$

$$㉡ \ \text{실업률} = \frac{900만명 - 800만명}{900만명} \times 100 = 11.1\%$$

65 어떤 나라의 생산가능인구가 1,000만명이고, 취업자는 570만명, 실업자는 30만명이다. 다음에서 옳지 않은 것은?

① 비경제활동참가율은 40%이다.

② 경제활동인구는 600만명이다.

③ 고용률은 60%이다.

④ 실업률은 5%이다.

해설

$$\text{고용률} = \frac{\text{취업자 수}}{\text{15세 이상 인구}} \times 100$$

$$\text{따라서 고용률은} \ \frac{570}{1,000} \times 100 = 57\%\text{이다.}$$

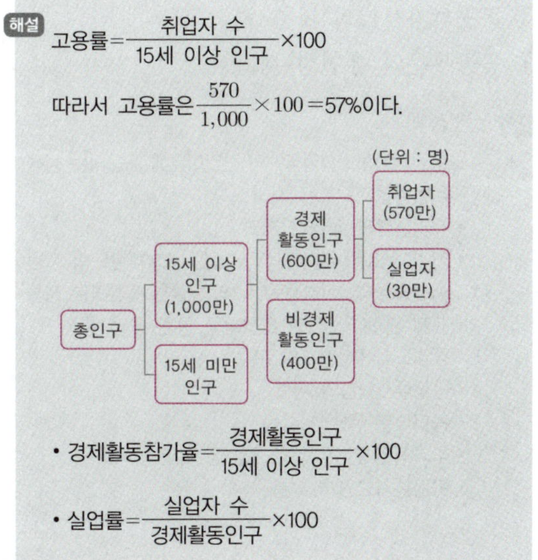

$$\cdot \ \text{경제활동참가율} = \frac{\text{경제활동인구}}{\text{15세 이상 인구}} \times 100$$

$$\cdot \ \text{실업률} = \frac{\text{실업자 수}}{\text{경제활동인구}} \times 100$$

정답 62. ② 63. ③ 64. ③ 65. ③

66 다음 자료에서 여성의 경제활동참가율은?

- 전체 취업자 200명(여성 취업자 50명 포함)
- 전체 실업자 5명(남성 실업자 3명 포함)
- 15세 이상 전체 비경제활동인구 100명(남성 비경제활동인구 40명 포함)

① $\dfrac{50}{300} \times 100$ 　② $\dfrac{50}{200} \times 100$

③ $\dfrac{52}{112} \times 100$ 　④ $\dfrac{50}{112} \times 100$

해설

$$경제활동참가율 = \frac{경제활동인구(=취업자+실업자)}{15세 \ 이상 \ 인구(=경제+비경제)} \times 100$$

$$여성 \ 경제활동참가율 = \frac{50+2}{50+2+60} \times 100$$

$$= \frac{52}{112} \times 100$$

67 다음 중 실업자가 실업풀로부터 탈출하는데 도움을 주는 실업대책에 해당하지 않는 것은?

① 직업훈련의 효율성 제고
② 창업을 위한 인프라 구축
③ 공공투자사업의 확충
④ 공공부문의 유연성 제고

해설 [실업정책]

　㉠ 고용안정정책 : 실업풀에의 진입이유에 대응하는 정책
　　• 취업알선 등 고용 서비스
　　• 직업훈련의 효율성 제고
　　• 기업의 고용 유지 및 무분별한 해고제한노력 지원
　㉡ 고용창출정책 : 실업풀로부터의 탈출을 촉진하는 정책
　　• 규제 완화 및 경쟁 활성화를 통한 창업 촉진
　　• 창업을 위한 인프라 구축
　　• 공공투자사업의 확충
　　• 공공부문 유연성 확립
　　• 추가적인 민간부문 노동시장 유연성 제고
　　• 공공봉사요원제 확충

　㉢ 사회안전망 형성정책 : 실업풀에 있는 실직자에 대한 생활안정정책
　　• 고용보험의 실업급여사업 확대 실시
　　• 저소득계층 실업자에 대한 실업부조사업의 수립·실시
　　• 대학·대학원 정원 자율화

68 만약 우리나라 근로자의 20%가 새로운 직장을 구하기 위해 사표를 냈으며, 그들의 평균탐색기간이 약 3개월이라면 이 경우 마찰적 실업률은?

① 2% 　② 3%
③ 4% 　④ 5%

해설

$$마찰적 \ 실업률 = \frac{실업상태 \ 이행확률}{실업상태 \ 이행확률 + 취업상태 \ 이행확률} \times 100$$

$$= \frac{\dfrac{0.2}{12}}{\dfrac{0.2}{12} + \dfrac{1}{3}} \times 100 = 4.76\%$$

69 실업정책을 크게 고용안정정책, 고용창출정책, 사회안전망정책으로 구분할 때 사회안전망정책에 해당하는 것은?

① 실업급여
② 취업알선 등 고용 서비스
③ 창업을 위한 인프라 구축
④ 직업훈련의 효율성 제고

해설 [실업정책]

　㉠ 고용안정정책 : 고용 서비스 제공, 직업훈련의 효율성 제고, 기업의 고용 유지 및 무분별한 해고제한노력 지원
　㉡ 고용창출정책 : 창업을 위한 인프라 구축, 공공투자사업의 확충, 노동시장의 유연성 확보, 생산입지 조성을 통한 외국자본의 유치 등
　㉢ 사회안전망정책 : 비정상적인 상황으로 인해 다른 방법으로는 생계에 필요한 자원과 원조를 받을 수 없는 사람에게 제공하는 정부의 공적부조

정답 66. ③　67. ①　68. ④　69. ①

70 실업대책에 관한 설명으로 틀린 것은?

① 일반적으로 실업대책은 고용안정정책, 고용창출정책, 사회안전망형성정책으로 구분된다.

② 직업훈련의 효율성 제고는 고용안정정책에 해당한다.

③ 고용창출정책은 실업풀로부터 탈출을 촉진하는 정책이다.

④ 공공부문 유연성 확립은 사회안전망형성정책에 해당한다.

해설 노동시장의 유연화는 고용창출정책에 해당한다.

★★ 2012년, 2015년 직업상담사 1급

71 '더 높은 숙련과 기술을 획득한 사람은 고가의 기계에 비유할 수 있다(Adam Smith)'를 가장 잘 설명하는 논리는?

① 인적자본론

② 투자선택론

③ 노동선별론

④ 교육훈련성과론

해설 인적자본론은 인간을 투자에 의해 그 경제가치 내지 생산력의 크기를 증가시킬 수 있는 일종의 자본으로 보는 이론이다.

2015년 직업상담사 2급

72 다음 중 인적자본 투자대상을 모두 고른 것은?

A. 교육
B. 직장훈련
C. 노동의 이동
D. 정보의 획득
E. 건강

① A, B, C
② A, B, D, E
③ A, B, C, E
④ A, B, C, D, E

해설 ㉠ 인적자본이론은 인간을 일종의 자본으로 보고 교육, 훈련 등의 투자를 통해 생산력을 증가시킴으로써 기업이 수익을 얻을 수 있다는 이론이다.

㉡ 인적자본의 투자대상
- 정규교육 또는 학교교육
- 현장훈련 : 취업 후 작업현장에서의 교육
- 이주 : 자신의 생산능력을 최대한 발휘할 수 있는 곳으로 이주
- 건강 : 노동시간을 일정수준 이상으로 유지하고 결근에 따른 경제적 손실을 방지하도록 건강 유지
- 정보 : 취업을 통해 더 많은 경제적 편익을 확보할 수 있도록 일자리 탐색, 노동시장정보 획득

★★ 2018년, 2025년 직업상담사 1급

73 인적자본투자에 관한 설명으로 틀린 것은?

① 인적자본이 증가하면 한계수익률은 감소한다.

② 인적자본투자를 위해 조달되어야 하는 자금은 투자에 비해 확보하기 어렵다.

③ 부모가 부자일수록 인적자본투자를 더 한다.

④ 능력이 뛰어난 사람일수록 인적자본투자를 덜 하게 된다.

해설 ① 인적자본투자가 1원어치 추가될 때의 내부수익률인 한계수익률은 인적자본투자가 증가함에 따라 점점 감소하는데, 이유는 첫째 일반적인 수확체감의 법칙, 둘째 인적자본투자에 투입하는 시간은 축적되어 연령이 증가할수록 점점 고가로 되므로 일정한 화폐지출액의 투자로 획득할 수 있는 추가적인 인식자본은 감소할 수밖에 없는 점, 셋째 수명의 한계로 투자수익을 회수할 기간이 단축되는 점 등이 있다.

② 인간은 담보물이 될 수 없기 때문에 인적자본투자를 위해 조달되어야 하는 자금 확보에 어려움이 많다.

③ 부모가 자산이 많거나 낮은 이자율로 자금을 동원할 수 있는 사람이 투자에 유리하다.

④ 능력이 뛰어난 사람이 인적자본투자의 한계수익률이 높고, 장학금과 같이 투자기회면에서도 유리한 조건에 있게 되어 능력이 뛰어난 사람일수록 인적자본투자를 더 하게 된다.

2011년, 2016년 직업상담사 2급

74 인적자본이론에 관한 설명으로 틀린 것은?

① 능력이 높은 사람일수록 인적자본투자를 더 한다.

② 부모가 부자일수록 자녀의 인적자본투자가 많아진다.

③ 교육과 훈련이 생산성 증대를 가져온다는 점이 실증적으로 입증되었다

④ 실물자본에 비해 인적자본투자를 위하여 조달되어야 하는 자금의 확보에 어려움이 있다.

> 해설 인적자본론에 대해서는 교육·훈련이 생산성을 증대시킨다는 것이 실증적으로 입증되지 않았다는 비판이 있다.

★ 2011년 직업상담사 1급

75 다음 중 인적자본론 차원에서 고려할 때 차별에 해당되지 않는 사항인 것은? (단, 다른 조건은 같다고 가정한다.)

① 대졸 남성이 고졸 여성보다 높은 임금을 받는 경우

② 근속연수가 높은 남성이 근속연수가 낮은 여성에 비해 높은 임금을 받는 경우

③ 노동시장에서의 경력연수가 높은 남성이 경력연수가 낮은 여성에 비해 높은 임금을 받는 경우

④ 대졸 남성이 대졸 여성에 비해 높은 임금을 받는 경우

> 해설 인적자본론이란 사람도 일종의 자본으로서 교육, 훈련 등의 투자가 이루어질수록 생산성이 향상된다고 보는 이론이다. 학력, 근속연수, 경력은 교육 내지 현장훈련으로서 인적자본투자에 해당하지만, 성별에 따른 차이는 인적자본으로 설명할 수 없다.

★ 2012년, 2019년 직업상담사 2급

76 인적자본론의 노동이동에 관한 설명으로 틀린 것은?

① 사직률과 해고율은 기업 특수적 인적자본과 음(-)의 상관관계를 갖는다.

② 인적자본론에서는 장기근속자일수록 기업 특수적 인적자본량이 많아져 해고율이 낮아진다고 주장한다.

③ 임금률이 높을수록 해고율은 높다.

④ 사직률과 해고율은 경기변동에 따라 상반되는 관련성을 갖고 있다.

> 해설 ①, ② 기업 특수적 인적자본량이 많을수록, 즉 해당 기업에 특화된 능력을 갖추고 있을수록 노동자의 사직과 회사의 해고 모두 기회비용이 높아지므로 사직률, 해고율 모두 줄게 된다. 즉, 음(-)의 상관관계를 갖는다.
> ③ 인적자본투자가 이뤄진 경우 임금률이 높아도 해고율이 낮을 수 있다.
> ④ 경기가 좋으면 사직률은 높아지고, 해고율은 낮아진다.

★ 2009년 직업상담사 1급

77 인적자본론에서 가계의 인적자본투자량 결정에 관한 설명으로 틀린 것은?

① 인적자본에 대한 공급곡선은 투자기회가 유리할수록 좌측으로 이동한다.

② 인적자본에 대한 수요곡선과 공급곡선이 만나는 점에서 투자량이 결정된다.

③ 인적자본에 대한 수요곡선은 개인적 능력이 우수할수록 우측으로 이동한다.

④ 투자기회가 동일하더라도 개인적 능력이 클수록 더 많은 수익이 가능하다.

> 정답 74. ③ 75. ④ 76. ③ 77. ①

[해설] ① 인적자본에 대한 **공급곡선은 부모가 부자일수록**(투자 기회가 유리할수록) 우측으로 이동한다(투자의 공급이 증가한다).

[가계의 인적자본투자량 결정]

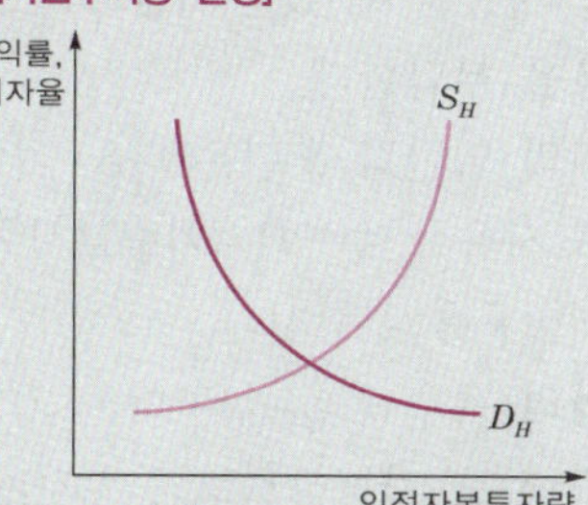

㉠ 인적자본투자의 **공급에 영향을 미치는 요인은 부모의 재산과 소득이고**, 인적자본투자의 **수요에 영향을 미치는 요인은 개인의 능력**, 학력 간 임금격차, 연령, 미래 지향성에 대한 선호 등이 있다. **공급곡선은 이자율과 투자량과의 관계를 나타내고, 수요곡선은 투자의 내부수익률**(투자의 한계수익률)**과 투자량과의 관계를** 나타낸다.

㉡ 인적자본투자량이 커질수록 학비를 더 많이 조달하기 위해 더 비싼 이자를 써야 하므로 이자율은 상승하고(**공급곡선 우상향**), 인적자본투자를 늘릴수록 투자의 추가 수확은 점점 줄어들고 기회비용이 올라가기 때문에 내부수익률은 감소한다(**수요곡선 우하향**). 부모의 재산과 소득이 많으면 투자공급곡선은 오른쪽으로 이동하고, 자녀가 유능할수록 투자수요곡선은 오른쪽으로 이동하게 된다.

㉢ 이 두 곡선이 만나는 점에서 투자량이 결정되는데, 그 결과 **부자인 부모**(기회)**와 유능한 자녀**(능력)**가 만날 때 가장 많은 투자와 가장 많은 투자수익이** 이뤄진다.

---

78 A기업은 기업에 특화된 훈련(Firm—specific Training)에 더 많은 투자를 하고, B기업은 모든 기업에 필요한 일반훈련(General Training)에 더 많은 투자를 한 상태에서, A, B기업이 생산하는 상품수요가 감소한 경우 다음 중 해고 가능성이 높은 경우는? (단, 기타 조건은 일정하다고 가정한다.)

① 기업 A가 기업 B보다 해고 가능성이 높다.
② 기업 B가 기업 A보다 해고 가능성이 높다.
③ A기업, B기업 모두 동일하게 해고시킨다.
④ 위 내용으로는 판단할 수 없다.

[해설] 기업 특수적인 인적자본투자가 이뤄지면 인적자본투자의 수익을 극대화하고 숙련된 노동력의 유출을 막고자 하기 때문에 노동이동이 적고 내부승진이 이루어지는 내부 노동시장이 발달한다.

79 교육투자에 관한 설명으로 틀린 것은?

① 사적 수익률은 교육연수 증가에 따른 개인 근로소득의 증가율을 의미한다.
② 교육투자의 사회적 수익률이 실물자본투자의 사회적 수익률에 비해 크다면 교육투자는 사회적으로도 바람직한 자원배분이다.
③ 학력이 간판으로서의 기능을 하고, 기업이 학력을 선발기준으로 삼는 고용관행이 고착화되면 고학력에 대한 민간부문의 수요는 과도하게 높아질 수 있다.
④ 정부는 사적 수익률을 높이는 데 초점을 맞추어야 한다.

[해설] 교육투자의 사적 수익률은 교육연수 1년 증가에 따른 개인 근로소득의 퍼센트 증가율을 의미하고, 사회적 수익률은 교육연수 1년 증가에 따른 생산성의 퍼센트 증가율을 의미한다. 정부가 빈곤퇴치 및 소득재분배정책을 입안할 때에는 교육이 개인의 생산성을 높이는가 아닌가, 즉 사회적 수익률이 정의 값을 갖는지 여부에 대한 실증분석에 기초해서 하여야 한다.

80 경제학자 Spencer는 고학력자의 임금이 높은 것은 교육이 생산성을 높이는 역할을 하는 것이 아니라 처음부터 생산성이 높다는 것을 교육을 통해 보여주는 것이라는 견해를 제시했는데, 이를 무엇이라고 하는가?

① 인적자본이론
② 혼잡가설
③ 고학력자의 맹목적 우대
④ 교육의 신호모형

[정답] 78. ②　79. ④　80. ④

해설 신호모형은 교육은 피교육자가 이미 높은 생산성을 갖고 있다는 것을 보여주는 신호(signal)라고 보는 이론이다. 교육을 통해 생산성을 높일 수 있다는 인적자본이론과 대비된다.

81 선별가설(Screening Hypothesis)에 대한 설명과 가장 거리가 먼 것은?

① 교육·훈련이 생산성을 직접 높이는 것은 아니고 유망한 근로자를 식별해 주는 역할을 한다.

② 빈곤문제해결을 위해서는 교육훈련기회를 확대하는 것이 중요하다.

③ 학력이 높은 사람이 소득이 높은 것은 교육 때문이 아니고 원래 능력이 우수하기 때문이다.

④ 근로자들은 자신의 능력과 재능을 보여주기 위해 교육에 투자한다.

해설 선별가설은 교육·훈련이 생산성 향상을 통해 고임금에 기여한다는 전제를 인정하지 않고 원래 능력이 우수한 사람이 고학력을 갖추게 된다고 보는 이론이다. 교육기회평등화정책의 유효성을 부인한다.

82 다른 모든 자격과 조건이 동일하다는 전제하에 성차별에 해당되는 것으로 가장 적합한 것은?

① 대졸 남성근로자의 임금이 고졸 여성근로자보다 높다.

② 근속연수가 높은 남성근로자의 임금이 근속연수가 적은 여성근로자보다 높다.

③ 대졸 남성근로자의 임금이 대졸 여성근로자보다 높다.

④ 대졸 여성근로자의 임금이 고졸 남성근로자보다 높다.

해설 대졸 남성근로자의 임금이 대졸 여성근로자보다 높은 것은 성별 이외 다른 요인이 없으므로 성차별에 해당한다.

83 교육·훈련에 관한 설명으로 옳은 것은?

① 기업의 일반적 훈련은 다른 기업으로 이직하여도 사용할 수 있는 기술로 주로 기업이 훈련비용을 부담한다.

② 기업의 일반적 훈련은 다른 기업으로 이직하여도 사용할 수 있는 기술로서 주로 근로자가 훈련비용을 부담한다.

③ 기업의 특수적 훈련은 다른 기업으로 이직하여도 사용 가능하므로 근로자가 그 훈련비용을 부담한다.

④ 기업의 특수적 훈련은 다른 기업으로 이직하여도 사용 가능하므로 근로자의 이직을 방지하기 위해 기업이 주로 훈련비용을 부담한다.

해설 ①, ② 일반적 훈련은 다른 기업으로 이직하여도 사용할 수 있는 기술로 주로 근로자가 훈련비를 부담한다.
③, ④ 기업 특수적 훈련은 해당 기업에 유용한 기술로 주로 기업이 훈련비를 부담한다.

84 기업 특수적 인적자본이 형성되는 경우가 아닌 것은?

① 의사소통의 특유성

② 공식적 네트워크화

③ 차별화된 제품생산

④ 장비와 공정의 특수성

해설 ㉠ 기업 특수적 인적자본이란 소속 노동자들에게 해당 기업에 특화된 훈련을 시키는 것을 의미한다.
㉡ 기업 특수적 인적자본이 형성되는 경우
• 차별화된 제품생산
• 장비의 특수성
• 공정의 특수성
• 기업 특수적인 팀워크
• 의사소통의 특수성

★ 2010년, 2022년 직업상담사 1급

85 다음 중 인적자본론에 관한 설명으로 틀린 것은?

① 예상수익률과 내부수익률을 비교하여 투자량을 결정한다.
② 교육수준이 높아지면 개인의 생산성도 증대한다.
③ 인적자본투자의 내부수익률이 이자율보다 크면 인적자본에 투자한다.
④ 노동자의 건강과 노동시장정보도 인적자본이다.

해설 인적자본투자는 이자율과 내부수익률을 비교하여 훈련의 내부수익률이 이자율보다 클 때 인적자본투자가 이루어진다.

[인적자본이론]
㉠ 의의 : 인간을 일종의 자본으로 보고 교육, 훈련 등의 투자를 통해 생산력을 증가시킴으로써 기업이 수익을 얻을 수 있다는 이론
㉡ 인적자본 투자대상
• 정규교육 또는 학교교육
• 현장훈련 : 취업 후 작업현장에서의 교육
• 이주 : 자신의 생산능력을 최대한 발휘할 수 있는 곳으로 이주
• 건강 : 노동시간을 일정수준 이상으로 유지하고 결근에 따른 경제적 손실을 방지하도록 건강 유지
• 정보 : 취업을 통해 더 많은 경제적 편익을 확보할 수 있도록 일자리 탐색, 노동시장정보 획득

★ 2017년 직업상담사 1급

86 일반적 훈련과 기업 특수적 훈련에 대한 설명으로 틀린 것은?

① 기업 특수적 인적자본은 차별화된 제품의 생산이나 생산공정의 특유성으로 형성된다.
② 기업 특수적 인적자본은 근로자들의 특별한 팀워크로 형성된다.
③ 기업 특수적 훈련은 일반적 훈련과 구분되며, 훈련비용은 대부분 기업이 부담한다.
④ 기업은 훈련비용이 낮은 일반적 훈련을 선호한다.

해설 여러 기업에 통용되는 일반적 훈련은 특정 기업으로서는 투자유인을 갖기 어렵다. 해당 기업에만 유용한 훈련, 즉 기업 특수적 훈련을 하고자 할 때 기업은 훈련비를 부담하려고 한다.

★ 2023년 직업상담사 1급

87 인적자본투자에 대한 설명으로 틀린 것은?

① 개인 또는 그 집단의 수입력을 증대시켜주는 특정 기술수준 및 훈련 등을 인적자본이라 하며 이에 투자하는 행위를 인적자본투자라고 한다.
② 인적자본투자에는 정규교육, 현장훈련, 이주, 건강, 정보 등을 들 수 있다.
③ 일반훈련이란 어떤 기업에서나 쓸 수 있는 기능과 기술을 습득하는 것이며, 기업특수적 훈련이란 특정 기업에만 한정된 특수한 기능과 기술을 배우는 것을 말한다.
④ 기업특수적 훈련에 대하여는 훈련비용을 개인이 부담하는 것이 바람직하다.

해설 기업특수적 훈련이란 특정 기업에 유용한 훈련으로 기업이 훈련비용을 부담하게 하는 유인을 가진다.

★★ 2010년, 2014년 직업상담사 1급

88 어떤 훈련프로그램을 수료하면 기업이 1년 후에 330만원을 보너스로 지급한다. 단, 이 훈련을 받는 데에는 수강료 200만원과 50시간의 참여가 필요하다. 훈련에 참가하는 시간 동안은 임금을 받지 못한다. 현재의 임금률이 시간당 2만원이라면 이 프로그램의 내부수익률(internal rate of return)은?

① 5% ② 10%
③ 12% ④ 15%

[해설] 내부수익률이란 어떤 투자가 이루어질 때 그것으로부터 발생하는 미래수익의 현재가치를 투자비용에 일치시켜 주는 할인율이다. 단, 한 번의 인적자본투자(교육, 훈련)가 있는데, 그 비용을 C라고 하자. 그리고 이 투자로부터 발생하는 수익을 X_i라고 하고, X_i는 n년간에 걸쳐 회수할 수 있으며, 그때 할인율을 r이라고 하자. 그 비용과 투자수익의 현재가치를 일치시킴으로써 다음과 같이 쓸 수 있다.

$$C = \sum_{i=1}^{n} \frac{X_i}{(1+r)^i}$$

위 식을 만족시켜주는 r을 내부수익률이라고 한다. 따라서 내부수익률이란 인적자본투자를 생각할 때 인적자본투자의 순현재가치를 0으로 해주는 값이라고 할 수도 있다.

문제에서 1년 후를 조건으로 하고 있으므로 $n=1$, 비용(훈련비+임금소득 상실)과 수익(보너스)을 위 식에 대입하면

$$2,000,000 + (50 \times 20,000) = \frac{3,300,000}{1+r}$$

$$\therefore r = 10\%$$

★ 2014년 직업상담사 1급

89 21세기 기업의 특징에 대한 설명과 가장 거리가 먼 것은?

① 경박단소형 기업
② 표준화된 제품의 대량생산
③ 위계관계보다는 수평관계를 중시
④ 참여와 협력의 노사관계

[해설] 20세기는 대량생산방식을 위해 통합형 복합기업의 중후장대형(重厚長大型) 기업이었다면, 21세기 지식경제하에서는 부품업체와의 유기적 협력관계에 의한 적기납품제도가 도입되고 관련 기업과의 전략적 제휴에 의한 유연성이 중시되어 중후장대형 기업의 분업화에 의해 개별 기업들은 경박단소형이 된다. 기업 간에는 중층적이고 신축적인 분업관계가 중시되는 네트워크형 기업조직이 일반화된다.

★ 2003년 직업상담사 1급

90 다음 ( )에 들어갈 말로 적당한 것은?

- (㉠)활동은 이제 모든 경제적인 생산분야를 지배하고 있다. 최선의 결과를 낳기 위하여 요구되는 연구개발, 품질 통제, 정비, 금융, 보험, 광고, 분배, 고객 서비스, 재활용부문 등에 경제는 더욱더 종속되어가고 있다.
- 상품과 서비스의 (㉡)영역은 이제 더 이상 생산과 완전히 격리된 활동이 아니다. 이 영역은 총체적인 생산체계에 점차 편입되고 있다. 특히 분배와 이용, 재활용과 같은 활동에서 더욱 그러하다.

① ㉠ 제조, ㉡ 분배
② ㉠ 영리, ㉡ 판매
③ ㉠ 서비스, ㉡ 소비
④ ㉠ 산업, ㉡ 교환

[해설] 서비스가 생산을 지배하고, 소비는 점차 생산체계에 편입되어 가고 있다. 계속 새롭고 기발한 상품을 만들어내지 못하면 도태되고, 소비의 유지비용, 폐기비용이 많이 발생하면 상품경쟁력은 떨어지게 된다.

★★ 2018년, 2021년 직업상담사 1급

91 기업의 통합형 숙련형성제도와 가장 거리가 먼 것은?

① 정규직 업무와 비정규직 업무를 동시에 수행하도록 훈련시킨다.
② 채용 후 각 업무에 배치하기 전에 장시간 이론과 실기교육을 실시한다.
③ 전문직에 비해 생산직 노동자에 대해서는 별로 투자를 하지 않는다.
④ 현장훈련과 배치전환훈련을 통해 생애경력경로가 폭이 넓고 깊어진다.

[정답] 89. ② 90. ③ 91. ③

해설 ③ 분리형 숙련형성체계에 대한 설명이다.
기업이 정규적인 업무를 생산직에게 배당하고 비정규적인 일을 기술자, 기술공에 배분하여 생산직에게는 정확, 신속, 근면을 강조하는 훈련을 시키는 경우 숙련 형성의 "분리형" 체계라고 한다. 기업은 생산직 노동자에 대한 투자를 별로 하지 않으며, 기업 내의 전문 기술자 및 숙련공도 단능공인 경우가 많다.
반면에 숙련 형성의 "통합형" 체계에서는 생산직 노동자에게 정규직 업무와 비정규직 업무를 동시에 수행하도록 훈련시킨다. 생산직 노동자를 채용한 후 배치되기 전 이론교육과 실기교육을 장시간 실시하며, 노동자가 각 업무에 배치된 후에도 현장훈련, 배치전환을 통해 10여 년간 공장생활 후에는 과학기술자 및 엔지니어의 지적 숙련을 일부 공유하도록 훈련이 이루어진다. 숙련 형성의 통합형 체계에서는 다능의 기술공 및 숙련공이 형성되며, 이를 통칭 다능공이라 부른다.

★★ 2013년, 2014년, 2018년 직업상담사 1급

92 다음 중 노동이동에 따르는 순이익의 현재가치를 크게 하기 위해 커져야 하는 요인은?

> ㉠ 새 직장과 과거 직장에서 얻어지는 효용의 차이
> ㉡ 새로운 직장에서 일할 수 있으리라 기대되는 기간
> ㉢ 할인율
> ㉣ 이동비용

① ㉠, ㉡ ② ㉠, ㉢
③ ㉢, ㉣ ④ ㉡, ㉢

해설 B_{nt}를 t년에 새로운 직장(n)에서 얻은 이익, B_{ot}를 t년에 옛 직장(o)으로부터 얻는 이익, T를 새로운 직장에서 예상되는 근속연수, r을 할인율, M을 노동이동의 비용이라고 하면, 노동이동에 따른 순수익의 현재가치는 다음과 같다.

노동이동에 따른 순수익의 현재가치

$$= \sum_{t=1}^{T} \frac{B_{nt} - B_{ot}}{(1+r)^t} - M$$

노동이동에 따른 순수익의 현재가치가 0보다 클 때 노동이동이 발생한다.
새로운 직장과 옛 직장 간의 수익의 격차($B_{nt} - B_{ot}$)가 클수록, 새로운 직장에서의 근속연수가 길수록(T), 시차할인율(r)이 낮을수록, 노동이동비용(M)이 적을수록 노동이동이 일어날 확률이 크다.

93 사용자의 구인활동에 관한 설명과 가장 거리가 먼 것은?

① 사용자는 호황기에 채용기준을 낮추고, 불황기에 채용기준을 높이는 것이 일반적이다.
② 고임금정책은 사용자의 채용비용을 줄이는 데 도움이 되지 않는다.
③ 사용자는 구직자의 생산성을 정확히 알고자 하면 할수록 채용비용이 증가한다.
④ 공석이 발생할 경우 내부승진에 의해 필요한 사람을 고용하는 것이 기업측의 위험부담이 적다.

해설 시장의 균형임금보다 높은 임금을 지불하는 고임금정책은 인력 유출을 방지하므로 채용비용을 줄이는 데 도움이 된다.

★ 2012년 직업상담사 1급

94 다음 중 이직의 가능성을 증가시키는 요인과 가장 거리가 먼 것은?

① 현재 다니는 직장에서의 근속연수가 길수록
② 현재 경기상태가 호황국면에 있을수록
③ 현재 다니는 직장에서 받는 임금이 낮을수록
④ 새로운 직장의 탐색비용이 감소할수록

해설 ① 새로운 직장에서의 예상근속연수가 길수록 자발적 노동이동에 따른 순수익이 높으므로 이직 가능성이 증가된다.

[자발적 노동이동에 따른 순수익의 현재가치를 결정해주는 요인]
㉠ 구 직장과 신 직장 간의 수익 차
㉡ 새로운 직장에서의 예상근속연수
㉢ 장래의 기대되는 수익과 현 직장의 수익의 차를 현재가치로 할인해 주는 할인율
㉣ 노동이동에 따른 비용(금전적·심리적 비용)

정답 92. ① 93. ② 94. ①

2011년 직업상담사 2급

95 근로자의 구직활동에 관한 설명으로 틀린 것은?

① 탐색기간이 길어질수록 탐색비용은 감소한다.
② 탐색기간이 길어질수록 좋은 일자리를 찾게
될 확률이 높아진다.
③ 직업탐색활동은 노동시장정보의 불완전성에
기인한다.
④ 직업에 관련된 정보를 얻는데 소요된 지출도
인적자본투자의 한 형태이다.

해설 탐색기간이 길어질수록 직업탐색에 소요되는 직접비용
(시간, 금전)과 기회비용(취업하였다면 받을 수 있었던
임금)이 증가한다.

2016년 직업상담사 2급

96 근로자의 구직활동에 관한 설명으로 틀린 것은?

① 탐색기간이 길어질수록 탐색비용은 증가한다.
② 탐색기간이 길어질수록 좋은 일자리를 찾게
될 확률이 높아진다.
③ 직업탐색활동은 노동시장정보의 불완전성에
기인한다.
④ 직업에 관련된 정보를 얻는데 소요된 지출은
인적자본투자로 간주하지 않는다.

해설 직업탐색비용도 인적자본투자에 해당된다.

2014년 직업상담사 2급

97 직업탐색에 관한 설명으로 틀린 것은?

① 직업탐색의 비용은 구직활동을 위해 투입한
교통비, 통신요금 등의 직접적 비용만을 의미
한다.
② 직업탐색은 자기의 기준을 충족시켜주는 가장
좋은 조건의 일자리를 찾는 활동을 말한다.
③ 직업탐색은 한계기대수익과 한계비용이 같아
질 때까지 계속된다.
④ 중년층에 비해 청년층은 평생소득의 관점에서
보면 직업탐색의 기대소득이 크다.

해설 직업의 탐색비용에는 직업탐색의 기회비용(취업하였더
라면 받을 수 있었던 임금) 등의 간접비용도 포함된다.

2015년 직업상담사 2급

98 노동의 이동(Labor Turnover)은 노동자의 이동을 무엇을 중심으로 파악하는 것인가?

① 산업　　　　　　② 직종
③ 지역　　　　　　④ 기업

해설 Labor Turnover는 기업 간의 노동력 이동을 의미하고,
Labor Mobility는 노동력의 산업 간·지역 간의 이동, 신
규 노동력의 유입, 기존 노동력의 사망·은퇴 등 노동시
장에서의 노동력의 움직임을 의미한다.

★　2015년, 2019년 직업상담사 2급

99 근로자의 귀책사유 없이 기업의 가동률 저하로 인하여 근로자가 기업으로부터 떠나는 것으로 미국 등에서 잘 발달되어 있는 제도는?

① 사직(Quits)
② 해고(Discharges)
③ 이직(Separations)
④ 일시해고(Layoffs)

해설 일시해고(layoff)는 경영부진 등 기업의 사정으로 인해 근
로자를 재고용을 조건으로 일시적으로 해고하는 것을 의
미한다.

2013년 직업상담사 2급

100 다음 (　)에 알맞은 것은?

도시와 농촌 간 노동이동을 설명하는 모형에
서 (　)의 노동공급곡선은 수평이다.

① A. Marshall
② J. R. Hicks
③ W. A. Lewis
④ A. Smith

정답　95. ①　96. ④　97. ①　98. ④　99. ④　100. ③

해설 노동부문에 방대한 잠재실업이 존재함을 상정한다. 농업부문에 방대한 잠재실업이 존재하기 때문에 공업부문에서 농업부문보다 높은 임금을 주면 잠재실업자들이 도시의 공업부문으로 유출되게 된다. 잠재실업자들이 많으므로 공업부문의 실질임금이 오르지 않더라도 공업부문에 신규 노동인구는 계속 유입된다. 즉, 일정한 임금에 무제한적인 노동공급이 이루어진다.

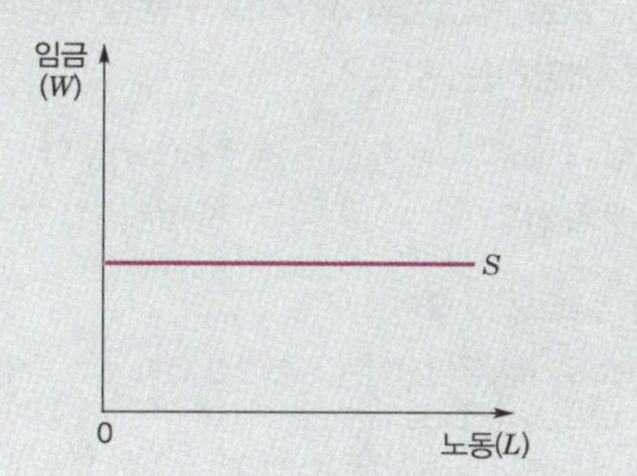

★ **2015년 직업상담사 1급**

101 자발적 이직(사직)이 발생하는 이유에 대한 설명과 가장 거리가 먼 것은?

① 저임금 근로자의 경우 자발적 이직의 확률이 높다.

② 경기가 호황일 때 자발적 이직의 확률이 높아진다.

③ 일반적으로 연령이 높을수록 자발적 이직은 줄어든다.

④ 직장이동에 드는 비용이 높을수록 자발적 이직의 확률이 높아진다.

해설 직장이동에 드는 비용이 높을수록 자발적 이직의 확률이 낮아진다.

★★★ **2018년, 2023년, 2025년 직업상담사 1급**

102 효율적 직장이동(efficient turnover)가설에 대한 설명으로 틀린 것은?

① 모든 이직은 노동자와 기업 양자에게 상호혜택을 제공할 수 있다.

② 노동자와 기업은 적재적소배치상태를 위해 사직하거나 해고한다.

③ 임금수준은 사직률에는 부(−)의 영향을, 해고율에는 정(+)의 영향을 준다.

④ 이직을 통해 인적자원을 효율적 배분이 이루어질 수 있다.

해설 효율적 직장이동가설에 따르면 노동시장에서는 정보의 불완전성, 비대칭성으로 노동자의 구직활동과 사용자의 구인활동이 왕성히 일어나는데, 구인·구직 합치가 이루어지면, 기업으로는 노동자가 제 능력과 재능을 잘 발휘함으로써 이윤이 증대하고, 노동자는 생산성 증대에 따른 임금상승을 기대할 수 있다. 구인·구직불합치가 되면, 기업은 노동자를 해고하려 하고 다른 한편으로는 노동자는 사직하려 할 것이다. 따라서 임금수준과 사직률, 그리고 임금수준과 해고율은 모두 부의 관계(−)를 갖게 된다. 우량기업이 참노동자, 성실한 노동자와 짝을 이루어 노동자의 생산기여도가 최대로 되는 상태를 적재적소배치상태라고 하는데 적재적소에 있지 않으면 근로자는 더 나은 짝짓기를 위해 사직하며 기업은 잘못된 짝짓기를 교정하기 위해 해고를 행한다. 이를 통해 보다 효율적 인적자원배분이 이루어질 수 있다. 경쟁노동시장에서 노동자의 생산기여도를 최대로 하는 적재적소 배치상태를 위해 사직 및 해고, 즉 이직이 진행된다는 가설이다. 효율적 직장이동가설은 이직분석에서 사직과 해고는 구분할 필요가 없으며, 모든 이직은 기업 및 노동자 양자에게 상호혜택을 제공한다는 결론을 제시한다.

★ **2014년 직업상담사 1급**

103 직장이동에 관한 옳은 설명을 모두 짝지은 것은?

> A. 호경기일수록 사직률은 높아진다.
> B. 불경기일수록 해고율은 높아진다.
> C. 임금이 높을수록 사직률은 낮아진다.
> D. 장기근속자일수록 기업 특수적 인적자본량이 많아져 해고율은 낮아진다.

① A, B 　② B, C

③ B, C, D 　④ A, B, C, D

해설 A, B. 경기가 좋으면 사직률은 높아지고, 해고율은 낮아진다. 반면 불경기에는 해고율은 높아진다.
C. 임금률이 높을수록 사직의 기회비용이 커지므로 사직률이 낮아진다.
D. 기업 특수적 인적자본량이 많을수록, 즉 해당 기업에 특화된 능력을 갖추고 있을수록 노동자의 사직과 회사의 해고 모두 기회비용이 높아지므로 사직률, 해고율 모두 줄게 된다.

정답 101. ④　102. ③　103. ④

해설 상대적으로 임금이 낮은 청소년은 사직의 기회비용(사직으로 잃게 될 임금)이 적어 사직할 확률이 높다.

★★ 2016년, 2023년, 2025년 직업상담사 1급

104 근로자의 이직비용과 노동공급곡선에 대한 설명으로 틀린 것은? (단, 노동시장은 완전경쟁적이다.)

① 근로자의 이직비용이 0인 경우 개별 기업이 직면하는 노동공급곡선은 수평이 된다.

② 근로자의 이직비용이 0인 경우 개별 기업은 임금수용자가 된다.

③ 근로자의 이직비용이 0보다 클 경우 개별 기업이 직면하는 노동공급곡선은 우상향한다.

④ 근로자의 이직비용이 클수록 노동공급의 임금탄력성이 커진다.

해설 근로자의 이직비용이 클수록 임금 상승에도 불구하고 노동공급은 덜 일어나게 된다. 즉, 노동공급탄력성이 작아진다.
완전경쟁시장의 임금은 수많은 기업과 노동자들 간의 수요공급에 의해 결정되므로 개별 기업은 임금수용자가 되고, 개별 기업은 시장의 균형임금수준에서만 고용이 가능하다(노동공급곡선이 수평이다). 그런데 같은 완전경쟁시장에서 노동이동의 비용이 발생하면 더 많은 근로자를 고용하고 싶은 기업은 현재 이미 다른 기업에 고용된 근로자가 그 일자리를 그만두고 이동비용을 지불하면서까지 이 기업으로 오도록 유도하기 위해 높은 임금을 지불해야 한다. 즉, 이 기업은 우상향하는 노동공급곡선에 직면하게 된다. 이와 같이 수요독점기업이 아니더라도, 즉 똑같은 근로자를 두고 경쟁하는 수많은 기업이 있는 완전경쟁노동시장에서도 개별 기업이 각자 어느 정도의 수요독점력을 가질 수 있다.

★ 2005년, 2009년 직업상담사 1급

105 청소년 근로자의 경우 상대적으로 자진 사직할 확률이 높다. 다음 중 그 이유로 가장 타당한 것은 어느 것인가?

① 청소년의 직업탐색에 대한 수익이 상대적으로 낮기 때문이다.

② 청소년의 직업탐색으로 인한 상실소득이 상대적으로 높기 때문이다.

③ 청소년의 직업탐색비용이 상대적으로 낮기 때문이다.

④ 청소년의 실업률이 상대적으로 낮기 때문이다.

★★ 2011년, 2023년, 2025년 직업상담사 1급

106 노동시장의 유연성을 수량적 유연성, 기능적 유연성, 임금 유연성의 3가지로 구분할 때 수량적 유연성에 해당하는 것은?

① 정리해고 ② 다기능공화

③ 배치전환 ④ 작업장 간 노동이동

해설 [노동시장의 유연성]
노동시장 유연성이란 외부환경 변화에 인적자원이 신속하고 효율적으로 배분 및 재배분되는 노동시장의 능력을 지칭한다. 노동시장 유연성의 유형은 다음과 같다.
㉠ 외부적 수량 유연성 : 계약직, 파트타임 등 인력 퇴출이 쉽도록 하는 것이다.
㉡ 내부적 수량 유연성 : 근로시간 변형이 쉽도록 하는 것이다.
㉢ 외부화 : 도급, 파견 등 생산의 불확실성을 외부로 전가하는 것이다.
㉣ 기능적 유연성 : 배치전환, 다기능공화, 작업장 간의 노동이동을 통해 변화에 대한 적응력을 향상시키는 것이다.
㉤ 임금 유연성 : 성과 등에 따라 임금 증감을 쉽도록 하는 것이다.

2014년 직업상담사 2급

107 노동시장의 유연성에 대한 설명과 가장 거리가 먼 것은?

① 노동시장의 유연성이란 일반적으로 외부환경 변화에 인적자원이 신속하고 효율적으로 배분되는 노동시장의 능력을 지칭한다.

② 다기능공화, 배치전환, 작업장 간 노동이동 등을 통해 생산과정의 변화에 대한 근로자의 적응력을 높이는 것을 기능적 유연성이라 한다.

③ 작업을 하청의 형태로 외부에 주거나 용역업체에 의해 노동자를 고용하는 것은 노동시장의 유연성이라 할 수 없다.

④ 일시휴업이나 휴가 증가, 주휴 2일제 등은 노동시장 유연성의 유형 중 하나이다.

정답 104. ④ 105. ③ 106. ① 107. ③

② 탄력적 근로시간제

③ 연장근로규제 완화

④ 일시휴업이나 휴일대체

 고용형태 다양화는 **외부적 수량 유연성에 해당**한다.

---

111 노동시장의 유연성을 높일 수 있는 방안과 가장 거리가 먼 것은?

① 신속한 고용조정능력을 갖춘다.

② 전직실업자의 신속한 재취업능력을 높인다.

③ 국제노동기구와의 연대를 모색한다.

④ 노동수요 측면의 능력 위주 인사관행을 확립한다.

 국제노동기구와의 연대는 **노동시장 유연화에 맞서는 노동자나 노동조합의 대응방안**에 해당한다.

---

② **근로자 보호**

112 임금학설인 임금생존비설과 임금기금설에 관한 설명으로 틀린 것은?

① 임금생존비설은 노동수요 측면을 무시한 이론이라는 비판을 받고 있다.

② 임금생존비설은 임금이 노동공급에 의해 결정된다고 보는 관점에서 장기적 관점에 입각한 이론이다.

③ 임금기금설은 현실 자본량으로 임금문제를 설명하기 때문에 단기적 관점에 입각한 이론이다.

④ 임금기금설은 임금생존비설을 부분적으로 계승한 것으로 노동공급 측면을 강조하는 이론이다.

 임금생존비설을 부분적으로 계승한 이론은 노동가치설이고, **임금기금설은 노동수요 측면을 강조**하는 이론이다.

 작업을 하청의 형태로 외부에 주거나 용역업체를 통해 노동자를 고용하는 것도 **노동시장 유연성의 하나**로서 **외부화**에 속한다.

108 근로기준법에 경영상 이유에 의한 해고, 탄력적 근로시간제 등의 조항이 등장하고 파견근로자 보호 등에 관한 법률이 제정된 이유로 가장 타당한 것은?

① 획일화되는 사회에 적응하기 위함이다.

② 노동조합의 전투성을 진정시키기 위함이다.

③ 외부자보다는 내부자를 보호하기 위함이다.

④ 불확실한 시장상황에 기업이 신속하게 대응할 수 있도록 하기 위함이다.

 정리해고 제도화(외부적 수량 유연성), 탄력근무 도입(내부적 수량 유연성), 파견 허용(외부화)은 기업이 불확실한 시장상황에 신속하게 대응할 수 있도록 하는 노동시장 유연화방안이다.

109 다음 중 노동시장의 유연성(Labor Market Flexibility) 증진과 가장 거리가 먼 것은?

① 비정규직 근로자의 취업 확대

② 변형근로시간제의 적극적 활용

③ 최저임금제의 확대 적용

④ 성과급 임금체계의 보편적 실시

 노동시장 유연성이란 외부환경 변화에 인적자원이 신속하고 효율적으로 배분 및 재배분되는 노동시장의 능력을 지칭한다.
① **외부적 수량 유연성**에 속한다.
② **내부적 수량 유연성**에 속한다.
④ **임금 유연성**에 속한다.

110 브루네스(Brunhes)의 노동시장 유연화의 개념 중 내부적 수량 유연성에 해당하지 않는 것은?

① 고용형태의 다양화

---

 108. ④ 109. ③ 110. ① 111. ③ 112. ④

113 신고전학파의 가격결정이론을 임금결정이론에 적용한 것으로, 임금은 노동자의 생산에 대한 기여에 의해서 결정된다고 보는 이론은?

① 한계생산력설

② 임금생존비설

③ 노동가치설

④ 임금교섭력설

> **해설** 노동의 한계생산력에 따라 변화하는 노동수요가 노동공급과 만나는 점에서 임금이 결정된다고 보는 이론이 한계생산력설이다.
>
> **[임금의 결정이론]**
> ㉠ 임금생존비설 : 임금은 생존비수준에서 결정된다.
> ㉡ 임금기금설 : 어느 한 시점에 노동자에게 지불될 수 있는 기금(총액)은 미리 정해져 있고, 그 총액을 노동자들 간에 분배하는 것이다.
> ㉢ 노동가치설 : 노동자계급의 유지와 재생산에 필요한 생존수단을 생산하는 데 필요한 노동시간에 의해 임금이 결정된다.
> ㉣ 한계생산력설 : 임금은 노동의 수요과 공급의 균형점에서 결정된다.
> ㉤ 교섭력설 : 노동조합 등의 교섭력에 의해 임금이 변경될 수 있다.

114 다음 중 임금결정이론에 관한 설명으로 틀린 것은?

① 고전학파에 의하면 임금은 최저생존비수준에서 결정되며, 장기 노동공급곡선은 완전비탄력적이다.

② 임금기금설에 의하면 인구억제정책이 소득을 향상시킬 수 있다.

③ 한계생산력설에 의하면 임금은 노동의 한계생산물가치에 의해 결정된다.

④ 인적자본투자설에 의하면 임금은 노동자가 소유하고 있는 인적자본축적량에 의해 결정된다.

> **해설** 고전학파의 임금생존비설은 임금은 노동자의 생존비수준에서 결정된다는 이론으로서, 임금의 증감은 인구의 증감에 연동되어 결과적으로 노동자의 생존비수준에서 임금이 결정된다고 본다. 이에 따르면 임금 상승이 인구 증가를 초래하여 노동의 공급 과잉으로 임금이 다시 저하된다. 따라서 장기적으로는 일정한 임금수준에 무제한의 노동공급이 이루어지는 완전탄력적인 노동공급곡선을 보이게 된다.

115 다음 중 임금 관련 이론 중 주장하는 내용상 그 성격이 다른 하나는?

① 임금기금설

② 임금생존비설

③ 임금철칙설

④ 무제한적 노동공급설

> **해설** 임금생존비설은 임금은 노동자의 생존비수준에서 결정된다는 이론으로서 임금철칙설이라고도 한다. 임금생존비설에 의하면 장기적으로는 일정한 임금수준에 무제한의 노동공급이 이루어지게 된다. 임금기금설은 기업이 노동자에게 지불할 임금의 총액이 정해져 있다는 이론으로 고임금이 고실업률을 야기하고, 노동조합의 교섭력을 통한 임금의 인상이 불가능하다고 주장한다.

116 임금의 경제적 기능에 대한 설명으로 틀린 것은?

① 임금 결정에서 기업주는 동일 노동, 동일 임금을 선호하고, 노동자는 동일 노동, 차등 임금을 선호한다.

② 기업주에게는 실질임금이 중요성을 가지나, 노동자에게는 명목임금이 중요하다.

③ 기업주에서 본 임금과 노동자 입장에서 본 임금의 성격상 상호배반적인 관계를 갖는다.

④ 임금은 인적자본에 대한 투자수요 결정의 변수로서 중요한 역할을 한다.

> **해설** 기업은 경쟁을 통한 생산성 향상을 도모하기 위해 임금차이를 선호하고, 노동자는 경쟁을 피하고 단결이 용이한 동일 노동, 동일 임금을 선호한다.

정답 113. ① 114. ① 115. ① 116. ①

117 임금기금설(wage-fund theory)에 관한 설명으로 틀린 것은?

① 임금기금의 규모는 일정하므로 시장임금의 크기는 임금기금을 노동자의 수로 나눈 값이 된다.
② 임금기금설은 노동공급 측면의 역할을 중시한 노동의 장기적인 자연가격결정론에 해당된다.
③ 임금기금설은 고임금이 고실업률을 야기한다고 하여 고용이론에 영향을 주었다.
④ 임금기금설에 따라 노동조합의 교섭력을 통한 임금의 인상이 불가능하다는 노동조합무용론이 제기되었다.

해설 임금기금설은 기업이 노동자에게 지불할 임금의 총액이 정해져 있다는 이론으로 노동수요 측면에서 임금 결정을 설명한 이론이다.

118 고전학파의 임금론인 임금생존비설과 마르크스의 노동력재생산비설의 유사점은?

① 노동수요 측면의 역할을 중요시한다는 점
② 임금수준은 노동자와 그 가족의 생활필수품의 가치에 의해 결정된다는 점
③ 맬서스의 인구법칙에 따른 인구의 증감에 의해 임금이 생존비수준에 수렴한다는 점
④ 임금의 상대적 저하경향과 자본에 의한 노동의 착취를 설명하는 점

해설 임금생존비설과 노동가치설 두 이론 모두 노동공급의 측면 중 임금수준이 노동자와 그 부양가족의 생활필수품의 가격에 의해 결정된다고 보는 점이 공통적이다.

[임금결정이론]
㉠ 임금생존비설 : 임금은 생존비수준에서 결정
㉡ 노동가치설 : 노동자계급의 유지와 재생산에 필요한 생존수단을 생산하는 데 필요한 노동시간에 의해 임금 결정

119 임금-물가 악순환설, 지불능력설, 한계생산력설 등에 영향을 미친 임금결정이론은?

① 임금생존비설   ② 임금철칙설
③ 노동가치설   ④ 임금기금설

해설 임금기금설은 어느 한 시점에 노동자에게 지불될 수 있는 기금(총액)은 미리 정해져 있고, 그 총액을 노동자들 간에 분배하는 것이라고 본다. 노동수요 측면을 강조한 이론이다. 임금기금의 규모는 일정하므로 시장임금의 크기는 임금기금을 노동자의 수로 나눈 값이 된다. 고임금이 고실업률을 야기하고 노동조합의 교섭력을 통한 임금의 인상이 불가능하다는 노동조합무용론을 주장한다.
임금기금설은 노동수요(기업)의 입장을 강조하는 이론으로서 임금이 인상되더라도 임금 인상은 기업에 의해 상품의 물가 인상으로 전가되므로 임금 인상의 실질적인 효과가 없다는 임금-물가 악순환설, 기업의 지불능력이 임금수준을 결정한다는 지불능력설, 노동수요와 노동공급이 만나는 점에서 균형임금이 결정된다는 한계생산력설 등에 영향을 주었다.

120 최저임금제도의 효과에 관한 설명으로 틀린 것은?

① 소득의 계층별 분배를 개선할 수 있다.
② 기업 간의 공정경쟁을 확보할 수 있다.
③ 산업구조의 고도화에 기여할 수 있다.
④ 10대, 여성, 고령자 등 취약계층의 고용 확대를 가져올 수 있다.

해설 ㉠ 최저임금제의 기대효과
- 소득분배의 개선(임금격차 해소) : 저임금 근로자의 생활을 보호하고, 산업 간, 직종 간, 지역 간의 임금 격차를 개선한다.
- 노동력의 질적 향상 : 사기진작으로 노동생산성 향상에 기여한다.
- 공정경쟁의 확보 : 저임금에 기반한 경쟁방식을 지양하도록 한다.
- 산업평화의 유지 : 생활안정으로 노동쟁의를 감소시킨다.
- 산업구조의 고도화 촉진 : 저임금에 기반한 산업구조를 탈피하도록 하고, 경영합리화를 유도한다.
- 경기활성화에 기여 : 소득 증가로 유효수요를 확대한다.
- 복지국가의 실현에 기여

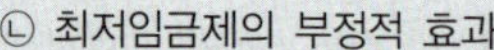

ⓒ 최저임금제의 부정적 효과
- **고용량 감소** : 기업에서는 상대적으로 비싸진 노동 서비스의 사용을 줄이고자 할 것이며, 따라서 고용이 감소하고 실업이 발생하게 된다.
- **지역 간 경제활동의 배분을 왜곡시키고 전반적인 생산을 감소시킴** : 지역의 부존자원상태에 따라 이제까지 능률적으로 특화되어 왔던 생산요소의 사용비율 내지 산업구성을 왜곡시킨다.
- **소득분배에 역진적인 효과** : 최저임금수준 이하의 낮은 소득을 받던 사람들 상당수는 실직될 수 있고, 최저임금수준 이상의 근로자들은 아래로부터의 상승압박으로 임금이 연쇄적으로 인상될 수 있다.

---

121 임금수준 결정의 중요기준으로 활용되는 것과 가장 거리가 먼 것은?

① 생계비 보장의 원칙
② 기업의 지불능력원칙
③ 사회적 균등의 원칙
④ 생산능력 확보의 원칙

해설 [임금수준의 결정원칙]
- ㉠ 기업지불능력의 원칙
- ㉡ 생계비 보장의 원칙
- ㉢ 사회적 균형의 원칙 : 시장임금 반영

---

122 경쟁노동시장에서 W와 E는 각각 균형임금과 균형고용수준이다. 최저임금을 W_{high}로 설정할 때 발생하는 비자발적 실업의 규모는 얼마인가?

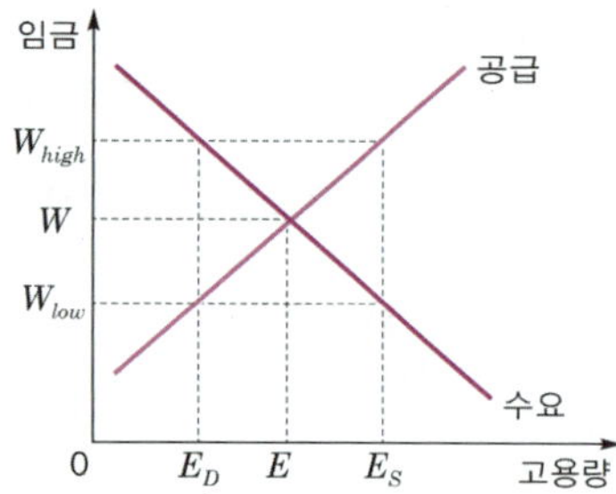

① $E_D E$ ② EE_S
③ $E_D E_S$ ④ OE_S

해설 최저임금을 W_{high}로 높이면 최저임금에 상응하는 노동공급곡선과 노동수요곡선상의 고용량 차이만큼 초과공급이 생기고, 초과공급이 곧 비자발적 실업의 규모가 된다.

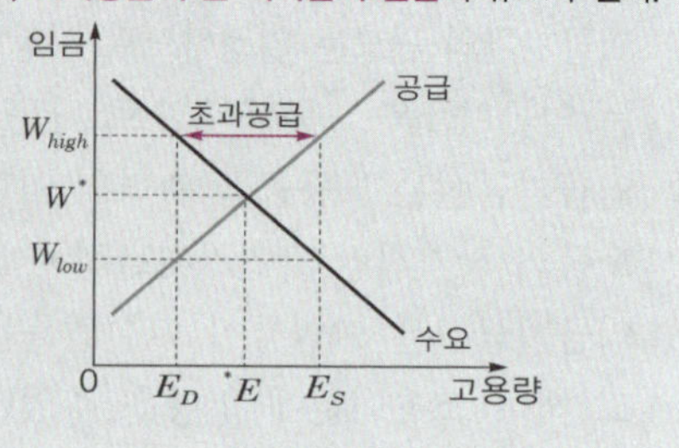

---

123 다음 중 최저임금제에 관한 설명으로 틀린 것은?

① 사회정의의 관점에서 저임금집단을 보호하기 위해 정부가 시행하는 제도이다.
② 정부가 최저임금을 설정하여 임금이 그 이하로 내려가지 못하게 법률로 정하는 제도이다.
③ 최저임금이 시장균형임금보다 낮게 또는 높게 설정되든 관계없이 항상 최저임금제는 실효성을 갖는다.
④ 최저임금이 균형임금보다 높은 경우 노동의 공급량이 수요량을 초과하여 실업을 발생시킨다.

해설 최저임금이 시장의 균형임금보다 높아야 소득분배 개선, 저임금 근로자 보호 등의 목적을 달성할 수 있다.

---

124 다음 그림에서 W_0와 E_0는 각각 시장균형임금과 균형고용량이다. 최저임금을 W_1으로 설정할 때 발생하는 비자발적 실업 중 최저임금 설정으로 인한 노동수요 감소분의 크기는 얼마인가?

① OE_1
② $E_1 E_0$
③ $E_0 E_2$
④ $E_1 E_2$

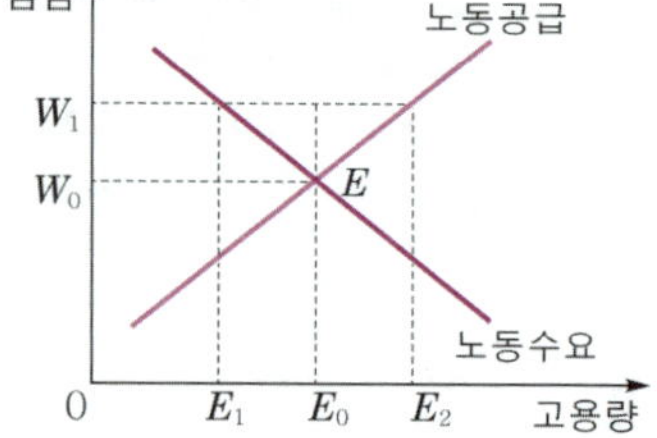

해설 최저임금이 시장의 균형임금 W_0에 비해 W_1으로 상승하면 노동수요 변화는 노동수요곡선상의 W_0이 대응되는 E_0에서, 노동수요곡선상의 W_1가 대응되는 E_1으로 고용이 감소한다.

★★★ **2015년, 2023년 직업상담사 1급**

125 노동시장이 완전경쟁적일 때 법정최저임금을 시장균형임금보다 높게 책정하는 최저임금제의 실시가 임금과 고용에 미치는 효과는? (단, 최저임금의 적용 범위는 완전하다.)

① 임금 상승, 고용 증가

② 임금 상승, 고용 감소

③ 임금 하락, 고용 증가

④ 임금 하락, 고용 감소

해설 시장의 균형임금보다 높은 최저임금이 실시되면 최저임금은 강제되는 것이므로 임금은 상승하고, 초과공급이 발생하여 고용은 감소한다.

★ **2013년 직업상담사 1급**

126 최저임금이 상승할 때 고용이 증가할 가능성이 가장 큰 경우는?

① 수요독점의 경우

② 일부 산업에만 적용되는 경우

③ 전체 근로자에게 적용되는 경우

④ 외국인근로자 활용을 제한하는 경우

해설 수요독점시장(노동시장에서 기업이 하나인 경우)에서의 기업은 노동시장 전체의 공급곡선에 직면하므로 우상향하는 공급곡선(평균비용곡선)을 가지고, 한계는 평균보다 더 크게 견인하는 곡선이므로 공급곡선보다 한계곡선이 더 왼쪽에 있게 된다. 한편 최저임금 도입으로 한계비용곡선은 최저임금 밑으로는 내려갈 수 없게 된다. 수요독점노동시장에서의 이윤 극대화 고용량은 노동의 한계요소비용(MFC)과 노동수요곡선(D)이 만나는 고용량이고, 임금은 그 고용량에 대응하는 노동공급곡선(S) 상의 임금으로서 수요독점노동시장은 완전경쟁노동시장에 비해 임금수준과 고용수준이 모두 낮게 형성된다.

이 상황에서 최저임금이 도입되면 다음과 같이 변한다.

㉠ 최저임금 도입 이전의 이윤 극대화 고용량은 $MFC = D$인 L_0, 이때의 임금은 노동공급선상의 W_0

㉡ 최저임금을 W_1수준으로 도입하면 붉은 색선이 새로운 MFC곡선, 이때의 이윤 극대화 고용량은 L_1

㉢ 최저임금 도입으로 $L_0 \rightarrow L_1$만큼 고용량 증가

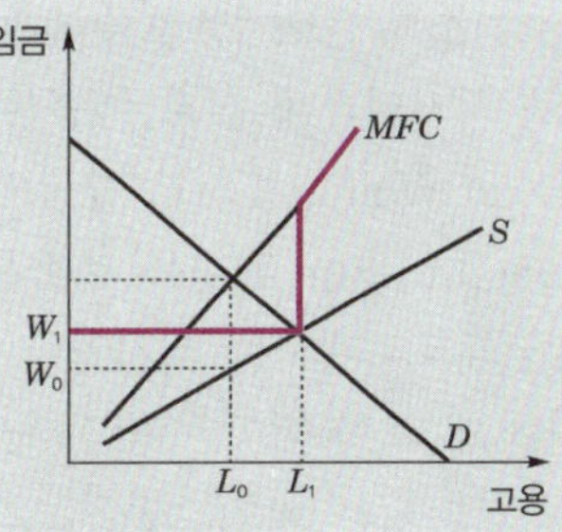

★ **2013년 직업상담사 1급**

127 시장균형임금보다 높은 수준의 최저임금을 일부 특정 노동시장에만 적용할 경우 그 결과에 대한 설명으로 틀린 것은?

① 최저임금제가 적용되는 부분에서 고용이 감소한다.

② 최저임금제가 적용되지 않는 부분의 임금이 감소하고 고용이 증대된다.

③ 경제 전체적으로는 고용이 증대된다.

④ 최저임금제가 적용되지 않는 부분의 노동수요곡선에는 변화가 없다.

해설 최저임금제가 적용되는 부분의 고용이 감소하고, 최저임금제가 적용되지 않는 부분의 고용이 증대되는 효과가 발생하지만, 전체적인 고용수준은 알 수 없다.

128 최저임금제도와 근로장려세제(EITC : Earned Income Tax Credit)에 관한 설명으로 틀린 것은?

① EITC는 이론적으로 저생산성 저임금 근로자의 실업을 유발하지 않는다.

② EITC는 저소득 근로계층을 수혜대상으로 한다.

③ EITC와 최저임금제 실시는 공통적으로 사중손실(Dead Weight Loss) 발생으로 총경제후생(Economic Surplus)을 축소시킨다.

④ 최저임금제도하에서는 최저임금 이하를 받는 근로자에게 그 혜택이 주어진다.

> **해설** 근로장려세제는 일을 하지 않으면 현금지급이 전혀 없지만 일을 할 경우 소득에 따라 보조금을 지급하는 제도이다. 사중손실이란 정부의 개입 등으로 자원배분이 파레토 최적(자원이 낭비없이 효율적으로 배분된 상태, 시장의 균형)을 이루지 못해 발생하는 경제적 효용의 순손실을 의미한다. 최저임금제는 고용감소로 사중손실이 발생하지만(보다 낮은 임금수준에서도 있었을 고용의 손실) 근로장려세제는 소득수준에 따라 노동공급의 증감이 달라질 수 있으므로 사중손실 여부를 일률적으로 말할 수 없다.

129 다음 중 최저임금제가 고용에 미치는 부정적 효과가 가장 큰 상황은?

① 노동수요곡선과 노동공급곡선이 모두 탄력적일 때

② 노동수요곡선과 노동공급곡선이 모두 비탄력적일 때

③ 노동수요곡선이 탄력적이고, 노동공급곡선이 비탄력적일 때

④ 노동수요곡선이 비탄력적이고, 노동공급곡선이 탄력적일 때

> **해설** 최저임금 인상에 노동의 수요와 공급이 모두 탄력적이라면(즉, 임금 인상에 노동의 수요와 공급이 민감하게 반응한다면) 노동공급은 더 많이 늘고, 노동수요는 더 많이 감소한다는 의미이므로 실업률이 가장 크게 증가함을 의미한다.

130 최저임금이 적용되는 근로자의 총소득이 최저임금 인상으로 증가되었을 경우 노동수요의 임금탄력성은?

① 탄력적임
② 비탄력적임
③ 단위탄력적임
④ 불확실함

> **해설** 최저임금이 적용되는 근로자들의 총소득이 최저임금 인상으로 증가한 경우라면, 최저임금 인상의 소득 증가효과가 고용 감소효과보다 더 큰 것이므로 이 경우의 노동수요 탄력성은 비탄력적인 경우이다(즉, 임금 인상률에 비해 고용 감소율이 작은 경우).

131 최저임금의 인상이 고용을 증가시킬 수 있는 경우는?

① 노동공급곡선이 우상향할 때 높아진 임금에 노동공급이 증가할 경우

② 노동공급곡선이 우상향할 때 최저임금 인상과 별개로 노동수요가 동시에 크게 증가할 경우

③ 최저임금이 시장균형임금수준보다 낮은 경우

④ 노동공급곡선이 수직인 경우

> **해설** [최저임금제]
>
> 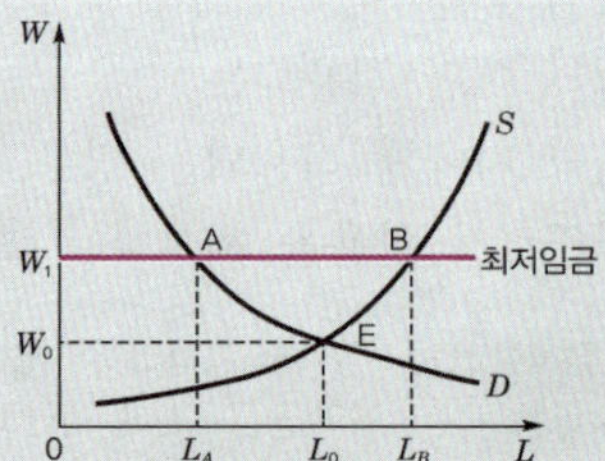
>
>
> 균형임금이 W_0 수준이고 최저임금이 W_1 수준으로 결정되면 $(L_B - L_A)$만큼의 실업(노동의 초과공급)이 발생한다.
>
> ① 최저임금 인상으로 노동공급이 증가하더라도 노동수요가 증가하지 않으면 고용량은 증가하지 않는다.
>
> ② 상품수요 폭증 등 최저임금 인상을 상쇄시킬 만한 노동수요 증가요인이 있다면 고용량은 증가한다.

③ 최저임금이 시장의 균형임금보다 낮으면 최저임금 인상은 고용량에 영향을 주지 못한다.

④ 노동공급곡선이 수직이라는 것은 임금수준과 상관없이 노동의 공급량은 일정하다는 의미이다. 이와 같이 노동공급이 임금수준에 대해 비탄력적인 경우 최저임금 인상 시 노동공급이 탄력적인 경우보다 고용량 감소폭은 적기는 하지만 노동수요 감소로 인해 고용량이 감소하는 것은 마찬가지이다.

★★ **2017년, 2021년, 2022년, 2025년 직업상담사 1급**

132 민서-폴라첵(Mincer-Polacheck) 가설을 근거로 여성의 경력단절에 의한 임금손실을 분해한 요인이 아닌 것은?

① 인적자본의 부식에 따른 임금 감소분

② 근속연수 상실에 의한 임금 감소분

③ 경력단절의 예상으로 투자되지 않은 인적자본으로 야기된 임금 감소분

④ 노동시장에서의 임금 및 고용차별에 의한 임금 감소분

해설 **[민서-폴라첵(Mincer-Polacheck) 가설]**

여성이 출산 및 육아와 관련되어 단속적인 경제활동 참가를 하는 것이 노동시장에서 남녀 간에 직업구성이나 임금에서 차이를 야기하는 근본적인 원인이라는 해석이 있다. 이는 1974년 민서(J. Mincer)와 폴라첵(S. Polacheck)에 의해 제시되었으며, 민서-폴라첵 가설이라고 불린다. 비연속적 경제활동 참가는 인적자본투자의 수익회수기간을 짧게 만듦으로써 인적자본투자량이 적어진다. 즉, 교육연수뿐만 아니라 기업의 투자량 또한 적어지게 된다. 뿐만 아니라 비연속적인 경제활동 참가로 인적자본의 부식이 심해지기 때문에 여성들은 인적자본부식이 작은 직업을 선택하게 된다. 이때 부식이란 인적자본을 사용하지 않거나 새롭게 유지·보수하지 않으면 잊거나, 또는 아무 쓸모가 없게 된다는 것을 의미한다. 비연속적인 경제활동 참가 또는 경력단절 때문에 투자수익 회수기간이 짧고 부식이 일어나며, 이 요인들이 남녀 간에 임금격차의 주된 요인이라는 것이 민서-폴라첵 가설의 내용이다. 경력단절로 인한 임금의 총손실은 ㉠ 인적자본부식에 따른 임금 감소분, ㉡ 근속연수 상실에 따른 임금 감소분, ㉢ 경력단절의 예상 때문에 발생하는 낮은 인적자본투자와 관련된 임금 감소분이라는 세 부분으로 구성된다.

★ **2019년, 2022년 직업상담사 1급**

133 기혼여성의 경제활동참가율을 결정하는 요인이 될 수 있는 것을 모두 고른 것은?

㉠ 배우자의 실질임금
㉡ 취학 이전의 자녀의 수
㉢ 기혼여성의 교육수준

① ㉠, ㉡　　　　　② ㉠, ㉢
③ ㉡, ㉢　　　　　④ ㉠, ㉡, ㉢

해설 ㉠ 타 가구원의 소득이 높을수록 기혼여성의 경제활동 참여가 감소한다.
㉡ 취학 이전의 자녀의 수가 많을수록 기혼여성의 경제활동 참여가 감소한다.
㉢ 기혼여성의 교육수준이 높을수록 기혼여성의 경제활동 참여가 증가한다.

★ **2003년 직업상담사 1급**

134 여성의 연령에 따른 경제활동참가율의 추이를 나타내는 그래프가 다음의 그림처럼 M자형을 띄고 있다. 이로부터 유추할 수 있는 정책적 시사점으로 가장 적당한 것은 무엇인가?

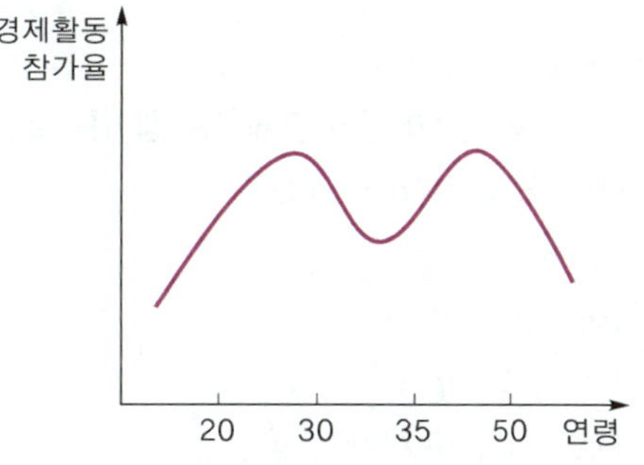

① 미혼여성일수록 경제활동참가율이 낮으므로 미혼여성의 취업대책이 필요하다.

② 출산·육아가 여성의 경제활동 참가를 저해하는 요인이므로 이에 대한 대책이 필요하다.

③ 저학력 여성의 경제활동참가율이 낮으므로 이에 대한 대책이 필요하다.

④ 여성에 대한 임금차별이 크므로 이에 대한 대책이 필요하다.

정답 132. ④　133. ④　134. ②

해설 여성의 생애주기(연령)와 관련한 경제활동참가율을 보여주는 것으로 여성의 임신·출산 및 육아가 경제활동을 저해하고 있음이 확인된다.

135 근로생활의 질(QWL)을 높이는 것과 가장 거리가 먼 것은?

① 적정하고 공정한 보상을 한다.
② 안전하고 쾌적한 작업환경을 제공한다.
③ 작업조직을 비제도화한다.
④ 직장과 가정생활 사이에 조화가 이루어지도록 한다.

해설 근로생활의 질은 근로자들에 대한 인간적 배려를 통해 기업의 생산성 향상은 물론 근로자의 삶의 질까지 향상시키려는 흐름이다. 근로생활의 질 향상요인으로는 고용보장, 안전하고 쾌적한 작업환경, 공정한 보상, 직장생활과 가정생활의 조화, 자기개발과 성장의 기회 제공, 규범과 제도에 따른 대우 등이 있다. 작업조직을 비제도화한다는 것은 관리자의 편의나 주관에 따라 작업자를 대우한다는 것으로서 규범과 제도에 따른 대우에 배치된다.

136 다음 중 기혼여성의 경제활동 참가를 촉진하는 요인과 가장 거리가 먼 것은?

① 남편의 고소득
② 탁아시설의 발달
③ 자녀 수의 감소
④ 파트타임 고용시장의 발달

해설 [기혼여성의 경제활동참가율 결정요인]
ㄱ 시장임금 : 임금이 상승할수록 경제활동참가율이 증가한다.
ㄴ 남편 등 타 가구원의 소득 : 타 가구원의 소득이 낮을수록 경제활동참가율이 증가한다.
ㄷ 교육수준 : 교육수준이 높을수록 경제활동참가율이 증가한다.
ㄹ 자녀의 수와 연령 : 자녀의 수가 많거나 미취학인 경우에 경제활동참가율이 감소한다.
ㅁ 기혼여성 노동력에 대한 기업의 수용태세 : 기혼여성 노동력에 대한 수용태세가 개방적, 적극적일수록 경제활동참가율이 증가한다.
ㅂ 전반적인 실업수준 : 실업수준이 낮을수록 경제활동참가율이 증가한다.
ㅅ 가계생산기술의 발달 정도 : 가계생산기술이 발달할수록 경제활동참가율이 증가한다.
ㅇ 파트타임 고용시장의 발달 정도 : 파트타임 고용시장이 발달할수록 경제활동참가율이 증가한다.

137 가계생산함수이론에 관한 설명으로 틀린 것은? (단, 여가는 정상재임)

① 가계를 소비와 생산의 주체로 본다.
② 비근로소득의 발생은 가사활동시간을 증가시키는 반면 노동시간을 줄이게 한다.
③ 기혼여성은 가사노동과 시장노동의 대체로 가사노동을 줄일 유인을 갖는다.
④ 기혼여성은 여가-가사노동-시장노동의 대체관계를 고려하기 때문에 그들의 노동공급은 남성에 비해 비탄력적이다.

해설 가계생산함수이론이란 가계를 보는 시각이 단순히 상품 소비 결정만 내리는 피동적인 역할을 하는 것으로 보지 않고, 자신의 시간과 시장구입상품을 결합하여 가계구성원의 효용을 충족시키는데 이용되는 상품, 즉 가정재를 생산하는 적극적인 주체로서 파악하는 것을 말한다.
기혼여성이 자신의 시간을 여가, 시장노동, 가사노동으로 배분한다고 할 때 임금 상승 시 기혼여성이 어떤 선택을 하고, 노동공급시간을 어떻게 결정하는지가 분석대상이 된다.
임금 상승 시 기혼여성은 두 가지 반응을 보이게 된다. 우선, 가사노동을 줄일 유인을 갖는다. 값이 비싸진 가사노동 대신 시장노동을 할 유인을 갖는다. 이는 가사노동과 시장노동 간의 대체관계에서 발생한다.
둘째, 임금 상승이 있으면 값이 비싸진 여가 대신에 시장노동을 할 유인을 갖는다. 여가와 시장노동시간 간의 대체관계만 분석대상으로 삼은 남성과 비교해 볼 때, 기혼여성의 경우에는 여가-시장노동 간 대체관계뿐만 아니라 가사노동-시장노동 간의 대체관계가 추가적으로 작용하기 때문에 임금 상승에 따른 노동공급시간의 탄력성은 기혼여성의 경우가 남성보다 훨씬 탄력적이게 된다.

정답 135. ③   136. ①   137. ④

138 여성의 경제활동 참가를 결정하는 요인에 관한 설명으로 틀린 것은?

① 여타조건이 일정 불변일 때 시간의 경과에 따라 시장임금이 증가할수록 여성의 경제활동참가율은 높아진다.

② 여타조건이 일정 불변일 때 보상요구임금이 높을수록 여성의 경제활동참가율은 높아진다.

③ 가계생산의 기술이 향상될수록 여성의 경제활동참가율은 높아진다.

④ 탁아시설의 미비는 여성의 보상요구임금수준을 높여 기혼여성의 경제활동을 낮추게 된다.

해설 유보임금(의중임금, 희망임금, 보상요구임금)이란 노동자가 일하고자 하는 최소한의 주관적 요구임금수준으로, 보상요구임금이 높을수록 경제활동참가율이 낮아진다.

139 가계생산(Household Production)과 가계소비(Household Consumption)에 관한 설명으로 틀린 것은?

① 가계생산함수에서는 남편과 아내의 소비에 대한 효용이 결합적으로 도출된다고 가정한다.

② 가계생산함수에서는 가족들이 소비하는 재화의 많은 부분은 가족 내에서 생산된다고 가정한다.

③ 기혼남성의 임금이 오를 경우 시간집약적 상품의 소비를 줄이게 된다.

④ 기혼여성의 임금이 오를 경우 생산과 소비 양면에서 소득효과가 발생한다.

해설 기혼여성의 임금이 오르면 가계생산면에서는 가계생산에 드는 (기회)비용이 상대적으로 상승함으로써 가계생산을 줄이고 노동시장에 참여하는 대체효과가 발생한다.

140 여성근로자가 특정 집종에 집중되어 여성근로자 간의 경쟁으로 여성의 낮은 임금이 유지되는 현상을 무엇이라 하는가?

① 혼잡효과 (Crowding Effect)

② 직종효과 (Occupational Effect)

③ 임금효과 (Wage Effect)

④ 경쟁효과 (Competition Effect)

해설 여성이 임금이나 근로조건에서 유리한 직종에 고용되는 비율이 낮고 주로 여성근로자로 구성되는 일부 저임금 직종에 집중적으로 고용되면서, 여성근로자 간의 경쟁이 격화되고, 그로 인해 임금이 저하되는 효과를 쇄도효과(Crowding Effect), 과밀모형, 또는 혼잡효과라고 한다.

제2장

임금

01 임금관리의 구성요소

(1) 임금수준

일정기간 동안 한 기업 내의 모든 종업원에게 지급되는 평균임금을 의미하며, 기업의 전체적인 **임금수준**을 결정하는 총액 인건비와 관계된다.

(2) 임금체계

임금체계란 개별 종업원의 임금 결정기준을 말한다. 임금체계에 따른 구분에는 연공급, 직무급, 직능급이 있다.

(3) 임금형태

임금형태는 임금의 계산 및 지급방법을 말하며, 크게 고정급제와 성과급제가 있다.

02 임금의 구성과 개념

(1) 임금의 구성

(2) 통상임금 평균임금

① **통상임금** : 정기적, 일률적으로 소정근로에 대해 지급하기로 정해진 **고정급** 개념이다. 통상임금에는 **초과급여, 특별급여, 업적수당, 생활보조수당** 등은 포함되지 않는다. 통상임금은 **연장·야간·휴일근로수당** 등의 **산정기초**가 된다.

② 평균임금 : 사유 발생 이전 3월간에 지급된 임금의 총액을 그 기간의 총일수로 나눈 금액으로 **총임금수준의 평균치** 개념이다. 평균임금은 **퇴직금, 재해보상** 등의 **산정기초**가 된다.

(3) 부가급여

① 의미 : 부가급여란 기업이 **복리후생차원으로 임금 이외에 별도로 지급하는 다양한 형태의 보상**을 말한다. 부가급여에는 퇴직금, 복리후생시설, 학자금 지급, 교육훈련, 사내복지기금, 주택자금대출, 의료비 지원 등이 있다.

② 기업의 부가급여 선호이유
　㉠ **조세나 보험료 부담이 감소**한다(**예** 식대).
　㉡ **기업이 선호하는 노동자 채용**에 유리하다(**예** 맞춤형 복지).
　㉢ **임금규제에 대한 회피수단**으로 가능하다.
　㉣ **장기근속 유도** 방편으로 쓰인다.
　㉤ 노동자의 **사기 진작**, 충성심 제고, 노동자 내부통제에 이용할 수 있다.

③ 근로자의 부가급여 선호이유
　㉠ 조세나 보험료 부담이 감소한다(**예** 현물급여, 이연보수).
　㉡ 현물급여는 대량 내지 집단적으로 할인된 가격으로 구입이 가능하다.

(4) 유보임금

유보임금(의중임금, 희망임금, 보상요구임금)이란 노동자가 일하고자 하는 최소한의 주관적 요구임금수준을 말한다. **유보임금이 높을수록 실업기간이 길어질 가능성이 높다.**

(5) 명목임금 실질임금

① **명목임금** : 화폐량으로 표시된 임금이다.

② 실질임금 : 물가수준을 고려하여 구매력으로 평가한 임금이다. 명목임금을 물가수준으로 나누어 구한다.

$$\text{실질임금} = \frac{\text{명목임금}}{\text{소비자물가지수}} \times 100$$

(1) 임금체계의 종류

① 연공급 : 근로자의 **근속기간**에 따라 임금을 결정한다.

② 직능급 : 근로자가 보유한 **직무수행능력**에 따라 임금을 결정한다.

③ 직무급 : 근로자가 수행하는 **직무가치**에 따라 임금을 결정한다.

(2) 연공급

① 장점

　㉠ **고용안정**을 달성할 수 있다.

　㉡ 근로자의 기업에 대한 **귀속의식**을 고양시킬 수 있다.

　㉢ **폐쇄적인 노동시장에서 인력관리가 용이**하다.

　㉣ **위계질서 확립이 용이**하다.

　㉤ 근로자에 대한 **교육훈련의 효과를 높일 수 있다.**

　㉥ 정기 승급을 실시함에 따라 생활의 **안정감**과 장래에 대한 기대를 가질 수 있다.

② 단점

　㉠ 직무와 상관없는 **비합리적**인 인건비 지출이 이루어진다.

　㉡ **동기부여효과가 미약**하다.

　㉢ **능력 · 업무와의 연계성이 미약**하다.

　㉣ **전문기술인력 확보가 곤란**하다.

　㉤ **적당주의가 증가**한다.

(3) 직무급

① 장점

　㉠ 개인별 임금격차에 대한 **불만을 해소**할 수 있다.

　㉡ **인건비의 효율적 관리가 가능**하다.

　㉢ **능력 위주**의 인사풍토가 조성된다.

　㉣ **직무에 상응**하는 임금지급이 가능하다.

　㉤ 직무가치의 **객관성 확보**가 가능하다.

② 단점

　㉠ 자리가 곧 임금을 결정하므로 **배치전환이 어렵다.**

　㉡ 직무분석, 직무평가를 전제로 하므로 연공급에 비해 **실시하기 어렵다.**

01 고정급제

고정급제란 **노동시간에 따라 임금을 지급**하는 제도로서 시급제, 일급제, 주급제, 월급제, 연봉제가 있다.

02 성과급제

(1) 의의

성과급은 **노동능률이나 업적을 지급기준**으로 하는 임금제도로 능률급 혹은 업적급이라 한다.

(2) 개인성과급의 종류

① 테일러제 : 표준량까지는 일정한 성과급률을 적용하고, **표준량을 초과하면 높은 성과급률**을 적용하는 것이다. **동작 및 시간연구 등 과학적인 관리기법**을 이용하여 정확하게 직무를 평가하여 임금수준을 결정하는 복률생산급의 형태이다.

② 할시제 : **과거 경험을 바탕으로 표준작업시간**을 정해두고 **시간절약분에 대해 할증급**을 지급하는 것이다. 일급제나 이익분배제 등의 결함을 극복하기 위해 **시간임금과 생산고임금을 절충**한 제도이다.

③ 로완제 : 시간할증제의 일종으로 **작업능률과 단축시간에 따라 할증률을 부과**하는 제도이다.

(3) 집단성과급의 종류

① **스캔론플랜** : 집단성과배분제도로 제품의 판매액에서 차지하는 인건비의 비율이 일정기준 이하로 낮아질 경우 절감된 인건비에서 일정비율을 노동자에게 인센티브로 지급하는 성과배분방법이다.

② **럭커플랜** : 럭커플랜은 제품의 **부가가치에서 차지하는 인건비의 비율**을 기준으로 성과를 배분하는 제도이다.

③ **임프로쉐어플랜** : 표준시간을 정해놓고 실제 작업시간이 이보다 단축된 경우 절약된 시간에 대한 수익을 노동자와 기업이 50 : 50으로 분배하는 것이다.

(1) 의의

연봉제는 개별 종업원의 능력, 실적 및 공헌도를 평가하여 연간 임금액이 결정되는 능력 중시형 임금지급제이다.

(2) 장점

① 전문성을 촉진한다.
② 개인의 능력에 기초하여 생산성을 향상시킨다.
③ 임금체계와 임금지급구조가 단순하여 임금관리가 용이하다.

(3) 단점

구성원 간 **경쟁이** 심화되고 **위화감, 불안감**이 증대될 수 있다.

04 생산성임금제

(1) 생산성임금제

노동생산성 증가율과 실질임금 상승률이 같아지는 수준에서 임금수준을 결정하는 방식이다.

$$노동생산성\ 증가율 = 실질임금\ 상승률$$

(2) 실질임금 상승률

명목임금 증가율에서 물가 상승률을 뺀 것이다.

$$실질임금\ 상승률 = 명목임금\ 증가율 - 물가\ 상승률$$

(3) 생산성임금제에서의 명목임금 결정조건

$$노동생산성\ 증가율 = 명목임금\ 증가율 - 물가\ 상승률$$

임금 인상 시 **노동생산 증가율과 물가 인상률을** 더한 만큼 임금을 인상하는 것이다.

(1) 정년제

근로자가 일정연령이 되면 특별한 이유가 없더라도 퇴직하도록 하는 제도로서, **연령을 기준으로 한 강제퇴직제도**이다. 강제퇴직제도는 내부 노동시장의 정착과 함께 확립되어 온 제도로서, **이연임금제와 함께 내부 노동시장의 핵심 특징 중의 하나**로 파악될 수 있다. 여기서는 강제퇴직제도의 존립근거를 이론적으로 제시한 **러지르(Lazear)의 이연임금이론**을 검토한다.

(2) 이연임금(지연임금)

① 이연임금의 기능

  ㉠ 직업세계의 현실에서 **연령–임금곡선 혹은 경력–임금곡선은 우상향의 기울기**를 갖는다.

  ㉡ 연령 혹은 경력에 따라 임금이 상승하는 원인에 대해서는 일반적 인적자본론, 기업 특수적 훈련, 이연임금론 등 다양한 설명이 가능하다.

  ㉢ **러지르는 우상향하는 연령–임금곡선은 이연임금제에 의한 것이라고 설명**하고, 이러한 이연임금제도가 승진기회가 없는 직종의 **근로자들로 하여금 일을 더 열심히 하게 하고, 또한 근로자의 태만을 막는 유용한 수단**이 되고 있음을 보였다.

② 장기계약과 이연임금제

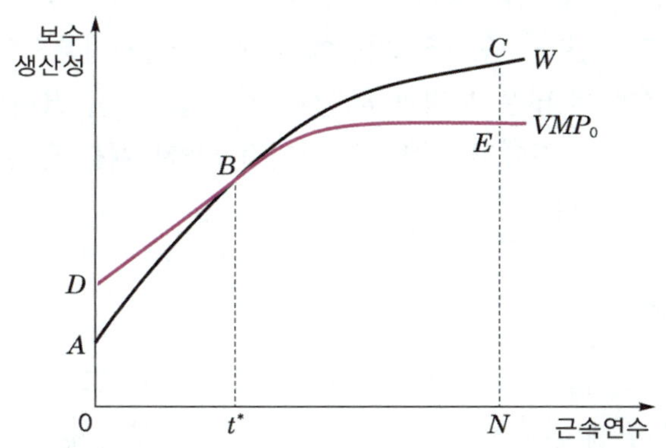

  ㉠ 위 그림과 같이 **근로자의 한계생산성은 생애에 걸쳐 증가하지만, 그 증가폭은 나이가 증가함에 따라 점차 감소하는 모양새**를 지닌다고 가정되며, 이는 VMP_0으로 표시되어 있다. 만약 회사가 노동자를 감시하는 것이 쉽다면 VMP_0에 따른 임금, 즉 DBE의 임금을 지급할 것이다. 항상적인 경쟁에 의해 임금이 결정되는 외부 노동시장에서도 이와 같은 연령–임금곡선이 나타날 것이다.

  ㉡ 그러나 암묵적 계약에 의해 장기 고용관계를 갖고 있는 내부 노동시장에서 DBE의 임금을 지급한다면 어떻게 될까? 장기 고용관계를 맺고 있는 근로자는 자신의 생산성을 충분히 발휘하지 않더라도 고용관계가 유지될 것을 알고 있기 때문에 만약 탄로날 위험

이 적다면 작업에 태만할 유인을 갖게 된다. 그렇게 되면 근로자의 생산성은 VMP_0를 밑돌게 되고, 기업은 손해를 보게 된다.

ⓒ 대기업일수록 근로자의 근무태만이나 작업노력을 감시하는 데 더 큰 비용이 들 것이고, 따라서 근로자의 태만으로 인한 손실도 그만큼 크게 증가할 것이다. 그러나 작업과정을 감독하는 데 비용이 많이 드는 경우, ABC와 같은 임금구조를 택하면 근로자의 높은 노력을 유도하고 태만을 줄일 수 있다는 것이 러지르의 설명이다.

ⓓ ABC곡선은 **입사 후 일정기간(t^*년)까지는 그의 생산성보다 낮은 임금을 지급하며, 그리고 t^*년이 지난 후에는 그의 생산성보다 높은 임금을 지급**하는 임금으로, 즉 이연임금 혹은 이연보수제도를 보여주는 곡선이다.

ⓔ **이연임금제도에서는 근로자의 평생임금의 현재가치는 평생의 노동생산성의 현재가치와 동일**하다. 즉, $\sum_{t=0}^{N} \dfrac{W}{(1+r)^t} = \sum_{t=0}^{N} \dfrac{VMP}{(1+r)^t}$ 이 된다. 여기서 현재가치를 환산한 경우 면적 DBA는 면적 BEC와 같다. 즉, 이 경우 근로자들은 **초기에 받은 자신의 노동의 한계생산성가치(VMP)보다 낮은 임금은 t^*점에서의 높은 임금에 의해 보상**된다.

ⓕ 근로자들은 DBE라는 임금계약과 ABC라는 임금계약 간에 무차별하다. 그러나 ABC의 연령–임금곡선을 갖는 경우 **근로자들의 태만을 방지하는 효과**를 갖는다. 회사가 근로자들의 근무태도를 감독하여 태만을 발견하여 해고하면 중도에 해고된 근로자의 경우 근무연수에 따라 증가하는 임금의 이익을 얻지 못하게 되어 태만에 따른 비용이 상당히 크게 된다. 즉, **근로자들에 대한 보상을 미룸으로써(이연함으로써)** 회사는 종업원들로부터 **더 많은 노력과 더 높은 노동생산성을 끌어낼 수 있으며**, 근로자들로 하여금 내부 노동시장에서 사용자와 **장기적 계약관계를 잘 유지하게 하도록 유인**할 수 있게 된다는 것이다.

(3) 이연임금과 강제퇴직

① 이연임금론은 근로자가 기업에 오래 근무할수록 특별히 그의 생산성이 증가하지 않더라도 더 많은 임금을 받게 되는 이유를 설명해 준다. 이로부터 강제퇴직제가 필요한 이유도 쉽게 유추해볼 수 있다.

② 러지르의 모형에서 **사용자는 N점 이상에서는 고용관계를 유지하는 것을 원하지 않을 것임**을 알 수 있다. N점에서 기업은 그 이전까지 근로자에게 생산성 이하의 임금을 지급한 것을 모두 갚은 셈이 되고, 만약 **N점 이후 더 고용을 지속한다면 기업은 근로자에게 노동의 한계생산성 이상으로 임금을 지급하게 되어 손해**를 보게 될 것이다.

③ 그러나 근로자 입장에서 보면 N점이 지난 이후에는 자발적으로 퇴직할 유인이 하나도 없게 된다. 이미 생산성보다 높은 임금을 받고 있는 상태에서 퇴직하면 노동시장 어디에서도 그만한 보상을 기대할 수 없기 때문이다. 결국 이러한 고용계약에서 **N시점에서의 강제적인 퇴직규정이 발생**하게 되었다고 러지르는 분석하고 있다.

(4) 조기퇴직의 시행

① 지나친 고용보호와 그에 따른 근로자의 무사안일 때문에 근로자의 생산성이 $t*$ 점 이후로 VMP_0 보다 하락한다고 하고 보수체계는 연공임금제에 의해 성과와 무관하게 고착화되어 있다고 하면 이때 **기업은 생산성보다 적게 지급한 근로자의 몫을 되갚은 직후가 되는 시점에서 근로자를 해고하려 할 것이다.**

② **해고가 불가능한 현실에서는 조기퇴직 혹은 명예퇴직을 유도하고자 할 것이다.** 그렇게 함으로써 기업들은 근로자를 정년까지 계속 고용한다면 발생할 수 있는 기업손실을 최소화하려고 노력하게 된다.

(5) 정년 연장과 임금피크제

① 정년 연장의 쟁점

  ㉠ 정년 연장의 당위성이나 필요성을 부정할 수는 없지만, 한국 노동시장의 현실을 감안할 때 정년 연장의 부작용에 대한 우려는 매우 크게 존재한다. 특히 임금조정을 수반하지 않는 정년 연장은 기업의 노동비용을 증가시키고 청년의 신규 채용을 축소할 우려가 있으며, 제도 취지와 달리 오히려 중고령자 조기퇴직의 원인을 제공할 수도 있다고 지적한다.

  ㉡ 이러한 우려가 나오는 이유를 이론적으로 살펴보면 정년제는 이연임금을 제공하는 내부 노동시장에서의 묵시적 약속과 같은 것이다. 만약 경쟁노동시장이라면 정년 연장이 있다고 해서 높은 비용을 유발할 염려가 없고 정년제 자체도 굳이 필요하지 않다. 그러나 기업의 임금이 외부 노동시장과 독립적으로 결정되고 생산성과 무관하게 연공적 성격을 강하게 띠고 있다면 상황은 달라진다. 연공임금은 일본과 한국에서 주로 관찰되는 고용관행이다.

  ㉢ **러지르의 장기근속모형**에 따르면, **연공임금은 기업이 근로자의 장기근속을 유도하기 위해 젊었을 때에는 생산성보다 낮은 임금을, 장기근속자에게는 생산성보다 높은 임금을 제공하는 인센티브 시스템을 가질 때 채택**된다고 설명할 수 있다.

  ㉣ 그런데 갑자기 정년이 연장되었다고 하자. 그런데 만약 생애에 걸친 임금과 생애에 걸친 생산성을 다시 일치시키는 임금조정이 없다면 정년 연장은 기업의 노동비용을 급격하게 높여 손해를 보게 되는 결과를 초래할 것이다.

  ㉤ 기업 내부적으로 인력의 고령화문제에 직면해 있다면 연공임금의 피해는 커진다.

② 임금피크제와 임금체계의 개편

  ㉠ 인적자본이론에서 연령–생산성은 역U자형의 관계를 가질 것으로 예측한다. 정년이 가까워질수록 인적자본에 대한 투자가 줄어들어 인적자본의 신규 증가는 없고 오히려 쇠퇴가 지배적일 것이기 때문이다.

ⓛ 정년 시점에서는 임금과 생산성의 간극은 매우 커져 있기 때문에 **정년 연장 시 생애에 걸친 임금과 생애에 걸친 생산성을 다시 일치시키는 임금조정이 요구**된다. 이러한 임금 조정이 바로 임금피크제이다.

ⓒ 그러나 정년 시점에서부터 시작되는 임금피크제의 경우 연장된 고용기간 동안 급속한 소득 감소를 경험할 수 있어 근로자의 수용이 쉽지 않은 문제가 있다. **중장기적으로는 기업의 임금플랜이 장기근속의 인센티브는 지니되 실제 생산성과 거의 유사하도록 조정되어야 중고령 근로자의 실질적인 고용안정을 기할 수 있을 것으로 판단된다.** 연공급 대신 근로자의 생산성을 반영하는 성과연동의 급여체계를 확립하는 것이 진정으로 중고령자를 우대하는 방법이 될 것이다.

(6) 정년 연장에 대한 고령자 노동시장의 수요 측 분석

① 2023년 한국노동연구원에서 발표한 「고령자 노동시장의 수요측 분석」에 따르면 정년 연장이 기업의 고령자 고용 증가에 양(+)의 효과를 가진다. 이 연구의 결론은 다음과 같다.

ⓐ 첫 번째, 기존 **정년연령이 낮은 사업체일수록 정년 연장으로 인한 고령자 고용효과가 높은 것**(고령자 고용 증가)으로 나타났다. 참고로 정년이 낮은 사업체는 상대적으로 사업체 규모가 크고 제조업 종사업체가 많은 특징을 갖는다.

ⓛ 두 번째, **정년이 없는 사업체의 경우 일부 사업체가 정년 연장의 영향을 받아 고령자 고용효과가 발생한 것**으로 보인다. 특히 정년이 60세 미만인 사업체와 비슷한 속성을 공유한 사업체일수록 고용효과가 높은 것으로 나타났다.

ⓒ 세 번째, 정책 공표 및 시행 이전 사업체의 임금정책, 조직구성, 고용안정성에 따른 고용효과의 이질성을 확인할 수 있었다. 임금정책의 측면에서 **연공제도를 운영하고 고용 연장에 따른 임금 삭감 혹은 상승분을 제한하지 않은 사업체에서 고령자의 고용효과가 높게 나타났다.**

② 두 특성이 전제된 상황에서의 정년 연장은 고령 근로자로 하여금 근로 지속의 유인을 높여 고용을 확대한 것으로 풀이된다. 한편 정년 연장의 공표 이후 임금피크제를 도입한 사업체에서 유의한 고용효과가 확인되었으며, 직급 상승에 따른 임금 상승분이 비교적 낮은 사업체에서 고령자 고용효과가 크다는 사실이 확인된다. 위 결과를 수요 측면에서 해석한다면 **사업체가 고령자 고용에 대한 비용부담을 낮출수록 높은 고용효과를 기대**할 수 있음을 시사한다. 조직특성 및 고용안정성의 관점에서는 사업체 내 직급단계가 많을수록, 근로자의 계속 고용이 보장된 사업체일수록 고용효과가 높게 나타났다. 이러한 특성을 가진 사업체는 보통 규모가 크고 정규직 비중이 높은 대기업임을 고려하면, 정년 연장정책의 긍정적인 효과는 기존에 고용상황이 좋은 근로자들에게 제공되었을 것으로 추측된다.

③ 이상의 분석결과는 2013년 발표된 60세 정년 연장이 고령자 고용을 상당한 규모로 확대했음을 보여준다. 이는 정년 연장 이후 고령자의 고용이 늘었다는 대다수 기존 연구의 결과와 부합된다. 이 연구는 추가로 정년 연장의 고령자 고용 증진효과가 정책 발표 후부터

10년 가까운 기간 동안 유지되거나 증가했음을 보여준다. 그리고 이러한 양(+)의 고용효과는 사업체의 특성에 따라 어느 정도 차이를 보이기는 했지만 모든 유형의 사업체에서 일관되게 나타났다. 이 결과는 정년 연장이 수요 측면에 있어서 고령자 고용을 늘리는 효과적인 정책이라는 것을 시사한다. 이러한 현상은 한국의 고령자 고용이 주로 공급 측면의 요인보다는 수요 측면의 요인에 의해 제약되는 현실을 반영할 가능성이 있다.

④ 이 연구의 결과는 임금정책이나 조직구조와 같은 사업체의 특성에 따라 정년 연장이 고령자 고용에 미치는 효과가 어느 정도 달랐음을 보여준다. 정년 연장이 발표된 후에도 일부 기업들은 비공식적인 방법으로 조기퇴직을 유도한 것으로 알려져 있다. 기업에서 고령 근로자의 조기퇴직을 유도할 유인과 성공 가능성은 해당 사업체의 특성에 따라 다를 것으로 여겨진다. 예컨대 임금피크제가 도입되거나 직급 상승에 따른 임금 증가율이 낮은 사업체에서는 비공식적인 조기퇴직을 강제할 유인이 낮을 것이다. 다른 한편 노조의 존재 혹은 관행에 의해 고용보호가 강력하게 작동하는 사업체에서는 비공식적인 조기퇴직을 강제하기 어려울 것이다. 위의 분석에서 연공제도를 운영하고 고용 연장에 따른 임금 삭감 혹은 상승분을 제한하지 않은 사업체에서 고령자 고용 증가효과가 상대적으로 크게 나타난 것은 이 특성들이 고용보호 정도와 관련되어 있기 때문일 수 있다. 이러한 결과는 사업체의 제도적 변화에 따라 추후 고용연장의 효과가 달라질 수 있다는 것을 시사한다.

⑤ 마지막으로 지적할 것은, **고령자 고용에 미친 효과만을 고려하여 정년 연장정책의 전반적인 효과를 평가하지 말아야 한다**는 것이다. 선행연구의 결과를 감안하건대 정년 연장발표 이후 고령자 고용은 크게 증가했지만, **다른 연령층 고용은 감소했을 가능성이 있다.** 사업체 특성에 따른 정년 연장의 고용효과도 다른 연령층에는 다르게 나타났을 가능성이 있다. 예컨대 연공형의 임금제도나 직급이 많고 계속 고용이 보호되는 사업체의 특성이 있는 경우, 정년 연장이 청년고용에 미치는 효과가 더 부정적일 가능성이 있다. 이 연구는 고령자에 대한 노동시장의 수요에 초점을 두고 있기 때문에 다른 연령층의 고용에 대한 효과는 분석하지 않았다. 다양한 연령층에 대한 분석을 함께 수행하여, 정년 연장의 효과와 그 이질성을 종합적으로 평가하는 작업은 추후의 연구과제가 될 것이다

제3절 임금격차

01 노동시장의 이해

(1) 노동의 수요

① 노동수요의 특징

　㉠ **유량**의 개념 : 노동수요는 일정시점(저량)이 아니라 일정기간(유량) 동안 기업에서 고용하고자 하는 고용의 양이다.

ⓛ **파생수요 (유발수요)** : 노동수요는 기업이 노동 자체를 수요하는 것이 아니고, 기업이 생산하는 상품의 상품시장에서 수요되는 것에서 유발 또는 파생되는 수요이다.

ⓒ **결합수요** : 노동은 생산시설, 기계와 같은 다른 생산요소와 결합하여 수요된다.

② 노동수요 결정요인

ⓐ **임금** : 임금과 기업의 고용량 간에는 부의 관계가 성립한다.

ⓑ **상품에 대한 수요** : 노동수요는 노동을 이용하여 생산하는 **상품에 대한 소비자 수요의 크기에 따라 결정**된다.

ⓒ **다른 생산요소의 가격** : 다른 생산요소의 가격이 낮아지는 경우 **다른 생산요소가 노동의 대체재이면 노동에 대한 수요는 감소하고, 노동의 보완재이면 노동에 대한 수요는 증가**한다.

ⓓ **생산기술** : **생산요소를 절약할 수 있는 기술이 향상되면 노동수요가 감소할 수 있고**, 반대로 생산기술 향상으로 비용이 감소하여 기업의 수익이 증대되면 노동수요가 증가할 수도 있다.

ⓔ **기업의 수** : 시장노동수요는 시장에 참여하는 개별 기업의 노동수요에서 도출되므로 노동시장에 참여하는 기업의 수도 노동수요에 영향을 미친다.

③ 노동수요 탄력성

ⓐ 의의 : 노동수요 탄력성이란 임금변동에 대해 노동수요가 얼마나 민감하게 반응하는가의 정도를 의미한다.

ⓑ 노동수요 탄력성 결정요인

- **생산물(상품) 수요의 탄력성** : 생산물수요가 탄력적일수록 노동수요도 탄력적이다.
- 총생산비에 대한 **노동비용의 비중** : 노동비중이 클수록 노동수요도 탄력적이다.
- 노동의 **대체 가능성** : 노동을 다른 생산요소로 대체할 가능성이 클수록 노동수요도 탄력적이다.
- **다른 생산요소의 공급 탄력성** : 다른 생산요소의 공급탄력성이 클수록 노동수요도 탄력적이다. 임금 상승으로 다른 생산요소를 더 이용하려 할 때 그 생산요소의 가격이 크게 상승하면(즉, 다른 생산요소의 공급 탄력성이 작으면) 노동 대신 다른 생산요소를 이용하는 것에 대한 매력이 약화되어 노동수요를 크게 줄이지 않게 된다.

※ **암기 Tip** : 모두 ○○가 커지면↑ **탄력성이 커진다**↑ (같은 방향).
생수탄/비/대/다요공탄

ⓒ 노동수요 탄력성 계산

$$\text{노동수요 탄력성} = \frac{\text{노동수요량의 변화율(\%)}}{\text{임금의 변화율(\%)}} = \frac{\dfrac{\Delta L}{L}}{\dfrac{\Delta W}{W}}$$

④ 장단기 노동수요곡선

　　㉠ 장기가 단기에 비해 더욱 탄력적이다.

　　㉡ 장기(長期)란 기업이 고용뿐만 아니라 자본량도 변화시킬 수 있다는 의미이다.
　　㉢ 장기에는 노동과 자본을 서로 대체할 수 있으므로 임금변화에 노동수요가 더욱 탄력적
　　　으로 변화한다.

(2) 노동의 공급

① 노동공급 결정요인

　　㉠ **인구 수** : 인구 수가 많을수록 노동공급이 증가한다.
　　㉡ **경제활동참가율** : 경제활동참가율이 높을수록 노동공급이 증가한다.
　　㉢ **노동시간** : 노동시간이 길수록 노동공급이 증가한다.
　　㉣ **일에 대한 노력**의 강도 : 일에 대한 노력을 더 기울일수록 노동공급이 증가한다.
　　㉤ 노동인구의 **교육정도** : 교육수준이 높을수록 노동공급이 증가한다.

② 임금 인상이 노동공급에 미치는 영향 **(소득 – 여가선호모형)**

　　㉠ **소득효과** : 임금이 상승하면 여가가 열등재가 아닌 한 여가의 소비는 증가하고, **노동공급은 감소**한다.
　　㉡ **대체효과** : 임금이 상승하면 비싸진 여가의 소비가 감소하고, **노동공급이 증가**한다.
　　㉢ **대체효과 > 소득효과 → 노동공급 증가**
　　㉣ **대체효과 < 소득효과 → 노동공급 감소**

　　㉤ **비노동소득의 증가**는 소득효과만 존재하므로 여가가 증가한다(**노동공급 감소**).

③ 후방 굴절형 노동공급곡선 (소득–여가선호모형) : 임금이 인상되면 대체효과(값비싼 여가를 덜 소비하고 노동을 더 하려는 경향)가 소득효과(오른 소득만큼 여가를 더 소비하고 노동을 줄이려는 경향)보다 커서 노동공급이 증가하지만, 임금 인상이 어느 수준에 이르면 **소득효과가 대체효과를 압도하여 노동공급이 감소**하게 된다.

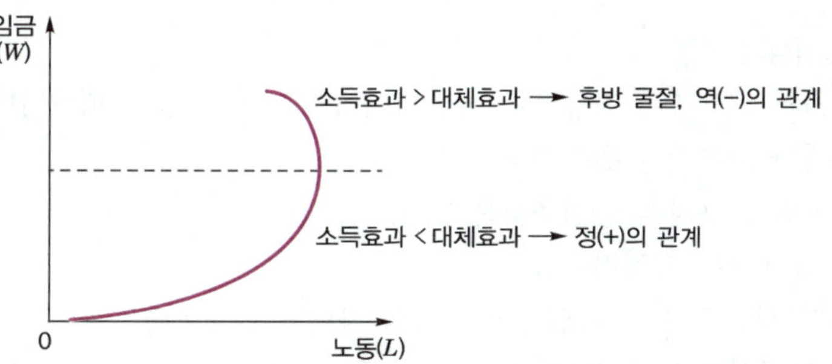

④ 노동공급 탄력성

  ㉠ 의의 : 노동공급 탄력성이란 임금변동에 대해 노동공급이 얼마나 민감하게 반응하는가
의 정도를 의미한다.

  ㉡ 노동공급 탄력성 결정요인

- 산업구조의 변화
- 노동이동의 용이성 정도
- 여성 취업기회의 창출 가능성 여부
- 노동조합의 결성과 교섭력의 정도
- 파트타임 근무제도의 보급 정도

  ㉢ 노동공급 탄력성 계산

$$\text{노동공급 탄력성} = \frac{\text{노동공급량의 변화율}(\%)}{\text{임금의 변화율}(\%)} = \frac{\dfrac{\Delta L}{L}}{\dfrac{\Delta W}{W}}$$

- 노동공급 탄력성 > 1 → 탄력적 (무한대면 완전 탄력)
- 노동공급 탄력성 < 1 → 비탄력적 (0이면 완전 비탄력)

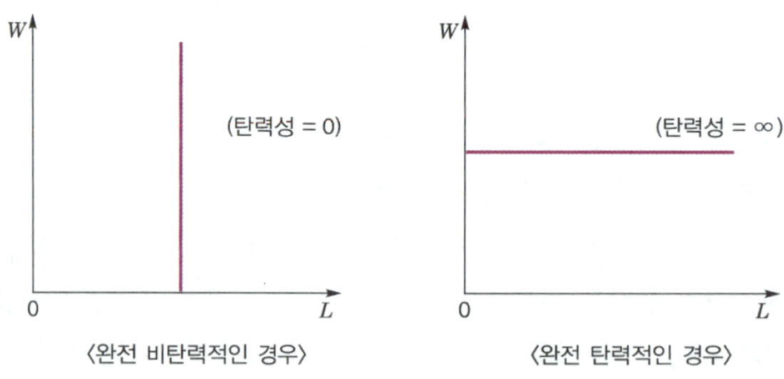

※ 암기 Tip : 비탄력적이면 '비'가 내리듯 수직임

(3) 노동시장이론

① 경쟁노동시장의 가정

  ㉠ 노동자와 고용주는 **자유로이** 시장에 **진입**하거나 시장을 **떠나거나 한다.**

  ㉡ 노동자와 고용주는 **완전정보**를 갖는다.

  ㉢ 노동자와 고용자의 **단결조직은 없다.**

  ㉣ 모든 노동자는 **동질적**이다.

  ㉤ 직무의 성격은 **모두 동일**하며 **임금의 차이만 존재**한다.

  ㉥ **내부 노동시장은 존재하지 않는다.** 직무 공석은 외부 노동시장을 통해 채워진다.

  ㉦ 노동자 **개인이나 개별 고용주**는 시장임금에 아무런 **영향력을 행사할 수 없다.**

② 분단노동시장이론

ㄱ 의의 : 노동시장은 하나의 연속적이고 경쟁적인 시장이라고 볼 수 없으며, 상당히 다른 속성을 가진 근로자가 분단된 상태의 노동시장에서 상호 간에 이동이나 교류가 거의 단절된 상태에 있고, 근로조건 차이도 현저하다고 보는 이론이다.

ㄴ 정책적 시사점

- 인적자본투자계획이나 직업탐색에 대한 지원 등과 같은 노동시장의 공급 측면에 대한 정부의 개입 또는 지원을 지나치게 강조하는 것에 부정적이다.
- **노동시장의 수요 측면에 초점**을 둔다.
  예 공공적인 고용기회 확대, 임금에 대한 보조금, 차별대우 철폐 등
- **내부 노동시장의 중요성**을 강조한다.
- 완전고용을 위한 **확장적 거시경제정책**을 주장한다.
- 노동의 소외를 방지하고 노동의 인간화를 도모할 의식적인 정책적인 노력을 요구한다.

ㄷ 이중노동시장이론

- 분단노동시장이론 중의 하나로 한 나라에서의 노동시장이 1차 노동시장과 2차 노동시장으로 분단되어 있다고 보는 이론이다.
- 1차 노동시장은 주로 **내부 노동시장**으로 형성되어 있으며 **높은 임금, 좋은 근로조건, 다양한 승진기회, 고용안정성**이 보장된다.
- 2차 노동시장은 **낮은 임금수준, 근로조건 열악, 부족한 승진기회, 고용불안**이 심한 노동시장이다.

③ 내부 노동시장

ㄱ 의의 : 내부 노동시장이란 노동의 가격 결정과 배치가 기업 내부의 일련의 규칙과 절차에 의해 지배되는 하나의 관리단위를 말한다.

ㄴ 특징

- **신규 채용이나 복직, 그리고 능력 있는 자의 초빙 시에만 외부 노동시장과 연결**된다.
- 기업비용 부담으로 **기업차원의 교육훈련**이 체계적으로 실시된다.
- **내부 승진**이 많다.
- **장기적 고용관계로 직장안정성이 높다.**
- **1차 노동자**로 구성된다.

ㄷ 내부 노동시장의 형성요인

- **현장훈련** : 생산과정을 통한 전수 필요
- **관습** : 작업장의 선례와 관습
- **숙련의 특수성** : 내부 노동력만이 소유하게 되는 특수한 기능

※ **암기 Tip** : 대문 열고 **내부**에 들어가 보니 **현관**에 **쑥**이 **특** 튀어나와 있더라(**현관숙특**).

(4) 노동시장 균형

① 노동공급 변화에 따른 노동시장 균형

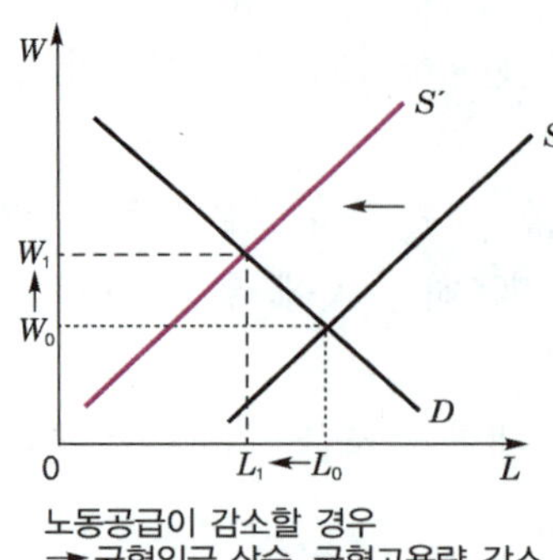

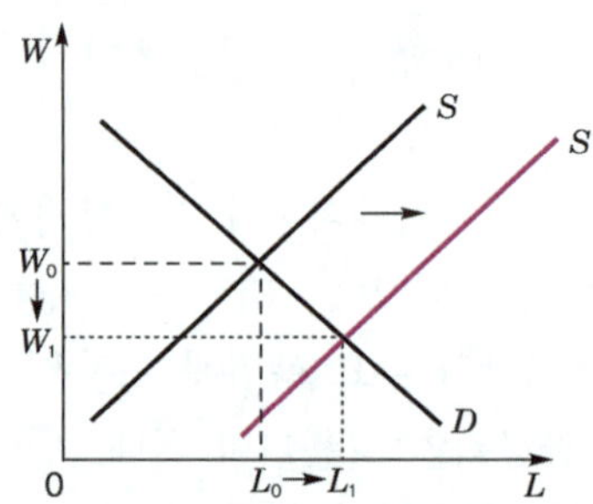

② 노동수요 · 공급이 동시에 변화하는 경우 노동시장 균형 : 균형고용량은 증가하고, 균형임금은 증가할 수도 있고, 감소할 수도 있다.

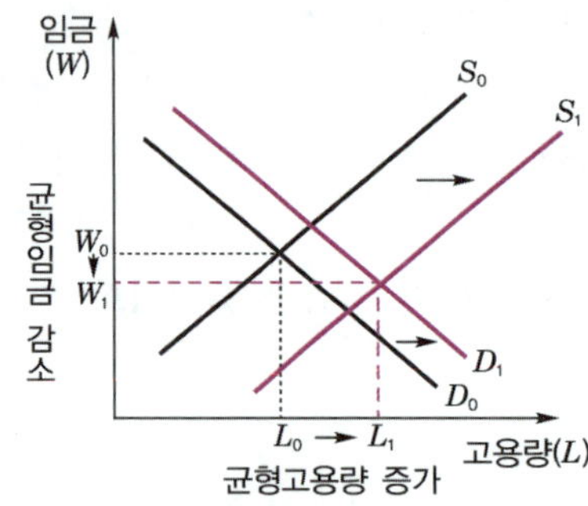

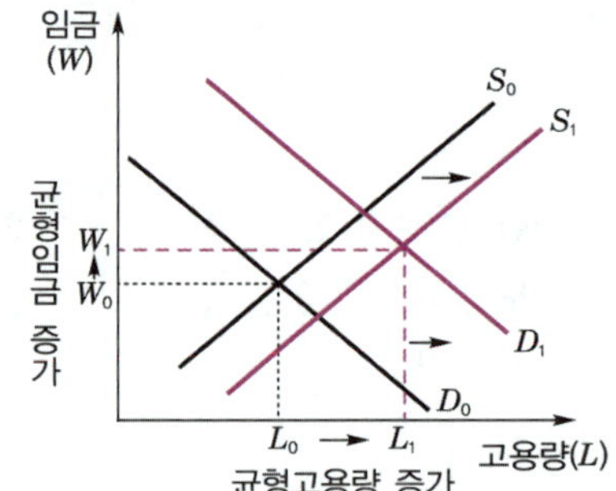

③ 완전경쟁시장의 이윤 극대화

㉠ 완전경쟁시장에서 기업이 이윤을 극대화하기 위한 고용량조건은 시장임금과 노동의 한계생산물가치가 같아지는 점에서 고용량을 결정하는 것이다.

$$W = VMP_L = MP_L \times P$$

여기서, W : 임금, VMP : 한계생산물가치, MP : 한계생산물, P : 상품의 가격

㉡ 임금과 한계생산물가치가 일치하지 않을 때에는 한계생산체감의 법칙(고용을 늘릴수록 추가되는 총생산물의 증가분이 점차 감소)에 따라 다음과 같이 고용량을 결정하여야 이윤 극대화를 이룰 수 있다.

- $W > VMP_L \rightarrow$ 고용을 줄여야 한다 (한계생산물이 커지는 방향).
- $W < VMP_L \rightarrow$ 고용을 늘려야 한다 (한계생산물이 작아지는 방향).

④ 수요독점기업의 이윤 극대화

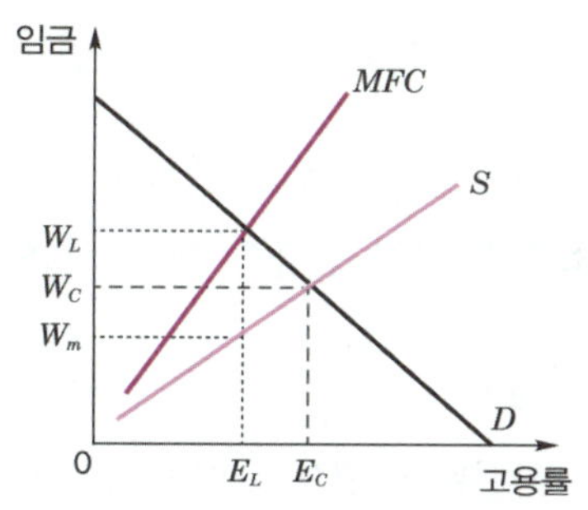

    ㉠ 노동시장이 수요독점시장(노동시장에 기업이 하나)이면 독점기업의 노동수요량이 노동
        에 대한 전체 수요량이 되어 수요독점기업은 우상향하는 노동공급곡선(S)에 직면한다.
    ㉡ 기업의 이윤 극대화 고용량조건은 MRP(한계수입생산물) = MFC(한계요소비용)인
        점에서 고용량을 결정하는 것이다.
    ㉢ 상품시장이 완전경쟁이므로 $VMP = MRP = D$이다. 따라서 노동수요곡선(D)이 MFC
        곡선과 만나는 지점인 E_L에서 고용량을 결정하고, 임금은 E_L(이윤 극대화 고용량)이
        노동공급곡선(노동자가 기꺼이 공급하려고 하는 임금수준)과 만난 지점인 W_m에서 결
        정된다.
       → **수요독점인 경우가 완전경쟁인 경우에 비해 임금수준과 고용수준 모두 낮게 된다.**

(5) 노동시장정책

① 의의 : 적극적 노동시장정책은 국가가 노동시장에 적극 개입하는 정책이고, 소극적 노동시
    장정책은 실업기간의 소득보조 위주의 정책을 말한다.
② 적극적 노동시장정책 : 취업알선, 직업계속 및 전환교육, 고용보조, 장애인대책
③ **소극적 노동시장정책 : 실업급여**, 실업자 대부, 실직자녀 학자금 지원

(6) 1997년 IMF 경제위기 이후 한국의 노동시장

① 비정규직 증가
② 해고분쟁 증가
③ 외국인 노동자 감소
④ 노동자 평균근속연수 감소
⑤ 노동조합 조직률 하락

(1) 임금의 하방경직성

① 의의 : 임금의 하방경직성이란 노동수요가 증가하면 임금이 상승하지만 노동수요가 감소하더라도 **노동수요의 감소폭에 비해 임금이 덜 하락**하는 것을 의미한다.

② 발생원인

　　㉠ **강력한 노동조합**의 존재

　　㉡ **역선택** 발생 가능성 : 역선택 발생으로 인해 우수한 노동력이 유출될 것을 우려하여 임금 삭감을 꺼린다.

　　㉢ **화폐환상** : 화폐환상(물가 고려 없이 금액만 중시)으로 인해 명목임금에 반응하여 임금 삭감에 저항이 크다.

　　㉣ **장기 노동계약** : 이연급여제도의 동기부여기능을 유지하기 위해 임금 삭감을 꺼린다.

　　㉤ **기업 특수적 인적자본투자**와 내부 노동시장이 형성되어 있는 경우 임금 삭감이 어렵다.

　　㉥ **동기부여** : 임금저하는 생산성 저하 및 우수한 인력의 사직을 유발한다.

　　㉦ **사회적 관행** : 1차 노동시장에서 불경기로 해고된 근로자들이 상대적인 사회적 지위와 품위 때문에 2차 노동시장의 취업자들과 경쟁하여 임금 인하를 추구하지 않으려고 하는 사회적 관행 때문에 임금이 덜 하락한다.

(2) 노동수요특성별 임금격차

① 의의 : 노동수요특성별 임금격차란 산업·기업특성별 임금격차를 의미한다. 노동수요특성별 임금격차의 경쟁적 요인이란 노동의 수요·공급이라는 노동시장적 요인을 의미하고, 비경쟁적 요인은 노동시장적 요인 이외의 요인을 의미한다.

② 경쟁적 요인(주로 대기업, 고성장산업이 갖고 있는 요인)

　　㉠ **인적자본량** : 산업·기업에 소속된 노동자의 인적자본량 차이로 인해 임금격차가 발생한다.

　　㉡ **효율성 임금정책** : 생산성 향상을 위해 높은 임금을 지급하는 경우 임금격차가 발생한다.

　　㉢ 노동자의 보이지 않는 **질적 차이** : 선천적 능력, 도덕성, 규율에의 복종, 협동성 등 기업에 속한 노동자의 보이지 않는 질적 차이로 인해 임금격차가 발생한다.

　　㉣ **보상적 임금격차** : 엄격한 감독과 규율에 대한 보상으로 높은 임금이 지급되어 산업·기업 간 임금격차가 발생한다.

　　㉤ **단기적 불균형** : 고성장산업 및 기업에서 노동자에 대한 수요 증가는 단기에 고임금현상을 낳아 산업·기업 간 임금격차가 발생한다.

③ 비경쟁적 요인
  ㉠ 시장지배력과 **독점지대**의 배당
  ㉡ **노동조합**의 영향
  ㉢ 비효율적인 **연공급**제도

(3) 보상적 임금격차

① 의의 : 보상적 임금격차란 **직종의 불리함을 임금으로 보상함으로써 발생하는 임금격차**를 말한다.
② 발생원인
  ㉠ **비금전적 차이** : **노동의 유쾌한 정도, 난이도**, 작업환경, 직업에 대한 사회적 평가, 주관적 만족도 등에 대한 보상으로 임금격차가 발생한다.
  ㉡ **금전적 위험** : **임금의 발생시기가 불확실**한 데에 대한 보상으로 임금격차가 발생한다.
  ㉢ **교육훈련의 차이** : 교육훈련을 받는데 **소요된 비용**에 대한 보상으로 임금격차가 발생한다.
  ※ **암기 Tip** : 우리 카페는 커피에서 **금위**(금이) 나오면 **비금차, 교훈차**로 **보상**해드립니다.

(4) 직종 간 임금격차 발생요인

① **근로환경**의 차이
② **노동조합 조직률**의 차이
③ 특정 직종에 대한 회피 및 **선호도**
④ 직종 간 **정보단절**
⑤ **비경쟁집단** : 능력 부족, 정보 부족, 교육비용 등으로 직종 간의 노동이동이 제한되어 발생하는 임금격차
⑥ **보상적** 임금격차 : 직종의 불리함을 보상함으로써 발생하는 임금격차
⑦ **과도적** 임금격차 : 노동수요 급증을 노동공급이 바로 따라가지 못할 때 발생하는 일시적 임금격차

(5) 산업별 임금격차 발생요인

① **노동조합**의 힘 : 노동조합이 광범위하게 조직되어 있거나 조합의 교섭력이 강한 산업일수록 임금수준은 높아지므로 격차가 커진다.
② **노동생산성** : 노동생산성이 높은 산업은 한계생산력의 차이에 의해 다른 산업에 비해 임금수준도 높게 된다.
③ 산업의 **독과점도** : 독과점력을 강력히 행사할 수 있는 산업은 고임금 지급이 가능하여 임금격차가 커진다.

(6) 헤도닉 임금이론

① 의의 : 헤도닉 임금이론은 **기업의 유해위험한 노동환경에 대한 보상이 더해져 임금수준이 결정**된다는 주장이다.

② 헤도닉 임금이론의 가정

　㉠ 직장의 다른 특성은 동일하며 **산업재해의 위험도만** 차이가 있다.

　㉡ 노동자는 효용을 극대화하며 노동자 간에는 **산업안전에 관한 선호의 차이가 존재**한다.

　㉢ 기업은 좋은 노동조건을 위해 **산업안전에 투자를 해야** 한다.

　㉣ 노동자는 **정확한 직업정보**를 갖고 있으며 **직업 간 자유롭게 이동**할 수 있다.

③ 헤도닉 임금함수

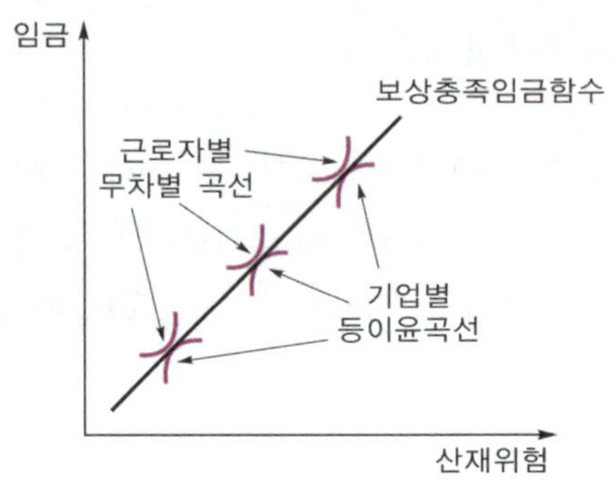

　㉠ 근로자가 갖는 산재위험과 임금 간의 무차별곡선과 기업이 갖는 산재위험과 임금 간의 등이윤곡선의 접점을 보상충족임금이라 한다.

　㉡ 근로자들은 개인별로 산재위험회피도가 다르고, 기업들은 산업안전에 쓰려는 비용이 다른데, 산재위험회피도가 다른 근로자들의 무차별곡선들과 산업안전비용이 다른 기업들의 등이윤곡선들의 접점들을 연결한 것을 보상충족임금함수라 한다.

　㉢ 이 함수는 정의 관계를 가지며, 이 함수의 기울기는 개인의 보상요구임금과 동일하다.

　㉣ 이는 **산재위험회피 개인은 안전한 작업환경－낮은 임금을 제공하는 기업과 합치하며, 산재위험에 개의치 않는 개인은 위험한 작업환경－높은 임금을 제공하는 기업과 합치**하는 것을 보여준다.

(7) 효율임금이론

① 의의 : 효율임금이론은 **시장의 균형임금보다 높은 임금**을 지급하여 **노동생산성 향상을 도모**하는 것을 말한다.

② 효율임금이론에서 고임금이 고생산성을 가져오는 원인

　㉠ 고임금은 직장상실비용을 증가시켜 **근무태만을 방지한다.**

　㉡ 고임금으로 인해 노동자들이 스스로 알아서 열심히 일하도록 하여 **통제상실을 방지**한다.

　㉢ 고임금을 노동자가 은혜로 받아들여 해고 위협이 없더라도 **작업노력을 증대**시킨다.

ⓡ 노동자의 **사직을 감소시켜** 신규 채용 및 훈련비용을 감소시킨다.

ⓜ 신규 채용 시 지원노동자의 평균자질이 높아져 보다 **양질의 노동자를 고용**할 수 있다.

(8) 통계적 차별에 의한 임금격차

통계적 차별에 의한 임금격차란 사용자가 개별 노동자의 생산성 정보가 아니라 **개인이 속한 집단에 대한 평균적인 인식을 근거(통계적인 정보)를 기준**으로 임금을 지급함으로써 개별 노동자의 생산성에 대한 타당한 임금이 지급되지 않아 발생하는 임금격차를 말한다.

(9) 노동력의 가치차이 (숙련도별 임금격차)

① **숙련도별 임금격차는 대부분 장기적으로 축소되는 경향**이 나타난다. 그 이유로는 첫째, 교육기간이 대부분 길어지고 따라서 숙련근로자의 비율이 증가하여 숙련근로자의 공급 과잉을 초래하게 되었다는 점을 들 수 있다. 둘째로는 미국과 같은 경우 노동조합의 조직 확대가 또한 장기적인 숙련도별 임금격차의 축소에 기여하였다는 점을 들 수 있다.

② 숙련도별 임금격차가 경기변동에 따라 단기적으로 어떻게 변화하는가에 대해서는 대부분의 연구결과에 의하면 **임금격차는 불경기에 확대되고, 호경기에 축소**된다고 한다. 레더(Reder, M. W.)는 이러한 결과가 사용자들이 경기변동에 따라 채용기준을 변경하기 때문이라고 하였다. 즉, 호경기 시에는 숙련근로자를 신규 채용하기가 힘들게 되기 때문에 자격이 부족한 근로자들을 보다 숙련이 요구되는 직종으로 승격시키기도 하고, 채용 시에 채용기준을 완화하기도 한다는 것이다. 이 경우 결과적으로 보다 낮은 숙련도의 근로자에 대하여 상대적으로 개선된 임금을 지급하게 되므로 숙련도별 임금격차는 축소되게 되며, 불경기 시에는 이와 반대과정이 발생하므로 숙련도별 임금격차는 오히려 확대되게 된다.

① 임금체계

★ **2013년 직업상담사 1급**

01 임금관리상 고려할 임금의 역할과 가장 거리가 먼 것은?

① 경제지표로서의 임금
② 비용 · 소득지표로서의 임금
③ 보상지표로서의 임금
④ 대외교섭력지표로서의 임금

> **해설** ① 임금은 기업이 투자를 결정하는 중요한 요소이다.
> ② 임금은 근로자에게는 소득이고, 기업에게는 비용이다.
> ③ 임금은 근로의 대가이고 기업의 목표를 달성하고 생산성을 높이는 수단이다.

★★ **2010년, 2018년, 2020년, 2022년 직업상담사 1급**

02 매월 정해진 금액이 지급되는 고정적 임금이 아닌 것은?

① 초과근무수당　　　② 가족수당
③ 직책수당　　　　　④ 기본급

> **해설** [임금의 구성]

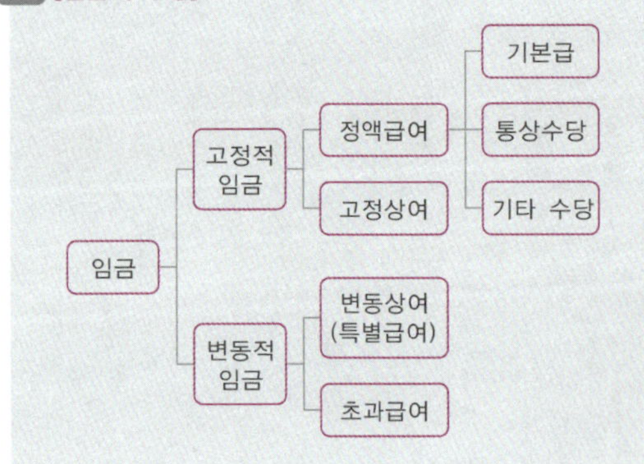

2014년 직업상담사 2급

03 임금에 대한 설명으로 틀린 것은?

① 실질임금은 명목임금을 물가수준으로 나눈 것이다.
② 특별급여는 초과급여의 일부분이다.
③ 기본급은 정액급여에 속한다.
④ 월 일정액의 제수당은 정액급여에 포함된다.

> **해설** 특별급여는 성과급과 같은 변동상여를 의미하는 것으로서 초과근무시간에 대한 초과급여와 구분된다.

2018년 직업상담사 2급

04 다음 중 고정적 임금의 구성으로 가장 적합한 것은?

① 기본급＋성과급
② 기본급＋초과급여＋고정적 상여금
③ 기본급＋제수당＋고정적 상여금
④ 기본급＋초과급여＋성과급

> **해설** 성과급, 초과급여는 변동적 임금이다.

2020년 직업상담사 2급

05 준고정적 노동비용에 해당하지 않는 것은?

① 퇴직금　　　　　② 건강보험
③ 유급휴가　　　　④ 초과근무수당

> **해설** 준고정적 노동비용이란 근로의 대가, 즉 **근로시간과 무관하게 지불하는 노동비용**을 의미한다. 초과근무수당은 근로시간에 따른 임금이므로 준고정적 노동비용이 아니다.

> **정답**　01. ④　02. ①　03. ②　04. ③　05. ④

2017년 직업상담사 2급

06 한국의 임금패리티(parity)지수는 100이고 일본의 임금패리티지수를 80이라 가정할 때의 설명으로 옳은 것은?

① 국민소득을 감안한 한국의 임금수준이 일본보다 높다.

② 한국의 생산성과 삶의 질이 일본보다 낮다.

③ 국민소득을 감안한 한국의 임금수준이 일본보다 낮다.

④ 한국의 생산성과 삶의 질이 일본보다 높다.

해설 임금패리티지수는 노동소득분배율(=피용자 보수/국내총생산)을 임금근로자비중(=임금근로자/취업자)으로 나누어서 구한다. 취업자 1인당 평균소득을 100으로 했을 때 임금근로자 1인당 평균소득의 상대적 비율을 의미한다. 임금근로자들이 국민경제 전체에서 차지하는 경제적 지위를 보여주는 지수이다. 임금패리티지수가 한국이 일본보다 높다면 임금근로자가 다른 취업자와 비교하여 갖는 경제적 지위가 한국이 일본보다 높다는 의미이다.

★ 2004년 직업상담사 1급

07 우리나라의 임금체계에 대한 관한 설명으로 옳지 않은 것은?

① 명목임금은 정액급여, 초과급여, 특별급여로 구성된다.

② 통상임금에 포함되는 임금은 기본급과 통상적 수당이다.

③ 통상임금은 퇴직금, 휴업수당, 산재보상 등의 산출기준임금이다.

④ 평균임금은 고용기간 중 근로자가 지급받고 있던 평균적인 임금수준을 말한다.

해설 퇴직금, 휴업수당, 산재보상 등의 산출기준임금은 평균임금이다.

★★ 2014년, 2017년, 2021년 직업상담사 1급

08 다음 중 부가급여가 아닌 것은?

① 유급휴가　　　　② 법정복리비

③ 급식 제공　　　　④ 상여금

해설 상여금은 부가급여가 아니라 임금에 해당한다.
※ 10번 문제 해설 참조

2015년 직업상담사 2급

09 우리나라 임금체계에 대한 설명과 가장 거리가 먼 것은?

① 소정근로시간과 관련된 정액급여는 기본급과 제수당으로 나누어진다.

② 통상임금의 산정에서 초과금액, 특별급여, 업적수당, 생활보조수당을 포함한다.

③ 평균임금은 퇴직금, 휴업수당, 산재보상 등의 산출기준임금이며, 고용기간 중에서 근로자가 지급받고 있던 평균적인 임금수준을 말한다.

④ 노동법에서 기준임금이 통상임금과 평균임금으로 이원화되어 있어 기업에서의 임금관리가 어려운 측면이 있다.

해설 ㉠ 통상임금 : 정기적, 일률적으로 소정근로에 대해 지급하기로 정해진 고정급 개념이다. 통상임금에는 초과급여, 특별급여, 업적수당, 생활보조수당 등은 포함되지 않는다. 통상임금은 연장 · 야간 · 휴일근로수당 등의 산정기초가 된다.
㉡ 평균임금 : 사유 발생 이전 3월간에 지급된 임금의 총액을 그 기간의 총일수로 나눈 금액으로 총임금수준의 평균치 개념이다. 평균임금은 퇴직금. 재해보상 등의 산정기초가 된다.

★★ 2012년, 2025년 직업상담사 1급

10 다음 중 부가급여가 아닌 것은?

① 유급휴일　　　　② 복리후생시설

③ 직책수당　　　　④ 학자금 지급

해설 부가급여란 기업이 복리후생차원으로 임금 이외에 별도로 지급하는 다양한 형태의 보상을 말한다. 부가급여에는 퇴직금, 복리후생시설, 학자금 지급, 교육훈련, 사내복지기금, 주택자금대출, 의료비 지원 등이 있다. 직책수당은 임금에 해당한다.

정답 06. ①　07. ③　08. ④　09. ②　10. ③

11 근로자들이 현금이 아닌 부가급여형태의 보상을 선호하게 되는 이유와 가장 거리가 먼 것은?

① 조세감면의 혜택이 있으므로
② 현금보다 현물이 근로자의 효용을 더욱 증가시키므로
③ 이연보수의 형태가 저축의 성격을 지니므로
④ 현물형태의 급여는 대량 내지 할인된 가격으로 구입이 가능하므로

해설 **[근로자의 부가급여 선호이유]**
　㉠ 조세나 보험료의 부담이 감소된다(예 현물급여, 이연보수).
　㉡ 현물급여는 대량 내지 집단적으로 할인된 가격으로 구입이 가능하다.

12 사용자 측이 부가급여 지급을 선호하는 이유와 가장 거리가 먼 것은?

① 부가급여만큼 임금액이 감소하면 사용자에게 그만큼 조세와 보험료 부담이 감소한다.
② 정부가 임금 등에 대한 규제를 강화할 때, 그것을 회피하는 수단으로서 부가급여수준을 높일 수 있다.
③ 이직률을 낮추어 각종 채용 및 훈련비용을 절감하고 장기근속을 유도하는 방안으로 각종 부가급여를 이용한다.
④ 기업은 노동자보수 중 부가급여를 증가시켜 현금급여를 감액하면 경제적 이윤을 유지할 수 있다.

해설 **[기업의 부가급여 선호이유]**
　㉠ 조세나 보험료 부담이 감소한다(예 식대).
　㉡ 기업이 선호하는 노동자 채용에 유리하다(예 맞춤형 복지).
　㉢ 임금규제에 대한 회피수단으로 가능하다.
　㉣ 장기근속 유도 방편으로 쓰인다.
　㉤ 노동자의 사기 진작, 충성심 제고, 노동자 내부통제에 이용할 수 있다.

13 다음 중 경제활동 참가의 결정기준을 가장 올바르게 기술한 것은?

① 시장임금이 개인의 보상요구임금과 같으면 경제활동에 참가한다.
② 시장임금이 개인의 보상요구임금보다 크면 경제활동에 참가한다.
③ 시장임금이 개인의 보상요구임금보다 작으면 경제활동에 참가한다.
④ 개인의 보상요구임금은 경제활동 참가의 결정에 아무런 영향을 미치지 못한다.

해설 유보임금(의중임금, 희망임금, 보상요구임금)이란 노동자가 일하고자 하는 최소한의 주관적 요구임금수준을 말한다. 일을 하거나 하지 않거나 효용이 무차별한(같은) 임금률로서 시장임금이 이보다 커야 경제활동에 참여하게 된다.

14 유보임금(reservation wage)에 관한 설명으로 옳은 것은?

> A. 유보임금의 상승은 실업기간을 연장한다.
> B. 유보임금의 상승은 기대임금을 하락시킨다.
> C. 유보임금은 기업이 근로자에게 제시한 최고의 임금이다.
> D. 유보임금은 근로자가 받고자 하는 최저의 임금이다.

① A, C　　　　② B, C
③ B, D　　　　④ A, D

해설 유보임금(의중임금, 희망임금, 보상요구임금)이란 노동자가 일하고자 하는 최소한의 주관적 요구임금수준이다. 유보임금이 높을수록 실업기간이 길어질 가능성이 높다.

정답　11. ②　12. ④　13. ②　14. ④

★★ 2011년, 2016년, 2025년 직업상담사 1급

15 다음 중 실질임금 산정에 중요한 의미를 가지는 것은?

① 소비자물가지수

② 도매물가지수

③ GNP 디플레이터

④ 지니계수

> **해설** 실질임금이란 물가수준을 고려하여 구매력으로 평가한 임금이다. 명목임금을 소비자물가지수로 나누어 구한다.
>
> $$실질임금 = \frac{명목임금}{소비자물가지수} \times 100$$

★★ 2010년, 2015년 직업상담사 1급

16 다음 표에는 가상적인 명목임금과 소비자물가지수의 추이가 나타나 있다. 실질임금이 가장 높았던 연도는?

(단위 : 천원)

구분	1990년	1995년	2000년	2005년
명목임금	500	650	800	900
소비자물가지수	100	140	170	200

① 1990년 　　　② 1995년

③ 2000년 　　　④ 2005년

> **해설** $$실질임금 = \frac{명목임금}{소비자물가지수} \times 100$$
>
> | 구분 | 1990년 | 1995년 | 2000년 | 2005년 |
> |---|---|---|---|---|
> | 명목임금 | 500 | 650 | 800 | 900 |
> | 소비자물가지수 | 100 | 140 | 170 | 200 |
> | 실질임금 | 500 | 460 | 470 | 450 |

★ 2019년 직업상담사 1급

17 명목임금, 물가 및 실질임금 간 관계에 대한 설명으로 적합한 것은?

① 명목임금이 일정할 때 물가가 하락하면 실질임금은 상승한다.

② 명목임금이 일정할 때 물가가 하락해도 실질임금은 일정하다.

③ 명목임금이 상승하고, 물가도 상승하면 실질임금은 하락한다.

④ 명목임금이 일정할 때 물가가 상승하면 실질임금도 상승한다.

> **해설** 실질임금이란 물가수준을 고려하여 구매력으로 평가한 임금으로, 명목임금을 소비자물가지수로 나눈 임금을 말한다. 명목임금이 그대로이더라도 물가가 하락하면 같은 임금으로 구입할 수 있는 임금의 구매력은 더 증가하므로 실질임금은 상승할 것이다.
>
> $$실질임금 = \frac{명목임금}{소비자물가지수} \times 100$$

2016년, 2020년 직업상담사 2급

18 임금체계의 공평성(equity)에 관한 설명으로 옳은 것은?

① 승자일체 취득의 원칙을 말한다.

② 최저생활을 보장해 주는 임금원칙을 말한다.

③ 근로자의 공헌도에 비례하여 임금을 지급한다.

④ 연령, 근속연수가 같으면 동일한 임금을 지급한다.

> **해설** 임금체계의 공평성이란 노동자의 공헌도에 따라 임금을 책정하는 것을 의미한다.

★ 2013년 직업상담사 1급

19 임금체계에 관한 설명으로 틀린 것은?

① 속인급은 연령이나 학력, 경력, 근속연수를 기준으로 임금을 결정한다.

② 선진국일수록 속인급의 비중이 크다.

③ 업무급은 맡은 일을 기준으로 임금을 결정한다.

④ 종합급은 속인급과 업무급의 결합이다.

> **해설** 보상체계가 발달할수록 합리적이고 공정한 보상을 위해 속인급보다는 업무급을 지향하게 된다.

정답　15. ①　16. ①　17. ①　18. ③　19. ②

20 임금체계의 유형 중 연공급의 단점에 대한 설명으로 틀린 것은?

① 위계질서의 확립이 어렵다.

② 동기부여효과가 미약하다.

③ 비합리적인 인건비 지출을 하게 된다.

④ 능력·업무와의 연계성이 미약하다.

> **해설** 연공급은 **노동자의 근속연수**에 따라 개별임금을 결정하는 방식으로, 근속연수에 따라 선임이나 고령자에게 더 높은 대우를 하게 되므로 **위계질서 확립에 유리하다.**
>
> **[연공급]**
> ㉠ 의의 : 근속기간에 따라 임금을 결정한다.
> ㉡ 장점
> - **고용안정**을 달성할 수 있다.
> - 근로자의 기업에 대한 **귀속의식**을 고양시킬 수 있다.
> - 폐쇄적인 노동시장에서 **인력관리가 용이**하다.
> - **위계질서 확립이 용이**하다.
> - 근로자에 대한 **교육훈련의 효과**를 높일 수 있다.
> - 정기 승급을 실시함에 따라 생활의 **안정감**과 장래에 대한 기대를 가질 수 있다.
> ㉢ 단점
> - **동기부여효과가 미약**하다
> - 직무와 상관없는 **비합리적인 인건비** 지출을 하게 된다
> - 능력·업무와의 연계성이 미약하다.
> - **전문기술인력의 확보가 곤란**하다.
> - **적당주의가** 증가한다.

21 다음 중 연공급(Seniority–Based Pay)의 장점이 아닌 것은?

① 정기 승급을 실시함에 따라 생활의 안정감과 장래에 대한 기대를 가질 수 있다.

② 위계질서의 확립이 용이하다.

③ 동기부여효과가 강하다.

④ 근로자에 대한 교육훈련의 효과를 높일 수 있다.

> **해설** 근속연수에 따라 임금이 결정되는 연공급제하에서는 노동자들이 **힘든 일을 맡거나 업무성과를 내려는 동기가 약해진다.**

22 연공급의 특징이 아닌 것은?

① 기업에 대한 귀속의식 제고

② 전문기술인력 확보 곤란

③ 근로자에 대한 교육훈련의 효과 제고

④ 인건비 부담의 감소

> **해설** 생산성 고려 없이 근속기간만큼 많은 임금을 지불해야 하므로 **인건비 부담이 증가한다.**

23 다음 중 동일 노동에 동일 임금이 지급되는 임금체계는?

① 자격급　　　　② 직능급

③ 연공급　　　　④ 직무급

> **해설** ㉠ 연공급 : **근속기간**에 따라 임금 결정
> ㉡ 직능급 : 직무수행**능력**에 따라 임금 결정
> ㉢ 직무급 : **직무가치**에 따라 임금 결정

24 직무급을 도입하기 위한 전제조건과 가장 거리가 먼 것은?

① 직무의 표준화와 전문화가 이루어져야 한다.

② 노동조합의 동의가 있어야 한다.

③ 직무 중심의 채용과 평가제도가 확립되어야 한다.

④ 직종 간 고용의 유동성이 있어야 한다.

> **해설** 직무급은 직무의 가치에 따라 개별 임금을 결정하는 것으로 직무분석과 직무평가가 선행되어야 한다. 근로조건 저하라는 특별한 사정이 없는 한 임금체계 설계에 노동조합이나 개별 노동자의 동의가 있어야 하는 것은 아니다.

정답 20. ①　21. ③　22. ④　23. ④　24. ②

25 다음 중 직무급에 대한 설명으로 가장 적합한 것은?

① 개인의 직무수행능력에 따른 임금체계이다.

② 직무의 상대적 가치에 따른 임금체계이다.

③ 근속연수에 따른 연공서열형 임금체계이다.

④ 성과배분을 위한 능력급 임금체계이다.

> **해설** ① 직능급에 대한 설명이다.
> ③ 연공급에 대한 설명이다.
> ④ 성과급에 대한 설명이다.

26 직무급에 대한 설명으로 가장 거리가 먼 것은?

① 신분이나 개인의 속성에 예속된 임금결정방식이 아니라 직무에 의한 임금결정방식이다.

② 동일 가치의 직무에는 동일한 임금이라고 하는 원칙을 명확히 함으로써 임금배분의 공평성을 기할 수 있는 방식이다.

③ 생활급과는 차이가 있기 때문에 경영의 합리화, 근로의욕의 제고, 노동생산성의 향상을 기할 수 있는 임금결정방식이다.

④ 임금격차는 직무 간의 격차에 의한 것이므로 노동의 양과 질을 평가하는 임금결정방식은 아니다.

> **해설** 직무급은 해당 노동자가 담당하고 있는 직무의 가치에 따른 보상으로서 직무의 가치는 노동의 양과 질에 따라 평가된다.

27 직무급 임금체계의 특성에 관한 설명과 가장 거리가 먼 것은?

① 노동의 양뿐만 아니라 노동의 질을 동시에 평가하는 방식이다.

② 근로자의 기업에 대한 귀속의식과 교육훈련의 효과를 제고할 수 있다.

③ 동일 가치의 직무에 대한 동일 임금의 원칙을 실현할 수 있다.

④ 경영의 합리화, 노동생산성 향상을 기대할 수 있는 방식이다.

> **해설** ② 연공급에 대한 설명이다. 연공급은 근속연수에 따라 임금을 지급하는 방식으로 장기근속의 유인이 되고, 이로 인해 교육훈련의 활용기간이 길어지므로 교육훈련의 효과가 높아진다.

28 다음 중 직무급 임금체계의 장점이 아닌 것은?

① 개인별 임금격차에 대한 불만 해소

② 연공급에 비해 실시가 용이

③ 인건비의 효율적 관리

④ 능력 위주의 인사풍토 조성

> **해설** 직무급은 직무의 가치에 따라 임금을 결정하는 것으로 직무분석과 직무평가가 전제되어야 하므로 근속연수에 따라 임금을 결정하는 연공급에 비해 실시가 어렵다.

29 다음 중 직무급의 장점과 가장 거리가 먼 것은?

① 직무에 상응하는 임금지급이 가능하다.

② 직무가치의 객관성 확보가 가능하다.

③ 배치전환이 용이하다.

④ 능력 위주의 인사관리가 가능하다.

> **해설** 직무급은 담당직무에 따라 임금수준이 결정되므로 도중에 임금 저하를 초래할 수 있는 배치전환은 용이하지 않다.

정답 25. ②　26. ④　27. ②　28. ②　29. ③

30 직능급 임금체계에 대한 설명으로 틀린 것은?

① 근로자의 직무능력을 중심으로 임금을 결정한다.

② 개별 근로자에 대한 동기부여효과가 강하다.

③ 직무급처럼 적정 배치가 반드시 전제되어야
한다.

④ 연공급의 속인적 요소와 직무급의 직무적 요
소를 결합한 것이다.

> 해설 직능급은 담당하고 있는 직무의 가치에 따른 보상(직무급)
> 이 아니라 보유하고 있는 직무수행능력에 따른 보상이므로
> 적정 배치가 반드시 전제되어야 하는 것은 아니다.

31 직능급 임금체계의 특징에 관한 설명으로 옳은
것은?

① 조직의 안정화에 따른 위계질서 확립이 용이
하다.

② 직무에 상응하는 임금을 지급한다.

③ 학력과 직종에 관계없이 능력에 따라 임금을
지급한다.

④ 무사안일주의 및 적당주의를 초래할 수 있다.

> 해설 ①, ④ 근속기간에 따라 임금을 지급하는 **연공급**의 특징
> 이다.
> ② **직무급**에 대한 설명이다.

② 임금형태

32 다음 중 성과급제의 장점과 가장 거리가 먼 것은?

① 생산성 향상에 기여한다.

② 근로 중 사고의 위험을 줄인다.

③ 노동자의 소득 증대에 기여한다.

④ 직접적인 감독의 필요성을 줄인다.

> 해설 성과급은 **노동능률이나 업적을 지급기준**으로 하는 임금
> 제도로 능률급 혹은 업적급을 말한다. 성과급은 높은 성
> 과를 내기 위해 **무리한 작업을 하게 하여 사고위험이 높
> 아지는 단점**이 있다.

33 다음 중 유능한 노동자가 자신의 유능성을 내
보이지 않고, 오히려 최소한의 기준만 충족시키면서
빈둥거리고 있는 이유를 설명하고 있는 것은?

① 주인-대리인효과

② 무임승차효과

③ 자기선택효과

④ 톱니효과

> 해설 능률급을 시행하는 회사에서 근로자들은 이른바 톱니효
> 과를 두려워한다. 한 근로자가 회사에서 기대했던 것보
> 다 더 많은 생산을 해내면 경영자는 그의 능력을 높게 평
> 가하는 대신 오히려 그가 하는 일이 쉽기 때문이라고 잘
> 못 해석하여 능률급하의 개수당 임금률을 하향조정할 수
> 있는데, 이렇게 되면 그 근로자는 전보다 더 열심히 일
> 해야 종전과 같은 소득을 올릴 수 있게 된다. **이러한 방
> 식으로 근로자로 하여금 더 열심히 일하게 하는 것을 톱
> 니효과라 한다.** 결과적으로 유능한 근로자는 톱니효과를
> 두려워하여 **유능함을 내보이지 않고, 오히려 최소한의 기
> 준만 충족시키려** 할 것이다.

34 기업이 장기근속자의 자진 퇴사를 유도하기 위
해 정년 전에 퇴사할 경우 상당한 액수의 명예퇴직
금을 지불하기로 결정하였다. 그 효과에 관한 설명
으로 가장 적합한 것은?

① 생산성이 낮은 근로자들이 주로 퇴사한다.

② 생산성이 높은 근로자들이 주로 퇴사한다.

③ 생산성과 무관하게 골고루 퇴사한다.

④ 아무도 퇴사하지 않는다.

> 해설 다른 선택지(이직할 좋은 직장)가 있는 근로자일수록 이
> 직이 더 쉽다.

정답 30. ③ 31. ③ 32. ② 33. ④ 34. ②

35 다음은 어떤 형태의 능률급인가?

- 1886년 미국의 토웬(Genry R, Towen)이 제창
- 경영활동에 의해 발생한 이익을 그 이익에 관여한 정도에 따라 배분하는 제도
- 기본취지는 작업비용으로 달성된 이익을 노동자에게 환원하자는 것

① 표준시간제
② 이익분배제
③ 할시제
④ 테일러제

해설 ① 표준시간제 : 제품 1단위를 완성하는데 필요한 표준시간을 설정하고, 표준시간 내에 작업을 완성하면 표준시간에 단위시간당 임금을 곱하여 임금을 지급하는 방식이다.
② 이익분배제 : 생산능률 향상으로 달성된 이익을 사용자와 노동자 간에 분배한다.
③ 할시제 : 과거 경험을 바탕으로 표준작업시간을 정해두고 시간절약분에 대해 할증급을 지급한다.
④ 테일러제 : 표준량까지는 일정한 성과급을 적용하고, 표준량을 초과하면 높은 성과급을 적용한다.

36 다음 ( ) 안에 알맞은 것은?

어느 기업이 그 기업의 (A)에 대한 한 노동자의 공헌도를 평가할 때, 그 기업은 회사의 수입에 대한 노동자의 공헌도에서 그 노동자의 (B)을 빼야 한다.

① A : 이윤, B : 임금
② A : 산출량, B : 임금
③ A : 이윤, B : 한계생산성
④ A : 산출량, B : 한계생산성

해설 이윤은 순수익(＝수입－지출)을 의미하므로, 이윤에 대한 노동자의 공헌도는 회사의 수입에 대한 노동자의 공헌도에서 노동자에게 지급된 임금을 공제한 값이다.

37 다음은 무엇에 대한 설명인가?

노동자의 과거 생산기록에 의해 일정생산량 완성에 필요한 표준시간을 설정한 후 작업이 표준시간보다 일찍 완성된 경우, 실제 작업시간에 대해서는 보장된 시간당 임금률을 지급하고, 표준시간보다 절약된 시간에 대해서는 절약된 시간의 일정비율에 해당하는 임금을 프리미엄으로 지불하는 방식

① 로완(Rowan) 할증급제
② 할시(Halsey) 할증급제
③ 테일러(Taylor) 할증급제
④ 디머(Diemer) 할증급제

해설 ㉠ 개인성과급의 종류
- 테일러제 : 표준량까지는 일정한 성과급률을 적용하고, 표준량을 초과하면 높은 성과급률을 적용하는 것이다. 동작 및 시간연구 등 과학적인 관리기법을 이용하여 정확하게 직무를 평가하여 임금수준을 결정하는 복률생산급의 형태이다.
- 할시제 : 과거 경험을 바탕으로 표준작업시간을 정해두고 시간절약분에 대해 할증급을 지급하는 것이다. 일급제나 이익분배제 등의 결함을 극복하기 위해 시간임금과 생산고임금을 절충한 제도이다.
- 로완제 : 시간할증제의 일종으로 작업능률과 단축시간에 따라 할증률을 부과하는 제도이다.
㉡ 집단성과급의 종류
- 스캔런플랜 : 집단성과배분제도로 제품의 판매액에서 차지하는 인건비의 비율이 일정기준 이하로 낮아질 경우 절감된 인건비에서 일정비율을 노동자에게 인센티브로 지급하는 성과배분방법이다.
- 럭커플랜 : 제품의 부가가치에서 차지하는 인건비의 비율을 기준으로 성과를 배분하는 제도이다.
- 임프로쉐어플랜 : 표준시간을 정해놓고 실제 작업시간이 이보다 단축된 경우 절약된 시간에 대한 수익을 노동자와 기업이 50 : 50으로 분배하는 것이다.
[암기 Tip] 할시－표준시간 따블, 절약시간 따따블

38 다음 중 집단성과급제의 형태가 아닌 것은?

① 맨체스터플랜
② 스캔런플랜
③ 임프로쉐어플랜
④ 럭커플랜

정답 35. ② 36. ① 37. ② 38. ①

해설 **맨체스터플랜**은 미숙련 노동자에게 예정된 성과를 올리지 못하더라도 최저생활을 보장하기 위해 작업성과 일정한도까지는 보장된 일급을 제공하는 것으로서 **개인성과급제 중 하나**이다.
[암기 Tip] 개-테할로맨, 집-스럭임

★ **2011년, 2015년 직업상담사 1급**

39 스캔런플랜(Scanlon Plan)에 관한 설명으로 틀린 것은?

① 근로자 경영참가 중에서 이익참가의 대표적 유형이다.

② 노사협력에 의한 생산성 향상을 목적으로 한다.

③ 종업원 개개인의 능률을 자극하는 것이 아니라 집단적 능률을 자극하는 제도이다

④ 생산(부가)가치를 성과배분의 기준으로 삼는다.

해설 **스캔런플랜**이란 집단성과배분제도로 제품의 **판매액에서 차지하는 인건비의 비율**이 일정기준 이하로 낮아질 경우 절감된 인건비에서 일정비율을 노동자에게 인센티브로 지급하는 성과배분방법이다. 이에 비해 **럭커플랜은 제품의 부가가치**에서 차지하는 인건비의 비율을 기준으로 한다.

★ **2016년 직업상담사 1급**

40 동작연구와 시간연구 등과 같은 과학적 관리기법을 이용하여 정확한 직무평가를 통해 임금수준을 결정하는 임금형태에 해당하는 것은?

① 토웬(Towen)의 이익분배제

② 로완(Rowam)의 할증제

③ 테일러(Taylor)의 복률생산급제

④ 할시(Halsey)의 할증보너스제

해설 **테일러제**는 표준량까지는 일정한 성과급률을 적용하고, **표준량을 초과하면 높은 성과급률**을 적용하는 것이다. 성과급으로 동작 및 시간연구 등 과학적인 관리기법을 이용하여 정확하게 직무를 평가하여 임금수준을 결정하는 복률생산급의 형태이다.
[암기 Tip] 테-양, 동작연구, 시간연구

★★ **2014년, 2017년 직업상담사 1급**

41 일급제나 이익분배제 등의 결함을 시정하기 위해 시간급 임금과 생산고임금을 절충한 임금형태는?

① 토웬제 (Towen's gain-sharing plan)

② 할시제 (Halsey premium plan)

③ 테일러제 (Taylor's scientific system)

④ 로완제 (Rowan Premium plan)

해설 **할시제**는 과거 경험을 바탕으로 **표준작업시간**을 정해두고 시간절약분에 대해 할증급을 지급하는 것이다. 일급제(고정급)나 이익분배제(노동의 생산성이 아니라 기업의 이익을 성과지표로 하여 지급) 등의 결함을 극복하기 위해 **시간임금과 생산고임금을 절충**한 제도이다.

2011년, 2015년, 2019년 직업상담사 2급

42 다음 중 연봉제의 장점과 가장 거리가 먼 것은?

① 전문성의 촉진

② 개인의 능력에 기초한 생산성 향상

③ 구성원 상호 간의 친밀감 증진

④ 임금관리 용이

해설 **연봉제**는 개별 종업원의 능력, 실적 및 공헌도를 평가하여 연간 임금액이 결정되는 능력 중시형 임금지급제이다. 성과 달성을 위해 구성원 간 **경쟁이 심화되고, 위화감, 불안감이 증대**될 수 있다.

2020년 직업상담사 2급

43 연봉제 성공을 위한 조건과 가장 거리가 먼 것은?

① 직무분석

② 인사고과

③ 목표관리제도

④ 품질관리제도

해설 **연봉제**는 개별 종업원의 능력, 실적 및 공헌도에 따라 임금을 책정하는 임금형태이다. 연봉제에서 능력이나 실적을 측정하는 것은 직무분석에 기반해 목표를 정하고, 인사고과를 통해 목표달성 여부를 평가함으로써 가능하다. 품질관리제도는 임금 책정과 무관하다.

정답 39. ④ 40. ③ 41. ② 42. ③ 43. ④

44 생산성임금제하에서 물가가 5% 상승되고 생산성이 2% 하락하였다면 명목임금은 얼마나 상승해야 하는가?

① 3% ② 5%

③ 7% ④ 9%

해설 ㉠ 생산성임금제란 노동생산성 증가율과 실질임금 상승률이 같아지는 수준에서 임금수준을 결정하는 방식이다(노동생산성 증가율=실질임금 상승률).
㉡ 실질임금 상승률은 명목임금 증가율에서 물가 상승률을 뺀 것이다(실질임금 상승률=명목임금 증가율－물가 상승률).
㉢ 생산성임금제에서의 명목임금 결정조건
노동생산성 증가율=명목임금 증가율－물가 상승률
∴ 생산성임금제하에서 목표하는 명목임금 증가율
=노동생산성 증가율+물가 상승률
=－2%＋5%=3%
(물가는 하락하였으므로 －2%)

45 생산성임금제를 따르고자 했을 때 물가 상승률이 5%이고 노동생산성 변화율이 3%라면 실질임금 변화율은 얼마가 되어야 하는가?

① 8% ② 5%

③ 3% ④ 2%

해설 생산성임금제란 노동생산성 증가율과 실질임금 상승률이 같아지는 수준에서 임금수준을 결정하는 방식이다(노동생산성 증가율=실질임금 상승률). 따라서 생산성임금제에 따를 때 노동생산성 증가율이 3%라면 실질임금 상승률은 3%가 되어야 한다.

46 생산성임금제의 특성과 경제적 기능에 대한 설명으로 틀린 것은?

① 생산성임금제는 소득정책의 일환으로 노사 간 임금교섭방식에 많이 활용된다.
② 생산성임금제는 실질임금 상승률을 부가가치생산 상승률과 일치시키는 방법이다.

③ 생산성임금제는 노조의 과도한 임금 상승요구나 사용자의 임금 억제를 동시에 제어할 수 있다.
④ 생산성임금제는 이론적으로 노동소득분배율을 고정시킬 수 있다.

해설 생산성임금제는 노동생산성 증가율과 실질임금 상승률이 같아지는 수준에서 임금수준을 결정하는 방식이다. 또한 생산성임금제는 명목임금 인상률을 부가가치노동생산성 증가율과 일치시키는 것이기도 하다. '부가가치노동생산성 증가율=물가 상승률(생산물가격 상승률)+노동생산성 증가율+부가가치율 변화율'이므로 이 중 부가가치 변화율은 단기적으로 변화가 없다고 한다면 생산성임금제하 적정 임금 인상률은 '명목임금 인상률=물가 상승률(생산물가격 상승률)+노동생산성 증가율'이 성립하는 임금 인상률이다.

47 다음 조건에서 실질임금 상승률은?

- 경제성장률 : 5%
- 물가 상승률 : 3%
- 명목임금 상승률 : 10%

① 2% ② 5%

③ 7% ④ 8%

해설 실질임금 상승률=명목임금 상승률－물가 상승률
=10－3
=7%

❸ 임금격차

48 노동에 대한 수요가 파생수요라는 의미는?

① 노동수요는 노동공급에 의해 유발된다.
② 노동수요가 기업의 총수입함수의 1차 도함수이다.
③ 노동수요는 생산물수요에 의해 유발된다.
④ 노동수요는 투입된 자본에 의해 파생된다.

정답 44. ① 45. ③ 46. ② 47. ③ 48. ③

해설 **[노동수요의 특징]**
- ㉠ **유량**의 개념 : 일정시점(저량)이 아니라 일정기간(유량) 동안 기업에서 고용하고자 하는 고용의 양
- ㉡ **파생수요(유발수요)** : 기업이 노동 자체를 수요하는 것이 아니고, 기업이 생산하는 상품의 상품시장에서 수요되는 것에서 유발 또는 파생되는 수요
- ㉢ **결합수요** : 노동은 생산시설, 기계와 같은 다른 생산요소와 결합하여 수요됨

★★ **2010년, 2016년 직업상담사 1급**

49 개별 기업수준에서 노동수요곡선을 이동시키는 요인과 가장 거리가 먼 것은?

① 기술의 변화

② 최종생산물의 가격변화

③ 비노동소득의 변화

④ 노동 이외의 타 생산요소의 가격변화

해설 비노동소득의 변화(가령 배우자의 소득수준)는 노동수요 결정요인이 아니라 **노동공급 결정요인**이다.

[노동수요 결정요인]
- ㉠ 임금
- ㉡ 상품에 대한 수요
- ㉢ 다른 생산요소의 가격
- ㉣ 생산기술
- ㉤ 기업의 수

★ **2010년 직업상담사 1급**

50 다음 중 노동수요를 증가시키는 요인과 가장 거리가 먼 것은?

① 해당 제품의 생산물수요가 증가하였다.

② 이자율이 하락하였다.

③ 중립적인 기술진보가 발생하였다.

④ 생산물시장의 경쟁 정도가 증가하였다.

해설 다른 생산요소가 노동의 대체재인 경우에는 다른 생산요소의 가격(자본의 이자율)이 하락하면 노동수요가 감소하게 된다.

★★ **2011년, 2017년 직업상담사 1급**

51 다음 중 노동수요곡선을 이동시키는 요인이 아닌 것은?

① 임금

② 다른 생산요소의 가격

③ 최종상품에 대한 수요

④ 기술혁신

해설
- ㉠ 노동수요곡선은 임금과 노동수요와의 관계를 나타낸 곡선이다.
- ㉡ 노동수요곡선 자체가 이동한다 함은 아래의 왼쪽 그림과 같이 동일한 임금수준이더라도 노동수요량이 다르다는 것이므로, 임금 이외의 다른 요인으로 인해 노동수요가 변화하는 것을 의미한다.
- ㉢ 임금으로 인해 노동수요가 변동되는 것은 아래의 오른쪽 그림과 같이 하나의 노동수요곡선상에서 이동한다.

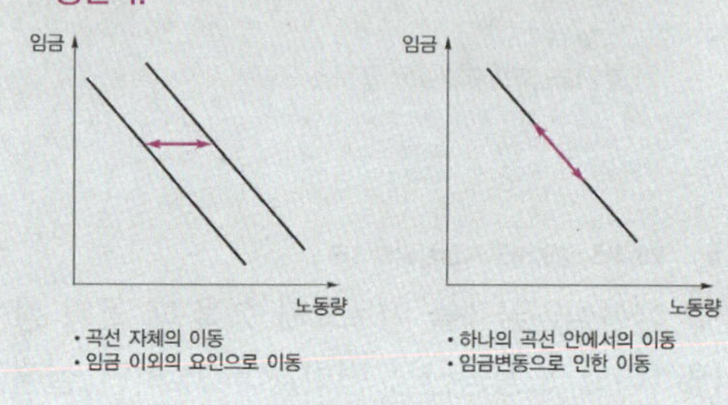

★ **2010년 직업상담사 1급**

52 기술혁신이 노동수요에 미치는 영향에 대한 설명으로 틀린 것은?

① 기술혁신으로 차별화된 제품이 생산되는 경우 기존의 제품과는 대체관계가 생겨 기존 기업군의 노동수요가 줄어든다.

② 기술혁신으로 신제품이 생산되는 경우 신제품을 개발한 기업군의 노동수요는 증가한다.

③ 기술혁신으로 공장자동화가 되면 자본비용이 증가하게 되어 노동수요는 늘어나게 된다.

④ 자본비용 감소의 규모효과로 인한 노동고용 증대가 노동 축출의 대체효과를 압도하면 고용 증대가 일어난다.

정답 49. ③ 50. ② 51. ① 52. ③

해설 공장자동화는 노동을 대체하는 것이므로 노동수요가 감소하게 된다.

53 노동수요곡선을 좌측으로 이동시키는 요인을 모두 고른 것은? (단, 노동수요곡선은 우하향한다.)

> ㉠ 노동을 대체하는 산업로봇의 이용 증가
> ㉡ 노동의 한계생산을 증가시키는 기술진보
> ㉢ 노동을 대체하는 다른 생산요소의 공급 증가

① ㉠, ㉡   ② ㉠, ㉢
③ ㉡, ㉢   ④ ㉠, ㉡, ㉢

해설 노동수요곡선이 좌측으로 이동한다는 것은 임금 이외의 요인으로 노동수요가 감소함을 의미한다. 노동생산성을 높이는 기술이 발달하는 것은 노동수요의 증가요인이 된다.

54 임금은 Y축, 고용수준은 X축으로 표시할 때 완전경쟁시장에서 이윤 극대화를 추구하는 기업의 노동수요곡선에 관한 설명으로 옳은 것은?

① 우상향한다.
② 우하향한다.
③ 수직선이다.
④ 수평선이다.

해설 기업입장에서 임금은 비용이므로 임금, 즉 비용이 오를수록 수요가 감소하게 된다. 즉, 임금과 노동수요량은 부의 관계에 있고, 따라서 노동수요곡선은 우하향한다. 다른 설명으로는 완전경쟁시장에서 기업의 노동수요곡선은 노동의 한계생산물가치곡선(VMP_L), 즉 MP_L(노동의 한계생산물)×P(상품가격)의 곡선인데, 상품시장이 완전경쟁시장이므로 상품가격(P)는 시장의 균형가격으로 고정되어 있지만 노동의 한계생산물(MP_L)이 한계생산물 체감의 법칙에 따라 고용 증가에 따라 점점 감소하므로 기업이 직면하는 노동수요곡선은 우하향하게 된다.

55 이윤 극대화를 추구하는 경쟁기업의 단기 노동수요곡선을 이동시키는 요인은?

① 노동의 가격
② 임금
③ 생산품의 가격
④ 노동의 수요량

해설 노동수요곡선은 임금과 노동수요량의 관계를 나타낸 것으로, 노동수요곡선 자체가 이동하는 것은 임금 이외의 원인으로 노동의 수요가 변화하는 것을 의미한다.

56 임금이 하락할 경우 장기 노동수요곡선에 대한 설명으로 옳은 것을 모두 고른 것은?

> ㉠ 장기 노동수요곡선은 단기 노동수요곡선에 비해 비탄력적이다.
> ㉡ 장기에는 대체효과 외에 추가자본 투입에 의한 산출량효과로 인해 추가적으로 노동수요가 증가한다.
> ㉢ 장기에는 대체효과 및 소득효과로 인해 노동수요가 증가한다.

① ㉠   ② ㉡
③ ㉠, ㉡   ④ ㉠, ㉡, ㉢

해설 ㉠ 장기가 단기에 비해 탄력적이다.
[암기 Tip] 장수탄
㉢ 임금하락 시 장기에는 대체효과 및 산출량효과(규모효과)로 인해 노동수요가 증가한다.

[장기 노동수요곡선]
• 단기란 노동력 이외 다른 생산요소의 투입량을 당장 변화시킬 수 없는 짧은 기간을 의미하고, 장기란 노동력 이외 다른 생산요소의 투입량도 변화 가능한 기간을 의미한다.
• 임금이 하락하면 장기에는 기업은 보다 많은 노동과 보다 적은 자본(대체재)을 이용하여 노동고용이 증가하고(대체효과), 노동과 결합하는 다른 생산요소(보완재)의 투입량을 증가시킬 수 있으므로 노동수요가 더욱 증가하게 된다(산출량효과 또는 규모효과).
• 즉, 단기에 비해 장기의 노동수요곡선이 더 탄력적이다.

정답 53. ②   54. ②   55. ③   56. ②

57 노동의 수요함수에서 생산성이 임금에 의해 영향을 받는다면 수요함수의 변화는?

① 수요함수가 보다 임금 탄력적이게 된다.
② 수요함수가 보다 임금 비탄력적이 된다.
③ 수요함수가 생산 탄력적이 된다.
④ 수요함수가 생산 비탄력적이 된다.

> **해설** 노동수요곡선은 임금변화에 대한 노동수요량의 변화를 나타낸 곡선이다. 고임금으로 인해 생산성이 향상되면 고임금에도 불구하고 고용은 크게 줄지 않는다. 즉, 노동수요함수는 임금에 대해 비탄력적이게 된다.

58 노동수요곡선에 대한 설명으로 옳은 것은?

> ㉠ 장기 노동수요곡선은 단기 노동수요곡선보다 탄력적이다.
> ㉡ 장기 노동수요곡선은 단기 노동수요곡선보다 비탄력적이다.
> ㉢ 고임금 경제가 존재할 때 노동수요곡선은 더욱 비탄력적이다.
> ㉣ 고임금 경제가 존재할 때 노동수요곡선은 더욱 탄력적이다.

① ㉠, ㉢　　　　　② ㉡, ㉣
③ ㉠, ㉣　　　　　④ ㉡, ㉢

> **해설** ㉠ 단기란 자본·고용이 고정되어 있는 기간을, 장기(長期)란 자본·고용이 가변적인 기간을 말한다. 임금 상승 시 장기에는 노동을 대신할 자본을 증가시킬 수 있으므로 임금 상승 시 고용을 크게 감소시킬 수 있다. 즉, 장기 노동수요곡선은 단기에 비해 더욱 탄력적이다.
> ㉢ 고임금 경제란 높은 임금으로 높은 생산성을 달성하는 것을 말하는 것으로, 생산성이 높아지면 이윤이 증가하므로 임금 상승에도 고용을 덜 감소시키게 된다. 즉, 고임금 경제가 존재하면 노동수요곡선은 더욱 비탄력적이다.

59 완전경쟁기업의 단기 노동수요곡선이 우하향하는 이유는?

① 노동의 평균생산이 체감하기 때문이다.
② 노동의 한계생산이 체감하기 때문이다.
③ 노동의 한계요소비용이 체감하기 때문이다.
④ 노동의 자본에 대한 한계대체율이 체감하기 때문이다.

> **해설** 완전경쟁기업의 단기 노동수요곡선은 노동의 한계생산물가치($VMP_L = MP_L \times P$) 곡선이다. 이 곡선이 우하향하는 이유는 한계생산물가치 중에 MP_L, 즉 노동의 한계생산물이 점점 감소하기 때문이다(한계생산물 체감의 법칙). 자본을 고정시키고(단기를 의미함) 노동만 증가시키게 되면 기계에 너무 많은 사람이 몰리는 등 생산의 비효율이 증가하게 되어 노동을 한 단위 추가할 때마다 발생하는 총생산물의 증가분(노동의 한계생산물)은 점차 감소하게 되고, 따라서 노동수요도 감소(우하향)하게 된다.

60 기업의 단기 노동수요가 산업의 단기 노동수요함수와 가장 다른 점은?

① 상품가격의 영향을 받는다.
② 한계생산물의 영향을 받는다.
③ 기업별 생산성의 영향을 받는다.
④ 노동 질의 구성에 따른 영향을 받는다.

> **해설** 산업의 노동수요는 기업의 노동수요보다 임금변화에 비탄력적이게 된다. 임금률 하락으로 산업의 고용량이 증가하면 산업 전체 산출량이 증가하면서 생산물가격 하락을 겪는다. 상품가격 하락은 노동의 한계생산물가치(VMP_L)를 하락시키고, 그 결과 고용의 증가폭이 당초 예상보다 적어진다.

정답 57. ②　58. ①　59. ②　60. ①

61 장기 노동수요함수와 관련된 효과에 해당하는 것은?

① 지역효과 　② 규모효과

③ 상승효과 　④ 충격효과

해설 장기(長期)란 자본·고용이 가변적인 기간을 말한다. 장기에는 임금 하락이 대체효과와 규모효과를 발생시킨다. 대체효과란 임금 하락 시 기업은 보다 많은 노동과 보다 적은 자본을 이용하여 노동고용이 증가하는 것을 말하며, 규모효과(산출량효과)란 임금이 하락하면 생산비용이 감소하고 기업이윤이 증대하므로 더 많은 상품을 생산하여 이윤을 극대화하려고 하고, 이로 인해 고용량이 증가하는 것을 말한다.

62 노동의 평균생산(APL)과 한계생산(MPL)에 대한 설명으로 옳은 것은? (단, 생산함수는 3차이다.)

① 평균생산이 증가하면 한계생산은 반드시 증가한다.

② 한계생산이 감소하면 평균생산도 반드시 감소한다.

③ 평균생산이 가장 높은 수준에 도달하면 평균생산값과 한계값이 일치한다.

④ 한계생산이 최고수준을 지나면 평균생산도 최고수준을 지난다.

해설 평균생산은 총생산물을 노동의 수로 나눈 값이고, 한계생산은 노동을 한 단위 추가로 투입할 때 증가하는 총생산물의 증가분을 의미한다. 한계생산은 처음에는 증가하다가 어느 순간 감소하게 된다(그러나 기업이 고용의 추가투입 여부를 결정하는 단계는 '한계생산이 체감하는 부분 중에 어디까지로 할 것이냐'이므로 다른 가정이 없으면 한계생산이 증가하는 구간은 생략하고 체감하는 구간을 전제로 노동시장을 논의한다. 그래서 한계생산 체감의 법칙이라 한다). 평균값이 하락한다는 것은 한계값이 평균값보다 작음을 의미하고, 평균값이 상승한다는 것은 한계값이 평균값보다 크다는 것을 의미한다. 가령 2명의 평균 IQ가 100인 상태에서 3번째 사람의 IQ로 인해 평균 IQ가 90으로 낮아졌다면 이는 3번째 사람의 IQ가 90보다 적은 70이라는 의미이다. 즉, 한계의 변화가 평균의 변화를 더 큰 수치의 변화로 견인한다.

한편 평균값의 변화가 0일 때는 한계값이 평균값과 같을 때 성립한다. 즉, 평균값 증감의 변곡점은 평균값과 한계값이 같아지는 순간이다. 따라서 평균생산의 최고수준(즉, 증감의 변곡점)에서 평균생산값과 한계생산값이 일치한다.

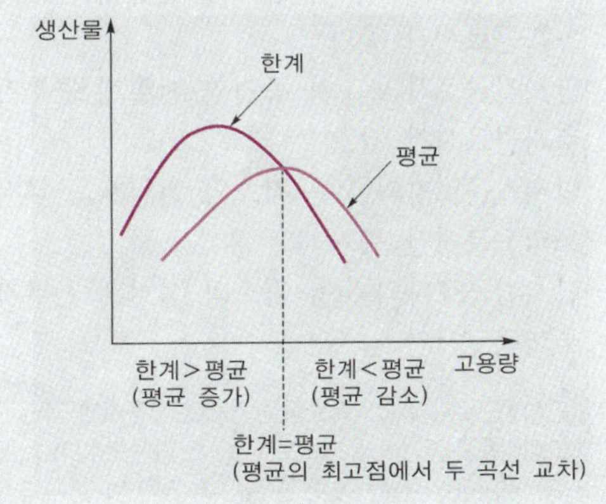

63 노동의 준고정비용(Quasi–Fixed Cost)의 증가가 기업의 고용수준과 소속근로자의 초과근로시간에 미치는 효과는?

① 고용수준은 증가하지만, 초과근로시간은 감소한다.

② 고용수준은 감소하지만, 초과근로시간은 증가한다.

③ 고용수준과 초과근로시간 모두 증가한다.

④ 고용수준과 초과근로시간 모두 감소한다.

해설 준고정비용이란 퇴직금, 사회보장비, 복리후생비 등 노동시간과 직접적인 관계없이 지불되는 비용을 말한다. 준고정비용이 증가하면 근로시간과 상관없이 1인당 고정지출이 발생하는 인원을 늘리는 대신에 기존 직원의 초과근로를 늘리게 된다.

정답 61. ②　62. ③　63. ②

64 단시간근로자(파트타임근로자)에 대한 의료보험 가입을 법적으로 강제할 경우 발생하는 경제적 효과로 옳은 것은?

① 단시간근로자의 고용 증가와 전일제 근무자의 초과근로시간 증가

② 단시간근로자의 고용 증가와 전일제 근무자의 추과근로시간 감소

③ 단시간근로자의 고용 감소와 전일제 근무자의 초과근로시간 증가

④ 단시간근로자의 고용 감소와 전일제 근무자의 추과근로시간 감소

해설 단시간근로자에게 의료보험을 강제로 적용하게 되면 준고정비용이 증가하게 되므로 근로시간과 상관없이 1인당 고정지출이 발생하는 인원을 줄이고, 단시간노동자의 업무를 전일제의 초과근무로 담당하게 한다.

65 노동과 자본만이 생산요소이고 두 생산요소가 서로 보완재인 경우, 자본의 가격이 하락할 때 노동수요의 변화를 나타낸 그래프는?

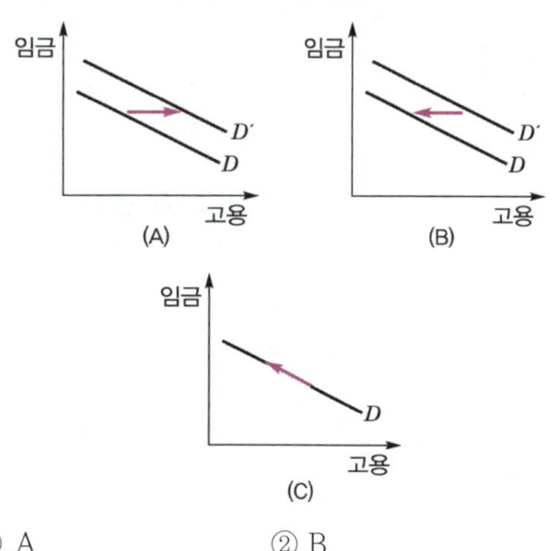

① A   ② B
③ C   ④ A, B, C

해설 노동과 보완관계(가령 무인판매기 수리기사와 무인판매기)에 있는 자본의 가격이 하락하면 자본과 노동의 수요가 함께 증가한다. 자본가격의 하락은 임금 이외의 요인이므로 노동수요곡선 자체를 오른쪽으로 이동시킨다.

66 사용자의 부당해고로부터 근로자 보호를 강화하는 정책을 실시할 때 발생되는 효과로 옳은 것은?

① 고용수준 감소, 근로시간 증가

② 고용수준 증가, 근로시간 감소

③ 고용수준 증가, 근로시간 증가

④ 고용수준 감소, 근로시간 감소

해설 기업의 고용보장의무가 강화되면 고용을 책임져야 할 인원을 늘리기보다 적은 인원을 유지하며 업무량을 늘리는 방향으로 움직이게 된다.

67 다음 (   ) 안에 들어갈 알맞은 것은?

> 우하향하는 기울기를 갖는 등량곡선이 근본적으로 보여주는 바는 (   )의 원리이다. 이는 일정한 산출량수준을 유지하는 데 있어서 한 투입요소를 더 이용하면 기업은 다른 투입요소를 줄여야 함을 의미한다.

① 대체
② 상쇄
③ 보완
④ 교차

해설 등량곡선은 동일한 생산량을 생산할 수 있는 두 생산요소의 결합을 나타낸 무차별곡선을 말한다. 등량곡선이 우하향하는 것은 음(-)의 관계로서 어떤 생산요소를 늘리는 대신 다른 생산요소를 줄이는 것을 의미하므로 양자의 관계는 대체관계이다.

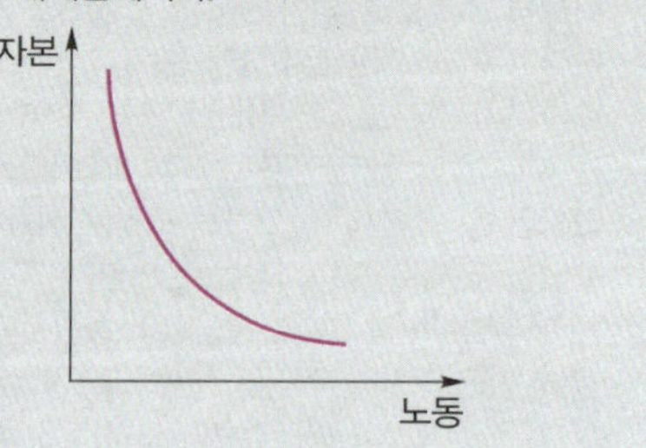

68 A기업의 임금에 대한 노동수요의 탄력성은?

> 이윤 극대화를 추구하는 A기업은 지난해 종업원 수 500명, 평균임금 200만원, 매출액 1,000억원 규모였는데, 금년도 평균임금을 10만원 인상하고 종업원을 50명 감원하였다.

① 0.5 ② −0.5

③ 2 ④ 1

해설 노동수요 탄력성 $= \dfrac{\text{노동수요량의 변화율(\%)}}{\text{임금의 변화율(\%)}}$

$$= \left| \dfrac{\dfrac{-50}{500}}{\dfrac{10}{200}} \right| = 2$$

※ 노동수요 탄력성은 임금변화에 대한 노동수요 변화의 민감도를 나타내는 것으로 절댓값으로 표시한다.

69 다음 노동수요곡선에 대한 설명으로 틀린 것은?

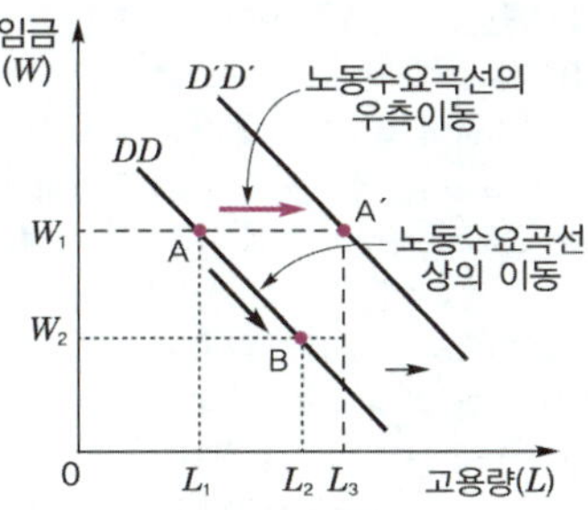

① 임금이 하락하면 고용량이 증가하고, 임금이 상승하면 고용량이 감소함을 DD처럼 표시할 수 있다.

② 임금이 W_1일 때 노동수요량은 L_1이며, 임금이 W_2로 하락할 때 노동수요량은 L_2로 증가한다.

③ 수요곡선인 DD는 임금과 기업의 고용량 간에 정의 관계가 성립함을 의미하는 것이다.

④ 기업판매상품의 수요가 증대하면 노동수요곡선 전체가 우측으로 이동한다.

해설 우하향하는 곡선은 그래프의 세로축(임금)과 가로축(노동수요량)과의 관계가 부의 관계임을 의미한다.

70 노동의 수요가 탄력적인 경우에 임금이 상승하면 임금총액은?

① 증가한다. ② 감소한다.

③ 변함없다. ④ 임금수준에 따라 상이하다.

해설 노동수요 탄력성 $= \dfrac{\text{노동수요량의 변화율(\%)}}{\text{임금의 변화율(\%)}}$

노동수요 탄력성의 값이 1보다 큰 것을 노동수요가 탄력적이라고 한다. 노동수요가 탄력적일 때는 임금 상승률보다 노동 감소율이 더 크므로 임금총액은 감소한다.

71 노동수요곡선 $L = 300 - 2W$, 노동공급곡선 $L = -100 + 8W$이다. 최저임금이 50일 경우 시장고용량(㉠)과 노동수요의 임금 탄력성(㉡)은 얼마인가? (단, L은 노동량, W는 임금, 임금 탄력성은 절댓값으로 표시함)

① ㉠ 200, ㉡ 0.4 ② ㉠ 200, ㉡ 0.5

③ ㉠ 220, ㉡ 2 ④ ㉠ 300, ㉡ 0.5

해설 ㉠ 최저임금에서의 시장고용량 : 시장고용량은 노동수요량에 의해 결정되므로 최저임금이 50이 된다고 하면, 이때의 노동수요량은 노동수요곡선에 대입하면 300−2×50=200이 된다. 따라서 최저임금에서의 시장고용량은 200이다.

㉡ 노동수요의 임금 탄력성
노동수요 탄력성

$$= \dfrac{\text{노동수요량의 변화율(\%)}}{\text{임금의 변화율(\%)}} = \dfrac{\dfrac{\Delta L}{L}}{\dfrac{\Delta W}{W}}$$

이 식을 바꿔쓰면 $\dfrac{\dfrac{\Delta L}{L}}{\dfrac{\Delta W}{W}} = \dfrac{\Delta L \times W}{\Delta W \times L} = \dfrac{\Delta L}{\Delta W} \cdot \dfrac{W}{L}$

$\dfrac{\Delta L}{\Delta W}$은 W에 대한 미분값(접선의 기울기)이므로 노동수요곡선 $L = 300 - 2W$을 W로 미분하면 −2가 된다. 미분값, 최저임금, 시장고용량을 탄력성의 식에 대입하면(탄력성은 절댓값으로 표시)

$$\left| -2 \times \dfrac{50}{200} \right| = 0.5$$

따라서 노동수요의 임금탄력성은 0.5이다.

※ 지수함수의 미분 $f(x) = x^a \rightarrow f(x)' = a \times x^{a-1}$

2013년, 2019년 직업상담사 2급

72 인력수요예측의 근거와 가장 거리가 먼 것은?

① 고용전망　　　　② 성장률
③ 출생률　　　　　④ 취업계수

해설 출생률은 인력수요가 아니라 인력공급과 관계가 있는 지표이다.

★　2015년 직업상담사 1급

73 노동수요의 임금 탄력성이 0.5이고 다른 조건이 일정할 때 임금이 5% 상승한다면 고용량의 변화는? (단, 노동수요곡선은 우하향)

① 2.5% 감소　　　② 2.5% 증가
③ 10% 감소　　　④ 10% 증가

해설 노동수요 탄력성 $= \dfrac{\text{노동수요량의 변화율(\%)}}{\text{임금의 변화율(\%)}}$

∴ 고용량의 변화율 = 탄력성 × 임금의 변화율
$= 0.5 \times 5 = 2.5\%$

임금과 노동수요는 역의 관계에 있으므로 임금이 5% 상승한다면 고용량은 2.5% 감소한다.

★　2015년 직업상담사 1급

74 노동공급의 규모를 결정하는 요인과 가장 거리가 먼 것은?

① 1인당 GDP
② 인구
③ 경제활동참가율
④ 노동시간

해설 [노동공급의 결정요인]
㉠ 인구 수 : 인구 수가 많을수록 노동공급이 증가한다.
㉡ 경제활동참가율 : 경제활동참가율이 높을수록 노동공급이 증가한다.
㉢ 노동시간 : 노동시간이 길수록 노동공급이 증가한다.
㉣ 일에 대한 노력의 강도 : 일에 대한 노력을 더 기울일수록 노동공급이 증가한다.
㉤ 노동인구의 교육 정도 : 교육수준이 높을수록 노동공급이 증가한다.

★★★　2016년, 2018년, 2019년, 2021년, 2023년, 2025년 직업상담사 1급

75 노동수요 탄력성에 대한 설명으로 틀린 것은?

① 생산물의 수요가 생산물의 가격변화에 민감하게 반응할수록 노동수요가 탄력적으로 된다.
② 총생산비 중 노동비용이 차지하는 비중이 클수록 노동수요가 탄력적으로 된다.
③ 생산에서 노동을 다른 요소로 대체할 수 있는 가능성이 적을수록 노동수요가 비탄력적으로 된다.
④ 노동 이외의 생산요소의 공급이 탄력적일수록 노동수요가 비탄력적으로 된다.

해설 [노동수요 탄력성]
㉠ 의의 : 노동수요 탄력성이란 임금변동에 대해 노동수요가 얼마나 민감하게 반응하는지의 정도
㉡ 노동수요 탄력성의 결정요인
　• 생산물(상품) 수요의 탄력성 : 생산물수요가 탄력적일수록 노동수요도 탄력적이다.
　• 총생산비에 대한 노동비용의 비중 : 노동비중이 클수록 노동수요도 탄력적이다.
　• 노동의 대체 가능성 : 노동을 다른 생산요소로 대체할 가능성이 클수록 노동수요도 탄력적이다.
　• 다른 생산요소의 공급 탄력성 : 다른 생산요소의 공급 탄력성이 클수록 노동수요도 탄력적이다. 임금 상승으로 다른 생산요소를 더 이용하려 할 때 그 생산요소의 가격이 크게 상승하면(즉, 다른 생산요소의 공급 탄력성이 작으면) 노동 대신 다른 생산요소를 이용하는 것에 대한 매력이 약화되어 노동수요를 크게 줄이지 않게 된다.
　[암기 Tip] 모두 ○○가 커지면↑
　　　　　탄력성이 커진다↑(같은 방향).
　　　　　생수탄/비/대/다요공탄

★★★　2012년, 2014년, 2015년, 2016년, 2017년, 2020년, 2023년, 2025년 직업상담사 1급

76 다음 중 후방굴절 노동공급곡선이 나타나는 이유에 관한 설명으로 옳은 것은?

① 임금이 상승하는 경우, 소득효과가 대체효과를 압도하면 노동시간은 증가하고, 대체효과가 소득효과를 압도하면 노동시간이 감소하기 때문이다.

정답　72. ③　73. ①　74. ①　75. ④　76. ②

② 임금이 상승하는 경우, 대체효과가 소득효과를 압도하면 노동시간은 증가하고, 소득효과가 대체효과를 압도하면 노동시간이 감소하기 때문이다.

③ 임금이 상승하면 대체효과와 소득효과에 상관없이 노동시간을 늘리기 때문이다.

④ 임금이 상승하면 대체효과와 소득효과에 상관없이 노동시간을 줄이기 때문이다.

> **해설** ㉠ 임금 인상이 노동공급에 미치는 영향(소득–여가선호모형)
> - **소득효과** : 임금이 상승하면 여가가 열등재가 아닌 한 여가의 소비는 증가하고, **노동공급은 감소**한다.
> - **대체효과** : 임금이 상승하면 비싸진 여가의 소비가 감소하고, **노동공급이 증가**한다.
>   - **대체효과 > 소득효과 → 노동공급 증가**
>   - **대체효과 < 소득효과 → 노동공급 감소**
>   [암기 Tip] "대"가 더 크면 노동공급도 '대', "소"가 더 크면 노동공급도 '소'.
>   - **비노동소득의 증가**는 소득효과만 존재하므로 여가가 증가한다(**노동공급 감소**).
> ㉡ 소득–여가선호모형에 따르면 임금이 인상되면 처음에는 대체효과(값비싼 여가를 덜 소비하고 노동을 더 하려는 경향)가 소득효과(오른 소득만큼 여가를 더 소비하고 노동을 줄이려는 경향)보다 커서 노동공급이 증가하지만, 임금 인상이 어느 수준에 이르면 **소득효과가 대체효과를 압도하여 노동공급이 감소**하는 후방 굴절형 노동공급곡선이 나타난다.

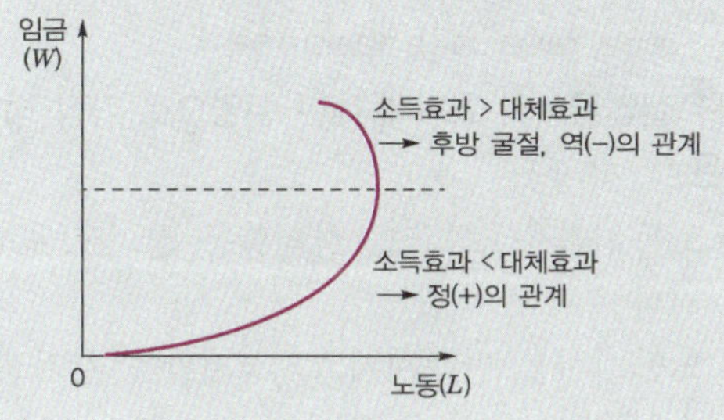

77 다음 중 임금이 상승함에도 불구하고 노동시간이 늘어나는 이유는?

① 소득효과가 대체효과보다 크기 때문이다.

② 대체효과가 소득효과보다 크기 때문이다.

③ 대체효과가 소득효과와 같기 때문이다.

④ 대체효과와 소득효과는 노동시간에 영향이 없다.

> **해설** ㉠ **대체효과 > 소득효과 → 노동공급 증가**
> ㉡ **대체효과 < 소득효과 → 노동공급 감소**

78 만일 여가가 열등재라면 개인의 노동공급곡선의 형태는?

① 후방 굴절한다.　　② 완전 비탄력적이다.

③ 완전 탄력적이다.　　④ 우상향한다.

> **해설** 여가가 **열등재라면** 임금 인상 시 소득효과가 발생하지 않고 대체효과만 발생하므로 **노동공급이 증가**한다. 즉, **노동공급곡선은 우상향한다.**

79 다른 조건이 일정한 상태에서 비노동소득이 발생할 경우의 노동공급에 관한 설명으로 옳은 것은?

① 소득효과와 대체효과의 상대적 크기에 따라 노동공급이 늘 수도 있고, 줄 수도 있다.

② 소득효과보다 대체효과가 더 크기 때문에 노동공급이 증가한다.

③ 대체효과만 있기 때문에 노동공급이 증가한다.

④ 소득효과만 있기 때문에 노동공급이 감소한다.

> **해설** **비노동소득의 증가**는 임금 상승이 아니므로 여가를 노동으로 대체하는 대체효과가 발생하지 않고 **소득효과만 존재한다.** 소득효과는 소득이 증가하면 여가가 열등재가 아닌 한 더 소비하려는 경향이므로 여가가 증가, 곧 **노동공급이 감소하게 된다.**

80 아내의 소득 증가가 남편의 노동공급에 미치는 효과는? (단, 여가는 정상재임)

① 노동공급을 증가시킨다.

② 노동공급을 감소시킨다.

③ 노동공급을 증가시킬지, 아니면 감소시킬지 알 수 없다.

④ 소득효과가 대체효과보다 크면 노동공급이 증가할 것이다.

> **정답** 77. ② 　78. ④ 　79. ④ 　80. ②

 임금 상승 시 소득효과와 대체효과가 동시에 나타나 상대적 크기에 따라 노동공급 증감이 결정되지만, 비노동소득의 증가는 대체효과를 발생시키지 않으므로, 즉 소득효과만 발생시키므로 여가가 증가하고, 소득이 감소한다.

2012년, 2019년 직업상담사 2급

81 개인의 가용시간이 일정할 때 작업장까지의 통근시간 증가가 경제활동참가율과 총근로시간에 미치는 효과로 옳은 것은?

① 경제활동참가율 증가, 총근로시간 증가

② 경제활동참가율 감소, 총근로시간 증가

③ 경제활동참가율 증가, 총근로시간 감소

④ 경제활동참가율 감소, 총근로시간 감소

 통근시간의 증가는 노동의 고정비용이 증가하는 것을 의미한다. 고정비용이 증가하면 유보임금(노동을 통해 받고자 하는 최소한의 임금)이 증가하므로 노동공급이 감소하게 된다. 또한 개인의 가용시간이 한정되어 있으므로 출퇴근시간 증가 시 총근로시간은 감소한다.

★ **2016년 직업상담사 1급**

82 근로소득세의 부과가 노동공급에 미치는 영향으로 가장 적합한 것은?

① 대체효과만 발생하기 때문에 노동공급을 감소시킨다.

② 소득효과만 발생하기 때문에 노동공급을 증가시킨다.

③ 노동공급을 증가시킬지, 아니면 감소시킬지 알 수 없다.

④ 소득효과가 대체효과보다 크다면 노동공급이 증가할 것이다.

 근로소득세 부과(인상)는 임금하락을 의미한다. 임금하락 시에는 상승 때와 반대로 소득효과, 대체효과가 나타난다. 근로소득세 부과(임금하락) 시 소득감소로 인해 여가가 감소하고 노동시간이 증가하는 소득효과와 여가가격의 하락으로 여가가 증가하고 노동이 감소하는 대체효과가 동시에 발생한다. 그러나 노동공급의 최종적 증감은 양 효과의 상대적 크기에 따라 달라지므로 알 수 없다.

2015년, 2021년 직업상담사 2급

83 개인이 노동시장에서의 노동공급을 포기하는 경우에 관한 설명으로 틀린 것은?

① 개인의 여가-소득 간의 무차별곡선이 수평에 가까운 경우이다.

② 개인의 여가-소득 간의 무차별곡선과 예산제약선 간의 접점이 존재하지 않거나, X축 코너(Cornet)점에서만 접점이 이루어질 경우이다.

③ 일정수준의 효용을 유지하기 위해 1시간 추가 소득이 시장임금률보다 더 큰 경우이다.

④ 소득에 비해 여가의 효용이 매우 큰 경우이다.

 개인의 여가-소득 간 무차별곡선이 수직에 가까울 때 예산선과 무차별곡선의 접점이 가로축에 접하는 지점(전부 여가를 쓰고 노동을 하지 않는 지점)에 이르게 된다.

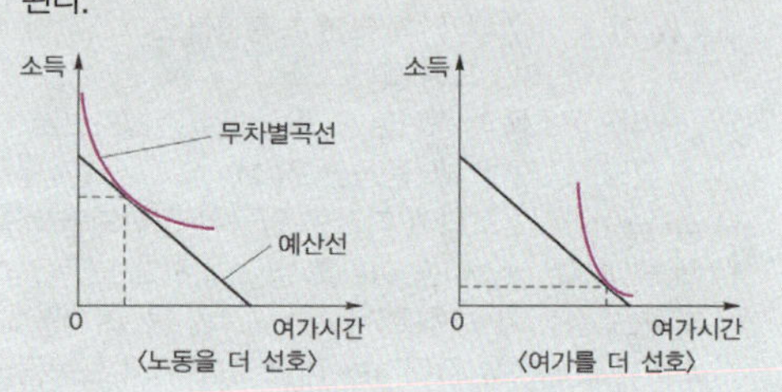

[암기 Tip] 수직-여가선호(일어나서 여가를 즐기자.)

★ **2013년, 2016년, 2019년 직업상담사 2급**

84 실업급여의 효과에 대한 설명으로 가장 적합한 것은?

① 노동시간을 늘리고, 경제활동 참가도 증대시킨다.

② 노동시간을 단축시키고, 경제활동 참가도 감소시킨다.

③ 노동시간의 증감은 불분명하지만, 경제활동 참가는 증대시킨다.

④ 노동시간, 경제활동 참가 모두 불분명하다.

 실업급여는 구직활동을 해야 지급하므로, 실업급여 지급은 경제활동 참가를 증대시킨다. 노동시간은 실업급여가 구직활동을 촉진함으로써 취업을 유인하는 효과와 비노동소득의 발생으로 취업을 지연시키는 효과가 동시에 발생하므로 노동시간의 증감은 불확실하다.

 81. ④ 82. ③ 83. ① 84. ③

85 노동공급의 탄력성 값이 0인 경우 노동공급곡선의 형태는?

① 수평이다.
② 수직이다.
③ 우상향이다.
④ 후방 굴절형이다.

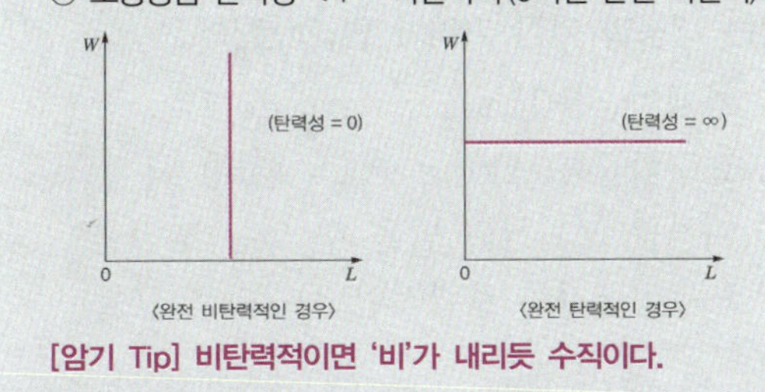

86 개인의 노동공급시간 결정이 소득과 여가 간의 무차별곡선과 예산선 간의 관계에서 이루어질 때 다음 설명 중 틀린 것은?

① 예산선의 기울기는 시간당 임금률이다.
② 무차별곡선의 기울기는 여가를 한 단위 증가시키기 위해 노동자가 기꺼이 포기하고자 하는 소득의 양을 의미한다.
③ 무차별곡선과 예산선이 접하는 점에서 노동시간이 결정된다는 것은 이 점에서 시장임금률과 노동자의 의중임금(reservation wage)이 일치함을 의미한다.
④ 여가–소득평면상의 모든 점에서 무차별곡선의 기울기(절댓값)가 예산선의 기울기(절댓값)보다 작은 경우 노동자는 노동공급을 포기한다.

해설 여가–소득선호모형에 따르면 노동자는 예산선(시간당 임금률선)과 개인의 여가–소득의 무차별곡선(한 개인에게 동일한 만족감을 주는 여가와 소득 간의 배합)이 접하는 점에서 여가시간과 노동시간(노동공급량)을 결정한다. 모든 점이 아니라 가로축(여가시간)과 예산선이 접하는 모서리 점에서 무차별곡선의 기울기가 예산선의 기울기보다 크면(아래 오른쪽 그림) 여가가 최대, 즉 노동공급을 포기하게 된다.

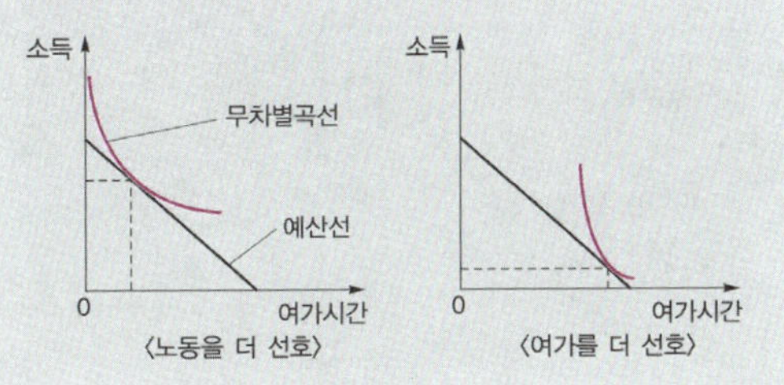

87 노동공급 탄력성이 무한대인 경우 노동공급곡선의 형태는?

① 수평이다.
② 수직이다.
③ 우상향이다.
④ 우하향이다.

해설 비탄력적일수록 수직에 가깝고, 탄력적일수록 반대로 수평에 가깝다.

88 다음 중 노동공급에 관한 설명으로 틀린 것은?

① 노동공급의 임금 탄력성이 0이면 임금이 100% 상승하더라도 노동공급은 변화하지 않는다.
② 시간당 임금이 상승하더라도 개별 노동공급이 반드시 증가하는 것은 아니다.
③ 임금이 10% 상승할 때 노동공급이 5% 상승하면 노동공급의 임금 탄력성이 2이다.
④ 노동공급곡선이 수평선이면 노동공급은 임금에 대해 완전 탄력적이다.

해설 ③ 노동공급 탄력성 $= \dfrac{\text{노동공급의 변화율}}{\text{임금의 변화율}}$

$= \dfrac{5}{10} = 0.5$

정답 85. ② 86. ④ 87. ① 88. ③

89 다음 ( ) 안에 알맞은 것은?

> 노동공급 탄력성이 2일 때 임금이 10% 상승하면 근로시간은 ( )% 상승한다.

① 10　　　　　② 15
③ 20　　　　　④ 30

해설
$$노동공급\ 탄력성 = \frac{노동공급의\ 변화율}{임금의\ 변화율}$$

$$2 = \frac{x}{10}$$

$$\therefore\ x = 20\%$$

90 다음 ( ) 안에 알맞은 것은?

> 노동공급 탄력성이 (−)인 경우 임금률이 증가하면 (㉠)효과가 (㉡)효과를 압도한다.

① ㉠ 소득, ㉡ 대체
② ㉠ 소득, ㉡ 규모
③ ㉠ 대체, ㉡ 소득
④ ㉠ 대체, ㉡ 규모

해설 노동공급 탄력성이 음(−)이라면 임금 상승에도 노동공급이 감소한다는 것이므로 소득효과가 대체효과를 압도하는 경우이다.

91 다음 중 노동공급 탄력성에 영향을 미치는 요인을 모두 짝지은 것은?

> A. 경제활동 참가 결정요인
> B. 노동시간 결정요인
> C. 노동의 이동 결정요인
> D. 노조의 단체교섭력

① A, B　　　　② A, B, C
③ B, C, D　　　④ A, B, C, D

해설 [노동공급 탄력성의 결정요인]
㉠ 산업구조의 변화
㉡ 노동이동의 용이성 정도
㉢ 여성 취업기회의 창출 가능성 여부
㉣ 노동조합의 결성과 교섭력의 정도
㉤ 파트타임 근무제도의 보급 정도

92 소득−여가평면에서 한계대체율(MRS)이 의미하는 내용과 가장 거리가 먼 것은?

① 가계임금률(home wage rate)
② 요구임금률(asking wage rate)
③ 여가를 포기하면 받을 수 있는 임금률
④ 노동공급자의 주관적인 시간당 임금률

해설 소득−여가모형에서 다음 그림의 곡선이 개인의 소득−여가 간의 주관적 선호도를 나타내는 무차별곡선이고, 직선이 소득−여가 간의 객관적인 관계를 나타내는 예산선이다. 무차별곡선과 예산선의 접점에서 개인의 소득−여가가 결정된다. 무차별곡선상의 한 점에 접하는 기울기는 바로 노동소득과 여가 사이에 존재하는 한계대체율을 의미한다. 이것은 바로 노동공급자가 주관적으로 평가하는 시간당 임금이라고 할 수도 있다. 혹은 이것을 가계 내에서의 임금률 내지 요구임금률이라고도 부를 수 있을 것이다. 예산선의 기울기는 시간당 임금률로서 일정한 노동시간이 공급될 때 노동시장에서 객관적으로 실현될 수 있는 임금률, 즉 여가를 포기하면 얻을 수 있는 임금률은 예산선의 기울기 즉, 시간당 임금이다.

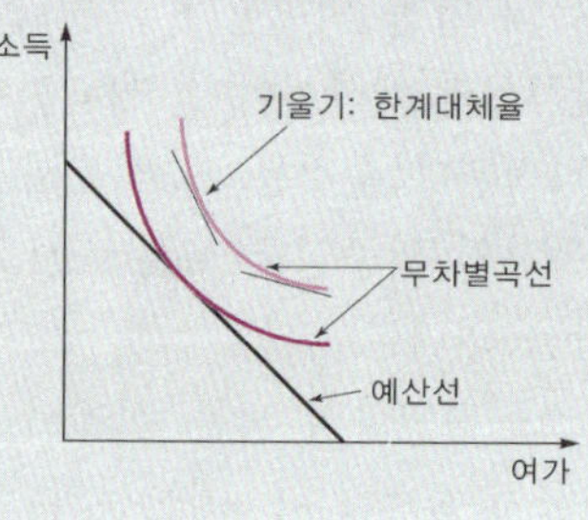

정답 89. ③　90. ①　91. ④　92. ③

93 노동공급의 탄력성 결정요인이 아닌 것은?

① 산업구조의 변화

② 노동이동의 용이성 정도

③ 여성 취업기회의 창출 가능성 여부

④ 다른 생산요소로의 노동의 대체 가능성

해설 다른 생산요소로의 대체 가능성은 노동공급이 아니라 **노동수요 탄력성의 결정요인**에 해당한다.

★ **2016년 직업상담사 1급**

94 효용함수가 $U = M^{0.6}H^{0.4}$ 이고, 총이용가능시간(T)은 6시간이며, 시장임금(W)은 2만원이다. 근로자의 효용을 극대화시키는 근로시간(L)은? (단, U : 효용, M : 근로소득, H : 여가시간)

② 2.2시간   ③ 2.4시간

③ 3.4시간   ④ 3.6시간

해설 문제의 효용함수는 각 **지수의 합이 1(=0.6+0.4)인 콥—더글라스의 효용함수**이다. 콥—더글라스의 효용함수에서는 지수에 비례하여 지출액 비율을 결정할 때 효용이 극대화된다. 따라서 전체 가용시간 6시간을 지수에 비례하여 6×0.6=3.6으로 배분하면 효용이 극대화된다.

★ **2016년 직업상담사 1급**

95 외국인 노동자의 유입효과와 가장 거리가 먼 것은?

① 전체 고용량의 증가

② 임금수준의 하락

③ 내국인 노동자의 취업 증가

④ 사회보장비용의 증가

해설 외국인 노동자의 유입은 노동공급 증가로 전체 고용량은 증가하지만, 내국인 노동자의 취업 증가와는 거리가 있다.

★★ **2013년, 2015년 직업상담사 1급**

96 다음 중 노동시장의 특징과 가장 거리가 먼 것은?

① 노동이동의 한계성

② 시장정보의 불완전성

③ 거래가격의 단일성

④ 근로자 교섭의 상대적 열세성

해설 **[노동시장의 특징]**
㉠ 사람이 아니라 사람의 노동력을 거래
㉡ 다수의 시장이 존재
㉢ 노동조건의 중요성
㉣ 규제와 법적 제약이 많음
㉤ 각기 다른 개별 노동자들 특성에 따라 수요·공급조건이 다름
㉥ **임금 결정은 수요·공급법칙 외에 다양한 요소(근로조건, 산업의 특성, 노동시장의 경쟁 정도)에 영향을 받음**
㉦ 이동의 제한
㉧ 노동시장의 불완전성과 정보의 비대칭성
㉨ 경제적 가치 외 사회적, 문화적 가치 포함

---

97 노동시장이 생산물시장과 다른 점에 대한 설명으로 틀린 것은?

① 노동시장에서 거래되는 노동력상품은 노동자와 분리가 될 수 없기 때문에 노동시장에서는 노동조건을 둘러싼 노사관계 등 사회적 관계가 개입된다.

② 노동은 사용자의 입장에서 보면 생산요소이며 노동자의 입장에서 보면 소득의 원천이 되는 한편, 국민경제적 관점에서는 인적자원이 된다.

③ 일반상품과 달리 노동력상품은 비교적 동질적이며, 따라서 노동시장은 단일한 시장으로 존재하는 경우가 많다.

④ 노동력은 인적자원이기 때문에 화폐소득 이외의 사용되는 장소, 일의 성격 등에 의하여 노동공급이 영향을 받는다.

해설 일반상품에 비해 **노동력상품은 보다 다양**하며, 따라서 노동시장은 일반상품시장에 비해 **다원적**이다.

★ 2022년 직업상담사 1급

98 경쟁노동시장 경제모형의 가정으로 옳지 않은 것은?

① 모든 노동자는 동질적이다.
② 노동자의 단결조직과 사용자의 단결조직은 없다.
③ 모든 직무의 공석은 내부 노동시장을 통해서 채워진다.
④ 노동자와 고용주는 완전정보를 갖는다.

해설 경쟁노동시장의 가정에 따르면 내부 노동시장은 존재하지 않는다. 직무의 공석은 외부 노동시장을 통해 채워진다.

★★ 2014년, 2015년 직업상담사 1급

99 경쟁적 노동시장가설의 특징과 가장 거리가 먼 것은?

① 노동시장의 흐름과 배분에 장애요인이 없다.
② 대학 졸업자는 주로 대졸자와 경쟁하고 있다.
③ 동일 노동에 대한 동일 임금원칙이 적용된다.
④ 노동시장이 연속적이다.

해설 경쟁노동시장은 하나의 단일한 시장이므로 경쟁에 장벽이 없다.

[경쟁노동시장의 가정]
㉠ 노동자와 고용주는 자유로이 시장에 진입하거나 시장을 떠나거나 한다.
㉡ 노동자와 고용주는 완전정보를 갖는다.
㉢ 노동자와 고용자의 단결조직은 없다.
㉣ 모든 노동자는 동질적이다.
㉤ 직무의 성격은 모두 동일하며 임금의 차이만 존재한다.
㉥ 내부 노동시장은 존재하지 않는다. 직무 공석은 외부 노동시장을 통해 채워진다.
㉦ 노동자 개인이나 개별 고용주는 시장임금에 아무런 영향을 행사할 수 없다.

2020년 직업상담사 2급

100 노동력의 동질성을 가정하고 있는 이론은?

① 신고전학파이론　　② 직무경쟁론
③ 내부 노동시장론　　④ 이중노동시장론

해설 고전학파와 신고전학파는 노동력의 동질성 및 완전경쟁 노동시장을 가정한다.

2020년 직업상담사 2급

101 다음 중 분단노동시장의 가설이 암시하는 정책적 시사점과 가장 거리가 먼 것은?

① 노동시장의 공급 측면에 대한 정부 개입 또는 지원을 지나치게 강조하는 것에 대해 부정적이다.
② 공공적인 고용기회의 확대나 임금보조, 차별대우 철폐를 주장한다.
③ 외부 노동시장의 중요성을 강조한다.
④ 노동의 인간화를 도모하기 위한 의식적인 정책노력이 필요하다.

해설 분단노동시장이론은 내부 노동시장의 중요성을 강조한다.

[분단노동시장이론]
㉠ 노동시장은 하나의 연속된 시장이 아니라 서로 다른 속성의 근로자들로 분단되어 있고, 상호 간에 이동이나 교류가 거의 단절되어 있으며 근로조건도 차이가 현저하다고 보는 이론이다.
㉡ 분단노동시장이론의 정책적 시사점
 • 인적자본투자계획이나 직업탐색에 대한 지원 등과 같은 노동시장의 공급 측면에 대한 정부의 개입 또는 지원을 지나치게 강조하는 것에 부정적이다.
 • 노동시장의 수요 측면에 초점을 둔다(예 공공적인 고용기회 확대, 임금에 대한 보조금, 차별대우 철폐 등).
 • 내부 노동시장의 중요성을 강조한다.
 • 완전고용을 위한 확장적 거시경제정책을 주장한다.
 • 노동의 소외를 방지하고 노동의 인간화를 도모할 의식적인 정책적인 노력을 요구한다.

2016년, 2020년 직업상담사 2급

102 분단노동시장(Segmented Labor Market) 가설의 출현배경과 가장 거리가 많은 것은?

① 능력분포와 소득분포의 상이
② 교육 개선에 의한 빈곤퇴치 실패
③ 소수인종에 대한 현실적 차별
④ 동질의 노동에 동일한 임금

정답 98. ③　99. ②　100. ①　101. ③　102. ④

해설 ㉠ 분단노동시장이론은 다른 속성을 가진 근로자들이 이동과 교류가 단절된 상태로, 서로 다른 근로조건 하에 노동시장이 분단되어 있다고 보는 이론이다. ㉡ 동일 노동, 동일 임금은 경쟁노동시장이론에 해당한다.

103 다음 중 분단노동시장이론과 가장 거리가 먼 것은?

① 빈곤 퇴치를 위한 정책적인 노력이 쉽게 성공하지 못하고 있다.

② 내부 노동시장과 외부 노동시장은 현격하게 다른 특성을 갖는다.

③ 근로자는 임금을 중심으로 경쟁하는 것이 아니라 직무를 중심으로 경쟁하기도 한다.

④ 고학력 실업자가 증가하면 단순 노무직의 임금도 하락한다.

해설 분단노동시장이론에서는 고학력자와 단순 노무직의 노동시장은 분단되어 있다고 보므로 서로 영향을 주지 않는다.

104 이중노동시장론에서 1차 노동시장의 특성으로 옳은 것은?

① 노동이동률이 상대적으로 높다.

② 직업훈련의 기회가 상대적으로 부족하다.

③ 근로조건이 상대적으로 열악하다.

④ 고용이 상대적으로 안정적이다.

해설 [이중노동시장이론]
㉠ 분단노동시장이론 중의 하나로 한 나라에서의 노동시장이 1차 노동시장과 2차 노동시장으로 분단되어 있다고 보는 이론이다.
㉡ 1차 노동시장은 주로 내부 노동시장으로 형성되어 있으며, 높은 임금, 좋은 근로조건, 다양한 승진기회, 고용안정성이 보장된다.
㉢ 2차 노동시장은 낮은 임금수준, 근로조건 열악, 부족한 승진기회, 고용불안이 심한 노동시장이다.

105 이중노동시장구조에서 예측할 수 없는 것은?

① 인력난과 구인난이 동시에 일어난다.

② 저임금기업군에서 인력이 유출되어 장기간 대기실업상태에 있을 수 있다.

③ 1차 노동시장에서 2차 노동시장으로 인력의 이동이 일어난다.

④ 고임금기업군에서는 인력난이 일어나지 않는다.

해설 이중노동시장이론은 노동시장이 1차 시장과 2차 시장으로 분단되어 있고, 그 사이 이동이 자유롭지 못하다고 보는 이론이다. 1차 노동시장은 근로조건이 좋고 고용이 안정된 시장으로서, 그렇지 못한 2차 노동시장으로의 이동은 자발적으로 일어나지 않는다.

106 1차적 노동시장과 2차적 노동시장의 임금격차 발생요인으로 가장 적합한 것은?

① 근로조건의 보상의 차이

② 노동공급 탄력성의 차이

③ 기술수준의 차이

④ 생산물가격 탄력성의 차이

해설 이중노동시장에서는 노동시장이 1차와 2차로 구분되어 있고, 1차는 고임금, 2차는 저임금으로 고착되어 있다는 것이다. 즉, 1차 노동시장과 2차 노동시장의 임금격차 발생요인은 근로조건의 보상의 차이이다.

107 다음 중 내부 노동시장의 특징에 관한 설명으로 옳은 것은?

① 신규 채용이나 복직, 그리고 능력 있는 자의 초빙 시에만 외부 노동시장과 연결된다.

② 승진이나 직무배치, 그리고 임금 등은 외부 노동시장과 연계하여 결정된다.

③ 임금은 근로자의 단기적 생산성과 관련된다.

④ 내부와 외부 노동시장 간에 임금격차가 없다.

정답 103. ④ 104. ④ 105. ③ 106. ① 107. ①

해설 ② 필요한 인력을 훈련, 배치전환, 승진 등을 통해 기업 내부에서 충족하고, 신규 채용이나 복직, 인재초빙 시에만 기업 외부와 연결된다.
③ 임금은 인재 유출을 방지하기 위해 장기근속을 유도하는 연공급 또는 효율임금을 채택하게 된다.
④ 임금격차가 있어야 인재 유출을 방지할 수 있다.

[내부 노동시장의 특징]
내부 노동시장이란 노동의 가격 결정과 배치가 기업 내부의 일련의 규칙과 절차에 의해 지배되는 하나의 관리단위를 의미한다.
㉠ 신규 채용이나 복직, 그리고 능력 있는 자의 초빙 시에만 외부 노동시장과 연결된다.
㉡ 기업비용 부담으로 기업차원의 교육훈련이 체계적으로 실시된다.
㉢ 내부 승진이 많다.
㉣ 장기적 고용관계로 직장안정성이 높다.
㉤ 1차 노동자로 구성된다.

---

108 이중노동시장(dual labor market)에 관한 설명으로 틀린 것은?

① 1차 노동시장의 노동수요곡선이 2차 노동시장의 노동수요곡선보다 상방에 위치한다.
② 한 개인이 어떤 시장에 속하게 될지를 결정하는 가장 중요한 수준은 교육수준이다.
③ 교육비용이 많이 들수록, 생산성 차이가 클수록 두 시장에서의 임금격차는 커진다.
④ 교육을 통해 미숙련 노동자도 숙련 노동시장으로 이동하므로 시간이 갈수록 시장 간 임금격차는 축소되는 경향이 있다.

해설 이중노동시장은 노동시장이 높은 임금, 좋은 근로조건, 다양한 승진기회, 고용안정성이 보장되는 1차 노동시장과, 낮은 임금수준, 근로조건 열악, 부족한 승진기회, 고용불안이 심한 2차 노동시장으로 구분되어 두 개의 노동시장으로 단절되어 있는 것을 말한다. 1차 노동시장에 진입한 근로자는 기업이 제공하는 더 많은 훈련, 기업 특수적 훈련을 받아 더욱 우수한 근로자가 되고, 기업은 훈련의 수익을 극대화하기 위해 훈련된 내부 인력의 유출을 막고자 효율임금을 지급하는 등의 이유로 1차 노동시장의 임금과 2차 노동시장의 임금격차는 더욱 커진다.

---

109 다음 중 내부 노동시장을 형성시키는 요인으로 옳은 것은?

① 근로자의 학력 차이
② 기업의 임금차별
③ 기업 내 직무의 특수성
④ 노동시장의 유연성

해설 **[내부 노동시강]**
㉠ 내부 노동시장이란 노동의 가격 결정과 배치가 기업 내부의 일련의 규칙과 절차에 의해 지배되는 하나의 관리단위를 말한다.
㉡ 내부 노동시장 형성요인
• 현장훈련 : 생산과정을 통한 전수 필요
• 관습 : 작업장의 선례와 관습
• 숙련의 특수성 : 내부 노동력만이 소유하게 되는 특수한 기능
[암기 Tip] 대문 열고 내부에 들어가 보니 현관에 쑥이 툭 튀어나와 있더라(현관숙특).

---

110 내부 노동시장에 관한 설명으로 틀린 것은?

① 내부 노동시장은 사용자와 피고용 간의 고용관계가 장기간 지속될 것으로 기대되는 경우 형성된다.
② 공공부문의 근로자에 대한 인적자원정책이 일반적으로 법으로 명시되어 있을 경우 이들은 내부 노동시장의 영향을 강하게 받게 된다.
③ 대부분 소규모 기업의 근로자가 내부 노동시장에 의해 강하게 영향을 받게 된다.
④ 근로자의 보수가 외부 노동시장이 영향을 받지 않도록 하기 때문에 내부 노동시장은 근로자들에게 회사가 공정한 고용정책을 수행하고 있다는 인식을 주어 근로자의 동기부여와 충성심을 제고할 수 있다.

해설 내부 노동시장은 기업차원의 교육훈련, 내부 승진, 효율임금 등이 가능한 대기업에 형성되기 쉽다.

정답 108. ④ 109. ③ 110. ③

111 내부 노동시장의 특징과 가장 거리가 먼 것은?

① 장기계약관계

② 제한된 입직구

③ 직무사다리에서의 승진

④ 일반적 숙련

> **해설** 내부 노동시장의 형성요인 중의 하나가 **숙련의 특수성**이다. **내부 노동시장에서 실시하는 훈련은 기업 특수훈련이다.**

112 숙련 노동시장과 비숙련 노동시장이 완전히 단절되어 있다고 할 때 비숙련 외국인근로자의 유입에 따라 가장 큰 피해를 입는 집단은?

① 국내 소비자

② 국내 비숙련공

③ 노동집약적 기업주

④ 기술집약적 기업주

> **해설** 비숙련 외국인 노동자의 유입으로 인해 일자리 경쟁이 심화되었음에도 불구하고 비숙련 내국인 노동자가 노동시장의 단절로 숙련 노동시장으로 이동할 수 없다면 비숙련 노동시장의 노동공급 증가로 균형임금은 하락하고, 외국인의 내국인 일자리 대체로 비숙련 내국인 고용도 감소하게 된다. 반면 균형임금이 하락으로 생산비용이 감소하면 기업은 이익이고, 생산비용 감소로 상품의 가격도 하락하면 소비자에게도 이익이다.

113 뢰프케(W. Röpke)의 인본적 경제(Humane economy)의 의미로 옳은 것은?

① 경쟁적 시장에 사회적 형평성을 보장하는 국가정책 및 제도가 있는 경제

② 완전경쟁적 시장에 인간의 존엄성을 끝없이 추구하는 경제

③ 정부통제하의 독과점 주도의 성장 지향적 시장경제

④ 현실의 시장경제 또는 지난 100년 이상 서구의 자본주의

> **해설** 뢰프케(Röpke) 등이 주창한 **사회적 시장경제론은** 시장경제는 사회제도와 분리될 수 없다는 관점에 기초한다.

114 다음 표에서 근로자 수가 증가할 때 볼펜생산량의 변화가 나타나 있다. 임금이 시간당 5,000원이고 볼펜가격이 개당 2,000원이라면 이윤 극대화 추구 기업은 몇 명의 근로자를 고용할 것인가?

근로자 수(명)	0	1	2	3	4	5
시간당 총생산량(개)	0	5	13	18	21	23

① 2명　　　　② 3명

③ 4명　　　　④ 5명

> **해설** **[완전경쟁시장의 이윤 극대화]**
>
> 완전경쟁시장에서 기업이 이윤을 극대화하기 위한 고용량조건은 시장임금과 노동의 한계생산물가치가 같아지는 점에서 고용량을 결정하는 것이다.
>
> $$W = VMP_L(= MP_L \times P)$$
>
> 여기서, W: 임금, VMP: 한계생산물가치,
> MP: 한계생산물, P: 상품의 가격
>
> 한계생산물가치(VMP_L)는 노동의 한계생산물에 상품의 가격을 곱한 값($MP_L \times P$)이고, 한계생산물은 노동을 한 단위 추가할 때 증가하는 총생산물의 증가분을 의미한다.
>
> | 근로자 수(명) | 0 | 1 | 2 | 3 | 4 | 5 |
> |---|---|---|---|---|---|---|
> | 시간당 총생산량(개) | 0 | 5 | 13 | 18 | 21 | 23 |
> | 한계생산물 (MP_L) | 0 | 5 | 8 | 5 | 3 | 2 |
> | 한계생산물가치 ($MP_L \times P$) | 0 | 10,000 | 16,000 | 10,000 | 6,000 | 4,000 |
>
> 따라서 문제의 임금(5,000원)과 한계생산물가치가 같은 노동단위는 4단위와 5단위 사이에 존재한다. 그러나 노동을 5단위 투입하게 되면 노동투입의 한계비용(5,000원)이 한계수입(4,000원)을 초과하여 총이윤이 감소하므로 노동을 4단위까지 투입하는 것이 이윤을 극대화하는 고용량이 된다.

115 생산물시장과 노동시장이 완전경쟁적일 때 기업의 이윤이 극대화되는 경우는?

① 노동의 한계생산이 실질임금보다 클 때
② 노동의 한계생산이 실질임금보다 작을 때
③ 노동의 한계생산과 실질임금이 같을 때
④ 노동의 수요와 공급이 같을 때

> **해설** 완전경쟁시장에서의 이윤 극대화 고용량조건은 $VMP_L = W$이다. $VMP_L = MP_L \times P$이므로 이윤 극대화조건을 $MP_L \times P = W$로 바꿔쓸 수 있다. 여기서 양변을 P로 나누면 $MP_L = W/P$이고, 이때 W/P는 실질임금(물가를 반영한 임금)이다. 즉, 한계생산이 실질임금과 같을 때이다.

116 상품시장과 노동시장이 완전경쟁일 때, 현재 고용수준에서 한계생산물가치는 60이고, 시장임금률은 50이다. 이윤 극대화를 추구하는 기업의 균형 고용량은?

① 증가할 것이다.
② 감소할 것이다.
③ 균형이므로 불변한다.
④ 증가할 수도, 감소할 수도 있다.

> **해설** **[완전경쟁시장의 이윤 극대화]**
> 완전경쟁시장에서 기업이 이윤을 극대화하기 위한 고용량조건은 시장임금과 노동의 한계생산물가치가 같아지는 점에서 고용량을 결정하는 것이다.
> $$W = VMP_L$$
> 임금과 한계생산물이 일치하지 않을 때에는 한계생산 체감의 법칙(고용을 한 단위 늘릴수록 추가되는 총생산물의 증가분이 점차 감소)에 따라 다음과 같이 고용량을 결정하여야 이윤 극대화를 이룰 수 있다.
> ㉠ $W > VMP_L \rightarrow$ 고용을 줄여야 한다(한계생산물이 커지는 방향).
> ㉡ $W < VMP_L \rightarrow$ 고용을 늘여야 한다(한계생산물이 작아지는 방향).
> 문제에서는 한계생산물가치(60)가 임금(50)보다 크므로 고용을 증가시켜야 '한계생산물가치=임금'이 되는 수준에 도달할 수 있고, 이때 이윤이 극대화된다.

117 어떤 완전경쟁기업의 생산함수가 다음과 같다. 노동자 수가 2인에서 3인으로 증가할 때 한계수입생산이 150원이라면 재화의 가격은?

노동자 수(인)	1	2	3	4	5
생산량	0	5	20	35	38

① 1,000원
② 100원
③ 20원
④ 10원

> **해설** 한계수입생산물(MRP)이란 한계생산물(MP)에 한계수입(MR)을 곱한 것이다. 즉, 노동을 한 단위 추가로 투입할 때 증가하는 총수입의 증가분이다. 상품시장이 완전경쟁이므로 상품가격은 시장의 균형가격으로 고정되어 있다. 노동을 2에서 3으로 추가할 때 한계생산물이 15이고, 이때 한계수입생산물이 150원이라고 한다면 상품가격은 10원(=150원/15개)임을 알 수 있다.
>
> | 노동자 수(인) | 1 | 2 | 3 | 4 | 5 |
> |---|---|---|---|---|---|
> | 생산량 | 0 | 5 | 20 | 35 | 38 |
> | 한계생산물 | 0 | 5 | 15 | 15 | 3 |
> | 한계수입생산물 | 0 | 50 | 150 | 150 | 30 |

118 상품시장과 노동시장이 완전경쟁일 때 다음 기업이 이윤을 극대화시키는 고용량은? (단, 임금은 120만원일 때)

노동투입인원	노동의 한계생산물	가격
1	–	20만원
2	10	20만원
3	8	20만원
4	7	20만원
5	6	20만원
6	5	20만원
7	4	20만원
8	3	20만원

① 3명
② 4명
③ 5명
④ 6명

> **정답** 115. ③ 116. ① 117. ④ 118. ③

노동투입인원	노동의 한계생산물	가격	한계생산물 가치
1	–	20만원	–
2	10	20만원	200만원
3	8	20만원	160만원
4	7	20만원	140만원
5	6	20만원	120만원
6	5	20만원	100만원
7	4	20만원	80만원
8	3	20만원	60만원

완전경쟁기업의 이윤 극대화 고용량조건은 $W = VMP_L$ (한계생산물가치)$= MP_L \times P$인 점에서 고용량을 결정하는 것이다. 따라서 임금(120만원)과 한계생산물가치(120만원)가 같아지는 고용량은 5명이다.

★★★ 2016년, 2020년, 2023년, 2025년 직업상담사 1급

119 다음 표는 A기업의 노동공급(근로시간), 임금 및 한계수입생산을 나타내고 있다. 다음 중 옳은 것은?

노동공급	임금	한계수입생산
5	6	–
6	8	50
7	10	38
8	12	26
9	14	14
10	16	2

① 노동공급이 7일 때 한계노동비용은 20이다.
② 이윤을 극대화하기 위한 노동공급은 7이다.
③ 노동공급이 7일 때 임금 탄력성은 0.5이다.
④ 이윤을 극대화하기 위한 한계노동비용은 26이다.

노동공급	임금	총비용	한계비용	한계수입 생산
5	6	30	–	–
6	8	48	18	50
7	10	70	22	38
8	12	96	26	26
9	14	126	30	14
10	16	160	34	2

(완전/독과점 불문)기업의 이윤 극대화 고용량조건은 MRP(한계수입생산물)$= MFC$(한계요소비용)인 점에서 고용량을 결정하는 것이다. 노동의 한계비용(26)과 한계수입생산(26)이 같아지는 고용량은 8이다.

2015년 직업상담사 2급

120 경쟁시장에서 아이스크림 가게를 운영하는 A씨는 5명을 고용하여 1개당 2,000원에 판매하고 있으며, 시간당 12,000원을 임금으로 지급하면서 이윤을 극대화하고 있다. 만일 아이스크림 가격이 3,000원으로 오른다면 현재의 고용수준에서 노동의 한계생산물가치는 시간당 얼마이며, 이때 A씨는 노동의 투입량을 어떻게 변화시킬까?

① 9,000원, 증가시킨다.
② 18,000원, 증가시킨다.
③ 9,000원, 감소시킨다.
④ 18,000원, 감소시킨다.

㉠ 완전경쟁시장에서의 이윤 극대화 고용량조건은 $W = VMP_L$이다. 시간당 임금이 12,000원에 5명을 고용하면서 이윤 극대화를 하고 있었다면 $VMP_L = MP_L \times P$를 의미하므로, 이를 이윤 극대화조건에 대입하면 $12,000 = MP_L \times 2,000$이므로 $MP_L = 6$개이다.
그런데 제품의 가격이 3,000원으로 오른다고 하면 $VMP_L = 6 \times 3,000 = 18,000$원이 된다.

㉡ 그렇다면 $W = 12,000$원, $VMP_L = 18,000$원으로서 $W < VMP_L$인 상태
이 상태에서 $W = VMP_L$이 성립하도록 하려면 기업은 한계생산물 체감의 법칙에 의해 한계생산물이 작아지는 방향, 즉 노동의 투입량을 늘려야 이윤이 극대화된다.

121 생산물시장과 노동시장이 완전경쟁일 때 노동의 한계생산량이 10개이고, 생산물가격이 500원이며 시간당 임금이 4,000원이라면 이윤을 극대화하기 위한 기업의 반응으로 옳은 것은?

① 임금을 올린다.

② 노동을 자본으로 대체한다.

③ 노동의 고용량을 증대시킨다.

④ 고용량을 줄이고. 생산을 감축한다.

해설 ㉠ 완전경쟁시장의 이윤 극대화조건은 시장임금이 한계생산물가치와 같아지는 수준에서 고용량을 결정하는 것이다.
㉡ 한계생산물가치＝한계생산물×제품의 가격
　　　　　　　　＝10×500＝5,000원
㉢ 시간당 임금(4,000원)＜한계생산물가치(5,000원)
㉣ 이 상태에서 이윤 극대화조건, 즉 '임금＝한계생산물가치'를 달성하기 위해서는 임금을 올리거나 한계생산물가치를 낮춰야 하나, 완전경쟁시장에서 기업은 임금의 가격을 결정할 수 없으므로 한계생산물가치를 감소시키는 방향으로 고용을 결정해야 한다. 한계생산물은 고용이 증가할수록 감소하므로(한계생산체감의 법칙) 고용량을 증대시켜야 기업의 이윤이 극대화된다.

122 다음의 그래프는 상품시장이 독점이고 노동시장이 수요독점인 경우이다. 이 경우 기업의 이윤을 극대화시키는 임금과 고용량은?

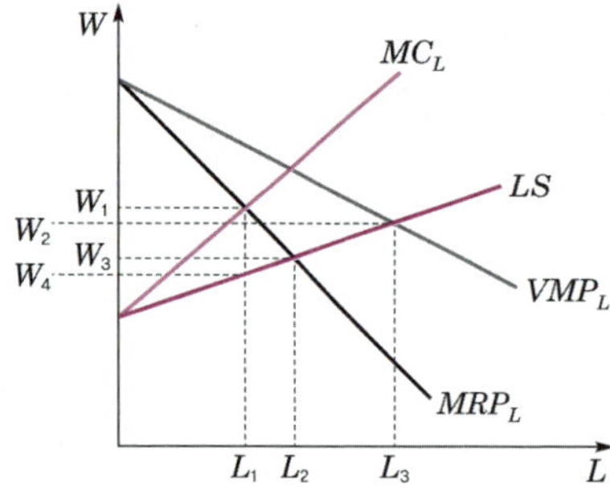

・ MC_L : 한계노동비용곡선
・ LS : 노동공급곡선

① W_1과 L_1　　② W_3과 L_2

③ W_2와 L_3　　④ W_4와 L_1

해설 기업의 이윤 극대화 고용량조건은 MFC(한계요소비용)＝MRP(한계수입생산물)인 점에서 고용량을 결정하는 것이다(완전경쟁에서는 임금과 상품가격이 시장가격으로 정해지기 때문에 이 조건을 $W＝VMP$로 치환할 수 있다). 따라서 문제의 MFC(즉, MC_L)와 MRP가 만나는 지점인 L_1에서 고용량을 결정하고, LS(노동공급곡선, 노동자들이 기꺼이 노동을 공급하고자 하는 임금)상에 L_1이 대응하는 점인 W_4로 임금을 지급할 때 이윤이 극대화된다.

123 기업이 노동수요를 독점하는 경우의 임금수준은? (단, 상품시장은 완전경쟁시장)

① 노동의 한계요소비용과 같게 된다.

② 노동의 평균요소비용과 같게 된다.

③ 노동의 총요소비용과 같게 된다.

④ 노동의 비용과 관계없이 노동수요에 의해 결정된다.

해설 노동시장이 수요독점시장(노동시장에 기업이 하나)이면 독점기업의 노동수요량이 노동에 대한 전체 수요량이 되어 수요독점기업은 우상향하는 노동공급곡선(S)에 직면한다. 기업의 이윤 극대화 고용량조건은 MRP(한계수입생산물)＝MFC(한계요소비용)인 점에서 고용량을 결정하는 것이다. 상품시장이 완전경쟁이므로 $VMP＝MRP＝D$이다. 따라서 노동수요곡선(D)이 MFC곡선과 만나는 지점인 E_L에서 고용량을 결정하고, 임금은 E_L(이윤 극대화 고용량)이 노동공급곡선(노동자가 기꺼이 공급하려고 하는 임금수준, 평균비용곡선)과 만난 지점인 W_m에서 결정된다.
→ 수요독점인 경우가 완전경쟁인 경우에 비해 임금수준과 고용수준 모두 낮게 된다.

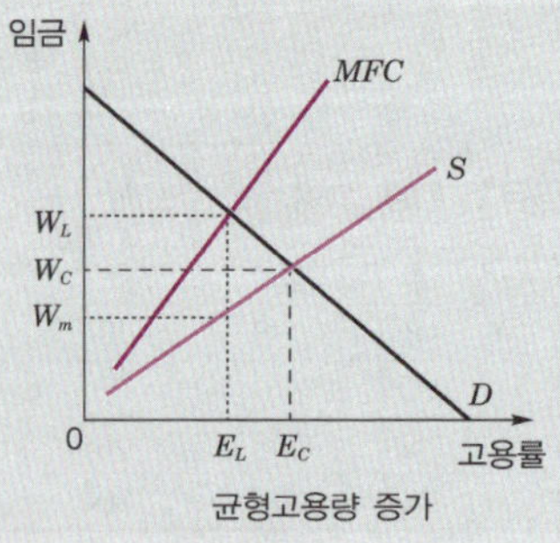

124 독점상품시장과 완전경쟁노동시장에서 기업의 균형고용조건은?

① 임금과 총수입이 일치한다.

② 임금과 총비용이 일치한다.

③ 임금과 한계수입생산이 일치한다.

④ 임금과 한계생산물가치가 일치한다.

해설 상품시장이 독점시장이면 기업이 직면하는 노동수요곡선은 VMP_L(한계생산물가치곡선)에서 왼쪽으로 떨어져 나온 MRP(한계수입생산물)곡선이 된다. 한편 노동시장이 완전경쟁인 경우이므로 개별 기업이 직면하는 노동공급곡선은 W_0인 점에서 수평이다. 따라서 **기업의 이윤 극대화 고용량조건은** $MRP = MFC$**이므로** W_0**와** MRP**곡선이 만나는** L_1**이 된다.**

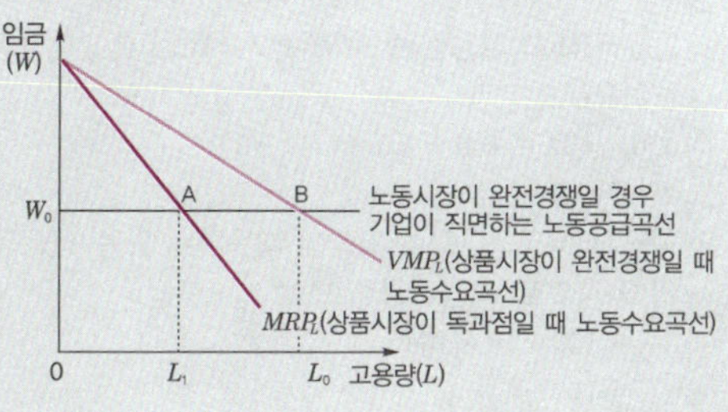

125 다음 중 기업이 노동시장에서 수요독점력을 가지게 되는 경우에 해당하는 것은?

① 근로자들이 직장을 그만둘 때의 기회비용이 매우 크다.

② 근로자들이 강력한 노동조합을 결성한다.

③ 양(+)의 초과이윤을 얻을 수 없다.

④ 한계수입이 평균수입보다 작다.

해설 **수요독점이란 어떤 기업이 노동시장에서의 유일한 구매자라는 의미이다.** 근로자 입장에서 다른 구인처가 없거나 현재 직장에서 갖게 된 기업 특수적 능력을 다른 기업에서 활용할 수 없어 이직하기 어렵다면 해당 기업이 노동력을 독점할 가능성이 커진다.

126 노동시장이 완전경쟁인 경우와 수요독점인 경우의 비교로 옳은 것은?

① 수요독점인 경우가 완전경쟁인 경우에 비해 임금수준은 높게 되고, 고용수준은 낮게 된다.

② 수요독점인 경우가 완전경쟁인 경우에 비해 임금수준은 높게 되고, 고용수준은 높게 된다.

③ 수요독점인 경우가 완전경쟁인 경우에 비해 임금수준과 고용수준 모두 높게 된다.

④ 수요독점인 경우가 완전경쟁인 경우에 비해 임금수준과 고용수준 모두 낮게 된다.

해설 노동시장이 수요독점이면 완전경쟁인 경우에 비해 **임금수준과 고용수준 모두 낮아진다.**
※ 123번 문제 해설 참조

127 생산물시장에서 독점인 A기업은 노동시장의 수요독점이다. 이 기업이 직면하는 노동공급곡선이 $W = 50 + 10L$이고, 노동자의 추가고용으로 얻는 노동의 한계수입생산물은 $MRP = 200 - 5L$일 때 이윤 극대화를 추구하는 기업이 노동자에게 지급하는 임금은?

① 90 　　　　② 100

③ 110 　　　　④ 120

해설 기업의 이윤 극대화 고용량조건은 MFC(한계요소비용) $= MRP$(한계수입생산물)이고, 이때의 임금은 이윤 극대화 고용량에 대응하는 노동공급곡선상의 임금이다. **노동공급곡선(평균비용곡선)이** $W = 50 + 10L$**이라면 총비용곡선은** $50L + 10L^2$**이고, 한계비용곡선은 총비용곡선의 접선의 기울기, 즉 미분값이므로** $50 + 20L$**이다.** 이윤 극대화 고용량조건 $MFC = MRP$에 대입하면 $50 + 20L = 200 - 5L$이며, 따라서 고용량(L)은 6이다. 고용량 6에 대응되는 노동공급곡선상의 임금을 구하면 $W = 50 + 10L = 50 + 10 \times 6 = 110$이다.

128 다음은 수요독점노동시장의 임금(W)과 고용(L)을 나타낸다. 노동조합이 조직되어 노동시장이 쌍방독점상태로 된다고 할 때 임금 상승과 고용 증가를 동시에 달성할 수 있는 임금구간은? (단, MFC : 한계요소비용곡선, S : 노동공급곡선, D : 노동수요곡선)

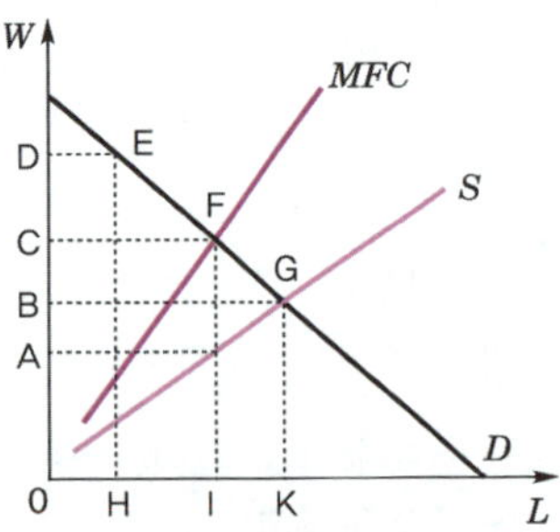

① A 이하 구간　　② A~B구간
③ B~C구간　　④ D 이상 구간

해설 수요독점노동시장에서의 이윤 극대화 고용량은 노동의 한계요소비용(MFC)과 노동수요곡선(D)이 만나는 고용량이고, 임금은 그 고용량에 대응하는 노동공급곡선(S)상의 임금이다. 이때의 이윤 극대화 고용량은 MFC $= D$인 I, 이때의 임금은 노동공급선상의 A가 된다. 그런데 노조조직으로 요구임금 이하로는 노동공급을 제한하는 노동공급독점이 이뤄지게 되면 $S = D$가 만나는 지점까지는 노동자에게 임금을 인상하면서도 고용 감소 없는 새로운 MFC곡선(붉은 색선)을 형성할 수 있다. 이때의 이윤 극대화 고용량은 K가 되고, 임금은 K가 노동공급곡선에 대응되는 B가 된다. 따라서 A~B구간이 임금 상승과 고용 증가를 동시에 달성할 수 있는 임금구간이 된다.

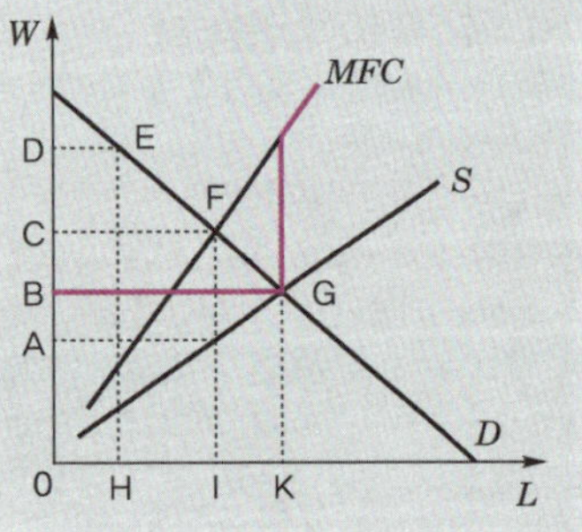

129 상품시장이 독점이고, 노동시장이 수요독점일 때 노동공급곡선이 $W = 100 + 5L$, 한계수입생산물곡선이 $MRP = 300 - 10L$이라면 이때의 이윤 극대화 임금은?

① 300　　　　② 200
③ 50　　　　④ 150

해설 기업의 이윤 극대화조건은 MRP(한계수입생산물)$= MFC$(한계요소비용)인 점에서 고용량을 결정하는 것이다.
노동공급곡선은 평균비용곡선이므로
평균비용 $= 100 + 5L$
총비용 $=$ 평균비용 × 노동자 수
　　　 $= (100 + 5L) \times L = 100L + 5L^2$
한계비용(총비용의 미분값) $= \Delta$총비용$/\Delta L$
　　　　　　　 $= 100 + 10L$
이윤 극대화 고용량은 $MRP = MFC$인 점에서의 고용량이므로
$300 - 10L = 100 + 10L$
$\therefore L = 10$
임금은 이윤극대화 고용량에 대응하는 노동공급곡선상의 임금으로 지급하면 되므로
$W = 100 + (5 \times 10)$
　 $= 150$

130 다음 중 적극적 노동시장정책(Active Labor Market Policy)이 아닌 것은?

① 실업보험
② 직업계속 및 전환교육
③ 고용보조
④ 장애인대책

해설 ㉠ 적극적 노동시장정책 : 취업알선, 직업계속 및 전환교육, 고용보조, 장애인대책
　　㉡ 소극적 노동시장정책 : 실업급여, 실업자 대부, 실직 자녀 학자금 지원

정답 128. ②　129. ④　130. ①

★★ 2019년, 2025년 직업상담사 1급

131 임금이 하방경직적인 이유가 아닌 것은?

① 강력한 산업별 노동조합의 존재

② 실적요율(experience rating)제로 확립된 고용보험제도

③ 기업과 노동자 간의 장기간 노동계약

④ 기업 특수적 인적자본의 형성

> **해설** 고용보험료율이 실적요율(노동자를 자주 대량으로 해고하는 기업에 고용보험료를 높게 하는 제도)로 적용되면 기업은 불경기에 해고보다는 임금 삭감을 하게 된다. 반면 해고실적과 관계없는 정률제로 보험료를 적용받는다면 해고 부담이 적어져 임금 삭감 대신 해고로 가기 쉽다(임금의 하방경직성).
>
> **[임금의 하방경직성]**
> ㉠ 의의 : 임금의 하방경직성이란 노동수요가 증가하면 임금이 상승하지만 노동수요가 감소하더라도 노동수요의 감소폭에 비해 임금이 덜 하락하는 것을 의미한다.
> ㉡ 발생원인
> • 강력한 노동조합의 존재
> • 역선택 발생 가능성 : 역선택 발생으로 인해 우수한 노동력이 유출될 것을 우려하여 임금 삭감을 꺼린다.
> • 화폐환상 : 화폐환상(물가고려 없이 금액만 중시)으로 인해 명목임금에 반응하여 임금 삭감에 저항이 크다.
> • 장기 노동계약 : 이연급여제도의 동기부여기능을 유지하기 위해 임금 삭감을 꺼린다.
> • 기업 특수적 인적자본투자와 내부 노동시장이 형성되어 있는 경우 임금 삭감이 어렵다.
> • 동기부여 : 임금 저하는 생산성 저하 및 우수한 인력의 사직을 유발한다.
> • 사회적 관행 : 1차 노동시장에서 불경기로 해고된 근로자들이 상대적인 사회적 지위와 품위 때문에 2차 노동시장의 취업자들과 경쟁하여 임금 인하를 추구하지 않으려고 하는 사회적 관행 때문에 임금이 덜 하락한다.

2019년 직업상담사 2급

132 다음 중 적극적 노동시장정책(ALMP)에 해당하는 것은?

① 실업급여 지급

② 취업알선

③ 실업자 대부

④ 실직자녀 학자금 지원

> **해설** 취업알선은 노동시장 참여를 증진(노동의 수요와 공급 증진)시키는 정책으로서 적극적 노동시장정책이다. 나머지는 노동시장 참여를 민간의 자율에 맡기고 실업기간의 소득보조 위주의 소극적 노동시장정책이다.

★★ 2013년, 2020년, 2025년 직업상담사 1급

133 시장균형수준보다 임금이 현실적으로 높게 유지되는 이유가 아닌 것은?

① 강력한 노동조합의 존재

② 정부에 의해 강제되는 최저임금제

③ 공급을 초과하는 노동에 대한 수요

④ 시장균형수준보다 높은 임금을 지불하고자 하는 일부 기업

> **해설** 노동에 대한 수요가 공급을 초과하면 시장의 균형임금 자체가 상승한다.

2021년 직업상담사 2급

134 한국 노동시장에서 인력난과 유휴인력이 공존하는 이유로 가장 적합한 것은?

① 근로자의 학력격차의 확대

② 외국인고용허가제 도입

③ 기업규모별 임금격차의 확대

④ 미숙련 노동력의 무제한적 공급

> **해설** 인력난과 유휴인력이 공존한다 함은 기업도 사람을 구하기 어렵고 사람도 일자리를 구하기 어렵다는 뜻이다. 기업규모별 임금격차가 확대된다는 것은 노동시장 분단이 심화된다는 것으로, 진입하기 쉬운 저임금의 2차 노동시장에 머무르기보다는 당장 취업하지 못하더라도 고임금의 1차 노동시장을 진입하길 원하여 구직자들이 취업을 미루면 전체 노동시장에서는 중소기업의 인력난과 유효인력이 공존하는 현상이 발생한다.

정답 131. ② 132. ② 133. ③ 134. ③

135 많은 근로자들이 임금이 높은 현상을 정보의 불완전성을 이용하여 잘 설명하고 있는 것은?

① 종업원 지주제에 의해 많은 주식을 보유하고 있기 때문이다.

② 이연임금으로 한계생산물보다 높은 임금이 지급되기 때문이다.

③ 개수제 임금 적용으로 숙련이 향상되어 생산성이 향상되기 때문이다.

④ 인적자본이론에 의하면 학력이 높아져 생산성이 높아지기 때문이다.

해설　정보의 비대칭이란 본인은 자신에 대한 정보는 잘 알고 있으나, 상대방은 자신에 대한 정보를 잘 알지 못하는 것을 말한다. 기업은 노동자의 능력, 성격 등을 고용해보기 전에는 잘 알 수가 없고 고용한 후에 관찰하여 알 수 있다. 이 상태에서 장기근속을 유도하기 위해 **이연임금(입사 초기에는 저임금, 장기에는 고임금을 지급하는 것)을 지급하는 것은 결과적으로 정보비대칭으로 인해 고연령(장기근속자)에 대해 고임금을 지급한 것**이 될 수 있다.

136 임금격차의 원인 중 경쟁적 요인이 아닌 것은?

① 인적자본량

② 보상적 임금격차

③ 노동조합의 효과

④ 기업의 합리적 선택으로 효율성 임금정책

해설　**노동조합의 영향은** 노동조합의 수요·공급의 원리와 관련 없는 **비경쟁적 요인**이다.

137 노동수요특성별 임금격차의 원인 중 경쟁적 요인이 아닌 것은?

① 인적자본량

② 보상적 임금격차

③ 비효율적 연공급제도의 영향

④ 기업의 합리적 선택으로서 효율성 임금정책

해설　**[노동수요특성별 임금격차]**

㉠ 의의 : 산업·기업특성별 임금격차를 의미한다. 노동수요특성별 임금격차의 '경쟁적 요인'이란 노동의 수요·공급이라는 노동시장적 요인을 의미하고, '비경쟁적 요인'은 노동시장적 요인 이외의 요인을 의미한다.

㉡ 경쟁적 요인(주로 대기업, 고성장산업이 갖고 있는 요인)
- **인적자본량** : 산업·기업에 소속된 노동자의 인적자본량 차이로 인해 임금격차가 발생한다.
- **효율성 임금**정책 : 생산성 향상을 위해 높은 임금을 지급하는 경우 임금격차가 발생한다.
- 노동자의 보이지 않는 **질적 차이** : 선천적 능력, 도덕성, 규율에의 복종, 협동성 등 기업에 속한 노동자의 보이지 않는 질적 차이로 인해 임금격차가 발생한다.
- **보상적 임금격차** : 엄격한 감독과 규율에 대한 보상으로 높은 임금이 지급되어 산업·기업 간 임금격차가 발생한다.
- **단기적 불균형** : 고성장산업 및 기업에서 노동자에 대한 수요 증가는 단기에 고임금현상을 낳아 산업·기업 간 임금격차가 발생한다.

㉢ 비경쟁적 요인
- 시장지배력과 **독점지대**의 배당
- **노동조합**의 영향
- 비효율적인 **연공급**제도

138 다음 (　) 안에 들어갈 알맞은 것은?

아담 스미스(A. Smith)는 노동조건의 차이, 소득안정성의 차이, 직업훈련비용의 차이 등 각종 직업상의 비금전적 불이익을 견딜 수 있기에 필요한 정도의 임금 프리미엄을 (　)(이)라고 하였다.

① 직종별 임금격차

② 균등화 임금격차

③ 생산성임금

④ 헤도닉 임금

해설　**균등화 임금격차**란 직종의 불리함을 임금으로 보상함으로써 발생하는 임금격차로 **보상적 임금격차**라고도 한다.

★★ 2012년, 2015년 직업상담사 1급

139 다음 중 직종별 임금격차의 발생원인이 아닌 것은?

① 근로조건에 따른 보상

② 숙련도별 임금격차

③ 인적자본투자에 대한 보상

④ 생산시설의 독점비율

> 해설 **생산시설의 독점비율**은 직종별 임금격차가 아니라 **산업별 또는 노동수요특성별(산업·기업특성별) 임금격차의 원인**에 해당한다.
>
> **[직종별 임금격차의 발생원인]**
> ㉠ **근로환경**의 차이
> ㉡ **노동조합 조직률**의 차이
> ㉢ 특정 직종에 대한 회피 및 **선호도**
> ㉣ 직종 간 **정보단절**
> ㉤ **비경쟁집단** : 능력 부족, 정보 부족, 교육비용 등으로 직종 간의 노동이동이 제한되어 발생하는 임금격차
> ㉥ **보상적** 임금격차 : 직종의 불리함을 보상함으로써 발생하는 임금격차
> ㉦ **과도적** 임금격차 : 노동수요 급증을 노동공급이 바로 따라가지 못할 때 발생하는 일시적 임금격차

★ 2014년 직업상담사 1급

140 다음 중 직종별 임금격차의 요인으로 가장 거리가 먼 것은?

① 시장구조의 변화

② 인적자본투자량의 차이

③ 보상차이론

④ 시장의 단기적 불균형

> 해설 **시장구조의 변화(산업의 독과점도)는** 직종별 임금격차가 아니라 **산업별 또는 노동수요특성별(산업·기업특성별) 임금격차의 원인**에 해당한다.

★ 2004년 직업상담사 1급

141 아담 스미스(Adam Smith)가 국부론에서 직업을 식별하는 5가지 기준으로 제시한 것과 거리가 먼 것은?

① 업무수행의 자율성/타율성

② 작업수행자에게 요구되는 책임의 크기

③ 작업기술 습득의 어려움과 비용의 많음/적음

④ 직업의 쾌적함/불유쾌함

> 해설 **[아담 스미스의 5가지 직업구별기준]**
> 아담 스미스는 다음과 같이 5개의 일자리의 차이가 있다고 보았다. 한편 불리한 직업에는 불리함을 보상하는 임금 프리미엄이 주어지는데 직업 간 순이익(＝임금 프리미엄−직업의 불이익)이 같아질 때까지, 즉 순이익의 균등화가 이루어질 때까지 근로자와 기업 간의 짝짓기가 이뤄지고, 이러한 경쟁노동시장의 기능에 의해 노동은 각 상이한 분야로 배분된다고 설명하였다.
> ㉠ 일자리의 **쾌적함** 또는 불유쾌함
> ㉡ 일자리기술 습득의 **어려움**과 비용의 많고 적음
> ㉢ 일자리의 **지속성** 또는 불규칙성
> ㉣ 작업수행자에게 요구되는 **책임**의 크기
> ㉤ 일자리에서의 **성공 가능성** 또는 실패확률

★ 2017년 직업상담사 1급

142 어떤 직업이 다른 직업에 비해서 노동강도가 심하거나 열악한 환경에서 작업해야 하는 경우 더 높은 임금을 지급하기 때문에 임금격차가 발생한다고 보는 이론은?

① 생산성격차설

② 보상격차설

③ 노동시장분단설

④ 노동조합효과설

> 해설 **[보상적 임금격차]**
> ㉠ 의의 : **직종의 불리함을 임금으로 보상함으로써 발생하는 임금격차**를 말한다.
> ㉡ 발생원인
> • **비금전적 차이** : 노동의 유쾌한 정도, 난이도, 작업환경, 직업에 대한 사회적 평가, 주관적 만족도 등에 대한 보상으로 임금격차가 발생한다.
> • **금전적 위험** : 임금의 발생시기가 불확실한 데에 대한 보상으로 임금격차가 발생한다.
> • **교육훈련의 차이** : 교육훈련을 받는데 **소요된 비용**에 대한 보상으로 임금격차가 발생한다.
> **[암기 Tip]** 우리 카페는 커피에서 **금위**(금이) 나오면 **비금차, 교훈차로 보상**해드립니다.

143 다음 중 보상적 임금격차가 발생하게 되는 경우가 아닌 것은?

① 노동생산성이 높다.
② 벽지에서 근무한다.
③ 교육 · 훈련을 많이 받아야 한다.
④ 산업재해의 발생 가능성이 높다.

해설 생산성이 높은 것은 직종의 불리함과는 관계없다.

144 보상적 임금격차론에서 설명하는 바와 달리 현실에서는 근로조건이 좋은 직종의 임금이 더 높은 이유와 가장 거리가 먼 것은?

① 고임금직종에서 요구되는 인적자본의 수준이 높으므로
② 고임금직종에서의 노동생산성이 높으므로
③ 고임금직종에서는 초과노동수요가 존재하므로
④ 고임금직종의 근로자들이 기업성과에 미치는 영향이 더 크므로

해설 초과노동수요는 시장균형임금 자체를 변동시키는 것으로 임금격차와는 관계가 멀다. 현실에서 근로조건의 불리함과 관계없이 특정 직종에 고임금이 형성되는 이유를 묻는 문제이다. 기업이 유능한 직원에게 많은 임금을 지급하는 경우가 이에 해당한다.

145 보상적 임금격차에 대한 설명으로 틀린 것은?

① 근로자들이 좋지 않은 곳으로 전출되면 임금이 상승한다.
② 물가가 높은 곳에서 근무하면 임금이 상승한다.
③ 비금전적 측면에서 매력적인 일자리는 임금이 상대적으로 낮다.
④ 성별 임금격차도 일종의 보상적 임금격차이다.

해설 보상적 임금격차란 직종의 불리함을 임금으로 보상함으로써 발생하는 임금격차를 말하는 것으로, 성별 임금격차는 이와 무관하다.

146 다음 중 산업 간 임금격차가 발생하는 원인과 가장 거리가 먼 것은?

① 노동조합의 유무
② 노동생산성의 차이
③ 상품시장에 대한 지배력의 차이
④ 승진, 승급상의 관리차별

해설 [산업별 임금격차의 발생원인]
㉠ 노동조합의 힘 : 노동조합이 광범위하게 조직되어 있거나 조합의 교섭력이 강한 산업일수록 임금수준은 높아지므로 격차가 커진다.
㉡ 노동생산성 : 노동생산성이 높은 산업은 한계생산력의 차이에 의해 다른 산업에 비해 임금수준도 높게 된다.
㉢ 산업의 독과점도 : 독과점력을 강력히 행사할 수 있는 산업은 고임금 지급이 가능하여 임금격차가 커진다.

147 A산업의 평균임금이 B산업보다 높은 것으로 알려져 있는데, 그 이유가 가장 거리가 먼 것은?

① A산업의 노동조합이 B산업보다 강하다.
② A산업 근로자의 생산성이 B산업 근로자보다 높다.
③ A산업은 경쟁적인 반면, B산업은 독과점도가 높다.
④ A산업은 최근 급속히 성장하고 있어 노동수요에 노동공급이 충분히 대응하지 못하고 있다.

해설 상품시장이 독과점이면 기업에 독과점 이윤이 발생하고, 그 일부가 임금으로 지급되어 고임금이 형성되며, 그로 인해 산업 간 임금격차가 발생한다.

정답 143. ① 144. ③ 145. ④ 146. ④ 147. ③

148 A산업의 평균임금이 B산업보다 높다면 그 이유와 가장 거리가 먼 것은?

① A산업의 노동조합이 B산업보다 약하다.

② A산업 근로자의 생산성이 B산업 근로자보다 높다.

③ A산업 근로자의 숙련도수준이 B산업 근로자의 숙련도수준보다 높다.

④ A산업은 최근 급속히 성장하고 있어 노동수요에 노동공급이 충분히 대응하지 못하고 있다.

해설 노동조합의 힘이 클수록 해당 산업의 평균임금이 높아진다.

★★ 2013년, 2017년 직업상담사 1급

149 다음 (   )에 알맞은 것은?

> 헤도닉 임금함수의 기울기는 개인의 (   )와 동일함을 알 수 있다.

① 선호 또는 소망   ② 수요

③ 공급   ④ 보상요구임금

해설 산재위험회피도가 다른 근로자들의 무차별곡선들과 산업안전비용이 다른 기업들의 등이윤곡선들의 접점들을 연결한 것을 보상충족임금함수라 한다. 이 함수는 정의 관계를 가지며, 이 함수의 기울기는 개인의 보상요구임금과 동일하다.

※ 151번 문제 해설 참조

★★ 2015년, 2022년, 2023년 직업상담사 1급

150 효율임금에 관한 설명과 가장 거리가 먼 것은?

① 효율임금을 추구하는 기업은 임금을 기업 외부의 경쟁임금보다 높게 책정한다.

② 장기적으로 이직비용과 훈련비용을 절약하여 총노동비용을 감소시키는 효과를 가질 수 있다.

③ 생산성 향상에 따라 임금이 결정되는 것이다.

④ 근로자로 하여금 근로노력을 고취시키는 장점이 있다.

해설 효율임금은 생산성 향상을 위해 시장의 균형임금보다 높은 임금을 지급하는 것을 의미하는 것으로 생산성에 따라 임금이 결정되는 것이 아니다. 즉, 생산성 향상은 효율임금에서 결과이지 원인이 아니다.

★ 2004년 직업상담사 1급

151 노동자에게 지급되는 임금과 어떤 직무특성 간의 관계를 요약한 헤도닉 임금함수(Hedonic Wage Function)에 대한 설명으로 옳지 않은 것은?

① 헤도닉 임금함수의 기울기는 근로자의 유보임금(Reservation Wage)과 같다.

② 헤도닉 임금함수의 기울기는 기업의 등이윤곡선(Iso-profit Curve)의 기울기와 같다.

③ 직무특성이 바람직하지 않은 것이라면 헤도닉 임금함수의 기울기는 음(−)이 된다.

④ 근로자들이 직무특성에 대한 숨겨진 선호가 헤도닉 임금함수를 통해 노출된다.

해설 [헤도닉 임금함수]

근로자가 갖는 산재위험과 임금 간의 무차별곡선과 기업이 갖는 산재위험과 임금 간의 등이윤곡선의 접점을 보상충족임금이라 한다. 근로자들은 개인별로 산재위험회피도가 다르고, 기업들은 산업안전에 쓰려는 비용이 다른데, 산재위험회피도가 다른 근로자들의 무차별곡선들과 산업안전비용이 다른 기업들의 등이윤곡선들의 접점들을 연결한 것을 보상충족임금함수라 한다. 이 함수는 정의 관계를 가지며, 이 함수의 기울기는 개인의 보상요구임금과 동일하다. 이는 산재위험회피 개인은 안전한 작업환경–낮은 임금을 제공하는 기업과 합치하며, 산재위험에 개의치 않는 개인은 위험한 작업환경–높은 임금을 제공하는 기업과 합치하는 것을 보여준다. 즉, 직무특성이 바람직하지 않은 것이라면 헤도닉 임금함수의 기울기는 양(+)이 된다.

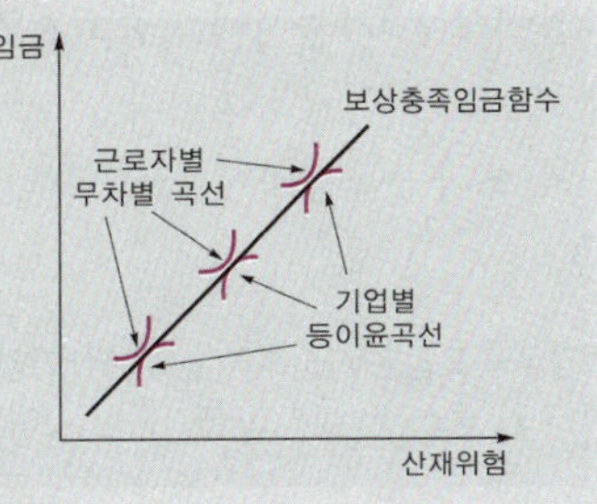

152 다음 중 헤도닉 임금이론의 가정으로 틀린 것은?

① 직장의 다른 특성은 동일하며 산업재해의 위험도도 동일하다.

② 노동자의 효용을 극대화하며 노동자 간에는 산업안전에 관한 선호의 차이가 존재한다.

③ 기업은 좋은 노동조건을 위해 산업안전에 투자해야 한다.

④ 노동자는 정확한 직업정보를 갖고 있으며 직업 간에 자유롭게 이동할 수 있다.

> **해설** [헤도닉 임금이론]
> ㉠ 헤도닉 임금이란 기업이 유해위험한 노동환경에 대한 보상이 더해져 임금수준이 결정된다는 것으로 기업별, 직무별로 산재위험에 대한 차이만 존재한다고 가정한다.
> ㉡ 헤도닉 임금이론의 가정
> • 직장의 다른 특성은 동일하며 산업재해의 위험도만 차이가 있다.
> • 노동자는 효용을 극대화하며 노동자 간에는 산업안전에 관한 선호의 차이가 존재한다.
> • 기업은 좋은 노동조건을 위해 산업안전에 투자를 해야 한다.
> • 노동자는 정확한 직업정보를 갖고 있으며 직업 간 자유롭게 이동할 수 있다.

153 효율성임금이론에 관한 설명으로 틀린 것은?

① 노동자에게 고임금을 지불하여 생산성을 높이는 임금정책이다.

② 근로자의 도덕적 해이를 방지할 수 있는 임금정책이다.

③ 대기업에서는 가능하나, 중소기업에서는 실행할 수 없는 임금정책이다.

④ 노동의 초과공급상태에서도 실행하는 임금정책이다.

> **해설** 효율임금의 도입은 자금여력이 있는 대기업이 유리하기는 하지만 중소기업이라고 불가능한 것이 아니다.

154 효율임금이론에 대한 설명으로 옳지 않은 것은?

① 다른 기업보다 효율적으로 임금을 낮춘다.

② 노동시장의 정보가 불완전하다고 가정한다.

③ 효율임금은 대기업에서 사용될 가능성이 높다.

④ 기업은 이윤 극대화를 위해 이러한 임금정책을 사용한다.

> **해설** 효율임금은 생산성 향상을 위해 시장의 균형임금보다 높은 임금을 지급하는 것을 의미한다.

155 효율임금이론에 대한 설명으로 틀린 것은?

① 근로자의 직장상실비용을 증대시켜서 근로자로 하여금 작업 중 태만하지 않고 열심히 일하게 한다.

② 근로자는 고임금을 사용자가 주는 일종의 선물로 간주하고, 이러한 은혜에 보답하기 위해 작업노력을 증대시킨다.

③ 우량기업이라는 기업의 명예와 신용이 높아지면 신규 근로자의 채용 시에 보다 양질의 근로자를 고용할 수 있다.

④ 개인의 업무 효율성에 따라 임금을 지급하여 능률을 향상시킨다.

> **해설** [효율임금이론]
> ㉠ 효율임금이론은 시장의 균형임금보다 높은 임금을 지급하여 노동생산성 향상을 도모하는 것을 말한다.
> ㉡ 효율임금이론에서 고임금이 고생산성을 가져오는 원인
> • 고임금은 직장상실비용을 증가시켜 근무태만을 방지한다.
> • 고임금으로 인해 노동자들이 스스로 알아서 열심히 일하도록 하여 통제상실을 방지한다.
> • 고임금을 노동자가 은혜로 받아들여 해고위협이 없더라도 작업노력을 증대시킨다.
> • 노동자의 사직을 감소시켜 신규 채용 및 훈련비용을 감소시킨다.
> • 신규 채용 시 지원노동자의 평균자질이 높아져 보다 양질의 노동자를 고용할 수 있다.

정답 152. ① 153. ③ 154. ① 155. ④

156 근로자가 보다 열심히 일하도록 하기 위한 유인으로서 시장임금보다 높은 임금을 지불한다는 효율임금(efficiency wage)이론을 다음과 같은 간단한 모형으로 나타내었다.

$$E=(w-x)^a$$
(단, E는 근로자가 기울이는 노력, w는 효율임금, x는 시장임금이며, $0<a<1$)

이 모형에서 단위노력당 임금, 즉 $\dfrac{w}{E}$ 를 최소화할 수 있는 효율임금 w의 수준은?

① $\dfrac{a}{1-x}$ ② $\dfrac{x}{1-a}$

③ $\dfrac{1-a}{x}$ ④ $\dfrac{1-x}{a}$

해설 효율임금이론은 시장의 균형임금보다 높은 임금을 지급하여 노동생산성 향상을 도모하는 것을 말한다.

$\dfrac{w}{E}=\dfrac{w}{(w-x)^a}$

이것이 극소화되는 지점을 구하기 위해 몫의 미분을 하면
$=(w-x)^a - aw(w-x)^{a-1}/(w-x)^{2a}$

극솟값은 미분한 것이 0일 때이므로 분자가 0일 때이다.
즉, $(w-x)^a = aw(w-x)^{a-1}$

$\therefore w = \dfrac{x}{1-a}$

※ 몫의 미분공식 : $\left(\dfrac{f}{g}\right)' = \dfrac{f'g - fg'}{g^2}$

157 고임금 경제가 존재할 때의 노동수요에 대한 설명으로 틀린 것은?

① 노동의 수요곡선이 보다 가파른 모습을 띄게 된다.
② 노동의 한계생산력이 임금의 영향을 받는 것으로 가정한다.
③ 임금 상승 시의 고용 감소폭이 고임금 경제가 존재할 때가 더 크다.

④ 임금이 상승하면 노동의 한계생산력이 상승하게 된다.

해설 효율임금이론(고임금 경제)은 시장의 균형임금보다 높은 임금을 지급하여 노동생산성 향상을 도모하는 것을 말한다. 효율임금의 고임금은 노동의 한계생산력을 높여 고임금에도 불구하고 고용이 덜 감소하게 된다(비탄력적, 노동수요곡선이 더 가파르다).

158 다음 중 시장균형임금보다 임금수준이 높게 유지되는 경우에 해당되지 않는 것은?

① 인력의 부족
② 노동조합의 존재
③ 최저임금제의 시행
④ 효율성 임금정책 도입

해설 인력 부족은 노동공급곡선 자체를 이동시키는 요인으로 시장의 균형임금을 변화시키는 요인이다.

159 임금격차의 원인으로서 통계적 차별(Statistical Discrimination)이 일어나는 경우는?

① 비숙련 외국인 노동자에게 낮은 임금을 설정할 때
② 임금이 개별 노동자의 한계생산성에 근거하여 설정될 때
③ 사용자가 자신의 경험을 기준으로 근로자의 임금을 결정할 때
④ 사용자가 근로자의 생산성에 대해 불완전한 정보를 갖고 있어 평균적인 인식을 근거로 임금을 결정할 때

해설 통계적 차별에 의한 임금격차란 사용자가 개별 노동자의 생산성 정보가 아니라 개인이 속한 집단에 대한 평균적인 인식을 근거(통계적인 정보)를 기준으로 임금을 지급함으로써 개별 노동자의 생산성에 대한 타당한 임금이 지급되지 않아 발생하는 임금격차를 말한다.

정답 156. ② 157. ③ 158. ① 159. ④

160 남녀 간 시간당 임금함수가 다음과 같을 때, 이에 대한 설명과 가장 거리가 먼 것은?

> • 남자 : $W_m = 3,000 + 9,000EXP$
>
> • 여자 : $W_f = 2,000 + 5,000EXP$
>
> (단, EXP는 경력연수이며, 임금의 단위는 원이다.)

① 남성근로자들이 노동시장경력이 더 긴 경향이 있다.

② 같은 경력연수라도 남성근로자들의 임금이 여성근로자들에 비해 높은 경향이 있다.

③ 초임은 남성근로자들이 더 높은 경향이 있다.

④ 경력연수가 늘어날수록 남녀 간 임금격차는 커지는 경향이 있다.

해설 제시된 함수는 경력연수가 1년일 때 임금이 남성은 12,000원, 여성이 7,000원으로서 초임이 남성이 더 많고, 초임 및 경력연수의 배수가 남성이 더 크므로 같은 경력이라도 남성의 임금이 더 많으며 경력연수가 늘어날수록 남녀 간 임금격차는 더 커지는 것을 보여준다. 그러나 남성근로자의 노동시장경력이 얼마인지에 대해서는 알 수 없다.

정답 160. ①

노사관계

01 던롭(Dunlop)의 노사관계이론 (시스템이론)

(1) 노사관계의 3주체

① **근로자** 및 그 조직
② **경영자** 및 그 조직
③ 노동문제 관련 **정부**기구

(2) 노사관계를 규제하는 여건

① **기술적 특성**(technological characteristics) : 기업의 경영관리형태, 노동자들의 조직형태, 고용된 노동력의 특성 등은 노사관계에 영향을 미친다.
② **시장 또는 예산제약** : 경쟁적 시장일수록 낮은 이윤, 낮은 임금지불능력으로 노사관계가 긴장되기 쉽다.
③ **각 주체의 세력관계** : 노사관계 3주체의 사회적 지위, 권력에 대한 접근 가능성, 정당 또는 일반여론 등이 하나의 노사관계를 형성하거나 그 형성을 제약하는 요인으로서 작용한다.

02 이원적 노사관계론

① **제1차 관계** : 경영 대 종업원관계로 친화, 우호, 협력의 관계이다.
② **제2차 관계** : 경영 대 노동조합관계로 대등, 대립, 투쟁적인 관계이다.

03 노동자의 경영참가형태

① 단체교섭에 의한 참가 : 사용자와 대립관계인 노동조합의 단체교섭을 통한 경영참가이다. 근로조건과 관련 있는 부분에 한하여 교섭이 가능하므로 노동자의 경영참가에 한계가 있다.

② 노사협의회에 의한 참가 : 협력적 노사관계를 바탕으로 하는 노사협의회를 통한 경영참가이다. 생산성 향상, 신기술 도입 등 경영권에 관한 사항을 협의한다. 그러나 경영권에 관한 사항에 대해 결정을 강제할 수는 없다.

③ **근로자 중역 · 감사역제에 의한 참가** : 근로자 측의 중역 및 감사역을 중역회 및 감사역회에 참가시키는 형태로 기업경영의 의사결정에 직접 참가한다는 점에서 **가장 고도의 경영참가형태**라고 할 수 있다. 독일의 경영조직법과 공동결정법에 의한 근로자대표의 참가가 대표적이다.

04 뉴딜(New Deal)적 노사관계

(1) 의의

미국에서 1935년 제정된 **전국노사관계법[National Labor Relation Act : NLRA, 일명 와그너(Wagner)법]** 이후에 확립된 노사관계를 말한다.

(2) 특징

① **노사자치주의** 추구(국가 개입 배제)
② **사용자의 배타적 경영권**
③ **직무통제조합**(작업방법, 성과평가, 상벌기준 등을 단체협약으로 체결하여 규범화)

제2절 노동조합의 이해

01 노동조합의 형태

(1) 노동조합의 이중역할이론

① **독점적 측면** : 노동조합은 노동력 공급을 독점하여 조합원이 이익만을 옹호하고 노동시장의 완전경쟁을 저해한다.
② **집단적 목소리** : 노동조합은 조합원뿐만이 아니라 모든 노동자들의 의사소통을 가능하게 한다.

(2) 노동조합의 기능

① **경제적 기능** : 조합원의 경제적 권리와 이익을 신장시키는 것으로 노동조합의 본래적 기능이다.
② **정치적 기능** : 근로조건 결정과 관련된 관계법령 개정이나 노동정책 개선을 위해 활동하는 것으로 노동조합의 부수적 기능이다.

③ **공제 · 복지적 기능** : 장학기금 마련, 협동조합사업 등 조합원의 복지 향상을 위해 각종 공제활동 및 복지활동을 전개하는 것으로 노동조합의 부수적 기능이다.

(3) 경제적 조합주의 (economic unionism)

① 노사관계를 기본적으로 **이해대립의 관계**로 보고 있으나 이해조정이 가능한 **비적대적 관계**로 이해한다.
② 노동조합운동의 목적은 **노동자들의 생활조건 개선과 유지**에 있다고 본다.
③ 경영전권을 인정하며 **경영참여를 회피**한다.
④ 노동조합운동의 **정치로부터의 독립**을 주장한다.

(4) 기업노조주의 (business unionism)

미국의 기업노조주의는 영국의 경제적 조합주의의 전통에서 입법활동 및 사회보장강화를 위한 정당만 빠진 것이라고도 할 수 있다.
① 유토피아적 활동에는 일체 참가하지 않는다.
② 독점적 기업 내지 사용자에 반대하는 입장을 취하는 **농민과 중소기업가와의 제휴 · 협력은 하지 않는다.**
③ 조합은 **혁명적 사상 또는 혁명적 집단과도 일체 손을 끊는다.**
④ 지식층의 노동운동 참가는 조심스럽게 받아들인다.
⑤ **개혁적 입법은 지지하지 않는다.** 정부 지배를 초래하는 것을 원치 않는다.
⑥ **노동정당을 결성해서는 안 된다. 정치참가는 기존의 정치기구를 통해서 한다.**
⑦ 정부의 보호 하에 힘과 권한을 유지하는 조합 또는 단체의 조직화를 인정하지 않는다.
⑧ 이민법의 자유화에 대해서는 강경하게 반대한다.
⑨ **단체교섭을 중시**해간다.

(5) 숍제도

① 의의 : 숍제도란 노동조합에의 가입 및 유지의 측면에서 사용자와 조합원과의 고용관계를 규율하는 제도를 말한다.
② 숍의 종류
　㉠ 오픈숍 (open shop) : 사용자가 **조합원 여부에 상관없이** 종업원으로 채용할 수 있는 제도이다.
　㉡ 클로즈드숍 (closed shop) : **조합원만**을 종업원으로 채용할 수 있는 제도이다.
　㉢ 유니언숍 (union shop) : 조합원 여부에 관계없이 종업원으로 채용될 수는 있으나, **채용된 후에는 일정기간 이내에 조합원이 되어야 하는 제도이다.**

ⓔ 에이전시숍 (agency shop) : 종업원들에 조합 가입이 강제되지는 않으나, 조합 가입을 대신하여 **조합비 상당의 금원을 납부**하여야 하는 제도이다.

ⓜ 프리퍼렌셜숍 (preferential shop) : 사용자가 조합원 여부에 관계없이 종업원을 채용할 수 있으나, 인사·해고 및 승진 등에 있어서 **조합원에 우선적 특권을 부여**하는 제도이다.

ⓗ 메인터넌스숍 (maintenance of membership shop) : 사용자가 조합원 여부에 관계없이 종업원을 채용할 수 있으나, 단체협약 체결 당시 조합원인 종업원은 고용계속의 조건으로 **일정기간 동안 조합원자격을 유지하여야 하는 제도**이다.

(6) 노동조합의 형태

① 직종별 노동조합

㉠ 의의 : 동일한 직종에 종사하는 노동자들이 기업과 산업을 초월하여 가입하는 노동조합으로 **산업혁명 초기 숙련 노동자를 중심으로 가장 먼저 조직된 조직형태**이다.

㉡ 장점 : 단결력이 강하고 어용화의 위험이 적다는 점, 근로조건에 관해 통일된 요구를 할 수 있다는 점, 실업근로자도 가입할 수 있다는 점 등이 있다.

㉢ 단점 : **독점적·배타적이어서 노동자 전체의 지위 향상에 적합하지 않고** 조합원과 사용자와의 관련성이 약하다.

② 기업별 노동조합

㉠ 의의 : 하나의 기업에 소속된 노동자들이 직종과 관계없이 가입하는 노동조합이다. 우리나라의 일반적인 노조형태였으나, 최근 산업별 노조의 성장으로 현재는 기업별 노조와 산업별 노조의 비중이 비슷해졌다.

㉡ 장점 : **조합원의 참여의식이 높고 기업의 특수성을 반영**할 수 있다.

㉢ 단점 : **어용화의 가능성이 크고** 조합이기주의가 나타날 수 있다.

③ 산업별 노동조합

㉠ 의의 : **기업·직종을 초월해서 동종의 산업**에 종사하는 노동자들로 조직된 노동조합으로서 숙련·미숙련 노동자들을 전부 포괄한다. 외국의 일반적인 조직형태이고, 우리나라도 증가하는 추세이다.

㉡ 장점 : 동종 산업의 노동자들의 지위를 통일적으로 개선할 수 있고, **조직력이 강하며 어용화의 위험이 적다.**

㉢ 단점 : 개별 기업의 특성을 반영할 수 없다.

02 단체교섭

(1) 노동조합의 교섭형태

① 기업별 교섭 : 기업별로 조직된 노동조합과 사용자가 교섭하는 형태이다.

② 통일교섭 : 산업별·직종별 노동조합과 그에 대응하는 사용자단체가 교섭하는 것이다.

③ 대각선교섭 : 산업별 노조나 직종별 노조가 개별 사용자 간 교섭하거나 사용자단체와 기업별 조합 간 교섭하는 형태이다.

④ 공동교섭 : 기업별 노동조합이 상급단체와 공동으로 개별 사용자와 교섭하는 형태이다.

⑤ 집단교섭 : 다수의 기업별 노동조합이 집단적으로 이에 대응하는 사용자 또는 다수 사용자들과 교섭하는 것이다.

(2) 교섭대상의 분류

① 의무적 교섭사항 : 사용자가 교섭에 응하여야 하는 사항으로 임금·근로시간 기타 근로조건이 이에 해당한다.

② 임의적 교섭사항 : 교섭에 응할 사용자의 의무는 없지만 단체협약이 체결되면 법적 효력이 인정되는 사항이다. 조합활동에 관한 사항, 조합비 공제 및 노조전임자에 관한 사항 등 집단적 노사관계에 관한 사항, 즉 단체협약의 채무적 부분이 여기에 해당한다.

③ 위법적 교섭사항 : 법규나 공서양속에 위반되어 교섭하는 것 자체가 금지되며, 합의해도 무효가 되는 사항이다. 차별적 대우조항, 노조에 대한 지배·개입 등이 이에 해당한다.

(3) 노동쟁의의 대상

① 노동쟁의의 의의(「노동조합 및 노동관계조정법」 제2조) : 노동쟁의라 함은 노동조합과 사용자 또는 사용자단체간에 임금·근로시간·복지·해고·근로자의 지위 기타 대우 등 근로조건의 결정과 근로조건에 영향을 미치는 사업경영상의 결정에 관한 주장의 불일치 및 사용자의 명백한 단체협약 위반으로 인하여 발생한 분쟁상태를 말한다. 이 경우 주장의 불일치라 함은 당사자 간에 합의를 위한 노력을 계속하여도 더 이상 자주적 교섭에 의한 합의의 여지가 없는 경우를 말한다.

② 노동쟁의의 대상 여부 : 노동조합은 노동쟁의 대상에 한하여 조정을 거쳐 쟁의행위로 나아갈 수 있다.

㉠ 이익분쟁 : 이익분쟁이란 **근로조건기준에 관한 권리의 형성·유지·변경 등을 둘러싼 분쟁**으로 단체협약 체결·갱신이 이에 해당한다. **이익분쟁은 노동쟁의 대상**이다.

㉡ 권리분쟁 : 권리분쟁이란 법령·단체협약·취업규칙 등에 의해 **확정된 권리의 해석·적용 등을 둘러싼 분쟁**으로 미지급 임금 청산, 해고자 복직, 단체협약 이행, 부당노동행위 구제 등을 말한다. 법률에 노동쟁의 대상을 근로조건의 '결정'으로 하여 권리분쟁에 한정함을 명시하고 있으므로 **권리분쟁은 노동쟁의의 대상이 아니었으나 최근 법 개정(노란봉투법)을 통하여 사용자의 단체협약위반으로 인한 분쟁상태 등 권리분쟁도 일부 노동쟁의의 대상이 되었다.**

(1) 노동조합 운영의 원칙

노동조합이 노동시장의 거래주체로서 노동자들의 이익을 제대로 대변할 수 있기 위해서는 그 조직이 다음과 같은 특성을 갖도록 해야 한다.

첫째, 조합은 노동자들의 조직으로서 **자주성**을 가져야 한다. 기업가의 이익을 대변하는 자가 조합을 좌우하면 노동자들의 교섭력은 약화될 것이다. 기업자의 이익을 대변하는 위치에 있는 노동자(예컨대 노무관리 담당자)를 조합원자격에서 제외시키고 있는 이유는 바로 이 때문이다.

둘째, 노동조합은 **대표성**과 통솔력을 갖고 있어야 한다. 조합원의 의지가 조합의 활동에 반영되면서도 조합이 하나의 통일체로서 행동할 수 있기 위해서는 효율적인 의사결정절차가 확립되어 있어야 한다.

셋째, 조합은 **민주주의**적 원칙에 입각하여 자발적인 조합원들의 참여에 의해 운영되어야 한다. **요컨대 자주성, 대표성, 민주주의가 노동조합 조직 운영의 기본원리가 되어야 하는 것이다.**

(2) 노동조합의 재정

노동자 간의 상호부조기능을 높이고 쟁의기금을 미리 비축하여 조합의 교섭력을 높여야 하기 때문에 재정은 조합의 활동에 있어서 기본적인 중요성을 갖는다. 조합재정의 원천은 주로 조합원이 납부하는 조합비이며, 이밖에 재정운용에 따른 수익이 약간 있을 수 있다. 구미의 노동조합에서는 모든 조합원이 일정액의 조합비를 납부하는 경우가 많으나, 우리나라에서는 임금의 일정비율로 납부액이 개인에 따라 차이가 난다. 조합비를 걷는 방법은 조합원들이 자발적으로 내는 방법과 **회사에서 임금을 지불할 때 조합비를 노조 대신 일괄 징수하는 방법**(체크오프, check-off)이 있다.

(3) 노동조합의 외연적 확장

노동조합은 단체교섭의 기능을 원활히 하기 위한 내부 운영에 그 일차적 관심을 기울여야 하나, 노동조합 조직 운영을 활성화시키기 위해서는 원래 노동조합 본연의 기능에 속했으나 국가로 그 기능이 이전된 사회보장제도의 일부 기능을 위임받아 행할 수 있다. 벨기에, 덴마크, 스웨덴 등의 국가에서는 노동조합이 실업기금을 거두고 실업급부 등의 관리 운영을 노동조합이 직접 행함으로써 높은 노조조직률을 유지하고 있다. 사회보장기능을 직접 맡아 행하지 않더라도 그러한 기금 운영을 노사정 합의체에 의해 행함으로써 노동자 간의 단결감과 연대의식을 고취시켜 조직률을 높이거나 유지할 수 있게 된다.

(1) 우리나라 노동조합 조직률 (고용노동부, 2023년 전국노동조합 조직현황)

① 노조조직률 $= \dfrac{\text{전체 조합원 수}}{\text{조직대상 근로자 수}} \times 100\%$

   ㉠ 조직대상 근로자 수 : 경활임금근로자－제외

   ㉡ 제외 : 가입금지 공무원＋가입금지 교원

② 2023년 노조조직률 $= \dfrac{\text{전체 조합원 수}(2{,}737\text{천명})}{\text{조직대상 근로자 수}(21{,}031\text{천명})} \times 100\% = 13\%$

(2) 노동조합의 성장요인

① **아쉔펠터와 펜카벨** : 아쉔펠터(Ashenfelter)와 펜카벨(Pencavel)은 노동조합원 수의 변화가 가격수준 변화, 고용변화, 경제후퇴기의 실업률, 의회 내의 노동자 후원정당 의석수의 비율과 정(＋)의 상관관계에 있고, 노조화된 부문에 있어서 고용에 대한 조합원의 비율과 부(－)의 상관관계에 있음을 주장하였다.

   ㉠ 그들의 논의에 의하면 **경제가 팽창기에 있다면 물가 상승이 화폐 임금수준의 상승을 앞지르기 때문에 실질임금은 하락하지만 노조의 활동에 의해 일정한 임금 상승이 기대되는 한 노조 가입으로부터 오는 기대수익은 물가수준의 상승과 더불어 오히려 증가한다.**

   ㉡ **경기팽창기에는 고용의 가능성은 증대하고 고용주의 보복비용은 감소되어 성공적인 조직화의 가능성도 높아진다.**

   ㉢ 노동자가 갖는 불평이 크면 클수록 노조원이 얻을 수 있는 이득이 그만큼 더욱 커진다고 볼 수 있다. **실업률이 클수록 노조원은 더 큰 이득을 얻을 가능성이 있다.**

   ㉣ **정치적 환경을 영향을 나타낼 수 있는 특정 변수를 포함**한다. 예를 들어, 여타 조건이 동일하다면 **의회 내에서 노동자가 후원하는 정당이 의석을 많이 차지하거나 파업에 대한 정치적 제약이 해소되고 파업에 대한 여론이 호전되면 될수록 단체교섭상의 효율성 증대와 노조원의 이득은 더욱 커진다.**

   ㉤ 조직의 한계수확 체감을 나타내는 노조화된 부문에 있어서 **총고용에 대한 노조원의 비율**을 설명변수로 선택한다. 즉, 이러한 **비율이 크면 클수록 노조원의 이득은 적어지고 노조규모의 증대도 적어진다.**

② **뉴먼** : 뉴먼(Newman)은 미국 각 주의 비농업부문에 있어 노조조직률의 차이가 7가지 변수와 관련되어 있다는 것을 발견하였다. 즉, 블루칼라 직업의 고용비율, 도시화의 정도, 유색인종의 노동력비율, 장년노동자의 노동력비율이 노조원 성장에 있어서 유리한 요소이며, 여성노동력비율, 노동입법의 존재, 남부지역조건 등이 노조의 성공에 불리한 요소라는 것을 발견하였다.

(3) 노조조직률의 결정요인

① 노조활동에 대한 수요·공급 측면의 결정요인

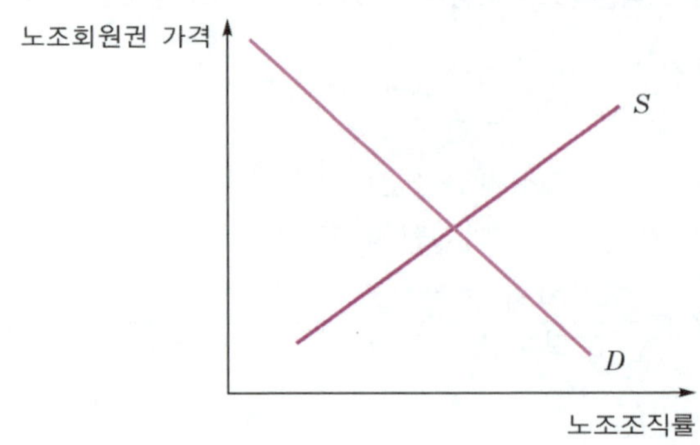

ⓐ 피고용자들이 노동조합원이 되고자 하는 수요는 노조멤버십비용의 함수로 나타나고, 이 가격에는 월별 **조합비와 가입비, 노조활동에 투입되는 시간의 가치** 등이 포함될 것이다. 따라서 다른 조건이 동일하다면 **이 비용이 높을수록 노조원이 되고자 하는 근로자의 비율은 낮아질 것이다.**

ⓑ 노동조합활동에 관한 공급 측면에서는 **조직률이 높아질수록 노동조합 조직화의 비용이 상승할 것**으로 생각할 수 있다. 이것은 소위 포만효과가 존재하기 때문이다. **포만효과란 노동조합의 조직률이 높으면 높을수록 그 이상의 조직 확대를 하기가 더욱 어렵다는 것이다.** 이것은 조직률이 높을수록 비조직 근로자가 상대적으로 적어질 뿐 아니라 그 남아 있는 근로자들은 노조 가입에 소극적인 사람들이기 때문이다.

② 노조수요곡선의 우측 이동 (조직률 상승)

ⓐ 노조조합원이 되면 예상되는 이익과 노동조합회원권 가격 간의 차이를 노조원의 예상순이익이라고 했을 때, **노조 가입의 예상순이익이 증가할수록 노동조합회원권에 대한 수요는 증가하여 수요곡선이 우측으로 이동**하게 된다.

ⓑ **또 다른 요인은 근로자들의 기호**이다. 만약 사회적인 인식의 변화 또는 노조원의 권리를 보장하는 제도가 입법화되는 경우, 근로자들이 노조원이 되고자 하는 성향이 커지고, 따라서 수요곡선이 우측으로 이동하게 될 것이다.

ⓒ **노동자들의 불만과 분노의 스톡(stock)이 클수록** 노조의 단체교섭이나 노조의 집단적 발언효과로 인하여 노조 가입의 예상순이익이 증가할 수 있다.

ⓓ **노조의 정치활동으로 사회보장 및 노동자생활 관련 서비스 제공이 향상될 가능성의 여부**로서, 이 가능성이 높아지면 예상순이익이 증가하여 노조 가입에 대한 수요가 증가할 것이다.

ⓔ **여성의 경제적 지위 향상에 대한 노조의 관심과 노력이 있으면** 전체 노동력에서 여성고용의 비중이 증가함에 따라 노조 가입은 증가하게 된다.

③ 노조수요곡선의 좌측 이동 (조직률 하락)
   ㉠ 산업구조가 서비스업 중심으로 바뀜에 따라 임금 및 근로조건을 개선시키는 데 있어서
      집단적 교섭을 선호하는 **생산직의 비중이 줄고** 전문적 일을 통해 자신의 적성과 능력을
      발휘하며 능력에 따른 개인별 보상을 선호하는 **전문 · 기술직 및 화이트칼라의 구성이
      높아지면 노조 가입은 감소된다.**
   ㉡ 중후장대형 산업(철강, 조선, 자동차산업) 상품의 국제경쟁력이 격화될 뿐 아니라 **세계
      화에 따른 경쟁압력**이 전반적으로 높아져서 상품의 가격 탄력성이 높아짐에 따라 노조
      조직의 예상순이익이 낮아지게 되어 노조 가입이 감소하게 된다.
   ㉢ 교통수단 및 정보통신의 발달로 해외공장 이전비용 절감, 생산공정의 표준화로 **해외노
      동과 국내노동의 대체관계**에 있게 되어서 노조 가입의 예상순이익이 낮아져 노조 가입
      이 감소하는 경향성을 지닌다.
   ㉣ **기업이 개인근로자에 대해 능력개발기회 및 지식급(직능급)을 제공하고 직장만족도 제고**
      가 이루어지면 노조 가입의 예상순이익은 감소하여 노조 가입은 감소한다. 즉, 노조
      가입에 따른 예상순이익의 증가 또는 감소결과에 따라 한 나라의 노동조합 조직화에
      대한 수요이동의 크기가 결정될 것이다.
④ 노조공급곡선의 이동
   노조결성활동에 따르는 비용이 변하는 경우 공급곡선이 변하게 된다. 이러한 비용을 변화
   시키는 요인에는 다음과 같은 것들이 있다.
   ㉠ **노조의 조직활동에 유리한 입법**은 공급곡선을 우측으로, 노조 억압적 입법은 공급곡선
      을 좌측으로 이동시킨다.
   ㉡ **사용자의 반노동조합 이데올로기의 강도**가 강할수록 노조조직비용이 증대하여 노조조
      직화 공급곡선을 좌측으로 이동시킨다.
   ㉢ **근로자들이 결속하기가 어렵게 산업구조가 바뀌게 되는 경우**, 공급곡선은 좌측으로 평
      행이동하여 노조조직률을 떨어뜨리는 결과를 초래할 것이다.
   ㉣ **노조가 기업별 조직을 갖추는가, 아니면 초기업적 횡단조직을 갖추는가**는 노동공급에 영
      향을 미친다. 예컨대 한 산업에 20개의 기업이 소속되어 있을 때 20개의 기업별 노조
      조직의 운영비용의 약 1/4비용으로 산별조직을 운영할 수 있을 것이다.

05 **단체교섭 및 파업의 이론**

(1) 노동조합의 사회적 비용 (신고전학파)

① **비효율적 자원배분** : 노동조합의 고임금 고수로 저임금 노동자의 조직부문으로의 이동이 제
   한된다.

② **기술적 비효율** : 노동조합이 기존의 작업권 보호를 위해 다른 생산요소로의 대체, 작업의 재배치, 작업속도 향상 등 기업의 작업 효율화에 저항한다.

③ **파업에 의한 생산손실**

(2) 노동조합의 경제적 효과 (조직부문이 비조직부문의 임금에 미치는 영향)

① **파급효과 (spillover effect)** : 노동조합의 조직으로 임금이 상승하면 기업은 고용을 줄이게 되고, 이때 해고된 노동자들이 비조직부문으로 이동하게 되어 **비조직부문의 임금을 하락하게 하는 효과**를 말한다. **이전효과**라고도 한다.

② **위협효과 (threat effect)** : 어느 업종에 노동조합이 조직되면 동종 업종의 **비조직부문 기업**이 노동조합 조직에 대한 위협을 느껴 노동조합 결성을 방지하기 위해 **미리 조직부문의 임금수준 이상으로 임금을 인상시키는 효과**를 말한다.

③ **대기실업효과 (wait unemployment effect)** : 비조직부문의 노동자들이 임금이 상승한 조직부문에 취업하기 위해 비조직기업을 사직하고 **조직부문에 취업을 대기하게 되어 비조직부문의 임금을 상승시키는 효과**를 말한다.

※ 암기 Tip : 파＼ 위／ 대／

(3) 힉스(Hicks. J. R)의 단체교섭이론

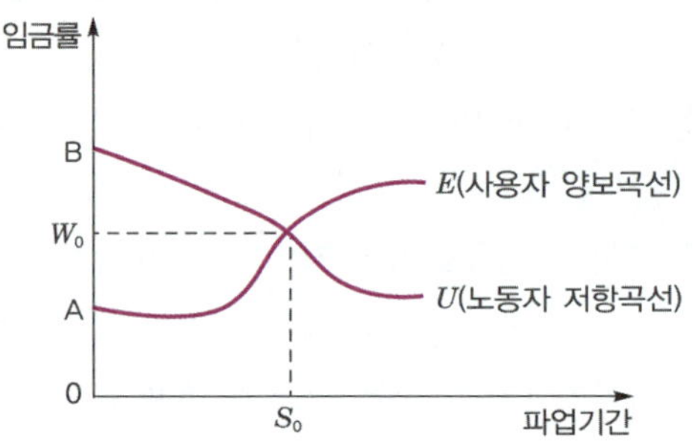

① 노동조합의 요구임금과 사용자 측의 제의임금은 **파업기간의 함수**이다. 사용자의 양보곡선 (Concession Curve)은 우상향하고, 노동조합의 저항곡선(Resistance Curve)은 우하향한다.

② 노동조합이 교차점의 임금보다 더 낮은 임금을 제기하게 되면 사용자는 쉽게 수락하겠지만, 그때는 노동조합 내부에서의 마찰이 불가피하다.

③ 사용자는 노동조합이 교차점의 임금보다 더 높은 임금을 요구하였더라면 노동조합이 충분히 파업을 하지 못할 것이라는 계산으로 그 요구를 거부할 것이다.

④ 노사가 교차점에서 파업을 중단하는 것이 이익이 된다는 것을 안다면 교차점 임금수준에서 교섭을 타결할 것이다.

⑤ 힉스모형의 단점은 파업을 하지 않는 것이 노사 양측에 도움이 되므로 파업이 발생할 수 없게 되는 상황이 전개될 수 있다는 것이다. 힉스의 모형은 **단체교섭 과정에서의 불확실성**을 **지나치게 경시**하였다는 비판을 받는다.

(4) 카터-챔벌린의 이론

① 교섭력과 교섭태도

교섭당사자의 교섭력은 교섭상대자가 자신의 조건을 수락하는 비용에 대하여 거부하는 비용의 비율이다.

$$\text{노조의 교섭력(또는 사용자의 교섭태도)} = \frac{\text{노조의 조건을 거부할 때의 사용자의 비용}}{\text{노조의 조건을 수락할 때의 사용자의 비용}}$$

$$\text{사용자의 교섭력(또는 노동조합의 교섭태도)} = \frac{\text{사용자의 조건을 거부할 때의 노조의 비용}}{\text{사용자의 조건을 수락할 때의 노조의 비용}}$$

② 상대방의 제안을 거부 또는 수락할 때 발생하는 비용

㉠ 상대방의 현실이 제안을 거부할 때 발생하는 비용이란 파업이건 직장폐쇄이건 작업의 중단 때문에 생기는 각자의 소득상실이라 할 수 있다. 그러므로 그럴 때의 비용이란 사용자에게는 이윤의 상실이며, 노동조합에게는 임금소득의 상실이 된다.

㉡ 작업 중단으로 발생하는 직접적 손실, 즉 비용이 반드시 그만큼 실제적인 손실로 되는 것은 아니다. 왜냐하면 예컨대 사용자에게 있어서는 파업으로 생산이 중단되더라도 그 기회에 재고처분도 가능하고 가변비용의 지출도 절약할 수 있으며, 경우에 따라서는 생산 중단이 끝난 뒤에 판매량의 회복이 가능할 수도 있기 때문이다.

㉢ 한편, 노동조합의 입장에서도 작업 중단에서 오는 노동소득의 상실은 실제의 소득상실과 반드시 일치하지는 않는다. 왜냐하면 파업 중에 노동조합으로부터 파업수당을 수령할 수 있고, 외부의 임시적 취업기회에서 노동소득을 얻을 수도 있으며, 국가에 따라서는 사회보장금의 수령이 가능하거나 조세공제가 있을 수도 있기 때문이다.

㉣ 상대방의 조건을 수락하는 데에서 발생하는 비용의 추산에는 무엇보다 단체협약이 이루어졌을 때 지속될 계약기간이 중요한 영향을 미치게 된다. 반면에 **당사자가 상대방의 조건을 거부할 때 발생하게 되는 비용의 계산에서는 파업기간이 중요한 영향을** 미치게 되는데, 양 당사자는 그 파업기간이란 상대방이 결국 자신의 조건을 수락하는 데 필요한 기간이라고 생각한다.

㉤ 이 이론은 교섭의 단계마다 각 교섭당사자는 자신의 교섭태도를 재검토한다고 본다. 이때 각 당사자의 입장은 상대방의 조건을 거부하는 비용과 수락할 때의 비용이 어떤지를 고려하게 되며, 이 고려는 교섭이 진행됨에 따라 달라진다. 교섭력(교섭태도)의 비율이 1보다 크거나 같게 될 때에는 양 당사자 모두 더 이상 교섭을 진행하지 않고 상대방의 조건을 수락하게 된다. 그러나 만약 양 당사자의 교섭력이 1보다 작게 되면 결국 파업 또는 직장폐쇄가 발생한다.

㉥ 이 이론에 의하면 결국 **교섭과정이란 상대방의 교섭태도, 즉 거부 대 수락 비용비율을 높이는 전략을 쓰는 것으로 이해할 수 있다. 반면에 자신의 비용비율을 보다 낮도록 하는 전략을 사용**한다. 이러한 과정은 비록 파업이 발생하더라도 계속되어서 양 당사자 또는 당사자의 비율이 1까지 높아질 때까지 계속된다. 그리고 1에 도달하면 물론 협약은 성립될 수 있다.

① 이 이론은 노사 양측이 단체교섭에 임할 때 **최종적으로 수락할 용의가 있는 자신의 조건과 교섭과정에서 겉으로 제안하는 조건과의 사이에 차이가 있는 점에 주목**한다. 즉, 실제로 교섭 상대에게 나타내지는 않지만 각 당사자들이 최종적으로 수락하려고 작정한 조건 내지 일정수준이 어떤 위치에 있는가를 고찰하고, 다음에는 교섭과정에서 상대방의 그 수락용의조건을 자신에게 유리한 방향으로 바꾸도록 노력하는 것 등을 다룬 이론이다.

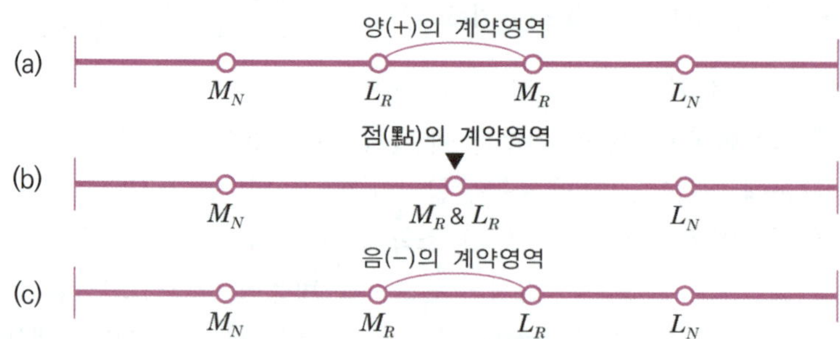

② 노동조합의 형식적 요구조건이 L_N, 노동종합의 실제적 수락용의조건이 L_R, 사용자의 형식적 요구조건이 M_N, 사용자의 실제적 수락용의조건이 M_R이다. 원점에서 우측으로 갈수록 그 수준이 높아지는 것을 나타내고 있다.

③ 그림 (a)에 의하면 **노동조합의 실제적 수락용의조건 L_R보다 사용자의 실제적 수락용의조건 M_R이 더 높은 것을 알 수 있다. 이 때문에 양(+)의 계약영역**으로 나타나 있다. 한편 그림 (c)에는 그 반대로 **노동조합의 실제적 요구수준 L_R이 사용자의 실제적 수락요구수준 M_R보다 높아서 음(-)의 계약영역**이 존재함을 표시하고 있다. 이들에 대해 그림 (b)에서는 노동조합 측과 사용자 측의 실제 수락용의조건들이 일치함을 나타내며, 이 일치점을 점의 계약영역이라 부른다.

④ 만약 양 당사자가 상대방의 수락용의가 있는 조건을 정확하게 알 수만 있다면 교섭은 즉시 타결될 수 있다. **교섭당사자들은 상대방의 형식적인 제안보다 실질적인 최종 수락용의조건을 정확히, 그리고 신속하게 파악해야 한다.** 또한 그 수준을 가령 노동조합의 경우라면 M_R을 가급적 원점에서 먼 방향으로 이동시키는 노력을 해야 한다. 그렇게 될 때 노동조합은 교섭에서 유리한 위치를 점할 수 있고 교섭을 통해 더 많은 것을 획득할 수 있다.

(6) 아쉔펠터와 존슨(Ashenfelter and Johnson)의 파업모형

① 아쉔펠터와 존슨은 협상에 임해서 **비대칭적인 정보**가 있다고 하였다. 즉, 노동조합은 회사의 경영상태나 지불능력이 어느 정도인지 정확히 알 수 없으나, 기업은 자신의 지불능력에 대해 잘 알고 있다는 것이다. 비대칭적 정보 때문에 노조는 파업을 통해서 회사의 지불능력에 대한 정보를 알게 된다.

② 파업 이전에 상대방에 대한 불완전정보의 문제가 있을 때 노조는 비현실적인 임금률(최초 요구임금률)을 요구할 수 있다. 한번 파업을 해본 후 노조는 최초의 요구안이 비현실적임을 깨닫고 임금요구를 낮춘다. **노조원들이 요구하는 임금률의 최저수준은 파업기간의 함수이고, 파업기간에 따라 점차 우하향하며, 이는 힉스모형의 노조의 저항곡선과 같다. 기업경영층은 파업을 통해 회사의 지불능력을 노조에게 신호해 준다.**

③ 파업이 진행될수록 노동조합의 임금률 인상요구가 낮아지는데, 임금률 인상요구가 낮아질수록 발생하는 임금 절약분이라는 예상이익과 생산 및 판매 감소로 인한 예상손실을 비교할 것이다. **임금 절약분이라는 예상이익이 판매수입 감소라는 예상손실을 능가하면 기업은 노조의 요구를 거절한다.** 만약 파업으로 인한 판매수입 감소가 임금 절약분이라는 예상이익을 능가하면 기업은 파업을 종식시키려 노조의 요구를 수락한다.

④ 파업기간이 늘어나게 되면 사용주는 낮은 임금률 인상으로 교섭을 타결할 수 있기 때문에 기업의 장래 이윤은 높아진다. 그러나 **파업이 장기화될수록 노조의 임금요구의 하락 폭이 점차 작아지고 판매의 손실분이 누적됨에 따라 기업의 장래 이윤은 감소한다. 즉, 기업의 장래 이윤은 파업기간 중 처음에는 증가하다가 일정기간이 지나면 감소하게 된다.** 현 시점에서 이윤을 극대화하는 기업은 장래 이윤의 현재가치를 계산하게 된다.

   ⊙ 다른 조건이 일정한 경우 **노조가 요구하는 최초 임금률 인상요구가 높아지면 파업기간이 길어진다.** 즉, 노조의 임금 인상요구가 하락함으로써 기대되는 임금 절약분이라는 예상이익이 판매수입 감소라는 예상손실을 상회하므로 기대파업기간이 늘어날 것이다.

   ⓒ 만약 **노조가 수용할 수 있는 최소한의 임금률수준이 높아지는 경우** 파업의 발생에 따른 사용주의 이익이 감소하게 되고, 따라서 여타 조건이 일정할 경우 **파업의 확률이 줄어들 것이다.**

   ⓒ **노조의 임금률 인상요구가 시간이 지남에 따라 감소하는 속도가 빠른 경우** 파업기간이 길어짐에 따른 임금 절약분이라는 예상이익이 커지므로 **파업기간은 늘어날 것이다.**

⑤ 아쉔펠터-존슨 모형에서는 이러한 여건들이 경제 전반의 실업률, 과거의 임금과 물가변동률, 기업의 이윤율 등에 의해 영향을 받는다고 가정하고 있다. 따라서 **이 모형에서는 실업률이 증가하는 경우, 파업이 감소하는 이유를 설명할 수 있게 된다. 즉, 실업이 증가하는 경우, 노조의 최초 임금 인상률이 낮아지고, 이는 파업기간의 감소를 초래한다.**

⑥ 비대칭정보로 인해 생기는 오해를 없애는 데 장애가 되는 것 중의 하나는 실질적으로 협상 당사자가 둘이 아니라 셋이라는 사실이다. **협상에 임하는 근로자 측에는 노동조합 지도부와, 정보를 노동조합 지도부에 의존하는 평조합원의 두 그룹이 있다.** 평조합원들은 노동조합 지도부가 협상에 따른 부담감을 덜기 위해 정보를 공개하지 않을지 모른다고 의심한다. 달리 표현하면, 평조합원들은 지도부가 자신들을 배반할지도 모른다고 의심한다. 반대로 노동조합 지도부는 경영진에 대한 어떤 요구에 대해 노동조합원들이 얼마나 강하게 느끼고 있는지를 확신하지 못할 수도 있다. 따라서 **협상테이블의 조합원 내부에서도 정보의 비대칭(그리고 이에 따른 오해의 가능성)이 존재**한다.

⑦ 노동조합 지도부는 사용자의 실제 재정상황에 대해 평조합원들보다 더 많은 정보를 갖고 있다. 만약 **최종 타결수준이 조합원들이 바라는 수준보다 낮게 된다면** 지도부는 두 가지 방안 중 하나를 선택해야 한다.

　㉠ 지도부는 조합원들에게 와서 사용자의 실제 재정상황을 납득시키려 노력하고 경영진의 제안을 받아들이도록 권고할 수 있다. 이때의 위험은 조합원들이 권고를 부결시키고 지도부가 자신들을 경영진에 팔아먹었다고 비난하면서 궁극적으로 지도부를 투표에 의해 몰아낼 수도 있다는 것이다.

　㉡ 지도부가 조합원들에게 와서 파업에 돌입할 것을 권고하는 것이다. 비록 **지도부 자체는 파업을 통해 아마도 더 높은 임금 인상이 타결되지 않는다는 것을 알더라도, 이러한 권고는 지도부를 강하고 호전적인 것처럼 보이도록 할 것이다.** 그러나 일정기간의 파업 이후 **조합원들은 노동조합 저항곡선의 개념에 따라 자신들의 임금 인상요구를 완화시키게 되고, 궁극적으로는 지도부가 신뢰를 받으면서 타협에 이르게 될 것이다.**

　㉢ 후자의 전략은 노동조합의 강력함이 유지되고 조합 지도자들이 지도부에 그대로 남아 있을 가능성이 큰 전략이기 때문에 **비록 이 전략이(조합원들이 파업에 따른 비용을 감수해야 하므로) 단기적으로 조합원들에게 분명히 최선이 아니더라도 지도부는 이를 선택하게 될 것이다.**

(7) 효율적 계약모형

① **노사가 양쪽의 후생 또는 이윤을 손해 보지 않는 범위 내에서 임금과 고용수준을 동시에 결정하는 것을 효율적 계약모형이라 한다.** 효율적 계약모형은 기존의 독점 노동조합 모형의 단체협약, 즉 노조가 요구한 임금인상이 받아들여지면 그에 맞춰 기업이 노동수요곡선에 따라 고용을 감소시키는 방식에 비해 **기업의 노동수요곡선의 오른쪽에서 노조의 후생과 기업의 이윤을 감소시키지 않으면서도 노조의 임금-고용간의 무차별곡선과 기업의 임금-고용간의 등이윤곡선이 만날 수 있는 합의점에** 주목한 이론이다.

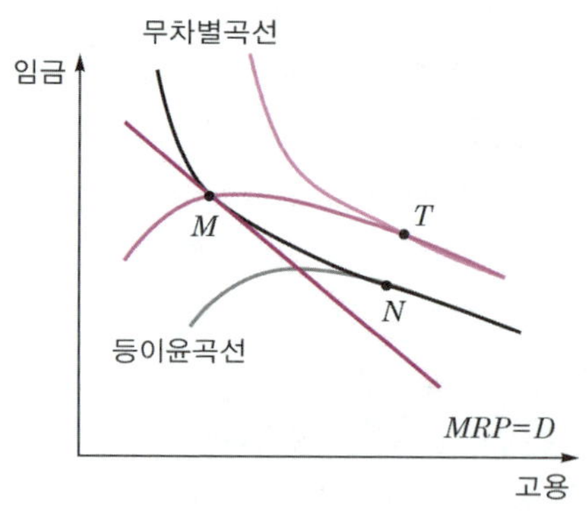

② 노조는 임금과 고용 모두를 선호하므로 양자는 우하향하는 무차별곡선을 가지고, 기업은 한계수입생산물(MRP)에 따라 임금이 높아지면 고용을 감소시키는 우하향하는 노동수요곡선(D)을 가진다. 독점적 노동조합 모형에서는 노동공급의 독점력을 가지는 노조가 임금을 설정하고, 기업은 해당 임금에 대하여 수요곡선을 검토하여 고용할 근로자의 숫자를 결정하는 교섭형태를 취한다.

③ 이에 비해 효율적 계약모형은 임금과 고용을 모두 교섭대상으로 삼고 독점적 교섭모형에 비해 노사 양쪽에 손해를 끼치지 않고도 더 선호하는 임금－고용 조합을 찾아 합의하는 모형이다. 즉 독점적 교섭모형(M)에 비하여 노조의 총후생(임금＋고용)을 줄이지 않으면서(N) 또는 기업의 총이윤을 줄이지 않으면서(T) 보다 낮은 임금인상률에 높은 고용률이 되는 지점을 채택할 수 있다고 본다.

④ **이 지점은 기업의 노동수요곡선(D)보다 오른쪽(N, T)에서 형성되며, 이를 과다고용이라고 한다.** 효율적 계약지점은 어느 한쪽에 손해를 끼치지 않으면서 다른 한쪽의 이익을 늘리는 것이므로 **독점적 교섭모형에 비해 파레토 개선**을 이루는 것이 된다.

(8) Reynolds의 파업의 원인

① **피할 수 있는 파업 : 피할 수 있는 파업**이란 사용자의 실제 수락조건이 노동조합의 최종 수락요구조건보다 높아서 만약 노련한 협상중재자가 있었더라면 양측이 모두 수락할 조건을 제시할 수도 있는 경우, 즉 **양(+)의 계약영역에서 발생하는 파업**이다. 피할 수 있는 파업의 이유는 다음과 같다.

ㄱ 교섭당사자가 **경험이 부족하고 미숙**할 때 발생할 수 있다.

ㄴ 비록 노련한 교섭자라도 때로는 잘못된 전략을 택할 수도 있다.

ㄷ 교섭과정에서 결정적이고 최종적인 순간에 어느 당사자가 자신의 진정한 입장을 실토하더라도 **상대방이 믿지 않거나, 전략적으로 실토하는 방법을 찾기가 어려울 때**에도 파업은 발생한다.

② **불가피한 파업 :** 불가피한 파업이란 양 당사자의 위치, 즉 조건이 겹치지 않는 **음(－)의 계약영역이 있는 경우에 발생하는 파업**이다. 이때는 양측이 모두 상대방의 양보를 얻어내기 위해서 차라리 생산중단(파업 또는 직장폐쇄)을 택하게 된다. 불가피한 파업의 이유는 다음과 같다.

ㄱ 근로조건이 아니라 **교섭방식 그 자체가 문제**가 될 때이다.

ㄴ 교섭당사자 중 일방이 **파업에 대해 긍정적인 가치**를 인정하고 있을 때이다.

ㄷ 사용자가 가령 노동조합의 요구를 절반가량은 동정적으로 생각하여 수락하고 싶더라도 그것을 부분적으로 수락할 수는 없고 **전체를 수락하든지 아니면 거부할 수밖에 없는 경우**이다.

ㄹ 교섭당사자들이 **조직기구 내의 제약** 때문에 타협을 하고 싶어도 할 수 없는 경우가 있다.

ㅁ 파업은 **교섭결렬로 발생하는 비용을 오판**한 결과로서 발생할 수도 있다.

(9) 파업의 종류

① 정치적 파업 : **정부의 정책이나 활동에 영향**을 미칠 것을 목적으로 조직하는 파업

② 조직관련 파업 : 노동조합이 사용자로 하여금 **종업원의 대표권을 인정하도록 요구**하기 위해 일으키는 파업

③ 관할권관련 파업 : 두 개 이상의 노동조합이 어떤 **특정 종류의 작업을 자신들의 노동조합원들이 담당해야 한다고 주장**하면서 일으키는 파업

④ 고충파업 : 승진 또는 징계 등에서 작업량할당 등에 이르기까지 일상적인 사업장 현장에서의 관리자의 노무관리에 **근로자들이 불만을 품거나 또는 고충을 느끼는 데서 발생**하는 파업

⑤ 계약파업 : 노동조합과 사용자가 **새로운 단체협약의 체결에 성공하지 못할 때 발생**하는 파업

❶ 노사관계의 의의와 특성

★★ **2016년, 2025년 직업상담사 1급**

01 던롭(Dunlop)의 노사관계 주요 환경과 가장 거리가 먼 것은?

① 기술적 특성
② 시장 또는 예산제약
③ 각 주체의 세력관계
④ 정부의 정책방향

해설 [던롭(Dunlop)의 노사관계이론 (시스템이론)]

㉠ 노사관계의 3주체
 • **근로자** 및 그 조직
 • **경영자** 및 그 조직
 • 노동문제 관련 **정부기구**
㉡ 노사관계를 규제하는 여건
 • **기술적 특성**(technological characteristics) : 기업의 경영관리형태, 노동자들의 조직형태, 고용된 노동력의 특성 등은 노사관계에 영향을 미친다.
 • **시장 또는 예산제약** : 경쟁적 시장일수록 낮은 이윤, 낮은 임금지불능력으로 노사관계가 긴장되기 쉽다.
 • **각 주체의 세력관계** : 노사관계 3주체의 사회적 지위, 권력에 대한 접근 가능성, 정당 또는 일반여론 등이 하나의 노사관계를 형성하거나 그 형성을 제약하는 요인으로서 작용한다.

★ **2013년, 2017년, 2021년 직업상담사 2급**

02 노사관계의 주체를 사용자 및 단체, 노동자 및 단체, 정부로 규정하고, 이들 간의 관계는 기술, 시장 또는 예산상의 제약, 권력구조에 의해 결정된다는 노사관계이론은?

① 시스템이론
② 수렴이론
③ 분산이론
④ 단체교섭이론

해설 제시된 문제는 던롭(Dunlop)의 노사관계이론으로서 시스템이론이라고도 한다.

★ **2012년, 2016년, 2019년, 2021년 직업상담사 2급**

03 노사관계의 3주체(tripartite)를 바르게 짝지은 것은?

① 노동자 – 사용자 – 정부
② 노동자 – 사용자 – 국회
③ 노동자 – 사용자 – 정당
④ 노동자 – 사용자 – 사회단체

해설 [노사관계의 3주체]

㉠ **근로자** 및 그 조직
㉡ **경영자** 및 그 조직
㉢ 노동문제 관련 **정부기구**

★ **2011년, 2013년, 2018년 직업상담사 1급**

04 이원적 노사관계론의 구조를 바르게 나타낸 것은?

① 제1차 관계 : 경영 대 노동조합관계, 제2차 관계 : 경영 대 정부기관관계
② 제1차 관계 : 경영 대 노동조합관계, 제2차 관계 : 정부기관 대 노동조합관계
③ 제1차 관계 : 경영 대 종업원관계, 제2차 관계 : 경영 대 노동조합관계
④ 제1차 관계 : 경영 대 종업원관계, 제2차 관계 : 정부기관 대 노동조합관계

정답 01. ④ 02. ① 03. ① 04. ③

해설 ㉠ 제1차 관계 : 경영 대 종업원관계로 친화, 우호, 협력의 관계이다.
㉡ 제2차 관계 : 경영 대 노동조합관계로 대등, 대립, 투쟁적인 관계이다.

① 영국   ② 프랑스
③ 미국   ④ 독일

해설 독일은 노동자의 경영참여가 고도로 발달된 국가이다.

★★ 2017년, 2019년 직업상담사 1급

05 경영참가제도의 긍정적인 역할에 대한 설명으로 틀린 것은?

① 대결이 아닌 협의를 통해 노사문제를 해결함으로써 노사 상호신뢰를 증진시킬 수 있다.
② 노동조합이나 근로자에 대한 사용자의 이해를 높일 수 있다.
③ 기업과 경영에 관한 근로자의 이해를 높일 수 있다.
④ 경영에 재능이 있는 근로자나 노조지도자가 회사의 경영자로 선임되는 경력통로가 된다.

해설 경영참가제도는 근로자 측 대표를 경영에 관한 결정에 참여시킨다는 것이지, 경영참가가 곧 회사의 경영진이 된다는 것은 아니다.
[노동자의 경영참가형태]
㉠ 단체교섭에 의한 참가 : 사용자와 대립관계인 노동조합의 단체교섭을 통한 경영참가이다. 생산기술의 도입, 자산매각 등의 경영권에 관한 사항은 의무적 교섭대상이 아니므로 경영참가에 한계가 있다.
㉡ 노사협의회에 의한 참가 : 협력적 노사관계를 바탕으로 하는 노사협의회를 통한 경영참가이다. 생산성 향상, 신기술 도입 등 경영권에 관한 사항을 협의한다. 그러나 경영권에 관한 사항에 대해 결정을 강제할 수는 없다.
㉢ 근로자 중역·감사역제에 의한 참가 : 근로자 측의 중역 및 감사역을 중역회 및 감사역회에 참가시키는 형태로 기업경영의 의사결정에 직접 참가한다는 점에서 가장 고도의 경영참가형태라고 할 수 있다. 독일의 경영조직법과 공동결정법에 의한 근로자대표의 참가가 대표적이다.

★ 2013년, 2017년, 2021년 직업상담사 2급

06 노사 간에 공동결정(Co-determination)이라는 광범위한 합의관행이 존재하고 있는 나라는?

★★ 2016년, 2021년, 2023년 직업상담사 1급

07 다음 중 가장 높은 수준의 노동자의 의사결정 참가유형은?

① 품질관리
② 자율작업팀
③ 노사협의회의 참가
④ 노동자대표의 이사회 참가

해설 기업경영의 의사결정에 직접 참여하는 것이 가장 높은 수준의 의사결정 참가유형이다.

★★ 2005년, 2009년 직업상담사 1급

08 근로자의 경영참여는 전략적 수준, 기능적 수준, 작업장 수준에서 이루어진다. 다음 중 기능적 수준에서의 경영참여에 해당되는 것은?

① 근로자대표의 이사회 참가
② 노사협의회
③ 품질분회
④ 자율작업팀

해설 [수준별 경영참가]
㉠ 전략적 수준에서의 경영참가 : 고위 경영진의 전략적 의사결정에 근로자대표가 참여하여 조직의 방향과 장기 목표 설정에 영향을 미치는 것을 말한다. 근로자대표의 이사회 참가가 대표적이다.
㉡ 기능적 수준에서의 경영참가 : 부서나 팀 단위에서 근로자들이 실질적인 운영과 관리 개선에 참여하고 업무 효율성 향상에 기여하는 것이다. 노사협의회가 이에 해당된다.
㉢ 작업장 수준에서의 경영참가 : 근로자들이 직접적인 업무환경과 작업프로세스 개선에 참여하여 작업조건과 안전성 향상에 기여하는 것이다. 품질관리, 자율작업팀이 이에 해당한다.

정답 05. ④   06. ④   07. ④   08. ②

09 지식기반 사회에서는 근로자 경영참가의 필요성이 강조되고 있다. 그 논리로서 가장 적합한 것은?

① 경영참가로 경쟁이 촉진되면 생산성이 향상된다.
② 근로자들의 권한 증가로 정보의 비대칭성이 감소한다.
③ 물적자산과 마찬가지로 인적자본의 재산권이 존중되면 역선택이 감소한다.
④ 팀 작업을 통한 경영참가로 숙련 형성이 이루어지면 주인–대리인문제가 감소한다.

> **해설** 지식기반 사회는 기업이 소유한 물적자산만큼 노동자가 보유한 인적자본이 중요한 시대로서 기업과 노동자가 같이 의사결정을 하는 것이 인적자본을 유지하는 길이 되었다.

10 지식기반 경제에서 나타나는 특징으로 볼 수 없는 것은?

① 다품종 소량생산
② 대립적 노사관계
③ 기업 내 의사결정과정의 분권화
④ 숙련 노동자의 다능공화

> **해설** ㉠ 지식기반 경제 : 지식기반 경제는 크게 세계화, 정보화, 네트워크화로 특징지을 수 있다.
> ㉡ 지식기반 기업의 특징
> - 경박단소형 : 부품업체와의 유기적 관계에 의한 적기납품제도가 도입되고 관련 기업의 전략적 제휴에 의한 유연성이 중시된다. 중후장대형 기업의 분업화된 것이며 기업 간에 중층적이고 신축적인 분업관계가 중시된다.
> - 유연성과 다기능주의 강조 : 부서 간 유기적인 상호의존관계, 즉 수평적 네트워크형 기업의 모습을 보인다.
> - 유연제조공법과 유연다기능 노동자 : 다양한 제품을 동시에 생산하고 노동자는 폭넓고 깊이 있는 숙련을 받아 최고경영 결정에 교차직능팀으로 참여한다.

11 우리나라 기업의 노사협의회에서 다루고 있지 않은 사항은?

① 생산성 향상과 성과배분
② 근로자의 채용·배치 및 교육훈련
③ 임금 및 근로조건의 교섭
④ 안전, 보건, 그 밖의 작업환경 개선과 근로자의 건강 증진

> **해설** 노사협의회의 설치근거인 「근로자 참여 및 협력 증진에 관한 법률」에 따르면 임금 및 근로조건은 노사협의회의 협의사항, 합의사항, 보고사항 어디에도 해당하지 않는다. 근로조건에 대한 교섭은 노동조합과의 단체교섭의 기능이다.

12 다음 중 산업민주화 정도가 가장 높은 형태의 기업은?

① 노동자 자주관리기업
② 노동자 경영참여기업
③ 전문경영인 경영기업
④ 중앙집권적 기업

> **해설** 산업민주화는 노동자 측의 경영참가의 정도에 관한 개념이다. 노동자 자주관리기업이란 노동자가 직접 기업을 경영하는 것을 말한다.

13 기업의 종업원 주식소유제 또는 종업원 지주제 도입의 목적이 아닌 것은?

① 새로운 일자리 창출
② 기업재무구조의 건전화
③ 종업원에 의한 기업 인수로 고용안정 도모
④ 공격적 기업 인수 및 합병에 대한 효과적 방어수단으로 활용

> **해설** 종업원이 기업의 지분을 소유하는 것은 일자리 창출과 관계가 없다.

정답 09. ③ 10. ② 11. ③ 12. ① 13. ①

★ 2013년, 2016년, 2020년 직업상담사 2급

14 미국에서 1935년 제정된 전국노사관계법(National Labor Relation Act : NLRA, 일명 와그너법) 이후에 확립된 노사관계는?

① 뉴딜적 노사관계
② 온건주의적 노사관계
③ 바이마르적 노사관계
④ 태프트-하트리적 노사관계

해설 **[뉴딜적 노사관계]**
㉠ **노사자치주의 추구**(국가 개입 배제)
㉡ **사용자의 배타적 경영권**
㉢ **직무통제조합**(작업방법, 성과평가, 상벌기준 등을 단체협약으로 체결하여 규범화)

❷ 노동조합의 이해

★ 2015년, 2017년, 2020년 직업상담사 2급

15 다음에서 설명하는 학자는?

> 노동조합이란 임금근로자들이 그들의 근로조건을 유지하고 개선할 목적으로 조직한 항구적 단체로서, 그와 같은 목적을 실현하기 위한 수단으로는 노동시장의 조절, 표준근로조건의 설정 및 유지와 공제제도 등의 3가지가 있다.

① S. Perlman
② L. Brentano
③ F. Tannenbaum
④ Sidney and Beatrice Webb

해설 ① 펄만은 취업기회의 희소성에 대한 관심 내지 우려 때문에 노동조합이 발생한다고 보았다.
② 브렌타노는 노동자는 노동력 판매를 위해서는 인격체가 직접 노동현장에 가야 하고, 노동자들은 자신의 노동 이외 팔 것이 없는 이유로 불리한 지위에 있게 되므로 이를 개선하기 위해 노동조합을 조직한다고 보았다.
③ 탄넨바움은 기계의 출현으로 노동자의 직장안정성이 위협받게 됨에 따라 기계 도입을 규제하기 위해 노조가 성립된다고 보았다.

★ 2012년, 2017년, 2019년 직업상담사 2급

16 프리먼(Freeman)과 메도프(Medoff)가 지적한 노동조합의 두 얼굴에 해당하는 것은?

① 결사와 교섭
② 자율과 규제
③ 독점과 집단적 목소리
④ 자치와 대등

해설 **[노동조합의 이중역할이론]**
㉠ **독점적 측면** : 노동조합은 노동력 공급을 독점하여 조합원이 이익만을 옹호하고 노동시장의 완전경쟁을 저해한다.
㉡ **집단적 목소리** : 노동조합은 조합원뿐만이 아니라 모든 노동자들의 의사소통을 가능하게 한다.

★ 2015년, 2021년 직업상담사 2급

17 노동조합의 기능에 대한 설명으로 틀린 것은?

① 임금을 인상시키는 기능을 수행한다.
② 근로조건을 개선하는 기능을 한다.
③ 각종 공제활동 및 복지활동을 할 수 있다.
④ 특정 정당과 연계하여 정치적 영향력을 발휘할 수 없다.

해설 정치적 기능도 노동조합의 기능 중 하나이다.
[노동조합의 기능]
㉠ **경제적 기능** : 조합원의 경제적 권리와 이익을 신장시키는 것으로 노동조합의 본래적 기능이다.
㉡ **정치적 기능** : 근로조건 결정과 관련된 관계법령 개정이나 노동정책 개선을 위해 활동하는 것으로 노동조합의 부수적 기능이다.
㉢ **공제·복지적 기능** : 장학기금 마련, 협동조합사업 등 조합원의 복지 향상을 위해 각종 공제 및 복지활동을 전개하는 것으로 노동조합의 부수적 기능이다.

★★ 2015년, 2021년 직업상담사 1급

18 노동조합이 추구하는 목표와 가장 거리가 먼 것은?

① 임금소득 증가
② 정치적 안정
③ 고용안정
④ 작업조건

정답 14. ① 15. ④ 16. ③ 17. ④ 18. ②

[해설] 노동조합은 근로조건 향상을 주된 목적으로 한다.

[「노동조합 및 노동관계조정법」 제2조(정의)]

4. "노동조합"이라 함은 근로자가 주체가 되어 자주적으로 단결하여 근로조건의 유지·개선 기타 근로자의 경제적·사회적 지위의 향상을 도모함을 목적으로 조직하는 단체 또는 그 연합단체를 말한다. 다만, 다음 각목의 1에 해당하는 경우에는 노동조합으로 보지 아니한다.
  가. 사용자 또는 항상 그의 이익을 대표하여 행동하는 자의 참가를 허용하는 경우
  나. 경비의 주된 부분을 사용자로부터 원조받는 경우
  다. 공제·수양 기타 복리사업만을 목적으로 하는 경우
  라. 주로 정치운동을 목적으로 하는 경우

★★ 2010년, 2017년, 2025년 직업상담사 1급

19 경제적 조합주의(economic unionism)에 관한 설명으로 틀린 것은?

① 노사관계를 이해 조정이 가능한 비적대적 관계로 이해한다.

② 노동자의 경영참가를 적극 실현하고자 한다.

③ 노동조합운동의 목적을 노동자들의 근로 및 생활조건의 개선에 둔다.

④ 노동조합운동의 정치로부터 독립을 특징으로 한다.

[해설] [경제적 조합주의 (economic unionism)]
  ㉠ 노사관계를 기본적으로 이해대립의 관계로 보고 있으나 이해 조정이 가능한 비적대적 관계로 이해한다.
  ㉡ 노동조합운동의 목적은 노동자들의 생활조건 개선과 유지에 있다고 본다.
  ㉢ 경영 전권을 인정하며 경영참여를 회피한다.
  ㉣ 노동조합운동의 정치로부터의 독립을 주장한다.

★★ 2020년, 2022년, 2025년 직업상담사 1급

20 다음 중 기업노조주의(Business Unionism)에 대한 설명으로 틀린 것은?

① 노조원의 경제적 이익을 가장 중요한 목표로 설정한다.

② 개혁적 노동운동세력과 제휴하여 노동문제를 해결한다.

③ 단체교섭을 통하여 노조원의 권익을 증진시킨다.

④ 제도학파 경제학자의 기여가 컸으며, 미국 노동조합의 주요 개념이다.

[해설] [기업노조주의(Business Unionism)]
  미국의 기업노조주의는 영국의 경제적 조합주의의 전통에서 입법활동 및 사회보장 강화를 위한 정당만 빠진 것이라고도 할 수 있다.
  ㉠ 유토피아적 활동에는 일체 참가하지 않는다.
  ㉡ 독점적 기업 내지 사용자에 반대하는 입장을 취하는 농민과 중소기업가와의 제휴·협력은 하지 않는다.
  ㉢ 조합은 혁명적 사상 또는 혁명적 집단과도 일체 손을 끊는다.
  ㉣ 지식층의 노동운동 참가는 조심스럽게 받아들인다.
  ㉤ 개혁적 입법은 지지하지 않는다. 정부지배를 초래하는 것을 원치 않는다.
  ㉥ 노동정당을 결성해서는 안 된다. 정치참가는 기존의 정치기구를 통해서 한다.
  ㉦ 정부의 보호하에 힘과 권한을 유지하는 조합 또는 단체의 조직화를 인정하지 않는다.
  ㉧ 이민법의 자유화에 대해서는 강경하게 반대한다.
  ㉨ 단체교섭을 중시해간다.

★★ 2020년, 2025년 직업상담사 1급

21 다음은 어떤 노동조합의 유형에 관한 설명인가?

> 기업은 조합원이 아닌 노동조합을 채용할 수 있고 채용된 노동자가 노동조합에 가입하건 안하건 기업의 종업원으로 근무하는 데 아무 제약이 없는 제도

① 오픈숍

② 에이전시숍

③ 클로즈드숍

④ 유니언숍

[해설] 오픈숍(open shop)은 사용자가 조합원 여부에 상관없이 종업원으로 채용할 수 있는 제도이다.

[정답] 19. ② 20. ② 21. ①

22 조합원참가제도에 관한 설명과 가장 거리가 먼 것은?

① 유니언숍하에서 결원 보충이나 신규 채용에 있어서 사용자는 조합원 중에서 고용하지 않으면 안 된다.

② 오픈숍하에서 비조합원이나 조합원 모두 고용될 수 있다.

③ 에이전시숍하에서 조합원이 아니라도 모든 종업원에게 단체교섭이 당사자인 노동조합이 조합비를 징수할 수 있다.

④ 프리퍼렌셜숍하에서 채용에 있어서 노조원에 우선순위가 주어진다.

> **해설** ① **클로즈드숍에 관한 내용**이다.
>
> **[숍제도]**
> ㉠ 의의 : 노동조합에의 가입 및 유지의 측면에서 사용자와 조합원과의 고용관계를 규율하는 제도를 말한다.
> ㉡ 숍의 종류
> • 오픈숍(open shop) : 사용자가 **조합원 여부에 상관없이 종업원으로 채용할 수 있는 제도**이다.
> • 클로즈드숍(closed shop) : **조합원만을** 종업원으로 채용할 수 있는 제도이다.
> • 유니언숍(union shop) : 조합원 여부에 관계없이 종업원으로 채용될 수는 있으나, **채용된 후에는 일정기간 이내에 조합원이 되어야 하는 제도**이다.
> • 에이전시숍(agency shop) : 종업원들에 조합 가입이 강제되지는 않으나, 조합가입을 대신하여 **조합비 상당의 금원을 납부**하여야 하는 제도이다.
> • 프리퍼렌셜숍(preferential shop) : 사용자가 조합원 여부에 관계없이 종업원을 채용할 수 있으나, 인사·해고 및 승진 등에 있어서 **조합원에 우선적 특권을 부여**하는 제도이다.
> • 메인터넌스숍(maintenance of membership shop) : 사용자가 조합원 여부에 관계없이 종업원을 채용할 수 있으나, 단체협약 체결 당시 조합원인 종업원은 고용계속의 조건으로 **일정기간 동안 조합원 자격을 유지하여야 하는 제도**이다.

23 단체교섭이 당사자인 노동조합이 노동조합원 여부에 관계없이 모든 종업원들에게 수수료를 징수하는 제도는?

① closed shop   ② agency shop
③ union shop   ④ open shop

> **해설** **에이전시숍(agency shop)**이란 종업원들에 조합 가입이 강제되지는 않으나, 조합 가입을 대신하여 **조합비 상당의 금원을 납부하여야** 하는 제도이다.

24 다음이 설명하고 있는 노동조합의 조직형태는?

> 기업이 근로자를 채용할 때에는 노동조합원 자격 보유 여부에 관계없이 채용할 수 있지만, 일단 채용된 후에는 일정한 기간 내에 특정 노동조합에 가입해야 하고, 그 조합으로부터 탈퇴하거나 제명되어 조합원 자격을 상실할 때에는 종업원 자격도 상실하도록 하는 제도

① 프리퍼렌셜숍 (preferential shop)
② 클로즈드숍 (closed shop)
③ 유니언숍 (union shop)
④ 에이전시숍 (agency shop)

> **해설** **유니언숍**은 조합원 여부에 관계없이 종업원으로 채용될 수는 있으나, **채용된 후에는 일정기간 이내에 조합원이 되어야 하는 제도**이다.

25 다음 중 노동조합의 노동공급권이 독점되어 그 세력이 대단히 강하고 단체교섭도 유리한 입장에 갖게 되는 숍제도는?

① 클로즈드숍   ② 유니언숍
③ 오픈숍   ④ 에이전시숍

> **해설** **클로즈드숍은 조합원만을 종업원으로 채용**할 수 있는 제도이다.

정답 22. ①   23. ②   24. ③   25. ①

★ 2016년, 2021년 직업상담사 2급

26 노동조합 조직의 유지 및 확대에 유리한 순서대로 숍제도를 열거한 것은?

① 클로즈드숍 > 유니언숍 > 오픈숍
② 유니언숍 > 클로즈드숍 > 오픈숍
③ 오픈숍 > 유니언숍 > 클로즈드숍
④ 오픈숍 > 클로즈드숍 > 유니언숍

해설 노동조합 가입의 **강제성이 클수록 노동조합의 유지 및 확대에 유리**하다.

2012년, 2018년 직업상담사 2급

27 다음 중 기업별 노동조합에 관한 설명으로 틀린 것은?

① 기업별 노동조합은 노동자들의 횡단적 연대가 뚜렷하지 않고, 동종·동일 산업이라도 기업 간의 시설규모, 지불능력의 차이가 큰 곳으로 조직된다.
② 기업별 노동조합은 노동조합이 회사의 사정에 정통하여 무리한 요구로 인한 노사분규의 가능성이 낮다.
③ 기업별 노동조합은 사용자와의 밀접한 관계로 공동체의식을 통한 노사협력관계를 유지할 수 있어 어용화의 가능성이 낮다.
④ 기업별 노동조합은 각 직종 간의 구체적 요구조건을 공평하게 처리하기 곤란하여 직종 간에 반목과 대립이 발생할 수 있다.

해설 기업별 노동조합은 **어용화의 가능성이 높다.**

2011년, 2021년 직업상담사 2급

28 직업이나 직종의 여하를 불문하고 동일 산업에 종사하는 노동자가 조직하는 노동조합의 형태는?

① 직업별 노동조합
② 산업별 노동조합
③ 기업별 노동조합
④ 일반 노동조합

해설 **[노동조합의 형태]**

㉠ 직종별 노동조합
- 의의 : 동일한 직종에 종사하는 노동자들이 기업과 산업을 초월하여 가입하는 노동조합으로 **산업혁명 초기 숙련 노동자를 중심으로 가장 먼저 조직**된 조직형태이다.
- 장점 : **단결력이 강하고 어용화의 위험이 적다**는 점, 근로조건에 관해 **통일된 요구**를 할 수 있다는 점, **실업근로자도 가입**할 수 있다는 점 등이 있다.
- 단점 : **독점적·배타적**이어서 **노동자 전체의 지위 향상에 적합하지 않고** 조합원과 사용자와의 관련성이 약하다.

㉡ 기업별 노동조합
- 의의 : 하나의 기업에 소속된 노동자들이 직종과 관계없이 가입하는 노동조합이다. **우리나라의 일반적인 노조형태**이다.
- 장점 : 조합원의 **참여의식이 높고** 기업의 특수성을 반영할 수 있다.
- 단점 : **어용화의 가능성이 크고 조합이기주의**가 나타날 수 있다.

㉢ 산업별 노동조합
- 의의 : 기업, 직종을 초월해서 동종의 산업에 종사하는 노동자들로 조직된 노동조합으로서 **숙련·미숙련 노동자들을 전부 포괄한다. 외국의 일반적인 조직형태**이며, 우리나라도 증가하는 추세이다.
- 장점 : 동종 산업의 노동자들의 지위를 **통일적으로 개선할 수 있고 조직력이 강하며 어용화의 위험이 적다.**
- 단점 : **개별 기업의 특성을 반영할 수 없다.**

★★ 2012년, 2019년 직업상담사 1급

29 노동조합의 단체교섭구조 중 노동조합들 및 사용자들이 각각의 대표를 통해 교섭하는 것은?

① 집단교섭
② 통일교섭
③ 패턴교섭
④ 대각선교섭

해설 **통일교섭**은 산업별·직종별 노동조합과 그에 대응하는 사용자단체가 교섭하는 교섭유형이다.

정답 26. ① 27. ③ 28. ② 29. ②

30 기업별 노동조합의 장점이 아닌 것은?

① 조합 구성이 용이하다.

② 단체교섭 타결에 용이하다.

③ 노동시장 분단을 완화할 수 있다.

④ 조합원 간의 친밀감이 높고 강한 연대감을 가질 수 있다.

해설 **[기업별 노동조합]**

㉠ 의의 : 하나의 기업에 소속된 노동자들이 직종과 관계없이 가입하는 노동조합이다. 우리나라의 일반적인 노조형태이다.

㉡ 장점 : 조합원의 참여의식이 높고 기업의 특수성을 반영할 수 있다.

㉢ 단점 : 어용화의 가능성이 크고 조합이기주의가 나타날 수 있다.

31 역사적으로 가장 오래되고 숙련 노동자가 노동시장을 배타적으로 독점하기 위해 조직한 노동조합의 형태는?

① 기업별 노동조합　　② 산업별 노동조합

③ 일반 노동조합　　④ 직업별 노동조합

해설 **[직종별 노동조합]**

㉠ 의의 : 동일한 직종에 종사하는 노동자들이 기업과 산업을 초월하여 가입하는 노동조합으로 산업혁명 초기 숙련 노동자를 중심으로 가장 먼저 조직된 조직형태이다.

㉡ 장점 : 단결력이 강하고 어용화의 위험이 적다는 점, 근로조건에 관해 통일된 요구를 할 수 있다는 점, 실업근로자도 가입할 수 있다는 점 등이 있다.

㉢ 단점 : 독점적·배타적이어서 노동자 전체의 지위 향상에 적합하지 않고 조합원과 사용자와의 관련성이 약하다.

32 다음 중 상부조합과 사용자 또는 사용자 단체와 기업별 조합 사이에서 행해지는 단체교섭은?

① 기업별 교섭　　② 통일교섭

③ 집단교섭　　④ 대각선교섭

해설 **[노동조합의 교섭형태]**

㉠ 기업별 교섭 : 기업별로 조직된 노동조합과 사용자가 교섭하는 것으로 우리나라의 주된 교섭유형이다.

㉡ 통일교섭 : 산업별·직종별 노동조합과 그에 대응하는 사용자단체가 교섭하는 것이다.

㉢ 대각선교섭 : 산업별 노조나 직종별 노조가 개별 사용자 간 교섭하거나 사용자단체와 기업별 조합 간 교섭하는 형태이다.

㉣ 공동교섭 : 기업별 노동조합이 상급단체와 공동으로 개별 사용자와 교섭하는 형태이다.

㉤ 집단교섭 : 다수의 기업별 노동조합이 집단적으로 이에 대응하는 사용자 또는 다수 사용자들과 교섭하는 것이다.

33 단체교섭에서 사용자의 교섭력에 관한 설명으로 틀린 것은?

① 기업의 재정능력이 좋으면 사용자의 교섭력이 높아진다.

② 사용자 교섭력의 원천 중 하나는 직장폐쇄(lockout)를 할 수 있는 권리이다.

③ 사용자는 쟁의행위기간 중 그 쟁의행위로 중단된 업무를 원칙적으로 도급 또는 하도급을 줄 수 있다.

④ 비조합원이 조합원의 일을 대신할 수 있는 여지가 크다면, 그만큼 사용자의 교섭력이 높아진다.

해설 **[「노동조합 및 노동관계조정법」 제43조(사용자의 채용제한)]**

① 사용자는 쟁의행위기간 중 그 쟁의행위로 중단된 업무의 수행을 위하여 당해 사업과 관계없는 자를 채용 또는 대체할 수 없다.

② 사용자는 쟁의행위기간 중 그 쟁의행위로 중단된 업무를 도급 또는 하도급을 줄 수 없다.

정답 30. ③　31. ④　32. ④　33. ③

★ 2015년 직업상담사 1급

34 파업의 발생확률 증가요인을 짝지은 것으로 가장 적합한 것은?

> ㉠ 사용자의 양보곡선에 대한 정보의 비대칭성
> ㉡ 독립적으로 운영되는 기업단위의 노조조직
> ㉢ 사용자의 제품재고량의 확대 노력
> ㉣ 무노동–무임금원칙의 철저한 준용
> ㉤ 파업기금의 비축
> ㉥ 고충처리제도의 건전한 정착
> ㉦ 패턴교섭의 일반화

① ㉠, ㉢, ㉤ ② ㉢, ㉤, ㉦
③ ㉢, ㉣, ㉥ ④ ㉠, ㉡, ㉦

해설 ㉠ 노조가 사용자의 경영사정에 대해 잘 알지 못하면(정보의 비대칭성) 사용자가 양보 가능한 임금수준을 파악하지 못하여 파업 가능성이 높아진다.
㉡ 기업별 노조는 산별노조에 비해 조직력이 약하므로 파업 가능성이 상대적으로 낮다.
㉢ 사용자의 제품재고량이 많아지면 사용자가 쉽게 양보하지 않아 파업 가능성이 높아진다.
㉣ 무노동–무임금원칙이 철저히 지켜지면 파업기간에 소득손실이 크므로 파업 가능성이 낮아진다.
㉤ 파업기금을 비축해놓으면 파업기간의 소득을 보전할 수 있으므로 파업 가능성이 높아진다.
㉥ 고충처리제도가 잘 돼 있으면 노사갈등이 완화되고 파업 가능성이 낮아진다.
㉦ 패턴교섭이란 공식적 단체교섭구조에서 결정된 단체협약을 이 구조에 속하지 않은 기업이나 노동조합이 공식적 단체교섭구조에서 결정된 사항에 의해 영향을 받아 유사하거나 동일한 내용의 단체협약을 체결하는 형태를 말한다. 패턴교섭이 일반화되면 별도의 교섭사항이 감소하므로 파업 가능성이 낮아진다.

★ 2015년 직업상담사 2급

35 단체교섭에서 사용자 교섭력의 원천이 아닌 것은?

① 파업근로자 대신에 다른 근로자로 대체할 수 있는 능력
② 파업근로자들이 외부에 임시로 취업할 수 있는 능력
③ 기업의 재정능력
④ 직장폐쇄(lockout)를 할 수 있는 능력

해설 파업근로자들이 외부에 임시로 취업할 수 있는 능력은 노동자 측 교섭력의 원천에 해당한다.

★ 2014년, 2019년 직업상담사 2급

36 다음 중 임금교섭 이전 노동조합의 전략을 바르게 짝지은 것은?

> A. 재고의 비축
> B. 파업투표(Strike Votes)
> C. 파업기금의 비축
> D. 생산공장의 이전(협상에 영향을 주지 않는 곳으로)
> E. 임금 이외의 수입원 확보

① A, B, D ② A, C, E
③ B, C, D ④ B, C, E

해설 재고의 비축, 생산공장의 이전 등은 노동조합이 아니라 사용자의 전략이다.

2017년 직업상담사 2급

37 단체교섭 시 사용자의 교섭력 원천이 아닌 것은?

① 파업근로자 대신 다른 근로자로 대체할 수 있는 능력
② 기업의 재정능력
③ 소비자들에게 호소하는 불매운동
④ 직장폐쇄권리

해설 소비자들에게 호소하는 불매운동은 노동자 측의 교섭력 원천에 해당한다.

2016년 직업상담사 2급

38 임금교섭의 과학화·합리화를 위해 의존성이 높아져야 할 부분으로 가장 적합한 것은?

① 노동조합 ② 사용자 측
③ 노동시장요인 ④ 정부중재

정답 34. ① 35. ② 36. ④ 37. ③ 38. ③

 임금교섭이 노사관계 주체의 교섭력(힘)에 따라 좌우되는 것을 지양하고 노동시장의 수요공급이론의 의존도를 높이는 것이 임금교섭을 과학화·합리화하는 방안이라고 보는 주장이 있다.

★ **2012년 직업상담사 1급**

39 효율적 계약모형((Efficient Contract Model)에 따를 때 노동공급을 독점하고 있는 노동조합과 경쟁적 시장에서 조업하고 있는 기업 간에 파레토 최적인 임금 및 고용 결정이 이루어지기 위해서는 다음 중 어떤 조건이 충족되어야 하는가?

① 노조의 무차별곡선과 노동수요곡선이 접해야 한다.

② 노조의 무차별곡선과 기업의 등이윤곡선이 접해야 한다.

③ 기업의 등이윤곡선과 노동수요곡선이 접해야 한다.

④ 임금은 노조가, 고용은 기업이 결정해야 한다.

해설 **[효율적 계약모형]**

노사가 양쪽의 후생 또는 이윤을 손해보지 않는 범위 내에서 임금과 고용수준을 동시에 결정하는 것을 효율적 계약모형이라 한다. 효율적 계약모형은 기존의 독점-노동조합모형의 단체협약, 즉 노조가 요구한 임금 인상이 받아들여지면 그에 맞춰 기업이 노동수요곡선에 따라 고용을 감소시키는 방식에 비해 **기업의 노동수요곡선의 오른쪽에서 노조의 후생과 기업의 이윤을 감소시키지 않으면서도 노조의 임금-고용 간의 무차별곡선과 기업의 임금-고용 간의 등이윤곡선이 만날 수 있는 합의점**에 주목한 이론이다.

※ 40번 문제 해설 참조

★★★ **2011년, 2013년, 2016년 직업상담사 1급**

40 노동조합의 교섭모형 중 효율적 계약모형(Efficient Contract Model)의 특징이 아닌 것은?

① 주어진 노동수요에서 노조의 효용을 극대화하도록 임금과 고용이 결정되는 교섭모형이다.

② 독점적 노동조합교섭모형의 교섭결과에 비해 파레토 개선을 이룰 수 있다.

③ 임금뿐 아니라 고용까지도 교섭영역에 포함되는 계약영역이 존재한다.

④ 노동수요곡선의 오른쪽에서 교섭이 이루어질 수 있어 단체협약에서는 초과노동 창출의 협약이 포함된다.

해설 효율적 계약모형에 따르면 주어진 노동수요곡선이 아니라 기업의 노동수요곡선 오른쪽에서 임금과 고용이 결정되는 교섭모형이다.

[효율적 계약모형]

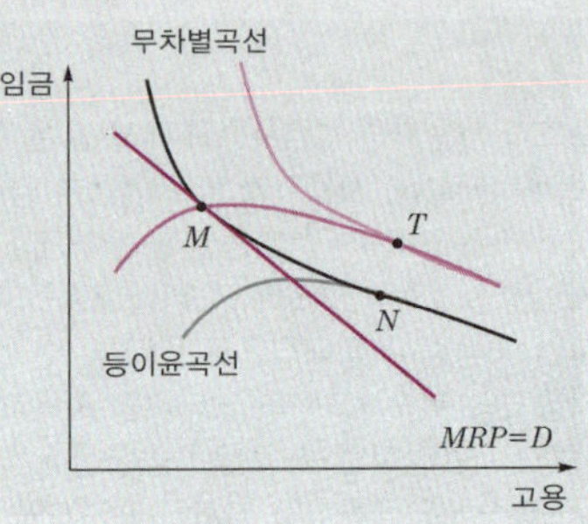

㉠ 노조는 임금과 고용 모두를 선호하므로 양자는 우하향하는 무차별곡선을 가지고, 기업은 한계수입생산물(MRP)에 따라 임금이 높아지면 고용을 감소시키는 우하향하는 노동수요곡선(D)을 가진다. 독점적 노동조합 모형에서는 노동공급의 독점력을 가지는 노조가 임금을 설정하고, 기업은 해당 임금에 대하여 수요곡선을 검토하여 고용할 근로자의 숫자를 결정하는 교섭형태를 취한다.

㉡ 이에 비해 **효율적 계약모형은 임금과 고용을 모두 교섭대상으로 삼고 독점적 교섭모형에 비해 노사 양쪽에 손해를 끼치지 않고도 더 선호하는 임금-고용 조합을 찾아 합의**하는 모형이다. 즉 독점적 교섭모형(M)에 비하여 노조의 총후생(임금＋고용)을 줄이지 않으면서(N) 또는 기업의 총이윤을 줄이지 않으면서(T) 보다 낮은 임금인상률에 높은 고용률이 되는 지점을 채택할 수 있다고 본다.

㉢ **이 지점은 기업의 노동수요곡선(D)보다 오른쪽(N, T)에서 형성되며, 이를 과다고용이라고 한다.** 효율적 계약 지점은 어느 한쪽에 손해를 끼치지 않으면서 다른 한쪽의 이익을 늘리는 것이므로 **독점적 교섭모형에 비해 파레토 개선**을 이루는 것이 된다.

41 노조가 임금 인상투쟁을 벌일 때 고용량 감소 효과가 가장 적게 나타나는 경우는?

① 노동수요의 임금 탄력성이 0.1일 때
② 노동수요의 임금 탄력성이 1일 때
③ 노동수요의 임금 탄력성이 2일 때
④ 노동수요의 임금 탄력성이 5일 때

해설 탄력성이 크다는 것은 임금 인상 시 고용 감소폭이 큰 것을 의미한다. 반대로 탄력성이 적을수록 고용 감소가 적게 일어난다.

42 다음 상황에서 어떤 노동조합이 보다 탄력적인 수요곡선에 직면하고 있으며(A), 또 어떤 노동조합이 조합원들의 총소득(=임금×노동시간)을 증가시키는 데 더 성공적인가(B)?

- 노동조합 #1은 시간당 5,000원 임금에 10,000 노동시간, 시간당 6,000원 임금에 5,000노동시간을 각각 수요하도록 하는 수요곡선에 직면하고 있다.
- 노동조합 #2는 시간당 10,000원 임금에 20,000 노동시간, 시간당 8,000원 임금에 25,000노동시간을 각각 수요하도록 하는 수요곡선에 직면하고 있다.

① A : 노동조합 #1, B : 노동조합 #1
② A : 노동조합 #1, B : 노동조합 #2
③ A : 노동조합 #2, B : 노동조합 #1
④ A : 노동조합 #2, B : 노동조합 #2

해설 노동수요 탄력성$=\dfrac{\text{노동수요량의 변화율(\%)}}{\text{임금의 변화율(\%)}}$

노동수요 탄력성이 낮아야 임금 인상에도 고용이 크게 줄지 않으므로 노조의 임금교섭력이 증가한다.

㉠ 노동조합 #1의 노동수요 탄력성

$=\dfrac{5,000/10,000}{1,000/5,000}=2.5$

㉡ 노동조합 #2의 노동수요 탄력성

$=\dfrac{5,000/20,000}{2,000/10,000}=1.25$

∴ 노동조합 #1의 노동수요 탄력성이 더 탄력적이고, 노동조합 #1에 비해 비탄력적인 노동조합 #2가 조합원들의 총소득을 증가시키는 데 더 성공적이다.

43 노동조합의 성장률 저하를 초래했던 요인과 가장 거리가 먼 것은?

① 포만효과의 비존재
② 여성근로자 비율의 증가
③ 서비스업의 확대
④ 국제경쟁의 격화

해설 포만효과의 존재가 노조성장률을 저하시킨다. 포만효과는 조직률이 높아질수록 노동조합 조직화의 비용이 상승하는 것을 말한다. 가입에 소극적인 근로자들까지 가입시키기 위해서는 비용이 더 많이 들고, 그만큼 노조가 성장할수록 노조 가입률 증가가 완만해지게 된다는 것이다.

[노동조합률의 결정요인]

- 물가 상승 및 고용변화(호경기에 물가가 오르면 임금 상승에 대한 기대이익이 높아지고 고용 가능성이 높아지면 고용주의 보복비용이 감소하여 노조조직에 유리)
- 노동자의 불만이 클수록 유리
- 정치적 환경(정당, 입법, 여론)이 좋을수록 유리
- 블루칼라 직업의 비율이 높을수록 유리
- 근로자들의 기호가 노조 가입에 긍정적일수록 유리
- 총고용원에 대한 조합원의 비율이 높아질수록 노조원의 이득은 적어지고 노조규모의 증대도 어려워지므로 불리
- 노조가 여성의 경제적 지위 향상에 관심과 노력을 기울일수록 노조조직에 유리
- 여성노동력 비율이 높을수록 불리
- 포만효과는 불리한 요소
- 예상순이익(조합원으로서의 이익에서 비용을 뺀 것)이 적어질수록 불리
- 산별노조 등 초기업적 횡단조직을 갖출수록 조직비용이 감소하여 노조조직에 유리
- 서비스업의 발달(전문 · 기술직 및 화이트칼라의 증가)은 노조조직에 불리
- 기업의 상품경쟁이 격화될수록 상품의 가격 탄력성이 증가하여 근로자들의 예상순이익 감소로 노조조직에 불리
- 해외노동과 국내노동의 대체성 증가는 노조조직에 불리
- 기업이 개인근로자에 대해 능력개발기회 및 지식급(또는 직능급)을 제공하고 직장만족도 제고가 이루어지면 예상순이익 감소로 노조조직에 불리
- 사용자의 반노동조합 이데올로기의 강도가 강할수록 노조조직에 불리

44 노동조합에 대한 수요를 감소시켜 노조조직률을 낮추는 요인에 해당하지 않는 것은?

① 노동자들의 불만과 고충이 작을수록

② 노조 가입에 따른 예상순이익이 작을수록

③ 해외노동과 국내노동의 대체관계가 용이할수록

④ 사용자의 반노동조합에 대한 이데올로기가 강할수록

> 해설 사용자의 노조에 대한 태도는 노조수요가 아니라 노조공급의 감소요인이다. 사용자의 반노동조합에 대한 이데올로기가 강할수록 노조조직비용이 증가하여 노조조직화 공급곡선이 좌측으로 이동한다.

45 다음 중 노동조합의 성장률을 저하시키는 요인과 가장 거리가 먼 것은?

① 여성근로자 비율의 증가

② 국제경쟁의 완화

③ 서비스업의 비중 증대

④ 근로자 취향이 개인 중심적으로 변화

> 해설 기업의 상품경쟁이 격화될수록 상품의 가격 탄력성이 증가하여 근로자들의 예상순이익 감소로 노조조직에 불리하다.

46 노동조합 조직률 변동의 결정요인에 관한 설명으로 틀린 것은?

① 근로조건 열악 등에서 오는 불만과 분노의 양이 클수록 노조의 집단발언효과로 인하여 노조 가입의 예상순이익이 증가할 수 있다.

② 노조의 정치활동으로 근로자의 간접임금이 높아질 가능성이 커지면 예상순이익이 증가하여 노조 가입에 대한 수요가 증가할 것이다.

③ 여성고용의 비중이 증가하면 노조 가입률은 하락할 것이다.

④ 산업구조가 서비스업 중심으로 바뀜에 따라 화이트칼라 구성이 높아지면 노조 가입은 증가한다.

> 해설 산업구조가 서비스업 중심으로 변화하면 노조조직률은 감소하고, 제조업 중심일 때 노조조직률은 상승한다.

47 다음 중 노동조합의 조직률을 하락시키는 요인이 아닌 것은?

① 외국인근로자 비율의 증가

② 국내산업 보호를 위한 수입관세 인상

③ 서비스업으로의 산업구조 변화

④ 노동자의 기호와 가치관의 변화

> 해설 국내산업 보호를 위해 수입관세를 인상하면 국내 노동수요가 증가하고 노동자 측 세력이 강화된다.

48 노동조합의 쟁의수단이 아닌 것은?

① 파업 ② 공장폐쇄

③ 시위 ④ 불매운동

> 해설 공장폐쇄(직장폐쇄)는 사용자의 쟁의행위에 해당한다.

49 파업의 경제적 비용과 기능에 대한 설명으로 틀린 것은?

① 사적 비용은 노동자 측의 비용과 기업 측의 비용의 합이 된다.

② 사용자의 사적 비용은 직접적인 생산 중단에서 오는 이윤의 순감소분보다 적을 수 있다.

③ 사회적 비용이란 경제의 한 부문에서 발생한 파업으로 인한 타 부문에서의 생산 및 소비의 감소를 의미한다.

④ 파업에 따른 사회적 비용이 가장 작은 분야는 서비스산업부문이다.

> 정답 44. ④ 45. ② 46. ④ 47. ② 48. ② 49. ④

해설 파업의 사회적 비용이란 경제의 한 부문에서 발생한 파업으로 타 부문에서 나타나는 생산과 소비의 감소를 말한다. 병원, 학교와 같은 서비스산업이 파업의 사회적 비용이 가장 큰 분야이다.

50 노동조합이 비노조부문의 임금에 미치는 영향에 관한 옳은 설명을 모두 짝지은 것은?

> A. 노조부문에서 해고된 노동자들이 비노조부문으로 이동하여 비노조부문의 임금을 하락시킨다.
> B. 비노조부문의 노동자들이 노동조합 결성을 사측에 위협함으로써 임금을 인상시켜 노조부문과의 임금격차를 줄인다.
> C. 비노조부문으로부터 유입되어온 노동자들이 노조부문에 대기상태로 있는 동안 비노조부문의 임금이 상승한다.

① A
② A, B
③ B, C
④ A, B, C

해설 **[노동조합의 경제적 효과 (조직부문이 비조직부문의 임금에 미치는 영향)]**
- ㉠ **파급효과**(spillover effect) : 노동조합의 조직으로 임금이 상승하면 기업은 고용을 줄이게 되고, 이때 해고된 노동자들이 비조직부문으로 이동하게 되어 **비조직부문의 임금을 하락하게 하는 효과**를 말한다. **이전효과**라고도 한다.
- ㉡ **위협효과**(threat effect) : 어느 업종에 노동조합이 조직되면 동종 업종의 **비조직부문 기업**이 노동조합 조직에 대한 위협을 느껴 노동조합 결성을 방지하기 위해 **미리 조직부문의 임금수준 이상으로 임금을 인상시키는 효과**를 말한다.
- ㉢ **대기실업효과**(wait unemployment effect) : 비조직부문의 노동자들이 임금이 상승한 조직부문에 취업하기 위해 비조직기업을 사직하고 **조직부문에 취업을 대기하게 되어 비조직부문의 임금을 상승시키는 효과**를 말한다.
- [암기 Tip] 파＼ 위／ 대／

51 파업의 경제적 비용과 기능에 관한 설명으로 옳은 것은?

① 사적 비용과 사회적 비용은 동일하다.
② 사용자의 사적 비용은 직접적인 생산 중단에서 오는 이윤의 순감소분과 같다.
③ 사적 비용이란 경제의 한 부문에서 발생한 파업으로 인한 타 부문에서의 생산 및 소비의 감소를 의미한다.
④ 파업에 따른 사회적 비용이 가장 큰 분야는 서비스산업부문이다.

해설
① 노사당사자의 손실(사적 비용)과 노사당사자를 넘어 다른 사회적 부문에서의 손실(사회적 비용)은 각각 발생하는 것으로 동일하지 않다.
② 사용자는 파업기간 중에도 재고처분 등으로 손실을 줄일 수 있으므로 파업으로 인한 손실은 직접적인 생산 중단에서 오는 이윤의 순감소분보다 적을 수 있다.
③ 사회적 비용에 대한 설명이다.

52 다음은 무엇에 대한 설명인가?

> 노동조합이 조직되면 교섭력에 의하여 임금을 상승시키기 때문에 노동공급곡선이 좌측으로 이동하게 되어 그 결과 조직된 부문에서는 고용이 감소하게 되고, 그때 해고된 근로자들이 비조직부문으로 이동하여 비조직부문의 노동공급곡선을 우측으로 이동시켜 임금을 인하시킨다.

① 이전효과
② 위협효과
③ 소득효과
④ 대기실업효과

해설 **파급효과(＝이전효과**, spillover effect)란 노동조합의 조직으로 임금이 상승하면 기업은 고용을 줄이게 되고, 이때 해고된 노동자들이 비조직부문으로 이동하게 되어 **비조직부문의 임금을 하락**하게 하는 효과를 말한다.

정답 50. ④ 51. ④ 52. ①

53 다음 중 신고전학파가 주장하는 노조의 사회적 비용이 아닌 것은?

① 고용 저하와 비노조와의 임금격차에 따른 배분적 비효율

② 경직적 인사제도에 의한 기술적 비효율

③ 파업으로 인한 생산 중단에 따른 생산적 비효율

④ 작업방해에 의한 구조적 비효율

해설 **[노동조합의 사회적 비용 (신고전학파)]**
㉠ 비효율적 자원배분 : 노동조합의 고임금 고수로 저임금노동자의 조직부문으로의 이동이 제한된다.
㉡ 기술적 비효율 : 노동조합이 기존의 작업권 보호를 위해 다른 생산요소로의 대체, 작업의 재배치, 작업 속도 향상 등 기업의 작업 효율화에 저항한다.
㉢ 파업에 의한 생산손실

54 다음에 관한 설명으로 틀린 것은?

> 노조가 조직되어 있는 부문과 노조가 조직되어 있지 않은 부문으로 나누어져 있다고 가정하자. 노조가 임금 인상에 성공하였을 때 노조부문과 비노조부문의 상대적 격차는 노조가 조합원의 실질임금에 미치는 절대적 효과보다 작을 수 있다.

① 비노조부문의 근로자가 일부 노조부문으로 이동하기 때문이다.

② 비노조부문의 사용자가 노조 결성을 하는 것을 방지하기 위해 높은 임금을 지불하기 때문이다.

③ 일자리를 잃은 노조부문의 실업자들이 그대로 노조부문에 머물러 있고 비노조부문의 근로자들이 노조부문에서 일자리를 탐색하기 때문이다.

④ 노조가 노조부문에서의 생산물수요를 증가시키는 데 성공할 수 있기 때문이다.

해설 노조부문과 비노조부문의 임금격차가 적을 수 있는 경우는 파업으로 인한 임금 인상이 비조직부문의 임금을 인상시키는 경우이다. 기업이 노동조합 조직에 대한 위협을 느껴 노동조합 결성을 방지하기 위해 미리 조직부문의 임금수준 이상으로 임금을 인상시키거나(위협효과) 비조직부문의 노동자들이 임금이 상승한 조직부문에 취업하기 위해 비조직기업을 사직하고 취업을 대기하게 되어(대기실업효과) 노조부문이 비노조부문의 임금을 상승시킬 수 있기 때문이다.

55 노동조합의 임금효과에 관한 설명으로 틀린 것은?

① 노동조합이 임금 인상을 관철하게 되면 조직부문에서 해고된 근로자들이 비조직부문으로 이동하여 비조직부문의 임금이 하락한다.

② 동종 산업의 일부 기업에 노조가 조직될 때 노조가 조직되어 있지 않은 기업에서 과거에 비해 임금을 자발적으로 높게 인상하려고 한다.

③ 노조의 조직화로 임금이 높아지면 비조직부문 근로자들이 조직부문에 취업하려고 이동하기 때문에 비조직부문의 임금이 인상된다.

④ 조직부문과 비조직부문의 임금격차는 호경기에 확대되고, 불경기에 감소하게 된다.

해설 조직부문과 비조직부문의 임금격차는 불경기에 확대된다.

56 다음은 힉스의 교섭모형과 기대파업기간에 대한 그림이다 이에 대한 설명으로 틀린 것은?

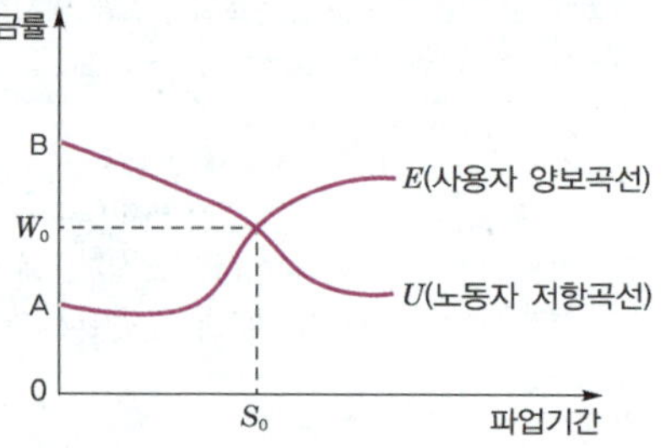

정답 53. ④ 54. ④ 55. ④ 56. ③

① 임금률 A는 노동조합이 없거나 노동조합이 파업을 하기 이전 사용자들이 지불하려고 하는 임금수준이다.

② B점에서 우하향의 곡선은 노동조합의 저항곡선이다.

③ 만약 노동조합이 W_0보다 더 높은 임금을 요구하면 사용자는 쉽게 수락하겠지만, 그때는 노동조합 내부에서 교섭대표자들과 일반조합원 간의 마찰이 불가피하다고 하였다

④ 힉스의 모형은 단체교섭과정에서의 불확실성을 지나치게 경시하였다는 비판을 받게 되었다.

> 해설 노동조합이 W_0보다 더 '낮은' 임금을 요구하면 사용자는 쉽게 수락하겠지만, 그때는 노동조합 내부에서 교섭대표자들과 일반조합원 간의 마찰이 불가피하다.

[힉스(Hicks. J. R)의 단체교섭이론]

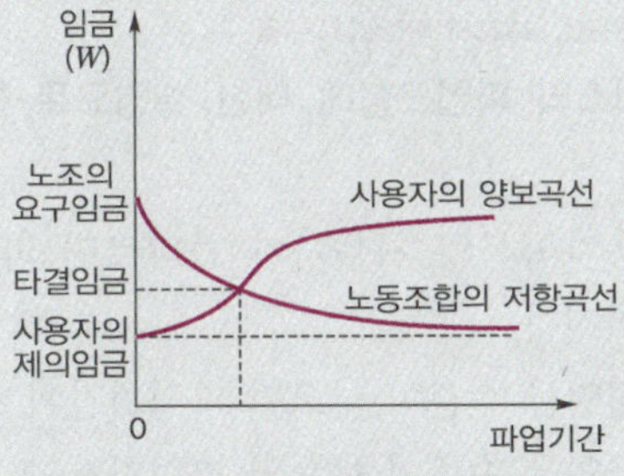

〈힉스의 교섭모형과 기대파업기간〉

㉠ 노동조합의 요구임금과 사용자 측의 제의임금은 **파업기간의 함수이다. 사용자의 양보곡선(Concession Curve)은 우상향하고, 노동조합의 저항곡선(Resistance Curve)은 우하향**한다.

㉡ 노동조합이 교차점의 임금보다 더 낮은 임금을 제기하게 되면 사용자는 쉽게 수락하겠지만, 그때는 노동조합 내부에서의 마찰이 불가피하다.

㉢ 사용자는 노동조합이 교차점의 임금보다 더 높은 임금을 요구하였더라면 노동조합이 충분히 파업을 하지 못할 것이라는 계산으로 그 요구를 거부할 것이다.

㉣ **노사가 교차점에서 파업을 중단하는 것이 이익이 된다는 것을 안다면 교차점 임금수준에서 교섭을 타결할 것이다.**

㉤ 힉스모형의 단점은 파업을 하지 않는 것이 노사 양측에 도움이 되므로 파업이 발생할 수 없게 되는 상황이 전개될 수 있다는 것이다. 힉스의 모형은 **단체교섭과정에서의 불확실성을 지나치게 경시**하였다는 비판을 받는다.

57 다음 Hicks의 교섭모형과 기대파업기간에 관한 설명으로 틀린 것은?

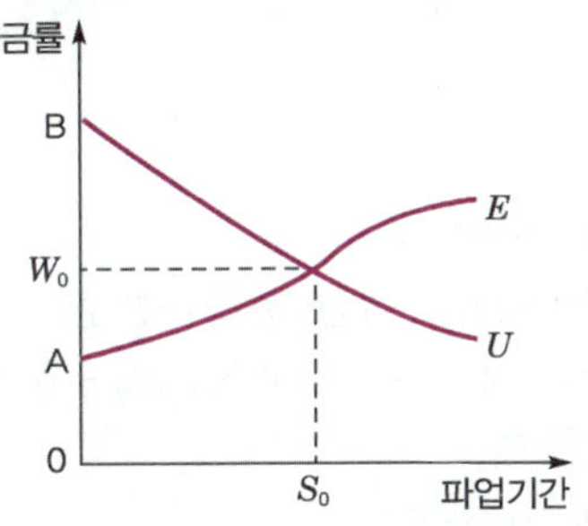

① B에서의 우하향곡선이 노동조합의 저항곡선이다.

② S_0 기간의 파업을 통해 교차점에 도달했으며, 이때 결정된 임금률이 W_0로 됨을 보여준다.

③ 사용자는 노동조합이 W_0보다 더 높은 임금을 요구하면 파업을 두려워하여 그 요구를 수용할 것이다.

④ 노사가 S_0에서 파업을 중단하는 것이 이익이 된다는 것을 안다면 W_0 임금수준에서 교섭을 타결할 것이다.

> 해설 노동조합이 W_0보다 더 높은 임금을 요구하면 사용자는 **노동조합이 충분히 오래 파업을 하지 못할 것이라고 계산하여 노동조합의 요구를 거부**한다.

58 파업을 설명하는 힉스(J. R. Hicks)의 단체교섭모형에 관한 설명으로 틀린 것은?

① 노사 양측의 대칭적 정보 때문에 파업이 일어나지 않고 적정 수준에서 임금타결이 이루어진다.

② 노동조합의 요구임금과 사용자 측의 제의임금은 파업기간의 함수이다.

③ 사용자의 양보곡선(Concession Curve)은 우상향한다.

④ 노동조합의 저항곡선(Resistance Curve)은 우하향한다.

> 정답 57. ③ 58. ①

해설 사용자의 양보곡선과 노동조합의 저항곡선의 접점(적정 임금수준)을 미리 알 수 있다면 파업을 방지할 수 있으나, 현실에서는 정보의 비대칭으로 인해 파업이 존재한다.

★★ 2013년, 2016년 직업상담사 1급

59 힉스(Hicks)의 교섭모형과 아쉔펠터–존슨(Ashenfelter and Johnson)의 파업모형에 공통적으로 나타나는 곡선은?

① 노조의 저항곡선
② 사용자의 양보곡선
③ 사용자 이윤의 현재가치곡선
④ 노조의 위협곡선

해설 [아쉔펠터–존슨(Ashenfelter and Johnson)의 파업모형]
㉠ 협상에 임해서 비대칭적인 정보가 있다고 하였다
㉡ 노조원들이 요구하는 임금률의 최저수준은 파업기간의 함수이고 파업기간에 따라 점차 우하향하며, 이는 힉스모형의 노조의 저항곡선과 같다.
㉢ 기업경영층은 파업을 통해 회사의 지불능력을 노조에게 신호해 준다. 임금 절약분이라는 예상이익이 판매수입 감소라는 예상손실을 능가하면 기업은 노조의 요구를 거절한다.
㉣ 파업이 장기화될수록 노조의 임금요구의 하락 폭이 점차 작아지고 판매의 손실분이 누적됨에 따라 기업의 장래 이윤은 감소한다. 즉, 기업의 장래 이윤은 파업기간 중 처음에는 증가하다가 일정기간이 지나면 감소하게 된다.
㉤ 이 모형에서는 실업률이 증가하는 경우 파업이 감소하는 이유를 설명할 수 있게 된다. 즉, 실업이 증가하는 경우 노조의 최초 임금 인상률이 낮아지고, 이는 파업기간의 감소를 초래한다.
㉥ 협상테이블의 조합원 내부에서도 정보의 비대칭(그리고 이에 따른 오해의 가능성)이 존재한다. 노조 지도부 자체는 파업을 통해 아마도 더 높은 임금 인상이 타결되지 않는다는 것을 알더라도 파업을 권고한다. 이러한 권고는 지도부를 강하고 호전적인 것처럼 보이도록 할 것이다. 그러나 일정기간의 파업 이후 조합원들은 노동조합 저항곡선의 개념에 따라 자신들의 임금 인상요구를 완화시키게 되고, 궁극적으로는 지도부가 신뢰를 받으면서 타협에 이르게 될 것이다. 비록 이 전략이(조합원들이 파업에 따른 비용을 감수해야 하므로) 단기적으로 조합원들에게 분명히 최선이 아니더라도 지도부는 이를 선택하게 될 것이다.

★ 2017년 직업상담사 2급

60 힉스(Hicks, J. R.)의 단체교섭이론에 관한 설명으로 틀린 것은?

① 파업기간이 길어질수록 사용자가 지불하려는 임금수준은 높아진다.
② 파업기간이 길어질수록 노조가 요구하는 임금수준은 낮아진다.
③ 노동조합의 요구임금과 사용자 측의 제의임금은 파업기간의 함수이다.
④ 파업이 발생하기 이전의 교섭과정을 설명하는 이론이다.

해설 힉스의 단체교섭이론은 노동조합의 요구임금과 사용자 측의 제의임금은 파업기간의 함수에 관한 이론이다.

★★ 2023년, 2025년 직업상담사 1급

61 힉스의 파업모형에 대한 설명으로 옳지 않은 것은?

① 사용자곡선의 기울기가 가파르면 파업기간이 길어진다.
② 제시임금 수준이 낮으면 파업기간이 길어진다.
③ 요구임금 수준이 높으면 파업기간이 길어진다.
④ 노동조합의 저항곡선이 완만하면 파업기간이 길어진다.

해설 사용자의 양보곡선이 가파르면 노동조합의 저항곡선과 일찍 만나므로(임금타결이 조속히 이뤄지므로) 파업기간이 짧아진다.

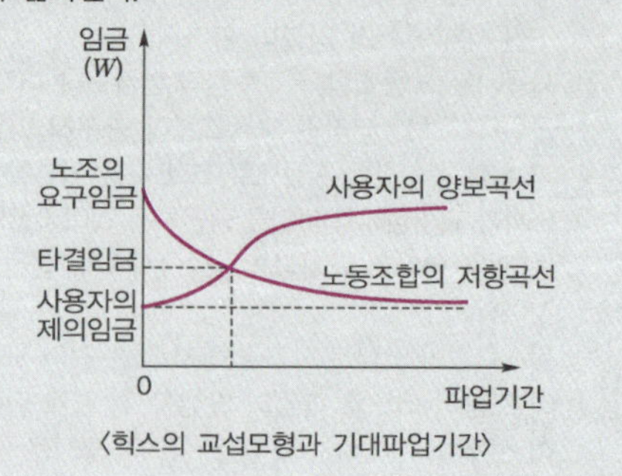

〈힉스의 교섭모형과 기대파업기간〉

62 아쉔펠터와 존슨의 파업모형에 관한 설명으로 틀린 것은?

① 노조원과 노조지도자들 간에 목적함수가 다르다는 점에 초점을 두고 있다.

② 노조지도부와 경영자들은 암묵적으로 노조원에게 손실을 주는 방향으로 결탁한다.

③ 노조지도부는 파업이 임금 인상에 도움이 되지 않으면 파업을 권고하지 않는다고 가정한다.

④ 노조원들은 협상과정을 알지 못하고 있지만, 경영자들은 노조원들의 저항곡선을 잘 알고 있다고 가정한다.

해설 아쉔펠터와 존슨에 의하면 협상테이블의 조합원 내부에서도 정보의 비대칭(그리고 이에 따른 오해의 가능성)이 존재한다. 노동조합 지도부는 사용자의 실제 재정상황에 대해 평조합원들보다 더 많은 정보를 갖고 있다. 최종타결수준이 조합원들이 바라는 수준보다 낮게 된다면 지도부는 실제 재정상황을 납득시키려 노력하고 경영진의 제안을 받아들이도록 권고할 수 있으나, 조합원들이 지도부를 믿지 못하고 조합원들이 권고를 부결시키고 지도부를 탄핵할 수 있다. 반면에 지도부가 조합원들에게 와서 파업에 돌입할 것을 권고하는 경우에는 이러한 권고는 지도부를 강하고 호전적인 것처럼 보이도록 하고 파업이 지속되면서 조합원들의 저항곡선이 낮아지고, 궁극적으로는 지도부가 신뢰를 받으면서 타협에 이르게 될 것이다. 파업을 권고하는 전략은 노동조합의 강력함이 유지되고 조합 지도자들이 지도부에 그대로 남아 있을 가능성이 큰 전략이기 때문에 비록 이 전략이(조합원들이 파업에 따른 비용을 감수해야 하므로) 단기적으로 조합원들에게 분명히 최선이 아니더라도 지도부는 이를 선택하게 될 것이다.

63 노사 양측이 단체교섭을 할 때 최종적으로 수락할 용의가 있는 자신의 조건과 교섭과정에서 겉으로 제안하는 조건 간에 차이가 있다는 점을 주목하는 단체교섭이론은?

① 힉스이론   ② 카터−챔벌린이론

③ 매브리이론   ④ 카츠이론

해설 매브리이론은 노사 양측이 단체교섭에 임할 때 최종적으로 수락할 용의가 있는 자신의 조건과 교섭과정에서 겉으로 제안하는 조건과의 사이에 차이가 있는 점에 주목한다. 즉, 실제로 교섭상대에게 나타내지는 않지만 각 당사자들이 최종적으로 수락하려고 작정한 조건 내지 일정 수준이 어떤 위치에 있는가를 고찰하고, 다음에는 교섭과정에서 상대방의 그 수락용의조건을 자신에게 유리한 방향으로 바꾸도록 노력하는 것 등을 다룬 이론이다.

64 단체교섭이론에 관한 설명으로 틀린 것은?

① 힉스에 의하면 사용자의 양보곡선과 노조의 저항곡선이 만나는 점에서 파업기간과 노사 양측이 수락하는 타협된 임금수준이 결정된다.

② 카터−챔벌린이론에 의하면 노사가 상대방의 제안을 거부할 때 발생하는 비용과 수락했을 때의 비용을 고려해 교섭력 또는 교섭태도가 결정된다.

③ 매브리의 계약모형에 의하면 사용자의 수락임금이 노조의 최종요구임금보다 클 때 이를 양(+)의 계약영역이라 정의하고, 이 경우 파업할 확률이 커진다.

④ 전략적 파업으로 적정 파업기간이 연장될 수 있다.

해설 매브리이론에 따르면 사용자의 수락임금(M_R)이 노조의 최종요구임금(L_R)보다 클 때 이를 양(+)의 계약영역이라 정의한다. 양의 계약영역에서는 임금타결 가능성이 높고, 파업할 확률은 낮아진다.

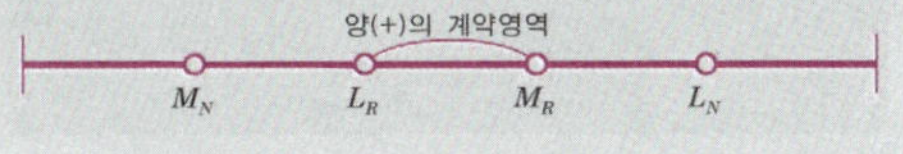

65 계약파업(contract strike)에 대한 설명으로 가장 적합한 것은?

① 서로 다른 노동조합이 우선적으로 계약을 맺고자 해서 생기는 파업이다.

② 단체협약 체결에 실패하여 발생하는 파업이다.

③ 일상적인 사업장 현장에서 관리자의 노무관리에 근로자들이 고충을 느끼는 데서 발생하는 파업이다.

④ 노동조합이 사용자로 하여금 종업원의 대표권을 인정하도록 요구하기 위해 일으키는 파업이다.

해설 **[파업의 종류]**
- ㉠ 정치적 파업 : 정부의 정책이나 활동에 영향을 미칠 것을 목적으로 조직하는 파업
- ㉡ 조직 관련 파업 : 노동조합이 사용자로 하여금 종업원의 대표권을 인정하도록 요구하기 위해 일으키는 파업
- ㉢ 관할권 관련 파업 : 두 개 이상의 노동조합이 어떤 특정 종류의 작업을 자신들의 노동조합원들이 담당해야 한다고 주장하면서 일으키는 파업
- ㉣ 고충파업 : 승진 또는 징계 등에서 작업량 할당 등에 이르기까지 일상적인 사업장 현장에서의 관리자의 노무관리에 근로자들이 불만을 품거나 또는 고충을 느끼는 데서 발생하는 파업
- ㉤ **계약파업 : 노동조합과 사용자가 새로운 단체협약의 체결에 성공하지 못할 때 발생하는 파업**

66 Reynolds가 제시한 불가피한 파업(unavoidable strike)이 발생하는 경우가 아닌 것은?

① 노사 간 교섭방법 그 자체가 문제일 때

② 노동자가 파업에 대한 긍정적인 자세를 가질 때

③ 협상의 분위기가 전체 아니면 전무(all or nothing)일 때

④ 사측인 기업이 지불능력이 부족할 때

해설 **[피할 수 있는 파업]**
피할 수 있는 파업이란 사용자의 실제 수락조건이 노동조합의 최종수락요구조건보다 높아서 만약에 노련한 협상중재자가 있었더라면 양측이 모두 수락할 조건을 제시할 수도 있는 경우, 즉 **양(+)의 계약영역에서 발생하는 파업**이다. 피할 수 있는 파업의 이유는 다음과 같다.
- ㉠ 교섭당사자가 **경험이 부족하고 미숙할 때** 발생할 수 있다.
- ㉡ 비록 노련한 교섭자라도 때로는 잘못된 전략을 택할 수도 있다.
- ㉢ 교섭과정에서 결정적이고 최종적인 순간에 어느 당사자가 자신의 진정한 입장을 실토하더라도 **상대방이 믿지 않거나, 전략적으로 실토하는 방법을 찾기가 어려울 때**에도 파업은 발생한다.

[불가피한 파업]
불가피한 파업이란 양 당사자의 위치, 즉 조건이 겹치지 않는 **음(-)의 계약영역이 있는 경우에 발생하는 파업**이다. 이때는 양측이 모두 상대방의 양보를 얻어내기 위해서 차라리 생산 중단(파업 또는 직장폐쇄)을 택하게 된다. 불가피한 파업의 이유는 다음과 같다.
- ㉠ 근로조건이 아니라 **교섭방식 그 자체가 문제가 될 때**이다.
- ㉡ 교섭당사자 중 일방이 **파업에 대해 긍정적인 가치를** 인정하고 있을 때이다.
- ㉢ 사용자가 가령 노동조합의 요구를 절반가량은 동정적으로 생각하여 수락하고 싶더라도 그것을 부분적으로 수락할 수는 없고 **전체를 수락하든지, 아니면 거부할 수밖에 없는 경우**이다.
- ㉣ 교섭당사자들이 **조직기구 내의 제약** 때문에 타협을 하고 싶어도 할 수 없는 경우가 있다.
- ㉤ 파업은 **교섭 결렬로 발생하는 비용을 오판한** 결과로서 발생할 수도 있다.

정답 65. ② 66. ④

제5과목

고용노동관계법규 II

제1장

근로기준법

제1절 총칙

01 용어의 정의

① **근로자** : 직업의 종류와 관계없이 임금을 목적으로 사업이나 사업장에 **근로를 제공하는 사람**
② **사용자** : 사업주 또는 사업 경영 담당자, 그 밖에 근로자에 관한 사항에 대하여 사업주를 위하여 행위하는 자
③ **단시간근로자** : **1주 동안의 소정근로시간**이 그 사업장에서 같은 종류의 업무에 종사하는 통상 근로자의 1주 동안의 소정근로시간에 비하여 짧은 근로자

02 법의 적용 범위

① **원칙** : 이 법은 상시 **5명 이상의 근로자를 사용하는 모든 사업 또는 사업장**에 적용한다.
② **전부 적용 제외** : 동거하는 친족만을 사용하는 사업 또는 사업장과 가사(家事) 사용인에 대하여는 적용하지 아니한다.
③ **4명 이하 사업장** : 상시 4명 이하의 근로자를 사용하는 사업 또는 사업장에 대하여는 대통령령으로 정하는 바에 따라 이 법의 일부 규정을 적용할 수 있다.
　㉠ 상시 4명 이하 사업장에 적용되는 규정 : **주휴일, 출산휴가, 해고예고**, 중간착취 배제, 단시간근로자의 근로조건, 전차금 상계의 금지, 갱내근로의 금지 등
　㉡ 상시 4명 이하 사업장에 적용되지 않는 규정 : **연차휴가**, 생리휴가, **부당해고제한**, 휴업수당, 직장 내 괴롭힘 등

03 균등처우원칙

사용자는 근로자에 대하여 **남녀의 성**(性)을 이유로 차별적 대우를 하지 못하고, **국적 · 신앙** 또는 **사회적 신분**을 이유로 근로조건에 대한 차별적 처우를 하지 못한다.

04 공민권 행사의 보장

사용자는 근로자가 근로시간 중에 선거권, 그 밖의 공민권(公民權) 행사 또는 공(公)의 직무
를 집행하기 위하여 **필요한 시간을 청구하면 거부하지 못한다.** 다만, 그 권리행사나 공(公)의
직무를 수행하는 데에 지장이 없으면 **청구한 시간을 변경할 수 있다.**

제2절 근로계약

01 근로기준법을 위반한 근로계약의 효력

① 이 법에서 정하는 기준에 미치지 못하는 근로조건을 정한 근로계약은 그 **부분에 한정하여
무효**로 한다.
② ①에 따라 무효로 된 부분은 이 법에서 정한 기준에 따른다.

02 근로조건 명시의무

① 명시사항 : 사용자는 근로계약을 체결할 때에 근로자에게 **임금, 소정근로시간, 휴일, 연차
유급휴가, 취업장소와 종사업무,** 취업규칙의 필수적 기재사항, 기숙사규칙을 명시하여야
한다. 근로계약 체결 후 이를 변경하는 경우에도 또한 같다.
② **서면 명시사항 :** 사용자는 **임금의 구성항목 · 계산방법 · 지급방법,** 소정근로시간, 휴일, 연차
휴가의 사항이 명시된 서면(전자문서를 포함한다)**을 근로자에게 교부하여야 한다.** 다만, 서
면 명시사항이 단체협약 또는 취업규칙의 변경 등 대통령령으로 정하는 사유로 인하여 변
경되는 경우에는 근로자의 요구가 있으면 그 근로자에게 교부하여야 한다.

03 주 15시간 미만자의 적용 제외

4주 동안(4주 미만으로 근로하는 경우에는 그 기간)을 평균하여 1주 동안의 소정근로시간이
15시간 미만인 근로자에 대하여는 **주휴일, 연차유급휴가**를 적용하지 아니한다. 「근로자퇴직
급여 보장법」에 따라 **퇴직급여도** 주 15시간 미만자에게는 적용하지 않는다.

04 명시된 근로조건 위반의 효과

① 명시된 근로조건이 사실과 다를 경우에 근로자는 근로조건 위반을 이유로 **손해의 배상을
청구할 수 있으며** 즉시 근로계약을 해세할 수 있다.

② ①에 따라 근로자가 손해배상을 청구할 경우에는 노동위원회에 신청할 수 있으며, 근로계약이 해제되었을 경우에는 사용자는 취업을 목적으로 거주를 변경하는 근로자에게 **귀향여비를 지급**하여야 한다.

05 경영상 이유에 의한 해고 (= 정리해고)

① 사용자가 경영상 이유에 의하여 근로자를 해고하려면 **긴박한 경영상의 필요**가 있어야 한다. 이 경우 **경영 악화를 방지하기 위한** 사업의 양도·인수·합병은 긴박한 경영상의 필요가 있는 것으로 본다.

② ①의 경우에 사용자는 **해고를 피하기 위한 노력**을 다하여야 하며, **합리적이고 공정한 해고의 기준**을 정하고 이에 따라 그 대상자를 선정하여야 한다. 이 경우 남녀의 성을 이유로 차별하여서는 아니 된다.

③ 사용자는 ②에 따른 **해고를 피하기 위한 방법과 해고의 기준 등에 관하여 그 사업 또는 사업장에 근로자의 과반수로 조직된 노동조합이 있는 경우에는 그 노동조합**[근로자의 과반수로 조직된 노동조합이 없는 경우에는 근로자의 과반수를 대표하는 자(근로자대표)를 말한다]에 해고를 하려는 날의 **50일 전까지 통보하고 성실하게 협의**하여야 한다.

④ 사용자는 ①에 따라 대통령령으로 정하는 **일정한 규모 이상의 인원을 해고**하려면 대통령령으로 정하는 바에 따라 **고용노동부장관에게 신고하여야 한다.**

⑤ 사용자는 근로자를 경영상 이유로 해고한 날부터 **3년 이내**에 해고된 근로자가 해고 당시 담당하였던 업무와 같은 업무를 할 근로자를 채용하려고 할 경우 **해고된 근로자가 원하면 그 근로자를 우선적으로 고용하여야 한다.**

⑥ **정부**는 경영상 이유로 해고된 근로자에 대하여 생계안정, 재취업, 직업훈련 등 필요한 조치를 우선적으로 취하여야 한다.

06 해고 예고

사용자는 근로자를 해고(**경영상 이유에 의한 해고를 포함**한다)하려면 적어도 **30일 전**에 예고를 하여야 하고, 30일 전에 예고를 하지 아니하였을 때에는 **30일분 이상의 통상임금**을 지급하여야 한다. 다만, 다음 각 호의 어느 하나에 해당하는 경우에는 그러하지 아니하다.

① 근로자가 계속 근로한 기간이 **3개월 미만**인 경우
② 천재·사변, 그 밖의 부득이한 사유로 **사업을 계속하는 것이 불가능**한 경우
③ 근로자가 **고의로 사업에 막대한 지장을 초래하거나 재산상 손해를 끼친 경우**로서 고용노동부령으로 정하는 사유에 해당하는 경우

(1) 구제신청

사용자가 근로자에게 부당해고 등을 하면 근로자는 부당해고 등이 있었던 날부터 **3개월 이내** **노동위원회에 구제를 신청**할 수 있다.

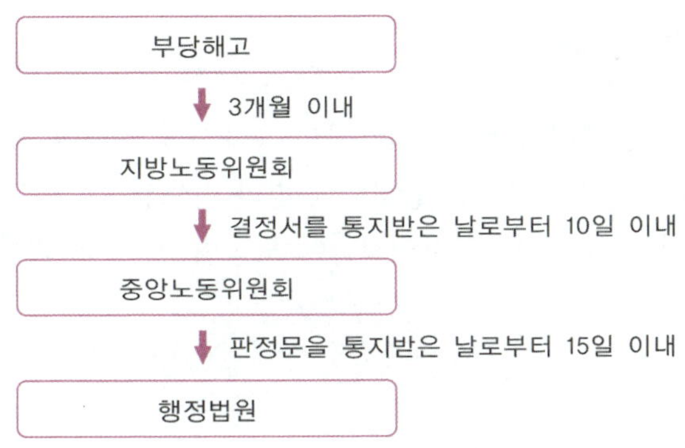

〈 부당해고 구제신청 및 불복절차 〉

(2) 이행강제금

① 노동위원회는 구제명령을 받은 후 이행기한까지 구제명령을 이행하지 아니한 사용자에게 **3,000만원 이하의 이행강제금**을 부과한다.

② 노동위원회는 **이행강제금을 부과하기 30일 전까지** 이행강제금을 부과·징수한다는 뜻을 **사용자에게 미리 문서로써 알려주어야 한다.**

③ 노동위원회는 최초의 구제명령을 한 날을 기준으로 **매년 2회의 범위**에서 구제명령이 이행될 때까지 반복하여 이행강제금을 부과·징수할 수 있다. 이 경우 이행강제금은 **2년을 초과하여 부과·징수하지 못한다.**

④ 노동위원회는 구제명령을 받은 자가 구제명령을 이행하면 새로운 이행강제금을 부과하지 아니하되, 구제명령을 이행하기 전에 **이미 부과된 이행강제금은 징수**하여야 한다.

⑤ 노동위원회는 이행강제금 납부의무자가 납부기한까지 이행강제금을 내지 아니하면 **기간을 정하여 독촉을 하고**, 지정된 기간에 이행강제금을 내지 아니하면 **국세 체납처분의 예에 따라 징수**할 수 있다.

⑥ **근로자는 구제명령을 받은 사용자가 이행기한까지 구제명령을 이행하지 아니하면 이행기한이 지난 때부터 15일 이내에 그 사실을 노동위원회에 알려줄 수 있다.**

사용자는 근로자가 사망 또는 퇴직한 경우에는 그 지급사유가 발생한 때부터 **14일 이내**에 임금, 보상금, 그 밖의 모든 금품을 지급하여야 한다. 다만, 특별한 사정이 있을 경우에는 당사자 사이의 **합의에 의하여 기일을 연장**할 수 있다.

09 임금채권 최우선 변제

최종 3개월분의 임금, 재해보상금은 사용자의 총재산에 대하여 질권·저당권 또는 「동산·채권 등의 담보에 관한 법률」에 따른 담보권에 따라 담보된 채권, 조세·공과금 및 다른 채권에 우선하여 변제되어야 한다. 「근로자퇴직급여 보장법」에 따라 **최종 3년간의 퇴직급여 등**도 최우선 변제된다.

10 사용증명서

① 사용자는 근로자가 퇴직한 후라도 사용기간, 업무종류, 지위와 임금, 그 밖에 필요한 사항에 관한 증명서를 청구하면 사실대로 적은 증명서를 즉시 내주어야 한다.

② 사용증명서에는 **근로자가 요구한 사항**만을 적어야 한다.

③ 사용증명서를 청구할 수 있는 자는 계속하여 **30일 이상 근무**한 근로자로 하되, 청구할 수 있는 기한은 **퇴직 후 3년 이내**로 한다.

11 계약서류의 보존

사용자는 근로자 명부와 대통령령으로 정하는 근로계약에 관한 중요한 서류를 **3년간 보존**하여야 한다.

제3절 임금

01 임금의 정의

① 임금 : 사용자가 **근로의 대가**로 근로자에게 임금, 봉급, 그 밖에 어떠한 명칭으로든지 지급하는 **모든 금품**을 말한다.

② 통상임금 : 근로자에게 **정기적이고 일률적으로 소정(所定)근로** 또는 총근로에 대하여 지급하기로 정한 시간급 금액, 일급 금액, 주급 금액, 월급 금액 또는 도급 금액을 말한다.

③ 평균임금 : 이를 산정하여야 할 사유가 발생한 날 **이전 3개월 동안에 그 근로자에게 지급된 임금의 총액을 그 기간의 총일수로 나눈 금액**을 말한다. 근로자가 취업한 후 3개월 미만인 경우도 이에 준한다.

> **▶ 평균임금의 계산에서 제외되는 기간과 임금**
> - 수습을 시작한 날부터 3개월 이내의 기간
> - 사용자의 귀책사유로 휴업한 기간
> - 출산전후휴가 및 유산·사산휴가기간
> - 업무상 부상 또는 질병으로 요양하기 위하여 휴업한 기간
> - 육아휴직기간
> - 쟁의행위기간
> - 「병역법」, 「예비군법」 또는 「민방위기본법」에 따른 의무를 이행하기 위하여 휴직하거나 근로하지 못한 기간. **다만, 그 기간 중 임금을 지급받은 경우에는 그러하지 아니하다.**
> - 업무 외 부상이나 질병, 그 밖의 사유로 사용자의 승인을 받아 휴업한 기간
>   (「남녀고용평등법」에 따라 **육아기 근로시간 단축기간, 가족돌봄휴직·휴가기간·근로시간 단축기간**도 평균임금 산정에서 제외된다.)

④ 평균임금 또는 통상임금을 산정기초로 하는 경우
   ㉠ 평균임금으로 산정하는 경우 : 연차유급휴가(평균임금 또는 통상임금 전부 가능), **휴업수당, 재해보상(휴업보상, 유족보상, 일시보상, 장해보상), 퇴직금, 감급의 제재, 구직급여** 등
   ㉡ 통상임금으로 산정하는 경우 : **연장·야간·휴일근로수당,** 해고예고수당, 출산전후휴가급여 등

02 임금지급의 원칙

① 임금은 **통화(通貨)**로 직접 근로자에게 그 **전액**을 지급하여야 한다. 다만, **법령 또는 단체협약에 특별한 규정**이 있는 경우에는 임금의 **일부를 공제하거나 통화 이외의 것으로** 지급할 수 있다.
② 임금은 **매월 1회 이상 일정한 날짜를 정하여 지급**하여야 한다. 다만, 임시로 지급하는 임금, 수당, 그 밖에 이에 준하는 것 또는 대통령령으로 정하는 임금에 대하여는 그러하지 아니하다.

03 비상시 지급

사용자는 근로자 또는 근로자의 수입으로 생계를 유지하는 자가 **출산, 질병, 재해, 혼인, 사망, 기타 부득이한 사유로 1주 이상 귀향**하는 경우의 비용에 충당하기 위하여 임금 지급을 청구하면 지급기일 전이라도 **이미 제공한 근로**에 대한 임금을 지급하여야 한다.

04 휴업수당

① 사용자의 귀책사유로 휴업하는 경우에 사용자는 휴업기간 동안 그 근로자에게 **평균임금의 100분의 70 이상**의 수당을 지급하여야 한다. 다만, 평균임금의 100분의 70에 해당하는 금액이 통상임금을 초과하는 경우에는 통상임금을 휴업수당으로 지급할 수 있다.
② ①에도 불구하고 부득이한 사유로 사업을 계속하는 것이 불가능하여 **노동위원회의 승인**을 받은 경우에는 ①의 기준에 못 미치는 휴업수당을 지급할 수 있다.

05 임금의 시효

이 법에 따른 임금채권은 **3년간** 행사하지 아니하면 시효로 소멸한다.

제4절 근로시간 및 휴식

01 기준근로시간

① 1주 간의 근로시간은 **휴게시간을 제외**하고 **40시간**을 초과할 수 없다.
② 1일의 근로시간은 휴게시간을 제외하고 **8시간**을 초과할 수 없다.
③ ① 및 ②에 따라 근로시간을 산정하는 경우 작업을 위하여 근로자가 사용자의 지휘·감독 아래에 있는 **대기시간 등은 근로시간으로 본다.**

02 탄력적 근로시간제

① 사용자는 취업규칙에서 정하는 바에 따라 **2주 이내**의 일정한 단위기간을 평균하여 1주간의 근로시간이 주 40시간의 근로시간을 초과하지 아니하는 범위에서 특정한 주에 주 40시간의 근로시간을, 특정한 날에 1일 8시간의 근로시간을 초과하여 근로하게 할 수 있다. **다만, 특정한 주의 근로시간은 48시간을 초과할 수 없다.**
※ 2주 이내 탄력근로시간제 이외에도 근로자대표와의 서면합의로 법에 정한 사항을 정한 경우에는 **3개월 이내** 탄력근로시간제 또는 **6개월 이내** 탄력근로시간제를 실시할 수 있다. 이때 **특정한 주의 근로시간은 52시간을, 특정한 날의 근로시간은 12시간을 초과할 수 없다.**
② 탄력적 근로시간제는 15세 이상 18세 미만의 근로자와 임신 중인 여성근로자에 대하여는 **적용하지 아니한다.**

03 선택적 근로시간제

① 사용자는 취업규칙에 따라 **업무의 시작 및 종료시각을 근로자의 결정**에 맡기기로 한 근로자에 대하여 근로자대표와의 서면합의에 따라 1개월(신상품 또는 신기술의 연구개발업무의 경우에는 3개월로 한다) 이내의 정산기간을 평균하여 1주간의 근로시간이 주 40시간의 근로시간을 초과하지 아니하는 범위에서 1주간에 주 40시간의 근로시간을, 1일에 8시간의 근로시간을 초과하여 근로하게 할 수 있다.
② **선택적 근로시간제는 15세 이상 18세 미만의 근로자는 제외한다.**

04 연장근로

당사자 간에 합의하면 **1주간에 12시간을 한도**로 근로시간을 연장할 수 있다.

05 휴게시간

① 사용자는 근로시간이 4시간인 경우에는 30분 이상, 8시간인 경우에는 1시간 이상의 휴게시간을 **근로시간 도중**에 주어야 한다.
② 휴게시간은 근로자가 **자유롭게** 이용할 수 있다.

06 연장 · 야간 · 휴일근로

① 사용자는 연장근로에 대하여는 **통상임금의 100분의 50 이상**을 가산하여 근로자에게 지급하여야 한다.
② ①에도 불구하고 사용자는 휴일근로에 대하여는 다음 각 호의 기준에 따른 금액 이상을 가산하여 근로자에게 지급하여야 한다.
　㉠ **8시간 이내의 휴일근로 : 통상임금의 100분의 50**
　㉡ **8시간을 초과한 휴일근로 : 통상임금의 100분의 100**
③ 사용자는 **야간근로(오후 10시부터 다음 날 오전 6시 사이의 근로를 말한다)**에 대하여는 통상임금의 100분의 50 이상을 가산하여 근로자에게 지급하여야 한다.

07 근로시간 및 휴게시간 특례

다음 각 호의 어느 하나에 해당하는 사업에 대하여 사용자가 근로자대표와 서면으로 합의한 경우에는 따른 **주(週) 12시간을 초과하여 연장근로**를 하게 하거나 **휴게시간을 변경**할 수 있다.
① 육상운송 및 파이프라인운송업. 다만, 「여객자동차 운수사업법」에 따른 노선(路線) 여객자동차운송사업은 제외한다.

② 수상운송업

③ 항공운송업

④ 기타 운송 관련 서비스업

⑤ **보건업**

08 근로시간 · 휴게 · 휴일 적용 제외

제4절(근로시간과 휴식), 제5절(여성과 소년)에서 정한 근로시간, 휴게와 휴일에 관한 규정은 다음 각 호의 어느 하나에 해당하는 근로자에 대하여는 적용하지 아니한다.

① 토지의 경작 · 개간, 식물의 식재(植栽) · 재배 · 채취사업, 그 밖의 **농림사업**

② 동물의 사육, 수산동식물의 채취 · 포획 · 양식사업, 그 밖의 **축산, 양잠, 수산사업**

③ **감시(監視) 또는 단속적(斷續的)으로 근로에 종사하는 사람으로서 사용자가 고용노동부장관**의 승인을 받은 사람

④ 대통령령으로 정하는 업무(**관리 · 감독업무 또는 기밀을 취급하는 업무**)에 종사하는 근로자

제5절▶ 여성과 소년

01 최저연령과 취직인허증

① 15세 미만인 사람(「초 · 중등교육법」에 따른 중학교에 재학 중인 18세 미만인 사람을 포함한다)은 근로자로 사용하지 못한다. 다만, 대통령령으로 정하는 기준에 따라 **고용노동부장관이 발급한 취직인허증(就職認許證)**을 지닌 사람은 근로자로 사용할 수 있다.

② 취직인허증은 **본인의 신청**에 따라 의무교육에 지장이 없는 경우에는 **직종(職種)을 지정**하여서만 발행할 수 있다.

02 미성년자의 근로계약

① 친권자나 후견인은 **미성년자의 근로계약을 대리할 수 없다.**

② **친권자, 후견인 또는 고용노동부장관**은 근로계약이 미성년자에게 불리하다고 인정하는 경우에는 이를 해지할 수 있다.

03 야간 · 휴일근로

① 사용자는 **18세 이상의 여성**을 오후 10시부터 오전 6시까지의 시간 및 휴일에 근로시키려면 **그 근로자의 동의를 받아야 한다.**

② 사용자는 **임산부와 18세 미만자를 오후 10시부터 오전 6시까지의 시간 및 휴일에 근로시키지 못한다.** 다만, 다음 각 호의 어느 하나에 해당하는 경우로서 **고용노동부장관의 인가를 받으면 그러하지 아니하다.**

   ㄱ 18세 미만자의 동의가 있는 경우

   ㄴ 산후 1년이 지나지 아니한 여성의 동의가 있는 경우

   ㄷ 임신 중의 여성이 명시적으로 청구하는 경우

04 갱내근로의 금지

사용자는 여성과 18세 미만인 사람을 갱내(坑內)에서 근로시키지 못한다. 다만, **보건·의료, 보도·취재 등 대통령령으로 정하는 업무**를 수행하기 위하여 일시적으로 필요한 경우에는 그러하지 아니하다.

05 임산부의 보호

① 사용자는 임신 중의 여성에게 **출산 전과 출산 후를 통하여 90일**(미숙아를 출산한 경우에는 100일, 한 번에 둘 이상 자녀를 임신한 경우에는 120일)의 출산전후휴가를 주어야 한다. 이 경우 휴가기간의 배정은 **출산 후에 45일(한 번에 둘 이상 자녀를 임신한 경우에는 60일) 이상**이 되어야 하고, 미숙아의 범위, 휴가 부여절차 등에 필요한 사항은 고용노동부령으로 정한다.

② 사용자는 임신 중인 여성근로자가 유산의 경험 등 대통령령으로 정하는 사유로 휴가를 청구하는 경우 출산 전 어느 때라도 휴가를 나누어 사용할 수 있도록 하여야 한다. 이 경우 **출산 후의 휴가기간은 연속하여 45일(한 번에 둘 이상 자녀를 임신한 경우에는 60일) 이상**이 되어야 한다.

③ 사용자는 임신 중인 여성이 유산 또는 사산한 경우로서 그 근로자가 청구하면 대통령령으로 정하는 바에 따라 유산·사산휴가를 주어야 한다. **다만, 인공임신중절수술(「모자보건법」 제14조 제1항 인공임신중절수술의 허용에 따른 경우는 제외한다)에 따른 유산의 경우는 그러하지 아니하다.**

④ ①부터 ③까지의 규정에 따른 휴가 중 **최초 60일(한 번에 둘 이상 자녀를 임신한 경우에는 75일)은 유급**으로 한다. 다만, 「남녀고용평등과 일·가정 양립 지원에 관한 법률」에 따라 출산전후휴가급여 등이 지급된 경우에는 그 금액의 한도에서 지급의 책임을 면한다.

⑤ 사용자는 임신 중의 여성근로자에게 **시간 외 근로를 하게 하여서는 아니 되며**, 그 근로자의 요구가 있는 경우에는 쉬운 종류의 근로로 전환하여야 한다.

⑥ 사업주는 출산전후휴가 종료 후에는 휴가 전과 동일한 업무 또는 동등한 수준의 임금을 지급하는 직무에 복귀시켜야 한다.

⑦ 사용자는 임신 후 12주 이내 또는 32주 이후에 있는 여성근로자(고용노동부령으로 정하는 유산, 조산 등 위험이 있는 여성근로자의 경우 임신 전 기간)가 1일 2시간의 근로시간 단축을 신청하는 경우 이를 허용하여야 한다. 다만, 1일 근로시간이 8시간 미만인 근로자에 대하여는 1일 근로시간이 6시간이 되도록 근로시간 단축을 허용할 수 있다.

⑧ 사용자는 근로시간 단축을 이유로 해당 근로자의 임금을 삭감하여서는 아니 된다.

⑨ 사용자는 임신 중인 여성근로자가 1일 소정근로시간을 유지하면서 업무의 시작 및 종료시 각의 변경을 신청하는 경우 이를 허용하여야 한다. 다만, 정상적인 사업운영에 중대한 지장을 초래하는 경우 등 대통령령으로 정하는 경우에는 그러하지 아니하다.

06 육아 시간

생후 1년 미만의 유아(乳兒)를 가진 여성 근로자가 청구하면 **1일 2회 각각 30분 이상**의 유급 수유 시간을 주어야 한다.

제6절 직장 내 괴롭힘

① 신고할 권리 : **누구든지** 직장 내 괴롭힘 발생사실을 알게 된 경우 그 사실을 **사용자에게 신**고할 수 있다.

② 조사의무 : 사용자는 신고를 접수하거나 직장 내 괴롭힘 발생사실을 인지한 경우에는 지체 없이 당사자 등을 대상으로 그 사실 확인을 위하여 객관적으로 조사를 실시하여야 한다.

③ 조사기간 중 피해자 보호 : 사용자는 조사기간 동안 직장 내 괴롭힘과 관련하여 피해를 입은 근로자 또는 피해를 입었다고 주장하는 근로자(피해근로자 등)를 보호하기 위하여 필요한 경우 해당 피해근로자 등에 대하여 근무장소의 변경, 유급휴가명령 등 적절한 조치를 하여야 한다. 이 경우 사용자는 피해근로자 등의 의사에 반하는 조치를 하여서는 아니 된다.

④ 괴롭힘 확인 시 피해자 보호 : 사용자는 조사 결과 직장 내 괴롭힘 발생사실이 확인된 때에는 **피해근로자가 요청하면** 근무장소의 변경, 배치전환, 유급휴가명령 등 적절한 조치를 하여야 한다.

⑤ 괴롭힘 확인 시 행위자 조치 : 사용자는 조사 결과 직장 내 괴롭힘 발생사실이 확인된 때에는 **지체 없이 행위자에 대하여 징계, 근무장소의 변경 등 필요한 조치**를 하여야 한다. 이 경우 사용자는 징계 등의 조치를 하기 전에 그 조치에 대하여 **피해근로자의 의견을 들어야 한다.**

⑥ 불리한 처우금지 : 사용자는 직장 내 괴롭힘 발생사실을 신고한 근로자 및 피해근로자 등에게 해고나 그 밖의 불리한 처우를 하여서는 아니 된다.

⑦ 비밀유지의무 : 직장 내 괴롭힘 발생사실을 조사한 사람, 조사내용을 보고받은 사람 및 그 밖에 **조사과정에 참여한 사람은 해당 조사과정에서 알게 된 비밀을 피해근로자 등의 의사**

에 반하여 다른 사람에게 누설하여서는 아니 된다. 다만, 조사와 관련된 내용을 사용자에게 보고하거나 관계기관의 요청에 따라 필요한 정보를 제공하는 경우는 제외한다.

제7절 재해보상

① 요양보상 : 근로자가 업무상 부상 또는 질병에 걸리면 사용자는 그 비용으로 필요한 요양을 행하거나 필요한 요양비를 부담하여야 한다.

② 휴업보상 : 사용자는 요양 중에 있는 근로자에게 그 근로자의 요양 중 **평균임금의 100분의 60의 휴업보상**을 하여야 한다.

③ 장해보상 : 근로자가 업무상 부상 또는 질병에 걸리고, 완치된 후 신체에 장해가 있으면 사용자는 그 장해 정도에 따라 평균임금에 신체장해등급과 재해보상표에서 정한 일수를 곱한 금액의 장해보상을 하여야 한다.

④ 유족보상 : 근로자가 업무상 사망한 경우에는 사용자는 근로자가 사망한 후 **지체 없이** 그 유족에게 **평균임금 1,000일분의 유족보상**을 하여야 한다.

⑤ 장례비 : 근로자가 업무상 사망한 경우에는 사용자는 근로자가 사망한 후 **지체 없이 평균임금 90일분의 장례비**를 지급하여야 한다.

⑥ 일시보상 : 근로자가 요양을 시작한 지 **2년**이 지나도 부상 또는 질병이 완치되지 아니하는 경우에는 사용자는 그 근로자에게 **평균임금 1,340일분의 일시보상**을 하여 그 후의 이 법에 따른 모든 보상책임을 면할 수 있다.

⑦ 분할보상 : 사용자는 지급능력이 있는 것을 증명하고 보상을 받는 사람의 동의를 받으면 장해보상, 유족보상, 일시보상을 1년에 걸쳐 분할보상을 할 수 있다.

⑧ 보상청구권 : 보상을 받을 권리는 **퇴직으로 인하여 변경되지 아니하고, 양도나 압류하지 못한다.**

⑨ 다른 손해배상과의 관계 : 보상을 받게 될 사람이 동일한 사유에 대하여 「민법」이나 그 밖의 법령에 따라 이 법의 재해보상에 상당한 금품을 받으면 그 가액(價額)의 한도에서 사용자는 보상의 책임을 면한다.

제8절 취업규칙

01 취업규칙 작성 · 신고의무

상시 **10명 이상**의 근로자를 사용하는 사용자는 다음 각 호의 사항에 관한 취업규칙을 작성하여 **고용노동부장관에게 신고**하여야 한다. 이를 변경하는 경우에도 또한 같다.

① **업무의 시작과 종료시각, 휴게시간, 휴일, 휴가 및 교대근로**에 관한 사항

② 임금의 결정·계산·지급방법, 임금의 산정기간·지급시기 및 **승급(昇給)**에 관한 사항

③ **가족수당**의 계산·지급방법에 관한 사항

④ **퇴직**에 관한 사항

⑤ 「근로자퇴직급여 보장법」에 따라 설정된 퇴직급여, 상여 및 최저임금에 관한 사항

⑥ **근로자의 식비**, 작업용품 등의 부담에 관한 사항

⑦ 근로자를 위한 교육시설에 관한 사항

⑧ 출산전후휴가·육아휴직 등 근로자의 모성 보호 및 일·가정 양립 지원에 관한 사항

⑨ 안전과 보건에 관한 사항

⑩ 근로자의 성별·연령 또는 신체적 조건 등의 특성에 따른 사업장 환경의 개선에 관한 사항

⑪ 업무상과 업무 외의 재해부조(災害扶助)에 관한 사항

⑫ **직장 내 괴롭힘**의 예방 및 발생 시 조치 등에 관한 사항

⑬ **표창과 제재**에 관한 사항

⑭ 그 밖에 해당 사업 또는 사업장의 근로자 전체에 적용될 사항

02 취업규칙의 작성·변경절차

사용자는 취업규칙의 작성 또는 변경에 관하여 해당 사업 또는 사업장에 근로자의 과반수로 조직된 노동조합이 있는 경우에는 그 노동조합, 근로자의 과반수로 조직된 노동조합이 없는 경우에는 **근로자의 과반수의 의견을 들어야 한다. 다만, 취업규칙을 근로자에게 불리하게 변경하는 경우에는 그 동의를 받아야 한다.**

03 제재규정의 제한

취업규칙에서 근로자에 대하여 감급(減給)의 제재를 정할 경우에 그 감액은 **1회의 금액이 평균임금의 1일분의 2분의 1을, 총액이 1임금지급기의 임금총액의 10분의 1을** 초과하지 못한다.

04 위반의 효력

취업규칙에서 정한 기준에 미달하는 근로조건을 정한 근로계약은 **그 부분에 관하여는 무효로** 한다. 이 경우 무효로 된 부분은 취업규칙에 정한 기준에 따른다.

① 근로조건의 기준을 확보하기 위하여 고용노동부와 그 소속기관에 근로감독관을 둔다.

② 근로감독관은 사업장, 기숙사, 그 밖의 부속건물을 현장조사하고 장부와 서류의 제출을 요구할 수 있으며 사용자와 근로자에 대하여 심문(尋問)할 수 있다.

③ 의사인 근로감독관이나 근로감독관의 위촉을 받은 의사는 취업을 금지하여야 할 질병에 걸릴 의심이 있는 근로자에 대하여 검진할 수 있다.

④ 근로감독관은 이 법이나 그 밖의 노동관계법령 위반의 죄에 관하여 「사법경찰관리의 직무를 수행할 자와 그 직무범위에 관한 법률」에서 정하는 바에 따라 **사법경찰관의 직무를 수행**한다.

⑤ 이 법이나 그 밖의 노동관계법령에 따른 현장조사, 서류의 제출, 심문 등의 수사는 **검사와 근로감독관이 전담하여 수행한다. 다만, 근로감독관의 직무에 관한 범죄의 수사는 그러하지 아니하다.**

❶ 총칙

★ **2014년 직업상담사 1급**

01 근로기준법상 근로자의 개념과 가장 거리가 먼 것은?

① 사업 또는 사업장에서 임금을 목적으로 근로를 제공하는 자
② 실업 중인 자
③ 타인에게 고용되어 노무를 제공하는 자
④ 사용자의 지휘 · 명령을 받는 자

> **해설** 「근로기준법」상의 근로자란 직업의 종류와 관계없이 임금을 목적으로 사업이나 사업장에 **근로를 제공하고 있는 사람, 즉 현재 취업 중인 자**에 한한다. 법의 보호대상을 의미하는 근로자의 정의는 법의 규율범위에 따라 달라진다. 「근로기준법」의 내용은 일단 근로계약이 성립한 후에 적용되는 근로계약, 임금, 휴일 · 휴가 등으로 근로자의 범위도 취업 중인 자에 한한다.
>
> **[근로자의 정의]**
> ㉠ 근로기준법 : 직업의 종류와 관계없이 임금을 목적으로 사업이나 사업장에 **근로를 제공하고 있는 사람**
> ㉡ 남녀고용평등 및 일 · 가정 양립 지원에 관한 법률 : 사업주에게 **고용된 사람과 취업할 의사를 가진 사람**
> ㉢ 고용상 연령차별금지 및 고령자고용촉진에 관한 법률 : 「근로기준법」 제2조 제1항 제1호에 따른 근로자

★ **2004년 직업상담사 1급**

02 다음 중 근로기준법상의 근로자로 보기 가장 어려운 것은?

① 개인 질병으로 휴직 중인 자
② 부당노동행위를 이유로 해고의 효력을 다투는 자
③ 노동조합업무를 전담하는 기업별 노조의 전임 간부
④ 업무상 재해로 요양 중인 불법체류 외국인

> **해설** 「근로기준법」상의 근로자란 **근로를 제공하고 있는 사람, 즉 현재 취업 중인 자**에 한하므로 해고된 근로자는 포함되지 않는다. 휴직자, 노조전임자 등 직접 업무를 하고 있지 않아도 재직 중인 자는 포함되며, 근로계약 체결이 위법(불법취업)하다 하더라도 실제 임금을 목적으로 근로를 제공하였으면 법 위반에 대한 제재는 별론으로 하더라도 실제 근무한 부분에 대해서는 동일하게 「근로기준법」을 적용받는다.

★ **2017년 직업상담사 1급**

03 근로기준법에서 사용하는 용어에 대한 설명으로 틀린 것은?

① "근로계약"이란 근로자가 사용자에게 근로를 제공하고 사용자는 이에 대하여 임금을 지급하는 것을 목적으로 체결된 계약을 말한다.
② "임금"이란 사용자가 근로의 대가로 근로자에게 임금, 봉급, 그 밖에 어떠한 명칭으로든지 지급하는 일체의 금품을 말한다.
③ "근로자"란 직업의 종류에 따라 임금을 목적으로 사업이나 사업장에 근로를 제공하는 자를 말한다.
④ "사용자란 사업주 또는 사업경영담당자 그 밖에 근로자에 관한 사항에 대하여 사업주를 위해 행위하는 자를 말한다.

> **해설** 「근로기준법」상의 근로자란 **직업의 종류와 관계없이 임금을 목적으로** 사업이나 사업장에 근로를 제공하고 있는 사람을 말한다. 즉, 직종과 관계없이 임금을 목적으로 지휘 · 감독을 받으면서 종속노동을 하는 사람은 「근로기준법」상의 근로자에 해당한다.

정답 01. ② 02. ② 03. ③

04 근로기준법상 정의된 용어에 대한 설명으로 틀린 것은?

① 근로자란 직업의 종류와 관계없이 임금을 목적으로 사업이나 사업장에서 근로를 제공하는 자를 말한다.

② 근로계약이란 근로자가 사용자에게 근로를 제공하고 사용자는 이에 대하여 임금을 지급하는 것을 목적으로 체결된 계약을 말한다.

③ 근로란 사업 또는 사업장에서의 육체노동만을 말한다.

④ 임금이란 사용자가 근로의 대가로 근로자에게 임금, 봉급, 그 밖에 어떠한 명칭으로든지 지급하는 일체의 금품을 말한다.

해설 근로란 정신노동과 육체노동을 말한다.

05 사용자가 게시하거나 널리 알려야 할 의무를 부담하지 않는 것은?

① 근로기준법 ② 단체협약
③ 취업규칙 ④ 기숙사규칙

해설 [근로기준법 제14조(법령 주요 내용 등의 게시)]
① 사용자는 이 법과 이 법에 따른 대통령령의 주요 내용과 취업규칙을 근로자가 자유롭게 열람할 수 있는 장소에 항상 게시하거나 갖추어 두어 근로자에게 널리 알려야 한다.
② 사용자는 ①에 따른 대통령령 중 기숙사에 관한 규정과 규칙의 작성과 변경에 따른 기숙사규칙을 기숙사에 게시하거나 갖추어 두어 기숙(寄宿)하는 근로자에게 널리 알려야 한다.

06 근로기준법의 기본원칙으로 근로기준법이 명시하고 있는 것과 가장 거리가 먼 것은?

① 근로자와 사용자 대등 결정의 원리
② 동일 임금의 보장

③ 강제 근로의 금지
④ 중간착취의 배제

해설 「근로기준법」에는 균등한 처우규정이 있으나 구체적으로 동일 임금을 규정하고 있지는 않다. 동일 가치노동, 동일 임금의 내용을 명시하고 있는 것은 「남녀고용평등 및 일·가정 양립 지원에 관한 법률」이다.
㉠ 제4조(근로조건의 결정) 근로조건은 근로자와 사용자가 동등한 지위에서 자유의사에 따라 결정하여야 한다.
㉡ 제5조(근로조건의 준수) 근로자와 사용자는 각자가 단체협약, 취업규칙과 근로계약을 지키고 성실하게 이행할 의무가 있다.
㉢ 제6조(균등한 처우) 사용자는 근로자에 대하여 남녀의 성(性)을 이유로 차별적 대우를 하지 못하고, 국적·신앙 또는 사회적 신분을 이유로 근로조건에 대한 차별적 처우를 하지 못한다.
㉣ 제7조(강제 근로의 금지) 사용자는 폭행, 협박, 감금, 그 밖에 정신상 또는 신체상의 자유를 부당하게 구속하는 수단으로써 근로자의 자유의사에 어긋나는 근로를 강요하지 못한다.
㉤ 제8조(폭행의 금지) 사용자는 사고의 발생이나 그 밖의 어떠한 이유로도 근로자에게 폭행을 하지 못한다.
㉥ 제9조(중간착취의 배제) 누구든지 법률에 따르지 아니하고는 영리로 다른 사람의 취업에 개입하거나 중간인으로서 이익을 취득하지 못한다.
㉦ 제10조(공민권 행사의 보장) 사용자는 근로자가 근로시간 중에 선거권, 그 밖의 공민권(公民權) 행사 또는 공(公)의 직무를 집행하기 위하여 필요한 시간을 청구하면 거부하지 못한다. 다만, 그 권리 행사나 공(公)의 직무를 수행하는 데에 지장이 없으면 청구한 시간을 변경할 수 있다.

07 근로기준법에서 규정하고 있는 기본원칙에 속하지 않는 것은?

① 강제 근로의 금지
② 차별적 처우 금지
③ 공민권 행사의 보장
④ 국제협약의 준수

해설 [근로기준법 제5조(근로조건의 준수)]
근로자와 사용자는 각자가 단체협약, 취업규칙과 근로계약을 지키고 성실하게 이행할 의무가 있다.

정답 04. ③ 05. ② 06. ② 07. ④

08 근로기준법상 상시 4명 이하의 근로자를 사용하는 사업 또는 사업장에 적용되지 않는 것은?

① 주휴일　　　　　② 출산전후보호휴가
③ 해고의 예고　　　④ 연차유급휴가

> **해설** **[적용범위]**
> ㉠ 상시 4명 이하 사업장에 적용되는 규정 : 주휴일, 출산휴가, 해고예고, 중간착취 배제, 단시간근로자의 근로조건, 전차금 상계의 금지, 갱내근로의 금지 등
> ㉡ 상시 4명 이하 사업장에 적용되지 않는 규정 : 연차휴가, 생리휴가, 부당해고제한, 휴업수당, 직장 내 괴롭힘 등

09 근로기준법상 상시 4명 이하의 근로자를 사용하는 사업 또는 사업장에 적용되는 것을 모두 고른 것은?

> ㉠ 제74조(임산부의 보호)
> ㉡ 제60조(연차유급휴가)
> ㉢ 제46조(휴업수당)
> ㉣ 제26조(해고의 예고)

① ㉠, ㉡　　　　　② ㉠, ㉣
③ ㉡, ㉢　　　　　④ ㉢, ㉣

> **해설** 4인 이하 사업장의 적용 제외 규정은 금전적 부담이 크거나 지키기 까다로운 사항들이다. 즉, 연차휴가, 생리휴가, 부당해고제한, 휴업수당, 직장 내 괴롭힘 등이다.

10 근로기준법상 상시 4명 이하의 근로자를 사용하는 사업 또는 사업장에 적용되지 않는 규정은?

① 강제 근로의 금지
② 근로조건의 명시
③ 경영상 이유에 의한 해고의 제한
④ 금품청산

> **해설** 4인 이하 사업장은 해고 관련하여 해고예고는 적용되나, 부당해고제한(경영상 이유로 인한 해고의 제한 포함)은 적용되지 않는다.

11 근로기준법상 상시 근로자 수를 산정하는 경우 연인원에 포함되지 않는 근로자는?

① 통상 근로자
② 「파견근로자보호 등에 관한 법률」에 따른 파견근로자
③ 「외국인근로자의 고용 등에 관한 법률」에 따른 외국인근로자
④ 「기간제 및 단시간근로자 보호 등에 관한 법률」에 따른 기간제근로자

> **해설** [근로기준법 시행령 제7조의2(상시 사용하는 근로자 수의 산정방법)]
> ④ 연인원에는 「파견근로자보호 등에 관한 법률」에 따른 파견근로자를 제외한 다음 각 호의 근로자 모두를 포함한다.
> 1. 해당 사업 또는 사업장에서 사용하는 통상 근로자, 「기간제 및 단시간근로자 보호 등에 관한 법률」에 따른 기간제근로자, 단시간근로자 등 고용형태를 불문하고 하나의 사업 또는 사업장에서 근로하는 모든 근로자
> 2. 해당 사업 또는 사업장에 동거하는 친족과 함께 1.에 해당하는 근로자가 1명이라도 있으면 동거하는 친족인 근로자

12 근로기준법령상 상시 4명 이하의 근로자를 사용하는 사업 또는 사업장에 적용되는 규정만을 모두 고르면?

> ㉠ 경영상 이유에 의한 해고의 제한(근로기준법 제24조)
> ㉡ 해고의 예고(근로기준법 제26조)
> ㉢ 휴게(근로기준법 제54조)
> ㉣ 생리휴가(근로기준법 제73조)
> ㉤ 법정근로시간(근로기준법 제50조)
> ㉥ 금품 청산(근로기준법 제36조)

① ㉠, ㉡, ㉥　　　② ㉠, ㉢, ㉤
③ ㉡, ㉢, ㉥　　　④ ㉡, ㉣, ㉤

> **해설** • 경영상 이유에 의한 해고 제한, 생리휴가, 법정근로시간은 5인 이상 사업장에만 적용된다.
> • 반면 해고예고, 휴게, 금품청산은 4인 이하 사업장에도 적용된다.

정답 08. ④　09. ②　10. ③　11. ②　12. ③

★ **2021년 직업상담사 1급**

13 근로기준법상 상시 4명 이하의 근로자를 사용하는 사업장에 적용되는 규정은?

① 제17조 근로조건의 명시
② 제60조 연차유급휴가
③ 제46조 휴업수당
④ 제93조 취업규칙의 작성·신고

해설 근로계약 체결 시 근로조건을 명시해야 한다는 것은 4인 이하 사업장에도 적용된다. 연차휴가와 휴업수당은 5인 이상 사업장에 적용되고, 취업규칙은 10인 이상 사업장에 적용된다.

★ **2023년 9급 공무원**

14 근로기준법령에 대한 설명으로 옳지 않은 것은?

① 사용자는 사고의 발생이나 그 밖의 어떠한 이유로도 근로자에게 폭행을 하지 못한다.
② 상시 4명 이하의 근로자를 사용하는 사업 또는 사업장인 경우에도 사용자는 근로계약 불이행에 대한 손해배상액을 예정하는 계약을 체결하지 못한다.
③ "임금"이란 사용자가 근로의 대가로 근로자에게 임금, 봉급, 그 밖에 어떠한 명칭으로든지 지급하는 모든 금품을 말한다.
④ 사용자는 근로계약에 덧붙여 강제 저축 또는 저축금의 관리를 규정하는 계약을 체결하지 못하며 어떠한 경우에도 근로자의 위탁으로 저축을 관리하지 못한다.

해설 **근로자 위탁으로 저축금을 관리하는 것은 가능하다.**
[근로기준법 제22조(강제 저금의 금지)]
① 사용자는 근로계약에 덧붙여 강제 저축 또는 저축금의 관리를 규정하는 계약을 체결하지 못한다.
② 사용자가 근로자의 위탁으로 저축을 관리하는 경우에는 다음 각 호의 사항을 지켜야 한다.
1. 저축의 종류·기간 및 금융기관을 근로자가 결정하고, 근로자 본인의 이름으로 저축할 것
2. 근로자가 저축증서 등 관련 자료의 열람 또는 반환을 요구할 때에는 즉시 이에 따를 것

② 근로계약

★ **2014년 직업상담사 1급**

15 다음 중 근로계약의 체결 시 금지되는 사항이 아닌 것은?

① 실제로 발생된 손해에 대한 배상의 의무를 명시하는 경우
② 근로계약 불이행에 대한 위약금 또는 손해배상액을 예정하는 경우
③ 전차금(前借金)이나 그 밖에 근로할 것을 조건으로 하는 전대(前貸)채권과 임금을 상계하는 계약
④ 근로계약에 덧붙여 강제 저축 또는 저축금의 관리를 규정하는 계약

해설 사용자는 근로계약 불이행에 대한 **위약금 또는 손해배상액을 예정**하는 계약을 체결하지 못한다. 이는 **일정한 금액을 미리 약정할 수 없다는 것**이다. 금액이 아니라 계약 불이행에 대한 손해배상의무를 약정하는 것은 가능하며, 근로자의 계약 불이행으로 손해가 발생한 경우 손해배상을 청구할 수도 있다.

★ **2013년 직업상담사 1급**

16 근로기준법상 사용자가 근로계약을 체결할 때에 근로자에게 명시된 서면으로 교부해야 할 근로조건이 아닌 것은?

① 임금
② 소정근로시간
③ 근로자를 위한 교육내용
④ 연차유급휴가

해설 **[근로조건 서면 명시·교부사항]**
㉠ 임금 : 임금의 구성항목·계산방법·지급방법
㉡ 소정근로시간
㉢ 휴일
㉣ 연차휴가

정답 13. ① 14. ④ 15. ① 16. ③

17 근로기준법상 근로계약에 관한 설명으로 틀린 것은?

① 이 법에서 정하는 기준에 미치지 못하는 근로조건을 정한 근로계약은 그 부분에 한하여 무효로 한다.

② 근로계약은 기간을 정하지 아니한 것과 일정한 사업의 완료에 필요한 기간을 정한 것 외에는 그 기간은 1년을 초과하지 못한다.

③ 단시간근로자의 근로조건은 그 사업장의 같은 종류의 업무에 종사하는 통상 근로자의 근로시간을 기준으로 산정한 비율에 따라 결정되어야 한다.

④ 사용자는 근로계약 불이행에 대한 위약금을 예정하는 계약을 체결한 경우 300만원 이하의 과태료에 처한다.

> **해설** 근로계약 불이행에 대한 위약금을 예정하는 계약을 체결한 경우는 500만원 이하의 벌금이다.
> **[이해 Tip]** 과태료는 행정벌이고, 벌금 또는 징역은 형벌이다. 상대적으로 경미한 위반은 과태료, 중대한 위반은 벌금 또는 징역이다.

18 근로기준법상 단시간근로자 등에 대한 설명으로 옳지 않은 것은?

① 단시간근로자란 1주 동안의 소정근로시간이 그 사업장에서 같은 종류의 업무에 종사하는 통상 근로자의 1주 동안의 소정근로시간에 비하여 짧은 근로자를 말한다.

② 단시간근로자의 근로조건은 그 사업장의 같은 종류의 업무에 종사하는 통상 근로자의 업무성과를 기준으로 산정한 비율에 따라 결정되어야 한다.

③ 4주 동안(4주 미만으로 근로하는 경우에는 그 기간)을 평균하여 1주 동안의 소정근로시간이 15시간 미만인 근로자에 대하여는 근로기준법 제55조(휴일)를 적용하지 아니한다.

④ 4주 동안(4주 미만으로 근로하는 경우에는 그 기간)을 평균하여 1주 동안의 소정근로시간이 15시간 미만인 근로자에 대하여는 근로기준법 제60조(연차 유급휴가)를 적용하지 아니한다.

> **해설** 단시간근로자의 근로조건은 그 사업장의 같은 종류의 업무에 종사하는 통상 근로자의 근로시간을 기준으로 산정한 비율에 따라 결정되어야 한다

19 근로기준법상 근로계약 체결 시 근로조건의 의무적 명시사항이 아닌 것은?

① 근로계약기간
② 취업의 장소와 종사하여야 할 업무
③ 임금의 지급방법
④ 연차유급휴가에 관한 사항

> **해설 [근로조건 명시의무]**
> ㉠ 명시사항 : 사용자는 근로계약을 체결할 때에 근로자에게 임금, 소정근로시간, 휴일, 연차유급휴가, 취업장소와 종사업무, 취업규칙의 필수적 기재사항, 기숙사규칙을 명시하여야 한다. 근로계약 체결 후 이를 변경하는 경우에도 또한 같다.
> ㉡ 서면 명시사항 : 사용자는 임금의 구성항목·계산방법·지급방법, 소정근로시간, 휴일, 연차휴가의 사항이 명시된 서면(전자문서를 포함한다)을 근로자에게 교부하여야 한다. 다만, 본문에 따른 사항이 단체협약 또는 취업규칙의 변경 등 대통령령으로 정하는 사유로 인하여 변경되는 경우에는 근로자의 요구가 있으면 그 근로자에게 교부하여야 한다.

20 근로기준법상 사용자가 근로계약을 체결할 때 근로자에게 서면으로 명시하고 교부하여야 할 근로조건이 아닌 것은?

① 임금의 구성항목
② 연차유급휴가
③ 소정근로시간
④ 취업의 장소와 종사하여야 할 업무에 관한 사항

정답 17. ④ 18. ② 19. ① 20. ④

해설 취업장소와 종사업무는 명시사항에는 포함되나, 서면 명
시사항에는 포함되지 않는다. 즉, 구두로 명시하는 것도
가능하다.

★　2014년 직업상담사 1급

21 근로기준법상 근로조건에 관한 설명으로 틀린 것은?

① 단시간근로자의 근로조건은 그 사업장의 같은 종류의 업무에 종사하는 통상 근로자의 근로시간을 기준으로 산정한 비율에 따라 결정되어야 한다.

② 사용자는 근로조건을 명시할 때 임금의 구성항목, 계산방법, 지급방법, 소정근로시간, 주휴일, 연차유급휴가에 관한 사항 모두를 서면으로 명시하여야 한다.

③ 근로계약 체결 시 명시된 근로조건이 사실과 다른 경우 근로자는 근로조건 위반을 이유로 손해의 배상을 청구할 수 있으며, 1월의 기간이 경과된 후에 근로계약을 해제할 수 있다.

④ 근로자가 손해배상을 청구하는 경우에 노동위원회에 신청할 수 있으며, 근로계약이 해제되었을 경우에는 사용자는 취업을 목적으로 거주를 변경하는 근로자에게 귀향여비를 지급하여야 한다.

해설 [명시된 근로조건 위반의 효과]
　㉠ 명시된 근로조건이 사실과 다를 경우에 근로자는 근로조건 위반을 이유로 손해의 배상을 청구할 수 있으며 즉시 근로계약을 해제할 수 있다.
　㉡ ㉠에 따라 근로자가 손해배상을 청구할 경우에는 노동위원회에 신청할 수 있으며, 근로계약이 해제되었을 경우에는 사용자는 취업을 목적으로 거주를 변경하는 근로자에게 귀향여비를 지급하여야 한다.

★★　2010년, 2014년 직업상담사 1급

22 근로기준법상 사용증명서에 관한 설명으로 틀린 것은?

① 사용증명서를 청구할 수 있는 기한은 퇴직 후 3년 이내로 한다.

② 사용증명서를 청구할 수 있는 자는 계속하여 30일 이상 근무한 근로자이다.

③ 사용증명서의 법적 기재사항은 청구 여부에 관계없이 모두 기재해야 한다.

④ 사용자는 근로자가 퇴직한 후라도 사용증명서를 청구하면 사실대로 적은 증명서를 즉시 내주어야 한다.

해설 사용증명서(경력증명서, 재직증명서)는 근로자가 요구한 사항만 기재하여야 한다.

★★　2011년, 2014년 직업상담사 1급

23 근로기준법상 가장 우선 변제되어야 할 것은?

① 조세

② 공과금

③ 저당권에 의하여 담보된 채권

④ 재해보상금

해설 「근로기준법」에 의해 최우선 변제되는 채권은 최종 3개월간의 임금, 재해보상금이다. 「근로자퇴직급여 보장법」에 따라 최종 3년간의 퇴직급여도 최우선 변제된다.

★★★　2012년, 2015년, 2016년 직업상담사 1급

24 다음 중 근로기준법상 1순위로 변제되어야 하는 채권은?

① 우선권이 없는 조세·공과금

② 최종 3개월분의 임금

③ 질권·저당권에 의해 담보된 채권

④ 최종 3개월분의 임금을 제외한 임금채권 전액

해설 「근로기준법」에 의해 최우선 변제되는 채권은 최종 3개월간의 임금, 재해보상금이다. 「근로자퇴직급여 보장법」에 따라 최종 3년간의 퇴직급여도 최우선 변제된다.

25 다음 (   )에 알맞은 것은?

> 「근로기준법」상 사용자는 근로자가 사망 또는
> 퇴직한 경우에는 그 지급사유가 발생한 때부터
> (   ) 이내에 임금, 보상금, 그 밖의 일체의 금품
> 을 지급하여야 한다. 다만, 특별한 사정이 있을
> 경우에는 당사자 사이의 합의에 의하여 기일을
> 연장할 수 있다.

① 7일 　　　　② 14일
③ 15일 　　　　④ 30일

해설 사용자는 근로자가 사망 또는 퇴직한 경우에는 그 지급
사유가 발생한 때부터 14일 이내에 임금, 보상금, 그 밖
의 모든 금품을 지급하여야 한다. 다만, 특별한 사정이
있을 경우에는 당사자 사이의 합의에 의하여 기일을 연
장할 수 있다.

26 근로기준법상 우선 재고용에 관한 설명으로 옳은 것은?

① 경영상의 해고와 징계해고를 당한 근로자에게
　도 적용된다.
② 사용자가 해고 당시 담당한 업무와 다른 업무
　에 근로자를 채용하는 경우에 적용된다.
③ 해고된 날로부터 3년 이내에 사용자가 채용하
　는 경우라는 시기적 제한이 있다.
④ 해고된 근로자의 의사와 관계없이 사용자는
　재고용을 해야 한다.

해설 경영상 이유에 의한 해고의 경우 사용자는 근로자를 해
고한 날부터 3년 이내에 해고된 근로자가 해고 당시 담
당하였던 업무와 같은 업무를 할 근로자를 채용하려고
할 경우 해고된 근로자가 원하면 그 근로자를 우선적으
로 고용하여야 한다.
① 징계해고는 해당되지 않는다.
② 해고 당시 담당업무와 같은 업무에 대해 재고용하는
　경우여야 한다.
④ 해고된 근로자가 원하는 경우에 재고용의무가 생긴다.

27 근로기준법상 경영상 이유에 의한 해고에 관한 설명으로 틀린 것은?

① 사용자가 경영상 이유에 의하여 근로자를 해
　고하려면 긴박한 경영상의 필요가 있어야 한
　다. 이 경우 경영 악화를 방지하기 위한 사업
　의 양도·인수·합병은 긴박한 경영상의 필요
　가 있는 것으로 본다.
② 사용자는 해고를 피하기 위한 방법과 해고의
　기준을 정하고, 이에 따라 그 대상자를 선정
　하여야 한다. 이 경우 남녀의 성을 이유로 차
　별하여서는 아니 된다.
③ 사용자는 해고를 피하기 위한 방법과 해고의
　기준 등에 관하여 그 사업 또는 사업장에 근
　로자의 과반수로 조직된 노동조합이 없는 경
　우에는 근로자의 과반수를 대표하는 자에게
　해고를 하고자 하는 날의 30일 전까지 통보하
　고 성실하게 협의하여야 한다.
④ 사용자는 대통령령으로 정하는 일정한 규모
　이상의 인원을 해고하려면 대통령령으로 정하
　는 바에 따라 고용노동부장관에게 신고하여야
　한다.

해설 경영상 이유에 의한 해고(정리해고)를 하는 경우에는 50
일 전까지 근로자대표에게 통보하고 해고회피방법과 해
고기준 등에 대해 협의하여야 한다.
[경영상 이유에 의한 해고의 유효요건]
㉠ 긴박한 경영상의 필요(경영 악화 방지를 위한 사업의
　양도·인수·합병 포함)
㉡ 해고회피노력
㉢ 합리적이고 공정한 대상자 선정(남녀차별금지)
㉣ 근로자대표(과반수 노조가 있으면 그 노조, 없으면 과
　반수를 대표하는 자)에게 50일 전에 통보하고 협의
※ 일정 규모 이상 정리해고하는 경우 고용노동부장관
　에 신고해야 하는 것은 의무사항이기는 하나, 해고의
　유효요건은 아니다.

정답 25. ② 　26. ③ 　27. ③

28 근로기준법상 해고에 대한 설명으로 옳은 것은?

① 사용자는 근로자가 업무상 부상 또는 질병의 요양을 위하여 휴업한 기간과 그 후 30일 동안은 비록 사업을 계속할 수 없게 된 경우라도 해고하지 못한다.

② 사용자가 경영상 이유에 의하여 근로자를 해고하려면 긴박한 경영상의 필요가 있어야 한다. 이 경우 사업의 양도·인수·합병은 긴박한 경영상의 필요가 있는 것으로 본다.

③ 경영상 이유에 의해 근로자를 해고한 사용자는 근로자를 해고한 날부터 3년 이내에 해고된 근로자가 해고 당시 담당하였던 업무와 같은 업무를 할 근로자를 채용하려고 할 경우 경영상 이유에 의해 해고된 근로자가 원하면 그 근로자를 우선적으로 고용하여야 한다.

④ 근로자가 과실로 사업에 막대한 지장을 초래한 경우에는 사용자는 해고의 예고를 하지 않고 해고할 수 있다.

> **해설** ① 사용자는 근로자가 업무상 부상 또는 질병의 요양을 위하여 휴업한 기간과 그 후 30일 동안 또는 산전(産前)·산후(産後)의 여성이 이 법에 따라 휴업한 기간과 그 후 30일 동안은 해고하지 못한다. 다만, **사용자가 일시보상을 하였을 경우 또는 사업을 계속할 수 없게 된 경우에는 그러하지 아니하다.**
> ② **경영악화 방지를 목적으로 하는 사업의 양도·인수· 합병에 한해** 긴박한 경영상의 필요성이 있는 것으로 간주된다.
> ④ 근로자가 **과실이 아니라 고의로** 사업에 막대한 지장을 초래한 경우에 해고예고가 면제된다.

29 근로기준법상 경영상의 이유에 의해 일정규모 이상 인원의 해고계획을 고용노동부장관에게 신고할 때 포함되어야 하는 사항이 아닌 것은?

① 해고사유

② 해고예고수당

③ 해고예정인원

④ 근로자대표와 협의한 내용

> **해설** **[근로기준법 시행령 제10조(경영상의 이유에 의한 해고계획의 신고)]**
> ① 사용자는 1개월 동안에 다음 각 호의 어느 하나에 해당하는 인원을 해고하려면 최초로 해고하려는 날의 30일 전까지 고용노동부장관에게 신고하여야 한다.
> 1. 상시 근로자 수가 99명 이하인 사업 또는 사업장 : 10명 이상
> 2. 상시 근로자 수가 100명 이상 999명 이하인 사업 또는 사업장 : 상시 근로자 수의 10% 이상
> 3. 상시 근로자 수가 1,000명 이상 사업 또는 사업장 : 100명 이상
> ② ①에 따른 신고를 할 때에는 다음 각 호의 사항을 포함하여야 한다.
> 1. 해고사유
> 2. 해고예정인원
> 3. 근로자대표와 협의한 내용
> 4. 해고일정

30 근로기준법상 경영상 이유에 의한 해고에 관한 설명으로 틀린 것은?

① 경영 악화 방지를 위한 사업의 양도·인수·합병은 긴박한 경영상의 필요가 있는 것으로 본다.

② 사용자는 해고를 피하기 위한 방법과 해고의 기준 등에 관하여 근로자대표에 해고를 하려는 날의 50일 전까지 통보하고 성실하게 협의하여야 한다.

③ 사용자는 합리적이고 공정한 해고의 기준을 정하고, 이에 따라 그 대상자를 선정하여야 한다.

④ 사용자는 근로자를 해고한 날로부터 3년 이내에 해고된 근로자가 해고 당시 담당하였던 업무와 같은 업무를 할 근로자를 채용하려고 할 경우 해고된 근로자가 원하면 그 근로자를 우선적으로 고용하도록 노력하여야 한다.

정답 28. ③ 29. ② 30. ④

해설 경영상 이유에 의한 해고의 경우 사용자는 근로자를 해고한 날부터 3년 이내에 해고된 근로자가 해고 당시 담당하였던 업무와 같은 업무를 할 근로자를 채용하려고 할 경우 해고된 근로자가 원하면 그 근로자를 우선적으로 **고용하여야 한다.**

★★ **2014년, 2015년 직업상담사 1급**

31 근로기준법상 부당해고구제에 관한 설명으로 가장 적합한 것은?

① 구제신청은 부당해고 등이 있었던 날부터 6개월 이내에 하여야 한다.

② 노동위원회는 부당해고에 관한 판정, 구제명령 및 기각결정을 사용자와 근로자에게 각각 서면으로 통지하여야 한다.

③ 노동위원회의 구제명령, 기각결정 또는 재심판정은 중앙노동위원회에 대한 재심신청이나 행정소송제기에 의하여 그 효력이 정지될 수 있다.

④ 노동위원회의 구제명령을 받은 후 이행기한까지 구제명령을 이행하지 아니한 사용자에게 5,000만원 이하의 이행강제금을 부과한다.

해설 ① 부당해고구제신청은 부당해고 등이 있었던 날로부터 **3개월 이내**에 하여야 한다.
③ 노동위원회의 구제명령, 기각결정 또는 재심판정은 중앙노동위원회에 대한 재심신청이나 행정소송 제기에 의하여 그 **효력이 정지되지 아니한다.**
④ 이행강제금은 **3,000만원 이하**이다.

★★ **2013년, 2017년 직업상담사 1급**

32 근로기준법상 노동위원회가 부당해고가 성립한다고 판정하여 사용자에게 구제명령을 할 때에 근로자가 원직복직을 원하지 아니하면 명할 수 있는 것으로 옳은 것은?

① 각하할 수 있다.

② 근로자에게 원직에 복직한다면 1년간 근로를 제공하고 받을 수 있는 임금 상당액 이상의 금품을 근로자에게 지급하도록 명할 수 있다.

③ 근로자가 해고기간 동안 근로를 제공하였더라면 받을 수 있었던 임금 상당액 이상의 금품을 근로자에게 지급하도록 명할 수 있다.

④ 근로자가 해고기간 동안 근로를 제공하였더라면 받을 수 있었던 임금 상당액 이상의 금품과 평균임금 3개월분에 해당하는 위자료를 지급하도록 명할 수 있다.

해설 **[근로기준법 제30조(구제명령 등)]**
노동위원회는 구제명령(해고에 대한 구제명령만을 말한다)을 할 때에 근로자가 원직복직(原職復職)을 원하지 아니하면 원직복직을 명하는 대신 **근로자가 해고기간 동안 근로를 제공하였더라면 받을 수 있었던 임금 상당액 이상의 금품**을 근로자에게 지급하도록 명할 수 있다.

★★ **2013년, 2015년 직업상담사 1급**

33 근로기준법상 예고해고의 적용 예외인 자를 모두 짝지은 것은?

> ㉠ 근로자가 계속 근로한 기간이 3개월 미만인 경우
> ㉡ 천재·사변, 그 밖의 부득이한 사유로 사업을 계속하는 것이 불가능한 경우
> ㉢ 근로자가 고의로 사업에 막대한 지장을 초래하거나 재산상 손해를 끼친 경우로서 고용노동부령으로 정하는 사유에 해당하는 경우

① ㉠, ㉡　　　　② ㉠, ㉢
③ ㉡, ㉢　　　　④ ㉠, ㉡, ㉢

해설 **[근로기준법 제26조(해고의 예고)]**
사용자는 근로자를 해고(경영상 이유에 의한 해고를 포함한다)하려면 적어도 **30일 전**에 예고를 하여야 하고, 30일 전에 예고를 하지 아니하였을 때에는 **30일분 이상의 통상임금**을 지급하여야 한다. 다만, 다음 각 호의 어느 하나에 해당하는 경우에는 그러하지 아니하다.
1. 근로자가 계속 근로한 기간이 **3개월 미만**인 경우
2. 천재·사변, 그 밖의 부득이한 사유로 **사업을 계속하는 것이 불가능**한 경우
3. 근로자가 **고의로 사업에 막대한 지장을 초래하거나 재산상 손해**를 끼친 경우로서 고용노동부령으로 정하는 사유에 해당하는 경우

정답 31. ② 　32. ③ 　33. ④

34 근로기준법상 이행강제금에 대한 설명으로 옳은 것은?

① 노동위원회는 구제명령(구제명령을 내용으로 하는 재심판정 포함)을 받은 후 이행기한까지 구제명령을 이행하지 아니한 사용자에게 3,000만원 이하의 이행강제금을 부과한다.

② 노동위원회는 이행강제금을 부과하기 60일 전까지 이행강제금을 부과·징수한다는 뜻을 사용자에게 미리 문서로써 알려주어야 한다.

③ 노동위원회는 최초의 구제명령을 한 날을 기준으로 매년 2회의 범위에서 구제명령이 이행될 때까지 반복하여 이행강제금을 부과·징수할 수 있다. 이 경우 이행강제금은 3년을 초과하여 부과·징수하지 못한다.

④ 근로자는 구제명령을 받은 사용자가 이행기한까지 구제명령을 이행하지 아니하면 이행기한이 지난 때로부터 30일 이내에 그 사실을 노동위원회에 알려줄 수 있다.

> **해설** ② 노동위원회는 이행강제금을 부과하기 **30일 전까지** 이행강제금을 부과·징수한다는 뜻을 사용자에게 미리 문서로써 알려주어야 한다.
> ③ 노동위원회는 최초의 구제명령을 한 날을 기준으로 **매년 2회의 범위**에서 구제명령이 이행될 때까지 반복하여 이행강제금을 부과·징수할 수 있다. 이 경우 이행강제금은 **2년을 초과하여 부과·징수하지 못한다.**
> ④ 근로자는 구제명령을 받은 사용자가 이행기한까지 구제명령을 이행하지 아니하면 이행기한이 지난 때부터 **15일 이내**에 그 사실을 노동위원회에 알려줄 수 있다.

35 근로기준법령의 내용으로 옳지 않은 것은?

① 사용자는 근로자 명부를 3년간 보존하여야 한다.

② 누구든지 근로자의 취업을 방해할 목적으로 비밀 기호 또는 명부를 작성·사용하거나 통신을 하여서는 아니 된다.

③ 사용기간이 30일 미만인 일용근로자에 대하여는 근로자 명부를 작성하지 아니할 수 있다.

④ 사용자는 근로자 명부에 적을 사항이 변경된 경우에는 30일 이내에 정정하여야 한다.

> **해설** 근로자 명부에 적을 사항이 변경된 경우에는 **30일 이내가 아니라 지체 없이** 정정하여야 한다.

❸ 임금

36 근로기준법에서 사용하는 용어의 정의로 틀린 것은?

① "근로계약"이란 근로자가 사용자에게 근로를 제공하고, 사용자는 이에 대하여 임금을 지급하는 것을 목적으로 체결된 계약을 말한다.

② "단시간근로자"란 1주 동안의 소정근로시간이 그 사업장의 같은 종류의 업무에 종사하는 통상 근로자의 1주 동안의 소정근로시간에 비하여 짧은 근로자를 말한다.

③ "평균임금"이란 사용자가 근로의 대가로 근로자에게 임금, 봉급, 그 밖에 어떠한 명칭으로든지 지급하는 일체의 금품을 말한다.

④ "근로"란 정신노동가 육체노동을 말한다.

> **해설** ③ 평균임금이 아니라 **임금에 대한 정의**이다.
>
> **[임금의 정의]**
> ㉠ 임금 : 사용자가 **근로의 대가**로 근로자에게 임금, 봉급, 그 밖에 어떠한 명칭으로든지 지급하는 **모든 금품**을 말한다.
> ㉡ 통상임금 : 근로자에게 **정기적이고 일률적으로 소정**(所定)근로 또는 총근로에 대하여 지급하기로 정한 시간급 금액, 일급 금액, 주급 금액, 월급 금액 또는 도급 금액을 말한다.
> ㉢ 평균임금 : 이를 산정하여야 할 사유가 발생한 날 **이전 3개월 동안에 그 근로자에게 지급된 임금의 총액을 그 기간의 총일수로 나눈 금액**을 말한다.

2020년 9급 공무원

37 근로기준법상 임금에 대한 설명으로 옳지 않은 것은?

① 사용자는 근로자를 해고(경영상 이유에 의한 해고를 포함한다)하려면 적어도 30일 전에 예고를 하여야 하고, 30일 전에 예고를 하지 아니하였을 때에는 30일분 이상의 평균임금을 지급하여야 한다.

② 임금채권은 3년간 행사하지 아니하면 시효로 소멸한다.

③ 사용자는 도급이나 그 밖에 이에 준하는 제도로 사용하는 근로자에게 근로시간에 따라 일정액의 임금을 보장하여야 한다.

④ 사용자의 귀책사유로 휴업하는 경우, 평균임금의 100분의 70에 해당하는 금액이 통상임금을 초과하는 경우에는 통상임금을 휴업수당으로 지급할 수 있다.

해설 ① 해고예고 대신 지급하는 해고예고수당은 **30일분의 통상임금**이다.

④ 휴업 시 지급하는 수당(평균임금의 70%)이 소정근로를 제공하고 받는 정상적인 고정급(통상임금)보다 많은 경우에는 회사의 부담완화를 위해 더 적은 통상임금으로 줄 수 있다는 의미이다.

2020년 9급 공무원

38 근로기준법상 근로계약에 대한 설명으로 옳지 않은 것은?

① 국가나 지방자치단체도 근로계약의 당사자가 될 수 있다.

② 친권자나 후견인은 미성년자의 근로계약을 대리할 수 없다.

③ 사용자는 근로계약 불이행에 대한 위약금을 예정하는 계약을 체결하지 못한다.

④ 사용자는 근로자 명부와 대통령령으로 정하는 근로계약에 관한 중요한 서류를 1년간 보존하여야 한다.

해설 근로기준법상 근로관계 중요서류는 **3년간** 보관하여야 한다.

★ 2013년 직업상담사 1급

39 근로기준법상 평균임금의 계산에서 제외되는 기간으로 틀린 것은?

① 사용자의 귀책사유로 휴업한 기간

② 출산전후휴가기간과 그 후 30일의 기간

③ 업무상 부상 또는 질병으로 요양하기 위하여 휴업한 기간

④ 업무 외 부상이나 질병, 그 밖의 사유로 사용자의 승인을 받아 휴업한 기간

해설 **[평균임금]**

㉠ 산정사유가 발생 이전 3월간의 임금총액을 그 기간의 총일수로 나눈 금액으로 직전 3개월을 평균한 일급 개념이다. 평균임금 산정기간 3개월 중에 근로자의 귀책사유 없이 임금이 적거나 지급되지 않는 기간은 평균임금 산정 시 근로자에게 불리해지지 않도록 하기 위해 평균임금계산에서 제외한다. **출산전후휴가기간은 그 기간에 한해 제외한다.** 참고로 '출산전후휴가기간과 그 후 30일'은 절대적 해고기간에 해당한다.

㉡ 평균임금의 계산에서 제외되는 기간과 임금
- 수습을 시작한 날부터 3개월 이내의 기간
- 사용자의 귀책사유로 휴업한 기간
- 출산전후휴가 및 유산·사산휴가기간
- 업무상 부상 또는 질병으로 요양하기 위하여 휴업한 기간
- 육아휴직기간
- 쟁의행위기간
- 「병역법」, 「예비군법」 또는 「민방위기본법」에 따른 의무를 이행하기 위하여 휴직하거나 근로하지 못한 기간. **다만, 그 기간 중 임금을 지급받은 경우에는 그러하지 아니하다.**
- 업무 외 부상이나 질병, 그 밖의 사유로 사용자의 승인을 받아 휴업한 기간
  (「남녀고용평등법」에 따라 **육아기 근로시간 단축기간, 가족돌봄휴직·휴가기간·근로시간 단축기간**도 평균임금 산정에서 제외된다.)

정답 37. ① 38. ④ 39. ②

40 다음 중 근로기준법상 평균임금을 기준으로 산정해야 하는 것을 모두 고른 것은?

> ㉠ 연장근로에 대한 가산임금
> ㉡ 해고예고수당
> ㉢ 장해보상금
> ㉣ 취업규칙상 감급(減給)의 제재를 정할 경우 1회의 감급(減給)금액의 한도

① ㉠, ㉡
② ㉠, ㉣
③ ㉡, ㉢
④ ㉢, ㉣

해설 ㉠ 사용자는 **연장근로에 대하여는 통상임금의 100분의 50 이상**을 가산하여 근로자에게 지급하여야 한다.
㉡ 사용자는 근로자를 해고(경영상 이유에 의한 해고를 포함한다)하려면 적어도 30일 전에 예고를 하여야 하고, 30일 전에 예고를 하지 아니하였을 때에는 **30일분 이상의 통상임금**을 지급하여야 한다.
㉢ 근로자가 업무상 부상 또는 질병에 걸리고, 완치된 후 신체에 장해가 있으면 사용자는 그 장해 정도에 따라 **평균임금에 별표에서 정한 일수를 곱한 금액의 장해보상**을 하여야 한다.
㉣ 취업규칙에서 근로자에 대하여 감급(減給)의 제재를 정할 경우에 그 감액은 **1회의 금액이 평균임금의 1일분의 2분의 1**을, 총액이 1임금지급기의 임금총액의 10분의 1을 초과하지 못한다.

[통상임금 및 평균임금의 정의]
㉠ 통상임금 : 근로자에게 **정기적이고 일률적으로 소정**(所定)근로 또는 총근로에 대하여 지급하기로 정한 시간급 금액, 일급 금액, 주급 금액, 월급 금액 또는 도급 금액을 말한다(고정급 개념).
㉡ 평균임금 : 이를 산정하여야 할 사유가 발생한 날 **이전 3개월 동안에 그 근로자에게 지급된 임금의 총액을 그 기간의 총일수로 나눈 금액**을 말한다(총임금의 평균일급).

[평균임금 또는 통상임금을 산정기초로 하는 경우]
㉠ 평균임금으로 산정하는 경우 : 연차유급휴가(평균임금 또는 통상임금 전부 가능), **휴업수당, 재해보상**(휴업보상, 유족보상, 일시보상, 장해보상), **퇴직금, 감급의 제재, 구직급여** 등
㉡ 통상임금으로 산정하는 경우 : **연장 · 야간 · 휴일근로수당, 해고예고수당, 출산전후휴가급여** 등
[암기 Tip] 연, 휴, 재, 퇴, 감, 구 – 평균임금
　　　　　　 그 외 – 통상임금

---

41 근로기준법상 임금에 관한 설명으로 가장 적합한 것은?

① 해고예고수당은 평균임금을 기준으로 산정한다.
② 근로자의 동의를 전제로 연봉제를 도입할 수 있다고 규정하고 있다.
③ 사용자는 근로자가 출산, 질병, 재해, 그 밖에 대통령령으로 정하는 비상한 경우의 비용에 충당하기 위하여 임금지급을 청구하면 지급기일 전이라도 월급여액의 한도 내에서의 근로자가 청구한 금액 전액을 지급하여야 한다.
④ 사용자는 도급이나 그 밖에 이에 준하는 제도로 사용하는 근로자에게 근로시간에 따라 일정액의 임금을 보장하여야 한다.

해설 ① 사용자는 근로자를 해고(경영상 이유에 의한 해고를 포함한다)하려면 적어도 30일 전에 예고를 하여야 하고, 30일 전에 예고를 하지 아니하였을 때에는 **30일분 이상의 통상임금**을 지급하여야 한다.
② 연봉제 도입에 관한 법규정은 없다. 연봉제 도입은 법규정이 없더라도 계약자유의 원칙에 **근로계약 당사자 간 합의로 가능**하다.
③ 임금의 비상시 지급(법정 가불)은 임금 전액이 아니라 **이미 제공한 근로에 대한 임금**을 지급하는 것이다.
④ 도급 등의 제도란 기본급 없이 결과물에 대한 성과급으로 임금을 정해놓은 것을 말한다. 도급근로자에게는 근로시간에 따라 일정액의 임금을 보장하여야 한다. 즉, 근로시간에 비례한 최저임금 이상의 임금이 지급되어야 한다.

---

42 근로기준법상 평균임금계산에서 제외되는 기간이 아닌 것은?

① 업무상 질병으로 요양하기 위하여 휴업한 기간
② 적법한 쟁의행위기간
③ 사용자의 귀책사유로 휴업한 기간
④ 근로자의 무단결근기간

정답 40. ④　41. ④　42. ④

해설 평균임금 산정 시 제외기간을 두는 것은 근로자의 귀책사유 없이 임금이 적거나 지급되지 않는 기간이 평균임금 산정에 포함되어 근로자에게 불리해지는 것을 방지하기 위한 것이다. 따라서 무단결근기간은 제외기간이 될 수 없다.

★ **2015년 직업상담사 1급**

43 근로기준법상 사용자의 귀책사유로 인하여 휴업하는 경우 사용자가 지급하여야 하는 휴업수당액은?

① 평균임금의 60% 이상
② 통상임금의 60% 이상
③ 평균임금의 70% 이상
④ 통상임금의 70% 이상

해설 사용자의 귀책사유로 휴업하는 경우(회사사정으로 일을 못한 경우)에는 **평균임금의 70% 수당**을 지급해야 한다.

2024년 9급 공무원

44 근로기준법령상 임금 등에 대한 설명으로 옳지 않은 것은?

① 임금은 통화로 직접 근로자에게 그 전액을 지급하여야 한다. 다만, 법령 또는 취업규칙에 특별한 규정이 있는 경우에는 임금의 일부를 공제하거나 통화 이외의 것으로 지급할 수 있다.

② 근로관계로 인한 채권은 사용자의 총재산에 대하여 질권·저당권 또는 동산·채권 등의 담보에 관한 법률에 따른 담보권에 따라 담보된 채권 외에는 조세·공과금 및 다른 채권에 우선하여 변제되어야 한다. 다만, 질권·저당권 또는 동산·채권 등의 담보에 관한 법률에 따른 담보권에 우선하는 조세·공과금에 대하여는 그러하지 아니하다.

③ 사용자는 근로자가 사망한 경우에는 특별한 사정이 없는 경우 그 지급 사유가 발생한 때부터 14일 이내에 임금, 보상금, 그 밖의 모든 금품을 지급하여야 하며, 사용자는 이에 따라 지급하여야 하는 임금의 전부 또는 일부를 그 지급 사유가 발생한 날부터 14일 이내에 지급하지 아니한 경우 그 다음 날부터 지급하는 날까지의 지연 일수에 대하여 연 100분의 20의 이율에 따른 지연이자를 지급하여야 한다.

④ 고용노동부장관은 체불사업주가 명단 공개 기준일 이전 3년이내 임금 등을 체불하여 2회 이상 유죄가 확정된 자로서 명단 공개 기준일 이전 1년 이내 임금 등의 체불총액이 3천만원 이상인 경우에는, 체불사업주의 사망·폐업으로 명단 공개의 실효성이 없는 경우 등 대통령령으로 정하는 사유가 있는 경우를 제외하고는 그 인적사항 등을 공개할 수 있다.

해설 ① **법령 또는 단체협약에 따라** 임금 일부를 공제하거나 통화이외의 것으로 지급할 수 있다. **회사규정인 취업규칙으로는 예외가 불가능하다.**
② 임금채권의 우선변제
　㉠ 우선변제 : 임금, 재해보상금, 그 밖에 근로 관계로 인한 채권은 사용자의 총재산에 대하여 질권(質權)·저당권 또는 「동산·채권 등의 담보에 관한 법률」에 따른 담보권에 따라 담보된 채권 외에는 조세·공과금 및 다른 채권에 우선하여 변제되어야 한다. 다만, 질권·저당권 또는 「동산·채권 등의 담보에 관한 법률」에 따른 담보권에 우선하는 조세·공과금에 대하여는 그러하지 아니하다.
　㉡ 최우선변제 : 위 우선변제에도 불구하고 다음 각 호의 어느 하나에 해당하는 채권은 사용자의 총재산에 대하여 질권·저당권 또는 「동산·채권 등의 담보에 관한 법률」에 따른 담보권에 따라 담보된 채권, 조세·공과금 및 다른 채권에 우선하여 변제되어야 한다. (담보채권보다도 우선하는 최우선변제)
　1. 최종 3개월분의 임금
　2. 재해보상금

정답 43. ③　44. ①

45 근로기준법령상 임금에 대한 설명으로 옳지 않은 것은?

① 사용자는 임금을 지급하는 때에는 근로자에게 임금명세서를 서면으로 교부하여야 하며, 이 경우 그 서면에는 전자문서 및 전자거래 기본법 제2조 제1호에 따른 전자문서가 포함되지 아니한다.

② 사용자는 도급으로 사용하는 근로자에게 근로시간에 따라 일정액의 임금을 보장하여야 한다.

③ 사용자는 근로자가 혼인한 경우에 그 비용에 충당하기 위하여 임금 지급을 청구하면 지급기일 전이라도 이미 제공한 근로에 대한 임금을 지급하여야 한다.

④ 최종 3개월분의 임금은 사용자의 총재산에 대하여 질권 저당권 또는 동산 채권 등의 담보에 관한 법률에 따른 담보권에 따라 담보된 채권, 조세 공과금 및 다른 채권에 우선하여 변제되어야 한다.

> 해설 임금명세서 교부는 종이 문서만이 아니라 **전자문서(컴퓨터 파일)로도 가능**하다. 근로계약 체결 시 근로조건 서면 교부 때에도 전자문서 교부가 가능하다.

④ 근로시간 및 휴식

46 법정근로시간이 잘못 짝지어진 것은? (단, 주 40시간제가 적용되는 사업장의 경우)

① 성인근로자 : 1일 8시간, 1주 40시간

② 연소근로자(15세 이상 18세 미만) : 1일 7시간, 1주 35시간

③ 잠함 또는 잠수작업 : 1일 6시간, 1주 34시간

④ 임신 중인 여성근로자 : 1일 7시간, 1주 40시간

> 해설 임산부에 대해 법정근로시간(기준근로시간)을 별도로 정하고 있지 않다. 임신 여부에 상관없이 연령에 따라 성인 또는 연소근로자로서 법정근로시간을 적용받는다.

47 근로기준법상 근로시간과 휴식에 관한 설명으로 옳은 것은?

① 야간근로란 자정부터 오전 6시까지 사이의 근로를 말한다.

② 15세 이상 18세 미만인 자의 소정근로시간은 1일에 6시간, 1주일에 30시간을 초과하지 못한다.

③ 사용자는 근로시간이 4시간인 경우에는 30분 이상, 8시간인 경우에는 1시간 이상의 휴게시간을 근로시간 도중에 주어야 한다.

④ 대기시간은 근로자가 사용자의 지휘·감독 아래에 있다 하더라도 근로시간으로 보지 않는다.

> 해설 ① 야간근로는 **오후 10시부터 오전 6시까지** 사이의 근로를 말한다.
> ② 15세 이상 18세 미만인 자의 소정근로시간은 **1일 7시간, 1주 35시간**을 초과할 수 없다.
> ④ 근로시간을 산정하는 경우 작업을 위하여 근로자가 사용자의 지휘·감독 아래에 있는 **대기시간 등은 근로시간으로 본다.**

48 근로기준법상 사용자와 근로자대표와의 사이에 서면합의가 필요한 것은?

① 선택적 근로시간제

② 18세 이상 여성근로자의 야간근로

③ 경영상 이유에 의한 해고

④ 부당해고 구제신청

> 정답 45. ①   46. ④   47. ③   48. ①

해설 ① 사용자는 취업규칙에 따라 업무의 시작 및 종료시각을 근로자의 결정에 맡기기로 한 근로자에 대하여 **근로자대표와의 서면합의**에 따라 1개월(신상품 또는 신기술의 연구개발업무의 경우에는 3개월로 한다) 이내의 정산기간을 평균하여 1주간의 근로시간이 주 40시간의 근로시간을 초과하지 아니하는 범위에서 1주간에 주 40시간의 근로시간을, 1일에 8시간의 근로시간을 초과하여 근로하게 할 수 있다.
② 사용자는 18세 이상의 여성을 오후 10시부터 오전 6시까지의 시간 및 휴일에 근로시키려면 **그 근로자의 동의**를 받아야 한다.
③ 사용자는 경영상 이유에 의한 해고를 하려는 경우 해고를 피하기 위한 방법과 해고의 기준 등에 관하여 **근로자대표에** 해고를 하려는 날의 50일 전까지 통보하고 성실하게 **협의**하여야 한다(합의는 양 당사자의 의사의 일치, 협의는 의사의 일치를 요하지 않는 의논).
④ 사용자가 근로자에게 부당해고 등을 하면 근로자는 부당해고 등이 있었던 날부터 3개월 이내 **노동위원회에 구제**를 신청할 수 있다.

★ **2019년 직업상담사 1급**

49 근로기준법상 선택적 근로시간제에서 사용자와 근로자대표가 서면합의에 따라 정하는 사항이 아닌 것은?

① 대상 근로자의 범위(15세 이상 18세 미만의 근로자는 제외한다)
② 정산기간(1개월 이내의 일정한 기간으로 정하여야 한다)
③ 사용자가 그의 결정에 따라 근로할 수 있는 시간대를 정하는 경우에는 그 시작 및 종료시각
④ 정산기간의 총근로시간

해설 선택적 근로시간제는 **출퇴근시각의 결정을 근로자에게 맡기는 제도**이다. 사용자는 의무시간대를 정할 수 있기는 하지만(반드시 근로해야 할 시간대) 그 외 출퇴근시각은 근로자가 정한다.

★ **2015년 직업상담사 1급**

50 근로기준법상 선택적 근로시간제에 있어서 서면합의의 내용이 아닌 것은?

① 정산기간
② 대상 근로자의 범위
③ 3개월 이내의 단위기간
④ 정상기간의 총근로시간

해설 선택적 근로시간제는 평균개념을 도입하여 전체 정산기간을 평균하여 주 40시간을 초과하지 않는다면 도중에 1일 8시간 또는 1주 40시간을 초과한 시간이 있다 하더라도 이를 연장근로로 보지 않는 제도이고, 근무시간표(출퇴근시각)는 근로자가 정하며, **정산기간(단위기간)은 1개월(신상품·신기술 개발업무에 한해 3개월)로 한다.**

[근로기준법 제52조(선택적 근로시간제)]
① 사용자는 취업규칙(취업규칙에 준하는 것을 포함한다)에 따라 업무의 시작 및 종료시각을 근로자의 결정에 맡기기로 한 근로자에 대하여 근로자대표와의 서면합의에 따라 다음 각 호의 사항을 정하면 1개월(신상품 또는 신기술의 연구개발업무의 경우에는 3개월로 한다) 이내의 정산기간을 평균하여 1주간의 근로시간이 1주 40시간을 초과하지 아니하는 범위에서 1주 40시간, 1일에 8시간의 근로시간을 초과하여 근로하게 할 수 있다.
1. 대상 근로자의 범위(15세 이상 18세 미만의 근로자는 제외한다)
2. 정산기간
3. 정산기간의 총근로시간
4. 반드시 근로하여야 할 시간대를 정하는 경우에는 그 시작 및 종료시각
5. 근로자가 그의 결정에 따라 근로할 수 있는 시간대를 정하는 경우에는 그 시작 및 종료시각
6. 그 밖에 대통령령으로 정하는 사항

★ **2013년 직업상담사 1급**

51 근로기준법상 야간근로의 개념으로 옳은 것은?

① 오후 7시부터 오전 6시까지 사이의 근로
② 오후 9시부터 오전 7시까지 사이의 근로
③ 오후 10시부터 오전 6시까지 사이의 근로
④ 오후 11시부터 오전 7시까지 사이의 근로

해설 야간근로는 **22시~06시 사이**의 근로로서 통상임금 50%의 가산임금이 지급되어야 한다.

정답 49. ③ 50. ③ 51. ③

52 근로기준법상 연차유급휴가에 관한 설명으로 틀린 것은?

① 사용자는 1년간 80% 이상 출근한 근로자에게 15일의 유급휴가를 주어야 한다.

② 사용자는 계속하여 근로한 기간이 1년 미만인 근로자 또는 1년간 80% 미만 출근한 근로자에게 1개월 개근 시 1일의 유급휴가를 주어야 한다.

③ 사용자는 3년 이상 계속 근로한 근로자에게는 15일의 유급휴가와 최초 1년을 초과하는 계속 근로연수 매 1년에 대하여 2일을 가산한 유급휴가를 주어야 한다.

④ 사용자가 유급휴가의 사용을 촉진하기 위한 적법한 조치를 하였음에도 불구하고 근로자가 휴가를 사용하지 아니하여 소멸된 경우에는 금전으로 부상할 의무가 없다.

> 해설 사용자는 3년 이상 계속하여 근로한 근로자에게는 15일의 휴가에 최초 1년을 초과하는 계속근로연수 매 2년에 대하여 1일을 가산한 유급휴가를 주어야 한다. 이 경우 가산휴가를 포함한 총휴가일수는 25일을 한도로 한다. 즉, 2년에 1일씩 가산된다.

53 근로기준법상 휴게 및 휴일에 관한 설명 중 옳은 것은?

① 주휴일의 경우에 있어서 유급휴일은 1주간의 소정근로일수를 개근한 자에게 주어야 한다.

② 유급휴일에 근로를 했다면 가산임금을 주지 않아도 된다.

③ 광업에 종사하는 자는 휴게와 휴일에 관한 근로기준법상 규정이 적용되지 않는다.

④ 휴게시간은 근로자가 자유롭게 이용할 수 없다.

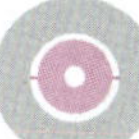

> 해설 ② 연장·야간·휴일근로에 대해서는 가산임금(할증임금)을 지급하여야 한다.
>
> ③ 근로시간, 휴게와 휴일에 관한 규정은 다음 각 호의 어느 하나에 해당하는 근로자에 대하여는 적용하지 아니한다. 농림어업·축산업 등을 적용 제외 사업으로 하는 것은 근로시간과 휴게시간의 경계가 불분명해서이다. 광업은 이와 다르고 적용 제외 사업이 아니다.
>
> ㉠ 토지의 경작·개간, 식물의 식재(植栽)·재배·채취사업, 그 밖의 농림사업
> ㉡ 동물의 사육, 수산동식물의 채취·포획·양식사업, 그 밖의 축산, 양잠, 수산사업
> ㉢ 감시(監視) 또는 단속적(斷續的)으로 근로에 종사하는 사람으로서 사용자가 고용노동부장관의 승인을 받은 사람
> ㉣ 대통령령으로 정하는 업무(관리·감독업무 또는 기밀을 취급하는 업무)에 종사하는 근로자
>
> ④ 휴게시간은 근로자가 자유롭게 사용할 수 있다.

54 근로기준법 제59조에 따르면, 통계법 제22조 제1항에 따라 통계청장이 고시하는 산업에 관한 표준의 중분류 또는 소분류 중 보건업에 대하여 사용자가 주 12시간을 초과하여 연장근로를 하게 하거나 휴게시간을 변경할 수 있다. 이 경우 절차상 필요한 것은?

① 근로자대표와의 서면 합의

② 취업규칙의 근거 규정

③ 고용노동부장관의 인가

④ 근로계약에 명시

> 해설 운송업(노선버스 제외) 및 보건업에 허용하는 근로시간 및 휴게시간의 특례규정은 근로자대표와의 서면 합의로 가능하다. 공중의 편의가 강하게 요구되는 업종에 대해 근로자측과의 합의를 조건으로 52시간제를 면제시켜주는 제도이다.

55 근로기준법상 근로자대표와의 서면 합의를 필요로 하는 경우가 아닌 것은?

① 2주 단위 탄력적 근로시간제 (제51조 제1항)
② 선택적 근로시간제 (제52조)
③ 보상 휴가제 (제57조)
④ 유급휴가의 대체 (제62조)

> **해설** 2주 단위 탄력적 근로시간제(2주 이내의 단위기간을 평균하여 주 40시간 이내로 근무하면 연장근로가 아니라고 간주하는 제도)는 비교적 쉽게 취업규칙으로 도입이 가능하고, 이를 초과하는 3개월, 6개월 단위의 탄력적 근로시간제가 근로자 대표와의 서면 합의가 있어야 도입이 가능하다.

5 여성과 소년

56 근로기준법상 여성과 소년에 대한 설명으로 틀린 것은?

① 15세 미만인 자는 원칙적으로 근로자로 사용을 못하나, 13세 이상인 경우(예술공연 참가를 위한 경우는 13세 미만도 가능)에는 고용노동부장관이 발급한 취직인허증을 소지하면 취업할 수 있다.
② 임산부가 아닌 18세 이상의 여성근로자는 본인의 동의가 있으면 휴일근로와 야간근로를 하도록 할 수 있다.
③ 사용자는 임신 중의 여성에게 산전과 산후를 통하여 90일의 보호휴가를 주어야 하며, 휴가급여는 전액 사용자가 부담한다.
④ 15세 이상 18세 미만인 자의 근로시간은 1일 7시간, 1주일에 35시간을 초과하지 못하나, 당사자 사이의 합의에 따라 1일 1시간, 1주일에 5시간을 한도로 연장할 수 있다.

> **해설** 출산전후휴가 중 최초 60일(한 번에 둘 이상 자녀를 임신한 경우에는 75일)은 유급으로 한다. 다만, 「남녀고용평등과 일·가정 양립 지원에 관한 법률」에 따라 출산전후휴가급여 등이 지급된 경우에는 그 금액의 한도에서 지급의 책임을 면한다. 즉, 원칙적으로 출산전후휴가 90일 중 60일은 사업주가 임금지급의무가 있으나, 고용보험급여로 출산전후휴가급여가 지급된 경우에는 그 금액만큼 사업주의 의무가 감면된다는 의미이다.

57 근로기준법상 근로계약의 체결에 관한 설명으로 옳은 것은?

① 예술공연 참가를 위한 경우에는 13세 미만인 자도 취직인허증을 받을 수 있다.
② 취직인허증은 본인의 신청에 따라 의무교육에 지정이 없는 경우에 발급하며 직종을 지정할 필요는 없다.
③ 고용노동부장관은 근로계약이 미성년자에게 불리하다고 인정하는 경우라도 이를 해지할 수 없다.
④ 친권자나 후견인은 미성년자의 근로계약을 대리할 수 있다.

> **해설** ① 15세 미만인 자는 원칙적으로 취업이 금지되나, 예외적으로 취직인허증이 있는 경우에는 가능하다. 취직인허증은 13세 이상 15세 미만인 자에게 발급되는 것이 원칙이나, 예술공연 참가를 위한 경우에는 13세 미만인 경우에도 발급 가능하다.
> ② 취직인허증은 고용노동부장관이 직종을 지정해서 발행해준다.
> ③ 친권자, 후견인, 고용노동부장관은 근로계약이 미성년자에게 불리하다고 인정되는 경우에는 이를 해지할 수 있다.
> ④ 친권자나 후견인이라도 미성년자(민법상의 미성년자, 19세 미만)의 근로계약을 대리할 수 없다.

정답 55. ① 56. ③ 57. ①

58 근로기준법상 여성과 소년에 대한 설명으로 틀린 것은?

① 사용자는 18세 이상의 여성을 오후 10시부터 오전 6시까지의 시간 및 휴일에 근로시키려면 그 근로자의 동의를 받아야 한다.

② 사용자는 18세 미만인 자에 대하여는 그 연령을 증명하는 가족관계기록사항에 관한 증명서와 친권자 또는 후견인의 동의서를 사업장에 갖추어 두어야 한다.

③ 미성년자는 독자적으로 임금을 청구할 수 있다.

④ 사용자는 산후 1년이 지나지 아니한 여성에 대하여는 단체협약이 있는 경우에 한해 1일에 2시간, 1주일에 6시간, 1년에 150시간을 초과하는 시간 외 근로를 시킬 수 있다.

> 해설 사용자는 산후 1년이 지나지 아니한 여성에 대하여는 **단체협약이 있는 경우라도 1일에 2시간, 1주에 6시간, 1년에 150시간을 초과하는 시간 외 근로를 시키지 못한다.**

59 근로기준법상 여성과 소년의 보호에 대한 설명으로 틀린 것은?

① 15세 미만인 자(「초·중등교육법」에 따른 중학교에 재학 중인 18세 미만인 자를 포함한다)는 근로자로 사용하지 못하는 것이 원칙이다.

② 사용자는 18세 이상의 여성을 오후 10시부터 오전 6시까지의 시간 및 휴일에 근로시키려면 그 근로자의 동의를 받아야 한다.

③ 미성년자는 독자적으로 임금을 청구할 수 없다.

④ 사용자는 여성근로자가 청구하면 월 1일의 생리휴가를 주어야 한다.

> 해설 **[근로기준법 제68조(임금의 청구)]**
> 미성년자는 **독자적으로 임금을 청구할 수 있다.**

60 근로기준법상 연소자 보호에 관한 내용으로 틀린 것은?

① 「초·중등교육법」에 따른 중학교에 재학 중인 17세의 자는 원칙적으로 근로자로 사용하지 못한다.

② 사용자는 중학교를 졸업한 16세인 남성을 도덕상 또는 보건상 유해·위험한 사업에 사용할 수 있다.

③ 사용자는 16세인 자에 대하여는 그 연령을 증명하는 가족관계기록에 관한 증명서와 친권자 또는 후견인의 동의서를 사업장에 갖추어 두어야 한다.

④ 친권자, 후견인 또는 고용노동부장관은 근로계약이 미성년자에게 불리하다고 인정하는 경우에는 이를 해지할 수 있다.

> 해설 ① 15세 미만인 사람(「초·중등교육법」에 따른 **중학교에 재학 중인 18세 미만인 사람을 포함한다**)은 근로자로 사용하지 못한다. 다만, 대통령령으로 정하는 기준에 따라 고용노동부장관이 발급한 취직인허증을 지닌 사람은 근로자로 사용할 수 있다.
> ② 사용자는 임신 중이거나 산후 1년이 지나지 아니한 여성과 학교 여부에 관계없이 **18세 미만인 자를 도덕상 또는 보건상 유해·위험한 사업에 사용하지 못한다.**
> ③ 사용자는 **18세 미만인 사람**에 대하여는 그 연령을 증명하는 **가족관계기록사항에 관한 증명서와 친권자 또는 후견인의 동의서**를 사업장에 갖추어 두어야 한다.

61 근로기준법상 직장 내 괴롭힘의 금지 및 발생 시 조치에 관한 설명으로 옳은 것은?

① 근로자에게 신체적·정신적 고통을 주는 행위 외에 근무환경을 악화시키는 행위는 직장 내 괴롭힘에 관한 규정으로 규율되지 아니한다.

② 사용자는 직장 내 괴롭힘 사실을 인지하더라도 그 신고의 접수가 없으면 사실 확인을 위한 조사를 실시할 수 없다.

③ 사용자는 조사 결과 직장 내 괴롭힘 발생사실이 확인된 때에는 피해근로자와의 요청과 무관하게 피해근로자의 근무장소 변경, 배치전환 등 적절한 조치를 하여야 한다.

④ 사용자는 직장 내 괴롭힘의 피해근로자는 물론 그 발생사실을 신고한 근로자에게도 해고나 그 밖의 불리한 처우를 하여서는 아니 된다.

해설 ① 사용자 또는 근로자는 직장에서의 지위 또는 관계 등의 우위를 이용하여 업무상 적정범위를 넘어 다른 근로자에게 신체적·정신적 고통을 주거나 근무환경을 악화시키는 행위를 하여서는 아니 된다.
② 사용자는 직장 내 괴롭힘 신고를 접수하거나 직장 내 괴롭힘 발생사실을 인지한 경우에는 지체 없이 당사자 등을 대상으로 그 사실 확인을 위하여 객관적으로 조사를 실시하여야 한다.
③ 사용자는 조사 결과 직장 내 괴롭힘 발생사실이 확인된 때에는 피해근로자가 요청하면 근무장소의 변경, 배치전환, 유급휴가명령 등 적절한 조치를 하여야 한다.
④ 사용자는 직장 내 괴롭힘 발생사실을 신고한 근로자 및 피해근로자 등에게 해고나 그 밖의 불리한 처우를 하여서는 아니 된다.

62 근로기준법상 직장 내 괴롭힘의 금지에 대한 설명으로 옳지 않은 것은?

① 사용자는 직장 내 괴롭힘 발생사실을 인지한 경우에는 지체 없이 당사자 등을 대상으로 그 사실 확인을 위하여 객관적으로 조사를 실시하여야 한다.

② 사용자는 직장 내 괴롭힘에 대한 조사기간 동안 직장 내 괴롭힘과 관련하여 피해를 입은 근로자를 보호하기 위하여 필요한 경우 해당 피해근로자에 대하여 근무장소의 변경, 유급휴가명령 등 적절한 조치를 하여야 한다. 이 경우 사용자는 피해근로자의 의사에 반하는 조치를 하여서는 아니 된다.

③ 사용자는 조사결과 직장 내 괴롭힘 발생사실이 확인된 때에는 지체 없이 행위자에 대하여 징계, 근무장소의 변경 등 필요한 조치를 하여야 한다. 이 경우 사용자는 징계 등의 조치를 하기 전에 그 조치에 대하여 피해근로자의 의견을 들어야 한다.

④ 직장 내 괴롭힘 발생사실을 조사한 사람, 조사 내용을 보고받은 사람 및 그 밖에 조사 과정에 참여한 사람은 해당 조사와 관련된 내용을 사용자에게 보고해서는 아니 된다.

해설 직장 내 괴롭힘 발생사실을 조사한 사람, 조사 내용을 보고받은 사람 및 그 밖에 조사 과정에 참여한 사람은 해당 조사 과정에서 알게 된 비밀을 피해근로자 등의 의사에 반하여 다른 사람에게 누설하여서는 아니 된다. 다만, 조사와 관련된 내용을 사용자에게 보고하거나 관계 기관의 요청에 따라 필요한 정보를 제공하는 경우는 제외한다

정답 61. ④ 62. ④

63 근로기준법상 직장 내 괴롭힘의 금지에 대한 설명으로 옳지 않은 것은?

① '직장 내 괴롭힘'이라 함은 사용자 또는 근로자가 직장에서의 지위 또는 관계 등의 우위를 이용하여 업무상 적정범위를 넘어 다른 근로자에게 신체적·정신적 고통을 주거나 근무환경을 악화시키는 행위를 말한다.

② 누구든지 직장 내 괴롭힘 발생사실을 알게 된 경우 그 사실을 사용자에게 신고하여야 한다.

③ 사용자는 직장 내 괴롭힘 발생사실을 신고한 근로자 및 피해근로자 등에게 해고나 그 밖의 불리한 처우를 하여서는 아니 된다.

④ 사용자는 직장 내 괴롭힘 발생사실을 인지한 경우에는 지체 없이 그 사실 확인을 위한 조사를 실시하여야 한다.

> **해설** 누구든지 직장 내 괴롭힘 발생사실을 알게 된 경우 그 사실을 사용자에게 신고해야 하는 것(의무)이 아니고 신고할 수 있다(권리). 사용자는 신고받은 경우 조사의무가 생긴다.

7 재해보상

★★ 2013년, 2019년, 2023년 직업상담사 1급

64 근로기준법상 재해보상에 대한 설명으로 틀린 것은?

① 사용자는 매월 1회 이상 휴업보상 및 유족보상을 하여야 한다.

② 근로자가 업무상 부상 또는 질병에 걸리면 사용자는 그 비용으로 필요한 요양을 행하거나 필요한 요양비를 부담하여야 한다.

③ 장해보상은 근로자의 부상 또는 질병이 완치된 후 지체 없이 하여야 한다.

④ 근로자가 중대한 과실로 업무상 부상 또는 질병에 걸리고 또한 사용자가 그 과실에 대하여 노동위원회의 인정을 받으면 휴업보상이나 장해보상을 하지 아니하여도 된다.

> **해설** [재해보상의 보상시기]
> ㉠ 요양보상 및 휴업보상은 매월 1회 이상 하여야 한다.
> ㉡ 장해보상은 근로자의 부상 또는 질병이 완치된 후 지체 없이 하여야 한다.
> ㉢ 유족보상 및 장례비의 지급은 근로자가 사망한 후 지체 없이 하여야 한다.

8 취업규칙

★ 2014년 직업상담사 1급

65 근로기준법상 취업규칙의 작성·신고에 관한 사항과 가장 거리가 먼 것은?

① 비조합원의 여가시설에 관한 사항

② 업무의 시작과 종료시각, 휴게시간, 휴일, 휴가 및 교대근로에 관한 사항

③ 가족수당의 계산·지급방법에 관한 사항

④ 퇴직에 관한 사항

> **해설** [근로기준법 제93조(취업규칙의 작성·신고)]
> 상시 10명 이상의 근로자를 사용하는 사용자는 다음 각 호의 사항에 관한 취업규칙을 작성하여 고용노동부장관에게 신고하여야 한다. 이를 변경하는 경우에도 또한 같다.
> 1. 업무의 시작과 종료시각, 휴게시간, 휴일, 휴가 및 교대근로에 관한 사항
> 2. 임금의 결정·계산·지급방법, 임금의 산정기간·지급시기 및 승급(昇給)에 관한 사항
> 3. 가족수당의 계산·지급방법에 관한 사항
> 4. 퇴직에 관한 사항
> 5. 「근로자퇴직급여 보장법」에 따라 설정된 퇴직급여, 상여 및 최저임금에 관한 사항
> 6. 근로자의 식비, 작업용품 등의 부담에 관한 사항
> 7. 근로자를 위한 교육시설에 관한 사항
> 8. 출산전후휴가·육아휴직 등 근로자의 모성 보호 및 일·가정 양립 지원에 관한 사항
> 9. 안전과 보건에 관한 사항
> 9의2. 근로자의 성별·연령 또는 신체적 조건 등의 특성에 따른 사업장 환경의 개선에 관한 사항
> 10. 업무상과 업무 외의 재해부조(災害扶助)에 관한 사항
> 11. 직장 내 괴롭힘의 예방 및 발생 시 조치 등에 관한 사항
> 12. 표창과 제재에 관한 사항
> 13. 그 밖에 해당 사업 또는 사업장의 근로자 전체에 적용될 사항

> **정답** 63. ② 64. ① 65. ①

66 근로기준법상 취업규칙에 대한 설명으로 틀린 것은?

① 취업규칙에서 정한 기준에 미달하는 근로조건을 정한 근로계약은 그 부분에 관해서는 무효로 한다. 이 경우 무효로 된 부분은 취업규칙에 정한 기준에 따른다.

② 상시 10명 이상의 근로자를 사용하는 사용자는 동법이 정하는 사항에 관한 취업규칙을 작성하여 고용노동부장관에게 승인을 받아야 한다.

③ 취업규칙에서 근로자에 대하여 감급(減給)의 제재를 정할 경우에 그 감액은 1회의 금액이 평균임금 1일분의 2분의 1을, 총액이 1임금지급기의 임금총액의 10분의 1을 초과하지 못한다.

④ 사용자는 취업규칙의 작성 또는 변경에 관하여 해당 사업 또는 사업장에 근로자의 과반수로 조직된 노동조합이 있는 경우는 그 노동조합, 근로자의 과반수로 조직된 노동조합이 없는 경우에는 근로자의 과반수의 의견을 들어야 한다. 다만, 취업규칙을 근로자에게 불리하게 변경하는 경우는 그 동의를 받아야 한다.

> **해설** 취업규칙은 사업장에서 유효하게 작성 가능하고, 고용노동부의 결재가 필요한 것이 아니다. 고용노동부에는 작성 후에 사후 신고의무가 있을 뿐이다.

67 근로기준법상 취업규칙에 대한 설명으로 틀린 것은?

① 취업규칙에서 정한 기준에 미달하는 근로조건을 정한 근로계약은 그 부분에 관해서는 무효로 한다.

② 모든 사업장의 사용자는 취업규칙을 작성하여 고용노동부장관에게 신고하여야 한다.

③ 고용노동부장관은 법령이나 단체협약에 어긋나는 취업규칙의 변경을 명할 수 있다.

④ 취업규칙은 법령이나 해당 사업 또는 사업장에 대하여 적용되는 단체협약과 어긋나서는 아니 된다.

> **해설** 취업규칙은 사업장에 공통적으로 적용되는 근로조건과 복무규율에 관한 사항을 사용자가 정하여 작성한 것으로, 상시 10인 이상 근로자를 사용하는 사업장에 적용되며, 10인 이상 사업장은 취업규칙을 작성하여 고용노동부장관에 신고하여야 한다.

68 근로기준법상 취업규칙에 대한 설명으로 옳은 것은?

① 사용자는 취업규칙의 작성에 관하여 해당 사업 또는 사업장에 근로자의 과반수로 조직된 노동조합이 없는 경우에는 근로자의 과반수를 대표하는 자의 의견을 들어야 한다.

② 근로자에 대하여 감급(減給)의 제재를 정할 경우에 그 감액은 1회의 금액이 통상임금의 1일분의 3분의 1을 초과하지 못한다.

③ 법령이나 해당 사업 또는 사업장에 대하여 적용되는 단체협약과 어긋나서는 아니 된다.

④ 고용노동부장관은 취업규칙이 법령에 어긋나는 경우에는 노동위원회의 의결을 얻어야 그 변경을 명할 수 있다.

> **해설** ① 취업규칙은 근로자 과반수로 조직된 노동조합이 없는 경우에는 근로자 과반수 대표자(근로자 과반수로 선출된 대표자)가 아니라 근로자 과반수의 의견(원칙적인 제개정) 또는 동의(불리한 변경)가 요구된다.
> ② 감급의 제재(감봉) 금액은 1회의 금액은 통상임금이 아니라 평균임금의 1일분의 2분의 1을 초과하지 못한다.
> ④ 고용노동부장관은 노동위원회의 의결 없이 직권으로 법령이나 단체협약에 어긋나는 취업규칙의 변경을 명할 수 있다.

정답 66. ② 67. ② 68. ③

69 근로기준법에 대한 설명으로 옳지 않은 것은?

① 사용자는 사고의 발생이나 그 밖의 어떠한 이유로도 근로자에게 폭행을 하지 못한다.

② 사용자는 취업규칙에서 감급의 제재를 정하지 못한다.

③ 사용자는 근로할 것을 조건으로 하는 전대(前貸)채권과 임금을 상계하지 못한다.

④ 사용자는 사업장의 부속 기숙사에 기숙하는 근로자의 사생활의 자유를 침해하지 못한다.

> **해설** 사용자는 취업규칙으로 감급의 제재(징계 종류 중 감봉)에 대해 정할 수 있다. 다만, 감봉의 금액에 제한이 있을 뿐이다.

70 근로기준법상 근로계약에 관한 설명으로 옳지 않은 것은?

① 명시된 근로조건이 사실과 다를 경우에 근로자는 근로조건 위반을 이유로 손해의 배상을 청구할 수 있으며 즉시 근로계약을 해제할 수 있다.

② 사용자는 근로할 것을 조건으로 하는 전대(前貸)채권과 임금을 상계하지 못한다.

③ 취업규칙에서 정한 기준보다 좋은 근로조건을 정한 근로계약은 그 부분에 관하여는 무효로 한다. 이 경우 무효로 된 부분은 취업규칙에 정한 기준에 따른다.

④ 사용자는 근로계약 불이행에 대한 위약금 또는 손해배상액을 예정하는 계약을 체결하지 못한다.

> **해설** 취업규칙에서 정한 기준에 미달하는 근로조건을 정한 근로계약은 그 부분에 관하여는 무효로 한다. 이 경우 무효로 된 부분은 취업규칙에 정한 기준에 따른다. 취업규칙보다 유리한 근로계약은 그 자체로 유효하다.

71 다음 중 취업규칙에 대한 설명으로 옳은 것은?

① 원칙적으로 취업규칙의 제정권한은 사용자에게 있지만, 근로자 과반수의 의견을 청취하지 않고 제정한 취업규칙은 무효이다.

② 취업규칙의 불이익 변경이 아닌 경우에는 근로자 과반수로 조직된 노동조합(이러한 노동조합이 없는 경우는 근로자 과반수)의 의견청취만으로 유효하게 변경할 수 있다.

③ 취업규칙의 불이익 변경 시에는 근로자 과반수로 조직된 노동조합이 있더라도 개별 근로자 과반수의 동의를 얻어야 유효하다.

④ 취업규칙에 정한 기준에 미달하는 근로조건을 정한 근로계약은 그 전체가 무효로 된다.

> **해설** ① 취업규칙 제·개정 시 의견청취 미비는 취업규칙 제·개정의 효력까지 영향을 주는 것은 아니라고 해석한다.
> ③ 취업규칙 제·개정은 근로자 과반수로 조직된 노동조합이 있으면 그 노동조합이 의견제시 또는 동의권한이 주어지고, 그러한 노조가 없을 때 근로자 과반수 절차로 이행하여야 한다.
> ④ 취업규칙에 미달한 근로계약은 전부 무효가 아니라 미달한 부분에 한해 무효가 된다.
>
> **[근로기준법 제94조(규칙의 작성, 변경절차)]**
> ① 사용자는 취업규칙의 작성 또는 변경에 관하여 해당 사업 또는 사업장에 근로자의 과반수로 조직된 노동조합이 있는 경우에는 그 노동조합, 근로자의 과반수로 조직된 노동조합이 없는 경우에는 근로자의 과반수의 의견을 들어야 한다. 다만, 취업규칙을 근로자에게 불리하게 변경하는 경우에는 그 동의를 받아야 한다.

72 근로기준법상 상시 10인 이상의 근로자를 사용하는 사업 또는 사업장에 근로자의 과반수로 조직된 노동조합이 없는 경우, 근로조건을 저하시키는 취업규칙의 변경이 유효하기 위한 조건은?

① 근로자 과반수의 동의

② 근로자 과반수의 의견청취

③ 근로자 과반수를 대표하는 자의 동의

④ 근로자 과반수를 대표하는 자의 의견청취

해설 취업규칙의 제·개정 시 원칙은 근로자의 과반수로 조직된 노동조합이 있는 경우에는 그 노동조합, 근로자의 과반수로 조직된 노동조합이 없는 경우에는 근로자의 과반수의 의견을 들어야 하나, 예외적으로 취업규칙을 불리하게 변경하는 경우에는 이들의 동의를 얻어야 한다. 여기서 '근로자의 과반수'란 과반수 인원을 의미하고, '근로자의 과반수를 대표하는 자'란 근로자 과반수의 찬성을 얻어 선출된 대표자를 말한다.

73 다음은 근로기준법상 제재규정의 제한에 관한 설명이다. ( )에 알맞은 것으로 짝지은 것은?

> 취업규칙에서 근로자에 대하여 감급(減給)의 제재를 정할 경우에 그 감액은 1회의 금액이 평균임금의 1일분의 (㉠)을, 총액이 1임금지급기의 임금총액의 (㉡)을 초과하지 못한다.

① ㉠ : 2분의 1, ㉡ : 10분의 1

② ㉠ : 3분의 1, ㉡ : 5분의 1

③ ㉠ : 2분의 1, ㉡ : 2분의 1

④ ㉠ : 5분의 1, ㉡ : 5분의 1

해설 취업규칙에서 근로자에 대하여 감급(減給)의 제재(징계로서의 감봉)를 정할 경우에 그 감액은 1회의 금액이 평균임금의 1일분의 2분의 1을, 총액이 1임금지급기의 임금총액의 10분의 1을 초과하지 못한다. 감봉은 정상적인 근무를 시키고도 임금을 덜 지급하는 징계로서 월급제면 월급의 최대 10%를 초과할 수 없다. 일을 안 시키고 임금도 지급하지 않는 중징계인 정직과 다르다.

74 직장규율을 위반한 근로자에 대한 제재로서 감급을 하는 경우 감급의 제한에 위반되지 않는 것은?

① 1회의 위반에 대한 감급액이 평균임금의 1일분의 2의 1을 초과하거나 1임금지급기의 임금총액의 10분의 1을 초과하는 경우

② 여러 번의 위반이 1임금지급기에 발생한 경우 위반행위에 대한 각각의 합계액이 1임금지급기의 임금총액의 10분의 1을 초과하는 경우

③ 1회의 위반에 대해 수개월에 걸쳐 나누어 감급을 하는 경우 그 감급액을 합한 금액이 1임금지급기의 임금총액의 10분의 1을 초과하는 경우

④ 1회의 위반에 대한 감급액이 평균임금의 1일분의 10분의 1을 초과하였으나 2분의 1을 초과하지 않은 경우

해설 감액은 1회의 금액이 평균임금의 1일분의 2분의 1을, 총액이 1임금지급기의 임금총액의 10분의 1을 초과하지 못한다.

★ **2022년 직업상담사 1급**

75 근로기준법상 근로감독관에 관한 설명으로 옳지 않은 것은?

① 근로감독관은 사용자와 근로자에 대하여 심문할 수 있다.

② 사용자나 근로자에 대하여 노동관계법령에 따른 현장조사, 서류의 제출, 심문 등의 수사뿐만 아니라, 근로감독관의 직무에 관한 범죄의 수사도 담당한다.

③ 근로감독관은 사업장, 기숙사, 그 밖의 부속건물을 현장조사하고 장부와 서류의 제출을 요구할 수 있다.

④ 근로감독과의 위촉을 받은 의사는 취업을 금지하여야 할 질병에 걸릴 의심이 있는 근로자에 대하여 검진할 수 있다.

해설 노동관계법령에 따른 수사는 검사와 근로감독관이 전담하여 수행한다. 다만, 근로감독관의 직무에 관한 범죄의 수사는 그러하지 아니하다.

[근로감독관]
㉠ 근로조건의 기준을 확보하기 위하여 고용노동부와 그 소속기관에 근로감독관을 둔다.
㉡ 근로감독관은 사업장, 기숙사, 그 밖의 부속건물을 현장조사하고 장부와 서류의 제출을 요구할 수 있으며 사용자와 근로자에 대하여 심문(尋問)할 수 있다.
㉢ 의사인 근로감독관이나 근로감독관의 위촉을 받은 의사는 취업을 금지하여야 할 질병에 걸릴 의심이 있는 근로자에 대하여 검진할 수 있다.
㉣ 근로감독관은 이 법이나 그 밖의 노동관계법령 위반의 죄에 관하여 「사법경찰관리의 직무를 행할 자와 그 직무범위에 관한 법률」에서 정하는 바에 따라 사법경찰관의 직무를 수행한다.
㉤ 이 법이나 그 밖의 노동관계법령에 따른 현장조사, 서류의 제출, 심문 등의 수사는 검사와 근로감독관이 전담하여 수행한다. 다만, 근로감독관의 직무에 관한 범죄의 수사는 그러하지 아니하다.

정답 75. ②

남녀고용평등과 일·가정 양립 지원에 관한 법률

제1절 총칙

01 법의 목적

이 법은 「대한민국헌법」의 **평등이념**에 따라 고용에서 남녀의 평등한 기회와 대우를 보장하고 **모성 보호와 여성 고용을 촉진**하여 남녀고용평등을 실현함과 아울러 근로자의 일과 가정의 양립을 지원함으로써 모든 국민의 삶의 질 향상에 이바지하는 것을 목적으로 한다.

02 용어의 정의

① 차별
  ㉠ 성별, 혼인, **가족 안에서의 지위**, 임신 또는 출산 등의 사유로 합리적인 이유 없이 채용 또는 근로의 조건을 다르게 하거나 그 밖의 불리한 조치를 하는 경우
  ㉡ 사업주가 **채용조건이나 근로조건은 동일하게 적용**하더라도 그 조건을 충족할 수 있는 남성 또는 여성이 **다른 한 성(性)에 비하여 현저히 적고**, 그에 따라 **특정 성에게 불리한 결과**를 초래하며 **그 조건이 정당한 것임을 증명할 수 없는 경우**도 차별(간접차별)
  ㉢ 차별에 해당하지 않는 경우
    • **직무의 성격**에 비추어 특정 성이 불가피하게 요구되는 경우
    • 여성근로자의 임신·출산·수유 등 **모성 보호를 위한 조치**를 하는 경우
    • 그 밖에 이 법 또는 다른 법률에 따라 **적극적 고용개선조치**를 하는 경우
② 직장 내 성희롱 : 사업주·상급자 또는 근로자가 **직장 내의 지위를 이용하거나 업무와 관련**하여 다른 근로자에게 **성적 언동** 등으로 **성적 굴욕감 또는 혐오감**을 느끼게 하거나 성적 언동 또는 그 밖의 요구 등에 따르지 아니하였다는 이유로 **근로조건 및 고용에서 불이익을** 주는 것
③ 적극적 고용개선조치 : 현존하는 남녀 간의 고용차별을 없애거나 고용평등을 촉진하기 위하여 **잠정적으로 특정 성을 우대**하는 조치
④ 근로자 : 사업주에게 **고용된 사람과 취업할 의사를 가진 자**

① 이 법은 근로자를 사용하는 모든 사업 또는 사업장에 적용한다. 다만, **동거하는 친족만으로 이루어지는 사업 또는 사업장과 가사사용인**에 대하여는 법의 전부를 적용하지 아니한다.
② 남녀고용평등의 실현과 일ㆍ가정의 양립에 관하여 다른 법률에 특별한 규정이 있는 경우 외에는 **이 법에 따른다.**

04 기본계획 수립

① 고용노동부장관은 남녀고용평등 실현과 일ㆍ가정의 양립에 관한 기본계획을 **5년마다** 수립하여야 한다.
② 기본계획에는 다음 각 호의 사항이 포함되어야 한다.
　㉠ **여성취업의 촉진**에 관한 사항
　㉡ **남녀의 평등한 기회보장 및 대우**에 관한 사항
　㉢ **동일 가치노동에 대한 동일 임금지급의 정착**에 관한 사항
　㉣ 여성의 직업능력 개발에 관한 사항
　㉤ 여성근로자의 모성 보호에 관한 사항
　㉥ 일ㆍ가정의 양립 지원에 관한 사항
　㉦ **여성근로자를 위한 복지시설의 설치** 및 운영에 관한 사항
　㉧ **직전 기본계획에 대한 평가**
　㉨ 그 밖에 남녀고용평등의 실현과 일ㆍ가정의 양립 지원을 위하여 고용노동부장관이 필요하다고 인정하는 사항

제2절 고용에서 남녀의 평등한 기회보장 및 대우 등

01 차별금지영역

① **모집ㆍ채용**
② **임금**
③ **임금 외 금품**(자금 융자 등 복리후생)
④ **교육ㆍ배치ㆍ승진**
⑤ **정년ㆍ퇴직ㆍ해고**

02 임금에서의 차별금지

① 사업주는 **동일한 사업** 내의 **동일 가치노동**에 대하여는 **동일한 임금**을 지급하여야 한다.

② 동일 가치노동의 기준은 직무수행에서 요구되는 **기술, 노력, 책임 및 작업조건** 등으로 하고, 사업주가 그 기준을 정할 때에는 **노사협의회의 근로자를 대표하는 위원의 의견을 들어야 한다.**

③ 사업주가 임금차별을 목적으로 설립한 별개의 사업은 **동일한 사업**으로 본다.

03 직장 내 성희롱의 금지 및 예방

(1) 직장 내 성희롱 예방교육

① 사업주는 직장 내 성희롱 예방을 위한 교육을 **연 1회 이상** 하여야 한다.

② ①에 따른 예방교육에는 다음 각 호의 내용이 포함되어야 한다.

   ㉠ 직장 내 성희롱에 관한 **법령**

   ㉡ 해당 사업장의 직장 내 성희롱 **발생 시의 처리절차와 조치기준**

   ㉢ 해당 사업장의 직장 내 성희롱 **피해근로자의 고충상담 및 구제절차**

   ㉣ 그 밖에 직장 내 성희롱 예방에 필요한 사항

③ ①에 따른 예방교육은 사업의 규모나 특성 등을 고려하여 직원연수·조회·회의, **인터넷 등 정보통신망을 이용한 사이버교육 등**을 통하여 실시할 수 있다. 다만, 단순히 교육자료 등을 배포·게시하거나 전자우편을 보내거나 게시판에 공지하는 데 그치는 등 근로자에게 **교육내용이 제대로 전달되었는지 확인하기 곤란한 경우에는 예방교육을 한 것으로 보지 아니한다.**

④ ② 및 ③에도 불구하고 다음 각 호의 어느 하나에 해당하는 사업의 사업주는 ②의 내용을 근로자가 알 수 있도록 **교육자료 또는 홍보물을 게시하거나 배포하는 방법**으로 직장 내 성희롱 예방교육을 할 수 있다.

   ㉠ 상시 **10명 미만**의 근로자를 고용하는 사업

   ㉡ 사업주 및 근로자 모두가 남성 또는 여성 중 **어느 한 성(性)으로 구성**된 사업

⑤ 사업주는 성희롱 예방교육을 고용노동부장관이 **지정하는 기관에 위탁하여 실시할 수 있다.**

⑥ 고용노동부장관은 성희롱 예방교육기관이 다음 각 호의 어느 하나에 해당하면 그 지정을 취소할 수 있다.

   ㉠ 거짓이나 그 밖의 부정한 방법으로 지정을 받은 경우

   ㉡ 정당한 사유 없이 **강사를 3개월 이상 계속하여 두지 아니한 경우**

   ㉢ **2년 동안 직장 내 성희롱 예방교육실적이 없는 경우**

(2) 고객 등에 의한 성희롱

사업주는 고객 등 업무와 밀접한 관련이 있는 사람이 업무수행과정에서 성적인 언동 등을 통하여 근로자에게 성적 굴욕감 또는 혐오감 등을 느끼게 하여 해당 **근로자가 그로 인한 고충해소를 요청할 경우 근무장소 변경, 배치전환, 유급휴가의 명령 등 적절한 조치를 하여야 한다.**

04 적극적 고용개선조치

적극적 고용개선조치에 관한 다음 각 호의 사항은 「고용정책 기본법」에 따른 고용정책심의회의 심의를 거쳐야 한다.
① **여성근로자 고용기준**에 관한 사항
② **시행계획의 심사**에 관한 사항
③ 적극적 고용개선조치 **이행실적의 평가**에 관한 사항
④ 적극적 고용개선조치 **우수기업의 표창 및 지원**에 관한 사항
⑤ **공표 여부**에 관한 사항
⑥ 그 밖에 적극적 고용개선조치에 관하여 고용정책심의회의 위원장이 회의에 부치는 사항

제3절 모성 보호 및 일 · 가정 양립

01 출산전후휴가 등에 대한 지원

국가는 배우자출산휴가, 난임치료휴가, 출산전후휴가 또는 유산 · 사산휴가를 사용한 근로자 중 일정한 요건에 해당하는 사람에게 그 휴가기간에 대하여 **통상임금**에 상당하는 금액을 지급할 수 있다.

02 배우자출산휴가

① 사업주는 근로자가 배우자의 출산을 이유로 휴가를 고지하는 경우에 **20일**의 휴가를 주어야 한다. 이 경우 사용한 휴가기간은 **유급**으로 한다.
② 배우자출산휴가는 근로자의 배우자가 **출산한 날부터 120일**이 지나면 사용할 수 없다.
③ 배우자출산휴가는 **3회에 한정하여 나누어** 사용할 수 있다.

(1) 육아휴직의 신청

① 신청자격 : 사업주는 **임신 중인 여성근로자**가 모성을 보호하거나 근로자가 **만 8세 이하 또는 초등학교 2학년 이하의 자녀(입양한 자녀를 포함한다)**를 양육하기 위하여 휴직을 신청하는 경우에 이를 허용하여야 한다. 다만, 해당 사업에서 계속 근로한 기간이 **6개월 미만인 근로자가 신청하는 경우에는 그러하지 아니하다.**

② 신청기간 : 육아휴직을 신청하려는 근로자는 신청인 인적사항, 영유아의 성명, 생년월일, 휴직개시예정일 및 종료예정일, 신청연월일 등을 적어 사업주에게 **30일 전**에 사업주에게 제출하여야 한다. 다만, 아래의 경우에는 **휴직개시예정일의 7일 전까지** 신청할 수 있다.

㉠ 임신 중인 여성 근로자에게 **유산 또는 사산의 위험**이 있는 경우

㉡ **출산 예정일 이전에 자녀가 출생**한 경우

㉢ **배우자의 사망, 부상, 질병 또는 신체적 · 정신적 장애나** 배우자와의 **이혼** 등으로 해당 영유아를 양육하기 곤란한 경우

(2) 휴직기간

① 육아휴직의 기간은 **1년 이내**로 한다. 다만, 다음 각 호의 어느 하나에 해당하는 근로자의 경우 **6개월 이내에서 추가로** 육아휴직을 사용할 수 있다.

㉠ 같은 자녀를 대상으로 **부모가 모두 육아휴직을 각각 3개월 이상** 사용한 경우의 부 또는 모

㉡ 「한부모가족지원법」의 부 또는 모

㉢ 고용노동부령으로 정하는 장애아동의 부 또는 모

② 육아휴직기간은 **근속기간에 포함**한다.

(3) 기간제 및 파견근로자

기간제 및 파견근로자의 육아휴직기간은 「기간제 및 단시간근로자 보호 등에 관한 법률」의 **사용기간** 또는 「파견근로자 보호 등에 관한 법률」의 근로자**파견기간에는 산입되지 않는다.**

(4) 불리한 처우금지 및 해고제한

사업주는 육아휴직을 이유로 해고나 그 밖의 불리한 처우를 하여서는 아니 되며, **육아휴직기간에는 그 근로자를 해고하지 못한다.** 다만, 사업을 계속할 수 없는 경우에는 그러하지 아니하다.

(5) 육아휴직자의 복귀

사업주는 육아휴직을 마친 후에는 **휴직 전과 같은 업무 또는 같은 수준의 임금을 지급하는 직무에 복귀시켜야** 한다.

04 육아기 근로시간 단축

① 사업주는 근로자가 **만 12세 이하 또는 초등학교 6학년 이하의 자녀**를 양육하기 위하여 근로시간의 단축을 신청하는 경우에 이를 허용하여야 한다. 다만, 대체인력 채용이 불가능한 경우, 정상적인 사업운영에 중대한 지장을 초래하는 경우 등 대통령령으로 정하는 경우에는 그러하지 아니하다.

② 사업주가 ①에 따라 해당 근로자에게 육아기 근로시간 단축을 허용하는 경우 단축 후 근로시간은 **주당 15시간 이상이어야 하고 35시간을 넘어서는 아니 된다.**

③ 육아기 근로시간 단축의 기간은 1년 이내로 한다. 다만, 육아휴직을 신청할 수 있는 근로자가 **육아휴직기간 중 사용하지 아니한 기간이 있으면 그 기간의 2배를 가산한 기간 이내로 한다.**

05 육아휴직과 육아기 근로시간 단축의 사용

① 근로자는 **육아휴직을 3회에 한정하여 나누어 사용**할 수 있다. 이 경우 임신 중인 여성근로자가 모성 보호를 위하여 육아휴직을 사용한 횟수는 육아휴직을 나누어 사용한 횟수에 포함하지 아니한다.

② 근로자는 **육아기 근로시간 단축**을 나누어 사용할 수 있다. 이 경우 **나누어 사용하는 1회의 기간은 1개월**(근로계약기간의 만료로 1개월 이상 근로시간 단축을 사용할 수 없는 기간제근로자에 대해서는 남은 근로계약기간을 말한다) **이상**이 되어야 한다.

③ 육아기 근로시간 단축을 한 근로자에 대하여 「근로기준법」에 따른 평균임금을 산정하는 경우에는 그 근로자의 **육아기 근로시간 단축기간을 평균임금 산정기간에서 제외**한다.

06 근로자의 가족돌봄 등을 위한 지원

① 사업주는 근로자가 **조부모, 부모, 배우자, 배우자의 부모, 자녀 또는 손자녀의 질병, 사고, 노령**으로 인하여 그 가족을 돌보기 위한 휴직(이하 "가족돌봄휴직"이라 한다)을 신청하는 경우 이를 허용하여야 한다. 다만, 대체인력 채용이 불가능한 경우, 정상적인 사업운영에 중대한 지장을 초래하는 경우, **본인 외에도 조부모의 직계비속 또는 손자녀의 직계존속이 있는 경우 등 대통령령으로 정하는 경우에는 그러하지 아니하다.**

② 사업주는 근로자가 가족(조부모 또는 손자녀의 경우 근로자 본인 외에도 직계비속 또는 직계존속이 있는 등 대통령령으로 정하는 경우는 제외한다)의 질병, 사고, 노령 또는 자녀의 양육으로 인하여 긴급하게 그 가족을 돌보기 위한 휴가(이하 "가족돌봄휴직"이라 한다)를 신청하는 경우 이를 허용하여야 한다. 다만, 근로자가 청구한 시기에 가족돌봄휴가를 주는 것이 정상적인 사업운영에 중대한 지장을 초래하는 경우에는 근로자와 협의하여 그 시기를 변경할 수 있다.

③ 가족돌봄휴직 및 가족돌봄휴가의 사용기간과 분할횟수 등은 다음 각 호에 따른다.
  ㉠ **가족돌봄휴직기간은 연간 최장 90일**로 하며, 이를 나누어 사용할 수 있을 것. 이 경우 나누어 사용하는 **1회의 기간은 30일 이상**이 되어야 한다.
  ㉡ 가족돌봄휴가기간은 **연간 최장 10일**[감염병의 확산에 따라 가족돌봄휴가기간이 연장되는 경우 20일(「한부모가족지원법」의 모 또는 부에 해당하는 근로자의 경우 25일) 이내]로 하며 일단위로 사용할 수 있을 것. 다만, **가족돌봄휴가기간은 가족돌봄휴직기간에 포함**된다.
④ 가족돌봄휴직 및 가족돌봄휴가기간은 **근속기간에 포함**한다. 다만, 「근로기준법」에 따른 **평균임금 산정기간에서는 제외**한다.

01 명예고용평등감독관

① **고용노동부장관**은 사업장의 남녀고용평등 이행을 촉진하기 위하여 **그 사업장 소속 근로자 중** 노사가 추천하는 사람을 명예고용평등감독관으로 **위촉**할 수 있다.
② 명예감독관은 다음 각 호의 업무를 수행한다.
  ㉠ 해당 사업장의 차별 및 직장 내 성희롱 발생 시 **피해근로자에 대한 상담 · 조언**
  ㉡ 해당 사업장의 **고용평등 이행상태 자율점검 및 지도 시 참여**
  ㉢ 법령위반사실이 있는 사항에 대하여 사업주에 대한 개선건의 및 **감독기관에 대한 신고**
  ㉣ 남녀고용평등제도에 대한 **홍보 · 계몽**
  ㉤ 그 밖에 남녀고용평등의 실현을 위하여 고용노동부장관이 정하는 업무
③ 명예감독관의 임기는 **3년**으로 하되, **연임**할 수 있다.
④ 명예감독관이 업무를 수행하는 경우에는 **비상근, 무보수**로 함을 원칙으로 한다.

02 입증책임

이 법과 관련한 분쟁해결에서 입증책임은 **사업주가 부담**한다.

03 관계서류의 보존

① 사업주는 이 법의 규정에 따른 사항에 관하여 대통령령으로 정하는 서류를 **3년간 보존**하여야 한다. 이 경우 대통령령으로 정하는 서류는 「전자문서 및 전자거래 기본법」에 따른 **전자문서로 작성 · 보존할 수 있다.**

② "대통령령으로 정하는 서류"란 다음 각 호의 서류를 말한다.

　㉠ 모집과 채용, 임금, 임금 외의 금품 등, 교육·배치 및 승진, 정년·퇴직 및 해고에 관한 서류

　㉡ 직장 내 성희롱 예방교육을 하였음을 확인할 수 있는 서류

　㉢ 직장 내 성희롱 행위자에 대한 징계 등 조치에 관한 서류

　㉣ 배우자출산휴가의 고지 및 허용에 관한 서류

　㉤ 육아휴직의 신청 및 허용에 관한 서류

　㉥ 육아기 근로시간 단축의 신청 및 허용에 관한 서류, 허용하지 아니한 경우 그 사유의 통보 및 협의서류, 육아기 근로시간 단축 중의 근로조건에 관한 서류

제2장 남녀고용평등과 일·가정 양립 지원에 관한 법률 기출·예상문제

❶ 총칙

★ 2013년 직업상담사 1급

01 남녀고용평등과 일·가정 양립 지원에 관한 법률상 차별이 아닌 것은?

① 합리적인 이유 없이 혼인을 사유로 근로조건을 달리하는 경우

② 합리적인 이유 없이 가족 안에서의 지위를 사유로 근로조건을 달리하는 경우

③ 현존하는 남녀 간의 고용차별을 해소하기 위해 사업주가 특정 성을 우대하는 조치를 취하는 경우

④ 합리적인 이유 없이 수유를 사유로 여성근로자에게 채용조건을 불리하게 하는 경우

> **해설** 현존하는 남녀 간의 고용차별을 없애거나 고용평등을 촉진하기 위하여 잠정적으로 특정 성을 우대하는 조치('적극적 고용개선조치', 예를 들어 가산점·할당제)는 차별이 아니라 **차별을 개선하기 위한 조치**이다.
>
> **[남녀고용평등과 일·가정 양립 지원에 관한 법률 제2조(차별의 정의)]**
>
> ㉠ 성별, 혼인, 가족 안에서의 지위, 임신 또는 출산 등의 사유로 합리적인 이유 없이 채용 또는 근로의 조건을 다르게 하거나 그 밖의 불리한 조치를 하는 경우
>
> ㉡ 사업주가 채용조건이나 근로조건은 동일하게 적용하더라도 그 조건을 충족할 수 있는 남성 또는 여성이 다른 한 성(性)에 비하여 현저히 적고, 그에 따라 특정 성에게 불리한 결과를 초래하며 그 조건이 정당한 것임을 증명할 수 없는 경우도 차별(간접차별)
>
> ㉢ 차별에 해당하지 않는 경우
> - **직무의 성격**에 비추어 특정 성이 불가피하게 요구되는 경우
> - 여성근로자의 임신·출산·수유 등 **모성 보호를 위한 조치**를 하는 경우
> - 그 밖에 이 법 또는 다른 법률에 따라 **적극적 고용개선조치**를 하는 경우

★★ 2008년, 2015년 직업상담사 1급

02 남녀고용평등과 일·가정 양립 지원에 관한 법률상 차별에 해당할 수 있는 경우는?

① 직무의 성격에 비추어 특정 성이 불가피하게 요구되는 경우

② 동일한 조건을 적용하였으나 남성이 현저히 적어 남성에 불리하게 된 경우로서 정당한 것임을 증명하지 못한 경우

③ 여성근로자의 임신·출산·수유 등 모성 보호를 위한 조치를 하는 경우

④ 이 법 또는 다른 법률에 따라 적극적 고용개선조치를 하는 경우

> **해설** 사업주가 채용조건이나 근로조건은 동일하게 적용하더라도 그 조건을 충족할 수 있는 남성 또는 여성이 다른 한 성(性)에 비하여 현저히 적고, 그에 따라 특정 성에게 불리한 결과를 초래하며 그 조건이 정당한 것임을 증명할 수 없는 경우도 **차별(간접차별)에 해당**한다. 예를 들어, 서비스직원을 채용하면서 채용조건에 키를 165cm로 제한하여 남성근로자가 채용되지 않고, 키 165cm 이하가 업무상 필요한 조건인지 사업주가 입증하지 못한다면 간접차별에 해당한다.

★ 2011년 직업상담사 1급

03 남녀고용평등과 일·가정 양립 지원에 관한 법률상 남녀고용평등 강조기간으로 옳은 것은?

① 매년 3월 1일부터 3월 7일까지

② 매년 5월 25일부터 5월 31일까지

③ 매년 5월 1일부터 5월 7일까지

④ 매년 6월 1일부터 6월 7일까지

정답 01. ③　02. ②　03. ②

해설 고용노동부장관은 정책의 수립 등 규정에 따라 매년 5월 25일부터 5월 31일까지를 남녀고용평등 강조기간으로 정하고 남녀고용평등의식의 확산을 위한 기념행사, 세미나 등 다양한 사업을 하여야 한다.

해설 「근로기준법」의 균등처우규정에는 남녀, 국적, 신앙, 사회적 신분을 이유로 근로조건에서 차별하지 못하도록 하고 있으나, 여기서의 근로조건은 근로관계가 성립된 이후의 대우를 말하고, 모집·채용 중인 단계는 포함되지 않는다고 해석한다.

04 남녀고용평등과 일·가정 양립 지원에 관한 법률상 차별에 해당하는 것은?

① 직무의 성격에 비추어 특정 성이 불가피하게 요구되는 경우
② 여성근로자의 임신·출산·수유 등 모성 보호를 위한 조치를 하는 경우
③ 여성근로자에 한해 육아휴직을 주는 경우
④ 현존하는 남녀 간의 고용차별을 해소하기 위하여 사업주가 남성근로자를 우대하는 경우

해설 만 8세 이하 또는 초등학교 2학년 이하의 자녀의 부모는 육아휴직을 신청할 수 있다.

05 남녀고용평등법의 내용에 대한 설명으로 옳지 않은 것은?

① 근로자 모집·채용과정에서의 남녀차별은 「남녀고용평등법」 위반은 당연하고 「근로기준법」 상의 균등처우조항에도 저촉된다.
② 여성근로자를 모집, 채용함에 있어서 직무수행에 필요로 하지 않는 용모, 키, 체중 등의 신체조건을 제시하여서는 아니 된다.
③ 직장 내 성희롱이라 함은 사업주, 상급자 또는 근로자가 직장 내의 지위를 이용하거나 업무와 관련하여 다른 근로자에게 성적인 언동 등으로 혐오감 등을 느끼게 하는 것 등을 말한다.
④ 자녀 양육을 위해 육아휴직을 신청할 수 있는 근로자는 생후 8세 이하 또는 초등학교 2학년 이하의 자녀를 가진 근로자이다.

06 남녀고용평등과 일·가정 양립 지원에 관한 법률상 명시된 남녀고용평등과 일·가정 양립 지원에 관한 기본계획에 포함되는 사항이 아닌 것은?

① 여성취업의 촉진에 관한 사항
② 국내외의 직업소개에 관한 사항
③ 남녀의 평등한 기회보장 및 대우에 관한 사항
④ 동일 가치노동에 대한 동일 임금지급정책에 관한 사항

해설 [남녀고용평등과 일·가정 양립 지원에 관한 법률 제6조의 2(기본계획 수립)]

① 고용노동부장관은 남녀고용평등 실현과 일·가정의 양립에 관한 기본계획을 5년마다 수립하여야 한다.
② 기본계획에는 다음 각 호의 사항이 포함되어야 한다.
  1. 여성취업의 촉진에 관한 사항
  2. 남녀의 평등한 기회보장 및 대우에 관한 사항
  3. 동일 가치노동에 대한 동일 임금지급의 정착에 관한 사항
  4. 여성의 직업능력 개발에 관한 사항
  5. 여성근로자의 모성 보호에 관한 사항
  6. 일·가정의 양립 지원에 관한 사항
  7. 여성근로자를 위한 복지시설의 설치 및 운영에 관한 사항
  8. 직전 기본계획에 대한 평가
  9. 그 밖에 남녀고용평등의 실현과 일·가정의 양립 지원을 위하여 고용노동부장관이 필요하다고 인정하는 사항

정답 04. ③ 05. ① 06. ②

★ **2015년 직업상담사 1급**

07 남녀고용평등과 일·가정 양립 지원에 관한 법령상의 성희롱에 관한 규정이다. 빈칸에 각각 알맞은 말은?

> "직장 내 성희롱"이란 사업주·상급자 또는 (A)가 직장 내의 지위를 이용하거나 업무와 관련하여 다른 근로자에게 (B) 등으로 성적 (C) 또는 혐오감을 느끼게 하거나 (D) 또는 그 밖의 요구 등에 따르지 아니하였다는 이유로 근로조건 및 고용에서 불이익을 주는 것을 말한다.

① A : 남성근로자, B : 성적 언동, C : 불쾌함, D : 폭행
② A : 근로자, B : 성적 언동, C : 굴욕감, D : 성적 언동
③ A : 여성근로자, B : 성적 언동, C : 수치심, D : 협박
④ A : 근로자, B : 협박, C : 굴욕감, D : 성행위

> **해설** "직장 내 성희롱"이란 사업주·상급자 또는 근로자가 직장 내의 지위를 이용하거나 업무와 관련하여 다른 근로자에게 성적 언동 등으로 성적 굴욕감 또는 혐오감을 느끼게 하거나 성적 언동 또는 그 밖의 요구 등에 따르지 아니하였다는 이유로 근로조건 및 고용에서 불이익을 주는 것을 말한다. 남녀근로자 모두 행위자(가해자)가 될 수 있고, 성적 언동 그 자체만이 아니라 성적 언동이나 요구에 따르지 않은 것에 대해 불이익을 주는 것도 성희롱이다.

★ **2016년 직업상담사 1급**

08 남녀고용평등과 일·가정 양립 지원에 관한 법률상 직장 내 성희롱의 금지 및 예방에 관한 설명으로 틀린 것은?

① 사업주는 직장 내 성희롱 예방을 위한 교육을 연 1회 이상 하여야 한다.
② 사업주는 성희롱 예방교육을 고용노동부장관이 지정하는 기관에 위탁히여 실시할 수 있다.
③ 사업주는 직장 내 성희롱 발생이 확인된 경우 지체 없이 행위자에 대한 징계나 그 밖에 이에 준하는 조치를 하여야 한다.
④ 사업주는 직장 내 성희롱과 관련하여 피해를 입은 근로자 또는 성희롱 피해 발생을 주장하는 근로자에게 직장질서 문란을 이유로 불이익한 조치를 취할 수 있다.

> **해설** 사업주는 성희롱 발생사실을 신고한 근로자 및 피해근로자 등에게 다음 각 호의 어느 하나에 해당하는 불리한 처우를 하여서는 아니 된다.
> 1. 파면, 해임, 해고, 그 밖에 신분상실에 해당하는 불이익조치
> 2. 징계, 정직, 감봉, 강등, 승진제한 등 부당한 인사조치
> 3. 직무 미부여, 직무 재배치, 그 밖에 본인의 의사에 반하는 인사조치
> 4. 성과평가 또는 동료평가 등에서 차별이나 그에 따른 임금 또는 상여금 등의 차별 지급
> 5. 직업능력 개발 및 향상을 위한 교육훈련기회의 제한
> 6. 집단 따돌림, 폭행 또는 폭언 등 정신적·신체적 손상을 가져오는 행위를 하거나 그 행위의 발생을 방치하는 행위
> 7. 그 밖에 신고를 한 근로자 및 피해근로자 등의 의사에 반하는 불리한 처우

★ **2017년 직업상담사 1급**

09 남녀고용평등과 일·가정 양립 지원에 관한 법률상 남녀의 평등한 기회보장 및 대우에 관한 사항에 해당하지 않는 것은?

① 임금　　　　　② 임금 이외의 금품
③ 정년　　　　　④ 육아시간

> **해설** [「남녀고용평등법」에 명시한 차별금지영역]
> ㉠ 모집·채용
> ㉡ 임금
> ㉢ 임금 외 금품(자금 융자 등 복리후생)
> ㉣ 교육·배치·승진
> ㉤ 정년·퇴직·해고

10 남녀고용평등과 일·가정 양립 지원에 관한 법령상 직장 내 성희롱 예방조치에 관한 설명으로 틀린 것은?

① 상시 10명 미만의 근로자를 고용하는 사업장의 경우 간접교육(홍보물 게시·배포)도 가능하다.

② 성희롱 예방교육내용에는 직장 내 성희롱 발생 시 처리절차와 조치기준, 고충상담 및 구제절차 등이 있다.

③ 단순히 교육자료를 배포나 게시판 공지 등으로 교육내용이 제대로 전달되었는지 확인이 곤란한 경우에는 예방교육을 한 것으로 보지 않는다.

④ 직장 내 성희롱 예방을 위한 교육은 연 2회 이상 실시하여야 한다.

> **해설** 성희롱 예방교육은 연 1회 이상 실시하여야 한다.
>
> **[남녀고용평등과 일·가정 양립 지원에 관한 법률 시행령 제3조(직장 내 성희롱 예방교육)]**
> ① 사업주는 직장 내 성희롱 예방을 위한 교육을 연 1회 이상 하여야 한다.
> ② ①에 따른 예방교육에는 다음 각 호의 내용이 포함되어야 한다.
> 　1. 직장 내 성희롱에 관한 법령
> 　2. 해당 사업장의 직장 내 성희롱 발생 시의 처리절차와 조치기준
> 　3. 해당 사업장의 직장 내 성희롱 피해근로자의 고충상담 및 구제절차
> 　4. 그 밖에 직장 내 성희롱 예방에 필요한 사항
> ③ ①에 따른 예방교육은 사업의 규모나 특성 등을 고려하여 직원연수·조회·회의, 인터넷 등 정보통신망을 이용한 사이버교육 등을 통하여 실시할 수 있다. 다만, 단순히 교육자료 등을 배포·게시하거나 전자우편을 보내거나 게시판에 공지하는 데 그치는 등 근로자에게 교육내용이 제대로 전달되었는지 확인하기 곤란한 경우에는 예방교육을 한 것으로 보지 아니한다.
> ④ ② 및 ③에도 불구하고 다음 각 호의 어느 하나에 해당하는 사업의 사업주는 ②의 내용을 근로자가 알 수 있도록 교육자료 또는 홍보물을 게시하거나 배포하는 방법으로 직장 내 성희롱 예방교육을 할 수 있다.
> 　1. 상시 10명 미만의 근로자를 고용하는 사업

> 　2. 사업주 및 근로자 모두가 남성 또는 여성 중 어느 한 성(性)으로 구성된 사업
> ⑤ 사업주가 소속 근로자에게 「국민 평생 직업능력 개발법」에 따라 인정받은 훈련과정 중 ② 각 호의 내용이 포함되어 있는 훈련과정을 수료하게 한 경우에는 그 훈련과정을 마친 근로자에게는 ①에 따른 예방교육을 한 것으로 본다.

11 남녀고용평등과 일·가정 양립 지원에 관한 법률상 직장 내 성희롱의 금지 및 예방에 관한 설명으로 틀린 것은?

① 사업주는 성희롱 예방교육의 내용을 근로자가 자유롭게 열람할 수 있는 장소에 항상 게시하거나 갖추어 두어 근로자에게 널리 알려야 한다.

② 사용자는 성희롱 예방교육을 고용노동부장관이 지정하는 기관에 위탁하여 실시할 수 있다.

③ 누구든지 직장 내 성희롱 발생사실을 알게 된 경우 그 사실을 해당 사업주에게 신고할 수 있다.

④ 사업주는 직장 내 성희롱 발생사실이 확인된 때에는 지체 없이 행위를 한 사람에 대하여 징계 등의 필요한 조치를 한 후 그 조치에 대한 피해근로자의 의견을 들어야 한다.

> **해설** 사업주는 조사결과 직장 내 성희롱 발생사실이 확인된 때에는 지체 없이 직장 내 성희롱행위를 한 사람에 대하여 징계, 근무장소의 변경 등 필요한 조치를 하여야 한다. 이 경우 사업주는 징계 등의 조치를 한 뒤가 아니라 그 전에 피해자의 의견을 들어야 한다.

제5과목 고용노동관계법규 Ⅱ

12 남녀고용평등과 일·가정 양립 지원에 관한 법률상 직장 내 성희롱의 금지와 예방에 관한 설명으로 틀린 것은?

① 사업주, 상급자 또는 근로자는 직장 내 성희롱을 하여서는 아니 된다.

② 사업주는 직장 내 성희롱과 관련하여 피해를 입은 근로자 또는 성희롱 피해 발생을 주장하는 근로자에게 해고나 그 밖의 불리한 조치를 하여서는 아니 된다.

③ 사업주는 직장 내 성희롱 발생이 확인된 경우 지체 없이 행위자에 대하여 징계나 그 밖에 이에 준하는 조치를 하여야 한다.

④ 사업주는 성희롱 예방교육을 고용노동부장관이 지정하는 기관에 위탁하여 실시해야 한다.

해설 성희롱 예방교육은 외부에 위탁하여 할 수도 있고 자체 교육도 가능한데, 위탁교육인 경우 고용노동부장관이 지정하는 기관에 위탁하여야 한다.

[남녀고용평등과 일·가정 양립 지원에 관한 법률 제13조의 2(성희롱 예방교육의 위탁)]

① 사업주는 성희롱 예방교육을 고용노동부장관이 지정하는 기관(이하 "성희롱 예방교육기관"이라 한다)에 위탁하여 실시할 수 있다.

② 사업주가 성희롱 예방교육기관에 위탁하여 성희롱 예방교육을 하려는 경우에는 대통령령으로 정하는 내용을 성희롱 예방교육기관에 미리 알려 그 사항이 포함되도록 하여야 한다.

③ 성희롱 예방교육기관은 고용노동부령으로 정하는 기관 중에서 지정하되, 고용노동부령으로 정하는 강사를 1명 이상 두어야 한다.

④ 성희롱 예방교육기관은 고용노동부령으로 정하는 바에 따라 교육을 실시하고 교육이수증이나 이수자명단 등 교육실시 관련 자료를 보관하며 사업주나 교육대상자에게 그 자료를 내주어야 한다.

⑤ 고용노동부장관은 성희롱 예방교육기관이 다음 각 호의 어느 하나에 해당하면 그 지정을 취소할 수 있다.
  1. 거짓이나 그 밖의 부정한 방법으로 지정을 받은 경우
  2. 정당한 사유 없이 강사를 3개월 이상 계속하여 두지 아니한 경우
  3. 2년 동안 직장 내 성희롱 예방교육실적이 없는 경우

⑥ 고용노동부장관은 제5항에 따라 성희롱 예방교육기관의 지정을 취소하려면 청문을 하여야 한다.

❸ 모성 보호 및 일·가정 양립

13 남녀고용평등과 일·가정 양립 지원에 관한 법령상 육아휴직에 관한 설명으로 옳은 것은?

① 육아휴직은 만 6세 이하의 초등학교 취학 전 자녀를 둔 여성근로자만이 청구할 수 있다.

② 사업주는 같은 영유아에 대하여 근로자의 배우자가 육아휴직을 하고 있는 경우에는 그 근로자에게 육아휴직을 거부할 수 있다.

③ 육아휴직기간은 2년 이내로 한다.

④ 육아휴직은 휴직개시예정일 7일 전까지 사유를 밝혀 신청을 철회할 수 있다.

해설 ① 육아휴직은 임신 중인 여성근로자가 모성을 보호하거나 남녀근로자가 만 8세 이하 또는 초등학교 2학년 이하의 자녀(입양한 자녀를 포함한다)를 양육하기 위하여 휴직을 신청하는 경우 사용 가능하다.
② 육아휴직은 부모가 동시에 사용이 가능하다.
③ 육아휴직기간은 1년 이내로 한다.

[남녀고용평등과 일·가정 양립 지원에 관한 법률 제19조 (육아휴직)]

① 사업주는 임신 중인 여성근로자가 모성을 보호하거나 근로자가 만 8세 이하 또는 초등학교 2학년 이하의 자녀(입양한 자녀를 포함한다)를 양육하기 위하여 휴직을 신청하는 경우에 이를 허용하여야 한다. 다만, 해당 사업에서 계속 근로한 기간이 6개월 미만인 근로자가 신청하는 경우에는 그러하지 아니하다.

② 육아휴직의 기간은 1년 이내로 한다. 다만, 다음 각 호의 어느 하나에 해당하는 근로자의 경우 6개월 이내에서 추가로 육아휴직을 사용할 수 있다.
  1. 같은 자녀를 대상으로 부모가 모두 육아휴직을 각각 3개월 이상 사용한 경우의 부 또는 모
  2. 「한부모가족지원법」의 부 또는 모
  3. 고용노동부령으로 정하는 장애아동의 부 또는 모

④ 사업주는 육아휴직을 마친 후에는 휴직 전과 같은 업무 또는 같은 수준의 임금을 지급하는 직무에 복귀시켜야 한다. 또한 ②의 육아휴직기간은 근속기간에 포함한다.

14 남녀고용평등과 일·가정 양립 지원에 관한 법령상 육아휴직에 관한 설명으로 틀린 것은?

① 육아휴직을 신청할 수 있는 자는 임신 중인 여성이나 만 8세 이하 또는 초등학교 2학년 이하의 자녀를 가진 근로자이다.

② 육아휴직기간은 1년 이내로 한다.

③ 사업주는 육아휴직을 마친 후에는 휴직 전과 같은 업무 또는 같은 수준의 임금을 지급하는 직무에 복귀시켜야 한다.

④ 육아휴직기간은 근속기간에 포함되지 않는다.

> **해설** 육아휴직기간은 근속기간에 포함된다. 즉, 육아휴직기간은 퇴직급여, 연차 가산, 승급기간 등에 정상기간으로 반영되어야 한다.

15 남녀고용평등과 일·가정 양립 지원에 관한 법령상 육아휴직에 관한 설명으로 틀린 것은?

① 육아휴직기간은 1년 이내로 한다.

② 사업주는 사업을 계속할 수 없는 경우 육아휴직기간에 그 근로자를 해고할 수 있다.

③ 육아휴직기간은 근속기간에 포함된다.

④ 기간제근로자의 육아휴직기간은 「기간제 및 단시간근로자 보호 등에 관한 법률」에 따른 사용기간에 산입한다.

> **해설** ② 육아휴직기간은 근로자를 해고할 수 없는 것이 원칙이지만, 사업을 계속할 수 없는 경우에는 예외적으로 해고가 가능하다.
> ④ 기간제근로자 또는 파견근로자의 육아휴직기간은 「기간제 및 단시간근로자 보호 등에 관한 법률」에 따른 사용기간 또는 「파견근로자 보호 등에 관한 법률」에 따른 근로자파견기간에서 제외한다.

16 남녀고용평등과 일·가정 양립 지원에 관한 법률상 모성 보호에 관한 설명으로 옳지 않은 것은?

① 배우자출산휴가는 근로자의 배우자가 출산한 날부터 120일이 지나면 청구할 수 없다.

② 사업주는 근로자가 난임치료를 받기 위하여 휴가를 청구하는 경우에 연간 5일 이내의 휴가를 주어야 한다.

③ 육아휴직기간은 1년 이내로 한다.

④ 사업주는 임신 중인 여성근로자가 모성을 보호하거나 근로자가 만 8세 이하 또는 초등학교 2학년 이하의 자녀를 양육하기 위하여 휴직을 신청하는 경우에 이를 허용하여야 한다.

> **해설** 난임치료휴가는 연간 6일 이내로 사용 가능하다.
>
> **[남녀고용평등과 일·가정 양립 지원에 관한 법률 제18조의2(배우자출산휴가)]**
> ① 사업주는 근로자가 배우자의 출산을 이유로 휴가를 고지하는 경우에 20일의 휴가를 주어야 한다. 이 경우 사용한 휴가기간은 유급으로 한다.
> ③ 배우자출산휴가는 근로자의 배우자가 출산한 날부터 120일이 지나면 사용할 수 없다.
> ④ 배우자출산휴가는 3회에 한정하여 나누어 사용할 수 있다.
>
> **[남녀고용평등과 일·가정 양립 지원에 관한 법률 제18조의3(난임치료휴가)]**
> ① 사업주는 근로자가 인공수정 또는 체외수정 등 난임치료를 받기 위하여 휴가(이하 "난임치료휴가"라 한다)를 청구하는 경우에 연간 6일 이내의 휴가를 주어야 하며, 이 경우 최초 2일은 유급으로 한다. 다만, 근로자가 청구한 시기에 휴가를 주는 것이 정상적인 사업운영에 중대한 지장을 초래하는 경우에는 근로자와 협의하여 그 시기를 변경할 수 있다.

정답 14. ④ 15. ④ 16. ②

17 다음은 남녀고용평등과 일·가정 양립 지원에 관한 법률상 육아기 근로시간 단축에 관한 설명이다. (   )에 알맞은 것은?

> 사업주가 근로자에게 육아기 근로시간 단축을 허용하는 경우 단축 후 근로시간은 주당 (㉠)시간 이상이어야 하고 (㉡)시간을 넘어서는 아니 된다.

① ㉠ : 10, ㉡ : 15
② ㉠ : 10, ㉡ : 20
③ ㉠ : 15, ㉡ : 20
④ ㉠ : 15, ㉡ : 35

해설 육아기 근로시간 단축은 단축 후 근로시간이 **주당 15시간 이상 35시간 이내**에 있어야 한다.

❹ 분쟁의 예방과 해결

★★ 2011년, 2016년 직업상담사 1급

18 남녀고용평등과 일·가정 양립 지원에 관한 법률상 분쟁의 예방과 해결에 관한 설명으로 틀린 것은?

① 고용노동부장관은 남녀고용평등 이행을 촉진하기 위하여 그 사업장 소속 근로자 중 명예고용평등감독관을 직권으로 위촉할 수 있다.
② 고용노동부장관은 차별, 직장 내 성희롱, 모성 보호 및 일·가정 양립 등에 관한 상담을 실시하는 민간단체에 필요한 비용의 일부를 예산의 범위에서 지원할 수 있다.
③ 사업주는 임금, 승진 등의 사항에 관하여 근로자가 고충을 신고하였을 때에는 해당 사업장에 설치된 노사협의회에 고충의 처리를 위임하는 등 자율적인 해결을 위하여 노력하여야 한다.
④ 동법과 관련된 분쟁해결에서의 입증책임은 사업주가 부담한다.

해설 고용노동부장관은 사업장의 남녀고용평등 이행을 촉진하기 위하여 그 사업장 소속 근로자 중 노사가 추천하는 사람을 명예고용평등감독관으로 위촉할 수 있다. 즉, 명예고용평등감독관은 **고용노동부장관의 직권이 아니라 사업장의 추천을 받아 위촉한다.**

★ 2019년 직업상담사 1급

19 남녀고용평등과 일·가정 양립 지원에 관한 법률상 모집과 채용, 임금 등에 대한 차별 등을 이유로 한 고충신고에 관한 설명으로 틀린 것은?

① 고충신고는 구두, 전화의 방법을 제외한 서면, 우편, 팩스, 또는 인터넷 등의 방법으로 하여야 한다.
② 사업주는 고충신고를 받은 경우 특별한 사유가 없으면 신고접수일로부터 10일 이내에 신고된 고충을 직접 처리하거나 노사협의회에 위임하여 처리해야 한다.
③ 사업주는 고충접수·처리대장을 작성하여 갖추어 두고 관련 서류를 3년간 보존하여야 한다.
④ 고충접수·처리대장은 전자적 처리가 불가능한 특별한 사유가 없으면 전자적 처리가 가능한 방법으로 작성하여 갖추어 두어야 하며, 관련 서류는 전자적인 방법으로 작성·보존할 수 있다.

해설 **고충신고는 구두, 서면, 우편, 전화, 팩스 또는 인터넷 등의 방법으로 하여야 한다.**

★★★ 2013년, 2016년, 2021년, 2023년 직업상담사 1급

20 남녀고용평등과 일·가정 양립 지원에 관한 법률이 규정하고 있는 내용이 아닌 것은?

① 육아휴직급여
② 배우자출산휴가
③ 직장보육시설의 설치
④ 출산전후휴가에 대한 지원

정답 17. ④ 18. ① 19. ① 20. ①

해설 육아휴직제도(사업주와 근로자의 관계)에 대해서는 「남녀고용평등법」에 규정이 있지만, 육아휴직급여는 고용보험에서 육아휴직자에게 지급하는 급여로서 「고용보험법」에 규정되어 있다.

21 남녀고용평등과 일 · 가정 양립 지원에 관한 법률의 내용에 관한 설명으로 틀린 것은?

① 사업주는 동일한 사업 내의 동일 가치노동에 대해서는 동일한 임금을 지급하여야 한다.

② 육아휴직을 시작하려는 날의 전날까지 해당 사업에서 계속 근로기간이 6개월 미만인 근로자에게는 육아휴직을 허용하지 아니할 수 있다.

③ 「남녀고용평등과 일 · 가정 양립 지원에 관한 법률」과 관련된 분쟁해결에서의 입증책임은 근로자가 부담한다.

④ 사업주가 임금차별을 목적으로 설립한 별개의 사업은 동일한 사업으로 본다.

해설 「남녀고용평등과 일 · 가정 양립 지원에 관한 법률」과 관련된 분쟁해결에서의 입증책임은 사업주가 부담한다. 가령 사업주는 차별이 아님을 입증하지 못하면 근로자를 성별로 달리 취급한 것이 차별로 인정된다.

22 남녀고용평등법상 규정된 내용이 아닌 것은?

① 정년, 퇴직 및 해고에 있어서 남녀차별금지

② 출산전후휴가에 대한 지원

③ 직장과 가정생활의 양립 지원

④ 생리휴가

해설 생리휴가는 「근로기준법」에 규정되어 있다.

23 남녀고용평등과 일 · 가정 양립 지원에 관한 법률상 과태료를 부과하는 위반행위는?

① 직장 내 성희롱과 관련하여 피해를 입은 근로자 또는 성희롱 발생을 주장하는 근로자에게 해고나 그 밖의 불리한 조치를 하는 경우

② 직장 내 성희롱 발생이 확인되었는데도 지체 없이 행위자에게 징계나 그 밖의 이에 준하는 조치를 하지 아니한 경우

③ 동일한 사업 내의 동일 가치의 노동에 대하여 동일한 임금을 지급하지 아니한 경우

④ 육아기 근로시간 단축을 이유로 해당 근로자에 대하여 해고나 그 밖의 불리한 처우를 한 경우

해설 ②를 제외한 나머지는 과태료가 아니라 형벌(벌금 또는 징역)이다.
※ 형벌은 위반이 중대(근로자가 입는 피해가 큼)하고 다른 법에 강력한 처벌이 없는 경우로, 「남녀고용평등법」에서는 대체로 남녀차별이나 근로자에 대한 불리한 처우에 대해서 형벌로 규율하는 것이 많다.

24 남녀고용평등과 일 · 가정 양립 지원에 관한 법령상 과태료를 부과하는 위반행위는?

① 근로자의 교육 · 배치 및 승진에서 남녀를 차별한 경우

② 성희롱 예방교육을 하지 아니한 경우

③ 동일한 사업 내의 동일 가치의 노동에 대하여 동일한 임금을 지급하지 아니한 경우

④ 육아기 근로시간 단축을 이유로 해당 근로자에 대하여 해고나 그 밖의 불리한 처우를 한 경우

해설 ②를 제외한 나머지는 과태료가 아니라 형벌(벌금 또는 징역)이다.

정답 21. ③   22. ④   23. ②   24. ②

25 남녀고용평등과 일·가정 양립 지원에 관한 법률상 사업주가 동일한 사업 내의 동일 가치의 노동에 대하여 동일한 임금을 지급하지 아니한 경우 벌칙규정은?

① 5년 이하의 징역 또는 3,000만원 이하의 벌금
② 3년 이하의 징역 또는 3,000만원 이하의 벌금
③ 1,000만원 이하의 벌금
④ 500만원 이하의 벌금

해설 **[3년 이하의 징역 또는 3천만원 이하의 벌금에 해당하는 경우]**

㉠ 동일한 사업 내의 동일 가치의 노동에 대하여 동일한 임금을 지급하지 아니한 경우
㉡ 직장 내 성희롱 발생 사실을 신고한 근로자 및 피해근로자등에게 불리한 처우를 한 경우
㉢ 배우자 출산휴가를 이유로 해고나 그 밖의 불리한 처우를 한 경우
㉣ 육아휴직을 이유로 해고나 그 밖의 불리한 처우를 하거나, 사유가 없는데도 육아휴직 기간동안 해당 근로자를 해고한 경우
㉤ 육아기 근로시간 단축을 이유로 해당 근로자에 대하여 해고나 그 밖의 불리한 처우를 한 경우
㉥ 육아기 근로시간 단축을 하고 있는 근로자에 대하여 근로시간에 비례하여 적용하는 경우 외에 육아기 근로시간 단축을 이유로 그 근로조건을 불리하게 한 경우
㉦ 가족돌봄휴직 또는 가족돌봄휴가(기간이 연장된 경우를 포함)를 이유로 해당 근로자를 해고하거나 근로조건을 악화시키는 등 불리한 처우를 한 경우
㉧ 근로시간 단축을 이유로 해당 근로자에게 해고나 그 밖의 불리한 처우를 한 경우
㉨ 근로시간 단축을 하고 있는 근로자에게 근로시간에 비례하여 적용하는 경우 외에 가족돌봄 등을 위한 근로시간 단축을 이유로 그 근로조건을 불리하게 한 경우
㉩ 근로자에게 해고나 그 밖의 불리한 처우를 한 경우

26 남녀고용평등과 일·가정 양립 지원에 관한 법령상 1,000만원 이하의 과태료 부과행위에 해당하는 것은?

① 난임치료휴가를 주지 아니한 경우
② 성희롱 예방교육을 하지 아니한 경우
③ 직장 내 성희롱 발생사실 조사과정에서 알게 된 비밀을 다른 사람에게 누설한 경우
④ 사업주가 직장 내 성희롱을 한 경우

해설 ① 500만원 이하의 과태료
② 500만원 이하의 과태료
③ 500만원 이하의 과태료
④ **1,000만원 이하의 과태료**

정답 25. ② 26. ④

제3장

근로자퇴직급여 보장법

제1절 총칙

01 용어의 정의

① **퇴직급여제도** : 확정급여형 퇴직연금제도, 확정기여형 퇴직연금제도, 중소기업퇴직연금기금 제도 및 퇴직금제도
② **퇴직연금제도** : 확정급여형 퇴직연금제도, 확정기여형 퇴직연금제도 및 개인형 퇴직연금제도
③ 확정급여형 퇴직연금제도 : 근로자가 받을 **급여의 수준이 사전에 결정**되어 있는 퇴직연금 제도
④ 확정기여형 퇴직연금제도 : 급여의 지급을 위하여 사용자가 부담하여야 할 **부담금의 수준이 사전에 결정**되어 있는 퇴직연금제도
⑤ 개인형 퇴직연금제도 : **가입자의 선택**에 따라 가입자가 납입한 일시금이나 사용자 또는 가입 자가 납입한 부담금을 적립 · 운용하기 위하여 설정한 퇴직연금제도로서 **급여의 수준이나 부담금의 수준이 확정되지 아니한 퇴직연금제도**
⑥ 중소기업퇴직연금기금제도 : 중소기업(상시 **30명 이하의 근로자**를 사용하는 사업에 한정) 근 로자의 안정적인 노후생활 보장을 지원하기 위하여 둘 이상의 중소기업 사용자 및 근로자 가 납입한 부담금 등으로 **공동의 기금을 조성 · 운영하여 근로자에게 급여**를 지급하는 제도

02 적용 범위

이 법은 근로자를 사용하는 모든 사업 또는 사업장에 적용한다. 다만, 동거하는 친족만을 사용 하는 사업 및 가구 내 고용활동에는 적용하지 아니한다.

01　퇴직급여제도의 설정

사용자는 퇴직하는 근로자에게 급여를 지급하기 위하여 퇴직급여제도 중 하나 이상의 제도를 설정하여야 한다. 다만, **계속근로기간이 1년 미만인 근로자, 4주간을 평균하여 1주간의 소정근로시간이 15시간 미만인 근로자에 대하여는 그러하지 아니하다.**

02　미설정의 효과

사용자가 퇴직급여제도나 개인형 퇴직연금제도를 설정하지 아니한 경우에는 **퇴직금제도를 설정한 것으로 본다.**

03　수급권의 보호

① 퇴직연금제도(중소기업퇴직연금기금제도를 포함)의 **급여를 받을 권리는 양도 또는 압류하거나 담보로 제공할 수 없다.**
② ①에도 불구하고 가입자는 **주택구입 등 대통령령으로 정하는 사유와 요건을 갖춘 경우에는** 대통령령으로 정하는 한도에서 퇴직연금제도의 급여를 받을 권리를 **담보로 제공**할 수 있다.

04　퇴직금제도의 설정

(1) 퇴직금의 요건 및 금액

퇴직금제도를 설정하려는 사용자는 **계속근로기간 1년에 대하여 30일분 이상의 평균임금을** 퇴직금으로 퇴직근로자에게 지급할 수 있는 제도를 설정하여야 한다.

(2) 퇴직금 중간정산의 요건 및 산정

사용자는 주택구입 등 **대통령령으로 정하는 사유로 근로자가 요구하는 경우에는** 근로자가 퇴직하기 전에 해당 근로자의 계속근로기간에 대한 **퇴직금을 미리 정산하여 지급할 수 있다.** 이 경우 미리 정산하여 **지급한 후의 퇴직금 산정을 위한 계속근로기간은 정산시점부터 새로 계산**한다.

(3) 퇴직금 중간정산 사유

① 무주택자인 근로자가 본인 명의로 **주택을 구입**하는 경우

② 무주택자인 근로자가 주거를 목적으로 「민법」에 따른 **전세금** 또는 「주택임대차보호법」에 따른 **보증금을 부담**하는 경우. 이 경우 근로자가 하나의 사업에 근로하는 동안 1회로 한정한다.

③ 근로자가 **6개월 이상 요양**을 필요로 하는 다음 각 목의 어느 하나에 해당하는 사람의 질병이나 부상에 대한 의료비를 해당 근로자가 본인 **연간 임금총액의 1천분의 125를 초과**하여 부담하는 경우

　㉠ 근로자 본인

　㉡ 근로자의 배우자

　㉢ 근로자 또는 그 배우자의 부양가족

④ 퇴직금 중간정산을 신청하는 날부터 거꾸로 계산하여 **5년 이내**에 근로자가 「채무자 회생 및 파산에 관한 법률」에 **따라** 파산선고를 받은 경우

⑤ 퇴직금 중간정산을 신청하는 날부터 거꾸로 계산하여 **5년 이내**에 근로자가 「채무자 회생 및 파산에 관한 법률」에 **따라** 개인회생절차개시 결정을 받은 경우

⑥ 사용자가 기존의 **정년을 연장하거나 보장하는 조건**으로 단체협약 및 취업규칙 등을 통하여 일정나이, 근속시점 또는 **임금액을 기준으로 임금을 줄이는 제도**를 시행하는 경우

⑦ 사용자가 근로자와의 합의에 따라 **소정근로시간을 1일 1시간 또는 1주 5시간 이상 단축**함으로써 단축된 소정근로시간에 따라 근로자가 **3개월 이상 계속 근로**하기로 한 경우

⑧ 「근로기준법」 일부 개정법률의 시행에 따른 근로시간의 단축으로 근로자의 퇴직금이 감소되는 경우

⑨ **재난으로 피해를 입은 경우**로서 고용노동부장관이 정하여 고시하는 사유에 해당하는 경우

제3절　확정급여형 퇴직연금제도

01　퇴직연금규약

확정급여형 퇴직연금제도를 설정하려는 사용자는 퇴직급여제도의 설정 또는 새로 성립된 사업의 퇴직급여제도에 따라 근로자대표의 동의를 얻거나 의견을 들어 확정급여형 퇴직연금규약을 작성하여 **고용노동부장관에게 신고**하여야 한다.

02　가입기간

① 가입기간은 퇴직연금제도의 설정 이후 해당 사업에서 근로를 제공하는 기간으로 한다.

② 해당 퇴직연금제도의 설정 전에 해당 사업에서 제공한 근로기간에 대하여도 가입기간으로 할 수 있다. 이 경우 퇴직금제도의 설정에 따라 퇴직금을 미리 정산한 기간은 제외한다.

가입자의 퇴직일을 기준으로 산정한 일시금이 **계속근로기간 1년에 대하여 30일분 이상의 평균임금**이 되도록 하여야 한다.

04 급여종류

확정급여형 퇴직연금제도의 급여종류는 **연금 또는 일시금**으로 하되, 수급요건은 다음 각 호와 같다.
① 연금은 55세 이상으로서 **가입기간이 10년 이상**인 가입자에게 지급할 것. 이 경우 **연금의 지급기간은 5년 이상**이어야 한다.
② 일시금은 **연금 수급요건을 갖추지 못하거나 일시금 수급을 원하는 가입자**에게 지급할 것

05 급여지급방법

급여의 지급은 가입자가 지정한 개인형 퇴직연금제도의 계정 등으로 이전하는 방법으로 한다. 다만, 가입자가 55세 이후에 퇴직하여 급여를 받는 경우 등 대통령령으로 정하는 사유가 있는 경우에는 **그러하지 아니하다.**

제4절 확정기여형 퇴직연금제도

01 부담금의 부담수준 및 납입

① 확정기여형 퇴직연금제도를 설정한 사용자는 가입자의 **연간 임금총액의 12분의 1 이상에 해당하는 부담금**을 현금으로 가입자의 확정기여형 퇴직연금제도 계정에 납입하여야 한다.
② 가입자는 ①에 따라 사용자가 부담하는 부담금 외에 스스로 부담하는 추가부담금을 가입자의 확정기여형 퇴직연금 계정에 납입할 수 있다.
③ 사용자는 **매년 1회 이상 정기적으로** ①에 따른 부담금을 가입자의 확정기여형 퇴직연금제도 계정에 납입하여야 한다. 이 경우 사용자가 정하여진 기일(확정기여형 퇴직연금규약에서 납입기일을 연장할 수 있도록 한 경우에는 그 연장된 기일)까지 부담금을 납입하지 아니한 경우 그 다음 날부터 부담금을 납입한 날까지 지연일수에 대하여 연 100분의 40 이내의 범위에서 「은행법」에 따른 은행이 적용하는 연체금리, 경제적 여건 등을 고려하여 대통령령으로 정하는 이율에 따른 **지연이자**를 납입하여야 한다.

① 확정기여형 퇴직연금제도의 가입자는 적립금의 운용방법을 스스로 선정할 수 있고, **반기마다 1회 이상 적립금의 운용방법을 변경**할 수 있다.
② 퇴직연금사업자는 **반기마다 1회 이상 위험과 수익구조가 서로 다른 세 가지 이상의 적립금 운용방법을 제시**하여야 한다.

제5절 개인형 퇴직연금제도

01 설정자격

다음 각 호의 어느 하나에 해당하는 사람은 개인형 퇴직연금제도를 설정할 수 있다.
① 퇴직급여제도의 **일시금을 수령한 사람**
② 확정급여형 퇴직연금제도, 확정기여형 퇴직연금제도 또는 중소기업퇴직연금기금제도의 **가입자로서 자기의 부담으로 개인형 퇴직연금제도를 추가로 설정**하려는 사람
③ **자영업자**
④ 퇴직급여제도가 설정되어 있지 아니한 다음 각 목의 어느 하나에 해당하는 근로자
　㉠ 계속근로기간이 **1년 미만인** 근로자
　㉡ 4주간을 평균하여 **1주간의 소정근로시간이 15시간 미만인** 근로자
⑤ **퇴직금제도를 적용**받고 있는 근로자
⑥ 「공무원연금법」의 적용을 받는 **공무원**
⑦ 「군인연금법」의 적용을 받는 **군인**
⑧ 「사립학교교직원 연금법」의 적용을 받는 **교직원**
⑨ 「별정우체국법」의 적용을 받는 **별정우체국직원**

02 10인 미만 사업의 특례

상시 **10명 미만**의 근로자를 사용하는 사업의 경우 사용자가 **개별 근로자의 동의를 받거나 근로자의 요구에 따라** 개인형 퇴직연금제도를 설정하는 경우에는 해당 근로자에 대하여 퇴직급여제도를 설정한 것으로 본다.

확정급여형 퇴직연금제도 또는 확정기여형 퇴직연금제도를 설정한 사용자는 **매년 1회 이상** 가입자에게 해당 사업의 퇴직연금제도 운영상황 등 대통령령으로 정하는 사항에 관한 교육을 하여야 한다. 이 경우 사용자는 퇴직연금사업자 또는 대통령령으로 정하는 요건을 갖춘 전문기관에 그 교육의 실시를 위탁할 수 있다.

❶ 총칙

★ **2020년 직업상담사 2급**

01 근로자퇴직급여 보장법령의 내용으로 옳지 않은 것은?

① 상시 4명 이하의 근로자를 사용하는 사업 또는 사업장에는 퇴직급여제도를 설정하지 않아도 된다.

② 퇴직연금제도란 확정급여형 퇴직연금제도, 확정기여형 퇴직연금제도 및 개인형 퇴직연금제도를 말한다.

③ 4주간을 평균하여 1주간의 소정근로시간이 15시간 미만인 근로자는 퇴직급여제도를 설정하지 않아도 된다.

④ 퇴직급여제도를 설정하는 경우에 하나의 사업에서 급여 및 부담금 산정방법의 적용 등에 관하여 차등을 두어서는 아니 된다.

> **해설** ① 퇴직급여제도는 근로자를 사용하는 모든 사업장에 적용된다.

★★ **2018년, 2021년 직업상담사 2급**

02 근로자퇴직급여 보장법에 관한 설명으로 틀린 것은?

① 이 법은 상시 5명 미만의 근로자를 사용하는 사업 또는 사업장에는 적용하지 아니한다.

② 퇴직금제도를 설정하려는 사용자는 계속근로기간 1년에 대하여 30일분 이상의 평균임금을 퇴직금으로 퇴직근로자에게 지급할 수 있는 제도를 설정하여야 한다.

③ 퇴직금을 받을 권리는 3년간 행사하지 아니하면 시효로 인하여 소멸한다.

④ 확정급여형 퇴직연금제도란 근로자가 받을 급여의 수준이 사전에 결정되어 있는 퇴직연금제도를 말한다.

> **해설** ① 퇴직급여제도는 근로자를 사용하는 모든 사업장에 적용된다.

★ **2021년 직업상담사 2급**

03 근로자퇴직급여 보장법령상 용어의 정의에 관한 설명으로 틀린 것은?

① 퇴직급여제도란 확정급여형 퇴직연금제도, 확정기여형 퇴직연금제도 및 개인형 퇴직연금제도를 말한다.

② 사용자란 사업주 또는 사업의 경영담당자 또는 그 밖에 근로자에 관한 사항에 대하여 사업주를 위하여 행위하는 자를 말한다.

③ 임금이란 사용자가 근로의 대가로 근로자에게 임금, 봉급, 그 밖에 어떠한 명칭으로든지 지급하는 일체의 금품을 말한다.

④ 확정급여형 퇴직연금제도란 근로자가 받을 급여의 수준이 사전에 결정되어 있는 퇴직연금제도를 말한다.

> **해설** 퇴직급여제도는 확정급여형 퇴직연금제도, 확정기여형 퇴직연금제도, 중소기업퇴직연금기금제도 및 퇴직금제도를 말한다(퇴직급여 '제도'란 회사가 이들 중에 하나를 설정해야 할 대상).
> **[암기 Tip]** 확확중퇴 '급여제도'

정답 01. ① 02. ① 03. ①

★ **2017년 직업상담사 2급**

04 근로자퇴직급여 보장법령상 퇴직급여제도에 관한 설명으로 옳은 것은?

① 사용자가 퇴직급여제도를 설정하지 아니한 경우 500만원 이하의 과태료가 부과된다.

② 근로자에게 주택구입 등 퇴직금 중간정산 사유가 있을 경우 사용자는 근로자의 요구가 없더라도 근로자의 퇴직 전 퇴직금 중간정산을 할 수 있다.

③ 퇴직연금제도의 급여를 받을 권리는 어떠한 경우에도 양도하거나 담보로 제공할 수 없다.

④ 사용자와 근로자와의 합의에 따라 소정근로시간을 1일 1시간 또는 1주 5시간 이상 변경하여 그 변경된 소정근로시간에 따라 근로자가 3개월 이상 계속 근로하기로 한 경우는 퇴직금 중간정산 사유에 해당한다.

> **해설** ① 사용자가 **퇴직급여제도를 설정하지 않은 경우 퇴직금 제도를 설정한 것으로 본다**(벌칙 없음).
> ② 퇴직금 중간정산은 퇴직금 중간정산 사유가 있는 **근로자가 요구한 경우에 가능**하다.
> ③ 퇴직연금제도의 급여를 받을 권리의 **원칙은 담보제공이 금지**되나, 퇴직금 중간정산 사유와 유사한 몇 가지 사유가 있는 경우에는 예외적으로 **담보제공이 가능**하다.

★ **2021년 직업상담사 1급**

05 근로자퇴직급여 보장법에 관한 설명으로 옳지 않은 것은?

① "퇴직연금제도"란 확정급여형 퇴직연금제도, 확정기여형 퇴직연금제도 및 개인형 퇴직연금제도를 말한다.

② 사용자는 퇴직급여제도를 설정하는 경우에 하나의 사업에서 급여 및 부담금 산정방법의 적용 등에 관하여 차등을 두어서는 아니 된다.

③ 사용자는 계속근로기간이 1년 미만인 근로자에 대하여는 퇴직급여제도를 설정하지 않아도 된다.

④ 사용자는 계속근로기간 1년에 대하여 30일분 이상의 통상임금을 퇴직금으로 퇴직근로자에게 지급할 수 있는 제도를 설정하여야 한다.

> **해설** 퇴직금은 퇴직연금사업자의 개입 없이 평소 사외적립의무를 부담하지 않으면서 퇴직 시 법정수준으로만 지급하면 되는 전통적인 퇴직급여방식이다. 퇴직금제도를 설정하려는 사용자는 **계속근로기간 1년에 대하여 30일분 이상의 평균임금**(통상임금이 아니라)을 퇴직금으로 퇴직근로자에게 지급할 수 있는 제도를 설정하여야 한다.
>
> **[평균임금 또는 통상임금을 산정기초로 하는 경우]**
> ㉠ 평균임금으로 산정하는 경우 : 연차유급휴가(평균임금 또는 통상임금 전부 가능), 휴업수당, 재해보상(휴업보상, 유족보상, 일시보상, 장해보상), **퇴직금**, 감급의 제재, 구직급여 등
> ㉡ 통상임금으로 산정하는 경우 : 연장·야간·휴일근로수당, 해고예고수당, 출산전후휴가급여 등

★ **2019년 직업상담사 1급**

06 근로자퇴직급여 보장법령상 퇴직금 중간정산 사유에 해당되지 않는 것은?

① 무주택자인 근로자가 본인 명의로 주택을 구입하는 경우

② 천재지변 등으로 피해를 입는 등 고용노동부장관이 정하여 고시하는 사유와 요건에 해당하는 경우

③ 퇴직금 중간정산을 신청하는 날부터 거꾸로 계산하여 5년 이내에 근로자가 「채무자 회생 및 파산에 관한 법률」에 따라 개인회생절차개시 결정을 받은 경우

④ 경영 악화를 방지하기 위한 사업의 합병을 위하여 근로자의 과반수의 동의를 얻은 경우

> **정답** 04. ④   05. ④   06. ④

해설 **[근로자퇴직급여 보장법 시행령 제3조(퇴직금의 중간정산 사유)]**

① "주택구입 등 대통령령으로 정하는 사유"란 다음 각 호의 경우를 말한다.
  1. 무주택자인 근로자가 본인 명의로 주택을 구입하는 경우
  2. 무주택자인 근로자가 주거를 목적으로 「민법」에 따른 전세금 또는 「주택임대차보호법」에 따른 보증금을 부담하는 경우. 이 경우 근로자가 하나의 사업에 근로하는 동안 1회로 한정한다.
  3. 근로자가 6개월 이상 요양을 필요로 하는 다음 각 목의 어느 하나에 해당하는 사람의 질병이나 부상에 대한 의료비를 해당 근로자가 본인 연간 임금총액의 1천분의 125를 초과하여 부담하는 경우
    가. 근로자 본인
    나. 근로자의 배우자
    다. 근로자 또는 그 배우자의 부양가족
  4. 퇴직금 중간정산을 신청하는 날부터 거꾸로 계산하여 5년 이내에 근로자가 「채무자 회생 및 파산에 관한 법률」에 따라 파산선고를 받은 경우
  5. 퇴직금 중간정산을 신청하는 날부터 거꾸로 계산하여 5년 이내에 근로자가 「채무자 회생 및 파산에 관한 법률」에 따라 개인회생절차개시 결정을 받은 경우
  6. 사용자가 기존의 정년을 연장하거나 보장하는 조건으로 단체협약 및 취업규칙 등을 통하여 일정나이, 근속시점 또는 임금액을 기준으로 임금을 줄이는 제도를 시행하는 경우
  6의2. 사용자가 근로자와의 합의에 따라 소정근로시간을 1일 1시간 또는 1주 5시간 이상 단축함으로써 단축된 소정근로시간에 따라 근로자가 3개월 이상 계속 근로하기로 한 경우
  6의3. 「근로기준법」 일부 개정법률의 시행에 따른 근로시간의 단축으로 근로자의 퇴직금이 감소되는 경우
  7. 재난으로 피해를 입은 경우로서 고용노동부장관이 정하여 고시하는 사유에 해당하는 경우

---

07 근로자퇴직급여 보장법령상 퇴직금의 중간정산 사유에 해당하지 않는 것은?

① 무주택자인 근로자가 본인 명의로 주택을 구입하는 경우

---

② 사용자가 기존의 정년을 보장하는 조건으로 단체협약을 통하여 일정나이를 기준으로 임금을 줄이는 제도를 시행하는 경우
③ 3개월 이상 요양을 필요로 하는 근로자의 배우자의 질병에 대한 의료비를 해당 근로자가 본인 연간 임금총액의 1천분의 115를 초과하여 부담하는 경우
④ 퇴직금 중간정산을 신청하는 날부터 거꾸로 계산하여 5년 이내에 근로자가 「채무자 회생 및 파산에 관한 법률」에 따라 파산선고를 받은 경우

해설 6개월 이상 요양을 필요로 하는 근로자나 근로자의 부양가족에 대해 근로자가 연간 임금총액의 1천분의 125(12.5%)를 초과하여 의료비를 부담하는 경우 퇴직금을 중간정산할 수 있다.

---

08 근로자퇴직급여 보장법령상 퇴직금의 중간정산 사유에 해당하지 않는 것은?

① 무주택자인 근로자가 본인 명의로 주택을 구입하는 경우
② 중간정산 신청일부터 거꾸로 계산하여 10년 이내에 근로자가 「민법」에 따라 파산선고를 받은 경우
③ 사용자가 기존의 정년을 보장하는 조건으로 단체협약 등을 통하여 근속시점을 기준으로 임금을 줄이는 제도를 시행하는 경우
④ 재난으로 피해를 입은 경우로서 고용노동부장관이 정하여 고시하는 사유에 해당하는 경우

해설 중간정산 신청일부터 거꾸로 계산하여 5년 이내에 파산선고를 받은 경우에 퇴직금 중간정산이 가능하다.

정답 07. ③   08. ②

09 다음 (   )에 알맞은 것은?

> 「근로자퇴직급여 보장법」상 퇴직금제도를 설정하려는 사용자는 계속근로기간 (㉠)에 대하여 (㉡)의 (㉢)을 퇴직금으로 퇴직근로자에게 지급할 수 있는 제도를 설정하여야 한다.

① ㉠ : 2년, ㉡ : 45일분 이상, ㉢ : 평균임금
② ㉠ : 1년, ㉡ : 15일분 이상, ㉢ : 통상임금
③ ㉠ : 1년, ㉡ : 30일분 이상, ㉢ : 평균임금
④ ㉠ : 2년, ㉡ : 60일분 이상, ㉢ : 통상임금

해설 퇴직금(사용자의 사외적립의무 없고 사용자가 직접 지급)은 계속근로연수 1년에 평균임금 30일분 이상이 되도록 하여야 한다.

---

❸ 확정급여형 퇴직연금제도

10 근로자퇴직급여 보장법상 확정급여형 퇴직연금제도에 대한 설명으로 틀린 것은?

① 가입기간은 원칙적으로 퇴직연금제도 설정 이후 해당 사업에서 근로를 제공하는 기간으로 한다.
② 급여의 일시금은 계속근로기간 1년에 대하여 30일분 이상의 평균임금이 되도록 해야 한다.
③ 급여의 지급은 가입자가 지정한 개인형 퇴직연금제도의 계정 등으로 이전하는 방법으로 한다.
④ 연금은 60세 이상으로서 가입기간이 10년 이상인 가입자에게 지급한다.

해설 연금은 55세 이상으로서 가입기간이 10년 이상인 가입자에게 지급할 것. 이 경우 연금의 지급기간은 5년 이상이어야 한다.

---

❹ 확정기여형 퇴직연금제도

11 근로자퇴직급여 보장법상 퇴직연금제도에 관한 설명으로 틀린 것은?

① 확정급여형 퇴직연금제도의 급여종류는 연금 또는 일시금으로 하며, 연금은 55세 이상으로서 가입기간이 10년 이상인 가입자에게 지급한다.
② 확정기여형 퇴직연금제도를 설정한 사용자는 가입자의 연간 임금총액의 24분의 1 이상에 해당하는 부담금을 현금으로 가입자의 확정기여형 퇴직연금제도 계정에 납입하여야 한다.
③ 확정기여형 퇴직연금제도의 가입자는 적립금의 운용방법을 스스로 선정할 수 있고, 반기마다 1회 이상 적립금의 운용방법을 변경할 수 있다.
④ 확정기여형 퇴직연금제도에 가입한 근로자는 주택구입 등 대통령령으로 정하는 사유가 발생하면 적립금을 중도인출할 수 있다.

해설 확정기여형 퇴직연금은 가입자의 연간 임금총액의 12분의 1 이상의 부담금을 납입해야 한다.

정답 09. ③ 10. ④ 11. ②

★ **2019년 직업상담사 2급**

12 근로자퇴직급여 보장법에 관한 설명으로 틀린 것은?

① 퇴직급여제도의 일시금을 수령한 사람은 개인형 퇴직연금제도를 설정할 수 있다.

② 사용자는 계속근로기간이 1년 미만인 근로자, 4주간을 평균하여 1주간의 소정근로시간이 15시간 미만인 근로자에 대하여는 퇴직급여제도를 설정하지 않아도 된다.

③ 확정급여형 퇴직연금제도 또는 확정기여형 퇴직연금제도의 가입자는 개인형 퇴직연금제도를 추가로 설정할 수 없다.

④ 상시 10명 미만의 근로자를 사용하는 사업의 경우 사용자가 개별 근로자의 동의를 받거나 근로자의 요구에 따라 개인형 퇴직연금제도를 설정하는 경우에는 해당 근로자에 퇴직급여제도를 설정한 것으로 본다.

해설 **[개인형 퇴직연금제도를 설정할 수 있는 사람(거의 전 국민 누구나)(근로자퇴직급여 보장법 제24조)]**
② 다음 각 호의 어느 하나에 해당하는 사람은 개인형 퇴직연금제도를 설정할 수 있다.
1. 퇴직급여제도의 일시금을 수령한 사람
2. 확정급여형 퇴직연금제도, 확정기여형 퇴직연금제도 또는 중소기업퇴직연금기금제도의 가입자로서 자기의 부담으로 개인형 퇴직연금제도를 추가로 설정하려는 사람
3. 자영업자
4. 퇴직급여제도가 설정되어 있지 아니한 다음 각 목의 어느 하나에 해당하는 근로자
   가. 계속근로기간이 1년 미만인 근로자
   나. 4주간을 평균하여 1주간의 소정근로시간이 15시간 미만인 근로자
5. 퇴직금제도를 적용받고 있는 근로자
6. 「공무원연금법」의 적용을 받는 공무원
7. 「군인연금법」의 적용을 받는 군인
8. 「사립학교교직원 연금법」의 적용을 받는 교직원
9. 「별정우체국법」의 적용을 받는 별정우체국직원

★★ **2019년 직업상담사 2급**

13 근로자퇴직급여 보장법상 개인형 퇴직연금제도를 설정할 수 있는 사람을 모두 고른 것은?

> ㉠ 자영업자
> ㉡ 「공무원연금법」의 적용을 받는 공무원
> ㉢ 「군인연금법」의 적용을 받는 군인
> ㉣ 「사립학교교직원 연금법」의 적용을 받는 교직원
> ㉤ 「별정우체국법」의 적용을 받는 별정우체국직원

① ㉠

② ㉠, ㉤

③ ㉡, ㉢, ㉣

④ ㉠, ㉡, ㉢, ㉣, ㉤

해설 퇴직연금은 국민연금으로 부족한 노후 대비를 보완하기 위한 사회보장제도이므로, 연금계좌에 조세혜택을 부여하여 가능한 많은 국민들이 가입하도록 유도하고 있다. 다른 연금과의 중복 가입도 가능하게 하고 있다. **개인형 퇴직연금제도는 거의 전 국민이 가입 가능한 수준**이다.

★ **2020년 직업상담사 2급**

14 근로자퇴직급여 보장법령상 ( ) 안에 들어갈 숫자로 옳은 것은?

> 이 법에 따른 퇴직금을 받을 권리는 ( )년간 행사하지 아니하면 시효로 인하여 소멸한다.

① 1   ② 3

③ 5   ④ 10

해설 퇴직급여 소멸시효는 **3년**이다.
[암기 Tip] '직업상담사 1급' 시험범위의 모든 소멸시효는 3년이다.

정답 12. ③ 13. ④ 14. ②

제4장

파견근로자 보호 등에 관한 법률

제1절 총칙

01 용어의 정의

① 근로자파견 : **파견사업주가 근로자를 고용**한 후 그 고용관계를 유지하면서 근로자파견계약의 내용에 따라 사용**사업주의 지휘·명령**을 받아 사용사업주를 위한 근로에 종사하게 하는 것

② 근로자파견사업 : 근로자파견을 업(業)으로 하는 것

③ 파견사업주 : 근로자파견사업을 하는 자

④ 사용사업주 : 근로자파견계약에 따라 파견근로자를 사용하는 자

⑤ 파견근로자 : **파견사업주가 고용**한 근로자로서 근로자파견의 대상이 되는 사람

⑥ 근로자파견계약 : **파견사업주와 사용사업주 간**에 근로자파견을 약정하는 계약

⑦ 차별적 처우 : 다음 각 목의 사항에서 합리적인 이유 없이 불리하게 처우하는 것
   ㉠ 「근로기준법」의 임금
   ㉡ 정기상여금, 명절상여금 등 정기적으로 지급되는 상여금
   ㉢ 경영성과에 따른 성과금
   ㉣ 그 밖에 근로조건 및 복리후생 등에 관한 사항

제2절 근로자파견사업의 적정 운영

01 파견 허용 사유

① 파견직종에 해당 : 근로자파견사업은 **제조업의 직접생산공정업무를 제외**하고 **전문지식·기술·경험** 또는 업무의 성질 등을 고려하여 적합하다고 판단되는 업무로서 **대통령령으로 정하는 업무**를 대상으로 한다.

② 결원 보충 또는 임시인력 : 위 파견직종에 해당하지 않는다 하더라도 **출산 · 질병 · 부상 등으로 결원이 생긴 경우** 또는 **일시적 · 간헐적으로 인력을 확보**하여야 할 필요가 있는 경우에는 근로자파견사업을 할 수 있다.

02 절대적 파견금지업무

다음 각 호의 어느 하나에 해당하는 업무에 대하여는 근로자파견사업을 하여서는 아니 된다.
① **건설공사현장**에서 이루어지는 업무
② 「항만운송사업법」의 항만하역사업, 「한국철도공사법」의 철도여객사업, 화물운송사업, 철도와 다른 교통수단의 연계운송사업, 「농수산물 유통 및 가격안정에 관한 법률」의 하역업무, 「물류정책기본법」의 **하역(荷役)**업무로서 「직업안정법」에 따라 근로자공급사업 허가를 받은 지역의 업무
③ 「선원법」의 **선원**의 업무
④ 「산업안전보건법」에 따른 **유해하거나 위험**한 업무
⑤ 「진폐의 예방과 진폐근로자의 보호 등에 관한 법률」에 따른 분진작업을 하는 업무
⑥ 「산업안전보건법」에 따른 건강관리카드의 발급대상 업무
⑦ 「의료법」에 따른 **의료인**의 업무 및 **간호조무사**의 업무
⑧ 「의료기사 등에 관한 법률」에 따른 **의료기사**의 업무
⑨ 「여객자동차 운수사업법」에 따른 **여객자동차 운송사업에서의 운전업무**
⑩ 「화물자동차 운수사업법」에 따른 **화물자동차 운송사업에서의 운전업무**

03 파견기간

(1) 파견직종에 해당하는 경우

① 근로자파견의 기간은 일시적 · 간헐적 파견에 해당하는 경우를 제외하고는 **1년을 초과하여서는 아니 된다.**
② ①에도 불구하고 **파견사업주, 사용사업주, 파견근로자 간의 합의**가 있는 경우에는 파견기간을 연장할 수 있다. 이 경우 1회를 연장할 때에는 그 **연장기간은 1년을 초과하여서는 아니 되며,** 연장된 기간을 포함한 **총파견기간은 2년을 초과하여서는 아니 된다.**
③ ② 후단에도 불구하고 「고용상 연령차별금지 및 고령자고용촉진에 관한 법률」의 **고령자**인 파견근로자에 대하여는 **2년을 초과하여 근로자파견기간을 연장**할 수 있다.

(2) 결원 보충

출산 · 질병 · 부상 등 그 사유가 객관적으로 명백한 경우에는 **해당 사유가 없어지는 데 필요한 기간을 파견기간으로 한다.**

일시적·간헐적으로 인력을 확보할 필요가 있는 경우에는 **3개월 이내의 기간**. 다만, 해당 사유가 없어지지 아니하고 **파견사업주, 사용사업주, 파견근로자 간의 합의가** 있는 경우에는 **3개월**의 범위에서 한 차례만 그 기간을 연장할 수 있다.

04 직접 고용의무

① **사용사업주가 다음 각 호의 어느 하나에 해당하는 경우에는 해당 파견근로자를 직접 고용하여야 한다.**
   ㉠ 근로자 **파견대상 업무에 해당하지 아니하는 업무**에서 파견근로자를 사용하는 경우(일시적·간헐적 파견에 따라 근로자파견사업을 한 경우는 제외)
   ㉡ 법령을 위반하여 파견근로자를 사용하는 경우(절대적 금지업무에 고용)
   ㉢ 근로자파견기간을 위반하여 **2년을 초과**하여 계속적으로 파견근로자를 사용하는 경우(파견직종의 파견기간 제한 도과)
   ㉣ 근로자파견기간을 위반하여 파견근로자를 사용하는 경우(결원 보충, 임시인력 파견기간 제한 도과)
   ㉤ 근로자파견사업 규정을 위반하여 근로자파견의 역무를 제공받은 경우(무허가업체로의 파견)
② ①은 해당 **파견근로자가 명시적으로 반대의사를 표시**하거나 대통령령으로 정하는 정당한 이유가 있는 경우에는 적용하지 아니한다.
③ 사용사업주가 파견근로자를 직접 고용하는 경우의 파견근로자의 근로조건은 다음 각 호의 구분에 따른다.
   ㉠ 사용사업주의 근로자 중 해당 파견근로자와 같은 종류의 업무 또는 **유사한 업무를 수행하는 근로자가 있는 경우 : 해당 근로자에게 적용**되는 취업규칙 등에서 정하는 근로조건에 따를 것
   ㉡ 사용사업주의 근로자 중 해당 파견근로자와 같은 종류의 업무 또는 **유사한 업무를 수행하는 근로자가 없는 경우 : 해당 파견근로자의 기존 근로조건의 수준보다 낮아져서는 아니 될 것**
④ 사용사업주는 파견근로자를 사용하고 있는 업무에 근로자를 직접 고용하려는 경우에는 해당 **파견근로자를 우선적으로 고용하도록 노력**하여야 한다.

(1) 고용노동부장관의 허가

근로자파견사업을 하려는 자는 고용노동부령으로 정하는 바에 따라 **고용노동부장관의 허가**를 받아야 한다. 허가받은 사항 중 고용노동부령으로 정하는 중요사항을 변경하는 경우에도 또한 같다.

(2) 허가의 결격사유

다음 각 호의 어느 하나에 해당하는 자는 근로자파견사업의 허가를 받을 수 없다.
① 미성년자, 피성년후견인, 피한정후견인 또는 파산선고를 받고 복권(復權)되지 아니한 사람
② 금고 이상의 형(집행유예는 제외)을 선고받고 그 집행이 끝나거나 집행을 받지 아니하기로 확정된 후 **2년이 지나지 아니한 사람**
③ **이 법**, 「**직업안정법**」, 「근로기준법」 제7조(강제 근로의 금지), 제9조(중간착취의 배제), 제20조(위약 예정의 금지), 제21조(전차금 상계의 금지), 제22조(강제 저금의 금지), 제36조(금품 청산), 제43조(임금 지급), 제44조(도급 사업에 대한 임금 지급), 제44조의2(건설업에서의 임금 지급 연대책임), 제45조(비상시 지급), 제46조(휴업수당), 제56조(연장·야간 및 휴일 근로), 제64조(최저 연령과 취직인허증), 「**최저임금법**」 제6조(최저임금의 효력), 「**선원법**」 제110조(선원공급사업의 금지)를 위반하여 벌금 이상의 형(집행유예는 제외)을 선고받고 그 집행이 끝나거나 집행을 받지 아니하기로 확정된 후 **3년이 지나지 아니한 자**
④ 금고 이상의 형의 집행유예를 선고받고 그 유예기간 중에 있는 사람
⑤ 해당 사업의 허가가 **취소(거짓이나 그 밖의 부정한 방법으로 받을 경우에 해당하여 허가가 취소된 경우는 제외)된 후 3년이 지나지 아니한 자**
⑥ 임원 중 ①부터 ⑤까지의 어느 하나에 해당하는 사람이 있는 법인

(3) 허가의 기준

고용노동부장관은 근로자파견사업의 허가신청을 받은 경우에는 다음 각 호의 요건을 모두 갖춘 경우에 한정하여 근로자파견사업을 허가할 수 있다.
① 신청인이 해당 근로자파견사업을 적정하게 수행할 수 있는 자산 및 시설 등을 갖추고 있을 것
② 해당 사업이 **특정한 소수의 사용사업주를 대상으로 하여 근로자파견을 하는 것이 아닐 것**

(4) 허가의 유효기간

① 근로자파견사업 허가의 유효기간은 **3년**으로 한다.

제5과목

고용노동관계법규 Ⅱ

② 허가의 유효기간이 끝난 후 계속하여 근로자파견사업을 하려는 자는 고용노동부령으로 정하는 바에 따라 갱신허가를 받아야 한다.

③ 갱신허가의 유효기간은 그 갱신 전의 허가의 유효기간이 끝나는 날의 다음 날부터 기산(起算)하여 **3년**으로 한다.

06 겸업금지

다음 각 호의 어느 하나에 해당하는 사업을 하는 자는 근로자파견사업을 할 수 없다.

① 「식품위생법」의 **식품접객업**

② 「공중위생관리법」의 **숙박업**

③ 「결혼중개업의 관리에 관한 법률」의 **결혼중개업**

07 근로자파견의 제한

① 파견사업주는 쟁의행위 중인 사업장에 그 **쟁의행위로 중단된 업무의 수행**을 위하여 근로자를 파견하여서는 아니 된다.

② 누구든지 「근로기준법」에 따른 **경영상 이유에 의한 해고**를 한 후 대통령령으로 정하는 **기간(2년)이 지나기 전**에는 해당 업무에 파견근로자를 사용하여서는 아니 된다.

제3절 파견근로자의 근로조건 등

01 파견계약의 내용

① 근로자파견계약의 당사자는 고용노동부령으로 정하는 바에 따라 다음 각 호의 사항을 포함하는 근로자파견계약을 서면으로 체결하여야 한다.

　ㄱ **파견근로자의 수**

　ㄴ **파견근로자가 종사할 업무의 내용**

　ㄷ 파견사유(일시적·간헐적으로 인력을 확보하는 경우에 따라 근로자파견을 하는 경우만 해당)

　ㄹ 파견근로자가 파견되어 근로할 사업장의 명칭 및 소재지, 그 밖에 파견근로자의 근로장소

　ㅁ 파견근로 중인 파견근로자를 직접 지휘·명령할 사람에 관한 사항

　ㅂ **근로자파견기간 및 파견근로 시작일에 관한 사항**

　ㅅ 업무 시작 및 업무 종료의 시각과 휴게시간에 관한 사항

ⓞ 휴일 · 휴가에 관한 사항

ⓩ **연장 · 야간 · 휴일근로에 관한 사항**

ⓒ 안전 및 보건에 관한 사항

ⓚ **근로자파견의 대가**

ⓣ 파견사업관리책임자 및 **사용사업관리책임자의 성명 · 소속 및 직위**

② 사용사업주는 근로자파견계약을 체결할 때에는 파견사업주에게 차별적 대우금지조항을 준수하도록 하기 위하여 필요한 정보를 제공하여야 한다. 이 경우 제공하여야 하는 정보의 범위와 제공방법 등에 관한 사항은 대통령령으로 정한다.

02 차별적 처우의 금지 및 시정

① **파견사업주와 사용사업주는** 파견근로자라는 이유로 **사용사업주의 사업 내의 같은 종류의 업무 또는 유사한 업무를 수행하는 근로자에 비하여** 파견근로자에게 차별적 처우를 하여서는 아니 된다.

② 파견근로자는 차별적 처우를 받은 경우 「노동위원회법」에 따른 **노동위원회에 그 시정을 신청**할 수 있다.

③ 시정신청, 그 밖의 시정절차 등에 관하여는 「**기간제 및 단시간근로자 보호 등에 관한 법률**」의 규정을 준용한다.

03 계약의 해지 등

① 사용사업주는 파견근로자의 성별, 종교, 사회적 신분, **파견근로자의 정당한 노동조합의 활동 등을 이유로 근로자파견계약을 해지하여서는 아니 된다.**

② **파견사업주는** 사용사업주가 파견근로에 관하여 이 법 또는 **이 법**에 따른 명령, 「근로기준법」 또는 같은 법에 따른 명령, 「**산업안전보건법**」 또는 같은 법에 따른 명령을 **위반하는 경우에는 근로자파견을 정지하거나 근로자파견계약을 해지**할 수 있다.

04 파견사업주의 조치

(1) 파견근로자에 대한 고지의무

① 파견사업주는 근로자를 파견근로자로서 고용하려는 경우에는 미리 해당 근로자에게 그 취지를 **서면**으로 알려주어야 한다.

② 파견사업주는 그가 고용한 근로자 중 파견근로자로 고용하지 아니한 사람을 근로자파견의 대상으로 하려는 경우에는 **미리 해당 근로자에게 그 취지를 서면으로 알리고 그의 동의를 받아야 한다.**

(2) 파견근로자에 대한 고용제한의 금지

① 파견사업주는 파견근로자 또는 파견근로자로 고용되려는 사람과 그 고용관계가 끝난 후 그가 **사용사업주에게 고용되는 것을 정당한 이유 없이 금지**하는 내용의 근로계약을 체결하여서는 아니 된다.

② 파견사업주는 파견근로자의 고용관계가 끝난 후 사용사업주가 그 파견근로자를 고용하는 것을 정당한 이유 없이 금지하는 내용의 근로자파견계약을 체결하여서는 아니 된다.

(3) 취업조건의 고지

① 파견근로자는 파견사업주에게 해당 **근로자파견의 대가에 관하여 그 내역을 제시할 것을 요구할 수 있다.**

② 파견사업주는 ①에 따라 그 내역의 제시를 요구받았을 때에는 지체 없이 그 내역을 서면으로 제시하여야 한다.

(4) 사용사업주에 대한 통보

파견사업주는 근로자파견을 할 경우에는 **파견근로자의 성명 등 고용노동부령으로 정하는 사항을 사용사업주에게 통지하여야 한다.**

(5) 파견사업관리책임자

파견사업주는 파견근로자의 적절한 고용관리를 위하여 결격사유에 해당하지 아니하는 사람 중에서 **파견사업관리책임자를 선임**하여야 한다.

(6) 파견사업관리대장

파견사업주는 **파견사업관리대장**을 작성 · 보존하여야 한다.

05 사용사업주의 조치

(1) 사용사업관리책임자

사용사업주는 파견근로자의 적절한 파견근로를 위하여 **사용사업관리책임자를 선임**하여야 한다.

(2) 사용사업관리대장

사용사업주는 **사용사업관리대장**을 작성 · 보존하여야 한다.

❶ 총칙

★ 2012년 직업상담사 1급

01 파견근로자 보호 등에 관한 법률에 대한 설명으로 틀린 것은?

① 근로자파견이라 함은 파견사업주가 근로자를 고용한 후 그 고용관계를 유지하면서 근로자파견계약의 내용에 따라 사용사업주의 지휘·명령을 받아 사용사업주를 위한 근로에 종사하게 하는 것을 말한다.
② 건설공사현장에서 이루어지는 업무에 대해서는 근로자파견사업을 행하여서는 아니 된다.
③ 근로자파견사업의 허가의 유효기간은 3년으로 한다.
④ 파견사업주라 함은 근로자파견계약에 의하여 파견근로자를 사용하는 자를 말한다.

> **해설** 파견근로자를 사용하는 자는 사용사업주이다. 파견에서 사업주는 파견근로자를 고용하여 파견사업을 하는 파견사업주와 파견근로자를 사용하는 사용사업주로 나뉜다.
>
> **[용어정의(파견근로자 보호 등에 관한 법률 제2조)]**
> ㉠ 근로자파견 : 파견사업주가 근로자를 고용한 후 그 고용관계를 유지하면서 근로자파견계약의 내용에 따라 사용사업주의 지휘·명령을 받아 사용사업주를 위한 근로에 종사하게 하는 것
> ㉡ 파견사업주 : 근로자파견사업을 하는 자
> ㉢ 사용사업주 : 근로자파견계약에 따라 파견근로자를 사용하는 자

★★★ 2009년, 2015년, 2016년, 2018년 직업상담사 1급

02 파견근로자 보호 등에 관한 법률상 사용하는 용어의 정의로 틀린 것은?

① "근로자파견계약"이라 함은 근로자와 파견사업주 간에 근로자파견을 약정하는 계약을 말한다.
② "파견사업주"라 함은 근로자파견사업을 행하는 자를 말한다.
③ "사용사업주"라 함은 근로자파견계약에 의하여 파견근로자를 사용하는 자를 말한다.
④ "파견근로자"라 함은 파견사업주가 고용한 근로자로서 근로자파견의 대상이 되는 자를 말한다.

> **해설** 근로자파견계약은 파견사업주와 사용사업주, 즉 사업주 간의 계약이다. 반면 파견사업주와 파견근로자 사이의 계약은 근로계약이다.

정답 01. ④ 02. ①

★ **2014년 직업상담사 1급**

03 파견근로를 규율하는 파견근로자 보호 등에 관한 법률상의 제도 및 그 해석에 관한 내용으로 틀린 것은?

① 파견근로자의 차별적 처우가 존재하는 경우 그 시정을 위한 신청 또는 절차 등에 관한 내용은 「기간제 및 단시간근로자 보호 등에 관한 법률」의 규정을 준용한다.

② 근로자파견사업은 제조업의 직접 생산공정업무를 제외하고 전문지식·기술·경험 또는 업무의 성질 등을 고려하여 적합하다고 판단되는 업무로서 대통령령이 정하는 업무를 대상으로 한다.

③ 근로자파견의 기간은 1년을 초과하지 못하지만, 파견사업주와 사용사업주 사이에 합의가 있는 경우는 1회에 한하여 연장이 가능하므로 총파견기간은 2년이 될 수 있다.

④ 출산·질병·부상 등으로 결원이 생긴 경우 또는 일시적·간헐적으로 인력을 확보해야 할 필요가 있는 경우에는 근로자파견사업을 행할 수 있다.

해설 파견기간 연장은 파견사업주, 사용사업주, 파견근로자 3자 합의가 있어야 가능하다.

[파견근로자 보호 등에 관한 법률 제6조(파견기간)]
① 근로자파견의 기간은 일시적·간헐적 파견에 해당하는 경우를 제외하고는 1년을 초과하여서는 아니 된다.
② ①에도 불구하고 파견사업주, 사용사업주, 파견근로자 간의 합의가 있는 경우에는 파견기간을 연장할 수 있다. 이 경우 1회를 연장할 때에는 그 연장기간은 1년을 초과하여서는 아니 되며, 연장된 기간을 포함한 총파견기간은 2년을 초과하여서는 아니 된다.
③ ② 후단에도 불구하고 「고용상 연령차별금지 및 고령자 고용촉진에 관한 법률」의 고령자인 파견근로자에 대하여는 2년을 초과하여 근로자파견기간을 연장할 수 있다.
④ 일시적·간헐적 파견에 따른 근로자파견의 기간은 다음 각 호의 구분에 따른다.

1. 출산·질병·부상 등 그 사유가 객관적으로 명백한 경우 : 해당 사유가 없어지는 데 필요한 기간
2. 일시적·간헐적으로 인력을 확보할 필요가 있는 경우 : 3개월 이내의 기간. 다만, 해당 사유가 없어지지 아니하고 파견사업주, 사용사업주, 파견근로자 간의 합의가 있는 경우에는 3개월의 범위에서 한 차례만 그 기간을 연장할 수 있다.

★★★ **2014년, 2015년, 2017년 직업상담사 1급**

04 파견근로자 보호 등에 관한 법률에 의거 근로자파견사업이 금지되는 사업이 아닌 것은?

① 건설공사현장에서 이루어지는 업무
② 화물자동차 운송사업의 운전업무
③ 선원의 업무
④ 주유원의 업무

해설 대체로 위험한 업무가 절대적 파견금지업무에 해당한다. 절대적 파견금지란 파견허용직종에 해당하지 않음은 물론 결원 보충, 임시인력으로도 파견이 불가하다는 의미이다. 주유원은 파견허용직종에 해당한다.

[파견근로자 보호 등에 관한 법률 제5조(절대적 파견금지업무)]
② 다음 각 호의 어느 하나에 해당하는 업무에 대하여는 근로자파견사업을 하여서는 아니 된다.
1. 건설공사현장에서 이루어지는 업무
2. 「항만운송사업법」의 항만하역사업, 「한국철도공사법」의 철도여객사업, 화물운송사업, 철도와 다른 교통수단의 연계운송사업, 「농수산물 유통 및 가격안정에 관한 법률」의 하역업무, 「물류정책기본법」의 하역(荷役)업무로서 「직업안정법」에 따라 근로자공급사업 허가를 받은 지역의 업무
3. 「선원법」의 선원의 업무
4. 「산업안전보건법」에 따른 유해하거나 위험한 업무
5. 「진폐의 예방과 진폐근로자의 보호 등에 관한 법률」에 따른 분진작업을 하는 업무
6. 「산업안전보건법」에 따른 건강관리카드의 발급대상 업무
7. 「의료법」에 따른 의료인의 업무 및 간호조무사의 업무
8. 「의료기사 등에 관한 법률」에 따른 의료기사의 업무
9. 「여객자동차 운수사업법」에 따른 여객자동차 운송사업에서의 운전업무
10. 「화물자동차 운수사업법」에 따른 화물자동차 운송사업에서의 운전업무

정답 03. ③ 04. ④

★ **2021년 직업상담사 1급**

05 파견근로자 보호 등에 관한 법률상 근로자파견사업이 금지되는 업무가 아닌 것은?

① 공연예술가의 업무
② 의료기사의 업무
③ 간호조무사의 업무
④ 선원의 업무

> **해설** 의료기사, 간호조무사, 선원의 업무는 절대적 파견금지업무이고, 공연예술가의 업무는 파견직종에 해당한다.

★ **2010년 직업상담사 1급**

06 파견근로자 보호 등에 관한 법률상 근로자파견사업이 금지되는 업무가 아닌 것은?

① 건설공사현장에서 이루어지는 업무
② 전화통신판매종사자의 업무
③ 여객자동차 운수사업의 운전업무
④ 간호조무사의 업무

> **해설** 건설공사업무, 여객자동차 운수사업의 운전, 간호조무사는 절대적 파견금지업무이고, 전화통신판매종사자의 업무는 파견직종에 해당한다.

★★★ **2018년, 2019년, 2023년 직업상담사 1급**

07 파견근로자 보호 등에 관한 법률에 규정된 내용으로 틀린 것은?

① 사용사업주는 파견근로자의 정당한 노동조합의 활동을 이유로 근로자파견계약을 해지하여서는 아니 된다.
② 사용사업주는 파견근로자를 사용하고 있는 업무에 근로자를 직접 고용하고자 하는 경우에는 당해 파견근로자를 우선적으로 고용하도록 노력하여야 한다.
③ 파견사업주는 쟁의행위 중인 사업장에 그 쟁의행위로 중단된 업무의 수행을 위하여 근로자를 파견하여서는 아니 된다.

④ 건설공사현장에서 이루어지는 업무에 대하여는 일시적 · 간헐적으로 인력을 확보하여야 할 필요가 있는 경우 근로자파견사업을 행할 수 있다.

> **해설** 건설공사현장에서 이루어지는 업무는 절대적 파견금지업무로서 어떤 경우에도 파견이 금지되는 업무이다. 선원, 의료, 건설, 하역, 운수분야의 위험한 업무가 이에 해당한다.
> ※ 파견은 간접고용의 합법화로 사용자의 「노동법」상 책임이 분리되고 모호해지고 약해진다고 본다. 따라서 제도를 허용하면서도 제한적으로 허용하고 남용을 막기 위한 여러 장치들을 두고 있다. 우선 파견은 법에 정해진 경우에 한하여 가능하다. 즉, ㉠ 파견직종에 해당하거나, ㉡ (파견직종이 아니더라도) 결원보충을 위한 것이나, ㉢ (파견직종이 아니더라도) 임시인력인 경우에 한해 가능하다. 그 외 파견 남용을 막기 위한 장치로는 정리해고사업장의 파견제한, 쟁의행위 중인 사업장의 파견제한 등이 있다.

★ **2014년 직업상담사 1급**

08 파견근로자 보호 등에 관한 법률에 관한 설명으로 가장 적합한 것은?

① 근로자파견의 기간은 1년을 초과하지 못하지만, 파견사업주 · 사용사업주 · 파견근로자 간의 합의가 있는 경우에는 계속 기간을 연장할 수 있다.
② 사용사업주가 3년을 초과하여 계속적으로 파견근로자를 사용하는 경우에는 사용사업주는 당해 파견근로자를 직접 고용하여야 한다.
③ 사용사업주가 「근로기준법」상 유급휴일을 주는 경우 그 휴일에 대하여 유급으로 지급되는 임금은 파견사업주가 지급하여야 한다.
④ 파견사업주가 사용사업주의 정당한 사유 없는 근로자파견계약의 해지로 인해 근로자의 임금을 지급하지 못한 때에는 파견사업주는 책임을 면한다.

> **정답** 05. ① 06. ② 07. ④ 08. ③

해설 ① 합의가 있는 경우 계속 연장이 아니라 추가로 1년까지 연장 가능하다. 즉, 1년＋1년＝2년까지 가능하다.
② 사용사업주가 사용기간을 위반하여 계속근로 2년을 초과해 파견근로자를 사용한 경우 그 파견근로자를 직접 고용하여야 한다.
③ 파견근로자의 고용, 임금에 대한 책임은 파견사업주가 부담하고, 사용사업주는 근로시간의 운용·휴게·휴일·휴가의 '부여'에 대한 책임을 부담한다.
④ 파견사업주가 사용사업주의 귀책사유로 근로자의 임금을 지급하지 못한 경우에는 사용사업주는 그 파견사업주와 연대하여 책임을 진다.

★ **2017년 직업상담사 1급**

09 파견근로자 보호 등에 관한 법령상 근로자파견이 금지되는 업무는?

① 개인보호 및 관련 종사자의 업무
② 전화통신판매종사자의 업무
③ 여객자동차 운송사업의 운전업무
④ 정규교육 이외 교육 준전문가의 업무

해설 의료기사, 간호조무사, 선원, 여객자동차 운송사업에서의 운전업무는 절대적 파견금지업무이고, ①, ②, ④는 파견직종에 해당하는 업무들이다.

★ **2004년 직업상담사 1급**

10 파견근로자 보호 등에 관한 법률에 의한 파견기간에 관한 설명 중 틀린 것은?

① 상시적으로 파견이 허용되는 업무의 근로자파견기간은 1년을 초과하지 못한다. 다만, 1회에 한하여 1년의 범위 안에서 그 기간을 연장할 수 있다.
② 일시적으로 인력을 확보할 필요가 있는 경우 근로자파견의 기간은 3월을 초과하지 못한다. 다만. 1회에 한하여 3월의 범위 안에서 그 기간을 연장할 수 있다.
③ 사용사업주가 2년을 초과하여 계속적으로 파견근로자를 사용하는 경우에는 2년의 기간이 만료된 다음 날부터 파견근로자를 기간의 정함이 없는 근로자로 고용하여야 한다.

④ 출산·질병·부상 등 그 사유가 객관적으로 명백한 경우 근로자파견기간은 그 사유의 해소에 필요한 기간이다.

해설 직접 고용 시 근로조건은 동종 유사 업무의 근로자가 있는 경우에는 그에 준하여, 없는 경우에는 기존 수준보다 낮지 않은 수준으로 정할 것을 규정하고 있다. 반드시 기간의 정함이 없는 근로자(무기계약직)로 직접 고용할 의무는 없다.

[파견근로자 보호 등에 관한 법률 제6조의2(고용의무)]

① 사용사업주가 다음 각 호의 어느 하나에 해당하는 경우에는 해당 파견근로자를 직접 고용하여야 한다.
1. 근로자 파견대상 업무에 해당하지 아니하는 업무에서 파견근로자를 사용하는 경우(일시적·간헐적 파견에 따라 근로자파견사업을 한 경우는 제외)
2. 법령을 위반하여 파견근로자를 사용하는 경우(절대적 금지업무에 고용)
3. 근로자파견기간을 위반하여 2년을 초과하여 계속적으로 파견근로자를 사용하는 경우(파견직종의 파견기간 제한 도과)
4. 근로자파견기간을 위반하여 파견근로자를 사용하는 경우(결원 보충, 임시인력파견기간 제한 도과)
5. 근로자파견사업 규정을 위반하여 근로자파견의 역무를 제공받은 경우(무허가업체로의 파견)
② 해당 파견근로자가 명시적으로 반대의사를 표시하거나 대통령령으로 정하는 정당한 이유가 있는 경우에는 적용하지 아니한다.
③ 사용사업주가 파견근로자를 직접 고용하는 경우의 파견근로자의 근로조건은 다음 각 호의 구분에 따른다.
1. 사용사업주의 근로자 중 해당 파견근로자와 같은 종류의 업무 또는 유사한 업무를 수행하는 근로자가 있는 경우 : 해당 근로자에게 적용되는 취업규칙 등에서 정하는 근로조건에 따를 것
2. 사용사업주의 근로자 중 해당 파견근로자와 같은 종류의 업무 또는 유사한 업무를 수행하는 근로자가 없는 경우 : 해당 파견근로자의 기존 근로조건의 수준보다 낮아져서는 아니 될 것
④ 사용사업주는 파견근로자를 사용하고 있는 업무에 근로자를 직접 고용하려는 경우에는 해당 파견근로자를 우선적으로 고용하도록 노력하여야 한다.

정답 09. ③ 10. ③

★ **2022년 직업상담사 2급**

11 파견근로자 보호 등에 관한 법률상 사용사업주가 파견근로자를 직접 고용할 의무가 발생하는 경우가 아닌 것은?

① 고용노동부장관의 허가를 받지 않고 근로자파견사업을 하는 자로부터 근로자파견의 역무를 제공받은 경우
② 제조업의 직접 생산공정업무에서 일시적·간헐적으로 사용기간 내에 파견근로자를 사용한 경우
③ 건설공사현장에서 이루어지는 업무에서 부상으로 결원이 생겨 파견근로자를 사용한 경우
④ 건설공사현장에서 이루어지는 업무에서 연차유급휴가로 결원이 생겨 파견근로자를 사용한 경우

> **해설** 사용사업주의 직접 고용의무사유를 요약하면 처음부터 파견이 불법이었거나, 합법이었더라고 파견기간제한 도과로 위법하게 된 경우이다. 파견 허용 사유에는 ㉠ 파견직종에 해당하거나, ㉡ 결원 보충을 위한 것이나, ㉢ 임시인력인 경우 중 어느 하나에 해당하면 가능하다(단, 절대적 파견금지업무는 어느 경우든 불가). '제조업의 직접 생산공정업무에서 일시적·간헐적으로 사용기간 내에 파견근로자를 사용'한 것은 파견직종여서가 아니라 임시인력으로 파견받은 것으로 위법하지 않다.

★ **2016년 직업상담사 1급**

12 파견근로자 보호 등에 관한 법률상 근로자파견사업 허가의 유효기간은?

① 1년 ② 2년
③ 3년 ④ 5년

> **해설** [파견근로자 보호 등에 관한 법률 제10조(허가의 유효기간 등)]
> ① 근로자파견사업 허가의 유효기간은 3년으로 한다.
> ② 허가의 유효기간이 끝난 후 계속하여 근로자파견사업을 하려는 자는 고용노동부령으로 정하는 바에 따라 갱신허가를 받아야 한다.
> ③ 갱신허가의 유효기간은 그 갱신 전의 허가의 유효기간이 끝나는 날의 다음 날부터 기산(起算)하여 3년으로 한다.

★★★ **2011년, 2013년, 2015년, 2019년, 2022년 직업상담사 1급**

13 파견근로자 보호 등에 관한 법률에 관한 설명으로 틀린 것은?

① 근로자파견사업을 하고자 하는 자는 고용노동부장관의 허가를 받아야 한다.
② 근로자파견사업의 허가의 유효기간은 3년으로 한다.
③ 경영상 이유에 의한 해고를 한 경우에는 3년이 경과하기 전에는 당해 업무에 파견근로자를 사용하여서는 아니 된다.
④ 숙박업을 하는 자는 근로자파견사업을 행할 수 없다.

> **해설** 경영상 이유에 의한 해고를 한 경우에는 3년이 아니라 2년이 경과하기 전에는 당해 업무에 파견근로자를 사용하여서는 아니 된다. 경영상 이유에 의한 해고를 함부로 할 수 없게 하기 위한 규정이다.
> ④ 식품접객업, 숙박업, 결혼중개업을 하는 자는 근로자파견사업을 행할 수 없다.

★ **2017년 직업상담사 2급**

14 파견근로자 보호 등에 관한 법률상 근로자파견사업의 허가에 관한 설명으로 틀린 것은?

① 근로자파견사업을 하고자 하는 자는 관할 지자체의 허가를 받아야 한다.
② 근로자파견사업의 허가의 유효기간은 3년으로 한다.
③ 식품접객업, 숙박업을 하는 자는 근로자파견사업을 행할 수 없다.
④ 근로자파견사업 허가의 취소처분을 받은 파견사업주는 그 처분 전에 파견한 파견근로자와 그 사용사업주에 대하여 그 파견기간이 종료될 때까지 파견사업주로서의 의무와 권리를 가진다.

> **해설** 근로자파견사업은 지차제장이 아니라 고용노동부장관의 허가를 받아야 한다.

> **정답** 11. ② 12. ③ 13. ③ 14. ①

★ 2018년, 2021년 직업상담사 2급

15 파견근로자 보호 등에 관한 법령에 대한 설명으로 틀린 것은?

① 근로자파견사업의 허가의 유효기간은 3년으로 한다.

② 파견사업주는 그가 고용한 근로자 중 파견근로자로 고용하지 아니한 자를 근로자파견의 대상으로 하려는 경우에는 고용노동부장관의 승인을 받아야 한다.

③ 파견사업주는 쟁의행위 중인 사업장에 그 쟁의행위로 중단된 업무의 수행을 위하여 근로자를 파견하여서는 아니 된다.

④ 파견사업주는 근로자파견을 할 경우에는 파견근로자의 성명·성별·연령·학력·자격 기타 직업능력에 관한 사항을 사용사업주에게 통지하여야 한다.

해설 파견사업주는 그가 고용한 근로자 중 파견근로자로 고용하지 아니한 사람을 근로자파견의 대상으로 하려는 경우에는 미리 해당 근로자에게 그 취지를 서면으로 알리고 그의 동의를 받아야 한다.

★ 2010년, 2013년, 2016년 직업상담사 1급

16 파견근로자 보호 등에 관한 법률상 근로자파견사업의 허가를 받을 수 있는 자는?

① 미성년자

② 금고 이상의 형(집행유예는 제외한다)의 선고를 받고 그 집행이 종료되거나 집행을 받지 아니하기로 확정된 후 2년이 경과된 자

③ 금고 이상의 형의 집행유예선고를 받고 그 유예기간 중에 있는 자

④ 파산선고를 받고 복권되지 않은 자

해설 2년이 경과되지 않은 자가 결격사유이므로 2년이 경과되었다면 허가받을 수 있다.

[파견근로자 보호 등에 관한 법률 제8조(허가의 결격사유)]
다음 각 호의 어느 하나에 해당하는 자는 근로자파견사업의 허가를 받을 수 없다.
1. 미성년자, 피성년후견인, 피한정후견인 또는 파산선고를 받고 복권(復權)되지 아니한 사람
2. 금고 이상의 형(집행유예는 제외)을 선고받고 그 집행이 끝나거나 집행을 받지 아니하기로 확정된 후 2년이 지나지 아니한 사람
3. 이 법, 「직업안정법」, 「근로기준법」 제7조(강제 근로의 금지), 제9조(중간착취의 배제), 제20조(위약 예정의 금지), 제21조(전차금 상계의 금지), 제22조(강제 저금의 금지), 제36조(금품 청산), 제43조(임금 지급), 제44조(도급 사업에 대한 임금 지급), 제44조의2(건설업에서의 임금 지급 연대책임), 제45조(비상시 지급), 제46조(휴업수당), 제56조(연장·야간 및 휴일 근로), 제64조(최저 연령과 취직인허증), 「최저임금법」 제6조(최저임금의 효력), 「선원법」 제110조(선원공급사업의 금지)를 위반하여 벌금 이상의 형(집행유예는 제외)을 선고받고 그 집행이 끝나거나 집행을 받지 아니하기로 확정된 후 3년이 지나지 아니한 자
4. 금고 이상의 형의 집행유예를 선고받고 그 유예기간 중에 있는 사람
5. 해당 사업의 허가가 취소(이 조 제1호에 해당하여 허가가 취소된 경우는 제외한다)된 후 3년이 지나지 아니한 자
6. 임원 중 1.부터 5.까지의 어느 하나에 해당하는 사람이 있는 법인

★ 2017년 직업상담사 1급

17 파견근로자 보호 등에 관한 법률상 근로자파견사업의 허가를 받을 수 있는 자는?

① 파산선고를 받고 복권되지 아니한 자

② 근로자파견사업의 허가가 취소된 후 2년이 경과된 자

③ 법인으로서 임원 중 금고 이상의 형의 집행유예선고를 받고 그 유예기간 중에 있는 자가 있는 법인

④ 「최저임금법」을 위반하여 벌금 이상의 형(집행유예는 제외)의 선고를 받고 그 집행이 종료되거나 집행을 받지 아니하기로 확정된 후 3년이 경과된 자

정답 15. ② 16. ② 17. ④

해설 「최저임금법」 제6조(최저임금 준수의무 등)를 위반하여 벌금 이상의 형(집행유예는 제외한다)을 선고받고 그 집행이 끝나거나 집행을 받지 아니하기로 확정된 후 3년이 지나지 아니한 자"가 결격사유이므로 3년이 경과하였다면 허가를 받을 수 있게 된다.

❸ 파견근로자의 근로조건 등

★ **2017년 직업상담사 1급**

18 파견근로자 보호 등에 관한 법령상 근로자파견계약 체결 시 명시하여야 할 사항을 모두 고른 것은?

> ㉠ 파견근로자의 수
> ㉡ 파견근로자가 종사할 업무의 내용
> ㉢ 시업 및 종업의 시각과 휴게시간에 관한 사항
> ㉣ 근로자파견기간 및 파견근로 개시일에 관한 사항
> ㉤ 연장·야간·휴일근로에 관한 사항
> ㉥ 사용사업관리 책임자의 성명, 소속 및 지위

① ㉠, ㉡, ㉣
② ㉢, ㉤, ㉥
③ ㉠, ㉡, ㉢, ㉣, ㉤
④ ㉠, ㉡, ㉢, ㉣, ㉤, ㉥

해설 **[파견근로자 보호 등에 관한 법률 제20조(계약의 내용 등)]**
① 근로자파견계약의 당사자는 고용노동부령으로 정하는 바에 따라 다음 각 호의 사항을 포함하는 근로자파견계약을 서면으로 체결하여야 한다.
  1. 파견근로자의 수
  2. 파견근로자가 종사할 업무의 내용
  3. 파견사유(일시적·간헐적 파견에 따라 근로자파견을 하는 경우만 해당)
  4. 파견근로자가 파견되어 근로할 사업장의 명칭 및 소재지, 그 밖에 파견근로자의 근로장소
  5. 파견근로 중인 파견근로자를 직접 지휘·명령할 사람에 관한 사항
  6. 근로자파견기간 및 파견근로 시작일에 관한 사항
  7. 업무 시작 및 업무 종료의 시각과 휴게시간에 관한 사항
  8. 휴일·휴가에 관한 사항
  9. 연장·야간·휴일근로에 관한 사항
  10. 안전 및 보건에 관한 사항
  11. 근로자파견의 대가

  12. 파견사업관리책임자 및 사용사업관리책임자의 성명·소속 및 직위

★ **2014년 직업상담사 1급**

19 파견근로자 보호 등에 관한 법률상 파견사업주가 근로자파견을 하고자 할 때 강구하여야 할 조치로 틀린 것은?

① 파견근로자의 복지증진
② 사용사업관리책임자 선임
③ 파견근로자에 대한 고용제한의 금지
④ 취업조건의 고지

해설 파견사업주는 '파견'사업관리책임관리자를 선임하고 '파견'사업관리대장을 작성해야 하며, 사용사업주는 '사용'사업관리책임자를 선임하고 '사용'사업관리대장을 작성해야 한다.

★ **2013년 직업상담사 1급**

20 파견근로자 보호 등에 관한 법률상 근로자파견계약을 해지할 수 있는 사유가 아닌 것은?

① 파견근로자의 사회적 신분
② 파견근로자의 정당하지 않은 노동조합활동
③ 사용사업주의 「산업안전보건법」 위반
④ 사용사업주의 「근로기준법」 위반

해설 근로자파견계약을 해지하는 것은 파견사업주와 사용사업주 간의 계약을 해지하는 것을 말한다. 사용사업주는 파견근로자의 사회적 신분, 정당한 노동조합활동 등을 이유로 파견사업주와의 파견계약을 해지하여서는 안 된다.

[파견근로자 보호 등에 관한 법률 제22조(계약의 해지 등)]
① 사용사업주는 파견근로자의 성별, 종교, 사회적 신분, 파견근로자의 정당한 노동조합의 활동 등을 이유로 근로자파견계약을 해지하여서는 아니 된다.
② 파견사업주는 사용사업주가 파견근로에 관하여 이 법 또는 이 법에 따른 명령, 「근로기준법」 또는 같은 법에 따른 명령, 「산업안전보건법」 또는 같은 법에 따른 명령을 위반하는 경우에는 근로자파견을 정지하거나 근로자파견계약을 해지할 수 있다.

정답 18. ④ 19. ② 20. ①

기간제 및 단시간근로자 보호 등에 관한 법률

제1절 총칙

01 용어의 정의

① 기간제근로자 : 기간의 정함이 있는 근로계약을 체결한 근로자
② 단시간근로자 : 「근로기준법」의 단시간근로자
③ 차별적 처우 : 다음 각 목의 사항에서 합리적인 이유 없이 불리하게 처우하는 것
　　㉠ 「근로기준법」에 따른 **임금**
　　㉡ 정기상여금, 명절상여금 등 정기적으로 지급되는 **상여금**
　　㉢ **경영성과에 따른 성과금**
　　㉣ 그 밖에 근로조건 및 **복리후생 등**에 관한 사항

02 적용 범위

① 이 법은 **상시 5인 이상**의 근로자를 사용하는 모든 사업 또는 사업장에 적용한다. 다만, 동거의 친족만을 사용하는 사업 또는 사업장과 가사사용인에 대하여는 적용하지 아니한다.
② **상시 4인 이하**의 근로자를 사용하는 사업 또는 사업장에 대하여는 대통령령으로 정하는 바에 따라 **이 법의 일부 규정을 적용**할 수 있다.
③ **국가 및 지방자치단체**의 기관에 대하여는 상시 사용하는 **근로자의 수와 관계없이 이 법을 적용한다.**

01 기간제근로자의 사용

① 사용자는 **2년을 초과하지 아니하는 범위** 안(기간제 근로계약의 반복갱신 등의 경우에는 그 **계속근로한 총기간이 2년**을 초과하지 아니하는 범위 안)에서 기간제근로자를 사용할 수 있다. 다만, 다음 각 호의 어느 하나에 해당하는 경우에는 2년을 초과하여 기간제근로자로 사용할 수 있다.

   ㉠ **사업의 완료** 또는 특정한 업무의 완성에 필요한 기간을 정한 경우

   ㉡ **휴직·파견** 등으로 결원이 발생하여 해당 근로자가 복귀할 때까지 그 업무를 대신할 필요가 있는 경우

   ㉢ 근로자가 **학업, 직업훈련** 등을 이수함에 따라 그 이수에 필요한 기간을 정한 경우

   ㉣ 「고용상 연령차별금지 및 고령자고용촉진에 관한 법률」의 **고령자**와 근로계약을 체결하는 경우

   ㉤ 전문적 지식·기술의 활용이 필요한 경우와 정부의 **복지정책·실업대책** 등에 따라 일자리를 제공하는 경우로서 대통령령으로 정하는 경우

   ㉥ 그 밖에 ㉠부터 ㉤까지에 준하는 합리적인 사유가 있는 경우로서 대통령령으로 정하는 경우

② 사용자가 ① 단서의 사유가 없거나 소멸되었음에도 불구하고 **2년을 초과하여 기간제근로자로 사용하는 경우**에는 그 기간제근로자는 기간의 정함이 없는 근로계약을 체결한 근로자로 본다.

02 우선 고용 노력

사용자는 기간의 정함이 없는 근로계약을 체결하고자 하는 경우에는 해당 사업 또는 사업장의 동종 또는 유사한 업무에 종사하는 **기간제근로자를 우선적으로 고용하도록 노력**하여야 한다.

01 단시간근로자의 초과근로 제한

① 사용자는 단시간근로자에 대하여 「근로기준법」의 소정근로시간을 초과하여 근로하게 하는 경우에는 해당 근로자의 동의를 얻어야 한다. 이 경우 **1주간에 12시간을 초과하여 근로하게 할 수 없다.**

② 사용자는 초과근로에 대하여 **통상임금의 100분의 50 이상을 가산하여** 지급하여야 한다.

제 **4** 절 차별적 처우

01 차별시정 신청

기간제근로자 또는 단시간근로자는 차별적 처우를 받은 경우 「노동위원회법」의 규정에 따른 **노동위원회에 그 시정을 신청**할 수 있다. 다만, 차별적 처우가 있은 날(계속되는 차별적 처우는 그 종료일)부터 **6개월**이 지난 때에는 그러하지 아니하다.

02 시정절차

(1) 조정 및 중재

① 노동위원회는 심문의 과정에서 **관계당사자 쌍방 또는 일방의 신청 또는 직권에 의하여 조정(調停)절차를 개시**할 수 있고, 관계당사자가 미리 노동위원회의 중재(仲裁)결정에 따르기로 **합의하여 중재를 신청한 경우에는 중재**를 할 수 있다.

② 노동위원회는 특별한 사유가 없으면 조정절차를 개시하거나 중재신청을 받은 때부터 **60일 이내에 조정안을 제시하거나 중재결정**을 하여야 한다.

③ 노동위원회는 관계당사자 **쌍방이 조정안을 수락한 경우에는 조정조서**를 작성하고, **중재결정을 한 경우에는 중재결정서**를 작성하여야 한다.

④ 조정 또는 중재결정은 「민사소송법」의 규정에 따른 **재판상 화해와 동일한 효력**을 갖는다.

(2) 시정명령 등

노동위원회는 조사·심문을 종료하고 차별적 처우에 해당된다고 판정한 때에는 사용자에게 시정명령을 내려야 하고, 차별적 처우에 해당하지 아니한다고 판정한 때에는 그 시정신청을 기각하는 결정을 하여야 한다.

(3) 조정 · 중재 · 시정명령의 내용

① 조정 · 중재 또는 시정명령의 내용에는 **차별적 행위의 중지, 임금 등 근로조건의 개선(취업 규칙, 단체협약 등의 제도개선명령을 포함)** 또는 적절한 배상 등이 포함될 수 있다.
② ①에 따른 배상액은 차별적 처우로 인하여 기간제근로자 또는 단시간근로자에게 발생한 손해액을 기준으로 정한다. 다만, 노동위원회는 사용자의 차별적 처우에 **명백한 고의가 인정되거나 차별적 처우가 반복되는 경우에는 손해액을 기준으로 3배를 넘지 아니하는 범위에서 배상을 명령할 수 있다.**

(4) 시정명령 등의 확정

① 지방노동위원회의 시정명령 또는 기각결정에 대하여 불복하는 관계당사자는 시정명령서 또는 기각결정서의 **송달을 받은 날부터 10일 이내에 중앙노동위원회**에 재심을 신청할 수 있다.
② 중앙노동위원회의 재심결정에 대하여 불복하는 관계당사자는 재심결정서의 **송달을 받은 날부터 15일 이내에 행정소송을** 제기할 수 있다.
③ 규정된 기간 이내에 재심을 신청하지 아니하거나 규정된 기간 이내에 행정소송을 **제기하지 아니한 때에는 그 시정명령 · 기각결정 또는 재심결정은 확정**된다.

제5절 근로조건의 서면 명시

사용자는 기간제근로자 또는 단시간근로자와 근로계약을 체결하는 때에는 다음 각 호의 모든 사항을 서면으로 명시하여야 한다. **다만, ⑥은 단시간근로자에 한정**한다.
① 근로계약기간에 관한 사항
② 근로시간 · 휴게에 관한 사항
③ 임금의 구성항목 · 계산방법 및 지불방법에 관한 사항
④ 휴일 · 휴가에 관한 사항
⑤ 취업의 장소와 종사하여야 할 업무에 관한 사항
⑥ **근로일 및 근로일별 근로시간(단시간근로자에 한함)**

❶ 총칙

★　**2020년 직업상담사 1급**

01 기간제 및 단시간근로자 보호 등에 관한 법령상 적용 범위에 관한 설명으로 틀린 것은?

① 상시 5인 이상의 근로자를 사용하는 모든 사업 또는 사업장에 적용한다.

② 동거의 친족만을 사용하는 사업장에는 적용하지 아니한다.

③ 상시 4인 이하의 근로자를 사용하는 사업 또는 사업장에 대하여는 이 법의 일부 규정을 적용할 수 있다.

④ 국가 및 지방자치단체의 기관에 대하여는 이 법을 적용하지 않는다.

> 해설 **[기간제 및 단시간근로자 보호 등에 관한 법률 제3조(적용 범위)]**
> ① 이 법은 상시 5인 이상의 근로자를 사용하는 모든 사업 또는 사업장에 적용한다. 다만, 동거의 친족만을 사용하는 사업 또는 사업장과 가사사용인에 대하여는 적용하지 아니한다.
> ② 상시 4인 이하의 근로자를 사용하는 사업 또는 사업장에 대하여는 대통령령으로 정하는 바에 따라 이 법의 일부 규정을 적용할 수 있다.
> ③ 국가 및 지방자치단체의 기관에 대하여는 상시 사용하는 근로자의 수와 관계없이 이 법을 적용한다.

★　**2018년 직업상담사 2급**

02 기간제 및 단시간근로자 보호 등에 관한 법률에 규정된 내용으로 틀린 것은?

① 단시간근로자라 함은 기간의 정함이 있는 근로계약을 체결한 근로자를 말한다.

② 국가 및 지방자치단체의 기관에 대하여는 상시 사용하는 근로자의 수에 관계없이 「기간제 및 단시간근로자 보호 등에 관한 법률」을 적용한다.

③ 사용자는 통상근로자를 채용하고자 하는 경우에는 당해 사업 또는 사업장의 동종 또는 유사한 업무에 종사하는 단시간근로자를 우선적으로 고용하도록 노력하여야 한다.

④ 사용자는 가사, 학업 그 밖의 이유로 근로자가 단시간근로를 신청하는 때에는 당해 근로자를 단시간근로자로 전환하도록 노력하여야 한다.

> 해설 단시간근로자란 「근로기준법」상의 단시간근로자이고, 기간제근로자는 기간의 정함이 있는 근로계약을 체결한 근로자이다.

❷ 기간제근로자

★　**2022년 직업상담사 2급**

03 기간제 및 단시간근로자 보호 등에 관한 법령상 2년을 초과하여 기간제근로자로 사용할 수 있는 경우가 아닌 것은?

① 휴직 등으로 결원이 발생하여 해당 근로자가 복귀할 때까지 그 업무를 대신할 필요가 있는 경우

② 근로자가 학업 등을 이수함에 따라 그 이수에 필요한 기간을 정한 경우

③ 특정한 업무의 완성에 필요한 기간을 정한 경우

④ 「의료법」에 따른 간호사 자격을 소지하고 해당 분야에 종사한 경우

정답　01. ④　02. ①　03. ④

해설 [기간제 및 단시간근로자 보호 등에 관한 법률 제4조(기간제 근로자의 사용)]

① 사용자는 2년을 초과하지 아니하는 범위 안(기간제 근로계약의 반복갱신 등의 경우에는 그 계속근로한 총기간이 2년을 초과하지 아니하는 범위 안)에서 기간제근로자를 사용할 수 있다. 다만, 다음 각 호의 어느 하나에 해당하는 경우에는 2년을 초과하여 기간제근로자로 사용할 수 있다.
   1. 사업의 완료 또는 특정한 업무의 완성에 필요한 기간을 정한 경우(한시적 사업)
   2. 휴직·파견 등으로 결원이 발생하여 해당 근로자가 복귀할 때까지 그 업무를 대신할 필요가 있는 경우(대체인력)
   3. 근로자가 학업, 직업훈련 등을 이수함에 따라 그 이수에 필요한 기간을 정한 경우(학업·훈련)
   4. 「고령자 고용촉진법」 제2조 제1호의 고령자와 근로계약을 체결하는 경우(고령자)
   5. 전문적 지식·기술의 활용이 필요한 경우와 정부의 복지정책·실업대책 등에 따라 일자리를 제공하는 경우로서 대통령령으로 정하는 경우
   6. 그 밖에 제1호부터 제5호까지에 준하는 합리적인 사유가 있는 경우로서 대통령령으로 정하는 경우
   ※ 위 5.의 대통령령에 따르면 전문자격에 의사는 포함되나, 간호사는 포함되지 않는다.

❸ 단시간근로자

04 기간제 및 단시간근로자 보호 등에 관한 법률상 단시간근로자에 대한 설명으로 틀린 것은?

① 이 법에서 단시간근로자란 「근로기준법」 제2조의 단시간근로자이다.

② 사용자는 단시간근로자와 근로계약을 체결할 때에는 근로일 및 근로일별 근로시간을 서면으로 명시하여야 한다.

③ 단시간근로자에 대해 소정근로시간을 초과하여 근로하게 하는 경우에는 해당 근로자의 동의를 얻어야 한다. 이 경우 1주간에 15시간을 초과할 수 없다.

④ 단시간근로자의 초과근로에 대해 통상임금의 100분의 50 이상을 가산하여 지급해야 한다.

해설 단시간근로자의 초과근로 한도는 주 12시간이다.

❹ 차별적 처우

★ **2022년 직업상담사 2급**

05 기간제 및 단시간근로자 보호 등에 관한 법률상 차별시정제도에 대한 설명으로 틀린 것은?

① 기간제근로자는 차별적 처우를 받은 경우 노동위원회에 차별적 처우가 있은 날부터 6개월이 경과하기 전에 그 시정을 신청할 수 있다.

② 기간제근로자가 차별적 처우의 시정신청을 하는 때에는 차별적 처우의 내용을 구체적으로 명시하여야 한다.

③ 노동위원회는 차별적 처우의 시정신청에 따른 심문의 과정에서 관계당사자 쌍방 또는 일방의 신청 또는 직권에 의하여 조정(調停)절차를 개시할 수 있다.

④ 시정신청을 한 근로자는 사용자가 확정된 시정명령을 이행하지 아니하는 경우 이를 중앙노동위원회에 신고하여야 한다.

해설 시정신청을 한 근로자는 사용자가 확정된 시정명령을 이행하지 아니하는 경우 이를 고용노동부장관에게 신고할 수 있다(신고의무가 있는 것은 아님).
※ 노동위원회에 부당해고 구제신청은 3개월 이내에, 기간제 차별적 처우 시정신청은 6개월 이내(구분하여 암기)에 하여야 한다.

06 기간제 및 단시간근로자 보호 등에 관한 법률 상 기간제근로자의 차별적 처우의 금지에 관한 설명으로 틀린 것은?

① 사용자는 기간제근로자임을 이유로 당해 사업 또는 사업장에서 동종 또는 유사한 업무에 종사하는 기간의 정함이 없는 근로계약을 체결한 근로자에 비하여 차별적 처우를 하여서는 아니 된다.

② 기간제근로자는 차별적 처우를 받은 경우 차별적 처우가 있는 날부터 6개월 이내에 노동위원회에 시정을 신청할 수 있다.

③ 기간제근로자가 노동위원회에 차별시정을 신청할 경우 관련한 분쟁에 있어 입증책임은 사용자가 부담한다.

④ 차별적 처우가 인정될 경우 노동위원회는 시정명령을 내릴 수 있다. 이 경우 사용자의 차별적 처우에 명백한 고의가 인정되면 기간제근로자의 손해액을 기준으로 2배를 넘지 아니하는 범위에서 배상명령을 내릴 수 있다.

해설　차별적 처우에 대한 징벌적 손해배상은 실손해액의 3배 이내에서 배상을 명할 수 있다.

---

⑤ 근로조건의 서면 명시

07 기간제 및 단시간근로자 보호 등에 관한 법률의 내용으로 틀린 것은?

① 국가 및 지방자치단체의 기관에 대하여는 상시 사용하는 근로자의 수와 관계없이 이 법을 적용한다.

② 사용자는 가사, 학업 그 밖의 이유로 근로자가 단시간근로를 신청하는 때에는 당해 근로자를 단시간근로자로 전환하도록 노력하여야 한다.

---

③ 사용자는 단시간근로자임을 이유로 해당 사업 또는 사업장의 동종 또는 유사한 업무에 종사하는 통상근로자에 비하여 차별적 처우를 하여서는 아니 된다.

④ 사용자는 기간제근로자와 근로계약을 체결하는 때에는 근로일 및 근로일별 근로시간을 서면으로 명시하여야 한다.

해설　근로일 및 근로일별 근로시간은 통상근로자와 출근요일과 요일별 시간이 다를 수 있는 단시간근로자에 대해서 서면 명시하라고 한 사항이다.

[기간제 및 단시간근로자 보호 등에 관한 법률 제17조(근로조건의 서면명시)]

사용자는 기간제근로자 또는 단시간근로자와 근로계약을 체결하는 때에는 다음 각 호의 모든 사항을 서면으로 명시하여야 한다. 다만, 6.은 단시간근로자에 한정한다.
1. 근로계약기간에 관한 사항
2. 근로시간 · 휴게에 관한 사항
3. 임금의 구성항목 · 계산방법 및 지불방법에 관한 사항
4. 휴일 · 휴가에 관한 사항
5. 취업의 장소와 종사하여야 할 업무에 관한 사항
6. 근로일 및 근로일별 근로시간

---

08 기간제 및 단시간근로자 보호 등에 관한 법률 상 사용자가 기간제근로자와 근로계약을 체결하는 때에 서면으로 명시하여야 하는 사항을 모두 고른 것은?

> ㉠ 근로계약기간에 관한 사항
> ㉡ 근로시간 · 휴게에 관한 사항
> ㉢ 휴일 · 휴가에 관한 사항
> ㉣ 취업의 장소와 종사하여야 할 업무에 관한 사항

① ㉠, ㉡　　　　② ㉡, ㉢, ㉣
③ ㉠, ㉢, ㉣　　④ ㉠, ㉡, ㉢, ㉣

해설　「근로기준법」의 일반적인 서면 명시사항(임금, 소정근로시간, 휴일, 연차유급휴가)보다 「기간제 및 단시간근로자 보호 등에 관한 법률」의 서면 명시사항이 더 많다.

정답　06. ④　07. ④　08. ④

고용상 연령차별금지 및 고령자 고용촉진에 관한 법률

제1절 총칙

01 용어의 정의

① 고령자 : 인구와 취업자의 구성 등을 고려하여 대통령령으로 정하는 연령 이상(55세 이상)인 사람
② 준고령자 : 대통령령으로 정하는 연령 이상인 사람으로서 고령자가 아닌 사람, 즉 50세 이상 55세 미만인 사람
③ 사업주 : 근로자를 사용하여 사업을 하는 자
④ 근로자 : 「근로기준법」에 따른 근로자
⑤ 기준고용률 : 사업장에서 상시 사용하는 근로자를 기준으로 하여 사업주가 고령자의 고용촉진을 위하여 고용하여야 할 고령자의 비율로서 고령자의 현황과 고용실태 등을 고려하여 **사업의 종류별**로 대통령령으로 정하는 비율
   ㉠ 제조업 : 그 사업장의 상시 근로자 수의 100분의 2
   ㉡ 운수업, 부동산 및 임대업 : 그 사업장의 상시 근로자 수의 100분의 6
   ㉢ ㉠ 및 ㉡ 외의 산업 : 그 사업장의 상시 근로자 수의 100분의 3

02 기본계획

① 고용노동부장관은 고령자의 고용촉진에 관한 기본계획을 관계 중앙기관의 장과 협의하여 **5년마다** 수립하여야 한다.
② 기본계획에는 다음 각 호의 사항이 포함되어야 한다.
   ㉠ 직전 기본계획에 대한 평가
   ㉡ **고령자의 현황과 전망**
   ㉢ 고령자의 직업능력개발
   ㉣ 고령자의 취업알선, 재취업 및 전직(轉職) 지원 등 취업 가능성의 개선방안
   ㉤ 그 밖에 고령자의 고용촉진에 관한 주요 시책
③ 고용노동부장관은 기본계획을 수립할 때에는 「고용정책 기본법」에 따른 고용정책심의회의 심의를 거쳐야 한다.

④ 고용노동부장관이 기본계획을 수립한 때에는 지체 없이 **국회 소관 상임위원회에 보고**하여
야 한다.

01 차별금지

① 사업주는 다음 각 호의 분야에서 합리적인 이유 없이 연령을 이유로 근로자 또는 근로자가
되려는 사람을 차별하여서는 아니 된다.
   ㉠ 모집·채용
   ㉡ 임금, 임금 외의 금품 지급 및 복리후생
   ㉢ 교육·훈련
   ㉣ 배치·전보·승진
   ㉤ 퇴직·해고
② ①을 적용할 때 **합리적인 이유 없이 연령 외의 기준을 적용하여 특정 연령집단에 특히 불리
한 결과를 초래하는 경우에는 연령차별로 본다.**
③ 다음 각 호의 어느 하나에 해당하는 경우에는 연령차별로 보지 아니한다.
   ㉠ **직무의 성격**에 비추어 특정 연령기준이 불가피하게 요구되는 경우
   ㉡ **근속기간의 차이를 고려**하여 임금이나 임금 외의 금품과 복리후생에서 합리적인 차등
   을 두는 경우
   ㉢ 이 법이나 다른 법률에 따라 근로계약, 취업규칙, 단체협약 등에서 **정년을 설정**하는 경우
   ㉣ 이 법이나 다른 법률에 따라 특정 연령집단의 **고용 유지·촉진을 위한 지원조치**를 하는
   경우

02 차별의 구제

(1) 진정과 권고의 통보

① 연령차별금지의 위반으로 **연령차별**을 당한 사람은 「국가인권위원회법」에 따라 **국가인권
위원회에 그 내용을 진정**할 수 있다.
② 국가인권위원회는 진정을 조사한 결과 연령차별이 있다고 판단하여 피진정인, 그 소속 기
관·단체 또는 감독기관의 장에게 **구제조치 등을 권고**할 경우 그 권고내용을 고용노동부장
관에게도 **통보하여야 한다.**

(2) 시정명령

① **고용노동부장관은** 국가인권위원회로부터 구제조치 등의 권고를 받은 사업주가 정당한 사유 없이 권고를 이행하지 아니하고 다음 각 호의 어느 하나에 해당하여 그 피해의 정도가 심각하다고 인정되면 **피해자의 신청에 의하거나 직권으로 시정명령을 할 수 있다.**
   ㉠ 피해자가 다수인인 연령차별행위에 대한 권고 불이행
   ㉡ 반복적 연령차별행위에 대한 권고 불이행
   ㉢ 피해자에게 불이익을 주기 위한 고의적 권고 불이행
   ㉣ 그 밖에 피해의 내용과 규모 등을 고려하여 시정명령이 필요하다고 고용노동부령으로 정하는 경우
② 시정명령에는 다음 각 호의 사항을 포함하여야 한다.
   ㉠ 연령차별행위의 중지
   ㉡ 피해의 원상회복
   ㉢ 연령차별행위의 재발 방지를 위한 조치
   ㉣ 그 밖에 연령차별시정을 위하여 필요하다고 고용노동부령으로 정한 조치
③ 피해자의 신청에 따라 시정명령을 할 경우 그 신청을 받은 날부터 3개월 이내에 하여야 한다.

(3) 시정명령 이행상황의 제출요구 등

① 고용노동부장관은 연령차별행위를 한 사업주에게 시정명령의 이행상황을 제출할 것을 요구할 수 있다.
② 피해자는 연령차별행위를 한 사업주가 시정명령을 이행하지 아니하면 고용노동부장관에게 신고할 수 있다.

제3절 정부의 고령자 취업지원

01 고령자 고용정보센터의 운영

① 고용노동부장관 등은 고령자의 직업지도와 취업알선 등의 업무를 효율적으로 수행하기 위하여 필요한 지역에 고령자 고용정보센터를 운영할 수 있다.
② **고령자 고용정보센터는 다음 각 호의 업무를 수행한다.**
   ㉠ 고령자에 대한 **구인·구직 등록, 직업지도 및 취업알선**
   ㉡ 고령자에 대한 **직장 적응훈련 및 교육**

ⓒ 정년연장과 고령자 고용에 관한 **인사 · 노무관리와 작업환경 개선 등에 관한 기술적 상담 · 교육 및 지도**

ⓓ 고령자 고용촉진을 위한 **홍보**

ⓔ 그 밖에 고령자 고용촉진을 위하여 필요한 업무

02 고령자인재은행의 지정

① 고용노동부장관은 다음 각 호의 단체 또는 기관 중 고령자의 직업지도와 취업알선 또는 직업능력개발훈련 등에 필요한 전문인력과 시설을 갖춘 단체 또는 기관을 고령자인재은행으로 지정할 수 있다.

ⓐ 「직업안정법」에 따라 무료직업소개사업을 하는 **비영리법인이나 공익단체**

ⓑ 「국민 평생 직업능력 개발법」에 따라 직업능력개발**훈련을 위탁받을 수 있는 대상이 되는 기관**

② ①의 ⓐ 및 ⓑ에 모두 해당하는 고령자인재은행의 사업범위는 다음 각 호의 사업 모두로 하고, **①의 ⓐ에만 해당하는 고령자인재은행의 사업범위는 ⓐ, ⓑ 및 ⓓ의 사업만으로 하며**, ①의 ⓑ에만 해당하는 고령자인재은행의 사업범위는 ⓒ 및 ⓓ의 사업만으로 한다.

ⓐ **고령자에 대한 구인 · 구직 등록, 직업지도 및 취업알선**

ⓑ **취업희망 고령자에 대한 직업상담 및 정년퇴직자의 재취업상담**

ⓒ 고령자의 직업능력개발훈련

ⓓ 그 밖에 고령자 고용촉진을 위하여 필요하다고 인정하여 고용노동부장관이 정하는 사업

③ 지정기준

구분	지정기준
시설 및 장비	• 고령자 구인 · 구직 또는 직업능력개발훈련에 관한 상담을 하기 위한 **전화전용회선을 1회선 이상** 설치할 것 • 인터넷을 통하여 고령자 구인 · 구직 또는 직업능력개발훈련에 관한 상담을 하기 위한 **개인용 컴퓨터를 1대 이상** 설치할 것 • 고령자 구인 · 구직 또는 직업능력개발훈련에 관한 상담을 위한 **별도의 상담실을** 설치할 것
인력	• 고령자 구인 · 구직 또는 직업능력개발훈련에 관한 **상담전담자가 1명 이상**일 것 • 그 밖에 고령자인재은행의 **운영을 지원하는 인력이 1명 이상**일 것

① 고용노동부장관은 퇴직한 고령자로서 경력 등을 고려하여 고용노동부령으로 정하는 사람의 직업지도와 취업알선 등을 전문적으로 지원하는 중견전문인력 고용지원센터를 지정할 수 있다.

② 중견전문인력 고용지원센터는 「직업안정법」에 따라 무료직업소개사업을 하는 비영리법인 또는 공익단체로서 필요한 전문인력과 시설을 갖춘 단체 중에서 지정한다.

③ 중견전문인력 고용지원센터는 다음 각 호의 사업을 한다.
　㉠ 중견전문인력의 구인·구직 등록, 직업상담 및 취업알선
　㉡ 중견전문인력의 중소기업에 대한 **경영자문 및 자원봉사활동 등의 지원**
　㉢ 그 밖에 중견전문인력의 취업에 필요한 사업으로서 대통령령으로 정하는 사업

제**4**절　고령자 고용촉진 및 고용안정

01 사업주의 고령자 고용

(1) 고용노력의무

상시 **300명 이상**의 근로자를 사용하는 사업장의 사업주는 **기준고용률 이상의 고령자를 고용하도록 노력**하여야 한다.

(2) 고령자 고용현황 제출

상시 **300명 이상**의 근로자를 사용하는 사업장의 사업주는 **매년 고령자 고용현황**을 고용노동부장관에게 제출하여야 한다.

(3) 고용노력의무 사업장이 고용기준에 미달한 경우

① 고용노동부장관은 상시 고용하는 고령자의 비율이 **기준고용률에 미달하는 사업주**에 대하여 고령자의 고용촉진 및 안정을 위하여 **필요한 조치의 시행을 권고**할 수 있다.

② 고용노동부장관은 권고를 따르지 아니하는 사업주에게 그 사유를 제출하게 할 수 있으며, 그 사유가 정당하지 아니한 사업주(사유를 제출하지 아니한 사업주를 포함)에게 **고령자의 고용을 확대하여 줄 것을 요청**할 수 있다.

③ 고용노동부장관은 정당한 사유 없이 확대요청에 따르지 아니한 자에게 **그 내용을 공표**하거나 직업안정업무를 하는 행정기관에서 제공하는 직업지도와 취업알선 등 **고용 관련 서비스를 중단**할 수 있다.

(4) 고용노력의무 사업장이 기준고용률을 초과한 경우

① 사업주가 기준고용률을 초과하여 고령자를 추가로 고용하는 경우에는 「조세특례제한법」
으로 정하는 바에 따라 **조세를 감면한다.**
② 고용노동부장관은 예산의 범위에서 **고용지원금을 지급할 수 있다.**

02 우선고용직종의 고용

(1) 우선고용직종의 선정

고용노동부장관은 고용정책심의회의 심의를 거쳐 고령자와 준고령자를 고용하기에 적합한 직
종(우선고용직종)을 **선정하고, 선정된 우선고용직종을 고시하여야** 한다.

(2) 우선고용직종의 고용

① **국가 및 지방자치단체, 「공공기관의 운영에 관한 법률」에 따라 공공기관**으로 지정받은 기
관의 장은 그 기관의 우선고용직종에 대통령령으로 정하는 바에 따라서 **고령자와 준고령
자를 우선적으로 고용하여야** 한다.
② **①에서 규정한 자 외의 사업주**는 우선고용직종에 고령자와 준고령자를 우선적으로 고용하
도록 노력하여야 한다.

제5절 정년

01 정년의 설정

① 사업주는 근로자의 **정년을 60세 이상으로 정하여야** 한다.
② 사업주가 근로자의 정년을 60세 미만으로 정한 경우에는 정년을 60세로 정한 것으로 본다.

02 정년제도 운영현황의 제출 등

① 상시 **300명 이상**의 근로자를 사용하는 사업주는 고용노동부령으로 정하는 바에 따라 **매년**
정년제도의 운영현황을 고용노동부장관에게 제출하여야 한다.
② 고용노동부장관은 ①에 따른 사업주로서 정년을 현저히 낮게 정한 사업주에게 **정년의 연
장을 권고할 수 있다.**
③ ②에 따른 권고를 정당한 사유 없이 따르지 아니한 경우 그 **내용을 공표할 수 있다.**

① 사업주는 정년에 도달한 사람이 그 사업장에 다시 취업하기를 희망할 때 그 직무수행능력에 맞는 직종에 **재고용하도록 노력하여야 한다.**

② 사업주는 고령자인 정년퇴직자를 재고용할 때 당사자 간의 합의에 의하여 「근로기준법」에 따른 **퇴직금과 연차유급(年次有給) 휴가일수 계산을 위한 계속근로기간을 산정할 때 종전의 근로기간을 제외할 수 있으며 임금의 결정을 종전과 달리할 수 있다.**

제6장 고용상 연령차별금지 및 고령자고용 촉진에 관한 법률 기출·예상문제

① 총칙

★ 2015년 직업상담사 1급

01 고용상 연령차별금지 및 고령자고용촉진에 관한 법률에 대한 설명으로 틀린 것은?

① "기준고용률"이란 사업장에서 상시 사용하는 근로자를 기준으로 하여 사업주가 고령자의 고용촉진을 위하여 고용하여야 할 고령자의 비율로서 고령자의 현황과 고용실태 등을 고려하여 사업의 종류별로 대통령령으로 정하는 비율을 말한다.

② "고령자"란 60세 이상인 자를 말한다.

③ 기준고용률 이상의 고령자를 고용하도록 노력하여야 할 사업주는 상시 300인 이상의 근로자를 사용하는 사업장의 사업주로 한다.

④ 고용노동부장관은 대통령령으로 정하는 수 이상의 근로자를 사용하는 사업주로서 상시 고용하는 고령자의 비율이 기준고용률에 미달하는 사업주에 대하여 고령자의 고용촉진 및 안정을 위하여 필요한 조치의 시행을 권고할 수 있다.

> **해설** ㉠ 고령자 : 인구와 취업자의 구성 등을 고려하여 대통령령으로 정하는 연령 이상(55세 이상)인 사람
> ㉡ 준고령자 : 대통령령으로 정하는 연령 이상인 사람으로서 고령자가 아닌 사람, 즉 50세 이상 55세 미만인 사람

★ 2012년, 2016년, 2017년 직업상담사 2급

02 고용상 연령차별금지 및 고령자고용촉진에 관한 법률에 관한 설명으로 틀린 것은?

① 고령자란 55세 이상인 사람을 말한다.

② 준고령자란 50세 이상 55세 미만인 사람을 말한다.

③ 사업주란 「근로기준법」상 사용자를 말한다.

④ 근로자란 「근로기준법」상 근로자를 말한다.

> **해설** ③ 사업주 : 근로자를 사용하여 사업을 하는 자
> ④ 근로자 : 「근로기준법」에 따른 근로자

★ 2017년 직업상담사 1급

03 고용상 연령차별금지 및 고령자고용촉진에 관한 법렵상의 고령자와 준고령자의 기준은?

① 고령자는 60세 이상, 준고령자는 55세 이상 60세 미만

② 고령자는 55세 이상, 준고령자는 50세 이상 55세 미만

③ 고령자는 60세 초과, 준고령자는 50세 이상 60세 이하

④ 고령자는 55세 초과, 준고령자는 50세 이상 55세 이하

> **해설** 고령자와 준고령자를 정의할 때는 60이란 숫자가 나오지 않는다. 60세는 정년에서 등장한다.

> **정답** 01. ② 02. ③ 03. ②

04 고용상 연령차별금지 및 고령자고용촉진에 관한 법률상 임대업의 고령자 기준고용률로 옳은 것은?

① 상시 근로자 수의 100분의 1
② 상시 근로자 수의 100분의 3
③ 상시 근로자 수의 100분의 6
④ 상시 근로자 수의 100분의 7

> **해설** [고용상 연령차별금지 및 고령자고용촉진에 관한 법률 시행령 제3조(고령자 기준고용률)]
>
> 사업장에서 상시 사용하는 근로자를 기준으로 하여 사업주가 고령자의 고용촉진을 위하여 고용하여야 할 고령자의 비율로서 고령자의 현황과 고용실태 등을 고려하여 사업의 종류별로 대통령령으로 정하는 비율을 말한다.
> ㉠ 제조업 : 그 사업장의 상시 근로자 수의 100분의 2
> ㉡ 운수업, 부동산 및 임대업 : 그 사업장의 상시 근로자 수의 100분의 6
> ㉢ ㉠ 및 ㉡ 외의 산업 : 그 사업장의 상시 근로자 수의 100분의 3

05 고용상 연령차별금지 및 고령자고용촉진에 관한 법률상 운수업의 고령자 기준고용률로 옳은 것은?

① 상시 근로자 수의 100분의 1
② 상시 근로자 수의 100분의 2
③ 상시 근로자 수의 100분의 3
④ 상시 근로자 수의 100분의 6

> **해설** 운수업, 부동산 및 임대업의 고령자 기준고용률은 그 사업장의 상시 근로자 수의 100분의 6이다.

06 고용상 연령차별금지 및 고령자고용촉진에 관한 법률상 제조업의 고령자 기준고용률로 옳은 것은?

① 상시 근로자 수의 100분의 1
② 상시 근로자 수의 100분의 2
③ 상시 근로자 수의 100분의 3
④ 상시 근로자 수의 100분의 6

> **해설** 제조업의 고령자 기준고용률은 그 사업장의 상시 근로자 수의 100분의 2이다.

07 고용상 연령차별금지 및 고령자고용촉진에 관한 법률상 고령자고용촉진 기본계획에 관한 설명으로 틀린 것은?

① 고용노동부장관이 관계 중앙기관의 장과 협의하여 5년마다 수립해야 한다.
② 고령자의 직업능력개발에 관한 사항이 포함되어야 한다.
③ 고령자의 현황과 전망에 관한 사항은 포함되지 않아도 된다.
④ 수립할 때에는 「고용정책 기본법」상 고용정책심의회의 심의를 거쳐야 한다.

> **해설** 고령자의 현황과 전망에 관한 사항도 기본계획에 포함된다.
>
> [고용상 연령차별금지 및 고령자고용촉진에 관한 법률 제4조의3(고령자고용촉진 기본계획의 수립)]
> ② 기본계획에는 다음 각 호의 사항이 포함되어야 한다
> 　1. 직전 기본계획에 대한 평가
> 　2. 고령자의 현황과 전망
> 　3. 고령자의 직업능력개발
> 　4. 고령자의 취업알선, 재취업 및 전직(轉職) 지원 등 취업 가능성의 개선방안
> 　5. 그 밖에 고령자의 고용촉진에 관한 주요 시책

08 고용상 연령차별금지 및 고령자고용촉진에 관한 법률에 관한 설명으로 옳은 것은?

① 근로자는 노동조합 및 노동관계조정법상의 근로자를 말한다.
② 제조업은 그 사업장의 상시 근로자수의 100분의 3을 고령자로 고용하여야 한다.
③ 고령자는 50세 이상인 사람으로 한다.
④ 상시 300인 이상의 근로자를 사용하는 사업주는 기준고용률 이상의 고령자를 고용하도록 노력하여야 한다.

> **해설** ① 이 법에서의 근로자는 「근로기준법」상의 근로자로 정의된다.
> ② 제조업의 기준고용률은 100분의 2이다.
> ③ 고령자는 55세 이상, 준고령자는 50세 이상 55세 미만이다.
> ④ 기준고용률은 300인 이상 사업장에 적용된다.

정답 04. ③　05. ④　06. ②　07. ③　08. ④

09 고용상 연령차별금지 및 고령자고용촉진에 관한 법률상 고령자고용촉진 기본계획에 관한 설명으로 틀린 것은?

① 고용노동부장관은 관계 중앙기관의 장과 협의하여 5년마다 수립하여야 한다.
② 고령자의 직업능력개발에 관한 사항이 포함되어야 한다.
③ 고용노동부장관은 기본계획을 수립할 때에는 국회 소관 상임위원회의 심의를 거쳐야 한다.
④ 고용노동부장관은 필요하다고 인정하면 관계 행정기관 또는 공공기관의 장에게 기본계획의 수립에 필요한 자료의 제출을 요청할 수 있다.

> **해설** 고용노동부장관은 고용정책심의회의 심의를 거쳐 기본계획을 수립하고 기본계획을 수립한 때에는 지체 없이 국회 소관 상임위원회에 보고하여야 한다. 즉, 국회에는 '심의'가 아니라 '보고'이다.

10 고용상 연령차별 및 고령자고용촉진에 관한 법률상 고령자고용촉진 기본계획에 대한 설명으로 틀린 것은?

① 고용노동부장관은 고령자의 고용촉진에 관한 기본계획(이하 "기본계획"이라 한다)을 관계 중앙기관의 장과 협의하여 5년마다 수립하여야 한다.
② 기본계획에는 직전 기본계획에 대한 평가가 포함되어야 한다.
③ 고용노동부장관은 기본계획을 수립할 때에는 「고용정책 기본법」 제10조에 따른 고용정책심의회의 심의를 거쳐야 한다.
④ 고용노동부장관이 기본계획을 수립한 때에는 국무회의에 보고하여야 한다.

> **해설** 고용노동부장관은 고용정책심의회의 심의를 거쳐 기본계획을 수립하고 기본계획을 수립한 때에는 지체 없이 국회 소관 상임위원회에 보고하여야 한다.

② 고용상 연령차별금지

11 고용상 연령차별금지 및 고령자고용촉진에 관한 법률에 대한 설명으로 틀린 것은?

① 고용노동부장관은 고령자의 고용촉진에 관한 기본계획을 관계 중앙기관의 장과 협의하여 5년마다 수립하여야 한다.
② 모집·채용 등에서 연령차별을 당한 사람은 노동위원회에 그 내용을 진정할 수 있다.
③ 고용노동부장관은 연령차별행위를 한 사업주에게 시정명령을 한 경우 그 시정명령의 이행상황을 제출할 것을 요구할 수 있다.
④ 피해자는 연령차별행위를 한 사업주가 시정명령을 이행하지 아니하면 고용노동부장관에게 신고할 수 있다.

> **해설** 고용상 연령차별에 대한 진정은 국가인권위원회에 할 수 있고, 인권위원회는 차별이라고 인정되는 경우 시정을 권고할 수 있다. 권고를 이행하지 않는 사업주에 대해서는 고용노동부장관이 시정명령을 행할 수 있다.

12 고용상 연령차별금지 및 고령자고용촉진에 관한 법률상 연령차별에 해당되는 것은?

① 이 법이나 다른 법률에 따라 근로계약, 취업규칙, 단체협약 등에서 정년을 설정한 경우
② 이 법이나 다른 법률에 따라 특정 연령집단의 고용 유지·촉진을 위한 지원조치를 하는 경우
③ 근속기간의 차이를 고려하여 임금이나 임금 외의 금품과 복리후생에서 합리적인 차등을 두는 경우
④ 사업주가 배치·전보를 함에 있어 합리적인 이유 없이 연령 외의 기준을 적용하여 특정 연령집단에 특히 불리한 결과를 초래하는 경우

> **정답** 09. ③ 10. ④ 11. ② 12. ④

 합리적인 이유 없이 연령 외의 기준을 적용하여 특정 연령집단에 특히 불리한 결과를 초래하는 경우에는 연령차별로 본다. 이를 간접차별이라 한다. 가령 자녀 있는 사람만 승진시킨다고 하면 자녀 없는 나이 어린 사람들이 상대적으로 승진이 안 되는 결과가 초래되는 데 자녀의 유무가 승진의 합리적인 이유가 될 수 없으므로 차별이다. 직접 연령을 제한하지는 않았지만 내용적으로 특정 연령을 차별한다는 점에서 간접차별로도 불린다.

[고용상 연령차별금지 및 고령자고용촉진에 관한 법률 제4조의4(모집ㆍ채용 등에서의 연령차별 금지)]
① 사업주는 다음 각 호의 분야에서 합리적인 이유 없이 연령을 이유로 근로자 또는 근로자가 되려는 사람을 차별하여서는 아니 된다.
  1. 모집ㆍ채용
  2. 임금, 임금 외의 금품 지급 및 복리후생
  3. 교육ㆍ훈련
  4. 배치ㆍ전보ㆍ승진
  5. 퇴직ㆍ해고
② ①을 적용할 때 합리적인 이유 없이 연령 외의 기준을 적용하여 특정 연령집단에 특히 불리한 결과를 초래하는 경우에는 연령차별로 본다.

[고용상 연령차별금지 및 고령자고용촉진에 관한 법률 제4조의5(차별금지의 예외)]
다음 각 호의 어느 하나에 해당하는 경우에는 연령차별로 보지 아니한다.
  1. 직무의 성격에 비추어 특정 연령기준이 불가피하게 요구되는 경우
  2. 근속기간의 차이를 고려하여 임금이나 임금 외의 금품과 복리후생에서 합리적인 차등을 두는 경우
  3. 이 법이나 다른 법률에 따라 근로계약, 취업규칙, 단체협약 등에서 정년을 설정하는 경우
  4. 이 법이나 다른 법률에 따라 특정 연령집단의 고용유지ㆍ촉진을 위한 지원조치를 하는 경우

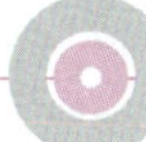

③ 정부의 고령자 취업지원

★★★ 2011년, 2013년, 2015년, 2019년, 2023년 직업상담사 1급

13 고용상 연령차별금지 및 고령자고용촉진에 관한 법률상 고령자인재은행으로 지정된 무료직업소개사업을 하는 비영리법인이나 공익단체의 사업범위에 해당하지 않는 것은?

① 고령자에 대한 구인ㆍ구직 등록, 직업지도 및 취업알선
② 취업희망 고령자에 대한 직업상담
③ 고령자의 직업능력개발훈련
④ 정년퇴직자의 재취업상담

 고령자인재은행은 무료직업소개사업을 하는 비영리법인이나 공익단체 또는 직업훈련을 위탁받을 수 있는 기관이 지정을 받을 수 있는데, 지정을 받는 경우 사업은 전공인 사업에 한하여 할 수 있다. 즉, 무료직업소개사업을 하는 비영리법인 공인단체는 고령자인재은행을 지정받는다고 해도 전공이 아닌 훈련사업은 할 수 없다.

[고용상 연령차별금지 및 고령자고용촉진에 관한 법률 제11조(고령자인재은행의 지정)]
① 고용노동부장관은 다음 각 호의 단체 또는 기관 중 고령자의 직업지도와 취업알선 또는 직업능력개발훈련 등에 필요한 전문인력과 시설을 갖춘 단체 또는 기관을 고령자인재은행으로 지정할 수 있다.
  ㉠ 「직업안정법」에 따라 무료직업소개사업을 하는 비영리법인이나 공익단체
  ㉡ 「국민 평생 직업능력 개발법」에 따라 직업능력개발훈련을 위탁받을 수 있는 대상이 되는 기관
② ①의 ㉠ 및 ㉡ 모두 해당하는 고령자인재은행의 사업범위는 다음 각 호의 사업 모두로 하고, ①의 ㉠에만 해당하는 고령자인재은행의 사업범위는 ㉠, ㉡ 및 ㉣의 사업만으로 하며, ①의 ㉡에만 해당하는 고령자인재은행의 사업범위는 ㉢ 및 ㉣의 사업만으로 한다.
  ㉠ 고령자에 대한 구인ㆍ구직 등록, 직업지도 및 취업알선
  ㉡ 취업희망 고령자에 대한 직업상담 및 정년퇴직자의 재취업상담
  ㉢ 고령자의 직업능력개발훈련
  ㉣ 그 밖에 고령자고용촉진을 위하여 필요하다고 인정하여 고용노동부장관이 정하는 사업

14 고용상 연령차별금지 및 고령자고용촉진에 관한 법령상 고령자인재은행의 지정기준으로 옳은 것은?

① 고령자 구인·구직 또는 직업능력개발훈련에 관한 상담을 위한 별도의 상담실을 설치할 것
② 인터넷을 통하여 고령자 구인·구직 또는 직업능력개발에 관한 상담을 하기 위한 개인용 컴퓨터를 3대 이상 설치할 것
③ 고령자 구인·구직 또는 직업능력개발에 관한 상담을 하기 위한 전화전용회선을 3회선 이상 설치할 것
④ 고령자 구인·구직 또는 직업능력개발훈련에 관한 상담전담자가 2인 이상일 것

해설 [고령자인재은행 지정기준]

구분	지정기준
시설 및 장비	• 고령자 구인·구직 또는 직업능력개발훈련에 관한 상담을 하기 위한 전화전용회선을 1회선 이상 설치할 것 • 인터넷을 통하여 고령자 구인·구직 또는 직업능력개발훈련에 관한 상담을 하기 위한 개인용 컴퓨터를 1대 이상 설치할 것 • 고령자 구인·구직 또는 직업능력개발훈련에 관한 상담을 위한 별도의 상담실을 설치할 것
인력	• 고령자 구인·구직 또는 직업능력개발훈련에 관한 상담전담자가 1명 이상일 것 • 그 밖에 고령자인재은행의 운영을 지원하는 인력이 1명 이상일 것

15 고용상 연령차별금지 및 고령자고용촉진에 관한 법률상 고령자 고용정보센터의 업무내용이 아닌 것은?

① 고령자에 대한 구인·구직등록, 직업지도 및 취업알선
② 취업희망 고령자에 대한 직업상담 및 정년퇴직자의 재취업상담
③ 고령자에 대한 직장 적응훈련 및 교육

④ 정년연장과 고령자 고용에 관한 인사·노무관리와 작업환경 개선 등에 관한 기술적 상담·교육 및 지도

해설 취업희망 고령자에 대한 직업상담 및 정년퇴직자의 재취업상담은 고령자인재은행의 업무이다.

[고용상 연령차별금지 및 고령자고용촉진에 관한 법률 제10조(고령자 고용정보센터의 운영)]
① 고용노동부장관등은 고령자의 직업지도와 취업알선 등의 업무를 효율적으로 수행하기 위하여 필요한 지역에 고령자 고용정보센터를 운영할 수 있다.
② 고령자 고용정보센터는 다음 각 호의 업무를 수행한다.
　1. 고령자에 대한 구인·구직 등록, 직업지도 및 취업알선
　2. 고령자에 대한 직장 적응훈련 및 교육
　3. 정년연장과 고령자 고용에 관한 인사·노무관리와 작업환경 개선 등에 관한 기술적 상담·교육 및 지도
　4. 고령자고용촉진을 위한 홍보
　5. 그 밖에 고령자고용촉진을 위하여 필요한 업무

16 고용상 연령차별금지 및 고령자고용촉진에 관한 법률상 고령자 고용정보센터가 수행하는 업무를 모두 고른 것은?

> ㉠ 고령자에 대한 구인·구직 등록, 직업지도 및 취업알선
> ㉡ 고령자에 대한 직장 적응훈련 및 교육
> ㉢ 정년연장과 고령자 고용에 관한 인사·노무관리와 작업환경 개선 등에 관한 기술적 상담·교육 및 지도
> ㉣ 고령자고용촉진을 위한 홍보

① ㉠, ㉢
② ㉠, ㉡, ㉣
③ ㉡, ㉢, ㉣
④ ㉠, ㉡, ㉢, ㉣

해설 [고령자 고용정보센터의 업무]
㉠ 고령자에 대한 구인·구직 등록, 직업지도 및 취업알선
㉡ 고령자에 대한 직장 적응훈련 및 교육
㉢ 정년연장과 고령자 고용에 관한 인사·노무관리와 작업환경 개선 등에 관한 기술적 상담·교육 및 지도
㉣ 고령자 고용촉진을 위한 홍보
㉤ 그 밖에 고령자 고용촉진을 위하여 필요한 업무

정답 14. ① 15. ② 16. ④

17 고용상 연령차별금지 및 고령자고용촉진에 관한 법령상 고령자 고용정보센터의 업무로 명시되지 않은 것은?

① 고령자에 대한 구인·구직 등록
② 고령자고용촉진을 위한 홍보
③ 고령자에 대한 직장 적응훈련 및 교육
④ 고령자의 실업급여 지급

> **해설** 실업급여 지급은 직업안정기관(고용센터)의 업무이다.

18 고용상 연령차별금지 및 고령자고용촉진에 관한 법률상 정부의 고령자 취업지원에 관한 설명으로 틀린 것은?

① 고용노동부장관은 고령자의 고용을 촉진하기 위하여 고령자와 관련한 구인·구직정보를 수집하고 구인·구직의 개척에 노력하여야 하며 관련 정보를 구직자·사업주 및 관련 단체 등에 제공하여야 한다.
② 고용노동부장관은 고령자의 고용을 촉진하고 직업능력의 개발·향상을 위하여 고령자를 대상으로 대통령령으로 정하는 바에 따라 직업능력개발훈련을 실시하여야 한다.
③ 고용노동부장관은 필요하다고 인정하면 고령자를 고용하고 있거나 고용하려는 사업주에게 채용, 배치, 작업시설, 작업환경 등 고령자의 고용관리에 관한 기술적 사항에 대하여 상담·자문, 그 밖에 필요한 지원을 하여야 한다.
④ 고용노동부장관은 사업주가 고령자의 고용촉진을 위하여 필요한 교육이나 직업훈련 등을 실시할 경우 그 비용의 전부를 지원하여야 한다.

> **해설** 고용노동부장관은 사업주가 고령자의 고용촉진을 위하여 필요한 교육이나 직업훈련 등을 실시할 경우 그 비용의 전부 또는 일부를 지원할 수 있다. 즉, '전부'가 아니라 '전부 또는 일부'이고, '지원해야 한다'가 아니라 '지원할 수 있다'이다.

❹ 고령자 고용촉진 및 고용안정

19 고용상 연령차별금지 및 고령자고용촉진에 관한 법률상 우선고용직종에 대한 설명으로 틀린 것은?

① 고용노동부장관은 고용정책심의회의 심의를 거쳐 우선고용직종을 선정하고, 선정된 우선고용직종을 고시하여야 한다.
② 공공기관의 장은 그 기관에 우선고용직종이 확대됨에 따라 신규인력을 채용하는 경우 고령자와 준고령자를 우선적으로 고용하도록 노력하여야 한다.
③ 고용노동부장관은 우선고용직종의 개발 등 고령자와 준고령자의 고용촉진에 필요한 사항에 대하여 조사·연구하고 관련 자료를 정리·배포하여야 한다.
④ 공공기관의 장은 그 기관의 우선고용직종에 관한 고용현황을 매년 고용노동부장관에게 제출하여야 한다.

> **해설** 공공기관의 장은 우선고용직종에 고령자와 준고령자를 우선적으로 '고용해야 하고', 그 외의 사업주는 노력하여야 한다.
>
> **[고용상 연령차별금지 및 고령자고용촉진에 관한 법률 제15조(우선고용직종의 선정 등)]**
> ① 고용노동부장관은 고용정책심의회의 심의를 거쳐 고령자와 준고령자를 고용하기에 적합한 직종(이하 "우선고용직종"이라 한다)을 선정하고, 선정된 우선고용직종을 고시하여야 한다.
>
> **[고용상 연령차별금지 및 고령자고용촉진에 관한 법률 제16조(우선고용직종의 고용)]**
> ① 국가 및 지방자치단체, 「공공기관의 운영에 관한 법률」에 따라 공공기관으로 지정받은 기관의 장은 그 기관의 우선고용직종에 대통령령으로 정하는 바에 따라서 고령자와 준고령자를 우선적으로 고용하여야 한다.
> ② ①에서 규정한 자 외의 사업주는 우선고용직종에 고령자와 준고령자를 우선적으로 고용하도록 노력하여야 한다.

20 고용상 연령차별금지 및 고령자고용촉진에 관한 법률상 우선고용직종에 관한 설명으로 옳은 것은?

① 고용정책심의회는 우선고용직종을 선정하고, 선정된 우선고용직종을 대통령령으로 명시하여야 한다.

② 고용노동부장관은 정당한 사유 없이 고용 확대요청에 따르지 아니한 자에게 그 내용을 공표하거나 직업안정업무를 하는 행정기관에서 제공하는 직업지도와 취업알선 등 고용 관련 서비스를 중단할 수 있다.

③ 모든 사업주는 우선고용직종이 신설되거나 확대됨에 따라 신규인력을 채용하는 경우 고령자와 준고령자를 우선적으로 고용하여야 한다.

④ 공공기관의 장은 그 기관의 우선고용직종에 관한 고용현황을 고용노동부령으로 정하는 바에 따라 매월 고용노동부장관에게 제출하여야 한다.

해설 ① **고용노동부장관**은 고용정책심의회의 심의를 거쳐 우선고용직종을 **선정**하고, 선정된 우선고용직종을 **고시**하여야 한다.
③ **국가 및 지방자치단체**, 「**공공기관의 운영에 관한 법률**」에 따라 **공공기관**으로 지정받은 기관의 장은 그 기관의 우선고용직종에 대통령령으로 정하는 바에 따라서 **고령자와 준고령자를 우선적으로 고용하여야 한다**.
④ 공공기관 등의 장은 그 기관의 우선고용직종에 관한 고용현황을 고용노동부령으로 정하는 바에 따라 **매년** 고용노동부장관에게 제출하여야 한다.

21 고용상 연령차별금지 및 고령자고용촉진에 관한 법률상 우선고용직종에 고령자와 준고령자를 우선적으로 고용하여야 할 의무가 있는 고용주체가 아닌 것은?

① 국가

② 지방자치단체

③ 「공공기관의 운영에 관한 법률」에 따라 공공기관으로 지정받은 기관의 장

④ 상시 500명 이상의 근로자를 사용하는 사업의 사업주

해설 **국가 및 지방자치단체**, 「**공공기관의 운영에 관한 법률**」에 따라 **공공기관**으로 지정받은 기관의 장은 그 기관의 우선고용직종에 대통령령으로 정하는 바에 따라서 고령자와 준고령자를 우선적으로 고용하여야 한다. 그 외의 사업주는 노력해야 한다.

22 다음 (   ) 안에 알맞은 것은?

> 「고용상 연령차별금지 및 고령자고용촉진에 관한 법률」상 상시 (   ) 이상의 근로자를 사용하는 사업장의 사업주는 기준고용률 이상의 고령자를 고용하도록 노력하여야 한다.

① 50명   ② 100명
③ 200명   ④ 300명

해설 기준고용률 이상 고용하도록 노력해야 하는 사업장은 상시 근로자 수 **300인 이상** 사업장이다.

⑤ 정년

★ **2012년 직업상담사 1급**

23 고용상 연령차별금지 및 고령자고용촉진에 관한 법률상 정년에 관한 설명으로 틀린 것은?

① 사업주가 근로자의 정년을 정하는 경우에는 그 정년이 60세 이상이 되도록 노력해야 한다.

② 사업주는 고령자인 정년퇴직자를 재고용할 때 당사자 간의 합의에 의하여 「근로기준법」에 따른 퇴직금과 연차유급휴가일수 계산을 위한 계속근로기간을 산정할 때 종전의 근로기간을 제외할 수 있으며 임금의 결정을 종전과 달리할 수 있다.

③ 고용노동부장관은 정년퇴직자를 재고용하거나 그 밖에 정년퇴직자의 고용안정에 필요한 조치를 하는 사업주에게 장려금 지급 등 필요한 지원을 할 수 있다.

④ 고용노동부장관은 정년연장에 따른 사업체의 인사와 임금에 대하여 상담. 자문, 그 밖에 필요한 협조와 지원을 하여야 한다.

> **해설** 정년은 60세 이상 정하도록 '노력'하는 것이 아니라 **반드시 60세 이상으로 정해야 한다.**
>
> **[고용상 연령차별금지 및 고령자고용촉진에 관한 법률 제19조(정년)]**
> ① 사업주는 근로자의 정년을 60세 이상으로 정하여야 한다.
> ② 사업주가 제1항에도 불구하고 근로자의 정년을 60세 미만으로 정한 경우에는 정년을 60세로 정한 것으로 본다.

★ **2010년 직업상담사 1급**

24 고용상 연령차별금지 및 고령자고용촉진에 관한 법률상 정년에 관한 설명으로 틀린 것은?

① 사업주는 근로자의 정년을 60세 이상으로 정하여야 한다.

② 상시 300인 이상의 근로자를 사용하는 사업주는 매년 정년제도의 운용현황을 고용노동부장관에게 제출하여야 한다.

③ 고용노동부장관은 정년연장에 따른 사업체의 인사와 임금에 대하여 상담. 자문, 그 밖에 필요한 협조와 지원을 하여야 한다.

④ 고용노동부장관은 상시 300명 이상의 근로자를 사용하는 사업주로서 정년을 현저히 낮게 정한 사업주에게 정년의 연장을 권고할 수 있으며, 정당한 사유 없이 그 권고를 따르지 아니한 경우 과태료를 부과할 수 있다.

> **해설** 고용노동부장관은 사업주가 권고를 정당한 사유 없이 따르지 아니한 경우 그 **내용을 공표**할 수 있다. 과태료와 같은 직접적인 제재는 없다.

정답 23. ① 24. ④

제7장

직업안정법

제1절 총칙

01 균등처우

누구든지 성별, 연령, 종교, 신체적 조건, 사회적 신분 또는 혼인 여부 등을 이유로 직업소개 또는 직업지도를 받거나 고용관계를 결정할 때 차별대우를 받지 아니한다.

02 용어의 정의

① **직업안정기관** : 직업소개, 직업지도 등 직업안정업무를 수행하는 **지방고용노동행정기관**

② **직업소개** : 구인 또는 구직의 신청을 받아 구직자 또는 구인자(求人者)를 탐색하거나 구직자를 모집하여 구인자와 구직자 간에 고용계약이 성립되도록 **알선**하는 것

③ **직업지도** : 취업하려는 사람이 그 능력과 소질에 알맞은 **직업을 쉽게 선택할 수 있도록** 하기 위한 **직업적성검사, 직업정보의 제공, 직업상담**, 실습, 권유 또는 조언, 그 밖에 직업에 관한 지도

④ **무료직업소개사업** : 수수료, 회비 또는 그 밖의 **어떠한 금품도 받지 아니하고 하는** 직업소개사업

⑤ **유료직업소개사업** : **무료직업소개사업이 아닌** 직업소개사업

⑥ **모집** : **근로자를 고용하려는 자**가 취업하려는 사람에게 피고용인이 되도록 **권유**하거나 다른 사람으로 하여금 권유하게 하는 것

⑦ **근로자공급사업** : 공급계약에 따라 근로자를 타인에게 사용하게 하는 사업. 다만, 「파견근로자 보호 등에 관한 법률」에 따른 **근로자파견사업은 제외**한다.

⑧ **직업정보제공사업** : 신문, 잡지, 그 밖의 간행물 또는 유선·무선방송이나 컴퓨터통신 등으로 구인·구직정보 등 직업정보를 제공하는 사업

⑨ **고용서비스** : 구인자 또는 구직자에 대한 **고용정보의 제공, 직업소개, 직업지도 또는 직업능력개발 등 고용을 지원하는 서비스**

03 지방자치단체의 국내 직업소개업무 등

지방자치단체의 장은 필요한 경우 구인자 · 구직자에 대한 **국내 직업소개, 직업지도, 직업정보 제공업무**를 할 수 있다.

04 고용서비스 우수기관 인증

① 고용노동부장관은 무료직업소개사업, 유료직업소개사업, 직업정보제공사업 등의 어느 하나에 해당하는 자로서 구인자 · 구직자가 편리하게 이용할 수 있는 시설과 장비를 갖추고 직업소개 또는 취업정보 제공 등의 방법으로 구인자 · 구직자에 대한 고용서비스 향상에 기여하는 기관을 고용서비스 우수기관으로 인증할 수 있다.

② 고용노동부장관은 ①에 따른 **고용서비스 우수기관 인증업무를 대통령령으로 정하는 전문 기관(한국고용정보원 등)에 위탁할 수 있다.**

③ 고용서비스 우수기관 인증의 유효기간은 **인증일로부터 3년**으로 한다.

④ 고용서비스 우수기관으로 인증을 받은 자가 인증의 유효기간이 지나기 전에 다시 인증을 받으려면 유효기간 만료 **60일 전까지 고용노동부장관**에게 재인증을 신청하여야 한다.

05 사업의 절차

① **직업소개사업** ┬ 무료 : 신고 ┬ 국내 : 특별자치도지사 · 시장 · 군수 및 구청장
　　　　　　　　└ 유료 : 등록 └ 국외 : 고용노동부장관

② 근로자모집 : 국외모집은 고용노동부장관에 신고

③ 직업정보제공사업 : 고용노동부장관에 신고

④ 근로자공급사업 : 고용노동부장관의 허가

제2절 직업소개

01 직업안정기관의 직업소개

(1) 구인 · 구직신청

① 구인신청은 구인자의 **사업장소재지를 관할**하는 직업안정기관에 하여야 한다.

② 직업안정기관의 장은 구인신청의 수리(受理)를 거부하여서는 아니 된다. 다만, 다음 각 호의 어느 하나에 해당하는 경우에는 그러하지 아니하다

ⓘ 구인신청의 내용이 **법령을 위반**한 경우

ⓛ 구인신청의 내용 중 임금, 근로시간, 그 밖의 근로조건이 통상적인 **근로조건에 비하여 현저하게 부적당**하다고 인정되는 경우

ⓒ 구인자가 **구인조건을 밝히기를 거부**하는 경우

ⓔ 구인자가 구인신청 당시 「근로기준법」에 따라 **명단이 공개 중인 체불사업주**인 경우

③ 직업안정기관의 장은 구직신청의 수리를 거부하여서는 아니 된다. 다만, 그 신청내용이 법령을 위반한 경우에는 그러하지 아니하다.

(2) 구인·구직신청의 유효기간 등

① 수리된 **구인신청의 유효기간은 15일 이상 2개월 이내에서 구인업체가 정한다.**

② 수리된 **구직신청의 유효기간은 3개월로** 한다. 다만, 구직급여 수급자, 직업훈련 또는 직업안정기관의 취업지원 프로그램에 참여하는 구직자의 구직신청의 유효기간은 해당 프로그램의 종료시점을 고려하여 직업안정기관의 장이 따로 정할 수 있고, **국외 취업희망자의 구직신청의 유효기간은 6개월로 한다.**

③ **직업안정기관의 장은** 접수된 구인신청서 및 구직신청서를 **1년간 관리·보관**하여야 한다.

④ 직업안정기관의 장은 관할구역의 **읍·면·동사무소에 구인신청서와 구직신청서를 갖추어** 두어 구인자·구직자의 편의를 도모하여야 한다.

(3) 직업소개원칙

① 직업안정기관의 장은 구직자에게는 그 능력에 알맞은 직업을 소개하고, 구인자에게는 구인조건에 적합한 구직자를 소개하도록 노력하여야 한다.

② 직업안정기관의 장은 가능하면 구직자가 **통근할 수 있는 지역에서 직업을 소개**하도록 노력하여야 한다.

(4) 직업소개절차

직업안정기관의 장은 다음 각 호의 절차에 따라 직업소개를 하여야 한다.

① 구인·구직에 필요한 **기초적인 사항의 확인**

② 구인·구직신청의 **수리**

③ 구인·구직의 **상담**

④ 직업 또는 구직자의 **알선**

⑤ 취업 또는 **채용 여부의 확인**

(1) 국내 · 국외 구분

무료직업소개사업은 소개대상이 되는 근로자가 **취업하려는 장소를 기준**으로 하여 국내 무료직업소개사업과 국외 무료직업소개사업으로 구분한다.

(2) 신고 없이 무료직업소개사업을 할 수 있는 기관

① 「한국산업인력공단법」에 따른 **한국산업인력공단**이 하는 직업소개
② 「장애인고용촉진 및 직업재활법」에 따른 **한국장애인고용공단**이 장애인을 대상으로 하는 직업소개
③ 교육 관계법에 따른 각급 **학교**의 장, 「국민 평생 직업능력 개발법」에 따른 **공공직업훈련시설**의 장이 재학생 · 졸업생 또는 훈련생 · 수료생을 대상으로 하는 직업소개
④ 「산업재해보상보험법」에 따른 **근로복지공단**이 업무상 재해를 입은 근로자를 대상으로 하는 직업소개

03 유료직업소개사업

(1) 설치

유료직업소개사업을 하려는 자는 **둘 이상의 사업소를 둘 수 없다.** 다만, 사업소별로 직업소개 또는 직업상담에 관한 경력, 자격 또는 소양이 있다고 인정되는 사람 등 대통령령으로 정하는 사람을 **1명 이상 고용하는 경우에는 그러하지 아니하다.**

(2) 요금

① 유료직업소개사업을 하는 자는 고용노동부장관이 **결정 · 고시한 요금** 외의 금품을 받아서는 아니 된다. 다만, 고용노동부령으로 정하는 **고급 · 전문인력을 소개하는 경우에는 당사자 사이에 정한 요금을 구인자로부터 받을 수 있다.**
② 고용노동부장관이 요금을 결정하려는 경우에는 「고용정책 기본법」에 따른 **고용정책심의회의 심의**를 거쳐야 한다.

(3) 유료직업소개사업 등록자격

① 「국가기술자격법」에 의한 직업상담사 1급 또는 2급의 국가기술자격이 있는 자
② 직업소개사업의 사업소, 「국민 평생 직업능력 개발법」에 의한 직업능력개발훈련시설, 「초 · 중등교육법」 및 「고등교육법」에 의한 학교, 「청소년기본법」에 의한 청소년단체에서 직업상담 · 직업지도 · 직업훈련 기타 직업소개와 관련이 있는 상담업무에 **2년 이상** 종사한 경력이 있는 자

③ 「공인노무사법」의 규정에 의한 공인노무사 자격을 가진 자

④ 조합원이 100인 이상인 단위노동조합, 산업별 연합단체인 노동조합 또는 총연합단체인 노동조합에서 노동조합업무전담자로 **2년 이상** 근무한 경력이 있는 자

⑤ 상시 사용근로자 300인 이상인 사업 또는 사업장에서 노무관리업무전담자로 **2년 이상** 근무한 경력이 있는 자

⑥ 국가공무원 또는 지방공무원으로서 **2년 이상** 근무한 경력이 있는 자

⑦ 「초·중등교육법」에 의한 교원자격증을 가지고 있는 자로서 교사근무경력이 **2년 이상**인 자

⑧ 「사회복지사업법」에 따른 사회복지사자격증을 가진 사람

(4) 선급금의 수령금지

유료직업소개사업을 하는 자 및 그 종사자는 구직자에게 제공하기 위하여 **구인자로부터 선급금을 받아서는 아니 된다.**

(5) 연소자에 대한 직업소개의 제한

무료직업소개사업 또는 유료직업소개사업을 하는 자와 그 종사자는 구직자의 연령을 확인하여야 하며, **18세 미만의 구직자를 소개하는 경우에는 친권자나 후견인의 취업동의서를 받아야 한다.**

(6) 직업상담원

① 유료직업소개사업을 하는 자는 사업소별로 고용노동부령으로 정하는 자격을 갖춘 **직업상담원을 1명 이상** 고용하여야 한다.

② 유료직업소개사업의 종사자 중 **직업상담원이 아닌 사람은 직업소개에 관한 사무를 담당하여서는 아니 된다.**

(7) 유료직업소개사업자의 준수사항

① 구인자의 사업이 행정관청의 허가·신고·등록 등을 필요로 하는 사업인 경우에는 그 허가·신고·등록 등의 여부를 확인할 것

② 직업소개사업의 광고를 할 때에는 직업소개소의 명칭·전화번호·위치 및 등록번호를 기재할 것

③ **요금은 구직자의 근로계약이 체결된 후에 받을 것.** 다만, 회비형식으로 요금을 받고 일용근로자를 소개하는 경우 또는 고용노동부령으로 정하는 고급·전문인력을 소개하는 경우에는 그러하지 아니하다.

④ 구인자가 구인신청 당시 「근로기준법」에 따라 명단이 공개 중인 체불사업주인 경우 구직자에게 그 사실을 고지할 것

(8) 겸업금지

직업소개사업자(법인의 임원도 포함한다) 또는 그 종사자는 다음 각 호의 어느 하나에 해당하는 사업을 경영할 수 없다.
① 「결혼중개업의 관리에 관한 법률」의 **결혼중개업**
② 「공중위생관리법」의 **숙박업**
③ 「식품위생법」의 **식품접객업 중 대통령령으로 정하는 영업**(단란주점영업, 유흥주점영업 등)

(9) 유료직업소개업자의 장부 비치기간

유료직업소개사업을 하는 자는 종사자 명부, 구인·구직신청서 등의 장부 및 서류를 작성하여 **2년 동안** 갖추어 두어야 한다.

제3절 직업지도

직업안정기관의 장은 다음 각 호의 어느 하나에 해당하는 사람에게 직업지도를 하여야 한다.
① **새로 취업하려는 사람**
② **신체 또는 정신에 장애가 있는 사람**
③ 그 밖에 취업을 위하여 특별한 지도가 필요한 사람

제4절 직업정보제공사업

01 직업정보제공사업자의 준수사항

① 구인자의 업체명, 성명 또는 사업자등록증 등을 확인할 수 없거나 **구인자의 연락처가 사서함 등으로 표시되어 구인자의 신원 또는 정보가 확실하지 아니한 구인광고를 게재하지 아니할 것**
② 직업정보제공매체의 구인·구직의 광고에는 **구인·구직자의 주소 또는 전화번호를 기재**하고, **직업정보제공사업자의 주소 또는 전화번호는 기재하지 아니할 것**
③ 직업정보제공매체 또는 직업정보제공사업의 광고문에 "(무료)**취업상담**"·"**취업추천**"·"**취업지원**" 등의 표현을 사용하지 아니할 것
④ 구직자의 **이력서 발송을 대행하거나 구직자에게 취업추천서를 발부하지 아니할 것**
⑤ 직업정보제공매체에 정보이용자들이 알아보기 쉽게 사업의 신고로 부여받은 신고번호를 표시할 것

⑥ 「최저임금법」에 따라 결정 고시된 최저임금에 미달되는 구인정보, 「성매매알선 등 행위의 처벌에 관한 법률」에 따른 금지행위가 행하여지는 업소에 대한 구인광고를 게재하지 아니할 것
⑦ 구인자가 구인신청 당시 「근로기준법」에 따라 명단이 공개 중인 체불사업주인 경우 그 사실을 구직자가 알 수 있도록 게재할 것

제5절 근로자의 모집

01 모집방법 등의 개선 권고

① **고용노동부장관**은 건전한 모집질서를 확립하기 위하여 필요하다고 인정하는 경우에는 근로자 **모집방법 등의 개선을 권고**할 수 있다.
② 고용노동부장관이 ①에 따른 권고를 하려는 경우에는 **고용정책심의회의 심의**를 거쳐야 한다.

02 금품수령의 금지

근로자를 모집하려는 자와 그 모집업무에 종사하는 자는 어떠한 명목으로든 **응모자로부터** 그 모집과 관련하여 금품을 받거나 그 밖의 이익을 취하여서는 아니 된다. 다만, 유료직업소개사업을 하는 자가 구인자의 의뢰를 받아 구인자가 제시한 조건에 맞는 자를 모집하여 직업소개한 경우에는 그러하지 아니하다.

제6절 근로자공급사업

01 근로자공급사업의 허가

① **고용노동부장관의 허가** : 누구든지 **고용노동부장관의 허가**를 받지 아니하고는 근로자공급사업을 하지 못한다.
② 허가 유효기간 : 근로자공급사업 허가의 **유효기간은 3년**으로 하되, 유효기간이 끝난 후 계속하여 근로자공급사업을 하려는 자는 고용노동부령으로 정하는 바에 따라 연장허가를 받아야 한다. 이 경우 연장허가의 유효기간은 **연장 전 허가의 유효기간이 끝나는 날부터 3년**으로 한다.
③ 허가를 받을 수 있는 자
　ⓣ **국내** 근로자공급사업의 경우는 「노동조합 및 노동관계조정법」에 따른 **노동조합**

ⓛ 국외 근로자공급사업의 경우는 국내에서 제조업·건설업·용역업, 그 밖의 서비스업을 하고 있는 자. 다만, 연예인을 대상으로 하는 국외 근로자공급사업의 허가를 받을 수 있는 자는 「민법」에 따른 비영리법인으로 한다.

02 국외 공급 근로자의 보호

① **공급대상 국가로부터 취업자격을 취득한 근로자**만을 공급할 것
② 공급 근로자를 공급계약 외의 업무에 종사하게 하거나 공급계약기간을 초과하여 체류하게 하지 아니할 것
③ **국외의 임금수준** 등을 고려하여 공급 근로자에게 적정 임금을 보장할 것
④ 임금은 **매월 1회 이상 일정한 기일을 정하여 통화로 직접 해당 근로자에게 그 전액을 지급**할 것
⑤ 다음 각 목의 사항을 작성·관리할 것
   ⓐ 공급 근로자의 출국일자, 국외 취업기간, 현 근무처 및 귀국일자 등을 기록한 **명부**
   ⓛ 공급 근로자별 임금, 월별 임금 지급방법 및 지급일자 등을 기록한 **임금대장**
   ⓒ 공급 근로자의 **고충처리상황**

제7절 거짓 구인광고

직업소개사업, 근로자 모집 또는 근로자공급사업을 하는 자나 이에 종사하는 사람은 거짓 구인광고를 하거나 거짓 구인조건을 제시하여서는 아니 된다.
① 구인을 가장하여 **물품판매·수강생모집·직업소개·부업알선·자금모금** 등을 행하는 광고
② 거짓 구인을 목적으로 **구인자의 신원(업체명 또는 성명)을 표시하지 아니**하는 광고
③ 구인자가 제시한 직종·고용형태·근로조건 등이 **응모할 때의 그것과 현저히 다른** 광고
④ 기타 광고의 **중요내용이 사실과 다른** 광고

제8절 손해배상책임의 보장

01 손해배상책임

유료직업소개사업을 하는 자 또는 국외 근로자공급사업을 하는 자는 직업소개, 근로자 공급을 할 때 고의 또는 과실로 근로지 또는 근로자를 소개·공급받은 자에게 손해를 발생하게 한 경우에는 그 손해를 배상할 책임이 있다.

① 손해배상책임을 보장하기 위하여 유료직업소개사업자 등은 대통령령으로 정하는 바에 따라 보증보험 또는 공제에 가입하거나 예치금을 금융기관에 예치하여야 한다.

② **국내 유료직업소개사업자는 사업소별로 1,000만원**, 국외 유료직업소개사업자는 1억원, 국외 근로자공급사업자는 2억원을 금융기관에 예치하거나 보증보험에 가입하여야 한다.

❶ 총칙

★ **2003년 직업상담사 1급**

01 다음 중 직업안정법이 규율하는 사항에 해당하지 않는 것은?

① 근로자파견사업
② 근로자공급사업
③ 국가 및 지방자치단체의 직업소개
④ 민간이 행하는 직업소개사업

> **해설** 근로자파견사업은 「파견근로자 보호 등에 관한 법률」에 규정되어 있다.

★★ **2013년, 2021년 직업상담사 1급**

02 직업안정법에서 사용하는 용어의 정의로 틀린 것은?

① "직업소개"란 구인 또는 구직자의 신청을 받아 구직자 또는 구인자를 탐색하거나 구직자를 모집하여 구인자와 구직자 간에 고용계약이 성립되도록 알선하는 것을 말한다.
② "직업안정기관"이란 직업소개, 직업지도 등 직업안정업무를 수행하는 지방고용노동행정기관과 직업알선 등의 업무를 수행하는 비영리법인과 공인단체를 말한다.
③ "모집"이란 근로자를 고용하려는 자가 취업하려는 사람에게 피고용인이 되도록 권유하거나 다른 사람으로 하여금 권유하게 하는 것을 말한다.

④ "고용서비스"란 구인자 또는 구직자에 대한 고용정보의 제공, 직업소개, 직업지도 또는 직업능력개발훈련 등 고용을 지원하는 서비스를 말한다.

> **해설** "직업안정기관"이란 직업소개, 직업지도 등 직업안정업무를 수행하는 지방고용노동행정기관(고용복지센터)을 의미하고, 직업알선 등의 업무를 수행하는 비영리법인과 공인단체는 포함되지 않는다.

★ **2022년 직업상담사 1급**

03 직업안정법상 용어의 정의로 옳지 않은 것은?

① "고용서비스"란 구인자 또는 구직자에 대한 고용정보의 제공, 직업소개, 직업지도 또는 직업능력개발훈련 등 고용을 지원하는 서비스를 말한다.
② "근로자공급사업"이란 근로자파견사업을 포함하여 공급계약에 따라 근로자를 타인에게 사용하게 하는 사업을 말한다.
③ "무료직업소개사업"이란 수수료, 회비 또는 그 밖에 어떠한 금품도 받지 아니하고 하는 직업소개사업을 말한다.
④ "직업소개"란 구인 또는 구직자의 신청을 받아 구직자 또는 구인자를 탐색하거나 구직자를 모집하여 구인자와 구직자 간에 고용계약이 성립되도록 알선하는 것을 말한다.

정답 01. ① 02. ② 03. ②

해설 "근로자공급사업"이란 공급계약에 따라 근로자를 타인에게 사용하게 하는 사업을 말한다. 다만, 「파견근로자보호 등에 관한 법률」에 따른 근로자파견사업은 제외한다.
[이해 Tip] 근로자공급사업과 파견은 비슷한 제도이기는 하나 사업을 허가받을 수 있는 주체와 요건이 서로 다른 별개의 제도이다.

★ 2019년 직업상담사 1급

04 직업안정법령상 직업안정기관의 장이 수집 · 제공해야 할 고용정보를 모두 고른 것은?

> ㉠ 경제 및 산업동향
> ㉡ 노동시장, 고용 · 실업동향
> ㉢ 직업에 관한 정보
> ㉣ 직업능력개발훈련에 관한 정보
> ㉤ 고용 관련 각종 지원 및 보조제도
> ㉥ 구인 · 구직에 관한 정보

① ㉠, ㉡, ㉤
② ㉠, ㉢, ㉣, ㉥
③ ㉡, ㉢, ㉣, ㉤, ㉥
④ ㉠, ㉡, ㉢, ㉣, ㉤, ㉥

해설 [직업안정법 시행령 제12조(고용정보 제공의 내용 등)]
① 직업안정기관의 장이 수집 · 제공하여야 할 고용정보는 다음 각 호와 같다.
1. 경제 및 산업동향
2. 노동시장, 고용 · 실업동향
3. 임금, 근로시간 등 근로조건
4. 직업에 관한 정보
5. 채용 · 승진 등 고용관리에 관한 정보
6. 직업능력개발훈련에 관한 정보
7. 고용 관련 각종 지원 및 보조제도
8. 구인 · 구직에 관한 정보

★★ 2011년, 2014년 직업상담사 1급

05 직업안정법상 직업안정기관의 사업내용이 아닌 것은?

① 직업소개
② 직업지도
③ 고용정보의 제공
④ 근로자 공급

★ 2014년 직업상담사 1급

06 직업안정법령상 직업안정기관에 해당하는 것은?

① 한국산업인력공단
② 한국고용정보원
③ 한국장애인고용공단
④ 지방고용노동행정기관

해설 "직업안정기관"이란 직업소개, 직업지도 등 직업안정업무를 수행하는 지방고용노동행정기관이다. 고용노동부의 고용복지센터가 이에 해당한다.

2 직업소개

★ 2011년 직업상담사 1급

07 직업안정법상 직업소개의 원칙과 가장 거리가 먼 것은?

① 적격자 소개의 원칙
② 근로조건의 구체적 설명원칙
③ 광역지역 소개의 원칙
④ 균등처우의 원칙

해설 직업안정기관의 장은 가능하면 구직자가 통근할 수 있는 지역에서 직업을 소개하는 것이 원칙이고, 통근할 수 있는 지역에서 구직자에게 그 희망과 능력에 알맞은 직업을 소개할 수 없을 경우 또는 구인자가 희망하는 구직자나 구인인원을 채울 수 없을 경우에는 광범위한 지역에 걸쳐 직업소개를 할 수 있다.

정답 04. ④ 05. ④ 06. ④ 07. ③

08 직업안정법령상 직업안정기관이 직업소개를 할 때 따라야 할 순서는?

> ㉠ 구인·구직에 필요한 기초적인 사항의 확인
> ㉡ 구인·구직의 상담
> ㉢ 구인·구직신청의 수리
> ㉣ 직업 또는 구직자의 알선
> ㉤ 취업 또는 채용 여부의 확인

① ㉠ → ㉡ → ㉢ → ㉣ → ㉤
② ㉠ → ㉢ → ㉡ → ㉣ → ㉤
③ ㉡ → ㉣ → ㉠ → ㉢ → ㉤
④ ㉢ → ㉡ → ㉠ → ㉣ → ㉤

해설 **[직업안정법 시행령 제4조(직업소개의 절차)]**
① 직업안정기관의 장은 다음 각 호의 절차에 따라 직업소개를 하여야 한다.
1. 구인·구직에 필요한 **기초적인 사항의 확인**
2. 구인·구직신청의 **수리**
3. 구인·구직의 **상담**
4. 직업 또는 구직자의 **알선**
5. 취업 또는 **채용 여부의 확인**

09 직업안정법상 직업정보제공사업을 하고자 하는 경우의 요건은?

① 고용노동부장관의 허가
② 고용노동부장관에게 신고
③ 시장·군수·구청장의 허가
④ 시장·군수·구청장의 신고

해설
㉠ 직업소개사업
- 무료 : 신고 — 국내 : 특별자치도지사·시장·군수 및 구청장
- 유료 : 등록 — 국외 : 고용노동부장관
㉡ 근로자모집 : **국외모집은 고용노동부장관에 신고**
㉢ **직업정보제공사업 : 고용노동부장관에 신고**
㉣ 근로자공급사업 : 고용노동부장관의 허가

10 직업안정법에 관한 설명으로 옳은 것은?

① 국내 무료직업소개사업을 하고자 하는 자는 시장·군수·구청장에게 등록하여야 한다.
② 국외 유료직업소개사업을 하고자 하는 자는 고용노동부장관에게 신고하여야 한다.
③ 근로자공급사업을 하고자 하는 자는 고용노동부장관의 허가를 받아야 한다.
④ 결혼상담 또는 중매행위를 업으로 하는 자는 직업소개사업을 할 수 있다.

해설 ① 국내 **무료직업소개사업**은 시장·군수·구청장에게 **신고**하여야 한다.
② 국외 **유료직업소개사업**은 **고용노동부장관**에게 등록해야 한다.
④ **결혼중개업**을 하는 자는 직업소개사업을 **겸업할 수** 없다.

11 직업안정법상 신고나 등록사항에 관한 내용 연결이 틀린 것은?

① 국외 무료직업소개사업 : 고용노동부장관에 신고
② 국내 무료직업소개사업 : 주된 사업소의 소재지를 관할하는 특별자치도지사·시장·구청장에게 신고
③ 국내 유료직업소개사업 : 주된 사업소의 소재지를 관할하는 특별자치도지사·시장·구청장에게 신고
④ 국외 유료직업소개사업 : 고용노동부장관에게 등록

해설 **국내 유료직업소개사업은 시·군·구청장에 등록**해야 한다. 직업소개사업은 국내·국외에 따라 고용노동부장관·시·군·구청장의 관할이 달라지고, 무·유료에 따라 신고·등록절차의 엄격함이 달라진다.

★★★ 2013년, 2015년, 2017년, 2020년, 2023년 직업상담사 1급

12 직업안정법상 신고를 하지 않고 무료직업소개사업을 할 수 없는 경우는?

① 「한국산업인력공단법」에 따른 한국산업인력공단이 하는 직업소개
② 「한국산업안전보건공단법」에 따른 한국안전보건공단이 업무상 재해를 입은 근로자를 대상으로 하는 직업소개
③ 「장애인고용촉진 및 직업재활법」에 따른 한국장애인고용공단이 장애인을 대상으로 하는 직업소개
④ 「국민 평생 직업능력 개발법」에 따른 공공직업훈련시설의 장이 재학생·졸업생 또는 훈련생·수료생을 대상으로 하는 직업소개

해설 [신고 없이 무료직업소개사업을 할 수 있는 경우]
㉠ 「한국산업인력공단법」에 따른 한국산업인력공단이 하는 직업소개
㉡ 「장애인고용촉진 및 직업재활법」에 따른 한국장애인고용공단이 장애인을 대상으로 하는 직업소개
㉢ 교육 관계법에 따른 각급 학교의 장, 「국민 평생 직업능력 개발법」에 따른 공공직업훈련시설의 장이 재학생·졸업생 또는 훈련생·수료생을 대상으로 하는 직업소개
㉣ 「산업재해보상보험법」에 따른 근로복지공단이 업무상 재해를 입은 근로자를 대상으로 하는 직업소개
[암기 Tip] 학교 – 공공훈련시설 – 산업 – 장애 – 복지

★ 2016년 직업상담사 1급

13 직업안정법상 유료직업소개사업의 시설기준으로 옳은 것은?

① 전용면적 $10m^2$ 이상의 사무실
② 전용면적 $15m^2$ 이상의 사무실
③ 전용면적 $20m^2$ 이상의 사무실
④ 전용면적 $25m^2$ 이상의 사무실

해설 [직업안정법 시행규칙 제18조(유료직업소개사업의 시설기준)]
유료직업소개사업의 등록을 하고자 하는 자는 고용노동부령으로 정하는 시설을 갖추어야 한다.
전용면적 10제곱미터 이상의 사무실을 말한다.

★ 2004년 직업상담사 1급

14 직업안정법상 직업소개사업을 겸업할 수 있는 업종은?

① 단란주점영업　　② 영화제작업
③ 결혼상담업　　　④ 숙박업

해설 [직업안정법 제26조(겸업금지)]
직업소개사업자(법인의 임원도 포함한다) 또는 그 종사자는 다음 각 호의 어느 하나에 해당하는 사업을 경영할 수 없다.
㉠ 「결혼중개업의 관리에 관한 법률」의 결혼중개업
㉡ 「공중위생관리법」의 숙박업
㉢ 「식품위생법」의 식품접객업 중 대통령령으로 정하는 영업(단란주점영업, 유흥주점영업 등)

★ 2014년 직업상담사 1급

15 직업안정법상 직업소개사업에 관한 설명으로 옳은 것은?

① 국외 무료직업소개사업을 하려는 자는 직업안정기관의 장에게 허가를 받아야 한다.
② 유료직업소개사업을 등록한 자는 구직자에게 제공하기 위하여 구인자로부터 선급금을 받을 수 있다.
③ 무료 직업소개사업을 하는 자는 구직자의 연령을 확인하여야 하며, 18세 미만의 구직자를 소개하는 경우에는 친권자나 후견인의 취업동의서를 받아야 한다.
④ 유료직업소개사업을 등록한 자는 타인에게 자기의 성명 또는 상호를 사용하여 직업소개사업을 하게 할 수는 없으나, 등록증은 대여할 수 있다.

해설 ① 국외 무료직업소개사업은 고용노동부장관에게 신고하여야 한다(국외는 고용노동부장관, 무료는 신고).
② 선급금(대여금 등 입사 전에 구인자가 구직자에게 건네는 금원)을 중간에 소개업자가 받아서는 안 된다.
④ 명의 대여, 등록증 대여 모두 금지된다.

정답 12. ② 13. ① 14. ② 15. ③

16 직업안정법령에 관한 설명으로 틀린 것은?

① 국내 유료직업소개사업을 하고자 하는 자는 관할 직업안정기관의 장에게 등록하여야 한다.

② 고용노동부장관이 유료직업소개사업의 요금을 결정하고자 하는 경우는 고용정책심의회의 심의를 거쳐야 한다.

③ 근로자공급사업허가의 유효기간은 3년으로 하되, 유효기간이 끝난 후 계속하여 근로자공급사업을 하려는 자는 고용노동부령으로 정하는 바에 따라 연장허가를 받아야 한다. 이 경우 연장허가의 유효기간은 연장 전 허가의 유효기간이 끝나는 날로부터 3년으로 한다.

④ 신문, 잡지 등에 구인을 가장하여 물품판매, 수강생모집, 직업소개, 부업알선, 자금모집 등을 행하는 광고는 거짓 구인광고 또는 거짓 구인조건 제시의 범위에 해당한다.

> **해설** 국내 유료직업소개사업을 하고자 하는 자는 시·군·구 청장에게 등록하여야 한다.

17 직업안정법령상 직업소개에 대한 설명으로 틀린 것은?

① 직업안정기관의 장은 구인자가 구인조건을 밝히기를 거부하는 경우 구인신청의 수리를 거부할 수 있다.

② 구인자가 직업안정기관의 장에게 구인신청을 할 때에는 근로조건을 구체적으로 밝힐 필요는 없다.

③ 직업안정기관의 장은 가능하면 구직자가 통근할 수 있는 지역에서 직업을 소개하도록 노력하여야 한다.

④ 직업안정기관의 장은 필요하다고 인정하여 구직자의 동의를 받은 경우에는 직업적성검사를 할 수 있다.

> **해설** [직업안정법 제10조(근로조건의 명시 등)]
> 구인자가 직업안정기관의 장에게 구인신청을 할 때에는 구직자가 취업할 **업무의 내용과 근로조건을 구체적으로 밝혀야** 하며, 직업안정기관의 장은 이를 구직자에게 알려주어야 한다.

18 직업안정법상 직업소개에 대한 설명으로 틀린 것은?

① 직업안정기관의 장은 구인신청에 대하여 근로조건이 통상의 근로조건에 비하여 현저히 부적당하다고 인정되는 경우 이를 거부할 수 있다.

② 구인자가 직업안정기관의 장에게 구인신청을 할 때에는 근로조건을 명시하지 않아도 무방하나, 구직자와의 근로계약이 체결되는 단계에서는 이를 명시하여야 한다.

③ 직업안정기관의 장은 구직자에 대하여 가능한 한 통근이 가능한 지역 안에서 직업을 소개하도록 노력하여야 하나, 그렇지 못할 경우에는 광범위한 지역에 걸쳐 직업소개를 할 수 있다.

④ 직업안정기관의 장은 구직자에 대하여 직권으로 직업상담 또는 직업적성검사를 할 수 없다.

> **해설** [직업안정법 제10조(근로조건의 명시 등)]
> 구인자가 직업안정기관의 장에게 **구인신청을 할 때에는** 구직자가 취업할 **업무의 내용과 근로조건을 구체적으로 밝혀야** 하며, 직업안정기관의 장은 이를 구직자에게 알려주어야 한다.

> **정답** 16. ①   17. ②   18. ②

19 직업안정법상 직업안정기관의 장이 구인신청의 수리를 거부하지 못하는 경우는?

① 구인신청의 내용이 법령을 위반한 경우
② 구인신청의 내용 중 임금이 통상적인 근로조건에 비하여 현저히 부적당하다고 인정되는 경우
③ 구인자가 구인조건을 밝히기를 거부하는 경우
④ 구인자가 자격증을 요구하는 경우

해설 [**직업안정법 제8조(구인의 신청)**]
직업안정기관의 장은 구인신청의 수리(受理)를 거부하여서는 아니 된다. 다만, 다음 각 호의 어느 하나에 해당하는 경우에는 그러하지 아니하다
㉠ 구인신청의 내용이 법령을 위반한 경우
㉡ 구인신청의 내용 중 임금, 근로시간, 그 밖의 근로조건이 통상적인 근로조건에 비하여 현저하게 부적당하다고 인정되는 경우
㉢ 구인자가 구인조건을 밝히기를 거부하는 경우
㉣ 구인자가 구인신청 당시 「근로기준법」에 따라 명단이 공개 중인 체불사업주인 경우

20 직업안정법상 직업소개사업에 관한 설명으로 옳은 것은?

① 국내 무료직업소개사업을 하고자 하는 자는 시장·군수·자치구의 구청장에게 신고하여야 하고, 국외 무료직업소개사업을 하고자 하는 자는 직업안정기관의 장에게 신고하여야 한다.
② 유료직업소개사업을 하는 자 및 그 종사자는 구직자에게 제공하기 위하여 구인자로부터 선불금을 받을 수 있다.
③ 시장·군수·자치구의 구청장은 「직업안정법」 위반 외에 공익을 해할 우려가 있다고 인정되는 경우에 그 사업의 등록을 취소할 수 있다.
④ 유료직업소개사업의 등록이 취소된 후 1년이 경과되지 않은 경우에는 다른 영업장소에서 유료직업소개사업의 등록을 할 수 없다.

해설 ① 국외 무료직업소개사업은 고용노동부장관에게 신고하여야 한다.
② 유료직업소개사업을 하는 자 및 그 종사자는 구직자에게 제공하기 위하여 구인자로부터 선급금을 받아서는 아니 된다.
③ 고용노동부장관 또는 특별자치도지사·시장·군수·구청장은 신고 또는 등록을 하거나 허가를 받고 사업을 하는 자가 공익을 해칠 우려가 있는 경우로서 다음 각 호의 어느 하나에 해당하는 경우에는 6개월 이내의 기간을 정하여 그 사업을 정지하게 하거나 등록 또는 허가를 취소할 수 있다. 다만, ㉡에 해당할 때에는 등록 또는 허가를 취소하여야 한다.
  ㉠ 거짓이나 그 밖의 부정한 방법으로 신고·등록하였거나 허가를 받은 경우
  ㉡ 결격사유의 어느 하나에 해당하게 된 경우
  ㉢ 이 법 또는 이 법에 따른 명령을 위반한 경우
④ '사업의 등록이나 허가가 취소된 후 5년이 지나지 아니한 자'는 직업소개사업, 근로자공급사업의 허가를 받을 수 없다.

21 다음 직업상담원에 대한 설명 중 틀린 것은?

① 유료직업소개사업의 종사자 중 직업상담원 외의 자는 직업소개에 관한 사무를 담당하여서는 아니 된다.
② 유료직업소개사업을 하는 자는 법인별로 직업상담원을 1인 이상 두어야 한다.
③ 고용노동부장관은 직업안정기관에 직업소개·직업지도 및 고용정보의 제공 등의 업무를 담당하는 공무원이 아닌 직업상담원을 배치할 수 있다.
④ 고용노동부장관은 민간직업상담원을 배치함에 있어서 직업안정기관이 위치한 지역의 인구·근로자 수 및 사업장 수 등을 고려하여야 한다.

해설 유료직업소개사업을 하는 자는 사업소별로 직업상담원을 1인 이상 두어야 한다.

정답 19. ④   20. ③   21. ②

22 구인·구직자가 직업안정기관에 구인·구직신청을 하고자 할 때 제출하는 구인표 또는 구직표와 관련하여 올바른 것은?

① 직업안정기관에 수리된 구인신청의 유효기간은 3개월로 한다.

② 직업안정기관에 수리된 구직신청의 유효기간은 2개월로 한다.

③ 국외 취업희망자의 구직신청의 유효기간은 6개월로 한다.

④ 직업안정기관의 장은 접수된 구인표, 구직표를 2년간 관리·보관하여야 한다.

> **해설** [직업안정법 시행규칙 제3조(구인·구직신청의 유효기간 등)]
> ㉠ 수리된 **구인신청의 유효기간은 15일 이상 2개월 이내**에서 구인업체가 정한다.
> ㉡ 수리된 **구직신청의 유효기간은 3개월**로 한다. 다만, 구직급여 수급자, 직업훈련 또는 직업안정기관의 취업지원 프로그램에 참여하는 구직자의 구직신청의 유효기간은 해당 프로그램의 종료시점을 고려하여 직업안정기관의 장이 따로 정할 수 있고, **국외 취업희망자의 구직신청의 유효기간은 6개월로 한다.**
> ㉢ **직업안정기관의 장**은 접수된 구인신청서 및 구직신청서를 **1년간 관리·보관하여야** 한다.
> ㉣ 직업안정기관의 장은 관할구역의 읍·면·동사무소에 구인신청서와 구직신청서를 갖추어 두어 **구인자·구직자의 편의를 도모하여야** 한다.

23 직업안정법규상 고용노동부장관 또는 특별자치도지사·시장·군수·구청장이 직업소개사업을 하는 자 및 종사자에 대하여 실시하는 교육훈련내용이 아닌 것은?

① 직업안정법 해설

② 노동시장이론

③ 직업상담이론

④ 직업정보의 수집·제공

> **해설** [직업소개사업자 및 종사자에 대한 교육훈련]
>
> | 교육과목 | 교육내용 |
> | --- | --- |
> | 직업소개제도 | • 「직업안정법」 해설
• 불법 직업소개행위 및 거짓 구인광고의 유형과 처벌규정 |
> | 직업상담실무 | • 직업상담이론
• 직업상담기법 |
> | 직업정보관리 | • 직업정보의 수집·제공
• 고용안정전산망 운용 |
> | 직업윤리의식 | • 직업소개사업의 사회적 책임
• 직업소개사업자의 윤리강령 및 자정노력 |

❸ 직업지도

24 직업안정법상 '직업지도'에 관한 내용에 해당되지 않는 것은?

① 직업적성검사

② 직업정보의 제공

③ 직업상담

④ 직업지도

> **해설** '직업지도'란 취업하려는 사람이 그 능력과 소질에 알맞은 **직업을 쉽게 선택할 수 있도록** 하기 위한 **직업적성검사, 직업정보의 제공, 직업상담**, 실습, 권유 또는 조언, 그 밖에 직업에 관한 지도를 말한다.

25 직업안정법상 직업지도의 대상이 아닌 것은?

① 새로 취업하려는 사람

② 진로지도가 필요한 연소자

③ 신체 또는 정신에 장애가 있는 사람

④ 취업을 위하여 특별한 지도가 필요한 사람

> **해설** [직업안정법 제14조(직업지도)]
> 직업안정기관의 장은 다음 각 호의 어느 하나에 해당하는 사람에게 직업지도를 하여야 한다.
> ㉠ **새로 취업하려는 사람**
> ㉡ **신체 또는 정신에 장애가 있는 사람**
> ㉢ 그 밖에 **취업을 위하여 특별한 지도가 필요한 사람**

26 직업안정법상 직업정보제공사업자의 준수사항으로 틀린 것은?

① 직업정보제공매체의 구인·구직광고 시 구인·구직자 및 직업정보제공사업자의 주소 또는 전화번호를 기재할 것

② 구인자의 연락처가 사서함으로 표시된 구인광고를 제재하지 아니할 것

③ 광고문에 취업상담·추천 등의 표현을 사용하지 아니할 것

④ 구직자의 이력서 발송을 대행하거나 구직자에게 취업추천서를 발부하지 아니할 것

해설 직업정보제공사업자는 직업정보제공매체의 구인·구직광고 시 구인·구직자의 주소 또는 전화번호는 기재해야 하지만 직업정보제공사업자의 주소 또는 전화번호를 기재하면 안 된다.

[직업정보제공사업자의 준수사항]

㉠ 구인자의 업체명, 성명 또는 사업자등록증 등을 확인할 수 없거나 구인자의 연락처가 사서함 등으로 표시되어 구인자의 신원이 확실하지 아니한 구인광고를 게재하지 아니할 것

㉡ 직업정보제공매체의 구인·구직의 광고에는 구인·구직자의 주소 또는 전화번호를 기재하고, 직업정보제공사업자의 주소 또는 전화번호는 기재하지 아니할 것

㉢ 직업정보제공매체 또는 직업정보제공사업의 광고문에 "(무료)취업상담"·"취업추천"·"취업지원" 등의 표현을 사용하지 아니할 것

㉣ 구직자의 이력서 발송을 대행하거나 구직자에게 취업추천서를 발부하지 아니할 것

㉤ 직업정보제공매체에 정보이용자들이 알아보기 쉽게 신고로 부여받은 신고번호를 표시할 것

㉥ 「최저임금법」에 따라 결정 고시된 최저임금에 미달되는 구인정보, 「성매매알선 등 행위의 처벌에 관한 법률」에 따른 금지행위가 행하여지는 업소에 대한 구인광고를 게재하지 아니할 것

㉦ 구인자가 구인신청 당시 「근로기준법」에 따라 명단이 공개 중인 체불사업주인 경우 그 사실을 구직자가 알 수 있도록 게재할 것

27 직업안정법령상 근로자의 모집에 대한 설명 중 옳은 것은?

① 모집질서의 확립을 위하여 필요하다고 인정하여 모집방법 등의 개선을 권고할 때에는 당사자에게 구두로 할 수 있다.

② 건전한 모집질서의 확립을 위하여 필요하다고 인정되어 모집방법 등의 개선을 권고할 때에는 지방고용심의회의 심의를 거쳐야 한다.

③ 근로자를 모집하고자 하는 자와 그 모집에 종사하는 자는 명목의 여하를 불문하고 응모자로부터 그 모집과 관련하여 금품을 받아서는 아니 된다.

④ 국외에 취업할 근로자를 모집하고자 하는 자는 모집마감일 15일 이전까지 직업안정기관의 장에게 신고하여야 한다.

해설 ① 고용노동부장관이 모집방법 등의 개선을 권고할 때에는 권고사항, 개선기한 등을 명시하여 서면으로 하여야 한다.

② 고용노동부장관이 모집방법 등의 권고를 하려는 경우에는 고용정책심의회의 심의를 거쳐야 한다.

③ 근로자를 모집하려는 자와 그 모집업무에 종사하는 자는 어떠한 명목으로든 응모자로부터 그 모집과 관련하여 금품을 받거나 그 밖의 이익을 취하여서는 아니 된다. 다만, 유료직업소개사업을 하는 자가 구인자의 의뢰를 받아 구인자가 제시한 조건에 맞는 자를 모집하여 직업소개한 경우에는 그러하지 아니하다.

④ 국외에 취업할 근로자를 모집한 자는 모집한 후 15일 이내에 모집신고서에 고용노동부령이 정하는 서류를 첨부하여 고용노동부장관에게 신고하여야 한다.

28 직업안정법령상 근로자의 모집에 관한 설명으로 틀린 것은?

① 누구든지 국외에 취업할 근로자를 모집한 경우에는 고용노동부장관에게 신고하여야 한다.

② 고용노동부장관은 건전한 모집질서를 확립하기 위하여 필요하다고 인정하는 경우에는 근로자 모집방법 등의 개선을 권고할 수 있다.

③ 고용노동부장관은 근로자의 모집을 원활하게 하기 위하여 필요하다고 인정할 때에는 국외취업을 희망하는 근로자를 미리 등록하게 할 수 있다.

④ 근로자를 모집하려는 자가 응모자로부터 그 모집과 관련하여 금품을 받은 경우 7년 이하의 징역 또는 7,000만원 이하의 벌금에 처한다.

> **해설** 근로자 모집 시 응모자로부터 금품을 받은 경우 5년 이하의 징역 또는 5,000만원 이하의 벌금에 처한다.

❻ 근로자공급사업

29 직업안정법상 국외 공급 근로자의 보호 및 국외 근로자공급사업의 관리에 관한 설명으로 옳지 않은 것은?

① 공급대상 국가로부터 취업자격을 취득한 근로자만을 공급할 것

② 공급 근로자를 공급계약 외의 업무에 종사하게 하거나 공급계약기간을 초과하여 체류하게 하지 아니할 것

③ 국외의 임금수준 등을 고려하여 공급 근로자에게 적정 임금을 보장할 것

④ 임금은 매월 1회 이상 일정한 기일을 정하여 근로자공급사업자를 통하여 해당 근로자에게 통화로 그 전액을 지급할 것

> **해설** 국외 근로자공급사업자는 임금을 해당 근로자가 사용자로부터 직접 지급받도록 해야 한다.
>
> **[직업안정법 시행규칙 제41조(국외 공급 근로자의 보호 등)]**
>
> ① 국외 근로자공급사업자는 다음 각 호의 기준에 따라 국외 공급 근로자를 보호하고 국외 근로자공급사업을 관리하여야 한다.
> 1. 공급대상 국가로부터 취업자격을 취득한 근로자만을 공급할 것
> 2. 공급 근로자를 공급계약 외의 업무에 종사하게 하거나 공급계약기간을 초과하여 체류하게 하지 아니할 것
> 3. 국외의 임금수준 등을 고려하여 공급 근로자에게 적정 임금을 보장할 것
> 4. 임금은 매월 1회 이상 일정한 기일을 정하여 통화로 직접 해당 근로자에게 그 전액을 지급할 것
> 5. 다음 각 목의 사항을 작성 · 관리할 것
>   가. 공급 근로자의 출국일자, 국외 취업기간, 현 근무처 및 귀국일자 등을 기록한 명부
>   나. 공급 근로자별 임금, 월별 임금 지급방법 및 지급일자 등을 기록한 임금대장
>   다. 공급 근로자의 고충처리상황

30 근로자공급사업을 하는 자는 사업계획서 · 근로자명부 · 근로자공급대장 등 장부 및 서류를 몇 년간 비치하여야 하는가?

① 1년   ② 2년
③ 3년   ④ 4년

> **해설** **[직업안정법 시행규칙 제40조(근로자공급사업 폐업신고 등)]**
>
> ② 근로자공급사업을 하는 자는 다음 각 호의 장부 및 서류를 작성하여 3년간 갖추어 두어야 한다.
> 1. 사업계획서
> 2. 근로자 명부
> 3. 공급요청접수부 또는 공급계약서
> 4. 근로자공급대장
> 5. 경리 관련 장부
> 6. 공급 근로자 임금대장

정답 28. ④　29. ④　30. ③

31 직업안정법령상 근로자공급사업에 관한 설명으로 틀린 것은?

① 국내 근로자공급사업은 노동조합만이 사업의 허가를 받을 수 있다.

② 연예인을 대상으로 하는 국외 근로자공급사업은 금지된다.

③ 제조업의 경우 국외 근로자공급사업의 허가를 받을 수 있다.

④ 국외 근로자공급사업을 하고자 하는 경우 일정한 자산 및 시설을 갖추고 있어야 한다.

> **해설** 연예인을 대상으로 하는 국외 근로자공급사업은 가능하나, 공급사업자의 자격은 「민법」에 따른 비영리법인으로 한다.
>
> **[근로자공급사업의 허가를 받을 수 있는 자]**
> ㉠ 국내 근로자공급사업의 경우는 「노동조합 및 노동관계조정법」에 따른 노동조합
> ㉡ 국외 근로자공급사업의 경우는 국내에서 제조업·건설업·용역업, 그 밖의 서비스업을 하고 있는 자. 다만, 연예인을 대상으로 하는 국외 근로자공급사업의 허가를 받을 수 있는 자는 「민법」에 따른 비영리법인으로 한다.

7 거짓 구인광고

32 다음 중 거짓 구인광고에 대한 설명으로 틀린 것은?

① 구인을 가장하여 물품판매, 수강생 모집 등을 행하는 광고는 거짓 구인광고에 해당한다.

② 거짓 구인을 목적으로 구인자의 신원을 표시하지 않는 광고는 거짓 구인광고에 해당한다.

③ 구인자가 제시한 직종·고용형태 등이 응모할 때의 그것과 현저히 다른 광고는 거짓 구인광고에 해당한다.

④ 거짓 구인광고를 한 자는 7년 이하의 징역 또는 7천만원 이하의 벌금에 처한다.

> **해설** 거짓 구인광고를 하거나 거짓 구인조건을 제시한 자는 5년 이하의 징역 또는 5천만원 이하의 벌금에 처한다.

8 손해배상책임의 보장

33 직업안정법령상 허위 구인광고 및 손해배상책임의 보장에 대한 설명으로 틀린 것은?

① 구인을 가장하여 물품판매·수강생모집·직업소개·부업알선·자금모집 등을 행하는 광고는 허위 구인광고에 해당한다.

② 국내 유료직업사업자의 경우에는 손해배상책임의 보장을 위해서 사업소별로 1억원을 금융기관에 예치하거나 보증보험에 가입하여야 한다.

③ 유료직업소개사업자가 예치금을 금융기관에 예치하는 경우에는 등록기관의 장과 공동명의로 하여야 한다.

④ 허위 구인광고를 하거나 허위의 구인조건을 제시한 자는 5년 이하의 징역 또는 5,000만원 이하의 벌금에 처한다.

> **해설** [직업안정법 시행령 제34조의2(예치금의 예치 및 인출 등)]
> 손해배상책임의 보장 규정에 의하여 국내 유료직업소개사업자는 사업소별로 1천만원, 국외유료직업소개사업자는 1억원, 국외 근로자공급사업자는 2억원을 금융기관에 예치하거나 보증보험에 가입하여야 한다. 다만, 국외 연수생만을 소개하는 국외 유료직업소개사업자의 경우에는 5천만원을 금융기관에 예치하거나 보증보험에 가입하여야 한다.

정답 31. ② 32. ④ 33. ②

고용보험법

제1절 총칙

01 용어의 정의

① 피보험자
   - ㉠ 「고용보험 및 산업재해보상보험의 보험료징수 등에 관한 법률」에 따라 보험에 가입되거나 가입된 것으로 보는 **근로자, 예술인 또는 노무제공자**
   - ㉡ 「고용산재보험료징수법」에 따라 고용보험에 가입하거나 가입된 것으로 보는 자영업자 **(자영업자인 피보험자)**

② 이직(離職) : 피보험자와 사업주 사이의 **고용관계가 끝나게 되는 것**(예술인 및 노무제공자의 경우에는 문화예술용역 관련 계약 또는 노무제공계약이 끝나는 것을 말한다)

③ 실업 : **근로의 의사와 능력이 있음에도 불구하고 취업하지 못한 상태**에 있는 것

④ 실업의 인정 : **직업안정기관의 장이** 수급자격자가 실업한 상태에서 적극적으로 직업을 구하기 위하여 노력하고 있다고 인정하는 것

⑤ 보수 : 「소득세법」에 따른 근로소득에서 **대통령령으로 정하는 금품을 뺀 금액.** 다만, 휴직이나 그 밖에 이와 비슷한 상태에 있는 기간 중에 사업주 외의 자로부터 지급받는 금품 중 고용노동부장관이 정하여 고시하는 금품은 보수로 본다.

⑥ 일용근로자 : 1개월 미만 동안 고용되는 사람

02 고용보험사업

보험은 이 법의 목적을 이루기 위하여 **고용보험사업으로 고용안정 · 직업능력개발사업, 실업급여, 육아휴직급여 및 출산전후휴가급여 등을** 실시한다.

03 적용 범위

(1) 적용 사업

① 이 법은 **근로자를 사용하는 모든 사업 또는 사업장**에 적용한다. 다만, 산업별 특성 및 규모 등을 고려하여 대통령령으로 정하는 사업에 대해서는 적용하지 아니한다.

② 이 법은 예술인 또는 노무제공자의 노무를 제공받는 사업에 적용하되, 총칙, 피보험자의 관리, 실업급여, 예술인인 피보험자에 대한 고용보험 특례, 노무제공자인 피보험자에 대한 고용보험 특례, 고용보험기금, 보칙 또는 벌칙의 **예술인 또는 노무제공자**에 관한 규정을 각각 적용한다.

(2) 적용 제외 근로자

① 다음 각 호의 어느 하나에 해당하는 사람에게는 이 법을 적용하지 아니한다.
  ㉠ 1개월간 소정근로시간이 60시간 미만인 사람(1주간의 소정근로시간이 15시간 미만인 사람을 포함한다)을 말한다. **다만, 3개월 이상 계속하여 근로를 제공하는 사람과 일용근로자는 법 적용 대상으로 한다.**
  ㉡ 「국가공무원법」과 「지방공무원법」에 따른 **공무원**. 다만, 대통령령으로 정하는 바에 따라 별정직 공무원, 「국가공무원법」 및 「지방공무원법」에 따른 임기제 공무원의 경우는 본인의 의사에 따라 고용보험(실업급여에 한정)에 가입할 수 있다.
  ㉢ 「**사립학교교직원 연금법**」의 적용을 받는 사람
  ㉣ 「별정우체국법」에 따른 **별정우체국직원**
  ㉤ 농업·임업 및 어업 중 법인이 아닌 자가 상시 4명 이하의 근로자를 사용하는 사업에 종사하는 근로자. 다만, 본인의 의사로 고용노동부령으로 정하는 바에 따라 고용보험에 가입을 신청하는 사람은 고용보험에 가입할 수 있다.
② **65세 이후에 고용**(65세 전부터 피보험 자격을 유지하던 사람이 65세 이후에 계속하여 고용된 경우는 제외한다)되거나 자영업을 개시한 사람에게는 **실업급여 및 육아휴직급여 등의 규정을 적용하지 아니한다.**

제2절 ▶ 피보험자의 관리

01 피보험자격의 취득일·상실일

(1) 자격 취득일

① 근로자인 피보험자는 이 법이 적용되는 사업에 **고용된 날에 피보험자격을 취득**한다. 다만, 다음 각 호의 경우에는 각각 그 해당되는 날에 피보험자격을 취득한 것으로 본다.
  ㉠ 적용 제외 근로자였던 사람이 이 법의 적용을 받게 된 경우에는 **그 적용을 받게 된 날**
  ㉡ 보험관계 성립일 전에 고용된 근로자의 경우에는 그 **보험관계가 성립한 날**
② **자영업자인 피보험자**는 「고용산재보험료징수법」 자영업자에 대한 특례에서 준용하는 보험관계의 성립일 규정에 따라 **보험관계가 성립한 날에 피보험자격을 취득**한다.

(2) 자격 상실일

① 근로자인 피보험자는 다음 각 호의 어느 하나에 해당하는 날에 각각 그 피보험자격을 상실한다.
　㉠ 근로자인 피보험자가 적용 제외 근로자에 해당하게 된 경우에는 그 **적용 제외 대상자가 된 날**
　㉡ 보험관계가 소멸한 경우에는 **그 보험관계가 소멸한 날**
　㉢ 근로자인 피보험자가 이직한 경우에는 **이직한 날의 다음 날**
　㉣ 근로자인 피보험자가 사망한 경우에는 **사망한 날의 다음 날**
② **자영업자인 피보험자는** 「고용산재보험료징수법」 자영업자에 대한 특례에서 준용하는 보험관계의 소멸일 규정에 따라 **보험관계가 소멸한 날**에 피보험자격을 상실한다.

02 피보험자격의 신고

① 신고기한 : 사업주나 하수급인(下受給人)은 법에 따라 고용노동부장관에게 그 사업에 고용된 근로자의 피보험자격 취득 및 상실에 관한 사항을 신고하려는 경우에는 그 사유가 발생한 날이 속하는 달의 **다음 달 15일까지(근로자가 그 기일 이전에 신고할 것을 요구하는 경우에는 지체 없이) 신고해야 한다.**
② 근로자의 신고 : 사업주가 피보험자격에 관한 사항을 신고하지 아니하면 대통령령으로 정하는 바에 따라 근로자가 신고할 수 있다.
③ 피보험자격 확인청구 : 피보험자 또는 피보험자였던 사람은 언제든지 고용노동부장관에게 피보험자격의 취득 또는 상실에 관한 확인을 청구할 수 있다.
④ 건설업 하수급인의 신고의무 : 고용산재보험료징수법에 따라 원수급인(元受給人)이 사업주로 된 경우에 그 사업에 종사하는 근로자 중 원수급인이 고용하는 근로자 외의 근로자에 대하여는 그 근로자를 고용하는 다음의 하수급인(下受給人)이 신고를 하여야 한다. 이 경우 원수급인은 고용노동부령으로 정하는 바에 따라 하수급인에 관한 자료를 고용노동부장관에게 제출하여야 한다.
　㉠ **「건설산업기본법」에 따른 건설사업자**
　㉡ 「주택법」에 따른 주택건설사업자
　㉢ **「전기공사업법」에 따른 공사업자**
　㉣ 「정보통신공사업법」에 따른 정보통신공사업자
　㉤ **「소방시설공사업법」에 따른 소방시설업자**
　㉥ 「국가유산수리 등에 관한 법률」에 따른 국가유산수리업자

보험관계가 성립되어 있는 둘 이상의 사업에 동시에 고용되어 있는 근로자는 **다음 각 호의 순서에 따라 피보험자격을 취득한다.** 다만, 일용근로자와 일용근로자가 아닌 근로자로 동시에 고용되어 있는 경우에는 **일용근로자가 아닌 근로자로 고용된 사업에서 우선적으로** 피보험자격을 취득한다.

① **월평균보수가 많은** 사업
② **월소정근로시간이 많은** 사업
③ **근로자가 선택**한 사업

제3절 실업급여

01 실업급여의 종류

실업급여 ─┬─ **구**직급여
         └─ **취업촉진수당** : **조**기재취업수당. **직업능력개발수당**. **광역구직활동비**, **이주비**

02 구직급여

(1) 구직급여 수급요건

① 구직급여는 이직한 근로자인 피보험자가 다음 각 호의 요건을 모두 갖춘 경우에 지급한다. 다만, ⑩과 ⑭은 최종 이직 당시 일용근로자였던 사람만 해당한다.
   ㉠ **기준기간 동안의 피보험 단위기간이 합산하여 180일 이상일 것**
   ㉡ 근로의 의사와 능력이 있음에도 불구하고 취업(영리를 목적으로 사업을 영위하는 경우를 포함)하지 못한 상태에 있을 것
   ㉢ 이직사유가 수급자격의 제한사유에 해당하지 아니할 것
   ㉣ 재취업을 위한 노력을 적극적으로 할 것
   ㉤ 다음 각 목의 어느 하나에 해당할 것
     • 수급자격 인정신청일이 속한 달의 직전 달 초일부터 수급자격 인정신청일까지의 근로일 수의 합이 같은 기간 동안의 **총일수의 3분의 1 미만일 것**
     • **건설일용근로자**(일용근로자로서 이직 당시에 「통계법」에 따라 국가데이터처장이 고시하는 한국표준산업분류의 대분류상 건설업에 종사한 사람)로서 수급자격 인정신청일 이전 **14일간 연속하여 근로내역이 없을 것**

ⓑ 최종 이직 당시의 기준기간 동안의 피보험 단위기간 중 다른 사업에서 수급자격의 제한 사유에 해당하는 사유로 이직한 사실이 있는 경우에는 그 피보험 단위기간 중 90일 이상을 일용근로자로 근로하였을 것

② **기준기간은 이직일 이전 18개월로** 하되, 근로자인 피보험자가 다음 각 호의 어느 하나에 해당하는 경우에는 다음 각 호의 구분에 따른 기간을 기준기간으로 한다.

㉠ 이직일 이전 18개월 동안에 질병·부상, 그 밖에 대통령령으로 정하는 사유로 계속하여 30일 이상 보수의 지급을 받을 수 없었던 경우 : 18개월에 그 사유로 보수를 지급받을 수 없었던 일수를 가산한 기간(3년을 초과할 때에는 3년)

㉡ 다음 각 목의 요건에 모두 해당하는 경우 : 이직일 이전 24개월

• 이직 당시 1주 소정근로시간이 15시간 미만이고, 1주 소정근로일수가 2일 이하인 근로자로 근로하였을 것

• 이직일 이전 24개월 동안의 피보험 단위기간 중 90일 이상을 위의 요건에 해당하는 근로자로 근로하였을 것

(2) 실업의 신고

① 구직급여를 지급받으려는 사람은 **이직 후 지체 없이** 직업안정기관에 출석하여 실업을 신고하여야 한다.

② 실업의 신고에는 **구직신청과 수급자격의 인정신청을 포함**하여야 한다.

(3) 실업의 인정

① 구직급여는 수급자격자가 실업한 상태에 있는 날 중에서 직업안정기관의 장으로부터 실업의 인정을 받은 날에 대하여 지급한다.

② 실업의 인정을 받으려는 수급자격자는 실업의 신고를 한 날부터 계산하기 시작하여 **1주부터 4주의 범위에서 직업안정기관의 장이 지정한 날에 출석**하여 재취업을 위한 노력을 하였음을 신고하여야 하고, 직업안정기관의 장은 직전 실업인정일의 다음 날부터 그 실업인정일까지의 각각의 날에 대하여 실업의 인정을 한다.

(4) 기초일액의 산정

① 구직급여의 산정기초가 되는 임금일액["기초일액(基礎日額)"이라 한다]은 수급자격의 인정과 관련된 마지막 이직 당시 「근로기준법」에 따라 산정된 **평균임금**으로 한다. 다만, 마지막 이직일 이전 3개월 이내에 피보험자격을 취득한 사실이 2회 이상인 경우에는 마지막 이직일 이전 3개월간(일용근로자의 경우에는 마지막 이직일 이전 4개월 중 최종 1개월을 제외한 기간)에 그 근로자에게 지급된 임금총액을 그 산정의 기준이 되는 3개월의 총일수로 나눈 금액을 기초일액으로 한다.

② ①에 따라 산정된 금액이 「근로기준법」에 따른 그 근로자의 **통상임금보다 적을 경우에는 그 통상임금액을 기초일액으로 한다. 다만, 마지막 사업에서 이직 당시 일용근로자였던 사람의 경우에는 그러하지 아니하다.**

③ ①과 ②에 따라 기초일액을 산정하는 것이 곤란한 경우와 보험료를 「고용산재보험료징수법」에 따른 **기준보수를 기준으로 낸 경우에는 기준보수를 기초일액으로 한다.** 다만, 보험료를 기준보수로 낸 경우에도 ①과 ②에 따라 산정한 기초일액이 기준보수보다 많은 경우에는 그러하지 아니하다.

④ ①부터 ③까지의 규정에도 불구하고 이들 규정에 따라 산정된 기초일액이 그 수급자격자의 이직 전 1일 소정근로시간에 이직일 당시 적용되던 「**최저임금법**」에 따른 시간단위에 해당하는 최저임금액을 곱한 금액(이하 "**최저기초일액**"이라 한다)보다 낮은 경우에는 최저기초일액을 기초일액으로 한다. 이 경우 이직 전 1일 소정근로시간은 고용노동부령으로 정하는 방법에 따라 산정한다.

⑤ ①부터 ③까지의 규정에도 불구하고 이들 규정에 따라 산정된 기초일액이 보험의 취지 및 일반 근로자의 임금수준 등을 고려하여 **대통령령으로 정하는 금액을 초과하는 경우에는 대통령령으로 정하는 금액(현행 11만 3,500원)을 기초일액으로 한다.**

(5) 구직급여일액의 산정

① 구직급여일액은 다음 각 호의 구분에 따른 금액으로 한다.

　㉠ 그 수급자격자의 **기초일액에 100분의 60을 곱한 금액**

　㉡ 기초일액이 최저기초일액보다 낮은 경우에는 그 수급자격자의 기초일액에 **100분의 80을 곱한 금액(최저구직급여일액)**

② ①의 ㉠에 따라 산정된 구직급여일액이 최저구직급여일액보다 낮은 경우에는 최저구직급여일액을 그 수급자격자의 구직급여일액으로 한다.

구직급여일액=기초일액×60/100
　　　　　　　　=평균임금(≧통상임금 단, 일용근로자는 통상임금 하한 적용 제외)
　　　　　　　　≦11만 3,500원
　　　　　　　　≧최저기초일액(=1일 소정근로시간×시간당 최저임금)
　　　　　　　　　　　가령 1일 8시간×10,320원=82,560원

　　　　　　　　≧최저구직급여일액=최저기초일액×80/100
　　　　　　　　　가령 1일 8시간 근무했던 사람은 82,560원×80/100=66,048원

(6) 대기기간

실업의 신고일부터 계산하기 시작하여 7일간은 대기기간으로 보아 구직급여를 지급하지 아니한다. 다만, 최종 이직 당시 건설일용근로자였던 사람에 대해서는 실업의 신고일부터 계산하여 구직급여를 지급한다.

(7) 소정급여일수

하나의 수급자격에 따라 구직급여를 지급받을 수 있는 날(소정급여일수)은 대기기간이 끝난 다음 날부터 계산하기 시작하여 피보험기간과 연령에 따라 다음 표에서 정한 일수가 되는 날까지로 한다.

구분		피보험기간				
		1년 미만	1년 이상 3년 미만	3년 이상 5년 미만	5년 이상 10년 미만	10년 이상
이직일 현재 연령	50세 미만	120일	150일	180일	210일	240일
	50세 이상 또는 장애인	120일	180일	210일	240일	270일

(8) 이직사유에 따른 수급자격의 제한

피보험자가 다음 각 호의 어느 하나에 해당한다고 직업안정기관의 장이 인정하는 경우에는 수급자격이 없는 것으로 본다.

① **중대한 귀책사유(歸責事由)로** 해고된 피보험자로서 다음 각 목의 어느 하나에 해당하는 경우
　㉠ **「형법」 또는 직무와 관련된 법률을 위반**하여 금고 이상의 형을 선고받은 경우
　㉡ **사업에 막대한 지장을 초래하거나 재산상 손해를 끼친 경우로서** 고용노동부령으로 정하는 기준에 해당하는 경우
　㉢ 정당한 사유 없이 근로계약 또는 취업규칙 등을 위반하여 **장기간 무단결근**한 경우
② 자기 사정으로 이직한 피보험자로서 다음 각 목의 어느 하나에 해당하는 경우
　㉠ **전직 또는 자영업을 하기 위하여 이직한 경우**
　㉡ **①의 중대한 귀책사유가 있는 사람이 해고되지 아니하고 사업주의 권고로 이직한 경우**
　㉢ 그 밖에 고용노동부령으로 정하는 정당한 사유에 해당하지 아니하는 사유로 이직한 경우

(9) 구직급여의 연장급여

① **훈련연장급여** : 직업안정기관의 장은 수급자격자의 연령·경력 등을 고려할 때 재취업을 위하여 직업능력개발훈련 등이 필요하면 그 수급자격자에게 직업능력개발훈련 등을 받도록 지시할 수 있다.
② **개별연장급여** : 직업안정기관의 장은 취업이 특히 곤란하고 생활이 어려운 수급자격자로서 대통령령으로 정하는 사람에게는 그가 실업의 인정을 받은 날에 대하여 소정급여일수를 초과하여 구직급여를 연장하여 지급할 수 있다.
③ **특별연장급여** : 고용노동부장관은 실업의 급증 등 대통령령으로 정하는 사유가 발생한 경우에는 60일의 범위에서 수급자격자가 실업의 인정을 받은 날에 대하여 소정급여일수를 초과하여 구직급여를 연장하여 지급할 수 있다. 다만, 이직 후의 생활안정을 위한 일정기준

이상의 소득이 있는 수급자격자 등 고용노동부령으로 정하는 수급자격자에 대하여는 그러하지 아니하다.

(10) 급여의 지급제한

① 훈련 거부 등에 따른 급여의 지급제한 : 수급자격자가 직업안정기관의 장이 소개하는 직업에 취직하는 것을 거부하거나 직업안정기관의 장이 지시한 직업능력개발훈련 등을 거부하면 대통령령으로 정하는 바에 따라 구직급여의 지급을 정지한다.

② 부정행위에 따른 급여의 지급제한 : 거짓이나 그 밖의 부정한 방법으로 실업급여를 받았거나 받으려 한 사람에게는 그 급여를 받은 날 또는 받으려 한 날부터의 구직급여를 지급하지 아니한다. 다만, 그 급여와 관련된 이직 이후에 새로 수급자격을 취득한 경우 그 새로운 수급자격에 따른 구직급여에 대하여는 그러하지 아니하다.

③ 반환명령 : 직업안정기관의 장은 거짓이나 그 밖의 부정한 방법으로 구직급여를 지급받은 사람에게 고용노동부령으로 정하는 바에 따라 지급받은 **구직급여의 전부 또는 일부의 반환을 명할 수 있다.** 반환을 명하는 경우에 고용노동부령으로 정하는 바에 따라 **거짓이나 그 밖의 부정한 방법으로 지급받은 구직급여액의 2배 이하의 금액을 추가로 징수할 수 있다.** 다만, 사업주(사업주의 대리인·사용인, 그 밖에 사업주를 위하여 행위하는 자를 포함)와 **공모**(거짓이나 그 밖의 부정한 방법에 사업주의 거짓된 신고·보고 또는 증명 등 사업주의 귀책사유가 포함되어 있는 경우)**하여 거짓이나 그 밖의 부정한 방법으로 구직급여를 지급받은 경우에는 지급받은 구직급여액의 5배 이하의 금액을 추가로 징수할 수 있다.**

03 취업촉진수당

① **조기재취업수당** : 수급자격자(「외국인근로자의 고용 등에 관한 법률」에 따른 외국인근로자는 제외)가 안정된 직업에 재취직하거나 스스로 영리를 목적으로 하는 사업을 영위하는 경우로서 대통령령으로 정하는 기준에 해당하면 지급한다.

② **직업능력개발수당** : 수급자격자가 직업안정기관의 장이 지시한 직업능력개발훈련 등을 받는 경우에 그 직업능력개발훈련 등을 받는 기간에 대하여 지급한다.

③ **광역 구직활동비** : 수급자격자가 직업안정기관의 소개에 따라 광범위한 지역에 걸쳐 구직활동을 하는 경우로서 대통령령으로 정하는 기준에 따라 직업안정기관의 장이 필요하다고 인정하면 지급할 수 있다.

④ **이주비** : 수급자격자가 취업하거나 직업안정기관의 장이 지시한 직업능력개발훈련 등을 받기 위하여 그 주거를 이전하는 경우로서 대통령령으로 정하는 기준에 따라 직업안정기관의 장이 필요하다고 인정하면 지급할 수 있다.

① **적용 범위** : 자영업자인 피보험자는 **연장급여(훈련 · 개별 · 특별)와 조기재취업수당**은 적용되지 않는다.
② **구직급여 수급자격** : 자영업자인 피보험자가 폐업 시 구직급여를 지급받기 위해서는 폐업일 이전 **24개월간 피보험 단위기간이 합산하여 1년 이상**이어야 한다.
③ 구직급여 일액은 기초일액의 60%이다.
④ 구직급여 소정급여일수

구분	피보험기간			
	1년 이상 3년 미만	3년 이상 5년 미만	5년 이상 10년 미만	10년 이상
소정급여일수	120일	150일	180일	210일

제4절 육아휴직급여

01 수급자격

육아휴직을 30일 이상 부여받은 피보험자 중 육아휴직을 시작한 날 이전에 **피보험 단위기간이 합산하여 180일 이상**인 피보험자에게 육아휴직급여를 지급한다.

02 신청기간

육아휴직급여를 지급받으려는 사람은 **육아휴직을 시작한 날 이후 1개월부터 육아휴직이 끝난 날 이후 12개월 이내에 신청**하여야 한다. 다만, 해당 기간에 다음 각 호의 사유로 육아휴직급여를 신청할 수 없었던 사람은 그 **사유가 끝난 후 30일 이내에 신청**하여야 한다.
① 천재지변
② **본인이나 배우자**의 질병 · 부상
③ **본인이나 배우자**의 직계존속 및 직계비속의 질병 · 부상
④ 「**병역법**」에 따른 의무복무
⑤ **범죄혐의**로 인한 구속이나 형의 집행

육아휴직 급여는 다음의 구분에 따른 금액을 월별 지급액으로 한다.

① **육아휴직 시작일부터 3개월까지** : 육아휴직 시작일을 기준으로 한 월 **통상임금**에 해당하는 금액. 다만, 해당 금액이 **250만원**을 넘는 경우에는 250만원으로 하고, 해당 금액이 70만원보다 적은 경우에는 **70만원**으로 한다.

② **육아휴직 4개월째부터 6개월째까지** : 육아휴직 시작일을 기준으로 한 월 **통상임금**에 해당하는 금액. 다만, 해당 금액이 **200만원**을 넘는 경우에는 200만원으로 하고, 해당 금액이 70만원보다 적은 경우에는 **70만원**으로 한다.

③ **육아휴직 7개월째부터 종료일까지** : 육아휴직 시작일을 기준으로 한 월 **통상임금의 100분의 80**에 해당하는 금액. 다만, 해당 금액이 **160만원**을 넘는 경우에는 160만원으로 하고, 해당 금액이 70만원보다 적은 경우에는 **70만원**으로 한다.

제5절 출산전후휴가급여 등

고용노동부장관은 피보험자가 출산전후휴가 또는 유산·사산휴가를 받은 경우와 배우자출산휴가 또는 난임치료휴가를 받은 경우로서 다음 각 호의 요건을 모두 갖춘 경우에 출산전후휴가급여 등을 지급한다.

① 휴가가 **끝난 날 이전에 피보험 단위기간이 합산하여 180일 이상**일 것

② 휴가를 시작한 날[출산전후휴가 또는 유산·사산휴가를 받은 피보험자가 속한 사업장이 우선지원대상기업이 아닌 경우에는 휴가 시작 후 60일(한 번에 둘 이상의 자녀를 임신한 경우에는 75일)이 지난 날로 본다] **이후 1개월부터 휴가가 끝난 날 이후 12개월 이내에 신청**할 것. 다만, 그 기간에 대통령령으로 정하는 사유로 출산전후휴가급여 등을 신청할 수 없었던 사람은 그 사유가 끝난 후 30일 이내에 신청하여야 한다.

제6절 고용보험기금의 용도

기금은 다음 각 호의 용도에 사용하여야 한다.

① 고용안정·직업능력개발사업에 필요한 경비

② 실업급여의 지급

③ **국민연금 보험료의 지원**

④ 육아휴직급여 및 출산전후휴가급여 등의 지급

⑤ **보험료의 반환**

⑥ 일시 **차입금의 상환금과 이자**

⑦ 이 법과 「고용산재보험료징수법」에 따른 **업무를 대행하거나 위탁받은 자에 대한 출연금**

⑧ 그 밖에 이 법의 시행을 위하여 필요한 경비로서 대통령령으로 정하는 경비와 ① 및 ②에 따른 사업의 수행에 딸린 경비

제7절 심사 및 재심사 청구

01 심사청구대상

피보험자격의 취득 · 상실에 대한 확인, 실업급여, 육아휴직급여, 출산전후휴가급여 등에 관한 처분["**원처분(原處分) 등**"]에 이의가 있는 자는 심사관에게 심사를 청구할 수 있고, 그 결정에 이의가 있는 자는 심사위원회에 재심사를 청구할 수 있다.

02 심사청구 제척기간

심사의 청구는 **확인 또는 처분이 있음을 안 날부터 90일 이내**에, 재심사의 청구는 심사청구에 대한 결정이 있음을 안 날부터 90일 이내에 각각 제기하여야 한다.

03 시효중단

심사 및 재심사의 청구는 **시효중단에 관하여 재판상의 청구**로 본다.

04 대리인의 선임

심사청구인 또는 재심사청구인은 법정대리인 외에 다음 각 호의 어느 하나에 해당하는 자를 대리인으로 선임할 수 있다.

① 청구인의 배우자, 직계존 · 비속 또는 **형제자매**

② 청구인인 **법인의 임원 또는 직원**

③ **변호사나 공인노무사**

④ 심사위원회의 허가를 받은 자

05 심사청구의 효력

심사의 청구는 **원처분 등의 집행을 정지시키지 아니한다.** 다만, **심사관**은 원처분 등의 집행에 의하여 발생하는 중대한 위해(危害)를 피하기 위하여 긴급한 필요가 있다고 인정하면 **직권으로 그 집행을 정지시킬 수 있다.**

06 결정의 효력

① 결정은 심사청구인 및 직업안정기관의 장 또는 근로복지공단에 결정서의 **정본을 보낸 날부터** 효력이 발생한다.
② 결정은 원처분 등을 행한 직업안정기관의 장 또는 근로복지공단을 **기속(羈束)한다.**

제8절 소멸시효

다음 각 호의 어느 하나에 해당하는 권리는 **3년간** 행사하지 아니하면 시효로 소멸한다.
① 지원금을 지급받거나 반환받을 권리
② 취업촉진수당을 지급받거나 반환받을 권리
③ 구직급여를 반환받을 권리
④ 육아휴직급여, 육아기 근로시간 단축급여 및 출산전후휴가급여 등을 반환받을 권리

① 총칙

★ **2003년 직업상담사 1급**

01 고용보험법이 명시하고 있는 고용보험법의 목적에 관한 설명으로 틀린 것은?

① 사업주의 구조조정을 용이하게 함
② 국가의 직업지도 및 직업소개기능을 강화함
③ 근로자가 실업한 경우에 생활에 필요한 급여를 실시함
④ 근로자의 생활안정과 구직활동을 촉진함

해설 **[고용보험법의 제1조(목적)]**

이 법은 고용보험의 시행을 통하여 실업의 예방, 고용의 촉진 및 근로자 등의 직업능력의 개발과 향상을 꾀하고, 국가의 직업지도와 직업소개기능을 강화하며, 근로자 등이 실업한 경우에 생활에 필요한 급여를 실시하여 근로자 등의 생활안정과 구직활동을 촉진함으로써 경제 · 사회 발전에 이바지하는 것을 목적으로 한다.

★★ **2014년, 2018년 직업상담사 1급**

02 고용보험의 내용과 시행을 규율하기 위해 고용보험법이 정의하고 있는 내용으로 틀린 것은?

① "이직(離職)"이란 피보험자와 사업주 사이의 고용관계가 끝나게 되는 것(예술인 및 노무제공자의 경우에는 문화예술용역 관련 계약 또는 노무제공계약이 끝나는 것을 말한다)을 말한다.
② "실업의 인정"이란 직업안정기관의 장이 수급자격자가 실업한 상태에서 적극적으로 직업을 구하기 위하여 노력하고 있다고 인정하는 것을 말한다.

③ "피보험자"란 「보험료징수법」의 규정에 의하여 제5조 제1항 · 제2항, 제6조 제1항, 제8조 제1항 · 제2항, 제48조의2 제1항 및 제48조의3 제1항에 따라 보험에 가입되거나 가입된 것으로 보는 근로자, 예술인 또는 노무제공자를 말한다.
④ "일용근로자"란 3개월 미만 동안 고용되는 사람을 말한다.

해설 고용보험법상 일용근로자는 1개월 미만 동안 고용되는 자를 말한다(직종 불문).

[용어의 정의(고용보험법 제2조)]

㉠ 피보험자
 • 「고용보험 및 산업재해보상보험의 보험료징수 등에 관한 법률」에 따라 보험에 가입되거나 가입된 것으로 보는 근로자, 예술인 또는 노무제공자
 • 「고용산재보험료징수법」에 따라 고용보험에 가입하거나 가입된 것으로 보는 자영업자(이하 "자영업자인 피보험자"라 한다)
㉡ 이직(離職) : 피보험자와 사업주 사이의 고용관계가 끝나게 되는 것
㉢ 실업 : 근로의 의사와 능력이 있음에도 불구하고 취업하지 못한 상태에 있는 것
㉣ 실업의 인정 : 직업안정기관의 장이 수급자격자가 실업한 상태에서 적극적으로 직업을 구하기 위하여 노력하고 있다고 인정하는 것
㉤ 보수 : 「소득세법」에 따른 근로소득에서 대통령령으로 정하는 금품을 뺀 금액. 다만, 휴직이나 그 밖에 이와 비슷한 상태에 있는 기간 중에 사업주 외의 자로부터 지급받는 금품 중 고용노동부장관이 정하여 고시하는 금품은 보수로 본다.
㉥ 일용근로자 : 1개월 미만 동안 고용되는 사람

정답 01. ① 02. ④

★　2014년 직업상담사 1급

03 고용보험법상 고용안정 · 직업능력개발사업에 관하여 고용보험 적용이 제외되는 근로자가 아닌 것은?

① 65세 이후에 고용되거나 자영업을 개시한 자
② 「별정우체국법」에 따른 별정우체국직원
③ 「사립학교교직원 연금법」의 적용을 받는 자
④ 「국가공무원법」과 「지방공무원법」에 의한 일반직 공무원

해설 65세 이후에 고용되거나 자영업을 개시한 자는 고용보험 적용 제외 근로자에 해당하나, 예외적으로 **고용안정 · 직업능력개발사업은 적용**된다. 즉, 65세 이후 입사자는 실업급여, 육아휴직급여 등은 받을 수 없으나, 65세 이상인 자를 고용한 사업주가 인건비 지원을 받거나 65세 이후 입사자가 고용보험기금에서 국민내일배움카드를 발급받는 것은 가능하다.

[고용보험 적용 제외 근로자]
㉠ 다음 각 호의 어느 하나에 해당하는 사람에게는 이 법을 적용하지 아니한다.
- 1개월간 소정근로시간이 **60시간 미만인 사람(1주간의 소정근로시간이 15시간 미만**인 사람을 포함한다)을 말한다. 다만, 3개월 이상 계속하여 근로를 제공하는 사람과 일용근로자(이하 "일용근로자"라 한다)는 법 적용 대상으로 한다.
- 「국가공무원법」과 「지방공무원법」에 따른 **공무원.** 다만, 대통령령으로 정하는 바에 따라 별정직 공무원, 「국가공무원법」 및 「지방공무원법」에 따른 임기제 공무원의 경우는 본인의 의사에 따라 고용보험[제4장(실업급여) 한정]에 가입할 수 있다.
- **「사립학교교직원** 연금법」의 적용을 받는 사람
- 「별정우체국법」에 따른 **별정우체국직원**

㉡ **65세 이후에 고용**(65세 전부터 피보험자격을 유지하던 사람이 65세 이후에 계속하여 고용된 경우는 제외한다)되거나 자영업을 개시한 사람에게는 **제4장(실업급여) 및 제5장(육아휴직급여 등)을 적용하지 아니한다.**

★　2015년 직업상담사 1급

04 고용보험법상 실업급여사업이 적용되는 자는?

① 「별정우체국법」에 따른 별정우체국직원
② 자영업을 개시한 자
③ 생업을 목적으로 근로를 제공하는 자 중 3개월 이상 계속하여 근로를 제공하는 자
④ 「사립학교교직원 연금법」의 적용을 받는 자

해설 1개월간 소정근로시간이 60시간 미만인 사람(1주간의 소정근로시간이 15시간 미만인 사람을 포함한다)은 고용보험 적용 제외 근로자로 실업급여를 받을 수 없다. **다만, 3개월 이상 계속하여 근로를 제공하는 사람과 일용근로자는 실업급여를 적용받는다.**

★　2021년 직업상담사 1급

05 고용보험법상 이 법의 적용을 받는 자는?

① 일용근로자
② 「별정우체국법」에 따른 별정우체국직원
③ 「사립학교교직원 연금법」의 적용을 받는 자
④ 「지방공무원법」에 따른 공무원

해설 **일용근로자는 고용보험 적용 근로자**로서 실업급여 등을 받을 수 있다.

② 피보험자의 관리

★★　2023년 직업상담사 1급

06 고용보험법령에 의하면 피보험자격에 대하여 원수급인이 사업주가 된 경우에는 그 사업에 종사하는 근로자 중 원수급인이 고용하는 근로자 외의 근로자에 대하여는 그 근로자를 고용하는 하수급인이 신고하여야 하는데 그 하수급인에 속하지 않는 경우는?

① 「건설산업기본법」에 따른 건설사업자
② 「전기공사업법」에 따른 공사업자
③ 「경비업법」에 따른 경비업자
④ 「소방시설공사업법」에 따른 소방시설업자

해설 **[건설업 하수급인의 피보험자격 신고의무]**
고용산재보험료징수법 제9조에 따라 원수급인(元受給人)이 사업주로 된 경우에 그 사업에 종사하는 근로자 중 원수급인이 고용하는 근로자 외의 근로자에 대하여는 그 근로자를 고용하는 다음의 하수급인(下受給人)이 신고를 하여야 한다. 이 경우 원수급인은 고용노동부령으로 정하는 바에 따라 하수급인에 관한 자료를 고용노동부장관에게 제출하여야 한다.
㉠ 「건설산업기본법」에 따른 **건설사업자**
㉡ 「주택법」에 따른 **주택건설사업자**
㉢ **「전기공사업법」**에 따른 공사업자
㉣ **「정보통신공사업법」**에 따른 정보통신공사업자
㉤ **「소방시설공사업법」**에 따른 소방시설업자
㉥ **「국가유산수리** 등에 관한 법률」에 따른 국가유산수리업자

정답　03. ①　04. ③　05. ①　06. ③

07 고용보험법상 피보험자격의 취득일과 상실일에 관한 설명으로 틀린 것은?

① 원칙적으로 피보험자는 「고용보험법」이 적용되는 사업에 고용된 날에 피보험자격을 취득한다.

② 피보험자가 적용 제외 근로자에 해당하게 된 경우 그 적용 제외 대상자가 된 날 피보험자격을 상실한다.

③ 피보험자가 이직한 경우에는 이직한 날 피보험자격을 상실한다.

④ 피보험자가 사망한 경우에는 사망한 날의 다음 날 피보험자격을 상실한다.

해설 이직 및 사망의 경우에는 그 다음 날에 피보험자격을 상실한다.

[피보험자격의 취득일·상실일]

㉠ 자격 취득일(고용보험법 제13조)
① 근로자인 피보험자는 이 법이 적용되는 사업에 고용된 날에 피보험자격을 취득한다. 다만, 다음 각 호의 경우에는 각각 그 해당되는 날에 피보험자격을 취득한 것으로 본다.
1. 적용 제외 근로자였던 사람이 이 법의 적용을 받게 된 경우에는 그 적용을 받게 된 날
2. 보험관계 성립일 전에 고용된 근로자의 경우에는 그 보험관계가 성립한 날
② 자영업자인 피보험자는 「고용산재보험료징수법」에 따라 보험관계가 성립한 날에 피보험자격을 취득한다.

㉡ 자격 상실일(고용보험법 제14조)
① 근로자인 피보험자는 다음 각 호의 어느 하나에 해당하는 날에 각각 그 피보험자격을 상실한다.
1. 근로자인 피보험자가 적용 제외 근로자에 해당하게 된 경우에는 그 적용 제외 대상자가 된 날
2. 보험관계가 소멸한 경우에는 그 보험관계가 소멸한 날
3. 근로자인 피보험자가 이직한 경우에는 이직한 날의 다음 날
4. 근로자인 피보험자가 사망한 경우에는 사망한 날의 다음 날
② 자영업자인 피보험자는 「고용산재보험료징수법」에 따라 보험관계가 소멸한 날에 피보험자격을 상실한다.

08 고용보험법상 고용보험 피보험자격의 취득일·상실일에 관한 설명으로 틀린 것은?

① 피보험자가 사망한 경우에는 사망한 날의 다음 날에 피보험자격을 상실한다.

② 보험관계 성립일 전에 고용된 근로자의 경우에는 그 보험관계가 성립한 날에 피보험자격을 취득한다.

③ 피보험자가 고용보험의 적용 제외 근로자에 해당하게 된 경우에는 그 적용 제외 대상자가 된 날에 피보험자격을 상실한다.

④ 「고용보험법」의 적용 제외 근로자이었던 자가 「고용보험법」의 적용을 받게 된 경우에는 그 적용을 받게 된 날의 다음 날에 피보험자격을 취득한 것으로 본다.

해설 「고용보험법」의 적용 제외 근로자이었던 자가 「고용보험법」의 적용을 받게 된 경우에는 그 적용을 받게 된 날에 피보험자격을 취득한다(다음 날도 아니고 고용일로 소급하지도 않는다).

09 고용보험법상 피보험자격의 취득일 및 상실일에 대한 설명으로 틀린 것은?

① 적용 제외 근로자이었던 자가 「고용보험법」의 적용을 받게 된 경우에는 그 적용을 받게 된 날 피보험자격을 취득한 것으로 본다.

② 보험관계 성립일 전에 고용된 근로자의 경우에는 그 고용된 날 피보험자격을 취득한 것으로 본다.

③ 피보험자가 적용 제외 근로자에 해당하게 된 경우에는 그 적용 제외 대상자가 된 날 피보험자격을 상실한다.

④ 피보험자가 이직한 경우에는 이직한 날의 다음 날 피보험자격을 상실한다.

[해설] 보험관계 성립일 전에 고용된 근로자의 경우에는 고용된 날이 아니라 보험관계 성립일에 자격을 취득한 것으로 본다. 보험관계 성립이란 사업장이 고용보험 적용 사업장이 되었음을 의미하는 말로서, 가령 회사가 건설업자 아닌 자가 2,000만원 미만의 소규모 공사만 하던 업체로서 적용 제외 사업장이었다가 사후에 건설면허를 취득하여 보험관계가 성립한 한 경우에는 사업장이 건설면허 취득 전부터 고용되었던 근로자의 경우 입사 당시에는 피보험자격을 취득할 수 없었으나, 회사가 건설면허 취득으로 고용보험관계가 성립한 경우에는 회사의 보험관계 성립과 함께 피보험자격을 취득하게 된다(고용일로 소급하여 자격을 취득하지 않는다).

② 피보험자격의 취득 및 상실 등에 관한 신고는 그 사유가 발생한 날로부터 14일 이내에 하여야 한다.

③ 사업주가 피보험자격에 관한 사항을 신고하지 아니하면 근로자가 신고할 수 있다.

④ 자영업자인 피보험자는 피보험자격의 취득 및 상실에 관한 신고를 하지 아니한다.

[해설] 피보험자격 취득 및 상실신고는 그 사유가 발생한 날이 속하는 달의 다음 달 15일까지(근로자가 그 기일 이전에 신고할 것을 요구하는 경우에는 지체 없이) 신고해야 한다.

★ **2017년 직업상담사 1급**

10 고용보험법상 피보험자격의 취득 및 상실에 대한 설명으로 틀린 것은?

① 「고용보험법」 적용 제외 근로자이었던 자가 「고용보험법」의 적용을 받게 된 경우에는 그 적용을 받게 된 날 피보험자격을 취득한다.

② 보험관계 성립일 전에 고용된 근로자의 경우에는 그 보험관계가 성립한 날에 피보험자격을 취득한다.

③ 보험관계가 소멸한 경우에는 그 보험관계가 소멸한 날의 다음 날에 피보험자격을 상실한다.

④ 피보험자가 이직한 경우에는 이직한 날의 다음 날 피보험자격을 상실한다.

[해설] 보험관계가 소멸한 경우에는 그 보험관계가 소멸한 날의 다음 날이 아니라 보험관계가 소멸한 날에 피보험자격을 상실한다.

★ **2018년 직업상담사 1급**

11 고용보험법령상 피보험자격에 관한 설명으로 틀린 것은?

① 사업주는 그 사업에 고용된 근로자의 피보험자격의 취득 및 상실 등에 관한 사항을 고용노동부장관에게 신고하여야 한다.

★ **2020년 직업상담사 1급**

12 다음은 고용보험법령상 수급권 보호에 관한 내용이다. ( )에 들어갈 내용은?

실업급여를 받을 권리는 양도 또는 압류하거나 담보로 제공할 수 없으며, 실업급여수급계좌의 예금 중 ( ) 이하의 금액에 관한 채권은 압류할 수 없다.

① 월보수총액

② 월보험료액

③ 3개월 평균임금

④ 실업급여수급계좌에 입금된 금액 전액

[해설] 실업급여를 받을 권리는 양도 또는 압류하거나 담보로 제공할 수 없다. 수급자 계좌로 넘어온 이후에도 지정된 실업급여수급계좌의 예금 중 대통령령으로 정하는 액수(수급계좌 전액) 이하의 금액에 관한 채권은 압류할 수 없다.

❸ 실업급여

★ **2004년 직업상담사 1급**

13 고용보험법상 근로자가 받을 수 없는 것은?

① 이주비　　　　　② 광역 구직활동비

③ 직업능력개발수당　④ 고용유지지원금

[정답] 10. ③　11. ②　12. ④　13. ④

해설 고용유지지원금은 경영 악화에도 불구하고 휴업 등으로 고용을 유지하는 사업주에게 휴업 등의 고용유지조치를 하는 데 소요된 비용을 지원하는 제도이다. 고용보험사업 중 고용안정·직업능력개발사업 내 고용안정사업에 속한다. 고용안정사업은 주로 사업주 지원금이다.

★ **2004년 직업상담사 1급**

14 다음 중 고용보험법상 고용안정사업의 실시에 있어서 우선적으로 고려해야 하는 기업의 범위로 틀린 것은?

① 상시 근로자 300인 이하의 광업 기업
② 상시 근로자 300인 이하의 제조업 기업
③ 상시 근로자 300인 이하의 건설업 기업
④ 상시 근로자 300인 이하의 통신업 기업

해설 **[우선지원대상기업]**

산업분류	상시 사용하는 근로자 수
1. 제조업	500명 이하
2. 광업 3. 건설업 4. 운수 및 창고업 5. 정보통신업 6. 사업시설 관리, 사업지원 임대 서비스업 7. 전문, 과학 및 기술 서비스업 8. 보건업 및 사회복지 서비스업	300명 이하
9. 도매 및 소매업 10. 숙박 및 음식점업 11. 금융 및 보험업 12. 예술, 스포츠 및 여가 관련 서비스업	200명 이하
13. 그 밖의 업종	100명 이하

★ **2015년 직업상담사 1급**

15 고용보험법상 임금피크제 지원금에 대한 설명으로 틀린 것은?

① 근로자대표의 동의를 얻어 임금피크제를 시행하는 사업주에게 지급한다.
② 임금피크제 지원금은 해당 근로자의 피크임금과 해당연도 임금의 차액, 임금 인상율과 소정근로시간 단축으로 인한 사업주의 노무비용

증가액 등을 고려하여 고용노동부장관이 고시하는 금액으로 한다.
③ 임금피크제 지원금은 임금피크제가 적용되는 날부터 최대 5년 동안 지급한다.
④ 해당 연도 중에 분기별 또는 월별로 임금피크제 지원금을 지급받으려는 경우에는 각각 매분기 또는 매월 다음 달 말일까지 소재지 관할 직업안정기관의 장에게 신청서를 제출하여야 한다.

해설 임금피크제는 고령인 근로자에 대하여 정년을 연장하거나 고용을 보장하는 조건으로 임금을 감액하는 제도이고, 고용보험의 임금피크제 지원금은 임금피크제 시행으로 인해 임금손실이 있는 근로자에 대하여 그 금액 중 일부를 지원해주는 것으로서 고용안정사업 중 드물게 근로자에게 지급되는 지원금이다.

[고용보험법 시행령 제28조(임금피크제 지원금)]
① 고용노동부장관은 다음 각 호의 어느 하나에 해당하는 경우(임금피크제)에는 근로자에게 임금피크제 지원금을 지급한다. 다만, ㉡에 해당하는 경우에는 사업주에게도 임금피크제 지원금을 지급한다.
  ㉠ 사업주가 근로자대표의 동의를 받아 정년을 60세 이상으로 연장하거나 정년을 56세 이상 60세 미만으로 연장하면서 55세 이후부터 일정나이, 근속시점 또는 임금액을 기준으로 임금을 줄이는 제도를 시행하는 경우
  ㉡ 사업주가 ㉠에 따른 제도를 시행하거나 ㉣에 따라 정년퇴직 후 3개월 이내에 고용(재고용)하면서 주당 소정근로시간을 15시간 이상 30시간 이하로 단축하는 경우
  ㉢ 삭제
  ㉣ 정년을 55세 이상으로 정한 사업주가 정년에 이른 사람을 재고용(재고용기간이 1년 미만인 경우는 제외)하면서 정년퇴직 이후부터 임금을 줄이는 경우
③ ①에 따른 임금피크제 지원금은 해당 근로자의 피크임금과 해당 연도 임금의 차액, 임금 인상률과 제1항 제2호에 따른 소정근로시간 단축으로 인한 사업주의 노무비용 증가액 등을 고려하여 고용노동부장관이 고시하는 금액으로 한다.
④ ①에 따른 임금피크제 지원금은 임금피크제가 적용되는 날부터 5년 동안 지급한다. 다만, 고용기간이 5년보다 짧은 경우에는 그 고용기간 동안 지급하고, 임금피크제 시행 이후 재고용한 경우에도 최대 지급기간은 통산하여 5년으로 한다.

정답 14. ② 15. ①

16 고용보험법상 구직급여의 수급요건으로 틀린 것은?

① 이직일 이전 12개월 간 피보험 단위기간이 통산하여 180일 이상일 것

② 근로의 의사와 능력이 있음에도 불구하고 취업하지 못한 상태에 있을 것

③ 이직사유가 수급자격의 제한사유에 해당하지 아니할 것

④ 재취업을 위한 노력을 적극적으로 할 것

해설 **[고용보험법 제40조(구직급여의 수급요건)]**

① 구직급여는 이직한 근로자인 피보험자가 다음 각 호의 요건을 모두 갖춘 경우에 지급한다. 다만, 5.와 6.은 최종 이직 당시 일용근로자였던 사람만 해당한다.

1. 기준기간 동안의 피보험 단위기간이 합산하여 180일 이상일 것
2. 근로의 의사와 능력이 있음에도 불구하고 취업(영리를 목적으로 사업을 영위하는 경우를 포함)하지 못한 상태에 있을 것
3. 이직사유가 수급자격의 제한사유에 해당하지 아니할 것
4. 재취업을 위한 노력을 적극적으로 할 것
5. 다음 각 목의 어느 하나에 해당할 것

　가. 수급자격 인정신청일이 속한 달의 직전 달 초일부터 수급자격 인정신청일까지의 근로일수의 합이 같은 기간 동안의 총일수의 3분의 1 미만일 것

　나. 건설일용근로자(일용근로자로서 이직 당시에 「통계법」에 따라 통계청장이 고시하는 한국표준산업분류의 대분류상 건설업에 종사한 사람)로서 수급자격 인정신청일 이전 14일간 연속하여 근로내역이 없을 것

6. 최종 이직 당시의 기준기간 동안의 피보험 단위기간 중 다른 사업에서 수급자격의 제한사유에 해당하는 사유로 이직한 사실이 있는 경우에는 그 피보험 단위기간 중 90일 이상을 일용근로자로 근로하였을 것

② 기준기간은 이직일 이전 18개월을 원칙으로 한다.

17 고용보험법상의 취업촉진수당의 종류가 아닌 것은?

① 조기재취업수당　　② 육아휴직수당

③ 직업능력개발수당　④ 이주비

해설 **[실업급여의 종류]**

실업급여 ── 구직급여
　　　　　└ 취업촉진수당 : 조기재취업수당, 직업능력개발수당, 광역구직활동비, 이주비

18 고용보험법상 구직급여의 수급요건으로 틀린 것은?

① 이직일 이전 18개월간 피보험 단위기간이 통산하여 180일 이상일 것

② 근로의 의사와 능력이 있음에도 불구하고 취업(영리를 목적으로 사업을 영위하는 경우를 포함)하지 못한 상태에 있을 것

③ 재취업을 위한 노력을 적극적으로 할 것

④ 최종 이직 당시 일용근로자였던 자는 수급자격 인정신청일 이전 1개월 동안의 근로일수가 15일 미만일 것

해설 ㉠ 일용근로자는 수급자격 인정신청일이 속한 달의 직전 달 초일부터 수급자격 인정신청일까지의 근로일 수의 합이 같은 기간 동안의 총일수의 3분의 1 미만이어야 한다. 단, 건설일용근로자는 수급자격 인정신청일 이전 14일간 연속하여 근로내역이 없어야 한다.

㉡ 일용근로자는 근무형태가 간헐적이므로 간헐적 근무 상태가 아닌 실업의 상태로 볼 수 있는 기준이 별도로 필요하게 되어 일용근로자의 이 같은 추가요건이 생기게 된 것이다.

정답　16. ①　17. ②　18. ④

★ **2015년 직업상담사 1급**

19 고용보험법상 이직사유에 따른 구직급여 수급자격의 제한요건이 아닌 것은?

① 중대한 귀책사유가 없는 자가 사업주의 권고로 이직한 경우

② 형법 또는 직무와 관련된 법률을 위반하여 금고 이상의 형을 선고받은 경우

③ 정당한 사유 없이 근로계약 또는 취업규칙 등을 위반하여 장기간 무단결근한 경우

④ 자기 사정으로 전직 또는 자영업을 하기 위하여 이직한 경우

> **해설** 중대한 귀책사유로 해고나 권고사직된 경우가 구직급여 수급 제한사유이다.
>
> **[고용보험법 제58조(이직사유에 따른 수급자격의 제한)]**
> 수급요건에도 불구하고 피보험자가 다음 각 호의 어느 하나에 해당한다고 직업안정기관의 장이 인정하는 경우에는 수급자격이 없는 것으로 본다.
> ㉠ 중대한 귀책사유(歸責事由)로 해고된 피보험자로서 다음 각 목의 어느 하나에 해당하는 경우
> • 「형법」 또는 직무와 관련된 법률을 위반하여 금고 이상의 형을 선고받은 경우
> • 사업에 막대한 지장을 초래하거나 재산상 손해를 끼친 경우로서 고용노동부령으로 정하는 기준에 해당하는 경우
> • 정당한 사유 없이 근로계약 또는 취업규칙 등을 위반하여 장기간 무단결근한 경우
> ㉡ 자기 사정으로 이직한 피보험자로서 다음 각 목의 어느 하나에 해당하는 경우
> • 전직 또는 자영업을 하기 위하여 이직한 경우
> • ㉠의 중대한 귀책사유가 있는 사람이 해고되지 아니하고 사업주의 권고로 이직한 경우
> • 그 밖에 고용노동부령으로 정하는 정당한 사유에 해당하지 아니하는 사유로 이직한 경우

★ **2004년 직업상담사 1급**

20 고용보험법에서 구직급여 수급자격자에 대한 설명으로 옳지 않은 것은?

① 근로의 의사와 능력을 가지고 있음에도 취업하지 못한 상태에 있음

② 자기의 중대한 귀책사유로 해고되거나 정당한 사유 없는 자기 사정으로 이직하지 않았음

③ 실직 전 기준기간 동안 고용보험이 적용되는 사업장에서 근무한 기간이 통산하여 180일 이상임

④ 수급자격을 인정받은 후 취업했다가 다시 실업하게 되었으나 새로이 보험기간은 충족하지 않은 상태임

> **해설** 피보험 단위기간을 계산할 때에는 최후로 피보험자격을 취득한 날 이전에 구직급여를 받은 사실이 있는 경우에는 그 구직급여와 관련된 피보험자격 상실일 이전의 피보험 단위기간은 넣지 아니한다. 따라서 구직급여 수급 이후 재취업한 경우의 향후 피보험 단위기간은 처음부터 기산한다.

★★★ **2010년, 2014년, 2021년 직업상담사 1급**

21 고용보험법상 구직급여의 연장급여종류에 해당하지 않는 것은?

① 지정연장급여 ② 특별연장급여
③ 개별연장급여 ④ 훈련연장급여

> **해설** 구직급여의 연장급여에는 훈련연장급여, 개별연장급여, 특별연장급여가 있다.
>
> **[구직급여의 연장급여]**
> ㉠ 훈련연장급여 : 직업안정기관의 장은 수급자격자의 연령·경력 등을 고려할 때 재취업을 위하여 직업능력개발훈련 등이 필요하면 그 수급자격자에게 직업능력개발훈련 등을 받도록 지시할 수 있다.
> ㉡ 개별연장급여 : 직업안정기관의 장은 취업이 특히 곤란하고 생활이 어려운 수급자격자로서 대통령령으로 정하는 사람에게는 그가 실업의 인정을 받은 날에 대하여 소정급여일수를 초과하여 구직급여를 연장하여 지급할 수 있다.
> ㉢ 특별연장급여 : 고용노동부장관은 실업의 급증 등 대통령령으로 정하는 사유가 발생한 경우에는 60일의 범위에서 수급자격자가 실업의 인정을 받은 날에 대하여 소정급여일수를 초과하여 구직급여를 연장하여 지급할 수 있다. 다만, 이직 후의 생활안정을 위한 일정기준 이상의 소득이 있는 수급자격자 등 고용노동부령으로 정하는 수급자격자에 대하여는 그러하지 아니하다.

정답 19. ① 20. ④ 21. ①

22 고용보험법상 구직급여의 수급요건에 해당하지 않는 것은?

① 이직일 이전 18개월간 피보험 단위기간이 통산하여 180일 이상일 것
② 근로의 의사와 능력이 있음에도 불구하고 취업하지 못한 상태에 있을 것
③ 전직 또는 자영업을 하기 위하여 이직하였을 것
④ 재취업을 위한 노력을 적극적으로 할 것

> **해설** 전직 또는 자영업을 하기 위해 이직한 것은 자발적 이직으로서 구직급여 제한사유 중의 하나이다.

23 고용보험법상 피보험기간이 5년 이상 10년 미만이고 이직일 현재 연령이 50세 미만인 경우 구직급여 소정급여일수는?

① 90일
② 120일
③ 150일
④ 210일

> **해설** [구직급여 소정급여일수]
>
> 하나의 수급자격에 따라 구직급여를 지급받을 수 있는 날(이하 "소정급여일수"라 한다)은 대기기간이 끝난 다음 날부터 계산하기 시작하여 피보험기간과 연령에 따라 다음 표에서 정한 일수가 되는 날까지로 한다.

구분		피보험기간(일)				
		1년 미만	1년 이상 3년 미만	3년 이상 5년 미만	5년 이상 10년 미만	10년 이상
이직일 현재 연령	50세 미만	120	150	180	210	240
	50세 이상 또는 장애인	120	180	210	240	270

24 장애인 근로자인 甲(40세)이 다니던 회사가 도산하여 이직하였다. 甲의 피보험기간이 5년이라면 구직급여 소정급여일수는 며칠인가?

① 120일
② 150일
③ 180일
④ 240일

> **해설** 장애인은 나이 구분 없이 120~270일이다. 따라서 장애인으로 5년 이상 10년 미만은 240일이다.

25 고용보험법령상 구직급여의 지급유예 또는 지급제한에 관한 설명으로 틀린 것은?

① 수급자격자가 직업안정기관의 장으로부터 소개받은 직업의 임금수준이 같은 지역의 같은 종류의 업무 또는 같은 정도의 기능에 대한 통상의 임금수준에 비하여 100분의 20 이상 낮아 그 직업에 취직하는 것을 거부한 경우에는 구직급여의 지급이 정지되지 않는다.
② 수급자격자가 직업안정기관의 장이 소개하는 직업에 취직하기 위하여 주거의 이전이 필요하나, 그 이전이 곤란하여 취직을 거부한 경우에는 구직급여의 지급이 정지되지 않는다.
③ 수급자격자가 직업안정기관의 장이 지시한 직업능력개발훈련이 수급자격자의 능력에 맞지 아니하여 훈련을 거부한 경우에는 구직급여의 지급이 정지되지 않는다.
④ 훈련 거부에 따라 구직급여의 지급을 정지하는 기간을 3개월 범위에서 고용노동부장관이 정하여 고시한다.

> **정답** 22. ③　23. ④　24. ④　25. ④

해설 구직급여의 지급을 정지하는 기간은 1개월의 범위에서 고용노동부장관이 정하여 고시한다.

[고용보험법 제60조(훈련 거부 등에 따른 급여의 지급제한)]

① 수급자격자가 직업안정기관의 장이 소개하는 직업에 취직하는 것을 거부하거나 직업안정기관의 장이 지시한 직업능력개발훈련 등을 거부하면 대통령령으로 정하는 바에 따라 구직급여의 지급을 정지한다. 다만, 다음 각 호의 어느 하나에 해당하는 정당한 사유가 있는 경우에는 그러하지 아니하다.
  1. 소개된 직업 또는 직업능력개발훈련 등을 받도록 지시된 직종이 수급자격자의 능력에 맞지 아니하는 경우
  2. 취직하거나 직업능력개발훈련 등을 받기 위하여 주거의 이전이 필요하나 그 이전이 곤란한 경우
  3. 소개된 직업의 임금수준이 같은 지역의 같은 종류의 업무 또는 같은 정도의 기능에 대한 통상의 임금수준에 비하여 100분의 20 이상 낮은 경우 등 고용노동부장관이 정하는 기준에 해당하는 경우
  4. 그 밖에 정당한 사유가 있는 경우
② 수급자격자가 정당한 사유 없이 고용노동부장관이 정하는 기준에 따라 직업안정기관의 장이 실시하는 재취업 촉진을 위한 직업지도를 거부하면 대통령령으로 정하는 바에 따라 구직급여의 지급을 정지한다.
③ ① 단서 및 ②에서의 정당한 사유의 유무(有無)에 대한 인정은 고용노동부장관이 정하는 기준에 따라 직업안정기관의 장이 행한다.
④ ①과 ②에 따라 구직급여의 지급을 정지하는 기간은 1개월의 범위에서 고용노동부장관이 정하여 고시한다.

26 고용보험법령상 자영업자인 피보험자의 실업급여의 종류에 해당하지 않는 것은?

① 직업능력개발수당
② 조기재취업수당
③ 광역 구직활동비
④ 이주비

해설 자영업자인 피보험자는 연장급여(훈련·개별·특별)와 조기재취업수당은 적용되지 않는다.
[암기 Tip] 사장님은 조연(조기재취업수당 및 연장급여)이 아니다.

27 고용보험법상 취업촉진수당에 대한 설명과 가장 거리가 먼 것은?

① 조기재취업수당은 실업자의 실직기간을 최소화시키고 안정된 직장에 조기에 재취직을 장려하기 위한 인센티브제도임
② 직업능력개발수당은 수급자격자가 직업안정기관의 장이 지시하는 직업능력개발훈련을 받는 경우 구직급여 외에 지급하는 일정액의 수당임
③ 광역구직활동비는 수급자격자가 직업안정기관의 장의 소개에 의하여 광범위한 지역에 걸쳐 구직활동을 하는 경우에 지급할 수 있음
④ 이주비는 취업을 위한 이주일 경우 근로계약기간에 상관없이 취업하는 경우에 지급할 수 있음

해설 이주비는 1년 이상의 근로계약기간을 정하여 취업한 경우에 받을 수 있다.

[고용보험법 시행령 제90조(이주비)]

① 이주비는 수급자격자가 다음 각 호의 요건을 모두 갖춘 경우에 지급한다.
  1. 취업하거나 직업훈련 등을 받게 된 경우로서 고용노동부장관이 정하는 기준에 따라 신청지 관할 직업안정기관의 장이 주거의 변경이 필요하다고 인정할 것
  2. 해당 수급자격자를 고용하는 사업주로부터 주거의 이전에 드는 비용이 지급되지 아니하거나 지급되더라도 그 금액이 이주비에 미달할 것
  3. 취업을 위한 이주인 경우 1년 이상의 근로계약기간을 정하여 취업할 것

28 고용보험법령상 폐업한 자영업자인 피보험자의 구직급여 수급요건으로 틀린 것은?

① 법령을 위반하여 허가취소를 받음에 따라 폐업한 경우가 아니어야 한다.

② 재취업을 위한 노력을 적극적으로 하여야 한다.

③ 폐업일 이전 18개월간 자영업자인 피보험자로서 갖춘 피보험 단위기간이 통산하여 180일 이상이어야 한다.

④ 근로의 의사와 능력이 있음에도 불구하고 취업을 하지 못한 상태에 있어야 한다.

> 해설 자영업자인 피보험자가 폐업 시 구직급여를 지급받기 위해서는 폐업일 이전 24개월간 피보험 단위기간이 합산하여 1년 이상이어야 한다. 18개월간 180일 요건은 일반 근로자에 해당하는 요건이다.

④ 육아휴직급여

29 고용보험법상 육아휴직급여의 지급요건에 대한 설명으로 틀린 것은?

① 육아휴직 개시일 이전에 고용보험 피보험 단위기간이 통산 180일 이상일 것

② 육아휴직을 30일 이상 부여받았을 것

③ 육아휴직 개시일 이후 1개월부터 종료일 이후 18개월 이내에 신청할 것

④ 배우자의 질병·부상으로 신청할 수 없었던 자로 사유 종료 후 30일 이내에 신청할 것

> 해설 육아휴직급여를 지급받으려는 사람은 육아휴직을 시작한 날 이후 1개월부터 육아휴직이 끝난 날 이후 12개월 이내에 신청하여야 한다.

30 고용보험법상 피보험자로서 육아휴직급여 지급 사유가 아닌 것은?

① 육아휴직을 시작한 날 이전 피보험 단위기간이 통산 180일 이상인 자

② 천재지변으로 12개월간 신청하지 못하게 되었으나 그 사유가 끝난 날로부터 30일 이내에 신청한 경우

③ 육아휴직을 시작한 날 이후 1개월부터 12개월 이내에 신청한 경우

④ 천재지변으로 12개월간 신청하지 못하게 되었으나 그 사유가 끝난 날로부터 50일 후에 신청한 경우

> 해설 **[고용보험법 제70조(육아휴직 신청기간)]**
> 육아휴직급여를 지급받으려는 사람은 육아휴직을 시작한 날 이후 1개월부터 육아휴직이 끝난 날 이후 12개월 이내에 신청하여야 한다. 다만, 해당 기간에 다음 각 호의 사유로 육아휴직급여를 신청할 수 없었던 사람은 그 사유가 끝난 후 30일 이내에 신청하여야 한다.
> 1. 천재지변
> 2. 본인이나 배우자의 질병·부상
> 3. 본인이나 배우자의 직계존속 및 직계비속의 질병·부상
> 4. 「병역법」에 따른 의무복무
> 5. 범죄혐의로 인한 구속이나 형의 집행

정답 28. ③ 29. ③ 30. ④

31 고용보험법상 육아휴직급여에 관한 설명으로 틀린 것은?

① 피보험자가 사업주로부터 육아휴직을 이유로 금품을 지급받은 경우라도 이를 이유로 하여 육아휴직급여가 감액되어 지급되어서는 아니 된다.

② 피보험자가 육아휴직급여기간 중에 그 사업에서 이직한 경우에는 이직하였을 때부터 육아휴직급여를 지급하지 아니하는 것이 원칙이다.

③ 거짓이나 그 밖의 부정한 방법으로 육아휴직급여를 받았거나 받으려 한 자에게는 급여를 받은 날 또는 받으려 한 날로부터 육아휴직급여를 지급하지 아니하는 것이 원칙이다.

④ 피보험자가 육아휴직급여기간 중에 새로 취업한 경우에는 그 사실을 직업안정기관의 장에게 신고하여야 하지만 1주간의 소정근로시간이 15시간 미만인 경우는 신고할 필요가 없다.

> **해설** 피보험자가 사업주로부터 육아휴직을 이유로 금품을 지급받은 경우 대통령령으로 정하는 바에 따라 **급여를 감액하여 지급할 수 있다**(이중지급제한).

32 고용보험법령상 육아기 근로시간 단축급여에 관한 설명이다. (　　) 안에 알맞은 것은?

> 육아기 근로시간 단축급여를 지급받으려는 사람은 육아기 근로시간 단축을 시작한 날 이후 1개월부터 끝난 날 이후 12개월 이내에 신청하여야 한다. 다만 해당 기간에 대통령령으로 정하는 사유로 육아기 근로시간 단축급여를 신청할 수 없었던 사람은 그 사유가 끝난 후 (　　)일 이내에 신청하여야 한다.

① 15일

② 20일

③ 30일

④ 60일

> **해설** 육아휴직급여와 마찬가지로 육아기 근로시간 단축급여도 단축 개시 후 1개월 이후부터 단축 종료 후 12개월 안에 신청하여야 한다. 다만, 다음의 사유로 육아휴직급여를 신청할 수 없었던 사람은 그 **사유가 끝난 후 30일 이내**에 신청하여야 한다.
> ㉠ 천재지변
> ㉡ 본인이나 배우자의 질병·부상
> ㉢ 본인이나 배우자의 직계존속 및 직계비속의 질병·부상
> ㉣ 「병역법」에 따른 의무복무
> ㉤ 범죄혐의로 인한 구속이나 형의 집행

❻ 고용보험기금의 용도

33 고용보험법령상 고용보험기금에 관한 설명으로 옳지 않은 것은?

① 고용노동부장관은 한국은행에 고용보험기금계정을 설치하여야 한다.

② 고용보험기금의 관리·운용에 관한 세부사항은 「은행법」의 규정에 따른다.

③ 고용보험사업의 수행 또는 고용보험기금 증식을 위한 부동산의 취득 및 처분은 고용보험기금을 관리·운용하는 방법에 해당한다.

④ 고용보험기금의 결산상 잉여금이 생기면 이를 적립금으로 적립하여야 한다.

> **해설** 기금의 관리·운용에 관한 세부사항은 「국가재정법」의 규정에 따른다.

34 고용보험법상 고용보험기금의 용도에 해당하지 않는 것은?

① 보험료의 반환

② 징수금의 대납

③ 일시 차입금의 상환금과 이자

④ 「고용보험법」과 「고용산재보험료징수법」에 따른 업무를 대행하거나 위탁받는 자에 대한 출연금

> **정답** 31. ①　32. ③　33. ②　34. ②

해설 [고용보험법 제80조(고용보험기금의 용도)]

- ㉠ 고용안정·직업능력개발사업에 필요한 경비
- ㉡ 실업급여의 지급
- ㉢ 국민연금보험료의 지원
- ㉣ 육아휴직급여 및 출산전후휴가급여 등의 지급
- ㉤ 보험료의 반환
- ㉥ 일시 차입금의 상환금과 이자
- ㉦ 이 법과 「고용산재보험료징수법」에 따른 업무를 대행하거나 위탁받은 자에 대한 출연금
- ㉧ 그 밖에 이 법의 시행을 위하여 필요한 경비로서 대통령령으로 정하는 경비와 ㉠ 및 ㉡에 따른 사업의 수행에 딸린 경비

★ **2022년 직업상담사 1급**

35 고용보험법령상 고용보험기금의 용도를 모두 고른 것은?

> ㉠ 직업능력개발사업에 필요한 경비
> ㉡ 「고용보험법령」에서 정한 국민연금보험료의 지원
> ㉢ 실업급여의 지급
> ㉣ 육아휴직급여의 지급
> ㉤ 「고용보험법령」에서 정한 국민건강보험료의 지원

① ㉠, ㉡, ㉤
② ㉡, ㉢, ㉣
③ ㉠, ㉡, ㉢, ㉣
④ ㉠, ㉡, ㉢, ㉣, ㉤

해설 고용보험기금용도에는 국민연금보험료의 지원("실업크레딧", 구직급여 수급자가 수급기간 중 국민연금보험료 납부를 원하는 경우 일정액을 고용보험에서 지원하는 제도)은 해당하나, 건강보험료 지원은 해당 없다.

❼ 심사 및 재심사 청구

★ **2012년 직업상담사 1급**

36 고용보험법상 고용보험 심사제도의 심사청구대상이 아닌 것은?

① 실업급여에 관한 처분
② 근로자수강지원금에 대한 처분
③ 육아휴직급여에 관한 처분
④ 피보험자격의 취득·상실에 관한 처분

해설 고용보험사업 중 고용안정·직업능력개발사업에 관한 처분은 심사청구대상에 해당하지 않는다. 고용안정사업은 주로 사업주 지원금, 직업능력개발사업은 훈련비 지원을 말한다.

[고용보험법 제87조(심사청구대상)]
피보험자격의 취득·상실에 대한 확인, 실업급여, 육아휴직급여, 출산전후휴가급여 등에 관한 처분[원처분(原處分) 등]에 이의가 있는 자는 심사관에게 심사를 청구할 수 있고, 그 결정에 이의가 있는 자는 심사위원회에 재심사를 청구할 수 있다.

★ **2014년 직업상담사 2급**

37 고용보험법상 실업급여에 관한 처분에 대한 심사 및 재심사의 청구에 관한 설명으로 틀린 것은?

① 심사의 청구는 확인 또는 처분이 있음을 안 날부터 90일 이내에 제기하여야 한다.
② 심사 및 재심사의 청구는 시효중단에 관하여 재판상의 청구로 본다.
③ 심사관에 대한 기피신청은 그 사유를 구체적으로 밝힌 서면으로 하여야 한다.
④ 심사청구인은 법정대리인 외에 청구인의 배우자는 대리인으로 선임할 수 없다.

해설 [심사·재심사 청구의 대리인 자격]

- ㉠ 청구인의 배우자, 직계존·비속 또는 형제자매
- ㉡ 청구인인 법인의 임원 또는 직원
- ㉢ 변호사나 공인노무사
- ㉣ 심사위원회의 허가를 받은 자
- ㉤ 법정대리인

장애인고용촉진 및 직업재활법

제1절 총칙

01 용어의 정의

① 장애인 : 신체 또는 정신상의 장애로 장기간에 걸쳐 **직업생활에 상당한 제약을 받는 사람**으로서 대통령령으로 정하는 기준에 해당하는 사람
② 중증장애인 : 장애인 중 **근로능력이 현저하게 상실된 사람**으로서 대통령령으로 정하는 기준에 해당하는 사람
③ 고용촉진 및 직업재활 : 장애인의 직업지도, 직업적응훈련, 직업능력개발훈련, 취업알선, 취업, 취업 후 적응지도 등에 대하여 이 법에서 정하는 조치를 강구하여 장애인이 직업생활을 통하여 자립할 수 있도록 하는 것
④ 사업주 : **근로자를 사용하여 사업을 행하거나 하려는 자**
⑤ 근로자 : 「근로기준법」에 따른 근로자. 다만, 소정근로시간이 대통령령으로 정하는 시간 **(월 60시간) 미만인 사람(중증장애인은 제외)은 제외**한다.
⑥ 장애인 표준사업장 : 장애인 고용인원·고용비율 및 시설·임금에 관하여 고용노동부령으로 정하는 기준에 해당하는 사업장(「장애인복지법」에 따른 **장애인 직업재활시설은 제외**)

02 직장 내 장애인 인식개선 교육

① 사업주는 장애인에 대한 직장 내 편견을 제거함으로써 장애인 근로자의 안정적인 근무여건을 조성하고 장애인 근로자 채용이 확대될 수 있도록 장애인 인식개선 교육을 실시하여야 한다.
② **사업주 및 근로자**는 장애인 인식개선 교육을 받아야 한다.
③ 사업주는 직장 내 장애인 인식개선 **교육실시 관련 자료를 3년간 보관**하여야 한다. 이 경우 교육실시 관련 자료는 「전자문서 및 전자거래 기본법」에 따른 **전자문서로 작성·보존할 수 있다.**
④ 사업의 규모나 특성을 고려하여 대통령령으로 정하는 사업주가 자체적으로 장애인 인식개선 교육을 실시하는 경우에는 고용노동부령으로 정하는 강사의 자격기준을 갖춘 사람이 실시하여야 한다.

⑤ 고용노동부장관은 장애인 인식개선 교육실시 결과에 대한 점검을 할 수 있다.
⑥ 고용노동부장관은 점검을 위하여 상시 **50명 이상**의 근로자를 고용하는 사업주에게 고용노동부령으로 정하는 바에 따라 장애인 인식개선 **교육실시 결과를 제출하도록 명할 수 있다.**
⑦ 사업주는 직장 내 장애인 인식개선 **교육을 연 1회, 1시간 이상 실시해야 한다.**
⑧ **장애인 고용의무가 없는 사업주(50인 미만 사업장)**는 ⑦에도 불구하고 고용노동부장관이 보급한 **교육자료 등을 배포 · 게시하거나 전자우편을 보내는 등의 방법**으로 장애인 인식개선 교육을 실시할 수 있다

03 기본계획

① **고용노동부장관은 관계 중앙행정기관의 장과 협의**하여 장애인의 고용촉진 및 직업재활을 위한 기본계획을 **5년**마다 수립하여야 한다.
② 기본계획에는 다음의 사항이 포함되어야 한다.
　㉠ **직전 기본계획에 대한 평가**
　㉡ 장애인의 고용촉진 및 직업재활에 관한 사항
　㉢ 장애인 고용촉진 및 직업재활 기금에 관한 사항
　㉣ 장애인을 위한 시설의 설치 · 운영 및 지원에 관한 사항
　㉤ 그 밖에 장애인의 고용촉진 및 직업재활을 위하여 고용노동부장관이 필요하다고 인정하는 사항
③ 기본계획, 장애인의 고용촉진 및 직업재활에 관한 중요 사항은 「고용정책 기본법」에 따른 **고용정책심의회의 심의를 거쳐야 한다.**

제2절 장애인 고용촉진 및 직업재활

01 장애인 직업재활실시기관

① 장애인 직업재활실시기관(재활실시기관)은 장애인에 대한 직업재활사업을 다양하게 개발하여 장애인에게 직접 제공하여야 하고, 특히 중증장애인의 자립능력을 높이기 위한 직업재활 실시에 적극 노력하여야 한다.
② 재활실시기관은 다음 각 호의 어느 하나와 같다.
　㉠ 「장애인 등에 대한 특수교육법」에 따른 **특수교육기관**
　㉡ 「장애인복지법」에 따른 장애인 **지역사회재활시설**
　㉢ 「장애인복지법」에 따른 장애인 **직업재활시설**
　㉣ 「장애인복지법」에 따른 **장애인복지단체**

ⓜ「국민 평생 직업능력 개발법」에 따른 **직업능력개발훈련시설**

ⓗ 그 밖에 고용노동부령으로 정하는 기관으로서 고용노동부장관이 장애인에 대한 직업재활사업을 수행할 능력이 있다고 인정하는 기관

02 직업지도

고용노동부장관과 보건복지부장관은 장애인이 그 능력에 맞는 직업에 취업할 수 있도록 하기 위하여 장애인에 대한 직업상담, 직업적성검사 및 직업능력평가 등을 실시하고, 고용정보를 제공하는 등 직업지도를 하여야 한다.

03 지원고용

고용노동부장관과 보건복지부장관은 **중증장애인 중 사업주가 운영하는 사업장에서는 직무수행이 어려운 장애인이 직무를 수행할 수 있도록** 지원고용을 실시하고 필요한 지원을 하여야 한다.

04 보호고용

국가와 지방자치단체는 장애인 중 정상적인 작업조건에서 일하기 어려운 장애인을 위하여 **특정한 근로환경을 제공하고 그 근로환경에서 일할 수 있도록 보호고용**을 실시하여야 한다.

05 장애인 근로자 지원

고용노동부장관은 장애인 근로자의 안정적인 직업생활을 위하여 필요한 자금을 융자하거나 다음 각 호의 비용 또는 기기·장비를 지원할 수 있다.

① **중증장애인의 출퇴근에 소요되는 교통비**

② 장애인의 직업생활에 필요한 작업보조 공학기기·장비 또는 그 공학기기·장비의 구입·대여에 드는 비용

제3절 ▶ 장애인 고용의무 및 부담금

01 국가와 지방자치단체의 장애인 고용의무

① **국가와 지방자치단체의 장**은 장애인을 소속 공무원 정원에 대하여 다음 각 호의 구분에 해당하는 비율 이상 **고용하여야 한다.**

㉠ 2021년 1월 1일부터 2021년 12월 31일까지 : 1천분의 34
㉡ 2022년 1월 1일부터 2023년 12월 31일까지 : 1천분의 36
㉢ 2024년 이후 : 1천분의 38

② 국가와 지방자치단체의 각 시험 실시기관(각급기관)의 장은 신규 채용시험을 실시할 때 **신규 채용인원에 대하여 장애인이 ① 각 호의 구분에 따른 해당 연도 비율(장애인 공무원의 수가 ① 각 호의 구분에 따른 해당 연도 비율 미만이면 그 비율의 2배) 이상 채용**하도록 하여야 한다.

③ 임용권을 위임받은 기관의 장이 **공개채용을 하지 아니하고 공무원을 모집하는 경우에도 ②를 준용**한다.

④ ①과 ②는 **공안직군 공무원, 검사, 경찰 · 소방 · 경호공무원 및 군인 등에 대하여는 적용하지 아니한다.** 다만, 국가와 지방자치단체의 장은 본문에 규정된 공안직군 공무원 등에 대하여도 장애인이 고용될 수 있도록 노력하여야 한다.

⑤ ②와 ③에 따른 채용시험 및 모집에 응시하는 **장애인의 응시 상한연령은 중증장애인인 경우에는 3세, 그 밖의 장애인인 경우에는 2세를 각각 연장**한다.

⑥ 다음 각 호의 어느 하나에 해당하는 기관의 장은 소속 각급기관의 공무원 채용계획을 포함한 장애인 공무원 채용계획과 그 실시상황을 대통령령으로 정하는 바에 따라 고용노동부장관에게 제출하여야 한다.
㉠ 국회사무총장, 법원행정처장, 헌법재판소사무처장, 중앙선거관리위원회사무총장, 중앙행정기관의 장 등 대통령령으로 정하는 국가기관의 장
㉡ 「지방자치법」에 따른 지방자치단체의 장
㉢ 「지방교육자치에 관한 법률」에 따른 교육감

⑦ 고용노동부장관은 장애인 공무원 채용계획이 적절하지 아니하다고 인정되면 장애인 공무원 채용계획을 제출한 자에게 그 계획의 변경을 요구할 수 있고, 고용의무의 이행실적이 현저히 부진한 때에는 그 내용을 공표할 수 있다.

02 사업주의 장애인 고용의무

① **상시 50명 이상의 근로자를 고용하는 사업주**(건설업에서 근로자 수를 확인하기 곤란한 경우에는 공사실적액이 고용노동부장관이 정하여 고시하는 금액 이상인 사업주)는 그 근로자의 총수(건설업에서 근로자 수를 확인하기 곤란한 경우에는 대통령령으로 정하는 바에 따라 공사실적액을 근로자의 총수로 환산한다)의 100분의 5의 범위에서 대통령령으로 정하는 비율(**의무고용률**) **이상에 해당**(그 수에서 소수점 이하는 버린다)하는 **장애인을 고용하여야 한다.**

② ①에도 불구하고 특정한 장애인의 능력에 적합하다고 인정되는 직종에 대하여는 장애인을 고용하여야 할 비율을 대통령령으로 **따로 정할 수 있다. 이 경우 그 비율은 의무고용률로 보지 아니한다.**

③ 의무고용률은 전체 인구 중 장애인의 비율, 전체 근로자 총수에 대한 장애인 근로자의 비율, 장애인 실업자 수 등을 고려하여 **5년마다** 정한다.

④ **사업주의 의무고용률** : 장애인 고용의무가 있는 사업주(상시 50인 이상)의 장애인 상시 근로자 의무고용률은 다음 각 호와 같다. 다만, 사업주가 장애인 직업재활시설을 직접 설치 · 운영하는 경우에는 이 시설의 장애인 근로자를 사업주가 고용하여야 하는 장애인 수에 포함한다.

　㉠ 2015년 1월 1일부터 2016년 12월 31일까지 : 1천분의 27

　㉡ 2017년 1월 1일부터 2018년 12월 31일까지 : 1천분의 29

　㉢ **2019년 이후 : 1천분의 31**

03 공공기관 장애인 의무고용률의 특례

사업주의 장애인 고용 의무 규정에도 불구하고 「**공공기관의 운영에 관한 법률**」에 따른 공공기관, 「**지방공기업법**」에 따른 지방공사 · 지방공단과 「**지방자치단체 출자 · 출연기관의 운영에 관한 법률**」에 따른 출자 · 출연기관은 상시 고용하고 있는 근로자 수에 대하여 장애인을 다음 각 호의 구분에 해당하는 비율 이상 고용하여야 한다. 이 경우 의무고용률에 해당하는 장애인 수를 계산할 때에 소수점 이하는 버린다.

① 2021년 1월 1일부터 2021년 12월 31일까지 : 1천분의 34

② 2022년 1월 1일부터 2023년 12월 31일까지 : 1천분의 36

③ **2024년 이후 : 1천분의 38**

04 장애인 고용장려금의 지급

고용노동부장관은 장애인의 고용촉진과 직업안정을 위하여 장애인을 고용한 사업주(사업주의 장애인 고용 의무 규정을 적용받지 아니하는 사업주를 포함)에게 **고용장려금을 지급할 수 있다.**

05 장애인 고용부담금

(1) 국가와 지방자치단체 등의 장애인 고용부담금의 납부 등

다음 각 호에 따른 기관 중 의무고용률에 못 미치는 장애인 공무원을 고용한 기관의 장은 **매년 고용노동부장관에게 장애인 고용부담금(부담금)을 납부하여야 한다.**

① 국회사무총장, 법원행정처장, 헌법재판소사무처장, 중앙선거관리위원회사무총장, 중앙행정기관의 장 등 대통령령으로 정하는 국가기관의 장

② 「지방자치법」에 따른 지방자치단체의 장

③ 「지방교육자치에 관한 법률」에 따른 교육감

(2) 사업주의 부담금 납부 등

① 의무고용률에 못 미치는 장애인을 고용하는 사업주(**상시 100명 미만의 근로자를 고용하는 사업주는 제외**)는 대통령령으로 정하는 바에 따라 **매년** 고용노동부장관에게 부담금을 납부하여야 한다.

② 부담금은 사업주가 **의무고용률에 따라 고용하여야 할 장애인 총수에서 매월 상시 고용하고 있는 장애인 수를 뺀 수에 부담기초액을 곱한 금액**의 연간 합계액으로 한다.

③ 부담기초액은 장애인을 고용하는 경우에 매월 드는 다음 각 호의 비용의 평균액을 기초로 하여 고용정책심의회의 심의를 거쳐 「최저임금법」에 따라 월 단위로 환산한 최저임금액의 100분의 60 이상의 범위에서 고용노동부장관이 정하여 고시하되, 장애인 고용률(매월 상시 고용하고 있는 근로자의 총수에 대한 고용하고 있는 장애인 총수의 비율)에 따라 부담기초액의 2분의 1 이내의 범위에서 가산할 수 있다. **다만, 장애인을 상시 1명 이상 고용하지 아니한 달이 있는 경우에는 그 달에 대한 사업주의 부담기초액은 「최저임금법」에 따라 월 단위로 환산한 최저임금액으로 한다.**

ㄱ 장애인을 고용하는 경우 필요한 시설·장비의 설치, 수리에 드는 비용

ㄴ 장애인의 적정한 고용관리를 위한 조치에 필요한 비용

ㄷ 그 밖에 장애인을 고용하기 위하여 특별히 드는 비용 등

④ 고용노동부장관은 인증을 받은 장애인 표준사업장 또는 「장애인복지법」의 장애인 직업재활시설에 도급을 주어 그 생산품을 납품받는 사업주에 대하여 부담금을 감면할 수 있다.

⑤ 사업주는 **다음 연도 1월 31일**(연도 중에 사업을 그만두거나 끝낸 경우에는 그 사업을 그만두거나 끝낸 날부터 60일)까지 고용노동부장관에게 부담금 산출에 필요한 사항으로서 대통령령으로 정하는 사항을 적어 신고하고 **해당 연도의 부담금을 납부하여야 한다.**

⑥ 고용노동부장관은 사업주가 ⑤에서 정한 기간에 신고를 하지 아니하였을 때에는 이를 조사하여 부담금을 징수할 수 있다.

제4절 한국장애인고용공단

01 한국장애인고용공단의 설립

① 장애인이 직업생활을 통하여 자립할 수 있도록 지원하고, 사업주의 장애인 고용을 전문적으로 지원하기 위하여 한국장애인고용공단(공단)을 설립한다.

② 공단은 다음 각 호의 사업을 수행한다.

㉠ 장애인의 고용촉진 및 직업재활에 관한 정보의 수집 · 분석 · 제공 및 조사 · 연구
㉡ 장애인에 대한 직업상담, 직업적성검사, 직업능력평가 등 직업지도
㉢ 장애인에 대한 직업적응훈련, 직업능력개발훈련, 취업알선, 취업 후 적응지도
㉣ **장애인 직업생활 상담원 등 전문요원의 양성 · 연수**
㉤ 사업주의 장애인 고용환경 개선 및 고용의무 이행 지원
㉥ 사업주와 관계기관에 대한 직업재활 및 고용관리에 관한 기술적 사항의 지도 · 지원
㉦ 장애인의 직업적응훈련시설, 직업능력개발훈련시설 및 장애인 표준사업장 운영
㉧ 장애인의 고용촉진을 위한 취업알선기관 사이의 취업알선전산망 구축 · 관리, 홍보 · 교
   육 및 장애인 기능경기대회 등 관련 사업
㉨ 장애인 고용촉진 및 직업재활과 관련된 공공기관 및 민간기관 사이의 업무연계 및 지원
㉩ 장애인 고용에 관한 국제협력
㉪ 그 밖에 장애인의 고용촉진 및 직업재활을 위하여 필요한 사업 및 고용노동부장관 또는
   중앙행정기관의 장이 위탁하는 사업
㉫ ㉠부터 ㉪까지의 사업에 딸린 사업
③ 공단은 ②에 따른 사업을 효율적으로 수행하기 위하여 **고용노동부장관의 승인을 받아 법인
또는 단체에 그 업무의 일부를 위탁할 수 있다.**

02 임원의 임면

① 공단에 **이사장 1명을 포함한 10명 이상 15명 이하의 이사 및 감사 1명**을 둔다.
② **이사장을 포함한 이사 3명은 상임**으로 한다.
③ 임원의 임면(任免)에 관하여는 「공공기관의 운영에 관한 법률」의 준정부기관 임원의 임면
규정에 따르되, **상임이사와 비상임이사 중 각각 3분의 1 이상은 장애인 중에서 임명**하여야
한다.

03 임원의 임기

이사장의 임기는 3년으로 하고, **이사와 감사의 임기는 2년**으로 하되, **1년을 단위로 연임**할 수
있다.

04 임직원의 겸직제한

① 공단의 상임임원과 직원은 그 직무 외에 **영리를 목적으로 하는 업무에 종사하지 못한다.**
② 상임임원이 그 임명권자나 제청권자의 **허가를 받은 경우**와 직원이 이사장의 허가를 받은
경우에는 **비영리목적의 업무를 겸할 수 있다.**

05 자금의 차입

공단은 수행하는 사업을 위하여 필요하면 **고용노동부장관의 승인**을 받아 자금을 차입(**국제기구, 외국정부 또는 외국인으로부터의 차입을 포함**)할 수 있다.

06 「민법」의 준용

공단에 관하여는 이 법과 「공공기관의 운영에 관한 법률」에 규정된 것 외에는 「**민법**」 중 **재단법인에 관한 규정을 준용**한다.

제5절 장애인 고용촉진 및 직업재활 기금

01 기금의 설치

고용노동부장관은 공단의 운영, 고용장려금의 지급 등 장애인의 고용촉진 및 직업재활을 위한 사업을 수행하기 위하여 장애인 고용촉진 및 직업재활 기금(기금)을 설치한다.

02 기금의 재원

① 기금은 다음 각 호의 재원으로 조성한다.
    ㉠ 정부 또는 정부 외의 자로부터의 출연금 또는 기부금
    ㉡ 부담금·가산금 및 연체금
    ㉢ 기금의 운용에 따라 생기는 수익금과 그 밖의 공단수입금
    ㉣ 자금의 차입에 따른 차입금
    ㉤ 차입금
② 정부는 회계연도마다 ①의 ㉠에 따른 출연금을 세출예산에 계상(計上)하여야 한다.

03 자금의 차입

기금을 지출할 때 자금이 부족하거나 부족할 것으로 예상되면 기금의 부담으로 금융기관 및 다른 기금, 그 밖의 재원 등으로부터 차입을 할 수 있다.

기금은 다음 각 호에 규정하는 비용의 지급에 사용한다.
① 공단에의 출연
② 고용장려금
③ 장애인 고용촉진 및 직업재활 정책에 관한 조사·연구에 필요한 경비
④ 직업지도, 직업적응훈련, 직업능력개발훈련, 취업알선 또는 장애인 고용을 위한 시설과 장비의 설치·수리에 필요한 비용의 융자·지원
⑤ 장애인을 고용하거나 고용하려는 사업주에 대한 비용·기기 등의 융자·지원
⑥ 장애인 표준사업장을 설립하여 운영하거나 설립·운영하려는 사업주에 대한 비용의 융자·지원
⑦ 직업지도, 취업알선, 취업 후 적응지도를 행하는 자에 대한 필요한 경비의 융자·지원
⑧ 장애인에 대한 직업적응훈련, 직업능력개발훈련을 행하는 자 및 그 장애인에 대한 훈련비·훈련수당
⑨ 자영업 장애인에 대한 창업자금 융자 및 영업장소 임대, 장애인 근로자에 대한 직업생활 안정자금 등의 융자
⑩ 사업주의 장애인 고용관리를 위한 장애인 직업생활 상담원 등의 배치에 필요한 경비
⑪ 차입금의 상환금과 이자
⑫ 이 법에 따라 장애인과 사업주 등이 금융기관으로부터 대여받은 자금의 이차보전(利差補塡)
⑬ 포상금
⑭ 그 밖에 장애인 고용촉진 및 직업재활을 위하여 대통령령으로 정하는 사업에 필요한 비용과 ①부터 ⑩까지의 사업수행에 따르는 경비

① 기금은 **고용노동부장관**이 운용·관리한다.
② 기금의 회계연도는 **정부의 회계연도**에 따른다.

제9장 장애인고용촉진 및 직업재활법 기출·예상문제

❶ 총칙

01 장애인고용촉진 및 직업재활법에 관한 설명으로 틀린 것은?

① 사업주란 근로자를 사용하여 사업을 행하거나 하려는 자이다.

② 근로자란 「근로기준법」 제2조 제1항 제1호에 따른 근로자이다.

③ 사업주는 직장 내 장애인 인식개선 교육을 연 1회, 1시간 이상 실시해야 한다.

④ 고용노동부장관은 상시 30인 이상의 근로자를 사용하는 사업주에게 장애인 인식개선 교육실시 결과를 제출하도록 명할 수 있다.

> **해설** 고용노동부장관은 상시 50명 이상의 근로자를 고용하는 사업주에게 교육실시 결과제출을 명할 수 있다.

❷ 장애인 고용촉진 및 직업재활

★　**2016년 직업상담사 1급**

02 장애인고용촉진 및 직업재활법에 관한 설명으로 틀린 것은?

① 장애인이란 신체 또는 정신상의 장애로 장기간에 걸쳐서 직업생활에 상당한 제약을 받는 자로서, 대통령령으로 정하는 기준에 해당하는 자를 말한다.

② 국가와 지방자치단체는 장애인의 고용촉진 및 직업재활에 관해 사업주 및 국민일반의 이해를 높이기 위하여 교육, 홍보 및 장애인 고용촉진운동을 지속적으로 추진해야 한다.

③ 사업주는 근로자가 장애인이라는 이유로 채용, 승진, 전보 및 교육훈련 등 인사관리상의 차별대우를 하여서는 아니 된다.

④ 장애인의 직업인으로서의 자립노력은 면제된다.

> **해설** **[장애인고용촉진 및 직업재활법 제6조(장애인의 자립노력 등)]**
> ① 장애인은 직업인으로서의 자각을 가지고 스스로 능력 개발·향상을 도모하여 유능한 직업인으로 자립하도록 노력하여야 한다.
> ② 장애인의 가족 또는 장애인을 보호하고 있는 자는 장애인에 관한 정부의 시책에 협조하여야 하고, 장애인의 자립을 촉진하기 위하여 적극적으로 노력하여야 한다.

★★　**2018년 직업상담사 1급**

03 장애인고용촉진 및 직업재활법상 장애인 직업재활실시기관을 모두 고른 것은?

> ㉠ 「장애인 등에 대한 특수교육법」에 따른 특수교육기관
> ㉡ 「장애인복지법」에 따른 장애인복지단체
> ㉢ 「국민 평생 직업능력 개발법」에 따른 직업능력개발훈련시설
> ㉣ 「안마사에 관한 규칙」에 따른 안마수련기관

① ㉠, ㉢　　　　　② ㉡, ㉣

③ ㉠, ㉡, ㉣　　　④ ㉠, ㉡, ㉢, ㉣

> **해설** 전부 장애인 직업재활실시기관에 해당한다.
> **[암기 Tip]** 특수 – 지역 – 재활 – 장애 – 훈련 – 법인
> 　　　　　– 안마 → 재실시(재활실시기관)

> **정답** 01. ④　02. ④　03. ④

04 장애인고용촉진 및 직업재활법상 장애인 고용촉진 및 직업재활에 관한 설명으로 틀린 것은?

① 재활실시기관은 장애인에 대한 직업재활사업을 다양하게 개발하여 장애인에게 직접 제공하여야 하고, 특히 장애인의 자립능력을 높이기 위한 직업재활 실시에 적극 노력을 하여야 한다.

② 고용노동부장관과 교육부장관은 장애인이 그 능력에 맞는 직업에 취업할 수 있도록 하기 위하여 장애인에 대한 직업상담, 직업적성검사 및 직업능력평가 등을 실시하고, 고용정보를 제공하는 등 직업지도를 하여야 한다.

③ 고용노동부장관과 보건복지부장관은 중증장애인 중 사업주가 운영하는 사업장에서는 직무수행이 어려운 장애인이 직무를 수행할 수 있도록 지원고용을 실시하고 필요한 지원을 하여야 한다.

④ 국가와 지방자치단체는 장애인 중 정상적인 작업조건에서 일하기 어려운 장애인을 위하여 특정한 근로환경을 제공하고 그 근로환경에서 일할 수 있도록 보호고용을 실시하여야 한다.

해설 직업지도는 교육부장관이 아니라 보건복지부장관과 고용노동부장관이 실시한다. 즉, 고용노동부장관과 '보건복지부장관'은 장애인이 그 능력에 맞는 직업에 취업할 수 있도록 하기 위하여 장애인에 대한 직업상담, 직업적성검사 및 직업능력평가 등을 실시하고, 고용정보를 제공하는 등 직업지도를 하여야 한다.

05 장애인고용촉진 및 직업재활법상 장애인 직업재활실시기관이 아닌 것은?

① 장애인 거주시설
② 장애인 지역사회재활시설
③ 장애인 직업재활시설
④ 장애인복지단체

해설 [장애인고용촉진 및 직업재활법 제9조(장애인 직업재활 실시기관)]

① 장애인 직업재활실시기관(재활실시기관)은 장애인에 대한 직업재활사업을 다양하게 개발하여 장애인에게 직접 제공하여야 하고, 특히 중증장애인의 자립능력을 높이기 위한 직업재활 실시에 적극 노력하여야 한다.

② 재활실시기관은 다음 각 호의 어느 하나와 같다.
  1. 「장애인 등에 대한 특수교육법」에 따른 특수교육기관
  2. 「장애인복지법」에 따른 장애인 지역사회재활시설
  3. 「장애인복지법」에 따른 장애인 직업재활시설
  4. 「장애인복지법」에 따른 장애인복지단체
  5. 「국민 평생 직업능력 개발법」에 따른 직업능력개발훈련시설
  6. 장애인 고용촉진 및 직업재활 사업을 수행할 목적으로 고용노동부장관으로부터 법인 설립의 허가를 받은 법인
  7. 「안마사에 관한 규칙」에 따른 안마수련기관

❸ 장애인 고용의무 및 부담금

06 장애인고용촉진 및 직업재활법상 장애인의 고용의무에 대한 설명으로 틀린 것은?

① 상시 50명 이상의 근로자를 고용하는 사업주는 그 근로자의 총수가 1,000분의 29 이상에 해당하는 장애인을 고용하여야 한다.

② 각 시험실시기관의 장은 장애인 공무원의 수가 해당 정원의 1,000분의 38 미만이면 신규 채용인원의 1,000분의 76 이상 채용되도록 시험을 실시하여야 한다.

③ 국가와 지방자치단체의 장은 장애인을 소속 공무원 정원의 1,000분의 38 이상 고용하여야 한다.

④ 공안직군 공무원, 검사, 경찰·소방·경호공무원 및 군인에 대하여는 장애인 고용의무를 적용하지 아니한다.

정답 04. ② 05. ① 06. ①

해설 **상시 50명 이상**의 근로자를 고용하는 사업주에게 장애인 고용의무가 있으며, 고용기준은 **현재 1,000분의 31(3.1%)** 이다.

[장애인 고용의무]

㉠ 국가와 지방자치단체 : 1,000분의 38. 단, 공안직군 공무원, 검사, 경찰·소방·경호공무원 및 군인 등에 대하여는 적용하지 아니한다.

㉡ 사업주(50인 이상 사업장) : 1,000분의 31

㉢ 공공기관 : 1,000분의 38

★ **2017년 직업상담사 1급**

07 장애인고용촉진 및 직업재활법상 장애인의 고용의무 및 부담금에 대한 설명으로 틀린 것은?

① 2024년 이후 국가 및 지방자치단체의 장은 장애인을 소속 공무원의 1천분의 38 이상 고용하여야 한다.

② 의무고용률은 전체 인구 중 장애인의 비율, 전체 근로자 총수에 대한 장애인 근로자의 비율, 장애인 실업자 수 등을 고려하여 3년마다 정한다.

③ 고용노동부장관은 장애인 고용촉진과 직업안정을 위하여 장애인을 고용한 사업주에게 고용장려금을 지급할 수 있다.

④ 부담금을 잘못 납부하여 그 환급을 받을 권리가 3년간 행사하지 아니하면 소멸시효가 완성된다.

해설 의무고용률은 전체 인구 중 장애인의 비율, 전체 근로자 총수에 대한 장애인 근로자의 비율, 장애인 실업자 수 등을 고려하여 **5년마다** 정한다.

★★★ **2010년, 2012년, 2014년, 2016년, 2017년 직업상담사 1급**

08 장애인고용촉진 및 직업재활법상 국가 및 지방자치단체의 장은 원칙적으로 장애인을 소속 공무원 정원의 얼마 이상 고용해야 하는가?

① 1,000분의 30 이상

② 1,000분의 34 이상

③ 1,000분의 36 이상

④ 1,000분의 38 이상

해설 **[장애인고용촉진 및 직업재활법 제27조(국가와 지방자치단체의 장애인 고용의무)]**

① 국가와 지방자치단체의 장은 장애인을 소속 공무원 정원에 대하여 다음 각 호의 구분에 해당하는 비율 이상 고용하여야 한다.

1. 2021년 1월 1일부터 2021년 12월 31일까지 : 1천분의 34
2. 2022년 1월 1일부터 2023년 12월 31일까지 : 1천분의 36
3. 2024년 이후 : 1천분의 38

★ **2011년 직업상담사 1급**

09 장애인고용촉진 및 직업재활법에 관한 설명으로 틀린 것은?

① 의무고용률은 전체 인구 중 장애인의 비율, 전체 근로자 총수에 대한 장애인 근로자의 비율, 장애인 실업자 수 등을 고려하여 5년마다 정한다.

② 장애인 직업재활시설을 직접 설치·운영하는 경우에 이 시설에 장애인 근로자는 사업주가 고용하여야 하는 장애인 수에 포함하지 않는다.

③ 각급 지방자치단체의 장의 해당 연도의 장애인의 고용에 관한 계획을 그 연도 1월 31일까지 고용노동부장관에게 제출하여야 한다.

④ 고용노동부장관은 장애인의 고용촉진 및 직업재활을 위하여 매년 1회 이상 취업직종·근로형태·근속기간·임금수준 등 고용현황 및 장애인 근로자의 산업재해현황에 대하여 전국적인 실태조사를 하여야 한다.

해설 장애인 직업재활시설을 직접 설치·운영하는 경우에 이 시설에 장애인 근로자는 사업주가 고용하여야 하는 **장애인 수에 포함**된다.

정답 07. ② 08. ④ 09. ②

10 장애인고용촉진 및 직업재활법에 관한 설명으로 틀린 것은?

① 사업주는 근로자가 장애인이라는 이유로 채용·승진·전보 및 교육훈련 등 인사관리상의 차별대우를 하여서는 아니 된다.

② 국가와 지방자체단체는 중증장애인과 여성장애인에 대한 고용촉진 및 직업재활을 중요시하여야 한다.

③ 고용노동부장관은 장애인의 고용촉진과 직업안정을 위하여 장애인을 고용한 사업주에게 고용장려금을 지급하여야 한다.

④ 장애인 의무고용의 적용을 받는 사업주로서 100인 이상의 근로자를 고용하는 사업주가 의무고용률에 미달하는 장애인을 고용하는 경우에는 매년 고용노동부장관에게 장애인 고용부담금을 납부하여야 한다.

> **해설** 고용노동부장관은 장애인의 고용촉진과 직업안정을 위하여 장애인을 고용한 사업주(장애인 고용의무를 적용받지 아니하는 사업주를 포함)에게 고용장려금을 '지급할 수 있다.' 즉, 반드시 지급해야 하는 것은 아니고 지급할 수도 있다는 것이다.

④ 한국장애인고용공단

11 장애인고용촉진 및 직업재활법상 한국장애인고용공단(이하 "공단"이라 한다)과 관련된 설명으로 틀린 것은?

① 이사장의 임기는 3년으로 하고, 이사와 감사의 임기는 2년으로 하되, 1년을 단위로 연임할 수 있다.

② 이사장과 상근이사는 고용노동부장관의 승인 없이 다른 직무를 겸할 수 없다.

③ 공단에 관하여 이 법에 규정된 것을 제외하고는 민법 중 재단법인에 관한 규정을 준용한다.

④ 공단은 사업수행을 위하여 국제기구, 외국정부 또는 외국인으로부터의 차입을 제외하고 고용노동부장관의 승인을 받아 자금을 차입할 수 있다.

> **해설** 공단은 사업을 위하여 필요하면 고용노동부장관의 승인을 받아 자금을 차입(국제기구, 외국정부 또는 외국인으로부터의 차입을 포함)할 수 있다
>
> **[장애인고용촉진 및 직업재활법 제49조(임원의 임기)]**
> 이사장의 임기는 3년으로 하고, 이사와 감사의 임기는 2년으로 하되, 1년을 단위로 연임할 수 있다.
>
> **[장애인고용촉진 및 직업재활법 제52조(임직원의 겸직제한)]**
> ① 공단의 상임임원과 직원은 그 직무 외에 영리를 목적으로 하는 업무에 종사하지 못한다.
> ② 상임임원이 그 임명권자나 제청권자의 허가를 받은 경우와 직원이 이사장의 허가를 받은 경우에는 비영리목적의 업무를 겸할 수 있다.
>
> **[장애인고용촉진 및 직업재활법 제67조(「민법」의 준용)]**
> 공단에 관하여는 이 법과 「공공기관의 운영에 관한 법률」에 규정된 것 외에는 「민법」 중 재단법인에 관한 규정을 준용한다.

12 장애인고용촉진 및 직업재활법상 한국장애인고용공단(이하 "공단"이라 한다)과 관련된 설명 중 옳지 않은 것은?

① 장애인이 직업생활을 통해 자립할 수 있도록 지원하고, 장애인의 고용촉진 및 직업재활 업무를 효율적으로 수행하기 위하여 공단을 설립하였다.

② 공단의 사업을 효율적으로 수행하기 위하여 고용노동부장관의 승인을 얻어 「사회복지사업법」에 의한 사회복지법인 기타 비영리법인이 운영하는 장애인복지단체 등에 그 업무를 일부 위탁할 수 있다.

③ 공단은 장애인 직업생활 상담원 등 전문요원의 양성·연수사업 등을 수행한다.

④ 공단에 이사장 1인을 포함하여 10인 이상 15인 이하의 이사를 두며, 이사장을 포함한 이사 3명은 상근으로 한다. 또한 전체 이사 중 3분의 1 이상은 장애인으로 하여야 한다.

> **해설** 이사는 전체 이사가 아니라 상임이사와 비상임이사 중 각각 3분의 1 이상은 장애인 중에서 임명하여야 한다.
>
> **[장애인고용촉진 및 직업재활법 제43조(한국장애인고용공단의 설립)]**
> ① 장애인이 직업생활을 통하여 자립할 수 있도록 지원하고, 사업주의 장애인 고용을 전문적으로 지원하기 위하여 한국장애인고용공단을 설립한다.
> ② 공단은 다음 각 호의 사업을 수행한다.
> 　1. 장애인의 고용촉진 및 직업재활에 관한 정보의 수집·분석·제공 및 조사·연구
> 　2. 장애인에 대한 직업상담, 직업적성검사, 직업능력평가 등 직업지도
> 　3. 장애인에 대한 직업적응훈련, 직업능력개발훈련, 취업알선, 취업 후 적응지도
> 　4. 장애인 직업생활 상담원 등 전문요원의 양성·연수
> 　5. 사업주의 장애인 고용환경 개선 및 고용의무 이행 지원
> 　6. 사업주와 관계기관에 대한 직업재활 및 고용관리에 관한 기술적 사항의 지도·지원
> 　7. 장애인의 직업적응훈련시설, 직업능력개발훈련시설 및 장애인 표준사업장 운영

> 　8. 장애인의 고용촉진을 위한 취업알선기관 사이의 취업알선전산망 구축·관리, 홍보·교육 및 장애인 기능경기대회 등 관련 사업
> 　9. 장애인 고용촉진 및 직업재활과 관련된 공공기관 및 민간기관 사이의 업무 연계 및 지원
> 　10. 장애인 고용에 관한 국제협력
> 　11. 그 밖에 장애인의 고용촉진 및 직업재활을 위하여 필요한 사업 및 고용노동부장관 또는 중앙행정기관의 장이 위탁하는 사업
> 　12. 1.부터 11.까지의 사업에 딸린 사업
> ③ 공단은 ②에 따른 사업을 효율적으로 수행하기 위하여 고용노동부장관의 승인을 받아 법인 또는 단체에 그 업무의 일부를 위탁할 수 있다.
>
> **[장애인고용촉진 및 직업재활법 제48조(임원의 임면)]**
> ① 공단에 이사장 1명을 포함한 10명 이상 15명 이하의 이사 및 감사 1명을 둔다.
> ② 이사장을 포함한 이사 3명은 상임으로 한다.
> ③ 임원의 임면(任免)에 관하여는 「공공기관의 운영에 관한 법률」의 준정부기관 임원의 임면 규정에 따르되, 상임이사와 비상임이사 중 각각 3분의 1 이상은 장애인 중에서 임명하여야 한다.

⑤ 장애인 고용촉진 및 직업재활 기금

13 장애인 고용촉진 및 직업재활 기금에 대한 설명으로 틀린 것은?

① 기금은 보건복지부장관이 운용·관리한다.

② 기금의 회계연도는 정부의 회계연도에 따른다.

③ 기금을 지출할 때 자금이 부족하거나 부족할 것으로 예상되면 기금의 부담으로 금융기관 및 다른 기금 그 밖의 재원 등으로부터 차입을 할 수 있다.

④ 기금은 정부 또는 정부 외의 자로부터의 출연금 또는 기부금으로 재원을 조성한다.

> **해설** 장애인 고용촉진 및 직업재활 기금은 고용노동부장관이 관리·운용한다.

정답 12. ④　13. ①

외국인근로자의 고용 등에 관한 법률

제1절 총칙

01 법의 목적

이 법은 외국인근로자를 체계적으로 도입·관리함으로써 원활한 인력수급 및 국민경제의 균형 있는 발전을 도모함을 목적으로 한다.

02 외국인근로자의 정의

이 법에서 "외국인근로자"란 대한민국의 국적을 가지지 아니한 사람으로서 국내에 소재하고 있는 사업 또는 사업장에서 임금을 목적으로 근로를 제공하고 있거나 제공하려는 사람을 말한다. 다만, 「출입국관리법」에 따라 취업활동을 할 수 있는 체류자격을 받은 외국인 중 취업분야 또는 체류기간 등을 고려하여 대통령령으로 정하는 사람은 제외한다.

※ 이해 Tip : 이 법은 취업비자 중 교수, 연구 전문직업비자를 제외한 주로 비전문취업, 동포의 방문취업비자 등을 가진 외국인에게 적용된다.

03 적용 범위 등

① 이 법은 외국인근로자 및 외국인근로자를 고용하고 있거나 고용하려는 사업 또는 사업장에 적용한다. 다만, 「선원법」의 적용을 받는 선박에 승무(乘務)하는 선원 중 대한민국 국적을 가지지 아니한 선원 및 그 선원을 고용하고 있거나 고용하려는 선박의 소유자에 대하여는 적용하지 아니한다.
② 외국인근로자의 입국·체류 및 출국 등에 관하여 이 법에서 규정하지 아니한 사항은 「출입국관리법」에서 정하는 바에 따른다.

04 외국인력정책위원회

① 외국인근로자의 고용관리 및 보호에 관한 주요 사항을 심의·의결하기 위하여 **국무총리 소속으로 외국인력정책위원회**(정책위원회)를 둔다.

② 정책위원회는 다음 각 호의 사항을 심의 · 의결한다.
  ㉠ 외국인근로자 관련 기본계획의 수립에 관한 사항
  ㉡ 외국인근로자 도입 업종 및 규모 등에 관한 사항
  ㉢ 외국인근로자를 송출할 수 있는 국가(송출국가)의 지정 및 지정취소에 관한 사항
  ㉣ 외국인근로자의 취업활동기간 연장에 관한 사항
  ㉤ 그 밖에 대통령령으로 정하는 사항
③ **정책위원회는 위원장 1명을 포함한 20명 이내의 위원**으로 구성한다.
④ 정책위원회의 위원장은 국무조정실장이 되고, 위원은 **재정경제부 · 외교부 · 법무부 · 산업통상부 · 고용노동부 · 중소벤처기업부**의 차관 및 대통령령으로 정하는 관계 중앙행정기관의 차관이 된다.
⑤ 외국인근로자 고용제도의 운영 및 외국인근로자의 권익보호 등에 관한 사항을 사전에 심의하게 하기 위하여 정책위원회에 외국인력정책실무위원회(실무위원회)를 둔다.

05 외국인근로자 도입계획의 공표 등

고용노동부장관은 정책위원회의 심의 · 의결사항이 포함된 외국인근로자 도입계획을 정책위원회의 심의 · 의결을 거쳐 수립하여 **매년 3월 31일까지 대통령령으로 정하는 방법으로 공표하여야 한다.**

제2절 외국인근로자 고용절차

01 내국인 구인 노력

외국인근로자를 고용하려는 자는 「직업안정법」에 따른 **직업안정기관에 우선 내국인 구인신청을 하여야 한다.**

02 외국인구직자 명부의 작성

① **고용노동부장관**은 지정된 송출국가의 노동행정을 관장하는 정부기관의 장과 협의하여 대통령령으로 정하는 바에 따라 **외국인구직자 명부를 작성**하여야 한다. 다만, 송출국가에 노동행정을 관장하는 독립된 정부기관이 없을 경우 가장 가까운 기능을 가진 부서를 정하여 정책위원회의 심의를 받아 그 부서의 장과 협의한다.
② 고용노동부장관은 외국인구직자 명부를 작성할 때에는 외국인구직자 선발기준 등으로 활용할 수 있도록 **한국어 구사능력을 평가하는 시험(한국어능력시험)을 실시하여야 하며,**

한국어능력시험의 실시기관 선정 및 선정취소, 평가의 방법, 그 밖에 필요한 사항은 대통령령으로 정한다.

③ **한국어능력시험의 실시기관은 시험에 응시하려는 사람으로부터 대통령령으로 정하는 바에 따라 수수료를 징수하여 사용할 수 있다.** 이 경우 수수료는 외국인근로자 선발 등을 위한 비용으로 사용하여야 한다.

④ 고용노동부장관은 외국인구직자 선발기준 등으로 활용하기 위하여 필요한 경우 기능수준 등 인력수요에 부합되는 자격요건을 평가할 수 있다.

⑤ ④에 따른 **자격요건평가기관은 「한국산업인력공단법」에 따른 한국산업인력공단**으로 하며, 자격요건평가의 방법 등 필요한 사항은 대통령령으로 정한다.

03 외국인근로자 고용허가

① 내국인 구인신청을 한 사용자는 직업소개를 받고도 인력을 채용하지 못한 경우에는 고용노동부령으로 정하는 바에 따라 **직업안정기관의 장에게 외국인근로자 고용허가를 신청하**여야 한다.

② **고용허가 신청의 유효기간은 3개월로 하되,** 일시적인 경영 악화 등으로 신규 근로자를 채용할 수 없는 경우 등에는 대통령령으로 정하는 바에 따라 **1회에 한정하여 고용허가 신청의 효력을 연장**할 수 있다.

③ **직업안정기관의 장은** ①에 따른 신청을 받으면 외국인근로자 도입 업종 및 규모 등 대통령령으로 정하는 요건을 갖춘 사용자에게 **외국인구직자 명부에 등록된 사람 중에서 적격자를 추천**하여야 한다.

④ 직업안정기관의 장은 **추천된 적격자를 선정한 사용자에게는 지체 없이 고용허가를 하고,** 선정된 외국인근로자의 성명 등을 적은 외국인근로자 고용허가서를 발급하여야 한다.

⑤ 직업안정기관이 아닌 자는 외국인근로자의 선발, 알선, 그 밖의 채용에 개입하여서는 아니 된다.

04 근로계약

① 사용자가 외국인근로자 고용허가에 따라 선정한 외국인근로자를 고용하려면 **고용노동부령으로 정하는 표준근로계약서를 사용하여 근로계약을 체결하여야 한다.**

② 사용자는 근로계약을 체결하려는 경우 이를 **한국산업인력공단에 대행**하게 할 수 있다.

③ **고용허가를 받은 사용자와 외국인근로자는 취업활동 기간(입국한 날부터 3년) 내에서 당사자 간의 합의에 따라 근로계약을 체결하거나 갱신할 수 있다.**

④ 취업활동기간이 연장되는 외국인근로자와 사용자는 연장된 취업활동기간의 범위에서 근로계약을 체결할 수 있다.

외국인근로자와 근로계약을 체결한 **사용자는** 「출입국관리법」에 따라 그 **외국인근로자를** 대리하여 법무부장관에게 사증발급인정서(비자)를 신청할 수 있다.

① 외국인근로자는 입국한 후에 고용노동부령으로 정하는 기간(15일) 이내에 **한국산업인력공단 또는 외국인 취업교육기관**에서 국내 취업활동에 필요한 사항을 주지(周知)시키기 위하여 실시하는 교육을 받아야 한다.
② 사용자는 외국인근로자가 외국인 취업교육을 받을 수 있도록 하여야 한다.

외국인근로자 고용허가를 **최초로 받은 사용자는** 노동관계법령·인권 등에 관한 교육을 받아야 한다.

① 다음 각 호의 어느 하나에 해당하는 사업 또는 사업장의 사용자는 ③에 따른 **특례고용가능확인을 받은 후** 대통령령으로 정하는 사증[**방문취업(H-2)**]을 발급받고 입국한 외국인으로서 국내에서 취업하려는 사람을 고용할 수 있다. 이 경우 근로계약의 체결에 관하여는 근로계약 규정을 준용한다.
　㉠ 건설업으로서 정책위원회가 일용근로자 노동시장의 현황, 내국인근로자 고용기회의 침해 여부 및 사업장 규모 등을 고려하여 정하는 사업 또는 사업장
　㉡ 서비스업, 제조업, 농업, 어업 또는 광업으로서 정책위원회가 산업별 특성을 고려하여 정하는 사업 또는 사업장
② ①에 따른 외국인으로서 ① 각 호의 어느 하나에 해당하는 사업 또는 사업장에 취업하려는 사람은 **외국인 취업교육을 받은 후에 직업안정기관의 장에게 구직신청**을 하여야 하고, 고용노동부장관은 이에 대하여 외국인구직자 명부를 작성·관리하여야 한다.
③ **내국인 구인신청을 한 사용자는 직업안정기관의 장의 직업소개를 받고도 인력을 채용하지 못한 경우**에는 고용노동부령으로 정하는 바에 따라 **직업안정기관의 장에게 특례고용가능확인을 신청**할 수 있다. 이 경우 직업안정기관의 장은 외국인근로자의 도입 업종 및 규모 등 대통령령으로 정하는 요건을 갖춘 사용자에게 **특례고용가능확인을 하여야 한다.**

④ 특례고용가능확인을 받은 사용자는 **외국인구직자 명부에 등록된 사람 중에서 채용**하여야
하고, 외국인근로자가 **근로를 시작하면 고용노동부령으로 정하는 바에 따라 직업안정기관
의 장에게 신고**하여야 한다.
⑤ 특례고용가능확인의 **유효기간은 3년**으로 한다. 다만, ①의 ㉠에 해당하는 사업 또는 사업
장으로서 공사기간이 3년보다 짧은 경우에는 그 기간으로 한다.

01 **출국만기보험 · 신탁**

① 외국인근로자를 고용한 사업 또는 사업장의 **사용자는 외국인근로자의 출국 등에 따른 퇴직
금 지급을 위하여** 외국인근로자를 피보험자 또는 수익자(피보험자 등)로 하는 보험 또는
신탁(출국만기보험 등)에 가입하여야 한다. 이 경우 보험료 또는 신탁금은 **매월 납부하거
나 위탁**하여야 한다.
② 사용자가 출국만기보험 등에 가입한 경우 「근로자퇴직급여 보장법」에 따른 **퇴직금제도를
설정한 것으로 본다.**
③ 출국만기보험 등의 가입대상 사용자, 가입방법 · 내용 · 관리 및 지급 등에 필요한 사항은
대통령령으로 정하되, **지급시기는 피보험자 등이 출국한 때부터 14일**(체류자격의 변경, 사
망 등에 따라 신청하거나 출국일 이후에 신청하는 경우에는 신청일부터 14일) 이내로 한다.
④ 출국만기보험 등의 지급사유 발생에 따라 피보험자 등이 받을 금액(보험금 등)에 대한 청
구권은 「상법」의 소멸시효 규정에도 불구하고 지급사유가 발생한 날부터 **3년**간 이를 행사
하지 아니하면 소멸시효가 완성한다. 이 경우 출국만기보험 등을 취급하는 금융기관은 소
멸시효가 완성한 보험금 등을 1개월 이내에 한국산업인력공단에 이전하여야 한다.

02 **귀국비용보험 · 신탁**

외국인근로자는 귀국 시 필요한 비용에 충당하기 위하여 보험 또는 신탁에 가입하여야 한다.

03 **외국인근로자의 고용관리**

① **사용자**는 외국인근로자와의 근로계약을 해지하거나 그 밖에 고용과 관련된 중요사항을 변
경히는 등 대통령령으로 정하는 사유가 발생하였을 때에는 고용노동부령으로 정하는 바에
따라 **직업안정기관의 장에게 신고**하여아 한다.

② 사용자가 ①에 따른 신고를 한 경우 그 신고사실이 「출입국관리법」의 외국인을 고용한 자 등의 신고의무 규정에 따른 신고사유에 해당하는 때에는 신고를 한 것으로 본다.

③ 신고를 받은 직업안정기관의 장은 그 신고사실이 ②에 해당하는 때에는 지체 없이 사용자의 소재지를 관할하는 지방출입국·외국인관서의 장에게 통보하여야 한다.

04 취업활동기간의 제한

① 외국인근로자는 **입국한 날부터 3년의 범위**에서 취업활동을 할 수 있다.

② 다음 각 호의 외국인근로자는 취업활동기간의 제한 규정에도 불구하고 **한 차례만 2년 미만의 범위에서 취업활동기간을 연장**받을 수 있다.

　㉠ **고용허가**를 받은 사용자에게 고용된 외국인근로자로서 **취업활동기간 3년이 만료되어 출국하기 전에 사용자가 고용노동부장관에게 재고용허가를 요청**한 근로자

　㉡ **특례고용가능확인**을 받은 사용자에게 고용된 외국인근로자로서 **취업활동기간 3년이 만료되어 출국하기 전에 사용자가 고용노동부장관에게 재고용 허가를 요청**한 근로자

③ 고용노동부장관은 **감염병 확산, 천재지변** 등의 사유로 외국인근로자의 입국과 출국이 어렵다고 인정되는 경우에는 정책위원회의 심의·의결을 거쳐 **1년의 범위에서 취업활동기간을 연장**할 수 있다.

05 재입국 취업의 제한

국내에서 취업한 후 출국한 외국인근로자(특례고용가능확인 대상인 동포는 제외)는 **출국한 날부터 6개월이 지나지 아니하면** 이 법에 따라 다시 취업할 수 없다.

06 고용허가 또는 특례고용가능확인의 취소

① 직업안정기관의 장은 다음 각 호의 어느 하나에 해당하는 사용자에 대하여 대통령령으로 정하는 바에 따라 고용허가나 특례고용가능확인을 취소할 수 있다.

　㉠ 거짓이나 그 밖의 부정한 방법으로 고용허가나 특례고용가능확인을 받은 경우

　㉡ 사용자가 입국 전에 계약한 임금 또는 그 밖의 근로조건을 위반하는 경우

　㉢ 사용자의 임금체불 또는 그 밖의 노동관계법 위반 등으로 근로계약을 유지하기 어렵다고 인정되는 경우

② 외국인근로자 고용허가나 특례고용가능확인이 취소된 **사용자는 취소된 날부터 15일 이내에 그 외국인근로자와의 근로계약을 종료**하여야 한다.

직업안정기관의 장은 다음 각 호의 어느 하나에 해당하는 사용자에 대하여 그 사실이 발생한 날부터 **3년간 외국인근로자의 고용을 제한**할 수 있다.

① 고용허가 또는 특례고용가능확인을 받지 아니하고 외국인근로자를 고용한 자
② 외국인근로자의 고용허가나 특례고용가능확인이 취소된 자
③ 이 법 또는 「출입국관리법」을 위반하여 처벌을 받은 자
④ 외국인근로자의 사망으로 「산업안전보건법」에 따른 처벌을 받은 자
⑤ 고용허가서를 발급받은 날 또는 외국인근로자의 근로가 시작된 날부터 **6개월 이내에 내국인근로자를 고용조정으로 이직시킨 자**
⑥ 외국인근로자로 하여금 근로계약에 명시된 사업 또는 사업장 외에서 근로를 제공하게 한 자
⑦ 근로계약이 체결된 이후부터 외국인 취업교육을 마칠 때까지의 기간 동안 경기의 변동, 산업구조의 변화 등에 따른 사업규모의 축소, 사업의 폐업 또는 전환, 감염병 확산으로 인한 항공기 운항 중단 등과 같은 불가피한 사유가 없음에도 불구하고 근로계약을 해지한 자

제 **4** 절 외국인근로자의 보호

01 차별금지

사용자는 외국인근로자라는 이유로 부당하게 차별하여 처우하여서는 아니 된다.

02 보증보험 등의 가입

① 사업의 규모 및 산업별 특성 등을 고려하여 대통령령(「임금채권보장법」이 적용되지 않는 사업 또는 사업장 또는 상시 300명 미만 근로자를 사용하는 사업 또는 사업장)으로 정하는 사업 또는 사업장의 **사용자는 임금체불에 대비하여 그가 고용하는 외국인근로자를 위한 보증보험에 가입**하여야 한다.
② 산업별 특성 등을 고려하여 대통령령(외국인근로자를 고용한 사업 또는 사업장)으로 정하는 사업 또는 사업장에서 취업하는 **외국인근로자는 질병·사망 등에 대비한 상해보험에 가입**하여야 한다.

① 외국인근로자(건설업의 외국인근로자는 제외)는 다음 각 호의 어느 하나에 해당하는 사유가 발생한 경우에는 고용노동부령으로 정하는 바에 따라 직업안정기관의 장에게 다른 사업 또는 사업장으로의 변경을 신청할 수 있다.

ㄱ **사용자가 정당한 사유로 근로계약기간 중 근로계약을 해지하려고 하거나 근로계약이 만료된 후 갱신을 거절하려는 경우**

ㄴ 휴업, 폐업, 고용허가의 취소, 고용의 제한, 법령을 위반한 기숙사의 제공, 사용자의 근로조건 위반 또는 부당한 처우 등 **외국인근로자의 책임이 아닌 사유로 인하여 사회통념상 그 사업 또는 사업장에서 근로를 계속할 수 없게 되었다고 인정**하여 고용노동부장관이 고시한 경우

ㄷ 그 밖에 대통령령으로 정하는 사유가 발생한 경우

② ①에 따른 다른 사업 또는 **사업장으로의 변경을 신청한 날부터 3개월 이내에** 「출입국관리법」에 따른 근무처 **변경허가를 받지 못하거나** 사용자와 **근로계약이 종료된 날부터 1개월 이내에 다른 사업 또는 사업장으로의 변경을 신청하지 아니한 외국인근로자는 출국하여야 한다.** 다만, 업무상 재해, 질병, 임신, 출산 등의 사유로 근무처 변경허가를 받을 수 없거나 근무처 변경신청을 할 수 없는 경우에는 그 사유가 없어진 날부터 각각 그 기간을 계산한다.

③ 외국인근로자의 **사업 또는 사업장 변경은 취업활동 기간 중에는 원칙적으로 3회를 초과할 수 없으며,** 연장된 기간 중에는 2회를 초과할 수 없다. 다만, ①의 ㄴ의 사유로 사업 또는 사업장을 변경한 경우는 포함하지 아니한다.

제10장 외국인근로자의 고용 등에 관한 법률
기출 · 예상문제

❶ 총칙

★ **2018년 노무사**

01 외국인근로자의 고용 등에 관한 법률의 내용으로 옳은 것은?

① 외국인근로자의 고용관리 및 보호에 관한 주요 사항을 심의 · 의결하기 위하여 고용노동부장관 소속으로 외국인력정책위원회를 둔다.

② 고용노동부장관은 외국인근로자 도입계획을 외국인력정책위원회의 심의 · 의결을 거쳐 매년 1월 31일까지 공표하여야 한다.

③ 외국인근로자를 고용하려는 자는 「직업안정법」에 따른 직업안정기관에 우선 내국인 구인 신청을 하여야 한다.

④ 사용자가 외국인근로자를 고용하려면 「출입국관리법」으로 정하는 표준근로계약서를 사용하여 근로계약을 체결하여야 한다.

⑤ 직업안정기관의 장은 고용허가를 받지 아니하고 외국인근로자를 고용한 사용자에 대하여 5년간 외국인근로자의 고용을 제한할 수 있다.

> **해설** ① 외국인근로자의 고용관리 및 보호에 관한 주요 사항을 심의 · 의결하기 위하여 **국무총리 소속으로** 외국인력정책위원회(이하 "정책위원회"라 한다)를 둔다.
> ② 고용노동부장관은 외국인근로자 도입계획을 정책위원회의 심의 · 의결을 거쳐 수립하여 **매년 3월 31일까지** 공표하여야 한다.
> ④ 사용자가 제8조 제4항에 따라 선정한 외국인근로자를 고용하려면 **고용노동부령으로 정하는** 표준근로계약서를 사용하여 근로계약을 체결하여야 한다.
> ⑤ 불법고용 등으로 사용자가 외국인 고용제한을 받는 기간은 **3년**이다.

> **해설** [외국인근로자의 고용 등에 관한 법률 제20조(외국인근로자 고용의 제한)]
> ① 직업안정기관의 장은 다음 각 호의 어느 하나에 해당하는 사용자에 대하여 그 사실이 발생한 날부터 **3년간** 외국인근로자의 고용을 제한할 수 있다.
> 1. 고용허가 또는 특례고용가능확인을 받지 아니하고 외국인근로자를 고용한 자
> 2. 외국인근로자의 고용허가나 특례고용가능확인이 취소된 자
> 3. 이 법 또는 「출입국관리법」을 위반하여 처벌을 받은 자
> 3의2. 외국인근로자의 사망으로 「산업안전보건법」에 따른 처벌을 받은 자
> 4. 그 밖에 대통령령으로 정하는 사유에 해당하는 자

★ **2017년 노무사**

02 외국인근로자의 고용 등에 관한 법률의 내용으로 옳지 않은 것은?

① 사용자는 외국인근로자가 고용관계의 종료, 체류기간의 만료 등으로 귀국하는 경우에는 귀국하기 전에 임금 등 금품관계를 청산하는 등 필요한 조치를 하여야 한다.

② 이 법은 「선원법」의 적용을 받는 선박에 승무하는 선원 중 대한민국 국적을 가지지 아니한 선원에게 적용된다.

③ 외국인인력정책위원회는 외국인근로자를 송출할 수 있는 국가의 지정 및 지정취소에 관한 사항을 심의 · 의결한다.

④ 사용자의 임금체불로 근로계약을 유지하기 어렵다고 인정되는 경우 직업안정기관의 장은 외국인근로자 고용허가를 취소할 수 있다.

⑤ 외국인근로자는 귀국 시 필요한 비용에 충당하기 위하여 보험 또는 신탁에 가입하여야 한다.

> **정답** 01. ③ 02. ②

해설 「선원법」의 적용을 받는 선박에 승무(乘務)하는 선원 중 대한민국 국적을 가지지 아니한 선원 및 그 선원을 고용하고 있거나 고용하려는 **선박의 소유자에 대하여는 이 법을 적용하지 않는다.** 외국인 선원의 고용관리에 대해서는 「선원법령」 및 「외국인선원관리지침」에 따른다.

② 외국인근로자 고용절차

★ **2024년 노무사**

03 외국인근로자의 고용 등에 관한 법령에 관한 설명으로 옳지 않은 것은?

① 「직업안정법」에 따른 직업안정기관이 아닌 자는 외국인근로자의 선발, 알선, 그 밖의 채용에 개입하여서는 아니 된다.

② 법무부장관은 송출국가가 송부한 송출대장 인력을 기초로 외국인구직자 명부를 작성하고 관리하여야 한다.

③ 외국인근로자 고용허가를 최초로 받은 사용자는 노동관계법령·인권 등에 관한 교육을 받아야 한다.

④ 외국인근로자는 입국한 후 15일 이내에 외국인 취업교육을 받아야 한다.

⑤ 고용허가에 따라 체결된 근로계약의 효력발생시기는 외국인근로자가 입국한 날로 한다.

해설 법무부장관이 아니라 **고용노동부장관**은 송출국가가 송부한 송출대장 인력을 기초로 외국인구직자 명부를 작성하고 관리하여야 한다.

★ **2019년 노무사**

04 외국인근로자의 고용 등에 관한 법률에 대한 설명으로 옳지 않은 것은?

① 사용자가 법률에 따라 선정한 외국인근로자를 고용하려면 고용노동부령으로 정하는 표준근로계약서를 사용하여 근로계약을 체결하여야 한다.

② 사용자는 외국인근로자와 근로계약을 체결하려는 경우 이를 한국산업인력공단 등에 대행하게 할 수 없다.

③ 외국인근로자와 근로계약을 체결한 사용자는 그 외국인근로자를 대리하여 법무부장관에게 사증발급인정서를 신청할 수 있다.

④ 취업활동기간이 연장되는 외국인근로자와 사용자는 연장된 취업활동기간의 범위 내에서 근로계약을 체결할 수 있다.

⑤ 직업안정기관이 아닌 자는 외국인근로자의 선발, 알선, 그 밖에 채용에 개입하여서는 아니 된다.

해설 사용자는 외국인근로자와 근로계약을 체결하려는 경우 이를 **한국산업인력공단에 대행하게 할 수 있다.**

③ 외국인근로자의 고용관리

★ **2024년 노무사**

05 다음은 외국인근로자의 고용 등에 관한 법률상 취업활동기간 제한의 특례에 관한 내용이다. (　)에 들어갈 내용을 옳게 나열한 것은?

> 고용허가를 받은 사용자에게 고용된 외국인근로자로서 취업활동기간 (㉠)이 만료되어 출국하기 전에 사용자가 고용노동부장관에게 재고용허가를 요청한 근로자는 한 차례만 (㉡) 미만의 범위에서 취업활동기간을 연장받을 수 있다.

① ㉠ : 2년, ㉡ : 1년
② ㉠ : 2년, ㉡ : 2년
③ ㉠ : 3년, ㉡ : 1년
④ ㉠ : 3년, ㉡ : 2년
⑤ ㉠ : 3년, ㉡ : 3년

해설 [외국인근로자의 고용 등에 관한 법률 제18조(취업활동기간의 제한)]

외국인근로자는 입국한 날부터 3년의 범위에서 취업활동을 할 수 있다.

[외국인근로자의 고용 등에 관한 법률 제18조의2(취업활동기간 제한에 관한 특례)]

① 다음 각 호의 외국인근로자는 제18조에도 불구하고 한 차례만 2년 미만의 범위에서 취업활동기간을 연장받을 수 있다.
  1. 고용허가를 받은 사용자에게 고용된 외국인근로자로서 취업활동기간 3년이 만료되어 출국하기 전에 사용자가 고용노동부장관에게 재고용허가를 요청한 근로자
  2. 특례고용가능확인을 받은 사용자에게 고용된 외국인근로자로서 취업활동기간 3년이 만료되어 출국하기 전에 사용자가 고용노동부장관에게 재고용허가를 요청한 근로자
② 고용노동부장관은 감염병 확산, 천재지변 등의 사유로 외국인근로자의 입국과 출국이 어렵다고 인정되는 경우에는 정책위원회의 심의ㆍ의결을 거쳐 1년의 범위에서 취업활동기간을 연장할 수 있다.

★★ **2021년 노무사**

06 외국인근로자의 고용 등에 관한 법률에 관한 설명으로 옳지 않은 것은?

① 외국인력정책위원회는 외국인근로자 도입 업종 및 규모 등에 관한 사항을 심의ㆍ의결한다.

② 외국인근로자를 고용하려는 자는 「직업안정법」에 따른 직업안정기관에 우선 내국인 구인신청을 하여야 한다.

③ 사용자는 외국인근로자가 외국인 취업교육을 받을 수 있도록 하여야 한다.

④ 외국인근로자를 고용한 사업 또는 사업장의 사용자는 외국인근로자의 출국 등에 따른 퇴직금 지급을 위하여 외국인근로자를 피보험자 또는 수익자로 하는 보험 또는 신탁에 가입하여야 한다.

⑤ 외국인근로자는 고용허가를 받은 날부터 5년의 범위에서 취업활동을 할 수 있다.

해설 외국인근로자는 입국한 날부터 3년의 범위에서 취업활동을 할 수 있다.

★ **2011년 노무사**

07 외국인근로자의 고용 등에 관한 법률에 관한 내용으로 옳지 않은 것은?

① 직업안정기관이 아닌 자는 외국인근로자의 선발, 알선, 그 밖의 채용에 개입하여서는 아니 된다.

② 사용자는 외국인근로자와 근로계약을 체결하려는 경우 이를 한국산업인력공단에 대행하게 할 수 있다.

③ 사용자가 출국만기보험에 가입한 경우 「근로자퇴직급여 보장법」상의 퇴직금제도를 설정한 것으로 본다.

④ 외국인근로자는 귀국 시 필요한 비용에 충당하기 위하여 보험 또는 신탁에 가입하여야 한다.

⑤ 외국인근로자는 고용허가를 받은 날부터 3년의 범위에서 취업활동을 할 수 있다.

해설 외국인근로자는 입국한 날부터 3년의 범위에서 취업활동을 할 수 있다. 고용허가가 먼저이고, 입국이 다음이다. 취업은 입국 이후에 가능하므로 취업활동기간은 입국일을 기산일로 한다.

08 외국인근로자의 고용 등에 관한 법률에 관한 설명으로 옳지 않은 것은?

① 사용자는 외국인근로자의 귀국 시 필요한 비용에 충당하기 위해 보험 또는 신탁에 가입하여야 한다.

② 외국인근로자를 고용하려는 자는 「직업안정법」에 따른 직업안정기관에 우선 내국인 구인 신청을 하여야 한다.

③ 외국인근로자는 입국한 후에 국내 취업활동에 필요한 사항을 주지시키기 위하여 실시하는 교육을 받아야 한다.

④ 취업활동기간이 연장되는 외국인근로자와 사용자는 연장된 취업활동기간의 범위에서 근로계약을 체결할 수 있다.

⑤ 「선원법」의 적용을 받는 선박에 승무하는 선원 중 대한민국 국적을 가지지 아니한 선원에 대하여는 「외국인근로자의 고용 등에 관한 법률」을 적용하지 않는다.

> **해설** 귀국 시 필요한 비용에 충당하기 위하여 보험 또는 신탁에 가입하여야 하는 주체는 외국인근로자이다. 사용자가 가입해야 하는 보험은 퇴직금 지급을 위한 출국만기보험이다.

09 외국인근로자의 고용 등에 관한 법령에 대한 설명으로 옳지 않은 것은?

① 직업안정기관의 장은 「출입국관리법」을 위반하여 처벌을 받은 사용자에 대하여 그 사실이 발생한 날부터 6년간 외국인근로자의 고용을 제한할 수 있다.

② 고용허가서를 발급받은 날부터 6개월 이내에 내국인근로자를 고용조정으로 이직시킨 사용자는 외국인근로자의 고용이 제한될 수 있다.

③ 고용허가서를 발급받은 사용자는 고용허가서 발급일로부터 3개월 이내에 외국인근로자와 근로계약을 체결하여야 한다.

④ 외국인근로자는 입국한 날부터 3년의 범위에서 취업활동을 할 수 있다.

⑤ 외국인근로자를 고용하려는 자는 「직업안정법」에 따른 직업안정기관에 우선 내국인 구인 신청을 하여야 한다.

> **해설** 사용자에 대한 외국인 고용제한은 6년이 아니라 3년간 할 수 있다.
>
> **[외국인근로자의 고용 등에 관한 법률 제20조(외국인근로자 고용의 제한)]**
>
> ① 직업안정기관의 장은 다음 각 호의 어느 하나에 해당하는 사용자에 대하여 그 사실이 발생한 날부터 3년간 외국인근로자의 고용을 제한할 수 있다.
>
> 1. 고용허가 또는 특례고용가능확인을 받지 아니하고 외국인근로자를 고용한 자
> 2. 외국인근로자의 고용허가나 특례고용가능확인이 취소된 자
> 3. 이 법 또는 「출입국관리법」을 위반하여 처벌을 받은 자
> 3의2. 외국인근로자의 사망으로 「산업안전보건법」에 따른 처벌을 받은 자
> 4. 고용허가서를 발급받은 날 또는 외국인근로자의 근로가 시작된 날부터 6개월 이내에 내국인근로자를 고용조정으로 이직시킨 자
> 5. 외국인근로자로 하여금 근로계약에 명시된 사업 또는 사업장 외에서 근로를 제공하게 한 자
> 6. 근로계약이 체결된 이후부터 외국인 취업교육을 마칠 때까지의 기간 동안 경기의 변동, 산업구조의 변화 등에 따른 사업규모의 축소, 사업의 폐업 또는 전환, 감염병 확산으로 인한 항공기 운항 중단 등과 같은 불가피한 사유가 없음에도 불구하고 근로계약을 해지한 자

정답 08. ①   09. ①

10　외국인근로자의 고용 등에 관한 법률에 대한 설명으로 옳지 않은 것은?

① 사용자가 법률에 따라 선정한 외국인근로자를 고용하려면 고용노동부령으로 정하는 표준근로계약서를 사용하여 근로계약을 체결하여야 한다.

② 고용허가를 받은 사용자와 외국인근로자는 입국한 날부터 3년의 범위 내에서 당사자 간의 합의에 따라 근로계약을 체결하거나 갱신할 수 있다.

③ 사용자는 외국인근로자의 귀국 시 필요한 비용에 충당하기 위하여 보험에 가입하여야 한다.

④ 직업안정기관의 장은 사용자의 임금체불로 근로계약을 유지하기 어렵다고 인정되는 경우 외국인근로자 고용허가를 취소할 수 있다.

⑤ 직업안정기관의 장은 외국인근로자 고용허가 또는 특례고용가능확인을 받지 아니하고 외국인근로자를 고용한 자에 대하여 그 사실이 발생한 날부터 3년간 외국인근로자의 고용을 제한할 수 있다.

> **해설** 귀국 시 필요한 비용에 충당하기 위하여 보험 또는 신탁에 가입하여야 하는 주체는 **외국인근로자**이다. 사용자가 가입해야 하는 보험은 퇴직금 지급을 위한 출국만기보험이다.

11　외국인근로자의 고용 등에 관한 법률상 외국인근로자의 고용관리에 관한 설명으로 옳지 않은 것은?

① 외국인근로자를 고용한 사업 또는 사업장의 사용자는 외국인근로자의 출국 등에 따른 퇴직금 지급을 위하여 외국인근로자를 피보험자 또는 수익자로 하는 보험 또는 신탁에 가입하여야 한다.

② 외국인근로자는 귀국 시 필요한 비용에 충당하기 위하여 보험 또는 신탁에 가입하여야 한다.

③ 외국인근로자는 입국한 날부터 3년의 범위에서 취업활동을 할 수 있다.

④ 직업안정기관의 장은 「출입국관리법」을 위반하여 처벌을 받은 사용자에 대하여 그 사실이 발생한 날부터 5년간 외국인근로자의 고용을 제한하여야 한다.

⑤ 사용자가 출국만기보험 등에 가입한 경우 「근로자퇴직급여 보장법」의 규정에 따른 퇴직금제도를 설정한 것으로 본다.

> **해설** [외국인근로자의 고용 등에 관한 법률 제20조(외국인근로자 고용의 제한)]
> ① 직업안정기관의 장은 다음 각 호의 어느 하나에 해당하는 사용자에 대하여 그 사실이 발생한 날부터 3년간 외국인근로자의 고용을 제한할 수 있다.
> 1. 고용허가 또는 특례고용가능확인을 받지 아니하고 외국인근로자를 고용한 자
> 2. 외국인근로자의 고용허가나 특례고용가능확인이 취소된 자
> 3. 이 법 또는 「출입국관리법」을 위반하여 처벌을 받은 자
> 3의2. 외국인근로자의 사망으로 「산업안전보건법」에 따른 처벌을 받은 자
> 4. 그 밖에 대통령령으로 정하는 사유에 해당하는 자

12 외국인근로자의 고용 등에 관한 법률의 내용으로 옳지 않은 것은?

① 「직업안정법」에 따른 직업안정기관이 아닌 자는 외국인근로자의 선발, 알선, 그 밖의 채용에 개입하여서는 아니 된다.

② 사용자는 외국인근로자가 외국인 취업교육을 받을 수 있도록 해야 한다.

③ 「직업안정법」에 따른 직업안정기관의 장은 「외국인근로자의 고용 등에 관한 법률」을 위반하여 처벌을 받은 사용자에 대하여 그 사실이 발생한 날부터 3년간 외국인근로자의 고용을 제한할 수 있다.

④ 사용자는 외국인근로자가 근로관계의 종료로 귀국하는 경우에는 귀국하기 전에 임금 등 금품관계를 청산하는 등 필요한 조치를 하여야 한다.

⑤ 사용자가 외국인근로자와 근로계약을 해지하고자 할 때에는 고용노동부령으로 정하는 바에 따라 직업안정기관의 장의 허가를 받아야 한다.

> **해설** 사용자는 외국인근로자와의 근로계약을 해지하거나 그 밖에 고용과 관련된 중요사항을 변경하는 등 대통령령으로 정하는 사유가 발생하였을 때에는 고용노동부령으로 정하는 바에 따라 직업안정기관의 장에게 신고하여야 한다. 즉, 근로계약 해지 여부를 사용자가 사전에 고용센터의 결재를 받으라는 것이 아니라 사후 신고의무를 부여하고 있는 것이다.

13 외국인근로자의 고용 등에 관한 법률에 관한 설명으로 옳지 않은 것은?

① 외국인근로자는 입국한 날부터 3년의 범위에서 취업활동을 할 수 있다.

② 사용자는 외국인근로자라는 이유로 부당하게 차별하여 처우하여서는 아니 된다.

③ 국내에서 취업한 후 출국한 외국인근로자는 출국한 날로부터 3개월이 경과하면 이 법에 따라 다시 취업활동을 할 수 있다.

④ 외국인근로자를 고용하려는 자는 「직업안정법」에 따른 직업안정기관에 우선 내국인 구인신청을 하여야 한다.

⑤ 외국인근로자를 고용한 사용자가 출국만기보험 등에 가입한 경우 「근로자퇴직급여 보장법」에 따른 퇴직금제도를 설정한 것으로 본다.

> **해설** [외국인근로자의 고용 등에 관한 법률 제18조의3(재입국 취업의 제한)]
> 국내에서 취업한 후 출국한 외국인근로자(고용의 특례규정에 따른 외국인근로자는 제외)는 출국한 날부터 6개월이 지나지 아니하면 이 법에 따라 다시 취업할 수 없다.

④ 외국인근로자의 보호

14 외국인근로자의 고용 등에 관한 법령에 대한 설명으로 옳지 않은 것은?

① 외국인근로자 고용허가서를 발급받은 사용자는 고용허가서 발급일로부터 3개월 이내에 외국인근로자와 근로계약을 체결하여야 한다.

② 외국인근로자를 고용하려는 자는 직업안정기관에 우선 내국인 구인신청을 하여야 한다.

③ 외국인근로자는 귀국 시 필요한 비용에 충당하기 위하여 보험 또는 신탁에 가입하여야 한다.

④ 직업안정기관에 관할구역의 노동자단체와 사용자단체 등이 참여하는 외국인근로자 권익보호협의회를 두어야 한다.

⑤ 사용자가 출국만기보험 등에 가입한 경우 「근로자퇴직급여 보장법」상 퇴직금제도를 설정한 것으로 본다.

정답 12. ⑤　13. ③　14. ④

 외국인근로자의 권익보호에 관한 사항을 협의하기 위하여 직업안정기관에 관할 구역의 노동자단체와 사용자단체 등이 참여하는 외국인근로자 권익보호협의회를 둘 수 있다. 설치는 법에 의무가 아니라 재량으로 되어 있다.

★ **2015년 노무사**

15 외국인근로자의 고용 등에 관한 법률에 관한 설명으로 옳지 않은 것은?

① 외국인근로자를 고용하려는 자는 직업안정기관에 우선 내국인 구인신청을 하여야 한다.

② 직업안정기관이 아닌 자는 외국인근로자의 선발, 알선, 그 밖의 채용에 개입하여서는 아니 된다.

③ 사용자는 외국인근로자라는 이유로 부당하게 차별하여 처우하여서는 아니 된다.

④ 사용자가 정당한 사유로 근로계약기간 중 근로계약을 해지하려고 하는 경우에도 외국인근로자는 직업안정기관의 장에게 다른 사업 또는 사업장으로의 변경을 신청할 수 없다.

⑤ 외국인근로자를 고용한 사업 또는 사업장의 사용자는 외국인근로자의 출국 등에 따른 퇴직금 지급을 위하여 외국인근로자를 피보험자 또는 수익자로 하는 보험 또는 신탁에 가입하여야 한다.

 [외국인근로자의 고용 등에 관한 법률 제25조(사업 또는 사업장 변경의 허용)]
① 외국인근로자(고용의 특례 규정에 따른 외국인근로자는 제외)는 다음 각 호의 어느 하나에 해당하는 사유가 발생한 경우에는 고용노동부령으로 정하는 바에 따라 직업안정기관의 장에게 다른 사업 또는 사업장으로의 변경을 신청할 수 있다.
　1. 사용자가 정당한 사유로 근로계약기간 중 근로계약을 해지하려고 하거나 근로계약이 만료된 후 갱신을 거절하려는 경우

　2. 휴업, 폐업, 고용허가의 취소, 고용의 제한, 법령을 위반한 기숙사의 제공, 사용자의 근로조건 위반 또는 부당한 처우 등 외국인근로자의 책임이 아닌 사유로 인하여 사회통념상 그 사업 또는 사업장에서 근로를 계속할 수 없게 되었다고 인정하여 고용노동부장관이 고시한 경우
　3. 상해 등으로 외국인근로자가 해당 사업 또는 사업장에서 계속 근무하기는 부적합하나 다른 사업 또는 사업장에서 근무하는 것은 가능하다고 인정되는 경우
③ ①에 따른 다른 사업 또는 사업장으로의 변경을 신청한 날부터 3개월 이내에 「출입국관리법」에 따른 근무처 변경허가를 받지 못하거나 사용자와 근로계약이 종료된 날부터 1개월 이내에 다른 사업 또는 사업장으로의 변경을 신청하지 아니한 외국인근로자는 출국하여야 한다. 다만, 업무상 재해, 질병, 임신, 출산 등의 사유로 근무처 변경허가를 받을 수 없거나 근무처 변경신청을 할 수 없는 경우에는 그 사유가 없어진 날부터 각각 그 기간을 계산한다.
④ 외국인근로자의 사업 또는 사업장 변경은 취업활동 기간 중에는 원칙적으로 3회를 초과할 수 없으며, 연장된 기간 중에는 2회를 초과할 수 없다. 다만, ①의 2.의 사유로 사업 또는 사업장을 변경한 경우는 포함하지 아니한다.

 15. ④

제11장

구직자 취업촉진 및 생활안정지원에 관한 법률

제1절 총칙

01 목적

이 법은 근로능력과 구직의사가 있음에도 불구하고 취업에 어려움을 겪고 있는 국민에게 통합적인 취업지원 서비스를 제공하고 생계를 지원함으로써 이들의 구직활동 및 생활안정에 이바지함을 목적으로 한다.

02 용어의 정의

① 취업지원 : 수급자의 취업활동에 도움이 될 수 있는 취업활동계획, 취업지원 프로그램의 제공, 구직활동지원 프로그램, 취업지원 서비스기간 및 사후관리의 규정에 따른 지원(**취업지원 서비스) 및 구직촉진수당을 지급**하는 것
② 수급자격자 : 취업지원 서비스 또는 구직촉진수당의 수급요건을 갖추어 수급자격이 인정된 사람
③ 수급자 : 수급자격자로서 취업지원 서비스 또는 구직촉진수당을 받는 사람

03 구직자 취업지원 기본계획의 수립

① 고용노동부장관은 관계 중앙행정기관의 장과 협의하여 구직자의 취업을 지원하기 위한 구직자 취업지원 기본계획을 **5년마다** 수립하고 시행하여야 한다.
② 기본계획에는 다음 각 호의 사항이 포함되어야 한다.
  ㉠ 구직자 취업지원의 기본목표 및 추진방향
  ㉡ 구직자 취업지원에 관한 사업계획 및 추진방법
  ㉢ 구직자 취업지원 체계의 구축 및 운영
  ㉣ 구직자 취업지원의 성과분석 및 개선방안
  ㉤ 구직자 취업지원을 위한 재원조달
  ㉥ 그 밖에 구직자 취업지원을 위하여 필요한 사항
③ 기본계획은 「고용정책기본법」에 따른 **고용정책심의회의 심의**를 거쳐 확정한다.

01 취업지원 서비스의 수급요건

① 다음 각 호의 요건에 모두 해당하는 사람은 취업지원 서비스 수급자격이 있다.
　㉠ 근로능력과 구직의사가 있음에도 취업하지 못한 상태일 것
　㉡ 취업지원을 신청할 당시 15세 이상 64세 이하일 것
　㉢ 가구단위의 월평균 총소득이 「국민기초생활 보장법」에 따른 기준 중위소득의 100분의 100 이하일 것. 다만, 15세 이상 34세 이하(「병역법」에 따른 병역의무를 이행한 경우 대통령령으로 정하는 바에 따라 병역의무 이행기간을 가산)인 사람은 가구단위의 월평균 총소득이 기준 중위소득의 100분의 120 이하이어야 한다.
② ①의 ㉢의 가구단위 및 가구단위 월평균 총소득의 구체적인 범위와 산정기준 등은 대통령령으로 정한다.
③ 고용노동부장관은 ①의 요건에도 불구하고 「고용정책기본법」의 취업취약계층에 대하여 취업지원 서비스가 특별히 필요한 경우에는 고용정책심의회의 심의를 거쳐 ① 각 호의 요건을 별도로 정하여 고시할 수 있다(고시에 따라 현행 15세 이상 69세 이하까지로 신청자격이 확대).

02 구직촉진수당의 수급요건

① 다음 각 호의 요건에 모두 해당하는 사람은 구직촉진수당의 수급자격이 있다.
　㉠ 수급요건을 갖출 것
　㉡ 가구단위의 **월평균 총소득이 기준 중위소득의 100분의 60 이내의 범위에서 최저생계비** 및 구직활동에 드는 비용 등을 고려하여 대통령령으로 정하는 수준 이하일 것(「국민기초생활 보장법」에 따른 기준 중위소득의 100분의 60)
　㉢ 가구원이 소유하고 있는 토지·건물·자동차 등 **재산의 합계액이 6억원 이내의 범위에서 대통령령으로 정하는 금액(4억원) 이하일 것**
　㉣ 취업지원 **신청일 이전 2년 이내의 범위에서 대통령령으로 정하는 기간 이상 취업한 사실**이 있을 것(취업지원 신청인이 취업한 기간을 모두 더하여 **100일 또는 800시간**이 될 것)
② 고용노동부장관은 다음 각 호의 어느 하나에 해당하는 사람에게는 **구직촉진수당 수급자격을 인정하지 아니할 수 있다.**
　㉠ 취업지원 신청 당시 **학업, 군복무, 심신장애 및 간병 등** 대통령령으로 정하는 사유로 즉시 취업이 어려운 사람
　㉡ 「국민기초생활 보장법」의 **생계급여 수급자**

ⓒ 「고용보험법」에 따른 구직급여를 받고 있거나 **구직급여를 마지막으로 받은 날의 다음 날부터 6개월이 지나지 아니한 사람**

ⓔ 「고용정책 기본법」에 따른 **재정지원 일자리사업** 중 대통령령으로 정하는 사업에 참여하고 있거나 참여기간의 마지막 날의 다음 날부터 **6개월이 지나지 아니한 사람**

ⓜ 국가 또는 지방자치단체가 구직활동에 필요한 비용을 지원하는 수당 중 대통령령으로 정하는 수당을 받고 있거나 **수당을 마지막으로 받은 날의 다음 날부터 6개월이 지나지 아니한 사람**

ⓗ 취업지원 신청인 본인의 월평균 총소득이 대통령령으로 정하는 기준 이상인 사람

ⓢ 그 밖에 ⓖ부터 ⓗ까지의 규정에 준하는 사람으로서 대통령령으로 정하는 사람

03 취업지원의 유예

수급자격자 또는 수급자는 다음 각 호의 어느 하나에 해당하여 취업지원 서비스에 참여하기 어려운 경우에는 수급자격의 인정통지를 받은 날부터 **2년 이내의 범위**에서 해당 사유가 해소되는 데 필요한 기간 동안 취업지원의 유예를 신청할 수 있다.

① 본인이 **임신하거나 출산 후 90일이 지나지 아니한 경우**
② **본인 또는 배우자가 질병**에 걸렸거나 부상을 당한 경우
③ 본인 또는 배우자의 **직계존비속이** 질병에 걸렸거나 부상을 당한 경우
④ 「병역법」에 따른 의무복무를 하는 경우
⑤ **6개월 미만 동안 국외에 머무는 경우**
⑥ 그 밖에 취업지원 서비스에 참여하기 어려운 경우로서 고용노동부령으로 정하는 경우

제3절 취업지원 서비스 등

01 취업활동계획

① **고용노동부장관은 수급자격자와 협의**하여 해당 수급자격자에게 필요한 취업지원 프로그램 또는 구직활동지원 프로그램 등에 관한 사항을 포함하여 **개인별 취업활동계획을 수립**하여야 한다.

② 고용노동부장관은 취업활동계획을 수립하기 위하여 수급자격자에게 「직업안정법」상의 **직업안정기관 방문, 진로상담 및 직업심리검사 등의 참여, 상담에 필요한 자료제공 등의 의무를 부과**할 수 있다.

③ **고용노동부장관은** 수급자격의 인정통지를 한 날의 다음 날부터 **1개월 이내에 취업활동계획 수립을 완료**하여야 한다. 다만, 수급자격자의 취업역량 등에 따라 필요한 경우에는 **7일의 범위에서** 그 **기간을 연장**할 수 있다.

④ 고용노동부장관은 수급자격자가 ②에 따른 의무를 정당한 사유 없이 이행하지 아니하는 경우에는 수급자격의 **인정을 철회할 수 있다.** 이 경우 수급자격자에게 그 사실을 서면으로 통지하여야 한다.

⑤ **수급자는** 정당한 사유가 없으면 **수립된 취업활동계획에 따라야 한다.**

⑥ 고용노동부장관은 수립된 취업활동계획의 내용을 변경할 필요가 있거나 수급자가 요청한 경우 해당 수급자와 협의하여 그 내용을 변경할 수 있다.

02 취업지원 프로그램의 제공

① 고용노동부장관은 취업활동계획에 따라 수급자가 취업의욕과 직업적응능력을 높이고 구직활동에 필요한 기술을 익힐 수 있도록 다음 각 호의 사항(취업지원 프로그램)을 제공할 수 있다.

　㉠ 취업의욕 고취를 위한 각종 **심리상담 및 취업진로상담**

　㉡ 직업능력개발을 위한 **직업훈련 · 창업지원 · 해외취업지원 또는 일경험 프로그램**

　㉢ 빈곤 · 양육 등 취업장애요인 해소를 위한 **각종 복지 및 금융 지원과의 연계**

　㉣ 그 밖에 ㉠부터 ㉢까지의 규정에 준하는 지원으로서 고용노동부장관이 정하는 사항

② 고용노동부장관은 취업지원 프로그램을 효과적으로 운영하기 위하여 국가, 지방자치단체 또는 민간기관에서 운영하는 고용 및 복지서비스 등과 연계할 수 있다.

03 구직활동지원 프로그램

고용노동부장관은 수급자의 취업활동계획에 따라 일자리 소개 및 이력서 작성 · 면접기법 등 구직활동에 필요한 프로그램(**구직활동지원 프로그램**)을 **제공하여야 한다.**

04 취업지원 서비스기간

① 수급자가 취업지원 서비스 중 취업활동계획, 취업지원 프로그램의 제공, 구직활동지원 프로그램에 따른 취업지원 서비스를 받을 수 있는 기간(취업지원 서비스기간)은 **수급자격의 인정통지를 받은 날부터 1년이 되는 날까지로** 한다.

② 고용노동부장관은 취업지원 서비스기간이 종료된 후에도 수급자가 취업지원 프로그램에 계속 참여할 필요가 있다고 인정되면 **6개월 이내의 범위에서** 그 **기간을 연장**할 수 있다.

고용노동부장관은 **구직촉진수당의 수급요건에 해당하지 아니하는 수급자격자가 취업지원 서비스에 참여**하는 경우 고용노동부령으로 정하는 바에 따라 필요한 비용(**취업활동비용**)의 일부를 예산의 범위에서 지원할 수 있다.

06 취업성공수당의 지급

고용노동부장관은 수급자가 신속히 취업하고 이를 유지할 수 있도록 고용노동부령으로 정하는 기간 중에 취업한 경우 수당(**취업성공수당**)을 지급할 수 있다.

제4절 구직촉진수당의 지원 등

01 구직촉진수당의 지급

① 고용노동부장관은 구직촉진수당 수급자격을 인정받은 사람이 **취업활동계획 수립에 참여**하여 그 계획 수립이 완료되거나 취업지원 프로그램 또는 구직활동지원 프로그램(**취업지원 · 구직활동지원 프로그램**)을 이행하는 경우에는 구직활동 및 생활안정에 소요되는 비용을 지원하기 위한 **구직촉진수당을 지급**한다.

② 구직촉진수당 수급자격을 인정받은 사람이 다음 각 호의 어느 하나에 해당하는 경우에는 취업지원 프로그램 또는 구직활동지원 프로그램(**취업지원 · 구직활동지원 프로그램**)을 이행한 것으로 보아 구직촉진수당을 지급한다.

　㉠ 취업활동계획에 따라 「국민 평생 직업능력 개발법」에 따른 직업능력개발훈련시설, 「학원의 설립 · 운영 및 과외교습에 관한 법률」에 따른 학원 등에서 취업을 위하여 수강한 경우

　㉡ 취업활동계획에 따라 「고용정책 기본법」에 따른 **재정지원 일자리사업 중 일경험 습득 및 경력 형성을 목적으로 하는 프로그램에 참여**한 경우

　㉢ 「직업안정법」의 직업안정기관 등에서 제공하는 **직업지도 프로그램에 참여**한 경우

　㉣ 빈곤 · 양육 등 취업장애요인 해소를 위한 각종 복지 및 금융지원과의 연계에 해당하는 **취업지원 프로그램에 참여**한 경우

　㉤ 구인업체의 부족 등 노동시장의 여건상 고용정보의 제공이 어려워 직업지도의 하나로 **직업안정기관의 장이 소개한 사회봉사활동에 참여**한 경우

　㉥ 고용노동부장관이 정하는 기준에 해당하는 **창업 준비활동을 한** 경우

⊗ 우편·인터넷 등을 이용하여 **구인에 응모**했거나, 구인업체를 방문하거나 채용 관련 행사에 참여하여 채용면접을 본 경우

⊚ 「근로기준법」에 따른 근로자가 아니면서 타인의 사업을 위하여 자신이 직접 근로를 제공하고 해당 사업주 또는 노무수령자로부터 대가를 받는 계약을 체결한 사람이 해당 사업분야에서 전문성 향상활동을 수행한 것으로 고용노동부장관이 인정하는 경우

⊗ 그 밖에 ㉠부터 ⊚까지의 규정에 준하는 취업이나 구직활동을 한 것으로 고용노동부장관이 인정하는 경우

02 지급기간 및 지급절차

① 구직촉진수당은 취업지원 신청인이 **수급자격의 인정통지를 받은 날부터 6개월이 되는 날까지** 취업지원·구직활동지원 프로그램을 이행한 것에 대하여 지급한다.

② 고용노동부장관은 ①에도 불구하고 수급자격자가 따로 신청한 경우에는 수급자격의 인정통지를 받은 날부터 **최대 1년까지 취업지원·구직활동지원 프로그램을 이행한 것에 대하여 구직촉진수당을 지급할 수 있다.** 이 경우 구직촉진수당의 총지급액은 ①에 따라 지급되는 구직촉진수당의 총지급액을 초과할 수 없다

03 구직촉진수당 지급의 제한

① 고용노동부장관은 수급자가 취업활동계획 규정을 위반하여 대통령령으로 정하는 정당한 사유 없이 수립된 **취업활동계획을 따르지 아니하는 경우에는 구직촉진수당의 지급을 중단할 수 있다.** 다만, 취업활동계획에 포함된 취업지원·구직활동지원 프로그램의 일부를 이행하지 아니한 경우에는 구직촉진수당의 일부를 감액하여 지급할 수 있다.

② ①에 따라 구직촉진수당의 지급을 중단하거나 감액하여 지급하는 기간은 해당 사유가 발생한 날부터 해소된 날까지로 한다. 이 경우 해당 수급자에게 지급기간 및 지급절차 규정을 적용할 때에는 해당 지급중단 또는 감액지급기간이 속한 지급주기의 구직촉진수당을 지급한 것으로 본다.

③ ① 본문에 따라 구직촉진수당의 지급을 중단한 횟수가 대통령령으로 정하는 횟수(**3회**)가 되는 경우에는 마지막 회차의 지급을 중단한 날을 기준으로 수급자의 나머지 구직촉진수당의 수급권은 소멸한다.

1 총칙

★
01 구직자 취업촉진 및 생활안정지원에 관한 법률에 대한 설명으로 틀린 것은?

① 이 법은 근로능력과 구직의사가 있음에도 불구하고 취업에 어려움을 겪고 있는 국민에게 통합적인 취업지원 서비스를 제공하고 생계를 지원함으로써 이들의 구직활동 및 생활안정에 이바지함을 목적으로 한다.

② "취업지원"이란 수급자의 취업활동에 도움이 될 수 있는 "취업지원 서비스"를 말한다.

③ "수급자격자"란 취업지원 서비스 또는 구직촉진수당의 수급요건을 갖추어 수급자격이 인정된 사람을 말한다.

④ "수급자"란 수급자격자로서 취업지원 서비스 또는 구직촉진수당을 받는 사람을 말한다.

> **해설** 「구직자 취업촉진 및 생활안정지원에 관한 법률」은 국민취업지원제도의 근거가 되는 법이다. 국민취업지원제도는 크게 취업지원 서비스와 구직촉진수당(일종의 실업부조)로 나뉘고, 취업지원은 취업지원 서비스와 구직촉진수당을 모두 아우르는 용어이다.
>
> **[구직자 취업촉진 및 생활안정지원에 관한 법률 제2조(정의)]**
> 이 법에서 사용하는 용어의 뜻은 다음과 같다.
> 1. "취업지원"이란 수급자의 취업활동에 도움이 될 수 있는 취업활동계획, 취업지원 프로그램의 제공, 구직활동 프로그램, 취업지원 서비스기간 및 사후관리의 규정에 따른 지원(취업지원 서비스) 및 구직촉진수당을 지급하는 것을 말한다.

2 취업지원 수급자격의 인정 등

★
02 구직자 취업촉진 및 생활안정지원에 관한 법률상 구직촉진수당 수급요건으로 틀린 것은?

① 가구단위의 월평균 총소득이 기준 중위소득의 100분의 60 이하일 것

② 가구원이 소유하고 있는 토지·건물·자동차 등 재산의 합계액이 6억원 이내의 범위에서 대통령령으로 정하는 금액 이하일 것

③ 신청일 이전 1년 이내에 신청인이 취업한 기간을 모두 더하여 100일 또는 800시간 이상이 될 것

④ 신청 당시 15세 이상 64세 이하일 것(고시는 고려하지 않음)

> **해설** **[구직자 취업촉진 및 생활안정지원에 관한 법률 제7조(구직촉진수당의 수급요건)]**
> ① 다음 각 호의 요건에 모두 해당하는 사람은 구직촉진수당의 수급자격이 있다.
> 1. 수급요건(취업지원 서비스 수급요건)을 갖출 것
> 2. 가구단위의 월평균 총소득이 기준 중위소득의 100분의 60 이내의 범위에서 최저생계비 및 구직활동에 드는 비용 등을 고려하여 대통령령으로 정하는 수준 이하일 것(「국민기초생활 보장법」에 따른 기준 중위소득의 100분의 60)
> 3. 가구원이 소유하고 있는 토지·건물·자동차 등 재산의 합계액이 6억원 이내의 범위에서 대통령령으로 정하는 금액(4억원) 이하일 것
> 4. 취업지원 신청일 이전 2년 이내의 범위에서 대통령령으로 정하는 기간 이상 취업한 사실이 있을 것(취업지원 신청인이 취업한 기간을 모두 더하여 100일 또는 800시간이 될 것)

정답 01. ② 02. ③

★
03 구직자 취업촉진 및 생활안정지원에 관한 법률상 취업지원 서비스의 수급요건으로 틀린 것은?

① 근로능력과 구직의사가 있음에도 취업하지 못한 상태일 것
② 취업지원을 신청할 당시 15세 이상 70세 이하일 것
③ 가구단위의 월평균 총소득이 「국민기초생활 보장법」에 따른 기준 중위소득의 100분의 100 이하일 것
④ 15세 이상 34세 이하(「병역법」에 따른 병역의무를 이행한 경우 대통령령으로 정하는 바에 따라 병역의무 이행기간을 가산한다)인 사람은 가구단위의 월평균 총소득이 기준 중위소득의 100분의 120 이하일 것

해설 취업지원 서비스는 신청 당시 15세 이상 64세 이하인 사람이 신청할 수 있다.
취업지원 서비스 및 구직촉진수당의 신청자격은 법률상으로는 15세~64세이고, 법률의 위임을 받고 있는 고시를 통해 15세~69세로 확대 적용하고 있다.

★
04 구직자 취업촉진 및 생활안정지원에 관한 법률의 취업지원유예에 대한 설명으로 틀린 것은?

① 수급자격자는 취업지원 서비스에 참여하기 어려운 경우 수급자격의 인정통지를 받은 날부터 1년 이내의 범위에서 해당 사유가 해소되는 데 필요한 기간 동안 취업지원의 유예를 신청할 수 있다.
② 본인이 임신하거나 출산 후 90일이 지나지 아니한 경우 지원유예를 신청할 수 있다.
③ 「병역법」에 따른 의무복무를 하는 경우 지원유예를 신청할 수 있다.
④ 6개월 미만 동안 국외에 머무는 경우 지원유예를 신청할 수 있다.

해설 [구직자 취업촉진 및 생활안정지원에 관한 법률 제11조(취업지원의 유예)]
① 수급자격자 또는 수급자는 다음 각 호의 어느 하나에 해당하여 취업지원 서비스에 참여하기 어려운 경우에는 수급자격의 인정통지를 받은 날부터 2년 이내의 범위에서 해당 사유가 해소되는 데 필요한 기간 동안 취업지원의 유예를 신청할 수 있다.
1. 본인이 임신하거나 출산 후 90일이 지나지 아니한 경우
2. 본인 또는 배우자가 질병에 걸렸거나 부상을 당한 경우
3. 본인 또는 배우자의 직계존비속이 질병에 걸렸거나 부상을 당한 경우
4. 「병역법」에 따른 의무복무를 하는 경우
5. 6개월 미만 동안 국외에 머무는 경우
6. 그 밖에 취업지원 서비스에 참여하기 어려운 경우로서 고용노동부령으로 정하는 경우

❸ 취업지원 서비스 등

★
05 구직자 취업촉진 및 생활안정지원에 관한 법률상 취업활동계획에 대한 설명으로 틀린 것은?

① 수급자격자는 취업지원 프로그램 또는 구직활동지원 프로그램 등에 관한 사항을 포함하여 개인별 취업활동계획을 수립하여야 한다.
② 고용노동부장관은 취업활동계획을 수립하기 위하여 수급자격자에게 「직업안정법」의 직업안정기관 방문, 진로상담 및 직업심리검사 등의 참여, 상담에 필요한 자료제공 등의 의무를 부과할 수 있다.
③ 고용노동부장관은 수급자격의 인정통지를 한 날의 다음 날부터 1개월 이내에 취업활동계획 수립을 완료하여야 한다.
④ 수급자는 정당한 사유가 없으면 수립된 취업활동계획에 따라야 한다.

해설 **고용노동부장관**은 수급자격자와 협의하여 해당 수급자 격자에게 필요한 취업지원 프로그램 또는 구직활동지원 프로그램 등에 관한 사항을 포함하여 개인별 취업활동 계획(취업활동계획)을 수립하여야 한다

④ 구직촉진수당의 지원 등

★
06 구직자 취업촉진 및 생활안정지원에 관한 법률 의 취업지원 서비스에 대한 설명으로 틀린 것은?

① 취업지원 프로그램에는 빈곤·양육 등 취업장 애요인 해소를 위한 각종 복지 및 금융 지원 과의 연계를 포함한다.

② 고용노동부장관은 취업지원 프로그램을 효과 적으로 운영하기 위하여 국가, 지방자치단체 또는 민간기관에서 운영하는 고용 및 복지서 비스 등과 연계할 수 있다.

③ 취업지원 서비스기간은 수급자격의 인정통지 를 받은 날부터 2년이 되는 날까지로 한다.

④ 고용노동부장관은 취업지원 서비스기간이 종 료된 후에도 수급자가 취업지원 프로그램에 계속 참여할 필요가 있다고 인정되면 6개월 이내의 범위에서 그 기간을 연장할 수 있다

해설 취업지원 서비스기간은 수급자격의 인정통지를 받은 날 부터 **1년**이 되는 날까지로 한다.

★
07 구직자 취업촉진 및 생활안정지원에 관한 법률 상 구직촉진수당에 대한 설명으로 틀린 것은?

① 고용노동부장관은 구직촉진수당 수급자격을 인정받은 사람이 취업활동계획 수립에 참여하 여 그 계획 수립이 완료되거나 취업지원 프로 그램 또는 구직활동지원 프로그램(취업지원· 구직활동지원 프로그램)을 이행하는 경우에는 구직활동 및 생활안정에 소요되는 비용을 지 원하기 위한 구직촉진수당을 지급한다.

② 구직촉진수당은 취업지원 신청인이 수급자격 의 인정통지를 받은 날부터 6개월이 되는 날 까지 취업지원·구직활동지원 프로그램을 이 행한 것에 대하여 지급한다.

③ 구직촉진수당의 지급주기는 1개월로 한다.

④ 고용노동부장관은 수급자가 다른 소득을 자 진신고한 경우에는 구직촉진수당을 감액하여 지급하거나 지급을 정지할 수 없다.

해설 **[구직자 취업촉진 및 생활안정지원에 관한 법률 제21조(소 득 발생의 신고 및 구직촉진수당의 정지 등)]**
④ **고용노동부장관은** 수급자가 **신고한 소득**이 지급수준 결정 규정에 따른 월단위 **지급액을 초과하는 경우 해 당 지급주기의 구직촉진수당을 감액하여 지급하거나 지급을 정지할 수 있다.** 이 경우 해당 수급자에게 지 급기간 및 지급절차 규정을 적용할 때에는 해당 지급 주기의 구직촉진수당을 지급한 것으로 본다.

★
08 구직자 취업촉진 및 생활안정지원에 관한 법률에 대한 설명으로 틀린 것은?

① 취업지원 서비스기간 중 취업 또는 창업한 경우에는 고용노동부령으로 정하는 기준 이상의 일자리에 취업한 날 또는 영리목적으로 사업을 하기 시작한 날부터 취업지원을 종료한다.

② 「국민기초생활 보장법」의 생계급여 수급자로 선정된 경우에는 생계급여 수급자로 선정된 날부터 취업지원을 종료한다.

③ 이 법에 따른 처분에 이의가 있는 사람은 「국민기초생활 보장법」에 따라 심사 및 재심사를 청구할 수 있다.

④ 고용노동부장관은 제1항에 따라 취업지원을 하지 아니하게 된 경우에는 수급자격자 또는 수급자에게 서면으로 그 사실과 이유를 명시하여 통지하여야 한다.

> **해설** 이 법에 따른 처분에 이의가 있는 사람은 「고용보험법」에 따라 심사 및 재심사를 청구할 수 있다.

제12장

개인정보 보호법

제1절 총칙

01 용어의 정의

① 개인정보 : 살아 있는 개인에 관한 정보로서 다음 각 목의 어느 하나에 해당하는 정보
  ㉠ 성명, 주민등록번호 및 영상 등을 통하여 개인을 알아볼 수 있는 정보
  ㉡ 해당 정보만으로는 특정 개인을 알아볼 수 없더라도 다른 정보와 쉽게 결합하여 알아볼 수 있는 정보. 이 경우 쉽게 결합할 수 있는지 여부는 다른 정보의 입수 가능성 등 개인을 알아보는 데 소요되는 시간, 비용, 기술 등을 합리적으로 고려하여야 한다.
  ㉢ ㉠ 또는 ㉡을 ②에 따라 가명처리함으로써 원래의 상태로 복원하기 위한 추가정보의 사용·결합 없이는 특정 개인을 알아볼 수 없는 정보(**가명정보**)
② 가명처리 : 개인정보의 일부를 삭제하거나 일부 또는 전부를 대체하는 등의 방법으로 **추가 정보가 없이는 특정 개인을 알아볼 수 없도록 처리**하는 것
③ 처리 : 개인정보의 수집, 생성, 연계, 연동, 기록, 저장, 보유, 가공, 편집, 검색, 출력, 정정(訂正), 복구, 이용, 제공, 공개, 파기(破棄), 그 밖에 이와 유사한 행위
④ 정보주체 : **처리되는 정보에 의하여 알아볼 수 있는 사람**으로서 그 정보의 주체가 되는 사람
⑤ 개인정보파일 : 개인정보를 쉽게 검색할 수 있도록 일정한 규칙에 따라 체계적으로 배열하거나 구성한 개인정보의 집합물(集合物)
⑥ 개인정보처리자 : **업무를 목적으로** 개인정보파일을 운용하기 위하여 스스로 또는 다른 사람을 통하여 **개인정보를 처리하는 공공기관, 법인, 단체 및 개인 등**

02 개인정보보호원칙

① 개인정보처리자는 개인정보의 처리목적을 명확하게 하여야 하고 그 목적에 필요한 범위에서 최소한의 개인정보만을 적법하고 정당하게 수집하여야 한다.
② 개인정보처리자는 개인정보의 처리목적에 필요한 범위에서 적합하게 개인정보를 처리하여야 하며, 그 목적 외의 용도로 활용하여서는 아니 된다.
③ 개인정보처리자는 개인정보의 처리목적에 필요한 범위에서 **개인정보의 정확성, 완전성 및 최신성이 보장**되도록 하여야 한다.

④ 개인정보처리자는 개인정보의 처리방법 및 종류 등에 따라 정보주체의 권리가 침해받을 가능성과 그 위험 정도를 고려하여 개인정보를 안전하게 관리하여야 한다.

⑤ 개인정보처리자는 개인정보 처리방침 등 **개인정보의 처리에 관한 사항을 공개**하여야 하며, **열람청구권 등 정보주체의 권리를 보장**하여야 한다.

⑥ 개인정보처리자는 정보주체의 사생활 침해를 최소화하는 방법으로 개인정보를 처리하여야 한다.

⑦ 개인정보처리자는 개인정보를 익명 또는 가명으로 처리하여도 개인정보 수집목적을 달성할 수 있는 경우 **익명처리가 가능한 경우에는 익명에 의하여, 익명처리로 목적을 달성할 수 없는 경우에는 가명에 의하여 처리**될 수 있도록 하여야 한다.

⑧ 개인정보처리자는 이 법 및 관계 법령에서 규정하고 있는 책임과 의무를 준수하고 실천함으로써 정보주체의 신뢰를 얻기 위하여 노력하여야 한다.

03 정보주체의 권리

정보주체는 자신의 개인정보 처리와 관련하여 다음 각 호의 권리를 가진다.

① 개인정보의 처리에 관한 정보를 제공받을 권리

② 개인정보의 처리에 관한 동의 여부, 동의 범위 등을 선택하고 결정할 권리

③ 개인정보의 처리 여부를 확인하고 개인정보에 대한 열람(사본의 발급을 포함) 및 전송을 요구할 권리

④ 개인정보의 처리 정지, 정정·삭제 및 파기를 요구할 권리

⑤ 개인정보의 처리로 인하여 발생한 피해를 신속하고 공정한 절차에 따라 구제받을 권리

⑥ 완전히 자동화된 개인정보 처리에 따른 결정을 거부하거나 그에 대한 설명 등을 요구할 권리

제2절 개인정보 보호위원회

(1) 설치

개인정보 보호에 관한 사무를 독립적으로 수행하기 위하여 **국무총리 소속**으로 개인정보 보호위원회를 둔다.

(2) 구성 등

① 보호위원회는 **상임위원 2명(위원장 1명, 부위원장 1명)을 포함한 9명의 위원**으로 구성한다.

② **위원장과 부위원장은 정무직 공무원**으로 임명한다.

③ 위원의 임기는 **3년으로 하되, 한 차례만 연임**할 수 있다.

④ 보호위원회는 효율적인 업무수행을 위하여 개인정보 침해 정도가 경미하거나 유사·반복되는 사항 등을 심의·의결할 소위원회를 둘 수 있다. **소위원회는 3명의 위원**으로 구성한다.

01 민감정보

(1) 민감정보의 처리제한

① 개인정보처리자는 사상·신념, 노동조합·정당의 가입·탈퇴, 정치적 견해, 건강, 성생활 등에 관한 정보, 그 밖에 정보주체의 사생활을 현저히 침해할 우려가 있는 개인정보로서 대통령령으로 정하는 정보(민감정보)를 **처리하여서는 아니 된다.** 다만, 다음 각 호의 어느 하나에 해당하는 경우에는 그러하지 아니하다.

   ㉠ 정보주체에게 개인정보의 수집·이용 목적, 수집하려는 개인정보의 항목, 개인정보의 보유 및 이용기간, 동의를 거부할 권리가 있다는 사실 및 동의 거부에 따른 불이익이 있는 경우에는 그 불이익의 내용 또는 개인정보를 제공받는 자, 개인정보를 제공받는 자의 개인정보 이용 목적, 제공하는 개인정보의 항목, 개인정보를 제공받는 자의 개인 정보 보유 및 이용기간, 동의를 거부할 권리가 있다는 사실 및 동의 거부에 따른 불이익이 있는 경우에는 그 불이익의 내용의 사항을 알리고 **다른 개인정보의 처리에 대한 동의와 별도로 동의를 받은 경우**

   ㉡ **법령에서 민감정보의 처리를 요구하거나 허용하는 경우**

② 개인정보처리자가 민감정보를 처리하는 경우에는 그 민감정보가 분실·도난·유출·위조·변조 또는 훼손되지 아니하도록 안전성 확보에 필요한 조치를 하여야 한다.

(2) 민감정보의 종류

민간정보란 **사상·신념, 노동조합·정당의 가입·탈퇴, 정치적 견해, 건강, 성생활 등**에 관한 정보, 그 밖에 다음 각 호의 어느 하나에 해당하는 정보를 말한다. 다만, 공공기관이 개인정보의 목적 외 이용·제공 제한 규정에 따라 다음 각 호의 어느 하나에 해당하는 정보를 처리하는 경우의 해당 정보는 제외한다.

① 유전자검사 등의 결과로 얻어진 **유전정보**

② 「형의 실효 등에 관한 법률」에 따른 **범죄경력자료에** 해당하는 정보

③ **개인의 신체적, 생리적, 행동적 특징에 관한 정보**로서 특정 개인을 알아볼 목적으로 일정한 기술적 수단을 통해 생성한 정보

④ **인종이나 민족에 관한 정보**

(1) 고유식별정보의 처리제한

① 개인정보처리자는 다음 각 호의 경우를 제외하고는 법령에 따라 개인을 고유하게 구별하기 위하여 부여된 식별정보로서 대통령령으로 정하는 정보(고유식별정보)를 처리할 수 없다.
ㄱ 정보주체에게 개인정보 수집·이용·제공의 사항을 알리고 **다른 개인정보의 처리에 대한 동의와 별도로 동의를 받은 경우**
ㄴ **법령에서 구체적으로 고유식별정보의 처리를 요구하거나 허용하는 경우**
② 개인정보처리자가 ① 각 호에 따라 고유식별정보를 처리하는 경우에는 그 고유식별정보가 분실·도난·유출·위조·변조 또는 훼손되지 아니하도록 대통령령으로 정하는 바에 따라 암호화 등 안전성 확보에 필요한 조치를 하여야 한다.
③ 보호위원회는 처리하는 개인정보의 종류·규모, 종업원 수 및 매출액 규모 등을 고려하여 대통령령으로 정하는 기준에 해당하는 개인정보처리자가 ②에 따라 안전성 확보에 필요한 조치를 하였는지에 관하여 대통령령으로 정하는 바에 따라 정기적으로 조사하여야 한다.
④ 보호위원회는 대통령령으로 정하는 전문기관으로 하여금 ③에 따른 조사를 수행하게 할 수 있다

(2) 고유식별정보의 종류

고유식별정보란 다음 각 호의 어느 하나에 해당하는 정보를 말한다. 다만, 공공기관이 개인정보의 목적 외 이용·제공 제한 규정에 따라 다음 각 호의 어느 하나에 해당하는 정보를 처리하는 경우의 해당 정보는 제외한다.
① 「주민등록법」에 따른 **주민등록번호**
② 「여권법」에 따른 **여권번호**
③ 「도로교통법」에 따른 **운전면허의 면허번호**
④ 「출입국관리법」에 따른 **외국인등록번호**

제**4**절 개인정보의 안전한 관리

01 안전조치의무

개인정보처리자는 개인정보가 분실·도난·유출·위조·변조 또는 훼손되지 아니하도록 내부 관리계획 수립, 접속기록 보관 등 대통령령으로 정하는 바에 따라 안전성 확보에 필요한 기술적·관리저 및 물리적 조치를 하여야 한다.

개인정보처리자는 개인정보의 처리방침을 정하여야 한다. 이 경우 공공기관은 개인정보파일의 등록 및 공개 규정에 따라 등록대상이 되는 개인정보파일에 대하여 개인정보 처리방침을 정한다.

03 개인정보 보호책임자의 지정

개인정보처리자는 개인정보의 처리에 관한 업무를 총괄해서 책임질 개인정보 보호책임자를 지정하여야 한다. 다만, 종업원 수, 매출액 등이 대통령령으로 정하는 기준에 해당하는 개인정보처리자의 경우에는 지정하지 아니할 수 있다.

04 개인정보 유출 등의 통지 · 신고

(1) 정보주체에 대한 통지

개인정보처리자는 개인정보가 분실 · 도난 · 유출(유출 등)되었음을 알게 되었을 때에는 지체 없이 해당 정보주체에게 다음 각 호의 사항을 알려야 한다. 다만, 정보주체의 연락처를 알 수 없는 경우 등 정당한 사유가 있는 경우에는 대통령령으로 정하는 바에 따라 통지를 갈음하는 조치를 취할 수 있다.

① 유출 등이 된 개인**정보의 항목**
② 유출 등이 된 시점과 그 **경위**
③ 유출 등으로 인하여 발생할 수 있는 **피해를 최소화**하기 위하여 정보주체가 할 수 있는 방법 등에 관한 정보
④ 개인정보처리자의 대응조치 및 피해**구제절차**
⑤ 정보주체에게 피해가 발생한 경우 신고 등을 접수할 수 있는 **담당부서 및 연락처**

(2) 보호위원회 등에 신고

개인정보처리자는 다음 각 호의 어느 하나에 해당하는 경우로서 개인정보가 유출 등이 되었음을 알게 되었을 때에는 **72시간 이내**에 개인정보 유출 등 사항을 서면 등의 방법으로 보호위원회 또는 전문기관에 신고해야 한다. 다만, 천재지변이나 그 밖에 부득이한 사유로 인하여 72시간 이내에 신고하기 곤란한 경우에는 해당 사유가 해소된 후 지체 없이 신고할 수 있으며, 개인정보 유출 등의 경로가 확인되어 해당 개인정보를 회수 · 삭제하는 등의 조치를 통해 정보주체의 권익침해 가능성이 현저히 낮아진 경우에는 신고하지 않을 수 있다.

① **1,000명 이상**의 정보주체에 관한 개인정보가 유출 등이 된 경우
② **민감정보 또는 고유식별정보**가 유출 등이 된 경우
③ 개인정보처리시스템 또는 개인정보취급자가 개인정보 처리에 이용하는 정보기기에 대한 외부로부터의 **불법적인 접근**에 의해 개인정보가 유출 등이 된 경우

제5절 손해배상

① 정보주체는 개인정보처리자가 이 법을 위반한 행위로 손해를 입으면 개인정보처리자에게 손해배상을 청구할 수 있다. 이 경우 그 **개인정보처리자는 고의 또는 과실이 없음을 입증하지 아니하면 책임을 면할 수 없다.**
② 개인정보처리자의 고의 또는 중대한 과실로 인하여 개인정보가 분실·도난·유출·위조·변조 또는 훼손된 경우로서 정보주체에게 손해가 발생한 때에는 법원은 **그 손해액의 5배를 넘지 아니하는 범위**에서 손해배상액을 정할 수 있다. 다만, 개인정보처리자가 고의 또는 중대한 과실이 없음을 증명한 경우에는 그러하지 아니하다.

제6절 개인정보 분쟁조정위원회

① 개인정보에 관한 분쟁의 조정(調停)을 위하여 개인정보 분쟁조정위원회를 둔다.
② 분쟁조정위원회는 **위원장 1명을 포함한 30명 이내의 위원**으로 구성하며, 위원은 당연직위원과 위촉위원으로 구성한다.
③ 위촉위원은 보호위원회 위원장이 위촉하고, 대통령령으로 정하는 국가기관 소속 공무원은 당연직위원이 된다.
④ 위원장은 위원 중에서 공무원이 아닌 사람으로 보호위원회 위원장이 위촉한다.
⑤ **위원장과 위촉위원의 임기는 2년으로 하되, 1차에 한하여 연임할 수 있다.**
⑥ 분쟁조정위원회는 분쟁조정업무를 효율적으로 수행하기 위하여 필요하면 대통령령으로 정하는 바에 따라 조정사건의 분야별로 **5명 이내의 위원으로 구성되는 조정부**를 둘 수 있다. 이 경우 조정부가 분쟁조정위원회에서 위임받아 의결한 사항은 분쟁조정위원회에서 의결한 것으로 본다.
⑦ 분쟁조정위원회 또는 조정부는 재적위원 과반수의 출석으로 개의하며 출석위원 과반수의 찬성으로 의결한다.

❶ 총칙

★ **2021년 직업상담사 2급**

01 개인정보 보호법령에 관한 설명으로 틀린 것은?

① "정보주체"란 처리되는 정보에 의하여 알아볼 수 있는 사람으로서 그 정보의 주체가 되는 사람을 말한다.

② 개인정보처리자는 개인정보의 처리목적에 필요한 범위에서 개인정보의 정확성, 완전성 및 최신성이 보장되도록 하여야 한다.

③ 개인정보 보호에 관한 사무를 독립적으로 수행하기 위하여 국무총리 소속으로 개인정보 보호위원회를 둔다.

④ 위원의 임기는 2년으로 하되, 연임할 수 없다.

> **해설** 개인정보 보호위원회 위원의 임기는 3년으로 하되, 한 차례만 연임할 수 있다.

❷ 개인정보 보호위원회

★ **2020년 직업상담사 2급**

02 개인정보 보호법령상 개인정보 보호위원회(이하 "보호위원회"라 한다)에 관한 설명으로 틀린 것은?

① 보호위원회는 위원장 1명, 상임위원 1명을 포함한 15명 이내의 위원으로 구성한다.

② 위원장과 위원의 임기는 3년으로 하되, 1차에 한하여 연임할 수 있다.

③ 보호위원회의 회의는 위원장이 필요하다고 인정하거나 재적위원 4분의 1 이상의 요구가 있는 경우에 위원장이 소집한다.

④ 보호위원회는 재적위원 과반수의 출석과 출석위원 과반수의 찬성으로 의결한다.

> **해설** 보호위원회는 상임위원 2명을 포함한 9명의 위원으로 구성한다.
>
> **[개인정보 보호법 제7조의2(보호위원회의 구성 등)]**
>
> ① 보호위원회는 상임위원 2명(위원장 1명, 부위원장 1명)을 포함한 9명의 위원으로 구성한다.
>
> ② 보호위원회의 위원은 개인정보 보호에 관한 경력과 전문지식이 풍부한 다음 각 호의 사람 중에서 위원장과 부위원장은 국무총리의 제청으로, 그 외 위원 중 2명은 위원장의 제청으로, 2명은 대통령이 소속되거나 소속되었던 정당의 교섭단체 추천으로, 3명은 그 외의 교섭단체 추천으로 대통령이 임명 또는 위촉한다.
>
> 1. 개인정보 보호업무를 담당하는 3급 이상 공무원(고위공무원단에 속하는 공무원을 포함)의 직에 있거나 있었던 사람
> 2. 판사·검사·변호사의 직에 10년 이상 있거나 있었던 사람
> 3. 공공기관 또는 단체(개인정보처리자로 구성된 단체를 포함)에 3년 이상 임원으로 재직하였거나 이들 기관 또는 단체로부터 추천받은 사람으로서 개인정보 보호업무를 3년 이상 담당하였던 사람
> 4. 개인정보 관련 분야에 전문지식이 있고 「고등교육법」에 따른 학교에서 부교수 이상으로 5년 이상 재직하고 있거나 재직하였던 사람
>
> ③ 위원장과 부위원장은 정무직 공무원으로 임명한다.
>
> ④ 위원장, 부위원장, 사무처의 장은 「정부조직법」에도 불구하고 정부위원이 된다.

정답 01. ④ 02. ①

03 개인정보 보호법령상 개인정보 보호위원회(이하 "보호위원회"라 한다)에 관한 설명으로 틀린 것은?

① 대통령 소속으로 보호위원회를 둔다.

② 보호위원회는 상임위원 2명을 포함한 9명의 위원으로 구성한다.

③ 보호위원회의 회의는 재적위원 과반수의 출석으로 개의하고, 출석위원 과반수의 찬성으로 의결한다.

④ 「정당법」에 따른 당원은 보호위원회 위원이 될 수 없다.

> **해설** 개인정보 보호에 관한 사무를 독립적으로 수행하기 위하여 **국무총리 소속**으로 개인정보 보호위원회를 둔다.

❸ 개인정보의 처리

04 개인정보 보호법령에 대한 설명으로 틀린 것은?

① 원칙적으로 개인정보처리자는 민감정보를 처리하여서는 아니 된다.

② 민감정보는 예외적으로 법령에서 민감정보처리를 요구 · 허용하거나 정보주체의 별도 동의를 받은 경우에 처리할 수 있다.

③ 인종이나 민족에 관한 정보는 민감정보에 해당하지 않는다.

④ 민감정보란 사상 · 신념, 노동조합 · 정당의 가입 · 탈퇴, 정치적 견해, 건강, 성생활 등에 관한 정보를 포함한다.

> **해설** 유전정보, 범죄경력자료, 개인의 신체적, 생리적, 행동적 특징에 관한 정보, 인종이나 민족에 관한 정보도 민감정보에 포함된다.

❹ 개인정보의 안전한 관리

05 개인정보 보호법상 개인정보 유출에 관한 설명으로 틀린 것은?

① 개인정보처리자는 개인정보가 유출되었음을 알게 된 때에는 지체 없이 해당 정보주체에게 알려야 한다.

② 개인정보처리자는 10,000명 이상의 정보주체에 대한 개인정보가 유출된 경우 개인정보보호위원회에 알려야 한다.

③ 개인정보처리자는 민감정보 또는 고유식별정보가 유출된 사실을 알게 되었을 때에는 72시간 이내에 보호위원회에 신고하여야 한다.

④ 개인정보 유출 시 개인정보 주체에게 통지해야 할 사항에는 피해구제절차를 포함한다.

> **해설** **1,000명 이상의 피해**, 민감정보 · 고유식별정보 유출, 외부로부터의 불법적인 접근에 의한 유출 등의 경우에 보호위원회에 신고하여야 한다.

06 개인정보 보호법령에 대한 설명으로 옳지 않은 것은?

① 정보주체는 개인정보처리자가 이 법을 위반한 행위로 손해를 입으면 개인정보처리자에게 손해배상을 청구할 수 있다.

② 손해배상 청구 시 법 위반에 대한 고의·과실의 입증책임은 정보주체에게 있다.

③ 개인정보처리자의 고의 또는 중대한 과실로 인하여 개인정보가 분실·도난·유출된 경우로 손해가 발생한 때에는 그 손해액의 5배를 넘지 않는 범위에서 손해액을 정할 수 있다.

④ 정보주체는 개인정보처리자의 고의 또는 과실로 인하여 개인정보가 분실·도난·유출된 경우에는 300만원 이하의 범위에서 상당한 금액을 손해액으로 하여 배상을 청구할 수 있다.

> **해설** ② 손해배상 청구 시 개인정보처리자는 고의 또는 과실이 없음을 입증하지 않으면 책임을 면할 수 없다.
> ④ 법정 손해배상이라고 하며, 구체적인 손해발생사실을 입증할 필요가 없다는 점에서 일반 손해배상, 징벌적 손해배상과 차이가 있다.

07 개인정보 보호법상 개인정보 분쟁조정위원회에 대한 설명으로 옳지 않은 것은?

① 개인정보 분쟁의 조정을 위하여 개인정보 분쟁조정위원회를 둔다.

② 위원장 1명을 포함한 30명 이내의 위원으로 구성한다.

③ 위원장과 위촉위원의 임기는 2년으로 하되, 1차에 한해 연임할 수 있다.

④ 분쟁조정업무를 효율적으로 수행하기 위하여 조정사건의 분야별로 3명 이내의 위원으로 구성되는 조정부를 둘 수 있다.

> **해설** 조정부는 5명 이내의 위원으로 구성된다.

정답 06. ② 07. ④

부록 I

최근 과년도 기출문제

제1과목 고급 직업상담학

★★ 2017년 직업상담사 1급

01 포괄적 직업상담에 관한 설명으로 틀린 것은?

① 상담이론들이 가지고 있는 장점들을 서로 절충하고 단점을 보완하였다.
② 직업상담 과정을 내담자와 직업상담사 간의 상호작용 과정으로 본다.
③ 직업상담 사례를 제외하고 여러 상담들의 이론적 배경을 반영하였다.
④ 여러 접근들에서 제시하고 있는 진단체계들을 모두 고려하였다.

해설 [크라이티스(Crites)의 포괄적 직업상담의 특징]

- **특성** : 요인이론, 정신분석이론, 행동주의이론, 인간중심이론 등 다양한 상담이론을 절충·통합하였다.
- 직업상담에 대한 과거의 접근들과 함께 일반상담 혹은 심리치료의 개념 및 원리들을 포괄하고 있으며, 이에 직업상담자들의 상담 사례들에서 얻어진 경험들을 반영하고 있다.
- 직업상담 과정을 내담자와 직업상담사 간의 상호작용 과정으로 본다.
- 여러 접근들에서 제시하고 있는 진단체계들을 모두 고려하고 있으므로, 직업상담사는 다양한 이론들에서의 진단체계에 대해 잘 알고 있어야 한다.
- 진단은 변별적이고 역동적인 성격을 가지고 있다.
- 검사의 역할을 중시하며 검사를 효율적으로 사용한다.
- 직업상담 과정에서 검사의 결과는 상담자와 내담자가 함께 해석해 나간다. 즉, 검사결과를 내담자와 함께 보며 신뢰감을 주고, 내담자의 진로문제에 장애가 되는 요인을 해석하며 내담자와의 의사소통을 극대화해 문제해결을 위한 공동 작업을 한다.
- 직업상담의 단계별 주요 접근법을 활용한다.
  - **초기 단계** : 발달적 접근법과 인간중심적 접근법
  - **중간 단계** : 정신역동적 접근법
  - **마지막 단계** : 특성요인 및 행동주의 접근법

2012년, 2016년 직업상담사 1급

02 내담자의 인지적 명확성을 사정하는 방식으로 적합하지 않은 것은?

① 면담
② 자유연상
③ 자기감시
④ 시간전망

해설 크롬볼츠(1983)는 구조적·비구조적 면담, 자유연상, 선행사건의 재구성, 자기감시, 행동참조, 심리측정도구의 사용 등을 통해 인지적 명확성을 사정하는 12가지 방식을 마련하였다. 이 중 가장 흔하게 사용되는 접근법은 비구조적 면담이다. 반면, 시간전망 개입은 미래에 대한 내담자의 관심을 증가시키고 현재의 행동을 미래의 목표에 연결시키기 위한 목적으로 실시되며, 따라서 이는 내담자의 인지적 명확성 사정에는 적합하지 않다.

★★
03 내담자에게 상담과정의 본질, 제한조건 및 방향, 상담자와 내담자의 책임과 역할, 상담의 목표 등을 알려줌으로써 합리적인 계획을 내담자가 알도록 하는 과정은?

① 반영
② 구조화
③ 해석
④ 명료화

해설 [상담의 구조화]

- 상담초기 상담과정의 본질과 제한 조건 및 방향에 대해 알려주는 것
- 내담자의 역할과 상담자의 역할에 대해 분명히 알려주어 기대를 맞추어 가는 것
- 상담시간(기간, 빈도, 장소 등) 및 내담자의 행동규범에 대해 알려주는 것
- 상담의 과정 및 목표에 대해 언급
- 비밀보장에 대한 안내

정답 01. ③ 02. ④ 03. ②

04 발달적 직업상담이론에 관한 설명으로 옳은 것은?

① 역할연기, 대화연습, 과장해서 표현하기 등의 상담기법을 사용한다.

② 직업선택의 과정은 결정이 이루어지는 성인기에 시작되어 은퇴할 때까지 계속된다.

③ 직업선택의 과정은 아동기에서 시작하여 은퇴할 때까지 계속되는 연속적 과정이다.

④ 내담자의 진로발달에 초점을 맞추지만 일반적 발달에는 관심이 없다.

> **해설** 발달적 직업상담은 직업선택의 과정을 아동기부터 일의 세계를 은퇴할 때까지 계속되는 연속적인 과정으로 보며, 개인의 과거와 현재 뿐 아니라 미래까지 동시에 고려한다. 직업상담을 통해 개인의 진로발달을 도움으로써 내담자의 개인적 및 사회적 발달이 촉진될 수 있도록 조력한다.

05 원형검사에 기초한 시간전망개입에서 시간에 대한 심리적 경험의 3가지 측면에 반응하는 3가지 구면들 중 미래를 의미 있게 해주는 것은?

① 방향성　　　　② 변별성
③ 단계성　　　　④ 통합성

> **해설** [코틀(Cottle)의 원형검사에서 시간전망개입의 3가지 측면]
> ㉠ **방향성** : 미래지향성을 증진시키기 위해 미래에 대한 낙관적인 입장을 구성하는 것을 목표로 한다.
> ㉡ **변별성** : 미래를 현실처럼 느끼게 하고, 미래계획에 대한 정적 태도를 강화시키며 목표설정을 신속하게 하는 데 목적이 있다. 시간차원을 가정하는 사건이 많고 이러한 사건이 더 확장될수록 시간차원은 개인에게 더 현실적으로 다가온다.
> ㉢ **통합성** : 현재 행동과 미래 결과를 연결시키고, 계획한 기법을 실습하여 진로에 대한 인식을 증진시키는 것을 목표로 한다.

06 직업의사결정을 촉진하기 위한 6개의 생각하는 모자(six thinking hats) 기법에 관한 설명으로 옳지 않은 것은?

① 창의적으로 정보를 탐색함으로써 이용 가능한 정보의 양과 질을 확장시키기 위한 측면 의사결정법이다.

② 가능한 직업 대안을 열거한 뒤, 각 대안을 선택했을 때 예상되는 개인적인 득실을 목록으로 작성하고 총점을 계산한다.

③ 직업상담사는 "창의적 의사결정자가 6가지 색깔의 생각하는 모자를 쓰고 있다."는 이야기를 들려주고, 내담자가 각각의 모자를 쓰고 역할을 수행하도록 한다.

④ 모든 사고 유형들이 유용하기는 하지만 궁극적으로 의사결정자에게 가장 필요한 것은 청색 모자를 쓰고 있을 때의 접근이라고 제안한다.

> **해설** [에드워드 드 보노(Edward de Bono)의 6개의 생각하는 모자(six thinking hats)]
> 6개의 생각하는 모자는 직업상담의 중재 과정에서 의사결정의 촉진을 위한 것으로서, 상담자는 의사결정자인 내담자에게 6가지 색깔의 생각하는 모자를 써보고 각각의 모자의 색에 해당하는 역할을 수행하게 한다. 이는 창의적으로 정보를 탐색함으로써 이용 가능한 정보의 양과 질을 확장시키기 위한 '측면 의사결정 방식(lateral decision-making aids)'이다. 모든 사고 유형들이 유용하기는 하지만 궁극적으로 의사결정자에게 가장 필요한 것은 청색 모자를 쓰고 있을 때의 접근이다.

정답 04. ③　05. ②　06. ②

07 직업상담에서 활용하는 직업카드 분류에 관한 설명으로 틀린 것은?

① 다른 심리검사에 비해 유대감을 이루는 데 큰 도움이 된다.

② 카드의 수는 카드가 제공하는 정보의 양에 따라 다양할 수 있다.

③ 표준화된 흥미검사와 같은 수준의 정보를 얻을 수 있는 또 다른 방법이다.

④ 내담자가 다양한 종류의 주제, 아이디어, 가치, 느낌 등에 따라 직업 제목을 분류하는 활동이 가능하다.

[해설] 직업카드 분류는 표준화된 흥미검사보다 더 풍부한 정보를 제공해준다.

08 진로결정수준에 따라서 내담자의 상태를 분류할 때 다음 사례에 해당하는 내담자는?

- 역기능적인 불안을 동반한다.
- 진로를 쉽게 결정하지 못하는 심리적 속성을 지니고 있다.
- 일반적으로 진로문제해결에서 부적응적인 성격을 갖고 있다.

① 우유부단형
② 진로결정자
③ 진로미결정자
④ 조기 진로결정자

[해설] [내담자의 의사결정 수준에 따른 분류(Sampson, Peterson, Lenz, & Reardon, 1992)]

진로결정자 (The decided)	• 자신의 선택이 잘 된 것이니 명료화하기를 원하는 내담자 • 자신의 선택을 이행하기 위해 도움이 필요한 내담자 • 진로 의사가 결정된 것처럼 보이나 실제로는 결정을 하지 못하는 내담자
진로미결정자 (The undecided)	• 자신의 모습, 직업 혹은 의사결정을 위한 지식이 부족한 내담자 • 다양한 능력으로 지나치게 많은 기회를 갖게 되어 진로 결정을 하기 어려운 내담자 • 진로 결정을 하지 못하지만 성격적인 문제는 없는 내담자
우유부단형/ 진로무결정자 (The indecisive)	• 생활에 전반적인 장애를 주는 역기능적인 불안을 동반한 내담자 • 일반적으로 문제 해결 과정에서 결정을 쉽게 하지 못하는 부적응인 성격을 지니고 있는 내담자 • 높은 수준의 우유부단함, 불안, 좌절, 불분명한 직업적 정체감, 낮은 수준의 자아존중감

09 다음은 어떤 상담이론에 관한 설명인가?

- 상담목표
  - 개인적 책임을 수용하는 것
  - 지금 순간에 사는 것
  - 직접 경험하는 것
- 상담기법 : 역할연습, 대화연습, 반대로 행동하기, 투사놀이, 과장해서 표현하기 등

① 행동주의 상담
② 내담자중심 상담
③ 형태주의 상담
④ 인지적-정서적 상담

[해설] [형태주의 상담이론의 특징]
- 내담자를 과거의 미해결된 과제로 인하여 현재에도 부정적 감정을 경험하는 존재로 간주하지만 상담의 초점은 지금-여기와 현재의 경험에 둔다.
- 기본목표는 내담자 자신이 행동하고 경험하는 것을 자각하여 자신의 느낌, 생각, 행동에 대해 책임을 지도록 하는 것이다.
- 상담기법에는 자기각성, 대화연습(대화게임), 반대로 행동하기, 투사연기, 과장하기, 빈의자 기법, 꿈 작업, 역할연기 등이 있다.

[정답] 07. ③ 08. ① 09. ③

10 행동주의 상담기법과 적용이 옳게 연결된 것을 모두 고른 것은?

> ㉠ 자극통제 : 학생들에게 학교폭력에 어떻게 대처할 수 있는지 알려주는 DVD를 보여 주고 그 행동을 따라할 수 있게 함
> ㉡ 행동계약 : 자기주장이 어려운 내담자와 하루에 한 번씩 자기주장 행동을 하기로 계약서를 작성함
> ㉢ 용암법 : 영어 알파벳을 배우는 학생에게 처음에는 진하게 된 글자를 덧쓰게 하고 다음에는 점선을 따라 쓰게 하다가 잘 쓰게 되면 빈 여백에 알파벳을 쓰게 함

① ㉠, ㉡ 　　　② ㉠, ㉢
③ ㉡, ㉢ 　　　④ ㉠, ㉡, ㉢

[해설] ㉠ **자극통제** : 내담자가 환경을 수정함으로써 자극을 통제하도록 돕는 것, 예를 들어 몸무게 감량 프로그램을 실행하고 있는 경우 음식을 잘 보이지 않는 곳에 두도록 조언
㉡ **행동계약** : 행동목표를 달성했을 때 주어지는 강화와 그 조건 등에 대해 학생과 교사가 동의한 내용을 문서로 작성한 것
㉢ **용암법(Fading)** : 연속적인 시도를 통하여 반응을 통제하는 선행자극을 점진적으로 변화시킴으로써 적절한 행동을 발달시키도록 하는 것으로 도움이나 촉진을 점차 줄여나가면서 내담자 스스로 문제를 해결하도록 하는 것
※ **모델링** : 내담자가 다른 사람의 바람직한 행동을 관찰해서 학습한 것을 수행하는 것

11 풍부한 자기지식을 가지고 있거나 직업상황에서 좋고 싫은 것에 대한 생각이 많은 내담자를 대상으로 작업경험을 분석하는 것은 무엇을 사정하는데 적합한가?

① 동기사정 　　　② 흥미사정
③ 가치사정 　　　④ 성격사정

[해설] [작업경험 분석]
㉠ 직업의 형태를 비롯해서 광범위한 영역을 포함하는 흥미사정기법이다.
㉡ 각 경험에 대한 풍부한 자기지식을 가지고 있거나, 작업상황에서 좋고 싫은 것에 대한 생각이 많은 성인 내담자들과 면접을 하면 오히려 더 빨리 완수할 수 있다.
㉢ 작업분석 기법 4단계
- 1단계 : 내담자가 경험한 모든 직무 또는 5~10년 사이 직무에 대해 확인
- 2단계 : 각 직무에서의 과제 서술
- 3단계 : 내담자가 좋아하는 과제와 싫어하는 과제 분류
- 4단계 : 상담자와 내담자가 함께 주제(예 구조화된 상황을 좋아함)와 불일치성(예 가족과 시간을 보내고 싶은데, 일에 많은 시간을 뺏김) 등에 대해 정보를 총괄·정리하는 단계

12 다음 중 직업상담에 도움이 되는 상담행동으로 가장 바람직한 것은?

① 전문적인 언어의 사용
② 조언 및 충고 제시
③ 빈번한 유머 사용
④ 비판단적인 태도

[해설] [직업상담에 도움이 되는 행동들]

언어적 행동	비언어적 행동
• 이해 가능한 언어 사용 • 언어적 강화 사용 • 내담자에 대한 적절한 호칭 사용 • 적절하게 정보 사용 • 가끔 유머 사용 • 비판단적	• 내담자와 유사한 언어의 톤 • 기분 좋은 눈의 접촉 유지 • 가끔 고개 끄덕임 • 가끔 미소를 지음 • 가끔 손짓을 함 • 내담자에게 몸을 기울임

[정답] 10. ③ 11. ② 12. ④

★★
13 아들러의 개인주의 상담에 관한 설명으로 거리가 먼 것은?

① 인간은 성적 충동보다 사회적 관계에 의해 일차적으로 동기화된다.
② 출생순위와 가족 내의 위치는 심리적 특성과 대인관계 방식에 영향을 미친다.
③ '열등감'과 '완전함 추구 성향'은 후천적이다.
④ 공감과 상호존중을 특징으로 하는 사회적 관심은 정신건강의 핵심 지표이다.

해설 **[아들러(Adler)의 개인주의 상담의 특징]**
- **인간은 본능적 충동이나 무의식보다 사회적 충동이나 의식적 사고에 의해 동기화된다.**
- **개인은 선천적 경향성으로서 열등감의 극복과 우월성을 추구하고자 한다.**
- 사회적 관계를 강조하고 사회적 관심을 조장한다.
- 내담자가 타인과의 동질감을 갖도록 돕는다.
- 행동수정보다는 동기수정을 더 중요시한다.
- 내담자의 잘못된 가치와 목표를 수정하는 데 초점을 둔다.
- 내담자의 초기기억, 생활양식, 출생순위와 가족구조 등을 통해 개인역동성을 탐색한다.
- **가족구도와 출생순위가 우리의 생활양식 형성에 중요한 영향을 미친다고 강조한다.**
- 사건의 객관성보다는 주관적 지각과 해석을 중시한다.
- 상담과정은 정보 제공, 교육, 안내, 격려 등에 초점을 둔다.
- 사회적 관심은 공감, 타인과의 동일시 등을 의미하는 것으로 심리적 건강의 척도가 된다.

14 게슈탈트 집단상담에서 다루는 저항의 유형과 표현 양상의 연결이 옳지 않은 것은?

① 반전 : 집단 초기 정서 표현이나 참여를 주저한다.
② 편향 : 다른 집단원이 자신과 동일한 생각과 감정을 경험한다고 생각하며 특정 집단원을 향한 강한 정서를 경험한다.
③ 내사 : 상담자 개입이나 규칙에 의문을 제기하지 않는다.

④ 투사 : 집단 통제 경향을 보이는 집단원이 자신이 아니라 다른 집단원이 그렇다고 주장한다.

해설 **[게슈탈트 상담의 접촉장애 유형 및 특징]**
- ㉠ **반전** : 개인이 타인이나 환경에 대해 해야 할 것을 자신에게 하는 것. 반전의 기제를 사용하는 사람은 자신의 감정을 타인에게 표현하지 못하고 방향을 바꾸어 자신에게 표현하는 사람으로 예를 들어 습관적으로 처벌에 대한 두려움으로 인해 타인에게 감히 자신의 감정을 표현하지 못하는 경우
- ㉡ **편향** : 갈등이나 외부환경에 압도당하지 않기 위해 자신의 감각을 둔화시킴으로써 자신 및 환경과의 접촉을 약화시키는 것. 예를 들어 말을 장황하게 하거나 초점을 흩트리는 것, 구체적으로 말하지 않고 추상적인 차원에서 맴도는 것, 자신의 감각을 차단시키는 것
- ㉢ **내사** : 타인의 신념과 기준을 자신이 가지고 있는 것과 융화함이 없이 무비판적으로 수용하는 것
- ㉣ **투사** : 내가 가진 것을 부인하고 남에게 돌려서 접촉을 피하는 것
- ㉤ **융합** : 밀접한 관계에 있는 두 사람이 서로 간에 차이점이 없다고 느끼도록 함으로써 발생하는 접촉장애로서 마치 일심동체의 관계처럼 다른 집단원이 자신과 동일한 생각과 감정을 경험한다고 생각하는 것

2018년 직업상담사 1급
15 Rogers의 인간중심 상담이론에 관한 설명으로 틀린 것은?

① 인간은 동일한 현상에 대해 같은 인식을 갖는 보편적 존재이다.
② 인간은 자기실현을 위해 끊임없이 노력하는 성장지향적 성향을 타고난다.
③ 공감이란 내담자의 입장에서 그의 내면세계를 이해하는 것이다.
④ 가치의 조건화란 주요한 타인의 평가에 의해 유기체적 경험이 왜곡되는 것을 말한다.

해설 **[인간중심 상담이론의 주요 개념]**
- **현상학적인 장** : '경험적 세계' 또는 '주관적 경험'으로 불리는 개념으로서, 특정 순간에 개인이 지각하고 경험하는 모든 것을 의미한다. 로저스는 동일한 현상이라도 개인마다 다르게 지각하고 경험하므로, 이 세상에는 개인적 현실, 즉 현상학적 장만이 존재한다고 본다.

정답 13. ③ 14. ② 15. ①

- **자아실현 경향성** : 인간이 자신을 유지하거나 성장시키기 위해 자신의 모든 능력을 개발하려는 선천적인 경향성을 말한다. 실현화 경향성은 사람이나 동물뿐만 아니라 모든 살아 있는 것에서 볼 수 있다.
- **가치의 조건화** : 개인의 가치판단 기준이 부모나 타인으로부터 부여받은 것이 기준이 되는 것으로서, 아이들이 어른의 애정과 칭찬을 받으려는 욕구가 강하여 어른의 가치체계를 내면화하게 된다. 즉 주요 타자로부터 긍정적 존중을 받기 위해 그들이 원하는 가치와 기준을 내면화하는 것이다.
- **일치성, 무조건적 긍정적 존중, 공감적 이해**는 상담자가 갖추어야 할 기본적인 태도로서, 일치성은 상담자가 내담자와의 관계에서 순간순간 경험하는 자신의 감정이나 태도를 있는 그대로 진솔하게 인정하고 개방하는 것을 의미한다. 무조건적 긍정적 존중은 가치의 조건화를 버리고 아무 조건 없이 인간의 행동을 수용하고 존중하는 태도를 말한다. 공감적 이해는 동정이나 동일시가 아닌 내담자가 주관적으로 경험하는 사적 세계를 정확하고 민감하게 이해하는 것이다.

★★★

16 생애진로사정에 대한 설명으로 옳지 않은 것은?

① 내담자와 환경과의 관계를 이해하는데 도움을 주기 위한 것이다.
② 세계와 개인과의 관계는 일, 사회적 관계, 성 등의 평생과제로 구성되어 있다.
③ 생애 한 부분에서의 어려움은 나머지 부분의 어려움과 연관되어 있다고 본다.
④ Super의 발달적 직업상담 모형에 기초하고 있다.

해설 생애진로사정은 아들러(Adler)의 개인심리학에 기초하고 있다.

2016년 직업상담사 1급

17 다음 중 직업상담의 목적이 아닌 것은?

① 내담자가 결정한 직업계획 및 직업선택 확신·확인
② 직업선택과 직업생활에서의 순응적 태도 함양
③ 자아와 직업세계에 대한 구체적인 이해
④ 진로 관련 의사결정 능력의 증진

해설 [진로(직업)상담의 목적 5가지 (정원식, 이정근, 1978)]
㉠ 내담자가 이미 결정한 직업적인 선택과 계획을 확인하는 과정이다.
㉡ 개인의 직업적 목표를 명백히 해주는 과정이다.
㉢ 내담자로 하여금 자아와 직업세계에 대한 구체적인 이해와 새로운 사실을 발견하도록 해준다.
㉣ 내담자에게 진로의사결정능력을 길러주는 과정이다.
㉤ 직업선택과 직업생활에서의 능동적인 태도를 함양하는 과정이다.

★ **2011년, 2014년 직업상담사 1급**

18 Williamson이 제안한 특성–요인 진로상담의 단계를 바르게 나열한 것은?

① 분석 → 진단 → 종합 → 상담 → 예측 → 추수지도
② 분석 → 종합 → 진단 → 예측 → 상담 → 추수지도
③ 진단 → 분석 → 예측 → 종합 → 상담 → 추수지도
④ 진단 → 예측 → 상담 → 분석 → 종합 → 추수지도

해설 [Williamson의 특성–요인 진로상담의 6단계]
분석 → 종합 → 진단 → 예측 → 상담 → 추수지도

★ **2016년 직업상담사 1급**

19 다음에서 설명하고 있는 것은?

인간중심적 상담의 기법 중 내담자를 구별하거나 비교하거나 선택하는 과정으로 평가·판단하지 않고, 내담자가 나타내는 어떤 감정이나 행동 특성들을 있는 그대로 수용하여 존중하는 상담자의 태도를 말한다.

① 공감적 이해
② 무조건적 긍정적 존중
③ 진솔한 태도
④ 직면하기

정답 16. ④ 17. ② 18. ② 19. ②

해설 인간중심적 상담에서 상담자가 기본적으로 갖추어야 할 태도에는 일치성(진실성), 공감적 이해, 무조건적 긍정적 존중이 있다. 그 중 무조건적 긍정적 존중은 가치의 조건화를 버리고 아무 조건 없이 인간의 행동을 수용하고 존중하는 태도를 말한다.

★ **2013년, 2018년 직업상담사 1급**

20 정신역동적 직업상담모형에 관한 설명으로 옳은 것은?

① 직업상담자는 내담자의 흥미가 능력과 일치하는지를 밝히고 그 결과를 직업선택의 기초 자료로 이용한다.

② 직업선택에 미치는 내적 요인의 영향을 지나치게 강조한 나머지 외적 요인의 영향에 대해서는 충분히 고려하지 못했다.

③ 직업상담자가 교훈적 역할을 하거나 내담자의 자아를 명료화하고 자아실현을 증진시킬 수 있다.

④ 내담자에게 많은 검사정보와 직업정보를 제공해주고 이를 토대로 직업선택을 하도록 하는 것이다.

해설 [정신역동적 직업상담에 대한 평가]
㉠ 직업선택에 미치는 내적 요인의 영향을 지나치게 강조한 나머지 외적 요인의 영향에 대해서는 충분하게 고려하고 있지 못하다.
㉡ 외적으로 나타나는 직업의사결정 행동에 대해 내적 욕구만을 분석하여 중재하려는 경향이 있다.
㉢ 행동주의 관점에서 볼 때, 정신역동적 접근은 관찰할 수 없는 인간의 동기 측면에 지나치게 초점을 둠으로써 직업 결정의 개념을 매우 복잡하게 만든다.

2012년 직업상담사 1급

21 목표설정 동기이론에 관한 설명으로 옳은 것은?

① 목표는 수용, 설정 방법에 구애받지 말고 가능한 높게 설정해 주어야 동기 수준이 높아져서 효과적이다.

② 목표는 가능한 한 쉽게 설정해야 성공에 대한 기대가 커지므로 작업효과를 높인다.

③ 목표는 구체적이지 않고 일반적으로 정해주어야 작업자가 스스로 정할 기회가 생겨서 효과적이다.

④ 목표는 수용범위 내에서 구체적이고 높게 설정해야 효과적이다.

해설 [Locke의 목표설정이론]
목표가 동기를 유발하는 데 필요한 특성
㉠ 일반적으로 어려운 목표는 쉬운 목표에 비해 동기부여 효과가 더 크다.
㉡ 목표를 달성할 수 있다고 믿는 개인의 신념에 따라 달라진다. 조직에서 할당한 목표라도 그 목표가 수용되기만 하면 종업원이 직접 참여해서 설정한 목표와 마찬가지로 동기부여 효과가 있음을 증명하였다.
㉢ 목표는 애매모호할 때보다 구체적일 때 더 강한 동기를 초래한다.
㉣ 목표 달성은 점진적으로 향상되는 과정을 통해 이루어지므로, 종업원이 진행과정에 대한 피드백을 받는 것이 중요하다.

★★★ **2012년, 2017년 직업상담사 1급**

22 심리검사 중 진로 및 직업상담 장면에서 일반적으로 그 활용 목적이나 상황이 다른 것은?

① 적성검사　　　　② 진로성숙도검사

③ 직업흥미검사　　④ 가치관검사

해설 적성검사, 흥미검사, 가치관검사는 개인의 직업적 정체성을 평가하기 위한 목적의 심리검사라면, 진로성숙도검사는 진로선택과 관련하여 태도와 능력 면에서 발달 및 성숙의 정도를 평가하기 위한 목적의 심리검사이다.

23 신뢰도에 관한 설명으로 옳은 것은?

① 검사가 측정하고자 하는 개념에 맞는 내용으로 되어 있는가를 의미한다.
② 검사의 결과가 얼마나 안정적인지를 의미한다.
③ 측정하고자 하는 구성개념을 얼마나 잘 측정하고 있는지를 의미한다.
④ 검사의 결과가 피검자의 미래의 행동을 얼마나 정확하게 예언하는가를 의미한다.

해설 [신뢰도의 의미]
- 신뢰도란 믿을 수 있는 정도를 말한다. 검사의 신뢰도란 검사를 동일한 사람에게 실시했을 때, 검사조건이나 검사 시기에 관계 없이 점수들이 얼마나 일관성이 있는가, 비슷한 것을 측정하는 다른 검사의 점수와 얼마나 일관성이 있는가 하는 것을 말한다. 즉, 검사 결과가 얼마나 안정적인지를 의미한다.
- 넓은 의미의 검사 신뢰도는 검사점수의 개인차가 정말 차이가 있어서 나타난 것이냐 아니면 우연적인 오차에 의해서 나타난 것이냐의 정도를 뜻한다.

★★ 2018년 직업상담사 1급

24 실업 후 직업상담 프로그램과 가장 거리가 먼 것은?

① 실업충격완화 프로그램
② 취업알선 프로그램
③ 직업전환 프로그램
④ 사후상담 프로그램

해설 [전직 및 실직에 대비한 직업상담 영역]

구분	전직	
	전직 예방	전직 대비
대상	결근, 지각, 불평불만자, 퇴직욕구나 퇴직의사 보유자	퇴직의사 보유자
처치방법	직업 문제 처치	의사결정 기법
프로그램명	• 직장 스트레스 대처 프로그램 • 직업적응 프로그램	• 생애계획 프로그램 • 직업전환(훈련) 프로그램

구분	실직	
	실업 전	실업 후
대상	명예퇴직자, 조기 퇴직자	휴 · 폐업 근로자
처치방법	스트레스 해소법	충격완화법
프로그램명	• 조기퇴직 계획 프로그램 • 은퇴 후 진로경로 계획 프로그램	• 실업 충격완화 프로그램 • 직업복귀(훈련) 프로그램 • 취업알선 프로그램 • 사후상담 프로그램

★★ 2015년 직업상담사 1급

25 직무분석의 방법 중 최초분석법에 해당되지 않는 것은?

① 면담법
② 관찰법
③ 체험법
④ 데이컴법

해설 [직무분석기법]
- ㉠ 최초분석법 : 분석할 대상 직업에 관한 참고 문헌이나 자료가 드물고, 그 분야에 많은 경험과 지식을 갖춘 사람이 거의 없을 때, 직접 작업 현장을 방문하여 분석을 실시하는 방법을 최초 분석법이라고 한다. 이는 많은 시간과 노력이 소요되므로 비교적 직무 내용이 단순하고 반복되는 작업을 계속하는 경우에 적합하다. 면접법, 관찰법, 녹화법, 체험법, 작업일지법, 설문지법 등이 해당한다.
- ㉡ 비교확인법 : 이미 역사가 오래되어 많은 자료가 수집될 수 있는 직업으로 수행하는 작업이 다양하고, 직무의 폭이 넓어 단 시간의 관찰을 통해서 분석이 어려운 직업에 적합하다. 지금까지 개발된 각종 자료를 수집하고 분석하여 일단 직무분석 양식에 직무분석가가 초안을 작성한 다음, 현장에 나가 실제 여부를 면담이나 관찰과 같은 최초 분석법으로 확인하는 방법이다.
- ㉢ 데이컴법(DACUM) : 교과과정을 개발하는 데 활용되어 온 기법으로, 이는 교육 훈련을 목적으로 교육 목표와 교육 내용을 비교적 단시간 내에 추출하는 데 효과적이다. 데이컴은 8~12명의 분석협조자(panel member)로 구성된 데이컴 위원회를 중심으로 쾌적한 장소에 모여 2박 3일 정도의 집중적인 워크숍으로 데이컴 차트를 완성함으로써 작업을 마친다.

정답 23. ② 24. ③ 25. ④

26 진로발달이론 중 인지적 정보처리 관점의 주요 전제가 아닌 것은?

① 진로선택은 독립적인 인지적, 정의적 과정의 결과이다.

② 진로를 선택한다는 것은 하나의 문제해결 활동이다.

③ 동기의 근원을 앎으로써 자신을 이해하고 만족스런 진로선택을 하려는 욕망을 갖는다.

④ 진로정체성(career identity)은 자기지식에 의존한다.

해설 **[인지적 정보처리이론의 주요 전제]**

인지적 정보처리이론의 주요 전제는 10개의 가정에 기초한다. 이는 진로개입의 주요 책략들이 학습기회를 제공함으로써 개인의 처리능력을 발전시킬 수 있다는 데 있다.

㉠ 진로선택은 인지적 및 정의적 과정들의 상호작용의 결과이다.

㉡ 진로를 선택한다는 것은 하나의 문제해결 활동이다.

㉢ 진로 문제해결자의 잠재력은 지식은 물론이고 인지적 조작의 가용성에 의존한다.

㉣ 진로 문제해결은 고도의 기억력을 요하는 과제이다.

㉤ 동기의 근원을 앎으로써 자신을 이해하고 만족스런 진로선택을 하려는 욕망을 갖는다.

㉥ 진로발달은 지식구조의 끊임없는 성장과 변화를 포함한다.

㉦ 진로 정체성은 자기지식에 의존한다.

㉧ 진로성숙은 진로문제를 해결할 수 있는 자신의 능력에 의존한다.

㉨ 진로상담의 최종목표는 정보처리 기술들의 신장을 촉진시킴으로써 달성된다.

㉩ 진로상담의 최종목표는 진로문제 해결자이고 의사결정자인 내담자의 잠재력을 증진시킴에 있다.

27 개인의 욕구와 직업선택 행동의 관계에 초점을 두고, 직업을 서비스직, 비즈니스직, 단체직, 기술직, 옥외활동직, 과학직, 문화직, 예술직 등 8가지 직업군으로 분류하는 체계를 개발한 학자는?

① Holland　　② Roe

③ Super　　　④ Parsons

해설 **[Roe의 욕구이론]**

• 직업의 전 영역을 조사하려면 직업을 순서대로 분류하는 방법이 필요하다고 보고, 미네소타직업평가척도(MORS : Minnesota Occupational Rating Scales)에서 힌트를 얻어, 흥미에 기초하여 직업을 8개의 군집으로 나누고 각각의 군집에 알맞은 직업들의 목록을 작성하였다.

• 직업에서의 곤란도와 책무성을 고려하여 8×6의 구조를 만들었다.

• **8개의 군집(field)** : ① 일반 문화직, ② 과학직, ③ 옥외활동직, ④ 기술직, ⑤ 단체직, ⑥ 비즈니스직, ⑦ 서비스직, ⑧ 예능직

• **6단계(level)** : ① 1단계-고급 전문 관리, ② 2단계-중급 전문 관리, ③ 3단계-준 전문 관리, ④ 4단계-숙련직, ⑤ 5단계-반숙련직, ⑥ 6단계-비숙련직

28 직업상담에서 검사를 활용하는 방법으로 옳지 않은 것은?

① 심리검사는 진단적 정보로 활용한다.

② 내담자가 심리검사 결과에 대해 거부감을 갖지 않도록 노력한다.

③ 심리검사 결과만을 토대로 직업결정을 하도록 한다.

④ 검사를 통해 내담자가 자기탐색을 보다 깊이 할 수 있도록 한다.

해설 직업상담에서 검사를 활용할 때에는 심리검사 결과만을 토대로 하는 것이 아니라 내담자의 이용 가능한 다른 정보들과 함께 활용되어야 한다.

29 직무만족과 직무불만족을 결정짓는 요인들이 질적으로 서로 다른 독립된 내용이라고 주장하는 이론은?

① Maslow의 욕구위계이론

② Adams의 평형이론

③ Vroom의 기대-유인가이론

④ Herzberg의 동기-위생이론

정답　26. ①　27. ②　28. ③　29. ④

해설 **[Herzberg의 동기-위생이론]**

㉠ 이론의 기본 전제는 작업장에서 동기의 근본적인 원천은 사람들의 작업내용이라는 것이다.
㉡ **위생요인(hygiene factor)** : 급여, 복리후생, 동료와의 관계, 물리적 작업환경 등으로 종업원의 업무내용을 제외한 모든 작업환경적 측면들로서 이 요인들은 종업원들이 불만족을 느끼는 것과 관련이 있지만 그들의 동기를 진정으로 강하게 하는 힘은 없기 때문에 이를 위생 요인이라 명명하였다.
㉢ **동기요인(motivators)** : 기본적으로 개인의 직무내용에 존재하며 직무 자체가 갖는 도전의 정도, 작업과제를 실행하는 데 가지는 자율성의 정도, 얼마나 그 직무가 본질적으로 흥미로운지(내적 흥미), 창의성 발현의 기회와 같은 것들을 포함하며 이들은 수행에 대하여 내재적 지향성을 일으킨다.

★ **2016년 직업상담사 1급**

30 직무평가의 방법 중 분류법의 장점이 아닌 것은?

① 직무의 수가 많을 때 주로 사용한다.
② 중소기업에서 활용하기에 적합하다.
③ 시간이 짧게 소요된다.
④ 내용이 단순하여 조직구성원을 이해시키기 용이하다.

해설 **[직무평가의 방법]**

• 질적 평가방법 (비계량적 방법)

서열법	• 직무의 상대적 가치에 기초를 두고 **각 직무의 중요도에 따라 순위를 정하는 방법**이다. • 직무등급을 신속·간편하게 매길 수 있다. • 직무의 어떤 요소가 특별히 가치 있게 받아들여지는가에 대한 보편적 지침이 없으며, 직무의 수가 많고 내용이 복잡할 경우 실효성이 없다.
분류법	• 직무를 여러 가지 수준이나 등급으로 분류하여 표현하는 것으로, **사전에 만들어 놓은 등급에 각 직무를 맞추어 넣는 방법**이다. • 간단하고 이해하기 쉬우며, 결과가 비교적 만족할 만하다. 특히 직무내용이 충분히 표준화되어 있지 않은 직무의 경우에도 비교적 용이하게 평가할 수 있다(**중소기업에서 활용하기에 적합하다**). • 상세한 분석이 불가능하고 분류기준이 명확하지 않은 경우가 많다. • 평가대상 **직무들이 가진 자격요건의 수준 등급이 소수인 경우 매우 효과적**이다.

• 양적 평가방법 (계량적 방법)

점수법	• 직무 상호간의 여러 가지 요소들을 뽑아내어 각 요소의 중요도에 따라 점수를 산정하고 총 점수를 구하여 직무를 평가하는 방법이다. • 고려되는 요인은 기술이 요구되는 정도(숙련도), 정신적 및 육체적 노력의 정도, 책임, 작업조건 등이다. • 직무의 상대적 가치를 객관적으로 비교할 수 있으며, 종업원으로부터 평가 결과에 대하여 이해 및 신뢰를 얻을 수 있다. • 적합한 평가요소의 선정이 어려우며, 평가요소에 대한 가중치 부여에서 독단이 우려된다. 또한 시간과 비용이 많이 소요된다.
요소 비교법	• 조직에서 핵심이 되는 대표직무(기준직무)를 선정하여 요소별로 직무평가를 한 후 다른 직무들을 대표직무의 평가요소와 비교하여 상대적 가치를 결정하는 방법이다. • 유사직무 간 비교가 가능하며, 다른 직무와의 요소비교를 통한 평가가 용이하다. 또한 기업의 특수 직무에 적합하도록 설계할 수 있다. • 대표직무의 평가에 정확성을 기하기 어려우며, 대표 직무에 대한 평가의 정확성이 결여될 경우 전체 직무평가에 부정적인 영향을 미친다. 또한 측정척도의 구성이 복잡하여 이해하기 어려우며, 비용이 많이 소요된다.

★★ **2012년 직업상담사 1급**

31 Ginzberg가 제시한 진로발달이론에서 잠정기(tentative period)의 하위 단계에 관한 설명으로 틀린 것은?

① 흥미단계 – 좋아하는 것과 그렇지 않은 것에 대한 보다 분명한 결정을 하게 된다.
② 능력단계 – 직업적인 열망과 관련하여 자신의 능력을 인식하게 된다.
③ 가치단계 – 자신의 직업스타일에 대하여 보다 명확한 이해를 하게 된다.
④ 전환단계 – 점차 현실적인 외적 요인에서 주관적인 요소들에게 관심을 가지게 된다.

정답 30. ① 31. ④

㉠ **환상기**(Fantasy Period, 6~11세 또는 11세 이전) : 직업선택의 문제에서 자신의 능력이나 가능성, 현실여건 등을 고려하지 않고 욕구를 중시하는 시기이다. 아동은 무엇이든 하고 싶고, 하면 된다는 식의 환상 속에서 비현실적인 선택을 하는 경향을 갖게 된다. 놀이가 점차 일−지향적(work−oriented)이 되며, 처음으로 특정 활동에 대한 선호를 나타낸다. 다양한 직업적 역할이 놀이를 통해서 나타나는데 이는 직업세계에 대한 최초의 가치판단을 반영하는 것이다.

㉡ **잠정기**(Tentative Period, 11~17세) : 자신의 흥미와 취미에 따라 직업선택을 하려는 경향을 갖는다. 후반기에 능력과 가치관 등의 요인도 고려하지만 여전히 비현실적인, 즉 잠정적인 성격을 띤다.

- **흥미단계** : 흥미나 취미에 따라 직업을 선택하려 하며, 개인이 좋아하는 것과 싫어하는 것에 대한 보다 분명한 결정을 한다.
- **능력단계** : 흥미를 느끼는 분야에서 성공할 능력을 지니고 있는지 시험해 보기 시작한다. 즉, 직업적인 열망과 관련하여 자신의 능력에 대하여 깨닫게 되는 단계다.
- **가치단계** : 다양한 요인을 고려해야 한다는 사실을 인식하고 그 직업이 자신의 가치관 및 생애 목표에 부합하는지 평가한다. 그럼으로써 자신의 직업 스타일에 대하여 보다 명확한 이해를 하게 된다.
- **전환단계** : 주관적 요소에서 현실적 외부요인으로 관심이 전환되며, 이러한 현실적 외부요인이 직업선택의 주요요인이 된다. 또한 직업선택에 대한 결정과 진로선택에 수반되는 책임의식을 깨닫게 된다.

㉢ **현실기**(Realistic Period, 17세 이후~성인초기 또는 청·장년기) : 개인은 직업에서 요구하는 조건과 자신의 개인적 욕구와 능력 등을 고려하여 현명한 선택을 하고자 한다.

- **탐색단계** : 직업선택의 다양한 가능성을 탐색하며, 직업선택의 기회와 경험을 가지기 위해 노력한다. 개인은 자신의 진로선택을 2~3가지 정도로 좁혀 간다.
- **구체화단계** : 직업목표를 정하기에 이르며, 자신의 결정과 내적·외적 요인을 두루 고려하여 특정 직업분야에 몰두한다.
- **특수화단계** : 자신의 결정에 대해 세밀한 계획을 세우며, 고도로 세분화·전문화된 의사결정을 한다. 각자가 직업을 선택하거나 혹은 특정의 진로에 맞는 직업훈련을 받게 된다.

★ **2011년, 2016년 직업상담사 1급**

32 사회적 학습이론에서 '나는 할 수 있다.' 혹은 '나는 할 수 있을 것 같다.'라는 자기능력에 대한 예상이나 기대 또는 자기 이해에 대한 인지적인 상태를 설명하는 개념으로 가장 적합한 것은?

① 자신감 ② 자존감
③ 자아개념 ④ 자기효능감

해설 [반두라(Bandura)의 사회학습이론]

반두라는 사회학습이론에서 인간 행동에 대한 인지적 요인으로서, 자기효능감, 결과기대, 목표 등을 제시하였다. 자기효능감은 자신이 어떤 일을 잘 해낼 수 있다는 능력에 대한 믿음을 의미한다.

★
33 다음 중 홀랜드 이론의 기본 개념에 대한 설명으로 틀린 것은?

① 홀랜드 이론은 진로와 관련된 특성들의 변화에 주목하였다.
② 인간의 성격 특성을 6가지 유형으로 구분하였다.
③ 작업의 환경을 6가지 유형으로 구분하였다.
④ 개인의 특성과 환경적 특성간의 일치가 있을 때 개인의 직업적 만족이 크다고 가정하였다.

해설 [Holland의 인성이론의 4가지 기본 가정]

㉠ 대부분의 사람들은 6가지 유형 중의 하나로 분류될 수 있다.
㉡ 환경에도 6가지 종류가 있으며, 각 환경에는 그 성격유형에 일치하는 사람들이 머물고 있다.
㉢ 사람들은 자신의 능력과 기술을 발휘하고, 태도와 가치를 표현하고, 자신에게 맞는 역할을 수행할 수 있는 환경을 찾는다. 환경도 구인과정을 통해 그 환경에 적합한 성격유형을 가진 사람을 찾는다.
㉣ 개인의 행동은 성격과 환경의 상호작용에 의해서 결정된다. 개인의 성격유형과 그의 직업환경유형을 안다면, 진로선택, 진로전환, 직업성취, 직무만족 등에 관해서 중요한 결과를 예측할 수 있다.
홀랜드의 인성(성격)이론은 성격요인을 중요시하면서도 성격의 발달과정에 대한 설명이 결여되어 있다. 즉, 개인이 왜 그러한 성격을 갖게 되었으며, 성격이 어떻게 변화하는가에 대한 설명이 부족하다.

2016년 직업상담사 1급

34 직무 스트레스 대처를 위한 기본조건으로 틀린 것은?

① 적절한 스트레스는 우리에게 도움을 준다.

② 긴장방출률(TDR)을 최대한으로 높여야 한다.

③ 목표보다는 과정을 중시하도록 해야 한다.

④ 스트레스는 자신보다는 외부적 요인으로 주로 발생한다는 것을 인식해야 한다.

해설 [스트레스에 대한 통제 위치 또는 통제 소재 (Lotus of Control)]

- 개인은 자신의 운명이나 일상생활에서 얻는 결과를 자기 자신이 얼마나 통제할 수 있다고 믿는가. 즉 성패의 원인이 내부에 있는가 또는 외부에 있는가에 따라 '내적 통제자'와 '외적 통제자'로 구분된다.
- 내적 통제자는 어떠한 사건의 발생이나 그 결과를 자기 자신의 행동에서 비롯된 것으로 간주하여 스스로 통제 가능한 것으로 인식하는 반면, 외적 통제자는 사건의 발생이나 그 결과가 기회나 운 등 외적 요인의 강력한 영향력에 의해 결정된다고 본다.
- 여러 연구에 따르면, 내적 통제자는 문제 중심의 대응 행동을 통해 스트레스 상황에 적절히 대처하는 반면, 외적 통제자는 부정적 사건에 민감하게 반응하고 자기방어적인 성향을 보임으로써 스트레스 상황에 대한 대처 능력이 떨어지고 실제 생활에서 비교적 높은 수준의 스트레스를 경험하는 것으로 나타나고 있다. 다만, 내적 통제자는 스트레스 상황에 대한 통제력이 더 이상 유용하지 못하다고 판단하게 되면 스트레스 대처노력을 쉽게 포기하며, 행동은 매우 무력해진다. 이는 내적 통제자가 무력을 자신에게 귀인시키기 때문이다.

35 규준에 관한 설명으로 옳은 것은?

① 하나의 규준은 다양한 분포로 이루어진다.

② 규준은 규준집단의 점수 분포를 반영한다.

③ Z점수의 평균은 10이고 분산은 5이다.

④ T점수의 평균은 50이고 표준편차는 15이다.

해설 [규준 (Norm)]

- 심리검사 점수는 흔히 표준화된 집단의 검사점수와 비교함으로써 그 의미를 해석하게 되는데, 이렇듯 특정 검사점수의 해석에 필요한 기준이 되는 자료를 규준 (norm)이라고 한다.

- 규준은 대표집단(규준집단)의 사람들에게 실시한 검사 점수를 일정한 분포도로 작성해서 만든 다음 한 개인의 점수를 이 분포에 비추어 어떤 위치에 속하는지를 찾아냄으로써 해석하게 된다.
- 원점수를 상대적 측정치로 변환해서 대표집단 내에서 차지하는 위치를 쉽게 파악할 수 있다.
- 상대적 측정치는 상호비교가 가능한 측정치가 되기 때문에 한 개인이 서로 다른 종류의 검사에서 얻은 결과를 비교하는 것이 가능해진다.

★★ 2003년, 2013년, 2016년, 2020년 직업상담사 1급

36 다음 사례와 같은 스트레스 관리법은?

> 서비스 조직에서 무례한 고객 때문에 나는 화가 많이 났다. 이 스트레스를 벗어나기 위하여 나는 고객이 왜 그런 무례한 행동을 했는지에 대해서 심사숙고하였다. 결국 나는 고객의 행동이 내 책임이 아니라 고객 자신의 성격 때문이라고 결론을 내렸다.

① 감정이입법　　　　② 감정왜곡법

③ 인지재구성　　　　④ 분노관리법

해설 [인지적 재구성 (cognitive restructuring)]

부적응적인 사고 패턴을 바꾸고 그들을 더 적응적인 인지로 대치하려는 적극적 시도로서, 개인의 심리적 장애를 유발하는 부적응적 인지를 보다 적응적인 방식으로 바꾸려 할 때의 행동적 기법에 해당한다.

★★ 2014년, 2018년 직업상담사 1급

37 다음은 기대이론의 요소 중 무엇에 관한 설명인가?

> 성과에 대해 종업원들이 느끼는 감정으로서, 흔히 성과가 지니는 매력의 정도 혹은 성과로부터 예상되는 만족이라고 정의된다.

① 직무성과(job outcome)

② 유인가(valence)

③ 기대(expectancy)

④ 힘(force)

해설 [Vroom의 기대모델]
㉠ 일과 관련된 개인의 행동 설명에 초점을 둔 이론이다.
㉡ 인간의 행동은 내부로부터 동기화 된다는 가정을 전제한다.
㉢ 주요 개념
• 기대(expectancy) : 열심히 일하면 높은 성과를 올릴 것이라고 생각하는 정도
• 유인가(valence) : 직무 결과에 대해 개인이 느끼는 가치 또는 매력의 정도
• 수단성(Instrumentality) : 직무 수행의 결과로써 보상이 주어질 것이라고 믿는 정도

① 진로결정수준

② 진로정체감

③ 진로의식 성숙

④ 진로결정 자기효능감

해설 한국교육개발원은 진로성숙도검사(CMI : Career Maturity Inventory)를 개발하였으며, 진로성숙 개념을 '자아의 이해와 일과 직업세계의 이해를 기초로 하여 자기 자신의 진로를 계획하고 선택하는 과정에서 동일 연령이나 발달단계에 있는 집단의 발달과업 수행정도에서 차지하는 개인의 상대적인 위치'로 정의하고 있다.

★★ 2015년 직업상담사 1급

38 다음에서 서명하고 있는 평가방법은?

직무수행의 평정 방법 중 관대화의 오류를 줄이고 개인들 간에 객관적인 비교기준을 확립하기 위해서 개발된 것으로, 평정자가 각 집단으로 배열된 진술문 중에서 피평정자를 가장 잘 진술한다고 생각되는 진술문을 고르는 방식의 평가방법이다.

① 강제선택 체크리스트 ② 행동기술척도
③ 강제배분법 ④ 짝비교법

해설 [강제선택 체크리스트]
근무성적 평정(직무수행 평가)에서 유사하거나 상반되게 보이는 2개 또는 4~5개의 항목으로 구성된 각 기술 항목 가운데서 피평정자의 특성에 가까운 것을 강제적으로 골라 표시하도록 하는 평정 방법을 말한다. 강제 선택법은 평정표에다 비슷하게 좋은 것으로 또는 나쁜 것으로 보이는 문항들이 짝지어 있거나 어떤 것이 정말 평정 대상자에게 유리하고 또는 불리한지를 알 수 없는 문항들을 놓고 평정하도록 하기 때문에 평정자의 편견이나 오류를 배제할 수 있다.

★★ 2012년, 2016년, 2018년 직업상담사 1급

39 다음은 무엇에 대한 설명인가?

이는 자아의 이해와 일과 직업세계의 이해를 기초로 하여 자기 자신의 진로를 계획하고, 선택하는 과정에서 동일연령이나 발달단계에 있는 집단의 발달과업 수행 정도에서 차지하는 개인의 상대적인 위치를 말한다.

★★

40 수퍼(Super)의 직업성숙도 모형에서 차원에 대한 발달과제를 올바르게 설명한 것은?

① 제1차원 : 탐색차원으로 종국의 지위를 위한 목적과 직무를 탐색하는 과제들을 고려한다.

② 제2차원 : 정보차원이며, 직업상의 출처, 선택, 성과확률과 같은 것을 적절히 다루는 과제에 초점을 맞춘다.

③ 제4차원 : 의사결정 차원으로 의사결정을 내릴 때의 현실 적응과 관련된다.

④ 제5차원 : 계획성 또는 시간전망으로 생애단계 및 과제의 인식에 초점을 맞춘 것이다.

해설 [Super의 직업성숙도 모형]
㉠ 제1차원 : 생애발달단계와 과업에 대한 계획적 태도
계획성 또는 시간전망으로 생애단계 및 과제의 인식에 초점을 맞춘 것이다.
㉡ 제2차원 : 탐색에 대한 태도
탐색차원에서 종국의 지위를 위한 목적과 직무를 탐색하는 과제들을 고려한다.
㉢ 제3차원 : 교육정보 및 직업정보
정보차원이며, 직업상의 출처, 선택, 성과확률과 같은 것을 적절히 다루는 과제에 초점을 맞춘다.
㉣ 제4차원 : 의사결정원리와 실제에 대한 지식
의사결정 차원으로 의사결정을 내릴 때의 현실 적응과 관련된다.
㉤ 제5차원 : 현실성
직업적으로 성숙한 성인이 자기지식, 일관성, 안정성, 직업선택, 작업경험 획득하는 과제와 관련된다.

정답 38. ① 39. ③ 40. ③

★★★ 2009년, 2010년, 2013년, 2014년, 2016년, 2018년 직업상담사 1급

41 한국표준산업분류의 산업결정방법에 관한 설명으로 틀린 것은?

① 생산단위의 산업활동은 그 생산단위가 수행하는 주된 산업활동의 종류에 따라 결정된다.
② 계절에 따라 정기적으로 산업을 달리하는 사업체의 경우는 조사대상 기간 중 산출액이 많았던 활동에 의하여 분류한다.
③ 설립 중인 사업체는 개시하는 산업활동에 따라 결정된다.
④ 단일사업체의 보조단위는 그 사업체와는 별도의 사업체로 처리한다.

해설 **[한국표준산업분류의 통계단위의 산업결정 방법]**

㉠ 생산단위의 산업활동은 그 생산단위가 수행하는 주된 산업활동(판매 또는 제공하는 재화 및 서비스)의 종류에 따라 결정된다. 이러한 주된 산업 활동은 산출물(재화 또는 서비스)에 대한 부가가치(액)의 크기에 따라 결정되어야 하나, 부가가치(액) 측정이 어려운 경우에는 산출액에 의하여 결정한다.
㉡ 상기의 원칙에 따라 결정하는 것이 적합하지 않을 경우에는 그 해당 활동의 종업원 수 및 노동시간, 임금 및 급여액 또는 설비의 정도에 의하여 결정한다.
㉢ 계절에 따라 정기적으로 산업을 달리하는 사업체의 경우에는 조사시점에서 경영하는 사업과는 관계없이 조사대상 기간 중 산출액이 많았던 활동에 의하여 분류한다.
㉣ 휴업 중 또는 자산을 청산 중인 사업체의 산업은 영업 중 또는 청산을 시작하기 이전의 산업활동에 의하여 결정하며, 설립 중인 사업체는 개시하는 산업활동에 따라 결정한다.
㉤ 단일사업체의 보조단위는 그 사업체의 일개 부서로 포함하며, 여러 사업체를 관리하는 중앙 보조단위(본부, 본사 등)는 별도의 사업체로 처리한다.

2012년, 2017년 직업상담사 1급

42 워크넷에서 제공하는 청소년 인성검사의 구성요인 중 개방성의 세부요인이 아닌 것은?

① 상상
② 자극추구
③ 지성
④ 감수성

해설 **[청소년 인성검사의 5요인과 세부 요인]**

요인	세부 요인
외향성	친밀, 사회성, 리더십, 활동성, 자극추구, 긍정정서
호감성	신뢰, 정직, 이타, 협조, 겸손, 동정
성실성	유능감, 정돈, 규칙 준수, 성취지향, 자제, 신중
개방성	상상, 심미, 감수성, 경험추구, 지적 호기심, 가치
정서적 불안정성	불안, 분노, 우울, 자의식, 충동, 심약

★
43 워크넷에서 제공하는 학과정보 중 자연계열에 해당하는 것은?

① 환경학과
② 조선기계과
③ 녹지조경학과
④ 식품생명공학과

해설
• 환경학과 : 공학계열의 환경공학과 계열 학과
• 조선기계과 : 공학계열의 해양공학과 계열 학과
• 녹지조경학과 : 공학계열의 조경학과 계열 학과
• 식품생명공학과 : 자연계열의 식품영양학과 계열 학과

정답 41. ④ 42. ② 43. ④

★
44 한국표준산업분류(제10차) 주요 개정 내용에 관한 설명으로 틀린 것은?

① 제조업에서 원모피 가공업은 의복, 의복 액세서리 및 모피제품 제조업에서 가죽, 가방 및 신발 제조업으로 이동
② 전기, 가스, 증기 및 공기조절 공급업에서 산업 성장세를 고려하여 태양력 발전업을 신설
③ 금융 및 보험업에서 산업 규모를 고려하여 상호저축은행 및 기타 저축기관을 통합
④ 어업에서 해수면은 해면으로, 수산 종자는 수산 종묘로 명칭을 변경

해설 [제10차 개정 한국표준산업분류(2017)의 주요 개정 내용]

대분류	항목명
A. 농업, 임업 및 어업	• 채소작물 재배업에 마늘, 딸기 작물 재배업을 포함 • 어업에서 해면은 해수면으로, 수산 종묘는 수산 종자로 명칭을 변경
B. 광업	• 국내 생산활동 감소 추세를 반영하여 비철금속 광업은 우라늄 및 토륨 광업, 금·은 및 백금 광업, 연 및 아연 광업, 그 외 기타 비철금속 광업 등을 통합하여 분류 • 석회석 광업과 고령토 및 기타 점토광업, 건설용 석재 채굴업과 건설용 쇄석 생산업, 원유 및 천연가스 채굴 관련 서비스업과 기타 광업 지원 서비스업 등을 통합
C. 제조업	• 안경 및 안경렌즈 제조업을 사진장비 및 기타 광학기기 제조업에서 의료용기기 제조업으로 이동하였고, 운송장비용 의자 제조업은 가구 제조업에서 자동차, 항공기, 철도 등 운송장비 제조업 중 해당 장비 또는 부품 제조업으로 이동 • 산업용 기계 및 장비 수리업은 국제표준산업분류(ISIC)에 맞춰 수리업에서 제조업 중 중분류를 신설(34)하여 이동 • 원모피 가공업은 의복, 의복 액세서리 및 모피제품 제조업에서 가죽, 가방 및 신발 제조업으로, 전사 처리업은 기타 제품 제조업에서 인쇄 및 기록매체 복제업으로, 석유 정제과정에서 생산되는 아스팔트 관련 제품은 비금속 광물제품 제조업에서 코크스, 연탄 및 석유 정제품 제조업으로 이동

대분류	항목명
C. 제조업	• 하위분류에서 관련 산업통계 시계열 자료 등을 기초로 전문화율 및 포괄률, 사업체수, 출하액, 종사자 수 등 산업 규모 수준, 산업별 증감률 추세 등을 고려하여 분류를 신설, 세분 또는 통합 – 바이오 연료 및 혼합물, 탄소섬유, 에너지 저장장치, 디지털 적층 성형기계, 자동차 구조 및 장치 변경, 무인항공기 및 무인 비행장치 제조업 등 신설 – 육류도축업 및 가금류 도축업, 육류 포장육 및 냉동육 가공업, 김치류, 도시락류, 배합사료 및 단미사료·기타 사료, 위생용 원지, 오프셋 인쇄업, 고무패킹, 플라스틱 필름 및 시트·판, 폴리스티렌 발포 성형제품, 안전유리, 디스플레이 장치용 유리, 메모리용 및 비메모리용 반도체, 강관 및 강관 가공품·관연결구류, 피복 및 충전 용접봉, 유기발광 표시장치, 인쇄회로기판용 적층판, 경성 및 연성 인쇄회로기판, 전자감지장치, 자동차용 조향·현가·제동장치 부품 등 세분 – 청주, 담배 재건조, 견직물, 편조제품, 모피제품, 목재 도구 및 주방용 나무제품, 코르크 및 조물제품, 인쇄 잉크 및 회화용 물감, 위생용 및 산업용 도자기, 금고, 전자관, 전자접속카드, 자동판매기 및 화폐 교환기, 운송용 컨테이너, 비철금속 선박, 시계 및 시계 부품, 나전칠기 가구, 악기류, 조화 및 모조장식품, 우산 및 지팡이 제조업 등은 통합
D. 전기, 가스, 증기 및 공기 조절 공급업	• 수도업은 국내 산업 연관성을 고려하고 국제표준산업분류(ISIC)에 맞춰 대분류 E로 이동 • 산업 성장세를 고려하여 태양력 발전업을 신설 • 전기자동차 판매 증가 등 관련 산업성장 전망을 감안하여 전기 판매업 세분류를 신설
E. 수도, 하수 및 폐기물 처리, 원료 재생업	• 수도업을 전기, 가스, 증기 및 공기조절 공급업 대분류에서 이동하여 포함하고 대분류 명칭을 변경 • 금속 및 비금속 원료재생업 소분류는 원료 수집, 운반 이후 처리 수준을 고려하여 해체, 선별업과 원료재생업으로 세분

대분류	항목명
F. 건설업	• 전문직별 공사업에서 2종 이상의 공사 내용으로 수행하는 개량·보수·보강공사를 시설물 유지관리 공사업으로 신설 • 주거용 건물 건설업을 단독주택 건설업과 기타 공동주택 건설업으로, 기타 시설물 축조관련 전문공사업을 지붕, 내·외벽 축조관련 전문공사업과 기타 옥외 시설물 축조관련 전문공사업으로 세분
G. 도매 및 소매업	• 세분류에서 종이 원지·판지·종이상자 도매업, 면세점, 의복 소매업을 신설 • 세세분류에서 자동차 전용 신품 부품, 자동차용 전기·전자·정밀기기 부품, 자동차 내장용 부품 판매업, 목재 및 건축자재, 연료·광물·1차 금속·비료 및 화학제품 중개업, 과실류 및 채소류·서류·향신작물류, 건어물·젓갈류 및 신선·냉동 및 기타 수산물, 커피·차류 및 조미료, 의료기기 및 정밀기기·과학기기, 전지 및 케이블 등 도매업을 세분 • 소매업은 대형마트, 면세점, 건어물 및 젓갈류, 조리 반찬류, 남자용 및 여자용 겉옷, 셔츠·블라우스 및 가죽·모피의복, 의복 액세서리 및 모조 장신구 등을 세분
H. 운수 및 창고업	• 화물자동차 운송업과 기타 도로화물 운송업을 통합하였으며, 철도 운송업을 철도 여객과 화물 운송업으로 세분하였고, 항공 운송업을 항공 여객과 화물 운송업으로 변경 • 산업 규모를 고려하여 용달 및 개별 화물자동차 운송업, 통관 대리 및 관련 서비스업을 세분하였으며, 내륙 수상 여객 운송업과 화물 운송업은 통합
I. 숙박 및 음식점업	• 산업 규모를 고려하여 한식 음식점업 세분류를 일반 한식, 면 요리, 육류 요리, 해산물 요리 전문점으로 세분하였고, 주점업 세분류에서 생맥주 전문점을, 비알코올 음료점업 세분류에서 커피 전문점을 세분 • 교육 프로그램 중심으로 운영하는 숙박시설을 갖춘 청소년 수련시설은 교육 서비스업으로 이동
J. 정보통신업	• 대분류 명칭을 출판, 영상, 방송통신 및 정보 서비스업에서 정보통신업으로 변경 • 온라인·모바일 게임 소프트웨어 개발 및 공급업을 유선 온라인 게임과 모바일 게임 소프트웨어 개발 및 공급업으로 세분하였고, 무선통신업과 위성통신업은 통합

대분류	항목명
K. 금융 및 보험업	• 산업 규모를 고려하여 상호저축은행 및 기타 저축기관을 통합 • 국제표준산업분류(ISIC) 기준에 맞춰 금융 및 보험업 대분류로 구분하던 금융지주회사와 전문, 과학 및 기술 서비스업 대분류로 구분하던 비금융지주회사를 금융 및 보험업으로 통합 • 자산운용회사는 신탁업 및 집합투자업으로 변경
L. 부동산업	• 부동산 이외 임대업 중분류는 사업시설 관리, 사업 지원 및 임대 서비스업 대분류로 이동 • 부동산 자문 및 중개업은 산업 규모를 고려하여 부동산 중개 및 대리업과 부동산 투자 자문업으로 세분
M. 전문, 과학 및 기술 서비스업	• 연구개발업 융합 추세를 반영하여 자연과학 및 공학 융합 연구개발업 세분류를 신설 • 전문 서비스업 융합 추세를 고려하여 기타 전문 서비스업을 세분 • 상업용 사진 촬영업에서 분류하던 인쇄회로 사진원판 제작은 제조업으로 이동하였으며, 마이크로필름 처리 서비스는 사업지원 서비스업에서 기타 전문, 과학 및 기술 서비스업으로 이동
N. 사업시설 관리, 사업 지원 및 임대 서비스업	• 국제표준산업분류(ISIC) 체계에 맞춰 부동산 이외 임대업의 소속 대분류를 변경하여 포함하였으며, 인력 공급업은 임시 및 일용 인력 공급업과 상용 인력 공급 및 인사관리 서비스업으로 세분하였고, 국내 여행사업과 일반 및 국외 여행사업은 통합 • 또한, 산업용 기계 및 장비 임대업 중 용접장비 임대업은 기타 산업용 기계 및 장비 임대업으로 이동
O. 공공 행정, 국방 및 사회 보장 행정	• 포괄범위를 고려하여 통신행정을 우편 및 통신행정으로 변경
P. 교육 서비스업	• 숙박업 대분류에서 구분하던 청소년 수련시설은 교육 프로그램 운영이 주된 산업활동인 경우 교육 서비스업으로 이동 • 일반 교습학원은 초·중·고등학생 진학 및 보습용 학원으로 구분하고, 일반 외국어 학원 및 기타 교습학원은 기타 교육기관으로 이동 • 스포츠 교육기관은 태권도 및 무술 교육기관과 기타 스포츠 교육기관으로, 예술학원은 음악학원, 미술학원, 기타 예술학원으로 세분

대분류	항목명
Q. 보건업 및 사회복지 서비스업	• 주로 장기 입원환자를 대상으로 진료하는 요양병원을 신설 • 증가하는 사회복지서비스 수요를 반영하여 비거주 복지서비스업 세분류에 종합복지관 운영업, 방문 복지서비스업, 사회복지 상담 서비스업을 신설
R. 예술, 스포츠 및 여가 관련 서비스업	• 갬블링 및 배팅업 세분류 명칭을 사행시설 관리 및 운영업으로, 경주장 운영업 세세분류 명칭을 경주장 및 동물 경기장 운영업으로 변경 • 단역 배우 공급업은 공연 및 제작관련 서비스업에서 사업지원 서비스업으로 이동
S. 협회 및 단체, 수리 및 기타 개인 서비스업	• 자본재 성격의 산업용 기계 및 장비 수리업은 제조업으로 이동 • 의복 및 기타 가정용 직물제품 수리업과 가죽 · 가방 및 신발 수리업을 세분 • 기타 미용관련 서비스업은 체형 등 기타 신체관리 서비스업으로 명칭을 변경 • 마사지업은 발 마사지, 스포츠 마사지 등도 포함하도록 변경하였으며, 맞선 주선 및 결혼상담업은 결혼 준비 서비스업을 포함하여 결혼 상담 및 준비 서비스업으로 변경

2017년 직업상담사 1급

45 직업상담사 A씨는 직업정보를 수집하기 위한 설문지를 작성하였다. 개별적인 질문문항이 결정된 이후 응답자에게 제시하는 질문순서에 대한 설명으로 틀린 것은?

① 특수한 것을 먼저 묻고 그 다음에 일반적인 것을 질문하도록 하는 것이 좋다.

② 질문내용은 가급적 구체적인 용어로 표현하는 것이 좋다.

③ 개인 사생활에 관한 질문과 같이 민감한 질문은 가급적 뒤로 배치하는 것이 좋다.

④ 질문은 논리적인 순서에 따라 자연스럽게 배치하는 것이 좋다.

해설 **[설문지 질문문항 순서 결정 시 고려사항]**
• 질문은 논리적인 순서에 따라 자연스럽게 배치하는 것이 좋다.

• 일반적인 것을 먼저 묻고 그 다음에 특수한 것을 질문하도록 하는 것이 좋다.
• 개인사생활에 관한 질문과 같이 민감한 질문이나 개방형 질문은 가급적 뒤로 배치하는 것이 좋다.
• 질문내용은 가급적 구체적인 용어로 표현하는 것이 좋다.
• 첫 질문은 간단하고 흥미 있는 질문이 좋으며 응답자가 쉽게 대답할 수 있는 질문으로 하는 것이 좋다.
• 간단한 항목에서 복잡한 항목으로 질문하는 것이 좋다.
• 중요한 질문은 앞부분에 배치하는 것이 좋다.
• 신뢰도를 측정하기 위한 질문문항들은 분리하여 배치해야 한다.
• 응답의 지루함을 없애기 위해 질문 항목들의 길이와 유형들을 다양하게 배치하는 것이 좋다.
• 질문 항목에 해당하는 사람에게만 질문이 적용되는 방식인 여과질문을 적절하게 배치하여 사용한다.

★★
46 국가기술자격 중 실기시험만 시행할 수 있는 종목에 해당하지 않는 것은?

① 석공기능사
② 도화기능사
③ 도배기능사
④ 세탁기능사

해설 **[필기시험이 면제되는 자격종목/실기시험만 시행할 수 있는 종목] (출처 : 국가기술자격법 시행규칙 별표10)**

직무분야	중직무분야	자격종목
02. 경영 · 회계 · 사무	023. 사무	한글속기 1급 · 2급 · 3급
14. 건설	141. 건축	거푸집기능사, 건축도장기능사, 건축목공기능사, 도배기능사, 미장기능사, 방수기능사, 비계기능사, 온수온돌기능사, 유리시공기능사, 조적기능사, 철근기능사, 타일기능사, 금속재창호기능사
	142. 토목	도화기능사, 석공기능사, 지도제작기능사, 항공사진기능사
19. 섬유 · 의복	192. 의복	봉제기능사

정답 45. ① 46. ④

47 한국표준직업분류에서 대분류A(군인)에 관한 설명으로 틀린 것은?

① 군인은 수행된 일의 형태에 따라 분류되어야 한다는 일반원칙에 따라 대분류 A에 분류된다.

② 이 대분류에 포함되는 대부분의 직업은 제2수준 이상의 직무능력을 필요로 한다.

③ 국가의 요청에 따라 단기간 군사훈련 또는 재훈련을 위해 일시적으로 소집된 자 및 예비군은 제외된다.

④ 의무 복무 여부를 불문하고 현재 군인 신분을 유지하고 있는 군인을 말한다.

해설 [한국표준직업분류의 대분류 A 군인]
군인은 별도로 '대분류 A 군인'에 분류된다. 이것은 수행된 일의 형태에 따라 분류되어야 한다는 일반원칙보다는 자료수집상의 현실성에 따라 분류된 것이다. 이는 의무 복무 여부를 불문하고 현재 군인 신분을 유지하고 있는 군인을 말한다. 직업 정보 취득의 제약 등 특수 분야이므로 직무를 기준으로 분류하는 것이 아니라, 계급을 중심으로 분류하였다. 국방과 관련된 정부기업에 고용된 민간인, 국가의 요청에 따라 단기간 군사훈련 또는 재훈련을 위해 일시적으로 소집된 자 및 예비군은 제외된다. 이 대분류에 포함되는 대부분의 직업은 제2수준 이상의 직무능력을 필요로 한다.

48 다음은 어떤 직업훈련에 관한 설명인가?

기업이 스스로 취업을 원하는 청년들을 학습근로자로 채용하여 기업현장 또는 교육기관에서 체계적인 실무교육과 훈련 프로그램을 제공하고 직무역량을 평가하여 그 자격을 인정하는 일하고, 배우며, 함께 성장하는 제도

① 일학습병행

② 청년취업아카데미

③ 사업주훈련

④ 국가인적자원개발 컨소시엄

해설 일학습병행제는 산업현장에서 요구하는 실무형 인재를 기르기 위해 기업이 취업을 원하는 청년 등을 학습근로자로 채용하여 기업 현장(또는 학교 등의 교육기관)에서 장기간의 체계적인 교육을 제공하고, 교육훈련을 마친 자의 역량을 국가(또는 해당 산업계)가 평가하여 자격을 인정하는 제도이다. 독일·스위스식 도제제도를 한국에 맞게 설계한 도제식 교육훈련제도이며, 산업계 주도로 기업현장에서 현장교사(트레이너)가 국가직무능력표준(NCS) 기반의 교육훈련프로그램과 현장훈련교재에 따라 일을 함과 동시에 공동훈련센터 등에서 이론교육을 시킨 후 산업계의 평가를 통해 자격 또는 학위를 부여하는 교육훈련제도를 말한다.

49 Wilensky가 제시한 전문직의 발전 단계로 가장 적합한 것은?

① 전일제 직업화 → 전문가협회 설립 → 대학 설립 → 국가 면허 → 직업윤리 규정 마련

② 전일제 직업화 → 대학 설립 → 국가 면허 → 전문가협회 설립 → 직업윤리 규정 마련

③ 전일제 직업화 → 대학 설립 → 전문가협회 설립 → 국가 면허 → 직업윤리 규정 마련

④ 전일제 직업화 → 국가 면허 → 대학 설립 → 전문가협회 설립 → 직업윤리 규정 마련

해설 윌렌스키(Wilensky)는 하나의 직업이 전문직으로 변화하는 과정을 '전일제 직업화 → 대학 설립 → 전문가협회 설립 → 국가 면허 → 직업윤리 규정 마련'의 과정을 통해 직업의 전문화가 최고의 단계에 이른다고 설명하였다.

50 직업정보 가공 시 유의해야 할 사항으로 틀린 것은?

① 직업은 그 분야에서 전문적이므로 이용자가 이해할 수 있는 수준의 언어를 사용한다.

② 가장 최신의 자료를 활용한다.

③ 시청각의 효과를 부여한다.

④ 정보제공 방법별로 구분하지 않고 표준화된 형태로 제공한다.

정답 47. ① 48. ① 49. ③ 50. ④

㉠ 직업은 그 분야에서 매우 전문적인 면이 있으므로, **전문적 지식이 없어도 이해할 수 있는 언어로 가공하되 이용자의 수준에 준한다.**
  이용자가 이해할 수 있는 언어로 가공하여 가독력을 높여서 제공되어야 효율성이 높다.

㉡ 직업에 대한 장·단점을 편견 없이 제공한다.
  직업은 그 특성상 장·단점을 갖고 있다. 직업정보 가공시 객관적 자료에 의한 장·단점을 제시하여야 의사결정을 하는 데에 도움을 줄 수 있다.

㉢ **현황은 가장 최신의 자료를 활용하되, 표준화된 정보를 활용한다.**

㉣ 객관성을 잃는 정보, 문장, 어투 등은 삼간다.
  직업정보 제공 시에는 가능한 한 객관적인 언어나 메시지로 전달해야 한다.

㉤ **시청각의 효과를 부가한다.**
  직업정보는 전문성으로 인하여 매우 딱딱하고 지루한 내용이 많다. 이러한 내용에 대하여 시청각 효과를 부여하여 이용자가 쉽게 접근할 수 있도록 구성한다.

㉥ **정보제공 방법에 적절한 형태로 제공한다.**
  직업정보의 전달매체는 인쇄, 방송, CD, 인터넷 등이 주류를 이룬다. 매체의 특성을 살려 적절한 형태로 제공되는 부분에 대한 지속적인 연구가 필요하며, 이용자의 특성에 맞는 매체로서 제공되는 것이 효과적이다.

51 경제활동인구조사의 주요 용어해설에 관한 설명으로 틀린 것은?

① 법률에 의한 수입이 있는 봉사활동을 경제활동으로 본다.

② 경제활동인구는 만 15세 이상 인구 중 취업자와 실업자를 말한다.

③ 비경제활동인구는 조사대상 주간 중 취업자도 실업자도 아닌 만 15세 이상인 자이다.

④ 고용근로계약이 1개월 미만인 자는 일용근로자에 해당한다.

해설 [KOSIS 국가통계포털 경제활동인구조사의 주요 용어(개념)]
  (출처 : KOSIS 국가통계포털)

  ※ 국제노동기구(ILO) 메뉴얼에 국제기준에 맞춰 용어를 정의함

(1) **경제활동인구** : **만 15세 이상 인구** 중 조사대상기간 동안 상품이나 서비스를 생산하기 위하여 실제로 수입이 있는 일을 한 **취업자와** 일을 하지는 않았으나 구직활동을 한 **실업자의 합계**

(2) 취업자 : 조사대상주간에 수입을 목적으로 1시간 이상 일한 자 또는 동일가구 내 가족이 운영하는 농장이나 사업체의 수입을 위하여 주당 18시간 이상 일한 무급가족종사자 또는 직업 또는 사업체를 가지고 있으나 일시적인 병 또는 사고, 연가, 교육, 노사분규 등의 사유로 일하지 못한 일시휴직자

(3) 시간관련 추가취업가능자 : 실제 취업시간이 36시간 미만이면서, 추가취업을 희망하고, 추가취업이 가능한 자

(4) 실업자 : 조사대상주간에 수입 있는 일을 하지 않았고, 지난 4주간 일자리를 찾아 적극적으로 구직활동을 하였던 사람으로서 일자리가 주어지면 즉시 취업이 가능한 자

(5) **비경제활동인구 : 만 15세 이상 인구 중 조사대상기간에 취업도 실업도 아닌 상태에 있는 자**

(6) 잠재취업가능자 : 비경제활동인구 중에서 지난 4주간 구직활동을 하였으나, 조사대상주간에 취업이 가능하지 않은 자

(7) 잠재구직자 : 비경제활동인구 중에서 지난 4주간 구직활동을 하지 않았지만, 조사대상주간에 취업을 희망하고 취업이 가능한 자

(8) 종사상 지위
  ① 임금근로자 (상용. 임시, 일용근로자)
    • 상용근로자 : 고용계약기간이 1년 이상
    • 임시근로자 : 고용계약기간이 1개월 이상~1년 미만
    • **일용근로자 : 고용계약기간이 1개월 미만**
    • 계약기간을 정하지 않은 경우 : 소정의 채용절차에 의하여 입사한 사람으로서 회사의 인사관리규정을 적용 받는자 또는 퇴직금 및 상여금 등 각종 수당 수혜자는 상용근로자로 분류
  ② 비임금근로자 (자영업자, 무급가족종사자)
    • 고용원이 있는 자영업자 : 한 사람 이상의 유급 고용원을 두고 사업을 경영하는 사람
    • 고용원이 없는 자영업자 : 자기 책임하의 독립적인 형태로 일이 수행되며 유급 종업원 없이 자기혼자 또는 무급가족종사자와 함께 일을 하는 자
    • 무급가족종사자 : 가족(동일가구 내)의 일원이 경영하는 사업체나 농장에서 일정한 보수 없이 주당 18시간 이상 일한 자

★★

52 한국표준직업분류에서 한 사람이 전혀 상관성이 없는 두 가지 이상의 직업에 종사할 경우에 그 직업을 분류하는 일반적인 원칙을 적용하는 순서로 바르게 나열된 것은?

① 취업시간 → 조사 시 최근의 직업 → 수입
② 수입 → 취업시간 → 조사 시 최근의 직업
③ 취업시간 → 수입 → 조사 시 최근의 직업
④ 수입 → 조사 시 최근의 직업 → 취업시간

해설 **[한국표준직업분류에서 다수 직업 종사자의 분류원칙]**
한 사람이 전혀 상관성이 없는 두 가지 이상의 직업에 종사할 경우에 그 직업을 결정하는 일반적 원칙은 다음과 같다.
㉠ **취업시간 우선의 원칙** : 가장 먼저 분야별로 취업시간을 고려하여 보다 긴 시간을 투자하는 직업으로 결정한다.
㉡ **수입 우선의 원칙** : 위의 경우로 분별하기 어려운 경우는 수입(소득이나 임금)이 많은 직업으로 결정한다.
㉢ **조사 시 최근의 직업 원칙** : 위의 두 가지 경우로 판단할 수 없는 경우에는 조사시점을 기준으로 최근에 종사한 직업으로 결정한다.
원칙을 적용하는 순서는 위의 번호 순이므로, 취업시간 → 수입 → 조사 시 최근의 직업이 된다.

2017년 직업상담사 1급

53 직업정보 수집을 위해 표준화 면접을 사용할 때의 장점과 가장 거리가 먼 것은?

① 비표준화 면접에 비해 타당도가 높다.
② 면접결과의 수치화가 용이하다.
③ 정보의 비교가 용이하다.
④ 면접자의 편의(bias)가 개입될 가능성이 적다.

해설 **[표준화 면접과 비표준화 면접 비교]**
㉠ **표준화 면접**
• 면접자가 면접조사표를 만들어서 상황에 구애됨이 없이 모든 응답자에게 동일한 질문순서와 동일한 질문내용에 따라 수행하는 방법이다.
• 비표준화 면접에 비해 상대적으로 신뢰도가 높지만 타당도는 낮다.

• 반복적인 면접이 가능하며, 면접 결과에 대한 비교가 용이하다.
• 면접의 신축성, 유연성이 낮으며, 깊이 있는 측정을 도모할 수 없다.
㉡ **비표준화 면접**
• 면접자가 면접조사표의 질문 내용, 형식, 순서를 미리 정하지 않은 채 면접상황에 따라 자유롭게 응답자와 상호작용을 통해 자료를 수집하는 방법이다.
• 표준화 면접에 비해 상대적으로 타당도가 높지만 신뢰도는 낮다.
• 반복적인 면접이 불가능하며, 면접 결과에 대한 비교가 어렵다.
• 면접의 신축성, 유연성이 높으며, 깊이 있는 측정을 도모할 수 있다.

★★ **2012년 직업상담사 1급**

54 한국직업사전에서 '상품이나 서비스 등을 구매하도록 권유하고 설득한다.'와 관련되는 직무기능은?

① 자료　　　　② 사람
③ 사물　　　　④ 조정

해설 **[한국직업사전 부가직업정보의 직무기능(DPT)]**
직무기능은 해당 직업종사자가 직무를 수행하는 과정에서 '자료(Data)', '사람(People)', '사물(Thing)'과 맺는 관련된 특성을 나타낸다.
㉠ **자료(data)** : "자료"와 관련된 기능은 만질 수 없으며 숫자, 단어, 기호, 생각, 개념 그리고 구두상 표현을 포함한다.
예) 종합, 조정, 분석, 수집, 계산, 기록, 비교)
㉡ **사람(people)** : "사람"과 관련된 기능은 인간과 인간처럼 취급되는 동물을 다루는 것을 포함한다.
예) 자문, 협의, 교육, 감독, 오락제공, **설득**, 말하기-신호, 서비스제공
㉢ **사물(thing)** : "사물"과 관련된 기능은 사람과 구분되는 무생물로서 물질, 재료, 기계, 공구, 설비, 작업도구 및 제품등을 다루는 것을 포함한다.
예) 설치, 정밀작업, 제어조작, 조작운전, 수동조작, 유지, 투입·인출, 단순작업
문제에서 제시한 '상품이나 서비스 등을 구매하도록 권유하고 설득한다'는 '사람 관련 직무기능 중 '설득'에 해당된다.

정답 52. ③　53. ①　54. ②

55 한국표준산업분류에서 방송 및 무선 통신장비 제조업(2642)에 해당하는 산업활동이 아닌 것은?

① 방송장비 제조업

② 이동전화기 제조업

③ 기타 무선 통신장비 제조업

④ 텔레비전 제조업

해설 **[한국표준산업분류 2642 방송 및 무선 통신장비 제조업]**
(출처 : 한국표준산업분류, 2024)
유·무선 텔레비전 방송용 송신기 및 중계용 기기, 폐쇄회로 텔레비전 기기, 텔레비전 카메라 등의 **방송 및 관련 응용장치를 제조하는 산업활동**과 라디오 방송용 기기, **무선 통신장비 등을 제조**하는 산업활동을 말한다.

〈예시〉
• 텔레비전방송 중계기 제조
• 유선 및 무선방송 전송기 제조
• 무선 전신기 제조
• 무선 전신용 송신기 제조
• **무선 전화기 제조**
• 무선 팩시밀리 제조
• 무선통신 응용장치 제조
• 라디오 방송용 기기 제조(무선)
• 텔레비전 카메라 및 수중 카메라 제조
• 폐쇄회로 카메라 제조(공업용 및 과학용, 교통관제용 등)

〈제외〉
• 무선 전화기가 부착되는 유선 전화 및 전신장비 제조 (26410)
• **텔레비전 및 안테나 제조(265)**
• 통신위성 제조(31311)

56 한국표준직업분류에서 직종 분류를 위한 기능원과 기계조작원의 직무능력 관계에 대한 설명으로 틀린 것은?

① 기능원은 재료, 도구, 수행하는 일의 순서와 특성 및 최종제품의 용도를 알아야 한다.

② 기능원은 제품 명세서가 바뀌거나, 새로운 제조기법이 도입될 때 이를 적용할 수 있는 직무능력을 갖추고 있어야 한다.

③ 직무능력 형태의 차이를 반영하여 '대분류 8 장치·기계 조작 및 조립 종사자'에는 제품의 가공을 위한 기계 지향성 직업으로 분류하였다.

④ 최근 전자·제어 기술과 자동화 기계의 발전에 따라 기능직무 영역이 축소되고 조작직무 영역이 증가하는 추세이다.

해설 **[기능원과 기계조작원의 직무능력 관계]**
(출처 : 제8차 한국표준직업분류, 2024)
㉠ 하나의 제품이 기능원에 의해 제조되는지 또는 대량 생산기법을 유도하는 기계를 사용해서 제조되는지에 따라 필요로 하는 직무능력에 대단한 영향을 미친다. **기능원은 재료, 도구, 수행하는 일의 순서와 특성 및 최종제품의 용도를 알아야** 하는 반면에, 기계조작원은 복잡한 기계 및 장비의 사용방법이나 기계에 어떤 결함이 발생할 때 이를 대체하는 방법을 알아야 한다. 또한 **기계조작원은 제품명세서가 바뀌거나, 새로운 제조기법이 도입될 때 이를 적용할 수 있는 직무능력을 갖추고 있어야 한다.**
㉡ 직업분류에서는 이러한 **직무능력 형태의 차이를 반영하여** 대분류 7, 8을 설정하였다 . '대분류 7 기능원 및 관련 기능 종사자'에는 목 공예원, 도자기 공예원, 보석 세공원, 건축 석공, 전통 건물 건축원, 한복 제조원과 같은 장인 및 수공 기예성 직업을 분류하였고, '대분류 8 장치 기계 조작 및 조립 종사자'에는 제품의 가공을 위한 기계 지향성 직업으로 분류하였다. 최근 전자 제어 기술과 자동화 기계의 발전에 따라 기능직무 영역이 축소되고 조작직무 영역이 증가하는 추세이다.

★
57 한국직업전망(2021)의 직업정보 수록내용에 관한 설명으로 틀린 것은?

① 하는 일 : 여러 직업을 포함하는 경우에는 세부 직업별로 하는 일을 서술하였다.

② 업무 환경 : 해당 직업 종사자의 일반적인 근무시간, 근무형태(교대근무, 야간근무 등), 근무장소, 육체적·정신적 스트레스 정도, 산업안전 등에 대해 서술하였다.

③ 적성 및 흥미 : 해당 직업에 취업하거나 업무를 수행하는 데 필요하거나 유리한 적성, 성격, 흥미, 지식 및 기술 등을 수록하였다.

④ 일자리 전망결과 : -2% 미만(감소), +1% 미만(현 상태 유지), 2% 초과(증가) 등 3개 구간으로 구분하였다.

정답 55. ④ 56. ② 57. ④

[한국직업전망(2021)의 직업정보 수록내용] (해설)

(1) **대표 직업명** : 직업명은 KECO의 세분류(4-digit)나 워크넷 직업·진로(한국직업정보시스템)의 세세분류(5-digit) 수준의 명칭을 가능한 준용하였는데, 이는 다른 직업정보나 통계자료와의 연계성을 높이기 위함이다. 여러 세분류 직업들이 합쳐진 경우에는 소분류 수준의 명칭을 사용하였다. 산업 현장에서 실제 불리는 명칭이 대표 직업명과 다른 경우는 대표 직업명과 병기하거나 내용 중에 포함하였다.

(2) **하는 일** : 해당 직업 종사자가 일반적으로 수행하는 업무 내용과 과정에 대해 서술하였다. 여러 직업을 포함하는 경우에는 세부 직업별로 하는 일을 서술하였다.

(3) **업무 환경** : 해당 직업 종사자의 일반적인 근무시간, 근무형태(교대근무, 야간근무 등), 근무장소, 육체적·정신적 스트레스 정도, 산업안전 등에 대해 서술하였다.

(4) **되는 길**

① 교육 및 훈련 : 해당 직업에 종사하는 데 필요한 학력과 전공, 직업훈련기관 및 훈련과정 등을 소개하였다.

② 관련 학과 : 일반적 입직 조건을 고려하여 대학에 개설된 대표 학과명을 수록하거나, 특성화고등학교, 직업훈련기관, 직업전문학교의 학과명을 수록하였다.

③ 관련 자격 및 면허 : 해당 직업에 종사하기 위해 필요하거나 취업에 유리한 국가(기술, 전문)자격을 수록하였다. 그 외에 민간공인자격이나 외국자격 중 업무수행이나 취업에 필요하거나 유용한 것도 수록하였다.

④ 입직 및 경력개발 : 해당 직업에 입직(入職)하는 방법, 채용 전형 등을 소개하였다. 그리고 활동 분야(취업처)나 이·전직 가능 분야를 수록하였다. 직업에 따라 승진이나 창업 등 경력개발 내용이 포함되는 경우도 있다.

(5) **적성 및 흥미** : 해당 직업에 취업하거나 업무를 수행하는 데 필요하거나 유리한 적성, 성격, 흥미, 지식 및 기술 등을 수록하였다.

(6) **일자리 전망결과** : 향후 10년간(2021~2030년) 해당 직업의 일자리 규모에 대한 전망과 변화 요인을 기술하였다. 일자리 전망 결과는 향후 10년간의 연평균 취업자 수 증감률을 -2% 미만(감소), -2% 이상 -1% 이하(다소 감소), -1% 초과 +1% 미만(현 상태 유지), 1% 이상 2% 이하(다소 증가), 2% 초과(증가) 등 5개 구간으로 구분하고, 그래픽으로 시각화하여 제시하였다.

---

58 국민내일배움카드의 지원대상에 해당하는 사람은?

① 중앙행정기관으로부터 훈련비를 지원받는 사업에 참여하는 사람

② 15세 이상의 실업자

③ 「사립학교교직원 연금법」을 적용받고 현재 재직 중인 사람

④ 만 75세 이상인 사람

[국민내일배움카드 신청제한 자] (해설)
(출처 : 국민내일배움카드 운영규정, 2025. 12.)

- 공무원
- 사립학교 교직원
- 군인(단, 「제대군인 지원에 관한 법률」의 적용을 받는 전역예정자는 제외)
- 「초·중등교육법」에 따른 학교의 재학생(단, 고등학교 3학년생은 제외)
- 「고등교육법」에 따른 학교의 재학생(단, 졸업까지 2년 이내인 사람은 제외)
- 만 75세 이상인 사람
- 중앙행정기관 또는 지방자치단체로부터 훈련비를 지원받는 훈련(또는 사업)에 참여하는 사람
- 「출입국관리법」 제2조에 따른 외국인(단, 고용보험 피보험자나 결혼이민자 제외)
- 「국민기초생활 보장법」 제9조에 따라 생계급여를 수급받는 사람
- 대기업에 고용된 만 45세 미만인 사람으로서 최근 3개월간 월평균 임금이 300만원 이상인 사람(단, 기간제·단시간·파견·일용근로자는 제외)
- 사업자등록증을 발급받은 사람으로서 사업기간이 1년 미만이거나, 최근 1년간 매출과세표준(수입금액)이 4억원 이상인 사람

(정답) **58. ②**

59 한국표준산업분류의 산업분류 적용원칙으로 틀린 것은?

① 생산단위는 산출물뿐만 아니라 투입물과 생산공정 등을 함께 고려하여 그들의 활동을 가장 정확하게 설명한 항목에 분류한다.
② 산업활동이 결합되어 있는 경우에는 그 활동단위의 주된 활동에 따라 분류한다.
③ 자기가 생산한 재화와 구입한 재화를 함께 판매한다면 그 주된 활동에 따라 분류한다.
④ 공식적 생산물과 비공식적 생산물은 별도로 분류한다.

해설 **[한국표준산업분류의 산업분류의 적용원칙]**
(1) 생산단위는 산출물뿐만 아니라 투입물과 생산공정 등을 함께 고려하여 그들의 활동을 가장 정확하게 설명된 항목에 분류해야 한다.
(2) 복합적인 활동단위는 우선적으로 최상급 분류단계(대분류)를 정확히 결정하고, 순차적으로 중·소·세·세세분류 단계 항목을 결정하여야 한다.
(3) 산업활동이 결합되어 있는 경우에는 그 활동단위의 주된 활동에 따라서 분류하여야 한다.
(4) 수수료 또는 계약에 의하여 활동을 수행하는 단위는 동일한 산업활동을 자기계정과 자기책임 하에서 생산하는 단위와 같은 항목에 분류하여야 한다.
(5) 자기가 직접 실질적인 생산활동은 하지 않고, 다른 계약업자에 의뢰하여 재화 또는 서비스를 자기계정으로 생산하게 하고, 이를 자기명의로, 자기 책임 아래 판매하는 단위는 이들 재화나 서비스 자체를 직접 생산하는 단위와 동일한 산업으로 분류하여야 한다. 다만, 제조업의 경우에는 이들 이외에 제품의 성능 및 기능, 고안 및 디자인, 원재료 구성 설계, 견본 제작 등에 중요한 역할을 하고 자기계정으로 원재료를 제공하여야 한다.
(6) 각종 기계장비 및 용품의 개량, 개조 및 재제조 등 재생활동은 일반적으로 그 기계장비 및 용품 제조업과 동일 산업으로 분류하지만, 산업 규모 및 중요성 등을 고려하여 별도의 독립된 분류에서 구성하고 있는 경우에는 그에 따른다.
(7) 자본재로 주로 사용되는 산업용 기계 및 장비의 전문적인 수리활동은 경상적인 유지·수리를 포함하여 "34 : 산업용 기계 및 장비 수리업"으로 분류한다. 자본재와 소비재로 함께 사용되는 컴퓨터, 자동차, 가구류 등과 생활용품으로 사용되는 소비재 물품을 전문적으로 수리하는 산업활동은 "95 : 개인 및 소비용품 수리업"으로 분류한다. 다만, 철도 차량 및 항공기 제조 공장, 조선소에서 수행하는 전문적인 수리활동은 해당 장비를 제조하는 산업활동과 동일하게 분류하며, 고객의 특정 사업장 내에서 건물 및 산업시설의 경상적인 유지관리를 대행하는 경우는 "741 : 사업시설 유지관리 서비스업"에 분류한다.
(8) 동일 단위에서 제조한 재화의 소매활동은 별개 활동으로 분류하지 않고 제조활동으로 분류되어야 한다. 그러나 자기가 생산한 재화와 구입한 재화를 함께 판매한다면 그 주된 활동에 따라 분류한다.
(9) "공공행정 및 국방, 사회보장 사무" 이외의 교육, 보건, 제조, 유통 및 금융 등 다른 산업활동을 수행하는 정부기관은 그 활동의 성질에 따라 분류하여야 한다. 반대로, 법령 등에 근거하여 전형적인 공공행정 부문에 속하는 산업활동을 정부기관이 아닌 민간에서 수행하는 경우에는 공공행정 부문으로 포함한다.
(10) 생산단위의 소유 형태, 법적 조직 유형 또는 운영 방식은 산업분류에 영향을 미치지 않는다. 이런 기준은 경제활동 자체의 특징과 관련이 없기 때문이다. 즉, 동일 산업활동에 종사하는 경우, 법인, 개인 사업자 또는 정부기업, 외국계 기업 등인지에 관계없이 동일한 산업으로 분류한다.
(11) 공식적 생산물과 비공식적 생산물, 합법적 생산물과 불법적인 생산물을 달리 분류하지 않는다.

★ **2013년 직업상담사 1급**

60 한국표준직업분류 대분류와 직능수준과의 관계로 틀린 것은?

① 관리자-제4직능 혹은 제3직능 수준 필요
② 사무 종사자-제2직능 수준 필요
③ 판매 종사자-제1직능 수준 필요
④ 군인-제2직능 수준 이상 필요

해설 **[한국표준직업분류(KSCO)의 대분류별 직능수준]**

대분류	대분류 항목	직능수준
1	관리자	제4직능 수준 혹은 제3직능 수준 필요
2	전문가 및 관련 종사자	
3	사무 종사자	제2직능 수준 필요
4	서비스 종사자	
5	판매 종사자	
6	농림어업 숙련 종사자	
7	기능원 및 관련 기능 종사자	
8	장치·기계 조작 및 조립 종사자	
9	단순노무 종사자	제1직능 수준 필요
A	군인	제2직능 수준 이상 필요

정답 59. ④   60. ③

★★★ 2010년, 2016년 직업상담사 1급

61 불경기에는 실망노동자효과(discouraged worker effect)와 부가노동자효과(added worker effect)가 동시에 나타난다. 다른 사정이 일정할 때 경제활동참가율이 낮아지는 경우는?

① 실망노동자효과가 부가노동자효과보다 클 때이다.

② 실망노동자효과가 부가노동자효과보다 작을 때이다.

③ 실망노동자효과와 부가노동자효과가 같을 때이다.

④ 실망노동자효과와 부가노동자효과의 합이 0일 때이다.

> **해설** 부가노동자효과는 경제활동인구가 유입되는 효과이고 실망노동자효과는 경제활동인구가 유출되는 효과이므로 경제활동인구가 감소한 것이라면 실망노동자효과가 더 큰 경우이다.

★★ 2017년, 2018년 직업상담사 1급

62 사용자가 노동자에게 시장평균임금보다 더 높은 임금을 지급함으로써 노동자로 하여금 더 열심히 작업하도록 하는 동기를 유발하여 생산성을 향상시키려는 임금제도에 해당하는 것은?

① 이연임금제　　　② 효율성임금제
③ 토너먼트임금제　④ 헤도닉임금제

> **해설** [효율임금이론에서 고임금이 고생산성을 가져오는 원인]
> ㉠ 고임금은 직장상실비용을 증가시켜 근무태만을 방지한다.
> ㉡ 고임금으로 인해 노동자들이 스스로 알아서 열심히 일하도록 하여 통제상실을 방지한다.
> ㉢ 고임금을 노동자가 은혜로 받아들여 해고위협이 없더라도 작업노력을 증대시킨다.
> ㉣ 노동자의 사직을 감소시켜 신규채용 및 훈련비용을 감소시킨다.
> ㉤ 신규채용 시 지원노동자의 평균자질이 높아져 보다 양질의 노동자를 고용할 수 있다.

★★ 2017년 직업상담사 1급

63 민서–폴라첵(Mincer–Polachek)가설을 근거로 여성의 경력단절에 의한 임금손실을 분해한 요인이 아닌 것은?

① 인적자본의 부식에 따른 임금감소분

② 근속년수 상실에 의한 임금감소분

③ 경력단절의 예상으로 투자되지 않은 인적자본으로 야기된 임금감소분

④ 노동시장에서 임금 및 고용차별에 의한 임금감소분

> **해설** 민서–폴라첵 가설은 여성이 출산 및 육아와 관련되어 단속적인 경제활동참가를 하는 것이 노동시장에서 남녀 간에 직업구성이나 임금에서 차이를 야기하는 근본적인 원인이라고 본다. 이에 따르면 경력단절로 인한 임금의 총손실은 ① 인적자본 부식에 따른 임금감소분 ② 근속년수 상실에 따른 임금감소분 ③ 경력단절의 예상 때문에 발생하는 낮은 인적자본투자와 관련된 임금감소분이라는 세 부분으로 구성된다.

★★★ 2016년, 2018년, 2019년 직업상담사 1급

64 노동수요곡선의 탄력성이 작아지는 경우는?

① 생산요소간의 대체가 용이할 때

② 자본의 공급이 탄력적일 때

③ 총 생산비에서 임금비용이 차지하는 비중이 작을 때

④ 생산하는 상품에 대한 수요의 가격탄력성이 클 때

> **해설** [노동수요 탄력성 결정요인]
> • 생산물(상품) 수요의 탄력성 : 생산물 수요가 탄력적일수록 노동수요도 탄력적이다.
> • 총 생산비에 대한 노동비용의 비중 : 노동비중이 클수록 노동수요도 탄력적이다.
> • 노동의 대체가능성 : 노동을 다른 생산요소로 대체할 가능성이 클수록 노동수요도 탄력적이다.
> • 다른 생산요소의 공급탄력성 : 다른 생산요소의 공급탄력성이 클수록 노동수요도 탄력적이다. 임금상승으로 다른 생산요소를 더 이용하려 할 때 그 생산요소의 가격이 크게 상승하면 (즉 다른 생산요소의 공급탄력성이 작으면) 노동 대신 다른 생산요소를 이용하는 것에 대한 매력이 약화되어 노동수요를 크게 줄이지 않게 된다.
> [암기 Tip] 모두 ○○가 커지면↑
> 　　탄력성이 커진다↑(같은 방향).
> 　　생수탄/비/대/다요공탄

> **정답** 61. ① 　62. ② 　63. ④ 　64. ③

★★★
65 다음 중 임금이 상승함에도 불구하고 노동시간이 늘어나는 이유는?

① 소득효과가 대체효과보다 크기 때문이다.
② 대체효과가 소득효과보다 크기 때문이다.
③ 대체효과와 소득효과가 같기 때문이다.
④ 대체효과와 소득효과는 노동시간에 영향이 없다.

> **해설** [임금인상이 노동공급에 미치는 영향(소득-여가 선호모형)]
> ㉠ **소득효과** : 임금이 상승하면 여가가 열등재가 아닌 한 여가의 소비는 증가하고 노동공급은 감소한다.
> ㉡ **대체효과** : 임금이 상승하면 비싸진 여가의 소비가 감소하고 노동공급이 증가한다.
> • 대체효과 > 소득효과 → 노동공급 증가
> • 대체효과 < 소득효과 → 노동공급 감소
> [암기 Tip] "대"가 더 크면 노동공급도 '대',
> "소"가 더 크면 노동공급도 '소'

★ 2010년, 2017년 직업상담사 1급
66 여성의 경제활동 참가를 증가시키는 요인으로 적절하지 않은 것은?

① 시간집약적인 여가패턴을 가지고 있다.
② 가사에 관련된 가정재(home goods) 생산의 효율성이 증대되었다.
③ 여성의 보상요구임금(reservation wage)을 감소시켰다.
④ 여성의 시장임금이 상승하였다.

> **해설** 시간집약적인 여가패턴, 즉 시간이 많이 소요되는 여가생활을 할수록 여성의 경제활동 참가율은 낮아진다.
>
> [기혼여성의 경제활동참가율 결정요인]
> ㉠ **시장임금** : 임금이 상승할수록 경제활동참가율이 증가한다.
> ㉡ 남편 등 **타가구원의 소득** : 타가구원의 소득이 낮을수록 경제활동참가율이 증가한다.
> ㉢ **교육수준** : 교육수준이 높을수록 경제활동참가율이 증가한다.
> ㉣ **자녀**의 수와 연령 : 자녀의 수가 많거나 미취학인 경우에 경제활동참가율 감소한다.
> ㉤ 기혼여성 노동력에 대한 기업의 수용태세 : 기혼여성 노동력에 대한 수용태세가 개방적, 적극적일수록 경제활동참가율이 증가한다.

> ㉥ 전반적인 **실업수준** : 실업수준이 낮을수록 경제활동참가율이 증가한다.
> ㉦ **가계생산기술**의 발달정도 : 가계생산기술이 발달할수록 경제활동참가율이 증가한다.
> ㉧ **파트타임 고용시장**의 발달정도 : 파트타임 고용시장이 발달할수록 경제활동참가율이 증가한다.

★★ 2015년 직업상담사 1급
67 노동조합이 추구하는 목표로써 적절하지 않은 것은?

① 임금소득 증가
② 정치적 안정
③ 고용안정
④ 작업조건 개선

> **해설** 노동조합은 근로조건 향상을 주된 목적으로 한다.
>
> [노동조합 및 노동관계조정법 제2조]
> "노동조합"이라 함은 근로자가 주체가 되어 자주적으로 단결하여 근로조건의 유지·개선 기타 근로자의 경제적·사회적 지위의 향상을 도모함을 목적으로 조직하는 단체 또는 그 연합단체를 말한다. 다만, 다음 각목의 1에 해당하는 경우에는 노동조합으로 보지 아니한다.
> 가. 사용자 또는 항상 그의 이익을 대표하여 행동하는 자의 참가를 허용하는 경우
> 나. 경비의 주된 부분을 사용자로부터 원조받는 경우
> 다. 공제·수양 기타 복리사업만을 목적으로 하는 경우
> 라. 근로자가 아닌 자의 가입을 허용하는 경우
> 마. 주로 정치운동을 목적으로 하는 경우

★★ 2014년, 2017년 직업상담사 1급
68 다음 중 부가급여가 아닌 것은?

① 유급휴가　　② 법정복리비
③ 급식제공　　④ 상여금

> **해설** 부가급여란 기업이 **복리후생차원으로 임금 이외에 별도로 지급하는 다양한 형태의 보상**을 말한다. 부가급여에는 퇴직금, 복리후생시설, 학자금지급, 교육훈련, 사내복지기금, 주택자금대출, 의료비 지원 등이 있다. 상여금은 부가급여가 아니라 임금에 해당한다.

★★ **2017년 직업상담사 1급**

69 지식기반사회에서는 근로자 경영참가의 필요성이 강조되고 있다. 그 논리로서 가장 적합한 것은?

① 경영참가로 경쟁이 촉진되면 생산성이 향상된다.

② 근로자들의 권한 증가로 정보의 비대칭성이 감소한다.

③ 물적 자산과 마찬가지로 인적 자본의 재산권이 존중되면 역선택이 감소한다.

④ 팀 작업을 통한 경영참가로 숙련형성이 이루어지면 주인-대리인 문제가 감소한다.

> **해설** 지식기반사회는 기업이 소유한 물적자산만큼 노동자가 보유한 인적자본이 중요한 시대로서 기업과 노동자가 같이 의사결정을 하는 것이 인적자본을 유지하는 길이 되었다.

★★

70 노동수요곡선 $L = 300 - 2W$, 노동공급곡선 $L = -100 + 8W$이다. 최저임금이 50일 경우 시장고용량(㉠)과 노동수요의 임금 탄력성(㉡)은 얼마인가? (단, L은 노동량, W는 임금, 임금 탄력성은 절댓값으로 표시함)

① ㉠ 200, ㉡ 0.4 ② ㉠ 200, ㉡ 0.5
③ ㉠ 220, ㉡ 2 ④ ㉠ 300, ㉡ 0.5

> **해설** ㉠ 최저임금에서의 시장고용량 : 시장고용량은 노동수요량에 의해 결정되므로 최저임금이 50이 된다고 하면, 이때의 노동수요량은 노동수요곡선에 대입하면 $300 - 2 \times 50 = 200$이 된다. 따라서 최저임금에서의 시장고용량은 200이다.
> ㉡ 노동수요의 임금 탄력성
> 노동수요 탄력성
>
> $$= \frac{\text{노동수요량의 변화율(\%)}}{\text{임금의 변화율(\%)}} = \frac{\frac{\Delta L}{L}}{\frac{\Delta W}{W}}$$
>
> 이 식을 바꿔쓰면 $\dfrac{\frac{\Delta L}{L}}{\frac{\Delta W}{W}} = \dfrac{\Delta L \times W}{\Delta W \times L} = \dfrac{\Delta L}{\Delta W} \cdot \dfrac{W}{L}$

> $\dfrac{\Delta L}{\Delta W}$은 W에 대한 미분값(접선의 기울기)이므로 노동수요곡선 $L = 300 - 2W$을 W로 미분하면 -2가 된다. 미분값, 최저임금, 시장고용량을 탄력성의 식에 대입하면(탄력성은 절댓값으로 표시)
>
> $$\left| -2 \times \frac{50}{200} \right| = 0.5$$
>
> 따라서 노동수요의 임금탄력성은 0.5이다.
> ※ 지수함수의 미분 $f(x) = x^a \rightarrow f(x)' = a \times x^{a-1}$

★★ **2013년, 2017년 직업상담사 1급**

71 국민 전체 인구가 5천만 명이고, 이 중 취업자가 2천 5백만 명이고, 실업자가 2백만 명이며, 비경제활동인구가 2천 3백만 명이다. 이 때 실업률은 약 얼마인가?

① 4.0% ② 7.4%
③ 8.7% ④ 10.0%

> **해설**
>
> 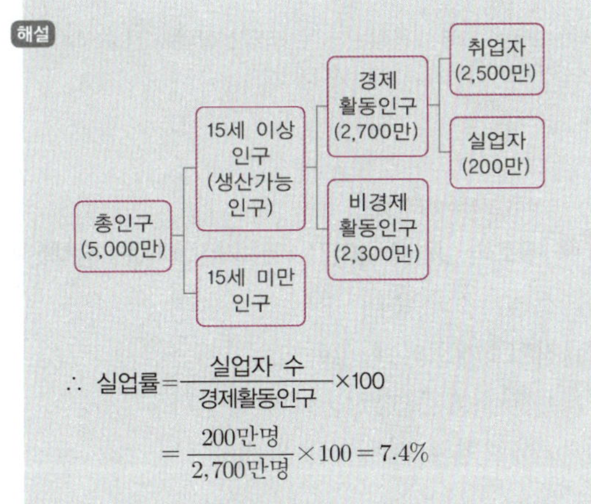
>
>
> $$\therefore \text{실업률} = \frac{\text{실업자 수}}{\text{경제활동인구}} \times 100$$
> $$= \frac{200\text{만명}}{2,700\text{만명}} \times 100 = 7.4\%$$

★★ **2005년 직업상담사 1급**

72 다음 중 수요부족 실업에 해당하는 것은?

① 경기적 실업 ② 마찰적 실업
③ 구조적 실업 ④ 계절적 실업

> **해설** 수요부족실업은 경기적 실업이다. 즉 불경기에 상품에 대한 수요가 감소하여 상품을 생산하기 위한 노동력의 수요가 감소함으로써 발생하는 실업이다. 그 외의 실업을 비수요부족실업이라 한다.

정답 69. ③ 70. ② 71. ② 72. ①

★★
73 생산물시장에서 독점인 A기업은 노동시장의 수요독점이다. 이 기업이 직면하는 노동공급곡선이 $W = 50 + 10L$이고, 노동자의 추가고용으로 얻는 노동의 한계수입생산물은 $MRP_L = 200 - 5L$일 때 이윤 극대화를 추구하는 기업이 노동자에게 지급하는 임금은?

① 90　　　　　　② 100
③ 110　　　　　　④ 120

 기업의 이윤 극대화 고용량조건은 MFC(한계요소비용) $= MRP$(한계수입생산물)이고, 이때의 임금은 이윤 극대화 고용량에 대응하는 노동공급곡선상의 임금이다. 노동공급곡선(평균비용곡선)이 $W = 50 + 10L$이라면 총비용곡선은 $50L + 10L^2$이고, 한계비용곡선은 총비용곡선의 접선의 기울기, 즉 미분값이므로 $50 + 20L$이다. 이윤 극대화 고용량조건, 즉 MFC(한계요소비용) $= MRP$(한계수입생산물)에 대입하면 $50 + 20L = 200 - 5L$, 따라서 고용량은 6
고용량 10에 대응되는 노동공급곡선상의 임금을 구하면 $W = 50 + 10L = 110$이다.

★　**2019년 직업상담사 1급**
74 구조적 실업을 줄이기 위한 가장 적합한 정책은?

① 정부지출의 증대
② 직업소개소의 활성화
③ 재훈련 혹은 향상훈련의 활성화
④ 고용보험의 적용대상 확대

 구조적 실업이란 노동력이 산업구조 변화에 대응하지 못해 발생하는 실업을 말한다. 구조적 실업에 대한 실업대책으로는 교육 및 직업전환훈련, 이주비 지원, 성장산업에 대한 정보제공, 산업구조 변화 예측에 따른 인력수급 정책 등이 있다.

2016년 직업상담사 1급
75 직능급 임금체계에 대한 설명으로 틀린 것은?

① 근로자의 직무능력을 중심으로 임금을 결정한다.

② 개별 근로자에 대한 동기부여효과가 강하다.
③ 직무급처럼 적정배치가 반드시 전제되어야 한다.
④ 연공급의 속인적 요소와 직무급의 직무적 요소를 결합한 것이다.

 직능급은 담당하고 있는 직무의 가치에 따른 보상(직무급)과 달리 보유하고 있는 직무수행능력에 따른 보상이므로 적정배치가 반드시 전제되어야 하는 것은 아니다.

★★　**2014년 직업상담사 1급**
76 생산성임금제를 따른다고 할 때, 물가상승률이 5%이고 노동생산성 변화율이 3%라면 실질임금변화율은 얼마가 되어야 하는가?

① 8%　　　　　　② 5%
③ 3%　　　　　　④ 2%

 생산성 임금제란 노동생산성증가율과 실질임금상승률이 같아지는 수준에서 임금수준을 결정하는 방식(노동생산성증가율 = 실질임금상승률). 따라서 생산성임금제에 따를 때 노동생산성증가율이 3%라면 실질임금상승률은 3%가 되어야 한다.

★★　**2018년 직업상담사 1급**
77 기업의 통합형 숙련형성제도와 가장 거리가 먼 것은?

① 정규직 업무와 비정규직 업무를 동시에 수행하도록 훈련시킨다.
② 채용 후 각 업무에 배치하기 전에 장시간 이론과 실기교육을 실시한다.
③ 전문직에 비해 생산직 노동자에 대해서는 별로 투자를 하지 않는다.
④ 현장훈련과 배치전환훈련을 통해 생애경력경로가 폭이 넓고 깊어진다.

 73. ③　74. ③　75. ③　76. ③　77. ③

해설 전문직에 비해 생산직 노동자에 대해서는 별로 투자를 하지 않는다는 것은 분리형 숙련형성 체계에 대한 설명이다. 기업이 정규적인 업무를 생산직에게 배당하고 비정규적인 일을 기술자, 기술공에 배분하여 생산직에게는 정확, 신속, 근면을 강조하는 훈련을 시키는 경우는 숙련형성의 분리형 체계라고 한다. 기업은 생산직 노동자에 대한 투자를 별로 하지 않으며, 기업내의 전문 기술자 및 숙련공도 단능공인 경우가 많다.
반면에 숙련형성의 통합형 체계에서는 생산직 노동자에게 정규직 업무와 비정규직 업무를 동시에 수행하도록 훈련시킨다. 생산직 노동자를 채용한 후 배치되기 전 이론교육과 실기교육을 장시간 실시하며, 노동자가 각 업무에 배치된 후에도 현장훈련, 배치전환을 통해 10여년간 공장생활 후에는 과학기술자 및 엔지니어의 지적 숙련을 일부 공유하도록 훈련이 이루어진다. 숙련형성의 통합형 체계에서는 다능의 기술공 및 숙련공이 형성되며 이를 통칭 다능공이라 부른다.

★★ **2015년 직업상담사 1급**

78 상품시장과 노동시장이 완전경쟁일 때 현 고용수준에서 한계생산물가치는 60이고, 임금률은 50이다. 이윤극대화를 추구하는 기업의 균형고용량은?

① 증가할 것이다.
② 감소할 것이다.
③ 균형이므로 불변한다.
④ 증가할 수도 감소할 수도 있다.

해설 완전경쟁시장에서 기업이 이윤을 극대화하기 위한 고용량 조건은 시장임금과 노동의 한계생산물가치가 같아지는 점에서 고용량을 결정하는 것이다.

$$W = VMP_L$$

임금과 한계생산물이 일치하지 않을 때에는 한계생산체감법칙(고용을 늘일수록 추가되는 생산물의 증가분이 점차 감소)에 따라 아래와 같이 고용량을 결정하여야 이윤극대화를 이룰 수 있다.

- $W > VMP_L \rightarrow$ 고용을 줄여야 한다. (한계생산물이 커지는 방향)
- $W < VMP_L \rightarrow$ 고용을 늘여야 한다. (한계생산물이 작아지는 방향)

문제에서는 한계생산물가치(60)가 임금(50)보다 크므로 고용을 증가시켜야 한계생산물가치=임금이 되는 수준에 도달할 수 있고, 이 때 이윤이 극대화된다.

★★ **2013년, 2015년 직업상담사 1급**

79 근로교섭의 당사자인 노동조합이 노동조합원 여부와 관계없이 모든 종업원에게 수수료를 징수하는 제도는?

① closed shop
② agency shop
③ union shop
④ open shop

해설 에이전시숍(agency shop)이란 종업원들에 조합가입이 강제되지는 않으나, 조합가입에 대신하여 조합비 상당의 금원을 납부하여야 하는 제도이다.

★★ **2016년 직업상담사 1급**

80 다음 중 가장 높은 수준의 노동자의 의사결정 참가유형은?

① 품질관리
② 자율 작업팀
③ 노사협의회에의 참가
④ 노동자대표의 이사회 참가

해설 기업 경영의 의사결정에 직접 참여하는 것이 가장 높은 수준의 의사결정 참가유형이다.

제5과목 노동관계법규

★

81 국민 평생 직업능력 개발법령상 직업능력개발훈련이 중요시 되어야 할 대상에 해당하지 않는 것은?

① 「국민생활기초 보장법」에 따른 수급권자
② 제조업의 연구직에 종사하는 근로자
③ 「중소기업기본법」에 따른 중소기업의 근로자
④ 「제대군인지원에 관한 법률」에 따른 전역 예정자

해설 2025년 출제기준 변경으로 시험범위에서 제외됨.

정답 78. ① 79. ② 80. ④ 81. ②

82 고용보험법령상 구직급여의 연장급여 종류에 해당되지 않는 것은?

① 지정연장급여　　② 특별연장급여
③ 개별연장급여　　④ 훈련연장급여

> **해설** 구직급여의 연장급여에는 훈련연장급여, 개별연장급여, 특별연장급여가 있다.
>
> **[구직급여의 연장급여]**
> ㉠ 훈련연장급여 : 직업안정기관의 장은 수급자격자의 연령·경력 등을 고려할 때 재취업을 위하여 직업능력개발 훈련 등이 필요하면 그 수급자격자에게 직업능력개발 훈련 등을 받도록 지시할 수 있다.
> ㉡ 개별연장급여 : 직업안정기관의 장은 취업이 특히 곤란하고 생활이 어려운 수급자격자로서 대통령령으로 정하는 사람에게는 그가 실업의 인정을 받은 날에 대하여 소정급여일수를 초과하여 구직급여를 연장하여 지급할 수 있다.
> ㉢ 특별연장급여 : 고용노동부장관은 실업의 급증 등 대통령령으로 정하는 사유가 발생한 경우에는 60일의 범위에서 수급자격자가 실업의 인정을 받은 날에 대하여 소정급여일수를 초과하여 구직급여를 연장하여 지급할 수 있다. 다만, 이직 후의 생활안정을 위한 일정 기준 이상의 소득이 있는 수급자격자 등 고용노동부령으로 정하는 수급자격자에 대하여는 그러하지 아니하다.

83 개인정보 보호법령상 3년 이하의 징역 또는 3천만원 이하의 벌금에 처하는 사람은?

① 안전성 확보에 필요한 조치를 하지 아니하여 개인정보를 분실·도난·유출·위조·변조 또는 훼손당한 자
② 개인정보의 처리를 정지하지 아니하고 계속 이용하거나 제3자에게 제공한 자
③ 직무상 알게 된 비밀을 누설하거나 직무상 목적 외에 이용한 자
④ 정정·삭제 등 필요한 조치를 하지 아니하고 개인정보를 계속 이용하거나 이를 제3자에게 제공한 자

> **해설** 개인정보 보호법 제72조(벌칙) 다음 각 호의 어느 하나에 해당하는 자는 3년 이하의 징역 또는 3천만원 이하의 벌금에 처한다.
> 1. 제25조제5항(제26조제8항에 따라 준용되는 경우를 포함한다)을 위반하여 고정형 영상정보처리기기의 설치 목적과 다른 목적으로 고정형 영상정보처리기기를 임의로 조작하거나 다른 곳을 비추는 자 또는 녹음기능을 사용한 자
> 2. 제59조제1호를 위반하여 거짓이나 그 밖의 부정한 수단이나 방법으로 개인정보를 취득하거나 개인정보 처리에 관한 동의를 받는 행위를 한 자 및 그 사정을 알면서도 영리 또는 부정한 목적으로 개인정보를 제공받은 자
> 3. 제60조를 위반하여 직무상 알게 된 비밀을 누설하거나 직무상 목적 외에 이용한 자

84 직업안정법령상 용어 정의에 관한 설명으로 틀린 것은?

① "직업소개"란 구인 또는 구직의 신청을 받아 구직자 또는 구인자를 탐색하거나 구직자를 모집하여 구인자와 구직자 간에 고용계약이 성립되도록 알선하는 것을 말한다.
② "직업안정기관"이란 직업소개, 직업지도 등 직업알선업무를 수행하는 비영리법인과 공익단체를 말한다.
③ "모집"이란 근로자를 고용하려는 자가 취업하려는 사람에게 피고용인이 되도록 권유하거나 다른 사람으로 하여금 권유하게 하는 것을 말한다.
④ "고용서비스"란 구인자 또는 구직자에 대한 고용정보의 제공, 직업소개, 직업지도 또는 직업능력개발 등 고용을 지원하는 서비스를 말한다.

> **해설** "직업안정기관"이란 직업소개, 직업지도 등 직업안정업무를 수행하는 지방고용노동행정기관(고용복지센터)을 의미하고, 직업알선 등의 업무를 수행하는 비영리법인과 공인단체는 포함되지 않는다.

정답 82. ① 83. ③ 84. ②

★
85 파견근로자 보호 등에 관한 법률상 근로자 파견사업이 금지되는 업무가 아닌 것은?

① 공연예술가의 업무
② 의료기사의 업무
③ 간호조무사의 업무
④ 선원의 업무

 의료기사, 간호조무사, 선원의 업무 등 위험한 업무는 절대적 파견금지업무이다. 공연예술가의 업무는 파견직종에 해당한다.

[절대적 파견금지 업무]
다음 각 호의 어느 하나에 해당하는 업무에 대하여는 근로자파견사업을 하여서는 아니 된다.
① 건설공사현장에서 이루어지는 업무
② 「항만운송사업법」 제3조제1호, 「한국철도공사법」 제9조제1항제1호, 「농수산물 유통 및 가격안정에 관한 법률」 제40조, 「물류정책기본법」 제2조제1항제1호의 하역(荷役)업무로서 「직업안정법」 제33조에 따라 근로자공급사업 허가를 받은 지역의 업무
③ 「선원법」 제2조제1호의 선원의 업무
④ 「산업안전보건법」 제58조에 따른 유해하거나 위험한 업무
⑤ 「진폐의 예방과 진폐근로자의 보호 등에 관한 법률」 제2조제3호에 따른 분진작업을 하는 업무
⑥ 「산업안전보건법」 제137조에 따른 건강관리카드의 발급대상 업무
⑦ 「의료법」 제2조에 따른 의료인의 업무 및 같은 법 제80조의2에 따른 간호조무사의 업무
⑧ 「의료기사 등에 관한 법률」 제3조에 따른 의료기사의 업무
⑨ 「여객자동차 운수사업법」 제2조제3호에 따른 여객자동차운송사업에서의 운전업무
⑩ 「화물자동차 운수사업법」 제2조제3호에 따른 화물자동차 운송사업에서의 운전업무

★
86 고용보험법령상 이 법의 적용을 받는 자는?

① 일용근로자
② 별정우체국법에 따른 별정우체국 직원
③ 사립학교교직원 연금법의 적용을 받는 자
④ 지방공무원법에 따른 공무원

 일용근로자는 고용보험 적용근로자로서 실업급여 등을 받을 수 있다.

[고용보험 적용제외 근로자]
① 다음 각 호의 어느 하나에 해당하는 사람에게는 이 법을 적용하지 아니한다.
  1. 1개월간 소정근로시간이 60시간 미만인 사람(1주간의 소정근로시간이 15시간 미만인 사람을 포함한다)을 말한다. 다만, 3개월 이상 계속하여 근로를 제공하는 사람과 일용근로자(이하 "일용근로자"라 한다)는 적용
  2. 「국가공무원법」과 「지방공무원법」에 따른 공무원 다만, 대통령령으로 정하는 바에 따라 별정직공무원, 「국가공무원법」 제26조의5 및 「지방공무원법」 제25조의5에 따른 임기제공무원의 경우는 본인의 의사에 따라 고용보험(제4장에 한정한다)에 가입할 수 있다.
  3. 「사립학교교직원 연금법」의 적용을 받는 사람
  4. 별정우체국 직원
② 65세 이후에 고용(65세 전부터 피보험 자격을 유지하던 사람이 65세 이후에 계속하여 고용된 경우는 제외한다)되거나 자영업을 개시한 사람에게는 제4장(실업급여) 및 제5장(육아휴직급여 등)을 적용하지 아니한다.

★★
87 고용정책 기본법령상 사업주의 대량고용변동 신고 시 이직하는 근로자수에 포함되는 자는?

① 수습으로 채용된 날부터 3개월 이내의 사람
② 자기의 사정 또는 자기에게 책임이 있는 사유로 이직하는 사람
③ 상시 근무가 필요하지 않은 업무에 고용된 사람
④ 일용근로자 또는 6개월 미만의 기간을 정하여 고용된 사람으로서 6개월을 초과하여 계속 고용되고 있는 사람

 2025년 출제기준 변경으로 시험범위에서 제외됨.

88 기간제 및 단시간근로자 보호 등에 관한 법률의 내용으로 옳지 않은 것은?

① 국가 및 지방자치단체의 기관에 대하여는 상시 사용하는 근로자의 수에 관계없이 이 법을 적용한다.

② 사용자는 가사, 학업 그 밖의 이유로 근로자가 단시간근로를 신청하는 때에는 당해 근로자를 단시간근로자로 전환하도록 노력하여야 한다.

③ 사용자는 단시간근로자임을 이유로 해당 사업 또는 사업장의 동종 또는 유사한 업무에 종사하는 통상근로자에 비하여 차별적 처우를 하여서는 아니 된다.

④ 사용자는 기간제근로자와 근로계약을 체결하는 때에는 근로일 및 근로일별 근로시간을 서면으로 명시하여야 한다.

> 해설 근로일 및 근로일별 근로시간은 통상근로자와 출근요일과 요일별 시간이 다를 수 있는 단시간근로자에 대해서 서면 명시하라고 한 사항이다.
>
> **[기간제 및 단시간 근로자의 근로조건 서면 명시]**
> 사용자는 기간제근로자 또는 단시간근로자와 근로계약을 체결하는 때에는 다음 각 호의 모든 사항을 서면으로 명시하여야 한다. 다만, 제6호는 단시간근로자에 한정한다.
> 1. 근로계약기간에 관한 사항
> 2. 근로시간 · 휴게에 관한 사항
> 3. 임금의 구성항목 · 계산방법 및 지불방법에 관한 사항
> 4. 휴일 · 휴가에 관한 사항
> 5. 취업의 장소와 종사하여야 할 업무에 관한 사항
> 6. 근로일 및 근로일별 근로시간

89 근로기준법령상 상시 4명 이하의 사업장에 적용되는 규정은?

① 제17조 근로조건의 명시

② 제34조 퇴직급여 제도

③ 제46조 휴업수당

④ 제93조 취업규칙의 작성 · 신고

> 해설 근로조건 명시(계약서 작성의무) 등의 기본적인 사항, 지키기 어렵지 않고 금전적 부담이 적은 사항은 4인 이하 사업장에도 적용된다.
>
> **[근로기준법 적용]**
> • 상시 4명 이하 사업장에 적용되는 규정 : 근로조건 명시, 주휴일, 출산휴가, 해고예고, 중간착취 배제, 단시간 근로자의 근로조건, 전차금 상계의 금지, 갱내근로의 금지 등
> • 상시 4명 이하 사업장에 적용되지 않는 규정 : 연차휴가, 생리휴가, 부당해고 제한, 휴업수당, 직장 내 괴롭힘 등
> ※ 퇴직급여제도는 2005년부터 근로기준법이 아니라 근로자퇴직급여 보장법으로 규율되고 있고, 현재 퇴직급여는 퇴직급여 보장법에 따라 2010.12.1.부터 1인 이상 사업장에 전부 적용되고 있다. 근로기준법 제34조는 "사용자가 퇴직하는 근로자에게 지급하는 퇴직급여제도에 관하여는 「근로자퇴직급여 보장법」이 정하는 대로 따른다."고 되어 있어 더 이상 근로기준법 체계 내 있지 않으므로 2번 보기는 출제오류로 해석된다.

90 고용정책 기본법령상 고용정책심의회 심의 사항이 아닌 것은?

① 인력의 공급구조와 산업구조의 변화 등에 따른 고용 및 실업대책에 관한 사항

② 장애인의 고용촉진 및 직업재활을 위한 기본계획의 수립에 관한 사항

③ 고용정책 추진실적의 평가에 관한 사항

④ 지역고용정책기본계획의 수립 · 시행에 관한 사항

> 해설 2025년 출제기준 변경으로 시험범위에서 제외됨.

정답 88. ④ 89. ① 90. ④

★★
91 근로기준법령 상 근로시간에 관한 설명으로 옳지 않은 것은?

① 1일의 근로시간은 휴게시간을 제외하고 8시간을 초과할 수 없다.

② 1주간의 근로시간은 휴게시간을 제외하고 40시간을 초과할 수 없다.

③ 2주 단위 탄력적 근로시간제는 15세 이상 18세 미만 근로자에게 적용된다.

④ 3개월 단위 탄력적 근로시간제는 임신 중인 여성근로자에게 적용되지 않는다.

해설 탄력적 근로시간제는 18세 미만 근로자와 임신 중인 여성 근로자에게는 적용되지 않는다.

92 국민 평생 직업능력 개발법령상 다음 (   ) 안에 들어갈 내용을 순서대로 나열한 것은?

사업주는 훈련계약을 체결할 때에는 해당 직업능력개발훈련을 받는 사람이 직업능력개발훈련을 이수한 후에 사업주가 지정하는 업무에 일정 기간 종사하도록 할 수 있다. 이 경우 그 기간은 (   )년 이내로 하되, 직업능력개발훈련기간의 (   )배를 초과할 수 없다.

① 2, 1   ② 2, 2
③ 5, 2   ④ 5, 3

해설 2025년 출제기준 변경으로 시험범위에서 제외됨.

★★ 2020년 직업상담사 1급
93 남녀고용평등과 일ㆍ가정 양립 지원에 관한 법령상 육아휴직에 관한 설명으로 틀린 것은?

① 사업주는 근로자가 만 8세 이하 또는 초등학교 2학년 이하의 자녀를 양육하기 위하여 육아휴직을 신청하는 경우에 이를 허용하여야 한다.

② 육아휴직의 기간은 1년 이내로 한다.

③ 사업주는 사업을 계속 할 수 없는 경우에도 육아휴직 기간에는 그 근로자를 해고하지 못한다.

④ 육아휴직 기간은 근속기간에 포함한다.

해설 육아휴직기간은 근로자를 해고할 수 없는 것이 원칙이지만 사업을 계속할 수 없는 경우에는 예외적으로 해고가 가능하다.

★
94 헌법 제32조(근로의 권리)에 관한 설명으로 틀린 것은?

① 근로조건의 기준은 인간의 존엄성을 보장하도록 법률로 정한다.

② 신체장애자는 법률이 정하는 바에 의하여 우선적으로 근로의 기회를 부여받는다.

③ 여자의 근로는 특별한 보호를 받으며, 고용ㆍ임금 및 근로조건에 있어서 부당한 차별을 받지 아니한다.

④ 국가는 사회적ㆍ경제적 방법으로 근로자의 고용의 증진과 적정임금의 보장에 노력하여야 한다.

해설 2025년 출제기준 변경으로 시험범위에서 제외됨.

★
95 고용보험법령상 폐업한 자영업자인 피보험자의 구직급여 수급 요건으로 틀린 것은?

① 법령을 위반하여 허가 취소를 받음에 따라 폐업한 경우가 아니어야 한다.

② 재취업을 위한 노력을 적극적으로 하여야 한다.

③ 폐업일 이전 18개월간 자영업자인 피보험자로서 갖춘 피보험 단위기간이 통산하여 180일 이상이어야 한다.

④ 근로의 의사와 능력이 있음에도 불구하고 취업을 하지 못한 상태에 있어야 한다.

정답 91. ③   92. ④   93. ③   94. ②   95. ③

 자영업자인 피보험자가 폐업 시 구직급여를 지급받기 위해서는 폐업일 이전 24개월간 피보험 단위기간이 합산하여 1년 이상이어야 한다. 18개월간 180일 요건은 일반 근로자에 해당하는 요건이다.

★★★ 2013년, 2016년 직업상담사 1급

96 남녀고용평등과 일 · 가정 양립 지원에 관한 법령에서 규정하고 있는 내용이 아닌 것은?

① 육아휴직급여
② 출산전후휴가에 대한 지원
③ 직장어린이집 설치 및 지원
④ 배우자 출산휴가

 남녀고용평등법에는 육아휴직제도에 관한 규정(요건, 내용, 처우 등 사업주의 의무 및 휴직기간의 근로조건)은 있으나, 육아휴직급여는 고용보험에서 지급하는 급여로서 고용보험법에 규정이 있다.

★★ 2018년 직업상담사 1급

97 남녀고용평등과 일 · 가정 양립 지원에 관한 법령상 (　) 안에 들어갈 내용을 순서대로 나열한 것은?

> 사업주가 근로자에게 육아기 근로시간 단축을 허용하는 경우 단축 후 근로시간은 주당 (　)시간 이상이어야 하고 (　)시간을 넘어서는 아니 된다.

① 10, 15　　　② 10, 20
③ 15, 30　　　④ 15, 35

 육아기 근로시간 단축은 단축 후 근로시간이 주당 15시간 이상 35시간 이내에 있어야 한다.

★★ 2013년, 2020년 직업상담사 1급

98 근로기준법령상 사용자가 근로계약을 체결할 때 근로자에게 서면으로 명시하고 교부하여야 하는 근로조건이 아닌 것은?

① 임금의 구성항목
② 연차 유급휴가
③ 소정근로시간
④ 취업의 장소와 종사하여야 할 업무에 관한 사항

 취업장소와 종사업무는 명시 사항에는 포함되나 서면 명시 사항에는 포함되지 않는다. 즉 구두로 명시하는 것도 가능하다.

[근로기준법상의 근로조건 명시의무]

㉠ 명시 사항 : 사용자는 근로계약을 체결할 때에 근로자에게 임금, 소정근로시간, 휴일, 연차유급휴가, 취업장소와 종사업무, 취업규칙의 필수적 기재사항, 기숙사 규칙을 명시하여야 한다. 근로계약 체결 후 이를 변경하는 경우에도 또한 같다.

㉡ 서면 명시 사항 : 사용자는 임금의 구성항목 · 계산방법 · 지급방법, 소정근로시간, 휴일, 연차휴가의 사항이 명시된 서면(전자문서를 포함한다)을 근로자에게 교부하여야 한다. 다만, 본문에 따른 사항이 단체협약 또는 취업규칙의 변경 등 대통령령으로 정하는 사유로 인하여 변경되는 경우에는 근로자의 요구가 있으면 그 근로자에게 교부하여야 한다.

★

99 근로자퇴직급여 보장법에 관한 설명으로 옳지 않은 것은?

① "퇴직연금제도"란 확정급여형퇴직연금제도, 확정기여형퇴직연금제도 및 개인형퇴직연금제도를 말한다.
② 사용자는 퇴직급여제도를 설정하는 경우에 하나의 사업에서 급여 및 부담금산정방법의 적용 등에 관하여 차등을 두어서는 아니 된다.
③ 사용자는 계속근로기간이 1년 미만인 근로자에 대하여는 퇴직급여제도를 설정하지 않아도 된다.
④ 사용자는 계속근로기간 1년에 대하여 30일분 이상의 통상임금을 퇴직금으로 퇴직근로자에게 지급할 수 있는 제도를 설정하여야 한다.

 96. ①　97. ④　98. ④　99. ④

해설 퇴직금은 퇴직연금사업자 개입 없이 평소 사외적립의무를 부담하지 않으면서 퇴직시 법정 수준으로만 지급하면 되는 전통적인 퇴직급여방식이다. 퇴직금제도를 설정하려는 사용자는 **계속근로기간 1년에 대하여 30일분 이상의 평균임금**(통상임금이 아니라)을 퇴직금으로 퇴직 근로자에게 지급할 수 있는 제도를 설정하여야 한다.

[평균임금 또는 통상임금을 산정기초로 하는 경우]
- 평균임금으로 산정하는 경우 : 연차유급휴가(평균임금 또는 통상임금 전부 가능), **휴업수당, 재해보상**(휴업보상, 유족보상, 일시보상, 장해보상), **퇴직금, 감급의 제재, 구직급여** 등
- 통상임금으로 산정하는 경우 : **연장 · 야간 · 휴일근로수당, 해고예고수당, 출산전후휴가 급여** 등

★
100 직업안정법령상 직업소개에 대한 설명으로 틀린 것은?

① 직업안정기관의 장은 구인자가 구인조건을 밝히기를 거부하는 경우 구인신청의 수리를 거부할 수 있다.

② 구인자가 직업안정기관의 장에게 구인신청을 할 때에는 근로조건을 구체적으로 밝힐 필요는 없다.

③ 직업안정기관의 장은 가능하면 구직자가 통근할 수 있는 지역에서 직업을 소개하도록 노력하여야 한다.

④ 직업안정기관의 장은 필요하다고 인정하여 구직자의 동의를 받은 경우에는 직업적성검사를 할 수 있다.

해설 직업안정법 제10조(근로조건의 명시 등) 구인자가 직업안정기관의 장에게 구인신청을 할 때에는 구직자가 취업할 **업무의 내용과 근로조건을 구체적으로 밝혀야** 하며, 직업안정기관의 장은 이를 구직자에게 알려 주어야 한다.

정답 100. ②

제1과목   고급 직업상담학

01 Big-five이론에 기반한 심리검사에서 성실성 척도의 하위요인으로 바르지 않은 것은?

① 성취 추구
② 신뢰성
③ 유능성
④ 의무성

> **해설** Big-Five이론에 기반한 심리검사의 하위척도는 신경증, 외향성, 개방성, 친화성, 성실성 등 5가지로 구성된다. 그리고 신뢰성은 성실성 척도의 하위요인이 아니라 친화성의 하위요인에 해당된다.

구분	하위척도	하위요인
5요인	신경증 (Neuroticism)	불안, 분노, 우울, 열등감, 충동, 심약
	외향성 (Extraversion)	온정, 군집, 리더십, 활동성, 자극추구, 명랑
	개방성 (Openness to Experience)	상상, 심미, 감수성, 신기, 지성, 가치
	친화성 (Agreeableness)	**신뢰**, 정직, 이타, 협동, 겸손, 동정
	성실성 (Conscientiousness)	**자기유능감**, 정돈, **책임, 성취지향**, 자율, 신중

★   **2013년, 2016년 직업상담사 1급**

02 Ginzberg가 제시한 진로발달단계 중 흥미, 능력, 가치, 전환의 하위단계를 포함하고 있는 단계는?

① 잠정기(tentative period)
② 환상기(fantasy period)
③ 확정기(confirmative period)
④ 현실기(realistic period)

> **해설** **[긴즈버그(Ginzberg)의 진로발달 및 직업선택의 단계]**
> ㉠ **환상기**(Fantasy Period, 6~11세 또는 11세 이전) : 직업선택의 문제에서 자신의 능력이나 가능성, 현실여건 등을 고려하지 않고 욕구를 중시하는 시기이다. 아동은 무엇이든 하고 싶고, 하면 된다는 식의 환상 속에서 비현실적인 선택을 하는 경향을 갖게 된다.
> ㉡ **잠정기**(Tentative Period, 11~17세) : 자신의 흥미와 취미에 따라 직업선택을 하려는 경향을 갖는다. 후반기에 능력과 가치관 등의 요인도 고려하지만 여전히 비현실적인 즉, 잠정적인 성격을 띤다. 잠정기는 4가지 하위단계로 나누어진다.
> - **흥미단계** : 흥미나 취미에 따라 직업을 선택하려 한다.
> - **능력단계** : 흥미를 느끼는 분야에서 성공할 능력을 지니고 있는지 시험해 보기 시작한다.
> - **가치단계** : 다양한 요인을 고려해야 한다는 사실을 인식하고 그 직업이 자신의 가치관 및 생애 목표에 부합하는지 평가한다.
> - **전환단계** : 주관적 요소에서 현실적 외부요인으로 관심이 전환되며, 이러한 현실적 외부요인이 직업선택의 주요요인이 된다.
> ㉢ **현실기**(Realistic Period, 17세 이후~성인 초기 또는 청ㆍ장년기) : 개인은 직업에서 요구하는 조건과 자신의 개인적 욕구와 능력 등을 고려하여 현명한 선택을 하고자 한다. 현실기는 3가지 하위단계로 나누어진다.
> - **탐색단계** : 직업선택의 다양한 가능성을 탐색하며, 직업선택의 기회와 경험을 가지기 위해 노력한다.
> - **구체화단계** : 직업목표를 정하기에 이르며, 자신의 결정과 내적ㆍ외적 요인을 두루 고려하여 특정 직업분야에 몰두한다.
> - **특수화단계** : 자신의 결정에 대해 세밀한 계획을 세우며, 고도로 세분화ㆍ전문화된 의사결정을 한다.

정답   01. ②   02. ①

03 다음의 상담 기법 및 개념이 활용되는 집단상담이론은?

> • 알지 못함의 자세
> • 상담 이전의 변화 확인
> • 문제시하지 않는 것 다루지 않기

① 개인주의상담   ② 교류분석적상담
③ 게슈탈트상담   ④ 해결중심상담

해설 해결중심상담에서는 내담자의 삶에서 겪고 있는 문제의 원인이 무엇인지 파악하기 위해 내담자의 삶을 심층적으로 탐색하는 데 시간을 보내는 것보다는 문제를 해결하는 데 집중하고, 내담자에게 긍정적이고 효과가 있는 것에 초점을 맞추는 해결중심적 목표를 설정해야 한다고 본다. **상담자는 미숙련자 혹은 '무지한' 입장**을 취하여 상담자가 아닌 개인이 목표와 목표달성을 위한 수단을 선택하게 한다. 해결중심적 목표를 세워서 내담자의 문제해결을 효과적으로 돕기 위해서 베르크와 밀러(Berg & Miller, 1992)는 다음 세 가지 규칙을 강조하였다. **첫째, "깨지지 않았으면 붙이지 말라."라는 격언을 기억한다. 내담자에게 문제가 되지 않는 것까지 치료자가 조명하고 주의를 기울일 필요가 없다는 것이다.** 둘째, 일단 효과가 있는 것이 무엇인지 알았으면 그것을 더욱 많이 하도록 조언한다. 셋째, 효과가 없으면 반복하지 말고 다른 것을 시도한다. 해결중심상담의 기본 가정은 변화란 불가피한 것으로 계속적으로 일어나고 있다고 본다. 따라서 **내담자가 지난 번 면담을 약속한 후 지금까지 일어났던 변화에 대한 초기 질문(pre-session question)은 때로 아주 중요한 단서를 제공한다.** 그 예로, "상담에 오시기로 약속하고 난 다음에 오늘 만날 때까지 가족생활에서 뭔가 좀 달라진 점이 있으세요?"와 같은 질문을 한다.

04 다음 중 Holland이론에 대한 설명으로 옳은 것은?

① 성격검사와 흥미검사는 관련이 없다.
② 같은 직업에 종사하더라도 문제 상황에 대처하는 방식이나 대인환경을 구성하는 방식에서 큰 차이가 있다.
③ 직업적응 방식을 6가지 종류로 구분하고 직업환경을 3가지 차원으로 구분한다.
④ 직업에서의 만족, 안정성, 업적 등은 개인의 성격과 환경유형 간의 일치성에 달려있다.

해설 Holland이론은 '직업적 흥미는 일반적으로 성격이라고 불리는 것의 일부분이기 때문에 개인의 직업적 흥미에 대한 설명은 개인의 성격에 대한 설명이다.'라는 가정을 기초로 하고 있다. 또한 Holland이론의 기본 가정은 다음과 같다.
㉠ 대부분의 사람들은 여섯 가지 성격유형인 현실형, 탐구형, 예술형, 사회형, 진취형, 관습형으로 분류될 수 있다.
㉡ 환경도 현실형, 탐구형, 예술형, 사회형, 진취형, 관습형 등 6가지 직업 환경 유형이 있으며, 각 환경에는 그 성격유형에 일치하는 사람들이 머물고 있다.
㉢ 사람들은 자신에게 맞는 환경을 찾는다. 즉, 자신의 기술과 능력을 발휘하고 태도와 가치를 표현하며, 자신에게 맞는 역할을 수행할 수 있는 환경을 찾는다. 또한 환경도 그 환경에 적합한 성격유형을 가진 사람을 찾는다.
㉣ **개인의 행동은 성격과 환경적 특성 사이의 상호작용에 의해 결정된다.**

★ **2004년, 2015년 직업상담사 1급**
05 다음의 설명에 해당하는 진로상담 이론은?

> • 내담자의 욕구와 발달과정을 강조한다.
> • 주로 Bordin과 그의 동료들이 발전시켰다.
> • 진단의 중요성을 강조한다.
> • 진로상담 과정을 탐색과 계약설정, 중대한 결정의 단계, 변화를 위한 노력 단계로 구분한다.

① 특성요인 진로상담
② 인간중심 진로상담
③ 정신분석적 진로상담
④ 행동주의 진로상담

해설 [정신역동적(정신분석적) 직업상담의 특징]
㉠ 정신분석학을 토대로 특성-요인이론과 내담자중심 직업상담의 개념과 기법을 통합한 접근법으로 내담자의 내적 세계와 직업선택에 미치는 내적 요인의 영향을 강조하였다.
㉡ 직업선택에 있어서 심리학적 요인을 중시하는 이론으로, 정신분석적 측면뿐만 아니라 **내담자의 욕구와 발달과정을 중시하며, 욕구를 직업선택의 주요 요인으로 간주**한다.
㉢ 내담자의 내적 세계뿐만 아니라 검사정보도 독특한 방식으로 직업결정 과정에 활용한다.
㉣ 대표적 학자인 **보딘(Bordin)과 동료들에 의해 발전**하였다.
㉤ **직업상담 과정을 탐색과 계약설정, 중대한 결정(핵심 결정), 변화를 위한 노력의 3단계로 구분**한다.

정답 03. ④   04. ④   05. ③

06 진로시간전망 검사(circles test)의 하위차원에 관한 설명으로 옳은 것은?

① 방향성 : 현재 행동과 미래 결과를 연결하는 계획된 실습으로 진로의식을 증진시킨다.
② 변별성 : 미래를 현실처럼 느끼게 하여 미래계획에 대한 정적 태도를 강화시킨다.
③ 통합성 : 미래지향성을 증진시켜 낙관적인 입장을 구성한다.
④ 확장성 : 선택가능한 직업의 종류를 탐색함으로써 직업 결정을 촉진한다.

해설 [코틀(Cottle)의 원형검사(circles test)에서 시간전망개입의 3가지 측면]
㉠ 방향성 : 미래지향성을 증진시키기 위해 미래에 대한 낙관적인 입장을 구성하는 것을 목표로 한다.
㉡ 변별성 : 미래를 현실처럼 느끼게 하고, 미래계획에 대한 정적 태도를 강화시키며 목표설정을 신속하게 하는 데 목적이 있다. 시간차원을 가정하는 사건이 많고 이러한 사건이 더 확장될수록 시간차원은 개인에게 더 현실적으로 다가온다.
㉢ 통합성 : 현재 행동과 미래 결과를 연결시키고, 계획한 기법을 실습하여 진로에 대한 인식을 증진시키는 것을 목표로 한다.

07 포괄적 직업상담의 과정에 대한 설명으로 옳지 않은 것은?

① 진단단계 : 내담자의 태도, 적성, 의사결정 유형 등과 관련한 검사자료와 상담을 통한 자료수집 단계
② 공감 및 수용단계 : 내담자의 심리적 안정을 위한 단계
③ 명료화 및 해석단계 : 문제를 명료화하거나 해석하는 단계
④ 문제해결단계 : 문제해결을 위해 어떤 행동을 취할지 결정하는 단계

해설 [포괄적 직업상담의 과정]
㉠ 1단계 - 진단단계 : 내담자의 태도, 능력, 의사결정유형, 성격, 흥미 등 폭넓은 검사자료와 상담을 통한 자료가 수집되는 단계
㉡ 2단계 - 명료화 및 해석단계 : 문제를 명료화하거나 해석하는 단계로서, 상담자와 내담자가 협력해서 의사결정 과정을 방해하는 태도와 행동을 확인하며 대안을 탐색
㉢ 3단계 - 문제해결단계 : 내담자가 자신의 문제를 확인하고 적극적으로 참여하여 문제해결을 위해 어떤 행동을 실제로 취해야 하는가를 결정하는 단계

08 내담자의 진술 중에서 "내 생각이 옳아요", "사람들은 나를 의기소침하게 만들지요", "내가 믿고 있는 것과 정반대지요"와 같은 진술은 전이된 오류 중 어떠한 오류에 해당하는가?

① 정보의 오류 ② 한계의 오류
③ 논리적 오류 ④ 잠정적 오류

해설 전이된 오류란 내담자가 가지고 있는 심리적인 오류의 원인이 자신에게 있는 것이 아니라 외부적인 환경의 영향에 의해 발생하는 심리적인 오류를 말한다. 전이된 오류에는 정보의 오류, 한계의 오류, 논리적 오류가 있다. 정보의 오류는 내담자가 실제의 경험과 행동을 이야기함에 있어 대강대강 이야기할 때 나타나며, 한계의 오류는 내담자가 자신에게 기회나 선택이 제한되어 있다고 생각하는 경우, 논리적 오류는 내담자가 논리적인 관계가 맞지 않는 진술을 함으로써 의사소통까지 방해하는 경우를 말한다.

09 다음 중 체계적 둔감법의 단계에 해당하지 않는 것은?

① 표현훈련
② 불안위계표 작성
③ 둔감화 절차
④ 이완훈련

정답 06. ② 07. ② 08. ① 09. ①

㉠ 제1단계 – **근육이완훈련** : 근육이 이완된 상태에서는 불안이 일어나지 않는다는 원리에 따라 내담자에게 근육이 긴장되었을 때 바로 근육을 이완할 수 있도록 이완법을 훈련시킨다.

㉡ 제2단계 – **불안위계목록 작성** : 불안을 야기하는 낮은 수준의 자극에서 높은 수준의 자극으로 불안위계목록을 10~20개 정도 작성한다.

㉢ 제3단계 – **불안위계목록에 따른 둔감화** : 역조건형성을 통해 이완상태에서 불안 유발 상황을 불안이 가장 낮은 자극부터 단계적으로 상상하도록 유도하여 불안반응을 점진적으로 경감 또는 제거시킨다.

10 다음 중 상담의 목표 및 목적에 대한 설명으로 옳은 것은?

① 상담의 목표에는 예방, 개인의 성장, 심리치료 등이 포함된다.

② 상담의 목표에는 적극적 목표와 소극적 목표가 있는데, 적극적 목표에는 치료와 문제해결 등이 해당된다.

③ 내담자보다는 전문적 식견이 있는 상담자가 상담의 목표를 결정해야 한다.

④ 직업상담의 목표는 진로문제 해결에 있으므로, 심리적, 가족적 접근은 필요하지 않다.

해설 ② 상담의 목표에서 소극적 목표는 치료와 문제해결 등이 해당되고, 적극적 목표는 인간적 발달과 성숙, 예방 등이 해당된다.
③ 상담의 목표는 내담자가 원하고 바라는 것으로 구체적으로 설정될 수 있도록 상담자는 도움을 제공해야 한다.
④ 직업상담의 경우에도 내담자의 상황에 따라 심리적, 가족적 접근이 필요하다.

11 직업상담시 저항적이고 동기화되지 않은 내담자들을 위한 전략이 아닌 것은?

① 왜곡된 사고 확인하기

② 변형된 오류 수정하기

③ 내담자와 친숙해지기

④ 은유 사용하기

해설 저항적이고 동기화되지 않은 내담자들은 자신만의 독특한 대응방법을 갖고 있는 것이 보통이다. 이 방법을 아는 것은 내담자를 위한 다음 단계를 준비하는 데 큰 영향을 미치기 때문에 매우 중요하다. 이런 내담자를 위한 대표적인 4가지 전략에는 변형된 오류 수정하기, 내담자와 친숙해지기, 은유 사용하기, 대결하기가 있다.

12 아들러의 개인주의심리학의 주요 개념에 해당되지 않는 것은?

① 목적론적(Teleological)

② 전체적(Holistic)

③ 행동적(Behavioral)

④ 사회적(Social)

해설 [아들러의 개인주의 상담의 특징]
- 프로이드(Freud)의 생물학적이고 심리성적인 결정론 그리고 환원주의에 반발하여 인간을 나눌 수 없는 전체로 보며, 인간의 성장가능성과 잠재력을 중시하였다.
- 사회적 관계를 강조하고 사회적 관심을 조장한다.
- 내담자가 타인과의 동질감을 갖도록 돕는다.
- 행동수정보다는 동기수정을 더 중요시한다.
- 개인은 열등감의 극복과 우월성을 추구하고자 한다.
- 내담자의 잘못된 가치와 목표를 수정하는 데 초점을 둔다.
- 내담자의 초기기억, 생활양식, 출생순위와 가족구조 등을 통해 개인역동성을 탐색한다.
- 가족구도와 출생순위가 우리의 생활양식 형성에 중요한 영향을 미친다고 강조한다.
- 사건의 객관성보다는 주관적 지각과 해석을 중시한다.
- 인간행동을 유도하는 상상된 중심목표를 설명하기 위해 '허구적 최종목적론'이라는 용어를 사용하였다.

13 내담자중심 상담에서 심리적 문제발생과정을 바르게 나열한 것은?

> ㉠ 괴리된 행동의 출현
> ㉡ 위협 혹은 불안의 경험과 이에 대한 방어의 실패
> ㉢ 유기체적 경험과 자기개념 사이의 불일치
> ㉣ 유기체적 경험에 대한 의식 및 이에 따른 자기개념의 붕괴

① ㉢ → ㉡ → ㉣ → ㉠
② ㉡ → ㉢ → ㉣ → ㉠
③ ㉠ → ㉣ → ㉢ → ㉡
④ ㉠ → ㉢ → ㉡ → ㉣

해설 내담자중심 상담에서는 내담자의 부적응 문제가 유기체적 경험과 자기개념 사이의 불일치에서 온다고 보았다. 이러한 불일치로 인해 긴장과 불안을 경험하게 되면 방어기제를 통해 해결하고자 하지만 이것이 실패하게 되고, 자기개념이 붕괴되면서 문제행동을 일으키게 되는 것이다. 따라서 내담자중심 상담의 목표는 내담자가 자신의 환경에 대한 왜곡된 지각을 수정하고, 현실적 경험과 자기개념(자아개념)을 일치시키며, 자신에 대한 방어를 최소화하여 더 나아가 '충분히 기능하는 사람(Fully Functioning Person)'이 되도록 하는 것이다.

★★★ **2010년, 2013년, 2015년 직업상담사 1급**

14 생애진로사정에 관한 설명으로 틀린 것은?

① 내담자와 환경과의 관계를 이해하는 데 도움을 준다.
② 아들러의 개인심리학에 기초한다.
③ 상담 초기 내담자의 정보를 얻는 데 유용하다.
④ 반구조화된 면접기법이다.

해설 [생애진로사정(Life Career Assessment : LCA)의 의의와 특징]
㉠ 상담자가 내담자와 처음 만났을 때 이용할 수 있는 구조화된 면접기법으로서, 가장 기초적인 정보를 얻는 질적인 평가절차이다.
㉡ 아들러의 개인심리학(개인차심리학)에 기초를 둔 것으로서, 내담자와 환경과의 관계를 이해할 수 있는 정보를 제공한다.

㉢ 생애진로사정에서는 작업자, 학습자, 개인의 역할 등을 포함한 다양한 생애역할에 대한 정보를 탐색할 수 있다.
㉣ 진로사정, 전형적인 하루, 강점과 장애, 요약으로 구성되어 있다.

15 진로개발을 위한 상담을 진행할 때 가장 먼저 실시하여야 하는 것은?

① 요구조사
② 능력개발
③ 진로선택
④ 목표설정

해설 진로개발을 위한 상담을 진행할 때에는 먼저 내담자가 무엇을 원하는지 요구조사를 실시한 후 내담자의 요구에 맞는 상담을 진행하여야 한다.

2011년 직업상담사 1급

16 다음 중 직업상담과정에서 내담자가 보이는 문제행동과 가장 거리가 먼 것은?

① 직업 선택에 대한 어려움 및 확신 부족
② 직업 선택에 관한 지나친 의존성
③ 자신의 흥미와 적성 간의 모순
④ 다양한 직업 유형에 대한 탐색

해설
• 직업 선택에 대한 어려움 및 확신 부족은 윌리암슨이 분류한 문제유형 중 하나이다.
• 직업 선택에 관한 지나친 의존성은 보딘이 분류한 문제유형 중 하나이다.
• 자신의 흥미와 적성 간의 모순은 윌리암슨이 분류한 문제유형 중 하나이다.
• 다양한 직업 유형에 대한 탐색은 문제행동이라기보다 바람직한 행동이라고 할 수 있다.

2014년 직업상담사 1급

17 Super의 흥미사정 기법에 포함되지 않는 것은?

① 표현된 흥미
② 조작된 흥미
③ 조사된 흥미
④ 기질적 흥미

정답 13. ① 14. ④ 15. ① 16. ④ 17. ④

해설 **[수퍼(Super, 1949)의 흥미사정 기법]**
- ㉠ **표현된 흥미** : 어떤 활동이나 직업에 대해 '좋다. 싫다'라고 간단하게 말하도록 요청하는 것이다.
- ㉡ **조작된 흥미** : 활동에 대해 질문을 하거나 활동에 참여하는 사람들이 어떻게 시간을 보내는지를 관찰하는 것이다. 이 방법은 사람들이 자신이 좋아하거나 즐기는 활동과 연관된다는 것을 가정한다.
- ㉢ **조사된 흥미** : 가장 빈번히 사용되는 흥미사정기법이다. 각 개인은 다양한 활동에 대해 좋고 싫음을 묻는 표준화 검사를 완성하는데, 대부분의 검사에서 개인의 반응은 특정 직업에 종사하는 사람들의 흥미와 유사점이 있는지 비교된다.

2012년 직업상담사 1급

18 내담자의 표정, 태도, 상담을 오게 된 동기, 직업가계도 등을 기재하고 그에 대한 상담자의 평가나 의견을 제시하는 양식으로 가장 적합한 것은?

① 상담신청서 ② 초기면담기록지
③ 상담과정기록지 ④ 상담종결기록지

해설 직업상담을 운영하는 데에는 체계적이고 구조적인 틀이 필요하다. 이러한 양식에는 상담신청서, 초기면담기록지, 상담과정기록지, 상담사례요약서, 상담일지 등이 있다. 상담을 진행하기 전 초기면담에서는 표정, 태도, 상담을 오게 된 동기, 직업가계도 주요 호소문제 등에 대해서 알아보며, 상담자의 평가와 의견을 제시하는 양식으로 초기면담기록지를 활용한다.

2012년 직업상담사 1급

19 다음 중 직업상담에서 사용하는 일반적인 기법과 가장 거리가 먼 것은?

① 경력개발을 위한 기술교육
② 심리검사의 실시 및 해석
③ 경청과 탐색적 질문
④ 직업에 관한 구체적인 정보제공

해설 경력개발을 위한 기술교육은 교육기관에서 해당 분야 전문강사에 의해 진행되는 것이며, 직업상담 과정과는 무관하다.

20 Super의 진로발달이론에서 각 발달과업과 그에 대한 설명으로 바르지 않은 것은?

① 확립 : 일반적인 직업선호에서 특정한 직업선호로 바뀌는 시기
② 이행 : 진로선호를 위한 훈련을 완성하고 고용에 참가하는 시기
③ 안정 : 실제적 경험과 적절한 진로선택을 위해 능력을 발휘하여 진로를 확충하는 시기
④ 구체화 : 자원, 우연성, 흥미, 가치 등에 대한 인식과 진로에 대한 계획을 통해 일반적인 진로목표를 형식화하는 시기

해설 **[Super의 직업발달과업]**

직업발달과업	연령(세)	일반적인 특징
구체화 (crystallization)	14~17	자신의 흥미, 가치는 물론 가용 자원과 장차 일어날지도 모르는 일 그리고 선호하는 직업을 위한 계획 등을 인식하여 일반적인 직업 목적으로 형성하는 지적 과정 단계의 과업이다. 이 과업은 선호하는 진로에 대하여 계획하고 그 계획을 어떻게 실행할 것인가를 고려하는 것이다.
특수화 (specification)	18~21	잠정적인 직업에 대한 선호에서 특정한 직업에 대한 선호로 옮기는 단계의 과업이다. 이 과업은 직업선택을 객관적으로 명백히 하고, 선택된 직업에 대해서 더욱 구체적으로 이해하여 진로계획을 특수화하는 것이다.
실행화 (implementation)	22~24	선호하는 직업을 위한 교육훈련을 끝마치고 취업하는 단계의 과업이다.
안정화 (stabilization)	25~34	직업에서 실제 일을 수행하고 재능을 활용함으로써, 진로선택이 적절한 것임을 보여 주고 자신의 위치를 확립하는 단계의 과업이다.
공고화 (consolidation)	35~	승진, 지위획득, 경력개발 등을 통하여 자신의 진로를 안정되게 하는 단계의 과업이다.

①에 제시된 일반적인 직업선호에서 특정한 직업선호로 바뀌는 시기의 발달과업은 '확립'이 아니라 '특수화(specification)'에 해당된다.

★★★ 2012년, 2016년, 2018년 직업상담사 1급

21 다음은 무엇에 대한 설명인가?

> 이는 자아의 이해와 일과 직업세계의 이해를 기초로 하여 자기 자신의 진로를 계획하고 선택하는 과정에서 동일 연령이나 발달단계에 있는 집단의 발달과업 수행 정도에서 차지하는 개인의 상대적인 위치를 말한다.

① 진로결정수준 ② 진로정체감
③ 진로성숙 ④ 진로결정 자기효능감

해설 한국교육개발원은 진로성숙도검사(CMI : Career Maturity Inventory)를 개발하였으며, 진로성숙 개념을 '자아의 이해와 일과 직업세계의 이해를 기초로 하여 자기 자신의 진로를 계획하고 선택하는 과정에서 동일 연령이나 발달단계에 있는 집단의 발달과업 수행정도에서 차지하는 개인의 상대적인 위치'로 정의하고 있다.

★★ 2010년, 2019년 직업상담사 1급

22 스트레스 수준과 수행에 관한 Yerkes-Dodson 의 가설이 일반적으로 시사하는 바는 무엇인가?

① 청년이나 노년보다는 장년층이 스트레스의 영향을 가장 민감하게 받는다.
② 스트레스는 작업 수행을 저하시키기 때문에 가능하면 이를 줄여야 한다.
③ 스트레스 수준이 너무 낮거나 높으면 수행이 저조해지는 반면, 스트레스 수준이 적당하면 생산성은 향상된다.
④ 관리직 근로자는 생산직 근로자에 비해 책임감이 더 많기 때문에 스트레스를 더 많이 경험한다.

해설 [Yerkes-Dodson의 역U형 가설]
스트레스의 수준이 너무 낮거나 높으면 우리의 건강이나 작업능률(생산성)은 그만큼 낮아지며, 스트레스 수준이 적당하면 건강도 최적 수준으로 유지되고 작업능률도 최대가 된다는 가설이다. 너무 낮은 스트레스 수준은 동기저하로 나타나고 집중이 저하된다는 것이다. 동시에

너무 높은 스트레스 수준은 동기수준이 지나치게 높아 문제에 대한 관심의 범위가 극도로 좁아지게 되며, 불안을 일으켜 감정적·방어적 대처행동에 더 많은 관심을 가지게 되므로 최적의 스트레스 수준이 중요하다.

2017년 직업상담사 1급

23 직무스트레스의 주요 원인인 역할 관련 요인 중 역할 간(inter-role) 갈등에 해당하는 것은?

① 세금을 피하기 위해서 장부를 허위로 작성할 것을 요구받고 있는 공인회계사
② 결혼기념일에 외식하기로 약속했는데 급한 회사 일로 야근해야 하는 경우
③ 상사로부터 판매실적은 올리면서 비용이 드는 외근시간은 줄이라는 요구를 받는 영업사원
④ 시간절약을 위해서 고객과 거래하는 시간을 줄이라고 하는 사장과 고객에게 최대한 친절하게 상세한 정보를 제공하라고 요구하는 직속상사 사이에 끼인 은행 창구직원

해설 [역할갈등]
역할갈등은 역할담당자가 자신의 직위와 역할전달자의 역할기대가 상충되는 상황에서 지각하는 심리적 상태로 정의된다. 공식적이고 구조적인 조직은 주로 구조적인 변수(의사결정의 참여, 부하의 폭) 때문에 역할갈등이 발생하고, 비공식적이고 비구조적인 조직은 주로 인간관계 변수(신뢰, 존경, 동료와의 관계) 때문에 역할갈등이 발생한다. 역할갈등은 정신적 긴장과 정적 상관관계를 맺으며, 직무만족이나 직무성과와는 부적인 상관관계를 갖고 있다.

개인 간 역할갈등 (Inter-role Conflict)	직업에서의 요구와 직업 이외의 요구 간의 갈등에서 발생한다.
개인 내 역할갈등 (Person-role Conflict)	개인의 복잡한 과제, 개인이 수행하는 직무의 요구와 개인의 가치관이 다를 때 발생한다.
송신자 간 갈등 (Intersender Conflict)	두 명 이상의 요구가 갈등을 일으킬 때 발생한다.
송신자 내 갈등 (Intrasender Conflict)	업무 지시자가 서로 배타적이고 양립할 수 없는 요구를 요청할 때 발생한다.

정답 21. ③ 22. ③ 23. ②

★ **2010년, 2018년 직업상담사 1급**

24 직무스트레스의 요인 중 개인의 책임한계나 직무의 목표가 명료하지 않을 때 생기는 것으로, 개인의 직무에 관한 정보가 부적절하거나 잘못된 경우 발생하는 것은 무엇인가?

① 역할 과부하(role overload)
② 역할 모호성(role ambiguity)
③ 역할 태만성(role laziness)
④ 역할 갈등(role conflict)

해설 **[역할 모호성]**

개인의 책임한계나 직무의 목표가 명료하지 않을 때 생기는 것으로, 개인의 직무에 관한 정보가 부적절하거나 잘못된 경우 발생한다. 역할모호성은 개인적인 갈등의 범주에 속하는데, 자기 역할을 수행하는 데 필요하다고 느끼고 있는 정보를 보유하지 못하거나 전달받지 못하는 경우에 주로 일어난다. 따라서 조직이나 상급자들은 근로자들의 역할과 관련된 모호성을 최대한 감소시키고 명료화하도록 노력할 필요가 있다.

★ **2010년, 2013년 직업상담사 1급**

25 경력 개발에서 특정 조직이나 직업에 얽매이지 않고 각 개인이 인생에서 중요하다고 판단되는 것을 추구하는 것은 무엇인가?

① 프로틴 경력
② 이중 사다리 경력
③ 탐구형 경력
④ 도전형 경력

해설 **[프로틴 경력]**

프로틴은 그리스 신화에서 자신의 의지대로 모습을 변화시킬 수 있는 신인 프로테우스를 의미하는 단어로서 프로틴 경력이란 특정 조직이나 직업에 얽매이지 않고 각 개인이 일과 인생에서 각자가 중요하다고 판단하는 것을 추구하는 것을 말한다.

★★ **2004년, 2010년, 2013년, 2016년, 2017년 직업상담사 1급**

26 Tiedeman의 진로발달이론에 관한 설명으로 틀린 것은?

① 자아정체감이 발달할 때 진로에 적합한 의사결정 능력도 개발된다.
② 자기발달에 역점을 두면서 개인의 전체적인 인지발달과 의사결정을 강조한다.
③ 어떤 직업의 계속된 수용이나 거부 등으로 자신의 의사를 분명히 표현하는 것이 직업선택에서 중요하다.
④ 생애진로 이론을 지지한다.

해설 **[Tiedeman의 진로발달이론]**

㉠ 광범위한 의미에서의 자아발달, 개인의 종합적 인지발달과 의사결정 과정 등을 중점으로 하여 발달 이론을 제시하였다.
㉡ 진로발달은 자아와 관련된 위기를 극복해 나감에 따른 전반적인 인지발달 과정 내에서 발생한다.
㉢ 진로발달 과정에서 가장 중요한 것은 자아정체감의 발달이다.
㉣ 에릭슨의 심리사회적 발달단계의 위기 이론에 영향을 받았다.
㉤ 각 개인들이 자신의 심리사회적 위기를 해결해 나감에 따라서 일에 대한 태도와 자아가 발달한다.
㉥ 자아정체감이 발달하면서 진로관련 의사결정 또한 이루어진다.
㉦ 분화와 통합의 개념을 제시하였는데, 분화는 다양한 직업을 구체적으로 학습함으로써 자아가 발달되는 복잡한 과정이며, 통합은 개인의 고유성이 직업세계의 고유성과 일치하는 것으로 이는 개인의 직업세계로의 통합을 의미한다.
㉧ 의사결정은 연속적 과정이며 개인은 이 과정을 통해서 자신의 진로행동을 변경한다.
㉩ 발달단계에서 중요한 것은 기간과 시기이며, 개인의 자기인식과 통합된 활동의 정도에 따라서 진로의사결정에 걸리는 시간은 달라진다.
㉪ 진로결정과정에서 예상기 혹은 전직업기는 '탐색기 → 구체화기 → 선택기 → 명료화기'로 이루어지고, 실천기 혹은 적응기는 '순응기 → 개혁기 → 통합기'로 이루어진다.

정답 24. ② 25. ① 26. ③

27 Roe가 구분한 3가지 부모-자녀 상호작용 유형 가운데 다음에서 설명하는 것은?

> 자녀가 남보다 뛰어나기를 바라기 때문에 부모는 엄격하게 훈련시킨다.

① 자녀회피(avoidance of the child)
② 자녀수용(acceptance of the child)
③ 자녀에 대한 애정(affection for the child)
④ 자녀에 대한 감정적 집중(emotional concentrate on the child)

해설 [Roe의 부모-자녀 관계 유형]

수용형	• 무관심형 : 수용적으로 대하지만 자녀의 욕구나 필요에 대해 그리 민감하지 않고 또 자녀에게 어떤 것을 잘하도록 강요하지도 않는다. • 애정형 : 온정적이고 관심을 기울이며 자녀의 요구에 응하고 독립심을 길러 주며, 벌을 주기보다는 이성과 애정으로 대한다. 부모자녀 관계가 단단하며, 사려 깊은 격려를 한다.
정서 집중형	• 과보호형 : 자녀를 지나치게 보호함으로써 자녀에게 의존심을 키운다. • 과요구형 : 자녀가 남보다 뛰어나거나 공부를 잘하기를 바라므로 엄격하게 훈련시키고 무리한 요구를 한다.
회피형	• 거부형 : 자녀에 대해 냉담하여 자녀가 선호하는 것이나 의견을 무시하고 부족한 면이나 부적합한 면을 지적하며, 자녀의 욕구를 충족시켜 주려고 하지 않는다. 자녀에 대해 관심이 적고 감정적으로 거부한다. • 무시형(방임형) : 자녀와 별로 접촉하려고 하지 않으며, 부모로서의 책임을 회피하고 방임한다.

28 성취에 대한 보상을 남성과 동등하게 받지 못하는 작업환경에서 일하는 여성들이 받을 수 있는 대표적인 문제는 무엇인가?

① 지적발달의 장애를 준다.
② 자기효능감 개발에 방해를 받게 된다.
③ 원만한 대인관계 형성에 방해를 받게 된다.
④ 작업에 대한 분석능력이 떨어진다.

해설 [Betz의 자기효능감이론]

자기효능감이론은 여성의 진로발달을 자기효능감 개념으로 설명하고자 한 이론이다. 자기효능감 수준이 낮은 여성들은 진로이동, 진로선택에 많은 제약을 받고, 성취에 대한 보상이 남성보다 낮으며, 불평등한 작업환경 때문에 진로자기효능감도 낮다고 보고하였다. 특정 영역의 진로행동에 대하여 낮은 자기효능감과 기대는 가장 적합한 진로를 선택하는 것과 개인의 발전을 손상시킬 가능성이 있다.

29 전직 또는 실직 이후 직업상담의 목표와 가장 거리가 먼 것은?

① 직업훈련이수
② 직업선택 계획에 대한 책임감
③ 직장적응의 문제인식
④ 구직활동 기법

해설 [전직 및 실직에 대비한 직업상담의 목표]

전직 · 실직 전	전직 · 실직 후
• 직업문제 인식	• 충격완화 프로그램
• 자기개념의 구체화를 통한 현실적 자신의 이미지 형성	• 조직문화 인식
• 노동시장에 대한 이해 및 정보수집	• 노동시장 추이 및 전망에 관한 정보수집
• 미래사회에 대한 이해 및 정보수집	• 직업훈련 이수
• 직업선택 계획에 대한 책임감	• 직업에 대한 태도 형성
• 의사결정 능력 배양	• 취업처에 대한 정보 및 의사결정능력
• 협동적 사회행동 추구	• 직장적응의 문제인식
• 전직 · 실직 가능성에 대한 인식	• 미래에 대한 진로경로계획
• 직업훈련 이수에 대한 인식	• 구직활동 시의 기술
• 퇴직준비 프로그램	• 구직활동 기법
• 관련법의 수혜사항 확인	• 직업복귀 프로그램
	• 취직준비 프로그램
	• 관련법의 수혜사항 확인

정답 27. ④   28. ②   29. ②

30 직무설계 과정에서 조직구성원에게 요구되는 "KSAO"를 가장 잘 설명한 것은?

① 지식(knowledge), 기술(skill), 능력(ability), 기타 특성(other characteristics)

② 지식(knowledge), 사회성(social relatedness), 능력(ability), 기타 특성(other characteristics)

③ 지식(knowledge), 사회성(social relatedness), 적성(aptitude), 기타 특성(othercharacteristics)

④ 지식(knowledge), 기술(skill), 적성(aptitude), 기타 특성(other characteristics)

해설 작업자 중심 직무분석은 직무를 수행하는 데 요구되는 지식, 기술, 능력, 경험 등 작업자의 재능에 초점을 둔다. 직무 자체의 내용보다 직무요건 중 특히 인적 요건을 중점적으로 다루는 직무명세서(작업자 명세서, Job Specification)를 작성하는 데 중요한 정보를 제공한다. 작업자 명세서는 직무에서 요구되는 KSAOs, 즉 지식(Knowledge), 기술(Skill), 능력(Ability), 기타 특성(Other Characteristics)을 중심으로 작성하는데 직무에서 요구되는 인적 요건들의 수준이나 유형을 가급적 구체적으로 쓰는 것이 좋다.

31 역사가 오래되어 많은 자료가 수집될 수 있는 직업으로서, 수행하는 작업이 다양하고 직무의 폭이 넓어 단시간의 관찰을 통해서 분석하기 어려운 경우에 가장 적합한 직무분석방법은?

① 데이컴법   ② 비교확인법

③ 최초분석법   ④ 면담법

해설 [직무분석방법]
㉠ 최초분석법 : 분석할 대상 직업에 관한 참고 문헌이나 자료가 드물고, 그 분야에 많은 경험과 지식을 갖춘 사람이 거의 없을 때, 직접 작업 현장을 방문하여 분석을 실시하는 방법을 최초 분석법이라고 한다. 이는 많은 시간과 노력이 소요되므로 비교적 직무 내용이 단순하고 반복되는 작업을 계속하는 경우에 적합하다. 면접법, 관찰법, 녹화법, 체험법, 작업일지법, 설문지법 등이 해당한다.
㉡ 비교확인법 : 이미 역사가 오래되어 많은 자료가 수집될 수 있는 직업으로 수행하는 작업이 다양하고, 직무의 폭이 넓어 단 시간의 관찰을 통해서 분석이

어려운 직업에 적합하다. 지금까지 개발된 각종 자료를 수집하고 분석하여 일단 직무분석 양식에 직무분석가가 초안을 작성한 다음, 현장에 나가 실제 여부를 면담이나 관찰과 같은 최초 분석법으로 확인하는 방법이다.
㉢ 데이컴법(DACUM) : 교과과정을 개발하는 데 활용되어 온 기법으로, 이는 교육 훈련을 목적으로 교육 목표와 교육 내용을 비교적 단시간 내에 추출하는 데 효과적이다. 데이컴은 8~12명의 분석협조자(panel member)로 구성된 데이컴 위원회를 중심으로 쾌적한 장소에 모여 2박 3일 정도의 집중적인 워크숍으로 데이컴 차트를 완성함으로써 작업을 마친다.

32 다음 중 Holland의 성격유형 이론의 단점과 가장 거리가 먼 것은?

① 남녀 차별의 요소가 있다.

② 성격발달 과정에 대한 설명이 미흡하다.

③ 구체적인 상담 과정과 기법을 제시하지 않는다.

④ 직업요인을 분석하는데 도움이 되지 않는다.

해설 [홀랜드 성격(인성)이론의 단점]
㉠ 성격만이 편파적으로 강조되어 여러 가지 다른 중요한 개인적·환경적 요인이 도외시되고 있다.
㉡ 진로상담에 적용할 수 있는 구체적인 절차를 제공해 주지 못하고 있다. 특히 상담자가 내담자와의 대면관계에서 사용할 수 있는 상담과정과 기법에 관한 가이드가 부족하다.
㉢ 홀랜드의 모형을 측정하는 검사 도구는 아직 성적 편파(gender bias)적인 문제를 해결하지 못하고 있다. 예를 들면, 검사 도구에서 현실형과 탐구형에 여성적인 직업을 많이 배제하고, 사회형이나 관습형에 다수 나열함으로써 여성이 제한된 직업선택을 하도록 유도할 수 있다.
㉣ 성격요인을 중요시하면서도 성격의 발달과정에 대한 설명이 결여되어 있다. 즉, 개인이 왜 그러한 성격을 갖게 되었으며, 성격이 어떻게 변화하는가에 대한 설명이 부족하다.
㉤ 사람들이 자신이 처한 환경 또는 자기 자신을 변화시킬 수 있는 가능성을 지녔음에도 불구하고, 이러한 점을 고려하지 않았다. 즉, 자신의 성격에 맞지 않는 직업 환경을 선택하더라도 자신의 특성을 수정하거나 직업 환경을 개조함으로써 자신의 역할을 잘 수행해 나갈 수 있는 가능성이 있다는 사실을 외면하고 있다.

정답 30. ①   31. ②   32. ④

33 다음 중 특정 검사점수의 해석에 필요한 규준(Norm)을 얻는 방법으로 틀린 것은?

① 표준화 집단에서 특정 원점수 이하에 떨어지는 사례의 비율을 구한다.

② 정상분포를 이루는 점수들의 표준편차를 이용하여 개인 점수가 평균으로 벗어난 정도를 구한다.

③ 소규모의 집단에서 얻어진 원점수를 비교한다.

④ 개인의 점수를 규준집단에 있는 사람들의 연령과 비교하여 몇 살에 해당되는지 해석한다.

해설 [규준]

• 심리검사의 규준들은 절대적이거나 보편적인 것이 아니며 영구적인 것도 아니다.

• 규준은 기본적으로 특정의 모집단을 대표하는 표본을 구성하고 이들에게 검사를 실시해서 얻은 점수를 체계적으로 분석해서 만드는데, 이 때 규준제작을 위해 검사를 실시하는 표본을 규준집단 또는 표준화집단이라고 한다.

• 규준집단을 구성할 때 가장 중요한 것은 모집단에 대한 대표성을 확보할 수 있는 표본 추출 방법을 이용하는 것이다.

34 규준에 대한 설명으로 틀린 것은?

① 심리검사 점수의 상대적 측정치는 규준에 비추어 산출되기 때문에 대표집단 내에서 이 수치가 나타내는 위치를 파악할 수 있다.

② 규준은 특정 모집단을 대표하는 표본을 구성하고 이들에게 검사를 실시하여 얻은 점수를 체계적으로 분석해서 만든다.

③ 규준집단을 대상으로 실시한 점수들을 규준표로 만드는 방법은 검사의 특징이나 목적에 따라 달라진다.

④ 규준해석 시 규준은 절대적인 것이기 때문에 항상 규준에 맞추어 해석을 해야 한다.

해설 [규준]

• 심리검사의 규준들은 절대적이거나 보편적인 것이 아니며 영구적인 것도 아니다.

• 규준은 기본적으로 특정의 모집단을 대표하는 표본을 구성하고 이들에게 검사를 실시해서 얻은 점수를 체계적으로 분석해서 만드는데, 이 때 규준제작을 위해 검사를 실시하는 표본을 규준집단 또는 표준화집단이라고 한다.

• 규준집단을 구성할 때 가장 중요한 것은 모집단에 대한 대표성을 확보할 수 있는 표본 추출 방법을 이용하는 것이다.

35 직무만족 이론 중 2요인이론(two-factor theory)에 관한 설명으로 틀린 것은?

① Herzberg가 정립한 이론으로 Maslow의 욕구위계이론과 유사하다.

② 일반적으로 일의 내용은 위생요인이며 작업환경의 여러 특징은 동기요인이다.

③ 낮은 수준의 요구가 만족되지 않으면 결과적으로 직무 불만족이 발생하나 그 역은 성립하지 않는다.

④ 동기요인은 주로 직무만족과 관련되고 위생요인은 직무 불만족과 관련된다.

해설 [Herzberg의 동기-위생 이론]

㉠ 이론의 기본 전제는 작업장에서 동기의 근본적인 원천은 사람들의 작업내용이라는 것이다.

㉡ 위생요인(hygiene factor) : 급여, 복리후생, 동료와의 관계, 물리적 작업환경 등으로 종업원의 업무내용을 제외한 모든 작업환경적 측면들로서 이 요인들은 종업원들이 불만족을 느끼는 것과 관련이 있지만 그들의 동기를 진정으로 강하게 하는 힘은 없기 때문에 이를 위생 요인이라 명명하였다.

㉢ 동기요인(motivators) : 기본적으로 개인의 직무내용에 존재하며 직무 자체가 갖는 도전의 정도, 작업과제를 실행하는 데 가지는 자율성의 정도, 얼마나 그 직무가 본질적으로 흥미로운지(내적 흥미), 창의성 발현의 기회와 같은 것들을 포함하며 이들은 수행에 대하여 내재적 지향성을 일으킨다.

정답 33. ③ 34. ④ 35. ②

★★ 2013년, 2014년, 2020년 직업상담사 1급

36 Holland 이론의 주요 개념에 관한 설명으로 가장 적합한 것은?

① 정체성 : 자신의 목표, 흥미, 재능에 대한 명확하고 견고한 청사진을 가지고 있다.
② 계측성 : 특정 유형에 속하는 특성들은 다른 유형에서는 별로 나타나지 않는다.
③ 일관성 : 사람들은 자신의 특성과 비슷한 환경에서 능력을 최대한 발휘한다.
④ 일치성 : 여섯 유형 중 어떤 유형들 간에는 다른 유형들보다 더 많은 공통점이 있다.

해설 **[Holland 이론의 주요 개념]**
㉠ 정체성 : 자신의 목표, 흥미, 재능에 대한 명확하고 견고한 청사진을 가지고 있다.
㉡ 변별성 : 특정 유형에 속하는 특성들은 다른 유형에서는 별로 나타나지 않는다.
㉢ 일치성 : 사람들은 자신의 특성과 비슷한 환경에서 능력을 최대한 발휘한다.
㉣ 일관성 : 여섯 유형 중 어떤 유형들 간에는 다른 유형들보다 더 많은 공통점이 있다.
㉤ 계측성 : 육각형 모형에서 유형 간의 거리는 그 사이의 이론적 관계에 반비례한다.

★★ 2014년, 2017년 직업상담사 1급

37 Lofquist와 Dawis의 직업적응이론에서 직업성격적 차원이 아닌 것은?

① 민첩성
② 역량
③ 지구력
④ 융통성

해설 **[직업적응이론의 성격양식의 4가지 차원]**
개인과 환경은 서로 그 특성에 따라 만족감을 확인하고 그것을 높이기 위해 노력하는데, 직업적응이론은 그러한 상호작용하는 전형적이고 일시적인 특성을 다음과 같이 4가지 성격유형 요소로 제안하고 있다.
㉠ 민첩성(celerity) : 개인의 반응속도, 과제를 얼마나 일찍 완성하느냐와 관계되는 것으로 정확성보다는 속도를 중시한다. 민첩성이 없다는 것은 반응의 신중함, 지연, 반응의 긴 잠재기를 뜻한다.
㉡ 속도/역량(pace) : 개인의 에너지 소비량, 또는 작업자의 평균 활동 수준을 의미한다.
㉢ 리듬(rhythm) : 활동에 대한 다양성을 의미한다.
㉣ 지구력(endurance) : 개인이 환경과 상호작용하는 시간의 양, 즉 다양한 활동수준의 기간을 의미한다.

★★ 2021년 직업상담사 1급

38 신뢰도에 관한 설명으로 옳은 것은?

① 검사가 측정하고자 하는 개념에 맞는 내용으로 되어 있는가를 의미한다.
② 검사의 결과가 얼마나 안정적인지를 의미한다.
③ 측정하고자 하는 구성개념을 얼마나 잘 측정하고 있는지를 의미한다.
④ 검사의 결과가 피검자의 미래의 행동을 얼마나 정확하게 예언하는가를 의미한다.

해설 **[신뢰도의 의미]**
• 신뢰도란 믿을 수 있는 정도를 말한다. 검사의 신뢰도란 검사를 동일한 사람에게 실시했을 때, 검사조건이나 검사 시기에 관계 없이 점수들이 얼마나 일관성이 있는가, 비슷한 것을 측정하는 다른 검사의 점수와 얼마나 일관성이 있는가 하는 것을 말한다. 즉, 검사 결과가 얼마나 안정적인지를 의미한다.
• 넓은 의미의 검사 신뢰도는 검사점수의 개인차가 정말 차이가 있어서 나타난 것이냐 아니면 우연적인 오차에 의해서 나타난 것이냐의 정도를 뜻한다.

★★★ 2012년, 2015년, 2018년, 2021년 직업상담사 1급

39 진로발달이론 중 인지적 정보처리 관점의 주요 전제가 아닌 것은?

① 진로선택은 독립적인 인지적, 정의적 과정의 결과이다.
② 진로를 선택한다는 것은 하나의 문제해결 활동이다.
③ 동기의 근원을 앎으로써 자신을 이해하고 만족스런 진로선택을 하려는 욕망을 갖는다.
④ 진로정체성(career identity)은 자기지식에 의존한다.

정답 36. ① 37. ④ 38. ② 39. ①

해설 **[인지적 정보처리이론의 주요 전제]**

인지적 정보처리이론의 주요 전제는 10개의 가정에 기초한다. 이는 진로개입의 주요 책략들이 학습기회를 제공함으로써 개인의 처리능력을 발전시킬 수 있다는 데 있다.

- ㉠ 진로선택은 인지적 및 정의적 과정들의 상호작용의 결과이다.
- ㉡ 진로를 선택한다는 것은 하나의 문제해결 활동이다.
- ㉢ 진로 문제해결자의 잠재력은 지식은 물론이고 인지적 조작의 가용성에 의존한다.
- ㉣ 진로 문제해결은 고도의 기억력을 요하는 과제이다.
- ㉤ 동기의 근원을 앎으로써 자신을 이해하고 만족스런 진로선택을 하려는 욕망을 갖는다.
- ㉥ 진로발달은 지식구조의 끊임없는 성장과 변화를 포함한다.
- ㉦ 진로 정체성은 자기지식에 의존한다.
- ◎ 진로성숙은 진로문제를 해결할 수 있는 자신의 능력에 의존한다.
- ㉧ 진로상담의 최종목표는 정보처리 기술들의 신장을 촉진시킴으로써 달성된다.
- ㉨ 진로상담의 최종목표는 진로문제 해결자이고 의사결정자인 내담자의 잠재력을 증진시킴에 있다.

2014년, 2019년 직업상담사 1급

40 직무평가에 관한 설명으로 가장 적합한 것은?

① 직무평가란 개인이 담당하는 여러 과업들을 상대적인 중요도로 평가하는 것이다.
② 직무평가는 인사고과평정의 한 가지 방법이다.
③ 직무평가는 직무들의 상대적 가치를 결정하는데 유용한 절차로 임금수준을 결정하도록 해준다.
④ 직무평가는 업무분장을 분명하게 하기 위해 실시하는 방법이다.

해설 **[직무평가의 의미]**

- 직무평가는 직무분석에 의하여 파악된 직무내용과 이를 수행하기 위하여 필요한 직임조건을 기초로 하여 개개의 직무가 조직 내에서 가지는 상대적 중요도 및 가치를 비교·평가하여 결정하는 체계적인 과정을 말한다.
- 직무평가에 의하여 각 직무는 그 질과 양이 채점되며 그것에 의하여 직무의 상대적 가치가 결정되고 그 가치에 따라 설정된 임금 격차는 공정·타당하다고 일반적으로 확정된다.

제3과목 고급 직업정보론

2017년, 2021년 직업상담사 1급

41 직업상담사 A씨는 직업정보를 수집하기 위한 설문지를 작성하였다. 개별적인 질문 문항이 결정된 이후 응답자에게 제시하는 질문순서에 대한 설명으로 틀린 것은?

① 개인 사생활에 관한 질문과 같이 민감한 질문은 가급적 뒤로 배치하는 것이 좋다.
② 질문내용은 가급적 구체적인 용어로 표현하는 것이 좋다.
③ 특수한 것을 먼저 묻고 그 다음에 일반적인 것을 질문하도록 하는 것이 좋다.
④ 질문은 논리적인 순서에 따라 자연스럽게 배치하는 것이 좋다.

해설 **[설문지 질문 어구 구성 시 고려사항]**

- 질문내용은 가급적 구체적인 용어로 표현하는 것이 좋다.
- 질문은 보편적이고 상용적인 언어를 사용하여 응답자가 정확히 파악할 수 있도록 해야 한다.
- 질문은 객관적이어야 하며, 긍정적 혹은 부정적이어서 어느 한 방향으로 치우쳐서는 안 된다.
- 질문 용어는 가치중립적인 것을 사용해야 한다.
- 위험한 용어나 인기용어 등은 피해야 한다.
- 애매하거나 막연한 내용이 포함되지 않도록 하는 것이 좋다.
- 문항의 수는 필요한 범위 내에서 최소로 해야 한다.
- 이중질문이나 유도질문은 피해야 한다.
- 찬반의 응답 선택의 수가 균형이 잡히도록 하며, 객관식 문항의 응답 항목은 상호배타적이어야 한다.
- 이중부정의 표현은 응답자가 잘못 읽기 쉽기 때문에 가급적 사용하지 않는 것이 좋다.

[설문지 질문 문항 순서 결정 시 고려사항]

- 질문은 논리적인 순서에 따라 자연스럽게 배치하는 것이 좋다.
- 일반적인 것을 먼저 묻고 그 다음에 특수한 것을 질문하도록 하는 것이 좋다.
- 개인사생활에 관한 질문과 같이 민감한 질문이나 개방형 질문은 가급적 뒤로 배치하는 것이 좋다.
- 첫 질문은 간단하고 흥미 있는 질문이 좋으며 응답자가 쉽게 대답할 수 있는 질문으로 하는 것이 좋다.
- 간단한 항목에서 복잡한 항목으로 질문하는 것이 좋다.
- 중요한 질문은 앞부분에 배치하는 것이 좋다.
- 신뢰도를 측정하기 위한 질문문항들은 분리하여 배치해야 한다.
- 응답의 지루함을 없애기 위해 질문 항목들의 길이와 유형들을 다양하게 배치하는 것이 좋다.
- 질문 항목에 해당하는 사람에게만 질문이 적용되는 방식인 여과질문을 적절하게 배치하여 사용한다.

42 한국표준직업분류에서 다음 사례에 해당하는 포괄적인 업무에 대한 직업분류 원칙은?

> 빵을 굽는 제빵원이 빵을 제조하고 이를 판매하였다면 판매원으로 구분하지 않고 제빵원으로 분류한다.

① 최상급 직능수준 우선의 원칙
② 최초업무 우선 원칙
③ 수적우위 우선 원칙
④ 생산업무 우선 원칙

해설 [포괄적인 업무에 대한 직업분류 원칙]
동일한 직업이라 할지라도 사업체 규모에 따라 직무범위에 차이가 날 수 있다. 예를 들면 소규모 사업체에서는 음식조리와 제공이 하나의 단일 직무로 되어 조리사의 업무로 결합될 수 있는 반면에, 대규모 사업체에서는 이들이 별도로 분류되어 독립적인 업무로 구성될 수 있다. 직업분류는 국내외적으로 가장 보편적인 업무의 결합상태에 근거하여 직업 및 직업군을 결정한다. 따라서 어떤 직업의 경우에 있어서는 직무의 범위가 분류에 명시된 내용과 일치하지 않을 수도 있다. 이러한 경우 다음과 같은 순서에 따라 분류원칙을 적용한다.

㉠ **주된 직무 우선 원칙** : 2개 이상의 직무를 수행하는 경우는 수행되는 직무내용과 관련 분류 항목에 명시된 직무내용을 비교·평가하여 관련 직무 내용상의 상관성이 가장 많은 항목에 분류한다. 예를 들면 교육과 진료를 겸하는 의과대학 교수는 강의, 평가, 연구 등과 진료, 처치, 환자상담 등의 직무내용을 파악하여 관련 항목이 많은 분야로 분류한다.

㉡ **최상급 직능수준 우선 원칙** : 수행된 직무가 상이한 수준의 훈련과 경험을 통해서 얻어지는 직무능력을 필요로 한다면, 가장 높은 수준의 직무능력을 필요로 하는 일에 분류하여야 한다. 예를 들면 조리와 배달의 직무비중이 같을 경우에는, 조리의 직능 수준이 높으므로 조리사로 분류한다.

㉢ **생산업무 우선 원칙** : 재화의 생산과 공급이 같이 이루어지는 경우는 생산단계에 관련된 업무를 우선적으로 분류한다. 예를 들면 한 사람이 빵을 생산하여 판매도 하는 경우에는, 판매원으로 분류하지 않고 제빵원으로 분류하여야 한다.

43 고용정보 수집을 위해 집단조사법을 활용할 때의 설명으로 틀린 것은?

① 개별조사와 비교하여 비용과 시간을 절약하고 동일성을 확보할 수 있다.
② 학교나 기업체, 군대 등의 조직체 구성원을 조사할 때 유용하다.
③ 조사대상에 따라서는 집단을 대상으로 한 면접방식과 자기기입방식을 조합하여 실시하기도 한다.
④ 주위의 응답자들과 의논할 수 있어 왜곡된 응답을 줄일 수 있다.

해설 집단조사법은 조사대상자를 한자리에 모아 조사표를 배포한 다음, 조사자가 설명을 덧붙여, 대상자로 하여금 기입하게 하는 방법으로서 시간과 경비의 절감과 기입상의 지시가 철저하다는 장점이 있지만 일종의 집단효과가 작용하는 데에 주의할 필요가 있다. 즉, 주위의 응답자들과 의논하는 등의 행위로 인해 왜곡된 응답 가능성이 있다.

44 한국표준산업분류의 산업분류 적용원칙으로 틀린 것은?

① 생산단위는 산출물뿐만 아니라 투입물과 생산공정 등을 함께 고려하여 그들의 활동을 가장 정확하게 설명한 항목에 분류한다.
② 산업활동이 결합되어 있는 경우에는 그 활동단위의 주된 활동에 따라 분류한다.
③ 자기가 생산한 재화와 구입한 재화를 함께 판매한다면 그 주된 활동에 따라 분류한다.
④ 공식적 생산물과 비공식적 생산물은 별도로 분류한다.

해설 [한국표준산업분류의 산업분류의 적용원칙]
(1) 생산단위는 산출물뿐만 아니라 투입물과 생산공정 등을 함께 고려하여 그들의 활동을 가장 정확하게 설명된 항목에 분류해야 한다.
(2) 복합적인 활동단위는 우선적으로 최상급 분류단계(대분류)를 정확히 결정하고, 순차적으로 중·소·세·세세분류 단계 항목을 결정하여야 한다.
(3) 산업활동이 결합되어 있는 경우에는 그 활동단위의 주된 활동에 따라서 분류하여야 한다.

정답 42. ④ 43. ④ 44. ④

(4) 수수료 또는 계약에 의하여 활동을 수행하는 단위는 동일한 산업활동을 자기계정과 자기책임 하에서 생산하는 단위와 같은 항목에 분류하여야 한다.

(5) 자기가 직접 실질적인 생산활동은 하지 않고, 다른 계약업자에 의뢰하여 재화 또는 서비스를 자기계정으로 생산하게 하고, 이를 자기명의로, 자기 책임 아래 판매하는 단위는 이들 재화나 서비스 자체를 직접 생산하는 단위와 동일한 산업으로 분류하여야 한다. 다만, 제조업의 경우에는 이들 이외에 제품의 성능 및 기능, 고안 및 디자인, 원재료 구성 설계, 견본 제작 등에 중요한 역할을 하고 자기계정으로 원재료를 제공하여야 한다.

(6) 각종 기계장비 및 용품의 개량, 개조 및 재제조 등 재생활동은 일반적으로 그 기계장비 및 용품 제조업과 동일 산업으로 분류하지만, 산업 규모 및 중요성 등을 고려하여 별도의 독립된 분류에서 구성하고 있는 경우에는 그에 따른다.

(7) 자본재로 주로 사용되는 산업용 기계 및 장비의 전문적인 수리활동은 경상적인 유지·수리를 포함하여 "34 : 산업용 기계 및 장비 수리업"으로 분류한다. 자본재와 소비재로 함께 사용되는 컴퓨터, 자동차, 가구류 등과 생활용품으로 사용되는 소비재 물품을 전문적으로 수리하는 산업활동은 "95 : 개인 및 소비용품 수리업"으로 분류한다. 다만, 철도 차량 및 항공기 제조 공장, 조선소에서 수행하는 전문적인 수리활동은 해당 장비를 제조하는 산업활동과 동일하게 분류하며, 고객의 특정 사업장 내에서 건물 및 산업시설의 경상적인 유지관리를 대행하는 경우는 "741 : 사업시설 유지관리 서비스업"에 분류한다.

(8) 동일 단위에서 제조한 재화의 소매활동은 별개 활동으로 분류하지 않고 제조활동으로 분류되어야 한다. 그러나 자기가 생산한 재화와 구입한 재화를 함께 판매한다면 그 주된 활동에 따라 분류한다.

(9) "공공행정 및 국방, 사회보장 사무" 이외의 교육, 보건, 제조, 유통 및 금융 등 다른 산업활동을 수행하는 정부기관은 그 활동의 성질에 따라 분류하여야 한다. 반대로, 법령 등에 근거하여 전형적인 공공행정 부문에 속하는 산업활동을 정부기관이 아닌 민간에서 수행하는 경우에는 공공행정 부문으로 포함한다.

(10) 생산단위의 소유 형태, 법적 조직 유형 또는 운영 방식은 산업분류에 영향을 미치지 않는다. 이런 기준은 경제활동 자체의 특징과 관련이 없기 때문이다. 즉, 동일 산업활동에 종사하는 경우, 법인, 개인 사업자 또는 정부기업, 외국계 기업 등인지에 관계없이 동일한 산업으로 분류한다.

(11) 공식적 생산물과 비공식적 생산물, 합법적 생산물과 불법적인 생산물을 달리 분류하지 않는다.

45 한국표준직업분류에서 대분류 A(군인)에 관한 설명으로 틀린 것은?

① 군인은 수행된 일의 형태에 따라 분류되어야 한다는 일반원칙에 따라 대분류 A에 분류된다.

② 의무 복무 여부를 불문하고 현재 군인 신분을 유지하고 있는 군인을 말한다.

③ 이 대분류에 포함되는 대부분의 직업은 제2수준 이상의 직무능력을 필요로 한다.

④ 국가의 요청에 따라 단기간 군사훈련 또는 재훈련을 위해 일시적으로 소집된 자 및 예비군은 제외된다.

해설 [한국표준직업분류의 대분류 A 군인]
의무 복무 여부를 불문하고 현재 군인 신분을 유지하고 있는 군인을 말한다. 직업 정보 취득의 제약 등 특수 분야이므로 직무를 기준으로 분류하는 것이 아니라, 계급을 중심으로 분류하였다. 국방과 관련된 정부기업에 고용된 민간인, 국가의 요청에 따라 단기간 군사훈련 또는 재훈련을 위해 일시적으로 소집된 자 및 예비군은 제외된다. 이 대분류에 포함되는 대부분의 직업은 제2수준 이상의 직무능력을 필요로 한다.

46 한국표준산업분류(제10차) 주요 개정 내용에 관한 설명으로 틀린 것은?

① 제조업에서 원모피 가공업은 의복, 의복 액세서리 및 모피제품 제조업에서 가죽, 가방 및 신발 제조업으로 이동

② 전기, 가스, 증기 및 공기조절 공급업에서 산업 성장세를 고려하여 태양력 발전업을 신설

③ 금융 및 보험업에서 산업 규모를 고려하여 상호저축은행 및 기타 저축기관을 통합

④ 어업에서 해수면은 해면으로, 수산 종자는 수산 종묘로 명칭을 변경

해설 한국표준산업분류(제10차) 주요 개정 내용 중 대분류 A. 농업, 임업 및 어업 대분류 항목에서 '어업에서 해면은 해수면으로, 수산 종묘는 수산 종자로 명칭을 변경'하였다고 제시하고 있다.

정답 45. ①　46. ④

부록 I

★ **2019년 직업상담사 1급**

47 다음 설명에 해당하는 것은?

- 산업현장의 실무형 인재육성을 위해 기업이 채용한 근로자에게 NCS 기반의 체계적인 교육훈련을 제공하여 기업맞춤형 인재육성을 지원하는 제도
- 취업준비생과 기업 간 '인력 미스매치'현상을 줄이기 위해 도입된 제도로 독일·스위스식 도제제도를 국내실정에 맞게 설계

① 실업자훈련　　　　② 일학습병행
③ 재직자훈련　　　　④ 과정평가형자격

해설 **일학습병행제**는 산업현장에서 요구하는 실무형 인재를 기르기 위해 기업이 취업을 원하는 청년 등을 학습근로자로 채용하여 기업 현장(또는 학교 등의 교육기관)에서 장기간의 체계적인 교육을 제공하고, 교육훈련을 마친 자의 역량을 국가(또는 해당 산업계)가 평가하여 자격을 인정하는 제도이다. 독일·스위스식 도제제도를 한국에 맞게 설계한 도제식 교육훈련제도이며, 산업계 주도로 기업현장에서 현장교사(트레이너)가 국가직무능력표준(NCS) 기반의 교육훈련프로그램과 현장훈련교재에 따라 일을 함과 동시에 공동훈련센터 등에서 이론교육을 시킨 후 산업계의 평가를 통해 자격 또는 학위를 부여하는 교육훈련제도를 말한다.

★ **2019년 직업상담사 1급**

48 2019 한국직업전망의 일자리 전망결과(세분류 수준)가 '증가(다소 증가 포함)'에 해당하는 직업명이 아닌 것은?

① 간병인　　　　　② 항공기조종사
③ 지리정보전문가　　④ 비파괴검사원

해설 **[2019 한국직업전망의 직종별 일자리 전망 결과(증가와 다소 증가)]**

전망	직업명
증가 (19)	**간병인**, 간호사, 간호조무사, 네트워크시스템개발자, 물리 및 작업치료사, 변리사, 변호사, 사회복지사, 생명과학연구원, 산업안전 및 위험관리원, 수의사, 에너지공학기술자, 의사, 치과의사, 컴퓨터보안전문가, 한식목공, 한의사, 항공기 객실승무원, **항공기조종사**

전망	직업명
다소 증가 (69)	감독 및 연출자, 경영 및 진단전문가(경영컨설턴트), 경찰관, 경호원, 관제사, 광고 및 홍보전문가, 기자, 냉난방관련설비조작원, 노무사, 대중가수 및 성악가, 데이터베이스 개발자, 도시 및 교통설계전문가, 만화가 및 애니메이터, 미용사, 방사선사, 방송 및 통신장비설치수리원, 배우 및 모델, 법률관련 사무원, 보육교사, 보험 및 금융상품개발자, 사서 및 기록물관리사, 사회과학연구원, 시민단체운동가, 상담전문가 및 청소년지도사, 상품기획전문가, 석유화학물가공장치조작원, 세무사, 소방관, 손해사정사, 스포츠 및 레크리에이션강사, 시스템소프트웨어개발자, 식품공학기술자 및 연구원, 안경사, 애완동물미용사, 약사 및 한약사, 여행서비스관련종사자, 연예인 및 스포츠매니저, 영양사, 운송장비정비원, 웹 및 멀티미디어기획자, 웹 및 멀티미디어디자이너, 응급구조사, 응용소프트웨어개발자, 보건의료정보관리사, 인문과학연구원, 임상병리사, 임상심리사, 자동차 및 자동차부분품조립원, 작가, 전기 및 전자설비조작원, 전기광학기술자, 전자공학기술자, 정보시스템운영자, 제조공장부품조립원, **지리정보전문가**, 직업상담사 및 취업알선원, 치과기공사, 치과위생사, 컴퓨터시스템설계 및 분석가, 컴퓨터하드웨어기술자 및 연구원, 큐레이터 및 문화재보존원, 택배원, 판사 및 검사, 피부미용사 및 체형관리사, 행사기획자, 화학공학기술자, 환경공학기술자, 환경관련장치조작원, 회계사

★★ **2012년, 2015년, 2019년 직업상담사 1급**

49 응시자격에 제한이 있는 국가기술자격 종목은?

① 임상심리사 2급　　② 컨벤션기획사 2급
③ 텔레마케팅관리사　　④ 사회조사분석사 2급

해설 **[응시자격에 제한이 있는 국가기술자격 종목(서비스분야)]**

등급	응시자격
직업상담사 1급 사회조사분석사 1급	다음 각 호의 어느 하나에 해당하는 사람 1. 해당 종목의 2급 자격을 취득한 후 해당 실무에 2년 이상 종사한 사람 2. 해당 실무에 3년 이상 종사한 사람
소비자전문상담사 1급	다음 각 호의 어느 하나에 해당하는 사람 1. 해당 종목의 2급 자격취득 후 소비자상담 실무경력 2년 이상인 사람 2. 소비자상담 관련 실무경력 3년 이상인 사람 3. 외국에서 동일한 종목에 해당하는 자격을 취득한 사람

정답 47. ②　48. ④　49. ①

등급	응시자격
컨벤션기획사 1급	다음 각 호의 어느 하나에 해당하는 사람 1. 해당 종목의 2급 자격을 취득한 후 응시하려는 종목이 속하는 동일 직무분야(별표 2에 따른 유사직무분야를 포함한다. 이하 "동일 및 유사직무분야"라 한다)에서 3년 이상 실무에 종사한 사람 2. 응시하려는 종목이 속하는 동일 및 유사직무분야에서 4년 이상 실무에 종사한 사람 3. 외국에서 동일한 종목에 해당하는 자격을 취득한 사람
임상심리사 1급	다음 각 호의 어느 하나에 해당하는 사람 1. 임상심리와 관련하여 2년 이상 실습수련을 받은 사람 또는 4년 이상 실무에 종사한 사람으로서 심리학 분야에서 석사학위 이상의 학위를 취득한 사람 및 취득 예정자 2. 임상심리사 2급 자격 취득 후 임상심리와 관련하여 5년 이상 실무에 종사한 사람 3. 외국에서 동일한 종목에 해당하는 자격을 취득한 사람
임상심리사 2급	다음 각 호의 어느 하나에 해당하는 사람 1. 임상심리와 관련하여 1년 이상 실습수련을 받은 사람 또는 2년 이상 실무에 종사한 사람으로서 대학졸업자 및 그 졸업예정자 2. 외국에서 동일한 종목에 해당하는 자격을 취득한 사람
국제의료관광 코디네이터	공인어학성적 기준요건을 충족하고, 다음 각 호의 어느 하나에 해당하는 사람 1. 보건의료 또는 관광분야의 학과로서 고용노동부장관이 정하는 학과(이하 "관련학과"라 한다)의 대학졸업자 또는 졸업예정자 2. 2년제 전문대학 관련학과 졸업자 등으로서 졸업 후 보건의료 또는 관광분야에서 2년 이상 실무에 종사한 사람 3. 3년제 전문대학 관련학과 졸업자 등으로서 졸업 후 보건의료 또는 관광분야에서 1년 이상 실무에 종사한 사람 4. 보건의료 또는 관광분야에서 4년 이상 실무에 종사한 사람 5. 관련자격증(의사, 간호사, 보건교육사, 관광통역안내사, 컨벤션기획사 1·2급)을 취득한 사람

★★★ 2009년, 2013년, 2016년 직업상담사 1급

50 한국표준산업분류에서 통계단위의 산업결정 방법에 대한 설명으로 틀린 것은?

① 생산단위의 산업활동은 그 생산단위가 수행하는 주된 산업활동의 종류에 따라 결정된다.

② 단일사업체의 보조단위는 그 사업체의 일개 부서로 포함한다.

③ 계절에 따라 정기적으로 산업을 달리하는 사업체의 경우에는 조사시점에서 경영하는 사업의 활동에 의해 분류한다.

④ 휴업 중 또는 자산을 청산중인 사업체의 산업은 영업 중 또는 청산을 시작하기 이전의 산업활동에 의해 결정한다.

해설 **[한국표준산업분류의 통계단위의 산업결정 방법]**

(1) 생산단위의 산업활동은 그 생산단위가 수행하는 주된 산업활동(판매 또는 제공하는 재화 및 서비스)의 종류에 따라 결정된다. 이러한 주된 산업활동은 산출물(재화 또는 서비스)에 대한 부가가치(액)의 크기에 따라 결정되어야 하나, 부가가치(액) 측정이 어려운 경우에는 산출액에 의하여 결정한다.

(2) 상기의 원칙에 따라 결정하는 것이 적합하지 않을 경우에는 그 해당 활동의 종업원 수 및 노동시간, 임금 및 급여액 또는 설비의 정도에 의하여 결정한다.

(3) 계절에 따라 정기적으로 산업을 달리하는 사업체의 경우에는 조사 시점에서 경영하는 사업과는 관계없이 조사대상 기간 중 산출액이 많았던 활동에 의하여 분류한다.

(4) 휴업 중 또는 자산을 청산중인 사업체의 산업은 영업 중 또는 청산을 시작하기 이전의 산업활동에 의하여 결정하며, 설립 중인 사업체는 개시하는 산업활동에 따라 결정한다.

(5) 단일사업체의 보조단위는 그 사업체의 일개 부서로 포함하며, 여러 사업체를 관리하는 중앙 보조단위(본부, 본사 등)는 별도의 사업체로 처리한다.

★★ 2017년 직업상담사 1급

51 한국표준산업분류에서 재무관련 통계작성에 가장 유용한 통계단위는?

① 사업체 ② 사업장

③ 기업체 ④ 영업장

정답 50. ③　51. ③

해설 **[한국표준산업분류의 통계단위]**

(1) 개념

통계단위란 생산단위의 활동(생산, 재무활동 등)에 관한 통계작성을 위하여 필요한 정보를 수집 또는 분석할 대상이 되는 관찰 또는 분석단위를 말한다. 관찰단위는 산업활동과 지리적 장소의 동질성, 의사결정의 자율성, 자료수집 가능성이 있는 생산단위가 설정되어야 한다. 생산활동과 장소의 동질성의 차이에 따라 통계단위는 다음과 같이 구분된다.

구분	하나 이상 장소	단일 장소
하나 이상 산업활동	기업집단 단위	지역 단위
	기업체 단위	
단일 산업활동	활동유형 단위	사업체 단위

* 하나의 기업체 또는 기업집단을 전제함

(2) 사업체 단위 정의

사업체 단위는 공장, 광산, 상점, 사무소 등과 같이 산업활동과 지리적 장소의 양면에서 가장 동질성이 있는 통계단위이다. 이 사업체 단위는 일정한 물리적 장소에서 단일 산업활동을 독립적으로 수행하며, 영업 잉여에 관한 통계를 작성할 수 있고 생산에 관한 의사결정에 있어서 자율성을 갖고 있는 단위이므로 장소의 동질성과 산업활동의 동질성이 요구되는 생산통계 작성에 가장 적합한 통계단위라고 할 수 있다. 그러나 실제 운영면에서 사업체 단위에 대한 정의가 엄격하게 적용될 수 있는 것은 아니다. 실제 운영상 사업체 단위는 "일정한 물리적 장소 또는 일정한 지역 내에서 하나의 단일 또는 주된 경제활동에 독립적으로 종사하는 기업체 또는 기업체를 구성하는 부분단위"라고 정의할 수 있다. 한편, 기업체 단위란 재화 및 서비스를 생산하는 법적 또는 제도적 단위의 최소 결합체로서 자원 배분에 관한 의사결정에서 자율성을 갖고 있다. **기업체는 하나 이상의 사업체로 구성될 수 있다는 점에서 사업체와 구분되며, 재무관련 통계 작성에 가장 유용한 단위이다.**

52 다음 중 경제활동인구조사에서 비임금근로자에 해당되지 않는 것은?

① 임시근로자

② 고용원이 있는 자영업자

③ 고용원이 없는 자영업자

④ 무급가족종사자 형태의 근로자

해설 **[경제활동인구조사의 종사상 지위]**

종사상 지위는 취업자가 실제로 일하고 있는 신분 또는 지위상태를 의미한다.

---

(1) 임금근로자

① **상용근로자** : 고용계약설정자는 고용계약기간이 1년 이상인 경우, 고용계약미설정자는 소정의 채용절차에 의해 입사하여 인사관리 규정을 적용받는 사람

② **임시근로자** : 고용계약설정자는 고용계약기간이 1개월 이상 1년 미만인 경우, 고용계약미설정자는 일정한 사업(완료 1년 미만)의 필요에 의해 고용된 경우

③ **일용근로자** : 고용계약기간이 1개월 미만인 자 또는 매일매일 고용되어 근로의 대가로 일급 또는 일당제 급여를 받고 일하는 자 등

(2) 비임금근로자 (자영업자, 무급가족종사자)

① **고용원이 있는 자영업자** : 한 사람 이상의 유급 고용원을 두고 사업을 경영하는 사람

② **고용원이 없는 자영업자** : 자기 혼자 또는 무급가족종사자와 함께 자기 책임하에 독립적인 형태로 전문적인 업을 수행하거나 사업체를 운영하는 사람

③ **무급가족종사자** : 가족(동일 가구 내)의 일원이 경영하는 사업체나 농장에서 일정한 보수 없이 무보수로 일하는 사람을 말하며, 주당 18시간 이상 일한 사람은 취업자로 분류

2020년 직업상담사 1급

53 워크넷(직업·진로)에서 제공하는 성인 대상 심리검사가 아닌 것은?

① 성인용 직업적성검사

② 직업선호도검사 L형

③ 영업직무 기본역량검사

④ 직업가치관검사

해설 **[워크넷 성인용 직업심리검사] (출처 : 워크넷, 2025)**

연번	심리검사명	검사시간	실시가능 방법
1	직업선호도검사 S형	25분	인터넷, 지필
2	**직업선호도검사 L형**	60분	인터넷
3	구직준비도검사	20분	인터넷, 지필
4	창업적성검사	20분	인터넷, 지필
5	**직업가치관검사(개정)**	20분	인터넷, 지필
6	**영업직무 기본역량검사**	50분	인터넷
7	IT직무 기본역량검사	95분	인터넷
8	준고령자 직업선호도검사	20분	인터넷
9	대학생 진로준비도검사	20분	인터넷, 지필
10	이주민 취업준비도검사	60분	인터넷
11	중장년 직업역량검사	25분	인터넷
12	**성인용 직업적성검사**	80분	인터넷

정답 52. ①   53. 정답 없음

54 민간직업정보에 관한 옳은 설명을 모두 고른 것은?

> ㉠ 필요한 시기에 최대한 활용하도록 한시적으로 신속하게 생산되어 운영한다.
> ㉡ 정보생산자의 임의적 기준에 따라 또한 관심이나 흥미위주로 직업을 분류한다.
> ㉢ 특정시기에 국한하지 않고 지속적으로 조사, 분석하여 제공한다.
> ㉣ 정보자체의 효과가 큰 반면 부가적인 파급효과는 적다.

① ㉠, ㉡
② ㉠, ㉢, ㉣
③ ㉠, ㉡, ㉣
④ ㉠, ㉡, ㉢, ㉣

해설 **[민간직업정보와 공공직업정보의 특성]**

(1) 민간직업정보
- 민간직업안정기관이나 유료직업소개소 등 민간업체가 생산 및 관리하는 직업정보이다.
- 필요한 시기에 최대한 활용되도록 한시적으로 신속하게 생산되어 운영된다.
- 단기간에 조사되어 집중적으로 제공된다.
- 특정한 목적에 맞게 해당 분야 및 직종을 제한적으로 선택한다.
- 정보생산자의 임의적 기준 또는 시사적인 관심이나 흥미를 유도할 수 있도록 해당 직업을 분류한다.
- 정보 자체의 효과가 큰 반면, 부가적인 파급효과는 적다.
- 다른 직업정보와의 비교가 적고 활용성이 낮다.
- 유료로 제공된다.

(2) 공공직업정보
- 정보 및 공공기관 등의 공공직업안정기관에서 생산 및 관리하는 직업정보이다.
- 정부 및 공공단체와 같은 비영리기관에서 공익적인 목적으로 생산, 제공된다.
- 특정한 시기에 국한되지 않고 지속적으로 조사, 분석하여 제공된다.
- 특정 분야 및 대상에 국한되지 않고 전체 산업 및 업종에 걸친 직업을 대상으로 한다.
- 국내 또는 국제적으로 인정되는 객관적인 기준에 근거하여 직업을 분류한다.

- 직업별로 특정한 정보만을 강조하지 않고 보편적인 항목으로 이루어진 기초적인 직업정보체계로 구성된다.
- 관련 직업정보 간의 비교, 활용이 용이하다.
- 무료로 제공된다.

55 직업정보 가공 시 유의해야 할 사항으로 틀린 것은?

① 직업은 그 분야에서 전문적이므로 이용자가 이해할 수 있는 수준의 언어를 사용한다.
② 가장 최신의 자료를 활용한다.
③ 시청각의 효과를 부여한다.
④ 정보제공 방법별로 구분하지 않고 표준화된 형태로 제공한다.

해설 **[직업정보 가공 시 유의할 점]**

㉠ 직업은 그 분야에서 매우 전문적인 면이 있으므로, 전문적 지식이 없어도 이해할 수 있는 언어로 가공하되 이용자의 수준에 준한다. : 이용자가 이해할 수 있는 언어로 가공하여 가독력을 높여서 제공되어야 효율성이 높다.
㉡ 직업에 대한 장·단점을 편견 없이 제공한다. : 직업은 그 특성상 장·단점을 갖고 있다. 직업정보 가공 시 객관적 자료에 의한 장·단점을 제시하여야 의사결정을 하는 데에 도움을 줄 수 있다.
㉢ 현황은 가장 최신의 자료를 활용하되, 표준화된 정보를 활용한다.
㉣ 객관성을 잃는 정보, 문장, 어투 등은 삼간다. : 직업정보 제공 시에는 가능한 한 객관적인 언어나 메시지로 전달해야 한다.
㉤ 시청각의 효과를 부가한다. : 직업정보는 전문성으로 인하여 매우 딱딱하고 지루한 내용이 많다. 이러한 내용에 대하여 시청각 효과를 부여하여 이용자가 쉽게 접근할 수 있도록 구성한다.
㉥ 정보제공 방법에 적절한 형태로 제공한다. : 직업정보의 전달매체는 인쇄, 방송, CD, 인터넷 등이 주류를 이룬다. 매체의 특성을 살려 적절한 형태로 제공되는 부분에 대한 지속적인 연구가 필요하며, 이용자의 특성에 맞는 매체로서 제공되는 것이 효과적이다.

정답 54. ③ 55. ④

56 한국표준직업분류에서 직종 분류를 위한 기능원과 기계 조작원의 직무능력 관계에 대한 설명으로 틀린 것은?

① 기능원은 재료, 도구, 수행하는 일의 순서와 특성 및 최종제품의 용도를 알아야 한다.

② 기능원은 제품 명세서가 바뀌거나, 새로운 제조기법이 도입될 때 이를 적용할 수 있는 직무능력을 갖추고 있어야 한다.

③ 직무능력 형태의 차이를 반영하여 '대분류 8 장치·기계 조작 및 조립 종사자'에는 제품의 가공을 위한 기계 지향성 직업으로 분류하였다.

④ 최근 전자·제어 기술과 자동화 기계의 발전에 따라 기능직무 영역이 축소되고 조작직무 영역이 증가하는 추세이다.

해설 **[기능원과 기계 조작원의 직무능력 관계]**
(출처 : 제8차 한국표준직업분류, 2024)

- 하나의 제품이 기능원에 의해 제조되는지 또는 대량 생산기법을 유도하는 기계를 사용해서 제조되는지에 따라 필요로 하는 직무능력에 대단한 영향을 미친다. 기능원은 재료, 도구, 수행하는 일의 순서와 특성 및 최종제품의 용도를 알아야 하는 반면에, 기계 조작원은 복잡한 기계 및 장비의 사용방법이나 기계에 어떤 결함이 발생할 때 이를 대체하는 방법을 알아야 한다. 또한 기계 조작원은 제품 명세서가 바뀌거나, 새로운 제조기법이 도입될 때 이를 적용 할 수 있는 직무능력을 갖추고 있어야 한다.
- 직업분류에서는 이러한 직무능력 형태의 차이를 반영하여 대분류 7, 8을 설정하였다. '대분류 7 기능원 및 관련 기능 종사자'에는 목 공예원, 도자기 공예원, 보석 세공원, 건축 석공, 전통 건물 건축원, 한복 제조원과 같은 장인 및 수공 기예성 직업을 분류하였고, '대분류 8 장치·기계 조작 및 조립 종사자'에는 제품의 가공을 위한 기계 지향성 직업으로 분류하였다. 최근 전자 제어 기술과 자동화 기계의 발전에 따라 기능직무 영역이 축소되고 조작직무 영역이 증가하는 추세이다.

---

57 한국표준직업분류의 대분류 5에 해당되는 것은?

① 서비스 종사자

② 판매 종사자

③ 기능원 및 관련 기능 종사자

④ 단순노무 종사자

해설 **[한국표준직업분류의 대분류]**

대분류	대분류 항목
1	관리자
2	전문가 및 관련 종사자
3	사무 종사자
4	서비스 종사자
5	판매 종사자
6	농림어업 숙련 종사자
7	기능원 및 관련 기능 종사자
8	장치·기계 조작 및 조립 종사자
9	단순노무 종사자
A	군인

★
58 다음은 어떤 등급의 국가기술자격의 검정기준인가?

> 해당 국가기술자격의 종목에 관한 최상급 숙련 기술을 가지고 산업현장에서 작업관리, 소속 기능인력의 지도 및 감독, 현장훈련, 경영자와 기능인력을 유기적으로 연계시켜 주는 현장관리 등의 업무를 수행할 수 있는 능력 보유

① 기능사   ② 기사

③ 산업기사   ④ 기능장

해설 **[기술·기능 분야 국가기술자격 검정의 기준]**

자격등급	검정기준
기술사	해당 국가기술자격의 종목에 관한 고도의 전문지식과 실무경험에 입각한 계획·연구·설계·분석·조사·시험·시공·감리·평가·사업관리·기술관리 등의 업무를 수행할 수 있는 능력 보유
기능장	해당 국가기술자격의 종목에 관한 최상급 숙련기술을 가지고 산업현장에서 작업관리, 소속 기능인력의 지도 및 감독, 현장훈련, 경영자와 기능인력을 유기적으로 연계시켜 주는 현장관리 등의 업무를 수행할 수 있는 능력 보유
기사	해당 국가기술자격의 종목에 관한 공학적 기술이론 지식을 가지고 설계·시공·분석 등의 업무를 수행할 수 있는 능력 보유
산업기사	해당 국가기술자격의 종목에 관한 기술기초이론 지식 또는 숙련기능을 바탕으로 복합적인 기초기술 및 기능업무를 수행할 수 있는 능력 보유
기능사	해당 국가기술자격의 종목에 관한 숙련기능을 가지고 제작·제조·조작·운전·보수·정비·채취·검사 또는 작업관리 및 이에 관련되는 업무를 수행할 수 있는 능력 보유

정답 56. ②   57. ②   58. ④

59 한국직업사전의 직무기능에 대한 설명으로 옳지 않은 것은?

① 자료와 관련된 기능은 정보, 지식, 개념 등 세 가지 종류의 활동으로 배열되어 있다.

② 사물기능은 작업자의 업무에 따라 사물과 관련되어 요구되는 활동수준이 달라진다.

③ 사람과 관련된 기능은 위계적 관계가 많다.

④ 직무기능은 해당 직업 종사자가 직무를 수행하는 과정에서 자료, 사람, 사물과 맺는 관련된 특성을 나타낸다.

> **해설** [한국직업사전의 부가직업정보의 직무기능(DPT)]
> 해당 직업 종사자가 직무를 수행하는 과정에서 "자료(data)", "사람(people)", "사물(thing)"과 맺는 관련된 특성을 나타낸다. 각각의 작업자 직무기능은 광범위한 행위를 표시하고 있으며 작업자가 자료, 사람, 사물과 어떤 관련을 가지고 있는지를 보여준다. 세 가지 관계 내에서의 배열은 아래에서 위로 올라가면서 단순한 것에서 차츰 복잡한 것으로 향하는 특성을 보여주지만 그 계층적 관계가 제한적인 경우도 있다. "자료(data)"와 관련된 기능은 정보, 지식, 개념 등 세 가지 종류의 활동으로 배열되어 있는데 어떤 것은 광범위하며 어떤 것은 범위가 협소하다. 또한 각 활동은 상당히 중첩되어 배열간의 복잡성이 존재한다. "사람(people)"과 관련된 기능은 위계적 관계가 없거나 희박하다. 서비스 제공이 일반적으로 덜 복잡한 사람관련 기능이며, 나머지 기능들은 기능의 수준을 의미하는 것은 아니다. "사물(thing)"과 관련된 기능은 작업자가 기계와 장비를 가지고 작업하는지 혹은 기계가 아닌 도구나 보조구(補助具)를 가지고 작업하는지에 기초하여 분류된다. 또한 작업자의 업무에 따라 사물과 관련되어 요구되는 활동수준이 달라진다.

60 국민내일배움카드제 규정 상 카드발급 이후 카드사용의 유효기간에 해당되는 것은?

① 1년 ② 2년
③ 3년 ④ 5년

> **해설** 국민내일배움카드의 유효기간은 카드발급 후 5년이다.

제4과목	**노동시장론**

61 민서-폴라첵(Mincer-Polachek)가설을 근거로 여성의 경력단절에 의한 임금손실을 분해한 요인이 아닌 것은?

① 노동시장에서 임금 및 고용차별에 의한 임금의 감소분

② 인적자본의 부식에 따른 임금감소분

③ 경력단절의 예상으로 투자되지 않은 인적자본으로 야기된 임금감소분

④ 근속연수 상실에 의한 임금감소분

> **해설** 민서-폴라첵 가설은 여성이 출산 및 육아와 관련되어 단속적인 경제활동참가를 하는 것이 노동시장에서 남녀 간에 직업구성이나 임금에서 차이를 야기하는 근본적인 원인이라고 본다. 이에 따르면 경력단절로 인한 임금의 총손실은 ① 인적자본 부식에 따른 임금감소분 ② 근속년수 상실에 따른 임금감소분 ③ 경력단절의 예상 때문에 발생하는 낮은 인적자본투자와 관련된 임금감소분이라는 세 부분으로 구성된다.

62 노동시장 내 경제활동인구는 총 400만 명이고, 이 중 취업자가 250만 명일 경우 실업률은?

① 20.5%
② 30.7%
③ 37.5%
④ 62.5%

> **해설**
> $$실업률 = \frac{실업자\ 수}{경제활동인구} \times 100$$
> $$= \frac{400-250=150}{400} \times 100$$
> $$= 37.5\%$$

★
63 임금률이 상승할 때 노동시간을 감소시키는 요인에 관한 설명으로 맞는 것은?

① 임금률이 상승하는 경우, 대체효과보다 소득효과가 크게 나타나는 경우
② 임금률이 상승하는 경우, 소득효과보다 대체효과가 크게 나타나는 경우
③ 임금률이 상승하는 경우, 소득효과와 대체효과가 동일하게 나타나는 경우
④ 임금률이 상승하면 노동공급을 증가시키는 경우

해설 임금이 상승하는 경우 노동공급을 줄이는 소득효과와 노동공급을 늘이는 대체효과가 동시에 발생한다. 이 중 소득효과가 더 크면 노동공급이 줄어든다. 즉 노동시간이 감소한다.

[임금인상이 노동공급에 미치는 영향(소득–여가 선호모형)]
㉠ 소득효과 : 임금이 상승하면 여가가 열등재가 아닌 한 여가의 소비는 증가하고 노동공급은 감소한다.
㉡ 대체효과 : 임금이 상승하면 비싸진 여가의 소비가 감소하고 노동공급이 증가한다.
• 대체효과 > 소득효과 → 노동공급 증가
• 대체효과 < 소득효과 → 노동공급 감소
[암기 Tip] "대"가 더 크면 노동공급도 '대',
"소"가 더 크면 노동공급도 '소'

★ **2014년, 2019년 직업상담사 1급**
64 경기침체 시 일자리를 찾을 확률이 낮아져 노동시장에서 취업을 포기하고 비경제활동인구로 전환되는 경우가 발생하는 데 이러한 경우 실업자 수는 어떻게 변하는가?

① 실업자가 증가한다.
② 실업자가 감소한다.
③ 실업자가 증가하지도 감소하지도 않는다.
④ 실업자 수는 변동 없고, 경제활동인구만 증가한다.

해설 실업자는 구직활동을 하고 있으나 취업하지 못한 사람을 말한다. 실업자였던 사람이 아예 구직활동을 포기한다면 실업자에서 비경제활동인구로 지위가 바뀌므로 실업자는 감소한다. 한편 불경기에 경제활동인구가 비경제활동인구로 유출되는 실망노동자효과는 실업률을 감소시키는 요인이 된다.

[불경기와 실업]
㉠ 부가노동자효과 : 불경기에 가구주의 실직으로 인해 비경제활동인구에 속하던 다른 가구원이 경제활동인구로 유입되는 현상을 말한다. 부가노동자 효과는 실업률을 증가시키는 요인이 된다.
㉡ 실망노동자효과 : 불경기에 실업률이 높을 때 실업자들이 구직활동 포기로 비경제활동인구로 유출되는 현상을 말한다. 실망노동자효과는 실업률을 감소시키는 요인이 된다.
㉢ 실업률
• 부가노동자효과 > 실망노동자효과 → 실업률 증가
• 부가노동자효과 < 실망노동자효과 → 실업률 감소

★★ **2020년 직업상담사 1급**
65 다음 중 기업노조주의(business unionism)에 대한 설명으로 틀린 것은?

① 노조원의 경제적 이익을 가장 중요한 목표로 설정한다.
② 개혁적 노동운동세력과 제휴하여 노동문제를 해결한다.
③ 단체교섭을 통하여 노조원의 권익을 증진시킨다.
④ 제도학파 경제학자의 기여가 컸으며, 미국 노동조합의 주요 이념이다.

해설 **[기업노조주의(Business Unionism)]**
미국의 기업노조주의는 영국의 경제적 조합주의의 전통에서 입법활동 및 사회보장강화를 위한 정당만 빠진 것이라고도 할 수 있다.
㉠ 유토피아적 활동에는 일체 참가하지 않는다.
㉡ 독점적 기업 내지 사용자에 반대하는 입장을 취하는 농민과 중소기업가와의 제휴 · 협력은 하지 않는다.
㉢ 조합은 혁명적 사상 또는 혁명적 집단과도 일체 손을 끊는다.
㉣ 지식층의 노동운동 참가는 조심스럽게 받아들인다.
㉤ 개혁적 입법은 지지하지 않는다. 정부 지배를 초래하는 것을 원치 않는다.
㉥ 노동정당을 결성해서는 안된다. 정치참가는 기존의 정치기구를 통해서 한다.
㉦ 정부의 보호 하에 힘과 권한을 유지하는 조합 또는 단체의 조직화를 인정하지 않는다.
㉧ 이민법의 자유화에 대해서는 강경하게 반대한다.
㉨ 단체교섭을 중시해간다.

정답 63. ① 64. ② 65. ②

66 다음은 휴대폰케이스를 생산하는 A사의 생산표를 나타낸다. 이 회사가 생산하는 휴대폰케이스의 개당 가격이 2,000원이고 근로자의 시간당 임금은 10,000원이다. 다음 중 가장 큰 이윤을 얻기 위해 고용해야 할 근로자 수는?

근로자 수(명)	시간당 생산량
0	0
1	10
2	18
3	24
4	28
5	30

① 2명   ② 3명
③ 4명   ④ 5명

> **해설** **[완전경쟁시장의 이윤극대화]**
> 완전경쟁시장에서 기업이 이윤을 극대화하기 위한 고용량 조건은 시장임금과 노동의 한계생산물가치가 같아지는 점에서 고용량을 결정하는 것이다.
> $$W = VMP_L, \quad W = MP_L \times P$$
> $$\therefore \quad VMP_L = MP_L \times P$$
> 여기서, W : 임금
> $\quad\quad\quad VMP$: 한계생산물가치
> $\quad\quad\quad MP$: 한계생산물
> $\quad\quad\quad P$: 상품의 가격
> 한계생산물가치(VMP)는 노동의 한계생산물에 상품의 가격을 곱한 값($MP_L \times P$)이고, 한계생산물은 노동을 한 단위 추가할 때 증가하는 총 생산물의 증가분을 의미한다.
>
> | 근로자 수(명) | 0 | 1 | 2 | 3 | 4 | 5 |
> | --- | --- | --- | --- | --- | --- | --- |
> | 시간당 총생산량(개) | 0 | 10 | 18 | 24 | 28 | 30 |
> | 한계생산량 (MP_L) | 0 | 10 | 8 | 6 | 4 | 2 |
> | 한계생산물가치 ($MP_L \times P$) | 0 | 20,000 | 16,000 | 12,000 | 8,000 | 4,000 |
>
> 문제의 임금(10,000원)과 한계생산물가치가 같은 노동 단위는 3단위와 4단위 사이에 존재한다. 그러나 노동을 4단위 투입하게 되면 노동투입의 한계비용(10,000원)이 한계수입(8,000원)을 초과하여 총이윤이 감소하므로 노동을 3단위까지 투입하는 것이 이윤을 극대화하는 고용량이 된다.

67 케인즈의 화폐이론에 대한 다음 설명 중 옳지 않은 것은?

① 소득이 증가하면 화폐수요량이 증가한다.
② 화폐수요가 증가하면 이자율이 상승한다.
③ 화폐공급이 증가하면 이자율이 하락한다.
④ 이자율이 하락하면 화폐수요량이 감소한다.

> **해설** 케인즈학파에 따르면 이자율이 상승하면 화폐수요가 감소하고 이자율이 하락하면 화폐수요가 증가한다. 화폐수요는 화폐를 소지하려는 경향으로 이자율이 하락하면 채권수익이 낮으므로 채권을 사지 않고 화폐를 보유하려고 한다.

68 다음 ( ) 안에 알맞은 것은?

> 노동공급탄력성이 2일 때 임금이 10% 상승하면 근로시간은 ( )% 상승한다.

① 10   ② 15
③ 20   ④ 30

> **해설**
> $$노동공급탄력성 = \frac{노동공급량의 \ 변화율(\%)}{임금의 \ 변화율(\%)}$$
> 위 공식을 문제에 대입하면 $2 = \dfrac{노동공급량의 \ 변화율}{10}$
> 이므로 노동공급변화율, 즉 근로시간은 20%이다.

69 다음 중 인적자본론에 관한 설명으로 틀린 것은?

① 예상투자수익과 내부수익률을 비교하여 투자량을 결정한다.
② 교육수준이 높아지면 개인의 생산성도 증대된다.
③ 인적자본 투자의 내부수익률이 시장이자율보다 크면 인적자본에 투자한다.
④ 노동자의 건강과 노동시장 정보도 인적자본이다.

> **정답** 66. ②   67. ④   68. ③   69. ①

해설 인적자본투자는 이자율과 내부수익률을 비교하여 훈련의 내부수익률이 이자율보다 클 때 인적자본 투자가 이루어진다.
내부수익률이란 어떤 투자가 이루어질 때 그것으로부터 발생하는 미래 수익의 현재가치를 투자비용에 일치시켜 주는 할인율이다. 단 한번의 인적자본투자(교육, 훈련)가 있는데 그 비용을 C라고 하자. 그리고 이 투자로부터 발생하는 수익을 Xi라고 하고 Xi는 n년간에 걸쳐 회수할 수 있으며, 그 때 할인율을 r이라고 하자. 그리고 그 비용과 투자수익의 현재가치를 일치시킴으로써 다음과 같이 쓸 수 있다.

$$C = \sum_{i=1}^{n} \frac{X_i}{(1+r)^i}$$

위 식을 만족시켜주는 r을 내부수익률이라고 한다. 따라서 내부수익률이란 인적자본투자를 생각할 때 인적자본투자의 순현재가치를 0으로 해주는 값이라고 할 수도 있다.

★★ **2014년, 2019년 직업상담사 1급**

70 근로자들이 현금이 아닌 부가급여형태의 보상을 선호하게 되는 이유와 가장 거리가 먼 것은?

① 조세감면의 혜택이 있으므로
② 현금보다 현물이 근로자의 효용을 더욱 증가시키므로
③ 이연보수형태가 저축의 성격을 지니므로
④ 현물형태의 급여는 대량 내지 할인된 가격으로 구입이 가능하므로

해설 부가급여란 기업이 복리후생차원으로 임금 이외에 별도로 지급하는 다양한 형태의 보상을 말한다. 부가급여에는 퇴직금, 복리후생시설, 학자금지급, 교육훈련, 사내복지기금, 주택자금대출, 의료비지원 등이 있다. 근로자들이 부가급여를 선호하는 이유에는 ㉠ 조세나 보험료 부담 감소(현물급여, 이연보수) ㉡ 현물급여는 대량 내지 집단적으로 할인된 가격으로 구입이 가능하다는 점이다.

★ **2018년 직업상담사 1급**

71 노동 수요곡선을 좌측으로 이동시키는 요인을 모두 고른 것은? (단, 노동수요곡선은 우하향함)

> ㉠ 노동을 대체하는 산업로봇의 이용 증가
> ㉡ 노동의 한계생산을 증가시키는 기술진보
> ㉢ 노동을 대체하는 나른 생산요소의 공급 증가

① ㉠, ㉡　　　　② ㉡, ㉢
③ ㉠, ㉢　　　　④ ㉠, ㉡, ㉢

해설 노동수요곡선이 좌측으로 이동한다는 것은 임금 이외의 요인으로 노동수요가 감소함을 의미한다. 노동생산성을 높이는 기술이 발달하는 것은 노동수요의 증가요인이 된다.

★ **2017년 직업상담사 1급**

72 노동조합의 임금효과에 관한 설명으로 틀린 것은?

① 노동조합이 임금인상을 관철하게 되면, 조직부문에서 해고된 근로자들이 비조직부문으로 이동하여 비조직부문의 임금이 하락한다.
② 동종 산업의 일부 기업에 노조가 조직될 때, 노조가 조직되어 있지 않은 기업에서 과거에 비해 임금을 자발적으로 높게 인상하려고 한다.
③ 조직부문과 비조직부문 간의 임금격차는 호경기에 확대되고 불경기에 감소하게 된다.
④ 노조의 조직화로 임금이 높아지면, 비조직부문 근로자들이 조직부문에 취업하려고 이동하기 때문에 비조직부문의 임금이 인상된다.

해설 조직부문과 비조직부문의 임금격차는 불경기에 확대된다.

[노동조합의 경제적 효과 – 조직부문이 비조직부문의 임금에 미치는 영향]

㉠ 파급효과(spillover effect) : 노동조합의 조직으로 임금이 상승하면 기업은 고용을 줄이게 되고 이때 해고된 노동자들이 비조직부문으로 이동하게 되어 비조직부문의 임금을 하락하게 하는 효과를 말한다. 이전효과라고도 한다.
㉡ 위협효과(threat effect) : 어느 업종에 노동조합이 조직되면, 동종업종의 비조직부문 기업이 노동조합 조직에 대한 위협을 느껴 노동조합 결성을 방지하기 위해 미리 조직부문의 임금수준 이상으로 임금을 인상시키는 효과를 말한다.
㉢ 대기실업효과(wait unemployment effect) : 비조직부문의 노동자들이 임금이 상승한 조직부문에 취업하기 위해 비조직기업을 사직하고 조직부문에 취업을 대기하게 되어 비조직부문의 임금을 상승시키는 효과
[암기 Tip] 파＼ 위／ 대／

정답 **70.** ② **71.** ③ **72.** ③

73 효율성 임금이론(efficiency wage theory)에 관한 설명으로 옳은 것은?

① 높은 임금을 지급하면 근로자의 생산성이 높아져 기업의 수익이 증가된다.

② 노동조합이 결성된 기업의 경우 노동조합의 임금협상력이 크기 때문에 협상된 임금이 시장균형임금보다 높게 형성된다.

③ 직업 간의 비금전적인 속성의 차이를 보상해야 한다.

④ 노동시장에서 수요와 공급에 의하여 결정된 균형임금이 효율성 임금이다.

> **해설** 효율성 임금제는 시장의 균형임금보다 더 높은 임금을 지급하여 생산성 향상을 도모하는 제도이다.
>
> **[효율임금이론에서 고임금이 고생산성을 가져오는 원인]**
> ㉠ 고임금은 직장상실비용을 증가시켜 근무태만을 방지한다.
> ㉡ 고임금으로 인해 노동자들이 스스로 알아서 열심히 일하도록 하여 통제상실을 방지한다.
> ㉢ 고임금을 노동자가 은혜로 받아들여 해고위협이 없더라도 작업노력을 증대시킨다.
> ㉣ 노동자의 사직을 감소시켜 신규채용 및 훈련비용을 감소시킨다.
> ㉤ 신규채용 시 지원노동자의 평균자질이 높아져 보다 양질의 노동자를 고용할 수 있다.

74 필립스곡선이 이동하는 요인과 가장 거리가 먼 것은?

① 실업률의 증가

② 노동인구 구성비율의 변화

③ 부문 간 실업률 격차 심화

④ 기대인플레이션의 증가

> **해설** 필립스곡선은 물가상승률과 실업률과의 관계를 나타낸 곡선이므로 실업률의 증가는 곡선 자체의 이동이 아니라 하나의 곡선상의 이동이다.

> **[필립스곡선의 이동요인]**
> ㉠ 가격인플레이션에 대한 예상 (물가인상을 예상하면 같은 실업률에도 더 높은 임금인상)
> ㉡ 노동인구 구성비율의 변화 (취업취약계층이 증가하면 같은 물가에 더 높은 실업률)
> ㉢ 실업률의 각 부문 간의 격차 (취업취약계층의 실업이 심할수록 취업자는 더 높은 임금)

75 산업별 노동조합이 개별기업 사용자와 개별적으로 행하는 경우의 단체교섭 방식은?

① 통일교섭

② 집단교섭

③ 대각선교섭

④ 공동교섭

> **해설** **[노동조합의 교섭형태]**
> ㉠ 기업별 교섭 : 기업별로 조직된 노동조합과 사용자가 교섭하는 것으로 우리나라의 주된 교섭유형이다.
> ㉡ 통일교섭 : 산업별 · 직종별 노동조합과 그에 대응하는 사용자단체가 교섭하는 것이다.
> ㉢ 대각선교섭 : 산업별노조나 직종별노조가 개별 사용자 간 교섭하거나 사용자단체와 기업별 조합 간 교섭하는 형태이다.
> ㉣ 공동교섭 : 기업별 노동조합이 상급단체와 공동으로 개별 사용자와 교섭하는 형태이다.
> ㉤ 집단교섭 : 다수의 기업별 노동조합이 집단적으로 이에 대응하는 사용자 또는 다수 사용자들과 교섭하는 것이다.

76 매월 정해진 금액이 지급되는 고정적 임금이 아닌 것은?

① 가족수당

② 초과근무수당

③ 직책수당

④ 기본급

정답 73. ① 74. ① 75. ③ 76. ②

해설

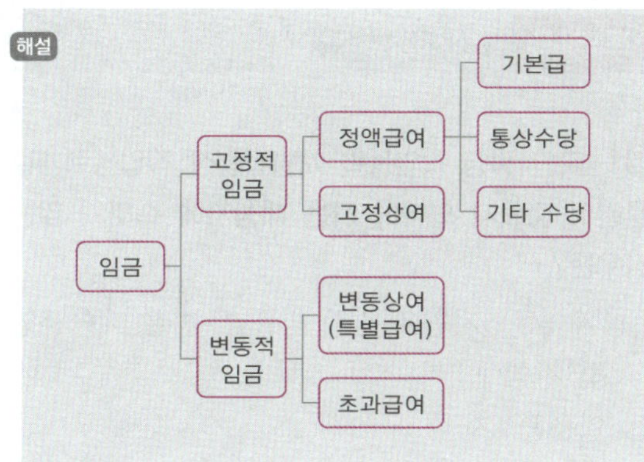

★ **2019년 직업상담사 1급**

77 기혼여성의 경제활동참가율을 결정하는 요인이 될 수 있는 것을 모두 고른 것은?

> ㉠ 취학 이전의 자녀의 수
> ㉡ 기혼여성의 교육수준
> ㉢ 배우자의 실질임금

① ㉠, ㉡
② ㉠, ㉢
③ ㉡, ㉢
④ ㉠, ㉡, ㉢

해설 **[기혼여성의 경제활동참가율 결정요인]**

㉠ 시장임금 : 임금이 상승할수록 경제활동참가율이 증가한다.

㉡ 남편 등 타가구원의 소득 : 타가구원의 소득이 낮을수록 경제활동참가율이 증가한다.

㉢ 교육수준 : 교육수준이 높을수록 경제활동참가율이 증가한다.

㉣ 자녀의 수와 연령 : 자녀의 수가 많거나 미취학인 경우에 경제활동참가율 감소한다.

㉤ 기혼여성 노동력에 대한 기업의 수용태세 : 기혼여성 노동력에 대한 수용태세가 개방적, 적극적일수록 경제활동참가율이 증가한다.

㉥ 전반적인 실업수준 : 실업수준이 낮을수록 경제활동참가율이 증가한다.

㉦ 가계생산기술의 발달정도 : 가계생산기술이 발달할수록 경제활동참가율이 증가한다.

㉧ 파트타임 고용시장의 발달정도 : 파트타임 고용시장이 발달할수록 경제활동참가율이 증가한다.

★★★ **2010년, 2013년, 2016년, 2018년 직업상담사 1급**

78 다음은 무엇에 관한 설명인가?

> 노동자의 과거 생산기록에 의해 일정 생산량 완성에 필요한 표준시간을 설정한 후 작업이 표준시간보다 일찍 완성된 경우, 실제 작업시간에 대해서는 보장된 시간당 임금률을 지급하고, 표준시간보다 절약된 시간에 대해서는 절약된 시간의 일정비율에 해당하는 임금을 프리미엄으로 지불하는 방식

① 디머(Diemer) 할증급제
② 할시(Halsey) 할증급제
③ 테일러(Taylor) 성과급제
④ 로완(Rowan) 할증급제

해설 **[성과급의 종류]**

(1) 개인성과급

• 테일러제 : 표준량까지는 일정한 성과급률을 적용하고, 표준량을 초과하면 높은 성과급률을 적용하는 것이다. 동작 및 시간연구 등 과학적인 관리기법을 이용하여 정확하게 직무를 평가하여 임금수준을 결정하는 복률 생산급의 형태이다.

• 할시제 : 과거 경험을 바탕으로 표준작업시간을 정해두고 시간절약분에 대해 할증급을 지급하는 것이다. 일급제나 이익분배제 등의 결함을 극복하기 위해 시간임금과 생산고임금을 절충한 제도이다.

• 로완제 : 시간할증제의 일종으로 작업능률과 단축시간에 따라 할증률을 부과하는 제도이다.

(2) 집단성과급

• 스캔론 플랜 : 집단성과배분제도로 제품의 판매액에서 차지하는 인건비의 비율이 일정기준 이하로 낮아질 경우 절감된 인건비에서 일정비율을 노동자에게 인센티브로 지급하는 성과배분방법이다.

• 럭커플랜 : 럭커플랜은 제품의 부가가치에서 차지하는 인건비의 비율을 기준으로 성과를 배분하는 제도이다.

• 임프로쉐어플랜 : 표준시간을 정해놓고 실제작업시간이 이보다 단축된 경우 절약된 시간에 대한 수익을 노동자와 기업이 50:50으로 분배하는 것이다.

정답 77. ④ 78. ②

★★
79 자연실업률이 4%로 알려져 있는데, 현재의 실업률은 3% 수준에 머무르고 있을 때의 설명으로 가장 적합한 것은?

① 경기적 실업이 존재한다.
② 물가의 상승이 예견된다.
③ 부가노동자효과가 나타나고 있다.
④ 잠재실업이 존재한다.

> **해설** 자연실업률이란 노동시장에 마찰적 실업(정보부족으로 인한 실업, 자발적 실업)만 존재하는 상태의 실업률을 말한다. 정부의 확대재정(정부 지출 증가)으로 인위적인 고용이 이루어지고 있는 경우 마찰적 실업보다 낮은 실업률이 나타날 수 있고, 정부의 확대재정은 물가상승을 초래할 수 있다.

★
80 경쟁노동시장 경제모형의 가정으로 옳지 않은 것은?

① 모든 노동자는 동질적이다.
② 노동자의 단결조직과 사용자의 단결조직은 없다.
③ 모든 직무의 공석은 내부노동시장을 통해서 채워진다.
④ 노동자와 고용주는 완전정보를 갖는다.

> **해설** 경쟁노동시장의 가정에 따르면 내부노동시장은 존재하지 않는다. 직무 공석은 외부노동시장을 통해 채워진다.

81 국민 평생 직업능력 개발법령상 직업능력개발훈련이 중요시 되어야 하는 대상자에 속하지 않는 경우는?

① 「제대군인지원에 관한 법률」에 따른 제대군인 및 전역예정자
② 일용근로자
③ 「외국인근로자의 고용 등에 관한 법률」에 따른 외국인
④ 「파견근로자 보호 등에 관한 법률」에 따른 파견근로자

> **해설** 2025년 출제기준 변경으로 시험범위에서 제외됨.

★★★
82 헌법 제32조(근로의 권리)에 관한 설명으로 틀린 것은?

① 근로조건의 기준은 인간의 존엄성을 보장하도록 법률로 정한다.
② 신체장애자는 법률이 정하는 바에 의하여 우선적으로 근로의 기회를 부여받는다.
③ 여자의 근로는 특별한 보호를 받으며, 고용·임금 및 근로조건에 있어서 부당한 차별을 받지 아니한다.
④ 국가는 사회적·경제적 방법으로 근로자의 고용의 증진과 적정임금의 보장에 노력하여야 하며, 법률이 정하는 바에 의하여 최저임금제를 시행하여야 한다.

> **해설** 2025년 출제기준 변경으로 시험범위에서 제외됨.

정답 79. ② 80. ③ 81. ③ 82. ②

83 고용보험법령상 자영업자의 실업급여에 관한 설명으로 옳지 않은 것은?

① 자영업자인 피보험자의 실업급여의 종류에는 조기재취업 수당이 포함된다.

② 자영업자인 피보험자로서 폐업한 수급자격자에 대한 구직급여일액은 그 수급자격자의 기초일액에 100분의 60을 곱한 금액으로 한다

③ 자영업자인 피보험자의 실업급여에는 취업촉진수당도 포함된다.

④ 자영업자인 피보험자의 구직급여 수급요건은 폐업일 이전 24개월간 자영업자인 피보험자로서 갖춘 피보험 단위기간이 합산하여 1년 이상이어야 한다.

해설 자영업자인 피보험자는 실업급여 종류 중 **연장급여(훈련·개별·특별)와 조기재취업수당**은 적용되지 않는다.

★ 84 근로기준법령상 근로계약에 관한 설명으로 옳지 않은 것은?

① 명시된 근로조건이 사실과 다를 경우에 근로자는 근로조건 위반을 이유로 손해의 배상을 청구할 수 있으며 즉시 근로계약을 해제할 수 있다.

② 사용자는 근로할 것을 조건으로 하는 전대(前貸)채권과 임금을 상계하지 못한다.

③ 취업규칙에서 정한 기준보다 좋은 근로조건을 정한 근로계약은 그 부분에 관하여는 무효로 한다. 이 경우 무효로 된 부분은 취업규칙에 정한 기준에 따른다.

④ 사용자는 근로계약 불이행에 대한 위약금 또는 손해배상액을 예정하는 계약을 체결하지 못한다.

해설 취업규칙에서 정한 기준에 **미달하는 근로조건을 정한 근로계약은 그 부분에 관하여는 무효로** 한다. 이 경우 무효로 된 부분은 취업규칙에 정한 기준에 따른다. **취업규칙보다 유리한 근로계약은 그 자체로 유효하다.**

★ 85 국민 평생 직업능력 개발법상 고용노동부장관이 직업능력개발훈련교사의 자격을 취소하거나 정지시킬 수 있는 경우가 아닌 것은?

① 자격증을 빌려 준 경우

② 금고 이상의 형을 선고받고 그 집행이 끝나거나 집행이 면제된 날부터 2년이 지난 사람

③ 거짓이나 그 밖의 부정한 방법으로 자격증을 발급받은 경우

④ 고의 또는 중대한 과실로 직업능력개발훈련에 중대한 지장을 준 경우

해설 2025년 출제기준 변경으로 시험범위에서 제외됨.

★ 86 남녀고용평등과 일·가정 양립 지원에 관한 법률상 모성보호에 관한 설명으로 옳지 않은 것은?

① 배우자 출산휴가는 근로자의 배우자가 출산한 날부터 90일이 지나면 청구할 수 없다.

② 사업주는 근로자가 난임치료를 받기 위하여 휴가를 청구하는 경우에 연간 5일 이내의 휴가를 주어야 한다.

③ 육아휴직의 기간은 1년 이내로 한다.

④ 사업주는 임신 중인 여성 근로자가 모성을 보호하거나 근로자가 만 8세 이하 또는 초등학교 2학년 이하의 자녀를 양육하기 위하여 육아 휴직을 신청하는 경우에 이를 허용하여야 한다.

정답 83. ① 84. ③ 85. ② 86. ②

해설 ① 이후 법이 개정되어 현재 배우자 출산휴가는 20일이고, 배우자가 출산한 날로부터 120일 이내에 청구할 수 있다. 현행법에 따르면 1번 보기도 틀린 내용이다. 참고로 시험문제는 시험당일 적용중인 법령을 기준으로 출제된다.
② 난임치료휴가는 연간 6일 이내로 사용 가능하다.

[배우자 출산휴가(2025년 2월 개정)]
㉠ 사업주는 근로자가 배우자의 출산을 이유로 휴가를 고지하는 경우에 20일의 휴가를 주어야 한다. 이 경우 사용한 휴가기간은 유급으로 한다.
㉡ 배우자 출산휴가는 근로자의 배우자가 출산한 날부터 120일이 지나면 사용할 수 없다.
㉢ 배우자 출산휴가는 3회에 한정하여 나누어 사용할 수 있다.

[난임치료휴가(2025년 2월 개정)]
사업주는 근로자가 인공수정 또는 체외수정 등 난임치료를 받기 위하여 휴가(이하 를 청구하는 경우에 연간 6일 이내의 휴가를 주어야 하며, 이 경우 최초 2일은 유급으로 한다. 다만, 근로자가 청구한 시기에 휴가를 주는 것이 정상적인 사업 운영에 중대한 지장을 초래하는 경우에는 근로자와 협의하여 그 시기를 변경할 수 있다.

★★　2021년 직업상담사 1급
87 개인정보 보호법령상 다음에서 설명하고 있는 정의의 내용이 옳지 않은 것은?

① "개인정보"란 살아 있는 개인에 관한 정보로서 성명, 주민등록번호 및 영상 등을 통하여 개인을 알아볼 수 있는 정보 등을 말한다.
② "정보주체"란 개인정보를 처리하고 이를 관리하는 기관을 말한다.
③ "개인정보처리자"란 업무를 목적으로 개인정보파일을 운용하기 위하여 스스로 또는 다른 사람을 통하여 개인정보를 처리하는 공공기관, 법인, 단체 및 개인 등을 말한다.
④ "영상정보처리기기"란 일정한 공간에 지속적으로 설치되어 사람 또는 사물의 영상 등을 촬영하거나 이를 유·무선망을 통하여 전송하는 장치로서 대통령령으로 정하는 장치를 말한다.

해설 "정보주체"란 처리되는 정보에 의하여 알아볼 수 있는 사람으로서 그 정보의 주체가 되는 사람을 말한다.

★★★　2011년, 2013년, 2015년, 2019년 직업상담사 1급
88 파견근로자 보호 등에 관한 법률에 대한 설명으로 틀린 것은?

① 근로기준법 제24조에 따른 경영상 이유에 의한 해고를 한 후 1년이 경과되기 전에는 해당 업무에 파견근로자를 사용하여서는 아니 된다.
② 파견 중인 근로자의 파견근로에 관하여는 원칙적으로 사용사업주를 산업안전보건법상의 사업주로 본다.
③ 파견사업주는 쟁의행위 중인 사업장에 그 쟁의행위로 중단된 업무의 수행을 위하여 근로자를 파견하여서는 아니 된다.
④ 파견사업주는 근로자를 파견근로자로서 고용하려는 경우에는 미리 해당 근로자에게 그 취지를 서면으로 알려 주어야 한다.

해설 경영상 이유에 의한 해고를 한 경우에는 1년이 아니라 2년이 경과하기 전에는 당해 업무에 파견근로자를 사용하여서는 아니 된다. 경영상 이유에 의한 해고를 함부로 할 수 없게 하기 위한 규정이다.

★★　2021년 직업상담사 1급
89 기간제 및 단시간근로자 보호 등에 관한 법률의 내용으로 옳지 않은 것은?

① 국가 및 지방자치단체의 기관에 대하여는 상시 사용하는 근로자의 수에 관계없이 이 법을 적용한다.
② 사용자는 가사, 학업 그 밖의 이유로 근로자가 단시간근로를 신청하는 때에는 당해 근로자를 단시간근로자로 전환하도록 노력하여야 한다.
③ 사용자는 단시간근로자임을 이유로 해당 사업 또는 사업장의 동종 또는 유사한 업무에 종사하는 통상근로자에 비하여 차별적 처우를 하여서는 아니 된다.
④ 사용자는 기간제근로자와 근로계약을 체결하는 때에는 근로일 및 근로일별 근로시간을 서면으로 명시하여야 한다.

정답 87. ② 　88. ① 　89. ④

해설 **근로일 및 근로일별 근로시간**은 통상근로자와 출근요일과 요일별 시간이 다를 수 있는 **단시간근로자에 대해서 서면 명시**하라고 한 사항이다.

[기간제 및 단시간 근로자의 근로조건 서면 명시]
사용자는 기간제근로자 또는 단시간근로자와 근로계약을 체결하는 때에는 다음 각 호의 모든 사항을 서면으로 명시하여야 한다. 다만, **제6호는 단시간근로자에 한정**한다.
1. 근로계약기간에 관한 사항
2. 근로시간·휴게에 관한 사항
3. 임금의 구성항목·계산방법 및 지불방법에 관한 사항
4. 휴일·휴가에 관한 사항
5. 취업의 장소와 종사하여야 할 업무에 관한 사항
6. 근로일 및 근로일별 근로시간

90 고용정책 기본법령상 대량 고용변동의 신고기준으로 옳은 것은?

① 상시근로자 300명 미만을 사용하는 사업 또는 사업장에서 1개월 이내 이직하는 근로자의 수가 30명 이상인 경우
② 상시근로자 100명 미만을 사용하는 사업 또는 사업장에서 1개월 이내 이직하는 근로자의 수가 10명 이상인 경우
③ 상시근로자 300명 이상을 사용하는 사업 또는 사업장에서 3개월 이내 이직하는 근로자의 총수가 100분의 10 이상인 경우
④ 상시근로자 100명 이상을 사용하는 사업 또는 사업장에서 1개월 이내 이직하는 근로자의 총수가 100분의 10 이상인 경우

해설 2025년 출제기준 변경으로 시험범위에서 제외됨.

★★ **2010년, 2016년 직업상담사 1급**
91 직업안정법상 직업안정기관의 장이 구인신청의 수리(受理)를 거부하지 못하는 경우는?

① 구인신청의 내용이 법령을 위반한 경우
② 구인신청의 내용 중 임금이 통상적인 근로조건에 비하여 현저히 부적당하다고 인정되는 경우
③ 구인자가 구인조건을 밝히기를 거부하는 경우
④ 구인자가 자격증을 요구하는 경우

해설 직업안정기관의 장은 구인신청의 수리(受理)를 거부하여서는 아니 된다. 다만, 다음 각 호의 어느 하나에 해당하는 경우에는 그러하지 아니하다
1. 구인신청의 내용이 **법령을 위반**한 경우
2. 구인신청의 내용 중 임금, 근로시간, 그 밖의 근로조건이 통상적인 **근로조건에 비하여 현저하게 부적당**하다고 인정되는 경우
3. 구인자가 **구인조건을 밝히기를 거부**하는 경우
4. 구인자가 구인신청 당시 「근로기준법」 제43조의2에 따라 **명단이 공개 중인 체불사업주**인 경우

★
92 근로기준법상 직장 내 괴롭힘의 금지 및 발생 시 조치에 관한 설명으로 옳은 것은?

① 근로자에게 신체적·정신적 고통을 주는 행위 외에 근무환경을 악화시키는 행위는 직장 내 괴롭힘에 관한 규정으로 규율되지 아니한다.
② 사용자는 직장 내 괴롭힘 사실을 인지하더라도 그 신고의 접수가 없으면 사실 확인을 위한 조사를 실시할 수 없다.
③ 사용자는 조사 결과 직장 내 괴롭힘 발생 사실이 확인된 때에는 피해근로자와의 요청과 무관하게 피해근로자의 근무장소 변경, 배치전환 등 적절한 조치를 하여야 한다.
④ 사용자는 직장 내 괴롭힘의 피해근로자는 물론 그 발생 사실을 신고한 근로자에게도 해고나 그 밖의 불리한 처우를 하여서는 아니 된다.

 [직장 내 괴롭힘 금지]

사용자 또는 근로자는 직장에서의 지위 또는 관계 등의 우위를 이용하여 업무상 적정범위를 넘어 다른 근로자에게 신체적·정신적 고통을 주거나 근무환경을 악화시키는 행위(이하 "직장 내 괴롭힘"이라 한다)를 하여서는 아니 된다.

[직장 내 괴롭힘 발생 시 조치]

① 신고할 권리 : 누구든지 직장 내 괴롭힘 발생 사실을 알게 된 경우 그 사실을 사용자에게 신고할 수 있다.
② 조사 의무 : 사용자는 제1항에 따른 신고를 접수하거나 직장 내 괴롭힘 발생 사실을 인지한 경우에는 지체 없이 당사자 등을 대상으로 그 사실 확인을 위하여 객관적으로 조사를 실시하여야 한다.
③ 조사 기간 중 피해자 보호 : 사용자는 제2항에 따른 조사 기간 동안 직장 내 괴롭힘과 관련하여 피해를 입은 근로자 또는 피해를 입었다고 주장하는 근로자(이하 "피해근로자등"이라 한다)를 보호하기 위하여 필요한 경우 해당 피해근로자등에 대하여 근무장소의 변경, 유급휴가 명령 등 적절한 조치를 하여야 한다. 이 경우 사용자는 피해근로자등의 의사에 반하는 조치를 하여서는 아니 된다.
④ 괴롭힘 확인 시 피해자 보호 : 사용자는 제2항에 따른 조사 결과 직장 내 괴롭힘 발생 사실이 확인된 때에는 피해근로자가 요청하면 근무장소의 변경, 배치전환, 유급휴가 명령 등 적절한 조치를 하여야 한다.
⑤ 괴롭힘 확인 시 행위자 조치 : 사용자는 제2항에 따른 조사 결과 직장 내 괴롭힘 발생 사실이 확인된 때에는 지체 없이 행위자에 대하여 징계, 근무장소의 변경 등 필요한 조치를 하여야 한다. 이 경우 사용자는 징계 등의 조치를 하기 전에 그 조치에 대하여 피해근로자의 의견을 들어야 한다.
⑥ 불리한 처우 금지 : 사용자는 직장 내 괴롭힘 발생 사실을 신고한 근로자 및 피해근로자등에게 해고나 그 밖의 불리한 처우를 하여서는 아니 된다.
⑦ 비밀유지 의무 제2항에 따라 직장 내 괴롭힘 발생 사실을 조사한 사람, 조사 내용을 보고받은 사람 및 그 밖에 조사 과정에 참여한 사람은 해당 조사 과정에서 알게 된 비밀을 피해근로자등의 의사에 반하여 다른 사람에게 누설하여서는 아니 된다. 다만, 조사와 관련된 내용을 사용자에게 보고하거나 관계 기관의 요청에 따라 필요한 정보를 제공하는 경우는 제외한다.

93 남녀고용평등과 일·가정 양립 지원에 관한 법률에 대한 설명으로 옳지 않은 것은?

① 이 법과 관련한 분쟁에서 입증책임은 사업주와 근로자가 각각 부담한다.
② 사업주는 근로자를 모집·채용할 때 그 직무의 수행에 필요하지 아니한 용모·키·체중 등의 신체적 조건, 미혼 조건을 제시하거나 요구하여서는 아니 된다.
③ 사업주가 임금차별을 목적으로 설립한 별개의 사업은 동일한 사업으로 본다.
④ 누구든지 직장 내 성희롱 발생 사실을 알게 된 경우 그 사실을 해당 사업주에게 신고할 수 있다.

 남녀고용평등과 일·가정 양립 지원에 관한 법률과 관련된 분쟁 해결에서의 입증책임은 사업주가 부담한다. 가령 사업주는 차별이 아님을 입증하지 못하면 근로자를 성별로 달리 취급한 것이 차별로 인정된다.

★
94 근로기준법상 근로감독관에 관한 설명으로 옳지 않은 것은?

① 근로감독관은 사용자와 근로자에 대하여 심문할 수 있다.
② 사용자나 근로자에 대하여 노동관계법령에 따른 현장조사, 서류의 제출, 심문 등의 수사뿐만 아니라, 근로감독관의 직무에 관한 범죄의 수사도 담당한다.
③ 근로감독관은 사업장, 기숙사, 그 밖의 부속건물을 현장조사하고 장부와 서류의 제출을 요구할 수 있다.
④ 근로감독관의 위촉을 받은 의사는 취업을 금지하여야 할 질병에 걸릴 의심이 있는 근로자에 대하여 검진할 수 있다.

 노동 관계 법령에 따른 수사는 검사와 근로감독관이 전담하여 수행한다. 다만, 근로감독관의 직무에 관한 범죄의 수사는 그러하지 아니하다.

★★ 2018년 직업상담사 1급

95 고용상 연령차별금지 및 고령자고용촉진에 관한 법률상 고령자 고용정보센터가 수행하는 업무를 모두 고른 것은?

> ㉠ 고령자에 대한 구인 · 구직 등록, 직업지도 및 취업알선
> ㉡ 고령자에 대한 직장 적응훈련 및 교육
> ㉢ 정년연장과 고령자 고용에 관한 인사 · 노무관리와 직업 환경 개선 등에 관한 기술적 상담 · 교육 및 지도
> ㉣ 고령자 고용촉진을 위한 홍보

① ㉠, ㉢
② ㉠, ㉡, ㉣
③ ㉡, ㉢, ㉣
④ ㉠, ㉡, ㉢, ㉣

 [고령자 고용정보센터의 운영]
① 고용노동부장관등은 고령자의 직업지도와 취업알선 등의 업무를 효율적으로 수행하기 위하여 필요한 지역에 고령자 고용정보센터를 운영할 수 있다.
② 고령자 고용정보센터는 다음 각 호의 업무를 수행한다.
  1. 고령자에 대한 **구인 · 구직 등록, 직업지도 및 취업알선**
  2. 고령자에 대한 **직장 적응훈련 및 교육**
  3. 정년연장과 **고령자 고용에 관한 인사 · 노무관리와 작업환경 개선 등에 관한 기술적 상담 · 교육 및 지도**
  4. 고령자 고용촉진을 위한 **홍보**
  5. 그 밖에 고령자 고용촉진을 위하여 필요한 업무

96 채용절차의 공정화에 관한 법률에 관한 설명으로 틀린 것은?

① 이 법은 지방자치단체가 공무원을 채용하는 경우에는 적용하지 아니한다.
② 구인자는 그 직무의 수행에 필요하지 아니한 구직자 본인의 직계 존비속의 학력을 기초심사자료에 기재하도록 요구하여서는 아니 된다.

③ 심층심사자료란 학위증명서 등 기초심사자료에 기재한 사항을 증명하는 일체의 자료를 말한다.
④ 구인자는 정당한 사유 없이 채용광고의 내용을 구직자에게 불리하게 변경하여서는 아니 된다.

 2025년 출제기준 변경으로 시험범위에서 제외됨.

★

97 고용보험법령상 고용보험기금의 용도를 모두 고른 것은?

> ㉠ 직업능력개발 사업에 필요한 경비
> ㉡ 고용보험법령에서 정한 국민연금 보험료의 지원
> ㉢ 실업급여의 지급
> ㉣ 육아휴직 급여의 지급
> ㉤ 고용보험법령에서 정한 국민건강 보험료의 지원

① ㉠, ㉡, ㉤
② ㉡, ㉢, ㉣
③ ㉠, ㉡, ㉢, ㉣
④ ㉠, ㉡, ㉢, ㉣, ㉤

 고용보험에서는 구직급여 수급자가 국민 연금 보험료 납부를 원하는 경우 고용보험에서 보험료 일부를 지원하는 제도를 운영하고 있다. 국민건강 보험은 해당되지 않는다.

[고용보험기금의 용도]
기금은 다음 각 호의 용도에 사용하여야 한다.
1. 고용안정 · 직업능력개발 사업에 필요한 경비
2. 실업급여의 지급
2의2. 제55조의2에 따른 **국민연금 보험료의 지원**
3. 육아휴직 급여 및 출산전후휴가 급여 등의 지급
4. **보험료의 반환**
5. 일시 **차입금의 상환금과 이자**
6. 이 법과 고용산재보험료징수법에 따른 **업무를 대행하거나 위탁받은 자에 대한 출연금**
7. 그 밖에 이 법의 시행을 위하여 필요한 경비로서 대통령령으로 정하는 경비와 제1호 및 제2호에 따른 사업의 수행에 딸린 경비

 95. ④ 96. ③ 97. ③

★
98 직업안정법상 용어의 정의로 옳지 않은 것은?

① "고용서비스"란 구인자 또는 구직자에 대한 고용정보의 제공, 직업소개, 직업지도 또는 직업능력개발 등 고용을 지원하는 서비스를 말한다.

② "근로자공급사업"이란 근로자파견사업을 포함하여 공급계약에 따라 근로자를 타인에게 사용하게 하는 사업을 말한다.

③ "무료직업소개사업"이란 수수료, 회비 또는 그 밖의 어떠한 금품도 받지 아니하고 하는 직업소개사업을 말한다.

④ "직업소개"란 구인 또는 구직의 신청을 받아 구직자 또는 구인자(求人者)를 탐색하거나 구직자를 모집하여 구인자와 구직자 간에 고용계약이 성립되도록 알선하는 것을 말한다.

> **해설** "근로자공급사업"이란 공급계약에 따라 근로자를 타인에게 사용하게 하는 사업을 말한다. 다만, 「파견근로자 보호 등에 관한 법률」 제2조제2호에 따른 **근로자파견사업은 제외**한다. 근로자공급사업과 파견을 비슷한 제도이기는 하나 사업을 허가받을 수 있는 주체와 요건이 서로 다른 별개의 제도이다.

99 고용보험법상 육아휴직 급여에 관한 설명으로 틀린 것은?

① 피보험자가 사업주로부터 육아휴직을 이유로 금품을 지급받은 경우라도 이를 이유로 하여 육아휴직 급여가 감액되어 지급되어서는 아니 된다.

② 피보험자가 육아휴직 급여 기간 중에 그 사업에서 이직하거나 새로 취업한 경우에는 그 이직 또는 취업하였을 때부터 육아휴직 급여를 지급하지 아니한다.

③ 거짓이나 그 밖의 부정한 방법으로 육아휴직 급여를 받았거나 받으려 한 자에게는 그 급여를 받은 날 또는 받으려 한 날부터의 육아휴직 급여를 지급하지 아니한다.

④ 피보험자가 육아휴직 급여 기간 중에 새로 취업한 경우에는 그 사실을 직업안정기관의 장에게 신고하여야 하지만 1주간의 소정근로시간이 15시간 미만인 경우는 제외한다.

> **해설** 피보험자가 사업주로부터 육아휴직을 이유로 금품을 지급받은 경우 대통령령으로 정하는 바에 따라 **급여를 감액하여 지급할 수 있다**(이중 지급 제한).

100 직업안정법령상 국외 공급 근로자의 보호 및 국외 근로자 공급사업의 관리에 관한 설명으로 옳지 않은 것은?

① 공급대상 국가로부터 취업자격을 취득한 근로자만을 공급할 것

② 공급 근로자를 공급계약 외의 업무에 종사하게 하거나 공급계약기간을 초과하여 체류하게 하지 아니할 것

③ 국외의 임금수준 등을 고려하여 공급 근로자에게 적정 임금을 보장할 것

④ 임금은 매월 1회 이상 일정한 기일을 정하여 근로자 공급 사업자를 통해 해당 근로자에게 통화로 그 전액을 지급할 것

> **해설** 국외공급사업자는 임금을 해당 **근로자가 사용자로부터 직접 지급**받도록 해야 한다(직접불의 원칙).

제1과목 고급 직업상담학

★★★ 2011년, 2014년, 2017년 직업상담사 1급
01 내담자 정보수집을 위해 사용하는 구조화된 면접의 한 방법인 생애진로사정(life career assessment) 과정에서 다음 내용은 어느 단계에 해당하는가?

- 직업경험에서 가장 좋았던 점
- 교육 및 훈련경험에서 가장 싫었던 것
- 여가 및 사회활동

① 진로사정(career assessment)
② 일상적인 하루 생활(typical day)
③ 강점과 장애(strengths and obstacles)
④ 직업능력평가(vocational competency assessment)

해설 [생애진로사정(Life Career Assessment : LCA)의 구조]
ⓐ 진로사정 : 내담자의 직업경험, 교육 또는 훈련과정과 관련된 문제들, 여가활동에 대해 사정
ⓑ 전형적인 하루 : 내담자의 생활이 의존적인지 또는 독립적인지, 자발적(임의적)인지 또는 체계적인지 성격차원을 파악
ⓒ 강점과 장애 : 내담자가 스스로 생각하는 3가지 주요 강점 및 장애에 대해 질문
ⓓ 요약 : 내담자 스스로 자신에 대해 알게 된 내용을 요약해 보도록 함으로써 자기인식 증진과 면담을 통해 얻은 내용 강조

★ 2003년, 2005년, 2009년, 2012년, 2019년 직업상담사 1급
02 발달적 직업상담에서 직업성숙도검사를 활용하여 얻을 수 있는 장점과 가장 거리가 먼 것은?

① 직업상담 전략 수립
② 태도적 측면 및 인지적 측면 이해
③ 연령과 학력에 따른 발달단계 파악
④ 부적응적 학습원인 규명

해설 발달적 직업상담은 진로발달이론에 기초한다. 1955년 수퍼(Super)가 직업성숙(vocational maturity)을 소개한 이후, 크라이티스(Crites)는 이를 바탕으로 좀 더 포괄적인 개념인 진로성숙(career maturity)이란 개념을 사용하였다. 진로성숙에 대해 크라이티스는 '동일한 연령층의 학생들과의 비교에서 나타나는 상대적 직업준비의 정도'로 개념화하여 진로성숙도검사(CMI)를 개발하였다. CMI는 태도척도(진로의사결정에 대한 ① 결정성, ② 참여도, ③ 독립성, ④ 성향, ⑤ 타협성)와 능력척도(① 자기평가, ② 직업정보, ③ 목표선정, ④ 계획, ⑤ 문제해결)의 하위 척도로 구성되어 있다. 개인의 진로발달은 심리적 요인, 학력수준, 환경요인 등에 의해 결정되며, 각 단계마다 특정한 발달과정에 직면하므로 CMI를 통해 내담자의 발달단계를 파악하고 그에 맞는 전략을 세워야 한다. 진로(직업)성숙도검사는 진로의사결정과 관련된 영역을 측정하는 도구로서 부적응적 학습 원인을 규명할 수 없다.

★ 2013년, 2018년 직업상담사 1급
03 초기 직업상담에서 가장 우선적으로 실행해야 할 것은?

① 직업동기에 대한 평가
② 내담자와의 관계형성
③ 내담자에게 적합한 직업정보 제공
④ 내담자의 적성에 대한 평가

해설 상담자가 상담의 초기에 가장 우선적으로 실행해야 할 것은 내담자와의 관계형성 또는 라포 형성이다.

정답 01. ① 02. ④ 03. ②

04 내담자중심 상담에서 '완전히 기능하는 사람'의 특성이 아닌 것은?

① 자신을 신뢰한다.
② 경험에 개방적이다.
③ 자아개념과 경험 간의 거리가 멀다.
④ 내적 평가를 한다.

> **해설** [충분히(완전히) 기능하는 사람(Fully Functioning Person)의 특징 5가지]
> ㉠ 경험에 대해 개방적이다. : 항상 자신의 감정에 대해 열려있다.
> ㉡ 실존적인 삶을 사는 사람이다. : 지금-여기에 초점을 맞추어 '현재'의 풍성한 삶을 산다.
> ㉢ 자신의 유기체에 대해 신뢰한다. : 타인의 판단보다는 자신의 유기체적 경향에 따른다.
> ㉣ 자유 의식(경험적 자유)을 지니고 있다. : 자기가 선택한 삶에서 자유를 느끼고 그 선택에 스스로 책임을 진다.
> ㉤ 창조성을 지니고 있다. : 사회적 기대, 가치나 압력에 예속되지 않으며 자신의 내면에 있는 욕구에 응한다.

05 다음 중 직업상담에 도움이 되는 상담행동으로 가장 바람직한 것은?

① 전문적인 언어의 사용
② 조언 및 충고 제시
③ 빈번한 유머 사용
④ 비판단적인 태도

> **해설** [직업상담에 도움이 되는 행동들]
>
> | 언어적 행동 | 비언어적 행동 |
> | --- | --- |
> | • 이해 가능한 언어 사용 | • 내담자와 유사한 언어의 톤 |
> | • 언어적 강화 사용 | • 기분 좋은 눈의 접촉 유지 |
> | • 내담자에 대한 적절한 호칭 사용 | • 가끔 고개 끄덕임 |
> | • 적절하게 정보 사용 | • 가끔 미소를 지음 |
> | • **가끔 유머 사용** | • 가끔 손짓을 함 |
> | • **비판단적** | • 내담자에게 몸을 기울임 |

06 정신분석학자인 Jung이 제안한 4단계 치료과정이 아닌 것은?

① 고백 단계
② 명료화 단계
③ 교육 단계
④ 전이 단계

> **해설** Jung은 신경증이란 개성화 혹은 자기실현을 향한 개인의 성장이 멈춘 심각한 질환이라고 믿었다. 심리치료는 내담자가 자신의 내면의 삶을 탐색함으로써 성격을 확장시켜 나갈 수 있으며 자신의 존재에 대한 영적 혹은 종교적인 태도를 개발해 나가는 과정이라고 여겼다. 융이 제안한 치료과정은 고백(Confession), 명료화(Elucidation), 교육(Education), 변형(Transformation)의 네 단계로 구분된다.

07 다음에서 설명하고 있는 것은?

> 인간중심적 상담의 기법 중 내담자를 구별하거나 비교하거나 선택하는 과정에서 평가·판단하지 않고, 내담자가 나타내는 어떤 감정이나 행동 특성들을 있는 그대로 수용하여 존중하는 상담자의 태도를 말한다.

① 공감적 이해
② 무조건적 긍정적 존중
③ 진솔한 태도
④ 직면하기

> **해설** 인간중심적 상담에서 상담자가 기본적으로 갖추어야 할 태도에는 일치성(진실성), 공감적 이해, 무조건적 긍정적 존중이 있다. 그 중 무조건적 긍정적 존중은 가치의 조건화를 버리고 아무 조건 없이 인간의 행동을 수용하고 존중하는 태도를 말한다.

정답 04. ③ 05. ④ 06. ④ 07. ②

08 합리적 정서적 상담이론에 따르면 사람들이 경험하는 정서는 무엇에 따른 결과인가?

① 선행사건 ② 미해결과제제
③ 행동 ④ 당위적 사고

> **해설** 합리적 정서적 상담이론에서 사람들이 경험하는 부적응적인 정서나 행동은 선행사건의 결과가 아니라 비합리적 신념체계(사고)에 의한 것이다. 또한 이러한 비합리적 신념체계는 3가지 당위적 사고에 귀인하는 데, 자신에 대한 당위성, 타인에 대한 당위성, 세상(조건)에 대한 당위성이 그것이다.

★★ 2017년, 2021년 **직업상담사** 1급

09 포괄적 직업상담에 관한 설명으로 틀린 것은?

① 상담이론들이 가지고 있는 장점들을 서로 절충하고 단점을 보완하였다.
② 직업상담 과정을 내담자와 직업상담사 간의 상호작용 과정으로 본다.
③ 직업상담 사례를 제외하고 여러 상담들의 이론적 배경을 반영하였다.
④ 여러 접근들에서 제시하고 있는 진단체계들을 모두 고려하였다.

> **해설** [크라이티스(Crites)의 포괄적 직업상담의 특징]
> - 특성–요인이론, 정신분석이론, 행동주의이론, 인간중심이론 등 다양한 상담이론을 절충·통합하였다.
> - 직업상담에 대한 과거의 접근들과 함께 일반상담 혹은 심리치료의 개념 및 원리들을 포괄하고 있으며, 이에 직업상담자들의 상담 사례들에서 얻어진 경험들을 반영하고 있다.
> - 직업상담 과정을 내담자와 직업상담사 간의 상호작용 과정으로 본다.
> - 진단은 변별적이고 역동적인 성격을 가지고 있다.
> - 검사의 역할을 중시하며 검사를 효율적으로 사용한다.
> - 직업상담 과정에서 검사의 결과는 상담자와 내담자가 함께 해석해 나간다. 즉, 검사결과를 내담자와 함께 보며 신뢰감을 주고, 내담자의 진로문제에 장애가 되는 요인을 해석하며 내담자와의 의사소통을 극대화해 문제 해결을 위한 공동 작업을 한다.

10 직업상담사의 윤리강령에 해당하지 않는 것은?

① 직업상담사는 내담자의 인종과 민족, 나이와 성, 경제상태 등에 차별을 두지 않는다.
② 직업상담사는 상담 중 내담자와 관련된 인물과 면접을 하지 않는다.
③ 직업상담사는 모든 직업상담사들을 서로 아끼고 존중한다.
④ 직업상담사는 직업상담기법을 구현하고 그 결과를 관련 학회에 보고하여 정보를 공유한다.

> **해설** 직업상담사는 필요한 경우 내담자의 가족이나 직장 동료 등의 중요한 관련 인물과 면접할 수 있다.

11 Cottle의 원형검사에서 원의 크기가 나타내는 것은?

① 과거, 현재, 미래
② 시간차원에 대한 상대적 친밀감
③ 시간차원의 연결구조
④ 방향성, 변별성, 통합성

> **해설** 진로시간 전망을 평가하기 위한 대표적인 도구는 코틀(Cottle, 1967)의 원형검사(The Circles Test)이다. 원형검사를 받을 때 사람들은 3가지 원을 그리게 되는데 이는 각각 과거, 현재, 미래를 의미한다. 코틀은 어떤 시간차원이 개개인의 시간전망을 지배하는지 그리고 개개인이 어떻게 시간차원과 연관이 되는지를 평가하기 위해 검사를 고안해 냈다. 원의 크기는 시간차원에 대한 상대적 친밀감을 나타내고 원의 배치는 시간차원이 각각 어떻게 연관되어 있는지를 나타낸다.

정답 08. ④ 09. ③ 10. ② 11. ②

12 행동주의 상담에서 내담자를 불안유발 상황에 단계적으로 노출시키는 기법은?

① 홍수법
② 이완훈련법
③ 체계적 둔감법
④ 혐오법

해설
- **홍수법** : 불안이나 두려움을 발생시키는 자극들을 계획된 현실이나 상상 속에서 지속적으로 제시하는 기법으로서 가장 높은 수준의 자극에 오랫동안 지속적으로 노출시킴으로써 시간이 경과함에 따라 혐오나 불안을 극복하도록 한다.
- **이완훈련법** : 호흡을 통제하고 근육을 이완시켜 긴장을 완화하는 방법으로 이러한 훈련을 통해 스트레스 수준을 낮출 뿐만 아니라 스트레스 예방에도 도움이 된다.
- **체계적 둔감법** : 불안반응을 제거하기 위해 불안위계목록을 작성한 다음 낮은 수준의 자극에서 높은 수준의 자극으로 단계적으로 상상하면서 근육을 이완하는 작업을 함으로써 불안을 감소 또는 제거하는 기법이다.
- **혐오법** : 역조건 형성의 일종으로서, 바람직하지 못한 행동에 혐오 자극을 제시하여 부정적인 행동을 제거한다.

13 다음 중 교류분석 상담에 대한 설명으로 바르지 않은 것은?

① 프로그램 메시지 : 부모의 부모자아ⓟ가 자녀의 부모자아ⓟ에게 전달하는 메시지
② 금지령 : 부모의 어린이자아ⓒ가 자녀의 어린이자아ⓒ에게 전달하는 메시지 중 부정적인 부분
③ 게임 : 그 끝이 라켓감정으로 끝나는 이면 교류
④ 상보교류 : 2개 이상의 자아상태가 서로 교류하는 것으로 발신자가 기대하는 자아상태로 수신자가 반응하는 교류

해설 교류분석에서 **프로그램 메시지**는 부모의 **어른자아ⓐ가 자녀의 어른자아ⓐ에게** 전달하는 메시지이다.

14 단기상담에서 직접적인 조언과 정보제공이 필요한 경우와 가장 거리가 먼 것은?

① 신중한 의사결정이 요구되는 경우
② 내담자가 위기적 상황에 놓여 있는 경우
③ 부모 및 가족을 대상으로 한 상담의 경우
④ 내담자의 복지를 위해 관련된 조언을 하는 경우

해설 신중한 의사결정이 요구되는 경우는 직업적인 조언과 정보제공을 중심으로 한 단기상담은 적절하지 않으며, 심층적인 중장기 상담을 통해 내담자의 문제를 보다 깊이 파악하여 상담을 진행해야 한다.

[단기상담에 적합한 내담자]
㉠ 비교적 건강하며 그 문제가 심각하지 않은 경우
㉡ 내담자가 자신의 경미한 문제에 대한 명확성 인식을 원하는 경우
㉢ 내담자가 임신, 출산 등 발달과정상의 문제를 경험하는 경우
㉣ 내담자가 중요인물의 상실에 대한 생활상의 적응을 필요로 하는 경우
㉤ 급성적 상황으로 인해 정서적 어려움을 겪는 경우

15 다음 중 집단상담의 특성에 대한 설명으로 바르지 않은 것은?

① 집단원이 여러 사람이기 때문에 비밀유지의 보장이 어렵다.
② 집단압력의 가능성이 있다.
③ 개인의 문제가 충분히 다루어지기 어렵다.
④ 시간과 비용 면에서 경제적이지 않다.

해설 [집단상담의 단점]
- 개인의 문제가 충분히 다루어지기 어렵다.
- 비밀보장이 어렵다.
- 집단압력의 가능성이 있다.
- 집단구성에 어려움이 있다.

정답 12. ③   13. ①   14. ①   15. ④

2020년 직업상담사 1급

16 Williamson의 특성－요인 직업상담에서 검사의 해석단계에서 사용하는 상담기법과 가장 거리가 먼 것은?

① 직접충고 ② 수용
③ 설명 ④ 설득

해설 **[Williamson의 특성－요인 직업상담의 검사 해석단계에서 사용하는 상담기법]**
㉠ **직접충고** : 검사결과를 토대로 상담자가 내담자에게 자신의 견해를 솔직히 표명하는 것을 말한다. 윌리암슨은 내담자가 상담자에게 솔직한 견해를 요구할 때와 내담자가 심각한 실패와 좌절을 가져올 만한 행동이나 선택을 하려 할 때, 이 방법을 사용하도록 권장한다.
㉡ **설득** : 상담자가 내담자에게 합리적이고 논리적인 방법으로 증거(자료)를 제시하는 것을 말한다. 예를 들어, 상담자는 내담자에게 진단결과가 암시하는 바를 이해시킴으로써 내담자가 자신의 문제를 해결할 수 있도록 설득할 수 있다.
㉢ **설명** : 상담자가 진단과 검사자료뿐 아니라 비검사자료들을 해석하여, 내담자가 그 결과의 의미를 이해하고 선택 가능한 대안들과 그 대안들의 예상되는 결과들에 대해 이해할 수 있도록 돕는 것을 말한다.

2012년, 2020년 직업상담사 1급

17 다음 중 직업상담의 원리에 관한 설명으로 틀린 것은?

① 효과적인 직업상담은 직업상담자와 내담자 간의 신뢰관계가 형성될 때 이루어진다.
② 직업상담에서는 개인의 진로나 직업 결정이 핵심요소이므로 효과적인 직업상담에는 진로의사결정 과정이 포함되어야 한다.
③ 효과적인 직업상담은 변화하는 사회구조와 직업세계에 대한 이해를 바탕으로 이루어져야 한다.
④ 심리검사의 결과가 내담자에 대한 이해를 제한하는 경우가 많아 효과적인 직업상담을 위해 가능하면 사용을 자제해야 한다.

해설 **[진로상담(직업상담)의 기본원리]**
• 진학선택과 직업선택에 초점을 맞추어 전개되어야 한다.
• 개인의 특성을 객관적으로 파악한 후 상담자와 내담자 간의 라포(Rapport)가 형성된 관계 속에서 이루어져야 한다.
• 진로상담은 개인의 진로결정에 핵심적인 요소이므로 진로의사결정 과정의 상담을 거쳐야 한다.
• 진로발달이론에 근거하여야 한다.
• 변화하는 직업세계의 이해, 진로정보활동을 중심으로 개인과 직업의 연계성을 합리적으로 연결시키는 과정과 그것의 합리적 방법 이용에 초점을 둔다.
• **각종 심리검사의 결과를 기초로 합리적인 결과를 이끌어낼 수 있도록 도와주는 역할을 다해야 한다.**
• 상담윤리강령에 따라 전개되어야 한다.

2022년 직업상담사 1급

18 Big－five이론에 기반한 심리검사에서 성실성 척도의 하위요인으로 바르지 않은 것은?

① 성취 추구
② 신뢰성
③ 유능성
④ 의무성

해설 Big－Five이론에 기반한 심리검사의 하위척도는 신경증, 외향성, 개방성, 친화성, 성실성 등 5가지로 구성된다. 그리고 신뢰성은 성실성 척도의 하위요인이 아니라 친화성의 하위요인에 해당된다.

구분	하위척도	하위요인
5요인	신경증 (Neuroticism)	불안, 분노, 우울, 열등감, 충동, 심약
	외향성 (Extraversion)	온정, 군집, 리더십, 활동성, 자극추구, 명랑
	개방성 (Openness to Experience)	상상, 심미, 감수성, 신기, 지성, 가치
	친화성 (Agreeableness)	신뢰, 정직, 이타, 협동, 겸손, 동정
	성실성 (Conscientiousness)	자기유능감, 정돈, 책임, 성취지향, 자율, 신중

정답 16. ② 17. ④ 18. ②

19 직업상담시 저항적이고 동기화되지 않은 내담자들을 위한 전략이 아닌 것은?

① 왜곡된 사고 확인하기

② 변형된 오류 수정하기

③ 내담자와 친숙해지기

④ 은유 사용하기

> **해설** 저항적이고 동기화되지 않은 내담자들은 자신만의 독특한 대응방법을 갖고 있는 것이 보통이다. 이 방법을 아는 것은 내담자를 위한 다음 단계를 준비하는 데 큰 영향을 미치기 때문에 매우 중요하다. 이런 내담자를 위한 대표적인 4가지 전략에는 변형된 오류 수정하기, 내담자와 친숙해지기, 은유 사용하기, 대결하기가 있다.

20 진로개발을 위한 상담을 진행할 때 가장 먼저 실시하여야 하는 것은?

① 요구조사

② 능력개발

③ 진로선택

④ 목표설정

> **해설** 진로개발을 위한 상담을 진행할 때에는 먼저 내담자가 무엇을 원하는지 요구조사를 실시한 후 내담자의 요구에 맞는 상담을 진행하여야 한다.

제2과목	고급 직업심리학

21 Ginzberg의 발달이론에 관한 설명으로 옳은 것은?

① 특정 층의 백인 남성을 표본으로 개발되어 일반화에 한계가 있다.

② 진로발달 단계를 환상기, 잠정기, 현실기, 확립기의 4단계로 제시한다.

③ 진로결정 과정은 모든 개인이 동일하다고 가정한다.

④ 직업선택은 단 한 번의 결정이다.

> **해설** [Ginzberg의 직업발달이론의 특징]
> ㉠ 처음으로 발달적 관점에서 직업선택 이론을 제시하였다.
> ㉡ 직업선택은 개인이 직업생활과 함께 전 생애에 걸쳐 일어나지만 초기 선택이 중요하다.
> ㉢ 발달이론을 개발하는 과정에서 표집대상은 앵글로 색슨계의 중상류층, 도시지역, 신교도, 가톨릭의 남자였으며, 교육수준은 고등학교 졸업부터 대학원까지에 해당되었다.
> ㉣ 표집의 특성상 연구결과의 적용은 제한적이다. 특히 여성과 소수민족의 진로발달은 고려되지 않았으며, 농촌지역이나 도시 빈민층 역시 제외되었다.
> ㉤ 직업선택은 발달적 과정이며, 환상기, 잠정기, 현실기를 거쳐 초기 성인기에 끝난다.
> ㉥ 직업선택은 바람(wishes)과 가능성(possibility)간의 타협으로 이루어진다.
> ㉦ 진로결정과정은 개인적으로 다를 수 있으며, 개인의 진로발달 유형이 동년배와 유사하지 않은 경우 일탈적인 것으로 간주된다.
> ㉧ 진로선택의 과정은 비가역적이다. 따라서 나중 결정은 이전 결정의 영향을 받는다.
> ㉨ 진로선택은 가치관, 정서적 요인, 교육수준, 환경영향의 4가지 상호작용으로 결정된다.

정답 19. ① 20. ① 21. ①

22 어느 축구선수가 슛을 할 때마다 매번 공이 우측 골대를 맞고 나온다면, 그 선수의 슛 기술 정도를 측정할 때 적합한 설명은?

① 신뢰도와 타당도 모두 높다.

② 신뢰도는 높으나 타당도는 낮다.

③ 타당도는 높으나 신뢰도는 낮다.

④ 신뢰도와 타당도 모두 낮다.

> **해설** 신뢰도는 일관성, 타당도는 정확성의 개념이므로, 현재 축구선수는 일관성은 있으나 정확히 골인을 못시키고 있기 때문에 신뢰도는 높으나 타당도는 낮다고 할 수 있다.

23 개인의 욕구와 직업선택 행동의 관계에 초점을 두고, 직업을 서비스직, 비즈니스직, 단체직, 기술직, 옥외활동직, 과학직, 문화직, 예술직 등 8가지 직업군으로 분류하는 체계를 개발한 학자는?

① Holland
② Roe
③ Super
④ Parsons

> **해설** [Roe의 욕구이론]
> - 직업의 전 영역을 조사하려면 직업을 순서대로 분류하는 방법이 필요하다고 보고, 미네소타직업평가척도(MORS : Minnesota Occupational Rating Scales)에서 힌트를 얻어, 흥미에 기초하여 직업을 8개의 군집으로 나누고 각각의 군집에 알맞은 직업들의 목록을 작성하였다.
> - 직업에서의 곤란도와 책무성을 고려하여 8×6의 구조를 만들었다.
> - 8개의 군집(field)
>   ① 일반 문화직, ② 과학직, ③ 옥외 활동직, ④ 기술직, ⑤ 단체직, ⑥ 비즈니스직, ⑦ 서비스직, ⑧ 예능직
> - 6단계(level)
>   ① 1단계 - 고급 전문 관리, ② 2단계 - 중급 전문 관리, ③ 3단계 - 준 전문 관리, ④ 4단계 - 숙련직, ⑤ 5단계 - 반숙련직, ⑥ 6단계 - 비숙련직

24 자기효능감은 4가지 종류의 학습경험을 거쳐 발전된다. 4가지 학습경험에 해당하지 않는 것은?

① 개인적인 수행성취

② 정신적 상태와 반응

③ 간접경험

④ 사회적 설득

> **해설** 자기효능감은 성취경험(성공경험), 대리학습(대리경험), 사회적 설득, 생리적 상태와 반응 등 4가지 종류의 학습경험을 거쳐서 발전된다.

25 진로발달에 대한 인지적 정보처리 접근의 가정과 가장 거리가 먼 것은?

① 진로선택은 인지적 및 정의적 과정들의 상호작용 결과이다.

② 진로선택 및 결정은 일종의 문제해결 활동이다.

③ 진로문제 해결자의 능력은 지식뿐 아니라 인지적 조작 가능성에 달려있다.

④ 진로결정 과정에서 가치는 원하는 최종상태에 대한 방향을 결정한다.

> **해설** [인지적 정보처리이론의 주요 전제]
> 인지적 정보처리이론의 주요 전제는 10개의 가정에 기초한다. 이는 진로개입의 주요 책략들이 학습기회를 제공함으로써 개인의 처리능력을 발전시킬 수 있다는 데 있다.
> ㉠ 진로선택은 인지적 및 정의적 과정들의 상호작용의 결과이다.
> ㉡ 진로를 선택한다는 것은 하나의 문제해결 활동이다.
> ㉢ 진로 문제해결자의 잠재력은 지식은 물론이고 인지적 조작의 가용성에 의존한다.
> ㉣ 진로 문제해결은 고도의 기억력을 요하는 과제이다.
> ㉤ 동기의 근원을 앎으로써 자신을 이해하고 만족스런 진로선택을 하려는 욕망을 갖는다.
> ㉥ 진로발달은 지식구조의 끊임없는 성장과 변화를 포함한다.
> ㉦ 진로 정체성은 자기지식에 의존한다.
> ㉧ 진로성숙은 진로문제를 해결할 수 있는 자신의 능력에 의존한다.
> ㉨ 진로상담의 최종목표는 정보처리 기술들의 신장을 촉진시킴으로써 달성된다.
> ㉩ 진로상담의 최종목표는 진로문제 해결자이고 의사결정자인 내담자의 잠재력을 증진시킴에 있다.

26 직무분석의 방법 중 최초분석법에 해당되지 않는 것은?

① 면담법　　　　② 관찰법
③ 체험법　　　　④ 데이컴법

해설 **[직무분석기법]**

㉠ **최초분석법** : 분석할 대상 직업에 관한 참고 문헌이나 자료가 드물고, 그 분야에 많은 경험과 지식을 갖춘 사람이 거의 없을 때, 직접 작업 현장을 방문하여 분석을 실시하는 방법을 최초 분석법이라고 한다. 이는 많은 시간과 노력이 소요되므로 비교적 직무 내용이 단순하고 반복되는 작업을 계속하는 경우에 적합하다. 면접법, 관찰법, 녹화법, 체험법, 작업일지법, 설문지법 등이 해당한다.

㉡ **비교확인법** : 이미 역사가 오래되어 많은 자료가 수집될 수 있는 직업으로 수행하는 작업이 다양하고, 직무의 폭이 넓어 단 시간의 관찰을 통해서 분석이 어려운 직업에 적합하다. 지금까지 개발된 각종 자료를 수집하고 분석하여 일단 직무분석 양식에 직무분석가가 초안을 작성한 다음, 현장에 나가 실제 여부를 면담이나 관찰과 같은 최초 분석법으로 확인하는 방법이다.

㉢ **데이컴법(DACUM)** : 교과과정을 개발하는 데 활용되어 온 기법으로, 이는 교육 훈련을 목적으로 교육 목표와 교육 내용을 비교적 단시간 내에 추출하는 데 효과적이다. 데이컴은 8~12명의 분석협조자(panel member)로 구성된 데이컴 위원회를 중심으로 쾌적한 장소에 모여 2박 3일 정도의 집중적인 워크숍으로 데이컴 차트를 완성함으로써 작업을 마친다.

27 규준에 관한 설명으로 옳은 것은?

① 하나의 규준은 다양한 분포로 이루어진다.
② 규준은 규준집단의 점수 분포를 반영한다.
③ Z점수의 평균은 10이고 분산은 5이다.
④ T점수의 평균은 50이고 표준편차는 15이다.

해설 **[규준]**

- 심리검사의 규준들은 절대적이거나 보편적인 것이 아니며 영구적인 것도 아니다.
- 규준은 기본적으로 특정의 모집단을 대표하는 표본을 구성하고 이들에게 검사를 실시해서 얻은 점수를 체계적으로 분석해서 만드는데, 이 때 규준제작을 위해 검사를 실시하는 표본을 규준집단 또는 표준화집단이라고 한다.
- 규준집단을 구성할 때 가장 중요한 것은 모집단에 대한 대표성을 확보할 수 있는 표본 추출 방법을 이용하는 것이다.

28 김 과장은 Type A 행동특성을, 그리고 박 과장은 Type B 행동특성을 지닌 대표적인 인물이다. 이들의 행동특성에 관한 설명으로 틀린 것은?

① 스트레스 상황에서 김 과장은 박 과장에 비해 호흡률이나 혈압과 같은 생리적 각성 수준을 더 증가시킬 가능성이 있다.
② 스트레스 상황에 노출되면 박 과장이 김 과장보다 부정과 투사기제를 사용할 가능성이 더욱 적다.
③ 직무 스트레스에 있어서 김 과장이 박 과장보다 더 많은 우울, 불안, 적대감 등 심리적 긴장이 높을 가능성이 있다.
④ 통제불능의 스트레스 상황에서 박 과장은 김 과장보다 더 쉽게 과제를 포기하고 더 많은 무력감을 느낄 가능성이 있다.

해설 **[A/B 성격유형]**

- 성격유형에 따른 스트레스의 양상은 프리드만과 로젠만(Friedman & Rosenman)이 제시한 A/B 성격유형에 따른 행동패턴을 기초로 한다.
- A형 성격유형은 기본적으로 능동적·공격적인 성향을 가지고 있으며, 직무수행에 있어서 경쟁 및 성취 지향, 신속성, 완벽함을 추구한다. B형 성격유형은 기본적으로 수동적·방어적인 성향을 가지고 있으며, 직무수행에 있어서 느긋함과 차분함, 일처리에 있어서 여유로운 대처, 상황의 수용 등을 특징으로 한다.
- A형 성격유형의 사람들은 B형 성격유형의 사람들보다 성취욕구와 포부수준이 더 높기 때문에 일로부터 스트레스를 느낄 가능성이 많다. A형 성격유형은 동일한 스트레스 상황에서 B형 성격유형보다 더 많은 스트레스를 받게 되며, 호흡률이나 혈압과 같은 생리적 각성 수준도 훨씬 더 증가하게 된다. 그래서 A형 성격유형은 자신의 능력으로는 통제할 수 없다고 판단되는 스트레스 상황에 부딪치게 될 때 B형 성격유형보다 훨씬 더 빨리 과제를 포기하고 무력감을 느끼게 된다. 따라서 A형 성격유형이 B형 성격유형보다 더 많은 부정(Denial)이나 투사(Projection) 기제를 사용하게 된다.

정답 26. ④　27. ②　28. ④

29 Krumboltz의 사회학습이론에서 진로결정에 영향을 주는 요인이 아닌 것은?

① 학습경험
② 인간관계
③ 환경적 조건과 사건
④ 유전적 요인과 특별한 능력

해설 **[Krumboltz의 진로선택 사회학습이론의 진로결정요인 4가지]**

크롬볼츠의 진로선택 사회학습이론은 진로선택이 진로상담의 핵심이라는 가정에서 출발하고 있으며, 내담자의 진로선택을 결정하는 것이 무엇인가를 파악할 수 있는 틀을 제공하고 있다. Mitchell과 Krumboltz(1996)는 개인의 진로선택에 영향을 미치는 4가지 요인을 제안하였다.
㉠ 유전적 요인과 특별한 능력(genetic endowments & special abilities)
㉡ 환경적 조건과 사건(environmental conditions and events)
㉢ 학습경험(learning experiences)
㉣ 과제접근기술(task approach skill)

30 Holland 이론의 주요 개념에 관한 설명으로 가장 적합한 것은?

① 정체성 : 자신의 목표, 흥미, 재능에 대한 명확하고 견고한 청사진을 가지고 있다.
② 계측성 : 특정 유형에 속하는 특성들은 다른 유형에서는 별로 나타나지 않는다.
③ 일관성 : 사람들은 자신의 특성과 비슷한 환경에서 능력을 최대한 발휘한다.
④ 일치성 : 여섯 유형 중 어떤 유형들 간에는 다른 유형들보다 더 많은 공통점이 있다.

해설 **[Holland 이론의 주요 개념]**

㉠ **정체성** : 자신의 목표, 흥미, 재능에 대한 명확하고 견고한 청사진을 가지고 있다.
㉡ **변별성** : 특정 유형에 속하는 특성들은 다른 유형에서는 별로 나타나지 않는다.
㉢ **일치성** : 사람들은 자신의 특성과 비슷한 환경에서 능력을 최대한 발휘한다.
㉣ **일관성** : 여섯 유형 중 어떤 유형들 간에는 다른 유형들보다 더 많은 공통점이 있다.

㉤ **계측성** : 육각형 모형에서 유형 간의 거리는 그 사이의 이론적 관계에 반비례한다.

31 한국판 웩슬러 성인지능검사(K-WAIS)-Ⅳ에 대한 설명으로 틀린 것은?

① 전체척도 점수(FSIQ)가 70~79이면 경계선 범위로 분류한다.
② 전체척도 점수(FSIQ)는 전반적 인지능력을 나타내는 평가치이다.
③ 작업기억(WMI)의 핵심검사는 숫자, 산수 소검사이다.
④ 언어이해지표(VCI)의 핵심검사는 상식, 이해, 공통성, 어휘 소검사이다.

해설 **[한국판 웩슬러 성인지능검사]**

- K-WAIS의 검사 구성

언어성 검사(6)	동작성 검사(5)
기본지식 숫자 외우기 어휘문제 산수문제 이해문제 공통성문제	빠진 곳 찾기 차례맞추기 토막짜기 모양맞추기 바꿔쓰기

- K-WAIS-Ⅳ 지표와 소검사의 구성 (핵심 소검사 10개, 보충 소검사 5개)

구분	전체 지능지수 FSIQ (Full Scale Intelligence Quotient)			
	일반능력지표(GAI) (General Ability Index)		인지효능지표(CPI) (Cognitive Proficiency Index)	
	언어이해지표(VCI) (Verbal Comprehension Index)	지각추리지표(PRI) (Perceptual Reasoning Index)	작업기억지표(WMI) (Working Memory Index)	처리속도지표(PSI) (Processing Speed Index)
핵심 소검사	공통성, 어휘, 상식	토막짜기* 행렬추리, 퍼즐*	숫자, 산수*	동형찾기* 기호쓰기*
보충 소검사	이해	무게비교* 빠진곳찾기*	순서화	지우기*

* 표시된 소검사는 시간제한이 있음.

32 다음 사례를 가장 잘 나타내는 동기이론은?

> 체중이 100kg인 뚱뚱한 사람이 음식조절과 운동을 통해 몸무게를 20kg 빼려는 목표를 세웠다. 매주 2kg씩 10주에 걸쳐 20kg을 빼고자 한다. 이 사람은 수시로 몸무게를 재보면서 매주 목표를 달성했는지를 확인해보는데 생각한 만큼 빠지지 않았다.
> 그래서 목표를 10주에서 20주로 변경하든지 아니면 10주 동안 10kg만 빼는 것으로 변경할지를 두고 고민하다가 20주 동안 20kg을 빼는 것으로 목표를 바꾸었다.

① 목표설정이론
② 자기조절이론
③ 기대이론
④ 강화이론

해설 **[Bandura의 자기조절이론]**
학습자 스스로 학습과제에 맞는 목표 그리고 계획을 수립해 필요한 학습전략을 동원해 계획을 실행하고 그 결과를 평가해 목표달성을 위한 노력을 점검하고 통제하는 것을 의미한다.

33 직업세계의 변화에 영향을 미치는 요인과 가장 거리가 먼 것은?

① 기술환경의 변화
② 지식기반 사회로의 변화
③ 산업구조의 변화
④ 직장인들의 심리적 변화

해설 직업세계의 변화는 사회의 변화, 산업구조의 변화, 기술환경의 변화 등의 영향을 받는다.

★

34 직무수행평가에서 행동기준 평정척도에 관한 설명으로 틀린 것은?

① 중대사건법과 평정척도법을 혼합한 것이다.
② 수행은 척도상에 평정되지만 척도점들에 행동적 사건들이 제시되어 있다.
③ 평가자는 일정기간 동안 종업원을 관찰하고, 중대사건의 빈도를 평정한다.
④ 중요사건들이 해당 차원에서 얼마나 효과적인지를 척도상에 평정한다.

해설 **[행동기준 평정척도]**
• 직무와 관련된 피평가자의 구체적인 행동을 평가의 기준으로 삼는 고과 방법이다.
• 스미스(Smith, D. A.)와 켄달(Kendall, S.)에 의해 개발된 기법으로 중요사건기록법과 특성평가인 도표척도법을 결합한 것으로, 주요과업 분야별로 바람직한 행태의 유형 및 등급을 구분·제시한 뒤, 해당사항에 표시하게 함으로써 평정하는 방법이다.
• 이는 주관적 판단을 배제하기 위하여 직무분석에 기초하여 직무(job)와 관련된 중요한 과업(task) 분야를 선정하고, 각 과업분야에 대하여 가장 이상적인 과업행태에서부터 가장 바람직하지 못한 행태까지를 몇 개의 등급으로 구분하여, 각 등급마다 중요 행태를 명확하게 기술한 뒤 점수를 할당하는 방법을 사용한다.
일반적으로 해당 직무에서 그 행동기준과 비슷한 행동을 얼마나 보여주는지를 평가하는 것은 행동관찰 평정척도의 설명에 해당한다.

35 심리검사에 대한 설명 중 틀린 것은?

① 성격검사의 성실성의 하위요인으로는 유능감, 조직화 능력, 책임감, 목표지향성, 자기통제력, 완벽성이 있다.
② 성격검사의 외향성의 하위요인으로는 온정성, 사교성, 리더십, 적극성, 긍정성이 있다.
③ 투사적 검사에는 TAT, 로샤검사, MBTI가 있다.
④ 직업선호도검사의 구성은 흥미검사, 성격검사, 생활사검사로 되어 있다.

해설 MBTI는 자기보고식 객관적 검사로 투사적 검사에 해당하지 않는다.

★★ 2019년 직업상담사 1급

36 Dawis와 Lofqist의 직업적응이론에 대한 옳은 설명을 모두 고른 것은?

> ㉠ 개인과 환경 간의 상호작용을 통한 욕구충족을 강조한다.
> ㉡ 직업적응은 개인과 직업환경의 조화를 성취하고 유지하는 과정으로 이해된다.
> ㉢ 개인과 환경은 상호작용하면서 자신의 욕구를 만족 또는 충족시켜 줄 수 있는 강화요인을 서로 얻게 된다.
> ㉣ 이론의 장점 중 하나는 JDQ, MSQ 등 관련 검사도구가 다양하게 개발되어 있다는 것이다.

① ㉠, ㉡
② ㉠, ㉢
③ ㉡, ㉣
④ ㉠, ㉡, ㉢, ㉣

해설 **[직업적응이론의 특징]**
- 직업적응이론은 홀랜드이론처럼 '개인-환경 일치이론(Person-environment fit approach)'에 속한다. 홀랜드이론이 직업선택을 더 강조하는 반면, 직업적응이론은 직업적응을 더 강조한다는 점에서 차이가 있다.
- 개인이 직업에 얼마나 만족하는지와 얼마나 그 일을 오래 할 수 있는지를 예언해준다.
- Dawis와 Lofquist(1984)는 '직업에서 요구되는 능력과 그와 관련된 개인의 능력' 그리고 '개인의 욕구와 일이 제공하는 보상과 관련된 직업가치'라는 두 가지 차원에서 개인과 환경의 일치를 설명한다.
- 직업적응이론은 주로 미네소타대학에서 이론을 발표한 연구자 집단에 의해 연구되어 왔는데, 이후에 이론의 적용 영역과 대상을 확장한 '개인-환경 조화이론(Person-environment correspondence theory)'으로 수정되었다.
- 직업적응이론이 개인의 직업행동을 설명하는 데에 한정되는 데 반해, 개인-환경 조화이론은 가족문제 등 다른 영역까지 확장하여 기본개념들이 적용되고 있다.
- JDQ, MSQ 등 관련 검사도구가 다양하게 개발되었다.

★★

37 다음 중 작업동기의 3가지 구성요소에 해당하지 않는 것은?

① 기대
② 방향
③ 강도
④ 지속기간

해설 **[작업동기(work motivation)의 3가지 중요한 구성요소]**
- ㉠ **방향(direction)** : 우리가 어떤 활동에 노력을 기울일지에 대한 선택을 의미한다.
- ㉡ **강도(intensity)** : 우리가 선택한 작업에 얼마나 열심히 하는지 혹은 얼마나 많은 노력을 기울이는지를 의미한다.
- ㉢ **지속기간(duration)** : 동기가 얼마 동안이나 지속되는지를 의미한다. 행동을 변화시키기 위해서는 먼저 동기를 변화시켜야 한다.

★ 2013년, 2016년 직업상담사 1급

38 Levinson의 경력개발이론에 관한 설명으로 틀린 것은?

① 생애 단계를 성인 이전, 성인 초기, 성인 중기, 성인 후기 단계로 구분하였다.
② 각 단계는 안정시기와 변환시기로 구성된다.
③ 여성은 성인 초기에 가정과 경력개발 간의 갈등을 겪게 된다고 주장했다.
④ 성인 경력을 이해하는 데는 친밀, 생산, 자아 통합이 중요한 주제라고 했다.

해설 친밀, 생산, 자아 통합 등이 성인 단계에서 중요한 주제라고 주장한 이론은 에릭슨(Erikson)의 심리사회적 발달단계 이론의 설명에 해당한다.

2014년 직업상담사 1급

39 직업 관련 스트레스 요인 중에서 직무 및 조직과 관련된 요인이 아닌 것은?

① 과제 특성
② A행동 유형
③ 역할갈등
④ 역할모호성

해설 **[직무 및 조직 관련 스트레스 요인]**
- ㉠ 과제특성(복잡한 과제)
- ㉡ 역할갈등과 역할모호성
- ㉢ 조직문화 풍토

정답 36. ④ 37. ① 38. ④ 39. ②

40 직무평가에 관한 설명으로 가장 적합한 것은?

① 직무평가란 개인이 담당하는 여러 과업들을 상대적인 중요도로 평가하는 것이다.

② 직무평가는 인사고과평정의 한 가지 방법이다.

③ 직무평가는 직무들의 상대적 가치를 결정하는 데 유용한 절차로 임금수준을 결정하도록 해준다.

④ 직무평가는 업무분장을 분명하게 하기 위해 실시하는 방법이다.

> **해설 [직무평가의 의미]**
> - 직무평가는 직무분석에 의하여 파악된 직무내용과 이를 수행하기 위하여 필요한 직임조건을 기초로 하여 개개의 직무가 조직 내에서 가지는 상대적 중요도 및 가치를 비교·평가하여 결정하는 체계적인 과정을 말한다.
> - 직무평가에 의하여 각 직무는 그 질과 양이 채점되며 그것에 의하여 직무의 상대적 가치가 결정되고 그 가치에 따라 설정된 임금 격차는 공정·타당하다고 일반적으로 확정된다.

제3과목 고급 직업정보론

41 직업정보 가공 시 유의해야 할 사항으로 틀린 것은?

① 직업은 그 분야에서 전문적이므로 이용자가 이해할 수 있는 수준의 언어를 사용한다.

② 가장 최신의 자료를 활용한다.

③ 시청각의 효과를 부여한다.

④ 정보제공 방법별로 구분하지 않고 표준화된 형태로 제공한다.

> **해설 [직업정보 가공 시 유의할 점]**
> - ㉠ 직업은 그 분야에서 매우 전문적인 면이 있으므로, 전문적 지식이 없어도 이해할 수 있는 언어로 가공하되 이용자의 수준에 준한다. : 이용자가 이해할 수 있는 언어로 가공하여 가독력을 높여서 제공되어야 효율성이 높다.
> - ㉡ 직업에 대한 장·단점을 편견 없이 제공한다. : 직업은 그 특성상 장·단점을 갖고 있다. 직업정보 가공 시 객관적 자료에 의한 장·단점을 제시하여야 의사결정을 하는 데에 도움을 줄 수 있다.
> - ㉢ 현황은 가장 최신의 자료를 활용하되, 표준화된 정보를 활용한다.
> - ㉣ 객관성을 잃는 정보, 문장, 어투 등은 삼간다. : 직업정보 제공 시에는 가능한 한 객관적인 언어나 메시지로 전달해야 한다.
> - ㉤ 시청각의 효과를 부가한다. : 직업정보는 전문성으로 인하여 매우 딱딱하고 지루한 내용이 많다. 이러한 내용에 대하여 시청각 효과를 부여하여 이용자가 쉽게 접근할 수 있도록 구성한다.
> - ㉥ 정보제공 방법에 적절한 형태로 제공한다. : 직업정보의 전달매체는 인쇄, 방송, CD, 인터넷 등이 주류를 이룬다. 매체의 특성을 살려 적절한 형태로 제공되는 부분에 대한 지속적인 연구가 필요하며, 이용자의 특성에 맞는 매체로서 제공되는 것이 효과적이다.

정답 40. ③ 41. ④

★★ **2011년 직업상담사 1급**

42 한국직업사전의 부가직업정보 중 작업강도에 관한 설명으로 틀린 것은?

① 작업강도는 해당 직무를 수행하는 데 필요한 육체적 힘의 강도를 나타낸 것이다.

② 작업강도는 5단계로 분류한다.

③ 작업강도는 심리적, 정신적 노동강도를 고려한다.

④ 작업강도에서 보통작업은 최고 20kg의 물건을 들어 올리고 10kg 정도의 물건을 빈번히 들어 올리거나 운반한다.

해설 [한국직업사전 부가직업정보의 작업강도]

"작업강도"는 해당 직업의 직무를 수행하는 데 필요한 육체적 힘의 강도를 나타낸 것으로 5단계로 분류하였다. 그러나 "작업강도"는 심리적 · 정신적 노동강도는 고려하지 않았다.

구분	정의
아주 가벼운 작업	• 최고 4kg의 물건을 들어 올리고, 때때로 장부, 소도구 등을 들어 올리거나 운반한다. • 앉아서 하는 작업이 대부분을 차지하지만 직무수행상 서거나 걷는 것이 필요할 수도 있다.
가벼운 작업	• 최고 8kg의 물건을 들어 올리고 4kg 정도의 물건을 빈번히 들어 올리거나 운반한다. • 걷거나 서서하는 작업이 대부분일 때 또는 앉아서 하는 작업일지라도 팔과 다리로 밀고 당기는 작업을 수반할 때에는 무게가 매우 적을지라도 이 작업에 포함된다.
보통 작업	• 최고 20kg의 물건을 들어 올리고 10kg 정도의 물건을 빈번히 들어 올리거나 운반한다.
힘든 작업	• 최고 40kg의 물건을 들어 올리고 20kg 정도의 물건을 빈번히 들어 올리거나 운반한다.
아주 힘든 작업	• 40kg 이상의 물건을 들어 올리고 20kg 이상의 물건을 빈번히 들어 올리거나 운반한다.

★★ **2009년, 2012년, 2013년, 2019년 직업상담사 1급**

43 해당 국가기술자격의 종목에 관한 공학적 기술이론 지식을 가지고 설계 · 시공 · 분석 등의 업무를 수행할 수 있는 능력 보유를 검정하는 국가기술자격 등급은?

① 기술사   ② 기사

③ 산업기사   ④ 기능사

해설 [기술 · 기능 분야 국가기술자격 검정의 기준]

자격등급	검정기준
기술사	해당 국가기술자격의 종목에 관한 고도의 전문지식과 실무경험에 입각한 계획 · 연구 · 설계 · 분석 · 조사 · 시험 · 시공 · 감리 · 평가 · 사업관리 · 기술관리 등의 업무를 수행할 수 있는 능력 보유
기능장	해당 국가기술자격의 종목에 관한 최상급 숙련기술을 가지고 산업현장에서 작업관리, 소속 기능인력의 지도 및 감독, 현장훈련, 경영자와 기능인력을 유기적으로 연계시켜 주는 현장관리 등의 업무를 수행할 수 있는 능력 보유
기사	해당 국가기술자격의 종목에 관한 공학적 기술이론 지식을 가지고 설계 · 시공 · 분석 등의 업무를 수행할 수 있는 능력 보유
산업기사	해당 국가기술자격의 종목에 관한 기술기초이론 지식 또는 숙련기능을 바탕으로 복합적인 기초기술 및 기능업무를 수행할 수 있는 능력 보유
기능사	해당 국가기술자격의 종목에 관한 숙련기능을 가지고 제작 · 제조 · 조작 · 운전 · 보수 · 정비 · 채취 · 검사 또는 작업관리 및 이에 관련되는 업무를 수행할 수 있는 능력 보유

★ **2012년, 2016년 직업상담사 1급**

44 다음 중 '노동'을 주제로 하는 통계가 아닌 것은?

① 근로환경조사

② 이민자체류실태및고용조사

③ 장애인고용패널조사

④ 임금결정현황조사

해설 [노동을 주제로 하는 통계] (출처 : KOSIS 국가통계포털, 2025)

(1) 경제활동인구조사
(2) 고령자고용현황
(3) 고용행정통계
(4) 고용허가제고용동향
(5) 고용형태별근로실태조사(구. 임금구조기본통계조사)
(6) 근로환경조사
(7) 기업직업훈련실태조사
(8) 기업체장애인고용실태조사
(9) 노동생산성지수
(10) 노사분규통계
(11) 박사인력활동조사
(12) 발달장애인일과삶실태조사
(13) 사업체기간제근로자현황조사
(14) 사업체노동력조사(구. 사업체임금근로시간조사)

정답 42. ③   43. ②   44. ④

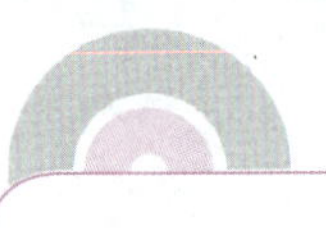

(15) 사업체노동실태현황
(16) 산업기술인력수급실태조사
(17) 산업안전보건실태조사
(18) 산재보험통계
(19) 산재보험패널조사
(20) 여성관리자패널조사
(21) 여성의 경제활동 및 경력단절실태조사
(22) 육아휴직통계
(23) 이민자체류실태및고용조사(구. 외국인고용조사)
(24) 일자리이동통계
(25) 일자리행정통계
(26) 임금근로일자리동향행정통계
(27) 작업환경실태조사
(28) 장애인경제활동실태조사
(29) 장애인고용패널조사
(30) 장애인의무고용현황
(31) 전국노동조합조직현황
(32) 지역별고용조사
(33) 직종별사업체노동력조사(구. 사업체고용동향특별조사)
(34) 청년패널조사
(35) 한국노동패널조사

[임금을 주제로 하는 통계]
(출처 : KOSIS 국가통계포털, 2026)
(1) 건설업임금실태조사
(2) 건설사업관리기술인임금실태조사
(3) 기업체노동비용조사
(4) 대지급금지급현황
(5) 디자이너등급별노임단가실태조사
(6) 소프트웨어기술자임금실태조사
(7) 엔지니어링업체임금실태조사
(8) 중소제조업직종별임금조사
(9) 최저임금적용효과에관한실태조사
(10) 측량업체임금실태조사

45 다음 중 실기능력이 중요하여 고용노동부령이 정하는 필기시험이 면제되는 기능사 종목이 아닌 것은?

① 거푸집기능사 ② 도화기능사
③ 철근기능사 ④ 용접기능사

해설 [필기시험이 면제되는 자격종목/실기시험만 시행할 수 있는 종목] (출처 : 국가기술자격법 시행규칙 별표10)

직무분야	중직무분야	자격종목
02. 경영 · 회계 · 사무	023. 사무	한글속기 1급 · 2급 · 3급

직무분야	중직무분야	자격종목
14. 건설	141. 건축	거푸집기능사, 건축도장기능사, 건축목공기능사, 도배기능사, 미장기능사, 방수기능사, 비계기능사, 온수온돌기능사, 유리시공기능사, 조적기능사, 철근기능사, 타일기능사, 금속재창호기능사
	142. 토목	도화기능사, 석공기능사, 지도제작기능사, 항공사진기능사
19. 섬유 · 의복	192. 의복	봉제기능사

46 한국표준산업분류의 산업결정방법에 관한 설명으로 틀린 것은?

① 생산단위의 산업 활동은 그 생산단위가 수행하는 주된 산업 활동의 종류에 따라 결정된다.
② 계절에 따라 정기적으로 산업을 달리하는 사업체의 경우에는 조사대상 기간 중 산출액이 많았던 활동에 의하여 분류된다.
③ 휴업 또는 자산을 청산중인 사업체의 산업은 영업 중 또는 청산을 시작하기 전의 산업 활동에 의해 결정된다.
④ 단일사업체의 보조단위는 그 사업체와는 별도의 사업체로 처리한다.

해설 [한국표준산업분류의 통계단위의 산업결정 방법]
(1) 생산단위의 산업 활동은 그 생산단위가 수행하는 주된 산업 활동(판매 또는 제공하는 재화 및 서비스)의 종류에 따라 결정된다. 이러한 주된 산업 활동은 산출물(재화 또는 서비스)에 대한 부가가치(액)의 크기에 따라 결정되어야 하나, 부가가치(액) 측정이 어려운 경우에는 산출액에 의하여 결정한다.
(2) 상기의 원칙에 따라 결정하는 것이 적합하지 않을 경우에는 그 해당 활동의 종업원 수 및 노동시간, 임금 및 급여액 또는 설비의 정도에 의하여 결정한다.
(3) 계절에 따라 정기적으로 산업을 달리하는 사업체의 경우에는 조사 시점에서 경영하는 사업과는 관계없이 조사대상 기간 중 산출액이 많았던 활동에 의하여 분류한다.

(4) 휴업 중 또는 자산을 청산중인 사업체의 산업은 영업 중 또는 청산을 시작하기 이전의 산업 활동에 의하여 결정하며, 설립 중인 사업체는 개시하는 산업 활동에 따라 결정한다.
(5) 단일사업체의 보조단위는 그 사업체의 일개 부서로 포함하며, 여러 사업체를 관리하는 중앙 보조단위(본부, 본사 등)는 별도의 사업체로 처리한다.

47 한국표준직업분류의 대분류와 직능수준과의 관계가 틀린 것은?

① 전문가 및 관련 종사자 : 제4직능 수준 혹은 제3직능 수준 필요
② 사무 종사자 : 제2직능 수준 필요
③ 농림어업 숙련 종사자 : 제2직능 수준 필요
④ 장치·기계 조작 및 조립 종사자 : 제1직능 수준 필요

해설 **[한국표준직업분류(KSCO)의 대분류별 직능수준]**

대분류	대분류 항목	직능수준
1	관리자	제4직능 수준 혹은 제3직능 수준 필요
2	전문가 및 관련 종사자	
3	사무 종사자	제2직능 수준 필요
4	서비스 종사자	
5	판매 종사자	
6	농림어업 숙련 종사자	
7	기능원 및 관련 기능 종사자	
8	장치·기계 조작 및 조립 종사자	
9	단순노무 종사자	제1직능 수준 필요
A	군인	제2직능 수준 이상 필요

48 한국표준산업분류에서 방송 및 무선 통신장비 제조업(2642)에 해당하는 산업활동이 아닌 것은?

① 방송장비 제조업
② 이동전화기 제조업
③ 기타 무선 통신장비 제조업
④ 텔레비전 제조업

해설 **[한국표준산업분류 방송 및 무선 통신장비 제조업(2642)]**
(출처 : 한국표준산업분류, 2024)

유·무선 텔레비전 방송용 송신기 및 중계용 기기, 폐쇄회로 텔레비전 기기, 텔레비전 카메라 등의 방송 및 관련 응용장치를 제조하는 산업 활동과 라디오 방송용 기기, 무선 통신장비 등을 제조하는 산업 활동을 말한다.
〈예시〉
• 텔레비전 방송 중계기 제조
• 유선 및 무선방송 전송기 제조
• 무선 전신기 제조
• 무선 전신용 송신기 제조
• 무선 전화기 제조
• 무선 팩시밀리 제조
• 무선통신 응용장치 제조
• 라디오 방송용 기기 제조(무선)
• 텔레비전 카메라 및 수중 카메라 제조
• 폐쇄회로 카메라 제조(공업용 및 과학용, 교통관제용 등)
〈제외〉
• 무선 전화기가 부착되는 유선 전화 및 전신장비 제조
• 텔레비전 및 안테나 제조
• 통신위성 제조

49 한국표준직업분류에서 한 사람이 전혀 상관성이 없는 두 가지 이상의 직업에 종사할 경우 그 직업을 분류하는 일반적인 원칙을 적용하는 순서를 바르게 나열한 것은?

① 취업시간 → 조사 시 최근의 직업 → 수입
② 수입 → 취업시간 → 조사 시 최근의 직업
③ 취업시간 → 수입 → 조사 시 최근의 직업
④ 수입 → 조사 시 최근의 직업 → 취업시간

해설 **[한국표준직업분류에서 다수 직업 종사자의 분류원칙]**
한 사람이 전혀 상관성이 없는 두 가지 이상의 직업에 종사할 경우에 그 직업을 결정하는 일반적 원칙은 다음과 같다. 원칙을 적용하는 순서는 번호 순이므로, 취업시간 → 수입 → 조사 시 최근의 직업이 된다.
㉠ 취업시간 우선의 원칙 : 가장 먼저 분야별로 취업시간을 고려하여 보다 긴 시간을 투자하는 직업으로 결정한다.
㉡ 수입 우선의 원칙 : 위의 경우로 분별하기 어려운 경우는 수입(소득이나 임금)이 많은 직업으로 결정한다.
㉢ 조사 시 최근의 직업 원칙 : 위의 두 가지 경우로 판단할 수 없는 경우에는 조사시점을 기준으로 최근에 종사한 직업으로 결정한다.

정답 47. ④   48. ④   49. ③

50 내용분석법을 통해 직업정보를 수집할 때의 장점이 아닌 것은?

① 조사대상의 반응성이 높다.
② 장기간의 종단연구가 가능하다.
③ 필요한 경우 재조사가 가능하다.
④ 역사연구 등 소급조사가 가능하다.

> **해설** **[내용분석법의 장단점]**
> ㉠ 조사자의 비관여적인 접근을 통해 조사대상자(정보제공자)의 반응성을 유발하지 않는다.
> ㉡ 역사적 기록물을 통해 시간의 흐름에 따른 소급조사, 장기간의 종단연구가 가능하다.
> ㉢ 다른 조사에 비해 실패시의 위험부담이 적으며, 필요한 경우 재조사가 가능하다.
> ㉣ 다양한 심리적 변수를 효과적으로 측정할 수 있다.
> ㉤ 비용과 시간이 절약된다.

51 한국표준산업분류의 통계단위에서 '하나 이상의 산업활동'과 관련성이 가장 낮은 것은?

① 기업집단 단위
② 기업체 단위
③ 활동유형 단위
④ 지역 단위

> **해설** **[한국표준산업분류의 통계단위]**
> • 통계단위란 생산단위의 활동(생산, 재무활동 등)에 관한 통계작성을 위하여 필요한 정보를 수집 또는 분석할 대상이 되는 관찰 또는 분석단위를 말한다. 관찰단위는 산업활동과 지리적 장소의 동질성, 의사결정의 자율성, 자료수집 가능성이 있는 생산단위가 설정되어야 한다.
> • 생산 활동과 장소의 동질성의 차이에 따라 통계단위는 다음과 같이 구분된다.

구분	하나 이상 장소	단일 장소
하나 이상 산업활동	기업집단 단위	지역 단위
	기업체 단위	
단일 산업활동	활동유형 단위	사업체 단위

> * 하나의 기업체 또는 기업집단을 전제함

52 고용정보 수집을 위해 집단조사를 사용할 때의 장점이 아닌 것은?

① 비용과 시간을 절약하고 동일성을 확보할 수 있다.
② 조사자와 응답자간 직접 대화할 수 있는 기회가 있어 질문지에 대한 오해를 최소로 줄일 수 있다.
③ 면접방식과 자기기입의 방식을 조합하여 실시할 수 있다.
④ 중립적인 응답의 가능성을 높일 수 있고, 집단을 위해 바람직하다고 생각되는 응답을 할 수 있다.

> **해설** **집단조사법**은 조사대상자를 한자리에 모아 조사표를 배포한 다음, 조사자가 설명을 덧붙여, 대상자로 하여금 기입하게 하는 방법으로서 시간과 경비의 절감과 기입상의 지시가 철저하다는 장점이 있지만 **일종의 집단효과가 작용하는 데에 주의할 필요가 있다. 즉, 주위의 응답자들과 의논하는 등의 행위로 인해 왜곡된 응답 가능성이 있다.**

53 다음 중 한국표준직업분류(2017)의 대분류별 주요 개정 내용 중 관리자에 대한 설명으로 바르지 않은 것은?

① '마케팅 및 광고·홍보 관리자'를 소분류로 신설
② '영상 관련 관리자'를 '방송·출판 및 영상 관련 관리자'로 변경
③ '건축·토목·조경 관리자'를 '건설 관련 관리자'로 통합
④ 공동주택 관리가 강화되면서 '공동주택 관리자'를 신설

> **정답** 50. ① 51. ③ 52. ④ 53. ③

해설 **[제7차 한국직업분류(2017)의 대분류별 주요 개정 내용 중 관리자에 대한 개정 내용]**

㉠ 경영활동에서 마케팅 분야의 중요성이 높아지고, 관련 분야 직무가 분화되면서 '마케팅 및 광고·홍보 관리자'를 소분류로 신설하고, 이하 세세분류로 '마케팅 관리자'와 '광고 및 홍보 관리자'를 배열하였다.

㉡ '문화 및 예술 관리자'를 '공연·전시 예술 관련 관리자'로 '영상 관련 관리자'를 '방송·출판 및 영상 관련 관리자'로 항목명을 변경하여 분류명과 포괄범위가 일치하도록 하였다.

㉢ 공동주택 관리가 강화되면서 '공동주택 관리자'를 신설하고, '건설 관련 관리자'를 '건축·토목·조경 관리자'로 세분하였다.

★ **2020년 직업상담사 1급**

54 다음은 어떤 훈련 프로그램에 관한 설명인가?

> 사업주가 근로자 또는 채용예정자 및 구직자 등을 대상으로 직업능력개발훈련을 실시할 경우 훈련비 등의 소요 비용을 지원함으로써 훈련지원 및 근로자의 능력개발 향상을 도모하는 제도

① 청년취업아카데미
② 일학습병행제
③ 국가인적자원개발컨소시엄
④ 사업주훈련

해설 사업주훈련은 사업주가 근로자 또는 채용예정자 및 구직자 등을 대상으로 직업능력개발훈련을 실시할 경우 훈련비 등의 소요비용을 지원함으로써 사업주의 훈련지원 및 근로자의 능력개발 향상을 도모하는 제도로서, 지원대상은 근로자 등을 대상으로 고용노동부장관으로부터 인정받은 교육훈련을 직접 또는 훈련기관에 위탁하여 실시하고 있는 고용보험 가입 사업주이다. 훈련대상은 고용보험 피보험자, 고용보험 피보험자가 아닌 자로서 해당 사업주에게 고용된 자, 해당 사업이나 그 사업과 관련되는 사업에서 고용하려는 자(채용예정자), 직업안정기관에 구직 등록한 자(자체훈련만 가능)이다.

★ **2021년 직업상담사 1급**

55 워크넷에서 제공하는 학과정보 중 자연계열에 해당하는 것은?

① 환경학과
② 조선기계과
③ 녹지조경학과
④ 식품생명공학과

해설 • **환경학과** : 공학계열의 환경공학과 계열 학과
• **조선기계과** : 공학계열의 해양공학과 계열 학과
• **녹지조경학과** : 공학계열의 조경학과 계열 학과
• **식품생명공학과** : 자연계열의 식품영양학과 계열 학과

★★

56 경제활동인구조사의 주요 용어해설에 관한 설명으로 틀린 것은?

① 경제활동인구는 만 15세 이상 인구 중 취업자와 실업자를 말한다.
② 잠재취업가능자는 실제 취업시간이 36시간 미만이면서, 추가취업을 희망하고, 추가취업이 가능한 자이다.
③ 자영업자는 고용원이 있는 자영업자와 고용원이 없는 자영업자를 통합한 개념이다.
④ 고용률은 생산가능인구에 대한 취업자의 비율이다.

해설 잠재취업가능자는 비경제활동인구 중에서 지난 4주간 구직활동을 하였으나, 조사대상주간에 취업이 가능하지 않은 자를 말한다.

★ **2021년 직업상담사 1급**

57 국민내일배움카드의 지원대상에 해당하는 사람은?

① 「고등교육법」에 따른 학교의 졸업예정자
② 「사립학교교직원 연금법」을 적용받고 현재 재직 중인 사람
③ 만 75세 이상인 사람
④ 중앙행정기관으로부터 훈련비를 지원받는 사업에 참여하는 사람

정답 54. ④ 55. ④ 56. ② 57. ①

해설 [국민내일배움카드 신청제한 자]

(출처 : 국민내일배움카드 운영규정, 2025. 12.)
- 공무원
- 사립학교 교직원
- 군인(단,「제대군인 지원에 관한 법률」의 적용을 받는 전역예정자는 제외)
- 「초·중등교육법」에 따른 학교의 재학생 (단, 고등학교 3학년생은 제외)
- 「고등교육법」에 따른 학교의 재학생 (단, 졸업까지 2년 이내인 사람은 제외)
- 만 75세 이상인 사람
- 중앙행정기관 또는 지방자치단체로부터 훈련비를 지원받는 훈련(또는 사업)에 참여하는 사람
- 「출입국관리법」 제2조에 따른 외국인 (단, 고용보험 피보험자나 결혼이민자 제외)
- 「국민기초생활 보장법」 제9조에 따라 생계급여를 수급받는 사람
- 대기업에 고용된 만 45세 미만인 사람으로서 최근 3개월간 월평균 임금이 300만원 이상인 사람 (단, 기간제·단시간·파견·일용근로자는 제외)
- 사업자등록증을 발급받은 사람으로서 사업기간이 1년 미만이거나, 최근 1년간 매출과세표준(수입금액)이 4억원 이상인 사람

★
58 다음 중 워크넷의 성인용 적성검사의 적성요인과 하위검사가 틀리게 짝지어진 것은?

① 공간지각력 : 상황판단능력, 문제해결능력
② 언어력 : 어휘력, 문장독해력
③ 수리력 : 계산력, 자료해석력
④ 추리력 : 수열추리 Ⅰ, Ⅱ, 도형추리

해설 [워크넷의 성인용 적성검사의 적성요인과 하위검사]

적성요인	의미	하위검사
언어력	일상생활에서 사용되는 다양한 단어의 의미를 정확히 알고 글로 표현된 문장들의 내용을 올바르게 파악하는 능력	어휘력 문장독해력
수리력	사칙연산을 이용하여 수리적 문제들을 풀어내고 일상생활에서 접하는 통계적 자료(표와 그래프)들의 의미를 정확하게 해석하는 능력	계산력 자료해석력

적성요인	의미	하위검사
추리력	주어진 정보를 종합해서 이들 간의 관계를 논리적으로 추론해 내는 능력	수열추리 Ⅰ 수열추리 Ⅱ 도형추리
공간지각력	물체를 회전시키거나 재배열했을 때 변화된 모습을 머릿속에 그릴 수 있으며, 공간 속에서 위치나 방향을 정확히 파악하는 능력	조각맞추기 그림맞추기
사물지각력	서로 다른 사물들 간의 유사점이나 차이점을 빠르고 정확하게 지각하는 능력	지각속도
상황판단력	실생활에서 자주 당면하는 문제나 갈등 상황에서 문제를 해결하기 위한 여러 가지 가능한 방법들 중, 보다 바람직한 대안을 판단하는 능력	상황판단력
기계능력	기계의 작동원리나 사물의 운동원리를 정확히 이해하는 능력	기계능력
집중력	작업을 방해하는 자극이 존재함에도 불구하고 정신을 한 곳에 집중하여 지속적으로 문제를 해결할 수 있는 능력	집중력
색채지각력	서로 다른 두 가지 색을 혼합하였을 때의 색을 유추할 수 있는 능력	색혼합 색구분
문제해결능력	문제 및 장애요소를 해결하기 위해 논리적 사고와 올바른 의사결정 과정을 통해 구체적인 행동으로 연계될 수 있는 해결 방안을 찾아내는 능력	문제해결능력
사고유창력	주어진 상황에서 짧은 시간 내에 서로 다른 많은 아이디어를 개발해내는 능력	사고유창력

★
59 한국표준산업분류의 산업 활동에 대한 설명으로 틀린 것은?

① 축산업 : 판매장에서 판매할 동물을 사육·관리하는 경우는 제외
② 수렵 및 관련 서비스업 : 스포츠 또는 오락성 사냥활동은 제외
③ 임업 및 관련 서비스업 : 야생 딸기 및 견과 등과 같은 식용 가능한 야생식물을 채취하는 활동도 포함
④ 어로어업 : 해상에서 고래를 포획하는 활동은 제외

정답 58. ① 59. ④

해설 **어로어업**은 바다, 강, 호수, 하천 등에서 자연적으로 생식되고 있는 수산 동·식물을 포획 또는 채취하는 산업활동이며, **해상에서 고래를 포획하는 활동도 포함한다.**

★
60 한국표준직업분류의 특정 직종의 분류 요령에 대한 설명으로 틀린 것은?

① 반장 등과 같이 주로 수행된 일의 전문, 기술적인 통제업무를 수행하는 감독자는 '대분류 1 관리자'에 분류된다.

② 자영업주 및 고용주는 주된 직무 우위 원칙에 따라 수행하는 직무 중 투자하는 시간이 가장 많은 직무로 분류된다.

③ 연구 및 개발업무 종사자는 '대분류 2 전문가 및 관련 종사자'에서 그 전문 분야에 따라 분류된다. 다만, 연구자가 교육에 종사할 경우에는 '25 교육 전문가 및 관련직'으로 분류한다.

④ 관리자가 현업을 겸하는 경우에는 다른 사람의 직무수행을 감독 및 관리하는 직무에 종사하는 시간에 따라 분류된다.

해설 **[한국표준직업분류의 특정 직종의 분류요령]**
(1) **행정 관리 및 입법적 기능 수행업무 종사자**
행정 관리 및 입법기능을 수행하는 자는 '대분류 1 관리자'에 분류된다. 따라서 주된 업무가 정책 결정, 법규 등의 입안 업무를 주로 하는 중앙 및 지방정부 고위공무원 및 공·사기업 관리자가 여기에 분류된다. 또한 대규모의 농업, 도·소매업 및 음식·숙박업 등의 관리자, 고용주 중에서 기획, 조정, 통제, 지시 업무를 주로 하는 자 등이 여기에 포함된다. **현업을 겸하는 경우에는 다른 사람의 직무수행을 감독 및 관리하는 직무에 평균 근무시간의 80% 이상을 종사하는 자만 관리자로 분류된다.**
(2) **자영업주 및 고용주의 직종**
자영업주 및 고용주는 수행되는 일의 형태나 직무내용에 따른 정의가 아니라 고용형태 또는 종사상 지위에 따라 정의된 개념이다. 그러므로 직업분류에서 자영업주 및 고용주의 직업은 그들이 주로 수행하는 직무 내용이 관리자가 하는 일과 유사한가 아니면 동일 분야에서 종사하는 다른 근로자와 유사한 일을 하는가,

즉 주된 직무 우위 원칙에 따라 수행하는 직무 중 투자하는 시간이 가장 많은 직무로 분류된다. 단, 소규모 상점을 독립적으로 또는 소수의 타인의 지원을 받아 소유하고 운영하는 자를 분류하기 위해 신설된 '소규모 상점 경영자'는 예외로 한다. 그러나 게스트 하우스, 민박, 음식점, 카페 등의 소규모 업체 운영자들은 관리가 주된 업무가 아닌 경우, 조리사, 웨이터처럼 하는 일의 주된 업무에 따라 분류해야 한다.
(3) **감독 직종**
반장 등과 같이 주로 수행된 일의 전문, 기술적인 통제 업무를 수행하는 감독자는 그 감독되는 근로자와 동일 직종으로 분류한다. 그러나 주된 업무가 본인 감독 하에 있는 일이나 근로자의 일상 작업 활동을 기획, 조정, 통제, 지시하는 업무인 경우에는 관리직으로 보아 '12 행정·경영 지원 및 마케팅 관리직', '13 전문 서비스 관리직', '14 건설·전기 및 생산 관련 관리직', '15 판매 및 고객 서비스 관리직'으로 각각 분류된다. 단, 편의점 등 프랜차이즈 소매점이나 백화점, 쇼핑센터 내에 단일 매장 내의 인력을 지휘하고, 판매 및 관리 업무 전반을 일선 관리하는 자를 분류하기 위해 제7차 개정에서 신설된 '소규모 상점 일선 관리 종사원'은 예외로 한다.
(4) **연구 및 개발 직종**
연구 및 개발업무 종사자는 '대분류 2 전문가 및 관련 종사자'에서 그 전문 분야에 따라 분류된다. 다만, 연구자가 교육에 종사할 경우에는 '25 교육 전문가 및 관련직'으로 분류한다.
(5) **군인 직종**
군인은 별도로 '대분류 A 군인'에 분류된다. 이것은 수행된 일의 형태에 따라 분류되어야 한다는 일반 원칙보다는 자료수집상의 현실성에 따라 분류된 것이다.
(6) **기능원과 기계 조작원의 직무능력 관계**
하나의 제품이 기능원에 의해 제조되는지 또는 대량 생산기법을 유도하는 기계를 사용해서 제조되는지에 따라 필요로 하는 직무능력에 대단한 영향을 미친다. 기능원은 재료, 도구, 수행하는 일의 순서와 특성 및 최종제품의 용도를 알아야 하는 반면에, 기계 조작원은 복잡한 기계 및 장비의 사용방법이나 기계에 어떤 결함이 발생할 때 이를 대체하는 방법을 알아야 한다. 또한 기계 조작원은 제품 명세서가 바뀌거나, 새로운 제조기법이 도입될 때 이를 적용할 수 있는 직무능력을 갖추고 있어야 한다. 직업분류에서는 이러한 직무능력 형태의 차이를 반영하여 대분류 7, 8을 설정하였다.

정답 60. ①

'대분류 7 기능원 및 관련 기능 종사자'에는 목 공예원, 도자기 공예원, 보석 세공원, 건축 석공, 전통 건물 건축원, 한복 제조원과 같은 장인 및 수공 기예성 직업을 분류하였고, '대분류 8 장치·기계 조작 및 조립 종사자'에는 제품의 가공을 위한 기계 지향성 직업으로 분류하였다. 최근 전자·제어 기술과 자동화 기계의 발전에 따라 기능직무 영역이 축소되고 조작 직무 영역이 증가하는 추세이다.

(7) **직능수준과 아동 돌봄 관련 직종 분류**

영유아 교육 관련 종사자인 '대분류 2 전문가 및 관련 종사자' 이하 '유치원 교사'나 '보육교사'는 영유아를 대상으로 일련의 놀이나 교육계획을 수립하고, 정해진 계획에 따라 교육과정 전반을 운영한다. 반면, 아동 복지시설, 어린이 카페, 탁아기관 등 보육 관련 시설에서 일하는 '대분류 4 서비스 종사자' 이하 '보육 관련 시설 서비스 종사원'은 놀이나 교육적 활동 전반을 계획하거나 조직하는 업무를 수행하지 않으며, 주로 돌봄 대상 영유아를 보호하거나 몸을 씻고 옷을 입고 먹는 등의 기초생활을 원활하게 영위할 수 있도록 돕는 것에 직무의 초점이 맞추어져 있다.

(8) **직능수준과 음식 조리 및 준비 관련 직종 분류**

음식을 준비하거나 조리하는 직업 중 '대분류 2 전문가 및 관련 종사자' 이하 '주방장'은 조리법을 정하고, 새로운 메뉴의 요리를 개발하는 한편, 조리 관련 업무 전반을 책임지는 자로서, 음식점의 경영계획에 참여한다. 반면, '대분류 4 서비스 종사자' 이하 '조리사'는 음식을 만들기 위한 재료를 준비하고 조리하지만 주방장의 감독 또는 정해진 조리법에 따라 음식을 조리하는 '생산' 측면에 직무의 초점을 두고 있다. 한편, '대분류 9 단순노무 종사자' 이하 '패스트푸드 준비원'과 '주방 보조원'은 주로 음식을 조리하는 데 자격이 특별히 요구되지 않으며, 직무를 수행하는 데에 있어 필요한 훈련이나 경험의 수준에 있어 조리사와 구별된다.

★★★ **2012년, 2014년, 2015년, 2016년, 2017년, 2020년** **직업상담사 1급**

61 임금이 일정수준 이상으로 상승할 경우 노동공급곡선이 후방으로 굴절하게 되는 이유는?

① 소득효과가 대체효과를 압도하게 되어 노동공급을 감소시키기 때문이다.

② 대체효과가 소득효과를 압도하게 되어 노동공급을 감소시키기 때문이다.

③ 대체효과가 소득효과를 압도하게 되어 노동공급을 증가시키기 때문이다.

④ 소득효과가 대체효과를 압도하게 되어 노동공급을 증가시키기 때문이다.

해설 **[임금인상이 노동공급에 미치는 영향(소득-여가 선호모형)]**

㉠ **소득효과** : 임금이 상승하면 여가가 열등재가 아닌 한 여가의 소비는 증가하고 **노동공급은 감소**한다.

㉡ **대체효과** : 임금이 상승하면 비싸진 여가의 소비가 감소하고 **노동공급이 증가**한다.

- 대체효과 > 소득효과 → 노동공급 증가
- 대체효과 < 소득효과 → 노동공급 감소
  [암기 Tip] "대"가 더 크면 노동공급도 '대', "소"가 더 크면 노동공급도 '소'

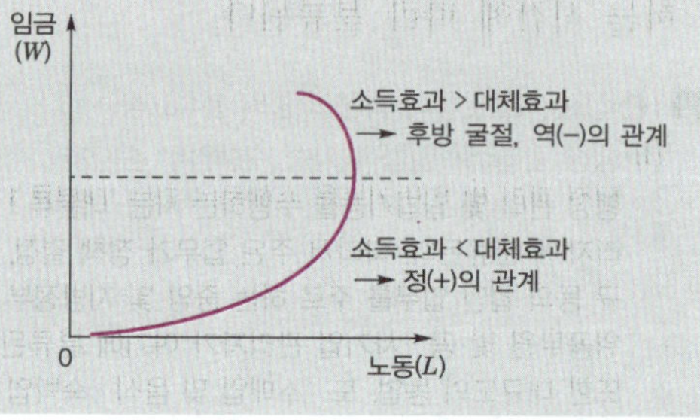

62 효율적 직장이동(efficient turnover)가설에 관한 설명으로 틀린 것은?

① 모든 이직은 노동자와 기업 양자에게 상호 혜택을 제공할 수 있다.
② 노동자와 기업은 적재적소 배치상태를 위해 사직하거나 해고한다.
③ 임금수준은 사직률에는 부(-)의 영향을, 해고율에는 정(+)의 영향을 준다.
④ 이직을 통해 인적자원의 효율적 배분이 이루어질 수 있다.

> **해설** 효율적 직장이동 가설에 따르면 임금수준은 사직률 및 해고율과 모두 부의 관계를 갖게 된다.
>
> **[효율적 직장이동 가설]**
> 효율적 직장이동 가설에 따르면 노동시장에서는 정보의 불완전성, 비대칭성으로 노동자의 구직활동과 사용자의 구인활동이 왕성히 일어나는데, 구인·구직 합치가 이루어지면, 기업으로는 노동자가 제 능력과 재능을 잘 발휘함으로써 이윤이 증대하고, 노동자는 생산성 증대에 따른 임금상승을 기대할 수 있다. 구인·구직불합치가 되면, 기업은 노동자를 해고하려 하고 다른 한편으로는 노동자는 사직하려 할 것이다. 따라서 임금수준과 사직률, 그리고 임금수준과 해고율은 모두 부의 관계 (-)를 갖게 된다. 우량기업이 참노동자, 성실한 노동자와 짝을 이루어 노동자의 생산기여도가 최대로 되는 상태를 적재적소 배치상태라고 하는데 적재적소에 있지 않으면 근로자는 더 나은 짝짓기를 위해 사직하며 기업은 잘못된 짝짓기를 교정하기 위해 해고를 행한다. 이를 통해 보다 효율적 인적자원배분이 이루어질 수 있다. 경쟁노동시장에서 노동자의 생산기여도를 최대로 하는 적재적소 배치상태를 위해 사직 및 해고, 즉 이직이 진행된다는 가설이다. 효율적 직장이동 가설은 이직분석에서 사직과 해고는 구분할 필요가 없으며, 모든 이직은 기업 및 노동자 양자에게 상호혜택을 제공한다는 결론을 제시한다.

63 효율임금(efficiency wage)에 관한 설명과 가장 거리가 먼 것은?

① 효율임금을 추구하는 기업은 임금을 기업 외부의 경쟁 임금보다 높게 책정한다.
② 장기적으로 이직비용과 훈련비용을 절약하여 총 노동비용을 감소시키는 효과를 가질 수 있다.

③ 생산성 향상에 따라 임금이 결정되는 것이다.
④ 근로자로 하여금 근로 노력을 고취시키는 장점이 있다.

> **해설** 효율임금은 생산성 향상을 위해 시장의 균형임금보다 높은 임금을 지급하는 것을 의미하는 것으로 생산성에 따라 임금이 결정되는 것이 아니다. 즉 생산성 향상은 효율임금에서 결과이지 원인이 아니다.

64 다음 중 보상적 임금격차가 발생하게 되는 경우가 아닌 것은?

① 노동생산성이 높다.
② 벽지에서 근무한다.
③ 교육훈련을 많이 받아야 한다.
④ 산업재해의 발생 가능성이 높다.

> **해설** 보상적 임금격차란 직종의 불리함을 임금으로 보상함으로써 발생하는 임금격차를 말한다. 생산성이 높은 것은 직종의 불리함과는 관계없다.

65 다음 중 실업에 관한 설명으로 틀린 것은?

① 수요부족실업의 가장 전형적인 것은 경기적 실업이다.
② 취업에 관한 정보제공을 포함한 노동시장기능이 효과적일수록 마찰적 실업은 감소한다.
③ 공석과 실업이 공존하더라도 구인처에서 요구하는 기술수준을 갖춘 근로자가 없거나 노동자의 지역 간의 이동이 불완전할 경우 구조적 실업이 발생된다.
④ 실망노동자가설에 의하면 실업이 증가함에 따라 가구원들의 노동시장 참가율은 증가하게 된다.

> **해설** 실망노동자효과는 불경기에 실업률이 높을 때 실업자들이 구직활동 포기로 비경제활동인구로 유출되는 현상이다.

정답 62. ③ 63. ③ 64. ① 65. ④

66 필립스곡선이 이동하는 요인과 가장 거리가 먼 것은?

① 기대인플레이션의 증가
② 노동인구 구성비율의 변화
③ 부문 간 실업률 격차 심화
④ 실업률의 증가

해설 필립스곡선은 물가상승률과 실업률과의 관계를 나타낸 곡선이므로 실업률의 증가는 곡선 자체의 이동이 아니라 하나의 곡선상의 이동이다.

[필립스곡선의 이동요인]
㉠ 가격인플레이션에 대한 예상(물가인상을 예상하면 같은 실업률에도 더 높은 임금인상)
㉡ 노동인구 구성비율의 변화(취업취약계층이 증가하면 같은 물가에 더 높은 실업률)
㉢ 실업률의 각 부문 간의 격차(취업취약계층의 실업이 심할수록 취업자는 더 높은 임금)

★★
67 힉스의 파업모형에 대한 설명으로 옳지 않은 것은?

① 사용자곡선의 기울기가 가파르면 파업기간이 길어진다.
② 제시임금 수준이 낮으면 파업기간이 길어진다.
③ 요구임금 수준이 높으면 파업기간이 길어진다.
④ 노동조합의 저항곡선이 완만하면 파업기간이 길어진다.

해설 사용자의 양보곡선이 가파르면 노동조합의 저항곡선과 일찍 만나므로(임금타결이 조속히 이뤄지므로) 파업기간이 짧아진다.

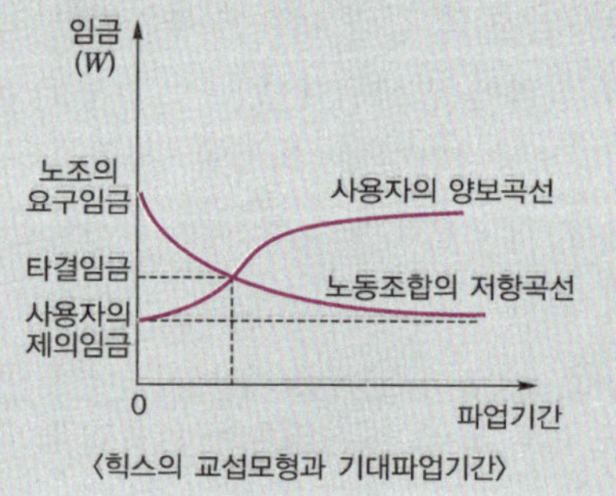

〈힉스의 교섭모형과 기대파업기간〉

68 비수요부족실업에 해당하지 않는 것은?

① 경기적 실업
② 마찰적 실업
③ 구조적 실업
④ 계절적 실업

해설 수요부족 실업은 불경기에 상품이나 서비스에 대한 총수요 부족으로 일한 실업을 의미하고 이에 해당하는 것은 경기적 실업이다. 나머지 마찰적 실업, 구조적 실업, 계절적 실업 등은 비수요부족 실업이다.
[암기 Tip] 수경 마자(수경이가 맞아) : 수요부족실업은 경기적 실업이고 마찰적 실업은 자발적 실업

69 노동수요의 임금탄력성에 대한 설명으로 옳지 않은 것은?

① 노동에 대한 대체가능성이 클수록 노동수요의 임금탄력성이 작아진다.
② 자본의 공급이 탄력적일수록 노동수요의 임금탄력성은 커진다.
③ 총 생산비에서 차지하는 임금의 비중이 작을수록 노동수요의 임금탄력성은 작아진다.
④ 생산하는 상품에 대한 수요의 가격탄력성이 클수록 노동수요의 임금탄력성은 커진다.

해설 노동에 대한 대체가능성이 클수록 노동수요의 임금탄력성은 커진다.

[노동수요 탄력성 결정요인]
• 생산물(상품) 수요의 탄력성 : 생산물 수요가 탄력적일수록 노동수요도 탄력적이다.
• 총생산비에 대한 노동비용의 비중 : 노동비중이 클수록 노동수요도 탄력적이다.
• 노동의 대체가능성 : 노동을 다른 생산요소로 대체할 가능성이 클수록 노동수요도 탄력적이다.
• 다른 생산요소의 공급탄력성 : 다른 생산요소의 공급탄력성이 클수록 노동수요도 탄력적이다. 임금상승으로 다른 생산요소를 더 이용하려 할 때 그 생산요소의 가격이 크게 상승하면 (즉 다른 생산요소의 공급탄력성이 작으면) 노동 대신 다른 생산요소를 이용하는 것에 대한 매력이 약화되어 노동수요를 크게 줄이지 않게 된다.
[암기 Tip] 모두 ○○가 커지면↑
탄력성이 커진다↑(같은 방향).
생수탄/비/대/다요공탄탄

정답 66. ④ 67. ① 68. ① 69. ①

★★★ 2016년, 2020년 직업상담사 1급

70 아래 표는 A기업의 노동공급(근로시간), 임금 및 한계수입생산을 나타내고 있다. 다음 중 옳은 것은?

노동공급	임금	한계수입생산
5	6	–
6	8	50
7	10	38
8	12	26
9	14	14
10	16	2

① 노동공급 7일 때, 한계노동비용은 20이다.
② 이윤을 극대화하기 위한 노동공급은 7이다.
③ 노동공급이 7일 때, 임금탄력성은 0.5이다.
④ 이윤을 극대화하기 위한 한계노동비용은 26이다.

해설

노동공급	임금	총비용(노동공급×임금)	한계비용(Δ총비용)	한계수입생산
5	6	30	–	–
6	8	48	18	50
7	10	70	22	38
8	12	96	26	26
9	14	126	30	14
10	16	160	34	2

(완전/독과점 불문)기업의 이윤 극대화 고용량조건은 MRP(한계수입생산물)= MFC(한계요소비용)인 점에서 고용량을 결정하는 것이다. 노동의 한계비용(26)과 한계수입생산(26)이 같아지는 고용량은 8이다.

★★★ 2015년 직업상담사 1급

71 노동시장이 완전경쟁적일 때, 법정최저임금을 시장균형임금보다 높게 책정하는 최저임금제의 실시가 임금과 고용에 미치는 효과는? (단, 최저임금의 적용범위는 완전하다.)

① 임금 상승, 고용 증가
② 임금 상승, 고용 감소
③ 임금 하락, 고용 증가
④ 임금 하락, 고용 감소

해설 시장의 균형임금보다 높은 최저임금이 실시되면 최저임금은 강제되는 것이므로 임금은 상승하고, 초과공급이 발생하여 고용은 감소한다.

★★ 2016년, 2021년 직업상담사 1급

72 다음 중 가장 높은 수준의 노동자의 의사결정 참가유형은?

① 품질관리
② 자율작업팀
③ 노사협의회에의 참가
④ 노동자대표의 이사회 참가

해설 기업 경영의 의사결정에 직접 참여하는 것이 가장 높은 수준의 의사결정 참가유형이다.

★★ 2015년, 2021년 직업상담사 1급

73 상품시장과 노동시장이 완전경쟁일 때, 현재 고용수준에서 한계생산물가치는 60이고, 시장임금률은 50이다. 이윤극대화를 추구하는 기업의 균형고용량은?

① 증가할 것이다.
② 감소할 것이다.
③ 균형이므로 불변한다.
④ 증가할 수도 감소할 수도 있다.

해설 완전경쟁시장에서 기업이 이윤을 극대화하기 위한 고용량 조건은 시장임금과 노동의 한계생산물가치가 같아지는 점에서 고용량을 결정하는 것이다.

$$W = VMP_L$$

임금과 한계생산물이 일치하지 않을 때에는 한계생산 체감법칙(고용을 한 단위 늘릴수록 추가되는 총생산물의 증가분이 점차 감소)에 따라 다음과 같이 고용량을 결정하여야 이윤 극대화를 이룰 수 있다.
- $W > VMP_L \rightarrow$ 고용을 줄여야 한다 (한계생산물이 커지는 방향).
- $W < VMP_L \rightarrow$ 고용을 늘여야 한다 (한계생산물이 작아지는 방향).

문제에서는 한계생산물가치(60)가 임금(50)보다 크므로 고용을 증가시켜야 한계생산물가치=임금이 되는 수준에 도달할 수 있고, 이 때 이윤이 극대화된다.

정답 70. ④ 71. ② 72. ④ 73. ①

74 직무급에 관한 설명으로 가장 거리가 먼 것은?

① 직무의 상대적 가치를 기준으로 임금의 배분 공정성을 확보할 수 있다.
② 직무중심의 합리적 인사관리에 기여해 인건비 절감과 작업능률을 향상시킨다.
③ 근속연수에 따른 연공서열형 임금체계이다.
④ 연공급에 비해 상대적으로 유능한 인재의 확보나 유지가 가능하다.

> **해설** 직무급은 근로자가 수행하는 **직무가치**에 따라 임금을 결정하는 것이다. 근속연수에 따른 임금체계는 직무급이 아니라 연공급이다.

★

75 어떤 나라의 생산가능인구가 1,000만 명이고, 취업자는 570만 명, 실업자는 30만 명이다. 다음에서 옳지 않은 것은?

① 비경제활동인구 참가율은 40%이다.
② 경제활동인구는 600만 명이다.
③ 고용률은 60%이다.
④ 실업률은 5%이다.

> **해설**
> $$\text{고용률} = \frac{\text{취업자 수}}{15\text{세 이상 인구}} \times 100$$
> $$= \frac{570}{1,000} \times 100 = 57\%$$

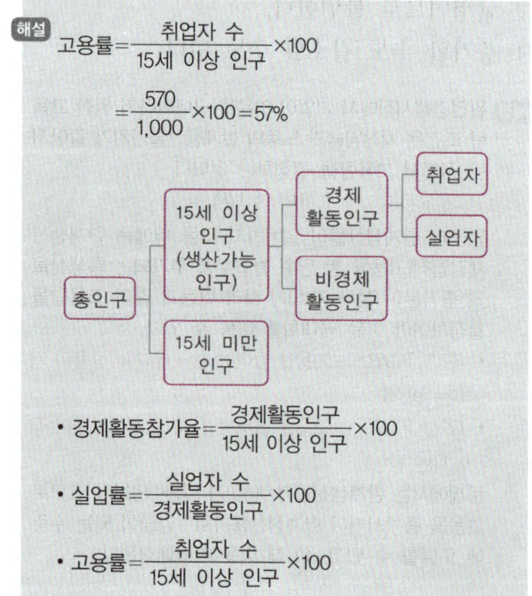

- $$\text{경제활동참가율} = \frac{\text{경제활동인구}}{15\text{세 이상 인구}} \times 100$$
- $$\text{실업률} = \frac{\text{실업자 수}}{\text{경제활동인구}} \times 100$$
- $$\text{고용률} = \frac{\text{취업자 수}}{15\text{세 이상 인구}} \times 100$$

76 고임금 경제가 존재할 때의 노동수요에 대한 설명으로 틀린 것은?

① 노동의 수요곡선이 보다 가파른 모습을 띠게 된다.
② 노동의 한계생산력이 임금의 영향을 받는 것으로 가정한다.
③ 한계생산력이 임금과는 무관하다고 가정한다.
④ 임금이 상승하면 노동의 한계생산력이 상승하게 된다.

> **해설** 효율임금이론(고임금경제)은 시장의 균형임금보다 높은 임금을 지급하여 노동생산성 향상을 도모하는 것을 말한다. 효율임금의 고임금은 노동의 한계생산력을 높여 고임금에도 불구하고 고용이 덜 감소하게 된다. (비탄력적, 노동수요곡선이 더 가파르다)

77 다음에 관한 설명으로 틀린 것은?

> 노조가 조직되어 있는 부문과 노조가 조직되어 있지 않은 부문으로 나누어져 있다고 가정하자, 노조가 임금인상에 성공하였을 때 나타나는 노조부문과 비노조부문의 상대적 격차는 노조가 조합원의 실질임금에 미치는 절대적 효과보다 작을 수 있다.

① 비노조부문의 근로자가 일부 노조부문으로 이동하기 때문이다.
② 비노조부문의 사용자가 노조결성을 하는 것을 방지하기 위해 높은 임금을 지불하기 때문이다.
③ 일자리를 잃은 노조부문의 실업자들이 그대로 노조부문에 머물러 있고 비노조부문의 근로자들이 노조부문에서의 일자리를 탐색하기 때문이다.
④ 노조가 노조부문에서의 생산물수요를 증가시키는 데 성공할 수 있기 때문이다.

해설 노조부문과 비노조부문의 임금격차가 적을 수 있는 경우는 파업으로 인한 임금인상이 비조직부문의 임금을 인상시키는 경우이다. 기업이 노동조합 조직에 대한 위협을 느껴 노동조합 결성을 방지하기 위해 미리 조직부문의 임금수준 이상으로 임금을 인상시키거나(위협효과) 비조직부문의 노동자들이 임금이 상승한 조직부문에 취업하기 위해 비조직기업을 사직하고 취업을 대기하게 되어(대기실업효과) 노조부문이 비노조부문의 임금을 상승시킬 수 있기 때문이다.

★★ **2016년 직업상담사 1급**

78 이중노동시장론에서 1차 노동시장의 특성으로 옳은 것은?

① 노동이동률이 상대적으로 높다.

② 직업훈련의 기회가 상대적으로 부족하다.

③ 근로조건이 상대적으로 열악하다.

④ 고용이 상대적으로 안정적이다.

해설 **[이중노동시장이론]**
- 분단노동시장이론 중의 하나로 한 나라에서의 노동시장이 1차노동시장과 2차 노동시장으로 분단되어 있다고 보는 이론이다.
- **1차 노동시장**은 주로 **내부노동시장**으로 형성되어 있으며, **높은 임금, 좋은 근로조건, 다양한 승진기회, 고용안정성**이 보장된다.
- **2차 노동시장**은 **낮은 임금수준, 근로조건 열악**, 부족한 승진기회, **고용불안**이 심한 노동시장이다.

★

79 인적자본투자에 대한 설명으로 틀린 것은?

① 개인 또는 그 집단의 수입력을 증대시켜주는 특정 기술수준 및 훈련 등을 인적자본이라 하며 이에 투자하는 행위를 인적자본투자라고 한다.

② 인적자본투자에는 정규교육, 현장훈련, 이주, 건강, 정보 등을 들 수 있다.

③ 일반훈련이란 어떤 기업에서나 쓸 수 있는 기능과 기술을 습득하는 것이며, 기업특수적 훈련이란 특정 기업에만 한정된 특수한 기능과 기술을 배우는 것을 말한다.

④ 기업특수적 훈련에 대하여는 훈련비용을 개인이 부담하는 것이 바람직하다.

해설 기업특수적 훈련이란 특정 기업에 유용한 훈련으로 기업이 훈련비용을 부담하게 하는 유인을 가진다.

★★ **2015년 직업상담사 1급**

80 다음이 설명하고 있는 노동조합의 조직형태는?

> 기업이 근로자를 채용할 때에는 노동조합원 자격 보유 여부에 관계없이 채용할 수 있지만, 일단 채용된 후에는 일정한 기간 내에 특정 노동조합에 가입해야 하고, 또 그 조합으로부터 탈퇴하거나 제명되어 조합원 자격을 상실할 때에는 종업원 자격도 상실하도록 하는 제도

① 프레퍼런셜 숍(preferential shop)

② 클로즈드 숍(closed shop)

③ 유니온 숍(union shop)

④ 에이전시 숍(agency shop)

해설 유니온숍은 조합원 여부에 관계없이 종업원으로 채용될 수는 있으나, **채용된 후에는 일정기간 이내에 조합원이 되어야** 하는 제도이다.

★★
81 고용보험법령에 의하면 피보험자격에 대하여 원수급인이 사업주가 된 경우에는 그 사업에 종사하는 근로자 중 원수급인이 고용하는 근로자 외의 근로자에 대하여는 그 근로자를 고용하는 하수급인이 신고하여야 하는데 그 하수급인에 속하지 않는 경우는?

① 「건설산업기본법」 제2조 제7호에 따른 건설사업자

② 「전기공사업법」 제2조 제3호에 따른 공사업자

③ 「경비업법」 제2조에 따른 경비업자

④ 「소방시설공사업법」 제2조 제1항 제2호에 따른 소방시설업자

해설 다단계 도급이 많은 건설업, 공사업 등은 재하청 근로자에 대한 고용산재보험 가입을 원하청(최초로 공사를 수주받은 업자)이 하도록 하되(원하청이 보험관계 성립신고 및 보험료 납부) 재하청 근로자 각자에 관한 피보험자격신고는 재하청이 하여야 한다.

[고용보험법 제15조(피보험자격에 관한 신고 등)]

① 사업주는 그 사업에 고용된 근로자의 피보험자격의 취득 및 상실 등에 관한 사항을 대통령령으로 정하는 바에 따라 고용노동부장관에게 신고하여야 한다.

② 고용산재보험료징수법 제9조에 따라 원수급인(元受給人)이 사업주로 된 경우에 그 사업에 종사하는 근로자 중 원수급인이 고용하는 근로자 외의 근로자에 대하여는 그 근로자를 고용하는 다음 각 호의 하수급인(下受給人)이 제1항에 따른 신고를 하여야 한다. 이 경우 원수급인은 고용노동부령으로 정하는 바에 따라 하수급인에 관한 자료를 고용노동부장관에게 제출하여야 한다.

1. 「건설산업기본법」 제2조 제7호에 따른 건설사업자
2. 「주택법」 제4조에 따른 주택건설사업자
3. 「전기공사업법」 제2조 제3호에 따른 공사업자
4. 「정보통신공사업법」 제2조 제4호에 따른 정보통신공사업자
5. 「소방시설공사업법」 제2조 제1항 제2호에 따른 소방시설업자
6. 「국가유산수리 등에 관한 법률」 제14조에 따른 국가유산수리업자

★
82 근로기준법에서 규정하고 있는 기본원칙에 속하지 않는 것은?

① 강제 근로의 금지

② 차별적 처우 금지

③ 공민권 행사의 보장

④ 국제협약의 준수

해설 단체협약, 취업규칙, 근로계약 준수의무는 있으나, 국제협약의 준수는 무관하다.

[근로기준법상의 기본원칙]
- 제4조(근로조건의 결정) 근로조건은 근로자와 사용자가 동등한 지위에서 자유의사에 따라 결정하여야 한다.
- 제5조(근로조건의 준수) 근로자와 사용자는 각자가 단체협약, 취업규칙과 근로계약을 지키고 성실하게 이행할 의무가 있다.
- 제6조(균등한 처우) 사용자는 근로자에 대하여 남녀의 성(性)을 이유로 차별적 대우를 하지 못하고, 국적·신앙 또는 사회적 신분을 이유로 근로조건에 대한 차별적 처우를 하지 못한다.
- 제7조(강제 근로의 금지) 사용자는 폭행, 협박, 감금, 그 밖에 정신상 또는 신체상의 자유를 부당하게 구속하는 수단으로써 근로자의 자유의사에 어긋나는 근로를 강요하지 못한다.
- 제8조(폭행의 금지) 사용자는 사고의 발생이나 그 밖의 어떠한 이유로도 근로자에게 폭행을 하지 못한다.
- 제9조(중간착취의 배제) 누구든지 법률에 따르지 아니하고는 영리로 다른 사람의 취업에 개입하거나 중간인으로서 이익을 취득하지 못한다.
- 제10조(공민권 행사의 보장) 사용자는 근로자가 근로시간 중에 선거권, 그 밖의 공민권(公民權) 행사 또는 공(公)의 직무를 집행하기 위하여 필요한 시간을 청구하면 거부하지 못한다. 다만, 그 권리 행사나 공(公)의 직무를 수행하는 데에 지장이 없으면 청구한 시간을 변경할 수 있다.

정답 81. ③ 82. ④

83 근로자퇴직급여 보장법령에서 정하는 있는 중간정산의 사유에 해당하지 않는 것은?

① 근로자의 형제자매가 3개월 이상의 요양을 필요로 하는 경우

② 무주택자인 근로자가 주거를 목적으로 「민법」에 따른 전세금 또는 「주택임대차보호법」에 따른 보증금을 부담하는 경우

③ 퇴직금 중간정산을 신청하는 날부터 거꾸로 계산하여 5년 이내에 근로자가 「채무자 회생 및 파산에 관한 법률」에 따라 개인회생절차개시 결정을 받은 경우

④ 무주택자인 근로자가 본인 명의로 주택을 구입하는 경우

> **해설** 근로자의 부양가족이 6개월 이상 요양을 필요로 하고, 본인이 연간 임금총액의 12.5%를 초과하여 요양비를 부담한 경우 중간정산이 가능하다.
>
> **[퇴직금 중간정산 사유]**
> ① 무주택자인 근로자가 본인 명의로 주택을 구입하는 경우
> ② 무주택자인 근로자가 주거를 목적으로 「민법」 제303조에 따른 전세금 또는 「주택임대차보호법」 제3조의2에 따른 보증금을 부담하는 경우. 이 경우 근로자가 하나의 사업에 근로하는 동안 1회로 한정한다.
> ③ 근로자가 6개월 이상 요양을 필요로 하는 다음 각 목의 어느 하나에 해당하는 사람의 질병이나 부상에 대한 의료비를 해당 근로자가 본인 연간 임금총액의 1천분의 125를 초과하여 부담하는 경우
> 가. 근로자 본인
> 나. 근로자의 배우자
> 다. 근로자 또는 그 배우자의 부양가족
> ④ 퇴직금 중간정산을 신청하는 날부터 거꾸로 계산하여 5년 이내에 근로자가 「채무자 회생 및 파산에 관한 법률」에 따라 파산선고를 받은 경우
> ⑤ 퇴직금 중간정산을 신청하는 날부터 거꾸로 계산하여 5년 이내에 근로자가 「채무자 회생 및 파산에 관한 법률」에 따라 개인회생절차개시 결정을 받은 경우

⑥ 사용자가 기존의 정년을 연장하거나 보장하는 조건으로 단체협약 및 취업규칙 등을 통하여 일정나이, 근속시점 또는 임금액을 기준으로 임금을 줄이는 제도를 시행하는 경우

⑦ 사용자가 근로자와의 합의에 따라 소정근로시간을 1일 1시간 또는 1주 5시간 이상 단축함으로써 단축된 소정근로시간에 따라 근로자가 3개월 이상 계속 근로하기로 한 경우

⑧ 법률 제15513호 근로기준법 일부개정법률의 시행에 따른 근로시간의 단축으로 근로자의 퇴직금이 감소되는 경우

⑨ 재난으로 피해를 입은 경우로서 고용노동부장관이 정하여 고시하는 사유에 해당하는 경우

★
84 고용보험법령상 육아기 근로시간 단축 급여에 관한 설명이다. (   ) 안에 알맞은 것은?

> 육아기 근로시간 단축 급여를 지급받으려는 사람은 육아기 근로시간 단축을 시작한 날 이후 1개월부터 끝난 날 이후 12개월 이내에 신청하여야 한다. 다만, 해당 기간에 대통령령으로 정하는 사유로 육아기 근로시간 단축 급여를 신청할 수 없었던 사람은 그 사유가 끝난 후 (   ) 일 이내에 신청하여야 한다.

① 15일

② 20일

③ 30일

④ 60일

> **해설** 육아기 근로시간 단축 급여를 지급받으려는 사람은 육아기 근로시간 단축을 시작한 날 이후 1개월부터 끝난 날 이후 12개월 이내에 신청하여야 한다. 다만, 해당 기간에 대통령령으로 정하는 사유로 육아기 근로시간 단축 급여를 신청할 수 없었던 사람은 그 사유가 끝난 후 30일 이내에 신청하여야 한다.

정답 83. ① 84. ③

85 헌법 제33조가 규정하고 있는 노동기본권에 관한 설명으로 틀린 것은?

① 헌법에 보장된 노동기본권에서는 사업장 단위의 복수노조설립이 금지되는 것으로 해석한다.
② 단결권을 향유할 주체에는 개별 근로자뿐만 아니라 근로자들이 결성한 단체도 포함된다.
③ 단체교섭권의 내용에는 교섭이 타결된 경우 단체협약체결권도 포함된다.
④ 단체행동권에 노동조합법상 사용자에게 인정되는 직장폐쇄는 포함되지 아니한다.

해설 2025년 출제기준 변경으로 시험범위에서 제외됨.

★★ 2013년, 2020년 직업상담사 1급
86 근로기준법령에서 정하는 근로계약 체결 시 의무적으로 명시해야 하는 사항이 아닌 것은?

① 근로계약기간
② 취업의 장소와 종사하여야 할 업무
③ 임금의 지급방법
④ 연차유급휴가에 관한 사항

해설 **근로계약기간은** 기간제 및 단시간 근로자 보호 등에 관한 법률상의 규정으로 **기간제 및 단시간 근로자에 대한 서면명시 사항**이다.

[근로기준법상의 근로조건 명시의무]
(1) 명시 사항 : 사용자는 근로계약을 체결할 때에 근로자에게 **임금, 소정근로시간, 휴일, 연차유급휴가, 취업 장소와 종사업무**, 취업규칙의 필수적 기재사항, 기숙사 규칙을 명시하여야 한다. 근로계약 체결 후 이를 변경하는 경우에도 또한 같다.
(2) **서면 명시** 사항 : 사용자는 **임금**의 구성항목·계산방법·지급방법, **소정근로시간, 휴일, 연차휴가**의 사항이 명시된 서면(전자문서를 포함한다)을 근로자에게 교부하여야 한다. 다만, 본문에 따른 사항이 단체협약 또는 취업규칙의 변경 등 대통령령으로 정하는 사유로 인하여 변경되는 경우에는 근로자의 요구가 있으면 그 근로자에게 교부하여야 한다.

87 고용정책 기본법상 고용정책 기본계획에 포함되지 않는 것은?

① 고용동향과 인력의 수급전망에 관한 사항
② 사회적 기업 인증의 심사기준에 관한 사항
③ 고용에 관한 중장기 정책목표 및 방향
④ 인력의 수요와 공급에 영향을 미치는 경제, 산업, 교육. 복지 또는 인구정책 등의 동향에 관한 사항

해설 2025년 출제기준 변경으로 시험범위에서 제외됨.

88 국민 평생 직업능력 개발법상 직업능력개발기본계획의 수립에 관한 설명으로 틀린 것은?

① 고용노동부장관은 직업능력개발기본계획을 5년마다 수립·시행하여야 한다.
② 직업능력개발기본계획에는 직업능력개발사업의 평가에 관한 사항이 포함되어야 한다.
③ 고용노동부장관은 직업능력개발기본계획을 수립하는 경우에는 사업주 단체 등 관련 기관·단체 등의 의견을 수렴하여야 한다.
④ 고용노동부장관이 직업능력개발기본계획을 수립한 때에는 지체 없이 국무총리에게 보고하여야 한다.

해설 2025년 출제기준 변경으로 시험범위에서 제외됨.

정답 85. ① 86. ① 87. ② 88. ④

89 고용보험법령상 피보험자의 관리에 관한 설명으로 맞는 것은?

① 보험관계 성립일 전에 고용된 근로자의 경우에는 그 근로자가 입사한 다음 날에 피보험자격을 취득한 것으로 본다.

② 피보험자가 사망한 경우에는 사망한 날에 피보험자격을 상실한다.

③ 피보험자가 고용보험의 적용 제외 근로자에 해당하게 된 경우에는 그 적용 제외 대상자가 된 다음 날에 피보험자격을 상실한다.

④ 적용 제외 근로자이었던 자가 이 법의 적용을 받게 된 경우에는 그 적용을 받게 된 날에 피보험 자격을 취득한 것으로 본다.

해설 이직 및 사망의 경우는 그 다음 날이 상실일이 되고, 나머지는 사유가 발생한 날에 취득 및 상실한다.

[피보험자격의 취득일·상실일]

(1) 자격 취득일

① 근로자인 피보험자는 이 법이 적용되는 사업에 고용된 날에 피보험자격을 취득한다. 다만, 다음 각 호의 경우에는 각각 그 해당되는 날에 피보험자격을 취득한 것으로 본다.

　1. 적용 제외 근로자였던 사람이 이 법의 적용을 받게 된 경우에는 그 적용을 받게 된 날

　2. 보험관계 성립일 전에 고용된 근로자의 경우에는 그 보험관계가 성립한 날

② 자영업자인 피보험자는 고용산재보험료징수법 제49조의2 제1항 및 같은 조 제12항에서 준용하는 같은 법 제7조 제3호에 따라 보험관계가 성립한 날에 피보험자격을 취득한다.

(2) 자격 상실일

① 근로자인 피보험자는 다음 각 호의 어느 하나에 해당하는 날에 각각 그 피보험자격을 상실한다.

　1. 근로자인 피보험자가 적용 제외 근로자에 해당하게 된 경우에는 그 적용 제외 대상자가 된 날

　2. 보험관계가 소멸한 경우에는 그 보험관계가 소멸한 날

　3. 근로자인 피보험자가 이직한 경우에는 이직한 날의 다음 날

　4. 근로자인 피보험자가 사망한 경우에는 사망한 날의 다음 날

② 자영업자인 피보험자는 고용산재보험료징수법 제49조의2 제10항 및 같은 조 제12항에서 준용하는 같은 법 제10조 제1호부터 제3호까지의 규정에 따라 보험관계가 소멸한 날에 피보험자격을 상실한다.

90 직업안정법령상 신고를 하지 않고 무료직업소개사업을 할 수 있는 기관이 아닌 것은?

① 한국산업인력공단　② 안전보건공단
③ 한국장애인고용공단　④ 근로복지공단

해설 **[신고 없이 무료직업소개사업을 할 수 있는 경우]**

① 「한국산업인력공단법」에 따른 한국산업인력공단이 하는 직업소개

② 「장애인고용촉진 및 직업재활법」에 따른 한국장애인고용공단이 장애인을 대상으로 하는 직업소개

③ 교육 관계법에 따른 각급 학교의 장, 「국민 평생 직업능력 개발법」에 따른 공공직업훈련시설의 장이 재학생·졸업생 또는 훈련생·수료생을 대상으로 하는 직업소개

④ 「산업재해보상보험법」에 따른 근로복지공단이 업무상 재해를 입은 근로자를 대상으로 하는 직업소개

91 직업안정법령상 직업정보제공사업자가 준수해야 할 사항으로 틀린 것은?

① 구인자가 구인신청 당시 「근로기준법」에 따라 명단이 공개 중인 체불사업주인 경우 그 사실을 구직자가 알 수 있도록 게재할 것

② 직업정보제공매체 또는 직업정보제공사업의 광고문에 취업상담, 취업추천, 취업지원 등의 표현을 사용하지 아니할 것

③ 구인, 구직자의 주소 또는 전화번호는 기재하지 아니할 것

④ 「최저임금법」에 따라 결정·고시된 최저임금에 미달되는 구인정보를 제공하지 아니할 것

정답 89. ④　90. ②　91. ③

해설 직업정보제공사업자는 직업정보제공 매체의 **구인·구직 광고 시 구인·구직자**의 주소 또는 전화번호를 기재해야 하고, 직업정보제공 사업자의 주소 또는 전화번호를 기재하면 안 된다.

92 국민 평생 직업능력 개발법령상 직업능력개발훈련이 중요시 되어야 할 대상에 해당하지 않는 것은?

① 「국민생활기초 보장법」에 따른 수급권자
② 「제대군인지원에 관한 법률」에 따른 제대군인 및 전역예정자
③ 「중소기업기본법」에 따른 중소기업의 근로자
④ 「외국인근로자의 고용 등에 관한 법률」에 따른 외국인근로자

해설 2025년 출제기준 변경으로 시험범위에서 제외됨.

★
93 채용절차의 공정화에 관한 법률에 관한 설명으로 틀린 것은?

① 이 법은 지방자치단체가 공무원을 채용하는 경우에는 적용하지 아니한다.
② 구인자는 그 직무의 수행에 필요하지 아니한 구직자 본인의 직계 존비속의 학력을 기초심사자료에 기재하도록 요구하여서는 아니 된다.
③ 구인자는 정당한 사유 없이 채용광고의 내용을 구직자에게 불리하게 변경하여서는 아니 된다.
④ 심층심사자료란 학위증명서 등 기초심사자료에 기재한 사항을 증명하는 일체의 자료를 말한다.

해설 2025년 출제기준 변경으로 시험범위에서 제외됨.

★★★ 2018년, 2019년 직업상담사 1급
94 파견근로자 보호 등에 관한 법령에 관한 설명으로 틀린 것은?

① 사용사업주는 파견근로자를 사용하고 있는 업무에 근로자를 직접 고용하려는 경우에는 해당 파견근로자를 우선적으로 고용하도록 노력하여야 한다.
② 파견사업주와 사용사업주는 파견근로자임을 이유로 사용사업주의 사업 내의 동종 또는 유사한 업무를 수행하는 근로자에 비하여 차별적 처우를 하여서는 아니 된다.
③ 파견사업주는 쟁의행위 중인 사업장에 그 쟁의행위로 중단된 업무의 수행을 위하여 근로자를 파견하여서는 아니 된다.
④ 「선원법」에 따른 선원의 업무에 대하여는 일시적으로 인력을 확보하여야 할 필요가 있는 경우 근로자파견사업을 행할 수 있다.

해설 선원법에 의한 선원 업무는 절대적 파견금지업무에 해당한다.

[절대적 파견금지 업무]
다음 각 호의 어느 하나에 해당하는 업무에 대하여는 근로자파견사업을 하여서는 아니 된다.
① 건설공사현장에서 이루어지는 업무
② 「항만운송사업법」 제3조 제1호, 「한국철도공사법」 제9조 제1항 제1호, 「농수산물 유통 및 가격안정에 관한 법률」 제40조, 「물류정책기본법」 제2조 제1항 제1호의 하역(荷役)업무로서 「직업안정법」 제33조에 따라 근로자공급사업 허가를 받은 지역의 업무
③ 「선원법」 제2조 제1호의 선원의 업무
④ 「산업안전보건법」 제58조에 따른 유해하거나 위험한 업무
⑤ 「진폐의 예방과 진폐근로자의 보호 등에 관한 법률」 제2조 제3호에 따른 분진작업을 하는 업무
⑥ 「산업안전보건법」 제137조에 따른 건강관리카드의 발급대상 업무
⑦ 「의료법」 제2조에 따른 의료인의 업무 및 「간호법」 제15조에 따른 간호조무사의 업무
⑧ 「의료기사 등에 관한 법률」 제3조에 따른 의료기사의 업무
⑨ 「여객자동차 운수사업법」 제2조 제3호에 따른 여객자동차운송사업에서의 운전업무
⑩ 「화물자동차 운수사업법」 제2조 제3호에 따른 화물자동차 운송사업에서의 운전업무

95 고용정책 기본법령상 다음 (   ) 안에 들어갈 알맞은 것은?

> 실업대책사업을 적용할 때에 실업자로 보는 무급휴직자는 (   )개월 이상 기간을 정하여 무급으로 휴직하는 사람을 말한다.

① 3
② 6
③ 9
④ 12

해설 2025년 출제기준 변경으로 시험범위에서 제외됨.

★★★ 2022년 직업상담사 1급

96 남녀고용평등과 일·가정 양립 지원에 관한 법률상 육아휴직에 대한 설명으로 틀린 것은?

① 육아휴직을 신청할 수 있는 자는 원칙적으로 만 8세 이하 또는 초등학교 2학년 이하의 자녀를 가진 근로자이다.
② 육아휴직 기간은 1년 이내로 한다.
③ 사업주는 근로자가 배우자의 출산을 이유로 배우자 출산휴가를 청구하는 경우에 5일의 휴가를 주어야 한다.
④ 기간제 및 파견근로자의 육아휴직 기간은 사용기간에 산입하지 아니한다.

해설 [배우자 출산휴가(2025년 2월 개정)]
① 사업주는 근로자가 배우자의 출산을 이유로 휴가를 고지하는 경우에 20일의 휴가를 주어야 한다. 이 경우 사용한 휴가기간은 유급으로 한다.
② 배우자 출산휴가는 근로자의 배우자가 출산한 날부터 120일이 지나면 사용할 수 없다.
③ 배우자 출산휴가는 3회에 한정하여 나누어 사용할 수 있다.

★★★ 2013년, 2016년, 2021년 직업상담사 1급

97 남녀고용평등과 일·가정 양립 지원에 관한 법률이 규정하고 있는 내용이 아닌 것은?

① 육아휴직급여
② 배우자 출산휴가
③ 직장보육시설 설치
④ 출산전후휴가에 대한 지원

해설 남녀고용평등법에는 육아휴직제도에 관한 규정(요건, 내용, 처우 등 사업주의 의무 및 휴직기간의 근로조건)은 있으나, 육아휴직급여는 고용보험에서 지급하는 급여로서 고용보험법에 규정이 있다.

★★★ 2011년, 2013년, 2015년, 2019년 직업상담사 1급

98 고용상 연령차별금지 및 고령자고용촉진에 관한 법률상 무료직업소개사업을 하는 공익단체로서 지정된 고령자인재은행의 사업범위가 아닌 것은?

① 고령자에 대한 구인·구직 등록, 직업지도 및 취업알선
② 취업희망 고령자에 대한 직업상담 및 정년 퇴직자의 재취업 상담
③ 고령자의 직업능력개발훈련
④ 고령자 고용촉진을 위하여 필요하다고 인정하여 고용노동부장관이 정하는 사업

해설 고령자인재은행은 무료직업소개사업을 하는 비영리법인이나 공익단체 또는 직업훈련을 위탁받을 수 있는 기관이 지정을 받을 수 있는데, 지정을 받는 경우 사업은 전공인 사업에 한하여 할 수 있다. 즉 무료직업소개사업을 하는 비영리법인 공인단체는 고령자인재은행을 지정받는다고 해도 전공이 아닌 훈련사업은 할 수 없다.

[고령자인재은행의 지정]
① 고용노동부장관은 다음 각 호의 단체 또는 기관 중 고령자의 직업지도와 취업알선 또는 직업능력개발훈련 등에 필요한 전문 인력과 시설을 갖춘 단체 또는 기관을 고령자인재은행으로 지정할 수 있다.
  1. 「직업안정법」 제18조에 따라 무료직업소개사업을 하는 비영리법인이나 공익단체
  2. 「국민 평생 직업능력 개발법」 제6조에 따라 직업능력개발훈련을 위탁받을 수 있는 대상이 되는 기관
② 제1항 제1호 및 제2호에 모두 해당하는 고령자인재은행의 사업범위는 다음 각 호의 사업 모두로 하고, 제1항 제1호에만 해당하는 고령자인재은행의 사업범위는 제1호, 제2호 및 제4호의 사업만으로 하며, 제1항 제2호에만 해당하는 고령자인재은행의 사업범위는 제3호 및 제4호의 사업만으로 한다.
  1. 고령자에 대한 구인·구직 등록, 직업지도 및 취업알선
  2. 취업희망 고령자에 대한 직업상담 및 정년퇴직자의 재취업 상담
  3. 고령자의 직업능력개발훈련
  4. 그 밖에 고령자 고용촉진을 위하여 필요하다고 인정하여 고용노동부장관이 정하는 사업

정답 95. ② 96. ③ 97. ① 98. ③

99 근로기준법상 재해보상에 관한 설명으로 틀린 것은?

① 사용자는 매월 1회 이상 휴업보상 및 유족보상을 하여야 한다.

② 근로자가 업무상 부상 또는 질병에 걸리면 사용자는 그 비용으로 필요한 요양을 행하거나 필요한 요양비를 부담하여야 한다.

③ 장해보상은 근로자의 부상 또는 질병이 완치된 후 지체 없이 하여야 한다.

④ 근로자가 중대한 과실로 업무상 부상 또는 질병에 걸리고 또는 사용자가 그 과실에 대하여 노동위원회의 인정을 받으면 휴업보상이나 장해보상을 하지 아니하여도 된다.

해설 요양보상 및 휴업보상은 매월 1회 이상, 장해보상은 근로자의 부상 또는 질병이 완치된 후 지체 없이, 유족보상 및 장례비의 지급은 근로자가 사망한 후 지체 없이 하여야 한다.

100 고용상 연령차별금지 및 고령자고용촉진에 관한 법률에 관한 설명으로 옳은 것은?

① 근로자는 노동조합 및 노동관계조정법상의 근로자를 말한다.

② 제조업은 그 사업장의 상시 근로자수의 100분의 3을 고령자로 고용하여야 한다.

③ 고령자는 50세 이상인 사람으로 한다.

④ 상시 300명 이상의 근로자를 사용하는 사업주는 기준고용률 이상의 고령자를 고용하도록 노력하여야 한다.

해설 ① 고용상연령차별금지법상의 "근로자"란 「근로기준법」에 따른 근로자를 말한다.
② 기준고용률은 제조업은 100분의 2, 부동산 및 운수업은 100분의 6, 기타 업종은 100분의 3이다.
③ 고령자는 55세 이상, 준고령자는 50세 이상 55세 미만이다.

정답 99. ① 100. ④

부록 Ⅱ

최신 기출복원문제

★★ 신규출제

01 초이론(TTM : Transtheoretical Model)에서 제시한 변화의 5단계를 순서대로 나열한 것은?

> ㉠ 숙고 단계 (contemplation)
> ㉡ 유지 단계 (maintenance)
> ㉢ 준비 단계 (preparation)
> ㉣ 행동 단계 (action)
> ㉤ 숙고 전 단계 (precontemplation)

① ㉤ – ㉢ – ㉠ – ㉡ – ㉣
② ㉤ – ㉠ – ㉢ – ㉣ – ㉡
③ ㉢ – ㉤ – ㉡ – ㉠ – ㉣
④ ㉢ – ㉡ – ㉤ – ㉠ – ㉣

해설 초이론은 금연과정을 통해 변화를 경험하는 사람들이 공통된 변화단계를 거친다는 것을 발견해 낸 후, 약물남용, 불안과 공포장애, 비행, 섭식장애와 비만, AIDS 예방 등의 광범위한 분야에서 적용되어 왔다. 초이론에서는 변화의 5단계를 숙고 전 단계, 숙고 단계, 준비 단계, 행동 단계, 유지 단계로 제시하였다.

★★★ 2024년 9급 공무원

02 굿맨과 슐로스버그의 전환이론에서 4가지 주요 요소로 바르지 않은 것은?

① Situation
② Self
③ Support
④ Status

해설 [굿맨과 슐로스버그의 전환이론에서 4가지 주요 요소]
㉠ 상황 (Situation) : 전환상황에 대한 개인의 지각과 통제감을 의미한다.
㉡ 자기 (Self) : 개인 내면의 심리적 특성으로 삶에 대한 적응성이나 자기효능감을 의미한다.
㉢ 지지 (Support) : 진로전환과정에서 활용 가능한 주변의 관심이나 지원과 그에 대한 지각의 정도를 의미한다.
㉣ 전략 (Strategy) : 전환상황에서 활용할 수 있는 개인의 대처기술을 의미한다.

2019년 직업상담사 1급

03 다음 사례에서 '기계원리'는 무엇인가?

> 기계수리공을 선발하기 위해서 기계통찰력 검사와 기계원리 검사를 사용했다. 기계통찰력은 직무성공과 $r=0.22$의 상관을 보였고 기계원리는 직무성공과 전혀 상관이 없어서 $r=0.00$이었다. 그런데 두 검사의 상관은 $r=0.71$이었다. 기계통찰력 검사 하나만 사용하는 것보다 두 검사를 함께 사용하면 전체적인 직무수행 예언력이 높아진다.

① 억압변수
② 예언변수
③ 조절변수
④ 준거

해설 억압변수(suppressor variable)란 다른 변수들 간의 관계, 특히 독립변수와 종속변수의 상관을 더 명확하게 해 주는 변수이다. 즉, 자체적으로 종속변수와는 상관이 거의 없거나 낮지만, 독립변수의 불필요한 분산(irrelevant variance)을 제거함으로써 예측력을 높이는 역할을 하는 변수이다.

★★ 2012년, 2017년, 2021년 직업상담사 1급

04 다음 심리검사 중 진로 및 직업상담 장면에서 일반적으로 그 활용 목적이나 상황이 다른 것은?

① 적성검사
② 진로성숙도검사
③ 직업흥미검사
④ 가치관검사

해설 적성검사, 직업흥미검사, 가치관검사는 타인과의 변별되는 직업적 정체성을 측정하기 위한 검사도구(변별적 측면)이고, 진로성숙도검사는 진로발달의 수준을 측정하기 위한 검사도구(발달적 측면)이다.

정답 01. ② 02. ④ 03. ① 04. ②

★ **2013년, 2017년 직업상담사 1급**

05 검사문항들의 내적 합치도를 측정하는 신뢰도는 무엇인가?

① 검사-재검사 신뢰도
② 동형검사 신뢰도
③ 반분신뢰도
④ 채점자 간 신뢰도

해설 **반분신뢰도는** 해당 검사를 문항수가 같도록 반씩 나누어 개인별로 2개의 점수를 구해서 두 점수간의 상관계수를 계산한 것이며, 둘로 구분된 문항들의 내용이 얼마나 일관성이 있는가를 측정한 것으로 **내적 합치도 계수(coefficient of internal consistency)**라고 부른다.

★ **2014년, 2015년, 2018년 직업상담사 1급**

06 검사의 신뢰도에 관한 설명으로 가장 적합한 것은?

① 재고자 하는 속성을 얼마나 정확하게 반영하여 재는가이다.
② 재고자 하는 속성을 얼마나 일관성 있게 재는가이다.
③ 검사의 난이도를 나타낸다.
④ 준거를 예측하기 위한 적절성을 나타낸다.

해설 **검사의 신뢰도란** 검사를 동일한 사람에게 실시했을 때, 검사조건이나 검사 시기에 관계없이 **점수들이 얼마나 일관성이 있는가**, 비슷한 것을 측정하는 다른 검사의 점수와 얼마나 일관성이 있는가 하는 것을 말한다.

★★ **2014년, 2018년 직업상담사 1급**

07 백분위 점수에 대한 설명으로 가장 적합한 것은?

① 백분위 98%란 그 점수보다 낮은 점수를 가진 사람이 전체의 2%라는 뜻이다.
② 백분위 1%의 차이는 점수 분포상의 위치와 관계없이 일정하다.
③ 평균 근처에서의 백분위 차이는 양극단에서의 백분위 차이보다 실제 점수 차이가 작다.
④ 백분위 50%는 그 분포에서의 평균과 일치한다.

해설 **백분위 점수는** 표준화집단에서 특정 원점수 이하인 사례의 **비율**이라는 측면에서 표시한 것으로 표준화집단에서 피검자의 점수가 차지하는 상대적 위치를 나타낸다. 즉, 100명의 집단으로 가정해서 순위를 나타내는 것이다. 따라서 **표준화집단의 분포 안에서 평균 근처에서의 백분위 차이는 양극단에서의 백분위 차이보다 실제 점수 차이가 작다.**

★ **2017년 직업상담사 1급**

08 Bandura가 제시한 인지적 명확성을 사정하기 위해서 필요한 내용이 아닌 것은?

① 지금 시점에서 진로를 선택하거나 현재 진로를 유지하는 것의 중요성
② 진로를 선택하거나 현재의 진로를 바꾸는 것을 성공적으로 했는지에 대한 확신감
③ 내담자가 자신의 상황이 나아질 것이라는 확신감
④ 진로를 선택하거나 바꾸는 데 있어 일을 잘한다는 것의 중요성

해설 **[반두라(Bandura)의 인지적 명확성 사정을 위한 질문]**
㉠ 지금 시점에서 진로를 선택하거나 현재 진로를 바꾸는 것이 얼마나 중요한가? (상황의 중요성 사정)
㉡ 진로를 선택하거나 현재의 진로를 바꾸는 것을 성공적으로 했는지에 대해 내담자가 어느 정도 확신하고 있는가? (자기효능감 기대)
㉢ 내담자가 자신의 상황이 나아질 거라고 어느 정도 확신하는가? 내담자는 자신의 상황이 현재보다 더 악화될 가능성이 있다고 느끼는가? (결과기대)
㉣ 진로를 선택하거나 바꾸는 데 있어 일을 잘한다는 것이 내담자에게 얼마나 중요한가? (수행에 대한 기준)

★ **2017년, 2022년 직업상담사 1급**

09 전직 또는 실직 이후 직업상담의 목표와 가장 거리가 먼 것은?

① 직업훈련이수
② 직업선택 계획에 대한 책임감
③ 직장적응의 문제인식
④ 구직활동 기법

정답 **05. ③   06. ②   07. ③   08. ①   09. ②**

전직 · 실직 전	전직 · 실직 후
• 직업문제 인식	• 충격완화 프로그램
• 자기개념의 구체화를 통한 현실적 자신의 이미지 형성	• 조직문화 인식
• 노동시장에 대한 이해 및 정보수집	• 노동시장 추이 및 전망에 관한 정보수집
• 미래사회에 대한 이해 및 정보수집	• 직업훈련 이수
• 직업선택 계획에 대한 책임감	• 직업에 대한 태도 형성
• 의사결정 능력 배양	• 취업처에 대한 정보 및 의사결정능력
• 협동적 사회행동 추구	• 직장적응의 문제인식
• 전직 · 실직 가능성에 대한 인식	• 미래에 대한 진로경로계획
• 직업훈련 이수에 대한 인식	• 구직활동 시의 기술
• 퇴직준비 프로그램	• 구직활동 기법
• 관련법의 수혜사항 확인	• 직업복귀 프로그램
	• 취직준비 프로그램
	• 관련법의 수혜사항 확인

★ **2017년 직업상담사 1급**

10 심리검사의 유형 중 객관적 검사의 장점이 아닌 것은?

① 검사 실시의 간편성
② 객관성의 증대
③ 반응의 풍부함
④ 높은 신뢰도

해설 [객관적 검사와 투사적 검사의 장단점]

구분	객관적 검사	투사적 검사
장점	• 검사실시의 간편성 • 시간과 노력의 절약 • 객관성의 증대(보장) • 신뢰도 및 타당도의 확보 • 검사자 및 상황적 요인의 영향 최소화	• 반응의 독특성 • 방어의 어려움(솔직한 응답 유도) • 반응의 풍부함 • 무의식적 내용의 반영 • 제한적인 언어 기능의 수검자 적합
단점	• 사회적 바람직성, 반응 경향성 영향 • 문항 내용 및 응답 범위 제한 • 감정 및 무의식적 요인 간과 • 일정한 흐름에 따른 응답 가능성	• 낮은 신뢰도와 타당도 • 상황적 요인들의 영향 • 채점 및 해석에 높은 전문성 요구

★★ **2012년, 2015년 직업상담사 1급**

11 인지적 명확성이 부족한 내담자의 유형 가운데 자기인식이 부족한 내담자를 사정하는 데 가장 적합한 방법은?

① 직면이나 논리적 분석을 해준다.
② 불안에 대처하도록 심호흡을 시킨다.
③ 사고를 재구조화한다.
④ 은유나 비유를 사용한다.

해설 인지적 명확성이 부족한 내담자의 유형 중 자기인식 부족의 경우 은유나 비유를 사용하여 내담자의 인지에 대한 통찰을 재구조화하거나 발달시킨다.

★ **2021년, 2023년 직업상담사 1급**

12 다음 중 직업상담에 도움이 되는 상담행동으로 바람직한 것은?

① 전문적인 언어 사용 ② 조언 및 충고 제시
③ 빈번한 유머 사용 ④ 비판단적인 태도

해설 [직업상담에 도움이 되는 면담행동들]

언어적 행동	비언어적 행동
• 이해 가능한 언어 사용 • 언어적 강화 사용 • 내담자에 대한 적절한 호칭 사용 • 적절하게 정보 사용 • 가끔 유머 사용 • 비판단적인 태도	• 내담자와 유사한 언어의 톤 • 기분 좋은 눈의 접촉 유지 • 가끔 고개 끄덕임 • 가끔 미소를 지음 • 가끔 손짓을 함 • 내담자에게 몸을 기울임

★★ **2021년 직업상담사 1급**

13 다음 중 홀랜드이론의 기본개념에 대한 설명으로 틀린 것은?

① 홀랜드이론은 진로와 관련된 특성들의 변화에 주목하였다.
② 인간의 성격특성을 6가지 유형으로 구분하였다.
③ 작업의 환경을 6가지 유형으로 구분하였다.
④ 개인의 특성과 환경적 특성 간의 일치가 있을 때 개인의 직업적 만족이 크다고 가정하였다.

정답 10. ③ 11. ④ 12. ④ 13. ①

해설 **홀랜드의 인성이론은** 선택이론 중 하나로 직업선택에 있어서 성격유형을 강조하였으나, 이러한 **성격이 어떻게 형성되었고, 어떻게 변화되는지에 대해서는 주목하지 않았다.**

★★ **2019년, 2023년 직업상담사 1급**

14 Dawis와 Lofquist의 직업적응이론에 대한 옳은 설명을 모두 고른 것은?

> ㉠ 개인과 환경 간의 상호작용을 통한 욕구충족을 강조한다.
> ㉡ 직업적응은 개인과 직업환경의 조화를 성취하고 유지하는 과정으로 이해된다.
> ㉢ 개인과 환경은 상호작용하면서 자신의 욕구를 만족 또는 충족시켜줄 수 있는 강화요인을 서로 얻게 된다.
> ㉣ 이론의 장점 중 하나는 JDQ, MSQ 등 관련 검사도구가 다양하게 개발되어 있다는 것이다.

① ㉠, ㉡　　　　② ㉠, ㉢
③ ㉡, ㉣　　　　④ ㉠, ㉡, ㉢, ㉣

해설 **[직업적응이론 관련 검사도구]**
㉠ 미네소타 중요성 질문지 (MIQ : Minnesota Importance Questionnaire)
㉡ **미네소타 직무기술 질문지** (JDQ, MJDQ : Minnesota Job Description Questionnaire)
㉢ **미네소타 만족 질문지** (MSQ : Minnesota Satisfaction Questionnaire)
㉣ 미네소타 충족 척도 (MSS : Minnesota Satisfactoriness Scales)

★ **2022년 직업상담사 1급**

15 Super의 진로발달이론에서 각 발달과업과 그에 대한 설명으로 바르지 않은 것은?

① 확립화 : 일반적인 직업선호에서 특정한 직업선호로 바뀌는 시기
② 이행화 : 진로선호를 위한 훈련을 완성하고 고용에 참가하는 시기
③ 안정화 : 실제적 경험과 적절한 진로선택을 위해 능력을 발휘하여 진로를 확충하는 시기

④ 구체화 : 자원, 우연성, 흥미, 가치 등에 대한 인식과 진로에 대한 계획을 통해 일반적인 진로목표를 형식화하는 시기

해설 **[Super의 진로발달과업과 특징]**

직업발달과업	연령(세)	일반적인 특징
구체화 (crystallization)	14~17	**자원, 우연성, 흥미, 가치 등에 대한 인식과 진로에 대한 계획을 통해 일반적인 진로목표를 형식화하는 시기**로, 선호하는 진로에 대한 계획을 세우고 그것을 어떻게 수행할 것인지를 고려하는 것이다.
특수화 (specification)	18~21	**일반적인 직업선호에서 특정한 직업선호로 바뀌는 시기**로 자세한 자료와 진로선택의 다양성을 뚜렷이 인식하여 진로계획을 구체화하는 것이다.
실행화 (implementation)	22~24	**진로선호를 위한 훈련을 완성하고 고용에 참가하는 시기**로, 훈련을 완료하고 실제로 직업을 선택하여 종사하는 것이다.
안정화 (stabilization)	25~35	**실제적 경험과 적절한 진로선택을 위해 능력을 발휘하여 진로를 확충하는 시기**로, 개인이 진로를 확고히 확립하고 진로상황에서 안정감을 유지하는 것이다.
공고화 (consolidation)	35~	승진, 지위, 선임 등에 의해 진로를 확립하는 시기로, 직업에서 승진과 선임 등에 의해 공고화시키는 것이다.

★ **2021년 9급 공무원**

16 고트프레드슨(L. Gottfredson)의 제한－타협이론에서 타협의 과정과 원리에 대한 설명으로 옳지 않은 것은?

① 타협의 중요한 측면들로 성역할, 사회적 지위, 흥미를 제시한다.
② 한 개인이 가능한 진로 중에서 받아들일 수 없는 직업을 제거한다.
③ 타협에 대한 심리적 적응과정의 중요성을 강조한다.
④ 자신이 선택한 직업영역에 맞게 자신의 진로기대를 변화시켜 나가도록 돕는다.

해설 ② **제한과정의 설명**에 해당한다.

17 각기 다른 직업에 종사하는 사람들은 서로 다른 성격을 가지며, 이러한 성격의 차이는 어린 시절 부모와의 심리적 관계에서 기인한다고 보는 이론은?

① Roe의 욕구이론
② Holland의 성격유형이론
③ Osipow의 의사결정이론
④ Lent의 사회인지이론

해설 로(Roe, 1956)는 Maslow(1954)의 욕구위계이론에 영향을 받아 욕구에 따라 직업선택과 직업분류를 제시하고, 유년기 부모와 자녀와의 관계유형에 따라 직업욕구가 달라져 직업선택에 영향을 미친다고 제안하였다.

18 다음 중 전직활동계획서 작성 시 활용할 수 있는 기법으로 가장 적절한 것은?

① 진로사전　　　② 진로공정표
③ 진로수첩　　　④ 진로카드

해설 구체적인 전직활동계획서로 활용하기에 가장 적합한 기법으로는 대표적으로 진로공정표와 진로일기가 있다.

19 진로성숙도검사에 관한 설명으로 틀린 것은?

① 태도척도와 능력척도로 구성되어 있다.
② Super의 진로발달모델에 기초한다.
③ 진로계획의 과정변인에 초점을 둔다.
④ 객관적으로 점수화되고 표준화된 최초의 진로발달 측정도구이다.

해설 진로성숙도검사는 크라이티스(Crites, 1978)의 진로발달모델에 기초한 검사이다

20 Krumboltz의 사회학습이론에서 진로결정에 영향을 주는 요인이 아닌 것은?

① 학습경험
② 인간관계
③ 환경적 조건과 사건
④ 유전적 요인과 특별한 능력

해설 [크롬볼츠(Krumboltz)의 사회학습이론에서 진로결정에 영향을 주는 요인]
　㉠ 유전적 요인과 특별한 능력
　㉡ 환경적 조건과 사건
　㉢ 학습경험(도구적 학습경험, 연합적 학습경험)
　㉣ 과제접근기술

21 다음의 절차를 강조하는 직업상담은?

> 내담자와의 관계 형성 → 진로와 관련된 개인적 사정 → 직업탐색 → 정보통합과 선택

① 특성–요인 지향적 직업상담
② 단순한 직업상담
③ 인지적 명확성을 위한 직업상담
④ 생애진로주제에 의한 직업상담

해설 일반적인 직업상담은 특성–요인 지향적 직업상담과정으로 이루어지지만 인지적 명확성 사정을 전제한 직업상담과정이 고려되어야 한다. 특성–요인 지향적 직업상담과정은 인지적 명확성과 상관없이 직업선택의 논점에 따라 개인과 직업을 적절히 연결하고자 하는 것을 상담의 목표로 한다.

22 굿맨 등(J. Goodman et al.)이 제시한 진로전환 모델에서 다음에 해당하는 단계는?

> • 관련 이슈는 떠나기, 애도하기 등이다.
> • 강제 인원 삭감으로 인한 해고는 이 단계에 포함된다.
> • 끝내기, 혼란·좌절을 겪어냄 등의 과정을 거친다.

① 입직 단계　　　② 승진 단계
③ 퇴사 단계　　　④ 재취업을 위한 노력 단계

정답 17. ①　18. ②　19. ②　20. ②　21. ①　22. ③

해설 **[진로전환 과정의 4단계]**
- ㉠ **입직 단계** : 일의 요령 배우기, 일과 문화에 대한 기대, 명시적 또는 암묵적 규준, 주변인의 느낌
- ㉡ **승진 단계** : 외로움과 경쟁, 지루함, 요구에 부응하기 위한 경쟁
- ㉢ **퇴사 단계** : 떠나기와 애도하기, 노력하기, 목표 상실과 재형성, 양가감정의 표현
- ㉣ **재취업을 위한 노력 단계** : 좌절과 절망, 소외감

★ **2019년 직업상담사 1급**

23 심리검사의 표준화를 통해 통제하고자 하는 변인이 아닌 것은?

① 검사자 변인
② 피검자 변인
③ 채점자 변인
④ 실시 상황 변인

해설 표준화(standardization)란 검사의 실시와 채점절차의 동일성을 유지하기 위해서 검사자가 지켜야 하는 관련 세부규칙들을 잘 정리하는 작업이며, **피검자(수검자) 변인은 동일성을 유지하고자 하는 변인이 아니라 심리검사가 측정하고자 하는 변인에 해당**된다.

★★★ **신규출제**

24 웩슬러지능검사(K-WISC-4)에 대한 설명으로 옳은 것은?

① 16개의 소검사로 구성되어 있다.
② 일반능력지표(GAI)가 추가되었다.
③ 측정 결과로 3가지를 알 수 있다.
④ 언어성 지능과 동작성 지능으로 구성되어 있다.

해설
① K-WISC-4는 총 **15개의 소검사(핵심검사 10개, 보충검사 5개)로 구성**되어 있다.
② K-WISC-4에는 일반능력지표(GAI)가 새롭게 추가되어, 언어이해 및 지각추론 능력을 종합적으로 평가할 수 있다.
③ 검사 결과로 **4가지 지표(언어이해, 지각추론, 작업기억, 처리속도)와 전체지능지수(FSIQ)를 알 수 있다.**
④ 기존의 언어성 및 동작성 구분은 폐지되고, **네 가지 인지영역으로 구성**된다.

★★

25 다음의 내용 중 규준점수에 관한 설명으로 옳은 것은?

① 백분위 점수는 평균과 표준편차를 이용해 산출된다.
② 백분위 40과 60인 두 사람의 원점수 차이는 백분위 90과 99인 두 사람의 원점수 차이보다 작다.
③ 규준점수는 항상 동일한 간격척도로 구성되어 있다.
④ 표준점수는 개인의 절대적 수행 수준을 보여준다.

해설 백분위 점수는 규준집단 분포도의 **중간영역보다 극단영역(상위·하위)에서 원점수 간 간격이 더 크다.**

★★★ **2011년, 2014년, 2017년, 2023년 직업상담사 1급**

26 내담자 정보수집을 위해 사용하는 구조화된 면접의 한 방법인 생애진로사정(life career assessment) 과정에서 다음 내용은 어느 단계에 해당하는가?

- 직업 경험에서 가장 좋았던 점
- 교육 및 훈련 경험에서 가장 싫었던 것
- 여가 및 사회활동

① 진로사정 (career assessment)
② 일상적인 하루 생활 (typical day)
③ 강점과 장애 (strengths and obstacles)
④ 직업능력평가 (vocational competency assessment)

해설 **[생애진로사정의 구조]**
- ㉠ **진로사정** : 일 경험(직업 경험), 교육 및 훈련과정과 관심사, 여가 및 사회활동
- ㉡ **전형적인 하루** : 의존적-독립적 차원, 자발적(임의적)-체계적 차원
- ㉢ **강점과 장애** : 주요 강점 및 장애
- ㉣ **요약** : 자기인식 증진 및 면담을 통해 얻은 내용 강조

정답 **23.** ② **24.** ② **25.** ② **26.** ①

27 다음 중 상담에서의 윤리문제에 대한 설명으로 옳은 것을 모두 고르면?

> A. 상담에서 일어날 수 있는 여러 가지 가능한 제한점들에 대해 내담자에게 알려주어야 한다.
> B. 상담 중에 내담자와 이중적인 관계를 갖는 것은 바람직하지 않다.
> C. 내담자와의 비밀보장 약속은 어떤 경우에라도 파기되어서는 안 된다.
> D. 상담자는 자신의 가치관, 태도 등을 자각하고 있어야 한다.

① A, B
② B, C
③ A, B, D
④ B, C, D

해설 내담자와의 비밀보장 약속은 기본적으로 반드시 지켜져야 하지만 내담자 개인 및 사회에 임박한 위험이 있다고 판단될 때에는 내담자에 관한 정보를 사회 당국 및 관련 당사자에게 제공해야 한다.

28 상담자 윤리원칙 중에서 '내담자의 안녕과 복지를 증진한다.'는 다음 중 어떤 윤리원칙에 해당하는가?

① 성실의 원칙
② 해악금지의 원칙
③ 선행의 원칙
④ 정의의 원칙

해설 '내담자의 안녕과 복지를 증진한다.'는 표현은 상담자가 내담자의 행복, 성장, 이익을 위해 적극적으로 돕는 태도를 의미하며, 이는 상담윤리의 기본원칙 중 선행의 원칙(beneficence)에 해당한다.
- ㉠ 선행의 원칙(beneficence) : 내담자에게 도움이 되고 복지를 증진시키는 행동을 강조
- ㉡ 해악금지의 원칙(nonmaleficence) : 내담자에게 해를 끼치지 않도록 하는 것
- ㉢ 성실의 원칙(fidelity) : 거짓 없이 상담하고, 신뢰와 약속을 지키는 것
- ㉣ 정의의 원칙(justice) : 공정하고 차별 없이 대우하는 것

29 다음 중 Holland이론에 대한 설명으로 옳은 것은?

① 성격검사와 흥미검사는 관련이 없다.
② 같은 직업에 종사하더라도 문제 상황에 대처하는 방식이나 대인환경을 구성하는 방식에서 큰 차이가 있다.
③ 직업적응 방식을 6가지 종류로 구분하고 직업환경을 3가지 차원으로 구분한다.
④ 직업에서의 만족, 안정성, 업적 등은 개인의 성격과 환경유형 간의 일치성에 달려있다.

해설 Holland이론은 '직업적 흥미는 일반적으로 성격이라고 불리는 것의 일부분이기 때문에 개인의 직업적 흥미에 대한 설명은 개인의 성격에 대한 설명이다.'라는 가정을 기초로 하고 있다. 또한 Holland이론의 기본 가정은 다음과 같다.
- ㉠ 대부분의 사람들은 여섯 가지 성격유형인 현실형, 탐구형, 예술형, 사회형, 진취형, 관습형으로 분류될 수 있다.
- ㉡ 환경도 현실형, 탐구형, 예술형, 사회형, 진취형, 관습형 등 6가지 직업 환경 유형이 있으며, 각 환경에는 그 성격유형에 일치하는 사람들이 머물고 있다.
- ㉢ 사람들은 자신에게 맞는 환경을 찾는다. 즉, 자신의 기술과 능력을 발휘하고 태도와 가치를 표현하며, 자신에게 맞는 역할을 수행할 수 있는 환경을 찾는다. 또한 환경도 그 환경에 적합한 성격유형을 가진 사람을 찾는다.
- ㉣ 개인의 행동은 성격과 환경적 특성 사이의 상호작용에 의해 결정된다.

30 자기개념에 맞지 않은 직업을 제한하는 과정에 대해 Gottfredson이 제시한 내용이 아닌 것은?

① 추상성을 수용하는 능력의 증가
② 분화와 통합의 중첩
③ 형평성에 따른 조화
④ 선택 안의 점진적 제거

정답 27. ③ 28. ③ 29. ④ 30. ③

해설 고트프레드슨(Gottfredson)은 개인은 자기개념과 일치하는 직업에 대해 포부를 형성한다고 보고, 직업포부 형성과정을 제한과 타협과정으로 설명하였다. 직업 선호는 신체적·정신적 성장과 더불어 자기개념이 발달하면서 포부에 대한 한계가 설정된다. 즉, 생애에 대하여 아동기는 단순하고 구체적 안목에서, 청소년기와 성인기에는 보다 더 구체적이고 복잡하면서 추상적인 사고를 하게 된다. 또한, 고트프레드슨은 제한과정이란 자신의 자기개념과 일치하지 않는 직업 대안들을 점진적으로 제거하는 과정인 반면, 타협과정은 제한과정을 통해 선택된 선호하는 직업 대안들 중 자신이 극복할 수 없는 문제를 가진 직업을 어쩔 수 없이 포기하는 과정이라고 하였다. 제한과정에서는 각 단계별 영향 요인에 따라 자신의 진로포부를 형성하면서 분화와 통합의 중첩 과정을 거치면서 자신의 진로를 좁혀 나간다.

★ 2012년, 2020년, 2023년 직업상담사 1급

31 어느 축구선수가 슛을 할 때마다 매번 공이 우측 골대에 맞고 나온다면 그 선수의 슛 기술 정도를 측정할 때 적합한 설명은?

① 신뢰도와 타당도 모두 높다.
② 신뢰도는 높으나 타당도는 낮다.
③ 타당도는 높으나 신뢰도는 낮다.
④ 신뢰도와 타당도 모두 낮다.

해설 신뢰도는 일관성을 의미하고, 타당도는 정확성을 의미하기 때문에 현재 축구선수의 슛 기술은 일관성은 높지만 정확도가 낮기 때문에 신뢰도는 높으나 타당도는 낮다고 할 수 있다.

★ 2005년, 2012년, 2018년, 2021년, 2023년 직업상담사 1급

32 개인의 욕구와 직업선택 행동의 관계에 초점을 두고, 직업을 서비스직, 비즈니스직, 단체직, 기술직, 옥외활동직, 과학직, 문화직, 예술직 등 8가지 직업군으로 분류하는 체계를 개발한 사람은?

① Holland   ② Roe
③ Super   ④ Parsons

해설 로(Roe)의 욕구이론에서는 흥미에 기초하여 8개의 직업군(field)과 6개의 직능수준(level)의 직업분류체계를 제시하였다.

★ 2013년, 2021년 직업상담사 1급

33 직무만족을 결정짓는 요인들과 직무불만족을 결정짓는 요인들이 질적으로 서로 다른 독립된 내용이라고 주장하는 이론은?

① Maslow의 욕구위계이론
② Adams의 형평이론
③ Vroom의 기대-유인가이론
④ Herzberg의 동기-위생이론

해설 Herzberg의 동기-위생이론은 직무만족을 결정하는 동기요인과 직무불만족을 결정하는 위생요인이 서로 다른 차원이기 때문에 위생요인을 통해서는 직무만족을 가져올 수 없다고 주장한다.

★ 2018년, 2021년 직업상담사 1급

34 실업 후 직업상담 프로그램과 가장 거리가 먼 것은?

① 실업충격완화 프로그램
② 취업알선 프로그램
③ 직업전환 프로그램
④ 사후상담 프로그램

해설 **[전직 및 실직에 대비한 직업상담 영역]**

구분	전직	
	전직 예방	전직 대비
대상	결근, 지각, 불평불만자, 퇴직욕구나 퇴직의사 보유자	퇴직의사 보유자
처치방법	직업 문제 처치	의사결정 기법
프로그램명	• 직장 스트레스 대처 프로그램 • 직업적응 프로그램	• 생애계획 프로그램 • 직업전환(훈련) 프로그램

구분	실직	
	실업 전	실업 후
대상	명예퇴직자, 조기 퇴직자	휴·폐업 근로자
처치방법	스트레스 해소법	충격완화법
프로그램명	• 조기퇴직 계획 프로그램 • 은퇴 후 진로경로 계획 프로그램	• 실업충격완화 프로그램 • 직업복귀(훈련) 프로그램 • 취업알선 프로그램 • 사후상담 프로그램

정답 31. ②   32. ②   33. ④   34. ③

★★ 2011년, 2015년 직업상담사 1급

01 행동주의 상담에서 내적인 행동변화를 촉진시키는 방법이 아닌 것은?

① 체계적 둔감법
② 주장훈련
③ 인지적 모델링과 사고정지
④ 스트레스 접종

> 해설 [행동주의적 상담에서 내적인 행동변화 기법]
> ㉠ 체계적 둔감법
> ㉡ 근육이완훈련
> ㉢ 내적 모델링과 인지적 모델링
> ㉣ 사고정지
> ㉤ 인지적 재구조화
> ㉥ 스트레스 접종

★★ 2020년 직업상담사 1급

02 진로시간전망에 대한 설명으로 옳은 것은?

① 과거나 미래보다는 구체적인 현재에 초점을 둔 진로결정이 가장 이상적이다.
② Cottle의 원형검사에서 원의 크기는 시간차원들 간의 관련성을 나타낸다.
③ Cottle의 원형검사에 기초한 시간개입에는 방향성, 변별성, 통합성이라는 측면이 있다.
④ 주관적 진로는 생애주기 동안 가진 일련의 관찰가능한 지위로 구성된다.

> 해설 진로시간전망 검사 중 대표적인 코틀(Cottle, 1967)의 원형검사(The Circles Test)에서 사람들은 3가지 원을 그리게 되며, 이는 각각 과거, 현재, 미래를 의미한다. 원의 크기는 시간차원에 대한 상대적 친밀감을 나타내고, 원의 배치는 시간차원이 각각 어떻게 연관되어 있는지를 나타낸다. Cottle의 원형검사에 기초한 시간개입에는 방향성, 변별성, 통합성의 측면이 있다. 진로계획을 위한 적절한 시간조망은 미래지향적인 것으로, 과거나 현재지향은 진로선택 및 계획에서 결정력과 현실감을 약화시킨다.

2017년 직업상담사 2급

03 내담자중심 상담의 상담목표가 아닌 것은?

① 내담자의 내적 기준에 대한 신뢰를 증가시키도록 도와주는 것
② 경험에 보다 개방적이 되도록 도와주는 것
③ 지속적인 성장 경향성을 촉진시켜 주는 것
④ 내담자의 자유로운 선택과 책임의식을 증가시켜 주는 것

> 해설 내담자의 자유로운 선택과 책임의식을 증가시키는 상담이론은 실존주의 상담이론이다.

★ 2012년, 2019년 직업상담사 1급

04 상담 초기과정의 활동과 가장 거리가 먼 것은?

① 상담의 목표를 설정한다.
② 내담자와 라포를 형성한다.
③ 내담자의 심리상태를 평가한다.
④ 내담자의 문제행동에 대한 대안을 찾아본다.

> 정답 01. ② 02. ③ 03. ④ 04. ④

해설 상담을 크게 초기, 중기, 종결로 나누어 각 단계의 주요 활동을 살펴보면, 상담의 초기에는 상담관계의 형성(라포 형성), 상담의 구조화, 상담목표 및 전략 수립, 내담자의 문제 이해 및 평가 등이 이루어지고, 중기에는 과정적 목표설정, 내담자의 문제해결을 위한 대안 모색과 구체적인 개입, 내담자의 저항 해결과 통찰의 확대, 내담자의 변화를 통한 상담과정 평가, 상담과정에서 얻은 통찰의 실행을 돕는 등의 활동이 이루어진다. 마지막 종결 시에는 내담자와 상담자가 합의한 목표달성 확인 및 평가, 상담종결 문제 다루기, 이별 감정 다루기, 미래에 대한 계획 세우기 등으로 이루어진다.

★★ 2017년 직업상담사 1급

05 다음 중 직업기초능력에 해당하지 않는 것은?

① 문제해결능력
② 자기개발능력
③ 집중력
④ 직업윤리

해설 [직업기초능력]

구분	내용
의사소통 능력	글과 말을 읽고 들음으로써 다른 사람이 뜻한 바를 파악하고, 자기가 뜻한 바를 글과 말을 통해 정확하게 쓰거나 말하는 능력
자원관리 능력	시간, 자본, 재료 및 시설, 인적자원 등의 자원 가운데 무엇이 얼마나 필요한지를 확인하고, 이용 가능한 자원을 최대한 수집하여 실제 업무에 어떻게 활용할 것인지를 계획하고, 계획대로 업무 수행에 이를 할당하는 능력
문제해결 능력	문제 상황이 발생하였을 경우, 창조적이고 논리적인 사고를 통하여 이를 올바르게 인식하고 적절히 해결하는 능력
정보능력	업무와 관련된 정보를 수집하고, 이를 분석하여 의미 있는 정보를 찾아내며, 의미 있는 정보를 업무수행에 적절하도록 조직하고, 조직된 정보를 관리하며, 업무 수행에 이러한 정보를 활용하고, 이러한 제 과정에 컴퓨터를 사용하는 능력
조직이해 능력	업무를 원활하게 수행하기 위해 국제적인 추세를 포함하여 조직의 체제와 경영에 대해 이해하는 능력
수리능력	사칙연산, 통계, 확률의 의미를 정확하게 이해하고, 이를 업무에 적용하는 능력
자기개발 능력	업무를 추진하는데 스스로를 관리하고 개발하는 능력

구분	내용
대인관계 능력	접촉하게 되는 사람들과 문제를 일으키지 않고 원만하게 지내는 능력
기술능력	도구, 장치 등을 포함하여 필요한 기술에는 어떠한 것들이 있는지 이해하고, 실제로 업무를 수행함에 있어 적절한 기술을 선택하여 적용하는 능력
직업윤리	원만한 직업생활을 위해 필요한 태도, 매너, 올바른 직업관

★★ 2014년, 2020년 직업상담사 1급

06 De Bono의 6개의 생각하는 모자기법에 관한 설명과 가장 거리가 먼 것은?

① 청색 – 합리적으로 생각한다.
② 적색 – 비관적이고 비판적이며 모든 일이 잘 안 될 것이라 생각한다.
③ 백색 – 본인과 직업들에 대한 사실들만을 고려한다.
④ 황색 – 낙관적이며 모든 일이 잘 될 것이라고 생각한다.

해설 [에드워드 드 보노(Edward de Bono)의 6개의 생각하는 모자(six thinking hats)]

6개의 생각하는 모자는 직업상담의 중재과정에서 의사결정의 촉진을 위한 것으로서, 상담자는 의사결정자인 내담자에게 6가지 색깔의 생각하는 모자를 써보고 각각의 모자의 색에 해당하는 역할을 수행하게 한다. 이는 창의적으로 정보를 탐색함으로써 이용 가능한 정보의 양과 질을 확장시키기 위한 '측면 의사결정 방식(lateral decision–making aids)'이다. 모든 사고 유형들이 유용하기는 하지만 궁극적으로 의사결정자에게 가장 필요한 것은 청색 모자를 쓰고 있을 때의 접근이다.

㉠ 백색 : 본인과 직업들에 대한 사실들만을 고려한다.
㉡ 적색 : 직관에 의존하고, 직감에 따라 행동한다.
㉢ 흑색 : 비관적, 비판적이며 모든 일이 잘 안 될 것이라고 생각한다.
㉣ 황색 : 낙관적이며 모든 일이 잘 될 것이라고 생각한다.
㉤ 녹색 : 새로운 대안들을 찾으려 노력하고 문제들을 다른 각도에서 바라본다.
㉥ 청색 : 합리적으로 생각한다.

정답 05. ③ 06. ②

07 Harren이 분류한 의사결정양식에 해당하지 않는 것은?

① 주관적 양식　　② 합리적 양식
③ 직관적 양식　　④ 의존적 양식

> **해설** [하렌(Harren)의 의사결정유형]
> ㉠ 합리적 유형
> ㉡ 직관적 유형
> ㉢ 의존적 유형

08 인지행동치료에 관한 설명으로 틀린 것은?

① 인지매개가설을 전제로 한다.
② 단기간의 상담을 지향한다.
③ 현재–여기보다는 과거를 중요시한다.
④ 내담자의 왜곡되고 경직된 생각을 현실적으로 타당한 생각으로 바꾸어 준다.

> **해설** 인지행동치료는 내담자의 과거보다는 현재의 삶에 더 초점을 맞추고 지금–여기(here and now)를 강조하는 목표지향적이고 해결 중심적인 치료로, 체계화된 방식을 통해 비합리적인 신념체계를 합리적인 것으로 대치함으로써 문제해결을 촉진하는 단기적인 접근방법이다.

09 상담회기 중 일어난 상담자의 생각과 느낌 등을 회상하도록 하기 위해 녹음장치를 활용하는 슈퍼비전 방식은?

① 자기 보고
② 사례 자문
③ 직접 관찰
④ 대인관계과정 회상

> **해설** 대인관계과정 회상(IPR : Interpersonal Process Recall) 방법은 상담 중의 생각, 느낌을 회상하게 하는 방법으로, 상담 장면을 회상하여 표현하지 못한 생각, 느낌, 지각 등을 자각하게 하는 경험은 상담자의 자각수준을 높여주고 상담자로서 자신을 이해하는 데 도움이 된다.

10 Alderfer의 ERG이론에서 제시된 하위욕구 중 Maslow의 욕구위계이론의 생리와 안전욕구에 해당하는 것은?

① 존재　　② 관계
③ 성장　　④ 성취

> **해설** Alderfer(1969)의 ERG이론은 매슬로우의 5가지 욕구 수준을 세 가지로 줄인 것으로, 생존(존재)욕구는 생리적 욕구 및 안전 욕구를 포함하고, 관계욕구는 소속과 애정 욕구 그리고 성장욕구는 존경과 자기실현 욕구를 나타낸다.

11 다음 중 내일배움카드 신청 제한자에 해당하지 않는 대상은?

① 「고등교육법」에 따른 학교의 졸업예정자
② 사립학교 교직원
③ 연 매출 4억원 이상 자영업자
④ 중앙행정기관으로부터 훈련비를 지원받는 사업에 참여하는 사람

> **해설** [국민내일배움카드 신청 제한자]
> ㉠ 공무원
> ㉡ 사립학교 교직원
> ㉢ 군인 (단, 「제대군인 지원에 관한 법률」의 적용을 받는 전역예정자는 제외)
> ㉣ 「초 · 중등교육법」에 따른 학교의 재학생 (단, 고등학교 3학년생은 제외)
> ㉤ 「고등교육법」에 따른 학교의 재학생 (단, 졸업까지 2년 이내인 사람은 제외)
> ㉥ 만 75세 이상인 사람
> ㉦ 중앙행정기관 또는 지방자치단체로부터 훈련비를 지원받는 훈련(또는 사업)에 참여하는 사람
> ㉧ 「출입국관리법」에 따른 외국인(단, 고용보험 피보험자나 이민자 제외)
> ㉨ 「국민기초생활 보장법」에 따라 생계급여를 수급받는 사람
> ㉩ 대기업에 고용된 만 45세 미만인 사람으로서 최근 3개월간 월평균 임금이 300만원 이상인 사람(단, 기간제 · 단시간 · 파견 · 일용근로자는 제외)
> ㉪ 사업자등록증을 발급 받은 사람으로서 사업기간이 1년 미만이거나, 최근 1년간 매출과세표준(수입금액)이 4억원 이상인 사람

> **정답**　07. ①　08. ③　09. ④　10. ①　11. ①

★★★ 신규출제

12 다음 중 Stoltenberg와 Delworth(1987)의 통합발달모델에서 슈퍼바이지의 발달수준을 구분하는 주요 요소가 아닌 것은?

① 동기
② 자기자각과 타인자각
③ 자율성
④ 독립성

해설 상담가 통합발달모형 (IDM : Integrated Developmental Model)에서는 상담가의 자율성과 동기, 자기자각·타인자각의 3가지 요소를 주요 구조로 삼아 발달단계를 제시하였다.

★★ 2015년, 2022년, 2023년 직업상담사 1급

13 직업상담 시 저항적이고 동기화되지 않은 내담자들을 위한 전략이 아닌 것은?

① 왜곡된 사고 확인하기
② 변형된 오류 수정하기
③ 내담자와 친숙해지기
④ 은유 사용하기

해설 [내담자의 저항감 다루기]
  ㉠ 변형된 오류 수정하기
  ㉡ 내담자와 친숙해지기
  ㉢ 은유 사용하기
  ㉣ 대결하기

★ 2013년, 2016년, 2022년 직업상담사 1급

14 Ginzberg가 제시한 진로발달단계 중 흥미, 능력, 가치, 전환의 하위단계를 포함하고 있는 단계는?

① 환상기(fantasy period)
② 잠정기(tentative period)
③ 확정기(confirmative period)
④ 현실기(realistic period)

해설 [긴즈버그(Ginzberg)의 진로발달 및 직업선택의 단계]
  (1) 환상기 (Fantasy Period, 6~11세 또는 11세 이전) : 직업선택의 문제에서 자신의 능력이나 가능성, 현실여건 등을 고려하지 않고 욕구를 중시하는 시기이다. 아동은 무엇이든 하고 싶고, 하면 된다는 식의 환상 속에서 비현실적인 선택을 하는 경향을 갖게 된다.

  (2) 잠정기 (Tentative Period, 11~17세) : 자신의 흥미와 취미에 따라 직업선택을 하려는 경향을 갖는다. 후반기에 능력과 가치관 등의 요인도 고려하지만 여전히 비현실적인, 즉 잠정적인 성격을 띤다. 잠정기는 4가지 하위단계로 나누어진다.
    ① 흥미단계 : 흥미나 취미에 따라 직업을 선택하려 한다.
    ② 능력단계 : 흥미를 느끼는 분야에서 성공할 능력을 지니고 있는지 시험해 보기 시작한다.
    ③ 가치단계 : 다양한 요인을 고려해야 한다는 사실을 인식하고 그 직업이 자신의 가치관 및 생애 목표에 부합하는지 평가한다.
    ④ 전환단계 : 주관적 요소에서 현실적 외부요인으로 관심이 전환되며, 이러한 현실적 외부요인이 직업선택의 주요요인이 된다.

  (3) 현실기 (Realistic Period, 17세 이후~성인 초기 또는 청·장년기) : 개인은 직업에서 요구하는 조건과 자신의 개인적 욕구와 능력 등을 고려하여 현명한 선택을 하고자 한다. 현실기는 3가지 하위단계로 나누어진다.
    ① 탐색단계 : 직업선택의 다양한 가능성을 탐색하며, 직업선택의 기회와 경험을 가지기 위해 노력한다.
    ② 구체화단계 : 직업목표를 정하기에 이르며, 자신의 결정과 내적·외적 요인을 두루 고려하여 특정 직업분야에 몰두한다.
    ③ 특수화단계 : 자신의 결정에 대해 세밀한 계획을 세우며, 고도로 세분화·전문화된 의사결정을 한다.

★★ 2004년, 2015년, 2022년 직업상담사 1급

15 다음 특징은 어떤 진로상담이론을 기술한 것인가?

> • 내담자의 욕구와 발달과정을 강조한다.
> • 주로 보딘(Bordin)과 그의 동료들에 의해 발전했다.
> • 진단의 중요성을 강조한다.
> • 진로상담 과정을 탐색과 계약설정, 중대한 결정의 단계, 변화를 위한 노력 단계로 구분한다.

① 특성요인 진로상담
② 인간중심 진로상담
③ 정신분석적 진로상담
④ 행동주의 진로상담

해설 보기의 내용은 보딘(Bordin)의 정신분석적(정신역동적) 직업상담 접근법에 대한 설명에 해당한다.

정답 12. ④ 13. ① 14. ② 15. ③

★★ 2014년, 2017년, 2022년 직업상담사 1급

16 포괄적 직업상담의 과정에서 설명하는 단계와 그 설명이 잘못 짝지어진 것은?

① 진단단계 : 내담자의 태도, 적성, 의사결정 유형 등과 관련한 검사자료와 상담을 통한 자료수집 단계

② 공감 및 수용단계 : 내담자의 심리적 안정을 위한 단계

③ 명료화 및 해석단계 : 문제를 명료화하거나 해석하는 단계

④ 문제해결단계 : 문제해결을 위해 어떤 행동을 취할지 결정하는 단계

> **해설** [포괄적 직업상담의 과정]
> ㉠ 1단계 – 진단단계 : 내담자의 직업문제를 진단하기 위해 내담자의 태도, 능력, 의사결정유형, 성격, 흥미 등 폭넓은 검사자료와 상담을 통한 자료가 수집되는 단계이다.
> ㉡ 2단계 – 명료화 및 해석단계 : 문제를 명료화하거나 해석하는 단계로서, 상담자와 내담자가 협력적인 상호작용을 통해 의사결정 과정을 방해하는 태도와 행동을 확인하며 대안을 탐색한다.
> ㉢ 3단계 – 문제해결단계 : 내담자가 자신의 문제를 확인하고 적극적으로 참여하여 문제해결을 위해 어떤 행동을 실제로 취해야 하는가를 결정하는 단계로 도구적(조작적) 학습에 초점을 맞춘다.

★ 2016년, 2022년 직업상담사 1급

17 내담자의 진술 중에서 "내 생각이 옳아요", "사람들은 나를 의기소침하게 만들지요", "내가 믿고 있는 것과 정반대지요"와 같은 진술은 전이된 오류 중 어떠한 오류에 해당하는가?

① 정보의 오류

② 한계의 오류

③ 논리적 오류

④ 잠정적 오류

> **해설** 내담자의 경험을 이야기함에 있어서 중요한 부분이 빠졌을 때의 오류로 '정보의 오류' 중 '삭제'에 해당한다.

★★ 2012년, 2022년 직업상담사 1급

18 다음 중 체계적 둔감법의 단계에 해당하지 않는 것은?

① 표현훈련

② 불안위계표 작성

③ 둔감화 절차

④ 이완훈련

> **해설** [체계적 둔감화의 3단계]
> ㉠ 1단계 : 근육이완훈련
> ㉡ 2단계 : 불안위계목록 작성
> ㉢ 3단계 : 체계적 둔감화

★★★ 신규출제

19 다음 중 Holloway의 체계적 슈퍼비전 모형에서 슈퍼비전 과제가 아닌 것은?

① 상담기술

② 사례개념화

③ 전문가 역할

④ 슈퍼바이지 평가

> **해설** [Holloway의 체계적 슈퍼비전 모형의 7가지 구성 요소]
> ㉠ 슈퍼비전의 관계 (핵심 요인)
> ㉡ 슈퍼바이저 (맥락적 요인)
> ㉢ 슈퍼바이지 (맥락적 요인)
> ㉣ 내담자 (맥락적 요인)
> ㉤ 기관 (맥락적 요인)
> ㉥ 슈퍼비전 기능 : 모니터링/평가, 조언/교수, 모델링, 컨설팅, 지지/나눔
> ㉦ 슈퍼비전 과제 : 상담기술, 사례개념화, 전문가 역할, 정서적 자각, 자기평가

2022년 직업상담사 1급

20 아들러의 개인주의심리학의 주요 개념에 해당되지 않는 것은?

① 목적론적 (Teleological)

② 전체적 (Holistic)

③ 행동적 (Behavioral)

④ 사회적 (Social)

> **정답** 16. ② 17. ① 18. ① 19. ④ 20. ③

해설 [아들러의 개인주의 상담의 특징]
- 프로이드(Freud)의 생물학적이고 심리성적인 결정론 그리고 환원주의에 반발하여 인간을 나눌 수 없는 전체로 보며, 인간의 성장가능성과 잠재력을 중시하였다.
- 사회적 관계를 강조하고 사회적 관심을 조장한다.
- 내담자가 타인과의 동질감을 갖도록 돕는다.
- 행동수정보다는 동기수정을 더 중요시한다.
- 개인은 열등감의 극복과 우월성을 추구하고자 한다.
- 내담자의 잘못된 가치와 목표를 수정하는 데 초점을 둔다.
- 내담자의 초기기억, 생활양식, 출생순위와 가족구조 등을 통해 개인역동성을 탐색한다.
- 가족구도와 출생순위가 우리의 생활양식 형성에 중요한 영향을 미친다고 강조한다.
- 사건의 객관성보다는 주관적 지각과 해석을 중시한다.
- 인간행동을 유도하는 상상된 중심목표를 설명하기 위해 '허구적 최종목적론'이라는 용어를 사용하였다.

★★ 2005년, 2013년, 2017년 직업상담사 1급

21 Herzberg의 동기이론에서 동기요인에 속하지 않는 것은?

① 성장가능성
② 직무의 도전성
③ 직무 자체가 주는 흥미
④ 인간관계

해설 Herzberg의 동기-위생이론에서 불만족을 유발하는 위생요인은 급여, 복리후생, 동료와의 관계, 물리적 작업환경, 회사정책 등이 해당한다.

2013년, 2019년 직업상담사 1급

22 일반적인 직무분석 단계를 바르게 나열한 것은?

A. 직업분석 (occupational analysis)
B. 직무분석 (job analysis)
C. 작업분석 (task analysis)

① A → B → C
② B → A → C
③ B → C → A
④ C → B → A

해설 [직무분석의 3단계]
- ㉠ 직업분석 단계 : 채용, 임금결정, 조직관리 등을 목적으로 직업행렬표를 작성하여 인력의 과부족과 분석 대상 직업들의 상호 관련 분석
- ㉡ 직무분석 단계 : 직무의 정의를 의미하는 직무기술들과 작업들을 열거한 작업일람표를 기술하기 위해 직무명세서 작성
- ㉢ 작업분석 단계 : 공정관리와 직업개선을 하기 위하여 매 작업요소별로 동작이나 시간을 카메라나 스톱워치 등으로 분석하여 불필요한 동작 제거

2022년 직업상담사 1급

23 다음 중 상담의 목표 및 목적에 대한 설명으로 옳은 것은?

① 상담의 목표에는 예방, 개인의 성장, 심리치료 등이 포함된다.
② 상담의 목표에는 적극적 목표와 소극적 목표가 있는데, 적극적 목표에는 치료와 문제해결 등이 해당된다.
③ 내담자보다는 전문적 식견이 있는 상담자가 상담의 목표를 결정해야 한다.
④ 직업상담의 목표는 진로문제 해결에 있으므로, 심리적, 가족적 접근은 필요하지 않다.

해설
- 상담의 목표에서 소극적 목표는 치료와 문제해결 등이 해당되고, 적극적 목표는 인간적 발달과 성숙, 예방 등이 해당된다.
- 상담의 목표는 내담자가 원하고 바라는 것으로 구체적으로 설정될 수 있도록 상담자는 도움을 제공해야 한다.
- 직업상담의 경우에도 내담자의 상황에 따라 심리적, 가족적 접근이 필요하다.

★★★ 2009년, 2012년, 2013년, 2016년, 2017년, 2018년 직업상담사 1급

24 다음 중 Katz가 제시한 직업상담에서의 3가지 행정기술에 해당하지 않는 것은?

① 사무처리 기술
② 인화적 기술
③ 구상적 기술
④ 사회복지 기술

정답 21. ④ 22. ① 23. ① 24. ④

해설 [카츠(Katz, 1955)의 직업상담의 3가지 행정기술]
　ⓐ 사무처리 기술(technical skills) : 직업상담과 관련된 문서작성, 보관, 재정과 회계 등의 업무를 포함한다.
　ⓑ 인화적 기술(human skills) : 상담기관이라는 조직 내에서 개인과 개인 간은 물론 집단성원들로 하여금 다른 사람들과 원활하게 일할 수 있도록 하는 기술이다.
　ⓒ 구상적 기술(conceptual skills) : 상황파악적 기술이며, 전체적인 상담기관 내지 상담프로그램 전반을 포괄적으로 파악하는 능력이다.

해설 사업주훈련은 사업주가 근로자 또는 채용예정자 및 구직자 등을 대상으로 직업능력개발훈련을 실시할 경우 훈련비 등의 소요비용을 지원함으로써 사업주의 훈련지원 및 근로자의 능력개발 향상을 도모하는 제도로서, 지원대상은 근로자 등을 대상으로 고용노동부장관으로부터 인정받은 교육훈련을 직접 또는 훈련기관에 위탁하여 실시하고 있는 고용보험 가입 사업주이다. 훈련대상은 고용보험 피보험자, 고용보험 피보험자가 아닌 자로서 해당 사업주에게 고용된 자, 해당 사업사점이 있는지 비교된다.

★　2014년, 2022년 직업상담사 1급

25 다음 중 Super의 흥미사정 기법에 포함되지 않는 것은?

① 기질적 흥미
② 표현된 흥미
③ 조작된 흥미
④ 조사된 흥미

해설 [수퍼의 흥미사정 기법]
　ⓐ 표현된 흥미 : 어떤 활동이나 직업에 대해 '좋다, 싫다'라고 간단하게 말하도록 요청한다.
　ⓑ 조작된 흥미 : 활동에 대해 질문을 하거나 활동에 참여하는 사람들이 어떻게 시간을 보내는지를 관찰한다.
　ⓒ 조사된 흥미 : 각 개인은 다양한 활동에 대해 좋고 싫음을 묻는 표준화 검사를 완성하는데, 대부분의 검사에서 개인의 반응은 특정 직업에 종사하는 사람들의 흥미와 유사점이 있는지 비교된다.

★★　2012년, 2015년, 2018년, 2021년, 2022년 직업상담사 1급

27 진로발달이론 중 인지적 정보처리관점의 주요 전제로 틀린 것은?

① 진로선택은 독립적인 인지적, 정의적 과정의 결과이다.
② 진로를 선택한다는 것은 하나의 문제해결활동이다.
③ 동기의 근원을 앎으로서 자신을 이해하고 만족스러운 진로선택을 하려는 욕망을 갖는다.
④ 진로정체성(career identity)은 자기 지식에 의존한다.

해설 인지적 정보처리이론에서 진로선택은 인지와 정서의 상호작용에 의한 결과이다.

2020년 직업상담사 1급

26 다음은 어떤 훈련 프로그램에 관한 설명인가?

> 사업주가 근로자 또는 채용예정자 및 구직자 등을 대상으로 직업능력개발훈련을 실시할 경우 훈련비 등의 소요 비용을 지원함으로써 훈련지원 및 근로자의 능력개발 향상을 도모하는 제도

① 청년취업아카데미
② 일학습병행제
③ 국가인적자원개발컨소시엄
④ 사업주훈련

2021년 직업상담사 1급

28 다음은 어떤 직업훈련에 관한 설명인가?

> 기업이 스스로 취업을 원하는 청년들을 학습근로자로 채용하여 기업현장 또는 교육기관에서 체계적인 실무교육과 훈련 프로그램을 제공하고 직무역량을 평가하여 그 자격을 인정하는 일하고, 배우며, 함께 성장하는 제도

① 일학습병행제
② 청년취업아카데미
③ 사업주훈련
④ 국가인적자원개발컨소시엄

정답　25. ①　26. ④　27. ①　28. ①

해설 일학습병행제는 산업현장에서 요구하는 실무형 인재를 기르기 위해 기업이 취업을 원하는 청년 등을 학습근로자로 채용하여 기업 현장(또는 학교 등의 교육기관)에서 장기간의 체계적인 교육을 제공하고, 교육훈련을 마친 자의 역량을 국가(또는 해당 산업계)가 평가하여 자격을 인정하는 제도이다. 독일·스위스식 도제제도를 한국에 맞게 설계한 도제식 교육훈련제도이며, 산업계 주도로 기업현장에서 현장교사(트레이너)가 국가직무능력표준(NCS) 기반의 교육훈련프로그램과 현장훈련교재에 따라 일을 함과 동시에 공동훈련센터 등에서 이론교육을 시킨 후 산업계의 평가를 통해 자격 또는 학위를 부여하는 교육훈련제도를 말한다.

29 다음 설명에 해당하는 것은?

- 산업현장의 실무형 인재육성을 위해 기업이 채용한 근로자에게 NCS기반의 체계적인 교육훈련을 제공하여 기업맞춤형 인재육성을 지원하는 제도
- 취업준비생과 기업 간 '인력 미스매치' 현상을 줄이기 위해 도입된 제도로 독일·스위스식 도제제도를 국내 실정에 맞게 설계

① 실업자훈련
② 일학습병행
③ 재직자훈련
④ 과정평가형자격

해설 일학습병행제는 산업현장에서 요구하는 실무형 인재를 기르기 위해 기업이 취업을 원하는 청년 등을 학습근로자로 채용하여 기업 현장(또는 학교 등의 교육기관)에서 장기간의 체계적인 교육을 제공하고, 교육훈련을 마친 자의 역량을 국가(또는 해당 산업계)가 평가하여 자격을 인정하는 제도이다. 독일·스위스식 도제제도를 한국에 맞게 설계한 도제식 교육훈련제도이며, 산업계 주도로 기업현장에서 현장교사(트레이너)가 국가직무능력표준(NCS) 기반의 교육훈련프로그램과 현장 훈련교재에 따라 일을 함과 동시에 공동훈련센터 등에서 이론교육을 시킨 후 산업계의 평가를 통해 자격 또는 학위를 부여하는 교육훈련제도를 말한다.

30 Cottle의 원형검사에서 원의 크기가 나타내는 것은?

① 과거, 현재, 미래
② 시간차원에 대한 상대적 친밀감
③ 시간차원의 연결구조
④ 방향성, 변별성, 통합성

해설 진로시간 전망을 평가하기 위한 대표적인 도구는 코틀(Cottle, 1967)의 원형검사(The Circles Test)이다. 원형검사를 받을 때 사람들은 3가지 원을 그리게 되는데 이는 각각 과거, 현재, 미래를 의미한다. 코틀은 어떤 시간차원이 개개인의 시간전망을 지배하는지 그리고 개개인이 어떻게 시간차원과 연관이 되는지를 평가하기 위해 검사를 고안해 냈다. 원의 크기는 시간차원에 대한 상대적 친밀감을 나타내고 원의 배치는 시간차원이 각각 어떻게 연관되어 있는지를 나타낸다.

31 Ginzberg의 발달이론에 관한 설명으로 옳은 것은?

① 특정 층의 백인 남성을 표본으로 개발되어 일반화에 한계가 있다.
② 진로발달 단계를 환상기, 잠정기, 현실기, 확립기의 4단계로 제시한다.
③ 진로결정 과정은 모든 개인이 동일하다고 가정한다.
④ 직업선택은 단 한 번의 결정이다.

해설 긴즈버그(Ginzberg)의 발달이론을 개발하는 과정에서 표집대상은 앵글로 색슨계의 중상류층, 도시지역, 신교도, 가톨릭신자인 남자였으며, 교육수준은 고등학교 졸업부터 대학원까지에 해당되었다. 따라서 표집의 특성상 연구결과의 적용은 제한적이다. 특히 여성과 소수민족의 진로발달은 고려되지 않았으며, 농촌지역이나 도시 빈민층 역시 제외되었다.

정답 29. ② 30. ② 31. ①

★★ 2016년, 2022년 직업상담사 1급

01 민간직업정보에 관한 옳은 설명을 모두 고른 것은?

> A. 필요한 시기에 최대한 활용하도록 한시적으로 신속하게 생산되어 운영한다.
> B. 정보생산자의 임의적 기준에 따라 또한 관심이나 흥미 위주로 직업을 분류한다.
> C. 특정 시기에 국한하지 않고 지속적으로 조사, 분석하여 제공한다.
> D. 정보 자체의 효과가 큰 반면 부가적인 파급효과는 적다.

① A, B, C
② A, B, D
③ B, C, D
④ A, B, C, D

해설 C. 공공직업정보의 특성에 해당한다.

★★★ 신규출제

02 다음 중 제11차 한국표준산업분류 개정 주요 특징으로 틀린 것은?

① 미래 · 성장산업 분류항목 신설 또는 세분
② 상대적 비중 감소산업 분류항목 통합
③ 산업 성장세를 고려하여 태양력 발전업 신설
④ 개정 수요 및 국제기준 반영

해설 [제11차 한국표준산업분류 개정 주요 특징]
㉠ 미래 · 성장산업 분류항목 신설 또는 세분
㉡ 상대적 비중 감소산업 분류항목 통합
㉢ 개정 수요 및 국제기준 반영

★★★ 신규출제

03 제8차 한국표준직업분류 개정 내용 중 서비스 종사자에 대한 설명으로 바르지 않은 것은?

① 중분류 '돌봄 · 보건 및 개인생활 서비스직'을 중분류 '돌봄 및 보건 서비스직'과 '개인생활 서비스직'으로 분리 · 신설하였다.
② 소분류 '요양보호사 및 간병인'은 통계활용성을 고려하여 소분류 '노인 및 장애인돌봄 종사자'와 별도로 분리 · 상향하였다.
③ 중분류 '돌봄 및 보건 서비스직'은 직무유형, 서비스 대상 등을 고려하여 소분류 '교사보조 및 아동돌봄 종사자', '요양보호사 및 간병인', '노인 및 장애인돌봄 종사자', '기타 돌봄 및 보건서비스 종사자'로 분리 · 상향하였다.
④ 세세분류 '유치원 교사보조원', '학교 교사보조원' 및 '유치원 및 학교 돌봄 종사원'은 '교사보조 및 관련 종사원'으로 통합하였다.

해설 소분류 '교사보조 및 아동돌봄 종사자'는 직능 수준과 돌봄대상 등을 고려하여 세분류 '교사보조 및 관련 종사원'과 '보육 관련 시설 돌봄 종사원'으로 배치하였고, '교사보조 및 관련 종사원'에는 세세분류 '유치원 교사보조원', '학교 교사보조원' 및 '유치원 및 학교 돌봄 종사원'으로 세분화하였다. 세분류 '기타 교사보조 및 아동돌봄 종사원'에는 세세분류 '방문 아동돌봄 종사원'과 '그 외 교사보조 및 아동돌봄 종사원'으로 분리 · 신설하였다.

정답 01. ② 02. ③ 03. ④

부록 II

★★ **2022년 직업상담사 1급**

04 다음 중 비임금근로자에 해당되지 않는 것은?

① 임시근로자
② 고용원이 있는 자영업자
③ 고용원이 없는 자영업자
④ 무급가족종사자 형태의 근로자

해설 임시근로자는 임금근로자로서 고용계약 설정자는 고용계약 기간이 1개월 이상 1년 미만인 경우 혹은 고용계약 미설정자는 일정한 사업(완료 1년 미만)의 필요에 의해 고용된 경우

★ **2021년, 2022년 직업상담사 1급**

05 한국표준산업분류의 산업분류 적용원칙으로 틀린 것은?

① 생산단위는 산출물뿐만 아니라 투입물과 생산공정 등을 함께 고려하여 그들의 활동을 가장 정확하게 설명한 항목에 분류한다.
② 산업활동이 결합되어 있는 경우에는 그 활동단위의 주된 활동에 따라 분류한다.
③ 자기가 생산한 재화와 구입한 재화를 함께 판매한다면 그 주된 활동에 따라 분류한다.
④ 공식적 생산물과 비공식적 생산물은 별도로 분류한다.

해설 공식적 생산물과 비공식적 생산물, 합법적 생산물과 불법적인 생산물을 달리 분류하지 않는다.

★ **2017년, 2022년 직업상담사 1급**

06 한국표준산업분류에서 재무 관련 통계 작성에 가장 유용한 통계단위는?

① 사업체 　　　 ② 기업체
③ 사업장 　　　 ④ 영업장

해설 기업체는 하나 이상의 사업체로 구성될 수 있다는 점에서 사업체와 구분되며, 재무 관련 통계작성에 가장 유용하다.

★★ **2014년, 2022년 직업상담사 1급**

07 한국표준직업분류에서 다음 사례에 해당하는 포괄적인 업무에 대한 직업분류원칙은?

> 빵을 굽는 제빵원이 빵을 제조하고 이를 판매하였다면 판매원으로 구분하지 않고 제빵원으로 분류한다.

① 최상급 직능 수준 우선의 원칙
② 최초 업무 우선 원칙
③ 수적 우위 우선 원칙
④ 생산업무 우선 원칙

해설 포괄적인 업무에 대한 직업분류 원칙 중 생산업무 우선 원칙에 따라 한 사람이 빵을 생산하여 판매도 하는 경우에는, 판매원으로 분류하지 않고 제빵원으로 분류하여야 한다.

★★★ **2011년, 2021년, 2022년 직업상담사 1급**

08 한국표준직업분류에서 대분류 A(군인)에 관한 설명으로 틀린 것은?

① 군인은 수행된 일의 형태에 따라 분류되어야 한다는 일반원칙에 따라 별도로 대분류 A에 분류된다.
② 의무복무 여부를 불문하고 현재 군인 신분을 유지하고 있는 군인을 말한다.
③ 이 대분류에 포함되는 대부분의 직업은 제2수준 이상의 직무능력을 필요로 한다.
④ 국가의 요청에 따라 단기간 군사훈련 또는 재훈련을 위해 일시적으로 소집된 자 및 예비군은 제외된다.

해설 군인은 별도로 '대분류 A 군인'에 분류된다. 이것은 수행된 일의 형태에 따라 분류되어야 한다는 일반원칙보다는 자료수집상의 현실성에 따라 분류된 것이다. 이는 의무복무 여부를 불문하고 현재 군인 신분을 유지하고 있는 군인을 말한다. 직업 정보 취득의 제약 등 특수 분야이므로 직무를 기준으로 분류하는 것이 아니라, 계급을 중심으로 분류하였다. 국방과 관련된 정부기업에 고용된 민간인, 국가의 요청에 따라 단기간 군사훈련 또는 재훈련을 위해 일시적으로 소집된 자 및 예비군은 제외된다. 이 대분류에 포함되는 대부분의 직업은 제2수준 이상의 직무능력을 필요로 한다.

정답 04. ① 　05. ④ 　06. ② 　07. ④ 　08. ①

09 한국직업전망서 2023 통합본에서 일자리 전망이 '증가'에 해당하는 직업이 아닌 것은?

① 텔레마케터 ② 간호조무사
③ 항공기조종사 ④ 반려동물미용사

해설 한국직업전망서 2023 통합본의 일자리 전망에서 텔레마케터는 '다소 감소' 일자리에 해당한다.

[2023 한국직업전망의 직종별 일자리 전망 결과(증가)]

전망	직업명
증가	정보통신 컨설턴트 및 감리원, 응용소프트웨어개발자, 가상(증강)현실전문가, 모바일앱개발자, 웹개발자(웹프로그래머), 데이터분석가(빅데이터분석가), 로봇공학기술자, 의약품공학기술자 및 연구원, 방재기술자 및 연구원, 산업안전원 및 위험관리원, 변호사, 변리사, 사회복지사, 심리상담전문가, 청소년지도사, 생활지원원, 내과의사, 외과의사, 성형외과의사, 이비인후과의사, 안과의사, 정신과의사, 비뇨기과의사, 피부과의사, 가정의학과의사, 한의사, 치과의사, 수의사, 간호사, 물리치료사, 작업치료사, 간호조무사, 미디어콘텐츠창작자(크리에이터), 반려동물미용사, 수의사 보조원(동물보건사), 요양보호사 및 간병인, 항공기조종사

---

10 한국직업사전의 직무기능에 대한 설명으로 옳지 않은 것은?

① 자료와 관련된 기능은 정보, 지식, 개념 등 세 가지 종류의 활동으로 배열되어 있다.
② 사물기능은 작업자의 업무에 따라 사물과 관련되어 요구되는 활동수준이 달라진다.
③ 사람과 관련된 기능은 위계적 관계가 많다.
④ 직무기능은 해당 직업 종사자가 직무를 수행하는 과정에서 자료, 사람, 사물과 맺는 관련된 특성을 나타낸다.

해설 '사람(people)'과 관련된 기능은 위계적 관계가 없거나 희박하다.

---

11 응시자격에 제한이 있는 국가기술자격 종목은?

① 멀티미디어콘텐츠제작전문가
② 스포츠경영관리사
③ 임상심리사 2급
④ 컨벤션기획사 2급

해설 **[국가기술자격 서비스분야 자격종목 중 응시자격에 제한이 없는 자격]**

사회조사분석사 2급, 전자상거래관리사 2급, 직업상담사 2급, 소비자전문상담사 2급, 컨벤션기획사 2급, 게임그래픽전문가, 게임기획전문가, 게임프로그래밍전문가, 멀티미디어콘텐츠제작전문가, 비서 1급·2급·3급, 스포츠경영관리사, 워드프로세서, 전자상거래운용사, 전산회계운용사 1급·2급·3급, 컴퓨터활용능력 1급·2급, 텔레마케팅관리사, 한글속기 1급·2급·3급

---

12 고용24(워크넷)에서 제공하는 청소년 인성검사의 구성요인 중 개방성의 세부요인이 아닌 것은?

① 상상 ② 자극추구
③ 지성 ④ 감수성

해설 **[청소년 인성검사의 5요인과 세부 요인]**

요인	세부 요인
외향성	친밀, 사회성, 리더십, 활동성, 자극추구, 긍정정서
호감성	신뢰, 정직, 이타, 협조, 겸손, 동정
성실성	유능감, 정돈, 규칙 준수, 성취지향, 자제, 신중
개방성	상상, 심미, 감수성, 경험추구, 지적 호기심, 가치
정서적 불안정성	불안, 분노, 우울, 자의식, 충동, 심약

---

13 다음은 어떤 등급의 국가기술자격의 검정기준인가?

해당 국가기술자격의 종목에 관한 최상급 숙련기술을 가지고 산업현장에서 작업관리, 소속 기능인력의 지도 및 감독, 현장훈련, 경영자와 기능인력을 유기적으로 연계시켜 주는 현장관리 등의 업무를 수행할 수 있는 능력 보유

① 기능사 ② 기사
③ 산업기사 ④ 기능장

정답 09. ① 10. ③ 11. ③ 12. ② 13. ④

15 다음 중 직무분석의 목적과 가장 거리가 먼 것은?

① 훈련설계

② 수행평가

③ 경력개발

④ 임금관리

해설 임금관리는 **직무평가의 목적**에 해당한다.

★ **2012년, 2016년 직업상담사 1급**

16 한국표준직업분류상 직종분류를 위한 기능원과 기계조작원의 직무능력 관계에 대한 설명으로 틀린 것은?

① 기능원은 재료, 도구, 수행하는 일의 순서와 특성 및 최종 제품의 용도를 알아야 한다.

② 기능원은 제품 명세서가 바뀌거나, 새로운 제조기법이 도입될 때 이를 적용할 수 있는 직무능력을 갖추고 있어야 한다.

③ 직무능력 형태의 차이를 고려하여 장인(匠人) 및 수공 기예성(技藝性) 직업은 '대분류 7 기능원 및 관련 기능 종사자'로 분류하고 제품의 가공을 위한 기계 지향성(機械 志向性) 직업은 '대분류 8 장치·기계조작 및 조립 종사자'에 분류한다.

④ 기계조작원은 복잡한 기계 및 장비의 사용방법이나 기계에 어떤 결함이 발생 시 이를 대체하는 방법을 알아야 한다.

해설 기능원은 재료, 도구, 수행하는 일의 순서와 특성 및 최종제품의 용도를 알아야 하는 반면에, 기계 조작원은 복잡한 기계 및 장비의 사용방법이나 기계에 어떤 결함이 발생할 때 이를 대체하는 방법을 알아야 한다. 또한 **기계조작원은 제품 명세서가 바뀌거나, 새로운 제조기법이 도입될 때 이를 적용할 수 있는 직무능력을 갖추고 있어야 한다.**

해설 **[국가기술자격의 검정기준(기술·기능분야)]**

자격등급	검정기준
기술사	해당 국가기술자격의 종목에 관한 고도의 전문지식과 실무경험에 입각한 계획·연구·설계·분석·조사·시험·시공·감리·평가·사업관리·기술관리 등의 업무를 수행할 수 있는 능력 보유
기능장	해당 국가기술자격의 종목에 관한 **최상급 숙련기술을 가지고** 산업현장에서 작업관리, 소속 기능인력의 지도 및 감독, 현장훈련, 경영자와 기능인력을 유기적으로 연계시켜 주는 현장관리 등의 업무를 수행할 수 있는 능력 보유
기사	해당 국가기술자격의 종목에 관한 공학적 기술이론 지식을 가지고 설계·시공·분석 등의 업무를 수행할 수 있는 능력 보유
산업기사	해당 국가기술자격의 종목에 관한 기술기초이론 지식 또는 숙련기능을 바탕으로 복합적인 기초기술 및 기능업무를 수행할 수 있는 능력 보유
기능사	해당 국가기술자격의 종목에 관한 숙련기능을 가지고 제작·제조·조작·운전·보수·정비·채취·검사 또는 작업관리 및 이에 관련되는 업무를 수행할 수 있는 능력 보유

★★ **2013년, 2019년, 2021년, 2023년 직업상담사 1급**

14 다음 중 대분류와 직능수준과의 관계가 바르지 않은 것은?

① 관리자 – 제4직능 혹은 제3직능 수준 필요

② 사무 종사자 – 제2직능 수준 필요

③ 판매 종사자 – 제2직능 수준 필요

④ 군인 – 제1직능 수준 필요

해설 **[한국표준직업분류 대분류와 직능수준]**

대분류	대분류 항목	직능수준
1	관리자	제4직능 수준 혹은 제3직능 수준 필요
2	전문가 및 관련 종사자	
3	사무 종사자	제2직능 수준 필요
4	서비스 종사자	
5	판매 종사자	
6	농림어업 숙련 종사자	
7	기능원 및 관련 기능 종사자	
8	장치·기계 조작 및 조립 종사자	
9	단순노무 종사자	제1직능 수준 필요
A	군인	**제2직능 수준 이상 필요**

정답 14. ④ 15. ④ 16. ②

17 다음 중 한국표준직업분류의 직업분류원칙으로 틀린 것은?

① 동일하거나 유사한 직무는 어느 경우에든 같은 단위직업으로 분류되어야 한다.

② 2개 이상의 직무를 수행하는 경우는 수행되는 직무내용과 관련 분류항목에 명시된 직무내용을 비교 평가하여 관련 직무내용상의 상관성이 가장 많은 항목에 분류한다.

③ 수행된 직무가 상이한 수준의 훈련과 경험을 통해서 얻어지는 직무능력을 필요로 한다면 가장 높은 수준의 직무능력을 필요로 하는 일에 분류하여야 한다.

④ 재화의 생산과 공급이 같이 이루어지는 경우는 공급단계에 관련된 업무를 우선적으로 분류한다.

> **해설** ① 직업분류의 일반원칙 중 '배타성의 원칙'에 해당한다.
> ② 포괄적인 업무에 대한 직업분류 원칙 중 '주된 직무 우선 원칙'에 해당한다.
> ③ 포괄적인 업무에 대한 직업분류 원칙 중 '최상급 직능 수준 우선 원칙'에 해당한다.

18 한국표준직업분류상 직종 분류를 위한 기능원과 기계 조작원의 직무능력 관계에 대한 설명으로 틀린 것은?

① 기능원은 재료, 도구, 수행하는 일의 순서와 특성 및 최종제품의 용도를 알아야 한다.

② 기능원은 제품 명세서가 바뀌거나, 새로운 제조기법이 도입될 때 이를 적용할 수 있는 직무능력을 갖추고 있어야 한다.

③ 직무능력 형태의 차이를 반영하여 '대분류 8 장치·기계 조작 및 조립 종사자'에는 제품의 가공을 위한 기계 지향성 직업으로 분류한다.

④ 최근 전자·제어 기술과 자동화 기계의 발전에 따라 기능직무 영역이 축소되고 조작직무 영역이 증가하는 추세이다.

> **해설** **[기능원과 기계조작원의 직무능력 관계]**
> (출처 : 제8차 한국표준직업분류, 2025)
> ㉠ 하나의 제품이 기능원에 의해 제조되는지 또는 대량 생산기법을 유도하는 기계를 사용해서 제조되는지에 따라 필요로 하는 직무능력에 대단한 영향을 미친다.
> ㉡ 기능원은 재료, 도구, 수행하는 일의 순서와 특성 및 최종제품의 용도를 알아야 하는 반면에, 기계조작원은 복잡한 기계 및 장비의 사용방법이나 기계에 어떤 결함이 발생할 때 이를 대체하는 방법을 알아야 한다. 또한 기계조작원은 제품명세서가 바뀌거나, 새로운 제조기법이 도입될 때 이를 적용할 수 있는 직무능력을 갖추고 있어야 한다.
> ㉢ 직업분류에서는 이러한 직무능력 형태의 차이를 반영하여 대분류 7, 8을 설정하였다.
> ㉣ '대분류 7 기능원 및 관련 기능종사자'에는 목 공예원, 도자기 공예원, 보석 세공원, 건축 석공, 전통 건물 건축원, 한복 제조원과 같은 장인 및 수공 기예성 직업을 분류하였고, '대분류 8 장치 기계 조작 및 조립 종사자'에는 제품의 가공을 위한 기계 지향성 직업으로 분류하였다.
> ㉤ 최근 전자 제어 기술과 자동화 기계의 발전에 따라 기능직무 영역이 축소되고 조작직무 영역이 증가하는 추세이다.

19 한국표준산업분류에서 산업분류의 적용원칙으로 틀린 것은?

① 복합적인 활동단위는 우선적으로 세세분류 단계를 정확히 결정하고, 대, 중, 소, 세분류 단계 항목을 역순으로 결정하여야 한다.

② 생산단위는 산출물뿐만 아니라 투입물과 생산공정 등을 함께 고려하여 그들의 활동을 가장 정확하게 설명된 항목에 분류해야 한다.

③ 산업활동이 결합되어 있는 경우에는 그 활동단위의 주된 활동에 따라서 분류하여야 한다.

④ 수수료 또는 계약에 의하여 활동을 수행하는 단위는 자기계정과 자기책임 하에서 생산하는 단위와 동일항목에 분류되어야 한다.

> **정답** 17. ④ 18. ② 19. ①

㉠ 생산단위는 산출물뿐만 아니라 투입물과 생산공정 등을 함께 고려하여 그들의 활동을 가장 정확하게 설명된 항목에 분류해야 한다.

㉡ 복합적인 활동단위는 우선적으로 최상급 분류단계(대분류)를 정확히 결정하고, 순차적으로 중, 소, 세, 세세분류 단계 항목을 결정하여야 한다.

㉢ 산업활동이 결합되어 있는 경우에는 그 활동단위의 주된 활동에 따라서 분류하여야 한다.

㉣ 수수료 또는 계약에 의하여 활동을 수행하는 단위는 동일한 산업활동을 자기계정과 자기책임 하에서 생산하는 단위와 같은 항목에 분류하여야 한다.

㉤ 자기가 직접 실질적인 생산활동은 하지 않고, 다른 계약업자에 의뢰하여 재화 또는 서비스를 자기계정으로 생산하게 하고, 이를 자기명의로, 자기 책임 아래 판매하는 단위는 이들 재화나 서비스 자체를 직접 생산하는 단위와 동일한 산업으로 분류하여야 한다. 다만, 제조업의 경우에는 이들 이외에 제품의 성능 및 기능, 고안 및 디자인, 원재료 구성 설계, 견본 제작 등에 중요한 역할을 하고 자기계정으로 원재료를 제공하여야 한다.

㉥ 각종 기계장비 및 용품의 개량, 개조 및 재제조 등 재생활동은 일반적으로 그 기계장비 및 용품 제조업과 동일 산업으로 분류하지만, 산업 규모 및 중요성 등을 고려하여 별도의 독립된 분류에서 구성하고 있는 경우에는 그에 따른다.

㉦ 자본재로 주로 사용되는 산업용 기계 및 장비의 전문적인 수리활동은 경상적인 유지·수리를 포함하여 "34 : 산업용 기계 및 장비 수리업"으로 분류한다. 자본재와 소비재로 함께 사용되는 컴퓨터, 자동차, 가구류 등과 생활용품으로 사용되는 소비재 물품을 전문적으로 수리하는 산업활동은 "95 : 개인 및 소비용품 수리업"으로 분류한다. 다만, 철도 차량 및 항공기 제조 공장, 조선소에서 수행하는 전문적인 수리활동은 해당 장비를 제조하는 산업활동과 동일하게 분류하며, 고객의 특정 사업장 내에서 건물 및 산업시설의 경상적인 유지관리를 대행하는 경우는 "741 : 사업시설 유지관리 서비스업"에 분류한다.

㉧ 동일 단위에서 제조한 재화의 소매활동은 별개 활동으로 분류하지 않고 제조활동으로 분류되어야 한다. 그러나 자기가 생산한 재화와 구입한 재화를 함께 판매한다면 그 주된 활동에 따라 분류한다.

㉨ "공공행정 및 국방, 사회보장 사무, 의무가입 성격의 연금 업무" 이외의 교육, 보건, 제조, 유통 및 금융 등 다른 산업활동을 수행하는 정부기관은 그 활동의 성질에 따라 분류하여야 한다. 반대로, 법령 등에 근거하여 전형적인 공공행정 부문에 속하는 산업활동을 정부기관이 아닌 민간에서 수행하는 경우에는 공공행정 부문으로 포함한다.

㉪ 생산단위의 소유 형태, 법적 조직 유형 또는 운영 방식은 산업분류에 영향을 미치지 않는다. 이런 기준은 경제활동 자체의 특징과 관련이 없기 때문이다. 즉, 동일 산업활동에 종사하는 경우, 법인, 개인사업자 또는 정부기업, 외국계 기업 등인지에 관계없이 동일한 산업으로 분류한다.

㉫ 공식적 생산물과 비공식적 생산물, 합법적 생산물과 불법적인 생산물을 달리 분류하지 않는다.

★ **2016년, 2023년 직업상담사 1급**

20 한국표준산업분류의 통계단위에서 '하나 이상의 산업활동'과 관련성이 가장 낮은 것은?

① 기업 집단　　　② 기업체 단위
③ 활동유형 단위　　④ 지역 단위

해설 [생산 활동과 장소의 동질성의 차이에 따른 통계단위 구분]

구분	하나 이상 장소	단일 장소
하나 이상 산업활동	기업집단 단위	지역 단위
	기업체 단위	
단일 산업활동	활동유형 단위	사업체 단위

* 하나의 기업체 또는 기업집단을 전제함

★ **2019년 직업상담사 1급**

21 한국표준산업분류에서 산업분류의 적용원칙으로 틀린 것은?

① 복합적인 활동단위는 우선적으로 세세분류 단계를 정확히 결정하고, 대, 중, 소, 세분류 단계 항목을 역순으로 결정하여야 한다.

② 생산단위는 산출물뿐만 아니라 투입물과 생산 공정 등을 함께 고려하여 그들의 활동을 가장 정확하게 설명된 항목에 분류해야 한다.

③ 산업활동이 결합되어 있는 경우에는 그 활동 단위의 주된 활동에 따라서 분류하여야 한다.

④ 공식적 생산물과 비공식적 생산물, 합법적 생산물과 불법적인 생산물을 달리 분류하지 않는다.

해설 복합적인 활동단위는 우선적으로 최상급 분류단계(대분류)를 정확히 결정하고, 순차적으로 중, 소, 세, 세세분류 단계 항목을 결정하여야 한다.

★ **2016년, 2021년, 2022년, 2023년 직업상담사 1급**

22 직업정보 가공 시 유의해야 할 사항으로 틀린 것은?

① 직업은 그 분야에서 전문적이므로 이용자가 이해할 수 있는 수준의 언어를 사용한다.

② 가장 최신의 자료를 활용한다.

③ 시청각의 효과를 부여한다.

④ 정보제공 방법별로 구분하지 않고 표준화된 형태로 제공한다.

해설 [직업정보 가공시 유의할 점]

㉠ 직업은 그 분야에서 매우 전문적인 면이 있으므로, 전문적 지식이 없어도 이해할 수 있는 언어로 가공하되 이용자의 수준에 준한다. : 이용자가 이해할 수 있는 언어로 가공하여 가독력을 높여서 제공되어야 효율성이 높다.

㉡ 직업에 대한 장·단점을 편견 없이 제공한다. : 직업은 그 특성상 장·단점을 갖고 있다. 직업정보 가공 시 객관적 자료에 의한 장·단점을 제시하여야 의사결정을 하는 데에 도움을 줄 수 있다.

㉢ 현황은 가장 최신의 자료를 활용하되, 표준화된 정보를 활용한다.

㉣ 객관성을 잃는 정보, 문장, 어투 등은 삼간다. : 직업정보 제공시에는 가능한 한 객관적인 언어나 메시지로 전달해야 한다.

㉤ 시청각의 효과를 부가한다. : 직업정보는 전문성으로 인하여 매우 딱딱하고 지루한 내용이 많다. 이러한 내용에 대하여 시청각 효과를 부여하여 이용자가 쉽게 접근할 수 있도록 구성한다.

㉥ 정보제공 방법에 적절한 형태로 제공한다. : 직업정보의 전달매체는 인쇄, 방송, CD, 인터넷 등이 주류를 이룬다. 매체의 특성을 살려 적절한 형태로 제공되는 부분에 대한 지속적인 연구가 필요하며, 이용자의 특성에 맞는 매체로서 제공되는 것이 효과적이다.

2017년 직업상담사 1급

23 기술조사에 적합한 조사주제를 모두 고른 것은?

> ㉠ 직업정보지의 구독률 조사
> ㉡ 직업정보지 구독자의 연령대 조사
> ㉢ 직업정보지 구독률과 구독자의 소득이나 직업사이의 관련성 조사

① ㉠, ㉡   ② ㉡, ㉢
③ ㉠, ㉢   ④ ㉠, ㉡, ㉢

해설 기술조사(descriptive survey)란 특정 대상을 조사할 때 단순한 사실의 모양이나, 통계적 구조, 크기나 비율, 관계의 방향 따위를 파악하는 조사로 횡단 조사, 종단 조사가 있다. 따라서 기술조사에 적합한 조사주제로서 세 가지 경우 모두 적합하다.

★★★ **2009년, 2010년, 2012년, 2013년, 2014년, 2015년, 2016년, 2017년 직업상담사 1급**

24 한국표준직업분류에서 다수직업 종사자에 대한 분류원칙을 바르게 나열한 것은?

> A. 취업시간 우선의 원칙
> B. 수입 우선의 원칙
> C. 조사 시 최근의 직업 원칙

① A → B → C   ② B → A → C
③ B → C → A   ④ C → A → B

해설 [한국표준직업분류에서 다수 직업 종사자의 분류원칙]
한 사람이 전혀 상관성이 없는 두 가지 이상의 직업에 종사할 경우에 그 직업을 결정하는 일반적 원칙은 다음과 같다.

㉠ 취업시간 우선의 원칙 : 가장 먼저 분야별로 취업시간을 고려하여 보다 긴 시간을 투자하는 직업으로 결정한다.

㉡ 수입 우선의 원칙 : 위의 경우로 분별하기 어려운 경우는 수입(소득이나 임금)이 많은 직업으로 결정한다.

㉢ 조사 시 최근의 직업 원칙 : 위의 두 가지 경우로 판단할 수 없는 경우에는 조사시점을 기준으로 최근에 종사한 직업으로 결정한다.

정답 22. ④   23. ④   24. ①

25 한국표준직업분류의 특정 직종의 분류 요령에 대한 설명으로 틀린 것은?

① 반장 등과 같이 주로 수행된 일의 전문, 기술적인 통제업무를 수행하는 감독자는 '대분류 1 관리자'에 분류된다.

② 자영업주 및 고용주는 주된 직무 우위 원칙에 따라 수행하는 직무 중 투자하는 시간이 가장 많은 직무로 분류된다.

③ 연구 및 개발업무 종사자는 '대분류 2 전문가 및 관련 종사자'에서 그 전문 분야에 따라 분류된다. 다만, 연구자가 교육에 종사할 경우에는 '25 교육 전문가 및 관련직'으로 분류한다.

④ 관리자가 현업을 겸하는 경우에는 다른 사람의 직무수행을 감독 및 관리하는 직무에 종사하는 시간에 따라 분류된다.

> **해설** 반장 등과 같이 주로 수행된 일의 전문, 기술적인 통제업무를 수행하는 감독자는 그 감독되는 근로자와 동일 직종으로 분류한다.

26 한국표준산업분류의 산업활동에 대한 설명으로 틀린 것은?

① 축산업 : 판매장에서 판매할 동물을 사육·관리하는 경우는 제외

② 수렵 및 관련 서비스업 : 스포츠 또는 오락성 사냥활동은 제외

③ 임업 및 관련 서비스업 : 야생딸기 및 견과 등과 같은 식용 가능한 야생식물을 채취하는 활동도 포함

④ 어로어업 : 해상에서 고래를 포획하는 활동은 제외

> **해설** 어로어업은 바다, 강, 호수, 하천 등에서 자연적으로 생식되고 있는 수산 동·식물을 포획 또는 채취하는 산업활동이며, 해상에서 고래를 포획하는 활동도 포함한다.

27 경제활동인구조사의 주요 용어해설에 관한 설명으로 틀린 것은?

① 법률에 의한 수입이 있는 봉사활동을 경제활동으로 본다.

② 경제활동인구는 만 15세 이상 인구 중 취업자와 실업자를 말한다.

③ 비경제활동인구는 조사대상 주간 중 취업자도 실업자도 아닌 만 15세 이상인 자이다.

④ 고용근로계약이 1개월 미만인 자는 일용근로자에 해당한다.

> **해설** 법률에 의한 수입이 있는 경우라도 봉사활동은 경제활동으로 보지 않는다.

28 한국직업사전에서 제공하는 부가직업정보에 대한 설명으로 틀린 것은?

① 정규교육 – 해당 직업의 직무를 수행하는데 필요한 일반적인 정규교육 수준을 의미하는 것으로 해당 직업 종사자의 평균학력을 나타내는 것은 아니다.

② 숙련기간 – 정규교육과정을 이수한 후 해당 직업의 직무를 평균적인 수준으로 스스로 수행하기 위하여 필요한 각종 교육, 훈련, 숙련기간을 의미한다.

③ 작업강도 – 해당 직업의 직무를 수행하는데 필요한 육체적, 심리적, 정신적 노동강도를 의미한다.

④ 직무기능(DPT) – 해당 직무를 수행하는 작업자가 자료(data), 사람(people), 사물(thing)과 맺는 관계를 나타내는 것이다.

> **해설** 한국직업사전의 작업강도는 해당 직업의 직무를 수행하는데 필요한 육체적 힘의 강도를 나타낸 것으로 5단계로 분류하였다. 그러나 심리적·정신적 노동강도는 고려하지 않았다.

> **정답** 25. ①　26. ④　27. ①　28. ③

★★ 2021년, 2023년 직업상담사 1급

29 워크넷에서 제공하는 학과정보 중 자연계열에 해당하는 것은?

① 환경학과 　　　　② 조선기계과
③ 녹지조경학과 　　④ 식품생명공학과

> **해설** ① 공학계열의 환경공학과 관련 학과에 해당한다.
> ② 공학계열의 해양공학과 관련 학과에 해당한다.
> ③ 공학계열에 조경학과 관련 학과에 해당한다.
> ④ 자연계열의 식품영양학과 관련 학과에 해당한다.

★★★ 2021년 직업상담사 1급

30 국가기술자격 중 실기시험만 시행할 수 있는 종목에 해당하지 않는 것은?

① 봉제기능사 　　　② 도화기능사
③ 도배기능사 　　　④ 세탁기능사

> **해설** [필기시험이 면제되는 자격종목 / 실기시험만 시행할 수 있는 종목] (출처 : 국가기술자격법 시행규칙 별표 10)

직무분야	중직무분야	자격종목
02 경영·회계·사무	023. 사무	한글속기 1급·2급·3급
14 건설	141. 건축	거푸집기능사, 건축도장기능사, 건축목공기능사, 도배기능사, 미장기능사, 방수기능사, 비계기능사, 온수온돌기능사, 유리시공기능사, 조적기능사, 철근기능사, 타일기능사, 금속재창호기능사
	142. 토목	도화기능사, 석공기능사, 지도제작기능사, 항공사진기능사
19 섬유·의복	192. 의복	봉제기능사

★★★ 2015년, 2021년, 2023년 직업상담사 1급

31 직무분석의 방법 중 최초분석법에 해당되지 않는 것은?

① 면담법 　　　　② 관찰법
③ 체험법 　　　　④ 데이컴법

> **해설** [직무분석 기법]
> ㉠ 최초분석법(New Analysis Method) : 분석할 대상직업에 관한 참고문헌이나 자료가 드물고, 그 분야에 많은 경험과 지식을 갖춘 사람이 거의 없을 때 사용한다. 최초분석법의 종류에는 면접법, 체험법, 관찰법, 녹화법, 설문지법, 작업일지법 등이 있다.
> ㉡ 비교확인법(Verification Method) : 지금까지 분석된 자료를 참고로 하여 현재의 직무상태를 비교·확인하는 방법이다.
> ㉢ 데이컴법(DACUM) : 교과과정을 개발하는 데 활용되어 온 직업분석의 한 가지 기법이다.

2013년 직업상담사 1급

32 워크넷에서 제공하는 학과정보의 인문계열에 해당하지 않는 학과는?

① 문헌정보학과 　　② 심리학과
③ 사회학과 　　　　④ 국제지역학과

> **해설** ① 인문계열에 해당한다.
> ② 인문계열에 해당한다.
> ③ 사회계열에 해당한다.
> ④ 인문계열에 해당한다.

정답 29. ④　30. ④　31. ④　32. ③

★★ 2011년, 2017년 직업상담사 1급

01 경제가 불황에 놓여 실업률이 상승할 때 부인이나 자녀와 같은 추가적인 노동자가 노동시장에 공급되는 현상은?

① 부가노동자효과
② 실망노동자효과
③ 대체노동자효과
④ 기대참여효과

해설 ㉠ 부가노동자효과 : 불경기에 가구주의 실직으로 인해 비경제활동인구에 속하던 다른 가구원이 경제활동인구로 유입되는 현상이다. 부가노동자 효과는 실업률을 증가시키는 요인이 된다.
㉡ 실망노동자효과 : 불경기에 실업률이 높을 때 실업자들이 구직활동 포기로 비경제활동인구로 유출되는 현상이다. 실망노동자효과는 실업률을 감소시키는 요인이 된다.

★★★ 2010년, 2016년, 2021년 직업상담사 1급

02 불경기에는 실망노동자효과와 부가노동자효과가 동시에 나타난다. 다른 사정이 일정할 때 경제활동참가율이 낮아지는 경우는?

① 실망노동자효과가 부가노동자효과보다 클 때이다.
② 실망노동자효과가 부가노동자효과보다 작을 때이다.
③ 실망노동자효과가 부가노동자효과와 같을 때이다.
④ 실망노동자효과와 부가노동자효과의 합이 0일 때이다.

해설 부가노동자효과는 경제활동인구가 유입되는 효과이고 실망노동자효과는 경제활동인구가 유출되는 효과이므로 경제활동인구가 감소한 것이라면 실망노동자효과가 더 큰 경우이다.

★★ 2014년, 2019년, 2022년 직업상담사 1급

03 최근 경기 불황으로 구직활동을 포기하는 사람들이 늘고 있다. 이러한 추세가 지속되어 나타나는 결과는?

① 실업률은 증가한다.
② 실업률은 감소한다.
③ 실업률은 불변한다.
④ 경제활동참가율이 증가한다.

해설 불경기에 실업률이 높을 때 실업자들이 구직활동 포기로 비경제활동인구로 유출되는 실망노동자효과는 실업률을 감소시키는 요인이 된다.

★★ 2017년, 2020년 직업상담사 1급

04 총수요 부족에서 나타난 경기적 실업의 원인과 가장 거리가 먼 것은?

① 기업의 투자위축
② 가계 소비성향의 감소
③ 낮은 이자율
④ 화폐보유 성향의 증대

해설 총수요부족으로 인한 실업이 경기적 실업이다. 생산·소비·투자 위축이 고용감소를 초래한다. 이자율을 인하하는 것이 경기적 실업의 대책은 될 수 있어도 원인은 아니다.

정답 01. ① 02. ① 03. ② 04. ③

★★★ 2015년 직업상담사 2급

05 실업에 대한 설명으로 가장 적합한 것은?

① 사이버뱅킹, 폰뱅킹과 같은 은행업무의 변화로 인하여 은행원의 공급 과잉이 발생하는 반면, 정보통신(IT)산업의 경우 노동공급 부족이 발생하고 있는 현상은 경기적 실업과 밀접한 관련이 있다.

② 자발적 실업은 노동시장의 정보 부족과 같은 노동시장의 불완전성에 의해 발생하는 것으로서 임금의 경직성과도 매우 밀접한 관련이 있다.

③ 내부자 외부자 모형에 따르면 고임금이 비자발적 실업을 촉진한다.

④ 일반적인 정부고용정책의 주된 대상이 되는 비자발적 실업으로는 경기적 실업, 계절적 실업, 구조적 실업, 마찰적 실업 등이 있다.

> **해설** ① 노동력이 산업구조 변화에 대응하지 못해 발생하는 구조적 실업에 해당한다.
> ② 자발적 실업은 노동시장의 정보 부족으로 인한 마찰적 실업이다.
> ③ 불경기에 기업의 내부자들은 전체의 평균적 임금삭감보다는 하위직의 신참 노동자들을 해고시키는 전략을 취하는 경향이 있다.
> ④ 마찰적 실업은 자발적 실업이다.
> [암기 Tip] 수경 마자(수경이가 맞아) : 수요 부족 실업은 경기적 실업이고 마찰적 실업은 자발적 실업

★★ 2012년, 2020년, 2022년 직업상담사 1급

06 자연실업률이 4%로 알려져 있는데, 현재의 실업률은 3% 수준에 머무르고 있을 때의 설명으로 가장 적합한 것은?

① 경기적 실업이 존재한다.

② 물가의 상승이 예견된다.

③ 부가노동자효과가 나타나고 있다.

④ 잠재실업이 존재한다.

> **해설** 자연실업률이란 노동시장에 마찰적 실업(정보부족으로 인한 실업, 자발적 실업)만 존재하는 상태의 실업률을 말한다. 정부의 확대재정(정부 지출 증가)으로 인위적인 고용이 이루어지고 있는 경우 마찰적 실업보다 낮은 실업률이 나타날 수 있고, 정부의 확대재정은 물가상승을 초래할 수 있다.

★★ 2013년, 2021년, 2023년 직업상담사 1급

07 비수요 부족 실업에 해당하지 않는 것은?

① 경기적 실업　　　② 마찰적 실업

③ 구조적 실업　　　④ 계절적 실업

> **해설** 수요 부족 실업은 불경기에 상품이나 서비스에 대한 총수요 부족으로 일한 실업을 의미하고 이에 해당하는 것은 경기적 실업이다. 나머지 마찰적 실업, 구조적 실업, 계절적 실업 등은 비수요 부족 실업이다.
> [암기 Tip] 수경 마자(수경이가 맞아) : 수요 부족 실업은 경기적 실업이고 마찰적 실업은 자발적 실업

★★ 2017년, 2020년, 2022년, 2023년 직업상담사 1급

08 필립스곡선이 이동하는 요인과 가장 거리가 먼 것은?

① 기대인플레이션의 증가

② 노동인구 구성비율의 변화

③ 부문 간 실업률 격차 심화

④ 실업률의 증가

> **해설** 필립스곡선은 물가상승률과 실업률 간의 상충관계를 나타낸 곡선이다. 필립스곡선이 이동한다는 것은 가령 같은 물가상승률에 다른 실업률이 대응한다는 의미이다. 그러나 실업률의 증가는 곡선 자체의 이동이 아니라 하나의 곡선상의 이동이다.
>
> [필립스곡선의 상충관계가 악화 (필립스곡선이 원점에서 멀어짐)되는 원인]

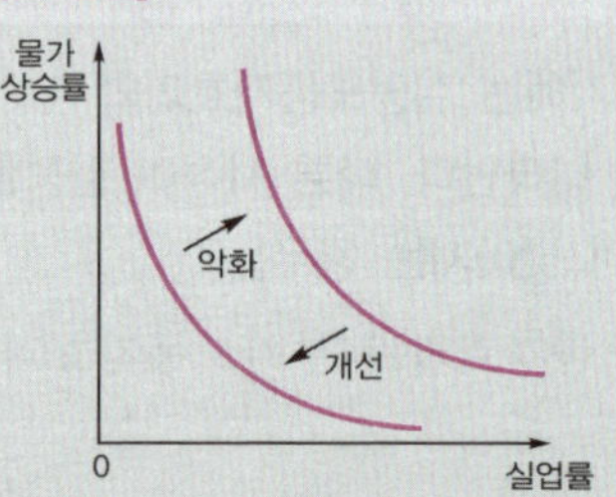

> ㉠ 가격인플레이션에 대한 예상 : 물가 인상을 예상해서 임금을 인상하면 같은 실업률에 높은 임금인상률(높은 물가상승률)이 형성
> ㉡ 노동력의 연령 및 성별 구성의 변화 : 고용이 잘 되지 않는 집단의 크기가 커지면 동일한 경기부양책(동일한 물가상승률)에도 높은 실업률이 형성
> ㉢ 실업률의 부문별 격차 : 노동시장이 분단돼 있고, 시장별로 실업률 격차가 클수록 동일한 실업률에도 높은 임금인상률 형성

부록 Ⅱ

★★ 2015년 직업상담사 2급

09 통계상 실업자에 포함되지 않는 사람은?

① 대학 재학생으로 시간제 근무를 찾는 사람
② 재학 중인 16세의 소녀가장으로 시간제 일자리를 찾고 있는 사람
③ 부모가 운영하는 가게에서 매일 4시간 이상 무급으로 일하면서 다른 직장을 찾고 있는 고교 졸업자
④ 현재 사회봉사활동을 하면서 수입이 있는 일자리를 찾고 있는 성인

해설 **무급가족종사자로서 주당 18시간 이상 일한 자**는 취업자이다.

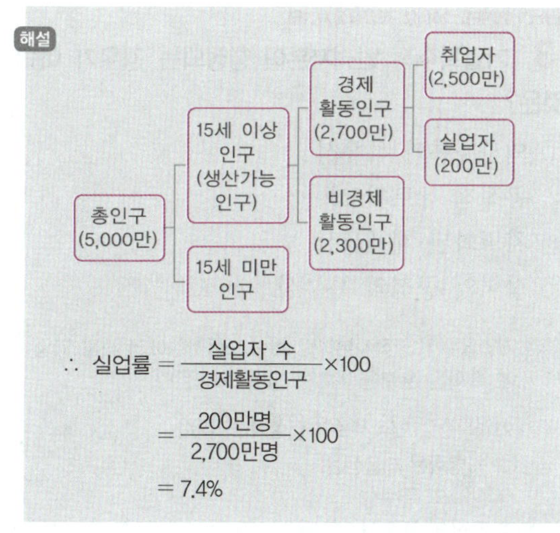

$$\therefore \ 실업률 = \frac{실업자\ 수}{경제활동인구} \times 100$$

$$= \frac{200만명}{2,700만명} \times 100$$

$$= 7.4\%$$

★★ 2013년, 2017년 직업상담사 1급

10 취업자가 800만명, 비경제활동인구가 600만명, 경제활동참가율이 60%이라면, 실업률은?

① 11.1% ② 12.2%
③ 18% ④ 19.1%

해설 경제활동참가율이 60%라면 경제활동인구와 비경제활동인구의 비율이 6 : 4, 그런데 비경제활동인구가 600만명이므로 경제활동인구는 600만명×6/4=900만명
경제활동인구 900만명 중에 취업자가 800만명이라면 실업자는 100만명

$$실업률 = \frac{실업자\ 수}{경제활동인구} \times 100$$

$$= \frac{100}{900} \times 100$$

$$= 11.1\%$$

★★ 2013년, 2021년 직업상담사 1급

11 국민 전체 인구가 5천만명이고, 이 중 취업자가 2천 5백만명, 실업자가 2백만명이며, 비경제활동인구가 2천 3백만명이다. 이때 실업률은 얼마인가?

① 4.0% ② 7.4%
③ 8.7% ④ 10.0%

★★ 2018년 직업상담사 1급

12 인적자본투자에 관한 설명으로 틀린 것은?

① 인적자본이 증가하면 한계수익률은 감소한다.
② 인적자본투자를 위해 조달되어야 하는 자금은 투자에 비해 확보하기 어렵다.
③ 부모가 부자일수록 인적자본투자를 더 한다.
④ 능력이 뛰어난 사람일수록 인적자본투자를 덜 하게 된다.

해설 ① 인적자본투자가 1원 어치 추가될 때의 내부수익률인 **한계수익률은 인적자본투자가 증가함에 따라 점점 감소하는데** 이유는 첫째, 일반적인 **수확체감의 법칙** 둘째, **인적자본투자에 투입하는 시간은 축적되어 연령이 증가할수록 점점 고가**로 되므로 일정한 화폐지출액의 투자로 획득할 수 있는 추가적인 인식자본은 감소할 수밖에 없는 점 셋째, 수명의 한계로 **투자수익을 회수할 기간이 단축**되는 점 등이 있다.
② **인간은 담보물이 될 수 없기 때문**에 인적자본투자를 위해 조달되어야 하는 **자금 확보에 어려움**이 많다.
③ 부모가 자산이 많거나 낮은 이자율로 자금을 동원할 수 있는 사람이 투자에 유리하다.
④ **능력이 뛰어난 사람이 인적자본투자의 한계수익률이 높고, 장학금과 같이 투자기회면에서도 유리한 조건**에 있게 되어 능력이 뛰어난 사람일수록 인적자본투자를 더 하게 된다.

정답 09. ③ 10. ① 11. ② 12. ④

13 기업특수적 인적자본이 형성되는 경우가 아닌 것은?

① 의사소통의 특유성
② 공식적 네트워크화
③ 차별화된 제품생산
④ 장비와 공정의 특수성

해설 기업특수적 인적자본이란 소속 노동자들에게 해당 기업에 특화된 훈련을 시키는 것을 의미한다.

[기업특수적 인적자본이 형성되는 경우]
㉠ 차별화된 제품생산
㉡ 장비의 특수성
㉢ 공정의 특수성
㉣ 기업 특수적인 팀워크
㉤ 의사소통의 특수성

14 근로자의 이직비용과 노동공급곡선에 대한 설명으로 틀린 것은? (단, 노동시장은 완전경쟁적이다.)

① 근로자의 이직비용이 0인 경우, 개별 기업이 직면하는 노동공급곡선은 수평이 된다.
② 근로자의 이직비용이 0인 경우, 개별 기업은 임금수용자가 된다.
③ 근로자의 이직비용이 0보다 클 경우 개별 기업이 직면하는 노동공급곡선은 우상향한다.
④ 근로자의 이직비용이 클수록 노동공급의 임금탄력성이 커진다.

해설 근로자의 이직비용이 클수록 임금 상승에도 불구하고 노동공급은 덜 일어나게 된다. 즉 노동공급탄력성이 작아진다.
완전경쟁시장의 임금은 수많은 기업과 노동자들 간의 수요공급에 의해 결정되므로 개별 기업은 임금수용자가 되고, 개별 기업은 시장의 균형임금수준에서만 고용이 가능하다(노동공급곡선이 수평이다). 그런데 같은 완전경쟁시장에서 노동이동의 비용이 발생하면 더 많은 근로자를 고용하고 싶은 기업은 현재 이미 다른 기업에 고용된 근로자가 그 일자리를 그만두고 이동비용을 지불하면서

까지 이 기업으로 오도록 유도하기 위해 높은 임금을 지불해야 한다. 즉 이 기업은 우상향하는 노동공급곡선에 직면하게 된다. 이와 같이 수요독점기업이 아니더라도 즉 똑같은 근로자를 두고 경쟁하는 수많은 기업이 있는 완전경쟁 노동시장에서도 개별 기업이 각자 어느 정도의 수요독점력을 가질 수 있다.

15 효율적 직장이동(efficient turnover)가설에 대한 설명으로 틀린 것은?

① 모든 이직은 노동자와 기업 양자에게 상호혜택을 제공할 수 있다.
② 노동자와 기업은 적재적소배치상태를 위해 사직하거나 해고한다.
③ 임금수준은 사직률에는 부(−)의 영향을, 해고율에는 정(+)의 영향을 준다.
④ 이직을 통해 인적자원을 효율적 배분이 이루어질 수 있다.

해설 효율적 직장이동가설에 따르면 노동시장에서는 정보의 불완전성, 비대칭성으로 노동자의 구직활동과 사용자의 구인활동이 왕성히 일어나는데, 구인·구직 합치가 이루어지면, 기업으로는 노동자가 제 능력과 재능을 잘 발휘함으로써 이윤이 증대하고, 노동자는 생산성 증대에 따른 임금상승을 기대할 수 있다. 구인·구직불합치가 되면, 기업은 노동자를 해고하려 하고 다른 한편으로는 노동자는 사직하려 할 것이다. 따라서 임금수준과 사직률, 그리고 임금수준과 해고율은 모두 부의 관계(−)를 갖게 된다. 우량기업이 참노동자, 성실한 노동자와 짝을 이루어 노동자의 생산기여도가 최대로 되는 상태를 적재적소 배치상태라고 하는데 적재적소에 있지 않으면 근로자는 더 나은 짝짓기를 위해 사직하며 기업은 잘못된 짝짓기를 교정하기 위해 해고를 행한다. 이를 통해 보다 효율적 인적자원배분이 이루어질 수 있다. 경쟁노동시장에서 노동자의 생산기여도를 최대로 하는 적재적소 배치상태를 위해 사직 및 해고, 즉 이직이 진행된다는 가설이다. 효율적 직장이동가설은 이직분석에서 사직과 해고는 구분할 필요가 없으며, 모든 이직은 기업 및 노동자 양자에게 상호혜택을 제공한다는 결론을 제시한다.

정답 13. ② 14. ④ 15. ③

16 여성의 경제활동 참가를 결정하는 요인에 관한 설명으로 틀린 것은?

① 여타조건이 일정 불변일 때, 시간의 경과에 따라 시장임금이 증가할수록 여성의 경제활동참가율은 높아진다.

② 여타조건이 일정 불변일 때, 보상요구임금이 높을수록 여성의 경제활동참가율은 높아진다.

③ 가계생산의 기술이 향상될수록 여성의 경제활동참가율은 높아진다.

④ 탁아시설의 미비는 여성의 보상요구임금수준을 높여 기혼여성의 경제활동을 낮추게 된다.

> **해설** 유보임금(의중임금, 희망임금, 보상요구임금)이란 노동자가 일하고자 하는 최소한의 주관적 요구임금 수준으로 보상요구임금이 높을수록 경제활동참가율이 낮아진다.

17 민서-폴라첵(Mincer-Polacheck)가설을 근거로 여성의 경력단절에 의한 임금손실을 분해한 요인이 아닌 것은?

① 인적자본의 부식에 따른 임금 감소분

② 근속연수 상실에 의한 임금 감소분

③ 경력단절의 예상으로 투자되지 않은 인적자본으로 야기된 임금 감소분

④ 노동시장에서의 임금 및 고용차별에 의한 임금의 감소분

> **해설** [민서-폴라첵 가설]
> 여성이 출산 및 육아와 관련되어 단속적인 경제활동 참가를 하는 것이 노동시장에서 남녀 간에 직업구성이나 임금에서 차이를 야기하는 근본적인 원인이라는 해석이 있다. 이는 1974년 민서(J. Mincer)와 폴라첵(S. Polacheck)에 의해 제시되었으며, 민서-폴라첵 가설이라고 불린다. 비연속적 경제활동 참가는 인적자본투자의 수익회수기간을 짧게 만듦으로써 인적자본투자량이 적어진다. 즉 교육연수뿐만 아니라 기업의 투자량 또한 적어지게 된다. 뿐만 아니라 비연속적인 경제활동 참가로 인적자본의 부식이 심해지기 때문에 여성들은 인적자본부식이 작은 직업을 선택하게 된다. 이 때 부식이란 인적자본을

사용하지 않거나 새롭게 유지·보수하지 않으면 잊혀지거나 또는 아무 쓸모가 없게 된다는 것을 의미한다. 비연속적인 경제활동 참가 또는 경력단절 때문에 투자수익 회수기간이 짧고, 부식이 일어나며 이 요인들이 남녀 간에 임금격차의 주된 요인이라는 것이 민서-폴라첵 가설의 내용이다. 경력단절로 인한 임금의 총손실은 ① 인적자본 부식에 따른 임금 감소분 ② 근속연수 상실에 따른 임금 감소분 ③ 경력단절의 예상 때문에 발생하는 낮은 인적자본투자와 관련된 임금 감소분이라는 세 부분으로 구성된다.

18 다음 중 부가급여가 아닌 것은?

① 유급휴일

② 복리후생시설

③ 직책수당

④ 학자금 지급

> **해설** 부가급여란 기업이 복리후생차원으로 임금 이외에 별도로 지급하는 다양한 형태의 보상을 말한다. 부가급여에는 퇴직금, 복리후생시설, 학자금 지급, 교육훈련, 사내복지기금, 주택자금 대출, 의료비 지원 등이 있다. 직책수당은 임금에 해당한다.

19 명목임금, 물가 및 실질임금 간 관계에 대한 설명으로 적합한 것은?

① 명목임금이 일정할 때 물가가 하락하면 실질임금은 상승한다.

② 명목임금이 일정할 때 물가가 하락해도 실질임금은 일정하다.

③ 명목임금이 상승하고 물가도 상승하면 실질임금은 하락한다.

④ 명목임금이 일정할 때 물가가 상승하면 실질임금도 상승한다.

> **해설** 실질임금이란 물가수준을 고려하여 구매력으로 평가한 임금. 명목임금을 소비자물가지수로 나눈 임금을 말한다. 명목임금이 그대로이더라도 물가가 하락하면 같은 임금으로 구입할 수 있는 임금의 구매력은 더 증가하므로 실질임금은 상승한 것이다.
>
> $$실질임금 = \frac{명목임금}{소비자물가지수} \times 100$$

20 다음 중 사고 가능성이 높은 임금형태는 무엇인가?

① 시급제　　　　　② 일급제
③ 월급제　　　　　④ 성과급제

> **해설** 성과급은 노동능률이나 업적을 지급기준으로 하는 임금제도로 능률급 혹은 업적급을 말한다. 성과급은 높은 성과를 내기 위해 무리한 작업을 하게 하여 사고 위험이 높아지는 단점이 있다.

★★ 2012년, 2018년 직업상담사 2급

21 다음 중 직무급 임금체계의 장점이 아닌 것은?

① 개인별 임금격차에 대한 불만 해소
② 연공급에 비해 실시가 용이
③ 인건비의 효율적 관리
④ 능력 위주의 인사풍토 조성

> **해설** 직무급은 직무의 가치에 따라 임금을 결정하는 것으로 직무분석과 직무평가가 전제되어야 하므로 근속연수에 따라 임금을 결정하는 연공급에 비해 실시가 어렵다.

★ 2015년 직업상담사 1급

22 직무급 임금체계의 특성에 관한 설명과 가장 거리가 먼 것은?

① 노동의 양뿐만 아니라 노동의 질을 동시에 평가하는 방식이다.
② 근로자의 기업에 대한 귀속의식과 교육훈련의 효과를 제고할 수 있다.
③ 동일 가치의 직무에 대한 동일 임금의 원칙을 실현할 수 있다.
④ 경영의 합리화, 노동생산성 향상을 기대할 수 있는 방식이다.

> **해설** ② 연공급에 대한 설명이다. 연공급은 근속연수에 따라 임금을 지급하는 방식으로 장기근속의 유인이 되고, 이로 인해 교육훈련의 활용기간이 길어지므로 교육훈련의 효과가 높아진다.

★★ 2017년 직업상담사 2급

23 다음 중 직무급의 장점과 가장 거리가 먼 것은?

① 직무에 상응하는 임금지급이 가능하다.
② 직무가치의 객관성 확보가 가능하다.
③ 배치전환이 용이하다.
④ 능력 위주의 인사관리가 가능하다.

> **해설** 직무급은 담당직무에 따라 임금수준이 결정되므로 도중에 임금저하를 초래할 수 있는 배치전환은 용이하지 않다.

★★★ 2017년, 2018년, 2019년 직업상담사 1급

24 다음 중 집단성과급제의 형태가 아닌 것은?

① 맨체스터플랜
② 스캔론플랜
③ 임프로쉐어플랜
④ 럭커플랜

> **해설** 맨체스터플랜은 미숙련 노동자에게 예정된 성과를 올리지 못하더라도 최저생활을 보장하기 위해 작업성과 일정한도까지는 보장된 일급을 제공하는 것으로서 개인성과급제 중 하나이다.

★★★ 2010년, 2013년, 2016년, 2018년, 2022년 직업상담사 1급

25 다음은 무엇에 대한 설명인가?

> 노동자의 과거 생산기록에 의해 일정 생산량 완성에 필요한 표준시간을 설정한 후 직업이 표준시간보다 일찍 완성된 경우, 실제 작업시간에 대해서는 보장된 시간당 임금률을 지급하고, 표준시간보다 절약된 시간에 대해서는 절약된 시간의 일정비율에 해당하는 임금을 프리미엄으로 지불하는 방식

① 로완(Rowan) 할증급제
② 할시(Halsey) 할증급제
③ 테일러(Taylor) 할증급제
④ 디머(Diemer) 할증급제

정답 20. ④　21. ②　22. ②　23. ③　24. ①　25. ②

해설 ㉠ 개인성과급의 종류
- 테일러제 : 표준량까지는 일정한 성과급률을 적용하고, 표준량을 초과하면 높은 성과급률을 적용하는 것이다. 동작 및 시간연구 등 과학적인 관리기법을 이용하여 정확하게 직무를 평가하여 임금수준을 결정하는 복률생산급의 형태이다.
- 할시제 : 과거 경험을 바탕으로 표준작업시간을 정해두고 시간절약분에 대해 할증급을 지급하는 것이다. 일급제나 이익분배제 등의 결함을 극복하기 위해 시간임금과 생산고임금을 절충한 제도이다.
- 로완제 : 시간할증제의 일종으로 작업능률과 단축시간에 따라 할증률을 부과하는 제도이다.

㉡ 집단성과급의 종류
- 스캔론플랜 : 집단성과배분제도로 제품의 판매액에서 차지하는 인건비의 비율이 일정기준 이하로 낮아질 경우 절감된 인건비에서 일정비율을 노동자에게 인센티브로 지급하는 성과배분방법이다.
- 럭커플랜 : 럭커플랜은 제품의 부가가치에서 차지하는 인건비의 비율을 기준으로 성과를 배분하는 제도이다.
- 임프로쉐어플랜 : 표준시간을 정해놓고 실제작업시간이 이보다 단축된 경우 절약된 시간에 대한 수익을 노동자와 기업이 50 : 50으로 분배하는 것이다.

★★★ 2010년, 2013년, 2014년, 2016년 직업상담사 1급

26 생산성임금제하에서 물가가 5% 상승되고 생산성이 2% 하락하였다면 명목임금은 얼마나 상승해야 하는가?

① 3% ② 5% ③ 7% ④ 9%

해설
- 생산성임금제란 노동생산성 증가율과 실질임금 상승률이 같아지는 수준에서 임금수준을 결정하는 방식이다(노동생산성 증가율=실질임금 상승률).
- 실질임금 상승률은 명목임금 증가율에서 물가 상승률을 뺀 것이다(실질임금 상승률=명목임금 증가율−물가 상승률).
- 생산성임금제에서의 명목임금 결정 조건
노동생산성 증가율=명목임금 증가율−물가 상승률
- 생산성임금제하에서 목표하는 명목임금 증가율은 노동생산성 증가율+물가 상승률
∴ 명목임금 증가율=−2%+5%=3%

★★ 신규출제

27 임금이 1,500원에서 1,650원으로 증가하고, 인플레이션은 13%일 때 실질임금은 어떻게 되는가?

① 2% 증가 ② 2% 감소
③ 5% 증가 ④ 5% 감소

해설 실질임금 상승률=명목임금 증가율−물가 상승률
문제에서 명목임금 증가율을 구하면

$$\frac{(1,650-1,500)}{1,500} \times 100 = 10\%$$

∴ 실질임금 상승률=10%−13%=−2%, 즉 2% 감소

★★★ 2010년, 2014년, 2017년, 2020년, 2023년 직업상담사 1급

28 A기업의 임금에 대한 노동수요의 탄력성은? (단, 소숫점 둘째자리에서 반올림)

이윤극대화를 추구하는 A기업은 지난해 종업원 수 110명, 평균임금 120만원, 매출액 1,000억 규모였는데 금년도 평균임금은 144만원, 종업원 수는 98명이었다.

① 0.5 ② −0.5
③ 2 ④ 1

해설 노동수요 탄력성$=\dfrac{\text{노동수요량의 변화율(\%)}}{\text{임금의 변화율(\%)}}$

$$= \left| \frac{-12/110}{24/120} \right| = 0.5$$

탄력성은 임금변화에 대한 노동수요 변화의 민감도를 나타내는 것으로 절댓값으로 표시한다.

★★★ 2016년, 2018년, 2019년, 2021년, 2023년 직업상담사 1급

29 노동수요 탄력성에 대한 설명으로 틀린 것은?

① 생산물의 수요가 생산물의 가격변화에 민감하게 반응할수록 노동수요가 탄력적으로 된다.
② 총생산비 중 노동비용이 차지하는 비중이 클수록 노동수요가 탄력적으로 된다.
③ 생산에서 노동을 다른 요소로 대체할 수 있는 가능성이 적을수록 노동수요가 비탄력적으로 된다.
④ 노동 이외의 생산요소의 공급이 탄력적일수록 노동수요가 비탄력적으로 된다.

정답 26. ① 27. ② 28. ① 29. ④

 [노동수요의 탄력성]

㉠ 의의 : 노동수요 탄력성이란 임금변동에 대해 노동수
  요가 얼마나 민감하게 반응하는지의 정도
㉡ 노동수요 탄력성 결정요인
 • **생산물(상품) 수요의 탄력성** : 생산물 수요가 탄력
   적일수록 노동수요도 탄력적이다.
 • 총생산비에 대한 **노동비용의 비중** : 노동비중이 클
   수록 노동수요도 탄력적이다.
 • 노동의 **대체가능성** : 노동을 다른 생산요소로 대체
   할 가능성이 클수록 노동수요도 탄력적이다.
 • **다른 생산요소의 공급탄력성** : 다른 생산요소의 공
   급탄력성이 클수록 노동수요도 탄력적이다. 임금상
   승으로 다른 생산요소를 더 이용하려 할 때 그 생산
   요소의 가격이 크게 상승하면 (즉 다른 생산요소의
   공급탄력성이 작으면) 노동 대신 다른 생산요소를
   이용하는 것에 대한 매력이 약화되어 노동수요를
   크게 줄이지 않게 된다.
   [암기 Tip] 모두 ○○가 커지면↑
             탄력성이 커진다↑(같은 방향).
             생수탄/비/대/다요공탄탄

30 다음 중 후방굴절 노동공급곡선이 나타나는 이
유에 관한 설명으로 옳은 것은?

① 여가가 정상재일 때 임금이 상승하는 경우, 소
  득효과가 대체효과를 압도하면 노동시간은 증
  가하고 대체효과와 소득효과를 압도하면 노동
  시간이 감소하기 때문이다.
② 여가가 정상재일 때 임금이 상승하는 경우, 대
  체효과가 소득효과를 압도하면 노동시간은 증
  가하고 소득효과가 대체효과를 압도하면 노동
  시간이 감소하기 때문이다.
③ 여가가 정상재일 때 임금이 상승하면 대체효
  과와 소득효과에 상관없이 노동시간을 늘리
  기 때문이다.
④ 여가가 정상재일 때 임금이 상승하면 대체효
  과와 소득효과에 상관없이 노동시간을 줄이
  기 때문이다.

 ㉠ **임금인상이 노동공급에 미치는 영향 (소득–여가선호
    모형)**
 • **소득효과** : 임금이 상승하면 여가가 열등재가 아닌
   한 여가의 소비는 증가하고 **노동공급은 감소**한다.
 • **대체효과** : 임금이 상승하면 비싸진 여가의 소비가
   감소하고 **노동공급이 증가**한다.
   – 대체효과 > 소득효과 → **노동공급 증가**
   – 대체효과 < 소득효과 → **노동공급 감소**
   [암기 Tip] "대"가 더 크면 노동공급도 '대',
             "소"가 더 크면 노동공급도 '소'
   – 비노동소득의 증가는 소득효과만 존재하므로 여
     가가 증가한다(**노동공급 감소**).
㉡ 소득–여가선호모형에 따르면 임금이 인상되면 처음
  에는 대체효과(값비싼 여가를 덜 소비하고 노동을 더
  하려는 경향)가 소득효과(오른 소득만큼 여가를 더
  소비하고 노동을 줄이려는 경향)보다 커서 노동공급
  이 증가하지만, 임금 인상이 어느 수준에 이르면 **소득
  효과가 대체효과를 압도하여 노동공급이 감소**하는 후
  방굴절형 노동공급곡선이 나타난다.

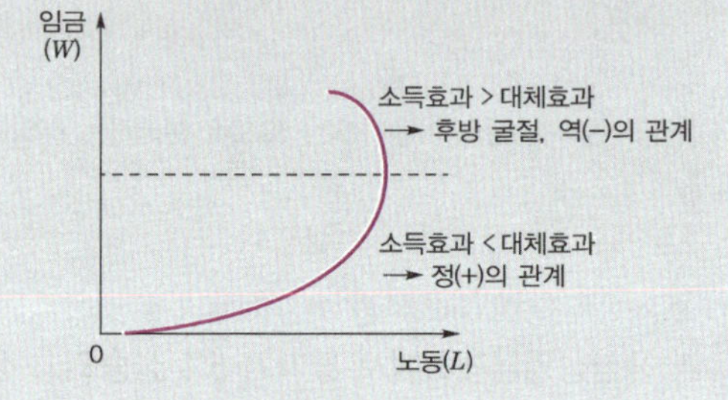

31 다음 중 임금이 상승함에도 불구하고 노동시간
이 늘어나는 이유는?

① 소득효과가 대체효과보다 크기 때문이다.
② 대체효과가 소득효과보다 크기 때문이다.
③ 대체효과가 소득효과와 같기 때문이다.
④ 대체효과와 소득효과는 노동시간에 영향이
  없다.

 • 대체효과 > 소득효과 → **노동공급 증가**
   • 대체효과 < 소득효과 → **노동공급 감소**

 30. ② 31. ②

★★★ **2011년, 2013년, 2014년, 2015년, 2020년, 2022년 직업상담사 1급**

32 다음 표에서 근로자 수가 증가할 때 볼펜생산량의 변화가 나타나 있다. 임금이 시간당 5,000원이고 볼펜가격이 개당 2,000원이라면 이윤 극대화 기업은 몇 명의 근로자를 고용할 것인가?

근로자 수(명)	0	1	2	3	4	5
시간당 총생산량(개)	0	5	13	18	21	23

① 2명 ② 3명
③ 4명 ④ 5명

해설 [완전경쟁시장의 이윤 극대화]

완전경쟁시장에서 기업이 이윤을 극대화하기 위한 고용량조건은 시장임금과 노동의 한계생산물가치가 같아지는 점에서 고용량을 결정하는 것이다.

$$W = VMP_L (= MP_L \times P)$$

여기서, W : 임금, VMP : 한계생산물가치,
MP : 한계생산물, P : 상품의 가격

한계생산물가치(VMP_L)는 노동의 한계생산물에 상품의 가격을 곱한 값($MP_L \times P$)이고, 한계생산물은 노동을 한 단위 추가할 때 증가하는 총생산물의 증가분을 의미한다.

근로자 수(명)	0	1	2	3	4	5
시간당 총생산량(개)	0	5	13	18	21	23
한계생산물 (MP_L)	0	5	8	5	3	2
한계생산물가치 ($MP_L \times P$)	0	10,000	16,000	10,000	6,000	4,000

따라서 문제의 임금(5,000원)과 한계생산물가치가 같은 노동단위는 4단위와 5단위 사이에 존재한다. 그러나 노동을 5단위 투입하게 되면 노동투입의 한계비용(5,000원)이 한계수입(4,000원)을 초과하여 총이윤이 감소하므로 노동을 4단위까지 투입하는 것이 이윤을 극대화하는 고용량이 된다.

★★ **2013년 직업상담사 1급**

33 어떤 완전경쟁기업의 생산함수가 다음과 같다. 노동자 수가 2인에서 3인으로 증가할 때 한계수입생산이 150원이라면 재화의 가격은?

노동자 수	1	2	3	4	5
생산량	0	5	20	35	38

① 1,000원 ② 100원
③ 20원 ④ 10원

해설 한계수입생산물(MRP)이란 한계생산물(MP)에 한계수입(MR)을 곱한 것이다. 즉 노동을 한 단위 추가로 투입할 때 증가하는 총수입의 증가분이다. 상품시장이 완전경쟁이므로 상품가격은 시장의 균형가격으로 고정되어 있다. 노동을 3에서 4단위로 추가할 때 한계생산물이 15이고, 이때 한계수입생산물이 150원이라고 한다면, 상품가격은 10원(150원/15개)임을 알 수 있다.

노동자 수	1	2	3	4	5
생산량	0	5	20	35	38
한계생산물	0	5	15	15	3
한계수입생산물	0	50	150	150	30

★★ **2016년, 2020년, 2023년 직업상담사 1급**

34 아래 표는 A기업의 노동공급(근로시간), 임금 및 한계수입생산을 나타내고 있다. 다음 중 옳은 것은?

노동공급	임금	한계수입생산
5	6	–
6	8	50
7	10	38
8	12	26
9	14	14
10	16	2

① 노동공급이 7일 때, 한계노동비용은 20이다.
② 이윤을 극대화하기 위한 노동공급은 7이다.
③ 노동공급이 7일 때, 임금탄력성은 0.5이다.
④ 이윤을 극대화하기 위한 한계노동비용은 26이다.

해설

노동공급	임금	총비용	한계비용	한계수입생산
5	6	30	–	–
6	8	48	18	50
7	10	70	22	38
8	12	96	26	26
9	14	126	30	14
10	16	160	34	2

(완전/독과점 불문)기업의 이윤 극대화 고용량조건은 MRP(한계수입생산물)= MFC(한계요소비용)인 점에서 고용량을 결정하는 것이다. 노동의 한계비용(26)과 한계수입생산(26)이 같아지는 고용량은 80이다.

정답 32. ③ 33. ④ 34. ④

35 상품시장이 독점이고, 노동시장이 수요독점일 때 노동공급곡선이 $W = 100 + 5L$, 한계수입생산물곡선이 $MRP = 300 - 10L$이라면 이때의 이윤극대화 고용량은?

① 30   ② 20
③ 5   ④ 10

> **해설** 기업의 이윤 극대화조건은 MRP(한계수입생산물) = MFC (한계요소비용)인 점에서 고용량을 결정하는 것이다.
> 노동공급곡선은 평균비용곡선이므로
> 평균비용 $= 100 + 5L$
> 총비용 = 평균비용×노동자 수
> $\quad = (100 + 5L) \times L = 100L + 5L^2$
> 한계비용(총비용의 미분값) = △총비용/△L
> $\quad\quad = 100 + 10L$
> 이윤 극대화 고용량은 $MRP = MFC$인 점에서의 고용량이므로 $300 - 10L = 100 + 10L$
> $\quad \therefore L = 10$

36 다음 중 보상적 임금격차가 발생하게 되는 경우가 아닌 것은?

① 노동생산성이 높다.
② 벽지에서 근무한다.
③ 교육 · 훈련을 많이 받아야 한다.
④ 산업재해의 발생 가능성이 높다.

> **해설** 생산성이 높은 것은 직종의 불리함과는 관계없다.

37 임금격차에 대한 설명으로 틀린 것은?

① 통계적 차별에 의해서 임금격차가 발생할 수 있다.
② 노동수요특성별 임금격차의 경쟁적 요인에는 인적자본량의 차이, 효율임금 등이 있다.
③ 직종의 불리함을 높은 임금으로 보상함으로써 임금격차가 발생할 수 있다.
④ 차별이 없다면 임금격차는 발생하지 않는다.

> **해설** 임금격차는 차별만이 아니라 노동수요특성별(산업 · 기업 특성별), 산업별, 직종별, 보상적 임금격차, 노동시장 분단에 의한 임금격차 등 다양한 원인으로 발생할 수 있다.

38 시장균형수준보다 임금이 현실적으로 높게 유지되는 이유가 아닌 것은?

① 강력한 노동조합의 존재
② 정부에 의해 강제되는 최저임금제
③ 공급을 초과하는 노동에 대한 수요
④ 시장균형수준보다 높은 임금을 지불하고자 하는 일부 기업

> **해설** 노동에 대한 수요가 공급을 초과하면 시장의 균형임금 자체가 상승한다.

39 효율성임금이론에 관한 설명으로 틀린 것은?

① 노동자에게 고임금을 지불하여 생산성을 높이는 임금정책이다.
② 근로자의 도덕적 해이를 방지할 수 있는 임금정책이다.
③ 대기업에서는 가능하나, 중소기업에서는 실행할 수 없는 임금정책이다.
④ 노동의 초과공급상태에서도 실행하는 임금정책이다.

> **해설** 효율임금의 도입은 자금여력이 있는 대기업이 유리하기는 하지만 중소기업이라고 불가능한 것은 아니다.

40 던롭(Dunlop)의 노사관계 주요 환경과 가장 거리가 먼 것은?

① 기술적 특성   ② 시장 또는 예산제약
③ 각 주체의 세력관계   ④ 정부의 정책방향

정답 35. ④   36. ①   37. ④   38. ③   39. ③   40. ④

해설 **[던롭의 노사관계이론 (시스템이론)]**
㉠ 노사관계의 3주체
  • **근로자** 및 그 조직
  • **경영자** 및 그 조직
  • 노동문제 관련 **정부**기구
㉡ 노사관계를 규제하는 여건
  • **기술적 특성**(technolgical characteristics) : 기업의 경영관리형태, 노동자들의 조직형태, 고용된 노동력의 특성 등은 노사관계에 영향을 미친다.
  • **시장 또는 예산제약** : 경쟁적 시장일수록 낮은 이윤, 낮은 임금지불능력으로 노사관계가 긴장되기 쉽다.
  • **각 주체의 세력관계** : 노사관계 3주체의 사회적 지위, 권력에 대한 접근 가능성, 정당 또는 일반여론 등이 하나이 노사관계를 형성하거나 그 형성을 제약하는 요인으로서 작용한다.

★★ **2017년, 2021년 직업상담사 1급**

41 지식기반 사회에서는 근로자 경영참가의 필요성이 강조되고 있다. 그 논리로서 가장 적합한 것은?

① 경영참가로 경쟁이 촉진되면 생산성이 향상된다.

② 근로자들의 권한 증가로 정보의 비대칭성이 감소한다.

③ 물적자산과 마찬가지로 인적자본의 재산권이 존중되면 역선택이 감소한다.

④ 팀 작업을 통한 경영참가로 숙련 형성이 이루어지면 주인−대리인문제가 감소한다.

해설 지식기반 사회는 기업이 소유한 물적자산만큼 노동자가 보유한 **인적자본이 중요한 시대**로서 기업과 노동자가 같이 의사결정을 하는 것이 인적자본을 유지하는 길이 되었다.

★★ **2010년, 2017년 직업상담사 1급**

42 경제적 조합주의(economic unionism)에 관한 설명으로 틀린 것은?

① 노사관계를 이해 조정이 가능한 비적대적 관계로 이해한다.

② 노동자의 경영참가를 직극 실현하고자 힌다.

③ 노동조합운동의 목적을 노동자들의 근로 및 생활조건의 개선에 둔다.

④ 노동조합운동의 정치로부터 독립을 특징으로 한다.

해설 **[경제적 조합주의 (economic unionism)]**
• 노사관계를 기본적으로 **이해대립의 관계**로 보고 있으나 이해 조정이 가능한 **비적대적 관계**로 이해한다.
• 노동조합운동의 목적은 **노동자들의 생활조건 개선과 유지**에 있다고 본다.
• 경영 전권을 인정하며 **경영참여를 회피**한다.
• 노동조합운동의 **정치로부터의 독립**을 주장한다.

★★ **2020년, 2022년 직업상담사 1급**

43 다음 중 기업노조주의(Business Unionism)에 대한 설명으로 틀린 것은?

① 노조원의 경제적 이익을 가장 중요한 목표로 설정한다.

② 개혁적 노동운동세력과 제휴하여 노동문제를 해결한다.

③ 단체교섭을 통하여 노조원의 권익을 증진시킨다.

④ 제도학파 경제학자의 기여가 컸으며, 미국 노동조합의 주요 개념이다.

해설 **[기업노조주의 (Business Unionism)]**
미국의 기업노조주의는 영국의 경제적 조합주의의 전통에서 입법활동 및 사회보장 강화를 위한 정당만 빠진 것이라고도 할 수 있다.
㉠ 유토피아적 활동에는 일체 참가하지 않는다.
㉡ 독점적 기업 내지 사용자에 반대하는 입장을 취하는 **농민과 중소기업가와의 제휴·협력은 하지 않는다.**
㉢ 조합은 **혁명적 사상 또는 혁명적 집단과도 일체 손을 끊는다.**
㉣ 지식층의 노동운동 참가는 조심스럽게 받아들인다.
㉤ **개혁적 입법은 지지하지 않는다.** 정부지배를 초래하는 것을 원치 않는다.
㉥ **노동정당을 결성해서는 안 된다.** 정치참가는 기존의 **정치기구를 통해서 한다.**
㉦ 정부의 보호하에 힘과 권한을 유지하는 조합 또는 단체의 조직화를 인정하지 않는다.
㉧ 이민법의 자유화에 대해서는 강경하게 반대한다.
㉨ **단체교섭을 중시해간다.**

44 다음은 어떤 노동조합의 유형에 관한 설명인가?

> 기업은 조합원이 아닌 노동조합을 채용할 수 있고 채용된 노동자가 노동조합에 가입하건 안하건 기업의 종업원으로 근무하는 데 아무 제약이 없는 제도

① 오픈숍　　　　② 에이전시숍
③ 클로즈드숍　　④ 유니언숍

해설 **오픈숍(open shop)**은 사용자가 조합원 여부에 상관없이 종업원으로 채용할 수 있는 제도이다.

45 다음 중 상부조합과 사용자 또는 사용자 단체와 기업별 조합 사이에서 행해지는 단체교섭은?

① 기업별 교섭　　② 통일교섭
③ 집단교섭　　　④ 대각선교섭

해설 **[노동조합의 교섭형태]**
㉠ 기업별 교섭 : 기업별로 조직된 노동조합과 사용자가 교섭하는 것으로 우리나라의 주된 교섭유형이다.
㉡ 통일교섭 : 산업별·직종별 노동조합과 그에 대응하는 사용자단체가 교섭하는 것이다.
㉢ 대각선교섭 : **산업별 노조나 직종별 노조가 개별 사용자 간 교섭하거나 사용자단체와 기업별 조합 간 교섭하는 형태**이다.
㉣ 공동교섭 : 기업별 노동조합이 상급단체와 공동으로 개별 사용자와 교섭하는 형태이다.
㉤ 집단교섭 : 다수의 기업별 노동조합이 집단적으로 이에 대응하는 사용자 또는 다수 사용자들과 교섭하는 것이다.

46 다음이 설명하고 있는 노동조합의 조직형태는?

> 기업이 근로자를 채용할 때에는 노동조합원 자격 보유 여부에 관계없이 채용할 수 있지만, 일단 채용된 후에는 일정한 기간 내에 특정 노동조합에 가입해야 하고, 그 조합으로부터 탈퇴하거나 제명되어 조합원 자격을 상실할 때에는 종업원 자격도 상실하도록 하는 제도

① 프리퍼렌셜숍 (preperential shop)
② 클로즈드숍 (closed shop)
③ 유니언숍 (union shop)
④ 에이전시숍 (agency shop)

해설 **유니언숍**은 조합원 여부에 관계없이 종업원으로 채용될 수는 있으나, **채용된 후에는 일정기간 이내에 조합원이 되어야** 하는 제도이다.

47 단체교섭의 당사자인 노동조합이 노동조합원 여부에 관계없이 모든 종업원들에게 수수료를 징수하는 제도는?

① closed shop
② agency shop
③ union shop
④ open shop

해설 **에이전시숍(agency shop)**이란 종업원들에 조합가입이 강제되지는 않으나, **조합가입에 대신하여 조합비 상당의 금원을 납부**하여야 하는 제도이다.

48 노동조합에 대한 수요를 감소시켜 노조조직률을 낮추는 요인에 해당하지 않는 것은?

① 노동자들의 불만과 고충이 작을수록
② 노조 가입에 따른 예상순이익이 작을수록
③ 해외노동과 국내노동의 대체관계가 용이할수록
④ 사용자의 반노동조합에 대한 이데올로기가 강할수록

해설 **사용자의 노조에 대한 태도**는 노동수요(근로자) 측면이 아니라 **노동공급(기업) 측면의 노조조직률 변동요인**이다.

정답　44. ①　45. ④　46. ③　47. ②　48. ④

49 힉스의 파업모형에 대한 설명으로 옳지 않은 것은?

① 사용자곡선의 기울기가 가파르면 파업기간이 길어진다.
② 제시임금 수준이 낮으면 파업기간이 길어진다.
③ 요구임금 수준이 높으면 파업기간이 길어진다.
④ 노동조합의 저항곡선이 완만하면 파업기간이 길어진다.

해설 사용자의 양보곡선이 가파르면 노동조합의 저항곡선과 일찍 만나므로(임금타결이 조속히 이뤄지므로) 파업기간이 짧아진다.

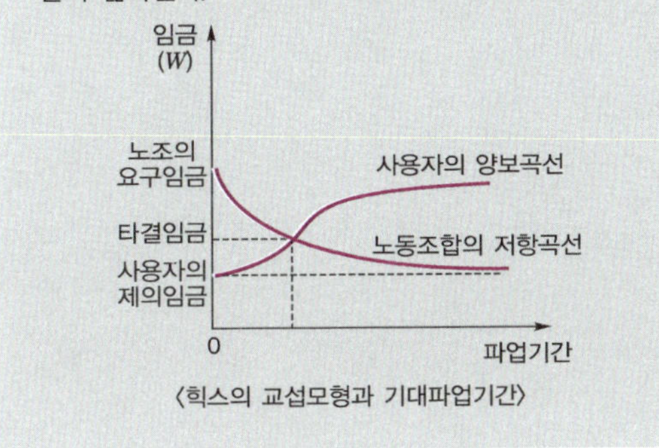

〈힉스의 교섭모형과 기대파업기간〉

50 노사 양측이 단체교섭을 할 때 최종적으로 수락할 용의가 있는 자신의 조건과 교섭과정에서 겉으로 제안하는 조건 간에 차이가 있다는 점을 주목하는 단체교섭이론은?

① 힉스이론
② 카터-챔벌린이론
③ 매브리이론
④ 카츠이론

해설 매브리이론은 노사 양측이 단체교섭에 임할 때 최종적으로 수락할 용의가 있는 자신의 조건과 교섭과정에서 겉으로 제안하는 조건과의 사이에 차이가 있는 점에 주목한다. 즉 실제로 교섭상대에게 나타내지는 않지만 각 당사자들이 최종적으로 수락하려고 작정한 조건 내지 일정 수준이 어떤 위치에 있는가를 고찰하고, 다음에는 교섭과정에서 상대방의 그 수락용의조건을 자신에게 유리한 방향으로 바꾸도록 노력하는 것 등을 다룬 이론이다.

51 다음에 관한 설명으로 틀린 것은?

> 노조가 조직되어 있는 부문과 노조가 조직되어 있지 않은 부문으로 나누어져 있다고 가정하자. 노조가 임금 인상에 성공하였을 때 노조부문과 비노조부문의 상대적 격차는 노조가 조합원의 실질임금에 미치는 절대적 효과보다 작을 수 있다.

① 비노조부문의 근로자가 일부 노조부문으로 이동하기 때문이다.
② 비노조부문의 사용자가 노조 결성을 하는 것을 방지하기 위해 높은 임금을 지불하기 때문이다.
③ 일자리를 잃은 노조부문의 실업자들이 그대로 노조부문에 머물러 있고 비노조부문의 근로자들이 노조부문에서 일자리를 탐색하기 때문이다.
④ 노조가 노조부문에서의 생산물수요를 증가시키는데 성공할 수 있기 때문이다.

해설 노조부문과 비노조부문의 임금격차가 적을 수 있는 경우는 파업으로 인한 임금 인상이 비조직부문의 임금을 인상시키는 경우이다. 기업이 노동조합 조직에 대한 위협을 느껴 노동조합 결성을 방지하기 위해 미리 조직부문의 임금수준 이상으로 임금을 인상시키거나(위협효과) 비조직부문의 노동자들이 임금이 상승한 조직부문에 취업하기 위해 비조직기업을 사직하고 취업을 대기하게 되어(대기실업효과) 노조부문이 비노조부문의 임금을 상승시킬 수 있기 때문이다.

정답 49. ① 50. ③ 51. ④

52 Reynolds가 제시한 불가피한 파업(unavoidable strike)이 발생하는 경우가 아닌 것은?

① 노사 간 교섭방법 그 자체가 문제일 때
② 노동자가 파업에 대한 긍정적인 자세를 가질 때
③ 협상의 분위기가 전체 아니면 전무(all or nothing)일 때
④ 사측인 기업이 지불능력이 부족할 때

해설 **[피할 수 있는 파업]**

피할 수 있는 파업이란 사용자의 실제 수락조건이 노동조합의 최종수락요구조건보다 높아서 만약에 노련한 협상중재자가 있었더라면 양측이 모두 수락할 조건을 제시할 수도 있는 경우, 즉 양(+)의 계약영역에서 발생하는 파업이다. 피할 수 있는 파업의 이유는 다음과 같다.

㉠ 교섭당사자가 경험이 부족하고 미숙할 때 발생할 수 있다.
㉡ 비록 노련한 교섭자라도 때로는 잘못된 전략을 택할 수도 있다.
㉢ 교섭과정에서 결정적이고 최종적인 순간에 어느 당사자가 자신의 진정한 입장을 실토하더라도 상대방이 믿지 않거나, 전략적으로 실토하는 방법을 찾기가 어려울 때에도 파업은 발생한다.

[불가피한 파업]

불가피한 파업이란 양 당사자의 위치, 즉 조건이 겹치지 않는 음(−)의 계약영역이 있는 경우에 발생하는 파업이다. 이 때는 양측이 모두 상대방의 양보를 얻어내기 위해서 차라리 생산중단(파업 또는 직장폐쇄)을 택하게 된다. 불가피한 파업의 이유는 다음과 같다.

㉠ 근로조건이 아니라 교섭방식 그 자체가 문제가 될 때이다.
㉡ 교섭당사자 중 일방이 파업에 대해 긍정적인 가치를 인정하고 있을 때이다.
㉢ 사용자가 가령 노동조합의 요구를 절반가량은 동정적으로 생각하여 수락하고 싶더라도 그것을 부분적으로 수락할 수는 없고 전체를 수락하든지 아니면 거부할 수밖에 없는 경우이다.
㉣ 교섭당사자들이 조직기구 내의 제약 때문에 타협을 하고 싶어도 할 수 없는 경우가 있다.
㉤ 파업은 교섭 결렬로 발생하는 비용을 오판한 결과로서 발생할 수도 있다.

정답 52. ④

01 근로기준법상 상시 4명 이하의 근로자를 사용하는 사업 또는 사업장에 적용되지 않는 것은?

① 주휴일
② 산전후보호휴가
③ 해고의 예고
④ 연차유급휴가

해설 **[적용범위]**
㉠ 상시 4명 이하 사업장에 적용되는 규정 : 주휴일, 출산휴가, 해고예고, 중간착취 배제, 단시간근로자의 근로조건, 전차금 상계의 금지, 갱내근로의 금지 등
㉡ 상시 4명 이하 사업장에 적용되지 않는 규정 : 연차휴가, 생리휴가, 부당해고 제한, 휴업수당, 직장 내 괴롭힘 등

02 근로기준법상 사용자가 근로계약을 체결할 때 근로자에게 서면으로 명시하고 교부하여야 할 근로조건이 아닌 것은?

① 임금의 구성항목
② 연차유급휴가
③ 소정근로시간
④ 취업의 장소와 종사하여야 할 업무에 관한 사항

해설 취업장소와 종사업무는 명시사항에는 포함되나, 서면 명시사항에는 포함되지 않는다. 즉 구두로 명시하는 것도 가능하다.

03 근로기준법령상 근로시간 및 휴게시간의 특례사업에 해당하지 않는 것은?

① 수상운송업
② 항공운송업
③ 육상운송 및 파이프라인 운송업
④ 노선(路線) 여객자동차운송사업

해설 운송업과 보건업은 근로자대표와의 합의로 주 12시간 초과한 연장근로가 가능하고 법정휴게시간을 변경할 수 있으나, 단 승객안전을 위해 「여객자동차 운수사업법」에 따른 노선(路線) 여객자동차운송사업은 제외한다.

04 근로기준법상 부당해고 구제신청 불복절차에 관한 설명으로 틀린 것은?

① 지방노동위원회에 구제명령이나 기각결정에 불복하는 사용자나 근로자는 구제명령서나 기각결정서를 통지받은 날로부터 15일 이내에 중앙노동위원회에 재심을 신청할 수 있다.
② 중앙노동위원회에 재심신청을 하면 지방노동위원회의 구제명령이나 기각결정은 효력이 정지된다.
③ 중앙노동위원회의 재심판정에 대하여 사용자나 근로자는 재심판정일로부터 15일 이내에 이에 불복하는 행정소송을 제기할 수 있다.
④ 행정소송을 제기하더라도 중앙노동위원회의 재심판정은 효력이 정지되지 아니한다.

정답 01. ④   02. ④   03. ④   04. ④

해설 ① 15일 이내에 → 10일 이내에
② 효력이 정지된다. → 효력이 정지되지 않는다.
③ 재심판정일로부터 → 재심판정서를 송달받은 날로부터
④ 불복한 사실만으로는 기존의 결정에 영향을 미치지 못한다.

[구제명령 등의 확정]
㉠ 「노동위원회법」에 따른 지방노동위원회의 구제명령이나 기각결정에 불복하는 사용자나 근로자는 구제명령서나 기각결정서를 통지받은 날부터 10일 이내에 중앙노동위원회에 재심을 신청할 수 있다.
㉡ 중앙노동위원회의 재심판정에 대하여 사용자나 근로자는 재심판정서를 송달받은 날부터 15일 이내에 「행정소송법」의 규정에 따라 소(訴)를 제기할 수 있다.
㉢ 기간 이내에 재심을 신청하지 아니하거나 행정소송을 제기하지 아니하면 그 구제명령, 기각결정 또는 재심판정은 확정된다.

[구제명령 등의 효력]
노동위원회의 구제명령, 기각결정 또는 재심판정은 중앙노동위원회에 대한 재심 신청이나 행정소송 제기에 의하여 그 효력이 정지되지 아니한다.

★★ **신규출제**

05 근로기준법상 경영상 이유에 의한 해고에 관한 내용 중 다음 (   ) 안에 들어갈 말은?

> 경영상 이유에 의한 해고의 경우 사용자는 근로자를 해고한 날부터 (   ) 이내에 해고된 근로자가 해고 당시 담당하였던 업무와 같은 업무를 할 근로자를 채용하려고 할 경우 해고된 근로자가 원하면 그 근로자를 우선적으로 고용하여야 한다.

① 6개월
② 1년
③ 2년
④ 3년

해설 경영상 이유에 의한 해고의 경우 사용자는 근로자를 해고한 날부터 3년 이내에 해고된 근로자가 해고 당시 담당하였던 업무와 같은 업무를 할 근로자를 채용하려고 할 경우 해고된 근로자가 원하면 그 근로자를 우선적으로 고용하여야 한다.

★★ **2014년 직업상담사 1급**

06 근로기준법상 근로조건에 관한 설명으로 틀린 것은?

① 단시간근로자의 근로조건은 그 사업장의 같은 종류의 업무에 종사하는 통상 근로자의 근로시간을 기준으로 산정한 비율에 따라 결정되어야 한다.
② 사용자는 근로조건을 명시할 때 임금의 구성항목, 계산방법, 지급방법, 소정근로시간, 주휴일, 연차유급휴가에 관한 사항 모두를 서면으로 명시하여야 한다.
③ 근로계약 체결 시 명시된 근로조건이 사실과 다른 경우 근로자는 근로조건 위반을 이유로 손해의 배상을 청구할 수 있으며, 1월의 기간이 경과된 후에 근로계약을 해제할 수 있다.
④ 근로자가 손해배상을 청구하는 경우에 노동위원회에 신청할 수 있으며, 근로계약이 해제되었을 경우에는 사용자는 취업을 목적으로 거주를 변경하는 근로자에게 귀향여비를 지급하여야 한다.

해설 **[명시된 근로조건 위반의 효과]**
㉠ 명시된 근로조건이 사실과 다를 경우에 근로자는 근로조건 위반을 이유로 손해의 배상을 청구할 수 있으며 즉시 근로계약을 해제할 수 있다.
㉡ 근로자가 손해배상을 청구할 경우에는 노동위원회에 신청할 수 있으며, 근로계약이 해제되었을 경우에는 사용자는 취업을 목적으로 거주를 변경하는 근로자에게 귀향여비를 지급하여야 한다.

★★ **2022년 직업상담사 1급**

07 근로기준법상 근로계약에 관한 설명으로 옳지 않은 것은?

① 명시된 근로조건이 사실과 다를 경우에 근로자는 근로조건 위반을 이유로 손해의 배상을 청구할 수 있으며 즉시 근로계약을 해제할 수 있다.

정답 05. ④ 06. ③ 07. ③

② 사용자는 근로할 것을 조건으로 하는 전대(前貸)채권과 임금을 상계하지 못한다.

③ 취업규칙에서 정한 기준보다 좋은 근로조건을 정한 근로계약은 그 부분에 관하여는 무효로 한다. 이 경우 무효로 된 부분은 취업규칙에 정한 기준에 따른다.

④ 사용자는 근로계약 불이행에 대한 위약금 또는 손해배상액을 예정하는 계약을 체결하지 못한다.

> **해설** 취업규칙에서 정한 기준에 미달하는 근로조건을 정한 근로계약은 그 부분에 관하여는 무효로 한다. 이 경우 무효로 된 부분은 취업규칙에 정한 기준에 따른다. 취업규칙보다 유리한 근로계약은 그 자체로 유효하다.

★★ **2015년, 2020년 직업상담사 1급**

08 근로기준법상 평균임금계산에서 제외되는 기간이 아닌 것은?

① 업무상 질병으로 요양하기 위하여 휴업한 기간

② 적법한 쟁의행위기간

③ 사용자의 귀책사유로 휴업한 기간

④ 근로자의 무단결근기간

> **해설** 평균임금 산정 시 제외기간을 두는 것은 근로자의 귀책사유 없이 임금이 적거나 지급되지 않는 기간이 평균임금 산정에 포함되어 근로자에게 불리해지는 것을 방지하기 위한 것이다. 따라서 무단결근기간은 제외기간이 될 수 없다.

★★★ **2013년, 2017년, 2019년 직업상담사 1급**

09 다음은 근로기준법상 제재규정의 제한에 관한 설명이다. ( ) 안에 알맞은 것으로 짝지은 것은?

> 취업규칙에서 근로자에 대하여 감급(減給)의 제재를 정할 경우에 그 감액은 1회의 금액이 평균임금의 1일분의 (㉠)을, 총액이 1임금지급기의 임금 총액의 (㉡)을 초과하지 못한다.

① ㉠ : 2분의 1, ㉡ : 10분의 1

② ㉠ : 3분의 1, ㉡ : 5분의 1

③ ㉠ : 2분의 1, ㉡ : 2분의 1

④ ㉠ : 5분의 1, ㉡ : 5분의 1

> **해설** 취업규칙에서 근로자에 대하여 감급(減給)의 제재(징계로서의 감봉)를 정할 경우에 그 감액은 1회의 금액이 평균임금의 1일분의 2분의 1을, 총액이 1임금지급기의 임금총액의 10분의 1을 초과하지 못한다. 감봉은 정상적인 근무를 시키고도 임금을 덜 지급하는 징계로서 월급제면 월급의 최대 10%를 초과할 수 없다. 일을 안 시키고 임금도 지급하지 않는 중징계인 정직과 다르다.

★★ **2010년, 2016년 직업상담사 1급**

10 근로기준법상 취업규칙에 대한 설명으로 틀린 것은?

① 취업규칙에서 정한 기준에 미달하는 근로조건을 정한 근로계약은 그 부분에 관해서는 무효로 한다. 이 경우 무효로 된 부분은 취업규칙에 정한 기준에 따른다.

② 상시 5명 이상의 근로자를 사용하는 사용자는 동법이 정하는 사항에 관한 취업규칙을 작성하여 고용노동부장관에게 승인을 받아야 한다.

③ 취업규칙에서 근로자에 대하여 감급(減給)의 제재를 정할 경우에 그 감액은 1회의 금액이 평균임금 1일분의 2분의 1을, 총액이 1임금지급기의 임금총액의 10분의 1을 초과하지 못한다.

④ 사용자는 취업규칙의 작성 또는 변경에 관하여 해당 사업 또는 사업장에 근로자의 과반수로 조직된 노동조합이 있는 경우는 그 노동조합, 근로자의 과반수로 조직된 노동조합이 없는 경우에는 근로자의 과반수의 의견을 들어야 한다. 다만, 취업규칙을 근로자에게 불리하게 변경하는 경우는 그 동의를 받아야 한다.

> **해설** 취업규칙은 상시근로자 10인 이상 사업장에 작성의무가 있고, 이를 고용노동부장관에게 신고하여야 한다. 취업규칙은 사업장에서 유효하게 작성 가능하고, 고용노동부의 결재가 필요한 것이 아니다. 고용노동부에는 작성 후에 사후 신고의무가 있을 뿐이다.

11 다음 (   ) 안에 알맞은 것은?

> 「근로기준법」상 사용자는 근로자가 사망 또는 퇴직한 경우에는 그 지급사유가 발생한 때부터 (   ) 이내에 임금, 보상금, 그 밖의 일체의 금품을 지급하여야 한다. 다만, 특별한 사정이 있을 경우에는 당사자 사이에 합의에 의하여 기일을 연장할 수 있다.

① 7일　　　　　② 14일
③ 15일　　　　　④ 30일

> **해설** 사용자는 근로자가 사망 또는 퇴직한 경우에는 그 지급사유가 발생한 때부터 **14일 이내**에 임금, 보상금, 그 밖의 모든 금품을 지급하여야 한다. 다만, 특별한 사정이 있을 경우에는 당사자 사이의 합의에 의하여 기일을 연장할 수 있다.

12 근로기준법상 육아시간에 대한 설명이다. 다음 (   ) 안에 들어갈 말은?

> 생후 1년 미만의 유아(乳兒)를 가진 여성근로자가 청구하면 1일 (㉠) 각각 (㉡) 이상의 유급 수유 시간을 주어야 한다.

① ㉠ : 2회　㉡ : 1시간 이상
② ㉠ : 3회　㉡ : 30시간 이상
③ ㉠ : 2회　㉡ : 30분 이상
④ ㉠ : 3회　㉡ : 30분 이상

> **해설** [근로기준법 제75조(육아 시간)]
> 생후 1년 미만의 유아(乳兒)를 가진 여성근로자가 청구하면 1일 2회 각각 30분 이상의 유급 수유 시간을 주어야 한다.

13 남녀고용평등과 일·가정 양립 지원에 관한 법률상 명시된 남녀고용평등과 일·가정 양립 지원에 관한 기본계획에 포함되는 사항이 아닌 것은?

① 여성취업의 촉진에 관한 사항
② 남성의 직업능력 개발에 관한 사항
③ 남녀의 평등한 기회보장 및 대우에 관한 사항
④ 동일 가치노동에 대한 동일 임금지급정책에 관한 사항

> **해설** [기본계획 수립]
> ㉠ 고용노동부장관은 남녀고용평등 실현과 일·가정의 양립에 관한 기본계획을 **5년마다** 수립하여야 한다.
> ㉡ 기본계획에는 다음의 사항이 포함되어야 한다.
> - **여성취업의 촉진**에 관한 사항
> - 남녀의 평등한 기회보장 및 대우에 관한 사항
> - **동일 가치노동에 대한 동일 임금지급의 정착**에 관한 사항
> - 여성의 직업능력 개발에 관한 사항
> - 여성근로자의 모성 보호에 관한 사항
> - 일·가정의 양립 지원에 관한 사항
> - **여성근로자를 위한 복지시설의 설치** 및 운영에 관한 사항
> - **직전 기본계획에 대한 평가**
> - 그 밖에 남녀고용평등의 실현과 일·가정의 양립 지원을 위하여 고용노동부장관이 필요하다고 인정하는 사항

14 남녀고용평등과 일·가정 양립 지원에 관한 법률상 모성보호에 관한 설명으로 옳지 않은 것은?

① 배우자 출산휴가는 근로자의 배우자가 출산한 날부터 120일이 지나면 청구할 수 없다.
② 사업주는 근로자가 난임치료를 받기 위하여 휴가를 청구하는 경우에 연간 5일 이내의 휴가를 주어야 한다.
③ 육아휴직 기간은 1년 이내로 한다.
④ 사업주는 임신 중인 여성근로자가 모성을 보호하거나 근로자가 만 8세 이하 또는 초등학교 2학년 이하의 자녀를 양육하기 위하여 휴직을 신청하는 경우에 이를 허용하여야 한다.

> **정답** 11. ②　12. ③　13. ②　14. ④

해설 난임치료휴가는 연간 6일 이내로 사용 가능하다.

[배우자 출산휴가(2025년 2월 개정)]

㉠ 사업주는 근로자가 배우자의 출산을 이유로 휴가를 고지하는 경우에 20일의 휴가를 주어야 한다. 이 경우 사용한 휴가기간은 유급으로 한다.

㉡ 배우자출산휴가는 근로자의 배우자가 출산한 날부터 120일이 지나면 사용할 수 없다.

㉢ 배우자출산휴가는 3회에 한정하여 나누어 사용할 수 있다.

[난임치료휴가(2025년 2월 개정)]

사업주는 근로자가 인공수정 또는 체외수정 등 난임치료를 받기 위하여 휴가를 청구하는 경우에 연간 6일 이내의 휴가를 주어야 하며, 이 경우 최초 2일은 유급으로 한다. 다만, 근로자가 청구한 시기에 휴가를 주는 것이 정상적인 사업운영에 중대한 지장을 초래하는 경우에는 근로자와 협의하여 그 시기를 변경할 수 있다.

★★ **신규출제**

15 남녀고용평등과 일·가정 양립 지원에 관한 법률상 육아휴직에 관한 설명이다. (   ) 안에 알맞은 것은?

> 육아휴직의 기간은 1년 이내로 한다. 다만, 같은 자녀를 대상으로 부모가 모두 육아휴직을 각각 (㉠)개월 이상 사용한 경우의 부 또는 모는 (㉡)개월 이내에서 추가로 육아휴직을 사용할 수 있다.

① ㉠ 1, ㉡ 3

② ㉠ 1, ㉡ 6

③ ㉠ 3, ㉡ 3

④ ㉠ 3, ㉡ 6

해설 육아휴직의 기간은 1년 이내로 한다. 다만, 다음의 어느 하나에 해당하는 근로자의 경우 6개월 이내에서 추가로 육아휴직을 사용할 수 있다.

㉠ 같은 자녀를 대상으로 부모가 모두 육아휴직을 각각 3개월 이상 사용한 경우의 부 또는 모

㉡ 「한부모가족지원법」의 부 또는 모

㉢ 고용노동부령으로 정하는 장애아동의 부 또는 모

★★ **신규출제**

16 다음 중 남녀고용평등과 일·가정 양립 지원에 관한 법령상 육아휴직을 휴직개시예정일 7일 전까지 신청할 수 있는 사유에 해당하는 것은?

> ㉠ 임신 중인 여성근로자에게 유산 또는 사산의 위험이 있는 경우
> ㉡ 출산 예정일 이전에 자녀가 출생한 경우
> ㉢ 배우자의 사망, 부상 질병 또는 신체적·정신적 장애로 해당 영유아를 양육하기 곤란한 경우
> ㉣ 배우자와의 이혼 등으로 해당 영유아를 양육하기 곤란한 경우

① ㉠, ㉡, ㉢, ㉣   ② ㉡, ㉢, ㉣

③ ㉠, ㉢, ㉣   ④ ㉠, ㉡, ㉢

해설 육아휴직을 신청하려는 근로자는 신청인 인적사항, 영유아의 성명, 생년월일, 휴직개시예정일 및 종료예정일, 신청연월일 등을 적어 사업주에게 30일 전에 사업주에게 제출하여야 한다. 다만, 아래의 경우에는 휴직개시예정일의 7일 전까지 신청할 수 있다.

㉠ 임신 중인 여성근로자에게 유산 또는 사산의 위험이 있는 경우

㉡ 출산 예정일 이전에 자녀가 출생한 경우

㉢ 배우자의 사망, 부상, 질병 또는 신체적·정신적 장애나 배우자와의 이혼 등으로 해당 영유아를 양육하기 곤란한 경우

★★ **2018년 직업상담사 1급**

17 남녀고용평등과 일·가정 양립 지원에 관한 법률상 육아기 근로시간 단축에 관한 설명이다. (   ) 안에 알맞은 것은?

> 사업주가 근로자에게 육아기 근로시간 단축을 허용하는 경우 단축 후 근로시간은 주당 (㉠)시간 이상이어야 하고 (㉡) 시간을 넘어서는 아니 된다.

① ㉠ 10, ㉡ 15   ② ㉠ 10, ㉡ 20

③ ㉠ 15, ㉡ 20   ④ ㉠ 15, ㉡ 35

해설 육아기 근로시간 단축은 단축 후 근로시간이 주당 15시간 이상 35시간 이내에 있어야 한다.

정답 15. ④   16. ①   17. ④

★★ 신규출제

18 남녀고용평등 및 일·가정 양립 지원에 관한 법률상 직장 내 어린이집 설치에 관한 사항으로 틀린 것은?

① 사업주는 근로자의 취업을 지원하기 위하여 수유·탁아 등 육아에 필요한 어린이집을 설치하여야 한다.

② 직장어린이집을 설치하여야 할 사업주의 범위 등 직장어린이집의 설치 및 운영에 관한 사항은 이 법의 대통령령으로 정한다.

③ 고용노동부장관은 근로자의 고용을 촉진하기 위하여 직장어린이집의 설치·운영에 필요한 지원 및 지도를 하여야 한다.

④ 사업주는 직장어린이집을 운영하는 경우 근로자의 고용형태에 따라 차별해서는 아니 된다.

> **해설** **[직장어린이집 설치 및 지원 등]**
> ㉠ 사업주는 근로자의 취업을 지원하기 위하여 수유·탁아 등 육아에 필요한 어린이집을 설치하여야 한다.
> ㉡ 직장어린이집을 설치하여야 할 사업주의 범위 등 직장어린이집의 설치 및 운영에 관한 사항은 「영유아보육법」에 따른다.
> ㉢ 고용노동부장관은 근로자의 고용을 촉진하기 위하여 직장어린이집의 설치·운영에 필요한 지원 및 지도를 하여야 한다.
> ㉣ 사업주는 직장어린이집을 운영하는 경우 근로자의 고용형태에 따라 차별해서는 아니 된다.

★★ 2021년 직업상담사 2급

19 근로자퇴직급여 보장법령상 용어의 정의에 관한 설명으로 틀린 것은?

① 퇴직급여제도란 확정급여형 퇴직연금제도, 확정기여형 퇴직연금제도 및 개인형 퇴직연금제도를 말한다.

② 사용자란 사업주 또는 사업의 경영담당자 또는 그 밖에 근로자에 관한 사항에 대하여 사업주를 위하여 행위하는 자를 말한다.

③ 임금이란 사용자가 근로의 대가로 근로자에게 임금, 봉급, 그 밖에 어떠한 명칭으로든지 지급하는 일체의 금품을 말한다.

④ 확정급여형 퇴직연금제도란 근로자가 받을 급여의 수준이 사전에 결정되어 있는 퇴직연금제도를 말한다.

> **해설** 퇴직급여제도는 확정급여형 퇴직연금제도, 확정기여형 퇴직연금제도, 중소기업퇴직연금기금제도 및 퇴직금제도를 말한다(퇴직급여 '제도'란 회사가 이들 중에 하나를 설정해야 할 대상).
> **[암기 Tip]** 확확중퇴 '급여제도'

★★ 2021년 직업상담사 1급

20 파견근로자 보호 등에 관한 법률상 근로자파견사업이 금지되는 업무가 아닌 것은?

① 공연예술가의 업무

② 의료기사의 업무

③ 간호조무사의 업무

④ 선원의 업무

> **해설** 의료기사, 간호조무사, 선원의 업무는 절대적 파견금지 업무이다. 공연예술가의 업무는 파견직종에 해당한다.

★★ 2010년, 2013년, 2016년 직업상담사 1급

21 파견근로자 보호 등에 관한 법률상 근로자파견사업의 허가를 받을 수 있는 자는?

① 미성년자

② 금고 이상의 형(집행유예를 제외한다)의 선고를 받고 그 집행이 종료되거나 집행을 받지 아니하기로 확정된 후 2년이 경과된 자

③ 금고 이상의 형의 집행유예선고를 받고 그 유예기간 중에 있는 자

④ 파산선고를 받고 복권되지 않은 자

> **해설** 2년이 경과되지 않은 자가 결격사유이므로 2년이 경과되었다면 허가받을 수 있다.

정답 18. ② 19. ① 20. ① 21. ②

★★　2016년 직업상담사 1급

22 파견근로자 보호 등에 관한 법률상 근로자파견
사업 허가의 유효기간은?

① 1년　　　　　② 2년
③ 3년　　　　　④ 5년

★★　2022년 직업상담사 2급

23 기간제 및 단시간근로자 보호 등에 관한 법령
상 2년을 초과하여 기간제근로자로 사용할 수 있는
경우가 아닌 것은?

① 휴직 등으로 결원이 발생하여 해당 근로자가
복귀할 때까지 그 업무를 대신할 필요가 있는
경우

② 근로자가 학업 등을 이수함에 따라 그 이수에
필요한 기간을 정한 경우

③ 특정한 업무의 완성에 필요한 기간을 정한 경우

④ 「의료법」에 따른 간호사 자격을 소지하고 해
당 분야에 종사한 경우

★★　2021년, 2022년 직업상담사 1급

24 기간제 및 단시간근로자 보호 등에 관한 법률
의 내용으로 틀린 것은?

① 국가 및 지방자치단체의 기관에 대하여는 상시
사용하는 근로자의 수와 관계없이 이 법을 적용
한다.

② 사용자는 가사, 학업 그 밖의 이유로 근로자가
단시간근로를 신청하는 때에는 당해 근로자를
단시간근로자로 전환하도록 노력하여야 한다.

③ 사용자는 단시간근로자임을 이유로 해당 사업
또는 사업장의 동종 또는 유사한 업무에 종사하
는 통상근로자에 비하여 차별적 처우를 하여서
는 아니 된다.

④ 사용자는 기간제근로자와 근로계약을 체결하
는 때에는 근로일 및 근로일별 근로시간을 서면
으로 명시하여야 한다.

정답　22. ③　23. ④　24. ④

해설 근로일 및 근로일별 근로시간은 통상근로자와 출근요일과 요일별 시간이 다를 수 있는 단시간근로자에 대해서 서면 명시하라고 한 사항이다.

[기간제 및 단시간근로자의 근로조건 서면명시]

사용자는 기간제근로자 또는 단시간근로자와 근로계약을 체결하는 때에는 다음 각 호의 모든 사항을 서면으로 명시하여야 한다. 다만, ⓑ은 단시간근로자에 한정한다.
㉠ 근로계약기간에 관한 사항
㉡ 근로시간 · 휴게에 관한 사항
㉢ 임금의 구성항목 · 계산방법 및 지불방법에 관한 사항
㉣ 휴일 · 휴가에 관한 사항
㉤ 취업의 장소와 종사하여야 할 업무에 관한 사항
ⓑ 근로일 및 근로일별 근로시간

★★ **2017년 직업상담사 1급**

25 고용상 연령차별금지 및 고령자고용촉진에 관한 법렵상의 고령자와 준고령자의 기준은?

① 고령자 60세 이상, 준고령자 55세 이상 60세 미만
② 고령자 55세 이상, 준고령자 50세 이상 55세 미만
③ 고령자 60세 초과, 준고령자 50세 이상 60세 이하
④ 고령자 55세 초과, 준고령자 50세 이상 55세 이하

해설 고령자와 준고령자를 정의할 때는 60이란 숫자가 나오지 않는다. 60세는 정년에서 등장한다.

★★ **2022년 직업상담사 2급**

26 고용상 연령차별 및 고령자고용촉진에 관한 법률상 고령자고용촉진 기본계획에 대한 설명으로 틀린 것은?

① 고용노동부장관은 고령자의 고용촉진에 관한 기본계획을 관계 중앙기관의 장과 협의하여 5년마다 수립하여야 한다.
② 기본계획에는 직전 기본계획에 대한 평가가 포함되어야 한다.

③ 고용노동부장관은 기본계획을 수립할 때에는 「고용정책 기본법」 제10조에 따른 고용정책심의회의 심의를 거쳐야 한다.
④ 고용노동부장관이 기본계획을 수립한 때에는 국무회의에 보고하여야 한다.

해설 고용노동부장관은 고용정책심의회의 심의를 거쳐 기본계획을 수립하고 기본계획을 수립한 때에는 지체 없이 국회 소관 상임위원회에 보고하여야 한다.

★★★ **2010년, 2011년, 2016년, 2017년, 2018년, 2019년 직업상담사 1급**

27 고용상 연령차별금지 및 고령자고용촉진에 관한 법률상 임대업의 고령자 기준고용률로 옳은 것은?

① 상시 근로자 수의 100분의 1
② 상시 근로자 수의 100분의 3
③ 상시 근로자 수의 100분의 6
④ 상시 근로자 수의 100분의 7

해설 **[기준고용률]**

사업장에서 상시 사용하는 근로자를 기준으로 하여 사업주가 고령자의 고용촉진을 위하여 고용하여야 할 고령자의 비율로서 고령자의 현황과 고용 실태 등을 고려하여 사업의 종류별로 대통령령으로 정하는 비율을 말한다.
㉠ 제조업 : 그 사업장의 상시 근로자 수의 100분의 2
㉡ 운수업, 부동산 및 임대업 : 그 사업장의 상시 근로자 수의 100분의 6
㉢ ㉠ 및 ㉡ 외의 산업 : 그 사업장의 상시 근로자 수의 100분의 3

★★ **2013년, 2017년 직업상담사 1급**

28 고용상 연령차별금지 및 고령자고용촉진에 관한 법률상 운수업의 고령자 기준고용률로 옳은 것은?

① 상시 근로자 수의 100분의 1
② 상시 근로자 수의 100분의 2
③ 상시 근로자 수의 100분의 3
④ 상시 근로자 수의 100분의 6

해설 운수업, 부동산 및 임대업 기준고용률은 100분의 6이다.

정답 25. ② 26. ④ 27. ③ 28. ④

부록 II

★★ 2014년 직업상담사 1급

29 직업안정법상 직업소개사업에 관한 설명으로 옳은 것은?

① 국외 무료직업소개사업을 하려는 자는 직업안정기관의 장에게 허가를 받아야 한다.

② 유료직업소개사업을 등록한 자는 구직자에게 제공하기 위하여 구인자로부터 선급금을 받을 수 있다.

③ 무료 직업소개사업을 하는 자는 구직자의 연령을 확인하여야 하며, 18세 미만의 구직자를 소개하는 경우에는 친권자나 후견인의 취업동의서를 받아야 한다.

④ 유료직업소개사업을 등록한 자는 타인에게 자기의 성명 또는 상호를 사용하여 직업소개사업을 하게 할 수는 없으나, 등록증은 대여할 수 있다.

> **해설** ① 국외 무료직업소개사업은 고용노동부장관에게 신고하여야 한다(국외는 고용노동부장관, 무료는 신고).
> ② 선급금(대여금 등 입사 전에 구인자가 구직자에게 건네는 금원)을 중간에 소개업자가 받아서는 안 된다.
> ④ 명의 대여, 등록증 대여 모두 금지된다.

★★ 2013년, 2021년 직업상담사 1급

30 직업안정법에서 사용하는 용어의 정의로 틀린 것은?

① "직업소개"란 구인 또는 구직자의 신청을 받아 구직자 또는 구인자를 탐색하거나 구직자를 모집하여 구인자와 구직자 간에 고용계약이 성립되도록 알선하는 것을 말한다.

② "직업안정기관"이란 직업소개, 직업지도 등 직업안정업무를 수행하는 지방고용노동행정기관과 직업알선 등의 업무를 수행하는 비영리법인과 공인단체를 말한다.

③ "모집"이란 근로자를 고용하려는 자가 취업하려는 사람에게 피고용인이 되도록 권유하거나 다른 사람으로 하여금 권유하게 하는 것을 말한다.

④ "고용서비스"란 구인자 또는 구직자에 대한 고용정보의 제공, 직업소개, 직업지도 또는 직업능력개발훈련 등 고용을 지원하는 서비스를 말한다.

> **해설** "직업안정기관"이란 직업소개, 직업지도 등 직업안정업무를 수행하는 지방고용노동행정기관(고용복지센터)을 의미하고, 직업알선 등의 업무를 수행하는 비영리법인과 공인단체는 포함되지 않는다.

★★ 2020년 직업상담사 1급

31 직업안정법령상 근로자공급사업에 관한 설명으로 틀린 것은?

① 국내에서 건설업·용역업을 하는 자는 국내 근로자공급사업의 허가를 받을 수 있다.

② 연예인을 대상으로 하는 국외 근로자공급사업은 민법에 따른 비영리법인으로 한다.

③ 제조업의 경우 국외 근로자공급사업의 허가를 받을 수 있다.

④ 국외 근로자공급사업을 하고자 하는 경우 일정한 자산 및 시설을 갖추고 있어야 한다.

> **해설** 국내 근로자공급사업은 노동조합만이 가능하다.
>
> **[근로자 공급사업의 허가를 받을 수 있는 자]**
> ㉠ 국내 근로자공급사업의 경우는 「노동조합 및 노동관계조정법」에 따른 노동조합
> ㉡ 국외 근로자공급사업의 경우는 국내에서 제조업·건설업·용역업, 그 밖의 서비스업을 하고 있는 자. 다만, 연예인을 대상으로 하는 국외 근로자공급사업의 허가를 받을 수 있는 자는 「민법」에 따른 비영리법인으로 한다.

정답 29. ③ 30. ② 31. ①

32 고용보험의 내용과 시행을 규율하기 위해 고용보험법이 정의하고 있는 내용으로 틀린 것은?

① "이직(離職)"이란 피보험자와 사업주 사이의 고용관계가 끝나게 되는 것(예술인 및 노무제공자의 경우에는 문화예술용역 관련 계약 또는 노무제공계약이 끝나는 것)을 말한다.

② "보수"란 「소득세법」에 따른 근로소득에서 대통령령으로 정하는 금품을 뺀 금액을 말한다. 다만, 휴직이나 그 밖에 이와 비슷한 상태에 있는 기간 중에 사업주 외의 자로부터 지급받는 금품 중 고용노동부장관이 정하여 고시하는 금품은 보수로 보지 아니한다.

③ "피보험자"란 "보험료징수법"의 규정에 의하여 보험에 가입되거나 가입된 것으로 보는 근로자, 예술인 또는 노무제공자를 말한다.

④ "일용근로자"란 1개월 미만 동안 고용되는 사람을 말한다.

> **해설** 보수는 보험료 산정, 급여 수급자격 등에서 사용되는 개념으로서 소득세법에서 정하는 근로소득에서 비과세 근로소득을 뺀 금액을 말한다. 이때 노동조합의 업무에 종사하는 자가 노동조합으로부터 급여의 명목으로 지급받는 금품과 같이 휴직이나 그 밖에 이와 비슷한 상태에 있는 기간 중에 사업주 외의 자로부터 지급받는 금품 중 고용노동부장관이 정하여 고시하는 금품도 보수로 보아 보험료를 부과하고, 구직급여 피보험단위기간에 산입한다.
>
> **[고용보험법상 용어의 정의]**
> ㉠ 피보험자
>   • 「고용보험 및 산업재해보상보험의 보험료징수 등에 관한 법률」에 따라 보험에 가입되거나 가입된 것으로 보는 근로자, 예술인 또는 노무제공자
>   • 「고용산재보험료징수법」에 따라 고용보험에 가입하거나 가입된 것으로 보는 자영업자(이하 "자영업자인 피보험자")
> ㉡ 이직(離職) : 피보험자와 사업주 사이의 고용관계가 끝나게 되는 것
> ㉢ 실업 : 근로의 의사와 능력이 있음에도 불구하고 취업하지 못한 상태에 있는 것을 말한다.
> ㉣ 실업의 인정 : 직업안정기관의 장이 수급자격자가 실업한 상태에서 적극적으로 직업을 구하기 위하여 노력하고 있다고 인정하는 것을 말한다.

> ㉤ 보수 : 「소득세법」에 따른 근로소득에서 대통령령으로 정하는 금품을 뺀 금액을 말한다. 다만, 휴직이나 그 밖에 이와 비슷한 상태에 있는 기간 중에 사업주 외의 자로부터 지급받는 금품 중 고용노동부장관이 정하여 고시하는 금품은 보수로 본다.
> ㉥ 일용근로자 : 1개월 미만 동안 고용되는 사람을 말한다.

33 다음 중 고용보험법상 실업급여사업이 적용되는 자는?

① 「별정우체국법」에 따른 별정우체국직원

② 자영업을 개시한 자

③ 생업을 목적으로 근로를 제공하는 자 중 3개월 이상 계속하여 근로를 제공하는 자

④ 「사립학교교직원 연금법」의 적용을 받는 자

> **해설** 1개월간 소정근로시간이 60시간 미만인 사람(1주간의 소정근로시간이 15시간 미만인 사람을 포함한다)은 실업급여를 받을 수 없다. 다만, 3개월 이상 계속하여 근로를 제공하는 사람과 일용근로자는 적용받는다.

34 고용보험법상 고용보험 피보험자격의 취득일·상실일에 관한 설명으로 틀린 것은?

① 피보험자가 사망한 경우에는 사망한 날의 다음 날에 피보험자격을 상실한다.

② 보험관계 성립일 전에 고용된 근로자의 경우에는 그 보험관계가 성립한 날에 피보험자격을 취득한다.

③ 피보험자가 고용보험의 적용제외 근로자에 해당하게 된 경우에는 그 적용제외 대상자가 된 날에 피보험자격을 상실한다.

④ 「고용보험법」의 적용 제외 근로자이었던 자가 「고용보험법」의 적용을 받게 된 경우에는 그 적용을 받게 된 날의 다음 날에 피보험자격을 취득한 것으로 본다.

> **정답** 32. ② 33. ③ 34. ④

해설 「고용보험법」의 적용 제외 근로자이었던 자가 「고용보험법」의 적용을 받게 된 경우에는 그 적용을 받게 된 날에 피보험자격을 취득한다(다음 날도 아니고 고용일로 소급하지도 않는다).

해설 [육아휴직 신청기간]
육아휴직 급여를 지급받으려는 사람은 육아휴직을 시작한 날 이후 1개월부터 육아휴직이 끝난 날 이후 12개월 이내에 신청하여야 한다. 다만, 해당 기간에 다음의 사유로 육아휴직급여를 신청할 수 없었던 사람은 그 사유가 끝난 후 30일 이내에 신청하여야 한다.
㉠ 천재지변
㉡ 본인이나 배우자의 질병·부상
㉢ 본인이나 배우자의 직계존속 및 직계비속의 질병·부상
㉣ 「병역법」에 따른 의무복무
㉤ 범죄혐의로 인한 구속이나 형의 집행

★★ 신규출제

35 고용보험법령상 자영업자의 실업급여 적용에 대한 설명으로 틀린 것은?

① 자영업자는 실업급여 종류 중 조기재취업수당 및 연장급여는 적용되지 않는다.
② 자영업자의 폐업사유에 따라 수급자격이 제한될 수 있다.
③ 자영업자의 구직급여일액은 기초일액의 60%이다.
④ 피보험기간이 1년 이상 3년 미만이고 이직일 현재 연령이 50세 미만인 자영업자의 구직급여 소정급여일수는 180일이다.

해설 [자영업자의 구직급여 소정급여일수]

구분	피보험기간			
	1년 이상 3년 미만	3년 이상 5년 미만	5년 이상 10년 미만	10년 이상
소정급여일수	120일	150일	180일	210일

★★ 2014년 직업상담사 1급

36 고용보험법상 피보험자로서 육아휴직급여 지급사유가 아닌 것은?

① 육아휴직을 시작한 날 이전 피보험 단위기간이 통산 180일 이상인 자
② 천재지변으로 12개월간 신청하지 못하게 되었으나 그 사유가 끝난 날로부터 30일 이내에 신청한 경우
③ 육아휴직을 시작한 날 이후 1개월부터 12개월 이내에 신청한 경우
④ 천재지변으로 12개월간 신청하지 못하게 되었으나 그 사유가 끝난 날로부터 50일 후에 신청한 경우

★★ 신규출제

37 장애인고용촉진 및 직업재활법률상 장애인의 고용촉진 및 직업재활을 위한 기본계획에 대한 설명으로 틀린 것은?

① 기본계획은 고용노동부장관이 관계 중앙행정기관의 장과 협의하여 수립한다.
② 기본계획, 장애인의 고용촉진 및 직업재활에 관한 중요 사항은 「고용정책 기본법」 제10조에 따른 고용정책심의회의 심의를 거쳐야 한다.
③ 기본계획은 5년마다 수립하여야 한다.
④ 기본계획에는 직전 기본계획에 대한 평가는 포함되지 않는다.

해설 [장애인 고용촉진 및 직업재활법 제7조(장애인 고용촉진 및 직업재활 기본계획 등)]
㉠ 고용노동부장관은 관계 중앙행정기관의 장과 협의하여 장애인의 고용촉진 및 직업재활을 위한 기본계획을 5년마다 수립하여야 한다.
㉡ 기본계획에는 다음의 사항이 포함되어야 한다.
• 직전 기본계획에 대한 평가
• 장애인의 고용촉진 및 직업재활에 관한 사항
• 장애인 고용촉진 및 직업재활 기금에 관한 사항
• 장애인을 위한 시설의 설치·운영 및 지원에 관한 사항
• 그 밖에 장애인의 고용촉진 및 직업재활을 위하여 고용노동부장관이 필요하다고 인정하는 사항
㉢ 기본계획, 장애인의 고용촉진 및 직업재활에 관한 중요 사항은 「고용정책 기본법」에 따른 고용정책심의회의 심의를 거쳐야 한다.

정답 35. ④ 36. ④ 37. ④

38 외국인근로자의 고용 등에 관한 법령에 관한 설명으로 옳지 않은 것은?

① 「직업안정법」에 따른 직업안정기관이 아닌 자는 외국인근로자의 선발, 알선, 그 밖의 채용에 개입하여서는 아니 된다.

② 고용노동부장관은 송출국가가 송부한 송출대장 인력을 기초로 외국인구직자 명부를 작성하고, 관리하여야 한다.

③ 외국인근로자는 입국한 후 15일 이내에 외국인 취업교육을 받아야 한다.

④ 고용허가에 따라 체결된 근로계약의 효력발생 시기는 근로계약 체결일로 한다.

> **해설** 고용허가에 따라 체결된 근로계약의 효력발생 시기는 외국인근로자가 입국한 날로 한다. 외국 현지에서 근로계약이 체결된 후에 입국이 이뤄지는 것이므로 **근로계약상의 근로 제공과 임금 지급 의무는 근로계약 체결일이 아니라 입국일로부터 발생**하고, 외국인근로자가 입국 후 근무 개시 전에 반드시 이수해야 하는 취업교육을 받는 기간부터 사업주는 임금을 지급하여야 한다.

39 구직자 취업촉진 및 생활안정지원에 관한 법률의 취업지원 유예에 대한 설명으로 틀린 것은?

① 수급자격자는 취업지원서비스에 참여하기 어려운 경우 수급자격의 인정 통지를 받은 날부터 2년 이내의 범위에서 해당 사유가 해소되는 데 필요한 기간 동안 취업지원의 유예를 신청할 수 있다.

② 본인이 임신하거나 출산 후 2년이 지나지 아니한 경우 지원유예를 신청할 수 있다.

③ 「병역법」에 따른 의무복무를 하는 경우 지원유예를 신청할 수 있다.

④ 6개월 미만 동안 국외에 머무는 경우 지원유예를 신청할 수 있다.

> **해설** **[취업지원의 유예]**
> 수급자격자 또는 수급자는 다음의 어느 하나에 해당하여 취업지원서비스에 참여하기 어려운 경우에는 수급자격의 인정 통지를 받은 날부터 **2년 이내의 범위**에서 해당 사유가 해소되는 데 필요한 기간 동안 취업지원의 유예를 신청할 수 있다.
> ㉠ **본인이 임신하거나 출산 후 90일이 지나지 아니한 경우**
> ㉡ 본인 또는 배우자가 질병에 걸렸거나 부상을 당한 경우
> ㉢ 본인 또는 배우자의 직계존비속이 질병에 걸렸거나 부상을 당한 경우
> ㉣ **「병역법」에 따른 의무복무를 하는 경우**
> ㉤ **6개월 미만 동안 국외에 머무는 경우**
> ㉥ 그 밖에 취업지원서비스에 참여하기 어려운 경우로서 고용노동부령으로 정하는 경우

40 개인정보 보호법상 개인정보를 제3자에게 제공하기 위해 정보주체에게 동의를 받는 경우 개인정보주체에게 미리 알려야 하는 사항은?

> ㉠ 개인정보를 제공받는 자
> ㉡ 개인정보를 제공받는 자의 개인정보 이용 목적
> ㉢ 제공하는 개인정보의 항목
> ㉣ 개인정보를 제공받는 자의 개인정보 보유 및 이용 기간
> ㉤ 동의를 거부할 권리가 있다는 사실 및 동의 거부에 따른 불이익이 있는 경우에는 그 불이익의 내용

① ㉠, ㉡, ㉢
② ㉠, ㉡, ㉢, ㉣
③ ㉠, ㉢, ㉣, ㉤
④ ㉠, ㉡, ㉢, ㉣, ㉤

> **해설** **[개인정보 제공 시 정보주체에게 알려야 하는 사항]**
> 개인정보처리자가 제3자에게 개인정보를 제공하기 위해 정보주체에게 동의를 받을 때에는 다음의 사항을 정보주체에게 알려야 한다. 다음의 어느 하나의 사항을 변경하는 경우에도 이를 알리고 동의를 받아야 한다.
> ㉠ 개인정보를 제공받는 자
> ㉡ 개인정보를 제공받는 자의 개인정보 이용 목적
> ㉢ 제공하는 개인정보의 항목
> ㉣ 개인정보를 제공받는 자의 개인정보 보유 및 이용 기간
> ㉤ 동의를 거부할 권리가 있다는 사실 및 동의 거부에 따른 불이익이 있는 경우에는 그 불이익의 내용

정답　38. ④　39. ②　40. ④

41 개인정보 보호법 위반 시 3년 이하의 징역 또는 3천만원 이하의 벌금에 해당하는 것은?

① 정정·삭제 등 필요한 조치를 하지 아니하고 개인정보를 계속 이용하거나 이를 제3자에게 제공한 자

② 개인정보의 처리를 정지하지 아니하고 개인정보를 계속 이용하거나 제3자에게 제공한 자

③ 직무상 알게 된 비밀을 누설하거나 직무상 목적 외에 이용한 자

④ 국내외에서 정당한 이유 없이 비밀유지명령을 위반한 자

해설 **[제70조(벌칙)]**

다음의 어느 하나에 해당하는 자는 10년 이하의 징역 또는 1억원 이하의 벌금에 처한다.

㉠ 공공기관의 개인정보 처리업무를 방해할 목적으로 공공기관에서 처리하고 있는 개인정보를 변경하거나 말소하여 공공기관의 업무 수행의 중단·마비 등 심각한 지장을 초래한 자

㉡ 거짓이나 그 밖의 부정한 수단이나 방법으로 다른 사람이 처리하고 있는 개인정보를 취득한 후 이를 영리 또는 부정한 목적으로 제3자에게 제공한 자와 이를 교사·알선한 자

[제71조(벌칙)]

다음의 어느 하나에 해당하는 자는 5년 이하의 징역 또는 5천만원 이하의 벌금에 처한다.

㉠ 정보주체의 동의를 받지 아니하고 개인정보를 제3자에게 제공한 자 및 그 사정을 알면서도 개인정보를 제공받은 자

㉡ 개인정보를 이용하거나 제3자에게 제공한 자 및 그 사정을 알면서도 영리 또는 부정한 목적으로 개인정보를 제공받은 자

㉢ 법정대리인의 동의를 받지 아니하고 만 14세 미만인 아동의 개인정보를 처리한 자

㉣ 법령을 위반하여 민감정보를 처리한 자

㉤ 법령을 위반하여 고유식별정보를 처리한 자

㉥ 보호위원회 또는 관계 중앙행정기관의 장으로부터 전문기관으로 지정받지 아니하고 가명정보를 결합한 자

㉦ 전문기관의 장의 승인을 받지 아니하고 결합을 수행한 기관 외부로 결합된 정보를 반출하거나 이를 제3자에게 제공한 자 및 그 사정을 알면서도 영리 또는 부정한 목적으로 결합된 정보를 제공받은 자

㉧ 특정 개인을 알아보기 위한 목적으로 가명정보를 처리한 자

㉨ 업무상 알게 된 개인정보를 누설하거나 권한 없이 다른 사람이 이용하도록 제공한 자 및 그 사정을 알면서도 영리 또는 부정한 목적으로 개인정보를 제공받은 자

㉩ 다른 사람의 개인정보를 이용, 훼손, 멸실, 변경, 위조 또는 유출한 자

[제72조(벌칙)]

다음의 어느 하나에 해당하는 자는 3년 이하의 징역 또는 3천만원 이하의 벌금에 처한다.

㉠ 고정형 영상정보처리기기의 설치 목적과 다른 목적으로 고정형 영상정보처리기기를 임의로 조작하거나 다른 곳을 비추는 자 또는 녹음기능을 사용한 자

㉡ 거짓이나 그 밖의 부정한 수단이나 방법으로 개인정보를 취득하거나 개인정보 처리에 관한 동의를 받는 행위를 한 자 및 그 사정을 알면서도 영리 또는 부정한 목적으로 개인정보를 제공받은 자

㉢ 직무상 알게 된 비밀을 누설하거나 직무상 목적 외에 이용한 자

[제73조(벌칙)]

㉠ 다음의 어느 하나에 해당하는 자는 2년 이하의 징역 또는 2천만원 이하의 벌금에 처한다.

- 정정·삭제 등 필요한 조치를 하지 아니하고 개인정보를 계속 이용하거나 이를 제3자에게 제공한 자
- 개인정보의 처리를 정지하지 아니하고 개인정보를 계속 이용하거나 제3자에게 제공한 자
- 국내외에서 정당한 이유 없이 비밀유지명령을 위반한 자
- 자료제출 요구에 대하여 법 위반사항을 은폐 또는 축소할 목적으로 자료제출을 거부하거나 거짓의 자료를 제출한 자
- 출입·검사 시 자료의 은닉·폐기, 접근 거부 또는 위조·변조 등을 통하여 조사를 거부·방해 또는 기피한 자

㉡ 국내외에서 정당한 이유 없이 비밀유지명령을 위반한 자는 비밀유지명령을 신청한 자의 고소가 없으면 공소를 제기할 수 없다.

정답 41. ③

42 개인정보 보호법상 3천만원 이하의 과태료에 해당하지 않는 행위는?

① 정보주체의 동의를 받지 않고 개인정보를 수집한 경우

② 처리가 중지된 개인정보를 파기하지 않은 경우

③ 암호화 조치를 하지 않은 경우

④ 정보주체가 주민등록번호를 사용하지 아니할 수 있는 방법을 제공하지 아니한 자

해설 정보주체의 동의를 받지 않은 경우는 과태료가 아니라 과징금이다. 과징금은 부당 이익의 환수, 과태료는 제재로서의 성격이 더 강하다.

[제64조의2(과징금의 부과)]

① 보호위원회는 다음의 어느 하나에 해당하는 경우에는 해당 개인정보처리자에게 전체 매출액의 100분의 3을 초과하지 아니하는 범위에서 과징금을 부과할 수 있다. 다만, 매출액이 없거나 매출액의 산정이 곤란한 경우로서 대통령령으로 정하는 경우에는 20억 원을 초과하지 아니하는 범위에서 과징금을 부과할 수 있다.

1. 개인정보의 수집·이용, 제공, 목적 외 이용·제공 제한, 제공받은 자의 이용·제공 제한 규정을 위반하여 개인정보를 처리한 경우 (미동의 등 권한없는 정보처리)
2. 법정대리인의 동의를 받지 아니하고 만 14세 미만인 아동의 개인정보를 처리한 경우
3. 정보주체의 동의를 받지 아니하고 민감정보를 처리한 경우
4. 법령을 위반하여 고유식별정보 또는 주민등록번호를 처리한 경우
5. 관리·감독 또는 교육을 소홀히 하여 수탁자가 이 법의 규정을 위반한 경우
6. 특정 개인을 알아보기 위한 목적으로 정보를 처리한 경우
7. 법령을 위반하여 개인정보를 국외로 이전한 경우
8. 국외 이전 중지 명령을 따르지 아니한 경우
9. 개인정보처리자가 처리하는 개인정보가 분실·도난·유출·위조·변조·훼손된 경우. 다만, 개인정보가 분실·도난·유출·위조·변조·훼손되지 아니하도록 개인정보처리자가 안전성 확보에 필요한 조치를 다한 경우에는 그러하지 아니하다.

[제75조(과태료)]

① 다음의 어느 하나에 해당하는 자에게는 5천만원 이하의 과태료를 부과한다.

1. 고정형 영상정보처리기기의 설치·운영 제한 규정을 위반하여 고정형 영상정보처리기기를 설치·운영한 자
2. 이동형 영상정보처리기기의 운영 제한 규정을 위반하여 이동형 영상정보처리기기로 사람 또는 그 사람과 관련된 사물의 영상을 촬영한 자

② 다음의 어느 하나에 해당하는 자에게는 3천만원 이하의 과태료를 부과한다.

1. 개인정보의 수집 제한, 동의를 받는 방법 규정을 위반하여 재화 또는 서비스의 제공을 거부한 자
2. 정보주체에게 정보주체 이외로부터 수집한 개인정보의 수집 출처 등 통지의 사실을 알리지 아니한 자
3. 개인정보의 이용·제공 내역이나 이용·제공 내역을 확인할 수 있는 정보시스템에 접속하는 방법을 통지하지 아니한 자
4. 개인정보의 파기 등 필요한 조치를 하지 아니한 자
5. 안전성 확보에 필요한 조치를 하지 아니한 자
6. 민감정보의 공개 가능성 및 비공개를 선택하는 방법을 알리지 아니한 자
7. 주민등록번호 처리의 제한 규정을 위반하여 주민등록번호를 처리한 자
8. 주민등록번호 처리의 제한 규정을 위반하여 암호화 조치를 하지 아니한 자(주민등록번호 암호화 조치 불이행)
9. 주민등록번호 처리의 제한 규정을 위반하여 정보주체가 주민등록번호를 사용하지 아니할 수 있는 방법을 제공하지 아니한 자(인터넷 상 회원가입시 주민번호 대체수단 미제공)
10. 고정형 영상정보처리기기의 설치·운영 제한 규정을 위반하여 고정형 영상정보처리기기를 설치·운영한 자
11. 고정형 영상정보처리기기의 설치·운영 제한 규정을 위반하여 사람 또는 그 사람과 관련된 사물의 영상을 촬영한 자
12. 업무위탁에 따른 개인정보의 처리 제한 규정을 위반하여 정보주체에게 알려야 할 사항을 알리지 아니한 자
13. 가명정보 처리 시 금지의무 등 규정을 위반하여 개인을 알아볼 수 있는 정보가 생성되었음에도 이용을 중지하지 아니하거나 이를 회수·파기하지 아니한 자
14. 개인정보의 국외 이전 규정을 위반하여 보호조치를 하지 아니한 자

정답 42. ①

15. 개인정보 보호 인증 규정을 위반하여 인증을 받
지 아니하였음에도 거짓으로 인증의 내용을 표시
하거나 홍보한 자
16. 개인정보 영향평가 규정을 위반하여 영향평가를
하지 아니하거나 그 결과를 보호위원회에 제출하
지 아니한 자
17. 개인정보 유출 등의 통지ㆍ신고 규정을 위반하여
정보주체에게 위반사실을 알리지 아니한 자
18. 개인정보 유출 등의 통지ㆍ신고 규정을 위반하여
보호위원회 또는 대통령령으로 정하는 전문기관
에 신고하지 아니한 자
19. 개인정보의 열람 규정을 위반하여 열람을 제한하
거나 거절한 자
20. 개인정보관리 전문기관 규정에 따른 지정을 받지
아니하고 업무를 수행한 자
21. 개인정보관리 전문기관 규정을 위반한 자
22. 개인정보의 정정ㆍ삭제 규정을 위반하여 정정ㆍ
삭제 등 필요한 조치를 하지 아니한 자
23. 개인정보의 처리정지 등의 규정을 위반하여 파기
등 필요한 조치를 하지 아니한 자(정보주체의 동
의철회, 처리정지 요구시 미파기)
24. 자동화된 결정에 대한 정보주체의 권리 등의 규
정을 위반하여 정당한 사유 없이 정보주체의 요
구에 따르지 아니한 자
25. 자료제출 요구 및 검사 규정에 따른 관계 물품ㆍ
서류 등 자료를 제출하지 아니하거나 거짓으로
제출한 자
26. 자료제출 요구 및 검사 규정에 따른 출입ㆍ검사
를 거부ㆍ방해 또는 기피한 자
27. 시정조치 등 규정에 따른 시정조치 명령에 따르
지 아니한 자
③ 다음의 어느 하나에 해당하는 자에게는 2천만원 이
하의 과태료를 부과한다.
  1. 업무위탁에 따른 개인정보의 처리 제한 규정을 위
반하여 위탁자의 동의를 받지 아니하고 제3자에게
다시 위탁한 자
  2. 국내대리인의 지정 규정을 위반하여 국내대리인
을 지정하지 아니한 자
  3. 국내대리인의 지정 규정을 위반하여 국내대리인
을 지정한 자
  4. 국내대리인의 지정 규정을 위반하여 국내대리인
을 관리ㆍ감독하지 아니한 자

④ 다음의 어느 하나에 해당하는 자에게는 1천만원 이하
의 과태료를 부과한다.
  1. 개인정보 보호수준 평가 규정을 위반하여 정당한
사유 없이 자료를 제출하지 아니하거나 거짓으로
제출한 자
  2. 개인정보의 파기 규정을 위반하여 개인정보를 분
리하여 저장ㆍ관리하지 아니한 자
  3. 동의를 받는 방법 규정을 위반하여 동의를 받은 자
  4. 업무위탁에 따른 개인정보의 처리 제한 규정을 위
반하여 업무 위탁 시 규정의 내용이 포함된 문서로
하지 아니한 자
  5. 업무위탁에 따른 개인정보의 처리 제한 규정을 위
반하여 위탁하는 업무의 내용과 수탁자를 공개하
지 아니한 자
  6. 영업양도 등에 따른 개인정보의 이전 제한 규정을
위반하여 정보주체에게 개인정보의 이전 사실을
알리지 아니한 자
  7. 가명정보에 대한 안전조치의무 등 규정을 위반하
여 관련 기록을 작성하여 보관하지 아니한 자
  8. 개인정보 처리방침의 수립 및 공개 규정을 위반하
여 개인정보 처리방침을 정하지 아니하거나 이를
공개하지 아니한 자
  9. 개인정보 보호책임자의 지정 등 규정을 위반하여
개인정보 보호책임자를 지정하지 아니한 자
9의2. 국내대리인의 지정 규정을 위반하여 국내대리
인의 성명ㆍ주소ㆍ전화번호 및 전자우편 주소를
개인정보 처리방침에 포함하지 아니한 자
  10. 개인정보의 열람, 개인정보의 정정ㆍ삭제 또는
개인정보의 처리정지 등 규정을 위반하여 정보
주체에게 알려야 할 사항을 알리지 아니한 자
  11. 자료의 요청 및 사실조사 등 규정에 따른 자료를
정당한 사유 없이 제출하지 아니하거나 거짓으로
제출한 자
  12. 자료의 요청 및 사실조사 등 규정에 따른 출입ㆍ
조사ㆍ열람을 정당한 사유 없이 거부ㆍ방해 또는
기피한 자

[참고 문헌 및 사이트]

- 교육부, 「창업상담」, 한국직업능력연구원, 2016
- 교육부, 「변화동기 지원」, 한국직업능력연구원, 2020
- 교육부, 「생애설계 지원」, 한국직업능력연구원, 2020
- 교육부, 「심층직업상담」, 한국직업능력연구원, 2020
- 교육부, 「전직목표 설정」, 한국직업능력연구원, 2020
- 교육부, 「전직역량 분석」, 한국직업능력연구원, 2020
- 교육부, 「직업상담 슈퍼비전」, 한국직업능력연구원, 2020
- 교육부, 「직업상담 진단」, 한국직업능력연구원, 2020
- 교육부, 「직업상담 초기면담」, 한국직업능력연구원, 2020
- 교육부, 「직업정보 가공」, 한국직업능력연구원, 2020
- 교육부, 「직업정보 분석」, 한국직업능력연구원, 2020
- 교육부, 「직업훈련 상담」, 한국직업능력연구원, 2020
- 교육부, 「진로상담」, 한국직업능력연구원, 2020
- 교육부, 「취업상담」, 한국직업능력연구원, 2020
- 교육부, 「취업지원 행사운영」, 한국직업능력연구원, 2020
- 김계현, 「상담심리학 : 적용영역별 접근」, 학지사, 1995
- 김계현, 김봉환, 「진로 미결정에 관한 연구동향과 향후 연구과제」, 한국심리학회지 : 상담 및 심리치료, 7(1). 20-43, 1995
- 김대식, 노영기, 안국신, 「현대경제학원론」, 박영사, 2001
- 김미경, 「전문대 학생 진로탄력성 척도 개발」, 경북대학교 박사학위논문, 2013
- 김병숙, 「직업심리학 핸드북」, 시그마프레스, 2005
- 김병숙, 「노동시장론과 노동관계법규」, 시그마프레스, 2007
- 김병숙, 「직업심리학」, 시그마프레스, 2007
- 김병숙, 「직업정보론」, 시그마프레스, 2007
- 김병숙, 「직업상담심리학」, 시그마프레스, 2008
- 김병숙, 「인간과 직업 Ⅰ」, 시그마프레스, 2009
- 김병숙, 김수정, 안윤정, 「실업자의 심리적, 신체적 반응 단계별 주요 증후군 분석」, 진로교육연구, 22(1). 93-112, 2009
- 김봉환, 「진로상담의 이론과 실제」, 학지사, 2019
- 김봉환 외 10인 공저, 「진로상담이론」, 학지사, 2010
- 김봉환 외 12인 공저, 「진로상담(2판)」, 학지사, 2018
- 김영기 외 10인 공저, 「재취업전직지원서비스 효과적 모델」, 렛츠북, 2020
- 김우탁, 「논술 노동경제학」, 법학사, 2011
- 김유배, 「노동경제학」, 박영사, 2009
- 김충기, 김병숙, 「진로상담 기술과 기법」, 현민시스템, 1997
- 김환, 이장호, 「상담면접의 기초」, 학지사, 2006
- 김창대, 「몰입이론을 적용한 진로상담 모형」, 청소년상담연구, 10(1). pp.5-30, 2002
- 박상철, 「직업선택 의사결정 단계에서의 직업정보 활용」, e-고용이슈, 2008(14). 4, 2008
- 박재림, 「퇴직자 지원을 위한 역량평가」, 한국직업상담협회, 2014
- 박혜영, 「청소년의 진로결정에서 청소년의 타인 관여 요청 방식과 부모의 관여 방식에 관한 연구」, 이화여자대학교 교육대학원 석사학위논문, 2010
- 배무기, 「노동경제학」, 경문사, 2010

- 송관재 외 3인 공저, 「직업상담학」, 학지사, 2020
- 송명진, 「노동경제학 이론편」, 법학사, 2020
- 심흥섭, 「상담자 발달수준 평가에 관한 연구」, 숙명여자대학교 박사학위논문, 1998
- 안윤정, 「직무관리 특성, 조직문화, 수행평가가 작업자의 개인작인신념에 미치는 영향」, 경기대학교 박사학위논문, 2010
- 유영권 외, 「상담 수퍼비전의 이론과 실제」, 학지사, 2018
- 이규미, 「상담장면에서의 변화동기」, 한국심리학회지 : 상담 및 심리치료, 22(2), 245-264, 2010
- 이시현, 「직업상담사 1급 2차 실기 완벽대비」, 성안당, 2024
- 이우경, 이원혜, 「심리평가의 최신 흐름」, 학지사, 2012
- 이우경, 이원혜, 「심리평가의 최신 흐름(2판)」, 학지사, 2019
- 이지은, 「진로상담 사례개념화 요소목록 개발」, 한국기술교육대학교 박사학위논문, 2017
- 이현림 외 3인 공저, 「현대진로상담」, 학지사, 2003
- 이희영, 「진로성숙과 상담」, 학지사, 2003
- 임은미 외 10인 공저, 「진로진학상담 기법의 이론과 실제」, 사회평론아카데미, 2017
- 장계영, 「대학생 진로적응성 척도 개발」, 숙명여자대학교 박사학위논문, 2009
- 정의석, 「진로상담의 이론과 실제」, 시그마프레스, 2013
- 조우현, 「노동경제학」, 법문사, 2008
- 조우현, 황수경, 「새로운 노동경제학」, 법문사, 2016
- 최윤정, 「진로상담 수퍼비전 구성요소에 관한 고찰」, 상담학연구, 13(2), 455~477, 2012
- 최윤정 외 8인 공저, 「진로상담과 연구를 위한 진로상담 척도 핸드북」, 학지사, 2014
- 최정인, 「진로결정, 자기효능감, 진로상담 태도, 진로상담에 대한 기대와 상담성과 간의 관계 모형」, 홍익대학교 박사학위논문, 2006
- Bernard, J. M. & Goodyear, R. K., 「상담수퍼비전의 기초[*Fundamentals of clinical supervision(3rd ed)*]」, 유영권, 방기연(역), 시그마프레스, 2008
- George J. Borjas, 「노동경제학」, 송헌재, 강창희, 박철성(역), 시그마프레스, 2022
- Norman C. G, Mary J. H, Joseph A. J, 「진로상담의 실제[*Career Counseling: Process, Issues, and Techniques*]」, 김봉환(역), 학지사(원전은 2003에 출판), 2010
- Nicholas Ladany, Loretta J. Bradley, 「상담 수퍼비전[*Counselor Supervision(4rd ed)*]」, 안유숙, 이정선, 은인애, 류경숙, 최주희(공역), 학지사(원전은 2010에 출판), 2013
- Pickman, Alan J., 「전직지원전문가 가이드북[*The complete Guide to Outplacement Counseling*]」, 표성일(역), 생각나눔(원전은 2013년에 출판), 2016
- Ronald G. Ehrenberg, Robert S. Smith, 「현대노동경제학 : 이론과 공공정책」, 한홍순, 김중렬(역), 피어슨에듀케이션코리아, 2012
- Vernon G. Zunker, 「커리어 상담 : 생애설계의 응용개념[*Career Counseling: Applied concepts of life planning*]」, 김완석, 김선희(역), 시그마프레스(원전은 1993에 출판), 2004
- 네이버 지식백과
- 고용노동부 : www.moel.go.kr
- 고용24 : www.work24.go.kr
- 통계청 : kostat.go.kr
- 한국고용정보원 : www.keis.or.kr

[저자 약력]

■ **이 시 현** (직업심리 및 전직지원, 심층직업상담 및 슈퍼비전. 직업정보가공)

前 사람중심 진로심리상담센터 대표
現 송파구청 일자리위원회 여성일자리 전문위원
現 직업상담사 1급 및 2급 강사/직업상담학 · 직업심리학 · 직업정보론
現 직업상담실무, 진로상담이론과 직업심리검사실무, MBTI와 자기 이해, 구직스킬 강사
　(구로 · 서대문 여성인력개발센터, 삼성금융경력컨설팅센터, 한국직업상담협회, 경기대학교 등 강의)

학력
한국기술교육대학교 테크노인력개발전문대학원 박사수료 (진로 및 직업상담 전공)
가톨릭대학교 상담심리대학원 상담심리학 석사 (조직상담 전공)

경력 및 자격
직업상담 분야 강의 경력 14년
직업상담 및 심리상담 실무 경력 14년
前 인크루트(주) 커리어코칭파트 파트장
前 (주)커리어넷 경력개발연구소 선임연구원
前 여성인력개발센터 총괄 팀장
前 서울상담심리연구소 성인상담팀 인턴상담원
前 인천청소년종합상담센터 청소년 사이버상담원
고용노동부 직업능력개발훈련교사 (직업상담서비스)/직업상담사 1급 · 2급
에니어그램일반강사/STRONG커리어전문가/MBTI일반강사/진로상담사 1급
(사)한국상담심리학회 상담심리사/(사)한국교류분석상담학회 교류분석상담사

저서 및 연구개발
논문 : 진로 전환기 중년여성의 진로구성 상담 사례연구, 상담학연구 : 사례 및 실제 (2023)
직업상담사 1급 2차 실기 완벽대비, 성안당 (2025)
직업상담사 1급 1차 필기 완벽대비, 성안당 (2025)
직업상담사 2급 2차 실기 완벽대비, 성안당 (2024)
직업상담사 2급 1차 필기 기출문제로 합격하기, 성안당 (2023)
구로여성인력개발센터 [이직준비교실] 프로그램 및 교재 개발 (2021)
(주)커리어넷 경기여성뉴딜 집단진로 프로그램 개발 및 커리어북 집필 (2009)
여성인력개발센터 집단진로 프로그램 개발 (2007)

■ **김 재 진** (노동시장분석, 고용노동관계법규 Ⅱ)

現 일과희망노무사사무소 대표
現 직업상담사 2급 강사 (성남여성인력개발센터)
現 직업상담사 1급 강사 (서대문여성인력개발센터)

학력
아주대학교 법학과 졸업

경력 및 자격
공인노무사 업무 경력 20년
인사노무실무 강의 및 취업특강 12년
직업상담사 자격증 강의
2005년~2025년 현재 20년간 100여 과정 출강 (은평 · 구로 · 성남 · 영등포 · 노원 · 동대문 · 인천여성인력개발센터, 한국직업상담협회, 동국대 전산원, KETM직업전문학교, 휴먼피아학원, 이룸리더십학원 강의)
직업상담사 실무교육 (『커리어컨설턴트 전문가과정』, 『직업상담사의 노무관리 실무』, 『커리어 통합지원 전문인력양성과정』, 『직업상담사 실무 트레이닝 과정』『새일종사자 역량강화교육』)

저서 및 연구개발
직업상담사 1급 1차 필기 완벽대비, 성안당 (2025)
직업상담사 2급 2차 실기 완벽대비, 성안당 (2024)
직업상담사 2급 1차 필기 기출문제로 합격하기, 성안당 (2023)

깜짝 알림 🔔 원퀵으로 **기출문제**를 보내고 원퀵으로 **직상책**을 받자!!

2025 직업상담사 1급 시험을 보신 후 **기출문제를 재구성**하여 도서출판 성안당에 **20문제 이상** 보내주신 분에게 이시현, 김재진 교수님의 직업상담사 도서 중 한 권을 무료로 보내드립니다.

독자 여러분들이 보내주신 재구성한 기출문제는 보다 더 나은 도서를 만드는 데 큰 도움이 됩니다.

이메일 **coh@cyber.co.kr**(최옥현) ※ 메일을 보내실 때 성함, 연락처, 주소를 꼭 기재해 주시기 바랍니다.

▶ 무료로 제공되는 도서는 독자분께서 보내주신 기출문제를 이시현, 김재진 교수님이 검토 후 보내드립니다.
▶ 도서 무료 증정은 조기에 마감될 수 있습니다.

직업상담사 1급
1차 필기 완벽대비

2025. 5. 7. 초 판 1쇄 발행
2026. 2. 25. 1차 개정증보 1판 1쇄 발행

지은이 │ 이시현, 김재진
펴낸이 │ 이종춘
펴낸곳 │ **BM** (주)도서출판 **성안당**
주소 │ 04032 서울시 마포구 양화로 127 첨단빌딩 3층(출판기획 R&D 센터)
      │ 10881 경기도 파주시 문발로 112 파주 출판 문화도시(제작 및 물류)
전화 │ 02) 3142-0036
      │ 031) 950-6300
팩스 │ 031) 955-0510
등록 │ 1973. 2. 1. 제406-2005-000046호
출판사 홈페이지 │ **www.cyber.co.kr**
ISBN │ 978-89-315-1377-6 (13320)
정가 │ **48,000원**

이 책을 만든 사람들
기획 │ 최옥현
진행 │ 김원갑
교정·교열 │ 김원갑
전산편집 │ 이다혜
표지 디자인 │ 임흥순, 박원석
홍보 │ 김계향, 임진성, 김주승, 최정민
국제부 │ 이선민, 조혜란
마케팅 │ 구본철, 차정욱, 오영일, 나진호, 강호묵
마케팅 지원 │ 장상범
제작 │ 김유석

이 책의 어느 부분도 저작권자나 **BM** (주)도서출판 **성안당** 발행인의 승인 문서 없이 일부 또는 전부를 사진 복사나 디스크 복사 및 기타 정보 재생 시스템을 비롯하여 현재 알려지거나 향후 발명될 어떤 전기적, 기계적 또는 다른 수단을 통해 복사하거나 재생하거나 이용할 수 없음.

■ 도서 A/S 안내

성안당에서 발행하는 모든 도서는 저자와 출판사, 그리고 독자가 함께 만들어 나갑니다.
좋은 책을 펴내기 위해 많은 노력을 기울이고 있습니다. 혹시라도 내용상의 오류나 오탈자 등이 발견되면 **"좋은 책은 나라의 보배"**로서 우리 모두가 함께 만들어 간다는 마음으로 연락수시기 바랍니다. 수정 보완하여 더 나은 책이 되도록 최선을 다하겠습니다.
성안당은 늘 독자 여러분들의 소중한 의견을 기다리고 있습니다. 좋은 의견을 보내주시는 분께는 성안당 쇼핑몰의 포인트(3,000포인트)를 적립해 드립니다.
잘못 만들어진 책이나 부록 등이 파손된 경우에는 교환해 드립니다.

직업상담사 1급
1차 필기 완벽대비

직업상담사 1급
1차 필기 완벽대비

직업상담사 1급
1차 필기 완벽대비

직업상담사 1급
1차 필기 완벽대비

직업상담사 1급
1차 필기 완벽대비